ŒUVRES COMPLÈTES

DE M.

DE LA CHÉTARDIE,

CURÉ DE SAINT-SULPICE,

Réunies pour la première fois en collection,

ET CLASSÉES SELON L'ORDRE LOGIQUE,

PUBLIÉES

PAR M. L'ABBÉ MIGNE,

ÉDITEUR DE LA BIBLIOTHÈQUE UNIVERSELLE DU CLERGÉ,

OU

DES COURS COMPLETS SUR CHAQUE BRANCHE DE LA SCIENCE RELIGIEUSE.

TOME PREMIER.

2 VOL. PRIX : 15 FRANCS.

S'IMPRIME ET SE VEND CHEZ J.-P. MIGNE, ÉDITEUR,
AUX ATELIERS CATHOLIQUES, RUE D'AMBOISE, AU PETIT-MONTROUGE,
BARRIÈRE D'ENFER DE PARIS.

1857

t beaucoup plus difficilement sa cha-
ele flint-glass, et on fait le grand bras-
à dure une heure un quart ; on bou-
reuse, les cheminées et les ouvreaux
pour le flint-glass, et on laisse refroidir.
ordinairement on obtient une masse
ques fragments
id la masse du creuset a été recuite
eule pièce, qu'il s'agit de crown-glass
lint-glass et qu'on n'a besoin que de
lisques, on la brise avec une masse
pais on examine les fragments en y
, au besoin, des faces parallèles ; après
nis de côté ceux qui présentent des
; tels que des stries ou des nébulo-
n commence par former avec les au-
ir le ramollissage dans une sorte de
, des plaques à peu près carrées qu'on
ensuite au diamant, en petits carrés,
ès avoir recuites ; on ramollit de nou-
es petits carrés et on les moule dans
ulo à pince, en cuivre ou en fer. S'il
le faire de grands disques, on prend
ment reconnu sans défauts, ayant le
lu disque que l'on veut produire, et
amollit au feu de moufle dans un cer-
diamètre voulu, en ayant soin de ne
que le feu nécessaire pour que le
remplisse le cercle, et en facilitant
ce ramollissage par la pression d'ou-
and on veut faire de très-grands dis-
vec une masse dont on a examiné l'in-
, on divise cette masse à la scie pour
e moins possible de déchets (1).
RES D'OPTIQUE (MACHINE PROPRE A PO-
). — La matière dont on se sert pour
(2) les verres est l'*émeri* ; et pour les
n emploie ou de l'émeri très-fin, ou
e oxyde métallique, et principalement
yde d'étain. Ces matières, en polissant
e, l'entament et le rayent, et l'art de
er consiste à croiser ces raies dans
s sens possible, et à les détruire, pour
ire les unes par les autres. L'ouvrier
core avoir un autre soin, c'est d'ap-
également sur toute la surface du verre
ne point altérer sa forme. Ainsi il
d'une machine destinée à polir le verre
imprimer, soit au verre, soit au *bas-
polissoir* (3), des mouvements assez
pour imiter le travail de la main, et
us ces mouvements ne tendent pas à
e la forme précédemment donnée au
La machine à polir les verres, de l'in-
a de M. Tournant, ressemble par ses

xtrait du *Dictionnaire des Arts et manufac-*

n appelle *doucir* les verres d'op ique, leur
la forme qu'ils doivent avoir, et les mettre
de recevoir le poli.
e *bassin* est le moule auquel on a donné la
ue le verre doit avoir : il est ordinairement
re ou en laiton. On met de l'émeri entre lui
rre ; on use le verre en le tournant dans tous
et on lui donne ainsi la même courbure
assin. Lorsque le verre a pris la forme con-
, on le polit en interposant entre lui et le
des matières extrêmement ténues ; alors le
rend communément le nom de *polissoir*.

parties principales à un *tour* en *l'air*, et elle
se meut, comme lui, au moyen d'une pédale.
La roue du tour est en plomb ; le prolonge-
ment de son axe est carré, afin d'y pouvoir
arrêter une poulie que l'on fixe, à la distance
convenable, au moyen d'une vis à oreille.
L'arbre du tour soutenu sur les deux poupées
porte également à son extrémité, qui est aussi
carrée, une poulie. Cette extrémité de l'arbre est percée dans le centre, et reçoit une
vis à tête, qui arrête la poulie contre une
embase faisant partie de l'arbre ; une corde
sans fin passe sur les deux poulies dont il
est parlé ci-dessus. La pédale, communiquant
par une corde à la roue de plomb, la met en
mouvement ; cette roue fait tourner la première poulie, et celle-ci fait tourner la seconde, qui est attachée à l'extrémité de l'arbre
du tour. C'est à l'autre extrémité de cet arbre que le verre ou le bassin sont fixés dans
une monture en cuivre. Ainsi, ce verre ou
ce bassin reçoivent par là un mouvement
circulaire. La roue de plomb a quatre rayons.
Sur l'un de ces rayons est placée une manivelle doublement coudée et ayant la forme
d'un Z. Elle est en fer, et fixée sur une pièce
de fer carrée, qui peut glisser le long du
rayon au moyen d'une vis de rappel, et que
l'on arrête à la distance convenable du centre, par une vis à tête perdue. La corde qui
tient à la pédale est accrochée à la première
partie de la manivelle au moyen d'une espèce d'anneau formé par une lame de cuivre
ployée. A l'autre partie de la manivelle est
suspendue aussi, par un semblable anneau,
une chaîne flexible, vers le milieu de laquelle
est la monture qui contient le *bassin* ou *pressoir*. Ce bassin est élevé et abaissé avec le
rayon de la roue qui porte la manivelle.
Lorsque ce rayon est horizontal, le centre du
bassin correspond à celui du verre ou de l'arbre du tour. Ainsi, le bassin déborde le verre,
soit en montant, soit en descendant, d'une
quantité égale à la distance qui existe entre
la seconde partie de la manivelle et le centre
de la roue ; cette quantité peut devenir plus
ou moins grande, au moyen de la vis de rappel. On voit que le même mouvement qui
fait tourner le verre fait monter et descendre
le bassin, en sorte que les petites parties d'é-
meri ou d'oxyde d'étain tracent sur le verre
une foule de courbes qui, se croisent dans
tous les sens, produisent le même effet que
le travail de la main. La portion de la manivelle décrit autour du centre de la roue de
plomb un cercle dont le rayon est égal à la
distance ; conséquemment elle s'éloigne autant à droite et à gauche de ce centre, qu'elle
s'élève ou s'abaisse au-dessus ou au-dessous.
Il suit de là que le bassin attaché à la chaîne
a non-seulement un mouvement d'ascension
et de descension, mais qu'il est encore porté
à droite et à gauche, si, pour éviter un mouvement superflu, on ne fait glisser la monture
qui porte le bassin entre deux jumelles en
bois ; et, comme il y a des montures de divers diamètres, les jumelles peuvent s'éloigner ou se rapprocher l'une de l'autre, au
moyen d'une vis. Le polissoir, suspendu au-

ŒUVRES COMPLÈTES

DE

M. DE LA CHÉTARDIE.

ŒUVRES COMPLÈTES

DE M.

DE LA CHÉTARDIE,

CURÉ DE SAINT-SULPICE,

Réunies pour la première fois en collection,

ET CLASSÉES SELON L'ORDRE LOGIQUE,

PUBLIÉES

PAR M. L'ABBÉ MIGNE,

ÉDITEUR DE LA BIBLIOTHÈQUE UNIVERSELLE DU CLERGÉ,

OU

DES COURS COMPLETS SUR CHAQUE BRANCHE DE LA SCIENCE RELIGIEUSE.

TOME PREMIER.

2 VOL. PRIX : 15 FRANCS.

S'IMPRIME ET SE VEND CHEZ J.-P. MIGNE, ÉDITEUR,
AUX ATELIERS CATHOLIQUES, RUE D'AMBOISE, AU PETIT-MONTROUGE,
BARRIÈRE D'ENFER DE PARIS.

1857

SOMMAIRE

DES MATIÈRES CONTENUES DANS LE PREMIER VOLUME DES OEUVRES COMPLÈTES DE M. DE LA CHÉTARDIE.

Notice.	9
Catéchisme de Bourges.	9
Apocalypse expliquée par l'histoire ecclésiastique.	665
Retraite pour les ordinands.	1047
Abrégé du catéchisme de la tonsure.	1620

Imprimerie MIGNE, au Petit-Montrouge.

NOTICE SUR DE LA CHÉTARDIE.

CHÉTARDIE (Joachim Trotti de la), savant bachelier de Sorbonne, naquit au château de la Chétardie dans l'Angoumois, l'an 1636; fut supérieur des séminaires sulpiciens du Puy en Velay et de Bourges; permuta le prieuré de Saint-Côme-les-Tours pour la cure de Saint-Sulpice, dont il prit possession en 1696; fut nommé, en 1702, à l'évêché de Poitiers, qu'il refusa par humilité, et mourut à Paris, le 1ᵉʳ juillet 1714, âgé de soixante-dix-neuf ans. Quoiqu'il se fût appliqué constamment avec zèle aux soins du gouvernement spirituel d'une des plus fortes paroisses de la France, il trouva le temps de composer plusieurs ouvrages utiles. Les principaux sont : I. des *Homélies* en latin, pour tous les dimanches de l'année, Paris, 1706 et 1708, 2 vol. in-4°, et 4 vol. in-12; II. des *Homélies* en français, au nombre de 34, Paris, 1707, 1708 et 1710, 3 vol. in-4°, et 4 vol. in-12 : le pieux orateur explique, avec onction et solidité, l'Evangile du jour, et éclaircit les principes de la morale chrétienne. On remarque dans ses discours beaucoup de méthode et d'érudition. III. *Catéchisme de Bourges*, in-4°, ou 4 vol. in-12, réimprimé sous le titre de *Catéchisme* ou *Abrégé de la doctrine chrétienne*, Paris, 1708, 6 vol. in-12 : cet ouvrage estimé a eu plusieurs éditions. IV. *Entretiens ecclésiastiques tirés de l'Ecriture sainte, du Pontifical et des SS. Pères*, ou *Retraite pour les ordinants*, 4 vol. in-12. V. *Explication de l'Apocalypse par l'histoire ecclésiastique*, pour prémunir les Catholiques et les nouveaux convertis contre la fausse interprétation des ministres, Bourges, 1692, in-8°, et Paris, 1701, in-4° : cette explication est souvent citée avec éloge dans la *Bible* de Vence. On trouve à la fin la vie de quelques empereurs qui ont persécuté l'Eglise, celle de Constantin qui lui rendit la paix, et celle de sainte Hélène, mère de Constantin.

ŒUVRES COMPLÈTES

DE

DE LA CHÉTARDIE

CURÉ DE SAINT-SULPICE.

CATÉCHISME DE BOURGES.

PRÉFACE.

PREMIÈRE PARTIE.

Où l'on rend raison de cet ouvrage.

Les personnes peu éclairées dans les mystères de la religion s'imaginent assez ordinairement qu'il est fort aisé de composer un *Catéchisme* : les savants, qui ne sont guère expérimentés dans l'exercice de l'instruction, n'en goûtent quasi point, et se persuadent qu'ils en feraient de plus beaux que ceux que nous avons, s'ils s'en voulaient donner la peine, et presque qui que ce soit, parmi le grand nombre de ceux qu'on a mis en lumière, n'en trouve aucun à son gré, que celui peut-être dont il est l'auteur; et, en effet, on n'en a point vu jusqu'ici, qui ait mérité l'approbation générale, et qui soit devenu d'un usage universel, quoiqu'on en ait fort désiré de semblables, et qu'on en ait imprimé plusieurs dans cette vue. Il est vrai que comme la doctrine chrétienne est la science la plus relevée, la plus excellente, la plus nécessaire et la plus admirable de toutes; aussi faut-il avouer que tout aisée qu'elle soit à croire en elle-même par une foi simple, elle est néanmoins difficile à bien entendre et à bien faire entendre par voie de discipline et d'instruction méthodique; car, afin de réussir parfaitement dans un tel dessein, qui, plus qu'aucun autre, demande une mûre considération, une doctrine exacte, un sens rassis, une parfaite connaissance de la religion et de la langue dans laquelle on écrit, il faut savoir à fond la plus haute théologie, autrement les expressions ne seront ni justes, ni même catholiques. Il faut s'expliquer sur les mystères et sur les sujets du monde les plus sublimes et les plus obscurs dans un style familier, intelligible, populaire et net, qui néanmoins ne soit ni bas, ni rampant. Il faut, de plus, être extrêmement méthodique, et savoir rendre raison, en général, de l'ordre de son livre, du partage des traités, et du rang de chaque leçon, et même de chaque demande, autrement il y aura de la confusion dans la mémoire des enfants, et dans l'esprit des lecteurs. Enfin il faut être exactement clair et succinct, quoiqu'il s'agisse de développer la doctrine la plus profonde et la plus vaste qui fut jamais; joint qu'il n'est pas donné à tous de trouver sur chaque point de doctrine, *l'idée nette et l'expression juste;* et, avec tout cela, quand même vous auriez atteint ces perfections, vous ne contenterez pas tout le monde, parce que chacun s'est formé une idée particulière de catéchisme toute différente l'une de l'autre, qu'il est par conséquent impossible de remplir par un seul ouvrage : l'un qui est curé de campagne, et qui n'a sous sa charge qu'un peuple grossier, voudrait un petit catéchisme, qui ne contînt que le pur nécessaire, mêlé d'histoires, et de comparaisons familières; l'autre qui travaille dans une ville médiocre, demande une explication plus étendue et plus forte; un troisième, qui fera la doctrine dans une grande ville, où assistent plusieurs enfants de condition, grands et spirituels, et même des personnes âgées et considérables, cherche un grand catéchisme qui le soutienne toute une année, et qui explique au long nos mystères. Les religieuses qui enseignent les jeunes filles, pensionnaires ou externes, et même quelquefois de nouvelles converties; les maîtres et maîtresses d'école, les pères et mères de famille, et semblables, en désireraient un qui fût extrêmement instructif, touchant et dévot; de sorte qu'il faudrait presque autant de catéchismes différents qu'il y a de paroisses et d'écoles : comme en effet, chacun, s'il avait bien du zèle, en devrait composer un proportionné à ceux qu'il enseigne. Enfin, un grand et illustre prélat, qui sait l'extrême besoin qu'on a de science, par le digne et continuel usage qu'il fait de la sienne, en a demandé un autre qui pût servir aux curés, aux ecclésiastiques de son diocèse, comme d'un livre où fût contenu tout le fond de la doctrine chrétienne expliquée, et dans lequel ils vinssent puiser des instructions dont ils se nourriraient premièrement eux-mêmes, et qu'ils digéreraient ensuite par leurs réflexions; dans lequel ils trouvassent de quoi faire un bon prône, et de quoi faire un simple catéchisme, pourvu qu'ils s'appliquassent à le lire avec attention, à le bien comprendre, à se le rendre propre, et à proportionner ensuite cette manne spirituelle à la qualité, à la capacité et aux dispositions de ceux qui l'écouteraient; semblables aux nourrices qui changent les viandes solides en lait pour nourrir leurs enfants, et aux abeilles qui, des fleurs d'un parterre, en composent leur miel, qu'on sait pourtant être d'une substance différente des fleurs. Il est sans doute qu'un catéchisme de cette dernière espèce, serait d'une utilité fort considérable et d'un usage très-grand, et c'est ce qu'on a tâché de faire dans ce premier catéchisme; principalement composé en faveur de ceux qui s'appliquent à l'instruction; car, à l'égard des enfants, les deux abrégés imprimés dans le second tome, et dans un livre séparé, peuvent leur suffire abondamment.

On eût bien souhaité de faire ce livre plus court; mais, malgré le retranchement des mots inutiles, des expressions diffuses et des redites, il n'a pas été possible de l'abréger davantage, sans dérober des instructions importantes, ou sans devenir obscur et embarrassé; on trouvera même qu'en plus d'un endroit on a préféré le style concis et serré mais qui contient la doctrine exacte, à la pureté de la langue et aux règles de l'élégance du discours, et qu'on a affecté des phrases qui disent peu, mais qui donnent beaucoup à penser. D'ailleurs, comme ce siècle est devenu plus éclairé, les ecclésiastiques plus savants, les peuples mieux instruits, l'esprit des enfants plus avancé et plus ouvert, les petits catéchismes dont on s'était ci-devant servi ne suffisent communément plus à présent : ce sont des sommaires dont la sécheresse rebuterait, et qu'on ne goûterait pas; on les avait dressés principalement pour la mémoire, et on avait eu peu d'égard au jugement et aux réflexions. Aujourd'hui on en veut qui expliquent le fond de la doctrine chrétienne et les principe de la religion d'une manière plus raisonnée et plus suivie, et qui traitent les matières de controverse un peu au long, comme celles de l'Eucharistie, de l'Eglise, de l'invocation des saints, des images, des reliques, etc., en faveur des nouveaux convertis, et pour les détromper de leurs préventions, ainsi qu'on peut voir par les amples catéchismes qu'on a mis en lumière dans la plupart des diocèses, auxquels on a jugé très à propos de se conformer, et surtout à l'égard du mystère de la très-sainte Trinité, que de nouveaux hérétiques attaquent aussi vivement que faisaient les anciens ennemis de la divinité de Jésus-Christ, c'est pourquoi on ne doit pas trouver mauvais si on a expliqué un peu au long en quel sens il faut entendre certaines expressions dont ils abusent, par exemple, que le Fils est le conseiller, le messager, l'apôtre, l'ange du Père : que le Père est plus grand que le Fils, langage qu'on trouve dans saint Athanase, et d'autres savants Pères très-zélés défenseurs de la consubstantialité, même après le concile de Nice : ce qui seul devrait confondre ces impies, lorsqu'ils veulent tirer à conséquence de semblables termes dans les auteurs plus reculés et dont les docteurs de l'Eglise ont cent et cent fois donné le véritable sens.

En effet, pour revenir à ce qu'on disait, on veut, et on ordonne même sous peine de censure, qu'on fasse le catéchisme tous les dimanches et toutes les fêtes de l'année; cependant, un curé, assidu à instruire son peuple, a épuisé en sept ou huit leçons ces petits abrégés, après quoi il ne sait plus que dire à ses enfants, qui, d'ailleurs, les ayant bientôt appris, les oublient souvent avec la même promptitude : de sorte qu'il faut qu'il ait recours à d'autres livres pour y suppléer, et dire quelque chose de nouveau; ou qu'il compose de plus amples instructions, de quoi tout le monde n'est pas capable; ou qu'il se désiste de ce saint exercice, de peur d'ennuyer le monde à force de redire les mêmes choses, et c'est le plus grand et le plus ordinaire inconvénient. Il a donc semblé incomparablement mieux, outre les deux abrégés, d'en proposer un troisième, qui fût ample, laissant à la discrétion du catéchiste de supprimer, et les demandes, et les leçons, et les instructions mêmes tout entières, qu'il jugera trop longues ou trop savantes, eu égard à son auditoire, et de les réserver pour ses prônes, ou lorsqu'il l'en aura rendu capable, comme il est arrivé à plusieurs curés zélés, et qui ont rendu fort savants les peuples qu'ils avaient trouvés grossiers et ignorants, par la fidélité infatigable qu'ils ont eue à les instruire et surtout par leur attachement à former et élever la jeunesse dès le plus bas âge.

On voit dans cette ville tous les dimanches et toutes les fêtes des enfants de quatre ans, réciter par cœur des actes fort longs; et d'autres qui n'en ont pas six, répondre parfaitement bien, et d'une manière libre et aisée, sur ce qu'il y a de plus difficile dans le catéchisme, qu'on leur aprenait avant de le faire imprimer, et cela sans leur en avoir donné de billets : Il y a treize ans que la chose dure, et qu'on l'admire : pourquoi donc n'en ferait-on pas partout autant, si on s'en voulait donner, non pas la peine, mais le plaisir et la consolation ? Un semblable exemple ne devrait-il pas fermer la bouche à ceux qui, au lieu d'exagérer le défaut d'esprit dans les peuples, devraient plutôt crier contre le défaut de zèle dans ceux qui sont chargés de les instruire.

Cependant, comme tout le monde n'a pas assez de temps ou de facilité pour abréger un grand catéchisme, on vous en présente ici trois : le premier propre aux petits enfants et aux personnes les plus grossières; le second, à ceux qui commencent d'être en état de s'approcher des sacrements; et le troisième, pour les plus savants et pour les catéchistes mêmes, qu'on a eu particulièrement en vue, comme on vient de dire. Ainsi, les abrégés sont le lait des enfants; et le grand, la viande solide des hommes parfaits, que néanmoins on a jugé devoir mettre le premier en ordre. On a ajouté divers Actes, en manière de profession de foi, qu'on a mis à la fin, d'autant plus volontiers, que quelques-uns de MM. les curés qui l'avaient en manuscrit, en ayant fait la lecture à leurs peuples à la fin du prône, ont vu qu'elle était écoutée avec beaucoup d'attention et de plaisir, et par conséquent d'utilité. Et parce qu'on a tâché de ne dire point deux fois la même chose, ceux qui voudront se servir du grand catéchisme consulteront, s'il leur plaît, auparavant le second et le troisième, s'ils ne veulent rien omettre d'important.

La doctrine chrétienne étant d'une étendue aussi vaste que sa diversité est grande, on a cru, pour la ranger méthodiquement, la devoir rapporter à cinq chefs : à ce qu'on doit, 1° croire, 2° recevoir, 3° faire, 4° éviter, 5° méditer. Ce partage tout naturel ne doit pas être regardé comme une pure invention de l'esprit humain, puisqu'il est fondé sur les paroles du Fils de Dieu, lequel, au moment même de son ascension au ciel, donna à ses disciples cette dernière leçon, comme en sommaire merveilleux de tout l'Evangile : *Et accedens Jesus locutus est eis dicens : Data est mihi omnis potestas in cœlo et in terra : Euntes ergo in mundum universum, prædicate Evangelium universæ creaturæ : qui crediderit et baptizatus fuerit, salvus erit ; qui vero non crediderit condemnabitur.* (Marc. XVI, 15, 16.) *Docete omnes gentes, baptizantes eos in nomine Patris, et Filii, et Spiritus sancti, docentes eos servate omnia quæcunque mandavi vobis.* (Matth. XXVIII, 18-20.) *Tunc aperuit illis sensum ut intelligerent Scripturas*, etc. (Luc. XXIV, 45.) Car l'obligation que nous avons, 1° de croire, nous est montrée par ces mots : *Qui crediderit salvus erit ;* 2° et de recevoir *les sacrements,* par ceux-ci : *Qui baptizatus fuerit salvus erit ;* 3° et de faire de bonnes œuvres, ou de pratiquer les vertus, et garder les commandements, par ceux-ci : *Docentes eos servare omnia quæcunque mandavi vobis ;* 4° et d'éviter le péché, par ceux-ci : *Qui vero non crediderit condemnabitur ;* 5° et de méditer la loi de Dieu, par ceux-ci : *Tunc aperuit illis sensum ut intelligerent Scripturas.* Ainsi, on a cru ne pouvoir rien imaginer de mieux que de se conformer à un plan si excellent.

On finit en avertissant qu'on ne touchera plus à cet ouvrage, quelque nouvelle édition qu'on en fasse, non qu'on croie avoir épuisé la doctrine chrétienne : au contraire, c'est à cause qu'elle est inépuisable, et que qui voudrait ne cesser d'ajouter et perfectionner que quand l'étude ou l'esprit ne fournirait plus rien ne finirait jamais, qu'il faut reconnaître sa propre insuffisance, succomber à sa matière, et laisser aux personnes plus éclairées à faire mieux.

Non est finis thesaurorum ejus. (Isa. II, 7.)

SECONDE PARTIE.

Contenant divers avis aux catéchistes.

Au reste, comme cet ouvrage est le fruit d'une assez longue expérience et d'une pratique assidue, on a cru pouvoir, sans témérité, donner quelques avis à ceux qui voudront s'en servir, et surtout aux commençants, d'autant plus que la méthode qu'on y a suivie a paru utile et aisée aux enfants. Voici quels ils sont.

1. Préparez-vous à vos catéchismes pen-

dant la semaine; prévoyez votre matière d'un dimanche à l'autre, lisez-la avec attention, et, la plume à la main, abrégez les demandes trop longues, suppléez à celles qui sont trop courtes, retranchez les superflues, éclaircissez les obscures, ajoutez les omises; conférez le petit catéchisme avec le grand; choisissez votre histoire, et proportionnez le tout à la capacité de vos enfants; car d'ouvrir votre livre quand la cloche sonne, et de prétendre y trouver les matières tellement digérées que vous n'ayez besoin d'aucun travail que de lire, vous ne vous échaufferez point et n'échaufferez personne. Ne regardez donc ces instructions que comme des matériaux que vous devez arranger, façonner et placer.

2. Parlez peu de suite; car si vous faites de longs discours, les enfants s'ennuieront, se lasseront, s'endormiront, se dégoûteront, seront peu modestes et n'apprendront rien.

3. Interrogez beaucoup, et qu'aucun enfant ne se plaigne, au sortir du catéchisme, que vous ne lui avez rien demandé. Par ce moyen, vous les rendrez attentifs et appliqués; ils auront de l'émulation, et leurs parents viendront les entendre avec plaisir. Et pour cela ayez un catalogue exact; parcourez-le tout en interrogeant.

4. Quand on demande, par exemple : *Combien y a-t-il de gens qui pèchent contre la Foi?* et qu'on vous aura répondu : *Il y en a cinq*, ne faites pas nommer ces cinq sortes de personnes à un seul enfant; mais dites à un : *Qui sont les premiers qui pèchent contre la Foi?* Et après qu'il l'aura dit, demandez à un autre : *Quels sont les deuxièmes qui pèchent contre la Foi?* et faites toujours répéter à plusieurs la même réponse.

5. Quand vous voudrez expliquer à vos enfants un traité, par exemple *Les sacrements en général*, apprenez-leur d'abord deux ou trois questions des plus importantes et des plus aisées du commencement, autant du milieu et autant de la fin, omettant exprès beaucoup de demandes moins claires entre deux. Et quand ils répondront facilement à ces sept ou huit questions, et qu'ils croiront qu'il n'y a plus rien à savoir là-dessus, ajoutez les autres en leur lieu, successivement d'un catéchisme en un autre, jusqu'à ce que vous ayez tout dit; car on a vu par expérience que cette méthode est utile, et qu'ils apprennent et retiennent bien mieux ainsi que quand on s'attache à vouloir leur enseigner tout de suite une grande instruction, dont la longueur les ennuie et fait qu'ils se perdent dans une matière dont ils ne voient pas assez promptement le bout.

6. Quand vous aurez connu par expérience de quoi votre auditoire est capable, tenez-vous-en là : il vaut mieux ne lui donner que les instructions suffisantes et proportionnées, que de l'en surcharger au delà de sa portée. C'est ici où la prudence est requise pour trouver ce degré. Il est toujours certain, en général, que ce que les enfants ont peine à redire les surcharge. Ainsi, retranchez-vous à ce que vous voyez qu'ils apprennent avec facilité et qu'ils redisent avec plaisir.

7. Quand les réponses souffrent une petite morale sur les péchés auxquels les enfants sont sujets, comme sur la désobéissance aux parents, sur les mensonges, sur la vanité des habits, sur l'immodestie, sur le défaut d'intégrité à la confession, etc., ne la laissez pas échapper; appuyez un peu là-dessus, et faites-en parler plusieurs sur ce sujet. Cette présente instruction donne un champ bien ample pour cela, si vous la lisez avec attention.

8. Louez un peu et encouragez ceux qui sont naturellement timides; ne les faites pas parler les premiers, et ne souffrez pas que jamais ils tombent en confusion ni qu'on se moque d'eux.

9. Quand celui que vous interrogez n'a pas bien répondu, adressez-vous à un autre plus savant, et suivez-les ainsi jusqu'à ce que vous ayez trouvé quelqu'un qui enfin dise comme il faut, et ne vous hâtez pas de résoudre la difficulté. Que s'ils se partagent dans leurs sentiments, cela les tiendra encore plus en suspens; et comme vous serez mieux écouté, quand, après quelque temps, vous leur direz ce qu'ils doivent croire, aussi retiendra-t-on mieux votre décision.

10. Quand une réponse est difficile pour sa longueur ou pour son obscurité, faites-la dire et redire à plusieurs, jusqu'à ce qu'elle soit devenue familière et intelligible à tous, et cela pendant plusieurs catéchismes.

11. Ne faites jamais, s'il se peut, de correction à aucun enfant, en particulier, pendant le catéchisme; mais plaignez-vous, en général, si quelques-uns ne sont pas assez sages.

12. Tâchez d'entremêler toujours aux instructions que vous donnez aux enfants quelques bons avis pour les grandes personnes qui vous écoutent, mais sans que cela paraisse affecté. Vous en trouverez ici de toutes propres à ce dessein.

13. Ne parlez jamais des péchés opposés aux sixième et neuvième commandements, sans beaucoup de réserve, de sérieux et de gravité, et sans un grand choix de paroles, de peur que vous n'appreniez aux enfants ce qu'ils ignorent, ou que vous n'excitiez leur curiosité, ou que vous ne leur donniez lieu de vous faire des questions imprudentes, ou que vous ne vous embarrassiez vous-même, et de peur aussi de faire quelque peine aux grandes personnes. Ne craignez pas tant de nuire à l'intégrité de la confession de quelques-uns que de préjudicier à l'innocence de plusieurs.

14. Quand un enfant a bien répondu à votre demande, ne manquez pas vous-même aussitôt de redire fort distinctement et fort intelligiblement sa réponse, afin qu'on l'écoute et qu'on la retienne mieux; car d'ordinaire la voix des enfants ne se fait pas assez entendre.

15. Trouvez toujours dans la demande que vous faites, et la réponse qu'on vous donne, le sujet de votre morale, en éten-

dant l'une et l'autre, et ne l'allez pas chercher hors de propos, il y en a assez qui se rapportent au sujet, et surtout qu'elle soit courte.

16. N'engagez jamais un enfant à vous faire une réponse qui soit longue ; coupez votre demande en plusieurs petites questions et n'exigez d'eux que peu de paroles suivies, à moins qu'ils ne les aient apprises par cœur. Par exemple on demande : *Quels sont les sacrements des morts ?* on répond : *Ceux qui sont établis pour les pécheurs morts à la grâce de Dieu.* D. *Et les sacrements des vivants ?* R. *Ceux qui sont institués pour les justes vivants à la grâce de Dieu.* Il faut de ces deux demandes et de ces deux réponses faire une douzaine de questions et dire : D. *Quelle est la mort de l'âme ?* R. *C'est le péché.* D. *Quel péché ?* R. *Le péché originel et le péché mortel.* D. *Que dites-vous de ceux qui ont le péché originel, ou qui sont en péché mortel ?* R. *Qu'ils sont morts spirituellement devant Dieu.* D. *Qui donne la vie spirituelle à ceux qui sont morts par le péché originel ?* R. *Le baptême.* D. *Et à ceux qui sont morts par le péché actuel ?* R. *La pénitence*, etc.

17. Ne donnez point de billets à apprendre aux enfants, que sur des sujets que vous leur aurez déjà appris par raison et jugement parce qu'alors ils entendront ce qu'ils diront, et ils rangeront mieux leurs idées.

18. Quand vous voulez commencer à faire parler et répondre un jeune enfant, et à lui donner du courage, proposez toujours la demande que vous avez à lui faire, à deux ou trois autres plus savants, et après qu'ils auront bien répondu, interrogez celui que vous voulez enhardir ; louez un peu sa réponse, donnez-lui quelque petit prix et faites ensuite parler un autre qui ne s'en acquitte pas si bien, puis revenez au premier. On a remarqué que les plus petits enfants à force d'entendre les demandes qu'on fait aux grands, et les mêmes réponses, les apprennent mieux que si on les interrogeait.

19. N'admettez à votre catéchisme autant que vous le pouvez, que des enfants d'une même force, et d'un même degré de capacité.

20. Inspirez-leur la sagesse, la modestie, l'attention et le désir d'apprendre, en les piquant d'honneur, en prenant une mine sérieuse, quand ils font quelque faute, en les prenant du côté de la raison, de la présence de Dieu et de la bienséance, en les menaçant s'ils n'entrent dans cet esprit, de les renvoyer à leurs parents, et vous verrez qu'ils deviendront avec un peu de temps et de patience, posés, arrêtés et réglés. Il est vrai que l'ordre ne s'établira pas parmi eux si promptement qu'en y introduisant les premières places des bancs, les points blancs et noirs, les châtiments et les récompenses, mais ils se feront plus solidement sages, et ils ne seront pas si longtemps enfants.

21. Engagez les plus anciens et les plus sages de votre catéchisme à vous amener quelques enfants plus jeunes qu'eux à les instruire et dresser à vos manières, et reprochez-leur qu'après plusieurs mois ils ne vous ont encore attiré personne.

22. A chaque catéchisme que vous faites, apprenez à vos enfants quelque brève sentence de l'Ecriture, ou quelque avis instructif, ou quelque pratique de piété : Faites-les leur répéter, et qu'ils l'emportent dans leurs maisons ; afin d'en édifier leurs parents.

23. Faites toujours les mêmes questions, et dans les mêmes termes, et que vos enfants fassent toujours les mêmes réponses et dans les mêmes mots : Choisissez ceux qui sont les plus naturels et les plus simples, et les plus d'usage, et ne les changez point ; par ce moyen les enfants répondront avec hardiesse, facilité, promptitude et plaisir ; ils rangeront leurs idées, ils s'habitueront au langage doctrinal, et en grandissant leurs lumières, ainsi placées et conservées, croîtront et s'étendront par les sermons, les lectures et les réflexions, ils trouveront au dedans d'eux-mêmes ce qu'on leur dira au dehors. Par exemple quand vous demanderez : *Qu'est-ce que le Décalogue ?* et qu'ils vous auront répondu : *C'est l'abrégé de la loi de Dieu, contenue en dix commandements* : Ne variez jamais et déterminez-les à répondre toujours ainsi. Il semble qu'il soit plus utile de diversifier de jour à autre les demandes, que de se servir de paroles différentes et de renverser sa méthode ordinaire, parce que, dit-on, autrement les enfants ne parleront que comme des perroquets, et dès qu'ils changeront de catéchistes, ils ne sauront plus rien. Mais la pratique apprend que c'est une erreur, et fait voir que par ce changement et ce renversement fréquent, on efface en un jour dans l'esprit des enfants, ce qu'on y a imprimé un autre, on édifie et on détruit, on embrouille leur mémoire : leurs idées se troublent ; ils ne savent plus à quoi s'en tenir, ni que croire ou dire ; en un mot, ils ne retiennent rien ; leur science n'est plus que confusion et incertitude, ils se chagrinent de ne pas paraître savants, et de ne pas comprendre ce qu'on exige d'eux.

24. Quoique vous n'ayez à votre catéchisme que de petites filles, n'en soyez pas moins sur vos gardes. Souvenez-vous de cet avis du Saint-Esprit : *Fuyez le péché comme devant la face d'une couleuvre* ; il ne dit pas comme devant la face des lions ou des ours, qui ne peuvent nous tuer s'ils ne sont grands, mais du serpent ou du basilic, qui, quelque petit qu'il soit, peut nous donner la mort : il peut même arriver que les enfants, pour faire croire à leurs parents que vous les aimez bien, leur diront que vous leur en donnez des marques, à quoi vous n'avez pas pensé. Profitez de cet avis, veillez sur vous-même, soyez prudent, modeste, retenu, sérieux et réservé, et recommandez-vous à Dieu dans la prière : *Filiæ tibi sunt, non ostendas hilarem faciem tuam ad illas.* (Eccli. VII, 26.) C'est encore un avis du Saint-Esprit.

25. Si vous donnez des images aux en-

fants, choisissez celles qui représentent les mystères ou les saints les plus connus, comme du Crucifix, du saint Sacrement, de la sainte Vierge, etc. Donnez de petits livres de dévotion, etc., mais où il n'y ait rien de singulier, de bizarre, d'immodeste, de ridicule, etc.

26. Abstenez-vous de toute préférence; car on remarquera si vous favorisez les enfants de condition les mieux vêtus ou les mieux faits, et on ne s'en édifiera pas. Donnez tellement des prix aux riches que vous en donniez en même temps aux pauvres, et qu'on voie que vous ne considérez que la sagesse, la science, l'assiduité. Que si, pour ne pas rebuter les riches, vous leur donnez quelque place ou rang, usez d'adresse, et que cela ne paraisse pas affecté.

27. Prenez soin de faire apprendre par cœur à vos enfants des Actes de foi, d'espérance, de charité, de contrition, d'adoration, etc., et de les leur faire déclamer tout haut à chaque catéchisme, de quoi les plus petits sont capables; car outre que tout fidèle est tenu en conscience de faire souvent ces actes, c'est que les enfants s'en occupent toute la semaine, pour tes bien dire le dimanche suivant, les parents prennent plaisir à les leur faire répéter à la maison, leur famille s'en édifie, on vient les leur entendre dire dans l'Église, et cela les encourage beaucoup. On a imprimé les principaux de ces actes, dans une feuille à part, lesquels peuvent être coupés séparément, écrivez le nom de l'enfant à qui vous le donnerez, au haut du billet, afin qu'il vous le rende en revenant au catéchisme, et que vous l'appeliez quand vous le jugerez à propos le lui faire réciter. On a vu un grand fruit de cette pratique.

28. Il serait beaucoup mieux de faire le catéchisme aux filles à part, et aux garçons à part, que de les assembler en un même lieu et à une même heure, évitez cela le plus que vous pourrez : il faut du moins les séparer, mettant les uns à droite et les autres à gauche ou en biais, en sorte qu'ils ne se voient pas bien ; car autrement ils badineront ensemble, et ils se familiariseront. On a remarqué que les enfants sont beaucoup plus modestes quand ils n'en voient point d'autres de différent sexe à leur instruction.

29. Il est bon d'obliger les parents de vous présenter leurs enfants, et à venir de temps en temps les entendre, de savoir d'eux comme ils se comportent à la maison, et de les informer de ce qu'ils font au catéchisme.

30. Gardez-vous de recevoir ni de garder aucune fille à votre catéchisme qui ne soit modestement vêtue et couverte, et qui ne se tienne dans une posture décente. Représentez aux parents leur devoir là-dessus ; n'interrogez point celles qui sont trop mondainement ajustées, ne leur donnez rien, dites-leur-en doucement la raison ; ne les regardez pas, parlez en général contre les vains ornements, et ayez des histoires là-dessus qui leur fassent peur, sans néanmoins les rebuter. Il y en a assez dans les saints Pères.

31. Faites le catéchisme des filles au milieu de la nef, et jamais dans les chapelles retirées ni dans des lieux à l'écart ou obscurs, et qu'il y en ait toujours grand nombre ensemble; ne vous attachez à l'instruction d'aucune en particulier. Tout en plein jour, en pleine église, en public et à la vue de tout le monde. Que si vous leur donnez des billets à apprendre, ne les faites point venir les jours ouvriers en particulier pour les déclamer, elles les réciteront suffisamment bien à l'église.

32. Ne prenez jamais aucun présent ni étrennes sous quelque prétexte que ce soit, ni de quelque nature qu'ils puissent être, à cause de plusieurs notables inconvénients qu'on voit assez.

33. Vous trouverez quelquefois des gens si hébétés et si stupides, qu'ils vous paraîtront incapables de comprendre et de retenir aucune vérité : après que vous leur aurez dit cent fois qu'il n'y a qu'un Dieu, si vous leur demandez ensuite combien il y en a, ils vous répondront qu'il y en a trois, et ainsi du reste, de sorte qu'on ne sait à quoi se résoudre quand il faut leur administrer les sacrements.

A cela deux avis. Le premier, qu'entre ces personnes-là il y en a plusieurs qui dans leur entendement conçoivent fort bien ce que vous leur dites, et qui cependant répondront faux quand vous les interrogerez. Ne croyez donc pas toujours qu'ils sont incapables d'apprendre, parce qu'ils sont incapables de s'exprimer. Car même, si vous y faites attention, vous trouverez, en les examinant de près, qu'ils entendent fort bien leurs affaires temporelles, et qu'ils s'en expliquent tout de travers à contresens.

Le second avis est d'instruire ces sortes de gens par voie d'acquiescement et non d'interrogation et de réponses. Par exemple, dites-leur : *Mon enfant, ne croyez-vous pas bien qu'il n'y a qu'un Dieu? Oui, Monsieur. Ne croyez-vous pas qu'il y a trois personnes en un seul Dieu? Oui, Monsieur, je suis prêt de donner ma vie pour cela. N'êtes-vous pas bien fâché d'avoir offensé Dieu, parce qu'il est bon, etc.? Oui, Monsieur, et de tout mon cœur, etc.* Faites-les ainsi acquiescer, par de semblables réponses que vous leur suggérerez, aux vérités de la foi, et n'exigez pas qu'ils vous répondent par des paroles et des réponses suivies ne pouvant faire mieux.

34. Plusieurs disent qu'ils ont beau exhorter leurs peuples à venir au catéchisme et à y envoyer leurs enfants, et cependant que personne n'y vient. Et voici la raison. C'est que peut-être on ne s'applique à cet exercice que légèrement ; on n'aime que les compagnies et les visites, on n'étudie point, on ne s'y prépare point, on fuit le travail et la peine, on le fait mal, on ne le regarde point comme son capital soin et son cher plaisir, on n'y apporte aucune industrie, telle que des images, des actes, etc. D'avoir des bancs

bien disposés, afin que les enfants s'y tiennent commodément. On ne fait pas la moindre dépense pour cela, quoiqu'on ne plaigne point l'argent à d'autres choses moins importantes; on ne les y fait pas venir dès leur tendre jeunesse, on ne choisit pas le lieu ni l'heure commode, on néglige les petites écoles, on ne s'attire pas la soumission, la croyance et l'attention des peuples par une vie exemplaire, sérieuse et vertueuse; on ne va ni les exhorter par les villages et maisons, ni écrire leurs noms, ni les solliciter à venir; on a honte de cet emploi, on craint les railleries du monde, quoique saint Paul compte les paroles pour si peu de chose, qu'il ne les met pas même au rang de celles qui peuvent nous séparer de Jésus-Christ et nous détourner de notre devoir. Et voilà souvent les véritables causes de ce que personne ne vient au catéchisme; car on voit que ceux qui pratiquent ces choses sont extrêmement suivis, et qu'on les écoute avec plaisir. Au fond, quand il y viendrait peu de personnes, il ne faut pas s'abstenir de répandre la doctrine chrétienne; le soleil ne laisse pas d'éclairer les déserts ni les sources de couler sur le sable aride, dit saint Chrysostome.

35. Vous demanderez peut-être à quel âge il faut que les enfants fassent leur première communion. On vous répond qu'il faut exiger d'eux, pour cette sainte action, cinq choses : 1° la science; 2° la sagesse; 3° la vertu; 4° un esprit un peu mûr; 5° un désir dévotieux de communier. Ces qualités ne se trouvent presque jamais au-dessous de dix ans : il est bon même de consulter auparavant leurs parents pour savoir d'eux comment ils se comportent à la maison, et de le faire avec leur agrément.

36. N'interrogez que les enfants, et non les grandes personnes.

37. Exhortez les pères et les mères d'envoyer leurs enfants au catéchisme, ainsi que les maîtres et les maîtresses leurs domestiques.

38. Abstenez-vous de toute question nouvelle et curieuse, et par conséquent dangereuse ou frivole : vous souvenant de cette parole chez le Prophète : *Je suis le Seigneur votre Dieu, qui vous enseigne des choses utiles.* (Isa. XLVIII, 17.)

39. Terminez votre instruction par quelque histoire, posez-en les circonstances : faites-la un peu durer, rendez-la utile, mêlant au milieu du récit quelques réflexions morales ; n'en dites point qui ne soient sûres et rapportées dans des auteurs dignes de foi; et finissez votre catéchisme avec l'histoire et la prière.

CONCLUSION.

Enfin un curé zélé s'excitera à bien faire le catéchisme par la considération fréquente et sérieuse des vérités suivantes : 1° Qu'il fait l'office de Notre-Seigneur Jésus-Christ qui a employé toute sa vie à faire connaître, aimer et glorifier son Père éternel, et à enseigner aux hommes les vérités nécessaires à leur salut. 2° Qu'il est indispensablement obligé de le faire, l'instruction de ses paroissiens étant un des principaux devoirs de sa charge pastorale, dont l'omission le rend criminel devant Dieu et indigne d'offrir le saint sacrifice de la Messe, de recevoir et d'administrer les sacrements. 3° Que la foi expresse des principaux mystères de notre religion étant absolument nécessaire aux adultes pour recevoir la grâce, les peuples, sans cette foi, sont incapables des sacrements, leurs confessions sont nulles ou sacrilèges, et passent ainsi toute leur vie dans l'état malheureux du péché mortel, à la ruine entière de leurs âmes et à la honte et confusion de leurs pasteurs. 4° Qu'il est coupable de la perte de ses paroissiens qui, par sa faute, périront dans l'ignorance; qu'il en rendra un compte rigoureux au jugement de Dieu, lorsque ces pauvres âmes, se voyant privées pour jamais de la gloire, porteront leurs plaintes au tribunal de la divine justice, où avec des voix de sang elles demanderont vengeance contre leurs pasteurs négligents et mercenaires qui, par leur ignorance, par leur paresse ou par leur cruauté, seront la cause de leur damnation éternelle. 5° Qu'il est honteux aux pasteurs catholiques de voir le soin des hérétiques à s'instruire et à instruire les autres de leurs erreurs, tandis qu'eux qui sont les enfants de la lumière sont moins savants des vérités chrétiennes, et moins zélés pour en rendre savants leurs peuples, selon cet ancien reproche de saint Jérôme : *Nullus enim ecclesiasticorum tantum habet studii in bono, quantum hæretici in malo, et in eo se lucrum putant consequi, si alios decipiant, et ipsi perditi cæteros perdant.* (S. HIER., *in Isa.* XVIII.)

Les vertus qu'il doit pratiquer en faisant le catéchisme, sont : 1° une modestie accompagnée d'une honnête gaieté ; 2° une douceur qui encourage les timides et les faibles; 3° une gravité qui contienne en leur devoir les esprits légers et peu respectueux; 4° une grande patience pour souffrir les ignorances et les autres grossièretés et manquements des peuples; 5° une charité paternelle, pour ne laisser personne sans instruction.

Negligentia magna parochi in docendo ad salutem necessaria, nempe Symbolum, Decalogum, et Pater noster, mortalis est ubi passim magnus est abusus eorum qui contenti docuisse Symbolum latine, non explicant populo rudi mysteria fidei, præsertim Trinitatis et Incarnationis, tantopere ad salutem necessaria. VÆ PAROCHIS, VÆ EPISCOPIS, VÆ PRÆLATIS. (SA, v. *Parochus*.)

CATÉCHISME DE BOURGES.

LEÇON I.
De l'excellence et de la nécessité du catéchisme, et de la manière de le faire et de l'entendre.

DEMANDE. *Qu'est-ce que le catéchisme?*
RÉPONSE. Une instruction familière, où l'on apprend ce qu'il faut : 1° croire ; 2° recevoir ; 3° faire ; 4° éviter ; 5° méditer pour servir Dieu, et pour être sauvé : ce peu de mots comprend tout l'ordre de cet ouvrage.

Que faut-il croire pour être sauvé?
1° Tout ce que l'Église croit en général. 2° Les principaux mystères de notre religion en particulier. 3° On doit être instruit de la doctrine des sacrements, du moins de ceux qu'on est obligé de recevoir, et des dispositions qu'il y faut apporter.

Quels sont ces principaux mystères?
1° L'existence et l'unité de Dieu ; 2° la Trinité ; 3° l'Incarnation ; 4° l'Église ; 5° l'immortalité de l'âme ; 6° la résurrection de la chair ; 7° le jugement final ; 8° le paradis et l'enfer.

Faut-il savoir toutes ces choses?
Oui, généralement parlant, et quiconque les ignore, surtout par sa faute, et meurt dans cette ignorance, se perd misérablement, aussi bien que ceux qui étaient tenus de l'en instruire, et qui ont négligé de le faire.

Que faut-il recevoir pour être sauvé?
1° La grâce de Dieu ; 2° les sacrements, sinon en effet, du moins en désir, quand on ne le peut autrement ; 3° et par conséquent on doit savoir produire des actes de foi, d'espérance, d'amour, de contrition, d'adoration, etc., etc., se mettre en bon état, pour s'en approcher dignement.

Que faut il faire pour être sauvé?
1° Garder les commandements de Dieu et de l'Église ; 2° satisfaire aux devoirs du Chrétien ; 3° pratiquer les vertus ; 4° faire des bonnes œuvres ; 5° vaquer à la prière ; 6° s'acquitter des obligations de son état.

Qu'entend-on par là?
Que chacun doit remplir les devoirs de sa condition selon Dieu, le père et la mère envers les enfants, les enfants envers leurs parents, le maître et la maîtresse, le mari et la femme, le juge, le magistrat, le médecin, le prêtre, etc., en un mot chaque profession porte avec elle ses engagements, et on est tenu en conscience d'y satisfaire, et conséquemment de s'en instruire, et c'est ce qu'on apprend au catéchisme.

Que faut-il éviter pour être sauvé?
Le péché, et ce qui nous y conduit.

Que faut-il méditer?
1° La parole de Dieu ; 2° les mystères et les vérités de notre religion ; 3° la vie et les exemples des saints.

Où apprend-on tout cela?
Au catéchisme, qui n'est en un mot qu'un précis des principales vérités de la foi, pour les croire ; des plus hauts mystères de la religion, pour les révérer ; des plus importantes règles de la piété, pour les suivre.

Qui doit y venir?
Tout le monde : il n'y a personne qui n'y puisse profiter, et qui n'y entende des choses utiles et nouvelles pour lui ; ceux qu'on croit, ou qui se croient les plus éclairés souvent ne le sont pas : d'ailleurs la présence des grands autorise, édifie et attire les petits, et honore la doctrine chrétienne. Mais particulièrement ceux qui l'ignorent, tels que sont ordinairement : 1° les enfants ; 2° les paysans ; 3° les artisans ; 4° les valets et servantes ; 5° les pauvres, spécialement les orphelins, étrangers, vagabonds, etc. ; 6° les esprits grossiers et peu capables de réflexion ; 7° les gens d'affaires plongés dans les embarras temporels ; 8° les paresseux ennemis du travail et de l'application ; 9° les timides qui ont honte de se faire instruire ; 10° les vieillards qui, voyant leur peu de science, doivent par leur attention suppléer à la négligence de leur jeunesse.

Qui doit y envoyer les autres?
1° Les pères et les mères ; 2° les tuteurs et les tutrices ; 3° les maîtres et les maîtresses ; 4° les parrains et les marraines ; 5° en un mot, les supérieurs et les supérieures, les officiers, les magistrats, les seigneurs et les dames, etc., doivent veiller à ce que ceux qui dépendent d'eux, le sachent : que s'ils ne le font pas, le curé doit les en avertir en particulier, prêcher en général (sur cette obligation, sans nommer ni désigner personne ; et pour dernier remède, en informer celui qui peut y donner ordre.

Qui doit le faire?
1° Les pasteurs ; 2° les ecclésiastiques ; 3° les religieux ; 4° quiconque a du zèle, quand il en voit la nécessité, l'aumône spirituelle étant encore d'une plus étroite obligation que la corporelle, la vie et la mort de l'âme d'une conséquence infiniment plus grande, sans préjudice néanmoins de l'ordre et de la discipline de l'Église.

A quoi est tenu un curé pour s'acquitter de ce devoir?
Il doit : 1° prier, étudier et catéchiser fêtes et dimanches ; 2° exhorter le peuple d'y assister ; 3° aller par les maisons et villages ; 4° ne publier les bans, ne recevoir ni parrain ni marraine, et n'absoudre personne qui ne soit suffisamment instruit, et qui ne fasse instruire ceux qu'il a sous sa conduite ; 5° faire l'école aux garçons, et procurer à sa paroisse des maîtresses pour les filles ; 6° introduire l'usage des cantiques spirituels,

qui contiennent les principaux mystères et devoirs de la religion.

Pourquoi tant de soins?
Il est chargé du salut de son peuple, et il doit en répondre devant Dieu. Interprète aussi bien que dépositaire des vérités, il n'est pas moins tenu de les expliquer que de les conserver, puisque selon les saints, la connaissance des mystères est aussi nécessaire, que les mystères mêmes.

De qui faut-il recevoir l'instruction?
De l'Eglise et de ses pasteurs.

Est-il mieux de venir au catéchisme qu'on fait publiquement dans l'église, que de se faire instruire en particulier à la maison?
Oui, ce qui se fait par les fidèles assemblés en commun, a toujours plus de grâce et de bénédiction.

Pourquoi donc venez-vous au catéchisme?
Parce que je suis Chrétien.

Est-ce bien dit?
Oui, et tout aussi bien, que si demandant pourquoi un tel fréquente les brelans et les cabarets, on répondait, parce qu'il est un débauché : pourquoi une telle se farde et se pare de tant de rubans et de dentelles, pourquoi elle va au bal et à la comédie; on disait, parce qu'elle est une mondaine.

Pourquoi encore y venez-vous?
Afin, 1° de m'instruire de ma religion; 2° de me nourrir de la parole de Dieu; 3° de m'édifier et d'édifier; 4° d'apprendre à connaître, à aimer et servir Dieu et Notre-Seigneur Jésus-Christ.

Pourquoi n'y vient-on pas?
Parce qu'on est, 1° paresseux; 2° honteux; 3° orgueilleux; 4° libertin; 5° oublieux de son salut et de sa perfection; 6° occupé du monde, des affaires et des plaisirs; 7° on sait plus de bien qu'on en veut faire; 8° on ne veut pas apprendre le bien qu'il faudrait faire; 9° on en ignore l'utilité; 10° on ne goûte pas la doctrine chrétienne, juste punition du mépris qu'on en fait.

Y a-t-il péché de n'assister pas au catéchisme?
Oui, quand on ne sait pas les choses nécessaires au salut, et qu'on n'a pas d'autre moyen de les apprendre, ou quand on s'absente par mépris, négligence, orgueil, etc.

Y a-t-il des gens qui se perdent pour n'être pas venus au catéchisme?
Oui, et en grand nombre, de tout âge, sexe et condition, entre autres ceux qui, avertis et exhortés par leurs pasteurs d'y assister, ne l'ont pas fait, et qui, faute de cela, meurent dans l'ignorance des vérités nécessaires au salut.

Quels maux naissent de l'ignorance du catéchisme?
1° Les erreurs et les hérésies; 2° les superstitions; 3° la dépravation des mœurs; 4° l'impiété et l'irrévérence pour les choses saintes; 5° la profanation des sacrements, dont on ne connaît plus l'excellence ni la dignité; 6° l'insensibilité pour le salut; 7° une vie toute brutale à la campagne et toute païenne dans les villes; 8° l'oubli de Dieu; 9° la mauvaise éducation des enfants, qui n'obéissent plus à Dieu ni à l'Eglise, ni à leurs parents, d'où s'ensuit la débauche de la jeunesse, et la corruption de toutes sortes d'états; 10° enfin un débordement de péchés, suivi de la perte des âmes et de la damnation éternelle, dont Dieu veuille nous préserver.

LEÇON II.
Continuation de l'excellence du catéchisme, et de la manière de le faire et de l'entendre.

En quoi consiste l'excellence du catéchisme?
1° Ç'a été la fonction de Jésus-Christ sur la terre, que d'instruire les pauvres et les ignorants, et leur apprendre la science du salut; il est venu pour cela, comme il l'assure lui-même. 2° Ç'a été, à l'imitation de ce divin Maître, celle des apôtres et des plus grands saints dans tous les siècles. 3° C'est celle que l'Eglise enjoint et recommande le plus étroitement par ses conciles et par ses ordonnances aux pasteurs. Il faut donc que ce soit quelque chose de bien noble et de bien important, puisque ç'a été l'occupation d'un Dieu fait homme, l'emploi des principaux membres de son corps mystique et l'objet des plus tendres soins de son Epouse.

Quelles sont les connaissances qu'on acquiert au catéchisme?
Elles sont : 1° certaines, constantes, infaillibles : on n'y enseigne que des vérités éternelles et immuables, exemptes de tout mensonge, de toute erreur et de toute tromperie. O la belle école, où l'on n'apprend que des vérités, et de telles vérités! 2° Sublimes et relevées; elles comprennent tout ce qu'il y a de plus grand, de plus profond et de plus sublime au ciel et en la terre, en ce monde et en l'autre, l'existence et l'unité de Dieu, la Trinité, la création, l'incarnation et le jugement, en un mot, ce que les plus grands philosophes ont ignoré avec toute leur science et leur bel esprit : ils ont connu quelque chose de cette partie du catéchisme qui concerne l'existence d'une Divinité, mais rien de ce qui concerne le salut et les moyens de l'acquérir. 3° Nécessaires : elles donnent les moyens d'acquérir le paradis et d'éviter l'enfer, de suivre le chemin de la vertu et de fuir celui du vice; de sorte que la fin et le but du catéchisme est de nous rendre éternellement heureux et de nous empêcher d'être à jamais misérables. 4° Surnaturelles et infuses, le Saint-Esprit répandant au dedans ses divines lumières, au même temps que le catéchiste annonce au dehors les vérités. 5° Efficaces et pratiques, Dieu donnant la grâce et la force de faire exécuter ce qu'on y enseigne. O la digne école, où l'on reçoit la lumière pour connaître ce qu'il faut faire, et la force pour faire ce qu'on connaît.

Qui découvre encore l'importance du catéchisme?
Les indulgences que nos saints Pères les Papes ont accordées en faveur de la doctrine chrétienne.

Dites-les ?

Ils ont concédé : 1° A tous ceux et celles qui seront cause que les enfants, serviteurs et servantes ou autres personnes assisteront au catéchisme, cent jours d'indulgences.

2° A ceux qui les y mèneront ou enseigneront les jours de fêtes, sept ans.

3° Aux maîtres et maîtresses qui enseigneront les jours ouvriers en public ou en particulier en leurs écoles, cent jours.

4° A tous les pères et mères de famille qui l'enseigneront à leurs enfants, serviteurs et domestiques de tout sexe, chaque fois cent jours.

5° A ceux qui le liront ou enseigneront par les villes, châteaux et maisons des champs, dix ans.

6° A tous ceux et celles qui l'apprendront ou qui y assisteront, lorsqu'on l'enseignera l'espace d'une demi-heure, cent jours.

Que faut-il faire avant le catéchisme ?

Être prévenu : 1° de son excellence ; 2° de sa nécessité ; 3° de l'obligation d'être instruit ; 4° du besoin qu'on en a. 5° Y venir avec une sainte avidité et une assiduité très-exacte. 6° Demander affectueusement au Saint-Esprit la grâce de bien comprendre, goûter, retenir, profiter.

Et quand on y est ?

Il faut prendre paisiblement sa place, et écouter les instructions avec : 1° attention ; 2° modestie ; 3° dévotion ; 4° silence ; 5° docilité ; 6° sans curiosité.

Et après le catéchisme ?

Il faut : 1° saluer le saint Sacrement ; 2° faire sa prière ; 3° penser et repenser à ce qui a été dit ; 4° en parler ; 5° l'apprendre aux autres ; 6° le mettre en pratique.

Qu'est-ce à dire ?

Qu'il ne faut pas se contenter d'écouter et de retenir les belles instructions, mais de plus mettre la main à l'œuvre, et faire fructifier cette semence de vie ; ainsi, quand on a ouï au catéchisme qu'il faut prier Dieu soir et matin, entendre dévotement la Messe, fréquenter souvent et dignement les sacrements, obéir à ses parents, bien employer le temps, aimer le travail, jeûner, être modeste, chaste, humble, etc., faisons ce que nous avons entendu, qu'on voie que nous profitons d'une si bonne école ; malheur à l'arbre qui, bien arrosé, n'apporte point de fruit ; à celui qui ne fait pas ce qu'il sait, qui connaît Dieu, et qui ne l'aime pas, qui entend la parole de vie, et qui ne la garde pas.

Et quand quelqu'un n'a pu assister au catéchisme ?

Il doit se faire rapporter ce qu'on a dit, ou lire la doctrine qu'on y a expliquée, et s'en entretenir le soir dans sa famille.

Comment faut-il commencer le catéchisme ?

Après que les enfants sont tous placés, et en silence, le catéchiste, 1° les fait mettre modestement et sans bruit à genoux ; 2° il leur dit un mot pour les porter à faire la prière avec dévotion, leur faisant joindre les mains, et lever les yeux au ciel ou sur le tabernacle ; 3° il commence par le signe de la croix ; au nom du Père, etc., et tous les enfants suivent : et puis l'Oraison dominicale, la Salutation angélique, le Symbole des apôtres, et les commandements, le catéchiste commençant toujours, et faisant prononcer posément et distinctement ; 4° cela dit, un enfant de qui la voix est bien nette et éclatante se lèvera, les autres demeurant à genoux, et dira la prière ; 5° la prière faite, tous se lèvent paisiblement, s'assoient et écoutent ; et le catéchiste ayant fait en peu de mots le petit catéchisme, répète ou fait répéter ce qui fut dit la dernière fois, puis il explique la partie de l'instruction qu'il traite, et il interroge ; 6° le catéchisme fini, il fait mettre les enfants à genoux comme au commencement, un d'eux dit la prière, après quoi il veille à ce qu'ils se retirent sans bruit ni immodestie.

Prière avant le catéchisme. — Venez, Esprit-Saint, descendez dans nos cœurs, et les embrasez du feu de votre divin amour. Mon Dieu, faites-nous la grâce d'écouter votre sainte parole avec attention, avec dévotion, avec modestie, et avec un désir sincère d'en profiter. Éclairez-nous de vos divines lumières, dissipez l'ignorance et l'erreur de nos esprits ; instruisez-nous des vérités de la foi des mystères de la religion, des devoirs de Chrétien, et des obligations de notre état ; ôtez de nos cœurs la dureté, la pesanteur et la glace qui les occupe ; guérissez-nous de ce dégoût intérieur où nous sommes des choses saintes ; et donnez-nous le goût des vérités célestes ; faites-nous aimer ce que vous nous ferez connaître, et joignez votre grâce intérieure à la parole extérieure, afin qu'ayant la connaissance de ce que nous devons faire, nous ayons la force de faire ce que nous connaîtrons. Ainsi soit-il.

Reine des hommes et des anges, sainte Marie, Mère de Dieu, qui avez eu si souvent le bonheur inestimable d'écouter le Verbe éternel sur la terre, faites-nous, par des dispositions saintes avec lesquelles vous receviez les paroles de vie et de vérité qui sortaient de sa bouche, et priez pour nous, pauvres pécheurs et pécheresses, maintenant et à l'heure de notre mort. Ainsi soit-il.

Prière après le catéchisme. — Mon Dieu, nous vous remercions très-humblement de toutes les bonnes instructions qu'il vous a plu de nous donner aujourd'hui. Nous vous demandons instamment la grâce d'en faire notre profit. Pardon, mon Dieu, du peu de respect avec lequel nous les avons entendues. Faites, Seigneur, que votre sainte parole, qui a été si féconde par toute la terre, ne soit pas stérile en nous ; que le démon, par sa malice, n'enlève point de nos cœurs cette divine semence ; que le monde, par sa dissipation, ne la rende pas infructueuse ; que les soins et les sollicitudes de cette vie ne la suffoquent point ; mais plutôt, ô mon Dieu ! faites que ces saintes vérités prennent racine en nous, et qu'elles servent de nourriture à nos âmes. Nous vous supplions de nous en conserver le souvenir, de nous en donner l'amour, de nous les faire méditer jour et nuit, et de nous les faire mettre en pratique. Inspirez-nous le zèle de les enseigner à ceux qui les ignorent. Donnez-nous un cœur nouveau, et animez-le de l'esprit de la loi nouvelle, afin que nous puissions connaître, aimer et faire tout ce qu'elle nous ordonne.

Vierge pure qui avez fait un si digne usage de la parole éternelle de Dieu, obtenez-nous la grâce de faire fructifier en nous celle que nous venons d'entendre, et priez pour nous, pauvres pécheurs, maintenant et à l'heure de notre mort. Ainsi soit-il. *Bienheureux ceux qui écoutent la parole de Dieu, si toutefois ils la gardent.* (Luc. XI, 28.)

PREMIÈRE PARTIE.

CONTENANT CE QUE NOUS DEVONS CROIRE.

EXPLICATION DU SYMBOLE DES APÔTRES.

LEÇON I.
Du symbole en général.

Qu'est-ce que le symbole?

C'est 1° l'abrégé des principaux mystères de la foi, contenus en douze articles, d'où, comme de divers membres particuliers, se forme le corps de la doctrine chrétienne; 2° le précis de la théologie des apôtres, de l'Écriture et de l'Église; 3° la règle de la foi, ainsi que les Saints Pères le nomment.

Comment est-il la règle de la foi?

1° Il nous conduit et dirige dans nos sentiments; 2° il les redresse et les réforme; 3° il en doit être la mesure; 4° et la pierre de touche, puisque l'on juge de leur vérité par rapport et conformité à lui; 5° Quiconque s'en écarte et se fourvoie, et donne dans l'erreur; tellement qu'il a à l'égard de nos sentiments toutes les fonctions de la règle, qui sont, diriger, rectifier, mesurer, conformer, redresser, corriger et conduire.

Que veut dire le mot de symbole?

Une doctrine établie de concert, et reçue d'un commun avis et consentement, qui sert comme de signe et de marque à laquelle les fidèles se reconnaissent entre eux, et se distinguent des infidèles.

Qu'est-ce qu'un article?

Ce qui contient un mystère ou un dogme différent, et une difficulté spéciale: chaque apôtre, dit saint Léon, en a composé un: le symbole, selon saint Ambroise ou saint Maxime, étant *une clef des mystères*, à laquelle douze excellents ouvriers ont mis la main.

Qui rend le symbole recommandable?

1° Les grands mystères qu'il contient; 2° ses termes énergiques, et presque surhumains; 3° la dévotion des fidèles qui le récitent sans cesse; 4° le respect que l'Église a pour lui; 5° le rang qu'il tient entre les principales prières du sacrifice; 6° la vertu qu'il a, selon saint Augustin, de repousser le démon ennemi de la vérité, et père du mensonge, *une règle* pouvant servir en un besoin d'instrument à se défendre; 7° les souffrances des martyrs, et les travaux des confesseurs, pour le maintien de chaque article arrosé de leur sang et de leurs sueurs; 8° l'obligation étroite que les conciles imposent aux pasteurs de l'expliquer à leurs peuples, attendu principalement la négligence des uns et des autres là-dessus: les premiers craignent de fatiguer par l'explication d'une chose qui est commune, ils veulent prêcher et peu instruire; les autres ne le disent souvent que par coutume: ils l'apprennent dès leur jeunesse, ils ne l'entendent pas dans leur vieillesse; 9° le goût qu'on y trouve, il est le pain des fidèles, qui plaît toujours, qui suffit seul pour les nourrir, et qui assaisonne les autres aliments, lesquels sans lui seraient nuisibles; 10° sa nécessité absolue, car il faut le savoir, le dire, et faire profession de le croire, pour entrer dans l'Église, et dans les dignités ecclésiastiques, pour recevoir les sacrements, pour être sauvé; 11° son utilité, le Symbole nous procurant la chose du monde la plus précieuse, c'est-à-dire, la vie éternelle, qui consiste dans la connaissance de Dieu et de Jésus-Christ; 12° les auteurs qui l'ont composé.

Qui sont-ils?

Les apôtres inspirés de Dieu: car selon Cassien le Symbole signifie conférence, parce que les apôtres éclairés du Saint-Esprit ayant conféré sur la foi répandue dans l'Écriture, l'ont ramassée en abrégé dans le Symbole.

Pourquoi le composèrent-ils?

Afin, 1° d'établir dans l'Église l'uniformité de doctrine et de langage; 2° d'obvier aux schismes et aux disputes; 3° de rappeler les esprits à l'unité des sentiments; 4° de donner aux fidèles un brief formulaire de profession de foi, aisé à apprendre, à dire, à retenir, à expliquer, à comprendre.

Doit-on le savoir par cœur?

Toute autre table est indigne de lui: le Symbole de notre foi et de notre espérance reçu des apôtres par tradition, dit saint Jérôme, ne s'écrit pas sur le papier, ni avec de l'encre, mais dans le cœur, comme sur des tablettes de chair

A qui est-ce d'en donner la vraie intelligence ?

A l'Eglise catholique et apostolique, ou aux pasteurs successeurs des apôtres, héritiers, dépositaires et interprètes de la doctrine apostolique, à qui Jésus-Christ a dit : *Qui vous écoute, m'écoute.*

Quand doit-on le dire particulièrement ?

1° Dans les tentations contre la foi ; 2° Lorsqu'on est obligé de controverser avec des hérétiques, ou des impies ; 3° dès qu'on s'éveille, étant juste que le flambeau de la foi éclaire notre âme auparavant que le flambeau de la nature éclaire notre corps; 4° à l'heure de la mort, où toute autre lumière nous quitte, et finit pour nous.

Comment doit-on le dire ?

Avec religion, attention, acquiescement.

A quelle heure de l'office le récite-t-on ?

1° La nuit au premier nocturne de matines, ce qui représente la foi obscure des anciens sur nos mystères ; 2° le matin et le soir, ou à la première et à la dernière heure du jour, et à voix basse, pour exprimer, dit saint Thomas, les premiers combats que l'Eglise persécutée pour la foi, et obligée de cacher son culte rendit contre l'idolâtrie, et les derniers qu'à la fin du monde elle rendra contre l'Antechrist.

Pourquoi ne le chante-t-on pas sur les orgues ?

Elles représentent la fête éternelle du ciel incompatible avec la foi et la pénitence, raison pour laquelle on ne s'en sert pas non plus en Carême : le Symbole étant le vrai cantique de l'homme relégué dans cette vallée de larmes, et gémissant sur le bord des fleuves de Babylone.

Pourquoi commencer l'explication de la doctrine chrétienne par le Symbole ?

1° Il en contient les premiers éléments et fondements ; 2° pour se conformer à la coutume ancienne de l'Eglise primitive, qui en instruisait d'abord les catéchumènes ; 3° l'Apôtre nous avertit que celui qui prétend s'approcher de Dieu, doit commencer par croire.

Combien y a-t-il de symboles ?

Trois, 1° celui des apôtres que nous récitons tous les jours ; 2° celui du concile de Nicée, qu'on chante à la Messe, et qui n'est qu'une explication du premier ; 3° celui de saint Athanase, qu'on dit à prime, et qui expose plus en détail la doctrine du mystère de la Trinité et de l'Incarnation ; ces deux derniers sont utiles aux savants pour combattre les hérésies ; mais celui des apôtres est le Symbole commun et universel, également nécessaire aux doctes et aux ignorants : le Symbole par excellence, le premier et l'origine de tous les autres, le gage du salut du monde, la confession commune établie par les apôtres, comme le lien et le sceau de l'unité de la foi et de toute l'Eglise.

Comment divisez-vous le Symbole des apôtres ?

En quatre parties.

Que nous propose la première partie ?

Ce que nous devons croire de la personne du Père, et de l'ouvrage de la création.

Et de la seconde ?

Ce que nous devons croire de la personne du Fils, et de l'ouvrage de la Rédemption.

Et de la troisième ?

Ce que nous devons croire de la personne du Saint-Esprit, et de l'ouvrage de la sanctification.

Et la quatrième ?

Ce que nous devons croire de l'Eglise, et de l'ouvrage de la glorification.

Que devons-nous croire du Père ?

Qu'il est le Créateur du monde.

Et du Fils ?

Qu'il est le Rédempteur du monde.

Et du Saint-Esprit ?

Qu'il est le Sanctificateur du monde.

Et de l'Eglise ?

Qu'elle est le royaume de Dieu en ce monde, et l'ouvrage précieux des trois personnes divines.

En un mot que contient le Symbole ?

1° L'histoire du monde, ou plutôt de la religion, depuis la naissance de l'univers jusqu'à la consommation des siècles, deux points distants, mais enchaînés par une suite de mystères, que l'âme fidèle, comme une aigle élevée, et portée sur les ailes de l'espérance et de l'amour, doit parcourir d'un œil fixe, sans s'éblouir des abîmes de difficultés que la faible paupière de la raison humaine découvre au-dessous d'elle ; 2° l'exposition de tous les plus hauts mystères, révélés aux patriarches, prédits par les prophètes, figurés par la loi, accomplis en Jésus-Christ, publiés par les apôtres, confiés à l'Eglise, autorisés par les miracles, reçus dans le monde.

PREMIÈRE PARTIE DU SYMBOLE.

Ce que nous devons croire de la personne du Père et de l'ouvrage de la création.

ART. I. — *Je crois en Dieu le Père tout-puissant, créateur du ciel et de la terre.*

§ I. — *Je crois.*

Qu'est-ce à dire, je crois ?

Qu'encore que les mystères de la religion surpassent mon intelligence et ma capacité, je les tiens néanmoins pour indubitables, je m'y soumets de tout mon cœur ; et j'en suis plus assuré que si je les voyais de mes yeux ou si je les comprenais de mon propre esprit, fondé sur le témoignage infaillible de la parole de Dieu.

Qui donne cette certitude ?

La foi qui fait croire sans raisonner, ni disputer, ni examiner, ni hésiter.

Qui raisonne ?	Le philosophe.
Qui dispute ?	L'opiniâtre.
Qui examine ?	Le curieux.
Qui hésite ?	L'incertain.
Qui croit ?	Le fidèle.

Pourquoi Dieu veut-il que nous nous soumettions à croire des choses que nous ne pouvons comprendre ?

Afin, 1° de nous humilier; 2° de nous punir, nous corriger et nous guérir de ce désir déréglé de voir, de connaître, d'expérimenter, qui fit tomber notre premier père et que nous avons hérité de lui; 3° de soulager notre esprit imbécile qui serait ébloui et accablé à la vue de tant de vérités divines; 4° de donner lieu à l'exercice de la foi et au mérite de voir au ciel ce qu'on a cru sur la terre; 5° de nous obliger à lui faire un sacrifice de notre raison; 6° de réparer ainsi le mauvais usage que nous en faisons, et que les hommes en avaient fait avant Jésus-Christ, s'étant évanouis en leurs pensées; 7° de nous élever au-dessus de nous-mêmes et d'épurer nos pensées; 8° de bannir tout sujet de dispute; 9° et toute acception de personnes, ne mettant aucune différence entre le savant et l'idiot; 10° d'abréger et de faciliter la science du salut; 11° de proportionner à notre dernière fin qui est surnaturelle, le moyen qui nous y conduit; 12° de nous imprimer un plus grand respect de lui, baissant les yeux en sa présence, et n'osant non plus que Moïse le regarder fixement; 13° N'étant pas capables de comprendre les choses naturelles et temporelles, comment pourrions-nous comprendre les divines et éternelles; 14° Si le salut dépendait de l'examen d'un chacun, où en serait le genre humain? il faut donc que l'homme qui s'est perdu par une curiosité déréglée et un désir désordonné de voir, de connaître, de sentir, de savoir, d'expérimenter, croie à l'aveugle et il sera sauvé; mais il lui en coûtera toutes les lumières de son esprit, et l'entier sacrifice de sa raison.

Que doit produire en nous la foi de tant de choses merveilleuses?

Le désir de les voir dans le ciel lorsque Dieu se découvrira clairement à nous, et en attendant poser pour principe que partout où il s'agit de révélation divine, il faut imposer silence au raisonnement humain, et n'écouter qu'un Dieu qui parle.

Que dites-vous de ceux qui veulent mesurer la grandeur de nos mystères à la petitesse de leur sens?

Que ce sont des présomptueux et des insensés, semblables à des enfants qui prétendraient renfermer toute l'eau de la mer dans un petit trou qu'ils auraient creusé. En effet, dès là que nous disons, *je crois en Dieu*, nous reconnaissons qu'il est incompréhensible, et nous fermons les yeux à la raison humaine, qui souvent n'est guère moins que les sens, et inutile au salut, et opposée à la perfection, puisqu'elle est aveugle dans les mystères les plus essentiels, et qu'elle se révolte contre les vertus les plus nécessaires.

Mais la religion souffre de grandes difficultés?

Sans doute, car autrement l'esprit humain, incapable des moindres secrets de la nature, n'en trouverait-il pas dans les mystères d'une religion toute surnaturelle et divine, telle que doit être la véritable? que veut l'impie? une autre religion? mais en trouvera-t-il qui, à une partie de nos plus hauts mystères, n'ajoute des dogmes à lui-même incroyables et absurdes? veut-il s'en faire une nouvelle? mais ce projet lui paraît-il aisé? n'en veut-il aucune? mais l'athéisme n'est-il pas un abîme plus environné de difficultés que la foi? Ainsi l'incrédule, de quelque côté qu'il se tourne, est confondu. Qu'il est injuste de décider souverainement de la chose du monde la plus importante sur des raisons souvent si frivoles, qu'il rougirait de juger ainsi et avec si peu d'examen le moindre procès! Qu'il est aveugle de ne pas voir qu'il ne condamne la religion qu'à cause que la religion le condamne.

Que faut-il donc faire?

Croire avec une entière soumission; car demander à Dieu des preuves de ce qu'il dit, c'est témoigner qu'on ne se fie pas à lui: et ne regarder pas la foi comme le triomphe de l'autorité divine sur la raison humaine, qui doit non-seulement approuver ce que Dieu dit, mais y consentir, y acquiescer et s'y soumettre.

Que fait le fidèle dès le premier mot du Symbole?

1° Il confesse qu'il ne voit goutte dans les mystères d'une religion toute de foi, et où tout est foi; le Dieu qu'il adore, la doctrine qu'il professe, les grâces qu'il reçoit, les biens qu'il attend, les maux qu'il craint. 2° Il immole ses lumières aux obscurités de la foi. 3° Il rend hommage à l'incompréhensibilité de Dieu. 4° Il témoigne le respect, l'honneur et la déférence qu'il a pour la première vérité. 5° Il s'ouvre par cette soumission humble et religieuse la voie à l'intelligence des plus hauts mystères.

§ II. — *En.*

Pourquoi « je crois en Dieu, » et non pas, « je crois Dieu, » ou « je crois à Dieu? »

Parce que le premier renferme les deux autres: *croire Dieu*, c'est croire que Dieu est; *croire à Dieu*, c'est ajouter foi à ce que Dieu dit; mais *croire en Dieu*, c'est se confier en ce que Dieu promet; ce qui ne se peut sans croire qu'il est, et sans ajouter foi à ce qu'il dit. Le premier exprime *la chose qu'on croit;* le second, *la raison pourquoi on croit;* le troisième, *la fin où conduit ce qu'on croit*. Car c'est comme qui dirait: Je crois *Dieu*, ou les vérités que Dieu a révélées. *Je crois à Dieu*, ou j'acquiesce à l'autorité de Dieu qui les a révélées: *je crois en Dieu*, ou j'espère à la possession de la vérité que Dieu a révélée; ou bien, ce qui revient au même: Je crois 1° *Dieu* qui est; 2° à *Dieu* qui dit; 3° *en Dieu* qui promet; ce qui marque une amoureuse et secrète tendance vers Dieu. Ces idées donc étant distinguées entre elles, il a été à propos, pour une plus grande netteté, de les attacher à de différentes expressions.

Que tirez-vous de cette explication?

1° Que la vraie foi est toujours mêlée d'espérance et de charité; car comment bien croire que Dieu est, et ce qu'il est, sans amour ; et ce qu'il promet, sans espérance ? 2° Que l'amour et l'espérance facilitent l'exercice de la foi, parce que, quand on aime sincèrement quelqu'un, et qu'on en attend de grands biens, on le croit aisément. 3° Que le Symbole commence par une expression qui inspire ces trois vertus à la fois. 4° Et qu'ainsi le fidèle qui croit *en. Dieu*, croit *Dieu*, et croit *à Dieu*, et y croit avec un tendre désir, et une humble confiance de parvenir à la possession de ces biens, qu'on ne lui propose qu'afin qu'il les espère, qu'on ne lui fait espérer qu'afin qu'il les possède à jamais : sentiments qu'il éprouve tout à la fois en lui-même, quand il dit avec une savoureuse et parfaite intelligence : *Je crois en Dieu*.

§ III.— *Dieu.*

Du nom, de l'existence et de l'unité de Dieu.

Qu'entendez-vous par ce mot de Dieu ?

Le premier et le souverain de tous les êtres, et le principe de toutes choses.

Ce nom lui convient-il ?

Mieux qu'aucun autre, car encore que les noms ne servent qu'à exprimer et à distinguer la nature des choses, que celle de Dieu qui, à raison de son immensité et infinité, ne peut être renfermée dans une seule expression, soit assez distinguée par elle-même, cependant ce nom nous en rappelle l'idée tout entière ; au lieu que les autres, comme d'éternel, de tout-puissant, de Créateur, etc., n'en expriment qu'une perfection.

A quoi connaît-on naturellement qu'il y a un Dieu ?

1° A la grandeur, à la beauté, à l'ordre et à la conduite de l'univers : qui pourrait penser qu'un si magnifique palais se fût bâti de lui-même : que tant d'animaux se fussent produits eux seuls ; que la nature des choses eût été par hasard si distinguée ; que les mouvements des cieux fussent si justes, etc., s'il n'y avait quelque premier ouvrier de tant de merveilles, qui eût voulu laisser des signes éclatants de sa puissance et de sa sagesse ? 2° L'impression universelle de la nature, et l'instinct général de tous les hommes envers une divinité, qui les oblige d'y recourir dans leurs besoins, et de lever leurs yeux vers le ciel. Chose étrange, l'impie, dans la prospérité, nie l'existence d'un Dieu, et, dans l'adversité, il le blasphème ; comment l'accorder avec lui-même ?

Doit-on recourir aux raisonnements pour établir l'existence d'une Divinité ?

Rarement, surtout devant le peuple, et les gens de qualité, que l'ignorance ou l'impiété ne rendent que trop souvent incapables d'une si sublime philosophie, et qui ne comprenant pas la force des preuves, accuseraient plutôt la religion d'insuffisance, que leur esprit de petitesse. La lumière naturelle fait donc voir à tous les hommes qu'il y a un Dieu, et le fait voir plus clairement que les raisons les plus subtiles, aussi propres quelquefois à obscurcir qu'à augmenter cette clarté, laquelle est plus nette par elle-même, et plus forte que tous les arguments et toutes les inventions de la dialectique ; d'où il les s'ensuit que ceux qui tâchent de prouver par des discours étudiés l'existence d'un Dieu, travaillent assez ordinairement et en vain, et avec danger d'ébranler cette vérité, au lieu de la démontrer ; et comme celui qui allumerait un flambeau pour aider à voir le soleil, empêcherait plutôt les yeux de l'apercevoir qu'il ne les aiderait, parce que la lumière de cet astre incomparablement plus grande que toute autre, se découvre et se présente mieux par elle-même que par l'aide d'aucune lueur étrangère et inférieure ; de même la clarté infinie de Dieu, imprimée dans la nature et dans l'homme, ne saurait devenir plus vive par nos faibles discours, ni être entièrement effacée par la malice du péché, qui, après tout, ne change pas l'essence de l'âme dans laquelle son divin auteur, par sa sagesse et sa toute-puissance, s'est gravé d'une manière ineffaçable ; comme on dit qu'un ancien ouvrier avait fait un bouclier dans lequel il avait mêlé son portrait avec un art si rare, qu'il était impossible de l'en ôter sans détruire le bouclier même.

Pourquoi donc nous apprend-t-on dans le Symbole à croire qu'il y a un Dieu, comme si toutes les parties du monde et le sentiment de la nature ne suffisaient pas ?

L'instruction du Symbole nous confirme dans cette vérité, pierre fondamentale de toute religion, et nous en imprime une certaine conviction, que la foi seule peut donner. Car, quoique la lumière naturelle soit plus claire que celle de la foi toujours obscure, celle de la foi est plus certaine que celle de l'instinct, des sens et de la raison, et nous fait connaître Dieu plus promptement, plus facilement et plus parfaitement que ne fait la nature, la raison et la philosophie, à qui il faut beaucoup de temps, de considérations et d'expériences pour s'élever des effets à la cause ; au lieu que la foi s'y porte d'abord sans peine, et de plus nous découvre en Dieu des choses où la lumière naturelle ne saurait atteindre, et dont la connaissance est nécessaire au salut, comme la Trinité, l'Incarnation, etc. Il en est de même de sa miséricorde, de sa justice, de sa providence et de ses autres perfections, que la philosophie païenne a ignorées ou connues très-imparfaitement, et qu'elle a même souvent combattues, n'ayant pu accorder les unes avec les autres, comme sa miséricorde et sa colère, avec son impassibilité et son immutabilité ; sa providence avec sa tranquillité et sa sagesse ; sa liberté avec sa fermeté et sa constance invariable ; sa justice avec sa bonté, attribuant à Dieu des choses incompatibles avec la divinité, et lui ôtant plusieurs vertus et excellences qui en sont inséparables ; de sorte que ce n'est pas sans cause que l'Écriture et les saints Pères ont accusé les païens de n'avoir pas connu Dieu, puisque les premiers et les plus estimés d'entre eux ont eu des opinions si fausses et si injurieuses à son essence infinie.

Pourquoi ne peut-il y avoir qu'un seul Dieu?

Qui dit *Dieu*, dit un être qui renferme toutes les perfections possibles et imaginables, et encore au delà ; or, s'il y en avait plusieurs, l'un n'aurait pas la même nature que l'autre, ni les mêmes perfections, ni la même volonté, ni le même pouvoir ; et ainsi, nul d'eux ne renfermerait pas seul toutes les perfections possibles, et conséquemment ne serait pas Dieu ; de sorte qu'admettre la pluralité des dieux, comme les païens, c'est n'en admettre aucun, et ne pas joindre à l'idée de Dieu l'idée de l'être parfait.

Qu'est-ce que Dieu?

C'est un pur esprit incréé, éternel, infini, indépendant, subsistant par lui-même, très-parfait, créateur du ciel et de la terre, et le Seigneur souverain de toutes choses.

Qu'est-ce à dire que Dieu est un pur esprit?

C'est-à-dire qu'il n'a ni forme, ni figure humaine ou sensible, qu'il est une raison ou une intelligence pure, qui ne peut être vue des yeux, ni touchée des mains, ni aperçue par aucun des sens, mais seulement conçue par l'Esprit.

D'où vient donc que l'Ecriture s'explique comme s'il avait un corps?

Pour s'accommoder à notre façon grossière de concevoir.

Dieu est-il une âme?

Non, Dieu n'est pas une âme, il est un Esprit parfait.

Peut-on peindre la Divinité?

Non, Dieu est un pur Esprit, qu'on ne saurait représenter par aucune image corporelle : pour aider néanmoins à l'infirmité de l'homme enveloppé dans la matière, et entretenir en lui l'idée de la majesté de son Créateur, on se sert de certains signes qui ont rapport ou à ses divines perfections, d'une lumière, d'un triangle éclatant, d'un Jéhovah rayonnant et terrible, etc., ou aux bienfaits dont nous lui sommes redevables : que, s'il a créé l'homme à son image et semblance, pourquoi ne donnera-t-on pas raisonnablement à l'original, qu'on ne voit point, quelques traits de la copie qu'on voit? Il s'apparut à Moïse sous la forme d'un buisson ardent, et aux Israélites, dans le désert, sous plusieurs figures ; ne sera-t-il pas permis aux Chrétiens de faire ce qu'il a fait lui-même ; quand, surtout, on sait bien d'ailleurs que Dieu étant un pur Esprit, ne peut tomber par lui-même sous les sens Pourquoi trouver à redire qu'on le représente en la manière qu'il s'est lui-même représenté, afin de conserver le souvenir des merveilles qu'il a opérées dans le monde, et qu'il opère encore dans les âmes, de sa présence, de ses bienfaits, de ses perfections, et d'exciter notre religion et notre reconnaissance envers lui?

Qu'est-ce à dire que Dieu est le créateur du ciel et de la terre?

Qu'il a tiré du néant toutes les créatures sans exception, visibles et invisibles, corporelles et spirituelles, et jusqu'aux plus petites, dans lesquelles sa sagesse et sa puissance ne reluisent pas moins que dans les plus grandes, étant très-grand dans les choses très-petites, disent les saints, et aucune d'elles n'étant pas moins admirable en particulier que tout l'univers en général ; qu'il donne l'être à toutes choses sans recevoir rien de personne ; car s'il avait été fait par un autre, il ne serait pas le premier principe ; et, s'il s'était fait lui-même, il aurait été avant que d'être.

Qu'est-ce à dire qu'il est le souverain Seigneur de toutes choses?

Que toutes choses dépendent tellement de lui que, s'il se retirait d'elles un seul moment, elles retomberaient dans le non-être d'où il les a tirées ; ainsi, la chaleur périt si l'on ôte le feu.

Par où peut-on naturellement s'élever à sa connaissance?

1° Par la beauté de ses ouvrages ; 2° par l'ordre du monde ; 3° par sa lumière qu'il a mise en nous.

Peut-on avoir une connaissance de Dieu qui soit parfaite?

Non, en cette vie.

Pourquoi non?

1° A cause de la grandeur de son être ; 2° de la petitesse de notre esprit ; 3° des ténèbres du péché.

A quoi faut-il avoir recours?

A la foi, vraie lumière du monde intelligible et surnaturel.

§ IV. — *Le Père.*

De la sainte Trinité.

Que devons-nous croire des trois personnes divines en général?

1° Qu'elles n'ont qu'une même nature, une même essence, une même divinité. 2° Qu'elles sont égales en grandeur, en indépendance, en autorité. 3° Qu'elles ont la même puissance, la même sagesse, la même bonté. 4° Qu'elles sont coéternelles et consubstantielles. 5° Qu'elles règnent en égalité et unité de gloire et de majesté dans tous les siècles des siècles. 6° Qu'elles méritent également nos respects, nos hommages et nos adorations. 7° Qu'il n'y a qu'un seul Père, un seul Fils, un seul Saint-Esprit. 8° Qu'autre est le Père, autre est le Fils, autre est le Saint-Esprit, et néanmoins que ces trois Personnes divines ne sont qu'un seul Dieu, distinction et unité dont l'alliance est pour nous réservée en l'autre vie.

Que devons-nous croire du Père?

1° Qu'il est la première personne de la sainte Trinité. 2° Qu'il ne procède d'aucune personne. 3° Qu'il engendre son Fils de toute éternité, n'y ayant jamais eu le temps où il ait été Dieu sans être le Père ; d'où vient que le Symbole conjoint immédiatement et inséparablement ces deux mots : *Dieu le Père.* 4° Qu'avec son Fils il produit le Saint-Esprit. 5° Qu'ainsi les autres Personnes procèdent de lui. 6° Qu'il est Père par la condition de sa personne ; ce qui ne convient ni au Fils, ni au Saint-Esprit.

Pourquoi dites-vous que le Père est la première personne ?
A cause qu'il est principe sans principe, et que le Fils et le Saint-Esprit procèdent de lui.

Pourquoi dites-vous que le Fils est la seconde ?
Parce qu'il procède du Père seulement, et que le Saint-Esprit procède de lui.

Pourquoi dites-vous que le Saint-Esprit est la troisième ?
Parce qu'il procède du Père et du Fils, et qu'aucune personne ne procède de lui : pour ne pas dire que dans l'ordre de nos idées, nous concevons que la connaissance précède l'amour, et les opérations de l'entendement celles de la volonté ; car au reste tout est égal en Dieu, et la Trinité n'admet ni plus grand, ni moindre, ni plus tôt, ni plus tard ; ainsi dans la créature il n'est pas même possible de concevoir que le feu puisse devancer sa lumière ou sa chaleur.

Par quelle voie procède le Fils ?
Par voie d'entendement ; car le Père contemplant ses grandeurs, et ses perfections infinies, produit son Verbe de toute éternité.

Par quelle voie procède le Saint-Esprit ?
Par voie de volonté ; car le Père et le Fils se considérant l'un et l'autre, s'aiment et produisent le Saint-Esprit, comme leur amour mutuel de toute éternité.

Pourquoi attribue-t-on la puissance au Père ?
Il est le principe de toute émanation, de toute procession, de toute production, et ne recevant son être d'aucun autre que de lui-même, il le donne à toutes choses.

Pourquoi la sagesse au Fils ?
Il est le Verbe de l'entendement du Père ; et sa parole éternelle, qu'aucun silence ne précéda jamais, disaient les premiers docteurs de l'Église, pour marquer son éternelle coexistence avec celui qui la profère, et son émanation, non du néant, mais du sein de celui qui le produit : Verbe toujours naissant, toujours vivant, toujours subsistant, toujours engendré, toujours né, toujours proféré. Au commencement le Verbe *était*, dit saint Jean : Quel est l'esprit créé capable de voler au delà de cet *était* : dit saint Ambroise : Qu'il remonte si haut qu'il voudra, il trouvera toujours cet *était* subsistant, qu'il ne pourra jamais par conséquent procéder en pensant, puisque préexistant à tout temps, à tout commencement et à tout entendement, il ne se peut qu'il n'ait été éternellement.

Pourquoi la sanctification au Saint-Esprit ?
Il est l'amour du Père et du Fils, et le terme de leur volonté, et ainsi la sanctification de l'amour et de la volonté de l'homme, en quoi consiste sa sainteté, lui est justement attribuée.

Que dites-vous encore de la personne du Père ?
1° Que le nom de Dieu dans l'Écriture lui est ordinairement approprié, parce qu'il est le principe et la source de la Divinité, la communiquant aux autres personnes divines, et ne la recevant d'aucune ; la possédant seul originairement et de lui-même, et les autres la tenant de lui. C'est pourquoi encore qu'ils l'aient tous avec la même plénitude et la même indépendance, et sans qu'en cela non plus qu'au reste, il y ait entre eux aucune supériorité ou infériorité, le Père néanmoins l'a d'une façon spéciale. 2° Qu'il en est ainsi du titre de Tout-Puissant ; car encore que la toute-puissance soit commune au Fils et au Saint-Esprit dans les opérations extérieures, le Père cependant en est la première origine, et les autres personnes la reçoivent de lui avec tous les autres attributs divins. Elle lui convient même d'une manière particulière dans les émanations intérieures, puisqu'il n'y a que lui qui produise le Fils, et que la vertu ou la puissance de le produire, qui n'est autre que la fécondité de sa nature, est comprise, selon les saints dans sa toute-puissance, source de toutes les émanations divines et incréées, temporelles et éternelles, et qui fait qu'il en est ainsi. 3° Du titre de créateur ; quoiqu'il convienne en effet à toutes les trois personnes, aussi bien que tout le reste des perfections divines, qui sont après tout tellement attribuées à chaque personne en particulier, qu'elles sont communes à toutes les trois ensemble. 4° Que le Père est la première personne de la Trinité, parce qu'il est la source et l'origine des autres personnes, qu'elles reçoivent de lui tout ce qu'elles ont, et tout ce qu'elles sont, et qu'il ne reçoit rien d'elles, ayant de soi-même tout ce qu'il a, et néanmoins qu'elles sont parfaitement égales.

N'y a-t-il aucune prééminence entre elles ?
Non, encore que le langage humain qu'on doit épurer semble y porter à cause de leur origine et de leur ordre. Car le Père est et sera bien toujours le premier, le Fils le second, et le Saint-Esprit le troisième ? Mais cet ordre fixe et immuable entre les personnes divines à cause de leur origine, n'emporte aucune inégalité de perfection, ni de culte, et nous devons reconnaître en elles une égalité jusqu'à l'identité. En effet, le Père sera-t-il plus grand que sa sagesse et sa raison ? ou que son amour et sa bonté ? et peut-on admettre quelque chose en Dieu qui ne soit Dieu, ou qui soit moindre que Dieu, ou qui soit moindre que Dieu, sans blesser la pureté, l'immutabilité, ou la perfection de l'être de Dieu ? Il est vrai qu'il faut reconnaître en Dieu une intelligence primitive et essentielle, qui résidant dans le Père comme dans la source, fait continuellement et inépuisablement naître dans son sein son Verbe qui est son Fils, sa pensée éternellement subsistante, qui pour cette raison est aussi très-bien appelée son intelligence, et sa sagesse engendrée : car nous-mêmes nous ne formons dans notre esprit nos raisonnements et nos pensées, ou ces paroles intérieures et cachées, par lesquelles nous nous parlons à nous-mêmes de nous-mê-

mes, qu'à cause qu'il y a en nous une raison primitive, et un principe d'intelligence, d'où naissent continuellement et inépuisablement toutes nos pensées : mais cette pensée, et cette parole intérieure conçue dans l'esprit de Dieu, qui fait son perpétuel et inséparable entretien, ne peut lui être inégale, ni postérieure, puisqu'elle le comprend et l'exprime substantiellement tout entier, et qu'il répugne qu'il ait passé de la puissance à l'acte, et par conséquent elle n'est pas moins parfaite, immense, infinie, éternelle, que le principe d'où elle sort, et ne dégénère point de sa plénitude; il est ainsi du Saint-Esprit, n'y ayant pas en Dieu plus de perfection à être le premier que le troisième; car il est d'une même dignité d'être le terme dernier et le parfait accomplissement des émanations divines, et d'en être le commencement ou le principe; et c'est faire dégénérer ces divines émanations que de concevoir qu'elles se terminent à quelque chose de moins que le principe d'où elles dérivent; ainsi le Père et le Saint-Esprit, le principe et le terme, la première et la troisième personne, c'est-à-dire celle qui produit et celle qui termine la production sont d'une égale dignité : il est vrai que le Père se sert du Fils et du Saint-Esprit, mais à même titre qu'on se sert de sa raison et de sa sagesse, de son amour et de sa bonté. Il est vrai que le Père communiquant tout à son Fils, et se versant tout entier pour ainsi dire dans son sein, se réserve d'être Père; mais comme une source qui, répandant continuellement et inépuisablement toutes ses eaux dans le ruisseau, lequel à vrai dire n'est autre chose que la source continuée dans toute sa plénitude, ne se réserve rien sinon d'être la source. Il en est ainsi du Père et du Fils à l'égard du Saint-Esprit, qui reçoit d'eux toute l'essence divine sans qu'ils se réservent rien, sinon d'en être le principe; mais tout ne se trouve-t-il pas enfin dans l'unité? puisque non-seulement Dieu est un par l'unité de son essence, mais encore parce que la distinction qui se trouve entre les personnes, se rapporte à un seul principe, qui est le Père; dans lequel elles s'identifient, pour parler ainsi. Car s'il y avait en Dieu deux premiers principes, au lieu qu'il n'y en a qu'un, qui est le Père, l'unité n'y règnerait pas dans toute la perfection possible, puisque tout se rapporterait à deux, et non pas à un; mais comme la fécondité de la nature divine, en multipliant les personnes, rapporte enfin au Père seul le Fils et le Saint-Esprit qui en procèdent, tout se trouve primitivement renfermé dans le Père et nous découvre comment nous devons adorer l'Unité dans la Trinité et la Trinité dans l'Unité.

Comment accorder nos expressions à ces idées?

En les rectifiant; car le langage humain commence par les sens, et lorsque l'homme s'élève à l'esprit comme à la seconde région, surtout si c'est pour discourir et raisonner des choses divines les plus sublimes entre les intellectuelles, il y transporte toujours quelque chose de son premier jargon, sans quoi il ne serait pas intelligible; ainsi, comme quand on dit que Dieu, 1° a des mains, des bras et des yeux; 2° qu'il se repent; 3° qu'il se met en colère. Il faut ôter de ces expressions ce qu'elles ont d'imparfait et de matériel, et n'en retenir rien, sinon 1° que la force et la puissance sont en Dieu; 2° qu'il connaît tout; 3° qu'il retire ses grâces et sa protection de ceux qui en abusent; 4° qu'il a une efficace volonté de punir les crimes, etc.; de même quand on dit, 5° que le Fils est le conseiller du Père, ôtez de cette idée l'ignorance, l'incertitude et l'irrésolution, le besoin et l'emprunt, et il ne vous restera rien, sinon que tout se fait en Dieu par sagesse et par raison; 6° que le Fils et le Saint-Esprit sont envoyés du Père; ôtez la dépendance et la sujétion, et vous trouverez seulement une subordination de personnes, et non une infériorité de nature, que le Père est l'origine du Fils, et que le Fils et le Saint-Esprit procèdent ou émanent du Père; 7° que le Père est plus grand que le Fils; ôtez la prééminence en perfection et la priorité en existence (car aussi bien une nature essentiellement intelligente pourrait-elle être plus parfaite ou plus ancienne que sa sagesse et son intelligence même), et il ne vous restera autre chose, sinon que le Père n'a point de principe et qu'il est principe du Fils; que le Père donne sa divinité au Fils, et que le Fils la reçoit du Père; que l'un est la divinité produisante, et l'autre l'émanée; l'un la substance de la divinité dans sa source, l'autre cette même substance dans son écoulement; que le Fils reçoit tout du Père et le Père rien du Fils, ce qui n'emporte qu'une infériorité d'origine et non de nature, ni d'existence ou de perfection; ainsi en quelque façon dans l'Eucharistie le soir de la cène Jésus-Christ produisant n'était pas plus grand que Jésus-Christ produit; 8° que le Fils est l'image et le miroir du Père; ôtez toute dissemblance et toute diversité, et rien ne vous demeurera qu'une identité naturelle, qu'une empreinte substantielle; 9° que le Père seul, et non le Fils, sait le jour du jugement, bannissez l'ignorance du Fils, qui est la sagesse et la science du Père, et ne concevez rien par là, sinon que comme la toute-puissance, par laquelle le monde a été créé, s'approprie au Père, ainsi la même puissance par laquelle le monde sera détruit lui est attribuée, et que la connaissance lui en est réservée par un titre spécial, savoir, par la qualité du premier principe d'où tout procède, et de dernière fin où tout se termine. Enfin on doit reconnaître dans la Trinité un ordre de procession et d'origine, savoir, que le Père est le principe, que le Fils procède du Père, que le Saint-Esprit procède du Père et du Fils, comme d'un seul principe; car où il n'y a qu'une nature, encore bien qu'il y ait deux personnes, il ne répugne point qu'il y ait qu'une propriété, telle que d'être principe qui emporte unité en Dieu : que le Père la première personne, le Fils la seconde, le Saint-Esprit la troisième; mais il faut s'arrêter là et exclure d'entre les personnes divines ce qui s'appelle supériorité, infériorité, dépendance; plus grand et moindre; plus parfait et moins parfait; plus ancien et nouveau; ne tolérer pas même ces termes dans l'ordre de nos conceptions, nous élever au-dessus des idées naturelles, des expressions humaines et de la pauvreté de notre langage. Et après avoir ainsi bégayé en demeurer là, crainte de s'égarer, baisser les yeux et croire, et remettre le reste en l'autre vie, où nous verrons à découvert ce que nous ne pouvons comprendre en celle-ci.

Ce mystère était-il connu dans l'ancienne loi?

Non pas clairement, si ce n'est à quelques-uns, la pleine révélation de ce secret étant réservée au Messie, et à la Loi de grâce, le peuple juif n'étant pas communément capable de croire plusieurs personnes distinctes en Dieu, sans admettre plusieurs divinités.

Peut-on peindre la sainte Trinité?

Non, c'est un mystère inexplicable aux sens.

D'où vient donc que l'on représente le Père sous la figure d'un vieillard vénérable, assis dans un trône, un globe à la main, au haut duquel est une croix?

1° Il a apparu à un prophète comme l'Ancien des jours, et il est nommé dans l'Ecriture le Roi des siècles. 2° C'est pour exprimer sa sagesse, son éternité, sa paternité, particulièrement à l'égard de son Fils fait homme. 3° Ce trône marque son repos, sa félicité, sa stabilité, sa gloire, sa souveraineté, sa qualité de juge et de roi. 4° Ce globe, que le monde est l'ouvrage de ses mains, et qu'il le soutient et le gouverne. 5° Cette croix, qu'il l'a refait et réparé par cet instrument salutaire.

Pourquoi représente-t-on le Fils sous la forme d'un agneau?

Il s'est immolé pour notre salut, et il est ainsi nommé dans l'Evangile.

Pourquoi représente-t-on le Saint-Esprit sous la forme d'une colombe?

Il est apparu sous ce symbole.

§ V. — Tout-puissant.

A quoi nous introduit ce nom de Tout-Puissant?

A la connaissance des perfections divines.

Pourquoi ne parle-t-on donc dans le Symbole que de la toute-puissance, et non des autres attributs?

Parce que si nous croyons que Dieu est tout-puissant, nous croyons aisément tout le reste, et nous pouvons tout demander, tout croire, et tout espérer d'une bonté à qui rien n'est impossible.

Que direz-vous des perfections divines?

Que Dieu dans l'unité de son essence, et dans la simplicité de sa nature, renferme plus de grandeurs, de perfections et d'excellences, qu'il n'y a de grains de sable dans la mer, de gouttes d'eau dans l'Océan, et qu'il ne tiendrait d'atomes depuis la terre jusqu'au ciel; 2° qu'il a toutes les perfections des créatures; 3° qu'il en a infiniment davantage; 4° qu'il les possède d'une manière infiniment plus parfaite; car comme l'or contient l'argent et les autres métaux inférieurs, quoiqu'il soit d'une nature bien différente, et le diamant l'or: ainsi devons-nous comprendre que Dieu possède éminemment, et d'une façon infiniment plus simple, et plus sublime et plus noble, les perfections de tous les êtres, qui ne sont que de petits écoulements de cet abîme infini de perfection. Cependant, 5° que ce nombre infini de perfections ne fait pas une multitude de qualités différentes en lui, ni aucune composition, Dieu, à proprement parler, n'ayant qu'une perfection, qui doit être la perfection même.

Nommez celles qui nous sont les plus connues?

Sa toute-puissance, sa sagesse, sa bonté, sa justice, sa miséricorde, sa sainteté, son immensité, sa providence, son éternité, son immutabilité et son incompréhensibilité.

Qu'est-ce à dire que Dieu est tout-puissant?

Qu'il fait tout ce qu'il veut; qu'il le fait sans peine, et que rien ne lui est impossible ni difficile.

Qu'est-ce à dire que Dieu est sage?

Qu'en Dieu il n'y a ni erreur, ni ignorance; qu'il ne peut se tromper, ni être trompé, et qu'il fait si excellemment bien toutes choses, qu'il ne se peut pas mieux.

Qu'est-ce à dire que Dieu est bon?

Qu'il est tout bien par essence; qu'en lui est la source de tous biens, et qu'il a une inclination immense de les communiquer.

Qu'est-ce à dire que Dieu est juste?

Qu'il est la souveraine rectitude, et la première règle de toute droiture: qu'il récompense les bons à proportion de leurs mérites, et qu'il punit les méchants à proportion de leurs péchés.

Qu'est-ce à dire que Dieu est miséricordieux?

Qu'il attend les pécheurs à pénitence qu'il ne veut point leur perte; qu'il leur donne des grâces pour se convertir, et qu'il leur pardonne quand ils ont un sincère regret de l'avoir offensé.

Qu'est-ce à dire que Dieu est saint?

Qu'il aime la vertu, et qu'il déteste vice; qu'il n'y a en lui ni défaut, ni imperfection.

Qu'est-ce à dire que Dieu est immense?

Qu'il est présent partout, qu'il sait tout, qu'il connaît tout, qu'il entend tout, qu'il voit tout (quel sujet de consolation pour les gens de bien!). Il est au ciel pour manifester sa gloire aux anges et aux saints, et les rendre heureux: il est aux enfers, pour faire sentir sa justice aux damnés; il est dans le monde, pour gouverner l'univers, pour conduire l'Eglise, et pour sanctifier nos âmes. En un mot il est partout 1° Par *puissance*, en ce qu'il peut tout où il est, et qu'il exerce son pouvoir sans cesse, conservant par une influence actuelle et perpétuelle l'être qu'il a donné: ainsi le feu conserve par une activité continuelle la chaleur dans le fer rouge. 2° Par *présence*, en ce que tout est nu et découvert devant lui, et qu'il pénètre jusqu'aux plus cachés et plus sombres replis de nos cœurs. 3° Par *essence*, en ce qu'il est plus intimement présent à toutes choses, que l'âme ne l'est à toutes les parties du corps qu'elle anime, et que l'eau à toutes celles de l'éponge qu'elle pénètre, quoique d'une manière différente, et bien autrement qu'un roi n'est présent dans son *royaume*, dans son *palais*, dans son *trône*. 4° Par *justice*, comme il est avec les justes sur *terre*, avec les bienheureux dans le *ciel*, avec les réprouvés en *enfer*. 5° Par *grâce*, qui le rend présent, comme un objet auquel on s'unit par foi, par connaissance et par amour. 6° Par *gloire*, qui nous transforme en lui.

Dieu est-il en nous?

Oui, il y est pour nous donner continuellement l'être, la vie et la sainteté.

Voit-il nos plus secrètes pensées?

Tout est nu et à découvert devant lui, et il pénètre jusqu'aux plus cachés et plus sombres replis de nos cœurs.

Où était Dieu avant la création du monde?

En lui-même, occupé à se contempler et à s'aimer, jouissant d'une gloire infinie, et d'un bonheur immense, n'ayant besoin d'aucune créature pour l'accomplissement de sa félicité, que les péchés ne peuvent diminuer, ni les bonnes œuvres accroître.

Qu'est-ce à dire que Dieu a une Providence?

1° Que Dieu conduit toutes choses à leur fin; 2° que rien n'arrive en ce monde que par sa volonté, ou sa permission; 3° que parmi les Chrétiens il ne faut point parler de fortune ni de sort, noms dont les hommes couvrent leur ignorance et leurs ténèbres; ce qu'on appelle cas fortuit à l'égard de nos conseils incertains, étant un dessein concerté dans un conseil plus haut, dans ce conseil éternel qui renferme toutes les causes et tous les effets dans un même ordre; 4° que Jésus-Christ a étendu la providence jusqu'à la disposition d'un seul de nos cheveux; 5° que c'est faute d'entendre le tout, qu'on trouve du hasard ou de l'irrégularité dans les accidents particuliers.

Dieu veut-il le péché?

Non, mais il le permet, ne voulant pas forcer l'homme qu'il a créé libre.

Pourquoi le permet-il?

Pour en tirer un plus grand bien, et faire encore plus éclater sa miséricorde, ou sa justice.

D'où vient que Dieu permet qu'il arrive des adversités aux bons?

1° Afin de les détacher de ce monde trompeur. 2° De les faire soupirer après le ciel. 3° De les purifier de leurs péchés. 4° De les rendre semblables à Jésus-Christ. 5° De leur faire pratiquer les vertus excellentes de patience, d'humilité, de confiance, de résignation, d'abandon, etc. 6° De les éprouver. 7° De les enrichir de mérites. 8° D'avoir lieu de les couronner. 9° De les rendre des modèles de vertu.

D'où vient que Dieu permet que les méchants soient souvent dans la prospérité?

1° Parce que Dieu est bon. 2° Pour nous donner l'exemple de faire du bien à nos ennemis mêmes. 3° Pour les récompenser de quelques bonnes œuvres. 4° Pour les punir en les livrant aux désirs de leur cœur, et ne les châtiant pas comme ses enfants. 5° Pour les gagner.

D'où vient que les biens et les maux de ce monde sont communs aux bons et aux méchants?

La divine Providence a jugé à propos de préparer aux bons, pour le siècle à venir, des biens que les méchants ne posséderont point; et aux méchants, des maux que les bons ne souffriront point; mais, pour les biens et les maux de cette vie, Dieu a voulu qu'ils fussent communs aux uns et aux autres, afin qu'on ne désirât point avec ardeur les biens que les méchants possèdent comme les bons, et qu'on n'évitât point avec horreur des maux que les bons endurent comme les méchants : souvent néanmoins Dieu fait paraître plus clairement qu'il agit lui-même dans la dispensation des biens et des maux; car si tout péché était manifestement puni dès cette vie, on penserait qu'il ne le serait plus en l'autre; et si Dieu ne paraissait maintenant punir aucun péché, on nierait la providence. D'autre part, si Dieu n'accordait jamais les biens temporels aux justes, qui les lui demandent, on dirait qu'il n'en est pas le maître; et s'il les leur accordait toujours, on croirait qu'ils seraient toute leur récompense, et on ne servirait Dieu qu'en vue d'un intérêt temporel. Le vice et la vertu ne sont donc pas la même chose, pour être exposés aux mêmes disgrâces. Le même feu éclaircit l'or, et noircit la paille; le même fléau brise le chaume, et en sépare le grain; la lie ne se mêle pas avec l'huile, quoique tirée de la même olive et par le même pressoir; le même coup remue la boue et le parfum; cependant l'une exhale une odeur infecte, et l'autre une odeur suave. Ainsi dans la même affliction le méchant blasphème Dieu, et le juste le bénit; l'adversité leur est commune, et l'usage différent. C'est encore pour punir les justes de leur trop grande condescendance et conformité d'inclinations humaines avec les pécheurs, qu'ils sont enveloppés dans les mêmes châtiments. Ils sont flagellés en ce monde avec eux, mais ils seront récompensés hors du monde sans eux. O divine Providence, qui réglez tout avec une sagesse aussi juste qu'impénétrable, faites nous respecter votre conduite; et en faisant ce qu'il vous plaît de nous, faites-nous aimer ce que vous faites de nous.

Qu'est-ce à dire Dieu est incompréhensible?

Qu'il est si grand, si infini et si immense en toutes choses, que nul esprit créé ne peut en avoir qu'une connaissance très-bornée.

En quoi particulièrement est-il incompréhensible?

1° Dans sa nature; 2° dans ses perfections; 3° dans ses conseils; 4° dans ses œuvres.

Qu'est-ce à dire que Dieu est éternel?
Que Dieu n'a jamais eu de commencement, et qu'il n'aura jamais de fin ; qu'il a toujours été, et qu'il sera toujours.
Tous les temps sont-ils présents à Dieu?
Oui, le présent, le passé et le futur subsistent devant lui.
Qu'est-ce à dire que Dieu est immuable?
Qu'il n'y a en lui aucune altération, changement, inconstance, vicissitude, ni dans sa nature, ni dans sa volonté.
Qu'inspirent ces perfections de Dieu?
Sa toute-puissance inspire la crainte, puisqu'il peut nous perdre si absolument. Sa sagesse, le zèle de bien faire nos actions, puisque nous devons les lui rapporter si entièrement. Sa bonté, l'amour, puisqu'il se communique si tendrement. Sa justice, la pratique des bonnes œuvres, puisqu'il les récompense si magnifiquement. Sa miséricorde, la confiance, puisqu'il pardonne si généreusement. Sa sainteté, la pénitence, puisqu'il punit si sévèrement. Son immensité, le désir de marcher en sa présence, puisqu'il est en nous si intimement. Sa Providence, l'abandon, puisqu'il veille sur nos besoins si attentivement. Son incompréhensibilité, l'adoration, puisqu'il nous surpasse si infiniment. Son éternité, le mépris du monde qui passe si rapidement.
Faites un acte de foi de ces vérités.
Je crois fermement que Dieu est souverainement sage, bon, juste, miséricordieux, saint, immense, tout-puissant, éternel, incompréhensible, et je le crois, parce que c'est lui-même qui l'a dit.
Faites un acte d'adoration.
Dieu éternel, immense, tout-puissant; Dieu saint, bon, juste, sage, miséricordieux, incompréhensible, je vous adore dans toutes vos grandeurs et perfections connues et inconnues, et je confesse que je ne suis devant vous que ce que je tiens de vous.
Au reste il est de l'ordre qu'après avoir, dans les leçons précédentes, reconnu que Dieu est par lui, nous confessions aussitôt que tout est de lui; c'est pourquoi le Symbole, avant de nous étaler les effets, nous a premièrement menés à la cause, et nous a montré la tige, pour nous introduire ensuite dans la connaissance de la famille du Père commun, d'où toutes choses sont sorties.

§ VI. — *Créateur.*

La création du monde.

Comment Dieu créa-t-il le monde?
D'une seule parole et d'un seul acte de sa volonté.
Pourquoi dites-vous que Dieu a créé le monde d'une seule parole et d'un seul acte de sa volonté?
Pour exprimer qu'il l'a fait : 1° avec une extrême facilité, rien ne coûtant moins qu'une seule parole et qu'un simple vouloir; 2° avec une souveraine sagesse et un grand amour, la parole de Dieu n'étant autre que le Verbe éternel, et son vouloir que le Saint-Esprit.

Le Fils et le Saint-Esprit ont donc aussi concouru à la création du monde?
Sans doute, et toutes les créatures sont également les ouvrages de la sainte Trinité et les productions de la puissance, de la sagesse et de l'amour de Dieu; cependant comme la toute-puissance est attribuée au Père, il est convenable que son premier et son plus grand effet lui soit aussi approprié en la même manière. Ainsi on attribue l'ouvrage à l'ouvrier, plutôt qu'à son entendement et à sa volonté.
Qu'est-ce que créer?
C'est tirer du non-être, ou du néant, ou produire de rien, et sans dépendre de rien, et par une action souveraine et indépendante, qui n'a besoin d'aucun secours, et qui n'est arrêtée par aucun obstacle.
Qui peut créer?
Dieu seul, qui agit avec indépendance et comme il veut, et qui produit par une puissance absolue, sans avoir besoin de rien pour l'aider.
Combien y a-t-il que le monde a été créé?
Près de six mille ans.
Combien Dieu demeura-t-il de temps à le créer?
Il pouvait le créer en un moment, mais il voulut y employer six jours.
Pourquoi?
Il le jugea ainsi à propos. D'ailleurs, le faisant à plusieurs reprises, il montra qu'il était maître de son action et de son entreprise; qu'il faisait ce qui lui plaisait, comme il lui plaisait, et quand il lui plaisait; qu'il agissait avec une souveraine indépendance et autorité, avec une entière liberté, avec ordre et tranquillité, sans impétuosité, sans contrainte, sans nécessité, sans précipitation, sans embarras.
Que fit-il le premier jour?
Il créa le ciel, la terre et la lumière.
Et le second?
Il fit le firmament, et divisa les eaux du ciel d'avec celles de la terre.
Et le troisième?
Il sépara la mer de la terre, et orna la terre d'herbes, de plantes et d'arbres.
Et le quatrième?
Il forma le soleil, la lune et les étoiles, et les mit dans le ciel.
Et le cinquième?
Il fit les poissons et les oiseaux, et en peupla l'eau et l'air.
Et le sixième?
Il produisit les brutes terrestres, et enfin l'homme, le sommaire ou l'abrégé merveilleux de tout ce qui avait été fait, la fin pour laquelle tout avait été fait, et que Dieu introduisit dans le monde qu'il venait de créer pour lui, comme on conduit en pompe un monarque dans un palais magnifique, qu'on a construit et embelli pour lui servir de demeure.
Que remarquez-vous dans la production des créatures?
Trois choses : 1° leur création; 2° leur distinction; 3° leur ornement. Dieu leur ayant successivement donné l'être, l'ordre,

la perfection ou la beauté. En effet, après avoir, les trois premiers jours, premièrement créé, puis séparé le firmament, les cieux et les éléments, les trois jours suivants il orna, 1° le ciel d'astres ; 2° l'eau de poissons, et l'air d'oiseaux ; 3° la terre d'animaux et de fruits, en quoi on peut remarquer une espèce de gradation ; car, 1° les astres, qui n'ont que le mouvement, furent créés les premiers ; 2° les arbres et les plantes, qui ont l'accroissement, les seconds ; 3° les oiseaux et les poissons, qui, de tous les animaux, sont les moins parfaits, ainsi que l'indistinction de leurs membres, et leurs corps informes le montrent assez, les troisièmes ; 4° les animaux terrestres, à qui rien ne manque dans leur genre, les quatrièmes ; et enfin l'homme, l'ornement de l'univers, le dernier, ou le sixième jour.

Et le septième?

Tout fut fait, l'univers fut achevé, et Dieu bénit ce jour ; il le sanctifia, et l'appela *le jour du repos*, ou du Seigneur, et voulut que les hommes le sanctifiassent à jamais en mémoire du bienfait de la création. Il y figura même les mystères futurs de notre réparation, selon saint Augustin ; car le vendredi, auquel il mit fin à ses ouvrages, le samedi, auquel il se reposa, et le dimanche, auquel il créa la lumière, signifiaient, 1° le jour auquel Jésus-Christ en croix consommerait l'œuvre de notre rédemption ; 2° son saint repos dans le sépulcre, et la cessation des œuvres du vieil homme en nous par le baptême (image de la mort, et sépulture du Sauveur) ; 3° la gloire de sa résurrection, et la joie du nouvel Adam dans la possession de la vie redonnée, et la tranquille attente de la gloire promise et acquise par Jésus-Christ ; 4° son ascension ; 5° le déluge de l'idolâtrie, qui couvrait toute la terre, arrêté ; 6° l'établissement de l'Église ; 7° le mélange des bons et des mauvais, qui mènent une vie raisonnable ou animale, terrestre ou céleste, jusqu'au jour de la résurrection, seconde création de l'homme, son rétablissement dans le paradis, où Jésus-Christ doit remettre les choses au point où elles étaient lors de leur première formation et institution.

Dieu était-il las pour se reposer?

Non, mais par ce mot on veut seulement dire, 1° qu'il cessa de produire des créatures, et d'agir au dehors ; 2° qu'il vit avec une complaisance tranquille ses desseins accomplis ; car c'est dans cette amoureuse vue de sa puissance et de sa sagesse, c'est-à-dire en lui et non en ses effets, qu'il trouve son repos : aussi est-il écrit qu'il se reposa *à l'égard de son ouvrage*, comme le ferait un savant architecte dans l'agrément de son habileté, voyant son dessein parfaitement bien exécuté, et non *dans son ouvrage*, comme un ouvrier dans un siège qui l'a lassé en le faisant ; ce qui nous apprend à ne chercher notre repos qu'en Dieu, et non dans la créature, et nous fait une haute leçon de la manière dont nous devons sanctifier le jour du dimanche ; ce n'est donc pas dans ses ouvrages que Dieu trouve son repos et sa félicité, mais en lui-même, puisqu'il n'a rien fait dont il eût besoin, ni dont il attendît quelque chose qui lui manquât. Egalement heureux avant et après leur production, et indépendamment de leur être ou de leur néant : jouissant du même repos après avoir achevé de les faire, qu'il avait joui avant de commencer de les faire, et qu'il eût joui quand même il se fût abstenu de les faire. De cette sorte, il se reposa, non tant parce qu'il cessa de produire des créatures, qu'à cause qu'il ne commença pas à avoir besoin d'elles, et qu'il trouva dans cette non-indigence la riche abondance qui le rend heureux, montrant ainsi qu'il ne prenait rien d'elles pour lui, puisqu'elles tenaient tout de lui ; qu'il avait tout en lui, et qu'aucun trône créé n'était digne de lui ; que son repos consiste dans la paisible possession du bien immense qu'il a au dedans de lui ; et non dans la participation du bien borné qu'il a mis hors de lui. Car n'y ayant aucun bien hors de lui qu'il n'ait fait et qu'il ne soit, il n'a fait aucun bien qu'il n'ait infiniment mieux en soi et qu'il ne soit plus que lui. C'est pourquoi, après être comme sorti hors de soi-même pour produire chaque bien particulier, il parut comme de nouveau revenir se reposer et rentrer dans le bien universel et souverain, qui n'est autre que lui, apprenant à l'homme, las de ses propres ouvrages et qui cherche tant le repos parfait, qu'il ne le trouvera que dans le sein de ce bien immuable qui l'a fait, et non en tout ce qui est un bien qui a été fait, et que, comme Dieu ne possède jamais plus son bonheur que quand il se repose en soi, l'homme ne trouvera jamais moins le sien que quand il s'inquiétera hors de Dieu : ce qui fait, dit Jésus-Christ, l'enfer du démon, c'est qu'il cherche du repos et qu'il n'en trouve point. 3° L'omission du soir de ce septième jour dans l'Ecriture figure ce grand jour de l'éternité, qui n'a ni veille, ni lendemain, ni matin, ni soir, et que les saints, après avoir produit de bonnes œuvres pendant leur vie laborieuse, qui n'est réputée qu'une semaine de jours, et consommé l'ouvrage de salut par la perfection de leurs vertus, sanctifieront à jamais au ciel par le repos éternel qu'ils prendront en Dieu, et Dieu en eux.

Pourquoi est-il dit que Dieu sanctifia le jour de son repos, et non pas le jour de ses ouvrages?

1° Dans les six jours précédents, il avait commencé ou avancé ses ouvrages, et le septième ils se trouvèrent finis et achevés : or ce n'est pas au commencement et au progrès, mais au couronnement et à la conclusion qu'est due l'approbation et la louange, signifiées par ce repos et cette bénédiction. [2° Cet achèvement et cette consommation est le caractère du Saint-Esprit, parce qu'il est la fin, si l'on peut parler ainsi, et la perfection de la sainte Trinité, ou le terme des opérations divines (fin infinie, terme interminable et illimité ; ces mots de fin et de terme se prenant ici pour consommation et perfection), et que la sanctification par un titre spécial lui est appropriée. 3° D'ailleurs étant produit par voie de retour, il est en sa propriété personnelle, et par la vertu de sa production comme un retour divin et subsistant en Dieu, par lequel Dieu retourne et rentre en lui-même ; raison pour laquelle le retour du pécheur à Dieu est attribué à ce divin Esprit, ainsi que toute sanctification, et par conséquent celle du dimanche jour du repos. 3° Ce dernier ou septième jour est la figure de la persévérance finale à qui seule la couronne de sanctification est promise, et le repos éternel comme étant le dernier trait de l'ouvrage de Dieu en l'homme son chef-d'œuvre et son trône. 4° Comme se reposer avant la fin de l'œuvre est un signe d'impuissance ou de lâcheté, aussi se reposer après avoir tout fait, est une vertu et une perfection digne d'un Dieu de qui les œuvres sont toujours parfaites. 5° Le mouvement est plus imparfait que le repos, puisque le mouvement ne se fait que pour acquérir ce qu'on n'a pas, et que le repos est une jouissance paisible de ce qu'on a et de ce qu'on aime ; les six premiers jours, Dieu fut dans une espèce de mouvement, étant comme sorti au dehors pour agir sur le néant, et en tirer les créatures, ce qui est marqué dans l'Ecriture, quand elle appelle les actions extérieures de Dieu, les *voies* ou *chemins du Seigneur*, par lesquelles il sort en quelque manière, et marche vers les créatures qui sont hors de lui et infiniment au-dessous de lui ; d'où vient encore qu'il est souvent dit, qu'il les *visite*, quand il les console ou les châtie, exerçant sur elles sa miséricorde ou sa justice. Il n'a donc point agi si noblement, si l'on peut parler ainsi, durant les six premiers jours qu'il a créé le monde, les destinant à son travail qu'au septième jour, le consacrant à son repos (1).] 6° Il a passé les six premiers jours parmi les créatures, en les formant et les remplissant des biens dont elles étaient capables ; mais le septième jour il s'est retiré en lui-même pour y demeurer en repos, et n'en sortir plus pour de telles actions en produisant de nouvelles créatures. Or la résidence qu'il fait dans sa propre nature, est de beaucoup plus haute et plus digne de lui, que celle qu'il a dans les plus parfaites et plus saintes créatures, parce qu'il subsiste dans soi-même par sa propre vertu sans avoir besoin de rien, comme dans la source de l'être et dans l'abondance infinie de toutes sortes de biens, il n'est dans les créatures que comme dans de petits ruisseaux entièrement disproportionnés à ses grandeurs, lesquelles y sont comme à l'étroit et hors de leur centre, qui n'est autre que lui-même et son essence, dans laquelle il est comme dans son lieu naturel, suivant sa propre inclination ; et il n'est dans les créatures que par condescendance et d'une manière qui ne répond pas à ce qu'il est, et n'a rien qui soit comparable à l'excellence de sa divinité. De sorte que le retour dans cet état merveilleux étant incomparablement plus élevé, et ayant plus de rapport avec lui que la sortie qu'il a faite pour produire le monde et les créatures, il est clair que le jour qu'il a choisi pour ce retour est aussi plus saint et plus plein de bénédiction que ceux qu'il a destinés pour créer et pour établir des créatures, et qu'ainsi c'est avec justice qu'il a voulu le faire honorer par les hommes plus que les autres jours, comme il l'a plus honoré et plus béni lui-même. 7° L'ouvrage de l'univers achevé, les anges dans le ciel ravis en admiration se mirent à publier les louanges du souverain Ouvrier qui l'avait formé, comme l'Ecriture le donne à entendre, et nous apprirent à quoi nous devons employer ce jour sur la terre.

Dieu pourrait-il créer d'autres mondes ?
Il pourrait en créer une infinité et d'infiniment plus beaux, et il pourrait les détruire avec la même facilité qu'il les aurait créés.

Dieu après avoir produit les créatures, se retira-t-il d'elles ?
Non, et la même puissance qui leur donna l'être, le leur conserve et les tient comme suspendues encore sur ce profond abîme d'où il les a tirées ; elles n'ont pu sortir du néant par elles-mêmes, elles ne pourraient se maintenir dans l'être qu'elles ont reçu sans le secours continuel de celui qui le leur a donné. Ainsi la chaleur dans le fer rouge et la lumière dans l'air, périraient si le feu et le soleil de qui elles émanent, ne les conservaient encore par une action continuelle ; ce qui a fait dire aux saints que le bienfait de la conservation n'était pas moindre que celui de la création, ou plutôt n'en était que la continuation, ou une création continuée ; en quoi consiste la dépendance essentielle et perpétuelle de la créature à l'égard du Créateur dont nous voyons les bons ouvrages, et dont nous verrons le saint repos quand nous aurons fini nos bonnes œuvres, dit saint Augustin.

§ VII. — *Du ciel.*

La création des anges et la chute des démons.

Quand est-ce que les anges furent créés ?
On tient que ce fut le premier jour, lorsque Dieu créa le ciel.

Où les créa-t-il (2) ?
Au ciel même, dont ils furent les habitants.

Quels sont les anges ?
Des esprits purs, intelligents, libres, parfaits, incorruptibles, invisibles, immortels,

---

(1) Tout ce passage est supprimé dans l'édition de Lyon ; nous n'en voyons pas la raison, car ces pensées ont été empruntées aux saints Pères.
(2) *Comment expliqueriez-vous la création du ciel ?*
Par le ciel, il ne faut pas entendre seulement la voûte étoilée que nous admirons, mais l'espace invisible et auguste où Dieu a établi le siège de sa gloire, et qui, étant habité par les anges, a été préparé dès l'origine des temps pour la vision béatifique et la récompense des élus.

que Dieu tira du néant, pour en faire des créatures très-excellentes.

Que veut dire le mot d'ange?
Messager ou envoyé; parce que Dieu s'en sert pour l'exécution de ses ordres, et qu'ils sont toujours mobiles à ses impressions; aussi les peint-on avec des ailes comme venant du ciel, n'ayant rien de terrestre en eux, et étant prompts aux mouvements divins.

Combien y en a-t-il?
Un nombre presque infini.

Comment les range-t-on?
En neuf chœurs et trois hiérarchies.

Quels sont ceux de la plus basse hiérarchie?
Les anges, les archanges et les Principautés.

Et de la seconde?
Les Puissances, les Vertus et les Dominations.

Et de la plus haute?
Les Trônes, les chérubins et les séraphins.

Que remarquez-vous dans ces neuf chœurs des anges?
Que chacun d'eux honore une perfection divine; qu'il l'exprime en lui, et qu'il sert à la faire connaître et révérer.

Quelle est la perfection de Dieu que révèrent, représentent et publient les séraphins?
Son amour.

Et les chérubins? Sa science.
Et les Trônes? Sa majesté.
Et les Dominations? Sa souveraineté.
Et les Vertus? Sa toute-puissance.
Et les Puissances? Son autorité.
Et les Principautés? Sa grandeur.
Et les archanges? Ses desseins.
Et les anges? Sa providence. — Voilà les attributs à qui ces bienheureux esprits sont consacrés, et à la vénération desquels ils portent.

Furent-ils créés en état de grâce?
Oui, ils sortirent des mains de Dieu doués d'une nature excellente, ornés de grâces, de dons et de vertus.

Comment bien entendre leur chute?
Distinguant en eux quatre moments: le premier, auquel ils furent créés bons selon la nature, et justes selon la grâce; le second, quand ils se virent en état de mériter ou de démériter; le troisième, quand ils choisirent leur fin dernière, les uns bonne, les autres mauvaise; le quatrième, quand ils furent récompensés ou punis, tant l'usage d'un moment et la fidélité à une grâce importent quelquefois.

Comment se perdirent-ils?
Le premier et le plus élevé d'entre eux, nommé Lucifer, suivi d'un grand nombre d'autres, se laissa aller à la vaine gloire; il eut de la complaisance pour ses belles qualités, qu'il ne rapporta pas à Dieu. Il s'admira, et s'enorgueillit; enivré d'amour et d'estime de sa propre excellence, il crut qu'il pouvait se suffire à lui-même, il prétendit vivre indépendant, être semblable au Très-Haut, s'égaler à lui, se faire adorer comme lui, et s'arroger les honneurs divins.

Tous suivirent-ils son exemple, et celui de ses complices?
Non, saint Michel et les bons anges s'opposèrent à leur superbe, et rendirent gloire à Dieu.

Qu'arriva-t-il alors?
Lucifer, et ceux qu'il avait entraînés dans sa rébellion, furent chassés du ciel, et changés en d'horribles démons et de misérables damnés; ces esprits brillants devinrent en un instant des esprits de ténèbres; leurs lumières se tournèrent en ruses, leur bonté en malice, leur beauté en laideur, leur charité en envie, leur grandeur en orgueil.

Où furent-ils précipités?
Dans l'air, sur la terre et dans l'enfer, où les bons anges qui les ont renversés, achèvent tous les jours de les vaincre et de les détruire.

Quelle est à présent leur occupation?
Leur malheureux emploi n'est autre que de tenter les hommes pour les perdre s'ils peuvent avec eux, et les rendre compagnons de leurs supplices, après les avoir faits complices de leurs crimes.

Qui les pousse à cela?
1° Leur haine contre Dieu; 2° leur envie contre le genre humain; 3° leur propre malice; 4° la maligne consolation d'avoir des semblables.

Que deviendront-ils au jour du jugement?
Ils seront tous renfermés, et pour toujours dans l'abîme, où ils brûleront pendant toute l'éternité.

Et les bons anges?
Ils demeurèrent fidèles à Dieu, et ils entrèrent dans la gloire de leur Seigneur, qu'ils verront face à face à jamais, et il se sert d'eux pour annoncer ses volontés, exécuter ses desseins, gouverner le monde, procurer notre salut (3).

§ VIII. — *Et de la terre.*

De la création de l'homme et sa chute.

Comment Dieu créa-t-il l'homme?
Il prit du limon de la terre, et forma le corps d'Adam, notre premier père, dans un état incomparable de force, de santé et de beauté: il créa son âme dans une entière innocence, sainteté et perfection; et sans le faire passer par les infirmités de l'enfance, il le rendit tout d'un coup tel qu'on est à l'âge viril.

Pourquoi une âme si noble dans un corps de boue?

---

(3) *Pourquoi appelle-t-on quelques anges les anges gardiens?*
C'est que Dieu a confié chacun de nous à la garde tutélaire d'un ange qui doit nous protéger, nous défendre, nous porter au bien, nous aider de ses prières et nous secourir, surtout au moment de la mort.

Que devons-nous en retour à notre ange gardien?
C'est une obligation pour nous, dit saint Bernard, de respecter leur présence, de les remercier, de suivre leurs inspirations, de les invoquer et de les honorer.

Afin que l'homme ne s'enorgueillît pas ainsi qu'avait fait l'ange, et que l'infirmité du corps rehaussée par la gloire de l'âme, et la gloire de l'âme humiliée par la bassesse du corps, le tînt comme dans un juste équilibre, ou une balance de droiture, sans qu'il s'élevât ou s'avilît trop.

En quoi parut principalement le comble de la dignité de l'homme dans cet état heureux ?

En ce que Dieu le forma à son image et ressemblance.

Comment cela ?

En lui donnant une âme immortelle, douée d'entendement et de volonté, et capable de vivre comme lui, de connaissance et d'amour.

Comment encore ?

En lui conférant la grâce sanctifiante, les vertus et les dons du Saint-Esprit.

Comment encore ?

En le destinant à sa possession éternelle, où il devait achever de le transformer en lui, et de se le rendre ainsi parfaitement semblable dans l'ordre de la nature, de la grâce et de la gloire : c'est de cette façon qu'il fut créé saint, heureux, savant, libre, intelligent, impassible et immortel, même selon le corps (4).

Comment cela ?

Par un don particulier et une vertu secrète que Dieu attacha au fruit de l'arbre de vie : quoiqu'à parler selon la doctrine des premiers Pères, il ne fût créé absolument ni immortel, ni mortel, Dieu voulant que l'un ou l'autre dépendît de sa bonne ou mauvaise conduite.

De quels avantages l'orna-t-il encore ?

Il lui donna 1° un entendement éclairé, qui découvrait la vérité des choses; 2° une droiture de volonté, qui le portait au vrai bien; 3° un pur amour du Créateur, auquel il était entièrement soumis; 4° une chair qui obéissait à la raison; 5° un naturel qui n'avait aucune pente au mal, et qui trouvait du plaisir et de la félicité à faire le bien. En sorte que, 1° la sagesse éclairait son esprit; 2° la justice réglait sa volonté; 3° la force le rendait maître de ses passions; 4° et la tempérance de ses appétits; en un mot, il avait toutes les vertus naturelles et surnaturelles, et Dieu le rendait parfait selon le corps et selon l'âme, dans l'ordre naturel et surnaturel.

Où le mit-il ?

Dans le paradis terrestre, lieu de délices, pour y vivre dans une félicité incomparable, exempt de tous maux corporels et spirituels, des maladies, de la vieillesse, de la mort, et plein d'espérance de se voir transférer dans la gloire éternelle, dont le paradis terrestre n'était que la figure, s'il gardait un commandement qu'il lui fit.

Quel fut ce précepte ?

De ne pas manger du fruit d'un seul arbre, sous peine de mort.

Pourquoi ce commandement ?

1° Pour lui faire sentir sa dépendance, et lui apprendre qu'il avait un Maître; 2° pour éprouver et couronner son obéissance; 3° pour fermer la porte à la superfluité.

Pourquoi un seul commandement ?

N'ayant ni l'entendement obscurci par l'ignorance, ni la volonté séduite par la convoitise, il n'était pas besoin de lui ordonner ou de lui défendre beaucoup de choses.

Pourquoi un commandement si aisé ?

Il voulait lui rendre la vie commode, tandis qu'elle serait innocente.

Pourquoi un commandement attaché à une chose sensible ?

Parce qu'il était composé de corps et d'âme.

Que fit-il encore pour lui ?

Il l'établit roi de l'univers, et maître absolu de tous les animaux.

Quoi encore ?

Il lui donna une femme pour épouse, et pour compagne de son bonheur.

Comment fut-elle formée ?

Pendant qu'Adam dormait d'un sommeil mystérieux, ce souverain ouvrier prit une des côtes de ce premier homme, et en forma Eve, la mère de tous les vivants.

Pourquoi la femme fut-elle tirée du côté de l'homme, et non de la tête, ou des pieds, et formée d'une côte ?

Pour marquer : 1° qu'elle ne devait ni dominer au-dessus de l'homme, ni être esclave au-dessous de l'homme, mais vivre en égale société avec lui ; 2° pour lui figurer, dit un Père, son inclination tortueuse, et recourbée vers les choses du monde; 3° et l'amour cordial (5); 4° qui devait unir les personnes mariées et la charité fraternelle de tous les hommes nés de ce premier mariage.

Pourquoi Dieu forma-t-il l'homme dans un si haut degré de gloire et de bonheur ?

Dieu se devait à lui-même de rendre son image heureuse.

Comment se perdit-il ?

Le démon, envieux et jaloux du bonheur de ces anges terrestres, dit saint Chrysostome, se servit du serpent pour tenter Eve, et lui persuader de manger du fruit défendu.

Que fit-elle ?

Elle écouta trop le tentateur qui la flatta d'une grandeur imaginaire ; elle raisonna sur le précepte, elle douta, elle s'enfla d'orgueil, elle se laissa aller à la vanité, à la curiosité, à la sensualité; elle désobéit; elle mangea de cette pomme, ou plutôt de ce poison funeste, et elle en donna à son mari, qui en mangea aussi par complaisance pour elle. Chose étrange, dit saint Chrysostome, le premier homme, innocent, juste, saint, sans ténèbres dans l'esprit, ni malice dans la volonté, ni révolte dans les passions, ni peine ou dégoût dans la pratique de la vertu; sans autre fardeau que celui d'un précepte très-léger, devint dans le Paradis terrestre, en peu d'heures, en moins d'un jour, iné-

---

(4) Telle était la destination glorieuse de l'homme avant sa chute ; il ne devait pas subir la mort ni la moindre peine.

(5) Et l'étroite union.

chant et perverti, jusqu'à ce comble d'orgueil et d'impiété, que de vouloir ravir la divinité au vrai Dieu, et de croire qu'il viendrait bien à bout d'une entreprise si insensée, en suivant le conseil du diable ! que ne feront pas les hommes déchus et corrompus, qui passent toute leur vie dans des délices de la terre, et s'y font un second paradis ; sans doute pour se dédommager de la perte du premier ; prétention aussi vaine qu'infiniment opposée aux desseins de celui qui les en a chassés, dit saint Bernard, et lesquels comme si la voûte des cieux n'était pas assez belle pour eux, se font construire des lambris qui les consolent de la perte du ciel. Ainsi nos premiers parents voulant élever leur volonté propre jusqu'au-dessus de celle de Dieu, elle retomba sur eux d'un lieu si haut, et les écrasa : sort funeste de tous les désobéissants aux ordres de ceux qui leur tiennent la place du Très-Haut, dit saint Augustin.

Qu'arriva-t-il de cette transgression ?

Aussitôt tout changea pour eux, ils perdirent l'innocence et la justice originelle, et avec elle leur bonheur, et l'empire qu'ils avaient sur les animaux qui se révoltèrent ou s'enfuirent, [la Providence ne contenant dans le devoir que ceux qui nous étaient nécessaires] et sur eux-mêmes ; ils furent dépouillés de la grâce, chassés du paradis, condamnés aux misères de la vie, auxquelles nous sommes sujets, au travail, à la pauvreté, à la faim, à la soif, au chaud, au froid, aux maladies, à la vieillesse, et enfin à la mort temporelle, figure de la mort spirituelle et éternelle, qu'ils avaient encourue : la lumière de leur esprit s'obscurcit, leur volonté se porta au mal, leur liberté s'affaiblit, leurs passions se révoltèrent, ils déchurent du droit qu'ils avaient à la vie éternelle : l'homme fut condamné à gagner sa vie à la sueur de son visage, et la femme aux douleurs de l'enfantement : les créatures inférieures ne les reconnurent presque plus : l'ordre admirable de l'univers créé pour l'homme fut renversé. Ils devinrent comme esclaves du démon et de la convoitise, et se virent engagés dans un labyrinthe de maux, dont ils ne purent jamais sortir, et dont rien ne les consola que la pénitence qu'ils firent, et l'espérance d'un Rédempteur qu'ils demandèrent (6).

Et les enfants qui devaient naître d'eux ?

Ils furent dès lors enveloppés dans le crime et le châtiment de leur père, ils virent par ses yeux le fruit défendu, ils le convoitèrent par sa volonté, ils le cueillirent par sa main, ils le mangèrent par sa bouche, les ruisseaux furent corrompus dans leur source, et les fruits gâtés dans leur racine, en sorte que nous venons tous en ce monde dégradés, criminels, enfants d'ire et de malédiction, ennemis de Dieu, esclaves du diable, condamnés à la mort, et infectés du péché originel, ainsi que les serpents du venin de leur père : chaque homme qui naît

(6) C'est Dieu qui promit un Rédempteur sans même qu'Adam et Ève l'eussent demandé.

n'étant qu'un Adam reproduit, ou une extension d'*Adam* criminel. De cette sorte nos premiers parents, et parricides et pères, reçurent eux-mêmes les premiers le coup de la mort par la morsure du serpent, dont le venin infecta leur corps, leur âme, et y engendra une fourmilière de misères : après quoi ils ne firent plus que languir dans les peines, les douleurs, jusqu'à ce que le péché, qui les avait chassés du paradis, les eût chassés de la terre. Pourquoi donc s'étonner si les vers rongent les restes du serpent ? dit un Père.

Ne sommes-nous pas encore faits à l'image de Dieu ?

Oui, mais que les traits de cette ressemblance sont effacés, si Dieu par sa grâce ne les retrace en nous ! En effet, l'Écriture après avoir dit qu'Adam fut créé à l'image et ressemblance de Dieu, venant à parler de son fils Seth, s'en explique d'une manière bien différente, et dit qu'il fut engendré à l'image et ressemblance de son père Adam : ce que saint Paul confirme, quand il assure que nous avons porté l'image de l'homme terrestre ; et le Prophète va plus loin, déplorant l'état de l'homme défiguré, et devenu semblable aux bêtes.

Comment venons-nous au monde à présent ?

Nos corps viennent de nos pères et mères, et nos âmes sont créées des mains de Dieu, et mises dans nos corps, quand ils sont suffisamment organisés au sein de nos mères.

Quelle différence y a-t-il entre l'âme de l'homme, et l'âme de la bête ?

L'âme de l'homme, 1° tire son être immédiatement de Dieu ; 2° elle est immortelle ; 3° spirituelle ; 4° faite à l'image de Dieu ; 5° douée d'entendement et de volonté, d'intelligence et de liberté. Et l'âme de la bête, 1° tire son origine de la matière ; 2° elle meurt avec le corps ; 3° elle est matérielle ; 4° irraisonnable ou brute : 5° enfin l'homme est capable de raison, ou de rendre raison de ce qu'il fait, et non la bête : par exemple, si on demande à un enfant, pourquoi il vient au catéchisme, il répondra que c'est pour apprendre sa religion, et être éternellement heureux en la pratiquant.

Que doit l'homme à Dieu pour le bienfait de la création ?

Adoration, amour, remercîment, reconnaissance.

Que devint ensuite le genre humain qui sortit d'Adam et d'Ève ?

Il se précipita en tant d'abominations et de crimes, que toute la terre fut pervertie en moins de deux mille ans.

Que fit Dieu alors ?

Il envoya le déluge, qui submergea tous les hommes, à l'exception de Noé, et de sa famille, composée de huit personnes seulement, qui trouvèrent grâce devant lui, et qui se sauvèrent de ce naufrage universel dans l'arche qu'il leur avait commandé de construire (7).

Qu'arriva-t-il ensuite ?

(7) On peut apporter ici toutes les explications verbales, toutes les raisons que les sciences mo-

Les enfants de Noé s'étant multipliés, le monde tomba bientôt dans l'oubli du Créateur, et dans l'idolâtrie, dont cet ancien ennemi de l'unité de Dieu avait jeté le premier plan, quand il dit à Eve : *Vous serez comme des dieux* (Gen. III, 5), et l'homme se fit des idoles de pierre et de bois pour lui tenir lieu du vrai Dieu qu'il avait perdu, jusque-là que le diable, qui avait trompé l'homme, se fit adorer par l'homme : suivant son ancienne et ambitieuse prétention.

Pourquoi l'homme ne tomba-t-il pas dans l'idolâtrie avant le déluge ?

La mémoire du Créateur était encore trop récente, raison qui doit obliger l'homme à se tourner dès sa jeunesse vers Dieu, des mains duquel il vient de sortir, et à ne pas sacrifier ses premières années au vice, car le même ordre ou progrès de la dépravation du genre humain d'abord charnel et sensuel, ensuite superbe et vain, qui ne parlait que de demi-dieux et de héros, de conquêtes et d'édifices éternels, et enfin idolâtre, souvent se renouvelle et se continue dans la dépravation de chaque homme en particulier : 1° corrompu dans sa jeunesse ; 2° orgueilleux dans l'âge viril ; 3° impie dans sa vieillesse.

Que fit Dieu pour remédier à ce désordre ?

Il appela à lui Abraham et les patriarches, et enfin le peuple d'Israël qui sortit d'eux, et qui conserva la tradition du genre humain, la véritable religion, et l'espérance d'un libérateur qui devait venir un jour réparer l'homme, le délivrer de la tyrannie du démon et de l'esclavage du péché, l'affranchir de toutes ses peines, lui rouvrir le paradis, et le rétablir dans sa première dignité.

Adam ayant pu dépraver la nature humaine par son péché, pouvait-il la réparer par sa pénitence ?

Non, le premier homme, une fois déchu, pouvait bien se relever par la pénitence, obtenir la rémission de son crime, et la grâce de sa propre justification : mais non recouvrer l'innocence originelle, à laquelle était attaché *le don de la transmettre* à ses descendants, qui seul l'établissait chef et source de la sanctification de sa postérité ; don d'une si haute dignité, qu'il ne tombait pas sous le mérite, même avant le péché, combien moins après ? ainsi Adam a pu être la cause accidentelle de la dépravation du genre humain qui devait sortir de lui, car pour cela il lui suffisait d'en être le père dégradé, mais il n'a pu redevenir la cause de la sanctification de ses enfants, car pour cela il lui fallait avec l'innocence originelle le pouvoir de la communiquer, de quoi son crime le privait, et que sa pénitence ne pouvait lui redonner ; cependant parce que Dieu avait destiné la créature raisonnable à sa possession, il était de sa gloire, de sa providence et de sa bonté, que son dessein ne fût pas frustré, et que l'homme, capable de déplorer sa propre misère, ne devînt pas incapable de la miséricorde divine.

Cette réparation ne pouvait-elle se faire par aucun homme, ou ange, ou autre pure créature ?

Non, car qui eût osé se porter médiateur de réconciliation entre Dieu et l'homme ; mériter l'expiation du crime d'Adam, et de la corruption universelle qu'il avait causée : offrir une satisfaction proportionnée à la grandeur de ce crime, et de l'injure que le péché avait faite au Créateur, et que sa justice exigeait ; être une source de grâce, et établir des moyens de sanctification pour tout le genre humain, de purification pour toutes ses souillures, et de réformation de son être naturel et surnaturel ; le délivrer de la tyrannie du diable ; lui rouvrir le ciel, lui donner des moyens d'y rentrer par l'établissement d'une nouvelle régénération, qui communiquât à l'homme cette justice originelle, qu'il ne pouvait recevoir par la génération de père dépouillé du droit de la pouvoir transmettre à ses enfans, parce qu'il en était lui-même privé ; en un mot, le remettre en possession des prérogatives de sa première dignité ?

Dieu, par sa seule volonté absolue, ne pouvait-il pas réparer son ouvrage ?

Sans doute, mais il était de cette raison suprême qui forma la créature intelligente par un conseil profond, de faire encore plus reluire sa sagesse que son pouvoir dans la réformation de son image : or dans l'ordre de la justice divine le péché commis exigeant une satisfaction, qui d'une part ne convenait pas à Dieu, comme étant ainsi que le mérite, au-dessous de lui, et qui de l'autre n'était pas au pouvoir l'homme, comme étant au-dessus de lui, il est visible que le seul Jésus-Christ, qui devait réunir en lui ces deux extrêmes, ou plutôt le seul Homme-Dieu qu'on attendait, pouvait offrir pour notre rachat les satisfactions d'un prix infini, dont nous étions tenus envers un Dieu infiniment offensé.

Adam et Eve furent-ils damnés ?

Non, 1° L'Ecriture dit que Dieu les retira de leur péché. 2° L'Eglise a traité d'hérétiques ceux qui ont voulu enseigner le contraire. 3° Il n'était pas convenable que le Réparateur du genre humain laissât au démon superbe les deux chefs du genre humain, et qu'il ne délivrât pas celui qui le premier était tombé dans la captivité, tandis qu'il délivrait ceux que ce premier esclave avait engendrés dans les fers. 4° Il fit neuf cents ans de pénitence, et à la porte de ce paradis dont il avait été chassé, dit saint Chrysostome (8).

Pourquoi ces satisfactions d'un prix infini ?

Pour expier la malice extrême du péché, qui blesse une majesté infinie ; qui prive d'un bien infini ; qui cause des maux infinis, qui mérite des peines infinies.

---

dernes fournissent pour démontrer l'authenticité et les conséquences du déluge.

(8) La question du salut d'Adam a été controversée, mais l'opinion générale admet qu'il est au ciel.

Combien de temps le monde soupira-t-il après la venue de son Libérateur?
Quatre mille ans.
Que montre une si longue attente?
1° La grandeur du crime de l'homme, de l'indignation de Dieu, de l'impénétrabilité de ses jugements, de nos ténèbres sur la malice du péché; 2° combien il importait que l'homme superbe sentît sa misère, gémît, priât, s'humiliât, connût le besoin d'un libérateur (9); 3° et qu'un mystère si haut et si incompréhensible que celui de l'Incarnation, fût longtemps prédit, promis, attendu, figuré, afin d'être cru; 4° d'ailleurs ce que les Apôtres ont prêché, les prophètes l'ont annoncé; ce qui a toujours été cru, ne peut être trop tard venu; et Jésus-Christ promis, a été le salut, aussi bien que Jésus-Christ donné, dit saint Léon.

Où allaient alors les âmes des justes au sortir de cette vie?
Aux limbes, dans le sein d'Abraham, en attendant ce Messie si prédit et si désiré, qui devait venir les retirer de ce lieu et les transférer au ciel. Tel fut le sort du genre humain; toujours sous la main du Créateur, tiré du néant par sa parole, conservé par sa bonté, gouverné par sa sagesse, puni par sa justice, soumis par sa puissance, et enfin délivré par sa miséricorde.

SECONDE PARTIE DU SYMBOLE.
Ce que nous devons croire de la personne du Fils, et de l'ouvrage de la Rédemption.

ART. II. — *Et en Jésus-Christ son Fils unique Notre-Seigneur.*

En quel état se trouvait le genre humain lorsqu'il plut au Fils de Dieu de s'incarner?
Il était plongé dans les plus épaisses ténèbres de l'idolâtrie: des fables honteuses et ridicules avaient pris la place des plus importantes vérités; l'homme avait si profondément oublié qu'il était l'ouvrage des mains de Dieu, qu'il croyait à son tour que Dieu pouvait devenir l'ouvrage des siennes; et l'univers, que ce souverain Ouvrier avait créé pour manifester sa puissance et sa sagesse, était devenu comme un temple d'idoles; on adorait le soleil et la lune, le ciel et la terre, les animaux et les éléments, les reptiles et les insectes, jusqu'aux démons et aux vices; tout était Dieu, excepté Dieu même; et ce nom adorable, dont la majesté consiste à être incommunicable à tout autre, se partageait et s'attribuait aux plus viles créatures et aux plus abominables désordres: ainsi l'homme égaré s'occupant sans cesse de Dieu, le cherchant partout, s'imaginant le trouver partout, et s'en faisant un de tout, montrait évidemment qu'il l'avait perdu, et qu'il ne savait plus où il était. Cependant l'impression de la divinité fut-elle jamais plus vive et plus universelle que quand il ignorait le plus son auteur, qu'il fléchissait le genou devant toute créature, et que semblable à ces enfants illégitimes prêts d'adopter un chacun pour père, parce qu'ils ne savent quel est le leur, il adorait tous les dieux étrangers, ne reconnaissant pas le véritable?

Et les Juifs?
La connaissance du vrai Dieu s'était conservée parmi eux, mais ils l'avaient beaucoup altérée par le mélange des superstitions et des traditions humaines, et par un étrange relâchement de mœurs qui s'était glissé, même parmi les prêtres et les religieux (9*) de la loi.

Qui les gouvernait alors?
Hérode, prince étranger, avait envahi le royaume de Judée, et introduit quantité de coutumes profanes opposées à la pureté de la religion, de sorte qu'il était temps que le Messie parût et vînt nous éclairer, de peur que toute la nature humaine n'achevât de s'abîmer, ou que Dieu irrité ne frappât la terre d'anathème, comme il eût fait alors, selon les expressions de l'Écriture et des saints.

En quelle conjoncture voulut-il paraître?
Lorsque l'univers jouissait d'une profonde paix sous l'empire de César Auguste, et que le démon semblait s'être assujetti presque toute la terre.

Pourquoi dans cette circonstance?
Pour témoigner qu'il était le Roi pacifique qui venait réconcilier toutes choses en lui, et réunir le ciel avec la terre, la créature avec le Créateur, l'homme avec son Dieu.

Pourquoi encore?
Afin que l'homme fût comme attentif à la merveille qu'il allait opérer, les prophètes mêmes avaient cessé depuis quelques siècles parmi les Juifs, et tout semblait se taire pour écouter le Verbe éternel qui devait incessamment paraître, et enseigner le genre humain.

Comment Dieu voulut-il réparer l'homme?
La seconde personne de la sainte Trinité se revêtit elle-même de notre nature.

Pourquoi cet excès de bonté?
1° Pour se faire plus aisément connaître, aimer et imiter de l'homme. 2° Afin que l'humilité du Réparateur, qui voulait se faire homme, surpassât l'orgueil du prévaricateur, qui voulait se faire Dieu; 3° et que l'homme ne partageât point son cœur entre le Créateur et le Réparateur; et que l'homme, si enclin à aimer la créature, trouvât le Créateur comme confondu avec elle. 4° Et que Dieu reformât par son exemple celui qu'il avait fait à son image. 5° Il est de la perfection des ouvrages de Dieu, qu'il ajoute à ce qu'il rétablit, qu'il redonne plus qu'on a perdu. 6° Les superbes enfants d'Adam n'auraient pu se résoudre à regarder un pur homme comme capable d'être auteur de leur salut et de leur bonheur, ni à l'honorer suffisamment, ni à le croire et le servir aveuglément, prévenus comme ils sont de mépris pour l'homme, et le genre humain eût

---

(9) Il fallait aussi l'expérience de l'inanité de tous les moyens humains, sciences, pouvoir, législation, philosophie, etc.

(9*) Par ce mot *religieux*, il faut entendre les *zélateurs* de la Loi.

dédaigné d'imiter un homme. Mais Jésus-Christ étant la sagesse et la sainteté même, on ne peut douter, ni que ce qu'il a dit ne soit vrai, ni que ce qu'il a fait ne soit bien, ni que ce qu'il a promis ne soit sûr. 7° Dieu voulait persuader aux hommes combien il les aimait, et quels il les avait aimés? Combien il les aimait, de peur qu'ils ne se désespérassent; quels il les avait aimés, de peur qu'ils ne s'enorgueillissent, dit saint Augustin, et que sa miséricorde l'emportât sur sa justice, quelque grande que fût celle-ci.

L'homme ne pouvait-il pas être réparé d'une autre manière?

Sans doute; mais son divin auteur, à qui rien n'est impossible, choisit celle-ci comme plus convenable à ses perfections, et plus avantageuse à nos besoins.

Pourquoi plus convenable à ses perfections?

Elle fait merveilleusement éclater sa toute-puissance, sa sagesse, sa bonté, sa justice, sa miséricorde, son amour et sa providence. Sa toute-puissance, opérant tant de merveilles par un si faible instrument que la chair crucifiée; la faisant triompher du fort armé, tirant par elle tout à lui, unissant d'un lien indissoluble ces deux extrêmes, Dieu et l'homme, et l'élevant à la droite du Père; sa sagesse, trouvant un moyen si admirable de faire triompher l'homme du démon; sa bonté, se communiquant avec une telle profusion; sa justice, satisfaisant et payant avec tant d'usure nos dettes et notre rançon; sa miséricorde, se laissant toucher à tant de pitié pour sa pauvre et défigurée image; son amour, s'unissant à nous avec tant de tendresse; sa providence, nous découvrant les choses invisibles par les corporelles, et les divines par les humaines.

Pourquoi plus avantageuse à nos besoins?

1° Notre foi est plus affermie, ayant ouï de nos oreilles les mystères de notre Religion sortir de la bouche de la Vérité incréée; 2° notre espérance plus excitée, ayant vu de nos yeux jusqu'à quel point Dieu nous aime; 3° notre charité plus enflammée, Dieu s'étant fait semblable à nous; 4° nos actions plus parfaites, ayant un tel modèle; 5° notre dignité plus relevée, les anges ne pouvant se glorifier par-dessus nous, ni les démons insulter à notre bassesse; 6° notre horreur du péché plus grande, car comment oser souiller une nature si annoblie, si estimée de Dieu, qu'il a si aimée, qu'il s'est si intimement unie, et commettre un crime qui ne peut s'expier que par le sang d'un Dieu; 7° notre humilité mieux fondée, cette grâce étant au-dessus de tout mérite; 8° notre orgueil plus confondu par un tel exemple; 9° la justice divine plus pleinement dédommagée par une telle rançon; 10° L'injure faite à Dieu plus parfaitement réparée par une telle humiliation; 11° la malice du péché plus entièrement expiée par une telle satisfaction.

Comment cela?

Parce que Jésus-Christ étant Dieu et homme tout ensemble, ses actions et ses souffrances offertes pour nous sont attribuées à la personne du Verbe, d'où elles tirent un mérite infini, au lieu que tout ce qu'aurait fait ou enduré un pur homme, de quelque sainteté qu'on se le figure, n'aurait été, après tout, que d'un prix borné. Cependant la satisfaction de Jésus-Christ doit plutôt être regardée comme un mystère d'amour, où Dieu exerce sa miséricorde, en acceptant volontairement la mort de son Fils, que comme une satisfaction à sa justice, parlant à la rigueur.

Pourquoi la seconde personne s'est-elle incarnée plutôt qu'une autre?

Dieu, dont nous ne devons pas pénétrer les secrets, l'a jugé ainsi à propos: les saints y trouvent cette convenance que les hommes par le péché, étant tombés dans l'ignorance, et ayant effacé en eux l'image de Dieu, il était très-convenable qu'ils fussent réparés par le Verbe divin, qui est la sagesse incréée, l'image parfaite du Père et l'idée primitive sur laquelle ils avaient été désignés; ainsi, pour bien rebâtir une maison ruinée ou reformer une statue, il faut recourir au premier plan, au même instrument, au même moule, à la même main.

Que devons-nous croire de la seconde personne ou du Verbe divin?

1° Qu'il procède du Père seul; 2° qu'il est le Fils du Père; 3° que le Père l'engendre de toute éternité, lui communiquant sa propre substance, sa nature, sa divinité et toutes ses perfections, lumières et connaissances, en sorte qu'il en est l'empreinte substantielle et le miroir parfait et sans tache; 4° qu'il est la même chose avec le Père; 5° qu'il lui est coéternel et consubstantiel; 6° qu'il est avec le Père un seul et même principe du Saint-Esprit, le Père lui ayant communiqué le pouvoir de se produire; 7° qu'il n'est ni fait, ni créé, mais engendré; 8° que le Père a fait toutes choses par lui, non comme par un ministre inférieur et dépendant, mais comme on fait tout par sa raison et sa sagesse, sagesse subsistante, coéternelle et consubstantielle; Verbe en tout égal au Père, qui ne peut être plus grand que sa raison et son intelligence; 9° que le Père l'a envoyé, mais que cet envoi n'est rien que sa génération et son émanation, et cette mission la même chose que sa procession et sa naissance; 10° qu'il est son ange et son apôtre, parce qu'il annonce sa volonté et qu'il est sa parole; 11° que les prérogatives attribuées au Père par le Fils même sont fondées, ou plutôt le veulent dire, sinon que le Père est le principe du Fils, et que le Fils tire de lui sa substance et toutes ses perfections.

Pourquoi appelle-t-on le Fils la sagesse, le verbe, la parole du Père?

On l'appelle: 1° *Fils*, parce qu'en vertu de son origine, il est substantiellement semblable au Père, recevant de lui la même nature, la même essence, la même divinité; 2° *Sagesse*, parce qu'il procède par voie d'entendement; 3° *Verbe*, parce qu'il en est le terme; 4° *Parole*, non extérieure, le langage de Dieu n'étant pas un son de voix ; mais intérieure, qui manifeste et représente parfaitement tout ce que Dieu veut, connaît et est ; 5° on ne l'appelle pas *raison, pensée* ni *discours,* parce que le premier marque une puissance ou faculté, le second de la volubilité, et le dernier de la composition : choses qui renferment de l'imperfection et n'expriment pas assez l'opération toute-puissante de Dieu, qu'on désigne mieux quand on dit qu'il a tout fait d'une seule parole ou par son Verbe.

Pourquoi Fils unique du Père?

Fils, parce que le Père l'engendre de toute éternité, lui communiquant sa propre substance, en quoi il lui est semblable jusqu'à l'identité, étant la même chose avec lui. *Fils unique,* parce que, 1° par la génération éternelle et perpétuelle du Verbe, toute la substance du Père une fois communiquée à ce Fils, ne donne plus lieu à une seconde émanation par voie d'entendement ; 2° par la génération temporelle, le Père n'a que ce Fils qui soit Dieu comme lui.

Les fidèles régénérés ne sont-ils pas les enfants de Dieu?

Oui, par adoption et par grâce, mais non par leur naissance et leur nature.

Comment sommes-nous enfants adoptifs de Dieu?

En ce que Dieu, par sa pure bonté et par son libre choix, et sans aucun mérite de notre part, et lorsque nous lui étions tout à fait étrangers dans les biens de la grâce et dissemblables, nous a fait entrer en part de la filiation naturelle de son Fils unique, nous associant à sa famille, renouvelant en nous son image, nous donnant droit à son héritage et nous appelant à la possession de ses richesses, c'est-à-dire de lui-même, pour en jouir dans la gloire ; où, comme ses enfants, nous lui serons entièrement semblables en Jésus-Christ, notre réparateur, par qui tant de précieux dons nous ont été accordés, et que nous ne pouvons pas nous dispenser d'aimer, rien ne pouvant plus efficacement exciter notre amour que quand nous sentons qu'on nous aime, ni nous empêcher de croire que nous ne puissions devenir enfants de Dieu, après que Dieu a bien voulu devenir Enfant de l'homme.

Peut-on dire que Jésus-Christ est fils adoptif de Dieu, selon la nature humaine?

Non, parce que l'adoption ne tombe pas sur la nature, mais sur la personne de celui qui est adopté, et qu'en Jésus-Christ il n'y a que la seule personne du Verbe, Fils naturel du Père.

Comment Jésus-Christ est-il notre Seigneur?

Il nous a 1° créés ; 2° refaits et repayés (10) ; 3° acquis et rachetés au prix de son sang ; 4° son Père nous a donnés à lui. D'où il s'ensuit : 1° qu'il a un droit absolu sur nous ; 2° qu'il peut disposer de nous à sa volonté ; 3° que nous sommes sujets à ses lois ; 4° que le démon ni le péché n'ont plus rien à prétendre sur nous. 5° Il commença d'exercer ce pouvoir sur nous au ciel, en terre et aux enfers, quand il eut donné le prix de notre rachat, tellement que nous sommes à lui et nous dépendons de lui en tout par le droit que la création et la rédemption lui donnent.

Pourquoi le Symbole de Nicée ajoute-t-il : Dieu de Dieu, Lumière de lumière, vrai Dieu du vrai Dieu?

Pour expliquer davantage le Symbole des apôtres en marquant : 1° la génération dans le Père et la procession dans le Fils ; 2° leur consubstantialité, le Père communiquant la divinité au Fils et n'étant néanmoins qu'un seul Dieu avec lui ; 3° leur égalité n'y ayant rien de différent entre une lumière qui produit et une lumière qui est produite, sinon que l'une est origine et source et que l'autre émane et procède ; 4° leur coéternité, le Père n'ayant jamais pu être sans Fils, son intelligence, sa sagesse, sa raison, non plus que le soleil sans lumière et le feu sans chaleur, et qu'ainsi le Fils est vrai Dieu comme le Père est vrai Dieu, consubstantiel, égal et coéternel au Père.

ART. III. — *Qui a été conçu du Saint-Esprit, né de la Vierge Marie.*

Comment le Symbole du concile exprime-t-il cet article?

1° Qui pour nous autres hommes ; 2° et pour notre salut ; 3° est descendu du ciel ; 4° et s'est incarné par l'opération du Saint-Esprit ; 5° au sein de la Vierge Marie ; 6° et s'est fait homme. Six choses qui expliquent le Symbole des apôtres, et qui condamnent diverses hérésies anciennes contre l'Incarnation, lesquelles voici : 1° Que Jésus-Christ était aussi venu pour racheter les démons ; 2° que sa venue ne suffisait pas pour le salut, sans l'observation de la Loi ; 3° qu'il n'avait rien en lui qu'il n'eût tiré de Marie, et qu'il avait plutôt mérité de monter de la terre au ciel, que daigné descendre du ciel en terre ; 4° qu'il n'avait qu'un corps fantastique ou d'une nature différente, et qu'il n'avait que passé par le sein de la Vierge ; 5° que le Verbe était uni à Jésus-Christ homme, et habitait en lui, mais qu'il ne s'était pas fait homme, et que Marie n'était pas mère de Dieu, mais mère de Jésus-Christ, erreurs détestables toutes condamnées par ce seul article.

Pourquoi le Symbole dit-il que le Fils de Dieu a été conçu, et s'est incarné par l'opération du Saint-Esprit?

Ce n'est pas que l'Incarnation ne soit aussi bien que la création, l'ouvrage des trois personnes divines, ou de la sainte Trinité, ainsi que toutes les opérations extérieures de Dieu ; car où il n'y a qu'une nature, il n'y a qu'une vertu, et une opération, mais c'est qu'on attribue à chaque personne certains effets qui leur conviennent le plus ; ainsi on dit que le Père a créé l'âme de Jésus-

---

(10) Ce mot *repayés* signifie la rançon que Jésus Christ a donnée pour nous.

Christ, que le Saint-Esprit a formé son corps, et que le Fils a pris l'un et l'autre. La formation du corps de Jésus-Christ dans les entrailles de Marie est donc spécialement attribuée au Saint-Esprit : 1° parce qu'elle porte un caractère singulier d'amour, de vie, de fécondité, de bonté, de grâce, de sanctification; 2° le Saint-Esprit étant l'accomplissement et comme le comble de la sainte Trinité qui se termine et se consomme en lui, la perfection des ouvrages qu'elle fait, lui est justement attribuée, comme à celui qui est la perfection de la Trinité même par sa propriété personnelle. Or, l'Incarnation de Jésus-Christ n'est pas seulement le plus excellent des ouvrages de Dieu, puisqu'elle enferme la substance de Dieu : mais elle accomplit aussi et achève tout le mystère, et singulièrement les créatures raisonnables, les anges et les hommes, dont Jésus-Christ est le chef et la plénitude, selon l'Apôtre; 3° l'Incarnation étant le plus grand témoignage de l'amour de Dieu envers les hommes, elle est très-proprement attribuée au Saint-Esprit, terme sacré de l'amour du Père et du Fils; 4° la voix qui rend sensible notre Verbe ou notre parole intérieure, et lui sert comme de corps, se forme par la respiration; ainsi le Verbe divin devait être rendu sensible par le Saint-Esprit, soupir (10°) amoureux du Père et du Fils.

Le Saint-Esprit est-il père de Jésus-Christ ?
Non, il ne l'a pas produit de sa substance, ni avec ressemblance de nature, ce qui est nécessaire pour être nommé Père de quelqu'un; ainsi l'architecte n'est pas appelé père de la maison qu'il a bâtie, ni le peintre du tableau qu'il a fait. Jésus-Christ donc, en tant que Dieu, n'ayant pas reçu du Saint-Esprit la nature divine, et en tant qu'homme, ne lui étant pas semblable en substance, ne peut être nommé son Fils, et comme dans le ciel il est engendré d'un Père sans mère il est sur terre engendré d'une mère sans Père.

La Sainte Vierge a-t-elle engendré Jésus-Christ selon la divinité ?
Non, elle l'a engendré selon l'humanité, qui, dans le moment de sa conception, se trouva unie à la personne du Verbe.

Pourquoi s'est-il incarné ?
1° L'homme devenu tout charnel par son attachement au bien corporel qu'il préféra au spirituel, avait besoin d'un secours sensible pour s'élever au bien invisible; 2° et de connaître sa dignité par l'estime que Dieu faisait de lui, afin qu'il eût honte d'être esclave du démon, de la chair et du péché; 3° et que cette immensité d'amour que Dieu lui témoignait, le portât à lui donner irrévocablement son cœur, que la crainte de la mort n'avait pu retenir dans le devoir; 4° et que l'union de Dieu à l'homme sur la terre fût à l'homme un arrhe de son union à Dieu dans la gloire; 5° et que l'univers atteignît le comble de sa perfection, en ce que l'homme, le dernier ouvrage produit, se réunît par l'incarnation au principe d'où tout avait commencé d'émaner par la création, et qu'il se fît comme un cercle, ou retour et reflux de créatures, lesquelles sortant des mains de Dieu comme de leur premier principe, rentrassent dans le sein de Dieu comme dans leur dernière fin (11).

Pourquoi voulut-il naître d'une femme ?
Afin, 1° d'annoblir la nature humaine; 2° d'honorer l'un et l'autre sexe devenant homme, et le devenant d'une femme; 3° de prouver la vérité de notre réparation et de son incarnation, étant et paraissant véritablement homme; 4° de remplir mieux l'office de médiateur, réunissant en lui la nature divine et la nature humaine.

Pourquoi d'une vierge ?
Il venait attirer l'homme à la participation des dons célestes, lui faire sentir par avance les avantages de la vie ressuscitée à laquelle il l'appelait, et rendre l'Eglise de la terre l'image de celle du ciel, où règne avec la pure charité et la sainteté consommée, la virginité, qui nous rend semblables aux anges, état et vertus qu'il voulait établir parmi nous; 2° comme on est d'autant plus disposé à s'unir à Dieu, qu'on est séparé de la chair et du sang (les inclinations sensuelles nous abaissant, et les vertus opposées nous élevant), le Saint-Esprit voulut non-seulement orner de grâce l'âme de Marie, mais même de pureté son corps virginal, afin d'en former un sanctuaire digne de Celui qui ne peut habiter en rien de souillé; 3° Celui qui venait réparer dans son intégrité la nature flétrie, ne devait pas la blesser ni la ternir.

Pourquoi ne se forma-t-il pas un corps comme à Adam, de limon ou autre matière ?
Il n'eût pas si bien fait voir s'il n'eût pris chair humaine : 1° Qu'il était vrai homme; 2° ni qu'il venait réparer la même nature sortie d'Adam, la guérir, la rétablir dans son ancienne gloire et la faire triompher du démon et de la mort ; 3° ni donner un exemple de vertu au genre humain, qu'il ne pût dire avoir été plus aisé à pratiquer dans une nature différente de la sienne; 4° s'il n'eût pas pris une chair semblable à la nôtre, et qui vint d'Adam aussi bien que la nôtre, eût-on pu dire que la chair qui a été reconciliée avec Dieu, était la même chair qui était tombée dans sa disgrâce ?

Que doit-on expliquer sous cet article ?
L'incarnation, la nativité, la circoncision, l'épiphanie, la purification, la fuite en Egypte, le retour en Nazareth, la vie cachée du Fils de Dieu, sa manifestation au monde, son baptême, la tentation au désert, et la prédication de l'Evangile, et cela afin de parvenir à la connaissance de Jésus-Christ.

Est-elle nécessaire ?
Qui peut en douter, puisque l'ignorer c'est

(10°) Par ce terme *soupir*, l'auteur a voulu exprimer la *spiration* éternelle et Divine qui caractérise le Saint-Esprit.

(11) C'est aussi pour accomplir l'office de médiateur entre la divinité et l'homme coupable.

la mort, et le connaître c'est la vie : nous pouvons connaître Dieu sans connaître nos misères, et cette connaissance nourrirait souvent notre orgueil ou nos misères, sans connaître Dieu, et cette vue nous jetterait dans le désespoir, ou tout à la fois, Dieu et nos misères, sans connaître le remède à nos maux, et cette découverte nous serait presque inutile ; mais connaître Jésus-Christ, c'est connaître nos misères, et Dieu et nos misères et le remède à nos misères. Jésus-Christ est le vrai Dieu des hommes, tels qu'ils sont maintenant, c'est-à-dire, misérables et pécheurs, et qui ne le connaît pas ne connaît rien, ou ne connaît rien utilement.

L'Incarnation.

De quoi le corps adorable de Jésus-Christ fut-il formé ?
Du plus pur sang de la très-sainte Vierge, par l'opération du Saint-Esprit.
Et l'âme bénite de Jésus-Christ ?
Elle fut créée des mains de Dieu comme le chef-d'œuvre de sa puissance, de sa sagesse et de son amour ; comme l'objet de ses complaisances éternelles, comme l'ouvrage le plus parfait qu'il ait produit.
Qui s'unit à ce corps et à cette âme ?
La seconde personne de la très-sainte Trinité, le Verbe éternel qui descendit dans le sein de Marie sans quitter le sein du Père ; ainsi le rayon vient sur nous sans se détacher du soleil.
En combien de temps s'opéra ce mystère ?
En un seul instant et dans un même moment, le Verbe s'unit hypostatiquement à ce corps et à cette âme, en sorte qu'il n'y a jamais eu de temps auquel Marie n'ait été mère que d'un homme ; et c'est ce que nous entendons quand nous disons que le Verbe s'est fait chair et qu'il s'est fait homme, ce que les plus anciens Pères enseignent quand, entre autres choses, ils nomment Marie un second paradis terrestre, où a été planté l'arbre de vie, un autre ciel où habite le Très-Haut, le temple et le palais animés du Roi des anges, le sanctuaire préparé pour le Seigneur, la demeure propre à recevoir le Dieu vivant.
Combien y a-t-il de natures en Jésus-Christ ?
Il y en a deux, la nature divine et la nature humaine.
Ces deux natures sont-elles confondues en Jésus-Christ ?
Non, elles sont seulement unies en lui.
Combien y a-t-il de volontés en Jésus-Christ ?
Deux, la volonté divine, et la volonté humaine.
Combien y a-t-il de personnes en Jésus-Christ ?
Il n'y en a qu'une, savoir la personne du Verbe.
Dieu le Père s'est-il incarné ?
Non, c'est Dieu le Fils, la seconde personne de la très-sainte Trinité.

Le Saint-Esprit s'est-il incarné ?
Non, c'est le Verbe divin, de même que si un homme voulant se revêtir d'une robe, était aidé de deux autres, la vêture se ferait par trois, et un seul demeurerait vêtu (12).
La nature divine s'est-elle incarnée ?
Non, il n'y a eu que la seconde personne, le Verbe éternel, qui se soit fait homme, et cela sans diminution de sa grandeur, et sans altération de son immutabilité ni de son être, sans confusion de sa substance : mais par une union hypostatique, en sorte qu'il était vrai de dire que celui qu'on voyait, était vrai Dieu et vrai homme tout ensemble : mystère qu'on peut croire en ce monde, mais qu'on ne verra qu'en l'autre, et comment la sagesse éternelle a pu allier ensemble la grandeur infinie, et la bassesse souveraine ; car quel est le plus grand et le plus inconcevable que Dieu soit devenu enfant de l'homme, ou l'homme enfant de Dieu ?
Qu'est-ce donc que l'Incarnation ?
L'union de la personne du Verbe à la nature humaine dans les entrailles de Marie, d'où a résulté ce tout excellent et parfait, ou plutôt cet Homme-Dieu, que nous appelons Jésus-Christ.
Faites-nous concevoir cette union par un exemple ?
L'âme et le corps sont bien différents, et cependant ils s'unissent intimement et de cette union résulte un tout parfait qu'on appelle l'homme.
S'il n'y a point de personne humaine en Jésus-Christ, comment est-il homme parfait, puisque la nature humaine en lui n'est pas terminée, finie, perfectionnée par une personne humaine ?
Une robe de soie pour être bordée d'une frange, non de soie, mais d'or, ne laisse pas d'être parfaitement une robe ; ni une colonne de marbre, quoique terminée par un chapiteau d'or, d'être une vraie colonne.
Quel est le fruit de l'Incarnation ?
Le salut du genre humain, c'est-à-dire : 1° la délivrance du péché et de toutes les peines du péché ; 2° la vie éternelle et toutes les grâces nécessaires pour y parvenir.
Jésus-Christ eut-il l'usage de raison dès le moment de l'Incarnation ?
Oui, et de toutes les facultés et puissances de son âme, dont les premiers mouvements à adorer Dieu son Père, à l'aimer, à le bénir, et à lui rendre mille et mille devoirs de religion, que nous devons plutôt révérer en silence, que vouloir expliquer par les faibles discours, et cela selon l'expression de l'ange, dès qu'il fut né dans la sainte Vierge, c'est-à-dire, conçu et formé, ce qui marque une entière, parfaite et soudaine organisation, et combien sainte Elisabeth eut raison d'appeler Marie mère, avant même qu'elle eût enfanté.
Pourquoi cette si prompte organisation ?
Parce que le Verbe divin devait s'unir à

---

(12) Ainsi l'adorable Trinité a coopéré au mystère de l'Incarnation.

l'homme et non à autre chose; qu'il n'y a point d'homme s'il n'y a un corps et une âme unis ensemble, et que l'âme ne s'unit pas au corps s'il n'est organisé.

Ne savons nous point quelle fut sa première pensée en ce monde, et dans les premiers moments de son incarnation?

L'apôtre saint Paul assure qu'il s'offrit dès lors en sacrifice à Dieu son Père.

La Nativité.

Combien Jésus-Christ demeura-t-il dans les chastes entrailles de la sainte Vierge?

Neuf mois, c'est-à-dire, depuis le 25 de mars jusqu'au 25 de décembre.

Comment naquit-il?

Ce divin Soleil de justice sortit des entrailles de sa mère sans aucune lésion de son intégrité, sans diminution de sa pureté, sans flétrissure de sa virginité; mais comme la fleur naît d'une plante sans l'endommager ni la blesser; comme l'eau sort de la source sans la souiller; comme le rayon perce la nuée sans l'obscurcir; comme la lumière traverse le cristal sans le rompre; faisant ainsi de sa conception un Homme-Dieu, et dans sa naissance une Vierge mère.

La sainte Vierge est-elle véritablement Mère de Dieu?

Oui, elle l'est très-assurément, puisqu'elle a conçu et engendré de sa propre substance, porté dans ses entrailles, enfanté et allaité Jésus-Christ, qui est vrai Dieu et vrai homme, vrai Dieu de toute éternité, et vrai homme depuis l'Incarnation; ainsi le rayon existe avant de traverser une vitre rouge, mais il n'est revêtu de cette couleur qu'après avoir percé le verre, et non auparavant, ni ailleurs.

Mais n'a-t-elle pas engendré Jésus-Christ selon la Divinité?

Non; mais nos parents n'engendrent pas nos âmes, et néanmoins ils ne laissent pas d'être véritablement nos pères et nos mères, et nous leurs enfants.

Lui a-t-on donné de tout temps ce titre glorieux?

La sainte Vierge a été Mère de Dieu dès la naissance de Jésus-Christ, ou plutôt dès le moment de l'Incarnation, l'ange nous assurant que ce qui était né en elle, était le Fils de Dieu et elle a été nommée ainsi dès la naissance de l'Eglise, ou plutôt dès le jour de la visitation, lorsque portant cet Homme-Dieu dans son sein virginal, sainte Elisabeth l'appela Mère de son Seigneur. L'Eglise a donc toujours cru et nommé Marie Mère de Dieu, et toute l'antiquité chrétienne; honneur qu'on ne peut refuser à la Mère, sans donner atteinte à la divinité du Fils. En effet les premiers docteurs et les plus anciens Pères, non moins recommandables par l'intégrité de leur foi que par la sainteté de leur vie, l'ont toujours appelée ainsi, même de l'aveu formel des hérétiques impies, qui voulurent dans la suite lui ravir ce glorieux titre, et qui reconnurent l'avoir trouvé établi parmi les fidèles : aussi leur chef et principal auteur frappé d'anathème, et banni de la société des hommes pour ce sujet, fut aussi frappé d'un horrible genre de maladie; car, rongée des vers, sa langue sacrilége tomba par pièces, et celui de ses disciples qui paraissait le plus attaché à ses erreurs, faisant des imprécations, mourut comme enragé : dignes châtiments des blasphèmes qu'ils avaient vomi contre la Mère toujours incorruptible du Verbe incarné, d'autant plus véritablement Mère, qu'elle seule a fourni toute la matière dont le corps adorable de cet Homme-Dieu fut formé, et par conséquent réuni en elle seule tout l'amour pour le Fils, qui se partage entre les deux parents.

Fut-elle toujours vierge?

Oui, elle fut vierge avant l'enfantement, vierge dans l'enfantement, vierge après l'enfantement, le second Adam devant être formé d'une terre vierge, encore plus que le premier.

Pourquoi avant l'enfantement?

Cela était convenable à la dignité, 1° de Dieu le Père, que sa qualité ne fût pas communiquée à un mortel; 2° du Verbe éternel infiniment opposé à toute corruption; 3° du Saint-Esprit, dont l'humanité de Jésus-Christ devait être le sanctuaire; 4° du mystère de l'Incarnation, d'où les hommes devaient tirer la gloire de leur régénération spirituelle et de leur incorruption.

Pourquoi dans l'enfantement?

Il fallait, 1° que la pureté de la naissance temporelle du Verbe incarné répondît à la pureté de la naissance éternelle du Verbe incréé; 2° que le remède à la corruption de la nature humaine, ne la corrompît pas; 3° que celui qui commande à l'homme d'honorer ses parents, ne déshonorât pas sa Mère, en se faisant homme; 4° qu'ayant sanctifié le sein de sa Mère en y entrant, il ne le souillât pas en sortant; 5° que ce mystère, semblable à un tableau mêlé d'ombres et de splendeurs, eût ses humiliations et ses merveilles.

Pourquoi après l'enfantement?

Il eût été, 1° injurieux au Saint-Esprit que le sein de Marie, sanctifié par son opération divine, fût profané par une conception charnelle; 2° indigne à la Mère de Dieu, de vouloir être la mère d'un homme; 3° et de sacrifier à un mariage humain une virginité dont elle avait préféré la conservation à la possession de la maternité divine; 4° impie, à un homme mortel de violer un tel sanctuaire de la Divinité; 5° celui qui dans le ciel est Fils unique du Père, devait être sur la terre Fils unique de la Mère.

Quel avantage a la naissance de Jésus-Christ par-dessus la nôtre?

Nous naissons, 1° pécheurs; il naquit saint. 2° Ignorants; il naquit plein de sagesse. 3° Misérables; il naquit bienheureux en son âme sainte. 4° Nos mères nous enfantent dans la douleur et dans les souillures, la sainte Vierge l'enfanta dans la joie et dans la pureté; ainsi le ruisseau purifie la source en sortant, plutôt qu'il ne la souille, et le soleil l'air et le verre en les traversant, loin de les obscurcir ou tacher.

Pourquoi le Fils de Dieu a-t-il voulu s'abaisser jusqu'à naître selon la chair, et devenir Fils de l'homme?

Afin, 1° de réparer notre nature; 2° de nous affranchir des misères de notre mortalité; 3° de nous remettre aux droits de notre première dignité; 4° de nous mériter une naissance spirituelle; 5° de nous élever au rang des enfants de Dieu.

Pourquoi dans la pauvreté et l'humiliation?

Il venait être la gloire des pauvres, et la honte des riches, donner ses richesses éternelles à ceux qui mépriseraient les temporelles, apprendre le contre-poison à nos maladies, et le remède aux vices.

La circoncision.

Pourquoi Notre-Seigneur voulut-il être circoncis en sa chair?

Pour obéir à la Loi de Moïse, qui l'ordonnait ainsi, quoiqu'elle ne fût pas faite pour lui, mais il voulut accomplir toute justice, et nous mériter parce mystère, en nous délivrant des pénibles observances de la Loi auxquelles il voulut se soumettre, la grâce de circoncire nos cœurs des appétits de la nature corrompue, ou de la sensualité qui nous porte à vivre d'une vie animale, semblable à celle des bêtes, qui ne courent qu'après le bien sensible et charnel (13).

Quel nom la sainte Vierge et saint Joseph lui donnèrent-ils?

Le nom de Jésus, ou de Sauveur, selon que Dieu son Père le leur avait ordonné par l'ange saint Gabriel, dès le jour de l'Annonciation; ainsi l'humilité du Sauveur fut relevée par l'imposition d'un nom à qui le ciel, la terre et l'enfer fléchit le genou.

De quoi Jésus nous a-t-il sauvés?

1° De l'esclavage du péché; 2° de la tyrannie du démon; 3° du supplice de l'enfer; car sans la grâce du Sauveur, il n'y aurait aucun juste sur la terre, aucun adorateur du vrai Dieu en ce monde, aucun bienheureux dans le ciel.

Quand a-t-il commencé d'en exercer l'office?

Dès aujourd'hui; à peine a-t-il un corps qu'il l'immole, à peine a-t-il du sang qu'il l'épanche; à peine ce nouvel Adam est-il hors du paradis terrestre, ou du sein de Marie, que la terre lui fait sentir les épines, et déchire sa chair: et ce sont ici les prémices de ses douleurs, en attendant qu'il les consomme à la fin de sa vie, semblable au ciel dont la rosée et la rougeur du matin présagent une pluie abondante pour le soir.

(13) Jésus-Christ a été circoncis le huitième jour après sa naissance. Il s'est soumis à la Loi, non-seulement pour montrer l'exemple d'une obéissance parfaite, mais pour donner la preuve de la vérité de son incarnation; et pour mettre en pratique, dès le commencement, la patience, l'humilité et le désir de verser son sang pour nous! Il réalise ainsi la signification de son nom de *Jésus*.

(14) Le fruit que nous devons retirer du mystère de la Circoncision, c'est de mortifier la concupis-

Que veut dire le mot Christ?

Oint, pour exprimer que Jésus a été l'*oint* par excellence, non par le ministère des hommes, mais de Dieu même immédiatement; non d'une onction extérieure, matérielle et passagère, mais intérieure, spirituelle et permanente, ce qui n'est autre que l'effusion du divin Esprit, qui inonda son âme et son humanité au moment de sa conception, et l'onction sainte de la Divinité et du Saint-Esprit, que le Verbe Dieu a reçue selon la chair, à laquelle il s'est uni: vraie raison qui l'a fait, selon les saints, appeler le Christ, ou l'Oint du Seigneur; et c'est de cette plénitude d'onction et de grâce, que tous les hommes, dans quelques siècles qu'ils aient vécu, ont tiré et toutes les grâces qui de Jésus-Christ ont découlé sur eux, comme du chef sur les membres, de la source dans les ruisseaux, de la tige dans les branches, et toute la force qui les a rendus victorieux du diable, du monde et de la chair (14).

L'Épiphanie.

Qu'arriva-t-il après la circoncision?

Des rois mages, qu'on tient avoir été prêtres et philosophes devers la Perse, vinrent du côté d'Orient reconnaître, adorer et faire hommage à Jésus Enfant, et lui offrir des présents mystérieux, en témoignage de leur foi, de leur dépendance et de leur religion; ils connurent par la lumière d'une simple étoile et d'une inspiration, ce que tous les oracles des prophètes ne faisaient pas reconnaître aux Juifs.

Que signifiaient-ils?

L'Église des nations qui devait être la première à suivre la foi, figurée par l'étoile qui conduisait ces saints rois à Jésus-Christ, et à déposer sa gloire et sa grandeur à la crèche du Sauveur.

Jésus-Christ n'est-il que le Sauveur des gentils?

Nul homme n'a été et ne sera jamais sauvé que par Jésus-Christ, et comme ceux qui sont venus au monde après lui, ne sont sauvés qu'en considération de ce qu'il a souffert; ceux qui sont venus au monde avant lui n'ont été sauvés qu'en considération de ce qu'il devait souffrir. Le nom de Jésus-Christ, avant son incarnation était dans le peuple juif, comme un baume précieux renfermé dans un vase; mais depuis l'incarnation ce vase ayant été ouvert, l'odeur de ce baume s'est répandue sur la terre, dit un des premiers Pères, et Jésus-Christ, promis ou donné, est le seul salut.

Combien Jésus-Christ demeura-t-il en Bethléem après sa naissance?

cence, de détruire, avec le vieil homme, toutes les passions déréglées, comme le recommande saint Paul, et de circoncire notre cœur en y retranchant tous les désirs de la nature corrompue. On sait que, suivant la doctrine de saint Jean, la concupiscence a pour objet l'amour des biens de ce monde et l'orgueil; il faut donc éviter ces trois causes de damnation. Jésus-Christ nous a fourni tous les moyens d'échapper à la tyrannie du démon, à l'esclavage du péché et aux peines de l'enfer.

Plus de quarante jours, sans doute afin de donner aux Juifs tout le temps nécessaire pour s'informer d'une vérité qui leur était si importante, ce qu'ils dédaignèrent, selon l'esprit des gens attachés au monde, qui d'ordinaire se mettent peu en peine des choses de Dieu, de la religion et du salut, tandis que les Mages allèrent en leur pays publier ce qu'ils avaient vu en Judée (15).

La purification.

Que se passa-t-il après la naissance du Sauveur ?

La sainte Vierge alla au temple pour accomplir la cérémonie de la purification, suivant la Loi de Moïse, et pour y présenter à Dieu son premier-né, que le saint vieillard Siméon reçut au nom de toute la nature humaine entre ses bras, et dont sainte Anne la prophétesse, transportée du Saint-Esprit, chanta les merveilles futures. C'était une sainte veuve qui n'avait pas voulu se remarier, ayant connu, dit saint Augustin, que le Messie devait naître d'une Vierge, et qui mourut, comme on croit, aussi bien que saint Siméon, incontinent après la purification. La sainte Vierge mettant donc Notre-Seigneur entre les bras de ce saint vieillard, le mit en ceux de tous les fidèles et de toute l'Eglise, qui reçut en sa personne cette tendre victime, pour l'offrir à Dieu, en attendant qu'elle l'offrît elle-même un jour entre les bras de la croix. Aussi cette fête paraît-elle universelle, en ce que toute sorte d'âges et d'états y participent et y paraissent : les enfants, en la personne de Jésus-Christ ; les vieillards en celle de saint Siméon, les vierges en celle de Marie, les veuves en celle d'Anne, les mariés en celle de saint Joseph, le peuple ancien en celle de ces personnes âgées, le nouveau, en celle de la Mère de Jésus (16).

La fuite en Egypte.

Après ce mystère, que devint la sainte Vierge ?

Elle se retira en Egypte avec saint Joseph, à qui un ange en avait porté l'ordre de la part de Dieu, emmenant avec elle le saint Enfant Jésus qu'elle enleva à la cruauté d'Hérode, qui voulait le faire mourir. Ce voyage fut sans doute bien rude à cette Vierge sainte, la crainte d'Hérode, la fatigue des chemins, son départ précipité pendant la nuit, les souffrances de son cher Enfant, la pauvreté qui l'accompagnait partout, sa demeure parmi un peuple infidèle et étranger, l'éloignement de la Judée et du temple de Dieu, et plusieurs autres peines inséparablement attachées à l'état auquel elle se trouvait réduite, lui furent des occasions d'exercer sa patience et sa résignation à la volonté de Dieu, et de se souvenir que le sacrifice de l'Agneau pascal, dont son cher Fils était la réalité, avait autrefois été institué en ce royaume barbare, comme observent les Pères.

Combien l'Enfant Jésus demeura-t-il en Egypte ?

On tient assez ordinairement qu'il y fut sept ans : et c'est à ce long séjour, et à la vertu de cette vie cachée du Fils de Dieu en Egypte, que les saints rapportent le progrès surprenant que fit depuis le christianisme dans ce royaume superstitieux, et nommé à bon droit, le père de l'idolâtrie : ces peuples entiers de martyrs ; ces nombreuses assemblées de vierges ; ces célèbres écoles chrétiennes ; cette multitude infinie de solitaires et de monastères, qui changèrent les déserts en des paradis : aussi à son entrée dans l'Egypte, les oracles se turent, les idoles tombèrent, et les démons perdirent leur vertu, comme l'écrivent constamment les plus anciens et savants Pères.

Que signifiait cette retraite de Jésus Enfant parmi les infidèles ?

1° Qu'entrant au service de Dieu, nous devons préparer notre âme à la tentation ; 2° que Jésus-Christ, venant pour sanctifier toute la terre et donner aux plus grands pécheurs l'espérance du pardon, voulait commencer par les deux provinces les plus connues pour leur impiété, et aller en Egypte en personne, après avoir appelé les Mages de Babylone par un astre ; 3° que les Juifs rejetteraient l'Evangile naissant ; aussi Jésus-Christ les laissa-t-il dans les ténèbres, quand il se retira en Egypte, dit saint Jérôme ; et que la connaissance du vrai Dieu serait d'abord transportée aux gentils, chez lesquels ce nouveau Joseph apporterait l'abondance.

Le retour en Nazareth.

Et quand Hérode fut mort ?

La sainte Vierge et saint Joseph, avertis par l'ange, ramenèrent le saint Enfant en Judée.

Que signifie cela ?

Le retour des Juifs, et leur conversion à

---

(15) La fête de l'Epiphanie doit nous inspirer les plus vifs sentiments d'admiration, de joyeuse reconnaissance et de crainte. La merveilleuse propagation de la lumière évangélique dans le monde ; le choix que Dieu a fait de nous pour nous éclairer et nous fournir tous les moyens de salut ; enfin, la responsabilité qui pèse sur nous si nous ne profitons pas de cette grâce, et le compte qui nous en sera demandé, sont une ample matière aux plus sérieuses réflexions.

(16) On doit, à l'occasion de cette fête, représenter que la sainte Vierge n'était pas soumise à la loi de la purification ; que si elle a voulu donner cet exemple d'obéissance, nous devons aussi nous-mêmes obéir à Dieu, à nos parents, à nos maîtres, à nos supérieurs, à tous ceux qui ont autorité sur nous, et remplir toutes nos obligations. Jésus-Christ était aussi exempt de cette prescription, mais il tenait à voiler sa divinité, à se confondre, pour ainsi dire, avec les enfants ordinaires, et à pratiquer ainsi l'humilité la plus profonde ? En expliquant ce mystère, on fera bien de rappeler en quoi consistait l'offrande exigée par la Loi pour le rachat des enfants nouveau-nés ; ce que la sainte Vierge a donné à cause de sa pauvreté, et les circonstances touchantes qui ont signalé cet événement, telles que la rencontre du saint vieillard Siméon, et son beau cantique, les paroles d'Anne ; et tirer de ce mystère des conclusions pratiques.

la fin du monde : aussi n'est-il plus parlé de nuit et de ténèbres, quand Jésus-Christ revint d'Egypte en Judée.
Où cette sainte famille établit-elle sa demeure ?
A Nazareth, ville de Galilée.
Que savons-nous de la vie de Jésus enfant ?
Qu'il était soumis à la sainte Vierge et à saint Joseph, et qu'avec l'âge il croissait en sagesse et en grâce, non en faisant de nouveaux progrès dans la vertu, ainsi que les autres hommes, de qui les bonnes habitudes se fortifient à mesure qu'ils en font les actes, et qui s'affermissent dans le bien en le pratiquant ; car la sainteté de Jésus-Christ fut toujours dans un comble égal, et incapable de nouveaux degrés d'accroissement (en effet, la fin ou le terme de la grâce n'étant autre que l'union de la créature raisonnable avec Dieu, peut-il y en avoir de plus intime que celle de la personne même, et peut-on y ajouter quelque chose ?) ; mais les effets en devenaient plus grands, plus sensibles et plus proportionnés aux progrès de l'âge (ainsi le soleil montant peu à peu sur l'horizon, croît en lumière et en chaleur à notre égard, quoique, en lui-même il ne soit ni plus brillant, ni plus ardent à midi quand il est sur nos têtes, que le matin quand il se lève) : espèce d'accroissement nécessaire en Jésus-Christ, pour montrer qu'il était véritablement homme, et qu'il en avait pris, avec la nature et les qualités, le progrès successif et la perfection, sans quoi on eût pu le regarder comme quelque composé qui n'eût pas été humain ni naturel, et qui eût tenu du monstre et du prodige.

La perte au temple.

Que lui arriva-t-il à l'âge de douze ans ?
Ses parents l'ayant mené en Jérusalem, suivant leur coutume, il se sépara d'eux, et l'ayant cherché pendant trois jours, enfin ils le trouvèrent dans le temple, assis au milieu des docteurs, et faisant éclater la sagesse divine dont il était plein.
Qu'est-ce que cela signifiait ?
1° Que Jésus-Christ voulait sanctifier notre jeunesse, temps auquel nous le perdons souvent, et attirer grâce sur nos études et sur les instructions qu'on nous fait alors, particulièrement au catéchisme ; 2° qu'il commençait à consacrer le nombre de douze, relatif aux apôtres, docteurs des nations, à l'instruction du monde ; 3° que les hommes, lors de sa mort et de ses grandes contestations avec les prêtres et docteurs de la Loi, devaient le perdre pendant trois jours, au bout desquels ils le retrouveraient dans son humanité sainte, comme dans un temple, ressuscité et glorieux ; que c'est dans l'Eglise et au milieu de ceux que Dieu y a préposés, qu'on trouve Jésus et la vérité.
Quels exemples donna-t-il aux enfants qui étudient ?
Il était : 1° au milieu des docteurs ; 2° assis ; 3° il interrogeait les anciens ; 4° il répondait ; le 1° marquait l'adhérence aux sentiments communément reçus dans l'Eglise ;

le 2° de la modestie ; le 3° de l'humilité ; le 4° de la docilité : vertus opposées à toute singularité, contention, présomption, orgueil, vices trop communs aux jeunes gens.
Quelles vertus remarquez-vous en Jésus Enfant, qui puissent servir de modèle ?
1° Il se consacre à Dieu dès le moment qu'il a l'usage de raison ; 2° il fuit la compagnie des méchants, d'Hérode et des Juifs ; 3° il est soumis à ses parents ; 4° il croît en sagesse et en grâce devant Dieu et devant les hommes ; 5° il solennise les fêtes et observances de la religion ; 6° il préfère les choses de Dieu à tout ; 7° il se fait humble disciple des docteurs ; 8° il travaille ; 9° il honore la sainte Vierge ; 10° il mène une vie retirée.

La vie cachée du Fils de Dieu.

En quoi consistait la sainteté de la famille de Jésus-Christ ?
1° A fréquenter le temple dans le temps prescrit par la Loi ; 2° à vaquer à la prière ; 3° et au travail ; 4° à vivre dans la paix et dans l'ordre, ce qui se rencontre toujours quand le père et la mère s'aiment en Dieu, et que les enfants leur sont soumis ; 5° à se tenir dans la retraite et à aimer la vie obscure et peu connue.
Qu'apprenons-nous de tout cela ?
Que la vraie sainteté ne consiste pas à faire des actions éclatantes et extraordinaires, mais à pratiquer les vertus de son état et condition, et à les pratiquer excellemment bien.
Combien Jésus-Christ voulut-il ainsi demeurer caché aux yeux du monde ?
Près de trente années, pendant lesquelles nous ne savons rien de Jésus, sinon qu'il était soumis à ses parents, qu'il croissait en sagesse, en âge et en grâce devant Dieu et devant les hommes, et que sa sainteté reluisait de toutes parts : rien de Marie, sinon qu'elle conservait tous ces grands mystères dans son cœur, et que, ravie en admiration, elle les méditait en silence, et en faisait le sujet de ses entretiens intérieurs, marquant par cet humble silence que sa bouche n'était pas moins chaste que son corps : rien de saint Joseph, sinon qu'il était un homme juste, à qui les anges révélaient souvent les volontés de Dieu : rien de cette sainte famille, sinon qu'on y rendait à Dieu les devoirs de religion prescrits par la Loi ; cela ne suffit-il pas ? Le Symbole ne nous dit donc rien de la vie cachée du Fils de Dieu, et passe de sa naissance à sa passion, pour nous apprendre qu'il n'est venu au monde que pour mourir, et qu'il suffit à tout Chrétien de savoir Jésus, et Jésus crucifié, comme dit saint Paul.
Pourquoi cette retraite et ce silence, étant si rempli de science, de zèle, de sagesse et de sainteté ?
1° Pour confondre l'orgueil humain, qui veut toujours paraître et se produire ; 2° pour servir de modèle aux prédicateurs, leur apprenant par son exemple que le temps de la solitude et du recueillement doit être plus long que celui de la parole ; qu'on ne

doit point la prêcher en public qu'après l'avoir bien méditée en secret, dit saint Grégoire, ni répandre un bassin s'il n'est plein, ni exposer un zèle s'il n'est fort; autrement, continue-t-il, le souffle de la vaine gloire dissipera bientôt le léger amas d'un cœur plutôt enflé de présomption que plein de vertu.

La manifestation de Jésus-Christ.

A quel âge Jésus-Christ se manifesta-t-il au monde?
A trente ans environ.
Comment le fit-il?
Saint Jean, son précurseur, retiré dès sa tendre jeunesse dans les déserts, revêtu d'un cilice, vivant de miel sauvage et de sauterelles, et menant une vie plutôt d'ange que d'homme, parut tout d'un coup sur les bords du Jourdain, prêchant la pénitence, disant qu'il venait préparer les voies du Seigneur, que le Messie était tout proche, qu'il marchait devant lui, qu'il allait paraître, qu'on se tînt prêt pour le recevoir.
Que produisit sa prédication et son exemple?
Tout le monde accourut en foule pour l'écouter: chacun confessait ses péchés, et recevait son baptême, qu'il conférait au nom de celui qui devait le suivre, duquel il n'était pas digne, disait-il, de délier la courroie des souliers, et qui devait baptiser non en répandant de l'eau toute simple comme lui, mais avec un feu spirituel et une effusion abondante du Saint-Esprit.

Le baptême de Jésus-Christ.

Qu'arriva-t-il ensuite?
Jésus-Christ vint lui-même se présenter à son précurseur, pour être baptisé par lui; ce que saint Jean refusa d'abord, disant que c'était Jésus-Christ qui devait le baptiser.
Le baptême de saint Jean était-il un sacrement?
Non, c'était une pure cérémonie instituée pour exciter les hommes à la pénitence, et pour les disposer à la réception et à la foi de Jésus-Christ.
Pourquoi Jésus-Christ voulut-il le recevoir?
1° Par mystère, et comme pour baptiser son corps mystique en son corps naturel; 2° par humilité, se soumettant à un élément, lui qui en était le créateur: à saint Jean, lui qui en était le maître: à une purification, lui qui en était la source; 3° par édification, pour ne pas scandaliser les Juifs; 4° par prudence, pour autoriser la mission de son précurseur et le témoignage qu'il rendait de lui; 5° pour donner quelque idée du sacrement de baptême qu'il devait établir dans la suite, dont celui-ci n'était que la figure, et consacrer les eaux à cet usage; 6° pour montrer que la chair d'Adam devait mourir, être ensevelie et reprendre une nouvelle vie; 7° pour s'acquitter du plus important devoir de supérieur, qui est de faire le premier ce qu'on commande aux autres, et de leur donner l'exemple dans les choses mêmes qui leur conviennent à eux seuls, tel qu'était ce baptême de pénitence.

Pourquoi dans le Jourdain?
Ce fut par ce fleuve que les Israélites entrèrent dans la terre promise, lorsqu'il retourna vers sa source, et dont Elie, ayant divisé les eaux, s'éleva au ciel dans un chariot de feu: c'est le baptême dans lequel l'eau élémentaire et le feu du Saint-Esprit se rencontrent; qui nous donne entrée à l'Eglise; qui nous ouvre la porte du royaume de Dieu, et qui, par sa vertu, arrête le torrent du péché, et le fait remonter contre son inclination et son cours naturel.[1]

Que signifiait la descente de Jésus-Christ dans ce fleuve, et la prière qu'il fit aussitôt?
L'humilité requise au baptême qui efface l'orgueil, et l'esprit d'oraison nécessaire au Chrétien, pour combattre la convoitise que le baptême laisse.

Qu'arriva-t-il quand Jésus-Christ sortit de l'eau?
Les cieux s'ouvrirent, le Saint-Esprit en forme de colombe descendit sur lui, et on entendit ces paroles: *Vous êtes mon Fils bien-aimé.* (*Matth.* III, 17.)

Que cela signifiait-il?
Que Jésus-Christ, par son baptême, devait nous ouvrir le paradis, jusqu'alors fermé, nous communiquer le Saint-Esprit, nous faire enfants de Dieu, héritiers de la gloire, et nous donner des alliances avec la très-sainte Trinité, qui pour lors se déclara manifestement.

Comment se déclara-t-elle?
Le Père se manifesta, disant: *Voici mon Fils*, le Fils parut revêtu de notre nature; le Saint-Esprit se fit voir sous la forme d'une colombe, annonçant la paix au genre humain, et la divinité devint sensible à l'homme.

La tentation au désert.

Où alla Jésus-Christ après son baptême?
Au désert, afin, 1° de s'y nourrir de silence, de retraite, de jeûne et d'oraison, vrais aliments d'une âme régénérée, et de nous enrichir de sa plénitude et de son exemple; 2° d'apprendre aux fidèles qu'après leur délivrance de la captivité de Pharaon et de l'Egypte, du diable, du péché, et leur baptême dans la mer rouge de son sang, il leur restait encore à passer le désert de ce monde, et à y vivre de méditation, d'abstinence et d'éloignement du siècle, comme d'une manne sacrée, s'ils voulaient heureusement parvenir à cette terre promise, ou au ciel, dont le baptême ouvre la porte; 3° et quels étaient les moyens de conserver leur innocence baptismale, et de ne point user dans cet ennuyeux pèlerinage les vêtements qui en sont le symbole; 4° de sanctifier les déserts, et d'attirer grâce sur tant de saints anachorètes, qui devaient un jour les peupler, être là bonne odeur de celui après l'odeur duquel ils couraient, et continuer sa pénitence et ses victoires sur le démon; 5° d'enseigner aux prêtres, où et comment ils puiseraient l'esprit du minis-

tère apostolique, et se prépareraient aux fonctions sacerdotales, à l'exemple d'Aaron appelé, formé et oint dans le désert : ainsi la retraite du Fils de Dieu est une leçon également utile aux Chrétiens, aux religieux et aux ecclésiastiques ; 6° le Saint-Esprit l'y conduisit pour être tenté de Satan.

Pourquoi cette tentation ?

Afin, 1° que Satan, qui avait vaincu le premier Adam dans le Paradis, fût surmonté par le second dans le désert ; 2° que nous trouvassions dans l'exemple et la grâce du Sauveur, la force de vaincre cet ennemi si redoutable jusqu'alors ; 3° que par sa victoire il nous délivrât de l'esclavage sous lequel nous gémissons ; 4° que les fidèles s'attendissent aux tentations, puisqu'il avait bien voulu lui-même s'y soumettre ; 5° que nous apprissions à son école, quels sont les moyens de les surmonter, savoir la retraite, la méditation, le jeûne, l'Ecriture ; car on surmonte le monde par la retraite, la chair par le jeûne, le diable par la prière, et on met le sceau à tant de bonnes œuvres par le silence, qui est à l'homme vertueux ce que la clef est au trésor de l'avare ; 6° enfin pour faire voir qu'il était vrai homme, et combien il honorait l'homme, en faisant vaincre le démon par l'homme.

De quoi le démon voulut-il tenter Jésus-Christ ?

Des mêmes choses dont il tenta notre premier Père ; 1° de gourmandise et de sensualité ; 2° d'orgueil, de vanité et de curiosité ; 3° d'avarice et d'ambition.

Combien Jésus-Christ demeura-t-il dans le désert ?

Quarante jours, après lesquels le mauvais ange ayant été vaincu, et s'étant retiré de celui qu'il avait trouvé impénétrable à la curiosité, et inaccessible à la tentation, les saints anges s'approchèrent du Sauveur, et le servirent comme ses ministres.

La prédication du Sauveur.

Que fit-il au sortir du désert ?

Il parut au monde avec un éclat nonpareil, puissant en œuvres et en paroles, guérissant les malades, ressuscitant les morts, convertissant les pécheurs, et attirant tout le monde à lui.

De quels moyens se servit-il pour convertir les hommes ?

1° De la prière ; 2° de la pénitence ; 3° du bon exemple ; 4° de la prédication ; 5° des miracles ; 6° de l'humilité ; 7° du détachement.

Que fit-il encore ?

Il choisit douze apôtres, puis soixante-douze disciples, qu'il associa à ses travaux, et dont il se servit pour la publication de l'Evangile.

Combien prêcha-t-il de temps ?

Trois ans et trois mois environ.

Que fit-il pendant ce temps-là ?

Il prouva la vérité de sa mission par l'excellence de sa doctrine, par la sainteté de sa vie, par la grandeur de ses miracles ; miracles d'un ordre particulier, et d'un caractère nouveau. Ce n'étaient pas des signes dans le ciel, ni des renversements dans la nature ; il les faisait presque tous sur les hommes et en faveur des hommes ; et ils tenaient encore plus de la bonté que de la puissance. Les malades recouvraient la santé et les morts la vie, les pécheurs se convertissaient et les démons se retiraient.

Donnez-nous un plan en abrégé de la doctrine du Sauveur ?

Il découvrit de grands secrets, mais il les confirma par de grands prodiges. Il commanda de grandes vertus, mais il donna de grands exemples et de grandes grâces. Il annonça de grandes vérités, mais il communiqua de grandes lumières. Plus éclairé que Moïse et les prophètes, il proposa de plus hauts mystères à croire, de plus grandes récompenses à espérer, des maximes plus épurées de religion à suivre, des vertus plus parfaites à pratiquer. Il établit la charité pour la fin de la religion, pour l'âme des vertus, et pour l'abrégé de la Loi. Il proposa l'amour de Dieu jusqu'à se haïr soi-même, dans ce principe de corruption ou d'amour-propre que nous avons dans le cœur ; l'amour du prochain, jusqu'à étendre cette inclination bienfaisante sur tous les hommes, sans en excepter nos ennemis ; la modération des plaisirs sensuels, jusqu'à retrancher nos propres membres, c'est-à-dire ce qui tient le plus vivement et le plus intimement à nous ; la soumission aux ordres de Dieu, jusqu'à le remercier dans ses souffrances ; l'abandon à la Providence, jusqu'à ne pas songer au lendemain ; le détachement des biens du monde, jusqu'à nous dépouiller de toutes choses ; le pardon des injures, jusqu'à prier pour nos persécuteurs ; la chasteté, jusqu'à sacrifier les pensées contraires ; le désir de la vie éternelle, jusqu'au zèle de lui immoler celle-ci. Il perfectionna tous les états de la vie. Il régla la sainte union du mari et de la femme, selon la forme que Dieu lui avait donnée dans son origine, lorsque bénissant l'amour conjugal comme la source du genre humain, il ne lui permit pas de s'épancher sur plusieurs objets, et le réduisit à deux seuls cœurs, unis d'un lien indissoluble et sacré. C'est sur cette idée primitive que Jésus-Christ s'élevant au-dessus de la Loi et des patriarches, réforma le mariage, et se montra, disent les saints, le digne Fils du Créateur, rappelant les choses au premier point où elles étaient à la création, et établissant sur cette immuable fondement la sainteté de l'alliance chrétienne, avec le repos des familles, et la pluralité des femmes fut ôtée pour jamais. Il montra le célibat, comme une imitation de la vie des anges, auquel il était permis d'aspirer, et possible de parvenir. Il apprit aux supérieurs à se regarder comme les serviteurs des autres, et dévoués à leur bien ; et aux inférieurs à respecter l'autorité de Dieu dans leurs supérieurs. Il se proposa pour modèle aux prêtres de la nouvelle alliance, les instruisant de l'obligation qu'ils avaient de l'imiter, et d'être comme lui victimes et prêtres tout ensemble, et la vie apostolique en fut le premier fruit. Enfin tout se soutint en sa personne, sa vie, sa doctrine, ses miracles, et tout concourut à y faire voir le maître du genre humain, le modèle de la plus haute perfection, le Fils unique du Père plein de grâce et de vérité.

Les Juifs crurent-ils en lui?

Non, pour la plupart : un esprit d'orgueil et d'envie s'empara de leur esprit, ils s'opposèrent à lui, ils le contredirent, ils le rejetèrent. Ces hommes charnels voulaient un Messie belliqueux qui les délivrât des Romains, et non de leurs péchés; qui leur donnât des biens temporels, et non des grâces spirituelles; qui les fît régner sur la terre, et non sur eux-mêmes. Leur vue grossière n'alla pas plus loin qu'à une félicité temporelle, qu'à se promettre un héros, c'est-à-dire un homme de sang et de carnage, un ravageur de provinces, qui les vengeât de leurs ennemis et les exterminât. Ils ne comprirent pas qu'il était de ce Messie si promis de réparer l'univers, de délivrer le genre humain de la honteuse servitude du diable et du péché sous laquelle il gémissait; de le racheter de la mort et de l'enfer; de le rétablir dans sa première dignité; de le réconcilier avec Dieu; de lui rouvrir le paradis, et de lui redonner cette gloire perdue pour laquelle il avait été formé; car c'est en cela que consiste toute l'économie du salut. L'humilité du Fils de Dieu rebuta ces superbes enfants d'Adam; ils ne purent souffrir ses corrections et ses reproches, enfin ils se portèrent à cet horrible excès que de le faire mourir; et ce fut ainsi qu'après l'avoir attendu si longtemps sous le nom de Messie et de Christ, ils le méconnurent quand il vint : tant il faut être détrompé des fausses grandeurs humaines, pour connaître les véritables grandeurs de l'Homme-Dieu sous ses apparentes bassesses.

L'attendent-ils encore?

Oui, tant ils sont aveugles.

ART. IV. — *A souffert sous Ponce Pilate, a été crucifié, mort et enseveli.*

Pourquoi sous Ponce Pilate (17)?

Afin, 1° d'autoriser davantage le récit de la Passion, par l'expression du nom du juge, et par la conformité de l'Histoire sainte à la profane; 2° de faire voir l'innocence de Jésus par la déclaration de celui même qui le condamna; 3° et qu'étant mort par le ministère des païens, aussi bien que des Juifs, il voulut néanmoins être le Sauveur des uns et des autres; 4° de figurer les premières persécutions du corps mystique du Fils de Dieu par les païens, exercées d'abord contre son naturel.

Qu'est-ce que Jésus-Christ souffrit pendant sa vie?

1° Les misères de notre mortalité, dont il s'était voulu revêtir, la faim, la soif, la lassitude, le froid, le chaud, etc.; 2° comme il eut l'usage de raison du moment de sa conception, les incommodités de l'enfance lui furent plus pénibles, plus mortifiantes et plus humiliantes; 3° l'état de pauvreté dans lequel il voulut naître et vivre, l'exposa à toutes les incommodités de cette condition; 4° la dureté et l'incrédulité des Juifs avec lesquels il vivait, l'affligèrent beaucoup; 5° la vue de sa mort douloureuse qu'il prévoyait, lui fut un grand et continuel tourment.

Jésus-Christ ne jouissait-il pas sur la terre de la béatitude?

Oui, il vit l'essence divine dès le moment de sa conception, même de sa passion.

Comment donc pouvait-il souffrir?

Quant à la partie inférieure, qui ne reçut alors aucune consolation de la partie supérieure, comme elle ne lui pouvait donner aucune affliction, ce fut deux hémisphères différents, l'un éclairé, l'autre ténébreux.

Pourquoi voulut-il souffrir?

Afin, 1° de réparer l'injure que le péché avait faite à Dieu; 2° de satisfaire pour nos crimes; 3° de nous délivrer de la tyrannie du diable et du péché; 4° de nous réconcilier avec son père; 5° de nous mériter la gloire éternelle; 6° de nous donner exemple, et de nous obtenir la grâce de la patience et l'amour de la croix.

Que souffrit-il en sa passion?

1° Des tourments épouvantables en son corps; 2° des peines incompréhensibles en son esprit; 3° une mort cruelle et ignominieuse.

Pourquoi souffrit-il tout cela?

Afin, 1° de nous racheter du supplice des enfers que nous avions mérité; 2° de montrer combien il nous aimait; 3° de nous donner plus d'éloignement du péché expié par l'effusion d'un sang si précieux; 4° de nous être un modèle achevé de toutes les vertus les plus héroïques; 5° d'attirer grâce sur nos souffrances; 6° d'exciter davantage notre reconnaissance et notre amour; 7° de montrer la grandeur des biens qu'il nous procurait, et des maux dont il nous délivrait; 8° et de nous porter à la conservation du salut avec d'autant plus de soin, qu'il lui a coûté plus de peine; 9° de relever la dignité de la nature humaine, faisant vaincre le démon à l'homme, et nous faisant recouvrer la vie par la mort.

Pourquoi en l'arbre de la croix?

Afin, 1° de réparer le péché que nos premiers parents commirent, mangeant du fruit de l'arbre défendu; 2° d'en être la victime et le contre-poison; 3° et un véritable fruit de vie; 4° et un modèle de vertu exposé à tous les hommes; 5° d'attirer tout à lui; 6° de nous mériter la mort spirituelle, nous détachant et séparant de toutes les choses terrestres et basses; 7° de témoigner par ses bras étendus, son amour pour le genre humain qu'il appelait à lui; 8° d'accomplir ce qu'avaient figuré Noé porté par l'arche qui sauva le monde; Jacob croisant ses bras et bénissant ses enfants, Moïse par sa verge délivrant le peuple de Dieu, et par une pos-

(17) Ponce Pilate était gouverneur de la Judée pour les Romains.

ture crucifiée, lui obtenant la victoire sur les Amalécites ; le serpent élevé au désert, à l'aspect duquel on était guéri, etc. (18).
Qui rendit sa passion pleinement satisfactoire ?
1° La grandeur de la charité avec laquelle il souffrit pour nous ; elle était sans bornes ; 2° la dignité du prix qu'il offrait, c'était sa vie propre d'une valeur infinie ; 3° l'universalité des peines qu'il acceptait, elles étaient immenses.
Pourquoi voulut-il mourir ?
Afin, 1° de subir la peine imposée au péché ; 2° de montrer qu'il était homme ; 3° de nous consoler de notre mort en vue de la sienne ; 4° de nous être une figure de la mort à la sensualité, qu'il nous a méritée par sa mort corporelle ; 5° d'exciter notre espérance par sa résurrection ; 6° de faire voir qu'il avait vaincu la mort, en lui faisant lâcher prise, quand il sortit du tombeau.
Où mit-on son corps quand on l'eut détaché de la croix ?
Dans un sépulcre neuf et emprunté, et après l'avoir embaumé ?
Pourquoi neuf ?
La Providence l'ordonna ainsi, 1° par respect pour sa personne ; 2° et afin qu'on ne crût pas qu'un autre que lui fût ressuscité ; 3° et qu'il fût une figure du sein virginal de Marie, qui l'avait premièrement enserré ; 4° et de la vie nouvelle de ceux qui sont morts en Jésus-Christ.
Pourquoi emprunté ?
1° Un sépulcre en propre ne convenait pas à l'auteur de la vie ; 2° il n'y devait demeurer que peu d'heures, et comme en dépôt ; 3° il mourait pour autrui ; 4° il voulait faire éclater la pauvreté à sa mort, aussi bien qu'à sa naissance ; 5° et condamner la singularité et la vanité de nos mausolées, que nous comptons entre les prospérités humaines.
Pourquoi fut-il embaumé ?
Pour figurer que c'est par la myrrhe de la pénitence, et la bonne odeur des vertus, que Jésus-Christ demeure incorruptible dans notre cœur.
Son corps se corrompit-il dans le sépulcre ?
Non, la divinité, source de toute incorruption, y fut toujours unie, et sa mort devait être imputée à sa seule volonté, et ne se sentir en rien de l'infirmité naturelle. D'où vient que prédisant sa mort, il disait toujours que les Juifs le tueraient, et non qu'il trépasserait ; l'un marquant une mort violente, l'autre une mort naturelle : aussi le Symbole ajoute-t-il, que le Fils de Dieu est descendu aux enfers, parce que l'âme de Jésus-Christ, à laquelle le Verbe était personnellement uni, y descendit ; tant cette union du Verbe à l'âme et au corps même séparé, était étroite, et par conséquent le corps éloigné de toute corruption.
Pourquoi cette sépulture ?
Afin, 1° de donner une preuve plus incontestable de sa mort ; 2° de servir par sa résurrection d'espérance aux défunts ; 3° de signifier plus parfaitement notre mort totale au péché ; 4° d'attirer bénédiction sur cette œuvre de miséricorde ; 5° et sur les amateurs de la vie cachée, qui devaient avoir dévotion à ce mystère.
Où était ce sépulcre ?
Dans un jardin, pour une plus visible réparation du péché d'Adam.
Comment était-il construit ?
Il était taillé avec le ciseau dans un roc. Jésus par ce mystère d'amour devant briser la dureté du cœur des gentils jusqu'alors impénétrable, et y établir sa demeure ; 2° et rendre durable à toute la postérité son tombeau ; 3° faire ainsi des instruments de son supplice la gloire des pécheurs, dit saint Hilaire.

ART. V. — *Est descendu aux enfers, et le troisième jour est ressuscité des morts.*

Ces deux vérités ne contiennent-elles pas deux spéciales difficultés à croire, et par conséquent ne devraient-elles pas faire deux articles différents ?
Non, car qui croit que Jésus-Christ descendit aux enfers par sa propre vertu, et pour triompher de la mort, n'a pas une nouvelle peine à croire qu'il ressuscita, l'un est une suite naturelle de l'autre.

Est descendu aux enfers.
Où alla l'âme bienheureuse de Jésus-Christ après qu'elle se fut séparée de son corps ?
Elle descendit aux enfers, sous quoi sont compris ; 1° les limbes, d'où il retira les âmes des saints Pères qui l'attendaient depuis tant de siècles ; 2° le purgatoire, d'où sans doute il délivra beaucoup d'âmes de leurs peines, et consola les autres ; 3° il visita et fit aussi sentir sa vertu et son autorité aux limbes, où sont les âmes de ceux qui meurent avec le seul péché originel ; 4° il fit trembler et frémir l'enfer, où sont les démons et les damnés, semblable à un juge souverain qui visite les prisons et les cachots. En effet, la manière dont Jésus-Christ y descendit, est bien différente de celle dont les autres hommes y descendaient.
En quoi paraît cette différence ?
Ceux-ci y descendaient, 1° comme des criminels qui vont en prison ; 2° comme des esclaves de la mort et du démon ; 3° comme des malheureux condamnés aux supplices éternels ; 4° ou tout au moins comme des exilés qui devaient longtemps soupirer après leur délivrance, et gémir en ces lieux affreux dans l'attente du Rédempteur. Mais Jésus-Christ y descendit, 1° en vainqueur et en maître, qui venait dompter la mort, le péché et le démon, jusque dans leur fort, et enlever leur proie ; 2° en libérateur, qui venait délivrer ceux qui y étaient détenus, et les emmener avec lui ; 3° en glorificateur, qui venait de l'enfer en faire un paradis pour les âmes qui l'attendaient.

(18) C'était aussi pour accomplir les prophéties qui annonçaient le genre de sa mort et son règne *par le bois*, après avoir été mis au rang des scélérats et puni de leur supplice.

Pourquoi Jésus-Christ alla-t-il en ces lieux?

Afin, 1° de subir cette peine due à nos péchés ; 2° de nous mériter la grâce de n'y tomber pas ; 3° de prendre possession de toute créature, et qu'ayant en main les clefs de la vie et de la mort, tout genou fléchît devant lui au ciel, en terre et aux enfers, et reconnût sa puissance, et qu'on sût qu'il était également Seigneur des vivants et des morts.

Comment fit-il éclater sa puissance sur la terre?

En y opérant un nombre infini de merveilles et de prodiges.

Comment dans les enfers?

En dépouillant le démon de sa proie, et lui ravissant ceux qu'il détenait captifs ; semblable à un juge qui va retirer d'une caverne le butin des voleurs.

Comment dans le ciel?

En y introduisant la nature humaine, et l'élevant à la droite du Père, et ainsi faisant sentir et respecter son pouvoir et son autorité dans ces trois lieux.

Le troisième jour est ressuscité des morts.

Combien Jésus-Christ demeura-t-il dans le tombeau?

Deux nuits entières et un jour parfait ; ce qui figure que nous ayant délivré de la mort du corps et de l'âme, de la coulpe et de la peine du péché, il nous méritait le grand jour de l'éternité et la nouveauté de la grâce et de la gloire, dit saint Thomas.

Pourquoi ne voulut-il ressusciter que le troisième jour?

1° Il ne devait rester aucun doute de la vérité de sa mort, ni par conséquent de sa résurrection. 2° Nous ne sommes délivrés du péché et ne recevons la nouvelle vie que par la foi de la Trinité ; principe et source de cette double grâce et de ce double mystère, lequel par conséquent en devait porter la marque visible, comme le principal de ses ouvrages. 3° Ce n'était ni dans l'état de nature ni de la Loi que la vie devait être réparée, mais dans le temps de grâce et au jour de l'Évangile. 4° Il ne fallait pas un terme plus long à notre espérance qui languit par le retardement, ni au triomphe de la résurrection anticipée ; arrhe certaine de la nôtre, remise à la fin du monde, et de notre bonheur parfait, jusqu'alors différé.

Quand ressuscita-t-il?

Le dimanche de Pâques au matin (19), auquel jour, lors de la création de l'univers, la lumière fut faite, pour signifier qu'il nous ramenait la lumière de la grâce ; aurore de la gloire, ainsi que par sa mort arrivée au soir, il avait figuré les ténèbres du péché qui couvraient la terre, et la nuit éternelle qu'il causerait par sa retraite aux réprouvés.

(19) On peut remarquer ici la coïncidence merveilleuse de la résurrection du Sauveur, avec le jour de Pâques, anniversaire du passage et de la justice de Dieu et de la délivrance du peuple juif.

(20) On peut ajouter à ces motifs que le Sauveur jour, le roi des jours, dit un Père, plus heureux que celui de la création ou de l'ancien sabbat, auquel l'homme reçut une vie humaine et un repos temporel.

Comment ressuscita-t-il?

Son âme bienheureuse, retournant triomphante des enfers, semblable à la colombe portant le rameau de notre réconciliation, se réunit à son corps, qui sortit du sépulcre ainsi que le phénix de ses cendres et le soleil d'un nuage, faisant voir par sa résurrection le premier modèle de la vie réparée, ainsi qu'Adam par sa mort avait fait voir le premier exemple de la vie éteinte.

Comment sortit-il du sépulcre?

Son corps glorieux traversa la pierre qui le fermait, comme le rayon du soleil traverse le cristal sans le rompre.

Pourquoi ressuscita-t-il avec un corps glorieux?

1° La résurrection du Sauveur devait être l'exemplaire de la nôtre. 2° Ce mystère le demandait comme opposé aux ombres de sa mort. 3° Rien n'empêchait que son âme ne communiquât sa gloire au corps, n'ayant plus à converser d'une façon humaine et naturelle avec les hommes, quoique dans ses apparitions aux apôtres il en ait caché l'éclat extérieur. 4° L'œuvre de notre réparation, digne fruit de ses souffrances, était entièrement consommée. 5° Devenu impassible, il voulait montrer avec quelle usure il réparait la gloire du premier homme capable de péché, de souffrance et de mort, et à quelle société de bonheur il nous appelait (20).

Pourquoi avec ses plaies?

1° En signe qu'il avait surmonté la mort ; 2° afin d'affermir la foi de sa résurrection dans le cœur des apôtres ; 3° et la confiance dans celui des pécheurs, voyant combien elle est solidement fondée ; 4° et d'apaiser sans cesse la justice divine par un tel objet ; 5° et de confondre au jour du jugement les pécheurs qui, ayant ouvert eux-mêmes les portes de la vie, n'y ont pas entré.

Comment prouva-t-il la vérité de sa résurrection?

1° Faisant voir en lui la même substance et la même chair visible, palpable, sensible ; 2° exerçant les mêmes fonctions et actions humaines et naturelles, parlant, marchant, mangeant, non par nécessité, n'y ayant plus de déperdition de chaleur et d'esprits, mais en preuve qu'il avait le même corps, et les mêmes organes, qu'il était le même homme ; 3° se portant pour la même personne, comme il était en effet, disant : « C'est moi qui ai vécu avec vous : je suis le même, etc. ; » 4° se rendant visible et invisible quand il voulait, traversant les pierres et les murs, s'élevant au ciel, etc., et montrant en lui les dons et qualités des corps ressuscités : l'impassibilité, la subtilité, l'agilité, etc. ; 5° a voulu nous donner, dans sa personne, un gage et un signe de la résurrection qu'il nous a promise, et nous offrir le modèle de la résurrection spirituelle que nous devons opérer en nous sur la terre.

éclairant l'esprit de ses disciples, et le leur ouvrant pour y répandre ses lumières, et leur faire comprendre les prophéties de sa résurrection ; ajoutant les preuves intellectuelles aux sensibles, et la clarté intérieure à l'extérieure ; 6° les infidèles croient la mort de Jésus-Christ, sa résurrection et la foi des Chrétiens.

Personne avant Jésus-Christ n'était-il ressuscité ?

Des prophètes, dans l'Ancien Testament, avaient redonné la vie à des défunts, et Notre-Seigneur, dans l'Evangile, avait ressuscité des morts, particulièrement Lazare, mais nul n'avait ressuscité comme Jésus-Christ ; car les autres avaient ressuscité par une vertu étrangère, pour mener une vie misérable, et enfin pour mourir une seconde fois : et Jésus-Christ se ressuscita lui-même par sa propre vertu, pour jouir d'une vie glorieuse, et pour ne plus mourir.

Comment Jésus-Christ est-il le premier-né des morts ?

Il est, 1° le premier dans l'ordre des temps qui fut ressuscité pour toujours ; 2° la cause méritoire de la résurrection de tout le monde ; 3° la gloire de sa résurrection n'aura jamais d'égale.

Art. VI. — *Est monté aux cieux, est assis à la droite du Père tout-puissant.*

Comment Jésus-Christ monta-t-il au ciel ?

Par sa propre vertu, sans laquelle même nul n'y montera jamais, et s'il n'est membre uni et vivant de ce divin Chef, qui par sa mort a mérité sa résurrection à la vie, et par sa descente aux enfers son ascension à la gloire, recevant exaltation pour humiliation. Cependant quoiqu'en tant que Dieu il soit partout, on peut néanmoins aussi bien dire qu'il y est monté, comme on dit qu'il en est descendu, à cause des nouveaux effets qu'il y a produits, et de la manière spéciale dont ces merveilles s'y sont opérées.

A quelle heure y monta-t-il ?

Notre-Seigneur est né à minuit, mort sur le soir, ressuscité le matin, monté au ciel à midi, et a ainsi consacré par les mystères de sa vie, toutes les heures de la nôtre, comme les saints Pères l'ont souvent observé.

Demeura-t-il longtemps à s'élever au ciel ?

Quoiqu'il y ait une distance presque infinie de la terre au ciel, et qu'il fallût des siècles entiers à un rocher pour tomber du ciel en terre, tant il y a loin, cependant Notre-Seigneur s'y éleva presqu'en un moment.

En quel ciel s'arrêta-t-il ?

Il monta au plus haut des cieux, dans ce lieu sublime et élevé, où Dieu manifeste sa gloire aux esprits bienheureux, et où il tient sa cour céleste ; nul abaissement n'a été plus profond que celui de sa passion, nulle élévation ne sera plus haute que celle de son ascension.

Où se plaça-t-il dans le ciel ?

Il s'éleva au-dessus des anges et des archanges, des chérubins et des séraphins, qui sont des cieux infiniment plus lumineux et plus sublimes que les corporels, et montant au delà de tout être créé, il parvint jusqu'au sein de la Divinité, et s'alla placer dans un trône de gloire à la droite du Père éternel, pour régner avec lui et le Saint-Esprit en unité de gloire dans tous les siècles des siècles.

Dieu a-t-il une droite ?

Non, il est un pur esprit, il n'a ni droite ni gauche : mais on s'exprime ainsi, pour faire connaître, 1° que comme le côté droit parmi les hommes est estimé le plus honorable et le plus heureux, ainsi Jésus-Christ a la place d'honneur dans le ciel ; 2° que Dieu l'a mis en égalité de gloire et de grandeur avec lui ; 3° qu'il l'a associé à son bonheur, à sa force, à sa vertu, à sa puissance, à son empire, à son autorité, toutes choses représentées par la droite ; 4° et que la nature humaine après avoir été unie au Verbe divin dans l'incarnation, s'est assise dans le trône de sa gloire au jour de l'Ascension.

Notre-Seigneur est-il toujours assis ?

On parle de cette façon pour donner à entendre, 1° son état tranquille et permanent dans le ciel ; 2° sa qualité de juge et de roi ; 3° la perfection de son bonheur et de son repos, qu'il ne prend même en tant que Dieu qu'en celui duquel il émane et de sa gloire ; 4° la stabilité de son empire.

Que fait-il là ?

1° Il jouit de la gloire éternelle ; 2° est lui-même le bonheur des saints ; 3° il reçoit les hommages de toutes les créatures ; 4° il gouverne l'univers avec son Père ; 5° il soutient son Eglise ; 6° il juge les âmes.

Que devez-vous à Jésus-Christ en cet état ?

1° L'adorer dans ses grandeurs ; 2° méditer ses mystères ; 3° le remercier de ses bienfaits ; 4° l'imiter dans ses vertus ; 5° être animé de son esprit ; 6° nous confier en ses mérites ; 7° espérer de le voir dans sa gloire.

Art. VII. — *D'où il viendra juger les vivants et les morts.*

Qu'enseigne cet article ?

Qu'à la fin du monde Jésus-Christ descendra du ciel et viendra juger tous les hommes qui ont été, qui sont et qui seront jamais, et qui, dans ce jour terrible, comparaîtront devant son tribunal pour y rendre un sévère compte de toutes leurs pensées, paroles, actions et omissions : tous y seront présentés, tous y seront examinés, tous y seront jugés, absous ou condamnés.

Pourquoi des vivants et des morts (20) ?*

Pour exprimer, 1° la résurrection des justes et des pécheurs ; 2° que ceux qui sont morts dès le commencement du monde, et dans la suite des temps, ressusciteront aussi bien que ceux qui achèveront d'expirer

---

(20*) Par ces mots *vivants et morts*, on entend les saints et les pécheurs ; ceux qui jouissent de la vie de la grâce, et ceux qui sont dans la mort du péché.

immédiatement avant la venue du souverain Juge.

Pourquoi ce jugement général?

Afin, 1° de faire paraître à tout le monde ensemble la justice de Dieu ; 2° de charger les pécheurs d'une honte publique ; 3° de couronner les bons à la face de toutes les créatures ; 4° de faire éclater l'autorité de Jésus-Christ, qui tiendra le sort de tout le genre humain entre ses mains; 5° et qui récompensera ou punira le corps, après avoir récompensé ou puni l'âme.

Comment la qualité de juge lui convient-elle?

1° Il possède éminemment trois qualités requises à un parfait juge, le pouvoir absolu, le pur zèle de la justice, la lumière de la plus pénétrante sagesse, étant la vérité même subsistante à laquelle rien n'est caché. 2° S'étant voulu soumettre au jugement des hommes en la personne de Pilate, le plus injuste des juges, et se livrer à la plus terrible des persécutions que les démons et les pécheurs aient jamais excitée, il a mérité que Dieu l'établit juge des hommes et des anges. 3° Il est à propos que les criminels voient et écoutent leur juge, et les réprouvés ne devant jamais voir la Divinité, ils verront Jésus-Christ quant à son humanité. 4° L'homme ne pourrait supporter un examen qu'il faudrait rendre face à face à Dieu, il serait effrayé et accablé de sa grandeur et de sa majesté. 5° Jésus-Christ ayant amené les hommes à Dieu par sa grâce, c'est à Jésus-Christ à achever de les lui conduire dans sa gloire, en quoi consiste la consommation de l'œuvre de l'incarnation. 6° Il est de la sagesse de celui qui, par ses travaux et ses souffrances, avait acquis des biens aux hommes, de les leur dispenser lui-même, ce qui ne se peut avec équité que par voie de jugement, lequel par conséquent lui appartient de droit, et qu'ainsi chacun reçoive de la main de ce juste Juge, selon son mérite et dans son degré, ou récompense ou châtiment. C'est pourquoi, comme la puissance de juger l'univers, en Jésus-Christ est un apanage de son exaltation, il apparaîtra dans toute la majesté du Fils de Dieu quand il viendra juger, afin de communiquer aux saints la gloire qu'il leur a méritée par son humiliation. 7° Cependant tous les jugements qui s'exercent à présent sur la terre dans l'économie du salut des hommes, c'est-à-dire dans leur prédestination ou réprobation, dans la distribution ou soustraction de ses grâces, sont des effets et des suites du pouvoir donné à Jésus-Christ de juger les âmes, et en sont des actes qu'il exerce invisiblement et par de secrets ressorts dans le monde, et qu'il consommera publiquement à la fin des siècles. Et c'est ainsi que Jésus-Christ, dès à présent, juge sur la terre et dans le ciel les vivants et les morts, et que sa croix est la condamnation des hommes charnels et la justification des saints.

Jésus-Christ jugera-t-il seul?

Tous les élus jugeront les réprouvés : 1° Par la comparaison de leur vie à la leur ; 2° par l'approbation haute et publique qu'ils donneront à l'arrêt équitable que le juge prononcera, auquel ils souscriront par leur suffrage. 3° Les apôtres, les martyrs, les prédicateurs évangéliques, pour ne rien dire des autres qui nous sont inconnus par l'Ecriture, assis sur des trônes de gloire et la couronne en tête, seront les assesseurs du Fils de Dieu et jugeront les nations, étant très-convenable que ceux qui ont condamné leur propre chair à la pénitence, ou qui ont été injustement condamnés par les impies et les sensuels, ou qui leur ont en vain intimé les commandements de Dieu en cette vie, condamnent en l'autre les hommes sensuels, jugent à leur tour leurs juges iniques, connaissent de la transgression de la loi de Dieu et en condamnent les prévaricateurs.

Cette partie du Symbole concernant Jésus-Christ, qu'on vient d'expliquer, est-elle mise dans son rang?

Oui ; car, 1° il fallait représenter la seconde personne de la Trinité, qui est Jésus-Christ, après la première et avant la troisième, et que l'ordre des instructions suivît l'ordre des émanations. 2° Il ne suffit pas de croire que Jésus-Christ est Fils naturel et unique de Dieu, comme il l'est de toute éternité, si l'on ne croit encore qu'il s'est fait homme, qu'il est né dans le temps, qu'il est mort et ressuscité pour nous, et enfin que Jésus-Christ Fils de l'homme n'est qu'un même Fils et une même personne, savoir : la seconde de la Trinité, et qu'avec elle, avec le Père et avec le Saint-Esprit, il n'y en a que trois, qui sont une même Trinité éternelle et immuable ; que si Jésus-Christ tout entier n'était pas une même personne éternelle et un même Fils de Dieu, il faudrait qu'il fût une nouvelle personne, et temporelle, qui ne mériterait pas d'avoir place dans la sainte Trinité, mais qui en serait séparée ; ou bien, si elle y avait entrée, elle y serait, non une trinité, mais une quaternité de personnes, pour s'exprimer avec les saints Pères. C'est pourquoi, afin de faire connaître aux Chrétiens que le Fils de Dieu, depuis qu'il s'est fait homme, n'a pas augmenté le nombre des personnes divines, mais qu'il est toujours demeuré le même Fils éternel de Dieu et la même seconde personne de la sainte Trinité dans son incarnation, et qu'il a conservé son rang éternel dans ses rabaissements, dans ses souffrances et dans sa mort temporelle, aussi bien que dans sa résurrection et dans sa glorification, on l'a mis avec tous ses différents mystères dans le Symbole avant le Saint-Esprit, pour montrer qu'il est toujours, même depuis l'incarnation, la seconde personne divine, de laquelle, comme d'un seul et unique principe avec le Père, procède la troisième, qui est le Saint-Esprit, fontaine très-pure qui, selon le langage d'un des plus anciens Pères, émane du corps de Jésus-Christ, sans doute dans l'Eglise, comme la fontaine dans le paradis, et duquel il faut par conséquent parler à présent.

TROISIÈME PARTIE DU SYMBOLE.

Ce que nous devons croire du Saint-Esprit et de l'ouvrage de la justification.

ART. VIII. — *Je crois au Saint-Esprit.*

Pourquoi l'article du Saint-Esprit est-il mis immédiatement avant celui de l'Eglise ?

Pour marquer, 1° que le Saint-Esprit est vraiment Dieu, car s'il était créature et non Créateur, dit saint Augustin, il ne serait pas mis avant l'Eglise dans le Symbole, qui est la règle de la foi, puisqu'il appartiendrait lui-même à l'Eglise, selon cette partie de l'Eglise qui est dans les cieux.

La foi du Saint-Esprit est-elle nécessaire à tous les Chrétiens ?

Sans doute, puisqu'ils ne peuvent être sauvés que par cette foi dans laquelle ils sont baptisés, sans laquelle leur baptême serait inutile ou nul, et par la confession ou invocation de laquelle ils reçoivent la rémission des péchés, au nom du Père, et du Fils, et du Saint-Esprit.

Que devons-nous croire du Saint-Esprit ?

1°, Qu'il est la troisième personne de la Trinité ; 2° qu'encore qu'il soit personnellement distingué du Père et du Fils, il n'est néanmoins qu'une même nature, une même substance, une même divinité, et un seul et même Dieu avec le Père et le Fils ; 3° que ce qui est commun au Père et au Fils, est commun au Saint-Esprit, et que ce qui lui est propre et particulier, est qu'il n'engendre pas comme le Père, qu'il n'est pas engendré comme le Fils, mais qu'il procède d'une manière ineffable du Père et du Fils, comme d'un seul principe ; 4° qu'il n'est ni fait, ni créé, ni engendré, mais produit ; 5° qu'il ne produit aucune personne ; 6° que le Père agit par lui dans l'œuvre de notre sanctification, non comme par un ministre inférieur et dépendant, mais à même titre qu'on agit par sa volonté et par son amour : amour incréé, subsistant, consubstantiel et coéternel de celui qui, étant la bonté même par essence, n'a jamais pu être sans s'aimer infiniment, et ne saurait être plus grand que l'amour dont il s'aime, et que la bonté qu'il aime.

Pourquoi est-il nommé le don du Père ?

1° Il en est l'amour, et l'amour est non-seulement la cause de tous les dons qu'on fait, mais la première chose qu'on donne, et la raison pourquoi on donne avec lui toutes choses, qui ne sont que des marques de ce premier et principal don ; 2° il est la grâce essentielle, comment se mériterait-il ? 3° tout ce qui vient du Saint-Esprit est grâce, et par conséquent don, et don gratuit, nullement dû à celui qui le reçoit, et dont celui qui le donne, n'attend nulle récompense.

Pourquoi amour ?

Le Père et le Fils le produisent en s'aimant, il procède par voie de volonté, et il allume le feu de l'amour divin dans nos cœurs.

Pourquoi le doigt de Dieu ?

1° Il nous indique la volonté de Dieu ; 2° il trace sa loi dans nos cœurs ; 3° le doigt sort du bras, et par le bras du corps, crayon de cette divine personne qui procède du Père et du Fils comme d'un seul principe, la vertu de le produire étant communiquée au Fils par le Père, et commune à eux deux, ainsi que l'influence dans l'extension du doigt, l'est au corps et au bras ; 4° le doigt est l'extrémité des membres qui sortent du corps, et le Saint-Esprit est le terme des processions divines, et les finit ; 5° le doigt dans le corps est le dernier organe des opérations de l'homme, et le Saint-Esprit est comme l'accomplissement et le couronnement des opérations de la sainte Trinité, qui se termine et se consomme en lui, caractère de perfection qui reluit dans tous les ouvrages qui lui sont attribués, et qui le distingue de la créature toujours défectueuse ; raison qui obligea les magiciens de Pharaon d'avouer leur impuissance à contrefaire le troisième signe ou miracle de Moïse, et de reconnaître que le doigt de Dieu était là. (*Exod.* VIII, 19.)

Pourquoi Seigneur et vivifiant selon le Symbole du concile ?

Seigneur, parce qu'il est Dieu, ainsi que le Père et le Fils, avec qui il vit et règne en unité de gloire et de majesté dans tous les siècles des siècles, et qu'il mérite également nos respects et nos admirations ; vivifiant parce qu'il communique la vie de la grâce, étant à l'âme, ce que l'âme est au corps, l'animant et lui donnant le sentiment de la charité, et le mouvement des bonnes œuvres.

Pourquoi Paraclet, ou Consolateur et Avocat ?

Consolateur, parce que, 1° rien ne nous affligeant que la perte, qui peut mieux nous dédommager que ce don ; 2° Nous trouvons dans la douceur de son amour de quoi nous consoler de tous les malheurs qui peuvent nous arriver dans cette vallée de larmes, et de toutes les misères où nous a jetés le péché ; 3° et de l'absence sensible de Jésus-Christ ; 4° et du retardement de notre bonheur éternel ; car animant notre foi et notre espérance, il adoucit nos gémissements, et rend notre pèlerinage plus supportable : consolations qui ne consistent pas en paroles, ni en raisons simplement, mais dans la douceur et la paix intérieure que le Saint-Esprit cause à l'âme, pour l'empêcher de porter avec impatience les ennuis et les travaux qu'elle souffre, et pour les lui rendre légers et supportables. Avocat ou défenseur, parce que le Saint-Esprit prie et interpelle pour nous, et en nous, par des gémissements inénarrables, nous communiquant l'esprit, ou le don de prière, nous faisant prier. Il gémit pour nous, en nous faisant prier. Il gémit pour nous, en nous faisant gémir nous-mêmes.

Pourquoi Créateur ?

Outre l'ouvrage de la création qui lui est commun avec le Père et le Fils, la production de la grâce et du monde spirituel, ou des biens surnaturels, lui est attribuée! et particulièrement celle de Jésus-Christ dans les entrailles de la sainte Vierge et sur nos autels, ainsi que la création du monde visible et corporel au Père.

Pourquoi le Symbole du concile ajoute-t-il que le Saint-Esprit a parlé par les prophètes, et que cela n'est pas attribué au Fils, la parole du Père?

C'est à l'ami intime qu'on révèle les secrets, et le Saint-Esprit, par sa propriété personnelle, est l'ami, ou plutôt l'amour subsistant, substantiel et mutuel du Père et du Fils, et ainsi celui à qui le Père parle par le Fils, et qui nous parle par les Ecritures ; nouvelle raison pourquoi le don des langues lui est attribué. 2° C'est le souffle ou la respiration qui forme la voix et donne comme un corps à la pensée, ou au verbe de l'entendement, pour le faire retentir à l'oreille. 3° Il est lumière tant il est amour pur, il lui appartient donc de percer dans l'obscurité de l'avenir et d'annoncer les mystères d'amour que devait opérer le Verbe divin dont il est l'apôtre à même titre que le Fils l'est du Père, parce que le Fils l'envoie, et qu'il procède du Fils, étant de la personne qui émane de faire connaître celle dont elle émane.

Que devez-vous encore croire du Saint-Esprit ?

1° Que Jésus-Christ monté au ciel et uni à son Père, l'a donné et envoyé à son Eglise, afin de nous tenir sa place et ne nous laisser pas orphelins ; 2° que ce divin Esprit n'abandonnera jamais l'Eglise, et qu'il sera toujours avec elle jusqu'à la fin du monde ; 3° qu'il est comme l'âme de ce corps mystique, dont Jésus-Christ est le chef, et qu'il le vivifie, qu'il l'anime, qu'il le dirige et qu'il le le gouverne ; 4° qu'il conservera toujours la vérité et la sainteté et dans ce corps, malgré l'erreur et le vice des membres particuliers ; 5° que comme autrefois il a parlé à l'ancien peuple par les prophètes, il continue de le faire au nouveau par les prélats et les pasteurs, c'est-à-dire par l'Eglise ; c'est pourquoi l'article de l'Eglise suit immédiatement celui du Saint-Esprit.

Pourquoi Saint-Esprit ?

1° L'Ecriture l'appelle ainsi, et nous n'avons point de terme plus propre pour exprimer la procession de cette divine personne. 2° On peut dire que comme le nom du Verbe qui convient au Fils, seul procède du Père seul, exprime le terme de l'entendement d'un être intelligent qui pense seul ; aussi le nom d'esprit ou de soupir, donne l'idée d'une production amoureuse de deux personnes qui s'aiment, comme en effet le Saint-Esprit est l'amour du Père et du Fils qui s'aiment en le produisant, et qui le produisent en s'aimant. 3° *Saint*, parce qu'il est la pureté même essentielle, une bonté et une charité sans mélange : bonté, parce qu'il procède par voie de volonté et d'amour, ou de charité, et qu'il est commun au Père et au Fils à qui il se donne, et de qui il est le don ; un vif rayon qu'aucun commerce créé ne ternit ; et qu'il est l'auteur de toute sanctification. 4° *Esprit*, parce qu'il procède du Père et du Fils, comme un souffle d'amour, et que par son souffle amoureux il fait fondre la glace de nos cœurs, et y allume le feu de la charité. 5° Saint-Esprit, parce qu'il communique une vie spirituelle et sainte par la justification et la sanctification de nos âmes, et l'infusion de ses dons et grâces ; de quoi il est à propos de parler ici et de traiter de la justification, de la grâce, du mérite des bonnes œuvres, des dons du Saint-Esprit, des fruits, des béatitudes et des grâces gratuites, comme des productions et des effets de ce divin Esprit dans nos âmes.

INSTRUCTION SUR LA JUSTIFICATION ET SUR LA GRACE.

De la justification.

Qu'est-ce que la justification ?

Un bienfait de Dieu par lequel nous passons de l'état du péché à l'état de la grâce, ou l'application des mérites de Jésus-Christ par l'infusion de la grâce sanctifiante dans l'âme de l'homme.

Qu'est-il auparavant ce bienfait ?

1° Un misérable pécheur ; 2° un enfant de colère et de perdition ; 3° un esclave du démon ; 4° un criminel condamné à l'enfer.

Et par ce bienfait ?

1° Son péché lui est remis et effacé ; 2° il devient juste et saint ; 3° enfant de Dieu ; 4° héritier du paradis.

Que reçoit-il avec cette grâce ?

1° Les dons du Saint-Esprit ; 2° les vertus surnaturelles ; 3° le Saint-Esprit même avec le Père et le Fils, qui viennent résider en lui d'une façon spéciale.

Peut-on mériter la justification ?

Non ; ainsi entre plusieurs troncs d'une forêt, l'un ne mérite pas plus que l'autre d'être choisi par le sculpteur pour en faire une statue. La foi même, ni les œuvres qui précèdent, ne peuvent mériter cette grâce, elle est un pur don de la miséricorde de Dieu, qui nous est conféré gratuitement à cause de Jésus-Christ, et en vue des mérites infinis de sa mort et passion.

Peut-on s'y disposer ?

Oui, un pécheur prévenu, excité et aidé par le Saint-Esprit peut, ranimer peu à peu dans son cœur la foi, l'espérance, la charité, la crainte de Dieu, la haine du péché, et par ces pieux mouvements formés en lui et avec lui par la grâce, se disposer à la conversion.

Peut-on du moins par tels mouvements mériter la justification ?

Non, une âme encore en péché mortel ne saurait mériter un si grand bien.

Ces mouvements sont-ils inutiles ?

Non ; car encore qu'ils ne soient pas opérés par le Saint-Esprit habitant en nous, ils sont pourtant des effets de son amour qui nous excite.

Sont-ils ordinairement suivis du bienfait de la justification ?

Oui, pourvu qu'on corresponde à la grâce qui nous appelle.

Pourquoi ont-ils souvent ce bon effet ?

Il est convenable à sa divine bonté d'avoir égard aux pleurs et aux gémissements qu'il a lui-même inspirés au pécheur qui commence à se convertir, non que le pécheur soit digne de la justification, mais parce qu'il est digne de Dieu de regarder en pitié un cœur qu'il a touché et humilié, et d'achever en lui son ouvrage à cause de Jésus-Christ, la victime des péchés du monde ; d'où il s'ensuit, d'un côté, que la réception de la grâce est volontaire, et de l'autre, que la rémission des péchés est purement gratuite, et que tout ce qui prépare à la justification, de près ou de loin, depuis le commencement de la vocation, et les premières horreurs de la conscience ébranlée par la crainte, jusqu'à l'acte le plus parfait de la charité, est un don de Dieu.

De la grâce en général.

Qu'appelle-t-on grâces du Saint-Esprit ?
Des dons surnaturels de Dieu, qui nous sont gratuitement conférés pour la sanctification et le salut de nos âmes, à cause de Jésus-Christ.

Pourquoi appelle-t-on ces dons des grâces ?
Parce que ce sont des biens dont nous sommes très-indignes, et que Dieu nous donne par sa pure miséricorde, et en considération des mérites de Jésus-Christ.

Pourquoi surnaturels ?
Parce que ce sont des biens que notre nature n'a pas droit d'avoir, ni de pouvoir acquérir ; ainsi la gloire à laquelle il a plu à Dieu nous destiner, est notre fin surnaturelle, et les dons que sa bonté nous fait pour y parvenir, des moyens surnaturels.

Que devons-nous croire de la grâce ?
1° Qu'elle ne nous est point due ; 2° que nous ne pouvons rien sans elle ; 3° que Dieu ne la refuse point quand on la demande comme il faut.

Comment divise-t-on la grâce ?
En habituelle et actuelle.

En quoi diffèrent-elles ?
La grâce habituelle est une qualité permanente en notre âme, et la grâce actuelle est un mouvement passager.

Avons-nous besoin de ces deux grâces ?
Oui, et sans elles nous ne pouvons rien faire digne de la vie éternelle par nos seules forces, pas même la moindre pensée, ni prononcer le nom de Jésus comme il faut, ni en désirer ou demander la grâce : l'homme n'a besoin que de lui-même pour se blesser, mais il ne saurait se guérir sans médecin.

De la grâce habituelle.

Qu'est-ce que la grâce habituelle ?
Une qualité surnaturelle, infuse, inhérente en l'âme juste ; qui l'ennoblit, l'embellit, l'enrichit, la perfectionne, la divinise, la rend participante de la nature divine, qui nous fait semblables à Dieu, enfants de Dieu, héritiers de Dieu, et cohéritiers de Jésus-Christ, lequel nous a mérité un si grand don.

Quels sont précisément les effets de cette grâce habituelle ?

1° Elle fait l'homme juste et saint ; 2° elle le rend semblable à Dieu ; 3° elle l'ennoblit ; 4° elle lui donne droit à la vie éternelle ; 5° elle l'enrichit de mérites ; 6° elle le perfectionne.

Comment fait-elle l'homme saint et juste ?
En lui communiquant la justice et la sainteté de Jésus-Christ, d'où vient qu'on la nomme *grâce justifiante*.

Comment le rend-elle semblable à Dieu ?
En le faisant participer à la nature divine d'une manière admirable, ce qui embellit divinement son âme, et la revêt de la précieuse robe de la charité.

Comment l'ennoblit-elle ?
En lui faisant contracter des alliances très-étroites avec les trois personnes divines ? car elle le rend enfant du Père, frère du Fils, et elle fait que son âme devient l'épouse du Saint-Esprit.

Comment lui donne-t-elle droit à la vie éternelle ?
En lui conférant la dignité inestimable de fils adoptif de Dieu, et par conséquent, l'héritier du paradis et le cohéritier de Jésus-Christ.

Comment l'enrichit-elle de mérites ?
En rendant toutes les bonnes œuvres qu'il fait avec intention de plaire à Dieu, dignes de la récompense éternelle, jusqu'à un verre d'eau froide donné pour son amour aux pauvres.

Comment le perfectionne-t-elle ?
En lui conférant l'être surnaturel.

Celui qui possède un tel trésor est donc bien heureux ?
Sans doute, puisqu'il est en état de grâce, ami de Dieu, agréable à ses yeux, digne de la gloire dont cette grâce est la semence, l'arche ou le gage.

Pouvons-nous être assurés de posséder cette grâce ?
Non, sans une révélation expresse, non plus que d'y persévérer et d'obtenir le salut ; en effet, une pleine sécurité produirait le relâchement ou l'orgueil ; mais nous pouvons avoir en Jésus-Christ une douce confiance, qui, excluant le désespoir et le trouble, compatit avec la crainte salutaire, en sorte que, assurés du côté de Dieu, nous n'avons plus à nous défier que de nous-mêmes.

Comment reçoit-on cette grâce la première fois ?
Par le baptême.

Comment la perd-on ?
Par le péché mortel.

Commnet la recouvre-t-on ?
Par la pénitence.

Comment l'augmente-t-on ?
Par la réception des autres sacrements, par la prière, par la pratique des bonnes œuvres, par l'exercice des vertus.

Qui meurt avec cette grâce est-il sauvé ?
Oui.

Qui meurt dépouillé de cette grâce est-il damné ?
Oui.

De la grâce actuelle.

Qu'appelez-vous des grâces actuelles ?
Des secours que Dieu nous donne pour nous porter au bien.

De combien de sortes y en a-t-il ?
Il y en a d'extérieures et d'intérieures.

Quelles sont les extérieures ?
1° L'éducation chrétienne; 2° les bons exemples; 3° les instructions; 4° les corrections; 5° les afflictions; 6° les prédications; 7° les sacrements.

Et les intérieures ?
Les bonnes lumières et les bons mouvements que le Saint-Esprit forme en nos cœurs par ses inspirations, ou les bonnes pensées et les bons désirs qu'il excite en nous.

Quels sont les effets de cette grâce ?
1° Elle nous éclaire pour connaître le bien; 2° elle nous enflamme pour l'aimer; 3° elle nous fortifie pour le pratiquer; 4° elle nous affermit pour y persévérer, ainsi elle remédie aux quatre grandes plaies que le péché nous a faites, qui sont : 1° aveuglement; 2° froideur; 3° faiblesse; 4° inconstance pour le bien.

Résiste-t-on à la grâce ?
Oui, la foi nous l'apprend et l'expérience ne le montre que trop.

Qu'est-ce que résister à la grâce dans le sens de l'Eglise ?
C'est lui refuser notre consentement : c'est la frustrer totalement ou en partie de l'effet pour lequel elle est donnée : c'est nous rendre coupables de n'avoir pas fait ce que nous pouvions par son mouvement et avec son assistance.

Quels doivent-être nos sentiments à l'égard de la grâce ?
Nous devons, 1° reconnaître le besoin que nous en avons; 2° la demander humblement; 3° y correspondre fidèlement; 4° la conserver soigneusement; 5° référer à Dieu le bien qu'elle nous fait opérer entièrement; 6° demander comme si nous n'attendions rien de nous; travailler comme si tout dépendait de nous; reconnaître que nous ne pouvons rien sans Dieu.

Comment divisez-vous la grâce actuelle ?
En suffisante et en efficace.

De la grâce suffisante et efficace.

Qu'est-ce que la grâce suffisante ?
Celle qui nous donne un pouvoir suffisant de faire le bien.

Obtient-elle toujours notre consentement ?
Non, et nous sommes souvent assez malheureux pour n'y pas correspondre.

Et la grâce efficace ?
Celle qui obtient notre consentement et notre coopération, quoique nous puissions les lui refuser.

Est-ce que nous rendons la grâce efficace quand nous faisons le bien qu'elle nous inspire ?
Nullement; quand la grâce n'a pas son effet en nous, c'est bien nous qui l'en privons par notre résistance : mais quand elle nous fait faire le bien, nous ne lui donnons que notre coopération, et encore est-ce par son mouvement et son aide que nous la lui donnons.

La grâce ôte-t-elle, ou détruit-elle le libre arbitre ?
Non, elle le perfectionne, elle le délivre, elle le guérit, elle le redresse, elle le fortifie, le mettant en état de se porter au bien, et de rejeter le mal, ce qu'il ne serait pas destitué de son secours.

Devons-nous coopérer à la grâce ?
Oui, et celui qui nous a fait sans nous, ne nous sauvera pas sans nous; et si Dieu ne nous fait pas miséricorde, c'est par notre faute, et la cause est en nous.

La comparaison de deux chevaux qui concourent à traîner un même chariot, est-elle bonne pour exprimer le concours de la grâce et du libre arbitre ?
Non, car l'un des chevaux ne reçoit pas de l'autre la force qu'il a; au lieu que l'homme coopérant n'a point de force que le Saint-Esprit ne lui donne.

Du mérite et des bonnes œuvres.

Qu'est-ce que mérite ?
C'est le prix ou la dignité d'une bonne œuvre.

D'où provient ce prix ?
De la grâce sanctifiante qui nous est donnée gratuitement au nom de Jésus-Christ, et de l'influence de ce divin Chef sur ses membres.

Et une œuvre méritoire ?
C'est une œuvre bonne en elle-même que Dieu a miséricordieusement promis de récompenser de la gloire.

Pourquoi cette promesse ?
Parce que nul n'est tenu de payer un ouvrage même bon, s'il ne l'a promis, et que sans cette promesse que Dieu nous a faite gratuitement à cause de Jésus-Christ, de donner la vie éternelle à nos bonnes œuvres, nous ne pourrions pas espérer une si haute récompense.

Que faut-il à une action pour être méritoire ?
Qu'elle soit faite : 1° en état de grâce, car Dieu ne doit rien à ses ennemis; 2° librement, sans contrainte ni nécessité; 3° à dessein de plaire à Dieu; 4° par un mouvement surnaturel; car si on n'agit que par un principe humain, et par le motif d'une honnêteté naturelle, on ne mérite rien pour la vie éternelle.

Que cause ce mérite ?
Une augmentation de grâce en ce monde, et de gloire dans l'autre.

Le mérite est-il contraire à la grâce ?
Non, puisqu'il en est le fruit.

Il est donc vrai que la gloire éternelle appartient à un bon Chrétien ?
Oui, et à double titre; car en tant qu'il est enfant de Dieu, elle lui appartient comme son héritage, et en tant qu'il l'a méritée en vivant saintement, elle lui appartient comme la récompense de ses services.

Quand Dieu récompense les mérites de ses serviteurs, que fait-il ?
Il couronne ses dons, en sorte que leur

couronne de vertus n'est qu'un tissu de miséricordes.

Pourquoi ?

Parce que le fond du mérite et de la justice chrétienne est un ouvrage de miséricorde et de grâce.

Comment cela ?

C'est que, 1° comme dit saint Augustin, la vie éternelle est bien due aux mérites des bonnes œuvres, mais les mérites auxquels elle est due sont donnés gratuitement par Jésus-Christ, ce qui fait voir qu'il n'y a rien, ni de plus mérité, ni de plus gratuit, que la vie éternelle ; 2° la bonté de Dieu est si grande envers les hommes, qu'il veut même que ce qu'il leur donne soit leur mérite ; et l'indigence de l'homme est telle qu'il ne peut plaire à Dieu, que par les dons qu'il a reçus de Dieu ; 3° tout ce que l'homme a de bien, est un effet de la grâce de Dieu, même le bon usage et la coopération de son libre arbitre dans tout ce qui regarde la vie chrétienne. Il est vrai que nous devons opérer notre salut par les mouvements de nos volontés, avec la grâce de Dieu qui nous aide ; mais le libre arbitre ne peut rien faire qui conduise à la vie éternelle, qu'autant qu'il est mû et élevé par le Saint-Esprit ; 4° parce que nous ne satisfaisons jamais en toute rigueur à la loi de Dieu, car quelque parfaite que puisse être la justice de l'homme en ce monde, il y a toujours plusieurs choses que Dieu y répare par sa grâce, y renouvelle par son esprit, y supplée par sa bonté.

Comment appelle-t-on les bonnes œuvres faites en état de grâce ?

Des œuvres vivantes.

Pourquoi ?

Elles sont animées par le Saint-Esprit, qui est la vie de notre âme, et dignes de la vie éternelle.

Comment perd-on le mérite des bonnes œuvres ?

Par le péché mortel.

Que deviennent-elles alors ?

Mortifiées (21).

Comment les recouvre-t-on ?

Par la rémission du péché.

Comment les nomme-t-on ensuite ?

Des œuvres ressuscitées.

Comment appelle-t-on les bonnes œuvres faites en état de péché mortel ?

Des œuvres mortes.

Pourquoi ?

Parce qu'elles ne sont pas animées du Saint-Esprit, et qu'elles ne servent de rien pour la vie éternelle.

Sont-elles inutiles ?

Non.

A quoi servent-elles ?

1° A ôter les obstacles à la conversion, comme quand on chasse une personne qui porte au péché ; qu'on se défait d'un emploi criminel, etc. ; 2° à diminuer les peines dues au péché, en tant qu'elles empêchent de nouvelles transgressions pour lesquelles on serait puni, comme quand on restitue, qu'on entend la Messe, qu'on jeûne, etc. ; 3° elles sont ordinairement suivies de bénédictions temporelles et spirituelles.

Des dons du Saint-Esprit.

Qu'appelez-vous les dons du Saint-Esprit ?

Des grâces spéciales qui nous rendent dociles et prompts à suivre les inspirations de cet Esprit divin, qui nous facilitent le chemin de la perfection, et qui nous donnent des vues sublimes.

Combien y en a-t-il ?

Sept.

Expliquez leurs effets ?

1° La sapience, ou la sagesse, donne une connaissance sublime et savoureuse des biens éternels et divins, et fait juger du mérite des choses par le rapport qu'elles ont à eux.

2° L'intelligence, ou l'entendement fait pénétrer les vérités de foi, et les mystères de la religion, autant qu'il est expédient pour le salut et pour les emplois qu'on a dans l'église, et auxquels Dieu destine.

3° La science fait envisager les choses naturelles par rapport au salut, et à la fin pour laquelle Dieu les a créées, et découvre la manière d'en user pour sa gloire et pour notre sanctification.

4° Le conseil fait discerner au besoin ce qu'on doit dire, faire et éviter, pour se bien conduire au service de Dieu, et pour se conformer en toutes choses à la rectitude, et à la vérité souveraine.

5° La piété donne un cœur filial et d'enfant envers Dieu, et fait qu'on l'aime et qu'on le révère comme son père très-cher et très-honoré.

6° La force fait qu'on ne désiste jamais du bien commencé pour la crainte des travaux ni de la mort : car elle rend courageux dans les saintes entreprises, ferme contre les tentations, inébranlable aux ennemis de la religion et du salut, et disposé à tout faire, tout quitter et tout souffrir pour Dieu.

7° La crainte fait respecter souverainement la majesté de Dieu, et appréhender de lui déplaire, et d'être séparé de lui, comme le plus grand des malheurs. En effet, 1° lorsque le Saint-Esprit répand en nous ses lumières ; qu'il nous fait connaître les vérités et goûter les biens éternels, il est appelé esprit d'intelligence, de science et de sagesse ; 2° lorsque dans les perplexités il nous fait prendre le bon parti par les moyens prudents qu'il nous suggère, et surmonter les obstacles aux bons desseins par le courage qu'il nous donne, il est appelé esprit de conseil et de force ; 3° lorsqu'il nous communique la vraie et solide dévotion envers Dieu, accompagnée d'une amoureuse appréhension de lui déplaire, il est appelé

---

(21) Ces œuvres ne sont pas *anéanties*, mais réservées pour le moment où le pécheur converti recouvre la vie de la grâce. Alors elles lui sont rendues par la bonté de Dieu, et on les appelle *ressuscitées*.

esprit de piété et de crainte de Dieu (22).

Quand reçoit-on particulièrement ces dons?
À la confirmation, où chacun les reçoit dans un certain degré, et quoiqu'il soit rare de les voir tous éclater dans un seul fidèle, il ne l'est pas de les trouver dans une communauté ou assemblée de fidèles bien unis à Dieu.

Pourquoi les attribue-t-on au Saint-Esprit?
Parce qu'il procède par voie de volonté et d'amour, d'où tout don procède.

A quoi servent encore ces dons?
1° Ils chassent le péché; 2° ils disposent à la perfection; 3° ils rendent propres à la vie active et contemplative.

Comment chassent-ils les démons?
1° La crainte bannit l'orgueil; 2° le conseil, l'avarice; 3° la sapience, la luxure; 4° la piété, l'envie; 5° l'entendement, la gourmandise; 6° la science, la colère; 7° la force, la paresse.

Comment disposent-ils à la perfection?
1° La sagesse nous rend prudents; 2° l'entendement, prévoyants; 3° le conseil, avisés; 4° la force, courageux; 5° la science, discrets; 6° la piété, miséricordieux; 7° la crainte, humbles.

Comment rendent-ils propres à la vie active et contemplative?
La vie active doit avoir, 1° la science, pour discerner; 2° la piété, pour opérer; 3° la force, pour supporter; 4° le conseil, pour diriger; et la vie contemplative qui ne s'occupe que de Dieu; 5° la crainte, pour honorer sa majesté; 6° l'entendement, pour connaître sa vérité; 7° la sapience, pour goûter sa bonté.

Quelle différence y a-t-il entre les dons et les vertus?
Les dons sont comme des impulsions qui font agir avec promptitude, facilité, force, élévation; les vertus sont des habitudes qui font agir avec plus de lenteur, de peine et de médiocrité. Par les dons on vogue à pleines voiles, par les vertus on va à rames. Les vertus soumettent les appétits de la convoitise à la raison, et les dons rendent les puissances de l'âme souples aux mouvements de Dieu.

Des fruits du Saint-Esprit.

Qu'appelez-vous les fruits du Saint-Esprit?
Certaines actions vertueuses qu'on fait avec plaisir et perfection, dont le Saint-Esprit est comme la semence ou la racine; ou plutôt certains sentiments habituels, doux et pieux, qui sont les productions d'une vertu parfaite, que le Saint-Esprit a comme cultivées en nous, et conduites à maturité.

Combien y en a-t-il?
Douze (23).

Expliquez-les?
1° Charité, ou union amoureuse au souverain bien; 2° joie dans la possession de ce bien qu'on aime; 3° paix, que l'inquiétude de perdre, ou le loisir d'acquérir tout autre bien ne trouble plus; 4° patience parmi les maux, que la douceur du bien qu'on goûte surpasse; 5° bénignité, ou effusion du bien dont on est plein; 6° bonté, qui aime à bien faire, et ne rien recevoir que ce qu'on ne peut donner ni ôter; 7° longanimité, dans la paisible quoique ennuyeuse attente de voir ce bien, et qu'on possède, et qu'on désire; 8° mansuétude, d'une humeur égale à l'égard du prochain fâcheux, dont un hôte si doux console; 9° foi, aux biens que Dieu promet, ayant pour arrhes celui qu'on tient; 10° modestie, qui donne des bornes à tout, excepté à l'amour du bien immense dont on jouit; 11° continence, qui retranche tout plaisir, pour n'en avoir qu'un; 12° chasteté, qui renferme jusqu'aux désirs de tout autre bien, que de celui qu'on a.

A qui sont contraires ces fruits?
Aux œuvres de la chair, ou aux malheureux germes de la convoitise, et qui sont, suivant la doctrine de l'Apôtre, 1° dissensions; 2° chagrins; 3° disputes; 4° colères; 5° inimitiés; 6° jalousies; 7° impatiences; 8° querelles; 9° infidélités; 10° luxe; 11° débauches; 12° impudicité.

Des béatitudes.

Qu'est-ce que les béatitudes?
Certaines actions très-parfaites et très-excellentes, qui causent dès cette vie un avant-goût du bonheur et du repos éternel des saints, et portent avec elles le caractère de l'octave bienheureuse qui nous est promise, et où cette semaine de jours aboutit.

Quel avantage ont ceux qui les possèdent?
Ils sont comme bienheureux dès ce monde, tant ils trouvent de joie dans la récompense de la vertu sur la terre même.

Combien y en a-t-il?
Huit.

Dites-les?
1° « Bienheureux les pauvres d'esprit, car

---

(22) On peut étendre l'explication de ces dons en faisant remarquer surtout que la *sagesse* nous fait comprendre notre fin dernière, et apprécier toutes choses à leur juste valeur, en donnant la préférence à l'éternité. L'*intelligence* nous donne une estime et une admiration sans bornes pour tout ce que Dieu a daigné nous révéler et pour les voies merveilleuses dont il se sert pour sauver les âmes. La *science* nous montre les créatures dans leurs rapports avec Dieu, et en nous faisant discerner les moyens de salut, nous démontre la vanité, l'instabilité de toutes les choses humaines. Le *conseil* nous inspire, à l'occasion, les pensées et les résolutions qui nous aident à triompher des vices et pour pratiquer la vertu. La *force* ne nous laisse pas abattre par les difficultés et les obstacles; elle nous communique le courage dont nous avons besoin et fixe la légèreté de notre esprit; elle nous fait supporter généreusement les peines, les douleurs, les travaux, les mortifications et même les tourments. La *piété*, nous inspire un tendre amour pour Dieu, et elle s'épanche délicieusement dans les actes les plus doux au service de Dieu, avec le plus vif désir de lui plaire et la crainte la plus amère de l'offenser. La *crainte* nous rend vigilants et attentifs; elle nous montre la séparation de Dieu comme le plus grand des malheurs, en sorte qu'on redoute même l'apparence du péché.

(23) On peut voir, dans l'épître de saint Paul aux Galates, la belle énumération des fruits du Saint-Esprit.

le royaume des cieux est à eux. » (*Matth.* v, 3.)
D'où naît cette béatitude ?
Du détachement parfait de tout bien créé, et du désir de ne posséder que Dieu, ce qui fait jouir une âme d'un droit d'autant plus acquis sur le ciel, qu'elle se dépouille davantage de celui qu'elle pourrait avoir sur la terre.

2° « Bienheureux les débonnaires, car ils posséderont la terre. » (*Ibid.*, 4.)
D'où vient cette béatitude ?
De la douceur véritablement humble d'une âme sainte, qui exerce un empire d'autant plus absolu sur le cœur des hommes même terrestres, qu'elle l'ambitionne moins, ce qui lui fait déjà goûter par avance l'autorité que les saints auront un jour sur les pécheurs.

3° « Bienheureux ceux qui pleurent, car ils seront consolés. » (*Ibid.*, 5.)
Qui sont ceux-là ?
Ceux qui, sincèrement affligés de se trouver dans l'exil de ce monde si longtemps éloignés de Dieu, d'y être sujets à tant de péchés, et d'y voir la terre si chargée d'injustices et de crimes, commencent d'autant plus à entrer dans la consolation éternelle des bienheureux, qu'ils s'éloignent davantage de la consolation temporelle des méchants.

4° « Bienheureux ceux qui ont faim et soif de la justice, car ils seront rassasiés. » (*Ibid.*, 6.)
Qui sont ceux-ci ?
Ceux qui travaillent avec ardeur à leur sanctification, et qui se sentant d'autant plus attirés à Dieu, qu'ils s'en approchent davantage, commencent à goûter ce bonheur qu'on ne possédera si agréablement toujours, que parce qu'on le désirera sans cesse.

5° « Bienheureux les miséricordieux, car on leur fera miséricorde. » (*Ibid.*, 7.)
Et ceux-ci ?
Ceux qui, pour s'être chargés des misères d'autrui, se trouvent déchargés des leurs propres, et qui, sentant non le mal qu'on leur fait, mais le mal qu'on se fait en voulant leur en faire, participent déjà à la charité et à l'impassibilité des bienheureux (24).

6° « Bienheureux ceux qui ont le cœur pur, car ils verront Dieu. » (*Ibid.*, 8.)
Qui sont ceux-ci ?
Ceux qui, purifiés comme l'or dans le creuset, du marc de toutes les affections charnelles, trouvent leur bonheur à voir dans la lumière de la foi, celui qu'ils doivent éternellement envisager dans la lumière de la gloire.

7° « Bienheureux les pacifiques, car ils seront appelés enfants de Dieu. » (*Ibid.*, 9.)
Et ceux-ci ?
Ceux qui, paisibles en eux-mêmes, et patients à l'égard du prochain, réconcilient les hommes avec les hommes, avec Dieu et avec eux-mêmes, imitant ainsi Jésus-Christ, et participant à sa qualité de roi pacifique et de médiateur, et faisant déjà par avance avec les saints du ciel, l'office d'intercesseurs sur la terre.

8° « Bienheureux ceux qui souffrent persécution pour la justice, car le royaume des cieux est à eux. » (*Ibid.*, 10.)
Qui sont ceux-là ?
Ceux qui, ayant acquis la justice, en deviennent les défenseurs et les martyrs, qui se servent de la patience pour défendre la vérité ou la vertu, et qui sont tellement absorbés dans la sainteté, qu'on ne peut plus les attaquer sans être impie.

A qui ces béatitudes sont-elles opposées ?
A celles des pécheurs, qui sont : 1° richesses ; 2° honneurs ; 3° plaisirs ; 4° libertinage ; 5° dureté envers les misérables ; 6° intérêt, ou amour-propre ; 7° guerres et violences ; 8° vengeance. Au lieu que celles de Jésus-Christ sont, 1° pauvreté ; 2° humilité ; 3° pénitence ; 4° religion ; 5° charité envers le prochain ; 6° pureté d'intention ; 7° douceur ; 8° patience.

Y a-t-il de la différence entre les fruits et les béatitudes ?
Autant qu'il y en a entre le plaisir que donne un fruit savoureux, et le plaisir que cause la santé parfaite : les fruits font goûter la douceur qui se trouve dans l'acquisition de la vertu, et les béatitudes font jouir du bonheur qui se trouve dans sa possession.

Des grâces gratuites.

Qu'appelez-vous grâces gratuites ?
Certaines vertus que Dieu communique à qui il lui plaît, pour le salut et l'utilité du prochain.
Combien y en a-t-il ?
Douze.
1° La sagesse, qui est un talent de parler excellemment des plus hauts mystères de la religion ; 2° la science, qui en est un d'expliquer intelligiblement les principes de la foi et des bonnes mœurs ; 3° la foi, qui donne une ferme confiance d'obtenir de Dieu des choses même extraordinaires, fondée sur la vérité de ses promesses ; 4° le don de guérir les maladies, distinct de celui qui naît de la grandeur de la foi ; 5° le don de faire des miracles et des prodiges ; 6° le don de prophétie, qui fait prédire l'avenir, ou expliquer le sens obscur de l'Ecriture ; 7° le don de discernement des esprits, qui fait connaître les diverses qualités de personnes, pénétrer les secrètes dispositions du cœur, et distinguer les mouvements du démon, de la nature et de la grâce ; 8° le don des langues, ou de parler divers idiomes, ou de se faire entendre au cœur ; 9° le don de l'interprétation du langage étranger et barbare ; 10° l'aptitude ou la dextérité à s'acquitter avec grâce et bénédiction du ministère dont on est chargé ; 11° l'adresse charitable et ingénieuse à servir les pauvres, les malades et les pèlerins ; 12° le don de gouvernement, de direction ou de conduite.

Pourquoi traiter ici de toutes ces choses ?

(24) On doit comprendre aussi dans cette béatitude tous ceux qui pratiquent le pardon des injures, la clémence, la charité même envers les ennemis.

1° Elles appartiennent à l'ouvrage de la justification ; 2° elles sont des effets du Saint-Esprit habitant dans nos âmes ; 3° elles servent à l'intelligence de cet article du Symbole : « *Je crois au Saint-Esprit.* » Et comme ajoute le Symbole du concile : « Je crois au Saint-Esprit, Seigneur et vivifiant qui procède du Père et du Fils, et qui est adoré et glorifié conjointement avec le Père et le Fils, et lequel a parlé par les prophètes. »

QUATRIÈME PARTIE DU SYMBOLE.

Ce que nous devons croire de l'Église, et de l'ouvrage de la glorification.

Pourquoi joindre à la doctrine de l'Eglise l'ouvrage de la glorification ?

C'est, dans l'Église, et par le ministère de l'Eglise qu'on opère le salut, et qu'on parvient à l'héritage céleste que cette bonne mère procure à ses enfants ; car nulle n'aura part à l'Église triomphante, s'il ne le mérite dans l'Église militante, ou dans l'assemblée des fidèles appelés à la lumière de la vérité et la pratique de la sainteté, afin que, délivrés des ténèbres de l'ignorance et du vice, ils parviennent à la possession de la gloire éternelle.

Art. IX. — *Je crois la sainte Eglise catholique, la communion des saints.*

Pourquoi unir ces deux choses ?

Elles ne contiennent pas de difficultés différentes, les saints unis dans une même communion, n'étant autre chose que l'Église catholique.

Pourquoi la foi de l'Eglise et de la communion des saints vient-elle après celle de l'Incarnation ?

Elle en est une suite et une dépendance, l'alliance de Jésus-Christ avec son Église et les saints qui la composent, n'étant qu'une extension, et comme une effusion de l'Incarnation par laquelle s'étant uni personnellement à la nature unique qu'il a tirée de la Vierge sa mère, il s'est uni par le lien de sa grâce et de son esprit à celle de tous ses enfants et de tous ses membres, qui forment son corps mystique.

Pourquoi l'article de l'Eglise suit-il celui du Saint-Esprit ?

C'est 1° par la grâce du Saint-Esprit et son inspiration qu'on est appelé et incorporé à l'Église ; 2° elle est son ouvrage et son trône, disent les saints ; 3° elle lui est inséparablement conjointe ; 4° elle tire de lui sa vie, sa force, son existence, son autorité, sa sainteté ; 5° au lieu que les assemblées du monde sont gouvernées par la raison humaine, sujettes à l'erreur et à la malice, l'Eglise est une société conduite par la sagesse de l'Esprit de Dieu, qui ne se peut tromper dans ses conseils, et qui est saint dans toutes ses voies ; 6° ce ne sont point les hommes ni les anges qui en sont les auteurs, mais Dieu seul tout-puissant et immortel, dont elle est l'ouvrage : et ainsi sa puissance est toute divine, et sa durée perpétuelle ; 7° elle est une assemblée que la charité appelle et unit, et non que la crainte convoque et resserre, ce qu'insinuait le mot de synagogue ; 8° le Saint-Esprit l'éclaire, et s'en sert comme d'un organe pour enseigner aux hommes ses vérités et ses oracles ; 9° il l'anime et la vivifie, ainsi que l'âme fait le corps, disent les saints, d'où il s'ensuit que comme l'esprit de l'homme n'est que dans le corps de l'homme, de même l'esprit de Jésus-Christ n'est que dans le corps de Jésus-Christ, et que l'article de l'Eglise est très à propos mis après celui du Saint-Esprit.

Comment l'éclaire-t-il ?

En lui enseignant toute vérité.

Comment l'anime-t-il ?

En la remplissant de ses grâces et de ses dons.

Pourquoi encore l'article de l'Eglise, de la communion des saints, de la rémission des péchés, et des autres biens de l'Eglise, suit-il l'article du Saint-Esprit ?

L'ouvrage de la sanctification du corps mystique de Jésus-Christ est attribué à ce divin Esprit, aussi bien que tout don et toute grâce.

Pourquoi le Symbole, après nous avoir proposé ce que nous devons croire du Père, du Fils et du Saint-Esprit, nous fait-il dire immédiatement après : Je crois l'Eglise catholique ?

Parce que 1°, après la foi à la sainte Trinité, l'article le plus fondamental de notre religion est de bien croire l'Eglise universelle, et de la même foi dont nous croyons les trois personnes divines qu'elle vient de nous proposer à croire ; 2° la croyance en la sainte Trinité emporte la croyance de l'Eglise, qui nous propose à croire la sainte Trinité ; 3° croire en Dieu le Père, c'est croire que les fidèles qui composent l'Eglise, sont ses enfants en Jésus-Christ ; croire en Dieu le Fils fait Homme, et au Saint-Esprit, c'est croire au chef et au sanctificateur de l'Eglise ; 4° c'est comme si nous disions : Je crois l'Eglise catholique qui vient de me proposer à croire les trois personnes divines, et sur la parole et l'autorité de laquelle je les crois.

Qu'est-ce à dire : Je crois l'Eglise catholique ou universelle ?

C'est-à-dire, 1° je crois qu'il y a une Eglise catholique répandue dans tout l'univers, épouse de Jésus-Christ, dépositaire de la vérité et mère de tous les fidèles ; 2° je crois que l'Eglise catholique a toujours été, qu'elle est et qu'elle sera toujours ; 3° je crois qu'elle a toujours enseigné et qu'elle enseignera toujours la vérité ; 4° je crois toutes les vérités qu'elle croit. En effet, 1° on la croit dans tous les temps, et comme on a toujours dit, qu'on dit et qu'on dira toujours : Je crois la Trinité, ainsi on a toujours dit, on dit et on dira toujours : *Je crois l'Eglise*, elle est donc dans tous les temps ; 2° on la croit dans tous les temps, elle enseigne donc toujours la vérité, elle est donc toujours croyable ; 3° on la croit universelle, elle enseigne donc partout et universellement la vérité, et quand quelques fidèles ignoreraient certains articles en particulier, ils les confessent néanmoins tous en général, et les reconnaissent crus dans leur communauté, quand ils disent : *Je crois l'Eglise universelle;* car c'est-à-dire, 1° je crois universellement tout ce que l'Eglise croit ; 2° je la crois en tout ; 3° je suis disposé à soumettre mon jugement à celui de l'Église ; 4° et conséquemment à rejeter tout ce qu'elle rejette, et approuver tout ce qu'elle approuve.

Que confesse encore le fidèle par ces paroles?

Que la foi qu'il a n'est pas un sentiment particulier, et qu'il y a une société de fidèles qui croit comme lui, et avec lui, et au sentiment de laquelle il veut être toujours uni.

Pourquoi disons-nous : Je crois en Dieu, *et non pas :* Je crois en l'Eglise ?

Croire en Dieu, c'est croire qu'il est la première et souveraine vérité, et l'auteur de toute révélation, en qui seul notre foi se fonde avec une entière confiance : croire à l'Eglise, c'est croire qu'elle est la dépositaire et l'interprète fidèle de la vérité révélée, qu'elle propose à croire de la part de Dieu ; c'est pourquoi nous croyons l'Eglise, qui déclare ce que Dieu a dit, mais nous croyons en Dieu, qui dit.

Qu'est-ce donc que croire l'Eglise?

C'est écouter avec respect ce qu'elle dit, et y acquiescer avec soumission.

L'Eglise n'étant qu'une assemblée d'hommes, et les hommes étant si sujets à faillir, comment pouvons-nous soumettre aveuglément notre esprit à ce qu'elle dit.

Les évangélistes, et les autres sacrés auteurs n'étaient pas moins que des hommes, cependant il faut croire sans examen ce qu'ils ont écrit.

Mais ils étaient assistés du Saint-Esprit qui leur a révélé les vérités écrites ?

Oui, mais l'Eglise n'est pas moins assistée du Saint-Esprit pour interpréter les vérités qui leur ont été révélées.

L'Ecriture n'est-elle pas assez claire par elle-même ?

Non, puisque nous voyons tant de sectes opposées, même en des points fondamentaux, qui prétendent en avoir de leur côté la vraie intelligence : et l'apôtre saint Pierre nous avertit en particulier que les Epîtres de saint Paul contiennent des choses difficiles à entendre, que les hérétiques dépravent ainsi que les autres Ecritures. Comme donc il n'y a rien à examiner après l'Eglise quand elle donne l'Ecriture, il n'y a rien à examiner quand elle l'interprète et qu'elle en propose le sens véritable ; et croire ainsi, c'est croire, non à la parole des hommes, mais à la parole de Dieu et à ses promesses ; c'est, non faire dominer les hommes sur les consciences, mais faire dominer la foi sur les hommes.

Outre la foi qui nous fait croire, quels motifs nous persuadent encore que l'Eglise catholique est un ouvrage de Dieu?

1° Son établissement merveilleux ; 2° sa durée ; 3° ses martyrs ; 4° ses miracles ; 5° la succession de ses pasteurs ; 6° sa sainte doctrine ; 7° sa morale pure ; 8° la conversion du monde ; 9° elle seule rend raison de tout, de la création du monde, de la chute de l'homme, de ses grandeurs et de ses misères, de son origine, de sa fin, de son rétablissement : elle seule relève ses espérances, et lui donne les moyens et les arrhes de son salut ; en elle seule on trouve la vérité, la vertu et le bonheur.

Que contient donc cet article?

La grâce de notre vocation : parce que Dieu ne nous a appelés que pour nous incorporer à son Eglise, et nous faire membres du corps mystique de son Fils.

INSTRUCTION SUR L'ÉGLISE.

Qu'est-il bon de savoir de l'Eglise?

1° Son établissement ; 2° son progrès nonobstant les persécutions et les hérésies ; 3° sa pureté malgré le relâchement des mœurs ; 4° sa durée malgré l'instabilité des créatures ; 5° son essence et ses parties ; 6° sa visibilité et ses marques ; 7° ses biens, qui sont : la communion des saints, la rémission des péchés, la résurrection de la chair et la vie éternelle. Car si l'Eglise est attachée immédiatement au Saint-Esprit qui gouverne : « Je crois au Saint-Esprit, la sainte Eglise catholique, » à cette Eglise est attachée la communion des saints, la rémission des péchés, la résurrection de la chair, la vie éternelle : tel est l'ordre naturel des articles du Symbole qui restent à expliquer.

L'établissement de l'Eglise.

Après l'Ascension qu'arriva-t-il ?

Les apôtres et les disciples de Jésus-Christ ayant reçu le Saint-Esprit, allèrent prêcher l'Evangile, ou l'heureuse nouvelle de la réparation du genre humain par tout l'univers.

Qui étaient ces apôtres et ces disciples ?

C'étaient pour la plupart de pauvres pêcheurs naturellement sans science, sans éloquence, sans richesses et sans autorité, qui n'avaient à prêcher que des mystères élevés au-dessus de la raison, des vertus opposées aux sens et aux passions, et un Dieu crucifié.

Pourquoi Dieu voulut-il choisir des personnes si disproportionnées aux grands desseins qu'il méditait ?

Pour montrer que l'établissement du christianisme était un coup de sa toute-puissance et un ouvrage de sa sagesse, auquel la force et la prudence humaine n'avaient aucune part.

Quels succès eurent-ils ?

Animés du Saint-Esprit, et remplis des dons de la grâce, ils convertirent toute la terre par la sainteté de leur vie, par la ferveur de leurs prédications, par la grandeur de leurs miracles, par la vertu du sang qu'ils répandirent en témoignage des vérités qu'ils prêchaient, et par la bénédiction surprenante dont Dieu couronna leurs travaux.

A qui annoncèrent-ils d'abord l'Evangile ?

1° Aux Juifs, dont quelques-uns se convertirent, mais en petit nombre ; 2° aux Samaritains qui étaient schismatiques de la loi ancienne, et qui embrassèrent la foi ; 3° aux gentils et aux idolâtres et à tout l'univers, qu'il plut à Dieu d'appeler à sa connaissance.

Ce changement se fit-il sans peine?

Non, il fallut vaincre les sages du monde, les grands de la terre, les persécuteurs et les tyrans, les bourreaux et tout l'enfer déchaîné, sans employer d'autres armes que la patience.

Le progrès de l'Eglise.

Où se forma d'abord l'Eglise?

A Jérusalem, dont saint Jacques fut évêque; à Alexandrie, où saint Marc présida; à Antioche, où saint Pierre établit premièrement son siége, et où les disciples furent nommés Chrétiens; puis à Rome, où il le transféra pour en faire le siége principal de la religion, la matrice et la mère de toutes les autres églises, le centre de l'unité ecclésiastique.

L'Eglise a donc succédé à la Synagogue?

Oui, l'Eglise des nations est née du sein de la synagogue des Juifs, et le nouveau peuple a suivi l'ancien sans interruption; nous sommes les sauvageons qui avons été entés sur le trône du franc olivier, qui participons à la séve et au suc de cette première tige, au défaut des branches naturelles, qui, pour leur infidélité, en ont été retranchées : ainsi l'Eglise n'est autre que cette première société de Juifs fidèles, que Jésus-Christ assembla autour de lui, à laquelle les gentils, qui ont cru depuis, se sont agrégés, pour ne faire plus qu'un même corps et un même Israël de Dieu, et former cette société répandue par toute la terre, que le Symbole appelle l'Eglise universelle, qui durera jusqu'à la fin du monde; qui, par le peuple juif, remonte jusqu'aux patriarches, et, par les patriarches, jusqu'à la création de l'univers, et à Dieu, auteur de tout.

Quand l'Eglise fut-elle proprement et entièrement établie?

Au jour de la Pentecôte, parce que ce fut alors seulement que les apôtres et les autres disciples reçurent la perfection de la foi et de la charité, qui leur était nécessaire pour être unis entièrement à Dieu et entre eux, et pour être capables de conserver toujours inviolablement cette union et cette société contre tous les efforts des ennemis de Dieu, de la répandre sur toute la terre, et d'y associer tout le monde. Tout ce que Jésus-Christ avait fait auparavant n'était qu'une ébauche et une préparation pour cet établissement merveilleux qui reçut alors sa consommation, et devint son chef-d'œuvre, puisque, entre toutes les œuvres de Dieu, il n'y a rien de plus excellent, ni de plus admirable que l'Eglise. C'est pourquoi le Symbole, après nous avoir proposé la foi de la sainte Trinité nous fait dire aussitôt : « Je crois l'Eglise. »

Quelle vie menaient ces nouveaux disciples qui composèrent l'Eglise naissante?

Une vie d'une sainteté admirable.

Dites-nous-en quelque chose.

1° Ils n'avaient qu'un cœur et qu'une âme; 2° tout était commun entre eux; 3° ils vendaient leurs biens et en apportaient le prix aux pieds des apôtres, qui les distribuaient à chacun suivant ses besoins; 4° ils avaient une incomparable joie de souffrir pour Jésus-Christ; 5° ils s'assemblaient les jours et les nuits, afin de prier ensemble, d'écouter la prédication des apôtres, de recevoir l'Eucharistie; 6° ils édifiaient tout le monde par une ferveur sans exemple.

Qu'admirait-on le plus dans les apôtres?

Que des hommes qui avaient été si grossiers, si ignorants, et si timides, parlassent tout d'un coup diverses langues, explicassent si hautement les secrets de Dieu et les mystères des Ecritures, opérassent des merveilles inconcevables, s'exposassent librement à la mort et à tous les supplices les plus cruels, et à leur imitation un nombre infini de disciples de l'un et de l'autre sexe, pour sceller les vérités qu'ils annonçaient, et particulièrement la résurrection de Jésus-Christ.

Les persécutions.

Combien durèrent les persécutions?

Plus de trois cents ans, ce fut un feu qui brûla l'Eglise sans la consumer. En effet, rien n'était plus efficace, soit pour détacher les fidèles de la terre et d'eux-mêmes, et les unir à Dieu, unique fin du christianisme; soit pour attirer les idolâtres à la foi, et montrer que l'Eglise était l'ouvrage de la toute-puissance de Dieu, que de voir l'empire romain, ou plutôt toute la terre inutilement armée, pour détruire une religion qui ne se défendait que par la patience, et qui, née par l'effusion du sang de Jésus-Christ, croissait par l'effusion du sang des martyrs.

Combien y eut-il de persécutions?

Un fort grand nombre. On en compte néanmoins dix plus grandes et plus remarquables, quoique, à vrai dire, il n'y en eût qu'une qui dura plus de trois siècles, pendant lesquels l'Eglise n'eut pas un moment de relâche; Dieu, qui sait que la sainteté se conserve sous les souffrances, la fonda par le martyre : il voulut qu'elle ne fût pas moins riche en exemples qu'en préceptes; qu'à la foi des plus hauts mystères, elle joignît la pratique des plus sublimes vertus; mais après qu'il eut fait voir par une si longue expérience qu'il n'avait pas besoin du secours humain, ni des puissances de la terre pour l'établir, et qu'elle se multipliait par sa ruine, il lui plut enfin d'y appeler les empereurs, et de faire du grand Constantin un protecteur déclaré du christianisme. Depuis ce temps, les rois ont accouru de toutes parts dans son sein, la croix est devenue le plus bel ornement de leurs diadèmes, et tout ce qui était dans les prophéties de sa gloire future, s'est accompli aux yeux de l'univers.

Et les Juifs?

Le gros de la nation demeura dans l'endurcissement, rejeta l'Evangile, et ils se firent les premiers persécuteurs des Chrétiens.

Furent-ils châtiés d'avoir fait mourir Jésus-Christ et persécuté les fidèles?

Oui, et d'une manière si épouvantable, qu'elle n'eut jamais d'exemple.

Comment cela?

Trente-huit ans après l'ascension du Fils de Dieu, les Romains détruisirent la Judée, renversèrent de fond en comble Jérusalem et le temple, exterminèrent une multitude infinie de Juifs, et les chassèrent pour toujours de la terre Sainte.

Pourquoi Dieu leur donna-t-il ce temps avant de les punir?

Pour les attendre à pénitence, et donner lieu au salut de ceux d'entre eux qui embrassèrent la foi.

Qu'ont-ils fait depuis?

Ils ont vécu en vagabonds et fugitifs sur la terre, esclaves de toutes les nations et maudits de Dieu et des hommes.

Se convertiront-ils un jour?

Oui, à la fin du monde, et cependant les gentils ont pris leur place, et ont été appelés à la vraie foi.

Les hérésies.

Qu'a eu l'Eglise à souffrir après les persécutions?

Les hérésies qui se sont élevées de temps en temps.

Qu'est-ce que les hérésies?

De mauvaises doctrines où l'on préfère opiniâtrément des raisonnements humains à ce que Dieu a révélé, et son sens particulier à celui de l'Eglise.

Y en a-t-il eu beaucoup?

Un nombre très-grand, et qui ont duré jusqu'à nous, ou qui s'y sont renouvelées; et l'Eglise a eu à se défendre, non-seulement contre les infidèles qui attaquaient le corps de sa doctrine en général, mais encore contre les hérétiques, qui n'ont laissé aucun article sans le combattre.

Quels sont ses sectaires?

Des Chrétiens superbes, et par conséquent faibles, qui n'ayant pu porter toute la hauteur, et pour ainsi dire tout le poids de la foi, ont cherché à décharger la raison, tantôt d'un article, tantôt d'un autre.

Ont-elles bien fait des maux?

Infiniment: elles ont perverti un grand nombre de peuples, enlevé à l'Eglise des royaumes entiers, révolté les sujets contre leurs princes légitimes, fait répandre du sang, et exercé sur les Catholiques les plus cruelles persécutions des tyrans idolâtres.

L'Eglise les a-t-elle vaincues?

Oui, et toutes les sectes semblables à des branches qui se sont séparées de leur tronc, sont tombées par terre, ont séché, et se sont vues réduites à rien du moment que l'Eglise les a frappées d'anathèmes; de façon que le démon n'a jamais pu prévaloir contre l'Eglise quand il a employé les tyrans pour la persécuter, ni quand il s'est servi des faux docteurs pour la corrompre.

Que devons-nous ici admirer?

La force invincible des promesses de Jésus-Christ, qui a tellement affermi la société de son peuple ou de son Eglise, quoique persécutée par les infidèles qui l'environnent au dehors; quoique déchirée par les hérétiques qui la divisent au dedans, qu'elle a toujours remporté la victoire sur les uns et sur les autres, et a conservé inviolablement la vérité et l'unité.

Le relâchement des mœurs.

Qu'a-t-elle encore à combattre?

Le relâchement de la ferveur de ses enfants, dont la multiplication, loin d'augmenter la joie, a attiré le relâchement de la discipline; figuré par cette prodigieuse quantité de poissons qui, rompant les filets des apôtres, et remplissant leurs deux nacelles, pensèrent les submerger.

En quoi paraît le secours que le Saint-Esprit lui donne?

En ce que tous les efforts de ses ennemis pour la détruire, n'ont servi qu'à l'établir plus puissamment; car les persécutions ont fait éclater sa foi; les hérésies, sa sagesse; les schismes, sa charité; les vices, sa piété: tellement que la saine doctrine et l'esprit de sainteté y demeurent toujours, malgré le libertinage et la corruption qui règnent dans le monde.

Que faut-il faire pour les corriger?

Se conformer aux exemples qu'a donnés l'Eglise naissante.

La durée de l'Église.

Combien y a-t-il que l'Eglise dure?

Près de dix-sept cents ans (25).

Durera-t-elle toujours?

Oui: Jésus-Christ le lui a promis. C'est un roi qui ne peut être sans sujets, un pasteur qui ne peut être sans brebis, un chef qui ne peut être sans membres. L'Eglise a été, est et sera toujours.

Et les hérésies ont-elles cette antiquité, cette durée, cette stabilité?

Non: il n'y en a point dont on ne puisse précisément donner la date de la naissance, du progrès, de la décadence et de la fin, ainsi que de son auteur, et surtout de sa séparation d'avec la vraie Eglise, et faire voir par là qu'elles ne tenaient par aucune continuité ni aux temps qui précédaient ni aux sociétés qui existaient: au lieu que l'Eglise catholique, comme la souche de la vraie religion, si l'on peut parler ainsi, est la seule société dont on ne peut assigner le commencement, qu'on ne peut accuser de s'être formée en se séparant, qu'on trouve avant toutes les séparations, de laquelle tous les autres se sont séparés, et dont Jésus-Christ ne se séparera jamais; et cela même qu'elle est la seule, de toutes les sociétés qui sont au monde, à laquelle nul ne peut montrer son commencement ni au-

---

(25) Dix-neuf cents aujourd'hui.

cune interruption de son état visible et extérieur, par aucun fait avéré, pendant qu'elle le montre à toutes les autres sociétés qui l'environnent, par des faits qu'elles-mêmes ne peuvent nier, est un caractère sensible, qui donne une inviolable autorité à l'Eglise et un accomplissement incontestable aux promesses de Jésus-Christ, que « l'enfer ne prévaudrait point contre elle, qu'il ne l'abandonnerait pas, qu'il serait avec elle jusqu'à la fin des siècles, » etc. (*Matth.* xxviii, 18 seq.)

Cela regarde-t-il les autres sociétés ?

Non; et ce serait une erreur d'associer des sectes à des promesses qui originairement ont été faites à la tige dont elles se sont séparées. « Je suis avec vous jusqu'à la fin des siècles, » dit Jésus-Christ, parlant à sa société. Or, les sectes se sont désunies de cette société à qui la promesse a été faite : on doit donc les en regarder déchues, et remonter au principe de l'unité.

L'Eglise durera-t-elle toujours dans sa visibilité ?

Sans doute, l'Eglise sera toujours, et encore plus que la synagogue, une société recueillie sous un ministère visible, et un corps toujours subsistant de peuples, avec des pasteurs, où la vérité sera prêchée non en cachette, mais sur les toits.

L'essence de l'Eglise et ce qui la compose.

Que fit donc encore Notre-Seigneur sur la terre ?

Il fonda son Eglise, dont il établit saint Pierre le chef visible, et ses successeurs après lui.

Qu'est-ce que l'Eglise ?

La congrégation de tous les fidèles chrétiens, qui font profession de la même foi, qui participent aux mêmes sacrements, et qui sont soumis aux pasteurs légitimes et au même chef visible, qui est notre Saint-Père le Pape.

Jésus-Christ n'est-il pas le chef de l'Eglise ?

Sans doute, il en est le chef véritable et invisible, qui, par son influence intérieure et continuelle, anime son corps mystique et donne à ses membres l'esprit, la vie et le mouvement; mais, montant au ciel et nous retirant sa présence sensible, il a voulu, pour la direction et le gouvernement extérieur des fidèles, et pour ôter tout sujet de schisme, de partialité et d'indépendance, donner à son Eglise ou à son corps visible un chef visible, à qui nous fussions soumis et à qui les membres dispersés par l'univers pussent se rapporter dans leurs besoins; et ce chef est notre Saint-Père le Pape.

Qu'est-ce donc que le Pape ?

Le vicaire de Jésus-Christ en terre, le Souverain Pontife de l'Eglise et le Père commun de tous les fidèles.

La charité n'est-elle pas essentielle à l'Eglise ?

Oui ; et le Saint-Esprit anime et animera toujours ce corps mystique, et en sera comme l'âme.

Pourquoi donc n'en parlez-vous pas dans sa définition ?

L'Eglise étant non un composé physique, mais une assemblée visible, où les bons et les méchants sont mêlés, a dû se donner à connaître par ce qu'elle a d'extérieur et d'apparent, et de commun à tous ses membres, et à quoi il est du moins nécessaire de participer pour être de sa société, et sans quoi on n'en serait point du tout; mais sans exclusion de la communion intérieure, qui lie les membres vivants, dont la communion extérieure est la marque et le sceau, et des dons intérieurs inséparables de sa communauté, desquels on se réserve de traiter à part, ainsi que de la grâce propre aux bons, qui sont parfaitement de l'Eglise, parce qu'ils y sont comme les membres vivants dans ce corps. Ainsi, l'on définit suffisamment l'homme un animal raisonnable, sans faire mention de la volonté, quoiqu'elle lui soit essentielle. A plus forte raison ne peut-on pas mettre dans la définition de l'Eglise, qui n'est qu'un composé moral, tout ce qu'elle exige essentiellement.

Les infidèles sont-ils de l'Eglise ?

Non. Ils ne sont pas baptisés; ils n'y ont jamais été incorporés ni agrégés.

Et les hérétiques ?

Ils en sont sortis; ils ne font pas profession de la même foi.

Et les schismatiques ?

Ils en sont séparés; ils ne sont pas soumis au même chef.

Et les excommuniés ?

Ce sont des membres retranchés.

Et les pécheurs ?

Ce sont des membres perclus.

En quoi les hérétiques diffèrent-ils des schismatiques ?

L'hérésie est une erreur opposée à la vérité que la foi propose; et le schisme, une division contraire à l'unité que l'esprit de charité cause dans le corps de l'Eglise, dont cette charité commune est le ciment, tant à l'égard des membres, qu'elle lie entre eux, qu'à l'égard du chef, à qui elle les attache. De sorte que celui-là est un vrai schismatique, qui, par sa singularité, se sépare du corps à qui il est uni, et, par sa révolte, se soustrait au chef à qui il est soumis, et ne communique ni avec l'un ni avec l'autre, rompant les liens de la charité commune, de la société fraternelle et de l'unité ecclésiastique, et faisant secte à part. L'hérétique détruit la vérité par son erreur, le schismatique rompt l'unité par sa division, et aucun d'eux n'appartient à l'Eglise : d'où il s'ensuit, 1° que le crime du schisme se trouve toujours dans les assemblées hérétiques, coupables de violer l'unité de l'Eglise et de corrompre sa foi, mais non celui de l'hérésie dans les schismatiques, quoique celles-ci, pour justifier leur conduite, errent d'ordinaire bientôt, faisant du sujet de leur retraite un point de fausse doctrine, opposé à la doctrine orthodoxe; 2° qu'étant de l'équité d'être puni par où on a péché, le vrai châtiment du schismatique qui se sépare de l'Eglise par la rupture de sa communion est d'être séparé de l'Eglise par le glaive de l'excommunication, et exclu de l'héritage de Pierre pour s'être exclu de la famille de Pierre et avoir déchiré la foi de Pierre, dit saint Ambroise.

En quoi les schismatiques diffèrent-ils des pécheurs?

Les schismatiques violent la charité commune, qui les unit au corps de l'Eglise, et les pécheurs, la charité habituelle, qui les unit au Saint-Esprit. Ceux-là sont séparés du corps, et non ceux-ci, quoique souvent ils le soient de quelques membres particuliers par des haines et des rancunes, mais non par la religion : en quoi ils ne violent que la charité particulière.

Et les pécheurs, en quoi diffèrent-ils des hérétiques?

Les pécheurs sont des membres perclus, qui n'ont ni le sentiment de la charité ni le mouvement des bonnes œuvres. Les hérétiques sont des membres pourris, qui, outre la charité, ont perdu la foi, laquelle les préservait d'une corruption totale : d'où vient que l'Eglise les retranche, de peur qu'ils n'infectent ses membres, et non ordinairement les pécheurs, s'ils ne dogmatisent, ou ne partialisent, ou ne scandalisent, auxquels cas, comme ils gâteraient les autres, elle les en sépare par le glaive de l'excommunication.

Un hérétique caché est-il plus de l'Eglise qu'un excommunié public?

Non. Un membre pourri ne tient pas plus au corps qu'un membre retranché : ni l'un ni l'autre n'en est donc, quoique différemment. Cependant, comme après tout les hérétiques, aussi bien que les excommuniés, tout membres pourris qu'ils soient, demeurent sujets de l'Eglise et soumis à son autorité, on peut dire, en un certain sens, qu'ils sont encore de l'Eglise : la comparaison du retranchement des membres humains ne se prenant pas ici à la rigueur, par rapport aux membres de ce corps mystique, puisque ceux-ci, et non les autres, peuvent être guéris et réunis à leur corps, et animés de son esprit.

L'Eglise n'est-elle composée que des seuls justes, ou des seuls élus ou prédestinés?

L'Eglise comprend aussi dans son sein les pécheurs et les réprouvés, comme une monarchie, les bons et les méchants sujets; un champ, l'ivraie et le bon grain, et le froment et la paille; un bercail, les boucs et les brebis; un filet, les bons et les méchants poissons; et comme un corps renferme de bonnes et de mauvaises humeurs, et tient encore à des membres perclus. Ce n'est qu'au jour du jugement qu'on en fera l'éternelle et totale séparation : en attendant, les bons sont mêlés avec les méchants, et les justes avec les pécheurs, sans que souvent on puisse les distinguer en cette vie, non plus que les arbres vivants d'avec les morts en hiver.

Pourquoi les hérétiques sont-ils séparés de l'Eglise perdant la foi, et non les pécheurs perdant la charité?

Les vices des particuliers les séparent bien de l'âme de l'Eglise, mais ne les séparent pas du corps; au lieu que les erreurs opiniâtres, qui forment les sociétés hérétiques, les séparent et du corps et de l'âme de l'Eglise, en les privant de la charité, qui fait l'âme de l'Eglise, et de la profession extérieure de la foi; qui en fait le corps. Or, comme un membre pour devenir inanimé, ne cesse pas d'être attaché au corps; mais non s'il en est retranché; de même le Chrétien peut tenir aux liens extérieurs de l'Eglise, sans être animé de l'esprit intérieur qui la vivifie, et c'est ce qui arrive quand il pèche; mais non s'il est retranché du corps de l'Eglise, comme quand il s'en sépare par l'hérésie et le schisme : de façon qu'encore que l'Eglise croie le vice aussi incompatible avec le salut, que l'erreur, elle regarde néanmoins le vicieux qui en est un membre mort, comme tenant plus à son corps, que l'hérétique qui en est retranché. Que si le vicieux rompait avec l'Eglise, et que l'hérétique s'y tînt caché, et extérieurement uni, pour lors on pourrait dire en un sens, que l'hérétique serait un membre perclus, et le vicieux un membre retranché, celui-là tenant encore au corps (s'il est vrai qu'un membre pourri y tienne), et non à l'âme; car on peut être de l'un sans être de l'autre, et être de tous les deux ensemble, et n'être ni de l'un, ni de l'autre.

Qui n'est ni du corps, ni de l'âme de l'Eglise?

Les hérétiques, les schismatiques et les excommuniés absolument retranchés de l'Eglise, pour avoir renoncé à la vérité, à l'unité, et à l'obéissance, et fait ainsi divorce avec l'âme, le corps et le chef de l'Eglise?

Qui est du corps de l'Eglise et non de l'âme?

Les hypocrites et les pécheurs, qui extérieurement professent les vérités, participent aux sacrements, obéissent aux pasteurs, et qui intérieurement ne sont pas animés par la grâce du Saint-Esprit, ni vivifiés par l'influence de Jésus-Christ.

Qui est de l'âme de l'Eglise, et non du corps?

Les catéchumènes et les excommuniés, qui justifiés par la pénitence, ou la charité, sont intérieurement vivifiés par le Saint-Esprit, et incorporés à Jésus-Christ, mais non encore extérieurement admis à la participation des sacrements, ni agrégés au bercail de l'Eglise, pour être nourris et régis par ses pasteurs.

Qui est de l'âme et du corps de l'Eglise tout ensemble?

Les baptisés en état de grâce, qui intérieurement animés du Saint-Esprit, et dirigés par Jésus-Christ, sont de plus admis à la participation extérieure des biens de l'Eglise, et des avantages de son ministère; et ceux-là sont la beauté et l'ornement de cette Epouse, sans tache, ni ride : sans tache, parce qu'elle a été lavée dans le sang de son Époux : sans ride, parce qu'elle a été étendue en son corps sur la croix : et par conséquent toute brillante de gloire et de sainteté : de gloire, parce qu'elle glorifie Dieu publiquement, et qu'elle annonce à toute la terre la gloire de l'Evangile, et de la croix de Jésus-Christ ; de sainteté, parce que purifiée par la parole de vie, elle enfante les saints, et purifie les pécheurs. Et ainsi considérée, non comme faisant un corps à part, mais comme étant la partie la plus illustre de ce corps mystique, elle peut se définir : « La société des justes, animés de l'esprit de Jésus-Christ, et unis entre eux par les liens extérieurs d'une même communion » par lesquels néanmoins ils tiennent à beaucoup de méchants.

Comment les fidèles en état de grâce sont-ils nommés dans l'Ecriture ?

1° Les enfants de Dieu, ses amis, ses bien-aimés, ses héritiers ; 2° les frères de Jésus-Christ, ses cohéritiers, ses amis, ses brebis, ses membres ; 3° les temples du Saint-Esprit ; 4° les appelés, les élus, les choisis, les sanctifiés, les prédestinés ; 5° les bénis de Dieu ; 6° les héritiers du paradis ; 7° les justes ; 8° les saints ; 9° enfin des anges et des dieux par participation.

Et les pécheurs, comment sont-ils appelés dans l'Ecriture ?

1° Des boucs, des chiens, des pourceaux, figures des impudiques, des avares, et des gourmands ; 2° des vases d'ignominie et de colère ; 3° des aveugles ; 4° des endurcis ; 5° des insensés ; 6° des maudits de Dieu ; 7° des enfants de perdition ; 8° des réprouvés ; 9° des perdus ; 10° des damnés ; 11° des diables.

Comment partage-t-on l'Eglise ?

En l'Eglise militante, triomphante et souffrante.

Qu'est-ce que l'Eglise triomphante ?

C'est l'assemblée des anges et des bienheureux, qui règnent dans le ciel avec Jésus-Christ.

Et l'Eglise souffrante ?

C'est l'assemblée des âmes des fidèles défunts qui souffrent dans le purgatoire, et qui avant de voir Dieu, s'y purifient de leurs péchés.

Et l'Eglise militante ?

C'est l'assemblée des fidèles sur la terre, assemblée dans laquelle nous sommes, et où nous avons à combattre continuellement contre les ennemis de Dieu et de notre salut, le diable, le monde et la chair.

De quoi est-elle composée ?

1° Du saint ordre du clergé, ou de l'état ecclésiastique, c'est-à-dire, des évêques, des prêtres et des autres ministres inférieurs ; 2° de l'ordre monastique ou religieux ; 3° de l'état laïque, ou des simples fidèles.

Que dites-vous de ces trois Eglises ?

Qu'elles n'en composent qu'une universelle et générale, dont Jésus-Christ est le chef, et dans laquelle le vrai Dieu est connu, aimé et adoré.

—

La visibilité et les marques de l'Eglise.

L'Eglise est-elle visible ?

Sans doute, puisque ce qui la compose est visible, aussi bien que ce qui s'y pratique.

Qu'est-ce qui la compose ?

Les pasteurs et les peuples.

Qu'est-ce qui s'y pratique ?

La prédication de l'Evangile, l'administration des sacrements, l'oblation du sacrifice, et le reste du culte divin, et du gouvernement ecclésiastique ; en sorte que l'Eglise invisible dans ses dons intérieurs, se déclare visiblement au dehors, et se manifeste par la confession publique de la vérité, et par la profession extérieure de la religion : car si le premier acte de foi est de croire, le second est de confesser de bouche.

Si l'Eglise est visible, comment est-elle l'objet de la foi ? Croit-on ce qu'on voit ? Voit-on la charité qui est l'âme de l'Eglise, et qui en fait l'essence ?

On voit une chose, et on en croit une autre. On voyait Jésus-Christ, et on croyait qu'il était le Fils de Dieu. On voit le baptême et on croit selon le Symbole, qu'il remet les péchés. On voit une société, et on croit qu'elle est l'Eglise de Dieu. On voit un homme, quoiqu'on ne voie pas son âme.

A quoi connaît-on l'Eglise ?

A quatre marques, qui la distinguent et la distingueront toujours de toutes les fausses sectes, qui se diront vainement la vraie Eglise.

Quelles ?

1° Elle est une ; 2° elle est sainte ; 3° elle est catholique ; 4° elle est apostolique.

Comment est-elle une ?

1° Ceux qui la composent sont unis par le lien d'une même foi, d'une même espérance, d'une même charité et d'une même religion, vertu qui n'est qu'un moyen établi de Dieu pour unir les hommes les uns avec les autres, afin de les unir tous à lui ; 2° elle est épouse de Jésus-Christ, et par conséquent unique ; 3° et par conséquent mère unique des enfants de Dieu, n'ayant qu'un sein où elle les régénère, qu'une table où elle les nourrit, qu'un héritage qu'elle leur promet, et ainsi ne faisant qu'une même famille, dont elle est la mère ; 4° sa société n'a qu'un chef qui la dirige, et qu'un esprit qui l'anime ; d'où il s'ensuit qu'elle ne fait qu'un corps mystique, dont les fidèles sont les membres, et Jésus-Christ le chef ; 5° elle est le seul organe de qui Dieu reçoive les prières ; 6° la seule vigne de qui il récompense les ouvriers ; 7° le seul tribunal dont il confirme les arrêts ; 8° la seule famille, où on lui élève des enfants ; 9° le seul corps, que le Saint-Esprit vivifie ; 10° la seule maison où l'on mange l'Agneau ; 11° le seul réservoir, où l'on puise l'eau de la vie, et de la vérité ; 12° la seule piscine où l'on guérisse ; 13° le seul bercail, dont Jésus-Christ soit le pasteur ; 14° le seul édifice, dont il soit le fondement ; 15° le seul navire, dont il soit le pilote ; 16° le seul champ où l'on recueille, la seule aire où l'on ramasse, et le seul grenier où l'on resserre du bon grain ; 17° le seul bercail, où il y ait des brebis ; 18° le seul temple, où l'on sacrifie ; 19° le seul creuset, où l'or se purifie ; 20° le seul chemin qui mène au ciel ; 21° la seule nacelle qui porte Jésus-Christ, et qui parvienne au port : toutes comparaisons prises des saints Pères, et qui font voir qu'il n'y a qu'une seule Eglise véritable, puisqu'il n'y a qu'un troupeau et un pasteur, un corps et un esprit, et que dans l'Eglise tout se réduit à l'unité, tout est un : un Seigneur, une foi, un baptême, un Dieu, un Père de tous, pour s'exprimer avec l'Apôtre.

De qui se distingue-t-elle par cette marque ?

Du royaume de Satan, qui, étant divisé contre lui-même, doit tomber maison sur maison, jusqu'à la dernière ruine ; au lieu que l'unité et l'union de l'Eglise la maintiendront toujours : union encore plus grande que celle de nos âmes et de nos corps que la mort sépare, puisqu'elle est cimentée par l'esprit de Jésus-Christ, qui ne s'en séparera jamais, et dont la puissance infinie d'autant plus étroitement joindre et unir tous ses membres, qu'il est le lien et l'unité même des personnes divines.

En quel sens dit-on que l'Eglise est un corps mystique, dont le Saint-Esprit est l'âme, et Jésus-Christ le chef ?

Cette expression a été introduite afin 1° d'exprimer que ce n'est pas un corps formé par une union naturelle, ainsi que le corps humain, ni par une union politique, ainsi qu'une république ; mais par la puissance invisible et secrète, quoique très-réelle de la grâce ; 2° d'exclure ces unions par métaphores et allégories, comme l'est celle d'une armée ou d'une ville qu'on dit être un même corps, parce qu'elles ont les mêmes desseins et la même conduite ; 3° de faire entendre la perfection de l'unité que le Saint-Esprit cause entre les membres de Jésus-Christ, entre eux et lui-même, qui les rend véritablement et admirablement un même corps et un même esprit, d'une manière aussi vraie et aussi étroite qu'elle est élevée, et qu'elle surpasse incomparablement toute la nature et toute la puissance humaine, étant plus intime que ne l'est celle de l'âme et du corps : 4° de donner l'idée de l'union parfaite que les fidèles ont avec Jésus-Christ leur chef, si étroitement liés et incorporés ensemble par le Saint-Esprit, qu'elle approche de l'union hypostatique du Verbe à la nature humaine, la même communication d'idiomes se trouvant dans les Ecritures entre l'un et l'autre ; en sorte que Jésus-Christ a pu dire plus véritablement à saint Paul qui persécutait son Eglise, que ne l'aurait fait un martyr à ses bourreaux qui persécutaient son corps : *Pourquoi me persécutez vous ?* (Act. IX, 4) 5° et du mariage spirituel qui unit Jésus-Christ à son Eglise, et qui le rend infiniment plus un avec elle, et plus indissolublement que ne le fait le mariage humain de l'homme et de la femme.

Comment est-elle sainte ?

1° Son chef, qui est Jésus-Christ, est le Saint des saints ; 2° l'esprit qui l'anime est saint ; 3° ses membres, qui sont les fidèles, sont consacrés à Dieu et appelés à la sainteté ; 4° les sacrements qu'elle administre sanctifient les âmes ; 5° la doctrine qu'elle enseigne est sainte, et rend saints ceux qui l'observent ; 6° elle seule a les moyens de nous sanctifier ; 7° tout ce qu'elle est, et tout ce qu'elle a, sont dédiés au service et au culte de Dieu ; 8° des trois parties qui la composent, celle du ciel et celle du purgatoire sont dans une sainteté immuable : la troisième, qui est celle de la terre, se sanctifie tous les jours, et s'occupe sans cesse à procurer et à avancer la sanctification de tous ses membres, et de tous ceux qu'elle peut attirer à son corps par la miséricorde de Dieu et par les soins de sa charité ; 9° condamnant la corruption des mauvais Catholiques, elle ne peut y avoir part ni être coupable de leurs péchés, qu'ils ne commettent point par son consentement, ni par son esprit, mais par le dérèglement de leurs mœurs, et suivant leur propre volonté contre la sienne ; car elle fait ce qu'elle peut pour les corriger par sa discipline, par ses prières, par ses exemples ; 10° elle travaille par la grâce de Jésus-Christ à se purifier elle-même de plus en plus des moindres taches et des moindres défauts de cette vie, aspirant continuellement à la pureté et à la sainteté parfaite, qu'elle regarde et qu'elle espère dans le paradis, et qu'on peut dire qu'elle a déjà acquise, non-seulement en espérance, mais aussi en effet dans ses membres qui sont au ciel et qui y arrivent tous les jours par son ministère ; 11° elle renferme tous les saints dans son unité, puisque tous les saints, dont les âmes bienheureuses sont ou seront avec Dieu, ont été ou seront conçus et formés dans cette Eglise.

Et les enfants régénérés dans les sectes hérétiques ?

Ce sont des enfants nés à Sara la seule et légitime épouse, mais du sein de ses servantes qui peuvent à la vérité être mères, mais non épouses ; devenir fécondes, mais par la vertu des sacrements appartenant à l'Eglise et non à elles ; engendrer, mais non pour elles : ainsi tous les enfants validement baptisés dans les autres sectes et ceux qui sont dans l'état des enfants, c'est-à-dire qui n'ont point encore participé au schisme ni à l'hérésie par leur volonté, et, en un mot, tous ceux qui reçoivent la grâce ailleurs par le moyen des sacrements, appartiennent à l'Eglise, quoique cette mère ne connaisse pas ces enfants, ni ces enfants leur mère.

Peut-elle cesser d'être sainte par la corruption générale de tous ses enfants ?

Non, cela répugne à sa qualité d'épouse et de corps mystique de Jésus-Christ, et de temple du Saint-Esprit : Jésus-Christ est un chef vivant qui ne peut être sans membres, ni être uni à un corps mort, ni souffrir une seconde mort.

Qu'est-ce à dire que l'Eglise est catholique?

Qu'elle est universelle, car : 1° elle renferme en son sein toutes sortes de personnes de différent sexe, âge, condition, nation ; 2° Dieu ne l'a pas bornée à un pays déterminé, son intention étant qu'on la publie et qu'on l'établisse partout. Aussi, 3° semblable au soleil, elle s'étend en tous les lieux de la terre habitable, qu'elle éclaire de la lumière évangélique, non à la fois, du moins successivement ; 4° elle fait retentir sa voix partout, elle se répand de jour en jour partout, elle appelle les infidèles partout, elle a des ennemis qui la combattent partout et des enfants qui lui obéissent partout ; 5° les autres sectes ne sont en aucun lieu où elle ne soit, et elle est en une infinité de lieux où les autres sectes ne sont pas ; 6° on ne peut point dire d'elle. Elle n'est qu'ici et non pas là, elle était en ce temps là et non en celui-ci : car dès lors qu'on peut donner un temps où une société n'était pas, on peut s'assurer que ce n'est pas l'Eglise ; 7° elle embrasse tous les temps, puisqu'elle a persévéré depuis Jésus-Christ jusqu'à nous, et qu'elle durera jusqu'à la consommation des siècles ; 8° elle a eu et aura toujours, et partout la même croyance ; 9° elle a cru et croit universellement et distinctement toutes les vérités révélées de Dieu.

De qui se distingue-t-elle par là ?

De la Synagogue, qui ne comprenait que les Juifs, qui ne s'étendait qu'à un pays limité ; qui ne devait durer que jusqu'à la venue du Messie, et qui devait perdre la foi ou plutôt la transmettre à l'Eglise, et qui n'était instruite que de quelques vérités principales et encore assez obscurément. Cependant quelque étendue qu'ait l'Eglise, ce n'est après tout qu'une arche qui garantit à la vérité du déluge un certain nombre de chaque espèce d'animaux, mais lesquels ne sont rien en comparaison de ce qui périt dans l'univers submergé, et qui partage même son enceinte entre les loups et les agneaux, les mondes et les immondes (26).

Qu'est-ce qu'un bon catholique ?

Celui qui ne se départ jamais, en aucun point de foi, de l'Eglise universelle sa bonne mère, qui abhorre toute erreur, nouveauté, secte, partialité, et qui ne croit pas qu'il lui soit permis de se déterminer à aucun sentiment comme de foi, qu'avec tout le corps auquel il est uni.

Que dites-vous encore de ce mot catholique ?

Qu'il a été ajouté à celui de l'Eglise par toute l'antiquité chrétienne : 1° pour exprimer que la vraie Eglise de Jésus-Christ est une communion unique de laquelle toutes les sectes hérétiques et schismatiques sont bannies, ainsi que les épines du paradis terrestre, disent les saints, et lesquelles en vain, comme des rivales entourent ce lys des cantiques, symbole de cette amante chaste, qui étant épouse, veut être seule, d'où naissent sa sainte et sévère jalousie et cette inflexible incompatibilité qui la rend insociable et intraitable à leur égard ; 2° pour la distinguer de ces sociétés fausses et profanes qui, prenant des noms humains, c'est-à-dire ceux de leurs inventeurs, et faisant bande à part, cessent d'être chrétiennes et perdent le titre de catholique ; 3° pour donner à entendre que le fidèle, disant : « Je crois en l'Eglise catholique, » fait profession de croire que la communion de la vraie Eglise, à l'exception de toute autre communion, est nécessaire à salut, et qu'ainsi il faut pour se sauver être en communion avec elle et non avec aucune autre. L'Eglise catholique, hors la communion de laquelle on ne transporte point la charité ni le Saint-Esprit, non plus que l'âme hors d'un corps immortel ; rejetant tout autre société de religion, ainsi que le culte du vrai Dieu tout autre culte ; ce qui fut figuré par la verge de Moïse qui, changée en serpent, dévorait celle des magiciens de Pharaon : sans quoi on ne saurait appartenir à Jésus-Christ, ni être de son corps, ni participer à sa vie, ni prétendre à sa gloire, étant visible que l'Eglise n'ayant qu'un chef, ne peut avoir plusieurs corps.

L'Eglise catholique par toutes ces marques est donc bien aisée à distinguer des hérésies ?

Assurément, puisque celles-ci ne sont que des opinions particulières et nouvelles, « ayant commencé, dit saint Paul (*I Tim.* IV, 1), par quelques-uns seulement qui ont abandonné la foi universelle, qu'ils avaient trouvée reçue, enseignée, crue, établie partout, et quitté la société dans laquelle ces mêmes novateurs avaient été élevés et nourris et parurent dans les derniers temps, » et non dans les précédents. De sorte qu'il ne peut jamais paraître douteux à un vrai fidèle quel parti il a à prendre entre ces sectes et l'Eglise ; étant clair qu'on doit préférer l'antiquité à la nouveauté, l'universalité à la singularité, le tout à la parcelle.

Pourquoi a-t-il été nécessaire que l'Eglise fût si visible et si distinguée ?

Parce que 1° tous les hommes sont appelés à l'Eglise, et qu'ils doivent y entrer pour être sauvés ; 2° les fidèles doivent recourir à elle dans leurs difficultés, et lui obéir ; or,

---

(26) Le grand nombre de ceux qui se damnent volontairement ne prouve rien contre la bonté de Dieu, contre les effets merveilleux de l'Incarnation du Verbe et contre la fécondité de l'Eglise qui ne cesse de peupler le ciel tous les jours. Peut-on s'en prendre à la main bienfaisante qui a préparé un remède salutaire, mais que le malade repousse pour avaler du poison ? Du reste, il faut déduire de cette multitude dont il est ici question, les enfants même infidèles morts avant l'âge de raison, et tous ceux qui sont de bonne foi dans l'erreur, sans aucun moyen de s'éclairer et de connaître la vérité. N'exagérons rien dans une matière aussi grave, et souvenons-nous que l'Eglise ne damne personne que ceux qui le veulent absolument.

l'un et l'autre seraient impossibles, si l'on ne pouvait et la connaître, et la distinguer ; 3° une monarchie n'est-elle pas visible ? La synagogue ne l'était-elle pas?

Qu'est-ce à dire que l'Eglise est apostolique?

Que Jésus-Christ l'a fondée par le ministère des apôtres ; 2° qu'elle conserve toujours la même doctrine qu'elle a reçue des apôtres, et qui est venue sans interruption et sans corruption jusqu'à nous ; 3° qu'elle continue à être gouvernée par les successeurs des apôtres, qui sont les évêques ; 4° qu'elle adhère toujours au prince des apôtres, saint Pierre, en la personne du Pape qui tient sa place, et qui occupe le Siége apostolique ; 5° Ainsi tous ses pasteurs descendent des apôtres par une succession non interrompue, sans qu'on puisse l'accuser d'en avoir établi dans aucun temps qui ne succédassent pas à ceux qui étaient descendus des apôtres. Sa société vient par une succession certaine de l'Eglise qu'ont établie les apôtres, sans qu'on puisse lui reprocher aucune séparation. Ses dogmes sont la suite de la doctrine apostolique qu'elle a toujours enseignée, sans qu'on puisse montrer aucun temps où elle ait fait profession de quelque dogme contraire à ce qui était lors enseigné dans toutes les parties de l'Eglise.

Comment est-il que les évêques ont succédé aux autres apôtres?

En s'ordonnant et consacrant successivement les uns les autres, depuis le temps des apôtres jusqu'à nous, sans aucune interruption.

Pourquoi cette succession?

Pour transmettre successivement et comme de main en main avec le dépôt de la doctrine apostolique, la succession du ministère depuis le temps des apôtres jusqu'à la fin du monde : car si l'Eglise n'était pas descendue de Jésus-Christ par les apôtres, et si elle n'avait de lui par eux tout ce qu'elle a, elle ne pourrait être la vraie et légitime Eglise de Dieu, ni la fille, l'épouse, l'héritière de Jésus-Christ : il faut donc, pour avoir ce titre, qu'elle descende des apôtres, ou immédiatement, ou par une succession continuée depuis leurs temps jusqu'à présent, afin que les fidèles soient avec eux une même Eglise, comme les descendants sont avec les ancêtres une même famille.

Pourquoi donne-t-on aussi à la vraie Eglise le nom d'Eglise romaine?

Parce que le Souverain Pontife, qui gouverne l'Eglise catholique, a son siège pontifical dans la ville de Rome, où il fut établi par saint Pierre, le prince des apôtres et le chef de l'Eglise, auquel Jésus-Christ avait donné la primauté, et que la vraie marque de catholicité est la communion avec la chaire apostolique.

En quoi consiste la primauté de l'Eglise romaine?

En ce que la divine Providence choisit Rome, capitale de l'univers, pour y fonder une Eglise qui fût la capitale du monde chrétien, la mère des autres Eglises, la principale gardienne de la vérité, celle avec qui toutes les autres doivent conserver l'unité et la subordination, qui fût enfin comme le centre de la communion ecclésiastique.

Peut-on faire son salut hors de l'Eglise?

Non, elle est l'arche de Noé, hors de laquelle on est perdu (26*).

Peut-elle devenir invisible?

Non, elle est cette ville célèbre située sur le haut d'une montagne, et exposée aux yeux des moins clairvoyants, et infiniment plus que la synagogue.

Peut-elle tomber en erreur?

Non, elle est la lumière du monde et l'esprit de vérité qui l'éclaire, qui l'anime, qui la gouverne, qui l'enseigne et qui la remplit de ses grâces et de ses dons, et ne permettra jamais qu'elle soit obscurcie par le mensonge. « Qui vous écoute m'écoute, » dit la Vérité même. (*Luc.* x, 16.) Et encore (*Matth.* xviii, 17) : « Celui qui n'écoutera pas l'Eglise doit être traité comme un publicain et un infidèle. » Il n'est donc pas possible que l'Eglise erre.

Peut-elle être divisée par les hérésies et par les schismes?

Non, elle est la tunique de Jésus-Christ qui ne se partage point : on peut se séparer d'elle, mais non diviser son unité. C'est pourquoi, dans le langage des saints Pères, l'Eglise est appelée *Vierge*, aussi bien que la Mère du Sauveur, l'une et l'autre ayant enfanté le Chef et les membres sans préjudice de leur intégrité.

Peut-elle être renversée par les persécutions?

Non, elle est la colonne inébranlable de la vérité, fondée sur le roc de l'Evangile, contre laquelle tous ses agresseurs, loin de l'endommager, se froisseront.

Peut-elle être vaincue par l'effort des démons?

Non, le Sauveur a assuré que les portes de l'enfer ne prévaudront jamais contre elle.

Qu'est-ce à dire?

Que les violences les plus outrées, et les complots les plus concertés de ces esprits méchants et artificieux, ne prévaudront jamais contre elle, en lui ravissant la vérité ou la sainteté, parce que la division qui est le

---

(26*) Cette réponse, empruntée aux saints Pères, nous rappelle une vérité singulièrement interprétée aujourd'hui. Non-seulement on dit tout bas, mais on prêche le *grand nombre des élus*, malgré les avertissements du Sauveur et cette parole de saint Pierre, qui déclare formellement : *Non ut in alio aliquo salus; nec aliud nomen est sub cœlo datum hominibus in quo oporteat nos salvos fieri.* (*Act.* iv, 12.) Quel serait le but de l'incarnation du Verbe et de la promulgation de l'Evangile si l'on doit espérer le même bonheur futur en restant dans les ténèbres de l'hérésie, du schisme ou de l'infidélité? Tenons-nous-en à la comparaison de l'arche ; nous comprendrons alors le dévouement de nos missionnaires, et croyons que *hors de la véritable Eglise, il n'y a point de salut.* Les enfants et les infidèles qui n'ont pu connaître la vérité, appartiennent à ce qu'on appelle *l'âme de l'Eglise.*

principe de la faiblesse, et le caractère de l'enfer, ne l'emportera pas contre l'unité, qui est le principe de la force, et le caractère de l'Eglise.

Peut-elle être détruite par la longueur du temps?

Non, le Sauveur a promis qu'il serait avec elle tous les jours jusqu'à la fin du monde, elle verra tomber le monde sans tomber avec le monde : de façon que malgré la malice des démons, l'égarement de l'esprit humain, la fureur des tyrans, la corruption du siècle, et l'inconstance des choses humaines, elle subsistera toujours, et sera toujours véritable et toujours sainte : « Allez, » dit le Sauveur à ses disciples, et en leurs personnes à leurs successeurs, un moment avant de monter au ciel, « allez, enseignez, baptisez, et voilà je suis avec vous tous les jours jusqu'à la consommation des siècles. » (*Matth.* xxviii, 18 seq.)

Que renferment ces paroles?

Une promesse, 1° qu'il y aura une mission continuelle d'ouvriers, « allez; » 2° que la vérité ne sera jamais séparée du corps où se trouveront la succession et l'autorité légitime, « enseignez; » 3° que la mission, la prédication, et l'administration des sacrements se conserveront en leur entier dans l'assemblée où ses ministres présideront, « allez, enseignez, baptisez; » 4° que ses ministres enseignants et baptisants, vivront et subsisteront jusqu'à la fin du monde, et qu'il vivra avec eux, et qu'il ne se séparera jamais d'eux, dit saint Jérôme, « allez, enseignez, baptisez, je suis avec vous tous les jours, jusqu'à la consommation des siècles; » 5° qu'ainsi l'Eglise sera une, immortelle et visible société de pasteurs et de peuples; 6° enfin que comme la profession de la vérité ne pourra jamais être empêchée par l'erreur, la force du ministère apostolique ne pourra jamais être interrompue par aucun relâchement de la discipline. Et de cette sorte la même promesse qui fait que l'Eglise sera toujours, et toujours visible fait, 1° qu'elle n'erre jamais; 2° qu'il y aura une succession continuelle d'autorité et de vérité; 3° qu'elle renfermera sa visibilité dans son culte, son infaillibilité dans sa foi, et son indéfectibilité de ministère dans sa mission et ses ordinations.

Ne peut-elle jamais tomber en quelque erreur contre la foi, pas même quelquefois, ni à l'égard de certains articles non fondamentaux?

Non, Jésus-Christ n'apporte aucune limitation ni restriction à ses promesses; il ne dit point : 1° je serai avec vous en certains articles; 2° l'enfer ne prévaudra point quelquefois; 3° le Saint-Esprit vous enseignera certaines vérités; 4° je serai avec vous quelque temps; mais il dit absolument : 1° « Prêchez, enseignez, baptisez, je suis avec vous ; » 2° « l'enfer ne prévaudra point; » 3° « le Saint-Esprit vous enseignera toute vérité; » 4° « je suis avec vous tous les jours, jusqu'à la consommation des siècles; » 5° « Le Saint-Esprit demeurera toujours en vous; » 6° s'il abandonnait son Eglise quelquefois, on ne pourrait être sûr d'aucun temps où il ne l'eût pas abandonnée, car s'il n'y a point de promesse de préserver toujours l'Eglise d'erreur, tous les siècles y sont sujets : s'il y a une promesse, tous les siècles en sont exempts ; 7° s'il l'abandonnait en certains articles, on ne pourrait jamais être sûr qu'il ne l'abandonnât point en aucun, ne les ayant pas distingués, et ne le pouvant être par l'esprit humain : joint qu'on n'a aucune règle pour discerner les points fondamentaux, et que l'apôtre saint Jacques assure que celui qui pèche en un seul article, est coupable de tous les autres. D'ailleurs elle enseignera toujours la vérité, il ne sera donc jamais permis de s'éloigner de sa doctrine : elle sera donc toujours infailliblement véritable : infaillibilité, ou assistance infaillible du Saint-Esprit, seul moyen de trouver et de conserver l'unité de la foi dans une doctrine aussi haute que celle du christianisme, dans une profondeur aussi extrême que celle de l'Ecriture, dans une multiplicité aussi effroyable de sectes que celles qui partagent le monde, dans une incertitude aussi grande que celle de l'esprit humain toujours flottant.

Comment l'Eglise sera-t-elle toujours véritable?

Parce qu'elle enseignera toujours les vérités que Dieu a révélées, sans interruption ni corruption, ni innovation, ni variation, ni addition, ni diminution, la vérité étant entre ses mains un dépôt sacré et inviolable, dont l'Apôtre lui a enjoint, de la part de Jésus-Christ, la conservation inaltérable. « Gardez, » dit-il, « le dépôt (*I Tim.* vi, 20), c'est-à-dire la doctrine qui vous a été confiée, et non que vous avez découverte ; que vous avez reçue, et non que vous avez inventée ; dont vous êtes gardien et non auteur ; sectateur et non innovateur.

Comment l'Eglise sera-t-elle toujours sainte?

Parce que la doctrine toujours sainte ne cessera jamais de produire des saints, et qu'ainsi elle sera le perpétuel domicile de la vérité, de la charité, de l'unité et de la sainteté.

La communion des saints.

Premier bien de l'Eglise.

Pourquoi les articles de la communion des saints, de la rémission des péchés, de la résurrection de la chair et de la vie éternelle, sont-ils mis après celui de l'Eglise?

A cause que ce sont des grâces que nous recevons par son ministère.

Qu'entendez-vous par la communion des saints?

L'union de la société de tous les fidèles dans la commune participation aux biens spirituels de l'Eglise.

Quels sont ces biens?

Il y a des biens généraux et extérieurs, et les biens particuliers et intérieurs.

Quels sont les généraux et extérieurs?

1° Le sacrifice; 2° les sacrements; 3° la

prédication de la parole; 4° les offices publics; la sépulture en terre sainte; 6° les indulgences, suffrages, jubilés, et tout le reste du ministère.

Et les particuliers et intérieurs?
Les prières, jeûnes, aumônes, mortifications, souffrances, actes de vertu et de charité et autres bonnes œuvres de chaque fidèle.

Comment les fidèles séparés et éloignés les uns des autres, et occupés en différents lieux et emplois, peuvent-ils entrer en participation de leurs biens particuliers et intérieurs?
Ils sont les membres du même corps mystique dont Jésus-Christ est le chef, qui les anime et les unit, de façon que par le moyen de la communion des saints nous obtenons deux choses; la première, que le mérite de Jésus-Christ nous est communiqué à tous; la seconde, que le mérite de tous est communiqué à chacun, d'où il s'ensuit que travailler pour son prochain, c'est travailler pour soi; ainsi les membres du corps naturel, quoique différents en figure, en situation et en fonctions, participent néanmoins à la même vie, à la même nourriture, à la même influence et direction du chef, et aux mêmes avantages, et s'entre-secourent les uns les autres. Ainsi les pauvres participent à la charité des riches, et les riches à la patience des pauvres; les contemplatifs aux travaux des actifs, et les actifs aux prières des contemplatifs, etc.

Il y a donc entre les fidèles communion extérieure et intérieure?
Oui, communion extérieure dans l'Eglise, qui les unit au dehors par la profession d'une même foi et d'une même loi; par l'administration des mêmes sacrements, par l'oblation du même sacrifice, par le même gouvernement ecclésiastique, par la soumission au même chef visible, qui est notre Saint-Père le Pape. Communion intérieure dans le Saint-Esprit, qui les unit par les liens d'une même foi, d'une même espérance, d'une même charité, d'une même vie et d'un même esprit, et qui leur rend commun le mérite de leurs bonnes œuvres. Car comme un bon aliment 1° profite à l'estomac avide qui le reçoit; 2° soulage la tête malade; 3° donne vigueur à tout le corps; de même une bonne œuvre 1° sanctifie celui qui la fait; 2° attire secours à celui pour qui on la fait; et 3° cause un bien général à toute l'Eglise en qui on la fait; et c'est dans la participation à ce troisième bien que consiste particulièrement la communion des saints à l'égard des bonnes œuvres, et duquel les excommuniés sont privés.

Que cause aux membres de l'Eglise ce troisième fruit des bonnes œuvres?
1° Une augmentation de grâce pour la sanctification des justes; 3° une abondance de secours pour la conversion des pécheurs; 3° une diminution de tentations pour tous, comme l'enseigne saint Thomas.

Qui participe pleinement à la communion des saints?
Ceux qui, menant une vie véritablement chrétienne, s'unissent souvent à tout le bien qui se fait actuellement dans l'Eglise, l'aiment, s'en réjouissent, l'adoptent pour ainsi dire, en louent Dieu, en demandent l'augmentation.

Pourquoi dit-on la communion des saints?
Pour donner à entendre que les pécheurs n'ont pas de bonnes œuvres auxquelles on puisse participer.

Les pécheurs sont-ils hors de la communion des saints?
Non, ils ont droit sur les biens de l'Eglise, quoiqu'ils n'y participent pas actuellement, tandis qu'ils sont en état de péché mortel.

Que sont-ils donc?
Des membres morts ou perclus, mais unis encore au corps de l'Eglise, ce qui leur attire divers secours intérieurs et extérieurs pour leur conversion, les grâces que reçoivent les membres morts étant accordées aux prières des membres vivants et aux gémissements de cette colombe, ainsi que la résurrection de Lazare aux larmes de la Madeleine (27), disent les saints.

Qui donc est proprement exclu de la communion des saints?
1° Les infidèles; 2° les hérétiques; 3° les schismatiques; 4° les excommuniés. En effet, les uns n'ont jamais été du corps de l'Eglise, et les autres s'en sont séparés ou en ont été retranchés comme des membres pourris, et aucun d'eux n'appartient au corps ni à l'âme de l'Eglise.

Y a-t-il quelque communion de biens spirituels entre l'Eglise triomphante et la militante?
Oui, nous honorons et prions les bienheureux du ciel, et ils intercèdent pour nous et nous font sentir leurs secours sur la terre; et quiconque est en communion avec la partie visible de l'Eglise, peut s'assurer d'être en communion avec la partie invisible, qui est déjà dans le ciel avec Jésus-Christ.

Et entre l'Eglise militante et souffrante?
Oui, nous soulageons ceux qui sont en purgatoire par nos suffrages et nos bonnes œuvres, et ils nous aident par leurs prières, du moins quand, aidés par les nôtres, ils ont obtenu la gloire.

Sur quoi est fondée cette mutuelle communication de bien entre l'Eglise du ciel, de la terre et du purgatoire?
Sur ce que dans ces trois lieux les justes étant les membres du même corps, dont le Saint-Esprit est l'âme et Jésus-Christ le chef, ils entrent dans les intérêts les uns des autres, et s'entr'aident par les mutuels mouvements d'une sincère charité. « Vous êtes, ô Jésus, la racine et le tronc mystérieux d'où se tirent ce suc et cette sève célestes, qui portent la vie et l'accroissement aux

---

(27) Ce n'est pas aux larmes de Madeleine, mais à celles de Marthe et de Marie que le Sauveur accorda la résurrection de leur frère Lazare.

branches qui vous sont unies, et qui leur causent la beauté, la richesse, la gloire et la fécondité; vous êtes le chef et la source d'où, par de secrets canaux, découlent sur les membres que vous animez ces esprits vivifiants qui leur donnent la force, la santé, la chaleur et le mouvement. Ne permettez pas, Seigneur, que nous soyons des branches sèches et stériles, qui ne soient bonnes qu'à brûler, ni des membres pourris, qui ne soient bons qu'à couper; et faites que nous tenions tellement à l'extérieur de votre corps mystique et à l'écorce de vos sacrements, que nous participions à la vie intérieure que vous leur communiquez. »

De l'excommunication.

Qu'est-ce que l'excommunication?
Une peine dont l'Eglise châtie ses enfants méchants et désobéissants.
En quoi consiste-t-elle?
A être 1° séparé de la société des fidèles; 2° privé des biens de l'Eglise; 3° livré à Satan.
Qu'est-ce à dire?
Que l'Eglise donne pouvoir au loup infernal d'affliger un excommunié, qu'elle a mis comme une brebis infectée hors du bercail, afin qu'il se reconnaisse, qu'il s'humilie, qu'il recoure à sa protection, et qu'enfin il n'infecte pas les autres.
Un fidèle peut-il prier pour un excommunié?
Oui, en son particulier et comme personne privée, mais non publiquement et comme ministre ou député de l'Eglise.
Doit-on craindre l'excommunication?
Oui, c'est un châtiment très-épouvantable et une image de l'éternelle séparation des saints d'avec les réprouvés.

ART. X. — La rémission des péchés.

Second bien de l'Eglise.

Pourquoi l'article de la rémission des péchés suit-il celui de l'Eglise catholique et de la communion des saints?
Parce que nul n'obtient pardon de ses péchés s'il n'est premièrement incorporé au peuple de Dieu.
L'Eglise a-t-elle le pouvoir de remettre les péchés?
Oui, elle seule a ce pouvoir, et c'est un des biens dont Jésus-Christ l'a enrichie.
Quand le lui a-t-il conféré?
En établissant les sacrements de baptême, de pénitence et d'extrême-onction, et en donnant les clefs du royaume du ciel, pour lier et délier, et le pouvoir de remettre et de retenir les péchés, surtout lorsque parlant à ses disciples, et en leurs personnes à leurs successeurs, il leur dit : « Recevez le Saint-Esprit : ceux à qui vous remettrez les péchés, ils leur seront remis. »
Comment les remet-elle?
Elle remet le péché originel par le baptême, et les péchés actuels, si on en a commis avant de s'y présenter : par la pénitence, elle remet ceux où l'on est tombé depuis qu'on a été baptisé : et par l'extrême-onction elle efface jusqu'aux restes du péché.
N'y a-t-il aucun péché irrémissible?
Non, il n'y a aucun péché pour énorme qu'il soit, qui ne puisse être effacé, ni aucun pécheur pour abominable qu'il soit, qui ne puisse pendant cette vie être justifié par l'un de ces deux sacrements dignement reçu, le démon seul ayant le cœur dur comme une enclume, et les damnés étant sans remède.
D'où ont-ils une si grande vertu?
Du sang de Jésus-Christ, dont le mérite est appliqué quand on les administre.
Ce pouvoir ne se trouve-t-il que dans la seule Eglise catholique?
Non, et hors d'elle il n'y a aucun moyen de salut, ni aucune espérance de pardon pour les pécheurs, c'est dans son seul terroir que coulent les eaux du Jourdain, capables de nettoyer la lèpre que toutes les fontaines de Samarie ne peuvent laver (28).
Qui peut exercer ce pouvoir?
Toute personne fidèle ou infidèle qui a l'usage de raison, est capable de baptiser, et par conséquent, de remettre les péchés par ce sacrement : mais pour les remettre par celui de la pénitence, il faut être prêtre, et avoir juridiction dans l'Eglise.
La contrition parfaite ne remet-elle pas les péchés?
Oui, pourvu qu'elle renferme le propos de s'en confesser, et de les soumettre aux clefs et à la puissance de l'Eglise.
N'est-ce pas Jésus-Christ qui nous remet lui-même les péchés dans ces deux sacrements?
Il est l'invisible et le principal ministre qui opère par les prêtres, comme par ses instruments, cette rémission, laquelle ne se fait qu'en son nom et en sa vertu.
Comment s'opère cette rémission?
Par l'infusion de la grâce, de même que les ténèbres se dissipent par l'épanchement de la lumière.
1° Que la rémission des péchés promise de Dieu par ses prophètes, et que son Fils nous a méritée par sa mort et sa passion, une véritable remise de nos péchés, et de la peine éternelle qui leur est due; de telle sorte, qu'après cette rémission, il ne reste plus rien dans le fidèle qui mérite la damnation éternelle. 2° Que comme l'Ecriture parle de la rémission de nos péchés, tantôt en disant que Dieu les couvre, et tantôt en disant qu'il les ôte, et qu'il les efface par la grâce du Saint-Esprit, qui nous fait une nouvelle créature; il faut pour se former une idée parfaite de la justification du pécheur, joindre ensemble ces expressions, et avouer que nos péchés, non-seulement sont couverts, mais qu'ils sont entièrement effacés par le sang de Jésus-Christ. 3° Et que cette rémission est toujours accompagnée de la grâce qui nous régénère, et nous justifie. 4° Et qu'ainsi la justice de Jésus-Christ est non-seulement imputée, mais actuellement com-

---

(28) Voir les notes précédentes pour l'explication de cette réponse.

muniquée à ses fidèles par l'opération du Saint-Esprit, qui fait que non-seulement ils sont réputés justes, mais qu'ils sont vraiment justes par sa grâce : autrement cette justice qui ne serait justice qu'aux yeux des hommes, et non devant Dieu, serait indigne d'être attribuée au Saint-Esprit : tellement que la justification qui n'est autre chose que la grâce qui, nous remettant nos péchés, nous rend agréables à Dieu, par un effet qui vient de sa miséricorde, doit néanmoins être en nous, en sorte que pour être justifié, c'est-à-dire, de pécheur être fait juste, il faut avoir en soi la justice, comme pour être savant et vertueux, il faut avoir en soi la science et la vertu. 5° Nous avouons cependant que cette justice n'est point parfaite en cette vie, quoiqu'elle soit véritable, parce que tant que nous vivons, la chair a des désirs contraires aux désirs de l'esprit, et que l'esprit a des désirs contre la chair, et qu'enfin nous manquons tous en beaucoup de choses; de façon que le gémissement d'une âme repentante de ses fautes, fait le devoir le plus nécessaire de la justice chrétienne, ce qui nous oblige de confesser humblement avec saint Augustin, que notre justice en cette vie consiste plutôt dans la rémission des péchés, que dans la perfection des vertus; c'est pourquoi il n'est parlé précisément dans cet article du Symbole, que de la *rémission des péchés*, qu'il faut entendre en ce sens selon l'Église catholique.

Des quatre fins de l'homme.

Quelles sont les quatre fins de l'homme ?
1° La mort; 2° le jugement; 3° l'enfer; 4° le paradis; quatre vents impétueux, lesquels, semblables à ceux qui renversèrent les châteaux du bienheureux homme Job, et enveloppèrent ses enfants et ses biens sous leur ruine, doivent détruire les hautes tours de notre orgueil, et ensevelir toutes nos espérances mondaines.

Pourquoi appelez-vous cela les quatre fins de l'homme ?
Parce qu'enfin c'est là où aboutissent toutes les choses qui le concernent. Car la mort est le dernier terme de sa vie; le jugement, le dernier arrêt de son sort; l'enfer, le dernier châtiment de son crime; le paradis, la dernière récompense de sa vertu.

Est-il utile d'y penser ?
Oui, et cette pensée fait, 1° qu'on s'y prépare; 2° on évite le péché; 3° on se détache du monde; 4° on fait pénitence; 5° on réfrène ses convoitises; 6° on prie et on s'humilie; 7° on se tient toujours prêt, celui qui est mort au monde ne compte plus les jours du monde, dit saint Cyprien; 8° on a recours dès cette vie à la miséricorde, qui répand ses grâces sur la terre, seul et unique théâtre de ses faveurs, puisqu'elle n'a ni matière dans le ciel, ni accès dans l'enfer.

De la mort.

Qu'est-ce que la mort ?
C'est la séparation du corps et de l'âme.
Que dites-vous de la mort ?

1° Qu'elle est certaine; 2° qu'elle est incertaine quant au temps, quant au lieu, quant à la manière; 3° qu'elle surprend; 4° qu'on ne meurt qu'une fois; 5° que la mort dépend de l'éternité; 6° qu'on meurt ordinairement comme on a vécu; 7° que tout nous quitte alors, excepté nos œuvres qui nous suivent.

Qui console un homme de bien à l'heure de la mort ?
1° La confiance en la miséricorde de Dieu et aux mérites de Jésus-Christ; 2° la paix de la bonne conscience; 3° l'espérance du paradis; 4° Dieu, dit saint Grégoire, a voulu que l'homme pécheur fût assujetti à la mort, afin de donner des bornes au péché, et que l'homme tirât au moins cet avantage de la mort, que son péché ne fût pas immortel; et qu'ainsi son supplice lui devînt une grâce. Manière de châtier les coupables, digne de la miséricorde et de la sainteté de Dieu.

Qui tourmente un pécheur au lit de la mort ?
1° La séparation de tout ce qu'il aime; car on ne quitte point sans douleur ce qu'on possède avec plaisir : quittons donc tout pour ne rien quitter, mourons pour ne pas mourir; 2° le souvenir de ses péchés; 3° la présence des démons; 4° la crainte de l'enfer.

Quoi encore ?
D'avoir : 1° peu aimé et servi Dieu; 2° corrompu un bon naturel; 3° perdu le temps; 4° abusé des grâces de Dieu; 5° rendu inutiles les souffrances de Jésus-Christ, et le sang qu'il a versé à l'arbre de la croix.

Que désirerait un Chrétien à l'heure de la mort ?
Avoir : 1° vécu dans l'innocence et sans péché; 2° imité Jésus-Christ; 3° fait de bonnes œuvres.

Quelles résolutions prendre ?
1° Faire pénitence; 2° se détacher de toutes choses; 3° penser souvent à la mort 4° s'y préparer par quelque retraite, et la digne réception des sacrements; 5° se servir de cette pensée pour se consoler dans les afflictions, et tarir nos larmes : ainsi Job sur le fumier, pour nettoyer ses plaies, se servait d'ais de pot cassé, c'est-à-dire, selon saint Grégoire, de la vue de sa fragilité : ainsi la femme prudente dans l'Écriture ne marque jamais plus de force ni de grandeur d'âme, à entreprendre des choses héroïques, que quand elle prend en main le fuseau et la quenouille, c'est-à-dire, quand elle compte ses années écoulées, et celles qui lui restent pour avoir achevé le cours de sa vie, dit saint Augustin; 6° méditer souvent ces paroles d'un ancien solitaire : « Vous voyez un homme qui bientôt ne sera que poudre : rendez donc à la terre ce qui appartient à la terre, et couvrez la poussière de la poussière. »

Du jugement particulier.

Où va notre âme au sortir du corps ?
Au tribunal de Dieu, pour y rendre compte de tout ce qu'elle a fait en ce monde, soit de bien, soit de mal.

Que devons-nous considérer sur ce jugement ?

1° La rigueur du compte, car on y demandera raison d'une parole oiseuse, que sera-ce des autres ? des péchés intérieurs et extérieurs; d'omission et de commission; de ceux qu'on a commis, et de ceux qu'on a fait commettre aux autres : de bonnes œuvres gâtées, des moyens de salut négligés, des grâces méprisées ou rendues infructueuses ; 2° la sévérité du Juge, qui ne sera touché ni des prières, ni des larmes, qui n'aura nulle compassion, et qui ne recevra aucune excuse, que nul présent ne pourra corrompre et qu'aucun déguisement ne pourra tromper, en sorte que le pécheur demeurera muet, et l'iniquité confondue ; 3° la rage des accusateurs qui seront les démons, leurs artifices, leur haine, leurs insultes, leurs dérisions : de plus les complices de nos crimes, les âmes que nous aurons perdues, et notre propre conscience ; 4° le nombre et la qualité des témoins, savoir : les hommes, les anges, les saints et le juge même Notre-Seigneur Jésus-Christ ; 5° l'importance de la sentence qui sera définitive et irrévocable, contre laquelle on ne pourra ni se pourvoir, ni même murmurer, d'où dépend une éternité de bonheur ou de misère, le paradis ou l'enfer ; 6° joignez à cela ce qu'assure l'Ecriture, que le juste sera à peine sauvé, et la terreur de tant de saints qui, ayant vécu comme des anges sur la terre, ont frémi à l'abord de ce jugement.

Quand est-ce que cela arrivera ?

Nous n'en savons ni le jour, ni l'heure, Dieu nous l'a voulu cacher afin que nous l'attendissions à toute heure, et que notre compte fût toujours prêt, et notre conscience en bon état.

Que faut-il faire dans cette vue ?

Etre soi-même son accusateur et son juge, se condamner et se punir en ce monde, pour être absous en l'autre.

ART. XI. — *La résurrection de la chair.*
Troisième bien de l'Eglise.

La résurrection est-elle un bien particulier de l'Eglise ?

Oui, la résurrection à la vie, qui est propre aux élus, puisqu'il n'y a point de salut ailleurs que dans l'Eglise, où notre résurrection commence à présent par l'esprit, s'accomplit un jour dans la chair.

Pourquoi l'article de la résurrection de la chair suit-il celui de la rémission des péchés ?

Comme celui de la rémission des péchés vient après celui de la Trinité et de l'Incarnation, pour montrer que la foi de ces mystères est inutile sans cette rémission, qui renferme la justification et l'adoption; de même la rémission servirait de peu, si elle ne se terminait à la résurrection de la chair, et au bonheur éternel.

Les réprouvés ressusciteront-ils aussi ?

Oui, mais à la mort éternelle, ce qui, loin d'être un bien pour eux, leur sera une augmentation de tourments.

Pourquoi les corps des uns et des autres ressusciteront-ils ?

Pour avoir part à la récompense ou à la peine du bien ou du mal auquel ils ont contribué, et dont ils ont été les instruments.

Pourquoi dites-vous « la résurrection de la chair ? »

Parce que 1° la résurrection suppose la mort, et que le corps est seulement ce qui meurt dans l'homme, et non l'âme, qu'on ne dit pas par cette raison devoir ressusciter. 2° On ne dit pas « la résurrection du corps, » parce que la résurrection ne changera pas, et n'ôtera pas la substance corporelle de l'homme que Dieu a fait bonne, mais « la résurrection de la chair, » qui, dans le langage de l'Ecriture, signifie tout ce qu'il y a de faible et de corruptible dans l'homme, tout ce qui est sujet à la mortalité et à la fragilité que le péché a apporté à la nature humaine, car tout cela sera changé et réparé dans la résurrection, et l'homme y sera parfaitement guéri de toutes ses plaies, et délivré de toutes ses faiblesses, ce que signifie « la résurrection de la chair. »

Les âmes bienheureuses souhaitent-elles la résurrection ?

Oui, c'est une inclination naturelle, et leur félicité ne sera pas complète, jusqu'à ce que, se réunissant au corps qu'elles ont animé, et qui a été le compagnon de leurs travaux et de leurs mérites, elles l'aient rendu participant de leur récompense et de leur gloire. 2° Ce qui est violent comme la séparation de deux choses aussi étroitement et naturellement unies que l'âme et le corps, n'est pas durable. 3° Un homme, n'est pas parfait sans son corps.

Quand se fera cette résurrection générale ?

A la fin du monde.

Comment se fera-t-elle ?

A la voix d'un ange, et au son d'une trompette, qui sera comme le signal et le réveil du jour de l'éternité pour tout le genre humain.

Qu'arrivera-t-il alors ?

Les tombeaux s'ouvriront, la terre et la mer rendront les corps qu'elles enserrent, la matière dont ils étaient composés se réunira, et reprendra sa première forme et figure, et les âmes rentreront dans les mêmes corps qu'elles auront autrefois habité.

Comment cela se pourra-t-il faire ?

Par la toute-puissance de Dieu, qui n'aura pas plus de peine à refaire son ouvrage, qu'il a eu à le faire, et c'est toujours poussière pour poussière.

Avons-nous quelque chose dans la nature qui puisse nous donner quelque idée de cette vérité ?

Ne faut-il pas que le blé et toutes les autres semences de la terre, aussi bien que les aliments, pourrissent avant que de prendre une nouvelle vie ? La lumière se couche tous les soirs, et se lève tous les matins.

Où tient-on que se passera l'action du jugement ?

Dans la vallée de Josaphat près de Jérusalem, du Calvaire et du mont des Olives, où tous les hommes se trouveront transportés et assemblés (29).

Pourquoi ce lieu ?

Comme c'est celui où on dit qu'Adam a été créé, et où certainement le Sauveur a opéré notre rédemption, il est convenable que ce soit celui où il consomme cet ouvrage.

En quel état ressusciteront les hommes ?

A l'âge viril, et sans défaut corporel.

Et les réprouvés ?

Leurs corps paraîtront affreux et épouvantables, quoique parfaits et entiers.

Et les prédestinés ?

Leurs corps seront la beauté même.

Pourquoi cette différence ?

Elle viendra du péché qui défigurera les uns, et de la grâce qui embellira les autres.

Seront-ils également beaux ou affreux ?

Non, chacun sera traité selon son mérite ou démérite.

Quel bien cause la foi de la résurrection ?

1° Elle console dans la mort des parents et des amis, et dans la nôtre propre ; 2° elle excite à la pratique des bonnes œuvres, surtout à la pénitence et à la mortification ; 3° elle détache de ce monde et de cette vie corruptible ; 4° elle encourage à supporter les misères de notre mortalité, puisque plus le corps est humilié, affligé, mortifié pour Dieu, plus sera-t-il glorifié.

Du jugement dernier.

Outre le jugement particulier, y en aura-t-il un général ?

Oui, tel est le sort des criminels, on leur prononce la sentence premièrement à la chambre en particulier, et puis au lieu de l'exécution publiquement, et en présence de tout le monde.

Qu'y aura-t-il de différent ?

L'apparat extérieur sera plus éclatant et plus solennel dans le jugement général.

Que nous en dit l'Ecriture ?

1° Que le juge viendra brillant de gloire et de splendeur dans un corps infiniment plus lumineux que le soleil. 2° Qu'il sera environné des chœurs des anges, des séraphins, des chérubins, des trônes, etc. 3° Accompagné d'une multitude innombrable de saints, des patriarches, des prophètes, des apôtres, des martyrs, etc. 4° Précédé par le signe salutaire de la croix qui brillera dans l'air, comme l'enseigne et le drapeau de cette formidable armée, à la vue de laquelle toutes les tribus de la terre pleureront amèrement. 5° Qu'il s'assiéra dans un tribunal de majesté, placé au milieu des airs, environné de ses anges et de ses saints. 6° Que devant lui comparaîtront tous les hommes du monde sans exception, qui ont été depuis la création de l'univers, et qui seront jusqu'à la consommation des siècles, et lesquels seront ressuscités, et auront repris leurs propres corps, et de plus tous les démons de l'enfer ; ainsi tout genou fléchira devant Jésus-Christ au ciel, en terre et en enfer, et le reconnaîtra pour juge et pour roi. 7° Que les bons anges sépareront les élus d'avec les réprouvés, comme un pasteur sépare les brebis d'avec les boucs, mettant ceux-ci à la gauche du juge, et les laissant sur la terre à laquelle ils ont été si attachés : et ceux-là à sa droite au-dessus de la terre qu'ils ont tant méprisée, élevés vers le ciel, après lequel ils ont tant soupiré, unis à celui qui les a tant aimés, et qui leur fera occuper auprès de lui la place qu'il occupe à présent auprès de son Père. 8° Que toute la créature, tremblante d'effroi, dans un silence profond, attendra l'événement de son sort et de son bonheur ou de son malheur éternel, de la bouche du Juge, devant lequel il faudra de nouveau que chacun comparaisse à rendre compte de sa vie, à la face du ciel et de la terre, et des anges, et des hommes, pour recevoir une louange ou un blâme éternel, examen qui ne sera ni long ni douteux, chacun portant sur soi des marques visibles de la grâce ou du péché, et Dieu pouvant exécuter en un moment ce que l'esprit humain ou angélique ne pourrait en plusieurs siècles. 9° Enfin que tout ayant été examiné et discuté, le Juge prononcera la sentence décisive et irrévocable, premièrement aux élus, et ensuite aux réprouvés.

Que dira-t-il aux élus ?

« Venez, les bénis de mon Père, venez posséder le royaume qui vous a été préparé dès la constitution du monde. »

Et aux réprouvés ?

« Allez, maudits, au feu éternel, qui est préparé au diable et à ses anges. »

Qu'arrivera-t-il en ce moment ?

La terre s'ouvrira et engloutira toute cette malheureuse troupe de démons et de réprouvés, qui iront brûler à jamais dans les enfers (30).

Et les élus ?

Ils s'en iront avec Jésus-Christ au paradis, pour y régner avec lui dans tous les siècles des siècles.

Tous les damnés seront-ils égaux en peine, et tous les élus en gloire ?

Non, chacun sera traité suivant son mérite ou démérite, sans néanmoins que l'inégalité de la récompense mette parmi les bienheureux aucune jalousie, dont ils ne seront plus capables.

Pourquoi ce jugement dernier, puisqu'il y en aura un particulier ?

1° Les bonnes et les mauvaises actions ayant de longues suites, et des effets divers, il faut, pour en voir tout le mérite ou démérite, attendre la fin de tout. 2° Les

---

(29) Cette réponse et la suivante n'expriment qu'une opinion particulière de quelques saints Pères, et d'un petit nombre de théologiens, mais elle n'est appuyée sur aucune preuve dogmatique. On est donc libre de ne pas y ajouter foi ; c'est une pieuse conjecture qu'on peut taire dans l'explication du catéchisme.

(30) En supposant que l'enfer soit placé au centre de la terre, ce qui n'est pas du tout prouvé, car Dieu a d'autres espaces pour le contenir. Aucun texte de l'Ecriture ne peut être cité en faveur de l'opinion qui suppose que l'enfer des démons et des réprouvés se trouve dans le sein de la terre.

méchants vivant souvent en ce monde dans l'estime et l'approbation des hommes, et les bons dans l'opprobre et le blâme, n'est-il pas à propos qu'il y ait un jour où, publiquement, on rende justice à tout le monde? 3° que le corps, complice du bien et du mal, soit rémunéré ou puni aussi bien que l'âme; 4° que la Providence divine, si souvent blâmée par les impies, soit justifiée aux yeux de l'univers; 5° que les bons aient ce sujet de consolation dans leurs adversités; et les méchants ce motif de crainte qu'il y aura un jour auquel on verra la vérité de tout, et où les secrets seront manifestés. 6° qu'y ayant des pécheurs qu'on exalte comme des saints, et des saints qu'on méprise comme des pécheurs, ceux-ci soient délivrés de l'opprobre, et ceux-là confondus; 7° et que les hommes étonnés de voir le juste dans la souffrance et l'impie dans la prospérité, apprennent le mystère de la Providence et l'adorent?

Quels signes devanceront le jugement?
Des calamités épouvantables seront les avant-coureurs de ce jour terrible, comme les fruits le sont de l'automne, dit Notre-Seigneur. Malheureux monde de qui les ruines sont les fruits, dit saint Grégoire. Que prétendrons-nous donc en recueillir?

De l'enfer.

Qu'est-ce que l'enfer?
C'est le lieu où vont ceux qui meurent en péché mortel.

Combien faut-il en avoir pour y tomber?
Un seul dont on n'a pas fait une véritable pénitence en cette vie, suffit pour nous perdre à jamais.

Combien de peines souffre-t-on dans l'enfer?
On les réduit à la peine du sens, à la peine du dam et à la peine de l'éternité.

De la peine du sens.

Qu'y a-t-il à considérer sur cette peine, selon l'Écriture?
1° Le lieu, qui est une prison horrible, un cachot affreux, creusé au centre de la terre (31). 2° Les chaînes, qui garrottent les pieds et les mains des damnés, et qui leur ôtent toute espérance de s'enfuir et de se défendre. 3° La compagnie, qui n'est autre que l'assemblée de tous les pécheurs de la terre, et de tous les plus scélérats, les plus abominables et les plus détestables hommes qui furent jamais, des impies, des blasphémateurs, des homicides, des sorciers, etc., qui se haïssent, qui se maudissent, et qui enragent les uns contre les autres. 4° Le maître de ce triste lieu, c'est Lucifer et les diables, c'est-à-dire ces esprits furieux et malfaisants, enragés, épouvantables à voir, d'une laideur inconcevable, d'une malice cruelle, dont la tyrannie est insupportable, et qui nourrissent une haine implacable et mortelle contre le genre humain. 5° L'affliction de tous les sens et de toutes les puissances; là, les yeux, accablés par des ténèbres épaisses, ne verront jamais de lumière; là, les larmes, les sanglots, les grincements de dents, les cris et les hurlements, les regrets et les soupirs; là, une puanteur intolérable que ces boucs infernaux exhaleront dans cette sentine du monde, ce cloaque de l'univers, et qui sera augmentée par l'odeur du soufre infernal; là, l'ouïe sera affligée de clameurs, de plaintes, de malédictions, de jurements, de blasphèmes; là, une faim enragée et une soif insupportable tourmenteront ces malheureux, et un ver rongeur déchirera continuellement le cœur. Mais que dire de cet étang embrasé de feu et de soufre, dans lequel ils sont plongés, et où ils brûleront à jamais? Voilà quelque échantillon de l'enfer.

De la peine du dam.

Qu'appelez-vous la peine du dam (32)?
Elle est plus grande que celle du sens, mais moins aisée à concevoir; elle consiste dans la perte qu'une âme damnée a faite de Dieu, qu'elle ne verra jamais; plus de Dieu pour elle, plus de Père céleste pour elle, plus de Créateur pour elle, plus de Providence, plus de miséricorde, plus de secours, plus de grâce, plus de protection, plus de mouvement pour le bien; il n'y a plus pour elle de paradis à espérer, de Dieu à posséder, de consolation à attendre, de repos à venir, de remède à chercher. C'est un adieu éternel à la sainte Vierge, aux anges, aux saints, aux parents, aux amis, aux biens, aux honneurs, aux plaisirs; il ne lui restera rien de tous les biens qu'elle a possédés, et de tous ceux qu'elle pouvait posséder, qu'un triste souvenir, et que des réflexions sur les moyens qu'elle avait de se sauver, qu'elle a méprisés, et sur les grâces et secours dont elle a abusé. Qu'un reproche immortel d'une conscience bourrelée qui se dira sans cesse: « J'ai pu, et je n'ai pas fait; il n'a tenu qu'à moi de me sauver et je me suis perdue. » En quoi consiste ce qu'on appelle le remords, ou le ver rongeur intérieur.

Or, c'est cette privation de tous les biens que l'on sent, et la vue affligeante qu'on en a, qui se nomme la peine du dam.

De la peine de l'éternité.

Quelle est cette peine?
C'est la plus terrible de toutes, mais la plus inexplicable; les autres, quoique immenses, seraient supportables, si elles devaient finir, et celle-ci rend les moindres intolérables; cependant tout ce qu'on souffre

---

(31) Voir la note précédente. Rien dans les Livres saints ni dans la tradition catholique nous dit que l'enfer soit *au centre de la terre*. Est-ce qu'il n'y a pas d'autres mondes où il peut être placé? Quand on dit que la terre engloutira les damnés, c'est une manière générale d'exprimer le châtiment qui leur est réservé.

(32) Cet affreux tableau ne reproduit pas encore la réalité si terrible du malheur des damnés. Cependant il ne faut pas prendre à la lettre cette effroyable description de chaînes et d'étang embrasé. Le divin Sauveur nous menace d'un feu éternel, des pleurs, des grincements de dents, du ver rongeur et d'un désespoir sans remède. Cela suffit bien pour nous inspirer une terreur salutaire.

en enfer est immense en lui-même, et infini dans sa durée. Une prison éternelle, des chaînes éternelles, des larmes éternelles, une puanteur éternelle, une faim éternelle, une soif éternelle, un ver rongeur qui ne mourra point, un feu qui ne s'éteindra point, des regrets et des lamentations qui ne finiront point. Quand un damné aura souffert autant de siècles qu'il y a de grains de sable dans la mer, de gouttes d'eau dans l'Océan et de feuilles sur les arbres, ce sera toujours à recommencer. La grandeur des peines cause une douleur immense ; l'éternité des peines produit le désespoir, la rage et la fureur, et tout cela ensemble, l'extrémité des maux de l'enfer. En ce monde, nous voyons la grandeur des châtiments du péché, et nous n'en voyons pas l'énormité ; cependant Dieu ne le punissant pas autant qu'il mérite de l'être, jugeons de l'un par l'autre, comme on juge d'un bras qu'on ne voit pas par celui qu'on voit (33).

Qui sont ceux qui sont en grand danger de se damner ?

Ceux, 1° qui commettent facilement des péchés mortels ; 2° qui y croupissent longtemps ; 3° qui fréquentent rarement les sacrements ; 4° qui ne s'amendent point et ne se font pas violence ; 5° qui sont engagés dans de mauvaises habitudes ; 6° qui vivent dans les occasions d'offenser Dieu ; 7° qui nourrissent des haines et des rancunes ; 8° qui retiennent le bien d'autrui ; 9° qui diffèrent longtemps leur conversion ; 10° qui n'ont pas à cœur la grande affaire de leur salut ; 11° qui ne s'acquittent pas des devoirs et obligations de leur état ; 12° qui ne s'instruisent pas assez de leur religion.

ART. XII. — *La vie éternelle.*

Quatrième bien de l'Église.

Pourquoi l'article de la vie éternelle suit-il celui de la rémission des péchés ?

Parce que cette vie heureuse est le fruit de cette rémission.

Pourquoi met-on les articles de la communion des saints, la rémission des péchés et de la vie éternelle après l'article de l'Église catholique ?

Pour montrer qu'il n'y a ni sainteté, ni rémission des péchés, et par conséquent ni salut, ni vie éternelle, ni paradis, que dans l'Église catholique ?

Qu'est-ce que le paradis ?

C'est le séjour des bienheureux, et le lieu où Dieu récompense les saints : c'est le royaume de Dieu et de Jésus-Christ ; c'est la sainte cité, la nouvelle Jérusalem, la maison du Père (34).

Pourquoi le mettez-vous au rang des biens de l'Église ?

Parce que nul, s'il n'est de l'Eglise, ne le possédera jamais.

En quoi consiste-t-il ?

En l'assemblage de toutes sortes de biens, et l'exclusion de toutes sortes de maux : 1° là on voit Dieu face à face, ses admirables perfections et attributs ; on y contemple dans un souverain ravissement ses émanations intérieures, et les Personnes divines ; 2° on aime Dieu souverainement ; 3° on est divinisé en lui par une union parfaite et consommée, étant en Dieu, et Dieu en nous ; 4° on possède une joie qui passe tout sentiment, avec assurance de ne la perdre jamais, et de ne la voir jamais diminuer ; 5° on jouit de la présence de Jésus-Christ, de la sainte Vierge, des anges et des saints ; 6° on possède l'immortalité et l'incorruptibilité ; 7° on est exempt de tous les maux du corps et de l'esprit, de la maladie, de la vieillesse, de la mort, de la faim, de la soif, du froid et du chaud, de la crainte, de la tristesse, de la douleur, de l'ignorance, de l'erreur, etc. ; 8° on possède toutes sortes de biens spirituels et corporels : la jeunesse, la beauté, la santé, la science, etc. ; 9° on est doué des quatre excellentes qualités qui sont propres aux corps glorieux.

Dites-les.

1° Impassibilité ; 2° subtilité ; 3° agilité ; 4° clarté. Car comme le rayon du soleil est incapable de lésion, qu'il perce le cristal sans le rompre, qu'il se répand d'un bout du monde à l'autre en un instant, et qu'il porte la lumière partout, ainsi le corps d'un bienheureux : 1° sera invulnérable ; 2° il pénétrera tous les corps sans résistance ; 3° il ira en un instant du plus haut du ciel en terre ; 4° il brillera incomparablement plus que le soleil. Telle est la récompense que Dieu a promise à ceux qui l'aiment, et que saint Paul, après le Prophète, assure que « nul œil n'a jamais vue, que nulle oreille n'a jamais ouïe, que le cœur humain n'a jamais comprise. » Ajoutez à cela l'éternité bienheureuse de ce royaume, qui n'aura jamais de fin, et qui sera comme le couronnement du bonheur des saints dans la gloire, appelée à bon droit la vie éternelle (35).

Qui seront les plus heureux ?

Ceux qui auront le plus aimé Dieu, imité Jésus-Christ, pratiqué de bonnes œuvres, souffert patiemment les maux de cette vie.

Qu'est-ce que les auréoles ?

Des récompenses et des couronnes spéciales, dont Dieu honorera ceux qui auront fait quelque chose d'héroïque pour son service.

A qui seront-elles particulièrement données ?

1° Aux martyrs ; 2° aux vierges ; 3° aux docteurs.

Pourquoi ?

Les premiers, pour avoir triomphé du monde ; les seconds, de la chair ; les troi-

---

(33) Voir la note précédente pour bien comprendre cette réponse.

(34) Voir dans l'article Église, les notes qui expliquent cette vérité.

(35) Il ne faut pas oublier que, d'après les paroles de Jésus-Christ, il y a différents degrés de bonheur et de gloire dans le ciel, ou *plusieurs demeures*. Les récompenses de l'éternité sont proportionnées aux mérites des saints, mais rien ne manque au bonheur des élus.

sièmes, du démon, à qui ils ont enlevé les âmes pour les porter au ciel, et tous pour avoir vaincu les principaux ennemis de la gloire de Dieu et du salut des hommes.

Qu'est-ce donc que la vie future?

Une pure joie et une fête perpétuelle.

Après la résurrection générale et le jugement dernier, qu'arrivera-t-il de ce monde?

Le temps cessera, les mouvements du soleil et de la lune, des astres et des cieux s'arrêteront pour jamais. Les jours et les nuits ne se succéderont plus les uns aux autres : on ne comptera plus de mois ni d'années : on ne distinguera plus les saisons d'hiver et d'été, de printemps et d'automne : il n'y aura plus de vicissitude ni de changement dans la nature : toutes choses demeureront dans une stabilité immuable et perpétuelle.

Et la terre que deviendra-t-elle?

Tous les ouvrages des hommes, et tout ce qu'elle a d'impur et de corruptible, ayant été consumé par le feu qui aura précédé le jugement, elle se trouvera comme purifiée et renouvelée ; elle aura un nouveau lustre et une splendeur qui contribuera à la beauté de l'univers, à la gloire du Créateur et à la félicité des saints.

Pourquoi ne parle-t-on point de la mort éternelle des méchants dans le Symbole?

Il n'a été proprement fait que pour les fidèles et les enfants de Dieu qui entrent dans l'alliance de Jésus-Christ, de laquelle le Symbole est comme le traité, nature de contrat, dans lequel, principalement quand il se passe entre le père et les enfants, l'époux et l'épouse, on ne parle point de punitions ni de menaces, ce qui serait de mauvais augure, et témoignerait quelque défiance des promesses de fidélité et des assurances amoureuses qu'on se donne réciproquement dans ces occasions : outre qu'il n'était pas à propos de présupposer qu'on pût croire qu'un Chrétien fût capable de vouloir se damner et se précipiter dans les flammes éternelles ; supplice, comme disait saint Chrysostome, qui d'ailleurs n'a pas été préparé pour les hommes, mais pour les démons (36).

Est-ce pour la même raison qu'on ne parle pas non plus dans le Symbole du concile, de la rémission des péchés par le sacrement de pénitence, mais seulement de celle qu'on reçoit par le baptême?

Sans doute, parce que, outre que la doctrine chrétienne ne doit pas être révélée tout à la fois à ceux qui sont initiés aux mystères, ainsi que nous voyons à l'égard des autres sacrements, dont on n'a rien mis dans les Symboles, on présuppose que les

baptisés seront vraiment fidèles à Dieu, et qu'ils conserveront inviolablement la grâce de leur régénération, sans avoir besoin de leur proposer, dès l'entrée, une seconde rémission de péchés, ni un autre sacrement pour l'obtenir. C'est en ce sens qu'il faut entendre l'Ecriture en plusieurs endroits, quand elle dit qu'il est impossible que ceux qui pèchent, après le baptême, soient renouvelés par une seconde pénitence ; langage imité par les saints Pères qui ont souvent évité de parler du sacrement de pénitence, et n'en ont fait mention qu'avec peine et retenue, parce qu'ils voulaient qu'on crût que les vrais fidèles et enfants de Dieu n'en auraient pas besoin, et qu'ils craignaient de les rendre négligents à résister au péché, si on leur parlait d'abord d'un second remède pour l'effacer ; qu'il serait même dangereux de leur donner cette ouverture à contre-temps, crainte de leur inspirer une confiance excessive en la miséricorde et bonté de Dieu, qui pourrait les porter au relâchement et attirer le mal, au lieu de l'éloigner. Ils ont donc pensé qu'il suffirait de parler de ces choses à ceux qui en auraient besoin, lorsqu'ils seraient déchus de la grâce du baptême, pour les obliger à embrasser cette seconde table après le naufrage, avis qu'on ne donne point tandis que le vaisseau est en bon état (37).

Pourquoi n'est-il point parlé de l'Ecriture sainte dans le Symbole?

1° Les livres du Nouveau Testament n'étaient peut-être pas écrits lorsque les apôtres composèrent le Symbole. L'Eglise s'étant gouvernée un temps notable par le seul secours de la parole non écrite ; 2° il suffit de nous y montrer l'Eglise catholique de laquelle nous recevons et l'Ecriture et le sens dans lequel nous la devons entendre, et qu'elle a toujours été entendue par les orthodoxes. Matière de laquelle il est bon d'édifier notre foi.

INSTRUCTION SUR L'ÉCRITURE.

Qu'est-ce donc que l'Ecriture sainte?

C'est la Bible, qui contient le Vieux et le Nouveau Testament, que les prophètes, les apôtres et les évangélistes inspirés de Dieu nous ont laissée par écrit.

Peut-on former ou avoir la foi sans l'Ecriture?

Oui, les premiers Israélites et Chrétiens ont cru auparavant que les prophètes et les apôtres eussent rien écrit : l'Ecriture est née de l'Eglise, et non l'Eglise de l'Ecriture, et même nous ne saurions pas qu'il y ait une Ecriture, ou si nous y devons croire,

---

(36) Les damnés sont également immortels ; mais leur situation malheureuse est, suivant l'expression de l'Ecriture, *une mort éternelle*. On peut appliquer aux réprouvés, non-seulement l'article où il est dit que Jésus-Christ *viendra juger les vivants et les morts*, mais encore celui qui proclame *la vie éternelle*, car l'éternité est pour les damnés comme pour les saints.

(37) Les conséquences pratiques à tirer de cette vérité de l'éternité, c'est qu'il ne faut pas nous laisser éblouir par les biens de ce monde qui sont périssables, mais rechercher avant tout celles qui ne passeront jamais. De là, suivant l'avis de saint Paul, usons des choses de la vie présente, comme n'en usant pas ; n'y attachons pas nos cœurs, encore moins notre félicité, en nous rappelant cette parole du Sauveur : Que sert à l'homme de gagner tout l'univers, s'il vient à perdre son âme ? *Quid prodest homini?*

sans l'autorité de l'Eglise formée par la parole vivante et non par la parole écrite.
Par le ministère de qui avons-nous reçu ces saintes Ecritures?
Par le ministère de l'Eglise catholique.
Par le ministère de qui recevons-nous l'intelligence des saintes Ecritures ?
Par le même ministère de l'Eglise catholique, qui seule en a la clef, et en sait le déchiffrement.
Et ceux qui prétendent pouvoir entendre les Ecritures sans autre maître que leur propre esprit ?
Ils s'exposent à toutes sortes d'illusions et d'erreurs.
Que faut-il donc faire quand on lit l'Ecriture?
Profiter de ce qu'on entend, croire et révérer ce qu'on n'entend pas, se soumettre en tout au jugement de l'Eglise.

Des livres de l'Ecriture ; leur nom, leur étymologie, leur auteur, leur nombre, leur idiome, leur sens, leur division, leur version, leur chronologie et celle du monde.

Pourquoi appelle t-on l'Ecriture sainte le Vieux et le Nouveau Testament ?
C'est elle qui nous donne droit et nous sert de titre pour parvenir à l'héritage de notre Père céleste, promis à l'ancien et au nouveau peuple.
Quels sont les livres de l'Ancien Testament?
1° Le Pentateuque, ou les cinq volumes de Moïse, savoir : 1° la *Genèse*, ou la création de l'univers; 2° l'*Exode*, ou la sortie des Israélites de l'Egypte ; 3° le *Lévitique*, ou le cérémonial du culte divin ; 4° les *Nombres*, ou l'énumération des tribus; 5° le *Deutéronome*, ou une répétition sommaire de la Loi.
Quels sont les autres?
6° *Josué*, ou les conquêtes des Israélites sous ce grand capitaine; 7° les *Juges*, ou le gouvernement du peuple de Dieu sous plusieurs magistrats ; 8° *Ruth*, ou les ancêtres de David, entre lesquels cette femme fut célèbre; 9° les quatre *Livres de la Vie des Rois* israélites ; 10° les *Paralipomènes*, ou deux livres chronologiques, pour servir de supplément à l'histoire des rois; 11° les deux *Livres d'Esdras*, qui a décrit le retour de la captivité de Babylone ; 12° *Tobie, Judith, Esther et Job*, livres qui contiennent la Vie de ces personnes illustres; 13° le *Psautier*, ou les 150 *Psaumes de David*; 14° les cinq livres sapientiaux, savoir : les *Proverbes*, ou Sentences ; l'*Ecclésiastique*, qui exhorte à mépriser le monde et ses vanités, le *Cantique des cantiques*, qui renferme, dans un sens mystique l'amour de Jésus-Christ pour son Eglise; la *Sagesse*, où les secrets de la sagesse incréée et créée sont décrits ; l'*Ecclésiastique*, ou le prédicateur de la prudence et de la vertu; 15° les quatre grands prophètes, *Isaïe, Jérémie* (auquel on joint *Baruch*, son scribe), *Ezéchiel et Daniel*; 16° les douze petits prophètes, *Osée, Joel, Amos, Abdias, Jonas, Michée, Nahum, Habacuc, Sophonie, Aggée, Zacharie, Malachie*; 17° les deux *Livres des Machabées*, ou des guerres que soutinrent ces chefs du peuple de Dieu pour la défense de leur patrie et de leur religion.

Par qui ces livres ont-ils été écrits?
1° Le Pentateuque l'a été par Moïse; 2° on tient que *Josué* l'a été par Josué même ; 3° et les *Juges, Ruth*, avec les deux premiers *Livres des Rois*, par Samuel, Gad et Nathan; 4° et le trois et le quatre des *Rois*, avec les *Paralipomènes* et les deux d'*Esdras*, par Esdras même, on doute si le second d'*Esdras* ne l'a pas été par Néhémias; 5° et *Job* par Moïse, ou par le même Job ; 6° et *Tobie* aussi par Tobie; 7° et *Judith*, par le grand prêtre Eliachim ; 8° et *Esther* par Mardochée; 9° le *Psautier* l'a été par David; 10° les *Proverbes*, l'*Ecclésiaste*, le *Cantique des cantiques* et la *Sagesse*, par Salomon ; 11° l'*Ecclésiastique* par Jésus fils de Syrach ; 12° les prophètes ont écrit ou dicté leurs prophéties; 13° et on croit que les *Machabées* l'ont été en grande partie par Jean Hircan souverain pontife.

En quelle langue ces livres ont-ils été écrits?
1° Tous les livres saints jusqu'à *Esdras* l'ont été en hébreu ; 2° *Tobie* et *Judith*, et quelque partie d'*Esdras* et de *Daniel*, en chaldaïque, qui était celle des Babyloniens chez qui les Israélites étaient pour lors captifs ; 3° de ces deux idiomes il s'en forma un troisième, dont les Juifs usèrent après le retour de la captivité jusqu'à la venue de Jésus-Christ, qu'on appelait, le syriaque, et il est vraisemblable que l'*Ecclésiastique*, *Esdras, Baruch* et les *Machabées* ont été écrits en cette langue, et en grec, du moins en partie.

Qu'appelle-t-on la version des Septante?
Trois cents ans environ avant la venue de Jésus-Christ, Ptolémée Philadelphe, roi d'Egypte, obtint des Juifs six docteurs de chaque tribu, faisant soixante-douze qu'on réduit à soixante et dix dans le langage commun, lesquels, venus en ses Etats, traduisirent en grec les Livres saints, que ce roi mit dans la bibliothèque du monde la plus curieuse, qu'il faisait dresser à Alexandrie. On prétend que ces docteurs furent logés séparément, et que sans se rien communiquer, ils achevèrent en soixante-douze jours leur version, qui se trouva toute conforme l'une à l'autre.

Comment divise-t-on tous ces livres?
1° En historiques, tels que la *Genèse*, l'*Exode, Josué, les Juges, Ruth, les Rois, les Paralipomènes, Esdras, Tobie, Judith, Esther, Job*, les *Machabées* ; 2° en légaux, comme les autres livres de Moïse; 3° en moraux, ainsi que sont les sapientiaux ; 4° en prophétiques, comme les *Psaumes* et les prophètes.

Que dites-vous des livres de l'Ancien Testament?
Qu'ils insinuent Jésus-Christ partout, et qu'il en est l'âme : en effet le Fils de Dieu étant la parole éternelle du Père, se trouve exprimé dans la parole écrite, comme dans une vive empreinte, on l'y voit gravé de tous

côtés : ses vertus, ses mystères, sa vie, son histoire, son Eglise, ses souffrances, tout y est tableau, peinture, image, représentation, prédiction, promesse, figure. Chaque personne porte quelque caractère du Verbe incarné. En un mot, tout l'Ancien Testament n'est qu'un riche tissu qui, d'espace en espace, comme ces somptueux ornements d'Eglise, forment Jésus-Christ, ou tracent son chiffre, ou désignent ses mystères : on le trouve incessamment répandu partout.

Combien y avait-il que le monde était créé quand Jésus-Christ vint au monde?

4,000 ans, qu'on partage en six âges, 1° depuis la création jusqu'au déluge, 1656 ans; 2° depuis le déluge jusqu'à Abraham, 450 ans environ; 3° depuis Abraham jusqu'à Moïse, autres 450 ans environ; 4° de Moïse à Saül, 500 ans; 5° de Saül à la captivité de Babylone, 500 ans; 6° de la captivité de Babylone à Jésus-Christ, 500 ans; faisant en tout quatre millénaires.

Pourquoi cette division?

On trouve à chaque époque un renouvellement du culte de Dieu : 1° lors du déluge sous Noé, par un pacte, et une alliance de Dieu avec les hommes; 2° lors d'Abraham, par la circoncision; 3° lors de Moïse, par la Loi; 4° lors des rois, par l'érection du temple; 5° lors d'Esdras, par la rénovation de la religion judaïque; 6° enfin lors de Jésus-Christ, par l'établissement du nouveau peuple. D'ailleurs Jésus-Christ réunissant en lui la qualité de juge, de roi et de prêtre, on trouve que le peuple de Dieu a été soumis à ces trois formes de gouvernements. Le premier juge fut Moïse, et le dernier Samuel : le premier roi Saül, et le dernier Jéchonias. Le premier prêtre Zorobabel, et le dernier Caïphe. Or, donnant 500 ans à chacun de ces gouvernements, vous aurez 1,500 ans à remonter de Jésus-Christ à Moïse : et comme il y a 1,656 ans de la création au déluge, il ne vous restera que 900 ans environ entre Noé et Moïse, dont Abraham fait le milieu; méthode chronologique aisée à retenir.

Et les livres du Nouveau Testament?

1° Ils ont tous été écrits en grec : on tient néanmoins que l'Evangile de saint Matthieu et l'*Epître aux Hébreux* l'ont aussi été en hébreu, qui n'était pas pur, mais un dialecte du syriaque et du chaldaïque, pour lors la langue commune des Juifs, ainsi que l'Evangile de saint Marc en latin.

2° Ils sont ou légaux, comme les Evangiles; ou prophétiques, comme l'*Apocalypse*, qui veut dire révélation; ou historique, comme les *Actes;* ou moraux, comme les Epîtres des apôtres.

3° Il y a quatorze épîtres de saint Paul, nommé l'Apôtre simplement, parce qu'il l'est spécialement des nations, et qu'il a écrit plus que les autres : une *aux Romains;* deux *aux Corinthiens;* une *aux Galates;* une *aux Ephésiens;* une *aux Philippiens;* une *aux Colossiens;* deux *aux Thessaloniciens;* deux *à Timothée;* une *à Tite;* une *à Philémon;* une *aux Hébreux.*

4° Il y en a encore sept des autres apôtres (nommées *canoniques*, terme qui convient à présent à tous les livres que l'Eglise reconnaît pour Ecriture sainte, et qu'elle met dans le catalogue ou le canon des Livres sacrés et divins, pour être la règle de la foi et des mœurs) : une de *saint Jacques le Mineur*, fils d'Alphée, frère de Jude et évêque de Jérusalem, *aux douze tribus dispersées;* deux de *saint Pierre, à tous les fidèles juifs et gentils* répandus en plusieurs provinces; trois de *saint Jean,* l'une *aux Parthes,* comme on croit, l'autre à une dame nommée *Electa,* et la troisième *à Caïus;* une de l'apôtre *saint Jude,* frère de saint Jacques le Mineur, *à tous les fidèles en général,* par cette raison nommée *catholique* ou *universelle,* ainsi que celle de saint Jacques.

Combien y a-t-il de sens dans l'Ecriture?

1° Le littéral ou celui que les termes et expressions présentent naturellement au lecteur; 2° le mystique, qui renferme un sens caché, et qui se sous-divise en allégorique, qui a relation aux figures de l'ancienne Loi; en anagogique, qui en a à ce qui se passe dans le ciel; en moral, qui concerne les mœurs. Ainsi ce mot seul de *Jérusalem,* dans le sens littéral, veut dire *une ville de Judée;* dans l'allégorique, *la Synagogue;* dans l'anagogique, *le paradis;* dans le sens moral, *l'âme fidèle* ou l'Eglise. Quatre sens en chacun desquels quatre grands docteurs ont excellé : saint Jérôme, dans le littéral; saint Ambroise, dans l'allégorique; saint Augustin, dans l'anagogique; saint Grégoire, dans le moral.

Reste à dire qu'incontinent après le temps des apôtres, un auteur, dont on ignore le nom, fit, par l'assistance spéciale du Saint-Esprit, une version en latin de toute la Bible, si fidèle et si pieuse, que l'Eglise s'en est toujours servie et l'a autorisée, la déclarant authentique, c'est-à-dire, non-seulement exempte d'erreur, en ce qui regarde la foi et les mœurs, mais de plus parfaitement conforme au texte original. Et c'est cette version que nous appelons la Vulgate, laquelle est entre les mains de tout le monde.

Que dites-vous de ces nouvelles versions françaises, qui ont fait tant de bruit, et qu'on a condamnées?

Qu'il ne faut ni les lire ni les garder.

Pourquoi?

1° On doit obéir aux supérieurs légitimes qui les défendent pour de bonnes raisons, et sous de grièves peines; 2° elles ont été faites par des gens condamnés ou suspects; 3° et qu'on dirait les avoir entreprises à dessein de tourner si bien le sens de l'Ecriture, qu'il parût favoriser ou ne pas condamner des dogmes erronés, selon l'ancienne et l'ordinaire coutume des novateurs; 4° et qui se sont élevés avec orgueil contre les puissances spirituelles et temporelles qui les avaient censurés, les ayant déchirés par des libelles injurieux, marque assurée que leur bouche n'est pas propre à servir d'organe au Saint-Esprit; 5° il faut mortifier le goût dépravé qu'on a pour les livres défendus, et cette curiosité vicieuse qui porta nos premiers parents à vouloir goûter du fruit de la science du bien et du mal, que nous avons hérité d'eux (38).

SECONDE PARTIE.

CONTENANT CE QUE NOUS DEVONS RECEVOIR.

DES SACREMENTS EN GÉNÉRAL.

LEÇON I.

Nécessité de l'instruction sur les sacrements ; raisons de leur institution.

DEMANDE. *L'instruction sur les sacrements est-elle utile à un Chrétien?*
RÉPONSE. Extrêmement:
Pourquoi?
1° Il les reçoit souvent; 2° la grâce y est sûrement attachée; 3° s'il les reçoit mal, il fait un sacrilége; 4° il contracte de grandes obligations en les recevant.
Que concluez-vous de là?
Qu'il lui est important d'en connaître : 1° l'excellence; 2° la nécessité; 3° les effets; 4° les engagements.
Pourquoi cette connaissance?
Afin, 1° qu'il en ait de l'estime et de la vénération; 2° qu'il y apporte les dispositions convenables; 3° qu'il en retire du fruit; 4° qu'il s'acquitte de ses devoirs.
Pourquoi Dieu nous communique-t-il sa grâce, qui est intérieure et spirituelle, sous des signes extérieurs et corporels?
Afin : 1° de s'accommoder à notre nature, rien n'étant plus convenable à l'homme, composé de corps et d'âme, que de s'élever aux choses spirituelles par le moyen des corporelles; 2° de l'humilier, en l'assujettissant à des choses sensibles et de peu d'apparence, et y attachant sa sanctification; 3° de le punir par où il avait péché, lorsqu'il préféra le corporel au spirituel; 4° de lui rendre la grâce par où le démon la lui avait ôtée; 5° de le préserver et de l'empêcher de recourir selon son inclination, à d'autres remèdes extérieurs qui seraient nuisibles et superstitieux, n'en trouvant point de salutaires; 6° de donner un objet sensible à l'exercice de sa piété; 7° de condescendre à l'esprit humain, qui se confie avec peine quand on lui promet des biens invisibles et spirituels, si on ne lui en donne quelques gages ou arrhes sensibles; 8° et lui donner moyen de faire que leur réception fût une protestation solennelle et publique de sa foi et de sa religion; 9° le corps et l'âme étaient blessés et souillés par le péché, et avaient tous deux besoin d'être punis et consacrés.
Pourquoi ajoute-t-on des paroles aux signes extérieurs?

1° Pour une signification plus expresse de l'effet des sacrements; 2° pour représenter l'union de la parole éternelle à la nature corporelle dans l'incarnation, d'où découle toute la sainteté des sacrements; 3° et l'opération toute-puissante de Dieu, qui fait tout par sa parole; 4° pour consacrer tout ensemble, et le corps par une matière bénite, et l'âme par une parole sainte.
A quoi les sacrements servent-ils?
1° A unir les fidèles entre eux; 2° à les distinguer des infidèles; 3° à les consacrer à Dieu.
A quoi encore?
A exciter la foi, l'espérance et la charité : la foi, en nous déclarant les mystères de la religion; l'espérance, en nous renouvelant les promesses de Dieu; la charité, en nous remémorant les bienfaits de Jésus-Christ. Ainsi l'Eucharistie, 1° expose à nos yeux le mystère de l'Incarnation; 2° réveille notre confiance aux mérites de celui qui s'immola pour nous; 3° provoque notre amour envers celui qui s'unit si tendrement à nous; 4° enfin les sacrements sont institués pour la sanctification des âmes, ainsi que les sacrifices pour le culte de Dieu.

LEÇON II.

Effets et différences des sacrements. — Dispositions en ceux qui les administrent et qui les reçoivent.

Les sacrements ne font-ils que signifier la grâce?
Non-seulement ils la signifient, mais ils la produisent.
Faites-nous concevoir cela par un exemple?
De même que Jésus-Christ mettant de sa salive sur la langue d'un muet, et lui disant de parler, non-seulement signifiait la guérison de cet infirme, mais lui rendait effectivement la santé du corps; ainsi les sacrements par la matière dont on se sert, et par les paroles qu'on profère, non-seulement signifient la sanctification de nos âmes, mais l'opèrent en effet par l'infusion de la grâce.
Le ministre qui n'est qu'un homme, peut-il produire la grâce qui est une chose surnaturelle et divine?
Le ministre visible du sacrement n'est à la vérité, qu'un homme, mais il agit au nom et en la vertu de Jésus-Christ, qui est le

---

(38) Cet avis est d'autant plus important aujourd'hui, que la propagande protestante fait d'incroyables efforts pour semer l'hérésie dans tous les pays du monde, au moyen de bibles falsifiées et d'abominables pamphlets. Ce sont les Anglais surtout qui soudoient ces lâches et indignes tentatives : on sait aussi quel est en France l'ardeur ou la ruse des colporteurs du protestantisme. Jamais il ne fut plus nécessaire d'exercer une active et continuelle vigilance.

pontife invisible, et le ministre principal de la vertu des sacrements, et qui agit par les prêtres comme par ses organes, ainsi qu'il agissait par ses apôtres quand ils faisaient des miracles.

Quelles dispositions sont requises en celui qui administre les sacrements ?

Il doit, 1° avoir l'intention du moins de faire ce que l'Eglise fait, ou ce que Jésus-Christ a institué, car sans intention, le sacrement serait nul; 2° il est encore mieux d'avoir une intention plus expresse d'administrer un tel sacrement; 3° il doit être, ou se mettre en état de grâce, autrement il ferait un sacrilége, traitant indignement les choses saintes.

Et ceux qui donnent les sacrements en état de péché ?

Ils offensent Dieu, mais le sacrement est bon, parce que c'est toujours Jésus-Christ qui fait le sacrement, et qui donne la grâce avec le sacrement, par le ministère des hommes. Ainsi les fruits ne laissent pas de venir très-beaux d'un arbre planté et cultivé par une main très-sale, parce que c'est Dieu, et non le jardinier, qui produit le fruit dans l'arbre, quoique par le ministère du jardinier ; et le cachet de fer ne marque pas moins, que le cachet d'or.

Les sacrements produisent-ils toujours infailliblement la grâce ?

Oui, pourvu qu'on n'y mette pas d'obstacle, s'en approchant indignement; car lorsqu'on dit que les sacrements produisent la grâce par eux-mêmes et par leur propre vertu, ce n'est pas qu'on veuille exclure par là les bonnes dispositions requises à leur réception; mais c'est pour faire voir que ce que Dieu opère en nous, lorsqu'il nous sanctifie par eux, est un bien au-dessus de tous nos mérites, de toutes nos œuvres, de toutes nos préparations, de nos idées et de nos espérances mêmes.

Produisent-ils également la grâce dans tous ceux qui les reçoivent ?

1° Ceux qui sont mieux disposés, la reçoivent avec plus d'abondance, les vaisseaux (39) de cette veuve du temps d'Elie, et de l'époux de Cana, contenaient l'huile et le vin que Dieu produisait à proportion de leur capacité, c'était la même liqueur substantiellement, mais reçue inégalement. Le sacrement est la fontaine, et nos cœurs les vaisseaux. 2° Les sacrements, comme la confirmation, l'Eucharistie, l'ordre, qui communiquent les personnes divines, la grâce substantielle et subsistante, le principe, l'auteur et la source de toute grâce, en produisent sans doute plus que les autres qui ne sont que des ruisseaux de la grâce accidentelle. 4° Et ceux qui nous consacrent spécialement, ainsi que ces trois-là et le baptême.

Quelles sont ces dispositions ?

1° La pureté de conscience ; 2° la dévotion de cœur; 3° la sainteté de vie.

Quels sont les obstacles à la grâce des sacrements ?

1° Le péché; 2° l'indévotion; 3° une vie profane.

Qu'appelle-t-on les sacrements des morts et des vivants ?

Le baptême et la pénitence sont nommés les sacrements des morts, parce qu'ils sont institués pour donner et rendre la vie de la grâce à ceux qui sont morts par le péché, ou originel, ou actuel ; la naissance et la résurrection étant les seules deux portes de la vie ; et les cinq autres, les sacrements des vivants, parce qu'ils supposent dans ceux qui les reçoivent, la vie de la grâce, et qu'ils ont été établis pour la fortifier et l'accroître.

Que produisent donc ceux-ci dans l'âme de celui qui les reçoit, puisqu'il est déjà en grâce ?

Une augmentation de la même grâce.

Que recevons-nous encore par les sacrements ?

Un droit d'obtenir de Dieu dans le besoin les secours nécessaires. Afin, 1° de conserver la grâce sanctifiante reçue par le sacrement ; 2° de parvenir à la fin pour laquelle le sacrement est institué; 3° de s'acquitter avec bénédiction des actions auxquelles le sacrement engage ; 4° de surmonter les obstacles qui pourraient se trouver à tout cela.

Sur quoi est fondé ce droit ?

Sur ce qu'il est de la bonté de Dieu, après nous avoir enrichis de ses bienfaits, de nous donner le moyen de les conserver ; c'est ainsi que, dans l'ordre naturel, il donne non-seulement l'être et la vie, mais encore les moyens de conserver l'un et l'autre.

Que produisent-ils encore ?

Les vertus et les dons du Saint-Esprit, qui sont les apanages de la grâce sanctifiante.

Quoi encore ?

Le caractère, qualité spirituelle et ineffaçable qui s'imprime en notre âme, et qui est comme la marque illustre, et le sceau de notre appartenance à Dieu, et à laquelle on nous connaît pour être à lui, tout ainsi qu'à son chiffre, ou à ses armoiries (40).

Quels sont les effets du caractère ?

1° Il nous orne ; 2° il nous distingue ; 3° il nous donne un droit nouveau.

Quel droit nous donne le baptême ?

De recevoir les autres sacrements.

Et la confirmation ?

De combattre pour la foi.

Et l'ordre ?

D'exercer les fonctions ecclésiastiques.

LEÇON III.

Des cérémonies.

Qu'est-ce que les cérémonies de l'Eglise ?

Des actions religieuses et mystérieuses, qui servent à rendre le culte de Dieu plus majestueux et plus vénérable.

Où leur usage est-il particulièrement requis ?

---

(39) Le mot *vaisseau* est employé ici au lieu de *vases*.

(40) Il importe de dire ici que les trois sacrements qui nous impriment un caractère ineffaçable sont le baptême, la confirmation et l'ordre ; aussi ne peut-on les recevoir qu'une fois.

1° Dans l'oblation du sacrifice ; 2° dans la célébration du service divin ; 3° dans l'administration des sacrements.

A quoi servent-elles ?

1° À l'instruction et à l'édification de ceux qui les voient ; 2° à imprimer le respect et la vénération des choses saintes ; 3° à exciter l'attention et la dévotion intérieure ; 4° à donner une haute idée de nos mystères ; 5° à les rendre plus solennels et plus vénérables.

Qu'avez-vous encore à en dire ?

1° Qu'elles sont comme une espèce de livre et de langage mystérieux, qui rappelle en notre mémoire les bienfaits de Dieu ; 2° qu'elles nous distinguent des hérétiques; 3° que la majesté de la religion, et le respect dû à Dieu les exigent ; 4° qu'elles purifient nos sens, et les prémunissent contre la malice du démon : d'où vient que quand on supplée les cérémonies du baptême à un enfant ondoyé à la maison, on ne laisse pas de l'exorciser encore à l'église, quoiqu'il ne soit plus sous le pouvoir du démon, quant à l'âme, car on a vu par expérience ce que nous enseignent les saints, que leur corps serait sujet sans cela aux vexations de cet esprit malin ; 5° qu'elles touchent et recueillent ; 6° qu'elles donnent des mouvements de piété, et élèvent nos âmes à Dieu.

Que signifient les cérémonies dont on use dans l'administration des sacrements ?

1° Les effets qu'ils produisent ; 2° les dispositions qu'ils exigent ; 3° les devoirs qu'ils imposent.

Montrez cela dans le baptême.

1° Les exorcismes signifient qu'un de ses effets est de délivrer de la tyrannie du diable ; 2° la profession de foi témoigne la disposition où on est d'embrasser la religion de Jésus-Christ ; 3° la robe blanche marque l'obligation que l'on contracte de mener une vie sainte.

Que signifient encore les cérémonies ?

1° Les mystères que Jésus-Christ a opérés autrefois sur la terre pour notre rédemption ; 2° les grâces qu'il répand à présent dans l'Eglise pour notre sanctification ; 3° les récompenses qu'il distribuera un jour dans le ciel pour notre glorification. Ainsi les sacrements expriment trois choses : la première, qui est passée, c'est la Passion que Notre-Seigneur a endurée ; la seconde, qui est présente, c'est la grâce qui nous est conférée ; la troisième, qui est future, c'est la gloire qui nous est promise.

Faites-nous voir cela dans l'Eucharistie.

La célébration des saints mystères représente, 1° l'institution qu'en fit autrefois Jésus-Christ dans le cénacle ; 2° la réfection spirituelle qu'il donne à présent à nos âmes dans ce sacrement ; 3° le banquet céleste qu'il fera un jour aux bienheureux dans le ciel.

D'où vient l'institution des cérémonies ?

1° De Notre-Seigneur Jésus-Christ ; 2° des apôtres ; 3° de l'Eglise gouvernée par le Saint-Esprit ; 4° la religion judaïque avait les siennes, et Dieu en avait prescrit dans l'ancienne Loi.

Pourquoi sont-elles nécessaires ?

L'Eglise est visible, et l'homme est composé de corps aussi bien que d'âme.

Est-ce un grand péché de les mépriser ?

C'est une impiété de libertin, ou de mauvais Catholique.

Ne peut-il pas quelquefois s'y glisser de l'abus ?

Sans doute, aussi bien que dans les plus saintes pratiques.

Que faut-il faire pour n'y pas tomber ?

1° S'attacher à celles qui sont approuvées et pratiquées par l'Eglise ; 2° les faire dans son esprit ; 3° n'y rien ajouter ni diminuer, et se souvenir que l'Eglise, inspirée du Saint-Esprit, les a instituées afin d'exprimer la grandeur et les effets des sacrements, de les administrer avec plus de respect et de majesté, et de marquer les obligations que l'on y contracte.

LEÇON IV.

Du nombre des sacrements et de leur utilité.

Que remarquez-vous de mystérieux dans le nombre des sacrements ?

Que la sagesse et la bonté de Dieu l'ont établi très à propos : 1° pour remédier à tous nos péchés ; 2° pour nous disposer à toutes les vertus ; 3° pour nous perfectionner dans toutes les fonctions de la vie chrétienne.

A quel péché remédie le baptême ? Au péché originel.

Et la pénitence ? Au péché actuel.

Et l'ordre ? Aux péchés d'ignorance.

Et la confirmation ? Aux péchés de faiblesse.

Et l'Eucharistie ? Aux péchés de malice.

Et le mariage ? Aux péchés de convoitise.

Et l'extrême-onction ? Aux restes du péché.

A quelle vertu nous dispose le baptême ? A la foi.

Et l'extrême-onction ? A l'espérance.

Et l'Eucharistie ? A la charité.

Et la confirmation ? A la force.

Et la pénitence ? A la justice.

Et l'ordre ? A la prudence.

Et le mariage ? A la tempérance.

Qu'est-ce que donne le baptême par rapport à la vie surnaturelle ? La naissance.

Et la confirmation ? L'accroissement.

Et l'Eucharistie ? La nourriture.

Et la pénitence ? La santé.

Et l'extrême-onction ? La vigueur.

Et l'ordre ? La fécondité.

Et le mariage ? Il remédie à la convoitise, d'où naît la mort de l'âme.

De cette façon, Dieu a pourvu à notre vie surnaturelle aussi bien qu'à notre vie naturelle, dans laquelle comme il faut naître, croître, manger, remédier aux maladies, être secouru à la mort ; qu'il y en ait qui prennent le soin du gouvernement public, et enfin que les particuliers étant sujets à mourir, d'autres leur soient substitués pour conserver toujours un corps et une société : ainsi par le baptême nous naissons ; par la confirmation nous croissons ; par l'Eucharistie nous nous substentons ; par la pénitence nous nous guérissons ; par l'extrême-onction nous nous fortifions à la mort, et nous dissipons les restes des maladies de l'âme ; l'ordre donne à l'Eglise des pasteurs, et le mariage des sujets. Les cinq premiers sont institués pour le bien particulier des fidèles : les deux derniers pour le bien général de l'Eglise. La pénitence ressuscite, l'extrême-onction ôte la vieillesse spirituelle.

DU BAPTÊME.

LEÇON I.

Bénédiction des fonts. — Lieu et temps de conférer ce sacrement. — Son ministre et sa forme.

Pourquoi bénit-on si solennellement l'eau des fonts baptismaux ?
Pour une plus grande révérence à ce sacrement.

Pourquoi choisit-on la veille de Pâques et de la Pentecôte pour cette bénédiction ?
1° Le baptême est la figure de la sépulture du Sauveur ; 2° c'est le Saint-Esprit qui donne à l'eau la fécondité spirituelle requise à notre régénération spirituelle ; 3° la mort et la résurrection du Sauveur sont les deux mystères dont la grâce est donnée par le baptême.

Que signifie le cierge allumé qu'on plonge dans l'eau ?
1° Jésus-Christ baptisé au Jourdain par saint Jean ; 2° le Saint-Esprit communiqué par le baptême ; 3° le fidèle enseveli avec Jésus-Christ.

Et le mélange des saintes huiles et du chrême ?
1° L'effusion de la grâce qui nous oint dans le baptême ; 2° le remède que nous y trouvons à nos maux ; 3° la force que nous y recevons ; 4° la consolation que nous y goûtons ; 5° le feu sacré dont nous nous y embrasons ; 6° la bonne odeur que nous répandons.

Quel est le ministre de ce sacrement ?
L'administration solennelle du baptême appartient, 1° au pasteur ; 2° au prêtre commis par lui ; 3° tout le monde, en cas de nécessité urgente, peut le conférer sans solennité ; 4° il est néanmoins de l'ordre que le laïque ne baptise pas devant l'ecclésiastique, ni la femme devant l'homme, ni le père son propre enfant, s'il y a quelque autre personne.

Est-il permis de différer plusieurs jours le baptême aux petits enfants, pour attendre leurs parrains et marraines ?
Non, c'est un grand abus, et si les enfants meurent sans baptême, les pères et les mères en répondront devant Dieu.

Peut-on baptiser les enfants à la maison ?

Non, sans grande nécessité, et permission expresse.

Est-il permis d'ondoyer sans faire les cérémonies du baptême ?
Non, on ne le doit point sans un péril évident de mort.

Si l'enfant se porte mieux après avoir reçu l'eau, que faut-il faire ?
Le porter aussitôt à l'église paroissiale destinée à l'administration du baptême, et appelée pour cela l'église matrice, afin d'y recevoir les onctions et les autres cérémonies, dont le retardement donne lieu aux infestations du démon.

Pourquoi doit-on particulièrement répandre l'eau sur la tête ?
Tout l'homme est en quelque façon dans la tête, c'est où résident tous les sens et les organes des puissances de l'âme, ainsi la tête lavée, l'homme est censé l'être tout entier (41).

Pourquoi invoque-t-on les trois personnes divines, et verse-t-on trois fois de l'eau en baptisant ?
Pour nous apprendre, 1° que nous sommes consacrés à un seul Dieu en trois personnes ; 2° que le mystère de la très-sainte Trinité est le grand et principal objet de la foi, dont nous faisons profession dans ce sacrement ; 3° qu'il retrace en nous l'image des trois personnes divines effacée par le péché, en sorte que la Trinité marquée dans la création de l'homme, est expressément déclarée dans sa régénération ; 4° que nous contractons alliance avec le Père, le Fils, et le Saint-Esprit, devenant les enfants adoptifs du Père, les frères du Fils, et les temples du Saint-Esprit.

Quels avantages tirons-nous de devenir par le baptême les enfants du Père ?
1° D'entrer en communication des droits, privilèges et grandeurs de Jésus-Christ son Fils bien-aimé, étant faits par grâce ce qu'il est par nature ; 2° d'oser en toute confiance nous adresser dans nos nécessités au Père céleste, et nous reposer de nos intérêts sur ses soins paternels ; 3° d'avoir un droit acquis sur le paradis.

Quelle obligation nous impose cette qualité envers Dieu le Père ?
1° De l'honorer infiniment ; 2° de l'aimer souverainement ; 3° de lui obéir fidèlement.

Quels avantages tirons-nous de devenir par le baptême membres de Jésus-Christ ?
1° De l'avoir pour chef ; 2° d'être uni à lui ; 3° de parler par lui à son Père, comme le corps parle par la langue ; 4° de recevoir son influence et sa direction ; 5° de vivre de sa propre vie.

Quelle obligation nous impose cette qualité envers Jésus-Christ ?
1° De n'être pas des membres perclus ni pourris, tels que le péché nous rend ; 2° d'être souples et obéissants aux mouvements de Jésus-Christ notre chef ; 3° de nous

---

(41) Il faut expliquer ici que, pour donner le baptême, on doit verser de l'eau sur la tête de l'enfant, et dire en même temps : « Je te baptise au nom du Père, du Fils et du Saint-Esprit, » et avoir l'intention de faire ce que fait l'Eglise.

aimer les uns les autres en Jésus-Christ (42).

Quels avantages tirons-nous de devenir par le baptême les temples du Saint-Esprit?

1° D'être dédiés et consacrés au culte de Dieu; 2° de servir d'organes et d'instruments animés à ce divin Esprit; 3° de voir nos âmes élevées au rang de ses chastes épouses, qu'il s'unit par amour, et qu'il rend fécondes en bonnes œuvres.

Quelle obligation nous impose cette qualité envers le Saint-Esprit?

De ne souiller jamais notre corps ni notre âme par le péché, un vase une fois consacré ne devant plus être employé à des usages profanes et honteux; 2° d'être fidèles aux inspirations de cet Esprit-Saint; 3° de nous adonner à la pratique des vertus, dont il est le principe.

De quoi est composé ce temple spirituel que le Saint-Esprit érige en nos cœurs par le baptême?

Les trois vertus théologales sont les principales parties de cet édifice: la Foi en pose le fondement, l'Espérance en élève les murs, la Charité y met le toit, le comble ou la perfection; les autres vertus en sont les richesses et les ornements; l'hôte qui l'habite est le Saint-Esprit.

L'humilité n'en est-elle pas, aussi bien que la foi, le fondement?

L'humilité tient lieu de tuf ou de roc, et la foi de pierre fondamentale, d'où il s'ensuit que la foi d'un superbe n'est guère solide, de là les hérésies.

LEÇON II.

Effets, unité et nécessité du baptême.

Quels sont les effets du baptême?

Il remet, 1° le péché originel; 2° le péché actuel, si celui qu'on baptise en a déjà commis; 3° la peine due au péché, le baptême de Jésus-Christ étant un baptême non de pénitence comme celui de saint Jean, mais d'indulgence.

Que s'ensuit-il de là?

1° Qu'on n'impose aucune pénitence à celui qu'on baptise, comme s'il restait quelque peine à expier; 2° que s'il meurt incontinent après avoir été baptisé, il va droit en paradis sans retardement.

D'où vient donc, si le baptême nous remet les peines dues au péché, que nous sommes encore sujets aux misères de la vie, à la faim, à la soif, aux maladies, à la vieillesse, à la mort?

1° Le baptême nous ôte bien les peines de cette vie, mais non pas dès cette vie; ce ne sera qu'après la résurrection qu'il nous en affranchira: car ce que nous en serons alors exempts, sera l'effet de notre régénération en ce monde, d'où vient qu'au langage de saint Paul (*I Cor.* xv, 26), la mort est la dernière ennemie que Jésus-Christ détruira pour lors avec toutes les suites qui en dépendent (de la manière que l'Eucharistie, dès à present, nous donne l'immortalité et l'incorruption); en attendant, il ôte la crainte de ces peines, il attire la grâce d'en faire un bon usage, et il nous soutient par l'espérance d'en être un jour délivrés; ainsi il détruit dès à présent leur tyrannie; 2° les peines suivent la nature et ne retardent point l'entrée du ciel; 3° le baptême nous fait membres de Jésus-Christ passible et mortel; or, nous ne devons pas être plus privilégiés que notre Chef; 4° les infidèles ne rechercheraient le baptême qu'en vue de cette exemption, et le sacrement de la mort de Jésus-Christ deviendrait un moyen de se procurer la vie sensuelle d'Adam; 5° l'effet des sacrements étant sensible, ne serait plus un objet de foi; 6° enfin ce que Dieu produit dans les sacrements, regarde plutôt l'espérance des biens à venir que la possession de ceux de cette vie, dit saint Augustin.

D'où vient encore que, par le baptême, Jésus-Christ ne nous ôte pas la concupiscence?

Afin, 1° d'éprouver notre fidélité; 2° de donner lieu à la pratique des vertus; 3° et l'acquisition des mérites et des récompenses; 4° pour nous faire souvenir et gémir du péché originel qui en est la source; 5° et nous tenir dans l'esprit d'humilité, de dépendance, de pénitence, d'oraison, d'estime de la grâce, de défiance de nous-mêmes; 6° de nous faire soupirer après le ciel; car ce ne sera que là où notre délivrance sera parfaite, entière et achevée. Cependant, si le baptême ne nous ôte pas la convoitise, il en modère l'ardeur et il nous confère la force de la vaincre. C'est ainsi que les Israélites n'entrèrent pas dans la terre de promission dès le moment qu'ils furent délivrés de la tyrannie de Pharaon, et qu'ils eurent passé la mer Rouge, figure du baptême, et que Dieu leur laissa des ennemis à combattre, même après qu'ils s'en furent rendus maîtres.

Quels sont les autres effets du baptême?

Il nous donne, 1° la grâce sanctifiante; 2° des secours pour vivre chrétiennement; 3° les vertus infuses, particulièrement la foi, l'espérance et la charité; 4° le caractère de Chrétien; 5° il nous ouvre le ciel; 6° il chasse et dépossède le démon.

Quels sont les effets du caractère du baptême?

1° De nous agréger ou nous incorporer au peuple de Dieu; 2° de nous donner droit à la réception des autres sacrements; 3° de nous faire participer aux biens communs entre les fidèles.

A quoi nous oblige-t-il?

1° A mener une vie sainte et ressuscitée; 2° à faire profession de l'Évangile ou de la loi nouvelle; 3° à nous soumettre aux lois de l'Église, dont nous devenons les enfants et les sujets.

L'eau est-elle une matière convenable au baptême?

---

(42) C'est aussi pour nous apprendre à ne pas nous souiller par le péché, mais pour nous conserver dans la sainteté du *chef* dont nous sommes les *membres*.

Oui, et ses qualités représentent bien les effets du baptême.
Dites-les ?
1° De toutes les liqueurs elle est celle qui lave le mieux ; 2° elle est, de sa nature, féconde ; 3° froide ; 4° transparente ; 5° liquide.
Que signifie ce qu'elle est très-propre à laver ?
Que le baptême nous purifie parfaitement des souillures du péché.
Et ce qu'elle est féconde ?
Que nous trouvons dans le baptême notre régénération spirituelle.
Et qu'elle est froide ?
Que le baptême nous donne grâce contre le feu de la convoitise et des passions.
Et ce qu'elle est transparente et diaphane, ou susceptible de la lumière ?
Que le baptême illumine notre âme par la foi.
Et ce qu'elle est liquide ?
Que c'est le sang de Jésus-Christ qui découla sur le Calvaire, qui dans le baptême nous purifie de nos péchés ; 2° l'eau dont on couvre notre corps en nous baptisant, représente la mort et la sépulture du Sauveur, et fait voir que nous sommes ensevelis avec lui par le baptême, pour ne plus vivre de la vie du vieil homme ; 3° quand nous sortons de dessous l'eau, cela exprime la résurrection de Jésus-Christ et la vie nouvelle que nous devons mener après avoir reçu ce sacrement (43).
Ne peut-on être baptisé qu'une fois ?
Non ; car, 1° on ne saurait naître deux fois non plus spirituellement que corporellement ; 2° on ne peut non plus mourir deux fois ; or le baptême est une mort à la vie d'Adam ; 3° l'unité de la mort de Jésus-Christ a consacré l'unité du baptême ; 4° le péché originel une fois remis, ne se contracte plus ; 5° le caractère une fois imprimé ne s'efface plus.
Le baptême est-il absolument nécessaire au salut ?
Oui, et le baptême est non-seulement le premier, mais encore le plus nécessaire de tous les sacrements.
Pourquoi le premier ?
Sans le baptême qui nous régénère, nous sommes incapables des autres sacrements, tout ainsi que nous le sommes des biens de cette vie, si nous ne sommes formés au sein de nos mères.
Pourquoi le plus nécessaire ?
Nul, s'il n'est baptisé, n'entrera jamais dans le royaume des cieux ; c'est pourquoi Jésus-Christ, par son infinie bonté, a voulu que la matière en fût très-commune, et que toute personne le pût conférer au besoin ; mais outre le baptême d'eau, il y a encore le baptême de vœu et le baptême de sang.
Qu'est-ce que le baptême de vœu ?
C'est quand une personne, à l'usage de raison, désire ardemment le baptême, et se repent de ses péchés, et qu'on manque d'eau pour le lui conférer (44).
Sera-t-il sauvé s'il meurt en cet état ?
Oui.
Qu'est-ce que le baptême de sang ?
C'est le martyre, quand on donne sa vie pour la foi.
Quel est le plus excellent de ces trois ?
Le baptême de sang.
Pourquoi ?
Il est, 1° une plus vive expression, et une plus parfaite imitation de la Passion du Sauveur, que n'est le baptême d'eau ; 2° une plus excellente, et une plus authentique profession de la foi chrétienne ; 3° un acte d'une plus grande et plus parfaite charité.

LEÇON III.

Cérémonies et obligations du baptême.

Qu'est-ce qu'un catéchumène ?
Celui qui se fait instruire et disposer au baptême, ou qui s'y présente, que l'on catéchise pour cela.
Pourquoi s'arrête-t-il à la porte ?
Pour faire voir qu'il est exclu, par sa naissance charnelle de la société des saints, et du droit d'entrer au ciel, figuré par l'Église.
Pourquoi le prêtre l'exorcise-t-il ?
Pour chasser de lui le diable dont il est né esclave par le péché originel.
Pourquoi le prêtre se sert-il du souffle ?
1° Pour humilier cet esprit superbe ; 2° pour allumer contre lui le feu de l'enfer ; 3° pour exprimer la venue du Saint-Esprit, que Notre-Seigneur communiqua ainsi à ses apôtres, et va redonner à l'homme, par la régénération, cette vie que Dieu lui inspira autrefois par son souffle dans sa première formation.
Pourquoi fait-il des signes de croix sur l'enfant, particulièrement sur sa tête et sur l'estomac ?
Pour signifier le caractère du Chrétien qu'on reçoit, et que c'est par la vertu de la croix, 1° que le démon est vaincu ; 2° que nous avons été rachetés ; 3° que nous sommes purifiés, consacrés et sanctifiés. Ainsi quand on veut bâtir un temple qui doit être consacré à Dieu, on marque le fond qu'on y destine, et on commence à le sanctifier en y plantant la croix.
Pourquoi encore ?
Pour nous apprendre, 1° que le baptême tire toute sa vertu de la Passion du Sauveur ; 2° qu'un baptisé doit mener une vie crucifiée ; 3° que tout est corrompu dans l'homme,

(43) Ces pieuses interprétations n'expriment qu'un sentiment particulier, et d'autres explications nous sont aussi données par les saints Pères et les théologiens ; mais celles-ci ont néanmoins leur valeur.

(44) Le baptême de désir supplée non-seulement au manque d'eau, mais à toute impossibilité absolue de recevoir le sacrement. Il faut alors être animé d'une foi vive, et pénétré d'une contrition véritable de ses péchés. Un infidèle qui aurait entendu parler de la religion chrétienne sans la connaître, et qui mourrait avec le désir sincère de lui appartenir et avec le repentir profond de ses fautes, serait sauvé.

son esprit par l'ignorance, et son cœur par la convoitise.

Pourquoi met-il la main sur la tête de l'enfant?

Afin, 1° d'en prendre comme possession de la part de Dieu; 2° de le consacrer ainsi qu'une victime; 2° de le mettre sous la protection divine; 4° de s'opposer au démon à ce qu'il ne revienne.

Que signifie le sel qu'il met dans la bouche de l'enfant?

1° La grâce du baptême, qui doit lui redonner la vertu de l'immortalité et le goût des choses divines; 2° la sagesse toute céleste qui doit reluire en lui, et dont le sel est le symbole; 3° la vie incorruptible qu'il doit mener; 4° l'obligation qu'il a d'être le sel de la terre, et non-seulement de se préserver de la pourriture du péché, mais même d'en préserver les autres.

Et la salive mise sur l'organe de l'ouïe et de l'odorat?

Qu'il doit, 1° être attentif et docile à la parole de Dieu, ainsi qu'une brebis à la voix du pasteur; 2° répandre partout la bonne odeur de Jésus-Christ; 3° qu'à l'exemple de l'aveugle-né, c'est la grâce qui découle de Jésus-Christ notre Chef qui l'illumine, et qui le fait être un de ses membres.

Pourquoi l'introduit-il ensuite dans l'église?

On l'avait d'abord arrêté à la porte pour témoigner qu'étant dans le péché et esclave du démon, il était indigne d'entrer et dans la maison de Dieu, qui est l'église, et dans le ciel, que l'église représente: on l'y admet à présent pour lui marquer que le baptême, le faisant enfant de Dieu, va lui donner accès à l'un et à l'autre.

Pourquoi lui demande-t-il s'il renonce à Satan, à ses œuvres et à ses pompes?

Afin de savoir, 1° s'il est bien résolu auparavant, d'embrasser la loi de Jésus-Christ, de renoncer à la tyrannie du démon, car nul ne peut servir à deux maîtres; 2° si c'est pour toujours qu'il y renonce; 3° s'il renonce à son culte et à toute la vieille créature qui lui appartient, comme une suite de sa tyrannie sur l'homme, pour qui elles avaient été faites.

Quel est Satan?

Cet ancien serpent à qui le genre humain était asservi.

Quelles sont ses œuvres?

Les péchés et les maximes corrompues du siècle.

Dites-en quelques-unes.

Qu'il faut faire comme les autres, c'est-à-dire être libertin, débauché, ambitieux: qu'il est honteux de ne se pas venger quand on a été offensé, d'être pauvre, humble, modeste, dévot, etc.

Qu'appelez-vous les pompes du diable?

Les vanités et leur éclat trompeur: une vapeur brillante et lumineuse, qui se dissipe après avoir trompé ceux qui s'y amusent.

Marquez-les en particulier.

1° Les grandeurs du monde; 2° les délices de la vie; 3° les commodités des richesses; 4° le luxe des habits et des meubles; 5° les jeux et les spectacles profanes, etc.

Que dites-vous des promesses qu'on fait au baptême de renoncer à toutes ces choses?

Qu'elles sont très-authentiques, et que nous sommes obligés de les tenir inviolablement, puisque nous les faisons, 1° à Dieu; 2° entre les mains du prêtre, qui est son ministre et qui le représente; 3° publiquement; 4° dans l'église au pied des autels; 5° à la face du ciel et de la terre; 6° en la présence de la très-sainte Trinité, et de Jésus-Christ, des anges et des saints, des hommes et des démons; 7° que nous le scellons par la profession du christianisme et par la réception d'un sacrement, et sur la parole que nous donnons de les accomplir; 8° que Dieu ne nous reçoit à sa grâce qu'à cette condition.

Comment les saints Pères ont-ils appelé ces promesses?

1° Un contrat, parce que l'engagement entre Dieu et nous est réciproque, nous lui promettons de renoncer à la terre, il nous promet le ciel; 2° des vœux, ce qui marque l'obligation étroite que nous avons de les garder.

Que dites-vous après cela de ceux qui craignent de paraître vertueux et vrais Chrétiens?

Qu'ils manquent aux obligations et à la grâce du baptême.

Pourquoi demande-t-on au catéchumène s'il veut être baptisé?

Pour lui faire voir la conséquence de la chose, et des obligations qu'il va contracter.

Que signifie la profession de foi que fait le catéchumène?

1° Le désir qu'il a de passer des ténèbres du péché à la lumière de l'Evangile; 2° et qu'ayant déjà la foi, il en demande le sceau, s'il est en âge de cela.

Et l'onction de l'huile sacrée et du saint chrême qu'on lui fait en forme de croix sur la poitrine et sur les épaules?

1° L'effusion de la grâce qui fait le Chrétien; 2° l'amour dont il doit brûler; 3° la force dont on revêt pour combattre les ennemis du salut; 4° l'affection avec laquelle il doit se charger du joug suave et léger du Seigneur; 5° l'obligation qu'il contracte de porter la croix après Jésus-Christ; 6° la douceur et la consolation intérieure dont Dieu accompagne les croix qu'il envoie; 7° le baume figure la bonne odeur de Jésus-Christ que le baptisé doit répandre, et qu'étant mort au péché, le baptême est pour lui un préservatif contre la corruption; 8° le mélange de l'huile et du baume signifie l'union de la nature divine et de la nature humaine en Jésus-Christ, dont on est rendu participant par le baptême.

Pourquoi un parrain et une marraine?

Pour avoir, 1° des témoins de sa profession; 2° des répondants de sa vertu; 3° des surveillants de sa conduite; 4° l'Église occupée des besoins généraux du peuple, se décharge du soin ordinaire des particuliers sur des personnes choisies, semblable à une mère qui, pleine du soin des affaires domestiques de toute la famille, pourvoit son enfant d'une nourrice et d'un pédagogue qui lui en rendent compte; et qui puissent, s'il vacille, l'affermir; s'il tombe, le relever; s'il s'égare, le redresser.

Quels doivent-ils être?

1° Catholiques; 2° de bonnes mœurs et de bonne réputation; 3° instruits dans la religion; 4° modestement vêtus.

Quelle obligation contractent-ils?

De prendre soin que l'enfant qu'ils ont tenu sur les fonts soit instruit dans la foi et dans la piété, quand il en sera capable.

Pourquoi donne-t-on le nom d'un saint?

1° A une nouvelle créature il faut un nouveau nom; 2° à un apprenti, il faut un patron à imiter et un original à copier; 3° à une personne faible, il faut un protecteur et un défenseur; 4° cela signifie aussi que son nom vient d'être écrit au livre de vie; 5° qu'il est mis comme en la sauvegarde de Dieu et des saints; 6° qu'il appartient à un nouveau maître.

Que signifie l'onction qu'on fait sur le sommet de sa tête?

1° La qualité de Chrétien, c'est-à-dire d'oint et de sacré qu'il vient de prendre, qui est une communication de l'onction que Jésus-Christ possède en plénitude, et qui découle de lui sur nous, comme du chef sur les membres; 2° la participation au sacerdoce et à la royauté de Jésus-Christ, à laquelle il est associé.

Et la robe blanche dont on le revêt?

1° La justice originelle qu'il vient de revêtir, et dont le péché l'avait dépouillé; 2° l'innocence de vie qu'il doit mener; 3° la sainteté de Jésus-Christ qui doit l'orner sur la terre et dans le ciel; 4° la victoire qu'il a remportée sur le démon, et la liberté qu'il a recouvrée; car on habillait ainsi ceux qui triomphaient ou ceux qu'on affranchissait; 5° la gloire de la résurrection, dont le baptême est comme le sacrement.

Et le cierge allumé qu'on lui met à la main?

1° La foi opérant par la charité, dont cet enfant de lumière doit éclairer et brûler, qui l'oblige à croire et à faire; 2° la vie exemplaire qu'il doit mener; 3° les noces spirituelles qu'il vient de célébrer; 4° l'obligation qu'il a de vivre selon la lumière de la foi, et non suivant la raison ou le sens.

Qui se conduit selon le sens? La bête.
Et selon la raison? Le philosophe.
Et selon la foi? Le Chrétien.
Qu'est-ce que se conduire selon la foi?

C'est juger des biens et des maux, et de toutes choses, non pas suivant le rapport d'une raison humaine et politique, ni conformément à l'inclination des sens, mais suivant ce que la foi, bien élevée au-dessus de l'une et de l'autre, nous en apprend et nous en découvre; car si la raison corrige les sens, la foi corrige la raison.

Pourquoi tant de cérémonies?

La dévotion des premiers fidèles et des plus anciens Pères instruits par les apôtres, les ont sagement et religieusement observées: afin, 1° d'exprimer les excellents effets de ce sacrement; 2° d'en instruire les fidèles; 3° d'empêcher qu'on en diminuât l'estime et le respect qu'on en doit avoir, rien n'étant plus à craindre parmi les Chrétiens, que l'avilissement des choses saintes; 4° de rendre plus solennelle la profession du Christianisme, et l'entrée à l'église.

Pourquoi présente-t-on l'enfant baptisé devant l'autel?

1° Il appartient à présent à Dieu; 2° il peut s'approcher de lui; 3° participer à l'Eucharistie; 4° être regardé comme une victime dévouée au culte de Dieu.

Pourquoi enregistre-t-on son nom?

1° Il est enrôlé dans une nouvelle milice; 2° il est écrit au livre de vie, s'il garde la grâce de son baptême.

Pourquoi sonne-t-on les cloches?

En signe de joie de ce que, 1° un enfant est né à l'Eglise; 2° le sang de Jésus-Christ vient de triompher et de dépouiller le démon; 3° une âme est mise en voie de salut; 4° le ciel est en fête à la conversion d'un pécheur.

Est-il bon de méditer chaque année les promesses du baptême et de lire quelque livre de piété là-dessus?

C'est une pratique excellente d'en user ainsi, particulièrement le jour, 1° de son baptême; 2° de son patron; 3° de la sainte Trinité; 4° la veille de Pâques et de Pentecôte; 5° le dimanche dans l'octave de l'Épiphanie; 6° quand on assiste au baptême de quelqu'un.

Rénovation des promesses du baptême.

Mon Dieu, je vous remercie de ce qu'après m'avoir créé et mis au monde, vous avez voulu, par une seconde miséricorde, comme me recréer et me régénérer, en me faisant naître dans le sein de l'Eglise catholique, et en me donnant par le baptême la qualité glorieuse de votre enfant. J'ai protesté lors, par la bouche d'autrui, que je renonçais à Satan et à toutes ses pompes, et que je voulais embrasser la loi de votre Fils bien-aimé Jésus-Christ Notre-Seigneur, et vivre suivant sa doctrine et ses exemples; mais, mon Dieu, que j'ai mal gardé de si saintes promesses! Je me suis laissé séduire aux vanités du siècle, et corrompre aux attraits du péché: je viens donc aujourd'hui moi-même renouveler, et ratifier en personne ces premiers engagements, et détester cet ancien serpent qui me tenait asservi: agréez, Seigneur, cette seconde profession de foi, et la renonciation solennelle que je fais de nouveau au monde, au diable et à la chair. Rendez-moi, mon Dieu, la robe d'innocence dont vous m'aviez revêtu, allumez dans mon cœur le flambeau de la foi que vous y aviez allumé, et faites-moi trouver dans les larmes de la pénitence, la pureté dont vous m'ornâtes au jour de mon baptême. Ainsi soit-il.

DE LA CONFIRMATION.

LEÇON I.

Le nom, la nature, la différence, l'institution et le ministre de ce sacrement.

Pourquoi nomme-t-on ce sacrement, confirmation?

1° A cause de ses deux principaux et plus importants effets, d'affermir la foi et de fortifier la grâce reçue au baptême. 2° Nous y ratifions de nouveau les promesses que nous avons faites à Dieu dans le baptême, et Dieu, par une nouvelle et plus abondante effusion de son esprit et de sa grâce, nous y confirme les dons qu'il nous avait faits alors : de sorte que le baptême est comme le titre de la donation, et la confirmation le sceau. 3° Nous avons dû mener une vie assez sainte depuis le baptême pour mériter d'être confirmés dans la glorieuse possession du nom de Chrétien.

Quelle différence y a-t-il entre le baptême et la confirmation?

1° Le baptême donne la naissance, et la confirmation l'accroissement dans la vie spirituelle; 2° les fonts baptismaux sont comme la matrice et le sein où notre mère la sainte Église nous conçoit en Jésus-Christ, et la robe dont elle nous revêt alors, représente les langes de notre enfance spirituelle, et la confirmation nous donne la robe virile; 3° le baptême nous lave dans l'eau, et nous nettoie des souillures du péché, et la confirmation nous purifie dans le feu, et nous orne de vertus : car, s'il est vrai que nous renaissons dans le baptême par l'eau et par l'esprit, ainsi qu'assure Notre-Seigneur dans l'Evangile, et que cette régénération produise en nous une source d'eau vive et rejaillissante en la vie éternelle, dans la confirmation nous sommes animés et renouvelés une seconde fois par l'Esprit-Saint, et par le feu divin que le Sauveur a dit être venu porter en terre pour l'embraser de son amour; c'est pourquoi, comme un vase est bien plus purifié lorsqu'on le fait passer par le feu, que lorsqu'on le lave dans l'eau, le second renouvellement par la confirmation ajoute un nouveau degré de pureté au baptême, et donne une consistance plus solide et une force plus grande; 4° par le baptême nous participons à la grâce du Sauveur, ou de Jésus; et par la confirmation, à la plénitude exprimée par le mot de Christ, y étant oints et fortifiés de la grâce qui découle de Jésus-Christ sur nous, comme du chef sur les membres, et de la source dans les canaux; 5° enfin le baptême nous fait des enfants; et la confirmation des hommes parfaits en Jésus-Christ.

Qu'est-ce à dire?

Qu'il doit y avoir autant de différence entre la vertu d'un simple fidèle qui n'est que baptisé, et celle de ce même fidèle quand il sera confirmé, comme il y en a entre la force naturelle d'un jeune enfant, et celle de ce même enfant quand il sera parvenu à l'âge viril : en sorte que comme un petit enfant, quoiqu'il ait la vie, n'en peut néanmoins exercer les fonctions que faiblement, qu'il marche avec peine, qu'il parle difficilement, qu'il raisonne imparfaitement, et en un mot, que toutes ses actions se ressentent de l'infirmité de son enfance : et qu'au contraire un homme à la fleur de son âge parle, raisonne, et agit avec force et vigueur; ainsi un fidèle baptisé n'est encore, pour ainsi dire, qu'un enfant dans la pratique des vertus, en comparaison de ce qu'on attend de lui quand il aura reçu la grâce de la confirmation.

Expliquez encore plus cette vérité?

C'est que si cet homme n'ayant encore reçu que le baptême, trouvait de la peine dans la pratique des vertus, et dans l'exercice des bonnes œuvres : si l'humilité lui paraissait fâcheuse, la pénitence laborieuse, la pauvreté rude, la charité difficile, il faut étant confirmé, qu'il s'élève au-dessus de lui-même, que ces mêmes vertus lui deviennent faciles et aisées, qu'il trouve son plaisir et sa gloire dans le mépris, dans les souffrances et dans les persécutions, que nulle difficulté ne l'arrête, qu'il parle mieux et plus hardiment de la piété, qu'il raisonne avec plus de force des mystères et des vérités de notre religion, enfin que ses démarches dans la voie des commandements de Dieu soient plus fermes, ses sens plus expérimentés dans le discernement du bien et du mal, ses actions de piété plus réglées et plus mâles, son raisonnement dans la foi plus fort, plus solide et plus juste.

Que s'ensuit-il de tout cela?

1° Que si le sacrement du baptême est plus nécessaire, celui de la confirmation est plus excellent; 2° qu'encore que le baptême et la confirmation soient bien deux sacrements différents de leur nature, néanmoins, par rapport à la vie spirituelle de nos âmes, celui de la confirmation est comme la perfection et la consommation de celui du baptême; 3° qu'il faut être baptisé pour être confirmé, tant parce que le baptême est la porte des sacrements, et nous rend capables de les recevoir, qu'à cause que l'accroissement suppose à la naissance.

Quand Jésus-Christ a-t-il institué ce sacrement?

On tient communément que ce fut le jeudi veille de sa Passion, et que de là est venue la coutume de bénir le saint chrême ce jour-là, ainsi qu'enseigne le Pape Fabien, illustre par la sainteté de sa vie, et par la gloire de son martyre.

L'a-t-il lui-même administré?

Non, la plénitude du Saint-Esprit qui nous y est conférée, devait être le fruit de son exaltation à la droite de son Père; étant raisonnable que le corps naturel fût glorifié avant le corps mystique.

L'a-t-il voulu recevoir?

Non, cela eût dérogé à la plénitude de l'onction intérieure, ou de la grâce qui était en lui : mais le Saint-Esprit descendant sur lui en forme de colombe incontinent après son baptême, fut une figure sensible de ce qui s'opère invisiblement dans celui qui reçoit dignement la confirmation, que par cette raison on administrait autrefois incontinent après le baptême.

Ce sacrement était-il d'usage dans l'ancienne Loi?

Non; la plénitude du Saint-Esprit qui nous y est conférée, ne devait être accordée qu'après la venue de Jésus-Christ, qui a mérité à son Eglise cette effusion de grâce, par l'effusion de son sang; outre que ce sacrement étant un sacrement de perfection, la Loi ancienne qui ne contenait que des figures et des promesses, et qui ne communiquait rien de parfait, n'en était pas capable.

Etait-il promis et figuré?

Sans doute, et l'Eglise avec les saints Pères, enseigne que la colombe qui porta le rameau d'olivier à Noé, et l'arc-en-ciel qui parut ensuite sur la nue, furent les figures et du baptême, dans lequel nos péchés sont submergés, et de la confirmation, qui nous donne le Saint-Esprit avec ses lumières et ses ardeurs, et achève notre entière et parfaite réconciliation : et Dieu par la bouche de ses prophètes, n'a rien plus souvent et plus solennellement promis, que l'effusion de son Saint-Esprit par la loi de grâce.

Pourquoi appelle-t-on quelquefois ce sacrement imposition des mains?

Il s'est toujours conféré par cette cérémonie et Notre-Seigneur même, pour en donner quelque idée, et désigner l'institution qu'il en devait faire dans son Eglise imposait souvent ses mains adorables sur la tête des enfants, et leur donnait sa bénédiction, insinuant ainsi peu à peu ce qu'il établirait dans la suite.

Pourquoi le Saint-Esprit ne descend-il pas visiblement comme autrefois, quand on confirme?

1° Dieu veut donner lieu à l'exercice et au mérite de la foi ; 2° la religion est suffisamment établie, aussi bien que la croyance de la venue invisible du Saint-Esprit; c'est ainsi, dit saint Grégoire, que le jardinier habile cesse d'arroser une plante lorsqu'elle a pris entièrement racine; 3° l'établissement des choses spirituelles et intérieures est d'abord autorisé par quelque merveille extérieure qui cesse ensuite, dit saint Chrysostome; 4° enfin qui demanderait un prodige après tous ceux qui ont éclaté, serait lui-même un grand prodige ; 5° mais puisqu'il ne plaît pas au Saint-Esprit de faire éclater sa présence en nous, en y opérant des miracles visibles, prions-le de faire connaître que sa grâce y est, en nous faisant pratiquer les vertus.

N'a-t-on pas déjà reçu le Saint-Esprit dans le baptême?

Oui, mais dans la confirmation il est donné sous un signe nouveau et par un sacrement institué à cette fin, il fait éclater sa présence d'une manière plus déclarée et plus manifeste, et il produit des effets tout singuliers et tout nouveaux : ainsi la sainte Vierge et les apôtres reçurent ce divin Esprit au jour de la Pentecôte, quoiqu'ils l'eussent déjà en eux auparavant.

Qui peut administrer la confirmation?

Les seuls évêques successeurs des apôtres, que nous lisons aussi avoir seuls conféré ce sacrement dans l'Ecriture.

D'où vient que cela leur est réservé?

1° Ce sacrement met celui qui le reçoit dans un degré de perfection au-dessus des autres, et l'engage à mener une vie plus parfaite, et les évêques sont dans un état de perfection ; 2° ils ont la perfection du sacerdoce, c'est à eux à donner la perfection du christianisme; 3° le Fils de Dieu n'envoya le Saint-Esprit sur son Eglise qu'après être élevé à la droite de son Père, c'est donc aux évêques, qui le représentent dans cet état de gloire, à donner la plénitude du Saint-Esprit par la confirmation, vraie Pentecôte pour ceux qui la reçoivent dignement ; 4° les simples prêtres par le baptême et le catéchisme, secondés des autres ministres inférieurs posent le fondement de l'édifice spirituel dans le Chrétien ; l'évêque est l'architecte qui consomme l'ouvrage et qui fait la dédicace de ce temple; 5° c'est aux grands maîtres de l'art à mettre la main aux ouvrages, pour en faire des chefs-d'œuvre ; 6° enfin ils sont les chefs des armées du Seigneur, c'est à eux à enrôler les soldats dans cette milice sainte (45).

Les vieillards, les femmes, et les enfants qu'on confirme, peuvent-ils être de bons soldats?

Non, s'il s'agissait d'une force humaine et de combats corporels; mais dans la milice de Jésus-Christ il s'agit de combattre le monde, le diable et la chair, de vaincre ses passions et ses convoitises, et de perdre plutôt la vie que la foi, de quoi toute sorte d'âge et de sexe est capable, moyennant la grâce de la confirmation, et la vertu du Saint-Esprit qui se communique aux plus faibles et qui reluit davantage en eux : d'où vient que tant de vieillards, d'enfants et de jeunes filles ont souffert des tourments atroces et une mort cruelle avec une constance héroïque, sans murmurer ni se plaindre, et souvent même avec plus de zèle et de joie que les hommes forts et robustes, l'Esprit divin triomphant en eux et prévalant à toute la fureur des tyrans et des bourreaux : et sans doute ce ne fut pas sans mystère que Notre-Seigneur voulut se préparer à sa Passion dans le jardin des Olives, insinuant par là que ce serait sous la liqueur de ce fruit, comme sous un signe sacré que nous recevrions dans son Eglise cette force si nécessaire et si salutaire; aussi apprenons-nous de l'Eglise, dans la bénédiction des saintes huiles le jeudi saint,

---

(45) De simples prêtres peuvent administrer le sacrement de confirmation, en vertu d'un pouvoir spécial qui leur est délégué dans quelques circonstances exceptionnelles. On en voit des exemples dans les missions lointaines où les évêques ne peuvent se transporter qu'à des intervalles très-rares. Cependant les Souverains Pontifes ont remédié à cet état de choses en multipliant les sièges épiscopaux et les vicariats apostoliques.

que non-seulement les prêtres, les prophètes et les rois ont été oints de la vertu attachée à cette liqueur mystérieuse, mais même que la force des martyrs en a découlé, ce qui s'est vu dans ceux mêmes qui semblaient être les plus incapables de ces grands combats.

Donnez-en quelques exemples.

Saint Ignace, évêque d'Antioche, dans une extrême vieillesse, ayant gouverné heureusement son Eglise malgré les flots de plusieurs longues persécutions, pensa enfin que, pour être un parfait disciple de Jésus-Christ, il n'y avait rien tel que le martyre. Il fut exaucé, et sa joie fut si grande de se voir condamné à la mort, qu'il ne craignait rien, sinon que les fidèles en empêchassent l'exécution, et que les bêtes l'épargnassent ou ne le dévorassent pas tout entier, ne voulant point donner la peine aux Chrétiens de ramasser ses restes : aussi les lions ne laissèrent-ils de tout son corps que quelques gros ossements rongés.

Saint Polycarpe, évêque de Smyrne, pressé de renoncer à Jésus-Christ, dit : « Il y a quatre-vingt-six ans que je sers un si bon Maître, et que j'en ai reçu une infinité de biens, comment pourrais-je le maudire? » Sur quoi il parla avec tant de zèle et s'exposa aux tourments avec tant de joie, se dépouillant lui-même, se mettant à genoux les mains jointes et sans être lié au poteau, souffrant le feu sans changer de posture, et s'immolant avec une dévotion si animée, que le tyran, les bourreaux, les Juifs et les païens, en demeurèrent effrayés.

Saint Siméon, évêque de Jérusalem, âgé de cent vingt ans, souffrit des tourments atroces pendant plusieurs jours, au grand étonnement des juges et des bourreaux mêmes, et mourut en croix très-constamment pour la défense de la foi.

Les baptisés ne sont-ils pas soldats de Jésus-Christ?

Les baptisés sont comme des bourgeois qui, dans un besoin, combattent pour la défense de leur ville, et les confirmés des soldats enrôlés et aguerris, qui font gloire de combattre pour les intérêts de leur prince.

Quelle différence y a-t-il entre les soldats des princes de la terre, et les soldats de Jésus-Christ?

Ceux-là mettent leur gloire, 1° à vaincre leurs ennemis ; 2° à les tuer ; 3° à se glorifier en leurs propres courage et force ; 4° à se venger; et ceux-ci, 1° à surmonter leurs passions; 2° à souffrir paisiblement la mort; 3° à se défier d'eux-mêmes et à se confier en Dieu ; 4° à pardonner.

De qui peut-on recevoir la confirmation?

Régulièrement parlant, il est mieux, tant qu'on peut, de la recevoir de son propre prélat, quoiqu'il soit libre, par la permission tacite qu'il en donne, de recourir à un autre.

LEÇON II.

Matière, forme, cérémonies et effets de la confirmation.

Que signifie le mélange du baume et de l'huile dont on se sert dans ce sacrement?

L'union de la nature divine et de la nature humaine en Jésus-Christ, d'où a découlé toute notre sanctification, ainsi que l'Eglise nous l'apprend dans les prières du jeudi saint.

Pourquoi ces deux liqueurs?

Leurs propriétés figurent les effets qu'il produit, et les dispositions qu'il exige.

Montrez cela dans le baume.

1° Il exhale un parfum exquis ; 2° il guérit les blessures ; 3° il préserve de la corruption; 4° il distille goutte à goutte d'un petit arbrisseau qui le produit : et il faut que la vie de celui qui veut être confirmé, 1° soit en bonne odeur, et qu'il veuille à l'avenir la rendre encore plus exemplaire. (En effet, comme le baume, non-seulement est bon de sa nature, mais de plus, que par le parfum qu'il exhale au dehors, il profite à ceux qui s'en approchent ; ainsi un fidèle confirmé doit non-seulement être bon pour lui-même, mais encore devenir utile au prochain, et sa sainte conversation respirer une si suave odeur de dévotion et de vertu qu'il en imprime les sentiments à tous ceux qui l'approchent, fortifiant les faibles, affermissant ceux qui sont tentés, devenant l'appui de ceux qui chancellent.) 2° La grâce de ce sacrement consolide en lui les plaies du péché déjà fermées par le baptême. 3° Elle lui donne la vertu de guérir les infirmités des autres sans les contracter, le rendant incorruptible au milieu de la corruption et de la contagion du siècle, en sorte que si le baptême donne la mort spirituelle, la confirmation embaume ; l'un fait mourir au monde, l'autre empêche qu'il ne corrompe. 4° Elle vient du sang de Jésus-Christ qui a découlé, comme un baume salutaire à tout le genre humain, de l'arbre de la croix. 5° Le Saint-Esprit qu'on y reçoit, fait distiller les larmes que répandent les âmes vertueuses, et dans les consolations et sous le pressoir des tribulations. 6° L'humilité est la racine qui produit cette précieuse liqueur ou la plante mystique d'où découle une force si merveilleuse. 7° Comme le baume, par son propre poids, se met au-dessous de toutes les autres liqueurs, ainsi un Chrétien confirmé trouve sa force dans une profonde humilité de cœur, et non dans une confiance présomptueuse en ses propres vertus.

Quelles sont les propriétés de l'huile?

1° Elle s'épanche beaucoup ; 2° elle endurcit; 3° elle brûle et s'enflamme aisément : et ce sacrement, 1° répand la grâce avec abondance, selon cette admirable expression de Jésus-Christ à ses apôtres, de demeurer en Jérusalem jusqu'à ce qu'ils eussent été revêtus de la vertu du Très-Haut ; 2° il prépare aux combats, et fortifie contre les ennemis de la foi ; 3° il communique le Saint-Esprit comme une vive source de lumière et une pure flamme d'amour; 4° il rend fervent dans la pratique de la piété et de la charité, et fait reluire, ainsi qu'une lampe devant le Saint-Sacrement, en bonnes œuvres; échauffer le prochain en l'amour de Dieu; élever au ciel par de saints désirs; agir continuellement pour Dieu; se consommer dans l'exercice de la religion et de la piété : tous effets de ce feu divin, figurés par ceux du feu matériel.

Le saint chrême dont on se sert dans l'administration de la confirmation est-il bénit ?

Oui, et bénit par l'évêque, et bénit d'une façon spéciale et avec des cérémonies toutes mystérieuses, tant à raison de la révérence due à un si grand sacrement, par lequel, comme disent les saints, la chair est ointe et l'âme consacrée, qu'à cause de ses excellents effets, et duquel, par conséquent, il est très-convenable que la matière soit préparée par une consécration particulière.

Pourquoi l'évêque fait-il l'onction au front ?

1° Le front est la partie la plus visible et la plus découverte de l'homme, et nous devons faire une profession ouverte et une déclaration sérieuse et publique de notre religion; 2° il est le siège de la pudeur et de la hardiesse. Il faut bannir toute honte et toute crainte de paraître Chrétiens et gens de bien, et ne point rougir de l'Évangile, ni de la dévotion, ni des exercices de piété, malgré la dérision des impies et des incrédules, et, à l'imitation des apôtres après la Pentecôte, mettre bas tout respect humain, quand il est question de s'acquitter de ses devoirs envers Dieu; ne point user de lâches ménagements, ni de molles condescendances, ni biaiser dans ses obligations, ni craindre le qu'en dira-t-on, vrai tambour du diable. Tout cela est indigne d'un homme qui a reçu la grâce de la confirmation ; 3° la tête est la partie la plus noble de l'homme, et qui conduit et gouverne tout le corps; et le capital de nos soins doit être de conserver la foi, d'où tout le reste dépend comme du premier mobile; 4° ce fut sur la tête des apôtres que le Saint-Esprit descendit en langue de feu.

Pourquoi en forme de croix ?

1° Ce sacrement tire toute sa vertu du Sauveur crucifié; 2° il est un sceau spirituel; 3° un confirmé doit dorénavant mettre toute sa gloire en la croix de Jésus-Christ; 4° avoir l'amour des souffrances gravé dans le cœur; 5° trouver dans ce sacrement la force de les porter; 6° regarder son corps comme un temple consacré, qui ne doit plus être souillé par le péché, et à l'aspect duquel le démon n'a qu'à s'enfuir; 7° la croix est l'étendard sous lequel il doit désormais combattre et vaincre les ennemis de la foi; 8° l'onction jointe à la croix, marque la grâce qui la rend légère, et que le Saint-Esprit dans ce sacrement nous est donné en tant que Paraclet ou consolateur, pour nous soutenir au milieu des afflictions de cette vie.

Pourquoi avec le pouce, qui est le doigt le plus fort ?

1° Le Saint-Esprit, qui est le doigt de Dieu, nous est conféré par ce sacrement; 2° nous y recevons une force extraordinaire.

Pourquoi un bandeau sur le front ?

1° Par respect pour le saint chrême; 2° pour montrer le soin qu'on doit avoir de l'onction intérieure, dont l'extérieure n'est que le signe; 3° afin qu'on se souvienne mieux d'avoir été confirmé.

Qu'est-ce que dit l'évêque en faisant l'onction ?

1° Je te marque du signe de la croix; 2° et je te confirme du chrême de salut; 3° au nom du Père, et du Fils, et du Saint-Esprit.

Que signifient ces paroles ?

Qu'on reçoit par ce sacrement, 1° le caractère ou la marque militaire des soldats de Jésus-Christ: *Je te marque;* 2° la force pour combattre les ennemis de la foi : *Je te confirme;* 3° l'impression de la vertu des trois Personnes divines, qui agissent pour lors d'une façon très-spéciale sur celui qu'on confirme : *Au nom du Père, et du Fils, et du Saint-Esprit.*

Pourquoi l'évêque lui donne-t-il un soufflet, disant : La paix soit avec vous ?

Pour lui apprendre, 1° qu'il doit commencer à endurer les mépris, les injures ; 2° qu'il ne trouvera de paix que dans la patience ; 3° pour le faire ressouvenir qu'il a été confirmé.

Que concluez-vous de toutes ces instructions ?

Que ce sacrement n'est pas moins vénérable par la grandeur de ses effets, qu'auguste par la dignité de ceux qui le confèrent.

Prière. — Seigneur, en nous découvrant les mystères que renferment vos sacrements, vous nous instruisez des dispositions où nous devons être quand nous en approchons. Car si les symboles demandent d'être préparés par l'espèce de consécration qui leur est propre pour devenir les canaux de votre grâce, quelle doit être l'âme, destinée à lui servir comme de réceptacle et de bassin ? Faut-il que pour être d'une nature plus noble, nous soyons moins susceptibles de la sanctification dont nous sommes capables, et que pour avoir une volonté, nous soyons plus durs et plus rebelles à vos impressions que les éléments les plus insensibles ?

LEÇON III.

Nécessité de recevoir le sacrement de confirmation et de s'y préparer. — Force qu'il confère. — Pourquoi il ne se réitère pas.

Ce sacrement est-il nécessaire à salut ?

On peut se sauver sans l'avoir reçu, mais jugez combien il nous est utile par la grandeur de ses effets et par la multitude de nos besoins.

Que dites-vous de celui qui délibérément ne veut pas le recevoir ?

Qu'il pèche très-grièvement, si c'est : 1° par défaut de foi en ce sacrement ; 2° par mépris ; 3° par une négligence criminelle et scandaleuse ; 4° dans un temps de persécution et de tentation contre la foi ; 5° s'il demeure parmi des impies et des libertins ; 6° qu'il se prive d'un grand secours contre les tentations, surtout à l'heure de la mort : 7° qu'il s'ôte un sujet de récompense dans l'éternité.

A qui serait semblable un Chrétien si imprudent ?

A un soldat qui aimerait mieux s'exposer tout désarmé aux coups, que de se couvrir d'un bouclier. L'histoire ecclésiastique impute la perte d'un célèbre hérésiarque, à la négligence qu'il eut de recevoir ce sacrement de lumière et de force. D'ailleurs, s'il n'est pas absolument nécessaire à salut, il est néanmoins nécessaire à la perfection du salut et à la consommation de l'œuvre de Dieu en nous, dit saint Thomas, qui, par cette raison, veut qu'on le donne aux moribonds mêmes, afin qu'au jour du jugement ils ressuscitent parfaits dans l'être spirituel, assurant que le défaut de sa réception est un détriment à la perfection des âmes : et que les confirmés reçoivent un nouveau degré de grâce en ce monde, de gloire en l'autre, et de perfection en tous les deux, de quoi les non confirmés sont privés. C'est la doctrine remarquable de ce grand saint.

Qui néglige le plus ordinairement de se faire confirmer ?

1° Les vieillards ; 2° les gens de qualité ; 3° les pauvres.

Qui doit procurer ce sacrement aux autres ?

1° Les curés doivent y porter leurs paroissiens ; 2° les pères et les mères leurs enfants ; 3° les maîtres et maîtresses, leurs domestiques.

Comment doit-on se présenter à ce sacrement ?

1° Avec un extérieur humble et modeste, et une résolution d'en conserver la grâce, renonçant non-seulement ce jour-là aux vanités, mais y renonçant pour toujours ; 2° avec de saintes dispositions.

Pourquoi ?

1° On ne s'en approche qu'une fois en la vie ; 2° le caractère qu'il imprime ne s'efface plus ; 3° on reçoit par lui le Saint-Esprit ; 4° les effets qu'il produit sont très-excellents ; 5° on profite des sacrements à proportion des dispositions qu'on y apporte ; 6° il n'est guère possible que celui-là conserve longtemps la grâce de la confirmation, qui ne s'est pas préparé avec soin pour la recevoir ; 7° on a un besoin extrême de la grâce qu'il confère ; 8° si on le reçoit mal, on déchoit du droit d'obtenir de Dieu dans l'occasion les secours spéciaux pour parvenir à la fin de ce sacrement, et surmonter les obstacles qui se trouvent dans la pratique des vertus auxquelles il engage, quoique sa miséricorde ne refuse pas les grâces générales et nécessaires.

En quoi consistent cette grâce et ces secours spéciaux ?

Dans la confiance de demander et la vertu d'obtenir la conservation de la foi, et le courage, la force et la facilité de résister avec succès et bénédiction, 1° aux fausses maximes du siècle corrompu ; 2° aux lâches condescendances ; 3° au respect humain ; 4° aux façons de faire, et aux sollicitations des personnes mondaines ; 5° aux ennemis de la religion.

Quels sont-ils ?

1° Les athées ; 2° les hérétiques ; 3° les impies ; 4° les libertins ; 5° les railleurs de la dévotion ; tous ces gens-là étant autant de persécuteurs secrets et domestiques de la foi et des bonnes mœurs ; 6° les démons ; 7° les infidèles et persécuteurs du nom chrétien.

Mais nous ne sommes plus au temps des tyrans ?

Non, mais nous sommes toujours au temps des martyrs.

Comment cela ?

N'est-ce pas une espèce de martyre continuel d'être sans cesse persécuté par les tentations, et de n'y succomber jamais ?

Nous devons donc être martyrs ?

Oui, mais de vertus.

Desquelles principalement ?

1° De la pénitence ; 2° de la chasteté ; 3° de la patience ; 4° de la mortification, et des autres qui crucifient le vieil homme, obligation que nous contractons par la réception de ce sacrement, et que nous devons méditer et renouveler tous les ans, au jour auquel nous avons été confirmés, y recevant les sacrements, et excitant dans nos cœurs les sentiments et dispositions où nous avons dû être quand on nous a confirmés.

D'où vient que la grâce de la confirmation éclate si peu parmi les Chrétiens ?

1° Plusieurs n'ont pas reçu ce sacrement ; 2° ou ils n'en ont pas reçu la grâce ; 3° ou ils l'ont perdue ; 4° ou ils n'en ont jamais fait l'usage ; 5° ils l'ont reçu sans préparation, sans instruction, sans connaissance, sans estime, sans dévotion. Et de là vient que s'étant rendus indignes de recevoir ces dons divins, et incapables d'en exercer les actes, ils n'en ont jamais fait remarquer les effets dans leur conduite, ni que le diable, le monde et la chair aient perdu leur empire sur eux. Pourquoi donc s'étonner s'ils sont faibles dans la pratique des vertus, s'ils succombent au premier effort des tentations, s'ils rougissent de la piété, s'ils ont honte de paraître gens de bien, de fréquenter les sacrements, de faire de bonnes œuvres, etc.

Serait-il mieux d'attendre à se faire confirmer quand on est un peu âgé ?

Oui ; car, 1° on y viendrait plus instruit ; 2° dans le baptême on a fait profession du christianisme par la bouche d'autrui, il est bon de faire celle-ci avec connaissance de cause ; 3° on en saurait mieux les obligations.

Quand serait-il plus convenable de le recevoir ?

A la Pentecôte, selon l'ancienne coutume de l'Eglise, qui y destinait spécialement ce jour, ainsi que la veille de Pâques au baptême, et de Noël à l'ordination. En effet, le jour de notre confirmation est une vraie Pentecôte pour nous, à laquelle nous devrions nous préparer par une bonne retraite, à l'imitation des apôtres, et par les exercices spirituels, ce qui sans doute serait une excellente disposition à la réception du Saint-Esprit.

Peut-on être confirmé deux fois?

Non, on ferait un péché mortel, un sacrilège, si, sachant bien qu'on l'a été, on s'en approchait encore; et avec raison, car, 1° le caractère qu'il imprime ne s'efface point; 2° on ne peut deux fois croître, non plus que naître.

Quelle différence y a-t-il entre les effets de la confirmation et des autres sacrements?

1° Ceux-ci donnent la grâce avec mesure, et la confirmation, avec abondance et plénitude; 2° ils confèrent la grâce du Saint-Esprit, et elle confère le Saint-Esprit même, auteur de la grâce; 3° ils sont des canaux de sanctification, et elle en contient la source; priviléges qui lui sont communs avec l'ordre et l'Eucharistie.

Quand le Saint-Esprit est donné, c'est donc la personne même qui est donnée?

Oui, et il habite dans les vrais fidèles, puisqu'ils en sont les temples. Il est bien substantiellement dans toutes ses créatures par son immensité, leur donnant l'être, et les conservant; dans les baptisés, leur donnant la grâce et les sanctifiant; mais il est dans les confirmés, habitant en eux, et les remplissant de ses dons et de ses vertus, pour les rendre dignes de sa compagnie et de sa demeure, et capables de l'entretenir, de l'honorer, et de lui rendre leurs devoirs.

Prière.—Esprit-Saint, inspirez-nous la force et le courage de résister à nos ennemis, et de nous surmonter nous-mêmes; soutenez-nous dans ces combats si longs et si périlleux, et armez-nous de votre justice et de votre vérité, puisque sans vous il nous est inutile de combattre, et impossible de vaincre.

Mon Dieu, donnez-nous la prudence et le zèle de nous opposer utilement aux ennemis de la religion et des bonnes mœurs, et de les reprendre quelquefois par nos paroles, souvent par notre silence, et toujours par nos bons exemples, et afin qu'on profite des avis que nous donnerons aux autres, faites que nous profitions nous-mêmes des corrections qu'on nous fera.

Seigneur, puisque vous ne nous avez donné la tristesse et la crainte que pour servir à notre salut, accordez-nous encore la grâce de faire un si bon usage de ces deux sentiments, que nous n'ayons jamais de tristesse que de vous avoir offensé, ni de crainte que de vous déplaire.

LEÇON IV.

Des sept dons du Saint-Esprit que le sacrement de confirmation communique.

Est-il d'une grande conséquence de bien connaître la nature et les effets de ces dons?

Sans doute, car c'est de là que nous connaîtrons si le Saint-Esprit habite en nous, consolation la plus grande et la plus solide que nous puissions avoir en cette vie.

Expliquez-nous-les.

1° Le don de sagesse est une connaissance lumineuse et savoureuse tout ensemble des choses de Dieu, laquelle en donne du goût, et y fait trouver du plaisir: ce don est le caractère des prédestinés, parce qu'il dispose tellement le cœur, qu'il prend plus de plaisir dans la méditation des biens éternels, et dans le plus petit degré de grâce et de vertu que dans la possession de tous les biens naturels.

2° Le don d'entendement, ou d'intelligence, est une lumière surnaturelle, qui découvre et fait pénétrer les vérités du ciel, les mystères de la religion, et quelquefois les Ecritures saintes avec facilité. De là vient qu'il se trouve des personnes simples qui souvent ont des vues et des illustrations surnaturelles dont les plus savants docteurs sont privés, quand ils ne cherchent la vérité que par le travail de l'étude, et par l'effort d'un esprit humain.

3° Le don de science, est une connaissance des choses naturelles, selon le rapport qu'elles ont au Créateur, et de l'usage qu'on en doit faire pour sa gloire et pour le salut.

4° Le don de conseil est une lumière qui montre ce qu'on doit faire pour plaire à Dieu, surtout quand le secours humain manque, et qui d'entre plusieurs moyens découvre celui qu'il est à propos de choisir. Et quoique cette grâce ne soit ordinairement accordée aux justes que dans les choses qui regardent le salut, elle s'étend néanmoins quelquefois sur leurs affaires même temporelles, attendu la droiture de leurs intentions et la liaison qu'elles ont avec leur sanctification.

5° Le don de force est une vigueur spirituelle et un courage surhumain, que le Saint-Esprit donne pour accomplir ses volontés, et pour surmonter les obstacles qui se présentent dans son service, et dans l'ouvrage du salut, soit de la part des hommes, des démons, des passions, ou des propres convoitises, qui sont les plus grands empêchements au salut et à la perfection.

6° Le don de piété est une promptitude de cœur, d'esprit et même de corps, à tout ce qui peut glorifier Dieu; particulièrement en ce qui concerne son culte dans les pratiques de la religion, les adorations, les sacrifices, les communions, les louanges de Dieu, les pèlerinages, les vœux, les prières, l'invocation des saints, et autres semblables qui montrent que le cœur est touché de dévotion et gagné à Dieu.

7° Le don de crainte, est une tendresse de conscience, qui retient et empêche de commettre aucun péché, ni de rien faire qui soit désagréable à Dieu: car, comme l'œil ne peut souffrir aucune ordure à cause de sa délicatesse, de même l'âme attendrie et pénétrée de cette sainte crainte, ne peut souffrir aucun péché pour petit qu'il soit. Or cette crainte n'est point inquiète ni scrupuleuse, parce que le Saint-Esprit qui la donne, est ennemi du trouble et ami de la liberté et de la paix, selon ces paroles de saint Paul (*II Cor.* III, 17) : *Où est l'esprit de Dieu, là est la liberté;* mais plutôt elle est douce et tranquille, parce qu'elle regarde Dieu, non comme juge, mais comme Père. Elle est crainte, parce qu'elle fait craindre le péché, mais elle est en quelque façon amour, parce qu'elle aime Dieu, et qu'elle craint de lui déplaire, et c'est pour cela qu'elle est justement appelée filiale et amoureuse.

LEÇON V.
Des parrains et des marraines qu'on prend à la confirmation, leurs qualités et obligations.

Pourquoi prend-on un parrain et une marraine (46) ?

Ce sont comme des témoins qui viennent, 1° déposer de la bonne vie et mœurs de celui qui veut être confirmé ; 2° promettre leurs soins pour former ce nouveau soldat à la milice de Jésus-Christ ; 3° et qu'ils le soutiendront, et affermiront ses pas dans le chemin de la vertu : d'où vient que celui qui se présente à la confirmation, si c'est un garçon, met son pied gauche sur le pied droit de son parrain, et, si c'est une fille, elle met le pied gauche sur le pied droit de sa marraine, pour témoigner qu'ils s'appuient sur eux, et qu'ils en sont soutenus : du moins est-ce une coutume ancienne et assez générale, et qui n'a rien de superstitieux.

Quels doivent-ils être?

1° Baptisés et confirmés : car comment présumerait-on qu'ils puissent soutenir les autres, s'ils étaient eux-mêmes faibles et destitués de la force que donne ce sacrement? 2° instruits de la doctrine chrétienne, et particulièrement de la nature de ce sacrement, des dispositions qu'il impose, des obligations qu'il impose, et des devoirs auxquels l'office de parrain ou de marraine engage. 3° Il serait à désirer qu'ils fussent plus âgés que ceux qu'ils présentent à ce sacrement ; 4° qu'ils ne soient ni pécheurs publics, ni hérétiques, ni excommuniés ; car la foi et l'odeur des vertus doivent éclater dans tout ce qui a rapport à ce sacrement ; 5° et par conséquent dans un habit modeste, les hommes sans épée, et les femmes sans aucune parure qui sente la vanité. 6° Ils ne doivent point présenter personne qui ne soit instruit et n'ait toutes les autres dispositions nécessaires.

Qu'avez-vous encore à dire sur eux?

Qu'ils contractent alliance spirituelle avec celui ou celle qu'ils présentent à la confirmation, et avec le père et la mère (et encore qu'ils ne lient pas le bandeau), ce qui ne s'étend néanmoins pas au delà de leurs personnes : c'est pourquoi les pères et les mères ne doivent pas rendre cet office à leurs enfants. Que si le parrain et la marraine n'étaient pas confirmés, ils ne contracteraient aucune alliance avec personne. Il est, de plus, à observer que les hommes ne présentent point les femmes, ni les femmes les hommes, et que si c'est un garçon le parrain le tient de la main droite.

Et si le nombre de ceux qui se présentent à la confirmation est fort grand?

Pour conserver cette ancienne discipline, et pour empêcher la multiplication des affinités spirituelles, il faudrait que tous les hommes de chaque paroisse prissent un seul parrain, qui fût ecclésiastique, et toutes les filles et femmes, une seule marraine, qui fût une femme âgée, l'un et l'autre choisis par le soin du curé, et d'une piété reconnue.

A quoi sont tenus ces parrains et ces marraines à l'égard de ceux qu'ils présentent?

1° A veiller à ce qu'ils soient élevés en la crainte de Dieu ; 2° instruits des devoirs auxquels engage ce sacrement ; 3° à les porter à la perfection, et à se rendre ainsi comme coopérateurs du Saint-Esprit en eux.

Prière pour recevoir ou renouveler en soi la grâce de la confirmation.

Mon Dieu! nous confessons que nous ne méritons pas de recevoir la grâce de la confirmation, ayant si mal usé de celle du baptême, ni d'être confirmés dans la qualité glorieuse de Chrétiens, après avoir si peu rempli les devoirs. Suppléez donc par votre infinie miséricorde à notre indignité ; donnez-nous les dispositions convenables pour recevoir en nous votre divin Esprit ; envoyez-nous-le, ce divin Esprit, comme vous l'envoyâtes sur les apôtres au jour de la Pentecôte ; ornez-nous des dispositions dont vous les revêtîtes, afin de recevoir dignement dans nos cœurs. Qu'il y vienne, Seigneur, non comme un hôte qui passe, mais comme un Dieu qui réside ; qu'il élève nos esprits à vous par le sagesse, qu'il les ouvre par l'intelligence, qu'il les éclaire par la science ; qu'il soit notre conseil dans nos doutes, et notre force dans nos tentations ; qu'il nous unisse à vous par les mouvements d'une piété tendre ; qu'il nous pénètre de cette crainte respectueuse et filiale qui fuit d'autant plus le péché, qu'elle aime davantage celui à qui le péché ne peut plaire, et qu'avec ces grands dons nous en possédions la source à jamais. Ainsi soit-il.

DE L'EUCHARISTIE.

LEÇON I.
Son institution.

Pourquoi Jésus-Christ a-t-il institué l'Eucharistie?

Afin, 1° de demeurer avec nous, ainsi

---

(46) Ce chapitre est aujourd'hui un hors-d'œuvre, car on a cessé de prendre des parrains et des marraines pour la réception du sacrement de confirmation. Toutefois les réflexions de l'auteur peuvent avoir leur utilité comme souvenir des anciens usages et comme applications à quelques circonstances qui peuvent se présenter.

qu'une vraie arche d'alliance, jusqu'à la fin du monde; 2° de rendre à l'homme la divinité présente et sensible dans l'Eglise, comme autrefois dans le paradis terrestre; 3° de nous faire participer à la victime offerte pour nous en l'arbre de la croix; 4° de servir de nourriture à nos âmes; 5° de donner un sacrifice à son Eglise. Car, n'y ayant jamais eu de vraie religion, ni aucun état du monde ni même de nation, qui ait connu une divinité sans sacrifice, ni par conséquent sans prêtres, conviendrait-il à la religion chrétienne, sans doute la plus parfaite de toutes, et à l'état du monde réparé, d'être destitués de sacerdoce et d'hostie, de temples, d'autels, de prêtres et de victimes? ou de n'avoir, comme la Synagogue, à offrir à Dieu que des ombres, des commémorations, et des figures ou images de Jésus-Christ, contre l'esprit de la nouvelle alliance?

A quoi cela nous engage-t-il?

1° A visiter souvent le saint Sacrement; 2° à communier souvent; 3° à assister dévotement à la Messe.

Où l'institua-t-il?

Dans la ville de Jérusalem, chez un de ses disciples; dans un grand cénacle, ou salle magnifiquement parée, et avec raison, puisqu'elle devait servir à la plus auguste cérémonie qui fut jamais.

Quand l'institua-t-il?

Le soir du jeudi de la semaine sainte, qui fut la veille de la passion, après avoir mangé l'agneau pascal avec ses disciples, et accompli les autres cérémonies prescrites par la Loi.

Quelles étaient ces cérémonies?

Toutes les années, le soir de la fête de Pâques, les Juifs, chacun dans sa famille, se ceignaient les reins avec une ceinture; ils prenaient un bâton à la main, et, se tenant droits, ils mangeaient à la hâte des laitues sauvages, du pain sans levain et un agneau rôti, dont ils avaient mis le sang sur le seuil de leur porte.

Que représentait cette cérémonie aux Juifs?

Leur départ d'Egypte, lorsqu'ils furent contraints d'en sortir avec précipitation, en pleine nuit, et sans avoir le temps de manger que des viandes qu'on peut apprêter sur-le-champ.

Que signifie cette sortie d'Egypte aux Chrétiens?

Que, par le sacrifice de Jésus-Christ, l'Agneau immaculé, ils ont été délivrés de la tyrannie du diable et de la servitude du péché, représentés par Pharaon et par l'Egypte.

Que veut dire le mot de Pâques?

Il veut dire *passage*, pour exprimer que l'ange exterminateur, qui entrait dans les maisons des Egyptiens pour y tuer les premiers-nés, trouvant le sang de l'agneau sur le seuil de la porte des Israélites, passait outre et ne s'arrêtait pas.

Qu'est-ce que cela signifiait?

Que, par le sang de Jésus-Christ, nous avons été mis à couvert de la cruauté du démon et délivrés de la mort éternelle.

Quelle instruction tirons-nous de ce que les Juifs, assemblés en famille, mangeaient tous les ans cet agneau?

Que c'est dans notre église paroissiale, qu'on peut appeler notre mère, puisque nous y avons été régénérés en Jésus-Christ, et avec notre pasteur, qui nous tient lieu de père de famille, et avec les autres fidèles, qui sont nos frères en Jésus-Christ, que nous devons faire nos pâques et communier au moins une fois l'an, sous peine d'être retranchés de la société du peuple de Dieu. Mais un Chrétien ne doit pas attendre l'effet d'une menace si terrible; et s'il a un désir sincère de se sauver, il vivra saintement et communiera fréquemment.

Que signifiait cette ceinture que les Juifs portaient sur leurs reins?

Que, pour manger la chair pure de cet Agneau sans tache, nous devons être chastes et continents.

Et ce bâton qu'ils tenaient en leurs mains?

Que nous ne sommes en ce moment que des pèlerins qui allons à cette bienheureuse *terre de promission*, qui n'est autre que le ciel : de quoi le Saint-Sacrement nous est le gage assuré et le viatique qui nous soutient dans cet ennuyeux pèlerinage.

Et ces laitues sauvages?

L'amertume du cœur que nos péchés causeraient à celui qui en devait être la victime; et que, pour profiter de cette viande céleste, il faut auparavant nous purifier de la corruption du péché par les fruits amers de la pénitence.

Et ce pain sans levain?

Qu'on doit apporter à la sainte table une piété sincère et véritable, une conscience exempte de corruption et de malice; qu'il ne faut retenir aucun levain du vieil homme, mais y venir avec un esprit pur et un cœur nouveau.

Et cet agneau rôti?

Il signifiait Jésus-Christ, l'Agneau de Dieu, qui devait être immolé pour nous en l'arbre de la croix, et y être consumé, comme un parfait holocauste, par l'ardeur de son amour et de ses souffrances; et par ce sacrifice sanglant, dont la sainte Eucharistie est le mémorial, nous délivrer de la mort éternelle et nous procurer une vie divine, dont nous trouvons la conservation, quand nous mangeons ce pain descendu du ciel.

Qu'est-ce que fit Jésus-Christ, après avoir accompli la Loi et mangé l'agneau pascal avec ses disciples?

Il fit succéder la vérité à la figure, et à la manne ancienne et corruptible des Israélites entrant dans la Terre promise une viande nouvelle et incorruptible, instituant l'Eucharistie sur le point de passer à son Père et de nous introduire dans l'Eglise, et comme pour nous dire le dernier adieu, et l'instituant par une cérémonie où il nous donna l'exemple d'une humilité profonde et d'une charité immense; car il se leva de table, il quitta son manteau, il se ceignit d'un linge, il mit de l'eau dans un bassin, et s'abaissant devant ses apôtres, il leur lava les pieds.

Que voulait-il nous apprendre par là ?

1° Que dans son incarnation, dont l'Eucharistie est une rénovation, il s'était dépouillé de ses grandeurs pour paraître sous la forme d'esclave, et s'était assis à notre table pour nous faire participer à la sienne ; 2° que, puisqu'il daignait bien s'humilier jusqu'aux pieds de Judas, et permettre à saint Jean de reposer sur son sein, nous pouvions bien croire qu'il ne dédaignerait pas de s'abaisser jusqu'à descendre dans notre poitrine.

Que signifiait encore cet abaissement de Jésus-Christ aux pieds des apôtres ?

La haute dignité où il allait les élever en les consacrant prêtres, et l'honneur qu'il voulait qu'on leur rendît dans l'Eglise ; il voulut lui-même les honorer le premier en s'abaissant à leurs pieds, et, par ce respect, attirer sur eux le respect de tous les hommes ; il ajouta les paroles aux actions, et leur dit que désormais il ne les appellerait plus ses serviteurs, mais ses amis.

Et ce lavement des pieds ?

1° Que pour nous approcher dignement de la sainte table, aussi bien que du sacerdoce, il faut être purifié des moindres péchés et des plus légères affections terrestres ; 2° que la vertu du sang précieux de Jésus-Christ, dont cette eau était la figure, nous serait appliquée, quand nous mangerions la chair adorable de la victime, qui l'allait répandre sur nous ; 3° que Jésus-Christ, dit saint Ambroise, prémunissait ses apôtres contre les morsures du serpent ancien, qui tend des pièges au talon de l'homme depuis qu'il supplanta Adam, et auquel, par leurs emplois, ils devaient écraser la tête et la fouler aux pieds, leur en ayant donné le pouvoir lorsqu'il les envoya prêcher (47).

Que fit Notre-Seigneur ensuite ?

Il reprit ses vêtements, il se mit à table, et il institua le très-adorable Sacrement de l'autel.

Quelle instruction tirez-vous de ce que Jésus-Christ se leva de table, quitta ses habits, et se mit aux pieds de ses apôtres, et de ce qu'ensuite il reprit ses vêtements et se remit à table ?

Qu'après s'être préparé à la sainte communion par des sentiments de pénitence et d'humilité, on doit se présenter à ce sacré banquet revêtu de la robe nuptiale, c'est-à-dire orné et paré de sentiments de foi, d'amour et de religion.

Comment Jésus-Christ institua-t-il le saint Sacrement ?

Il prit du pain en ses saintes et adorables mains, et les yeux élevés au ciel, rendant grâces à son Père, il bénit et consacra ce pain, en disant : *Prenez et mangez : ceci est mon corps qui sera livré pour vous* ; puis il rompit ce divin Sacrement et le distribua à ses disciples.

Pourquoi Jésus-Christ institua-t-il la sainte Eucharistie dans ses saintes et adorables mains ?

Pour signifier, que ce pain, dont nous nous nourrissons si heureusement, est, 1° le grand don de la libéralité ; 2° l'ouvrage merveilleux de sa toute-puissance ; 3° le fruit de ses travaux et de ses mérites ; 4° enfin c'était le lieu du monde le plus pur et le plus digne qu'on y mît ce divin Sacrement.

Pourquoi leva-t-il les yeux au ciel ?

Pour marquer, 1° la grandeur et l'importance de l'action qu'il allait faire, le recours qu'il avait à Dieu son Père, et l'invocation expresse qu'il faisait de son pouvoir ; 2° que l'Eucharistie est le pain des anges, et la véritable manne descendue du ciel pour nourrir nos âmes ; 3° que, quand nous communions, nous devons élever nos esprits et nos cœurs au ciel, et aspirer à une vie toute pure, toute céleste et tout angélique.

Qu'est-ce à dire, qu'il bénit le pain ?

Qu'il le consacra et le changea en son corps, la bénédiction de Dieu, qui fait tout par sa parole, étant efficace, et opérant ce qu'elle exprime.

Pourquoi rompit-il le pain consacré ?

Afin 1° de le distribuer à ses apôtres ; 2° témoigner que son corps adorable serait rompu, et sa chair déchirée dans sa passion, dont ce sacrement est le mémorial ; ce qu'il a voulu que nous continuassions de faire tous les jours dans l'oblation du sacrifice mystique, afin de nous inculquer sans cesse un souvenir si tendre ; et nous rendre continuellement présente et sensible cette grande marque de son amour ; 3° de nous inspirer le désir de pénétrer les merveilles cachées qu'enferme ce grand Sacrement, et de ne nous pas contenter d'en avoir une connaissance extérieure et superficielle.

Notre-Seigneur communia-t-il lui-même ?

Oui, il communia le premier, afin 1° de mériter aux Chrétiens les grâces qu'ils recevraient en communiant dignement ; 2° de se donner à lui-même un nouveau droit à la résurrection et à l'immortalité, cet effet étant attaché à ce glorieux mystère par son institution et par sa nature ; 3° de nous convier, par son exemple, à nous munir de ce pain des forts, lorsque le temps des souffrances, et surtout des derniers assauts de la mort est arrivé ; 4° de nous donner par là un sujet de consolation et d'espérance, en nous faisant recevoir ce levain de la vie céleste, comme parlent les saints, et ce germe de la résurrection et de l'immortalité, au moment même de notre destruction, semblables aux Israélites, qui, s'en allant en captivité, emportaient avec eux les prophéties de leur rétablissement et de leur retour.

Que fit ensuite Notre-Seigneur ?

Il prit du vin dans un calice, et ayant rendu grâces à son Père, il le bénit et consacra, en disant : *Prenez et buvez : ceci est mon sang.*

Qu'ajouta-t-il encore ?

Que c'était le sang du Testament nouveau

---

(47) Ajoutons que c'est aussi comme exemple d'humilité et pour apprendre à ses apôtres, ainsi qu'à nous tous, jusqu'à quel point il faut pratiquer la charité les uns envers les autres.

et éternel qui serait répandu pour la rémission des péchés du monde.

Que signifie ici le mot de Testament, dont il se servit ?

1° Qu'il nous donnait son corps et son sang, non en figure, mais en vérité, étant inouï de prétendre que quand un père mourant lègue à son fils un héritage par testament, dont les termes se prennent toujours dans le sens littéral et naturel, et dont les donations sont réputées réelles et effectives, il n'aurait voulu lui en donner que la figure ; 2° qu'il nous instituait héritiers du ciel ; et en effet, le Testament doit contenir et renfermer la promesse de l'héritage ; mais, pour bien développer ce sens caché, il est nécessaire de savoir que, comme un fils n'hérite point des biens paternels qu'après la mort de son père, Dieu, dans l'ancienne Loi, adoptant les Juifs pour ses enfants, avait ordonné qu'on fît mourir des victimes, non-seulement pour confirmer l'alliance qu'il faisait avec eux, et la rendre plus solennelle, mais encore afin que la mort de ces animaux tînt lieu, en quelque façon de la mort de ce Père céleste, qui ne pouvait mourir, et donnât aux Juifs comme un droit héréditaire sur les biens temporels promis au vieil homme. Or Jésus-Christ, accomplissant et perfectionnant la Loi, nous assure par ces paroles, qu'il veut répandre son sang et mourir non-seulement pour affermir la nouvelle alliance qu'il contracte avec nous, et la rendre plus authentique, mais encore pour nous laisser par sa mort, comme un père mourant à ses enfants, le droit de succéder à l'héritage céleste, promis à l'homme nouveau et spirituel ; 3° nous donnant en mourant son corps et son sang, premièrement pour l'offrir à Dieu en sacrifice, et en second lieu, pour servir de nourriture à nos âmes, il a laissé, aux pères véritablement Chrétiens, un modèle excellent de faire leur testament, et de distribuer leurs biens premièrement à Dieu, par les legs pieux et aumônes, et ensuite à leurs enfants, pour servir à leur subsistance (48).

Pourquoi Jésus-Christ appelle-t-il cette alliance nouvelle et éternelle ?

Pour la distinguer de l'ancienne, que Dieu avait contractée avec la Synagogue, et qui, en effet, est fort différente de celle qu'il contracte avec l'Église par Jésus-Christ, en ce que, 1° Dieu nous a fait des promesses infiniment plus excellentes qu'il n'en fit aux Juifs ; 2° nous lui vouons des services incomparablement plus parfaits ; 3° elle ne se fait pas par le ministère d'un saint homme, ou d'un grand prophète, tel qu'était Moïse, ni par l'épanchement du sang des animaux, ni pour un temps seulement, mais par l'entremise d'un Homme-Dieu, par l'effusion de son sang adorable, et pour toujours ; 4° elle est dans la nature même.

Pourquoi Jésus-Christ ajouta-t-il que son sang serait répandu pour la rémission des péchés ?

Pour nous apprendre que le sang des animaux ne suffisait pas pour nous laver de nos péchés et nous procurer cette rémission, et que nous avions besoin pour cela qu'il répandît le sien. En effet, comme l'homme pécheur ne pouvait éviter la mort, qu'en subrogeant à sa place quelqu'un qui mourût pour lui, et que tant qu'il n'y mettrait que des animaux égorgés, ces sortes de sacrifices n'opéraient autre chose qu'un aveu public qu'il méritait la mort ; et même que la justice divine, ne pouvant pas être satisfaite d'un échange si inégal, il recommencerait inutilement tous les jours à égorger ces victimes, puisque par là il ne donnerait qu'une marque certaine de l'insuffisance de cette subrogation ; il était nécessaire que Jésus-Christ voulût mourir pour le pécheur, afin que Dieu, satisfait de la subrogation d'une si digne personne, n'eût plus rien à exiger pour le prix de notre rachat, et pour nous accorder le salut.

Telles sont l'excellence et la dignité de l'oblation que le Sauveur a faite de lui-même sur le Calvaire, et qu'il renouvelle tous les jours sur nos autels : oblation qui, dans son unité, abolit la multitude des victimes qui l'avaient précédée ; qui, dans sa vérité, en accomplit les figures, et qui, dans sa bonté, en comprend et surpasse infiniment le mérite : de sorte que ces anciens et insuffisants sacrifices ont tous disparu devant cette divine hostie, comme les ombres devant la lumière, et les promesses devant la réalité.

Jésus-Christ mêla-t-il de l'eau dans le vin ?

Oui, et la tradition constante nous l'apprend.

Pourquoi ?

1° Par un motif de vertu et de tempérance dont il voulut édifier son Église, et l'instruire de la sobriété qu'exigeait cette table. 2° Par mystère, ces deux liqueurs représentant celles qui découlèrent de son côté à l'arbre de la croix, dont l'Eucharistie est le mémorial. 3° Le vin qui domine, marque la force, la joie et le courage qu'inspire ce divin breuvage, qui nous fait oublier nos misères et nos péchés, et dans lequel nous devons noyer nos soucis et nos peines. 4° L'eau mêlée avec le vin est le symbole du peuple chrétien, qui ne peut être séparé du sang de Jésus-Christ, ni le sang de Jésus-Christ du peuple qu'il a racheté. 5° Ce mélange signifie que l'union et l'incorporation des fidèles au Fils de Dieu, lesquelles se commencent par le baptême, se perfectionnent et s'achèvent dans l'Eucharistie. 6° Le changement de cette goutte d'eau en vin marque notre transformation en Jésus-Christ par la communion.

Que fit Jésus-Christ après cela ?

1° Il distribua le vin consacré à ses apôtres,

---

(48) On comprend avec quelle réserve il faut employer cette dernière interprétation, qui n'est fondée que sur l'opinion de l'auteur. Des circonstances graves et des motifs légitimes peuvent seuls permettre d'en faire usage.

qui tous en burent, se donnant l'un et l'autre de main en main la coupe, signe de l'union que ce Sacrement exige, inspire, opère. 2° Il les ordonna prêtres, leur communiquant le pouvoir de le consacrer par ces paroles : *Faites ceci*, ce qu'ils accomplirent et transmirent à leurs successeurs. 3° Il leur fit un discours tout divin sur l'union qu'ils venaient de contracter avec lui. 4° Il récita un cantique d'action de grâce. 5° Il s'en alla au jardin des Olives commencer à répandre réellement ce même sang qu'il venait de répandre en mystère dans ce cénacle, afin sans doute de nous rendre encore plus sensible et plus vive la participation que l'Eucharistie nous donne à sa passion, et nous montrer combien elle lui est conjointe.

Quelle instruction tirez-vous de là ?

1° De ne jamais quitter la sainte table sans avoir fait l'action de grâces ; 2° d'écouter alors Jésus-Christ dans le cœur ; 3° de le suivre dans ses souffrances.

LEÇON II.

Sa différence et ses noms.

En quoi diffère l'Eucharistie d'avec les autres sacrements ?

Les autres sacrements 1° nous font participer à la grâce et à l'esprit de Jésus-Christ, et la sainte Eucharistie nous fait, de plus, participer à son corps, à son âme, à sa personne adorable, à sa divinité. 2° Ils sont des moyens, elle est la fin. 3° Ils commencent notre union avec Jésus-Christ, elle la consomme. 4° Ils ne durent qu'un moment, car sitôt que les paroles sacramentelles ont été prononcées, ils ne sont plus ; et elle subsiste même après que le prêtre l'a produite sur nos autels. 5° Ils ne sont que de pures créatures, ou naturelles, comme les symboles, ou surnaturelles, comme la grâce: et elle contient le Créateur même de l'univers, le Dieu de la nature, de la grâce et de la gloire. 6° Ils ne profitent qu'aux vivants, et l'oblation de la sainte Eucharistie profite même aux morts. 7° Dans les autres sacrements la matière n'est point changée, dans la sainte Eucharistie elle est détruite.

Que veut dire le mot de l'Eucharistie ?

Action de grâces : 1° en mémoire de ce que Jésus-Christ, instituant ce divin Sacrement, rendit grâces à Dieu son Père. 2° Comme c'est le plus grand bienfait que nous ayons reçu de Dieu, c'est aussi celui qui nous oblige à lui en rendre le plus d'actions de grâces, et à en avoir le plus de reconnaissance, surtout au moment que nous le prenons, et Notre-Seigneur aima mieux que ce Sacrement portât le nom du sentiment avec lequel nous venons de le recevoir, que du présent même qu'il nous fait en nous le donnant, sans doute pour nous montrer combien l'un est inséparable de l'autre. 3° L'offrande que nous faisons de Jésus-Christ à Dieu son Père dans le Saint-Sacrement est le plus efficace moyen que nous ayons de le remercier de tous les biens que nous en avons reçus, que nous en recevons sans cesse, et particulièrement de ce qu'il a voulu que son Fils bien-aimé ait souffert pour nous la mort et la passion, dont il nous renouvelle le souvenir, et nous applique le mérite par ce Sacrement.

Que signifie encore le mot d'Eucharistie ?

Bénédiction : 1° en mémoire de ce que Jésus-Christ instituant cet adorable Sacrement, bénit le pain ; 2° parce que Dieu nous a donné la bénédiction des bénédictions ; en nous donnant son propre Fils, en qui toutes choses ont été bénies ; 3° et que le plus excellent moyen que nous ayons de bénir Dieu, et d'attirer sa bénédiction sur nous et sur les créatures que nous lui recommandons, est de lui offrir cette hostie de louange, et cette victime de propitiation.

Comment le nomme-t-on encore ?

La cène, ou le souper du Seigneur : 1° pour exprimer que c'est le souper mystérieux et par excellence, institué par Jésus-Christ : 2° pour nous faire souvenir que ce fut à la fin du jour, aussi bien que de sa vie, et même dans le déclin des temps, et le dernier âge du monde, que le Sauveur institua cet adorable Sacrement, et qu'il voulut, à son imitation, nous imposer l'obligation de le recevoir quand le soir de notre vie est arrivé, c'est-à-dire quand nous sommes près de passer de ce monde en l'autre. 3° Comme le souper est le repas qu'on fait à la fin de la journée, et que c'était celui où les anciens se plaisaient le plus à faire éclater leur pompe et leur grandeur, cela nous figure qu'à la fin de notre vie nous sommes invités à ce banquet éternel, où Dieu étalera à nos yeux sa magnificence et sa gloire, où nous verrons ce que nous croyons, où nous nous rassasierons de cet aliment céleste, dont nous n'avons que l'avant-goût en ce monde, où nous nous délasserons des fatigues de cette vie, qui n'est appelée qu'un jour à cause de sa brièveté, et où nous ne mangerons plus notre pain à la sueur de notre visage.

Comment encore ?

1° Le pain vivant et vivifiant, pour le distinguer du pain commun et ordinaire, que nous mangeons, que nous changeons en nous, et que nous faisons servir à notre vie naturelle : au lieu que Jésus-Christ, dans la sainte Eucharistie, nous change en lui, nous transforme en lui, et nous fait entrer en participation de sa vie divine. 2° Le pain des anges, pour nous apprendre que dans ce Sacrement nous nous nourrissons de la même viande dont les anges se repaissent dans le ciel, qu'il faut donc être anges pour y participer, et que comme dans l'incarnation, Dieu et l'homme se sont unis en la personne du Verbe pour sauver l'homme, dans l'Eucharistie l'Homme-Dieu est uni aux accidents du pain et du vin pour sustenter l'homme. 3° Le vin qui germe les vierges, pour exprimer que ce divin Sacrement cause en nous la pureté, bien différent en cela du vin terrestre, qui d'ordinaire n'engendre que des sentiments impurs.

Comment encore ?

Un festin : 1° parce que comme les festins ne se font que pour les amis, aussi nul, s'il n'est dans l'amitié de Dieu, ne doit-il s'asseoir à sa table. 2° Comme dans un festin on sert grande variété de viandes, et d'un goût exquis et différent, ainsi les âmes bien disposées trouvent dans cette manne céleste un goût admirable et une saveur délicieuse et proportionnée à leurs désirs, dont ceux qui n'ont pas le palais de l'âme bien disposé, sont privés. 3° Comme c'est dans les festins que les amis témoignent le plus leur tendresse et leur amitié, aussi est-ce dans ce sacré banquet où Jésus-Christ a pris plaisir de se communiquer à nous avec une profusion sans exemple, et où il nous a témoigné une charité inouïe, invitant et admettant à sa table en signe d'une entière et parfaite confiance, non-seulement les princes et les grands, comme le fit Assuérus, mais tous les fidèles sans distinction, rois, esclaves, riches et pauvres, doctes et ignorants.

Comment le nomme-t-on encore ?

Le gage du salut éternel : 1° parce que Dieu qui connaît le fond de notre défiance, a voulu, pour y remédier, se comporter à notre égard en la manière d'un fidèle marchand, qui, vendant à quelqu'un une riche marchandise, laquelle, pour de justes raisons, il ne peut livrer sitôt, lui met en main en attendant des arrhes pour son assurance. Car non-seulement il nous a promis la gloire, mais de plus, il a voulu nous donner comme en otage son propre Fils, en nous mettant entre les mains ce riche dépôt pour nous servir de gage assuré de son amour, et de la fidélité de ses promesses, de notre union intime et réelle avec lui, de notre totale transformation en lui, et de la parfaite possession qu'il nous donnera de lui dans la bienheureuse éternité. 2° Nous trouvons dans la digne réception de ce Sacrement, une certitude que nos péchés passés nous sont remis, puisque la marque la plus assurée qu'un roi a pardonné à son sujet, est quand il le fait manger à sa table : et un fondement solide de croire qu'à l'avenir nous ne retomberons plus dans le péché, et que les tentations du diable, et les méchantes inclinations de la chair ne nous renverseront pas, si nous ne voulons nous-mêmes de propos délibéré nous précipiter et nous perdre, puisque par ce Sacrement nous nous voyons unis à Jésus-Christ, qui est la stabilité même, d'une manière très-intime. 3° Nous ne pouvons pas avoir une plus grande assurance du bonheur éternel, que de vivre de la vie de la grâce, puisqu'elle est la semence de la vie de la gloire. Or ce Sacrement est l'aliment qui donne la vie à notre âme, et qui l'entretient et qui fait que nous sommes dès ce monde incorporés à Jésus-Christ, comme des membres vivants à leur chef, à la gloire duquel ils ont droit.

Comment encore ?

Synaxe, pour montrer qu'il est le signe de notre agrégation à l'Eglise, tout ainsi que la table commune est le témoignage de l'union des enfants à une même famille. Communion, pour marquer la parfaite charité qui doit unir les fidèles avec Jésus-Christ leur Père, avec l'Eglise leur Mère, avec les fidèles leurs frères, et enfin avec eux-mêmes; quand ils s'approchent de la sainte table, où tous doivent manger du même pain, et boire au même calice, pour s'entr'aimer non-seulement comme composant une même famille, mais comme n'étant, s'il se pouvait, qu'une même personne; c'est pour cette raison qu'on l'appelle encore le lien de la charité et le symbole de la paix et de la concorde, et qu'autrefois pour exprimer qu'un fidèle avait reçu l'Eucharistie, on disait qu'on lui avait donné la paix.

Comment encore ?

Les saints dons au pluriel, pour en exprimer la multitude ; car Jésus-Christ nous y donne son corps, son sang, son âme, sa divinité, sa grâce, sa vie, ses mérites, le fruit de ses souffrances, le paradis, la possession de Dieu, en un mot, toutes choses sans exception : non en figure, mais en vérité; non une fois, mais sans cesse ; non en un endroit, mais partout; non pour un temps, mais pour toujours, de sorte qu'on peut dire que ce don surpasse même les autres dons, desquels nous sommes redevables. En effet, si dans la création il nous a aimés en nous tirant du néant, il pouvait nous marquer plus d'amour en nous donnant un être plus noble, ou en y attachant des qualités plus relevées; si dans la conservation il nous aime, faisant servir ses créatures à notre entretien, il pourrait nous faire voir un plus grand amour en nous soutenant par des créatures encore plus excellentes, et d'une plus grande vertu ; si dans la justification il nous déclare son amour en répandant la grâce dans nos cœurs, il pourrait nous en marquer davantage en nous communiquant une grâce plus abondante ; il ne lui est pas impossible d'ajouter à tous ces bienfaits, quelque grands qu'ils soient, de nouveaux degrés qui les rendraient plus recommandables, et plus précieux ; ils n'ont pas épuisé sa puissance; mais il ne peut nous faire un plus grand présent qu'en se donnant lui-même à nous dans l'Eucharistie. Elie, montant au ciel, ne laissa que son manteau à ses disciples, dit saint Chrysostome, mais le Sauveur s'est laissé lui-même tout entier, par une merveille inouïe. Il est vrai qu'il ne fait mention que de son corps : Prenez et mangez, ceci est mon corps, sans parler de son âme et de sa divinité qui y est jointe, mais il est en cela semblable à un époux qui dit à son épouse : Mon épouse, je vous donne cet anneau, sans faire mention du diamant qui y est enchâssé, ni de son cœur qui l'accompagne, et dont cet anneau est le gage ; ou un habile médecin, qui, voulant donner à son malade quelque poudre d'une grande vertu, dont sa faiblesse le rend incapable, la délaye dans quelque liqueur pour lui servir de véhicule, et l'introduire dans son estomac ; c'est ainsi que Jésus-Christ, par son humanité, nous communique sa divinité, et nous donne sous les espèces sacramentelles, comme sous des enveloppes sacrées, le précieux gage de notre salut, son corps, son sang, son âme, sa personne, sa divinité.

Comment le nomme-t-on encore ?

Le signe de l'unité, principalement à l'égard de Jésus-Christ qui s'y est fait notre aliment, et qui, après nous avoir formés sur le Calvaire de son sang, nous nourrit à l'autel du lait de sa propre substance, sans nous abandonner aux soins d'une nourrice étrangère, afin de mieux s'incorporer à nous, et de s'incarner en chacun de nous, pour ainsi dire, en sorte que le Verbe éternel non content de s'être une fois uni à notre nature dans le sein de Marie par l'incarnation, s'unit encore tous les jours à chaque fidèle dans le sein de l'Eglise par la communion, d'une manière à la vérité différente de la première, mais très-intime et très-substantielle ; et c'est en ce sens que la sainte Eucharistie est dite par les saints Pères une extension ;et une rénovation du mystère de l'incarnation, tant à raison de la production de Jésus-Christ sur nos autels, qui se fait par l'opération toute-puissante de cet esprit créateur (à qui les mêmes saints ne l'ont pas moins attribuée, que sa formation dans le sein de Marie, d'où vient l'ancien usage de conserver le Saint-Sacrement dans des ciboires faits en forme de colombe, et de le retenir ainsi suspendu) au moment que le prêtre (qui devrait être vierge, suivant le souhait de l'Eglise) achève de prononcer les paroles sacramentelles (ainsi qu'il fut produit dans le sein de Marie par l'opération du même Esprit-Saint, au moment que cette Vierge des vierges, et le modèle des prêtres, eut prononcé les paroles qui exprimaient son consentement), qu'à cause de son incorporation avec chaque fidèle, auquel il s'unit non-seulement par la foi, par l'espérance et par la charité, mais réellement. Et que comme dans le dessein du Père, il naît toujours dans le sein des fidèles, il s'incarne toujours ; car pour s'exprimer encore avec les saints Pères, comme deux cires mêlées et confondues ensemble, ne font qu'une même masse, le levain et la pâte un même pain, la vie du chef et du membre, de la tige et de la branche, une même vie, l'aliment et celui qui le mange, un même composé ; ainsi dans ce Sacrement nous sommes faits un même tout avec Jésus-Christ, qui de plus nous assure (ce qui est le comble) qu'il nous y rend participants, autant que nous en sommes capables, de cette union intime, ou plutôt de cette unité parfaite, et de cette vie divine et sainte, qui e fait être indivisiblement une même chose avec son Père, et qui le fait vivre de la même vie que lui.

Comment l'appelle-t-on encore?
Les sacrés mystères, pour signifier le grand nombre de prodiges que Dieu y opère, et qu'il y opérera jusqu'à la fin des siècles, car la substance du pain est détruite et changée au corps de Jésus-Christ, les accidents subsistent sans sujet, et ils nourrissent ; un corps se trouve en plusieurs lieux à la fois ; rompant l'hostie on ne rompt pas le corps de Jésus-Christ, qui n'est pas moins grand dans la plus petite particule, que dans l'hostie entière, etc. Miracles qui ne sont qu'une rénovation de ceux qu'il a faits visiblement dès la naissance du monde, et dans la suite des temps, et qu'il a voulu être invisiblement renfermé dans l'Eucharistie, appelée pour cette raison, le mémorial et l'abrégé des miracles anciens, la table du Tout-Puissant : car l'efficace de la parole du Créateur qui produisit le premier homme et le monde entier ; la vertu de l'arbre de vie qui donnait l'immortalité ; le changement de l'eau du Nil en sang ; la manne qui renfermait toute sorte de goût, et qui nourrit les Israélites dans le désert ; le soleil qui s'arrêta au commandement de Josué ; Dieu obéissant à la voix de l'homme, et le pain sans levain qui soutint Elie ; de plus les merveilles de la vie voyagère du Fils de Dieu, de son incarnation, de sa naissance, de sa passion et de sa sépulture, et celle de la vie future, de notre union à Dieu, de notre transformation en lui, de notre société dans la gloire, etc., ne se trouvent-elles pas en raccourci dans l'Eucharistie, et n'est-il pas vrai de dire que Dieu y renverse l'ordre de la nature, et qu'il y déploie le bras de sa toute-puissance en notre faveur ? sans doute pour marquer davantage la dignité de la religion chrétienne, la présence du Sauveur, l'excellence de ce Sacrement, où tout est d'autant plus digne de Dieu, qu'il surpasse davantage nos intelligences.

LEÇON III.
Du viatique.

Comment l'appelle-t-on encore?
Quand on le porte aux malades, on le nomme *viatique*, et non sans raison, puisque nous sommes alors sur le point de faire le trajet de cette vie en l'autre, et près d'entreprendre le grand voyage de l'éternité, et par conséquent dans un extrême besoin de Jésus-Christ, en qui nous trouvons une provision abondante de toute sorte de grâces.

Comment Jésus-Christ est-il notre viatique ?
1° Il faut à un voyageur un guide qui le conduise ; 2° un aliment qui le conforte ; 3° un défenseur qui le protège. Or Jésus-Christ, reçu à l'heure de la mort, nous est tout cela.

Montrez-nous cette vérité.
Parce que rien n'est plus capable 1° de nous conduire dans cette route si obscure, si difficile et si inconnue, que de nous unir à celui qui a les clefs de la vie et de la mort, représenté par cet ange charitable qui conduisit le jeune Tobie ; 2° de nous affermir contre les faiblesses et les défaillances de notre nature abattue, contre la terreur de notre esprit étonné, contre les incertitudes et les défiances de notre foi chancelante, que de nous munir de ce pain des forts, figuré par le pain mystérieux qui fortifia le prophète Elie ; 3° de nous défendre contre le souvenir et les remords du péché, contre la violence et les ruses des démons, contre la rigueur de la justice divine, que de nous accompagner de celui qui a ôté le péché du monde, surmonté l'enfer, et apaisé la colère de Dieu, dont l'arche d'alliance et la colonne de feu qui conduisait et protégeait le

peuple d'Israël dans le désert, ne furent que l'image.

Quel avantage nous apporte encore cette communion?

1° Elle désarme la justice de Dieu ; 2° elle excite notre confiance en sa bonté ; 3° elle nous met en main le plus précieux gage de son amour et de notre salut.

Cette communion est-elle d'obligation?

Oui, si elle est possible, à cause 1° de ses excellents effets ; 2° de nos grands besoins dans cette dernière heure ; 3° parce qu'elle est comme une protestation publique et solennelle de la foi et de la religion dans laquelle nous voulons mourir.

Il est donc important de la bien faire?

Sans doute, puisque, 1° c'est la dernière ; 2° tout dépend du dernier moment ; 3° rien n'est plus capable de nous faire passer heureusement de ce monde en l'autre, que de nous voir unis à Jésus-Christ, et de faire ce trajet avec lui.

Doit-on la procurer aux autres?

Oui, autant que l'on peut, et qu'on y est tenu.

Un homme qui a communié le matin en bonne santé, se trouvant le soir en péril, peut-il encore recevoir le viatique le même jour?

Il le pourrait, mais il faut user de prudence en semblable occasion, et recourir aux supérieurs.

Peut-on communier deux fois en forme de viatique durant la même maladie?

Oui, s'il y a assez d'intervalle pour faire croire que ce n'est plus le même péril, ce qu'on ne présume pas s'il n'y a douze ou quinze jours environ depuis la première fois.

Comment l'appelle-t-on encore?

Hostie et victime, c'est l'esprit que Jésus-Christ y fait paraître avec plus d'éclat ; car s'il institue le Saint-Sacrement, c'est avec engagement de mourir pour nous : *Prenez, dit-il, mangez, voilà mon corps, qui sera livré pour vous; prenez, buvez, voilà mon sang, qui sera répandu pour vous* : : s'il continue d'y demeurer, c'est à dessein de s'y sacrifier tous les jours pour la gloire de son Père et pour nous.

Pourquoi Jésus-Christ s'étant une fois immolé à la croix, a-t-il voulu être immolé tous les jours sur nos autels?

La religion chrétienne devant durer dans tous les siècles, s'étendre par tous les lieux, et être sainte et pure en toutes choses ; il lui fallait un sacrifice perpétuel, capable d'être offert dans tout l'univers, suivant la prédiction du prophète, et dont l'oblation se pût faire d'une manière sainte et religieuse. Enfin, l'Eglise étant une société visible, avait besoin d'un sacrifice visible (49).

LEÇON IV.
Du sacrifice.

Comment donc l'appelle-t-on encore?

(49) Ayant établi un sacerdoce nouveau, le Sauveur devait nous donner un sacrifice et un culte plus parfaits, qui, selon les prophéties, allaient se

Sacrifice, parce qu'en effet, c'est dans la consécration et l'oblation, que le prêtre fait au Père éternel de Jésus-Christ, la sacrée victime des péchés du monde, immolée sur nos autels, que consiste le sacrifice mystique de la nouvelle Loi, figuré par le sacrifice ancien de Melchisédech, ainsi que le sacrifice sanglant de la croix, par le sacrifice d'Aaron.

En quoi consiste le sacrifice de l'Eucharistie?

En ce que, par la vertu des paroles sacramentelles, le corps de Jésus-Christ est mis sous l'espèce du pain, et le sang sous l'espèce du vin, et que cette séparation du pain consacré d'avec le vin consacré sur l'autel, nous représente la séparation du corps de Jésus-Christ d'avec son sang sur le Calvaire, si bien que Jésus-Christ a voulu faire consister le sacrifice mystique dans une parfaite expression du sacrifice sanglant ; d'où vient qu'il a dit séparément : *Ceci est mon corps, et ceci est mon sang*; et encore que ce corps et ce sang une fois réellement séparés dans sa passion, dussent être éternellement réunis dans sa résurrection, pour faire un homme parfait et parfaitement vivant, il a voulu néanmoins que cette séparation faite effectivement une fois à la croix, ne cessât jamais de paraître dans le mystère de la sainte table.

Et c'est dans cette mystique séparation, qu'il a voulu faire consister l'essence du sacrifice de l'Eucharistie, pour en faire l'image parfaite du sacrifice de la croix, afin que comme ce dernier sacrifice consiste dans l'actuelle séparation du corps et du sang, celui-ci qui en est l'image parfaite, consistât aussi dans cette séparation représentative et mystique.

Pourquoi appelez-vous cette séparation représentative et mystique?

On l'appelle 1° représentative, parce que la séparation du pain d'avec le vin consacré sur l'autel, représente la séparation du corps et du sang de Jésus-Christ sur le Calvaire ; 2° mystique, et parce que la mort de Jésus-Christ nous est représentée en mystère, c'est-à-dire, par la séparation des symboles : et parce que les paroles sacramentelles d'elles-mêmes devraient séparer le corps d'avec le sang, mettant l'un sous l'espèce du pain, et l'autre sous l'espèce du vin, comme elles l'eussent fait si les apôtres eussent dit la Messe le samedi saint, lorsque le corps de Jésus-Christ était dans le tombeau, et son sang sur le Calvaire : que si elles n'opèrent pas sur l'autel cette séparation, ce n'est pas par un défaut de vertu en elles, c'est par accident et par une raison étrangère, savoir à cause que le corps de Jésus-Christ, à présent impassible et immortel, ne peut être séparé de son sang, ni son sang de son corps, en quoi consiste la *concomitance*, ou l'inséparabilité du corps d'avec le sang, et du sang d'avec le corps ; en sorte que partout

répéter du couchant à l'aurore, c'est-à-dire devenir *universels* et vraiment dignes de Dieu.

où est son corps, là est son sang, et partout où est son sang, là est son corps : ainsi, quoique les paroles prononcées sur le pain n'opèrent précisément par elles-mêmes que ce changement du pain au corps ; et celles qu'on prononce sur le vin, que le changement du vin au sang de Jésus-Christ, néanmoins le sang ne laisse pas d'être avec le corps sous l'espèce du pain, et le corps avec le sang sous l'espèce du vin, parce qu'à présent, l'un ne peut être sans l'autre ; aussi est-il vrai de dire que les paroles sacramentelles sont un glaive mystique, puisqu'elles sont capables par elles-mêmes de faire sur l'autel, ce que le glaive matériel des Juifs fit sur le Calvaire, c'est-à-dire, de donner le corps de Jésus-Christ épuisé de sang, et son sang sorti de son corps, s'ils étaient capables de cette séparation.

La sainte Eucharistie est donc sacrement et sacrifice tout ensemble?

Oui, elle est sacrement, parce qu'elle est un signe visible de la grâce invisible, institué de Notre-Seigneur Jésus-Christ pour la sanctification de nos âmes, et qu'elle nous représente Jésus-Christ caché sous les espèces visibles du pain et du vin : elle est sacrifice, parce que par la consécration, comme par un glaive spirituel, le corps et le sang de Jésus-Christ sont mystiquement séparés, et Jésus-Christ est mis sur l'autel en tant que victime, puisqu'il y est mis revêtu de signes qui représentent, d'une manière vive et efficace, la mort violente qu'il a soufferte pour nous, honorant parfaitement en cet état la souveraineté de Dieu son Père; puisqu'il y renouvelle, et qu'il y perpétue excellemment, la mémoire de l'obéissance qu'il lui a rendue jusqu'à la mort de la croix : c'est ainsi que l'agneau pascal était aux Juifs et sacrifice et sacrement tout ensemble, car on l'offrait, et on le mangeait en signe qu'on l'avait offert, et qu'on participait à cette offrande.

Expliquez-nous encore plus au long comment l'Eucharistie est sacrement et sacrifice tout ensemble.

Pour le comprendre plus clairement, il est bon d'observer qu'il y a deux actions dans le mystère de l'Eucharistie, qui ne laissent pas d'être distinctes, quoique l'une se rapporte à l'autre : la première est la consécration, par laquelle le pain et le vin sont changés au corps et au sang de Jésus-Christ : la seconde est la communion, par laquelle on participe à ce corps et à ce sang ; par celle-ci on reçoit un sacrement, par celle-là on fait non-seulement un sacrement, mais encore un sacrifice, puisqu'en vertu de la consécration le corps et le sang de Jésus-Christ sont réellement présents, mystiquement séparés, et véritablement offerts. Or on ne peut douter que cette action religieuse, comme distincte de la manducation, ne soit d'elle-même agréable à Dieu, et ne l'oblige à nous regarder d'un œil propice et favorable, parce qu'elle lui remet devant les yeux la mort volontaire que son Fils bien-aimé a soufferte pour les pécheurs, ou plutôt elle lui remet devant les yeux son Fils même sous les signes de cette mort par laquelle il a été apaisé : ce qui contient et une manière très-puissante d'intercession devant Dieu pour tout le genre humain (selon ce que dit l'Apôtre, que Jésus-Christ se présente, et paraît pour nous devant la face de Dieu), et un moyen très-efficace pour honorer souverainement ses grandeurs, pour apaiser sa justice, pour impétrer ses grâces, et pour le remercier de ses bienfaits, semblables à ces peuples qui, pour apaiser la colère, ou gagner l'affection, ou obtenir ce qu'ils voulaient d'un père dont ils imploraient le secours, prenaient entre leurs mains son enfant, et le lui présentaient comme pour le fléchir par son entremise et par sa présence. C'est ainsi que saint Jean, dans son *Apocalypse*, vit l'Agneau devant le trône, vivant à la vérité, puisqu'il était debout, mais en même temps comme immolé et comme mort à cause des cicatrices de ses plaies, et des marques qu'il conserve encore dans la gloire, de son immolation sanglante.

Est-ce en ce sens que Jésus-Christ est véritablement offert par la consécration?

Oui, puisque par la vertu des paroles sacramentelles il est produit et mis sur l'autel sous des signes qui représentent sa mort violente et son sacrifice sanglant : car mettre une victime sur l'autel est la même chose que de l'offrir à Dieu, et offrir une victime à Dieu, n'est autre chose que de la mettre sur l'autel, sans qu'il soit besoin d'aucune autre cérémonie ni oblation vocale, dont la tradition n'apprend point que Notre-Seigneur dans la cène, ni les apôtres se soient servis. En effet, la nature même de la chose qui s'opère, la religion de Jésus-Christ qui s'immole, l'intention de l'Église et du prêtre qui célèbre, contiennent assez tout ce que demande l'oblation, dont l'élévation de l'hostie est une marque et un signe.

Cette oblation ne nuit-elle point à celle de la croix?

Pas plus que celle que Jésus Christ fit de lui-même venant au monde, qu'il renouvela pendant sa vie, et qu'il continue de faire dans le ciel.

Le sacrifice de l'Eucharistie est-il différent du sacrifice de la croix?

Non, c'est le même en substance, car il ne faut pas s'imaginer que l'Église se fasse de l'Eucharistie un nouveau sacrifice de propitiation, pour apaiser Dieu encore une fois, comme s'il ne l'était pas suffisamment par le sacrifice de la croix, ni pour lui présenter un nouveau payement du prix de notre salut, ni pour ajouter quelque supplément à ce prix ; au contraire, le sacrifice mystique n'est établi que pour représenter le sacrifice sanglant, que pour en célébrer la mémoire, que pour en appliquer la vertu, et que pour employer auprès de Dieu les mérites de Jésus-Christ présent, et le prix infini et surabondant qu'il a payé une fois pour nous à la croix. Car tout ce qu'il a fait dans sa vie et dans sa mort; tout ce qu'il fait dans le ciel et sur nos autels, n'est qu'une continuation de la même intercession et de la même obéissance qu'il a commencée dans sa naissance, qu'il a consommée dans sa mort, et qu'il ne cesse de renouveler et dans le ciel, et dans nos mystères, pour nous en faire une vive et perpétuelle application : de sorte que dans le fond le sacrifice de la croix et celui de l'Eucharistie sont la même chose, puisque dans l'un et dans l'autre, c'est le même sacrificateur ou principal prêtre qui offre et consacre, et la même victime qui est offerte, détruite, ou réellement, ou mystiquement et sacramentellement : il n'y a que la manière de l'offrir qui soit différente; car l'un fut sanglant, et l'autre ne l'est pas; l'un ne s'est fait qu'une fois, et l'autre se fait tous les jours; l'un fut visible et l'autre est invisible, du moins en sa propre espèce.

Pourquoi dites-vous cela?

Pour donner à entendre qu'encore que dans tout sacrifice extérieur et proprement dit, la victime qu'on immole doit être visible, et néanmoins que dans l'Eucharistie le corps de Jésus-Christ ne le soit pas en sa propre espèce, cela n'empêche point qu'il ne le soit d'une manière suffisante pour être la victime d'un sacrifice extérieur, puisqu'il se rend visible sous l'espèce du pain et du vin, à peu près comme si dans l'ancienne Loi, on eût immolé un agneau enveloppé de la peau d'une autre victime : joint que le corps de Jésus-Christ notre aliment, n'est pas la victime du sacrifice de l'Eucharistie, considéré simplement en lui-même, mais en tant que revêtu des espèces du pain et du vin, comme donc les espèces du pain et du vin sont sensibles, cela suffit pour dire que Jésus-Christ notre pain vivant mais caché, est sensible, que son oblation tombe sous les sens, et que s'il est invisible en sa propre espèce, il ne l'est pas en celle des symboles.

Qu'est-ce à dire que Jésus-Christ est détruit sacramentellement dans l'Eucharistie?

C'est-à-dire qu'il perd l'être que la consécration lui a donné dans ce sacrement, quand on le mange : car par le moyen de la consécration, le corps de Jésus-Christ qui est la victime offerte dans ce sacrifice, est produit, et prend pour ainsi dire, la forme d'aliment, puisqu'il est dans l'Eucharistie pour servir de nourriture aux âmes des fidèles : or toute viande préparée pour être mangée, tend de sa nature à être changée et détruite par la manducation : et bien que le corps de Jésus-Christ ne reçoive aucune plaie lorsque les fidèles le mangent, bien que les parties ne soient pas séparées, qu'il ne soit pas sujet aux mêmes altérations et changements qui arrivent aux viandes corruptibles, et qu'il ne perde rien de son être naturel, cependant il est vrai de dire *qu'il perd son être sacramentel*, en tant qu'il cesse d'être réellement présent, et d'être une nourriture sensible dans le Sacrement, quand les espèces sacramentelles sont une fois corrompues par la communion : on a donc eu raison de dire que Jésus-Christ a été détruit réellement par le sacrifice de la croix, quand il y est mort : et qu'il est détruit sacramentellement par le sacrifice de l'autel, quand il y est mangé.

Pourquoi cette destruction sacramentelle?

Parce que dans tout sacrifice véritable il faut qu'il y ait destruction de victime, ou réelle comme à la croix, ou mystique et sacramentelle comme à l'autel. Destruction mystique, puisque par la consécration, ou par le glaive de la parole, la victime est immolée, le corps étant mis sous l'espèce du pain, et le sang sous l'espèce du vin : destruction sacramentelle, puisque par la communion, quand les espèces sont corrompues, Jésus-Christ cesse d'être dans le sacrement, et cesse d'y être la nourriture de nos âmes : or une de ces deux destructions mystique ou sacramentelle suffirait pour établir l'essence d'un véritable sacrifice, combien plus les deux ensemble? mais surtout la consomption du sang de Jésus-Christ présente à l'esprit une idée parfaite de sacrifice, parce qu'on offrait les liqueurs en les répandant, et que l'effusion en était le sacrifice, ainsi le sang de cette sainte victime répandu en nous et sur nous en le buvant, est une effusion sacrée, et comme la consommation du sacrifice de cette immortelle liqueur.

Pourquoi tout sacrifice exige-t-il une destruction de victime?

Le sacrifice étant une reconnaissance de la souveraine autorité que Dieu a sur nous, et un aveu de notre dépendance, nous nous efforçons de témoigner ce sentiment à Dieu, en publiant qu'il est souverain maître de notre vie, qui peut nous l'ôter quand il voudra, et que nous sommes prêts de la perdre quand il nous l'ordonnera. Or, afin que cette protestation ait les qualités requises pour être souveraine, et que nous fassions voir que Dieu est non-seulement le maître de nos facultés et de nos actions, mais encore du fond de notre être et de notre vie, il est à propos que nous offrions, et l'usage de la chose que nous voulons sacrifier, et la chose même, et que comme sa grandeur ne peut aller plus haut, nous l'honorions par un abaissement qui ne puisse aller plus bas : de sorte qu'il faut non-seulement que l'usage en soit consumé, mais de plus, que la substance même en soit détruite, afin que ce témoignage soit entier et parfait, et c'est ce que Jésus-Christ a accompli admirablement dans le sacrifice de l'autel, d'une manière à la vérité mystique et sacramentelle, mais très-parfaite et très-réelle.

Est-ce par cette raison que vous appelez le sacrifice de l'Eucharistie un sacrifice mystique?

Oui, parce qu'après tout ce n'est pas un sacrifice sanglant comme celui d'un animal égorgé, c'est un sacrifice spirituel et digne de la nouvelle alliance, où la victime présente n'est aperçue que par la foi, où le glaive n'est autre que la parole qui sépare mystiquement le corps et le sang, où le sang n'est répandu qu'en mystère, où la mort n'intervient que par la représentation, où le feu n'est rien moins que le Saint-Esprit : sacrifice néanmoins très-véritable, en ce que Jésus-Christ, comme une hostie de propitiation, y est véritablement contenu et présenté à Dieu sous cette figure de mort ? mais sacrifice de commémoration, qui bien loin de nous détacher du sacrifice de la croix, non-seulement s'y rapporte tout entier, mais en effet n'est et ne subsiste que par ce rapport, et en tire toute sa vertu, c'est ainsi que Jésus-Christ mettant son corps d'un côté, et son sang de l'autre par la vertu de sa parole et le ministère du prêtre, s'expose lui-même aux yeux de son Père sous une image de mort et de sépulture, l'honorant comme l'arbitre de la vie et de la mort, et reconnaissant hautement sa majesté souveraine.

De la Messe.

Qu'est-ce que la Messe ?
C'est la consécration et oblation du corps et du sang de Jésus-Christ sous les espèces du pain et du vin, instituée pour représenter et continuer le sacrifice du même corps et du même sang immolé sur la croix d'une manière sanglante, et pour en appliquer le mérite; accompagnée de la lecture des Livres saints, de la prière et de diverses cérémonies mystérieuses.

Qu'est-ce qui est offert dans ce sacrifice ?
Le corps et le sang de Jésus-Christ.

A qui est-il offert ?
A Dieu seul.

Par qui est-il offert ?
Par Jésus-Christ même, prêtre éternel selon l'ordre de Melchisédech, et qui s'étant offert à la croix, s'offre encore tous les jours à son Père sur nos autels par le ministère des prêtres.

Comment est-il offert ?
D'une manière non sanglante.

Où est-il offert ?
Pour tout le monde, suivant la promesse du prophète Malachie.

Pour qui est-il offert ?
Pour les fidèles vivants et trépassés, qui, étant membres de Jésus-Christ, sont portions et du prêtre qui offre, et de l'hostie qui est offerte, et ne peuvent ainsi manquer de participer à cette oblation.

En quoi leur est-elle utile ?
En ce que par l'oblation du sacrifice mystique, la vertu du sacrifice sanglant leur est appliquée.

Que veut dire ce mot de Messe ?
Il signifie envoi, parce que, 1° autrefois avant que de célébrer les saints mystères, on renvoyait ceux qui n'étaient pas dignes d'y assister; 2° encore aujourd'hui on congédie le peuple après les avoir offerts; 3° dans la Messe on envoie à Dieu avec l'hostie offerte, les vœux et les prières que les fidèles ont présentés à Dieu par le ministère du prêtre.

Des fins du sacrifice.

Quelles sont les fins du sacrifice ?
D'être, 1° latreutique; 2° satisfactoire; 3° impétratoire; 4° eucharistique.

Comment est-il latreutique ?
En ce que sacrifiant et détruisant une créature en l'honneur de Dieu, nous prétendons témoigner par là qu'il est l'arbitre souverain de la vie et de la mort, le Créateur et l'auteur de tout, qu'il a un domaine absolu sur tout : que nous immolons toutes les créatures en une seule, et nous avec elles; que tout lui appartient et dépend de lui, être, vie et perfections; que rien n'est, ne vit et ne subsiste que par lui, et qu'il peut détruire tout avec la même facilité qu'il l'a produit. D'ailleurs, plus la chose immolée est excellente, plus la protestation est-elle authentique, surtout si elle renferme éminemment les perfections de toutes les autres créatures, et si son offrande est accompagnée de dispositions proportionnées à sa dignité. Or tout cela, qui était figuré par les sacrifices anciens, s'est accompli en vérité sur le Calvaire, et se renouvelle tous les jours sur nos autels, le sacrifice mystique n'étant que le sacrifice sanglant, subsistant sous une apparence non sanglante.

Comment le sacrifice est-il propitiatoire ?
En ce que le pécheur immolant une hostie à Dieu, confesse qu'il a par son crime mérité la mort, que Dieu pourrait avec justice le détruire : qu'il devait lui-même épancher son sang en expiation du péché qu'il a commis, et de l'injure qu'il a faite à son Créateur, et en témoignage de sa douleur, mais que sa propre immolation étant indigne et insuffisante, il substitue en sa place une hostie de propitiation, qui crie pour lui miséricorde, et qui apaise et satisfasse la justice divine, et lui rende Dieu propice. Or quelle plus digne hostie peut-on trouver pour cela que Jésus-Christ, qui s'immole et qui demande grâce pour nous par toutes les plaies de son corps exposé sur nos autels, et présenté à son Père, et nous appliquant par le sacrifice mystique la vertu de son sacrifice sanglant, d'où a découlé la rémission de nos péchés ?

Comment est-il impétratoire ?
En ce que par l'oblation de la victime nous reconnaissons que tout bien découle de Dieu, qu'il est la source inépuisable et unique dont nous devons tout attendre; que tout ce que nous avons de bien, et que ce que nous lui offrons, vient de lui (sentiments que nous témoignons par l'offrande que nous lui faisons, espérant par cet acte de religion et de reconnaissance, attirer sur nous de nouveaux bienfaits de sa bonté, et subvenir ainsi à notre indigence). Or quelle hostie de vocifération, pour exprimer avec l'Ecriture, parlera plus haut pour nous que Jésus-Christ à son Père dans la circonstance de sa vie, où il lui a rendu le plus d'honneur, et où il a obtenu pour nous le salut éternel, et avec le salut toutes choses ? comment nous donnant son Fils, ce que nous témoignons en le lui offrant, ne nous accordera-t-il pas par ce Fils tout le reste que nous lui demandons, infiniment moindre que ce Fils que nous lui donnons ?

Comment est-il eucharistique ?

En ce que nous ne pouvions pas témoigner plus efficacement notre reconnaissance pour un bienfait obtenu, qu'en faisant une offrande et un présent à notre bienfaiteur, plus grand encore que le bienfait reçu, particulièrement si le présent même parle, remercie, est infiniment agréable à celui à qui nous l'offrons.

Que s'ensuit-il de toute cette doctrine ?

Que le sacrifice, par la destruction de l'hostie immolée, 1° rend à Dieu un souverain honneur; 2° est une protestation publique de notre infinie vénération, estime, gratitude, dépendance et soumission envers lui; 3° publie hautement par un langage mystérieux sa grandeur, sa perfection, sa suffisance à lui-même, sa sainteté, sa puissance, sa justice, sa qualité de premier principe, de Seigneur suprême et de fin dernière. Sa grandeur souveraine à qui est dû un abaissement souverain, jusqu'à la destruction de l'être. Sa perfection infinie, les plus parfaites créatures lui faisant hommage, disparaissant devant lui. Sa suffisance à lui-même, lui faisant un don, non pour l'enrichir, mais pour l'immoler à sa gloire. Sa sainteté, déclarant que tout ce que la religion a d'excellent, est infiniment au-dessous de son mérite. Sa puissance, à qui la destruction et la production des créatures est également facile. Sa justice, qui exige la mort du pécheur, lequel a mérité de perdre la vie, pour en avoir abusé. Sa qualité de premier principe, de qui tout découle : et de dernière fin, à qui tout être retourne, comme au modèle et au premier dessin, sur lequel il a été formé, qui lui donnera son couronnement, qui lui fera trouver en lui son bonheur, et qui fera voir le rapport intime et secret de la créature à son auteur, et l'usage auquel il l'a destinée ; et de Seigneur suprême, qui seul peut créer, conserver, détruire, perdre et rendre heureux.

LEÇON V.
De la communion sous une espèce.

Puisque Jésus-Christ a institué le saint sacrifice de l'autel sous les symboles du pain et du vin, d'où vient qu'on ne donne la communion aux laïques que sous la seule espèce du pain ?

L'essence du sacrifice mystique consistant dans une représentation du sacrifice sanglant, il fallait, comme on dit, que le pain d'une part, et le vin de l'autre, mis et consacrés séparément sur l'autel, fissent voir comme quoi le corps de Jésus-Christ, sur le Calvaire, avait été séparé de son sang, et son sang de son corps, et par conséquent il était nécessaire que le sacrifice se fît sous les deux espèces : mais cette expression si vive et si forte de la mort violente du Sauveur, nécessaire pour l'oblation du sacrifice, ne l'est plus pour la réception du sacrement.

Pourquoi cela ?

Parce que pour une véritable communion il suffit de recevoir Jésus-Christ tout entier comme aliment ; d'annoncer sa mort, comme parle l'Apôtre ; de se nourrir de cette sainte victime, et de participer à la grâce de son immolation ; et c'est ce qui arrive, soit qu'on communie sous une des deux espèces, ou sous toutes les deux ensemble.

Comment reçoit-on Jésus-Christ tout entier, quoiqu'on ne communie que sous une seule espèce ?

C'est que communiant ainsi, on reçoit tout ensemble et le corps et le sang de Jésus-Christ, puisque l'on ne peut recevoir son corps sans recevoir son sang, ni recevoir son sang sans recevoir son corps, la séparation de l'un d'avec l'autre, dans le sacrifice de l'autel, n'étant que mystique et non pas réelle, d'où il s'ensuit que réellement et de fait nous trouvons dans la réception de la seule espèce du pain l'entière et parfaite réfection de nos âmes, de quoi nous rassasier et de quoi nous désaltérer, le corps et le sang de Jésus-Christ, encore que nous ne communions pas au signe du sang. Car enfin ici manger et boire, c'est la même chose, parce que l'un et l'autre ne sont rien que recevoir dignement Jésus-Christ et croire ce qui arrive, soit qu'on ne reçoive qu'une espèce, soit qu'on reçoive les deux ; soit qu'on boive ou qu'on mange selon le corps, l'on boit et l'on mange selon l'esprit, pourvu qu'on croie, et on reçoit tout l'effet du sacrement.

Comment est-ce qu'en ne communiant que sous une espèce, nous annonçons la mort du Seigneur, et que nous participons à la grâce de son sacrifice ?

En ce que nous marquons son immolation et la mort violente qu'il a soufferte pour nous, aussi bien en mangeant son corps épuisé de sang, ce que nous figure le pain seul, qu'en buvant son sang tiré de ses veines, ce que nous figure le vin seul, qu'en prenant les deux ensemble. C'est ainsi que les anciens Juifs, mangeant la chair des victimes qu'ils avaient offertes, sans boire leur sang, marquaient néanmoins assez la part qu'ils avaient à leur immolation et la grâce du sacrifice ; et quoiqu'il y ait une expression plus inculquée de cette immolation, en prenant le tout, il ne laisse pas d'être véritable qu'à la réception de chaque partie on se représente la mort tout entière du Sauveur, et on s'applique toute la grâce. Car encore que Jésus-Christ ait séparé son corps d'avec son sang, ou réellement sur la croix, ou mystiquement sur l'autel, on n'en peut pas néanmoins séparer la vertu, ni faire qu'une autre grâce accompagne son sang répandu, que la même au fond qui accompagne son corps immolé : de sorte que, soit que l'on mange, soit que l'on boive, soit que l'on fasse l'un et l'autre ensemble, on annonce toujours la même mort, on s'en applique toujours le même fruit, on se nourrit toujours de la même victime, on marque toujours la même immolation, et on reçoit toujours en substance la même grâce, qui, après tout, n'est pas attachée aux espèces sensibles, mais à la propre substance de la chair de Jésus-Christ, qui est vivante et vivifiante, à cause de la divinité qui lui est jointe, et qui se trouve sous une seule espèce, aussi bien que sous les deux.

Pourriez-vous par quelque exemple nous faire voir comment la communion sous une espèce marque suffisamment tous ces effets?

Le baptême par immersion peut ici avoir lieu, car quoique le fidèle plongé dans l'eau, et sortant ensuite de l'eau, et lavé dans toutes les parties de son corps, représente mieux comment il est enseveli avec Jésus-Christ, ainsi que parle l'Apôtre, comment il sort du tombeau avec son Sauveur, et comment il est pleinement et entièrement nettoyé de ses taches, néanmoins le baptême par infusion ou aspersion, et sur une seule partie du corps, suffit pour exprimer la naissance du fidèle; l'expression du mystère de Jésus-Christ et l'effet de la grâce s'y trouve en substance, et la dernière exactitude de la représentation n'y est pas requise. Il en est de même de la communion sous une seule espèce, ou sous les deux ensemble; celle-ci représente mieux l'immolation de Jésus-Christ et la réfection parfaite de notre âme, celle-là le fait moins, mais suffisamment; de sorte que comme ce serait une erreur de rejeter le baptême par aspersion, sous prétexte qu'il n'est pas assez expressif de la grâce ou de l'effet du baptême, c'en est une de rejeter la communion sous une espèce par le même prétexte.

Les fidèles ne communiaient-ils pas autrefois sous les deux espèces?

Jamais la coutume en cela n'a été par toute l'Eglise, ni bien universelle, ni bien uniforme; en plusieurs lieux on communiait d'ordinaire sous les deux espèces, particulièrement où les Chrétiens étaient peu en nombre; quoique cependant, dès ces premiers temps, il fût libre aux fidèles de ne recevoir que la seule espèce du pain, ce que plusieurs faisaient même à l'église et au sacrifice public. De plus, il est encore certain qu'en quelques cas la coutume était de ne communier que sous la seule espèce du pain, comme dans la maison au temps des persécutions; dans les maladies et les voyages, et le jour du vendredi saint: on faisait aussi prendre les miettes du pain consacré aux enfants déjà un peu grands, et non l'espèce du vin; et l'espèce du vin aux plus petits, et non l'espèce du pain; telle était la pratique des premiers siècles: de façon que comme un même usage en cela n'a jamais passé en commandement et en obligation; que Notre-Seigneur, qui a dit *que celui qui mange sa chair, et boit son sang, demeure en lui* (Joan. vi, 55), a dit quelquefois *que celui qui reçoit sa chair* (Matth. x, 40), sans faire mention du sang a la vie éternelle; que nous trouvons dans les *Actes des apôtres* des communions où il n'est fait mention que du pain; qu'on voit la pratique de communier sous cette seule espèce, autorisée dans les premiers historiens et Pères de l'Eglise; qu'il y a des personnes qui ne sauraient du tout souffrir l'odeur ni le goût du vin sans vomir, et des provinces où il n'en croît point; qu'il y a de grands inconvénients de donner le vin consacré à une multitude infinie de peuple, ou de le garder pour le porter aux malades; ce qui ne pourrait se faire sans effusion, ou altération, particulièrement dans les pays chauds, et sans plusieurs autres notables irrévérences: d'ailleurs qu'on reçoit tout Jésus-Christ, tout le sacrement, et toute la grâce nécessaire à salut, et essentielle à l'Eucharistie, sous une seule espèce; enfin que l'uniformité de discipline et de conduite est nécessaire dans l'administration des sacrements, et qu'il fallait corriger l'erreur de ceux qui disaient que le sang n'était pas avec le corps sous l'espèce du pain; il est clair que l'Eglise a pu et dû, pour ces raisons et autres très-fortes, réduire les fidèles à communier sous la seule espèce du pain, sans néanmoins par là se lier les mains, ni s'ôter le pouvoir de donner les deux, quand pour d'autres justes et utiles considérations elle jugera le devoir faire. A quoi il faut ajouter que les hérétiques mêmes, qui prêchent le plus la nécessité de communier sous les deux espèces, ne donnent que celle du pain aux personnes qui ont répugnance à boire du vin, et que supposé le dogme de la réalité, qui, selon eux, est une doctrine sans venin, et compatible avec le salut, et dont la concomitance de leur aveu est une suite, il suffit de communier sous une espèce.

LEÇON VI.

Des symboles eucharistiques.

Pourquoi Notre-Seigneur institua-t-il l'Eucharistie sous les symboles du pain et du vin?

Outre la volonté de ce divin Sauveur, de qui la sagesse le jugea ainsi à propos, et pour ne pas dire que ce sont des aliments qui se trouvent le plus communément, qui se conservent le plus commodément, qui se mangent le plus universellement, qui dégoûtent le moins ordinairement, et qui se changent en chair et en sang le plus naturellement, ainsi que les philosophes l'ont observé par diverses expériences; c'était afin qu'elle fût: 1° une expression de l'entière et parfaite réfection de nos âmes, qui trouvent dans ce divin sacrement de quoi se rassasier et se désaltérer pleinement; 2° un signe de l'union intime des fidèles, le pain et le vin se faisant de plusieurs grains de blé et de raisins unis ensemble; 3° un mémorial de sa passion douloureuse, le froment et le raisin, écrasés sous la meule et sous le pressoir, figurant son corps moulu et son sang épanché à la croix; 4° une figure de son effet merveilleux en nous. Car le changement qui s'y fait dans l'intérieur, sans que l'extérieur soit changé, et qui n'est sensible que par la parole, nous fait voir que par la parole de Jésus-Christ opérant dans le Chrétien, il doit être très-réellement, quoique d'une autre manière, changé au-dedans, en ne retenant que l'extérieur d'un homme vulgaire, et changé en Jésus-Christ de qui, en un sens, il est le froment et l'aliment, si Jésus-Christ est le sien.

Qu'apprenons-nous de là?

1° A priser beaucoup la vie de notre âme, puisque pour la conserver et l'entretenir, elle a besoin d'une viande si précieuse; 2° à craindre le péché comme une mort d'autant plus funeste, qu'elle ravit une vie si divine; 3° à faire des actions correspondantes à une telle vie; 4° à n'avoir que du dégoût pour la vie naturelle et humaine; 5° à paraître à la table du Père de famille, pour y manger ce mystère de paix, revêtus de la charité fraternelle, ce pain ne se jetant pas sous la table aux chiens, dont le propre est de gronder et de mordre; 6° à remercier Jésus-Christ de ce qu'il nous fait goûter le fruit de ses souffrances, et nous en applique le mérite par une voie douce et si facile : il a pris pour lui la douleur et l'amertume, le fiel et le vinaigre, et il nous a laissé le plaisir et la joie. Le sacrifice fut pour lui une mort infâme, et pour nous c'est un banquet agréable, c'est un festin délicieux : dans son premier miracle, il changea l'eau en vin, et dans le dernier, le vin en son sang; 7° et de ce qu'il veut bien devenir notre aliment : en effet, ayant dit sur le pain : *Ceci est mon corps,* et sur le vin : *Ceci est mon sang* (Matth. xxvi, 26, 28), et paraissant, en vertu de ces divines paroles, actuellement revêtu de toutes les apparences du pain et du vin, ne fait-il pas assez voir qu'il est vraiment nourriture, puisqu'il en prend la ressemblance et les qualités?

Pour mieux signifier cela, n'eût-il pas été nécessaire que le pain et le vin eussent subsisté après la consécration et avec le corps?

Non, et c'était assez que les caractères de ces aliments et leurs effets ordinaires fussent conservés, qu'il n'y eût rien de changé à l'égard des sens, et que Jésus-Christ parût revêtu de leur ressemblance, et sous leur forme : de cette sorte, afin que la colombe représentât le Saint-Esprit, et avec toute sa douceur le chaste amour qu'il inspire aux âmes saintes, il importait peu que ce fût une véritable colombe qui descendît visiblement sur Jésus-Christ, il suffisait qu'elle en eût tout l'extérieur, et c'est pour cette raison que l'Eucharistie est appelée *pain,* parce qu'elle le paraît, et qu'elle l'a été : et *corps et sang,* parce qu'elle l'est, et qu'elle les contient : ainsi la verge de Moïse, les eaux du Nil, et les anges revêtus d'une figure humaine dans l'Ecriture, prennent également le nom et de ce qu'ils paraissent, et de ce qu'ils sont : d'ailleurs il était bon que rien ne nourrît dans l'Eucharistie que Jésus-Christ seul, vrai pain vivant et vivifiant.

Pourquoi n'a-t-il pas voulu se donner à manger en sa propre forme?

Pour nous ôter l'horreur que naturellement nous aurions de nous repaître de chair et de sang; il a voulu immoler en sa propre personne la chair qu'il a prise pour nous, afin de nous témoigner son amour, il veut nous en nourrir sous une forme étrangère, pour ne pas rebuter la nôtre.

Comment les espèces du pain et du vin subsistent-elles après la consécration?

Par un effet miraculeux de la puissance divine, et sans qu'aucun sujet créé les soutienne.

En quoi trouvez-vous là du miracle?

Il y en a un très-grand et très-visible, car comment faire subsister la blancheur de la neige sans la neige même? le goût de la viande sans la viande? le poids d'une pierre sans la pierre? la figure d'une tour sans la tour même? le moyen de faire subsister tous ces accidents corporels, sans qu'ils soient soutenus par aucun corps? Ne sont-ce pas là plusieurs grands prodiges? et c'est néanmoins ce qui arrive dans le saint sacrement, où les accidents du pain et du vin subsistent par la vertu divine, sans être appuyés d'aucune subsistance.

Faites-moi bien comprendre cela. N'est-il pas vrai que la substance du pain et du vin est détruite par les paroles sacramentelles du prêtre?

Oui.

N'est-il pas vrai néanmoins qu'après que les substances du pain et du vin ont été détruites, vous y trouvez du goût, de l'odeur, de la pesanteur, et une figure ronde ou autre, tout comme s'il y avait encore du vrai pain naturel, et du vrai vin?

Oui.

Il est donc vrai que les accidents subsistent sans être appuyés d'aucun sujet?

Oui.

Comment cela se peut-il faire?

Par la toute-puissance de Dieu, à qui rien n'est impossible.

Y a-t-il quelque exemple dans la nature d'un changement substantiel, les apparences demeurant les mêmes?

Non, qui ne soit extrêmement défectueux; on se sert néanmoins d'une comparaison grossière, qui peut en donner quelque idée imparfaite : c'est d'un œuf encore frais, et de ce même œuf quand le petit oiseau y sera formé et prêt à éclore : car le même extérieur a subsisté, quoique la chaleur ait entièrement changé le dedans, il s'est fait une transformation substantielle au dedans de cet œuf, sans qu'il en ait rien paru au dehors, et sans que les sens y aient aperçu aucune altération, les apparences étant toujours demeurées les mêmes. Ajoutez à cela que l'homme change tous les jours en sa propre substance les aliments, quoique d'une nature fort différente de la sienne, sans qu'il paraisse en lui aucune altération extérieure. Comment donc ôter à Jésus-Christ un pouvoir qu'on accorde à la seule chaleur naturelle, et refuser à l'auteur de la nature une vertu qu'on reconnaît dans la nature même? Ne serait-ce pas être plus incrédule que le démon, qui confessa que Jésus-Christ pouvait changer des pierres en pain?

Le mot de transsubstantiation est-il dans l'Ecriture?

Non, mais l'Eglise en a voulu user, aussi bien que de celui de *Trinité* et de *consubstantialité,* pour exprimer plus nettement sa doctrine, condamner plus expressément l'erreur, et être une marque de catholicité.

Y a-t-il quelque exemple dans l'Ecriture qui

montre que les accidents peuvent subsister sans sujet ?

Oui, et le grand saint Basile enseigne que lors de la création du monde, la clarté du soleil, qui n'est qu'une qualité accidentelle, subsista l'espace de trois jours, sans être soutenue dans aucun sujet, jusqu'à ce que au quatrième jour le corps du soleil ayant été créé, elle fut attachée et placée dans cet astre comme dans son siège ; il assure aussi que, dans le buisson ardent de Moïse, la clarté du feu fut séparée de sa chaleur, et la vertu d'éclairer, de la vertu de brûler, et que cet accident subsista sans aucun sujet qui le soutînt : la raison que ce savant Père donne de cette merveille, est que Dieu peut plus faire que notre entendement ne peut comprendre ; or, notre entendement connaissant les accidents séparément du sujet, il s'ensuit que Dieu peut faire que ces mêmes accidents subsistent effectivement sans y être unis, puisqu'il le pourrait même quand notre entendement ne le concevrait pas. Saint Thomas ajoute que les effets étant plus dépendants de la cause première que de la cause seconde, Dieu, qui est la première cause de la substance et des accidents, peut conserver immédiatement par lui-même, et par sa vertu infinie, les accidents sans substance, comme il les conserve par leurs causes naturelles, de la même manière que Dieu peut produire les autres effets des causes naturelles, sans le concours ni la médiation d'aucune cause seconde, ce qu'il prouve par la production de l'humanité de Jésus-Christ dans les entrailles de la très-pure Vierge : si donc les accidents dépendent plus de Dieu comme cause première, que du sujet sur lequel ils s'appuient comme cause seconde, qui doute que Dieu ne puisse faire subsister les accidents par lui-même, et sans le concours de la substance créée ?

D'où vient que les espèces sacramentelles nourrissent, qu'elles se corrompent, et qu'elles ont les mêmes effets que la substance du pain et du vin, puisque si elles ne les avaient pas, tout le monde serait manifestement convaincu de la transsubstantiation ?

Jésus-Christ n'ayant pas voulu qu'il parût rien de visiblement extraordinaire, ou miraculeux dans ce mystère de foi, ni qu'on y remarquât aucune merveille sensible, n'a pas dû se laisser forcer à découvrir par quelque rencontre que ce fût, ce qu'il voulait expressément cacher à nos sens, pour en faire l'objet de notre foi, ni par conséquent rien changer dans ce qui arrive ordinairement à la matière dont il lui a plu se servir, pour laisser son corps et son sang aux fidèles. Que s'il peut sustenter nos corps par la seule vue, et sans le secours d'aucun aliment matériel, lui sera-t-il plus difficile de le faire par lui-même présent, en se servant des espèces qui demeurent après la consécration, et en les élevant à la production d'un effet qu'une seule substance créée pourrait naturellement produire ?

Combien le corps sacré de Jésus-Christ demeure-t-il en nous après la sainte communion ?

Jusqu'à ce que les espèces sacramentelles soient consumées, c'est-à-dire, autant qu'aurait fait la substance du pain et du vin, sans néanmoins que celui qui reçoit plus d'hosties, ou qui communie sous les deux espèces, reçoive plus que celui qui n'en reçoit qu'une particule ; semblables aux Israélites, dont ceux qui recueillaient le plus de manne, n'en avaient pas davantage que ceux qui en ramassaient moins, puisque les uns et les autres y trouvaient également leur réfection ; Jésus-Christ tout entier, là en figure, ici en vérité.

Pourquoi Jésus-Christ a-t-il voulu se cacher et se voiler ainsi sous les espèces eucharistiques ?

1° Pour obliger l'homme à soumettre sa raison à la foi ; 2° et punir ainsi son orgueil, sa désobéissance et sa curiosité criminelle, lorsqu'il voulut expérimenter s'il mourrait mangeant du fruit qu'il voyait ; car il faut à présent qu'il croie qu'il vivra, s'il mange du fruit qu'il ne voit pas ; 3° pour se cacher à ses ennemis qui mouraient comme d'autres Bethsamites, à la vue de cette arche mystérieuse ; 4° pour se tempérer à ses amis, ainsi qu'à Moïse et à Élie, et leur faire mériter de voir à découvert dans le Ciel, celui dont ils ont révéré la majesté cachée sur la terre ; 5° enfin la claire vision des merveilles divines n'est pas de ce monde et nous n'y sommes pas proportionnés : la foi suffit à un Chrétien.

Pourquoi sous les espèces d'un aliment ?

Pour nous apprendre qu'il venait dans ce sacrement afin : 1° de nous rendre une vie immortelle, qu'une viande défendue nous avait ôtée, et vaincre notre ennemi par où il nous avait vaincu ; 2° d'être au milieu de son Église un nouvel arbre, dont le fruit communiquât une vie incomparablement plus précieuse, que ne faisait cet arbre ancien du paradis terrestre, qui tenait à la terre, qui nourrissait que le corps, et qui n'entretenait qu'une vie naturelle et corruptible, au lieu que l'Eucharistie est un pain qui vient du Ciel, qui nourrit l'âme, et qui communique une vie immortelle et divine ; 3° de nous transformer en Dieu, nous faire vivre de la vie de Dieu, nous déifier, nous rendre des dieux par participation (chacun étant tel que l'aliment qu'il mange, et en prenant les qualités) et ainsi redonner à l'homme devenu humble, la haute dignité que l'homme ambitieux avait perdue, pour l'avoir voulu ravir par son orgueil ; 4° de nous unir intimement au Verbe incarné, nous faire vivre de cette même vie que son Père lui communique de toute éternité dans son sein, et qu'il communiqua à son humanité dans le sein de Marie, et nous faire être une même chose avec lui.

Comment un corps peut-il nourrir une âme ? disent les hérétiques.

Comment une eau peut-elle laver un esprit ? répondent les Catholiques. Comme donc dans le baptême l'eau, à raison de la grâce adjointe, purifie l'âme; ainsi dans l'Eucharistie la chair de Jésus-Christ, reçue dans notre sein comme une viande sacrée, nourrit notre âme à raison de la divinité qui lui est unie, et communique une vie divine. Car qu'est-ce que nourrir, sinon donner la vie par forme d'aliment?

LEÇON VII.
Des effets de l'Eucharistie.

Quels sont les effets de l'Eucharistie?
On peut la considérer: 1° comme sacrement; 2° comme aliment; 3° comme remède; 4° comme sacrifice; et selon ces quatre vues distinguer en elle quatre sortes d'effets. Car: 1° elle nous sanctifie; 2° elle nous nourrit; 3° elle nous guérit; 4° elle nous immole, et nous fait participer à la victime sainte qui s'immole pour nous.

Quels sont les effets en tant que sacrement?
1° De produire en nous la grâce sanctifiante abondamment, et beaucoup plus abondamment que les autres sacrements, qui ne nous unissent pas si intimement à Dieu, vrai effet de la grâce, qui ne sont pas si expressifs du sacrifice sanglant de la Passion, d'où découle toute grâce: qui n'en contiennent pas la réalité, et qui ne sont institués pour en produire tous les effets comme l'Eucharistie: et sans doute l'aumône que fait un grand roi par lui-même est tout autre que celle qu'il fait par autrui; 2° de donner Jésus-Christ même, la grâce essentielle et subsistante; 3° et la réfection spirituelle et savoureuse à nos âmes.

Quels sont les effets en tant qu'aliment?
D'opérer dans nos âmes ce que l'aliment matériel opère en nos corps; car comme celui-ci; 1° ne sert point aux morts; 2° qu'il conserve la vie, et répare ce que la chaleur naturelle détruit chaque jour; 3° qu'il donne l'accroissement; 4° qu'il fortifie; 5° qu'il plaît au goût; 6° qu'il rassasie et désaltère: ainsi l'Eucharistie: 1° ne se donne point aux pécheurs; 2° elle entretient la vie de l'âme, et répare ce que le feu de la convoitise détruit; 3° elle fait croître la charité et les vertus; 4° elle fortifie contre les tentations et les tourments; d'où vient qu'autrefois on la donnait aux confesseurs allant au martyre; 5° elle cause un goût savoureux à ceux de qui le palais de l'âme est bien disposé; 6° et une sainte satiété qui ne produit ni fatigue ni dégoût.

Quels sont les effets en tant que remède?
Comme le péché que nos premiers parents commirent en mangeant le fruit défendu, infecta leur corps et leur âme, et devint une source de corruption, d'où toutes nos maladies corporelles et spirituelles ont découlé aussi bien que la mort temporelle et éternelle: Jésus-Christ se donne à nous dans l'Eucharistie comme le fruit de vie, et comme un contre-poison souverain, sa chair adorable, qui n'est que vie et vertu, ne s'unissant pas inutilement à la nôtre, qui n'est que mort et faiblesse, ni son esprit à notre esprit.

Montrez-nous ces effets à l'égard du corps.
1° La figure de l'Eucharistie, c'est-à-dire la manne, préserva les Israélites de toute infirmité dans le désert, que ne fera pas la vérité? 2° le seul attouchement du corps de Jésus-Christ sur terre et de la frange même de ses habits, guérissait les malades, et ressuscitait les morts, que ne doit pas opérer sa chair mêlée avec la nôtre par la communion? 3° l'Eucharistie prise indignement, cause des maladies, et la mort même selon saint Paul: par une raison opposée elle doit être un principe de vie et de santé quand elle est dignement reçue; 4° ce sacrement donne un droit à la résurrection, et est un germe de la vie éternelle; 5° elle en est même la figure, disent les saints: et par le changement qui s'y fait d'une substance corruptible en une incorruptible: et parce qu'étant composée de deux parties, dont l'une est visible et terrestre, et l'autre cachée et céleste, elle nous apprend par là que l'homme, au milieu même de la mortalité qui l'environne, nourrit en soi l'espérance, et conserve le droit à l'immortalité.

Comment est-elle un remède à l'égard de l'âme?
1° Elle nous rend le goût des biens spirituels que nous avions perdu; 2° elle remplit le vide et l'inanition où nous étions de Dieu et des choses saintes; 3° elle nous fortifie contre les langueurs que nous a laissées le péché; 4° elle préserve contre les infirmités qui pourraient nous y faire retomber, en augmentant en nous le principe de la vie spirituelle, c'est-à-dire, la grâce sanctifiante, et la charité en nous affermissant dans les vertus qui sont comme les nerfs de l'âme, en affaiblissant la convoitise cette grande maladie de l'âme, et modérant ses dangereux symptômes, c'est-à-dire, les passions qui nous agitent.

Quels sont les effets de l'Eucharistie en tant que sacrifice?
1° Elle nous fait participer réellement à la victime qui s'immola pour nous en l'arbre de la croix; 2° elle nous en applique le mérite et la vertu; 3° elle excite en nous le souvenir de ce sacrifice sanglant; 4° elle nous communique la grâce de nous immoler avec celui qui s'immole pour nous.

Comment est-ce que nous participons réellement au sacrifice de la croix par la communion, et qu'elle nous est un témoignage que Jésus-Christ s'est immolé pour nous?
Tout ainsi que les anciens juifs ne s'unissaient pas seulement en esprit à l'immolation des victimes pacifiques qui étaient offertes pour eux, mais qu'en effet ils mangeaient la chair sacrifiée, ce qui leur était une marque de la part qu'ils avaient à cette oblation: ainsi Jésus-Christ s'étant fait lui-même notre victime, a voulu que nous mangions effectivement la chair de ce sacrifice offert pour nous, afin que la communication actuelle de cette chair adorable fût un témoignage perpétuel à chacun de nous en

particulier, que c'est pour nous qu'il l'a prise, que c'est pour nous qu'il l'a immolée.

Comment est-ce que le mérite et le fruit du sacrifice de la croix nous sont appliqués par la communion ?

En ce que nous y recevons la grâce de l'expiation de nos péchés : car il faut aussi remarquer que Dieu dans l'Ancien Testament avait défendu aux Juifs de manger cette espèce d'hostie qui était immolée pour leurs péchés, et qu'on appelait, *hostia pro peccato*, afin de leur apprendre que la véritable expiation des crimes ne se faisait pas dans la loi, par le sang des animaux : tout le peuple était comme en interdit par cette défense, sans pouvoir actuellement participer à la rémission des péchés : par une raison opposée il fallait que le corps de notre Sauveur, vraie hostie immolée pour le péché, fût mangé par les fidèles, afin de leur montrer, par cette manducation, que la rémission des péchés était accomplie dans le nouveau Testament. Dieu défendait aussi au peuple juif de manger du sang, et l'une des raisons de cette défense était que le sang nous est donné pour l'expiation de nos âmes; mais au contraire, notre Sauveur nous propose son sang à boire, à cause qu'il est répandu pour la rémission des péchés.

Comment la sainte communion réveille-t-elle en nous le souvenir du sacrifice sanglant de la croix ?

De même que les Juifs, en mangeant les victimes pacifiques, se souvenaient qu'elles avaient été immolées pour eux; ainsi, en mangeant la chair de Jésus-Christ notre victime, nous devons nous souvenir qu'il est mort pour nous : de façon que cette même chair mangée par les fidèles, non-seulement réveille en eux la mémoire de son immolation, mais encore leur en confirme la vérité. Que si les enfants ne se souviennent jamais plus tendrement de leur père et de ses bontés, que quand ils s'approchent du tombeau où son corps est renfermé; combien notre souvenir et notre amour doivent-ils être excités, lorsque nous tenons sous ces enveloppes sacrées, sous ce tombeau mystique, la propre chair de notre Sauveur immolé pour nous, cette chair vivante et vivifiante, et ce sang encore tout chaud par son amour, et tout plein encore d'esprit de sa grâce ?

Qu'inférez-vous de ces trois réponses ?

Que comme on donnait aux anciens la chair des victimes immolées pour eux; le dessein de Jésus-Christ dans l'Eucharistie est de nous y donner à manger sa chair adorable, non d'une façon matérielle et charnelle, ainsi que l'entendaient les Capharnaïtes, mais toute céleste et divine. 2° Que comme cette manducation leur était un signe que la victime était à eux, et qu'ils participaient au sacrifice, ainsi la manducation du corps et du sang de Jésus-Christ immolés pour nous sur le Calvaire et mangés par nous à cette table et dans ce sacrement, nous est un signe qu'ils sont à nous et que le Souverain Pontife en a fait à la croix le sacrifice pour nous. 3° Qu'il faut, afin que ce gage de l'amour de Jésus-Christ soit efficace et certain, que nous ayons non-seulement les mérites, l'esprit et la vertu (ce que nous trouvons même dans les autres sacrements), mais encore la propre substance de cette victime immolée, présente par conséquent, et qu'elle nous soit donnée aussi véritablement, quoique différemment à manger, que la chair des victimes était donnée à l'ancien peuple pour s'en nourrir. 4° Que de cette façon ces paroles de Jésus-Christ : *Prenez et mangez, ceci est mon corps livré pour vous ; prenez et mangez, ceci est mon sang épanché pour vous* (*Matth.* XXVI, 26, 28), veulent dire que ce qu'il donne est aussi véritablement son corps et son sang; qu'il est vrai que ce corps a été livré et que ce sang a été répandu. 5° Qu'encore que la vérité de ce mystère, aussi bien que de l'Incarnation et des autres, soit indépendante de la foi, cependant c'est la foi qui nous rend la réception de ce sacrement utile, lorsque, comme les anciens Juifs mangeant la chair de leurs victimes, notre corps reçoit la chair immolée de Jésus-Christ, notre âme s'en applique le fruit : sans quoi ceux qui s'en approchent sont la troupe incommode qui le presse et non la femme malade qui le touche, disent les saints : le Fils de Dieu exerçant ainsi tout pouvoir au ciel et en la terre, et s'appliquant à ceux-ci comme Sauveur et à ceux-là comme juge rigoureux (50).

Comment est-ce que la sainte Eucharistie nous communique la grâce de nous immoler avec Jésus-Christ.

En ce que son corps adorable communique à nos corps, par la communion, les vertus qui doivent les immoler, et les rendre semblables à cette victime sainte immolée pour nous et mangée pour nous, comme la pénitence, la chasteté, la mortification, la modestie, l'amour du travail et l'application aux bonnes œuvres : car c'est une maxime reçue, qu'on exprime en soi les qualités de l'aliment dont on se nourrit ; de cette sorte Jésus-Christ s'offre en sacrifice pour nous, afin que nous nous offrions en sacrifice à lui : il immole sa chair afin que nous immolions la nôtre, et le sacerdoce que Dieu veut de tous les Chrétiens sans exception, est qu'ils offrent avec Jésus-Christ leurs vices et leurs passions, l'usage déréglé de leurs sens et de leurs puissances, sacrifiant ainsi avec le prophète l'agneau et le bouc, Jésus-Christ et la convoitise : des louanges animées et les passions égorgées : comme une hostie qui sera reçue de Dieu en

---

(50) Nous n'avons pas de conseils à donner, mais il nous semble que, dans les temps actuels, il faut particulièrement insister sur les effets admirables de l'Eucharistie, source unique et intarissable de tout le bien, de toutes les bonnes œuvres, de toutes les vertus réelles qui existent dans le monde. Quels sont alors nos devoirs envers Notre-Seigneur Jésus-Christ sur les autels ! Peut-on assez l'honorer, le visiter, le prier, le remercier, l'aimer et le recevoir dans son admirable sacrement ?

odeur de suavité, en cela semblable à l'Eucharistie immolée tous les jours, et jamais détruite.

LEÇON VIII.
De la préparation à la communion.

Pourquoi une grande pureté de conscience quand on communie?

Il s'agit de recevoir le Saint des saints dans votre cœur. Car 1° si la manne, qui n'était que l'image de l'Eucharistie, ne tombait pas immédiatement sur la terre de peur d'en être souillée, mais sur un lit de rosée qui la devançait et qui lui servait comme d'une nappe merveilleusement blanche pour la recevoir, si les pains de proposition, aussi figures du Saint-Sacrement, ne pouvaient être présentés devant le Seigneur que sur des tables d'or, symbole de la pureté et de la charité; ni mangés que par des personnes chastes, continentes et sanctifiées; s'il fallut qu'un séraphin purifiât les lèvres d'un prophète avec un charbon ardent pris du sacré brasier qui brûlait sur l'autel, afin de le rendre digne d'annoncer la parole de Dieu? quelle sainteté ne doit-on pas avoir quand on reçoit dans la bouche cette manne divine, ce pain céleste, ce charbon ardent? 2° Si Salomon, pour loger l'arche d'alliance, bâtit un si magnifique temple, à la construction duquel il employa tant d'années, d'ouvriers et de trésors; si Moïse, pour mettre les tables de la Loi, fit faire une arche d'un bois incorruptible; si Dieu voulut que la manne fût réservée dans un vase de fin or, quels préparatifs n'exige pas Jésus-Christ, l'arche vivante du Seigneur, le législateur de tous les hommes, le pain des anges? 3° Moïse n'osa s'approcher du buisson ardent où Dieu faisait sentir sa présence, sans avoir auparavant quitté ses souliers, faits de peaux d'animaux, comment s'approcher de Jésus-Christ présent, sans être dépouillé des affections brutales et des inclinations terrestres et mortelles? 4° Le prophète Samuel n'ayant à offrir que la chair d'un animal corruptible, ordonna aux habitants de Bethléem de se sanctifier pour assister à son sacrifice : que sera-ce d'assister au redoutable sacrifice de l'Agneau immaculé et de communier à sa chair adorable? 5° Les femmes d'Assuérus employaient une année entière à s'embellir pour paraître une seule fois en la présence de ce prince : que ne doit-on point faire pour être admis à ce banquet nuptial du céleste Époux? 6° Dieu voulait autrefois qu'on éloignât du camp tous les lépreux, et toutes les personnes souillées, *parce que*, disait-il, *j'habite au milieu de vous*, et il ordonna qu'on bannît un jour de la compagnie de son peuple celui qui aurait eu une illusion nocturne : les saints ont regardé cet accident, quoique causé par le démon, comme un obstacle à la communion. Saint Bernard conseille en ce cas, de s'abstenir de servir à la Messe : saint Jérôme assure qu'il n'osait alors entrer dans les basiliques des martyrs : et, pour se préparer à la réception de la Loi de Dieu, les personnes mariées se séparèrent trois jours auparavant, et vécurent en continence ; jugez quel vous devez être quand Jésus-Christ vient résider en vous.

Seigneur, comme un grand roi qui va loger chez une pauvre veuve ne se repose pas sur elle des soins de sa réception, et qu'il ordonne à ses officiers d'aller devant disposer toutes choses, envoyez vos anges et prévenez mon cœur de vos grâces, afin d'en faire la digne demeure de votre majesté, sans attendre de mon indigence des préparatifs dont je ne suis pas capable. Je vous offre la maison, il est de votre magnificence de la faire orner et parer. Ah! si votre sainte mère, quelque sainte qu'elle fût déjà, eut néanmoins encore besoin que vous lui envoyiez le divin Esprit, pour la préparer à votre réception et la rendre digne de vous servir de tabernacle, ainsi que l'Eglise nous le fait dire, que dois-je penser de moi-même?

Pourquoi encore se préparer?

1° L'importance de l'action que vous allez faire vous y engage, car vous pouvez alors véritablement dire avec le plus sage des rois, que vous méditez un grand dessein, puisque vous préparez une demeure, non à un homme mortel, mais à un Dieu.

2° Par le moyen de la communion vous participez à la grâce et à la dignité de la très-sainte Vierge, lorsqu'elle conçut Jésus-Christ dans son sein, puisque vous allez recevoir dans le vôtre le même Fils de Dieu qu'elle reçut.

3° Le mystère de l'Incarnation va se renouveler en quelque façon et s'opérer encore une fois en vous, puisque le même Verbe divin qui s'unit à l'humanité sacrée de Jésus-Christ par l'Incarnation, va comme de nouveau s'unir à la vôtre par la communion.

4° Vous allez être élevé à l'état et à la condition des bienheureux, puisque vous posséderez sur la terre par la communion le même Dieu qu'ils possèdent dans le ciel par la claire vision, vous asseoir à la même table, vous nourrir du même pain.

5° Comme la vertu de ce sacrement est une mer infinie de grâce, tant parce qu'il contient Jésus-Christ tout entier, qui en est la source intarissable, qu'à cause qu'il nous rend participants des fruits et du mérite de sa Passion dont la valeur est infinie, vous en puiserez autant dans cet océan immense, que le vase de votre cœur s'en sera rendu capable par de saintes affections et de saints désirs : Dieu vous y invite par son prophète: *Dilatez votre bouche, et je la remplirai*.

6° C'est une maxime certaine que l'on profite des sacrements à proportion des dispositions qu'on y apporte; si le bois est sec, il brûlera sans peine; si votre cœur est déjà échauffé, il s'embrasera aisément quand vous vous approcherez de cette fournaise d'amour.

7° La philosophie apprend que tout ce qui est reçu dans un sujet, y est reçu conformément à la capacité du sujet qui reçoit, et l'Evangile assure que nous serons mesurés à notre propre mesure. Qu'est-ce à dire, sinon qu'on nous distribuera la grâce conformément aux dispositions de notre âme?

8° Les sacrements de la nouvelle loi, et surtout l'Eucharistie, sont d'une telle nature, que s'ils ne profitent pas extrêmement à ceux qui s'en approchent, ils leur nuisent d'ordinaire extrêmement; c'est ainsi que dans la nature, les mêmes causes qui donnent la vie et la fécondité à une plante bien enracinée, telles que la terre, la pluie, le soleil, la font sécher et pourrir quand elle n'a ni sève ni suc.

9° L'Eucharistie ayant ceci de particulier, qu'elle est un aliment et un remède, mais plein d'action, de force, d'énergie et de vertu; si l'estomac de notre âme, pour parler ainsi, n'est pas en état de digérer cette viande solide des hommes parfaits; si notre tempérament spirituel n'est pas assez préparé pour actuer un médicament si grand et si efficace, et pour en supporter l'opération, au lieu de trouver la nourriture et la guérison dans ce divin sacrement, ne doit-on pas craindre d'y trouver un poison qui tue?

10° Plus on se prépare à la réception d'une grâce, plus témoigne-t-on qu'on l'estime, plus l'acquisition en est-elle chère et la possession glorieuse: préparez-vous donc avec soin à la sainte communion, puisque cette préparation même vous est si avantageuse.

11° Plus une forme est excellente, plus demande-t-elle de dispositions dans le sujet que la nature lui prépare: voyez combien l'âme raisonnable exige d'organes et de qualités dans le corps humain, auparavant que de venir l'habiter. Or, ce sacrement est le plus parfait de tous les sacrements, et par conséquent, il demande plus de dispositions et de préparations qu'aucun autre, et de plus parfaits.

12° Enfin, de dix vierges, il n'y en eut que cinq d'admises aux noces de l'Époux, parce que celles-là seules se trouvèrent préparées. Le père de famille chassa un homme du banquet dans l'Évangile, parce qu'il avait osé se mettre à table sans être revêtu de la robe nuptiale. Nul, s'il n'était richement vêtu, n'était reçu au festin d'Assuérus: l'arrêt de mort contre Aman fut porté dans le même banquet royal, où il devait trouver la vie. Moïse oblige les Israélites de laver leurs habits et de se disposer trois jours de suite, afin de recevoir la Loi du Seigneur. Jésus-Christ même, quoiqu'il eût aimé toute sa vie la pauvreté, voulut instituer la sainte Eucharistie dans une salle richement parée. Or, toutes ces choses que figurent-elles? sinon l'obligation qu'on a d'apporter des dispositions convenables à la communion, comme à l'action de toute la vie chrétienne, qui sans doute demande le plus de piété et de dévotion.

LEÇON IX.
De la dévotion actuelle requise à une bonne communion.

En quoi consiste cette dévotion?
Il est difficile de l'expliquer mieux qu'en disant que c'est comme une eau d'ange ou de naphte, laquelle tirée de diverses fleurs, retient quelque chose de toutes leurs odeurs; car cette dévotion est un mouvement ardent et affectueux de l'âme, composé de plusieurs saints désirs et de diverses affections spirituelles, qui forment un parfum intérieur, qui embaument l'âme, et qui l'occupent amoureusement. C'est une impression de divers sentiments de foi, d'espérance, de charité, de contrition, d'adoration, d'humilité, de reconnaissance, de désir et d'autres semblables vertus, dont il est bon d'expliquer les actes.

De l'acte de foi.

Comment puis-je animer alors ma foi?
Considérez que vous allez recevoir: 1° le corps de Jésus-Christ, ce corps formé du plus pur sang de la sainte Vierge, par l'opération du Saint-Esprit. Ce corps attaché à la croix et mis dans le sépulcre pour votre amour; ce corps à présent glorieux, immortel, ressuscité, doué d'une infinie beauté, intégrité, majesté, perfection, orné des quatre qualités glorieuses qu'il fit éclater au jour de sa résurrection, de la clarté, de l'agilité, de la subtilité et de l'impassibilité, marqué des cinq plaies qu'il reçut dans sa passion, et qui sont autant de témoignages publics de sa charité pour vous. Voilà la victime dont vous allez vous repaître.

2° Vous allez recevoir le sang de Jésus-Christ, ce même sang qui découla pour vous au Jardin des Olives, au prétoire de Pilate et à l'arbre de la Croix, qui désarma la justice de Dieu, qui apaisa sa colère, qui vous purifia de vos péchés, qui satisfit pour vos crimes, qui vous mérita la gloire, et qui crie bien plus hautement et plus efficacement miséricorde pour vous, que celui d'Abel ne demandait vengeance contre Caïn; enfin ce sang encore tout chaud et tout bouillant par l'amour ardent qui l'anime et qui l'épanche; c'est la liqueur divine dont vous allez vous désaltérer.

3° Vous allez recevoir l'âme sainte de Jésus-Christ, ce chef-d'œuvre de la sagesse et de la puissance de Dieu, avec toutes ses grâces, dons, vertus, privilèges, beautés, excellences: cette âme en qui tous les trésors de la sagesse et de la science de Dieu sont renfermés, élevée à l'union hypostatique, et qui participe à toute la gloire, et à toutes les grandeurs du Verbe éternel; de qui l'entendement est tout brillant de lumières et de splendeurs, la volonté toute embrasée d'amour, la mémoire toute occupée d'objets divins: c'est à cette âme à laquelle vous allez vous unir.

4° Vous allez recevoir la personne même du Verbe éternel, ce Fils consubstantiel au Père, cette empreinte de sa substance, ce miroir sans tache de la Divinité, la splendeur de sa gloire, ce Verbe qui de toute éternité sortant du sein du Père, daigne entrer dans le vôtre, cette sagesse éternelle par laquelle toutes choses ont été faites; ce Fils unique incarné pour votre amour, et qui, revêtu de notre chair, par sa seule parole guérissait les malades, ressuscitait les morts, chassait les démons, apaisait les tempêtes, renversait ses ennemis, convertissait les pécheurs.

5° Vous allez recevoir réellement et en vérité Jésus-Christ le Sauveur du monde, cet Homme-Dieu, ce Messie, ce désiré des nations, l'attente des peuples, après la venue duquel tant de patriarches, de prophètes et de rois ont soupiré : celui qui naquit dans une étable, qui fut adoré des pasteurs et des Mages, présenté au temple, qui prêcha l'Évangile pendant sa vie mortelle, qui entra chez Zachée, qui ressuscita le Lazare, de qui la Madeleine lava les pieds de ses larmes, qui sua sang et eau au Jardin des Olives, qui fut attaché à la croix pour l'amour de vous, qui ressuscita le troisième jour, qui monta aux cieux le jour de l'Ascension, qui est assis à la droite du Père, élevé au-dessus de toute créature, qui vit et règne en unité de puissance avec le Père et le Saint-Esprit, et qui doit un jour venir plein de gloire et de majesté juger les vivants et les morts, c'est celui-là même que vous allez recevoir.

6° Enfin vous allez recevoir le Père et le Saint-Esprit, parce qu'ils sont inséparables du Fils : si quelqu'un m'aime, dit ce Fils adorable, mon Père l'aimera, et nous viendrons en lui, et nous ferons notre demeure en lui : croyez donc que vous recevez les trois personnes divines et la Divinité même, quand vous communiez, et dites sans hésiter :

Acte de foi. — Je crois fermement que je vais recevoir sous les espèces de ce pain la même victime qui fut offerte pour mon salut en l'arbre de la croix, le même corps qui fut immolé, le même sang qui fut répandu : faites donc découler sur moi, ô mon Dieu, la grâce de la Rédemption, au même temps que j'en recevrai le sacrement. Faites-moi goûter le fruit de votre sacrifice, appliquez-moi le mérite de votre sacrifice ; appliquez-moi le mérite de votre mort : et comme cette chair adorable que je mange, m'est un gage sacré de l'amour que vous me portez, et de la gloire que vous m'avez promise, qu'elle me soit un engagement à ne plus vivre que pour celui qui voulut bien mourir pour moi, et qui veut bien me nourrir de lui.

De l'acte d'espérance.

Notre espérance est-elle excitée par la communion ?

Oui, car, 1° la sainte Eucharistie relève notre courage ordinairement abattu, et dissipe une certaine pusillanimité de cœur qui nous jette souvent dans la défiance de la bonté de Dieu. Cependant, puisque nous recevons Jésus-Christ dans ce divin sacrement, que craignons-nous ? Celui qui nous donne le plus, refusera-t-il le moins ? Celui qui se donne lui-même refusera-t-il ses dons ? Celui qui donne l'arbre refusera-t-il le fruit ? Vous refusera-t-on l'héritage du ciel, puisqu'on vous donne l'héritier même du ciel ? Vous refusera-t-on la grâce, puisqu'on vous donne celui qui est la fontaine et la source de toutes les grâces, comme la mer l'est de tous les fleuves ? Recevez donc Jésus-Christ, comme un gage assuré du bonheur éternel, et jugez de la grandeur de la gloire qu'on vous promet, par la grandeur des arrhes qu'on vous donne.

2° Jésus-Christ a dit qu'on obtiendrait du Père tout ce qu'on demanderait en son nom ; que sera-ce si vous demandez en interposant, non-seulement le nom de Jésus-Christ, mais Jésus-Christ même ?

3° La passion du Sauveur est le principal fondement de votre espérance : or, c'est par l'oblation de l'Eucharistie que la mémoire de cette passion se renouvelle, et que la vertu et le mérite du sang de Jésus-Christ vous sont appliqués.

Acte d'espérance. — O Jésus, mon Sauveur et mon Dieu, j'espère qu'après vous avoir adoré sous la sainte hostie en ce monde, je vous verrai face à face en l'autre ; j'espère qu'après vous avoir reçu dans mon cœur sur la terre, vous me recevrez au vôtre dans le ciel, j'espère que votre chair virginale sanctifiera ma chair par son attouchement ; j'espère qu'elle la purifiera, et qu'elle apaisera mes passions déréglées ; j'espère qu'elle me sera un gage du salut éternel, un germe d'immortalité, et qu'elle communiquera à mon corps la vertu qui doit un jour le faire ressusciter.

De l'acte de charité.

Quels sont les motifs qui doivent exciter à l'amour de Jésus-Christ quand on s'approche de la sainte table ?

1° Si les bienfaits sont capables de toucher votre cœur, quel plus grand bienfait que la sainte Eucharistie, dans laquelle Dieu vous donne ce qu'il y a de plus grand, de plus précieux, et de plus cher, son Fils unique, et de la manière la plus tendre et la plus amoureuse qui fut jamais.

2° Si l'amour excite l'amour, comme un feu engendre un feu, quel plus grand amour Jésus-Christ peut-il vous témoigner, qu'en se donnant à vous, entrant dans votre bouche, descendant dans votre poitrine, s'unissant, s'incorporant, et s'incarnant pour ainsi dire en vous ?

3° Si l'honneur, le profit et le plaisir sont les liens les plus forts pour attacher nos cœurs et pour les gagner, quel plus grand honneur que d'être uni à Dieu, et comme déifié, ainsi qu'on est par la communion ? quel plus grand profit que de recevoir Jésus-Christ, en qui tous les trésors du ciel et de la terre sont renfermés ? quel plus grand plaisir que de goûter les douceurs spirituelles dans leur source même, et de savourer celui qui fait les délices du Père ; et le souverain plaisir des hommes et des anges ?

4° Si l'abaissement auquel une personne se réduit pour l'amour de vous doit vous exciter à l'aimer davantage, Jésus-Christ s'humilie et s'avilit dans la sainte Eucharistie sous les frêles espèces du pain et du vin, pour l'amour de vous ; il quitte ses grandeurs, afin de se proportionner à votre bassesse.

5° Si la douloureuse passion qu'un Dieu a soufferte pour vous doit vous engager à l'aimer par-dessus toutes choses, ce sacrement n'en est-il pas la vive représentation? il vous en fait goûter le fruit : Jésus-Christ vous y fait souvenir qu'il a répandu son sang et souffert la mort pour vous : pour vous, il y est encore déshonoré par l'impiété des méchants, et autant de fois que les espèces sacramentelles sont détruites, il est autant de fois détruit en un sens pour l'amour de vous.

6° Si vous devez aimer un ami qui vous délivre du dernier supplice, en subissant la mort pour vous, Jésus-Christ s'immole et se sacrifie sur nos autels jour et nuit pour apaiser son Père irrité contre vous, lui représentant sa mort, ses travaux, son sang épanché, en un mot, tout ce qu'il a fait pour vous retirer de la mort éternelle.

Acte de charité. — O Jésus, qui nous avez aimé jusqu'à vous donner à nous, jusqu'à mourir pour nous, et jusqu'à nous nourrir de vous, je ne veux être qu'à vous, je ne veux vivre que pour vous, je ne veux me nourrir que de vous : Faites, ô Jésus, que je sois tout à vous; que je n'aime rien tant que vous; que je n'aime rien qu'avec vous; que je n'aime rien que pour vous; que je n'aime rien que vous.

Ne permettez pas, Seigneur, que nous nous séparions jamais de l'Eglise : rappelez dans le sein de cette Mère commune des fidèles ceux que l'hérésie ou le schisme en sépare. Faites cesser les divisions qui la troublent, et qui la déchirent au dedans, et puisque vous faites asseoir à une même table tous vos enfants, et que vous les nourrissez d'un même pain, réunissez-les dans les mêmes sentiments, afin que malgré nos égarements et nos faiblesses, nous conspirions tous à honorer votre saint nom, par une foi pure, par une charité parfaite et par une vie sainte.

O victime salutaire qui nous ouvrez la porte du ciel, donnez-nous non-seulement la force de résister aux ennemis de notre salut, mais venez vous-même à notre secours pour les vaincre; communiquez-nous de nouvelles lumières pour vous connaître, de nouvelles ardeurs pour vous aimer, de nouveaux désirs pour vous goûter, une vertu nouvelle pour vous imiter.

De l'acte d'adoration.

Doit-on souvent adorer Jésus-Christ au saint Sacrement de l'autel?

Sans doute, et cet acte religieux doit faire le principal de nos devoirs, quand nous nous approchons des saints autels; car comme le Fils de Dieu a dans son Eglise du ciel un trône de gloire, où il est adoré par tous les bienheureux, il a aussi voulu avoir dans son Eglise de la terre un trône de grâce, où nous lui rendissions nos hommages et nos adorations, et où nous puissions recourir à lui comme à notre divin propitiatoire.

Acte d'adoration. — O Jésus, vrai Dieu et vrai homme, pain vivant, et victime du genre humain je vous adore dans le très-saint Sacrement, et vous y reconnais pour mon Sauveur et pour mon Dieu, à qui je fais hommage de mon être et de ma vie. Plus je vous vois humilié et caché dans ce mystère, plus je veux vous y reconnaître, et vous y adorer, et m'anéantir en votre présence.

O Marie, c'est de votre corps virginal qu'a été pris et formé le corps adorable dont je vais me nourrir : la chair de Jésus est la chair de Marie? c'est de votre lait qu'a été formé le sang dont je vais me repaître : combien donc êtes-vous intéressée à la communion que je vais faire? Et puisque par cette considération vous avez part aux devoirs que je rends à ce Fils bien-aimé, faites que ce même Fils ait encore part aujourd'hui à la dignité des devoirs que vous lui rendîtes autrefois en qualité de mère.

De l'acte de contrition.

Pourquoi cet acte de contrition?

Afin : 1° qu'étant purifiés de nos péchés, Jésus-Christ ne trouve rien dans nos cœurs qui lui déplaise quand il y viendra ; 2° que nous ne mettions point d'obstacle à ses saintes caresses par les laideurs que causent en nous les péchés ; 3° que les grâces opèrent en nous sans résistance ; 4° que nous puissions jouir en paix de sa sainte présence, et goûter avec plaisir combien Jésus est doux et bon à ceux qui l'aiment.

Sur quoi s'exciter à la contrition quand on va communier?

Outre les motifs généraux de contrition, vous devez concevoir de la douleur,

1° D'n'avoir point eu une foi assez vive, ni assez attentive de la présence réelle de Jésus-Christ au saint Sacrement, car cette conviction aurait eu de tout autres effets sur vous, que ceux qu'on a remarqués jusqu'ici.

De n'avoir souvent pas voulu communier quand vous le deviez, ou vous en aviez l'occasion commode, et cela par pure négligence et indévotion, ou par le désir de vivre avec plus de liberté.

3° De vous être approché de la sainte table en mauvais état et sans préparation, ni pratique de dévotion, l'esprit dissipé, le corps immodeste.

4° De vous en être retiré sans action de grâces.

5° De n'avoir rapporté aucun fruit de tant de communions que vous avez faites, donnant par là occasion à plusieurs de douter de la présence réelle de Jésus-Christ au saint Sacrement, puisque pendant les trente-trois ans qu'il a vécu sur la terre, il n'a jamais entré chez personne sans y produire quelque effet signalé de grâce, et qu'avec vos fréquentes communions on ne voit aucun amendement ni changement en vous.

6° De n'avoir pas souvent entendu la Messe, le pouvant faire, ou de l'avoir entendue sans attention, dévotion, religion, recueillement.

7° D'avoir porté peu de respect aux églises, et aux autres lieux où le saint Sacrement repose, d'y avoir commis diverses irrévérences et immodesties, de vous y être laissé aller au babil, au sommeil, à la curiosité, à la vanité, à la paresse, au désir de plaire et de paraître, de voir et d'être vu, et d'avoir peut-être induit les autres à ces sortes de péchés par votre mauvais exemple.

8° D'avoir porté peu de respect à votre corps, à votre bouche, à votre langue, que Jésus-Christ consacre si souvent par sa présence, et que vous souillez par je ne sais combien de péchés et de sensualités; que si ce roi impie de Babylone, pour avoir une fois profané les vases du temple de Jérusalem, qui n'étaient que de métal, et ne servaient qu'à mettre le sang des boucs et des taureaux, fut si sévèrement puni, que sera-ce d'avoir profané le temple vivant et animé de Jésus-Christ, en profanant votre corps, et celui des autres, destinés à recevoir le sang précieux de cet Agneau immaculé?

9° De n'avoir eu le zèle ni de visiter le saint Sacrement, ni de l'accompagner quand on l'a porté aux malades, ni de le suivre aux processions, ni de le faire honorer dans votre famille, ou par ceux qui dépendent de vous, ni de donner quelque chose dans cette vue, un ornement aux autels, une lampe, un cierge, un peu d'huile pour brûler devant lui, ni faire dire une messe (51), ni recouru à lui dans vos besoins, afflictions, prospérités. C'est de ces fautes, et de plusieurs autres semblables, dont vous devez demander pardon à Dieu, quand vous vous présentez à la communion; c'est de quoi vous devez vous affliger; c'est d'où vous devez tirer des motifs de componction.

Acte de contrition. — Accordez-nous, Seigneur, cette douleur véritable, qui seule peut purifier notre âme, et la rendre digne de recevoir votre majesté sainte, et puisque vous nous demandez le sacrifice d'un cœur contrit, donnez-nous la victime que vous nous ordonnez de vous sacrifier.

Seigneur, mon âme, semblable à l'enfant prodigue, n'a pu jusqu'à présent se rassasier des aliments dont se repaissent les animaux les plus immondes, ni comme une autre Samaritaine courbée vers la terre, se désaltérer dans les eaux bourbeuses du péché; cependant la faim et la soif que j'ai endurées au milieu même de ces biens imaginaires, ne suffisent pas pour détromper mes appétits déréglés, qui croient toujours pouvoir s'en assouvir. La douceur de votre pain céleste peut seule corriger un mal dont l'amertume des plaisirs sensuels ne saurait me guérir.

Répandez, mon Dieu, des amertumes salutaires sur les plaisirs que nous cherchons hors de vous, afin que, rebutés du péché, nous revenions chercher dans le Créateur la félicité qu'on ne trouve point dans la créature.

(51) On comprend que ces dernières applications ne peuvent s'adresser qu'aux personnes dans certaines conditions de fortune et qui auraient

Nous adorons, Seigneur, vos infirmités, pour avoir part à votre gloire. Ah! puisqu'à présent nous vous recevons comme notre Sauveur, ne nous condamnez pas quand vous nous apparaîtrez comme notre juge.

De l'acte d'humilité.

Quels sont les motifs qui doivent porter à l'humilité quand on communie?

Comment ne m'humilierais-je pas voyant le Dieu de gloire et de majesté s'abaisser jusqu'à descendre dans un lieu si vil que ma bouche, et que mon estomac; le Dieu de sainteté venir chez un pécheur, le Créateur visiter sa créature; celui que les cieux et la terre ne peuvent contenir, renfermé dans ma poitrine? celui que les anges adorent, devant la majesté duquel ils tremblent, dont les chérubins et les séraphins ne peuvent soutenir la splendeur et la gloire, me servir d'aliment et de nourriture, et s'incorporer avec moi! O miracle! ô bonté! ô humilité sans exemple! O abaissement incompréhensible! ah! que je puis bien dire avec cet infortuné prince : *Qui suis-je, Seigneur, moi votre pauvre serviteur semblable à un chien mort, afin que vous daigniez m'inviter à votre table?* (II Reg. IX, 8.)

Acte d'humilité. — Seigneur, les étoiles du ciel ne sont pas nettes en votre présence, les colonnes du firmament tremblent devant vous, les plus relevés des Séraphins se couvrent de leurs ailes à l'aspect de votre grandeur, et se regardent comme un néant; comment donc une créature aussi misérable que je suis, osera-t-elle paraître à vos yeux, et vous recevoir en elle.

Saint Jean-Baptiste, sanctifié dès le ventre de sa mère, n'osa mettre la main sur votre tête, il protesta qu'il n'était pas digne de dénouer vos souliers; le prince des apôtres s'écria, et dit : Retirez-vous de moi, parce que je suis un homme pécheur; et j'aurai la hardiesse d'ouvrir ma bouche, et de m'unir à vous?

Si ce fut une chose si criminelle à un prêtre d'avoir touché inconsidérément l'arche du testament, quoique prête à tomber, et s'il en fut puni sur-le-champ d'une mort subite, que ne dois-je pas craindre si je touche, et si je mange celui-là même, dont cette arche n'était que la figure?

Amateur des âmes pures, qui reposez parmi les lis, pendant que le jour dure et que les ombres s'abaissent, quel repos et quel agrément puis-je vous offrir dans mon cœur, où au lieu des fleurs, il ne naît que des épines, et où, au lieu de la fraîcheur de la vertu, on ne ressent que l'ardeur du péché?

Votre couche est du bois de cèdre célèbre qui croit au Liban, ses colonnes sont d'argent, le chevet en est d'or, et les degrés pour monter sont couverts de pourpre; je n'ai aucune de ces ornements; je suis dans une pauvreté extrême, quel trône vous préparerai-je quand vous viendrez dans mon cœur?

d'ailleurs de graves motifs de conscience pour s'obliger à de pareilles offrandes.

Votre sacré corps fut enseveli dans un drap propre, il fut mis dans un sépulcre neuf, qui n'avait encore servi à personne, je ne vois rien de net ni de neuf dans mon âme, comment vous y recevrai-je ? comment vous y logerai-je?

La seule consolation qui me reste, Seigneur, est de lire dans votre Evangile que les pauvres vous environnaient, que les aveugles vous cherchaient, que les lépreux vous réclamaient, que les pécheurs s'asseyaient à votre table, et mangeaient avec vous, et que vous disiez à ceux qui murmuraient de cette conduite, que le médecin cherchait les malades, et que vous étiez venu pour les pécheurs.

Mon Dieu, dont les miséricordes s'étendent jusqu'à la millième génération, j'ose recourir à vous, et vous demander cette grâce : que comme David faisait asseoir à sa table un homme tout contrefait, parce qu'il était fils de son cher ami Jonathas, honorant de la sorte dans la personne du fils, les mérites du père, il vous plaise ainsi, ô Père éternel, souffrir à la vôtre un pécheur tout défiguré, non à sa considération, mais en vue des mérites de Jésus-Christ que vous avez tant aimé, qui est notre second Adam, et notre véritable Père.

O Dieu de majesté infinie, rendez-nous dignes de vous recevoir dans nos cœurs par cette foi humble qui nous fait connaître combien nous en sommes indignes ; que la vue de notre misère, en nous humiliant, ne nous ôte pas la confiance que nous devons avoir en votre toute-puissante miséricorde ; car si vous ne méritons pas que vous veniez en nous, vous pouvez nous guérir avec une seule parole, et nous le mériterons.

De l'acte de gratitude.

Pourquoi devez-vous avoir des sentiments de reconnaissance quand vous communiez ?

1° Parce que le saint Sacrement m'est un mémorial continuel de la charité que Jésus-Christ a eue de mourir pour moi, afin de me faire vivre de lui et pour lui. 2° Il m'est un témoignage stable et permanent de la charité qu'il veut éternellement avoir pour moi, en se donnant ainsi à moi sur la terre, comme pour me servir d'assurance qu'il se donnera à jamais à moi dans le ciel ; l'Eucharistie devenant ainsi le signe des trois plus grands bienfaits dont l'homme soit redevable à son Créateur : de la rédemption, de la justification, et de la glorification, dont le premier regarde le passé, l'autre le présent, et le troisième l'avenir. Comment donc être insensible à tant d'amour, oublier tant de bienfaits, mépriser tant de promesses.

Acte de gratitude. — Que vous rendrons-nous, Seigneur, pour cette charité infinie, qui vous fait prendre sur vous nos infirmités, afin de nous faire part de vos grandeurs ? Quel amour peut égaler cet amour qui vous a obligé de vous avilir parmi nous, jusqu'à ce que nous allions régner avec vous. O Emmanuel, soyez avec nous par votre grâce, afin qu'il nous soit utile que vous ayez été parmi nous en cette chair que vous avez bien voulu immoler pour nous.

O Jésus, sagesse incarnée et voilée à mes yeux, je vous reconnais sous cette hostie pour le même Dieu qui fut attaché à une croix pour mon salut.

Seigneur, puisque nous n'avons rien par nous-mêmes, et que nous tenons de vous tout ce que nous avons, que pouvons-nous vous offrir de plus précieux, non-seulement que l'aveu de notre indigence, mais encore que celui de notre ingratitude, si avec les bienfaits dont vous nous comblez, vous ne nous donnez de plus la reconnaissance que nous en devons avoir. Il ne nous reste donc dans notre impuissance aucune autre ressource pour nous acquitter de nos devoirs envers vous, ô mon Dieu, que de recourir à vous-mêmes, et de vous dire avec le prophète : *Nous prendrons le calice du salut, et nous invoquerons le nom du Seigneur*, c'est-à-dire que nous payerons nos dettes par de nouvelles obligations, et que nous nous acquitterons de vos anciennes miséricordes par le bon usage de vos nouvelles faveurs.

De l'acte de désir.

Pourquoi faut-il avoir un grand désir de nous unir à Jésus-Christ par la sainte Communion ?

Parce que Jésus est notre souverain bien, qu'il est tout aimable et tout désirable, qu'il est le terme de nos désirs, qu'il n'y a rien au monde de désirable que Jésus, parce que Jésus seul peut contenter et rassasier notre âme : il faut donc, quand nous voulons nous approcher de ce banquet sacré, avoir cette faim sacrée de la justice et de la sainteté, dont il parle dans l'Evangile, quand il dit : Bienheureux ceux qui ont faim et soif de la justice, car ils seront rassasiés.

Acte de désir. — Seigneur, que je désire votre venue dans mon cœur avec la même ardeur que les anciens patriarches désiraient votre descente sur la terre ; que je me prépare à la communion avec le même esprit, dont votre saint précurseur fut animé, lorsqu'il disposait les hommes à votre réception ; que je vous y adore, quand vous y serez venu, avec la même religion, dont les pasteurs et les mages furent frappés quand ils se prosternèrent devant votre crèche ; que je vous y caresse avec le même amour, et la même tendresse, dont votre divine mère vous embrassait, et vous pressait sur son sein, quand vous fûtes né ; que je vous écoute avec la même attention que faisait la Madeleine quand, assise à vos pieds, elle se nourrissait de votre sainte parole, que je vous offre à votre Père avec le même zèle dont le saint vieillard Siméon fut épris, quand il vous reçut entre ses bras ; et que, ne souhaitant plus vivre sur la terre, je meure pour lors à moi-même, après vous avoir vu vivre en moi.

Que dans le sentiment de mes nécessités pressantes, j'attende l'heure de la communion avec la même impatience, qu'une fem me chargée d'enfants et de besoins, attend l'heure et le jour auquel son mari doit revenir des Indes chargé de richesses et de biens.

En effet, quelque saint et quelque auguste que soit ce sacrement, et quelque crainte que je dusse avoir d'en approcher, je sais qu'il est le trésor des pauvres, le remède des malades, la force des faibles, le festin des affamés, et le lait des enfants.

Qu'à la vue de cette divine hostie, qui renferme tant de trésors, et que l'Église expose à mes yeux, je ne sois pas moins désireux de vous posséder, que les Israélites eussent dû l'être, à l'aspect de cette grappe de raisin portée sur un levier par deux hommes, laquelle était comme un échantillon des richesses de la terre promise, et qui vous figurait, ô fruit de vie, attaché à la croix, d'où, comme de dessous un pressoir mystérieux, votre sang découla en si grande abondance, qu'il y en eut assez pour laver tout l'univers, et qui nous est appliqué avec une profusion immense, quand nous vous recevons dignement dans l'Eucharistie.

Que je vous souhaite avec la même ardeur, dont le saint roi David brûla quand il désirait si ardemment de boire de l'eau de la fontaine de Bethléem, c'est-à-dire de cette maison de pain, qui vous représentait, ô pain céleste, qui faites les délices des rois!

Car enfin, Seigneur, j'ai reconnu que la possession des plaisirs du monde n'a jamais pû contenter mon cœur, parce que leur médiocrité ne me rassasie point, et que leur fréquent usage me déplaît; ce n'est qu'à votre sainte table où l'on se repaît de ces pures délices qui ne dégoûtent jamais notre âme par leur abondance, et qui réveillent toujours nos désirs par leur nouveauté.

LEÇON X.
De l'action de grâces.

Est-il nécessaire de faire son action de grâces après avoir communié?

Sans doute, autrement c'est : 1° vous priver de la plupart des fruits de la sainte communion, parce que comme ce sacrement n'est pas du nombre de ceux qui ne durent qu'un moment, et qui produisent leurs effets tout à la fois, qu'il persévère d'être jusqu'à ce que les espèces sacramentelles soient consumées qu'il opère en nous, sinon, quant à son effet principal, du moins quant à ses diverses grâces singulières, non-seulement lorsque nous le recevons actuellement dans la bouche, mais encore tandis que nous le gardons dans l'estomac, auquel temps on peut véritablement dire que nous nous nourrissons de ce divin aliment, que nous le digérons, pour exprimer ainsi, et que sa vertu agit sur nous, pourvu qu'alors nous nous excitions à des actes fervents de vertu, et à des mouvements de piété; il est de la dernière importance de ne se pas dérober à son opération, en nous laissant aller à la distraction et à la dissipation, presque aussitôt que nous sommes en présence de ce soleil de justice : *Tandis que je suis au monde, je suis la lumière du monde,* dit-il dans son Évangile (*Joan.* IX, 5); et comme pour se bien chauffer il vaudrait beaucoup mieux ne s'approcher du feu qu'une fois, et y demeurer une heure entière, que de s'en approcher souvent, mais pour un moment seulement; aussi serait-il plus utile de ne communier pas si fréquemment et de faire une longue et fervente action de grâces, que de se présenter à cette fournaise d'amour tous les jours, et de ne s'y échauffer jamais.

2° C'est fermer les mains à l'Auteur de tous biens, qui vient chez vous pour vous enrichir et pour les répandre, que de ne vous pas donner la patience de les recevoir.

3° C'est arrêter le cours de cette source d'eau vive et rejaillissante, qui voudrait découler dans votre âme, que d'en détourner les ruisseaux au point de leur naissance.

4° C'est renoncer volontairement aux douceurs et aux suavités de cette manne savoureuse, qui fait les délices des anges et des rois, c'est-à-dire aux consolations dont regorgent les âmes pures, qui vivent de connaissance et d'amour et qui règnent sur leurs passions, que de ne pas s'asseoir à cette table, de ne pas s'enivrer à loisir de ce nectar délicieux, de ne toucher qu'en passant et du bout des lèvres aux mets de ce festin céleste.

5° C'est mal correspondre à l'amour du céleste Époux, et être peu sensible à ses caresses, que de le laisser seul dans votre cœur, comme en un lit de solitude et de viduité.

6° C'est avoir bien peu de respect et de religion pour le Roi des rois, et le Saint des saints, que de l'abandonner lorsqu'il vient vous rendre visite; c'est traiter ce divin hôte, comme on traite un homme importun, à qui on abandonne le logis sitôt qu'il y entre, pour s'aller divertir ailleurs; y a-t-il une conduite plus injurieuse à la divine majesté, une irrévérence plus grande?

Continuez à me persuader cette vérité?

La sainte Vierge n'eut pas plutôt conçu Jésus-Christ dans son sein, que l'ange se retira et la laissa tout absorbée en Dieu, pour vous apprendre que vous ne devez plus vous occuper d'aucune créature, quelque sainte même qu'elle soit, sitôt que vous avez le Créateur en vous.

Sainte Élisabeth voyant entrer Marie dans sa maison, fut transportée d'un excès de jubilation, et touchée du Saint-Esprit, et son fils tressaillit de joie dans ses entrailles : Jésus-Christ entre dans votre cœur, et vous êtes sans mouvement, sans sentiment et sans action?

Saint Siméon après avoir attendu le Messie si longtemps, et l'avoir enfin reçu entre ses bras, ne voulut plus vivre : que ne songez-vous à mourir à vous-même et à vous détacher de toutes choses, quand vous avez ce même Jésus-Christ dans votre cœur?

Saint Jean l'Évangéliste ayant communié, se reposa sur le sein de Jésus-Christ, tout rempli de lumière et d'amour; aussi fut-il celui de tous les apôtres en qui le fruit d'une communion parut davantage, puisqu'il suivit son Maître jusqu'à la croix.

Saint Paul et saint Antoine dans le désert passèrent la nuit en actions de grâces, pour avoir reçu de Dieu un pain matériel et corruptible, qui ne nourrissait que le corps: Dieu vous envoie ce pain céleste, qui nourrit votre âme, et vous êtes ingrat et muet?

La reine Esther, voulant obtenir une grâce d'Assuérus, le convia à manger chez elle, assurée qu'il ne pourrait lui refuser aucune chose au milieu du festin; Jésus-Christ vient à votre table et vous ne lui demandez rien, et vous ne lui dites mot?

Salomon n'osa pas admettre la fille de Pharaon dans son palais, parce que l'arche du Seigneur y avait reposé: d'où vient que vous admettez dans votre cœur toute sorte de pensées profanes et mondaines, au moment même que l'humanité de Jésus-Christ y repose?

Le patriarche Jacob ne voulut jamais quitter l'ange qui lui apparut, sans en avoir reçu la bénédiction, et vous quittez le Roi des anges, sans lui avoir demandé la sienne?

Moïse, devant communiquer avec le Seigneur sur la montagne, ordonna que les hommes, aussi bien que les animaux, s'en tinssent éloignés, et comme si cela n'eût pas suffi, il fut environné d'un nuage épais qui le dérobait aux yeux de tout le monde, et qui dérobait tout le monde à ses yeux, sans doute de peur qu'il ne fût distrait par aucun objet créé; que n'imitez-vous cette élévation et cette solitude, puisque vous voulez traiter avec Dieu, et que n'êtes-vous tellement absorbé et solitaire quand vous communiez, qu'en ce moment il vous semble qu'il n'y ait au monde que Dieu et vous?

Le prêtre, sortant de l'autel, invite toutes les créatures de s'unir à lui, afin de lui aider à faire son action de grâces et de venir suppléer à son insuffisance, il appelle à son secours les animaux même privés de raison et les créatures les plus insensibles, les cieux et les éléments, les arbres et les rochers, qui dans leur langage muet ne laissent pas de louer le Créateur et de publier ses bienfaits; vous avez un cœur et une langue et vous ne le faites pas?

Il est donc nécessaire de demeurer un temps considérable après avoir communié, dans un profond recueillement et dans un grand silence, l'âme tout occupée de Jésus-Christ et de sa présence, si vous voulez profiter de la réception d'un si digne hôte.

Comment puis-je faire cette action de grâces?

Vous pouvez alors, 1° méditer en paix l'amour que Jésus-Christ vous porte quand il vient en vous par la sainte communion, l'honneur qu'il vous fait, la dignité qu'il vous confère, la bonté qu'il vous témoigne, les grâces dont il vous comble; 2° considérer la reconnaissance qu'il attend de vous, les fruits qu'il s'en promet, l'obligation qu'il vous impose de vivre saintement, et de ne souiller jamais votre corps par le péché; 3° vous exciter à des sentiments de joie, de confiance et de gratitude envers ce divin Sauveur; 4° vous tenir devant lui en respect, en admiration, en adoration, en silence; 5° le louer, l'aimer, le bénir, le glorifier, l'écouter, l'invoquer; 6° l'offrir à Dieu son Père pour honorer souverainement ses grandeurs et ses perfections infinies, pour obtenir la rémission des péchés que vous avez commis, pour le remercier des bienfaits dont vous lui êtes redevable, pour impétrer de lui les grâces dont vous avez besoin; 7° concevoir une confiance d'autant plus grande d'être exaucé de Dieu dans vos prières, que l'hostie sainte que vous présentez, et que vous offrez, est d'un prix infiniment plus grand que ce que vous avez reçu et que ce que vous pourriez demander hors de lui; 8° vous unir à tous les sentiments d'amour et de respect, connus et inconnus, que Jésus-Christ rend à son Père dans cet auguste sacrement; 9° vous réjouir de ce que Dieu est si dignement honoré par son Fils dans cet état d'hostie et de sacrifice; 10° vous étonner de votre peu de foi et de votre dureté, de votre ingratitude; 11° vous exciter à imiter les grands exemples de vertu que Jésus-Christ vous a donnés dans cet adorable Sacrement; 12° enfin vous devez vous livrer au Saint-Esprit, pour vous faire produire tous les actes de religion qu'il lui plaira vous suggérer et pour employer ces précieux moments en de semblables occupations intérieures, que le cœur peut à la vérité ressentir, mais la langue ne saurait exprimer. Ce n'est pas pourtant qu'il soit nécessaire d'avoir cette multitude et cette diversité de bons sentiments toutes les fois que vous communiez, il suffit d'en avoir quelqu'un suivant votre attrait, et de vous y bien affectionner.

Action de grâces. — Faites-nous asseoir à la table de vos enfants, Seigneur; nourrissez-nous de cette viande céleste qui communique la vie, qui donne la force, et qui conserve la santé: faites-nous boire à cette coupe dont la liqueur divine cause la joie, inspire le courage, et excite l'amour; mais en même temps que vous nous présenterez ces mets, dont la foi nous découvre l'excellence, accordez-nous le goût qui seul en fait éprouver la douceur.

Les anciens patriarches n'avaient que des figures de la sainte Eucharistie, et ils communiaient déjà par avance à Jésus-Christ; ils trouvaient, Seigneur, dans une pierre dure, dans une plante amère, dans un animal égorgé la douceur de votre pain céleste, la vertu de votre sang précieux, et le fruit de votre sacrifice, parce qu'ils étaient éclairés d'une foi vive, et animés d'une charité parfaite, et qu'ils suppléaient à l'indigence de leurs cérémonies, par la sainteté de leurs dispositions. Faites, mon Dieu, que comme ils ont participé à nos mystères, nous participions à leurs vertus; ne permettez pas que, communiant à la réalité de vos sacrements, nous ne communions qu'en figure à la grâce qu'ils renferment, et que les figures ayant été des sacrements pour les Juifs, les sacrements ne soient que des figures pour les Chrétiens.

Seigneur, puisqu'il vous a plu m'honorer de votre visite, donnez-moi la grâce de correspondre en quelque sorte à cette faveur ; vous n'en avez jamais fait d'extraordinaires à personne, sans lui accorder de puissants secours pour les conserver : Faites donc éclater votre présence en moi, par les effets signalés de votre bonté.

Salomon, pour avoir sacrifié une fois dans le vestibule du temple, ordonna que ce lieu demeurerait sanctifié, sans qu'il pût servir, à l'avenir, à aucun usage profane ; que doit donc être désormais mon cœur, puisqu'il a eu le bonheur de vous servir d'autel, à vous, Seigneur, duquel tous les sacrifices et tous les sacrements de l'ancienne Loi n'étaient que les figures, et que ne dois-je pas attendre de vos desseins sur le lieu de votre habitation ?

Partout où vous êtes entré pendant votre vie mortelle, vous avez fait voir votre miséricordieuse conduite, et votre infinie libéralité.

Vous êtes entré dans le chaste sein de votre mère, et comme par là vous l'avez élevée à une haute gloire, vous lui avez aussi donné en même temps une très-grande grâce pour la soutenir.

Étant encore renfermé dans ce sanctuaire, vous entrâtes en la maison de sainte Élisabeth, et là, par votre présence, vous sanctifiâtes l'enfant qu'elle portait dans son sein, et vous remplîtes la mère de votre esprit.

Vous êtes entré dans le monde pour converser avec les hommes, et comme par votre venue sur la terre vous les avez anoblis, élevés à un merveilleux degré d'bonneur ; aussi, par une effusion immense de votre grâce, vous les avez purifiés de leurs crimes, et les avez sanctifiés jusqu'à les rendre des temples vivants de la divinité.

Vous entrâtes chez Zachée, chez le prince dans la synagogue, et dans la maison de saint Pierre, et dans tous les lieux vous fîtes reluire votre grâce, convertissant les pécheurs, guérissant les malades, ressuscitant les morts.

Enfin vous descendîtes dans les enfers, et de ce lieu de misères vous en fîtes un paradis de délices, rendant bienheureux par votre présence ceux que vous aviez honorés de votre visite.

Ce n'est pas vous seulement, Seigneur, qui avez fait ces merveilles, l'arche du Testament, qui n'était que l'ombre de votre humanité, entra dans la maison d'un pieux Israélite, et tout d'un coup vous versâtes sur elle vos plus abondantes bénédictions, et sur tout ce qui lui appartenait.

Puis donc qu'il vous a plu, par une plus grande miséricorde, d'entrer sous un toit aussi pauvre que celui de mon âme ; puisqu'il vous plaît d'y établir votre domicile ; que votre entrée et votre demeure en moi ne me soient pas inutiles et infructueuses ; bannissez-en les vices, et introduisez-y les vertus ; enrichissez et parez le lieu de votre habitation ; rendez-le digne de vous ; et, semblable à un seigneur qui, ayant acquis une terre où il veut faire son séjour ordinaire, jette le plan de quelque palais magnifique, et s'applique à son embellissement, songez à vous édifier dans mon cœur, que vous avez acquis au prix de votre sang, un temple éternel à votre gloire, et faites-en le lieu de vos délices, et votre maison de plaisance.

LEÇON XI.
De la communion spirituelle.

Qu'est-ce que la communion spirituelle ?

Le concile de Trente nous apprend, après les anciens, qu'on peut communier : 1° sacramentellement seulement ; 2° sacramentellement et spirituellement tout ensemble ; 3° spirituellement seulement.

Qui sont ceux qui communient sacramentellement seulement ?

Ceux qui communient en péché mortel, car ils reçoivent bien le signe visible de la grâce : ils reçoivent même Jésus-Christ auteur de toutes grâces, mais ils ne reçoivent pas la grâce que le sacrement opère et signifie, qui découle de Jésus-Christ, et qui nourrit et signifie nos âmes.

Qui sont ceux qui communient sacramentellement et spirituellement ?

Ceux qui communient dignement et avec de saintes dispositions ; car ils reçoivent le signe visible de la grâce, ils reçoivent Jésus-Christ de qui la grâce découle, et ils reçoivent la grâce signifiée par le sacrement, laquelle découle de Jésus-Christ, qui sanctifie et nourrit nos âmes.

Qui sont ceux qui communient spirituellement seulement ?

Ceux qui, sans la réception du signe visible, reçoivent de vœu Jésus-Christ dans le cœur ; qui, par l'effort d'une vive foi opérant par la charité et par les désirs fervents qu'ils ont d'attirer ce divin Sauveur en eux, de s'unir intimement et de s'en nourrir, participent à la grâce qu'opère le sacrement même de l'Eucharistie, en sorte que leur âme goûte Jésus-Christ : elle se repaît, elle se nourrit, elle se fortifie, elle se guérit, et en un mot elle ressent les effets et retire l'utilité qu'elle pourrait retirer de la communion sacramentelle, du moins en partie. C'est ainsi que Notre-Seigneur, pendant sa vie mortelle, pour guérir les malades, a quelquefois entré chez eux, et les a touchés, comme il fit chez saint Pierre, nous désignant par là ceux qui communient sacramentellement ; et quelquefois, se contentant de leur désir et de leur foi, leur a rendu la santé par sa vertu, sans entrer dans leur maison et sans les toucher ; comme il fit à l'égard du centurion, nous figurant par cette conduite ceux qui communient spirituellement.

Que faut-il faire pour communier spirituellement ?

1° Se préparer à cette communion par des actes de foi, d'espérance, de charité, de contrition, de désir, etc.; 2° venir à la Messe avec un cœur amoureux, et comme affamé de Jésus-Christ; 3° s'unir au prêtre qui la célèbre; 4° l'entendre dans le même esprit que si on devait communier sacramentellement, animé de tous les bons sentiments de religion que cette action exige; 5° quand le prêtre communie, ouvrir son cœur par une soif ardente d'y recevoir Jésus-Christ, car le désir est au cœur ce que la main est au corps, et, dans ces divins mouvements, ressentir la faim de la justice; 6° manger par une foi vive cette sainte victime, goûter cette manne, se rassasier de cette viande, se fortifier et s'enivrer de ce vin céleste, s'unir, s'incorporer et se transformer en cet aliment vivant et vivifiant, se guérir par l'application de ce baume divin, qui sort des plaies du Sauveur, et se laver dans son sang; 7° s'appliquer à jouir en paix de celui qu'on a reçu par la foi, et auquel on a communié en esprit; 8° le prier qu'il vous fasse ressentir le fruit de sa passion, et qu'il vous en applique le mérite et la vertu; il le peut indépendamment de tout signe sensible, et de tout symbole et tout sacrement; c'est à votre amour à s'attirer les effets de sa puissance.

LEÇON XII.
Conduite pour la communion.

Donnez-nous une conduite pour la communion?
1° Dès la veille du jour de la communion, tenez-vous plus recueilli qu'à l'ordinaire; abstenez-vous des divertissements; soyez plus sobre, plus silencieux et plus retiré; veillez sur vous avec plus d'attention; faites quelque lecture spirituelle; élevez souvent votre cœur à Dieu; priez davantage; pensez fréquemment que vous devez communier le lendemain, disant dans un saint transport, avec ce favori d'Assuérus: *Demain je dois dîner avec le Roi.* (Esther v, 12.) Excitez-vous au désir de recevoir Notre-Seigneur; ayez une sainte impatience dans l'attente du jour suivant.
2° Le jour et l'heure venus, levez-vous avec joie, modestie et promptitude, prenant bien garde de ne pas commencer la journée par un acte de paresse, et vous souvenant qu'autrefois on ne trouvait plus de manne après le lever du soleil; faites votre prière et votre oraison avec une dévotion nouvelle; venez à l'église en silence; confessez-vous, si vous en avez besoin, avec beaucoup de contrition; faites votre préparation avec ferveur; assistez à la Messe avec grande attention; présentez-vous à la sainte communion dans un habit et un extérieur modeste et religieux, les hommes sans épée ni habit fastueux, les femmes sans aucun vain ajustement, apprenant ainsi à mépriser, toute leur vie, ce qu'elles n'osent porter devant Jésus-Christ, mais particulièrement sans aucune nudité; ayez les yeux baissés, la bouche un peu ouverte, la langue sur le bout de la lèvre, la dévotion et l'humilité peintes sur le visage, et surtout le cœur embrasé de charité.
3° La communion faite et l'hostie reçue dans la bouche, humectez-la un peu et l'avalez révéremment; puis, la bénédiction donnée, retirez-vous en quelque endroit à l'écart; faites votre action de grâces avec des sentiments proportionnés à la grandeur du bienfait que vous venez de recevoir, priant Jésus-Christ de vous rendre participant de son esprit, comme il vient de vous rendre participant de son corps; tenez-vous à l'église ce jour-là le plus que vous pourrez; assistez à l'Office; écoutez la parole de Dieu; donnez l'aumône, et surtout soyez doux, patient, humble, charitable et recueilli: et sans doute de semblables communions apporteront un grand profit à votre âme.

DE LA PÉNITENCE.

LEÇON I.

Du nom de ce sacrement. — Son institution. — Son administration. — Ses effets. — Sa nécessité. — Ses fruits.

Pourquoi l'instruction sur la pénitence ne précède-t-elle pas l'instruction sur l'Eucharistie?
1° La coutume ancienne de l'Église était de donner l'Eucharistie incontinent après le baptême, puis la confirmation; 2° dans l'ordre naturel, la naissance, l'accroissement, la nourriture, marchent devant les remèdes.
Pourquoi ce nom de pénitence?
À cause de la repentance et de la peine qui composent ce sacrement; car on s'y repent de ses péchés, et on y satisfait par la peine.
Est-il absolument nécessaire au salut?
Oui, à quiconque a perdu l'innocence baptismale.
Quand Jésus-Christ institua-t-il ce sacrement?
Lorsqu'il donna à ses apôtres, et, en leurs personnes à leurs successeurs, le pouvoir de remettre et de retenir les péchés, et leur promit que tout ce qu'ils lieraient et délieraient sur la terre serait lié et délié dans le ciel.
Qu'est-ce que retenir les péchés?
C'est ne les pas remettre.
Quel est le signe visible de ce sacrement?
L'accusation des péchés et l'absolution.
Quelle en est la grâce invisible?
La rémission des péchés signifiée et opérée par les paroles du prêtre.
Qui peut l'administrer?
Tout prêtre approuvé.
Qui peut le recevoir?
Tout Chrétien baptisé qui a péché.
Quels sont ses effets?
1° Il efface le péché actuel; 2° il délivre de la servitude du diable; 3° il donne la grâce sanctifiante; 4° il apaise la colère de Dieu, et nous réconcilie à lui; 5° il confère

la force pour résister aux tentations et pour persévérer dans la justice; 6° il rend le mérite des bonnes œuvres faites en état de grâce, qu'on avait perdu par le péché mortel; 7° il modère l'ardeur de la convoitise; 8° il change le cœur de pierre en un cœur de chair, la vraie pénitence ayant sa transubstantiation (52).

Un prêtre, qui n'est qu'un homme, peut-il juger les pécheurs et remettre les péchés?

Ce jugement est censé rendu par Jésus-Christ même, qui a établi juges les prêtres. C'est ce Pontife invisible qui absout intérieurement le pénitent, pendant que le prêtre exerce le ministère extérieur; ainsi l'absolution extérieure du confesseur est le signe de l'absolution intérieure que donne le Sauveur.

Pourquoi appelle-t-on ce sacrement confession?

C'est à ce tribunal que le pécheur vient avouer ses crimes, en demander humblement pardon, et en recevoir l'absolution.

Que dites-vous de la confession?

Que c'est, 1° un frein salutaire à la licence des pécheurs; 2° une source féconde de sages conseils pour les bons; 3° une sensible consolation pour toutes les âmes pénitentes.

Quels fruits produit la bonne confession?

1° L'amendement de vie; 2° l'humilité du cœur; 3° la connaissance de soi-même; 4° le repos de la conscience; 5° l'horreur du péché.

Faut-il se confesser souvent?

Le plus souvent est le meilleur, car plus on diffère de se confesser, plus la confession devient pénible, et d'ordinaire ceux qui se confessent rarement se confessent mal.

Que faut-il pour faire une bonne confession?

1° Examiner sa conscience; 2° être marri d'avoir offensé Dieu; 3° faire un ferme propos de n'y plus retourner; 4° déclarer tous ses péchés à l'oreille d'un prêtre; 5° satisfaire à Dieu et à son prochain.

§ I. — De l'examen de conscience.

Qu'est-ce que l'examen de conscience?

Une soigneuse recherche des péchés qu'on a commis.

Que faut-il faire pour bien examiner sa conscience?

1° Se retirer en quelque lieu à l'écart; 2° se mettre en la présence de Dieu; 3° invoquer les lumières du Saint-Esprit; 4° penser aux lieux où on a été, aux personnes qu'on a fréquentées, aux affaires qu'on a eues; 5° réfléchir sur ses pensées, paroles, actions et omissions; 6° parcourir les commandements de Dieu et de l'Eglise; 7° les devoirs de son état et condition, tant envers Dieu qu'envers le prochain.

A quoi devons-nous particulièrement nous arrêter dans l'examen?

A connaître, 1° la cause ou la racine de nos principaux désordres; 2° notre vice prédominant; 3° nos habitudes vicieuses; 4° nos méchantes inclinations et notre faible; 5° les mauvaises suites de nos péchés; 6° leur nombre, leur espèce, leurs circonstances, par exemple, en quel lieu nous avons offensé Dieu, en quel temps, en quelle manière, avec qui, par quels moyens, à quelle fin, etc.; les scandales que nous avons donnés; 8° les omissions où nous sommes tombé; 9° les occasions où nous nous trouvons; 10° les rechutes que nous faisons; 11° les inspirations que nous rejetons; 12° les remèdes à tout cela.

A quoi l'examen est-il utile?

1° A exciter la contrition, nous découvrant le fond de notre misère; 2° à l'intégrité de la confession, nous empêchant de rien omettre; 3° à la satisfaction, nous faisant voir combien nous sommes redevables à la justice divine. 4° A notre correction, avancement et perfection, nous donnant la connaissance de nous-mêmes, et des moyens de parvenir à la sainteté.

Et, si, par une pure négligence de s'examiner, on ne se confessait pas de quelque péché mortel?

On ferait une mauvaise confession, c'est-à-dire un sacrilège.

Et si, après s'être bien examiné et avoir reçu l'absolution, on se ressouvenait d'avoir oublié un péché mortel?

Il ne faudrait point se troubler, mais retourner au confesseur et le lui déclarer.

Que doit-on éviter dans l'examen de conscience?

Les deux extrémités, la négligence et le scrupule.

Quelle diligence doit-on apporter à son examen?

Autant qu'à une affaire importante, dont on doit rendre compte à Dieu, et de qui la validité d'un sacrement ne peut dépendre, et même le salut.

Quel bon moyen de faciliter cet examen?

Faisant tous les soirs l'examen de sa conscience avant de se coucher.

§ II. — De la contrition en général.

Qu'est-ce que la contrition?

Une douleur d'avoir offensé Dieu, avec un ferme propos de n'y plus retourner.

Combien enferme-t-elle de choses?

Trois: 1° la destruction des péchés commis; 2° l'espérance, ou la confiance d'en obtenir le pardon de la bonté de Dieu par les mérites infinis de Jésus-Christ; 3° le désir de mener une vie nouvelle.

A-t-elle toujours été nécessaire pour obtenir la rémission du péché?

Oui, et elle le sera toujours; le péché se commet par le plaisir; il s'efface par la douleur.

De combien de sortes y en a-t-il?

Il y a la contrition parfaite et la contrition imparfaite, qu'on nomme aussi attrition:

---

(52) Il faut entendre cette phrase dans le sens métaphorique, pour signifier qu'un cœur endurci devient sensible, repentant et disposé à se plier à tous ses devoirs.

contrition parfaite, parce qu'elle est informée de la charité, qui est sa perfection : imparfaite, au contraire.

De la contrition parfaite.

Qu'est-ce que la contrition parfaite ?

Une douleur d'avoir offensé Dieu purement pour l'amour de lui-même, et en vue de ses perfections infinies.

Que dites-vous de cette douleur ?

1° Qu'elle est l'excellente et la parfaite ; 2° qu'il faut toujours tâcher de s'y exciter et de s'y élever ; 3° qu'elle justifie dès qu'on en a produit l'acte au fond du cœur, avant même d'avoir reçu le sacrement de pénitence, pourvu qu'elle renferme le désir de se confesser, et de soumettre le péché aux clefs de l'Eglise : obligation dont il faut s'acquitter quand même on serait sûr d'en avoir eu la rémission, ce qui fut figuré par ce lépreux que le Sauveur avait guéri, et qu'il renvoya néanmoins aux prêtres.

Faites un acte de contrition parfaite.

Mon Dieu, je suis grandement marri et repentant de vous avoir offensé, parce que vous êtes infiniment bon et infiniment aimable, et que le péché vous déplaît et vous déshonore ; je fais un ferme propos, moyennant votre sainte grâce, de n'y plus retourner, et d'en faire pénitence.

De l'attrition.

Qu'est-ce que l'attrition ?

Un regret d'avoir offensé Dieu, causé par la crainte de tomber dans l'enfer ou de perdre le paradis, ou bien en vue de la laideur du péché que la foi y découvre, comme d'avoir préféré la créature au Créateur, et de s'être rendu esclave du diable, de ses passions, de sa chair ; d'avoir dépravé sa nature, vécu en bête, servi les pourceaux avec l'enfant prodigue, fait un crime infâme, abominable, hideux aux yeux de Dieu et de ses saints, etc.

Cette douleur suffit-elle avec le sacrement ?

Oui, pourvu, 1° qu'elle soit causée par le Saint-Esprit ; 2° qu'elle exclue l'affection du péché ; 3° qu'elle soit accompagnée de confiance en Dieu, qu'il nous pardonnera à cause des mérites infinis de Jésus-Christ ; 4° qu'elle renferme la haine de la vie passée, la résolution de ne plus pécher à l'avenir, et un amour commencé.

Et sans le sacrement ?

Elle ne suffit pas pour notre justification.

Et qui dirait : « Je suis fâché d'avoir offensé Dieu, à cause qu'il y a un enfer, et je ne veux plus offenser Dieu, de peur de perdre le paradis ; mais s'il n'y avait ni paradis ni enfer, je pécherais. »

Cette douleur ne suffirait pas, même avec le sacrement, parce qu'elle n'exclut pas l'affection au péché, et qu'elle exclut tout l'amour de Dieu, tant celui de pure charité qui est renfermé dans la contrition parfaite, que celui d'espérance qui se trouve dans l'attrition.

Tout amour de Dieu ne suffit donc pas pour la justification du pécheur ?

L'amour pur ou l'amour de Dieu par-dessus toutes choses, en quelque petit degré qu'il soit, pourvu qu'il soit tel, justifie dès qu'on l'a ; car comment concevoir que celui qui aime ainsi Dieu puisse être dans sa disgrâce et digne de l'enfer ? Et c'est celui qui se trouve dans la contrition parfaite ; mais non l'amour intéressé et imparfait, tel qu'il se rencontre dans l'attrition. Par exemple, 1° on aime Dieu à cause de ses perfections ; on est fâché de l'avoir offensé, parce qu'il est infiniment bon ; on ne craint rien tant que de lui déplaire, à cause qu'il est souverainement aimable : voilà l'amour pur, la crainte filiale et la contrition parfaite, qui justifie en quelque degré qu'on l'ait, sitôt qu'on l'a. 2° On aime Dieu à cause de la récompense ; on se repent de l'avoir offensé à cause du châtiment ; on est fâché d'avoir commis le péché, à cause qu'il est abominable : voilà l'amour intéressé, la crainte servile, l'attrition ou la contrition imparfaite, qui néanmoins conduit à l'amour parfait et à la crainte filiale, et est un amour commencé ; non qu'il soit un premier degré de la pure dilection, puisqu'il est d'une espèce différente, mais en tant que par lui on aime Dieu comme rémunérateur, on le craint comme vengeur, on le recherche comme source de justice et d'incorruption ; et qu'étant un don de Dieu et un amour imparfait, il dispose à la réception de l'habitude de la charité, ou de la grâce sanctifiante dans le sacrement de pénitence, et à l'amour pur, étant naturel de passer de l'amour du bienfait à l'amour du bienfaiteur, surtout quand le bienfaiteur est lui-même le plus grand de ses bienfaits. 3° On n'aime nullement le Dieu des récompenses, mais uniquement les récompenses de Dieu ; on n'a point le péché en horreur, mais on craint les peines qui lui sont préparées ; on n'est point fâché d'avoir déplu à Dieu, mais on craint de se rendre à jamais malheureux : et c'est là un amour vicieux, d'un faux pénitent, et une crainte d'esclave qui n'appréhende que le châtiment, qui n'obéit et n'observe les commandements que par la force ; car il les violerait ouvertement s'il le pouvait impunément, et qui met sa dernière fin en lui-même, se servant de Dieu comme d'un moyen pour se procurer le bonheur : et celui-ci, loin de suffire avec le sacrement, rend sans doute l'homme plus hypocrite et plus méchant.

Que concluez-vous de tout cela ?

Que pour la justification du pécheur, 1° il y a une douleur qui suffit sans le sacrement, pourvu qu'elle en renferme le vœu ; 2° qu'il y en a une qui ne suffit qu'avec le sacrement ; 3° qu'il y en a une qui ne suffit pas, même avec le sacrement ; 4° qu'après tout, la vraie et parfaite pénitence est représentée par cette femme célèbre qui portait de l'eau et du feu quand elle allait à confesse, l'eau pour éteindre le feu de l'enfer, et le feu pour brûler le paradis, afin disait-elle qu'on ne se repentît plus d'avoir offensé Dieu, et qu'on ne l'aimât plus qu'à cause de lui-même. Et c'est là où on doit tendre, et élever les autres (53).

Faites un acte d'attrition, ou de contrition imparfaite, qui suffise avec le sacrement ?

Mon Dieu je suis grandement fâché de vous avoir offensé, parce que le péché est abominable, et que je crains de me damner, et de perdre le paradis; mais, mon Dieu, le paradis et l'enfer mis à part, je ne veux plus pécher, je me repens de l'avoir fait, et je fais un ferme propos, moyennant votre sainte grâce d'en faire pénitence, de n'y plus retourner, et de commencer à vous aimer.

Qualités communes à la contrition et attrition.

Combien la contrition, soit parfaite, soit imparfaite, demande-t-elle de conditions pour être bonne et légitime ?

Quatre : elle doit être, 1° surnaturelle ; 2° souveraine ; 3° intérieure ; 4° universelle.

Qu'est-ce à dire surnaturelle ?

Qu'elle doit être produite par un mouvement du Saint-Esprit, et fondée sur des motifs de foi.

Et qui est affligé d'avoir offensé Dieu à cause que le péché fait perdre l'honneur, le bien, la santé, la réputation, la vie ?

Cette douleur ne suffit pas, parce que le principe n'en est pas surnaturel, non plus que le motif ni l'objet.

Qu'est-ce donc ?

Une douleur naturelle causée par la perte d'un bien temporel.

Qu'est-ce à dire que cette douleur doit être souveraine ?

Qu'on doit être plus fâché d'avoir offensé Dieu, que de tout autre malheur qui pourrait nous arriver, et qu'on serait prêt de subir toute sorte de peine, et de se priver de toute sorte de bien, plutôt que de commettre un seul péché mortel ; en un mot, haïr le péché plus que tout autre mal.

Qu'est-ce à dire que cette douleur doit être intérieure ?

Que la douleur extérieure et sensible ne suffit pas, et que ce n'est pas assez de répandre des larmes, et de jeter des soupirs.

Que faut-il donc ?

Un cœur contrit et humilié, sans quoi la pénitence n'est qu'hypocrisie.

Qu'est-ce à dire que cette douleur doit être universelle ?

Que la douleur doit s'étendre sur tous les péchés mortels qu'on a commis, sans en excepter un seul.

Faut-il faire autant d'actes de contrition qu'on a commis de péchés mortels ?

Cela n'est pas nécessaire, il suffit de les détester en général, et par une raison commune, comme qu'ils déplaisent à Dieu ; mais il est très-utile et très-salutaire de faire un acte de contrition en particulier des péchés qui donnent le plus de remords, et qui sont les plus énormes.

Quels motifs surnaturels peuvent exciter en nous la contrition ?

La vue, 1° de la bonté de Dieu, de ses bienfaits, de ses perfections, de ses miséricordes sur nous, de sa longue patience, de sa douceur, de ce qu'il est notre Créateur, notre Père, notre bienfaiteur ; 2° de l'injure que lui fait le pécheur et le péché ; 3° de notre méchanceté ; 4° de notre ingratitude ; 5° de notre aveuglement ; 6° de notre dureté ; 7° du tort que nous a fait le péché et des peines qui le suivent ; 8° de la Passion de Jésus-Christ et de son sang précieux ; 9° de la perte du paradis et de notre éternité.

Faut-il que cette douleur soit sensible et accompagnée de larmes et de sanglots ?

Cela est bon et à désirer, mais non absolument nécessaire, pourvu qu'elle soit véritablement revêtue des quatre qualités précédentes.

Des larmes.

Est-il nécessaire de pleurer ses péchés ?

Quoique sans pleurs extérieurs on puisse avoir une contrition intérieure suffisante, laquelle réside dans une faculté spirituelle, et est élevée au-dessus des sens, et que certains tempéraments s'y excitent rarement ; cependant où trouvera-t-on de vrais pénitents qui n'aient amèrement pleuré ? Quels torrents n'ont pas versé David, la Madeleine, saint Pierre, saint Augustin, etc. Car, selon les saints, tout pécheur qui ne pleure pas, mérite d'être pleuré, et les larmes sont, disent-ils, 1° les sincères témoins et les messagers fidèles de la douleur du cœur ; 2° le pain quotidien de l'âme pénitente ; 3° le baume qui guérit ses plaies ; 4° l'eau qui lave ses taches ; 5° la rosée céleste qui la reverdit, l'enrichit, la pare, l'embellit, la fertilise et la rend féconde en plantes, fleurs et fruits spirituels ; 6° l'heureux déluge où tous les crimes sont noyés ; 7° et les feux de la convoitise et de l'enfer éteints ; 8° un second baptême et un autre Jourdain, où la Madeleine lave de nouveau Jésus-Christ ; 9° une fontaine qui arrose le paradis d'Adam pénitent ; 10° une mesure à laquelle on proportionne le pardon ; 11° une humble confession sans confusion, suivie d'une miséricordieuse excuse ; 12° un soupir d'enfant, qui attire le soupir du père ; 13° une liqueur qui coule pêle-mêle avec le sang de Jésus-Christ ; 14° un encens dont la vapeur, causée par un cœur embrasé, monte jusqu'au trône du Très-Haut ; 15° une prière efficace et une voix puissante qui ne demande rien, et qui obtient tout, et qui fait violence à la justice de Dieu ; 16° dont l'œil attendri regarde l'œil mouillé ; 17° dont la main charitable essuie le visage humide ; 18° les larmes sont le sang d'un cœur contrit, brisé, percé par la douleur ; 19° une vraie eau bénite qui chasse le démon ; 20° un sacrement à qui la promesse des consolations divines est attachée ; 21° si Jésus-

---

(53) Il est évident que ce trait renferme une allégorie, car ce n'est pas l'eau qui éteint l'enfer, ni le feu qui peut brûler le paradis, mais on voulait donner une leçon par l'action symbolique rapportée ici.

Christ ne lava pas ses pieds de la même eau que ceux des apôtres, c'est qu'il se réservait les larmes des pénitents ; 22° la faculté de pleurer a été uniquement donnée à l'homme pour recouvrer la perte de la justice; qu'il perde son père, son fils, son épouse, son bien, son honneur, sa santé, etc., il a beau pleurer, les larmes ne lui rendent rien ; qu'il ait perdu la grâce, ses larmes la lui font recouvrer, dit saint Chrysostome ; 23° ce sont des avocats éloquents qui plaident sa cause, et de puissantes médiatrices de sa réconciliation avec Dieu ; 24° des pierres précieuses qui ornent merveilleusement son visage; 25° une pluie qui fait germer toutes sortes de vertus dans un cœur jusqu'alors stérile ; 26° une semence de la vie éternelle ; 27° enfin, comme c'est une marque de la vie dans la vigne qu'on taille lorsque le sarment jette de l'eau, ainsi quand le cœur percé des traits de l'amour divin, pousse des sanglots et verse des larmes, c'est un signe que l'âme est touchée d'une douleur très-vive.

D'où vient que le don de larmes, autrefois si fréquent, est à présent si rare parmi les fidèles ?

Presque personne n'en veut donner le prix, c'est-à-dire l'acheter par le sacrifice de toutes les consolations humaines et mondaines.

§ III. — Du ferme propos.

Qu'est-ce que le ferme propos ?

Une résolution sérieuse et une volonté déterminée de ne plus offenser Dieu à l'avenir, et de satisfaire à Dieu et au prochain.

Quel doit-il être ?

1° Intérieur ; 2° fort ; 3° universel ; 4° pour toujours ; 5° prudent, prévoyant les moyens et les obstacles.

De quoi doit-il être accompagné ?

1° De défiance de soi-même ; 2° de confiance en Dieu ; 3° de désir de faire violence à ses inclinations ; 4° d'éviter les occasions ; 5° de résister aux tentations ; 6° de déraciner ses mauvaises habitudes ; 7° d'embrasser et de pratiquer les moyens de ne plus retomber, tels que sont l'oraison, les pieuses lectures, la fréquentation des sacrements, les bonnes œuvres.

Qui dirait : « Je ne voudrais plus offenser Dieu, » marquerait-il avoir un véritable ferme propos ?

Non, il faut dire : *Je ne veux plus offenser Dieu, j'aime mieux mourir mille fois,* etc.

Qui doit craindre de ne l'avoir pas ?

1° Celui qui a souvent promis dans ses autres confessions, et qui n'a pas tenu ; 2° qui a pu restituer, se réconcilier, quitter l'occasion, et ne l'a pas fait ; 3° qui ne s'est pas servi des moyens qu'on lui a prescrits pour fuir le vice; 4° ni pour pratiquer la vertu ; 5° et de qui les péchés se sont multipliés à l'ordinaire ; 6° enfin qui a fait de fâcheuses rechutes.

De la rechute.

Que dites-vous de la rechute ?

Que c'est un péché détestable aux yeux de Dieu, et qu'il renferme seul la malice de ceux dont on s'était relevé par la pénitence.

Pourquoi ?

Il est accompagné, 1° de malice, car on sait bien ce qu'on va faire et on le veut bien ; 2° d'ingratitude après un tel bienfait que celui de la justification ; 3° de mépris, préférant de propos délibéré la créature au Créateur, et le démon à Dieu ; 4° de trahison, vendant Jésus-Christ, comme Judas, pour un rien, et le crucifiant encore une fois.

Où conduisent ordinairement les fréquentes rechutes ?

A l'endurcissement et à l'impénitence finale.

Que faut-il faire pour ne pas tomber dans ces états funestes ?

1° Fuir les occasions ; 2° résister aux tentations ; 3° fréquenter les sacrements ; 4° user des moyens qu'un confesseur prudent suggérera ; 5° ne point désespérer de sa conversion ni de son salut, mais se confier en la bonté de Dieu, faisant bon usage de ses grâces.

§ IV. — De la confession.

Qu'est-ce que la confession ?

Une accusation volontaire de ses propres péchés, faite au tribunal de la pénitence, pour en avoir l'absolution.

Quelles sont les qualités de la bonne confession?

Elle doit être, 1° sincère, sans artifice ni déguisement ; 2° humble, s'accusant et ne se vantant, ou ne s'excusant pas de ses crimes, ou ne les rejetant pas sur autrui ; 3° douloureuse, ne les racontant pas comme une histoire, mais avec componction ; 4° modeste, les expliquant en des termes honnêtes ; 5° simple, disant naivement les choses comme elles se sont passées, sans les couvrir ou envelopper sous certaines expressions ambiguës et obscures, qui, cachant la laideur de la plaie, n'en découvrent pas le venin; 6° prudent, ne mêlant point les péchés d'autrui parmi les vôtres ; 7° précise, évitant toute redite ou prolixité inutile ; 8° entière, disant tous ses péchés, sans en cacher, ni retenir, ni déguiser volontairement aucun, du moins qui soit mortel, autrement on ferait une confession sacrilége, ce qui est un horrible péché et une profanation damnable.

Que faut-il dire afin que la confession soit entière ?

1° Le nombre de ses péchés, c'est-à-dire combien de fois on a offensé Dieu ; 2° l'espèce, c'est-à-dire quels péchés on a commis, quels commandements on a transgressés, quelles vertus on a violées ; 3° les circonstances qui changent l'espèce.

Qu'est-ce que c'est ?

C'est, par exemple, quand on a tué, mais dans une église ; on a frappé, mais c'est son père ; on a dérobé, mais un calice ; on a fait une action déshonnête, mais avec une personne ou consacrée à Dieu, ou parente, ou mariée, etc. Car ces sortes de circonstances prises du côté du lieu, de la personne et de la chose, blessent une seconde vertu et font un nouveau péché.

Doit-on aussi déclarer les circonstances notablement aggravantes?

Oui, pour bien manifester sa malice ; par exemple : déclarer, 1° quand on a dérobé, si c'est beaucoup ; 2° qu'on a frappé, si c'est rudement ; 3° qu'on a juré, si c'est scandaleusement ; trois circonstances qui peuvent même changer l'espèce ; 4° qu'on a médit, si c'est publiquement ; 5° qu'on a été intempérant, si on a passé les jours et les nuits dans la débauche ; 6° qu'on a perdu la Messe, si c'est le jour de Pâques, de la Pentecôte, etc. ; 7° qu'on a violé le jeûne ou l'abstinence, si c'est la semaine sainte ; 8° qu'on a eu une mauvaise pensée, si c'est longtemps, etc.

Qui empêche l'intégrité de la confession?

1° L'ignorance de ses obligations ou de sa religion ; 2° la négligence de bien examiner sa conscience, particulièrement sur les péchés d'omission ; 3° la honte de découvrir les péchés infâmes ; 4° la crainte de la correction de la pénitence, de refus de l'absolution, de perdre l'estime du confesseur.

Quels maux arrivent à celui qui retient volontairement un péché mortel?

1° Il ne reçoit pas la grâce de Dieu, ni le pardon de ses péchés ; 2° il commet un horrible sacrilége ; 3° il est bourrelé en son âme comme s'il était déjà en enfer ; 4° il recevra une confusion intolérable au jugement de Dieu, en présence des hommes et des anges ; 5° s'il ne répare ses mauvaises confessions, il sera éternellement damné.

Comment vaincre la honte et la crainte de dire ses péchés?

Se représentant, 1° qu'on se confesse à Dieu qui sait tout ; 2° que tous les hommes, et le confesseur même sont pécheurs et ont besoin de miséricorde ; 3° qu'un confesseur estime et aime davantage un pénitent sincère, voyant l'ouverture de son cœur, sa confiance et le désir qu'il a de se convertir ; 4° qu'il y a du profit et de l'honneur à dire ses péchés, quand on veut les quitter ; 5° que les plus grands pécheurs font paraître davantage la miséricorde de Dieu ; que plusieurs saints ont été pécheurs, mais qu'ils se sont confessés dans l'humiliation de leur cœur et ont fait pénitence ; 7° que la honte de les dire est déjà une bonne pénitence devant Dieu ; 8° qu'après une bonne confession, on a un grand repos de conscience ; 9° qu'il faut le faire tôt ou tard, ou être damné à jamais ; 10° que le confesseur serait brûlé en ce monde et en l'autre, s'il révélait un seul péché, et qu'il lui est même défendu d'y penser ; 11° qu'il en a ouï, et qu'il entend tous les jours de pires, et que rien ne s'oublie si vite que les péchés entendus à la confession ; 12° enfin la sainte honte que Jésus eût de paraître nu lors de la flagellation, doit servir de remède à la honte criminelle qui nous empêche de découvrir la difformité de notre âme par la confession humiliante de nos désordres, inclination ancienne de notre premier père, qui couvrit sa nudité avec des feuilles de figuier.

Quelles qualités doit-on désirer dans un confesseur?

1° La science ; 2° la probité ; 3° la prudence ; 4° la charité ; 5° la patience ; 6° l'expérience.

Quelle science doit-il avoir?

Il faut que sa doctrine soit, 1° saine et orthodoxe ; 2° éloignée de toute nouveauté et singularité ; 3° sainte et spirituelle, c'est-à-dire qu'il sache les vues de Dieu dans la sanctification des âmes, les mystères de la religion, les remèdes aux péchés, aux tentations, aux peines, etc. (54).

Que faut-il faire quand il diffère ou refuse l'absolution?

Se soumettre humblement à cette conduite, et en ôter la cause.

A qui d'ordinaire un bon confesseur suspend-il l'absolution?

A ceux, 1° qui ne savent pas la doctrine chrétienne, jusqu'à ce qu'ils l'aient apprise ; 2° qui sont en inimitié, jusqu'à ce qu'ils se soient réconciliés ; 3° qui ont fait tort au bien et à la réputation d'autrui, jusqu'à ce qu'ils l'aient réparé ; 4° qui sont dans l'habitude du péché, jusqu'à ce qu'ils se soient fait violence ; 5° qui sont dans l'occasion prochaine, jusqu'à ce qu'ils l'aient quittée.

Qu'est-ce que ces sortes d'occasion?

Celles où l'on a coutume d'offenser Dieu. Par exemple, 1° fréquenter les personnes vicieuses ; 2° demeurer avec les complices de son désordre ; 3° aller dans des lieux de débauche ; 4° exercer un métier, une charge ou un emploi dont on est incapable, ou qui porte au péché, ou qui en facilite les moyens, etc.

Qui abuse de la confession?

Ceux, 1° qui croient qu'il n'y a qu'à raconter ses péchés à l'oreille d'un prêtre, sans se mettre en peine de se corriger ou de se punir ; 2° qui ne cherchent dans la confession qu'à décharger leur conscience et à étouffer leurs remords ; 3° qui, après leur confession faite, retournent à la manière accoutumée de vivre.

Que dites-vous de celui qui, en jouant, ne peut s'empêcher de jurer, blasphémer, tromper, etc.?

Qu'il est incapable de l'absolution, s'il ne quitte le jeu.

Et celui qui se sent porté au péché dans les danses?

Qu'il doit s'en abstenir s'il veut être absous.

Et de ceux qui ne veulent pas se défaire des mauvais livres?

De même que les précédents.

Que dites-vous des tableaux, peintures et

---

(54) L'approbation donnée par les supérieurs ecclésiastiques suppose toutes ces qualités, mais les confesseurs doivent les méditer et s'y perfectionner tous les jours.

chansons lascives, ou qui portent au libertinage, à l'impiété ou à l'impureté ?
Que c'est encore pis que les livres.
Mais si le pénitent promet de ne pas offenser Dieu à l'avenir ?
On ne doit pas le croire, s'il n'est résolu d'en ôter la cause.
Le prêtre ne doit-il pas ajouter foi à son pénitent ?
Non, pas en cela, car l'homme ne se connaît pas soi-même, surtout quand il est aveuglé par ses passions et ses mauvaises habitudes.
A quoi donc les connaît-on ?
A ses œuvres, comme dit Jésus-Christ dans l'Evangile.
Le confesseur n'est-il point trop rude, quand il diffère l'absolution à son pénitent ?
Pas plus qu'un médecin qui tente tous les moyens pour sauver son malade.
Celui à qui on diffère l'absolution, doit-il désespérer de son salut ?
A Dieu ne plaise, au contraire il doit croire que les rigueurs de l'Eglise lui sont salutaires.
Doit-il se retirer tout à fait de la confession ?
Non, la confession lui est utile en plusieurs sortes : car, 1° il s'y humilie ; 2° il y reçoit de bons conseils, et des pénitences salutaires ; 3° il produit quelques bons désirs, en attendant de bonnes œuvres ; 4° le prêtre prie pour lui ; 5° enfin il a toujours de la grâce à subir le jugement de l'Eglise.
Quels sont les inconvénients des absolutions mal données ?
1° D'exposer le pécheur à la profanation des sacrements ; 2° de lui attirer la colère de Dieu au lieu de la miséricorde ; 3° de l'accoutumer à ne profiter pas des remèdes, les lui rendant inutiles ; 4° de lui inspirer une fausse confiance ; 5° de le laisser tomber dans l'impénitence finale, c'est-à-dire mourir sans s'être jamais vraiment converti, quoiqu'il se soit souvent confessé.
Qu'arrive-t-il à ceux qui cherchent des confesseurs qui les flattent ?
Ce que dit Notre-Seigneur, que si un aveugle conduit un autre aveugle, ils tomberont tous deux dans la fosse.
Que doit donc faire un vrai pénitent ?
1° Se mettre entre les mains d'un bon confesseur, sage, discret, pieux ; 2° se soumettre à lui comme à son juge et à son médecin ; 3° faire un bon usage des avis qu'il donne, et des remèdes qu'il prescrit ; 4° le bon pénitent fait le bon confesseur.
Est-il utile de confesser les péchés véniels ?
Sans doute : afin, 1° de s'en corriger ; 2° de faire mieux connaître son état au confesseur ; 3° de communier plus dignement.
Desquels particulièrement ?
De ceux qu'on commet, 1° par pure malice ; 2° contre l'inspiration divine ; 3° par habitude ; 4° avec scandale ; 5° qui disposent au mortel.
Peut-on en avoir une contrition suffisante ?
Oui, le respect infini et l'amour parfait qu'une âme doit avoir pour Dieu, lui font trouver que déplaire à cette souveraine Majesté, pour peu que ce soit, est une chose infiniment détestable, et plus que suffisante pour en concevoir de la tristesse et en avoir de la componction.
Et les péchés passés, et déjà confessés ?
On peut les soumettre encore aux clefs de l'Eglise, surtout quand on ressent du remords et un nouveau regret.
Où doit-on entendre les confessions ?
Dans les confessionnaux à l'Eglise, et jamais dans les chambres, sinon en cas de maladie, ni dans les chapelles domestiques sans permission, ni à heures indues, ni en des lieux obscurs et retirés.

De la confession générale.

Qu'est-ce que la confession générale ?
Celle où on s'accuse de tous les péchés qu'on a commis depuis qu'on est au monde.
Est-elle nécessaire ?
Oui, à ceux de qui les confessions particulières ont été mauvaises, ou même douteuses.
Comment mauvaises ?
Par le défaut de contrition, de ferme propos, d'intégrité, ou chose semblable, requise à la validité du sacrement.
Comment douteuses ?
Par le peu : 1° de préparation et de sentiment qu'on y a apportés ; 2° de pénitence qu'on a pratiquée ; 3° de violence qu'on s'est faite ; 4° des moyens dont on s'est servi ; 5° d'occasions qu'on a évitées ; 6° par la vie molle et mondaine qu'on a menée ; 7° par les fréquentes rechutes qu'on a faites.
Quelles sont les utilités d'une confession générale ?
1° Elle répare les défauts des confessions précédentes ; 2° elle imprime une plus grande horreur du péché ; 3° elle excite une plus vive contrition ; 4° elle cause une plus profonde humiliation ; 5° elle étouffe les remords ; 6° elle produit la paix intérieure, la joie de la bonne conscience, la pureté de cœur, la confiance en Dieu ; 7° elle mortifie la convoitise, les passions et les mauvaises habitudes ; 8° elle nous donne la connaissance de nous-mêmes et de notre malheureux fonds ; 9° elle nous excite à prendre des moyens plus efficaces de bien vivre ; 10° elle nous rend plus expérimentés et plus prudents pour l'avenir ; 11° Elle nous engage à mieux régler notre vie ; 12° elle nous dispose excellemment à la communion ; 13° enfin elle attire une plus abondante grâce de Dieu sur nous, et nous dispose à une bonne mort.
Le moyen de la bien faire ?
Une retraite de quelques jours où on fait les exercices spirituels sous la conduite d'un bon confesseur, est le moyen le plus excellent.
Quand est-il bon de la faire ?
1° Quand on embrasse un nouvel état ou genre de vie ; quand on se trouve en quelque maladie notable, ou que la mort approche ; 3° quand on veut gagner le Jubilé ; 4° quand on en a l'inspiration ; 5° c'est bien

fait de la conseiller à ceux qu'on voit en avoir besoin (55).

§ V. — De la satisfaction.

Qu'est-ce que la satisfaction?

La peine imposée au pénitent par le confesseur, en réparation de l'injure que le péché a fait à Dieu, et en punition du crime que le pécheur a commis.

Jésus-Christ n'a-t-il pas satisfait pour nos péchés?

Oui, mais le mérite de ses satisfactions est appliqué par le moyen des satisfactions de la pénitence : et le prix de celles-ci n'est qu'un écoulement de celles-là.

Dieu ne pouvait-il pas nous faire cette application sans exiger de nous aucune peine?

Oui, et c'est ce qu'il fait par le baptême auquel toute coulpe est effacée, et toute peine remise gratuitement; mais il a voulu dans la pénitence que la peine éternelle encourue par le péché mortel, fût commuée en l'obligation de subir une peine temporelle qu'on appelle *satisfaction*; d'où vient que les saints ont nommé la pénitence un *baptême laborieux*.

Avons-nous quelques exemples dans l'Ecriture d'une semblable conduite?

Dieu pardonna le péché des Israélites dans le désert, mais il leur en fit faire une pénitence de quarante années. Il remit l'iniquité de David, mais il le punit par de sévères châtiments. Enfin les Ninivites et tous les vrais pénitents de l'un et de l'autre Testament montrèrent assez cette vérité par les dignes fruits de pénitence qu'ils ont faits.

Pourquoi cela est-il à propos?

1° Il est juste qu'en punition de notre ingratitude criminelle et de l'infidélité que nous avons eue de violer les saintes promesses que nous avons faites au baptême, nous soyons condamnés à des œuvres pénibles et laborieuses; 2° il y aurait à craindre que nous ne sortissions trop promptement des liens de la justice en nous abandonnant à une téméraire confiance, et en abusant de la facilité du pardon; 3° et que nous n'estimassions légers les péchés les plus énormes à quoi l'aveuglement et la corruption de notre nature ne nous porterait que trop, s'ils se remettaient si aisément et si souvent, et quant à la coulpe, et quant à la peine.

Quelle doit être la satisfaction?

1° Prudente, ayant égard quand on l'impose, à l'âge, au sexe, à la condition, à la santé, aux facultés, etc. ; 2° médicinale, enjoignant des humiliations aux superbes, des mortifications aux sensuels, des charités aux avares, un bon emploi du temps aux paresseux, etc. ; 3° proportionnée, étant juste qu'un plus grand pécheur souffre une plus grande peine; 4° on peut dire en général que la lecture des saints livres, la méditation, la retraite, la fréquentation des sacrements, la compagnie des gens de bien, et enfin un bon règlement de vie, sont des remèdes excellents pour guérir les infirmités de l'âme, et la maintenir dans la santé spirituelle.

Pouvons-nous offrir à Dieu une satisfaction suffisante pour nos péchés?

Non, pas avec une égalité parfaite, parce que la majesté de celui que nous offensons en péchant, est infinie, et notre satisfaction ne l'est pas.

Pourquoi donc s'efforcer en vain de satisfaire à Dieu?

Pour faire avec la grâce ce que nous pouvons, attendant le reste de sa bonté.

Pouvons-nous offrir à Dieu une satisfaction suffisante en quelque manière?

Oui, parce qu'avec sa grâce nous pouvons satisfaire d'une manière dont il veut bien se contenter.

Pouvons-nous aussi satisfaire à Dieu par les pertes, les maladies et les afflictions qu'il nous envoie?

Oui, en les endurant patiemment, et en esprit de pénitence.

A quoi servent donc ces œuvres satisfactoires?

1° A satisfaire à la justice de Dieu ; 2° à nous punir; 3° à guérir notre âme des langueurs du péché; 4° à détruire les habitudes vicieuses ; 5° à acquérir les vertus opposées ; 6° à affermir dans le bien ; 7° à contenir dans la justice; 8° à préserver de la rechute; 9° à rendre conforme à Jésus-Christ souffrant et crucifié pour nos péchés; 10° à faire devenir plus prudent, plus avisés, plus humbles; 11° à refréner la convoitise.

A quoi se réduisent-elles toutes?

1° Au jeûne; 2° à l'aumône; 3° à la prière.

Que renferme-t-on sous le jeûne?

Toutes les macérations et mortifications envers soi-même.

Et sous l'aumône?

Toutes les œuvres de miséricorde envers le prochain.

Et sous la prière?

Toutes les actions de piété envers Dieu.

Pourquoi cet ordre?

Par ces trois sortes d'œuvres on remédie aux trois sources de tous les péchés.

Qui sont-elles?

La sensualité, l'avarice et l'orgueil, ou l'amour des plaisirs, l'amour des biens, l'amour des honneurs; trois malheureuses branches de notre convoitise, trois ulcères de notre nature corrompue et de notre cœur perverti; trois inclinations vicieuses, qui sont les causes de la damnation de tous ceux qui se perdent.

A quoi remédie-t-on par le jeûne?

A la sensualité.

Et par l'aumône?

A l'avarice.

Et par la prière?

A l'orgueil.

Que fait-on encore par la pratique de ces trois sortes de bonnes œuvres?

1° On se punit des péchés que les biens

---

(55) Ou qui en sentent le besoin eux-mêmes, par les justes inquiétudes que leur inspirent leurs confessions passées.

du monde, les voluptés de la chair, et la malice, l'orgueil et l'irréligion de l'esprit humain ont fait commettre ; 2° on emploie à honorer et servir Dieu, les biens, le corps et l'âme, dont on se servait auparavant pour l'offenser ; 3° on se remet dans la pratique de la justice, commençant de rendre ce qu'on doit à Dieu, à soi-même et au prochain : à Dieu, la religion par l'oraison ; à soi-même, la corruption par le jeûne ; au prochain, la charité par l'aumône ; et à prendre un cœur d'enfant envers Dieu, de juge envers soi, de mère envers le prochain.

A quelle autre satisfaction est tenu le pénitent ?

Il doit, après avoir rendu gloire à Dieu, et s'être puni lui-même, réparer le tort qu'il peut avoir fait ; 1° au bien ; 2° à l'honneur ; 3° au corps ; 4° à l'âme du prochain, du moins autant qu'il le peut, et suivant les moyens qu'un confesseur prudent lui suggérera.

Comment satisfaire au prochain quand on a pris son bien ?

Le lui restituant.

Et quand on l'a offensé ?

Lui en demandant pardon.

Que dites-vous de celui qui se confesse sans avoir la résolution de satisfaire ?

Que sa confession est inutile, et même sacrilège.

Pouvons-nous satisfaire les uns pour les autres ?

Oui, Dieu a agréable la charité fraternelle, et la communion des saints, jusqu'à ce point que quand ses serviteurs prient et s'affligent dans le jeûne, le sac, la cendre, ils apaisent sa colère et désarment sa justice, non-seulement sur leurs péchés, mais encore sur les péchés de tout le peuple, ou de ceux pour qui ils intercèdent en particulier.

D'où vient cela ?

C'est que Dieu se laisse tellement toucher au désir qu'il a de gratifier ses amis, qu'il accepte miséricordieusement l'humble sacrifice de leurs mortifications volontaires, en diminution des châtiments qu'il prépare à leurs frères, et que satisfait par les uns, il veut bien s'adoucir envers les autres, honorant par ce moyen son Fils Jésus-Christ dans la communion de ses membres, et dans sa sainte société de son corps mystique.

De la pénitence à l'heure de la mort.

Quand doit-on faire pénitence ?

On ne saurait trop tôt.

Et la remettre à l'heure de la mort ?

C'est visiblement hasarder son salut.

Pourquoi ?

Par ce que : 1° souvent on n'en a pas le temps, on meurt subitement ; 2° ce temps ne suffit pas ; 3° il est empêché par les affaires, les douleurs, les remèdes ; 4° la maladie ôte la présence d'esprit nécessaire ; 5° la crainte trouble le moribond ; 6° le démon l'effraye ; 7° la sévérité du jugement de Dieu, les horreurs de l'enfer, le souvenir des péchés l'épouvantent ; 8° enfin mille autres obstacles s'opposent à ce qu'on puisse recourir à Dieu comme il faut, et rendent ordinairement toutes parties de la pénitence imparfaites, l'examen de la contrition, le ferme propos, la confession, la satisfaction ; 9° comment à sa mort pourrait-on donner des signes de vie, n'ayant pendant la vie donné que des signes de mort ?

Conduite pour la confession.

Donnez-moi une conduite pour la confession ?

1° Après vous être examiné avec soin, excité à contrition, et avoir fait un ferme propos de ne plus offenser Dieu, et de faire pénitence, approchez-vous de votre confesseur, et considérant Jésus-Christ en sa personne, mettez-vous à genoux devant lui, comme un criminel devant son juge ; 2° que vos habits soient modestes, les hommes sans épée et sans vêtements superbes, les femmes dans une grande modestie, humilité, simplicité, rien ne répugnant davantage à l'action que vous allez faire, que le faste et l'arrogance ; 3° quand vous êtes entré dans le confessionnal, faites le signe de la croix, et baissant un peu la tête, demandez la bénédiction du prêtre, disant à voix basse : *Benedic mihi, Pater,* bénissez-moi, s'il vous plaît, mon Père. Ensuite inclinez-vous davantage, et tandis que le prêtre dit : *Deus sit in corde tuo,* etc., récitez votre *Confiteor,* jusqu'à *mea culpa* ; 4° relevez-vous, regardez où est l'oreille de votre confesseur, portez de ce côté-là votre bouche, et accusez-vous de vos péchés, comme si c'était à Jésus-Christ que vous vous confessassiez, que ce fût la dernière confession de votre vie, que vous fussiez à l'heure de la mort ou au jugement dernier ; faites-le clairement et distinctement, humblement, sans rien cacher, dissimuler, diminuer, sans vous excuser, ni rejeter vos fautes sur autrui ; 5° ayant tout déclaré, dites : *De tous ces miens péchés et autres dont je ne me souviens pas, ou dont je n'ai pas la connaissance, j'en demande pardon à Dieu, et à vous, mon père, pénitence et absolution.*

6° Baissez-vous ensuite, et tandis qu'il dira le *Misereatur,* dites votre *mea culpa,* et le reste du *Confiteor,* le cœur plein de componction, c'est-à-dire percé de douleur ; 7° relevez-vous ensuite, portant votre oreille vis-à-vis la bouche de votre confesseur, écoutez avec respect les avis qu'il vous donnera, la pénitence qu'il vous imposera, les moyens de bien vivre qu'il vous prescrira ; 8° quand il aura fini, abaissez-vous encore profondément pour recevoir l'absolution et rappelez dans ce moment tous vos sentiments de regret d'avoir offensé Dieu, d'horreur du péché, de résolution de vous corriger et de faire pénitence ; 9° l'absolution donnée, retirez-vous à l'écart, et demeurez un temps notable en prières, remerciant Dieu de la grâce qu'il vient de vous faire, le priant de vous pardonner, et de délier au ciel, ce que le prêtre a délié sur la terre ; 10° faites réflexion sur ce que vous aura dit le confesseur, afin de l'exécuter, et allez en paix purifié de vos péchés, et résolu de mieux vivre.

INSTRUCTION SUR LES INDULGENCES ET SUR LE JUBILÉ.

§ I. — De la satisfaction en général.

Quelle peine mérite le péché mortel?
La peine éternelle.
Qui remet la peine éternelle?
Le sacrement de pénitence.
En quoi change-t-il cette peine?
En l'obligeant de subir une peine temporelle, ou en ce monde par des œuvres expiatoires, ou en l'autre par le purgatoire.
La seule contrition pourrait-elle être assez grande pour obtenir même la rémission de toute la peine temporelle?
Oui, mais c'est une chose si rare, qu'on ne voit presque point d'exemple, tant la dureté du cœur humain est extrême.
Les œuvres satisfactoires que le confesseur enjoint au pénitent par le devoir de sa charge, et celles que le pénitent s'impose par un mouvement de pénitence, ne devraient-elles pas expier cette peine temporelle?
Oui, si elles étaient proportionnées à l'énormité du péché commis.
Qui empêche que cela ne soit?
La condescendance du confesseur, et la lâcheté du pénitent.
Comment peut-on donc satisfaire à Dieu?
1° Par la pénitence que le prêtre impose; 2° par les mortifications volontaires; 3° par les tribulations de cette vie patiemment endurées, et qu'il plaît à Dieu de nous envoyer; 4° par les indulgences.

§ II. — De l'indulgence.

Qu'est-ce que l'indulgence?
La rémission de la peine temporelle due au péché pardonné quant à la coulpe : car, comme la nécessité des œuvres satisfactoires a obligé l'Eglise ancienne d'imposer aux pénitents les peines que l'on appelle canoniques, et que quand ils les subissent avec humilité, cela s'appelle *satisfaction*; aussi, lorsque ayant égard, ou à la ferveur des pénitents, ou à d'autres bonnes raisons, l'Eglise relâche quelque chose de la peine qui leur est due, cela s'appelle *indulgence*.
L'usage des indulgences est-il ancien dans l'Eglise?
La puissance d'accorder des indulgences a été conférée à l'Eglise par Jésus-Christ même, lorsqu'il donna aux apôtres, particulièrement à saint Pierre, et en leurs personnes à leurs successeurs, l'autorité de gouverner les fidèles, de remettre les péchés, ou d'ôter les obstacles qui peuvent retarder leur entrée dans le ciel.
L'usage de ce pouvoir a-t-il été de tout temps pratiqué dans l'Eglise?
Oui, saint Paul même s'en servit à l'égard d'un pécheur de Corinthe, auquel il remit une partie de la pénitence que méritait son crime; et nous voyons des marques de cette discipline dès le II° et III° siècle, dans les écrits des saints Pères qui nous sont restés, où fréquemment il est fait mention que l'Eglise dispensait des exercices laborieux de la pénitence, les pécheurs que les martyrs lui recommandaient au milieu de leurs tourments, comme leur appliquant par là une partie de leurs souffrances en supplément de celles qui leur manquaient. Quant aux siècles suivants, il y en a tant de preuves éclatantes, que les hérétiques mêmes ne disconviennent pas que l'usage n'en fût commun sous saint Grégoire le Grand; et on sait que saint Bernard, et plusieurs autres saints docteurs ont prêché celles de leurs jours, et ont fait des miracles en leur confirmation, quoique pourtant leur usage fût moins fréquent autrefois qu'aujourd'hui.
D'où vient cela?
C'est que la ferveur et l'innocence des premiers Chrétiens étaient en ces bienheureux temps plus grandes qu'à présent, et qu'on n'ouvre point les trésors de la république quand les particuliers sont dans l'abondance.
Qu'est-ce que le trésor de l'Eglise?
C'est la grandeur, la multitude, et la variété des peines et des souffrances, 1° que Jésus-Christ a offertes pour nous en satisfaction de nos péchés et des châtiments qu'ils méritaient; que la sainte Vierge, qui était l'innocence même, a supportées en ce monde; 3° qu'un grand nombre de saints et de martyrs, comme saint Jean-Baptiste, et plusieurs autres ont endurées, et beaucoup au delà de ce que la justice divine exigeait d'eux en expiation de leurs propres fautes.
Est-ce que les satisfactions de Jésus-Christ ne sont pas suffisantes toutes seules?
Elles sont infiniment plus que suffisantes, et tout le mérite des souffrances des saints n'est qu'un écoulement et une application du mérite infini des souffrances de Jésus-Christ, loin que ce soit un supplément aux satisfactions du Sauveur, comme si elles étaient insuffisantes et imparfaites, et qu'on y pût ajouter quelque chose, erreur impie que les hérétiques nous imposent faussement : or, c'est ce riche amas de satisfactions que l'on nomme *le trésor de l'Eglise*, d'où (comme d'un réservoir sacré) cette bonne Mère tire les mérites de son chef, qui en est une source inépuisable, et de quelques-uns de ses membres qui sont les plus larges canaux de cette source, afin de suppléer à la disette des uns par l'abondance des autres. C'est à elle que Dieu a commis la dispensation de ce trésor dont il lui a confié les clefs, avec le pouvoir de l'ouvrir et de le distribuer à ses enfants dans leurs besoins, et il accepte l'application qu'elle en fait en faveur des pénitents qui en manquent. D'où il s'ensuit qu'à proprement parler, l'indulgence est plutôt une commutation qu'une simple relaxation de peines, la justice divine se trouvant toujours ainsi pleinement dédommagée, ou par le fond du pécheur qui devait lorsqu'il fait des œuvres satisfactoires, ou par le fond de Jésus-Christ qui paye pour lui lorsqu'on applique des indulgences.
Pourquoi donc faire encore des œuvres

satisfactoires, puisque les souffrances de Jésus-Christ sont surabondantes, et que les nôtres n'y ajoutent rien?

C'est que celui qui, nous ayant fait sans nous, ne nous sauvera pas sans nous, a voulu que le mérite des souffrances de son Fils nous fût appliqué par la voie des souffrances, et que les satisfactions des pénitents fussent les souffrances et les mérites de Jésus-Christ appliqués et communiqués.

Que prétend l'Eglise par la dispensation des indulgences?

1° Aider les hommes de bonne volonté à s'acquitter envers Dieu de leurs dettes; 2° suppléer à leur indigence et à leur infirmité; les exciter à la ferveur, à la dévotion et à l'amour de Dieu, conformément à cette parole du Sauveur, celui à qui on donne davantage, doit aimer davantage; 4° ôter ou amoindrir les vraies peines dues au péché, telles que la soustraction ou diminution des grâces abondantes et des secours de la Providence, les ténèbres de l'esprit, la dureté du cœur, le dégoût et la répugnance pour le bien, la pente et l'inclination au mal.

Les indulgences remettent-elles toute la peine due aux péchés?

Oui, les indulgences plénières; mais les autres n'en remettent qu'une partie seulement, ainsi obtenir une indulgence de quarante jours, de sept ans, etc., c'est obtenir la rémission de la peine qu'on aurait dû subir en ce monde par les satisfactions canoniques pour autant de temps, ou en l'autre dans le purgatoire (56).

Quelle proportion y a-t-il entre les peines de ce monde, et celles du purgatoire?

Dieu seul la connaît, il est toujours certain que celles du purgatoire sont incomparablement plus grandes et plus longues que celles de cette vie, et ne sont pas méritoires à Dieu, n'étant ni libres ni méritoires; de sorte que le moindre inconvénient d'un pénitent qui par mollesse ne rachète pas les peines dues à ses péchés par des œuvres satisfactoires, est de payer bien cher, et bien longtemps en l'autre monde, ce dont il aurait pu s'acquitter aisément et promptement en celui-ci.

Pourquoi est-ce le moindre inconvénient?

Parce que le plus grand et le plus ordinaire malheur de ceux qui, après avoir vécu dans le désordre, ne font pas de dignes fruits de pénitence, est de retomber assez aisément dans le péché, à quoi leur vie tiède et lâche les porte d'autant plus qu'elle les prive des plus puissants secours et des plus précieuses grâces réservées aux pénitents fervents et mortifiés.

Ne pourrait-on pas dire que les indulgences n'exemptent des peines dues aux péchés que pour cette vie seulement, et non pour l'autre; que devant les hommes, et non devant Dieu?

Non; car, 1° si l'indulgence n'était qu'une simple décharge de l'obligation de faire des œuvres satisfactoires, en ce monde seulement, et qu'elle laissât toujours l'obligation d'aller en purgatoire satisfaire à la justice divine, l'indulgence ne serait plus indulgence, ni grâce, ni faveur, ce serait une grande rigueur; 2° comment tant de saints et savants prélats, tels qu'un saint Charles, et plusieurs autres, auraient-ils désiré si ardemment de les gagner à l'heure de la mort?

Qui a reçu dignement le sacrement de pénitence, et gagné le Jubilé ou l'indulgence plénière, est-il encore tenu à faire des œuvres satisfactoires?

Quand on serait sûr de l'un et de l'autre, il faudrait toujours vivre dans la pénitence.

Qui nous y obligerait?

1° La religion chrétienne; 2° l'exemple de Jésus-Christ; 3° les méchantes inclinations dont on est plein; 4° les habitudes vicieuses qu'on a contractées, qui pullulent sans cesse si on ne les réprime; 5° les vertus dont on manque; 6° la convoitise qu'on porte; 7° la crainte de la rechute; 8° l'amour de la persévérance; 9° la pratique des vrais pénitents, tels que le saint roi David, saint Pierre, sainte Madeleine, etc.

---

(56) Il est nécessaire de compléter ici les explications du pieux auteur, car elles sont insuffisantes. Remarquons d'abord que les indulgences ne s'appliquent pas seulement aux *vivants*, mais aux *morts*, par *voie de suffrage*, suivant l'expression de la théologie.

Quant à ce qui regarde les vivants, l'indulgence ne leur ôte ni le péché mortel, ni même le péché véniel. C'est le repentir joint aux bonnes œuvres et à la confession, qui nous obtient la rémission de nos fautes. L'indulgence enlève seulement la peine temporelle que nous méritons.

Mais pour cela on distingue les indulgences *partielles* et *plénières*. On sait que les premières ne diminuent *qu'une partie de la peine*, à proportion des dispositions que nous apportons et de notre fidélité à remplir toutes les conditions requises.

L'indulgence plénière, quand elle est gagnée dans son intégrité, efface toute la peine qui est due à nos péchés, en sorte que le ciel s'ouvrirait immédiatement pour nous, si nous venions à mourir dans cet heureux état. Mais qui peut se vanter de l'obtenir avec une pareille étendue? C'est le secret de Dieu, et il faut se confier à sa miséricorde, en nous efforçant de mériter le plus d'indulgences possible.

2° Il est certain qu'on ne peut remettre, ici-bas, directement les péchés des âmes du purgatoire. Il n'est donc plus question d'*absolution* pour elles; mais on peut les soulager, les délivrer par *voie de suffrages*, en offrant en leur faveur des *satisfactions* puisées dans le trésor de l'Eglise.

Une indulgence partielle, et à plus forte raison une indulgence plénière appliquée aux âmes du purgatoire, leur obtient la rémission de leurs peines dans une proportion que Dieu seul connaît et qu'il faut abandonner à sa clémence infinie. On ne doit jamais se lasser de faire, pour le soulagement des défunts, toutes les bonnes œuvres possibles, et de leur appliquer les indulgences de l'Eglise; car, lors même que les âmes du purgatoire sont délivrées des peines attachées à leurs fautes passées et déjà pardonnées, il peut leur rester des fautes vénielles qui exigent une longue expiation. Ainsi, nous devons leur continuer toujours les secours de notre assistance et de notre charité, surtout au moyen des indulgences.

§ III. — Du Jubilé.

Que signifie le mot de Jubilé?

Il signifie dans la langue hébraïque, joie, consolation, allégresse, parce que chez les Juifs le Jubilé était cette célèbre cinquantième année, en laquelle les débiteurs étaient affranchis de leurs dettes, les héritages aliénés revenaient francs au premier et ancien propriétaire et les esclaves recouvraient leur liberté ; or c'étaient là des figures de ce qui devait spirituellement arriver dans la loi nouvelle, particulièrement quand nous participons pleinement à la grâce du Jubilé.

Comment cela ?

C'est que par le moyen de cette grâce : 1° nous sommes faits quittes des dettes immenses dont nous étions redevables à la justice divine ; 2° nos âmes qui sont l'héritage de Dieu, et qui avaient été vendues par le péché et aliénées de son domaine, reviennent en la possession de leur véritable Seigneur et Maître ; 3° les pécheurs qui gémissaient sous la tyrannie du diable rompent leurs fers, et recouvrent leur liberté.

Quelle différence y a-t-il entre l'indulgence et le Jubilé?

Il n'y en a point quant à l'effet, car qui gagne pleinement l'un ou l'autre, obtient également la rémission de toute la peine due aux péchés actuels commis depuis le baptême, et va droit en paradis, sans passer par le purgatoire, s'il meurt en ce bienheureux état ; mais il y en a beaucoup quant aux privilèges : car, 1° la cause du Jubilé est plus importante et plus manifeste, ainsi la raison que l'on a eue de le concéder, est plus solide ; 2° il regarde les besoins généraux de la chrétienté ; 3° il s'étend en tous lieux et sur tous les fidèles ; 4° il prescrit des œuvres plus satisfactoires ; 5° il est plus impétratoire, puisqu'il réunit les vœux et les désirs de toute l'Eglise ; 6° la forme est plus solennelle ; 7° il donne une ample liberté aux pénitents de choisir tels confesseurs approuvés qu'ils voudront ; 8° et aux confesseurs divers pouvoirs considérables.

Quels sont-ils ?

Ils peuvent, 1° absoudre des cas et des censures réservées à Mgr l'archevêque, et même à notre Saint-Père le Pape, que la bulle ne réserve pas ; 2° changer les juremens promissoires non acceptés ; 3° commuer les vœux, excepté ceux de chasteté perpétuelle et de religion ; 4° prolonger le temps du Jubilé ; 5° commuer les œuvres prescrites, du moins à certaines personnes qui n'ont pu pour quelque empêchement légitime les exécuter en tout ou en partie, ni dans le temps marqué, mais ils ne peuvent pas dispenser des irrégularités (57).

Pourrait-on jouir des privilèges du Jubilé sans le vouloir gagner ?

Non, et ainsi un homme qui ne voudrait profiter de ce temps, que pour se faire absoudre de quelque cas ou censures réservés, se faire changer certains vœux, etc., sans vouloir faire autre chose, n'obtiendrait ni une absolution, ni une dispense légitime, ces grâces n'étant accordées qu'en faveur de ceux qui veulent gagner le Jubilé.

Que faut-il faire pour gagner le Jubilé?

Toutes les choses exactement qui sont prescrites par la bulle : 1° le jeûne du mercredi, vendredi et samedi ; 2° l'aumône selon sa dévotion, se souvenant néanmoins qu'une petite aumône n'est guère convenable dans un temps où l'Eglise répand ses trésors avec tant de profusion, ni capable d'attirer les plus rares miséricordes du ciel sur celui qui refuse au prochain les plus communes de la terre ; 3° des prières vocales avec attention, et à dessein d'impétrer l'effet du Jubilé, celles que notre prélat nous propose, sont préférables aux autres ; 4° la visite des églises, ou au moins d'une ; 5° la confession générale ou particulière à un prêtre approuvé, et non à d'autre, chacun suivant son besoin ou sa dévotion : il est rare néanmoins qu'une personne bien intentionné n'en fasse pas d'extraordinaires.

Comment faut-il faire ces œuvres ?

1° Avec dévotion, piété, bon exemple ; 2° dans le dessein de gagner le Jubilé ; 3° selon les intentions de notre Saint-Père le Pape ; 4° autant qu'on peut dans l'ordre marqué, quoiqu'il n'y ait pas d'inconvénient, surtout quand on n'en a pas la commodité, de le renverser, et de commencer par exemple la confession, ce qui pourrait même quelquefois être mieux ; 5° dans une seule semaine, selon l'usage et la pratique ; 6° il est bon et édifiant d'assister à la procession qui se fait pour l'ouverture du Jubilé, mais cela n'est pas absolument nécessaire ; 7° il n'y a nul inconvénient de gagner deux fois le Jubilé, et d'accomplir deux semaines de suite les œuvres prescrites, surtout si on a quelque scrupule de ne s'en être pas assez bien acquitté la première, avec un conseil néanmoins ; 8° les enfants, les vieillards, les malades, les prisonniers, les voyageurs, les religieuses, etc., doivent suivre les ordres de Mgr leur prélat, que MM. les curés, et les confesseurs leur apprendront ; 9° on ne le peut pas gagner pour les morts, car la bulle n'en parle pas, et ce n'est pas la coutume de leur appliquer le Jubilé, qui n'est donné que pour les vivants ; il est néanmoins très-bon de prier pour eux en ce temps de grâce et de bénédiction.

Y a-t-il apparence que l'on puisse obtenir de Dieu d'aussi grandes choses qu'on en demande par les Jubilés, en faisant des œuvres si aisées ?

Quoique ces choses, moyennant le secours divin, soient faciles à exécuter, elles sont néanmoins très-propres pour obtenir de la miséricorde infinie de Dieu l'effet de nos prières : parce que, 1° les grâces que nous lui demandons, sont sans doute très-bonnes en elles-mêmes, très-conformes à sa sainte volonté, très-avantageuses à sa gloire,

---

(57) L'auteur n'écrivait que pour le diocèse de Paris, mais il est certain que dans le temps du Jubilé, il est accordé aux confesseurs le pouvoir d'absoudre de tous les cas réservés *aux évêques*, etc.

et très-salutaires pour les hommes ; 2° les moyens que le saint Père nous propose pour les impétrer de Dieu, sont très-efficaces ; car ce sont des jeûnes, des aumônes et des prières, accompagnés de véritables sentiments de pénitence et de religion, et de gémissements de toute l'Eglise ; 3° les mérites de Jésus-Christ suppléent à tout.

L'usage du Jubilé comme nous l'avons, est-il ancien dans l'Eglise ?

On écrit communément que ce fut Boniface VIII, l'an 1300, qui en fut le premier auteur, ou du moins qui le premier lui donna la forme dans laquelle nous le voyons aujourd'hui, y attachant des priviléges, et le faisant célébrer avec plus de solennité qu'autrefois. Car on peut recueillir et de la constitution de ce Pape, et d'un traité que publia peu après Jacques Cajetan son neveu, cardinal-diacre du titre de Saint-Georges, qu'il ne fît que rétablir, et renouveler une ancienne indulgence, qui s'obtenait à Rome tous les siècles une fois, et lui donner plus d'éclat qu'elle n'en avait auparavant, sans néanmoins se servir du mot de *Jubilé*, qui n'était pas encore en usage : et de là vient que, se tenant à cette antiquité, il arrêta qu'on ne le gagnerait que de cent ans en cent ans. Mais Clément VI, l'an 1350, touché des calamités de l'Eglise, de l'invasion des infidèles, des guerres parmi les Chrétiens, etc., en considérant la brièveté de la vie des hommes, ordonna qu'elle reviendrait tous les cinquante ans, et fut le premier qui lui donna le nom de *Jubilé*, par allusion à l'année jubilaire des Juifs. Ensuite Urbain V, l'an 1389, abrégea ce terme encore, et le mit à trente-trois ans, en l'honneur des trente-trois ans de la vie de Notre-Seigneur. Mais Nicolas V, l'an 1449, le remit à cinquante. Et Paul II, l'an 1470, à vingt-cinq. Enfin, Sixte IV, l'an 1473, confirma cette dernière réduction, qui subsiste encore aujourd'hui. Et outre ce grand Jubilé, les Papes en accordent encore d'autres à leur élection, et en semblables occasions importantes.

Le Jubilé qui revient tous les vingt-cinq ans, n'a-t-il rien de particulier par-dessus les autres ?

Il a d'ordinaire une prérogative, qui le distingue non-seulement des indulgences, mais même des autres Jubilés, c'est que Sixte IV, l'an 1473, suspendit pendant cette année jubilaire, dite jubilé, toute indulgence hors la ville de Rome, ce qui s'est continué depuis, de sorte que toute autre sorte d'indulgence pour les vivants, concédée par le Saint-Siége hors la ville de Rome, est révoquée, et cesse pour cette année-là. Ce que ce Pape fit afin d'attirer par là le concours des peuples, et les exciter d'aller à Rome, de visiter le sépulcre des apôtres, et faire, par le mérite de ce pèlerinage, qu'ils participassent avec plus d'abondance à la grâce singulière du Jubilé. D'où s'ensuit que les indulgences pour les défunts, subsistent cette année-là, qu'on peut toujours dire des Messes aux autels privilégiés, et gagner des indulgences pour les morts, à l'ordinaire, ainsi que les bons auteurs l'enseignent communément.

Que remarquez vous particulièrement dans l'Eglise au temps du Jubilé ?

Un renouvellement général de piété, que le Saint-Esprit y cause, et duquel il ne faut pas manquer de se prévaloir.

Que dites-vous de la grâce du Jubilé ?

Qu'elle est, 1° nécessaire ; 2° facile à acquitter ; 3° certaine ; 4° excellente.

Comment est-elle nécessaire ?

A raison, 1° de nos grandes dettes envers la justice divine ; 2° du petit nombre et du peu de mérite de nos œuvres satisfactoires ; 3° de la rigueur du payement qu'il faudra nécessairement faire en l'autre monde, après avoir refusé de s'en acquitter à si bon marché de celui-ci.

Comment facile ?

Les actions prescrites sont, 1° peu en nombre ; 2° aisées en elles-mêmes ; 3° légères par la communion, et l'exemple des fidèles, et surtout par l'abondance des secours divins.

Comment certaine ?

Elle est fondée, 1° sur les paroles et sur les promesses de Jésus-Christ ; 2° sur la valeur et l'efficace de ses souffrances ; 3° sur la pratique et l'autorité de l'Eglise.

Sur quoi encore est-elle fondée ?

Sur l'excellence du trésor de l'Eglise, en qui l'on trouve bien autrement qu'en ceux de la terre, 1° une sainte multitude ; 2° une admirable variété ; 3° un grand prix.

Comment la grâce du Jubilé est-elle excellente ?

A raison, 1° de sa source, qui n'est autre que le sang de Jésus-Christ, répandu avec tant d'abondance qu'il efface jusqu'à la peine temporelle due au péché ; 2° de ses effets, qui sont si grands qu'ils peuvent égaler ceux du baptême ; 3° de sa fin, qui est d'ôter tout obstacle et retardement à notre entrée au ciel, et à notre union à Dieu : de sorte qu'on y trouve réunis en quelque façon les effets du baptême, de la pénitence, de l'extrême-onction, pour ne pas ajouter ceux du purgatoire.

Du purgatoire.

Les peines du purgatoire excèdent-elles les peines de cette vie ?

Sans doute, elles les surpassent beaucoup.

Quelles sont ces peines ?

1° La privation de la vue de Dieu ; 2° le feu ; 3° d'autres espèces de punitions conformes à la malice du péché qu'on y expie.

Combien de temps y est-on ?

Jusqu'à ce que, 1° la rouille du péché soit tombée ; 2° que l'âme soit purifiée ; 3° que la justice divine soit satisfaite.

Pourquoi ?

Parce que rien d'impur ni de souillé n'entrera jamais dans le ciel.

Qui soulage et console ceux qui y sont ?

1° La présence des bons anges ; 2° la certitude du salut ; 3° les prières, suffrages, jeûnes, pénitences, aumônes, indulgences, et autres bonnes œuvres qu'on offre pour eux dans l'Eglise, et surtout l'oblation du saint sacrifice de la Messe.

Que faut-il pour ne pas aller en purgatoire ?

Faire pénitence, éviter le péché véniel, gagner les indulgences : vivons si purement, que nous ne soyons pas redevables de notre prompte entrée en paradis, aux flammes du purgatoire.

DE L'EXTRÊME-ONCTION.

LEÇON I.

Son nom ; sa nature ; son institution ; sa promulgation ; son administration ; sa nécessité, ses effets.

Qu'est-ce que l'extrême-onction?

Un Sacrement qui nous aide à bien mourir.

Pourquoi l'appelle-t-on extrême-onction ?

Il est la dernière onction du Chrétien, et il la reçoit à l'extrémité de sa vie.

Dans quels sacrements sommes-nous oints ?

1° Dans le baptême ; 2° dans la confirmation ; 3° dans l'ordre ; 4° et enfin dans l'extrême-onction.

Quand Notre-Seigneur l'institua-t-il ?

On tient que ce fut le jeudi saint, veille de sa mort et Passion, et qu'il en instruisit ses apôtres : d'où vient que l'Eglise a pris ce jour-là avec beaucoup de convenance, pour y bénir solennellement par le ministère des évêques, les saintes huiles qui servent à ce digne sacrement, qu'on administre aux fidèles lorsque leur dernière heure est venue, comme pour mettre le sceau à celui que nous recevons en venant au monde, qu'ainsi *le Seigneur bénisse notre entrée et notre sortie.*

En a-t-il donné quelque idée pendant sa vie ?

Oui, 1° quand envoyant en mission ses apôtres, il leur donna pouvoir d'oindre les malades avec de l'huile, et de les guérir. 2° Il permit qu'on oignit sa tête et ses sacrés pieds, peu de jours avant sa mort. 3° Il est remarquable qu'il voulut souffrir l'agonie dans le jardin des Olives.

Qui l'a promulgué par écrit ?

L'apôtre saint Jacques, évêque de Jérusalem.

Qui doit l'administrer ?

Le pasteur du malade, ou autre prêtre commis par lui.

Qui peut le recevoir ?

Tout Chrétien parvenu à l'usage de raison, qui a péché.

Quand faut-il le demander ?

Lorsqu'on est malade, et en danger de mort.

Doit-on attendre qu'il soit désespéré?

Non, et ce sacrement est d'autant plus salutaire qu'on connaît mieux ce qu'on fait en le recevant, et qu'on est plus capable de s'exciter à le recevoir dignement : d'ailleurs il rend la santé par voie de remède.

Peut-on le recevoir plusieurs fois ?

Non, dans la même maladie ou le même péril, qui d'ordinaire n'est pas censé différent, ni être une récidive, s'il n'y a quinze jours au moins, ou trois semaines d'intervalle ; sur quoi il est bon de consulter les médecins, et les supérieurs ecclésiastiques.

Est-il nécessaire à salut ?

Non, absolument parlant ; il y a pourtant certains cas extraordinaires, dans lesquels le salut pourrait dépendre de sa réception : par exemple, quand on croit de bonne foi être en état de grâce, et qu'on n'y est pas : car alors ce sacrement, par sa propre institution, efface le péché qu'on ignore avoir, donnant non-seulement la grâce à laquelle on ne met point d'obstacle volontaire, mais même effaçant ces espèces de reliques, ou de restes du péché, et réconciliant à Dieu.

Est-il très-utile ?

Oui, c'est pourquoi on est obligé de le demander pour soi, et de le procurer à ceux qui dépendent de nous. Car ce serait un grand crime de le mépriser ou négliger, à cause des secours puissants qu'il nous apporte à l'heure de la mort, d'où dépend l'éternité, et de nos besoins extrêmes dans ce dernier passage.

Que faut-il pour le recevoir dignement ?

1° Etre en état de grâce, car si on savait être en péché mortel, et qu'on le reçût ainsi, on ferait un sacrilége. 2° Et pour cela se confesser et recevoir le saint viatique s'il se peut. 3° S'y disposer par des actes fervents de foi, d'espérance, de charité, de résignation, de contrition, etc.

Quels sont ses effets particuliers ?

Il donne, 1° la patience pour souffrir chrétiennement la maladie et la mort ; 2° la lumière et la force, pour découvrir les artifices, et repousser les violences du serpent infernal, qui tend des piéges au talon de l'homme, c'est-à-dire, à la fin de la vie, et qui jouit de son reste dans cette dernière heure : ainsi la bonté de Dieu nous a muni d'un sacrement pour nous défendre quand nous entrons au monde, et d'un autre quand nous en sortons. 3° Il met sous la protection spéciale de Dieu. 4° Il établit dans la dernière et immédiate disposition de pureté requise au sortir de cette vie, pour paraître devant le Saint des saints, et être admis dans ce royaume, où rien de souillé n'entrera jamais. 5° Il efface les restes du péché, et les péchés oubliés, ou qu'il serait comme impossible de confesser : aussi le nomme-t-on la consommation de la pénitence chrétienne.

Qu'appelle-t-on les restes du péché ?

Comme après une grande maladie corporelle il reste encore diverses incommodités, l'insomnie, le dégoût, la faiblesse, la maigreur, etc., ainsi après que notre âme a été guérie de la grande maladie du péché, il lui reste encore bien des langueurs et des infirmités spirituelles, des taches et souillures que ce sacrement achève de guérir et de laver.

Marquez-les en particulier ?

1° La pente au mal. 2° La peine à s'élever à Dieu. 3° L'anxiété et le trouble de conscience que donne le souvenir des péchés passés. 4° L'attachement à la terre. 5° La crainte servile de la mort. 6° Le dégoût des choses saintes. 7° La faiblesse et l'infirmité dans la pratique des vertus, vraies symptômes de la vieillesse spirituelle.

Ote-t-il tous ces obstacles?
Il fortifie le moribond, et lui confère des grâces pour les vaincre.

Quels autres bons effets produit-il?
1° Il soulage le malade. 2° Il lui rend même quelquefois la santé corporelle, selon qu'il est convenable à la Providence, et expédient à sa sanctification et à son salut. 3° Il l'anime et l'aide à supporter les douleurs du corps et les peines de l'esprit. 4° Il le console et le réjouit. 5° Il lui donne de la haine du péché véniel, et il le détruit en tant qu'il est une infirmité à laquelle la vigueur que confère ce sacrement est opposée.

Dans quel esprit doit-on le recevoir?
1° D'union à l'agonie de Jésus-Christ, au jardin des Olives, et à l'arbre de la croix; 2° de conformité à la volonté de Dieu; 3° d'acceptation de la mort; 4° d'oblation de soi-même en esprit de pénitence et de sacrifice; 5° en espérance en la résurrection; 6° enfin un bon Chrétien doit alors plus penser à l'immortalité qu'à la mort.

Etait-il d'usage dans l'ancienne Loi?
Non, à cause, 1° de sa perfection, de quoi la Loi ancienne n'était pas capable, puisqu'il efface jusqu'aux moindres reliques du péché; 2° de ce qu'il met dans le dernier degré de pureté requis pour entrer au ciel, où la Loi ancienne n'introduisait pas.

LEÇON II.
Matière, forme et cérémonies de l'extrême-onction.

Quelle est la matière du sacrement de l'extrême-onction?
L'huile d'olive, bénite par l'évêque, et bénite d'une bénédiction singulière, et avec des cérémonies toutes mystérieuses.

Pourquoi cette bénédiction?
1° Le Sauveur l'a ainsi voulu. 2° Il ne s'est pas servi de cette liqueur, et ne l'a pas consacrée par son usage et saint attouchement, comme il a fait l'eau dans le baptême, et le pain et le vin dans l'Eucharistie; ainsi une telle bénédiction et préparation est très-convenable, particulièrement à un sacrement d'une telle plénitude de grâce, de perfection et d'énergie, qui s'étend jusqu'à effacer les moindres vestiges du péché, et à chasser l'infirmité corporelle et spirituelle.

Pourquoi cette liqueur?
Elle a des propriétés qui ont rapport aux effets de ce sacrement: car, 1° l'huile adoucit; 2° guérit; 3° fortifie; 4° éclaire; 5° nourrit; 6° brûle; 7° monte; 8° s'épanche. Et ce sacrement, 1° adoucit les peines; 2° guérit les maladies corporelles et spirituelles; 3° fortifie l'âme à l'agonie; 4° éclaire la foi; 5° nourrit l'espérance; 6° enflamme la charité; 7° élève l'esprit; 8° répand la grâce.

Pourquoi fait-on les onctions sur les organes des sens, et vers les reins?
1° Le péché s'est introduit dans notre âme par les sens; 2° nous nous sommes servis des sens pour offenser Dieu; 3° le démon nous moleste par les sens à l'heure de la mort : ce sont donc les sens qu'il faut purifier et prémunir; 4° la convoitise est la source de la corruption des sens.

Que dit le prêtre en les faisant?
Il prie Dieu de pardonner au malade les péchés qu'il a commis par ses organes et ses facultés, ou puissances.

Pourquoi le fait-il en forme de croix?
C'est du sang de Jésus-Christ mourant en croix que découle la vertu de ce sacrement.

Pourquoi se sert-il des prières en le conférant, et non des termes d'autorité, comme dans les autres sacrements?
1° Le malade commence à n'être presque plus de la juridiction et sous l'autorité de l'Eglise, ayant déjà comme un pied dans l'autre monde : 2° il n'est plus capable d'aucun secours humain, ou naturel; il est entre les mains de Dieu seul; 3° comme il se trouve dans la dernière impuissance de se soutenir lui-même, on a recours plus que jamais à la pure miséricorde de Dieu.

De quoi faut-il demander pardon à Dieu, quand le prêtre fait l'onction sur les yeux (58)?
De tous les mauvais regards et œillades curieuses, orgueilleuses, immodestes, impures, et de toutes les lectures dangereuses qu'on a faites pendant sa vie.

Et quand il oint les oreilles?
De tous les discours opposés à la charité, à la piété, à la vérité, à la chasteté, et tous les airs profanes qu'on s'est plu à entendre.

Et quand il oint les narines?
De tous les parfums et bonnes odeurs dont on a flatté sa sensualité.

Et quand il oint la bouche?
De tous les déréglements de paroles, et des péchés de gourmandise et d'impureté.

Et quand il oint les mains?
De toutes les mauvaises actions et attouchements.

Et quand il oint les pieds?
De tous les pas qu'on a fait vers le crime, de tous les rendez-vous et lieux criminels où on a été, des danses, jeux et mouvements profanes dont on est coupable, et où nos pieds ont porté notre cœur.

Et quand il fait l'onction vers les reins?
Nous devons demander pardon à Dieu de tous les péchés que la convoitise, et particulièrement celle de la chair, nous a fait commettre.

Pourquoi tant d'onctions?
A cause de la multitude de nos plaies, auxquelles le nombre des appareils doit répondre.

Font-elles divers sacrements?

---

(58) Toutes les réponses des questions suivantes regardent les devoirs du malade lui-même, pendant qu'il reçoit le sacrement de l'extrême-onction. Il faut alors qu'il soit en pleine connaissance, afin de s'unir aux prières et de s'occuper de tous les motifs de contrition que le souvenir de ses péchés doit lui suggérer.

Pas plus que la somption des deux espèces dans l'Eucharistie, cette multitude de signes ne représentent qu'une chose totale.

Pourquoi n'y mêle-t-on pas du baume comme à la confirmation?
L'extrême-onction étant un remède du péché, n'exige pas la bonne odeur des vertus, figurée par le baume.

Le vin n'est-il pas aussi un remède avec l'huile?
Oui, mais il est piquant et mordicant, et à la mort il ne faut rien que de consolant et d'adoucissant.

Quelle obligation contracte un malade qui recouvre la santé, après avoir reçu l'extrême-onction?
1° De se regarder comme de nouveau consacré à Dieu; 2° de mener une vie plus sainte; 3° de considérer que Dieu ne la lui prolonge que pour en faire un meilleur usage.

De la maladie.

Quelle utilité apporte la maladie soufferte chrétiennement?
1° Elle mortifie; 2° elle humilie; 3° elle détache; 4° elle rend soumis, dépendant, patient, obéissant, docile, reconnaissant; 5° elle dompte; 6° elle fait voir la vanité des choses du monde qu'il faut quitter tôt ou tard; 7° elle dégoûte des plaisirs sensuels, et de l'amour immodéré du corps; 8° elle met devant les yeux les fins dernières; 9° elle fait songer sérieusement à la conscience; 10° elle apprend à compatir aux pauvres malades et à les soulager; 11° elle donne un excellent moyen de faire pénitence, et de satisfaire à la justice divine; 12° et de se préparer à recevoir dignement les sacrements.

Quels défauts doit-on éviter?
La tristesse, la mélancolie ou l'ennui, l'impatience, le murmure, la colère et le chagrin, les plaintes et les inquiétudes, la pusillanimité, la défiance de la Providence, la crainte des sacrements, auxquels il faut recourir de bonne heure, la maxime d'une famille véritablement chrétienne étant de ne point appeler le médecin qu'après le confesseur. Enfin un vrai fidèle doit croire que la moindre grâce qu'il peut attendre de Dieu dans la maladie, est la guérison.

Et quand la santé revient?
Ce retour de la maladie à la santé est souvent un état dangereux à la piété chrétienne, plusieurs ont été se laissant aller à la vaine joie, à la sensualité, à l'immortification, à un trop grand soin d'eux-mêmes, et des désirs superflus: on se relâche, on s'oublie de ses exercices spirituels; et enfin, en fortifiant le corps, on affaiblit l'âme: celui-là guérit et celle-ci devient malade, dit saint Jérôme.

DE L'ORDRE.

LEÇON UNIQUE.

Qu'est-ce que l'ordre?
Un sacrement qui consacre les ministres à Jésus-Christ.

Qui l'a institué?
Jésus-Christ même, le souverain prêtre et le pasteur de nos âmes.

Quand?
Le soir du jeudi saint, veille de la Passion, lorsqu'il ordonna lui-même les apôtres, et leur communiqua le pouvoir d'ordonner leurs successeurs.

Qui peut le conférer?
Le seul évêque.

Quels sont ses effets?
Il donne, 1° le Saint-Esprit; 2° la grâce sanctifiante; 3° le pouvoir d'exercer les fonctions ecclésiastiques; 4° des secours pour s'en acquitter dignement; 5° le caractère.

Quelles sont les fonctions ecclésiastiques?
Les unes regardent le corps naturel du Fils de Dieu, comme d'offrir le sacrifice; les autres son corps mystique ou l'Eglise, comme, 1° administrer les sacrements; 2° prêcher la parole de Dieu; 3° célébrer l'Office divin; 4° régir et gouverner le troupeau.

Quels sont les devoirs des fidèles envers les ministres de Jésus-Christ?
Ils doivent, 1° les honorer; 2° les écouter; 3° imiter les bons; 4° éviter les mauvais; 5° avoir peu de commerce temporel avec eux; 6° ne s'engager jamais dans cet état, et n'y jamais engager ses enfants par aucune raison humaine et temporelle.

Par quels motifs les parents se portent-ils assez souvent à engager leurs enfants dans l'état ecclésiastique?
1° Pour décharger leur famille; 2° pour se défaire d'un enfant qui n'a pas assez de bonnes qualités pour le monde; 3° par intérêt et avarice, ne regardant dans cette sainte profession que le lucre temporel et les bénéfices, la fortune et l'établissement, les honneurs et les richesses, qu'ils croient leur procurer plus aisément dans l'Eglise que dans le siècle (59).

Que dites-vous de ces vues?
1° Qu'elles sont injurieuses à Dieu; 2° pernicieuses à la religion; 3° ruineuses aux familles, sur qui elles attirent la malédiction même temporelle; 4° funestes aux parents et aux enfants, dont elles causent souvent la damnation éternelle.

Ceux qui engagent leurs enfants, quoique indignes, dans le clergé, et seulement pour avoir plus de bien, ou pour conserver en leur famille quelque bénéfice, font donc un grand péché?
Oui, et plus grand qu'ils ne pensent: car ils répondront devant Dieu, 1° des péchés

---

(59) Les réflexions de cette réponse et des deux suivantes ne sont plus applicables dans les temps actuels. Il n'y a ni bénéfice ni richesses à convoiter; les vocations sont libres, et les parents n'imposent pas le sacerdoce à leurs enfants. Mais certains individus peuvent avoir le désir d'entrer dans l'état ecclésiastiques par des considérations de bien-être, de vie tranquille et honorée. Ce sont là des motifs qu'il faut repousser avec la plus grande énergie, autrement on s'exposerait à d'irréparables malheurs.

que leurs enfants commettront en cet état; 2° des scandales qu'ils donneront à l'Eglise; 3° de la perte des âmes dont ils seront cause; 4° de la dissipation qu'ils feront des revenus ecclésiastiques.

Les pères et les mères ne doivent-ils pas faire vivre leurs enfants qui sont ecclésiastiques suivant la sainteté de leur état ?

Oui; ils doivent, 1° leur en faire porter les habits et les marques; 2° les faire élever à la science et à la vertu; 3° les placer dans un bon séminaire.

Quelle doit être leur conduite quand ils souhaitent d'en consacrer quelqu'un à l'Eglise ?

Ils doivent, 1° examiner si les inclinations de cet enfant sont convenables à l'état ecclésiastique; 2° faire des prières et d'autres bonnes œuvres pour obtenir de Dieu la grâce de connaître s'il l'appelle à cet état; consulter son confesseur; 4° ne le point engager par contrainte ni avant le temps, ni par l'occasion présente de quelque bénéfice; 5° lui faire entendre auparavant quelles sont les fonctions et les obligations de cet état, et savoir de lui s'il est résolu d'y satisfaire; 6° n'avoir pour fin en cela que la gloire de Dieu et l'utilité de l'Eglise, et non pas l'agrandissement temporel de leur enfant, ou la conservation d'un bénéfice dans leur famille; 7° le présenter à l'évêque et suivre ses avis.

DU MARIAGE.

LEÇON UNIQUE.

Qu'est-ce que le mariage?

Un sacrement institué de Jésus-Christ pour former une sainte et inséparable alliance entre l'homme et la femme.

Que signifie cette alliance?

L'union, 1° du Verbe éternel à la nature humaine; 2° de Jésus-Christ avec son Eglise; 3° du Saint-Esprit avec notre âme.

Que s'ensuit-il?

1° Que les cœurs des personnes mariées doivent être liés par une solide, spirituelle et indissoluble affection; 2° qu'en se souffrant, se servant et se consolant l'un l'autre ils doivent se rendre communs les biens et les maux qui leur arrivent; 3° que leur vie doit être pure et sainte, prenant garde que le mariage, au lieu d'être pour eux un remède à l'incontinence, n'en devienne la nourriture et l'entretien.

Pourquoi le mariage est-il institué?

1° Pour avoir des enfants, et les élever à la crainte de Dieu; 2° pour former une famille chrétienne; 3° pour remédier à la convoitise; 4° pour perpétuer la religion, et accomplir le nombre des élus.

Qui rend l'état du mariage recommandable?

1° Dieu en est l'auteur; 2° il a été institué dans l'état d'innocence; 3° il a été célébré dans le paradis terrestre; 4° pratiqué par les anciens patriarches; 5° approuvé et autorisé de Jésus-Christ.

Quand particulièrement?

Lorsqu'il voulut bien assister aux noces de Cana, où il avait été appelé avec la sainte Vierge et ses disciples, et les honorer de sa présence.

Que marquait-il par sa présence?

Qu'il voulait sanctifier cet état, et y donner sa bénédiction, il en rendit même la célébration remarquable, en y faisant son premier miracle devant ses disciples, et leur manifestant par là sa gloire et son pouvoir.

Quel fut ce miracle?

Il changea l'eau en vin.

Que figurait ce changement?

Qu'il changerait la nature du mariage qui dans l'ancienne Loi n'avait été qu'un pur contrat civil, et qu'il en ferait dans la Loi nouvelle un sacrement excellent, auquel il attacherait sa grâce.

Quel est le signe visible dans ce sacrement ?

Ce sont les paroles et autres signes expressifs du consentement des parties.

Quelle est la grâce invisible?

C'est la grâce intérieure qu'il donne d'une sainte et légitime union des cœurs, qui affermit et perfectionne l'amour naturel, qui sanctifie les personnes mariées, qui leur donne le moyen de s'acquitter de leurs obligations, et de porter avec mérite les peines de cet état.

D'où vient-il qu'il y a si peu de mariages heureux?

C'est parce que presque personne ne se marie chrétiennement.

Pourquoi se marie-t-on fort souvent?

Par des motifs, 1° de sensualité; 2° d'avarice; 3° d'ambition; 4° de vanité; 5° par l'effet d'une passion aveugle; 6° sans consulter Dieu; 7° sans le consentement et la bénédiction des parents; 8° sans observer les règles de l'Eglise; 9° sans l'avis d'un bon confesseur; 10° sans aucune préparation, comme serait de prier, de faire dire des Messes, donner des aumônes, fréquenter les sacrements, faire une retraite, etc.; 11° sans s'instruire des obligations de cet état, de sa sainteté, de ses croix, de ses périls; 12° sans avoir égard à la vertu ni à la ressemblance de mœurs, d'esprit, de bien, de condition; 13° et après avoir mené une vie libertine et débauchée, dont un mauvais ménage est le juste châtiment; 14° avec des empêchements qui peuvent rendre le mariage illicite ou invalide; 15° avec précipitation, pour s'en repentir à loisir.

Quels sont les effets de ce sacrement?

Il donne aux personnes qui se marient chrétiennement, 1° la grâce sanctifiante; 2° la vertu de s'entr'aimer saintement; de fuir tout amour illicite; 4° de compatir à leurs défauts; 5° de bien vivre ensemble; 6° de bien élever leurs enfants; 7° de bien régir leur temporel; 8° de bien gouverner leur famille; 9° de s'entr'aider à faire leur salut.

Quels sont les fruits d'un mariage sur lequel Dieu n'a pas versé sa bénédiction?

1° le divorce des mariés; 2° la mauvaise éducation des enfants; 3° le dérèglement des domestiques; 4° la dissipation du bien; 5° le scandale des fidèles; 6° les affections étrangères; 7° souvent la perte de l'âme de ceux qui ne s'acquittent pas des devoirs de cet état.

Quels sont les devoirs des maris à l'égard de leurs femmes?

Ils leur doivent, 1° l'amour; 2° le respect; 3° la fidélité; 4° l'entretien honnête et conforme à leur condition; 5° le bon exemple.

Et les femmes envers leurs maris?

Elles leur doivent, 1° l'amour; 2° le respect; 3° l'obéissance; 4° la fidélité: 5° le soin de la famille et de la conservation des biens.

Et les enfants?

Ils doivent être, 1° amoureusement reçus; 2° tendrement nourris; 3° soigneusement instruits; chrétiennement élevés; 5° sagement placés.

Du célibat.

Y a-t-il un état plus parfait que le mariage?

Oui.

Quel est-il?

L'état de virginité et de continence : vertu qui tient parmi les autres le même rang que la lumière parmi les qualités sensibles : les lis parmi les fleurs : la perle parmi les pierres précieuses.

En quoi est-il excellent?

En ce que, 1° on a plus de liberté de vaquer au service de Dieu, aux exercices de piété et à la pratique des vertus; 2° on fait un sacrifice très-agréable à Dieu en immolant sa chair; 3° on ne partage point son cœur; 4° on est pur de corps et d'esprit; 5° on a moins de soins temporels; 6° on peut plus librement disposer de son bien et l'employer en bonnes œuvres; 7° enfin le célibat est une imitation de la vie des anges, uniquement occupés de Dieu et des chastes délices de son amour. En effet, par le mariage une vierge devient l'épouse d'un homme, et devant Dieu elle perd son intégrité, qui est la plus belle chose du monde : et par la virginité elle devient l'épouse de Jésus-Christ, et elle conserve la riche et précieuse perle de son intégrité.

Que doit-on craindre dans le célibat?

Les vices spirituels, 1° l'orgueil; 2° la vaine complaisance; 3° la présomption; 4° l'envie; 5° la médisance; 6° la tiédeur; 7° la désobéissance; 8° l'attachement à son sens; 9° la colère, etc. C'est ainsi qu'on tombe dans les péchés des démons, après avoir évité ceux des hommes, et que, des dix vierges de l'Evangile, il y en eut cinq de perdues (et de véritablement folles, puisqu'après avoir fait le plus difficile, elles se laissèrent vaincre par le plus faible); parce qu'en effet la chasteté, sans les autres vertus, est une lampe sans huile.

Qui est l'auteur et l'instituteur de ce genre de vie?

Jésus-Christ, qui seul a été capable d'enseigner une façon de vivre à des hommes qui ont des corps, comme s'ils n'en avaient point, et de leur en donner l'exemple, le désir et la force.

Le mariage peut-il subsister avec la pratique d'une inviolable virginité?

Sans doute, et la virginité est une chose si sublime, d'un si grand prix et d'un si haut mérite devant Dieu, qu'encore qu'il ait institué le mariage, il a bien voulu qu'elle se pût conserver dans le mariage même et qu'elle fût compatible avec ce sacrement. L'Ecriture et l'histoire ecclésiastique en fournissent plusieurs exemples, où nous apprenons que les parties ont préféré cette vertu qui les faisait grands devant Dieu, à une longue postérité qui les eût pu rendre illustres selon le monde. Adam et Eve ont vécu vierges dans le mariage tout le temps qu'ils ont demeuré dans l'état d'innocence et dans le paradis terrestre. La sainte Vierge et saint Joseph dans le mariage ont conservé le vœu de virginité qu'ils avaient fait. L'empereur Marcien et son épouse, Pulchérie se marièrent ensemble et convinrent qu'ils garderaient leur pureté virginale, en qui ils ont été imités par Henri et l'impératrice Cunégonde, qui ont mérité l'un et l'autre d'être mis au nombre des saints. Saint Edouard, roi d'Angleterre, et la reine sainte Edite vivaient dans le monde comme mari et femme, et entre eux comme le frère et la sœur. Saint Elzéard et sainte Delphine n'en firent pas moins. On pourrait rapporter beaucoup d'autres exemples de cette nature, mais ceux-ci suffisent d'autant plus, que la qualité de leurs personnes les rend plus extraordinaires. Et qui doute qu'encore aujourd'hui il n'y ait un grand nombre de fidèles inconnus qui vivent comme des anges dans le mariage, et qui s'élèvent au-dessus de la corruption humaine, pour garder une virginité perpétuelle, d'autant plus sainte et agréable à Dieu, qu'elle est cachée aux yeux des hommes; toute sorte de virginité est admirable, mais celle-ci est extrêmement héroïque à cause des occasions continuelles où l'on se trouve de la perdre sans péché. C'est garder parfaitement le conseil que Dieu donne par saint Paul, quand il dit (*I Cor.* VII, 29) : *Mes frères, le temps est court, ce qui reste à faire est que ceux qui ont des femmes, vivent comme s'ils n'en avaient pas.*

TROISIÈME PARTIE.

CE QUE NOUS DEVONS FAIRE.

LEÇON I.
Du Chrétien et de ses devoirs.

Qui vous a créé et mis au monde?
C'est Dieu.

A quelle fin?
1° Pour le reconnaître; 2° l'aimer; 3° le servir; 4° et par ce moyen acquérir la vie éternelle : sans cela l'homme est aussi inutile sur la terre, que le feu qui n'y serait pas pour échauffer, ni la lumière pour luire.

Ce n'est donc pas pour jouir des richesses, honneurs et plaisirs de ce monde?
Non, tous ces faux biens sont trop petits, trop peu durables, et trop indignes de l'homme que Dieu a fait pour lui : tout ce qui périt ne peut remplir une âme immortelle.

Etes-vous Chrétien?
Oui, par la grâce de Dieu.

Pourquoi par la grâce de Dieu?
Parce que je ne suis pas né Chrétien, que je n'ai pas mérité de l'être, et que c'est par un pur effet de sa miséricorde que je le suis.

Qu'est-ce qu'un Chrétien?
Celui qui étant baptisé, croit et confesse la doctrine de Jésus-Christ.

Suffit-il de croire intérieurement?
Non, il faut confesser extérieurement, et professer hautement et publiquement sa religion.

Qu'est-ce qu'un parfait Chrétien?
Celui qui imite la vie et les vertus de Jésus-Christ.

Qu'est-ce que vivre selon Jésus-Christ?
C'est vivre selon ses enseignements, ses lois, ses exemples et sa grâce.

Que devons-nous aux enseignements de Jésus-Christ?
La docilité.

Et à ses lois?
La soumission.

Et à ses exemples?
L'imitation.

Et à sa grâce?
La fidèle coopération : en effet, Jésus-Christ nous a instruits par ses paroles, édifiés par ses actions, fortifiés par sa vertu.

Qu'est-ce qu'un méchant Chrétien?
Celui qui ne vit pas selon sa foi, qui ne conforme pas sa vie aux préceptes et exemples de Jésus-Christ, et qui n'a pas soin de son salut : d'où vient que le Sauveur, montant au ciel, dit pour dernière instruction à ses apôtres, que celui-là serait sauvé qui croirait, qui serait baptisé, et qui garderait ses préceptes, montrant par là la nécessité : 1° de la foi; 2° des sacrements; 3° des bonnes œuvres : trois points qui font les trois premières parties de ce catéchisme.

A quoi connaît-on un vrai Chrétien?
Aux bonnes œuvres, ainsi qu'un arbre à son fruit.

A quoi oblige la qualité de Chrétien?
1° A aimer Jésus-Christ; car, selon saint Jérôme, Dieu le Père n'a fait l'univers, et ne l'a orné de tant de beautés, et n'a tant opéré de merveilles dans l'ordre de la nature et de la grâce, que pour faire connaître et aimer son Fils; 2° à vivre saintement; 3° à être pénitent, mortifié, détaché, patient, laborieux, chaste, tempérant, humble, intérieur.

Qu'est-ce à dire?
Qu'un vrai Chrétien ne doit pas seulement faire extérieurement de bonnes œuvres, entendre la Messe, assister au sermon, donner l'aumône, etc. ; mais qu'il doit les sanctifier et animer par des vues surnaturelles et pieuses, les offrant à Dieu, en union de celles de Jésus-Christ son Fils bien-aimé, etc.; et n'agissant en rien par humeur, passion, intérêt, respect humain, etc., mais tout par vertu. En effet, les génuflexions, prosternations, inclinations, etc., si elles ne sont des signes et des représentations de la foi, espérance, charité, religion intérieure, quelle utilité apportent-elles? Dieu même, dans l'ancienne Loi, n'agréait point les sacrifices, s'ils n'étaient des signes du sacrifice intérieur de celui qui les offrait, et accompagnés de l'immolation de ses convoitises. Dieu regarda plutôt Abel que ses présents.

Quels sont les principaux devoirs d'un Chrétien?
Ils regardent : 1° Dieu; 2° l'Eglise; 3° le prochain; 4° lui-même.

Que doit-il à Dieu?
Il doit : 1° vivre dans sa crainte et dans son amour; 2° se nourrir de sa sainte parole; 3° s'instruire de ses mystères; 4° vaquer à la prière; 5° ne l'offenser jamais; 6° faire de bonnes œuvres.

Et à l'Eglise?
Il doit : 1° lui obéir et se soumettre à ses lois, à ses usages, à ses décisions, à sa discipline; 2° assister à la sainte Messe et aux offices ecclésiastiques; 3° fréquenter sa paroisse; 4° s'approcher des sacrements; 5° venir aux instructions.

Et au prochain?
Il doit : 1° l'édifier par une vie exemplaire; 2° faire l'aumône; 3° fuir les mauvaises compagnies, et fréquenter les gens de bien; 4° autoriser les bonnes œuvres; 5° obéir à ses supérieurs.

Et à soi-même?
1° Il doit éviter le péché; 2° déraciner ses mauvaises habitudes; 3° surmonter ses méchantes inclinations; 4° s'avancer dans la vertu, et devenir meilleur de jour en jour;

ŒUVRES COMPL. DE DE LA CHÉTARDIE.   9

5° remplir les obligations de son état et condition, de père, d'enfant, de mari, de maître, de magistrat, etc.; 6° supporter patiemment les adversités, et ne se laisser point corrompre aux prospérités; 7° s'appliquer au travail convenable, fuyant l'oisiveté. En un mot, il doit remplir tous les devoirs de religion, de justice et de charité.

Dites-nous plus en détail les devoirs d'un bon Chrétien?
On peut les rapporter à chaque jour, à chaque semaine, à chaque mois et à chaque année.

Quels doivent être ses exercices de chaque jour ouvrier?
1° La prière du matin à genoux, en lieu décent, et en commun s'il se peut; 2° la Messe, ou s'il ne peut y assister corporellement, prier et s'unir en esprit pendant une demi-heure à celles qu'on dit; 3° la lecture des Livres saints, et de dévotion; 4° la visite du saint Sacrement, ou un peu de recueillement; 5° l'examen et la prière du soir.

Et de chaque dimanche ou fête?
1° La Messe paroissiale; 2° le prône ou instruction; 3° vêpres; 4° la bénédiction si on en donne; 5° faire ou dire quelque chose en l'honneur de la sainte Vierge.

Et de chaque semaine?
1° Visiter les pauvres, les hôpitaux ou les prisons; 2° faire l'aumône; 3° jeûner un jour, ou souffrir quelque chose par esprit de pénitence.

Et de chaque mois?
1° S'approcher des sacrements; 2° prendre un saint à honorer et à imiter; 3° passer un jour en retraite; 4° parler de sa conscience à son confesseur.

Et de chaque année?
1° Les exercices spirituels pour se préparer à la mort; 2° la confession annuelle; 3° quelque pèlerinage ou visite d'églises de dévotion; 4° gagner les indulgences; 5° célébrer le jour de son patron et de son baptême; 6° voir l'état de ses affaires temporelles, et y donner ordre.

Comment retenir bien tous ces devoirs?
Les renfermant dans ces vers:
1. Ton catéchisme tu sauras,
2. Les sacrements fréquenteras,
3. Les commandements garderas,
4. Ton Créateur, prieras,
5. Aux offices tu te rendras,
6. Selon ton état tu vivras,
7. Les vertus tu pratiqueras,
8. Les vices tu détesteras,
9. De bonnes œuvres tu feras,
10. Et de pécher tu t'abstiendras.

LEÇON II.
De la marque du Chrétien et du signe de la croix.

Quelle est la marque du Chrétien?
Le signe de la croix, qui le distingue des infidèles, et qui a toujours été en usage dans l'Église, dès le temps des apôtres.

Pourquoi est-il la marque du Chrétien?
C'est sur une croix que Jésus-Christ les a rachetés.

Comment le faites-vous?
Mettant la main au front, je dis : *In nomine Patris;* la mettant à l'estomac, je dis : *et Filii;* la mettant à l'épaule gauche, je dis : *et Spiritus;* et à l'épaule droite : *sancti. Amen.* C'est-à-dire : Au nom du Père, et du Fils, et du Saint-Esprit. Ainsi soit-il.

Ce signe est-il mystérieux?
Oui. Il nous remet en mémoire les principaux mystères de notre religion : 1° l'unité de Dieu; 2° la Trinité; 3° l'Incarnation; 4° la Rédemption; 5° la réconciliation de l'homme avec Dieu; 6° sa vocation à la foi; 7° sa glorification.

Où trouvez-vous l'unité de Dieu dans le signe de la croix?
Disant : *Au nom,* au singulier, et non pas *aux noms,* au pluriel, je témoigne qu'il n'y a qu'un Dieu, et non plusieurs.

Et la Trinité?
Invoquant nommément les trois personnes divines : le Père, le Fils, le Saint-Esprit.

Et l'Incarnation?
Quand je porte ma main de la tête à l'estomac, j'exprime que le Verbe éternel est descendu du ciel dans le sein de la très-pure Vierge, pour y prendre chair humaine et s'y incarner.

Et la Rédemption?
Ce signe, étant formé, nous représente l'instrument de la croix, sur lequel Jésus-Christ a répandu son sang pour racheter le monde.

Et la réconciliation de l'homme avec Dieu, sa vocation à la foi et sa glorification?
Quand on passe la main de l'épaule gauche à la droite, on signifie que l'homme, par la vertu de la croix, a passé du péché à la grâce; et du côté des réprouvés, figuré par la gauche, au côté des prédestinés, figuré par la droite : en sorte que, d'ennemis de Dieu que nous étions, nous sommes devenus ses amis; d'infidèles, privés de la foi, nous sommes devenus fidèles; et d'esclaves du diable, condamnés à l'enfer, enfants de Dieu et héritiers du paradis.

Pourquoi faites-vous le signe de la croix?
Afin, 1° de déclarer que je suis Chrétien, et faire profession de ma foi et de ma religion; 2° d'attirer la bénédiction de Dieu, en lui représentant les mérites de la mort et Passion de son Fils bien-aimé, immolé sur la croix; 3° d'invoquer le secours de Dieu contre la malice du diable et des créatures nuisibles.

Pourquoi formez-vous ordinairement le signe de la croix sur le front?
Je le fais sur le front, qui est le siège de la pudeur et l'endroit du corps le plus visible, pour déclarer hautement à tout le monde que je fais profession de la religion de Jésus-Christ et que je ne rougis point de l'Évangile.

Pourquoi le faites-vous sur le front, sur la bouche et sur le cœur?
Je le fais, 1° sur le front, au nom du Père, comme principe de toutes choses; 2° sur la bouche, au nom du Fils, comme la parole éternelle du Père; 3° sur le cœur, au nom

du Saint-Esprit, comme l'amour du Père et du Fils ; et de là vient que, quand on passe la main de l'épaule gauche à la droite, on prononce : *et du Saint-Esprit*, pour marquer que le Saint-Esprit tient comme le milieu entre le Père et le Fils, et qu'il en est le lien amoureux et le nœud sacré.

Pourquoi encore ?
Je le fais, 1° sur le front, pour consacrer à Dieu mes pensées ; 2° sur la bouche, pour consacrer à Dieu mes paroles ; 3° sur le cœur, pour consacrer à Dieu mes actions et mes affections, et m'exciter à tout faire au nom et pour l'amour de Dieu.

Pourquoi encore ?
Je le fais, 1° sur le front, pour demander à Dieu qu'il me préserve des péchés d'ignorance ; 2° sur la bouche, afin qu'il me préserve des péchés d'infirmité ou de faiblesse ; 3° sur le cœur, afin qu'il me garantisse des péchés de malice.

Pourquoi encore ?
Afin, 1° de n'oublier jamais le bonheur que j'ai d'appartenir aux trois personnes divines, et d'en être l'image ; 2° d'invoquer sans cesse le secours de la sainte Trinité ; 3° de lui consacrer de nouveau ma vie et mon être, mes actions et mes facultés ; 4° de me ressouvenir du bienfait inestimable que j'ai reçu dans le baptême.

Où faites-vous encore le signe de la croix ?
Sur le livre, avant lire ; sur l'ouvrage, avant travailler ; sur l'aliment, avant manger ; sur le papier, avant écrire ; sur le lit, avant me coucher, etc.

Quand faut-il faire le signe de la croix ?
1° Quand on s'éveille et qu'on se couche ; 2° avant et après le repas ; 3° quand on se met au travail, et qu'on le quitte ; 4° qu'on entreprend quelque affaire, et qu'on la finit ; 5° qu'on entre ou qu'on sort de l'Eglise ; 6° qu'on se trouve en quelque péril, ou qu'on a peur ; 7° qu'on entend tonner, ou sonner l'horloge ; 8° qu'on passe devant une église ou un crucifix ; 9° qu'on est malade ou tenté ; 10° qu'on entend jurer ou offenser Dieu. Enfin, dans tous les besoins il faut faire le signe de la croix.

Quels sont les effets du signe de la croix ?
1° Il chasse le diable, qui ne peut souffrir ce signe salutaire, par lequel il a été vaincu, sans s'enfuir honteusement, ni résister à une si puissante invocation du secours de Dieu ; 2° il attire la bénédiction de Dieu, et son divin secours ; 3° il fortifie et console celui qui le fait ; 4° il élève son cœur à Dieu ; 5° il augmente sa dévotion ; 6° il le soulage dans ses maladies et l'encourage dans ses adversités ; 7° il éloigne les choses nuisibles, et nous protège contre nos ennemis visibles et invisibles ; 8° il est comme une pieuse profession de foi.

Avec quelles dispositions faut-il faire le signe de la croix ?
Avec foi et dévotion, c'est-à-dire avec, 1° confiance ; 2° attention ; 3° révérence ; 4° le bien former, et non par coutume et sans penser à ce qu'on fait.

Pourquoi les Chrétiens honorent-ils tant la croix ?
1° C'est par la croix que Jésus-Christ les a rachetés. 2° C'est sur elle qu'il est mort pour eux. 3° Il en a fait l'autel de son sacrifice ; 4° l'instrument du salut de l'homme et de la défaite du démon. 5° Elle est son signe et son étendard, qui brillera dans les airs au jour du jugement. 6° Elle tient présent à leurs yeux Jésus-Christ crucifié, qui est le grand objet de leur foi, de leur espérance, de leur amour et de leur religion. 7° Elle les porte au crucifiement de leurs vices, 8° et à souffrir et mourir pour Jésus-Christ. 9° Elle leur montre le chemin du ciel, et les y conduit.

INSTRUCTION SUR LES VERTUS.

LEÇON I.

Des vertus en général.

Qu'est-ce qu'une vertu chrétienne ?
C'est une habitude sainte et surnaturelle, qui éclaire l'entendement, et qui donne inclination et facilité de faire le bien et d'éviter le mal.

D'où vient donc que les gens vertueux ne laissent pas de trouver de la peine à ces deux choses ?
La nature corrompue y résiste.

Comment divise-t-on les vertus ?
En cardinales, morales et théologales.

Quels sont leurs offices ?
1° D'éclairer l'entendement de l'homme, pour connaître le vrai bien ; 2° de fortifier la volonté, pour le pratiquer ; 3° de soumettre les passions à la raison, et la raison à Dieu ; 4° d'élever l'homme, le proportionner, le conduire et l'unir à sa dernière fin.

Quand les reçoit-on ?
Lorsqu'on reçoit la grâce sanctifiante, dont elles sont la suite et l'apanage.

Quand les perd-on ?
Quand on tombe en péché mortel, excepté la foi et l'espérance, qui demeurent, pourvu qu'on n'y renonce pas spécialement.

Comment les accroît-on ?
Par la prière, les bonnes œuvres, les actes intérieurs, la réception des sacrements.

LEÇON II.

Des vertus cardinales.

Combien y a-t-il de vertus cardinales ?
Quatre : 1° la prudence ; 2° la justice ; 3° la force ; 4° la tempérance.

Pourquoi les appelez-vous cardinales ?
Parce qu'elles sont le fondement et l'appui de toutes les autres, et que sur elles, comme sur quatre gonds, les portes de notre édifice spirituel s'ouvrent au bien et se ferment au mal.

Quel est l'office de la prudence ?
D'éclairer l'entendement dans la fin, les moyens et les circonstances des choses concernant le salut, et de diriger les autres vertus.

Et de la justice ?
De régler la volonté, et la conformer à la

rectitude souveraine et première ; de la porter à rendre à chacun ce qui lui appartient, à ne faire tort à personne, à ne désirer jamais le bien d'autrui, et à aimer l'ordre.
Et de la Force?
D'arrêter la fougue des passions, de réprimer la crainte, de soutenir dans les découragements et les inconstances, d'agir et de surmonter les obstacles, enfin de souffrir les adversités et la mort même pour la défense de la vérité ou de la vertu.
Et de la tempérance?
De refréner les désirs sensuels et les appétits désordonnés, et de faire qu'on ne se laisse aller aux plaisirs, même licites, qu'avec mesure et modération; de sorte que par la prudence on *choisit*; par la force on *possède*; par la tempérance on *use*; par la justice on *distribue*.

LEÇON III.
Des vertus morales.

Qu'appelez-vous vertus morales?
Celles qui règlent et perfectionnent les mœurs.
Combien y en a-t-il?
Un très-grand nombre.
Dites les principales?
L'humilité, la chasteté, la libéralité, la sobriété, la clémence, la douceur, l'obéissance, la patience, la persévérance et la religion.
Quels sont leurs offices?
1° L'humilité résiste à l'orgueil, nous faisant voir ce que nous sommes ; 2° la chasteté à la luxure, nous donnant l'amour de la pureté du corps et du cœur; 3° la libéralité à l'avarice, nous faisant user chrétiennement de nos biens, et nous en détachant; 4° la sobriété à l'intempérance, nous faisant contenter des aliments nécessaires; 5° la clémence à la vengeance, nous portant à l'oubli des injures ; 6° la douceur à la colère, nous rendant maîtres de nos ressentiments; 7° l'obéissance à la superbe, nous faisant soumettre à nos supérieurs ; 8° la patience aux emportements, nous portant à souffrir nos maux avec résignation à la volonté de Dieu ; 9° la persévérance à l'inconstance, nous donnant la fermeté et la stabilité dans le bien.

LEÇON IV.
De la religion.

Qu'est-ce que la religion?
C'est une vertu très-excellente qui nous porte à rendre à Dieu le culte qui lui est dû.
Que veut dire le mot de culte?
L'honneur et le respect intérieur et extérieur que la majesté et la sainteté de Dieu exigent de nous.
Comment devons-nous l'honorer?
Pleins d'une estime infinie, d'une vénération profonde et d'une entière démission de nous-mêmes.
Pourquoi devons-nous l'honorer?
Par reconnaissance, obéissance, nécessité.
Pourquoi par reconnaissance?
Il est notre bienfaiteur universel, à qui nous devons tout.
Pourquoi par obéissance?
Il est notre maître absolu, de qui nous dépendons en tout.
Pourquoi par nécessité?
Il est notre souverain bien, en qui nous avons tout.
Comment lui rendons-nous cet honneur?
Par l'exercice des principaux actes de la vertu de religion, comme par autant de devoirs amoureux.
Quels sont-ils?
1° L'adoration ; 2° l'oblation ; 3° le sacrifice ; 4° la prière ; 5° le vœu.
Comment l'honorons-nous par ces actes?
En le reconnaissant, 1° par l'adoration, comme premier principe ; 2° par l'oblation, comme souverain seigneur de toutes choses ; 3° par le sacrifice, comme arbitre de la vie et de la mort ; 4° par la prière, comme source de tous biens ; 5° par le vœu, comme fin dernière.
Qu'est-ce que reconnaître Dieu comme premier principe?
C'est le reconnaître comme première cause de notre être.
Et comme dernière fin?
C'est le reconnaître comme celui qui nous a fait pour lui et en qui nous trouvons notre parfait bonheur; d'où il suit que Dieu étant premier principe et dernière fin, n'a pu ni dû faire le monde qu'en vue de sa propre gloire, et qu'il est la dernière fin de la créature raisonnable, en tant qu'il l'a faite pour lui et qu'elle n'aura jamais sa dernière perfection, que quand elle s'unira à lui, et qu'il y mettra la dernière main par la couronne de gloire qu'il lui imposera.
A quoi cela nous engage-t-il?
1° A bien faire nos actions; 2° a les lui rapporter toutes ; 3° à prendre les moyens les plus propres pour parvenir à une fin si excellente.

§ 1. — De l'adoration.

En combien de manières pouvons-nous adorer Dieu?
Extérieurement.
Comment extérieurement?
En nous humiliant et nous prosternant de corps devant lui, comme ont fait tant de saints, à qui l'assiduité de se prosterner devant son infinie Majesté, avait fait venir au front, aux coudes et aux genoux, des calus durs comme une peau de chameau.
Et intérieurement?
En le reconnaissant et l'honorant au fond du cœur, comme notre Créateur et souverain Seigneur, et sans doute que l'adoration extérieure et intérieure jointes ensemble, font un acte parfait d'adoration.
Faites un acte d'adoration?
Mon Dieu, prosterné devant vous, je reconnais que vous m'avez donné l'être, que vous me le conservez et que vous pouvez me l'ôter, et que je dépends tellement de vous, que si vous m'abandonniez un seul

moment, je retomberais dans le néant dont vous m'avez tiré.

Peut-on adorer ainsi quelque autre que Dieu ?

Non, ce serait faire une idolâtrie, et transférer à la créature l'honneur réservé au seul Créateur.

Comment appelez-vous cet honneur ?

Le culte de latrie, ou de sujétion et de servitude entière et parfaite.

Quand faut-il adorer Dieu ?

1° Sitôt qu'on a l'usage de raison et qu'on en a la lumière ; 2° le matin et le soir ; 3° quand on passe devant le saint Sacrement, qu'on l'élève, ou qu'on le reçoit ; 4° qu'on entend jurer ou blasphémer ; 5° à l'heure de la mort.

Qu'est-ce qu'adorer Dieu en esprit et en vérité ?

C'est lui rendre nos devoirs intérieurs par les humbles et respectueux mouvements de notre entendement et de notre volonté, et par l'observation fidèle de ses lois : ne nous contentant pas, comme les Juifs, des cérémonies extérieures, ni comme les lâches Chrétiens, de beaux discours, sentiments, désirs et résolutions, sans en venir à l'exercice des vertus, et à la pratique des bonnes œuvres.

Faut-il adorer Notre-Seigneur Jésus-Christ ?

Oui, parce qu'il est Dieu.

Et son humanité sacrée ?

Oui, parce qu'elle est unie à la Divinité.

Et ses vêtements, sa croix et ses images ?

Oui, par rapport à sa divine personne, dont ces choses rappellent le souvenir, et représentent l'amour.

De l'honneur dû aux saints, de leur invocation et intercession.

Devons-nous honorer les saints qui sont au ciel ?

Sans doute, puisque même nous honorons les justes de la terre et que l'Église condamne ceux qui, par mépris ou par erreur, rejettent cette dévotion, comme si elle n'était ni bonne, ni utile.

L'honneur qu'on rend à la sainte Vierge, aux anges et aux saints, peut-il être appelé adoration ?

Non, à moins qu'on ne prenne le mot d'adoration pour un simple respect religieux, comme il est souvent pris dans le langage ordinaire et même dans l'Écriture.

Comment appelle-t-on le culte qu'on rend à la sainte Vierge ?

Hyperdulie, c'est-à-dire un honneur particulier et de préférence, qu'on lui rend à cause de sa grande dignité de Mère de Dieu, qui l'élève au-dessus des anges et des saints, et de l'union plus étroite qu'elle a eue avec la Divinité.

Et celui qu'on rend aux bienheureux ?

Dulie, c'est-à-dire un honneur qu'on leur rend, à cause de leur excellente sainteté, et de la gloire qu'ils possèdent dans le ciel.

Pourquoi doit-on honorer la Vierge, les anges, les bienheureux ?

A cause, 1° de leur sainteté ; 2° de leur gloire ; 3° de l'amitié que Dieu leur porte ; 4° du pouvoir qu'il leur donne ; 5° du secours que nous en retirons.

Comment les honore-t-on ?

1° Les saluant, 2° les invoquant, 3° les priant, 4° les remerciant, 5° les imitant, 6° les louant.

Prions-nous Dieu et les saints en la même manière ?

Non, nous prions Dieu comme le seul qui peut nous assister par lui-même : et nous prions les saints d'intercéder pour nous auprès de Dieu.

L'invocation des saints n'est-elle pas semblable à celle de Dieu, ni leur intercession à celle de Jésus-Christ ?

Non, l'Église y met une extrême différence, puisqu'elle nous apprend que les saints prient, chose infiniment éloignée de celui qui donne : et qu'ils prient par Jésus-Christ, chose qui les met infiniment au-dessous de celui qui est écouté par lui-même.

En quel sens est-ce donc qu'on prie quelquefois les saints, non de prier, mais de donner et de faire ; et qu'on les remercie non d'avoir obtenu, mais d'avoir accordé et donné ?

On attribue assez souvent les grâces reçues non-seulement au souverain qui les distribue, mais encore aux intercesseurs qui les obtiennent. Car au reste Jésus-Christ est seul médiateur de propitiation et de rédemption, et les saints ne sont auprès de lui, ou par lui, que des médiateurs d'intercession. Ainsi la sainte Vierge intercéda pour l'époux de Cana, les apôtres pour la Chananéenne, les Juifs pour Jairus, etc.

Pourquoi Dieu veut-il qu'on honore les saints ?

1° Ils l'ont honoré. 2° Ils ont servi Jésus-Christ. 3° Ils ont été humbles. 4° Il les a lui-même honorés et couronnés. 5° Il les loue de sa propre bouche.

Quels sont les saints que nous devons plus honorer ?

Ceux que nous savons être élevés dans un plus grand degré de grâce, de sainteté, de gloire, d'union à Dieu, ou à qui nous sommes le plus obligés. Tels sont : 1° la sainte Vierge ; 2° saint Joseph et saint Jean-Baptiste ; 3° les apôtres ; 4° les martyrs ; 5° les patrons ; 6° ceux qui nous ont obtenu quelque assistance ou faveur particulière ; 7° ceux dont la vie ou les vertus nous touchent, ou nous édifient davantage, ou pour qui nous avons plus d'attrait.

Peut-on leur offrir des vœux ?

Non, c'est à Dieu seul.

On s'exprime néanmoins vulgairement ainsi ?

On veut seulement dire par là qu'on fait vœu à Dieu de faire une telle chose, si par les mérites et intercessions d'un tel saint, il nous accorde une telle grâce.

Peut-on leur offrir le sacrifice ?

Non, cela est aussi réservé à la Divinité, qui a couronné les saints.

Qu'est ce donc de faire dire des Messes en l'honneur des saints?

C'est, 1° offrir à Dieu le sacrifice pour le remercier des grâces qu'il leur a faites, et des victoires qu'ils ont remportées par son secours : et le prier de se laisser fléchir en notre faveur par leur intercession, et en vue des services qu'ils lui ont rendu; 2° se souvenir d'eux à l'autel, et les y nommer comme de fidèles serviteurs de Dieu ; 3° nous y réjouir devant Dieu de la gloire qu'il leur a donnée, et des vertus qu'il continue d'opérer encore par eux.

Des reliques.

Faut-il honorer leurs reliques, et particulièrement leurs corps?

Oui, et avec raison, 1° puisqu'ils ont été les membres vivants de Jésus-Christ ; 2° les temples animés du Saint-Esprit ; 3° qu'ils seront un jour glorieux en paradis ; 4° que Dieu, par leur moyen, nous fait beaucoup de grâces, et renouvelle les miracles opérés par la frange de la robe, les mouchoirs et la ceinture de saint Paul, le corps mort d'Elisée, etc.; 5° qu'ils ont été à leurs âmes saintes d'excellents instruments pour glorifier Dieu par la chasteté, la pénitence, le travail ; 6° qu'ils ont servi à rendre leur sainteté visible et exemplaire en ce monde.

Quels sont ceux qui semblent mériter le plus d'honneur?

Les corps 1° des martyrs, 2° des vierges, 3° des grands pénitents, 4° des hommes apostoliques.

Que prétendaient les premiers fidèles, faisant à Dieu l'oblation sainte du corps et du sang de Jésus-Christ aux tombeaux et sur les reliques des martyrs?

1° S'exciter à l'imitation de leurs vertus ; 2° s'associer à leurs mérites ; 3° être secourus par leurs prières, ainsi que s'exprime saint Augustin ; 4° montrer d'où tout martyre prend sa source, et que c'est dans le sacrifice du Sauveur que les martyrs ont puisé la force de devenir des victimes ; 5° et notre communion avec eux.

Pourquoi allume-t-on quelquefois des cierges devant les reliques des saints?

Pour montrer, 1° qu'ils ont été la lumière du monde ; 2° qu'il faut suivre leur doctrine et imiter leurs exemples; 3° que Dieu, devant lequel ils vivent, les a revêtus de gloire au ciel, où ils brûlent à jamais comme des astres lumineux ; 4° que leur mémoire n'est pas éteinte parmi nous.

Pourquoi y brûle-t-on de l'encens?

Pour témoigner que leur vie exemplaire a été la bonne odeur de Jésus-Christ, et que nous devons, à leur imitation, répandre un parfum semblable dans l'Eglise.

L'honneur qu'on rend aux saints ne préjudicie-t-il point à celui qu'on doit rendre à Dieu?

Pas plus que l'amour qu'on témoigne au prochain à l'amour qu'on doit à Dieu, l'un n'étant que l'extension de l'autre, et ayant le même principe et le même motif. Ajoutez que dans le culte que nous rendons aux saints, nous n'ôtons à Dieu aucune des perfections qui sont propres à son essence infinie, et nous n'attribuons à la créature aucune des qualités ou des opérations qui ne peuvent convenir qu'à Dieu.

Des images.

Et leurs images?

On peut et on doit s'en servir non-seulement pour l'ornement, pour la mémoire et pour l'instruction, mais aussi pour les honorer et leur rendre du respect et de la vénération, en rapportant ce culte aux originaux qu'elles nous représentent : de façon que quand nous rendons honneur à l'image d'un martyr ou d'un apôtre, notre intention n'est pas tant d'honorer l'image, que d'honorer l'apôtre ou le martyr, en présence et par le moyen de l'image qui nous en rappelle l'idée : ainsi saluer quelqu'un au travers d'un cristal, n'est pas saluer le cristal ; nous ne servons donc pas les images, mais nous nous servons des images.

L'usage en est-il utile?

Oui, les images des saints produisent de très-bons effets : car, 1° elles remettent en mémoire les vertus des saints ; 2° elles portent à se réjouir et à bénir Dieu de leur gloire, à implorer leur intercession, et à désirer d'être avec eux ; 3° elles servent de livres aux personnes grossières ; 4° elles excitent la dévotion ; 5° elles détournent du péché ; 6° elles rendent sensibles les mystères et les exemples qui nous sanctifient.

Qu'est-il défendu à l'égard des images?

1° De les mépriser, ou d'en blâmer l'usage ; 2° de les honorer avec superstition ; 3° d'y croire aucune divinité de vertu pour laquelle on doive les révérer ; 4° de leur demander aucune grâce ; 5° d'y attacher sa confiance ; 6° de leur rendre aucun honneur qui ne se rapporte aux originaux ; 7° de s'imaginer qu'on puisse représenter par elles la nature divine ; 8° ou que l'une ait plus de vertu que l'autre.

Qu'est-ce donc que le culte qu'on leur rend?

Un témoignage extérieur et sensible du pieux souvenir qu'elles excitent, et l'effet simple et naturel du langage muet qui est attaché à ces dévotes représentations, dont l'utilité est d'autant plus grande, qu'il peut être entendu de tout le monde : en effet, qui n'est touché de voir Jésus-Christ dans une crèche, entre les bras d'une Vierge, couronné d'épines, cloué à la croix, montant au ciel, etc ; de voir un saint Etienne lapidé, un saint Barthélemy écorché, un saint Laurent sur le gril, etc.

Pourquoi les images, peintures, sculptures, etc., n'étaient elles pas en usage parmi les Juifs?

Ce peuple était grossier et enclin à l'idolâtrie, qui inondait alors toute la terre, quoique cependant Dieu eût ordonné qu'on en mît dans le temple, et jusque sur l'arche d'alliance.

Quelle différence y a-t-il entre les idoles des païens et les images des fidèles?

1° L'idole est l'image d'un faux dieu, et un

simulacre d'une créature indigne de tout honneur religieux, que les gentils néanmoins croyaient être la Divinité, ou renfermer la Divinité, ou représenter la Divinité. 2° L'honneur que leur rendaient les païens se terminait à ces statues qu'ils adoraient du culte de latrie, auxquelles ils offraient des sacrifices, et rendaient les honneurs divins. 3° Ils leur adressaient des prières et des vœux. 4° Ils en attendaient la concession des biens et la délivrance des maux. 5° Le culte du démon était le fonds de l'idolâtrie, et la créature adorée à la place du Créateur. Or rien de tout cela ne se trouve dans l'honneur que nous rendons aux saintes images, ainsi que l'Eglise a souvent enseigné, lors de la condamnation des hérétiques iconoclastes.

Que répondre à un hérétique ou à un impie qui accuse d'idolâtrie ceux qui devant la croix se découvrent, fléchissent les genoux, la saluent, etc.?

Ce qu'un habile homme de leur parti, et converti véritablement, leur répliqua un jour; qu'ils font souvent plus que cela devant une infâme prostituée, sans avoir scrupule de lui déférer l'adoration due à Dieu. Le grand Constantin, vrai destructeur de l'idolâtrie, serait, aussi bien que sa pieuse mère sainte Hélène, redevenu bientôt idolâtre, puisqu'au moment où il abattait tant d'idoles, avec de si expresses défenses de les adorer, il en aurait érigé lui-même, laissant une partie de la vraie croix en Jérusalem, pour y être adorée, disent saint Paulin et les autres historiens de ce temps-là, et exposée à la vénération des peuples, particulièrement tous les ans à la fête de Pâques, et même aussi souvent que l'évêque, qui l'adorait le premier, ajoutent les mêmes auteurs, le jugeait à propos. L'Eglise n'attribue donc aucune vertu aux images, que celle d'exciter en nous le souvenir des originaux, ainsi que fait le crucifix de celui qui nous a aimés jusqu'à se livrer pour nous à la mort, pour parler avec l'Apôtre : tant que l'image exposée à nos yeux fait durer un si précieux souvenir dans notre âme, nous sommes portés à témoigner par quelques marques extérieures jusqu'où va notre reconnaissance, et nous faisons voir en nous humiliant en présence de l'image, quelle est notre vénération pour son divin prototype, ainsi l'honneur que nous rendons aux images se rapporte tellement aux originaux, que, par le moyen des images que nous baisons, et devant lesquelles nous nous mettons à genoux, nous adorons Jésus-Christ et honorons les saints, dont elles sont la ressemblance. Car qui ne voit que prosternés devant la croix : *Nous adorons celui qui a porté nos crimes sur le bois?* Que si nous inclinons la tête devant le livre de l'Evangile, si nous nous levons par honneur quand on le porte, si nous le baisons avec respect, tout cet honneur ne se termine-t-il pas à la vérité éternelle qui nous y est proposée. Qui peut appeler idolâtrie ce mouvement religieux qui nous fait découvrir et baisser la tête devant l'image de la croix, en mémoire de celui qui a été crucifié pour l'amour de nous? Quel aveuglement de ne pas apercevoir l'extrême différence qu'il y a entre eux, qui se confiaient aux idoles, par l'opinion qu'ils avaient que quelque divinité ou quelque vertu y était pour ainsi dire attachée; et ceux qui déclarent, comme nous, qu'ils ne veulent se servir des images que pour élever leur esprit au ciel, afin d'y honorer Jésus-Christ ou les saints, et, dans les saints, Dieu même, qui est l'auteur de toute sanctification et de toute grâce.

On peut dire en général que si les hérétiques voulaient bien comprendre de quelle sorte l'affection que nous avons pour quelqu'un s'étend sans se diviser à ses enfants, à ses amis, et ensuite par divers degrés à ce qui le représente, à ce qui reste de lui, à tout ce qui en renouvelle la mémoire; s'ils concevaient que l'honneur a un semblable progrès, puisque l'honneur en effet n'est autre chose qu'un amour mêlé de crainte et de respect; enfin s'ils considéraient que tout le culte extérieur de l'Eglise catholique a sa source en Dieu même, qu'il y retourne, ils ne croiraient jamais que ce culte que lui seul anime, pût exciter sa jalousie; ils verraient au contraire que si Dieu, tout jaloux qu'il est de l'amour des hommes, ne nous regarde pas comme si nous partagions notre cœur entre lui et la créature, quand nous aimons notre prochain pour l'amour de lui; ce même Dieu, quoique jaloux du respect des fidèles, ne nous regarde pas comme s'ils partageaient le culte qu'ils ne doivent qu'à lui seul, quand ils honorent par le respect qu'ils ont pour lui, ceux qu'il a honorés lui-même.

§ II. — De la prière.

Qu'est-ce que la prière?

Une élévation de notre âme à Dieu pour lui rendre nos devoirs, nous nourrir de ses célestes vérités, lui demander nos besoins.

Comment lui rendrons-nous nos devoirs?

Par des actes d'adoration, d'admiration, d'amour, de louange, de remercîment, de contrition, de résignation, de bénédiction, et autres mouvements religieux dont notre cœur, comme un encensoir sacré, doit sans cesse exhaler le parfum précieux de Dieu.

Comment lui demandons-nous nos besoins?

Lui exposant, 1° notre disette; 2° notre impuissance; 3° sa bonté; 4° ses promesses; 5° ses richesses; 6° les mérites de son Fils : car c'est ainsi, disent les saints, que notre prière devient l'interprète de notre indigence, et la médiatrice de nos nécessités, et que, par un merveilleux contre-poids, faisant monter en haut la misère, nous faisons descendre en bas la miséricorde.

Est-il nécessaire de prier?

Oui : car, 1° Dieu l'a commandé et recommandé; 2° les nécessités du corps et de l'âme qui nous accablent; 3° les dangers et périls qui nous environnent; 4° les attaques continuelles des ennemis de notre salut qui nous pressent; 5° l'impuissance où nous sommes de résister, et de faire aucune bonne œuvre par nous-mêmes; 6° les devoirs qu'exige de nous la majesté de Dieu; 7° les bienfaits innombrables que nous recevons sans cesse de sa libéralité ; 8° les infinis péchés dont nous sommes redevables à sa justice ; 9° et les misères de cette vie sous lesquelles nous gémissons, sont autant de motifs qui nous engagent à vaquer assidûment à l'oraison, et qui nous font voir qu'un Chrétien qui demeure un temps notable sans prier, manque à l'un des plus importants devoirs de la religion, et se prive d'un des principaux moyens de salut.

Combien y a-t-il de sortes de prières ?
Il y a, 1° les prières publiques de l'Eglise dans la célébration du sacrifice, de l'Office divin, des processions, litanies, etc. ; 2° celles que chacun peut faire en son particulier, et à sa dévotion, pour soi ou pour autrui.

Devons-nous assister aux prières de l'Eglise ?
Oui, puisque nous sommes les membres du même corps, il est juste que nous nous intéressions aux biens qu'il espère, et aux maux qu'il craint.

Qu'ont-elles d'excellent et de privilégié par-dessus les autres ?
1° Elles sont ordonnées du Saint-Esprit qui conduit l'Eglise ; 2° Jésus-Christ a promis de se trouver au milieu de ceux qui sont assemblés en son nom ; 3° étant unies par le lien de la charité, elles ont le mérite de tous les particuliers qui prient en commun ; 4° elles sont présentées à Dieu par l'organe des ministres publics de la religion ; 5° elles se terminent à rendre à Dieu trois excellents devoirs de religion : à s'instruire de sa parole, à lui présenter nos besoins, à louer sa grandeur. En effet, on y trouve partout, ou instructions, ou prières, ou louanges ; trois actes qui ont rapport aux trois vertus théologales, lesquels, selon l'Apôtre, composent tout l'édifice spirituel de notre salut : car l'instruction est l'aliment de la foi, la prière est la production de l'espérance, et la louange l'effusion de la charité : l'Eglise donc écoute celui en qui elle croit, elle prie celui en qui elle espère, elle loue celui qu'elle aime. Les deux premiers actes ne regardent que cette vie, et le dernier subsistera dans l'autre, où la vue de Dieu dissipera l'obscurité de la foi, sa présence remplira le vide de l'espérance, sa possession donnera la consommation à l'amour.

En combien de façons peut-on prier ?
De cœur et de bouche.

Comment nomme-t-on la prière qui se fait seulement de cœur et d'esprit ?
L'oraison mentale.

Et celle qui se fait de cœur et de bouche ?
L'oraison vocale.

Où faut-il prier Dieu (60) ?
1° Partout, puisqu'il y est ; 2° à l'église, puisqu'il nous y écoute ; 3° en secret, puisqu'il nous y voit ; 4° dans le cœur, puisqu'il nous y parle.

Quand faut-il prier ?
Toujours et sans interruption, mais surtout pendant le service et le sacrifice divin : à quoi la présence du Fils de Dieu sur l'autel, les reliques des saints, les images dévotes, l'exemple des fidèles, la décence du lieu, les sacrées cérémonies, le chant des psaumes, etc., ne sont pas de médiocres aides.

Quand encore ?
1° Le soir et le matin ; 2° avant et après le repas ; 3° les dimanches et les fêtes ; 4° dans la tentation ; 5° la tribulation ; 6° les périls ; 7° les maladies ; 8° les besoins et nécessités ; 9° les affaires importantes ; 10° quand on doit recevoir les sacrements ; 11° quand on délibère sur la vocation ou état de vie qu'on embrasse ; 12° à l'heure de la mort.

Pourquoi les prières du matin et du soir sont-elles si recommandables parmi les Chrétiens ?
Il est juste, 1° de remercier Dieu chaque matin et chaque soir des secours qu'on a reçus pendant la nuit et pendant le jour ; 2° de demander pardon des péchés qu'on y peut avoir commis ; 3° d'offrir à Dieu le matin les actions de la journée, et le soir le repos de la nuit ; 4° d'implorer sa grâce pour employer saintement l'un et l'autre ; 5° et son secours contre nos ennemis visibles et invisibles, nous mettant, veillant ou dormant, sous sa sainte protection.

Et la prière avant et après le repas ?
Il est aussi du devoir d'un fidèle de se montrer Chrétien dans une action où plusieurs se montrent moins qu'hommes, et de ne la pas faire en bête, et pour contenter sa sensualité : mais 1° pour remercier Dieu de la vie et des aliments qu'il nous départ ; 2° pour le prier d'y donner sa bénédiction ; 3° d'écarter les embûches de l'ancien ennemi du genre humain, qui séduisit nos premiers parents, par un fruit défendu ; 4° d'élever nos cœurs, et de faire saintement cette action, où la nature se porte avec tant d'épanchement ; 5° de lui demander pardon de nos fréquents péchés de gourmandise. Saint Grégoire rapporte qu'une religieuse fut possédée du démon pour avoir mangé du fruit d'un jardin par gourmandise, et sans faire dessus le signe de la croix ; et souvent il arrive de fâcheux accidents par là, dont la prière préserverait ou ferait faire un bon usage, et c'était une coutume des premiers Chrétiens de chanter lors du repas des hymnes et cantiques à la louange de Dieu, ainsi que le Sauveur après la cène.

Comment peut-on parvenir à prier toujours ?
Donnant chaque jour réglément quelques heures à l'oraison ; 2° marchant en la pré-

---

(60) Outre les moments consacrés uniquement à la prière soit mentale, soit articulée, il y a encore une sorte de prière dans les occupations mêmes auxquelles on se livre chaque jour. Il faut, pour cela, qu'on ait soin d'offrir à Dieu son travail, et qu'on persévère dans l'intention de lui plaire en le faisant. Alors, on reste uni à Dieu et on continue réellement à le prier, quand même on ne réciterait aucune formule de prière, pourvu que l'intention ne soit pas révoquée.

sence de Dieu ; 3° faisant ses actions pour lui plaire ; 4° s'unissant d'intention à toutes les prières publiques et particulières qu'on fait sans cesse dans l'église ; 5° se servant souvent d'oraisons jaculatoires ou de mouvements et élévations vers Dieu, particulièrement quand l'horloge sonne ; 6° multipliant les bonnes œuvres, lesquelles ont aussi leur langue.

Après avoir prié pour nous-mêmes, pour qui devons-nous prier ?
1° Pour tout le monde, pour toute sorte d'états et de personnes ; 2° pour l'Eglise ; 3° pour notre Saint-Père le Pape, pour notre prélat, et nos autres pasteurs et pères spirituels ; 4° pour notre roi, pour les seigneurs et magistrats ; 5° pour nos parents et amis ; 6° pour nos bienfaiteurs ; 7° pour nos ennemis ; 8° pour les pécheurs ; 9° pour les âmes du purgatoire ; 10° pour les personnes affligées, les pauvres, les malades, les prisonniers, etc. ; 11° les prêtres doivent prier pour les peuples, les curés pour leurs paroissiens, les confesseurs pour leurs pénitents, les pères et mères pour leurs enfants, etc.

Quels biens devons-nous demander ?
Ceux qui tendent à la gloire de Dieu, à notre salut, et à celui du prochain, par exemple : 1° l'éloignement du péché ; 2° l'extirpation des vices ; 3° la pratique des vertus ; 4° la persévérance dans le bien ; 5° la propagation de la foi ; 6° la vie éternelle, etc. Car, selon saint Augustin, ce que la foi croit, l'espérance le demande, et la charité l'obtient.

Peut-on demander les biens temporels, comme la santé, la subsistance, etc. ?
Oui, pourvu qu'on le désire : 1° pour une bonne fin ; 2° selon le bon plaisir de Dieu ; 3° avec soumission à sa volonté ; 4° qu'on ne veuille que le nécessaire, le désir des vanités et superfluités, ne pouvant être fondé sur la qualité d'enfant de celui qui ne les refuse qu'à cause qu'il est père. Demandons les biens qui nous rendent bons, et nous les obtiendrons.

Pourquoi Dieu accorde-t-il souvent des richesses aux pécheurs ?
Dieu accorde souvent dans sa colère, ce qu'il refuse dans sa bonté : Il accorda au démon la permission de tenter Job, il refusa à saint Paul la délivrance d'une tentation.

De la manière de prier.

A qui doit-on ordinairement adresser sa prière ?
A Dieu le Père.
Au nom de qui doit-on prier ?
Au nom du Fils.
Par qui doit-on prier ?
Par le Saint-Esprit.
Comment faut-il prier afin d'être exaucé ?
1° Avec une conscience pure et libre de péché ; 2° avec dévotion ; 3° humilité ; 4° confiance ; 5° persévérance.
Pourquoi avec une conscience libre de péché ?
L'oraison est une élévation de notre âme vers Dieu, et un entretien familier avec cet époux céleste : et le péché est un poids, un lien et une lèpre.

Qu'est-ce que prier avec dévotion ?
C'est prier avec un esprit attentif, fervent et recueilli.

Qu'est-ce qu'une prière faite avec distraction et dissipation, inquiétude, interruption, lâcheté et tiédeur, dans une posture indécente, etc. ?
Une irrévérence devant la majesté de Dieu.

Qu'est-ce que prier avec humilité ?
C'est reconnaître qu'on est indigne de la grâce qu'on demande.

Et avec confiance ?
C'est appuyer sa demande sur la bonté infinie de Dieu, et sur les mérites de Jésus-Christ son Fils bien-aimé.

Et avec persévérance ?
C'est continuer à prier, et ne pas se rebuter, quoiqu'on n'obtienne pas assez tôt ce qu'on demande à Dieu. Car, pour sûrement être exaucé, il faut prier avec tant de clameurs, de larmes et d'instances, qu'on puisse dire en toute humilité avec saint Augustin : Seigneur, quelles prières de vos serviteurs exaucez-vous, si vous n'exaucez pas celle-ci ?

Pourquoi diffère-t-il quelquefois de les accorder ?
Afin : 1° De faire estimer ses dons ce qu'ils valent, l'homme ne prisant guère ce qui coûte peu ; 2° de les rendre davantage nôtres, car ce qui nous coûte beaucoup de travail, semble être mieux à nous, et acquis plus légitimement, on le garde plus aisément, on s'en sert plus utilement ; 3° de nous procurer un double avantage, l'effet de nos désirs, et l'habitude de la prière. Ainsi les frères de Joseph eurent le blé qu'ils demandaient, et l'argent qu'il leur avait coûté par-dessus.

Pourquoi refuse-t-il quelquefois ?
On demande : 1° mal ; 2° des choses nuisibles ou inutiles ; 3° ou opposées aux desseins de sa providence sur notre sanctification ; 4° pour exercer et éprouver notre foi ; 5° on ne sait ce qu'on demande, non plus que les enfants de Zébédée : on voit le présent et le plaisant, et non le futur et le fâcheux ; 6° c'est toujours un grand présent que Dieu se rende présent à notre esprit dans la prière.

Qui doit nous consoler alors ?
1° La pensée que nos prières ne sont pas perdues, et que s'il ne nous accorda pas ce que nous désirons, il nous accordera ce que nous devrions désirer ; 2° ce que Dieu donne vaut mieux que ce que l'homme demande ; 3° nous devons être plus aises que Dieu fasse sa volonté que la nôtre ; 4° le refus fait connaître la volonté de Dieu par une voie plus assurée et plus avantageuse pour nous, quoique plus mortifiante que la concession de ce que nous souhaitons ; 5° si nous ne sortons pas de l'oraison exaucés, nous en sortons meilleurs ; 6° le malade demandant à saint Pierre de l'argent, et recevant, non

de l'argent, qu'il demandait, mais la santé, qu'il ne demandait pas, pouvait-il se plaindre de n'avoir pas été exaucé?

De quelles saintes pratiques faut-il accompagner la prière pour la rendre efficace?

1° Du jeûne; 2° de l'aumône; 3° du pardon des injures; 4° de la pureté de vie; 5° de la médiation de la sainte Vierge et des saints, à qui nous avons plus de dévotion; 6° enfin, pour obtenir de Dieu ce que nous demandons de lui, il faut lui accorder ce qu'il demande de nous.

Peut-on bien prier par soi-même?

Non, il en faut demander la grâce à Dieu.

Quels sont les effets de la prière?

Voici ce que l'Ecriture nous en dit : 1° elle humilie devant Dieu; 2° elle attire ses miséricordes; 3° elle fortifie dans la tentation; 4° elle console dans la tribulation; 5° elle obtient la grâce de bien vivre, et de persévérer dans la vertu; 6° elle unit à Dieu; 7° elle apaise sa colère et désarme sa justice; 8° elle obtient la rémission des péchés; 9° elle chasse l'ennemi qui ne peut soutenir les clameurs intérieures d'un cœur qui gémit et qui prie. C'est un son guerrier qui l'effraye, dit un Père; 10° elle est, aussi bien que le sacrifice, latreutique, satisfactoire, impétratoire, eucharistique, et elle produit un bien infini dans l'âme de l'homme qu'elle sanctifie et qu'elle comble de mérites; 11° enfin nous y trouvons l'accomplissement de tous nos désirs, car comme l'homme venant au monde et dépourvu de tous biens corporels, a reçu de l'auteur de la nature des mains, par le moyen desquelles il se pourvoit de tout ce qui lui manque; ainsi, dit saint Chrysostome, naissants dépourvus de tous les biens spirituels, Dieu nous a donné l'instinct et la grâce de la prière, comme un moyen général de nous procurer tous nos besoins, de nous obtenir la possession de tout bien, et la délivrance de tout mal, et de nous unir à notre dernière fin. En effet, que reste-t-il à un malheureux, né sans biens, et dépourvu d'industrie, que de mendier son pain : et à un ouvrage défectueux, que de recourir à son ouvrier, pour être achevé, et c'est ce qui s'appelle *être touché de Dieu :* Les prédicateurs touchent, en formant quelques bons sentiments dans le cœur, et Dieu, en reformant le cœur. Les hommes touchent en nous disant quelque bonne chose, et Dieu en nous faisant être une bonne chose.

§. **EXPLICATION DE L'ORAISON DOMINICALE.**

Du *Pater noster* en général.

Est-il bon de faire des prières vocales?

Oui, l'exemple de Jésus-Christ et des saints de l'un et de l'autre Testament, l'usage de l'Eglise, la pratique des fidèles, et la nature de la chose en elle-même, le montrent assez.

Pourquoi?

1° Il est juste que notre corps serve au culte de Dieu, aussi bien que notre âme, et que notre langue le loue aussi bien que notre esprit; 2° la prononciation extérieure excite la dévotion intérieure; 3° l'oraison vocale édifie le prochain, quand elle est bien faite.

Quelles prières vocales faut-il faire?

Les plus approuvées et usitées dans l'Eglise, et qui nous instruisent ou nous touchent davantage.

Quelle est la plus excellente?

L'Oraison dominicale, c'est-à-dire l'Oraison du Seigneur, ou le *Pater noster.*

Pourquoi?

1° Son auteur est Jésus-Christ même, la Sagesse incréée, qui non seulement l'a composée et enseignée à ses apôtres, et en leurs personnes à tous les fidèles, mais même qui l'a faite le premier à son Père en nous apprenant à la lui faire, qui par cet usage l'a consacrée et sanctifiée, et y a attiré une bénédiction extraordinaire, et qui la répète continuellement par nous, comme par ses organes, et nous par lui, ainsi que les membres par leur chef; étant raisonnable, disent les saints, que Jésus-Christ venant apporter aux hommes une loi nouvelle, et leur apprendre, selon le saint roi David, un cantique nouveau, leur ait enseigné une prière nouvelle, et propre aux enfants de la nouvelle alliance. En effet, ajoute saint Augustin, qui considérera avec attention les demandes du *Pater,* trouvera que la confiance qu'on a de les faire, aussi bien que leur impétration, est un fruit de l'incarnation du Fils de Dieu. 2° L'amour du Fils la fait écouter favorablement du Père, et il est naturel que la parole de Dieu monte jusqu'à Dieu, et que le Père reconnaisse la voix de son Fils. 3° Elle est la très-sage et très-sainte règle de nos désirs, ne devant rien demander au delà, et ne pouvant rien souhaiter d'utile pour le salut qui ne lui soit conforme, qui n'y soit compris ou qui ne s'y rapporte. C'est pourquoi, selon saint Augustin, cette prière enferme en substance toutes les autres; et quelques pensées ou mouvements que nous formions en nous-mêmes, nous ne pouvons rien dire, si nous prions comme il faut, que ce qui est contenu dans cette prière; et nous prions mal, si nous disons autre chose: Parce que, dit saint Cyprien, toute demande qui ne s'y rapporterait pas, n'y pourrait être qu'une invention de notre esprit, qui ne sait ce qu'il lui faut, tout bien ne nous étant pas utile, ni tout mal nuisible. 4° Elle est l'abrégé admirable de tout ce que nous devons demander, comme le Symbole l'est de ce que nous devons croire, et le Décalogue ce que nous devons faire. 5° Elle est le sommaire de l'Evangile, puisqu'elle en comprend l'esprit et la perfection. 6° Elle se proportionne à tous ceux qui la récitent; elle remplit les plus grands esprits, et elle nourrit les plus simples. 7° Elle a toujours tenu le premier rang entre les prières du sacrifice. 8° Elle est consacrée par l'usage continuel des fidèles. 9° L'Eglise est si pleine de vénération pour cette prière, qu'elle se sert d'un préambule respectueux à la Messe, pour protester qu'elle n'oserait la dire, ni user des termes dont elle est composée, sans le commandement exprès du Seigneur. 10° Elle obtient rémission des péchés véniels, quand elle est dite avec dévotion.

Est-on obligé de la savoir?
Sans doute, et ce serait une négligence horrible dans un Chrétien de l'ignorer. Jésus-Christ, dans son Evangile, nous l'ayant expressément ordonné, et l'Eglise, par ses conciles, les Papes, les Pères et les pasteurs ne nous inculquant autre chose.

Faut-il la réciter?
Oui, et en bien comprendre les richesses, crainte de la routine ou de l'avilissement; car, quoique ce soit la plus excellente et la plus divine de toutes les prières, c'est néanmoins souvent celle qu'on dit avec le moins d'attention, de dévotion, de pénétration. Or, comment Dieu vous écoutera-t-il, dit un grand saint, si vous ne vous écoutez pas vous-mêmes? Ou comment Dieu vous accordera-t-il vos demandes, si vous ne savez vous-mêmes ce que vous lui demandez?

Quand et comment doit-on la réciter?
Particulièrement le soir et le matin à deux genoux, posément, avec attention, respect, confiance, amour, dévotion, union à Jésus-Christ, en un mot, d'une manière digne d'un enfant de Dieu, qui va parler à son Père céleste, et lui exposer ses désirs.

Récitez-la en latin et en français?
Pater noster, etc. Notre Père, etc.

De quoi est composé le Pater?
D'une préface et de sept demandes, dont les trois premières ne s'accomplissent parfaitement que dans le ciel, et les quatre dernières que sur la terre; celles-ci concernant les biens de cette vie seulement, et les moyens de parvenir au salut. Les unes regardent la gloire de Dieu, et les autres les besoins de l'homme; et toutes sept figurent l'indigence de la vie présente, et la totalité des choses qu'on y doit souhaiter, après quoi nous n'avons plus à attendre que la béatitude de l'octave qui nous est promise.

La préface du *Pater*.

Quelle est la préface?
Elle est contenue en ces paroles: *Notre Père qui êtes aux cieux.*

Que remarquez-vous dans cette préface?
Un saint artifice et une divine rhétorique, à la faveur de laquelle nous semblons vouloir comme nous insinuer dans les bonnes grâces de Dieu, par les éloges que nous lui donnons, et nous animer à oser lui faire nos demandes par les titres que nous prenons.

Comment cela?
1° Disant qu'il est *aux cieux* que nous regardons comme le plus illustre de ses ouvrages inanimés, qui étale davantage sa magnificence et sa sagesse, et qui le fait davantage connaître, nous le louons de sa grandeur, de son élévation, de sa gloire, de son pouvoir, de ses richesses; et nous voulons dire que les cieux, par leur lumière, leur hauteur, leur incorruptibilité, leur grandeur, leur beauté, leur mouvement, leur influence, leur vertu, précédent infiniment moins en excellence les choses terrestres et corruptibles, que ce premier de tous les êtres précède tous les autres en prééminence et en dignité, et que ce Père céleste excelle, par-dessus tous les pères de la terre, en vérité, autorité, charité, libéralité; 2° l'appelant *notre Père*, et nous mettant au rang de ses enfants, nous excitons en lui la tendresse paternelle, et en nous la confiance filiale, comme deux puissantes dispositions pour obtenir ce que nous allons demander; 3° la qualité de Père, et de Père céleste, que nous donnons à Dieu, est une source féconde et inépuisable d'où ses enfants doivent attendre toutes sortes de biens; 4° que ne nous donnera-t-il pas, dit saint Augustin, à ses enfants qui demandent, auxquels il a déjà donné d'être ses enfants auparavant qu'ils le demandent, bienfait inestimable, plus grand que tout ce qu'ils demandent.

Que découvrez-vous encore en cette grande parole de Père?
1° Le grand objet de notre foi ou le mystère de la très-sainte Trinité; car elle nous apprend que nous sommes, 1° les enfants du Père; 2° les frères du Fils; 3° les organes du Saint-Esprit, nul ne pouvant former utilement cette prière, ni s'exprimer ainsi, que par la vertu de ce divin Esprit, selon l'Apôtre; 4° et que Dieu est d'autant plus notre Père, que nous tenons tout de lui, être, substance, qualités, ressemblance, etc.

Quoi encore?
L'honneur et le bonheur que nous avons: 1° d'appeler et d'avoir, non plus Adam, mais le Dieu d'infinie majesté pour Père; 2° de nous appeler et d'être ses enfants; 3° de n'avoir plus le démon pour père, et de n'être plus ses esclaves, ce qui doit nous remplir d'amour et de reconnaissance envers Dieu, et de désir de mener une vie digne d'un enfant de Dieu.

Quoi encore?
La bienveillance et la charité de Dieu. 1° de nous donner le nom, et de nous faire être ses enfants; 2° de vouloir être nommé, et de vouloir être notre Père; 3° de nous avoir adopté, et d'enfants du démon, que nous étions par le péché, de nous avoir fait ses enfants par la grâce; 4° de nous aimer, quoique défigurés et contrefaits par le péché.

Comment Dieu est-il notre Père?
Par le titre: 1° de la création, nous ayant fait à son image et semblance, aucun des êtres inférieurs n'ayant cet avantage; 2° de l'adoption, ne leur ayant non plus départi que quelques dons ou vertus, et nous ayant réservé tout l'héritage; 3° de la rédemption, réparation et justification, ayant par ses bienfaits retracé en nous ses traits divins, et fait être doublement ses enfants par la génération et la régénération; 4° de la glorification, où nous lui serons parfaitement semblables, et en attendant; 5° par les titres de la conservation, de la providence, de la correction paternelle, et des soins qu'il prend de nous.

Pourquoi n'a-t-il pas voulu que nous lui donnassions un nom plus majestueux et plus terrible, comme de Tout-Puissant, d'Éternel, etc., ou plutôt que celui de Père?

A cause que son Fils : 1° s'est revêtu de notre nature; 2° qu'il nous a honorés de la qualité de frères; 3° qu'il nous a faits ses cohéritiers; 4° qu'il veut animer notre confiance quand nous prions, et nous donner un libre accès auprès lui; 5° que c'est Jésus-Christ qui, en vertu de l'extension et de la communication qu'il nous a faite de sa divine filiation, parle par notre bouche quand nous récitons cette prière, et veut que nous la fassions en son nom à son Père, comme ses organes, ses membres et ses frères, et que par cette voix amoureuse le fidèle Chrétien se distingue du Juif, qui se conduisait par les mouvements d'une crainte servile, et qui n'avait eu aucun commandement d'appeler Dieu son Père en priant, quoiqu'il lui soit souvent reproché de n'avoir pas voulu être son fils, en péchant.

Que nous apprennent encore ces paroles?

La pureté de conscience qu'exige cette Oraison. Car, comment oser appeler Dieu son Père, réclamer sa bonté, et se flatter d'en être exaucé, si on sent des reproches intérieurs, de ne mener pas une vie digne d'un enfant de Dieu, qualité que sa grâce donne et que le péché ôte, ainsi l'enfant prodigue, et fait qu'on est enfant du démon plutôt qu'enfant de Dieu; en sorte que, comme observe saint Augustin, un pécheur qui récite cette prière, au lieu de dire : *Notre Père qui êtes aux cieux*, devrait plutôt dire avec ses semblables : *Notre Père qui êtes aux enfers.*

Pourquoi adressez-vous cette oraison au Père, plutôt qu'au Fils ou au Saint-Esprit?

1° La demande se fonde sur la qualité du Fils, et la paternité s'approprie au Père par une raison attachée à sa personne, d'où toute paternité descend, ce qui ne s'attribue ni au Fils ni au Saint-Esprit. 2° Le Père comme principe d'où tout bien découle, doit être particulièrement considéré comme le dispensateur des grâces que nous demandons : le Fils comme le médiateur des demandes que nous faisons, et le Saint-Esprit comme l'auteur des désirs que nous formons; mais au reste on peut également s'adresser aux trois personnes de la sainte Trinité, en faisant cette prière : en effet, la prière ainsi que l'adoration, selon la coutume de l'Église, s'est toujours ordinairement adressée au Père seul par le Fils, dans l'unité du Saint-Esprit : non qu'on ne puisse les invoquer directement, puisque Jésus-Christ lui-même nous a appris de faire dans l'invocation la plus authentique de la religion, savoir dans celle du baptême, ou de la consécration du nouvel homme; mais parce qu'il a plu au Saint-Esprit, qui dicte les prières de l'Église, qu'en éternelle recommandation de l'unité du principe, on adressât ordinairement l'invocation au Père, dans lequel on adore ensemble et le Fils et le Saint-Esprit, comme dans leur source originaire, et que par ce moyen l'adoration, ainsi que l'invocation, suivît l'ordre des émanations, et prît, pour ainsi dire, le même cours : et si on prend garde de près, on trouvera que la première demande s'adresse particulièrement au Père, la seconde au Fils, et la troisième au Saint-Esprit; que les trois suivantes reprennent ce même ordre, et que la septième et dernière regarde spécialement toute la sainte Trinité.

Pourquoi « Notre Père, » et non pas « Mon Père? »

Pour montrer : 1° que nonobstant les différents états et conditions de la vie, devant Dieu nous sommes tous frères, grands et petits, riches et pauvres, puisque nous avons tous le même Père et la même Mère, que nous nous asseyons à la même table, et que nous espérons le même héritage. 2° Que nous devons et respecter le prochain, puisqu'il est enfant de Dieu, et l'aimer, puisqu'il est notre frère : ainsi ces deux premiers mots, NOTRE PÈRE, emportent nos deux principales obligations, *l'amour de Dieu, et l'amour du prochain*, les deux grands commandements qui renferment la Loi et les Prophètes. Admirable doctrine aussi haute qu'abrégée! 3° Ce serait comme entreprendre sur les droits du Fils naturel, et ne pas s'exprimer avec l'humilité convenable au fils adoptif. 4° Il faut réciter cette prière avec humilité, n'affectant point de nous distinguer des autres par un mérite personnel, qui donne un droit particulier de dire *Mon Père*, et nous regarder comme un membre de cette nombreuse famille, qui n'est autre que l'Église, dont Dieu est le Père; car nous prions, dans la communion des saints, chacun pour tous, et tous pour chacun. 5° Nous sommes unis au corps de l'Église par la foi; à son esprit, par la charité, et à ses biens, par l'espérance, dont la prière est le fruit. 6° Pour rendre notre prière plus efficace en parlant au nom de tous et comme unis à tous. 7° Plusieurs faibles peuvent plus qu'un seul fort. 8° Dieu écoute plus volontiers les vœux de celui qui prie pour ses frères. 10° Ce n'est pas une petite consolation à un fidèle de savoir que tout ce qu'il y a de Chrétiens au monde prie pour lui.

Que dites-vous encore de ce mot de Nôtre?

1° Que ce nous est un bonheur inestimable de pouvoir appeler Dieu nôtre; 2° que nous ne devrions jamais dire que Dieu est à nous, sans amour et sans joie de l'avoir recouvré; 3° ni sans reconnaissance envers Jésus-Christ de nous l'avoir rendu, et de nous donner les moyens de le posséder à jamais.

Pourquoi « qui êtes aux cieux, » puisque Dieu est partout?

Pour apprendre : 1° que c'est là dorénavant cette terre de promission, et non la Judée, où il veut être cherché, où il manifeste à ses enfants sa grandeur et sa gloire, et où il leur prépare un royaume et un héritage incorruptible; 2° qu'il faut élever notre cœur en haut quand nous prions; 3° que nous sommes des pèlerins en ce monde, que le ciel est notre véritable patrie, puisque notre Père y est, et la terre un exil; 4° que l'espérance des biens de l'autre vie doit nous consoler des maux de celle-ci, et le repos à venir des travaux présents ; 5° que nous ne devons rien demander à ce Père céleste qui sente la terre; 6° ni s'arrêter dans cette basse région, mais porter plus haut nos désirs et nos prétentions, n'en avoir que pour le ciel, après lequel nous devons soupirer, ne cherchant que les biens éternels, spirituels, divins, proportionnés à notre seconde naissance, qui nous engage à mener une vie toute céleste ; 7° que c'est au ciel que nous devons aspirer, lever les yeux, et attendre tout de là : qu'avons-nous à faire en terre, puisque notre Père est au ciel; 8° qu'il faut crier bien haut, si nous voulons être entendus; 9° par le mot de *cieux*, on peut encore entendre, dit saint Augustin, les âmes, non des pécheurs, qui sont comparés à la terre, mais des justes et des saints de ce monde et de l'autre, dans lesquels Dieu habite spécialement, comme dans des cieux spirituels, ornés de grâces et de vertus, ainsi que d'autant d'astres mystiques infiniment plus lumineux que ne le sont les astres visibles et corporels, et qu'ainsi notre vie doit être si sainte, si pure, si éclatante et si féconde en bonnes œuvres, que nous puissions nous-mêmes devenir des cieux, des temples et des paradis animés, dans lesquels la majesté divine se plaise à résider et où elle établisse son trône, afin que nous n'ayons besoin que de nous recueillir, et non pas de sortir hors de nous, et de recourir aux temples matériels, pour trouver Dieu, pour l'adorer, pour lui rendre nos devoirs et pour lui demander nos besoins : quelle apparence donc que Dieu refuse des biens célestes à ceux qu'il a fait être des cieux, dit saint Thomas !

PREMIÈRE DEMANDE. — *Votre nom soit sanctifié.*

Que demandons-nous par là ?

De grandes choses : 1° que les infidèles embrassent la foi; 2° que les pécheurs se convertissent ; 3° que les justes se perfectionnent, et que le nom de fidèles qu'ils ont reçu au baptême, et que Dieu leur a donné, ne soit jamais profané, ni déshonoré par le péché; 4° en un mot, que tous les hommes honorent Dieu par un culte véritablement religieux et par une vie parfaitement sainte, afin qu'ils fassent connaître, glorifier, bénir, exalter et louer le maître qu'ils servent, par l'expression de sa sainteté en eux. C'est ainsi que le nom de Dieu, si saint en lui-même, et dont la sainteté essentielle ne saurait ni croître, ni diminuer, peut être sanctifié parmi nous et en nous, et recevoir de l'éclat et de la gloire.

Qui fait le contraire ?

Ceux dont l'impiété de l'esprit, en la corruption des mœurs, font jaillir sur la religion qu'ils professent, et sur le Dieu qu'ils adorent, l'opprobre de la vie qu'ils mènent, et sont cause que le saint nom de Dieu est blasphémé.

Comment produisent-ils ce mauvais effet ?

En donnant lieu de croire, par leur conduite dépravée et vicieuse, que le Dieu qu'ils servent, n'est pas un Dieu amateur de la sainteté, de la justice et de la vertu.

Que trouvent-ils dans cette prière quand ils la font ?

Leur condamnation.

Pourquoi « votre nom, » plutôt que votre puissance, votre majesté ? etc.

Dieu veut que tous les noms sous lesquels on le connaît et on l'honore, et par lesquels on exprime son être et ses perfections, aient un caractère de sainteté qui le rende auguste, vénérable et imitable à toute nature intelligente, douée d'entendement et de volonté.

Pourquoi « votre ? »

Tout autre nom ne mérite que l'oubli, et doit faire hommage, et être comme anéanti auprès de celui de Dieu, qui seul est digne de louange.

Pourquoi « soit sanctifié, » et non soit exalté, glorifié, honoré ? etc.

Pour montrer : 1° que Dieu n'a rien plus à cœur, ni qu'il estime davantage en soi, ni qu'il exige tant de nous, que notre sanctification ; 2° que rien ne nous est plus utile, plus avantageux, ni plus glorieux, que d'exprimer en nous la sainteté de Dieu; 3° que c'est la sainteté intérieure, et non la sanctification légale, externe et apparente qu'il demande et que nous demandons ici; 4° que Dieu n'a pas besoin de nos honneurs, ni de nos adorations, et qu'il n'en tire aucun avantage, puisqu'il faut que nous lui demandions la grâce de pouvoir les lui rendre, que nous seuls en recueillons le fruit, et desquels nous sommes par nous-mêmes incapables, s'il ne nous en donne la force, et s'il ne se sanctifie lui-même en nous par sa miséricorde et par sa bonté, pour nous rendre ensuite participants de son bonheur ; 5° que de tous les attributs divins nous ne pouvons presque participer qu'à celui-là ; car comment imiter l'éternité, l'immensité, l'immutabilité, la toute-puissance, etc.; 6° qu'à la vue de cette perfection adorable les séraphins éblouis ferment les yeux et se prosternent, étant dans des sentiments incomparables de religion. Saint, saint, saint est le Seigneur Dieu des armées : genre de culte qu'on ne trouve point dans l'Ecriture être rendu à aucun autre attribut de Dieu, non qu'ils ne soient tous également excellents, n'y ayant rien en Dieu de plus ou de moins, mais parce qu'il lui a plu se rendre plus vénérable à la créature intelligente sous cette perfection que sous une autre.

Pourquoi non pas, soit sanctifié par nous ?

Parce qu'il l'est de plus, 1° par les anges et les bienheureux; 2° par les âmes du purgatoire; 3° par toutes les créatures, quand on ne les profane pas, qu'on s'en sert saintement, et qu'on s'élève d'elles à lui.

Pourquoi commençons-nous par cette demande, auparavant que de parler de nos besoins?

1° La première chose qu'un fils doit avoir au cœur, c'est l'honneur de son père; 2° nous devons aimer Dieu plus que nous-mêmes; 3° préférer sa gloire à nos propres intérêts; 4° ceci fait voir combien cette prière est divine, n'y ayant que le Saint-Esprit seul qui pût apprendre à l'homme de désirer du bien à Dieu, avant que de s'en désirer à soi-même; 5° enfin, dit saint Chrysostome, ce souhait est véritablement digne de celui qui vient de nommer Dieu son père, de se qualifier enfant de Dieu, d'être honoré d'une si haute dignité et appelé à un état si relevé, et par conséquent a droit d'en prendre les sentiments et d'en tenir le langage, faisant de la gloire de son Père la principale de ses demandes, le premier de ses soins, le plus ardent de ses désirs.

Quel avantage aurions-nous d'obtenir l'effet de cette prière?

1° Toutes les autres demandes du *Pater* nous seraient accordées; 2° le péché serait banni de la terre.

Pourquoi cette demande s'adresse-t-elle particulièrement au Père?

Il est du devoir des enfants d'honorer leur père, et d'étendre sa gloire et son renom. D'ailleurs, la création étant attribuée au Père, il est juste d'apprendre son nom à ses enfants égarés qui l'ignorent, de les ramener à sa connaissance et à son amour, et de faire reluire en eux sa divine image, par la pratique d'une vie sainte et vertueuse.

DEUXIÈME DEMANDE.—*Votre royaume nous advienne* (61).

Cette demande est-elle une suite de la précédente?

Oui, puisque le royaume des cieux est la récompense de ceux qui sanctifient le nom de Dieu, et que nous trouvons notre salut quand nous cherchons la gloire de celui qui veut que son nom soit principalement sanctifié dans la sanctification de nos âmes.

Que nous insinue-t-elle?

1° Que Dieu est notre souverain bien; 2° que nous devons sans cesse soupirer après sa possession; 3° que nous sommes capables de ce bonheur; 4° qu'il ne nous le ferait pas demander, s'il ne voulait nous l'accorder; 5° que sa grâce nous donne les moyens de l'obtenir; 6° qu'il faut la lui demander et y coopérer; 7° et se faire violence, puisque le Fils de Dieu a mis son royaume à ce prix.

Que demandons-nous par là?

1° que le royaume du démon soit détruit, et la tyrannie du péché anéantie; 2° que l'Église s'étende par tout l'univers; 3° que tous les hommes reçoivent le joug du Seigneur, embrassent sa loi, et forment un empire de sujets parfaitement unis et soumis à ce roi pacifique et véritablement zélés pour sa gloire; 4° qu'il règne en nous par sa grâce; 5° que son empire soit absolu sur notre intérieur, et que nos pensées, nos désirs et nos passions, qui sont comme un peuple indocile, lui obéissent sans révolte et sans murmure; 6° que nous soyons son royaume et qu'il soit le nôtre; 7° que nous ne gémissions plus sous la tyrannie du monde, du diable et de la chair, qui, tour à tour, disputent à qui nous aura, comme si Dieu n'était pas notre seul et véritable maître et légitime possesseur; 8° qu'il nous fasse un jour régner avec lui dans la gloire; 9° que Jésus-Christ vienne juger le monde, reléguer l'impiété dans l'enfer, et établir ensuite ce règne bienheureux qui n'aura jamais de fin, prière qui ne doit pas moins consoler le juste, qu'effrayer le pécheur.

Que remarquez-vous encore dans cette demande?

1° Elle inspire le mépris et le détachement des biens et des grandeurs de la terre; 2° elle renferme un désir secret de la mort; 3° elle excite notre espérance, elle enflamme nos désirs, et elle nous apprend l'obligation que nous avons de nous rendre dignes de ce royaume céleste, par une humilité profonde, une crainte filiale, une obéissance parfaite, une vie pure; 4° elle nous donne aussi un avertissement tacite de vivre si saintement que nous puissions souhaiter, et non pas craindre la venue de ce juste et souverain juge, dont l'empire intérieur, loin de préjudicier à la domination de personne, affermit l'autorité de tous les supérieurs, établit les rois dans leur souveraineté, et maintient les peuples dans la sujétion.

Qui sont ceux en qui Dieu règne par sa grâce?

Ceux qui sont fidèles à réprimer les inclinations de la chair, et à suivre les mouvements du Saint-Esprit et non ceux qui demandent de bouche seulement le royaume de Dieu, refusent en effet d'être ses sujets, en ne se soumettant pas à ses lois.

Pourquoi cette demande s'adresse-t-elle particulièrement au Fils?

C'est au Fils unique à qui proprement appartient l'héritage du Père, que d'ailleurs il a acquis par son propre sang, c'est donc à lui à nous en faire part, et à nous à le lui demander.

Pourquoi « votre? »

Pour montrer, 1° que le paradis est l'ouvrage de la sagesse et de l'amour de Dieu par un titre particulier; 2° qu'il est à Jésus-Christ, et qu'il l'a acquis au prix de son sang; 3° qu'il est un pur don de sa miséricorde, qu'il le donne à qui il lui plaît, que nous ne devons l'attendre que de sa grâce.

Pourquoi « royaume? »

Pour nous apprendre : 1° que le royaume

---

(61) Ces paroles sont les mêmes que celles que nous répétons en disant : *Que votre règne arrive.*

de Jésus-Christ n'est pas de ce monde; 2° que ce monde, comme une autre Égypte, est un lieu de servitude; 3° que Dieu ne promet rien moins qu'un royaume à ceux qui le servent; 4° qu'ils ne doivent pas être esclaves de leurs passions; 5° c'est régner que servir Dieu.

Pourquoi « advienne? »

Parce que nous trouverons dans cet avénement : 1° la fin du péché; 2° la gloire de Dieu; 3° notre souveraine félicité; 4° ce mot fait voir que le bonheur éternel est un don gratuit qui nous avient comme par sort et par aventure, tant il est élevé au-dessus de nos mérites.

TROISIÈME DEMANDE. — *Votre volonté soit faite en la terre comme au ciel.*

Cette demande est-elle une suite de l'autre?

Oui, car le seul moyen de parvenir à la possession du royaume de Dieu, est de faire sa volonté sur la terre.

Que contient-elle?

1° Un avertissement secret de joindre au désir que nous venons de témoigner d'obtenir le paradis, l'exercice des bonnes œuvres et la pratique des vertus, par l'accomplissement des volontés de Dieu sur nous, si nous prétendons parvenir à cette gloire; 2° un gémissement intérieur de sentir en nous de l'opposition à cette sainte volonté; 3° un désir ardent d'être fidèles à la grâce du Saint-Esprit, de coopérer à ses divins mouvements, et de lui faire un sacrifice de notre volonté; 4° un aveu amoureux que tout ce que Dieu veut et ordonne est si bien, qu'il ne peut être mieux, et qu'il doit être exécuté avec une entière soumission et une parfaite exactitude; 5° une horreur de l'indépendance si naturelle à l'homme corrompu, qui veut tout ce qu'il veut et qui ne peut souffrir l'accomplissement d'aucune autre volonté que de la sienne, tant la désobéissance de notre premier père a jeté de profondes racines dans le cœur de ses enfants, qui n'aiment rien tant que de dominer et de commander; qui ne craignent rien tant que d'être dépendants et assujettis, et qui, aspirant toujours à cette trompeuse promesse du démon : *Vous serez comme des dieux*, prétendent aussi toujours que leurs volontés soient accomplies comme celle du vrai Dieu, et quelquefois préférablement aux siennes.

Que demandons-nous par là?

La grâce : 1° de vouloir ce que Dieu veut; 2° de faire sur la terre en toutes choses, ce que nous connaissons être de cette divine volonté; 3° de la faire dans le même esprit et de la même manière que Jésus-Christ l'a faite sur la terre, et que les anges et les saints la font dans le ciel, c'est-à-dire avec amour, joie, promptitude, ferveur, pureté d'intention, intégrité, persévérance, et que l'Église militante imite en cela l'Église triomphante, étant juste, dit saint Chrysostome, que venant de demander le royaume de Dieu, quoique nous n'y soyons pas encore, nous commencions néanmoins à vivre comme on y vit, et que, prévenant en quelque sorte les biens que nous attendons par une félicité anticipée, nous souhaitons que Dieu change la terre en un ciel, qu'il rende les hommes semblables aux anges, et que par la parfaite conformité de leur volonté à la sienne, ils deviennent ainsi que les bienheureux, comme impeccables et affermis dans le bien; 4° de la faire exécuter par notre chair qui est notre partie terrestre, aussi bien que par notre esprit; 5° de coopérer à ce que les pécheurs l'accomplissent par leur conversion, ainsi que les justes par leur sanctification; 6° de ne jamais condescendre à notre propre volonté, parce qu'elle est corrompue; ni à celle du monde, parce qu'elle est vaine; ni à celle du démon, parce qu'elle est injuste; ni à celle de la chair, parce qu'elle est impure; mais uniquement à celle de Dieu, parce qu'elle est sainte; 7° de nous soumettre à tout ce que Dieu ordonne ou permet en ce monde, surtout en ce qui nous concerne et en quoi nous avons peine et répugnance, nous abandonnant entièrement à sa conduite, et mettant à la tête de nos pratiques de piété *l'adoration perpétuelle de la Providence.*

Qui nous fait connaître la volonté de Dieu?

1° La foi; 2° les commandements de Dieu; 3° les supérieurs légitimes; 4° les bonnes inspirations (prenant garde néanmoins que toute inspiration est pensée, mais que toute pensée n'est pas inspiration); 5° l'ordre de la Providence; 6° les lois de l'Église; 7° les obligations de notre état; 8° la nécessité; 9° les avis des personnes pieuses.

Comment pouvons-nous nous soumettre à la volonté de Dieu?

1° En obéissant; 2° en souffrant; 3° en pratiquant. Au reste nous ne disons pas *Faites votre volonté en nous*, non plus que *nous voulons faire votre volonté* : mais *que votre volonté soit faite*, pour montrer, selon saint Chrysostome, que l'accomplissement de la loi est l'ouvrage, non de la grâce seule, ni de la volonté seule, mais de l'une et de l'autre ensemble.

En quel temps devons-nous surtout pratiquer cette prière?

Au temps de la tribulation et de l'adversité, ainsi que Jésus-Christ nous en a donné l'exemple, particulièrement au jardin des Olives, et tous les saints qui ont imité.

Qui doit alors nous consoler?

1° Dieu, qui nous aime plus que nous ne nous aimons nous-mêmes, le veut, ou le permet ainsi; 2° c'est pour notre bien; 3° nous ne serons pas tentés ni affligés au-delà de nos forces. Nul médecin ne proportionne si prudemment le breuvage au tempérament que la Providence mesure nos larmes à nos forces; 4° nous sommes conformes à Jésus-Christ; 5° nous en tirons un profit inestimable; 6° nous en aurons une récompense immense; 7° nos croix sont : 1° *peu en nombre*, une ou deux tout au plus; 2° *médiocres dans leur grandeur*; 3° *courtes dans leur durée*; 4° *adoucies par diverses consola-*

tions. Qu'est-ce en comparaison de celles de Jésus-Christ et des martyrs, ou des peines que nos péchés méritent, ou des réprouvés?

Quelle est l'erreur du monde là dessus?

De croire que l'adversité est une punition de Dieu, et la prospérité une faveur, au lieu qu'il est si ordinaire de voir le juste dans l'affliction, et le pécheur dans la prospérité, que les saints ont regardé comme un prodige : *Un pécheur affligé, et un juste heureux.*

Pourquoi cette demande s'adresse-t-elle particulièrement au Saint-Esprit?

Il procède par voie de volonté, il nous fait par sa grâce exécuter la volonté de Dieu la sanctification de notre volonté lui est attribuée.

QUATRIÈME DEMANDE. — *Donnez-nous aujourd'hui notre pain quotidien.*

Comment cette demande est-elle une suite de la précédente?

En ce que faire la volonté de Dieu est notre véritable pain, et qu'un serviteur a droit de demander du pain quand il a fait la volonté de son maître.

Que demandons-nous par là?

Les biens nécessaires ou utiles à l'entretien et conservation de la vie du corps et de l'âme, ou de l'être naturel et surnaturel.

De quoi se nourrit notre âme?

1° De la parole de Dieu ; 2° de l'oraison ; 3° de l'Eucharistie : trois aliments figurés par le luminaire, l'encens, et les pains de proposition de l'ancien temple, et proportionnés à la vie purgative, illuminative et unitive, ou aux trois âges de l'homme spirituel formé par la parole, fortifié par la prière, perfectionné par l'Eucharistie, qui nous transformant en Jésus-Christ, ainsi que l'aliment en celui qui le mange, nous fait participer à la grâce de l'union hypostatique ou de la personne : comble et couronnement de la nature, et nous donne un être plus noble.

Que s'ensuit-il de là?

Que quand notre âme ne goûte pas, ou ne retient pas, on ne fait pas usage de ces divins aliments, elle ne peut ni avoir la santé, ni conserver la vie spirituelle.

L'Eucharistie doit-elle être le pain quotidien?

Oui, à l'égard des âmes qui sont dans l'état d'innocence conservée, ou réparée, à qui l'Eglise est comme un paradis terrestre, et ce sacrement un arbre de vie ; à son défaut on peut dire que l'Oraison dominicale méditée attentivement chaque jour, et bien goûtée, est elle-même un excellent pain quotidien?

Pouvons-nous appeler le pain spirituel « nôtre? »

Oui, parce qu'encore qu'il appartienne à Dieu, puisqu'il vient de lui, que c'est lui qui le fait et qui le distribue ; cependant il est destiné pour nous, et le Sauveur qui nous l'a gagné, nous a donné avec ses mérites, un droit légitime de le demander. Il est le vrai pain des enfants de Dieu, tels que nous sommes par le baptême.

Pouvons-nous demander les biens nécessaires à la vie du corps?

Jésus-Christ et les saints dans l'Ecriture, la pratique de l'Eglise, le sentiment universel des fidèles, la voix commune de la nature, nos besoins continuels apprennent assez cette vérité.

Pourquoi?

Les biens temporels ne sont pas moins des effets de la bonté de Dieu, que les biens spirituels, et n'en dépendent pas moins. Nous sommes autant insuffisants de nous les procurer, et par conséquent nous devons les demander et les recevoir dans le même esprit de gratitude et de dépendance.

Comment devons-nous les demander?

Pour nous en servir, et non pour en jouir, c'est-à-dire, comme des moyens de pourvoir à nos besoins, et de parvenir au salut, et non comme notre fin pour nous y arrêter, et nous y établir, ou pour fournir à notre sensualité.

Quand faut-il le demander?

Après avoir cherché le royaume des cieux et sa justice, c'est-à-dire, la gloire de Dieu et notre sanctification, car alors ils nous sont donnés sans même les rechercher. Et c'est ce que nous avons fait dans les trois premières demandes ; de sorte que celle-ci qui contient une confiance en la bonté paternelle de Dieu, pour en obtenir nos nécessités corporelles et spirituelles, est un effet et une suite naturelle des précédentes.

Les riches aussi bien que les pauvres doivent-ils les demander à Dieu?

Oui, et c'est à sa libéralité qu'ils sont redevables de leurs richesses ; c'est à sa justice qu'ils en rendront compte ; c'est de sa bonté qu'ils en doivent impétrer la conservation, c'est de sa grâce qu'ils doivent en attendre le bon usage.

Le riche se confie-t-il aussi facilement que le pauvre au secours du Ciel?

Non, car comment mettrait-il sa confiance au secours divin, qu'il ne voit pas, et ne la mettrait-il pas au secours de l'argent qu'il voit?

Et le pauvre?

Comme il éprouve fréquemment les effets merveilleux de la Providence, il lui est plus aisé d'espérer au secours du Ciel qui lui est si libéral, qu'à celui de la terre qui lui est si ingrat. Ainsi la confiance en Dieu est donc plus naturelle à la pauvreté, qu'aux richesses.

Pourquoi ces paroles : « Donnez-nous? »

C'est, non pour fomenter notre paresse, mais pour marquer 1° que tout bien, soit corporel, soit spirituel, vient de Dieu, et est un pur don de sa miséricorde ; 2° que comme nous n'avons pu nous donner l'être et la vie, nous ne pouvons conserver ni l'un ni l'autre sans son assistance gratuite ; 3° que notre industrie ne suffit pas, et même est inutile sans le secours de la Providence, et qu'ainsi nous devons avoir plus de confiance que de sollicitude ; 4° que le bruit temporel n'est pas une dette ; 5° que nous nous mettons au rang de ses serviteurs inutiles, dont il est parlé dans l'Evangile, qui ne méritent pas le pain qu'ils mangent; 6° que nous devons sans cesse invoquer la toute-puissance, et remercier la bonté de Dieu qui nous fournit la nourriture; 7° et implorer la bénédiction sur les aliments que nous mangeons, afin qu'il leur donne la vertu de nous sustenter, et qu'ils servent aux fonctions du corps, ainsi que le corps aux exercices de l'esprit et l'esprit aux mouvements de la grâce.

Pourquoi du « pain ? »

Pour faire voir, 1° que nous attendons de Dieu le nécessaire, et non l'abondance, encore moins les délices, les excès et les superfluités, qui, loin d'être des biens, sont de véritables maux, et qui, étant opposés au salut, ne peuvent être demandés au nom du Sauveur: car il y a cette différence entre les dons de Dieu, et ceux que le démon offre, que ceux-ci semblent des biens, et ne le sont pas, et que ceux-là ne le semblent pas, et en sont, comme les sacrements, les tribulations, la pauvreté, etc.; 2° que ceux qui prétendent être pauvres, sans se laisser manquer de rien, sont trop ambitieux, puisqu'ils veulent avoir l'honneur de la pauvreté, et la commodité des richesses; 3° que nous ne voulons pas des aliments communs et d'un goût ordinaire; 4° que nous condamnons la gourmandise, les délicatesses de la bouche, et les curiosités de l'esprit; 5° nous ne demandons pas une liqueur agréable, dit saint Augustin, qui figure la vérité pure que les bienheureux goûtent dans sa source; qui n'est autre que le sein de Dieu, et ce torrent de volupté, où ils se désaltèrent sans travail, mais du pain, ou des vérités dont nous nous nourrissons en ce monde avec peine.

Pourquoi quotidien et aujourd'hui ?

Afin de témoigner, 1° nos besoins journaliers; 2° notre indigence, notre confiance et notre dépendance continuelle; 3° notre abandon à la Providence, en ne nous inquiétant point d'un avenir incertain; 4° notre éloignement de l'avarice qui veut toujours amasser; 5° notre détachement de ce monde, regardant chaque jour comme le dernier de la vie, qui n'est elle-même qu'un jour; 6° de peur que nous ne contredisions, en effet, comment souhaiter une longue vie temporelle, et tout à la fois le prompt avénement du royaume de Jésus-Christ; 7° demander du pain pour *aujourd'hui*, nous en demandons pour l'éternité, qui n'a ni veille ni lendemain, et qui n'est qu'un *aujourd'hui* perpétuel; 8° nos besoins journaliers marquent l'obligation que nous avons de dire tous les jours notre Oraison dominicale, pour obtenir la réparation de notre déchet continuel.

Pourquoi « nôtre ? »

Parce que, 1° malheureux si nous mangeons le pain d'autrui, de la veuve et de l'orphelin, et si nous vivons du bien acquis par la violence, fraude, rapine, et autre voie injuste; 2° heureux si nous gagnons si bien le pain que nous mangeons, par notre travail et à la sueur de notre front, que nous puissions l'appeler *nôtre*; 3° nous demandons par là avec l'amour du travail et de la frugalité le don d'une prudente économie qui sache faire une sainte et sage dispensation du bien, et le rendre doublement *nôtre*; et par le travail qui l'acquiert, le conserve et l'augmente; et par le bon usage qui nous en fait sentir l'utilité et la commodité, et qui nous garantit de deux extrémités, de l'avarice et de la prodigalité qui nous rendent non maîtres mais esclaves du bien; et qui font que nous sommes plutôt leurs, qu'ils ne sont nôtres.

Pourquoi « donnez-nous notre pain, » et non pas, « donnez-moi mon pain ? »

Afin, 1° de bannir tout propre intérêt, et tout amour-propre d'une prière que la charité commune doit rendre agréable à Dieu; 2° de témoigner que nous avons autant de soin et de sollicitude des besoins du prochain, que des nôtres propres; 3° de montrer que nous prétendons rendre commun à nos frères, le bien même que nous demandons, et que Dieu nous donne pour nôtre propre subsistance; 4° que l'intention de Dieu n'est pas de nous le donner pour nous seuls.

Que nous apprend en dernier lieu cette demande ?

1° La mendicité où le péché a réduit l'homme, autrefois roi de l'univers, et maintenant en cela de pire condition que les bêtes, puisqu'il est réduit à demander son pain; 2° sa corruption, ne pouvant presque plus sans périls ni désirer, ni posséder les biens même qui lui sont les plus nécessaires; 3° le besoin qu'il a de la grâce pour en bien user, et pour éviter les péchés qui en sont presque inséparables, de là vient la demande suivante.

CINQUIÈME DEMANDE. — *Et pardonnez-nous nos offenses, comme nous pardonnons à ceux qui nous ont offensés.*

Combien cette demande contient-elle de parties ?

Deux.

Quelle est la première ?

Pardonnez-nous nos offenses.

Est-elle ici à propos ?

Oui, parce que, 1° quand un homme aurait assez de mérite pour appeler Dieu son père, que Dieu régnerait pleinement sur lui; qu'il ferait la volonté de Dieu sur terre, comme on la fait au ciel, il devrait toujours se mettre au rang des pécheurs; 2° comment celui-là espérera-t-il de nouveaux dons, qui n'a pas encore acquitté ses anciennes dettes; 3° et qui ayant même fait tout ce qui lui est ordonné, chose si rare, peut encore dire en toute vérité, qu'il est un serviteur inutile; 4° ayant demandé dans la prière précédente les biens spirituels et temporels qui servent à l'entretien de la vie de l'âme et du corps, il est naturel de demander la rémission des péchés qui donnent la mort à l'âme, et que nous commettons dans l'usage et l'administration des biens temporels du corps.

De quels sentiments doit-elle être accompagnée?

1° De componction, de confusion et d'humiliation dans la vue de notre malice, de notre ingratitude et de notre audace, d'avoir osé offenser un Dieu si saint, si bon et si puissant; et c'est ce que nous confessons ici humblement devant lui : de façon que si jamais nous devons avoir de la douleur de nos péchés, c'est quand nous récitons cette prière, puisque c'est à Dieu même que nous parlons au nom de son Fils, quand nous la faisons, et que nous demandons pardon; 2° de crainte, voyant les innombrables dettes dont nous sommes redevables à sa majesté, et que loin d'acquitter par des fruits dignes de pénitence, nous multiplions sans cesse tous les jours; 3° de confiance en sa bonté paternelle, puisqu'il ne nous obligerait pas à recourir à sa clémence, ne nous rendrait pas maîtres du pardon que nous lui demandons, en le faisant dépendre du pardon que nous accordons à ceux qui nous offensent, s'il ne voulait nous accorder, avec la grâce de lui demander pardon, le pardon même que nous lui demandons.

Pourquoi appelons-nous nos péchés des dettes?

Toute iniquité est une injustice qui nous engage à restitution : et, en cela les dettes temporelles sont les figures des péchés qui nous rendent débiteurs, 1° à la justice divine, 2° à l'Eglise, 3° au prochain, 4° au père de la famille de qui nous sommes les fermiers, et à qui nous n'avons pas payé les fruits de sa terre ou de son héritage, qui est notre cœur; 5° nous témoignons, par cette demande et cette expression, que nous n'avons pas de quoi satisfaire à la justice de Dieu, et que nous sommes réduits à recourir à sa miséricorde comme ce pauvre serviteur de l'Evangile; 6° nous apprenons à ne pas traiter à la rigueur nos débiteurs; 7° que nul ne se peut dire exempt de péché, puisque nul n'est exempt de faire cette prière; 8° et qu'après le baptême, nous avons encore un remède à nos péchés, qui n'est autre que la pénitence : l'Eglise ayant deux portes, dit saint Jérôme, l'une par laquelle on y entre, et l'autre par laquelle on y rentre. Deux voies par lesquelles on parvient à la vie, la génération et la résurrection; le baptême de Jean ou de l'eau : et celui de la Madeleine, ou des larmes.

Que demandons-nous donc dans cette dernière partie?

1° Que Dieu nous donne la grâce de faire une véritable pénitence; 2° qu'il supplée, par sa infinie bonté, à nos satisfactions insuffisantes; 3° qu'il nous réconcilie à lui, et vous remette au rang de ses amis.

Pourquoi, « pardonnez-nous nos offenses, » et non pas, « pardonez-moi mes offenses? »

1° Pour marquer la charité qui unit les membres de Jésus-Christ ensemble, et le soin qu'ils ont mutuellement de leur salut; 2° pour attendrir et émouvoir davantage le cœur de Dieu à compassion, en vue de la multitude humiliée et pénitente qui le réclame, et qui reconnaît que tout le genre humain, sans exception, a besoin de pardon et de miséricorde; 3° nous appelons ici les péchés *nôtres*, non comme nous venons d'appeler *nôtre*, le pain quotidien, où les grâces que Dieu nous donne, et que, pour ce seul sujet, nous appelons *nôtres*, rien n'étant mieux à nous, que ce qui nous est donné; puisque, excepté la coopération, nous n'y avons autre chose que les défauts dont ordinairement nous les ternissons; au lieu que nos péchés sont *nôtres*, parce que nous en sommes les seuls auteurs, et qu'ils sont les purs ouvrages de notre volonté; ce qui a fait dire à un saint aussi humble que grand, ces belles paroles : *Mes biens ne sont ni véritables biens, ni véritablement miens, et mes maux sont véritablement maux, et véritablement miens;* 4° cela nous apprendra à ne rejeter point sur autrui la cause de nos péchés, et à nous en confesser humblement les seuls auteurs.

Quelle est la seconde partie de cette demande?

Nous prions Dieu qu'il nous pardonne, *comme nous pardonnons à ceux qui nous ont offensés.*

Que faisons-nous en disant cela?

1° Nous nous engageons à pardonner à nos ennemis; 2° nous nous condamnons nous-mêmes si nous ne leur pardonnons pas; 3° nous voulons bien que Dieu nous traite comme nous les traitons, et qu'il ait pour nous les mêmes sentiments que nous avons pour eux; voilà la règle, le sommaire et l'esprit de cette demande.

Que faut-il faire pour se réconcilier de bonne foi avec celui qui nous a offensés, pour satisfaire en cela à notre conscience et à Dieu, et pour remplir cette demande dans toute son étendue?

1° Ne plus songer à l'injure reçue; 2° interpréter ce qui s'est passé en meilleure part; 3° le voir si l'on peut, le saluer et l'aimer cordialement; 4° n'en point parler en mal; 5° lui vouloir du bien, et lui en faire dans l'occasion : c'est ainsi que quand le venin de la haine a souillé et blessé nos puissances, le baume de la charité les guérit et les purifie.

Comment la vengeance souille-t-elle nos puissances?

Elle corrompt en nous, 1° la mémoire, par le souvenir des injures; 2° l'esprit, par des pensées noires, des jugements téméraires, et des desseins funestes; 3° le cœur, par des animosités, des ressentiments et des rancunes; 4° la langue, par des injures, des menaces, et des médisances; 5° les mains, par des actions violentes, inhumaines et cruelles.

Et le pardon charitable?

Il purifie, 1° la mémoire, par l'oubli des offenses; 2° l'esprit, par des jugements favorables; 3° le cœur, par des mouvements tendres; 4° la bouche, par des paroles officieuses; 5° les mains, par des services obligeants.

Dieu nous traite-t-il ainsi?

Oui, car si, quand il nous veut punir, il rappelle le souvenir de nos péchés; s'il médite notre perte, s'il s'anime à la vengeance; s'il nous menace en sa fureur, s'il lève son bras pour nous détruire, lorsqu'il nous pardonne, il oublie nos péchés; il prend des pensées de paix; il s'attendrit sur nos malheurs; il nous absout en sa bonté; il nous tend les bras dans sa miséricorde; c'est ainsi que l'Ecriture s'en explique.

SIXIEME DEMANDE. — *Et ne nous induisez point en tentation.*

Que demandons-nous par là?
Du secours contre les tentations, dont cette vie n'est qu'un tissu, et notre exercice qu'une guerre et une malice continuelle contre les ennemis de notre salut.

De quoi devons-nous être remplis quand nous faisons cette prière?
D'humiliation et de crainte dans la vue, 1° de notre fragilité; 2° de nos périls; 3° de la ruse et de la force de nos ennemis; 4° de la perte de tant de grands personnages qui ont fait des chutes déplorables dans la tentation; 5° de l'incertitude où nous sommes de la persévérance; 6° de confiance en la bonté de Dieu, qui ne nous ferait pas demander la force de combattre les tentations, s'il ne voulait nous donner la grâce de les surmonter; 7° nous apprenons par là que le démon ne saurait nous tenter sans la permission de Dieu, ni nous vaincre que par notre lâcheté.

Cette demande est-elle dans son ordre?
Oui, puisqu'après avoir invoqué la miséricorde de Dieu sur nos péchés passés dans la demande précédente, il est naturel que nous implorions son assistance, dans celle-ci, pour n'en plus commettre à l'avenir, en ne succombant pas à la tentation, qui nous y mène, comme la maladie conduit à la mort; et pour cela que nous demandons, 1° la lumière pour la connaître; 2° la prudence pour l'éviter; 3° la force pour la vaincre.

Dieu nous tente-t-il?
Dieu ne nous porte jamais au mal, ce serait un blasphème de le dire, ou de le penser; mais il éprouve souvent notre fidélité, non qu'il ignore le fond de nos cœurs, mais pour nous faire connaître ce que nous serions sans lui, ce que nous sommes en lui, et nous tenir par ce moyen unis à lui.

Que voulons-nous donc dire, quand nous le prions de ne nous pas induire en tentation?
1° Qu'il nous donne une salutaire défiance de nous-mêmes; 2° qu'il ne mette point notre fidélité à l'épreuve; 3° qu'il ne permette pas que nous succombions, s'il lui plaît de nous éprouver; 4° qu'il ne nous abandonne pas aux désirs déréglés de notre cœur, comme d'autres enfants prodigues.

Quand est-ce proprement qu'il éprouve, en sorte qu'il soit dit induire en tentation?
En quatre rencontres particulièrement.

Quelle est la première?
Lorsqu'au lieu des consolations intérieures, et des goûts spirituels que les âmes dévotes ont coutume de ressentir dans la pratique de la vertu, il les laisse dans des sécheresses, des ennuis, et des aridités extrêmes; de façon que, dépourvues de ferveur et de plaisir sensible, elles semblent comme livrées en proie aux distractions, aux dissipations, et à toute sorte de tentations; qu'elles ne trouvent plus que des difficultés dans les bonnes œuvres, des obscurités dans les prières, des amertumes dans les sacrements, et des abandons ou des rebuts dans les exercices de piété. Epreuve que sainte Thérèse supporta dix-sept ans, qui sert aux âmes saintes comme un désert pour passer de l'Egypte du monde, et du péché, à la terre de promission, c'est-à-dire, à l'état de perfection, auquel très-peu de personnes parviennent.

Quelle est la seconde?
Lorsqu'il commande quelque chose qui ne paraît pas de grande importance en soi, mais d'où dépend une grande suite de biens ou de maux, et souvent le salut, comme il parut en notre premier père, en Saül, etc.

Quelle est la troisième?
Lorsqu'il permet que nous tombions en des désastres, et des calamités extraordinaires de corps, d'esprit ou de biens; que sa protection sensible ne reluit pas sur nous, et que le démon, les hommes et notre mauvaise nature nous provoquent au murmure, ou au désespoir, ainsi qu'il arriva au bienheureux homme Job.

Quelle est la quatrième?
Lorsqu'en punition de nos crimes, ou de notre impénitence, ou de notre orgueil, ou d'une présomptueuse témérité, ou pour éprouver par un secret jugement notre fidélité, ou pour quelque autre raison cachée, que lui seul connaît, et qu'il faut adorer humblement sans vouloir la pénétrer, il retire ses grâces abondantes et puissantes, et nous laisse avec les seuls secours nécessaires, et néanmoins suffisants pour éviter le péché, dans les conjonctures périlleuses à l'infirmité humaine, telles que furent celles de David et de saint Pierre.

Quelles sont ces conjonctures si dangereuses?
Quand tout conspire intérieurement et extérieurement à nous porter au péché, l'inclination au mal, la tentation, la passion, l'objet, le lieu, le temps, la facilité, de spécieux prétextes d'honneur, de plaisir, d'intérêt, etc. Et par-dessus tout cela le démon qui, dans ces moments, allume le feu de la convoitise, et efface autant qu'il peut les pensées utiles et chrétiennes; telles que sont la crainte de l'enfer et des jugements de Dieu, les suites funestes du péché, la difficulté de la conversion, qu'il fait au contraire paraître alors très-aisée. Or c'est de ces fâcheuses rencontres, dont particulièrement nous prions ici Dieu de nous préserver, en ne permettant pas que jamais nous nous y trouvions, ou que si nous nous y trouvons, nous en sortions victorieux par son secours, mais surtout, que nous ne nous y engagions jamais par notre imprudence, et que nous

les fuyions avec soin, ce que nous ne saurions lui demander assez instamment tous les jours, quand nous lui disons : *Ne nous induisez point en tentation.*

Lorsque nous succombons à la tentation, pouvons-nous dire que Dieu nous ait abandonnés ?

Non, Dieu ne nous abandonne point, si nous ne l'abandonnons les premiers ; c'est bien par sa permission que nous sommes tentés ; mais c'est par notre faiblesse et par notre infidélité à sa grâce, que nous sommes vaincus, comme c'est par son secours que nous devenons victorieux.

SEPTIÈME DEMANDE. — *Mais délivrez-nous du mal.*

Que demandons-nous par là ?
Du secours contre les misères de cette vie.

Cette demande est-elle dans son ordre, et pouvons-nous la faire ?
Oui, car comme dans la première partie du *Pater*, après avoir demandé les biens spirituels, nous avons pu demander les biens temporels : ainsi dans la seconde, après avoir prié Dieu de nous délivrer des maux spirituels, il est permis et naturel de lui demander la délivrance des maux corporels, surtout, parce que souvent ils nous rejettent dans les maux spirituels, pourvu néanmoins que ce soit avec paix et soumission et dans la vue de le servir avec plus de liberté et de facilité.

Que dites-vous de cette prière ?
Que, quoiqu'elle soit la dernière du *Pater*, cependant elle est souvent la première, et presque la seule que bien des gens savent faire avec ardeur.

Pourquoi ?
Parce qu'ils désirent extrêmement l'exemption des tribulations, comme des seuls malheurs qu'ils connaissent et qu'ils craignent, et dont ils souhaitent la délivrance jusqu'à recourir quelquefois aux moyens illicites, et même superstitieux et diaboliques pour s'en garantir, quand Dieu ne les soulage pas assez tôt, de quoi il ne faut pas s'étonner, puisque le démon même dans l'Évangile n'a demandé qu'une chose à Notre-Seigneur, savoir de ne le pas faire souffrir, cet ennemi de toute sanctification ne craignant rien tant que la croix.

Que montrent de tels désirs ?
1° Un esprit intéressé et servile ; 2° un cœur qui n'aime que soi-même ; 3° une confiance en la créature, et une défiance du Créateur ; 4° une horreur de la souffrance.

Quel est le plus parfait sentiment dans les adversités ?
De demander à Dieu la grâce de les supporter en esprit de pénitence et d'humilité.

Mais pouvons-nous demander rien de mieux que ce que Notre-Seigneur nous a appris à demander ?
Non, mais il n'a pas voulu nous apprendre à demander l'exemption de la croix, puisqu'il nous assure que, si nous ne la portons après lui, nous ne sommes pas dignes de lui, et que la croix est l'instrument de notre sanctification. Il a donc voulu, par

cette prière, nous faire demander le secours, pour faire un bon usage des maux temporels, et pour nous en délivrer, en les transformant en des moyens de salut. C'est ainsi qu'on se délivre d'un ennemi, non en le tuant, mais en le changeant par l'effort de la charité en un ami ; et c'est par un tel secret que, faisant de nos maux par la pénitence de véritables biens, nous nous en délivrons, et voilà ce que nous demandons par cette prière, sans en exclure néanmoins les autres espèces de délivrances.

Pourquoi le prêtre, à la Messe, laisse-t-il faire au peuple cette prière: « Sed libera nos a malo? »
1° C'est la prière des infirmes et des faibles, quand elle ne regarde que la délivrance des maux temporels, comme d'ordinaire le peuple ne songe guère qu'à ceux-là ; 2° à cause de la multitude des maux qui nous environnent de tous côtés, et auxquels un chacun demande avec cris du remède.

Pourquoi le prêtre répond-il « Amen » à cette prière du peuple, quoique dans toutes les autres ce soit le peuple qui réponde « Amen » à la prière du prêtre ?

L'*Amen* du prêtre est ici un acquiescement au désir du peuple, et comme une assurance que Dieu reçoit sa demande, et qu'il l'exaucera. Ou plutôt le prêtre, par cette parole, témoigne qu'il condescend à la prière du peuple, et qu'après l'avoir rectifiée, épurée et entendue dans le sens du Sauveur, il la présente à Dieu, et qu'il l'appuie de la sienne, lui demandant qu'il nous délivre, 1° du remords des maux passés qui nous poursuivent ; 2° de l'oppression des maux présents qui nous accablent ; 3° de la crainte des maux futurs qui nous menacent.

Pourquoi Dieu les permet-il ?
1° Pour nous exempter des éternels ; 2° pour nous préserver du péché ; 3° pour suppléer à nos satisfactions ; 4° pour nous obliger à recourir à lui, et à chercher une autre félicité que celle de cette vie.

Quels en sont les vrais remèdes ?
1° La prière ; 2° la résignation ; 3° la patience ; 4° l'espérance ; 5° l'exemple de Jésus-Christ et de ses saints ; 6° l'entretien des personnes pieuses ; 7° la parole de Dieu ; 8° les sacrements ; 9° le silence.

Desquels Dieu ne délivre-t-il pas ordinairement les fidèles, du moins sitôt ?
De ceux qu'il leur envoie, 1° pour les convertir ; 2° pour les détacher ; 3° pour les châtier ; 4° pour les humilier ; 5° pour les purifier ; 6° pour les rendre conformes à Jésus-Christ ; 7° pour en faire des modèles de patience ; 8° et des victimes de la pénitence, ou de l'amour en ce monde, afin de les recevoir comme des holocaustes de sainteté en l'autre.

Desquels a-t-il accoutumé de les délivrer ?
De ceux qui leur font des obstacles ; 1° à son service ; 2° à leur salut ; 3° au bien du prochain ; 4° à leurs emplois.

Comment les en délivre-t-il ?
1° Les détournant ; 2° les modérant ; 3° les abrégeant ; 4° donnant de la force, de la pa-

tience, de la consolation, du remède, des ressources.

En un mot, de quels maux devons-nous demander la délivrance?

1° Du péché et des châtiments qu'il mérite; 2° de la convoitise; 3° du démon; 4° des misères de notre mortalité; 5° de la damnation éternelle, ou, pour parler avec plus d'ordre, 1° des causes du mal, qui sont la convoitise et le démon; 2° du mal même, qui est le péché; 3° des effets du mal, qui sont les peines temporelles et éternelles.

Pourquoi finir par cette demande?

1° Elle contient la consommation de la vie chrétienne, et le commencement de la vie bienheureuse, d'où il est aisé de voir que nous demandons par là, au moins tacitement, une bonne mort, qui seule peut nous affranchir de tout mal, et qu'on peut dire être le dernier des biens de cette vie. 2° et c'est ainsi qu'ayant commencé cette oraison, en demandant le premier et le plus grand des biens, ou le bien de Dieu même, qui est la sanctification de son nom, nous la finissons en demandant la délivrance du dernier et du plus grand des maux, qui est le péché ou le mal de Dieu même.

Telle est l'excellence de cette prière, qui surpasse les autres, 1° en autorité, à raison de son auteur; 2° en brièveté, qui facilite le moyen de l'apprendre, de la retenir et de la dire; 3° en sens, contenant une multitude et une diversité surprenante de choses; car on y trouve ce qu'on doit croire, espérer, aimer, désirer, estimer, craindre, faire, éviter, souffrir, mépriser; et on y demande tout ce qu'il y a de nécessaire, d'utile, de parfait dans la vie chrétienne; 4° en efficace, nul ne sachant mieux que le Fils ce qu'il faut, et comment il faut demander les besoins de l'homme, que le médecin et l'avocat de l'homme.

L'ordre des demandes du *Pater*.

Y a-t-il quelque ordre dans les demandes du Pater?

Oui, car après avoir d'abord demandé la gloire de Dieu, disant : *Votre nom soit sanctifié*, ce qui doit être le premier et le principal de nos souhaits, nous le prions en peu de mots, de nous accorder tous les biens que nous devons désirer, et de nous délivrer de tous les maux que nous pouvons craindre, et cela par une manière de méthode digne d'être considérée.

De quels biens demandons-nous la possession?

1° Des biens de la gloire, disant : *Votre royaume nous advienne*; 2° des biens de la grâce, disant : *Votre volonté soit faite*, qui n'est autre, selon saint Paul, que notre sanctification; 3° les biens de la nature, disant : *Donnez-nous aujourd'hui notre pain quotidien*.

De quels maux demandons-nous la délivrance?

1° Des maux éternels, disant : *Pardonnez-nous nos offenses*; 2° des maux spirituels, disant : *Ne nous induisez point en tentation*; 3° des maux corporels, disant : *Délivrez-nous du mal*.

Que dites-vous encore de l'ordre de ces demandes?

Qu'elles se suivent l'une l'autre naturellement, car c'est une conséquence de la qualité que nous avons d'abord prise d'enfants de Dieu; 1° de souhaiter la gloire de notre Père céleste; 2° d'aspirer à son royaume; 3° de faire sa volonté; 4° d'attendre de lui notre substance; 5° de lui demander pardon de nos fautes; 6° de le prier de ne révoquer point en doute notre amour; 7° de nous préserver du mal.

D'où vient que l'Oraison dominicale est si courte en paroles, et si riche en pensées?

Nous devons beaucoup, 1° méditer; 2° désirer; 3° peu parler, même dans la prière, Dieu sachant nos besoins avant que nous les lui exposions, et n'étant plus question que de gémir, et non de discourir, afin d'obtenir.

Pourquoi ajoute-t-on « Amen, » ou « Ainsi soit-il, » ou « Ainsi soit-il fait? »

Pour mettre comme le sceau à cette excellente prière, et témoigner l'ardeur avec laquelle nous souhaitons l'accomplissement de toutes ces demandes, qu'il est très-bon de méditer à chaque jour de la semaine.

Donnez-nous un moyen pour empêcher que notre esprit ne s'attiédisse par la répétition si fréquente que nous faisons de cette prière, et pour faire que nous puissions concevoir chaque jour de nouvelles pensées et de nouvelles ardeurs, et entretenir ainsi notre esprit dans une sainte et spirituelle vigueur.

C'est de partager les sept demandes selon les sept jours de la semaine, afin que chaque jour ait la sienne, et qu'étant bien méditée, elle serve de pensée amoureuse, qui, comme ce bois sacré de l'ancienne Loi, dont on entretenait continuellement le feu de l'autel, puisse conserver dans notre cœur le feu de l'amour divin sur la terre, jusqu'à ce qu'il devienne notre éternelle nourriture dans le ciel. Une grande et illustre sainte, qui était tout embrasée de ce divin feu, c'est sainte Thérèse, nous a appris sur cela une méthode fort utile.

Quelle est-elle?

De considérer Dieu sous sept titres et qualités très-aimables : le lundi, de le regarder comme notre Père, en lui disant : *Notre Père qui êtes aux cieux, votre nom soit sanctifié*. Le mardi, notre Roi, lui disant : *Votre royaume nous advienne*. Le mercredi, comme notre Époux, lui disant : *Votre volonté soit faite*. Le jeudi, comme notre Pasteur, lui disant : *Donnez-nous aujourd'hui notre pain quotidien*. Le vendredi, comme notre Rédempteur, lui disant : *Pardonnez-nous nos offenses*. Le samedi, comme notre Médecin, lui demandant la grâce de *nous préserver de la tentation*, vraie maladie de l'âme. Le dimanche, comme notre Juge, le priant *de nous délivrer du mal*, c'est-à-dire de nous absoudre du péché, qui seul nous rend criminels devant lui, et des peines qu'il mérite.

EXPLICATION DE LA SALUTATION ANGÉLIQUE.

De l'*Ave Maria* en général.

Après l'Oraison dominicale, quelle est la prière la plus excellente ?
La Salutation angélique.
Qu'entendez-vous par la Salutation angélique ?
J'entends un salut religieux que l'Eglise nous ordonne de rendre à la très-sainte Vierge Marie, à l'imitation de l'archange Gabriel, et de sainte Elisabeth, de qui nous l'avons apprise, et à laquelle l'Eglise a ajouté une prière, qui n'est pas moins excellente dans son sens, que courte dans ses paroles.
Pourquoi récite-t-on l'Ave Maria après le Pater ?
1° Parce qu'après Dieu notre Père céleste, et son Fils bien-aimé, le principal recours d'un Chrétien est la très-sainte Vierge Mère de Jésus et la nôtre. 2° Le droit que nous avons de pouvoir appeler Dieu notre Père, est une suite de ce que le Fils de Dieu a bien voulu avoir la sainte Vierge pour Mère. 3° Telle est la pratique de l'Eglise, qui ne divise presque jamais ces deux oraisons. 4° Il est du devoir d'un fils, après avoir rendu ses respects à son père, de rendre le salut à sa mère. 5° Elle est la plus puissante avocate que nous saurions employer pour en obtenir les demandes du *Pater*.
Qui rend cette prière recommandable ?
1° Ceux qui l'ont composée ; 2° les choses qu'elles contient ; 3° la dévotion des fidèles qui la récitent sans cesse ; 4° le mystère de l'Incarnation, dont elle retrace le souvenir, et dont elle applique le fruit quand on la dit avec amour et religion ; 5° les grâces et faveurs qu'elle attire ; 6° l'honneur qu'on reçoit la très-sainte Vierge, puisque toutes les fois qu'on la salue ainsi, on lui renouvelle le fondement de toutes ses grandeurs.
Qui l'a composée ?
L'ange a composé la première partie : c'est pourquoi on la nomme la Salutation angélique ; sainte Elisabeth la seconde, et l'Eglise la troisième ; ou plutôt Dieu le Père par le ministère de l'ange, qui était son ambassadeur, est auteur de la première, le Fils, par l'organe de sainte Elisabeth, le fut de la seconde, et le Saint-Esprit qui anime l'Eglise, l'est de la troisième, de sorte que la Salutation angélique doit être regardée comme l'ouvrage de la très-sainte Trinité.
Quel honneur rendons-nous à la sainte Vierge par l'Ave Maria ?
1° Nous la saluons ; 2° nous la louons ; 3° nous la prions : trois actes excellents de la vertu de religion qu'on lui rend sans cesse dans l'Eglise. Que si, pour paraître devant une grande reine on se pare, et on médite ses paroles et ses postures, de quelles dispositions intérieures ne doit-on pas être orné, 1° pour saluer avec révérence la reine du ciel et de la terre ; 2° pour louer celle à qui les hommes, les anges et Dieu même donnent des éloges ; 3° pour lui faire les demandes du monde les plus importantes.
Récitez-la en latin et en français ?

Ave, Maria, etc. Je vous salue, Marie, etc.
Part. I. — Composée par l'ange.

Je vous salue.

Que signifient ces paroles de l'ange à la sainte Vierge ?
C'est comme s'il disait : Je vous félicite de votre bonheur, je me réjouis de vos grandeurs, je fais hommage à votre dignité.
D'où vient que l'ange salua la sainte Vierge avec tant de respect ?
C'était un grand honneur aux patriarches et aux prophètes de l'Ancien Testament, d'être visités des anges, et de les révérer avec soumission, comme l'exemple d'Abraham, de Tobie, et de plusieurs autres grands saints le montre assez ; mais l'archange Gabriel, quoiqu'un des esprits les plus élevés d'entre les premières hiérarchies, se fit un honneur de témoigner un respect religieux à la sainte Vierge, de la saluer en des termes avantageux, et de lui donner des louanges magnifiques. C'est donc ici un langage nouveau : l'homme n'avait encore jamais reçu de respect de l'ange, cependant jamais l'ange n'a été si hautement loué de l'homme, que Marie a été louée d'un des premiers anges du ciel.
D'où vient que ces esprits célestes ne rendaient pas auparavant de respect à l'homme ?
C'est que l'ange surpassait l'homme, 1° par la dignité de sa nature spirituelle et incorruptible ; 2° par son accès auprès de Dieu ; 3° par l'abondance de sa grâce : au lieu que l'homme était chargé d'un corps périssable et mortel, exclu du paradis, plein de crimes et de péchés, qui avaient presque effacé en lui l'image de son auteur qui le rendait semblable à Dieu.
Pourquoi donc l'ange témoigna-t-il tant d'honneur à la sainte Vierge ?
Elle surpassait les anges dans ces trois avantages : 1° dans la dignité de la nature, la nature humaine étant devenue la nature de Dieu même dans le sein de Marie, et à cause de cela ayant été élevée au-dessus de la nature de l'ange dans le ciel ; 2° dans la familiarité divine, nulle privauté s'approchant de celle de Marie avec Jésus, de la Mère et du Fils ; 3° dans l'abondance de la grâce, étant raisonnable que celle de la Mère excédât infiniment, si l'on peut parler ainsi, celle des ministres du Fils.

Pleine de grâce.

L'ange la nomma-t-il Marie ?
Non.
Pourquoi ?
1° Par respect ; 2° pour la distinguer d'une manière plus noble, comme quand nous la nommons, *la Vierge,* par excellence, sans rien ajouter ; 3° pour la désigner par son propre caractère, l'appelant *pleine de grâce.*
Comment pleine de grâce ?
Elle a été, 1° exempte de tout péché et de toute convoitise, deux obstacles qui s'opposent au cours des grâces de Dieu, et qui occupent toujours quelque partie de notre cœur. 2° Avantagée de vertus et de dons, com-

blée de mérites, enrichie de bonnes œuvres, et ornée de cette beauté intérieure promise à la fille du Roi, et convenable à la qualité d'épouse du Roi des rois, elle enferma dans son sein celui qui ne pouvant être renfermé par le monde entier, ne laissa aucun vide en elle. 3° La fin de la grâce n'étant et ne consistant qu'à nous unir à Dieu, quelle pure créature a été plus intimement unie, et plus immédiatement conjointe à l'Auteur de toute grâce, que celle qui l'a conçu en elle? En effet, plus on approche du principe des choses, plus y participe-t-on. Ainsi les corps les plus voisins du soleil et du feu, sont plus lumineux et plus chauds, et les eaux plus pures, qui sont plus proches de la source. 4° Son âme a reçu la grâce dans une plénitude proportionnée à la dignité de Mère de Dieu, dignité d'un mérite comme infini, étant de la sagesse et de la providence de celui qui est le souverain dispensateur, de proportionner les moyens qu'il prend aux desseins qu'il médite, et les sujets qu'il choisit au rang qu'il leur destine. 5° Les autres saints ont reçu des grâces, mais par mesure; leur âme a été sanctifiée, mais non leur chair: la grâce de Marie a été dans une plénitude incomparable, puisqu'elle devait être la reine des saints : et elle a rejailli jusque sur sa chair, car elle a été tellement pénétrée de grâce, et consacrée par le Saint-Esprit, que d'une portion de cette chair bénie a été formé un corps au Saint des saints, auteur et source originale de toute grâce, en sorte qu'il était vrai de dire que la chair de Jésus était la chair de Marie. 6° La très-pure Vierge figurée par cette toison mystérieuse de Gédéon, a rassemblé en elle la rosée céleste des grâces dispersées et partagées entre les saints, elle en avait reçu elle seule assez en Jésus-Christ pour tous les hommes, dit saint Thomas; et l'ange nous assure qu'elle en possédait la plénitude, avant même d'en recevoir l'auteur par l'Incarnation: aussi ne lui dit-il pas que le Saint-Esprit viendra, mais qu'il surviendra en elle. 7° La plénitude de la grâce de Marie, après avoir rempli son âme, et inondé sa chair, s'est répandue comme un bassin qui regorge ses eaux salutaires sur tout le genre humain, donnant naissance à celui d'où devaient dérouler les vives sources de toute sanctification.

Le Seigneur est avec vous.

Et celles-ci ?

Elles veulent dire : 1° Le Père est avec vous, comme un époux avec son épouse; le Fils y va être comme un enfant avec sa mère; le Saint-Esprit y réside comme une divinité dans son temple. 2° Vous recevrez de Dieu une assistance perpétuelle, singulière, universelle. 3° Le Verbe est déjà dans votre cœur avant même que vous le conceviez dans vos entrailles; il sera dans votre sein pendant les neuf mois que vous l'y porterez, il habitera pendant trente-trois ans avec vous sur la terre, et vous vivrez éternellement avec lui dans le ciel. 4° Ainsi il y est pour ne s'en séparer jamais.

Vous êtes bénie sur toutes les femmes.

Et celles-ci ?

C'est comme s'il lui eût dit: 1° La première des femmes a été une source de péché, de malédiction et de mort pour tout le genre humain, aussi bien que celles qui l'ont suivie : et vous une source de grâce, de bénédiction et de vie. 2° Vous avez été préservée des peines portées contre toutes les autres femmes, qui conçoivent dans le péché, qui portent dans le travail, et qui enfantent dans la douleur ; car nulle d'entre les filles d'Eve n'a eu, ni n'aura jamais l'avantage comme vous, de concevoir dans la sainteté, et par l'opération du Saint-Esprit, de porter sans peine, d'enfanter sans douleur et sans détriment de votre pureté, d'avoir pour fils un Homme-Dieu, et d'être vierge et mère tout ensemble. 3° Vous avez réuni en vous seule tous les avantages des personnes de votre sexe, des vierges, des mariées et des mères: des vierges par votre intégrité, des mariées par votre fécondité, des mères par votre dignité. 4° Vous avez infiniment surpassé toutes les femmes par les priviléges incomparables dont Dieu vous a ornée au-dessus d'elles. En effet, si les vierges ont l'honneur de l'intégrité, elles n'ont pas celui de la fécondité; si les mariées ont l'avantage de la fécondité, elles n'ont pas celui de la pureté : si les mères ont la gloire de la postérité, elles ne mettent au monde que des criminels et des malheureux. Mais pour vous, ô l'ornement de votre sexe, vous avez été élevée au-dessus des vierges, par votre fécondité; au-dessus des mariées, par votre pureté, au-dessus des mères, par votre sainte et bénie postérité, puisque de vous est sorti le Saint des saints, et le Père de la nombreuse génération de tous les croyants. 5° Vous avez affranchi les femmes de l'ancienne dépendance qu'elles avaient de l'homme par leur extraction : car si Eve était redevable de sa formation à Adam, ayant été tirée de son côté, vous avez acquitté cette dette avec usure, et l'homme n'a plus rien à reprocher à la femme, depuis que le Fils de Dieu, le nouvel Adam, et le premier des hommes, a été tiré de votre sein, ô la première des femmes, et la nouvelle Eve du monde nouveau! 6° Le plus heureux de tous les enfantements vous a été réservé ; car les hommes ayant été mis au monde en quatre manières différentes, comme les saints observent : Adam, de Dieu seul; Eve, d'un homme seul; Abel, d'un homme et d'une femme; et le Verbe incarné, seulement d'une femme; vous avez été choisie pour cette dernière production, sans doute la plus glorieuse de toutes, si l'on regarde la dignité de celui que vous avez mis au monde, et la manière sainte dont vous l'avez conçu et enfanté.

Y a-t-il quelque ordre dans cette salutation ?

Oui; car, 1° saint Gabriel, par ces paroles: *Je vous salue pleine de grâce,* témoigne quelle est pour la sainte Vierge la déférence de la nature angélique, au nom de laquelle il la salue. 2° Par celle-ci : *Le Seigneur est avec vous*, il reconnaît l'alliance qu'elle a contractée avec la nature divine, et l'union étroite qu'elle a contractée avec les trois personnes divines. 3° Par ces dernières : *Vous êtes bénie sur toutes les femmes*, il déclare sa prééminence dans la nature humaine, les bénédictions qu'elle lui a attirées, et les obligations infinies dont l'homme lui sera éternellement redevable.

Part. II. — Composée par sainte Elisabeth.

Et Jésus, le fruit de vos entrailles, est béni.

Que signifient ces paroles de sainte Elisabeth à la sainte Vierge ?

C'est comme si elle lui disait, 1° le Père a versé sans mesure ses bénédictions sur le fruit que vous avez conçu. 2° En lui seront bénies toutes les nations de la terre, dont il sera le germe. 3° Les anges et les hommes béniront et loueront à jamais ce fruit de vie, dont ils se repaîtront. 4° Et ils vous béniront avec lui comme l'arbre heureux qui l'a porté, et la terre vierge, dont il est sorti par le seul commandement du Créateur, tout ainsi qu'à la naissance de l'univers, elle lui donna ses prémices indépendamment des causes naturelles ; fruit et arbre duquel Abraham a été la tige ; Isaac a senti l'odeur ; David a éprouvé la douceur, dont tous les patriarches, comme des rameaux, ont été nourris, et ont participé à la sève ; à l'ombre duquel l'Epouse des Cantiques éprise d'amour, et charmée de sa beauté, s'est reposée. 5° Qu'Eve fut l'arbre malheureux qui porta le fruit de mort, et Marie l'arbre du paradis, qui porte le fruit de vie.

Qu'apprenons-nous encore de ces paroles ?

1° Que comme le fruit tombe de lui-même et sans violence quand il est mûr, le béni fruit de Marie se détacha de son sein sans aucune lésion de son intégrité. 2° Comme le fruit fait toute la richesse et la beauté de l'arbre, Jésus fait toute la gloire de Marie qui l'a porté. 3° La première femme chercha dans le fruit défendu, selon les trompeuses promesses du tentateur, la volupté, l'immortalité, la divinité ; et elle n'y trouva que l'amertume, la mort, l'enfer, le péché ; mais les désirs de pécheur étaient réservés au juste, dit l'Ecriture : Dieu a donné à l'humilité de Marie ce qu'il a refusé à l'ambition d'Eve, et c'est dans le fruit des entrailles de celle-là, que le genre humain a rencontré ce que celui-ci avait vainement prétendu trouver dans le fruit défendu. 4° Jésus est appelé avec raison, tantôt le *fruit d'un ventre*, parce qu'il est né d'une mère sans père ; tantôt une fleur et un lis, non des jardins, où le travail et l'industrie humaine ont coopéré ; mais *une fleur des campagnes, et un lis des vallées*, parce que cette divine fleur est une pure production de la rosée du ciel, et de la fécondité de la terre, où l'intervention de l'homme n'a eu aucune part.

Part. III. — Composée par l'Eglise.

Sainte Marie, Mère de Dieu.

Que prétend l'Eglise par ces éloges ?

Honorer la très-pure Vierge, se réjouir de ses grandeurs, et en obtenir les demandes qu'elle va faire ; car l'appelant sainte, elle publie son mérite ; la nommant Marie, elle déclare son pouvoir de dame maîtresse ; la qualifiant *Mère de Dieu*, elle reconnaît son crédit auprès de son Fils, et c'est comme si elle lui disait : Vous avez, ô Vierge heureuse, porté le Saint des saints, vous êtes sainte par excellence, vous aimez la sainteté, vous avez été prévenue de grâce, préservée du péché, exemptée de convoitise, destinée à être le sanctuaire de la divinité, consacrée par l'avénement du Saint-Esprit, et par l'Incarnation du Verbe éternel, députée à des usages tout saints et tout divins envers votre Fils, prédestinée à une gloire immense, et à une union intime avec Dieu, élue pour être le canal des grâces de Jésus-Christ sur les hommes, étant dans le corps mystique du Fils de Dieu, comme nous apprennent les saints, ce que le col est dans le corps naturel ; en sorte que les influences du chef sur ses membres, c'est-à-dire, de Jésus-Christ sur les fidèles, passent par vous, ô Vierge véritablement sainte, la Reine de tous les saints, *et la Mère du Saint des saints :* privilége incomparable, que toute l'Eglise a reconnu en vous, et dont elle a fait un dogme de foi à ses enfants ; car le premier concile général s'étant tenu pour soutenir la divinité du Fils, et le second pour maintenir la divinité du Saint-Esprit, la troisième concile œcuménique fut assemblée, il y a près de 1,300 ans (62), dans un temple de longtemps consacré à votre nom, et honoré du titre de Marie, c'est-à-dire dans l'église cathédrale d'Ephèse, illustre et ancienne métropole de toute l'Asie ; (où vous aviez vécu avec le disciple bien-aimé, et d'où votre présence avait sans doute détruit le culte abominable qu'on y rendait à la plus célèbre idole des déesses fabuleuses) pour vous conserver, ô Vierge sainte, cette qualité glorieuse de Mère de Dieu, que voulaient vous ravir de malheureux hérétiques, en cela disciples de Julien l'Apostat, digne d'avoir été le premier qui ait reproché aux fidèles de vous nommer sans cesse ainsi.

Priez pour nous, pauvres pécheurs, maintenant et à l'heure de notre mort.

Que veulent dire ces paroles ?

Que nous devons recourir à la puissante protection de la Mère de Dieu, afin que par son intercession, son crédit et son pouvoir, 1° elle arrête la colère de Dieu sur nous à la fin de notre vie ; 2° elle nous obtienne de lui, et cela dès maintenant, en commençant de nous y préparer par une bonne vie, le

---

62) 1,500 ans aujourd'hui.

moyen sûr de faire une bonne mort, et les grâces dont nous aurons alors besoin; 3° elle nous protége contre les assauts du diable; 4° qu'elle soit présente à notre dernière heure, comme elle le fut à celle de son Fils sur le Calvaire, où elle reçut le nom et la qualité de mère de tous les fidèles, et où elle les enfanta dans la douleur, pour en exercer avec plaisir l'office à l'heure de leur trépas, et les enfanter à la gloire.

Que remarquez vous dans ces paroles?

Que l'Eglise nous fait prendre ici la qualité de pécheurs, 1° par respect pour la sainteté de la Mère de Dieu, auprès de laquelle la sainteté du commun des hommes n'est, pour ainsi dire, qu'imperfection; 2° pour exciter sa bonté par l'aveu de notre misère; 3° pour imiter l'humilité de Marie, qui s'étant comme anéantie devant Dieu au milieu des grandeurs de l'Incarnation, a mérité que les hommes s'humiliassent devant elle, quand ils rappellent le souvenir d'un si grand mystère, et d'un si admirable exemple; 4° pour nous attirer les effets de sa reconnaissance, puisque c'est aux pécheurs qu'elle est en un sens redevable de sa qualité de Mère du Sauveur.

Quoi encore?

Nous mettons l'heure de notre décès sous la protection spéciale de Marie, 1° parce qu'elle assista à la mort de son Fils, notre divin chef, ou plutôt qu'elle assista son Fils à la mort sur le Calvaire, où elle puisa la grâce, et mérita le don d'assister ses membres qui meurent en lui, par les actes de patience, de force, de constance, de résignation, de soumission, d'acceptation et de religion qu'elle y exerça, et par la consolation que sans doute elle causa à celui qui n'en reçut pour lors de personne; car elle ne l'abandonna pas comme les disciples; elle ne tomba pas en défaillance comme souvent on la représente: elle se tint droite, et si près de la croix, qu'elle pouvait entendre et être entendue de son Fils: et loin de se laisser aller aux plaintes, saint Ambroise nous assure qu'elle connut que le sang de son Fils allait racheter l'univers, que dans cette vue elle offrait cette mort précieuse au Père éternel, et qu'elle s'y offrait elle-même avec lui en esprit de victime, toute prête d'unir son sacrifice à celui de Jésus-Christ, de mêler son sang avec le sien, et de souffrir la mort avec lui, pour coopérer au salut du genre humain, s'il eût été possible et nécessaire. 2° Selon les saints, cette digne imitatrice de Jésus ayant bien voulu se soumettre à la mort, dont son Fils adorable offrait de la dispenser, mérita par cette acceptation généreuse, et par les actes excellents qu'elle pratiqua, la grâce et la vertu de nous assister en cette dernière heure; pourquoi donc les fidèles ne pourraient-ils pas lui dire ce que les Juifs disaient à Esther: *Parlez pour nous au roi, et délivrez-nous de la mort?* 3° Dieu, dès le commencement du monde, ayant permis au serpent de tendre des piéges au talon de l'homme, c'est-à-dire à l'extrémité de sa vie, prédit en même temps qu'il viendrait un jour une Vierge qui lui écraserait la tête: c'est donc à la vertu de Marie qu'on doit recourir pour vaincre cet ennemi de la persévérance finale à la mort.

De la dévotion à la très-sainte Vierge.

Que dites-vous de la dévotion à la très-sainte Vierge?

Qu'après Notre-Seigneur Jésus-Christ, nous en devons avoir plus pour elle que pour aucun autre saint.

Pourquoi?

Son rang, ses grâces, ses priviléges, ses vertus, sa sainteté, les grandes obligations dont tout le genre humain lui est redevable, son élévation dans la gloire, son pouvoir auprès de Dieu, l'honneur que lui rend l'Eglise, son extrême bonté, les puissants secours qu'elle obtient à ceux qui l'invoquent d'un cœur vraiment filial, et nos besoins infinis sont autant de motifs qui nous y engagent, et qui lui ont acquis ce respect universel que tous les hommes, jusqu'aux infidèles mêmes, ont toujours eu pour elle.

En quoi doit consister cette dévotion?

A avoir pour la sainte Vierge, 1° un tendre amour; 2° une estime souveraine; 3° une confiance parfaite; 4° une vénération profonde; 5° une imitation fidèle.

Qui abuse de cette excellente dévotion?

Ceux qui croupissent dans le péché, surtout de luxure, s'imaginent que quelque légère marque de piété envers cette très-pure Vierge les sauvera, sans se mettre en peine de se corriger de leurs vices ni de faire pénitence: conduite injurieuse à Dieu, puisque, continuant de les déshonorer par un tel déréglement de vie, abandonnant les moyens établis par Notre-Seigneur pour recouvrer la grâce, et négligeant les règles de l'Eglise, ils font servir la dévotion et le nom de la sainte Vierge, à qui les intérêts de son Fils sont plus chers que les siens propres, ou à couvrir leurs iniquités, ou à se former une fausse paix de conscience, ou à ne pas mettre sa confiance en Jésus-Christ seul quoiqu'il n'y ait aucun autre nom donné aux hommes sous le ciel, par lequel nous devions être sauvés: excès qu'il faut éviter soigneusement.

Que voudriez-vous faire dans cette vue?

1° Haïr les péchés qu'elle hait le plus, comme l'orgueil et l'impureté; 2° aimer les vertus qu'elle aime davantage, particulièrement l'humilité et la chasteté; 3° pratiquer les dévotions que l'Eglise autorise, et qui sont en usage parmi les fidèles envers cette Reine du ciel et de la terre, afin de lui témoigner par là mon respect et mon engagement à son service.

DE L'ANGÉLUS.

Doit-on dire tous les jours l'Angélus?

Oui, c'est une pieuse pratique, consacrée par l'usage des fidèles, qui porte beaucoup à Dieu, qui recueille celui qui dit, qui édifie extrêmement le prochain, qui renouvelle toujours le mystère de l'Incarnation du Verbe éternel, et qui nous doit être d'autant plus chère, que c'est la dévotion de la France et la piété d'un de nos plus sages rois envers la sainte Vierge qui l'a introduite, comme on croit, et répandue dans tout le reste de l'Église.

Pourquoi le dit-on trois fois le jour?

1° En l'honneur de l'incarnation, de la mort et de la résurrection du Sauveur; 2° en action de grâces des bienfaits de la création, de la rédemption et de la glorification, auxquels ces trois heures de la journée répondent.

Pourquoi le matin, à midi et le soir?

Pour offrir à Dieu le commencement de notre journée et de notre travail, en renouveler l'offrande au milieu du jour; lui en consacrer la fin, nous unir aux travaux de la vie voyageuse du Fils de Dieu; sanctifier toute notre vie, qui n'est qu'un jour répété.

Comment le doit-on dire?

1° La tête découverte, et même à genoux, s'il se peut; 2° dans des sentiments de reconnaissance, d'amour et de louange envers notre divin Rédempteur; 3° et d'union à l'humilité, l'obéissance, la pureté, la foi et la charité de la sainte Vierge, dans le mystère de l'Incarnation.

DU CHAPELET ET DE LA MANIÈRE DE LE BIEN DIRE.

Est-ce bien fait de réciter le chapelet?

Oui, c'est une dévotion excellente autorisée dans l'Église, pratiquée par tous les fidèles, et très-agréable à la sainte Vierge, très-instructive et très-utile pour nous, et qui nous remet en mémoire les principaux mystères de notre religion.

Pourquoi le récite-t-on?

1° Pour montrer qu'on est affectionné à la sainte Vierge; 2° pour obtenir de Dieu, par son moyen, les grâces qui nous sont nécessaires; 3° pour nous distinguer des hérétiques, à qui le démon a ôté tout sentiment de piété; 4° la chose est bonne en elle-même.

À qui la récitation du chapelet peut-elle profiter?

À tout le monde, mais particulièrement à ceux qui ne savent pas lire, ou qui ne sont pas encore assez exercés à prier.

De quoi est-il composé?

De sept *Pater* et de soixante-trois *Ave Maria* (63).

Pourquoi de sept Pater?

En mémoire des sept principaux mystères de la sainte Vierge, et pour remercier Dieu des grâces qu'il lui a faites dans ces jours-là.

Pourquoi soixante-trois Ave Maria?

En l'honneur de soixante-trois années qu'on croit que la sainte Vierge a vécu sur la terre.

Faut-il croire qu'il y ait quelque vertu dans ce nombre de Pater et d'Ave Maria?

Non, ce serait une croyance superstitieuse; mais c'est une bonne dévotion de s'unir à tout le bien que la sainte Vierge a fait chaque année de sa vie, et d'honorer les vertus qu'elle y a pratiquées, n'y en ayant eu aucune, où, comme une terre féconde, elle n'ait produit des fruits dignes de la vie éternelle, et où Dieu n'ait été glorifié en elle, et qui par conséquent ne soit digne de nos respects et de nos conjouissances.

Pourquoi les partage-t-on en six dizaines?

Afin qu'on puisse plus commodément méditer sa vie et ses vertus.

Donnez-nous une méthode utile pour bien dire le chapelet.

1° Faisant le signe de la croix, honorez la sainte Vierge comme l'épouse du Père, la Mère du Fils, le sanctuaire du Saint-Esprit; 2° disant le *Veni, sancte Spiritus*, remerciez Dieu de ce qu'après le péché d'Adam, il résolut que son Fils s'incarnerait dans le sein de Marie par l'opération du Saint-Esprit; 3° récitant le *Credo*, unissez-vous à la foi que les anciens patriarches avaient au mystère de l'Incarnation qui devait s'opérer dans une vierge mère; 4° sur les trois *Ave Maria*, honorez la très-pure Vierge dans son enfance, particulièrement dans les mystères de sa conception, de sa nativité et de sa présentation au temple.

Que faut-il méditer sur le premier dizain?

La vie qu'elle mena depuis l'âge de trois ans jusqu'à quinze dans le temple, où elle vécut dans une espèce de communauté : son

---

(63) Le pieux auteur du *Catéchisme* a oublié quelques renseignements utiles pour le chapelet; on nous permettra de les donner en quelques mots.

On distingue plusieurs sortes de chapelets. D'abord le chapelet ordinaire, ensuite celui appelé de sainte Brigitte, et le rosaire.

Le chapelet ordinaire se compose de cinq dizaines, dont chacune est précédée d'un *Gloria Patri* et d'un *Pater*. On commence toujours ce chapelet par le *Credo*, le *Pater* et trois *Ave Maria*.

Le chapelet de sainte Brigitte a six dizaines, autant de *Pater* et de *Gloria Patri*, sans compter le *Credo*, le *Pater* et les trois *Ave Maria* qui précèdent. On l'attribue à sainte Brigitte, qui voulut par là honorer les *soixante-trois* années que la sainte Vierge a passées sur la terre, et rappeler également les sept douleurs et les sept allégresses de sa vie. Il faut les méditer attentivement pendant qu'on récite le chapelet ou le rosaire.

Le rosaire, dont l'institution est attribuée à saint Dominique, renferme trois chapelets ordinaires, c'est-à-dire *quinze Pater* et autant de dizaines.

Son but est d'honorer cinq mystères joyeux, cinq douloureux et cinq glorieux.

Les *mystères joyeux* sont : l'Annonciation, la Visitation, la Nativité de Notre-Seigneur, sa Présentation au temple et quand il fut retrouvé parmi les docteurs.

On appelle *mystères douloureux*, son agonie au jardin des Olives, sa flagellation, son couronnement d'épines, le portement de la croix, et son crucifiement.

Par *mystères glorieux*, on entend la Résurrection de Jésus-Christ, son Ascension, la Descente du Saint-Esprit, l'Assomption de la sainte Vierge et son Couronnement dans le ciel.

Les chapelets et le rosaire sont ordinairement enrichis d'indulgences appliquées par un prêtre qui a reçu le pouvoir spécial. On doit rechercher avec soin l'occasion d'obtenir ces indulgences, et nous n'avons pas besoin d'ajouter que les fruits de la dévotion du chapelet sont admirables dans tout le monde chrétien.

obéissance, son travail, son humilité, son silence, son oraison, sa douceur, sa modestie, son entrée dans les lieux les plus saints, sa familiarité avec les anges, son désir de la venue du Messie, son vœu de chasteté perpétuelle.

Et pendant le second dizain?

Sa sortie du temple, ses épousailles, l'annonciation, l'incarnation, la visitation, la peine que lui causa le soupçon de son époux, l'apparition de l'ange qui l'en délivra, le voyage en Bethléem, le rebut qu'on fit d'elle dans l'hôtellerie, l'étable et la crèche.

Et pendant le troisième?

La naissance de Jésus-Christ, la maternité de la sainte Vierge, les pasteurs, la circoncision, les rois mages, la purification et la présentation, la crainte d'Hérode, les innocents, la fuite en Egypte, la demeure en cette terre idolâtre, le retour en Nazareth, l'enfant Jésus au milieu des docteurs, la peine qu'eut la sainte Vierge de l'avoir perdu, sa joie de l'avoir recouvré.

Et pendant le quatrième?

La vie tranquille de la bienheureuse Vierge en Nazareth avec Jésus-Christ et saint Joseph, pendant dix-huit ans environ; la paix de cette sainte famille, l'obéissance et la soumission du Fils à sa Mère et à saint Joseph, leur vie cachée et obscure.

Et pendant le cinquième?

La mort de saint Joseph, les missions et les prédications de Jésus-Christ que la sainte Vierge suivit, le premier miracle qu'il fit devant ses disciples à sa prière, les autres prodiges dont elle fut témoin, la gloire de son Fils, sa passion, sa crucifiement, sa mort, sa sépulture, sa résurrection, son ascension, la descente du Saint-Esprit; les sentiments du cœur de la sainte Vierge dans tous ces grands mystères.

Et pendant le sixième?

Le reste de la vie de cette très-pure Mère, sa joie dans l'établissement de l'Eglise, sa conversation avec saint Jean, les apôtres et les premiers Chrétiens, son trépas, sa résurrection, son assomption, sa gloire, son pouvoir et sa bonté.

Est-ce bien fait de réciter le chapelet tous les jours?

C'est une pratique très-bonne, qui peut nous attirer bien des grâces, et que nous devons inspirer aux autres; le réciter avec eux, et en distribuer aux pauvres : en quoi nous succéderons à la piété de ce célèbre et pieux solitaire de France, qu'on tient être le premier auteur du chapelet.

Faut-il parcourir tous ces mystères en le disant?

Le moindre suffit pour nous occuper abondamment.

LEÇON V.
Des vertus théologales en général.

Combien y a-t-il de vertus théologales?

Trois : 1° la foi; 2° l'espérance; 3° la charité.

Que nous apprennent ces trois vertus?

Ce que nous devons, 1° croire; 2° demander; 3° faire. L'une conduit nos pensées; l'autre nos désirs, et la troisième nos actions.

Pourquoi appelez-vous ces vertus théologales?

Elles regardent Dieu, et nous unissent immédiatement et intimement à lui : la foi regarde particulièrement le Père, l'espérance le Fils, la charité le Saint-Esprit.

Ce sont donc les plus excellentes d'entre les vertus?

Sans doute, puisque les autres vertus s'occupent du bien de la raison, ou perfectionnent l'homme par rapport à la raison naturelle et à la sagesse, pour lui procurer un bonheur de même ordre; et celles-ci s'occupent du bien de Dieu, ou perfectionnent l'homme par rapport à la première et souveraine raison, et à la sagesse originale et divine, et lui procurent un bonheur surnaturel et infiniment élevé au-dessus de ses prétentions : les unes s'occupent des moyens de parvenir à notre dernière fin, et celles-ci nous y attachent et nous y portent directement; et non-seulement leur infusion, mais aussi leur accroissement est un don de Dieu qu'il faut sans cesse lui demander dans la prière, ayant toujours en nous, ainsi que cette ancienne veuve, quelque vaisseau vide à présenter pour être rempli de l'huile mystérieuse qui sert de nourriture à ces divins dons.

Est-on obligé d'en faire souvent des actes?

Oui, mais particulièrement : 1° quand on a atteint l'usage de la raison; 2° quand on est tenté des vices opposés; 3° qu'on reçoit les sacrements; 4° qu'on exerce quelque acte de religion qui l'exige; 5° que l'heure de la mort est venue.

Sur quoi sont fondées ces trois vertus?

1° La foi se fonde sur la sagesse et sur la bonté de Dieu : car ce qui fait qu'on ne croit pas les hommes, c'est qu'on les soupçonne ou d'ignorance, ou d'erreur, ou de malice; mais Dieu étant la première vérité, la souveraine sagesse et la bonté même par essence, il est impossible ni qu'il se trompe, ni qu'on le trompe, ni qu'il trompe. 2° L'espérance s'appuie sur la fidélité et sur la toute-puissance de Dieu, bien différent des hommes qui manquent continuellement à leurs promesses; parce que, ou ils ne promettent pas avec un désir sincère de tenir, ou ils se repentent d'avoir promis, ou ils ne peuvent pas accomplir leurs promesses. 3° La charité s'enflamme dans la vue de la bonté, de la beauté et de la perfection de Dieu, les créatures nous rebutant continuellement par leur malice, leur laideur, leurs défauts.

§ Ier — De la foi.

Qu'est-ce que la foi?

Un don de Dieu et une vertu ou lumière surnaturelle, par laquelle nous croyons avec certitude tout ce que Dieu a révélé à son Eglise, et qu'elle nous propose de croire de sa part.

Qu'est-elle au salut et à la vie chrétienne?

Ce que le fondement est à l'édifice, et la racine à l'arbre.

Pourquoi un « don de Dieu? »

Elle est tellement l'effet gratuit de sa pure miséricorde et libéralité, que nous ne pouvons la mériter, l'acquérir, ni l'avoir de nous-mêmes.

Peut-on la recevoir de ses parents, ou croire de soi-même?

Non, il faut que Dieu l'inspire et la donne par une impression de sa grâce.

Pourquoi « une vertu ou lumière surnaturelle? »

Parce que Dieu nous incline suavement par elle à croire tout ce qu'il a dit, nous éclairant intérieurement et nous élevant à la connaissance des choses qui sont au-dessus de la capacité naturelle de notre esprit, auxquelles nous ne pourrions atteindre ni acquiescer sans cette divine clarté et cette douce impression, non plus que voir sans lumière et sans œil, ou écouter sans oreille.

Pourquoi « par laquelle nous croyons en lui? »

Parce que nous croyons les vérités de la foi, à cause que Dieu les a dites et révélées, et non quelque autre que lui, fondés sur son infaillible autorité, et nous confiant pleinement en lui.

Pourquoi « et à tout ce qu'il a révélé? »

Parce que croire Dieu en partie et non en tout, c'est ne le point croire du tout, ou ne le point croire à cause qu'il est véritable et infaillible en tout.

Pourquoi « et ce que l'Eglise nous propose à croire? »

Parce que Dieu veut que nous apprenions de l'Eglise ce qu'il a révélé, et que nous nous soumettions à son autorité et à son témoignage, lorsqu'elle nous déclare, et ce que Dieu a révélé, et le sens dans lequel nous le devons entendre : ainsi un voyageur croit son pilote; un apprenti son maître; un soldat son capitaine; un malade, son médecin; un aveugle son guide.

Pourquoi « de sa part? »

C'est lui seul qui se connaît, c'est lui seul qu'on doit croire, quand il nous parle de lui, dit saint Hilaire, et par l'organe de l'Eglise.

Les hérétiques ont-ils la foi, du moins en partie?

Comment auraient-ils la foi surnaturelle et divine, puisque ne croyant pas ni tout ce que Dieu a dit, ni à cause qu'il l'a dit précisément : car ils n'acquiescent pas à l'autorité de l'Eglise qui le leur déclare; et n'en voulant prendre que ce qu'ils jugent à propos par l'examen qu'eux-mêmes en font, ils se font les arbitres de leur croyance, laquelle ne peut plus être qu'humaine et naturelle, attendu que la même raison qui les détermine à croire que Dieu a révélé cette partie des vérités qu'ils veulent bien croire, si elle était un mouvement du Saint-Esprit et un acquiescement au témoignage de l'Eglise, les porterait à croire le tout, et que, selon l'Apôtre, qui pèche en un point, pèche en tout.

Peut-on la prouver par des arguments philosophiques et des démonstrations évidentes?

Non, la foi serait sans mérite, si elle était redevable de sa soumission à la raison humaine; mais on peut l'établir par des motifs si convaincants, et elle est si conforme au bon sens et aux premiers principes de la lumière naturelle, que tout esprit raisonnable doit s'y rendre; d'où vient que les premiers Pères disaient aux païens que l'âme était naturellement chrétienne.

Peut-on répondre aux objections qu'on fait contre la religion?

Oui; car encore que la foi ne puisse clairement être prouvée par la raison à cause de son élévation, elle ne peut pourtant pas être détruite par la raison à cause de sa vérité.

Qu'est-il requis à la vraie foi?

1° Une ferme confiance; 2° une confession constante; 3° une volonté prompte de mourir plutôt que d'y renoncer.

Quelle doit-elle être?

1° Humble, comme celle de Marie; 2° aveugle, comme celle d'Abraham; 3° fervente, comme celle de la Cananéenne; 4° féconde, comme celle du Centenier; 5° forte, comme celle de saint Etienne, etc.

Des différentes sortes de foi.

Qu'est-ce que la foi habituelle?

L'habitude même de la foi infuse avec le baptême.

Et l actuelle?

L'acte même qu'on en fait.

Et la foi vive?

Celle qui est animée et opérante par la charité, telle que l'ont ceux qui sont en état de grâce, qui la conservent et l'augmentent, 1° par la prière et la demande; 2° par les actes fréquents; 3° par les bonnes œuvres.

Et la foi morte?

Celle des pécheurs qui n'ont ni le sentiment de la charité, ni le mouvement des bonnes œuvres.

Peut-on être agréable à Dieu, ou être sauvé, ou faire quelque chose digne de la vie éternelle, sans la foi vive?

Non, nul membre n'est utile, ni animé, s'il n'est uni à son chef, et s'il n'en reçoit les influences et la direction.

Suffit-il de croire pour être sauvé?

Il faut encore faire, la foi étant une habitude, et un arbre qui demande d'agir et de produire, il faut donc avoir la charité, qui est l'âme de la foi, et les bonnes œuvres qui sont les fruits de la charité, pour parvenir au salut qui est le prix des bonnes œuvres, ou de la foi vivante par la charité, et opérante par les bonnes œuvres : car Jésus-Christ n'est pas seulement un rédempteur, aux mérites duquel nous nous devons fier, mais encore un législateur, aux lois duquel nous devons nous soumettre, un docteur qu'il faut écouter et croire, un modèle et un guide qu'il faut imiter et suivre.

Qui devons-nous croire?
Dieu, son Ecriture, son Eglise, nos parents et nos supérieurs, quoique d'une manière différente, et chacun dans son degré.
Qui ne doit-on pas croire?
Le monde, le diable, la chair, soi-même, son propre esprit et sentiment.
Quels sont les effets de la vraie foi selon l'Ecriture?
1° Elle éclaire l'esprit; 2° elle purifie le cœur; 3° Elle justifie; 4° elle fait enfant de Dieu; 5° elle incorpore à l'Eglise; 6° elle triomphe du monde; 7° elle impètre tout en Dieu; 8° elle est toute-puissante; 9° elle fait mépriser la terre; 10° elle distingue le Chrétien de l'infidèle.

Des péchés contre la foi.

Quels péchés sont opposés à la foi?
1° L'infidélité; 2° l'apostasie; 3° l'hérésie; 4° l'erreur; 5° le doute volontaire.
Qu'est-ce qu'être infidèle?
C'est n'avoir jamais eu de foi.
Et apostat?
C'est avoir renoncé à la foi dans tous ses points.
Et hérétique?
C'est soutenir avec opiniâtreté une erreur condamnée par l'Eglise, comme contraire à quelque point de foi.
Qui fait donc le formel de l'hérésie?
Deux choses: l'erreur et l'opiniâtreté contre le jugement de l'Eglise, n'étant plus permis de soutenir un dogme contre sa décision, sans s'éloigner de la vérité, se séparer de son unité, et s'exclure du salut.
Et être dans l'erreur?
C'est tenir un dogme faux pour véritable, sur lequel néanmoins l'Eglise n'a pas encore prononcé.
Et dans le doute?
C'est hésiter et vaciller dans la foi sans se déterminer.

De la tradition.

Qu'est-ce que la parole non écrite?
Ce sont certaines vérités qui ne se trouvent pas formellement dans la Bible, mais qui ont été enseignées de vive voix par Notre-Seigneur et les apôtres, et qui se sont conservées dans la tradition.
Qu'est-ce donc que la tradition?
Une doctrine donnée de main en main, fondée en l'Ecriture, consignée dans les écrits des saints Pères, toujours reçue et crue dans l'Eglise, et inviolablement conservée jusqu'à nous.
Combien de sortes y en a-t-il?
Il y a des traditions, 1° divines, qui regardent la foi comme l'existence, et le nombre des livres canoniques, leur véritable sens, le baptême des enfants, la perpétuelle virginité de la Mère de Dieu, la matière et la forme des sacrements, etc.; 2° apostoliques, qui regardent la doctrine, la discipline et les mœurs que les apôtres ont introduites, comme le changement du jour du sabbat, le culte des saints et des images, le Carême et les Quatre-Temps, le signe de la croix, les cérémonies du sacrifice et des sacrements, la communion à jeun, l'exclusion du lavement des pieds, du nombre des sacrements, etc.; 3° ecclésiastiques, qui regardent diverses observances religieuses, dont les Papes et les prélats sont les auteurs, comme la célébrité des fêtes, la pratique de divers jeûnes, abstinences, vigiles, l'usage de l'eau bénite et des cendres, etc.

§ II. — *De l'espérance.*

Qu'est-ce que l'espérance?
Une vertu théologale, par laquelle fondés sur les mérites de Jésus-Christ et sur les promesses de Dieu, nous attendons avec confiance de recevoir de la bonté divine les biens temporels et spirituels qui nous sont nécessaires pour faire notre salut en ce monde, et la vie éternelle en l'autre, pourvu que nous gardions ses commandements.
Pourquoi notre espérance se fonde-t-elle sur les mérites de Jésus-Christ?
Ils sont infinis; il les a offerts pour nous; aucune grâce n'a jamais été, et ne sera jamais accordée que par lui; nous ne méritons par nous-mêmes que l'enfer.
Pourquoi sur les promesses de Dieu?
Lui devant tous nos services, ils ne peuvent, quels qu'ils soient, obliger en justice ce Père de famille, si lui-même ne s'oblige volontairement, faute de laquelle convention les bienheureux et les âmes du purgatoire ne mériteraient plus. Mais Dieu étant sincère, fidèle, bon et tout-puissant, il est impossible qu'il manque de tenir ce qu'il a promis à ses serviteurs, si de leur côté ils exécutent ce qu'il leur a ordonné.
Que devons-nous espérer par Jésus-Christ?
Trois choses principales: 1° le pardon; 2° la grâce; 3° la gloire.
Faites un acte d'espérance.
Mon Dieu, j'espère de votre bonté infinie, qu'en considération de Jésus-Christ mon Sauveur, vous me pardonnerez mes péchés, vous pourvoirez à mes besoins, et me ferez la grâce de vous aimer et de vous servir, et de parvenir ainsi à la vie éternelle. Ainsi soit-il.
Pouvons-nous espérer de Dieu les biens temporels?
Oui, pourvu qu'ils soient utiles à notre salut, ce qui est assez rare, l'ancien proverbe n'étant que trop vrai, que les richesses et les vertus ne s'accordent guère ensemble.
Sur quoi fondez-vous cette espérance?
1° Sur la bonté de Dieu; 2° sur sa miséricorde; 3° sur sa providence; 4° sur sa charité; 5° sur sa qualité de Père, bon, riche, libéral, véritable, fidèle, tout-puissant, et qui est informé de nos besoins avant même que nous les lui exposions: en effet, que craint un pupille à qui Dieu même sert de tuteur, dit saint Cyprien? 6° sur le soin qu'il a des créatures inférieures à l'homme, des petits corbeaux abandonnés, des passereaux, des lis et herbes des champs, etc.; 7° sur sa libéralité envers ses ennemis mêmes, faisant reluire son soleil et tomber sa pluie sur l'héritage du pécheur aussi bien que sur celui du juste.

Pourquoi donc obtient-on assez rarement les biens temporels?

On demande, 1° par un principe de convoitise, ou pour une fin vicieuse, quoique souvent on ne le voie pas; 2° des choses nuisibles ou superflues; 3° avec plus d'ardeur le temporel que le spirituel, c'est-à-dire, la commodité des richesses, que le mérite et le bon usage de la pauvreté; 4° sans confiance, car comme nous n'accordons pas à Dieu ce qu'il demande de nous, nous avons peine à croire qu'il nous accordera ce que nous demandons de lui; 5° nous ne cherchons pas, premièrement, le royaume de Dieu; car ce sont les lis, non des parterres cultivés par le soin des hommes, mais des champs: et les oiseaux, non marchant ou rampant sur terre, lesquels s'amassent, ou à qui on prépare des magasins ou réservoirs, mais du ciel, qui volent et qui crient, et qui sont sans greniers ni celliers, figure des âmes libres, détachées, élevées, que Jésus-Christ donne comme les sujets sur qui sa providence reluit avec éclat. Aussi fut-ce avec de l'eau, symbole du baptême et de la pénitence, et non avec de la terre, que ce divin ouvrier forma les oiseaux lors de la création du monde; 6° quand on a des moyens humains, on espère; quand ils manquent, on désespère: ainsi on compte tout sur la créature, et peu sur le secours divin; 7° quand nous demandons les biens temporels, nous ne savons ce que nous demandons: quand nous demandons les biens spirituels, nous ne voulons pas ce que nous demandons: de là peu de prières exaucées. Que dire d'une nation qui se ferait une religion de demander chaque jour à Dieu des choses qu'elle ne voudrait pas obtenir? tels sont la plupart des Chrétiens récitant l'Oraison dominicale; 8° enfin, c'est que la pauvreté est bien moins à craindre que le salut, que l'opulence.

Pourquoi?

La pauvreté rend, 1° humble; 2° doux; 3° patient; 4° paisible; 5° dépendant; 6° sobre; 7° mortifié; 8° soumis; 9° modeste; 10° détaché; 11° dévot; 12° appliqué à l'oraison: tels sont les fruits de la pauvreté vertueuse, qui fait trouver la félicité dans la misère et l'abondance dans la disette. Et ne dites pas que vous êtes distrait de Dieu, parce que vous êtes pauvre, puisque vous n'êtes pauvre qu'à cause que vous êtes distrait de Dieu.

Consiste-t-elle à n'avoir point de bien?

Non, mais à n'en point convoiter, et à ne s'y point attacher.

Et les richesses?

Elles rendent souvent l'homme: 1° superbe; 2° arrogant; 3° voluptueux; 4° prodigue ou avare; 5° vindicatif; 6° ambitieux; 7° amateur de soi-même; 8° ennemi des mortifications, des souffrances et des corrections; 9° indévot; 10° attaché au monde et à ses plaisirs, au jeu, aux divertissements, aux superfluités, aux vanités, aux curiosités, etc.; 11° intempérant; 12° dur envers les pauvres: tels sont les malheureux germes des richesses, tels sont souvent les riches, pour l'ordinaire impies ou sensuels, et quelquefois tous les deux ensemble.

Et les pauvres?

1° Leur état est plus saint; 2° leur vie plus innocente; 3° leur mort plus tranquille; 4° leur jugement plus doux; 5° leur récompense plus grande.

Que devons-nous donc demander des biens temporels dans nos besoins?

1° La concession; 2° la conservation; 3° le bon usage; 4° le détachement; 5° la résignation.

Quel est le mieux?

De prier Dieu, non qu'il multiplie nos richesses, mais qu'il diminue nos convoitises.

§ III. — De la charité, ou de l'amour de Dieu et du prochain.

Qu'est-ce que la charité?

La plus excellente des vertus chrétiennes, par laquelle nous aimons Dieu par-dessus toutes choses pour l'amour de lui-même, le prochain comme nous-mêmes, pour l'amour de Dieu.

Comment est-elle la plus excellente des vertus?

Elle nous rend plus agréables à Dieu, qu'aucune autre, nous obligeant à lui donner notre cœur qui est ce qu'il demande, ce que nous avons de plus précieux, et avec lequel nous donnons tout le reste, et de serviteurs nous faisant ses amis.

Comment l'aimons-nous par-dessus toutes choses?

En l'aimant, 1° plus que tous les biens du monde; 2° plus que toutes les personnes du monde; 3° plus que nous-mêmes, en sorte que nous soyons prêts à perdre nos biens, nos parents, nos plaisirs et notre propre vie, plutôt que de lui déplaire.

Qu'est-ce qu'aimer Dieu pour l'amour de lui-même?

C'est l'aimer, non point pour aucun intérêt, ni en vue d'aucune récompense, mais à cause de l'excellence de son être et de ses perfections infinies.

Qu'est-ce qu'aimer son prochain comme soi-même?

C'est lui faire, lui désirer, et lui procurer autant qu'on peut, le bien que nous voudrions nous être fait à nous-mêmes.

Quel bien principalement?

La possession du vrai et unique bien qui est Dieu, et l'exemption du vrai et unique mal qui est le péché: car c'est là l'aimer véritablement comme Dieu nous aime, et comme Dieu nous le commande, tout autre amour étant ou frivole ou vicieux, et celui-là seul étant solide et pur.

Qu'entendez-vous par ce mot de prochain?

Tous les hommes sont bons ou mauvais, mais principalement les fidèles et les justes.

Qu'est-ce que l'aimer pour l'amour de Dieu?

C'est l'aimer non point par aucun motif humain, mais à cause qu'il est à Dieu; qu'il a quelque chose de Dieu, qu'il est l'ouvrage et l'image de Dieu, que Dieu l'aime, qu'il veut être aimé de lui, qu'il l'a rendu capable de le posséder, qu'il l'appelle à son paradis.

Pourquoi devons-nous aimer Dieu?

1° Il est souverainement aimable, étant la bonté même par essence, et la beauté première et originale; 2° il nous aime d'un amour éternel, gratuit, excessif, tendre, incomparable; 3° il nous a créés, conservés, rachetés, recherchés, appelés, justifiés, sanctifiés, vivifiés, quoique nous fussions très-indignes de ces grâces; 4° il nous a donné son Fils et son Saint-Esprit; 5° il veut se donner à nous pour jamais, nous rendre éternellement heureux.

Pourquoi devons-nous aimer le prochain?

1° Dieu le commande; 2° Jésus-Christ en a fait sa loi; 3° il l'a prescrit comme la marque à laquelle ses disciples doivent être connus; 4° il nous en a donné l'exemple d'une manière toute divine; 5° il nous l'a recommandé en mourant; 6° nous sommes tous les enfants d'un même Père céleste, et d'une même mère qui est l'Eglise; 7° les membres d'un même corps; 8° nous avons tous le même chef. Nous nous asseyons tous à la même table, et mangeons le même pain; 10° nous aspirons tous au même héritage, et avons la même espérance; 11° enfin, Dieu dès le commencement voulut que tous les hommes sortissent d'un seul mariage, pour établir cette union, et une espèce de parenté entre tous les hommes : ce que Jésus-Christ notre divin Rédempteur est venu rétablir et recimenter.

Quand devons-nous le plus témoigner notre amour à Dieu?

Dans le temps, 1° des tentations; 2° des tribulations; 3° des consolations; 4° de la mort.

Et au prochain?

Quand il est, 1° dans le péché ou en danger de son salut; 2° dans la pauvreté; 3° dans l'affliction; 4° dans la maladie; 5° dans la vieillesse; 6° à l'heure de la mort; 7° quand il nous incommode ou nous offense.

En quoi consiste l'amour affectif, que nous devons à Dieu?

Dans les actes intérieurs et les sentiments du cœur.

Quand devons-nous les former en nous?

Incessamment si nous pouvions, mais du moins si fréquemment, qu'on ne nous reproche pas d'avoir manqué à l'exercice d'une vertu qui fait l'essence du christianisme, et qui est l'âme et l'esprit de la loi nouvelle de Jésus-Christ et de son Evangile; le premier et le plus grand des commandements, et d'où tous les autres dépendent, et tirent leur vie, leur progrès, leur perfection.

En quoi consiste l'amour affectif?

Dans l'accomplissement des commandements de Dieu, et l'exécution de ses volontés.

Quel est le meilleur?

Il faut joindre l'un avec l'autre; car si l'on n'a l'un ni l'autre, on n'a ni l'un ni l'autre : les trois impressions du vrai amour de Dieu en nos âmes, selon saint Thomas, étant de nous faire languir, souffrir, agir.

Qu'est-ce que l'amour de préférence?

C'est, 1° faire marcher dans l'ordre de nos affections le service de Dieu avant tout autre devoir ou engagement; 2° ne mettre rien en concurrence avec ses intérêts, estimer toutes les créatures comme du fumier, en comparaison de son bon plaisir; 3° choisir plutôt mille morts, que de lui déplaire; 4° n'avoir rien de si à cœur ni de si cher, que Dieu; 6° être prêt à se priver de tout bien créé et de toute satisfaction temporelle, quelque grande ou importante qu'elle puisse paraître, et à souffrir tous les maux du monde, plutôt que de manquer à ce qu'on doit à la charité envers lui.

Et l'amour de bienveillance?

C'est, 1° un désir continuel, ardent et tendre que Dieu soit connu, aimé et servi, et que son nom soit béni et exalté par toute la terre; 2° une sainte tristesse et un ennui incomparable de voir le monde ignorer ou offenser ce Créateur si aimable et si digne d'être aimé; 3° lui souhaiter tout ce qu'il est, tout ce qu'il a, tout ce qu'il veut, et tout ce qu'on sait et qu'on ne sait pas lui être agréable; 4° se nourrir de l'accomplissement de ses volontés.

Et l'amour de complaisance?

C'est, 1° trouver un souverain plaisir dans la contemplation des perfections de Dieu et de ses grandeurs, de l'excellence de son être et de la félicité qu'il possède; 2° mettre sa joie à désirer ce qu'il désire et à aimer ce qu'il aime; 3° à approuver ce qu'il approuve, et condamner ce qu'il condamne; 4° à trouver bon tout ce qu'il ordonne, quoique contraire au jugement et à la volonté humaine; 5° à se réjouir dans la beauté de ses ouvrages; 6° et être ravi des louanges que les anges et les bienheureux lui rendent, et dont le ciel retentira à jamais.

A quoi se mesurent la gloire et la récompense des saints dans le ciel?

A la grandeur de leur charité sur terre.

Qu'est-ce qu'aimer Dieu de tout entendement, de tout son cœur, de toute son âme, de toutes ses forces?

C'est, 1° lui consacrer notre esprit, ne pensant qu'à lui; 2° notre volonté, n'aimant que lui; 3° notre vie, ne respirant que lui; 4° nos opérations, n'agissant que pour lui; 5° nos forces, ne mettant aucunes bornes à notre amour envers lui; 6° nos intentions, faisant tout pour lui et pour l'amour de lui, mêlant de l'amour en tout ce que nous faisons pour lui; ou, 2° comment dit saint François de Sales : l'amour de Dieu doit prévaloir sur tous nos amours et régner sur toutes nos passions, et c'est ce que Dieu demande de nous, qu'entre tous nos amours le sien soit le plus cordial, dominant sur tout notre cœur; le plus affectionné, occupant toute notre âme; le plus général, employant toutes nos puissances; le plus relevé, remplissant tout notre esprit; le plus fort, exerçant toute notre vie; ou, 3° que Dieu, sa bonté, son bon plaisir, son service, sa possession, etc., soit, 1° la plus douce de nos pensées; 2° la plus tendre de nos affections; 3° la plus forte de nos passions; 4° le plus continuel de nos soins ; 5° le plus étendu de nos désirs.

Qualités de l'amour du prochain.

Quelles qualités doit avoir la charité envers le prochain ?

Pour être vraie, il faut qu'elle soit 1° universelle, n'excluant aucune personne, non plus que la foi aucun mystère ; 2° ordonnée, préposant par exemple le père à l'étranger, le bien de l'âme à celui du corps ; 3° désintéressée, autrement c'est s'aimer soi-même ; 4° forte, ou constante dans les adversités, misères et afflictions ; 5° spirituelle, chrétienne et sainte, bannissant toute inclination, soit charnelle, comme celle des bêtes ; soit naturelle, comme celle des païens ; soit impure, comme celle des sensuels ; 6° effective, secourant le prochain dans tous ses besoins.

Est-ce là la bonne preuve ?

Sans doute, autrement ; 1° l'amour du prochain sans les œuvres n'est ni édifiant, ni consolant, ni utile, ni gagnant ; 2° il n'est qu'imaginaire ; 3° il n'imite pas la charité de Dieu envers nous ; 4° il est essentiel à la bonté de se répandre ; 5° vous devez aimer les autres comme vous voudriez que les autres vous aimassent ; 6° la vraie charité a pour principe le Saint-Esprit toujours agissant, opérant, bienfaisant ; 7° Dieu récompense les œuvres.

Du support du prochain.

Qui rebute souvent l'amour du prochain ?

Ses défauts corporels ou naturels, ses humeurs, passions, maladies, etc.

Qui doit nous les faire supporter ?

Ils ne sont souvent qu'imaginaires, et ils disparaîtront sitôt que vous l'aimerez ; 2° ou ils ne sont pas criminels ; 3° ils sont récompensés par des vertus ; 4° Dieu les tolère ; 5° Jésus-Christ souffrit Judas ; 6° personne n'en est exempt ; 7° vous en avez de plus grand, quand ce ne serait que de ne pouvoir supporter ceux des autres, et d'être souvent insupportable à votre prochain et à vous-même ; 8° l'Eglise enferme dans son sein les imparfaits ; 9° un père ne laisse pas d'aimer ses enfants quoique contrefaits ; 10° le prochain vous supporte patiemment ; 11° il se corrigera ; 12° il en souffre plus que vous ; 13° quel bien serait-ce si on se supportait charitablement l'un l'autre ; 14° quelle gloire de vivre en paix avec le prochain fâcheux ; 15° et quelle en sera la récompense.

Que doivent imiter les fidèles dans ce support réciproque ?

Les membres d'un même corps, qui par le seul instinct naturel s'entre-secourent, s'entr'aident, se servent, se défendent et s'intéressent mutuellement, affectueusement, gratuitement. Ils se maintiennent et ne se refusent rien. La main, l'œil, l'oreille, le bras, le pied, la langue servent plus souvent aux autres qu'à eux-mêmes. En effet l'Eglise est un corps mystique dont le Saint-Esprit est l'âme, Jésus-Christ le chef, et les fidèles les membres : or dans le corps naturel ; 1° le bras n'envie point l'honneur qu'on fait à la tête ; 2° la main ne se venge point du pied qui l'a blessée ; 3° la langue ne refuse pas du secours au doigt malade ; 4° l'œil ne se contente pas de veiller à sa propre conservation ; 5° les plus vils sont les plus honorablement couverts ; 6° les sains compatissent aux malades ; 7° chacun se repute fait à soi ce qu'on fait à l'autre, et la bouche crie sitôt qu'on blesse le pied ; 8° les plus forts protègent les plus faibles ; 9° la main s'expose au coup qui menace l'œil ; chacun d'eux ne prend que l'aliment qui lui est précisément nécessaire, et laisse le reste aux autres ; 10° ils craignent par-dessus toutes choses la division et la séparation, qu'ils regardent comme leur propre ruine et destruction ; 11° l'un ne découvre point les vices et les imperfections de l'autre, au contraire, il les cache. Or voilà la vive image de ce que devraient être les Chrétiens, à quoi porte la charité fraternelle, où engage l'amour du prochain.

De l'amour des ennemis.

Sommes-nous obligés d'aimer nos ennemis ?

Oui, Notre-Seigneur l'ordonne et nous en a montré l'exemple, nous ayant lui-même aimé jusqu'à mourir pour nous, lorsque nous étions ses ennemis, et ayant souffert et prié pour ses bourreaux, afin sans doute que cette prière nous servît de loi, que nous sussions que c'était lui désobéir et lui déplaire, que de ne le pas imiter dans la circonstance de sa vie, qui doit avoir le plus d'empire sur nous.

Suffit-il de ne leur vouloir ni bien, ni mal ?

Cette indifférence n'est pas chrétienne, et n'est ordinairement qu'un déguisement de la haine.

Dieu veut-il que les méchants nous persécutent ?

Non, puisque le leur défend très-expressément, mais supposé qu'ils le fassent contre son ordre, sa volonté est que nous les endurions patiemment pour l'amour de lui, sans nous en venger, et que nous en remettions nos intérêts entre ses mains.

Mais ils en deviendront pires ?

Peut-être qu'oui, mais nous en deviendrons meilleurs (64).

---

(64) Nous devons faire observer ici qu'il faut sans doute éviter les procès et ne point intenter de poursuites judiciaires contre personne. Il vaut mieux souffrir sans se plaindre et pardonner à nos ennemis, en remettant notre cause entre les mains de Dieu. Cependant quand il ne s'agit pas seulement d'injures particulières ou de persécutions qui s'arrêtent à nous individuellement, mais qu'il y a d'autres intérêts compromis et de fâcheuses conséquences à craindre pour ses fonctions, son honneur, sa famille, etc. C'est alors une obligation de recourir à la protection des lois et de réclamer la justice, l'appui des tribunaux pour soi et pour ceux dont les intérêts nous sont confiés. Ce n'est plus ici esprit de vengeance, mais le bien de la société elle-même qui exige qu'on emploie tous les moyens de défense légitime.

A quoi témoigne-t-on qu'on aime ses ennemis?

Quand, 1° on pardonne leurs offenses; 2° qu'on dit du bien d'eux, qu'on leur en désire, et qu'on leur en fait; 3° qu'on prie de bon cœur pour eux; 4° qu'on les assiste temporellement et spirituellement; 5° qu'on leur donne des marques extérieures de charité nécessaires pour faire cesser le scandale que nos inimitiés auraient pu donner au public; 6° qu'on oublie les injures.

De l'oubli des injures.

Pourquoi oublier les injures?

C'est, 1° pratiquer une vertu d'un grand et rare mérite; 2° ôter une occasion continuelle de pécher; 3° soumettre ses facultés spirituelles, aussi bien que les sensitives, à la loi de Dieu; 4° imiter l'étendue de sa miséricorde; 5° l'obliger à en user ainsi envers nous, à nous mesurer comme nous mesurons, à remettre comme nous remettons; 6° honorer le Saint-Esprit, à qui la mémoire est particulièrement consacrée, de qui elle porte les traits divins, et qui, étant la bénignité même et la charité essentielle, est très-opposé au souvenir des injures, qui nous ulcère l'esprit, qui nous indispose contre le prochain, et qui, lui faisant sentir de la froideur, l'indispose contre nous; 7° enfin, c'est remporter une grande victoire sur soi-même.

Des œuvres de miséricorde.

Combien y a-t-il d'œuvres de miséricorde?

Il y en a de corporelles et de spirituelles.

Combien de corporelles?

Sept: 1° donner à manger à ceux qui ont faim; 2° donner à boire à ceux qui ont soif; 3° vêtir les nus; 4° loger les pèlerins; 5° visiter les malades; 6° délivrer les prisonniers; 7° ensevelir les morts.

Et de spirituelles?

Sept: 1° enseigner les ignorants; 2° conseiller ceux qui sont en perplexité; 3° corriger ou reprendre ceux qui manquent; 4° consoler les affligés; 5° pardonner les offenses; 6° supporter les personnes fâcheuses; 7° prier pour les vivants et pour les morts, et particulièrement pour ses ennemis.

Est-on obligé à la pratique de toutes ces œuvres?

Oui, le précepte de la charité y engage.

Quand?

En tout temps et en toute rencontre, lorsqu'il y a nécessité et qu'on le peut.

Comment peut-on exercer la charité envers les riches et les grands?

1° Compatissant aux afflictions qui leur arrivent; 2° les servant en leurs maladies ou autres besoins; 3° leur disant humblement la vérité; 4° leur suggérant de bons avis; 5° empêchant que les envieux n'en médisent; 6° priant pour eux, et les plaignant de les voir parmi les périls inséparables de leur état; 7° ne les visitant que dans la nécessité, sans quoi on se met en péril de les flatter, ou de les fâcher, et ainsi de leur nuire ou de se nuire.

Actes de foi, d'espérance et de charité, qu'il est bon de faire apprendre et réciter aux enfants.

Faites un acte de foi.

Mon Dieu, je crois fermement tout ce que vous avez révélé à votre Église, et qu'elle nous propose à croire de votre part; et je le crois, mon Dieu, parce que c'est vous-même qui l'avez dit.

Faites un acte d'espérance.

Mon Dieu, j'espère par les mérites infinis de Notre-Seigneur Jésus-Christ, que vous me donnerez les biens temporels et spirituels qui me sont nécessaires en ce monde pour faire mon salut, et la vie éternelle en l'autre, parce que vous l'avez promis.

Faites un acte de charité.

Mon Dieu, je vous aime de tout mon cœur et de toute mon âme, par-dessus toutes choses, et mon prochain comme moi-même pour l'amour de vous, parce que vous êtes infiniment bon et infiniment aimable.

INSTRUCTION
Sur les Commandements de Dieu.

LEÇON I.
Du Décalogue en général.

Qu'est-ce que le Décalogue?

L'abrégé de la Loi de Dieu, contenu en dix commandements ou le sommaire des premiers principes du culte divin, de la loi naturelle et de la société civile : la source de toutes les autres lois, qui comme des ruisseaux, ont découlé de cette équité originale.

A qui Dieu les a-t-il premièrement donnés?

A Moïse, le plus ancien des historiens, le plus sublime des philosophes, le plus sage des législateurs, le plus éclairé des prophètes, et par Moïse aux Juifs sur le mont Sinaï, dans les déserts de l'Arabie, lorsqu'ils sortaient de la captivité d'Égypte pour aller en la terre promise, figure du ciel, où les fidèles, délivrés de la captivité du diable et du péché, vivant en ce monde comme en un désert et gardant les commandements de Dieu, tâchent de parvenir.

Comment furent-ils publiés?

Avec grande solennité, parmi les éclairs et les tonnerres et au bruit des trompettes du ciel, sans doute afin que la crainte de la justice divine nous obligeât à les garder.

Les hommes savaient-ils ces commandements avant Moïse?

Dieu les avait imprimés en leurs cœurs en les créant, n'étant que les premiers principes de la raison dans les choses de pratique; mais il jugea à propos de les donner encore pour lors par écrit, et de les leur remettre devant les yeux et au dehors, afin, 1° d'empêcher que l'ignorance et le vice, alors très-grands, n'éteignissent au dedans d'eux les lumières naturelles; 2° de montrer qu'il était le Maître et le Seigneur; 3° de manifester ses volontés aux hommes; 4° de leur faire sentir leur dépendance, la multitude de leurs infirmités, et le besoin qu'ils avaient de secours et de remèdes, et par conséquent de Jésus-Christ, auquel ils conduisent; 5° de connaître plus distinctement le bien pour l'aimer et le mal pour le haïr ; 6° de mériter et d'être heureux en obéissant à ses lois, dont la déclaration ainsi faite pour lors ne fut pas tant la promulgation d'une loi nouvelle, que le renouvellement d'une loi ancienne, ou plutôt de la loi naturelle.

Où furent-ils écrits ?

Sur deux tables de pierre, comme se rapportant à deux chefs, à l'amour de Dieu et à l'amour du prochain. En effet, le premier commandement de la charité ou de l'amour de Dieu, que Jésus-Christ appelle le grand et suprême commandement, qui regarde Dieu et son service, a été bien exprimé par les trois préceptes de la première table, qui se rapportent aux trois personnes de la sainte Trinité, selon saint Augustin ; et l'amour du prochain ne l'a pas moins été par les autres commandements de la seconde table, dont le nombre septenaire marque le temps de cette vie composée des sept jours de la semaine, parceque la charité qui est due au prochain, ne paraît en ce monde que par le soin qu'on a de l'aider et de le secourir dans ses nécessités, qui finiront avec cette vie, car dans le ciel, lors de notre octave bienheureuse, il n'y aura plus d'œuvres de miséricorde, parce qu'il n'y aura plus de misères : et l'amour du prochain ne consistera que dans l'union des cœurs et dans la joie mutuelle, que les saints, exempts de jalousie et d'ambition, auront de leur béatitude et de leur gloire.

Quel est donc le sommaire ou la fin des préceptes de la première table ?

D'unir l'homme à Dieu par connaissance, amour et religion, et d'éloigner tout ce qui l'en sépare.

Et de la seconde ?

D'unir l'homme à l'homme par les devoirs mutuels de la justice et de la charité, et d'ôter tout ce qui les divise, en sorte que chacun fasse à autrui tout ce qu'il voudrait qui lui fût fait, et qu'il ne fasse à personne ce qu'il ne voudrait pas qu'on lui fît.

Que nous enseignent les premiers ?

Nos devoirs envers Dieu, qui se réduisent, 1° à lui garder fidélité ; 2° à lui porter révérence ; 3° à lui rendre service, et c'est de quoi nous nous acquittons en les observant.

Qu'ajoutez-vous encore à cela ?

Que par le premier précepte on reconnaît et on adore Dieu comme principe de tout être créé. Par le second, comme source de toute vérité. Par le troisième, comme auteur de toute sanctification, en quoi se découvre le mystère de la très-sainte Trinité, et l'honneur qu'on rend aux trois personnes divines, par l'accomplissement des commandements de la première table.

Que nous apprennent les seconds ?

Ce que nous devons au prochain, et à nous-mêmes, puisqu'ils règlent tous les devoirs de la vie civile ; car le premier pourvoit à l'autorité des pères et à l'éducation des enfants ; le second, à la sûreté de la vie ; le troisième, à celle du mariage ; le quatrième, à celle du bien ; le cinquième, à celle de l'honneur ; le sixième et le septième refrè-nent la convoitise, comme la force de toutes les transgressions, et répriment jusqu'aux désirs illicites, particulièrement à l'égard de la luxure et de l'avarice, comme des deux plus violentes passions.

Qu'est-ce que cela fait voir ?

1° Que Dieu étant un esprit saint et pur, veut être servi en esprit et en vérité, et par principe de conscience, et c'est le cœur qu'il regarde et qu'il demande, sur lequel il veut dominer, et qui lui doit être assujetti ; 2° que la loi est incomparablement plus parfaite et plus sainte que les lois humaines, qui ne vont qu'à défendre les actions, et à régler l'extérieur ; 3° qu'elle est infiniment sage, en ce que défendant l'effet, elle défend la cause ; 4° et efficace, puisqu'elle porte avec elle la grâce et la vertu de réprimer l'un et l'autre.

Qui rend encore ces préceptes recommandables, et digne d'être observés ?

1° Leur fin, ils conduisent les hommes au ciel ; 2° leur perfection, ils contiennent tout ce que les lois ont d'excellent, et rendent parfaits ceux qui les gardent ; 3° leur auteur, c'est Dieu même, la première règle de toute justice et vérité ; 4° si le Symbole conduit nos pensées en nous marquant que nous devons croire ; le *Pater*, nos affections, nous marquant ce que nous devons désirer ; le Décalogue règle nos actions, nous prescrivant ce que nous devons faire.

Que devons-nous avoir pour ces saintes lois ?

1° Un profond respect, puisqu'elles contiennent les ordres de Dieu intimés par son propre Fils ; 2° une entière soumission, puisqu'elles viennent de la part de notre Souverain ; 3° un tendre amour, puisqu'elles nous sont données par notre Père céleste, et que l'obéissance que nous lui rendons en les observant, est le chemin assuré de la vraie sagesse, de la parfaite justice, et du souverain bonheur.

Jésus-Christ a-t-il dit qu'on les gardât ?

Oui, et ce souverain Législateur les a gravés dans son cœur dès le moment de son incarnation, et les a lui-même observés, expliqués, et de nouveau autorisés et recommandés : et l'Ecriture est pleine de bénédictions pour ceux qui les observent.

Comment Dieu les bénit-il ?

1° Il les reconnaît et les traite comme ses chers enfants ; 2° il les exauce en leurs prières ; 3° il les console en leurs afflictions ; 4° il les assiste en leurs besoins ; 5° il les secourt en leurs périls ; 6° il les soutient en leurs tentations.

Pouvons-nous les garder ?

Oui, avec la grâce de Dieu, qu'il ne refuse point quand on la demande comme il faut : en effet, selon saint Augustin, la Loi a été donnée pour chercher la grâce, et la grâce accordée pour garder la loi, laquelle ne peut être accomplie sans la grâce, non par aucun manquement qui soit dans la Loi, mais à cause du vice qui se trouve dans la nature corrompue, que la Loi prend soin de découvrir, et la grâce de guérir ; car, sans la grâce, ou l'homme ne garderait pas la Loi, et il serait un prévaricateur ; ou il ne la garderait qu'extérieurement, et il serait un hypocrite ; ou il la garderait par des motifs humains, et il serait un orgueilleux, qui se croirait juste par lui-même.

Et ceux qui disent que les commandements sont impossibles ?
La bouche qui profère un tel blasphème mérite d'être brisée avec une pierre, dit saint Jérôme (64-65).

Récitez-les.
Un seul Dieu tu adoreras, etc.

EXPLICATION DES COMMANDEMENTS DE LA PREMIÈRE TABLE, QUI REGARDENT DIEU.

Ier COMMANDEMENT. — Un seul Dieu tu adoreras, etc.

Que nous est-il défendu par ce commandement ?
1° De rendre à la créature le culte dû et réservé au seul Créateur ; 2° d'attendre d'elle les biens que nous ne devons espérer que de lui.

Que nous est-il commandé ?
D'honorer Dieu par l'exercice de la foi, de l'espérance, de la charité et de la religion.

Comment honorons-nous Dieu par la foi ?
En croyant tout ce qu'il a dit.

Et par l'espérance ?
En attendant tout ce qu'il a promis.

Et par la charité ?
En l'aimant de tout notre cœur, et en gardant ses commandements.

Et par la religion ?
En lui rendant nos respects intérieurs et extérieurs.

Comment honorons-nous Dieu par l'exercice de ces vertus ?
En publiant et reconnaissant, 1° par la foi, qu'il est véritable ; 2° par l'espérance, qu'il est fidèle ; 3° par la charité, qu'il est bon ; 4° par la religion, qu'il est excellent.

Qui pèche contre la foi ?
Ceux, 1° qui négligent d'apprendre le catéchisme ; 2° qui ne font point d'actes de foi ; 3° qui ne vivent pas selon leur croyance ; 4° qui doutent ou qui raillent de nos mystères ; 5° qui lisent des livres, ou qui fréquentent des personnes hérétiques ; 6° qui veulent trop curieusement approfondir nos mystères, et les examiner par leur faible raison.

Qui pèche contre l'espérance ?
Ceux, 1° qui présument de se sauver sans la grâce de Dieu, se promettant tout d'eux seuls, quand ils le voudront ; 2° ou quoiqu'ils vivent mal, comme se confiant follement qu'ils auront le pardon sans pénitence, le secours divin sans prières, le paradis sans bonnes œuvres ; 3° qui désespèrent de la miséricorde de Dieu, à cause de la grandeur de leurs crimes ; 4° ou de leur conversion même avec la grâce de Dieu, à cause de leurs méchantes inclinations ; 5° qui s'appuient trop sur la créature, qui présument de réussir quand ils ont des moyens humains, et qui désespèrent quand ils n'en ont pas ; 6° qui désirent trop peu l'éternité bienheureuse ; 7° qui ne se confient pas assez à la Providence ; 8° qui se découragent dans le service de Dieu ; 9° qui se croient abandonnés de Dieu dans l'adversité.

Qui pèche contre la charité ?
Ceux, 1° qui ne font pas d'actes d'amour de Dieu ; 2° qui sont tièdes et paresseux à son service ; 3° qui n'aiment pas leur prochain ; 4° qui ne font pas de bonnes œuvres.

Qui pèche contre la religion ?
Ceux, 1° qui profanent les sacrements par leurs sacrilèges ; 2° qui déshonorent les lieux saints par leurs immodesties ; 3° qui n'ont point de zèle pour les Offices et cérémonies de l'Eglise ; 4° qui consultent les devins et les diseurs de bonne aventure, qui ont recours aux superstitions, aux charmes et maléfices, qui ajoutent foi aux songes, etc. 5° qui achètent ou vendent les bénéfices ; 6° qui ne rendent pas à Dieu leurs devoirs par des actes fréquents d'adoration, de louanges, de remercîments ; 7° qui n'offrant plus à la vérité de victimes aux simulacres des fausses divinités, en immolent néanmoins encore tous les jours à l'idole de la convoitise, et de leurs passions ; qui sacrifient leurs corps à l'impureté, à la gourmandise, à la vanité, etc., leur âme à l'orgueil, à l'envie, à l'avarice, etc., leurs biens à l'intempérance, aux plaisirs sensuels, à l'ambition, etc.

IIe COMMANDEMENT. — Dieu en vain tu ne jureras, etc.

Que nous est-il ordonné par là ?
D'avoir le nom de Dieu en une souveraine vénération, de le louer, le bénir et l'invoquer, de n'en parler que respectueusement, et de ne l'employer qu'en des discours sérieux.

Que nous est-il défendu ?
1° De jurer en vain ; 2° de blasphémer ; 3° de parler irrévéremment de Dieu et des choses saintes ; 4° d'abuser des vœux, qui sont une espèce de jurement.

Qu'est-ce que jurer ?
C'est prendre Dieu à témoin de ce qu'on dit.

En combien de façons le peut-on faire ?
1° En l'appelant en témoignage comme auteur de toute vérité ; 2° en se soumettant à lui, comme vengeur du mensonge.

Cela est-il quelquefois permis ?
Oui, quand c'est pour une chose : 1° importante ; 2° juste ; 3° vraie ; car comme l'homme est sujet au mensonge et qu'on ne croit pas facilement ce qu'il dit, Dieu qui est la suprême vérité, veut bien qu'on l'appelle au secours et qu'on le donne pour caution de ce que l'homme dit et veut faire croire.

Quand est-ce mal fait ?
Lorsqu'on jure pour des choses vaines, ou fausses, ou mauvaises.

Un homme qui a juré de faire une chose mauvaise, est-il tenu d'accomplir son serment ?
Non, il a péché de promettre, il pécherait de tenir.

Pourquoi ?
Parce que ce serait prendre Dieu à témoin du mépris qu'on fait de ses lois.

(64-65) Parce qu'on suppose par là que Dieu ordonne des choses impossibles, et ne cherche que des victimes, comme les tyrans.

Qu'est-ce que se parjurer?
C'est faire un faux serment, ce qui est un grand péché.
Pourquoi?
Parce que c'est, 1° se servir de Dieu auteur de toute vérité, pour autoriser son mensonge; 2° détruire le dernier refuge de la sincérité humaine.
Que dites-vous de ceux qui font des imprécations, qui se souhaitent à eux ou aux autres, la peste, la mort, l'enfer, la damnation éternelle, la possession du diable, et qui ont toujours des serments et des malédictions en bouche?
Que ce sont de damnables coutumes : pour assurer donc ce qu'on avance, il suffit à un Chrétien de dire oui, ou non, cela est, ou cela n'est pas.
Qu'est-ce que blasphémer?
C'est dire une parole injurieuse contre Dieu, ou la religion, ou les saints : ce qui est un crime très-énorme et très-inexcusable.
Pourquoi très-énorme?
Parce que le blasphémateur s'en prend directement et mal à propos à Dieu, et qu'il imite la rage des démons et des damnés dans l'enfer.
Pourquoi très-inexcusable?
Parce que le blasphème n'apporte ni bien, ni plaisir, ni honneur.
Qui sont ceux qui se laissent aller le plus ordinairement aux jurements et aux blasphèmes?
1° Les impatients; 2° les colères; 3° les joueurs; 4° les querelleurs; 5° les impies; 6° les ivrognes.
Que peut-on faire quand on entend jurer ou blasphémer?
1° Le signe de la croix; 2° reprendre celui qui jure; 3° se retirer de là; 4° en avertir les supérieurs ou magistrats; 5° s'exciter à louer Dieu pour réparer l'outrage qu'on lui fait.
Duquel de ces remèdes vaut-il mieux se servir?
De celui que la prudence suggérera le plus.
Nommez ceux qui parlent irrévéremment de Dieu et des choses saintes?
1° Les faux dévots en parlent par coutume; 2° les hypocrites, par vanité ou par intérêt; 3° les libertins, par dérision et moquerie, etc.; 4° les imprudents, devant les personnes mal disposées à les entendre; 5° les impies murmurent contre sa providence, sa sagesse, sa justice, sa conduite, ses ouvrages, etc.
Quels bons effets produisent ceux qui parlent de Dieu à propos et avec respect?
1° Ils glorifient Dieu; 2° ils se sanctifient eux-mêmes; 3° ils édifient le prochain, particulièrement s'ils le font dans le temps de l'affliction.
Qu'est-ce que le vœu?
Une promesse à Dieu de faire quelque chose qu'on sait lui être fort agréable.
Est-on obligé d'accomplir son vœu?
Oui, et c'est une espèce de moquerie de promettre et ne pas tenir, ou trop différer sans raison, ou n'accomplir qu'une partie de ce qu'on a promis; car le vœu est une espèce de serment.
Qu'avez-vous à dire des vœux?
Que comme il n'en faut point faire sans y avoir bien pensé et pris conseil d'un bon confesseur; aussi faut-il être fidèle à les accomplir quand on les a une fois légitimement faits.

III° COMMANDEMENT. — Les dimanches tu garderas, etc.

Ce précepte est-il une suite des deux autres?
Oui, car il n'est pas possible de croire en Dieu, et de savoir qu'il faut honorer son nom, ce qui se fait par les deux premiers, qu'on ne se sente aussitôt porté à lui rendre quelque culte extérieur, ce qui s'accomplit par celui-ci.
Que nous est-il défendu par ce commandement?
Tous soins terrestres incompatibles avec le culte qu'on doit rendre à Dieu ces jours-là.
Que nous est-il ordonné?
De sanctifier le saint jour du dimanche.
Pourquoi?
En mémoire, 1° de la création; 2° de la résurrection de Jésus-Christ; 3° de la descente du Saint-Esprit? ces grands mystères s'étant opérés en un tel jour; 4° auquel aussi Jésus-Christ institua le sacrement de pénitence, donnant le pouvoir à ses apôtres de remettre les péchés; 5° et qu'ils commencèrent la prédication de l'Evangile; 6° et que l'Eglise fut formée à la première prédication de saint Pierre, par l'agrégation d'environ trois mille personnes touchées de componction, premier sentiment du nouveau peuple, et esprit primordial de la religion, qui doit toujours y durer; 7° c'est aussi pour signifier le repos des saints après les travaux de cette vie; 8° et que nous devons chercher le repos par la peine; 9° les anges, ces astres du matin, ces esprits purs et brillants, ces prémices d'entre les créatures, au moment qu'ils sortirent des mains de leur divin ouvrier, ravis d'admiration, se mirent à louer sa puissance et sa beauté dans un transport de jubilation, comme on le lit en Job; 10° ce fut le septième jour que Moïse fut appelé de Dieu pour converser avec lui sur le sommet du mont de Sinaï.
Pourquoi encore ce commandement?
1° Il sert extrêmement à l'observation des autres commandements, n'étant pas possible de s'instruire et de s'examiner sur ses devoirs envers Dieu, l'Eglise et le prochain, si l'on ne prend certains jours pour cela; 2° toute cette vie devant être une fête continuelle pour remercier Dieu de ses bienfaits, vaquer à son culte, et penser au salut; et les nécessités présentes ne le permettant pas, ces jours choisis y suppléent; 3° ayant travaillé pour Dieu toute la semaine, laissons travailler Dieu pour nous le dimanche, nous sommes sa terre, sa vigne, son héritage, etc.
Le dimanche des Chrétiens est-il le même que le sabbat des Juifs?

Non, il est le lendemain : mais il est également appelé le jour du Seigneur, et le jour du repos, et de l'arche de sa sanctification, et consacré au bienfait de la création, et au culte du Créateur : jour huitième, jour nouveau, que Jésus-Christ a fait par sa résurrection, aurore de la nôtre, et que la circoncision, figure du retranchement de tout ce qu'il y a de mortel en nous; la transfiguration, les béatitudes, la tribu du Lévi, mise au huitième rang dans l'*Apocalypse*, rendent célèbres.

Pourquoi encore est-il appelé le jour du Seigneur?

Parce que c'est le jour auquel le réparateur de l'univers acheva de refaire le monde qu'Adam avait défait, et mit fin aux travaux de sa vie laborieuse par sa résurrection.

Quel jour tombe donc notre dimanche?

Le premier jour de la création, auquel Dieu par sa parole toute-puissante fit la lumière.

Y a-t-il du rapport entre le premier jour de la création auquel Dieu fit la lumière par sa parole, et le jour, 1° du dimanche; 2° de Pâques; 3° de la Pentecôte.

Oui; car, 1° le jour du dimanche on dissipe les ténèbres de l'ignorance par la prédication de la parole de Dieu; 2° le jour de Pâque, Jésus-Christ sortant du sépulcre, devint la lumière du monde; 3° le jour de la Pentecôte, le Saint-Esprit descendant en langue de feu sur les apôtres, illumina toute la terre, et enseigna le genre humain, et lui fut comme autrefois, un nouveau souffle de vie.

Qu'est-ce que cela nous apprend?

Que la solennité de notre dimanche est consacrée au mystère de la très-sainte Trinité, et à honorer les opérations de trois personnes divines, dans l'ouvrage du salut de l'homme.

Qui a fait ce changement?

L'Eglise, laquelle pour ces raisons a transféré au dimanche toute la gloire du samedi, et qui nous applique à considérer principalement la nouvelle créature, et les ouvrages de la grâce et du monde spirituel, plutôt que ceux de la nature et du monde corporel, faisant voir par là que nous célébrons la vérité des mystères que les Juifs honoraient en figure, et que Jésus-Christ est le Seigneur même du sabbat.

Pourquoi ce commandement était-il conçu en ces termes : « Souvenez-vous de sanctifier le jour du repos? »

1° C'est que Dieu l'avait fait à l'homme dès le commencement du monde, mais le péché l'avait fait oublier, ou si on l'observait, on n'en savait plus la raison. Cela montre, 2° que Dieu a ce précepte fort à cœur, semblable à un père de famille, qui, laissant ses ordres à ses domestiques, leur recommande surtout de se souvenir d'une telle chose; 3° que ce jour ne se solennise dignement qu'en rappelant dans son esprit ces grands bienfaits, et qu'en les méditant avec attention.

Qui nous rend encore ce jour recommandable?

La sainte Eucharistie que nous y devrions recevoir, à l'exemple des premiers Chrétiens, ce qui fut figuré par la manne du désert, qui tomba pour la première fois tel jour que notre dimanche, et sans quoi on ne le célèbre point dignement.

Que faut-il pour le sanctifier?

Deux choses : 1° s'abstenir des œuvres serviles; 2° vaquer au service de Dieu, c'est-à-dire se désoccuper des soins de la terre, et se remplir des pensées du ciel : car sanctifier quelque chose, c'est l'employer à des usages saints, et à rien de profane, et c'est ce que nous devons faire et du jour du dimanche, et de nous-mêmes. Les anges et les hommes solenniseront le premier dimanche du monde dans la jubilation et dans les louanges du Créateur.

Qu'appelez-vous des œuvres serviles?

Mettant à part le péché qui travaille l'âme, et lui ôte son repos, ou ce qui porte au péché, comme les ivrogneries, cabarets, jeux, comédies, danses, bals, etc., désordres qui éloignent plus de Dieu et du salut que les œuvres corporelles, d'elles-mêmes indifférentes, un jour de fête passé dans le travail étant un moindre mal, que passé dans le crime : ce sont des actions corporelles attachées à quelque métier ou profession mécanique et mercenaire, qu'on fait manuellement pour gagner sa vie, et à prix d'argent.

Celles qui sont pour le service de Dieu, pour l'entretien de la vie, ou pour quelque nécessité urgente, sont-elles défendues?

Non, 1° si elles sont nécessaires; 2° si on ne peut ni les prévenir ni les remettre; 3° si on les fait avec l'avis et la permission de son pasteur; 4° et après avoir été à la Messe, s'il est possible.

Que doit alors observer un supérieur?

1° de ne s'en rapporter pas absolument à ceux qui demandent ces permissions, mais à des personnes expérimentées et consciencieuses; 2° de ne la pas donner, s'il se peut, à toute la paroisse en général, mais à ceux-là seulement que la nécessité regarde; 3° de célébrer à heure commode, pour faciliter l'assistance au sacrifice; 4° de les exhorter à faire quelque aumône aux pauvres, des biens qu'ils recueilleront ces jours-là, selon le sage et pieux conseil d'un Pape; 5° de prier particulièrement pour eux, afin qu'ils sanctifient ce jour par leur travail, ne le pouvant par leur repos.

Que doit-on faire pour bien vaquer au service de Dieu, les jours de fêtes et dimanches?

Entendre la Messe, et cela sous peine de péché mortel; mais un bon Chrétien n'en demeure pas là.

Que fait-il encore?

1° Il s'approche des sacrements; 2° il écoute la parole de Dieu ou lit quelque bon livre, et s'en entretient dans sa famille; 3° il prie et assiste aux Offices de l'Eglise, à la grande Messe, à Vêpres, à la Bénédiction, aux Processions, aux Saluts, etc.; 4° il fait de bonnes œuvres, il visite les pauvres et les malades de la paroisse, surtout il donne l'aumône du gain de la semaine, s'il le peut; 5° il fait redire à ses enfants ce qu'ils ont appris au catéchisme; 6° enfin il passe ce jour dans la prière, l'instruction, la louange de Dieu, et l'application à son salut, et fait ainsi par son culte, que le dimanche est le jour du serviteur, comme il est le jour du Seigneur.

Qui pèche le plus ordinairement contre ce précepte?

1° Les paysans; 2° les artisans; 3° les marchands, les plaideurs et gens de justice; 5° les chasseurs et les joueurs; 6° les cabaretiers; 7° ceux qui commencent des voyages sans nécessité; 8° les débauchés qui vont au bal, à la comédie, aux promenades, aux cabarets, où souvent ils mangent le gain de la semaine, et abandonnent leur famille; 9° les mondains et mondaines qui passent tout le matin à s'habiller, se parer, s'ajuster, pour ensuite s'aller montrer par vanité dans les églises et dans les rues; 10° ceux qui suivent les foires et marchés ou apports; 11° les pères et mères, maîtres et maîtresses, et autres supérieurs qui n'ont pas soin de faire sanctifier ces jours à leurs enfants et domestiques, et qui les font travailler; 12° les fainéants, qui passent ce jour dans une molle oisiveté, ou aux spectacles, jeux, danses, etc.

Que dites-vous de ces gens-là?

Qu'ils sont bien éloignés, 1° d'entreprendre de grands travaux pour Dieu, s'il les leur commandait, puisqu'ils refusent de jouir du saint repos qu'il leur ordonne; 2° de sanctifier le jour du dimanche, puisqu'ils l'emploient à offenser Dieu, ou en des occupations qui portent au péché, fardeaux dont le démon surcharge ses esclaves (66).

EXPLICATION DES COMMANDEMENTS DE LA SECONDE TABLE, QUI REGARDENT LE PROCHAIN.

Pourquoi la seconde table qui enseigne à pratiquer l'amour du prochain, commence-t-elle par celui que l'on doit aux pères et aux mères, et non par celui qu'on se doit à soi-même?

Il est vrai que dans l'ordre de la charité du prochain, il faut commencer par les plus proches, et par conséquent par nous-mêmes, nul ne nous étant plus proche que nous, selon l'Ecriture, qui dit que: *Celui qui n'est pas bon pour soi, ne le sera pas aux autres.* D'ailleurs l'Evangile, ordonnant d'aimer le prochain comme soi-même, marque assez qu'il faut s'aimer soi-même; premièrement, puisque l'amour qu'on a pour soi doit être la règle et la mesure de celui qu'on est obligé d'avoir pour les autres, lesquels on ne saurait aimer comme soi-même, si on ne s'aime soi-même auparavant; mais les hommes étant assez portés à s'aimer et à satisfaire à leurs nécessités, il n'est pas besoin de les y exciter, ce qui serait même dangereux pour plusieurs qui ne s'aiment que trop. C'est pourquoi l'Ecriture ne le leur commande pas expressément, mais elle le présuppose, et les laisse à leur propre inclination, qu'elle règle, rectifie et corrige souvent, leur apprenant à s'aimer solidement, sans leur commander cet amour, sachant, ainsi que dit saint Paul, que nul ne se hait soi-même, ni sa propre chair.

La femme n'est-elle pas plus proche au mari que le père et la mère?

Il semble qu'oui, et par cette raison le commandement de l'aimer devrait précéder celui d'aimer les parents, mais la femme n'étant pas distinguée du mari et ne faisant avec lui qu'une même chair et une même personne, est renfermée dans l'amour qu'on se doit à soi-même, lequel marche devant tous les autres: ce qui est si vrai, que le commandement d'aimer nos parents, nous engage à ce devoir, par le motif de l'amour de nous-mêmes, puisqu'il nous en propose l'accomplissement, comme un moyen de nous procurer, non quelque petit intérêt, mais le plus grand de tous, et celui duquel tous les autres dépendent, qui est la conservation et la durée de la vie; car que sert à l'homme d'avoir toute sorte de biens en abondance, si la vie lui manque.

Tous les commandements, même de la seconde table, ne tendent-ils pas au bonheur de l'homme et à le garantir de toute sorte de maux?

Oui, et ainsi quand Dieu ne lui parlerait point de lui-même, et ne lui promettrait aucune récompense dans les commandements particuliers, il suffirait qu'ils sont destinés tous ensemble à son propre bien et à sa vraie félicité, et qu'ils sont les moyens uniques d'y parvenir, pour lui faire voir qu'il n'y est pas oublié, et qu'ils sont encore plus des exercices de charité pour lui-même que pour les autres.

Quelle doit être cette charité envers le prochain, qui nous est si recommandée par les préceptes de la seconde table?

Entière et parfaite, qui ne consiste ni dans des œuvres extérieures, sans une vraie affection intérieure, ni en des sentiments intérieurs d'affection, sans des effets extérieurs; mais en tous les deux ensemble: Dieu qui n'est pas content de la foi sans les œuvres, ni des œuvres sans la foi, ne pouvant l'être d'un amour stérile.

Pourquoi entre tous les commandements qui regardent la charité du prochain, Dieu n'a-t-il parlé de récompense qu'à celui-ci?

Parce qu'il n'est pas seulement le premier et le principal de la seconde table, mais encore qu'il les renferme tous par l'extension de la charité, c'est pourquoi il était conve-

---

(66) Il serait bon de signaler ici tous les avantages de la sanctification du dimanche, non-seulement pour la gloire de Dieu et le besoin de la religion, mais pour la paix et la félicité des familles, pour la sécurité et le bon ordre de la société, pour la santé même de chaque individu autant que pour sa prospérité particulière. Ce sont là des considérations qui font impression dans un siècle aussi matérialiste que le nôtre, et il est facile de montrer invinciblement ces vérités par le contraste hideux que nous offrent les profanateurs du dimanche dans leur impiété et leurs débauches, etc. Les Chrétiens fidèles doivent se recommander à la miséricorde infinie de Dieu, éviter leur compagnie et leur exemple, s'attacher de toutes leurs forces à la pratique de la religion, et ne manquer à aucun Office paroissial du dimanche.

nable de l'imprimer particulièrement dans les esprits, en y ajoutant une récompense qui est la première et la plus précieuse de toutes, c'est-à-dire la vie même, le fondement de tous les autres biens et de tout le bonheur de l'homme : en effet, celui qui n'a pas de charité pour ses père et mère qui le touchent de si près, et qui sont les premiers dans l'ordre de ceux qui, selon l'esprit de l'Evangile et l'instinct de la nature, en doivent ressentir les effets, en aura-t-il pour les autres hommes qui sont plus éloignés de lui, et à qui il n'est pas si obligé; en aura-t-il même pour Dieu, le vrai auteur de sa vie, et le premier Père, de qui les père et mère sont les images, qui se les a associés dans la production et création des enfants, et qui sont cette promesse d'une vie temporelle pour ceux qui honoreront leur père terrestre, promet la vie éternelle à ceux qui honoreront ce Père céleste? Doctrine qui découvre que ce commandement appartient en quelque façon à la première table, puisqu'il regarde la piété due à Dieu, et le fondement de la religion. D'ailleurs l'amour et l'assistance du prochain étant la preuve de l'amour de Dieu, comment celui qui ne témoigne point d'affection pour le prochain, qui le touche de si près, et qu'il voit devant ses yeux, dit saint Jean, en témoignera-t-il à Dieu qu'il ne voit pas? La disposition de ce commandement est donc l'effet d'une souveraine sagesse, puisqu'il sert comme de passage des préceptes de la première table à ceux de la seconde, dont sans doute il est le principal, et que de la première branche de la charité, qui est l'amour de Dieu, il passe à la seconde, qui est l'amour du prochain, ou plutôt, il l'y transporte et l'y répand.

IV. COMMANDEMENT. — Père et mère honoreras, etc.

Que nous est-il défendu par ce précepte?
De maltraiter nos parents.
Que nous est-il ordonné?
1° De les aimer; 2° de les honorer; 3° de leur obéir; 4° de les assister et servir.
Pourquoi tant de devoir à leur égard?
Ils nous tiennent la place de Dieu, et après lui nous tenons d'eux ce que nous sommes; de sorte que Dieu nous ayant mis au monde par eux, leur a communiqué son autorité sur nous, et nous a obligés à une partie de la reconnaissance que nous avons pour lui. En effet, Dieu s'est servi d'eux pour nous donner : 1° l'être et la vie; 2° une âme spirituelle et raisonnable; 3° c'est par leur soin que nous avons reçu le saint baptême; 4° et l'entrée dans l'Eglise catholique, apostolique et romaine; 5° une bonne et sainte éducation; 6° été instruits dans les principes de la religion, formés aux bonnes mœurs, élevés dans les sciences, civilisés pour la société humaine, et mis en état de passer honnêtement cette vie, et de faire des œuvres dignes du salut éternel. Cela ne mérite-t-il pas que nous les honorions? or il faut remarquer qu'encore que nous devions les aimer et les craindre, le précepte ne dit pas : vous aimerez, ou vous craindrez votre père et votre mère; mais vous les honorerez : la raison est qu'on peut les aimer sans les craindre, et les craindre sans les aimer; mais non les honorer sincèrement, sans les craindre et les aimer tout à la fois. Nous leur devons donc, honneur à cause de celui qu'ils nous représentent : obéissance, à cause de leur autorité : secours, à cause des biens que nous avons reçus d'eux : amour, à cause que nous sommes une même chose avec eux.

Pourquoi une récompense à ce commandement?
Afin qu'on ne crût pas que les choses que l'on fait le plus par un mouvement naturel, en dussent être privées, quand on les exécute par un principe de conscience, et un désir d'obéir à la loi de Dieu.

Pourquoi une longue vie?
Il est convenable que la vie soit prolongée à celui qui honore ceux de qui il la tient.

Quelle récompense l'Ecriture promettait-elle aux Juifs qui s'acquittaient de ces devoirs?
1° Une longue vie; 2° une postérité heureuse; 3° une bonne réputation; 4° des richesses.

Que promet-elle aux Chrétiens?
La grâce en ce monde, et la gloire en l'autre, sans néanmoins les exclure des autres avantages, selon qu'il est expédient à leur salut.

Quelle malédiction prononce-t-elle contre les méchants enfants?
Que celui, dit-elle, qui maudit son père ou sa mère, soit puni de mort. Que celui qui cause de l'affliction à son père, et qui a de l'aversion pour sa mère, vive sans prospérité, et que sa mémoire demeure éteinte et ensevelie dans l'oubli. Que les corbeaux arrachent les yeux de celui qui se moque de son père, et qui méprise les douleurs que sa mère a souffertes en le mettant au monde : que les aigles s'assemblent pour le dévorer; c'est-à-dire que la terre refuse son sein, ou la sépulture à ce dénaturé qui ne respecte pas le premier sein qui l'a enserré.

Qu'est-ce qu'aimer ses parents?
C'est leur vouloir et faire tout le bien qu'on peut.

Qui ne le fait pas?
1° Ceux qui les haïssent; 2° qui les injurient; 3° qui les frappent; 4° qui désirent leur mort; 5° qui n'ont point de compassion de leurs maux, et qui ne les consolent point; 6° qui ne prient, et ne font point prier pour eux après leur mort.

Qu'est-ce qu'honorer ses parents?
C'est les estimer et leur rendre tous les devoirs que la bienséance et la révérence paternelle exigent d'un enfant bien né.

Qui ne le fait pas?
1° Ceux qui ne les croient pas; 2° qui ne les craignent pas; 3° qui les blâment et les contredisent; 4° qui publient leurs défauts, ou qui les leur reprochent; 5° qui ne prennent pas en bonne part leurs avis et corrections; 6° qui les méprisent; 7° qui ne les saluent pas, et qui ne leur parlent pas avec respect; 8° qui ne leur demandent pas

pardon quand ils les ont offensés ; 9° qui dérobent leur bien.

Qu'est-ce qu'obéir à ses parents ?
C'est faire promptement et avec joie ce qu'ils commandent.

Qui ne le fait pas ?
Ceux, 1° qui ne font pas ce qu'ils disent ; 2° qui le font, mais en se fâchant, en murmurant, en se dépitant ; 3° qui disposent d'eux-mêmes sans leur participation ; 4° qui n'exécutent pas leurs testaments.

Doit-on obéir à ses parents en des choses où Dieu est offensé ?
Non, il faut plutôt obéir à Dieu qu'aux hommes, qui sont moins nos pères que Dieu, et au père céleste qu'au terrestre.

Qu'est-ce qu'assister ses parents ?
C'est leur rendre tout le secours qu'on peut.

Qui ne le fait pas ?
Ceux qui refusent de les aider : 1° de leurs biens ; 2° de leurs conseils ; 3° de leurs prières ; 4° de leurs services.

En quel temps particulièrement doit-on les assister ?
1° Dans leur pauvreté ; 2° dans leurs maladies ; 3° dans leur vieillesse, supportant les chagrins et les infirmités de cet âge, avec la même tendresse qu'ils ont supporté les faiblesses de notre enfance ; 4° dans toutes leurs nécessités spirituelles et corporelles ; 5° à l'heure de la mort.

Quels secours leurs doivent-ils alors ?
1° Les servir ; 2° les consoler et encourager ; 3° les porter à Dieu ; 4° avertir de bonne heure le curé ; 5° leur procurer les sacrements ; 6° leur fermer les yeux.

Et après leur mort ?
Ils doivent, 1° les faire inhumer honorablement, mais sans faste ni vanité ; 2° prier et faire prier pour eux ; 3° faire de bonnes œuvres pour le salut de leur âme ; 4° exécuter leur testament ; 5° avoir leur mémoire en vénération.

Que doivent les pères à leurs enfants ?
1° L'éducation ; 2° l'instruction ; 3° le bon exemple ; 4° la correction ; 5° l'amour ; 6° ne leur point faire embrasser de vocation par des motifs humains et intéressés ; 7° ne leur point donner de jalousie, par des préférences indiscrètes ; 8° veiller sur leurs déportements ; 9° les offrir à Dieu, et prier pour eux.

Quels sont les péchés des parents à l'égard de leurs enfants ?
1° leur donner une trop grande liberté ; 2° les laisser dans l'oisiveté ou dans les mauvaises compagnies, où lire les méchants livres ; 3° leur inspirer par paroles ou actions, des sentiments de vengeance, d'avarice, de vanité, de sensualité, d'impiété, d'ambition, et semblables maximes du siècle corrompu ; 4° négliger de les faire instruire de bonne heure à la vertu et à leurs emplois ; 5° les engager dans un état dangereux au salut, ou les empêcher d'embrasser un état de plus grande perfection ; 6° les maudire et faire contre eux des imprécations ; 7° enfin ne veiller pas à ce que les semences du bien préviennent en eux les semences du mal,

et ne point regarder leur éducation comme leur affaire principale.

Les pères et mères se damnent-ils pour mal élever et instruire leurs enfants ?
Sans doute, et ils en rendront un compte rigoureux à Dieu : plusieurs en cela semblables aux bêtes, ne les formant qu'à la vie animale.

En quoi consiste cette éducation ?
1° A les nourrir, vêtir, et élever selon leur condition ; à leur faire apprendre un métier ou vacation qui leur soit propre, et qui n'intéresse point le salut.

Et cette instruction ?
A leur apprendre : 1° le catéchisme ; 2° la prière ; 3° la crainte de Dieu ; 4° l'horreur du péché ; 5° à les envoyer à l'école sous un maître bien sage et vertueux.

Et ce bon exemple ?
A s'abstenir tellement de tout mal, et à pratiquer tellement le bien devant eux, qu'on leur inspire dès leur tendre enfance l'horreur du vice, et l'amour de la vertu.

De la correction fraternelle.

Et cette correction ?
A les reprendre de leurs vices, défauts, imperfections.

Comment faut-il faire la correction ?
Avec, 1° douceur ; 2° prudence ; 3° charité ; 4° fermeté ; 5° dessein de profiter, à celui qui reprend ; 6° à propos, ou en temps propre ; 7° en particulier, du moins pour la première fois, et quand la faute n'est pas publique.

Comment faut-il la recevoir ?
Avec, 1° humilité ; 2° patience ; 3° reconnaissance ; 4° désir de s'amender.

Est-on obligé de faire la correction ?
Sans doute : car, 1° le devoir y engage ceux qui sont supérieurs ; 2° la justice, ceux qui veillent au bien public ; 3° la charité, ceux qui ont de l'amour pour leurs frères ; 4° le zèle, ceux qui ont l'honneur de Dieu en recommandation.

Pourquoi les reprend-on si peu ?
1° On ne s'y croit pas obligé ; 2° on est soi-même répréhensible ; 3° on est flatteur ou craintif ; 4° la correction est inutile, et quelquefois nuisible.

Pourquoi celui qui reprend profite-t-il si peu des corrections qu'il fait ?
Il reprend, 1° impétueusement, impérieusement, aigrement, avec menaces ; 2° inconsidérément et à contre-temps ; 3° trop souvent ; 4° pour des choses trop légères, ou non assez fondées ; 5° sans préméditer comment il s'y doit prendre, ni prier, ni s'humilier, ni diriger et purifier son intention, ni proportionner la réprimande à la faute ; 6° sans un vrai désir de profiter au prochain ; 7° ni avoir égard à ses dispositions. Dans un homme de bien, dit saint Augustin, la langue crie et reprend, mais le cœur aime et compatit.

Pourquoi celui qui est repris profite-t-il si peu des corrections qu'il reçoit ?
Il croit qu'on le reprend, 1° par passion, haine, correction, envie, antipathie ; 2° par prévention et sur de faux rapports ; 3° qu'on

excède; 4° peu de gens sont humbles, patients, mortifiés.
Quelles vertus rendent la correction utile?
1° La prudence et la prière doivent la précéder; 2° la douceur et le zèle l'accompagner; 3° la charité et l'humilité la suivre.
Quelle est la conduite ordinaire des gens de bien là-dessus?
1° De reprendre quelquefois par leurs paroles, souvent par leur silence, toujours par leur bon exemple; 2° d'excuser et supporter les défauts d'autrui autant qu'ils le peuvent et le doivent, et de gémir des leurs propres; 3° d'aimer mieux être repris, que de reprendre; 4° d'avoir un ami charitable qui veille sur eux et les reprenne.
Qu'entend-on encore par le mot de père et de mère?
Tous supérieurs, 1° ecclésiastiques; 2° politiques; 3° domestiques, qui ont autorité, et que nous devons honorer chacun selon son degré.
Qui sont les supérieurs ecclésiastiques?
Le Pape, les évêques, les curés, etc.
Que doivent-ils aux fidèles?
1° La prière; 2° la doctrine; 3° l'exemple.
Que leur doivent les fidèles?
1° L'honneur; 2° la croyance; 3° l'imitation.
Qui sont les supérieurs politiques?
Les rois, les seigneurs, les magistrats, etc.
Que doivent-ils à leurs sujets?
1° Le bon gouvernement; 2° la protection; 3° la justice.
Que leur doivent les sujets?
1° Le respect; 2° la soumission; 3° le tribut; maxime chrétienne publiée par les apôtres, Néron même régnant.
Qui sont les supérieurs domestiques?
Les maîtres et les maîtresses.
Que doivent les domestiques à leurs maîtres et maîtresses?
1° Respect; 2° obéissance; 3° service; 4° fidélité.
Que doivent les maîtres et maîtresses à leurs domestiques?
1° Récompense; 2° bon exemple; 3° affection; 4° soin; 5° correction, mais modérée et sans passion.
Quelles vertus sont nécessaires aux domestiques pour remplir leurs devoirs?
Patience, pénitence, joie, vue de Dieu, désintéressement, amour du travail.
Et les maîtres et maîtresses, comment s'acquittent-ils bien des leurs?
S'ils observent, 1° la prudence, en leur commandant; 2° la force, en les supportant; 3° la tempérance, en les reprenant; 4° la justice, en les récompensant: vraies vertus d'un supérieur, qui, s'y assujettissant, donnera encore plus sur lui-même, que sur les autres; et deviendra le domestique de sa famille le plus soumis et le plus absolu: tel doit être l'empire d'un maître chrétien.
Sont-ils obligés à les instruire et à les reprendre quand ils offensent Dieu?
Oui, ils pèchent grandement s'ils ne le font.
Doit-on retenir à son service des gens vicieux et débauchés?
Non, il faut les avertir charitablement de leur devoir, et s'ils y manquent, les congédier.
Doit-on entrer ou demeurer au service des maîtres débauchés, vicieux, impies, ou dans des emplois criminels, et presque incompatibles avec le salut?
Non, il faut s'en retirer, quelque utilité temporelle qu'on y trouve.
Est-ce un grand mal aux maîtres de retenir les gages des serviteurs?
Oui, c'est une injustice cruelle, et qui crie vengeance devant Dieu: en un mot, si leurs domestiques doivent les aimer, respecter, obéir, servir avec affection, et conserver leur bien, ils doivent réciproquement les nourrir, les instruire, les reprendre, les former, les souffrir en patience, les assister en leurs maladies, les occuper avec discrétion et charité, et leur payer leurs gages et salaires avec équité.
Quels sont les devoirs des pasteurs à l'égard de leurs paroissiens?
Ils doivent: 1° résider en leur paroisse; 2° les instruire et catéchiser fêtes et dimanches; 3° prier Dieu et célébrer la sainte Messe pour eux; 4° les reprendre quand ils offensent Dieu; 5° leur donner bon exemple; 6° les assister dans leurs besoins spirituels et temporels; 7° leur administrer les sacrements; 8° les consoler dans leurs afflictions, maladies, etc., surtout à l'heure de la mort, et recommander leur âme à Dieu après leur décès: en un mot, instruire, conduire, reluire; trois obligations d'un supérieur spirituel.
Quels sont les devoirs des seigneurs envers leurs sujets?
Ils doivent, 1° les conserver en paix; 2° leur rendre justice; 3° empêcher et punir les scandales; 4° procurer que les lois de Dieu et de l'Eglise soient observées (67).
Que doivent les tuteurs à leurs pupilles?
1° Les faire élever et instruire comme s'ils étaient leurs enfants; 2° faire profiter leur

---

(67) On comprend que ce qui est dit sur les devoirs des seigneurs n'a plus d'application, puisque les *seigneurs* n'existent plus dans notre France. Mais il n'en est pas moins vrai, que dans les degrés inférieurs de la société, le peuple se laisse facilement entraîner par l'exemple et par les discours de ceux qui sont placés dans un rang plus élevé. Il s'ensuit que les familles et les individus qui possèdent l'aristocratie de la fortune, du savoir, du talent, des dignités et même du nom, sont obligés à une conduite qui serve de modèle honorable et chrétien à tous ceux qui se trouvent au-dessous d'eux.

Il convient d'ajouter à ces réflexions que, dans la correction des enfants, l'essentiel est de ne pas les décourager; d'user de patience et de s'attacher surtout à gagner leur confiance pleine et entière. Il faut savoir les prendre par le cœur et leur insinuer la pratique de la religion, si puissante pour refréner les plus dangereuses passions. Gardons-nous de les abandonner à eux-mêmes sous prétexte qu'ils sont incorrigibles, mais avec un plan sage, des précautions minutieuses, des conseils paternels qui ne doivent jamais exclure la fermeté, ni entraîner à une molle condescendance; enfin, avec la prière et l'exemple, il est impossible qu'on n'obtienne pas les plus heureux succès.

bien par des voies légitimes, et en prendre soin comme du leur propre; 3° en rendre compte avec fidélité.

A quels devoirs est-on tenu à l'égard des vieillards?

On doit, 1° les honorer; 2° les écouter; 3° les supporter; 4° s'abstenir de tout mépris, raillerie, reproche; 5° leur rendre les services qu'on peut; 6° enfin on peut réparer la désobéissance de la jeunesse aux parents charnels, par l'obéissance de la vieillesse, seconde enfance, aux pères spirituels.

V° COMMANDEMENT. — Homicide point ne seras, etc.

Quelle suite y a-t-il entre ce commandement et le précédent?

Les commandements de la seconde table se rapportant tous à la charité du prochain, après avoir établi ce qu'elle oblige de faire pour les pères et mères qui sont les plus proches de tous, et les premiers dans l'ordre de la charité, la suite naturelle porte à parler de ce qu'on doit aux autres hommes, et avant toute chose de ce qui touche la vie qui est le principal des biens de l'homme et le fondement de tous les autres : c'est pourquoi il a été fort à propos de mettre pour le second commandement de la seconde table qu'on ne tuera point, c'est-à-dire qu'on ne fera rien de contraire à la vie du prochain, et qu'on fera ce qu'on pourra pour la conserver.

Que nous est-il ordonné par ce précepte?

1° D'avoir soin de la vie, de la renommée, et du salut du prochain; 2° de pardonner les injures, et de bien vivre avec tout le monde.

Que nous est-il défendu?

D'attenter à la vie, 1° naturelle; 2° civile; 3° spirituelle du prochain; c'est-à-dire de faire aucun tort : 1° à son corps; 2° à sa réputation; 3° à son âme; qu'on tue par le péché, aiguillon par lequel le démon a introduit la mort.

Comment fait-on tort à la vie du prochain?

1° Par les coups et les violences; 2° les meurtres; 3° les empoisonnements; 4° les avortements; 5° les homicides; 6° les excès de bouche; 7° le mauvais usage de la médecine; 8° le refus de l'aumône.

Quelles personnes sont sujettes à ces crimes?

Ceux qui se laissent aller, 1° à la haine; 2° à la colère; 3° à la vengeance; 4° aux querelles; 5° aux inimitiés; 6° aux duels; 7° à la luxure; 8° à l'intempérance; 9° à l'inhumanité envers les nécessiteux; 10° au désespoir qui les porte à attenter à leur propre vie, ou à s'exposer témérairement, ou à souhaiter leur propre mort et celle d'autrui; 11° ceux qui, mettant coucher les petits enfants avec eux, les étouffent.

Est-il permis de se défendre?

Oui, pourvu qu'on ne passe pas au delà de ce qui est nécessaire pour empêcher le mal qu'on nous veut faire injustement.

Quelle peine encourent ceux qui mettent la main sur les ecclésiastiques et autres personnes consacrées à Dieu?

Outre le sacrilége, ils tombent dans l'excommunication.

Comment fait-on tort à la réputation du prochain?

1° Par les soupçons et jugements téméraires; 2° les médisances; 3° les détractions; 4° les injures; 5° les outrages.

Qu'est ce que juger témérairement du prochain?

C'est juger sans aucune raison suffisante qu'il est coupable de quelque mal.

Et médire?

C'est se plaire à dire du mal de quelqu'un, qui est véritable, mais à ceux qui le savent.

Et détracter?

C'est dire du mal du prochain, qui est véritable, mais à ceux qui l'ignorent.

Et outrager?

C'est faire injure à quelqu'un en sa présence.

Qui porte les hommes à tomber dans ces péchés?

1° La haine; 2° la vengeance; 3° l'envie; 4° la jalousie; 5° la malice; 6° le dépit; 7° la colère; 8° l'antipathie.

A quoi sont tenus les détracteurs et les médisants?

A rétablir la réputation du prochain quand ils l'ont détruite ou diminuée.

Cela est-il aisé?

Non, surtout quand ç'a été par des libelles diffamatoires, des plaidoyers injurieux, des vers et des chansons satiriques, etc.

Que doit-on faire quand on entend médire?

1° Reprendre celui qui médit; 2° excuser celui dont on médit; 3° changer de discours; 4° se taire; 5° montrer une mine triste; 6° se retirer de là, suivant qu'il est à propos; 7° la vraie charité envers le prochain exalte ses vertus, cache ses défauts, excuse les actions et les personnes.

Pourquoi?

Parce que le diable est sur la langue de celui qui médit, et dans l'oreille de celui qui l'écoute avec plaisir : l'un met comme le feu à la maison de son voisin, l'autre s'y chauffe.

Qui doit refréner la langue?

Le respect doit la refréner à l'égard des supérieurs; la charité, à l'égard des égaux; la compassion, à l'égard des inférieurs. La vue de nos propres défauts; la crainte de Dieu, à l'égard de tous.

Comment fait-on tort à l'âme du prochain?

1° Par les mauvais discours; 2° les mauvais exemples; 3° les sollicitations au mal; 4° l'omission des soins qu'on est obligé d'en prendre, ou des avis qu'on est tenu de donner : tel est un médecin qui n'avertit pas son malade du péril où il est, afin qu'il pourvoie à sa conscience; 5° par les scandales?

Qu'est-ce que le scandale?

Une parole ou une action déréglée, qui de soi porte au péché mortel. Par exemple : 1° avancer des maximes contre la foi ou les bonnes mœurs; 2° apprendre aux autres le mal qu'ils ignorent; 3° avoir des tableaux, images, figures ou livres déshonnêtes;

4° souffrir le péché quand on peut l'empêcher, surtout quand on y est engagé par son rang; 5° inspirer à ses enfants le luxe, la vanité, la vengeance, l'impiété; jurant devant eux; ne priant pas Dieu; raillant de la dévotion; travaillant les fêtes et dimanches, ne gardant abstinence ni jeûnes aux jours ordonnés; faisant la débauche, etc.; 6° les nudités de gorge et de bras dans les filles et femmes, leurs habits et gestes immodestes, leur air trop libre, et leur afféterie, sont aussi de grands sujets de chute et de scandale pour les autres.

Suffit-il de se confesser de ces péchés?

Il faut de plus réparer le tort qu'on a fait au prochain, et se mettre en état de ne lui en plus faire, ôtant toute occasion de scandale, crime d'autant plus détestable, qu'on tue, non le corps, mais l'âme du prochain, et qu'on lui ravit, non une vie périssable, mais éternelle.

VI° et IX° COMMANDEMENTS. — Luxurieux point ne seras, etc. — La femme ne convoiteras, etc.

Que nous est-il ordonné par ces deux commandements?

D'être chastes de corps et d'esprit; c'est-à-dire, 1° de haïr et fuir tout plaisir charnel hors l'état de mariage; 2° de régler selon Dieu ce qui est permis en cet état.

Que nous est-il défendu?

Toute espèce d'impudicité, soit, 1° pensées volontaires; 2° désirs; 3° paroles; 4° actions contre la pureté.

Les pensées déshonnêtes sont-elles toujours péché?

Non, quand on les repousse.

Quand donc le sont-elles?

1° Lorsqu'on y consent avec désir d'effectuer le péché; 2° qu'on s'y arrête volontairement pour y prendre plaisir, quoique sans désir d'en venir à l'exécution; 3° qu'on néglige de les rejeter, ce qui peut quelquefois n'être pas mortel.

Quels sont les moyens pour conserver la chasteté?

1° L'humilité; 2° le travail; 3° la sobriété; 4° la modestie des yeux, des habits et du toucher; 5° la retraite; 6° la prière; 7° la fuite des occasions; 8° les bonnes lectures; 9° la fréquentation des sacrements; 10° la dévotion envers la sainte Vierge; 11° résister d'abord à la tentation; 12° considérer souvent l'usage que Jésus-Christ a fait de son corps et de sa chair.

Qui fait tomber dans ce détestable péché?

1° L'orgueil; 2° l'oisiveté; 3° l'intempérance; 4° l'immodestie; 5° les mauvaises compagnies; 6° les amitiés particulières; 7° la comédie et les romans; 8° le désir de plaire et d'être aimé; 9° le luxe des femmes; 10° la danse et le bal.

Du luxe.

Qui doit obliger une femme chrétienne à renoncer au luxe, et à la vanité des habits?

La considération, 1° du christianisme qu'elle déshonore; 2° des sacrements qu'elle profane; 3° des âmes qu'elle damne; 4° du bien qu'elle dissipe; 5° du scandale qu'elle cause; 6° des péchés qu'elle commet; 7° des désordres où elle s'engage; 8° du temps qu'elle perd; 9° des créanciers et domestiques qu'elle ne paye pas; 10° des pauvres qu'elle ne secourt pas; 11° des enfants qu'elle n'élève pas comme il faut; 12° de Dieu qu'elle irrite; 13° des saints dont elle s'attire l'indignation; 14° des anges à qui elle est en horreur; 15° des diables dont elle est l'esclave et l'hameçon. Ajoutez à cela qu'elle s'ajuste souvent au delà de sa condition et de ses facultés, et toujours au mépris de sa religion, de l'Ecriture et des bons exemples. Que si une fleur des champs qui passe et pourrit en un moment, est plus magnifiquement vêtue que ne l'était Salomon dans toute sa gloire, ainsi que nous l'apprend celui qui revêt toutes choses; jugez de la vanité des habits que le monde estime tant.

L'Ecriture leur défend-elle ces vains ajustements?

Oui, et très-expressément : voici ce qu'en dit saint Pierre, le chef de l'Eglise, et le vicaire de Jésus-Christ en terre : *Que les femmes soient soumises à leurs maris, afin que ceux qui ne croyent pas à la parole de l'Evangile, soient gagnés sans le ministère de la parole par la pieuse conversation et les bonnes mœurs de leurs femmes, considérant la modestie et la chasteté qu'inspire le christianisme. Qu'elles renoncent à la frisure des cheveux, aux ornements d'or et à la somptuosité des habits. Et qu'elles s'appliquent à l'embellissement de leur intérieur, ou de leur âme, qui n'est pas sujette à la corruption comme le corps, par la pratique de la douceur et de la modestie, qui font les riches beautés que Dieu prise. Car c'est ainsi qu'autrefois les saintes femmes qui espéraient en Dieu avaient accoutumé de se parer, demeurant soumises à leurs maris : ainsi Sara obéissait à Abraham, qu'elle appelait son Seigneur, de qui vous êtes filles selon l'esprit : si vous faites de bonnes œuvres comme elle.* (*I Petr.* viii, 1-6.)

L'apôtre saint Paul ne s'en explique pas moins fortement : *Que les femmes,* dit-il, *soient vêtues honnêtement; qu'elles se parent avec modestie et pudeur, et non avec des cheveux frisés, ni avec des ornements d'or, des pierreries ou des robes riches et précieuses, mais comme il est bienséant à des femmes qui font profession de montrer de la piété par la pratique des bonnes œuvres.* (*I Tim.* ii, 9, 10.)

Après cela, qu'une femme chrétienne et qui a envie de se sauver, voie si en conscience elle peut contrevenir à cette doctrine. Qu'elle considère que Dieu revêtit Eve notre première mère d'un cilice, quand il la mit hors le paradis, pour lui faire comprendre quel vêtement lui convenait, et dans quel esprit elle devait se couvrir. Et qu'elle sache que selon le sentiment des premiers saints de l'Eglise, qui avaient appris beaucoup de choses de Notre-Seigneur par les apôtres et les hommes apostoliques, c'est le diable, qui a appris aux femmes tout ce luxe et toutes ces inventions dont elles se parent avec tant d'artifice, pour plaire aux hommes par leurs attraits.

Pretextata, dame romaine, ayant orné d'ajustements mondains par ordre de son mari une vierge de qualité, mais vouée à Dieu, la nuit suivante elle vit en songe un ange, qui d'une voix terrible lui dit que ses mains sacriléges pour avoir osé profaner ainsi une vierge de Jésus Christ sécheraient sur-le-champ, et que par les cruelles douleurs qu'elle sentirait, elle jugerait de la grandeur de son crime; qu'au bout du mois elle serait traînée en enfer, et que si elle ne cessait sur l'heure d'ajuster cette fille, elle perdrait aussitôt son mari et ses enfants. Prédictions qui s'accomplirent à la lettre. C'est une histoire rapportée par saint Jérôme, qui fait voir combien ces vanités déplaisent à Dieu; car c'est une vérité constante qu'on connaît au visage et aux habits d'une fille, si elle a Dieu dans le cœur.

De la danse et du bal.

Qui doit éloigner de la danse et du bal une personne qui craint Dieu?

Toutes sortes de pieuses considérations: car, où les sept péchés capitaux règnent-ils avec une licence plus effrénée? L'orgueil, par les désirs de paraître et de l'emporter au-dessus des autres en beauté, esprit, adresse, qualité, etc. L'envie, par la tristesse de se voir surpassé par d'autres en jeunesse, bonne grâce, estime, beaux habits, etc. L'avarice, par la convoitise des richesses qu'on y voit et de l'argent qu'on y joue? La paresse, par le dégoût qu'on y conçoit de la dévotion, et l'impossibilité morale où on se met d'en pratiquer les exercices. La colère, par les querelles, jalousies, inimitiés, meurtres, qui souvent y prennent naissance. La gourmandise, par les grands repas qui terminent ces assemblées si opposées à la tempérance chrétienne. La luxure, qu'on peut dire y être dans son trône, et faire sentir sa tyrannie à toutes les facultés de l'homme charnel; car en ces lieux-là:

2° Que de pensées sales dans l'esprit; que de désirs criminels dans le cœur; que de représentations déshonnêtes dans l'imagination? Combien les yeux sont-ils souillés de regards lascifs? l'odorat, de parfums sensuels? l'oreille, de paroles libres, de chansons libertines, d'airs dissolus, de son d'instruments qui amollisent l'âme et excitent les flammes impures? les mains, par les attouchements? le pied et la jambe, par les mouvements indécents; tout le corps enfin par des postures, gestes, situations immodestes? Joignez à cela ces habits somptueux, ces vains ajustements, ces parures éclatantes, ce luxe, ces frisures, ces nudités, ces conversations enjouées, ces discours libres, ces desseins délibérés de donner de l'amour, et d'en prendre, ces idées impies et impures qu'on en rapporte avec soi. Toutes ces choses ne sont-elles pas l'extinction de la piété dans un fidèle? En effet:

3° Ne semble-t-on pas mettre sa gloire à y oublier la grâce des sacrements et les sacrements eux-mêmes, qui nous sanctifient. Le baptême, par la profession publique des pompes de satan? La confirmation, par la désertion de la milice chrétienne? L'Eucharistie, par la profanation du corps qui lui sert de sanctuaire? La pénitence, par les plaisirs sensuels, auxquels on se livre? L'extrême-onction, par les taches qu'on y contracte? L'ordre, par le mépris qu'on y fait des lois de l'Église. Le mariage par les adultères qu'on y médite et que souvent on y complote? Or quoique ces déréglements ne se rencontrent pas tous à la fois, ni toujours, ni en un égal degré dans toutes les assemblées mondaines, et qu'elles soient plus ou moins scandaleuses, cependant on peut dire qu'il n'y en a presque point qui ne soit très-dangereuse, et ce qui est plus déplorable, c'est qu'on veut bien se persuader qu'il ne s'y passe rien que d'innocent; que ce sont des divertissements honnêtes qu'on déguise sous des noms spécieux de commerce du monde, de divertissements de gens de qualité, de galanteries, de passe-temps, tandis qu'on viole impunément les plus saintes lois du christianisme, qu'on se remplit l'esprit du monde formellement opposé à celui de l'Évangile, et qu'on y apprend très-souvent à devenir impie et sans religion.

VII° et IX° COMMANDEMENTS. — Les biens d'autrui tu ne prendras, etc. — Biens d'autrui ne désireras, etc.

Que nous est-il ordonné par ces deux commandements?

1° De nous contenter du bien que Dieu nous a donné; 2° d'avoir soin de celui du prochain comme du nôtre propre; 3° de souffrir avec patience la pauvreté, quand il lui plaît de nous l'envoyer.

Que nous est-il défendu?

1° De prendre, 2° de retenir, 3° de désirer le bien d'autrui, 4° de lui faire, 5° de lui procurer, 6° de lui souhaiter aucun dommage. Telle est la perfection de la loi de Dieu.

Qui viole ces deux commandements?

1° Les larrons, 2° les voleurs, 3° les sacriléges, 4° les avares, 5° les envieux.

Qui sont les larrons?

Ceux qui dérobent en cachette.

Et les voleurs?

Ceux qui enlèvent le bien d'autrui publiquement et avec violence.

Et les sacriléges?

Ceux qui prennent une chose consacrée à Dieu.

Et les avares?

Ceux qui convoitent ou qui s'attachent déréglement aux biens de la terre.

Et les envieux?

Ceux qui voient à regret les richesses d'autrui, et qui les convoitent.

Qui pèche encore contre les préceptes?

1° Les acheteurs, qui achètent à vil prix de ceux qui ne savent pas vendre, ou qui ont volé ce qu'ils vendent; 2° les vendeurs, qui vendent trop cher ou à faux poids et fausses mesures, ou qui donnent de mauvaises marchandises : 3° les joueurs qui trompent ; 4° les mauvais pauvres ; 5° les usuriers, qui se font payer plus qu'ils n'ont prêté ; 6° les gens de justice qui ne font pas leur devoir ; 7° ceux qui débitent la fausse monnaie ; 8° qui diffèrent ou refusent de payer leurs dettes ou le salaire des domestiques et des ouvriers ; 9° qui n'exécutent pas les testaments dont ils sont chargés ; 10° qui détiennent les biens, titres et papiers d'autrui ; 11° qui, par ignorance ou par négligence, font tort à autrui : tels peuvent être les avocats, juges, notaires, procureurs, médecins, etc. ; 12° qui souhaitent le malheur d'autrui pour en profiter, comme les soldats qui désirent la guerre ; les juges, les procès ; les médecins, les maladies ; les riches, la disette ; 13° qui étant commis au partage et à la distribution des tailles, chargent injustement les uns plus que les autres ; 14° les ouvriers qui ne travaillent pas fidèlement ; 15° les domestiques qui usent du bien de leurs maîtres, ou qui en dispensent sans son consentement ; 16° les enfants de famille qui dérobent chez leurs parents.

De la restitution.

A quoi sont tenus tous ces gens-là ?
A restituer et réparer le plus tôt qu'ils pourront, tout le tort qu'ils ont fait au prochain, même s'il se peut, avant de se confesser, sans quoi leur conscience ne saurait être en sûreté.

Qui donc est obligé de restituer ?
1° Tous ceux dont on vient de parler ; 2° ou qui ont été cause du tort que d'autres ont fait, pour l'avoir commandé ou conseillé ; 3° pour avoir recelé ; 4° ou indûment profité ; 5° ou n'avoir pas empêché le dommage, y étant tenus ; en un mot, qui prennent ou retiennent injustement le bien d'autrui et lui portent préjudice, ou ne le réparent pas après lui en avoir causé.

A qui faut-il restituer ?
A ceux à qui on a fait tort, ou, s'ils sont morts, à leurs héritiers, ou, à leur défaut, aux pauvres, ou faire prier Dieu pour eux, afin que cela profite sinon à leur corps, au moins à leur âme.

Qui porte les hommes à ces excès injustes ?
1° L'orgueil ; 2° l'avarice ; 3° la vengeance ; 4° l'ambition ; 5° les mauvaises compagnies ; 6° la fainéantise ; 7° la débauche ; 8° l'amour déréglé des divertissements et du jeu.

Du jeu.

Est-il permis de jouer ?
Oui ; pourvu que ce soit, 1° peu souvent ; 2° peu de temps ; 3° peu d'argent ; 4° pour se délasser ; 5° pour se récréer ; 6° pour recouvrer la santé ou les forces ; 7° pour se rendre plus propre au travail ; 8° et non aux jeux de hasard ou défendus.

Quels péchés commettent les joueurs ?
Souvent, 1° ils jurent ; 2° ils se parjurent ; 3° ils blasphèment ; 4° ils font des imprécations ; 5° ils trompent ; 6° ils mentent ; 7° ils se querellent et se battent ; 8° ils s'attristent des pertes, ou se réjouissent du gain excessivement ; 9° ils perdent le temps, bien plus précieux que l'argent qu'ils gagnent ; 10° ils prodiguent leur bien ; 11° ils ruinent leur famille et dérangent leurs domestiques ; 12° ils omettent la Messe et les Offices ; 13° ils dérobent pour jouer ; 14° les ecclésiastiques et autres personnes consacrées à Dieu ajoutent, à ces déréglements communs, des péchés qui leur sont propres, ainsi que les pères et mères de famille, les magistrats et personnes publiques, les femmes, les domestiques, etc. ; 15° enfin ils s'ôtent le moyen de payer leurs dettes, d'élever leurs enfants, de faire de bonnes œuvres, et surtout de donner l'aumône, à quoi ces deux commandements obligent, car il ne suffit pas, pour le bien observer, de ne point faire tort au prochain, il faut de plus l'aider dans son besoin.

De l'aumône.

I. — *Obligation de la faire.*

Est-on obligé de faire l'aumône ?
Sans doute, puisque Jésus-Christ enverra aux flammes éternelles ceux qui ne l'auront pas faite, et ce qu'il dira aux réprouvés lors du jugement, montre assez cette obligation.

Qu'est-on obligé de donner aux pauvres ?
On doit les aider du superflu de son bien dans leurs besoins pressants ; et on doit les aider de son nécessaire dans leurs besoins extrêmes plus fréquents qu'on ne le croit, la pauvreté tuant, non sur-le-champ, mais de langueur, bien des personnes. En effet, ce superflu ne nous appartient pas, il est aux pauvres ; ainsi c'est comme retenir le bien d'autrui, que de le garder. Ce blé que vous resserrez, disent les saints, est le pain des faméliques ; ces vêtements que vous renfermez, sont les habits des nus ; cet argent que vous enfouissez, c'est le prix et la rançon du prisonnier et du captif. Saint Grégoire sachant qu'on avait trouvé un pauvre mort, et soupçonnant que c'était de misère et de nécessité, s'imputa cet accident, et se priva de la table de l'Agneau sans tache pendant plusieurs jours, tant la maxime des saints Pères était encore en vigueur, que celui qui ne nourrit pas le nécessiteux, le tue.

Qu'appelez-vous le superflu du bien ?
Ce qui reste après qu'on a pris son entretien honnête : saint Paul travaillait et voulait qu'on travaillât pour avoir de quoi donner aux indigents.

Ceux qui n'ont que le nécessaire sont-ils exempts de faire l'aumône ?
1° Ils doivent procurer, autant qu'ils peuvent par leurs soins et sollicitations, le secours et le soulagement des pauvres ; celui qui a le cœur plein de charité, a toujours de quoi donner, dit saint Augustin ; 3° l'Apôtre ne nous ordonne pas d'ouvrir notre bourse, mais de ne jamais fermer notre cœur ; 4° si on ne peut faire l'aumône corporelle, qu'on fasse la spirituelle.

Qu'est-ce que faire l'aumône spirituelle ?

C'est aider les pauvres, 1° par ses prières, 2° conseils, 3° instructions, 4° corrections, 5° crédit. Enfin c'est leur témoigner de la bonté et de la compassion, et leur rendre le service dont on est capable.

Quelle est la bonne aumône?

Celle qu'on fait, 1° de ce qu'on se retranche sur soi; 2° de ce qu'on gagne du travail de ses mains : tel est un homme qui dépense moins, qui s'habille, se nourrit, se loge, se meuble, se chauffe plus mal qu'il ne ferait pour donner aux pauvres ce qu'il s'ôte ainsi à lui-même; 2° et l'artisan qui distribue le dimanche ce qui lui reste du travail de la semaine, l'entretien de sa famille pris : car c'est là proprement faire l'aumône de sa substance, et la convertissant en la substance du pauvre, rendre l'aumône vivante, et prier ainsi dans le pauvre comme dans un autre soi-même, et par autant de bouches qu'on a secouru d'indigents.

II. — *Excellence de l'aumône.*

Qui découvre le plus les fruits de l'aumône, et les motifs qui engagent à faire la charité?

Ce qu'en dit le Fils de Dieu dans l'Evangile : « Ne thésaurisez pas sur la terre, où la teigne, la rouille, le voleur et enfin le temps démolissent tout; mais amassez au ciel des trésors qui ne diminuent et ne se corrompent point. Faites-vous des sacs qui ne s'usent point, et des amis, qui, au sortir de vos maisons ruineuses, vous reçoivent dans les tabernacles éternels. »

Que remarquez-vous dans ces paroles?

1° Que pour peu de bien périssable, corruptible, terrestre, passager, l'aumônier reçoit un trésor inépuisable, incorruptible, éternel ; 2° l'erreur de l'avare, et l'injure qu'il fait à Dieu ; il confie son blé à la terre, assuré qu'elle le lui rendra au centuple, et il regarde l'aumône comme un bien perdu, et le pauvre, ou plutôt Jésus-Christ, comme une terre ingrate et stérile.

Quels sont encore les fruits de l'aumône?

L'Ecriture en remarque tant, qu'il est difficile de les recueillir tous ; en voici quelques-uns, comme un riche amas, mais confus :

1° Cherchez-vous la voie du salut, et quelqu'un qui vous l'apprenne? envoyez vos aumônes au ciel, ainsi que le centurion Corneille, et il en descendra des anges et des apôtres qui vous serviront de guides.

2° Craignez-vous que vos iniquités ne vivent encore devant Dieu? apprenez de Tobie que ce que l'eau est au feu, l'aumône l'est au péché.

3° Etes-vous en peine comment satisfaire à la justice divine? suivez le conseil de Daniel, rachetez vos péchés par l'aumône, c'est la monnaie qui a cours devant Dieu.

4° L'ardeur des tentations vous menace-t-elle de quelque incendie? jetez dessus ce verre d'eau froide dont parle l'Evangile, dit saint Augustin.

5° Les embarras de la vie vous arrachent-ils du pied des autels? cachez votre aumône dans le sein du pauvre comme dans un sanctuaire, et elle priera pour vous en secret.

6° Demandez-vous, et n'obtenez-vous pas? donnez, et il vous sera donné; ouvrez vos mains, et Dieu vous ouvrira les siennes.

7° Votre dernière heure vous effraye-t-elle, et le trajet de cette vie en l'autre? donnez l'aumône, dit le Sage ; c'est un antidote à la mort, un heureux passeport de la terre au ciel.

8° N'osez-vous pas aller paraître devant Dieu les mains vides des bonnes œuvres? remplissez celles du pauvre, et les vôtres se trouveront pleines.

9° Manquez-vous de confiance en la bonté de Jésus-Christ, votre juge? soyez vous-même la confiance des pauvres, et servez-leur de père et d'avocat, afin qu'ils vous en servent.

10° Tremblez-vous dans l'incertitude de votre sort, et du dernier arrêt qui décidera de votre éternité? Ignorez-vous que c'est à ceux qui n'ont pas fait miséricorde, qui n'ont pas nourri les faméliques, vêtu le nu, logé le pauvre, pansé le malade, etc., qu'on ne la fera pas dans ce grand jour?

11° Ces ténèbres éternelles vous effrayent-elles? visitez le pauvre prisonnier, et que la lampe de vos charités devance vos pas.

12° Désirez-vous l'éternelle félicité des saints? n'avez-vous pas lu quel est le prix des aumônes, et la récompense de ceux qui l'ont faite.

De sorte que l'aumône opère la conversion; éteint le feu de la convoitise, celui qui est préparé au péché; elle donne le moyen de racheter nos dettes envers la justice divine ; elle attire le don d'oraison et de recueillement ; elle rend capable d'impétrer toutes choses de Dieu ; elle désarme sa main ; elle obtient un heureux décès ; elle accompagne au tribunal de Jésus-Christ ; elle remplit de confiance et de gloire au dernier jour du jugement ; elle délivre des ténèbres éternelles, de la faim, de la soif qu'endureront les réprouvés ; elle acquiert des trésors immenses dans le ciel ; elle attire les bénédictions temporelles : et saint Jérôme assure n'avoir jamais su qu'aucun aumônier ait fait une mauvaise fin.

III. — *Manière de faire l'aumône.*

Comment pèche-t-on dans la manière de faire l'aumône, et de traiter les pauvres?

Voici les défauts qu'on y commet : 1° leur abord déplaît, chagrine, importune; 2° on ne leur donne point d'audience favorable, on ne les voit point de bon œil ; 3° on ne les renvoie pas avec des paroles douces, on ne les croit point, on les soupçonne de mensonge, hypocrisie, malice, fourberie, etc. ; 4° on est prévenu et indisposé contre eux ; 5° leur pauvreté est onéreuse ; 6° on leur donne peu, et après tant d'instance, que cette aumône n'est plus une donation, mais une vente, et bien chère, dit saint Augustin ; 7° on a peu d'attrait pour les instruire, leur faire entendre la Messe, fréquenter les sacrements, les porter à faire un bon usage de leur misère : en un mot, leur salut est fort négligé ; Dieu nous donne d'autres sentiments par son infinie miséricorde.

Comment donc bien s'acquitter de cette obligation ?

Imitant la Madeleine, qui, dans les devoirs qu'elle rendit au corps naturel de Jésus-Christ, figura les dispositions requises en ceux qui secourent son corps mystique, ou ses membres affligés, c'est-à-dire les pauvres.

Que fit-elle ?

1° Elle se prosterna aux pieds du Sauveur ; 2° elle les arrosa de ses larmes ; 3° elle les essuya de ses cheveux ; 4° elle les baisa de sa bouche ; 5° elle les oignit d'onguent.

Qu'est-ce que cela signifie ?

1° Se prosterner aux pieds du Sauveur, c'est honorer Jésus-Christ dans les pauvres, et ne pas dédaigner de les servir ; 2° les arroser de larmes, c'est compatir à leurs maux, et les consoler ; 3° les essuyer de ses cheveux, c'est les assister et secourir de son bien et superflu ; 4° les baiser de sa bouche, c'est les aimer et les chérir ; 5° les oindre d'onguent, c'est panser et nettoyer leurs plaies. Cinq degrés de perfection dans la charité envers les pauvres : les honorer, consoler, sustenter, aimer, médicamenter.

Pèche-t-on souvent contre ces excellents devoirs ?

Rarement les accomplit-on tous. En effet, selon saint Grégoire, 1° les uns médicamentent les pauvres, mais ils les traitent avec hauteur ; et ceux-là oignent les pieds de Jésus-Christ, mais ils ne se prosternent pas devant lui. 2° D'autres respectent Notre-Seigneur en eux, mais ils n'en ont pas de compassion ; et ceux-là s'abaissent aux pieds de Jésus-Christ, mais ils ne les arrosent pas de leurs larmes. 3° D'autres sont touchés de leurs misères, mais ne se retranchent de rien pour les soulager ; et ceux-là arrosent de leurs larmes les pieds de Jésus-Christ, mais ils ne les essuient pas de leurs cheveux. 4° D'autres leur donnent, mais ils les ont à dégoût ; ceux-là essuyent de leurs cheveux les pieds du Sauveur, mais ils ne les baisent pas de leur bouche. 5° D'autres enfin les aiment, mais ils ont horreur de leurs plaies ; et ceux-ci baisent les pieds de Jésus-Christ, mais ils ne les oignent pas avec le baume.

Que doit-on considérer en faisant l'aumône ?

1° Que de tous les biens que nous possédons sur terre, il n'y a que ceux que nous donnons aux pauvres qui nous demeurent, et que nous emportons avec nous, ainsi que ce qu'enlève un homme de sa maison qui brûle, dit saint Grégoire. 2° Que ce n'est pas à un pauvre que nous donnons, mais à Jésus-Christ même caché dans le pauvre : le pauvre tend la main, mais Jésus-Christ reçoit. 3° Que nous ne nous dépouillons pas de notre propre bien, mais que nous rendons à autrui ce qui lui appartient, puisque le superflu est aux pauvres, et non à nous.

IV. — *Excuses de ceux qui ne veulent pas faire l'aumône.*

Que dites-vous de ceux qui consument tous leurs biens en folles dépenses, en vanités, beaux habits, jeux, bonne chère, et par conséquent qui n'ont jamais de superflu, ou qui ne se souviennent de leurs dettes, que quand il faut faire l'aumône; et point du tout quand il faut se divertir.

Qu'ils sont coupables de trois crimes, dont ils rendront compte à Dieu : de prodigalité, dissipant le bien que Dieu leur a donné pour leur salut ; d'inhumanité envers les pauvres, se mettant hors d'état de les pouvoir secourir ; d'hypocrisie, ne se servant du voile de la justice, que pour cacher leur manque de charité, et pour ne satisfaire à aucune de ces deux vertus.

Et de ceux qui, loin de donner leur superflu aux pauvres, s'amusent à thésauriser, et à le garder dans leurs coffres, et qui souhaitent même la disette, pour débiter plus chèrement leurs denrées ?

Que ce sont des avares ; or les avares ne posséderont jamais le royaume de Dieu.

Mais ils ne prennent pas le bien d'autrui ?

Non, aussi ne seront-ils pas jugés comme des voleurs, mais comme des gens attachés à l'argent ; car on peut se perdre en aimant trop son propre bien, aussi bien qu'en prenant celui d'autrui, tout ainsi qu'on peut s'enivrer aussi bien du vin de son tonneau, que de celui de son voisin, dit saint Augustin.

Mais je donnerai par testament ?

Abus, parce que, 1° les dernières volontés sont ordinairement très-mal exécutées ; 2° quelle libéralité après ne s'être rien refusé en ce monde, de faire profusion de ce qu'on ne saurait emporter en l'autre ; 3° de commencer d'être humain quand on cesse d'être homme ; 4° c'est donc à la mort qu'on a obligation de vos largesses, car si vous aviez toujours vécu, vous n'auriez jamais rien donné ; 5° ni accompli les commandements de Dieu, si vous aviez été immortel ; 6° offre-t-on sur l'autel des cadavres de victimes ; 7° voudriez-vous traiter vos amis des restes de votre table ? Comment donc osez-vous traiter ainsi votre Bienfaiteur ; 8° si la lumière ne devance, de quoi sert-elle ? dit saint Basile.

Mais j'ai des enfants ?

Mais vous avez une âme ; c'est votre aînée, conservez-lui son préciput, ajoute le même saint. Donnez aux enfants, mais n'oubliez pas le père ; aux naturels ajoutez-en un adoptif, c'est-à-dire le pauvre, ou plutôt Jésus-Christ établi de Dieu l'héritier universel, le premier-né d'entre ses frères. Partagez avec lui sur la terre, il partagera avec vous au ciel ; qu'il soit ici-bas votre cohéritier, vous serez là-haut le sien.

Mais je n'ai pas de superflu ?

Parce que vous ne vous contentez pas du nécessaire ; retranchez ces excès en habits, rubans, dentelles, meubles, équipage, bonne chère, curiosités, vanités, inutilités, débauches, etc., et vous en aurez de reste? du moins dites avec saint Pierre : Je n'ai ni or ni argent, mais je vous donne ce que j'ai, de la commisération, du secours, du service, etc., c'est donner non ce qu'on a, mais ce qu'on est, non son bien, mais soi-même, dit saint Grégoire.

Que reste-t-il donc à ceux qui n'ont point d'argent pour faire l'aumône?

Ils ont, 1° un cœur pour compatir aux misérables; 2° des yeux pour les voir; 3° des oreilles pour les entendre; 4° des pieds pour visiter; 5° des mains pour les servir; 6° une langue pour les instruire, exhorter, corriger, encourager, conseiller, consoler, etc.; 7° une bouche pour prier, parler, solliciter en leur faveur, secours incomparablement plus grands et plus méritoires que quelque argent souvent extorqué par le respect humain, ou l'importunité, et destitué de douceur, d'humanité, et de vues de foi.

VIII° COMMANDEMENT. — Faux témoignage ne diras, etc.

Que nous est-il ordonné par ce précepte?

D'être, 1° véritables, 2° charitables, 3° de bonne foi envers le prochain.

Comment peut-on être véritable à l'égard du prochain?

1° Reconnaissant et louant le bien qui est en lui; 2° ne lui imputant point le mal qu'il n'a pas.

Et charitable?

1° Excusant ses défauts; 2° les taisant.

Doit-on taire la vérité?

On n'est pas toujours obligé de la dire, parce que la charité est bien toujours véritable, mais la vérité n'est pas toujours charitable.

Et de bonne foi?

1° Agissant avec droiture et sincérité dans tout ce que nous avons à démêler avec lui. 2° Tenant nos paroles et promesses qu'on doit faire avec non moins de maturité, que de dessein de les accomplir, et qu'on ne doit point violer par inconstance, légèreté, etc.

Que nous est-il défendu par ce commandement?

D'être, 1° faux témoins; 2° calomniateurs; 3° menteurs; 4° rapporteurs; 5° flatteurs.

Qu'est-ce qu'un faux témoignage?

Une accusation ou une déposition fausse, faite devant le juge contre un innocent, ce qui est un horrible péché, parce que le faux témoin blesse tout à la fois la vérité, la charité, la justice et la religion.

Pourquoi la religion?

Il prend Dieu à témoin qu'il dira la vérité, et il se parjure, puisqu'il ment : ce qui est trahir sa religion; ainsi que *mentir dans la confession, ou imposer par hypocrisie*, deux espèces de faux témoignage.

Qu'est-ce que calomnier?

C'est 1° imposer un crime au prochain qu'il n'a pas commis; 2° exagérer les fautes légères, et les faire passer pour de grands crimes; 3° interpréter à mal ce qu'il a fait ou dit innocemment.

Qu'est-ce que mentir?

C'est aller contre la vérité, parler contre sa pensée, dire ce qui n'est pas, affirmer pour vrai ce qu'on croit faux, ou nier comme faux ce qu'on croit vrai.

Qu'est-ce que l'Ecriture dit en général de ce péché?

1° Que le démon est le père du mensonge, et que les menteurs sont les enfants du diable, ce qui devrait en donner une grande horreur; 2° qu'il est très-opposé à l'Eglise, base et colonne de vérité.

Combien y a-t-il de sorte de mensonges?

1° Le joyeux; 2° l'officieux; 3° le pernicieux.

Quel est le joyeux?

Celui qu'on fait pour rire et se divertir.

L'officieux?

Celui qu'on fait par complaisance à quelqu'un, et qui ne nuit à personne qu'à celui qui le profère.

Doit-on éviter ces deux espèces de mensonges?

Oui, et jamais on ne doit mentir, le mensonge déplaît à Dieu, insensiblement on vient des petites menteries aux grandes, rien ne décrie tant que de passer pour menteur.

Qu'est-ce qu'un mensonge pernicieux?

Celui qui porte un préjudice notable à quelqu'un, ou qui est en matière importante.

A quoi sont tenus les faux témoins, les calomniateurs et les menteurs?

A réparer le tort qu'ils ont fait au bien, à l'honneur, ou à la réputation du prochain (68).

Qu'est-ce que rapporter?

C'est redire au prochain le mal qu'un autre a dit de lui, et être ainsi un semeur de querelles.

Quel mal fait un rapporteur?

Il blesse, 1° la charité; 2° la vérité, car d'ordinaire il exagère; 3° il trouble la paix; 4° il se décrie lui-même.

Est-ce être rapporteur que d'avertir, par principe de conscience, un père de famille ou un supérieur, de quelque désordre qui se commet chez lui, afin qu'il y remédie?

Non, c'est être charitable et zélé, et on est obligé de donner ces sortes d'avis.

Qui porte une personne à faire de méchants rapports?

1° l'envie; 2° la vengeance; 3° la pure malice; 4° la flatterie.

Qu'est-ce que flatter?

C'est louer quelqu'un par complaisance

---

(68) En rétractant les faux témoignages, les calomnies et les autres atteintes à la réputation du prochain, en le dédommageant aussi de tous les préjudices qu'il a pu subir dans son honneur, ses biens, sa profession et son crédit, etc. L'attaque et le dommage sont bien fréquents aujourd'hui, la réparation bien rare. Et on parle de charité! Et on ose compter sur le Ciel!

ou par intérêt, espèce de faux témoignage, souvent plus pernicieux que la médisance, laquelle ne nuit que dans l'esprit des autres, et quelquefois est utile à celui dont on médit; au lieu que la flatterie gâte souvent le cœur et l'esprit de celui qu'on flatte, le remplissant d'orgueil, de présomption et d'amour-propre, et nuit au flatteur et à ceux qui l'écoutent.

Est-ce péché?
Oui, en sept rencontres particulièrement.
Quelles?
1° Quand par là on applaudit au péché d'autrui; 2° qu'on l'encourage à mal faire; 3° qu'on l'approuve ou qu'on l'autorise dans ses désordres; 4° qu'on veut en obtenir quelque chose de mauvais; 5° ou le séduire, corrompre, tromper; 6° qu'on le loue de ce qui est blâmable, ou de ce qu'il n'a pas; 7° quand on voit qu'il en conçoit de la vanité.

A quoi cela nous doit-il porter?
1° A n'être jamais assez lâches pour flatter personne; 2° ni assez vains pour vouloir être flattés par personne; 3° à aimer en toutes choses la vérité, quand même elle nous serait contraire.

IX° et X° COMMANDEMENTS. — L'œuvre de chair ne désireras, etc. — Bien d'autrui ne convoiteras, etc.

Que marquent ces deux commandements, ajoutés au 6° et au 7°?
1° La sagesse des lois de Dieu; 2° et la sainteté intérieure qu'il exige de l'homme, étant et dangereux de penser aux choses qu'il n'est pas permis de posséder, et pernicieux de les convoiter; 3° son domaine sur le cœur humain.

Qu'est-il donc défendu par ces deux préceptes?
De suivre les désirs déréglés du cœur pour les plaisirs et les richesses, auxquels, comme à deux torrents impétueux, il faut opposer cette digue : *Tu ne convoiteras pas.*

Pourquoi défendre ces deux espèces de désirs en particulier?
La nature corrompue y a le plus de penchant; leurs objets ont l'apparence, quoique fausse, du bien; ils sont les plus véhéments, les deux tiges d'où pullulent tous les autres.

D'où naissent ces mauvaises inclinations?
De la convoitise; c'est pourquoi si l'on veut garder ce commandement, il faut ne la pas suivre et demander à Dieu le détachement des biens sensibles, étant difficile que celui qui aime l'argent et le plaisir, ne soupire après le bien ou la femme d'autrui. Extirpation de convoitise que Dieu nous ordonne ici pour conclusion de ses préceptes, afin de couper le mal par la racine, et de renfermer toute sa loi ce petit mot : *Tu ne convoiteras pas.* Celui-là étant bien éloigné de prendre, qui s'empêche même de désirer. D'où vient, selon saint Grégoire, que David, qui n'avait pas craint de ravir la femme d'autrui, craignit ensuite de convoiter un verre d'eau froide.

Pourquoi ces deux commandements sont-ils les derniers?
Ils sont la perfection des autres, et en les observant on les observe tous entièrement. En effet, qui s'interdit jusqu'à la pensée du péché, est bien éloigné d'en commettre l'acte. D'ailleurs cette dernière parole du Décalogue bien entendue : *Tu ne convoiteras point,* et qui répond à la première : *Tu aimeras Dieu,* va encore plus loin, et nous apprend l'obligation que nous avons d'agir en tout *par charité* et non *par cupidité,* deux principes qui distinguent la nature corrompue de la nature réparée, les saints d'avec les pécheurs, les prédestinés d'avec les réprouvés.

Doit-on se contenter de garder les commandements de Dieu?
Ce serait beaucoup sans doute; néanmoins Notre-Seigneur a dit qu'après cela il manque encore une chose.

Quelle est-elle?
De tendre à la perfection chrétienne, en observant même les conseils évangéliques, suivant ainsi l'Agneau partout où il va, et faisant des œuvres de surérogation.

Pourquoi Jésus-Christ a-t-il ajouté les conseils aux préceptes?
Afin, 1° d'assurer davantage notre salut, en les pratiquant; 2° de faciliter l'observation de ses commandements, dont ils sont comme un avant-mur; ainsi ne jurer jamais, ne plaider point, ne posséder rien en propre, sont d'excellents moyens pour s'éloigner du parjure et ne point blesser la religion ou la charité; 3° de nous rendre parfaits.

Des vertus et conseils évangéliques.

Combien y a-t-il de vertus évangéliques?
Trois principalement, 1° la pauvreté volontaire; 2° la chasteté perpétuelle; 3° l'obéissance régulière.

Sont-elles de commandement?
Non, elles sont seulement de conseil.

Qui les a conseillées?
Jésus-Christ, lequel les a lui-même pratiquées, ainsi que les apôtres, et, à leur imitation, beaucoup de saints et de saintes.

Qui doit les garder?
Ceux particulièrement qui en font vœu, comme les religieux et religieuses, ou qui y sont tenus par leur état, ou qui aspirent à une haute perfection.

En quoi consiste cette pauvreté?
Dans une désappropriation de fait et de volonté de toutes sortes de biens temporels.

Et la chasteté?
Dans une pureté entière d'esprit et de corps.

Et l'obéissance?
Dans une soumission parfaite de jugement et de volonté aux supérieurs légitimes.

En quoi consiste l'excellence de ces trois conseils?

Ils s'attaquent à la racine de tout péché : la pauvreté à l'avarice, la chasteté à la sensualité, l'obéissance à l'orgueil.

Quels sont les conseils évangéliques?

Il y en a plusieurs de grande perfection. En voici quelques-uns : 1° prier toujours ; 2° ne plaider jamais ; 3° prêter volontiers ; 4° quand on nous a ôté le manteau, donner la robe ; 5° quand on nous a frappés sur une joue, tendre l'autre ; 6° nous étudier à faire du bien à nos ennemis ; 7° ne redemander point ce qu'on a pris et qui nous appartient, etc.

Que dites-vous de ces saints conseils?

Qu'on doit, 1° les estimer infiniment ; 2° se réjouir de ce qu'on les observe si excellemment dans l'Eglise ; 3° en pratiquer du moins quelques-uns.

En quoi diffèrent-ils des commandements?

1° Nous sommes tous obligés aux commandements, et non tous aux conseils ; 2° La loi ancienne, qui ne portait à rien de parfait, n'avait que les commandements, la loi nouvelle ajoute les conseils ; 3° les commandements nous séparent des choses défendues, les conseils des permises ; 4° par les commandements on évite le péché, par les conseils on pratique la perfection ; 5° enfin, on apprend ainsi à devenir obéissant aux préceptes, docile aux conseils, fidèle aux inspirations.

De la perfection chrétienne.

Doit-on tendre à la perfection?

Oui, du moins à celle de son état ; ainsi une personne ou mariée, ou veuve, ou vierge, ou prêtre ou religieux, ne doit pas seulement se contenter de vivre bien, mais encore accomplir excellemment les devoirs, et supporter les croix de sa condition ; car c'est une erreur de croire, quand on parle de la perfection, que cela veut dire qu'il faut nécessairement et aussitôt changer d'état, et embrasser un autre genre de vie plus austère.

Pourquoi tendre à la perfection?

1° C'est l'esprit du christianisme, de l'Evangile et de la loi de grâce par-dessus l'ancienne ; 2° Jésus-Christ le conseille ; 3° qui ne tend pas à la perfection du conseil, souvent ne parvient pas à celle de précepte, étant certain que quand on se limite à ne vouloir rien faire de ce qui est de perfection et de surérogation, on ne parvient pas même d'ordinaire à accomplir ce qui est de commandement et d'obligation. L'archer qui ne vise pas au-dessus du but n'atteint qu'au-dessous, dit saint Chrysostome. 4° Autrement on ne sera jamais exemplaire ; or la vie exemplaire est la plus belle vie du monde et la plus utile, ainsi que la vie scandaleuse, la plus infâme et la plus pernicieuse ; 5° ni favorisé des grâces abondantes, Dieu les proportionnant à nos services, et nous mesurant à notre aune ; 6° le modèle que nous devons imiter nous y engage ; 7° l'aliment dont nous nous nourrissons confère une vie parfaite ; 8° sans cela on se met dans la disposition de ne vouloir ni avancer ni reculer, situation aussi impossible que dangereuse dans le chemin de la vertu, comparé à un fleuve rapide et à une montagne roide qu'on remonte ; 9° on ne résistera pas à une violente tentation, à une occasion pressante ; 10° on diminue sa gloire et sa récompense ; 11° on répond mal aux excès de l'amour de Dieu ; 12° nous sommes partout blâmés dans l'Evangile d'être des hommes, de raisonner en hommes : Quelle doctrine inouïe est ceci ? quel langage nouveau de saint Augustin ? On nous tourne à crime d'être, non des pécheurs, mais des hommes ? Et avec raison, ajoute ce saint, parce que nous devons être les enfants de Dieu ; 13° nous sommes des ouvrages imparfaits ; recourons à notre ouvrier pour nous finir.

Quelle est la loi la plus propre de l'Evangile?

La loi la plus propre de l'Evangile, et dont personne n'est exempt, est celle de porter sa croix, qui est à l'Eglise et à l'âme fidèle, dit saint Ambroise, ce que le mât est au vaisseau.

Que dites-vous de la croix?

Qu'elle est la vraie épreuve de la foi, le solide fondement de l'espérance, le parfait épurement de la charité, le chemin assuré du ciel. Jésus-Christ est mort à la croix, il a porté sa croix toute sa vie ; c'est à la croix qu'il veut qu'on le suive, et il met la vie éternelle à ce prix : sitôt qu'il fut à la croix, le voile qui couvrait le sanctuaire se déchira du haut en bas, et le ciel fut ouvert aux âmes saintes.

Jésus-Christ nous a donc montré l'obligation que nous avons de porter la croix par sa doctrine et par son exemple?

Sans doute ; il nous a de même mérité la grâce de la porter après lui, afin d'entrer dans la gloire avec lui.

INSTRUCTION
Sur les commandements de l'Eglise.

LEÇON I.

Des commandements de l'Eglise en général.

Suffit-il pour être sauvé d'observer les commandements de Dieu?

Il faut encore garder ceux de l'Eglise.

L'Eglise a-t-elle le pouvoir de faire des commandements?

Oui, elle peut lier, et elle a exécuté cette autorité dès le commencement, lorsque, défendant aux fidèles certaines choses, elle dit : *Il a semblé bon au Saint-Esprit et à nous;* pour marquer que Jésus-Christ, son époux, lui avait donné ce pouvoir.

A quelle fin?

Pour le bon gouvernement des fidèles ses enfants : Obéissez, dit saint Paul, et soyez soumis à vos pasteurs, qui veillent comme devant rendre compte de vos âmes.

Est-on obligé en conscience de les garder?

Généralement parlant, tout Chrétien, de quelque qualité qu'il soit, s'il n'a excuse légitime, ne peut les violer sans péché mortel : et il est de plus obligé de les faire observer par ceux qui sont sous sa charge.

Pourquoi ?

Parce que : 1° Dieu veut qu'on obéisse à l'Eglise ; 2° c'est désobéir à Dieu et à Jésus-Christ que de lui désobéir ; 3° personne n'aura Dieu pour père dans le ciel, s'il n'a l'Eglise pour mère sur la terre ; 4° elle a droit de nous commander, puisqu'elle est notre mère et que nous sommes ses enfants ; 5° elle n'ordonne rien qui ne soit bon, juste, raisonnable, salutaire et même nécessaire, surtout à notre négligence, qui, sans cela, irait jusqu'à mettre en oubli nos plus importants devoirs ; 6° l'observation des commandements de l'Eglise sert à observer les commandements de Dieu et à en faciliter la pratique.

Quel empêchement en dispense ?

L'Eglise est une bonne mère, qui non-seulement n'oblige pas ses enfants à l'impossible, mais même au très-difficile, comme quand il y a danger de perdre la vie, la santé, les biens, etc.

Que faut-il faire en ce cas-là ?

Demander dispense.

Nous servira-t-elle d'excuse devant Dieu ?

Oui, pourvu qu'elle soit fondée sur une cause véritable et sincèrement exposée.

Que dites-vous de ceux qui méprisent les lois de l'Eglise ?

Qu'il faut les regarder comme des infidèles et des publicains.

Les infidèles y sont-ils tenus ?

Non, ils ne sont pas ses sujets ni de sa juridiction.

Et les hérétiques ?

Ils sont baptisés, et leur révolte ne les exempte pas.

Un Catholique, par exemple, qui présente de la viande à un huguenot le vendredi, offense-t-il Dieu ?

Le Catholique fait un péché mortel d'en donner, et le huguenot d'en manger.

Que dites-vous de ceux qui s'y soumettent ?

1° Ils réjouissent l'Eglise ; 2° ils édifient le prochain ; 3° ils acquièrent le paradis.

Quel est le but et la fin principale de l'Eglise dans ses commandements ?

De régler et de prescrire : 1° les moyens ; 2° le lieu ; 3° le temps ; 4° la manière de rendre à Dieu le service et le culte qui lui sont dus.

Dites les principaux ?

Les dimanches Messe ouïras, etc.

Ier COMMANDEMENT. — Les dimanches Messe ouïras, etc.

A quoi oblige ce commandement ?

1° A entendre ces jours-là une Messe entière ; 2° à l'entendre avec intention et dévotion ; 3° à procurer que ceux dont on est chargé l'entendent.

Pourquoi l'Eglise en fait-elle un commandement ?

Afin que les fidèles célèbrent les jours consacrés au service de Dieu, par la plus sainte pratique de piété qu'ils aient et la plus propre à honorer Dieu, qui est l'oblation du grand sacrifice de la nouvelle alliance.

Et quand, pour cause légitime, on ne peut aller à la Messe ?

Il est bon de s'unir d'esprit et d'intention, pendant une demi-heure, aux prêtres qui la célèbrent et aux peuples qui y assistent, offrir son cœur à Dieu, et lui faire une oblation et un sacrifice de soi-même.

Que dites-vous de ceux qui ne cherchent qu'une Messe courte, qui ne viennent qu'après qu'elle est commencée, qui l'entendent dans une posture indécente et avec mille distractions et dissipations, tournant la tête, s'asseyant, causant, regardant tout, ne priant point, roulant dans leurs esprits des pensées vaines et souvent mauvaises, et donnant le reste du jour à leurs affaires ou à leurs plaisirs ?

1° Que ce sont des impies et des scandaleux ; 2° qu'ils ignorent que la Messe est un sacrifice où le fidèle assistant s'unit à Jésus-Christ, pour être avec lui le sacrificateur de son corps, et offre pour son propre salut cette même victime qui a été offerte sur la croix pour le salut de tout le monde, et par conséquent où il va être avec le prêtre et avec Jésus-Christ, par le ministère du prêtre, le sacrificateur du Dieu qu'il adore. Car s'ils savaient ces divines vérités, ils n'outrageraient jamais sur l'autel par leurs irrévérences le même Dieu de gloire, que les Juifs, pour l'avoir méconnu, crucifièrent sur le Calvaire.

Que faut-il faire pour l'entendre dignement ?

S'instruire : 1° de l'excellence de ce sacrifice ; 2° de la signification des cérémonies mystérieuses qui s'y pratiquent ; 3° des dispositions qu'il y faut apporter ; 4° des fruits que l'on en doit retirer.

Qu'est-ce que fait l'Eglise à la Messe ?

Elle s'offre elle-même à Dieu, et avec elle tous les fidèles, afin de lui offrir tout ensemble et le chef et les membres.

Qu'est-ce donc que la Messe ?

Une prière publique et solennelle de l'Eglise, consacrée par la célébration de l'Eucharistie, où Jésus-Christ présent honore son Père, sanctifie les fidèles qui l'offrent, et s'offre avec eux à lui, joignant ainsi au sacrifice de son corps naturel l'oblation de son corps mystique : en quoi son oblation, sur le Calvaire, diffère de son oblation sur l'autel ; car sur le Calvaire il s'offrit pour les hommes, sans que les hommes l'offrissent, ni s'offrissent ; et sur l'autel les fidèles l'offrent, et s'offrent avec lui.

Apprenez-nous une courte méthode pour entendre dignement la Messe ?

Vous pouvez adorer et considérer Jésus-Christ : 1° depuis le commencement de la Messe jusqu'à l'Epître, comme pénitent ; 2° de l'Epître jusqu'à l'Offertoire, comme docteur ; 3° de l'Offertoire jusqu'à la Consécration, comme prêtre; 4° de la Consécration jusqu'au *Pater*, comme victime; 5° du *Pater* jusqu'à la Communion, comme aliment; 6° de la Communion jusqu'à la fin, comme remède : telles son les vues religieuses dont peut pour lors s'occuper, et qu'il est aisé d'étendre.

§ I. — De la Messe paroissiale.

Quelle Messe doit-on principalement entendre ces jours-là ?
La Messe paroissiale autant qu'il se peut, suivant l'institution ancienne.

Qui doit le plus donner l'exemple ?
1° Les pères et mères de famille; 2° les magistrats et personnes publiques; 3° ceux qui font profession de piété.

Qui pèche contre ce devoir ?
Ceux qui par négligence, indifférence, indévotion ou mépris, se contentent d'entendre une Messe basse.

N'est-ce pas le même Jésus-Christ qu'on offre dans toutes les Messes ?
Oui, mais la Messe paroissiale est recommandable et privilégiée par-dessus les autres.

En quoi l'est-elle ?
1° Elle se dit particulièrement pour les paroissiens. 2° Les prières que l'on y fait sont plus agréables à Dieu, et plus efficaces, puisqu'elles s'y font par les fidèles unis et assemblés en son nom, et qu'ils les offrent par la bouche du pasteur, comme établi sur le troupeau. 3° Elle représente mieux la charité et la communion des saints. 4° Les cérémonies qui s'y pratiquent, portent à Dieu et attirent la grâce.

Quelles sont ces cérémonies ?
1° L'eau bénite; 2° la procession; 3° le prône; 4° l'offrande et le pain bénit; 5° la communion générale.

§ II. — De l'eau bénite.

Qu'est-ce que l'eau qu'on bénit solennellement à la Messe de paroisse ?
C'est une eau que l'Eglise consacre à des usages religieux par la prière et le signe de la croix, d'où toute bénédiction découle.

Que signifie le sel bénit qu'on mêle avec l'eau ?
L'union de la nature divine à la nature humaine, et de Jésus-Christ avec son Eglise, qui en a contracté l'incorruption et la sanctification.

Quels sont les effets de l'eau bénite ?
Quand on s'en sert avec foi, 1° elle excite la dévotion ; 2° elle réjouit et récrée spirituellement ; 3° elle purifie du péché véniel; 4° elle écarte le démon, les tentations et les mauvaises pensées; 5° elle dissout les charmes et les maléfices ; 6° elle purifie l'air, et elle détourne les foudres et les tempêtes; 7° elle guérit ou soulage les malades; 8° elle console ; 9° elle attire des grâces ; 10° elle produit divers bons mouvements et sentiments; 11° elle porte à Dieu.

Pourquoi en met-on à la porte des églises ?
Pour en ressentir les bons effets, et surtout pour nous disposer à la prière, et nous marquer la pureté qu'elle exige.

Pourquoi dans les chambres ?
1° Pour marque de religion, 2° pour attirer la bénédiction divine; 3° par dévotion; 4° pour en chasser les esprits malins.

Pourquoi en jette-t-on sur les morts ?
Afin de marquer, 1° notre communion avec eux; 2° notre désir que l'âme du défunt soit arrosée des miséricordes de Dieu, et les flammes de son purgatoire éteintes par ces actes de religion et de charité; 4° de chasser les démons qui quelquefois habitent dans les sépulcres, empêchent les oraisons des fidèles, profanent les ossements par les maléfices des sorciers ; 5° et de réveiller le souvenir de la résurrection des morts ; on arrose un arbre qu'on croit devoir reprendre vigueur.

Quand doit-on en prendre ?
1° Quand on se lève et qu'on se couche ; 2° qu'on entre ou qu'on sort ; 3° qu'il tonne ou qu'on a peur; 4° qu'on est tenté ; 5° qu'on commence la prière.

Comment faut-il s'en servir ?
Il la faut prendre avec respect et piété, et en former la croix sur son front, sa bouche et son cœur, disant quelques paroles saintes.

Quelles sont les fautes contre l'eau bénite ?
1° En prendre avec le gant ; 2° n'en mettre que sur les coiffes et habits ; 3° en présenter par manière de galanterie ; 4° en user par coutume et habitude, sans songer à ce qu'on fait.

Qu'est-ce que l'Eglise a dessein de marquer et de renouveler dans notre esprit par l'aspersion de l'eau bénite au commencement de la grand'Messe ?
1° Notre sanctification par le baptême; 2° l'aspersion du sang de Jésus-Christ qui nous a lavé de nos crimes ; 3° la pureté de conscience avec laquelle nous devons assister au sacrifice, et y offrir nos prières; 4° les mouvements de pénitence et dévotion, représentés par l'eau et par le sel, dont nous devons être touchés pendant la Messe.

§ III. De la procession.

Que signifie la procession qu'on fait avant la Messe paroissiale ?
1° La venue de Jésus-Christ sur la terre, et son retour au ciel ; 2° sa vie laborieuse et voyagère; 3° le chemin qu'il fit en allant au Calvaire que l'autel représente; 4° le retour de la nature humaine vers Dieu, dont elle était sortie ; 5° les pèlerinages et stations des premiers Chrétiens aux tombeaux des martyrs; 6° la confiance avec laquelle nous allons tous ensemble aborder la bonté divine, lui faire nos prières, et lui offrir le sacrifice; 7° l'obligation que nous avons de marcher après Jésus-Christ comme les brebis après leur pasteur; 8° et celle que le clergé a de suivre de près Jésus-Christ, de montrer au peuple le chemin qu'il en la vertu, de le précéder, lui servir de modèle.

Pourquoi les ecclésiastiques marchent-ils deux à deux ?
1° Pour imiter les disciples que Jésus-Christ envoya ainsi prêcher l'Evangile. 2° En signe de la charité fraternelle.

Pourquoi porte-t-on la croix avec deux luminaires et de l'encens devant la procession ?

Pour marquer : 1° que nous devons suivre Jésus-Christ crucifié, c'est-à-dire imiter ses travaux et sa patience ; 2° que celui qui le suit, ne marche point dans les ténèbres ; 3° qu'on va célébrer un sacrifice, qui n'est qu'une rénovation de celui de la croix ; 4° pour se souvenir des premiers Chrétiens qui célébraient les saints mystères dans des cryptes ou lieux souterrains et obscurs, lors des persécutions ; 5° que le sacrifice offert par Jésus-Christ a été en odeur de suavité à son Père, et que, pour assister dignement à la rénovation de ce même sacrifice, on doit y apporter un cœur qui, comme un encensoir mystique, exhale un parfum précieux de prières et de louanges vers Dieu.

Pourquoi le célébrant vient-il le dernier ?

Par conformité à l'esprit humble de Jésus-Christ qui a assigné la dernière place au premier de ses ministres.

§ IV. — Du prône.

Qu'est-ce que le prône ?

Il a deux parties principales.

Quelle est la première ?

C'est la prière publique commandée de Dieu pour toute l'Eglise, pour la paroisse, le diocèse, le Pape, l'évêque, les pasteurs, etc. Pour les rois, princes, seigneurs, magistrats, etc. Pour les malades et les affligés : pour la conversion des infidèles et des pécheurs : pour la sanctification des justes : en un mot, pour toutes les nécessités publiques et particulières, temporelles et spirituelles.

Cette prière est-elle agréable à Dieu ?

Sans doute, principalement se faisant en commun par le pasteur et les fidèles assemblés.

Quelle est la seconde ?

C'est l'instruction pastorale, qui fait le premier des aliments qu'on nous présente à la Messe paroissiale, où l'on se nourrit comme en un banquet spirituel de l'instruction, de la prière et de l'Eucharistie.

Est-elle fort importante ?

Oui, parce que, 1° elle vient de celui qui est chargé de nos âmes ; 2° elle est établie et ordonnée par l'Eglise ; 3° c'est elle que cette bonne mère nous recommande le plus ; 4° c'est là qu'on publie et qu'on explique ses ordonnances, ses fêtes, ses jeûnes, ses observances, son esprit, et ce qui regarde le service de Dieu ; 5° le lait maternel est toujours le plus salutaire, quand même il ne serait pas le plus abondant ; 6° l'Evangile est le pain des âmes, c'est au père de famille à le rompre et à le distribuer à ses enfants. 7° On le donne les six jours de la semaine au corps, est-ce trop de le donner le septième à l'âme ?

§ V. — De l'offrande, du pain bénit et de la paix.

Qu'est-ce que le pain qu'on offre à la Messe paroissiale, pour être bénit et distribué ?

Un vestige de l'ancienne coutume des premiers Chrétiens 1° qui après que les catéchumènes avaient entendu la prédication, et étaient sortis, venaient présenter du pain pour servir à la consécration, en témoignage qu'ils étaient unis au corps de Jésus-Christ, et qu'ils voulaient demeurer dans cette union avec lui et avec tous les fidèles, qui ne sont qu'un pain entr'eux et avec Jésus-Christ, et recevoir l'Eucharistie, pour être établis et confirmés dans cette vérité ; 2° qui faisaient dans l'église des repas de charité, qu'on nommait *Agapes* ; 3° qui offraient de leurs biens à l'Eglise.

Pourquoi offre-t-on du pain et du vin à la Messe des morts ?

Offrir à Dieu du pain et du vin, dont notre vie est soutenue : c'est, 1° lui offrir cette vie même ; 2° confesser qu'on la tient de lui ; 3° déclarer qu'on est prêt à la lui rendre, quand il lui plaira ; 4° qu'on n'attend que le moment qu'il la redemandera.

Pourquoi bénir l'eau, le pain, l'huile, la cire, etc., puisque toute créature de Dieu est bonne et bénie par la main de Dieu qui l'a faite, comme dit saint Paul ?

Il est vrai, mais comme ajoute le même Apôtre, elle ne laisse pas d'être encore sanctifiée par la parole de Dieu et par la prière. D'ailleurs nous voyons que Jésus-Christ même bénit souvent le pain dans l'Evangile.

Quelle prière est-ce que l'Eglise fait en bénissant ces diverses choses ?

Elle demande à Dieu plusieurs sortes de grâces et de secours pour ceux qui s'en serviront avec foi et piété.

Quand a-t-on commencé à donner du pain bénit à la Messe, comme on fait aujourd'hui ?

Quand on a cessé d'y communier selon l'ancienne coutume.

Pourquoi le donne-t-on ?

1° en mémoire de l'Eucharistie, dont il est le supplément ; 2° en signe de communion entre les fidèles ; 3° et de la charité qui les doit tous unir ensemble ; 4° en témoignage de l'ancienne ferveur des premiers Chrétiens.

Comment le doit-on manger ?

1° Avec respect et dévotion ; 2° en s'unissant d'esprit à tous les fidèles Chrétiens, les saints Pères ayant remarqué dans le pain un composé de plusieurs grains de blé réduits en un, symbole de tous les Chrétiens réduits en un seul corps, pour s'offrir à Dieu en unité d'esprit.

Quels sont les manquements qu'on fait dans l'usage du pain bénit ?

1° Le mêler avec les viandes communes ; 2° en donnant de gros morceaux aux uns, et de petits aux autres ; 3° permettre que les enfants le profanent et le donnent aux bêtes ; 4° le manger sans révérence ni piété ; 5° disputer qui l'aura le premier.

Pourquoi fait-on baiser la paix ?

Pour marquer la réconciliation des fidèles avec Dieu et avec le prochain, pour n'être plus tous qu'un en Jésus-Christ, disposition nécessaire, afin de présenter nos dons à l'autel, et de participer à ce mystère de paix.

§ VI. — De la communion générale.

Serait-il à désirer que les paroissiens com-

muniassent tous ensemble à la grand'Messe, et de la main de leur pasteur ?

Oui, et c'était l'ancienne et première coutume, dont le rétablissement serait de grande édification.

Pourquoi ?

Parce que la communion est plus agréable à Dieu, quand elle se fait ainsi en commun.

D'où vient cela ?

A cause de la société fraternelle, qui est une des choses signifiées par le mot de communion.

Ce mot ne veut-il pas dire participation au corps de Jésus-Christ ?

Oui, mais il veut encore dire, la communion des fidèles, dont le corps de Jésus-Christ est le lien, le centre et le signe.

§ VII. — *Des Vêpres.*

Que célèbre-t-on encore dans les églises paroissiales les dimanches et fêtes ?

On chante l'Office des Vêpres, c'est-à-dire, l'Office du soir.

Est-ce bien fait d'y assister ?

Oui, c'est un devoir de bon Chrétien, auquel on ne doit point manquer tant qu'on peut.

Pourquoi ?

1° L'Église n'a ordonné les Vêpres, qu'afin que le peuple y assistât ; c'est lui qu'on y appelle, et pour qui on les sonne et qu'on les chante ; 2° on a sanctifié la matinée en assistant à la Messe, il est juste de sanctifier l'après-dîner en assistant à Vêpres ; 3° un ouvrier pour se procurer une substance temporelle, ne se contente pas de travailler le matin seulement : que ne devons-nous pas faire pour l'entretien de notre vie spirituelle ; 4° la psalmodie élève à Dieu.

Quelles raisons nous rendent cet Office recommandable ?

1° Ce fut aux Vêpres du monde que notre roi pacifique vint annoncer au genre humain, comme la colombe à Noé, que la colère de Dieu était cessée ; 2° ce fut à l'heure de Vêpres que le Sauveur institua l'Eucharistie, qu'il s'offrit en croix, et qu'il accomplit de cette sorte ce qui était figuré dans l'ancienne loi par cette hostie qu'on immolait tous les jours sur le soir ; 3° les premiers Chrétiens avaient une grande dévotion à l'heure des Vêpres ; ils la célébraient avec le luminaire et l'encens, et ils l'accompagnaient d'une prière fervente, pour sanctifier le commencement de la nuit ; 4° on faisait autrefois à la fin de Complies l'aspersion de l'eau bénite, et chacun se retirait en silence, pour s'aller reposer jusqu'à l'heure des Vigiles ; 5° l'Office de Vêpres signifie la fin du monde et le règne à venir du Fils de Dieu ; 6° l'heure de Vêpres est propre pour consacrer à Dieu la nouvelle semaine qu'on va commencer. Car celui qui nous commande de nous reposer le dimanche, nous ordonne de travailler les autres jours, et nous avons besoin de son secours pour faire l'un et l'autre saintement ; 7° le chandelier à sept lampes exposé dans le temple, marquait la sanctification des sept jours de la semaine, et l'obligation de n'en profaner aucun, de les consacrer tous à Dieu par l'exercice de la piété et des bonnes œuvres, ce qui n'est pas demeurer sans travail, mais le changer. Ainsi le jour du travail aura son repos, et le jour du repos son travail, et la vie du Chrétien sera et une imitation de celle de Dieu qui travaille en se reposant, et qui se repose en travaillant, et une figure du bonheur de l'homme en qui Dieu prendra un jour son repos, comme il fait à présent par lui son ouvrage.

§ VIII. — *De la dévotion à la paroisse.*

Qu'est-ce que les paroisses ont encore de recommandable ?

Elles marquent plus expressément la société du peuple Chrétien, ou du troupeau fidèle, assemblé dans un même bercail, conduit par le même pasteur, et nourri des mêmes aliments.

Qu'ont-elles encore ?

Elles sont comme la source de l'instruction et des sacrements.

Comment de l'instruction ?

Par le catéchisme.

Et des sacrements ?

Parce qu'on y administre le baptême, l'Eucharistie, la pénitence, le mariage, on y conserve le saint chrême et les saintes huiles, on y fait la première communion, et la communion pascale ; de là nous vient le viatique et l'extrême-onction : enfin, là est la sépulture commune des fidèles.

Cela fait donc beaucoup à la société chrétienne ?

Sans doute, car 1° on y renaît ensemble par le baptême ; 2° on y reçoit l'instruction et les sacrements de la même source ; 3° on y attend en commun la résurrection des morts ; 4° quel désordre serait-ce si chaque soldat ne se rangeait pas sous son étendard, et ne voyait son capitaine qu'une fois l'année, si les brebis n'avaient ni pasteur, ni bercail arrêté ; 5° on s'édifie, et on se fortifie les uns les autres, comme on l'expérimente sensiblement.

Est-ce une bonne œuvre que de contribuer à la décoration des églises paroissiales, à la propreté et netteté des autels, à la décence des vêtements sacerdotaux et des vaisseaux sacrés, etc. ?

Plus qu'on ne saurait croire ; Dieu en est beaucoup glorifié, les paroissiens édifiés, et les peuples invités à les fréquenter.

Que faut-il demander à Dieu dans cette vue ?

De bons curés et de bons prêtres, puissants en paroles et en exemples, qui ne cherchent que la gloire de Dieu, et le salut des âmes.

Donnez, Seigneur, de saints prêtres à votre Église ; puisque vous lui donnez une si sainte hostie, proportionnez les sacrificateurs au sacrifice : et n'étant plus en peine, comme le fut Isaac, où nous prendrons une victime digne de vous être offerte, ne permettez pas que nous manquions de prêtres dignes de vous l'offrir.

§ IX. — *Des couleurs dont se sert l'Eglise dans ses Offices.*

Pourquoi l'Eglise se sert-elle dans ses Offices, du rouge, du violet ou hyacinte, du blanc ou du vert ?

Ces quatre couleurs, que le souverain pontife de l'ancienne Loi portait aussi dans ses vêtements sacerdotaux, représentent, selon saint Jérôme et les Hébreux, les quatre éléments, le feu, l'air, l'eau et la terre, et en eux l'univers entier, et toutes les créatures pour lesquelles le prêtre allant à l'autel, parle à Dieu, comme l'organe public de la religion. D'ailleurs les martyrs, les confesseurs, les vierges et les simples fidèles, sont comme les éléments mystiques de l'Eglise, et composent l'universalité des saints et du monde spirituel, que le prêtre porte et rassemble en lui. Enfin le vert, dont on se sert le dimanche, est le symbole de l'espérance, et du repos que nous attendons. Le violet, à cause de la cendre, est d'usage dans le temps spécialement consacré à la pénitence, et par cette raison on s'en servait autrefois à la fête des confesseurs, dont les travaux ont presque égalé les souffrances des martyrs ; et nous voyons encore qu'au jour de Saint-Martin, premier saint non martyr, dont on ait célébré la fête, on se sert de violet dans son Eglise ; mais après tout on a étendu l'usage de ces couleurs à diverses fêtes et mystères, n'étant pas moins que les cérémonies, un langage instructif et mystérieux, qui conserve les idées communes des fidèles, et qui représente la pourpre des martyrs, les lis des vierges, la cendre des confesseurs, la gloire des mystères, l'espérance de tous les fidèles, etc. (69).

§ X. — *De la révérence due aux églises et aux cimetières.*

Où doit-on exercer le culte de Dieu ?

Dans les lieux sacrés, qu'on nomme indifféremment oratoires publics, temples, maisons de Dieu, églises, etc.

Pourquoi oratoires publics ?

Ce sont des lieux destinés à l'oraison, qui se fait en commun et publiquement.

Et temples ?

Il y a des autels, et on y offre des sacrifices.

Et maisons de Dieu ?

Dieu y habite pour y recevoir nos hommages, écouter nos prières, nous accorder ses grâces.

Et églises ?

Le clergé et le peuple chrétien s'y assemblent pour entendre la parole de Dieu, chanter ses divines louanges, recevoir les sacrements, etc.

Comment faut-il y être ?

Avec, 1° respect ; 2° silence ; 3° dévotion.

Le cimetière qui joint ordinairement l'église, est-ce un lieu vénérable ?

Oui, et il le faut considérer, 1° comme une terre sainte et bénie ; 2° comme un grand reliquaire où reposent les corps de plusieurs âmes bienheureuses ; 3° comme le dortoir commun des fidèles, ainsi que l'église leur réfectoire ; 4° on doit beaucoup gémir de la profanation que souvent on en fait.

Qui profane le plus les églises et les cimetières ?

Les impies et les impudiques.

Comment les profane-t-on ?

1° Par les discours, regards et postures immodestes ; 2° par les rendez-vous ; 3° par des assemblées séculières ; 4° quand on y tient des espèces de marché ou barreau, pour y faire un commerce temporel ou y exercer la judicature ; 5° qu'on y prend des divertissements mondains ; 6° ou qu'on y laisse l'entrée libre aux animaux, qui les ravagent et les remplissent d'ordures et d'immondices.

Comment témoigner sa dévotion à l'égard des cimetières ?

1° N'en faire jamais son chemin ou lieu de passage ; 2° quand on passe proche, s'élever à Dieu, prier pour les âmes du purgatoire, demander la grâce de mourir chrétiennement ; 3° procurer d'y être enterré, si faire se peut, plutôt que dans l'église, qui doit être réservée pour les corps des saints ; 5° contribuer à ce qu'ils soient clos de murailles.

II° COMMANDEMENT. — Tous tes péchés confesseras, etc.

L'Eglise ne prétend-elle nous obliger qu'à une confession annuelle ?

Non, mais elle veut empêcher que la dureté du cœur n'aille plus loin, car au reste son esprit est qu'on se confesse souvent.

A-t-elle déterminé le temps de la confession annuelle ?

Non, quoique ordinairement elle se doive faire à Pâques, à cause de la communion pascale, et avec raison, puisqu'en ces jours-là le sang de Jésus-Christ, qui nous purifie de nos péchés, paraît comme encore tout bouillant, et ainsi que celui de certains martyrs conservé en des vases, qui reprend de la couleur et du mouvement au jour de leur anniversaire, il semble aussi que le sang adorable a une nouvelle vertu au temps auquel on en célèbre le mystère.

Pourquoi ne l'a-t-elle pas marqué ?

Parce que cela dépend de l'état de notre conscience, et qu'on ne saurait trop tôt se relever par la pénitence, quand on est tombé par le péché.

En quels autres cas doit-on se confesser ?

1° Quand on est notablement malade ; 2° qu'on se trouve en quelque péril ; 3° qu'il

---

(69) L'application de ces diverses couleurs n'est pas toujours la même dans les divers diocèses. Ainsi, les *ornements blancs* sont employés dans un certain nombre d'églises, aux fêtes de la *Circoncision* et de la *Fête Dieu*, tandis qu'ailleurs on a déterminé la *couleur rouge*. Le *vert* est adopté à la Messe et aux autres Offices des simples dimanches ; et ailleurs, c'est encore le *rouge*. Il est temps que l'adoption universelle de la liturgie romaine fasse disparaître ces étranges différences. On sait que la couleur *noire* est en usage partout pour les cérémonies funèbres.

faut recevoir quelque sacrement; 4° quand la confession est un préservatif et un remède contre le péché.

A qui se doit faire la confession annuelle?
A son propre prêtre, c'est-à-dire, à son évêque ou à son curé, et non sans leur permission à un autre.

Pourquoi?
Il est juste que le pasteur reconnaisse le troupeau dont il est chargé, et du salut duquel il doit répondre.

A quel âge est-on obligé à se confesser?
Quand on a l'esprit assez formé pour être capable de pécher, c'est-à-dire, à sept ans environ. Il est même bon d'accoutumer les enfants de meilleure heure à la confession, quand on ne leur donnerait que la bénédiction.

Qui pèche contre ce précepte?
Ceux qui manquent à se confesser une fois l'an, ou qui le font mal, sans examen suffisant, douleur, ferme propos, sans s'éloigner des occasions, sans vrai désir de se corriger, etc.

Que dites-vous de ceux qui ne se confessent qu'une fois l'an?
Que ce sont ordinairement ou des impies, ou des endurcis, ou des personnes absorbées dans les soins terrestres et temporels, qui n'en ont aucun de leur salut, et qui presque toujours se confessent mal.

Et de ceux qui ne se confessent jamais à leur paroisse?
Que souvent ils ne demandent permission d'aller ailleurs, que pour trouver des confesseurs indulgents, relâchés, peu savants, peu vertueux, peu exacts, ce qui est vouloir se tromper malheureusement soi-même.

A qui ressemblent ces gens-là?
A des malades qui chercheraient des médecins ignorants, plus propres à leur donner la mort, qu'à leur rendre la santé.

III° COMMANDEMENT. — Ton Créateur tu recevras, etc.

Qui est obligé à ce commandement?
Tout fidèle de l'un et de l'autre sexe, parvenu à l'âge de discrétion, c'est-à-dire, à douze ans environ.

Pourquoi si tard?
Ce sacrement demande des lumières et des dispositions en celui qui s'en approche, dont les enfants au-dessous de cet âge ne sont pas ordinairement capables.

Quelles?
Il faut au moins discerner l'excellence de ce qui est donné, et savoir se disposer à le recevoir dignement, ce qui suppose un esprit avancé.

Peut-on faire quelquefois communier un enfant qui se meurt et qui n'a pas douze ans?
C'est à son pasteur d'en juger; mais s'il le demande, et qu'il ait la dévotion, la connaissance et le désir, il ne faut pas le refuser ordinairement.

Pourquoi l'Eglise a-t-elle choisi la fête de Pâques pour obliger les fidèles à la communion?
1° Notre-Seigneur institua l'Eucharistie et célébra lui-même les sacrés mystères ces jours-là, auxquels les Juifs mangeaient l'agneau pascal; 2° elle est un mémorial et une expression de son immolation et de sa mort arrivée alors; 3° le mystère de Jésus-Christ sortant du tombeau, dont l'Eglise célèbre la mémoire à Pâques, représente mieux la vie nouvelle que les Chrétiens doivent mener au sortir de la pénitence du Carême, et qui nous est communiquée par ce divin aliment.

Quel jour faut-il communier?
Il suffit absolument de le faire dans la quinzaine, à moins que le curé ou le confesseur ne jugent à propos de la remettre en un autre temps.

Et ceux qui par leur faute manquent à ce devoir pascal, quoiqu'on les en avertisse et qu'on les en presse?
Ils doivent être privés de l'entrée de l'église pendant leur vie, et de la sépulture chrétienne après leur mort, s'ils ne se corrigent (70).

Où faut-il communier?
Dans son église paroissiale, si on n'a permission expresse de son curé de le faire ailleurs.

Que dites-vous de ceux qui par négligence ne communient qu'une fois l'année, et qui ne se mettent pas en peine si ceux qui dépendent d'eux, communient?
Qu'ils ont comme abandonné le soin de leur salut et de celui du prochain.

IV° COMMANDEMENT. — Les fêtes tu sanctifieras, e c.

L'Eglise a-t-elle pu instituer des jours de fête?
Sans doute, et à plus forte raison que la Synagogue, dont Jésus-Christ lui-même a honoré les solennités.

Pourquoi les a-t-elle instituées?
Afin, 1° d'inspirer de la dévotion à ses enfants; 2° de donner lieu à ses ministres de vaquer à la sanctification de leurs peuples; 3° d'entrer dans la conduite de Dieu, qui lui-même a sanctifié ces jours, et les a comme distingués des jours ordinaires; 4° selon les saints, toute la vie d'un Chrétien parfait, devrait être un jour de communion, et par conséquent, un jour de Pâques et une fête

---

(70) Ceux qui rencontrent des obstacles de santé ou d'affaires sérieuses qui les empêchent de communier au temps pascal, ne sont pas dispensés pour cela d'accomplir le précepte. Si donc ils prévoient quelques empêchements qui doivent leur survenir au temps marqué, ils sont obligés de prendre leurs précautions d'avance pour mettre leur conscience en ordre.

Quant aux peines dont il est question dans cette réponse, on sait qu'elles ne sont plus appliquées que dans des circonstances exceptionnelles et qui dégénèrent en scandales. Hélas! à une époque aussi malheureuse que la nôtre, il faut bien que la religion adoucisse la rigueur de sa discipline! Mais cet *adoucissement* dépend encore de l'esprit religieux d'un pays, car il y a des contrées encore fidèles, où l'on peut employer ces peines contre certains libertins ou impies, afin de se conformer au sentiment réprobateur des populations.

perpétuelle, et on en a établi de particulières en partie en vue des tièdes et des imparfaits, de qui la vie n'est pas assez dégagée des soins de la terre, et qui ne sont pas encore assez disposés à la fête éternelle du ciel. Ainsi quand un curé dit à son prône : Nous n'avons cette semaine ni jeûne, ni fête : ne semble-t-il pas qu'en un sens il faille dire le contraire? joint que chaque jour est une fête pour le clergé (partie la plus religieuse du corps de l'Eglise) qui supplée, occupe la place des autres fidèles, que les embarras du siècle arrachent du pied des autels.

A qui consacre-t-elle ses fêtes?
A l'honneur des mystères et des saints.
Pourquoi solennise-t-elle les mystères?
Afin, 1° de nous en instruire; 2° de les faire méditer; 3° de nous faire participer aux grâces qui y sont attachées; 4° de nous obliger à remercier Dieu de les avoir opérés pour nous; 5° d'en conserver le souvenir.
Et les fêtes des saints?
Afin, 1° d'honorer leur mémoire; 2° de louer Dieu dans les saints, qui sont des ouvrages de sa grâce, plus admirables que les ouvrages de la nature; 3° de le remercier des faveurs qu'il leur a faites en cette vie, de la gloire qu'il leur a donnée en l'autre, et des vertus qu'il continue d'opérer par eux; 4° de les proposer pour exemples; 5° de nous porter à les imiter, et de les invoquer dans nos besoins; 6° de nous associer à leurs mérites, et nous aider par leurs suffrages; 7° de nous joindre aux chœurs des anges, aux esprits des justes parfaits, et nous associer à l'Eglise des premiers-nés qui sont dans le ciel.
Comment honorons-nous Dieu dans la célébration des mystères?
1° Le remerciant de nous en avoir donné la connaissance; 2° adorant et louant la majesté, la puissance, la bonté et les autres perfections de Dieu qui ont éclaté plus particulièrement; 3° reconnaissant les bienfaits que Dieu a répandus sur son Eglise en ce jour-là, ou ce que Notre-Seigneur Jésus-Christ a fait ou souffert pour notre salut; 4° lui demandant à cette occasion avec plus d'instance et de ferveur les grâces qu'il nous a méritées, et l'imitation des exemples qu'il nous a donnés.
Comment honorons-nous Dieu dans les fêtes des saints?
1° Chantant les louanges de Dieu; 2° le remerciant des grâces, de la sainteté et de la gloire qu'il leur a départies; 3° lui demandant la grâce de les imiter; 4° honorant et louant les saints, dont les louanges retournent à Dieu, source de leur sainteté; 5° les priant d'intercéder pour nous, de nous impétrer la grâce de suivre leurs exemples, et de nous sanctifier à leur imitation par les mérites de Notre-Seigneur Jésus-Christ; 6° nous excitant à vivre comme eux.
Qu'est-ce qu'on fait pour tout cela dans ces solennités?
1° On s'assemble dans les églises; 2° on chante des psaumes; 3° on lit l'Ecriture; 4° on célèbre le sacrifice plus solennellement; 5° on s'approche des sacrements; 6° on fait des prières, des instructions, souvent des éloges des mystères et des saints, quelquefois des processions.
Que dites-vous de ceux qui profanent les fêtes des saints par leurs jeux, débauches, intempérance, etc.?
Qu'ils déshonorent d'autant plus les saints, qu'ils ne se sont rendus saints que par leurs mortifications, jeûnes, chasteté, séparation du monde, application à Dieu, etc., et que l'abus qu'ils font des solennités temporelles de la Jérusalem terrestre est souvent un préjugé qu'ils seront exclus de la fête éternelle de la Jérusalem céleste.
Comment donc sanctifier les fêtes des saints?
1° S'y préparant quelques jours auparavant; 2° jeûnant la veille; 3° lisant leurs vies; 4° visitant leurs églises; 5° honorant leurs reliques; 6° écoutant leurs panégyriques; 7° s'approchant des sacrements; 8° assistant aux Offices; 9° imitant quelqu'une de leurs vertus; 10° faisant de bonnes œuvres, en leur honneur, de charité, de mortification, etc.
De quels sentiments doit-on être touché ces jours-là?
1° De joie, voyant que nous sommes appelés à la même foi et au même bonheur; 2° d'espérance, considérant qu'ils sont nos frères, que nous sommes de la même famille, et que nous avons droit au même héritage; 3° de consolation, pensant qu'ils ont été ce que nous sommes, et que nous pouvons devenir ce qu'ils sont; 4° de religion, méditant leurs mérites et leurs vertus, honorant leur sainteté, et les regardant avec complaisance, jouissant du paradis, dont ils ont pris comme possession pour nous, et auquel ils nous invitent; 5° de confusion voyant combien notre vie est différente de la leur; ils n'ont pas été d'une autre nature que nous, mais ils ont eu une tout autre vertu que nous.
Qui devons-nous le plus fréquemment honorer et prier?
1° La sainte Vierge; 2° notre ange gardien; 3° notre patron; 4° les plus grands saints, c'est-à-dire, ceux qui sont les plus nobles et les plus utiles membres du corps mystique de l'Eglise, et les plus proches du Chef divin, d'où découle toute vertu.
Entendent-ils nos prières?
Oui, en Dieu.
Connaissent-ils nos besoins?
Sans doute, puisque le mauvais riche dans l'enfer même n'ignorait pas ceux de sa famille, et qu'il se fait une fête dans le ciel à la conversion d'un pécheur.
Intercèdent-ils pour nous?
Oui, par Jésus-Christ.
Cela ne nuit-il point à la qualité d'intercesseur que Jésus-Christ possède éminemment?
Pas plus que quand ils intercèdent pour nous vivant sur terre, outre qu'ils ne le font qu'au nom du commun médiateur.
Présentent-ils à Dieu nos demandes et nos désirs?
Oui, par Jésus-Christ.

Nous obtiennent-ils des grâces de Dieu ?
Oui, au nom de Jésus-Christ.

Pourquoi n'aller pas droit à Dieu, et ne pas recourir à lui immédiatement ? disent les hérétiques. A quoi bon s'adresser aux saints, pour leur découvrir nos besoins et nos désirs, comme s'il ne les connaissait pas mieux lui-même, et qu'il eût besoin d'en être informé par d'autres ?

Mais, leur répond-on, pourquoi demandez-vous à Dieu-même ? Ne sait-il pas ce que vous voulez, avant que vous le lui exposiez ? A quoi bon priez-vous souvent pour les autres, et priez-vous les autres de prier pour vous ? Que sert ce détour inutile avec Dieu, qui connaît tout ? N'est-il pas mieux et plus court pour vous de le laisser faire, sans le prier pour vous, ni pour personne, et sans vous recommander aux prières de qui que ce soit ? Raisonnement qui conduit à l'extinction de toute prière. Les Catholiques donc instruits à l'école des apôtres, et fortifiés de leur exemple, regardent ce circuit prétendu, comme un sincère exercice de l'humilité et de la charité chrétienne, inspiré par l'esprit de Dieu, qui veut établir une parfaite fraternité entre tous les fidèles, les rendre meilleurs en les faisant contribuer à ce que les autres deviennent bons, et mériter par les prières qu'ils font à présent pour eux-mêmes, et pour les autres sur la terre, de recevoir un jour au ciel les prières des autres, et de devenir intercesseurs après qu'on a intercédé pour eux.

Quel jour célèbre-t-on leur mémoire ?
Ordinairement le jour de leur décès.

Pourquoi l'appelle-t-on le jour de leur naissance ?
C'est celui auquel ils sont entrés dans la vie éternelle, et qu'ils ont mis fin aux douleurs de leur enfantement.

Pouvons-nous honorer leurs reliques ?
Oui, comme de précieux restes de ces victimes de Dieu, immolées par le martyr ou par la pénitence, et qui, ayant contribué à leurs mérites, participeront un jour à la gloire.

Dieu opère-t-il souvent par elles des effets surnaturels ?
Oui, pour montrer qu'il honore lui-même ses saints, et que le don des miracles persévère toujours dans son Eglise.

V° COMMANDEMENT. — Quatre-Temps, vigiles jeûneras, etc.

Pourquoi l'Eglise a-t-elle établi des jours de jeûne ?
Afin, 1° de conserver l'esprit de pénitence parmi ses enfants ; 2° de leur donner lieu de faire l'aumône de ce qu'ils se retranchent par le jeûne. Saint Flavien, atténué d'une faim de plusieurs jours, se priva de quelques petits restes qu'on lui avait jetés, pour les donner aux autres Chrétiens prisonniers avec lui, se repaissant de charité, et estimant peu son besoin, et beaucoup le leur ; 3° de les disposer à la prière, à la réception des sacrements, et à la digne célébration des fêtes, qui suivent ordinairement les jeûnes.

Du jeûne.

En quoi consiste le jeûne ?
A se priver de l'usage de la viande, et à ne faire qu'un repas chaque jour.

Peut-on faire une légère collation le soir ?
Oui, si on en a besoin, comme on l'a d'ordinaire.

Qui pêche contre le jeûne ?
1° Ceux qui mangent de trop bonne heure ; 2° qui font la collation trop forte ; 3° qui prennent entre les repas des liqueurs nourrissantes, etc.

Qui est obligé au jeûne ?
Tout fidèle âgé de plus de vingt et un ans, s'il n'a empêchement légitime.

Doit-on en ce cas demander dispense à son pasteur ?
C'est un devoir de discipline, qu'il ne faut pas manquer de rendre à l'Eglise.

Qui est exempt du jeûne ?
1° Les femmes enceintes ; 2° les nourrices ; 3° les malades ; 4° les pauvres, qui n'ont pas de quoi faire par jour un repas entier et suffisant ; 5° les ouvriers qu'un grand travail épuise ; 6° les vieillards à qui les forces manquent.

Ces gens-là peuvent-ils manger de la viande ?
Il ne s'ensuit pas que, pour être exempt du jeûne, on soit exempt de l'abstinence, à moins qu'il n'y ait d'autres raisons.

Des Quatre-Temps.

Pourquoi l'Eglise a-t-elle institué les Quatre-temps ?
Afin, 1° de consacrer à Dieu chaque saison de l'année, 2° et chaque âge de l'homme qu'elles représentent ; 3° d'obtenir sa bénédiction sur les fruits de la terre ; 4° de le remercier des biens temporels que nous en recevons sans cesse, et du temps qu'il nous donne ; 5° de lui demander pardon de l'abus que nous en faisons, ne les employant souvent qu'à l'offenser ; 6° d'attirer sa grâce sur l'ordination de ses ministres, qui se fait alors, source de toute la fécondité spirituelle du sacré terroir de l'Eglise.

Que faut-il faire ces jours-là ?
1° Jeûner exactement ; 2° prier en union à l'esprit de l'Eglise ; 3° demander part aux grâces qui se répandent ces jours-là ; 4° si l'on est ecclésiastique, se renouveler dans l'esprit de son ordination ; 5° à laquelle les fidèles laïques peuvent même participer, tâchant d'en posséder, sinon le caractère, du moins les vertus.

Comment le peuvent-ils ?
1° Faisant de leur maison une église où Dieu soit honoré, et la fermant aux mauvaises compagnies, ils participeront à la grâce des portiers ; 2° à celle des lecteurs, s'adonnant à l'étude des livres saints ; 3° à celle des exorcistes, surmontant les tentations du démon ; 4° à celle des acolytes, reluisant en bonnes œuvres ; 5° à celle des sous-diacres, vivant chastement ; 6° à celle des diacres, instruisant leurs domestiques ; 7° à celle des prêtres, immolant leurs convoitises. Enfin enseignant, reprenant, édi-

fiant, se mortifiant, veillant, etc., ils exerceront les fonctions sacerdotales, et deviendront, en quelque façon, les évêques de leur famille, dit saint Augustin.

Pourquoi jeûne-t-on le mercredi, le vendredi et le samedi?

On a de toute ancienneté choisi ces jours-là pour les exercices de la pénitence, en mémoire de la passion du Sauveur, qui fut vendu le mercredi, crucifié le vendredi, et dont le corps reposa dans le sépulcre le samedi.

Pourquoi appelle-t-on le jour de devant certaines fêtes des vigiles?

Les premiers Chrétiens passaient en veilles la nuit qui les précédaient : à quoi les Romains et les empereurs avaient autrefois une singulière dévotion.

Quels étaient les exercices de piété qui se pratiquaient dans ces saintes assemblées?

1° La psalmodie ; 2° la lecture des livres saints ; 3° la prédication de la parole de Dieu ; 4° la célébration des divins mystères ; 5° l'administration des sacrements ; 6° l'oraison et la prière ; 7° enfin un repas de charité, où le silence, la modestie et la dévotion éclataient d'une façon admirable.

Ne reste-t-il rien de la ferveur de ces premiers temps?

La nuit de Noël en est un vestige, mais c'est tout ; car entre les anciennes et édifiantes pratiques, celle-ci est la plus négligée parmi les Chrétiens d'aujourd'hui, dont plusieurs qui seraient, disent-ils, incommodés s'ils retranchaient rien de leur sommeil pour vaquer à l'oraison, passent souvent les nuits entières au bal, à la comédie, à la débauche, s'oubliant entièrement des avis si réitérés du Fils de Dieu dans l'Evangile : *Voyez, veillez, priez, ne vous laissez point appesantir par le sommeil et la crapule, ne sachant pas si le Fils de l'Homme viendra le soir, à minuit, à la pointe du jour.* « L'Eglise, » dit un saint Père, « est semblable à une grande dame qui, ayant possédé des pierreries et des trésors immenses, n'a plus que des cabinets et les cassettes qui les renfermaient. » Prions Dieu pour les communautés qui ont conservé cette sainte pratique, unissons-nous à leur zèle, imitons-les.

Que doit-on faire à présent ces jours là?

Se conformer autant qu'on peut à ces bienheureux temps : 1° jeûner ou faire abstinence ; 2° visiter les églises ; 3° assister aux premières Vêpres ; 4° lire quelque bon livre sur la solennité de la fête ; 5° se confesser, afin d'être plus libre le lendemain ; 6° passer en prière quelque temps de la nuit ; 7° dès le matin aller à l'Office, et être assidu à l'église ; 8° veiller quelquefois par esprit de mortification, et pour vaquer à l'oraison, prolongeant ainsi la vie, disaient les premiers Chrétiens, en abrégeant le sommeil, image de la mort.

Du Carême.

Les jeûnes du Carême ont-ils quelque chose de plus que les autres?

Ils sont plus austères, puisqu'à l'abstinence de la viande on joint celle des œufs et encore d'autres aliments, suivant les pays et les coutumes locales approuvées.

Les dispenses qu'on obtient pour ne pas observer le Carême mettent-elles la conscience en sûreté?

Oui, si elles sont fondées sur de bonnes et véritables raisons ; mais si ce sont de faux prétextes et des maladies imaginaires, nous en rendrons compte à celui qui voit le fond des cœurs. Il est toujours certain que les excès du carnaval sont plus préjudiciables à la santé que l'abstinence du Carême.

Faut-il attendre que les jeunes gens aient vingt et un ans passés pour les exercer au jeûne?

Il est bon, surtout en Carême, de le leur faire pratiquer quelquefois par semaine, afin de les y accoutumer peu à peu, et de les engager à prier davantage qu'à leur ordinaire, et à faire l'aumône suivant leur pouvoir.

VIe COMMANDEMENT. — Vendredi chair ne mangeras, etc.

Qu'est-ce que faire abstinence?

C'est retrancher la viande de ses repas.

N'est-ce point superstition, 1° que de s'abstenir de certaines viandes, 2° et que d'affecter certains jours?

Non, 1° quand c'est pour signifier quelque mystère, comme dans l'ancienne Loi, ou pour mortifier les sens et purifier l'esprit, comme il se continue dans la nouvelle, et que d'ailleurs on croit que toute créature de Dieu est bonne et utile quand elle est prise avec action de grâces ; 2° qu'on choisit certains jours pour quelques raisons pieuses et autorisées par la dévotion des fidèles et la coutume de l'Eglise, et qu'au reste on sait bien que tous les temps sont saints au Seigneur.

L'Eglise peut-elle défendre, sous peine de péché, une chose d'elle-même indifférente?

Sans doute comme l'exemple des apôtres, de la Synagogue et de Dieu même envers nos premiers parents, le montrent assez.

Pourquoi l'Eglise a-t-elle choisi pour cette mortification le vendredi et le samedi?

1° En mémoire de la passion et de la sépulture du Sauveur ; 2° en l'honneur de la sainte Vierge, à qui le samedi est consacré, de sa désolation ce jour-là, et des sentiments qu'elle eut sur les souffrances de son Fils ; 3° pour pratiquer chaque semaine quelque œuvre de pénitence ; 4° pour nous disposer, par l'abstinence et la mortification du corps, à la célébrité du dimanche, à la prière et à la réception des sacrements.

Que dites-vous de ceux qui font meilleure chère, qui vivent plus délicatement et font plus de dépenses ces jours-là que les autres, qui veillent et jouent le samedi jusqu'à minuit, pour faire alors un grand repas de viande, et qui entendent ensuite une Messe avec une dissipation d'esprit inséparable d'une telle vie?

Que ce sont des hommes tout charnels, adonnés à la gourmandise, à la sensualité, qui font un Dieu de leur ventre, comme parle l'Apôtre, et qui sont infiniment éloignés de l'esprit de l'Eglise.

VII° COMMANDEMENT. — Hors le temps, noces ne feras, etc. (71).

Quand est-il défendu de célébrer des noces?
Depuis le premier jour de l'Avent jusqu'aux Rois, et depuis le premier jour du Carême jusqu'à l'octave de Pâques inclusivement.

Pourquoi?
Ce sont des temps que l'Eglise consacre, 1° à la prière; 2° à la pénitence; 3° à la dévotion; 4° à la solennité et à la considération des mystères les plus tendres, les plus saints, les plus sublimes de notre religion, à quoi rien n'est si nécessaire que la pureté de corps et d'esprit, et la cessation des embarras et soins temporels.

On ne solennise donc pas le mariage pour lors?
Non, sans permission et dispense. En effet, si les personnes mariées, véritablement chrétiennes, se séparent en ces temps-là, suivant le conseil de l'Apôtre, pour vaquer à l'oraison, quelle apparence qu'on doive alors songer à contracter des noces?

Des dîmes.

Que nous est-il ordonné par ce précepte?
D'offrir à Dieu comme une oblation sainte la dixième partie de nos biens, pour être employée aux besoins; 1° de l'Eglise; 2° de ses ministres, 3° des pauvres.

Et si ceux qui les reçoivent, n'en font pas bon usage?
Cela ne diminue pas le mérite de ceux qui les donnent ni les avantages qui leur reviennent.

Quels?
1° Ils satisfont à leur conscience; 2° ils font un acte de religion très-agréable à Dieu; 3° ils attirent la bénédiction sur le reste de leurs biens, sur leur travail, sur leur famille; 4° ils apprennent peu à peu à se détacher des choses de la terre, et à faire insensiblement le sacrifice parfait d'eux-mêmes, et de toutes choses; 5° ils entrent dans l'esprit des premiers Chrétiens, qui mettaient leurs possessions aux pieds des apôtres; 6° ils en auront une grande récompense.

Comment pèche-t-on contre cette obligation?
Ne payant pas les dîmes et droits de l'Eglise; les retenant en partie, ou empêchant qu'on ne les arrente selon leur valeur, ou n'en donnant, comme Caïn, que les plus mauvais fruits et le moins qu'on peut. Les créatures inférieures payent un tribut à l'homme, il est juste que l'homme le paye à son Dieu.

VIII° COMMANDEMENT. — Les excommuniés fuiras, etc.

Que nous est-il défendu par là?
Tout commerce avec les personnes notoirement excommuniées, et non tolérées, si ce n'est pour les reprendre ou les exhorter.

Pourquoi?
Pour remontrer, 1° qu'on ne les protège ni supporte contre l'Eglise; 2° qu'on ne participe ni à leur crime, ni à leur rébellion; 3° qu'on craint de contracter quelqu'une des malédictions qui accompagnent ces gens-là, et que leur fréquentation illicite peut communiquer; 4° qu'on est obéissant à l'Eglise, qu'on s'unit à elle, et qu'on entre en son esprit et dans ses intérêts; 5° afin que, se voyant abandonnés, ils aient horreur de leur état et qu'ils se convertissent.

Dans quels inconvénients tombent ceux qui les fréquentent sans nécessité, et au préjudice des défenses de l'Eglise?
1° Ils offensent Dieu; 2° ils désobéissent à l'Eglise; 3° ils scandalisent les autres fidèles; 4° ils tombent eux-mêmes dans les censures; 5° ils fortifient les excommuniés dans leur obstination, et contribuent ainsi à leur perte.

IX° COMMANDEMENT. — Quand excommunié seras, etc.

Pourquoi ce commandement?
Parce que celui qui croupit dans l'excommunication fait savoir, 1° qu'il n'a point de foi à l'autorité de l'Eglise; 2° ou qu'il la méprise; 3° ou qu'il ne craint point ses châtiments; 4° ou qu'il est endurci dans son vice et dans sa rébellion; 5° qu'il mérite par conséquent d'être traité comme un hérétique, ou comme un incorrigible, et être frappé par de nouvelles censures.

Qui encourt le plus ordinairement les censures?
Ceux, 1° qui ne révèlent pas ce qu'ils savent des monitoires qu'on publie, et qui n'ont aucune excuse valable de leur silence; 2° qui frappent méchamment des prêtres ou personnes consacrées à Dieu; 3° qui se battent en duel; 4° qui font des mariages clandestins; 5° qui achètent ou vendent des

---

(71) Il n'y a que six commandements de l'Eglise. Quant à ceux qui suivent dans ce Catéchisme, ils ont complétement disparu de toute formule de prières.
Ceux qui regardent le *temps des noces* et l'*excommunication* nous rappellent des usages, des lois disciplinaires et des censures formidables qu'il faut toujours éviter avec le plus grand soin. On fera donc bien de les expliquer, non pas comme un septième et huitième précepte, mais comme faisant partie de la liturgie d'une part, et de l'autre des lois ecclésiastiques.
La question de la *dîme* est aujourd'hui un hors-d'œuvre; nous ne conseillerons jamais d'en dire seulement un mot dans l'explication du catéchisme. Il n'en faudrait pas davantage pour éveiller des susceptibilités dangereuses. A quoi bon? Il faut donc la laisser entièrement dans le silence, et si nous avons conservé ce chapitre, c'est uniquement comme un souvenir des temps passés.

bénéfices ; 6° qui ne font pas leur devoir pascal ; 7° qui transgressent les ordonnances de leur diocèse, où cette peine est apposée, etc.

De quels biens sont privés les excommuniés ?

1° De l'entrée de l'église ; 2° de l'assistance à la Messe et aux divins offices ; 3° des sacrements, et surtout de la sainte Eucharistie ; 4° des prières et suffrages des fidèles ; 5° des indulgences et jubilés ; 6° souvent de la société civile ; 7° de la protection divine, et du secours spécial de leur ange gardien ; 8° de la sépulture en terre sainte, et des prières pour les morts, etc. ; 9° enfin du paradis, et de l'éternelle société des saints, s'ils meurent en cet épouvantable état ; c'est pourquoi l'excommunié dans le langage de l'Église est nommé un exterminé, comme étant relégué hors des confins du royaume de Dieu.

Pourquoi l'Église excommunie-t-elle les grands pécheurs ?

Afin, 1° d'empêcher que le saint nom de Dieu ne soit blasphémé par les infidèles, si elle laissait les grands crimes impunis ; 2° et qu'un membre gangréné n'infecte les autres ; 3° de retenir les Chrétiens dans la crainte d'offenser Dieu par l'appréhension d'un si horrible châtiment ; 4° de procurer la conversion du coupable.

Comment l'excommunication peut-elle servir au salut de l'excommunié ?

1° En le faisant rentrer dans lui-même ; 2° En lui donnant horreur de son péché, et en lui en découvrant la grandeur par la grandeur de son châtiment ; 3° en l'affligeant par de continuels remords, et par diverses tribulations, des maladies inconnues, des terreurs et des tristesses étranges, par des vexations du malin esprit, etc.

Que doit faire un excommunié pour sortir de cet état malheureux ?

1° Se repentir de son péché ; 2° s'humilier à son supérieur ; 3° faire pénitence ; 4° solliciter avec larmes sa réconciliation à l'Église ; 5° satisfaire au tort qu'il peut avoir fait au prochain ; 6° réparer le scandale qu'il a causé aux fidèles.

DIVERS ACTES QUE L'ON PEUT FAIRE APPRENDRE AUX ENFANTS.

Acte de foi, de l'existence et de l'unité de Dieu

Je crois fermement qu'il y a un Dieu, qu'il n'y a qu'un Dieu et qu'il ne peut y avoir qu'un seul Dieu, et que ce Dieu est un pur esprit, Créateur du ciel et de la terre et le Seigneur universel de toutes choses, et je le crois, parce que c'est Dieu même qui l'a dit.

Acte d'adoration.

O mon Dieu, je me prosterne devant vous, et vous adore comme mon souverain Seigneur et Maître. Je reconnais que je suis l'ouvrage de vos mains ; que c'est vous qui m'avez tiré du néant, et qui pouvez m'y réduire ; que vous êtes mon premier principe et ma dernière fin ; que je suis votre créature, et que vous êtes mon créateur ; et que si vous m'abandonniez un seul moment, je retournerais dans le non être dont vous m'avez tiré.

Acte de remercîment.

Mon Dieu, je vous remercie de tous les bienfaits de nature et de grâce que j'ai jamais reçus de vous ; je vous remercie de m'avoir créé, et donné l'être ; de m'avoir mis au monde, de m'avoir racheté par les mérites infinis de Jésus-Christ votre Fils bien-aimé ; de m'avoir fait naître dans le sein de l'Église catholique, où j'ai reçu le saint baptême, où j'ai été instruit en votre sainte loi, où j'ai appris à vous connaître, à vous aimer et à faire mon salut ; de m'avoir conservé jusqu'à présent, et de me donner le temps de faire pénitence. Je vous demande pardon du mauvais usage que j'ai fait de tant de grâces, d'en avoir eu si peu de reconnaissance, et d'en avoir eu si peu de profit. Faites, mon Dieu, que je n'en abuse pas davantage.

Acte d'offrande.

Mon Seigneur et mon Dieu, puisque c'est vous qui m'avez donné une âme immortelle, je veux l'employer de bonne heure à vous honorer. Le premier usage que je veux faire de ma raison, c'est de vous connaître. Le premier usage que je veux faire de mon cœur, c'est de vous aimer. Je vous offre par avance les premiers mouvements de mon esprit et de ma volonté. Je veux me tourner vers vous du moment que j'en serai capable, et vous consacrer les prémices des facultés de mon corps et de mon âme. Je veux ouvrir les yeux de mon entendement, et vous regarder, ô Soleil de justice, avant que d'envisager aucune créature.

QUATRIÈME PARTIE.

CONTENANT CE QUE NOUS DEVONS ÉVITER.

INSTRUCTION SUR LE PÉCHÉ.

§ 1er. — Du péché en général.

Qu'est-ce que le péché ?
Une désobéissance à la loi de Dieu.
Est-ce un grand mal ?
C'est le plus grand des maux, ou plutôt il est le seul mal qu'il y ait au monde, et la cause de tous les maux du monde.
Dieu le hait-il ?
Infiniment, uniquement, souverainement, irréconciliablement.
Le châtie-t-il ?
Épouvantablement : le premier ange, le

premier homme, le déluge universel, Jésus-Christ même qui n'en avait que l'apparence, et enfin l'enfer où il le punira éternellement, en sont une bonne preuve.

Pourquoi cette haine?
1° A cause de son horrible malice; 2° de l'étrange injure qu'il a faite à Dieu; 3° de la dépravation qu'il cause dans la créature.

Quelle différence y a-t-il entre vice et péché?
Le vice se prend pour l'habitude, et le péché pour l'acte.

Comment divisez-vous le péché?
En originel et en actuel.

§ II. — Du péché originel, et de la convoitise.

Qu'est-ce que le péché originel?
Celui que nous avons hérité de notre premier père, et que nous portons en venant au monde.

Quand le contractons-nous?
Au moment que notre âme s'unit à notre corps dans le sein de nos mères, d'où vient que les saints ont regardé le jour de leur naissance comme un jour d'affliction, et non de joie, suivant la remarque des premiers docteurs de l'Eglise.

A quoi le ressentons-nous?
Aux mauvais effets qu'il produit au corps et en l'âme.

Quels sont ses effets au corps?
1° Les incommodités et les misères de la vie; 2° les maladies; 3° la vieillesse; 4° la mort.

Et en l'âme?
L'ignorance et la convoitise.

En quoi paraît l'ignorance de l'homme?
Principalement en ce qu'il a perdu la connaissance de Dieu et de soi-même, et de l'excellente fin pour laquelle il a été créé, mettant toutes ses pensées au corps et en la terre, ne songeant presque pas qu'il ait rien au-dessus des bêtes, et prenant le mal pour le bien, et le faux pour le vrai.

Qu'est-ce que la convoitise?
Ce penchant malheureux qu'ont tous les enfants d'Adam à s'aimer eux-mêmes, et le siècle présent plus que Dieu et ses saintes lois, et à désirer déréglément les plaisirs, les richesses et les honneurs; en un mot, c'est l'inclination au mal qui courbe l'âme vers la créature.

Quels sont les sujets de peine que donne aux saints cette convoitise?
Elle est cause, 1° qu'ils ne sont jamais longtemps sans tomber en quelque offense; 2° qu'ils n'aiment pas Dieu aussi purement qu'ils voudraient; 3° qu'ils sont toujours en risque de leur salut; 4° qu'ils ne s'avancent pas dans la vertu autant qu'ils feraient.

Quel est le remède au péché originel?
Le baptême, dans lequel le sang de notre divin Réparateur nous purifie de cette vieille lèpre.

Le péché originel est-il aisé à comprendre?
Non; mais sans cette connaissance l'homme est quelque chose de plus incompréhensible.

La convoitise est-elle péché?
Non, quoiqu'elle en soit l'effet et la cause:

elle est même un sujet de mérite quand on la mortifie et qu'on la réprime : la providence divine ayant si sagement disposé de l'économie de notre salut, que l'effet du péché tourne à la destruction du péché même, et la cause de notre dépravation à notre sanctification.

§ III. — Du péché actuel.

Qu'est-ce que le péché actuel?
C'est celui où nous tombons de notre propre volonté, après l'usage de raison.

Qu'est-ce encore?
1° Une pensée volontaire; 2° ou un désir; 3° ou une action; 4° ou une omission contre la loi de Dieu.

Une pensée volontaire et un désir, n'est-ce pas tout un?
Non, on peut se plaire, par exemple, dans une pensée de vengeance, ou d'impureté, et goûter volontairement un malheureux plaisir que la nature y trouve, et cela c'est un péché, quand même on ne désirerait pas d'en venir à l'effet.

Comment divisez-vous le péché actuel?
En mortel et véniel.

§ IV. — Du péché véniel.

Qu'est-ce que le péché véniel?
Celui qui, attendu la fragilité humaine, se commet et se pardonne aisément, lequel ne prive pas de la grâce, mais qui produit plusieurs mauvais effets, surtout quand c'est avec connaissance, malice, pleine délibération, remords, habitude, scandale, etc.

Quels sont ses effets?
1° Il déplaît à Dieu; 2° il diminue la ferveur de la charité; 3° il arrête l'abondance des grâces; 4° il dispose au mortel; 5° on s'y trompe quelquefois, la convoitise faisant prendre pour véniel ce qui est mortel, surtout en matière d'avarice, de luxure, de médisance, de haine, etc.; 6° il affaiblit dans le bien.

C'est donc un grand mal?
La destruction de l'univers en est un moindre.

Marquez-en quelques-uns en particulier?
De petites médisances, désobéissances, colères, des mensonges légers, de vaines curiosités, des discours oisifs, etc.

Peut-on être damné pour de seuls péchés véniels?
Non, mais ils retardent la gloire.

Dieu le punit-il?
Oui, et sévèrement, même dans ses fidèles serviteurs.

Donnez-nous-en quelque exemple.
1° Moïse, ce grand ami de Dieu, pour une petite défiance, n'entra pas dans la terre de promission; 2° David, cet homme selon le cœur de Dieu, pour une vanité, attira la peste sur son peuple, et il en coûta la vie à quatre-vingt mille personnes; 3° plusieurs saints, pour de légères complaisances ou intempérances, ont été possédés du diable; 4° enfin il est expié en purgatoire par des peines immenses.

§ V. — Du péché mortel.

Qu'est-ce que le péché mortel ?

Celui qui nous ôte la grâce, qui est la vie de notre âme, et qui nous engage à la damnation, qui est la mort éternelle.

Quels sont ses effets ?

1° Il dépouille le pécheur des grâces, des vertus, des mérites, et du droit d'aller en paradis ; 2° il le rend enfant d'ire et de perdition ; 3° esclave du diable ; 4° digne de l'enfer.

Quel préjudice lui cause-t-il encore ?

1° Il le ruine, puisqu'il ravit les biens inestimables de la grâce et de la gloire ; 2° il le dégrade, puisque d'enfant de Dieu il le fait esclave du diable ; 3° il le défigure, puisqu'il lui ôte la beauté intérieure des justes et le couvre de la laideur des réprouvés ; 4° il le corrompt, puisque de bon et de saint qu'il était, il le rend méchant et pervers ; 5° il le tue, puisqu'il lui ôte la vie de l'âme mille fois plus précieuse que la vie du corps, sans laquelle l'âme est morte et devient un triste et lamentable cadavre ; 6° il le damne, puisque d'héritier du paradis il en fait une victime de l'enfer ; 7° il l'aveugle, il l'endurcit et il l'enivre, pour l'empêcher de voir, de sentir et de croire tant de maux, dont, ainsi qu'un frénétique et un insensé, il ne fait que se moquer et rire.

Quelle injure le pécheur fait-il à Dieu ?

Il blesse, 1° son autorité, puisqu'il viole ses lois ; 2° sa majesté, puisqu'il l'offense en sa présence ; 3° sa justice, puisqu'il se rit de ses menaces ; 4° sa miséricorde, puisqu'il méprise ses promesses ; 5° sa sagesse, puisqu'il rejette ses conseils ; 6° sa bonté, puisqu'il le postpose au mal même (72) ; 7° son unité, puisqu'il s'érige autant de divinités qu'il préfère de créatures au Créateur ; 8° la Trinité, puisqu'il souille son âme qui en est la vive image.

Quels sont les moins griefs ?

Ceux qu'on commet, 1° ou par l'effort violent et soudain d'une passion, ou tentation ; 2° ou par quelque occasion fortuite ; 3° ou par pure fragilité.

Qui sont les plus énormes ?

Ceux qu'on commet, 1° avec pleine connaissance, de propos délibéré, de grands remords ; 2° qui sont opposés aux premiers préceptes, et aux plus excellentes vertus ; 3° qui sont des rechutes ; 4° qui ont de grandes suites ; 5° qui intéressent plusieurs personnes.

§ VI. — Des péchés d'ignorance, de faiblesse et de malice.

Qu'appelez-vous péchés d'ignorance ?

Ceux qu'on commet pour avoir négligé de se faire instruire des choses qu'on est tenu de savoir.

Donnez-en des exemples ?

Lors, 1° qu'on viole les jours de jeûne, d'abstinence ou de fête, pour n'avoir pas voulu venir au prône les apprendre ; 2° qu'on veut bien ne pas entendre la publication des bans, monitoires, etc., pour ne se voir pas obligé à révéler ; 3° qu'on prête de l'argent à usure, ou qu'on fait d'autres contrats illicites, faute de vouloir s'informer si ce commerce (73) est bien légitime.

Qu'appelez-vous des péchés d'infirmité ?

Ceux qu'on commet par l'effort d'un mauvais tempérament et naturel, d'une méchante habitude, ou provoqué par quelque tentation soudaine et violente.

Donnez-en des exemples ?

Quand quelqu'un d'une humeur prompte et violente se sentant offensé, se laisse aller sur-le-champ à la colère, aux menaces, aux jurements, etc., et s'en repent aussitôt, puis souvent y retombe : légèreté malheureuse de l'esprit humain, qui tout ensemble en fait le supplice, comme elle en marque la vanité.

Qu'est-ce que des péchés de malice ?

Ceux qu'on commet, et qu'on veut bien commettre, de sang-froid, avec connaissance et de propos délibéré, que l'ignorance ou la fragilité n'excusent point.

Donnez-en des exemples ?

Tendre des pièges à un innocent, susciter un méchant procès, faire une fausseté, rendre un faux témoignage, etc. Ainsi tous les péchés viennent d'ignorance, d'infirmité ou de malice, puisqu'on ne pèche qu'à cause ou qu'on ne sait pas ce qu'il faut faire, ou qu'on n'a pas la force de le faire, ou qu'on ne veut pas le faire.

§ VII. — Des péchés contre le Saint-Esprit.

Qu'est-ce que les péchés contre le Saint-Esprit ?

Ceux qui ont une spéciale opposition à la bonté divine.

Combien y en a-t-il ?

Six : 1° désespérer de son salut ; 2° présumer de la miséricorde ; 3° s'obstiner dans son péché ; 4° porter envie à son prochain, à cause des grâces que Dieu lui fait ; 5° combattre la vérité connue, ou dogmatiser, et soutenir qu'il n'y a point de mal à commettre des péchés, afin d'y entraîner les autres : ce qui, outre la corruption du cœur, marque une dépravation d'esprit, et qu'on ne pèche pas par infirmité, mais par maxime ; 6° vouloir mourir impénitent.

§ VIII. — Des péchés qui crient vengeance.

Quels sont les péchés qui crient vengeance ?

---

(72) C'est-à-dire qu'il lui préfère le mal.

(73) Cette application se rapporte à des usages qui sont abolis aujourd'hui. Dans les siècles passés, lorsqu'on devait frapper quelqu'un d'excommunication, avant de prononcer la terrible sentence, on en faisait l'annonce au prône de la Messe paroissiale pendant trois dimanches consécutifs, et on sommait toutes les personnes qui avaient des révélations à faire de venir les communiquer, soit au curé, soit à l'official chargé de poursuivre. Ces formes judiciaires du pouvoir ecclésiastique ont complètement cessé. Mais quant aux empêchements canoniques de certains mariages, on est toujours tenu de les faire connaître au moment de la publication des bans.

Ceux qui violent les droits de la nature même, et qui provoquent son Auteur à la venger de l'injure qu'on lui fait.
Combien y en a-t-il?
Quatre, 1° tuer volontairement et méchamment ; 2° opprimer le pauvre, la veuve, l'orphelin ; 3° retenir injustement le salaire des domestiques et des ouvriers ; 4° commettre des crimes abominables, qu'il n'est pas à propos de nommer seulement.

§ IX. — Des péchés d'autrui.

Puis-je être coupable des péchés d'autrui?
Oui, quand vous y coopérez.
En quel cas y puis-je contribuer?
Quand le péché d'autrui se fait en vertu 1° de votre commandement ; 2° conseil ; 3° consentement ; 4° sollicitation ; 5° flatterie ; 6° silence ; 7° négligence ; 8° quand vous participez aux larcins, ou les recélez ; 9° ou induisez au péché par vos mauvais exemples, scandales, etc.

§ X. — Des péchés de commission et d'omission.

Qu'est-ce que le péché de commission? (74)
C'est faire ce qui est défendu.
Et un péché d'omission?
C'est de ne pas faire ce qui est commandé.
Quand commet-on ceux-ci?
Quand on ne s'acquitte pas de ses obligations générales ou particulières.
Qu'en dites-vous?
Que ce sont les péchés les plus dangereux.
Pourquoi?
Parce qu'ils sont, 1° les plus communs ; 2° les plus cachés ; 3° dont on a le moins de remords ; 4° et dont on s'accuse le moins.
Donnez-nous quelque exemple des péchés d'omission?
On en peut commettre, 1° à l'égard de Dieu, quand on omet de produire des actes de foi, d'espérance, de charité, de contrition, d'adoration, de confiance, de résignation, de prier soir et matin, etc. ; 2° à l'égard de l'Église, quand on omet de fréquenter les sacrements, d'assister au service divin et à la Messe, de venir aux instructions, etc. ; 3° à l'égard du prochain, quand on omet l'exercice des œuvres de miséricorde, de lui faire l'aumône, de l'assister, de le conseiller, etc. ; quand un père et une mère de famille négligent d'instruire, et de reprendre leurs enfants et domestiques, de leur donner bon exemple, de les envoyer au catéchisme, etc. ; que les enfants ne sont pas soigneux d'honorer leurs parents, les personnes mariées de se souffrir et aimer, les magistrats de rendre la justice, les pasteurs de procurer le salut de leurs peuples, etc. ; 4° à l'égard de soi-même, quand on perd le temps, qu'on n'étudie point, qu'on ne travaille point, qu'on n'apprend rien, qu'on ne fait rien d'utile, qu'on n'a aucun soin ni de ses affaires temporelles, ni de son avancement spirituel, ni de s'acquitter des devoirs de son état et condition, etc.

(74) Ce qu'on appelle *péché d'action*.

INSTRUCTION
SUR LES PÉCHÉS CAPITAUX.

§ Ier. — Des péchés capitaux en général.

Qu'appelez-vous péchés capitaux?
Certains péchés qui sont les sources funestes de plusieurs autres.
L'instruction sur les péchés capitaux est-elle importante?
Extrêmement, car la vue de tant de misères aussi nombreuses que les reptiles et insectes de la mer, fait que, 1° on se connaît ; 2° on s'humilie ; 3° on a recours au médecin ; 4° on songe aux remèdes ; 5° on s'examine et on se confesse mieux ; 6° on prie davantage ; 7° on compatit plus au prochain ; 8° on estime la grâce qui, comme un autre Noé dans l'arche, peut contenir et refréner tant de monstres, et les empêcher de nuire au Chrétien, qu'elle rend maître des passions les moins soumises à la raison : merveille non moindre que celle de Daniel, environné de lions affamés dans la fosse, ou des trois enfants dans la fournaise, sans être endommagé ; 9° on se défie davantage de soi-même, voyant combien en nous l'infirmité a de vertu, et la vertu d'infirmité : combien la chair a de pente au mal, et de répugnance au bien, dit saint Paulin ; 10° on devient plus éclairé et plus prudent.
A quoi cela nous oblige-t-il?
A les combattre et les extirper. Démolir des villes, et tuer des hommes, ce sont les grandes actions qui, selon le monde, font les héros et les conquérants ; mais, selon Dieu, se surmonter soi-même, détruire ses vices, et pratiquer les vertus, ce sont les grandes œuvres qu'il attend de nous. David pardonnant à Saül remporta une plus grande victoire que quand il triompha de Goliath.
Combien y en a-t-il?
Sept, 1° orgueil ; 2° avarice ; 3° luxure ; 4° envie ; 5° gourmandise ; 6° colère ; 7° paresse.

§ II. — De l'orgueil.

Qu'est-ce que l'orgueil?
C'est une estime déréglée de soi-même, qui fait qu'on se préfère aux autres, et qu'on veut s'élever au-dessus d'eux.
Est-ce un grand péché?
1° Il est le premier qui se commit jamais ; 2° il est la cause de tous ceux qui se sont jamais commis, et qui se commettront jamais, non-seulement parce qu'il les a introduits, mais parce que c'est lui qui inspire l'audace aux pécheurs d'offenser Dieu, et de se révolter contre lui ; 3° il est le péché du diable, et Lucifer est appelé dans l'Écriture le roi des superbes ; 4° il est en horreur à Dieu et aux hommes même ; car la superbe est si laide, dit saint Bernard, qu'elle n'ose paraître au dehors, que sous le masque de l'humilité.
Quelles considérations peuvent nous guérir de ce mal?

Celles 1° de la grandeur de Dieu; 2° de l'humilité de Jésus-Christ; 3° du néant dont nous venons de sortir, et où nous allons rentrer ; 4° de la confusion éternelle des superbes dans l'enfer ; 5° Dieu abandonne les orgueilleux, et ils tombent dans les plus honteux péchés, surtout en ceux de luxure.

Quels maudits germes produit-il?

Six : 1° la vaine gloire, ou le désir déréglé de l'estime et de la louange ; 2° la jactance, quand on se vante et qu'on se loue soi-même ; 3° l'ambition ou la passion de parvenir aux honneurs et dignités ; 4° l'hypocrisie, quand, pour acquérir l'estime des hommes, on contrefait le dévot et qu'on ne l'est pas ; 5° l'insolence et la fierté, quand on préfère son jugement à celui des autres, et qu'on dédaigne les conseils mêmes de ses supérieurs ; 6° le mépris du prochain, ou cette hauteur avec laquelle un superbe traite les autres, et ravale leurs vertus, afin qu'on le préfère à eux tous ; à quoi il faut ajouter la contention, accompagnée de clameurs ; l'opiniâtreté ou l'obstination à ne point céder, ni démordre de ses sentiments ; la discorde, ou l'esprit de contradiction ; la curiosité, ou l'amour des nouveautés (75).

Combien y a-t-il de sortes de superbe?

Trois : 1° la diabolique, quand on s'enorgueillit des dons de Dieu, qu'on s'attribue les vertus, qu'on croit mériter ses grâces, etc.; 2° l'humaine, quand on s'enfle de sa noblesse, de sa science, de son esprit, etc. ; 3° l'animale, quand on se complaît en sa beauté, en sa force, en son courage, en son adresse, etc.

A qui ressemble un tel Chrétien?

A un ange qui, dans un vase d'argile, se glorifierait de son vernis ; l'homme, après tout, quelque illustre qu'il semble, riche ou puissant, n'étant tout au plus qu'un ver luisant.

§ III. — De l'avarice.

Qu'est-ce que l'avarice?

C'est un amour désordonné des biens de la terre, et surtout de l'argent.

Est-ce un grand vice?

Oui, puisque, 1° l'avare se fait une idole de son argent, et qu'il le préfère au vrai Dieu ; 2° l'avarice est la reine de tous les péchés, même de l'orgueil ; car on ne veut être riche que pour s'élever au-dessus des autres ; 3° l'argent nourrit toutes les passions et donne le moyen de les satisfaire.

Quels méchants effets produit-elle?

Sept : 1° les mensonges, 2° les fraudes, 3° les parjures, 4° les larcins et rapines, 5° la dureté envers les pauvres, 6° les procès et discordes, 7° l'oubli de Dieu et des choses du salut.

A quoi connaît-on qu'on est avare?

Quand, 1° pour avoir du bien, on ne craint point d'offenser Dieu ; 2° qu'on le cherche avec trop d'ardeur ; 3° qu'on a trop de crainte de le perdre ; 4° qu'on désire celui d'autrui ; 5° qu'on ne se sert du bien dans la nécessité, ni pour soi, ni pour les autres ; 6° qu'on use de la piété pour en avoir.

Quels sont les châtiments des avares dès cette vie?

1° Ils n'ont jamais la paix de l'âme ; 2° ils sont toujours en soupçon et en crainte de perdre leur argent ; 3° ils essuient des peines et des travaux sans nombre pour acquérir, conserver, recouvrer et augmenter leurs richesses sans aucun espoir de récompense ; 4° ils sont privés des biens du ciel et de l'usage de ceux de la terre.

Quels remèdes à l'avarice?

Considérer, 1° l'esprit de Jésus-Christ et de l'Evangile, qui lui est diamétralement opposé ; 2° ce que vous avez apporté en ce monde, et ce que vous en remporterez ; 3° la fin désastreuse des mauvais riches ; 4° l'incertitude des richesses, leur inconstance, leur peu de durée, leur caducité, leur vanité, leur fragilité, leur inutilité, leurs inquiétudes, leurs épines, leurs amertumes, leurs infamies, leurs périls, et enfin la perte assurée que vous en ferez à la mort ; 5° que souvent un homme riche est un méchant homme, ou le fils d'un méchant homme.

§ IV. — De la luxure.

Qu'est-ce que la luxure?

L'amour des plaisirs charnels.

Est-ce un grand péché?

C'est, 1° le plus universel et le plus enraciné ; 2° le plus incorrigible ; 3° le plus abominable devant Dieu ; 4° le plus honteux aux yeux des hommes ; 5° le plus pernicieux, puisque d'ordinaire il ravit les biens de nature, de fortune, et de grâce, l'honneur et la réputation, la santé et la vie, et enfin Dieu et les biens éternels.

Dieu le punit-il?

Il l'a puni, 1° par les eaux du déluge qui submergèrent le genre humain ; 2° par les flammes du ciel, qui dévorèrent Sodome et Gomorrhe ; 3° les impudiques, dans l'enfer, seront plongés dans un étang ardent de feu et de soufre, comme l'Ecriture le proteste.

Quels monstres traîne-t-il après lui?

Onze, 1° l'aveuglement d'esprit, 2° l'endurcissement du cœur, 3° la témérité, 4° l'inconsidération, 5° l'inconstance, 6° l'amour déréglé de soi-même, 7° la haine de Dieu, 8° l'a-

---

(75) Il serait bon d'indiquer ici les remèdes de l'orgueil. On les trouvera dans les admirables exemples d'humilité que le divin Sauveur a donnés au monde ; ensuite, dans la considération de l'abandon où Dieu laisse une âme superbe, dans la confusion dont il la couvre souvent ici-bas, et qui sera éternellement son partage ; enfin, dans la résistance, dans l'éloignement qu'il ne cesse de lui opposer, et dans le sentiment de nos misères.

L'humilité, au contraire, qui nous inspire une juste appréciation de nous-mêmes, et qui fait que nous ne méprisons personne, que nous ne cherchons pas l'estime, les distinctions et les honneurs de la terre, est tellement nécessaire que, sans elle nous n'aurions point de place dans le ciel. Le Sauveur nous a déclaré : Quiconque s'abaisse sera élevé, et pour entrer dans le royaume des cieux, il faut ressembler à des petits enfants.

mour de ce monde, 9° l'horreur de l'autre, 10° le désespoir de la conversion et de la miséricorde, 11° l'irréligion, l'impiété, et souvent l'athéisme. Et comme, selon saint Jérôme, le voile du temple rompu fut un signe de la ruine de la religion chez les Juifs; ainsi le voile de la pudeur déchiré dans une âme, est une marque de la destruction de toute piété en elle.

§ V. — De l'envie.

Qu'est-ce que l'envie?
Une tristesse secrète de la prospérité d'autrui.

Est-ce un grand péché?
Oui, et c'est à l'envie qu'il faut attribuer, 1° la ruine du genre humain, 2° la mort de Jésus-Christ, 3° le premier homicide qui se commit sur la terre en la personne d'Abel, le premier juste, persécuté par Caïn, le premier méchant; 4° enfin ce vice est opposé à la plus excellente des vertus, la charité aussi bien qu'aux éminentes perfections de Dieu, à sa sagesse, à sa providence, à son amour, à sa bonté.

Quels péchés entraîne-t-il après lui?
Sept : 1° la haine du prochain, 2° la joie de ses disgrâces, 3° la tristesse de sa prospérité, 4° les médisances et les calomnies, 5° les mauvais rapports, 6° les jugements téméraires, 7° les murmures.

Que blâmez-vous donc dans un envieux?
1° Cet œil qui, ne pouvant blâmer l'action qu'il voit, condamne l'intention qu'il ne voit pas; 2° cette langue qui, par son silence ou sa détraction, supprime ou diminue une juste louange; 3° cet air sérieux ou gai que cause la prospérité ou la disgrâce du prochain; 4° cette bouche qui accuse le monde d'une aussi grande injustice dans la distribution de l'estime, que la fortune dans le partage des biens; 5° ce jugement sinistre qui ne peut rien interpréter favorablement; 6° cet amour-propre et cette convoitise immense, qui envie la jeunesse à l'un, la beauté à l'autre, la force, la science, la noblesse, la vaillance, etc., dont il voudrait les dépouiller tous pour s'en revêtir seul. Immensité qui fait voir que ce vice est plutôt du démon, que de l'homme borné dans le mal et dans le bien.

Et le remède?
1° S'en accuser humblement, et avouer sa faiblesse aux pieds d'un confesseur, ce qui est bien rare; 2° se réjouir du bien d'autrui, et s'attrister de son mal (76).

En quoi peut-on connaître si on est infecté de ce vice?
Quand on a de la tristesse de voir que le prochain, 1° est plus riche, plus honoré, plus aimé, et plus estimé que nous; 2° qu'il a plus d'esprit, de science ou de vertu; 3° qu'il est plus favorisé des grâces de Dieu; 4° qu'on a peine d'entendre ses louanges, et qu'on les rabaisse ou qu'on les supprime malignement.

D'où vient que l'envieux s'attriste de la gloire d'autrui?
1° Elle diminue l'éclat de la sienne; 2° elle lui est comme un secret reproche de son moindre mérite; 3° elle découvre ses défauts qu'on ne voyait pas.

§ VI. — De la gourmandise.

Qu'est-ce que la gourmandise?
Un appétit déréglé de manger et de boire.

Qu'est-ce encore?
Une attache démesurée au plaisir de la bouche.

Est-ce un grand mal?
C'est le péché qui perdit le premier homme dans le paradis terrestre, dont le démon présuma de tenter le second dans le désert, et qui cause des dommages infinis à l'homme; car il tire après lui la perte, 1° des biens; 2° de la santé; 3° de la raison; 4° de la vertu; 5° de la réputation; 6° de la chasteté; 7° souvent de la vie qu'il abrége par les excès; 8° et, ce qui est plus déplorable, de l'éternité. D'ailleurs, les gourmands et les ivrognes, 1° n'ont presque aucun sentiment de Dieu ni de leur salut; 2° ils ruinent leur famille; 3° ils deviennent brutaux, colères, violents, jureurs, blasphémateurs (la vigne produisant trois raisins, dit un sage, le premier pour la nécessité, le second pour la sensualité, le troisième pour la fureur); impudiques, impies, querelleurs, meurtriers, homicides, fous, insensés; 4° et comme des frénétiques, ils se rient de tout ce qu'on leur dit. Tels sont les effets déplorables de la gourmandise, qui est opposée à toute sorte de vertus, qui prive de toute sorte de biens, qui porte à toute sorte de vices, qui est incompatible avec toute sorte de bonnes œuvres.

Quels sont les germes qu'elle produit?
1° L'hébétement d'esprit; 2° la vaine joie; 3° les railleries; 4° le babil; 5° la découverte des secrets; 6° l'impureté.

Quels remèdes?
1° Fuir les intempérants; 2° ne manger point hors des repas, ni avant l'heure, ni trop longtemps, ni des mets trop délicats, ni avec trop d'avidité et d'épanchement; 3° penser au fiel au vinaigre dont Jésus-Christ fut repu sur la croix; 4° se souvenir de l'aliment divin dont nous nous nourrissons à la sainte table; 5° penser à cette faim et à cette soif éternelle qu'endureront, avec le mauvais riche, les gourmands en enfer, et qui a fait dire au Fils de Dieu : Malheur à vous qui êtes rassasiés, car vous aurez faim à jamais; 6° méditer cette parole des premiers Chrétiens, qu'on ne vit pas pour manger, mais qu'on mange pour vivre.

§ VII. — De la colère.

Qu'est-ce que la colère?
Un désir déréglé de se venger des injures qu'on croit avoir reçues, un violent trans-

---

(76) On peut ajouter à cela le détachement des choses de la terre et l'esprit de mortification; alors on ne sera plus porté à des sentiments d'envie.

port, ou une émotion que nous ressentons quand on nous choque.

Est-ce un péché dangereux ?

On en peut juger par ses effets, car elle ôte, 1° la raison et le jugement ; 2° la paix de l'âme ; 3° l'esprit de dévotion ; 4° la charité. Que le soleil, dit l'Apôtre, ne se couche pas sur votre colère, de peur que se prévalant de l'obscurité, elle ne se déguise en haine pour exercer plus impunément son ressentiment, et que cet astre se retirant, témoin de vos emportements, n'aille porter en l'autre monde les nouvelles de vos excès en celui-ci.

Quels sont les maudits rejetons ?

1° La haine et le mépris du prochain ; 2° les paroles hautaines et injurieuses ; 3° un cœur plein d'orgueil ; 4° des malédictions et des imprécations ; 5° des jurements et des blasphèmes ; 6° des médisances et des calomnies ; 7° des querelles, menaces, procès, inimitiés, vengeances, batteries, meurtres, scandales. Voilà les fruits de la colère quand elle est grande.

Les remèdes ?

1° Étouffer les premiers mouvements ; 2° éviter les occasions, surtout le vin, le pire de tous les conseillers ; 3° demander à Dieu la patience ; 4° ne faire rien à la chaude, et ne suivre pas un avis sur-le-champ, quoique ce soit le moment de la vie où on y soit le plus porté, et qui néanmoins y est le moins propre. Il faut du temps pour connaître les conseils, aussi bien que les hommes ; 5° songer souvent à la douceur de Jésus, l'Agneau de Dieu immolé pour nous ; 6° s'opposer pas passion à passion. Le feu s'éteint avec l'eau, et non avec le feu. Rien ne confond plus celui qui a tort que le tort même qu'il fait ; en se voulant venger de lui, on le justifie, en lui remontrant la raison, on le fait rentrer dans son cœur, pour y voir l'excès qu'il a commis, l'y condamner et l'y punir par son propre remords. 7° Considérer qu'étant insupportable aux autres, nous devons bien les supporter, et que les colères tourmentant en ce monde les saints par leurs fureurs et leurs emportements, seront livrés à la rage des démons dans l'autre, pour y être tourmentés éternellement.

§ VIII. — De la paresse.

Qu'est-ce que la paresse ?

Un dégoût de la dévotion ; un amour déréglé du repos ; une langueur de l'âme qui empêche de goûter la vertu, et qui rend lâche à la pratiquer, par la peine qu'on s'imagine d'y trouver, accompagnée d'une secrète défiance du secours divin pour se surmonter.

Quelles sont les branches de ce mauvais tronc ?

1° L'oisiveté, 2° la négligence, 3° la perte du temps, 4° les omissions fréquentes, 5° la dissipation d'esprit, 6° le découragement, 7° l'amour du sommeil, 8° l'abandon du service de Dieu, 9° l'aversion du travail, 10° l'application à toute autre chose qu'à son devoir, 11° le vain babil, 12° le désespoir et la pusillanimité, 13° faire tout avec lâcheté, hors le temps, et à contre-temps.

Quelle sera la peine des paresseux ?

De se voir mis au rang des serviteurs inutiles, et exclus du repos des saints, n'ayant pas été compagnons de leurs travaux.

Les remèdes ?

1° La ferveur, 2° la diligence, 3° la mortification corporelle.

Qui doit en général nous détromper du péché ?

Ce que les saints nous en disent : 1° que le péché n'a rien de beau que l'apparence, rien de doux que le désir, rien de solide que la peine ; 2° qu'il est un hameçon trompeur, qui donne peu à manger, qui fait une plaie profonde, et de qui l'attache est très-forte ; 3° qu'il est puni par la perte du bien, de l'honneur, de la santé, de la vie, de l'éternité ; 4° qu'un pécheur mourant laisse son bien à des ingrats qui le dissipent, son corps aux vers qui le dévorent, son âme aux démons qui l'emportent ; 5° qu'un péché commis laisse après soi le désir d'en commettre un autre ; que, lors même qu'on est las du crime, on n'en est pas rassasié ; qu'on conserve la volonté de pécher, après même en avoir perdu le pouvoir ; 6° qu'en pratiquant la vertu la peine passe, et le plaisir demeure ; et qu'en s'abandonnant au vice, le plaisir passe et la peine reste : pourquoi tant aimer ce qui passe, et si peu ce qui demeure ? Le monde s'enfuit, et on s'y attache, que ferait-on s'il demeurait ? Il est amer, et on l'aime, que serait-ce s'il était doux ? 7° Qu'il est cet oignon d'Égypte si convoité, mais qu'on ne porte pas plutôt à la bouche qu'on en a les larmes aux yeux. Quel enchantement de désirer tant un déplaisir, et d'acheter si cher une perte ? 8° Que la fin d'un péché est toujours le commencement d'un autre, comme il en est de la peine, et que l'homicide suit l'adultère, ainsi que l'ombre le corps.

Que répondra le genre humain assemblé au jour du jugement, lorsque Dieu, à la face du ciel et de la terre, lui reprochera que, pour le vil plaisir de manger d'une pomme, il a transgressé le premier et le plus important de ses commandements, prodigué la dignité et tous les avantages dont il l'avait revêtu, et méprisé le bonheur qu'il lui avait conféré et promis : qu'au sortir du paradis, au lieu de faire pénitence, il s'est plongé dans tant d'abominations, qu'il a fallu le submerger dans le déluge, et qu'ensuite, loin de devenir plus sage, et de garder au moins la loi naturelle ou écrite, et d'écouter tant de prophètes, il a tout à fait secoué le joug du Créateur, et s'est souillé dans un abîme d'idolâtrie et d'impiété, sans vouloir reconnaître d'autre divinité que ses passions et le démon ! qu'enfin lui ayant envoyé son Fils unique pour le rappeler, il s'est uni aux anges rebelles, avec qui, d'un commun accord, il a comploté la mort de ce Fils adorable qui venait le sauver, et l'a meurtri, attaché à une croix et tué, car ce sont tous ces pécheurs, et par conséquent tous les hommes qui véritablement ont commis ce déicide, et dont plusieurs, par une ingratitude inconcevable, n'ont pas cessé depuis ce temps-là d'abuser des grâces qui ont découlé de cette mort précieuse, de s'attacher encore à la terre, de mépriser le salut acquis par tant de peines, et d'ajouter à l'ancien péché un nombre infini de nouveaux crimes, et cela d'une volonté bien délibérée, sans qu'aucun frein ait pu les arrêter : que répondre à des accusations si atroces? L'enfer est-il un châtiment suffisant pour tant d'attentats, s'écrie saint Chrysostome? Mais votre miséricorde, ô mon Dieu, dit le sage, suspend les effets de votre justice, vous dissimulez le péché, pour obliger le pécheur à apaiser votre colère, vous changez la peine éternelle qu'il mérite, en la peine temporelle qu'il s'impose, vous détournez la vue de dessus ses péchés, lorsqu'il les regarde, vous les oubliez sitôt qu'il s'en souvient, vous n'abandonnez pas vos créatures, comme elles vous abandonnent : et il ne faut aller chercher que dans votre clémence et votre bonté la raison de toute la miséricorde dont vous usez envers les hommes.

§ IX. — Des tentations.

Qu'est-ce que les tentations?

1° Des mouvements de la convoitise qui s'excitent en nous, et nous portent au péché; 2° une langueur d'âme et un assoupissement spirituel, qui conduit au sommeil de la mort éternelle, si on ne résiste à ses charmes.

Qui en sont les causes?

Il y en a trois : 1° le monde, 2° le diable, 3° la chair. Le monde est la pomme; la chair, Eve; le diable, le serpent. Ainsi, tout péché est une réitération du premier, et les mêmes excuses subsistent : le serpent m'a trompé; la femme m'a séduit; le mauvais exemple m'a entraîné. Telles sont les feuilles de ce vieux figuier, dont les enfants d'Adam pallient encore leurs crimes et cachent leur nudité, ouvrant leurs yeux pour voir le bien qu'ils ont perdu et le mal qu'ils ont fait. Qu'aurait fait Adam, si Dieu, touché de sa pénitence, l'eût remis dans le paradis et dans sa première dignité? C'est où nous en sommes par la grâce du Sauveur. Que ne devons-nous donc pas faire quand la suggestion se renouvelle?

Pouvons-nous les vaincre?

Oui, avec la grâce de Dieu, qu'il ne nous refuse point quand nous la lui demandons humblement.

Pourquoi permet-il que nous soyons tentés?

Afin, 1° de nous éprouver, 2° de nous épurer, 3° de nous humilier, 4° de nous fortifier, 5° de nous enrichir de mérites, 6° de nous couronner.

Quels avantages retirons-nous de la tentation, quand Dieu nous fait la grâce de la surmonter?

On en sort, 1° meilleur, 2° plus pur, 3° plus instruit, 4° plus prudent, 5° plus utile au prochain, 6° plus capable des bonnes œuvres; 7° plus affermi dans le bien, les vents enracinant les arbres, et les tentations les vertus. On acquiert la connaissance de soi-même et l'habitude de s'élever et de recourir à Dieu.

Dieu ne pourrait-il pas empêcher que nous ne fussions tentés?

Oui. Mais il ne fera pas un miracle pour l'empêcher; et ç'en serait un, si, portant en nous la convoitise avec tant de passions et de misères que nous a laissées le péché originel, et ayant au dehors de nous tant d'ennemis de notre salut et d'envieux de notre bonheur, nous n'éprouvions jamais de tentations. Mais si nous ne pouvons pas les empêcher de naître, empêchons-les de vivre.

Quels objets nous tentent le plus?

1° Les plaisirs, 2° les honneurs, 3° les richesses : ces trois idoles que le monde adore.

Pourquoi cet ordre?

C'est que les jeunes gens sont tentés d'intempérance; les hommes, d'orgueil, et les vieillards, d'avarice, quoique souvent cet ordre se renverse, que les vieillards soient portés aux plaisirs sensuels, les jeunes gens à l'orgueil, les hommes à l'avarice, et même que ces trois sortes de tentations nous attaquent ensemble et toutes à la fois.

Que doit-on faire dans la tentation?

1° Prier; 2° résister, surtout dès le commencement; 3° fuir l'occasion; 4° s'humilier; 5° considérer ce qu'on doit à Dieu, la beauté et la récompense de la vertu, la turpitude et la punition du péché, la difficulté de la conversion; 6° la brièveté du plaisir, et la longueur de la peine qui le suit; 7° invoquer la sainte Vierge, notre patron, notre ange gardien; 8° avoir recours à des moyens extérieurs, à l'aumône et aux pèlerinages, se mettre à genoux, prendre de l'eau bénite, faire le signe de la croix, etc.; 9° songer qu'on est devant Dieu, qui voit tout, qui regarde nos combats, qui est présent au lieu où nous sommes; 10° découvrir sa peine à un bon confesseur; 11° Quand, par le secours de la grâce, elle est vaincue, en rendre grâces à Dieu. Heureux qui défend à ses yeux de regarder, à son cœur de convoiter, à sa chair de se révolter.

§ X. — Moyens d'éviter le péché.

Que doit-on faire pour s'abstenir du péché?

Penser souvent avec attention, 1° que Dieu vous voit; 2° qu'il peut vous perdre pour jamais, dans le moment même que vous l'offensez; 3° que vous serez éternellement damnés, si vous mourez dans le péché.

A quoi encore penser?

Aux souffrances de Jésus-Christ et à sa Passion très-amère. 1° Que c'est le péché qui l'a crucifié; 2° que vous rouvrez ses plaies quand vous l'offensez; 3° que vous le faites mourir dans votre cœur. Faut-il que le péché, qui a tant causé de peine à Jésus-Christ, fasse encore le plaisir de l'homme?

Quoi faire encore?

1° Ayez un bon confesseur, à qui vous découvriez votre cœur, vos passions et vos tentations, et aux avis duquel vous vous soumettiez humblement ; 2° recourez au sacrement de pénitence ; 3° approchez-vous dignement de la sainte table, 4° parlez souvent de Dieu et des choses du salut ; 5° lisez les bons livres, et assistez aux sermons et instructions ; 6° aimez et fréquentez les personnes de piété, 7° faites des actes opposés à vos mauvaises habitudes ; 8° imposez-vous quelque pénitence ; 9° occupez-vous aux fonctions de votre charge ; 10° évitez le jeu et les divertissements mondains ; 11° fuyez les mauvaises compagnies ; 12° aimez la retraite, la lecture, la prière ; 13° mortifiez vos sens, votre vue, votre odorat, etc. ; 14° privez-vous quelquefois des consolations mêmes honnêtes et permises ; 15° corrigez-vous des péchés véniels ; 16° défaites-vous de l'affection et de l'attachement aux créatures ; 17° marchez par la voie étroite. Seigneur, disait saint Augustin lors de ses langueurs, je voulais aller à vous ; mais ce chemin étroit qu'il fallait suivre pour y parvenir me faisait peur : j'avais trouvé le trésor, et j'hésitais encore à vendre tout pour l'acheter.

Quelle autre bonne considération peut-on faire là-dessus ?
Qu'une des plus grandes illusions est de croire qu'on se délivrera de la tentation en la satisfaisant du moins une fois, parce que l'expérience du péché ne fait qu'accroître le désir qui nous y porte, et que le péché, dit saint Grégoire, que la pénitence ne détruit pas, nous entraîne par son propre poids en un autre péché ; qu'en perdant la grâce de Dieu nous perdons la force de résister ; et que le corps est moins capable d'être retenu dans ses appétits, lorsqu'il a une fois goûté le plaisir de les suivre. Ainsi, on peut aisément s'empêcher de se précipiter, quand on est encore droit. Mais comment se retenir quand on est dans le mouvement de la chute ?

CINQUIÈME PARTIE.

CE QUE NOUS DEVONS MÉDITER.

L'AVENT.

Qu'est-ce que l'Avent ?
Un temps consacré par l'Eglise, 1° pour méditer en paix le bienfait inestimable de l'Incarnation ; 2° pour nous préparer à célébrer dignement la grande fête de Noël, qui s'approche ; 3° pour nous exciter à l'amour de l'humanité sacrée de Jésus enfant ; 4° pour honorer et imiter les sentiments et les dispositions de la sainte Vierge, portant le Verbe incarné dans son sein.

Pourquoi est-il composé de quatre semaines ?
En l'honneur des quatre avénements du Fils de Dieu : le premier, par l'Incarnation ; le deuxième, par la communion ; le troisième, à l'heure de la mort ; le quatrième, au jour du jugement. Et ce serait bien employer l'Avent que de s'en occuper d'un chaque semaine.

Pourquoi l'Eglise propose-t-elle à la Messe l'évangile du Jugement, le premier dimanche de son année, et le dernier ?
Le premier jour du monde les anges furent jugés, et les hommes le seront le dernier.

Quel est encore l'esprit de l'Eglise pendant l'Avent ?
D'honorer et de renouveler la piété des anciens patriarches.

En quoi consistait-elle ?
1° A regretter l'heureux état d'innocence dont ils se souvenaient ; 2° à gémir sous les misères des enfants d'Adam, qui les accablaient ; 3° à conserver la religion du vrai Dieu, qu'ils adoraient ; 4° à soupirer après la venue du Réparateur, qu'ils attendaient.

Que produisaient ces vues dans leurs âmes ?
Les mêmes sentiments qu'elles devraient produire dans les nôtres.

Quels étaient-ils ?
1° Un mépris de ce monde corrompu et réprouvé ; 2° un dégoût de s'établir sur la terre et d'y bâtir des maisons ; 3° un éloignement des hommes terrestres et charnels ; 4° un amour de la vie pauvre, humble, laborieuse, détachée, pénitente, religieuse, et telle qu'il convenait à la nature humaine, déclarée, exclue du paradis, condamnée à la mort, contre laquelle Dieu était en colère, et à qui le ciel était fermé.

Qu'est-ce que ces O, qu'on chante si solennellement quelques jours avant Noël ?
Des exclamations amoureuses que l'Eglise fait au nom de la nature humaine, pour demander à Dieu son libérateur.

N'est-il pas arrivé ?
Oui, mais nous devons désirer sa venue dans nos âmes, son règne dans le monde, et son retour dans la gloire, avec autant d'ardeur et de zèle que les anciens patriarches souhaitaient son premier avénement sur la terre ; de sorte que la vie chrétienne ne doit être qu'un Avent perpétuel.

Pourquoi l'Eglise retranche-t-elle les noces en ce temps ici ?
1° Pour songer qu'à celles de l'Agneau immaculé qui vient épouser notre nature, et dont les noces de la terre tirent toute leur gloire et leur dignité ; étant juste que l'ombre cesse devant la lumière et la figure devant la vérité ; 2° pour s'appliquer sans distraction à la dévotion et aux exercices spirituels.

Que faut-il faire pour bien profiter de ce temps de grâce et de bénédiction ?

Entrer dans toutes les pratiques de l'Eglise et que nous voyons particulièrement en usage dans les communautés religieuses, où l'esprit du christianisme semble s'être retiré comme dans un asile sacré. En effet la parole de Dieu est à présent plus abondante : les prières s'accroissent et se multiplient : l'office ecclésiastique est plus long, les génuflexions plus fréquentes, les cérémonies plus mystérieuses, le chant plus dévot et plus tendre (77).

Quoi encore de plus particulier ?

1° Ecouter ou lire la parole de Dieu, pour honorer le Verbe incarné, qui vient lui-même de sa propre bouche instruire le genre humain. 2° Aimer le recueillement et le silence, pour honorer le Verbe éternel subsistant qui se tait. 3° Pratiquer le jeûne et l'abstinence, pour imiter celui qui donnant la vie et la nourriture à toutes les créatures, vient lui-même avoir faim et se repaître d'un peu de lait. 4° On commençait autrefois l'Avent dès la Saint-Martin, et il durait quarante jours, suivant même l'ordonnance des rois de France, et saint Louis le passait tout entier dans le jeûne et la continence.

DE LA FÊTE DE SAINT ANDRÉ, APÔTRE, ET DES APÔTRES EN GÉNÉRAL.

(30 novembre.)

Que veut dire le mot apôtre ?

Il veut dire *envoyé*, pour marquer qu'ils ont été envoyés de Jésus-Christ par toute la terre, pour la conversion du genre humain.

Qui sont donc les apôtres ?

Ceux que le Fils de Dieu appela les premiers à lui pour être, 1° les pasteurs de son Eglise ; 2° les témoins de ses miracles ; 3° les dépositaires de sa doctrine ; 4° les prédicateurs de son Evangile.

Quelles furent leurs principales vertus ?

1° Le détachement de toutes choses, de leurs parents, de leur pays, de leurs biens, et de l'affection même d'avoir. 2° La fidélité de leur vocation. 3° L'amour de la souffrance. 4° Le zèle du salut des âmes. 5° Le martyre qu'ils ont souffert pour la défense de la foi.

Comment sont-ils morts ?

Ils ont été battus, emprisonnés, flagellés, dépouillés, exilés, lapidés, assommés, décapités, crucifiés, écorchés tout vifs, et, en un mot, ils ont enduré mille et mille sortes de persécutions et de tourments, pour sceller de leur sang les vérités qu'ils annonçaient.

Quel fruit ont-ils produit ?

Ils ont porté par tout l'univers la connaissance et l'amour de Jésus-Christ, détruit l'idolâtrie, établi le culte du vrai Dieu, fondé l'Eglise, et laissé leur mémoire en odeur de bénédiction à tous les peuples. Les miracles accompagnaient leurs prédications et achevaient de renverser ce qu'elles avaient ébranlé (78).

Que devons-nous avoir pour eux ?

1° Respect pour leur rang ; 2° imitation pour leurs vertus ; 3° reconnaissance pour nous avoir éclairés des lumières de la foi ; 4° confiance en leurs intercessions.

Combien étaient-ils ?

Douze : saint Pierre, saint André, saint Jacques le Mineur, saint Jean, saint Thomas, saint Jacques le Majeur, saint Philippe, saint Barthélemy, saint Matthieu, saint Simon, saint Jude, et saint Matthias qui fut élu en la place du traître Judas.

Que doit-on demander au jour de leur fête ?

1° L'augmentation de la foi ; 2° le détachement du monde ; 3° l'amour de la souffrance.

Qui était saint André ?

1° Il était Juif de nation, natif de Betzaïde, frère de saint Pierre, pêcheur de profession ; 2° il se rendit disciple de saint Jean-Baptiste, avant d'avoir ouï parler du Sauveur ; 3° il fut le premier des douze apôtres qui connut Jésus-Christ, pouvant par cette raison être appelé leur ancien et leur aîné ; 4° il le suivit dès que saint Jean le lui eût annoncé, sans attendre qu'aucun miracle l'y obligeât ; 5° il lui amena son frère saint Pierre, 6° et les gentils, qui voulaient le voir le jour des Rameaux, servant ainsi d'introducteur auprès du Sauveur, et aux gentils, et à celui qui devait être leur premier apôtre ; 7° il quitta tout pour Jésus-Christ, auparavant même lui avoir ouï faire aucune promesse à ceux qui le feraient ; 8° il prêcha l'Evangile à un grand nombre de nations barbares : la Scythie, la Sogdiane, la grande ville de Sébastople, la Colchide, la Sacie, la Moscovie, la Grèce, l'Epire, l'Achaïe, à Argos, où il rendit muette l'éloquence des philosophes, à Sinope, dans le Pont, où l'on montrait la chaire où il avait prêché, et son image qui faisait divers miracles, à Patras, le siége de son épiscopat, où il fut attaché à la croix, et y vécut deux jours, et où il eut

---

(77) On comprend que toutes ces matières qui prêtent à la piété chrétienne de si riches et si féconds sujets de méditation, auraient besoin de développements plus étendus. Les pasteurs zélés n'ont pas beso n de nos indications ; seulement, nous croyons qu'il faut particulièrement insister sur l'assiduité aux instructions, aux prédications et aux Offices qui ont lieu plus fréquemment pendant l'Avent, sur la nécessité de vaquer plus assidûment à la prière, sur le recueillement, sur l'amour de Notre-Seigneur Jésus-Christ, considéré, en particulier, dans son enfance, et sur la pensée de nos fins dernières que l'Eglise nous propose dans l'Evangile du premier Dimanche. L'Avent est un temps de bonnes œuvres, de préparation, de résolution pour une vie meilleure, de ferveur et de réparation du passé. On doit comprendre le besoin des grâces de Dieu pour son avènement dans nos cœurs, pour cette rénovation spirituelle, et dès lors il est évident qu'on ne saurait trop s'unir aux saints désirs du patriarche et aux intentions de l'Eglise.

(78) Leur ouvrage subsiste encore depuis dix-huit siècles, malgré les efforts tentés pour le détruire, et malgré l'instabilité humaine. On doit en conclure que c'est une œuvre évidemment divine.

l'honneur d'y mourir comme son Maître, accablé de douleurs extrêmes, et y donnant l'exemple d'une patience invincible. 9° Ses reliques furent transportées avec celles de saint Luc à Constantinople l'an 357, après avoir fait de grands miracles dans tous les lieux où on s'arrêta en passant, et déposées avec celles de saint Timothée, ce qui faisait, disent les anciens, comme une trinité d'apôtres. 10° Il découlait de son tombeau à Patras une huile odoriférante, qui marquait la fertilité ou la stérilité. 11° Saint Grégoire rapporta de Constantinople à Rome un bras de saint André, qu'il déposa dans un monastère du même nom, où il s'opérait de grands miracles. 12° Sa fête a été célébrée en France avec celle de plusieurs autres apôtres.

Que remarquez-vous en lui ?

1° Le pardon des ennemis et la soumission aux puissances légitimes, ayant empêché le peuple de se soulever contre le juge qui le fit mourir ; 2° un amour immense de la croix, qu'il salua en des termes tendres dès qu'il la vit, protestant qu'il l'avait souhaitée toute sa vie ; 3° une religion assidue envers le sacrifice mystique de l'Agneau immaculé qu'il offrait à Dieu tous les jours, d'où sans doute il venait en lui ; 4° un pouvoir merveilleux pour obtenir de Dieu la conversion des impudiques ; 5° une autorité souveraine à reprendre les grands du monde, et les méchants juges qui s'opposent à l'Evangile, et qui persécutent les fidèles, et à leur annoncer les vérités, de la foi. Demandez part à toutes ses vertus.

DE LA CONCEPTION DE LA TRÈS-SAINTE VIERGE, ET DE TOUTES SES FÊTES EN GÉNÉRAL.

(8 décembre.)

Pourquoi doit-on célébrer les fêtes de la sainte Vierge avec plus de dévotion que celles des autres saints ?

A cause 1° du titre incommunicable à tout autre, qu'elle porte de Mère de Dieu ; 2° de l'excellence de sa grâce, qui la relève au-dessus d'eux ; 3° des privilèges dont il a plu à Dieu de l'avantager, et à qui Jésus-Christ eût-il été plus libéral qu'à sa propre Mère ?

Quelle prérogative lui donne le titre de Mère de Dieu ?

D'être unie d'une façon toute spéciale à la très-sainte Trinité.

Comment au Père éternel ?

Par le Fils qui leur est commun.

Comment au Fils ?

Par la qualité de Mère qui lui est particulière.

Comment au Saint-Esprit ?

Par le mystère de l'Incarnation, ayant donné son sang très-pur, dont ce divin Esprit forma un corps à Jésus-Christ.

Que devons-nous croire de la grâce de Marie ?

Que Dieu l'en a comblée, en la faisant Mère de son Fils ; qu'il l'a ornée de dons et de vertus convenables pour en être la digne demeure, ce qui est tout dire : en un mot, qu'elle a été la bien-aimée, et qu'elle est devenue agréable à ses yeux, comme l'archange nous l'assure dans l'Evangile.

Devons-nous espérer de grandes grâces par son intercession ?

Oui, puisque Dieu l'a choisie pour nous donner par elle à l'Auteur de toute grâce, et qu'à peine se trouvera-t-il un fidèle qui n'avoue lui être redevable de plusieurs secours, et de diverses faveurs singulières, et qui ne sente de l'estime, de l'amour et de la vénétion pour elle.

Quels sont les priviléges de Marie qui la relèvent au-dessus des autres saints ?

D'avoir été, 1° promise de Dieu dès le commencement du monde ; 2° prédite par les prophètes ; 3° figurée par plusieurs mystères de l'ancienne loi ; 4° préservée du péché originel et actuel et de la convoitise ; 5°. d'avoir conçu dans la sainteté et par l'opération du Saint-Esprit, porté sans peine, enfanté sans douleur, et sans détriment de son intégrité ; 6° d'être Mère de Dieu ; 7° Mère et Vierge tout ensemble ; 8° d'être ressuscitée et élevée en corps et en âme dans le ciel, sans avoir été sujette à la corruption ; 9° d'être la Mère de tous les fidèles. Voilà les prérogatives qui la distinguent de tous les autres saints, et qui nous engagent à avoir pour elle une dévotion extraordinaire.

Que faut-il faire pour tirer du profit des fêtes de la sainte Vierge ?

S'y disposer, 1° par la retraite, le silence, la lecture, l'oraison ; 2° par les abstinences, les jeûnes et les aumônes, surtout envers les pauvres personnes, de qui la pureté est en péril ; 3° par la pratique et l'imitation de ses vertus, de son humilité, de sa chasteté, de son obéissance, de son amour, et surtout en faisant excellemment bien les actions communes et ordinaires ; 4° par l'instruction qu'on doit se procurer sur ses mystères, et qu'on doit procurer aux autres ; 5° par l'assistance au sermon, la fréquentation des sacrements ces jours-là, auxquels il est bon de la prier, de l'invoquer et de lui représenter nos besoins.

Quelles sont les principales fêtes de la sainte Vierge que l'Eglise solennise pendant le cours de l'année ?

1° Sa Conception, le 8 décembre ; 2° sa Nativité, le 8 septembre ; 3° sa Présentation, le 21 novembre ; 4° l'Annonciation, le 25 mars ; 5° la Visitation, le 2 juillet ; 6° la Purification, le 2 février ; 7° l'Assomption, le 15 août.

Quelle fête célèbre-t-on aujourd'hui ?

1° La fête de l'Immaculée Conception de la très-sainte Vierge Marie.

Pourquoi cela ?

1° Parce qu'elle est sainte ; 2° l'Eglise ne pouvant assez tôt reconnaître les honneurs dont elle est redevable à Jésus-Christ, se hâte de les honorer dans sa Mère dès qu'elle commence d'être.

Qu'est-ce que la très-sainte Vierge ?

C'est la Mère de Jésus-Christ Notre-Seigneur ; c'est la Mère de Dieu.

Quels furent les parents de la sainte Vierge ?

La sainte Vierge était de la famille des patriarches, des prophètes, des prêtres et des rois. Elle descendait d'Abraham et de David, c'est-à-dire, qu'elle était de la tribu de Lévi, son père fut saint Joachim, sa mère sainte Anne, et sa patrie la ville de Jérusalem.

La sainte Vierge fut-elle conçue en péché originel ?

Non, elle en fut exempte par un privilége spécial de la bonté de Dieu envers elle, et par les mérites infinis de Jésus-Christ qui devait être son Fils, qui l'en préserva par avance.

Sur quoi appuyez-vous ce pieux sentiment ?

Sur plusieurs excellentes raisons ; car il répugne, 1° aux figures dont l'Ecriture dépeint la très-pure Vierge ; 2° aux termes dont elle se sert pour expliquer sa sainteté ; 3° aux éloges que les conciles et les saints Pères lui donnent ; 4° à la fête et à l'octave que célèbre l'Eglise ; 5° A l'idée et au sentiment que les fidèles ont de sa grâce, et de ses priviléges, de penser que cette digne Mère du Sauveur ait jamais été souillée de péché, maudite de Dieu, enfant d'ire et de malédiction, et esclave du diable, même pour quelques moments, ce que sans doute, elle aurait été, si le péché originel l'avait infectée (79).

Si la sainte Vierge n'a point été esclave du démon et du péché, comment Jésus-Christ sera-t-il son libérateur et son rédempteur ?

Nous ne sommes pas moins redevables de notre santé au médecin quand il nous empêche de tomber dans une maladie inévitable, que quand il nous en délivre après l'avoir contractée ; en effet, que ne doit-on pas croire de ce grand chef-d'œuvre, puisque le Saint-Esprit même en est l'architecte, infiniment riche, sage, puissant ; qu'il en a projeté le plan de toute éternité ; qu'il le destine à servir de sanctuaire au Verbe incarné ; qu'il se forme pour être incorruptible ?

Ne célèbre-t-on point dans l'Eglise la fête de la Conception d'aucun autre saint ?

Non, la sainte Vierge est la seule après Jésus-Christ de qui la Conception a été pure et exempte de péché : On fait bien mention de la sanctification de saint Jean dès le ventre de sa mère, mais il avait été conçu en péché originel, et ce fut même par la visite que rendit la sainte Vierge à sa mère sainte Élisabeth, qu'il fut sanctifié.

La sainte Vierge eut-elle l'usage de raison dès sa conception ?

Oui, et elle s'en servit dès lors pour rendre ses devoirs et ses hommages à Dieu : éclairée des lumières du ciel, elle connut l'auteur de son être, dans un temps auquel les autres enfants ne se connaissaient pas eux-mêmes, et elle l'aima aussitôt qu'elle le connut : car si saint Jean reçut cette grâce dès le ventre de sa mère, que sera-ce de la sainte Vierge, dont Dieu se servit pour conférer cette grâce à saint Jean ?

Que doit-on faire aujourd'hui ?

Remercier Dieu et se réjouir en lui, des grâces dont il a orné la sainte Vierge, car elle reçut dans ce mystère le privilége, 1° d'être préservée de tout péché soit originel, soit actuel ; 2° d'être délivrée de la convoitise, d'être remplie de grâce, sanctifiée et unie à Dieu.

Que doit-on demander ?

1° La vertu de chasteté ; 2° De ne pas vivre selon la convoitise ; 3° de commencer à ne vivre que pour Dieu ; 4° de nous préparer à célébrer dignement l'incarnation du Verbe, et sa naissance sainte : mystère à qui la conception de Marie est redevable de sa gloire, et auquel elle nous élève et nous dispose.

DE LA FÊTE DE SAINT THOMAS.

(21 décembre.)

Que remarquez-vous de particulier en cet apôtre, qui puisse servir à notre édification ?

1° Sa ferveur, lorsque voyant Jésus-Christ résolu d'aller en Judée où on cherchait à le faire mourir, il encouragea les apôtres timides par ces paroles : *Allons-y aussi, et mourons avec lui.*

2° Son incrédulité à ne vouloir pas croire Jésus-Christ ressuscité, qu'il ne l'eût vu, a plus affermi notre foi, et nous a été plus avantageuse, pour ainsi dire, que la foi même des apôtres ; car mettant ses doigts dans les plaies du Sauveur, comme pour retrouver sa foi où il l'avait perdue, et se rendant le mystère de la Résurrection palpable, il a guéri par là les plaies de tous les cœurs incrédules, et a banni les doutes des esprits défiants et soupçonneux. C'est ainsi que Dieu par sa sagesse tourne en bien les défauts mêmes de ses fidèles serviteurs.

3° Sa pénitence, car entre les articles du Symbole, on lui attribue celui de la Résurrection de Jésus-Christ, comme au témoin le plus irréprochable, voulant par ce moyen réparer sa faute avec usure et faire croire à toute la terre ce que d'abord il n'avait pas voulu croire lui-même, être le prédicateur de la Résurrection qu'il avait révoquée en doute.

4° Son zèle, puisque nul d'entre les apôtres

---

(79) Il n'est plus permis de contester la vérité de l'Immaculée-Conception, depuis la promulgation solennelle qui en a été faite par le Souverain Pontife Pie IX, en décembre 1855. Il faut donc l'expliquer aujourd'hui comme dogme de foi, s'en réjouir pour la gloire de Dieu, pour l'honneur de la très-sainte Vierge et pour le bien général de l'Eglise. On sait avec quel enthousiasme cette proclamation a été reçue partout, et on peut insister sur des manifestations aussi touchantes pour faire ressortir la vénération, la confiance des fidèles et l'extension de la dévotion à la sainte Vierge a prise dans toute la chrétienté, et particulièrement en France. On en voit encore la preuve dans les confréries si nombreuses qui ont été établies, et entre autres dans la célèbre archiconfrérie de Notre-Dame des Victoires et dans le merveilleux empressement avec lequel on célèbre le *Mois de Marie*. On fera bien de s'arrêter là-dessus à de pieuses et utiles réflexions.

n'a annoncé l'Evangile à tant de nations différentes, ni en des climats si éloignés, que saint Thomas, comme une tradition bien autorisée nous l'apprend. On prétend même qu'il baptisa les rois mages, encore vivants, et s'en servit pour la propagation de l'Evangile.

5° Sa charité, ayant sacrifié sa vie pour la foi qu'il prêchait et qu'il avait confirmée par des miracles éclatants, son corps percé de flèches n'était que la figure des traits amoureux dont son cœur était blessé.

Quel profit devons-nous tirer de cette fête?

1° De nous tenir toujours inviolablement unis aux sentiments de la communauté des fidèles, car saint Thomas pour ne s'être pas trouvé avec les autres apôtres, et ne les avoir pas voulu croire, tomba dans le péché, et devint incrédule; 2° de dire souvent à Jésus-Christ avec cet apôtre dans un saint transport d'amour, de respect et de foi? *Mon Seigneur et mon Dieu*. (*Joan*. xx, 28.) Ce qui renferme de grands sentiments de religion; 3° de nous réjouir en esprit des paroles que Jésus-Christ dit à cet apôtre : *Parce que vous avez vu, Thomas, vous avez cru : heureux ceux qui n'ont pas vu, et qui on cru* (*Ibid.*, 29) : puisque nous sommes désignés dans cet oracle.

Que devons-nous demander en ce jour?

1° Un accroissement dans la foi, disant souvent à Dieu avec ses apôtres : *Seigneur, augmentez notre foi*. (*Luc* xvii, 5); 2° une grande estime pour celle de ce saint, laquelle est en une singulière vénération à l'Eglise, ainsi qu'elle le témoigne dans l'oraison du jour, et par le rang qu'elle lui donne au canon de la Messe, où il est placé le cinquième, c'est-à-dire, après saint Pierre, saint André, saint Jacques et saint Jean; 3° la conversion des Ethiopiens, des Perses, et des Indiens; que Dieu rallume parmi eux le flambeau de l'Evangile, dont saint Thomas leur apôtre les avait autrefois éclairés, qu'il honore son apostolat de nouveau, et qu'il en renouvelle sa grâce; 4° qu'il ne s'éteigne pas ainsi parmi nous.

LES QUATRE-TEMPS DE L'AVENT.

Pourquoi ces Quatre-Temps ont-ils été institués par l'Eglise?

Afin, 1° de remercier Dieu de la récolte des fruits de la terre, et lui en consacrer les prémices par l'abstinence et l'aumône; 2° de lui demander la grâce d'en faire un bon usage, bienfait incomparablement plus grand que les richesses mêmes qu'on demande; 3° de lui recommander ceux qu'on a semés; 4° de lui consacrer la saison de l'hiver si profanée par nos déréglements. Le vicieux songe à la passer dans la débauche; l'intempérant, dans la bonne chère; le mondain dans le luxe et le jeu; le curieux, dans les spectacles; l'avare, dans le commerce; le voluptueux, dans les plaisirs : comment songez-vous à la passer? 5° De le prier que nous la passions dans sa crainte; 6° d'attirer le Saint-Esprit sur les prélats qui font le choix des ministres de l'autel et sur les ministres choisis, qui doivent être promus aux saints ordres; 7° de se disposer de plus en plus à cette grande fête qui s'approche.

Est-ce que la vertu qu'a la terre de produire et de fructifier ne vient pas du soleil qui l'échauffe, et des pluies qui l'arrosent?

Non, elle vient de celle que le Créateur lui communiqua, et du commandement qu'il lui en fit dès la création du monde. En effet, la terre se trouva enrichie et ornée de plantes, d'arbres et de fruits, auparavant même que le soleil fût créé, et que la pluie fût tombée du ciel : c'est donc avec raison qu'on s'adresse à Dieu seul, auteur de tous biens, pour lui demander les biens de la nature, qui en leur genre, ne sont pas moins admirables que ceux de la grâce.

Comment cela?

Si nous n'y étions pas accoutumés, nous trouverions que la production des semences n'est pas la moindre merveille que celle de la résurrection des morts.

Que faut-il faire dans cette vue?

1° Prier, jeûner, exercer la charité, assister avec dévotion à la procession qu'on fait dans les paroisses de ce diocèse le dimanche précédent, pour obtenir de bons prêtres; 2° appliquer les trois jours de jeûnes en expiation des péchés qu'on a commis pendant les trois derniers mois, et en offrande des autres trois mois qu'on va commencer; 3° demander pardon à Dieu du mauvais usage qu'on fait du temps, et des biens temporels qu'il nous a donnés, surtout si on est ecclésiastique.

DE LA FÊTE DE NOEL.

(25 décembre.)

Qu'est-ce que Noël?

C'est la fête de la naissance de Jésus-Christ.

Que veut dire ce mot de Noël?

Il veut dire Emmanuel, c'est-à-dire, Dieu avec nous, ce qui s'accomplit parfaitement aujourd'hui, puisque par la Nativité du Sauveur, il est très-vrai de dire, 1° que Dieu est avec nous; 2° qu'il se donne à nous; 3° qu'il se fait enfant comme nous; 4° qu'il vient vivre parmi nous; 5° mourir pour nous; 6° demeurer avec nous et en nous; 7° être à jamais possédé par nous.

Où demeurait la sainte Vierge?

A Nazareth, ville de Galilée.

Où naquit Jésus-Christ?

A Bethléem, distant de trois journées de Nazareth.

Quand naquit-il?

Au milieu de l'hiver, à l'heure de minuit.

Pourquoi la sainte Vierge vient-elle de Nazareth en Bethléem?

Pour obéir aux ordres de l'empereur Auguste, qui, voulant avoir le dénombrement de tous les sujets de son empire, obligeait chacun d'aller se faire inscrire au lieu d'où il était originaire. Or comme la sainte Vierge et saint Joseph étaient de la race de David, et que la tige de la maison ou famille de David était Bethléem, ils s'y rendirent pour donner leur nom parmi ceux des autres personnes qui étaient de l'extraction et lignée de ce saint roi, quoiqu'ils n'y demeurassent pas.

Quelle instruction tirez-vous de là ?

Que comme le Fils de Dieu pour nous communiquer une vie immortelle s'unit à notre mortalité, ainsi pour nous délivrer de la servitude du péché, il voulut entrant en ce monde, paraître sujet aux princes du monde pour nous mériter par son obéissance la liberté des enfants de Dieu, et nous apprendre qu'il venait, non pas pour nous faire secouer le joug des rois de la terre, mais pour nous affranchir du tribut des péchés que la tyrannie du démon extorquait de nous, figurée par ce tribut qu'Auguste exigeait de ses sujets dénombrés

Quelles vertus admirez-vous en la sainte Vierge dans ce mystère ?

Son obéissance, son humilité, sa pauvreté, sa mortification.

En quoi paraît son obéissance ?

En ce qu'elle se soumet aux ordres d'un prince de la terre, elle qui était Reine des hommes et des anges, et la Mère de Dieu même.

Et son humilité ?

En ce qu'elle va comme une autre personne du commun donner son nom, sans aucune différence ni distinction, elle qui par les dons immenses de Dieu l'avait ornée, était autant élevée en prééminence et en dignité au-dessus des autres hommes que le ciel est élevé au-dessus de la terre.

Et sa pauvreté ?

En ce qu'elle entreprend un voyage dans une telle indigence et un si grand dénûment de toutes choses, qu'au lieu d'être reçue dans des hôtelleries, elle était obligée de se retirer dans des maisons abandonnées, où personne ne logeait, elle qui logeait le Roi des rois, et à qui le ciel devait servir de palais.

Et sa mortification ?

En ce qu'elle eut beaucoup à souffrir par les chemins dans une saison si rude, dans un pays de montagnes, et dans des logements fort incommodes ; ce qui sans doute était fâcheux et pénible à cette pure Vierge, elle qui devait être la joie et la consolation de tout le genre humain, surtout étant au dernier mois de sa grossesse.

La grossesse de la sainte Vierge ne l'incommodait-elle point aussi ?

Non, jamais le béni fruit de son ventre ne lui fut un poids ni une charge, son enfant bien-aimé lui était une source d'allégresse, celui qui est l'appui et le soulagement de toute la créature, ne l'appesantissait point vers la terre.

Qu'est-ce que fit la sainte Vierge quand elle fut arrivée en Bethléem ?

Elle alla faire écrire son nom, puis elle chercha quelque hôtellerie à se loger : mais ô merveille digne d'être méditée ! il ne s'y trouve point de place pour elle ni pour saint Joseph ; ainsi la Reine du ciel et de la terre, le temple vivant de Dieu, celle qui portait la rançon de tous les hommes, ne trouve personne qui veuille la retirer.

D'où provenait un tel refus ?

Sans doute de son pauvre équipage, car elle paraissait en un état bien éloigné de celui des personnes riches, auprès desquelles il y a de l'argent à gagner.

Que fit la sainte Vierge quand elle se vit ainsi rebutée ?

Elle se retira dans une espèce de porche ou de grotte minée, qui pouvait servir d'écurie, et où l'on tient assez communément par tradition, qu'il se trouva un bœuf et un âne, ainsi que le Prophète semble l'avoir prédit.

Qu'arriva-t-il dans cette heureuse étable ?

L'heure de minuit s'approchant, la sainte Vierge connut que le temps de son enfantement était arrivé, et pour lors elle se mit en oraison, et toute ravie en Dieu dans une sublime élévation d'esprit, et dans une jubilation inexplicable, elle vit ce saint enfant qui passa de son sein entre ses bras, et qui la combla d'amour et de joie.

Que fit alors la sainte Vierge voyant cet aimable enfant ?

Elle l'offrit au Père éternel comme son Fils, elle l'adora comme son Dieu, elle le baisa et l'embrassa comme son cher enfant, elle l'enveloppa de langes, elle le serra sur son sein pour allaiter celui même qui la remplissait du lait qu'il suçait, et elle le reposa dans la crèche faute de berceau, et sur un peu de paille, ce qu'elle fit elle-même sans le secours de personne, cet enfantement ne l'ayant assujettie à aucune infirmité, ni ôté aucun privilége de sa virginité.

Que dites-vous de voir le Roi de gloire en cet état ?

1° Qu'il faut que le monde erre, ou que Jésus-Christ se trompe ; 2° que jamais il n'y eut de prédication si éclatante que de voir Jésus-Christ dans la crèche ou sur la croix ; sans qu'il dise rien, tout parle en lui, tout tient du caractère du Verbe.

Les pasteurs.

Qu'arriva-t-il encore dans cette bienheureuse nuit ?

Des pasteurs qui veillaient sur leurs troupeaux dans une campagne voisine, furent avertis de la naissance du Sauveur, par un ange tout brillant de lumière, qui les invita d'aller l'adorer, et qui accompagné d'un grand nombre d'esprits bienheureux fit retentir à leurs oreilles un cantique de louanges, en disant : *Gloire à Dieu dans le ciel, et paix aux hommes de bonne volonté sur la terre.* (Luc. II, 14.) Signe de réconciliation des anges et des hommes, et de la société qui s'allait établir entre eux.

Que firent les pasteurs ?

Ils vinrent rendre leurs hommages à Jésus enfant dans la crèche, et allèrent ensuite divulguer cette merveille partout.

Quelle vertu éclata dans la naissance de Jésus-Christ ?

L'obéissance, l'humilité, la pauvreté et la souffrance ; et avec raison, puisqu'il venait pour instruire et guérir l'homme de sa désobéissance, et de son orgueil, de son avarice et de sa sensualité, et pour le réparer par son exemple et par sa grâce. L'homme s'était perdu en voulant ressembler à Dieu dans sa gloire, il se sauvera en lui ressemblant dans sa bassesse.

Que signifiait la crèche ?

Que le Verbe éternel, qui dans le ciel était le pain des anges, s'était fait sur la terre la nourriture des hommes, en se couvrant de notre chair.

Et cette paille ?

1° Qu'il était le froment des élus, et que nous devons faire litière des grandeurs humaines.

Et les pasteurs ?

1° Que les apôtres, les petits et les pauvres seraient les premiers adorateurs, et prédicateurs du Sauveur du monde, et que c'est dans leur simplicité qu'il se plaît. 2° Les pasteurs représentaient les prélats et les prêtres de l'Eglise, à qui Dieu révèle premièrement ses mystères, pour ensuite en aller instruire les peuples, et les amener à sa connaissance et à son amour. 3° Se réduisant en la compagnie des pauvres, il nous méritait l'éternelle société des anges.

Et la naissance de Jésus-Christ dans un voyage ?

1° Que la terre était un pays étranger pour lui ; 2° que nous sommes des pèlerins en ce monde, qui n'est qu'une hôtellerie et un lieu de passage, où nous ne devons ni nous arrêter, ni nous établir, et que le ciel est notre patrie.

Et le refus qu'on fit de loger la sainte Vierge, contrainte de se retirer dans une étable ?

1° Le rebut que les Juifs feraient de l'Evangile, et la retraite du Sauveur chez les gentils, pauvres et dénués des biens spirituels ; 2° l'état de l'homme déchu, qui n'avait plus Dieu chez lui, et qui ne voulait pas l'y recevoir.

Pourquoi voulut-il naître hors de chez ses parents selon la chair ?

Pour élever nos esprits à son origine céleste.

Pourquoi à Bethléem ?

Afin, 1° de nous donner un exemple d'humilité, choisissant un village obscur pour y cacher les merveilles de sa naissance, et une grande ville, pour en faire le théâtre des ignominies de sa mort ; 2° de confondre la sotte vanité de l'homme quand il se glorifie d'une patrie illustre, et d'être originaire de quelque ville célèbre ; 3° d'accomplir les prophéties qui l'avaient ainsi prédit, et témoigner qu'il était cet enfant de David si promis et si attendu.

Pourquoi à minuit ?

Pour marquer, 1° les ténèbres spirituelles qui couvraient la terre lorsque Jésus-Christ vint l'éclairer ; 2° et figurer sa naissance éternelle qui devance celle de Lucifer, et de toutes les créatures, puisqu'elle est coéternelle à celui qui l'engendre ; 3° et que comme le soleil visible revient à cette heure-là vers notre horizon, et commence à s'approcher de nous, ainsi ce divin soleil de justice venait dissiper la nuit du monde obscurci par le péché, et privé des clartés de la foi.

Pourquoi en hiver ?

Il voulut, 1° commencer à souffrir ; 2° par le froid qu'il endura, éteindre les flammes de l'enfer que nous avions mérité ; 3° figurer le froid de nos cœurs envers Dieu, et les échauffer.

Pourquoi dans une étable ?

Afin, 1° de nous apprendre que l'homme par son péché et par ses passions brutales était devenu semblable aux bêtes, et qu'il fallait que son rédempteur l'allât chercher parmi elles. En effet, quiconque se fait esclave de sa sensualité et de ses appétits, cesse d'être homme raisonnable, et devient comme une bête brute. Aussi l'Ecriture compare-t-elle les gourmands aux pourceaux ; les luxurieux aux boucs, les médisants aux serpents ; les désobéissants aux chevaux indomptés ; les colères et les impudents aux chiens, etc. 2° De nous faire mourir à toutes les grandeurs du monde. 3° De donner aux pauvres un libre accès auprès de lui. 4° De prendre le contre-pied d'Adam qui s'était perdu dans un paradis de délices. 5° De nous mériter un palais au ciel.

Pourquoi entre un bœuf et un âne ?

L'un accoutumé au joug et propre aux sacrifices anciens, et l'autre indompté et immonde par la Loi, figuraient le peuple juif et gentil, qui devaient être tous deux assujettis à Jésus-Christ, et que toute la gloire de l'homme est d'être aussi soumis à Dieu, que les animaux l'eussent été à l'homme.

Comment considérez-vous cette étable ?

Comme le plus magnifique palais, et le plus auguste temple qui fut jamais.

Et cette crèche ?

Comme, 1° un autel où la sainte Vierge expose Jésus-Christ pour être adoré des anges et des hommes. 2° Une chaire où il prêche hautement les plus excellentes vertus. 3° Une table où ce bon pasteur se donne pour aliment à nos âmes : en effet, Bethléem signifie *maison de pain*, et avec raison, puisque le Verbe éternel qui par sa Divinité était la nourriture des anges dans le ciel, se revêtant de notre chair, est devenu le pain des hommes sur la terre. Repaissons-nous aujourd'hui de tant de mystères, que ce soit notre pain.

Des trois Messes.

Pourquoi célèbre-t-on trois Messes le jour de Noël ?

Pour une plus grande solennité ; 2° pour honorer les trois naissances du Fils de Dieu ; 3° pour représenter les trois états de la nature humaine.

Quelles sont ces trois naissances du Fils de Dieu ?

1° Sa naissance éternelle, dont le mystère incompréhensible est figuré par les ténèbres de la Messe de minuit ; naissance éternelle au cahos, et nuit impénétrable à l'esprit humain ; abîme où les lumières naturelles l'abandonnent et s'éteignent, tant elle est inconcevable. D'ailleurs comme à minuit ni l'aurore, ni aucun des astres qui annoncent le jour n'ont encore paru sur l'horizon; ainsi auparavant la production de Lucifer, et de toute créature, le Verbe éternel était en Dieu, et ce Verbe était Dieu. 2° Sa naissance temporelle en partie obscure, et en partie manifeste, représentée par la Messe de l'aurore. 3° Sa naissance spirituelle et mystique dans l'âme des justes, qu'il engendre dans les splendeurs des saints auxquels il manifeste dès ce monde ses grandeurs et sa gloire, en attendant qu'il achève de se découvrir entièrement à eux dans le grand jour de l'éternité, et c'est celle que la Messe de midi représente : Ou bien, 1° sa naissance temporelle, obscure et cachée; 2° sa résurrection ; 3° sa gloire.

Quels sont ces trois états, de la nature humaine, figurés par les trois Messes?

Dieu, dit un grand saint, s'est bâti trois tabernacles ; 1° celui de l'ancienne Loi, qui n'avait que les ombres ; 2° celui de l'Eglise, qui a les ombres et la lumière ; 3° celui du paradis, qui n'a que la lumière sans les ombres.

A quoi ces trois Messes ont-elles encore rapport?

Aux trois vertus théologales, à la foi qui est obscure, à l'espérance qui reluit un peu, à la charité qui brûle avec éclat : Jésus-Christ montant de la terre au ciel, attire tout à lui, que ne fera-t-il pas descendant du ciel en terre ?

Que faut-il faire en ce jour pour bien entrer en l'esprit de ce mystère ; et participer aux grâces qui y sont attachées?

1° Beaucoup d'oraison ; 2° grande assiduité à l'Eglise; 3° nul embarras temporel; 4° une tendre dévotion à l'enfant Jésus; 5° souffrir patiemment le froid, comme la première mortification du Sauveur ; 6° revêtir quelque petit pauvre, ou lui faire quelque charité; 7° solenniser les 25 de chaque mois, et avoir dévotion particulièrement à l'heure de minuit.

DE LA FÊTE DE SAINT ÉTIENNE, MARTYR; ET DE CELLE DE TOUS LES SAINTS MARTYRS EN GÉNÉRAL.

(26 décembre.)

Que veut dire le mot martyr ?

Témoin, les martyrs ayant souffert la mort en témoignage de la vérité qu'ils confessaient, et de la religion qu'ils professaient ; et on les a immolés en haine de cette religion en elle-même, ou de la vertu en qui cette religion brillait.

Quelle est la grâce du martyre?

De sceller par son sang la vérité de l'Evangile, et de professer la foi d'une manière éclatante; 2° de témoigner à Jésus-Christ le plus grand amour qui se puisse, en donnant sa vie pour lui; 3° de combler l'Eglise de gloire ; 4° de ressembler au Sauveur mourant pour nous; 5° d'avoir le premier rang dans l'Eglise après les apôtres, honorés aussi de la couronne du martyre.

Y a-t-il eu quantité de martyrs?

Leur nombre a été extrêmement grand, et les genres de supplices qu'ils ont soufferts, inconcevables.

Qu'y a-t-il de plus admirable en eux?

Que de petites filles délicates, de jeunes enfants tendres, des vieillards décrépits, ayent souffert des tourments épouvantables pour Jésus-Christ, avec une joie et une ferveur sans exemple, et aient hautement triomphé des tyrans et des bourreaux.

Qui leur en a donné la force?

Jésus-Christ même, et son Esprit-Saint habitant en eux.

Que devons-nous apprendre des martyrs?

De témoigner notre foi par nos bonnes œuvres, et surtout la patience dans les souffrances.

Quel bon effet produit la lecture de leur Vie et de leurs souffrances?

1° Elle édifie; 2° elle anime ; 3° elle console ; 4° elle confond.

Que devons-nous faire au jour de leurs fêtes?

1° Les imiter en quelque chose ; 2° nous réjouir de leurs victoires; 3° remercier Dieu des grâces qu'il leur a faites; 4° les prier d'intercéder pour nous.

Quelle différence y a-t-il entre la grâce des martyrs, des confesseurs et des vierges?

Les uns ont honoré Dieu par leurs souffrances, les autres par leurs travaux, les derniers par leurs combats.

Les martyrs ont vaincu les tourments et les plaisirs, parce qu'ils ont mis leur plaisir dans la peine, et leur peine dans le plaisir : Faites, Seigneur, qu'en vous tout nous soit plaisir, et que hors de vous tout nous soit peine, et nous vaincrons avec les martyrs, les tourments et les plaisirs.

Que remarquez-vous dans saint Etienne?

1° Que pour ses grandes vertus il fut choisi d'entre les premiers fidèles en Jérusalem, et consacré diacre par les apôtres ; 2° plein de foi, de force et de doctrine; rempli du Saint-Esprit et doué d'une grande sagesse, il prêchait avec tant d'efficace, qu'il confondait les Juifs les plus obstinés, affermissait et redressait ceux qui chancelaient ou s'égaraient, et faisait, non des miracles, mais des prodiges étonnants, et sans nombre, en confirmation de l'Evangile.

Quelles vertus éclatent en lui?

1° Le zèle ; 2° l'esprit ecclésiastique; 3° la ferveur; 4° l'amour de Jésus-Christ dans le plus haut degré, l'ayant le premier suivi dans les traces marquées par sa passion, souffert le premier la mort pour le nom de celui qui l'avait sauvé par sa mort, et rendu le premier le sang à celui qui l'avait versé pour nous, appelé pour cette raison le premier des martyrs ; 5° l'union de ces deux fêtes fait voir que jamais les hommes n'auraient eu la force de mourir pour Dieu, si Dieu ne se fût fait homme pour mourir pour eux : exemple que ce grand saint a eu l'avantage de donner à ceux qui l'ont suivi, et d'avoir précédé selon le temps par la gloire du martyre, ceux qui le précédaient par la gloire de l'apostolat : d'où il est aisé de conclure qu'il a possédé la grâce du martyre dans la plénitude, ayant été, comme un autre Abel, la première victime du monde réparé, et figuré selon saint Ambroise, par ce poisson pris le premier à l'hameçon de saint Pierre, portant dans sa bouche ensanglantée une pièce d'argent, ou la précieuse confession de foi teinte de son sang. Aussi selon d'autres Pères, il fut converti à la première prédication de ce grand apôtre le jour de la Pentecôte; 6° le pardon des ennemis, puisqu'il pria pour lui debout, pour eux à genoux, et avec clameur, au moment même qu'ils le lapidaient, et qu'il obtint par là, selon saint Augustin, la conversion de saint Paul qui gardait les manteaux de ces meurtriers, n'opposant à leur colère que la patience, à leurs menaces la générosité, à la crainte de la mort que le mépris de la vie, à leur haine que la charité, à leur fureur que le désir de leur salut. C'est ainsi qu'il parvint à la couronne que son nom même signifie, et qu'il eut le bonheur dès ce monde de voir les cieux ouverts, d'envisager la gloire de Dieu, et Jésus-Christ à sa droite, et de mériter à l'Eglise saint Paul, si célèbre par les peines qu'il causait tant à sa mère, et par celles qu'il souffrit ensuite pour elle.

Pourquoi vit-il les cieux ouverts?
Le martyre est un acte si excellent, qu'il introduit sans délai.

Pourquoi Jésus-Christ lui parut-il debout?
Pour marquer que Jésus-Christ combattait pour lui, et en lui, qu'il voyait ses combats, qu'il l'encourageait et l'attendait pour le recevoir et le couronner.

Pourquoi saint Etienne appelle-t-il Jésus-Christ Fils de l'homme?
Il fallait plus particulièrement alors relever la gloire de l'humanité de Jésus-Christ combattue par les Juifs. Au reste les obsèques de saint Etienne furent très-célèbres. Saint Jérôme écrit que les apôtres y assistèrent, montrant ainsi le respect dû aux martyrs.

Que devons-nous demander et faire?
1° Animer nos ennemis et prier pour eux;
2° pratiquer la patience quand on nous persécute, qu'on nous contredit, qu'on nous hait;
3° témoigner notre foi dans les souffrances;
4° solenniser cette fête avec d'autant plus de dévotion, qu'elle est d'institution apostolique : car on lit dans saint Clément, Pape et martyr, que saint Pierre et saint Paul ordonnèrent qu'on le gardât dans l'église.

Que devons-nous encore à saint Etienne comme patron de l'église cathédrale de ce diocèse (80)?

1° Avoir pour ce grand martyr une estime, une dévotion et une confiance toute singulière; 2° nous mettre sous sa protection; 3° recourir à lui dans nos nécessités; 4° nous estimer heureux de l'avoir pour patron; 5° solenniser sa fête avec piété; 6° l'invoquer dans les périls et dans les maladies; 7° honorer ses reliques : saint Augustin assure qu'une femme aveugle ayant mis sur ses yeux des fleurs qui avaient touché la châsse, recouvra la vue, et qu'un évêque pour l'avoir portée, fut guéri sur-le-champ d'une fistule extrêmement dangereuse; 8° visiter souvent son église, particulièrement les jeudis et les premiers dimanches du mois, et quand on va en voyage, ou qu'on en vient; 9° y faire dire des Messes et y communier; 10° assister à l'office qui s'y célèbre avec tant de pompe et de majesté; 11° honorer cette église comme la mère et la matrice de toutes celles du diocèse, d'où émane la puissance et la juridiction spirituelle, et qui est comme le centre de la religion du pays; 12° y prier souvent pour Mgr l'archevêque, pour son clergé, pour tout le peuple; 13° assister dévotement aux synodes, à la bénédiction des saintes huiles, aux processions générales, aux prédications du Carême, de l'Avent et de l'Octave, et à tous les autres exercices publics, surtout à ceux où on est convoqué; 14° demander à Dieu le jour des ordinations un renouvellement de l'esprit ecclésiastique pour ceux qui s'y présentent, par l'intercession de ce saint lévite, et de ce premier diacre qui le possédait en plénitude; 15° invoquer les saints prélats que Dieu connaît qui se sont assis dans cette chaire patriarcale, et les bons ecclésiastiques qui l'ont édifiée, le priant que comme leur clergé est le premier corps de ce diocèse en dignité, il le soit en piété et en vie exemplaire; 16° bénir Dieu de nous avoir donné un temple si auguste et si vénérable, et de ce que les pierres qui ont été les instruments du martyre de saint Etienne, servent à lui ériger de si beaux monuments, nul saint n'ayant tant et de si célèbres églises bâties en son honneur. L'illustre et pieuse impératrice Eudoxie lui en fit ériger un très-auguste dans le lieu même de son martyre, et pour ainsi dire des mêmes rochers dont on avait pris les pierres pour le lapider, et elle voulut y être inhumée : et entre neuf temples dédiés à son nom à Constantinople, celui qu'éleva l'impératrice Pulchérie est remarquable par le couronnement de plu-

---

(80) Depuis la restauration du culte catholique en France et la nouvelle circonscription des diocèses, il y a des cathédrales qui ont cessé d'être le siège épiscopal et l'église mère. Il en est résulté que les patrons de ces cathédrales, ou les saints sous le vocable desquels ces vénérables basiliques ont été érigées par nos ancêtres, ont perdu le rang que la piété des temps primitifs leur avait donné.

Nous citerons entre autres la cathédrale de Toul, qui a pour patron spécial *saint Etienne*; elle était autrefois le siège d'un évêché considérable, et saint Etienne était le patron de tout le diocèse.

Aujourd'hui l'évêché fractionné est transféré à Nancy, et saint Etienne, malgré les traditions locales de tant de siècles, n'est plus compté parmi les patrons du diocèse; il y a des paroisses qui n'en célèbrent même pas la fête, quoiqu'elle arrive le lendemain de Noël. C'est un oubli et un abus qu'il importe de faire cesser au plus tôt, d'autant plus que, d'après les lettres de saint Clément, Pape et martyr, la solennisation de saint Etienne a été ordonnée par les apôtres saint Pierre et saint Paul.

sieurs empereurs et impératrices; 17° le prier de nous obtenir sa sainteté intérieure qu'une telle magnificence extérieure signifie et exige; 18° empêcher autant qu'on peut toute profanation de cette maison de Dieu (81).

DE LA FÊTE DE SAINT JEAN L'ÉVANGÉLISTE ET DE CELLE DES ÉVANGÉLISTES EN GÉNÉRAL.

(27 décembre.)

Qu'appelez-vous évangélistes ?
Ceux qui ont écrit l'histoire de l'Evangile, ou de la Vie de Notre-Seigneur Jésus-Christ, et qui ont été dans le corps mystique du Fils de Dieu, les doigts dont il s'est servi pour écrire sa loi, dit saint Augustin.

Que veut dire le mot d'évangéliste ?
Bonne nouvelle, la venue du Fils de Dieu, le rachat des hommes, le paradis ouvert, étant en effet la plus heureuse nouvelle que l'on pût annoncer au genre humain.

Combien y a-t-il d'évangélistes ?
Quatre : Saint Matthieu, saint Marc, saint Luc, et saint Jean, dont le premier et le dernier furent apôtres, et les deux autres disciples, saint Marc s'attacha à saint Pierre, et saint Luc à saint Paul, et ils les suivirent dans leurs missions et travaux apostoliques.

Pourquoi donne-t-on à saint Matthieu un homme, à saint Marc un lion, à saint Luc un bœuf, et à saint Jean un aigle ?
1° Saint Matthieu commence son Evangile par la génération humaine et temporelle de Jésus-Christ; saint Marc, par les cris du grand Précurseur dans le désert; saint Luc, par le sacrifice de Zacharie; et saint Jean, par la génération éternelle du Verbe, infiniment élevé au-dessus de nos esprits; symboles sous lesquels ils avaient été représentés au prophète Ezéchiel, qui vit en esprit attaché à un char de triomphe, porter partout la gloire de Jésus-Christ homme dans sa naissance, victime dans sa passion, lion dans sa résurrection, aigle dans son ascension. 2° Ils figurent les vertus des prédicateurs évangéliques; le lion, leur force, leur courage et leur intrépidité; le bœuf, leur patience, leur travail et leur esprit de sacrifice; l'homme, leur douceur et leur charité; l'aigle, leur détachement de la terre par la prière, leur zèle et leur désintéressement; ils furent aussi dépeints par cette riche source du paradis terrestre, dont les eaux divisées en quatre grands fleuves, arrosaient toute la terre, selon saint Jérôme, par ces quatre anneaux, servant à porter, l'arche d'alliance, la table des pains de proposition, et l'autel des encensements; 5° et par ces quatre mystérieux animaux de l'*Apocalypse*, tous parsemés d'yeux, n'y ayant rien dans les Evangiles qui ne soit lumineux, dit le même saint.

Que doit-on faire le jour de leurs fêtes ?
1° Lire quelque chose de leurs Evangiles; 2° enseigner les ignorants; 3° mourir aux curiosités et aux nouvelles du monde, qui d'ordinaire sont ou affligeantes, ou fausses, ou vaines; contents de bien savoir l'Evangile, qui seul peut nous réjouir solidement, dans lequel nous découvrons sans cesse de nouvelles, d'importantes, de consolantes et de constantes vérités, et après lequel nous n'avons plus rien à apprendre.

Que savons-nous de saint Jean l'Evangéliste ?
1° Jésus-Christ l'appela à l'apostolat immédiatement après saint Pierre et saint André; 2° aussitôt il quitta tout pour le suivre, parents, biens, pays, domestiques, amis, etc., n'étant encore qu'en sa tendre jeunesse; 3° saint Luc dans les *Actes* lui donne la seconde place entre les apôtres, et saint Marc la troisième, et dit que le Sauveur lui changea son nom en celui de Fils du Tonnerre, présage de la voix éclatante avec laquelle il prêcherait les vérités célestes, des lumières dont il illustrerait l'Eglise, ainsi qu'elle le reconnaît dans l'Oraison du jour, et de la terreur qu'il jetterait dans l'âme des ennemis de la divinité du Fils de Dieu; 4° le Sauveur l'admit pour témoin de la résurrection de la fille du prince de la synagogue; 5° et de sa glorieuse transfiguration. 6° Indigné de ce que les Samaritains refusaient à son Maître l'entrée de leur ville; il leur demanda permission de faire descendre le feu du ciel pour consumer ces impies, ce qui donna lieu au Sauveur, en modérant son zèle, de nous apprendre une vérité bien pleine de consolation, qu'il n'était pas venu pour perdre les hommes, mais pour les sauver (*Luc.* IX, 56). 7° Rempli de foi, d'espérance et d'amour, mais sensible encore aux grandeurs humaines, il consentit que sa mère demandât pour lui à Jésus-Christ d'être assis à son côté, dans son royaume, et interrogé s'il pourrait bien boire le calice du martyre, il répondit qu'oui, ce qu'en effet Jésus-Christ, le guérissant de son ambition, lui pronostiqua et qu'il accomplit. 8° Notre-Seigneur prédisant la ruine de Jérusalem et du temple, ce fidèle disciple le pria de leur expliquer en détail ce grand événement, ce que ce Maître plein de bonté lui accorda; 9° Il fut par lui député avec saint Pierre pour aller disposer le cénacle à la cérémonie de la cène, où après la communion, il eut le bonheur inestimable de reposer sa tête sur la poitrine sacrée de Jésus; 10° sa familiarité fut si grande auprès de lui, que saint Pierre n'osant demander le nom de celui qui devait trahir leur commun Maître, il fit signe à saint Jean de s'en informer, il le fit et il le sut.

Que signifiait ce repos sur la poitrine du Sauveur ?
L'union intime et amoureuse d'une âme innocente avec Jésus par la communion; le doux repos et la sainte satiété qu'elle y ressent; les célestes privautés et caresses du divin Epoux; la communication mutuelle des secrets et la force que saint Jean y

---

(81) Quoiqu'il y ait dans cette réponse quelques applications particulières à un diocèse, nous n'y avons rien changé, car tous ces conseils sont d'une édification et d'une utilité parfaites.

reçut de suivre son Maître dans sa passion.
Continuez à rapporter sa vie.
Il a écrit le discours admirable que Jésus-Christ fit après la Cène, d'où il le suivit au jardin des Olives, dans son agonie et jusqu'au pied de la croix, où Marie le reçut pour son Fils, et où il reçut Marie pour sa Mère, la prenant dès lors, non en sa maison, car il n'en avait point, surtout à Jérusalem, étant un pauvre pêcheur de Galilée, il avait même renoncé à tout, comme observent les Pères, il logeait dans le cénacle, maison commune aux autres disciples, aussi bien qu'à la Mère du Sauveur; enfin il n'avait plus à séjourner dans la maison paternelle; mais pour sa vraie mère qui était confiée à sa garde et commise à ses soins, et à qui il devait être soumis.
Que dites-vous de cette faveur?
1° Qu'il est impossible de dire la mutuelle consolation que cette Mère et ce Fils se donnèrent. Quelles étaient leurs conversations, mais quel était leur silence? quelle modestie, quelle douceur, quelle recollection, quelle charité, quelle humilité, quelle foi, quel abandon à la Providence? quel présent Notre-Seigneur fit-il à la sainte Vierge, mais quel présent fit-il à saint Jean? qu'il est bon d'être près de la croix, puisqu'on y reçoit de si grands dons! 2° que saint Jean représenta en cela tous les Chrétiens véritablement enfants de Marie et dont cet apôtre est le frère aîné; 3° que cette dépendance de saint Jean à l'égard de la sainte Vierge, s'est conservée et comme perpétuée dans l'Eglise, qui en mémoire de ce mystère, et pour en conserver la grâce, a approuvé un ordre monastique de vierges, dont la supérieure exerce une espèce de juridiction et d'autorité sur les religieux et en est comme la mère.
Achevez de rapporter la vie de ce saint apôtre?
11° Averti par sainte Madeleine qu'on avait enlevé le corps de Jésus-Christ, il courut au sépulcre, et il devança saint Pierre, mais il n'y voulut pas entrer avant lui, par respect pour son supérieur; 12° ses yeux vierges lui firent connaître l'Agneau de Dieu et l'Epoux des vierges sur le bord de la mer, avant aucun des apôtres, entre lesquels il fut toujours honoré comme vierge; 13° il est, en plusieurs endroits, appelé *le disciple que Jésus aimait*, marque assurée de son éminente perfection : car si notre amour pour quelqu'un supporte en lui des qualités aimables, vraies ou apparentes, il ne les peut produire, ni conserver, ni accroître; mais l'amour de Dieu pour sa créature fait tout cela et la rend digne d'être aimée de lui, ce qui est tout dire; 14° après l'ascension et la réception du Saint-Esprit, étant avec saint Pierre, lors de la guérison de ce célèbre malade, à la grande porte du temple, on les mit en prison, d'où étant tiré pour comparaître devant le tribunal des prêtres, il maintient constamment la résurrection de Jésus-Christ et se réjouit d'être flagellé pour ce sujet, avançant cette belle maxime : *qu'il fallait mieux obéir à Dieu qu'aux hommes*; 15° saint Paul dit qu'étant venu en Jérusalem, il y trouva saint Jean, qui paraissait une grande colonne de l'Eglise de Dieu, et qu'il fut associé par saint Pierre et par lui à la prédication et au ministère apostolique ; 16° il prêcha l'Evangile à quantité de peuples qu'il convertit et chez qui il fonda des églises illustres; 17° s'étant transporté à Rome pour ce dessein, il fut pris par ordre de l'empereur Domitien, emprisonné, flagellé, plongé dans une chaudière d'huile bouillante, d'où il sortit plus pur et plus sain qu'il n'y était entré, et sans aucune lésion; 18° exilé dans l'île de Pathmos, il y écrivit ce livre admirable de *l'Apocalypse*, qui contient autant de mystères que de mots, et qui renferme tout ce qui doit arriver à l'Eglise jusqu'à la fin du monde; 19° prié par les évêques d'Asie, il composa son Evangile, qui n'est pas seulement un simple récit des actions du Sauveur, mais une source inépuisable de lumières, qui lui a acquis le nom de *théologien* par excellence et d'*aigle* parmi les évangélistes. Plus éclairé que Moïse, qui ne porta sa vue qu'à la production temporelle du monde l'ouvrage du Verbe, il perça jusque dans la génération éternelle du Verbe créateur du monde: cet aigle fut céleste, disent les saints, comme dédaignant la terre, prit son vol vers les cieux, et s'élevant au dessus de tout l'être visible, passant au-delà de toutes les créatures intellectuelles, montant plus haut que les hiérarchies angéliques, laissant bien au-dessous de lui les principautés, les trônes, les vertus, les dominations, les chérubins et les séraphins, parvint jusqu'au sein de la Divinité, où d'un œil fixe, il vit l'émanation de celui qui sort du sein du Père, et sur le sein duquel il avait reposé sur la terre. Que si la nature ne fait point par elle-même dans un même corps des membres inégaux, et si elle les rend proportionnés les uns aux autres, jugeons des ardeurs de la volonté de ce grand apôtre, par les lumières de son entendement, comme d'un bras par un autre; 20° Accablé de vieillesse et porté à peine entre les bras aux assemblées des Chrétiens, il leur disait incessamment : Mes chers petits enfants, *aimez-vous les uns les autres*; interrogé pourquoi il répétait toujours la même chose, il répondit que c'était le commandement du Seigneur, et que si on le gardait bien, il renfermait tous les autres et suffisait pour le salut [en effet, quoi de plus opposé à l'amour du prochain que le meurtre, l'adultère, le larcin, etc.]; aussi est-il nommé l'apôtre de la dilection; 21° il écrivit trois lettres canoniques, sans parler de celles qui sont insérées dans son *Apocalypse*, toutes pleines de cet esprit d'amour et de charité; 22° il fut enterré près d'Ephèse, dont saint Timothée, disciple de saint Paul, était évêque particulier, sans doute sous la direction de saint Jean.
Quelles sont ses qualités?
Il fut apôtre, évangéliste, prophète, docteur, vierge, martyr, le bien-aimé disciple de Jésus, l'enfant très-cher de Marie.

Que doit-on demander aujourd'hui ?

1° L'amour de Jésus, de Marie, du prochain ; 2° l'éloignement de toute haine, aversion, rancune, aigreur, etc. ; 3° l'horreur des hérésies, car ce saint étant entré dans une maison où il y avait un hérétique, en sortit promptement, de peur, disait-il, que la maison ne tombât sur eux : aussi du temps de l'impiété arienne, les Catholiques pour se prémunir contre cette peste, portaient sur eux en manière de reliques ou de contre-poison, l'Evangile de saint Jean ; 4° la grâce de communier dignement ; 5° de la confiance dans les besoins temporels envers ce grand apôtre, qui secourut miraculeusement un homme accablé de dettes ; 6° l'amour de la modestie, ce grand saint ne s'étant jamais nommé dans son Evangile, ni dans ses Epîtres, n'ayant parlé de lui qu'en tierce personne, et s'étant contenté de se dire prêtre et non apôtre, conduite qui a édifié les premiers Pères de l'Eglise.

DE LA FÊTE DES SAINTS INNOCENTS.

(28 décembre.)

Quelle fête l'Eglise solennise-t-elle aujourd'hui ?

L'Eglise honore la mémoire des saints Innocents, que le cruel Hérode fit massacrer en haine de l'enfant Jésus, qu'il croyait, ne le connaissant pas, envelopper dans le meurtre général qu'il en fit faire en Bethléem et aux environs, de quoi l'Eglise est si affligée, que le prophète a prédit qu'elle en serait comme inconsolable.

Les connaît-elle pour martyrs ?

Oui, puisqu'ils ont été tués en haine de Jésus-Christ et que leur mort a extrêmement servi à faire publier sa naissance ; d'ailleurs nous apprenons de là, que tout âge est propre pour le royaume des cieux, que les enfants ne sont pas plus incapables du baptême d'eau, que du baptême de sang : saint Bernard ajoute qu'il y a dans l'Eglise des martyrs d'effet et de volonté, comme saint Etienne ; de volonté sans effet, comme saint Jean l'Evangéliste ; d'effet sans volonté, comme les Innocents. Que les premiers peuvent être nommés les martyrs des hommes ; les seconds, les martyrs des anges, et les derniers, les martyrs de Dieu. Enfin leur massacre figurait l'état de l'Eglise naissante, qui devait être teinte du sang des martyrs ?

Quel bon sentiment devons-nous prendre aujourd'hui ?

1° Estimer infiniment l'innocence baptismale et la conserver avec un soin incomparable en soi et en autrui ; 2° ne donner jamais aucun mauvais exemple aux enfants ; 3° apprendre à confesser Jésus-Christ encore plus par les souffrances et les actions, que par les paroles, surtout en immolant à Dieu les tentations et les convoitises, dès leur naissance ; 4° demander l'aimable simplicité et l'humble docilité des enfants de Dieu exempts de malice et d'artifice ; 5° priser le bonheur de ceux qui se mettent de bonne heure au service de Notre-Seigneur ; il n'est jamais trop tard de le faire, mais il n'est jamais assez tôt.

DE LA FÊTE DE SAINT URSIN, APÔTRE DU BERRI ; ET DE CELLE DE TOUS LES SAINTS PATRONS EN GÉNÉRAL.

(29 décembre.)

Qui sont les saints qu'on appelle Patrons ?

Il y en a de quatre sortes, 1° ceux qui les premiers ont annoncé l'Evangile dans les lieux de notre demeure ; 2° les titulaires de nos diocèses et paroisses ; 3° les saints dont nous avons reçu le nom au baptême et à la confirmation ; 4° ceux que nous adoptons par un motif de dévotion spéciale.

Pourquoi devons-nous les honorer ?

1° D'ordinaire ce sont eux dont Dieu s'est servi pour établir ou rétablir la foi et la piété parmi nous ; 2° c'est par leur intercession que ces vertus se maintiennent, se réparent et s'augmentent, puisque les choses se conservent et s'accroissent par les mêmes causes qui les produisent ; 3° ils ont une inspection, une direction et une influence particulière sur nous, comme sur leurs ouvrages ; 4° une singulière bonté pour exposer à Dieu nos nécessités, dont ils sont comme chargés par leur qualité ; 5° un crédit spécial auprès de sa divine majesté, pour nous en obtenir les secours nécessaires ; 6° ils nous sont donnés comme des anges tutélaires pour nous défendre ; 7° Dieu par sa providence nous a commis à leurs soins ; 8° ils sont comme ses envoyés vers nous et ses préposés sur nous ; 9° le choix que les peuples en ont fait, est une marque de l'ancienne dévotion de nos ancêtres envers eux, de quelques bienfaits signalés qu'ils en ont obtenu ou de quelques autres raisons si importantes, qu'ils ont voulu engager leurs successeurs à les honorer.

Que signifie le mot de patron ?

Il signifie modèle, guide, avocat, protecteur ; modèles, parce que Dieu nous les a donnés pour régler nos actions sur la sainteté de leur vie ; guides, ils montrent le chemin qu'il faut suivre ; avocats, ils prient Dieu pour nous dans le ciel ; protecteurs, ils nous défendent contre nos ennemis visibles et invisibles.

Quels devoirs sommes-nous obligés de rendre à nos saints patrons ?

Il y en a cinq, 1° avoir une grande estime de leur sainteté ; 2° les invoquer dans nos besoins ; 3° imiter leurs vertus ; 4° sanctifier leurs fêtes, en s'abstenant des jeux, festins, danses, débauches, cabarets ; 5° faisant une bonne confession et communion, et assistant aux offices qu'on célèbre dans leurs églises.

Que remarquez-vous dans saint Ursin ?

Que Dieu nous l'a donné en ce pays pour apôtre et premier archevêque de Bourges, et qu'il s'est servi de lui pour nous retirer des ténèbres de l'idolâtrie et de la corruption de mœurs où nous étions plongés et nous procurer le salut.

Quelles vertus admirez-vous en lui ?

1° Son zèle, s'étant d'abord employé particulièrement à la conversion des pauvres qu'il gagna à Jésus-Christ; 2° sa patience à supporter la persécution des prêtres idolâtres, qui, l'ayant accablé de coups de bâton, le mirent honteusement hors la ville, et lâchèrent des chiens après lui, pour le faire déchirer; 3° sa constance à revenir dans un lieu d'où il avait été chassé et persécuté avec tant d'ignominie et de cruauté; 4° sa religion, à établir et donner dès lors la forme au culte divin, par la consécration qu'il fit des ministres de Jésus Christ, la dédicace d'une église sous le titre de Saint-Etienne, premier martyr, le bon ordre qu'il mit dans le clergé, et la psalmodie dont il apprit l'exercice à cette chrétienté naissante; 5° enfin, son amour de la solitude et de la vie cachée, puisque après avoir fondé la foi à Bourges, qui de là se répandit dans toute la province de Berri, il se retira à la campagne, où il vécut et mourut dans l'abandon et l'oubli des créatures, et fut inhumé dans une terre profane, de sorte que sa mémoire même se serait perdue, si la Providence, qui se souvient de ceux qui s'oublient, n'avait veillé à conserver sa gloire par le renouvellement de la piété des fidèles, qui lui bâtirent une magnifique église, où ses reliques reposent et sont révérées des peuples, et où il continue d'opérer de grands miracles, et d'exercer un pouvoir merveilleux sur les démons, qu'il chasse du corps des énergumènes qu'on y conduit de tous côtés. Tel a été celui que les Souverains Pontifes, successeurs des apôtres de Jésus-Christ, nous ont envoyé pour notre conversion.

Que doit-on faire le jour de sa fête?

1° Visiter son église et y faire ses dévotions; 2° demander à Dieu, par son intercession, un renouvellement de l'esprit chrétien et ecclésiastique dans ce diocèse, puisque enfin les choses se conservent par les mêmes causes qui les ont produites; 3° s'appliquer, à son imitation, au salut des pauvres, à qui le ciel est particulièrement promis; 4° aimer la vie retirée, obscure et méprisée jusqu'après la mort, n'affectant point d'être enterré dans les églises, et se contentant du cimetière commun; 5° contribuer à ce que la dévotion à ce grand saint se renouvelle; 6° exciter notre confiance en lui, comme envers notre père spirituel qui nous a engendrés à Jésus-Christ, nous faisant enfants de l'Eglise, et nous ayant le premier appris les mystères de notre sainte religion.

LA CIRCONCISION.

(1er janvier.)

Que faut-il considérer en ce jour?

Trois choses, 1° la circoncision; 2° le nom de Jésus; 3° la nouvelle année.

Combien y avait-il de temps que Jésus-Christ était né, quand il fut circoncis?

Huit jours, il commence tard à prêcher et tôt à souffrir.

Qu'était-ce la circoncision?

Une cérémonie instituée de Dieu, afin, 1° de distinguer les Israélites des autres peuples; 2° d'être le sceau de son alliance avec eux, à l'exclusion des gentils; 3° de servir de marque de leur consécration à son culte, et qu'ils lui appartenaient d'une façon spéciale; 4° de montrer que l'origine du genre humain était impure; 5° d'effacer le péché originel, ainsi qu'on l'enseigne ordinairement; 6° d'apprendre à l'homme à retrancher ses convoitises par le couteau de la mortification, figure distinctive du prédestiné, de son alliance avec Jésus Christ, de sa consécration à Dieu.

Jésus Christ avait-il la convoitise ou le péché originel?

Ce serait un blasphème de le dire ou penser: il venait l'effacer; il était le Saint des saints et le sanctificateur par excellence.

Pourquoi donc voulut-il être circoncis?

Afin, 1° de témoigner le respect qu'il portait à cette cérémonie mystérieuse, instituée de Dieu son Père, et consacrée par l'usage de tant de patriarches et de prophètes, et faire voir qu'il l'approuvait; 2° de se montrer fils d'Abraham selon la chair; 3° d'ôter tout prétexte d'aversion aux Juifs qui abhorraient les incirconcis; 4° de prouver la vérité de son incarnation et la réalité de son corps; 5° de nous purifier de la lèpre du péché dans son sang enfantin, ainsi que la lèpre corporelle se guérit, à ce qu'on tient, dans le sang des enfants; 6° de nous donner l'exemple d'une obéissance, d'une humilité et d'une mortification parfaites, se soumettant à une loi si rude à laquelle il n'était pas sujet, qui le mettait au rang des pécheurs, prenant sur sa chair le caractère et les stigmates de leur péché, et se couvrant de leurs livrées, si bien que ce mystère n'avait rien que d'humiliant pour lui.

Comment cela?

Elle avait été établie comme, 1° une protestation publique de la loi au Messie; 2° et de l'obligation que le circoncis avait de retrancher ses convoitises; 3° et de la rémission du péché originel, or ces motifs cessaient à l'égard de Jésus-Christ; 4° d'ailleurs, les autres mystères de la vie de Jésus, même les plus humiliants, étaient relevés par quelque merveille, apparition, miracle, etc., comme l'Annonciation, la Naissance, l'Epiphanie, la Présentation, la Fuite en Egypte, le Baptême, le Désert, la Passion, la Croix, le Tombeau; la seule Circoncision en fut destituée, mais elle aura sa gloire, car elle se fit le huitième jour, et elle se faisait même le jour du sabbat, présage de la parfaite circoncision de toute mortalité en nous, comme elle le fut en Jésus-Christ de la sienne, lors de l'octave de notre résurrection, et de l'entrée en notre parfait repos: d'où saint Paul, par une vue sublime, conclut que la résurrection du Sauveur est la cause heureuse, et de notre circoncision spirituelle par la régénération ou le retranchement de l'homme corruptible dans le baptême, et de notre grande et universelle circoncision par la résurrection, lorsque tout ce qu'il y a de mortel en nous, sera absorbé par la vie:

l'une et l'autre figurée par la circoncision générale des Israélites entrant par le Jourdain en la terre promise, méritée par la circoncision et la résurrection du Sauveur, et commencée en ce monde par le baptême, et consommée ou appliquée dans toute son intégrité au jour de notre entière réparation ou de notre entrée en la vie.

Que devons-nous à Jésus Enfant en cet état?

1° Adoration, admiration, amour, reconnaissance, imitation ; 2° remerciment de ce qu'il a voulu nous donner des preuves de son amour qui lui ont coûté si cher, et d'affermir notre foi par des moyens si douloureux et si sensibles ; 3° confusion de ce que nous ne l'aimons qu'en idée, ne répondant à un amour si effectif, que par de vaines pensées, l'innocent est frappé et le coupable épargné ; l'innocent paye pour le coupable, le juste pour le pécheur, Dieu pour l'homme; 4° compassion, car la douleur de la circoncision était si grande, que bien des enfants en mouraient, et l'Ecriture la nomme une blessure très-griève ; d'ailleurs le Sauveur ayant un corps très-délicat et un plein usage de la raison, la peine et la honte tourmentèrent cette tendre victime de la pureté.

Du nom de Jésus-Christ.

Quel nom donna-t-il à Notre-Seigneur aujourd'hui ?

Le nom de *Jésus*, qu'on doit prononcer avec amour, et qu'on ne doit entendre qu'avec respect.

Que dites-vous du nom de Jésus?

1° C'est le premier mot qu'on doit apprendre aux enfants ; 2° c'est le dernier qu'un Chrétien doit proférer au lit de la mort ; et Dieu nous fasse la grâce de mourir en prononçant amoureusement le sacré nom de Jésus; 3° nous devons le prononcer en nous endormant et en nous éveillant ; 4° dans la tentation ; 5° dans les périls ; 6° dans la douleur.

Quelle est sa vertu quand on le prononce avec foi ?

1° Il fait fuir le démon et trembler l'enfer ; 2° il délivre les possédés ; 3° il effraye les sorciers ; 4° il attire la bénédiction de Dieu; 5° il console les affligés ; 6° il excite la dévotion ; 7° il éloigne toutes sortes de maux, ou les adoucit, ou les rend salutaires.

Qu'en dites-vous encore?

Que le nom de Jésus est, 1° un nom vénérable ; 2° un nom de confiance ; 3° un nom d'amour ; 4° un nom de consolation.

Pourquoi un nom vénérable ?

Il est le nom de Dieu fait homme, à la prononciation duquel tout genou doit fléchir au ciel, sur terre et dans l'enfer.

Pourquoi un nom de confiance ?

Il m'apprend que le Fils de Dieu m'a racheté.

Pourquoi un nom d'amour ?

Il m'est un monument éternel de la charité que Dieu a eue pour moi.

Pourquoi de consolation ?

La vue des mérites du Sauveur apaise les remords et les défiances que causerait en moi le souvenir de mes péchés.

Comment faut-il le prononcer ?

Avec amour, respect et confiance, et non par légèreté ou coutume.

Que veut dire le mot de Christ?

Oint ou sacré : car comme autrefois on mettait l'huile de la sacrée onction sur les prêtres, sur les prophètes et sur les rois, pour exprimer l'effusion de la grâce du Saint-Esprit en eux, représentée par l'huile sacrée qui découlait sur leur tête ; ainsi Jésus-Christ étant le grand et souverain prêtre, le Prophète des prophètes, le Roi des rois, et possédant en plénitude la source même de la grâce, étant consacré de Dieu son Père comme son fils bien-aimé et comme le chef de tous les hommes, tirant son extraction de la chair royale et sacerdotale, doit seul par excellence porter le nom de Christ ou d'Oint du Seigneur, comme un titre d'honneur et d'office.

Pourquoi nous appelle-t-on Chrétiens?

Pour marquer que nous participons à la grâce qui découle de Jésus-Christ sur nous, comme du chef sur ses membres, les effets de la grâce étant très-proprement représentés par ceux de l'huile qui adoucit, guérit, éclaire, échauffe, brûle, fortifie, s'élève.

La nouvelle année.

Que doit-on faire à ce commencement d'année?

1° Réfléchir sur la brièveté de la vie, sur la rapidité du temps, sur la vanité du monde, sur la proximité de la mort et de l'éternité ; 2° demander pardon à Dieu des péchés qu'on a commis l'année dernière ; 3° le remercier des grâces qu'on en a reçues ; 4° gémir de l'abus qu'on en a fait ; 5° lui offrir et consacrer l'année qui commence, et qui peut-être sera la dernière de notre vie ; 6° se résoudre de mener une vie plus sainte, car dans la vie chrétienne ne pas avancer, c'est reculer, et chaque nouvelle année en arrivant, nous presse d'être meilleurs à l'avenir.

Faites cette offrande à Dieu?

Dieu éternel, roi des siècles et des temps, prosternés à vos pieds, nous venons vous demander pardon du mauvais usage que nous avons fait de la vie que vous nous avez donnée et conservée jusqu'à présent. Nous vous offrons cette nouvelle année que nous voulons commencer à votre honneur, avec toutes nos actions, paroles et pensées. Nous vous remercions de nous donner encore ce temps pour faire pénitence. Nous renonçons et détestons par avance toutes les offenses où nous pourrions nous laisser aller. Faites, mon Dieu, que nous mourions plutôt que de violer vos saintes lois, et qu'au contraire, nous l'employions tout entière à votre service, au salut de notre âme, à la pratique des bonnes œuvres, à notre avancement spirituel, enfin que nous la passions aussi saintement que si nous savions qu'elle fût la dernière de notre vie, vous suppliant très-affectueusement que les dernières années de notre vie ne ressemblent pas aux premières, ni l'automne au printemps; en un mot, que la fin de nos jours soit meilleure que le commencement, et le soir que le matin. Ainsi soit-il.

Que faut-il faire pour participer à la grâce et à l'esprit de ce mystère?

1° Circoncire son cœur; 2° mortifier sa chair; 3° renouveler les promesses du baptême; 4° ne vivre plus selon la convoitise, mais selon la sainteté chrétienne; 5° se détacher du monde, qui passe si vite. Heureux celui que la vieillesse en arrivant trouve servant le Seigneur! heureuse vieillesse qui châtie les excès de la jeunesse, ainsi qu'un père ceux d'un fils déréglé; 6° faire un bon emploi du temps.

Le bon emploi du temps.

Qui nous engage à bien employer le temps?

1° Nous en avons peu; 2° c'est la chose du monde la plus précieuse; 3° et la plus irréparable.

1° Nous en avons peu; car cette vie, 1° en soi n'est qu'un bref tissu de quelques petits moments rapides, limités, incertains, qui s'écoulent en moins de rien. D'où vient que l'Ecriture compare l'homme sur la terre à un nuage que le vent emporte, à un vaisseau qui vogue à pleines voiles, à un voyageur qui passe, à un courrier qui se hâte, à un oiseau qui vole, à une flèche qui fend l'air, à une vapeur qui se dissipe, à un songe qui s'échappe, à un rien, etc.; 2° qu'est-ce par rapport à l'éternité? 3° et aux grands ouvrages de sanctification, de salut, que nous avons à conduire à fin, avant d'aller paraître devant le Père de famille.

2° C'est la chose du monde la plus précieuse; car les jours qui nous sont donnés pour faire pénitence et pour gagner le ciel, ont coûté la vie de Jésus-Christ; il n'y a pas un instant où on ne puisse croître en grâce, en sainteté, en mérites, amasser des trésors, se racheter de l'enfer, etc. Que ne donnerait pas un damné pour avoir ce moment, etc.

3° Et la plus irréparable; la grâce, les vertus, l'innocence même, etc., se réparent et se recouvrent, mais non le temps perdu, surtout dans la jeunesse, qui est celui où l'on doit cultiver et ensemencer la terre de son cœur, corriger ses mauvaises inclinations, acquérir les bonnes habitudes et les connaissances utiles, s'instruire de sa religion, se former à la vertu, apprendre une profession, faute de quoi on tombe dans une ignorance invincible, dans une incapacité insurmontable d'exercer un emploi, dans une nécessité presque inévitable de commettre mille crimes, administrant mal la justice, la médecine, les arts, etc., mais surtout les fonctions ecclésiastiques, et tout cela pour avoir perdu le temps destiné à s'y rendre habile, dans la paresse, la fainéantise, l'oisiveté, sources de tous péchés, dans des occupations vaines, mauvaises, étrangères à son état. Perte de temps qui entraîne souvent après elle la perte de l'âme et de l'éternité.

Que faudrait-il donc faire?

Partager son temps en trois. En donner, 1° la meilleure partie à Dieu et à son salut, l'employant dans les exercices de la piété chrétienne; 2° la deuxième, au prochain, s'acquittant des devoirs de justice et de charité dont on est tenu envers lui; 3° la troisième, à sa profession, travaillant à se rendre habile et savant dans celle qu'on a embrassée, donnant son temps aux emplois auxquels elle engage, le refusant aux autres, ne faisant rien à contre-temps ni hors de temps, et par ce moyen on en aura de reste.

L'ÉPIPHANIE.

(6 janvier.)

Que veut dire ce mot?

Manifestation, et avec raison, puisque c'est le jour auquel Jésus-Christ s'est manifesté aux gentils en la personne des mages. A peine est-il né, qu'il se montre à ceux qui ne le cherchent pas; que ne fera-t-il pas à ceux qui le cherchent?

D'où vinrent-ils?

Des confins de l'Orient, d'où le soleil et la lumière se lèvent et nous apparaissent, afin même que l'endroit d'où ils sortaient fût un pronostic des clartés que le vrai Orient allait répandre sur nous.

Que veut dire ce mot de mages?

Sages et savants, particulièrement en la connaissance des astres.

Comment connurent-ils que Jésus-Christ était né?

Par le moyen d'une étoile extraordinaire, ou plutôt, selon saint Chrysostome, d'un ange lumineux, sous la forme d'une étoile prédite longtemps auparavant, comme le signe de la venue du Messie et de son origine céleste; comme l'aurore, l'attente, l'espérance de la vocation et rédemption des gentils.

Où allèrent-ils d'abord?

A Jérusalem, s'informer où était né le Messie si promis et si attendu. Ils y croyaient trouver de grandes marques de réjouissances, mais ils ne virent rien qui répondît à cette idée, tout y était tranquille et froid. Ainsi leur arrivée fut une publication éclatante de la naissance de Jésus-Christ, et une condamnation de la nonchalance des Juifs sur le point capital de leur religion, ils confirmaient par leurs prophéties la foi des étrangers, et ils perdaient insensiblement la leur.

Que se passa-t-il à leur arrivée?

Hérode et les Juifs furent extrêmement troublés à cette nouvelle inopinée. Les docteurs de la Loi, assemblés par son ordre pour consulter là-dessus, répondirent, selon les Ecritures, que le Sauveur devait naître à Bethléem, sans néanmoins qu'ils parussent y ajouter foi; semblables, dit saint Augustin, à ceux qui construisirent l'arche, et qui n'y entrèrent pas, négligeant ainsi avec les prédictions et les miracles le moyen de salut qu'ils avaient entre leurs mains. Le soleil obscurci et toute la nature déconcertée, eurent moins de pouvoir sur leurs esprits à l'heure de la mort du Sauveur, que l'éclat d'une seule étoile n'en eut sur les esprits des infidèles à sa naissance, ajoute le même saint.

Que figurait ce trouble d'Hérode ?

1° L'effroyable surprise des grands de la terre à l'arrivée du juste Juge au jour du jugement; 2° leur confusion, quand ils compareront leur vie à celle de Jésus-Christ; 3° la terreur du démon, qui, dans Hérode, témoigna plus de crainte de perdre son royaume, que cet ambitieux prince ne marqua d'envie de conserver le sien.

Combien y avait-il de Jérusalem à Bethléem ?

Trois lieues, que les Juifs, indolents ou occupés des biens de la terre, dédaignèrent de faire, tant ils méprisaient la chose du monde qui leur était la plus importante.

Que dit Hérode aux mages ?

Qu'ils allassent chercher le Messie nouveau-né, et quand ils l'auraient trouvé, qu'ils l'en avertissent afin qu'il vînt l'adorer avec eux.

Était-ce son intention ?

Non, il voulait le faire mourir, craignant de perdre le royaume de Judée qu'il avait usurpé.

Que firent les rois mages ?

Ils partirent pour Jérusalem, et l'étoile qui avait disparu, leur apparaissant de nouveau, les combla de joie et les conduisit à Bethléem, s'arrêtant sur le lieu où était l'Enfant.

Qu'est-ce que cela nous apprend ?

1° Qu'on ne trouve pas Jésus-Christ en ce monde; 2° que la foi y perd son éclat; 3° qu'on ne doit pas se décourager si l'étoile de la dévotion disparaît quelquefois à nos sens.

Que firent-ils arrivés en ce lieu ?

Ils y entrèrent, et trouvant l'Enfant avec Marie sa Mère, éclairés de la même lumière qui les avait conduits, et qui les empêcha de se scandaliser de l'ordre qu'ils reçurent de s'en retourner par un autre chemin à cause des cruels desseins d'Hérode, ils reconnurent sous un vil extérieur la grandeur cachée du Verbe incarné, ils se prosternèrent devant lui, ils l'adorèrent, et, ouvrant leurs trésors, ils lui offrirent de l'or, de l'encens et de la myrrhe.

Que cela signifiait-il ?

1° Que l'Église des nations serait une assemblée de fidèles adorateurs de Jésus-Christ; 2° Qu'à la religion envers le Fils on joindrait toujours la dévotion envers la Mère; 3° que les rois de la terre soumettraient leur gloire et leur grandeur aux pieds de la crèche de Jésus-Christ.

Combien étaient ces saints rois ?

On tient communément qu'ils étaient trois.

Que représentent-ils ?

Les prémices de la gentilité convertie, ainsi que les pasteurs celle des Juifs; pasteurs et rois véritablement nommés les premiers Chrétiens et figures des humiliations et des grandeurs du Verbe incarné.

Que figuraient encore ces rois ?

Que les vrais adorateurs de Jésus-Christ régneraient sur leurs passions, et ne seraient pas esclaves du péché; d'ailleurs, en la personne des rois les peuples sont compris.

Et cette étoile ?

1° La foi, dont les vives lumières devaient conduire les nations à Jésus-Christ; 2° la naissance du Roi des cieux, qui venaient reconnaître leur auteur: 3° son origine, non purement terrestre et humaine, mais aussi céleste et divine; 4° l'accomplissement et comme l'échantillon des promesses de Dieu à Abraham, qu'il multiplierait ses enfants selon la foi, ainsi que les étoiles du ciel. 5° Cette étoile, dit saint Augustin, était la langue mystérieuse d'autres cieux spirituels, tels que devaient être un jour les apôtres, et, par avance, elle en faisait déjà l'office, publiant les grandeurs du Soleil de justice.

A quoi donc ce jour est-il consacré ?

A solenniser la fête de la vocation des gentils en la personne des mages. Au reste, le trouble universel que causa leur arrivée, les trésors qu'ils avaient apportés et la dignité royale que toute l'antiquité leur a conservée, montrent assez qu'ils étaient des souverains, mais tels qu'on en voit encore dans ces pays-là, dont la puissance n'égale pas celle des nôtres.

Que voulurent-ils signifier par les présents qu'ils firent à Jésus-Christ ?

1° Par l'or, qu'ils lui payaient leur tribut, comme à leur roi; 2° par l'encens, qu'ils lui adressaient leurs prières comme à leur Dieu; 3° par la myrrhe, qu'ils le reconnaissaient comme homme passible et mortel, et tout ensemble immortel, la myrrhe étant un préservatif contre la corruption, et sa mort devant racheter le monde, et lui procurer l'immortalité.

Que signifiaient encore ces présents ?

Les trois états différents du monde, 1° la myrrhe, l'état du monde affligé et pénitent dans la loi de nature; 2° l'encens, l'état de la loi écrite, qui s'exhalait en vœux et en désirs; 3° l'or, l'état brillant et resplendissant de la loi de grâce.

Quoi encore ?

Les trois sortes de bonnes œuvres qui seront toujours en usage dans l'Église, 1° l'or, toutes les œuvres de miséricorde et de charité dont on peut soulager le prochain; 2° l'encens, la prière, et les autres actes de religion, dont on peut honorer Dieu; 3° la myrrhe, toutes les œuvres de pénitence et de mortification qu'on peut exercer envers soi-même.

Quoi encore ?

Les vertus théologales; 1° l'encens, qui se détruit et s'exhale en fumée, représente la foi qui sera détruite par la claire vision de Dieu; 2° la myrrhe, qui ne se flétrit jamais, figure de l'espérance ; 3° l'or, le plus précieux des métaux, signifie la charité, la plus excellente des vertus.

Quoi encore ?

Trois sortes de vie, qui partagent les fidèles, 1° la myrrhe, est le symbole de la vie purgative ; 2° l'encens, de la vie illuminative ; 3° l'or, de la vie unitive.

Quoi encore ?

1° L'or, signifie le sacrifice de la volonté par la charité ; 2° l'encens, le sacrifice de l'esprit par la prière ; 3° la myrrhe, le sacrifice de la chair par la mortification.

Quel fruit devons-nous tirer de ce mystère ?

1° Réjouissons-nous, et remercions Dieu de nous avoir appelés à la foi ; 2° admirons en cela sa bonté ineffable et gratuite, car ce n'est ni nos mérites qui l'ont obligé à nous adopter, ni nos bonnes qualités, ni les services rendus ou espérés, ni le besoin qu'il eut de nous. Motifs qui poussent les hommes à appeler dans leur famille un étranger, et qui n'ont pas lieu à l'égard de nous envers Dieu, puisqu'au contraire, pourquoi ne sommes-nous pas nés parmi les sauvages, les Barbares, les infidèles, les hérétiques, etc. ; 3° répondons à cette grâce, en conformant notre vie à notre foi ; 4° craignons qu'elle ne nous soit ôtée ainsi qu'aux Juifs, si nous n'en faisons un bon usage ; malheur trop commun, car combien de libertins la perdent tous les jours au milieu même de l'Eglise, et entraînent avec eux les peuples entiers ; 5° cherchons Dieu à l'exemple des mages, comme le seul bien qui mérite qu'on le cherche ; comme le seul bien qu'on trouve toujours quand on le cherche ; comme le seul bien qui rend heureux, quand on le trouve ; comme le seul bien qu'on ne perd jamais, quand on le possède. Quel est ce bien sans lequel on n'est rien bien l'a dit saint Augustin. 6° Prions Jésus de se manifester à nous, dans l'oraison signifiée par l'encens : en nous, par la mortification que la myrrhe figure ; par nous, au moyen des œuvres de charité, dont l'or est le symbole.

Que représente la manifestation de Jésus-Christ faite, 1° aux pasteurs ; 2° aux mages ; 3° à sainte Anne et à saint Siméon, dans leur extrême vieillesse ?

1° Que les apôtres et les disciples juifs qui ont été les pasteurs de l'Eglise naissante, croiraient les premiers en Jésus-Christ ; 2° que la plénitude des gentils viendrait ensuite en foule le reconnaître ; 3° qu'à la fin du monde les restes de la nation juive se convertiraient à la foi.

Que remarquez vous encore dans ces manifestations ?

La bonté de Dieu qui se conforme et se proportionne à tout le monde, et à l'état d'un chacun, pour nous attirer tous à lui : car elles se firent, 1° aux Juifs, ou aux pasteurs par la voix des anges, ce qui leur était ordinaire, comme ayant commerce et union avec eux, et par les prophéties dont ils étaient dépositaires ; 2° aux gentils, désignés à Abraham par les étoiles du firmament, et adonnés à l'astrologie, par un signe du ciel ; 3° à saint Siméon et à sainte Anne, par une illustration intérieure du Saint-Esprit, parce qu'ils représentaient la partie la plus éclairée de la Synagogue, et qu'ils étaient des personnes d'oraison ; 4° à tout le monde, par la prédication muette des astres et des éléments.

Que fit Hérode après leur départ ?

Il attendit quelque temps de leurs nouvelles, méprisant peut-être cette aventure, et croyant qu'elle n'aurait pas de suite : mais le bruit de la venue du Messie et de sa naissance admirable s'étant renouvelé quelques jours après, lors de la purification, et voyant que les mages s'étaient moqués de lui, il prit la cruelle résolution de faire massacrer tous les enfants au-dessous de deux ans dans Bethléem et aux environs, ce qu'il exécuta avec une inhumanité plus que barbare, tandis que saint Joseph, averti par un ange, emmena en Egypte l'Enfant Jésus, et sa très-pure Mère.

Que signifient les persécutions de Jésus-Christ au commencement et à la fin de sa vie ?

Celles de son corps mystique ou de l'Eglise exposée dans sa naissance, aux fureurs de l'empire romain idolâtre, et à la fin du monde à celles de l'Antechrist.

Qu'étaient donc devenus les mages ?

Avertis en songe de n'aller pas vers Hérode, ils s'en étaient retournés en leur pays par un autre chemin, prêchant ce qu'ils avaient vu ; nous apprenant par là que pour retourner en notre patrie, qui est le ciel, et dont nous nous sommes écartés suivant les routes du vice et du péché, et sortant du paradis par la porte de l'orgueil, de l'avarice, de la sensualité, de la vaine joie, etc., nous devons pour revenir et y rentrer, suivre la voie de la pénitence, de l'humilité, de la pauvreté, de la mortification et des larmes ; celle-là conduisant à Hérode, celle-ci à Jésus-Christ, ce que nous pouvons pratiquer dès aujourd'hui, fuyant les dérèglements des mauvais Chrétiens, qui prennent la sainteté de cette fête si célèbre autrefois, et destinée à l'administration du baptême, par leurs excès et leur intempérance, et nous appliquant à la dévotion et aux œuvres, cherchant avec les mages Jésus-Christ, et gémissant de voir que toutes les créatures ont inviolablement conservé leur inclination vers leur fin, tandis que nous avons perdu la nôtre. La pierre tend au bas, le feu monte en haut, l'aimant va s'unir au fer, etc., et nous nous faisons violence pour aller à Dieu. La nature des choses est-elle changée ? L'homme attire Dieu, et Dieu n'attire pas l'homme ? A peine Jésus-Christ est-il né, qu'il envoie une étoile pour attirer l'homme : il est ressuscité, il règne au ciel, les astres publient hautement sa gloire, et l'homme ne le cherche pas encore ! Si l'homme n'est pas le premier à l'aimer et à le suivre, pourquoi du moins n'est-il pas le second ? Rien de dur au monde qui ne s'amollisse par quelque artifice : les métaux se fondent au feu ; le fer se rend flexible à la forge ; la dureté du diamant se dompte par le sang de quelques animaux, et le cœur humain résiste à tout : au feu du Saint-Esprit, aux bienfaits redoublés du Créateur : au sang de Jésus-Christ : les anges et les bêtes l'abordèrent dans le désert, et reconnurent leur auteur ; l'homme seul, pour lequel il était venu, n'y parut pas. Autrefois Dieu se repentit d'avoir fait l'homme, ne craignons-nous point à présent que Dieu ne se repente de s'être fait homme ?

LA PURIFICATION.

(2 février.)

Qu'est-ce que cette fête ?
C'est le jour auquel la sainte Vierge se présenta au temple avec le saint Enfant Jésus.

Pourquoi ?
Pour obéir à la loi de Moïse, qui ordonnait aux femmes de se purifier le quarantième jour après avoir mis au monde un enfant.

Que signifiait cette purification ?
Que le péché originel rendait notre naissance impure et maudite.

Combien y avait-il que Jésus-Christ était né ?
Quarante jours, l'Eglise dans son année célébrant trois quarantaines : devant la Passion, devant l'Ascension, devant la Purification. La première était une quarantaine douloureuse : la seconde, une quarantaine joyeuse : la troisième, une quarantaine amoureuse, dont cette fête est le dernier mystère, et nous sommes tenus d'y honorer d'autant plus la sainte Vierge, que très-apparemment c'est à cette divine Mère que l'Eglise est redevable de ce que nous savons des particularités de l'incarnation et de l'enfance du Sauveur, le Saint-Esprit s'étant servi de sa bouche pour en instruire les évangélistes.

La sainte Vierge était-elle souillée afin d'avoir besoin de se purifier, ou y avait-il quelque chose d'impur dans la naissance du Fils, ou dans l'enfantement de la Mère ?
A Dieu ne plaise d'avoir cette pensée : Jésus était le Saint des saints, et Marie la pureté même. Jésus était exempt de cette cérémonie, et par la dignité de sa personne, et par le privilège de sa naissance.

Pourquoi donc se soumit-elle à cette loi ?
Par esprit, 1° d'obéissance ; 2° d'humilité, paraissant comme une femme immonde ; 3° de religion, honorant la sainteté de Dieu en lui sacrifiant la sienne : imitant ainsi l'exemple de son bien-aimé Fils, qu'elle avait vu depuis peu de jours se soumettre à la dure et ignominieuse loi de la circoncision, estimant plus la qualité de l'imitatrice de Jésus, que les priviléges de Mère de Jésus, et nous apprenant que nul ne doit être exempt de se purifier quand il entre dans la maison de Dieu, particulièrement si c'est pour offrir ou recevoir Jésus-Christ.

Qu'est-ce que cela nous apprend encore ?
1° A ne rechercher point les exemptions ni les dispenses : Jésus se soumet à la circoncision instituée par les hommes pécheurs, et Marie à la purification établie pour les femmes immondes. Qui trouvera des lois trop humiliantes pour soi ? 2° Dieu ne voulait pas que la loi chrétienne commençât par les dispenses, les priviléges et les indulgences, les distributions, dit un saint.

Pourquoi encore présenta-t-elle son Fils ?
Pour obéir à une autre loi de Moïse, qui obligeait les parents d'offrir à Dieu leurs premiers-nés.

Que fit donc la sainte Vierge ?
Elle porta l'Enfant Jésus au temple, et le présenta à Dieu par les mains des prêtres, comme son premier-né et comme le Fils unique du Père, et qui, naissant de son sein de toute éternité, venait de naître depuis peu sur la terre, et devait lui être offert et offrir avec lui toute la nature.

Qu'est-ce que cela apprend aux parents ?
D'offrir leurs enfants à Dieu dès qu'il leur en a donné, et aux enfants de s'offrir à Dieu dès qu'ils ont l'usage de raison.

Pourquoi les parents faisaient-ils cette offrande ?
Afin, 1° de remercier Dieu ; 2° de témoigner que leurs enfants étaient plus à lui qu'à eux ; 3° d'attirer sur eux la bénédiction ; 4° de renouveler le souvenir de leur délivrance d'Egypte, lorsque Dieu, ayant fait mourir les premiers-nés des Egyptiens, voulut, en reconnaissance de ce bienfait, que les Israélites lui consacrassent les leurs et les lui donnassent, permettant néanmoins de les racheter par l'oblation de quelque hostie.

Quelle était cette hostie ?
Les riches offraient un agneau en sacrifice, et les pauvres une paire de tourterelles ou de pigeons.

Pourquoi ces trois sortes d'animaux ?
Ils représentent, 1° la paix, 2° l'amour, 3° l'union qui doit être entre les personnes mariées.

La sainte Vierge offrit-elle un agneau ?
Non, elle n'offrit point la victime des riches (elle l'eût pu aisément, la chose étant de peu de valeur, et ayant les présents des mages), mais des pauvres : outre qu'elle offrait Jésus, l'Agneau de Dieu.

Pourquoi ?
Par esprit, 1° de pauvreté, 2° d'humilité, 3° de soumission et de conformité à la Providence divine, qui l'avait fait naître dans une condition médiocre, quoiqu'elle fût de l'extraction la plus illustre et la plus ancienne du monde.

Que nous enseigne cet exemple ?
A ne nous élever jamais au delà de ce que nous sommes.

Que nous apprend la sainte Vierge accompagnant d'un présent d'aussi peu de valeur que sont deux pigeons ou deux tourterelles l'offrande si haute et si divine que faisait son Fils de lui-même et de tout le genre humain ?
A unir nos faibles devoirs et nos pauvres services à Jésus-Christ, afin que ses mérites

suppléent au défaut des nôtres. Le lierre, de lui-même, ne peut s'élever en haut; mais, attaché à un arbre, il monte autant que lui : ainsi nos œuvres, quoique basses et rampantes, deviennent quelque chose, si nous les joignons à cet arbre de vie planté au milieu du paradis de l'Eglise. Unissez donc vos prières aux siennes, vos larmes, vos jeûnes, afin que ce qui est peu considérable dans vous devienne par Jésus-Christ d'une très-grande valeur. Une goutte d'eau regardée seule n'est presque rien; mais, jetée dans un verre de vin exquis, elle prend un être plus noble.

La sainte Vierge racheta donc son Fils, comme l'ordonnait la Loi?

Oui, et Jésus, qui appartenait déjà à Marie par sa naissance, voulut lui appartenir encore par droit de rachat et être doublement à elle. Le rédempteur de Marie voulut que Marie devînt en ce jour sa rédemptrice; il voulut qu'elle l'offrît lui-même, et qu'en lui elle nous offrît tous à son Père.

Pourquoi ce sacrifice?

En expiation des péchés de notre conception.

Mais pourquoi ces trois sortes d'animaux?

Parce qu'ils sont les symboles de la pénitence et des vertus qui se pratiqueront toujours dans l'Eglise, dont ce temple était la figure.

Comment?

1° L'agneau immolé signifie qu'un véritable pénitent doit sacrifier sa chair par la pratique de la mortification et de la chasteté ; 2° la colombe, qu'il doit se consumer dans les gémissements; 3° la tourterelle, qu'il doit finir ses jours dans la solitude.

Que figurent encore ces trois sortes de sacrifices?

Les trois différents états dans lesquels les fidèles doivent s'immoler à Dieu.

Que représente l'agneau?

L'état des simples fidèles qui marchent dans la voie commune et ordinaire, et qui ne s'élève à rien de sublime ; aussi était-ce l'offrande des riches.

Et la colombe?

Comme c'est un animal qui vit en société et qui se multiplie beaucoup, il représente la vie active des personnes charitables qui sont fécondes en bonnes œuvres, et qui engendrent des enfants spirituels à Jésus-Christ et à son Eglise.

Et la tourterelle?

Comme elle se plaît dans les déserts, elle figure la vie contemplative et unitive des parfaits, qui gémissent continuellement dans cet exil, qui ne respirent que la retraite et l'oraison, et qui ne soupirent qu'après le ciel.

Que remarquez-vous encore dans les animaux offerts par la sainte Vierge?

Qu'elle présenta des oiseaux, et des oiseaux qui n'ont point de chant, pour figurer l'occupation des âmes saintes dans cette vallée de larmes, qui n'est autre que de gémir et de voler, et du vol de la considération passer au gémissement de la componction,

soupirer après les biens qu'on attend, gémir des maux qu'on ressent, être une colombe dans la communauté, et une tourterelle dans la solitude.

Qu'arriva-t-il en ce jour-là?

Un saint vieillard appelé Siméon, ayant reçu de Dieu la promesse de voir avant de mourir le Sauveur du monde, accourut au temple, transporté d'un mouvement du Saint-Esprit; et ayant pris l'Enfant Jésus entre ses bras, il le bénit et demanda à Dieu de mourir, ayant vu celui qui devait être la lumière des nations; puis, s'adressant à la sainte Vierge, il lui prédit qu'un glaive de douleur transpercerait son âme, ce qui s'accomplit sur le Calvaire.

Quoi encore?

Une sainte prophétesse, qui depuis longues années se consumait en prières et en bonnes œuvres, accourut aussi au temple ; et remplie du Saint-Esprit, elle parlait de ce béni Enfant à tous ceux qui attendaient la rédemption d'Israël.

Que figuraient les prêtres et ces deux personnes si âgées qui reçurent Notre-Seigneur?

1° Que la nation juive, après avoir d'abord reconnu Jésus-Christ en la personne des pasteurs, le reconnaîtra enfin au dernier âge du monde; 2° que la Loi, la prophétie et le sacerdoce ancien, ainsi que Moïse, Marie et Aaron, verraient la terre promise, mais n'y entreraient pas, étant incapables d'introduire le peuple de Dieu du désert de ce monde dans le ciel.

Quelles sont les cérémonies de l'Eglise en ce jour?

Elle fait la bénédiction des cierges ou chandelles de cire, d'où vient qu'on l'appelle la Chandeleur.

Que signifient ces cierges allumés?

1° Jésus-Christ la lumière du monde, qui devait éclairer les nations par la lumière de la foi, et dissiper les ténèbres de l'idolâtrie, suivant la prédiction de saint Siméon ; 2° l'obligation que nous avons de reluire en bons exemples ; 3° et d'avoir la charité à la fin de la vie, quand il faudra aller au-devant du céleste Epoux.

Quoi encore?

Elle fait une procession dans l'église.

Pourquoi?

Pour représenter que saint Siméon et sainte Anne allèrent à la rencontre de la sainte Vierge, lorsqu'elle portait l'Enfant Jésus au temple.

Pourquoi l'Eglise se sert-elle du violet dans cette procession?

1° Pour marquer ses sentiments de pénitence et de douleur, à la vue des dérèglements qui se commettaient autrefois en ce jour; 2° pour représenter l'état d'humiliation dans lequel la sainte Vierge parut dans cette cérémonie; car, comme les autres femmes y venaient couvertes de cendres et revêtues des marques extérieures de l'expiation de leur péché, il est sans doute que la très-sainte Vierge voulut par humilité s'y conformer.

Pourquoi le mystère de la Présentation vient-il après celui de la Circoncision?

Personne n'est digne d'être présenté à Dieu, s'il n'a circoncis ses vices et ses convoitises, et retranché ses affections charnelles et déréglées.

Pourquoi cette fête n'a-t-elle point d'octave?

L'obligation de nous purifier par la pénitence doit durer toute la vie, et n'est pas renfermée dans un certain nombre de jours. D'ailleurs l'Enfant Jésus, après avoir comme reçu la bénédiction de son Père dans le temple, se retira aussitôt en Egypte.

DE LA SEPTUAGÉSIME.

Qu'est-ce que la Septuagésime?

C'est un temps que l'Eglise consacre à la pénitence et à la dévotion, et que le monde destine à la débauche et à la dissolution.

Que faut-il donc faire?

L'employer aux exercices de piété, 1° par conformité à l'esprit de l'Eglise ; 2° par opposition à l'esprit du monde. L'Eglise prêche aujourd'hui la pénitence, il faut écouter sa voix, il faut entrer dans sa conduite. Le monde excite à la débauche, il faut fermer les oreilles à ses discours trompeurs, il faut éviter ses mauvais exemples avec soin.

A quoi voit-on cet esprit de l'Eglise?

Le mot même de Septuagésime nous remet en mémoire, 1° les soixante et dix années de la captivité du peuple de Dieu en Babylone sous Nabuchodonosor, figure de la tyrannie du diable et du péché ; 2° les soixante et dix semaines d'années de Daniel, pendant lesquelles le monde avait encore à gémir dans l'attente de sa rédemption ; 3° les soixante et dix années auxquelles tout au plus s'étend l'âge de l'homme, après quoi la vieillesse nous accable, et la mort nous enlève; 4° les sept semaines qui restent jusqu'au dimanche de la Passion ; 5° la ferveur des premiers Chrétiens qui commençaient le jeûne quadragésimal dès ce dimanche, et qui faisait non une Quadragésime, mais une Septuagésime de pénitence, ce qui s'est conservé en plusieurs ordres religieux ; 6° les instructions publiques des catéchumènes qu'autrefois on commençait en ce jour pour les disposer au baptême qui était administré à Pâques : or tout cela inspire la pénitence et la religion.

Où paraît encore cet esprit?

L'Eglise, 1° retranche ses cantiques de joie et d'allégresse ; 2° elle prend le violet, qui nous fait ressouvenir des cendres dont les pénitents se sont toujours couverts, et des coups et meurtrissures que le Sauveur reçut dans sa Passion, qui rendirent son sacré corps tout livide. En effet, cette couleur n'est qu'un mélange de rouge et de noir; 3° elle nous propose, dans son Office les vérités les plus touchantes et les plus terribles de la religion, la création du monde, la chute de l'homme, l'arrêt de mort porté contre lui, son exclusion du paradis, le cilice dont Dieu le revêtit, et la pénitence à laquelle il le condamna, la corruption du monde, le déluge, Noé sauvé par le moyen d'un bois, symbole de la pénitence, l'idolâtrie répandue par toute la terre, le peuple de Dieu captif en Egypte, et opprimé par Pharaon, autre célèbre peinture de l'esclavage de la nature humaine, le passage de la mer Rouge, figure du sang de Jésus-Christ, dans lequel nos péchés ont été submergés, etc. ; 4° les épîtres et les évangiles qu'on lit à la Messe, nous marquent le même esprit. L'Eglise nous présente un modèle achevé de la pénitence en la personne de saint Paul, qui au milieu d'un nombre infini de travaux et de souffrance, châtie encore son corps de peur d'être réprouvé, un père de famille qui envoie ses ouvriers à sa vigne, un aveugle sur un grand chemin, etc. En un mot, tout nous montre en ce temps-ci le péché de l'homme, tout nous prêche la pénitence, tout nous excite à travailler à notre salut.

Pourquoi devons-nous encore consacrer ce temps à la piété?

Par opposition à l'esprit du monde, qui se plonge à présent dans la dissolution et la débauche : car c'est un principe excellent que pour être un parfait Chrétien il faut prendre le contre-pied du monde. Le monde emploie ce temps aux déréglements, employez-le à la pénitence, et vous entrerez dans l'esprit de l'Eglise ; en effet, 1° si le temps de la Septuagésime jusqu'au Carême est comme le vestibule du jeûne et le portique de la pénitence, ainsi que dit un grand saint, peut-on le souiller par l'intempérance, et se promettre d'avoir accès dans ce sanctuaire, qui ne reçoit que des personnes sobres et religieuses ? 2° A-t-on jamais vu se préparer au jeûne par la bonne chère, à la pénitence par le péché, à la dévotion par l'impiété, à la prière par la dissolution ? 3° Le Carême est le grand remède des maladies de l'âme, est-ce se disposer au recouvrement de la santé, que de contracter de nouvelles infirmités, et d'agrandir ses anciennes plaies; 4° la sainte quarantaine est une carrière au bout de laquelle est préparé le prix de la course, comme parle saint Paul : quelle apparence que celui-là coure avec vitesse, et qu'il emporte ce prix, qui ne songe qu'à appesantir son corps, et qu'à se charger de vin et de viande ? 5° Ces jours-ci sont comme les prémices, et les premiers boutons de la grande récolte que nous devons faire ce Carême : quelle sera la moisson de celui qui détruit les premiers germes de la semence ? Quel fruit doit-on espérer d'un jeûne dont on profane la veille par la débauche ? Quel cas Dieu fera-t-il d'un temps dont vous consacrez les premiers jours au crime ? 6° Vous commettrez plus de péchés pendant le carnaval que vous n'en expiez pendant le Carême. Le Carême est donné pour vous purifier des souillures que vous contractez pendant toute l'année, et il ne suffira pas pour vous laver de celles que vous commettrez pendant le carnaval.

Que faudrait-il donc faire jusqu'au Carême?

1° Donner ordre aux affaires temporelles

et extérieures, et se débarrasser le plus qu'il sera possible de tous soins, pour vaquer en paix et sans distraction aux exercices de piété pendant le Carême, à l'imitation des premiers Chrétiens qui se retiraient dans des solitudes, pour y passer ce saint temps ; 2° prévoir et préméditer les bonnes œuvres et pratiques de dévotion qu'on veut faire pendant cette quarantaine, et les dispositions intérieures qu'on doit y apporter, se mettant devant les yeux de Jésus-Christ au désert ; 3° demander à Dieu la grâce et la force de faire avec exactitude le Carême dans son esprit et celui de l'Eglise. Demandons la santé à Dieu, mais pour l'employer à son service. Demandons des forces, mais pour les consommer en bonnes œuvres. Demandons la vie, mais pour la consacrer à la pénitence.

DE LA FÊTE DE SAINT MATHIAS.

(24 février.)

Que savons-nous de ce saint ?

1° Qu'il avait été témoin de la vie et des actions de Jésus-Christ depuis le baptême de saint Jean jusqu'à l'Ascension, et particulièrement de sa résurrection ; 2° qu'il fut élevé à l'apostolat préférablement à Joseph surnommé le Juste, et parent de Jésus-Christ selon la chair ; 3° que le Saint-Esprit lui communiqua les vertus et le zèle commun aux autres apôtres ; 4° qu'il prêcha l'Evangile dans l'Ethiopie et la Judée, où après trente-trois ans de travaux apostoliques, il souffrit trois genres de supplices très-cruels, ayant été lapidé, crucifié et décapité ; 5° l'histoire ecclésiastique nous apprend que les premiers fidèles avaient retenu de lui cette belle maxime, qu'il ne fallait accorder aucun plaisir au corps.

Qu'apprenons-nous de là ?

1° A n'agir point par des vues humaines et naturelles ; 2° à consulter Dieu en toutes choses ; 3° à ne s'ingérer point dans le sacerdoce, et à n'y ingérer personne sans la vocation divine.

Que doit-on encore considérer ?

La chute de Judas, moins connu pour avoir été l'apôtre de Jésus-Christ, que pour en avoir été le traître, et dont saint Mathias a rempli la place ; il avait été appelé et choisi de Jésus-Christ même, instruit à son école, reçu le pouvoir de prêcher l'Evangile, de chasser les diables, et de faire des miracles. Il avait considéré ceux du Fils de Dieu, sa vie, sa doctrine, ses vertus, ses mystères. Jésus-Christ lui lava les pieds, et l'admit à la participation de la très-sainte Eucharistie, l'ordonna prêtre, cependant il le trahit et il se perdit. Consolons-nous, dit saint Ambroise, du peu de succès de nos choix, et de l'ingratitude de ceux que nous choisissons, et ne nous scandalisons pas de voir des apostats dans les plus saintes communautés.

Comment se perdit-il ?

Il se laissa aller à l'avarice, aux murmures, aux suggestions du diable qui le posséda, à l'aversion contre Jésus-Christ, à la trahison de son Maître, au désespoir, et à l'impénitence finale : ceux qui l'avaient engagé dans le crime, selon la coutume, ne se mirent pas en peine de l'en retirer, et les faux pasteurs de la Synagogue abandonnèrent aisément cette brebis égarée.

Qu'apprenons-nous de cet exemple ?

1° A nous humilier ; 2° à correspondre à la grâce ; 3° à craindre, puisque Lucifer s'est perdu dans le ciel, Adam dans le paradis, et Judas en la compagnie de Jésus-Christ, dans le collège des apôtres, et favorisé des plus précieuses grâces.

Donnez-nous, Seigneur, un zèle si plein de douceur, et une douceur si pleine de zèle, que nous ayons la fermeté d'un juste innocent, qui ne tombe jamais, et la compassion d'un pécheur fragile qui tombe à toute heure, la douceur de persévérance, et l'humilité de la rechute, afin que nous puissions relever les autres, sans tomber nous-mêmes.

CONTRE LE CARNAVAL.

Qu'est-ce que le carnaval ?

C'est un temps de tristesse et d'affliction pour les bons Chrétiens.

Pourquoi ?

Parce que le dérèglement du carnaval est un mal, 1° sans médecin ; 2° sans fin ; 3° sans remède.

Pourquoi sans médecin ?

Parce que personne ne s'applique à y remédier, et que ceux qui le devraient faire, sont souvent plus malades que les autres.

Pourquoi sans fin ?

Parce qu'il revient régulièrement chaque année, et qu'on ne songe ni à l'abolir ni à se corriger : ou si quelquefois on y voit de la diminution, ce n'est pas que la convoitise soit moindre, mais c'est que les facultés ne sont pas si grandes.

Pourquoi sans remède ?

Parce qu'il n'y a presque, 1° aucune autorité qui le réprime ; 2° aucun exemple qui le condamne ; 3° aucun objet qui l'arrête, et c'est en vain que l'Eglise expose aux yeux des mondains le grand tableau d'un Dieu crucifié, comme on expose le voile de sainte Agathe pour éteindre les flammes du mont Vésuve, et pour en arrêter le torrent impétueux : le feu de la convoitise qui les brûle au dedans, est plus fort sur leur cœur, que le feu de l'amour divin qui les environne au dehors.

Pourquoi dois-je m'abstenir de la licence du carnaval ?

Vous devez cela, 1° à vous-même, n'êtes-vous pas tenu de réparer les désordres que vous avez autrefois commis en cette saison, les contraires se guérissent par les contraires, la crapule par le jeûne, le scandale par le bon exemple.

2° A votre famille, à vos enfants, à vos domestiques, à vos voisins ; ne perpétuez pas le désordre chez vous, et ne vous donnez pas ce remords en mourant.

3° Aux gens de bien et autres personnes bien intentionnées, de qui il faut fortifier le parti, et autoriser la conduite.

4° Aux faibles et aux pusillanimes, qui seront par là affermis dans la vertu et dans leurs bonnes résolutions.

5° Aux méchants et vicieux, aux désordres desquels on doit s'opposer, de peur qu'ils n'infectent les autres.

6° A l'obligation que vous avez de contribuer à l'établissement des bonnes coutumes, et à l'extirpation des mauvaises.

7° A l'Eglise, qui vous prêche en ce temps-ci la pénitence. C'est votre Mère qui vous parle de la part de Dieu, et vous ne l'écoutez pas.

8° A la religion, car les hérétiques et les infidèles s'imaginent qu'elle approuve ces excès : ils blasphèment contre une religion de qui la conduite leur paraît si corrompue, et vos désordres en sont cause.

9° A Jésus-Christ même que tout le monde abandonne en ce temps-ci ; n'attendez pas d'être dévot à la semaine sainte ; célébrez dès à présent sa Passion, puisque les hommes le crucifient par leurs péchés.

10° Au soin de votre salut, car s'il y a quelque saison dans l'année où l'on puisse conjecturer que doive venir le jugement, et où les hommes doivent être surpris, c'est celle-ci, puisqu'on n'entend parler que de festins et de bonne chère, de boire, de manger, de faire des noces, etc.

Mais ne peut-on pas quelquefois se récréer et se divertir ?

Si nous étions véritablement Chrétiens, nous verrions qu'il y a peu de plaisirs licites ; et ce n'est pas sans mystères que le sage et obéissant frère de l'enfant prodigue, disait à son père, que depuis tant d'années il le servait, et qu'il gardait tous les commandements sans en avoir violé aucun ; il ne lui avait jamais donné, non un veau gras, mais un seul chevreau pour se divertir avec ses amis : mais du moins doit-on s'en priver en ce temps-ci, pressés par tant de raisons.

Dites-en quelques-unes encore ?

1° Vous vous mettez hors d'état de pouvoir observer le Carême, car on ne passe pas tout d'un coup d'une extrémité à l'autre, de l'intempérance à la sobriété, de la crapule au jeûne : l'estomac ne peut supporter un changement si subit et si prompt, la santé en est altérée, il faut s'y disposer peu à peu.

2° La gourmandise et l'ivrognerie peuvent-elles vous introduire dans les pratiques mystérieuses du jeûne ? la volupté dispose-t-elle à la mortification ? le vice à la vertu ? sont-ce là des préparations convenables ?

3° Ceux qui doivent s'exercer à la lutte ou à la course, s'y disposent par une exacte abstinence, afin d'être plus allègres et plus dispos. Ne vous accablez donc pas d'un poids infini d'aliments superflus, puisque vous avez à vous exercer dans la carrière du jeûne, et à lutter contre le démon de l'intempérance.

4° Quel est l'époux, dit saint Basile, qui voulant recevoir une épouse pudique et chaste dans le lit nuptial, la souille auparavant en y introduisant une infâme prostituée ? vous devez faire demain une sainte alliance avec l'abstinence, et vous introduisez aujourd'hui dans votre cœur l'intempérance ? n'est-elle pas une prostituée publique, la mère de l'impudence, des ris dissolus, des extravagances et des folies, et qui ne se plaît que dans les ordures et les infamies ?

5° N'avez-vous pas honte, poursuit ce saint, de vous présenter au jeûne, avec un estomac rempli de viandes qui ne sont pas encore digérées, et de vin qui n'est pas achevé de cuver ?

De quoi faut-il donc s'abstenir en ce temps ?

1° De tout excès de bouche ; 2° de toute assemblée mondaine ; 3° de tout spectacle profane.

Que faut-il faire ?

1° Etre assidu à l'église, au sermon, au salut, etc.; 2° gagner les indulgences, et fréquenter les sacrements ; 3° vivre retiré, et avec modestie et retenue.

DU MERCREDI DES CENDRES.

Qu'est-ce que le mercredi des Cendres ?

Un jour auquel l'Eglise commence le saint jeûne de Carême, par une cérémonie extrêmement dévote et mystérieuse.

Quelle ?

Elle bénit solennellement des cendres, et elle les met, par la main de ses ministres, sur le front des fidèles, leur disant ces paroles, ou plutôt cet arrêt que Dieu prononça autrefois à notre premier père après son péché (*Gen.* III, 19) : *Souvenez-vous, ô homme, que vous êtes cendre et que vous retournerez en cendre.*

De quel bois sont faites ces cendres ?

On prend ordinairement des rameaux du dimanche qui en porte le nom, et qu'on réserve à cet effet d'une année à l'autre ; on les brûle avec soin dans quelque vase d'airain ou de cuivre qui soit bien propre, sans y mêler d'autre bois, et on ramasse les cendres pour les faire bénir.

Cette bénédiction attire-t-elle quelques grâces sur ceux qui reçoivent les cendres avec de saintes dispositions ?

Oui, car elle fait naître en eux des sentiments, 1° de pénitence et de componction ; 2° d'humilité ; 3° de détachement des choses passagères et périssables de ce monde ; 4° d'amour des biens stables et permanents de l'éternité.

Quels bons effets produit-elle encore ?

1° Elle excite Dieu à nous faire miséricorde ; 2° elle fait même sur nos corps une impression de santé, sans doute afin que nous puissions jeûner le Carême, et le passer dans les exercices de la piété chrétienne. C'est ce que nous recueillons des prières de l'Eglise en ce jour.

Ignorons-nous que nous devons mourir ?

Non ; mais, 1° nous n'y pensons pas ; 2° nous vivons comme si nous ne devions jamais mourir ; 3° le démon qui persuada à nos premiers parents qu'ils ne mourraient point du tout, nous persuade encore la même chose, en nous mettant dans l'esprit que nous ne mourrons pas aujourd'hui, ni cette semaine, ni ce mois, ni cette année. Ainsi il abolit en nous aussi bien qu'en eux, quoique par une voie différente, la pensée si utile et si salutaire de la mort, que l'Eglise nous rafraîchit aujourd'hui.

Pourquoi le prêtre, mettant de la cendre sur la tête, ne nomme-t-il personne par son nom propre, mais seulement, Souvenez-vous, ô homme ?

Pour nous apprendre que la mort dépouille de tous titres et de toutes qualités, du nom de prince, de roi, d'empereur, etc., et qu'elle ne laisse que celui d'homme mortel. C'est ainsi que l'Ecriture, après avoir toujours nommé David roi, quand elle vient à son trépas, dit seulement, que les jours de David s'approchèrent, sans faire plus mention de sa qualité de souverain.

Pourquoi l'Eglise dit-elle que nous sommes poudre, et que nous retournerons en poudre ?

Pour nous mettre devant les yeux notre origine et notre fin, que ce corps que nous aimons tant vient de la terre, qu'il n'est que de la terre, et qu'il sera rongé de vers, qu'il reviendra poussière et cendre, ainsi qu'il était avant sa formation, et qu'il sera comme réduit à néant.

Nos corps sont-ils anéantis après notre mort ?

Non, mais ils deviennent si peu de chose, que quelques cadavres qu'on ait inhumé dans cette église depuis plusieurs siècles, le pavé bien loin d'en être plus élevé, ne fait que s'affaisser toujours davantage, et que la cendre de plusieurs hommes brûlés se renferme tout entière dans un fort petit vase, à porter à la main.

Pourquoi se sert-on de la cendre pour nous inculquer ces vérités ?

Parce qu'elle est un symbole tout naturel de la vanité et du néant de l'homme.

Comment ?

1° La cendre est une espèce de terre la plus vile, la plus méprisable et la plus abjecte de toutes ; 2° il n'y a rien de plus léger, de plus inconstant et de plus vain que la cendre, elle est le jouet du vent et la balayure du monde ; 3° elle est la matière du monde la plus stérile et la plus infructueuse : elle ne produit rien, elle est aride, sans suc et sans vertu, et plusieurs philosophes ont cru qu'elle était le dernier abaissement de la nature ; 4° elle est l'image de l'inconstance et de l'instabilité, n'ayant par elle-même ni consistance, ni forme, ni figure déterminée, ni aucune assiette solide et permanente ; 5° enfin elle est le reste du feu qui dévore tout, qui consume l'homme à la mort, et qui consumera l'univers à la fin des siècles ; tel est le tableau de l'homme.

Mais pourquoi met-on cette cendre sur la tête ?

1° Afin d'humilier, d'abaisser et d'arrêter l'orgueil de l'homme, dont un front hautain et arrogant est la marque certaine : le démon est superbe, mais il est immortel : l'homme est aussi mortel que la bête, et plus superbe que le démon. C'est donc pour guérir son orgueil qu'on met de la cendre sur sa tête, comme Jésus-Christ mit de la boue sur les yeux de l'aveugle-né, pour lui rendre la vue.

2° Pour nous apprendre que comme la tête est la principale partie du corps de l'homme, aussi la principale pensée qui doit occuper son esprit, et y tenir le premier rang, est celle de la mort, et que son principal soin doit être celui de bien mourir ; semblable à ces peuples qui, pour marquer qu'une chose leur est précieuse, la mettent sur leur tête.

3° Pour nous avertir que la mort nous pend sur la tête à toute heure, qu'elle est tout proche de nous, que son bras est déjà levé, et que nous ayons à nous tenir toujours prêts.

4° Comme la tête est le siège de la sagesse et de la raison de l'homme, on la couvre de cendre, pour l'obliger à raisonner un peu sur l'instabilité des choses du monde, sur la brièveté de la vie, sur la vanité des grandeurs humaines, et pour en tirer des conséquences chrétiennes et utiles pour le salut éternel.

En quelles dispositions doit-on se présenter pour recevoir les cendres ?

En esprit, 1° d'humilité ; 2° de pénitence ; 3° de mort aux choses du monde ; 4° de soumission et résignation à la volonté de Dieu ; 5° d'acceptation de l'arrêt qu'il a porté contre le pécheur, se mettant à genoux devant le prêtre, comme un criminel devant son juge qui va lui prononcer sa sentence ; 6° dans le désir de bien commencer cette sainte quarantaine, d'en demander la grâce à Dieu, et d'en tirer le fruit que l'Eglise se promet.

DU CARÊME.

Qu'est-ce que le Carême ?

Un jeûne solennel de quarante jours que l'Eglise célèbre avec beaucoup de dévotion et d'exactitude.

Qui rend ce jeûne recommandable ?

1° L'exemple de Jésus-Christ ; 2° l'institution et l'observation des apôtres et de toute l'ancienne Eglise ; 3° la pratique de tous les fidèles ; 4° la fin et la grâce de ce jeûne, qui réprimer les vices, d'élever les âmes, et d'enrichir de vertus, de mérites et de récompenses ; 5° la religion qui oblige de donner à Dieu cette quarantaine, comme la dîme de chaque année ; 6° l'Office ecclésiastique qui est plus long, plus dévot, plus mystérieux qu'à l'ordinaire, et qui met devant les yeux tout ce que la foi a de plus grand, de plus auguste et de plus sacré ; 7° la prédication quotidienne de la parole de Dieu ; 8° la santé même corporelle que le Carême, qui devrait diminuer les forces, a la vertu de rétablir ; 9° les grands mystères de la Passion, où il aboutit et auxquels il dispose et conduit.

Pourquoi le nombre de quarante ?

Il a toujours été consacré à la pénitence : 1° il plut quarante jours lors du déluge, Dieu donnant ce temps aux pécheurs pour apaiser sa colère; 2° Moïse et Élie jeûnèrent quarante jours; 3° les Israélites errèrent quarante années dans le désert, pour expier leurs crimes; 4° Jonas ne donna que quarante jours aux Ninivites pour faire pénitence.

Que doit-on observer sur le manger, afin de jeûner dans l'esprit de l'Eglise?

1° La quantité, ne faisant qu'un repas par jour (la collation du soir ne méritant pas ce nom), encore faut-il que la tempérance préside à ce repas, bien des personnes mangeant tard, et se remplissant ensuite excessivement; ne voyant pas, comme dit saint Jérôme, qu'une faim légère mais continuelle, est plus mortifiante, plus utile, et moins sujette à l'amour-propre et à la sensualité qu'une longue abstinence suivie d'un rassasiement entier, le tout néanmoins avec prudence, discrétion, conseil, le trop en ces choses-là étant quelquefois autant à craindre à certaines gens, que le trop peu à d'autres. 2° La qualité, s'abstenant de viande et d'œufs: on se privait autrefois de beurre, de laitance, de fromage et de mets délicats : est-ce jeûner que de dépenser plus à sa table, et de flatter plus sa sensualité en Carême qu'en un autre temps? Non que l'usage des aliments grossiers soit à couvert de la sensualité : le démon tenta Adam avec une pomme, et Jésus-Christ avec du pain ; David se reprit d'avoir convoité un peu d'eau. 3° L'heure, ne mangeant que sur le midi : il y a peu de siècles qu'on ne mangeait qu'une fois sur le soir, environ l'heure où Jésus-Christ expira, et les Vêpres, qu'on dit encore avant le repas, en sont un vestige, une preuve du relâchement, une protestation contre, et une exhortation accompagnée de reproche. 4° Le nombre de quarante jours qu'il faut jeûner, la seule abstinence étant de précepte, les dimanches, qui sont comme des stations, pour prendre haleine et recouvrer ses forces, afin de poursuivre sa course après s'y être rafraîchi, non par l'intempérance, mais par le souvenir de la résurrection et du banquet éternel qui nous est promis, ainsi qu'un voyageur à l'ombre d'un arbre, disent les saints. 5° L'universalité des personnes, nul n'en étant exempt sans des raisons valables, et dispense de l'Eglise.

Et à l'égard du boire?

1° Hors du repas, il faut se priver des liqueurs nourrissantes. 2° L'Eglise grecque retranche le vin. 3° Les vrais jeûneurs se sont macérés par la soif, comme Moïse, les Ninivites, et Jésus-Christ Notre-Seigneur. Saint Fructueux allant au martyre, refusa de boire, parce qu'il était jeûne ce jour-là, et que l'heure de la réfection n'était pas encore venue; il était dix heures du matin : nous jeûnons aujourd'hui, dit-il, je ne bois pas encore. 4° L'Eglise, dans son Office, nous exhorte à cette mortification. 5° Si on ne rompt pas le jeûne, on peut par là s'éloigner de la fin du jeûne, en perdre le mérite aussi bien que par l'excès du dîner, dit saint Thomas, et pécher contre la tempérance. 6° Quelle soif ne souffrirait point un hydropique pour recouvrer sa santé ou pour prolonger sa vie? Ne ferez-vous rien pour la vie et la santé de votre âme? 7° Il est bon d'honorer la soif de Jésus-Christ à la croix, et de se priver de ce rafraîchissement, ainsi que le saint roi David. 8° Et de racheter par une soif temporelle, la soif éternelle des réprouvés dans l'enfer, dont le mauvais riche brûlait, et brûlera éternellement en punition de ses sensualités. 9° Enfin quel Carême, pendant lequel on ne souffre ni faim, ni soif, ni inanition!

Que doit-on faire encore?

1° Retrancher plus soigneusement qu'à l'ordinaire tous désirs illicites, de peur de ressembler au démon, qui pèche, et ne mange jamais. 2° S'abstenir de plusieurs choses permises. 3° Dépenser moins en ce temps, afin de donner cette épargne aux pauvres, pratique admirable des premiers Chrétiens, à qui ce qu'ils se dérobaient et ce qu'ils gagnaient par leurs mains, tenait lieu d'un juste fonds pour faire l'aumône ; toute autre étant peu méritoire en comparaison de celle-là. 4° Offrir souvent son jeûne à Dieu en l'honneur et en union des jeûnes de son très-cher Fils. 5° Joindre au jeûne une oraison plus longue et plus fervente, Dieu d'ordinaire nourrissant abondamment l'âme quand le corps jeûne. 6° Enfin le silence. 7° La retraite. 8° La lecture des bons livres. 9° L'assistance au sermon. 10° La visite des pauvres, des églises, des hôpitaux, des prisons. 11° La prière. 12° Les veilles. 13° La mortification des sens et de la chair, et semblables pratiques faites avec conseil et prudence, sont d'un grand secours pour profiter de ce temps salutaire. En effet, quoi de plus avantageux pour le salut, que de mortifier son corps par l'abstinence, de sanctifier son âme par la prière, d'honorer Dieu dans le prochain par la charité? Car c'est à quoi tout ce qu'on a dit se rapporte.

Quelles considérations devons-nous faire quand nous jeûnons?

1° L'intempérance est la cause de la perte de notre nature, et qu'elle a chassé du paradis notre premier père, dont les gourmands renouvellent sans cesse le crime. 2° Ayant péché, nous ne méritons pas de vivre. 3° Surmontant la gourmandise qui est un vice capital, nous en surmontons plusieurs à la fois. 4° Par un peu de faim et de soif temporelles, nous nous rachetons de la faim et de la soif éternelles que les réprouvés souffriront à jamais en enfer : jeûnons donc pour ne pas jeûner. 5° Par la soustraction des aliments, nous punissons toutes les parties et toutes les facultés de notre corps, qui toutes ont offensé Dieu, et n'ont été que trop les instruments du péché. 6° Le retranchement des aliments corporels est un moyen de donner la nourriture spirituelle à notre âme, et de pratiquer l'oraison, la charité et les autres exercices de piété auxquels il dispose. 7° Un grand nombre de personnes plus nobles, plus délicates et plus agréables à Dieu que nous, sont réduites à jeûner toujours et à faire un Carême continuel, ce qui devrait être en un sens la vie d'un vrai Chrétien. 8° Divers malades, pour recouvrer la santé corporelle, observent des diètes bien autres : faites par vertu ce que tant de gens font par nécessité : vous êtes fort et robuste, ne vous laissez pas surmonter par les faibles et les infirmes.

Que doit-on faire encore pour sanctifier le jeûne du Carême?

Le rendre universel, faisant tout jeûner en nous : 1° la convoitise, fuyant toute offense de Dieu, particulièrement la colère, la vanité, la singularité, le chagrin et la mauvaise humeur, dont les jeûneurs sont tentés assez souvent; 2° l'amour-propre, retranchant les vaines satisfactions du monde, la complaisance sur soi-même et sur ses prétendues bonnes œuvres; 3° la langue, prenant garde qu'en s'abstenant de la chair des bêtes, on ne déchire celle du prochain par la médisance. Que sert d'avoir l'estomac vide de viande et le cœur enflé d'orgueil? la bouche pâle de jeûne, et l'œil noir d'envie; 4° les sens, leur refusant ce qui les flatte, les beaux objets aux yeux, les curiosités aux oreilles, les parfums à l'odorat. Saint Louis ne voulait pas que les princes ses enfants portassent des fleurs en Carême; tout cela a péché, tout cela doit être corrigé et purifié par le jeûne; 5° les pères et mères de famille et autres supérieurs doivent veiller à ce que ceux qui dépendent d'eux l'observent. Malheur aux cabaretiers et autres qui servent d'instruments à la gourmandise et à l'impiété des hérétiques ou des méchants Catholiques; car l'observation du Carême est à présent comme un acte et une profession de foi et de religion.

Qui doit encore inspirer la piété en ce temps?

1° Jésus-Christ qui se retire; 2° le jeûne qui élève; 3° l'Eglise qui gémit; 4° les vérités qui se prêchent; 5° le monde qui se réforme; 6° les mystères qui se célèbrent; 7° les péchés qui se remettent; 8° les grâces qui s'accordent; 9° les cieux qui s'ouvrent; 10° enfin ce temps est propre à obtenir les besoins, à expier les péchés, à acquérir les vertus, à extirper les vices.

Dites encore quelque chose de l'excellence du jeûne?

1° Il répare le péché de notre premier père, qui par sa gourmandise a fait jeûner tous ses enfants; 2° il ôte les forces superflues du corps, qui ne servent qu'à affaiblir celles de l'esprit; 3° il donne lieu à satisfaire pour chaque crime, offrant par exemple la première semaine en punition d'un tel péché en particulier; la seconde pour un autre, etc., divisant ainsi nos larmes pour parler avec le prophète; 4° il dispose à la digne célébration des mystères de la Passion du Sauveur, de sa mort et de sa résurrection qui s'approchent.

Qui n'observe pas le Carême?

1° Les gourmands, les sensuels, les intempérants; 2° les personnes immortifiées et délicates, qui, à force de faire bonne chère, sont dégoûtées de tout, qui craignent d'affaiblir leurs forces, de nuire à leur santé, de diminuer leur embonpoint; 3° les impies et les libertins; 4° les gens du monde absorbés dans les soins et les affaires, peu soucieux de leur religion et de leur salut.

Ceux qui sont exempts du jeûne sont-ils exempts de mortification?

Non, ils doivent autant qu'ils peuvent, 1° entrer dans l'esprit de l'Eglise; 2° prendre garde à ne pas scandaliser le prochain qui peut ignorer la cause de ce qu'ils ne jeûnent pas; 3° s'affliger sincèrement de ne pouvoir jeûner comme les autres, ainsi que fit saint Grégoire qui l'obtint enfin de Dieu par ses larmes; 4° récompenser cela par d'autres bonnes œuvres, et meilleures si l'on peut que le jeûne, étant une maxime qu'il ne faut point détruire dans l'Eglise, mais édifier, ne dispenser jamais du jeûne sans en substituer un autre en sa place, aussi glorieux à Dieu, avantageux à nous-mêmes, et édifiant à l'Eglise; 5° manger sa viande avec le pauvre, rendant ainsi Jésus-Christ participant de notre inobservance.

Quel doit être le sentiment d'un véritable Chrétien pendant le Carême?

Une sainte tristesse, un continuel gémissement, une humble et sincère pénitence.

Les Quatre-Temps du Carême.

Pourquoi les Quatre-Temps du Carême?

Afin, 1° de remercier Dieu de nous avoir conservés cet hiver; 2° de lui consacrer la saison nouvelle; 3° de lui demander le retour des fruits de la terre, ou plutôt de rendre notre âme féconde en vertus, et la terre en fruits; 4° et la grâce d'en bien user; 5° d'obtenir le Saint-Esprit sur les ministres de l'Eglise, de la sage dispensation desquels dépend l'abondance des fruits spirituels, et du pain de vie qui se distribue dans l'Eglise pour la nourriture des fidèles.

De quoi faut-il s'occuper?

1° Du mystère de la Résurrection dont le printemps est un crayon; 2° de la rénovation spirituelle du Chrétien, ou de la vie nouvelle qu'il doit mener; 3° de l'obligation qu'il a de faire germer en lui la parole de Dieu et les vertus; 4° et d'être soumis aux premiers mouvements de la grâce; 5° on tient que le monde fut créé, et que Jésus-Christ viendra juger le monde, comme il mourut pour le monde, en cette saison.

Quels désordres règnent dans le printemps?

1° La vanité, les assemblées, promenades et rendez-vous en lieux suspects et heures indues; 2° la vaine joie, les plaisirs des sens; 3° l'épanchement sur les créatures.

DE LA FÊTE DE SAINT JOSEPH.

(19 mars.)

Quels sont les priviléges de ce grand saint?

1° D'avoir représenté la personne de Dieu

le Père, et de partager avec lui la qualité de père de Jésus, que la sainte Vierge même donna à saint Joseph ; 2° et l'amour paternel envers ce Fils ; 3° et la dignité d'époux de Marie avec le Saint-Esprit, en ayant eu le nom avec le sacrement de ce divin mariage, si l'on peut s'exprimer ainsi ; 4° d'avoir donc ainsi été choisi de Dieu pour père putatif de son Fils ; 5° et époux de la sainte Vierge ; 6° et le gardien fidèle, ainsi que le témoin irréprochable de sa pureté ; 7° le coadjuteur du grand mystère de l'Incarnation ; 8° le père nourricier de Jésus ; 9° le chef de la famille du Verbe incarné ; 10° pour vivre en la compagnie de Jésus et de Marie, ne travailler que pour eux, et être la consolation de l'un et de l'autre ; 11° recevoir les caresses saintes de Jésus Enfant et les marques de son obéissance ; 12° et lui imposer le nom de Sauveur, suivant l'ordre que lui fit aucun l'ange de la part de Dieu, qui en cela lui déféra l'office et la fonction réservés au Père ; 13° il connut par révélation les mystères de l'Incarnation, de la Rédemption du monde, et de la sainteté de Marie ; 14° il fut fils de David, et qualifié tel par les anges, distinction d'honneur qui lui fut commune avec le Verbe incarné.

Quelles vertus admirez-vous en lui?

1° Sa chasteté, dont il avait fait vœu exprès, ce qui n'avait point encore eu d'exemple parmi les hommes ; 2° sa pureté, grande jusqu'à ce point que la pureté de Marie lui fut confiée ; 3° sa sainteté, n'ayant pas voulu demeurer avec une épouse dont il soupçonnait la pudeur ; 4° sa bonté, de n'avoir pas voulu la diffamer ; la loi le lui permettait, l'Évangile déjà écrit dans son cœur le lui défendit. Il se résolut donc, non de la diffamer, comme il eût fait en la chassant publiquement, mais de la renvoyer sans bruit, nous apprenant que quand quelqu'un pèche secrètement contre nous, la charité doit nous obliger à l'avertir en particulier, sans rendre sa faute publique, ce qui le déshonorerait et ne le corrigerait pas. En attendant même qu'il pût la quitter, il ne lui fit aucun reproche, dit saint Chrysostome, et ne lui dit aucune parole rude, tâchant de faire qu'elle ne s'aperçût pas de sa peine ; 5° sa foi merveilleuse, croyant à l'ange qui lui avait dit qu'elle avait conçu par l'opération du Saint-Esprit, et qu'elle était Vierge et Mère tout ensemble ; 6° son obéissance exacte, étant parti en pleine nuit pour s'en aller en Égypte, du moment qu'il en eut reçu l'ordre du Ciel, et cela sans délai, curiosité, murmure ; 7° sa vie laborieuse, travaillant pour la subsistance de la sainte famille dont il avait soin, et qu'il nourrissait à la sueur de son visage ; 8° son humilité, en ce que, descendant de la famille de David et des rois, il vivait content dans sa pauvreté ; 9° sa vie cachée et obscure, Dieu l'ayant dépouillé de tout éclat humain, pour le rendre illustre par la seule grandeur spirituelle et divine ; 10° enfin, toutes les vertus furent en lui à un degré éminent, ce que l'Évangile exprime, disant, en un mot, qu'il était un homme juste.

Quelles furent ses tribulations?

1° Lorsqu'il vit son épouse enceinte ; 2° qu'Hérode voulait massacrer l'Enfant Jésus, et qu'il fallut s'enfuir la nuit, devenant ainsi le sauveur du Sauveur, et remplissant ainsi la signification de son nom, Joseph voulant dire sauveur ; 3° les travaux, fatigues, besoins et souffrances de l'Enfant et de la Mère dans ce pénible voyage et ces déserts affreux ; 4° un si long séjour dans une terre étrangère, barbare, idolâtre ; 5° la crainte d'Archélaüs quand, par l'ordre de l'ange, il revint d'Égypte en Judée ; 6° la perte de l'Enfant Jésus au temple, l'ayant cherché pendant trois jours le cœur pénétré d'affliction ; 7° sa mort, ou plutôt sa séparation d'avec Jésus-Christ qu'il laissa en ce monde, la consolation des autres saints étant de l'aller trouver en l'autre ; mort qui advint, comme on croit, lorsque Notre-Seigneur commença de prêcher l'Évangile.

Quelles furent ses consolations?

1° D'avoir Marie pour épouse ; 2° d'être délivré de la peine où sa grossesse le mit, et cela par un ange, et dans ces termes si doux : *Joseph, fils de David, ce roi si débonnaire, de la famille duquel le Messie doit sortir, ne craignez point de prendre Marie pour votre épouse, car ce qui est né en elle vient de l'opération du Saint-Esprit* ; 3° de voir adorer, aimer le saint Enfant qui lui appartenait par tant de titres ; et en recevoir le premier les caresses ; 4° de considérer les pasteurs, les rois et les prophètes, rendre leurs hommages et devoirs à son Fils présomptif ; 5° de le recouvrer lorsqu'il le perdit au temple ; 6° de vivre tant d'années dans la douce compagnie de Jésus et de Marie ; 7° de voir un tel fils et une telle mère l'aimer, l'honorer, lui obéir. En quoi paraît un double et admirable modèle d'autorité et de dépendance : d'autorité, pour les personnes qui, supérieures en rang, sont inférieures en mérites ; de dépendance, pour celles qui supérieures en mérite, sont inférieures en rang. C'est ainsi, dit saint Chrysostome, que Dieu, par une admirable variété de consolations et de peines, fait un tissu précieux de la vie des saints.

Que doit-on lui demander?

1° L'amour de Jésus et de Marie ; 2° la pureté ; 3° l'humilité ; 4° enfin nos besoins particuliers avec d'autant plus de confiance, qu'une illustre sainte de ce temps, laquelle a renouvelé la dévotion envers ce bienheureux patriarche, a su par révélation de Notre-Seigneur, qu'on ne demanderait jamais en vain au nom et par l'intercession du grand saint Joseph (82).

DE LA FÊTE DE L'ANNONCIATION.
(25 mars.)

Qu'est-ce que la fête de l'Annonciation?

---

(82) Saint Joseph est particulièrement invoqué pour obtenir la grâce d'une bonne et sainte mort.

Le jour auquel le Verbe divin, coéternel et consubstantiel à son Père, prit chair humaine, se revêtit de notre nature mortelle, et se fit homme dans les entrailles de la très-pure vierge Marie.

Pourquoi l'appelez-vous particulièrement la fête de l'Annonciation?
À cause que l'archange Gabriel vint de la part de Dieu annoncer à la très-sainte Vierge le mystère de l'Incarnation, et l'assurer que Dieu l'avait choisie pour la Mère de Jésus-Christ son fils, vrai Dieu et vrai homme.

Cette fête est-elle grande?
Oui, et non moins célèbre dans l'Eglise, qu'avantageuse à l'homme, et glorieuse à la sainte Vierge : le fondement de toutes les grandeurs de Marie, et de tout le bonheur de l'homme ; une des quatre grandes fêtes qui se solennisent dans l'Eglise en l'honneur de la Mère de Dieu, chaque saison de l'année étant consacrée par un de ses mystères, ainsi que l'a déclaré un grand Pape ; car nous solennisons en hiver la Conception, en automne la Nativité, en été l'Assomption, et au printemps l'Annonciation, n'y ayant aucun temps où les fidèles ne doivent recourir à sa protection, et où ils ne puissent recevoir les sacrées influences de sa puissante intercession.

Comment se passa le mystère de l'Annonciation?
La sainte Vierge était dans ce temps-là âgée de quinze ans environ. Elle ne faisait que de sortir du temple, où elle avait été élevée dès l'âge de trois ans. Elle venait d'être accordée pour épouse à saint Joseph, et se trouvait pour lors à Nazareth en Galilée, province de la Judée. Elle était seule dans sa chambre, et appliquée à l'oraison, à l'heure de minuit apparemment, lorsque l'archange saint Gabriel la vint trouver de la part de Dieu, pour lui annoncer le grand mystère qui devait s'opérer en elle.

Rapportez-nous les circonstances de ce grand mystère?
Voici ce que l'évangéliste nous en apprend. En ce temps-là, dit-il, l'ange Gabriel fut envoyé de Dieu dans une ville de Galilée nommée Nazareth, à une vierge épouse d'un homme appelé Joseph, de la maison de David, et la vierge s'appelait Marie : et l'ange étant entré où elle était, lui dit : Je vous salue, pleine de grâces, le Seigneur est avec vous, vous êtes bénie entre toutes les femmes.

Quel effet produisirent ces paroles sur l'esprit de la sainte Vierge?
La sainte Vierge entendant cela, fut troublée du discours de l'ange, et pensait en elle-même quelle était cette salutation.

Que lui dit pour lors saint Gabriel?
Ne craignez point, Marie, car vous avez trouvé grâce devant Dieu : voici que vous concevrez dans vos entrailles et que vous enfanterez un fils, que vous nommerez Jésus : il sera grand, et il sera nommé le Fils du Très-Haut ; le Seigneur Dieu lui donnera le trône de son père David, et il régnera dans la maison de Jacob à jamais, et son règne n'aura point de fin.

Que répondit la sainte Vierge à l'ange?
Comment cela se fera-t-il, lui dit-elle, car je ne connais point d'homme.

Que lui répondit l'ange?
Le Saint-Esprit surviendra en vous, et la vertu du Très-Haut vous ombragera ; c'est pourquoi le fruit saint qui naîtra chastement de vous, sera appelé le Fils de Dieu : et voilà que votre cousine Elisabeth a conçu un fils dans sa vieillesse, et que celle qu'on appelait stérile est présentement dans son sixième mois, car rien n'est impossible à Dieu.

Que répondit à cela la sainte Vierge?
Voici la servante du Seigneur, qu'il me soit fait selon votre parole.

Qu'arriva-t-il ensuite?
L'ange se retira, nulle créature ne devant avoir part à cette grande œuvre que la seule Vierge, qui dans ce moment conçut Jésus-Christ dans ses chastes entrailles par l'opération du Saint-Esprit, embrasée de la plus pure et de la plus vive flamme de charité qui fut jamais.

Pourquoi la sainte Vierge fut-elle avertie de ce mystère avant qu'il s'opérât en elle?
Il s'agissait d'un mariage spirituel, et Dieu devait épouser notre nature dans la sainte Vierge ; il fallait donc que Marie, au nom de toute la nature humaine y donnât son consentement, et qu'ainsi elle en fût informée, afin de s'y conformer.

Pourquoi par un ange?
1° Notre première mère Eve s'étant perdue par sa désobéissance, par son orgueil, et par sa crédulité, à un esprit de ténèbres et d'erreur, il était à propos que Marie par son obéissance et par son humilité, commençât l'œuvre de notre réparation, ajoutant foi à un ange de lumière et de vérité, la foi de celle-ci répare la crédulité de celle-là ;
2° les vierges vertueuses étant les anges de la terre, un tel ambassadeur lui convenait ;
3° il était de la Providence divine de rappeler l'homme par le ministère de l'ange ; 4° cela était dû à la dignité de Mère de Dieu.

Pourquoi l'ange s'apparut-il plutôt à la sainte Vierge qu'à saint Joseph?
1° Eve dans le paradis, ayant été la première trompée, il était convenable que Marie, dans l'ordre de la réparation de l'homme, fût la première instruite et éclairée du mystère de l'Incarnation, qui d'ailleurs la regardait de plus près, puisqu'il devait s'opérer dans son sein, et qu'elle y devait donner son consentement ; 2° Eve encore vierge, par son entretien avec le serpent, donna commencement à notre perte et à notre mort : Marie toujours vierge, par son entretien avec l'ange, donne commencement à notre vie et à notre salut : le monde tomba par la faute d'une vierge, le monde se relève par la vertu d'une vierge, et tout tourne à la confusion du démon ; 3° Eve présenta à l'homme le fruit de mort, Marie nous présente le fruit de vie.

Pourquoi saint Gabriel?
Gabriel veut dire *la force du Seigneur* ;

il était donc à propos que celui qui venait annoncer la venue de ce fort de l'Évangile, qui devait triompher du péché, et ravir à la mort et à l'enfer leurs dépouilles, fût un ange, de qui le nom pronostiquât déjà par avance les victoires du Libérateur du genre humain.

Pourquoi sous une forme humaine et visible?

1° Pour signifier par là le mystère de l'Incarnation qu'il annonçait, et en donner un crayon; 2° et rendre plus authentique et plus illustre la vérité d'un si grand mystère.

Un songe, ou quelque autre connaissance imaginaire et moins claire n'eût-elle pas été aussi sûre?

Non, parce que le principe de toutes nos connaissances les moins sujettes à erreur sont celles que nous expérimentons par nos sens.

La sainte Vierge ne connût-elle pas aussi ce mystère par son entendement?

Oui, son esprit fut éclairé d'une lumière intérieure, au même temps que ses sens furent frappés d'un objet extérieur, et tant de certitudes jointes ensemble étaient nécessaires pour affermir notre foi, et pour faire éclater davantage la vérité du mystère de l'Incarnation du Verbe éternel.

Quel était le dessein de l'ange dans cette salutation?

1° De rendre la sainte Vierge attentive à son discours, et à la considération du grand mystère qu'il lui annonçait, ce qu'il fit en la louant, rien ne semblant plus étonnant à une personne humble, et n'étant plus capable de la faire revenir à elle, que d'entendre ses éloges, et en lui proposant la chose du monde la plus inouïe, qui était de concevoir par l'opération du Saint-Esprit. De lui prouver la possibilité de l'incarnation du Verbe divin, l'assurant qu'étant pleine de grâce, et le Seigneur avec elle, elle se trouvait proportionnée à une si grande merveille, ce qu'il confirma et par l'exemple de sa cousine sainte Élisabeth, qui depuis peu avait conçu nonobstant sa vieillesse et sa stérilité, et par la vue de la Toute-Puissance de Dieu, à qui rien n'est impossible; 3° d'obtenir son consentement, ce qu'il fit, en lui promettant qu'elle serait bénie entre toutes les femmes; qu'elle enfanterait le Messie promis à David le Fils du Très-Haut, de qui le règne n'aurait jamais de fin; qu'elle serait vierge et mère tout ensemble: et en lui ôtant le trouble d'esprit qui pouvait être un obstacle à la liberté de ce consentement, et qu'une si surprenante nouvelle devait naturellement lui causer, lui disant: *Ne craignez point Marie.* (*Luc.* 1, 30.) Aussi elle n'hésita point, et quelque inouï que fût ce miracle, elle crut que Dieu accomplirait ce que l'ange lui annonçait, et sa foi si prompte ajouta un nouveau mérite à son obéissance.

D'où vient que la sainte Vierge fut troublée de cette salutation?

Ce fut, non de la présence des esprits bienheureux, ni même de saint Gabriel qui lui était familier, dit le grand saint Ambroise, et qui la trouva seule dans la chambre où il avait accoutumé de la trouver, ajoute ce saint Père, mais d'entendre ses louanges de la bouche d'un ange, revêtu de la forme d'un jeune homme, qui lui prédisait qu'elle serait mère. Assurée à l'abord de l'ange, elle se trouble à l'apparence de l'homme, continue ce même saint: car, comme observe saint Jérôme, jamais homme ne l'avait saluée; outre qu'une vierge vraiment pudique, est toujours alarmée quand quelque chose d'extraordinaire se présente à elle. Ève trop hardie, ne se trouble pas à la vue du démon, elle lui parle familièrement. Marie plus modeste, se trouble à l'abord d'un ange, et saluée par lui, la pudeur l'empêche de le resaluer, comme observe encore saint Ambroise: ajoutant que l'évangéliste, qui dit qu'elle l'écouta, ne dit point qu'elle le regarda, ainsi qu'avait fait Zacharie, en quoi, poursuit-il, elle montra qu'elle avait également et des yeux pudiques, et des oreilles religieuses.

Pourquoi Dieu se servit-il plutôt d'un ange que de la sainte Vierge, pour tirer de peine saint Joseph, quand il eut connu qu'elle était enceinte?

Il était convenable, 1° que cette merveille qui était au-dessus de toute pensée humaine, fût révélée par une voie surhumaine; 2° que s'agissant du roi des cieux né en terre, un citoyen du ciel en manifestât le secret; 3° que le même ambassadeur, qui l'avait annoncé à l'épouse, l'annonçât à l'époux, et que la foi de l'un ne cédât point à la foi de l'autre; 4° la sainte Vierge était trop humble pour rendre un si grand témoignage d'elle-même; 5° il était important qu'une affaire de cette nature fût autorisée par un double témoignage divin; 6° et que la révélation s'en fît par un des principaux princes de la cour céleste, afin qu'elle acquît plus de crédit sur nos esprits; 7° et que tout répondît à la grandeur et à la dignité de ce mystère.

Qu'inspire cette fête?

1° Des sentiments d'adoration, d'humiliation, de reconnaissance, d'espérance, de confiance, de joie, d'amour envers le Verbe incarné; 2° le zèle de faire une digne communion, puisqu'elle est comme une continuation de l'incarnation; 3° et de réciter l'Angélus avec dévotion, puisqu'il est un mémorial de ce mystère; 4° et d'avoir dévotion à l'heure de minuit du 25 de mars: ce moment étant un de ceux que l'Église honore et honorera le plus dans toute la suite des siècles, afin de n'oublier jamais qu'il a été pour elle la source de toutes les grâces, et le principe de tous les mystères; 5° et de prier la sainte Vierge qu'elle nous apprenne et nous aide à former Jésus-Christ en nous.

DU DIMANCHE DES RAMEAUX.

Quand Jésus-Christ entra-t-il en Jérusalem pour y commencer sa Passion?

Le dimanche des Rameaux, auquel jour on portait les agneaux, qui suivant la Loi devaient être immolés pour la pâque des Juifs le vendredi suivant.

Qu'est-ce que cela signifiait?

Que Jésus-Christ l'Agneau de Dieu venait accomplir les figures, et par son sacrifice se mettre en la place des anciennes victimes.

Qu'arriva-t-il en ce jour?

Les Juifs portant des palmes et des rameaux d'olivier, jetant des cris d'allégresse et de joie, sortirent au-devant de Jésus-Christ monté sur une ânesse, et puis sur un ânon qui n'avait encore porté personne.

Que signifiait cette entrée triomphante?

Ces palmes et ces branches d'olivier signifiaient : 1° les trophées que le Fils de Dieu, par sa Passion, devait remporter sur le péché, le diable et la mort; 2° la paix que ce roi pacifique venait, comme la colombe, annoncer au genre humain; 3° la miséricorde divine et l'effusion de la grâce qui découleraient du pressoir de la croix; 4° le remède, ou l'huile mystérieuse dont ce pieux Samaritain guérirait nos plaies; 5° les œuvres de charité dont il faut que nos mains soient pleines, et les victoires que nous devons avoir remportées sur nous-mêmes; le dépouillement du vieil homme, le retranchement des convoitises, et le sacrifice parfait de nous-mêmes, si nous voulons avoir part au triomphe du Fils de Dieu, et aller à la rencontre de ce céleste Époux au jour du jugement; 6° ces troupes qui précédaient et qui suivaient, l'ancien et le nouveau peuple, dont l'un promet, et l'autre suit le Sauveur; 7° ces deux animaux déliés sur lesquels Jésus-Christ monta successivement, le Juif accoutumé au joug, et le gentil jusqu'alors indompté, qui devait tour à tour être soumis à sa loi. Aussi fut-ce au milieu de cette célèbre fête que quelques-uns de ceux-ci, qu'on peut nommer leurs prémices, s'adressèrent aux apôtres, et les prièrent de leur donner accès auprès de lui : *Nous voulons voir Jésus*, leur dirent-ils : paroles qui marquaient le désir pressant qu'ils avaient de le connaître, et l'ardent amour qu'ils auraient un jour pour lui, et que ce jour qui devait être le leur s'approchait et était attendu d'eux avec impatience. Aussi à cette requête, Jésus-Christ tressaillit de joie et dit : *L'heure vient que le Fils de l'homme sera glorieux par tout l'univers, et l'empire du démon détruit : et si je suis une fois élevé de terre j'attirerai tout le monde à moi.* (Joan. XII, 32.) Et pour lors on entendit cette voix du ciel : *Je vous ai déjà glorifié par la religion du peuple juif, et je vous glorifierai encore de nouveau* (Ibid., 28) par la conversion du peuple gentil; 8° cette entrée glorieuse au temple, l'entrée de la nature humaine dans le ciel, que Jésus-Christ lui rouvrait, et dont Jérusalem était la figure, de quoi nous voyons une image dans la procession et la cérémonie que l'Église fait à la porte de nos temples.

Qu'apprenons-nous encore de cette fête?

1° La vanité des grandeurs, et l'inconstance des hommes, aujourd'hui ce n'est que gloire et qu'éclat, vendredi ce ne sera qu'ignominie et que douleur; 2° la modestie du Sauveur, et l'exemple édifiant qu'il nous donne; car il prend soin de mêler les humiliations avec la pompe, pour confondre l'orgueil des hommes : ce roi se sert d'une monture, mais c'est un vil animal d'emprunt, il souffre les acclamations, mais c'est de la populace; il se fait accompagner de ses disciples, mais ce sont de pauvres pêcheurs; il tolère ceux qui le louent, mais ce sont des enfants; il triomphe, mais il permet aux Juifs de l'insulter.

DE LA SEMAINE SAINTE.

Comment appelle-t-on cette semaine?

La grande semaine, ou la semaine sainte, ou la semaine peineuse.

Pourquoi ces noms-là?

A cause, 1° de la sainteté et de la grandeur des mystères que Jésus-Christ, par ses peines et ses travaux, y a opérés pour la sanctification du monde, et dont la grâce se renouvelle toutes les années dans l'Eglise; 2° des exercices de pénitence et de piété qu'on redouble.

Que devons-nous faire pour bien passer cette semaine?

1° Jeûner plus exactement; 2° dire adieu aux compagnies; 3° faire une confession extraordinaire; 4° assister aux Ténèbres et à tout l'Office, et en lire quelque explication; 5° visiter avec dévotion les églises; 6° penser et repenser à la Passion du Sauveur; 7° mortifier sa chair, gémir, prier, garder le silence et la solitude de cœur.

LA PASSION.

Des souffrances du Sauveur en général.

Jésus-Christ pouvait-il racheter les hommes autrement que par sa mort et Passion?

Il avait un nombre infini d'autres moyens, mais celui-ci parut plus convenable à sa justice et à sa miséricorde, voies par lesquelles Dieu se communique aux hommes : à sa justice, puisque par l'effusion de son sang l'injure que le péché avait faite à Dieu fut pleinement expiée, et notre rançon plus qu'abondamment payée; à sa miséricorde, puisque l'homme était dans une entière impuissance de satisfaire pour le péché, particulièrement de tout le genre humain, de se guérir, de mériter le pardon, de se délivrer de l'enfer, de se rapprocher de Dieu, et de se procurer la grâce et le bonheur éternel. « Seigneur, » dit saint Augustin, « nous aurions cru, vous voyant si éloigné de nous, ne pouvoir être unis à vous et devoir désespérer de nous, si votre Fils, pour nous rassurer, ne fût venu se faire chair pour nous, demeurer avec nous, et s'immoler pour l'amour de nous. » Jésus-Christ pouvait donc racheter les hommes par le plaisir et par la gloire, et il lui était facile de les faire heureux, sans se soumettre à tant de misères : mais voyant que les hommes douteraient de sa charité, si leur salut ne lui coûtait guère, et qu'ils prendraient pour prétexte de leur ingratitude ou de leur incrédulité, la facilité de leur rédemption, il voulut les sauver par l'ignominie et par la douleur, afin, 1° qu'ils fussent malgré eux convaincus qu'il les aimait, et qu'ils se vissent d'autant plus engagés à l'aimer, qu'il avait enduré toutes sortes de peines pour leur témoigner davantage son amour; 2° et qu'ils sussent qu'il ne leur suffisait pas de l'aimer, s'ils le voulaient faire utilement, à moins qu'ils ne l'aimassent comme il les avait aimés; 3° enfin Dieu le Père, principe de toute fécondité, n'ayant créé ce monde avec toutes ses beautés que pour l'amour de son Fils, et afin qu'on eût pour ce Fils un amour ardent, dit saint Jérôme; ce même Fils, voyant l'injure que ce monde ingrat avait commise contre son Père, voulut s'abaisser jusqu'à se faire homme, et mourir pour l'amour de son Père, afin de réparer l'outrage que le péché lui avait fait, qu'on eût pour ce Père chéri et si honoré un amour ardent, et qu'on apprît du Fils combien le Père mérite d'être aimé et adoré. Quel retour, quel reflux, quel réciproque amoureux!

Était-il convenable qu'il mourût ainsi?

Oui, car par là nous avons, 1° connu combien Dieu aimait et estimait l'homme devenu vil à ses propres yeux, et ce qu'il valait, par le cas que son Créateur en faisait; 2° en un parfait modèle des vertus nécessaires au salut de l'homme, de l'obéissance, de l'humilité, de la pénitence, de la justice, etc.; 3° conçu une plus grande horreur du péché, pour la réparation duquel il faut une telle victime; 4° si Jésus-Christ fût mort de maladie, comment croire qu'il venait nous délivrer de nos langueurs et de nos infirmités sa mort n'eût été aussi certaine et publique, comment ne pas douter de sa résurrection? 5° s'il eût, par d'autres voies que par l'obéissance, l'humilité, la patience et les autres vertus, ravi la proie au démon, cet esprit orgueilleux et rebelle n'aurait-il pas, quoiqu'à tort, murmuré contre l'autorité qui l'eût dépouillé? 6° et l'homme aurait su qu'il ne le peut chasser de son cœur que par les mêmes moyens dont Jésus-Christ s'est servi pour le chasser du monde?

Quelles furent les peines de Jésus-Christ en sa Passion?

Il souffrit, 1° de la part des Juifs, des gentils, des démons, tout ce que la plus noire envie, la plus aveugle impiété et la plus horrible fureur purent leur suggérer; 2° de ses disciples et de ses amis, qui le trahirent, le vendirent, le livrèrent, le renièrent, l'abandonnèrent; 3° des prêtres et des religieux, des magistrats et du peuple, qui l'accusèrent, le réprouvèrent et demandèrent sa mort à hauts cris; 4° des rois et des grands de la terre, des juges et des bourreaux, des soldats et des malfaiteurs, qui le méprisèrent, le condamnèrent, le maltraitèrent, le crucifièrent, le maudirent; 5° en sa réputation, ayant été accusé d'un nombre infini de crimes, insulté et accablé d'injures, de calomnies, de reproches, de moqueries, de railleries sanglantes; 6° en son honneur, étant traité de séditieux, de séducteur, de blasphémateur, postposé à un homicide, réputé digne d'être supplicié avec les scélérats et les plus grands pécheurs; 7° en son âme, par des délaissements épouvantables de la part de son Père, et par le poids effroyable de tous les péchés du monde et des peines qu'ils méritent; 8° en son corps et en tous ses membres, ayant eu sa tête percée par les épines et meurtrie par les roseaux; son visage livide de soufflets et de coups de poings; ses mains écorchées par les liens dont on le garrotta, et transpercées aussi bien que ses pieds par les clous; sa chair déchirée à coups de fouets; 9° selon tous les sens: ses yeux, par la vue de la rage de ses ennemis, de la désolation de sa douce Mère, des instruments de son supplice; ces cordes, ces verges, ces fouets, cette colonne, ce roseau, ces bâtons, ces épines, ces clous, ces marteaux, cette croix, cette éponge, cette lance, ce fiel, ce vinaigre, ô Dieu, quel spectacle! ses oreilles, par les blasphèmes, les menaces, les imprécations, les dérisions, les impiétés qu'il entendait: son goût, par le fiel et le vinaigre dont on l'abreuva: son odorat, par le lieu infecte des cadavres, où on le crucifia: son toucher, par toutes les rigueurs qu'on exerça sur ses membres: le Prophète ayant prédit que, depuis la plante des pieds jusqu'au sommet de la tête, ce ne serait qu'une plaie, nulle partie de son corps mystique n'était sans péché, nul endroit de son corps naturel ne sera sans blessure, particulièrement à cause de la délicatesse de sa complexion, qui le rendait plus sensible à la douleur; 10° dans sa jeunesse, où la nature plus forte, plus vigoureuse, plus vive et plus capable de souffrir, résiste davantage aux tourments et aux peines, en est plus susceptible, et les sens plus dans leur entier; 11° dans un lieu public et élevé au milieu d'une grande ville, devant un peuple infini, en plein jour; 12° par un supplice le plus long, le plus douloureux et le plus infâme; 13° joignez à cela l'idée qu'on doit avoir de Jésus-Christ, auprès duquel tout ce qui s'appelle grandeur d'âme, élévation, noblesse, générosité, n'est que bassesse et que roture; quelle fut donc l'indignité qu'il ressentit, avec laquelle on le traita et dont il fut couvert?

Que concluez-vous de tout cela?

Que les peines de Jésus-Christ furent, 1° immenses, dans leur nombre et dans leur grandeur; 2° intérieures et extérieures, en l'âme et au corps; 3° universelles et singulières, dans tous ses membres et dans chacune de ses facultés, pour tout le genre humain en général, et pour chaque âme en particulier; 4° naturelles et surnaturelles, ayant éprouvé la rage des hommes et des démons, les abattements et découragements de la nature, les délaissements et abandons de son Père; 5° pures, sans consolation, ni du côté du ciel, ni du côté de la terre.

2° Qu'il accomplit par sa Passion tous les sacrifices anciens qui la figuraient: 1° les immolations des fruits, qui, en partie, se faisaient par l'effusion des liqueurs, dans le jardin des Olives; 2° les sacrifices des animaux, dont on épanchait le sang et qu'on écorchait, dans la flagellation ; 3° les holocaustes, que l'on consumait au feu, sur la croix : expiant ainsi les péchés d'orgueil, de luxure et d'avarice, auxquels ces trois sortes de sacrifices répondent.

Que nous a-t-il procuré par là ?

1° Il a satisfait pour nous à la justice divine : rien n'étant plus doux à un débiteur que de dire : « J'ai payé, je ne dois rien ; » 2° il nous a réconciliés avec son Père ; 3° mérité la grâce et les moyens du salut, et la mort au péché, toutes les grâces qui font mourir en nous la convoitise, n'étant que des écoulements et des impressions de sa mort en nous, ainsi que tous mouvements de la vie surnaturelle, des écoulements de sa résurrection : combien donc est grand l'outrage que nous commettons contre celui qui tua le péché en lui, lorsque nous laissons vivre le péché en nous, qui l'avait fait mourir pour nous, disent quelques saints : que la mort de la convoitise en nous soit donc une preuve de la mort de Jésus-Christ pour nous : la mort des membres une conviction, un effet, une expression de la mort du chef ; 4° délivrés des peines éternelles ; 5° ouvert le paradis ; 6° élevé notre nature en sa personne au plus haut des cieux, au-dessus des anges, et jusqu'au trône de Dieu même ; et toutes ces choses aussi bien qu'un nombre infini d'autres bienfaits sont les fruits de la rosée céleste qu'il a répandue sur nous de l'arbre de la croix.

Pourquoi en l'arbre de la croix ?

Un bois nous avait perdu, un bois nous devait sauver ; l'homme sensuel avait péché en Adam, l'homme pénitent sera crucifié en Jésus-Christ ; l'homme désobéissant avait étendu sa main à l'arbre défendu, il fallait qu'il y fût cloué, et que les principaux instruments de celui qui satisfaisait pour nous fussent de bois, ou en provinssent : les bâtons, les verges, la couronne, le roseau, la lance, la croix, le vinaigre, etc. Ce fut par le bois que le genre humain échappa au déluge ; Moïse, avec une verge de bois, fit un nombre infini de prodiges, ouvrit la mer Rouge, submergea Pharaon, délivra le peuple de Dieu, tira de l'eau d'un rocher, rendit les eaux salées et amères d'une fontaine douces et potables, en y jetant un morceau de bois ; ce fut sur un poteau de bois qu'il éleva le serpent au désert : l'arche d'alliance et le tabernacle étaient de bois incorruptible ; et c'est par le bois de la croix, figuré par tous les autres, que Jésus-Christ a triomphé du péché, du diable et de la mort, et qu'il règne dans l'univers : que si les prophètes l'avaient comparé, non à un homme, mais à un ver, Jésus-Christ, en croix, n'est-il pas un ver dans un bois, dit saint Ambroise.

Quelle différence y a-t-il entre les souffrances de Jésus-Christ et celles des hommes ?

Celles de Jésus-Christ, 1° ont été libres et volontaires, et avant qu'il les endurât, et pendant qu'il les endurait ; 2° il n'avait aucun péché qui lui fût propre, ni qu'il eût hérité d'Adam ; 3° il ne souffrait que pour autrui, c'est-à-dire pour les hommes qui, sans le savoir, punissaient en lui leurs propres crimes, ou plutôt expiaient leurs crimes par des crimes qui se condamnaient eux-mêmes en le condamnant ; qui se crucifiaient en le crucifiant : mais il fallait l'effusion d'un sang aussi précieux pour les racheter ; une intercession aussi puissante pour les réconcilier ; des moyens aussi efficaces pour les sauver.

Le jardin des Olives.

Quel jour Judas vendit-il Jésus-Christ aux Juifs ?

Le mercredi saint.

Combien le vendit-il ?

Trente deniers, tant Dieu est vil dans l'estime de l'homme ; tandis que Jésus-Christ donnait son sang pour racheter l'homme : tant l'homme est cher dans l'estime de Dieu.

Quand Jésus-Christ institua-t-il le très-saint Sacrement de l'autel ?

Le jeudi saint sur les sept heures du soir.

Pourquoi l'institua-t-il alors ?

Pour être, 1° un gage de son amour ; 2° un suplément de son absence visible ; 3° un mémorial de sa Passion ; 4° un sujet de consolation à ses disciples affligés ; 5° une arrhe de la gloire que ses souffrances procureraient.

Où fut Jésus-Christ après la Cène ?

Il passa le torrent de Cédron l'âme pleine d'amertume, ainsi que David autrefois fuyant son fils Absalon, et s'en alla au jardin des Olives près des murs de Jérusalem, et joignant un village nommé Gethsémani, environ sur les neuf heures du soir.

Pourquoi Jésus-Christ commença-t-il sa Passion dans un jardin, et pourquoi en fut-il mis dehors en criminel et en voleur ?

Afin que, commençant dans un jardin de douleur, la réparation du péché de l'homme qui s'était perdu dans un jardin de délices, et qui en avait été chassé par sa rébellion et son larcin, il lui méritât la grâce de rentrer dans le paradis.

Que fit-il là ?

Il se mit en prières la face contre terre, et l'esprit plongé dans un abîme inconcevable de tristesse, de désolation et d'horreur, à la vue, 1° de tant de péchés, pour lesquels il devait satisfaire ; 2° de tant d'ignominies et de peines qu'il devait souffrir ; 3° de tant d'abandons et de délaissements, qu'il devait supporter ; 4° de tant d'âmes ingrates, qui devaient périr malgré l'effusion de son sang.

Que lui arriva-t-il alors ?

1° Il tomba dans une agonie épouvantable ; 2° il sua des gouttes de sang et d'eau en si grande abondance, qu'elles découlèrent sur la terre ; 3° un ange s'apparut à lui pour le conforter : voulant ainsi témoigner qu'il était homme, qu'il avait pris sur lui nos infirmités, et qu'il ne faut point se décourager, quoiqu'on prie sans succès, et sans consolation.

Pouvait-il s'exempter de souffrir ?

Oui ; mais combien les souffrances me le rendent-elles cher, dit saint Ambroise : et combien lui suis-je plus obligé d'avoir pris ma tristesse, que ma joie; ma pauvreté, que mes richesses; mes douleurs, que mes plaisirs : ses pleurs m'ont mérité les ris; ses vils baillons, une robe de gloire; le fer qui déchira le voile de sa chair, déchira l'arrêt de ma condamnation; les blessures qu'on fit à son corps, guérirent les plaies de mon cœur, et le dernier coup qui lui donna la mort, m'a rendu la vie.

Qui l'obligea donc à souffrir, et à tant s'attrister ?

1° Son zèle pour son Père; 2° son amour pour l'homme; 3° sa haine pour le péché; 4° il voulut par sa tristesse expier la vaine joie des pécheurs; suppléer au peu de regret qu'ils ont d'avoir offensé Dieu, et de s'être mis en état de le perdre pour jamais; leur obtenir la grâce de faire un bon usage des angoisses où ils se trouvent quelque fois réduits; enfin les racheter de la tristesse éternelle à laquelle ils étaient condamnés, et leur mériter une joie sans fin.

Qu'arriva-t-il ensuite ?

Judas, devenu en un moment d'apôtre chef des scélérats, vint à la tête d'une troupe de soldats, il s'approcha de Jésus-Christ, et il le baisa, pour le faire connaître à ce signe, afin qu'on le prit sûrement.

Jésus-Christ refusa-t-il ce baiser.

Non, il appela même Judas son ami, sans doute pour le toucher par ce terme de confiance et de tendresse, et comme pour lui dire : Qu'allez-vous faire, mon fils, arrêtez-vous, que vous ai-je fait? n'achevez pas de vous perdre. Voyez que cette trahison n'a pas éteint ma charité pour vous, ni le souvenir de celle que vous me témoigniez quand vous quittâtes tout pour moi, et dont je voudrais encore embraser votre cœur.

2° Il lui demanda à quel dessein il était venu, comme s'il l'eût ignoré, afin de lui faire comprendre que son crime était tel, qu'on avait peine à se l'imaginer, et quelle étrange suite il aurait.

3° Il souffrit donc qu'il le baisât, tâchant par son souffle amoureux qui donne la vie à toutes choses, de ranimer son âme morte par le péché.

4° Il lui dit néanmoins qu'il trahissait le Fils de l'homme par un baiser, voulant lui causer du remords de ce qu'il faisait servir à la perfidie, le gage le plus établi et le plus inviolable de l'amitié, et de ce que, par une ingratitude qui n'aura jamais d'exemple parmi les hommes, il trahissait un homme qu'il n'eût pu trahir, si pour lui, de Fils de Dieu il ne se fût fait Fils de l'homme. Car, c'est comme s'il lui eût dit, selon saint Ambroise : Ingrat qui vends en moi ce que j'ai pris pour toi !

5° S'adressant ensuite aux soldats, il leur demanda par deux fois qui ils cherchaient, et les obligea de répondre autant de fois, qu'ils cherchaient Jésus, afin qu'ils vissent bien que c'était leur Sauveur qu'ils voulaient perdre; leur libérateur qu'ils voulaient enchaîner; celui qui venait leur procurer la vie, qu'ils voulaient faire mourir.

6° Leur ayant répondu : « C'est moi, » ce mot, comme un éclair de sa divinité renversa par terre ces hommes terrestres. Tombant ainsi à la renverse, il parut qu'ils tombaient repoussés par la vertu de cette parole puissante, et rejetés de devant la face du Seigneur, ainsi qu'il arrivera aux réprouvés au jour du jugement, et qu'il arrive aux pécheurs qui font de grandes chutes, lesquels ne voient ni le lieu où ils tombent ni les suites funestes de leur chute ; qui ne se relèvent que difficilement, et qui ne le sauraient s'ils ne se tournent et ne regardent la terre par la considération profonde de leur bassesse et de leur néant.

7° Après quoi saint Pierre voyant que les soldats se saisissaient de son cher Maître, et le maltraitaient, tira l'épée et coupa l'oreille à l'un d'eux, domestique du pontife : Jésus l'en reprit, et remit l'oreille à cet homme ; ce qui signifiait, selon saint Ambroise, que les Juifs par leur surdité volontaire seraient d'abord privés de la prédication apostolique, mais qu'un jour Jésus-Christ leur rendrait l'ouïe de la foi; puis il donna toute liberté aux soldats de le lier, et de l'emmener prisonnier.

8° Pour lors les disciples le voyant pris et garrotté, l'abandonnèrent, et s'enfuirent à la mode des amis du monde, laissant seul celui qui devait seul payer pour tout le genre humain lequel avait véritablement dit dans le désespoir de son salut, par la bouche de Caïphe : Il est nécessaire qu'un seul meure pour tous, de peur que tous ne périssent. Saint Pierre toutefois le suivit, mais de loin.

Que concluez-vous de ces miracles ?

Que ce ne fut pas par impuissance que Jésus-Christ se laissa prendre, lier, immoler, ainsi qu'un Isaac, un Joseph, un Samson, etc.; vu, 1° qu'il parut tout-puissant au milieu même de ses faiblesses et de ses infirmités volontaires ; 2° qu'il réprima le zèle de saint Pierre, qui le défendait ; 3° qu'il guérit la blessure de Malchus qui le maltraitait; 4° qu'il se livra dans le temps qu'il délivrait tous les hommes en la personne des apôtres, auxquels il conserva la liberté aux dépens de la sienne, ordonnant aux soldats qui le retenaient, de les laisser aller comme ils firent : nous délivrant ainsi en eux d'entre les mains des satellites de la justice divine que nous craignions tant, en se mettant lui-même entre les mains des satellites juifs qui le haïssaient tant ; rompant nos liens en se laissant garrotter ; nous élargissant en se laissant emprisonner ; nous absolvant, en se laissant condamner ; nous détachant de la potence en s'y laissant clouer ; 5° il apprit à tous ses disciples, en la personne de saint Pierre, qu'il ne fallait défendre ni son corps naturel, ni son corps mystique par aucune violence, sous prétexte même d'en soutenir les intérêts ; qu'on ne conserve la vérité que par l'humilité ; que saint Pierre blessant Malchus avait blessé sa patience, laquelle avec la résignation étaient les deux épées qu'il leur laissait pour toutes armes ; il montra donc par ses miracles qu'il était Dieu, et par ses souffrances qu'il était homme ; 6° il voulut enfin par cet enchaînement réparer le mauvais usage que nous faisons de notre liberté, nous mériter celle des enfants de Dieu, nous consoler dans nos impuissances, nous délivrer de l'esclavage du démon, nous empêcher d'étendre nos mains à l'iniquité, et lier celles de la justice divine.

Anne et Caïphe.

Du jardin des Olives, où les soldats conduisirent-ils Jésus-Christ ?

Chez les grands prêtres Anne et Caïphe, qui se le renvoyèrent l'un à l'autre (ces méchants s'honorant ainsi, et triomphant aux dépens de l'innocent), où tous les scribes et les docteurs de la Loi s'étaient assemblés pour y tenir à son sujet ce dernier de leurs trois conciles, dans lequel ils achevèrent de perdre l'esprit de vérité, eux qui autrefois en avaient tant honoré l'ombre. Elle fut entière dans le premier, décidant que le Christ devait naître à Bethléem. Elle s'affaiblit dans le second, prophétisant, mais par un principe erroné, que le Sauveur mourrait pour le peuple. Elle s'éteignit dans celui-ci, auquel l'esprit de ténèbres présida, passant du pontife et de la Synagogue à Jésus-Christ d'où elle émanait, et à son Eglise. Assemblée nocturne, où l'obscurité extérieure, fut infiniment moindre que l'intérieure qu'elle figurait ; il était dix à onze heures du soir.

Trouvèrent-ils quelque prétexte à leur haine et à leur cruauté ?

Non, quelque artificieux que fussent les faux témoins, et quelque prompts que soient les pécheurs à décrier la vertu quand elle est blâmée, et à accuser les justes quand ils sont malheureux, son innocence était trop visible. Cette éternelle vérité ne put être obscurcie par le mensonge ; cependant un ministre lui donnant sans raison un soufflet, comme s'il eût dit quelque chose d'injurieux au pontife, dont il honorait la dignité, il s'en justifia ; expiant par cet affront les crimes que la complaisance pour les grands, la flatterie, ou l'intérêt, font si souvent commettre à leurs courtisans, et nous montrant, par la modération de sa réponse, la gloire qui reluit dans une injure bien soufferte, et que s'il n'y a rien de plus ignominieux selon le monde qu'un soufflet reçu, il n'y a rien de plus grand selon Dieu qu'un soufflet patiemment enduré. Après quoi il souffrit le reste des douleurs et des opprobres dont on l'accabla, en silence et avec une souveraine tranquillité ; le Prophète ayant prédit qu'il présenterait son visage aux coups, ainsi qu'une pierre dure, ou impénétrable à l'impatience.

Que firent-ils au défaut de preuves ?

Ils l'interpellèrent de la part de Dieu qu'il eût à dire s'il n'était pas le Christ, le Fils du Dieu vivant ; le Messie si promis de sa part, se servant ainsi de la religion pour commettre la plus grande des impiétés et vérifiant qu'il n'est rien de plus pernicieux ni de plus redoutable, qu'un méchant homme qui se couvre du masque de la justice et du zèle, pour colorer sa malice et contenter sa passion.

Que répondit-il ?

Il confessa la vérité, quoiqu'il vît bien que cet aveu lui coûterait la vie ; et par cette confession il mérita le titre et la qualité de chef des martyrs : qu'ils disaient vrai ; qu'il était le Messie, le Fils du Dieu vivant, et qu'ils le verraient un jour venir dans les airs : parlant exprès du jugement dernier, comme de la considération la plus puissante, et la plus capable d'intimider les pécheurs, et d'obliger ceux-ci à prendre garde au jugement qu'ils allaient porter.

Que dirent-ils à cela ?

Ils n'en voulurent pas savoir davantage, aussi cela seul suffisait pour leur salut.

2° Le grand prêtre, faisant l'indigné, se leva de son siége et déchira ses vêtements, ne voyant pas qu'avec eux il déchirait sa religion, sa puissance et sa dignité, qui avec son trône qu'il laissa vide en se levant, et son autorité, s'en allaient tomber.

3° Il feignit d'avoir ouï avec une grande horreur ce prétendu blasphème, que sa haine lui avait fait entendre avec un extrême plaisir : il en sera rassasié dans les enfers.

4° Ils le condamnèrent tous à la mort, renonçant par ce moyen à la vie qu'il était venu leur apporter.

5° Ils mirent un bandeau devant les yeux de la vérité incarnée, le couvrant ainsi eux-mêmes de ce voile d'incrédulité qui les aveugle ; se condamnant à ne le voir et à n'en être plus vus ni regardés d'un œil favorable ; consentant qu'il ne veillât plus à leur conservation ni à leurs besoins, et imitant les pécheurs qui voudraient se dérober aux regards de Dieu, qu'ils ne peuvent supporter.

6° Ils lui lièrent les mains, ne songeant pas qu'ils se privaient en même temps de sa protection et de ses bienfaits.

7° Ils couvrirent de crachats cette face, dont l'éclat fait le bonheur des saints : ils n'en verront jamais la beauté ni les charmes ; ils y trouveront éternellement les marques de leur crime, et le sujet de leur condamnation, et ils seront chassés sans retour de devant la face de Dieu.

8° Ils le livrèrent à leurs satellites, méritant par cet attentat de devenir les esclaves et le jouet de tous les peuples, le rebut et la lie du genre humain.

9° Ils affectèrent de l'humilier en sa qualité de roi, de prêtre, de prophète et de juge. De roi, fléchissant par dérision les genoux devant lui. De prêtre, meurtrissant son visage et sa tête. De prophète, lui disant qu'il devinât celui qui l'avait frappé. De juge le condamnant au dernier supplice ; sans prévoir que par là ils éteignaient pour toujours en eux la royauté, le sacerdoce, l'esprit de prophétie, et la gloire de leur nation.

10° Enfin tous ensemble ils commirent tant de crimes contre sa personne adorable, ils lui firent souffrir tant de cruautés et d'ignominies pendant toute la nuit, que les saints assurent qu'on ne les saura qu'au jour du jugement, où l'iniquité du leur paraîtra à tout l'univers.

Qu'arriva-t-il encore cette nuit chez les pontifes ?

Saint Pierre s'étant imprudemment exposé dans cette maison de tentation, et engagé dans la mauvaise compagnie de leurs satellites ; affaibli déjà par sa présomption précédente, par son peu de foi à la prophétie de sa désertion, par son sommeil dans la prière, par sa fuite et par sa lenteur à suivre Jésus-Christ de loin ; le renia, non sur l'interrogation des juges, ni sur les menaces du pontife, mais à la parole d'une simple servante. La voix d'une misérable portière jeta l'épouvante dans le cœur du portier du ciel ; une chétive fille qui tenait en sa main les clefs de la maison d'un prêtre, triompha de celui qui portait les clefs du royaume de Dieu, et encore une fois Eve ouvrit la porte au péché, l'introduisant dans le cœur de l'homme. Il ajouta bientôt le serment au mensonge ; et au parjure le blasphème et l'exécration. Il s'était vanté de plus de force et de courage que le reste des apôtres, il en eut le moins : il oublia la prédiction de sa chute avec le sentiment de sa faiblesse ; il apprit par sa triste expérience qu'il n'avait pas reçu la clef du royaume des cieux, pour ne l'ouvrir qu'aux innocents, et que le palais des grands est souvent un dangereux écueil à la vertu des ecclésiastiques. Jésus le regarda et l'excita à pénitence, il sortit, et il commença à pleurer amèrement son péché, dit l'évangéliste, pour marquer qu'il ne finit ses larmes qu'avec sa vie, dit saint Clément.

Pilate et Hérode.

Que firent les prêtres quand le jour fut venu ?

Après avoir condamné Jésus-Christ pour un crime prétendu de religion, ils voulurent le faire condamner pour un crime d'Etat : ils le conduisirent sur les huit heures du matin à Pilate, intendant de la Judée pour les Romains, afin qu'il le crucifiât : ils prétendaient par là rendre sa condamnation plus célèbre, sa mort plus profane, le genre de son supplice plus ignominieux, leur conduite moins odieuse et moins suspecte, enfin se disculper d'un si injuste homicide, et le rejeter sur autrui, ne sachant pas l'abandon qu'ils faisaient par là du Messie en faveur des gentils, à qui ils le livraient comme un autre Joseph aux Ismaélites ; encore moins que les faisant concourir, aussi bien qu'eux, à sa mort, ils le rendraient utile à tous deux.

Comment Pilate les reçut-il ?

Instruit de leur malice et de l'innocence de Jésus, il voulut le délivrer ; chose admirable, deux étrangers parlèrent seuls pour Jésus-Christ en sa Passion, Pilate et sa femme, et non aucun Juif ! Il l'interrogea néanmoins devant les prêtres, les scribes et les pharisiens, sur plusieurs faits qu'ils lui imposèrent, car ils prétendaient lui ôter l'honneur avant que de lui ravir la vie, sans qu'ils pussent les prouver, ni que Jésus répondît un seul mot pour sa justification, quelque instance que ce juge lui en fît. Nouveau spectacle, que Pilate étonné ne put comprendre, effrayé d'ailleurs par certaines visions de sa femme, qui, quoique païenne, s'intéressant dans la réputation et la vie de Jésus-Christ, lorsque les Juifs le déshonoraient et le poursuivaient à mort, lui manda de n'avoir rien à démêler avec ce Juste (présage de la conversion prochaine des gentils, et de la réparation du péché d'Eve qui n'inspira que des sentiments d'injustice et de mort à son mari) ; apprenant qu'il était de Galilée, il le renvoya à Hérode, roi de cette partie de la Judée, pour lors à Jérusalem, afin qu'il le jugeât.

Que fit Hérode ?

L'ayant vu comme il le souhaitait depuis longtemps, et ne pouvant en tirer aucune parole, ni aucun miracle, qu'il ne demandait que pour satisfaire sa vaine curiosité : incapable d'ailleurs de comprendre que la patience du Sauveur était un prodige sans exemple, et son silence un langage aussi éclatant qu'inouï, il le méprisa avec toute sa cour. Ce petit prince, à la tête de quelques soldats, insulta au grand Dieu des armées ; il traita de fou et de roi de théâtre la Sagesse éternelle et le Souverain de l'univers : marquant ainsi, sans y penser, le caractère du péché des princes impies et des gens de guerre, pour lesquels Jésus-Christ satisfaisait, c'est-à-dire une espèce d'athéisme, ou de dérision des choses saintes et de toute religion, qui ne passe souvent dans leur esprit que pour une politique et une fable ; et ces cérémonies les plus sacrées, pour une comédie : avides au reste de miracles et de signes extraordinaires. Ensuite le revêtant d'une robe blanche, il le renvoya en cet état, chargé d'opprobres, à Pilate, Hérode et lui devenant amis dès ce jour, d'ennemis qu'ils étaient auparavant, et recevant ainsi le bien pour le mal, puisque notre Roi pacifique, finissant leur inimitié mutuelle, donna à chacun d'eux, par cette réconciliation, un puissant ami ; il était près de dix heures du matin.

Que signifiaient ces choses ?

1° Que Jésus-Christ, par sa mort, réconcilierait le peuple juif et le peuple gentil, les unissant tous deux par une même foi ; 2° que la reconnaissance du vrai Dieu passerait tour à tour des Juifs aux gentils, et des gentils aux Juifs ; 3° que les Juifs et les gentils persécuteraient le corps mystique du Fils de Dieu, aussi bien que son corps naturel ; 4° que la sainteté chrétienne serait folie aux yeux des mondains toujours unis à la décrier et à la tourner en ridicule ; 5° qu'à ce prix nous recouvrerions la robe d'innocence dont Adam avait été dépouillé ; 6° et que Jésus-Christ expiait le péché que le luxe des habits fait si souvent commettre, particulièrement dans la cour des princes, d'où, comme d'une source empoisounée, il se répand impérieusement dans tout l'Etat.

Et ce silence de Jésus devant Hérode, Pilate et ses accusateurs ?

1° Qu'il voulait mourir pour nous sans disputer sa vie; 2° que nos péchés dont il s'était chargé, et pour lesquels il satisfaisait, étaient sans excuse; 3° que les rois et les grands de la terre seraient les derniers à écouter la parole de vie; 4° que Dieu ne châtie jamais plus rigoureusement les pécheurs que quand il ne leur dit mot. 5° Hérode ayant refusé d'entendre la vérité de la bouche de saint Jean-Baptiste, qui était la voix de Jésus-Christ, méritait de ne l'entendre plus. 6° Les Juifs n'avaient aucun droit de l'accuser étant leur roi. 7° Leurs accusations frivoles et tumultuaires se détruisaient d'elles-mêmes. 8° Les impies eussent pu dire qu'il avait tâché de se justifier sans avoir pu en venir à bout, et il avait résolu de les convaincre, que rien ne lui donnait la mort que le désir de leur procurer la vie. 9° Il ne voulait pas nous accuser, car c'était, non lui, mais eux et nous, qui tous ensemble, nul excepté, étions coupables, ou plutôt atteints et convaincus de tous les crimes qu'on lui imputait, et pour lesquels on le faisait mourir, et d'être de vrais séditieux, rebelles, pécheurs, publicains, gourmands, ivrognes, amis des pécheurs, transgresseurs des lois, séducteurs, impies, blasphémateurs, démoniaques, etc., indignes d'entendre le Verbe divin, même à présent, dans l'Ecriture. 10° Le mystère de la croix est incompréhensible à la raison humaine.

Barabbas, la flagellation, le couronnement d'épines. l'Ecce homo.

Que fit Pilate quand Jésus eut été renvoyé ?

Ce qu'il put pour fléchir les Juifs, mais inutilement: condescendant donc à leur fureur, il leur dit :

1° Que ne trouvant point de crimes en Jésus, il le ferait châtier et flageller, puis le laisserait aller. Horrible conduite! pourquoi vous contredites-vous? sentence inique! Déclarer un homme innocent et le punir cruellement! le délivrer pour satisfaire à sa conscience, et le déchirer pour contenter l'injustice et l'animosité! reconnaître la vérité, et la sacrifier à la passion et au respect humain! Que Pilate a d'imitateurs, qui, ne pouvant accorder Dieu et le monde, tout considéré, préfèrent enfin le monde et les scélérats à Dieu, puis délibèrent avec ce lâche et politique magistrat, ce qu'ils feront de ce Jésus dont la doctrine, les lois, les exemples et les menaces les embarrassent et les intimident!

2° Auquel ils aimaient mieux faire grâce, à Barabbas, voleur insigne, qui dans une sédition populaire de Jérusalem avait fait un homicide, et se trouvait déjà saisi par la justice, ou à Jésus. Ils préférèrent Barabbas, qui veut dire fils d'Adam, selon saint Ambroise, au Fils de Dieu: le méchant fut délivré, et le juste condamné, ce qui figurait que le Sauveur innocent se mettait en la place de l'homme criminel, car ce Barabbas est tout le genre humain, et subissait la peine due à Adam, coupable, 1° de sédition, pour s'être révolté avec les anges rebelles contre Dieu, dans la sainte cité, ou le paradis; avait causé la sédition universelle qui dure encore dans le monde contre le Créateur, et laissé à ses descendants cette malheureuse indocilité; 2° de vol, pour avoir aussi bien qu'eux voulu ravir la divinité; 3° de meurtre, pour s'être donné la mort et à toute sa postérité.

Qu'arriva-t-il ensuite ?

Pilate voyant le tumulte augmenter, mit sur les onze heures Jésus-Christ entre les mains de ses soldats, qui assemblant toute la cohorte dans le prétoire, dépouillèrent ce nouvel homme de ses vêtements, l'ancien après avoir perdu la double robe d'innocence et d'immortalité, ayant voulu vainement cacher son crime, sa honte et sa nudité sous des feuilles de figuier : ils l'attachèrent à une colonne, et le déchirèrent à coups de fouets, lui faisant ainsi expier l'effronterie et la sensualité des pécheurs qui dépouillent toute pudeur pour s'abandonner sans honte au péché déshonnête; après quoi le revêtant d'un vil manteau d'écarlate, image de la robe pontificale, toute tachée de nos crimes, lui mettant un roseau à la main, et entourant sa tête d'une couronne d'épines, nouveaux fruits que la terre produisait à ce nouvel Adam, et figure des inquiétudes mortelles, des chagrins et des remords cuisants, dont la conscience des réprouvés sera à jamais bourrelée et déchirée par les ministres de la justice divine, et par ce ver rongeur qui donnera des afflictions perpétuelles; ils le saluèrent par dérision comme roi des Juifs, ils lui donnèrent des soufflets, ils le frappèrent à coups de roseaux sur la tête, et ils le couvrirent de crachats: c'est ainsi que Jésus-Christ par ce supplice infâme, destiné aux esclaves, par ce diadème de douleurs et d'opprobres, par ces larmes de sang, et ces crachats, expiait les péchés de notre sensualité, de notre superbe, et de cette vanité dont les filles d'Eve déshonorent leur visage, ou plutôt l'ouvrage du Créateur, et nous méritait la grâce de mortifier notre corps, de régner sur nos convoitises, et de posséder une couronne de gloire : et que devenu le jouet des créatures, il réparait l'audace des pécheurs qui se jouent du Créateur : le crime des faux amis qui déguisent la vérité, ou des ennemis déclarés qui sont de véritables outrages : et le sacrilège des hypocrites qui ne lui rendent qu'un culte moqueur.

Que fit ensuite Pilate ?

Il prit avec lui Jésus, devenu par tant de plaies le miroir et l'hostie d'une conscience criminelle, telle que celle des Juifs, et le mena sur un perron élevé, pour le montrer en ce pitoyable état au peuple et aux prêtres, croyant les attendrir par ce spectacle, et leur dit : *Ecce homo.* « Voilà l'homme. » Comme s'il eût dit : Voilà l'état où le péché, la pénitence, l'amour et la justice divine ont réduit l'homme pour *s'être* voulu faire roi ; voilà l'homme de douleurs prédit par vos prophètes, reconnaissez vos Écritures: voilà votre nouveau Salomon avec le diadème, dont la Synagogue sa mère l'a couronné au jour de ses épousailles et de la joie de son cœur. S'il change plusieurs fois d'habit à la mode des anciens époux le jour de leurs noces, ce n'est que pour mieux enflammer votre amour par la vue des humiliations et des douleurs qu'il a endurées pour vous, dont ces vêtements tantôt blancs et tantôt rouges sont le symbole, et par eux vous méritez la candeur de l'innocence et la pourpre de la gloire. Sortez filles de Sion, accourez, et voyez.

Que dirent les Juifs quand ils le virent?

Ils crièrent tous : *Crucifiez-le, crucifiez-le!* marquant par cette clameur réitérée, avec leur implacable aversion, une ferme et persévérante résolution de devenir les persécuteurs du corps naturel et du corps mystique du Fils de Dieu.

2° Pilate, qui s'opposait à la mort de Jésus-Christ, parce qu'il était innocent, ne sachant pas que son innocence même était la cause de sa mort, et que s'il eût été coupable, il eût fallu qu'un autre fût mort pour lui, s'étant encore une fois assis dans son tribunal, disposé en un autre endroit, leur montra de nouveau Jésus, et leur dit par une inspiration, dont sans doute il ne comprenait pas la force : *Voilà votre roi!* Mais ils crièrent tous : *Tolle, tolle,* « *Otez-le, ôtez-le,* » de dessus la terre, de devant nos yeux. Aveugles, qui ne comprenaient pas qu'ils se dégradaient eux-mêmes, et qu'avec la lumière de la foi, ils perdaient la dignité d'enfants d'Israël, c'est-à-dire voyant Dieu, pour ne plus envisager le Dieu de leurs pères.

3° Pilate, en sa conscience déjà Chrétien, si l'on a égard à sa relation à Tibère, à l'expression de Tertullien, répliqua : *Crucifierai-je votre roi?* Vérité terrible, Jésus-Christ, fut moins connu des religieux, des prêtres, et du souverain pontife, que d'un juge idolâtre, qui informé de Jésus-Christ que son royaume n'était pas de ce monde, mais de l'autre, duquel il se mettait peu en peine, à la mode des gens du siècle, et ne voyant rien à craindre du côté de son ambition, pouvait peut-être soupçonner qu'il était un homme extraordinaire, promis du Ciel aux Juifs, pour réformer leur religion et leurs mœurs corrompues, et attendu d'eux sous le titre de roi ; mais dont l'empire ne devait donner aucune jalousie à la puissance romaine : au lieu que ceux-là ne le connaissaient par aucun endroit. En effet, les Juifs, déjà réprouvés, et devenus infidèles, protestèrent à haute voix qu'ils n'avaient point d'autre roi que César, se soustrayant de cette sorte à la domination et à la protection de Dieu, pour se soumettre à la tyrannie des princes païens, qui les exterminèrent, qui les vendirent comme des esclaves, qui détruisirent leur pays, et firent de la Judée leur patrimoine, ainsi que Josèphe le rapporte expressément ; qui brûlèrent et rasè-rent leur temple, passant la charrue sur ses ruines, et posant leur statue équestre sur le Saint des saints, ou le sanctuaire : qui les chassèrent de la Palestine ? avec défense d'y mettre le pied sous peine de la vie, excepté une fois l'an, qu'ils achetaient bien cher la liberté d'y venir pleurer, et qui les obligèrent à payer annuellement au temple de Jupiter Capitolin à Rome, le didrachme qu'ils payaient auparavant à Jérusalem au temple de Dieu vivant.

4° Enfin Pilate n'ayant rien omis de ce qui dépendait de lui pour toucher ces inhumains, fit porter un bassin, et à l'imitation de bien des pécheurs, il lava publiquement ses mains, et non sa conscience souillée, déclarant, qu'il était innocent de la mort de ce juste, et que c'était aux Juifs à prendre garde à ce qu'ils allaient faire ; mais ils crièrent tous hardiment et comme de concert : *Que son sang soit sur nous et sur nos enfants,* voulant bien qu'eux et leurs descendants portassent à jamais la peine de ce prétendu homicide, estimant ainsi Jésus-Christ moins qu'un homme, et qu'ils ne s'attireraient aucun châtiment pour l'avoir tué.

5° Cela fait, Pilate craignant qu'on ne le rendît suspect auprès de l'empereur, pour avoir laissé vivre un homme accusé de prendre la qualité de roi, et voulant plaire à ce peuple séditieux et méchant, leur livra Jésus, après l'avoir condamné à être crucifié, suivant leurs désirs. Midi n'était pas loin.

Le crucifiement.

Que se passa-t-il ensuite?

On dépouilla Jésus-Christ de ces habits ignominieux, pour lui redonner les siens : figures de nos propres œuvres, que seules nous portons avec nous au sortir de ce monde : on le chargea d'une pesante croix, et accompagné de deux voleurs, que les Juifs pour le confondre avec les malfaiteurs voulurent qu'on suppliciât avec lui (la vérité étant toujours proscrite en la compagnie des pécheurs) on le fit marcher en cet état vers le Calvaire, petite montagne destinée au supplice des criminels, hors les murs de Jérusalem, pour montrer, 1° que la vertu du sacrifice de la croix, loin d'être renfermée, n'aurait aucunes bornes, et se répandrait dans tout l'univers ; 2° que les Juifs chassant Jésus-Christ de leur ville, il se retirait chez les gentils jusque-là hors du bercail du peuple de Dieu ; 3° que ce triste voyage était la représentation de la vie chrétienne, c'est-à-dire un continuel portement de croix après Jésus-Christ; 4° que ce n'était plus dans les sacrifices du temple qu'il fallait chercher le salut, mais dans celui de ce nouveau Isaac allant à la montagne, chargé de bois de son immolation et de tous les péchés du monde, ainsi que l'ancien bouc émissaire mis dehors et envoyé par le grand prêtre pour être la victime de la colère de Dieu, et la détourner de dessus la tête du peuple. Aussi fut-ce sur le Calvaire même, comme observent les saints Pères, qu'Abraham offrit en sacrifice son fils, ou plutôt ce bélier couronné d'épines; et qu'on ensevelit Adam, le père commun de tous les hommes afin qu'on vît encore mieux que le Sauveur mourait pour donner la vie à toute la postérité de celui qui la lui avait ôtée par son crime; et que tout ainsi qu'Abel, le premier des justes, et l'image parfaite de Jésus-Christ, avait été conduit de sa maison au milieu de la campagne par Caïn son frère, pour l'y massacrer : ainsi les Juifs, frères du Sauveur selon la chair, le menèrent hors la ville de Jérusalem, pour tremper leurs mains dans son sang. Après cela faut-il s'étonner s'ils accomplissent la vérité dont Caïn avait été la figure, fugitifs par toute la terre de devant la face du Seigneur, pour avoir épanché ce sang innocent; tremblants à la vue de celui qu'ils ont pendu à une croix, et portant partout le signe de la circoncision que Dieu leur laisse, pour les distinguer des autres nations de la terre, afin qu'ils ne soient point exterminés, ainsi que ces autres anciens peuples qu'on ne connaît plus que par l'histoire.

Qu'arriva-t-il en chemin?
Jésus-Christ, accablé de tant de peines et de maux, tomba de lassitude sous le poids de sa croix : il satisfaisait pour les pécheurs que le fardeau des iniquités et la pesanteur de la vengeance divine écrasent : les soldats qui le menaient trouvant par occasion un étranger nommé Simon le Cyrénéen, l'en chargèrent pour le porter après lui, ce qui signifiait que le peuple gentil, étranger des Testaments, prenait sur lui la croix du Rédempteur, préférablement au Juif, et que les martyrs arboreraient ce trophée. Il était midi.

Que fit-on au mont du Calvaire?
On arracha à Jésus-Christ ses habits collés sur ses plaies, habits qui loin d'arrêter le sang comme à l'hémorroïsse, le firent découler de toutes parts en abondance : cette céleste rosée après avoir humecté la toison de ce nouveau Gédéon, ou la seule Judée, tandis que le reste du monde était à sec, devant laisser à sec la Judée, et humecter le reste du monde. Ensuite on étendit ce divin Agneau sur la croix, on l'y attacha avec des clous de fer, dont on perça ses mains et ses pieds, on l'éleva sur la croix entre deux voleurs, l'un à droite et l'autre à gauche, et Jésus au milieu : on l'abreuva de fiel et de vinaigre. Là les railleries sanglantes, les dérisions, les moqueries et les insultes des scribes et pharisiens, des prêtres et des soldats, et de presque toute la nation juive, le couvrirent de honte et de confusion : on partagea ses habits, on les tira au sort, on les joua, et on conclut qu'il n'était pas Fils de Dieu, parce qu'il se laissait attacher à une potence, ni tout-puissant, puisqu'il n'en descendait pas.

Que fit Jésus à l'arbre de la croix?
Il se tut au milieu de cet océan de douleurs et d'ignominies, il y montra une patience héroïque, il ne parla que pour pardonner à ses ennemis, que pour prier pour ceux qui le crucifiaient, que pour y exercer ainsi l'office de prêtre et de victime, et que pour donner aux fidèles en la personne de saint Jean, la sainte Vierge pour Mère, et la rendre ainsi la mère de son corps mystique, comme elle l'était de son corps naturel, de celui-ci dans la joie, de celui-là dans la douleur.

Qui pourrait exprimer ce que souffrit alors cette Mère désolée au pied de la croix?
Personne. En effet, pour peu d'amour qu'on ait envers quelqu'un, s'il souffre de grandes douleurs on ne peut pas en être légèrement touché : et quand on l'aime beaucoup, quoiqu'il souffre peu, on n'est pas médiocrement affligé. Mais quand on aime beaucoup, que la personne endure de grandes douleurs, et qu'on les voit, on ne peut dire la douleur que la compassion donne : il faudrait avoir autant d'amour pour Notre-Seigneur et la sainte Vierge, et voir ce qu'elle voyait, pour pouvoir parler de ce qu'elle souffrait. Les clous qui perçaient les pieds et les mains du Fils, perçaient le cœur de la Mère : elle ressentit vivement tous les coups, toutes les blessures, tous les outrages, tous les mauvais traitements qu'on lui fit; et le glaive de douleur, comme il lui avait été prédit, fut d'autant plus douloureux, qu'il ne perça pas son corps, mais son âme : blessures, plaies, douleurs d'autant plus aiguës, plus vives, plus profondes, qu'elles étaient plus intérieures. Une Mère, une telle Mère, voir un Fils, un tel Fils, souffrir le dernier supplice, si cruel, si long, si douloureux, si sanglant, si horrible, si honteux !

Que fit encore Jésus-Christ sur la croix?
Il assura au bon larron, qui se convertit à la croix, qui se reconnut en cet état et qui ravit véritablement le ciel, que ce jour même il serait en paradis avec lui (comme si à la même heure, et au même jour, selon saint Irénée, qu'Adam avait été chassé du paradis, pour avoir méconnu son Dieu, l'homme pénitent eût dû y rentrer pour l'avoir reconnu), tandis que l'autre voleur blasphéma et demeura dans l'endurcissement; figure de ce qui se passait alors dans la réprobation des Juifs et la vocation des gentils, et de ce qui se passera au jour du jugement, lorsque les réprouvés à la gauche iront en enfer, et les justes à la droite, en paradis.

Continuez à nous dire le reste?
Le soleil s'obscurcit, toute la terre fut couverte de ténèbres, et Jésus-Christ, quatre heures approchant, après en avoir demeuré plus de trois heures suspendu en croix, et prié avec larmes et avec cris pour notre salut, ainsi qu'assure saint Paul, et s'être offert pour nous en sacrifice, l'âme plongée dans une infinie tristesse, et le corps accablé d'inexplicables douleurs, recommanda son âme à Dieu par ces paroles : *Mon Père, je remets mon esprit entre vos mains,* et baissant la tête, signe de la vérité de sa mort, de l'acceptation qu'il en faisait, de sa résignation aux volontés de son Père, et du poids de nos péchés, il expira. Alors le mystère de son infirmité accompli, celui de sa vertu commença d'opérer : la terre trembla, et Nicée, où la

divinité de Jésus-Christ devait être un jour solennellement définie, crue, publiée, se ressentit le plus de la violente secousse du Calvaire : les pierres se fendirent, le voile du temple se déchira du haut en bas, le centurion et les soldats donnèrent gloire à Dieu, et confessèrent que Jésus-Christ était son Fils.

Que signifiait tout cela ?

1° Que toute la nature ressentait la mort de son auteur ; 2° que les Juifs étaient plus durs que les rochers, et plus aveugles que les idolâtres ; 3° que les figures mystérieuses de la Loi cessaient, et que les vérités célestes se découvraient ; 4° que le ciel, vrai sanctuaire, s'ouvrait aux hommes et que Jésus-Christ, par les tourments de la croix, les délivrait des tourments de l'enfer ; 5° que comme souverain pontife il entrait, non dans le Saint des saints, fait de main d'homme : mais dans le ciel même, couvert, non du sang des animaux, mais du sien propre, pour se présenter en cet état tout ensanglanté devant la face de son Père, afin d'apaiser sa colère contre nous par l'oblation d'une telle hostie, et nous servir d'avocat auprès de ce Père, qui, désarmé à cet aspect, ne peut plus rien refuser.

Pour quelle autre raison Jésus-Christ mourut-il dans un si grand abandon, et dans de si extrêmes souffrances ?

Dieu voulait donner au monde, en la personne de son Fils, l'image d'une vertu accomplie, qui n'a rien sur la terre, et dont les hommes ne récompensent les bienfaits que par de continuelles persécutions. Jésus-Christ meurt sans trouver ni reconnaissance dans ceux qu'il oblige, ni fidélité dans ses amis, ni équité dans ses juges, ni compassion dans ses bourreaux : son innocence, quoique reconnue, ne le sauve pas, et ne lui donne pas ce faible secours que de le délivrer du dernier supplice. Son Père même, en qui seul il avait mis son espérance, retire toutes les marques de sa protection ; le Juste est livré à ses ennemis, et il meurt abandonné de Dieu et des hommes.

Pourquoi cela ?

1° Pour nous racheter de l'abandon de Dieu que nous avions mérité. 2° Il fallait faire voir à l'homme de bien, que dans les plus grandes extrémités, il n'a besoin d'aucune consolation humaine, ni même d'aucune marque sensible du secours divin ; qu'il aime seulement, et qu'il se confie, assuré que Dieu pense à lui sans lui en donner aucun témoignage extérieur, et qu'une éternelle félicité lui est réservée. Telle est la haute leçon que Jésus-Christ nous fait sur la croix, ou plutôt sur cette chaire mystérieuse, de laquelle il prêche si sublimement toutes les vertus, et où il les porte dans le dernier degré de perfection.

En quel esprit Jésus-Christ accepta-t-il la mort ?

En esprit, 1° de religion, s'offrant en sacrifice à son Père ; 2° de pénitence, satisfaisant à la justice divine pour nos péchés ; 3° de charité, nous procurant la vie ; 4° de sainteté, se séparant de ce monde corrompu, et se retirant dans le sein de son Père.

Le coup de lance.

Qu'arriva-t-il après qu'il fut expiré, c'est-à-dire sur les six heures du soir ?

Un soldat lui perça d'un coup de lance le côté, d'où découla du sang et de l'eau.

Qu'est-ce que cela signifiait ?

1° Les mystères de notre rédemption et de notre régénération, qui venaient de s'accomplir ; 2° les sacrements qui nous purifient dans le sang de Jésus-Christ, et dont il a enrichi son Église, et particulièrement le baptême, qui nous fait naître à la vie de la grâce, et l'Eucharistie qui conserve et perfectionne cette vie, et nous donne les arrhes de la gloire qui venaient de s'établir ; 3° l'Église, où la nombreuse multitude des peuples fidèles, dont l'eau est le symbole qui fut formé du côté du nouvel Adam endormi sur la croix, et qu'il a acquise au prix de son sang, à laquelle il venait de s'unir ; 4° le baptême d'eau et le baptême de sang, l'un pour servir pendant la paix, et l'autre pendant la guerre de l'Église, dit un saint ; 5° la vérité de la nature humaine en Jésus-Christ. En effet, les composés se résolvant naturellement dans les principes qui les composent, et le corps humain étant composé de quatre éléments et de quatre humeurs correspondantes, il est visible que celui de Jésus-Christ se résolvant en éléments et en humeurs, c'est-à-dire en eau et en sang, était un véritable corps humain ; 6° la réalité de sa mort, car la vie résidant dans le sang, il ne pouvait prouver plus efficacement qu'il avait perdu la vie pour nous qu'en faisant voir qu'il avait répandu tout son sang jusqu'à la dernière goutte, et jusqu'à celui que la nature eût pu conserver dans le cœur, comme dans son dernier et plus intime réservoir, que le fer inhumain alla ouvrir pour lui donner cours ; 7° l'excès de son amour, puisqu'au défaut de sang naturel, il en produisit de miraculeux ; et que devenu Christ à double titre, il fut oint de son sang répandu sur tout son corps, après l'avoir été de la grâce inondant son âme : ne demandant rien pour tant de sang qui efface le péché de la volonté de l'homme, sinon que l'homme n'effaçât pas de sa mémoire un si grand bienfait ; 8° et que tout le sang de ses veines s'étant écoulé pour nous, il substituait, par un prodige sans exemple, une autre liqueur en la place du sang, comme pour dire : Je n'en ai plus : et que ce qui était assez pour notre salut, n'était pas assez pour son amour. D'où vient qu'un saint a dit : qu'à travers ses plaies il le voyait son cœur, et qu'il en était sorti, non du sang qui criât vengeance, mais du baume qui donne la vie.

Telle fut la charité de Jésus-Christ à laquelle rien ne peut être égal, que la dureté de ceux qui le firent mourir : car, comme observent les saints, la rage du démon fut moindre que la cruauté du Juif.

Comment cela ?

1° Le diable doute seulement si Jésus-Christ est le Fils de Dieu, le Juif proteste hardiment qu'il ne l'est pas, et l'accuse de blasphème pour avoir dit qu'il l'était ; 2° le diable lui présente des pierres pour en faire du pain dans son besoin, c'était à mauvais dessein, il est vrai; mais le Juif prend des pierres pour le lapider, et l'abreuve de fiel et de vinaigre dans sa soif; 3° le diable lui propose de se jeter du pinacle en bas, sous prétexte que les anges le soutiendront, le Juif le traîne pour le précipiter du haut de la montagne de Nazareth; 4° le démon lui offre des honneurs et des richesses, il l'appelle Saint, il lui veut persuader de conserver sa vie, du moins il l'abandonne quand il expire; le Juif le couvre d'opprobres, il le dépouille de tout, même de ses habits, il publie qu'il est un pécheur, un publicain, un séducteur, un possédé, il ose le crucifier, il perce son corps déjà mort, et déchire sa réputation par le glaive de la médisance, après même sa résurrection.

Quelle réflexion peut-on faire là-dessus?

Qu'après cela il ne faut pas s'étonner de l'abandon de ce peuple malheureux, de son aveuglement ni de son obstination à ne vouloir pas reconnaître celui que toute la terre a reconnu, à attendre celui que tout le monde a reçu, et à rejeter encore tous les jours celui qui se présente tous les jours à eux depuis dix-sept cents ans. « Qu'attends-tu, Juif incrédule, » s'écrie saint Jérôme, « tu commis plusieurs crimes du temps de tes juges; ton idolâtrie te rendit esclave des nations voisines, mais Dieu prit bientôt pitié de toi, et ne tarda pas à t'envoyer des sauveurs. Ton impiété n'étant pas moindre sous tes rois, Babylone ravagea ton pays, et te réduisit en une affreuse solitude, mais tes abominations furent expiées par soixante et dix ans de captivité. Cyrus envoyé de Dieu te rendit ta patrie, et Darius releva ton temple, tes autels et tes sacrifices. A la fin, Vespasien et Tite ont de nouveau rasé ta ville et ton temple; Adrien, cinquante ans après, a achevé de t'exterminer, et il y a près de quatre cents ans que toute la Judée n'est qu'un amas de ruines, et que tu gémis dans l'oppression sans apparence de secours. Qu'as-tu fait, peuple ingrat? Esclave dans tous les pays et de tous les princes, tu ne sers point les dieux étrangers; comment Dieu qui t'avait élu, t'a-t-il oublié, et que sont devenues ses anciennes miséricordes? Quel crime, quel attentat plus grand que l'idolâtrie te fait sentir un châtiment que jamais tes idolâtries ne t'avaient attiré? Tu te tais? tu ne peux comprendre ce qui rend Dieu inexorable? Souviens-toi de cette parole de tes Pères : *Son sang soit sur nous et sur nos enfants;* et encore : *Nous n'avons point d'autre roi que César.* Le Messie ne sera par ton roi, garde bien ce que tu as choisi; demeure l'esclave de César et des rois, jusqu'à ce que la plénitude des gentils soit entrée, et qu'enfin tout Israël soit sauvé. » Tel est le discours de ce grand docteur.

Thamar enfantant Pharès, qui veut dire, *division;* et Zara, qui veut dire, *Orient;* Zara sort la main, que la sage-femme lie d'un cordon rouge, disant : « Celui-ci viendra le premier. » Mais il retire incontinent la main, et Pharès naît, puis Zara, et cela au temps que le gentil devenant idolâtre, se sépara du Juif fidèle.

Je reconnais, Seigneur, dans ces deux jumeaux, les deux peuples, qui tour à tour devaient venir à la lumière de la foi. Le gentil dans l'état de nature paraît d'abord en la personne de quelques justes mettre son espérance au sang de son Sauveur, mais presque aussitôt il se retire dans le sein obscur de l'infidélité, emportant néanmoins avec sa foi en votre Passion, le signe de son retour, et le gage de sa rédemption future. Le Juif naît ensuite, et croit le premier en vous, mais rebuté du mystère de la croix dont il ne porte aucune marque, il est supplanté par le gentil qui le suit, et qui revient avec son ancien droit d'aînesse, et sa première confiance en vos douleurs.

Raab, femme infidèle, reçoit chez elle les envoyés de Josué près de passer le Jourdain, et d'introduire les israélites dans la terre promise, et attachant un ruban rouge à sa fenêtre, elle se sauve avec sa famille du sac Jéricho sa ville, et est agrégée au peuple de Dieu.

Sauveur du monde, vrai Josué, qui par le baptême donnez entrée au royaume de Dieu, sauvez l'Eglise des nations instruites par vos apôtres et empourprée par votre sang, et ce signal conservez-le au milieu des cendres de la Synagogue inconstante, dont les prophéties, le sacerdoce et la loi sont déjà comme éteintes en la personne de Marie, d'Aaron et de Moïse, morts dans le désert, et l'incorporez au corps mystique dont vous êtes le chef.

Circonstances de la Passion.

Expliquez les circonstances de la Passion du Sauveur?

1° Cette couronne montre sa royauté sur les ingrats qui le font mourir, et son triomphe sur le péché.

2° Ces épines, que les Juifs et les pécheurs lui sont un royaume ennemi, révolté, stérile, et qu'il annule l'arrêt qui nous reléguait en une terre chargée d'épines. D'où vient l'ancienne aversion des premiers Chrétiens pour les couronnes de fleurs, et les fleurs mêmes, instruits que la véritable grandeur consiste à régner sur la chair crucifiée.

3° Ce roseau creux, sec et rompu, leur loi sans fruit, et leur âme vide de charité, sèche, morte, aride, sans onction ni vertu et inutile qu'à brûler.

4° Cette flagellation sur le dos, qu'il veut oublier nos crimes quand nous nous tournons vers lui, ou nous reprocher nos ingratitudes quand il se retire de nous.

5° Ces larmes interdites aux personnes pieuses, qu'il veut boire le calice jusqu'à la lie, sans admettre cette espèce de soulagement qu'on goûte dans la commisération des amis, et que pour arrêter nos impatiences et nos murmures, il faut recourir à la main qui s'appesantit sur nous.

6° Ces bras étendus, qu'il embrasse tous

les hommes et qu'il les aime à proportion de ce qu'ils lui coûtent.

7° Ces mains percées, qu'il répand ses grâces sur eux.

8° Ce côté ouvert, qui les admet dans son cœur.

9° Ces pieds cloués, qu'il ne les quittera plus.

10° Cette société de voleurs et ces tombeaux ouverts, qu'il enlève la proie au démon et à la mort, et qu'il restitue à Dieu la gloire que l'ange et l'homme avaient voulu lui ravir et dérober.

11° Cette élévation à la croix, qu'il veut être vu de tout le monde, et que si nous nous égarons après cela ce sera notre pure faute, ayant un tel guide devant les yeux.

12° Et de là prêcher sans cesse le genre humain, lui apprenant que ce qu'il approuve là doit le sauver, et que ce qu'il y condamne, doit le perdre.

13° Et devenir le médiateur entre Dieu et l'homme, le ciel et la terre, de laquelle il veut nous détacher.

14° Et être un sujet de méditation continuellement exposé à nos yeux.

15° Nous montrer ce que nous avions mérité, et de quoi il nous a délivrés.

16° Où nous trouverons le remède à la morsure du serpent infernal et au poison du fruit défendu et de l'arbre qui le porta.

17° Quelle sera la grandeur de la gloire acquise à un tel prix et quelle eût été la grandeur du supplice expié par un tel tourment.

18° Qu'il ne faut plus appréhender la mort sous quelque visage affreux qu'elle se présente.

19° Ni craindre d'annoncer publiquement et sans ménagement les mystères de la croix.

20° Dont les quatre extrémités ont fait sentir la vertu au ciel et aux enfers, et aux confins de l'univers, et porté le prix de la rédemption du monde entier.

21° Cette nudité, que comme le vrai Noé enivré d'amour pour l'Eglise, cette vigne mystique qu'il a plantée et arrosée de son sang, il s'est endormi dans le tabernacle de sa chair mortelle et a découvert la honte de notre nature. Malheur au Juif, cet enfant impie et incrédule, qui s'est moqué de son Père assoupi sur sa croix, parce qu'il n'a vu en lui que l'ignominie de l'humanité; il sera maudit par ce Père éveillé du tombeau, et le gentil fidèle et respectueux béni.

22° Ce pardon, que Jésus-Christ accorda à ses ennemis, la prière qu'il fit et l'excuse qu'il apporta pour eux, le nom de criminels et de crimes qu'il ne donna ni à leurs personnes, ni à leurs actions, quoiqu'il intercédât pour le salut des plus méchants d'entre les pécheurs et pour la rémission du plus grand des attentats (sans doute pour ne rien insérer dans sa prière qui accusât les hommes, ni qui excitât l'indignation de son Père contre eux), et ce qu'il n'en marqua ni n'en exclut aucun en particulier, pour les y comprendre tous et tous leurs crimes, fait voir un fonds de charité, et une étendue de bonté au-dessus de tout ; il ne les regarda que par l'endroit qui pouvait donner quelque compassion d'eux ; il faisait attention, non qu'il mourait par eux, mais qu'il mourait pour eux, dit un Père. Il attendit à être sur la croix comme une victime sur l'autel, pour y crier miséricorde en leur faveur ; ce furent les premières paroles qu'il y proféra et le premier soin qui l'y occupa, et qui devança même celui qu'il voulait prendre de sa bénite Mère, afin de nous enseigner qu'il songeait premièrement au salut de ceux d'entre les hommes, qui en avaient le plus besoin, qu'ainsi les plus misérables devaient être les premiers objets de notre charité, et qu'au reste, ni l'inégalité de ceux qui nous offensent, ni la grandeur de leur malice, ni leur ingratitude, ni le mal qu'ils nous font, ni leur implacable haine, ne sont plus des raisons suffisantes à un Chrétien pour ne pas pardonner.

23° Ce champ d'argile destiné à la sépulture des pèlerins et acheté de l'argent dont Jésus-Christ fut vendu, signifie que ce divin réparateur de l'homme, achète par son sang de quoi refaire son ouvrage, formé d'abord de terre rouge, et que les gentils étrangers des Testaments divins, seraient le prix de sa mort, lorsque enfin, fatigués des ouvrages de terre et de boue dont ils se faisaient des idoles, et devenus, non des habitants, mais des pèlerins en ce monde, ils chercheraient leur repos en sa mort.

24° Par une vue encore plus haute, cet achat d'un champ par les Juifs sur le point de leur dispersion de l'héritage de Dieu, figuré par celui de Jérémie à la veille de leur transmigration en Babylone, découvre et présage leur retour futur dans la terre et la foi de leurs pères, lorsqu'à la fin du monde, d'étrangers et de pèlerins qu'ils étaient devenus par leur incrédulité, ils deviendront les héritiers et les enfants de celui dont ils ont vendu le sang: le retour dont cet achat est une espèce d'assurance et de titre.

Deux Israélites, envoyés par Moïse pour reconnaître la terre promise, rapportent sur un levier la branche d'un cep de vigne, où pend une grappe de raisin d'une grosseur et d'un poids extraordinaire.

Ces deux hommes, Seigneur, me représentent les deux peuples qui devaient porter votre joug : le Juif précède et passe le premier dans l'ordre des temps, il vous prédit et il vous promet : mais comme il n'attend de vous qu'une abondance et une grandeur temporelle, il vous méconnaît quand vous venez pauvre et humilié, et il vous tourne le dos. Le gentil suit et vous considère attaché au bois de la croix, d'où comme de dessous un pressoir sacré découle ce vin mystérieux qui guérit ses plaies et qui l'enivre, lui faisant oublier ses maux et perdre la raison humaine, pour lui faire embrasser la folie de la croix. Il comprend en vous regardant qu'il faut boire au calice de vos humiliations, auparavant que de goûter à ce vin nouveau que vous promettez à vos élus, quand vous les aurez introduits dans la terre promise, et fait asseoir à cette table céleste, dont les délices spirituelles ne se trouvent que quand on tourne le dos aux voluptés sensuelles.

Une femme égyptienne jette un œil de convoitise sur le chaste Joseph, qui veut dire *Sauveur*; il s'enfuit d'elle, et ne lui laisse entre les mains que son manteau, dont cette méchante se sert pour l'accuser et pour le perdre.

Que nous représente cette malheureuse, Seigneur, sinon la Synagogue infidèle qui ne chercha en vous, son Sauveur si désiré, que des biens charnels? vous lui échappez, ô Époux chaste, au milieu de ses embrassements impurs, et elle ne retient de vous qu'un vêtement enrichi de frange, c'est-à-dire les ornements de votre Loi, dont elle se sert pour vous combattre et pour vous condamner.

Le sépulcre.

Que firent les Juifs après que le corps eut été mis dans le tombeau?

L'entrée en étant fermée avec une pierre d'une grosseur extraordinaire, ils la scellèrent avec du fer, ils y mirent leur sceau, et enfin des soldats pour le garder soigneusement pendant trois jours.

Pourquoi tant de précautions?

De peur, disaient-ils, que les disciples de Jésus-Christ ne vinssent enlever son corps en cachette, et ne publiassent ensuite qu'il fût ressuscité ainsi qu'il avait prédit qu'il ferait le troisième jour après sa mort, mais en effet la Providence le permit ainsi, pour rendre par là le mystère de la Résurrection plus incontestable et plus éclatant.

Quelles réflexions devons-nous faire sur la Passion du Sauveur?

1° Combien la malice du péché que nous commettons si aisément est énorme, puisque pour être expiée elle a eu besoin d'un tel remède; 2° combien la justice de Dieu est sévère, puisqu'elle a exigé une telle satisfaction; 3° combien la valeur des âmes est grande, puisqu'un moindre prix que le sang d'un Dieu n'aurait pas suffi pour la racheter; 4° combien puissante a été la vertu de la croix, puisque par elle, la mort, le diable et l'enfer ont été vaincus et dépouillés, et le péché détruit.

De quels sentiments devons-nous être touchés, voyant Jésus dans les souffrances?

1° De compassion, 2° de reconnaissance, 3° de confiance, 4° d'imitation, 5° d'amour, 6° de contrition, que le cœur se fende de douleur pour en faire sortir le péché.

Quelles vertus éclatent davantage dans la Passion du Sauveur?

1° L'humilité, 2° l'obéissance, 3° la patience, 4° la charité, 5° la douceur : car quelle patience a plus souffert? quelle humilité s'est davantage abaissée? quelle obéissance s'est soumise à des choses aussi difficiles? quelle douceur a été aussi inaltérable? quelle charité a donné plus de sang? Toute chair avait corrompu sa voie, Jésus-Christ la purifie par l'immolation de toute la sienne.

A quels vices ou quelles blessures spirituelles trouve-t-on particulièrement la guérison, considérant Jésus-Christ en croix, comme autrefois les Israélites mordus des serpents, le serpent élevé dans le désert?

A tous : car, 1° quelle avarice ne sera pas guérie par cette nudité? 2° quel orgueil par cette humiliation? 3° quelle luxure par cette flagellation? 4° quelle colère par cette douceur? 5° quelle envie par cette bonté? 6° quelle paresse par ces travaux? 7° quelle intempérance par ce fiel et ce vinaigre?

Quel est encore le grand profit de ces vues?

De rendre nos souffrances méritoires, en les acceptant avec amour, et les unissant à celles du Sauveur. Car est-ce adorer utilement la grandeur qui nous a été méritée par tant d'humiliations, que de n'imiter pas l'humilité qui nous a procuré tant de grandeurs, puisque, après tout, le fond de la religion consiste à imiter ce qu'on révère? On se prosterne dès qu'on entend l'Apôtre qui dit : Que tout genou fléchisse au nom de Jésus. Mais, qui renonce à son orgueil, quand on entend le même Apôtre dire : Entrez dans les mêmes sentiments qu'a eus Jésus-Christ humilié, anéanti, obéissant, et obéissant jusqu'à la mort de la croix? On veut bien adorer Jésus-Christ crucifié, mais qui veut être crucifié avec lui? Respecter sa croix, mais qui veut souffrir et porter la sienne? Admirer son obéissance, mais qui se soumet? On solennise la mémoire de sa mort et de sa résurrection, mais qui meurt à soi-même et qui mène une vie nouvelle? C'est ainsi que la Passion est, 1° une source de tous bons sentiments; 2° un modèle de toutes vertus; 3° un remède à tous vices; 4° un fonds inépuisable de tous mérites, mais pour les vrais imitateurs du grand modèle exposé sur le Calvaire.

De quoi devons-nous avoir de la douleur et de la confusion?

De ce que, 1° par les péchés que nous avons commis, nous sommes cause de la mort de Jésus-Christ; 2° par l'abus que nous avons fait de ces grâces, nous avons rendu vain et inutile le fruit de sa Passion; 3° par notre indévotion nous avons profané les sacrements par lesquels les mérites de sa mort nous sont appliqués; 4° par nos scandales nous avons perdu le prochain, pour lequel Jésus-Christ est mort.

Quelles doivent être nos dispositions?

1° Le soleil s'obscurcit : bannissons la joie, et que la tristesse et le deuil paraissent sur notre visage; 2° la terre tremble : frémissons de crainte à la vue, 1° de ce grand sacrilège, 2° de nos péchés, 3° de la justice de Dieu, 4° de la rigueur de ses jugements; 3° les pierres se fendirent : brisons nos cœurs par une contrition parfaite; 4° le voile du temple se déchira : ôtons tout respect humain, et mettons bas tout prétexte et toute considération terrestre; 5° les sépulcres s'ouvrirent : ouvrons nos cœurs et nos bouches dans la confession; 6° les morts ressuscitèrent : sortons de la semaine sainte animés du désir de mener une vie sainte et céleste.

LE SAMEDI SAINT.

Pourquoi les prophètes ont-ils prédit que le sépulcre de Jésus-Christ serait glorieux?

1° La Divinité y demeura unie au corps, comme elle était à l'âme, ainsi qu'un arc est uni aux deux bouts de sa corde coupée par le milieu; 2° l'âme s'y réunit et la ranime; 3° Jésus-Christ y ressuscita glorieux; 4° il est le monument de la victoire; 5° et l'objet de la vénération de l'univers; 6° la grâce, qui nous fait mourir au péché et revivre à Jésus-Christ en découle : car par le baptême nous entrons dans le sépulcre avec lui, mais nous sommes enveloppés dans son suaire, morts et ensevelis avec lui, et entrés en lui, dans le mystère de la sépulture, pour prendre ensuite vie et racine en lui, germer, ressusciter, revivre et fructifier avec lui, jouissant d'une vie toute nouvelle et divine en lui. Tel est le mélange mystérieux de Jésus-Christ enseveli et du Chrétien mort, et le commencement de l'aimable confusion par laquelle il demeure en nous par l'impression de sa mort, et nous en lui par l'imitation de sa vie. Car, si les anciennes Ecritures portaient que Jésus-Christ devait mourir pour nous, les nouvelles portent que nous ne devons vivre que pour lui ; il a rempli sa prédiction, remplissons la nôtre. Détestons cet amour-propre qui nous rend odieux à Dieu et aux hommes, et ne soyons pas comme les anciens Chrétiens relâchés, qui, à force de s'aimer eux-mêmes, n'étaient plus aimés de personne, dit un grand saint; 7° de ce sépulcre sortit la lumière, et la vie dont tout le monde a été illuminé et animé, il conçut un mort, il enfanta un vivant; 8° ce divin corps embaumé de parfums qu'il enserre, et sans corruption, parce qu'il était uni à la divinité d'une façon spéciale, est le symbole de l'édification que donne un fidèle, mort à la vie sensuelle, en qui la Divinité seule agit et paraît; [de qui la convoitise ne voit plus par les yeux, n'entend plus par les oreilles, ne mange plus par la bouche, ne parle plus par la langue, ne touche plus par les mains, ne s'affectionne plus par le cœur. Car c'est en quoi consiste cet état de mort dans le sépulcre.

Que fait-on le samedi saint?

La bénédiction des fonts et du cierge pascal, le feu nouveau, et plusieurs autres cérémonies toutes pleines de mystères.

Pourquoi la bénédiction des fonts le jour de la sépulture du Sauveur?

Pour témoigner, 1° que nous sommes morts et ensevelis à la vie de la chair avec Jésus-Christ par le baptême; 2° que ce sacrement nous applique le fruit de cette mort, et fait mourir en nous le vieil homme; 3° que nous devons mener une vie ressuscitée, qui ne soit plus sujette à la mort du péché.

Comment bien comprendre ces trois mystères dans le baptême?

Distinguant trois moments dans le catéchumène : 1° lorsqu'il se présente aux fonts; 2° lorsqu'il est sous l'eau; 3° lorsqu'il sort de dessous l'eau. Dans le premier, il vit de la vie sensuelle. Dans le second, il est mort et enseveli à la vie du vieil homme. Dans le troisième, il renaît pour vivre de la vie ressuscitée du nouvel homme ou de Jésus-Christ.

Etait-ce pour ces raisons qu'autrefois on destinait particulièrement ce jour au baptême des catéchumènes?

Oui, et l'aspersion de l'eau bénite, figure de l'aspersion du sang de l'Agneau sur le peuple fidèle, en est un vestige.

Que signifie le cierge pascal qu'on allume avec du feu nouveau tiré d'une pierre, auquel on attache cinq grains d'encens, qu'on porte en procession, qu'on garde jusqu'à l'Ascension, et qui ne paraît plus ensuite?

1° Jésus-Christ ressuscite sortant du sépulcre, la lumière et la joie du monde, conversant avec ses disciples, et leur montrant ses plaies; 2° il nous apprend que la vie de Jésus, éteinte par sa mort, lui a été rendue tout éclatante de gloire par la résurrection; 3° qu'il demeura quarante jours sur la terre avant son ascension; 4° qu'il n'est plus visible en ce monde depuis ce temps-là.

Quelle convenance y trouvez-vous?

1° La cire se forme du suc des fleurs odoriférantes; 2° elle se fait sans aucune corruption; 3° elle est susceptible de la lumière; 4° l'abeille qui la compose naît d'une mère sans père : or toutes ces propriétés ont rapport à Jésus-Christ. Car son corps fut formé, 1° du sang de la sainte Vierge, figurée dans l'Ecriture par les fleurs, les lis et les roses; 2° sans aucune corruption; 3° la Divinité, dont le feu est le symbole, s'y unit; 4° il naquit d'une mère sans père.

L'absoute.

Que dites-vous de l'absoute que MM. les curés donnent au peuple de leur paroisse le samedi saint, suivant le rituel du diocèse?

Que ce n'est pas une absolution sacramentelle, mais un ancien vestige de la réconciliation solennelle des pénitents qu'on faisait autrefois dans l'Eglise, après qu'ils avaient pleinement satisfait à leurs péchés dans le jeûne, les larmes, le sac et la cendre, chacun suivant l'énormité du crime qu'il avait commis. Ainsi l'Eglise multipliait ses enfants : le matin par le baptême, ou la *régénération*; le soir par la pénitence, ou la *résurrection* : composant son peuple de ceux qui conservaient l'innocence ou qui la réparaient.

Pourquoi l'Eglise choisissait-elle ce jour?

C'est la mort du Sauveur qui nous a délivrés de la mort du péché, et sa résurrection qui nous a rendu la vie de la grâce (83).

De quoi cela nous instruit-il?

---

(83) Dans quelques diocèses, l'absoute se fait au prône, le jour même de Pâques.

De la lâcheté des Chrétiens de ce temps, qui, après plusieurs grands péchés, veulent, sans intervalle ni aucune précédente satisfaction, être absous et admis à la participation du corps de Jésus-Christ, dès le moment qu'ils ont récité leurs péchés, et souvent sans douleur.

Quels bons effets produit cette pieuse cérémonie ou bénédiction?

Quand on y vient avec un cœur humilié et de religieuses dispositions, 1° elle efface le péché véniel; 2° elle excite la contrition, et renouvelle la douleur qu'on a eue dans le sacrement de pénitence; 3° elle fait prendre de nouvelles résolutions de vivre saintement; 4° elle nous affermit dans la grâce que nous y avons reçue; 5° elle nous unit aux fidèles assemblés, et nous fait entrer dans la communion des saints, les œuvres qui se font en commun, ayant une bénédiction toute particulière, et n'étant point gâtées par les retours de notre amour-propre, comme il n'arrive que trop dans les pratiques singulières: bien des personnes sentant de la vaine complaisance pour l'abstinence d'un mercredi, qui n'en ont jamais eu d'avoir jeûné le Carême; 6° elle termine heureusement la quarantaine, elle en est comme le sceau et la consécration; une espèce de supplément du peu de rigueur de nos jeûnes, et une rémission des fautes que nous y avons pu commettre; 7° elle nous applique la grâce de la mort et sépulture du Sauveur; 8° elle imprime de grands sentiments de Dieu, de la religion et du mystère où nous sommes; 9° elle dispose à la fête de Pâques; par une certaine paix, dévotion, piété et pureté d'esprit qu'elle cause en nous; 10° c'est une excellente préparation à la communion pascale; 11° l'Église ayant commencé le Carême par la pieuse cérémonie des Cendres, le termine par la rémission des péchés, qu'elle donne, semblable au médecin qui, après avoir mis l'appareil sur la plaie, la nettoie: il faut donc se disposer à cette bénédiction, sans quoi elle est à l'égard de la paroisse ce qu'est la pluie qui tombe sur les déserts.

DE LA FÊTE DE PAQUES.

Comment se passa l'histoire de la résurrection?

1° Peu après minuit, l'âme du Sauveur, revenue des enfers, se réunit à son corps dans le sépulcre. 2° Jésus-Christ ressuscité, sortit de ce tombeau, qui n'était qu'un caveau taillé au ciseau dans le roc, sans aucune fracture. 3° L'ange du Seigneur, avec un visage brillant comme un éclair, et des habits plus blancs que la neige, ôte la grosse pierre qui en fermait l'entrée, la roule, s'assit dessus, et effraye les soldats, qui, demi-morts de peur, vont dire aux Juifs ce qui est arrivé. 4° Sainte Madeleine et les autres femmes, ayant préparé dès avant le jour les parfums, partent de leur logis pour venir embaumer le corps de leur Seigneur, et arrivèrent au soleil levé au sépulcre; le trouvant ouvert et vide, elles viennent vite en avertir les apôtres. 5° Saint Pierre et saint Jean y accoururent, celui-ci arrive le premier, mais il attend saint Pierre, établi portier et dépositaire des clefs, à qui il appartenait d'ouvrir aux autres, dit saint Ambroise, et n'entre qu'après lui dans le sépulcre, où ne voyant point le corps, ils croient qu'on l'a enlevé, et s'en retournent consternés. 6° Les autres femmes revenues cherchent dans le jardin, tandis que Madeleine pleure, se tenant droite près le sépulcre, dans lequel ayant apparemment entendu quelque bruit, elle regarde en se penchant, et elle voit deux anges vêtus de blanc, assis l'un aux pieds, l'autre à la tête de l'endroit où avait reposé le corps (ainsi qu'autrefois sur le propitiatoire), qui lui demandent pourquoi elle pleure; elle répond que c'est parce qu'on a enlevé son Seigneur, et qu'elle ne sait où on l'a mis: se tournant en arrière pour y avoir peut-être ou entendu quelque bruit, ou remarqué dans les anges qui s'y voyaient, quelque chose, elle aperçoit Jésus-Christ, qu'elle prend pour le jardinier, induit possible à venir là par les autres femmes, qui lui dit: Pourquoi pleurez-vous? qui cherchez-vous? Elle répond: Seigneur, si vous l'avez ôté, dites-moi où vous l'avez mis et je l'emporterai; Jésus-Christ l'ayant appelée par son nom de Marie, elle le reconnut, et il lui dit de ne le pas toucher, mais d'aller avertir ses disciples de sa Résurrection et de sa prochaine ascension, elle y courut. 7° Cependant les autres femmes, revenues au sépulcre, sont saisies de crainte à la rencontre de deux anges tout resplendissants, qui leur dirent: Ne craignez point, vous cherchez Jésus crucifié: pourquoi cherchez-vous celui qui est ressuscité parmi les morts? Il n'est pas ici, il est ressuscité comme il l'avait prédit; venez, et voyez l'endroit où on l'avait mis, et allez en diligence avertir ses disciples, et Pierre particulièrement, qu'il est ressuscité, et qu'ils aillent en Galilée où il les devancera, et où ils le verront. Ces dévotes femmes sortant du sépulcre si saisies de crainte, et si transportées de joie, qu'elles ne pouvaient ouvrir la bouche, courent porter cette nouvelle aux apôtres, et voilà que Jésus-Christ se présente à elles et les salue: elles se jettent à ses pieds et les lui embrasse, il leur ordonne de dire à ses disciples d'aller en Galilée, et qu'ils l'y verront. 8° Sainte Madeleine, et celles-ci ensuite, trouvent les apôtres et les disciples pleurant et se lamentant, auxquels elles dirent ce qui leur était arrivé, mais ils traitèrent cela d'imagination et de rêverie, et n'y ajoutèrent pas de foi. 9° L'après-midi il se fit voir aux deux disciples allant en Emmaüs, qui, retournant sur leurs pas le raconter aux apôtres, les trouvèrent consolés et affermis dans la même foi, et apprirent d'eux que Jésus-Christ était véritablement ressuscité, et qu'il s'était apparu à saint Pierre. 10° Tant d'apparitions et de preuves ne leur suffisant pas encore, ce soir même, comme ceux-ci achevaient de parler, les portes de la maison où les disciples étaient assemblés fermées, pour la crainte des Juifs, et les apôtres à table, Jésus-Christ leur apparaît, leur parle, les rassure, leur montre son corps et ses plaies, mange avec eux, les comble de joie. C'est ainsi que se passa le jour de Pâques.

Que veut dire le mot de Pâques?

Passage, pour montrer que comme Jésus-Christ a passé de la mort à la vie, et qu'il ne meurt plus, ainsi nous devons passer du péché à la grâce, et ne plus offenser Dieu.

Que veut dire le mot d'Alleluia?

Il veut dire louange à Dieu : c'était un cri de réjouissance dans la langue sainte, et on ne se lasse point de le répéter à Pâques en signe de joie de la résurrection du Sauveur, de sa victoire sur l'enfer, la mort et le péché, et du bonheur éternel, figuré par le temps pascal.

La Pâque n'était-elle pas une fête du peuple juif?

Oui, elle se célébrait en mémoire de ce que Dieu avait délivré les Israélites de la tyrannie de Pharaon et de la captivité d'Égypte, et leur avait fait passer la mer Rouge, et cela le huitième jour des azymes, ce qui figurait que Jésus-Christ, par sa mort, nous délivrerait de la tyrannie du diable, du péché, de la mort et de l'enfer, et nous laverait par le baptême dans son sang précieux, afin de nous introduire ensuite dans la véritable terre promise, qui n'est autre que le ciel, lors de notre octave bienheureuse, qui sera le jour que le Seigneur a fait, et auquel il est entré dans son repos.

Pourquoi Jésus-Christ ressuscita-t-il?

Afin, 1° d'établir puissamment la créance de sa divinité, le seul Créateur pouvant refaire ainsi que faire un tel ouvrage ; 2° de donner à son corps la gloire qu'il avait si justement méritée ; 3° de faire paraître la justice divine dans la glorification de son humanité, qui s'était immolée pour sa gloire ; 4° de nous confirmer dans une foi ferme et dans une vive espérance de la résurrection générale par celle de notre Chef, qui fut comme les prémices de celle du genre humain ; 5° de consommer parfaitement l'ouvrage de notre réparation, redonnant à notre nature cette immortalité dont elle était déchue ; 6° et la victoire éclatante qu'il venait de remporter sur la mort, le péché, le diable et l'enfer ; 7° de nous mériter la résurrection spirituelle, qui consiste à ressusciter du péché, qui est la mort de l'âme, à la vie de la grâce ; 8° d'être un modèle à la vie céleste et divine que nous devons mener après avoir participé à ce mystère par la justification ; 9° de nous communiquer l'incorruption et l'immortalité spirituelle, c'est-à-dire la vertu de ne plus mourir par le péché, privilège réservé dans toute son intégrité après la résurrection ; 10° de nous mériter la résurrection glorieuse de nos corps. Jésus-Christ par sa mort avait tué le péché et la convoitise qui vivaient en nous, pour parler avec l'Apôtre ; mais, par sa résurrection, il fallait encore qu'il nous méritât la justification ou la vie de la grâce, chaque mystère ayant son effet spécial : ce qui a fait dire à saint Paul, que si Jésus-Christ n'était pas ressuscité, notre foi serait vaine, et la prédication inutile, non-seulement parce que nous ne croirions pas la vérité, mais encore parce que nous ne posséderions pas la vie ; et à saint Pierre, que Dieu, par la résurrection de son Fils, a accordé la rémission des péchés. Tels sont les fruits avantageux que nous retirons de la résurrection du Sauveur.

Qui prouve la vérité de la résurrection de Jésus-Christ?

1° Les prophéties anciennes ; 2° les promesses ; 3° les figures ; 4° les exemples de ceux qui avaient ressuscité ; 5° les prédictions de Jésus-Christ ; 6° le témoignage des apôtres, scellé de leur sang ; 7° les précautions des Juifs qui fermèrent, scellèrent et gardèrent avec les soldats le sépulcre, contre les entreprises prétendues de quelques pauvres et timides pêcheurs ; 8° les infinis miracles opérés en confirmation de cette vérité ; 9° la foi de tout l'univers ; 10° les preuves invincibles qu'en donna Notre-Seigneur.

Quelles sont ces preuves?

Il s'apparut, 1° à sainte Madeleine ; 2° à plusieurs femmes pieuses ; 3° à saint Pierre ; 4° aux deux disciples d'Emmaüs ; 5° aux apôtres enfermés ; 6° à saint Jacques ; 7° à tous les apôtres en particulier ; 8° à cinq cents disciples à la fois ; 9° aux apôtres qui pêchaient ; 10° à un grand nombre de personnes au jour de son ascension, et enfin presque sans cesse pendant quarante jours.

Quelles sont les autres preuves?

1° On le vit ; 2° on l'écouta ; 3° on lui parla ; 4° on le toucha, et saint Thomas mit sa main dans ses plaies sacrées ; 5° il mangea et but devant ses disciples, et avec eux, en ayant conservé le pouvoir, mais non avoir besoin ; 6° il leur parla et les rassura ; 7° on conversa avec lui ; 8° il prêcha et exhorta ; 9° ses ennemis ne purent y opposer que des raisons frivoles et des témoins endormis.

Que remarquez-vous dans les apparitions de Notre-Seigneur?

1° Quand ces saintes personnes partirent de la maison pour aller au sépulcre, les ténèbres couvraient encore la terre, signe des ténèbres de leur esprit sur le mystère de la résurrection : aussi n'est-il point dit que la sainte Vierge, qui seule conserva la foi de la résurrection, y fût avec elles, son divin Fils l'ayant consolée en lui apparaissant plutôt qu'à pas un autre. 2° Saint Pierre et saint Jean coururent ensemble ; mais saint Jean arriva le premier, attendit saint Pierre, et n'entra qu'après lui, pour marquer que le peuple gentil, dont saint Pierre fut le premier apôtre, devancerait le peuple juif qui le précédait auparavant, et croirait le premier au Sauveur ressuscité, et qu'ensuite les Juifs, figurés par saint Jean, les suivraient ; ce qui s'accomplira à la fin du monde. 3° Il s'apparut peu à peu, afin de se proportionner à la faiblesse humaine et donner lieu à la foi. 4° Il se fit voir d'abord à ces pieuses femmes, parce qu'elles ne l'avaient pas abandonné sur le Calvaire, et qu'elles venaient le chercher jusqu'au tombeau. 5° Il s'apparut à tous dans un extérieur conforme à la disposition intérieure de leur cœur.

Comment cela?

1° Comme sainte Madeleine avait plus d'amour que de foi, et de transport que de raison, il se montra à elle sous une figure empruntée, et lui dit des paroles qui l'embrasaient en l'éclairant. 2° Les autres saintes femmes, ayant cru simplement sa résurrection sur la parole des anges, il se présenta aussi à elles à découvert et sans aucun voile. 3° Les disciples d'Emmaüs s'égarant du droit sentier de la foi, il les aborda sous la figure d'un pèlerin. 4° Il se fit voir, par une apparition et une faveur singulière, en particulier et comme en secret à saint Pierre.

Pourquoi cela?

1° Sa dignité de chef des apôtres exigeait cette distinction. 2° Son extrême affliction demandait cette consolation. 3° Sa confusion d'avoir été infidèle, que la présence du Sauveur renouvellerait, voulait la retraite. 4° Il était à propos de cacher les mouvements extraordinaires que cette vue causerait en lui. 5° Enfin cette visite devait être comme une réconciliation où les témoins sont incommodes.

Pourquoi Jésus-Christ a-t-il voulu garder les cicatrices de ses plaies?

Afin, 1° de témoigner qu'il avait repris son même corps; 2° de porter au ciel les glorieuses marques de son amour pour son Père, de son zèle pour le salut des hommes, et de sa victoire sur le démon; 3° de les montrer à son Père, et intercéder par elles, comme par autant de bouches, pour nous; 4° de les exposer au jour du jugement, comme des marques de sa charité envers les hommes, et de leur ingratitude envers lui.

Combien Jésus-Christ demeura-t-il sur la terre avec ses disciples après sa résurrection?

Quarante jours. 1° Afin que comme il avait demeuré quarante heures dans le tombeau, pour prouver la vérité de sa mort, qui était aisée à croire, il prouvât la vérité de sa résurrection, qui était plus difficile à se persuader, par une demeure de quarante jours sur la terre, après être sorti du sépulcre. 2° Cela nous apprend encore que Dieu voulut récompenser les quarante heures de tribulation, où la mort de Jésus-Christ avait jeté ses disciples, par quarante jours de consolation qu'ils goûtèrent avec lui après sa résurrection.

De quoi Jésus-Christ instruisit-il ses apôtres pendant ce temps-là?

1° Des mystères de la foi; 2° des sacrements de l'Eglise; 3° des principaux points de la discipline et de la morale; 4° de tout ce qu'ils avaient à faire pour l'établissement et la conduite de son Eglise; 5° de ce qu'ils devaient enseigner à toute la terre, leur ouvrant le cœur et leur donnant l'intelligence des Ecritures. 6° Il institua l'ordre des évêques, par l'imposition des mains, dit saint Augustin, et il désigna pour évêque à l'Eglise de Jérusalem saint Jacques le Mineur, qu'il remplit, ainsi que saint Pierre et saint Jean, de la science des plus hautes vérités; c'est ce que les premiers Pères ont laissé par écrit.

Quel pouvoir leur donna-t-il?

1° De remettre les péchés; 2° de chasser les démons; 3° de faire des miracles; 4° de prêcher l'Evangile par toute la terre; 5° d'administrer le baptême et les autres sacrements.

Que leur promit-il?

1° De leur envoyer le Saint-Esprit; 2° d'être avec eux jusqu'à la fin du monde; 3° des persécutions passagères et des récompenses sans fin.

Que considérer dans cette fête?

1° La gloire de Jésus-Christ; 2° les avantages qu'en reçoit le genre humain; 3° le profit particulier qu'un chacun est obligé d'en retirer.

Les fruits de cette fête (84).

D'où tirez-vous cette obligation?

1° De la signification même du mot de Pâques, qui marquait aux Juifs le passage, 1° de l'ange exterminateur; 2° de la mer Rouge; 3° de l'Egypte en la Terre-Sainte; 4° de la tyrannie de Pharaon, en la liberté des enfants de Dieu; et qui prêche aux Chrétiens l'obligation qu'ils ont de remplir la vérité de ces figures intelligibles par elles-mêmes, et de participer aux divers états de Jésus, passant de cette vie en l'autre, la vie à la mort, de la mort à la vie, et de ce monde à son Père; et par son sang apaisant la justice divine, nous affranchissant de la tyrannie du diable, et nous ouvrant l'entrée à la vie éternelle.

2° De l'impression des mystères de la Passion, mort et résurrection du Sauveur, qui doivent agir en nous.

3° De la grâce reçue et renouvelée du baptême, et des sacrements, en qui dans ce temps, comme en des vases sacrés, le sang de Jésus-Christ, bien mieux que celui de saint Janvier au jour de son martyre, paraît comme tout chaud et tout bouillant.

4° De la mort, ou du moins de la mortification ou affaiblissement de la convoitise que la mort de Jésus-Christ opère.

5° De la vie spirituelle que la résurrection

---

(84) Le premier de ces fruits est l'accomplissement du devoir pascal. Il en a été question dans l'explication du 4e commandement de l'Eglise. Nous ajouterons seulement ici que la quinzaine de Pâques, vu la difficulté des temps, comprend aujourd'hui les deux semaines qui précèdent et les deux qui suivent la fête de Pâques. On peut même étendre cette période de jours selon les besoins des fidèles. Dans ce cas, il faut toujours avoir intention de remplir le précepte de la communion annuelle.

de Jésus-Christ, reprenant une vie nouvelle dans le sépulcre, communique.

6° De la défaite, enchaînement et dépouillement de Satan, à qui Jésus-Christ a ravi la proie et ôte la force.

7° Enfin le péché détruit par la rémission et l'infusion de la grâce, les vertus fortifiées, surtout la foi, l'espérance et la charité, le ciel ouvert, l'enfer bouché, et particulièrement les qualités glorieuses qui ornent Jésus-Christ ressuscité, et qui sont le fruit de ses souffrances, sont autant de raisons qui nous pressent de participer à la grâce de cette fête.

Comment participer à ces qualités glorieuses ?

1° A sa subtilité, qui lui fit traverser la pierre, surmontant nos répugnances au bien ; 2° à l'agilité, nous comportant avec ferveur au service de Dieu ; 3° à la clarté, donnant bon exemple ; 4° à l'impassibilité, souffrant avec joie les adversités ; et à l'immortalité, ne retournant plus au péché.

Quoi faire pour profiter de ces grâces ?

1° Mener une vie nouvelle, spirituelle, ressuscitée, n'ayant plus de goût, ainsi que Jésus, pour les biens de ce monde, qui ne tendent qu'à la conservation d'une vie corruptible. 2° N'être plus sujet au péché, dont l'aiguillon, qui n'est autre que la mort, vient d'être arraché. 3° Ne conversant qu'avec des personnes de piété et des disciples de Jésus, et nous rendant, comme lui, invisibles aux hommes terrestres et mondains. 4° Tenant de saints discours et de pieux entretiens, et parlant, comme il faisait en ce temps, du royaume de Dieu et des moyens de le faire régner en nous. 5° Recherchant les choses du ciel, et méprisant les vanités de la terre, les grandeurs, les richesses, les plaisirs, les parures, pleins de ce qui nous est promis après la résurrection. 6° Pratiquant les exercices de piété, la prière, le service paroissial, la prédication, le chant de l'église, les processions, stations, etc., qui sont des expressions, ou de ce que fit le Sauveur après sa résurrection, ou de ce qui nous est promis après la nôtre. 7° Aimant surtout les souffrances qui nous rendront participants de la gloire de Jésus-Christ. 8° Goûtant et savourant les choses saintes, la rémission des péchés, l'espérance de la vie future, etc., vrais aliments d'une âme ressuscitée, corrigeant ainsi un goût par un goût ; car le même goût que nous éprouvons dans les choses défendues, dans le pain d'iniquité, est ce même goût qu'éprouva notre première mère Eve, quand elle mangea du fruit défendu ; goût dépravé et désordonné que nous avons hérité d'elle, dit saint Paulin. 9° Solennisant avec une dévotion singulière la semaine de Pâques, laquelle on chômait tout entière au temps de la ferveur des premiers Chrétiens. 10° Ressuscitant en nous divers bons sentiments, vertus, résolutions, pratiques de piété, etc., que par notre négligence nous laissons continuellement mourir : et ainsi la résurrection de Jésus en nous sera accompagnée de celle de plusieurs.

Le temps pascal.

Doit-on passer saintement ce temps ?

Sans doute, et plusieurs raisons nous y invitent ; car, ce serait autrement ; 1° perdre le mérite et le fruit du Carême, de la mort et Passion du Sauveur, et des sacrements reçus ; 2° mal honorer et représenter la vie ressuscitée de Jésus-Christ et des bienheureux ; 3° s'exposer à des rechutes déplorables ; 4° s'indisposer aux grandes solennités de l'Ascension et de la Pentecôte, qui sont les suites de celles de Pâques ; 5° profaner un temps consacré à la sainteté, d'une façon toute particulière, car il est composé de cinquante jours, comme renfermant tous les dimanches de l'année, et il est l'image de la fête éternelle et du grand Jubilé que nous célébrerons dans le ciel, où nous ne jeûnerons plus surtout de Dieu, que nous verrons face à face, dont nous jouirons, dont nous nous repaîtrons éternellement. Prouvons la vérité de la résurrection de notre chef, par la vie de ses membres, et la vie de son corps naturel, par la vie de son corps mystique ; 6° et oublier bientôt les bons sentiments qu'on a pu prendre à Pâques.

A quels désordres se laisse-t-on aller le plus ordinairement dans ce temps-ci.

1° A la gourmandise ; 2° aux promenades et rendez-vous ; 3° aux compagnies libertines ; 4° à la dissipation et indévotion ; 5° à une joie toute charnelle et mondaine ; 6° au luxe, à la vanité et à l'immodestie des habits, aux nudités, braveries, etc., désordres de tout temps défendus dans l'Eglise, que nos hérétiques ne souffrent pas même chez eux, que Mgr notre archevêque a interdits par une ordonnance expresse, défendant aux confesseurs d'administrer les sacrements aux personnes qui ne veulent pas y renoncer, lesquelles autrefois on n'aurait pas admises au baptême sans cela, et qui pour un mari qu'elles disent vouloir gagner, selon leur prétexte ordinaire, perdent des âmes à milliers ; semblables à ces pêcheurs injustes, qui, pour avoir un poisson, empoisonnent les rivières publiques et en tuent une infinité.

Quels vertus doit-on pratiquer ?

1° La dévotion ; 2° la modestie ; 3° la sobriété ; 4° la joie spirituelle qui naît de la sincérité de l'esprit et de la pureté des mœurs, lesquelles doivent suppléer au défaut des mortifications extérieures ; 5° enfin la vie d'un Chrétien, lequel a pleinement participé au mystère et à la grâce de la résurrection, doit être une imitation de la vie des anges, comme nous l'apprenons du Sauveur dans l'Evangile.

DE LA FÊTE DE SAINT MARC.

(25 avril.)

Que savons-nous de ce saint ?

1° Il était Hébreu, de la tribu de Lévi et de la race d'Aaron, natif de Cyrène en Libye, disciple de Jésus-Christ, ou converti par les apôtres, évangéliste, fils spirituel, interprète et compagnon des missions et travaux de saint Pierre, qui lui dicta, selon saint Athanase, ou du moins qui lui fit écrire l'Evangile tel qu'il le lui avait ouï prêcher, et qui l'ayant lu, l'autorisa, permit qu'on s'en servît dans l'Eglise, et le donna aux fidèles de Rome, surtout aux officiers de l'empereur et autres gens de qualité qui le demandaient instamment. Il est plus court que les autres, parce que, selon saint Chrysostome, saint Marc imitait son maître saint Pierre qui parlait peu et qui par humilité ne voulut pas se faire auteur d'un évangile, ni souffrir que son disciple saint Marc mît rien de lui au long que son triple reniement, lequel cet apôtre racontait souvent avec larmes, ni rien que très-succinctement, de ce qui lui était le plus glorieux. C'est ce que les plus anciens Pères et docteurs nous apprennent; 2° envoyé expressément par saint Pierre, il prêcha le premier la foi en Egypte, où il convertit un nombre infini de peuples, et fut au nom de cet apôtre le premier évêque du siège patriarcal d'Alexandrie, la seconde Eglise du monde chrétien et la première après Rome; 3° par l'exemple de sa vie apostolique et vraiment sainte, il établit dans cette Eglise naissante une si grande piété, et les fidèles y menaient une vie si parfaite et si religieuse, et étaient si savants dans nos mystères, qu'elle devint l'admiration des idolâtres aussi bien que des Juifs, et la copie excellente de cette Jérusalem formée par les apôtres mêmes, où la grâce ôtant la différence des qualités du corps, de l'esprit, de la fortune, faisait qu'ils n'étaient qu'un cœur et qu'une âme, et il en sortit dans la suite des hommes apostoliques qui allèrent prêcher l'Evangile aux nations les plus éloignées, et qui les convertirent à la foi, et il s'y établit une école la plus célèbre du monde chrétien.

Que rapportent les anciens auteurs de ces premiers disciples de saint Marc?

Voici ce qu'ils disent : 1° ils se dépouillaient de leurs biens pour les donner aux pauvres; 2° ils quittaient les villes et le commerce du monde, et se retiraient dans les lieux écartés, pour y vaquer à la contemplation des choses célestes, donnant ainsi naissance à ces admirables solitaires qui peuplèrent dans la suite les déserts de l'Egypte, et qui furent la bonne odeur de Jésus-Christ dans tout le monde; 3° ils lisaient continuellement les Livres saints; 4° ils partageaient les heures de la journée par leurs exercices de piété; 5° ils s'adonnaient à la psalmodie et aux cantiques spirituels, faisant retentir les louanges de Dieu, mais d'une manière tranquille et tout angélique; 6° leur abstinence était extrême, ils ne faisaient qu'un repas par jour, sur le soir; d'autres ne mangeaient même qu'une fois en trois jours, et plusieurs s'abstenaient de l'usage du vin et de la viande, se contentant de pain et d'eau, assaisonnés d'un peu de sel et de quelques légumes; 7° la plupart des personnes du sexe demeuraient vierges et renonçaient au mariage pour toujours; 8° dans leurs oratoires, les hommes étaient séparés des femmes et disputaient à l'envi avec elles de la modestie et de la sainte et sérieuse gravité qu'inspire la présence de Dieu; 9° la religion de leurs prêtres et des autres ministres des choses sacrées, allait au delà de ce qu'on peut dire, et l'évêque qui présidait à ces saintes assemblées était une parfaite image de Jésus-Christ dans le ciel, au milieu des bienheureux. Tels furent dans Alexandrie et dans l'Egypte les premiers Chrétiens disciples du grand saint Marc, et les progrès qu'ils firent dans la vertu sous la conduite d'un si excellent maître. Revenu à Rome, il fut présent au martyre de saint Pierre et saint Paul, puis il retourna à Alexandrie sceller les vérités qu'il prêchait, et ses travaux pour Jésus-Christ par l'effusion de son sang; le genre de son martyre fut très-cruel, ayant été traîné par des lieux raboteux jusqu'à ce qu'on l'eût mis en pièces.

Pourquoi fait-on abstinence le jour de saint Marc, et d'où vient qu'on fait des processions et qu'on chante les litanies?

Cette coutume est extrêmement ancienne dans l'Eglise, et marque la dévotion des premiers fidèles envers ce grand saint, leur confiance en ses mérites et ses intercessions, leur idée de ses vertus, et le désir qu'ils avaient de l'imiter et de l'invoquer.

Que demande-t-on à Dieu par ces prières si solennelles?

Sa bénédiction sur les biens de la terre, dont on n'obtient jamais mieux la concession et la possession que par la privation et le retranchement, la santé et la paix, étant convenable à la bonté de Dieu, qu'en vue du sacrifice que son serviteur a fait de ces trois choses, il nous en accorde le bon usage.

Que devons-nous encore demander?

1° Que Dieu renouvelle dans son Eglise l'esprit et la grâce des premiers disciples de saint Marc; 2° qu'il nous envoie des prédicateurs apostoliques; 3° qu'il nous donne l'amour de l'Evangile, que nous aimions à le lire et à le pratiquer.

DE LA FÊTE DE SAINT JACQUES ET DE SAINT PHILIPPE.

(1er mai.)

Pourquoi célèbre-t-on la fête de ces deux saints en un même jour?

A cause apparemment que leurs sacrés reliques reposaient ensemble à Rome dans une même église très-ancienne et très-magnifique, et dans un même reliquaire.

Saint Jacques le Mineur.

Que savons-nous de ce saint?

1° Il était Hébreu, de la tribu de Juda, proche parent, selon la chair, de Jésus-Christ, surnommé son frère par cette raison, et parce qu'il lui ressemblait de visage, appelé le rempart du peuple et le juste par excellence, apôtre, et si éminent en sainteté, qu'il avait le privilège d'entrer dans le Saint des saints pour y faire ses prières, et que les

Juifs mêmes attribuent la ruine de leur patrie à la mort injuste qu'ils lui firent souffrir; 2° on l'estime saint dès le ventre de sa mère; 3° on tient qu'il fut toujours vierge, qu'il s'abstint de vin et de viande pendant sa vie, qu'il vivait d'une manière si austère, que ses membres étaient comme morts; 4° il était si assidu à la prière qu'il lui était venu aux genoux une espèce de cal ou de peau dure, semblable à celle d'un chameau; 5° on le regardait, disent les anciens Pères, comme un modèle de pénitence, d'innocence et de sainteté, et qui donnait de l'admiration aux hommes et aux anges; 6° Jésus-Christ lui apparut en particulier après sa résurrection d'une manière insigne et remarquable, dont saint Paul fait une expresse mention; 7° après l'ascension du Sauveur, il fut choisi ou plutôt confirmé par saint Pierre et par les autres apôtres, pour être le premier évêque de Jérusalem. C'est ainsi, selon saint Jérôme, que Jésus-Christ mourant et voulant accomplir encore spirituellement la Loi, laissa l'Église de Jérusalem son Épouse, à Jacques son frère pour lui susciter des enfants après lui. Saint Pierre, partant pour Rome, l'intronisa en sa place et lui fit l'honneur de l'établir le premier évêque particulier et le propre pasteur de la première des Églises, mère de toutes les autres, l'origine de la foi et la source de la religion chrétienne: aussi est-il nommé par les anciens, l'évêque des apôtres, et il portait, comme la marque de son épiscopal, une lame d'or sur la tête à l'exemple du pontife des Juifs; 8° dans le concile qui y fut tenu, il opina le premier après le prince des apôtres, et son avis eut tant de poids, que sans délibérer davantage on le suivit; 9° il est nommé par saint Paul une des trois colonnes de l'Église naissante, c'est-à-dire avec saint Pierre et saint Jean; 10° sitôt que saint Pierre eût été délivré de la prison par un ange, il l'en fit avertir spécialement; 11° il a écrit aux fidèles une excellente lettre canonique, dans laquelle il établit admirablement le mépris des richesses et la nécessité des bonnes œuvres; 12° enfin il fut précipité du haut du temple par la rage des Juifs, et tué à coups de pierres et de leviers, en haine de la religion chrétienne, qu'il prêchait et publiait hautement.

Que devons-nous lui demander?
Part à ses vertus, 1° l'amour des bonnes œuvres; 2° le détachement des biens; 3° la grâce de recevoir saintement à l'heure de la mort le sacrement de l'extrême-onction, dont ce grand apôtre nous a conservé l'institution, et expliqué les excellents effets.

Saint Philippe.

Qu'avez-vous à nous apprendre de ce saint?
1° Il était Juif de naissance, natif de Bethsaïde, ville de Galilée, et il suivit des premiers Notre-Seigneur; 2° ce fut lui à qui Jésus-Christ s'adressa pour éprouver sa foi, lorsqu'il voulut faire le miracle des cinq pains; 3° il avait tant d'accès auprès du Fils de Dieu, que les gentils s'adressèrent à lui pour les introduire en sa présence; 4° il prêcha la foi dans les vastes pays de la Scythie, et il convertit ces peuples farouches à la foi, employant plusieurs années de travaux à l'instruction de ces idolâtres; 5° ayant encore annoncé l'Évangile en d'autres provinces, il fut enfin crucifié et assommé à coups de pierres, après avoir souffert une rude prison, et été cruellement flagellé.

Que faut-il lui demander?
1° La confiance en Dieu dans nos besoins temporels; 2° l'accès favorable auprès de Jésus-Christ; 3° le détachement des parents; car on dit que ce fut lui, qui, appelé à l'apostolat par Notre-Seigneur, et proposant d'aller premièrement ensevelir son père, entendit cette réponse du Sauveur: *Laissez aux morts le soin d'ensevelir les morts*, et qu'il le suivit aussitôt; 4° du secours contre notre vice dominant, la tradition étant, qu'il fit mourir un monstrueux serpent adoré par les idolâtres, figure du péché capital, qui règne en chaque homme.

DE LA FÊTE DE LA DÉDICACE DES ÉGLISES DU DIOCÈSE.

(Le premier dimanche après le 5 mai.)

Pourquoi la cérémonie de la dédicace?
Afin, 1° de consacrer un lieu, et de profane le rendre sacré et député à des usages saints, la grandeur de nos mystères, exigeant encore plus que ceux des Juifs cette préparation; 2° d'en chasser toute infestation de l'esprit immonde, qui prétend toujours, après avoir vaincu l'homme, d'exercer son pouvoir sur les choses corporelles, créées pour l'homme; 3° de se réjouir, et avec plus de fondement que les enfants du siècle, quand leur père acquiert une terre ou un palais, de voir un nouveau temple dédié à la Majesté divine, et à son culte, un nouveau progrès de la religion qui se dilate et s'étend; 4° un nouveau bercail à Jésus-Christ; 5° un nouveau trophée et monument de son triomphe sur le démon; 6° un lieu où les prières seront écoutées, et les grâces octroyées; 7° qui servira d'asile aux pécheurs, et de sanctuaire aux justes; 8° et de séjour à la religion, à la charité, à la chasteté, à la pénitence, à la prière, à la sainteté.

Pourquoi renouveler tous les ans cette solennité?
Afin, 1° de retracer en nous la révérence due aux lieux saints, et aux mystères qui s'y célèbrent tous les jours; 2° de remercier Jésus-Christ de nous avoir agrégés à la société de son peuple, que les temples réunissent, et figurent par l'assemblage des pierres qui le composent, et nous réjouir de nous voir être les membres de son corps mystique; 3° d'augmenter notre respect envers l'Église vrai temple où Dieu habite, construit de fidèles, comme de pierres précieuses vivantes, et dont Jésus-Christ est la pierre angulaire et fondamentale; 4° d'y réparer, par la dévotion, nos péchés et nos négligences de toute l'année; 5° de renouveler la mémoire du saint jour, auquel nous avons

été ainsi dédiés à Dieu par le baptême, où nous avons été députés à des usages saints, marqués du signe de la croix comme d'un sceau sacré, etc.

Comment un temple est-il la figure de l'Eglise militante et triomphante ?

1° Sa forme, qui est d'une nef, ou nacelle, propre à traverser la mer, sujette aux orages, destinée à la pêche, à garantir du naufrage, à parvenir au port, et que Jésus-Christ consacra entrant dans celle de saint Pierre, dans laquelle il prêcha, et fabriquée en croix, représente l'Église de ce monde ; 2° et l'union qui s'y fait des fidèles, à la même profession de foi, participation des sacrements, doctrine, sacrifice, culte, prière, communion, etc. ; 3° chaque pierre tirée de la carrière, taillée au marteau, coupée à l'équerre et au cordeau, et destinée par le grand architecte pour entrer selon ses desseins en certains endroits, est la figure de chaque fidèle qui doit entrer dans la maison de Dieu, comme une pierre dans un édifice, dit saint Augustin ; 4° un temple rempli de Chrétiens bien unis en société avec les anges, qui enserre en son sein le corps de plusieurs âmes bienheureuses, et Jésus-Christ au milieu, qu'est-ce autre chose, qu'une image de la Jérusalem céleste.

Que faudrait-il faire aujourd'hui ?

1° Visiter l'église paroissiale avec dévotion ; 2° y recevoir les sacrements et entendre la parole de Dieu ; 3° renouveler les promesses du baptême, par lequel nous avons été faits les temples du Dieu vivant ; 4° procurer la bénédiction de nos maisons, si ce n'a pas été fait le samedi saint, jour propre à cette cérémonie.

Quel bon effet a cette bénédiction des maisons ?

1° Elle chasse toute infestation du malin esprit, les sorts, les maléfices, etc. ; 2° elle obtient des secours de la Providence pour être préservés des accidents funestes du tonnerre, du feu, etc., et surtout du péché ; 3° elle attire diverses grâces temporelles et spirituelles sur ceux qui y habitent ; 4° elle rend ces maisons plus dignes de la demeure des saints anges gardiens ; 5° enfin elle nous imprime le respect et la crainte de n'y rien faire qui soit indigne d'un lieu bénit et consacré. Autrefois, dit saint Chrysostome, les maisons des fidèles étaient des temples où même on gardait le saint Sacrement lors des persécutions, tant on y vivait saintement et en la présence de Dieu ; aujourd'hui à peine nos temples sont-ils des maisons où on se comporte religieusement, tant la piété s'éteint insensiblement.

DES ROGATIONS.

Qu'est-ce que les Rogations ?

Des prières solennelles que l'Église fait à Dieu pendant trois jours, accompagnées de processions et du chant des litanies.

Qu'appelez-vous les litanies ?

Des supplications et des invocations que l'Église fait à Dieu, l'appelant à son secours, et interposant le crédit des saints auprès de sa divine Majesté, pour en obtenir au nom de Jésus-Christ ce qu'elle demande.

Pourquoi fait-on en ce temps des processions ?

1° En mémoire des voyages que les disciples firent en Galilée pour y voir le Sauveur, après sa résurrection, et de ceux qu'ils firent lors avec lui, et de leur retour en Jérusalem ; 2° pour attirer la bénédiction de Dieu sur les fruits de la terre qui commencent à paraître, et empêcher qu'ils ne se perdent par l'intempérie de l'air, la malice du démon, ou autre cause ; 3° lui consacrer la saison de l'été ; 4° lui demander la santé ; 5° obtenir la paix, et détourner les guerres et les entreprises violentes et injustes que souvent on fait en ce temps-ci ; 6° pour apaiser la justice divine.

Qui provoque la colère de Dieu ?

1° Les rechutes qu'on fait au mépris de la grâce reçue à Pâques ; 2° les scandales qui se multiplient tous les jours ; 3° le luxe et le désordre qui se répandent dans toutes les conditions ; 4° le peu de cas que l'on fait de la loi de Dieu, d'où s'ensuit souvent la famine, la stérilité, la mortalité, fléaux dont Dieu se sert pour nous punir, et pour nous convertir. Rendons fertile l'héritage de Dieu, qui est notre âme, afin que le nôtre le soit.

Comment les processions servent-elles à cela ?

En rendant le deuil et la pénitence plus publiques, car c'est comme si on allait crier dans les rues : Faites pénitence : Demandez pardon à Dieu : Amendez-vous, etc.

Pourquoi va-t-on d'église en église ?

Pour chercher partout des intercesseurs.

Pourquoi fait-on abstinence ces trois jours ?

Pour joindre la mortification à la prière.

Pourquoi ne jeûne-t-on pas ?

Le temps pascal figure le bienheureux temps d'après la résurrection générale : ainsi que l'Avent celui de la Loi ancienne, et le Carême celui de la vie chrétienne.

Cette prière est-elle ancienne ?

Oui, et autrefois on y voyait un grand concours de peuple, qui quittait même le travail pour y assister : tout bon Chrétien, s'il n'est malade ou légitimement empêché, ne doit pas manquer d'y venir.

D'où vient qu'à présent si peu de personnes y vont ?

1° Du relâchement de la piété ; 2° de l'attiédissement de la foi : on attend tout des moyens humains et des causes naturelles, et presque rien du secours divin ; 3° d'un certain esprit d'impiété et d'irréligion qui domine dans ce siècle ; 4° du peu de zèle qu'on a de son salut ; 5° enfin, l'amour et l'estime du monde corrompu, et de ses vanités font mépriser et négliger la religion, et en ôtent le respect et la vénération, jusqu'à ne daigner pas s'instruire de ce qu'elle a de plus sacré.

Pourquoi choisir les jours qui précèdent immédiatement l'Ascension ?

Il semble que l'Église veuille charger Jésus-Christ montant aux cieux de ses vœux et de ses prières, sachant qu'il est notre unique médiateur, et que rien ne se donne que par lui.

DE LA FÊTE DE L'ASCENSION.

Qu'est-ce que l'Ascension?

Le jour auquel Jésus-Christ monta visiblement en corps et en âme au ciel, et cela par sa propre vertu, sans le secours ni l'aide de nul autre, celui qui soutient tout n'ayant besoin d'aucun soutien étranger ; en quoi l'Ascension de Notre-Seigneur diffère de l'Assomption de la sainte Vierge.

Dites-nous l'histoire de l'Ascension?

Le jeudi 14 mai, quarante jours après Pâques, Notre-Seigneur s'étant apparu à ses apôtres et à ses disciples, sans doute pour leur donner les dernières preuves de son amour, de sa résurrection, et de son humanité, et les ayant menés de Jérusalem en Béthanie, où la sainte Vierge, sainte Madeleine et le reste des fidèles s'étaient rendus, et ensuite sur le mont des Oliviers, où dans une grotte il mangea encore avec eux, et où suivant une tradition bien établie, il leur révéla ses plus grands et plus secrets mystères ; il les conduisit sur le sommet de cette montagne, et là au milieu d'eux, en plein midi, à leurs yeux, après leur avoir donné les derniers avis, il s'éleva vers le ciel, eux le regardant fixement, avec une admiration telle qu'on peut se figurer.

Que faisait Notre-Seigneur montant au ciel?

Il donnait sa bénédiction à ses disciples, faisant sur eux comme enseignent les saints, le signe de la Croix, et leur apprenant que c'était ainsi qu'on devait la donner dans son Eglise.

Qu'arriva-t-il ensuite?

S'élevant donc devant ses disciples, une nuée le déroba à leurs yeux, et ne pouvant détacher leurs regards de cet objet, deux anges s'apparurent à eux, et leur dirent : Hommes de Galilée, que regardez-vous vers le ciel? Jésus que vous y voyez ainsi monter, reviendra un jour de la même sorte que vous le venez de voir s'y élever.

Monta-t-il seul au ciel?

Il avait avec lui les âmes des saints Pères qui l'accompagnaient dans son triomphe, dont on tient que quelques-unes avaient repris leur corps : Dieu l'ordonnant ainsi, afin, 1° d'honorer davantage l'humanité de Jésus-Christ ; 2° de rendre son triomphe plus complet ; 3° de consommer l'œuvre de la rédemption, du moins à l'égard de quelques-uns, et d'avoir avec lui les prémices de la résurrection générale du genre humain.

L'œuvre de la rédemption n'était-elle pas pleinement consommée avant l'Ascension de Jésus-Christ, et l'introduction de l'homme dans le ciel?

Non, car jusqu'alors la nature humaine était exclue du paradis, et le bannissement qu'elle avait mérité par le péché d'Adam de ce lieu de délices, durait toujours. Or l'une et l'autre peine a été tout à fait ôtée par le mystère d'aujourd'hui, où on nous ouvre un nouveau paradis infiniment plus précieux que le premier.

Comment cela?

Le paradis d'Adam était, 1° terrestre et temporel ; 2° on y avait besoin d'une nourriture corporelle et corruptible ; 3° on y vivait d'une vie animale ; 4° on y trouvait la mort du corps et de l'âme. Mais le paradis que Jésus-Christ, dans son Ascension, ouvre à l'homme, est, 1° éternel ; 2° on y est immortel ; 3° on y jouit d'une vie toute spirituelle et divine, tant le corps que l'âme ; 4° on y est nourri du pain des anges, parce qu'on est égal aux anges, et ainsi en état de réparer leurs ruines, et de ne faire avec eux qu'une même société : Jésus-Christ commandant aux anges dans ce jour non-seulement d'ouvrir les portes du paradis qu'ils avaient en garde depuis la chute de nos premiers parents, mais aussi de les lever et de les ôter, parce que l'ancienne condamnation était abolie, et que le paradis du ciel qui avait été fermé, devait demeurer ouvert à l'avenir, pour y recevoir continuellement tous les hommes qui suivront leur Sauveur. Il est donc vrai que depuis l'Ascension, auquel jour le soleil de justice s'est levé, et qu'il a répandu ses lumières dans tout l'univers, Jésus-Christ est devenu proprement et parfaitement Sauveur et Restaurateur de la nature humaine, ayant effacé toutes les traces du péché d'Adam, et donné un gage certain de l'espérance du même bonheur à tous les hommes, qui par conséquent ne peuvent pas se dispenser de considérer et de recevoir une si grande faveur, avec une foi humble, et un désir ardent de faire ce qu'ils pourront pour y parvenir.

Que se passa-t-il au ciel à l'arrivée de cette troupe bienheureuse?

L'Ecriture raconte qu'il se fit alors un merveilleux colloque entre les anges et les hommes, les hommes disaient aux anges d'ouvrir les portes éternelles, afin de donner entrée au Dieu de gloire et des vertus, et les anges demandaient, pour relever le triomphe de Jésus-Christ, qui était ce Seigneur de gloire et des vertus, qui venait avec un si grand appareil de grandeur et de majesté?

Qu'arriva-t-il après cette cérémonie céleste, et ces cantiques divins?

Enfin le ciel, qui depuis plus de quatre mille ans avait été fermé aux hommes, s'ouvrit, et reçut la nature humaine dans son sein, tout ce lieu bienheureux retentissant des louanges de Dieu, et commençant une fête qui ne finira jamais.

Que devez-vous à Jésus-Christ assis à la droite du Père?

1° Respect et adoration ; 2° prières et louanges ; 3° soumission et obéissance.

Que fait Jésus-Christ dans le ciel?

Il y achève le grand ouvrage de la rédemption qu'il avait commencé sur la terre : en effet, comme il n'était pas venu seulement pour mériter la gloire à l'humanité qu'il avait prise, mais encore pour opérer le salut du genre humain qu'il avait aimé, s'il n'a plus rien à faire pour son corps naturel, il a encore à agir pour son corps mystique, et il est du soin d'un chef heureux d'associer ses membres à son bonheur : de sorte que du ciel, 1° il gouverne l'Eglise par ses pasteurs; 2° il l'éclaire par ses docteurs; 3° il la sanctifie par ses sacrements; 4° il la protége par ses grâces; 5° il la vivifie par son esprit; 6° il l'associe à sa gloire, quant à la plus excellente partie.

Comment fait-il encore cela dans le ciel?

Il nous y sert, 1° d'avocat pour défendre notre cause auprès de son Père; 2° de médiateur pour lui offrir nos prières, et nous en obtenir du secours; 3° de pontife et de victime, offrant encore tous les jours ce même sang qu'il a répandu une fois sur la croix; 4° de père miséricordieux pour nous accorder la rémission des péchés, auparavant qu'il vienne comme un juge sévère exercer sa justice.

Quelle utilité spirituelle retire-t-on de ce mystère?

1° La foi s'affermit; 2° l'espérance s'anime; 3° la charité s'embrase; 4° la religion s'accroît.

Pourquoi Jésus-Christ est-il monté au ciel?

Afin, 1° de nous ouvrir le paradis, et d'en prendre possession pour nous; 2° de nous y préparer la place; 3° de nous envoyer le Saint-Esprit, et de remplir l'Eglise de ses dons divins; 4° de placer notre nature au-dessus de celle des anges, et par là d'anoblir tous les hommes, et leur conférer une dignité incomparable; 5° de nous servir d'avocat auprès de son Père, et de désarmer sa justice, en lui montrant ses sacrées plaies; 6° d'accomplir son ministère de souverain pontife, et d'hostie entrant dans le Saint des saints, couvert de son sang, et rendant une gloire immense à Dieu, afin d'obtenir grâce pour nous.

Pourquoi a-t-il été convenable que Jésus-Christ soit monté au ciel?

1° La plus digne demeure et le plus beau séjour lui étaient dus. 2° Le monde n'était pas digne de le posséder visiblement. 3° La terre est un lieu de corruption et de mort, destiné pour les êtres périssables, et Jésus-Christ devait jouir d'une vie incorruptible. 4° Il voulait nous en détacher, et attirer au ciel nos cœurs et nos esprits. 5° Il fallait que le Fils de Dieu, qui est le principe de la procession intérieure du Saint-Esprit, fût aussi le principe de sa mission extérieure. Pour cela il était convenable qu'il montât auparavant dans le comble de sa gloire, pour de là l'envoyer sur son Eglise.

Que signifiait cette nuée qui déroba Jésus-Christ aux yeux de ses disciples?

Elle était une marque, 1° de sa divinité : Dieu, pour se tempérer à la faiblesse humaine, ayant d'ordinaire apparu environné d'un nuage; 2° de la nombreuse multitude d'anges et de saints qui l'accompagnaient; 3° de la foi qu'il laissait à l'Eglise.

Demeura-t-il quelque vestige de ce mystère sur le mont des Oliviers?

Oui; car la figure de ses pieds adorables y a demeuré jusqu'à présent, quoique de grandes armées s'y soient campées, sans même que le pavé mis dessus cet endroit pût y demeurer. On y bâtit une église magnifique, mais on ne put fermer la voûte dans l'endroit où monta Jésus-Christ au jour de son ascension; et la chose subsiste ainsi encore à présent, pour marquer sans doute que rien ne pouvait fermer le chemin du ciel ni nous empêcher de suivre Jésus-Christ. Autrefois, on allumait dans cette église et aux environs tant de luminaires la nuit de cette fête, que toute la montagne semblait être en feu; et il s'élevait un vent si impétueux après la Messe, que les assistants étaient renversés par terre, comme l'écrivent les auteurs très-dignes de foi.

Que devinrent les apôtres après cela?

Revenus de l'admiration et de l'étonnement où ce grand mystère les avait jetés, ils reprirent le chemin de Jérusalem, le cœur élevé au ciel et dans des sentiments incomparables de joie, de consolation, d'amour, de zèle et de religion. Ils se retirèrent dans une maison avec la très-sainte Vierge, sainte Madeleine et les autres pieuses femmes qui accompagnaient Notre-Seigneur; là, ils se renfermirent, et se mirent tous unanimement en prières et en oraison, dans l'attente du Saint-Esprit, dont ils commençaient déjà par avance de ressentir les divins mouvements et les douces impressions, nous enseignant par leur exemple ce que nous devons faire si nous voulons le recevoir à la Pentecôte.

Quels fruits doit-on tirer de ce mystère?

1° Se détacher des choses de la terre; 2° avoir son cœur au ciel; 3° imiter la vie crucifiée du Sauveur; 4° désirer son dernier avénement, attendre Jésus-Christ, et se préparer à le recevoir et à aller au-devant de lui, c'est l'esprit du Chrétien, et Jésus-Christ attend, l'espoir de tous les hommes; 5° se disposer à la venue du Saint-Esprit, et par la retraite et la prière. Quelle des deux places exige le plus de sainteté, où celle que Dieu veut préparer à l'homme dans le ciel, ou celle que l'homme doit préparer à Dieu sur la terre?

DE LA FÊTE DE LA PENTECÔTE.

Que veut dire ce mot de Pentecôte?

Le cinquantième jour, et avec raison, puisque, 1° on célèbre cette fête cinquante jours après la résurrection de Notre-Seigneur; 2° comme Moïse donna la Loi ancienne aux Juifs cinquante jours après qu'il les eut délivrés de la captivité d'Egypte et de la tyrannie de Pharaon, et fait passer la mer Rouge, ainsi Jésus-Christ, après nous avoir rachetés de l'esclavage du diable, de la servitude du péché, et nous avoir lavés dans son précieux sang par sa sainte Passion et sa glorieuse résurrection, nous a donné la loi, en nous envoyant le Saint-Esprit le cinquantième jour.

Quelle différence y a-t-il entre la loi ancienne et la loi nouvelle?

La Loi ancienne était gravée sur des tables de pierre, et la Loi nouvelle est imprimée dans nos cœurs, non avec le fer dur, mais avec les traits d'un amour tendre, qui nous rend sensibles à Dieu.

Qu'est-ce donc que la Pentecôte?

Le jour auquel le Saint-Esprit descendit visiblement en langues de feu sur les apôtres et les disciples assemblés : assemblée la plus auguste qui fut jamais, où les apôtres tenaient le premier rang d'autorité, et la très-pure Vierge le premier rang de grâce et de sainteté, vraie image de l'Eglise dans la suite des siècles.

Comment cela se passa-t-il?

Dix jours s'étaient écoulés depuis l'Ascension du Sauveur; les apôtres et les disciples, en retraite et en oraison, attendaient l'effet de la promesse de ce divin Maître, lorsqu'un dimanche, sur les neuf heures du matin, on entendit soudainement un grand bruit, comme d'un vent impétueux, qui remplit toute la maison où ils étaient, et le Saint-Esprit parut tout à coup et descendit visiblement sur chacun d'eux sous la forme de langue de feu, et les combla de lumière et de joie.

Quels effets produisit-il en eux?

1° Ils eurent le don des langues, et de se faire entendre à toutes sortes de nations; 2° ils se virent revêtus de tant de zèle et de courage, qu'eux, qui auparavant avaient été craintifs et timides jusqu'à n'oser sortir d'une maison où ils se tenaient renfermés, parurent sur-le-champ en public, prêchèrent hautement la foi de Jésus-Christ, et s'exposèrent à mille tourments avec une confiance et une liberté incomparables; 3° ils furent confirmés dans la grâce de leur vocation et dans l'étendue de l'esprit apostolique : en sorte que, de faibles et imparfaits, ils devinrent très-forts et très-parfaits.

Pourquoi quand les apôtres étaient assemblés dans une même maison?

Pour montrer que le Saint-Esprit ne se trouve que dans l'Eglise, et que cet Esprit de vérité n'est donné qu'à la maison de l'unité.

Pourquoi ce grand bruit?

Afin, 1° de rendre les apôtres attentifs aux grandes merveilles dont ils allaient ressentir l'opération; 2° de leur imprimer une crainte respectueuse envers ce divin hôte, qui venait descendre sur eux; 3° de marquer que l'opération du Saint-Esprit ne serait plus secrète, ni imperceptible, ni bornée à un seul peuple, ni resserrée dans un seul coin de la terre, comme elle avait été jusqu'alors, et qu'elle allait éclater et retentir dans tout le monde; 4° de rendre célèbre l'Eglise naissante, qui, jusqu'alors enfermée dans la société visible de la Synagogue, comme dans le sein de sa mère, en sortit par l'opération du Saint-Esprit.

Et ce souffle ou ce vent, que signifiait-il?

1° Le zèle des apôtres, qui, semblables à des nuées poussées par un souffle véhément, voleraient jusqu'aux extrémités de la terre, et l'enrichiraient de leur doctrine céleste; 2° l'opération amoureuse et suave du Saint-Esprit, soupir du Père, et du Fils, les inspirations dont il anime, ressuscite, émeut, agite, pénètre, rafraîchit, élève, remplit, et fait que la bouche parle de la plénitude du cœur; 3° et la pureté qu'il causerait dans les cœurs fidèles, dissipant l'air contagieux qui les corrompt, la paille ou poussière des imperfections qui les couvre et les ternit.

Et cette impétuosité?

1° La force et la vertu de l'Evangile, qui allait renverser la puissance des rois, la sagesse des philosophes, l'éloquence des orateurs, la tyrannie des démons, de même qu'on voit un orage violent abattre les maisons, renverser les arbres, etc.; 2° la promptitude et la ferveur dont ceux qui s'étaient émus de cet Esprit-Saint se porteraient à l'avancement de la gloire de Dieu, de leur propre perfection et du salut des âmes.

Et ce don des langues?

Que le Saint-Esprit se répandrait dans toutes les nations, lesquelles parleraient le langage de Dieu, et dont cet Esprit-Saint parlerait le langage, réunissant les hommes, divisés et dispersés depuis la tour de Babel, dans une même profession de foi.

Pourquoi Dieu voulut-il envoyer son Saint-Esprit?

Pour marquer, 1° l'excès de sa charité, nous donnant son Saint-Esprit pour sanctificateur, après nous avoir donné son Fils pour rédempteur; 2° l'efficace des mérites et des intercessions du Sauveur, qui nous impétrait un si grand don, et qui donnait par là une preuve éclatante de sa divinité, nous envoyant un tel hôte. Combien est grand ce Dieu qui donne un Dieu! disent les saints; 3° l'obligation que nous avons de mener une vie toute sainte et toute spirituelle, et de ne nous jamais souiller par le péché, étant les temples de cet Esprit-Saint.

A quoi peut-on conjecturer qu'il réside en un fidèle?

1° Quand il craint de déplaire à Dieu; 2° et de ternir la pureté de sa conscience par le moindre péché; 3° qu'il aime le prochain et veut lui être uni, l'esprit du christianisme étant un esprit de société, qui assemble et ne divise pas, un esprit unissant : de là vient dans l'Eglise, dès le commencement, tant d'unités dans l'unité, c'est-à-dire tant de communautés dans la société du christianisme; 4° quand il préfère la vie spirituelle à la vie corporelle; 5° qu'il pardonne à ses ennemis; 6° qu'il souffre les adversités patiemment; 7° qu'il goûte la parole de Dieu; 8° qu'il déteste le péché d'impureté.

Quels principaux effets produit-il en lui?

1° Il le sanctifie; 2° il l'éclaire; 3° il l'échauffe; 4° il le fortifie; 5° il le console.

La sainte Vierge était-elle présente dans le cénacle, lorsque le Saint-Esprit descendit en langue de feu?

Oui, elle y était avec sainte Madeleine et les saintes femmes qui avaient accompagné Notre-Seigneur pendant qu'il était en ce monde, et le Saint-Esprit descendit de nouveau dans ce sanctuaire de la Divinité, avec une profusion immense.

Comment y fut-il envoyé, puisqu'il était déjà dans son cœur, aussi bien que dans celui des apôtres?

1° Il témoigna y venir sous un nouveau signe; 2° il y opéra des effets nouveaux; 3° il y fit éclater sa présence d'une façon spéciale, extérieure et sensible. C'est ainsi qu'il est dit venir dans un cœur pénitent, quoi qu'il soit partout par son immensité, aussi bien que le Père et le Fils.

Qu'arriva-t-il encore?

Les Juifs assemblés en Jérusalem de toutes les parties du monde, pour solenniser leur Pentecôte, accoururent au grand bruit qu'on avait entendu du ciel, et voyant les apôtres être devenus comme d'autres hommes, publiant hardiment les grandeurs de Dieu et l'Evangile de Jésus-Christ, et se faisant entendre à toute sorte de nations, ils tombèrent dans une admiration et un étonnement inexprimable.

Que faisaient les Juifs à leur fête de Pentecôte?

Ils offraient à Dieu des pains faits avec les prémices de la moisson ou les premiers épis qui étaient venus à maturité.

Comment cette offrande mystérieuse fut-elle accomplie en ce jour par les apôtres?

Par la descente du Saint-Esprit et par la première prédication de saint Pierre, qui lui servit d'organe; les prémices de l'Eglise naissante furent offertes à Dieu en la conversion de trois mille personnes, suivies de beaucoup d'autres.

Pourquoi le Saint-Esprit parut-il sous la forme de feu?

1° Le feu a toujours été le symbole de la divinité et de l'amour; 2° les propriétés du feu ont un rapport aux effets que le Saint-Esprit produit dans nos âmes: car, comme le feu, 1° éclaire; 2° brûle; 3° agit; 4° consume la matière à laquelle il s'attache; 5° tend en haut: ainsi le Saint-Esprit, 1° éclaire l'entendement; 2° embrase la volonté; 3° donne le mouvement des bonnes œuvres; 4° détruit la paille des imperfections; 5° élève vers le ciel, puisque c'est pour nous y attirer qu'il en est descendu; 6° enfin le Saint-Esprit est dans les sacrifices des Chrétiens, ce que le feu était dans les sacrifices des Juifs, et sans ce feu l'encens de la prière n'enverrait point sa vapeur au ciel.

Pourquoi sous la forme de langue de feu?

Il venait ouvrir la bouche des apôtres, leur donner des paroles si pleines de zèle et de sagesse, et les remplir de tant de doctrine et d'éloquence, qu'ils pussent instruire tout l'univers, confondre toutes les erreurs, guérir l'ignorance du genre humain, détruire la vaine science des philosophes, anéantir les prestiges des démons, et enfin prêcher l'Evangile à toute créature et en toute sorte de langues.

Les apôtres accomplirent-ils de si grandes choses?

Oui, d'une façon merveilleuse, et jusqu'alors inouïe, car ils parcoururent toute la terre en peu de temps, ils éclairèrent toutes les nations, ils embrasèrent tout le monde, ils le convertirent à la foi du vrai Dieu, et changèrent l'idolâtrie au christianisme; miracle incomparablement plus grand, dit saint Chrysostome, que si douze pauvres villageois, sans armes, soldats, équipages de guerre, sans art militaire, avaient entrepris de conquérir l'empire romain, et en fussent venus à bout; ils souffrirent mille travaux, et enfin ils se consumèrent eux-mêmes, comme des hosties de zèle et de charité.

Qui leur donna le courage et la force d'opérer tant de merveilles?

Le Saint-Esprit résidant en eux, et qui vient aujourd'hui résider dans les fidèles, 1° pour les consacrer comme ses temples; 2° pour les animer comme ses membres; 3° pour les épouser comme dans un lit nuptial; 4° pour y régner comme chez ses sujets.

N'a-t-il jamais apparu que sous la forme de feu?

Lors du baptême de Jésus-Christ il se manifesta sous la forme d'une colombe, et le jour de la transfiguration sous celle d'une nuée.

Pourquoi d'une colombe?

1° La colombe est pacifique, elle n'a ni ongles, ni bec, ni aucune défense, et elle ne saurait faire de mal; ce qui marque que le Saint-Esprit est la bonté même, et que ceux qui en sont animés ne sauraient nuire ni offenser personne; 2° elle est sans fiel: et le Saint-Esprit n'est que douceur et bénignité, il ôte toute haine et toute amertume des cœurs qu'il remplit; 3° elle est féconde: et le Saint-Esprit fait produire de bonnes œuvres, et engendrer des enfants spirituels à Jésus-Christ; 4° elle aime la société, et vit dans une espèce de communauté, aussi rien n'est-il plus opposé à ce divin Esprit, que la division et les sectes, il veut que tous les Chrétiens fassent une communauté qui n'ait qu'un cœur et qu'une âme; 5° elle gémit et se plaint d'une façon amoureuse et triste: ce qui fait voir que le Saint-Esprit prie en nous, et qu'il nous fait soupirer du désir de la vie éternelle, d'ennui de la vie présente, et de regret de la vie passée, causant au fond des cœurs, ces gémissements inénarrables de charité et de contrition dont parle saint Paul; 6° elle est le symbole de l'innocence et de la simplicité; vertus que le Saint-Esprit exige de nous, et de son opposition à toute fourberie et duplicité.

Pourquoi d'une nuée?

La nuée, 1° rafraîchit, et le Saint-Esprit tempère l'ardeur de la convoitise; 2° humecte la terre desséchée, et le Saint-Esprit fait pleuvoir sur nos âmes arides la pluie des consolations et de la grâce; 3° orne et enrichit les arbres de fleurs et de fruits, et le Saint-Esprit fertilise le cœur, fait germer les vertus, et produire des fruits dignes de la vie éternelle.

Pourquoi le Saint-Esprit a-t-il voulu pa-

raître sous la forme du feu et de l'eau, deux éléments si contraires?

Il devait, 1° réunir et réconcilier les personnes les plus ennemies et les plus opposées ; 2° laver l'homme, et le purifier de toutes les ordures et souillures du péché : car l'eau lave et le feu épure ; 3° il nous est donné par le baptême pour nous purifier, et dans la confirmation pour nous orner.

Quels sont les fruits qu'on doit tirer de cette fête ?

Puisque les Chrétiens sont des temples animés du Saint-Esprit, ils doivent faire en leurs cœurs ce qu'on fait dans les églises, 1° écouter ; 2° prier ; 3° sacrifier, c'est-à-dire être attentifs aux inspirations ; gémir dans leurs méditations, immoler leurs méchantes inclinations ; 4° se renouveler dans la grâce du sacrement de confirmation, par lequel le Saint-Esprit nous est donné, ainsi que dans celle de l'ordination ; 5° remercier Jésus-Christ de cette mission, d'autant plus avantageuse qu'elle ne cesse point, les dons de Dieu étant, non passagers comme ceux des hommes, bientôt épuisés, mais permanents et continuels : car le Père et le Fils qui produisent sans cesse le Saint-Esprit, l'envoient aussi sans cesse à l'Eglise ; le Fils depuis l'incarnation, renouvelle sans cesse ce mystère sur nos autels, et en s'unissant à nous par la communion : ainsi le soleil depuis sa formation n'a jamais cessé de jeter ses rayons sur la terre, ni les sources de couler.

Les Quatre-Temps de la Pentecôte.

Que devons-nous faire cette semaine des Quatre-Temps ?

1° Implorer le Saint-Esprit sur l'ordination de samedi prochain ; 2° offrir à Dieu la saison de l'été ; 3° lui demander qu'il échauffe nos cœurs de son amour ; 4° et qu'il conserve les biens de la terre : ainsi nous jeûnons pour le faire jeûner ; 5° et qu'il nous rende riches et féconds en bonnes œuvres ; 6° et qu'il nous délivre des ardeurs de la convoitise ; 7° et des illusions du démon du Midi ; 8° lui consacrer les quatre âges de notre vie, l'enfance, la jeunesse, l'âge viril et la vieillesse, figurés par les quatre saisons de l'année, que Jésus-Christ a sanctifiées par ses principaux mystères, étant né en hiver, mort au printemps, monté au ciel en été : et ne peut-on pas conjecturer du ch. XXIV, § 32 de saint Matthieu, que ce divin soleil de justice reviendra dans toute sa splendeur, et la plus haute élévation de sa gloire vers l'automne ?

Quels sont les déréglements de cette saison qu'il faut éviter ?

1° Le luxe des habits, les nudités, immodesties, promenades de nuit, rendez-vous, etc. ; 2° l'intempérance et les délicatesses, qui flattent la sensualité de la bouche ; 3° la paresse, et la langueur dans les exercices de piété, et la pratique des bonnes œuvres.

DU DIMANCHE DE LA TRINITÉ.

Devons-nous avoir grande dévotion à cette fête ?

Sans doute, comme à la principale de toutes celles de l'année, qui nous propose le plus grand des mystères, et qui est le terme auquel toutes les autres solennités se rapportent : en effet, 1° la Trinité est l'objet principal, et la fin de tout le culte de l'Eglise ; 2° toutes les autres fêtes ne sont que divers moyens d'honorer la Trinité, de nous consacrer à elle, et de nous y élever ; 3° on ne peut honorer ni Jésus-Christ, ni sa divine Mère, ni les saints, sans honorer la Trinité, dont ils sont les images, les temples, les prêtres, les victimes.

Pourquoi n'a-t-elle point d'octave ?

Parce que, 1° tous les dimanches sont consacrés au culte des trois personnes divines, et à la méditation des bienfaits, dont nous leur sommes redevables ; 2° la vue de ce grand objet, faisant l'essence de la félicité des saints, qui ne finira jamais, n'a pas dû être renfermée dans un nombre limité de jours ; 3° ce mystère étant un abîme sans fond, ne peut être envisagé en cette vie qu'en passant, et nous en devons réserver la considération fixe et attentive à l'autre ; 4° pour cette raison, il était autrefois défendu en certains lieux de prêcher aujourd'hui, tant on le jugeait ineffable et incompréhensible. Aussi les saints observent que Dieu ne créa les astres du firmament, que le quatrième jour : les trois précédents étant consacrés aux trois personnes divines, ou à la Trinité, mystère inaccessible aux lumières naturelles.

De quoi peut-on s'occuper utilement en cette fête ?

1° Du bonheur que nous avons de porter en nous l'image des trois personnes divines ; 2° des bienfaits de la création, de la rédemption et de la justification attribués au Père, au Fils et au Saint-Esprit ; 3° des devoirs religieux dont nous sommes tenus envers la sainte Trinité, lui consacrant notre mémoire, notre entendement, notre volonté, nos pensées, nos paroles, nos actions ; 4° et détestant nos péchés d'ignorance, de malice et de faiblesse, opposés aux trois personnes divines.

Que devons-nous à ce mystère ?

1° Le croire simplement ; 2° l'adorer humblement ; 3° vivre saintement.

Prière. — Rendez-nous humbles, Seigneur, et nous pénétrerons la profondeur de vos mystères ; car si vous découvrez vos mystères aux humbles, vous seul, ô mon Dieu, faites les humbles à qui vous découvrez vos mystères.

DE LA FÊTE-DIEU.

Pourquoi cette fête a-t-elle été établie ?

En l'honneur du très-saint Sacrement de l'autel.

D'où vient qu'on a choisi ce jour-ci, puisque ce fut le jeudi saint que Jésus-Christ institua ce divin banquet ?

L'Église pendant la semaine sainte étant occupée de la Passion du Sauveur et de son sacrifice sanglant, a voulu remettre après le temps pascal la célébrité de ce Sacrement et du sacrifice mystique.

Pourquoi encore ?

Parce que ce fut en ce temps, que les premiers fidèles ayant reçu le Saint-Esprit à la Pentecôte, commencèrent à fréquenter la sainte Eucharistie.

Que devons-nous faire pendant cette octave?

1° Remercier Dieu de cet inestimable bienfait; 2° en considérer à loisir la grandeur et l'excellence; 3° réparer par nos hommages et notre dévotion, les irrévérences et les tiédeurs de toute l'année; 4° assister à la Messe, aux Offices, aux saluts et bénédictions, aux sermons, etc.; 5° être assidu devant le saint Sacrement; 6° faire des lectures sur ce divin Sacrement; 7° communier fréquemment et ferventment; 8° aller à la procession.

Pourquoi une procession si célèbre ?

1° Afin d'attirer la bénédiction sur toutes les paroisses; 2° de donner un témoignage public et authentique de notre foi et notre religion; 3° de célébrer la victoire que Jésus-Christ a donnée à son Eglise sur les ennemis de ce Sacrement, et le porter comme en triomphe après la condamnation de l'hérésie et de l'impiété qui l'ont combattu; 4° d'imiter la piété de David et de Salomon, quand ils firent transporter l'arche d'alliance, figure de l'Eucharistie, avec une solennité sans égale, et qu'ils donnèrent des marques du culte suprême dû à Dieu, qui y rendait ses oracles.

Comment faut-il y venir ?

Avec une souveraine modestie, religion et humilité, évitant toute curiosité, vanité, dissipation.

De la demeure du Sauveur parmi nous.

La présence de Jésus-Christ caché sous les sacrés symboles, et voilé dans le très-saint Sacrement, nous est-elle aussi avantageuse, que l'était sur la terre sa présence sensible ?

Sans doute, si les vérités de la foi et les mystères de notre religion faisaient autant d'impression sur nos esprits, que les objets corporels en font sur nos sens : car, 1° Jésus-Christ était sur la terre dans un état infirme, passible, mortel, et il est dans le saint Sacrement, ressuscité, impassible, immortel.

2° Sur la terre, sa présence majestueuse, quoique douce, pouvait écarter les pécheurs et les misérables : sainte Madeleine n'osa s'en approcher que par derrière; ni l'hémorroïsse toucher le bord de ses vêtements qu'en tremblant, ni les dix lépreux l'aborder que de loin, ni le centenier le recevoir chez lui, les Géraséniens effrayés, le prièrent de se retirer de leur pays, mais sa présence au saint Sacrement, n'épouvante personne. Les plus grands pécheurs peuvent sans crainte gémir devant lui, et les plus abjectes personnes s'en approcher.

3° Sur la terre, on le voyait avec des yeux corporels, qui nous sont communs avec les bêtes : et dans le saint Sacrement, nous l'apercevons avec les yeux de la foi qui sont infaillibles, plus sûrs, plus purs, plus nobles, et à qui le Sauveur a donné la préférence.

4° Sur la terre, on ne pouvait être à toute heure avec lui, ni le voir ou lui parler à tout moment, on le cherchait, et quelquefois on ne le trouvait pas, mais dans le saint Sacrement, il est toujours avec nous, et nous pouvons être toujours avec lui; il ne tient qu'à nous de lui parler et de l'entretenir sans cesse, et quand bon nous semble.

5° Sur la terre, on ne le possédait qu'extérieurement, il était au dehors de ceux qui l'aimaient; et par la sainte communion, il vient dans notre bouche, dans notre sein, dans notre estomac, dans notre cœur, nous l'avons au dedans de nous, nous nous unissons et nous incorporons intimement à lui.

6° Sur la terre, il ne s'est uni personnellement qu'une seule fois, et qu'à une seule nature humaine; il ne s'est trouvé qu'en la Judée; il n'a honoré de sa présence que fort peu de maisons; il n'a conversé qu'avec peu de personnes; il n'a demeuré parmi les hommes, il n'a souffert pour eux, qu'environ l'espace de trente ans; dans le saint Sacrement de l'autel, il s'incarne pour ainsi dire, et semble vouloir s'unir non-seulement hypostatiquement, mais substantiellement et une infinité de fois, à tous ceux qui le reçoivent dignement; il est présent presque par toute la terre; il entre chez tous ceux qui le demandent; il est libre à tout le monde de s'entretenir avec lui; il réside parmi nous dans un état continuel d'humiliation et de souffrances, autant qu'il en est capable, depuis près de dix-sept cents ans, et il y résidera jusqu'à la consommation des siècles.

7° Sur la terre, les âmes de ceux qui l'écoutaient, se repaissaient de ses discours et de sa doctrine; dans le saint Sacrement nous nous nourrissons de sa propre chair, de son sang, de son âme, de sa divinité.

8° Sur la terre, il est offert visiblement une fois par le sacrifice sanglant, et sur nos autels il s'offre tous les jours par le sacrifice mystique.

De la visite du saint Sacrement.

Est-il bon de visiter tous les jours le saint Sacrement ?

Sans doute; car, 1° c'est l'intention de Jésus-Christ qui s'y est mis; 2° de l'Eglise qui l'y conserve; 3° c'est un supplément de la sainte Messe quand on n'a pu l'entendre le matin, et comme un sacrifice du soir, pratiqué d'abord par les premiers fidèles; 4° il est très-honorable à un sujet de faire la cour à son roi; 5° et très-avantageux de pouvoir l'entretenir dans un temps où il est comme abandonné des autres; 6° Dieu fait grand cas d'être servi en esprit, en vérité et en foi; 7° cette pratique renferme plusieurs actes des principales vertus chrétiennes.

De quelles vertus fait-on alors des actes?

1° De foi, car on n'y chercherait pas Jésus-

Christ, si on né l'y croyait pas; 2° d'espérance et de confiance, puisqu'on y a recours à lui; 3° d'amour, on visite ceux qu'on aime; 4° de religion, on y répare l'injure des hérétiques et des impies; 5° de zèle, on ne veut pas laisser Notre-Seigneur seul; 6° de piété, on édifie le prochain; 7° de reconnaissance, on témoigne ressentir un si grand bienfait; 8° d'oraison, on va s'y recueillir; 9° d'adoration, on y va pour lui rendre hommage; 10° de prudence, on préfère cette visite à celle des créatures; 11° de justice, Jésus-Christ mérite cela par tant de titres; 12° de force, on surmonte la nature attachée aux choses terrestres, et dégoûtée des biens spirituels; 13° de tempérance, on modère et on interrompt les occupations agréables aux sens.

Que doit faire un bon curé à ce sujet?

Associer quelques personnes pieuses de sa paroisse, en sorte qu'autant que faire se pourra, il y en ait toujours deux ou trois pour chaque heure du jour, qui comme députées du reste du peuple, soit toujours en respect et adoration devant le saint Sacrement, comme des lampes spirituelles, bien plus précieuses que tous les luminaires extérieurs.

De l'exposition du saint Sacrement.

Pourquoi expose-t-on le saint Sacrement?

1° Afin d'exciter la religion des fidèles, et d'attirer le concours des peuples à venir adorer Jésus-Christ présent, et le remercier de ce grand bienfait; 2° de réparer par cet hommage public l'irréligion des impies; 3° d'exercer notre foi; 4° de lui rendre le tribut qui lui est dû; 5° de la faire hautement triompher de ses ennemis et de nos sens; 6° d'animer par sa présence notre zèle, notre amour, nos prières, etc.; 7° d'accomplir la prophétie que le Messie s'appellerait Emmanuel, c'est-à-dire Dieu avec nous : ce que lui-même a confirmé, quand il a promis d'y être tous les jours jusqu'à la consommation des siècles; 8° résidant dans le tabernacle, cette prophétie s'accomplit : *Ils me feront un sanctuaire, et j'habiterai au milieu d'eux(Exod.* xxv, 8); 9° et celle-ci, quand il est porté en procession, ou aux malades : *Je dresserai mon tabernacle au milieu de vous, je serai votre Dieu, et vous serez mon peuple (Levit.* xxvi, 11, 12); et ailleurs, exposant ce bonheur, l'Écriture ajoute : *Et à présent voilà votre roi, qui marche au milieu de vous* (*Exod.* xxxiii, 5); 10° et celle-ci, quand il est exposé : *Sortez, filles de Sion, et venez voir le roi Salomon assis sur son trône, et couronné du diadème dont sa mère l'a orné au jour de son mariage, et de la joie de son cœur.* (*Cant.* iii, 11.)

Pourquoi n'expose-t-on pas ainsi les autres sacrements?

1° Jésus-Christ n'est en eux que par sa grâce et sa vertu, et non par lui-même, comme dans l'Eucharistie; 2° ils ne sont que des éléments ou de pures créatures, soit naturelles, soit surnaturelles, qu'il ne faut pas adorer; 3° ils ne sont que dans leur usage, c'est-à-dire dans le moment qu'on les administre et qu'on les opère, car auparavant ils n'existent que dans leur matière, et après ils ne subsistent que dans leurs effets; ainsi le baptême n'est sacrement, que quand actuellement on verse l'eau en prononçant les paroles; hors ce moment, ou il n'est pas, ou il n'est plus; et l'Eucharistie est auparavant même qu'on en use, et Jésus-Christ dit : *Ceci est mon corps,* et cela fut vrai avant même qu'il le distribuât, ni qu'on le reçût, et persista d'être après qu'il eût prononcé les paroles, et même après qu'il l'eût distribué, si quelque particule resta.

Pourquoi l'expose-t-on le jour de la fête des saints?

1° Pour une plus grande solennité; 2° Jésus-Christ est le principe d'où toute la grâce des saints a découlé ; il est la source, et eux les ruisseaux; la souche, et eux les rejetons; le soleil, et eux les rayons; le chef, et eux les membres; l'arbre, et eux les rameaux et le fruit : ainsi les enfants d'Israël, non-seulement portèrent une grappe de raisin de la terre promise, mais aussi le cep auquel elle était attachée; 3° il est la couronne des saints, et c'est les dépouiller de leur ornement, que de les regarder séparés de Jésus-Christ : *Qui croira,* disait Moïse à Dieu, *que nous sommes votre peuple chéri, si l'on ne vous voit avec nous?* (*Num.* xiv, 13, 14.) Les soldats ne doivent-ils pas être avec leur capitaine, les serviteurs avec leur maître, les enfants avec leur père, les courtisans avec leur roi ; 4° il est l'époux des âmes fidèles, et la fête des saints le jour de leurs noces; voit-on une épouse au festin nuptial qu'à côté de son époux? *La reine,* dit le prophète, *est à la droite de son époux dans un vêtement pompeux et magnifique* (*Psal.* xliv, 10); 5° c'est le jour de leur glorification et du banquet, où ils se délassent des fatigues de cette vie, assis à la table de Dieu : *Que les justes se réjouissent, et qu'ils fassent un festin en la présence du Seigneur* (*Psal.* lxvii, 4), dit le même prophète, et Jésus-Christ assure dans l'Évangile, qu'il les fera manger avec lui, au grand repas qu'il leur prépare dans son royaume. *Que le roi ait la bonté de venir avec ses officiers en ma maison, où je fais une fête* (*II Reg.* xiii, 24), disait Absalon à David son père; 6° leur béatitude qui consiste dans la vision, l'amour et l'union avec leur bien-aimé, est mieux ainsi représentée, les considérant avec Dieu et toute la cour céleste; 7° et notre association avec eux, n'y ayant ainsi aucune différence entre eux et nous, sinon qu'ils voient ce que nous croyons, et que nous croyons ce qu'ils voient. 8° La piété en devient plus éclairée, car partageant nos devoirs entre Jésus-Christ que nous adorons, et ses saints que nous honorons, qui n'en voit l'extrême différence, et qui pourrait égaler la créature au Créateur, en présence même du Créateur? 9° enfin l'amour des saints envers Jésus-Christ est satisfait, car ils sont ravis de lui voir occuper les esprits et les cœurs au milieu de leurs solennités, où il a plus de part qu'eux, qui n'y en ont aucune que par lui; de lui référer toute la gloire qu'on leur rend, toute la vénération qu'on leur porte, tous les vœux qu'on leur fait, étant visible qu'on ne les honore qu'à cause qu'ils sont les serviteurs et les amis de Dieu, qu'ils ont du crédit auprès de lui, et que ce ne sont pas tant les saints qui sont admirables en eux-mêmes, que Dieu qui est admirable en ses saints : et c'est dans cet esprit qu'autrefois on offrait le sacrifice sur leurs tombeaux.

Pratiques extérieures pour honorer le très-saint Sacrement.

Quelles sont les pieuses pratiques, dont on peut se servir pour témoigner son amour et son respect pour Jésus-Christ dans le très-saint Sacrement ?

Voici les plus utiles et les plus ordinaires :

1° Assister à la sainte Messe tous les jours.
2° Communier souvent sacramentellement, et très-souvent spirituellement.
3° Le visiter chaque jour.
4° Saluer tous les lieux où il repose quand on passe devant.
5° Aller aux saluts et bénédictions.
6° Accompagner le viatique quand on le porte aux malades.
7° Procurer autant qu'on peut que tout soit décent dans leur chambre.
8° En avoir chez soi quelque tableau ou image.
9° Célébrer dévotement le jour et l'octave de la Fête-Dieu.
10° Assister aux sermons qu'on fait en son honneur.
11° Solenniser particulièrement le jeudi saint, à cause de son institution.
12° Et tous les premiers jeudis du mois, même tous les jeudis de l'année, dans cette même vue.
13° Faire dire des Messes.
14° Donner quelque ornement aux autels, quelque linge, dentelle, corporal, purificatoire, nappe, etc.
15° Quelques fleurs, quelques couronnes, quelques bonnes odeurs, de l'encens, une clochette, etc.
16° Fonder une lampe qui brûle devant jour et nuit.
17° Présenter à l'autel quelques cierges ou luminaires.
18° Lire des livres pieux qui en traitent.
19° Honorer particulièrement les saints et saintes qui y ont eu une dévotion singulière, qui en ont le mieux écrit, ou qui en ont senti des effets plus signalés, comme saint Thomas, sainte Catherine de Sienne, etc.
20° Instruire ou faire instruire les enfants pour la première communion, ou ceux qui n'en savent pas assez sur ce mystère.
21° Avoir soin que vos enfants, vos domestiques, ou, en un mot, ceux qui dépendent de vous, l'honorent autant qu'ils doivent.
22° Contribuer à la construction, ou au rétablissement des lieux saints destinés à la célébration du sacrifice.
23° Regarder comme un grand honneur de servir la sainte Messe, et le faire avec révérence et dévotion.
24° Se tenir quelquefois éloigné de l'autel par respect.
25° Donner de la farine de froment pour faire les hosties, le bois, les fers, etc.
26° Balayer ou faire balayer les églises, le marchepied, les parois, le pavé, orner les autels, et parer les rues de tapisseries et de fleurs, quand le saint Sacrement y doit passer.
27° Se mettre de la confrérie du Saint-Sacrement.
28° Honorer les ordres religieux et les communautés, qui se dévouent particulièrement à son culte.
29° Donner des vases sacrés, surtout aux pauvres paroisses de la campagne, qui soient d'argent doré.
30° Prier Dieu qu'il donne de dignes ministres à son Église.
31° Aider quelqu'un à devenir un bon prêtre, quand il en est digne, et qu'il est bien appelé au sacerdoce.
32° Prier Dieu pour les séminaires où on les élève.
33° Réciter l'Office, ou du moins les litanies du saint Sacrement.
34° Empêcher autant qu'on peut les irrévérences qui se commettent dans les églises.
35° Honorer son corps comme un tabernacle vivant du saint Sacrement, et ne le profanant jamais par aucune immodestie.
36° Avoir une horreur toute spéciale de l'impureté, de la haine du prochain et de l'intempérance, comme étant des péchés très-opposés à la grâce de ce Sacrement auguste.
37° Recourir au saint Sacrement dans ses besoins, joies, adversités, tentations et peines, y aller consulter et prier Notre-Seigneur qui y réside, et répandre son cœur comme une autre mère de Samuel devant l'arche d'alliance.
38° En voyage, visiter le saint Sacrement en arrivant et en partant de l'hôtellerie.
39° S'agenouiller, si on peut, et l'adorer quand on entend le signal de l'élévation, ou de la bénédiction, ou qu'on le porte aux malades.

Pratiques intérieures, ou vues religieuses pour profiter du saint Sacrement.

Suggérez-nous aussi quelques réflexions utiles pour tirer du fruit de la doctrine de l'Eucharistie?

Vous pouvez faire les suivantes, et vous nourrir de la contemplation de ces mystères, en vous nourrissant de leur réception.

1° On connaît les qualités de la viande par la complexion de celui qui la mange, et on juge quel doit être le tempérament d'un enfant par la nature de l'aliment dont il se sustente : pourquoi donc, vous nourrissant de Jésus-Christ, ne découvre-t-on point en vous les vertus et les perfections de Jésus-Christ ? Vous vous nourrissez d'une victime, et on ne voit rien de sacrifié en vous? Vous mangez une viande céleste et divine, et vous menez une vie humaine et terrestre? Vous vous repaissez d'un fruit qui doit vous donner autant de goût des biens spirituels, que de dégoût des temporels, et le contraire se vérifie en vous?

2° Le pain et le vin sont détruits à la seule voix du prêtre, sans aucune résistance ; d'où vient que vos défauts subsistent depuis tant d'années, quoique Jésus-Christ vous parle si souvent? Faut-il que, pour être d'une nature plus noble que les créatures insensibles, vous soyez moins soumis au Créateur, et que, pour avoir reçu de lui une volonté, vous lui soyez plus rebelle?

3° Au moment que les paroles sacramentelles sont proférées, Jésus-Christ devient présent : pourquoi mettez-vous tant d'intervalle entre le commandement de vos supérieurs et l'obéissance que vous leur devez?

4° Jésus-Christ cache toutes ses grandeurs et toutes ses perfections sous les espèces sacramentelles, et ne paraît à nos yeux qu'un morceau de pain : pourquoi cachez-vous vos défauts avec tant de soin pour ne découvrir que vos vertus?

5° Jésus-Christ, dans l'Eucharistie, uni aux accidents d'une substance morte, c'est-à-dire du pain et du vin, opère par eux de grandes choses, puisqu'il nourrit notre âme, et même notre corps, ce que ces accidents seuls ne seraient pas même unis à la substance créée, à qui seule naturellement cette vertu appartient ; et une âme qui met son appui, non en la créature, mais en Dieu seul, devient comme l'instrument de la toute-puissance divine, et fait non-seulement les mêmes choses qu'elle ferait avec le secours des créatures, mais encore davantage, et d'une manière toute merveilleuse : d'où vient donc que Jésus-Christ, qui s'unit si souvent à vous dans la communion, ne fait pas de grandes choses par vous et en vous, si ce n'est que vous n'êtes pas mort à vous ni aux créatures, et que vous ne vous appuyez pas uniquement en lui?

6° La divinité unie à l'humanité dans l'incarnation rendait les actions de Jésus-Christ théandriques, disent les théologiens, c'est-à-dire d'un prix infini et dignes d'être attribuées à un Homme-Dieu ; Dieu s'unit si souvent à vous par la communion, et cependant vos actions sont de si peu de valeur et d'un mérite si ravalé, et se sentent si peu d'une union divine et d'un principe si relevé.

7° Puisque Dieu ne détruit la substance du pain et du vin que pour substituer en leur place le corps et le sang de Jésus-Christ, ne vous affligez pas quand vous perdez quelques biens temporels, Dieu ne vous les ôte que pour se mettre en leur place, et pour vous tenir lieu de ce que vous perdez.

8° Jésus-Christ, dans l'Eucharistie, pour vous marquer son amour, renverse l'ordre de la nature, et vous n'avez encore détruit en vous aucune inclination vicieuse, pour lui marquer le vôtre.

9° Quoique les espèces sacramentelles soient corrompues, brûlées, rompues, le corps de Jésus-Christ uni à elles, ne l'est néanmoins pas, et il demeure tout entier, sans aucune lésion : quand vos biens se perdent ou que votre santé s'altère, ou qu'on déchire votre réputation, que votre cœur ne se laisse point entamer, ni abattre, ni corrompre, ni briser par le fléau des adversités, ni consumer par le feu des tribulations, et ne rompez pas vos bonnes résolutions ni vos pieuses pratiques.

10° Quoiqu'on divise les espèces sacramentelles, on ne divise point Jésus-Christ ; partagez tellement vos soins pour secourir le prochain, que vous ne partagiez point votre cœur entre la créature et le Créateur : soyez toujours intérieurement uni à Dieu, sans que la multitude de vos occupations extérieures vous en sépare jamais, par la dissipation ou la distraction.

11° Jésus-Christ est tous les jours mangé dans l'Eucharistie, sans être anéanti, consumé ni diminué. Jésus sert de viande à tous, et il ne perd rien pour cela du sien : ne vous employez pas au service du prochain au préjudice de votre intérieur, ne soyez pas comme un flambeau qui s'use en éclairant les autres, ni le balais qui se salit en nettoyant la maison : appliquez-vous aux bonnes œuvres, mais sans détriment de votre propre perfection.

12° Toute la substance du pain est changée au corps de Jésus-Christ, et toute la substance du vin au sang de Jésus-Christ : résolvez-vous à changer tout entier et non en partie ; que votre conversion soit totale et universelle, du péché à la grâce ; du mal au bien, de l'état imparfait à l'état parfait, de l'être humain à l'être divin, de la vie lâche, sensuelle et immortifiée, à la vie fervente, pénitente et mortifiée.

13° Jésus-Christ est tout en l'hostie, et tout en chaque particule de l'hostie consacrée, ce qui est une manière d'être propre aux substances spirituelles ; ainsi la parole se communique à tous les auditeurs, et l'âme à tous les membres, sans se diviser : soyez par amour tout à tous, soyez parfait dans les petites choses, soyez un homme spirituel, ou plutôt, si vous voulez parfaitement imiter Jésus au saint Sacrement, soyez tout esprit.

14° Jésus-Christ ne se contentant pas de savoir vos misères par la connaissance qu'il a de toutes choses, veut encore lui-même venir du ciel en terre, entrer dans votre poitrine, et descendre au fond de votre cœur afin de les voir, pour ainsi dire, de ses propres yeux, et comme pour en être plus assuré et plus touché, la misère présente frappant davantage que la misère absente : soyez témoin vous-même de la misère des pauvres, entrez dans leurs chétives maisons, descendez au fond des cachots et des prisons ; allez dans les hôpitaux, considérez de vos yeux leur nécessité, touchez leurs plaies, sentez leur puanteur ; écoutez leurs cris, soyez-leur une mère charitable, ne cédez point à un autre le mérite des bonnes œuvres, ne les commettez point à la mamelle d'une nourrice étrangère.

15° Jésus-Christ, dans l'Eucharistie, supporte les espèces sacramentelles, et n'est supporté d'aucun sujet ; supportez tout le monde, et ne soyez à charge à personne.

16° Comme une petite pluie abat un grand vent, la rosée du sang de Jésus-Christ apaisa l'orage de la colère de Dieu sur vous; n'apaisera-t-elle pas vos emportements et vos violences, vous asseoirez-vous à cette table de paix, sans manger de ce pain d'unité ?

17° La substance du pain et du vin est détruite et changée au corps et au sang de Jésus-Christ dans l'Eucharistie ; détruisez ce qu'il y a de grossier et de terrestre en vous, si vous voulez faire paraître en vous l'opération de ce pain vivifiant.

18° L'Eucharistie est le pain des anges, mais accommodé et proportionné à la faiblesse humaine ; menez une vie spirituelle et dégagée de la chair et du sang, si vous voulez participer à la force de ces esprits bienheureux.

19° Jésus-Christ entrant dans le cœur des hommes par la communion, les consacre et les porte à procurer la gloire de Dieu ; ne les profanez pas en y entrant pas pour les affections humaines, et ne cherchez pas à y établir votre propre estime.

20° Les seules apparences du pain et du vin demeurent après la consécration, et non la substance, qui fait place à Jésus-Christ ; ne travaillez pas tant à vous donner le dehors de la vertu qu'à en acquérir le fond. Ayez un extérieur pauvre, et un intérieur riche.

21° Après la consécration, les accidents du pain et du vin ne sont plus soutenus d'aucun sujet créé, mais de Dieu seul : soyez détaché et séparé de toutes les choses terrestres, puisque vous êtes consacré à Dieu en tant de manières, et ne vous appuyez qu'en lui.

22° Dieu même s'est bien voulu imposer l'obligation d'obéir à la voix de l'homme : profitez d'un si grand exemple, soumettez votre esprit, et pliez votre volonté sous le joug de l'obéissance que vous devez aux lois de Dieu. Extirpez de vous l'amour de l'indépendance, l'attache à votre sens, et toute l'affection déréglée envers quelque objet que ce soit, car ce sont les trois sources de toute désobéissance.

23° Jésus-Christ se soumet à toutes sortes de prêtres bons et mauvais : obéissez à toutes sortes de supérieurs, sans regarder leurs talents ni leurs discours, mais uniquement l'autorité de Dieu en eux. Ce divin Sauveur a voulu que l'obéissance fût comme le fondement de toutes les grâces qu'il nous a méritées, et par là nous faire comprendre que nous devons, à son imitation, établir sur l'obéissance tout l'édifice de la perfection chrétienne : or comme il n'a passé un moment de sa vie sans obéir à Dieu son Père,

comptez pour perdus tous ceux que vous ne consacrez pas à l'obéissance que vous lui devez.

24° Jésus-Christ se laisse mettre à toutes sortes d'usages : voyez comme il souffre les différentes situations qu'on lui veut donner ; ici on l'élève, là on l'abaisse ; il est montré en un endroit, il est caché en l'autre : ne résistez pas aux divers états où la Providence vous mettra : soyez indifférent aux mépris et aux honneurs, aux emplois et à la retraite, à être mis sur le chandelier, ou caché sous le boisseau.

25° La parole du prêtre détruit le pain et le vin, et elle ne détruit pas ses défauts. Elle produit Jésus-Christ sur l'autel, et elle ne produit pas la vertu dans celui qui la profère. Vous dites, et vous ne faites pas. Commencez par faire afin que vos paroles soient efficaces sur vous : soyez comme le figuier, en qui les fruits devancent les feuilles.

26° Jésus-Christ, dans le saint Sacrement, est appelé le froment des élus, et le vin des vierges : humiliez-vous si vous voulez recevoir dans votre cœur ce grain mystérieux et cette précieuse liqueur, qui ne peuvent tenir que dans un vase vide et profond : autrement, encore que le corps sacré de Jésus-Christ soit plein de toute grâce, et que la vertu médicinale qui y réside soit toujours prête à couler, et pour ainsi dire, à échapper de toutes parts, vous en retiendrez néanmoins très-peu.

OCTAVE DE LA FÊTE-DIEU.

Sur les vertus de Jésus-Christ au saint Sacrement.

POUR LE JOUR DE LA FÊTE.

Sa charité.

Adorez Jésus-Christ au milieu de ses apôtres, instituant l'Eucharistie dans le cénacle, où la charité étincelle de toutes parts.

Admirez son amour envers vous, et le regardez comme la cause unique et véritable de l'établissement de ce Sacrement auguste : en effet, ce n'est ni la nécessité qui l'y oblige, il est libre, et nul ne l'y peut contraindre, *Personne ne m'immole que moi-même* (Joan. x, 18), dit-il dans son Évangile, ni la bienséance, aucune loi ne l'y engage, ni nos mérites, nous n'en avions point, et il prévoyait nos ingratitudes et nos sacrilèges, ni l'ordre écrit dans son Père : c'est donc son pur amour pour vous qui l'y porte.

Ajoutez à cela que sa mort sur le Calvaire pouvait être imputée ou à une nécessité naturelle, ou à la cruauté des Juifs, ou à la justice divine qui voulait être satisfaite, et qui avait mis sur lui le fardeau de nos iniquités : mais tout cela n'a point lieu dans son sacrifice mystique : *Il s'est offert parce qu'il l'a voulu.* (Isa. LIII, 7.)

I. Considérez le temps qu'il prit pour vous faire ce grand présent. Saint Jean écrit que ce fut avant la fête de Pâques, lorsqu'il était sur le point de passer de ce monde à son Père. Saint Paul assure avoir appris de ce divin Sauveur que ce fut la nuit même et laquelle il fut trahi et livré aux Juifs : l'Église pèse cette circonstance au moment qu'elle va renouveler ce redoutable mystère sur nos autels, et elle rapporte avec étonnement que Jésus-Christ, la veille de sa Passion, prit le pain dans ses saintes et adorables mains, pour le changer en son corps, c'est-à-dire qu'il se donna aux hommes, non pas quand ils voulaient l'élire roi, mais lorsqu'ils cherchaient à le faire mourir, qu'ils avaient résolu de se séparer de lui pour jamais, et de ne le voir plus : c'est dans ce moment même que Jésus-Christ leur prépare un aliment qui leur communique une vie éternelle et divine; un remède qui les préserve de la corruption et de la mort; un moyen qui l'engage à demeurer avec eux jusqu'à la consommation des siècles. Que fais-tu, Juif inhumain! Judas, pourquoi conspires-tu ma perte! si c'est mon sang dont tu sois altéré, viens étancher ta soif, voici que je le répands moi-même, et que je m'immole pour toi.

II. Considérez les circonstances dans lesquelles Jésus-Christ institua ce Sacrement : ce fut, 1° dans un festin, qui est l'action de la vie que les amis choisissent pour témoigner davantage leur tendresse à leurs amis, et qui est regardée comme le gage le plus établi et le plus certain d'une parfaite amitié; 2° dans l'endroit du repas où on se laisse le plus ordinairement aller aux sentiments de joie et d'affection : car ce fut sur la fin; 3° dans le dernier repas, comme pour les embrasser et leur dire un éternel adieu ; 4° pendant lequel il lava les pieds de ses apôtres : n'est-ce pas ainsi que sainte Madeleine toute brûlante de charité, lui témoigna son amour ? 5° et qu'il permit à saint Jean de se reposer sur sa poitrine, expression des saintes privautés d'une âme communiant dignement, et enivrée de ce vin mystérieux.

III. Considérez les paroles dont il se servit en vous faisant ce grand don : il dit à ses disciples qu'il avait ardemment désiré toute sa vie d'en venir à ce dernier banquet avec eux, et avant que de souffrir pour eux: qu'il les aimait comme son Père même l'aimait, et qu'il ne pouvait leur en donner une plus grande marque qu'en mourant pour eux, ainsi qu'il allait faire: qu'il voulait être uni à eux comme la vigne l'est au sarment, afin de leur communiquer sa propre vie, et leur faire produire les mêmes fruits dans son Église ; que tout ce qu'ils demanderont en son nom à son Père, ils l'obtiendront; qu'il ne les abandonnerait jamais, et qu'il ne les laisserait pas orphelins; qu'il leur enverrait le Saint-Esprit qui les consolerait de son absence sensible, qu'elle serait de peu de durée ; que s'ils gardaient ses commandements, il se manifesterait à eux, et qu'il viendrait demeurer en eux avec le Père et le Saint-Esprit ; que s'il s'en allait au ciel, c'était pour leur y préparer la place, et donner ordre à ce grand banquet, où il les invitait; que là il leur découvrirait sa gloire, cette gloire dont il jouissait avant la constitution de l'univers et des siècles; que le monde les persécuterait, mais qu'ils se consolassent, puisque lui-même en avait été persécuté, et que leurs persécutions passagères se changeraient en une joie éternelle, qu'il leur donnait sa paix, et qu'il voulait qu'ils s'aimassent intimement les uns les autres ; que leur ayant découvert tous ses secrets et tous ses mystères, il ne voulait plus être qu'un même cœur avec eux, comme il n'était qu'une même chose avec son Père, afin qu'ils fussent tous consommés en eux.

IV. Considérez la manière dont il vous fit ce grand présent : il vous le légua par testament, qui passe pour l'acte le plus authentique et le plus solennel de la vie, le plus exempt de préoccupation, et le miroir le plus fidèle de nos inclinations, qui contient le plus tendre témoignage de l'amour du père envers ses enfants, de l'époux envers l'épouse. Combien donc précieuse vous doit être cette donation, puisqu'elle fut, 1° réelle des biens propres de Jésus-Christ, de son corps et de son sang, il n'avait que cela en ce monde, sa pauvreté l'avait dépouillé de tout le reste, sa charité l'oblige à vous les départir auparavant que les Juifs s'en emparent; 2° intime et cordiale, il se transforme en vous: *Mangez et buvez;* 3° effective, il s'oblige à souffrir la mort pour vous : *Prenez ce corps qui sera livré pour vous* (Luc. XXII, 19) : *Prenez ce sang qui sera répandu pour vous* (Marc. XIV, 24), et il vous en applique dès lors et par avance le mérite et la vertu, c'est-à-dire la rémission des péchés : *Prenez ce corps qui est donné pour vous : Buvez ce sang qui est épanché pour la rémission de vos péchés* (Matth. XXVI, 26-28), et par cette rédemption anticipée, il vous rétablit dans l'ordre de la grâce et de la gloire; 4° irrévocable, il vous la laisse par testament, qui est la chose du monde la plus sacrée et la plus inviolable, et à laquelle il n'est jamais permis de toucher; 5° fixe et immuable, il la confirme par l'effusion de son sang, et la scelle de sa mort, au lieu que les dispositions de l'Ancien Testament pouvaient être révoquées, le testateur n'étant pas mort, comme il l'est dans le Nouveau ; 6° stable et permanente, il la nomme éternelle, se commettant en ce monde, et se consommant en l'autre ; 7° incontestable, car afin que la crainte d'un autre testament ne vous troublât point, il l'appelle son Testament nouveau, qui abroge l'ancien qui vous était contraire, et qui contient sa dernière volonté, laquelle ne vous peut être plus favorable; 8° présente, car pour ne vous faire pas languir dans l'attente de ce riche héritage, il vous en met actuellement en possession, en vous mettant tout ensemble entre les mains le titre original de cette donation testamentaire : *Prenez et mangez, ceci est mon corps : Prenez et buvez, ceci est mon sang. Le sang du Testament nouveau et éternel,* que je vous laisse en mourant, et qui, découlant de mes plaies ouvertes, vous ouvre le ciel.

C'est pour nous donner la vie, Seigneur, que vous vous êtes fait notre remède et notre aliment, et que vous vous êtes mis en état de mort dans la sainte Eucharistie, et rien ne nous empêchera de profiter de cette viande céleste, si nous voulons vivre comme vous avez vécu, et si nous ne voulons plus commettre les péchés pour lesquels vous êtes mort.

Seigneur, faites-nous détester le péché pour l'expiation duquel vous êtes mort; faites-nous conserver la pureté que votre sacrifice nous a rendue; faites-nous aspirer au ciel que vous nous avez ouvert par votre sang, et pour nous rendre dignes de l'héritage que vous nous avez promis, faites-nous observer toutes les conditions de votre testament.

POUR LE VENDREDI.
Son obéissance.

Adorez Jésus-Christ, qui continue de rendre à son Père dans l'Eucharistie, la même obéissance qu'il lui rendit dans sa Passion, le sacrifice de l'autel n'étant qu'une rénovation et une continuation du sacrifice de la croix; dans son immolation sanglante, il se livra à la discrétion de ses ennemis, dans son immolation mystique il s'abandonne à la volonté de ses amis.

Réjouissez-vous de ce que le sacrifice de votre rédemption dure toujours et ne finit point; de ce que le sang de Jésus-Christ coule sans discontinuation, et ne cesse de crier miséricorde pour vous; de ce que la désobéissance de votre premier père à manger du fruit de mort est si avantageusement expiée par l'obéissance de ce nouvel Adam : une volonté déréglée suivie, et un plaisir défendu goûté, fut le commencement de notre perte; une volonté soumise, et une croix acceptée est le commencement de notre salut; dans la volonté rebelle d'Adam, la volonté de tous ses enfants désobéissants fut renfermée; dans la volonté soumise de Jésus-Christ, la volonté de tous les fidèles disciples fut comprise; Adam fut désobéissant jusqu'à la mort, et Jésus-Christ obéissant jusqu'à la mort. Nous avons tous été déclarés ennemis de Dieu en la personne d'Adam, nous avons tous été réconciliés à Dieu en la personne de Jésus-Christ : nous avons ratifié la désobéissance d'Adam par des actes bien délibérés, sitôt presque que nous avons eu l'usage de la raison, ratifions l'obéissance de Jésus-Christ.

Admirons-la cette obéissance; qu'elle est fréquente, qu'elle est ponctuelle, qu'elle est longue, qu'elle est constante, qu'elle est aveugle, qu'elle est universelle!

1° Elle est fréquente; il n'y a moment ni lieu où incessamment il ne s'assujettisse à la volonté d'autrui, et n'en pratique plusieurs actes, sans qu'aucun ennui, dégoût, lassitude, l'oblige à rien relâcher de sa ferveur, promptitude, exactitude.

2° Elle est ponctuelle; au même instant qu'on parle, il obéit; nul temps, ni difficulté, ni répugnance, ne l'arrête.

3° Elle est longue, elle dure depuis dix-sept cents ans, elle durera jusqu'à la fin du monde, et quelque longue que soit la vie d'un méchant prêtre, quelque sujet qu'il ait de ne lui pas obéir, il ne se relâche jamais.

4° Elle est constante, il obéit toujours, il n'a jamais manqué, et ne manquera jamais de venir très-sûrement sur nos autels, toutes les fois que le prêtre, quelque méchant qu'il soit, prononcera les paroles sacramentelles, Dieu obéissant ponctuellement à la voix de l'homme. Sur la terre, passible, mortel et enfant, il se soumit à ses parents; dans le ciel, glorieux, ressuscité, homme parfait, il se soumet à ses enfants, et partout il est une victime d'obéissance.

5° Elle est aveugle, il se soumet indifféremment à toutes sortes de supérieurs, c'est-à-dire de prêtres, bons et méchants, savants et ignorants, riches et pauvres; ils le produisent, ils l'immolent, ils le sacrifient, en quel temps et en quels lieux ils le jugent à propos; ils le donnent à qui bon leur semble, aux grands et aux petits, aux saints et aux pécheurs, à ceux qui le haïssent et à ceux qui l'aiment, sans qu'il résiste ni dise mot, sans qu'il témoigne ni joie, ni répugnance, ni peine, ni plaisir : ne sont-ce pas les marques de la plus exacte obéissance, et du plus parfait sacrifice de soi-même, et de sa propre volonté qui fût jamais.

6° Elle est universelle, il se laisse mettre à toutes sortes d'usages; selon qu'il plaît à ses ministres, ils le montrent, ils le serrent, ils l'exposent, ils le voilent, ils le donnent, ils le refusent, ainsi qu'ils le trouvent bon, et ce n'est pas sans mystère que quand il apparaît miraculeusement dans la sainte hostie, comme du temps de saint Louis, c'est d'ordinaire sous la forme d'un petit enfant.

Faites-nous respecter votre autorité, Seigneur, dans ceux que l'ordre de votre providence nous donne pour supérieurs, afin que nous trouvions dans le mérite de l'obéissance que nous rendrons aux hommes, l'autorité de commander à nos passions.

Souverain prêtre et victime tout ensemble, vous n'avez offert qu'une fois le sacrifice mystique, et vous ne vous êtes offert qu'une fois par le sacrifice sanglant, mais vous n'avez pas moins été victime que prêtre dans l'une et dans l'autre de ces deux actions; le Cénacle et le Calvaire ont été les lieux et les autels, où vous avez également, quoique différemment, exercé votre sacrifice, et répandu votre sang. Ah! faut-il que nous vous imitions si mal et que vous sacrifiant tous les jours, nous ne nous immolions jamais.

POUR LE SAMEDI.
Son humilité.

Adorez Jésus-Christ humilié dans l'Eucharistie jusqu'à l'anéantissement, pour ainsi dire, car il perd tellement son être sacramentel dès que les espèces du pain et du vin sont consommées, que s'il n'était seulement que dans l'Eucharistie, ou qu'il ne fût pas incorruptible, il serait détruit en tant qu'homme.

Admirez l'excès d'humilité où le zèle d'honorer la souveraineté de son Père dans ce sacrement l'a porté.

Louez-le de ce que s'humiliant ainsi dans l'Eucharistie, il vous apprend par son exemple le degré d'abaissement qu'exige de vous, et la majesté de Dieu, et la participation à un si grand mystère.

Remerciez-le de ce que l'orgueil de vos premiers parents, qui crurent pouvoir devenir des dieux en mangeant du fruit défendu, est si heureusement réparé par Jésus-Christ, la victime du salut de l'homme, et le véritable fruit de vie, qui nous fait devenir des dieux par participation, quand nous le mangeons dignement.

Attendrissez-vous voyant Jésus humilié aux pieds des apôtres, un moment avant l'institution de cet adorable sacrement, et nous enseignant par là quelle humilité nous devons apporter à la sainte table. Confondons-nous de notre orgueil, car du moment que nous sommes élevés en dignité la tête nous tourne, parce qu'alors nous commençons à regarder toutes choses au-dessous de nous, dans une appréhension continuelle de préjudicier à notre grandeur en nous abaissant; et que notre humilité ne s'accorde pas à notre état, mais depuis que nous avons vu un Dieu aux pieds des hommes, quelle mesure avons-nous à garder? Rougissons de tant de précautions et de réserves, dont notre amour-propre se couvre. Dieu s'est fait humble, et l'homme est encore superbe? s'écrie saint Augustin.

I. Considérez qu'en un sens le Fils de Dieu s'humilie plus dans l'Eucharistie, que quand il se renferma dans le sein de Marie. Car si dans l'incarnation il s'abaissa sous la forme de l'homme, dans l'Eucharistie il s'abaisse jusque sous les symboles du pain et du vin, infiniment inférieurs à la nature humaine, comme étant des choses inanimées, viles, abjectes, indignes d'honneur, sujettes aux vers et à la pourriture, capables d'être renversées, foulées aux pieds, mangées des insectes, et balayées avec l'ordure et la poussière.

Quelle humilité! quelle abjection! quel avilissement! O Jésus, la grandeur de vos vertus n'accable pas moins notre esprit, et n'exerce pas moins notre foi que la profondeur de vos mystères! Faites-nous part de votre humilité, Seigneur, afin que, croyant vos mystères et imitant vos vertus, nous ayons part à vos grandeurs.

II. Il s'y humilie plus que dans sa Passion, en ce que s'il souffrit qu'on l'y humiliât jusqu'à le vêtir d'un habit le plus abject et le plus méprisable du monde, dans l'Eucharistie, pour persévérer à donner un exemple si édifiant d'humilité, et pour être dans un état continuel d'humiliation, il a bien voulu se couvrir des apparences du pain et du vin, comme d'une robe encore plus vile, quoi qu'il prévît bien qu'il s'exposait par là au mépris des hérétiques, des incrédules, des impies, qui, pires que Pilate et qu'Hérode, le respecteraient moins, et ne feraient pas plus cas de lui, que d'un morceau de pain. Mais quoi? le mystère de l'Eucharistie n'est qu'une rénovation et une continuation du mystère de la croix, et les mépris sont doux à Jésus-Christ, pourvu qu'ils nous soient utiles; d'où vient donc puisqu'ils nous sont utiles, qu'ils ne nous sont pas doux? Sur le Calvaire, ses vertus éclatèrent, sa patience, sa charité, son humilité, son zèle, son pouvoir même; et les plus incrédules le reconnurent pour Fils de Dieu; dans l'Eucharistie tout l'abaisse, et rien ne le relève.

III. Il s'humilie plus que dans le sépulcre, car dans le sépulcre il y retient encore le dehors et l'extérieur d'un homme mort : mais dans l'Eucharistie, dans ce tombeau mystique, il est si abaissé, si humilié, si anéanti, qu'il n'y garde pas même extérieurement la forme humaine, et non-seulement il ne paraît y avoir ni la vie, ni les sens, ni la raison, puisqu'il n'en fait aucun usage sensible, qu'on n'y remarque aucune action divine ni humaine; mais même c'est qu'on ne peut pas discerner une hostie consacrée, d'avec une qui ne l'est pas: à la croix, la seule divinité était cachée; mais l'humanité était visible : dans le sépulcre, le corps à la vérité fut inanimé, mais du moins l'apparence humaine fut conservée : il y demeura trois jours, après quoi il en sortit glorieux: ici tout est enseveli, tout est absorbé, Jésus-Christ y est et y sera toujours caché, et il n'en sort que pour être détruit: comme il y prend la place du pécheur qui devrait être immolé à la justice divine, il y immole si absolument tout ce qu'il est, que son humilité le rend absolument méconnaissable, et en tant que Dieu, en et tant qu'homme. Il a choisi une manière d'y être, si peu remarquable, qu'on ne l'y entrevoit qu'à la seule lueur de la foi; sa profonde humilité fait presque toute l'obscurité de ce mystère, et il n'y aurait point d'incrédules ni d'hérétiques, s'il n'y avait point de superbes.

Dieu de consolation, qui, comme un pasteur amoureux au milieu de vos pauvres ouailles, passez les tristes heures de votre dernière journée à leur prêcher, et de paroles et d'exemples, les hautes maximes et les étroites obligations de l'amour et de l'humilité, dont l'une est le comble de la perfection, et l'autre le fondement : faites-moi lire dans votre testament l'exemple que vous avez voulu m'en laisser, et apprendre de vos dernières paroles, et de vos dernières actions, que c'est trop peu pour moi que de m'humilier devant mes supérieurs et mes égaux, si je ne m'abaisse même avec vous, au-dessous des traîtres et des blasphémateurs.

Le fonds de misère et de péché qui est en nous, et l'impuissance où nous sommes de faire aucun bien par nous-mêmes, nous disent assez, Seigneur, que nous devons être humbles; mais notre orgueil ne laisse pas de nous élever malgré tant de sujets d'humiliation : faites par votre grâce, qu'en nous humiliant de ce qui est en nous par notre misère, nous puissions nous glorifier en vous de ce que vous y aurez mis par votre miséricorde.

POUR LE DIMANCHE.
Sa religion.

Adorez Jésus-Christ honorant Dieu son Père dans le saint Sacrement, où loin d'y être comme une statue inanimée, son âme sainte lui rend sans cesse hommage, où il s'immole à lui, où il le loue, il le bénit, il l'aime, il le glorifie; où son cœur comme un ensensoir divin envoie sans cesse vers lui le sacré parfum de mille et mille devoirs de religion qui nous sont inconnus.

Remerciez-le de ce qu'il vous invite par son exemple, par son état et par sa grâce à l'imiter, et à vous unir à lui et à toute l'Église triomphante, et à faire sur la terre ce que les anges et les bienheureux font au ciel.

Réjouissez-vous de la gloire que Dieu en reçoit, puisque tout grand qu'il est, il ne peut se voir plus dignement honoré que par ce sacrifice de louange et d'amour.

Bénissez Jésus-Christ de ce que par ses actes continuels de religion, de gratitude, d'offrande, de remercîment, etc., il rend à cette suprême Majesté un si excellent culte, en son nom, en celui de toute l'Église son Épouse, de toute la nature humaine, et de toutes les créatures. Priez-le que tout le monde le reconnaisse, et que l'incrédulité même soit obligée de lui céder.

I. Considérez que Jésus-Christ, afin de procurer à Dieu son Père une gloire infinie, s'unit à chaque âme dans la communion, et se multiplie en elle, si l'on peut s'exprimer de la sorte, pour dilater ainsi sa religion envers son Père, et la multiplier à l'infini, l'honorant par tous ses membres mystiques, auxquels il inspire et communique le même zèle qui l'embrase.

II. Afin de continuer cette offrande, et de donner à Dieu son Père cette même gloire dans tous les temps, et la perpétuer dans tous les siècles, il veut être sur nos autels jusqu'à la fin du monde, sans jamais interrompre un seul moment les saintes et religieuses occupations de son divin intérieur. Ainsi après que le peuple de Dieu se fut nourri et rassasié de manne, on en remplit un vase, qui fut déposé et conservé dans le sanctuaire, pour y demeurer devant le Seigneur à jamais.

III. Afin d'étendre cette même gloire par toute la terre, il multiplie sa présence en autant de lieux du monde que son Église a d'autels, et qu'elle en érige tous les jours. C'est ainsi que rien ne manque, ni à la perfection, ni à la durée, ni à l'étendue du culte sublime que Dieu reçoit dans son Église par Jésus-Christ son Fils au saint Sacrement de l'autel.

IV. Les saints ne se sont sacrifiés qu'une fois, et avec leur vie mortelle ils ont mis fin à leur sacrifice. Saint Paul dit qu'il s'immolait tous les jours de sa vie; mais Jésus-Christ, après même sa mort et sa résurrection, a trouvé l'invention de s'immoler une infinité de fois, et de continuer son immolation jusqu'à la fin du monde, en son corps naturel qu'il offre continuellement pour nous, et en son corps mystique qu'il veut être une hostie de louange et de religion envers son Père.

O religion de Jésus-Christ, que vous êtes parfaite, puisque vos devoirs sont d'un mérite infini ! que vous êtes constante, puisque vous n'avez pas d'autre durée que l'éternité ! que vous êtes immense, puisque vous n'avez point d'autres limites que l'univers ! Comment donc recevoir si souvent cette fournaise ardente, et ne brûler pas, être de glace au milieu des flammes, gémir dans les ténèbres auprès du soleil !

O charité, qui brûlez toujours et qui ne vous éteignez jamais, embrasez-nous. Mon Dieu, consommez-nous de ce feu sacré dont votre sein est la source, et dont vous avez dit vouloir embraser le monde ! Agissez sur nous par votre parole toute-puissante, et par votre vertu divine. Soyez notre aliment, Seigneur, et que nous soyons le vôtre : et détruisez en nous ce que nous avons de terrestre en cette vie, par la participation que vous nous donnerez à votre grâce, afin qu'en l'autre, nous méritions d'être transformés en vous par la participation que vous nous donnerez à votre gloire.

POUR LE LUNDI.
Son zèle.

Adorez Jésus-Christ au saint Sacrement, embrasé de zèle pour l'honneur de son Père, étant là dans un état continuel de sacrificateur et de sacrifice, de prêtre et de victime : s'humiliant, s'abaissant, se détruisant, se consumant, se quasi s'anéantissant devant son Père, pour faire hommage à sa grandeur, pour apprendre aux hommes le respect qu'ils lui doivent, et pour donner aux anges qui le voient immolé sur l'autel, un aussi grand sujet d'étonnement, que quand ils le virent couché dans la crèche ou étendu sur la croix.

Admirez-le en cet état, supportant volontiers les mépris, les affronts et les injures qu'on lui fait, par le désir ardent qu'il a d'honorer et de glorifier son Père, sachant bien que la grande marque de l'amour est d'endurer, et de mettre sa vie, sa réputation, et ce qu'on a de plus cher pour la personne aimée.

I. Rien ne s'opposait à ce que dans l'Église on offrît le sacrifice à Jésus-Christ, qui était en droit de l'exiger, cependant il n'a pas voulu qu'on lui ait rendu cet honneur, il l'a réservé à son Père, de peur, dit saint Augustin, qu'on ne confondît encore la créature avec le Créateur, la nature divine avec la nature humaine, l'homme avec Dieu, l'humanité avec la divinité, à laquelle seule on peut déférer ce culte suprême. Jésus, jaloux de la gloire de son Père, a mieux aimé immoler ses propres droits, que de ne pas assurer ceux de son Père; il a mieux aimé paraître sur nos autels comme le prêtre qui offre, que comme le Dieu à qui on offre : comme la victime qu'on sacrifie, que comme la Divinité à qui on sacrifie.

II. Ne pouvant plus réellement mourir, ni s'immoler pour procurer la gloire de son Père, parce qu'il est devenu immortel, ni témoigner ainsi encore son zèle et son amour envers lui, ni envers nous, il a trouvé une nouvelle façon de mort et de sacrifice dans l'Eucharistie, soit en représentant celle qu'il endura sur la croix, soit en perdant son être sacramentel par la consomption des espèces, comme il l'avait acquit par la consécration, qui lui avait donné comme une nouvelle naissance, afin que par cette destruction et cette perte, ou plutôt par cet acte de victime qui se consume elle-même, ainsi que par un sacrifice perpétuel et toujours nouveau, il honorât sans cesse son Père, et donnât des preuves continuelles de son zèle, de son respect, de son amour, de sa soumission, de sa dépendance.

III. Ressentant les injures que nos crimes font à son Père, il s'est mis dans l'Eucharistie, premièrement pour les empêcher par sa présence, qui sans doute refrène beaucoup les pécheurs ; en second lieu, pour les détruire par la communion qui garantit de la mort spirituelle, comme une bonne viande, et un excellent remède, préservant de la mort corporelle; enfin pour les réparer par ses hommages continuels, rendant à son Père jour et nuit au saint Sacrement la gloire que les impies veulent lui ravir par leurs crimes, s'offrant sans cesse comme une hostie de propitiation pour l'expiation de leurs offenses, et réparant ainsi l'injure par l'honneur, le blasphème par la louange, le mépris par le respect, la haine par l'amour, l'impiété par la religion.

POUR LE MARDI.

Sa pauvreté.

Adorez Jésus-Christ naissant dans une pauvre étable en Bethléem, c'est-à-dire *maison de pain*, devenu sur nos autels, que cette crèche figurait, le vrai pain de l'homme et la manne descendant du ciel.

Admirez-le instituant l'Eucharistie dans une maison, et dans une salle empruntée, n'en ayant point en propre : il n'avait que son corps et son sang, il vous les donne dans ce mystère.

Remerciez-le de ce qu'étant riche dans le ciel, il se fait pauvre sur la terre pour l'amour de vous, afin de vous donner ce qu'il s'ôtait à lui-même, et de vous enrichir par sa pauvreté, comme assure l'Apôtre ; car se donnant à vous dans l'Eucharistie, il a épuisé ses trésors.

Louez Jésus-Christ, le pain vivant et vivifiant, de ce qu'il satisfait si pleinement pour l'horrible convoitise de vos premiers parents, qui crurent ne posséder rien quoiqu'ils eussent tout, s'ils n'étendaient encore la main sur le seul fruit, dont Dieu leur avait interdit l'usage ; transgression qu'ils estimèrent peu, parce qu'ils ne considérèrent pas que le prix de l'obéissance est en elle-même, et non dans l'objet.

Attendrissez-vous voyant Jésus-Christ dépouillé de tout à la croix, dont l'Eucharistie est le mémorial.

I. N'est-ce pas une pauvreté sans exemple, de voir le Fils de Dieu, le Roi du ciel et de la terre, être souvent logé dans la plupart des églises, comme dans d'autres étables de Bethléem, découvertes, délabrées, tombant en ruine ; être renfermé dans un vil tabernacle, rompu et entr'ouvert, parmi la poussière et les araignées ; être mis dans des vaisseaux d'étain, de cuivre et de plomb ; être enveloppé dans des linges si grossiers, si sales et si déchirés, qu'une personne honnête aurait peine de s'en servir à ses propres usages ; mais que dire de la pauvreté intérieure, et de l'indigence spirituelle de ceux qui le reçoivent dans un cœur dénué de vertu, et de tous bons sentiments.

II. Il n'est revêtu dans l'Eucharistie que des seules espèces sacramentelles, qui sont des vêtements encore plus chétifs et plus méprisables, que les drapeaux de son enfance, et que les vils haillons dont on le couvrit dans sa Passion ; il y est souvent abandonné et laissé seul, sans que personne aborde ses autels ni lui tienne compagnie, souffrant en cela le sort des pauvres, qu'on ne fréquente point, et qu'on ne visite jamais.

III. Il ne refuse pas dans ce même esprit de pauvreté, d'aller dans les plus méprisables cabanes, de résider dans les hôpitaux, d'entrer dans la bouche, et de descendre dans l'estomac des plus pauvres et des plus abjectes personnes du monde, afin sans doute d'expier les péchés que l'avarice nous fait si souvent commettre ; de nous apprendre à mépriser les biens trompeurs du monde que nous recherchons tant, et de nous mériter, par cette extrême pauvreté, les biens éternels que nous désirons si peu, ne songeant pas que pour monter au ciel et nous asseoir à la table des anges, il faut ainsi qu'Élie nous dépouiller de tout, même de notre manteau.

Soyez vous-même notre trésor et nos richesses, Seigneur, et nous mépriserons les biens et les richesses de la terre, soit que nous les ayons, soit que nous ne les ayons pas ; faites-nous connaître que vous seul êtes tout notre bien, qu'en vous possédant nous ne pouvons être pauvres, quoique tout le reste nous manque, et que quand tout le monde serait à nous, nous ne pouvons être riches si nous ne vous avons pas.

POUR LE MERCREDI.

Sa mortification.

Adorez Jésus-Christ dans l'Eucharistie, comme le modèle le plus admirable et le plus achevé de toute mortification qui fut et qui sera jamais : en effet, si l'on ne peut mieux entendre l'état d'une personne mortifiée qu'en la comparant à un mort, Jésus-Christ n'est-il pas comme un mort, et comme une victime égorgée dans ce sacrement ?

Admirez l'auteur de la vie, le voyant un

aux accidents d'une substance morte, c'est-à-dire aux espèces du pain et du vin, comme le Verbe divin l'était au corps mort de Jésus-Christ dans le sépulcre.

Compatissez à ce qu'endure Jésus-Christ uni à une conscience criminelle par une mauvaise communion, semblable en cela aux martyrs qu'on attachait autrefois à un cadavre puant.

Confondez-vous de votre vie sensuelle et si opposée à Jésus-Christ crucifié, immolé, sacrifié.

Considérez l'esprit, ou l'état de mortification où il est dans le saint Sacrement, appelé par cette raison, le mystère des funérailles de Jésus-Christ, chez les saints Pères, car il n'y donne aucun signe de vie, il ne paraît en lui aucun mouvement, ni sentiment, ni volonté.

I. Il n'y fait aucun usage de ses facultés corporelles, il a des yeux, et il ne voit pas : des oreilles, et il n'entend pas : un odorat, et il ne sent pas : des pieds, et il ne marche pas : il se prive de toutes les fonctions des sens, des organes et des membres : il n'a aucun mouvement que celui qu'on lui donne, étant de soi immobile dans ce sacrement : il n'affecte aucun état ni changement, qu'on le mette en haut ou en bas, dans un lieu honorable ou abject, il demeurera où on le mettra : il ne paraît pas non plus y faire aucun usage des puissances de son âme bienheureuse, puisqu'il semble n'avoir d'autre jugement ni volonté que celle du prêtre auquel il se laisse traiter comme il lui plaît : il ne témoigne ressentir ni louanges ni injures, tant il se montre insensible à tout, indifférent à tout, exposé à tout, mort à tout.

II. Il y garde un étroit silence : or la marque la plus assurée et la plus édifiante d'une vraie mortification, est un silence long et religieux : ainsi la parole substantielle, le Verbe éternel du Père se tait, et se taira toujours dans ce sépulcre mystique, il a une langue, et il ne parle pas, il ne dira mot jusqu'à la consommation des siècles, sans doute pour exercer notre foi, pour nous inspirer l'amour du recueillement et de l'oraison, pour réparer le péché de babil de notre première mère, qui ne pouvant se taire dans le paradis terrestre, s'amusa à s'entretenir avec le démon, et à raisonner sur le précepte, ce qui la porta enfin à souiller sa bouche de ce fruit défendu, dont le fruit béni est le contre-poison. Jésus-Christ se tut dans sa passion, il se tait dans l'Eucharistie, parce que dans l'une et dans l'autre il est une victime de mortification, qui s'immole volontairement sans se défendre ni se plaindre. Plaise à Dieu qu'il ne se taise pas à nous dans l'Évangile, où il n'est pas moins muet pour ceux qui ne lui ouvrent pas l'oreille de leur cœur !

III. Il y ensevelit toute sa gloire, et tous les avantages qui en résultent. Car quoiqu'à cause de la félicité dont il jouit, son corps soit impassible, néanmoins il n'est pas dans l'Eucharistie en tant qu'objet béatifique et glorieux, toute sa majesté est là cachée et obscurcie ; d'ailleurs, encore qu'il n'y puisse rien souffrir, il est néanmoins dit pâtir et endurer à raison de la communication d'idiomes entre les espèces sacramentelles et lui ; ainsi on dit que son corps est rompu, son sang répandu, qu'il est mangé des vers, foulé aux pieds, etc., parce que les espèces sacramentelles le sont, et semblables termes odieux, auxquels il a bien voulu s'assujettir et se ravaler, pour nous donner ce grand exemple d'abjection, d'humiliation de mortification.

Divine hostie, qui, par votre immolation, avez rempli les figures des sacrifices anciens, et nous avez appris que Dieu ne demandait pas de nous le sang des animaux, mais la mort de nos passions : ressuscitez parmi nous l'esprit de votre sacerdoce, et faites-nous comprendre qu'on ne peut bien dignement vous offrir en sacrifice, si l'on a été auparavant comme vous, une véritable victime.

POUR DE JEUDI.

Sa patience.

Adorez Jésus-Christ exerçant dans son sacrifice mystique la même patience qu'il exerça dans son sacrifice sanglant : il endure souvent les mêmes mépris et les mêmes insultes, il y entend les mêmes blasphèmes qu'à l'arbre de la croix, et il y pratique la même patience.

Admirez-la, qu'elle est longue ! qu'elle est grande ! qu'elle est édifiante ! Il pourrait exterminer ses ennemis d'un seul regard, et il ne le fait pas : il nous enseigne à préférer la patience à la vengeance.

Compatissez et prenez part aux affronts qu'il supporte sans cesse dans ce sacrement, et étonnez-vous de ce que les hommes lui donnant de si grands sujets de le quitter et de se séparer d'eux, il ne les abandonne pas.

Réjouissez-vous de ce que tant d'âmes zélées et reconnaissantes, et des communautés entières sont jour et nuit occupées à réparer ces horribles impiétés, et à faire amende honorable pour les outrages qu'il reçoit sans cesse. Unissez-vous à leurs sentiments et à leur religion.

Considérez la patience que Jésus-Christ exerce dans l'Eucharistie, 1° à l'égard des mauvais prêtres et des mauvais Chrétiens ; ils le produisent, ils le touchent, ils le distribuent, ils le reçoivent avec des mains souillées, une bouche impure, une conscience criminelle, une chair corrompue, un cœur pollué ; ils le vendent même quelquefois comme d'autres Judas, qu'on représente avec raison recevoir l'Eucharistie d'une main, et tenir sa bourse de l'autre, le portant par un pur motif d'avarice et d'intérêt ; et, quoique selon saint Chrysostome, il aimât mieux voir le démon à ses autels qu'un méchant prêtre, il souffre néanmoins toutes ces choses, et ne dit mot ; il voit les indévotions des personnes mondaines qui viennent effrontément dans son église comme pour l'insulter ; il considère leurs immodesties, leurs curiosités, leurs vanités, leur irréligion, leurs causeries et leurs irrévérences, et il ne les punit pas sur-le-champ.

2° A l'égard des hérétiques, des incrédules et des impies; il se voit quelquefois entouré d'une troupe d'endurcis qui tiennent des discours profanes, impudiques et scandaleux; il entend leurs blasphèmes, leurs dérisions et leurs complots; il permet qu'ils abattent ses temples, qu'ils enlèvent les vases sacrés, qu'ils renversent ses autels, qu'ils foulent aux pieds ce divin Sacrement sous lequel il est renfermé, et il ne se défend pas.

3° A l'égard des Juifs, des sorciers et des magiciens, que d'outrages, de fureurs, de rage et de haine! que d'infinis sacriléges! et de noirs attentats ! combien d'hosties poignardées, qui ont rendu quelquefois du sang! qui ont été brûlées, jetées au feu, crucifiées, et dont on a fait des usages encore plus détestables, qu'il faut ensevelir dans le silence, et se contenter d'en gémir; cependant il dissimule et il se tait, ainsi qu'il fit à la croix.

Seigneur, qui par votre admirable patience avez si hautement triomphé du monde et du démon, triomphez encore de mes promptitudes et de mes emportements; rendez-moi doux et humble de cœur à votre imitation, et faites que je sois la victime de vos vertus, comme vous avez voulu être celle de mes crimes.

Faisons donc cette comparaison de Jésus-Christ à nous; Jésus est obéissant au saint Sacrement, et moi je ne me soumets à personne. Jésus est humble, et moi je suis superbe. Jésus aime la pauvreté, et moi j'aime les richesses. Jésus est la douceur et la patience même, et moi je ne suis que colère et qu'emportement. Jésus se tait, et moi je parle toujours. Jésus est un modèle de mortification, et toute ma vie n'est que sensualité. Jésus est toujours en adoration devant Dieu, son Père, et moi je suis devant le saint Sacrement avec mille distractions et dissipations d'esprit.

Divin modèle de perfection, exposé aux yeux de tous les hommes, et dont les exemples sont tout à la fois et des instructions et des remèdes faites : ô docteur des nations, et médecin des âmes, que, comme les Israélites dans le désert, jetant les yeux sur la figure de votre croix, étaient guéris des morsures que les serpents leur faisaient, nous trouvions dans la considération de vos vertus au saint Sacrement, un antidote souverain aux blessures que les vices nous font.

O sacré banquet, où l'on se repaît de Jésus-Christ, où le tendre souvenir de sa Passion se renouvelle, où notre esprit est rempli de grâces, et où nous recevons le gage précieux du bonheur éternel, que vous contenez de merveilles, et que nous y faisons peu d'attention !

DE LA FÊTE DE SAINT BARNABÉ.

(2 juin.)

Que veut dire le mot de « Barnabé ? »

Il veut dire *enfant de consolation*, nom qui lui fut imposé par les apôtres, car il s'appelait auparavant Joseph, sans doute à cause de la joie que la conversion et la vocation de ce grand saint, qui édifia et autorisa beaucoup l'Eglise naissante, donnèrent à tous les fidèles.

Quel était-il, et quelles furent ses principales actions ?

1° Il était Hébreu de nation, de la tribu sacerdotale de Lévi, d'une naissance illustre, d'une famille riche; 2° d'exact observateur de la Loi de Moïse, il devint fidèle disciple de Jésus-Christ; 3° ce fut lui qui amena saint Paul aux apôtres après sa conversion, et qui, par un choix spécial du Saint-Esprit, devint le compagnon de ses missions et de ses souffrances, comme il l'avait été de ses études et de son éducation, sous la conduite et la discipline de Gamaliel; 4° il vendit ses grands biens, et particulièrement un héritage considérable qu'il avait près de Jérusalem, et en porta le prix aux pieds des apôtres, pour être distribué aux pauvres; 5° envoyé à Antioche par les apôtres, pour cultiver cette Eglise, il le fit avec tant de succès, que les fidèles furent là premièrement appelés *Chrétiens*; 6° renvoyé par ceux-ci aux apôtres, pour savoir si les gentils convertis étaient obligés à l'observation de la Loi de Moïse, comme quelques Juifs le prétendaient, il assista au concile de Jérusalem convoqué à ce sujet, où, entre autres choses, il rendit compte des merveilles que Dieu avait opérées par lui dans la vocation des gentils, ce qui servit à la décision du concile, qui lui donna ce bel éloge d'être un homme qui se sacrifiait pour Jésus-Christ; 7° il s'appliqua particulièrement à la conversion des Juifs, puis des gentils, et les apôtres se servaient de lui pour les grands emplois, et pour la distribution des aumônes; 8° l'Ecriture nous dit que tout le monde le regardait comme un homme plein de bonté, et rempli du Saint-Esprit; 9° il prêcha l'Evangile en plusieurs lieux de la terre, et fut, à ce qu'on tient, le premier évêque de Milan; 10° il souffrit de grandes persécutions, et fut enfin martyrisé par les Juifs qui le lapidèrent; 11° son corps fut mis dans un sépulcre honorable par les fidèles, et il s'y faisait un grand nombre de miracles; 12° quand plusieurs siècles après sa mort on l'ouvrit, on trouva sur sa poitrine l'Evangile de saint Matthieu écrit de la main de ce grand saint, sur de l'écorce de thye, bois très-rare, qu'on apportait d'Orient. L'empereur Zénon voulut avoir ce livre divin, il le baisa par respect, l'enrichit d'or, et le garda religieusement dans son palais; 13° l'Eglise lui a toujours donné le nom et le rang d'apôtre.

Que devons-nous lui demander ?

1° Le mépris des richesses; 2° la bonté envers le prochain; 3° la ferveur d'esprit envers Dieu; 4° la vie exemplaire; 5° l'amour de l'Evangile; 6° de remplir parfaitement les obligations qu'emporte le nom et la qualité de Chrétien.

DE LA FÊTE DE SAINT JEAN-BAPTISTE.

(24 juin.)

Quelles sont les prérogatives de ce saint?
D'avoir été, 1° prédit par les prophètes qui l'ont appelé l'ange du Seigneur; 2° annoncé par l'archange saint Gabriel, qui lui donna, avant même sa formation, le nom de Jean, qui lui avait déjà été imposé dans le ciel : car cet esprit bienheureux étant apparu dans le temple à Zacharie, et l'ayant averti qu'il aurait un fils nommé Jean, qui serait grand devant le Seigneur, et qui rempli du Saint-Esprit dès le ventre de sa mère, et animé de l'esprit et de la vertu d'Élie, convertirait à Dieu les Israélites, précéderait le Christ du Seigneur, et lui préparerait un peuple fidèle et parfait, et Zacharie ayant hésité de le croire, il devint muet, et ne recouvra la parole que quand Élisabeth son épouse mit au monde ce fils, qui fut nommé Jean; et alors Zacharie, éclairé du Saint-Esprit, connut les grandeurs de ce fils, prophétisa les merveilles de la loi de grâce dont il voyait l'avant-coureur (aussi le mot de Jean veut-il dire *grâce*), et chacun dit : *Quel pensez-vous que doit être un jour cet enfant?* (*Luc.* I, 66) 3° conçu miraculeusement de parents vieux et stériles, mais illustres par leur noblesse, par leurs emplois et par leur sainteté; 4° sanctifié dès le ventre de sa mère par Jésus-Christ même résidant en Marie; 5° avantagé dès lors de l'usage de raison; 6° né en état de grâce; d'où vient qu'après Jésus-Christ le Saint des saints, et Marie, on ne célèbre et on ne se réjouit que de cette seule nativité, qui d'ailleurs servit à illustrer celle de Jésus-Christ; 7° envoyé de Dieu pour une mission et une fonction très-éminente; 8° élevé dès son enfance dans les déserts, comme pour ne pas profaner ses yeux qui devront être consacrés par la vue du corps adorable de Jésus-Christ; figurer l'état où la Judée allait être réduite, et que la rémission des péchés ne s'obtiendrait plus par les sacrifices du temple; couvert d'un cilice; nourri de miel sauvage et de sauterelles, ou pour mieux dire, ne buvant ni ne mangeant, et menant une vie non d'un homme, mais d'un ange; 9° choisi pour précurseur du Messie dont il venait annoncer la venue, et être au Soleil de justice ce que l'aurore est au soleil visible, et au Verbe divin ce que la voix est à la pensée; 10° enfin, pour parler avec les Pères, il a été l'agrafe mystérieuse de l'ancienne et de la nouvelle loi en Jésus-Christ.

Quoi encore?
Il institua un baptême qui disposait à la réception du Messie qu'il venait manifester, et il prêcha à ce dessein la pénitence à un nombre infini de peuples qui venaient l'écouter, confesser leurs péchés et les laver dans leurs larmes et les eaux du Jourdain.

Que disait-il à ses auditeurs?

1° Qu'ils fissent pénitence, parce que le royaume des cieux approchait (*Matth.* IV, 17), nouveau langage et promesse inouïe à l'ancien peuple, à qui on ne parlait que de biens charnels et d'une terre découlant le lait et le miel; 2° qu'ils préparassent les voies du Seigneur (*Matth.* III, 3), et les fissent droites et unies, ainsi que l'on fait à l'arrivée d'un grand roi, redressant et rectifiant les affections tortueuses de leur cœur; 3° que les montagnes, ou les Juifs orgueilleux, seraient humiliées, et les vallées ou les gentils, vides de grâces, remplies (*Luc.* III, 5); 4° que la cognée était posée à la racine (*Ibid.*, 9), et que si la Synagogue ne produisait des fruits de salut, elle serait extirpée comme une souche stérile et jetée au feu; 5° qu'ils ne se glorifiassent pas de leur père Abraham, Dieu pouvant lui susciter des enfants selon la foi, des pierres mêmes qu'ils voyaient (*Ibid.*, 8), désignant par là les gentils pour durs, pesants, froids; 6° il prescrivit avec une admirable sagesse et autorité ce que chacun devait faire en son état et condition pour se sauver; 7° le monde ébloui de tant d'éclat, pensant qu'il pourrait bien être le Christ, le libérateur attendu de tous les Juifs, il le détrompa criant sans cesse qu'il y en avait un au milieu d'eux, et inconnu d'eux, qui devait à la vérité paraître après lui, mais qui était avant lui, qui le devançait autant par la dignité de sa personne que par l'éternité de son existence, et dont il n'était pas digne, prosterné à ses pieds, de délier la courroie des souliers, ou de les porter après lui (*Ibid.*, 16), c'est-à-dire d'expliquer le mystère de l'Incarnation, ou de l'union de la nature divine et de la nature humaine en Jésus-Christ, de lui rendre le plus vil service, tel que de garder ses vêtements quand il entrerait dans le Jourdain, loin qu'il osât présumer d'exercer sur lui son ministère; ainsi il ne se servit de l'estime qu'on avait de lui, qu'afin de rendre à Jésus-Christ un témoignage plus éclatant; 8° pour les affermir dans cette pensée, il les baptisait au nom de celui qui devait venir, c'est-à-dire, au nom du Christ qui allait paraître, afin qu'ils crussent en lui; 9° il ajoutait que Jésus-Christ les baptiserait, non avec de simple eau élémentaire comme lui, mais avec le Saint-Esprit qu'il leur donnerait, accompagné de ses dons divins dont ils seraient éclairés et échauffés; 10° que comme maître et père de famille, il séparerait le bon grain d'avec la paille, mettant dans son grenier céleste les cœurs humbles par le fléau des tribulations, féconds par les vertus, solides par leurs résistances aux tentations : et jetant aux flammes éternelles ceux qui, comme la paille, nourris et humectés de la même terre et rosée, et unis par le lien des mêmes sacrements, demeureraient stériles; 11° Dieu lui dit et lui révéla que celui sur qui il verrait descendre le Saint-Esprit en forme de colombe, était son Fils bien-aimé; 12° il le connut en effet à cette illustre marque, il s'abaissa devant lui, il déclara qu'il devait lui-même être baptisé par lui; enfin il lui obéit, il éleva la main sur la tête adorable du Sauveur, et il eut l'honneur de baptiser dans les eaux du Jourdain celui qui devait baptiser toute le monde, et en qui tout le monde devait être baptisé.

Pourquoi le refusa-t-il d'abord?

1° Par respect pour le Fils de Dieu. C'est à vous, lui-disait-il, à me baptiser, au Saint des saints à laver le pécheur; et vous venez à moi? Vous à moi; paroles qui respirent une souveraine estime et vénération: 2° par démission de soi-même en la présence de ce divin Sauveur; 3° par zèle pour Jésus-Christ de peur qu'on ne crût qu'il eût besoin de pénitence, ainsi que les autres; 4° il connaissait sa grandeur, mais il ne savait pas jusqu'où allait son humilité. Chose étrange! le mystère de l'humilité et de la croix du Sauveur fut plus impénétrable à saint Jean et à saint Pierre, que le mystère de sa divinité.

Pourquoi Notre-Seigneur l'y obligea-t-il?

Afin, 1° de donner cet excellent exemple d'humilité, se soumettant à un sacrement établi pour les pécheurs; 2° de purifier les eaux qui le purifiaient; 3° d'inviter les hommes au baptême qu'il devait instituer, et les accoutumer à l'imiter, rien n'étant plus doux à un malade que de voir son médecin prendre avec lui le remède et se conformer à lui; 4° de faire éclater le témoignage que le ciel rendrait de lui dans son baptême; 5° d'apprendre aux fidèles, par la descente du Saint-Esprit sur lui, quel hôte ils recevaient dans ce sacrement.

Continuez à rapporter la vie de ce grand saint?

A la célèbre députation des pontifes, des prêtres, scribes, docteurs, anciens, religieux, et de toute la nation juive, pour savoir qui il était: Etes-vous le Messie, lui dirent-ils, ou Elie, ou un prophète: loin de laisser éteindre sa lampe au vent de la vaine gloire, il répondit: qu'il n'était rien que le précurseur de Jésus-Christ dont il publia l'arrivée et les grandeurs, non en cachette ni avec timidité, ou obscurément, mais hautement, hardiment et clairement, afin qu'ils le rapportassent à ceux qui les avaient envoyés; que Jésus-Christ était le Fils unique résidant dans le sein du Père, où il voyait et entendait les vérités qu'il annoncerait de source; et dont seul il pouvait, non comme le reste des mortels qui n'avaient jamais vu Dieu, rendre un témoignage authentique que tout ce que les Juifs dans la suite des temps avaient reçu ou recevraient de grâce, n'était qu'un écoulement de sa plénitude; que la foi qui instruisait, promettait, préparait, et contenait dans le devoir, avait été donnée par le ministère de Moïse, pour disposer les hommes à la venue et à la réception du Messie si promis, si désiré, si attendu: mais que la grâce dont la Loi était vide, qui efface le péché, qui rend l'homme juste, le réconcilie à Dieu, et procure vie éternelle: et la vérité, figurée et promise par les cérémonies anciennes, et les récompenses temporelles, étaient les ouvrages, et les présents qu'apportait Jésus-Christ leur auteur; qu'il était venu cet Agneau de Dieu, lequel ôtait le péché du monde par son sacrifice; qu'il avait vu le Saint-Esprit, en forme de colombe, descendre sur lui et demeurer en lui; enfin que c'était pour le faire connaître et le manifester qu'il prêchait et baptisait. Ses disciples se plaignant qu'on les abandonnait pour aller à Jésus-Christ, il réprima leur jalousie, et leur dit: que l'homme ne pouvant s'acquitter d'aucun emploi avec bénédiction, sans une mission spéciale de Dieu, il ne devait s'ingérer à rien qu'à celui qui lui était commis d'en haut: qu'eux-mêmes lui avaient ouï sans cesse déclarer, qu'il n'était que le précurseur du Messie, et non le Messie même; que comme l'ami de cet Epoux céleste, il était ravi d'entendre ce divin Epoux s'entretenir avec son épouse l'Eglise, qu'il assemblait auprès de lui, et que cette nouvelle le remplissait de joie, me tait le comble à ses désirs; qu'il était juste que Jésus-Christ crût en réputation, en gloire, en autorité, et qu'il attirât à lui toute la terre par la grandeur de ses miracles, et par l'éclat de sa sainteté; que quant à lui il fallait qu'il diminuât, et qu'il s'éclipsât devant ce Soleil de justice; qu'un homme tel que lui venant de la terre ne pouvait être que terrestre, d'où il ne fallait pas s'étonner si ses discours et sa doctrine se sentaient de la bassesse de son extraction, et du limon dont il était formé, auquel ses grâces mêmes et ses dons étaient proportionnés; mais que Jésus-Christ venant d'en haut, était au-dessus de tout; que, descendant du ciel, il tenait un langage céleste, et qu'il parlait de ce qu'il avait vu et entendu; qu'il n'avait rien reçu de son Père par mesure, et qu'il possédait en plénitude tous les trésors; que le Père aimait le Fils d'un amour immense, qu'il lui avait mis tout entre les mains, l'établissant maître souverain, et dépositaire absolu de son pouvoir; que celui qui croyait en ce Fils bien-aimé, avait déjà la vie éternelle, et que la colère et la malédiction de Dieu tomberaient sur ceux qui lui seraient incrédules.

Que découvrez-vous dans ces discours?

1° Une connaissance distincte des plus hauts mystères jusqu'alors presque inconnus: de la Trinité, ou des trois personnes divines, de la venue du Messie, ou de la mission du Fils; de l'incarnation du Verbe; de la rédemption du monde; de la divinité de Jésus-Christ; de sa plénitude de grâce, de sa prééminence au-dessus de Moïse; de la descente du Saint-Esprit; de la formation de l'Eglise, de la vocation des gentils, de la réprobation et de la ruine des Juifs; de la différence de l'ancienne loi d'avec la nouvelle; de la justification des pécheurs; de l'efficace des sacrements; du jugement dernier, ou du retour de Jésus-Christ; de la gloire des bons; de la punition des méchants; de l'éternité des récompenses et des peines. 2° Des exemples admirables de vertu; de foi sur les grandeurs et la divinité de Jésus-Christ, dont il ne voyait qu'un extérieur commun, et qui n'avait pas publiquement encore fait de miracles ; d'amour, d'estime, de respect et de religion pour ce divin Sauveur; d'humilité et d'abjection de soi-même, ne se qualifiant qu'une voix et qu'un néant ; de détachement de pureté d'intention, de zèle, de pénitence, de mortification, d'austérité, de retraite, de chasteté, etc.

Achevez de nous dire le reste ?
1° Il reprit le roi Hérode de son inceste, de son adultère et de ses scandales, et lui dit hardiment : *Il ne vous est pas permis.*(Matth. XIV, 4.) 2° Ce prince impie n'osa d'abord le faire mourir, comme le souhaitait la malheureuse complice de ses désordres, craignant le peuple, qui regardait saint Jean comme un prophète, et sachant qu'il était un homme juste et saint: il le fit néanmoins arrêter, mais il le voyait souvent, et s'entretenait avec lui volontiers, faisant beaucoup de choses sur ses remontrances, et redoutant son zèle. 3° Saint Jean, ainsi dans les fers, entendit le bruit des merveilles qu'opérait Jésus-Christ, et l'éclat qu'il faisait dans le monde : à ces nouvelles il tressaillit de joie encore une fois dans cette seconde prison : et pour confirmer de nouveau le témoignage qu'il avait rendu de lui et de la foi des peuples, il lui députa solennellement deux de ses disciples, qui vinrent lui dire de sa part, devant une infinité de monde : Jean-Baptiste nous a envoyés vers vous pour vous dire ceci : *N'est-ce pas vous qui devez venir? ou est-ce que nous en attendons encore un autre ?* (Luc. VII, 19.) A quoi le Sauveur, qui, dans ce moment, fit devant eux un très-grand nombre de miracles, répondit : *Allez, et dites à Jean les choses dont vous avez été les témoins oculaires: les aveugles voient, les sourds entendent, les boiteux vont droit, les lépreux, sont nettoyés et les possédés délivrés, les morts ressuscitent et les pauvres sont évangélisés.* (Ibid., 22.) 4° Hérode ayant fait un festin le jour de sa naissance aux principaux seigneurs de sa cour, la fille d'Hérodias entrant au milieu du repas dans la salle du banquet, dansa devant les conviés avec tant d'agrément, que ce roi transporté de joie, promit avec serment de lui accorder tout ce qu'elle lui demanderait, même la moitié de ses Etats ; elle s'en fut aussitôt trouver sa mère, qui lui suggéra de demander sur-le-champ la tête de Jean-Baptiste. Elle le fit devant toute la compagnie avec tant d'empressement, que ce prince, quoique à contre-cœur, et pour ne pas la contrister en présence de tant de gens, envoya décapiter saint Jean, de qui on apporta la tête dans un bassin, que cette fille prit, et porta aussitôt à sa mère : genre de mort qu'il avait, selon saint Augustin, présagé, lorsqu'il dit, qu'il diminuerait, et que Jésus-Christ croîtrait, comme il fit à la croix ; ce Père observant même que l'on célèbre la naissance du Sauveur lorsque les jours croissent, et celle de son précurseur lorsqu'ils diminuent. 5° Ainsi comme ce grand martyr de la pénitence, de la chasteté et de la vérité, qui mérita, comme observe saint Jérome, d'être loué de la bouche du juste Juge, avant même le jour du jugement, qui s'en est déclaré par avance, et qui dit de lui, qu'il était une lampe ardente et lumineuse, un prophète et plus que prophète, un ange, et qu'aucun d'entre les enfants des hommes n'avait été plus grand que lui ; il alla aux limbes être encore de nouveau le précurseur de Jésus-Christ, disent les saints, et annoncer sa prochaine venue aux morts, comme il avait fait aux vivants. 7° L'Eglise lui a toujours porté tant de respect et de vénération, qu'elle le place dans le ciel après la sainte Vierge, et qu'autrefois on célébrait trois Messes au jour de sa fête, ainsi qu'à Noël.

Que devons-nous admirer dans ce saint ?
1° Les merveilles de sa naissance ; 2° la grandeur de son ministère ; 3° l'éminence de ses vertus ; 4° l'innocence de sa vie ; 5° la rigueur de sa pénitence ; 6° la profondeur de son humilité ; 7° l'ardeur de son amour.

Que devons-nous imiter?
1° Son esprit de retraite et de pénitence, qui l'a fait regarder comme le père et le modèle de tous ces célèbres anachorètes, qui dans la suite des siècles ont peuplé les déserts et orné l'Eglise ; 2° son humilité ; 3° son zèle ; 4° son amour pour Jésus-Christ ; 5° son courage à reprendre avec modestie, mais avec intrépidité, les pécheurs quelque rang qu'ils tiennent ; 6° la pureté perpétuelle qui est en lui un écoulement de la grâce répandue en son âme, lors de sa sanctification par le ministère et la présence de la très-sainte Vierge ; 7° son amour pour la perfection, étant venu préparer au Seigneur un peuple parfait.

Pourquoi des feux aujourd'hui?
En signe d'allégresse et de joie pour la naissance de ce grand saint, conformément à la prédiction de saint Gabriel.

Comment devrait-on s'y comporter?
Avec modestie et religion, chacun dans sa paroisse, où le clergé et le peuple, en procession et au chant des hymnes et cantiques, devraient s'assembler et l'allumer, empêchant les irrévérences qui s'y peuvent commettre, de peur que cette pieuse cérémonie ne dégénère en un divertissement profane.

Ce feu a-t-il quelque vertu singulière?
Non, il n'a rien de différent des autres feux de joie, que la fin et le motif religieux qu'on se propose en l'allumant.

Que dites-vous de ceux qui ce jour-là se lèvent de grand matin, choisissent des herbes, s'en entourent le chapeau ou le corps, font un certain nombre de tours aux environs, récitent un nombre déterminé de Pater ou d'Avé, gardent quelques charbons ou tisons, comme s'ils avaient quelque vertu contre le tonnerre?
Que ce sont des superstitions très-blâmables, dont il faut désabuser le peuple au prône du dimanche précédent, et auxquelles le zèle des ecclésiastiques doit s'opposer.

DE LA FÊTE DE SAINT PIERRE ET SAINT PAUL.

(29 juin.)

Pourquoi ces deux fêtes en un seul jour?

Ces deux grands saints ont plusieurs avantages communs, 1° ils sont tous deux apôtres de Jésus-Christ, l'un principalement des Juifs et l'autre des gentils ; 2° ils ont été martyrisés en une même ville et en un même jour ; 3°, leurs sacrées reliques reposent dans une même église et en un même sépulcre ; 4° ils ont éclairé l'Eglise d'une manière éminente, d'où vient qu'ils sont nommés par les Pères les deux yeux du corps mystique du Fils de Dieu, et que l'Eglise, dans ses prières, ne les sépare presque jamais ; 5° le concours des peuples et les indulgences à leur tombeau ont été les mêmes ; 6° nous devons en leur fête remercier Dieu de nous avoir appelés à l'Eglise catholique et apostolique, lui demander la grâce de vivre et de mourir dans cette même Eglise et prier pour elle ; 7° et nous unir en esprit à cette foule de martyrs qui honorèrent à l'envi le sacrifice de ces deux grands apôtres, répandant à leur imitation leur sang pour la foi, et rendant célèbre la première persécution de l'Eglise, qui dura près de quatre ans.

Saint Pierre.

Dites-nous quelque chose de ce grand saint?

1° Il était Juif de nation, natif de Bethsaïde, en Galilée, pêcheur de profession, disciple et apôtre de Jésus-Christ ; 2° qui, dès qu'il le vit, changea son nom de Simon, fils de Jonas, en celui de *Pierre*, présage de ce qu'il serait dans l'Eglise ; 3° et qui monta dans sa barque, où s'étant assis un peu éloigné de terre, il prêcha de là les peuples assemblés sur le bord, Jésus-Christ ne se trouvant, n'enseignant et ne pêchant les âmes que dans la seule nacelle de saint Pierre, disent les Pères ; car, 4° lui ayant ordonné de jeter ses filets dans la mer, quoiqu'il l'eût fait inutilement toute la nuit, il prit une si grande multitude de poissons, que se prosternant aux pieds du Fils de Dieu, il lui dit ces humbles et religieuses paroles : *Seigneur, retirez-vous de moi, parce que je suis un homme pécheur*. (Luc. v, 8.) A quoi le Seigneur répondit : Ne craignez point, désormais vous prendrez des hommes. (Marc. 1, 17.)

Que figurait cette nacelle?

L'Eglise de ce monde, sujette à être agitée par les persécutions, hérésies, schismes, disputes, etc., qui ne saurait néanmoins faire naufrage portant Jésus-Christ, où toujours on prêchera la vérité et on pêchera des âmes, et qui enfin sous un tel pilote, qui paraît assis, marque d'un état permanent, s'avance en haute mer, et arrive au port de la bienheureuse éternité, chargée d'une multitude infinie de captifs rachetés et délivrés.

Continuez la vie de ce grand saint.

5° Le Sauveur l'ayant appelé à l'apostolat, il quitta tout et pour toujours, parents, amis, biens, plaisirs, etc., pour suivre inséparablement son Maître, qui le baptisa seul de tous ses apôtres, selon une ancienne tradition bien autorisée ; 6° il eut le bonheur de le recevoir, et de lui donner à manger dans sa pauvre maison, où, à sa prière, il guérit sur-le-champ sa belle-mère d'une grosse fièvre, et le soir un nombre infini de malades et de possédés qui accoururent à cette fortunée demeure ; 7° il le choisit pour être témoin de la résurrection de la fille de Jaïrus, prince de la Synagogue, de sa transfiguration, et de son agonie au jardin des Olives, et pour préparer le cénacle lors de la Cène, c'est-à-dire la veille de sa Passion ; 8° les évangélistes qui varient dans l'ordre et le rang des apôtres, sont constants à mettre toujours saint Pierre le premier, et à la tête du sacré collège apostolique ; 9° il marcha sur la mer sans enfoncer, et la frayeur diminuant sa foi, augmenta sa confiance en Jésus-Christ, qui, étendant sa main, le retira du péril ; 10° les Juifs charnels, rebutés de la doctrine céleste de son divin Maître, surtout au sujet de l'Eucharistie, et se retirant de lui avec plusieurs disciples qui l'abandonnèrent, le Sauveur demanda à ses apôtres, est-ce que vous autres voulez aussi vous en aller? Mais saint Pierre, au nom de tous, lui fit cette belle réponse : *Seigneur à qui irions-nous? vous avez les paroles de la vie éternelle* (Joan. vi, 69), devenant ainsi le premier confesseur de Jésus-Christ dans l'Eucharistie, comme il le fut de la divinité en Jésus-Christ ; car, 11° Jésus-Christ ayant demandé à ses apôtres quel ils le croyaient? saint Pierre répondit encore pour les autres, et fit le premier cette authentique profession de la divinité du Sauveur : *Vous êtes le Christ, le Fils du Dieu vivant*. A quoi Notre-Seigneur répliqua, que saint Pierre était bien heureux d'avoir reçu cette révélation de son Père céleste. Et il ajouta : *Vous êtes Pierre et sur cette pierre je bâtirai mon Eglise contre laquelle les portes de l'enfer ne prévaudront pas, et je vous donnerai les clefs du royaume des cieux, et tout ce que vous lierez ou délierez sur la terre, sera lié ou délié dans le ciel*. (Matth. xvi, 18.) Or, comme ce que crut saint Pierre en Jésus-Christ dure éternellement, ce que Jésus-Christ établit dans saint Pierre subsiste toujours, dit saint Léon. Que si Jésus-Christ a fait quelques promesses à l'Eglise universelle, en la personne de saint Pierre, et la considérant en lui, quel avantage, quel honneur pour cet apôtre d'avoir seul représenté toute l'Eglise, dit saint Augustin ! 12° Le Sauveur n'ayant pas d'argent pour payer un certain droit, il envoya saint Pierre pêcher, afin que d'une pièce d'argent qu'il trouva dans la bouche du poisson qu'il prit, il payât pour eux deux. Quelle glorieuse association pour cet apôtre, toujours, dans la réception des grâces, ou seul, ou premier!! dit saint Ambroise.

Que signifiait ce poisson blessé, pris à la

ligne et non renfermé dans un rets (85), et ce prix donné pour le maître et pour le disciple ?

Jésus-Christ qui, quoique libre et Fils unique du Père, a bien voulu payer le tribut de la mort auquel l'homme esclave était sujet; mais dans la bouche ensanglantée duquel nous avons trouvé le prix de notre rançon, ce divin Sauveur ayant mérité par ses plaies, et à son humanité la gloire, et au genre humain (représenté par saint Pierre, chef de son Eglise) la liberté des enfants de Dieu, la résurrection et la lumière de vie. Saint Ambroise observe que Notre-Seigneur n'ordonna ce genre de pêche qu'à un seul apôtre, comme voulant montrer que si la figure de poisson (déjà pris par le ministère de saint Pierre lors de sa vocation) lui était commune avec les fidèles, dont, par une bonté incompréhensible, il se qualifie le frère aîné, et le premier-né d'entre les morts; la manière dont il a été pris lui est singulière. Aussi les premiers Chrétiens comparaient-ils ordinairement un fidèle régénéré par les eaux du baptême, à un poisson pris dans le filet des apôtres, et le Sauveur, embrasé d'amour sur la croix, à cet autre poisson mis sur le feu après la résurrection. Jésus-Christ étant lui-même le pêcheur et le poisson, le pasteur et la brebis.

Continuez à nous dire quelque chose de ce saint ?

1° Ayant dit au Sauveur: *Voici que nous avons quitté toutes choses, et que nous vous avons suivi* (Matth. XIX, 27), il reçut cette magnifique promesse, qu'il s'asseoirait au jour du jugement sur un trône de gloire avec les autres apôtres, pour juger tous les hommes; 2° Jésus-Christ lui révéla en particulier et à trois apôtres choisis, les signes et la destruction de Jérusalem, de son dernier avénement, et de la fin du monde; 3° sa foi, son amour, son respect et son humilité profonde parurent lorsque Jésus-Christ, abaissé devant lui, voulut laver les pieds de ses apôtres, et commencer par lui le premier; 4° il témoigna son zèle, lorsqu'il protesta qu'il était prêt de mourir pour Jésus-Christ, d'aller en prison et de tout souffrir plutôt que de l'abandonner; l'infirmité même promettait de la force : mais dans l'infirmité de notre chef, déplorons la nôtre figurée par la sienne, puisque tantôt faible et tantôt fort, il fut la figure de l'Eglise, composée de forts et de faibles, dit saint Augustin; 5° Jésus-Christ l'avertissant que le démon avait demandé permission de tenter les disciples, l'assura qu'il avait prié pour lui, afin que sa foi ne manquât jamais, et il l'exhorta de confirmer ses frères; 6° il marqua son extrême regret de l'avoir renié, par les larmes amères qu'il versa le reste de ses jours, et qui furent si abondantes qu'elles lui cavèrent les joues; 7° il entra le premier dans le sépulcre, pour voir le corps de son Seigneur en avait été enlevé; 8° Jésus-Christ lui apparut en particulier le propre jour de sa résurrection, de laquelle les anges le firent avertir par ces pieuses femmes qui accompagnaient sainte Madeleine; 9° étant en bateau, et entendant que Jésus était au bord, il se jeta dans la mer pour aller plus vite à lui, s'oubliant de la multitude de poissons qu'il venait de prendre, et du péril où il se mettait, mais non du respect dû à son Maître, car il se revêtit d'un habit de dessus dont il s'était dépouillé pour pêcher, puis il remonta dans sa barque, et traîna au bord son rets miraculeusement rempli.

Quelle différence entre la première pêche et cette dernière?

L'une se fit lors de la vie voyagère du Sauveur, l'autre après sa résurrection. La première figurait l'agrégation des fidèles à l'Eglise de ce monde, par le ministère de saint Pierre, et la seconde la collection des élus que ce même apôtre amènera à Jésus-Christ au dernier jour. Aussi cette dernière pêche se fait-elle, 1° par sept disciples, nombre figurant le temps écoulé de cette vie, et le matin au lever du soleil, après les ténèbres et les périls de la nuit obscure de ce monde; 2° près du bord ou rivage, c'est-à-dire à la fin de l'univers; 3° Jésus-Christ y paraît, non sur la mer dans une nacelle flottante, mais sur la terre ferme d'une perpétuelle stabilité; 4° le nombre de cent cinquante-trois poissons que saint Pierre prit, et qui n'a rapport à rien de déterminé, qu'à l'universalité de toutes les espèces d'animaux, dit saint Jérôme, marque l'universalité des saints de toute nation et condition, dont la Jérusalem céleste sera composée, et que ce pêcheur apostolique amènera dans son rets au Fils de Dieu; 5° par leur nombre et quantité le rets n'est point rompu, ni la barque en danger, ainsi que dans la première pêche, qui figurait l'Eglise militante, que les hérétiques et schismatiques déchirent, et que les méchants poissons surchargent; 6° là c'était deux nacelles, la Synagogue et l'Eglise, Lia et Rachel, dit saint Augustin, ici une seule, tout est réuni; 7° là on pêche de tous côtés, on prend tout, grands et petits, bons et mauvais et on les met dans des barques; ici on ne pêche qu'à droit seulement, on ne prend grands poissons, et on les conduit au port assuré; 8° l'une et l'autre pêche se fait sur la même mer, les saints qui peupleront l'Eglise du ciel étant les mêmes que ceux de l'Eglise de la terre; 9° là Jésus-Christ, au commencement de ses prédications, va manger dans la maison de saint Pierre; ici, Jésus Christ ayant consommé sa mission, fait un repas à ses apôtres et les invite à sa table. En effet, les apôtres descendus à terre, trouvèrent un poisson sur le feu, et du pain, et le Sauveur leur ayant dit d'apporter leur pêche, saint Pierre monta dans le vaisseau et tira à bord le rets, après quoi Notre-Seigneur les invita à manger : Venez et dînez, leur dit-il. Ils se mirent donc à table avec lui, et il leur distribua le pain et le poisson.

---

(85) On sait que le mot *rets*, signifie un filet.

Quel fut leur entretien après ce repas?

Jésus-Christ, en présence des autres apôtres, appelant saint Pierre par son nom propre et distinctif, Simon fils de Jonas, lui demanda s'il l'aimait plus que les autres ne l'aimaient (sans doute pour faire observer que ce qu'il allait lui donner, lui serait personnel, et qu'à son plus grand amour il commettait un plus grand soin), paroles efficaces, qui produisirent ce qu'elles signifiaient, et qui accrurent ce qu'elles avaient déjà produit, comme il parut par la réponse de ce saint apôtre qui, tout attendri d'amour, répondit : *Seigneur, vous savez que je vous aime.* (Joan. XXI, 15.) Devenu humble par sa chute, et ayant expérimenté que Jésus-Christ l'avait connu lorsqu'il ne se connaissait pas lui-même, dit saint Augustin, il n'osa plus assurer qu'il avait ce qu'il sentait avoir, et il aima moins s'en rapporter à ce que lui disait son cœur, qu'au jugement de celui auquel il l'exposait; à quoi le souverain Pasteur ajouta, comme donnant à son plus grand amour une plus grande charge: *Paissez, mes brebis* (*Ibid.*, 17), ce qu'il répéta jusqu'à trois fois, afin, 1° de lui faire réparer ses trois reniements par trois actes contraires; 2° d'inculquer la grandeur de cet emploi pastoral; 3° et combien il l'avait à cœur; 4° et qu'il le confiait par une délibération bien prise et préméditée, et en vertu d'un choix fixe et arrêté; 5° qu'il le chargeait du soin des trois ordres de son Eglise, des laïques, des curés et autres ministres ayant charge d'âmes, des évêques, et grandes dignités et Eglises spirituellement fécondes; 6° *Paissez mes brebis*, et ne vous repaissez pas de mes brebis, dont vous êtes le dépositaire et le gardien, et non le seigneur ou le propriétaire; 7° lui disant : *Paissez mes brebis*, indistinctement, il les lui confia toutes, en sorte que pour sortir de sa juridiction, il faut sortir du monde, dit saint Bernard; 8° *Paissez*, c'est-à-dire enseignez, réglez, gouvernez par la doctrine, la discipline, les lois; nourrissez, guérissez, soignez, défendez, présidez, conduisez par la parole, les sacrements, les répréhensions, les censures, l'autorité, l'exemple.

Qu'ajouta Jésus-Christ à l'honneur d'un si grand emploi?

La promesse d'un glorieux martyre qui couronnerait enfin ses travaux, et ornerait sa vieillesse, que l'homme charnel désire tant de passer dans le repos : *Quand vous étiez jeune*, lui dit-il, *vous alliez où vous vouliez, mais quand vous serez vieux, loin d'expirer mollement dans un lit, vous étendrez vos bras, et un autre vous ceindra, et vous mènera où vous ne voudriez pas aller* (Joan. XXI, 18); marquant par là qu'il serait attaché à la croix, qu'il donnerait sa vie pour la foi, et qu'il honorerait Dieu en s'immolant par cette espèce de supplice. En effet, saint Pierre, au rapport de saint Ambroise, arrêté sous Néron, et pressé par les instantes prières des Chrétiens, de se réserver pour le bien de l'Eglise, s'évada de la prison; mais, prêt de sortir de Rome, Jésus-Christ lui apparut y rentrant. Ce disciple fidèle s'arrêta, et lui dit : « Seigneur, où allez-vous? — A Rome, » lui répliqua le Sauveur, « être encore une fois crucifié. » Saint Pierre comprit d'abord cette énigme, et revint sur-le-champ se remettre dans les fers, disant aux fidèles surpris de son retour ce qui lui était arrivé, et instruisant sans y penser tous les siècles à venir de l'amour que son Maître avait pour lui, puisqu'il regardait le crucifiement de son disciple, en qui il disait aller être encore une fois crucifié, comme un nouveau supplice pour lui.

Continuez à nous rapporter le reste.

Après la réception du Saint-Esprit, il fut le premier qui porta la parole de vie devant les princes des prêtres et les peuples de Judée, qu'il convertit en foule à la foi; et la même bouche qui trois fois avait renié Jésus-Christ, dès la première fois qu'elle s'ouvrit, fit confesser Jésus-Christ à trois mille personnes qui formèrent le premier peuple chrétien, dont le premier sentiment fut la componction de cœur; 9° il fit un si prodigieux nombre de miracles, que la seule ombre de son corps, privilège à lui seul accordé, guérissait les malades; 10° il prêcha le premier l'Evangile aux nations infidèles, en la personne du centurion Corneille, ensuite d'une vision merveilleuse que Dieu lui donna, et les convertit à la foi.

Achevez de nous rapporter la vie de ce grand saint.

1° Il parla et décida le premier au concile des apôtres en Jérusalem, comme il l'avait fait pour l'élection de saint Mathias; 2° Dieu lui envoya un ange pour rompre ses chaînes, et le délivrer de la prison d'Hérode; 3° ses travaux et ses souffrances pour la foi furent immenses, et il souffrit humblement la correction publique de saint Paul son inférieur, et qui avait persécuté l'Eglise de Dieu, se montrant plus grand par sa patience, que saint Paul par son zèle, ainsi que les saints observent : celui qui fut repris parut plus admirable que celui qui reprenait, et plus difficile à imiter, et son silence fut une leçon plus instructive. Il nous apprit à conserver la vérité et la charité par l'humilité, vertu que toute l'Eglise respecte et révère en lui dans cette occasion où il s'oublia de tout ce qu'il avait de dignité, pour ne pas perdre le moindre degré d'humilité; il voulut même depuis ce temps-là louer les Epîtres de saint Paul, comme pleines de sagesse, quoiqu'on y lût sa répréhension. Telles sont les réflexions des saints Pères; 4° il établit son siège pontifical premièrement à Antioche, puis à Rome, d'où il envoya saint Marc à Alexandrie, trois sièges patriarcaux, tirant leur dignité de celui qui les a remplis par lui-même ou par ceux qu'il a mis en sa place; 5° il eut à combattre le plus redoutable adversaire de l'Evangile, Simon le Magicien, dont il triompha; 6° il envoya un grand nombre d'évêques prêcher la foi par toute la terre; 7° il écrivit deux excellentes Epîtres pleines de toute la majesté de l'esprit apostolique; 8° il a toujours été reconnu pour le père commun de tous les fidèles, le prince des apôtres, le chef de l'Eglise et le vicaire de Jésus-Christ en terre, ainsi que ses successeurs dans le Siége apostolique; 9° Jésus-Christ lui apparut et lui révéla que la fin de sa vie était proche, et qu'il devait être martyrisé à Rome; il s'y en alla, et après y avoir établi un temple stable et fidèle; 10° il fut emprisonné par ordre de Néron, le premier persécuteur du nom chrétien, puis flagellé et attaché à la croix, ainsi que son bon et cher Maître lo lui avait prédit; 11° il demanda par respect pour lui, d'être crucifié la tête en bas, se jugeant indigne de mourir en la même posture, et ne voulant pas qu'on crût qu'il affectait le même honneur; 12° enfin ses reliques, ses cendres, ses chaînes, son tombeau, ont été de tout temps l'objet de la vénération de tout le monde chrétien, tant la parole du Sauveur, qui l'appela bienheureux (*Matth.* xvi, 17) dès cette vie, s'est vérifiée.

Quels sentiments doit-on prendre aujourd'hui?

1° De respect, d'amour, et de vénération pour ce grand saint; 2° de soumission et d'union à lui, à sa foi, à sa chaire pontificale, et à celui qui la remplit; 3° de dépendance et de confiance en son intercession; 4° d'estime pour l'Eglise romaine, consacrée par le sang de saint Pierre et de saint Paul.

Saint Paul.

Dites-nous quelque chose de ce saint?

Il était, 1° Hébreu d'origine, de la tribu de Benjamin, natif de Tarse en Cilicie, citoyen romain, élevé en Jérusalem et instruit aux pieds du docteur Gamaliel en la Loi de Moïse, dont il fut très-ardent observateur et défenseur, et pharisien de profession; 2° il assista au martyre de saint Etienne son cousin, gardant les manteaux de ceux qui le lapidaient, consentant à sa mort, et persécutant cruellement l'Eglise de Jésus-Christ par le mouvement d'un faux zèle; 3° allant à Damas pour les exterminer, s'il eût pu, une lumière céleste l'environne, il est renversé par terre, et il entend ces paroles: *Saul, Saul, pourquoi me persécutes-tu?* (*Act.* ix, 4.) Qui êtes-vous, répliqua-t-il, Seigneur? Je suis Jésus que tu persécutes, lui répondit le Fils de Dieu. Seigneur, ajouta-t-il, que vous plaît-il que je fasse? Entre en Damas, et on te dira ce que tu as à faire, poursuivit cette voix céleste. Pour lors il se releva et se trouva aveugle; mais, conduit par ceux qui l'accompagnaient, il entra dans la ville, et demeura trois jours et trois nuits sans boire ni manger; 4° Ananias qui gouvernait les fidèles en Damas, averti de Dieu, l'étant venu trouver, l'instruisit, le baptisa, lui rendit la vue, et lui apprit combien il aurait à souffrir pour Jésus-Christ, le nom duquel il porterait devant les Juifs, les gentils, les peuples et les rois, et duquel il serait un vase d'élection; 5° saint Paul devenu Chrétien, se retira en Arabie, revint à Damas, et au bout de trois ans il vint à Jérusalem visiter et conférer avec les apôtres, et particulièrement avec saint Pierre, chez qui il logea et demeura quinze jours, afin de le considérer à loisir, d'étudier sa conduite, et se former sur un si excellent modèle de toutes les vertus évangéliques. Il continua à prêcher l'Evangile aux Juifs qu'il confondait avec force, et aux nations infidèles qu'il convertit à la foi, et notamment le proconsul Paul Sergius, dont on croit qu'il prit le nom pour celui de Saul, qu'il avait porté jusqu'alors, par un nombre infini de prodiges, par un zèle infatigable, par une éloquence divine, et par des travaux immenses, et par l'exemple d'une vie angélique. Il parcourut en peu de temps toute la terre habitable, détruisant l'idolâtrie, établissant le règne de Dieu, portant le nom de Jésus-Christ devant Néron, et remplissant le prétoire du bruit de sa gloire. Il lui fallut renverser l'avarice des prêtres de la Loi, l'orgueil des pharisiens, l'envie des docteurs, la superstition des peuples, l'autorité des magistrats, l'artifice des faux frères, la cruauté des tyrans, etc.; 6° il fut ravi au troisième ciel, où il vit des secrets qu'il n'est pas loisible à un mortel de manifester sur la terre; 7° toute sa vie n'est qu'un tissu de souffrances, de persécutions, de prisons, de fouets, de martyres, etc.; 8° Dieu, au milieu de tant de merveilles, lui laissa une tentation humiliante, pour servir de contre-poids à ses vertus; 9° il remporta le nom d'apôtre par excellence, tant à cause de ses travaux apostoliques, qu'à cause qu'il s'est appliqué tout entier à la conversion des gentils, et qu'il a plus écrit que tous les autres apôtres. Dieu l'ayant ordonné ainsi, disent les saints, afin d'affermir davantage notre foi par le témoignage de celui qui en avait été le persécuteur; 10° enfin il termina une vie éclatante par un martyre encore plus glorieux, ayant été décapité pour Jésus-Christ, le même jour que saint Pierre fut crucifié.

Quel sentiment doit-on avoir au sujet de ce grand saint?

1° D'admiration; 2° de vénération; 3° de confusion; 4° d'imitation; 5° de remerciment; 6° d'amour pour ses Epîtres et pour ses actions.

DE LA FÊTE DE LA VISITATION.

(2 juillet.)

Pourquoi l'Eglise a-t-elle institué cette fête?

En l'honneur de l'humble et charitable visite que Marie, pour lors enceinte de Jésus, rendit à sa cousine Elisabeth, enceinte de saint Jean-Baptiste, et des grands mystères qui s'opérèrent dans cette entrevue.

Que nous en dit le texte sacré?

Qu'en ces jours-là, c'est-à-dire peu de temps après l'Annonciation (auquel aussi célébrerait-on cette fête sans les solennités qui l'occupent), Marie, partant de sa maison, traversa en diligence les montagnes, et se rendit en une ville de Judée, où elle entra dans la maison de Zacharie, et salua Elisabeth; celle-ci, à ce salut, fut remplie du Saint-Esprit; l'enfant qu'elle portait tressaillit dans son ventre, et, transportée d'un mouvement divin, elle se mit à exalter les mérites de Marie et les bénédictions qu'elle recevrait du genre humain.

Que remarquez vous dans cette visite?

1° L'humilité de celle, qui étant la reine du ciel et de la terre, et la Mère de Dieu même, ne dédaigna pas d'aller la première visiter, saluer, et servir une personne infiniment au-dessous d'elle, sa nouvelle et suprême dignité n'ayant qu'augmenté son humilité et le désir de se conformer au Verbe humilié, car telle est l'impression des vrais dons de Dieu; 2° sa promptitude et sa ferveur, nonobstant la distance des lieux, qui n'était guère moins que de trois journées, et l'âpreté des montagnes qu'il lui fallut traverser, ce qui nous apprend à répondre courageusement et sans délai aux inspirations divines, quelque obstacle qu'y trouve notre malheureuse paresse et lâcheté; 3° sa modestie, compagne inséparable de la virginité, et sa pudeur, car l'Ecriture dit bien qu'elle entra chez Zacharie, mais elle ne fait mention que du salut qu'elle rendit à Elisabeth; 4° l'obligation que les personnes du sexe ont de se tenir assidues à la maison, et de ne paraître que rarement et comme en passant en public, mortifiant ainsi le désir qui leur est si naturel de voir et d'être vues; 5° le bon usage qu'on doit faire, et des voyages, ne s'arrêtant point dans les lieux inutiles et dangereux, et ne se laissant pas aller à la curiosité et à la dissipation, à quoi on est si enclin et si sujet; et des visites, dont on doit bannir toute perte de temps, tous vains discours, toute médisance, tout désir de plaire et d'être aimé : au contraire les faisant dans la vue de son propre salut et de celui du prochain, y mêlant quelque chose d'édifiant, et, en un mot, y portant, ainsi que la sainte Vierge, Jésus-Christ avec soi.

Pourquoi la sainte Vierge entreprit-elle celle-ci ?

1° Par une secrète et puissante inspiration de son Fils, qui voulait qu'elle lui servît d'organe pour la sanctification de son précurseur et pour combler de bénédictions, ainsi qu'une autre arche d'alliance, la maison de Zacharie et d'Elisabeth ; 2° pour féliciter sa cousine de ce que Dieu, par une conception miraculeuse, l'avait délivrée dans sa vieillesse, et avec des circonstances admirables, de l'opprobre de la stérilité, selon que l'archange Gabriel venait de lui apprendre; 3° et lui confier les merveilles que le Tout-Puissant avait opérées en elle, et le trésor inestimable qu'elle portait dans son sein virginal.

D'où venait cette confiance ?

Outre l'alliance qui les unissait, on tient qu'Elisabeth étant épouse d'un des principaux pontifes, et pleine de zèle et de piété, avait inspection sur les filles qu'on élevait dans le temple, et qu'elle s'était donné un soin particulier de l'éducation de la sainte Vierge, pendant qu'elle demeurait dans ce saint lieu, où ces deux chères parentes avait contracté une tendre et cordiale amitié.

Quelles faveurs reçut sainte Elisabeth dans cette visite?

1° Elle fut remplie du Saint-Esprit: 2° elle connut le mystère de l'Incarnation et la divine maternité de Marie, modeste jusqu'à la cacher, et fut la première qui honora ces deux mystères; 3° elle sentit des impressions toutes extraordinaires de grâce; 4° elle pénétra, et le futur, disant à la sainte Vierge que ce que le Seigneur avait dit, s'accomplirait en elle; et le passé, qui lui était naturellement inconnu, l'assurant qu'elle était heureuse d'avoir cru; et le présent, qui ne lui était pas moins caché, la nommant la Mère de son Seigneur ; 5° transportée par un mouvement de l'Esprit-Saint, elle déclara à haute voix la gloire de Marie, lui disant : *Vous êtes bénie entre toutes les femmes, et béni est le fruit de votre ventre* (Luc. 1, 42); 6° saisie d'étonnement à la vue d'une visite si inespérée, elle s'humilia, et avouant sa bassesse et la grandeur de Marie, elle dit : *D'où me vient ce bonheur que la Mère de mon Seigneur vienne à moi* (Ibid., 43) : en quoi elle surmonta cet orgueil si naturel, qui nous fait voir avec peine au-dessus de nous ceux que nous avons regardés comme nos inférieurs ou nos égaux ; 7° éclairée sur le mystère de l'Incarnation, inconnu à tout autre qu'à la sainte Vierge, et sentant en elle l'opération du Verbe incarné, elle s'écria : *Sitôt que votre voix a frappé mes oreilles, l'enfant que je porte a tressailli dans mes entrailles* (Ibid., 44); 8° élevée par une vue prophétique, elle présagea le bonheur éternel de la Vierge et les merveilles qui s'accompliraient en elle, qu'elle attribua au mérite de sa foi, dont Zacharie avait manqué, et encore plus Eve, qui crut non aux menaces de Dieu, mais aux promesses du diable, ajoutant : *Que vous êtes heureuse d'avoir cru, parce que les choses qui vous ont été annoncées de la part du Seigneur s'accompliront.* (Ibid., 4.) Comme voulant dire : S'il faut attribuer à la foi des personnes les miracles qui s'opèrent en elles, ne sera-ce pas à la vôtre, ô Marie, que nous serons redevables de Jésus?

Quels priviléges reçut saint Jean-Baptiste dans cette visite?

D'être : 1° purifié du péché originel, par l'organe de cette femme promise dès le commencement du monde, qui pour lors écrasa véritablement la tête du serpent ancien; 2° sanctifié par l'effusion d'une grâce abondante; 3° avantagé de l'usage de raison; 4° éclairé sur le mystère du Verbe incarné qui le visitait, et qui opéra si efficacement sur son âme et sur son corps, qu'il tressaillit de joie dans les entrailles de sa mère.

Quels furent les sentiments de la sainte Vierge au milieu de tant de mystères?

On ne le peut mieux apprendre que par la méditation du sacré cantique qu'elle entonna pour lors toute ravie en Dieu, et transportée d'inexplicables mouvements de joie, d'amour, de religion, de modestie et d'humilité ; cantique bien différent du chant lugubre d'Eve, et qu'on peut véritablement appeler la gloire des humbles et la confusion des superbes, et qui, d'ailleurs a fait mettre la sainte Vierge au nombre des prophétesses par les vues lumineuses dont elle fut pour lors illustrée, et qui percèrent l'obscurité de tous les siècles futurs, dit saint Ambroise.

En quoi parurent ces excellents sentiments ?

1° Elisabeth l'avait exaltée, et Marie ne magnifie que le Seigneur; 2° Elisabeth se réjouit de la visite et du salut qu'elle en avait reçu, et Marie ne trouve de joie qu'en Dieu son Sauveur; 3° Elisabeth l'avait félicitée de sa dignité de Mère de Dieu, et Marie ne prend aucune autre qualité que celle d'humble servante du Seigneur; 4° Elisabeth attribue à sa foi les merveilles qui s'étaient opérées et qui devaient s'opérer en elle, et Marie assure que tout son bonheur vient de ce que Dieu a daigné jeter les yeux sur sa petitesse; 5° Elisabeth lui donne de grandes louanges, et Marie sans y réfléchir ni s'y arrêter, se met à publier les grandeurs de Dieu, et s'étend sur les admirables effets de sa sagesse et de son pouvoir; 6° enfin ce divin cantique est le tableau fidèle de l'intérieur de la sainte Vierge.

A quoi le connaît-on ?

Si l'intérieur d'une personne paraît aux dispositions saintes et aux sentiments religieux qui l'animent, quel fut celui de Marie dans ce cantique ! Son âme rend à Dieu des devoirs, non pas communs, mais d'une magnificence incomparable : *Mon âme*, dit-elle, *magnifie le Seigneur*. Les mouvements de son esprit ne sont rien moins que des transports et des jubilations : *Et mon esprit*, ajoute-t-elle, *a tressailli des jubilations* en Dieu. (*Luc.* i, 46, 47.) Son cœur se répand en éloges des attributs de Dieu, dont il est une effusion sainte; elle loue sa toute-puissance, en ce qu'il a fait en elle de grandes choses; sa bonté, en ce qu'il a daigné jeter les yeux sur sa bassesse; sa miséricorde, en ce qu'il en répand les effets de génération en génération sur ceux qui le craignent; sa justice, en ce qu'il humilie les orgueilleux, et qu'il élève les humbles; sa providence, en ce qu'il pourvoit aux besoins des pauvres; sa fidélité, en ce qu'il accomplit les promesses faites à Abraham.

Que savons-nous encore de cette visite?

Que la sainte Vierge demeura trois mois chez sa cousine, après lesquels elle s'en retourna chez elle, sans attendre, comme il est très-croyable, la naissance de saint Jean. En effet, sa pudeur virginale, sa répugnance pour les assemblées, et sa grossesse qui devait être connue de saint Joseph plutôt que d'aucun autre, l'obligèrent à prévenir ce temps et à se retirer, ainsi que l'évangéliste semble le donner à entendre.

Que doit-on demander dans cette fête?

1° De la dévotion envers Jésus vivant et résidant en Marie; 2° être fidèle à correspondre aux visites que Dieu nous rend par les illustrations intérieures, par les afflictions, etc.; 3° recevoir dignement Jésus-Christ par la sainte communion; 4° exercer l'hospitalité en la personne des pauvres et des serviteurs de Dieu; 5° avoir un cœur plein d'estime, de respect et d'amour envers la sainte Vierge; 6° remercier Dieu de ce qu'il a institué un ordre religieux célèbre dans son Eglise, afin de faire honorer ce grand mystère d'un culte tout particulier, s'unir à tout le bien qui s'y fait, en demander la continuation, et prier la sainte Vierge d'y conserver l'esprit intérieur, la ferveur et l'amour de la vie cachée qui doit y régner, et être une imitation de la vie sainte que cette Reine des vierges mena dans le temple; 7° réciter avec attention, et méditer souvent cet admirable cantique du *Magnificat*, qu'on a vu par expérience être si redoutable au démon quand on le prononce sur la tête des énergumènes, et pour lequel l'Eglise a tant de vénération, qu'elle le récite tous les jours dans son Office, et qu'elle le chante solennellement, l'accompagnant de diverses cérémonies, de l'encens, du luminaire et de la musique.

DE LA FÊTE DE SAINTE MADELEINE.

(22 juillet.)

Dites-nous quelque chose de cette grande sainte?

1° C'était une dame de qualité, belle, jeune, noble, riche; mais si plongée dans le désordre, qu'on la nommait la pécheresse. 2° Le Lazare était son frère, et Marthe sa sœur. 3° Ils avaient outre un château nommé Magdalon, une maison en Béthanie, village distant d'une petite lieue de Jérusalem. 4° Jésus-Christ dînant chez un pharisien nommé Simon, qui avait aussi une maison en Béthanie, Madeleine touchée d'un vif sentiment de componction et de pénitence, vint se jeter aux pieds du Sauveur; elle les arrosa de larmes, les essuya de ses cheveux, et fut la première qui ne recourut à ce divin Médecin que pour en obtenir la guérison spirituelle. 5° Le pharisien pensa en soi-même que si Jésus-Christ était un prophète, il saurait quelle femme le touchait et ne le souffrirait pas : mais le Sauveur lui découvrit sa pensée, et lui dit que cette femme avait obtenu la rémission de ses péchés, à cause de son ardente charité. 6° Jésus-Christ chassa sept diables de cette femme, qui en était possédée, quoique apparemment cette possession ne parût pas. 7° Elle suivit Notre-Seigneur avec la sainte Vierge et d'autres femmes pieuses dans ses missions, l'assistant et ses apôtres de son bien. 8° Elle eut le bonheur de le recevoir souvent chez elle en Béthanie, où laissant à sœur Marthe le soin de repaître le Sauveur, elle ne s'occupait uniquement qu'à se repaître elle-même du Sauveur, qui décida le célèbre différend de ces deux saintes sœurs en faveur de Madeleine, disant à sa louange qu'elle avait choisi la meilleure part, donnant à entendre que la vie contemplative, dont Madeleine faisait profession, excellait par-dessus la vie active que Marthe représentait, mais que l'une et l'autre orneraient son Eglise, dont leur maison fut la figure. 9° le Sauveur voulut bien donner des larmes à l'affliction où il vit Madeleine de la mort du Lazare, qu'il ressuscita particulièrement à sa considération. 10° La veille du jour des Rameaux elle lui prépara un festin de cérémonie dans la maison de Simon en Béthanie, et au milieu du repas elle oignit ses pieds sacrés, et versa sur sa tête un vase plein d'une liqueur précieuse et odoriférante d'un très-grand prix, ce qui, en ce temps-là, était la marque d'un souverain honneur; et comme Judas murmurait de cette profusion, Jésus-Christ prit la défense de Madeleine, et dit qu'elle avait fait en cela une bonne œuvre, et fort à propos, puisque étant sur le point de sa Passion, il semblait que par un secret instinct elle voulût oindre son corps comme on faisait celui des morts, et prévenir le temps de sa sépulture : qu'au reste partout où l'on prêcherait l'Evangile, on publierait l'action religieuse de Madeleine, en reconnaissance de l'ardente charité qu'elle lui témoignait. 11° Il y a apparence qu'elle le suivit dans sa Passion, et qu'elle était du nombre de ces pieuses femmes qui pleuraient après Notre-Seigneur sur le chemin du Calvaire. 12° Elle se tint avec la sainte Vierge au pied de la croix, et elle vit comment on descendit le sacré corps de celui qu'elle aimait tant, et comment on le posait dans le sépulcre. 13° Elle passa le jour de Pâques dans une tristesse inexplicable, et dès le grand matin du lendemain elle partit du logis avec ces autres pieuses femmes ses compagnes, pour aller embaumer le corps de son Sauveur, et le lier avec des bandelettes, selon la coutume des Juifs : trouvant le sépulcre ouvert et vide, elle courut tout alarmée dire à saint Pierre et aux apôtres qu'on avait enlevé le corps de son Seigneur. 14° Saint Pierre, saint Jean, et les autres femmes, ayant abandonné le sépulcre où le corps du Sauveur n'était plus, elle demeura seule assise sur la pierre qui en avait fermé l'entrée, fondant en larmes; mais comme elle regardait toujours dans cette grotte, elle vit deux anges vêtus de blanc, l'un à la tête et l'autre aux pieds, qui lui dirent : Femme, pourquoi pleurez-vous? Elle était si transportée d'amour et de douleur, que sans s'étonner elle leur répondit : C'est qu'ils ont enlevé mon Seigneur, et je ne sais où ils l'ont mis? Dans ce moment s'étant tournée, elle vit Jésus-Christ qu'elle ne connut pas, et qu'elle prit pour le jardinier du lieu, qui lui demanda : Qu'avez-vous à pleurer? qui cherchez-vous? A qui elle répliqua : Seigneur, si c'est vous qui l'avez pris, dites-moi où vous l'avez mis, et je l'emporterai. Alors le Sauveur l'appelant par son nom de Marie, elle le reconnut, et s'étant jetée à ses pieds, elle reçut ordre de lui d'aller annoncer sa résurrection à ses disciples, qu'il appela ses frères, de sorte qu'elle eut le bonheur de voir la première Jésus-Christ ressuscité, et d'en porter la nouvelle aux apôtres, nommée à cause de cela par les Pères, l'apôtre des apôtres, et la réparatrice du péché d'Eve, laquelle fut une messagère de mort au premier homme, qui crut le mensonge qu'elle lui apporta; et les disciples ne voulaient pas ajouter foi à celle qui leur annonçait la vérité. 15° Le matin même de l'Ascension, Jésus-Christ vint en Béthanie, et de là sur le mont des Oliviers, où elle le vit monter au ciel. 16° S'étant mise en retraite avec la sainte Vierge et les apôtres, elle reçut le Saint-Esprit au jour de la Pentecôte, sans doute avec une grande profusion. 17° La tradition porte qu'ensuite elle se retira avec la sainte Vierge à Ephèse, sous la conduite de saint Jean, après quoi on tient qu'ayant été mise dans un vaisseau par les Juifs, sans pilote ni provision, avec son frère Lazare, et sa sœur Marthe, ce navire vint surgir heureusement en Provence, que Lazare fut évêque de Marseille, que sainte Marthe vécut à Tarascon en une espèce de communauté de filles vertueuses, et que Madeleine se retira dans un désert sur une montagne appelée la Sainte-Baume, où elle mena une vie tout angélique, et où elle mourut en vraie amante de Jésus-Christ. 18° Sa vie a toujours été regardée comme un modèle parfait de pénitence : et sa mémoire est devenue chère et précieuse à tous les fidèles qui ne peuvent penser à elle sans en être touchés et édifiés, sans l'aimer, sans la remercier des services qu'elle a rendus à Jésus-Christ, sans l'estimer bienheureuse, et sans se sentir portés à des sentiments de pénitence, de confiance et d'amour envers Dieu.

Que remarquez-vous dans l'Evangile au sujet de sa conversion?

1° Sa promptitude et sa ferveur; elle vint d'abord au Sauveur; 2° son humilité; elle se jeta à ses pieds; 3° ses larmes; elle les arrosa; 4° son respect; elle les essuya; 5° son amour; elle les baisa; 6° son mépris du monde, duquel elle se moqua; 7° ses œuvres satisfactoires; elle les représenta par l'usage saint qu'elle fit de ses cheveux, de ses yeux, de sa bouche, de ses parfums et de son bien, en réparation de l'abus qu'elle en avait fait ; par le repas qu'elle donna à Notre-Seigneur et à ses disciples, et par le baume qu'elle répandit, figures des actions de charité, des vertus et des bonnes œuvres que les personnes de son sexe exerceraient sur le corps mystique du Fils de Dieu et de la bonne odeur qu'elles répandraient dans l'Eglise; 8° sa persévérance et sa pénitence, aussi longue que sa vie.

Que devons-nous demander?

1° L'horreur des vanités et de l'impureté; 2° l'esprit de componction et de satisfaction; 3° l'amour ardent de Jésus-Christ; 4° le désir de la retraite, de l'oraison et de la vie cachée; 5° le secours de cette sainte, quand on nous administre l'extrême-onction.

DE LA FÊTE DE SAINT JACQUES LE MAJEUR.
(25 juillet.)

Que savons-nous de ce saint?

1° Il était Hébreu de naissance, fils de Zébédée et de Marie Salomé, frère de saint Jean, pêcheur de profession, apôtre de Jésus-Christ pour qui il quitta tout, nommé le Majeur, parce qu'il fut appelé à l'apostolat plus tôt que l'autre saint Jacques, appelé par cette raison le Mineur. 2° Les évangélistes lui donnent le troisième rang dans l'énumération des douze. 3° Il aida saint Pierre, qui l'appela à son secours avec son frère saint Jean, pour tirer cette grande multitude de poissons qu'il prit ayant jeté son filet sur la parole du Fils de Dieu, et qui figurait qu'ils seraient les premiers coopérateurs du zèle et de la sollicitude pastorale du chef de l'Eglise dans la conversion des Juifs et des infidèles. 4° Notre-Seigneur changea son nom, marque d'une désignation à quelque emploi relevé et à des desseins tout particuliers, et l'appela enfant du tonnerre. 5° Il l'admit avec lui par une faveur singulière avec saint Pierre et saint Jean, pour être témoin de la résurrection de la fille de Jaïrus, prince de la Synagogue, de sa transfiguration, de sa prédiction sur la ruine de Jérusalem, de la fin du monde et de son agonie au jardin des Olives. 6° Le zèle trop ardent qu'il montra, voulant faire descendre le feu du ciel pour consumer une ville qui n'avait pas voulu recevoir Jésus-Christ, montre le don qu'il avait de faire des miracles, sa foi, sa confiance et son amour, et il attira cette belle et consolante parole de la bouche du Rédempteur, qu'il n'était pas venu pour perdre les âmes, mais pour les sauver. 7° Si l'envie qu'il eut d'être assis au côté du Fils de Dieu, régnant dans la gloire, fit voir en lui une ambition que les Pères excusent, l'assurance qu'il donna d'être prêt à répandre son sang pour lui, et la prédiction du Sauveur qu'il exécuterait cette héroïque résolution, découvrent l'ardeur de sa charité. 8° Après avoir reçu le Saint-Esprit, et prêché l'Evangile en la Judée, aux douze tribus d'Israël dispersées en divers endroits de la terre, la tradition est qu'il fut en Espagne, où il donna naissance à la foi de cette nation et à sa dévotion envers la sainte Vierge qui lui apparut quoiqu'encore vivante, et à qui il érigea un temple ou oratoire; d'où vient l'extrême dévotion de ces peuples envers ce grand apôtre, leur patron, par l'intercession duquel ils ont reçu un nombre infini de secours, et remporté de signalées victoires, surtout, d'avoir été délivrés du honteux tribut où ils étaient assujettis, de donner chaque année un grand nombre de filles chrétiennes à un prince sarrazin. 9° Les anciens assurent que cet apôtre demeura toujours vierge. 10° Etant de retour en Judée, Hérode Agrippa voulant, pour plaire aux Juifs, faire mourir les principaux disciples de Jésus-Christ, le fit emprisonner, flageller, et décapiter: ce qu'il endura avec joie, étant le premier des apôtres qui ait répandu son sang pour la foi. 10° Enfin rien n'est plus célèbre que les pèlerinages à son tombeau en Galice, où son corps fut rapporté, et où le concours des peuples a été immense, et les indulgences toutes extraordinaires.

Quoi demander?

1° La patience, malgré le peu de succès qu'on a quelquefois auprès du prochain; car on tient que cet apôtre, quoiqu'il travaillât infatigablement, ne convertit que dix ou douze personnes en Espagne. 2° L'amour de la vie cachée, son histoire et ses travaux apostoliques étant peu connus. 3° La soumission à la Providence à l'égard des ouvriers évangéliques, l'Eglise dans sa naissance ayant perdu ce grand apôtre, lorsqu'elle semblait en avoir le plus besoin. 4° La pureté, ce vrai disciple de Jésus-Christ, ayant toujours demeuré vierge; et la force de vaincre les tentations opposées à cette vertu. 5° La dévotion aux pèlerinages véritablement chrétiens, faits par un motif de pénitence et de religion et dans l'esprit de l'Eglise.

DE LA FÊTE DE LA TRANSFIGURATION.
(6 août.)

Dites-nous l'histoire de cette merveille?

Notre-Seigneur ayant prédit sa Passion à ses disciples, prit, huit jours après, saint Pierre, saint Jacques le Majeur et saint Jean son frère, et les mena sur le haut d'une montagne écartée, qu'on tient être le Thabor, afin de passer avec eux la nuit en oraison, comme il avait souvent accoutumé. Il y a néanmoins une tradition qui porte que la transfiguration s'opéra en plein jour, comme si tout eût dû être lumineux dans ce mystère.

Qu'arriva-t-il en ce lieu?

Le Sauveur, dans l'ardeur de sa prière, fut transfiguré; une lumière divine sortit de lui, sa face parut autre et brilla comme le soleil; ses habits devinrent éclatants de blancheur comme la neige. Moïse et Elie s'apparurent à lui dans un état de gloire, et s'entretinrent avec lui de cet excès qu'il devait bientôt accomplir en Jérusalem.

Continuez à nous rapporter cette merveille?

Les apôtres, jusqu'alors endormis, s'éveillèrent; ils virent Jésus-Christ tout rayonnant de gloire et de majesté. Saint Pierre, hors de lui et comme en extase, s'écria : « Seigneur, il fait bon ici; faisons-y trois tabernacles, un pour vous, un pour Moïse, et un pour Elie. » Comme il parlait encore sans savoir ce qu'il disait, une nuée lumineuse les environna, et une voix retentit du milieu de cette nuée, qui dit : *Celui-ci est mon Fils bien-aimé, en qui j'ai pris mes complaisances; écoutez-le.* (*Matth.* XVII, 5.) Pour lors les apôtres effrayés tombèrent la face contre terre. Notre-Seigneur, s'approchant d'eux, les toucha et leur dit: Levez-vous; et ils ne virent plus personne que Jésus-Christ qui, descendant avec eux de la montagne, leur défendit de parler de cette vision qu'après sa résurrection.

Pourquoi Jésus-Christ découvrit-il ce mystère de gloire incontinent après la prédiction de sa Passion?

Afin, 1° de relever, par la manifestation des grandeurs de la Divinité, le courage des apôtres, les prémunir contre la tentation que leur devait causer les humiliations de sa mort, et leur faire comprendre que celui qui ne se procurait pas un salut temporel pouvait donner le salut éternel; 2° de les encourager aux souffrances, dont une telle gloire était le prix; 3° de nous apprendre que cette vie est un mélange de consolations et de peines, du Calvaire et du Thabor; 4° et que les unes font faire un bon usage des autres.

Pourquoi leur défendit-il d'en parler avant sa résurrection?

1° Sa mort survenant eût pu faire regarder cette vision, par les esprits faibles qui l'eussent sue, comme une illusion; et sa résurrection devait l'autoriser. 2° Il faut taire les faveurs qu'on reçoit de Dieu, dont le monde n'est pas capable, et que d'ordinaire il ne croit pas. 3° Et aimer la vie cachée, jusqu'au dernier jour, où tout sera révélé.

Qu'est-ce que cette lumière qui environna le Sauveur?

1° Elle ne venait pas de dehors, comme celle de Moïse, quand, extérieurement illuminé par le commerce avec Dieu, il descendit du mont Sinaï. 2° Elle n'était pas non plus cette qualité qu'auront les corps glorieux après la résurrection, et qu'on nomme clarté, parce qu'elle sera un don permanent, et que celui-ci fut passager. 3° Elle ne fut pas même seulement un simple écoulement de la gloire dont jouissait l'âme bienheureuse de Jésus-Christ. 4° Mais un rejaillissement de la Divinité habitant en lui, et digne du Fils de Dieu incarné, et qui brilla soudainement comme un éclair qui illumine l'air. 5° Ici se découvre ce Roi de gloire, que les voiles mystérieux des figures anciennes avaient jusqu'alors caché.

D'où venait la blancheur de ses vêtements?

De la lumière qui, sortant de son corps comme les rayons du soleil d'un nuage, les rendait transparents et resplendissants. C'est ainsi que Notre-Seigneur voulut, pendant sa vie mortelle, faire voir qu'il réunissait en lui l'état des voyageurs en ce monde par les souffrances, et l'état des bienheureux par la manifestation de leurs qualités glorieuses, qui néanmoins furent plutôt en lui des effets miraculeux de sa puissance que des expressions de ces quatre dons : 1° De la subtilité, pénétrant le sein de sa Mère lorsqu'il naquit sans aucune lésion de son intégrité; 2° de l'agilité, marchant sur les flots de la mer; 3° de l'impassibilité, rompant le sacrement de son corps, et le donnant à manger sans rien souffrir, et se rendant souvent inaccessible à ceux qui le voulaient faire mourir; 4° de la clarté dans la transfiguration, clarté néanmoins beaucoup plus excellente que ne sera celle des bienheureux au jour de leur gloire.

Pourquoi Jésus-Christ choisit-il ordinairement les montagnes pour prier?

Afin de nous enseigner que l'éloignement des hommes, la solitude et le libre aspect du ciel sont de grands secours pour s'élever à Dieu et pour recevoir ses faveurs réservées aux âmes parvenues à une haute perfection.

Pourquoi fut-il transfiguré dans la prière?

C'est dans cet exercice que nous nous dépouillons de notre être naturel, pour nous revêtir des dons surnaturels, et que, par une heureuse et sainte métamorphose, nous nous transformons en Dieu et devenons d'autres hommes.

Convenait-il à Jésus-Christ de prier?

1° La prière en Jésus-Christ était une marque qu'il procédait de son Père, et tout ce qu'il était, avait, demandait, obtenait. 2° Son union et son principe. 3° Son refus de reconnaissance. 4° Il voulait être notre modèle, notre avocat, notre médiateur, notre hostie, notre pontife, dit saint Thomas après les saints.

Pourquoi Moïse et Élie, entre tous les patriarches, s'apparurent-ils au Sauveur?

1° Ils représentaient la Loi et les prophètes, c'est-à-dire tout l'ancien testament, ainsi que les apôtres le nouveau, Jésus-Christ recevant témoignage de l'un et de l'autre, et réunissant en les deux peuples et les deux alliances. 2° Les apôtres devaient imiter la douceur de Moïse et le zèle d'Élie, et exposer aussi bien qu'eux leur vie pour la foi. 3° Il était convenable que la Loi et les prophètes, en la personne de Moïse et d'Élie, confirmassent la mission de Jésus-Christ, reconnussent son autorité, rendissent témoignage à sa doctrine, et confondissent les hérétiques, qui devaient un jour enseigner que le Dieu qui avait envoyé Jésus-Christ n'était pas le même que celui qui avait enseigné les anciens prophètes. 4° Et que Jésus-Christ parût approuver la Loi contre la calomnie des scribes. 5° Qu'il manifestât de sa qualité de juge des vivants et des morts, d'arbitre souverain de la vie et de la mort. 6° Moïse a été le premier législateur des Juifs, qui les a assemblés en un corps dès le commencement; saint Pierre fut leur premier apôtre, qui les agrégea d'abord à l'Église; Élie sera le dernier qui les réunira à Jésus-Christ à la fin du monde. 7° Dieu avait promis à Moïse et à Élie de se montrer à eux; et il l'accomplit encore dans ce mystère, où les trois personnes divines se manifestèrent clairement.

Comment le firent-elles?

Le Père se manifesta par la parole qui s'entendit, le Fils par la lumière qui se répandit, le Saint-Esprit par la nuée qui les couvrit.

Moïse et Élie s'apparurent-ils dans leurs corps vrais et naturels?

Oui, car outre que l'un n'est pas plus difficile à Dieu que l'autre, cela était plus convenable 1° à la réalité de cette vision; 2° à la dignité de l'humanité de Jésus-Christ; 3° à l'état d'Élie, qui n'est pas encore mort.

D'où vient que le visage du Sauveur parut dans cette brillante nuée, resplendissant comme le soleil, et ses habits blancs comme la neige ?

1° L'humanité était comme un nuage qui dérobait ordinairement l'éclat de la Divinité, mais dans ce mystère la Divinité se découvrit, et se fit jour au travers de l'humanité; 2° l'éclat du visage représentait la gloire future de ce divin Soleil, et la blancheur de ses habits, celle de ses membres qu'il s'unit par la sainteté, et qui, comme des astres lumineux, l'environneront dans le ciel; 3° cette transformation de Jésus-Christ fonde l'espérance de l'Eglise, et lui découvre à quelle société de gloire elle est appelée.

Que signifiait encore cette nuée lumineuse ?

1° Les clartés de la foi dont Jésus-Christ éclairerait l'Eglise, vrai tabernacle des saints, incomparablement plus vives que celles de la Synagogue enveloppées sous des figures sombres et obscures; 2° la puissante protection que Dieu donnerait au nouveau peuple dans les déserts de cette vie; 3° et l'éclat de cette nuée, la lumière du monde, non pas nouvellement *créé*, comme autrefois, mais *réparé*.

Pourquoi Jésus-Christ choisit-il saint Pierre, saint Jacques, et saint Jean pour témoins de cette merveille ?

1° Ce nombre était assez grand pour en rendre témoignage, et assez petit pour en garder le secret; 2° saint Pierre fut le premier confesseur de la divinité de Jésus-Christ, saint Jacques entre les apôtres devait en être le premier martyr et saint Jean le savant évangéliste : le premier devait l'attester par la profession authentique de sa foi; le second, la sceller par l'effusion constante de son sang; le dernier, la consigner par la publication solennelle de son Evangile : il était donc bien juste qu'ils en fussent les spectateurs; 3° et que cette montagne sainte rassemblât toute sorte de personnes et d'états, pour être les dépositaires du secret qui lui était confié; 1° les vivants, comme les apôtres; 2° les morts, comme Moïse; 3° les immortels, comme Elie; 4° les chefs de l'ancien et du nouveau peuple, Moïse et saint Pierre; 5° ceux qui l'avaient prédit, promis, et précédé ceux qui le recevaient, le prêchaient, et le suivaient; 6° tous les temps : le passé en la personne de Moïse, le présent en celle des apôtres, et l'avenir en celle d'Elie; 7° le ciel, la terre et les limbes.

L'Eglise a-t-elle une grande dévotion à ce mystère ?

Sans doute, puisqu'elle en lit l'histoire trois jours de l'année, et qu'elle en fait une fête spéciale avec l'Office propre, et que les premiers Chrétiens eurent tant de respect pour le Thabor, qu'ils y bâtirent trois célèbres sanctuaires dont les ruines subsistent encore aujourd'hui, et où ils fondèrent des monastères de saints religieux, qui jour et nuit chantaient les louanges du Dieu de gloire.

En quoi cette gloire future est-elle spécialement représentée par ce mystère ?

1° Il s'opéra le huitième jour, jour du repos, auquel après la semaine laborieuse de cette vie la transformation dans la gloire nous est promise; 2° la vérité qui a été publiée par les patriarches, figurée par la Loi, donnée par l'Evangile, se verra à découvert dans cette lumière que Jésus-Christ fit alors paraître; 3° l'Eglise jouira d'une perpétuelle stabilité dans ces tabernacles éternels que saint Pierre voulait dresser; 4° les saints seront comme enivrés dans ce torrent de volupté, dont l'avant-goût faisait que cet apôtre ne savait ce qu'il disait; 5° ils entreront dans le sein de la Divinité que ce nuage figurait, et y verront cette génération éternelle dont il est dit : *Celui-ci est mon Fils*; 6° la Loi, les prophéties, la science, les langues, la foi, etc., tout disparaîtra dans ce grand jour, où on ne verra que Jésus-Christ en Dieu, et Dieu en Jésus-Christ; 7° la langue ne saurait dire ni l'œil voir, ni l'oreille entendre, ni l'esprit humain concevoir ce que Dieu prépare à ceux qui l'aiment, c'est pourquoi il faut s'en taire jusqu'au jour de la résurrection.

Que devons-nous demander ?

1° Notre changement; 2° le bon usage des consolations; 3° l'amour de la retraite et l'oraison; 4° la force de cacher aux hommes les grâces spéciales qu'on reçoit; 5° un désir de la vie éternelle; 6° un accroissement dans la foi, dont les principaux articles nous sont révélés dans ce mystère.

Quels sont-ils ?

1° La Trinité; 2° la divinité du Fils; 3° la résurrection des morts; 4° le jugement dernier; 5° la gloire des saints; 6° la rédemption du monde; 7° la venue du libérateur; 8° l'adoption des fidèles en Jésus-Christ, solennellement déclaré Fils de Dieu, et nous en lui par l'effusion de cette gloire, qui se répandant du Fils naturel sur nous, comme sur ses vêtements, ou ses membres mystiques, nous rendra un jour semblables à ce Père céleste : ressemblance qui est le fondement de toute filiation, qui se commence à présent par la grâce de la régénération, figurée par la simplicité de la colombe qui parut lors du baptême de Jésus-Christ et qui se consommera un jour par la glorification que la nuée lumineuse du Thabor figura. C'est pourquoi Jésus-Christ est spécialement qualifié Fils de Dieu, dans son baptême, et dans sa transfiguration.

Pourquoi dans la transfiguration cette voix, Ecoutez-le, et non pas dans le baptême ?

1° Dans le baptême il donnait actuellement la grâce, dans la transfiguration il promettait la gloire, dont le mystère du Thabor fut un échantillon, et comme l'aurore de cette gloire espérée, et de ce rafraîchissement promis, dont Pierre sentit l'impression; 2° c'était le docteur des nations qu'il fallait désormais entendre par-dessus Moïse, et préférer l'école du Thabor à celle de Sinaï; 3° tout disparut excepté Jésus seul, les ombres et figures anciennes devant s'évanouir, et la vérité seule demeurer et instruire.

Que remarquez-vous encore dans les circonstances de ce mystère ?

Les effets excellents de la prière, car Jésus-Christ devint, 1° transfiguré ; 2° illuminé ; 3° par une lumière qui venait du dedans ; 4° son visage fut autre ; 5° ses habits changèrent ; 6° Moïse et Elie s'apparurent à lui ; 7° il s'entretient avec eux de sa Passion ; 8° une voix dit : *Écoutez-le ;* 9° il toucha ses disciples ; 10° ils furent remplis de consolation ; 11° ils ne virent plus que Jésus.

Qu'est-ce que tout cela signifie ?

Que l'oraison, 1° transforme de pécheur en pénitent, de charnel en spirituel ; 2° illumine sur les mystères de la religion, les vérités de l'Évangile, les vertus, les vices, les devoirs, etc. ; 3° rend intérieur, formant la conscience, et donnant un cœur religieux ; 4° change l'air du visage, l'effronterie, la curiosité, la dissipation, en dévotion, mortification, recueillement ; 5° et le luxe des vêtements, la vanité, l'affectation, en modestie, humilité, bienséance ; 6° et les compagnies dangereuses et mondaines, en vertueuses et saintes ; 7° et les conversations frivoles, en utiles, le babil, en silence, etc. ; 8° fait être attentif aux inspirations et aux volontés de Dieu, que le tumulte et le bruit du monde étouffe ; 9° touche de dévotion, par les bons sentiments, les larmes, etc. ; 10° console par les douleurs qu'on y ressent, et les exemples qu'on y médite ; 11° cause la présence de Dieu, et la pureté d'intention. Jésus seul étant resté de toute cette vision, quand la voix eut dit, Écoutez-le.

DE LA FÊTE DE SAINT LAURENT.

(10 août.)

Dites-nous quelque chose de ce grand saint ?

1° Il était originaire d'Espagne, et diacre de l'Église romaine ; 2° son zèle, son détachement, et sa fidélité édifièrent si fort, qu'on lui commit le soin des pauvres, et la distribution des aumônes ; 3° son ardeur pour le martyre fut telle, que voyant traîner au supplice le Pape Xiste, il le suivit en se plaignant amoureusement de ce qu'il ne lui procurait pas le même avantage : Avez-vous connu quelque lâcheté en moi, lui disait-il, qui me rende indigne de mourir pour la foi ? D'où vient que vous faisant toujours assister de moi quand vous offriez Jésus-Christ en sacrifice, vous me délaissez quand vous allez vous sacrifier vous-même ? Vous m'avez, criait-il, Saint-Père, confié la dispensation du sang de Jésus-Christ, doutez-vous que je ne sois prêt à répandre le mien ? J'ai distribué aux pauvres le trésor de l'Église que vous m'avez mis en dépôt, et rien ne m'empêche de vous suivre. A ces mots le saint Pontife lui répondit : Consolez-vous, mon fils, votre plainte est juste, le lévite doit suivre le prêtre, dans trois jours vous souffrirez un martyre digne de votre courage ; pour moi qui suis un faible vieillard, je n'ai qu'une mort douce à subir, puisqu'on ne fera que me couper la tête, mais pour vous, vous avez bien d'autres combats à rendre pour Jésus-Christ ; 4° ce dialogue fut cause qu'on se saisit de saint Laurent, qu'on le mit en prison, où il convertit plusieurs personnes, et qu'on lui demanda compte du trésor dont il parlait. On lui donna trois jours pour le représenter, au bout desquels il conduisit au juge une grande multitude de pauvres, comme étant les précieux vases qui contenaient ce riche trésor ; 5° cette conduite irrite le tyran, qui ne pouvant lui ravir l'or, entreprend de lui ravir la foi par les supplices les plus cruels : on déchire son corps, et on met en pièces ses membres ; les fouets, les tortures, les gênes, les chevalets, les ongles de fer, et tout ce que la rage put inventer, est mis en œuvre, mais inutilement : le saint martyr demeure ferme. On le menace de le tourmenter horriblement toute la nuit, et de faire succéder un supplice à un autre : il répond que cette nuit n'aura aucune obscurité pour lui, et qu'elle lui sera plus lumineuse que le jour le plus beau. Les bourreaux enfin lassés l'attachèrent par ordre du tyran à un gril de fer, et mirent du charbon dessous pour le brûler à petit feu peu à peu. Étant rôti d'un côté : Tourne-moi de l'autre côté, dit-il au tyran, et mange-moi pour assouvir ta faim si tu veux, car ma chair est presque achevée de cuire. Puis s'adressant à Dieu : Seigneur, s'écria-t-il, étant mis au feu, je vous ai confessé, étant brûlé je vous ai loué, et avec ces paroles son âme s'envola au ciel. Voilà le peu que nous savons certainement de la vie de ce grand saint, mais ce peu vaut mieux que des volumes entiers.

Qu'ont dit les saints sur la vie de saint Laurent ?

Tout ce que leur zèle et leur éloquence a pu leur suggérer. Ils se sont épuisés en louanges et en admiration. Ils ont dit que le feu qui brûlait le cœur de ce saint lévite au dedans était plus grand que le feu qui dévora son corps au dehors ; que toute la terre a été illuminée des flammes de son bûcher ; que Rome n'a pas moins été illustrée du martyre de saint Laurent, que Jérusalem l'avait été de celui de saint Étienne, dont conformément à leur nom, l'un a fourni le laurier, et l'autre la couronne à Jésus-Christ. Ils ont observé le genre de consolation que se donnent les saints, car saint Xiste ne consola pas saint Laurent en lui disant que la persécution cesserait, et qu'il vivrait en paix, mais il tarit ses larmes, il apaisa sa tristesse en l'assurant qu'il souffrirait des tourments épouvantables en peu de jours.

De quels sentiments doit-on être rempli lisant cette histoire ?

1° D'admiration ; 2° de louanges de Dieu et de son serviteur ; 3° de confusion et d'humiliation. Ne disons pas que les martyrs ont souvent fait des miracles en faveur de leurs persécuteurs, et qu'ils n'en ont point fait pour se délivrer de la mort. Leurs souffrances ont paru plus miraculeuses que leurs actions, et leurs miracles moins étonnants que leurs vertus : et nous serons leurs plus grands miracles.

DE LA FÊTE DE L'ASSOMPTION.
(15 août.)

Pourquoi la sainte Vierge demeura-t-elle sur la terre après l'ascension de son Fils?

Pour la consolation de l'Eglise naissante, l'affermissement de la foi des fidèles; elle était la preuve vivante du mystère de l'Incarnation, tout le monde accourait pour la voir, l'admirer et l'honorer.

Où demeurait-elle?

En Jérusalem avec sainte Madeleine et plusieurs filles et femmes vertueuses, sous les soins de saint Jean. Ensuite elle se retira quelque temps à Ephèse, où cet apôtre bien-aimé, à qui Jésus-Christ l'avait confiée et donnée pour mère, résidait, et d'où il gouvernait toutes les Eglises d'Asie.

A quel âge mourut-elle?

On tient qu'elle avait soixante-trois ans, c'est-à-dire qu'elle avait quinze ans lorsqu'elle conçut Jésus-Christ, qu'elle vécut trente-trois ans avec lui jusqu'à son ascension, et qu'elle demeura après son ascension quinze années sur la terre dans l'attente de monter au ciel, de s'unir à Dieu pour une éternité, et de jouir à jamais de la présence de son bien-aimé Fils.

Mourut-elle avec douleur, et par l'effort d'une maladie naturelle?

Non, ce fut par un trait d'amour qui la sépara de ce monde pour l'unir à Dieu, et par une douce impression du mystère de la mort et Passion de son Fils, le glaive de douleur qui transperça son cœur sur le Calvaire lui tint lieu de peine à la mort.

Que doit-on demander?

Que si nous n'expirons pas comme elle par un effort d'amour, du moins nous souhaitions que l'amour accompagne, adoucisse et sanctifie notre mort.

Devait-elle être sujette à la mort?

Il est certain que n'ayant point contracté le péché dont l'aiguillon est la mort, elle ne devait pas, par cette raison, être sujette à sa punition, comme elle ne le fut pas aux autres peines portées contre les femmes, telles que les douleurs de l'enfantement et la sujétion servile à un mari, ainsi qu'observe saint Thomas après saint Augustin, lorsqu'ils rendent raison pourquoi elle fut plutôt instruite du mystère de l'Incarnation que saint Joseph, et indépendamment de lui.

Pourquoi voulut-elle donc la subir?

Ce fut en esprit 1° de conformité à son Fils bien-aimé, et d'union à tous ses mystères; 2° de soumission aux ordres de Dieu, n'ayant pas voulu se dispenser d'aucune loi commune, quelque humiliante qu'elle fût; 3° de religion, étant bien aise de faire le sacrifice entier d'elle-même, de voir détruire son être, et de l'immoler à la souveraine majesté de Dieu, comme une victime d'amour et une hostie de louange; 4° une mort aussi sainte et aussi précieuse que la sienne lui devait être une plus grande grâce que n'eût été l'exemption de mourir; 5° on aurait autrement pu douter de la vérité de la nature humaine en elle.

Quel avantage en tirons-nous?

Un grand sujet 1° de consolation à l'heure de la mort; 2° de confiance d'en être alors assistés; 3° de résignation à la volonté de Dieu.

Comment mourut-elle?

Le temps étant arrivé auquel Dieu voulait couronner cette Mère, les apôtres, par une disposition merveilleuse de la Providence, se trouvèrent assemblés en Jérusalem, où pour lors elle était, et ayant rendu à la Mère de leur Sauveur et de leur Dieu les devoirs auxquels ils étaient tenus, cette âme bénite, dans des sentiments d'amour inexplicables, se sépara de son corps pour aller s'unir éternellement avec son Dieu.

Où alla cette âme bienheureuse?

Son Fils bien-aimé la reçut et la mena en triomphe au ciel, accompagnée de tous les anges et de tous les saints.

Que devint son corps virginal?

On le mit dans un sépulcre neuf, où il demeura trois jours sans se corrompre; et on tient que ce fut dans la vallée de Josaphat, près de Jérusalem, où le dernier jugement doit se faire, ainsi qu'on le dit communément : sans doute pour nous exprimer par là que la sainte Vierge intercédera pour le genre humain dans ce jour terrible et épouvantable, et qu'elle y paraîtra comme une Mère de miséricorde et de bonté, surtout envers ceux qui auront eu pour elle un cœur d'enfant sur la terre.

Pourquoi son corps ne se corrompit-il pas?

1° Il n'avait jamais été souillé d'aucun péché, unique source de toute corruption; 2° il était vierge, et participant à la pureté angélique, il devait participer à l'incorruptibilité; 3° le Verbe incarné ayant pris un corps qui faisait une partie même de ce corps, il n'était pas convenable que cette portion fût incorruptible dans le ciel, et l'autre corrompue dans le sépulcre; 4° le seul attouchement de Jésus, auteur de la vie, guérissait les malades et ressuscitait les morts, que ne devait pas communiquer à Marie le long séjour de Jésus en son sein? 5° elle avait été figurée par cette arche du Testament, faite d'un bois incorruptible; 6° d'où vient que Dieu, qui tant de fois a révélé les reliques de ses saints pour les faire honorer, laisserait celles de Marie ensevelies dans l'oubli.

Qu'arriva-t-il le même jour?

Son âme se réunit à son corps, elle ressuscita, et son Fils, accompagné de tous les saints et de toutes les saintes du paradis, au milieu d'une gloire infinie, et proportionnée à la dignité d'une telle Mère et à la grandeur d'un tel Fils, et dans un triomphe incomparable, l'éleva dans le ciel avec lui parmi les joies et les cantiques d'allégresse de toute la cour céleste, dont elle est la reine à jamais.

Où fut-elle placée?

Au-dessus des prophètes et des patriarches, des anges et des archanges, des Trônes et des Dominations, des chérubins et des séraphins; en un mot, Dieu l'éleva au-dessus de tous les saints et de toutes les saintes du paradis, et la plaça immédiatement après son Fils bien-aimé Jésus-Christ Notre-Seigneur. Voilà en partie ce que la tradition nous apprend, et en partie ce que la piété des fidèles leur suggère de la grandeur de Marie dans le mystère d'aujourd'hui.

D'où vient que Dieu a rendu tant d'honneur à la sainte Vierge?

Parce qu'elle a été, 1° la plus innocente; 2° la plus sainte; 3° la plus parfaite de toutes les créatures.

Pourquoi la plus innocente?

Elle a été préservée, 1° de tout péché, soit originel, soit actuel; 2° de toute convoitise et passion déréglée; 3° de tout manquement et de tout défaut.

Pourquoi la plus sainte?

Elle a été, 1° pleine de grâce, selon la parole de l'ange; 2° unie à Dieu d'une façon très-intime et toute singulière; 3° elle a eu des alliances très-étroites avec la très-sainte Trinité, ayant été l'épouse du Père qui l'ombragea, et lui communiqua la vertu d'engendrer dans le temps le même Fils qu'il engendre dans l'éternité, la Mère du Fils, et le temple ou le sanctuaire du Saint-Esprit, incomparablement plus vénérable que ne le fut le Saint des saints, où reposait l'arche d'alliance.

Pourquoi la plus parfaite?

Elle a pratiqué la perfection dans un si haut degré, et d'une si sublime manière, qu'elle a mérité par ses admirables et divines vertus, la qualité glorieuse de Mère de Dieu, et cela dès l'âge de quinze ans, ce qui est tout dire en un mot.

D'où vient un si riche amas de mérites, et en si peu de temps?

1° Du pur amour dont ses moindres actions étaient animées; 2° de son état heureux, et qui réunissait en elle les avantages des saints du ciel, et des justes de la terre. En effet, les bienheureux n'ont pas de convoitise (laquelle porte au péché, rend la vertu difficile, et gâte en partie les bonnes œuvres), mais ils ne peuvent plus mériter. Les justes sur la terre peuvent au contraire mériter, mais ils ont cette convoitise qui leur est un grand obstacle, et qui retarde extrêmement leur progrès dans la sainteté. Si donc il se trouvait une créature qui n'eût point de convoitise avec les bienheureux du ciel, et qui pût mériter avec les justes de la terre, à quel haut point de perfection ne s'élèverait-elle pas en peu de temps? Or cette créature ainsi dépeinte est la très-pure Vierge: pourquoi donc s'étonner si elle a mérité en si peu de temps la qualité de Mère de Dieu, quoique d'un mérite en quelque manière infini?

Dieu ne la lui conféra-t-il pas par une pure grâce?

Oui, mais il voulut qu'elle la méritât autant qu'une pure créature le peut en ce monde, par les vertus admirables dont il la prévint et l'orna, et par une fidèle coopération de sa part à une si grande grâce, et qu'ainsi elle fût remplie d'autant de sainteté, de sagesse, et de dons divins, qu'en exigeait un si grand nom, et qu'on l'appelât avec justice la très-digne Mère de Dieu.

Pourquoi la célèbre procession d'aujourd'hui?

C'est un effet de la dévotion édifiante des rois de France, commencée par Louis XIII, de pieuse mémoire, qui ont mis leurs personnes sacrées et leur royaume sous la protection de cette Reine du ciel et de la terre: c'est pourquoi l'on doit aujourd'hui beaucoup prier pour la famille royale.

Quelles vertus ont acquis une si grande gloire à la sainte Vierge?

La sainte Vierge a eu toutes les vertus dans un souverain degré, mais on doit particulièrement admirer, 1° sa foi; 2° sa charité; 3° son humilité; 4° sa pureté; 5° sa patience; 6° son obéissance; 7° son oraison, sans parler d'une infinité d'autres qu'on peut dire être les vrais anges qui l'ont élevée aujourd'hui dans le ciel, sans vouloir néanmoins dérober ce glorieux office aux esprits bienheureux.

En quoi parut sa foi?

En ce qu'elle crut, 1° qu'elle concevrait demeurant Vierge; 2° qu'elle serait la Mère de son Dieu; 3° qu'elle serait mère et vierge tout ensemble; 4° que ce petit Enfant faible et infirme qu'elle portait entre ses bras, qu'elle allaitait de ses mamelles, qu'elle voyait sujet aux misères humaines, qu'il fallait dérober à la cruauté d'Hérode, de peur qu'il ne le fît mourir, et qu'elle vit enfin expirer en croix, était le Créateur du ciel et de la terre; la foi si exaltée d'Abraham, qu'est-elle en comparaison de celle de Marie?

Et sa charité?

Qui peut douter du pur amour qui brûla son cœur? 1° lorsqu'elle fut ombragée de la vertu du Très-Haut; 2° que le Saint-Esprit survint en elle; 3° et qu'elle conçut Jésus-Christ; 4° qu'elle porta le Verbe incarné dans son sein; 5° qu'elle tenait entre ses bras, qu'elle lui donnait des marques de sa tendresse maternelle et respectueuse, se souvenant toujours qu'elle l'avait conçu du Saint-Esprit, et qu'elle recevait les chastes caresses de cet adorable Enfant; 6° que le Saint-Esprit descendit de nouveau en elle au jour de la Pentecôte.

Et son humilité?

En ce que, 1° ce fut cette vertu qui attira le Verbe éternel dans son sein; 2° saluée par un ange qui lui donna tant de louanges, et qui lui prédit tant de grandeurs, elle se réputa et se qualifia une vile servante: l'humilité étant une vertu d'autant plus excellente et plus rare, qu'elle ne sait pas même qu'elle est vertu, disent les saints; 3° quel fonds d'humilité ne reconnut pas cet Esprit céleste en elle, puisqu'il ne craignit pas de lui donner de la vaine gloire par tant d'éloges? 4° remplie de grâces et de dons, elle les ensevelit dans un profond silence, elle ne dit point qu'elle a conçu du Saint-Esprit, qu'elle est vierge et mère, qu'elle n'a point besoin de purification, etc.; 5° elle se met partout au rang des femmes immondes, et des personnes du commun, et dans un état si abject, qu'on dédaigne de la recevoir dans une hôtellerie ; 6° en un mot, élevée dans la plus haute dignité, elle a été la plus humble des créatures, ou plutôt la seule, puisque les hommes peuvent bien être modestes, en ne s'élevant pas trop, mais non humbles, à proprement parler, puisqu'ils sont si dignes de confusion, qu'ils ne sauraient s'abaisser plus bas que ce qu'ils sont et que ce qu'ils méritent, ce que la sainte Vierge a fait.

Et sa pureté ?
Elle éclate excellemment en Marie, car, 1° ce fut elle qui, la première du monde, fit vœu de virginité perpétuelle, et qui professa une vertu jusqu'alors inconnue sur la terre ; 2° elle ne voulut point accepter la dignité de Mère de Dieu, qu'à condition qu'elle demeurerait vierge, que peut-on dire de plus ? 3° saluée par un ange, elle ne leva pas les yeux pour le regarder, comme avait fait Zacharie, parce qu'il avait la ressemblance d'un homme ; elle se contenta de l'entendre, et elle ne le resalua pas, comme observe le grand saint Ambroise, telle fut sa pudeur et sa modestie.

Et sa patience ?
Qui jamais en a plus exercé ? 1° dans la peine qu'eut saint Joseph qui, la voyant enceinte, voulait la renvoyer comme une adultère ; 2° dans la fuite et le séjour en Égypte ; 3° mais surtout dans la douloureuse Passion et la mort cruelle de son bien-aimé Fils, où elle fut présente ; 4° enfin tout le cours de sa vie n'est qu'un tissu de souffrances et de peines.

Et son obéissance ?
Combien l'exerça-t-elle, puisqu'elle obéit aux ordres des empereurs, aux lois de Moïse, aux volontés de saint Joseph, aux paroles de l'ange, et enfin à tout ce que le Ciel exigea d'elle dans tous les mystères de sa vie, surtout dans celui de la purification, et dans le sacrifice qu'il lui fallut faire de son Fils sur le Calvaire, et d'elle même à l'heure de son bienheureux trépas.

En quoi paraît son esprit d'oraison ?
1° Elle se retira dans le temple dès l'âge de trois ans, pour vaquer à ce saint exercice ; 2° quand l'ange lui apparut, et comme il y a apparence à l'heure de minuit, il la trouva dans une profonde contemplation ; 3° dans quelle union avec Dieu, n'était-elle pas, quand elle portait le Verbe incarné dans son sein et entre ses bras ? 4° quel fut son ravissement, quand elle visita sainte Élisabeth ? 5° lorsqu'elle reçut le Saint-Esprit au jour de la Pentecôte, elle était en retraite et en prières ; 6° l'Évangile nous assure, qu'elle s'occupait sans cesse des mystères de la vie de son Fils ; 7° enfin ce silence perpétuel, que nous lui voyons garder dans l'Évangile, n'est-il pas une marque assurée des saintes et religieuses occupations de son âme, et ne fait-il pas voir, que ce n'est pas le sexe qui porte les autres femmes à tant parler, mais le dérèglement personnel de leur esprit ?

Que devons-nous demander à Dieu dans cette fête ?
Part. 1° à l'amour de Marie, qui l'a rendue impassible dans sa mort ; 2° à sa pureté, qui l'a rendue incorruptible dans le tombeau ; 3° à son humilité, qui l'a élevée si haut dans le ciel.

DE LA FÊTE DE SAINT BARTHÉLEMY.
(24 août.)

Que savons-nous de ce saint ?
Qu'il était Hébreu, et apôtre de Jésus-Christ, qu'il quitta tout pour lui, qu'il fut témoin de ses mystères et de ses actions, qu'il reçut le Saint-Esprit, et qu'il prêcha l'Évangile dans des pays si vastes et si éloignés, particulièrement qu'il pénétra si avant dans les Indes, que l'histoire de ses travaux n'est presque pas venue jusqu'à nous ; mais on peut juger de son zèle et ses vertus, par le genre du martyre qu'il endura, ayant été écorché tout vif pour la foi.

Que devons-nous demander ?
1° L'amour de l'Évangile, qu'il porta parmi ces nations barbares, chez qui on trouva l'Évangile de saint Matthieu, que ce grand saint leur avait prêché, et laissé ; 2° la tempérance qu'il inspira au rapport de saint Chrysostome à des peuples tout à fait intraitables et embûches ; 3° une grande indifférence pour l'estime et le souvenir des hommes, désirant de n'être connu que de Dieu seul, qui voit tout, et qui manifestera tout au jour du jugement. Mais après avoir admiré un saint qui surmonta toutes sortes de douleurs, l'Église va nous en représenter un qui se sanctifia en surmontant toutes sortes de plaisirs.

DE LA FÊTE DE SAINT LOUIS.
(25 août.)

Dites-nous quelque chose de ce grand et pieux roi ?
1° Il naquit sur le trône, mais il s'estima plus heureux d'être né dans l'Église, et de s'appeler Louis de Poissy, que roi de France ; 2° ses mains portèrent le sceptre et la couronne, mais il les employa à servir les pauvres, à panser les lépreux et recevoir le pus qui sortait de leurs plaies ; 3° il se revêtit de la pourpre royale, mais il couvrit sa chair d'un rude cilice ; 4° la nature lui refusa des enfants, mais ses prières lui en obtinrent ; 5° il leur donna des gouverneurs, mais il ne se déchargea pas du soin de leur éducation ; 6° il aima la guerre, mais il ne la fit qu'aux rebelles, aux hérétiques, et aux ennemis du nom chrétien ; 7° il vainquit ses ennemis, qui même avaient attenté contre sa vie, mais il se vainquit lui-même en leur pardonnant ; 8° il fut magnifique en édifices, mais il ne bâtit et ne fonda que des églises et des hôpitaux ; 9° il fit des lois et des ordonnances, mais ce fut contre les impies et les blasphémateurs ; 10° il aima la conversation de la table, mais il y admit les plus pieux personnages de son temps, et les

pauvres; il y faisait lire les ouvrages des saints Pères, et il y pratiquait l'abstinence et le jeûne ; 11° il souffrit avec peine les louanges que les bons donnaient à sa charité, mais il endura avec joie les médisances que les méchants faisaient de sa justice et de sa vertu ; 12° il souhaita de bons prélats à l'Eglise, mais il en refusa la nomination ; 13° il vécut dans un siècle peu éclairé et peu réformé, mais il l'illustra et l'édifia ; 14° il ne put soumettre les infidèles à ses armes, mais il se soumit à la volonté de Dieu ; 15° il eut quelques légers défauts, mais il aima la correction, et il en profita ; 16° ses oreilles furent toujours ouvertes pour écouter les différends de ses sujets, sa bouche pour les accorder, et ses mains pour leur bien faire ; 17° il défendit aux hommes le duel jusqu'alors toléré, et le luxe aux femmes, et procura la paix à ses peuples et à ses voisins ; 18° il eut de grandes traverses, et des disgrâces selon le monde, ses desseins ne réussirent pas, et il vit ses armées défaites, car sans cela eut-il pu être roi, et être saint ? N'étant pas sans mystère, que les mages offrirent à Jésus-Christ, le Roi des rois, de l'or, qui signifie le tribut qu'on leur paie ; de l'encens, qui signifie les louanges qu'on leur donne ; de la myrrhe qui signifie les mortifications qu'ils reçoivent ; 19° enfin ce grand saint fit tant de belles choses, et fut orné de tant de vertus, qu'il est impossible de les écrire toutes.

Que doit-on faire en cette fête ?

1° Prier pour le roi, pour la famille royale et pour tout le royaume ; 2° nous mettre sous la protection de ce grand saint, d'autant plus véritablement roi, qu'il régna toujours sur ses passions ; 3° s'appliquer à la bonne éducation des enfants, qu'on peut dire avoir été une des principales causes des bénédictions répandues dans la famille de saint Louis : car la pieuse reine Blanche sa mère, ne lui imprima rien tant dans l'esprit que l'horreur du péché mortel. Il épousa une princesse vertueuse, qui ne se mêlait que des bonnes œuvres, qui ne profita si bien de ses exemples, qu'après sa mort elle se retira dans un cloître, où elle acheva de se consumer dans les exercices de la vie chrétienne, et dont le convoi fut plus honoré du concours des pauvres qui l'appelaient leur mère, que de toute la pompe royale qui l'accompagna : et lui-même enfin forma les princes, ses enfants, dès leur tendre jeunesse à la piété, les instruisant le soir après Complies qu'il entendait, leur apprenant à prier Dieu, à dire l'office de la sainte Vierge, et à se mortifier, ne voulant pas qu'ils portassent des guirlandes et des rubans le vendredi, les menant au sermon et aux Offices de l'Eglise, et leur laissant par testament un esprit de justice et de piété, encore plus grand que son royaume.

DE LA FÊTE DE LA NATIVITÉ DE LA SAINTE VIERGE.

(8 septembre.)

Quelle fête célèbre-t-on aujourd'hui ?

La naissance de la très-pure Vierge, qui parut au monde comme l'étoile du matin, et l'avant-courrière du vrai Orient, ou de la naissance de Jésus-Christ.

Quel nom lui donna-t-on ?

L'aimable nom de Marie, qu'on ne peut entendre sans joie, et qu'on ne peut proférer qu'avec respect.

Que signifie le nom de Marie ?

1° Dame ou maîtresse ; 2° étoile de mer ; 3° illuminatrice ; 4° pleine d'amertume.

Pourquoi dame ou maîtresse ?

Pour nous apprendre : 1° qu'après Dieu et son Fils bien-aimé, Jésus-Christ Notre-Seigneur, la sainte Vierge est la reine des créatures en excellence, en prééminence, en pouvoir, en sainteté ; 2° elle a régné pleinement sur elle-même, sur ses passions, sur sa chair, sur la convoitise, sur le péché, sur le démon, sans que jamais aucune révolte ait troublé la paix d'un si rare et si précieux domaine ; 3° elle est la mère de notre Roi, qui lui a été soumis. La divine souveraineté, qui donc mérite mieux le nom de dame que Marie, qui a régné sur elle-même et sur Jésus, quel des deux domaines est le plus grand ? Que l'homme règne sur ses appétits, et tout lui sera soumis, Dieu même à qui il liera les mains.

Pourquoi étoile de mer ?

Pour signifier que dans la nuit obscure de ce monde, et parmi les orages des tentations du siècle, nous devons la regarder et avoir confiance en elle, comme en celle de qui l'exemple, l'intercession et le secours peuvent nous guider et nous conduire au port de salut.

Pourquoi illuminatrice ?

1° Elle a éclairé le ciel et la terre par l'éclat de ses vertus, de ses dons et des grâces ; 2° elle a été l'aurore de la rédemption du genre humain, c'est-à-dire, la fin des ténèbres et le commencement du jour, ayant annoncé par sa naissance la prochaine venue de celui qui devait éclairer tout le monde ; 3° auquel elle a été ce que fut la lumière au soleil matériel, lors de la création de l'univers, puisque ; 4° d'elle a été formé ce divin Soleil de justice ; 5° Dieu l'a rendue si brillante de clarté dans la gloire, qu'elle est représentée dans l'Ecriture entourée d'étoiles, revêtue du soleil, et ayant la lune sous ses pieds : appelée elle-même la lune qui nous éclaire à l'heure de la mort, lorsque notre nuit arrive ; 6° elle a relui en bons exemples, et saint Ambroise assure que sa vie a été un modèle et un miroir de perfection pour toutes sortes de personnes et d'états ; 7° elle a été instruite des mystères les plus relevés, elle a eu des vues prophétiques, elle a prononcé un cantique rempli de connaissances les plus sublimes, infuses, non par le ministère des hommes, mais communiquées par le Saint-Esprit même, à cause de cela par les saints Pères appelée *Théodidacte*, ou enseignée de Dieu.

Pourquoi pleine d'amertume ?

A cause de la croix, dont toute sa vie fut un tissu, et surtout de ce calice d'amertume qu'elle avala jusqu'à la lie sur le Calvaire, et du glaive de douleur qui transperça pour lors son cœur maternel.

La sainte Vierge eut-elle des frères et des sœurs ?

Non, elle fut fille unique.

Que remarquez-vous dans cette naissance ?

Qu'elle fut : 1° humble, car quoique plus précieuse aux yeux de Dieu que celle de saint Jean, elle parut moins éclatante : Dieu ayant caché aux yeux du monde les grâces qu'il faisait à celle qui devait être la Mère d'un Dieu caché, la plus cachée des grâces qu'elle ait reçues, mais la plus grande ; 2° miraculeuse, puisque sainte Anne était stérile et extrêmement âgée, aussi bien que saint Joachim, lorsqu'ils l'obtinrent de Dieu ; si bien que la sainte Vierge est un pur don du Ciel, et une fille de prières ; 3° que Marie est née sainte ; 4° qu'elle est née pour des grands desseins, et pour de très-divines choses, c'est-à-dire, pour être la Mère du Verbe incarné, le sanctuaire du Saint-Esprit, le paradis que Dieu a orné dès le commencement pour y recevoir le nouvel Adam, la réparatrice du péché d'Eve, la reine des anges, l'avocate des hommes, le refuge des pécheurs, le modèle de toutes les vertus.

Pourquoi Dieu a-t-il voulu que la sainte Vierge naquît par miracle ?

Afin : 1° qu'il parût qu'elle était plus l'ouvrage de la grâce divine, que de la nature ; 2° que cette moindre merveille disposât à une plus grande, la nativité de la Mère à la nativité du Fils.

Que faudrait-il faire aujourd'hui ?

Se renouveler : 1° dans la piété ; 2° dans les promesses du baptême ; 3° dans la dévotion envers la sainte Vierge, à quoi nous sommes d'autant plus particulièrement obligés, que ce fut un de nos plus pieux rois qui obtint du Pape de son temps la célébration de cette fête ; 4° dans l'obligation que nous avons de faire régner Notre-Seigneur sur nos convoitises ; de donner bon exemple, et d'aimer la mortification, afin de participer ainsi aux grâces qui ont brillé en la sainte Vierge, et dont son nom vénérable nous rappelle l'idée.

DES QUATRE-TEMPS DE SEPTEMBRE.

Pourquoi sont-ils particulièrement institués ?

Afin, 1° de remercier Dieu des fruits de la terre qu'il a donnés, conservés, et conduits à maturité, et le prier d'y répandre sa bénédiction ; 2° de demander la grâce de les recueillir en paix, de les resserrer, et de nous en nourrir avec gratitude et simplicité ; 3° et d'en subvenir à la nécessité contente de peu, loin d'en nourrir l'avarice insatiable ; 4° et d'en faire un bon usage, renonçant à toute cupidité, en destinant quelque portion à l'Eglise, aux pauvres, etc. ; 5° et de se contenter de leur quantité et qualité, sans murmurer ni se plaindre des pertes ou de la stérilité, ni se réjouir vainement de l'abondance. La terre est toujours stérile à un vrai Chrétien ; 6° et qu'après avoir rendu la terre féconde, il rende charitable le cœur des riches, dont le superflu est le patrimoine des pauvres et le supplément de leur indigence, leur apprenant qu'ils sont leurs pères et tuteurs, les coopérateurs de la Providence, et les directeurs de ses présents, comme les apôtres le furent du pain que Jésus-Christ mettait en leurs mains, pour le faire passer entre celles des faméliques ; 7° pour attirer sa bénédiction sur cette saison de l'année, et la lui consacrer : car comme un vrai fidèle ne se contente pas de s'offrir à Dieu dans sa jeunesse, ni le matin seulement, mais qu'il renouvelle son offrande à divers temps de la vie et du jour, ainsi l'Eglise, outre le premier jour de l'an, renouvelle son offrande chaque saison ; 8° et implorer son secours contre les désordres de ce temps.

Quels sont-ils ?

1° L'intempérance, les excès et les sensualités ; 2° les assemblées libertines, les jeux et les danses ; 3° les fraudes, larcins et injustices ; 4° les rapines et les violences ; 5° la dissolution, la dissipation et l'indévotion.

Que faut-il demander et faire ?

1° Modérer sa convoitise ; 2° ne point envier le bien d'autrui ; 3° être content de celui que Dieu donne ; 4° ne point l'exiger avec rigueur et dureté ; 5° sanctifier cette saison par diverses bonnes œuvres, le jeûne, l'aumône, la prière, et l'offrande qu'on en doit faire à Dieu, lui demandant qu'il rende son héritage qui est notre âme, fécond, et qu'il lui fasse produire des fruits dignes de la vie éternelle, et d'être présentés à ce Père de famille à l'heure de la mort, qui est le temps de la récolte d'un Chrétien ; 6° s'unir à toute l'Eglise qui veille pour nous, qui prie, qui gémit, et qui invoque le Saint-Esprit sur ceux qui se présentent à l'ordination, dont la sainteté des ministres qui sont consacrés fait l'abondance et la fertilité du champ de l'Eglise, particulièrement parce que ces Quatre-Temps sont d'ordinaire plus mal observés, et plus négligés que les autres ; 7° enfin demander à Dieu qu'il élève nos cœurs au-dessus de toutes choses terrestres, pour nous attacher aux seuls biens éternels.

DE LA FÊTE DE SAINT MATTHIEU.

(21 septembre.)

Qu'avez-vous à nous dire de ce saint ?

1° C'était un publicain, ou un homme établi pour exiger ou recevoir les impôts ; 2° sa foi, son obéissance et sa ferveur éclatent en ce qu'au premier mot que Jésus-Christ lui dit de le suivre, sans avoir vu de miracles, il quitta tout et pour toujours, biens, richesses, emplois, plaisirs, tant l'éclat qui brillait en la face du Sauveur eut d'empire sur lui, et tant sa grâce intérieure le toucha vivement ; 3° il fit un grand festin à Jésus-Christ et aux apôtres, comme pour dire adieu au monde, et où plusieurs publicains et pécheurs, poussés du désir de voir et d'entendre celui qui ne les dédaignait pas, eurent le bonheur d'assister, malgré le murmure des pharisiens, auxquels le Sauveur remontra que les malades avaient besoin du médecin, et non ceux qui se portaient bien, et qu'il était venu appeler les pécheurs à la pénitence ; 4° son humilité paraît en ce que dans l'Evangile qu'il a écrit, il se nomme Matthieu le pécheur ou le publicain, et supprime son nom de *Lévi*, qui était honorable, et avec lequel les autres auteurs sacrés le désignent, et les autres évangélistes le plaçant devant saint Thomas, il s'est mis après ; 5° il est celui des quatre évangélistes qui le premier a écrit la Vie du Sauveur, et qui a enrichi l'Eglise et tout l'univers de ce bel ouvrage; il le publia dans la Judée, après avoir travaillé au salut des Juifs, et sur le point d'aller instruire les gentils ; 6° après avoir reçu le Saint-Esprit, il prêcha la foi aux Egyptiens, mais surtout aux Ethiopiens, dont il convertit les peuples et les rois, observant une étroite abstinence, se privant de chair et ne se nourrissant que d'herbes, de graines et de bourgeons, ainsi que l'histoire ecclésiastique le marque expressément ; 7° on lui attribue l'institution de la consécration des vierges, et du voile qu'on leur donnait ; aussi tient-on qu'il fut martyr de la virginité, ayant été massacré à l'autel comme il célébrait les divins mystères, pour avoir persuadé cette vertu à une princesse, qui la garda inviolablement.

Quoi faire en cette bonne fête ?

1° Lire l'Evangile de ce saint, surtout le sermon de la montagne, qui contient en abrégé toute la perfection chrétienne, et en apprendre par cœur quelque sentence ; 2° espérer en la miséricorde de Dieu, qui peut en un moment faire d'un pécheur un saint ; 3° demander la chasteté ; 4° instruire le prochain de parole et d'exemple ; 5° se retirer des emplois dangereux, et ne les plus exercer quand on les a quittés ; saint Matthieu ne retourna plus au sien, comme fit saint Pierre dont le métier était innocent.

DE LA FÊTE DE SAINT MICHEL.

(29 septembre.)

Pourquoi cette fête est-elle établie ?

En l'honneur du grand saint Michel archange, et chef de la milice céleste, préposé de Dieu, enfin 1° de protéger l'Eglise, ainsi qu'il le faisait la Synagogue ; 2° de présenter nos âmes au tribunal de Jésus-Christ ; 3° de les défendre contre la rage de leur ennemi.

Que signifie le mot de Michel ?

Il veut dire : *Qui est semblable à Dieu ?* parole que cet archange proféra dans le ciel pour abattre l'orgueil de Satan qui voulait s'égaler au Très-Haut.

Que peut-on remarquer en lui ?

L'excellence, 1° de sa nature, car les essences supérieures contenant, ainsi que les nombres plus grands, les inférieures, et quelque chose de plus, comme il se voit dans l'homme à l'égard des bêtes, des plantes, etc., il s'ensuit, que ce premier des esprits bienheureux renferme dans son espèce toutes les perfections de ses inférieurs, des Trônes, des Vertus, des Dominations, etc., et encore au-delà ; 2° de la grâce, qui lui fut donnée proportionnellement à la noblesse de sa nature ; 3° de sa religion, il adora Dieu le premier, et dès le premier instant de son être il se tourna immuablement vers lui, et admira ses perfections ; 4° de son courage, car quoique inférieur à Lucifer, il s'opposa à son orgueil et à celui des démons, il résista à leurs malignes impressions, et à leur mauvais exemple ; 5° de son zèle, puisque, plein d'indignation contre ces superbes et ces rebelles, il se mit à la tête des bons anges, qu'il fortifia et qu'il anima, et il combattit et surmonta ses dangereux adversaires, qu'il chassa du ciel, remportant le nom de *Michel*, comme un monument éternel de sa victoire, et un prix de son zèle, d'où vient qu'on le représente à la façon d'un guerrier, une épée de feu à la main, et Satan sous ses pieds ; 6° de son estime pour Dieu, car s'écriant : *Qui est semblable à Dieu ?* c'est comme s'il eût dit : Qui peut se comparer à Dieu, égaler sa grandeur, sa gloire, son pouvoir, son indépendance, son être, ses perfections ? etc. Aussi le peint-on avec une balance, toutes les créatures dans une, et Dieu dans l'autre, qui prévaut infiniment ; 7° de son emploi précieux, qui est de recevoir les âmes au sortir du corps, de les présenter au tribunal de Jésus-Christ, de peser leurs bonnes œuvres, et leurs mérites, et de les défendre contre la fureur des démons qu'il a vaincus ; 8° de son rang, il occupe dans le ciel la place et jouit de la gloire dont Lucifer est déchu.

Que savons-nous encore de ce glorieux archange ?

1° L'économie du salut des anges lui a été confiée comme du salut des hommes à saint Gabriel ; 2° le démon voulant découvrir le corps de Moïse, pour le faire adorer des Juifs, et les porter ainsi à l'idolâtrie, saint Michel lui résista, et l'empêcha ; 3° il défendit la nation juive, captive en Babylone, contre l'ange des Perses ; 4° saint Jean dans l'*Apocalypse* nous le représente renversant l'idolâtrie et détruisant les fausses divinités, lors de la conversion des gentils ; 5° Daniel nous assure qu'il viendra défendre l'Eglise, et combattre l'Antechrist, à la fin du monde, au temps du déchaînement de Satan, dont pour lors il achèvera de triompher ; 6° enfin, c'est lui qu'on voit exécuter les plus grandes entreprises, et qui servent à faire dire : *Qui est semblable à Dieu ?*

Qu'admirez-vous encore en lui ?

1° sa foi, sa religion, et sa soumission pour le Sauveur qui lui fut montré dans le ciel, revêtu d'une nature inférieure à la sienne, et qu'il adora ; 2° son abnégation à soi-même, son humilité qu'il opposa à l'amour-propre et à l'orgueil de Lucifer ; 3° l'avantage d'avoir été la première des créatures qui s'est attachée au Créateur, et à Jésus-Christ, pouvant avec raison être appelé *le premier Chrétien* ; 4° joignez à cela les puis-

puissants secours que ceux qui se sont mis sous sa protection, en ont reçus.

Que doit-on demander dans cette fête ?

1° Du zèle pour soutenir l'honneur de Dieu ; 2° une estime infinie de Dieu, et de préférence par-dessus toutes les créatures ; 3° du courage pour résister au démon, et à ses suggestions ; 4° de la confiance au pouvoir de ce saint archange ; 5° de l'humilité, puisque devant remplir la place des anges rebelles, il n'y a nulle apparence que Dieu, qui a chassé du ciel ces esprits orgueilleux, y veuille admettre les hommes superbes ; 6° la grâce du bon exemple.

DE LA FÊTE DES ANGES GARDIENS.

(2 octobre.)

Quelle est la doctrine chrétienne sur l'ange gardien ?

1° Dieu par sa miséricorde infinie en a donné un à chaque fidèle dès le moment de sa naissance, pour le garder, et s'opposer à un esprit tentateur, que selon un bon sentiment, Lucifer envoie à chaque homme pour le tenter et le perdre ; 2° cet ange tutélaire protège et garantit des périls spirituels et corporels ; 3° donne de bons instincts et de bonnes inspirations ; 4° porte au bien, et détourne du mal ; 5° éloigne les occasions d'offenser Dieu, et soutient dans les tentations et les adversités ; 6° aide à se relever quand on tombe dans le péché ; 7° prie et intercède pour nous, représentant à Dieu nos besoins, et nous impétrant du secours ; 8° fortifie dans les angoisses, et particulièrement à l'heure de la mort ; 9° enfin il nous défend au jugement de Dieu.

Quelles perfections de Dieu reluisent dans cette conduite ?

Sa providence, prévoyant si en détail, et par de si admirables moyens, et si proportionnés à tous nos besoins particuliers ; sa bonté, associant l'ange à l'inclination immense qu'il a de bien faire, et la faisant si puissamment ressentir à l'homme ; sa sagesse, conduisant les créatures particulières par les universelles, les corporelles par les spirituelles, les inférieures par les supérieures, les moins parfaites par les plus parfaites ; sa puissance, se servant de ministres si illustres et si grands pour l'exécution de ses ordres. En effet, le mot d'*ange* veut dire messager.

De quels bons offices est-on redevable à l'ange gardien ?

Les voici, selon l'Ecriture et les saints : 1° il offre à Dieu nos prières et nos bonnes œuvres ; 2° il écarte les embûches du démon ; 3° il détourne les objets dangereux ; 4° il diminue les impressions malignes des créatures ; 5° il inspire de bonnes pensées et de bonnes résolutions ; 6° il éloigne les engagements nuisibles, où on s'embarrasserait ; 7° il fait remarquer les soins de la providence de Dieu ; 8° il encourage dans les tentations ; 9° il aide dans les besoins ; 10° il désire notre bien ; 11° il nous aime, et il se réjouit de nos avantages, de nous voir servir Dieu, faire pénitence, travailler à notre perfection, etc.; 12° il a compassion de nos misères ; 13° il nous reprend intérieurement de nos fautes, par des remords et des reproches secrets.

Qui porte des esprits si nobles et si relevés à s'abaisser jusque-là ?

1° La vue de la volonté de Dieu ; 2° le zèle de notre salut ; 3° leur respect pour l'homme depuis l'incarnation du Verbe ; 4° notre association à eux, ayant le même père, le même héritage, le même chef ; 5° la connaissance qu'ils ont que nous devons un jour remplir leurs ruines dans le ciel, et y occuper la place dont les anges rebelles sont déchus.

Que doit produire en nous la pensée de la présence de notre ange gardien ?

Du respect, de l'amour, de la confiance, de la dévotion, de la modestie, nous gardant bien de faire devant lui ce que nous ne voudrions pas faire devant un homme vertueux.

Comment doit-on honorer son bon ange ?

1° Ayant pour lui un cœur plein d'estime, de gratitude et de religion ; 2° pensant souvent à lui ; 3° se mettant en sa présence ; 4° l'invoquant et ayant recours à lui ; 5° célébrant sa fête avec dévotion ; 6° l'imitant : en effet, puisque les pécheurs imitent les mauvais anges, pourquoi les justes n'imiteront-ils pas les bons ?

Que peut-on imiter dans les bons anges ?

1° Cette promptitude admirable à exécuter les ordres de Dieu ; c'est pourquoi on les peint d'ordinaire avec des ailes ; 2° cette charité si pure et si forte, qu'ils exercent envers les hommes, comme on peut voir en l'histoire de Tobie ; 3° cette humilité si profonde avec laquelle ils s'abaissent à venir prendre soin des plus abjects et des plus misérables ; 4° cette pureté si divine, qui fait qu'ayant un commerce continuel avec les hommes, ils ne contractent aucune souillure ; 5° ce regard si fixe et si continuel sur la face du Père, qu'aucun emploi n'interrompt jamais d'un moment ; 6° cette coopération si fidèle au salut des âmes ; 7° ce soin si grand de les porter à Dieu ; 8° enfin tant d'avantages prouvent la nécessité où nous sommes d'avoir un directeur qui nous serve d'ange visible sur la terre, et qui nous guide dans les voies du ciel.

DES ÉPOUSAILLES DE LA SAINTE VIERGE ET DES PRINCIPALES VERTUS DE SA JEUNESSE.

(12 octobre.)

Pourquoi cette fête de dévotion ?

Afin, 1° d'honorer les dispositions de la sainte Vierge, donnée pour épouse au glorieux saint Joseph, et les opérations du Saint-Esprit dans son cœur au milieu de cette cérémonie ; 2° d'adorer l'ordre de la Providence, qui jugea ce mariage convenable et à propos ; 3° d'admirer les mérites de ce saint patriarche, choisi spécialement de Dieu pour époux de Marie, la perfection de sa pureté, et l'élévation de son esprit dans ces noces toutes divines ; 4° de servir de modèle aux personnes qui entrent dans cet état, et leur

Quand la sainte Vierge épousa-t-elle saint Joseph ?

Ce fut à l'âge de quinze ans environ que cette très-pure Vierge, par une disposition merveilleuse de la Providence divine, consentit à ce mariage mystérieux, ayant aussi bien que son époux fait vœu de virginité perpétuelle.

Pourquoi donc ce mariage de Marie ?

Afin, 1° de la préserver de la recherche importune des hommes; 2° de la garantir de l'infamie que sa grossesse lui aurait attirée, et que la naissance de la Vérité ne fût pas accompagnée de la naissance de la calomnie; 3° d'empêcher qu'on ne crût Jésus-Christ né d'une adultère, que l'honneur de Marie fût à couvert contre la malignité de la médisance, le Fils aimant mieux que quelques-uns doutassent du miracle de sa naissance, que de la pureté de sa Mère; et nous apprenant à ne donner aucune atteinte à notre réputation dans le bien même que nous faisons; 4° de cacher le mystère de l'Incarnation, même au démon, disent les premiers Pères de l'Eglise : car puisque l'artifice du serpent avait vaincu le premier homme en le trompant par une vierge, il était juste qu'il fût trompé lui-même par une autre vierge, pour être ensuite vaincu par le second homme; 5° d'ôter tout prétexte aux filles imprudentes, qui donnent lieu à la médisance, de dire que la sainte Vierge aurait été calomniée aussi bien qu'elles; 6° de donner un appui et un aide à cette divine Mère et à son Fils; 7° de servir de modèle à l'Eglise, qui selon le langage des Pères, est vierge, épouse, et mère tout ensemble; 8° d'honorer et autoriser l'état et du mariage et de la virginité, contre les hérétiques qui devaient condamner l'un et l'autre.

Etait-ce un vrai mariage ?

Sans doute, puisque tous les biens de cet état s'y rencontrèrent : **1°** la foi inviolablement gardée de part et d'autre; 2° l'indissolubilité; 3° l'union des cœurs plus intime que celle des corps; 4° la fécondité, et quelle fécondité !

Comment la sainte Vierge vécut-elle avec ce grand saint ?

7° Elle l'aima selon Dieu, elle l'honora, elle lui obéit, elle le servit, mais tout cela dans une sublime élévation d'esprit en Dieu, dans une parfaite soumission à ses ordres, dans un entier abandon à sa conduite, dans une certitude intérieure qu'elle serait épouse et vierge tout à la fois: et ce grand saint la considérant de son côté comme un trésor de grâce, et comme un modèle de perfection, vivait avec elle comme les anges vivent avec nous sur la terre. Tout fut saint, tout fut céleste, tout fut divin entre Marie et Joseph.

Que doit-on demander aujourd'hui ?

La grâce de la pureté quand on est obligé de converser avec les personnes de différent sexe.

Quelles furent les vertus les plus imitables de la sainte Vierge pendant sa jeunesse ?

Le grand saint Ambroise, qui sans doute l'avait appris par la tradition, ou par l'inspiration du même Esprit qui les avait produites en Marie, s'en explique en ces termes : « Que dirai-je des vertus de Marie ? Mère, elle fut vierge, non-seulement de corps, mais encore d'esprit. Jamais aucune affection terrestre ne ternit la pureté de son âme. Elle fut humble de cœur, grave en ses discours, prudente en ses pensées; elle parlait peu, elle lisait beaucoup, elle était détachée de toutes choses, elle se confiait à la prière du pauvre, elle était laborieuse et appliquée à son ouvrage; elle était la pudeur même en ses discours, elle ne cherchait pas à plaire aux hommes, elle se contentait de Dieu seul pour témoin de ses actions, elle n'offensait personne, elle voulait du bien à tout le monde, elle se levait par honneur devant ses anciennes, elle ne portait point d'envie à ses compagnes, elle ne se vantait jamais, elle haïssait la vaine gloire, elle se gouvernait par la raison, elle aimait la vertu : jamais elle ne fâcha ses parents, jamais elle ne contredit celles avec qui elle vivait, jamais elle ne méprisa les petits, jamais elle ne se moqua des misérables, jamais elle n'évita l'entretien des pauvres, jamais elle ne fréquenta que des personnes charitables et modestes ; elle n'eut rien d'arrogant dans ses regards, rien d'éventé dans son visage ; ses gestes n'étaient point affectés, ni ses démarches efféminées, ni sa voix dissolue. En sorte que toute sa composition extérieure était une parfaite représentation de son intérieur religieux et modeste, et un modèle accompli de perfection. »

Continuez à nous rapporter les paroles de ce grand saint ?

« Que dirai-je encore, » poursuit-il, « de l'abstinence de Marie qui était extrême, et de ses emplois qui étaient continuels ? A peine prenait-elle le nécessaire à la vie, et elle travaillait jusqu'au delà de ses forces, ses occupations remplissaient son temps, et ses jeûnes s'étendaient jusqu'à deux jours de suite ; quand la nécessité l'obligeait de manger, elle avait recours à des aliments qui suffisaient pour reculer la mort, mais qui ne pouvaient agréer au goût. L'envie de dormir n'en prévenait jamais le besoin, et tandis que son corps sommeillait, son cœur veillait. Elle ne sortait que pour aller au temple en la compagnie de ses parents et de ses proches. Elle était solitaire à la maison, accompagnée au dehors, quoiqu'elle ne pût avoir de meilleure surveillante à sa conduite qu'elle-même. Son marcher imprimait de la vénération, et son abord du respect : autant de pas qu'elle faisait étaient autant de démarches vers la vertu. Marie était si appliquée à toutes choses, qu'on eût dit que plusieurs personnes l'avertissaient sans cesse de ce qu'elle avait à faire, et elle remplissait si parfaitement les ordres qu'on lui donnait, qu'elle paraissait, non tant avoir appris de quelqu'un ce qu'elle faisait, qu'enseigner aux autres comme il le fallait faire. Telle est l'idée que l'Evangile nous donne de Marie.

telle fut Marie que l'ange salua, telle fut Marie que le Saint-Esprit choisit. Marie, l'objet de l'amour de ses parents et de la vénération de tout le monde, se trouva digne que le Fils de Dieu naquît d'elle. Enfin, conclut ce grand docteur de l'Eglise, la vie de Marie fut telle, qu'elle peut servir de modèle à tout le monde. »

DE LA FÊTE DE SAINT LUC.

(18 octobre.)

Que savons-nous de ce saint ?

1° Il était natif d'Antioche, et de médecin de corps, il devint médecin des âmes, le très-cher disciple, le parent et le compagnon inséparable des voyages et des missions de l'apôtre saint Paul ; 2° il est un des quatre évangélistes, ayant composé un Evangile et l'*Histoire de l'Eglise naissante*, ou des *Actes et Vies des apôtres et des premiers disciples de Jésus-Christ*, qu'on doit regarder comme un trésor inestimable, dont les fidèles lui seront à jamais redevables et qui apparemment l'ont fait nommer l'*Etoile de l'Eglise* ; 3° il savait la peinture, et il nous a laissé un excellent tableau de la sainte Vierge, qui se garde à Rome, et dont les traits impriment une haute idée de la sainteté de Marie : mais il nous en a fait un portrait infiniment plus beau dans la description des circonstances du mystère de l'Incarnation, où il nous a excellemment dépeint les sentiments, les vertus et l'intérieur de cette divine Mère ; 4° son Evangile fut reçu avec un applaudissement général de l'Eglise, et lui attira les louanges de tous les fidèles, et c'est celui dont se servait l'apôtre saint Paul, qui le portait et le divulgait partout où il prêchait ; 5° nous devons avoir d'autant plus de dévotion à ce saint, qu'il a prêché l'Evangile en France, pour lors la Gaule ; 6° il demeura vierge, et il fut aux Chrétiens un parfait modèle de pénitence, portant continuellement sur son corps, les marques de la mortification de Jésus-Christ, vertu rare en ceux particulièrement qui s'appliquent à la peinture et à la médecine, et il imita enfin parfaitement ce divin original, par un glorieux martyre qu'il souffrit dans une extrême vieillesse.

Que doit-on demander ?

1° Du goût dans la lecture de la vie des premiers Chrétiens, écrite par ce saint, et les imiter ; 2° de la dévotion envers la sainte Vierge, portant toujours en vue l'idée de sa sagesse et de sa modestie ; 3° la mortification de notre chair ; 4° avoir si on peut, une copie de cette image et la considérer souvent ; 5° travailler avec zèle à l'instruction du prochain, moyen excellent de peindre Jésus-Christ dans les cœurs et de les guérir dans leurs plaies.

DE LA FÊTE DE SAINT SIMON ET SAINT JUDE.

(22 octobre.)

Que savons-nous de ces deux saints ?

1° Qu'ils furent deux dignes apôtres de Jésus-Christ ; 2° qu'après la réception du Saint-Esprit, ils prêchèrent l'Evangile dans l'Egypte, dans l'Afrique, dans la Mésopotamie, et principalement dans les vastes et affreuses régions de la Perse, où ils convertirent à la foi un nombre innombrable de Chrétiens, par l'excellence de leur doctrine, et par l'exemple de leurs vertus ; 3° que l'un et l'autre furent couronnés du martyre qu'ils endurèrent pour Jésus-Christ ; 4° que leur association dans la prédication de l'Evangile est cause qu'on fait leur fête en un même jour ; 5° et que l'Eglise a tant de respect pour leur sainteté, qu'elle célèbre leur mémoire avec vigile et jeûne.

Quoi encore de particulier ?

1° Saint Simon était de Cana en Galilée, et saint Jude, autrement Thadée, fut frère de saint Jacques le Mineur, et par conséquent, parent proche de Jésus-Christ selon la chair ; 2° l'article de la communion des saints et de la rémission des péchés est attribué à saint Simon, et celui de la résurrection de la chair à saint Jude, selon saint Augustin ; 3° l'instrument du martyre de saint Simon fut une scie, et de saint Jude une hache ; 4° saint Jude a écrit une excellente Lettre canonique contre les hérétiques de son temps, dont il fait une admirable peinture, et il exhorte puissamment les fidèles à ne leur ajouter point de foi ; il expose la grandeur du supplice qui leur est préparé, et dont il prend les exemples et les figures dans la punition des démons, des habitants de Sodome et des rebelles Israélites. On rapporte de lui ou de saint Mathias, qui prêcha dans les mêmes provinces, trois sentences remarquables et véritablement apostoliques. L'une : *Endurez les choses présentes* ; c'est-à-dire, sans murmure. L'autre : *Si nous avions abandonné notre bien, comment prendrions-nous le bien des autres ?* Et la troisième : *Si le voisin du fidèle pèche, le fidèle pèche*. Pour dire que c'est faute de lui avoir donné assez bon exemple, et de n'avoir pas attiré assez de bénédictions sur lui.

Que doit-on demander ?

1° L'horreur des nouvelles doctrines ; 2° la soumission à l'Eglise ; 3° la pratique des bonnes œuvres, que ces premiers hérétiques combattaient, enseignant que la foi seule suffisait pour le salut.

DE LA FÊTE DE LA TOUSSAINT.

(1er novembre.)

Pourquoi cette fête a-t-elle été établie ?

Afin, 1° d'honorer toute l'Eglise triomphante à la fois, car la multitude des saints étant innombrable, et les jours de l'année ne suffisant pas pour célébrer la mémoire de chacun d'eux en particulier, l'Eglise les ramasse tous aujourd'hui en une seule solennité, afin qu'aucun ne se dérobe à sa religion et aux devoirs qu'elle veut leur rendre ; 2° d'honorer les saints qui n'ont pas une solennité particulière ou qui sont demeurés inconnus par les pieux artifices de leur humilité, et de leur amour pour la vie cachée, ou qui ont été confondus en ce monde avec les méchants ; 3° de réunir tous les fidèles dans le culte religieux dû à ces amis de Dieu ; 4° de réparer la négligence qu'on apporte à la célébration de chaque fête en particulier ; 5° d'intéresser toute la cour céleste à notre protection, et réunir les intercessions et les suffrages de tous les saints, afin de nous rendre davantage Dieu propice et favorable ; 6° de nous faire envisager et imiter la grandeur de la gloire promise aux saints dans le ciel ; 7° de nous exciter à la vertu, en nous proposant tout d'un coup tant de saints exemples ; 8° et multiplier nos intercesseurs.

Comment doit-on célébrer cette fête ?
1° Avec une souveraine dévotion, l'esprit élevé au ciel, rempli d'une haute idée du bonheur des saints, et le cœur touché d'une affection religieuse envers eux ; 2° dans de grands sentiments de Dieu et de Jésus-Christ, le Saint des saints ; 3° dans un grand mépris de la vanité et du néant de toutes les choses du monde ; 4° dans un grand désir de posséder la vie éternelle.

Pourquoi cette fête tient-elle un si grand rang parmi les fêtes de l'année ?
Elle est l'image de la fête éternelle que Dieu fait lui-même dans le ciel avec tous les saints, et nous devons la célébrer avec un zèle d'autant plus singulier, que c'est la piété d'un de nos meilleurs et plus grands rois, qui, à la sollicitation du Souverain Pontife de son temps, procura son établissement en France.

DE LA COMMÉMORAISON DES FIDÈLES TRÉPASSÉS.

(2 novembre.)

Quelle différence y a-t-il entre la fête d'hier et celle d'aujourd'hui ?
1° Hier l'Eglise militante rendait ses honneurs à l'Eglise triomphante, aujourd'hui elle travaille au secours de l'Eglise souffrante ; 2° hier elle implorait les prières de celle-là, aujourd'hui elle offre ses suffrages pour celle-ci ; 3° hier elle se réjouissait de la gloire de l'une, aujourd'hui elle s'afflige des peines de l'autre ; 4° hier elle était vêtue de blanc, marque de la joie, aujourd'hui elle prend le noir en témoignage de son deuil.

Qu'est-ce que cela fait voir ?
La communion qui est entre l'Eglise triomphante, l'Eglise militante et l'Eglise souffrante.

Pourquoi cette couleur noire et ce chant lugubre ? est-ce que l'Eglise pleure la mort des saints ?
Non, mais elle déplore le péché qui est la cause de la mort, et elle excite ses enfants à implorer la miséricorde de Dieu, qui est la source de la vie. Elle leur apprend qu'ils ne peuvent éviter la mort que par la mort, la mort éternelle, que par la mort au péché.

Que signifient ces luminaires et ces torches ardentes ?
La foi de l'immortalité de l'âme qui vit devant Dieu, et l'espérance de la résurrection du corps.

Et ce pain et ce vin qu'on offre ?
Que nous tenons la vie de Dieu, et que nous lui en faisons hommage comme à celui qui nous l'a donnée, qui nous la conserve, et qui nous l'ôtera quand il voudra.

Qui nous oblige à prier pour les fidèles trépassés ?
Nous y sommes tenus, 1° par justice : vous êtes peut-être cause de leurs souffrances, par vos mauvais exemples, par la négligence que vous avez eue à instruire ou reprendre cet enfant, ou ce domestique ; ce père et cette mère souffrent, parce qu'ils vous ont trop aimé selon le monde, et trop peu selon Dieu ; ils vous ont flatté ou toléré vos vanités, ils se sont trop attachés aux biens de ce monde pour l'amour de vous ; comment soulageriez-vous votre ennemi, puisque vous abandonnez vos plus chers amis ? Ils vous ont laissé leurs richesses, acquises peut-être avec bien des péchés et de la peine, et vous ne les secourez pas ? Vous leur refusez une aumône et des prières, et tandis que le pauvre père brûle, le fils impie se divertit ; 2° par charité, c'est votre prochain qui souffre et qui vous implore, et qui a toutes les qualités les plus capables de vous attendrir et de vous donner de la compassion : il est réduit dans la dernière misère et affliction, il ne peut se secourir, ni se soulager lui-même, il gémit dans un cachot horrible, ses peines sont inexplicables et incomparablement plus grandes que toutes celles de cette vie, et il se trouve peut-être abandonné de tout le monde ; 3° par religion, car ce prochain est dans une sainteté consommée, sa patience est admirable, aussi bien que sa résignation et sa conformité à la volonté de Dieu, il est très-agréable à Jésus-Christ et le sera éternellement : c'est un saint et un prédestiné qui endure et qui vous réclame ; 4° par intérêt, car par un juste jugement de Dieu vous serez mesuré à la même mesure que vous aurez mesuré les autres : vous ne priez pas pour les autres, un jour viendra que vous serez en peine, et qu'on ne priera pas pour vous : et au contraire, si vous assistez ces âmes souffrantes, elles se souviendront de vous dans le ciel dont elles vous seront en quelque façon redevables : banissez donc le luxe et la vanité de la pompe funèbre, enrichissez plutôt les pauvres que les marchands, et faites-vous des amis qui vous reçoivent dans ces tabernacles éternels.

Pour quelles autres âmes du purgatoire est-il bon particulièrement de prier ?
1° Pour nos parents, amis et bienfaiteurs ; 2° pour ceux que nous sommes peut-être cause qui y sont ; 3° pour ceux qui sont comme abandonnés de secours, qui n'ont ni parents, ni amis qui se souviennent d'eux ; 4° pour ceux qui souffrent le plus, afin que Dieu les soulage ; pour ceux qui souffrent le moins, afin que Dieu les délivre.

Que devons-nous particulièrement aux défunts ?
1° Enterrer leurs défauts ; 2° publier leurs vertus ; 3° prier pour leur repos ; 4° profiter de leurs exemples.

DE LA FÊTE DE SAINT MARTIN.
(11 novembre.)

Quelle chose avez-vous à dire de ce saint ?

Il y en a tant, qu'on est beaucoup plus en peine à choisir celles qu'on doit taire, que celles qu'on doit dire : car, 1° il fut la merveille de son siècle, la lumière de toute l'Eglise, la perle des prélats et l'ornement des religieux ; 2° il naquit à Stain ou Sabarie ville de Hongrie, de parents assez considérables, mais païens, malgré lesquels n'étant âgé que de dix ans, il fut à l'église se faire inscrire au nombre des cathécumènes ; 3° son père l'engagea à quinze ans dans l'armée de l'empereur Constance ; 4° à dix-huit un pauvre nu lui ayant demandé l'aumône au nom de Jésus-Christ à la porte d'Amiens, il lui donna la moitié de son manteau, ce que Notre-Seigneur témoigna dans une vision lui avait été fort agréable, par ces paroles : *Martin n'étant encore que cathécumène, m'a revêtu de ses habits*; 5° étant baptisé peu après, il offrit à Julien l'Apostat de traverser l'armée des ennemis, armé du seul signe de la croix, par vertu de laquelle il demeurerait invulnérable au milieu de leurs traits ; 6° quittant la milice, il vint trouver saint Hilaire évêque de Poitiers, qui le voulut ordonner diacre, mais saint Martin s'en jugea si indigne, qu'on ne le put résoudre qu'à recevoir l'ordre d'exorciste ; 7° averti en songe d'aller en Hongrie, il y convertit sa mère, ses parents et plusieurs idolâtres, mais non son père ; 8° l'impiété arienne infectant l'Esclavonie ; il la combattit presque seul avec tant de succès et de zèle, qu'après divers mauvais traitements, il fut publiquement battu de verges et chassé ; 9° il connut à Vienne saint Paulin, évêque de Nole, et le guérit sur-le-champ, et sans douleur, d'un mal qu'il avait à un œil déjà couvert d'une taie, en le lui touchant d'un linge. Ce grand saint se glorifiait d'avoir été aimé de saint Martin, et le nommait son bienheureux père ; 10° apprenant à Milan les troubles que les ariens causaient dans les Gaules, d'où ils avaient exilé saint Hilaire, il s'arrêta dans cette ville et y bâtit un monastère : mais Auxence, évêque de Milan, infecté de l'arianisme, l'y persécuta et l'en chassa, ce qui l'obligea de se retirer avec un prêtre dans une île déserte, où il ne vivait que de racines ; 11° apprenant le retour de saint Hilaire, il fut au-devant de lui jusqu'à Rome, d'où le trouvant parti, il le suivit à Poitiers, près duquel il bâtit un monastère où il vivait si saintement, qu'il y ressuscita deux morts ; 12° saisi et arrêté par un pieux artifice du peuple, il fut consacré évêque de Tours, quelque résistance qu'il y apportât ; 13° il joignit les austérités de la vie monastique à la sainteté des fonctions pontificales, ce qui n'avait presque point encore eu d'exemple en Occident ; 14° il gouverna son diocèse avec tant d'éclat, que la bonne odeur de ses vertus et le bruit de ses miracles embauma et édifia toute l'Eglise et tout l'univers ; 15° l'empereur Valentinien ne voulant pas l'honorer, y fut contraint par un prodige ; 16° le tyran Maxime qui avait usurpé l'empire, quelque barbare qu'il fût, le respecta, il écouta ses remontrances, il l'admit à sa table, il souffrit que l'impératrice sa femme lui apprêtât à manger de ses propres mains et le servit à table, où il trouva bon qu'il préférât un simple prêtre qui l'accompagnait, au rang auguste d'empereur qu'il tenait, et il périt pour n'avoir pas voulu suivre ses conseils ; 17° enfin consumé par le travail et par la pénitence, revêtu d'un cilice, couché sur la terre, couvert de cendres, les yeux attachés au ciel, indifférent pour la vie ou pour la mort, plein d'une sainte confiance, qui mit en fuite le démon, il rendit son âme à Dieu, que les anges enlevèrent au paradis, et dont divers saints encore vivants entendirent la musique céleste, particulièrement saint Severin, archevêque de Cologne. Saint Ambroise fut transporté en esprit aux obsèques et à la mort précieuse de ce saint, qui quelque temps encore après apparut avec saint Janvier à saint Paulin moribond, et deux mille moines, qui reconnaissaient ce grand saint pour leur Père, honorèrent ses funérailles.

Ce saint fut donc en grande vénération ?

Sans doute, comme on peut voir par les vœux et les pèlerinages de tous les fidèles du monde à son tombeau, des rois, des empereurs et des Papes ; par les indulgences qui y étaient attachées, par cette basilique si célèbre et si auguste qu'on bâtit à sa mémoire, par la gloire que les évêques, les archevêques et les souverains se sont faite de se dire de son corps de son clergé, d'en porter l'habit et de jurer d'en conserver les privilèges, par les biens immenses dont on enrichit son église, qui en possèdent jusques en Italie, en Angleterre, etc., par la multitude d'oratoires et de temples qu'on lui érigea dans tous les endroits de la chrétienté, par les favorables secours dont tout le royaume et la religion lui ont été plus d'une fois redevables, par cette fameuse date d'années, qu'on comptait autrefois, *ab obitu Martini* ; par le choix que l'Eglise latine fit de lui au concile de Florence, pour donner sa fête à célébrer à l'Eglise grecque en signe de communion, par l'honneur que quatre archevêques ou évêques se sont fait d'écrire l'histoire de la Vie et de ses miracles. Sévère Sulpice, son disciple, l'envoya à saint Paulin, évêque de Nole, qui la porta à Rome, et la répandit dans toute l'Italie et dans l'Illyrie. Enfin par les nombreuses assemblées au jour de sa fête, et dont la lie de ces derniers siècles n'a presque rien retenu, que le désordre inséparable de ces grands concours de peuples. Autrefois on commençait l'Avent dès le lendemain de la saint Martin, et on prétend qu'il est le premier confesseur pontife de qui on a chômé la fête et célébré l'Office propre.

Quelles vertus faut-il particulièrement demander dans cette fête ?

1° L'humilité ou l'amour de la vie pauvre, abjecte et cachée, qui fut comme le propre caractère de ce saint ; 2° l'oraison, car nous lisons dans sa Vie, qu'il tenait sans cesse les bras et les yeux élevés au ciel, et qu'il avait un esprit infatigable dans la prière ; 3° la religion au saint sacrifice, car ce saint célébrait avec tant d'ardeur, qu'on vit quelquefois un globe de feu sur sa tête, lorsqu'il était à l'autel ; 4° l'horreur de l'hérésie, qui a osé brûler ses saintes reliques et jeter ses cendres au vent.

DE LA FÊTE DE LA PRÉSENTATION DE LA SAINTE VIERGE.

(21 novembre.)

Comment se passa la jeunesse de la très-sainte Vierge ?

Dès l'âge de trois ans, ses parents l'offrirent à Dieu dans le temple et la lui consacrèrent, voulant bien lui faire ce sacrifice de détachement, lui donner cette aimable enfant, pour être élevée au pied de ses autels, et la sainte Vierge, déjà prévenue de la lumière céleste, consentit à l'offrande qu'on faisait d'elle, et dans une séparation parfaite de ses parents, de ses biens et de toutes les commodités de la maison paternelle, elle se dédia au service du temple matériel du Dieu vivant, elle qui en devait être le sanctuaire animé.

Quel jour arriva-t-il ?

Ce fut aujourd'hui, 21 de novembre, à ce qu'on tient. Il ne faut pas néanmoins confondre cette cérémonie avec certaine autre, qui ordonnait de présenter au temple les filles quatre-vingts jours après leur naissance, à quoi sans doute les parents de la sainte Vierge ne manquèrent pas d'obéir, ainsi qu'aux autres lois de Moïse.

Cette offrande plut-elle beaucoup à Dieu ?

Oui, car il agréa extrêmement, 1° ce qu'on lui offrait ; 2° la personne qui le lui offrait ; 3° la manière dont on le lui offrait.

Que lui offrait-on ?

La sainte Vierge, c'est-à-dire la plus parfaite de ses créatures, son épouse bien-aimée, la Mère future de son Fils et de tous les fidèles : de façon que tous les Chrétiens et Jésus-Christ même furent en quelque sorte compris dans cette sainte et précieuse oblation.

Qui lui fit cette offrande ?

Saint Joachim et sainte Anne et la sainte Vierge elle-même toujours agréable aux yeux de Dieu et à l'imitation de son divin Fils, prêtre et victime.

Comment se fit cette offrande ?

Dans les sentiments les plus purs, les plus saints et les plus tendres que la religion puisse inspirer.

Que peut-on aujourd'hui remarquer dans la Vierge ?

1° Sa séparation de tout ce qui est opposé à la sainteté, du monde, de la chair et du sang, des parents, des douceurs de la vie et des commodités de la maison paternelle ; 2° son application à la pratique des vertus les plus héroïques et les plus propres à la conservation de l'innocence, à la retraite, la prière, le silence, l'obéissance, l'étude de la loi de Dieu, le travail, l'humilité, la religion. D'où vient que sortant du temple, elle parut consommée en foi, en amour, en chasteté, en obéissance, comme il parut lors de l'Annonciation, etc. ; 3° sa destination à l'exercice des plus saints emplois à ce qui concernait le temple, les autels, les vêtements sacerdotaux, les sacrifices et tout le reste du culte divin, et particulièrement l'instruction et l'éducation des personnes de son sexe, autres sanctuaires animés qu'elle préparait au Seigneur ; 4° sa consécration à des usages tout divins, à être un vase de sanctification ; car c'est là où elle voua la chasteté perpétuelle, où elle reçut le Saint-Esprit, où elle se disposa au mystère de l'Incarnation, qui devait s'opérer en elle, à être la Mère de Jésus-Christ, l'épouse du Père, et le temple de la sainte Trinité, profitant si bien dans une si bonne école, que quand elle en sortit, l'ange lui put dire : Je vous salue, Marie, pleine de grâce ; le Seigneur est avec vous, vous êtes bénie sur toutes les femmes, le Saint-Esprit surviendra en vous, etc., comme donnant à entendre qu'il y était déjà venu, etc. Vues religieuses, qui obligent plusieurs communautés de renouveler aujourd'hui leurs vœux et de chercher dans la grâce de ce mystère l'esprit de leur profession et le zèle d'imiter la vie et les dispositions de cette Vierge des vierges pendant son séjour au temple, et particulièrement les ecclésiastiques qui vivent dans les séminaires.

Comment cela ?

Ils y viennent, 1° pour les mêmes desseins pour lesquels cette Vierge des vierges et ce modèle des prêtres se présenta au temple, et par conséquent ils doivent s'y présenter avec ses mêmes sentiments, le jour de leur tonsure étant une vraie fête de la présentation pour eux ; 2° pour réparer leurs manquements dans la réception de la tonsure et se renouveler dans l'esprit ecclésiastique, ainsi qu'un fidèle le jour de son baptême dans l'esprit du christianisme, mettant en usage un avis de l'Apôtre : Je vous avertis que vous ayez à vous renouveler dans la grâce de votre ordination. Il est vrai qu'ils sont entrés dans le clergé ayant l'usage de raison et qu'ils ont proféré leurs vœux de leur propre bouche : *Dominus pars hæreditatis* (*Psal.* xv, 5) etc. Mais ils sont souvent en cela de pire condition que les enfants, qui du moins n'ont pas d'indispositions volontaires à la vie chrétienne, comme eux à la vie ecclésiastique, ne sachant d'ordinaire rien et ne prétendant rien de la tonsure que le temporel ; disposition de leur cœur formellement opposée à la protestation qu'ils profèrent de bouche et la sainteté de l'état qu'ils embrassent ; 3° pour s'y former aux fonctions sacerdotales par la retraite, la pénitence, la prière, la réception des sacrements, l'étude des saintes lettres, la prédication, l'exercice des cérémonies, la récitation des louanges de Dieu, et y consacrer leur corps par le vœu de chasteté ; 4° pour se disposer à la réception du Saint-

Esprit, à la production du corps de Jésus-Christ, à travailler au salut des âmes, et par conséquent cette fête leur doit être une grande occasion de se renouveler dans l'esprit de leur profession, de se préparer à la grâce de l'ordination et de se présenter à Dieu comme des victimes qui veulent premièrement faire un sacrifice d'eux-mêmes à l'imitation de la sainte Vierge, avant que de sacrifier Jésus-Christ, qui, entrant dans ce monde, se présenta à son Père, pour se mettre en la place de toutes les victimes anciennes : offrande qu'il exécuta sur l'autel de la croix d'une manière sanglante, qu'il continue de faire tous les jours sur la terre d'une manière mystique, et qui remplit encore son sacerdoce au ciel, où il se présente à son Père pour nous, couvert du sang, non d'une victime étrangère, mais du sien propre.

Combien demeura-t-elle dans le temple ?

Depuis l'âge de trois ans, jusqu'à l'âge de quinze ans environ, qui fut le temps à peu près auquel on la donna pour épouse à saint Joseph, et qu'elle conçut Jésus-Christ dans ses chastes entrailles.

Qu'apprenons-nous de là ?

A nous disposer aux grâces de Dieu, particulièrement à la sainte communion et à la vocation, par la retraite, la prière et la pureté de vie.

A quoi s'occupait la très-pure Vierge pendant son séjour au temple ?

Voici ce que nous en apprenons des saints. Elle était soumise à celles qui lui avaient été données pour maîtresses, elle travaillait aux ornements du temple et aux vêtements sacerdotaux, elle vaquait à la prière, elle soupirait après la venue du Messie, elle était visitée des anges, et même admise par une faveur spéciale, ainsi que quelques Pères l'écrivent, à visiter les saints lieux, destinés à mettre l'arche d'alliance, de sorte qu'elle pratiqua pour lors trois excellentes vertus, l'obéissance, le travail et la dévotion.

Que fit-elle de notable pendant ce séjour ?

Elle se disposa à devenir le temple du Saint-Esprit, la Fille du Père, la Mère du Fils : elle y fit vœu de virginité perpétuelle, et elle consacra à Dieu son corps aussi bien que son âme. Si bien que c'est par elle que la dignité des vierges a commencé ; les prémices de cet état saint, dont elle a été l'apôtre, lui appartiennent. Marie a la première sur la terre levé l'étendard d'une entière pureté, sans en avoir eu de modèle que dans le ciel où se trouve l'Époux des vierges, dit saint Ambroise, ce qui depuis a été admiré de tous les hommes, et imité d'un nombre infini de personnes de l'un et de l'autre sexe, qui se sont fait une gloire de suivre les traces de cette Reine des vierges, laquelle a pratiqué si excellemment cette vertu, qu'elle n'a jamais eu de pensée contraire à la pureté, ni ressenti la moindre révolte dans ses passions, et qu'elle a pu l'allier sans la perdre avec sa glorieuse maternité.

Que joignit-elle à la virginité ?

La retraite, la prière, l'humilité.

Où alla-t-elle demeurer à la sortie du temple ?

A Nazareth, ville de Galilée, qui était une province de la Terre sainte, ou de la Judée, et apparemment la patrie de saint Joseph.

Qu'apprend-on de ce mystère ?

1° Que les pères et les mères doivent offrir de bonne heure leurs enfants à Dieu ; 2° que nous devons nous détacher des personnes les plus chères pour l'amour de Dieu ; 3° et nous donner à Dieu de bonne heure, et dès notre tendre jeunesse ; 4° qu'il faut se préparer pour connaître les desseins de Dieu sur nous, et demander la grâce de la vocation à laquelle il nous destine.

Cette fête est-elle ancienne dans l'Eglise ?

Oui, surtout en Orient, et nous devons la célébrer avec une dévotion d'autant plus grande, que ce fut la piété d'un de nos plus sages rois qui l'introduisit en France, secondant en cela le zèle et la religion du Souverain Pontife qui vivait lors, lequel la répandit dans tout l'Occident.

DU FRUIT QU'ON DOIT TIRER DES FÊTES ET DES MYSTÈRES.

Que remarquez-vous dans les mystères que l'Eglise propose aux fidèles ?

1° Leur excellence : plus on les médite, plus on découvre de merveille, de grâce, de sainteté ; 2° leur agréable variété : ils ont leurs temps, et ils se succèdent dans le monde spirituel, ainsi que les saisons de l'année dans le monde corporel. Et comme une grande dame qui, selon les saisons, a de nouveaux ameublements dans son palais, de nouveaux fruits sur sa table, de même l'Eglise expose successivement à nos yeux, dans le cours de l'année, de nouveaux spectacles de piété à considérer, nouvelles vérités à nous nourrir.

Ces mystères doivent-ils produire quelque fruit en nous ?

Sans doute, car autrement ils nous seraient inutiles, et nous en deviendrions pires. Il en est ainsi de la parole de Dieu, des sacrements, des bons exemples, des répréhensions, etc. Et saint Paul regarde les mystères glorieux du Fils de Dieu comme un fruit de ses mystères humiliants.

Quels sont ces fruits ?

La foi doit devenir plus éclairée, l'espérance plus excitée, la charité plus animée.

Comment la foi en devient-elle plus lumineuse ou plus éclairée ?

Parce que, d'année en année, on se fait plus savant dans les mystères de la religion, faisant attention, 1° à ce qu'en dit l'Ecriture, à ce qu'en croit l'Eglise, à ce qu'elle en pense, à ce qu'elle en enseigne ; 2° à leurs circonstances instructives, à ce qui est littéral ou moral, à ce qui est figure allégorique ou anagogique ; 3° à ce que veulent dire les cérémonies, l'Office, les processions, les vêtements sacrés, etc.

Comment l'espérance plus excitée et plus vive ?

Parce qu'on a approché de ce qu'il y a de

plus saint dans la religion, et comme touché les arrhes de notre salut, 1° par la contemplation et le saint commerce que nous avons eus avec Dieu dans la prière ; 2° par l'assiduité à venir à l'église, figure du ciel, et chanter les divines louanges en la compagnie des fidèles, occupation unique des bienheureux, et à voir la pompe et la célébrité des saints Offices, image du paradis, qui n'est qu'une fête continuelle ; 3° par la participation à la grâce du temps et du jour, qui est une semence de la gloire future..

Comment la charité plus opérante ou plus animée ?

Parce que nous en devons sortir meilleurs, plus désireux de bien vivre et de tendre à la perfection. Ayant connu, 1° les engagements de sainteté où tant de sacrements et de mystères nous mettent ; 2° les vertus qu'ils nous prêchent, et les bonnes œuvres à la pratique desquelles ils nous portent ; 3° les devoirs qu'ils nous imposent d'imitation et de conformité de notre vie à notre foi, dont ils retracent les principales vérités dans nos cœurs.

Quelles sont les marques qu'on a participé à ces fruits ?

Si on en sort, 1° l'âme plus religieuse ; 2° la vie plus pure ; 3° la conscience plus calme ; 4° la convoitise plus accoisée ; 5° les passions plus soumises ; 6° les sens plus mortifiés ; 7° l'application aux bonnes œuvres plus parfaite ; 8° la conversation plus édifiante ; 9° l'extérieur plus recueilli et plus réglé.

Enfin qu'est-ce que doit désirer uniquement le catéchiste ?

D'imprimer la connaissance et l'amour de Notre-Seigneur Jésus-Christ dans le cœur de tout le monde, imitant en cela le prince des apôtres, saint Pierre, et le modèle de tous ceux qui instruisent les autres, qui aima tant Jésus-Christ, et qui le fit tant aimer, que les païens ne pouvant comprendre une merveille si surprenante, l'accusaient, au rapport de saint Augustin dans ses livres *De la cité de Dieu*, de s'être servi de sortilège et de magie, pour avoir pu tant faire aimer Jésus-Christ.

SUPPLÉMENT

AU CATÉCHISME DE BOURGES.

INSTRUCTION SUR DIEU ET SUR SES PERFECTIONS.

Qu'est-ce que Dieu ?

C'est le premier de tous les êtres, c'est un être incréé, indépendant, éternel, immense, infini, incompréhensible, tout-puissant, subsistant par lui-même, qui a tiré tous les êtres du néant, de qui tous les êtres dépendent, par qui tous les êtres subsistent, et sans qui tous les êtres retourneraient dans le néant.

Que devons-nous à Dieu en tant qu'il est l'Être des êtres ?

Un respect infini, une vénération profonde, un hommage parfait et total de nous-mêmes, car, puisqu'il est notre ouvrier, et que nous sommes son ouvrage, que nous ne vivons, ne respirons et ne subsistons que par lui, et que s'il se retirait de nous un moment, nous tomberions dans le néant dont il nous a tiré, que ne lui devons-nous pas ?

Comment lui rendez-vous vos devoirs dans cette vue ?

O Dieu ! très-grand, très-bon et ! très-puissant, arbitre souverain du ciel et de la terre, dont les mains ont tiré du néant toutes les créatures, devant qui l'univers n'est qu'un peu de poussière et de cendre, de qui toutes choses dépendent, par qui toutes choses subsistent, et sans qui toutes choses retomberaient dans le néant, je m'abaisse devant votre suprême Majesté, à qui je fais hommage de mon être et de ma vie.

Qu'est-ce que Dieu ?

C'est le souverain bien, de qui tous les biens découlent, en qui tous les biens sont renfermés, et hors lequel il n'y a aucun bien.

Que devez-vous à Dieu en tant qu'il est le souverain bien ?

Je dois avoir pour lui un amour et une inclination si forte, que rien ne me sépare jamais de lui ; je dois mettre en lui tout mon bonheur, tendre à lui, comme à mon centre et ma dernière fin ; je dois le regarder comme celui qui, seul, peut remplir mon cœur et contenter mes désirs.

Que devez-vous à Dieu, puisque c'est un pur esprit ?

Je dois l'adorer en esprit et en vérité.

Qu'est-ce que cela veut dire, adorer Dieu en esprit ?

C'est-à-dire que Dieu demande l'adoration de nos esprits, et le culte intérieur de notre âme ; que c'est notre entendement qui doit le connaître et le révérer, et notre volonté qui doit l'aimer et le craindre ; que ce sont nos respects intérieurs et les hommages sincères de notre cœur qu'il attend et qu'il désire de nous, et c'est en cela que consistent principalement la religion, et la vraie et solide dévotion que nous devons avoir pour lui ; connaître Dieu et ses divins mystères, être instruit de ses voies, l'aimer par les mouvements d'une charité respectueuse, lui rendre nos devoirs et nos hommages par un principe de religion, c'est adorer Dieu en esprit.

Dieu ne veut-il pas aussi qu'on l'honore extérieurement ?

Oui, il veut qu'on l'honore extérieurement ; car, premièrement, puisque l'homme est composé de corps et d'âme, il faut que son corps honore Dieu en sa façon, aussi bien que son âme ; secondement, c'est que l'homme s'élève à Dieu par les choses sensibles, corporelles et extérieures ; mais c'est que si notre extérieur n'est animé d'un grand intérieur, Dieu n'en veut point : il veut notre âme, notre esprit, notre cœur, c'est ce qu'il regarde principalement.

Demandez à Dieu cette grâce ?

Mon Dieu, je sais bien que ce n'est pas le corps ni l'extérieur que vous demandez, ni ce qui paraît aux yeux des hommes ; je sais bien que vous regardez le fond du cœur et les mouvements sincères de l'âme qui vous recherche ; cependant je vous consacre mon intérieur et mon extérieur, mon corps et mon âme, et je désire que l'un et l'autre vous honorent parfaitement, chacun en sa manière.

Qu'est-ce que cela veut dire : adorer Dieu en vérité ?

Cela veut dire qu'il ne faut pas honorer Dieu seulement en paroles et de bouche, ni en belles pensées, ou par de seuls désirs, mais qu'il faut lui témoigner notre amour par la pratique solide des vertus, et par l'exercice des bonnes œuvres, renoncer à soi-même et à ses passions, combattre ses mauvaises inclinations, porter sa croix, se faire violence, pratiquer l'humilité, la charité, la patience, la douceur, l'obéissance, soulager les pauvres, vaquer à la prière, suivre les mouvements de la grâce, et non ceux de la nature corrompue : c'est adorer Dieu en vérité.

A quoi vous portent ces vérités ?

A désirer beaucoup de connaître Dieu et à vouloir vivre dans sa crainte et dans son amour, et à lui rendre sincèrement les respects et les hommages que je lui dois.

Comment demanderiez-vous la grâce de le connaître ?

Mon Dieu, éclairez mon esprit des lumières de la foi, afin que je vous connaisse tel que vous êtes, ô Dieu vivant et véritable, et votre Fils bien-aimé Jésus-Christ Notre-Seigneur, que vous avez envoyé pour nous amener à votre connaissance et à votre amour. Je voudrais, ô mon Dieu, avoir un nombre infini de langues pour publier vos louanges, et autant de cœurs pour vous aimer ; mais à mon défaut, je vous offre les adorations des saints et des anges dans le ciel, et surtout les devoirs et les hommages que vous rend Jésus votre Fils bien-aimé.

Faites un acte d'adoration ?

O mon Dieu, bonté ineffable, beauté souveraine, suprême majesté, je vous adore dans toutes vos grandeurs et dans toutes vos perfections infinies, et je me prosterne et m'anéantis en votre sainte présence, ô Dieu de mon cœur !

Quelles sont les perfections de Dieu, qui nous sont les plus connues ?

Il y en a treize, particulièrement : son éternité, son immensité, son immutabilité, sa toute-puissance, sa grandeur, sa sagesse, sa bonté, sa beauté, sa providence, sa justice, sa miséricorde, sa sainteté et son incompréhensibilité.

Qu'est-ce à dire que Dieu est éternel ?

Cela veut dire que Dieu n'a jamais eu de commencement, et qu'il n'aura jamais de fin, que Dieu a toujours été et qu'il sera toujours, que Dieu est de toute éternité et qu'il sera pendant toute l'éternité, qu'il n'y a point d'avenir ni de passé à l'égard de Dieu, qu'on ne reconnaît qu'un présent éternel, qu'il a régné de toute éternité, et qu'il régnera à jamais dans tous les siècles des siècles.

Qu'est-ce que cela vous inspire ?

Un grand mépris de toutes les choses temporelles et passagères, puisqu'elles durent si peu, et une grande estime des biens éternels, puisqu'ils ne finiront jamais.

Comment exprimez-vous vos sentiments là-dessus ?

O mon Dieu, que la terre m'est à dégoût, quand je regarde le ciel ! Que cette vie est courte, quand je la compare à l'éternité ! Que les plaisirs de ce monde sont de peu de durée auprès des joies éternelles ! Que les souffrances de la terre sont petites et légères pour gagner l'éternité ! O éternité du paradis ! O éternité de l'enfer, que l'on pense peu à vous !

Qu'est-ce à dire que Dieu est immense ?

Cela veut dire que Dieu est partout, qu'il n'est renfermé par aucun lieu, qu'il est au centre du monde et au sommet du firmament, qu'il remplit le ciel et la terre, qu'il est présent partout, et jusqu'au plus profond de nos cœurs ; qu'il est plus présent et plus intime à nous-mêmes, que nous ne le sommes à nous-mêmes ; enfin, qu'il est partout l'univers et au delà de l'univers, par présence, par puissance et par essence.

Expliquez-moi ces trois mots ?

On dit que Dieu est en tous lieux, 1° par présence, à cause qu'il est tellement partout, que toutes choses sont à nu et à découvert devant lui, même les pensées les plus cachées de notre esprit, et les replis les plus secrets de notre cœur ; 2° par puissance, en ce qu'il peut faire partout ce qui lui plaît ; 3° par essence, en ce qu'il n'est pas seulement présent partout d'une présence morale, et par sa vertu, comme le soleil est présent sur la terre, mais qu'il est présent partout par sa propre essence, et substantiellement, et plus intimement partout que notre âme n'est présente partout notre corps, quoique d'une manière différente.

Qu'est-ce que vous devez à Dieu à cause qu'il est immense ?
Je dois marcher en sa présence, me souvenant que je suis devant lui, qu'il est en moi, qu'il a l'œil sur moi, qu'il me considère, qu'il découvre mes moindres pensées, qu'il regarde toutes mes actions, et qu'il en est le juge et le témoin.

Qu'est-ce que cela vous inspire ?
Premièrement une grande crainte d'offenser Dieu, puisqu'il me voit et me regarde, et que je suis toujours en sa sainte présence, et une grande modestie, surtout à l'église ; car comment aurais-je l'impudence de faire devant Dieu ce que je ne voudrais pas faire devant un homme de bien à qui je porterais du respect ? Secondement, cela me donne une grande consolation, sachant certainement que je trouve Dieu partout où je suis et en quelque lieu que j'aille.

Qu'est-ce à dire que Dieu est immuable ?
Cela veut dire qu'il n'y a en Dieu ni vicissitude, ni changement, ni inconstance, ni altération ; rien qui commence, rien qui passe, rien qui finisse ; rien d'ancien, ni rien de nouveau ; rien qui naisse, rien qui croisse, rien qui meure. Dieu est toujours le même, stable, permanent, immortel, incorruptible, inaltérable, invariable, incapable de tout changement et de toute altération. L'inconstance et la légèreté, la décadence et la corruption sont les apanages des créatures sujettes au temps ; elles passent d'un état à un autre, elles changent à toute heure et à tout moment de sentiment, de mouvement, de disposition, de résolution, de pensées, de désirs, de situation. Mais Dieu, éternellement semblable à lui-même, n'admet aucune vicissitude, ni aucune nouveauté, il est ce qu'il a toujours été, et il sera toujours ce qu'il est.

Comment pourriez-vous participer à cette perfection divine ?
En servant Dieu avec persévérance jusqu'à la fin, en m'attachant immuablement à lui, sans jamais tourner la tête en arrière, en évitant l'inconstance et la légèreté, et ne relâchant jamais rien des bonnes pratiques de dévotion, aimant toujours la piété, et toujours haïssant le vice ; étant toujours égal envers le prochain, et ne me démentant jamais de la voie de perfection et du désir de m'avancer dans la vertu.

Qu'est-ce à dire que Dieu est tout-puissant ?
Cela veut dire que rien n'est impossible à Dieu, qu'il a fait le monde de rien, et qu'il pourrait le réduire au néant ; qu'il pourrait faire un nombre infini de mondes d'une seule parole, qui seraient plus beaux que celui-ci, et qu'il pourrait d'une seule parole détruire ; enfin, qu'il peut faire sans peine en un moment tout ce qu'il veut et tout ce qui lui plaît.

En quoi est-ce que Dieu fait reluire sa toute-puissance à présent ?
En conservant toutes les créatures ; car s'il ne les soutenait et ne les vivifiait sans cesse, leur donnant l'être, la vie et le mouvement, et les maintenant dans leur nature et dans leur vertu, elles retomberaient dans le néant d'où elles sont sorties, ce qui fait voir que Dieu n'exerce pas une moindre puissance dans la conservation de ses ouvrages que dans leur production.

Qu'est-ce que cela vous inspire ?
Cela me donne une admiration extrême de la toute-puissance de Dieu ; cela m'apprend que je ne dois jamais offenser Dieu, puisque enfin c'est lui qui m'a mis au monde, qui me soutient par sa main toute-puissante, lors même que je l'offense, et que sans lui je retomberais dans le néant, dont il m'a tiré. Quelle horrible ingratitude ! quelle extrême folie est-ce donc que de se révolter contre lui !

Qu'est-ce que vous entendez par la grandeur de Dieu ?
Je veux dire qu'il n'y a rien de petit ni de médiocre en Dieu, tout y est dans un degré sublime, dans une hauteur et une élévation inconcevables : il est grand en pensées, grand en actions, et grand dans ses moindres ouvrages. Il est grand en toutes choses, il n'a ni bornes ni limites en toutes ses perfections, il est grand en sagesse, grand en bonté, grand en puissance, grand en justice, grand dans sa providence, grand dans ses conseils, en un mot, Dieu est un océan inépuisable et intarissable de grandeurs immenses, infinies, incompréhensibles et inconcevables.

Qu'est-ce que cela vous inspire ?
Cela me porte à m'abaisser devant Dieu, à m'anéantir en sa sainte présence, à lui faire hommage de mon être et de ma vie, à l'adorer, à l'estimer, à le respecter, à avouer que toutes les grandeurs du ciel et de la terre ne sont que des bassesses auprès de lui, qu'elles ne sont qu'un peu de poussière et de cendre, et qu'elles ne sont qu'un atome et un rien devant lui ; cela me porte à me donner à lui tout entier, sans bornes ni limites, et à participer ainsi à sa grandeur tout incommunicable qu'elle soit.

Comment vous exprimeriez-vous là-dessus ?
Mon Dieu, serez-vous grand en toutes choses, excepté en la possession de mon cœur ? Limiterai-je le domaine que vous avez sur toutes vos créatures, en vous refusant la moitié de moi-même, en ne me donnant qu'en partie à vous ! Quoi, vous vous donnez tout entier à moi, tout infini que vous êtes, et j'userai de réserve à votre égard, moi qui ne suis qu'un ver de terre ? Non, mon Dieu, possédez mon corps et mon âme, mon esprit, mon cœur et mes affections, que je sois tout à vous, et que vous me soyez toutes choses.

Qu'est-ce à dire que Dieu est infiniment sage ?
C'est-à-dire que Dieu est tout esprit, toute intelligence, toute raison ; qu'il se connaît parfaitement lui-même et ses divines perfections ; qu'il se contemple et se considère avec une tranquillité et une paisible attention ; qu'il a fait tous ses ouvrages avec poids, nombre, mesure, perfection ; qu'il n'y a en lui ni ignorance, ni erreur ; qu'il ne

peut se méprendre, ni être surpris de personne; qu'il ne saurait être trompé, ni se tromper lui-même; qu'il forme ses desseins, qu'il les conduit, et qu'il les achève par de si merveilleux ressorts, que ce qu'on fait pour les détruire ne sert qu'à les faire réussir; qu'il a une connaissance distincte de toutes les créatures en général, et de chacune en particulier; qu'il ne prend pas un moindre soin de la plus petite d'elles, et qu'il ne s'en occupe pas moins que de tout l'univers entier. En un mot, qu'il fait toutes choses si admirablement, si excellemment et si bien, qu'il ne se peut pas mieux, et cela sans trouble, sans confusion, sans précipitation, sans nonchalance, sans désordre. O Sagesse éternelle! c'est ce que nous pouvons bégayer de votre profondeur, en attendant que nous vous voyions tel que vous êtes.

A quoi cela vous oblige-t-il?

A imiter cette sagesse adorable autant que je le puis, à m'appliquer à connaître Dieu, et à considérer attentivement ses merveilles, à me connaître moi-même, à tendre à Dieu comme à ma dernière fin, à choisir les moyens les plus propres pour y arriver, à faire mes actions avec tant de perfection, qu'elles soient conformes à cette divine règle, et à ne me laisser jamais aller aux folies du monde, ni à l'inconsidération des pécheurs insensés.

Qu'entendez-vous par la beauté de Dieu?

J'entends que de la Divinité et des attributs divins résulte un tel éclat, une telle splendeur, une telle majesté, que les hommes et les anges, qui la considèrent, sont ravis en admiration à son seul aspect, et qu'elle fait le bonheur même de Dieu, qui la possède et qui la contemple. C'est là où se trouve, comme dans son centre et dans sa source, ce qu'on appelle ordre, justesse, proportion, intégrité, éclat, achèvement, perfection. Là règne, comme dans son trône, cette beauté suprême, souveraine, originale, qui n'a ni défaut, ni imperfection, qui passe tout souhait et toute pensée, et au delà de laquelle on ne peut rien désirer, et dont toutes les beautés, tous les charmes et tous les attraits de toutes les créatures mis ensemble, ne sont que de petits écoulements, et des crayons grossiers. Cette beauté divine est si grande, que l'entendement des hommes et des anges n'en peut soutenir l'éclat; il faut que Dieu les élève et les fortifie par le secours d'une lumière de gloire, afin de les rendre capables de la considérer.

Qu'est-ce que cela vous inspire?

Un extrême mépris de toutes les beautés créées, si inconstantes, fragiles, caduques, passagères, fausses, trompeuses, imaginaires, sans durée, solidité, vérité, qui ne contentent jamais un cœur, dont la possession ne donne jamais que du dégoût, du chagrin, de l'inquiétude, de la peine, qu'il faut enfin quitter un jour, et qui nous font d'ordinaire perdre la possession de cette première et éternelle beauté, auprès de laquelle tout ce reste n'est que laideur et difformité.

Qu'est-ce à dire que Dieu est souverainement bon?

C'est-à-dire que Dieu est infiniment parfait, infiniment heureux, infiniment aimable, infiniment désirable, et infiniment accompli; qu'il se suffit à lui-même, et qu'il est lui seul toutes choses; qu'il est la source de tous les biens, et qu'il a une inclination immense de se communiquer à nous, de se donner à nous, de nous rendre bons, et de nous transformer en lui; enfin, qu'il est infiniment éloigné de tout défaut, de toute imperfection, de toute malice et de toute envie; qu'il fait du bien à tout le monde, même à ses ennemis, à ceux qui blasphèment son saint nom et qui l'offensent le plus; qu'il est la douceur, la bénignité et la suavité même.

A quoi nous oblige cette bonté?

A l'aimer fortement, tendrement uniquement, inviolablement; à l'imiter, devenant bons, charitables et bienfaisants à tout le monde, même à l'égard de ceux qui nous offensent et qui nous veulent du mal, et à ne rendre jamais de déplaisir à personne.

Et la Providence?

A ne juger jamais la conduite de Dieu sur les créatures, quelque extraordinaire qu'elle me paraisse, puisque je ne suis pas capable de la comprendre; à croire que Dieu est saint et juste en tout ce qu'il ordonne, et à m'abandonner à la conduite de sa providence, puisqu'il est mon Père très-bon, et qu'il sait mieux ce qu'il me faut que moi-même; de plus, elle m'apprend de recourir à la bonté de ce Père céleste dans toutes mes nécessités temporelles, corporelles et spirituelles. A le remercier de m'avoir délivré d'un nombre infini de périls, et à me confier à lui dans tous les accidents et tous besoins de ma vie, sachant que tout coopère au bien de ceux qui l'aiment, et que ce qui paraît le plus contraire à nos désirs est souvent ce que nous devons souhaiter davantage.

Qu'est-ce à dire que Dieu est juste?

C'est-à-dire que Dieu récompense les bons à proportion de leurs mérites, et qu'il punit les méchants à proportion de leurs péchés; qu'il hait souverainement le désordre et le dérèglement, et qu'il ne peut souffrir le mal ni l'injustice sans les châtier rigoureusement, ou en ce monde, ou en l'autre, et qu'il fait, par une disposition merveilleuse de sa sagesse, que les méchants et les impies trouvent dans leurs propres péchés le digne châtiment qu'ils méritent.

Que devons-nous à la justice divine?

Nous devons, 1° l'apaiser et lui satisfaire, faisant de dignes fruits de pénitence, et nous unissant aux souffrances de Jésus-Christ; 2° ne la plus irriter par nos péchés; 3° travailler à notre salut avec crainte et tremblement; 4° nous animer au service de Dieu par l'espoir de la récompense préparée à la vertu, par la crainte des châtiments réservés au péché, et surtout par l'amour de la rectitude et de l'équité, et par l'aversion des désordres et du dérèglement.

Qu'est-ce à dire que Dieu est miséricordieux?

C'est-à-dire que Dieu a une bonté inestimable pour les pécheurs ; qu'il les attend à pénitence ; qu'il leur donne des grâces pour se convertir ; qu'il oublie leurs crimes sitôt qu'ils lui en demandent sincèrement pardon ; qu'il ne se plaît point en la mort du pécheur ; qu'il le punit comme à regret de ses péchés ; qu'il lui pardonne avec joie, et qu'il a une tendre compassion de tous les malheureux ; enfin qu'il ne délaisse jamais sa créature, si elle ne l'abandonne elle-même la première, rejetant ses grâces et méprisant sa bonté.

Que devons-nous à la miséricorde de Dieu ?
Nous devons recourir à elle avec confiance, profiter du temps qu'elle nous donne et des grâces qu'elle nous fait, et ne la point lasser par notre impénitence et par l'abus de ses faveurs. Nous devons à son imitation être miséricordieux envers tout le monde, pardonnant les injures qu'on nous fait, et prenant compassion de tous les misérables.

Qu'est-ce à dire que Dieu est saint ?
Cela veut dire que Dieu est infiniment éloigné de tout péché, de tout défaut, de toute malice et de toute imperfection ; qu'il a une souveraine horreur de l'iniquité et de l'injustice, qu'il est la pureté même ; et que, comme le rayon du soleil luit sur la boue sans en contracter l'ordure, ainsi Dieu est au milieu du monde, sans que ce commerce avec les créatures lui apporte la moindre souillure ni la moindre profanation.

Que dites-vous encore de la sainteté de Dieu ?
Que c'est une perfection de Dieu pour laquelle il veut que nous ayons un souverain respect, puisque les anges mêmes, dans le ciel, ne peuvent supporter l'éclat de ce divin attribut ; qu'ils se voilent les yeux de leurs ailes à son aspect, et qu'ils s'écrient en le voyant : *Saint, saint, saint, est le Seigneur des armées.* Aussi l'Ecriture nous assure que Dieu est riche en miséricorde, mais qu'il est magnifique en sainteté.

Que dites-vous encore de la sainteté de Dieu ?
Que cette admirable perfection est si grande, et tellement propre et essentielle à la Divinité, que le Verbe éternel même n'a jamais paru si abaissé, ni si humilié dans l'incarnation, qui est un mystère d'anéantissement, qu'il n'a jamais paru moins Dieu, pour parler ainsi, que quand il en a paru dépouillé ; nous nous accoutumons à dire que Dieu s'est fait enfant, qu'il est devenu passible et immortel, mais nous ne nous accoutumons point à le voir porter les marques du péché, comme il les a prises, en quelque manière, dans le mystère de la circoncision, nous ne nous accoutumons presque point à le voir réputer et mettre au rang des impies et des scélérats, comme il s'y est mis à l'arbre de la croix, tant nous méconnaissons Dieu, quand il n'est pas revêtu de tout l'éclat de ce divin attribut.

Que devez-vous à la sainteté de Dieu ?
Je dois mener une vie pure, une vie innocente, une vie exempte de toute tache et de tout péché, je dois être saint, parce que Dieu est saint.

Qu'est-ce à dire que Dieu est incompréhensible ?
Cela veut dire que Dieu est un être infini, un abîme sans fond, une grandeur illimitée, une mer immense de perfections, d'attributs, de merveilles, que nul esprit créé ne peut concevoir. C'est un être qui n'a ni borne, ni terme, ni fin, ni limite. Les hommes sur la terre peuvent le croire, les bienheureux dans le ciel peuvent le voir, les anges, les archanges, les chérubins et les séraphins dans la gloire peuvent l'admirer, mais aucun entendement créé ne saurait le comprendre. L'incompréhensibilité de Dieu est à l'égard des esprits ce que son immensité est à l'égard des lieux, il les remplit et il les surpasse. Dieu seul connaît parfaitement ce qu'il est ; quand tous les saints et tous les anges ensemble ont bien contemplé cette essence divine, cet océan inépuisable de majesté, ils se perdent heureusement, ils s'y abîment, et ils avouent qu'ils n'en peuvent supporter l'éclat ; que Dieu est impénétrable, immense, infini, ineffable, inimaginable, incompréhensible, inconcevable ; et couvrant leurs yeux de leurs ailes, ils se contentent de dire : Saint, saint, saint, est le Seigneur Dieu des armées, toute la terre est pleine de sa gloire.

Faites un acte de foi de toutes ces vérités ?
Je crois fermement que Dieu est éternel, infini, immense, immortel, tout-puissant, grand, sage, bon, juste, saint, miséricordieux, et je le crois, parce que c'est lui-même qui l'a dit.

Faites un acte d'adoration ?
Dieu éternel, immense, immuable, tout-puissant, Dieu sage, bon, juste, grand, miséricordieux, saint et incompréhensible, je vous adore dans toutes vos divines perfections, connues et inconnues, et je m'anéantis en votre sainte présence, reconnaissant que vous êtes toutes choses, et que je ne suis qu'imperfection, que misère et que néant.

Faites un acte de demande à Dieu pour participer à toutes ces perfections, autant que vous en êtes capable ?
O mon Dieu ! faites-moi la grâce de mépriser les choses de ce monde, et de n'estimer que les éternelles. Faites-moi la grâce de marcher en votre sainte présence, et de vous avoir toujours devant les yeux, d'être sage et réglé dans ma conduite, d'être bon envers tout le monde, d'être soumis aux ordres de votre Providence, de craindre votre justice, d'espérer en votre miséricorde, de pardonner à ceux qui m'ont offensé, et de vivre dans l'innocence et dans la sainteté. Ainsi soit-il.

INSTRUCTIONS SUR LES FÊTES.

INSTRUCTION Ire
SUR L'AVENT.

Qu'est-ce que l'Avent ?
C'est un temps consacré par l'Eglise à la dévotion et à la pratique des bonnes œuvres, pour se préparer à célébrer dignement la grande fête de Noël.

Toute l'année ne doit-elle pas être employée en de semblables exercices ?
Oui, toute notre vie doit être consacrée au service de Dieu et employée à l'affaire de notre salut, mais il y a des temps plus expressément destinés à la piété, auxquels l'Eglise redouble ses saintes pratiques, et excite ses enfants à un renouvellement tout singulier de ferveur et de zèle.

En quoi remarquez-vous que l'Eglise destine plus particulièrement le temps de l'Avent à la dévotion ?
C'est parce que nous voyons diverses pratiques de grande édification, qui s'observent parmi les fidèles durant ce saint temps.

Quelle est la première pratique ?
C'est la prédication de la parole de Dieu, qui se fait tous les jours, et même en plusieurs églises, où accourent les personnes désireuses de se nourrir des vérités célestes qu'on y annonce et qu'on y explique.

A quoi cela nous oblige-t-il ?
A nous rendre assidus aux instructions et aux prédications, à profiter de tant de vérités qu'on y dira, de tant de mystères qu'on y expliquera, de tant d'avis importants qu'on y donnera, et de tant de bons sentiments qu'on inspirera, et cela pour honorer le Verbe éternel, qui vient lui-même revêtu de la chair, nous enseigner les vérités célestes, et les faire retentir à nos oreilles.

Quelle est la seconde pratique ?
C'est le jeûne qui s'observe dans la plupart des communautés régulières, et même parmi des personnes dévotes, quoique engagées dans le monde, qui jeûnent exactement, ou qui font une abstinence fort édifiante jusqu'à Noel.

A quoi cela doit-il nous porter ?
A les imiter, ou du moins à vivre dans la tempérance et la sobriété beaucoup plus qu'à l'ordinaire, et à nous abstenir plus sévèrement que jamais de tout festin, grand repas, ou excès de bouche, quelque léger qu'il paraisse, en l'honneur de celui qui, donnant la vie et la nourriture à tous les animaux, et repaissant jusqu'au plus petit oiseau, est réduit à se repaître d'un peu de lait pour l'amour de nous entre les bras d'une Vierge.

Quelle est la troisième pratique ?
C'est l'oraison plus longue et plus assidue; en effet, les prières de l'Eglise se multiplient et s'accroissent en ce temps de grâce et de bénédiction; l'Office ecclésiastique est plus long, les génuflexions plus ordinaires, les cérémonies plus mystérieuses, le chant plus dévot et plus tendre.

A quoi cela nous engage-t-il ?
A vaquer plus que nous n'avons fait jusqu'ici à la prière, à faire plus assidûment l'oraison, à visiter les églises, à assister aux Offices, à marcher en la présence de Dieu, enfin à contempler les grands mystères que l'Eglise nous met devant les yeux, imitant la sainte Vierge, qui, au rapport de l'évangéliste, méditait sans cesse, et repassait en son cœur toutes les merveilles qui s'opéraient à la naissance de son Fils.

Quelle est la quatrième pratique ?
C'est le recueillement, le silence et la privation des compagnies et des visites mondaines ; aussi voyons-nous que la plupart des communautés religieuses dans lesquelles le vrai esprit du christianisme et de la primitive Eglise semble s'être retiré comme dans un asile sacré, et où il s'est heureusement conservé, se privent de parler en ce temps-ci; on ferme les grilles et les parloirs, on se retire des occupations du dehors pour rentrer en soi-même, et s'appliquer plus en paix à la considération des fêtes qui s'approchent.

Qu'est-ce que cela inspire ?
Un grand désir de se taire pour imiter le silence de Jésus Enfant, du Verbe éternel qui ne parle pas ; à l'honorer dans le grand mystère qui s'approche, plutôt par les actes intérieurs produits au fond du cœur, que par des paroles extérieures ; il faut en ce temps beaucoup méditer et peu discourir.

Pourquoi l'Eglise retranche-t-elle les noces pendant l'Avent ?
Pour toutes les raisons que nous venons de rapporter, afin que nous puissions plus librement et sans aucun obstacle vaquer à la prière, au jeûne, aux œuvres de piété, aux exercices de la pénitence, sans en être distraits par les soins du monde.

Quelles réflexions faut-il faire là-dessus ?
Qu'il est bien juste en effet que les noces de la terre disparaissent, puisque les noces de l'Agneau immaculé s'approchent, et puisque Dieu veut épouser notre nature dans le mystère de l'Incarnation, et nous donner le sacré baiser d'une paix éternelle. Ne songeons donc qu'à nous unir à lui par amour et pour jamais, et ne parlons plus des mariages du monde, qui tirent toute leur gloire, toute leur dignité et toute leur sainteté de l'union de Dieu à notre nature, et de Jésus-Christ avec son Eglise et avec chaque âme en particulier. Il faut que l'ombre cesse devant la lumière, et la figure devant la vérité.

Le temps de l'Avent est donc un temps de pénitence ?

Sans doute, puisque l'Église est en jeûne, en prière, en retraite, en silence; puisqu'elle se couvre de la couleur violette, qui est le symbole de la pénitence, qu'elle retranche ses cantiques d'allégresse, comme le *Gloria in excelsis Deo*, le *Te Deum*, etc.

Quelles instructions tirons-nous de là?

Que pour profiter d'un si saint temps et des grâces qui y sont attachées, il faut entrer dans toutes ces pratiques et demander à Dieu de grands sentiments de dévotion et de pénitence.

Pourquoi le temps de l'Avent a-t-il été institué?

Pour trois raisons importantes.

Quelle est la première?

C'est pour nous faire considérer à loisir, et nous faire méditer en paix le bienfait inestimable de l'incarnation du Verbe éternel, fait chair dans les entrailles d'une Vierge pour le salut du genre humain; quand nous serions toute notre vie à contempler un si grand mystère et un excès d'amour si incompréhensible, nous y serions encore trop peu.

Quelle est la seconde raison?

C'est afin de nous préparer à la grande fête de Noël qui s'approche, et nous mettre en état de profiter des grâces extraordinaires qui y sont attachées, et que Dieu verse en abondance dans les âmes qui s'y sont saintement disposées pendant ce temps; car enfin, c'est une maxime certaine qu'on reçoit la grâce des mystères à proportion des dispositions qu'on y apporte. Il est donc très-important de n'attendre pas à mettre notre cœur en état de recevoir Jésus-Christ le Roi des rois, la veille qu'il y voudra venir.

Quel sentiment cela doit-il nous donner?

Une sainte envie de purifier notre cœur et de l'orner de la pratique excellente des vertus et des bonnes œuvres, afin de nous mettre en état de recevoir le plus dignement que nous pourrons le Roi de gloire et de majesté, et de ne le pas mettre encore une fois loger dans une vile étable au milieu des bêtes, c'est-à-dire au milieu de nos passions déréglées et animales.

Quel est le troisième motif pour lequel l'Église a institué l'Avent?

C'est afin d'enflammer nos cœurs en l'amour de l'humanité sainte de Jésus-Christ; en effet, qui n'aimerait Jésus Enfant, Jésus dans une crèche, Jésus entre les bras de Marie, Jésus adoré des pasteurs, Jésus reconnu des mages. Il faudrait être plus dur qu'un rocher et plus insensible que le marbre pour ne se sentir pas attendri, voyant Jésus Enfant nous tendre les bras et nous demander notre cœur?

Qu'est-ce que cela inspire?

Un amour tendre envers l'Enfant Jésus; c'est en la sainte enfance de Jésus, que nous trouverons un remède à notre orgueil, à notre fausse sagesse du monde, et à notre désobéissance; c'est en cette enfance que nous renaîtrons encore une fois et que nous deviendrons innocents, humbles, simples, candides, purs, sincères, doux et obéissants; car si nous ne devenons comme des enfants, nous n'entrerons pas au royaume des cieux, ainsi que l'assure Jésus-Christ dans son Évangile.

Pourquoi l'Avent est-il composé de quatre semaines?

C'est en l'honneur des quatre avénements du Fils de Dieu, et ce serait bien passer l'Avent que d'employer chaque semaine à honorer chaque avénement en particulier.

Quel est le premier avénement de Jésus-Christ?

C'est lorsqu'il est venu du sein de son Père pour se revêtir de notre chair au jour de son incarnation.

Le Verbe éternel, venant s'incarner, a-t-il quitté le sein de son Père et cessé d'être dans le ciel?

Non, le Verbe éternel étant Dieu même, se trouve partout par son immensité, et lorsqu'on dit qu'il est descendu dans le sein d'une Vierge, on veut seulement signifier par là qu'il y a produit un effet nouveau, qu'il y a marqué sa présence d'une manière toute spéciale, et qu'il s'y est uni à notre nature d'une façon toute merveilleuse.

Quel est le second avénement de Jésus-Christ?

C'est lorsqu'il vient en notre cœur par la grâce de la justification, ainsi qu'il le dit lui-même dans son Évangile : *Si quelqu'un m'aime*, dit-il, *il gardera mes commandements, et mon Père l'aimera, et nous viendrons chez lui, et nous ferons notre demeure dans son cœur.* (Joan. xiv, 21.)

Qu'est-ce que cela nous inspire?

Un désir ardent de recevoir Jésus-Christ dans notre cœur, de vivre dans sa grâce et de mourir mille fois plutôt que de l'offenser, puisque par le péché nous chassons Dieu de notre cœur et que nous mettons le démon en sa place.

Quel est le troisième avénement de Jésus-Christ?

C'est quand il vient frapper à notre porte à l'heure de la mort, qu'il vient nous chercher pour nous emmener avec lui, nous avertissant dans l'Évangile qu'il viendra quand nous n'y penserons pas.

A quoi cela nous oblige-t-il?

A nous tenir toujours sur nos gardes pour n'être pas surpris de l'heure inopinée de la mort, à l'avoir souvent devant les yeux, à nous ceindre les reins, c'est-à-dire à retrancher les convoitises de la chair, et à avoir toujours en main la lampe des bonnes œuvres allumée, c'est-à-dire à reluire par le bon exemple des vertus, en attendant l'Époux de nos âmes qui doit bientôt venir pour nous guérir et nous emmener au banquet des noces de l'Agneau, si nous sommes trouvés dignes de le suivre.

Quel est le quatrième avénement de Jésus-Christ?

C'est lorsqu'il viendra au grand jour du jugement et qu'il descendra du ciel, comme il assure lui-même, dans tout l'éclat de sa divinité, et dans une infinie majesté, accompagné des anges et des saints, pour juger les vivants et les morts; et en effet, nous voyons qu'on lit l'évangile du jugement le premier Dimanche de l'Avent.

Quel sentiment cela donne-t-il?

Cela imprime dans le cœur la crainte de ce jugement terrible et épouvantable, et le désir de s'y préparer de bonne heure par la pratique d'une salutaire pénitence, afin d'obtenir miséricorde en ce jour de justice et de rigueur; mais en même temps cela doit donner de grands mouvements de joie, voyant que le royaume de Jésus-Christ et des saints s'établira pour lors et pour jamais.

Qu'avez-vous à ajouter encore à toutes ces vues?

Que l'Eglise prend environ un mois pour se préparer à la naissance de Jésus-Christ, et pour honorer Jésus vivant dans le sein de Marie, parce que, comme les mères sont désireuses de mettre leur fruit au monde quand le dernier mois de leur grossesse est arrivé, et que les enfants eux-mêmes veulent pour lors venir au monde, l'Eglise, de son côté, témoigne le désir et l'empressement qu'elle a de recevoir ce fruit béni du ventre d'une Vierge, et qui doit être son Libérateur et son Epoux.

Quels sont les sentiments où nous devons être pendant l'Avent?

L'esprit de l'Eglise pendant ce temps sacré est de s'unir aux désirs des patriarches, des prophètes et des Pères de l'Ancien Testament, qui soupiraient sans cesse après la venue du Messie, le libérateur du genre humain, et qui le demandaient à Dieu, au nom de toute la nature, avec des gémissements et des larmes continuelles.

Est-ce que nous devons demander la même chose?

Non pas en la même manière, parce qu'enfin leur vœux ont été accomplis, et Jésus est venu au monde; mais nous devons exciter en nos âmes de désirs ardents de le voir et de le posséder, de l'attirer en nous, de jouir de sa douce présence, de le contempler un jour face à face, d'être uni à lui. Nous devons désirer que son royaume nous advienne, et qu'il descende du ciel dans la gloire des saints, pour vivre à jamais avec lui. Ainsi soit-il. Or il faut gémir et soupirer dans l'attente de ce bienheureux royaume, qui n'aura jamais de fin, et nous conformer en cela à l'esprit des anciens Pères.

Pourquoi les anciens Pères demandaient-ils si ardemment la venue du Messie?

On peut dire que c'est pour deux raisons principales.

Quelle est la première?

C'était parce que l'homme ayant été chassé du paradis par son péché, ils soupiraient après la venue du Rédempteur, qui devait en rouvrir la porte et les remettre dans le droit d'aller au ciel, dont la nature humaine était déchue depuis que notre premier père en avait été exclu.

Quelle est la seconde raison?

C'était parce qu'ils espéraient que ce Messie délivrerait les hommes de la dure captivité du diable et du péché, et des peines et châtiments que ce premier crime avait attirés sur eux; qu'il dissiperait leurs ignorances et leurs erreurs, qu'il les éclairerait des lumières divines, et les ramènerait à la connaissance de leur Créateur, et qu'il les enflammerait en l'amour des biens éternels dont ils ne se souvenaient plus.

Qu'est-ce que ces désirs et ces pensées produisaient dans l'esprit des saints Pères?

Premièrement, un grand mépris de ce monde et de toutes ses grandeurs, se ressouvenant de celles où le premier homme avait été créé, et qui leur devaient être rendues par la venue du Messie, ce qui leur donnait un tel dégoût de la terre, qu'ils ne songeaient pas à s'y établir, ni à y bâtir des maisons, se contentant d'habiter dans de pauvres cabanes, de regretter ce beau paradis terrestre qu'ils avaient perdu, et de soupirer après le ciel.

Quels étaient leurs autres sentiments?

C'était de se séparer des amateurs de la terre et du monde, de fuir leur conversation et leur société, et de n'avoir aucun commerce avec ceux qui mettaient en oubli leur Créateur pour s'attacher à la créature.

Qu'est-ce que veulent dire ces O, qu'on chante si solennellement avant la fête de Noël?

Ce sont des exclamations amoureuses que l'Eglise fait au nom de toute la nature, pour demander à Dieu la venue de son Libérateur, qui la rétablisse dans tous les premiers avantages dont elle jouissait avant le péché, et qui l'affranchisse de ce dur joug de servitude sous lequel gémissaient les enfants d'Adam.

Qu'est-ce que l'Eglise demande par la première exclamation?

L'Eglise, sachant que le premier effet du péché a été de pervertir l'esprit de l'homme, de le remplir d'ignorance et d'erreur, et que le Messie doit venir pour nous apprendre la science de salut, se considère comme un humble disciple devant ce grand docteur des nations, et évoque cette sagesse divine qui doit réparer la folie de l'homme, éclairer son esprit et réformer sa raison.

Comment lui demande-t-elle cette grâce?

O sagesse incréée, qui sortez de toute éternité de la bouche du Très-Haut, et qui venez à bout de vos ouvrages d'une manière également douce et puissante, venez nous éclairer, et nous enseigner la voie de salut.

Qu'est-ce que demande l'Eglise par la seconde exclamation?

L'Eglise, considérant que le second effet du péché a été de dépraver la volonté de l'homme, en lui faisant secouer le joug des commandements de Dieu, pour s'abandonner au libertinage, demande à son Réparateur de la venir redresser, en lui donnant des lois et des préceptes, qui la délivrent de l'inclination vicieuse, laquelle l'entraîne au mal, et l'enchaîne par les liens des mauvaises habitudes.

Comment lui demande-t-elle cette grâce?

O guide céleste qui avez conduit le peuple d'Israël dans le désert, qui avez apparu à Moïse dans le buisson ardent, et lui avez donné votre Loi sur la montagne de Sinaï, venez nous tirer de la captivité d'Egypte par un effort de votre bras tout-puissant.

Qu'est ce que demande l'Eglise par la troisième exclamation ?

L'Eglise, considérant qu'outre l'obscurcissement de l'entendement et l'endurcissement de la volonté, le péché a fait des plaies infinies à la nature humaine, et se souvenant que le peuple d'Israël fut guéri de la morsure des serpents en regardant un signal que Moïse éleva dans le désert, invoque son Libérateur, et le prie de se montrer à ses yeux, afin que tous les peuples le voient, et qu'à cet aspect ils soient guéris de leurs infirmités et de leurs maladies.

En quels termes lui demande-t-elle cette grâce ?

O digne rejeton de Jessé, qui devez être le signal que tous les peuples doivent regarder, devant qui tous les rois se tairont par respect, et que toutes les nations de la terre révéreront, venez nous délivrer, et ne tardez pas.

Qu'est-ce que l'Eglise demande par la quatrième exclamation ?

L'Eglise considérant de plus qu'un des premiers châtiments du péché que commit l'homme, fut d'être exclu du paradis terrestre et du droit d'entrer au ciel, et se regardant, en la personne de la nature humaine, condamnée aux limbes, et à demeurer dans ces cachots souterrains, invoque son Libérateur, qui doit venir rompre les portes de cette prison affreuse, et lui ouvrir celles du ciel.

En quels termes lui demande-t-elle cette grâce ?

O clef de David, et le Souverain d'Israël, qui pouvez tenir le ciel ouvert et fermé comme il vous plaît, venez tirer du cachot les captifs qui vous réclament, et qui gémissent assis dans les ténèbres et à l'ombre de la mort.

Qu'est-ce que l'Eglise demande par la cinquième exclamation ?

L'Eglise, considérant encore la nature humaine renfermée dans ces cachots obscurs, dont il ne suffit pas d'ouvrir la porte, pour en sortir, si l'on n'en dissipe les ténèbres, invoque le soleil de justice, et le prie de venir l'éclairer, et de lui apparaître comme une lumière céleste.

En quels termes lui demande-t-elle cette grâce ?

O lumière éternelle et soleil de justice, venez éclairer les peuples opprimés, qui soupirent dans l'obscurité d'une nuit épaisse d'ignorance et d'erreur.

Qu'est-ce que demande l'Eglise par la sixième exclamation ?

L'Eglise, considérant qu'outre toutes ces grâces, elle a encore besoin de quelqu'un qui réconcilie la nature humaine avec Dieu, et qui fasse la paix entre le Créateur et la créature invoque son Médiateur, et le prie d'apaiser la justice divine, et de la faire rentrer en grâce avec celui qui l'a tirée du néant, et qui l'avait chassée de devant sa face à cause de son péché.

De quelles paroles se sert-elle pour lui demander cette grâce ?

O roi des nations, le désir de tous les peuples et l'objet de l'amour et de l'adoration de toute la terre, qui devez réconcilier les hommes avec Dieu, et les unir avec eux-mêmes par les liens d'une sacrée charité, venez, et sauvez l'ouvrage de vos mains, que vous avez créé à votre image et ressemblance.

Qu'est-ce que demande l'Eglise par la septième exclamation ?

Après tout ce que l'Eglise a demandé dans les exclamations précédentes, que le péché de l'homme soit effacé, et que les peines qu'il a encourues, lui soient remises, après avoir souhaité sa réconciliation avec Dieu, par l'entremise du Médiateur qu'elle attend, et après lequel elle soupire, que lui reste-t-il à demander pour l'entier accomplissement de ses désirs, et le parfait rétablissement dans son premier état, si ce n'est de rentrer dans le ciel, dont l'homme était déchu, et d'aller dans la gloire éternelle, chanter à jamais les louanges de son Sauveur, et jouir éternellement de sa présence ? Et c'est ce qu'elle fait dans la septième exclamation.

En quels termes s'en exprime-t-elle ?

O Emmanuel le législateur, le maître et le roi de l'univers, l'attente des nations, le soupir de toute la nature, et le Sauveur du genre humain, venez-nous racheter ! O Notre-Seigneur et notre Dieu !

Pourquoi l'Eglise fait-elle sept jours de suite ces exclamations ?

Pour nous montrer les désirs ardents des justes dans tous les sept âges du monde, qui ont soupiré et qui soupireront jusqu'à la consommation des siècles après la venue du Rédempteur, et l'établissement de ce royaume de Dieu, qui n'aura jamais de fin; car ce ne sera qu'alors où véritablement la chûte de l'homme sera pleinement réparée, et notre nature entièrement rétablie, et c'est dans cette attente qu'il faut cependant gémir en cette vallée de larmes.

INSTRUCTION II.

SUR LA CIRCONCISION.

Pourquoi Jésus-Christ voulut-il être circoncis ?

On en rapporte cinq raisons.

Qu'elle est la première ?

Afin de prouver la vérité du mystère de son incarnation, de faire voir qu'il avait pris un corps humain, et qu'il s'était en effet revêtu de notre chair mortelle.

A quoi cela nous oblige-t-il ?

A le remercier de ce qu'il a voulu nous donner des preuves de son amour, qui lui ont coûté si cher, et d'affermir notre foi par des moyens qui lui ont été si douloureux et si sensibles. A nous confondre de voir que nous ne l'aimons qu'en imagination et qu'en idée, et que nous ne répondons à un amour si effectif et si réel, que par de vaines pensées, et par des sentiments inutiles. Nous nous vantons de l'aimer, et nous ne pouvons rien endurer pour lui. Ou cessons de dire que nous aimons Dieu, ou commençons de souffrir pour son amour.

Qu'elle est la seconde raison?

Pour nous donner l'exemple d'une obéissance parfaite et consommée, en se soumettant à une loi si rude à laquelle il n'était pas sujet.

A quoi cela nous engage-t-il?

A être plus soumis aux ordres de la providence de Dieu, aux lois de l'Eglise, aux volontés de nos parents et supérieurs, quelque peine et quelque répugnance que notre méchante nature y trouve. O Jésus! victime d'obéissance, rendez-nous obéissants.

Quelle est la troisième raison?

Ce fut par un sentiment d'humilité, ayant bien voulu non-seulement se faire homme, mais encore paraître pécheur pour l'amour de l'homme. Quel plus grand amour de Jésus-Christ pour les pécheurs, que de se revêtir de leurs livrées, et se rendre en apparence semblable à eux! Quelle plus grande humiliation pour Jésus-Christ!

Quel sentiment cela donne-t-il?

Une profonde admiration de l'humilité de Jésus-Christ, et une extrême confusion de notre orgueil; nous sommes tous pleins de péchés, et nous voulons paraître saints; nous ne pouvons souffrir qu'on témoigne faire peu de cas de notre vertu, et nous mériterions d'être sous les pieds de tout le monde.

Quelle est la quatrième raison?

Ce fut afin de pratiquer un acte excellent de pénitence et de mortification, souffrant dans ce mystère douloureux la peine et la confusion due au péché; à peine est-il né, que le voilà dans la souffrance : tels sont l'admirable instruction et l'exemple édifiant qu'il nous donne aujourd'hui.

La peine de la circoncision était-elle rude?

Sans doute, et elle causait une douleur si grande, que bien des enfants en mouraient, et que l'Ecriture sainte, qui n'exagère point, la nomme une douleur et une blessure très-grièves; cependant c'est ce que Jésus-Christ a voulu souffrir pour l'amour de nous : et comme son corps était incomparablement plus délicat que celui des autres enfants, et qu'il avait l'usage parfait de la raison et de son imagination, il est certain qu'il souffrit extrêmement.

Quel sentiment cela doit-il nous donner?

Une tendre compassion de Jésus déjà souffrant, un grand regret de ce que nos péchés sont cause de ses souffrances, un désir de faire pénitence et de profiter d'un si grand exemple. Le coupable est à son aise, et l'innocent endure. Jésus prend l'amertume et nous laisse la douceur. Il se soumet à la circoncision et ne nous oblige qu'au baptême?

Quelle est la cinquième raison pour laquelle Jésus-Christ voulut être circoncis?

Pour nous témoigner son zèle et sa charité, c'est-à-dire l'ardeur immense qu'il avait de répandre son sang pour nous; à peine est-il né, qu'il commence à faire l'office de Rédempteur, qu'il satisfait déjà pour le péché des hommes : à peine son sang est-il formé dans ses veines, qu'il l'épanche pour eux sur la terre. De plus, c'est que Jésus mourait d'impatience, pour ainsi dire, de réparer l'honneur de son Père, que le péché avait voulu lui ravir, il commence donc dès qu'il est au monde à travailler à ce haut dessein, et à offrir son sang pour la gloire de son Père : et le jour même qu'il reçoit le nom de Jésus, c'est-à-dire de Sauveur, il en fait l'office, il en remplit l'obligation, il acquiert ce nom au prix de son sang.

Qu'est-ce que cela nous apprend?

Combien Jésus a été fidèle à s'acquitter de l'office de Rédempteur, dont il s'était chargé; combien le péché fait d'outrage à Dieu, puisqu'il demande une telle réparation; combien nous sommes lâches de laisser tout faire à Jésus, et de ne pas l'imiter, punissant en nous le péché et réparant l'injure que nous avons faite à Dieu.

Jésus pratique donc de grandes vertus dans le mystère de la circoncision?

Oui, Jésus y pratique d'une manière excellente une obéissance parfaite, une humilité profonde, une mortification très-douloureuse, un zèle très-ardent. O Jésus obéissant, humble et mortifié! ô Jésus plein de zèle, de religion et de charité, puisque vous nous donnez de si merveilleux exemples, faites-nous la grâce de les imiter.

Quel profit devons-nous tirer du mystère de la circoncision?

Celui de mourir au vieil homme, ou de ne vivre plus selon la chair, et de mortifier nos passions déréglées; car si l'on faisait la circoncision sur la chair, c'est pour nous faire comprendre que nous devons circoncire notre cœur, retrancher nos convoitises et les appétits désordonnés de notre nature corrompue.

Qu'est-ce que cette concupiscence à laquelle nous devons mourir?

C'est cette inclination malheureuse que nous avons hérité de notre premier père, qui nous porte au mal, à satisfaire notre sensualité, à vivre d'une vie animale, semblable à celle des bêtes, qui ne cherchent rien que le bien sensible et charnel.

Quelles sont les principales branches de la concupiscence?

Il y en a trois, savoir : l'amour des biens, l'amour des plaisirs, l'amour des honneurs; c'est-à-dire l'avarice, la sensualité, l'orgueil. Voilà ce qui damne tous les pécheurs et qui les soumet à la tyrannie du diable, et qui remplit l'enfer : c'est à quoi il faut renoncer, c'est la grâce de la circoncision qu'il faut demander à Dieu, c'est la leçon que Notre-Seigneur nous fait aujourd'hui, c'est l'exemple qu'il nous donne, c'est la grâce qu'il nous mérite, c'est en quoi il montre qu'il est véritablement notre Jésus, ou notre Sauveur.

Comment Jésus nous a-t-il délivrés de la tyrannie du démon ?

C'est que par le péché du premier homme, nous étions devenus les esclaves du diable, les enfants du diable, et les adorateurs du diable, sur lesquels il exerçait une insupportable tyrannie.

Ce que vous dites là est horrible ?

Sans doute, mais il n'en est pas moins vrai, étant très-certain qu'avant la venue de Jésus, notre divin Libérateur, nous étions plongés dans les ténèbres de l'idolâtrie, et sans le savoir, nous reconnaissions le diable pour notre roi, pour notre père et pour notre dieu. Quel effroyable aveuglement, quel étrange malheur d'être les esclaves du diable, les enfants du diable et les adorateurs du diable ! C'est néanmoins ce que nous étions, et ce que nous serions, si Jésus ne nous eût pas délivrés de cette dure et abominable captivité, sous laquelle toute la nature humaine gémissait comme un esclave dans les chaînes depuis tant de siècles.

Quelle vue donne cette considération ?

Elle nous découvre l'aveuglement des hommes, qui, étant une fois délivrés d'un tel esclavage, va de nouveau se soumettre à un tel tyran que le diable, et se faire une seconde fois son esclave, son enfant et son adorateur. Quelle folie, quelle ingratitude, quel ensorcellement !

Comment cela peut-il arriver ?

Quand on commet un péché mortel, car alors nous devenons sous la puissance du diable, comme nous étions auparavant.

Comment Jésus-Christ nous a-t-il délivrés de l'esclavage du péché ?

En répandant son sang pour l'amour de nous ; car le péché nous rendait débiteurs envers la justice divine, et nous étions absolument dans l'impuissance de nous acquitter de cette dette ; mais Jésus-Christ a satisfait pour nous, et nous a délivrés par son infinie charité, l'innocent a payé pour le coupable, le juste pour le pécheur, Dieu pour l'homme.

Comment nous a-t-il encore délivrés du péché ?

En nous donnant sa grâce intérieure, c'est-à-dire une force et une vertu secrètes, qui rompent les liens dont nos vieilles et méchantes habitudes nous tenaient enchaînés, qui nous fait briser nos chaînes et nous met en liberté, qui nousen garantit et nous les fait éviter quand nous en sommes libres ; car enfin, s'il y a quelqu'un dans l'Eglise qui soit exempt de péché, c'est grâce à Jésus-Christ.

Qu'est-ce qui nous fait haïr le vice et aimer la vertu ?

C'est Jésus-Christ, c'est sa grâce, c'est la vertu de son sang ; sans lui je serais le plus méchant des hommes, et personne ne serait sans crime et sans péché. Sans Jésus toute la terre gémirait sous l'infâme et honteuse servitude du vice : grâce donc à cet Agneau immaculé, qui a ôté le péché du monde.

Comment Jésus-Christ nous a-t-il délivrés des peines de l'enfer ?

En nous donnant le moyen de n'y tomber pas, car après le péché de notre premier père, tout le genre humain était condamné aux flammes éternelles, et si Jésus-Christ ne fût venu, nous y serions tous malheureusement tombés. C'est donc Jésus qui a apaisé la colère de Dieu. C'est lui qui a désarmé sa justice. C'est Jésus qui a fermé le puits de l'enfer, qui a enchaîné le diable, lequel nous y enchaînait. C'est Jésus qui nous a ouvert le ciel, qui était fermé, et qui en a brisé les portes, y entrant lui-même, et le laissant ouvert à ceux qui ont le courage de l'imiter et de le suivre.

Quelle autre considération édifiante pouvez-vous me donner aujourd'hui ?

On peut utilement s'occuper en ce jour de la brièveté de la vie de l'homme, puisque nous voilà arrivés à la fin d'une année et au commencement d'une autre ; car il est tout à fait important de faire réflexion sur sa vie, de peur qu'elle ne s'écoule insensiblement et inutilement, et que la mort n'arrive sans avoir encore pensé que nous sommes en vie.

Quelles sont ces pensées utiles dont je puis m'entretenir aujourd'hui ?

Vous pouvez considérer les années que vous avez vécu jusqu'à présent, et vous verrez premièrement combien peu dure la vie, combien elle passe vite, combien nos années s'écoulent promptement. Tout s'en va avec une étrange rapidité, le temps passe, les choses passent, et nous passons avec le temps et avec les choses, et nous n'y pensons pas. Peut-être que l'année que nous allons commencer sera la dernière de notre vie, et nous ne nous y préparons pas.

Que considérerai-je encore ?

Vous pouvez faire ces réflexions : qu'est-ce qui me reste de tous les plaisirs, de toutes les vanités et de tous les divertissements passés ! Tout cela s'est s'évanoui comme une ombre, et s'est envolé comme un songe ; n'est-ce donc pas une grande folie de hasarder son Dieu, son salut, son éternité, pour des choses si vaines, si passagères, si fragiles, si caduques et si périssables ?

Que devons-nous faire pour bien finir cette année, et pour bien commencer l'autre ?

1° Examiner notre conscience sur les péchés que nous avons commis cette année, et sur l'abus que nous avons fait des grâces de Dieu, et lui en demander très-humblement pardon ; 2° le remercier de tous les bienfaits et de tous les secours que nous avons reçus de sa main libérale et de tous les dangers dont il lui a plu de nous garantir ; 3° nous résoudre à mieux servir Dieu l'année prochaine et la lui offrir par avance, lui consacrant dès le premier jour toutes nos pensées, toutes nos paroles et toutes nos actions, en renonçant à toutes les offenses où nous pourrions nous laissez aller dans la suite.

INSTRUCTION III.

SUR L'ÉPIPHANIE.

Quels sentiments ce mystère doit-il opérer dans nos âmes ?

Il nous doit imprimer trois sentiments religieux. Le premier est d'admiration de la bonté et de la charité de Dieu, qui nous a appelés à lui, lorsque nous étions plongés dans les ténèbres de l'idolâtrie, que nous étions indignes de sa grâce, que nous l'avions entièrement oublié, que nous n'avions aucun mérite, ni aucune vertu, ni rien qui pût du tout l'obliger à nous regarder d'un œil propice. O prodige de miséricorde ! O bonté incompréhensible ! O direction inouïe !

Quel est le second ?

C'est un sentiment de joie de voir que Dieu nous appelle à sa connaissance, qu'il nous ouvre les voies du salut et la porte du ciel, qu'il nous appelle à la foi et à la gloire dont nous étions déchus et exclus. Réjouissons-nous de ce que Dieu a pensé à nous, de ce qu'il est venu à notre rencontre, de ce qu'il nous a apparu. Réjouissons-nous, mais saintement, mais spirituellement, mais religieusement, mais en Dieu. Imitons les premiers Chrétiens, qui se laissèrent aller à des transports incroyables de joie, lorsque les Juifs refusant opiniâtrement d'ouvrir les yeux aux lumières de l'Evangile, les apôtres leur annoncèrent qu'ils allaient appeler à la foi des gentils, et qu'ils en avaient reçu l'ordre de Dieu. Pour lors les nations firent éclater leur joie et leur satisfaction infinie. Entrons dans cet esprit, Dieu nous appelle à sa connaissance et à son amour. Ah ! quel sujet de consolation ! Hâtons-nous de profiter d'une si grande grâce.

Quel est le troisième sentiment ?

C'est un sentiment de crainte et de terreur, car si les Juifs ont été rejetés et réprouvés, parce qu'ils n'ont pas fait un bon usage des lumières de la foi, tremblons et frémissons, voyant combien nous sommes indignes de cette grâce, combien nous en abusons, combien nous y résistons, combien notre vie est opposée à la sainteté de notre religion. Appréhendons, que si Dieu n'a pas pardonné aux Juifs si chéris de lui, et qui étaient les enfants de la maison, parce qu'ils n'ont pas correspondu à ses desseins, qu'ils ont été superbes, rebelles et opiniâtres, il ne nous rejette par les mêmes raisons, nous, qui ne sommes que des enfants adoptés ; ainsi opérons notre salut avec crainte et tremblement.

Quel ordre est-ce que Dieu garda dans la manifestation de la naissance de son Fils ?

1° Il la manifesta aux anges, qui, ayant les premiers dans le ciel connu en esprit, et adoré Jésus-Christ dès le commencement du monde, le vinrent derechef reconnaître et adorer de nouveau dans la crèche ; 2° aux pasteurs, qui représentaient les patriarches de l'ancienne Loi, qui avaient cru et espéré en Jésus-Christ plusieurs siècles avant sa venue, et qui avaient mené une vie champêtre et pastorale ; 3° aux docteurs de la Loi et aux Juifs de Jérusalem, par le moyen des Ecritures et des prophéties auxquelles ils croyaient et dans lesquelles ils trouvèrent que Jésus-Christ devait naître en Bethléem ; 4° aux gentils, par le moyen de la foi figurée par l'étoile. Il la manifesta pour la seconde fois aux Juifs en la personne de saint Siméon et d'Anne la prophétesse, par une inspiration secrète du Saint-Esprit ; de sorte que toute sorte d'âge, de sexe et de conditions, et les éléments mêmes, la terre et le ciel, les anges et les hommes ont manifesté à l'envi la naissance de Jésus-Christ. C'est donc à bon droit que cette fête s'appelle Epiphanie ou manifestation.

INSTRUCTION IV.
SUR LA PURIFICATION.

Quelle instruction tirez-vous de ce que la sainte Vierge se soumit à la loi de la purification, n'y étant pas tenue ?

J'en tire trois, fort importantes et fort salutaires.

Quelle est la première ?

C'est d'obéir à Dieu, à l'Eglise, à mes parents, aux personnes qui sont au-dessus de moi, du moins dans les choses qui me sont commandées et auxquelles je suis tenu, puisque la sainte Vierge, la Reine des hommes et des anges, se soumet à des choses auxquelles elle n'était pas obligée. O Marie, l'exemple des vierges, rendez-moi participant de cette admirable vertu, par laquelle vous avez réparé la désobéissance d'Eve notre première mère. Hélas ! je devrais être soumis à tout le monde, et je ne veux obéir à personne.

Quelle est la seconde ?

Cet exemple m'apprend à être véritablement humble, à ne vouloir pas me faire croire plus vertueux que les autres ; à n'affecter aucune singularité dans la dévotion, mais à marcher dans la voie commune de l'Eglise, me mettant au rang des simples fidèles, ne demandant aucun privilège ni exemption, ne me voulant distinguer de personne par vanité. O Marie ! vous étiez plus pure que les anges et vous avez voulu passer pour immonde. Hélas ! je suis souillé de péchés et je veux paraître saint.

Quelle est la troisième ?

Je vois que la sainte Vierge cache en ce jour les grâces admirables qu'elle avait reçues de Dieu ; qu'elle ne dit mot de sa virginité, de sa pureté, de son intégrité ; qu'elle ne se vante point d'être vierge et mère tout ensemble, au contraire qu'elle se soumet à cette loi ignominieuse, comme la moindre des autres femmes. Et moi, d'abord que j'ai la moindre grâce, le moindre bon sentiment, je le dis à tout le monde. O Marie ! vous êtes un modèle admirable d'humilité, rendez-moi humble à votre imitation.

Pourquoi les parents devaient-ils offrir leurs premiers nés à Dieu dans le temple ?

1° Par hommage à la souveraineté de Dieu de qui tous les biens découlent, et à qui les enfants sont plus véritablement redevables de leur vie et de leur être, qu'au père même et qu'à la mère qui les ont engendrés. Il est donc bien juste que les parents lui en fassent une offrande et protestent hautement que c'est de lui qu'ils tiennent leurs enfants ; 2° par religion, témoignant cette offrande, que ces enfants étaient consacrés à Dieu, dédiés à son culte, et dévoués à son service, et qu'ils attendaient leur sanctification de sa grâce et de sa bénédiction, qu'ils lui demandaient par cette cérémonie, et c'est l'esprit dans lequel les Chrétiens devraient entrer.

Qu'apprenons-nous de ce que la sainte Vierge ne voulut présenter que l'offrande des pauvres ?

1° Qu'il ne faut jamais nous élever au delà de notre état et de notre condition, même sous prétexte de dévotion et de religion, puisque la sainte Vierge, quoiqu'elle fût de la race royale et sacerdotale, fille d'Abraham et de David, la Reine du ciel et de la terre, des hommes et des anges et la Mère de Dieu même, ne voulut point sortir de l'état humble où la Providence l'avait réduite par sa naissance, ni sous prétexte d'un plus grand zèle de la gloire de Dieu, offrir la victime des riches. O pauvreté de Marie ! ô humilité de Marie ! que vous êtes admirable ! que vous êtes édifiante ! que vous êtes instructive ! 2° c'est que Jésus-Christ, amateur de l'humilité, de la pauvreté et de l'obéissance, le voulut et l'ordonna ainsi, pour nous donner l'exemple en toutes choses de l'amour qu'il a eu pour ces trois excellentes vertus. Il a donc choisi une mère pauvre, humble et obéissante, afin que tout ce qui lui appartient et qui lui touche nous portât à l'imiter dans des pratiques si sanctifiantes.

Notre-Seigneur était-il obligé à la loi qui obligeait les parents à offrir leurs enfants dans le temple ?

Non, parce qu'il était le souverain législateur, qui n'était pas sujet à ces sortes de lois, de plus, il était consacré à Dieu son Père d'une manière bien plus haute et plus excellente dès le moment de son incarnation, dans lequel il s'était offert à Dieu, comme une hostie de sainteté, qui devait être immolée à la gloire de son Père et au salut des hommes, ainsi cette oblation extérieure n'était que la figure de ce qui s'était déjà passé au-dedans de lui-même.

Pourquoi donc voulut-il être offert à Dieu et racheté par sa Mère ?

C'était par l'amour de l'humilité et de la vie cachée, qu'il désira de paraître comme un enfant du commun, inconnu dans le monde, et qui n'avait rien en apparence au-dessus des autres. O Dieu, que nous sommes éloignés de cette sainte disposition ! puisque nous manifestons avec empressement tout ce qui nous élève, et que nous cachons avec soin tout ce qui nous abaisse.

Qu'est-ce que ce mystère nous apprend encore ?

Que si nous voulons nous donner au Seigneur et nous consacrer à son service, il faut, pour rendre notre offrande à Dieu, le lui offrir par les mains de Marie en la compagnie de Jésus, et en union de son offrande, étant certain que dès lors nous fûmes tous offerts à Dieu le Père en la personne de son Fils Jésus-Christ, comme les membres en leur chef, et cela par les mains de Marie. Il faut donc à présent renouveler notre offrande, et nous présenter de nouveau à lui, pour nous consacrer à son divin service.

Pourquoi est-ce que les femmes qui relevaient de couche, offraient un sacrifice à Dieu par les mains des prêtres ?

C'était, 1° en expiation du péché dans lequel l'enfant qu'elles avaient mis au monde, avait été conçu ; si bien qu'elles offraient une hostie pour effacer ce péché ; 2° à dessein de consacrer à Dieu le fruit dont il lui avait plu bénir leur mariage, c'est pourquoi elles offraient quelque chose en holocauste au Seigneur ; 3° elles donnaient une offrande en manière de prix, pour racheter leur enfant, qui venait d'être purifié du péché et consacré à Dieu.

Qu'est-ce que tous ces sacrifices nous figuraient ?

Ils nous représentaient que Jésus-Christ serait la victime qui devait être immolée pour expier nos péchés, l'holocauste qui devait procurer une gloire infinie à Dieu, et l'hostie de qui le sang serait le prix de notre rédemption.

Comment donc se passa l'histoire de cette fête ?

La sainte Vierge, accompagnée de ses parents, vint de Bethléem en Jérusalem, et portant l'Enfant Jésus entre ses bras, elle alla au temple y présenter son Fils à Dieu, et donner aux prêtres l'offrande marquée par la loi.

Qu'arriva-t-il encore de remarquable dans cette fête ?

Deux circonstances très-admirables et très-mystérieuses, savoir, la rencontre de Siméon et d'Anne.

Quel était ce Siméon ?

C'était un bon vieillard comblé de vertus et d'années, grand en mérite et en sainteté, qui soupirait depuis longtemps après la venue du Messie et du Libérateur du genre humain ; le saint-Esprit habitait en lui, et il avait reçu réponse de ce divin Esprit, qu'il ne verrait point la mort qu'avant il n'eût vu le Christ du Seigneur, le désiré de toutes les nations, l'attente de toute la terre, le soupir de toute la nature.

Hé bien qu'arriva-t-il ?

Ce saint homme, transporté par un mouvement du Saint Esprit, vint au temple recevoir la sainte Vierge, et tout hors de lui, tout ravi de joie, tout rempli d'une lumière divine, il prit le saint Enfant Jésus entre ses bras, il loua Dieu, il le bénit, il le remercia, et comme le cygne qui chante plus mélodieusement à sa mort que pendant sa vie, dans un souverain contentement d'esprit, les yeux élevés au ciel, il entonna ce beau cantique *Nunc dimittis*, que l'Église chante tous les jours dans son Office, et qu'elle a consacré par sa dévotion.

Que veut dire ce cantique ?

Voici ce qu'il signifie : Seigneur, laissez

aller maintenant votre serviteur en paix, parce que mes yeux ont vu le Sauveur que vous avez destiné pour être découvert à tous les peuples, et qui doit être la lumière des nations, et la gloire de votre peuple d'Israël.

Que signifiait ce bon vieillard saint Siméon?

1° Les sentiments dévots et les dispositions religieuses dans lesquels nous devons mourir; 2° et les dispositions d'une âme sainte, qui reçoit Jésus-Christ par viatique, et qui, par un saint dégoût des choses du monde, et dans un désir ardent de celles du ciel, se détache de toutes les créatures visibles pour se perdre en Dieu.

Quelle était cette Anne, dont vous avez parlé?

Une sainte prophétesse, qui, après avoir vécu sept ans en mariage, avait passé le reste de ses jours dans l'état de viduité. Elle était lors âgée de quatre-vingt-quatre ans, qu'elle avait presque tous consumés en jeûnes, prières et bonnes œuvres, demeurant dans le temple jour et nuit, et servant le Seigneur avec une incomparable piété.

Que fit-elle alors?

Elle survint dans l'endroit du temple, où la sainte Vierge présentait l'Enfant Jésus, et transportée d'un secret mouvement du Saint-Esprit, elle se met à louer Dieu, et à bénir le Seigneur, et ravie hors d'elle, elle parlait de lui à tous ceux qui attendaient la rédemption d'Israël.

Comment communier à la grâce de ce mystère?

Purifiés du péché, allons à l'Eglise pour y offrir Jésus avec Marie, pour le recevoir avec Siméon, et pour le remercier avec Anne. C'est-à-dire que nous devons participer aux sentiments religieux de Marie, quand elle fit son offrande; aux dispositions de Siméon, quand il y reçut le saint Enfant entre ses bras; et aux mouvements d'Anne, quand elle publiait le bienfait dont Dieu venait de combler le genre humain, en lui donnant Jésus-Christ son Fils bien-aimé.

Quelles sont les prières de l'Eglise dans la bénédiction des cierges?

L'Eglise, par la bouche du prêtre, demande à Dieu que, comme ces cierges brûlent d'un feu matériel, ainsi nos cœurs soient embrasés d'une vive flamme de charité; que la lumière du Saint-Esprit, figuré par cette lumière extérieure, dissipe les ténèbres de nos vices, et l'aveuglement que le péché cause en nous; elle demande qu'après la nuit obscure de ce monde, nous parvenions à la jouissance de cette lumière éternelle, qui ne s'éteindra jamais, et que comme saint Siméon, éclairé d'une vive clarté céleste, reconnut Jésus-Christ pour le vrai Messie, ainsi, qu'éclairés de la splendeur du Saint-Esprit, nous connaissions Jésus-Christ, et le servions fidèlement.

Dites-nous en français les oraisons que l'Eglise fait en l'office de ce jour?

Voici la prière qu'elle adresse à Dieu le Père.

Dieu éternel et tout-puissant! prosternés humblement devant vous, nous supplions votre Majesté sainte, que comme votre Fils unique revêtu de notre nature, fut aujourd'hui présenté dans le temple, ainsi vous nous fassiez la grâce d'être présentés devant vous avec des esprits purifiés, nous vous le demandons au nom de Jésus-Christ votre Fils unique Notre-Seigneur, qui vit et règne avec vous et le Saint-Esprit en unité de gloire dans tous les siècles des siècles. Ainsi soit-il.

Dites-nous l'autre oraison?

Voici la seconde, qu'elle adresse à Jésus-Christ, en ces termes:

O Seigneur Jésus-Christ, qui paraissant aujourd'hui entre les hommes, couvert de chair mortelle, avez été présenté au temple: vous que le vénérable vieillard Siméon, éclairé de votre esprit, reconnut, reçut entre ses bras, et bénit: faites, s'il vous plaît, qu'étant instruits et éclairés de la grâce de ce même Esprit-Saint, nous vous connaissions véritablement, et vous aimions fidèlement, o Jésus, vrai Dieu et vrai homme! qui vivez et régnez avec le Père et le Saint-Esprit en unité de gloire et de majesté dans tous les siècles des siècles. Ainsi soit-il.

Pourquoi cette fête n'a-t-elle point d'octave?

Pour donner à entendre qu'elle dure toute l'année, ou plutôt toute la vie, et que l'obligation de purifier son cœur, son esprit, ses intentions, ses affections, son âme, son corps, durent tout le temps que nous sommes en ce monde, et que nous ne devons pas seulement communier à ce mystère une fois l'an ni une fois en la vie, mais toujours. Il en est de la pénitence et de la mortification, comme du feu, dit saint François de Sales, il est bon douze mois de l'an, ce n'est qu'au ciel où tout est si pur, et où on est tellement purifié, qu'on ne se souille jamais, et qu'on n'a plus besoin de se purifier.

INSTRUCTION V.

SUR LA SEPTUAGÉSIME.

A quoi connaissez-vous que l'Eglise nous porte à la pénitence en ce temps-ci?

Il est certain que les dix-sept jours qui restent d'ici au Carême, ne nous sont donnés que pour nous préparer à entrer dignement dans la sainte quarantaine. L'Eglise retranche aujourd'hui ses cantiques d'allégresse et de joie, comme l'*Alleluia*, le *Gloria in excelsis* et le *Te Deum laudamus*, elle ne se sert plus d'orgues ni d'instruments mélodieux, elle prend le violet, qui est le symbole de la pénitence, et qui nous fait ressouvenir des cendres, dont les vrais pénitents ont toujours couvert leurs têtes en signe de douleur et de tristesse. Cette couleur mêlée de rouge et de noir nous représente les coups et les meurtrissures de Jésus-Christ reçut en sa Passion, qui rendirent son corps adorable tout livide et tout noir. O plaies sacrées de mon Sauveur, de qui découla le baume salutaire, qui sert de remède et de contre-poison aux blessures mortelles que le péché a faites à nos âmes, que vous m'êtes chères. Enfin les prières de l'Eglise deviennent à présent plus longues et plus lugubres.

En quoi remarquez-vous encore cet esprit de pénitence?

Je vois que l'Eglise, dans son Office, nous fait lire l'histoire de la création du monde, et de la chûte du premier homme, elle nous met devant les yeux sa désobéissance, son orgueil, sa gourmandise, sa punition. Elle nous représente le cilice dont Dieu le revêtit après l'avoir chassé du paradis terrestre, l'arrêt de mort prononcé contre lui et contre toute sa postérité ; les misères dans lesquels il tomba, les effets funestes du péché originel dans le désordre et la corruption du genre humain, la dépravation horrible du monde entier, le débordement des vices et des péchés, qui inondèrent toute la terre. O Dieu, quels grands sujets de réflexions ! quels grands motifs de pénitence ! L'Eglise prêche ces importantes vérités, et les hommes ne l'écoutent pas. Dieu tonne, et les hommes s'endorment.

Continuez à nous exprimer l'esprit de l'Eglise?

L'Eglise nous met encore devant les yeux tout l'univers plongé dans le vice et dans le péché, le regret que Dieu conçut d'avoir formé l'homme sur la terre, le zèle qu'il inspira à Noé de prêcher la pénitence, et de construire un arche, qui en fût la figure, le déluge universel que Dieu envoya pour noyer tous les hommes et pour ensevelir dans les eaux leurs crimes et leur mémoire. Tout périt à l'exception de huit personnes, qui se sauvent du naufrage par le moyen d'un bois, symbole de la pénitence. Ensuite l'Eglise nous fait voir le peuple de Dieu opprimé dans l'Egypte, et qui gémit sous la tyrannie de Pharaon, célèbre peinture de la tyrannie intérieure que le diable et le péché exercent sur l'homme après sa chûte. Le passage de la mer Rouge, la ruine des Egyptiens, la demeure des Israélites dans le désert pendant quarante années ! O les grands sujets de méditation ! Ô les admirables instructions ! Oh ! que le monde est insensé de préférer les vanités aux vérités!

Quels sont encore les objets de piété que l'Eglise nous offre en ce temps-ci?

L'Eglise, pour nous encourager encore de plus en plus à la pénitence, et pour confondre notre lâcheté, nous en présente un modèle achevé, en la personne de l'apôtre saint Paul : elle nous le dépeint, comme il s'est lui-même dépeint, dans les souffrances et dans les opprobres, dans la faim et dans la soif, dans la pauvreté et dans la nudité, dans les persécutions dans les tourments, affligé, battu, flagellé, emprisonné, lapidé, accablé de misères, et au milieu de tant de maux et de peines, châtier encore son corps, et faire des mortifications volontaires, et nous exhorter à la pénitence. O lâcheté des Chrétiens ! Ô endurcissement des pécheurs, de préférer la volupté à la vertu, le temps à l'éternité, la terre au ciel, la créature au Créateur, les joies temporelles aux biens éternels.

Achevez de nous instruire de l'esprit de l'Eglise?

L'Eglise, de plus, commence dès aujourd'hui à envisager le sacré temps de la Passion, et dans les dimanches suivants, elle dit que les gémissements de la mort l'ont environnée, elle nous assure par la bouche du Sauveur, qu'il y a bien des gens appelés, mais qu'il y en a peu de sauvés, elle nous parle de la récompense des bons, et de la punition éternel des méchants. Elle nous montre un aveugle sur un grand chemin, à qui Jésus-Christ ouvre les yeux; elle nous fait écouter ce divin Maître, qui prêche à ses disciples une doctrine nouvelle, qui leur apprend à porter la croix, à renoncer à soi-même, à quitter tout, à mourir à tout, à souffrir tout, et qui leur dit qu'il va en Jérusalem, et qu'il y sera pris, lié et garotté, moqué, soufflété, couvert de crachats et d'opprobres, couronné d'épines, flagellé et crucifié. Voilà les spectacles que l'Eglise nous invite à venir voir. Voilà les grands tableaux qu'elle étale à nos yeux. O spectacle religieux ! ô céleste objet de Jérusalem terrestre, que vous êtes différents de ceux que Babylone présente à ses enfants !

Qu'est-ce que cela nous prêche?

La pénitence, car la récompense des bons ouvriers, qui ont cultivé cette vigne mystique de l'Evangile, est un motif pour nous obliger à couper et retrancher les inclinations vicieuses que notre cœur, comme une terre maudite, pousse incessamment au dehors. Cet aveugle sur un grand chemin, nous représente l'homme charnel et aveugle, qui marche dans la voie large de perdition. Le Sauveur, qui prédit sa passion, sa croix, sa mort, nous impose l'obligation de souffrir et de faire pénitence. Les vérités sévères qu'il nous prêche, doivent modérer et refréner nos convoitises, et nous obliger à crucifier notre chair. Enfin le Calvaire, l'Evangile, l'apôtre saint Paul, l'Eglise, tout crie, tout publie, tout prêche hautement la pénitence, et les Chrétiens se laissent aller à la dissolution. Le monde passe, s'écrie saint Augustin, et on s'attache à lui. Que ferait-on s'il demeurait, il est amer et on l'aime, que serait-ce s'il était doux?

Mais pourquoi dites-vous que les exercices de piété se renouvelaient parmi les anciens Chrétiens à la Septuagésime?

Cela est si vrai, que même c'était le jour auquel on commençait dans les églises les instructions solennelles des cathécumènes, qui duraient septante jours, c'est-à-dire jusqu'à Pâques, on les introduisait pour cet effet dans la nef de l'église, afin de les catéchiser, et de les instruire des mystères de la religion, et de leur en inspirer la sainteté, non-seulement par des paroles, mais encore par la vue de la ferveur et du zèle des premiers Chrétiens, de leur modestie dans l'église, de leur charité et de leur assiduité à la prière, de leur respect pour les choses saintes, de leurs veilles, de leurs aumônes, de leur pénitence, de leur dévotion, surtout de la faim qu'ils avaient d'écouter la parole de

Dieu, de chanter ses divines louanges, et de participer aux sacrements. O Dieu ! les beaux spectacles ! ô les exemples admirables ! O que nos églises ont changé de face, et septante jours passés, c'est-à-dire le samedi de Pâques venu, on leur administrait le saint baptême.

INSTRUCTION VI.

CONTRE LES DÉRÉGLEMENTS DU CARNAVAL.

Pourquoi suis-je obligé de m'abstenir des divertissements du carnaval ?

Vous le devez par plusieurs raisons. Premièrement, si vous avez autrefois en cette saison offensé Dieu, si vous vous souvenez d'avoir commis des crimes pendant le carnaval, qu'attendez-vous, mon cher frère, à en faire à présent pénitence, et à pleurer vos anciens péchés, et les désordres de votre jeunesse ? Vous savez bien qu'autrefois pendant ces jours-ci vous vous êtes laissé aller à je ne sais combien de désordres, et vous osez les multiplier, et vous ne pensez pas à en faire pénitence ? Vous avez scandalisé votre prochain en ce temps-ci par vos déréglements, et vous ne voulez pas les réparer par votre bon exemple ? Vous avez perdu plusieurs âmes par votre libertinage, qui possible brûlent à présent dans l'enfer, et vous ne voulez pas vous en repentir à présent ? Saint Pierre n'entendait jamais chanter le coq sans répandre des larmes, se souvenant de son ancien péché. Voici le temps malheureux qui fut complice de vos désordres, et vous ne pleurez pas.

Dites-moi encore quelque autre raison pour me convaincre de cette obligation ?

Vous devez ce bon exemple à votre famille, à vos enfants, à vos domestiques, à vos voisins ; car enfin, si vos enfants et vos domestiques voient que vous vous laissez aller à la vaine joie, aux plaisirs, aux divertissements, ils s'y abandonneront entièrement, ils se plongeront dans la débauche, ils ne garderont plus aucune mesure ; vous aurez beau vouloir les reprendre, les corriger, les modérer, les châtier, ils ne vous obéiront pas, ils pourront se cacher de vous par crainte, mais ils ne s'abstiendront pas d'offenser Dieu. Le mauvais exemple que vous leur donnez l'emportera par-dessus toutes vos remontrances. Vos mauvaises œuvres détruiront ce que vos paroles pourraient établir, les paroles passent, les exemples demeurent ; ils se souviendront toute leur vie de vos actions, ils oublieront vos paroles, ils vous imiteront, ils feront même pire qu'ils ne vous ont vu faire, ils ne se tiendront pas dans la médiocrité comme vous, ils enchériront par-dessus vous, ils iront dans l'excès ; voilà le vice établi dans votre maison, qui se perpétuera de père en fils, parce que vous n'avez pas le courage de vous y opposer et de l'interrompre, vous en répondrez un jour à Dieu, aussi bien que des péchés et de la perte de vos enfants et de vos domestiques.

Donnez-moi encore quelque autre raison de cette obligation ?

Vous devez ce bon exemple aux gens de bien qui l'attendent de vous, car après tout, il faut qu'il y ait dans le monde quelque personne de bon exemple qu'on puisse imiter, qui serve de modèle aux bons, qu'on oppose aux méchants, qui serve à se défendre contre les reproches et les railleries des mondains, qu'on n'ait pas honte de suivre et d'imiter, de qui l'autorité et la vie irréprochable serve d'appui aux faibles, et de bouclier aux pusillanimes, qui sans cela rougiraient de l'Evangile, et n'oseraient pratiquer ouvertement la vertu. Les personnes bien intentionnées attendent donc ce bon exemple, ne le leur refusez pas.

Apportez-moi encore, je vous prie, quelque autre raison ?

Vous devez cela au mérite et à l'obligation de contribuer à l'établissement d'une bonne coutume, car sans doute c'est faire une action très-agréable à Dieu, que d'établir la piété dans ces jours-ci, puisque c'est l'esprit de l'Eglise. Que si personne ne lève l'étendart de la dévotion, ne fait gloire de marcher à la tête des gens de bien, ou de suivre leurs pas, et d'imiter leurs exemples, si les bons ne s'unissent pas ensemble pour faire le bien, s'ils ne conspirent pas mutuellement à établir les bonnes coutumes, qui est-ce qui le fera ? Que deviendra la piété, la religion, l'esprit du christianisme ?

Donnez-moi encore quelque autre raison ?

La religion vous engage à la retenue et à la piété dans ce temps-ci ; car les hérétiques et les infidèles regardent le carnaval, non comme un désordre que l'Eglise déteste, mais comme une de ses solennités annuelles. Ils croient que cette chaste Epouse du Fils de Dieu approuve ces excès et autorise ces désordres. Ils attribuent au corps de l'Eglise, la corruption de quelques-uns de ses membres ; soutenez donc l'honneur de votre religion. Montrez que le christianisme condamne les débauches du carnaval. Faites reluire dans vos mœurs la pureté de votre foi. Justifiez la sainteté de l'Eglise dans l'esprit de ces ennemis, qui déchirent son innocence, et qui lui imputent des crimes qu'elle a en horreur.

Apportez-moi encore quelque autre nouvelle raison de cette sainte pratique ?

Vous devez vous abstenir de toutes les débauches du carnaval en vue de Jésus-Christ même, et de la fidélité qui s'attache à son service ! O la belle chose de vous ranger de son côté dans le temps que presque tout le monde l'abandonne ! O la grande gloire d'être du petit nombre de ceux qui ne fléchissent point les genoux devant Baal, le démon de la gourmandise, de la danse et de l'impureté !

Donnez-moi encore quelque autre raison ?

S'il y a quelque saison dans l'année où l'on puisse conjecturer qu'arrivera le jour du jugement, sans doute que c'est celle-ci. Notre-Seigneur nous avertit dans l'Evangile, qu'il viendra lorsque les hommes y penseront le moins, quand ils seront occupés à boire et à manger, à se réjouir, à faire des

OEUVRES COMPL. DE DE LA CHÉTARDIE. I.

mariages, à se divertir, plongés dans l'intempérance, dans la débauche, dans un profond oubli de leur salut, tout occupés des soins de cette vie, des embarras du siècle, des affaires du monde, ce sera pour lors, dit le Fils de Dieu, que ce jour terrible et épouvantable arrivera. Or n'est-ce pas là l'image du carnaval? Craignez donc que ces jours-ci soient pour vous des jours de tristesse et de douleur, que vous ne passiez de la table au jugement de Dieu, de la débauche à son tribunal, du plaisir à la peine, du péché dans l'enfer.

Donnez-moi encore quelque raison de cela?

Ne voyez-vous pas que le Saint-Esprit condamne publiquement ces désordres. N'est-ce pas lui qui a inspiré aux fidèles de renouveler leur ferveur et leur zèle en ce temps? On établit les prières de quarante heures, on expose le saint Sacrement, on propose des indulgences plénières, on prêche la parole de Dieu, on donne la bénédiction, on invite les Chrétiens à s'approcher des sacrements. Pourquoi toutes ces choses? sinon pour détourner de la débauche et des excès du carnaval, pour s'opposer aux dérèglements de ces jours malheureux. La pratique pieuse de l'Église n'est-elle pas la condamnation publique du monde? Mais quel scandale et quelle dérision des choses saintes, de voir une personne se confesser le matin, communier, gagner les indulgences, assister au sermon, recevoir la bénédiction, et au sortir de là s'en aller dans les compagnies, se laisser aller à la gourmandise, à l'intempérance, à la sensualité, aux excès, et consommer une grande partie des nuits dans les divertissements profanes?

Les saints Pères n'ont-ils pas crié contre ces débauches?

Sans doute ils l'ont fait avec une force et une éloquence toute extraordinaire, car il y a toujours eu de méchants Chrétiens, qui, par la corruption de leurs mœurs, ont démenti la sainteté de leur religion.

Consolez-nous de ce qu'ils ont dit là-dessus?

Voici comme s'en explique le grand saint Basile : « Gardez-vous bien, mon cher frère, de vous disposer à boire de l'eau comme vous le devez faire en Carême, par des excès de vin. Que l'ivrognerie ne vous introduise pas dans les pratiques mystérieuses du jeûne. L'intempérance ne doit pas donner entrée à la sobriété, non plus que la tromperie à la justice, ni la volupté à la mortification, ni le vice à la vertu. Ce n'est pas là la porte du jeûne, ni la disposition convenable pour le commencer. »

Qu'ajoute encore ce grand saint à ces belles paroles?

« L'ivrognerie, » continue-t-il, « nous conduit à la luxure; mais la frugalité nous dispose au jeûne. Ceux qui doivent s'exercer à la lutte, s'y préparent par une abstinence exacte, afin d'être plus allègre et dispos à ce combat, et le Chrétien se prépare au Carême par la sobriété. Ne vous vengez pas du jeûne, qui s'approche, sur le carnaval qui le précède; ne rendez pas inutile la loi salutaire du Carême, et la fin que le législateur s'est proposée, et qu'il s'en promet, en amassant une abondance d'aliments et de viande à votre gourmandise, comme si vous vouliez de la pourvoir contre la famine dont elle est menacée. Ne savez-vous pas que cette précaution est vaine, que ces provisions s'écouleront en une nuit, et que la corruption qu'elles auront apportées à votre âme vous demeurera? »

Achevez, je vous prie, de nous rapporter les paroles de cet homme éclairé?

« Le jeûne et la prière n'entreront jamais dans une âme encore toute noyée dans le vin, et le Seigneur n'admettra pas dans le sanctuaire de ses mystères un homme sujet à l'intempérance, il sera rejeté de devant lui, et demeurera dehors comme un profane, indigne de s'approcher des autels. En effet, si vous vous présentez à moi le jour des Cendres, l'estomac encore rempli de vin et des viandes du jour précédent, que la chaleur naturelle n'a pas encore eu le loisir de digérer, l'haleine mauvaise, sentant le vin et la crudité; en quel rang vous mettrai-je? sera-ce parmi les ivrognes, ou parmi les gens qui jeûnent? Ne prétendez pas place entre ceux-ci, sous prétexte que vous êtes à jeûn, et que vous n'avez rien pris depuis minuit. Car qu'importe qu'il ne soit rien entré par votre bouche, si néanmoins votre estomac se trouve rempli d'aliments? L'intempérance d'hier dit que vous êtes à elle, le jeûne d'aujourd'hui n'ose dire que vous êtes sien. A qui appartenez-vous? Sans doute vous vous condamnez vous-mêmes, et l'odeur du vin qui sort de votre bouche comme de l'ouverture d'une bouteille, donne droit à l'ivrognerie de mettre la main sur vous, et de vous traiter comme son esclave. »

Continuez à nous rapporter ce discours?

« Si le premier jour de votre jeûne est rejeté à cause de la crapule qui l'infecte encore, que deviendra le reste de votre Carême? Dieu ne veut pas d'un sacrifice dont on a offert les prémices au démon. Il est écrit que les ivrognes ne posséderont pas le royaume de Dieu. Si donc vous commencez le Carême étant encore tout ivre, quelle utilité tirerez-vous d'un semblable jeûne? A quoi sert le jeûne qui ne vous introduit pas dans le ciel? Ne voyez-vous pas comment on prépare les chevaux qui doivent courir dans la carrière, en leur ôtant la nourriture accoutumée, et en leur faisant souffrir la faim; pourquoi donc accablez-vous votre corps par le poids d'un nombre infini d'aliments superflus, puisque vous prétendez l'exercer dans la carrière du jeûne pendant cette sainte Quarantaine? N'est-ce pas être moins sobre que les bêtes et les surpasser en gourmandise? »

Quelle était la pratique des premiers Chrétiens quand le Carême approchait?

Ces mêmes saints nous assurent que plusieurs jours auparavant, ils commençaient à pratiquer le jeûne, comme pour s'essayer et s'éprouver, afin d'observer ensuite religieusement la sainte Quarantaine; plusieurs d'entre eux se retiraient dans les déserts et dans les solitudes, afin de passer tout ce temps plus éloignés du monde, plus appliqués au silence, à l'oraison, aux veilles, et aux jeûnes austères et rigoureux. Plaise à Dieu de renouveler cet esprit dans son Église! Ainsi soit-il.

INSTRUCTION VII.
SUR LA PENTECÔTE.

Pourquoi le Saint-Esprit apparut-il sous la forme de feu?
Pour cinq raisons dignes d'être sues.
Quelle est la première?
C'est pour nous apprendre que comme le feu éclaire, ainsi le Saint-Esprit vient pour dissiper les ténèbres de notre ignorance et de nos erreurs, en nous éclairant des vives lumières de la foi, en nous faisant connaître Dieu, en nous apprenant en quoi consiste la vertu, en nous découvrant les tromperies du monde, du diable et de la chair, enfin en nous rendant savants dans la loi de Dieu.
Quelle est la seconde raison?
Comme le feu échauffe, ainsi le Saint-Esprit embrase nos cœurs de l'amour de Dieu et du feu de la sainte charité, il attendrit notre volonté, il la détache de l'amour sensuel, il l'échauffe de son souffle amoureux, il allume en elle de saints désirs, et il lui inspire un amour de Dieu par-dessus toutes choses, enfin il la transforme en ce Dieu d'amour, qui n'est autre que lui-même.
Quelle est la troisième raison?
Comme le feu monte en haut, ainsi le Saint-Esprit nous porte toujours vers le ciel, et nous élève vers Dieu; il nous inspire le désir de regarder Dieu en toutes nos actions, de le chercher en toutes choses, de tendre à lui, de nous ennuyer sans lui, de ne vouloir plaire qu'à lui, et de nous porter vers lui comme vers notre premier principe et notre dernière fin, comme vers notre pôle et notre centre.
Quelle est la quatrième raison?
Comme le feu consume le bois, ainsi le Saint-Esprit consume la paille de nos méchantes inclinations et de nos affections vicieuses, et tout ce qu'il y a de terrestre et de grossier en nous, notre paresse, notre sensualité, notre intempérance, notre tiédeur et notre lâcheté au service de Dieu.
Quelle est la cinquième raison?
Comme le feu est toujours dans le mouvement et dans l'action, ainsi l'amour divin que le Saint-Esprit allume dans notre âme agit sans cesse; il ne peut demeurer sous la cendre, il est ennemi de la paresse, de l'oisiveté, de la négligence. Une âme qui aime Dieu, veut toujours faire de nouvelles choses pour Dieu, toujours prier, toujours souffrir, toujours se surmonter, toujours combattre ses mauvaises inclinations, tou-

jours pratiquer de nouvelles vertus, l'humilité, la pauvreté, la patience, la charité, enfin toujours faire de bonnes œuvres envers Dieu, envers le prochain, envers soi-même; elle est dans une activité continuelle, et avec raison, puisque ses vertus et les dons du Saint-Esprit la remplissent et l'animent.
Quelle différence y a-t-il entre les vertus et les dons du Saint-Esprit?
Une âme qui n'a que les vertus, est semblable à un vaisseau qui va à rames; mais une âme qui possède les dons du Saint-Esprit, est comme un vaisseau qui va à rames et à voiles; en effet, les vertus dont ordinairement l'exercice est difficile, sont comme les rames de notre âme avec lesquelles nous voguons avec peine dans la mer orageuse de ce monde; et les dons du Saint-Esprit sont comme des vents favorables qui enflent les voiles, et qui nous font aller au service de Dieu avec une vitesse et une facilité merveilleuses.
N'y avait-il point dans l'ancienne Loi quelque figure des dons du Saint-Esprit?
Oui, il y avait le chandelier, qui était dans le tabernacle et devant l'arche d'alliance.
Comment était fait ce chandelier?
Il était de fin or battu et ciselé, il avait une tige et sept branches, trois de chaque côté et une au milieu; et au bout de chaque branche, il y avait une lampe qui brûlait toujours, dont le fond, qui contenait l'huile, avait la figure de l'oreille, et la pointe opposée celle de l'œil, et il était orné de petits vases faits en forme de coupes propres à boire, de globes, de grenades et de lis, le tout d'or très-pur.
Que signifiait ce tabernacle?
L'âme fidèle où doit résider la Majesté divine.
Et l'or pur et ciselé, dont ce chandelier était composé?
L'excellence de la vertu de charité, et la perfection de ses opérations et de ses fruits.
Et les sept branches de ce chandelier, qui naissaient de sa tige, et sur lesquelles il y avait sept lampes allumées?
Les sept dons du Saint-Esprit, qui naissent de la charité comme de leur tige, et sur laquelle ils sont fondés, qui remplissent une âme de lumière et d'amour.
Et la forme de l'oreille et de l'œil, qui étaient au haut de chaque bras du chandelier?
L'oreille, qui est l'organe de l'obéissance, signifie que, par le moyen de ces dons, une âme devient attentive et soumise aux instructions du Saint-Esprit; et l'œil, que c'est à la faveur de leur lumière qu'elle doit marcher au milieu des ténèbres de cette vie.
Et les fleurs de lis dont ce chandelier était orné?
L'innocence et la pureté que ces dons apportent à cette âme.
Et ces globes d'or?
Par leur figure ronde et par leur matière précieuse, ils représentent l'excellence et l.

perfection des œuvres que produit une âme ornée de ces dons divins.

Et ces grenades avec ces couronnes dont elles étaient embellies, et la multitude des grains dont elles étaient remplies?

L'abondance et la plénitude des bonnes œuvres dont cette âme regorge, et l'empire qu'elle a sur ses passions.

Et ces coupes propres à boire?

Les contentements intérieurs et les saintes délices dont cette âme jouit, et dont elle est comblée et comme enivrée.

Qu'est-ce que le don de sapience?

Une connaissance savoureuse de Dieu et des choses divines et des créatures dans l'ordre de la nature, de la grâce et de la gloire, considérées dans leur source et dans leur fin, en tant qu'elles viennent de Dieu, qu'elles y conduisent et qu'elles lui appartiennent.

Quels sont les effets de ce don?

Il fait, 1° connaître, d'une manière haute et sublime, l'être et les perfections de Dieu et les choses divines, et le fait contempler avec grande clarté; 2° goûter et savourer avec suavité; 3° et en juger sainement, fondés sur la science qu'il en communique et sur l'expérience qu'il en donne, comme si quelqu'un, après avoir montré un fruit extrêmement beau et attrayant, venait ensuite à en faire manger : ainsi le don de sapience donne tout à la fois la science et l'expérience des choses divines, la connaissance et le goût; 4° et dégoûte des plaisirs sensuels, n'étant pas possible d'aimer le pain insipide de l'iniquité, après avoir goûté cette manne céleste et ce pain des anges.

Qu'est-ce que le don d'entendement?

Une lumière surnaturelle, qui fait connaître à fond les vérités de la foi et les mystères de la religion, et qui supplée d'une part à la faiblesse et à la petitesse de notre esprit, qui ne saurait d'un œil fixe considérer ni soutenir l'éclat de nos mystères, ni en approfondir les secrets; et de l'autre, à la foi, qui étant une lumière, mais une lumière obscure, ne découvre pas avec évidence les mystères qu'elle fait croire. Or le don d'entendement fortifie l'esprit et éclaire la foi.

Quels sont les effets de ce don?

1° Il fait pénétrer dans l'intérieur des mystères de la religion, des vérités de la foi, des secrets de l'Écriture, de la Providence, de la grâce et des voies intérieures que Dieu tient dans la conduite et la sanctification des âmes. 2° Il jette dans une admiration continuelle et dans une surprise extraordinaire, et toujours nouvelle à la vue de tant de merveilles. 3° Il donne une haute estime et une sublime idée de toutes ces choses admirables, dont il étale et découvre la grandeur, l'excellence et le prix. 4° Il les persuade si fortement, qu'on devient inébranlable dans la foi, et qu'on croit avec une invincible fermeté, sans que les tourments, les plaisirs, et les erreurs du monde et du diable puissent surmonter ni tromper. 5° Il donne un extrême mépris pour toutes les choses du monde, dont on ne saurait plus faire de cas après avoir considéré celles de Dieu.

Qu'est-ce que le don de science?

Une lumière surnaturelle que l'Esprit divin communique à l'âme juste, qui lui fait voir les choses créées dans les desseins de leur création, c'est-à-dire par rapport aux fins et aux intentions que le Créateur s'est proposées, et à quoi il les a destinées en les tirant du néant.

Quels sont les effets de ce don?

De faire envisager les créatures, 1° dans leur origine et première production, ou comme quoi Dieu les a créées, comme quoi il les conserve, à quelle fin il les destine, quel usage il en fait; 2° et en tant qu'elles sont des degrés pour s'élever à Dieu et des moyens pour faire le salut, soit en s'en servant, ou s'en privant, ou les admirant; 3° et les estimer, particulièrement les biens, les honneurs et les plaisirs, selon ce qu'ils sont en eux-mêmes, et non par le prix que le monde leur donne; en pénétrer l'intérieur, la vanité, l'instabilité, les épines, l'obstacle qu'ils apportent au salut et à la perfection, et la stupidité et petitesse de l'esprit humain, qui court après de semblables bagatelles, et qui s'en occupe fort sérieusement; 4° de conférer à l'âme un discernement des choses spirituelles, et des divers mouvements de la nature et de la grâce, de l'Esprit-Saint et de l'amour-propre, des voies de Dieu dans la sanctification des âmes, et des illusions et tromperies du démon; 5° d'apprendre à l'âme le moyen de renoncer à soi-même, de combattre les vices, d'acquérir les vertus, de déraciner les mauvaises habitudes, et d'être fidèle aux mouvements du Saint-Esprit.

Qu'est-ce que le don du conseil?

Une lumière surnaturelle, dont le Saint-Esprit éclaire une âme juste, pour lui faire discerner le bien d'avec le mal; pour connaître, dans les cas particuliers et difficiles, où sa raison est trop courte, et dont elle ne pourrait démêler toute seule ce qu'il faut faire et ne pas faire, ce qu'il est expédient de dire et de taire, d'entreprendre et de quitter, comme il arriva au patriarche Joseph, quand il laissa son manteau et s'enfuit; et à Salomon, quand il porta ce jugement célèbre sur ces deux femmes, qui disputaient à qui des deux appartenait un enfant. Ce don ne regarde pas tant la fin, qu'il s'occupe dans la connaissance, le choix et l'usage des moyens qui y conduisent.

Quels sont les effets de ce don?

1° De bien délibérer et consulter; 2° de bien juger, résoudre et choisir; 3° de bien exécuter, et cela quelquefois par des voies fort différentes de celles que la prudence humaine suggère, d'où vient que tant de saints ont réussi dans leurs prétentions par des moyens qui semblaient être des folies aux yeux des hommes charnels.

Qu'est-ce que le don de piété?

C'est une affection surnaturelle et une participation de l'esprit de Jésus-Christ, qui donne à l'âme une tendresse filiale et un cœur d'enfant envers Dieu, qui fait qu'elle a un plaisir sensible de l'appeler ainsi, de se nommer son enfant, et qui lui fait aimer toutes les choses de ce monde, comme étant et appartenant à ce Père céleste.

Quels sont les effets de ce don?

1° De donner les mêmes sentiments envers Dieu, qu'un enfant bien né et chèrement aimé a envers son père, dont les principaux sont l'amour, le respect, l'obéissance, l'honneur, et la confiance en ses soins et ses bontés. 2° Un désir inexplicable de plaire à Dieu, un déplaisir cuisant de l'avoir offensé. 3° D'inspirer de semblables sentiments envers l'Eglise et notre Saint-Père le Pape, auquel nous devons être unis, nous réjouissant des prospérités de l'Eglise, et nous affligeant quand les hérésies, schismes, divisions, guerres en troublent la paix. 4° Et des tendresses d'enfant envers la très-sainte Vierge, comme étant la Mère de tous les fidèles, et à proportion envers tous les autres saints et saintes du paradis. 5° Et de remplir d'affection et d'estime pour les fidèles en qualité d'enfants de Dieu et de nos bien-aimés frères, pour lesquels nous devons avoir un cœur fraternel, plein de douceur et de suavité, toujours prêt à compatir, consoler, secourir.

Qu'est-ce que le don de force?

Une habitude surnaturelle, qui rend hardi, ferme et constant dans la poursuite du bien, et patient à supporter les maux.

Quels sont les effets de ce don?

1° Il arrête et fixe la légèreté, l'inconstance et la timidité de l'esprit humain naturellement vacillant. 2° Il empêche qu'on ne s'épouvante des obstacles, des difficultés, des menaces et des maux qui se présentent. 3° Il donne un courage capable d'entreprendre pour Dieu les choses les plus pénibles, les plus difficiles et les plus héroïques. 4° Il fait supporter courageusement, patiemment et joyeusement les tourments, les douleurs, les misères et les adversités de la vie. 5° Et embrasser les mortifications volontaires, ou pratiquer les macérations, jeûnes, veilles, travaux corporels et spirituels, et donne surtout la vertu de dompter la chair et les passions, et d'extirper les méchantes inclinations et mauvaises habitudes.

Qu'est-ce que le don de crainte?

Une habitude surnaturelle qui donne un amour respectueux envers Dieu, et une certaine appréhension de lui déplaire en quoi que ce soit.

Quels sont les effets de ce don?

1° Il rend un fidèle attentif et vigilant sur lui-même, pour ne pas déplaire à Dieu en aucune chose; 2° il le fait tenir en la présence de Dieu avec un très-grand respect extérieur et intérieur; 3° il le rend attentif et religieux dans ses prières, surtout à l'église; 4° il lui donne une extrême peur de la moindre offense et de l'apparence même du péché, et il lui en fait éviter avec soin toutes les occasions; 5° il lui imprime une extrême honte et une confusion indicible, quand il s'est laissé aller à quelque offense.

INSTRUCTION VIII.

SUR LES FÊTES DE LA SAINTE VIERGE.

Quelles furent les principales vertus de la sainte Vierge?

La sainte Vierge a eu toutes les vertus dans un souverain degré; car si parmi les grands hommes de l'Ancien Testament l'un a été recommandable par sa foi, l'autre par son obéissance, celui-là par sa patience, celui-ci par son humilité; si l'Ecriture a loué quelques femmes illustres de leur chasteté, de leur charité, de leur oraison, tous ces éloges vous appartiennent justement, ô Vierge sainte! vous avez recueilli toute seule cette riche succession de vertus qui avaient été partagées dans vos pieux ancêtres, et l'ange nous apprend que la grâce dont chacun de ces grands saints n'avait reçu qu'une partie, vous la possédiez en plénitude avant même d'en recevoir l'auteur par l'incarnation.

Dites-nous quelque chose de l'humilité de la très-sainte Vierge?

Son humilité parut en ce que, sachant bien que Dieu, par une grâce spéciale, l'avait préservée du péché de la concupiscence et de la révolte des passions, et ornée d'une infinité de vertus, jamais elle ne s'enorgueillit ni ne réfléchit sur toutes ses grandeurs. Un ange vient de la part de Dieu, qui la salue avec respect, et qui lui donne les plus grandes louanges qui jamais aient été données à une créature; elle s'en trouble, bien loin de s'y arrêter. Sainte Elisabeth, transportée par un mouvement du Saint-Esprit, publie les grandeurs de Marie, et cette humble Vierge s'anéantit entendant ses louanges, et, toute ravie de Dieu, elle s'oublie pour ne penser qu'à lui; elle proteste que tout son bonheur consiste en ce que le Seigneur a regardé sa bassesse. Dieu la comble d'honneur et de prérogatives, elle les cache par un humble silence; elle ne découvre point à saint Joseph qu'elle a conçu par l'opération du Saint-Esprit, il faut que Dieu le lui révèle par le ministère d'un ange; elle ne dit point qu'elle est vierge et mère tout ensemble, et qu'elle n'a pas besoin de s'humilier comme les autres; elle se met au rang des autres femmes immondes, sans distinction ni privilège; et les saints nous apprennent, l'ayant sans doute eux-mêmes appris de la tradition, qu'après l'ascension du Fils de Dieu, la sainte Vierge, dans les assemblées des Chrétiens, se mettait toujours dans la dernière place. Enfin, par une merveille presque inouïe, jamais autre créature n'a su allier tant de grandeurs et tant d'humilité ensemble que Marie. O humilité de Marie! vous êtes la condamnation de la superbe et de la vanité de toutes les filles d'Adam. O Marie! vous avez brisé la tête du serpent d'orgueil par votre humilité. Vous êtes l'exemple, après Jésus-Christ, que tous les fidèles doivent imiter dans la pratique de cette vertu si rare et si nécessaire.

En quoi parut l'obéissance de la sainte Vierge?

L'obéissance, qui n'est jamais sans humilité, parut dans la sainte Vierge, premièrement en ce qu'elle obéit pendant son enfance à ses maîtresses dans le temple, en ce qu'elle vint de Nazareth à Bethléem pour obéir à l'empereur de la terre, quoiqu'elle fût enceinte et sur le point d'accoucher; en ce qu'elle obéit à la Loi des Juifs, qui obligeait les femmes à garder le temps de leur purification après leurs couches comme des immondes, quoique cependant cette très-pure Vierge fût exempte de cette loi, ayant conçu sans péché et enfanté sans douleur et sans aucun déchet de sa virginité; mais, pour obéir, elle voulut bien passer pour immonde, quoiqu'elle ne le fût pas. Hélas! nous sommes immondes, et nous voulons paraître saints! Enfin la sainte Vierge fut obéissante à tout ce que Dieu a voulu d'elle, et qui lui fut ordonné par l'ange de la part de Dieu, comme d'épouser saint Joseph, de s'enfuir en Égypte, de revenir, et de se soumettre en toutes choses aux ordres de la Providence divine, quoique souvent difficiles à la nature : Vierge sainte, rendez-nous participants de votre obéissance.

En quoi admirez-vous la foi dans la sainte Vierge?

En ce qu'elle crut fermement : 1° qu'elle serait mère et vierge tout ensemble, lorsque l'ange le lui dit de la part de Dieu; 2° qu'elle serait la Mère de son Dieu, et que rien n'était impossible à Dieu; 3° que cet Enfant qu'elle avait mis au monde, tout faible et tout infirme qu'il parût, et qu'il fallait dérober à la cruauté d'Hérode, était cependant le Dieu du ciel, le Créateur de l'univers; 4° lors même qu'elle le vit mourir en croix, et que la foi fut comme éteinte dans les apôtres, elle demeura fidèle ; la foi du mystère de la divinité de Jésus-Christ et de sa glorieuse résurrection, se conservant dans l'âme de cette admirable Vierge. O foi véritablement grande de la sainte Vierge! écrions-nous avec sainte Élisabeth: O Marie! que vous êtes heureuse d'avoir cru! puisque par le mérite de cette foi, toutes les promesses du Seigneur se sont accomplies en vous. O Marie! que nous sommes heureux de ce que vous avez cru, puisque, par le mérite de votre foi, l'œuvre de notre rédemption s'est heureusement accomplie en nous!

En quoi trouvez-vous admirable la charité de la sainte Vierge?

Qui peut douter de l'amour pur qui brûla dans son cœur, et de la vive flamme de charité qui l'embrasa, puisqu'à l'âge de quinze ans, elle aima si parfaitement son Dieu, qu'elle mérita de devenir sa mère ? Ah! quel amour! puisqu'il mérita une si haute récompense, puisqu'il la rendit digne d'une si haute qualité. Mais qui pourrait dire l'amour que le Saint-Esprit alluma dans son cœur, lorsque étant ombragée de la vertu du Très-Haut, elle engendra Jésus-Christ dans la plus vive flamme de charité qui fut jamais?

Enfin quel amour n'eut-elle pas pour Jésus-Christ, le fils unique et le bien-aimé de son cœur, et à quel point ne s'accrut-il pas pendant les neuf mois qu'elle le porta dans son sein ce Verbe incarné, quand elle le reçut entre ses bras à sa naissance, qu'elle l'enveloppa de langes, qu'elle le mit sur son sein, qu'elle lui donna ses mammelles sacrées, qu'elle le nourrit de son lait, qu'elle l'embrassa et le serra entre ses bras, le baisant, le caressant, lui donnant toutes les marques d'amour et de tendresse qu'une telle mère pouvait donner à un tel fils, et recevant de ce fils mille témoignages de tendresse et d'amour. O Dieu! qui peut s'imaginer ce flux et ce reflux d'amour, de caresses et de privautés, et ne pas concevoir le feu immense de la charité qui la brûlait? Mais quelle fut cette nouvelle augmentation de charité qui l'embrasa, lorsqu'au jour de la Pentecôte, elle reçut le Saint-Esprit dans une vive flamme d'amour; et enfin quel fut cet amour, et à quel degré ne monta-t-il pas, quand il détacha son âme de son corps au jour de sa bienheureuse mort, car ce fut par un effort d'amour qu'elle mourut, et non point par l'effet d'une infirmité corporelle, comme l'assurent les saints.

En quoi trouvez-vous que la pauvreté ait particulièrement relui dans la vie de la sainte Vierge?

N'est-ce pas une pauvreté bien admirable de voir la Reine du ciel et de la terre, être donnée pour épouse à un pauvre artisan, réduite à marcher dans un si chétif équipage, qu'on ne daigna pas la recevoir dans une hôtellerie, et qu'on lui en refusa l'entrée, et se voir contrainte à se retirer dans une étable destinée aux bêtes, où elle accoucha; à mettre son bien-aimé dans une crèche, sur un peu de foin et de paille, à présenter pour son rachat, au temple, une paire de tourterelles au jour de la Purification, qui était l'offrande des pauvres, et enfin à passer sa vie dans une boutique, gagnant sa vie et celle de son fils, et vivant du travail de ses mains : hélas! quelle étonnante pauvreté! Vierge sainte, détachez nos cœurs des biens de ce monde.

Comment est-ce que le silence a paru dans la sainte Vierge?

Sans doute il y a lieu de l'admirer, puisque dans l'Évangile nous trouvons qu'elle n'a parlé que quatre fois ; et quoique, très-apparemment, elle ait parlé plus souvent, néanmoins ce n'est pas sans mystère et sans un grand sujet d'édification pour nous, que nous ne lisons pas qu'elle ait tenu aucun autre discours.

En quelle occasion parla-t-elle?

1° Quand elle s'informa de l'ange comment s'accomplirait le mystère de l'Incarnation en elle, ce qui était nécessaire, parce qu'elle y devait donner son consentement ; 2° quand elle visita sainte Élisabeth, et qu'elle entonna dans un saint transport le divin cantique *Magnificat*; 3° lorsque ayant perdu Notre-Seigneur au temple, elle lui dit en deux mots la douleur que cette séparation lui avait causée ; 4° quand aux noces de Cana, ayant pitié de ces pauvres gens, elle pria Notre-Seigneur de leur donner du vin, et que, s'adressant aux personnes qui prenaient soin du festin, elle leur dit : Faites tout ce que mon Fils vous dira. Tout le reste de sa vie est un silence perpétuel et admirable.

Qu'est-ce que cela nous apprend ?

Cela nous doit donner un grand amour pour le silence. Mon Dieu, je me veux taire pour imiter et honorer le silence de Marie ; je me veux taire, parce que je vous offense presque toujours en parlant ; je me veux taire, parce que je veux conserver l'esprit d'oraison, et que rien ne dissipe tant que le babil.

En quoi remarquez-vous qu'ait paru la vertu d'oraison dans la sainte Vierge ?

En ce que, dès l'âge de trois ans, elle se retira dans le temple pour y vivre dans un continuel esprit de prière et d'oraison ; quand l'ange lui apparut à l'heure de minuit pour lui annoncer le mystère de l'Incarnation, il la trouva dans une méditation profonde ; et l'Evangile nous assure qu'elle s'occupait sans cesse des mystères de la vie de son Fils, et qu'elle était remplie de grâce. Elle fut le sanctuaire du Saint-Esprit, toujours unie à Dieu, toujours brûlante d'une vive flamme de charité ; et lors même qu'elle reçut le Saint-Esprit au jour de la Pentecôte sous une langue de feu, et qu'il se communiqua à elle dans une profusion immense, elle était pour lors en oraison. Ainsi toute sa vie n'a été que prière, oraison, méditation, contemplation. Hélas ! que cela est différent de ma vie, qui n'est qu'une dissipation continuelle !

En quoi parut la patience de la très-sainte Vierge ?

En ce qu'elle souffrit les choses du monde les plus crucifiantes pendant toute sa vie avec une admirable résignation à la volonté de Dieu.

Quelle fut la première croix de la très-sainte Vierge ?

On peut dire qu'elle commença à souffrir, selon les sentiments naturels, lorsque, dès l'âge de trois ans, il lui fallut quitter ses parents, et se séparer d'eux pour se retirer dans le temple ; ce qu'elle fit pourtant avec une joie très-parfaite ; et on peut ajouter que ce ne lui fut pas non plus une petite peine lorsqu'on parla de la marier, puisqu'elle avait fait vœu de virginité perpétuelle ; ce qui sans doute lui fut d'abord un sujet d'affliction, jusqu'à ce qu'il plut à Dieu de lui faire connaître que son mariage ne serait pas opposé à son vœu, qu'en épousant saint Joseph, elle ne perdrait pas sa virginité.

Quelle fut sa seconde croix ?

Ce fut lorsque saint Joseph connut qu'elle était enceinte, et qu'ayant lieu de douter de sa pudicité, il voulut la renvoyer comme une adultère, ne sachant pas encore le mystère de l'Incarnation du Verbe éternel ; cette peine fut grande à l'âme pure de la sainte Vierge, jusqu'à ce qu'il plut à Dieu de l'en délivrer et d'envoyer un ange à saint Joseph, pour l'instruire de la vérité de la conception de Jésus-Christ par l'opération du Saint-Esprit.

Quelle fut sa troisième croix ?

Ce fut lorsque Hérode cherchait l'Enfant Jésus pour le faire mourir, et qu'il fallut s'enfuir en Egypte de nuit, pendant l'hiver, et les incommodités d'un long et pénible voyage, où son Fils eut beaucoup à souffrir, cette frayeur et les fatigues de son cher enfant ne lui furent pas un petit sujet de peine, non plus que le séjour de sept ans en Egypte hors la Judée, et parmi un peuple idolâtre et infidèle, éloignée de sa patrie, du peuple de Dieu et du temple de Jérusalem ; enfin dans un exil bien rude.

Quelle fut sa quatrième croix ?

Ce fut lorsqu'elle perdit son Enfant bien-aimé à l'âge de douze ans, et qu'elle le chercha trois jours sans le trouver. Quelle affliction et quelle tristesse ne s'empara pas pour lors de son cœur ! Cette séparation la fit extrêmement souffrir, comme elle s'en plaignit amoureusement à Notre-Seigneur quand elle l'eut recouvré.

Quelle fut sa cinquième croix ?

Ce fut la mort de saint Joseph, qu'elle aimait selon Dieu beaucoup, et duquel elle se vit privée au temps même que son Fils commença de son côté à se séparer d'elle, pour aller prêcher l'Evangile.

Quelle fut sa sixième croix ?

Hélas ! c'est quand elle vit son Fils, si chèrement aimé, dans sa Passion ; quand elle le considéra attaché en croix et mourant de douleur pour l'amour des hommes. Ce fut alors que le glaive de douleur transperça son âme et lui causa plus d'affliction et de douleur que tous les martyrs ensemble n'en ont jamais souffert. Quel cœur endurci ne serait attendri de voir alors la Vierge sainte noyée dans l'amertume et plongée dans un abîme de tristesse ? Ah ! sainte Vierge, que vous avez souffert sans vous plaindre, et que nous avons d'impatience dans les moindres souffrances !

La sainte Vierge n'eut-elle point de consolations en ce monde ?

Oui, Dieu qui partage la vie des saints par une admirable variété de tribulations et de consolations, ne manqua pas de lui donner beaucoup de sujets de joie et d'allégresse au milieu de tant de peines et d'angoisses dont elle fut assaillie.

Quelle fut sa première consolation ?

Ce fut lorsqu'elle conçut le Verbe divin dans ses chastes entrailles, que la vertu du Très-Haut l'ombragea, et que le Saint-Esprit, ayant pris du plus pur sang de cette Vierge, en forma un corps à Jésus-Christ, en sorte que, dès ce moment, elle fut mère, et conçut le Verbe incarné, ce qui ne se passa pas sans des sentiments inexplicables de l'amour divin.

Quelle fut la seconde allégresse de la très-sainte Vierge ?

Ce fut lorsque le Verbe incarné sortit de son sein, comme le rayon du soleil qui traverse un cristal, et qu'elle vit l'Enfant Jésus passer de son sein entre ses bras, sans aucun détriment de son intégrité. Quelle joie n'eut-elle pas d'embrasser cet aimable Enfant, l'amour du ciel et de la terre, de le baiser et de le porter sur son sein? Sans doute qu'on ne peut s'imaginer cela, sans être persuadé que cette divine Mère fût comblée d'une douceur et d'une consolation infinie.

Quelle fut la troisième allégresse de la très-sainte Vierge?

Ce fut lorsqu'elle vit les honneurs mystérieux qu'on rendit à l'Enfant Jésus, quand les pasteurs accoururent pour l'adorer; que les rois mages vinrent de l'Orient lui offrir leurs présents et lui faire hommage comme à leur Dieu; et quand saint Siméon et sainte Anne, transportés d'un secret mouvement du Saint-Esprit, le reçurent dans le temple au jour de la Présentation, et dirent de si grandes merveilles de son cher Enfant, car toutes ces choses comblèrent cette aimable Mère d'une incroyable consolation.

Quelle fut la quatrième consolation de la sainte Vierge?

Ce fut lorsqu'elle recouvra son bien-aimé Fils, et qu'après l'avoir perdu dans Jérusalem, et l'avoir inutilement cherché pendant trois jours, elle le trouva dans le temple assis au milieu des docteurs, dans une modestie admirable et faisant éclater tant de lumière, de grâce et de science, qu'il remplissait tout le monde d'admiration et d'étonnement; ce lui fut donc une grande joie de le recouvrer pour lors et de ramener avec elle à Nazareth.

Quelle fut la cinquième consolation?

Sans doute ce fut le bonheur inestimable, dont elle jouit pendant trente ans, de posséder Jésus-Christ son Fils bien-aimé, de vivre avec lui dans une même maison, de le servir dans ses besoins, de recevoir de lui des marques de tendresse et d'obéissance et les devoirs qu'un fils doit à sa mère, de jouir de la conversation du Verbe incarné; enfin de posséder celui qui fait la joie des saints, des anges et de Dieu même dans le ciel.

Quelle fut la sixième consolation?

On peut dire que ce fut lorsqu'elle vit les grands miracles qu'opérait son Fils pendant les trois ans et demi de sa mission, les conversions merveilleuses qui se firent, le concours des peuples, et toutes les autres merveilles qui éclatèrent pendant ces temps bienheureux de la prédication du Verbe éternel.

Quelle fut la septième consolation?

Ce fut lorsqu'elle vit Notre-Seigneur Jésus-Christ ressuscité, et qu'il lui apparut après être sorti du sépulcre. Quelle joie immense ne ressentit-elle pas, lorsque après la désolation où l'avait jetée la mort et Passion de son cher Fils, le bien-aimé de son cœur, elle le vit glorieux et ressuscité, victorieux de la mort et de l'enfer, et pour lors impassible et immortel.

Quelle fut sa huitième consolation?

Ce fut lorsqu'elle vit Jésus-Christ, vrai Dieu et vrai homme, monter visiblement au ciel, pour y régner à jamais.

Quelle fut la neuvième consolation de la sainte Vierge?

Ce fut lorsqu'elle reçut le Saint-Esprit en langue de feu au jour de la Pentecôte, qui descendit sur elle avec une profusion immense de grâce et d'amour.

Quelle fut la dixième consolation de la sainte Vierge?

Ce fut lorsqu'elle vit les grandes merveilles qu'opéraient les apôtres en vertu de son Fils, la conversion des nations à la foi, l'établissement de l'Eglise, la destruction de l'idolâtrie et du règne du diable, par les mérites de la mort et Passion de son Fils bien-aimé.

Quelle fut la onzième consolation de la sainte Vierge?

Ce fut lorsque le temps de son bienheureux trépas étant arrivé, il lui fallut quitter cette vallée de larmes, pour s'aller unir éternellement avec Dieu, et voir pour toujours son bien-aimé Fils, sans crainte d'en être jamais séparée.

Quelle fut la douzième consolation de la sainte Vierge?

Ce fut lorsqu'elle se vit placée au-dessus des saints et des anges, dans un trône de gloire, au jour heureux de son Assomption; et que son âme s'étant réunie à son corps, elle monta au ciel toute brillante de splendeur, où elle vit et règne dans la gloire éternelle avec son Fils adorable Jésus-Christ Notre-Seigneur.

Quels sont les priviléges particuliers de la sainte Vierge?

Il y en a neuf principaux, très-dignes d'être attentivement considérés.

Dites-les nous?

1° D'avoir été prédite par les prophètes plusieurs siècles avant qu'elle vînt au monde, et même d'avoir été promise dès la création de l'univers; 2° d'avoir été figurée dans l'ancienne Loi, comme par le buisson ardent que vit Moïse au désert, par l'arche d'alliance, par la verge d'Aaron, par la toison de Gédéon, etc.; 3° d'être née comme miraculeusement d'un père extrêmement avancé en âge et d'une mère stérile; 4° d'avoir été préservée du péché originel par une grâce prévenante tout extraordinaire, et ainsi sanctifiée dès le ventre de sa mère, et de tout péché actuel, de tout défaut et de toutes imperfections, et délivrée de la concupiscence et de la révolte des passions; enfin de n'avoir jamais agi que par grâce et vertu. O Dieu! quel avantage, quel privilége, quelle sainteté, quel bonheur! 5° d'avoir eu dès le moment de sa conception immaculée l'usage de raison, qu'elle employa dès lors à aimer Dieu et à lui rendre tous les devoirs de religion dont son âme était capable; 6° le grand et singulier privilége de la très-glorieuse Vierge, et qui fut le fondement de tous les autres, est d'avoir conçu Jésus dans ses chastes entrailles par l'opération du Saint-Esprit, et de l'avoir enfanté et mis au monde sans détriment de sa virginité; c'est la merveille des merveilles, et le privilége des priviléges; 7° et ainsi d'être la Mère de Dieu, et d'avoir Dieu pour son Fils, d'avoir eu Jésus-Christ commis à ses soins et soumis à ses ordres. Oh! quelle incompréhensible prérogative! quel bonheur inestimable, quel bonheur immense! 8° c'est d'être ressuscitée et montée au ciel en corps et en âme avant la résurrection générale; 9° c'est d'être la Mère des fidèles, d'être le col de l'Eglise, par où passent et coulent toutes les grâces qui se distribuent dans le corps mystique de l'Eglise, dont Jésus-Christ est le chef; d'être la Reine des anges et des hommes.

Que devez-vous particulièrement demander à la sainte Vierge?

Je dois particulièrement la prier de m'obtenir de son Fils une profonde humilité, une chasteté inviolable, une parfaite obéissance; la grâce de me sanctifier, en faisant bien chrétiennement mes actions, d'en être secouru dans tous les périls de ma vie, et surtout à l'heure de ma mort.

Que voudriez-vous faire pour honorer la sainte Vierge?

Imiter ses vertus, et particulièrement sa pureté incomparable, son humilité, son obéissance, sa patience, son silence, sa charité, sa pauvreté, sa dévotion, sa vie laborieuse, son oraison continuelle, en un mot, pratiquer les admirables vertus dont elle nous a donné l'exemple, et c'est à quoi nous exhorte la grand saint Ambroise dans le livre excellent qu'il adresse aux vierges.

Rapportez-nous les paroles de ce grand docteur.

Je veux, dit-il, ô vierges! que vous ayez toujours décrite devant les yeux, comme dans un tableau, la virginité de la bienheureuse Marie et sa vie admirable, de laquelle, comme d'un miroir fidèle, rejaillit un modèle achevé de chasteté et un exemplaire parfait de vertu. C'est à ce merveilleux original de sainteté que vous devez conformer votre vie; ce sont ses exemples que vous devez suivre. La conduite de Marie est une école de vertu où vous devez apprendre ce que vous devez corriger en vous, ce que vous devez éviter et ce que vous devez faire. La dignité de la maîtresse que je vous propose vous doit être un engagement à l'écouter. En effet, qu'y a-t-il de plus éminent que la Mère d'un Dieu? Qu'y a-t-il de plus éclatant que celle que la Lumière même a choisie? Qu'y a-t-il de plus pur que celle qui a engendré un corps sans être infectée de la corruption des corps?

SOMMAIRE DES VÉRITÉS DE LA FOI

QU'IL EST BON D'APPRENDRE AUX ENFANTS.

I. — *De l'existence, de l'unité et des perfections de Dieu.*

Je crois qu'il y a un Dieu, qu'il n'y a qu'un Dieu, et qu'il ne peut y avoir qu'un seul Dieu, et que ce Dieu est un pur esprit, créateur du ciel et de la terre, et le seigneur souverain de toutes choses.

Je crois que Dieu a un nombre infini de perfections: il est bon, juste, miséricordieux, éternel, immense, tout-puissant; d'une seule parole il a tiré du néant toutes les créatures visibles et invisibles, corporelles et spirituelles, et d'une seule parole il peut les détruire; il sait tout, il entend tout, il peut tout, il est partout; il est saint, il aime et récompense la vertu, et il déteste et punit le péché; il gouverne l'univers, et rien n'arrive en ce monde que par sa volonté ou par sa permission, et toutes choses dépendent tellement de lui, que s'il se retirait d'elles un seul moment, elles tomberaient dans le néant d'où il les a tirées.

II. — *De la sainte Trinité.*

Je crois qu'il y a trois personnes en un seul Dieu, le Père, le Fils et le Saint-Esprit: ces trois personnes sont égales en puissance, en sagesse, en bonté, et en tout sans exception; le Père est Dieu, le Fils est Dieu, le Saint-Esprit est Dieu, et néanmoins ce ne sont pas trois dieux, mais un seul Dieu en trois personnes distinctes, parce qu'ils n'ont qu'une même nature et une même divinité. Le Père n'est ni plus grand ni plus ancien que le Fils; le Fils et le Saint-Esprit ne sont pas moindres que le Père; et ils vivent et règnent en unité et égalité de gloire, de grandeur et de majesté, dans tous les siècles des siècles.

Le Père engendre son Fils de toute éternité, le Fils est engendré du Père de toute éternité, et ces trois divines personnes sont coéternelles et consubstantielles et méritent également nos respects, nos hommages et nos adorations.

III. — *De l'incarnation.*

Je crois que la seconde personne de la sainte Trinité, c'est-à-dire le Fils, s'est fait homme et a pris un corps et une âme dans les entrailles de la très-pure Vierge Marie, par l'opération du Saint-Esprit: et c'est ce Dieu fait homme pour l'amour de nous, que nous appelons Jésus-Christ, vrai Dieu et vrai homme. Il naquit à Bethléem, il fut circoncis le huitième jour, il se manifesta aux gentils en la personne des mages le jour de l'Épiphanie, il fut présenté au temple le jour de la Purification, il prêcha l'Evangile pendant sa vie mortelle, il souffrit la Passion et mourut en l'arbre de la croix pour nous racheter et nous délivrer de la tyrannie du démon, de l'esclavage du péché, du supplice de l'enfer, et pour nous ouvrir le paradis, et réparer le péché du premier homme; son âme bien heureuse descendit aux limbes pour en retirer celles des anciens Pères qui l'attendaient ; il ressuscita le troisième jour, qui fut celui de Pâques, et le jour de l'Ascension il monta visiblement aux cieux en corps et en âme, et s'assit à la droite de Dieu le Père tout-puissant, d'où il viendra juger les vivants et les morts à la fin du monde : il envoya le Saint-Esprit sur ses apôtres le jour de la Pentecôte ; et cet Esprit saint régit et vivifie l'Eglise, et la gouvernera jusqu'à la consommation des siècles.

IV. — *De la sainte Vierge et de l'Eglise.*

Je crois que la très-sainte Vierge Marie est Mère de Dieu, qu'elle fut vierge avant l'enfantement, vierge dans l'enfantement et vierge après l'enfantement. Elle est au ciel, et je la prends pour mon avocate auprès de son Fils et pour ma mère ; je la supplie d'intercéder pour moi maintenant et à l'heure de ma mort.

Je crois l'Eglise catholique, dont notre Saint-Père le Pape est le chef visible en terre, hors laquelle il n'y a point de salut, qui a été et sera toujours jusqu'à la fin du monde, à qui Jésus-Christ a donné pouvoir de remettre les péchés, de prêcher la parole de Dieu, d'administrer les sacrements, de gouverner les fidèles et d'offrir le sacrifice mystique de l'autel; et lui a promis que tout ce qu'elle lierait ou délierait sur la terre serait lié ou délié dans le ciel.

V. — *Des sacrements.*

Je crois qu'il y a sept sacrements institués par Notre-Seigneur Jésus-Christ : le baptême, qui efface le péché originel et qui nous fait enfants de Dieu et de l'Eglise ; la confirmation, qui nous rend parfaits Chrétiens et nous donne la force de confesser librement la foi devant les tyrans, et de mourir plutôt que d'y renoncer ; la pénitence, qui remet les péchés commis depuis le baptême ; la sainte Eucharistie, qui nourrit notre âme, et qui contient réellement le corps et le sang, l'âme et la divinité de Notre-Seigneur Jésus-Christ, sous les espèces ou apparences du pain et du vin ; l'extrême-onction, qui nous donne la grâce de bien mourir ; l'ordre, qui consacre les ministres des autels ; et le mariage, qui unit l'homme et la femme pour vivre saintement ensemble et pour élever leurs enfants en la crainte de Dieu.

VI. — *De l'Ecriture, de la tradition, des cérémonies, de l'invocation et intercession des saints, des images et des reliques.*

J'adore toutes les vérités contenues dans l'Ecriture sainte ; je l'interprète dans le sens que l'Eglise lui donne ; je crois tous les articles de la foi que l'Eglise me propose ; j'admets les traditions qu'elle reçoit ; je respecte les sacrées cérémonies dont elle use, et j'approuve les pratiques de dévotion qu'elle autorise.

J'invoque les anges et les saints, qui jouissent de la gloire ; j'honore leurs images, je révère leurs reliques et j'ai confiance en leurs intercessions.

VII. — *De l'immortalité de l'âme, du jugement particulier, du purgatoire, des indulgences, du paradis et de l'enfer.*

Je crois que mon âme est immortelle et spirituelle, et qu'à la mort elle quittera ce corps et sera présentée au tribunal de Jésus-Christ, pour lui rendre compte du bien et du mal que j'aurai faits en ce monde. Je crois que celui qui meurt en péché mortel est damné et jeté dans les enfers, pour y brûler à jamais avec les diables et les réprouvés ; que celui qui meurt en péché véniel, ou qui n'a pas entièrement satisfait à la justice divine, va se purifier en purgatoire, pour aller ensuite voir Dieu face à face et jouir à jamais de la gloire des saints, et que ceux qui sont parfaitement purs de tout péché et de toute dette envers la justice divine, et qui meurent en cet heureux état, s'en vont droit en paradis.

Je crois que les âmes détenues en purgatoire sont aidées par les suffrages des vivants, particulièrement par l'oblation du sacrifice de la Messe, et que c'est une sainte et salutaire pratique de prier pour les défunts.

Je crois que l'usage des indulgences et du Jubilé est utile et salutaire aux fidèles.

VIII. — *De la résurrection, du jugement général, de la peine des damnés, de la gloire des saints, et de la nécessité des bonnes œuvres.*

J'attends la résurrection des morts, et je crois qu'à la fin du monde je prendrai le même corps que j'ai à présent, qu'il y aura un jugement final et universel, où Jésus-Christ, vrai Dieu et vrai homme, jugera les vivants et les morts, condamnant à jamais les méchants aux flammes de l'enfer, et donnant aux bons son saint paradis, où ils iront vivre et régner avec lui dans les siècles des siècles.

Je crois que pour jouir de cette gloire qui nous est promise, et posséder ce royaume qui n'aura jamais de fin, il faut savoir et croire les choses nécessaires au salut, garder les commandements de Dieu et de l'Eglise, faire de bonnes œuvres et s'acquitter des obligations de son état ; et que pour remplir ces grands devoirs, j'ai besoin de la grâce de Dieu, que je lui demande instamment, reconnaissant humblement que je ne puis rien de moi-même, mais que je puis tout en Jésus-Christ.

CONSIDÉRATIONS SUR LE LEVER ET SUR LE COUCHER.

I. — SUR LE LEVER.

Cette action est d'autant plus importante, qu'elle est la première de la journée et celle qui donne le mouvement à toutes les autres, et, par conséquent, il est très-utile de la bien faire. En effet, notre âme, à l'heure de notre réveil, est semblable à une eau calme, et le premier soin qui l'occupe, à une pierre jetée au milieu, qui l'agitera longtemps et qui lui fera de fortes impressions, ou bonnes ou mauvaises. De plus, s'il est vrai que l'homme, au moment qu'il a l'usage de la raison, est obligé de se tourner vers celui qui lui a donné l'être et d'adorer son premier principe, le réveil, étant comme une nouvelle naissance et un second avénement à la vie et à l'usage des facultés, doit encore nous faire entrer dans cette première obligation; que si nous avons manqué à ce premier devoir, ne manquons pas au second; qu'enfin il est honteux de voir le laboureur, le marchand, l'artisan, prévenir le jour par leur travail; et celui qui songe à se procurer une vie incorruptible dormir encore, et être plutôt éclairé extérieurement par le soleil matériel qu'intérieurement par le soleil de justice, flambeau de la foi, qui doit plutôt éclairer votre âme que le flambeau de la nature votre corps. Ajoutez à cela que Dieu s'est montré jaloux qu'on lui consacrât les premiers-nés. Or le premier-né de notre cœur est la première pensée qu'il enfante chaque matin.

Sitôt donc que vous vous réveillez, et que l'heure de votre lever est venue, élevez-vous à Dieu par quelque aspiration amoureuse, lui disant quelquefois : Mon Dieu! je vous donne mon cœur; mon Sauveur Jésus! j'adore vos réveils et votre sainte résurrection. Surtout, gardez-vous bien de vous laisser abattre par le poids de votre corps et de vos sens encore assoupis; car c'est dans ce moment que le démon vous tentera de paresse et de dégoût pour Dieu et pour les exercices de piété, et qu'il vous suggérera encore des pensées plus mauvaises, pour peu que vous l'écoutiez.

Levez-vous donc sans retardement, vous souvenant qu'autrefois on ne trouvait plus de manne après le lever du soleil; prenez de l'eau bénite, qui doit toujours être à votre chevet; faites le signe de la croix; invoquez le saint nom de Jésus; sortez du lit modestement, sans vous voir ni vous laisser voir; récitez en vous levant, suivant le conseil du grand saint Chrysostôme, le Symbole des apôtres ou quelque autre semblable oraison; habillez-vous entièrement avec la même modestie, priant Dieu qu'il vous revête de sa grâce, et vous ressouvenant de prendre vos habits en esprit de pénitence, et comme les marques du péché de notre premier père. Quel abus donc d'y chercher de la complaisance et d'en faire un sujet de vanité! Ensuite, mettez-vous à genoux devant un crucifix, et faites votre prière avec attention et recueillement, ou, ce qui est encore mieux, venez l'entendre à l'église, si on la fait publiquement et si vous le pouvez; car, outre l'édification que vous donnerez, les prières publiques et faites en commun ont toujours plus de force et de bénédiction.

II. — SUR LE COUCHER.

S'il ne faut pas perdre un moment sans le faire valoir pour l'éternité, combien doit-on ménager le temps du sommeil, puisqu'il comprend au moins la troisième partie de la vie de l'homme; car, sans parler de l'enfance, qui se passe presque toute à dormir, il n'y a quasi personne qui, de vingt-quatre heures, n'en donne sept ou huit à son repos. Ainsi, il est très-important de ne pas négliger un espace si considérable, de peur que les princes des ténèbres ne nous reprochent au jugement l'abus que nous en aurons fait, et ne disent de nous ce qu'en un sens différent les frères de Joseph disaient de lui : On verra à quoi lui auront servi ses songes. Ainsi, ne regardez pas les heures de votre repos comme des heures inutiles et perdues, qui ne peuvent ni nuire ni servir à votre salut; écoutez ce que nous enseigne l'Apôtre : Dieu, dit-il, nous a mis en ce monde pour acquérir le salut par Notre-Seigneur Jésus-Christ, qui est mort pour nous : en sorte que, soit que nous veillions, soit que nous dormions, nous vivions toujours avec lui.

Considérez, quand vous allez dormir, qu'une heure viendra que vous vous coucherez pour ne vous jamais relever; que vous vous dépouillerez pour ne plus vous revêtir; qu'au lieu d'un lit bien propre, vous aurez la teigne et l'ordure pour coussins et les vers pour couverture, et que bien des personnes s'endorment en bonne santé et ne se réveillent plus. Ne cherchez donc pas le lit par un motif naturel, indifférent ou sensuel, et proposez-vous toujours quelque vue religieuse : par exemple, d'obéir à l'ordre de Dieu, de reprendre de nouvelles forces pour le servir, d'honorer le repos qu'il prend en lui-même, dans la très-sainte Vierge et dans ses saints, ou quelque autre semblable considération.

Ainsi, la prière du soir étant faite à l'église, s'il se peut, ou du moins en votre famille, prenez de l'eau bénite, déshabillez-vous avec modestie, ayez honte de vous-même et de vos propres yeux, placez-vous dans le lit en une posture honnête, unissez votre sommeil à celui que Jésus-Christ a voulu prendre sur la terre, afin de sanctifier le vôtre et de vous mériter la grâce d'en faire bon usage. Que votre dernière action soit le signe de la croix, et votre dernière parole le saint nom de Jésus, ou quelqu'une de l'Ecriture, comme celles-ci : *Je m'endormirai et me reposerai entre les bras du Seigneur. Voici que je m'endors à présent, et si demain vous me cherchez, peut-être que je ne subsisterai plus*, ou semblables.

Si vous vous éveillez pendant la nuit, considérez combien de personnes religieuses sont alors occupées à chanter les louanges de Dieu, tandis que vous êtes couché à votre aise; combien de bonnes âmes font pour lors oraison, et dérobent ce temps à leur sommeil pour vaquer à la prière; combien de pauvres malades languissent. Humiliez-vous, et rougissez de votre paresse et de votre assoupissement intérieur, encore plus grand que l'extérieur; ayez en aversion le poids de votre chair, qui appesantit ainsi votre âme, et voyez combien ce lit si mollet, que vous aimez tant, est différent du lit de la croix, où Jésus-Christ fut étendu pour vous procurer un repos éternel.

DEVOIRS D'UN CURÉ ENVERS SES PAROISSIENS.

I. — A L'ÉGARD DU SACREMENT DE CONFIRMATION.

Quels sont les devoirs d'un curé?

Il doit, 1° avoir de longue main instruit ses paroissiens de l'excellence et de la nécessité de ce sacrement, et fait plusieurs fois l'année, particulièrement au temps de la Pentecôte, ses prônes et ses catéchismes sur ce sujet, soit pour disposer ceux qui prétendent le recevoir, soit pour en renouveler l'esprit dans ceux qui l'ont déjà reçu; 2° sitôt qu'il aura le Mandement ou su la visite de Mgr l'archevêque, et le lieu où la confirmation sera administrée, il le publiera à son prône, et exhortera ses paroissiens à se préparer à la réception d'un si excellent et si important sacrement, et leur déclarera entre autres choses, ainsi que saint Charles l'ordonne dans ses conciles, que selon les canons pénitentiaux, les parents, qui, par leur négligence, laissent mourir leurs enfants sans leur avoir fait conférer ce sacrement, sont tenus de faire une pénitence de trois ans. Et de plus, il pourra les menacer de ne les pas admettre à la participation des autres sacrements, s'ils refusent, par honte ou par indévotion, de s'approcher de celui-ci dans une si bonne occasion; 3° aller par les maisons et familles de sa paroisse, prendre en écrit les noms de ceux et celles qui n'ont pas reçu ce sacrement; les noms des hommes à part, et ceux des filles et femmes aussi à part, et savoir qui veut prendre encore le nom d'un saint, outre celui qu'on a reçu au baptême, ce qui se peut, si on en a la dévotion; que s'il s'en trouve quelqu'un qui n'ait pas le nom d'un saint reconnu par l'Eglise, il le remarquera, afin de le lui faire changer quand on le confirmera; 4° les assembler au son de la cloche, ou leur faire un catéchisme exprès pour les préparer à la digne réception de ce sacrement; 5° s'il s'en trouve quelqu'un qui n'ait pas les dispositions convenables, et qui ne se mette pas en peine de les avoir, ou qui soit scandaleux, ou autrement indigne, et qui ne veuille pas se corriger, il doit l'exclure de son catalogue.

Et si c'est dans son église qu'on doive administrer ce sacrement?

Il doit, 1° l'orner avec soin, la tenir extrêmement propre, et prévoir les choses nécessaires pour une si grande cérémonie; 2° la veille il la fera bien nettoyer, la parera le mieux qu'il pourra, et le soir, il fera sonner les cloches, pour en avertir le peuple; 3° le jour de la confirmation il fera sonner encore toutes les cloches en carillon; 4° il préparera une table pour servir de crédence, qu'il posera dans la balustrade de l'autel du côté de l'épître, et qu'il couvrira d'une grande nappe blanche; 5° il mettra sur cette table une éguière pleine d'eau, avec un bassin pour laver les mains; deux ou trois serviettes bien blanches, et bien pliées pour les essuyer, une mie de pain pour frotter et nettoyer le pouce, et du coton blanc ou étouppe bien déliée, avec une patène pour y mettre du saint chrême; 6° quand Mgr l'archevêque sera près de venir dans l'église pour conférer ce sacrement, il fera de nouveau sonner les cloches, et allumera au moins deux cierges sur l'autel principal de l'église.

Et si c'est dans une autre église que la sienne?

Quand le jour désigné sera venu, il doit, 1° faire sonner les cloches la veille et le matin du jour, pour assembler ceux qu'il veut faire confirmer, et qu'on suppose avoir reçu le sacrement de pénitence, et même d'Eucharistie, s'il y a lieu de cela; 2° après les avoir réconciliés, si quelqu'un en a besoin, exhorté pour la dernière fois, et fait la prière, il les conduira processionnellement, chantant quelques prières de l'Eglise, deux à deux, s'il peut, les hommes et les garçons séparés des filles et des femmes, au lieu où se donne la confirmation; 3° il fera ranger ceux-là du côté de l'épître, et celles-ci du côté de l'évangile; les uns et les autres ayant à la main un bandeau, large environ de trois doigts, de toile nette et blanche, en double ou en triple, sur le milieu duquel y ait une croix cousue et de petits cordons aux quatre coins pour l'attacher.

Et quand le temps de les confirmer est arrivé?

Il doit, 1° les présenter à Mgr l'archevêque, et les retenir par sa présence et par sa gravité, dans la modestie et dans le dévotion que ses soins et ses instructions leur auront imprimées; 2° s'appliquer à ce qu'ils reçoivent la confirmation avec un extérieur et un intérieur qui corresponde à la dignité de ce sacrement, prenant garde qu'ils aient le front bien découvert et bien net, et que leur bandeau soit bien attaché; 3° avoir un registre à la main, et s'il y en a d'absents, les marquer soigneusement; que si quelqu'un non compris dans le catalogue, se mêle parmi les autres, il les fera retirer ; 4° les ranger avec ordre, et les retenir jusqu'à ce que la bénédiction soit donnée, qu'il aura soin de leur faire recevoir avec beaucoup de révérence.

Et quand la cérémonie est achevée?

Si la confirmation n'a pas été donnée dans son église, il doit, 1° les ramener au même ordre qu'ils sont venus; 2° leur faire faire une courte, mais fervente action de grâces ; 3° les exhorter à conserver le bienfait qu'ils ont reçu; et à se souvenir de ce jour-là, afin d'y avoir dévotion le reste de leur vie, d'y fréquenter les sacrements, et de s'y renouveler dans les promesses qu'ils ont faites et dans les engagements qu'ils ont contractés.

Et si la confirmation s'est donnée dans son église?

1° Il jettera l'eau et la mie de pain, qui auront servi à laver les mains de Mgr l'archevêque, dans la piscine; 2° il purifiera les serviettes dont il se sera essuyé les mains, dans de l'eau nette, comme on fait les purificatoires, avant que de les mettre à un autre usage ; 3° il fera brûler le coton ou étoupes qui auront touché aux saintes huiles, sur la piscine, dans laquelle il jettera les cendres; 4° il nettoyera la patène sur laquelle les saintes huiles auront été mises, la purifiera avec de l'eau et de la mie de pain; et, après l'avoir essuyée avec une des serviettes qui auront servi à essuyer les mains, il jettera l'eau et la mie de pain dans la piscine.

Que lui reste-t-il à faire?

A tenir un registre de ceux et de celles qui auront été confirmés, en la forme de celui du baptême, y écrivant leur nom, leur âge, le nom de leurs père et mère, et le reste; et, à l'égard des enfants illégitimes, il tiendra aussi le même ordre qu'au baptême.

Doit il ôter le bandeau des enfants?

Oui, mais pour éviter d'aller trop souvent à l'église, il pourra marquer une heure commode dans le second ou troisième jour, après qu'ils auront été confirmés, dans laquelle tous se rendront dans son église, où étant assemblés, il prendra son surplis, aura un bassin ou un grand plat plein d'eau, que lui tiendra un clerc ; et les confirmés étant à genoux devant l'autel, il y fera sa prière, puis il se lèvera, et dira les oraisons marquées dans le Rituel du diocèse; ensuite de se retirant du côté de l'épître, et les confirmés s'approchant de lui, il ôtera le bandeau d'un chacun, le mouillera par un bout dans le bassin ou plat d'eau, en lavera le front du confirmé, et de l'autre bout l'en essuiera; et quand il aura ôté les bandeaux, il jettera l'eau dans la piscine, purifiera lesdits bandeaux et en jettera l'eau aussi dans la piscine ; que si les bandeaux sont bons, il pourra s'en servir à quelque usage ecclésiastique ; s'ils sont mauvais, il les brûlera et jettera les cendres aussi dans la piscine, et ne les emploiera jamais à rien de profane.

II. — A L'ÉGARD DES ENFANTS QU'IL VEUT DISPOSER A LA PREMIÈRE COMMUNION.

Quelles sont ces obligations?

Il doit premièrement avoir le catalogue de ceux qui sont en âge et en état de cela ; 2° s'informer de leur sagesse et de leur piété; 3° les instruire exactement pendant le Carême, de la doctrine chrétienne, de l'excellence de ce Sacrement, des dispositions qu'il y faut apporter, des obligations où il nous engage, des actes qu'il faut faire en le recevant, de la méthode qu'il faut suivre dans la préparation et l'action de grâces ; 4° les porter à une confession générale; 5° leur donner un jour déterminé pour les entendre; et le dimanche de Quasimodo les faire venir à l'église de bonne heure ; 6° les garçons à part, modestement vêtus, et les filles aussi à part, et les uns et les autres un cierge à la main ; 7° étant rangés, ceux-là à droite et celles-ci à gauche devant l'autel, M. le curé leur dit la Messe, et immédiatement avant la sainte communion, il leur fait une courte, mais fervente exhortation, sur l'importance de l'action qu'ils vont faire ; 8° il y a des diocèses où dans la ville épiscopale chaque curé a soin d'assembler les enfants dans son église paroissiale, le matin destiné à la communion, puis de les conduire en procession à la cathédrale ou autre église marquée par monseigneur leur prélat, qui lui-même fait la cérémonie et leur donne la communion de sa main, ce qui cause beaucoup de consolation aux enfants et d'édification à tout le monde; 9° il est bon que tout soit fini à neuf heures ou avec la Messe paroissiale.

Quels sont les défauts extérieurs où tombent souvent les enfants et les personnes mal instruites, quand elles s'approchent de la sainte table, surtout la première fois, et auxquels un bon curé doit remédier?

Il y en a plusieurs, tels que sont: 1° se tenir trop loin du balustre ; 2° se presser trop quand on y est ; 3° se précipiter pour communier ; 4° faire sa prière, ou soupirer trop haut ; 5° mettre sur la nappe son chapelet, ses heures, son manchon, ses gants, sa calotte, etc. ; 6° s'en essuyer les lèvres ; 7° regarder ceux qui sont autour de soi quand ils communient; 8° arrêter les yeux sur le visage du prêtre; 9° les tenir fermés; 10° trop avancer ou reculer la tête, ou l'avoir trop baissée ; 11° ouvrir trop ou trop peu la bouche; 12° baiser la sainte hostie avant de la recevoir ; 13° la prendre ou serrer avec les lèvres ou les dents; 14° fermer la bouche avant que le prêtre l'ait quittée; 15° la mâcher; 16° se troubler quand elle s'attache au palais ; 17° y porter le doigt pour la détacher;

18° sortir de la table aussitôt qu'on la reçue; 19° réciter à la hâte certaines prières, ou faire des lectures avec précipitation; 20° cracher sans grande nécessité fort peu de temps après avoir communié.

Comment éviter tous ces défauts ?

1° Il faut premièrement tenir ses yeux modestement ouverts; 2° ne les point détourner; 3° prendre la nappe avec les deux mains, et l'approcher de sa poitrine sans s'en essuyer; 4° regarder la sainte hostie quand le prêtre se présente; 5° élever un peu la tête, et la tenir ferme; 6° ouvrir médiocrement la bouche; 7° avancer la langue sur le bord de la lèvre d'en bas; 8° la retirer doucement, et fermer la bouche quand le prêtre a quitté l'hostie; 9° la laisser un moment humecter sur la langue, et puis l'avaler; 10° si elle s'attache au palais, se donner patience, et la détacher révéremment avec le bout de la langue; 11° ne point se retirer du balustre que le rang des communiants ne soit achevé; 12° s'abstenir de cracher pendant quelque temps; 13° recevoir la bénédiction avec dévotion; 14° se mettre en quelque endroit à l'écart, pour se recueillir, et faire son action de grâces.

MÉTHODE DE L'ORAISON MENTALE

A L'USAGE DES ECCLÉSIASTIQUES DU SÉMINAIRE DE MONSEIGNEUR L'ARCHEVÊQUE.

Domine, doce nos orare. (*Luc.* xi, 1.)
Sic ergo vos orabitis. (*Matth.* vi, 9.)

Qu'est-ce que l'oraison?

C'est une élévation de notre esprit et de notre cœur à Dieu, 1° pour lui rendre nos devoirs; 2° pour lui demander nos besoins; 3° pour nous nourrir de ses célestes vérités.

Devons-nous suivre quelque méthode dans la méditation ?

La voie ordinaire des personnes spirituelles est d'en avoir une : car autant que l'exercice de la méditation est excellent, autant est-il nécessaire d'avoir quelque règle pour s'y bien conduire, afin de ne pas s'égarer dans un chemin où l'on ne se laisse que trop souvent aller aux illusions et aux tromperies de l'ennemi, et aux dégoisements de notre propre esprit. Or, entre toutes les méthodes que plusieurs serviteurs de Dieu nous ont données dans ce siècle, celle que l'on va expliquer a paru très-utile, particulièrement aux ecclésiastiques.

Iʳᵉ PARTIE. — La préparation de l'oraison.

Combien y a-t-il de parties dans l'oraison?

Il y en a trois, la préparation, le corps de l'oraison et la conclusion.

Combien y a-t-il de préparations?

Il y en a trois : la préparation éloignée, la préparation prochaine, et la préparation immédiate.

De la préparation éloignée.

En quoi consiste la préparation éloignée?

En trois choses, 1° dans la pureté de cœur; 2° dans la mortification des passions; 3° dans la garde des sens intérieurs et extérieurs.

En quoi consiste cette pureté de cœur ?

A être purifié : premièrement, du péché mortel, qui est un poids, un lien et une lèpre; au lieu que la prière est une élévation et un entretien amoureux avec le céleste Epoux. En second lieu, de l'affection au péché véniel, espèce de poussière spirituelle, qui sert d'obstacle à l'œil de l'âme, pour voir clairement les divines vérités, et enfin de l'attachement aux créatures qui distraient, occupent et fatiguent les puissances de l'âme.

En quoi consiste la mortification des passions ?

A réprimer les mouvements déréglés de la vaine joie, de la tristesse, de la colère, de l'amour, de la haine, etc.; car l'agitation qu'elles causent, est extrêmement opposée au calme qu'exige l'oraison.

En quoi consiste la garde des sens intérieurs et extérieurs ?

A chasser de la mémoire les idées inutiles des choses passées, et de l'imagination celles des objets absents ou futurs, possibles ou chimériques; et à fermer ses yeux et ses oreilles aux vanités, nouveautés, curiosités, sa bouche au babil et à la sensualité, etc. Car les sens intérieurs, par les fantômes qu'ils forment au dedans, et les sens extérieurs par ceux qu'ils rapportent du dehors, empêchent le recueillement intérieur. Ceux donc qui veulent profiter dans l'exercice de l'oraison, doivent se purifier du péché, contenir leurs passions, et veiller sur leurs sens; car une maison sans fenêtres fermées, est bientôt la retraite des oiseaux les plus immondes.

De la préparation prochaine.

En quoi consiste la préparation prochaine?

En trois choses aussi, 1° à prévoir dès le soir le sujet de l'oraison, et repasser encore le matin en s'habillant, les devoirs qu'il faudra rendre à Dieu, les considérations qu'il faudra faire, les résolutions qu'il faudra prendre; 2° à se tenir dans le silence et le recueillement depuis la prière du soir, jusqu'au lendemain après l'oraison; 3° à partir dès que l'heure de la faire est arrivée, et à aller avec joie et humilité donner le bonjour à notre Père, et recevoir ses ordres.

De la préparation immédiate.

Comment vous comportez-vous dans la préparation immédiate?

1° Je me mets à genoux, je fais le signe de la croix, et je dis le *Benedicta sit sancta*, etc.; 2° un demi-quart d'heure après environ, je dis le *Confiteor*, avec le *Misereatur* et l'*Indulgentiam*; 3° et peu après je dis le *Veni, sancte Spiritus*, etc., avec le verset et l'oraison, employant ainsi un quart d'heure environ à la préparation immédiate.

Que faites-vous depuis le « Benedicta sit, » etc., jusqu'au « Confiteor. »

1° Je me mets en la présence de Dieu par un acte de foi, croyant fermement qu'il est présent partout, mais spécialement dans le lieu où on le prie, et présent dans le fond de mon cœur, et aussi présent qu'il est présent au ciel au milieu des saints et des anges : son immensité le rendant plus intimement présent partout, que l'âme n'est présente à toutes les parties du corps, et l'eau de la mer, toute une éponge qu'elle pénètre. Je me remplis donc doucement et suavement de cette pensée que Dieu est ici présent.

2° Je fais un acte d'adoration ; car comment faire attention qu'on est devant Dieu, et ne pas se prosterner en esprit devant lui? Je confesse qu'il est mon Créateur, et que je suis son ouvrage ; que c'est lui qui m'a fait ce que je suis, qui me conserve, et qui peut me détruire ; je lui fais hommage de mon être et de ma vie, reconnaissant que je tiens tout de lui, et accomplissant ce précepte autant que je le puis : *Un seul Dieu tu adoreras et aimeras parfaitement.*

3° Cette vue me porte à confesser que je suis indigne de le prier, et de paraître en sa présence, à cause de mes innombrables péchés, qui me rendent plus hideux et défiguré à ses yeux, que ne l'est un lépreux à ceux d'un grand roi, et que ne l'était l'enfant prodigue devant son père, lorsqu'il lui disait : *J'ai péché contre Dieu et contre vous, je ne suis pas digne d'être appelé votre fils.* (Luc. xv, 18.) Je me tiens donc un peu éloigné d'une si sainte Majesté, me contentant d'imiter les lépreux de l'Évangile : *Qui steterunt a longe, et levaverunt vocem, dicentes : Jesu præceptor, miserere nostri* (Luc. xvii, 13), ou de me joindre à celui, dont il est écrit : *Et ecce leprosus veniens adorabat eum.* (Matth. viii, 3.)

4° Comme la pénitence est le seul remède au péché, je tâche d'en exciter les sentiments dans mon cœur, produisant un acte de contrition, le plus parfaitement qu'il m'est possible, l'accompagnant d'un désir sincère de changer de vie, afin de me disposer par là à la prière, incompatible avec le péché. *Iniquitatem si aspexi in corde meo, non exaudiet Dominus.* C'est pourquoi je récite le *Confiteor*, non en courant et sans réflexion à ce que je dis, mais avec dévotion et humilité, avouant à la face du ciel et de la terre, devant Dieu, les anges, et les saints, que je suis un grand pécheur, et demandant humblement pardon et miséricorde.

Que faites-vous depuis le « Confiteor, » jusqu'au « Veni, sancte Spiritus. »

Je produis trois actes.

1° Je m'unis à Jésus-Christ notre unique médiateur, sans lequel nous n'aurons jamais aucun accès auprès de Dieu, je confesse que par moi-même j'ai mérité d'être chassé pour une éternité de devant la face de Dieu, loin d'oser présumer d'en être exaucé, et qu'ainsi ce n'est pas en mon nom, ni fondé sur mes mérites, que je me présente à l'oraison ; à Dieu ne plaise que j'aie cette pensée, mais que c'est au nom de Jésus-Christ, que c'est par lui, et en lui que je prie, que j'espère d'être admis devant son Père, d'être souffert et écouté : *Et conjungitur tibi Christus.*

2° Je reconnais en toute humilité et vérité, que je suis incapable d'honorer Dieu, ou de me sanctifier dans la prière par moi-même, et par mon propre esprit, qui n'est qu'ignorance, illusion, ténèbres, distractions : non plus que par ma volonté, qui n'est aussi qu'amour-propre, glace, dureté ; que je suis insuffisant par moi-même d'avoir la moindre bonne pensée, et la moindre affection pour le bien, si Dieu ne me la met dans l'esprit, et dans le cœur, ni de former une seule parole utilement, si Dieu ne me la met dans la bouche : *Sicut oremus, nescimus.*

3° J'invoque le Saint-Esprit, le priant de venir éclairer mon esprit, et échauffer ma volonté dans la méditation, et cela avec le plus de zèle et d'ardeur que je puis, lui demandant la grâce de me détacher de la terre, de m'élever au ciel, de chasser mes distractions, de me remplir de saintes pensées, et de me faire gémir dans la prière : *Gemitibus inenarrabilibus.* (Rom. viii, 26.) C'est dans ces sentiments que je récite avec le plus de dévotion qu'il m'est possible, le *Veni, sancte Spiritus*, etc.

Est-ce là en quoi consiste la première partie de l'oraison ou la préparation immédiate?

Oui, la voilà tout entière ; on peut au reste produire ces sept actes un à un, tranquillement et affectueusement. On peut n'en produire que quelqu'un d'eux, quand on se sent attiré et touché de s'y arrêter, sans passer aux autres, le prolongeant et le faisant durer, tandis qu'on y ressent du goût, et que le cœur s'y trouve bien. Mais sans effort, ni contrainte, semblable à un homme, qui dans un festin ne mange pas de tous les mets, et mange posément. Ainsi la présence de Dieu occupe quelquefois longtemps certaines âmes, d'autres ne peuvent finir l'acte d'adoration, disant sans cesse avec saint François : « Qui êtes-vous, Seigneur, et qui je suis? » ou avec l'Église : *Dominum qui fecit nos, venite adoremus.* Cependant, en cela comme dans les autres difficultés, il est bon de consulter celui qui nous dirige.

Que remarquez-vous en ces actes-là?

Qu'ils se suivent tout naturellement, et

que l'un donne naissance à l'autre : car comment prier sans commencer par nous mettre en la présence de Dieu, et nous prosterner devant lui, et nous reconnaître indignes de paraître devant une si grande Majesté, et d'être exaucés à cause de nos péchés, et par conséquent, comment ne pas recourir à la pénitence pour nous en purifier, et nous unir à Jésus-Christ, par qui seul nous sommes purifiés et écoutés, et ne pas ensuite voir notre impuissance et incapacité à faire oraison par nous-mêmes ; et enfin, après ces vues, comment ne pas renoncer à nos propres lumières, pour invoquer celles du Saint-Esprit, et méditer utilement. Cela seul, n'est-ce pas une excellente prière, et avant d'être à la fin, ne sommes-nous pas déjà riches ?

II° PARTIE. — Du corps de l'oraison.

De quoi est composé le corps de l'oraison ?
De trois parties, dont la première comprend l'adoration ou les devoirs, la deuxième les considérations, la troisième les résolutions.

§ I. — *De l'adoration ou des devoirs.*

Pourquoi appelez-vous le premier point du corps de l'oraison, adoration ?
Parce que c'est en cette partie que nous rendons principalement nos devoirs à Dieu, et que l'adoration est un des principaux dont elle tire son nom. En second lieu, parce que nous adorons toujours en Dieu, ou en Notre-Seigneur, quelque chose du sujet de notre oraison. Car tout ce que nous pouvons méditer, se rapporte à ces six sortes de matières : aux attributs de Dieu, aux vertus de Jésus-Christ, aux mystères de la religion, aux vérités de l'Evangile, et obligations de notre état, aux exemples et vies des saints, aux vices et péchés. Si donc vous méditez une perfection de Dieu, son amour, sa bonté, sa miséricorde, sa sainteté, etc., adorez-la en Dieu, avant de la considérer en elle-même. Il en est ainsi des vertus à l'égard de Jésus-Christ, de l'humilité, la chasteté, la charité, etc.

Et si je médite la vie d'un saint ?
Adorez d'abord Dieu qui est admirable en ses saints, et dont les chérubins ne peuvent supporter l'éclat de la sainteté, se fermant les yeux, et criant sans cesse : Saint, saint, saint, est le Seigneur Dieu des armées ; adorez Jésus-Christ le Saint des saints, de la plénitude duquel tous les saints ont reçu. Adorez la source dont ils sont les canaux, remerciez-le des grâces qu'il leur a faites, ayez en de la joie, etc.

Et si je médite une maxime de l'Evangile, par exemple : « *Si vous ne faites pénitence, vous périrez tous* » ? (*Luc.* XIII, 5.)
Adorez Jésus-Christ la Vérité incarnée, qui vous instruit lui-même ; admirez l'exemple merveilleux de mortification et de souffrance qu'il vous a donné, etc.

Et si je médite sur l'enfer et sur le péché ?
Adorez la justice de Dieu qui punit sévèrement les crimes et les péchés dont nous faisons si peu de cas, l'extrême horreur, et la haine irréconciliable qu'il a pour l'iniquité, etc.

Outre l'adoration, quels sont les autres actes qu'on peut produire, et les devoirs qu'on doit rendre à Dieu dans ce premier point du corps de l'oraison ?
Ils peuvent se réduire à six, que voici : l'adoration, l'admiration, l'amour, l'action de grâce, la louange, la joie, ou compassion ; car, si c'est, par exemple, sur la Passion que vous méditez, adorez Jésus-Christ en croix, admirez sa bonté, aimez un tel Rédempteur, remerciez-le de ce bienfait, louez un tel excès, réjouissez-vous de la gloire que Dieu en reçoit, compatissez à ses douleurs.

Et si j'ai quelque difficulté à trouver ce que je dois adorer dans mon sujet d'oraison ?
Vous pouvez adorer Dieu, ou Notre-Seigneur Jésus-Christ, comme source de toute lumière, vérité, sainteté, etc., en général, et indépendamment de tout sujet d'oraison en particulier, sans alors aller s'occuper avec inquiétude comment on trouvera l'adoration par rapport à la matière qu'on veut méditer. Que si vous faites attention à la pratique de l'Eglise, vous verrez qu'elle vous fraye elle-même le chemin dans les invitatoires de son Office, où nous trouvons tous les jours : *Regem apostolorum Dominum venite adoremus. Nativitatem Virginis Mariæ celebremus, Christum ejus Filium adoremus Dominum.*
Christum Dominum ascendentem in cœlum, venite adoremus, etc.
Christum natum, qui beatum hodie coronavit Stephanum, venite adoremus.
Beatus Laurentius, Christi martyr, triumphat coronatus in cœlis : venite adoremus Dominum.
Venite adoremus Regem regum : cujus hodie ad æthereum Virgo Mater assumpta est in cœlum.
Laudemus Deum nostrum in confessione beati Martini. Ainsi, dans la première partie de l'oraison, ou la préparation, nous adorons Dieu comme créateur et auteur de la nature ; et, dans la première partie du corps de l'oraison, nous l'adorons comme auteur de la grâce et de la sanctification.

Est-il nécessaire de parcourir toujours ces six devoirs, et de les parcourir dans cet ordre ?
Cela est bon, mais non absolument nécessaire, et l'on peut s'abandonner aux affections que Dieu donne, et répéter souvent celles où l'on trouve quelque attrait du Saint-Esprit.

Que faites-vous ensuite de ces devoirs ?
Je passe au second point de l'oraison, ou aux considérations.

§ II. — *Des considérations.*

Pourquoi appelez-vous le second point du corps de l'oraison, considérations ?
Parce que nous y considérons les motifs et raisons qui découvrent l'importance de la vertu que nous méditons, et le besoin que nous en avons, ou l'excellence du mystère proposé.

Suffirait-il dans ce point de demander à Dieu cette vertu?

Non; il faut, pour nous exciter à la demander avec plus de ferveur : 1° nous bien convaincre de son importance et de sa nécessité ainsi qu'on vient de dire; 2° faire réflexion sur nous-mêmes, afin de connaître clairement qu'elle nous manque; 3° la demander à Dieu avec instance.

Des trois principaux actes qui remplissent la seconde partie du corps de l'oraison.

Il y a donc trois choses à faire dans ce point?

Oui, la conviction, la réflexion, la demande.

Pourquoi la conviction?

Parce qu'étant convaincus de l'importance et de la nécessité de la vertu, nous la demandons ensuite avec beaucoup plus de ferveur. On néglige souvent de demander, ou on ne demande que fort froidement les choses que l'on ne croit pas bien importantes, et dont on ne se persuade pas d'avoir un grand besoin.

Pourquoi la réflexion sur soi-même?

Parce qu'encore que nous soyons bien convaincus de l'importance d'une vertu, nous ne la demanderions pas encore avec toute la ferveur que nous devrions, à moins que de connaître clairement qu'elle nous manque; or c'est ce que nous découvrons par cette réflexion sur nous-mêmes.

Pourquoi la demande?

Parce qu'il serait fort inutile de se convaincre de l'excellence et de la nécessité d'une vertu, et de confesser qu'on ne l'a pas, si on ne la demandait avec d'autant plus de ferveur, d'instance et de persévérance, qu'on reconnaît que celui à qui nous la demandons, est seul capable de nous la donner : mais il est bon d'expliquer plus en particulier chacun de ces trois actes.

De la conviction.

Que faut-il faire pour se convaincre?

Il faut considérer les raisons et les motifs qui nous obligent à avoir et à pratiquer la vertu, ou la perfection sur laquelle on médite.

D'où tirez-vous ces raisons et ces motifs?

Du sujet d'oraison que l'on a lu ou entendu le soir précédent.

De quelle sorte faites-vous cette considération?

Je la fais en plusieurs manières, ou par une vue simple de foi, en représentant seulement en gros ces motifs à mon esprit; ou par une sorte d'examen, les parcourant doucement l'un après l'autre, ou par un raisonnement tranquille et religieux.

De la réflexion.

Comment faites-vous la réflexion sur vous-même?

En repassant sur mes pensées, sur mes paroles et sur mes actions, pour voir la part que j'ai, ou l'éloignement dans lequel je suis de cette perfection, de la grâce du mystère, ou de la vertu que j'ai adorée en Jésus-Christ, de l'importance de laquelle je viens de me convaincre.

De quelles affections doit être accompagnée cette réflexion?

De trois principales : 1° de regret pour le passé, d'avoir été si éloigné de cette perfection à laquelle nous sommes obligés, et dont Jésus-Christ nous a montré l'exemple; 2° de confusion pour le présent dans la vue de notre misère, de notre pauvreté, rougissant de honte devant Dieu, de nous voir si dissemblables, si éloignés et si contraires à ce que Notre-Seigneur demande de nous; 3° de désir pour l'avenir, souhaitant ardemment de sortir de cet état; et pour cela il faut passer à la troisième chose que nous avons à faire dans cette partie du corps de l'oraison, qui est la demande, priant Dieu de nous accorder telle grâce, telle vertu, etc.

De la demande.

De quelles conditions doit être accompagnée notre demande?

De trois, car nous devons demander avec instance, humilité, confiance.

Ne peut-on pas alléguer amoureusement à Dieu quelques raisons par lesquelles il soit mû à accorder nos requêtes, et nous faire miséricorde?

On le peut, et cette pratique est excellente.

Quelles sont les principales de ces raisons et des motifs qu'on peut prendre?

On peut, entre les autres, lui présenter humblement, 1° que c'est sa volonté; 2° que ce sera sa gloire; 3° qu'il ne souffrit pas, dans son Eglise qu'il chérit tant, une personne si imparfaite; 4° qu'il ait égard que nous communions si souvent, et que son Fils, l'aimable objet de toutes ses complaisances, qui pendant sa vie a toujours cherché si fidèlement sa gloire aux dépens même de la sienne propre dont il lui a abandonné le soin, sera si peu glorifié en nous, et si mal reçu dans notre cœur; 5° surtout les plus efficaces sont de lui représenter sa bonté, sa libéralité infinie, les mérites de son Fils, ses promesses et sa parole dans l'Ecriture.

Est-il bon d'employer la faveur de la très-sainte Vierge, de notre ange gardien, de nos patrons et d'autres saints auxquels nous avons dévotion particulière, comme aussi de celui qui nous est échu dans le billet du mois que l'on nous donne?

Oui, cela nous servira beaucoup, et nous le devons souvent pratiquer.

Ne peut-on pas encore demander quelque autre vertu que celle sur laquelle nous faisons oraison?

On le peut, et il est bon de le faire, et de demander en cet endroit tous nos autres besoins, ceux de l'Eglise et des personnes pour lesquelles nous avons quelque obligation particulière de prier.

§ III. — *Des résolutions.*

En quoi consiste le troisième point du corps de l'oraison?

A former des résolutions de vivre moyennant la grâce de Dieu, conformément aux lumières qu'on a eues dans l'oraison.

Sur quoi doit-on ordinairement faire ses résolutions?

Sur les moyens qu'on doit embrasser, et les obstacles qu'on doit surmonter pour parvenir à la vertu qu'on désire, ou pour vaincre le vice qu'on appréhende.

Après avoir pris ses résolutions, que faut-il faire?

Il faut entrer dans la défiance de soi-même, et dans une entière confiance en Jésus-Christ, reconnaissant que nous ne les pouvons accomplir qu'en sa vertu.

Quelles qualités doivent avoir nos résolutions pour être bonnes?

Elles en doivent avoir six principales, elles doivent être particulières, présentes, efficaces, humbles, pleines de confiance, et fréquentes.

IIIe PARTIE. — De la conclusion de l'oraison.

Que faites-vous après avoir ainsi formé vos résolutions?

Je passe à la troisième partie de l'oraison, qui est la conclusion.

En quoi consiste cette dernière partie?

Elle consiste en trois choses : 1° remercier Dieu de nous avoir souffert en sa sainte présence, et des grâces qu'il nous a faites dans l'oraison ; 2° à le prier qu'il nous pardonne nos fautes et nos négligences dans un si saint exercice, et qu'il bénisse nos résolutions, la journée présente, notre vie et notre mort ; 3° à faire le bouquet spirituel.

Qu'appelez-vous faire le bouquet spirituel?

C'est prendre une ou deux pensées qui nous ont touchés davantage dans notre méditation, et que nous croyons devant Dieu nous être les plus utiles, pour les rappeler souvent pendant la journée, et nous en servir comme d'oraison jaculatoire, pour nous élever à Dieu et nous unir à lui, comme nous voyons les personnes du monde qui, étant dans un beau jardin émaillé de fleurs, n'en sortent point qu'elles n'aient à la main une fleur ou deux, qu'elles sentent souvent après être sorties de ce jardin.

Il faut, en disant le *Sub tuum præsidium*, mettre le tout entre les mains de la très-sainte Vierge.

APPLICATION DE LA MÉTHODE PRÉCÉDENTE A UN SUJET D'ORAISON EN PARTICULIER.

Après avoir donné des règles et une méthode pour faire l'oraison mentale, il a semblé utile d'en faire voir l'application à quelque sujet particulier, afin de faciliter de plus en plus l'usage d'un exercice si saint et si nécessaire.

MÉDITATION SUR L'AFFAIRE DU SALUT.

Nous ferons aujourd'hui notre oraison sur la grande affaire du salut, et nous nous convaincrons de l'obligation que nous avons d'y travailler sérieusement.

Ire PARTIE. — Préparation immédiate.

On commence l'oraison par ces paroles latines, que l'on prononce avec dévotion.

In nomine Patris, et Filii, et Spiritus sancti. Amen.

Mettons-nous en la présence de Dieu par un acte de foi.

Mon Dieu, je crois fermement que vous êtes ici présent, et présent dans le fond de mon cœur, et aussi véritablement présent que vous devez être présent dans le ciel au milieu des anges et des saints.

Faisons un acte d'adoration.

Souveraine majesté de mon Dieu, devant qui tout l'univers n'est qu'un peu de poussière, je me prosterne devant vous, reconnaissant que vous êtes mon Créateur et que je suis votre créature, et en cette qualité vous faisant hommage de mon être et de ma vie.

Reconnaissons notre indignité à paraître devant Dieu.

Je confesse, mon Dieu, que je ne suis pas digne de paraître devant votre majesté sainte, à cause de mes innombrables péchés et de mes méchantes inclinations, qui rendent mon âme plus défigurée et plus hideuse à vos yeux, qu'un lépreux ne l'est aux yeux d'un grand roi.

Excitons-nous à la contrition.

Je suis fâché, ô mon Dieu, de vous avoir offensé, parce que vous êtes infiniment bon et infiniment aimable, et que le péché vous déplaît, qu'il vous déshonore, et qu'il m'éloigne de vous. Il est bien temps que je me convertisse et que je fasse pénitence.

Confiteor Deo, etc. *Misereatur*, etc. *Indulgentiam*, etc.

On récite encore ces prières en latin, les accompagnant d'un vrai sentiment de pénitence.

Unissons-nous à Notre-Seigneur Jésus-Christ, pour bien faire notre oraison.

Ce n'est pas en mon nom, ô mon Dieu, ni appuyé sur mes propres mérites, que j'ai la hardiesse de paraître aujourd'hui devant vous, et de vous adresser ma prière. C'est au nom de votre Fils bien-aimé, Notre-Seigneur Jésus-Christ, c'est par lui que je vous prie, c'est en son nom, c'est en son esprit, c'est dans sa vertu; je me couvre de sa grâce, de ses mérites et de son sang précieux pour paraître devant vous, comme Jacob se revêtit de la robe d'Esaü pour paraître devant son père et obtenir sa bénédiction.

Reconnaissons notre insuffisance et notre incapacité à bien faire notre oraison par nous-mêmes.

Je reconnais, ô mon Dieu, que je ne puis par moi-même avoir aucune bonne pensée, ni proférer aucune parole qui vous soit agréable, il faut qu'elle vienne de vous. Je ne suis qu'ignorance, qu'impuissance, qu'erreur et que dissipation, la foi me l'apprend, et l'expérience m'en convainc. Il est donc bien juste, ô mon Dieu, que je renonce à mes propres lumières et à mon propre esprit, pour me livrer au vôtre, afin de vous prier comme il faut.

Invoquons le Saint-Esprit, afin de bien faire notre oraison.

Venez, Esprit-Saint, éclairer notre esprit de vos lumières, venez échauffer notre cœur du feu de votre amour. Venez nous détacher de la terre ; venez nous élever vers le ciel ; venez nous recueillir, nous unir à vous, nous transformer en vous. *Veni, sancte Spiritus, reple tuorum,* etc. *Oremus,* etc. On dit cette antienne et cette oraison le plus affectueusement qu'on peut.

Voilà la première partie de notre méditation, c'est-à-dire les actes que nous devons faire dans la préparation immédiate : Présence de Dieu, adoration, vue de notre indignité à paraître devant Dieu à cause de nos péchés, contrition et pénitence. Union à Notre-Seigneur pour prier et paraître devant son Père, aveu de notre incapacité à prier par nous-mêmes, invocation du Saint-Esprit. Ils sont toujours les mêmes, quelques différents sujets d'oraison que nous prenions. Il n'est pas nécessaire de se servir des mêmes paroles : c'est un modèle, il suffit d'en avoir le sentiment dans le cœur, mais il les faut produire paisiblement, avec attention, avec goût, avec onction, et mettre un peu d'intervalle de l'un à l'autre.

IIe PARTIE. — Le corps ordinaire de l'oraison.

Rappelons à présent le sujet de notre méditation, nous le devons faire sur l'obligation que nous avons de travailler sérieusement à notre salut.

Le corps de l'oraison a trois parties, suivant notre méthode. La première se nomme adoration, ou devoirs. La seconde, considérations ; la troisième, résolutions.

§ I. — *Adoration ou devoirs.*

Adorez Jésus-Christ en qualité de votre Sauveur, admirez sa bonté dans le rachat du genre humain ; louez-le d'une si grande miséricorde ; remerciez-le d'un si grand bienfait ; aimez ce divin Rédempteur ; réjouissez-vous du grand bonheur qu'il vous procure, compatissez aux souffrances que l'œuvre de votre salut lui a coûtées ; et dites-lui avec l'Église : Laudamus te, benedicimus te, adoramus te, gratias agimus tibi.

Faites ces actes paisiblement, doucement, suavement, amoureusement. Ou si un seul vous suffit et vous occupe assez, prolongez-le autant que votre attrait durera, et qu'il vous tienne lieu de tous les autres.

Adoration. — Je vous adore, ô Jésus attaché en croix, je me prosterne devant vous, comme devant le réparateur de mon être, et le Sauveur de mon âme.

Admiration. — Ah ! quel excès de charité, voir un Dieu mourir pour l'homme ! Qui ne l'admirera s'il le considère ! qui ne s'en étonnera ! qui ne s'en effrayera ! qui ne s'écriera : O amour incompréhensible ! ô bonté ineffable ! ô miséricorde inconcevable !

Louange. — Donnez-moi, Seigneur, une langue et un cœur pour publier vos miséricordes, et pour vous dire que vos bontés sont immenses, que vos miséricordes sont infinies, qu'à vous seul appartient honneur, gloire et respect.

Remercîment. — Je vous rends grâces, et je vous les rendrai éternellement, ô mon divin Sauveur de ce que, par un pur effet d'une charité incomparable, vous avez voulu me racheter et me délivrer de la tyrannie du diable, de l'esclavage du péché, et des peines de l'enfer. Soyez-en béni à jamais.

Amour. — Que je vous ai connu tard, ô beauté si ancienne et si nouvelle ! que je vous ai aimé tard ! faites que je puisse dire véritablement avec saint Pierre : Seigneur, vous savez que je vous aime. (Joan. XXI, 15.)

Joie. — Qui ne se réjouira quand il considérera que, par le mérite infini du sang du Sauveur, il est devenu enfant de Dieu, héritier du paradis, cohéritier de Jésus-Christ, transféré du règne de Satan au règne de Dieu : Ecce ego evangelizo vobis gaudium magnum, quia natus est vobis Salvator, qui est Christus Dominus. (Luc. II, 10.) C'est le premier sentiment que l'incarnation du Verbe inspira aux anges et aux hommes.

Compassion. — Mais hélas ! que cette joie est modérée par la douleur, quand je vous considère, ô mon Rédempteur, au milieu des souffrances et des peines, consommer l'œuvre de mon salut.

Il est aisé, quand on est un peu touché de Dieu, de se laisser aller à ces sentiments, et de s'animer à les produire affectueusement, et quand on ne ferait que se dire souvent à soi-même au fond de son cœur : Adoration, admiration, louange, remercîment, amour, joie, compassion, il est difficile qu'on n'en ressente de fortes impressions. Voilà quel doit être le premier point de l'oraison.

§ II. — *Considérations.*

La volonté étant déjà échauffée par les actes précédents, on passe au second point du corps de l'oraison, c'est-à-dire aux raisons ou motifs qui doivent occuper l'esprit dans l'oraison, et le convaincre du sujet qui a été proposé à méditer. C'est ce qu'on appelle conviction, qui doit être suivie de la réflexion et de la demande.

I. — Conviction.

On nous a donné aujourd'hui trois motifs pour nous faire voir combien l'affaire de notre salut est importante, et pour nous engager à y travailler tout de bon et sérieusement, il faut à présent les rappeler, et pour ainsi dire, les ruminer à loisir.

Que l'affaire de notre salut est importante.

On juge qu'une chose est très-importante, 1° par le prix qu'on en donne ; 2° par l'estime qu'on en fait ; 3° par l'excellence de sa nature considérée en elle-même.

Or, suivant ces trois règles, il faut que le salut de nos âmes soit une chose bien importante.

Premier motif. — Car, 1° à l'égard du prix,

s'il est d'un homme sage, de ne pas donner un prix immense d'une vile marchandise ; jugez de celle-ci par le prix infini que la Sagesse éternelle, qui se connaît parfaitement à la valeur de ses créatures, et qui ne peut ni se tromper ni être trompée, en a donné. Le Père a donné son Fils pour le salut de l'homme. *Sic Deus dilexit mundum, ut Filium suum unigenitum daret.* Le Fils s'est donné lui-même, et a répandu son sang pour payer le prix de notre rançon : *Dedisti tuum sanguinem nostræ salutis pretium.* Et ce qui est encore plus admirable, c'est qu'un moindre prix n'aurait pas suffi. Notre âme ne pouvait être acquise à moins. *Non nisi sanguine Christi redimi poterat,* dit saint Bernard. O Dieu ! que le salut est une chose précieuse, puisqu'il coûte tant ! *Si vos vobis ex terrena conservatione viluistis,* s'écrie saint Augustin, *ex pretio vestro vos appendite. Tanti vales anima mea, erige te.*

Deuxième motif. — Considérez, 2° l'estime que l'on fait du salut des âmes. Les anges quittent le ciel pour venir coopérer à cette grande affaire : *Nonne omnes sunt administratorii spiritus propter eos qui hæreditatem capient salutis ?* Les bienheureux estiment tant le salut d'une seule âme, qu'à la conversion d'un pécheur, il se fait une fête au ciel. Le salut d'une âme leur donne de la joie, et le doute de notre salut leur donne de la crainte, autant qu'ils en sont capables, comme l'assure saint Cyprien : *Jam de sua immortalitate secura, et adhuc de nostra salute sollicita.*

Moïse consentait d'être effacé du livre de vie, pourvu qu'il pût procurer le salut de son peuple. Saint Paul voulait être anathème pour ses frères. Sainte Catherine de Sienne eût désiré pouvoir fermer les puits de l'abîme avec son âme, afin d'empêcher les autres d'y tomber. C'est ainsi que les saints les plus éclairés ont estimé le salut des âmes.

Le démon, tout ambitieux qu'il est, est prêt à quitter l'empire du monde entier, pourvu qu'à ce prix il puisse acquérir une âme. *Hæc omnia tibi dabo, si cadens adoraveris me. Da mihi animas, cætera tolle tibi.* Quelle folie de mépriser une chose que le démon même estime tant, dit un saint Père ?

Enfin le Verbe éternel n'eût pas dédaigné de s'incarner, de répandre son sang pour sauver une seule âme ; jugez donc quello estime il en a fait. *Unius animæ salus tanti est, ut ob hanc Filius Dei fieret homo, tantaque pateretur.* C'est saint Chrysostome.

Troisième motif. — Que si, 3° vous considérez la chose en elle-même, vous ne serez pas moins convaincu de son importance, car, après tout, ô mon Dieu, de quoi s'agit-il ? L'importance d'une affaire se mesure par la perte ou par le gain qu'on y peut faire : or ici, mon Sauveur, il y va de perdre ou de gagner votre éternité bienheureuse, il y va de vous gagner ou de vous perdre éternellement. Quelle plus grande perte, ou quel plus grand gain peut-on faire ; faites-moi bien peser, Seigneur, ce que c'est d'être sauvé ou d'être damné : d'aller en paradis ou en enfer ; de vivre à jamais avec vous, ou de brûler à jamais avec les diables ; n'est-il pas donc vrai, ô mon âme, que jamais il n'y a eu d'affaire si importante que celle du salut, ou plutôt que c'est la seule et unique affaire que nous avons au monde, en comparaison de laquelle toutes les autres affaires, quelques grandes que le monde les nomme, ne sont que des niaiseries et des jeux d'enfant.

On peut méditer de cette manière en s'adressant à Dieu, ou à son âme, par une espèce de colloque intérieur, et cette méthode est souvent plus utile et plus affective que de se servir du raisonnement, comme on a fait dans les deux motifs précédents. Il est libre d'en user suivant son attrait.

II. — Réflexion.

Faisons ensuite réflexion sur nous-mêmes.

Regret à l'égard du passé. — Que j'ai de regret et de déplaisir d'avoir fait jusqu'ici si peu de cas de mon salut éternel et d'y avoir si peu travaillé. D'avoir préféré la créature au Créateur. Un plaisir d'un moment, à une éternité tout entière. La jouissance d'une bagatelle à la possession du souverain bien. Le péché à Dieu. La terre au ciel. O aveuglement épouvantable ! O endurcissement incompréhensible ! L'affaire du salut de mon âme m'a moins occupé, m'a moins donné d'inquiétude, que la plus petite affaire temporelle que j'aie jamais eue au monde.

Confusion à l'égard du présent. — Que j'ai de honte et de confusion de me voir si peu soigneux de mon salut que je le suis ! De remarquer en moi tant de péché, de tiédeur, de négligence, d'indifférence pour mon salut ; de me voir sans mérite et sans vertu !

Désirs à l'égard de l'avenir. — Quand est-ce donc que je mettrai tout de bon la main à l'œuvre, et que je pourrai véritablement dire : *Et dixi nunc cœpi hæc mutatio dexteræ Excelsi.* (Psal. LXXVI, 11.) Que je voudrais être à vous autrement que je ne suis !

III. — Demande.

Demandons à Dieu un nouveau zèle pour travailler à notre salut.

Seigneur ; quoique j'aie mérité plusieurs fois l'enfer par mes innombrables péchés, et que beaucoup d'âmes brûlent dans les flammes, qui ne vous ont pas tant offensé que moi, cependant je ne désespère pas encore de mon salut, puisque vous me donnez le temps de faire pénitence. Animez-moi d'un nouvel esprit. Créez en moi un cœur nouveau. Ne souffrez pas qu'il y ait plus longtemps une personne si imparfaite dans votre Eglise. Ne permettez pas que j'abuse plus longtemps de vos grâces. Regardez ce qu'a souffert pour moi votre Fils bien-aimé Notre-Seigneur Jésus-Christ. Vierge sainte, refuge des pécheurs, intercédez pour moi. Mon bon ange, qui m'avez été donné pour être le coopérateur de mon salut, priez pour moi, obtenez-moi les secours qui me sont nécessaires.

§ III. — Résolutions.

Faisons à présent nos résolutions, et rendons-les conformes aux bonnes lumières, et aux saintes affections dont nous avons été favorisés pendant notre méditation. Prenons ces trois ici particulièrement.

Première résolution. — De penser à l'affaire du salut, puisque la terre est tombée dans la désolation, c'est-à-dire les pécheurs, pour n'y avoir pas assez pensé. *Desolatione dissoluta est terra, quia non est qui recogitet corde.* (Jerem. XII, 11.) Mais d'y penser sérieusement, fréquemment, efficacement, et pour cet effet, ô mon Dieu, je fais résolution de faire tous les jours l'oraison mentale, de faire une retraite toutes les années, etc.

Deuxième résolution. — D'y travailler, c'est-à-dire de pratiquer les bonnes œuvres, le jeûne, l'aumône, la prière. De surmonter mon méchant naturel. De combattre une mauvaise inclination à laquelle je suis sujet. De lire de bons livres. De fréquenter les sacrements. De mener une vie réglée, etc.

Troisième résolution. — De l'assurer, autant qu'on le peut en ce monde, fuyant telle et telle compagnie qui m'est un sujet de scandale, évitant les occasions, faisant plusieurs œuvres de plus grande perfection, aimant le travail, le silence, l'obéissance, etc.

Chacun doit faire des résolutions particulières, suivant ses besoins. Celles-ci sont données pour exemple entre plusieurs.

Défiance de soi-même, confiance en Dieu. — Mais, mon Dieu, je confesse, quelque résolutions que je prenne, que je ne les observerai jamais sans un secours puissant de votre grâce. Je connais trop ma misère pour m'y appuyer. C'est en votre grâce, Seigneur, que je mets toute ma confiance, etc.

IIIe PARTIE. — La conclusion.

La conclusion de l'oraison est toujours la même, quelques différents sujets de méditation qu'on prenne, ainsi que la préparation.

Finissons l'oraison.

Remercions Dieu de nous avoir soufferts en sa présence et des grâces qu'il nous a faites dans la prière.

Mon Dieu, je vous remercie de m'avoir souffert en votre sainte présence; je vous remercie de tant de lumières, de bons mouvements et de sentiments qu'il vous a plu de m'inspirer pendant cette oraison, et dont je me confesse très-indigne.

Demandons pardon des fautes que nous avons faites dans l'oraison.

Je vous demande pardon de toutes mes distractions, dissipations et évagations d'esprit pendant ma prière, du peu d'honneur et de respect que je vous rends dans ce saint exercice.

Offrons à Dieu nos résolutions.

Bénissez, Seigneur, les résolutions que j'ai prises, je vous les offre, avec cette journée présente, ma vie et ma mort.

Faisons le bouquet spirituel.

Faites-moi la grâce de penser et repenser souvent aujourd'hui à cette divine parole qui est sortie de votre bouche, et qui comprend en substance toute cette méditation. *Quid prodest homini si mundum universum lucretur, anima vero suæ detrimentum patiatur.* (Matth. XVI, 26.)

Mettons-nous sous la protection de la sainte Vierge.

Vierge sainte, nous recourons sous votre puissante protection, et nous mettons nos résolutions et tout ce que nous sommes entre vos mains, *Sub tuum præsidium*, etc.

QUELQUES MOTIFS OU VUES PIEUSES

POUR UNE RELIGIEUSE OBLIGÉE A RÉCITER LE GRAND OFFICE EN UNE LANGUE QU'ELLE N'ENTEND PAS.

PREMIER MOTIF. — *Vous devez accepter cette obligation en qualité de créature.*

Considérez premièrement que comme toutes les parties de l'univers, même les plus insensibles, rendent un très-éloquent témoignage de la sagesse et du pouvoir de celui qui les a produites, sans néanmoins entendre le langage muet avec lequel elles s'expriment si hautement, ainsi vous devez vous unir à elles en esprit de créature, et louer Dieu, non-seulement comme esprit raisonnable avec les saints et avec les anges, mais aussi avec les cieux et la terre, avec les éléments et les animaux, avec les rivières et les montagnes, en un mot, avec la foule de toutes les créatures, et crier avec elles en votre rang, quoique vous ne compreniez point la langue dans laquelle vous vous exprimez; il suffit que vous soyez créature, afin d'être de ce concert mystique; il suffit que vous louiez Dieu avec les corbeaux qui l'invoquent selon le témoignage de l'Ecriture, et en la manière que faisait David, quand il disait : *Je suis devenu comme une bête devant vous.*

DEUXIÈME MOTIF. — *Vous devez satisfaire à cette obligation en esprit de pénitence.*

Considérez, en second lieu, que votre première mère Ève se perdit dans le paradis terrestre, pour vouloir trop savoir, connaître et trop expérimenter, pour vouloir ouvrir ses yeux et contenter sa curiosité, qu'ainsi vous devez, par un esprit de pénitence, vouloir bien ignorer plusieurs choses dont vous devez être instruite, et accepter l'état de ténèbres et d'ignorance, où son désir immodéré de savoir vous a jetée, mortifient en vous ce que les saints appellent *la démangeaison de savoir*, comme une des plus funestes et des plus enracinées tiges de nos déréglements spirituels. De sorte que si Eve, en voulant connaître le mal, tomba misérablement, il faut que vous vous releviez heureusement, en voulant même ignorer le bien dont vous pourriez avoir connaissance, tel qu'est celui-ci.

TROISIÈME MOTIF. — *Vous devez vous acquitter de cette obligation en esprit de religion.*

Toutes choses doivent hommage à leur Créateur, les puissances de votre âme et les facultés de votre corps : votre entendement honore Dieu en le connaissant et l'admirant; votre volonté, en l'aimant, l'adorant, le louant, le bénissant; votre mémoire en se souvenant de lui, de ses bienfaits, de ses merveilles; vos passions en se modérant, vos sens en se mortifiant, votre chair en souffrant; enfin tous vos organes et toutes vos facultés lui sont consacrées, ou par l'action, ou par la privation; il faut donc que votre langue, votre bouche et vos lèvres lui rendent en leur manière les devoirs religieux dont ils sont capables; ainsi que votre langue prononce ses louanges, que votre bouche les fasse retentir, que vos lèvres les publient; et quoique vous ne compreniez pas ce que vous dites, il suffit que vous puissiez vous vanter avec David, que vos lèvres le loueront, afin de satisfaire à cette obligation : *Quoniam labia mea laudabunt te.* (*Psal.* LXII, 4.)

QUATRIÈME MOTIF. — *Vous devez vous soumettre à cette obligation en esprit d'humilité.*

Considérez que la diversité des langues est une punition de l'orgueil de nos anciens Pères. L'Ecriture nous apprend que ces hommes superbes s'assemblèrent après le déluge, et que, voulant se séparer, afin d'aller habiter la terre, ils résolurent auparavant de laisser à la postérité un monument éternel de leur gloire. Ils entreprirent d'élever une tour dont le sommet allât jusqu'aux nues, et dont la solidité résistât à l'injure des temps, et à la durée des siècles; mais que Dieu, pour renverser leurs desseins téméraires, descendit du ciel, et confondit leur langage, de façon que, ne s'entendant plus les uns les autres, ils furent contraints de se séparer et d'abandonner leur vaine entreprise. Humiliez-vous donc dans cette non-intelligence du latin, où vous a réduit la présomption de vos pères; portez la peine due à leur péché puisque après tout vous avez été comme eux un architecte de cette Babylone, et que vous avez voulu, comme eux, élever la tour de Babel par votre vanité passée : remerciez Jésus-Christ de vous avoir fait une citoyenne de la bienheureuse et céleste Jérusalem, où nous n'aurons tous qu'un même cœur, une même âme, et un même langage.

CINQUIÈME MOTIF. — *Vous devez envisager cette obligation en esprit de foi.*

Considérez que ce qui approche le plus de l'esprit de la foi est toujours le plus parfait en cette vie, parce qu'il se conforme davantage à la conduite de Dieu sur les hommes et à la réparation de leur nature par Jésus-Christ; aimer Dieu de tout son cœur sans le connaître, par les lumières de son entendement, qu'avec obscurité, c'est le caractère d'une foi vive; ainsi louer Dieu, le bénir, chanter ses louanges et ses grandeurs, publier ses merveilles et ses perfections avec zèle et intérieur, sans néanmoins entendre les paroles dont on se sert, c'est avoir une religion toute de foi, c'est être comme le prince Achior, lequel louait devant Holopherne le Dieu d'Israël, qu'il ne connaissait pas, et, mériter par là comme lui la grâce d'être admis au nombre de ses élus. Ne vous plaignez donc plus de n'entendre pas ce que vous dites, quand vous ne concevriez que ces paroles : *Domine, labia mea aperies, et os meum annuntiabit laudem tuam* (*Psal.* I, 17); vous en sauriez encore assez pour louer Dieu dans un véritable esprit de foi.

SIXIÈME MOTIF. — *Vous devez embrasser cette obligation en esprit de sainteté.*

Moins il y a de la créature dans les actions chrétiennes, plus il y a de Dieu : rien de ce qui tombe sous les sens n'est Dieu, disent les saints. Si vous entendiez le latin, vous pourriez vous élever à lui en récitant votre Office, par le moyen de vos pensées et de vos affections; mais nos pensées sont si grossières, nos sentiments si humains, nos mouvements si terrestres, nous sommes si amoureux de nous-mêmes et de nos productions, que nous ternissons souvent les dons de Dieu en nous en servant. D'ailleurs nous concevons de si basses idées de sa grandeur, nous faisons tant de réflexions et de retours sur le bien sensible qu'il met en nous, qu'il est infiniment plus pur et plus saint d'être uni à lui par l'esprit que par le sentiment; d'où vient même qu'on nomme l'Office, saint et divin, le saint Office, l'Office divin; or la sainteté consiste dans un dégagement et un épurement de tout ce qui est créé, ce qui s'entend aussi bien des sentiments intérieurs que des exercices extérieurs.

SEPTIÈME MOTIF. — *Vous devez vous réjouir de cette obligation par esprit de prudence.*

Pourquoi désireriez-vous d'avoir l'intelligence des paroles de votre Office ? ce ne vous serait qu'un nouveau sujet de jugement et de condamnation. Ceux qui entendent le mieux le latin sont quelquefois les moins appliqués, quoique leur obligation en soit plus étroite. Vous-même, quand vous dites des prières en français, n'êtes-vous pas souvent distraite ? C'est le cœur qui honore véritablement Dieu dans ses affections : l'esprit le fait rarement par ses lumières, quelquefois même il est un aussi grand obstacle à la perfection et à la vraie piété que les sens. Aimez et chantez, cela vaudra mieux devant Dieu que de connaître et de prononcer. Le travail des lèvres et l'affection du cœur, voilà votre partage. C'est ainsi que priait la mère de Samuel dans le temple, quand elle demanda ce fils à Dieu. Ses lèvres et son cœur se remuaient seulement, dit l'Ecriture : *Loquebatur in corde suo, tantumque labia ejus movebantur. (1 Reg.* i, 13.)

HUITIÈME MOTIF. — *Vous devez remplir cette obligation en esprit de louange et de jubilation.*

Si les instruments de musique dont on se sert si utilement dans les temples, pour faire résonner les louanges de Dieu, avaient assez d'intelligence pour connaître le saint usage qu'on fait d'eux, et assez de réflexion pour l'accepter, n'est-il pas vrai qu'ils honoreraient Dieu d'une façon bien particulière ? imaginez-vous que vous louez ainsi Notre-Seigneur, que vous êtes un instrument harmonieux, mais raisonnable et religieux, et recevez les paroles que le Saint-Esprit vous met dans la bouche, comme un souffle dont il vous anime ; et les inspirations dont il émeut votre cœur, comme des mouvements dont il vous touche pour vous faire retentir les louanges de Dieu, mais d'une manière si haute, qu'elle va jusqu'à ce mouvement de l'âme, qu'on appelle jubilation. La jubilation, dit saint Augustin, c'est une joie du cœur, qui n'a pas besoin de paroles : *Gaudeat cor sine verbis;* ou si elle s'en sert, ce ne sont que celles dont on ne sait point la signification, comme *Alleluia, Hosanna, Amen.* Ce sont sont des exclamations amoureuses, et non pas des prières vocales ; ainsi votre manière de dire l'office n'aura rien que d'excellent, de sublime et d'affectif.

NEUVIÈME MOTIF. — *Vous devez pratiquer cette obligation en esprit d'obéissance.*

Si l'obéissance pour être parfaite doit être aveugle, et si un véritable obéissant, selon les saints, ne fait aucun usage de son esprit, quand il est question d'obéir à son supérieur, quel fonds de grâce ne trouverez-vous pas dans l'obéissance que vous rendez à l'Eglise, qui vous commande de chanter en latin votre Office, et qui sait bien que vous n'entendez pas cette langue ? trouverez-vous qu'elle ait jamais commandé une chose plus mortifiante, et qui éprouve mieux l'obéissance aveugle que celle-ci ? Chanter tous les jours de sa vie un Office long, pénible, difficile, sans y comprendre quasi rien, n'est-ce pas un acte de grande soumission ? et sans doute il faut que l'Eglise, toujours conduite par le Saint-Esprit, ait vu dans cette pratique beaucoup de gloire pour son Epoux, et bien de l'utilité pour votre âme, afin de vous y obliger aussi étroitement comme elle a fait.

DIXIÈME MOTIF. — *Vous devez recevoir cette obligation en esprit de résignation à la volonté de Dieu.*

Rien de plus saint que de faire la volonté de Dieu, surtout quand elle nous est manifestée par une autorité infaillible. Or c'est constamment Dieu qui veut que vous récitiez votre Office sans l'entendre, jusque-là que ce vous serait une tentation toute visible, et fort dangereuse, si vous vouliez donner votre temps à l'étude du latin, pour en acquérir l'intelligence. Que vous importe d'être un ambassadeur qui porte ses dépêches en sa langue naturelle, ou en un idiome étranger ? L'honneur de l'ambassadeur est d'exécuter les ordres de son roi ; c'est la seule chose qu'il envisage, et se bien acquitter de son emploi, c'est l'unique soin qui l'occupe : Faites-en de même, et écriez-vous avec le prophète : *O Israël ! que nous sommes heureux, puisque les choses qui plaisent à Dieu nous sont manifestées!* (Baruch. iv, 4.) Plût à Dieu que nous puissions dire la même chose, et aussi assurément de toutes les actions de notre vie et de toutes nos pratiques de vertu.

ONZIÈME MOTIF. — *Vous devez regarder cette obligation comme une excellente pratique de dévotion.*

Nous cherchons tant de pratiques de dévotion, quoique ce qui vient de notre choix et de notre invention soit si imparfait et si douteux, que David même, tout rempli qu'il fut de l'Esprit de Dieu, se défiait de son zèle et de ses inventions à publier les grandeurs de Dieu, quand il disait : *Seigneur, ayez agréable les louanges que je vous offre volontairement de moi-même. (Psal.* cxv, 17.) Or en voici une revêtue de toutes les circonstances et de toutes les qualités qui peuvent rendre une pratique de dévotion excellente. Elle est continuelle et mortifiante. Elle est fort agréable à Dieu, sanctifiée par l'usage d'un nombre infini de saintes âmes exemptes d'amour-propre, du venin de la complaisance humaine, et de l'invention des hommes : elle est inspirée de Dieu, commandée par l'Eglise, et par conséquent très-propre à vous sanctifier, si vous vous en acquittez bien.

DOUZIÈME MOTIF. — *Vous devez aimer cette obligation par une estime amoureuse de la grâce.*

Lorsque Dieu commande une chose, surtout par l'organe de l'Eglise, il y attache une grâce pour nous la faire exécuter particulièrement quand elle est aussi sainte et excellente en elle-même que celle-ci, et si laborieuse à la chair. Il est certain de plus qu'à proportion de la difficulté et de la peine, la grâce est plus abondante, pourquoi donc voudriez-vous avoir une intelligence naturelle, qui, vous facilitant le commandement, vous en amoindrirait la peine, la grâce et le mérite tout ensemble, et vous priverait ainsi d'une augmentation de lumière surnaturelle, au jour où l'on rendra plaisir pour peine et clarté pour ténèbres.

TREIZIÈME MOTIF. — *Que vous devez vous rendre à cette obligation par raison et par expérience.*

Toute l'utilité qu'on tire de l'intelligence du latin, est de pouvoir s'élever plus facilement, c'est là le but de la prière verbale, auquel quand on est une fois parvenu, et qu'on s'y soutient, l'attention à la lettre n'est plus nécessaire, parce que le moyen est inutile à celui qui est arrivé à sa fin. Cependant l'expérience montre que les savants ne s'élèvent pas si facilement à Dieu avec leur intelligence, comme les simples et vertueuses personnes avec leur ignorance, soit parce que la science donne de l'orgueil, qui mérite une soustraction de lumière divine, soit parce que la possession et l'usage des biens naturels depuis le péché, nous porte plus difficilement à Dieu que leur privation ; soit enfin parce qu'il est plus court de monter à Dieu tout droit, que de se servir du retour et d'employer le ministère de la lettre, pour s'élever à l'esprit. Dites donc avec David : *Parce que je n'ai point de littérature, je serai admise à la contemplation des merveilles de Dieu.* (Psal. LXX, 15.)

QUATORZIÈME MOTIF. — *Vous ne devez dire votre Office que pour Dieu tout seul.*

Que vous importe d'être entendue des hommes et de vous-même, pourvu que vous le soyez des saints, des anges et de Dieu ? Lorsque les envoyés du roi d'Assyrie vinrent en Jérusalem et firent des menaces aux Juifs en langage hébreu, les chefs de ce peuple le prièrent de parler en une autre langue, de peur que leurs soldats n'en fussent intimidés, ce qui néanmoins était le dessein de ses envoyés ; c'est pourquoi ceux-ci répondirent qu'ils parleraient cette langue exprès pour être entendus du peuple, avec lequel particulièrement ils voulaient traiter, faites ainsi, et dites : Est-ce que je veux ménager quelque chose avec moi ou avec les hommes, c'est à Dieu seul à qui je veux plaire, et de qui je désire d'être entendu, cela me suffit.

QUINZIÈME MOTIF. — *Vous en serez beaucoup récompensé.*

C'est un motif qui semble intéressé, mais qui nous est perpétuellement proposé dans l'Ecriture, laquelle sait bien par où il faut prendre notre cœur : car enfin si l'on ne perdra pas une génuflexion, ni une prostration de corps faite pour adorer Dieu ; est-ce que de célébrer les jours et les nuits ses louanges, et que le travail de vos lèvres sera une peine inutile et une fatigue perdue, puisque celle des genoux sera récompensée ! L'histoire ecclésiastique nous apprend que divers saints ayant honoré Dieu d'une façon spéciale par quelque partie de leur corps, elle est demeurée sans corruption, comme la main de ce chaste et charitable prince, qui fut trouvée entière dans son sépulcre plusieurs années après sa mort. Que sera-ce donc de ces lèvres, de cette langue et de cette bouche, plus saintes que fut jamais la harpe de David, ni les trompettes des prêtres de l'Ancien Testament, si vous vous acquittez dignement de cet office.

SEIZIÈME MOTIF. — *Vous recouvrez cette intelligence avec usure.*

Le Saint-Esprit descendant sur les apôtres au jour de la Pentecôte, y vint sous la forme de langue de feu, et les apôtres reçurent aussitôt le don des langues, que nos anciens pères avaient perdu, chacun entendant publier les louanges de Dieu en sa langue naturelle. Si votre langue est sur la terre embrasée du feu de la charité, pourquoi ne seriez-vous pas du nombre de ces âmes chastes, qui suivent l'Agneau partout où il va, ainsi que nous dit saint Jean dans son *Apocalypse*, et qui peut-être, pour récompense d'avoir chanté sur la terre les louanges de Dieu sans les entendre, chanteront un cantique si mystérieux, qu'elles seules en comprendront le secret.

DIX-SEPTIÈME MOTIF. — *Vous satisfaites mieux à la justice divine.*

N'êtes-vous pas obligée par esprit de justice et d'amende honorable de réparer les péchés que vous avez possible commis autrefois par votre bouche, par votre langue et par vos lèvres. Tant de discours vains et dangereux, tant de chansons mondaines, de médisances ou de railleries qui choquaient la charité, la vérité, la chasteté, l'humilité, la piété ; et que vous soyez punie par où vous avez offensé, que là où le péché a abondé, la surabonde la grâce : que cette parole du Psalmiste s'accomplisse donc en vous : *Ayez toujours sur votre langue la douleur du péché, et le travail de la pénitence.* (Psal. X, 7.)

DIX-HUITIÈME MOTIF. — *Vous honorez ainsi Dieu d'une façon peut-être plus avantageuse.*

Quand vous entendriez le latin, cette intelligence ne vous fournirait que quelques sentiments particuliers, suivant la disposition de votre cœur, et ce serait là tout votre avantage ; mais le défaut de cette intelligence vous engage d'entrer dans tous les motifs, tous les sentiments et toutes les vues qu'ont jamais eus les prophètes et les saints, de qui vous avez prononcé les paroles, dans toutes les intentions de l'Eglise, dont vous accomplissez le précepte, et dans tous les devoirs connus ou inconnus, que le Saint-Esprit a voulu faire rendre à la Divinité par la récitation du saint Office, dont il a inspiré l'usage aux fidèles ; et n'est-il pas visible que ce dernier parti ne nous est pas moins cher que le premier.

Extrait de la vie de saint Arsène, tiré de Rufin.

Un solitaire disait un jour à saint Arsène : Mon Père, je travaille de tout mon pouvoir pour méditer ce que j'ai appris par cœur de l'Ecriture sainte, sans que mon esprit néanmoins en soit touché, parce que je n'entends pas bien le sens, ce qui me met dans une grande tristesse. Il lui répondit : Mon fils, ne discontinuez pas pour cela de méditer sans cesse ces paroles de vie et de salut. Car j'ai appris que le bienheureux abbé Poëmen et plusieurs autres des saints Pères, disaient : qu'encore que ceux qui conjurent les serpents, n'entendent pas les mots dont ils se servent pour les conjurer, les serpents n'ignorent pas néanmoins quelle en est la force et la vertu, et demeurent sans aucun pouvoir de nuire, et leur obéissent. Du même encore que nous n'entendrions pas le sens de l'Ecriture sainte, les démons ne laissent pas de l'entendre ; et étant épouvanté par la puissance de ces divines paroles, ils nous quittent et s'enfuient, d'autant qu'ils ne sauraient résister à ces mots sacrés, que le Saint-Esprit a proférés par la bouche de ses serviteurs les prophètes et les apôtres. Ceci est rapporté dans la vie des Pères, en la vie de saint Arsène.

L'APOCALYPSE

EXPLIQUÉE PAR L'HISTOIRE ECCLÉSIASTIQUE.

Væ unum abiit, et ecce veniunt adhuc duo væ post hæc. (*Apoc.* ix, 12.)
Le premier malheur a passé, et voici les deux autres malheurs qui viennent ci-après.

AVANT-PROPOS.

Le dessein qu'on eut, il y a quelques années, dans les trois éditions consécutives de ce livre, fut de prémunir les nouveaux réunis, contre l'abus que les ministres faisaient alors des prophéties de l'*Apocalypse*, qu'ils assuraient devoir s'accomplir incessamment sur la ruine du siège pontifical et de l'Eglise catholique. Celui qu'on a à présent, en le publiant de nouveau, ne vient pas d'une persuasion qu'on ait trouvé le vrai sens de ce livre scellé, on est bien éloigné de cette présomption : mais de ne pas laisser tomber avec la vaine espérance des hérétiques, une explication qui peut servir à l'édification et à la consolation de plusieurs personnes, qui ont du goût pour ces sortes d'ouvrages. On a laissé les autres représentations qui n'ont pas semblé avoir ce double avantage. On y a ajouté diverses figures, non point faites à plaisir, ainsi qu'on en voit en beaucoup d'autres livres ; mais désignées sur l'idée exacte et naturelle que le texte sacré nous en donne, et fort utiles à l'intelligence de cette interprétation.

Abrégé de cette explication.

L'*Apocalypse*, selon les Pères, est une prophétie de tout ce qui doit arriver de plus remarquable et de plus grand dans l'Eglise, depuis l'Ascension du Fils de Dieu, jusqu'à son retour sur la terre : et comme il y a déjà près de dix-sept siècles d'écoulés de cet intervalle, pendant lesquels il s'est passé des événements très-considérables, il ne se peut faire qu'une grande partie des prédictions de ce livre divin, ne soit déjà accomplie : et ce serait beaucoup que de les marquer, et de distinguer le passé de l'avenir, sans y chercher d'autre dénoûment que les faits rapportés dans l'histoire : c'est le dessein de cette interprétation. *Liber Apocalypsis totum hoc tempus complectitur, quod a primo adventu Christi, usque in sæculi finem, quo erit secundus ejus adventus, excurrit.* (S. Aug., lib. xx *De civ. Dei*, c. 8.)

Les prédictions de l'*Apocalypse* ne consistent pas simplement en des paroles mystérieuses, ainsi que celles des anciens prophètes, qui sous des termes obscurs enveloppaient les choses à venir : c'est un ramas de visions, où comme dans des tableaux énigmatiques, les événements futurs sont dépeints. C'est pourquoi saint Jean l'intitule (c. 1) *Apocalypse* ou *Révélation*, plutôt que prophétie ; or en voici l'ordre et la suite. L'apôtre après avoir rendu témoignage de lui-même, de sa qualité, du lieu, et du temps auquel il avait souffert pour la foi ; du commandement que Jésus-Christ lui avait fait, de mettre par écrit ses visions, et de la manière dont il les avait eues, aussi bien que du jour : commence au chapitre quatrième à nous les développer en la manière suivante.

Première partie de l'Apocalypse, *qui ne contient que les préparatifs aux visions suivantes.*

Une porte s'ouvre dans le ciel, et une voix dit à saint Jean d'y monter (cap. iv), pour voir les choses qui doivent arriver dans la suite.

Il aperçoit un trône dans lequel est assis l'Ancien des jours, environné d'un iris (figure du Saint-Esprit), ayant à ses côtés vingt-quatre vieillards assis aussi en des trônes, représentant d'une part les patriarches chefs de l'ancien peuple, et de l'autre les apôtres chefs du nouveau : sept anges devant le trône préposés au gouvernement de l'univers pendant les sept âges du monde réparé : quatre animaux mystérieux, ayant la face, l'un d'un lion, l'autre d'un bœuf, le troisième d'un homme, et le dernier d'un aigle, parsemés d'yeux de tous côtés, c'est-à-dire, outre les évangélistes, quatre insignes patriarches, Abraham, Moïse, David, et Élie, tous brillants des lumières prophétiques dont Dieu les éclaira, qui doivent servir d'introducteurs aux visions suivantes, et les expliquer à saint Jean.

Cap. v. — Il voit ensuite dans la main droite de l'Ancien des jours, un livre cacheté de sept sceaux, contenant le secret des mystères divins, et de tous les événements futurs qui doivent être manifestés. Un ange publie à haute voix, s'y a quelqu'un capable d'ouvrir ce livre scellé, où étaient écrits les destins de l'univers ; mais personne ni au ciel, ni sur la terre, ni sous terre, n'est digne de le regarder, loin d'entreprendre de l'ouvrir. Saint Jean, ou plutôt la nature humaine en sa personne, pleure amèrement de se voir exclue des secrets divins, qui se terminent au salut éternel, sans que personne puisse l'y admettre ; mais un des vingt-quatre vieillards (que rien n'empêche de conjecturer être le premier homme, qui par sa désobéissance affligea tout le genre humain) s'approche de lui et le console, l'assurant que le lion de Judas qui a vaincu le péché, la mort et le démon ; le fils de David ouvrira ce livre, et en détachera les sceaux. L'apôtre lève les yeux, et au milieu du trône, et au milieu des quatre animaux, et des vingt-quatre vieillards, l'Agneau debout, et comme mort, Jésus-Christ ressuscité, portant les cicatrices de sa Passion ; ayant sept cornes, figure des sept combats qu'il doit rendre dans les sept âges de son Eglise, qui vont être décrits, et sept yeux, qui sont les connaissances qu'il en a, en par lui-même, et par les sept anges, dont il se servira dans l'administration et le gouvernement de son peuple, et qu'on peut appeler ses yeux, pendant ces sept persécutions futures. L'Agneau s'approche du trône, et reçoit de la main de celui qui y était assis, le livre scellé qu'il décachète, et pour lors tout le ciel est en fête, et retentit des louanges de Dieu.

Jusque-là ce n'est encore que l'appareil, et comme la disposition du grand théâtre, pour parler ainsi, où se doit passer la catastrophe du monde, qui va être décrite sous des emblèmes mystérieux, partagés en sept tableaux ou peintures différentes, premièrement par l'ouverture des sept sceaux ; et ensuite, après un silence de demi-heure qui se fit au ciel et qui marquait une cessation de visions sous certains signes, par le son des sept trompettes, qui recommencent à représenter les mêmes choses, mais sous des emblèmes différents.

Seconde partie de l'Apocalypse, qui comprend une description des sept âges, ou états de l'Eglise dans la suite des temps, c'est-à-dire depuis le siècle de saint Jean, jusqu'à la fin du monde.

(Cap. vi, 1 ; — viii, 7.) L'Agneau ouvre le premier sceau ; et saint Jean voit un cavalier monté sur un cheval blanc, la couronne en tête, et l'arc à la main, qui vient de remporter la victoire, et de triompher de ses ennemis ; la première trompette sonne, et il tombe du ciel une grêle horrible, mêlée de sang et de feu, qui consume la plus grande partie des riches plantes, et des plus beaux arbres de la terre : c'est le premier âge de l'Eglise, ou le temps des martyrs. Ce cavalier avec cet équipage guerrier, exprime les combats qu'elle rendit : cette couronne est la couronne du martyre, dont elle fut ornée : cet habit blanc représente la candeur et l'innocence de ces bienheureux temps, qui durèrent trois siècles et plus, c'est-à-dire jusqu'à Constantin, et cette grêle mêlée de feu et de sang, les cruelles persécutions qui enlevèrent ce qu'il y a de plus saint sur la terre.

(Cap. v, 3 ; — viii, 8.) On ouvre le second sceau, la seconde trompette sonne, et voilà un second spectacle : un cavalier sur un cheval roux, ayant un glaive à la main, va mettre tout le monde en guerre, et en dissension ; une montagne embrasée tombe dans la mer, corrompt une partie de ses eaux, les change en sang, et grand nombre de navires et d'hommes périssent : c'est le second âge de l'Eglise, ou celui de l'hérésie, qui succéda à celui des persécutions. L'Eglise jouissait à peine de la paix que Constantin lui avait procurée, qu'une guerre intestine s'excite parmi ses fidèles. Les ariens, macédoniens, nestoriens, eutychiens, monothélites, pélagiens, iconoclastes, etc., dont l'orgueil et l'esprit de schisme et de dispute est fort naturellement dépeint par ce glaive et cette montagne de feu, divisent les fidèles, corrompent la doctrine de l'Eglise catholique et universelle, devenue par la conversion des gentils comme une mer répandue par toute la terre. Il s'élève une effroyable tempête, dans laquelle plusieurs fidèles, et des Eglises particulières tout entières, font un funeste naufrage.

(Cap. vi, 5 ; — viii, 10.) A l'ouverture du troisième sceau, et au son de la troisième trompette, un cheval noir paraît, et le cavalier qui le monte pronostique une famine qui le suit, dont la noirceur, selon le prophète, est le symbole. Un phénomène malfaisant tombe dans les fontaines et les fleuves, et rend les eaux amères comme de l'absinthe, d'où s'ensuit une grande mortalité. C'est le troisième âge de l'Eglise : les nations barbares, c'est-à-dire les Goths, les Huns, les Vandales, etc., quittant leurs sombres et noires forêts, attaquent l'empire romain, ravagent les provinces, désignées dans l'*Apocalypse* par les eaux, et mettent la désolation partout : les clairs ruisseaux de la doctrine et de la piété sont troublés par les idolâtries, les erreurs et les superstitions de ces nations infidèles et impies. Mais le vin et l'huile sont conservés, c'est-à-dire le remède à tant de maux, puisque Jésus-Christ, ce pieux Samaritain, les guérit de leurs erreurs, et les convertit à la foi.

(Cap. vi, 7; — viii, 12.) Le quatrième sceau, et la quatrième trompette font paraître un homme comme mort, monté sur un cheval pâle, que l'enfer suit ; qui porte dans les quatre parties du monde, la guerre, la peste et la famine : il est terrible par divers monstres qu'il traîne après lui, et il fait mourir une infinité de gens. D'ailleurs, le soleil perd une grande partie de sa lumière, et la lune et les étoiles s'obscurcissent si fort que la terre en devient toute sombre. C'est le quatrième âge de l'Eglise, où le mahométisme, et principalement l'empire turc, nommé la Mort, parce qu'il éteint le nom Romain, auquel il succède, occupant ses provinces, et détruisant Constantinople, ou la nouvelle Rome, reste illustre de l'ancien empire, dont la ruine est le signal des approches de l'Antechrist, production du mahométisme, et de la fin du monde. Il afflige la terre de tous les fléaux les plus épouvantables: il traîne à sa suite un grand nombre de nations féroces qui désolent tout. D'autre part, la religion du soleil de justice est considérablement affaiblie par le schisme et l'esclavage des Grecs ; l'Eglise, si souvent comparée à la lune, perd une partie de sa clarté, et la foi diminue sensiblement sur la terre.

(Cap. vi, 3 ; — x, 1.) A l'ouverture du cinquième sceau, et au son de la cinquième trompette, une étoile du ciel tombe : c'est le symbole de la chute de Luther, prêtre et religieux, et de son apostasie, la plus grande qui soit encore arrivée dans le monde chrétien : on lui donne la clef du puits de l'abîme qu'il ouvre, d'où sort une fumée si épaisse et si noire, que le soleil en est obscurci, et l'air troublé. Luther s'arroge l'autorité du ministère, il fait revivre les hérésies anciennes, qui depuis longtemps étaient, avec leurs auteurs, ensevelies dans l'enfer: de cette fumée naissent des sauterelles qui piquent comme des scorpions, figure des hérétiques. Ces insectes sont armées en guerre, ils mènent un bruit semblable à celui de plusieurs combattants, et ils portent des couronnes de faux or sur leur tête ; ils ont des faces d'homme, des cheveux de femme, et des dents de lion.

L'interprétation est aisée : ce sont les guerres excitées par nos hérétiques, leur révolte contre les puissances légitimes, leur fausse liberté évangélique, leur indépendance de de toute autorité, leur apparence honnête et réformée, leur vie sensuelle et efféminée, et leur cruauté. Un ange de l'abîme ou un démon, qui se nomme en hébreu, en grec ou en latin, *exterminateur*, les conduit, parce qu'en effet, pour mieux démolir l'Eglise et en saper jusqu'aux fondements, ils réunirent contre elle, avec la haine des Juifs et les erreurs judaïques, qui ont pullulé dans le sein de la réforme prétendue, tout ce qu'il y a eu de méchant dans le schisme des Grecs, et de corrompu dans la communion latine. D'ailleurs pour mieux mériter ce nom, ils exterminèrent l'extérieur de la religion, par le renversement des temples et des autels, par l'abolition du sacrifice, des cérémonies, et de presque tous les sacrements ; et l'intérieur, en posant des principes qui en détruisent toute la doctrine. Saint Jean entend sous l'autel les plaintes des martyrs et des saints, contre l'impiété de ces sacrilèges, qui, autant qu'ils ont pu, ont anéanti leur culte, leur intercession, leur invocation, brûlé leurs images et leurs reliques.

(Cap. vi, 12.) La sixième trompette retentit, et voilà une armée infinie d'ennemis terribles et épouvantables, qui désolent l'univers, et qui font mourir la troisième partie des hommes ; comme c'est un mystère futur, on n'entreprend pas de l'expliquer : on s'abstient même de faire des conjectures sur la proximité ou l'éloignement de cette sixième plaie, qu'on peut voir et lire, mais qu'il serait téméraire de vouloir approfondir.

Après la description du sixième âge de l'Eglise, et avant le septième, c'est-à-dire entre la sixième et la septième persécution, saint Jean voit arriver des choses extrêmement considérables : 1° La conversion des Juifs ; 2° un ange qui annonce la fin du monde (c. vii); 3° la venue et la prédication d'Enoch et d'Elie (c. x); 4° le règne de l'Antechrist, qui fait mourir ces deux prophètes, mais ils ressuscitent, et montent au ciel. (C. xi.)

Enfin le dernier sceau s'ouvre, la septième trompette sonne, et voilà le jugement dernier, et Jésus-Christ qui descend du ciel accompagné des anges et des saints. (C. vi, 12 ; — xi, 3.)

Troisième partie de l'Apocalypse, dans laquelle saint Jean reprend les persécutions du démon et de l'empire romain, contre l'Eglise naissante, qui triomphe de l'un et de l'autre, ou l'histoire des sept premiers siècles.

Saint Jean ayant rapporté les sept âges de l'Eglise, à commencer depuis l'Ascension de Jésus-Christ, jusqu'au jour du jugement dernier, reprend une des principales parties de sa prophétie, et revient à son temps pour décrire l'établissement de l'Eglise et la destruction de l'idolâtrie et de l'empire romain, suivant ce que l'ange qui venait d'annoncer la fin du monde, lui avait ordonné, *qu'il fallait qu'il prophétisât derechef aux rois et aux nations*. (C. x, 11.)

(Cap. xii.) Un grand spectacle paraît au ciel : une femme revêtue du soleil, la lune sous ses pieds et couronnée de douze étoiles, gémit dans les douleurs de l'enfantement : c'est l'Eglise, Epouse du soleil de justice, dont la durée n'est pas sujette au changement et dont les douze apôtres sont la gloire, qui enfante dans les angoisses de la persécution, car elle était telle du siècle de saint Jean, auquel il faut se remettre : un dragon roux et horrible, paraît aussi dans le ciel, ayant sept têtes couronnées, et dix cornes, et traînant de sa queue la troisième partie des étoiles du ciel, lesquelles il renverse en terre : c'est le démon, cet esprit sanguinaire et homicide dès le commencement, qui entraîne les mauvais anges dans sa rébellion, et qui se faisait adorer comme le souverain des cieux. Fortifié de ses complices, de sept principaux tyrans, et de dix persécutions que ces sept têtes et ces dix cornes signifient, il prétend engloutir l'enfant de cette femme, ou le christianisme naissant, qu'il prévoyait devoir dominer dans le monde, détruire les autels et établir le culte du vrai Dieu : mais l'enfant que cette femme a mis au monde, est enlevé au trône de Dieu : Jésus-Christ avec l'Eglise des premiers-nés, s'élève au ciel : et pour lors cette femme, ou l'Eglise militante, se voit exposée à la rage du serpent, qui met en usage ses dix cornes et ses sept têtes contre elle. Cette femme, ou l'Eglise ainsi persécutée par le dragon, s'enfuit dans le désert, asile ordinaire des premiers fidèles pendant plus de trois cents ans, et lors de la fureur des tyrans idolâtres contre elle. Malgré tant de cruautés, le christianisme se répandant partout, le démon commence à déchoir de sa divinité prétendue, et à n'être plus regardé pour le monarque du monde. Saint Michel et les bons anges combattent contre cet ambitieux, qui est précipité et reconnu pour le séducteur du genre humain. Désespéré de se voir ainsi détrôné, il va poursuivre la femme, ou l'Eglise jusque dans les déserts les plus reculés, où les empereurs idolâtres envoient massacrer les fidèles, particulièrement sous le règne de Dioclétien : mais la terre, c'est-à-dire la puissance temporelle, protége la femme : Constantin vient au secours des Chrétiens, et arrête la fureur du démon, qui, voyant l'empire partagé, Constantin adorateur du vrai Dieu d'une part en Occident, et les tyrans idolâtres à Rome, et en Orient de l'autre, change la persécution en guerre. Maxence est le premier qui attaque de nouveau l'Eglise, et déclare la guerre à son protecteur : il est vaincu par le signe salutaire de la croix. Maximin l'imite et le surpasse en cruauté; il est surmonté par le secours des anges. Licinius, dernier rejeton de la persécution de Dioclétien, a le même sort, il est défait par la vertu de la croix, sur le bord du Bosphore, où l'on élève un trophée à saint Michel, et le dragon vaincu s'arrête sur le bord de la mer.

(Cap. XIII-XVIII.) — C'est pour en voir sortir l'empire idolâtre que Constantin avait éteint, et qui est de nouveau suscité par Julien, septième persécuteur, et figure de la grande apostasie de l'Antechrist : ce qui fait que les prophéties de ces deux événements mêlés ensemble, rendent l'endroit obscur, les choses prédites du premier, ne devant entièrement s'accomplir que sous le second. Les prestiges et les sortiléges se renouvellent sous Julien, l'idolâtrie revient au monde, et domine, et l'Eglise est plus affligée que jamais sous cet apostat. Jésus-Christ, l'Agneau de Dieu, paraît, et console du haut du ciel son peuple : il se rit des complots insensés de ce nouveau Pharaon, qui sera bientôt submergé dans une mer de son sang, et sur lequel on chantera l'ancien cantique de Moïse. Dieu envoie des anges ou divers grands prédicateurs pour s'opposer à cet impie, qui multiplie le nombre des martyrs, mais il va périr en peu de temps. L'empire, idolâtre et incorrigible, et toujours attaché à ses anciennes superstitions, ruisselle le sang de tous côtés, et celui des martyrs est vengé. En effet, les nations barbares ravagent les provinces de l'empire romain persécuteur et idolâtre, et sept anges par l'effusion de leurs sept fioles, vont lui porter sept coups mortels, qui l'abattront sans ressource. Julien est frappé à mort, et tous les magiciens massacrés. Rome perd l'empire de la mer : les provinces du nord et du midi, de l'occident et de l'orient, se démembrent de leur capitale : l'Italie est envahie, et enfin le trône de la bête, Rome est prise, saccagée et brûlée par Alaric et les Goths.

Un de ces sept anges vient développer toute cette grande catastrophe à saint Jean, qui ne l'avait encore vue qu'avec beaucoup d'obscurité. Pour cet effet, il le transporte en esprit dans un désert, afin de lui découvrir avec moins de distraction, et sous une forme plus intelligible la ruine de Rome et de son empire idolâtre : ce qu'il fait d'une manière très-distincte et très-singulière.

Cette surprenante vision est terminée par un ange lumineux qui vient du ciel, et qui publie la chute de Rome, dont la ruine est rapportée dans toutes les circonstances, et décrite avec une magnificence sans égale.

Quatrième partie de l'Apocalypse, contenant ce qui doit arriver depuis la destruction de l'empire romain et de l'idolâtrie, jusqu'à la venue de l'Antechrist et la fin du monde.

(Cap. XIX-XXI.) — Après de si grands événements, l'empire romain détruit, l'idolâtrie abolie, le vrai Dieu reconnu, les nations barbares converties, les noces de l'Agneau se célèbrent, le ciel est en fête, et la terre en joie, par l'établissement de l'Eglise dans tout l'univers, où la foi et la piété fleurissent à l'envi, et où le trône de Dieu est fondé pour toujours. Un ange enchaîne l'ancien serpent qui séduisait le genre humain, et l'emprisonne dans l'abîme, où il sera détenu jusqu'à la fin du monde. Cependant la parole de Dieu se prêche, et se répand dans tout l'univers : les peuples entiers se convertissent, et tous les hommes sont appelés au souper de l'Agneau : c'est ce qui se passe sur la terre. Dans le ciel les âmes des martyrs exercent l'office de juge avec Jésus-Christ. Tel sera l'état du christianisme, ou de l'Eglise militante et triomphante, jusqu'à ce que l'homme de péché paraisse et vienne ressusciter la bête et son empire, et exciter la dernière persécution. Le voilà qui marche. Satan sort de l'abîme, la séduction se renouvelle, la foi n'a jamais été si vivement attaquée, les méchants assemblés veulent absolument détruire et anéantir le culte du vrai Dieu, ils assiégent la cité sainte, où le siège principal de la religion et où ses plus considérables forces sont réunies. Des troupes immenses et animées du démon, les environnent, et les fidèles sont réduits aux dernières extrémités. Mais Dieu vient à leur secours, le feu du ciel tombe sur ces impies et les consume, Jésus-Christ paraît dans les airs, le jugement arrive, les hommes ressuscitent et comparaissent devant son tribunal, la bête ou le royaume de l'Antechrist, figuré par l'ancien empire romain, son faux prophète et le vieux serpent sont précipités dans les enfers, où ils brûleront à jamais avec le reste des pécheurs, et les saints vont régner avec Jésus-Christ, de qui l'empire est décrit dans toute sa gloire. Telle est la fin de l'*Apocalypse*.

Conclusion de cet avant-propos; ce que c'est que l'Apocalypse, et la méthode qu'on suit dans cette explication.

On suppose qu'il est permis de produire ses pensées sur ce livre prophétique, les soumettant entièrement au jugement de l'Eglise, n'entrant dans ces divines révélations qu'avec crainte et tremblement, surtout en ce qui regarde l'avenir, que Dieu s'est réservé; apportant à ce travail un grand respect, et une extrême défiance de son propre esprit, ne voulant pénétrer dans ces mystères obscurs, qu'autant qu'il plaira à celui qui les a cachés, de permettre qu'on les découvre, et étant prêt à écouter les avis des personnes plus habiles, et d'en profiter. Avec ces dispositions, on s'est laissé aller à expliquer ce divin livre avec d'autant moins de scrupule, qu'on n'avance presque aucune maxime qui ne soit puisée dans l'Ecriture même, ou dans les commentaires des saints Pères, particulièrement dans ceux du grand saint Jérôme, qui, s'étant plus adonné que tous les autres à l'interprétation des prophètes, paraît aussi le plus éclairé dans l'intelligence de leurs sacrées obscurités : et cela, comme il le dit lui-même en semblable occasion (*in Isa*., c. LVII), « afin que cette interprétation ne fût pas une production de mon propre esprit, mais le fruit d'une étude assidue. » *Ut interpretatio mea nequaquam augmentum humani esset ingenii, sed fructus assiduæ lectionis*. En effet, les interprétations de l'Ecriture et surtout des prophéties, qu'on tire de sa tête, passent d'ordinaire pour des imaginations ou des nouveautés que l'Eglise rejette toujours; et si on prétendait les qualifier de révélations, et être regardé pour cela comme un ange de lumière, on aurait aussitôt cette réponse de Tertullien à un ancien hérétique, rapportée par notre saint sur le premier chapitre de l'*Epître aux Galates*, qu'on serait à la vérité un ange, mais un ange contre qui l'apôtre ordonne de prononcer anathème.

De plus, aucun des Pères ne s'est si fort éloigné que lui de l'esprit d'Origène, trop allégorique, aussi bien que de celui de ses disciples, ni ne s'est tant étudié à réaliser les prophéties, par le rapport qu'il en a fait avec l'histoire sainte et profane : nous lisons même qu'il s'accuse de témérité d'avoir osé dans sa jeunesse, interpréter le prophète Abdias, sans savoir l'histoire de ce temps-là, comme on peut voir dans son avertissement, dont voici les termes : « On doit me pardonner si, dans ma jeunesse, ému d'un désir ardent de bien entendre l'Ecriture, j'osai interpréter le prophète Abdias, sans savoir l'histoire à laquelle ses prédictions se rapportent. Je brûlais d'envie de pénétrer dans l'esprit prophétique, et ayant lu que tout est possible à celui qui croit, je ne prenais pas garde que les dons étaient différents; et, plein de lettres humaines, je présumais pouvoir ouvrir ce livre scellé. Imprudent que j'étais, les vingt-quatre vieillards de l'*Apocalypse* tenant en leurs mains des vases et des harpes, se lèvent de leur trône, aussi bien que les quatre animaux parsemés d'yeux, reconnaissant leur incapacité, et donnent gloire à l'Agneau et au sceptre de Jessé, et je m'imaginais pouvoir au delà de mes forces, moi en qui l'esprit de Dieu ne parlait pas. » *Mereri debeo veniam, quod in adolescentia mea provocatus ardore, et studio Scripturarum, allegorice interpretatus sim Abdiam prophetam, cujus historiam nesciebam : ardebat animus cognitione mystica, et quia legeram omnia possibilia credentibus, ignorabam diversa esse charismata : litteras sæculi noveram, et ob id putabam me librum posse legere signatum. Stultus ego, viginti quatuor seniores habentes in manibus phialas et cytharas, et quatuor animalia plena oculis consurgunt de throno suo, imperitiam confitentur, gloriam Agno canunt, et virgæ de radice Jesse, et putabam posse me quod credebam, cujus in manu non fiebat sermo Dei*.

Et tout au commencement du prophète Zacharie, il enseigne que d'en user autrement, c'est édifier sur le sable mouvant. « J'ai ajouté, » dit-il, « le sens mystique à l'histoire, afin que je bâtisse sur le roc et non sur le sable, et que je posasse un fondement solide à mon interprétation. » *Historiæ tropologium miscui, ut ædificarem super petram et non super arenam, ac stabile jacerem fundamentum*.

Enfin pour ne pas transcrire trop de passages qui contiennent le même esprit, on finira par celui-ci pris de sa Préface *sur le prophète Daniel* : « Pour entendre la dernière partie de la prophétie de Daniel, il faut recourir à divers historiens grecs, à Suetorius, Callinicus, Diodore, Jérôme, Polybe, Possidonius, Claudius, Theon et Andronique, surnommé Alipe, lesquels Porphyre déclare avoir aussi suivis : il faut de plus lire Josèphe et ceux qu'il cite, et particulièrement Trogue Pompée et Justin, qui développent tout ce que Daniel a mis à la fin de sa prophétie, et qui décrivent les guerres de Syrie et d'Egypte, qui se firent après Alexandre, et qui durèrent jusqu'à l'empire de César Auguste, sous les règnes de Séleucus, d'Antiochus et des Ptolémées. Que si quelquefois nous nous servons des auteurs profanes, et si nous rappelons des sciences auxquelles nous avons renoncé il y a longtemps, qu'on ne croie pas que ce soit par ostentation, c'est une nécessité indispensable qui nous y engage, afin que nous puissions prouver par le témoignage des Grecs et des Latins, que ce que les prophètes avaient prédit plusieurs siècles auparavant, s'est accompli à la lettre dans la suite des temps. » *Ad intelligendas autem extremas partes Danielis, multiplex Græcorum historia necessaria est. Suctorii videlicet Callinici, Diodori, Hieronymi, Polybii, Possidonii, Claudii, Theonis et Andronyci, cognomento Alypii, quos et Porphyrius esse secutum se dicit: Josephi quoque, et eorum quos ponit Josephus, præcipueque nostri Livii et Pompei Trogi atque Justini, qui omnem extremæ visionis narrant historiam, et post Alexandrum usque ad Cæsarem Augustum Syriæ et Egypti, id est Seleuci et Antiochi, et Ptolomeorum bella describunt. Et si quando cogimur litterarum sæcularium recordari, et aliqua ex his dicere quæ olim omisimus, non nostræ est voluntatis, sed ut ita dicam gravissimæ necessitatis, ut probemus ea quæ a sanctis prophetis ante sæcula multa prædicta sunt, tam Græcorum quam Latinorum, et aliarum gentium litteris contineri.*

Hæc prout potuimus historiæ fundamenta jacientes, locuti sumus : tunc veniamus ad intelligentiam spiritualem. Scripsit in hunc librum Origenes, sed historiam omnino non tetigit, et more suo totus in allegoriæ interpretatione versatus est. Origenes allegoricus semper interpres, et historiæ fugiens veritatem... liberis allegoriæ spatiis evagatur : et ingenium suum facit Ecclesiæ sacramenta.

Nul donc n'a plus été convaincu que lui, qu'il fallait expliquer les prédictions par l'histoire, ni ne s'est tant attaché à trouver le sens littéral et la suite ou la liaison des prophéties par son application infatigable à posséder les langues originales, et à lire les versions et les observations des auteurs ecclésiastiques qui l'avaient précédé. C'est pourquoi on ne peut, dans un semblable dessein, ni se proposer un plus parfait modèle, ni suivre un meilleur guide. Ajoutez à cela le caractère de son esprit naturellement solide et incapable des illusions auxquelles les personnes qui donnent dans les prophéties et dans l'avenir, ne se laissent que trop souvent aller. » Attachons-nous fidèlement à l'histoire, de peur de donner dans de vaines imaginations et dans des illusions chimériques, dit ce grand et exact docteur, sur le XXVII° chapitre de Jérémie, car c'est là l'étoile qu'il ui pour éviter un écueil, qui sans doute est à craindre dans l'interprétation de l'*Apocalypse*. *Cæterum nos simplicem et veram sequamur historiam, ne quibusdam nubibus atque præstigiis involvamur.*

Au reste, l'explication d'une prophétie doit être ordinairement claire et courte, si elle est vraie : « Le devoir d'un interprète étant de développer en peu de paroles et clairement, les prédictions obscures, » dit saint Jérôme dans son avant-propos *sur le prophète Jonas : Commentatoris officium est ut quæ obscura sunt, breviter aperteque dilucidet.* Pour entendre une énigme il ne faut que savoir le mot, et tout le reste est développé. Le patriarche Joseph et le prophète Daniel, interprétèrent en peu de paroles les songes mystérieux de Pharaon et de Nabuchodonosor. En user autrement, c'est écrire une dissertation qui ne mérite pas le nom d'explication, et tomber dans l'inconvénient dont parle notre saint au même lieu, qui est de donner un commentaire plus obscur que le texte, et de renvoyer le lecteur moins savant qu'il n'était venu. *Ut ipsa interpretatio opus habeat interpretatione, et multo incertior lector recedat, quam fuerat antequam legeret.*

Dans l'Ancien Testament, les révélations et les prophéties se sont faites successivement, et de siècle en siècle; dans le Nouveau, tout s'est révélé à la fois, nous avons tout appris en apprenant Jésus-Christ, après lequel il n'y a plus rien à savoir, ni de nouvelles découvertes à faire : et non-seulement tous les articles de la foi ont été révélés aux apôtres et à l'Eglise naissante, et se sont conservés dans les Livres divins et dans la tradition; mais, de plus, les prédictions de l'avenir ont été faites dès lors tout d'un coup, et après Jésus-Christ, il n'a plus paru comme autrefois, ni de prophètes, ni de livres prophétiques, jusque-là que, dès le commencement, avec de nouvelles vérités, le Saint-Esprit a voulu même révéler de nouveaux noms, afin qu'on ne controuvât jamais rien, ainsi que notre saint donne à entendre sur le premier chapitre de saint Paul aux Galates : « Le mot même d'*Apocalypse*, » dit-il, « ou de révélation, est propre à l'Ecriture, et nul des savants du siècle ne s'en est servi chez les Grecs, d'où il me paraît que les Septante se sont efforcés, ainsi que dans les autres termes qu'ils ont traduits de l'hébreu en grec, de se conformer à la propriété de l'idiome original, imaginant de nouveaux mots à de nouvelles choses: car celui de l'*Apocalypse* ne veut rien dire que révélation ou découverte, comme quand on ôte le couvercle de dessus un vase où quelque chose était caché. Par exemple, quand Moïse, après avoir parlé à Dieu la face découverte, se couvrait pour parler au peuple qui ne pouvait pas souffrir l'éclat qui en rejaillissait, ou quand, tirant le voile qui était devant l'Arche d'alliance, on manifestait ce qui était caché dans le Saint des saints : » *Verbum quoque Apocalypseos, id est revelationis, proprie Scripturarum est, et a* nullo sapientium sæculi apud Græcos usurpatum. Unde mihi videntur quemadmodum in aliis verbis quæ de Hæbræo in Græcum LXX interpretes transtulerunt, ita et in hoc magnopere esse conatos, ut proprietatem peregrini sermonis exprimerent, nova novis rebus verba fingentes, et sonare cum quid tectum et velatum, ablato desuper operimento, ostenditur et profertur in locum. Hoc ut manifestius fiat accipite exemplum. Moyses cum Deo revelata et aperta facie loquebatur, id est, absque velamine, ad populum autem loquens, quia vultum ejus attendere non valebat, velamen ponebat in facie. Ante Arcam quoque Testamenti velum oppensum erat, quod cum fuisset reductum, ea quæ ante abscondita fuerant, prodebantur, et ut ipso verbo utar, revelabuntur. Apocalypsis nomine occultorum mysteriorum patefactio designatur. (ANDR., CÆSAR., in Apoc., C. I.)

L'Apocalypse est certainement un livre prophétique, qui comprend ce qui doit arriver de plus considérable, depuis Jésus-Christ jusqu'à la consommation des siècles, selon la commune doctrine des Pères et des docteurs de l'Eglise : Liber Apocalypsis totum hoc tempus complectitur, quod a primo adventu Christi usque in sæculi finem, quo erit secundus ejus Adventus, excurrit, dit saint Augustin au chap. 8 du livre XXᵉ De la cité de Dieu. Il faut donc consulter l'histoire, pour entrer dans l'esprit de saint Jean, et ne recourir au sens mystique, qu'après avoir établi le sens historique et littéral, suivant cette règle de notre saint en plusieurs endroits, particulièrement sur le second chapitre d'Abdias. « Nous devons, » dit-il, « suivant notre coutume lorsque nous expliquons les prophètes, poser l'histoire pour fondement, après quoi nous pourrons donner le sens mystique. » In interpretatione prophetica debemus nostrum morem sequi, ut primum historiæ fundamenta jaciamus, deinde sequamur intelligentiam spiritalem.

Saint Jérôme nous apprend que saint Jean, dans son Apocalypse, avait décrit dans ses emblèmes mystérieux tous les secrets des siècles à venir. Fuit autem Joannes propheta, vidit enim in Patmos insula, in qua fuerit a Domitiano principe, ob Domini martyrium, relegatus, Apocalypsim infinita futurorum mysteria continentem. Le vénérable Bède, de qui la doctrine n'est qu'un précis de celle des anciens, assure que saint Jean dans son Apocalypse, ne fait que décrire sous différentes figures, tous les événements et les temps futurs de l'Eglise, à commencer dès la naissance du Sauveur : Quæ et qualis futura esset Ecclesia, recapitulata Christi nativitate, eadem aliter dicturus. Totum enim tempus Ecclesiæ variis in hoc libro figuris repetit. Etenim fundata per apostolos Ecclesia, quali vel cursu dilatanda, vel fine perficienda esset, ad roborandos contra mundi adversa, fidei prædicatores, oportuit revelari.

Mais pourquoi chercher des preuves étrangères, puisque Jésus-Christ, l'auteur de cette divine révélation, ordonne à saint Jean, dès le commencement, qu'il écrive les choses qui doivent arriver dans la suite des temps, lesquelles commençaient déjà à s'accomplir. Scribe ergo quæ vidisti, quæ sunt, et quæ oportet fieri post hæc, quasi diceret : scribe, quæ sunt Ecclesiæ ventura ; et qu'il ne scelle point ce livre prophétique, parce que ses prédictions allaient incessamment commencer à s'accomplir. Et dicit mihi, Ne signaveris verba prophetiæ hujus, tempus enim prope est, ecce venio cito.

Saint Jean devait donc écrire l'histoire de l'Eglise, écrivant les emblèmes de l'Apocalypse : Scribe quæ sunt, et quæ oportet fieri cito. En voilà le commencement : Et quæ oportet fieri post hæc. En voilà toute la suite. Et ne fermez point le livre de cette prophétie. Et ne signaveris verba prophetiæ hujus. Parce que le temps de son accomplissement commence déjà : Tempus enim prope est. Et que ces événements vont sans cesse, et sans retardement arriver : Deus Spirituum prophetarum misit angelum suum ostendere servis quæ oportet fieri cito. Jésus-Christ même voulait que ses prophéties fussent annoncées et proposées à ses serviteurs, comme nous avons vu dès les premières paroles : Apocalypsis Jesu Christi, quam dedit illi Deus palam facere servis suis : et qu'on s'appliquât à méditer et à pénétrer leurs sacrées ténèbres, selon le don que le Seigneur daignerait leur en communiquer, et les lumières dont il les éclairerait : promettant des récompenses à ceux qui s'emploieraient dans un travail si grand et si noble : Beatus qui legit et audit verba prophetiæ hujus : et surtout s'ils purifiaient leur vie par la pratique des saints et religieux sentiments qu'inspire la lecture de tant d'oracles divins, et servat ea quæ in ea scripta sunt.

On va donc commencer, mais encore une fois avec frayeur, et faisant au lecteur la même prière que saint Jérôme faisait en ces termes dans une semblable entreprise : Demandez pour moi la grâce de Jésus-Christ, afin qu'animé du même esprit qui a inspiré aux prophètes la connaissance de l'avenir, je puisse entrer dans leurs sacrées obscurités, et entendre le langage de Dieu. C'est dans son avant-propos Sur Isaïe, c. I. : Mihi imprecare gratiam Christi, ut eodem spiritu quo prophetæ futura cecinerunt, possim in nubem eorum ingredi, et caliginem, et Dei nosse sermonem.

D'autant plus que comme il s'explique dans la Préface Sur Osée : « Si dans l'explication de tous les prophètes nous avons besoin de l'assistance du Saint-Esprit, afin que ce même esprit qui les a fait écrire, nous les fasse interpréter; et si dans Isaïe nous trouvons un livre scellé, que les scribes et les pharisiens, qui se vantent d'avoir la clef des Ecritures, ne peuvent lire, tant il est caché, et qu'il n'y ait que le seul lion de la tribu de Juda, que Dieu le Père a marqué de son sceau, qui puisse nous en découvrir les mystères; avec combien plus de fondement entreprenant l'explication de l'Apocalypse, devons-nous recourir à la prière, et dire avec saint Pierre, Seigneur, expliquez-nous cette énigme. » Si in explanationibus omnium prophetarum sancti Spiritus indigemus adventu, ut cujus instinctu scripti sunt illius revelatione pandantur. Et in Isaia signatum librum legimus, quem scribæ et pharisæi, qui legis litteras nosse se jactant, non possunt legere quia signatus est : nullusque invenire potuit nisi leo de tribu Juda quem signavit Deus Pater, qui ejus posset reserare mysteria : quanto magis in explanatione Apocalypsis orandus est Dominus, et cum Petro dicendum : Edissere nobis parabolam istam.

Voici encore comme il s'explique ailleurs: Liber in Apocalypsi septem sigillis signatus ostenditur, quem si dederis homini scienti litteras et legat, respondebit tibi, Non possum, signatus est enim. Quanti hodie putant se nosse litteras? tenent signatum librum, nec aperire possunt, nisi ille reseraverit, qui habet clavem David, et nemo claudit, claudit et nemo aperit. (S. HIER., Ad Paulin.)

EXPLICATION DE L'APOCALYPSE.

PREMIÈRE PARTIE

QUI CONTIENT LES PRÉPARATIFS MYSTÉRIEUX A CETTE RÉVÉLATION.

CHAPITRE PREMIER.

Préface de saint Jean sur ce divin livre.

SOMMAIRE. — I. C'est ici l'Apocalypse, ou la révélation communiquée de Dieu à Jésus-Christ, pour la manifester à ses serviteurs.
II. Les événements qui y sont prédits doivent bientôt arriver.
III. Jésus-Christ a envoyé son ange pour en déclarer les mystères à Jean, son serviteur, qui a prêché la parole de Dieu et rendu témoignage à Jésus-Christ.
IV. Heureux celui qui lit et qui entend cette prophétie, dont l'accomplissement est proche.
V. L'apôtre salue les Eglises de la part de Celui qui est et qui était, et qui doit venir, et des sept esprits qui sont devant son trône, et de Jésus-Christ ressuscité, le Roi des rois et le Rédempteur du monde.
VI. Ce juge des vivants et des morts paraît déjà, et tous les peuples le voient, tant sa venue est proche et certaine.
VII. Lui-même prend la parole et assure qu'il est le Tout-Puissant qui doit venir.
VIII. Saint Jean déclare qu'ayant été relégué pour la foi en l'île de Patmos, il fut ravi en esprit un jour de dimanche, et qu'il entendit une voix qui lui dit d'écrire ce qu'il voyait, et de l'envoyer aux Eglises.
IX. S'étant retourné, il aperçoit, au milieu de sept chandeliers d'or, quelqu'un semblable au Fils de l'homme, dont l'éclat le renverse par terre à demi mort, Jésus-Christ le relève et lui dit qu'il est ressuscité, et qu'il vit dans les siècles des siècles, arbitre de la vie et de la mort, et lui ordonne d'écrire les choses qu'il a vues, qui sont, et qui vont certainement arriver ci-après.

1. Apocalypsis Jesu Christi, quam dedit illi Deus palam facere servis tuis, quæ oportet fieri cito, et significavit, mittens per angelum suum servo suo Joanni.

2. Qui testimonium perhibuit verbo Dei, et testimonium Jesu Christi quæcunque vidit.

3. Beatus qui legit et audit verba prophetiæ hujus, et servat ea quæ in ea scripta sunt: tempus enim prope est.

4. Joannes septem Ecclesiis quæ sunt in Asia. Gratia vobis et pax, ab Eo qui est, et qui erat, et qui venturus est, et a septem spiritibus qui in conspectu throni ejus sunt.

1. L'Apocalypse de Jésus-Christ, que Dieu lui a donné pour découvrir à ses serviteurs les choses qui doivent bientôt arriver, et qu'il a déclarées, envoyant son ange à son serviteur Jean.

2. Qui a publié la parole de Dieu, et a rendu témoignage de toutes les choses qu'il a vues de Jésus-Christ.

3. Heureux celui qui lit et qui entend les paroles de cette prophétie, et qui garde les choses qui y sont écrites; car le temps est proche.

4. Jean aux sept Eglises qui sont dans l'Asie, que la grâce et la paix vous soient données par celui qui est, qui était, et qui doit venir, et par les sept esprits qui sont devant son trône.

5. Et par Jésus-Christ qui est le témoin fidèle, le premier-né des morts et le Prince des rois de la terre, qui nous a aimés et nous a lavés de nos péchés dans son sang.

6. Et qui nous a faits le règne et les prêtres de Dieu son Père, à lui soit la gloire et l'empire au siècle des siècles. Ainsi soit-il.

7. Le voilà qui vient sur les nuées, et tout œil le verra, et ceux même qui l'ont transpercé, et tous les peuples de la terre frapperont leur poitrine en le voyant. Cela est vrai. Amen.

8. Je suis l'Alpha et l'Oméga, le commencement et la fin, dit le Seigneur Dieu, qui est, et qui était, le Tout-Puissant qui doit venir.

9. Moi Jean, votre frère, qui suis participant à votre tribulation, et à votre royaume, et à votre patience en Jésus-Christ, j'ai été dans l'île qui s'appelle Patmos, pour la cause de la parole de Dieu et pour avoir rendu témoignage de Jésus.

10. J'y fus ravi en esprit un jour de dimanche, et j'entendis derrière moi une voix forte comme d'une trompette, qui disait :

11. Ecrivez dans un livre ce que vous voyez, et envoyez-le aux sept Eglises qui sont en Asie, à Ephèse, à Smyrne, à Pergame, à Thyatire, à Sarde, à Philadelphie et à Laodicée.

12. Et m'étant retourné pour voir la voix qui me parlait, je vis, regardant derrière moi, sept chandeliers d'or.

13. Et au milieu des sept chandeliers d'or, quelqu'un qui ressemblait au Fils de l'homme, vêtu d'une longue robe, et qui était ceint sur les mamelles d'une ceinture d'or.

14. Sa tête et ses cheveux étaient blancs comme la laine blanche et comme de la neige, et ses yeux brillaient comme la flamme du feu.

15. Et ses pieds ressemblaient à de l'airain luisant, qui est dans la fournaise, et sa voix comme le bruit de plusieurs eaux.

16. Et il y avait en sa main droite sept étoiles, et de sa bouche sortait une épée à deux tranchants, et son visage reluisait comme le soleil lorsqu'il est dans sa plus grande force.

17. Et l'ayant vu, je tombai à ses pieds comme mort, et il mit sa main droite sur moi, en disant : Ne craignez point, je suis le premier et le dernier.

18. Je suis vivant et j'ai été mort, et voilà que je suis maintenant vivant dans les siècles des siècles, et je tiens les clefs de la mort et de l'enfer.

19. Ecrivez donc les choses que vous avez vues, celles qui sont et celles qu'il faut qui se fassent dans la suite.

20. Le mystère des sept étoiles que vous avez vues dans ma main droite, et les sept chandeliers d'or : les sept étoiles sont les sept anges des sept Eglises ; et les sept chandeliers d'or sont les sept Eglises.

5. Et a Jesu Christo, qui est testis fidelis, primogenitus mortuorum, et Princeps regum terræ, qui dilexit nos, et lavit nos a peccatis nostris in sanguine suo.

6. Et fecit nos regnum et sacerdotes Deo et Patri suo ; ipsi gloria, et imperium, in sæcula sæculorum. Amen.

7. Ecce venit cum nubibus, et videbit eum omnis oculus, et qui eum pupugerunt, et plangent se super eum omnes tribus terræ. Etiam. Amen.

8. Ego sum Alpha et Omega, principium et finis, dicit Dominus Deus, qui est, et qui erat, et qui venturus est omnipotens.

9. Ego Joannes frater vester, et particeps in tribulatione et regno, et patientia in Christo Jesu, fui in insula quæ appellatur Patmos propter verbum Dei, et testimonium Jesu.

10. Fui in spiritu in Dominica die, et audivi post me vocem magnam tanquam tubæ.

11. Dicentis : Quod vides, scribe in libro, et mitte septem Ecclesiis quæ sunt in Asia, Epheso, et Smyrnæ, et Pergamo, et Thyatiræ, et Sardis, et Philadelphiæ, et Laodiciæ.

12. Et conversus sum, ut viderem vocem quæ loquebatur mecum, et conversus vidi septem candelabra aurea.

13. Et in medio septem candelabrorum aureorum similem Filio hominis, vestitum podere, et præcinctum ad mamillas zona aurea.

14. Caput autem ejus et capilli erant candidi tanquam lana alba, et tanquam nix, et oculi ejus tanquam flamma ignis.

15. Et pedes ejus similes aurichalco, sicut in camino ardenti, et vox illius tanquam aquarum multarum.

16. Et habebat in dextera sua stellas septem, et de ore ejus gladius utraque parte acutus exibat, et facies ejus sicut sol lucet in virtute sua.

17. Et cum vidissem eum, cecidi ad pedes ejus tanquam mortuus, et posuit dexteram suam super me dicens : Noli timere, ego sum primus et novissimus.

18. Et vivus, et fui mortuus, et ecce sum vivens in sæcula sæculorum, et habeo claves mortis et inferni.

19. Scribe ergo quæ vidisti, et quæ sunt et quæ oportet fieri post hæc.

20. Sacramentum septem stellarum quas vidisti in dextera mea, et septem candelabra aurea, septem stellæ, angeli sunt Ecclesiarum, et candelabra septem, septem Ecclesiæ sunt.

EXPLICATION.

L'Apocalypse de Jésus-Christ que Dieu lui a donnée pour découvrir à ses serviteurs les choses qui doivent bientôt arriver. — C'est ici la prophétie, non d'un Isaïe, d'un Jérémie ou d'un Ezéchiel, qui ne prédisaient que la venue du Messie sur terre, et l'établissement de l'Eglise ; mais c'est la révélation de ce Messie même, de Jésus-Christ le Fils unique de Dieu, qui l'a reçue immédiatement de son Père pour la communiquer à ses serviteurs (et non par conséquent aux impies, qui ne voient goutte dans les mystères de Dieu), et qui ne leur promet rien moins que son retour glorieux, et le bonheur éternel. Il montre clairement par là qu'il est le dépositaire des secrets divins, et qu'il en a la clef pour les manifester à qui bon lui semble. Il doit être écouté avec d'autant plus d'attention, qu'il va développer des événements, dont l'accomplissement commencera sans délai à se faire, et dont la durée s'étendra sans discontinuation jusqu'à la fin du monde. Révélation qu'il envoie par le ministère de son ange, à son serviteur Jean, le fidèle témoin des merveilles que le Verbe incarné a opérées pendant sa vie mortelle.

2. *Qui a publié la parole de Dieu, et a rendu témoignage de toutes les choses qu'il a vues de Jésus-Christ.*

3. *Heureux celui qui lit, et qui entend les paroles de cette prophétie, et qui profite des divins enseignements qui y sont : car le temps s'approche, le Juge est à la porte, et le temps est arrivé, auquel toutes ces merveilles vont paraître.*

4. *Jean aux sept Eglises qui sont dans l'Asie, que la grâce et la paix vous soient données par celui qui est, qui était, et qui doit venir, et par les sept esprits qui sont devant son trône.*

5. *Et de par Jésus-Christ qui est le témoin fidèle, et le premier-né des morts et le Prince des rois de la terre, qui nous a aimés, et nous a lavés de nos péchés dans son sang.*

6. *Et qui nous a faits le règne et les prêtres de Dieu son Père ; à qui soit gloire, et l'empire au siècle des siècles. Ainsi soit-il.*

Quoique ce ne soient pas encore ici des révélations, ni des prophéties, on y ressent néanmoins l'enthousiasme des prophètes, et une certaine manière si sublime de s'énoncer, qu'on commence à voir que celui qui parle n'est plus à lui, et que l'Esprit de Dieu l'enlève, et lui inspire des expressions au-dessus d'une langue mortelle : que sera-ce quand cet aigle aura tout à fait perdu terre ? Tout est ici plein de ce que saint Augustin appelle au livre XVIII *De la cité de Dieu*, ch. 28, *Sapor eloquii prophetici.* Et comme dans la suite il veut partager ses visions et les temps de l'Eglise, par le nombre mystérieux de sept âges différents, il nous y accoutume d'abord par ces sept anges et ces sept Eglises. Ce salut qu'il donne de la part de celui qui est assis dans ce trône, et de Jésus-Christ le premier-né des morts, ou les prémices de la résurrection générale, le Roi des rois, le témoin fidèle de la Divinité, dont il répand la connaissance dans tout l'univers, fait bien voir l'endroit d'où ce grand apôtre vient, de la part de qui il parle, et la source où il a puisé tant de lumières.

7. *Voilà qu'il vient sur les nuées, et tout œil le verra, et ceux qui l'ont transpercé le verront, et tous les peuples de la terre frapperont leur poitrine en le voyant. Cela est vrai. Amen.* — Il le voit déjà venir dans les nuées ce Juge des vivants et des morts, et il assure que tout œil le verra, et particulièrement ceux qui l'ont transpercé de leur langue, et de leur fer inhumain, et qu'à cet aspect tous les peuples de la terre frapperont leur poitrine d'étonnement et de douleur : car il est vrai, il sera ainsi, et je le proteste. *Amen.*

8. *Je suis l'Alpha et l'Oméga, le commencement et la fin, dit le Seigneur, le Dieu qui est, et qui était, le Tout-Puissant qui doit venir.* — Mais celui qui le faisait parler en son nom, parle tout d'un coup lui-même par sa bouche : Je suis le commencement et la fin, dit le Seigneur Dieu, et comme j'ai tiré du néant toutes choses par ma toute-puissance, je les conduirai à leur fin par mon infinie sagesse ; je découvrirai, avec les révolutions passées dès le commencement du monde, les événements futurs qui doivent arriver jusqu'à la consommation des siècles, et je ferai voir que j'ai été, que je suis, et que je serai : prophétisez-nous les choses à venir, et nous croirons que vous êtes des dieux, dit Isaïe (XLI, 23). C'est le caractère indubitable de la Divinité, et ce livre sera une preuve incontestable de ma prescience et de mon autorité. *Annuntiate quæ ventura sunt in futurum, et sciemus quia dii estis vos.*

9. *Moi, Jean votre frère, qui suis participant à votre tribulation et à votre royaume, et à votre patience en Jésus-Christ, j'ai été dans l'île qui s'appelle Patmos pour la cause de la parole de Dieu, et pour avoir rendu témoignage à Jésus.* — Revenu dans un moment à lui, il rend témoignage de ce qu'il a souffert pour Jésus-Christ, et dont l'histoire ecclésiastique nous a conservé les précieux monuments que personne n'ignore.

« Saint Jean fut apôtre, évangéliste et prophète, » dit saint Jérôme dans son livre I*er contre Jovinien :* « apôtre, parce qu'il écrivit aux Eglises comme maître et docteur ; évangéliste, parce qu'il composa un Evangile, ce qu'aucun des douze apôtres, excepté saint Matthieu, n'avait fait ; prophète, parce qu'il vit dans l'île de Patmos, où il avait été exilé pour la foi, par l'empereur Domitien, l'*Apocalypse*, ou la révélation qui contient un nombre infini des mystères à venir. Tertullien rapporte, qu'ayant été plongé à Rome dans une chaudière d'huile bouillante, il en sortit plus pur et plus sain qu'il n'y était entré. Au reste son Evangile est extrêmement différent des autres : car saint Matthieu commence le sien de la même manière que s'il allait écrire l'histoire d'un homme, disant : Voici le livre de la génération de Jésus-Christ, fils de David, fils d'Abraham. Saint Luc le commence par le sacerdoce de Zacharie ; et saint Marc par la prophétie de Malachie et d'Isaïe. Le premier est désigné par la face d'un homme, à cause de la généalogie ; le second par celle d'un bœuf, à cause du sacrifice ; le troisième par celle d'un lion, à cause de la voix rugissante de saint Jean dans le désert : Préparez le chemin du Seigneur, et faites droites ses voies. Mais notre grand évangéliste saint Jean, semblable à l'aigle, vole vers le ciel, et s'élève jusqu'au sein du Père, disant : Au commencement était le Verbe, et le Verbe était en Dieu. » *Fuit autem Joannes et apostolus, et evangelista, et propheta. apostolus quia scripsit ad Ecclesias ut magister; evangelista quia librum evangelii condidit, quod excepto Matthæo, alii ex duodecim apostolis non fecerunt; propheta, quia vidit in Pathmos insula, in qua fuerat a Domitiano principe ob Domini martyrium relegatus, Apocalypsim, infinita futurorum mysteria continentem : refert autem Tertullianus, quod Romæ missus in ferventis olei dolium, purior, et vegetior, exiverit, quam intraverat. Sed et ipsum ejus Evangelium multum distat a cæteris. Matthæus quasi de homine incipit scribere : Liber generationis Jesu Christi filii David filii Abraham : Lucas a sacerdotio Zachariæ : Marcus a prophetia Malachiæ et Isaiæ. Primus habet faciem hominis propter genealogiam : secundus faciem vituli propter sacrificium : tertius faciem leonis propter vocem clamantis in deserto. Parate viam Domini, rectas facite semitas ejus. Joannes vero noster quasi aquila ad superna volat, et ad ipsum Patrem pervenit, dicens : In principio erat Verbum, et Verbum erat apud Deum. Apostolus Joannes posteaquam in oleum igneum demersus nihil passus est, in insulam relegatur.* (TERTUL., *De præsc.*, cap. 36.)

Voici encore ce qu'il ajoute dans son livre *Des auteurs ecclésiastiques* : « Saint Jean l'apôtre que Jésus aima tant, fut fils de Zébédée, et frère de ce Jacques aussi apôtre, auquel Hérode, après la Passion du Sauveur, fit couper la tête : il écrivit son Evangile le dernier de tous, en ayant été prié par les évêques d'Asie, pour réfuter les erreurs de Cerinthe et autres hérétiques, et particulièrement l'impiété naissante des Ebionites, qui prétendent que Jésus-Christ n'avait pas été avant Marie : c'est pourquoi il se vit obligé d'expliquer sa génération éternelle. Or en la quatorzième année du règne de Domitien, qui le second après Néron persécuta l'Eglise, saint Jean fut relégué en l'île de Patmos, où il écrivit son *Apocalypse*, que saint Justin et saint Irénée ont interprétée ; mais Domitien ayant été tué, et ses cruels décrets annulés par le sénat, notre apôtre revint à Ephèse sous le règne de Nerva, où il vécut jusqu'au temps de Trajan, fondant et gouvernant toutes les Eglises d'Asie. » *Joannes apostolus quem Jesus amavit plurimum, filius Zebedæi, et frater Jacobi apostoli, quem Herodes post Passionem Domini decollavit, novissimus omnium scripsit Evangelium, rogatus ab Asiæ episcopis, adversus Cerinthum, aliosque hæreticos : et maxime tunc Ebionitarum dogma consurgens, qui asserunt Christum ante Mariam non fuisse; unde et compulsus est divinam ejus nativitatem edicere. Quarto decimo igitur anno, secundam post Neronem persecutionem movente Domitiano, in Patmos insulam relegatus scripsit Apocalypsim, quam interpretatus Justinus et Irenæus : interfecto autem Domitiano, et actis ejus ob nimiam crudelitatem a senatu rescissis, sub Nerva principe rediit Ephesum, ibique usque ad Trajanum principem perseverans, totas Asiæ fundavit rexitque Ecclesias.*

Eusèbe même, dans son *Histoire*, nous donne des marques de l'étendue du zèle de ce grand apôtre, et nous apprend des circonstances qu'il ne faut pas omettre ici. C'est au 23e chapitre, livre III : « Après la mort de Domitien, dit-il, saint Jean, revenu de l'île de Patmos à Ephèse, se transporta dans les provinces voisines, partie pour y établir des évêques, partie pour y fonder des Eglises entières, et leur donner leur forme, partie aussi afin de recevoir au clergé, ou en l'héritage du Seigneur, des hommes que le Saint-Esprit lui avait indiqués. » *Cum post obitum tyranni (Domitiani) ex insula Patmos rediisset Joannes, ad finitimas quoque provincias rogatus se contulit, partim ut episcopos constitueret, partim ut Ecclesias integras disponeret, ac formaret, partim etiam ut homines sibi a divino Spiritu indicatos in clerum quemdam seu sortem Domini seponeret.*

Et ce fut là, pour revenir à ce que dit saint Jérôme, que ce fidèle disciple de Jésus-Christ, la soixante-huitième année après la Passion de son Maître, rendit son âme au Seigneur, et fut enterré proche la même ville d'Ephèse : *Confectus senio sexagesimo octavo post Passionem Domini anno, mortuus juxta eamdem urbem sepultus est.*

Saint Jean ayant donc rendu compte de ce qu'il était, et de ce qu'il avait souffert pour la foi, et ayant encouragé les fidèles à la patience par l'exemple de la sienne et par l'association qu'il veut avoir à leurs travaux, continue son récit d'autant plus recevable, qu'il était scellé du témoignage authentique du sacrifice qu'il avait fait de lui-même.

10. *J'ai été en esprit un jour de dimanche, et j'ai entendu derrière moi une voix, comme d'une trompette, qui disait :* — Je fus, dit-il, ravi en esprit un jour de dimanche, jour du Seigneur, consacré à l'adoration de ses ouvrages, dont la consommation est ici décrite, et le premier de la semaine, qui va donner naissance à la découverte des événements qui dureront pendant cette semaine de temps destinée aux travaux de cette vie,

et qui se termineront au grand jour du repos : *Septem propter mysterium hebdomadis et Sabbati* (S. Hier. l. xiv, in Isa. liii.) Et j'ai entendu derrière moi *une voix forte comme d'une trompette* : rien n'est plus capable de surprendre qu'un bruit inopiné, qui retentit tout d'un coup derrière nous ; ce qui montre qu'on allait révéler à notre apôtre les choses qui devaient arriver après lui, *audivi post me*, et se terminer au jugement dont une trompette sera le signal, et qui disait :

11. *Écrivez dans un livre ce que vous voyez, et envoyez-le aux sept Eglises qui sont en Asie, et je me retournai pour voir la voix qui me parlait.*

12. *Et m'étant retourné, je vis regardant derrière moi sept chandeliers d'or.*

13. *Et au milieu des sept chandeliers d'or, quelqu'un qui ressemblait au Fils de l'homme, vêtu d'une longue robe, et qui était ceint au-dessous des mamelles d'une ceinture d'or.*

14. *Sa tête et ses cheveux étaient blancs comme de la laine blanche et comme la neige, et ses yeux brillaient comme la flamme du feu.*

15. *Et ses pieds ressemblaient à de l'airain luisant qui est dans la fournaise, et sa voix comme le bruit de plusieurs eaux.*

16. *Et il avait en sa main droite sept étoiles, et de sa bouche sortait une épée à deux tranchants, et son visage éclatait comme le soleil, lorsqu'il est en sa plus grande force.*

Tout ceci est mystérieux, selon les Pères. Ce nombre de *sept*, si souvent répété, nous dispose aux sept différents âges de l'Eglise, qui seront ci-après développés, et nous insinue que ce qui sera décrit dans l'*Apocalypse*, concerne le temps de cette vie laborieuse, qui n'est qu'une semaine réitérée, et qui nous conduit à l'octave bienheureuse, figurée, disent les saints, par celle de la transfiguration arrivée le huitième jour, où tout se terminera ; étant très-convenable que l'on confiât à l'Eglise une fois fondée, et pour affermir sa foi, le dépôt sacré des prophéties de tout ce qui lui devait arriver, soit dans son progrès, soit dans sa fin. *Cette robe sacerdotale*, signifie notre humanité dont Jésus-Christ s'est revêtu, qu'il a offerte pour nous en sacrifice à la croix ; et tout ensemble la dignité de Souverain Pontife, qu'il exerce encore dans le ciel selon l'Apôtre. *Cette ceinture d'or au-dessous des mamelles, ou du cœur,* siége de la charité, *et non au-dessous des reins,* siége de la convoitise qui n'était pas en Jésus-Christ, le chœur des saints, qui éprouvés ainsi que l'or dans la fournaise et nourris de la doctrine des deux testaments, entourent Jésus-Christ comme un riche ornement. *Ces pieds embrasés,* son dernier avénement par le feu et les souffrances des hommes apostoliques (surtout des derniers), portant l'Evangile par tout l'univers. *Cette épée à deux tranchants,* non à la main, ni au côté, mais *sortant de sa bouche,* la sentence de ce juste Jugé qui porte son exécution avec elle, aussi bien que la parole de Dieu qui va se prêcher, tuer l'impie, comme parle le prophète, juger l'un et l'autre peuple, l'ancien et le nouveau, l'ange et l'homme ; et enfin exécuter les arrêts de sa justice, contre les déserteurs de la milice divine. *Ce chef et ces cheveux blancs*, la sagesse de ce Juge, ou de cet Ancien des jours, qui lui est coéternelle, et qui émane de lui ainsi que les rayons du soleil, et laquelle va découvrir les secrets de tous les siècles futurs. *Ces yeux brillants d'une flamme vive,* l'examen rigoureux qu'il fera des consciences. *Cette voix comme de plusieurs eaux,* l'assemblée générale de tous les hommes appelés à la foi par le baptême, et convoqués au grand jour du jugement. Enfin *ces sept étoiles en la main droite de Jésus-Christ,* qui représentent les sept Eglises d'Asie, à qui saint Jean allait écrire, ne sont-elles pas aussi les symboles et des sept anges préposés au gouvernement de l'univers, et des sept âges de l'Eglise mis à la disposition de Jésus-Christ ? *Fundata per Apostolos Ecclesia ; quali vel cursu dilatanda, vel fine perficienda esset, ad roborandos contra mundi adversa fidei prædicatores oportuit revelari. Poderis tunica talaris est vestis sacerdotalis Christi... per quam sacerdotium ejus ostenditur quo se pro nobis in altari crucis obtulit hostiam patri. Moyses secundum hunc typum vestituit Pontificem. In veste sacerdotali ista, sacerdotium traditum.... et auram quæ habet passionem. Mammæ duo Testamenta. Zona chorus sanctorum, ut aurum igne probatorum, et per passiones conflatorum. Beatus quoque Joannes in Apocalypsi vidit Filium hominis præcinctum zona aurea, id est, sanctorum caterva. Vidit podere hoc est talari veste indutum utpote. Pontificem secundum ordinem Melchisedech in cælestibus : zona autem aurea præcinctum, non circa lumbos ut cæteri mortalium, ad comprimendas carnis illecebras. Mamillæ duo testamenta per quæ fideles nutriuntur. Mamillas duo Testamenta dicit quibus sibi connexum sanctorum corpus imbuit : zona aurea chorus sanctorum concordi charitate Domino adhærens, et Testamenta complectens, servantes, ut ait Apostolus, unitatem Spiritus in vinculo pacis. Pedes similes auricalcho, passiones evangelizantium, Ecclesiam firmantium, per quos ambulat prædicatio. Et pedes ignitos propter adveniens in fine temporum successionis incendium. Caput Christi Deus. Aquæ multæ populi, per donum baptismi, etc. Gladius bis acutus de ore emicans, verbum judicans populum hinc veterem, inde novum, et puniens milites desertores. Et percutiet terram virga oris sui, et spiritu labiorum suorum interficiet impium ; et erit justitia cingulum lumborum ejus, et fides cinctorium renum ejus. Antiquus dierum sedit, vestimentum ejus candidum quasi nix, et capilli capitis ejus quasi lana munda. Multitudo populorum multorum ut multitudo maris sonantis ; et tumultus turbarum sicut sonitus aquarum multarum.* (Beda, init. l. i in Apoc. ; S. Iren., lib. iv adv. Hær., c. 37.; S. Victor, *Pontif.* in ordine subdiac.; And. Cæsar.; S. Victorin.; *Isa.* vii, *Dan.* vii, *Isa.* xvii, 12.)

17. *Et l'ayant vu, je tombai à ses pieds comme mort, et il mit sa main droite sur moi, en disant : Ne craignez point, je suis le premier et le dernier.*

18. *Je suis vivant et j'ai été mort, et voilà que je suis maintenant vivant aux siècles des siècles, et je tiens les clefs de la mort et de l'enfer.* C'est donc Jésus-Christ ressuscité et dans la gloire, le maître de la vie et de la mort, celui qui tient les clefs du paradis et de l'enfer, l'arbitre souverain du sort de tous les hommes, qui parle ici, et qui ajoute :

Ecrivez donc les choses que vous avez vues, les choses qui sont, et qu'il faut qui se fassent ensuite. — Voici ce que contient le Livre de l'Apocalypse, l'histoire de l'Eglise et de tous les temps qui allaient suivre celui de saint Jean, *et quæ oportet fieri post hæc*, et que cet apôtre va voir, et consigner à la postérité. Pour cet effet on commence cette interprétation par le IV° chapitre, le II° et le III° ne concernant que les Eglises d'Asie en particulier. *Aquæ quas vidisti, populi sunt, et gentes, et linguæ. Septem sunt angeli quorum est maxima potentia, primogeniti angelorum : principes, per quos Deus omnibus hominibus providet. Angeli, oculi Dei : quibus cura nostri omnium concredita est.* (Apoc. XVII,13; S. CLEM. Alex., lib. VI *Strom.*, ante fin.; BASIL., in ps. XXXIII.)

CHAPITRE IV.

Préparatifs mystérieux aux visions de l'Apocalypse.

SOMMAIRE. — I. Le ciel s'ouvre et saint Jean y est transporté en esprit pour apprendre les secrets qui doivent arriver dans la suite des siècles.
II. Il voit le souverain Juge assis dans un trône de gloire, environné d'un iris lumineux, c'est le Saint-Esprit, et de vingt-quatre vieillards, qui représentent l'ancien et le nouveau peuple, le nombre de douze étant également sacré dans la Synagogue et dans l'Eglise.
III. Devant le trône paraissent sept anges préposés au gouvernement de l'univers. Quatre animaux mystérieux, tous parsemés d'yeux ou de lumières prophétiques, destinés à introduire l'apôtre dans l'intelligence des secrets divins, et qu'outre les quatre évangélistes, on conjecture encore représenter Abraham, Moïse, David et Elie. Un globe comme de cristal, figure l'univers entier, qui comparaît ainsi que l'ouvrage devant son ouvrier, et le criminel devant son juge.
IV. La Trinité se déclare : Dieu le Père paraît dans le trône, adoré par les patriarches, comme l'Ancien des jours ; le Fils paraîtra dans un moment sous la figure d'un agneau immolé ; et le Saint-Esprit sous celle d'un iris lumineux qui environne le trône; ainsi qu'on verra encore plus distinctement à la fin du chapitre suivant.

---

1. *Post hæc vidi, et ecce ostium apertum in cœlo : et vox prima quam audivi, tanquam tubæ loquentis mecum, dicens : Ascende huc, et ostendam tibi quæ oportet fieri post hæc.*

2. *Et statim fui in spiritu. Et ecce sedes posita erat in cœlo, et super sedem sedens.*

3. *Et qui sedebat similis erat aspectui lapidis jaspidis et sardinis, et iris erat in circuitu sedis, similis visionis smaragdinæ.*

4. *In circuitu sedis sedilia viginti quatuor, et super thronos viginti quatuor seniores sedentes, circumamicti vestimentis albis, et in capitibus eorum coronæ aureæ.*

5. *Et de throno procedebant fulgura, et voces, et tonitrua, et septem lampades ardentes ante thronum, qui sunt septem spiritus Dei.*

6. *Et in conspectu sedis tanquam mare vitreum simile crystallo : et in medio sedis, et in circuitu sedis quatuor animalia plena oculis ante et retro.*

7. *Et animal primum simile leoni, et secundum animal simile vitulo, et tertium*

1. Après cela, je vis une porte s'ouvrir dans le ciel, et la première voix que j'avais ouïe, et dont le son était comme celui d'une trompette, me dit : Montez ici haut, et je vous montrerai les choses qui doivent arriver ci-après.

2. Et aussitôt je fus ravi en esprit, et je vis au même instant un trône placé dans le ciel, où quelqu'un était assis.

3. Et celui qui était assis paraissait semblable à une pierre de jaspe et de sardoine, et il y avait autour du trône un arc-en-ciel qui paraissait semblable à une émeraude.

4. Et autour de ce trône il y en avait vingt-quatre autres, sur lesquels étaient assis vingt-quatre vieillards, vêtus de robes blanches, qui portaient sur leur tête des couronnes d'or.

5. Et il sortait du trône des éclairs, des voix et des tonnerres, et il y avait sept lampes ardentes devant le trône, qui sont les sept esprits de Dieu.

6. Et devant le trône il y avait comme une mer de verre, semblable au cristal ; et devant le trône et à l'entour, il y avait quatre animaux pleins d'yeux devant et derrière.

7. Et le premier animal était semblable à un lion, et le second était semblable à un

veau, et le troisième avait le visage d'homme, et le quatrième ressemblait à un aigle volant.

8. Et chacun de ces quatre animaux avait six ailes, et ils étaient pleins d'yeux au dehors et au dedans, et ils n'avaient point de repos jour et nuit, disant : Saint, saint, saint, le Seigneur Dieu tout-puissant, qui était, qui est, et qui doit venir.

9. Et lorsque ces animaux rendaient gloire, honneur et bénédiction à celui qui était assis sur le trône, qui vit aux siècles des siècles,

10. Les vingt-quatre vieillards se prosternaient devant celui qui était assis sur le trône, et ils adoraient celui qui vit dans les siècles des siècles, et ils jetaient leurs couronnes devant le trône, en disant:

11. Vous êtes digne, ô Seigneur notre Dieu, de recevoir gloire, honneur et puissance, parce que vous avez créé toutes choses, et que c'est par votre volonté qu'elles subsistent et qu'elles ont été créées.

animal habens faciem quasi hominis, et quartum animal simile aquilæ volanti.

8. Et quatuor animalia, singula eorum habebant alas senas, et in circuitu et intus plena sunt oculis, et requiem non habebant die ac nocte, dicentia : Sanctus, sanctus, sanctus Dominus Deus omnipotens, qui erat, et qui est, et qui venturus est.

9. Et cum darent illa animalia gloriam et honorem, et benedictionem sedenti super thronum, viventi in sæcula sæculorum.

10. Procedebant viginti quatuor seniores ante sedentem in throno, et adorabant viventem in sæcula sæculorum, et mittebant coronas suas ante thronum, dicentes :

11. Dignus es, Domine Deus noster, accipere gloriam, et honorem, et virtutem, quia tu creasti omnia, et propter voluntatem tuam erant, et creata sunt.

EXPLICATION.

1. *Après cela je vis, et voilà une porte qui s'ouvrit tout d'un coup dans le ciel.*

C'est ici l'ouverture et l'entrée à la révélation de l'état futur de l'Eglise, et de ce qui doit arriver dans la suite des temps.

Et la première voix, qui m'avait parlé avec un son semblable à celui d'une trompette. Comme à la fin du monde Dieu déclarera la guerre aux impies, et armera la créature pour servir d'instrument à sa vengeance, la découverte des signes qui la précèdent, s'en fait fort à propos par le son d'une trompette, célèbre signal de la résurrection, et du jugement dernier, et dont le bruit excite naturellement l'attention. Les Juifs s'en servaient pour annoncer les fêtes, pour convoquer le peuple, et pour s'animer au combat : or c'est ici la grande fête du monde, l'assemblée du genre humain, et le jour des combats du Seigneur.

Et cette voix me dit: Montez ici, et je vous ferai voir ce qui doit arriver ci-après. C'était donc l'histoire des choses qui devaient arriver dans la suite des temps, que saint Jean allait écrire dans son *Apocalypse*, qui, sous des emblèmes obscurs, cache un nombre infini de mystères futurs, disait saint Jérôme ci-dessus. *Infinita futurorum mysteria continentem.*

2. *Et en même temps je fus ravi en esprit, et je vis d'abord un trône dressé dans le ciel où quelqu'un était assis.*

Tel est l'appareil du jugement, où plutôt du Juge souverain, séant en son lit de justice, devant le tribunal duquel toute créature doit comparaître.

3. *Et celui qui était assis paraissait de la couleur d'une pierre de jaspe et de sardoine.*

Le jaspe signifie l'eau dont il porte la couleur; et la sardoine le feu dont elle imite le brillant : pour nous apprendre par ce double éclat, que celui dont il rejaillit a jugé le monde premièrement par l'eau, et qu'il le jugera enfin par le feu, dit le vénérable Bède, et avant lui saint Victorin. De plus, cette pierre où le feu brille, marque l'homme terrestre et céleste en Jésus-Christ, l'humanité unie à la Divinité : éclat qui rejaillissait de son visage, lors même qu'il était sur terre. Son air avait quelque chose de céleste et de divin, dit saint Jérôme dans son épître 140 à la vierge Principia ; et dans son premier livre sur saint Matthieu, il assure que l'éclat et la majesté de la Divinité cachée brillait dans son visage. Mais que doit-on en attendre dans la gloire ? Joignez à cela que le jaspe est la première pierre fondamentale de la Jérusalem céleste, épouse de l'Agneau, dont saint Jean nous décrira la magnificence au chapitre XIXe : *Jaspidis color aquam, sardis ignem significat : quibus duobus judicium novimus celebrari : sicut enim, inquit, in diebus Noe, ita erit et adventus Filii hominis. Jaspidis aquæ color est; sardii, ignis; duo judicia unum jam consummatum, in cataclysmo per aquam, aliud consummandum per ignem. Jaspis aquæ colorem habet, et sardius ignis, in his duobus lapidibus duo judicia intelliguntur, unum quod jam per aquam factum est in diluvio, aliud quod erit per ignem in consummatione sæculi. Quid per jaspidem nisi divinitas mediatori nostro. Habebat in vultu quidam oculisque sydereum. Fulgor et majestas divinitatis occultæ in humana facie relucebat. Fundamentum primum jaspis.* (BEDA, *ibid.*; S. VICTOR.; S. AUG., hom. 2 in *Apoc.* XXI, 19.)

Et il y avait autour du trône un arc-en-ciel, qui semblait de couleur d'émeraude : C'est le Saint-Esprit selon les Pères, ainsi qu'on verra à la fin du chapitre suivant : mais d'ailleurs l'arc-en-ciel étant le mémorial du châtiment dont Dieu punit les hommes quand il les submergea dans les eaux du déluge, et le signe de l'alliance qu'il contracta pour lors avec eux, paraît ici avec raison devant le trône du même Juge, qui doit les châtier par le feu pour la dernière fois. En effet, comme enseigne saint Grégoire, l'arc en-ciel qui est rouge, et qui se forme sur la nue, porte la couleur de l'eau et du feu tout ensemble : car il est en partie bleu, et en partie rouge, et non sans raison, puisqu'il doit être témoin de l'un et de l'autre jugement, de celui qui fut fait lors du déluge, et de celui qui se fera à la fin du monde. C'est la remarque de ce grand Pape et docteur de l'Eglise vers la fin de son Homélie huitième, sur le prophète Ezéchiel : *In arcu eodem colore aquæ et ignis, simul ostenditur, quia ex parte est cœruleus, et ex parte rubicundus, ut utriusque judicii testis sit, unius videlicet facti et alterius faciendi.*

4. *Et autour du trône il y avait vingt-quatre trônes, sur lesquels vingt-quatre vieillards étaient assis, vétus de robes blanches, et portant des couronnes d'or sur leur tête.*

Ce sont les assesseurs de ce grand Juge, qui promit aux apôtres de les associer à cette qualité résidente en lui souverainement, et de les faire asseoir sur des trônes pour juger les douze tribus d'Israël : « et je pense que c'est de ces trônes dont il est ici parlé, dit saint Jérôme. Cet habit blanc marque leur innocence et leur gloire , l'équité du jugement qu'ils porteront, et la sainteté qui les environnera comme un bouclier inexpugnable. » Cette couronne d'or sur leur tête fait voir les victoires qu'ils ont remportées sur le diable, le monde et la chair; leur participation à la royauté de Jésus-Christ, et l'autorité qui les relève au-dessus de ceux qui paraîtront devant leur trône, comme leurs sujets et leurs justiciables. Ils sont vingt-quatre, c'est-à-dire, que douze représentent, selon les Pères, la Synagogue des Juifs, et les douze autres l'Eglise des nations : *Sunt autem viginti quatuor patres, duodecim apostoli et duodecim patriarchæ,* qui toutes deux réunies dans le ciel, ne forment plus qu'une même chambre de justice, pour parler ainsi, et un même corps, dont Jésus-Christ est le président et le chef. *Hos tronos esse reor de quibus in Evangelio legimus: Sedebitis super thronos duodecim, judicantes duodecim tribus Israel. Thronos quos vidit Daniel, hi mihi videntur esse quos Joannes vigenti quatuor thronos nuncupat. Ecclesiam per geminum testamentum, de patriarchis et apostolis generatam, in viginti quatuor sedilibus cernit. Numerus duodenarius sacramentum universitatis est.* (S. Hier. *in Dan.* vii; Beda.)

5. *Et il sortait du trône des foudres, des voix et des tonnerres.*

Cet éclat et ce bruit qui rendront formidable aux pécheurs ce tribunal terrible, est semblable à celui que font les appariteurs ou les huissiers et gardes, quand ils frémissent autour d'un juge irrité pour attirer la crainte, le silence, le respect, l'attention. *Terruit in antiqua lege per fulgura. Loquitur in nova per Evangelicas voces : comminuet in judicio per tonitrua.* (S. Victor.)

Et il y avait devant le trône sept lampes allumées, qui sont les sept esprits de Dieu.

L'Ecriture parle souvent de sept anges figurés par ce célèbre chandelier du temple ancien, qui sont devant le trône de Dieu, et qui ont une intendance particulière sur le gouvernement de l'univers, ainsi qu'il est écrit ci-après : qu'ils présentent les prières et les bonnes œuvres des hommes à Dieu, comme on voit dans Tobie, et par conséquent qui doivent être appelés spécialement pour assister au dernier jugement. *Septem spiritus missi in omnem terram. Septem sunt angeli quorum est maxima potentia, primogeniti angelorum, principes per quos Deus omnibus providet.* (S. Clem., *loc. cit.*)

6. *Et devant le trône était encore comme une mer aussi claire que du verre, et semblable à du cristal.*

C'est l'univers entier ou le globe du ciel et de la terre, qui paraît comme l'ouvrage devant son ouvrier, et comme le criminel devant son juge : il sera dans ce jour transparent aux yeux clairvoyants du Soleil de justice, qui le pénétreront comme les rayons du soleil visible percent un faible cristal, et dont la lumière se répandra jusqu'aux plus sombres endroits, sans que rien se puisse dérober à sa vue si vive. Le firmament, à l'égard de ceux qui le voient d'en bas, ressemble à du cristal, *Firmamentum his qui deorsum sunt, habet similitudinem crystalli,* dit saint Jérôme. (*Ezech.* ii.) C'est ainsi que Dieu apparut autrefois sur le mont Sinaï à Moïse, et aux anciens du peuple d'Israël : ils virent le Seigneur, ayant sous ses pieds comme un globe de cristal ou de saphir, semblable au ciel quand il est serein : « *Viderunt Deum Israel, et sub pedibus ejus quasi opus lapidis saphirini, et quasi cœlum cum serenum est.* (*Exod.* xxiv, 10.) *Ascendit super omnes cœlos.* (*Eph.* iv, 10.) *Sedet in excelsis. Excelsior cœlis factus.* (*Hebr.* i, 3 ; vii, 26.)

On verra encore ci-après comment *mare vitreum,* ou cette mer de cristal, se doit entendre du globe céleste, et de la surface du firmament, où saint Paul représente Jésus-Christ assis, et où est le séjour des bienheureux. *Et je vis comme une mer de verre mêlée de feu, et ceux qui ont vaincu la bête et son image, se tenant debout sur la mer de verre, ayant des harpes de Dieu :* « *Et vidi tanquam mare vitreum mistum igne, et eos qui vicerunt bestiam et imaginem ejus stantes supra mare vitreum habentes cytharas Dei. Ut nullum membrorum aspiceres, quod oculos luminis non haberet... id est, nihil esse in Evangeliis, quod non luceat, et splendore suo mundum illuminet, ut etiam quæ parva putantur et vilia, spiritus sancti fulgeant majestate.* (S. Hier., *in Ezech.* i.) *Divisitque aquas quæ erant sub firmamento, ab his quæ erant super firmamentum. Aquæ omnes quæ super cœlos sunt.* » (*Gen.* i, 7.) Saint Benoît eut une semblable vision du ciel et de la terre en un seul globe, à peu près semblable à celle-ci, au rapport de saint Grégoire, et il ne faut pas s'étonner que ce globe paraisse ici comme une mer de cristal, puisque l'Ecriture nous apprend que Dieu, dans la création de l'univers, a mis un Océan immense d'eaux au-dessus du firmament, qui sans doute sont infiniment plus pures et plus cristallines que les sublunaires. *Per mare vitreum aquæ illæ (intelligi possunt) quæ secundum Psalmistam super cœlos firmatæ, homini prorsus insuper cognitæ et inaccessæ sunt*, dit André de Césarée.

Et au milieu du trône et à l'entour, il y avait quatre animaux pleins d'yeux devant et derrière.

D'où il s'ensuit qu'*ils n'avaient rien en eux qui ne fût lumineux*, dit saint Jérôme, interprétant cette vision des quatre évangélistes, sans néanmoins, ajoute t-il, exclure les autres explications qu'on y peut donner. Ces yeux devant et derrière signifient que ces mystérieux animaux ont connu le passé et l'avenir, ce qui est arrivé dans les siècles précédents et dans les siècles futurs : *Cunctas Ecclesiæ partes de præteritorum futurorumque scientia replet*, dit Bède.

7. *Et le premier animal était semblable à un lion, le second à un taureau, le troisième avait le visage comme celui d'un homme, et le quatrième était semblable à un aigle qui vole.*

Outre donc les quatre évangélistes représentés ici à saint Jean comme autrefois à Ezéchiel et à Isaïe, lesquels après avoir apparu à ce prophète, élevés sur deux ailes, voler dans les airs, c'est-à-dire, porter la gloire du Fils de Dieu par toute la terre, et de deux autres se voiler, c'est-à-dire, que l'Evangile est en partie découvert, et en partie voilé : *Ex parte intelligitur, et ex parte velatur*; selon saint Jérôme, paraissent arrêtés devant le trône, frappés d'étonnement à la vue de la majesté de Dieu, les ailes basses, et témoignant leur surprise par le silence : *Dimissis alis, et stupore silentio demonstrantibus*; continue ce saint, ne parlant que par des exclamations, sont avec raison appelés au dernier jugement, pour rendre témoignage de l'aveuglement volontaire des pécheurs, malgré les vives lumières des vérités célestes dont ils ont éclairé le monde. Ne pourrait-on pas dire que ces quatre animaux signifient encore quelque chose de mystérieux ? Ils sont distingués par quatre propriétés qui sont les figures de quatre qualités que nous savons être en Jésus-Christ. La royauté est désignée par le lion, qui en est le symbole, comme l'on verra incontinent : *Ecce vicit leo de tribu Juda*. Le sacerdoce est figuré par la victime la plus remarquable, qui était le bœuf ; l'humanité par la face de l'homme, qui en est le miroir, et la divinité par l'aigle, qui s'élève vers le ciel. En effet, Jésus-Christ est roi et prêtre, homme et Dieu tout ensemble.

Quatre grands patriarches ont été les figures de ces perfections et prérogatives de Jésus-Christ. Abraham a été comme la tige royale de la famille de ce Roi ; il a fait la guerre en roi, il a vaincu les rois, il a traité de pair avec les rois ; il a même été roi suivant les historiens les plus reculés, rapportés par Josèphe (lib. VII, c. 11 *De bel. jud.*), qui lui-même nomme Sara reine : ceux de Syrie l'ont fait roi de Damas ; et ce qui est encore plus fort, il est appelé roi dans l'Ecriture, selon la version des Septante, *Rex a Deo tuo, in nobis es* : et Sara reine : *Incorrupta regina remissa est ad maritum*; comme son nom le porte, ainsi qu'observe saint Jérôme sur le XLIX° chapitre d'Isaïe : *Princeps Dei es apud nos*. De plus il a vécu indépendant et en roi, et Dieu lui promit qu'il serait père de plusieurs rois : *Reges que ex te egredientur* (Gen. XXXII, 6) : enfin comme dans la première institution, chaque père était roi dans sa famille, qui doute qu'Abraham étant le père des Israélites, n'en puisse être appelé véritablement le roi, et même qu'étant sorti de l'empire des Babyloniens, que Daniel dépeint sous la forme d'un lion, il ne soit ici convenablement montré sous le même symbole ? Moïse établissant l'ancienne Loi sur les sacrifices, ne pouvait être mieux dépeint que par la principale des hosties qu'on immolait. Ce fut à David que Dieu promit plus expressément et plus distinctement qu'à pas un autre, que le Verbe se ferait homme, et serait son fils selon la chair : *De fructus ventris tui ponam super sedem tuam*. Or le mystère de l'Incarnation ne pouvait être plus naturellement représenté que par la face d'un homme. Enfin le hiéroglyphique le plus universellement reçu de la Divinité, c'est l'aigle, qui, perçant les nues, se dérobe à nos yeux et s'élève vers le ciel. Et qui après notre Dieu fait homme, peut être mieux figuré par cet oiseau mystérieux, que le prophète Elie, qui, élevé dans les airs, s'en est envolé dans le paradis, d'où il descendra à la fin des temps pour prêcher aux Juifs la pénitence, et les réconcilier avec leurs pères et avec Dieu. Car au reste ce que le lion est entre les autres bêtes terrestres, l'aigle l'est à l'égard de celles de l'air, laquelle même vit extrêmement longtemps. Remarque de saint Jérôme sur le chapitre VII du prophète Daniel : *Alioquin ut leo inter bestias, ita aquila inter aves regnum tenet, sed et hoc dicendum aquilam multo tempore vivere*. Ainsi ces quatre grands patriarches, Abraham, Moïse, David et Elie, peuvent être ici mystérieusement représentés, comme on verra dans la suite un peu plus clairement, pouvant dire ici avec saint Jérôme dans un cas semblable, que cet endroit est plein de grandes obscurités ; de sorte que moi qui tâche de l'expliquer, et le sage lecteur qui veut voir clair, devons tous deux nous contenter du vraisemblable, au défaut du vrai, très-difficile à trouver. C'est dans son commentaire du chapitre 10 du prophète Osée. Abraham fut le père de tous les Israélites, Moïse leur législateur, David leur roi, Elie leur prophète. *Locus iste magnis obscuritatibus involutus est, unde et nos qui explanare conamur, et prudens simul lector attendat, ut si non veritatem quod difficillimum est, saltem suspicionem veris similium investigare valeamus*.

Ces animaux étaient pleins d'yeux devant et

derrière : leurs yeux prophétiques ont vu le passé et le futur, *ante et retro*, ce qui s'était passé à la naissance du monde, et ce qui se passera à la consommation des siècles. *Oculatis ante et retro, id est, in præteritum et in futurum respicientibus.* (S. HIER. in *Prol. galeat.*)

8. *Chacun de ces quatre animaux avait six ailes.* Ce nombre de vingt-quatre a encore rapport aux douze patriarches représentant les douze tribus de l'ancien peuple, et aux douze apôtres représentant l'Eglise des gentils. Le nombre de douze est mystérieux, et renferme l'universalité : *Numerus duodecim sacramentum universitatis est*, et fait voir l'union de ces quatre animaux avec ces vingt-quatre vieillards, c'est-à-dire, la concorde de la Loi écrite et de la Loi de grâce, des patriarches et des apôtres, de la Synagogue et de l'Eglise, qui composent tous ensemble la Jérusalem céleste, et tout l'Israël de Dieu. *Alæ senæ faciunt tot numeros, quot et seniores super tribunalia*, dit saint Victorin en expliquant ce même verset : *Montanus cum insanis feminis somniat : Prophetæ in exstasi sunt locuti.ut nescirent quid loquerentur, et cum alios erudirent, ipsi ignorarent quid dicerent... Prophetæ sciebant quid dicerent...Si ergo intelligebant, quæ dicebant, cuncta sapientiæ rationisque sunt plena*, dit saint Jérôme. (*In Isa.*)

Tout leur corps dedans et dehors était plein d'yeux. Ces yeux dont ils sont comme parsemés expriment les diverses et particulières révélations et lumières prophétiques que Dieu leur communiqua ; ils ne virent pas seulement les choses qui concernaient l'état de la loi judaïque, ce n'était que la superficie, l'écorce et l'extérieur, ou pour mieux dire, la figure et les habits de la religion : *In circuitu plena sunt oculis* : mais ils pénétrèrent dans les desseins obscurs de Dieu sur l'Eglise future, *et intus plena oculis*, secrets qu'ils cachaient néanmoins alors, lesquels ils enveloppaient sous des énigmes, et dont le peuple juif n'était pas capable ; c'étaient des mystères qu'il fallait taire et tenir enfermés au dedans d'eux-mêmes, sans les communiquer au dehors.

Et ils ne cessaient de dire jour et nuit : Saint, saint, saint, le Seigneur Dieu tout-puissant, qui était, et qui est, et qui sera. Ce que ces prophètes éclairés n'ont repos ni jour ni nuit, fait voir que leurs révélations sur l'Eglise de Jésus-Christ s'accomplissent incessamment, et sans aucune discontinuation, et qu'ils adorent sans cesse la sagesse du Tout-Puissant, également saint, admirable et fort, dans la manifestation et l'exécution de ses secrets desseins, dont ils vont eux-mêmes révéler les mystères.

9. *Et lorsque ces animaux rendaient gloire, honneur et bénédiction à celui qui était assis sur le trône, et qui vit dans les siècles des siècles.*

10. *Les vingt-quatre vieillards se prosternaient devant celui qui était assis sur le trône, et ils adoraient celui qui vit dans les siècles des siècles, et ils jetaient leurs couronnes devant le trône, en disant :*

11. *Seigneur notre Dieu, vous êtes digne de recevoir la gloire, l'honneur et la puissance, parce que vous avez créé toutes choses, et que c'est par votre volonté qu'elles étaient, et qu'elles ont été créées.*

Ces dernières paroles portent leur explication avec elles : ce sont, non des prophéties, mais des louanges et des cérémonies mystérieuses, qui préparent aux merveilles suivantes, et par lesquelles ces saints patriarches témoignent leur religion envers l'Ancien des jours, et la reconnaissance publique qu'ils font à ses pieds, qu'à lui seul est la gloire, qu'à lui seul appartient toute vertu, et que c'est de lui qu'ils ont reçu la dignité de juges dont il les a revêtus, et qu'ils confessent tenir en dépendance de lui : en un mot, que c'est par lui que toutes choses ont été créées, réparées, et doivent enfin être consommées, comme on va voir. Il est donc vrai que le Père est ici particulièrement considéré comme assis dans ce trône, et adoré des bienheureux ; mais néanmoins conjointement avec le Fils, qui est toujours dans le sein du Père, d'autant que le Père est dans le Fils et le Fils est dans le Père, dit saint Jérôme, expliquant ceci sur le premier chapitre d'Ezéchiel, et rapportant ce passage : *Qui pourra expliquer sa génération?* pour nous faire adorer cette génération incompréhensible, et cette circomincession du Père dans le Fils, et du Fils dans le Père, qui a fait dire à Jésus-Christ : Celui qui me voit, voit aussi mon Père. De quoi, le même saint parle encore en un autre endroit en ces termes : L'Ancien des jours est celui qui dans l'*Apocalypse* est seul assis dans le trône, et le Fils de l'homme, qui vient à l'Ancien des jours, est le même qui est aussi nommé par saint Jean, le lion de la tribu de Juda. C'est dans son *Commentaire* sur le chapitre VII du prophète Daniel : *Eo quod Pater in Filio, et Filius in Patre sit. Generationem ejus quis enarrabit? Qui videt me, videt et Patrem meum. Vetustus autem dierum ille est, qui apud Joannem solus in trono sedet. Filius quoque hominis, qui venit ad Vetustum dierum, ipse est, qui apud Joannem, leo dicitur de tribu Juda.*

CHAPITRE V.

Continuation des préparatifs mystérieux aux visions de l'Apocalypse.

SOMMAIRE. — I. Dieu le Père, assis dans un trône, tient en sa main un livre scellé de sept sceaux, qui contient le destin du monde, et tout ce qui doit arriver jusqu'à la consommation des siècles, distribués en sept âges.
II. Un ange demande à haute voix s'il y a quelqu'un qui soit digne de l'ouvrir.
III. Personne, ni au ciel, ni sur terre, ni sous terre, n'ose seulement le regarder.

IV. Saint Jean pleure de ne voir qui que ce soit entreprendre l'ouverture des mystères divins, lesquels doivent se terminer au salut éternel, les développer et les remplir.

V. Un des vingt-quatre vieillards (qu'on peut conjecturer être Adam, le nombre un se prenant souvent chez les Hébreux pour le premier ou le plus ancien), le console et lui montre l'Agneau comme mort, ayant sept cornes et sept yeux, qui décachètera ce livre ; c'est Jésus-Christ, figurant les sept connaissances qu'il a des sept persécutions futures de son Eglise, et les sept combats qu'il rendra contre les impies pendant ces sept âges du monde, où se termine cette semaine laborieuse de jours, dont l'octave bienheureuse sera le terme, lequel manifestera ces sept secrets scellés.

VI. L'Agneau s'avance, et reçoit le livre de la main du Père, pour en ouvrir les sceaux et révéler les mystères à venir.

VII. Le ciel et la terre s'en réjouissent, parce que les révélations se termineront à la réparation du genre humain, qui sera remis en sa première dignité.

VIII. Sept anges se tiennent prêts avec sept trompettes, pour en sonner sitôt que les sept sceaux auront été ouverts, c'est-à-dire pour représenter une seconde fois, sous sept autres signes différents, ce qui doit arriver dans les sept âges futurs de l'Eglise, et qui auront déjà été révélés par l'ouverture des sept sceaux : c'est pourquoi et pour une plus claire intelligence, on les met collatéralement, afin qu'on en voie mieux le rapport.

1. Et vidi in dextera sedentis supra thronum, librum scriptum intus et foris, signatum sigillis septem.

2. Et vidi angelum fortem, prædicantem voce magna : Quis est dignus aperire librum, et solvere signacula ejus?

3. Et nemo poterat neque in cœlo, neque in terra, neque subtus terram, aperire librum, neque respicere illum.

4. Et ego flebam multum, quoniam nemo dignus inventus est aperire librum, nec videre eum.

5. Et unus de senioribus dixit mihi. Ne fleveris, ecce vicit leo de tribu Juda, radix David, aperire librum et solvere septem signacula ejus.

6. Et vidi : et ecce in medio throni et quatuor animalium, et in medio seniorum, Agnum stantem tanquam occisum, habentem cornua septem, et oculos septem, qui sunt septem spiritus Dei, missi in omnem terram.

7. Et venit, et accepit de dextera sedentis in throno librum.

8. Et cum aperuisset librum, quatuor animalia et viginti quatuor seniores ceciderunt coram Agno, habentes singuli citharas, et phialas plenas odoramentorum quæ sunt orationes sanctorum.

9. Et cantabant canticum novum, dicentes : Dignus es, Domine, accipere librum, et aperire signacula ejus : quoniam occisus es, et redemisti nos Deo in sanguine tuo ex omni tribu, et lingua, et populo et natione.

10. Et fecisti nos Deo nostro regnum, et sacerdotes, et regnabimus super terram.

11. Et vidi, et audivi vocem angelorum multorum in circuitu throni ; et animalium, et seniorum : et erat numerus eorum millia millium,

12. Dicentium voce magna : Dignus est Agnus, qui occisus est, accipere virtutem et divinitatem, et sapientiam, et fortitudinem, et honorem, et gloriam, et benedictionem.

13. Et omnem creaturam, quæ in cœlo est, et super terram, et subtus terra, et quæ sunt in mari, et quæ in eo : omnes audivi dicentes : Sedenti in throno, et Agno, benedictio, et honor, et gloria, et potestas in sæcula sæculorum.

1. Et je vis dans la main droite de celui qui était assis sur le trône, un livre écrit dedans et dehors, scellé de sept sceaux.

2. Et je vis un ange fort, qui criait à haute voix : Qui est digne d'ouvrir le livre, et d'en rompre les sceaux?

3. Mais il n'y avait personne ni dans le ciel, ni sur la terre, ni sous la terre, qui pût ouvrir, ni regarder même le livre.

4. De sorte que je pleurais extrêmement, de ce qu'il ne se trouvait personne qui fût digne d'ouvrir le livre, ni de le regarder.

5. Mais un des vieillards me dit : Ne pleurez point, sachez que le lion de la tribu de Juda, celui qui est sorti de la racine de David a vaincu, et qu'il ouvrira le livre, et en rompra les sept sceaux.

6. Aussitôt je vis au milieu du trône et des quatre animaux, et au milieu des vieillards, l'Agneau comme égorgé, ayant sept cornes et sept yeux, qui sont les sept esprits de Dieu envoyés par toute la terre.

7. Et il vint, et il reçut le livre de la main droite de celui qui était assis sur le trône.

8. Après qu'il eut ouvert le livre, les quatre animaux et les vingt-quatre vieillards se prosternèrent devant l'Agneau, ayant chacun des harpes et des vases d'or pleins de parfums, qui sont les prières des saints.

9. Et ils chantaient un cantique nouveau, en disant : Seigneur, vous êtes digne de prendre le livre, et d'en ouvrir les sceaux : parce que vous avez souffert la mort, et vous nous avez rachetés pour Dieu par votre sang, de toute tribu, de toute langue, de tout peuple et de toute nation.

10. Et nous avez faits rois et prêtres pour notre Dieu, et que nous régnerons sur la terre.

11. Je vis aussi autour du trône, et des animaux et des vieillards, plusieurs anges, dont le nombre était des millions de millions, et j'entendis

12. Qu'ils disaient à haute voix : L'Agneau qui a été tué est digne de recevoir la puissance, la divinité, la sagesse, la force, l'honneur, la gloire et la bénédiction.

13. Et j'entendis toutes les créatures qui sont dans le ciel, sur la terre, sous la terre, sur la mer et dans la mer, qui disaient toutes : A celui qui est assis sur le trône, et à l'Agneau, bénédiction, honneur, gloire et puissance aux siècles des siècles.

14. Et les quatre animaux disaient, amen : et les vingt-quatre vieillards se prosternèrent, et adorèrent celui qui est vivant dans les siècles des siècles.

14. Et quatuor animalia dicebant : Amen ; et viginti quatuor seniores ceciderunt in facies suas : et adoraverunt viventem in sæcula sæculorum.

EXPLICATION.

1. *Et je vis dans la main droite de celui qui était assis sur le trône, un livre écrit dedans et dehors scellé de sept sceaux.* C'est le livre où sont contenues les révélations de ce qui doit arriver jusqu'à la consommation des siècles, et qui sera ouvert à saint Jean. C'est le livre du destin de l'univers. Il est scellé de sept sceaux : *signatum sigillis septem*, parce qu'il a plu à la divine Providence, que comme le monde avait été fait en six jours, au dernier desquels l'homme avait été formé, et que Dieu s'était reposé le septième ; et que, comme les temps qui ont précédé l'Incarnation, ont été divisés en six âges, à chacun desquels il y a une nouvelle alliance de Dieu avec les hommes, et une rénovation de son culte : le premier sous Noé, le second sous Abraham, le troisième sous Moïse, le quatrième sous Salomon, le cinquième sous Zorobabel, le sixième sous Jésus-Christ, au jour duquel l'homme a été réparé, le septième à la fin du monde visible, lors du royaume de Dieu, qui sera le grand jour du repos ; ainsi cette même Sagesse divine a voulu partager les temps de l'Eglise par six changements remarquables ; chacun desquels sera manifesté par l'ouverture d'un des six sceaux de ce livre fermé, et lors de l'ouverture du septième tout sera consommé, ainsi qu'il est écrit ci-après : *Apocalypsis sancti Joannis in qua bella et incendia intestina Ecclesiæ suæ Deus verbis figurisque revelare dignatus est, septem videtur esse divisa periochis* (Beda, Prolog. in Apoc.); car, comme tous les temps ne sont qu'une révolution de sept jours, c'est avec raison que par le nombre septénaire tous les temps sont désignés, dit saint Grégoire le Grand dans son homélie trente-troisième sur les Evangiles, faisant allusion aux six jours de la semaine et au dimanche, qui fait le septième, et qui est le jour du repos. *Quia septem diebus omne tempus comprehenditur, recte septenario numero universitas designatur.* Aussi voyons-nous que cette révélation commença le jour du dimanche, qui est le premier de la semaine : *Fui in spiritu in Dominica die*, pour marquer qu'elle expose tout ce qui doit arriver dans cette semaine de temps. Il est écrit dedans et dehors, ou bien au commencement et à la fin : *Scriptus est ante et retro.* comme dit saint Jérôme, parce qu'il découvre les mystères passés et les mystères à venir ; ou qu'il avait un double sens, l'historique et le mystique', qui cache les secrets divins. C'est sur le 1er chapitre de Jérémie ; ou bien, qu'une partie des prophéties de ce livre se manifestait déjà : *Scriptum foris*, que l'autre était obscure et cachée dans l'avenir : *Scriptum intus*, et enveloppée sous des figures mystérieuses ; ou enfin que tout était contenu dans ce livre, après lequel il n'en fallait pas chercher d'autre. *Scilicet de præteritis et futuris, vel certe foris in historiæ littera, intus in intelligentia spirituali : scriptus intus et foris, id est tam sacramenta divina, quam simplicem historiam continens. Liber scriptus intus per allegoriam, foris per historiam : intus per spiritualem intellectum, foris per sensum litteræ simplicem.* (S. Greg. in Ezech., lib. i, hom., 9.)

2. *Et je vis un ange fort, qui criait à haute voix : Qui est digne d'ouvrir le livre et d'en rompre les sceaux.*

3. *Et il n'y avait personne, ni dans le ciel, ni sur la terre, ni sous la terre, qui pût ouvrir ni regarder même le livre.* Personne n'était capable de pénétrer les secrets et les mystères divins, dont le terme est la félicité éternelle, ni même d'en soutenir l'éclat, *neque respicere*, ni les anges dans le ciel, ni les saints sur la terre, ni les Pères dans les limbes ; en un mot, nul autre que Jésus-Christ n'avait été digne de les apprendre aux hommes, lesquels seul il a été digne de racheter et de conduire au bonheur éternel, par ses mérites, par ses exemples, par ses grâces, par son pouvoir, par son sang. *Aperire sigilla est pro homine mortem devincere ; hoc dignus facere nemo inventus est nisi Agnus occisus*, dit saint Victorin.

4. *De sorte que je pleurais fort de ce qu'il ne s'était trouvé personne qui fût digne d'ouvrir le livre, ni de le regarder.* Ces larmes représentent la désolation de la nature humaine exclue des secrets de Dieu, et destituée du secours d'un médiateur, sans lequel qui que ce soit n'ose seulement regarder le livre des desseins de Dieu sur le salut du genre humain, loin d'entreprendre de l'ouvrir, de l'expliquer, de l'accomplir.

5. *Mais un des vieillards me dit : Ne pleurez point : sachez que le Lion de la tribu de Juda, celui qui est sorti de la tige de David, a vaincu, et qu'il ouvrira le livre et en rompra les sept sceaux.* Comme ce fut notre premier père Adam, qui par son péché affligea toute la nature humaine, et fut cause de sa disgrâce et de son exclusion des mystères de Dieu, qui empêche qu'on ne le reconnaisse ici pour celui qui vient essuyer ses larmes, et la consoler en lui montrant son Libérateur, qui seul peut développer toute l'économie du salut éternel ? Le nombre *un* se prend souvent dans l'Ecriture pour le *premier* ou le *plus ancien*.

6. *Aussitôt je vis au milieu du trône et des quatre animaux, et au milieu des vieillards, l'Agneau comme mort.* Voilà l'Agneau dans le trône de l'Ancien des jours ; voilà la vic-

time du péché d'Adam, qui par sa mort la rétabli l'homme dans sa première dignité, et lui a mérité l'ouverture des secrets divins qui le conduiront à la gloire. *Quo videlicet libro, quid aliud quam sacra Scriptura signatur : quam solam Redemptor noster aperuit qui homo factus est, et moriendo, resurgendo, ascendendo, cuncta mysteria quæ in ea fuerant clausa, patefecit : et nullus in cœlo, quia neque angelus ; nullus in terra, quia neque homo vivens in corpore; nullus subtus terram dignus inventus, quia neque animæ corpore exutæ aperire nobis præter Dominum sacri eloquii secreta potuerunt.* (S. GREG., lib. IV *Dialog.*, c. 42.)

Ayant sept cornes. Symboles des combats qu'il rendra dans les sept persécutions de son Eglise durant les sept âges du monde, qui seront manifestés dans la suite par l'ouverture des sept sceaux, contre les sept principaux tyrans qui l'attaqueront ; car c'est ainsi que les combats des guerriers sont figurés dans les prophètes, comme en Daniel, et même dans l'*Apocalypse* en plusieurs endroits. *Et sept yeux ;* c'est-à-dire les sept lumières de Jésus-Christ, ou les sept connaissances divines qu'il a des persécutions futures de son Eglise.

Qui sont les sept esprits de Dieu envoyés par toute la terre, connaissance qu'il communique à ces sept anges célèbres préposés au gouvernement de l'Eglise, dit saint Clément d'Alexandrie : *Septem isti oculi sunt Domini, qui discurrunt in universam terram* (Zach. IV, 10), et appelés par saint Basile (*Strom.* lib. VI) les yeux de Dieu, comme surveillant à la conduite des hommes, et sept ministres intelligents dont Jésus-Christ se sert dans les sept âges différents : *Septem sunt angeli quorum est maxima potentia, primogeniti angelorum, principes per quos Deus omnibus hominibus providet,* ou dans les sept événements à venir que Dieu a commis à ses soins, lui ayant donné tout pouvoir de les manifester et de les accomplir, suivant ce que porte le titre même de ce livre divin : *Apocalypsis Jesu Christi quam dedit illi Deus palam facere, et significavit per angelum suum.* Ainsi dans le langage ecclésiastique, les diacres préposés au gouvernement extérieur des fidèles furent choisis dans leur première institution au nombre de sept, et nommés les yeux de l'évêque. *Angeli oculi Dei, quibus cura nostri omnium concredita est. Per septem Spiritus, septem angelos quibus Ecclesiarum cura et gubernatio demandata est accipere licet.* (S. BASIL. *in psal.* XIII ; AND. CÆSAR.)

7. *Et il vint recevoir le livre de la main droite de celui qui était assis sur le trône.*

8. *Et après qu'il eut ouvert le livre, les quatre animaux et les vingt-quatre vieillards se prosternèrent devant l'Agneau, ayant chacun des harpes et des vases d'or pleins de parfums, qui sont les prières des saints.* Tels sont les désirs ardents des âmes saintes qui soupirent après le royaume de Dieu et le rétablissement de la nature humaine dans sa première dignité, ce qui montre l'union de l'Eglise militante et triomphante en Jésus-Christ.

Et il reçut le livre de la main droite de celui qui était assis sur le trône. Mais un grand mystère se découvre ici à nos yeux : la Trinité se déclare, et les trois Personnes divines se manifestent d'une façon singulière : le Père, assis dans ce trône, tient en sa main le livre fermé, et les bienheureux, à la fin du chapitre précédent, l'ont adoré et reconnu comme le Créateur de toutes choses, et l'Ancien des jours. Le Fils paraît sous la figure de cet Agneau immolé, qui reçoit le livre scellé de la main de son Père ; et le Saint-Esprit sous celle de cet iris lumineux, qui, comme un cercle resplendissant, environne le trône de l'Ancien des jours, ou en rejaillit, ainsi qu'il parut lors du déluge, suivant la pensée des Pères. Le Saint-Esprit étant désigné par le feu, dit saint Grégoire, il est aisé de voir que l'arc-en-ciel en est le symbole, puisqu'il réunit en lui la couleur de l'eau et du feu, et que cet Esprit saint s'est servi du premier de ces éléments pour nous laver dans le baptême, et du second pour nous embraser du divin amour. C'est vers la fin de son homélie huitième sur Ezéchiel. *Et iris erat in circuitu sedis, similis visioni smaragdignæ* (IV, 3). *Quia per ignem ardor sancti Spiritus designatur quomodo arcus significet Spiritum sanctum videmus; in arcu quippe aqua et ignis apparent, et post Mediatoris adventum ea virtus Spiritus sancti in humano genere claruit, quo electos Dei et aqua baptismatis lavit, et igne divini amoris accendit.*

Saint Jérôme (in *Ezech.* 1) a vu ce mystère dans les trois prophètes qu'un même esprit a éclairés : « En Daniel, » dit-il, « Dieu le Père est aussi représenté assis, et le Fils lui est présenté pour recevoir le royaume, ainsi que dans l'*Apocalypse.* » *In Daniele quoque Deus Pater sedens inducitur, et offertur ei Filius hominis ut accipiat regnum, et in Apocalypsi Joannis eadem de Filio scribuntur.*

Observation qu'il fait afin qu'on ne soupçonne pas que le Fils soit inférieur au Père, à cause que le Père est représenté assis dans le trône donnant le livre au Fils, lequel paraît debout le recevoir du Père, puisqu'il règne avec lui, et qu'Isaïe l'a vu assis aussi bien que le Père dans le même trône. En effet saint Jean lui-même vient de nous montrer l'Agneau au milieu du trône, *et vidi in medio throni Agnum,* lieu où Isaïe l'a vu, aussi selon le même saint Jérôme, expliquant le verset 41 du XII° chapitre de notre apôtre ; mais c'est que le Fils règne dans le Père, car tout ce qu'a le Père, le Fils, qui est son image substantielle, le possède aussi. Et le même saint Jean a fait parler Jésus-Christ en ces termes : *Et sedi cum Patre meo in throno ejus.* Je suis assis avec mon Père dans son trône. C'est au chapitre II de l'*Apocalypse,* même verset 21, de manière que voilà la Trinité manifestée et Jésus-Christ établi juge des vivants et des morts, revêtu d'autorité et environné de ses ministres, les anges et les saints. *Non quod Filius excludatur a regno de quo scripsit et*

Isaias : *Non vidi Dominum sedentem super thronum excelsum et elevatum. Sed quod in Patre regnet et Filius, omnia enim Filii Patris sunt qui est imago Dei Patris invisibilis.*

9. *Et ils chantaient un cantique nouveau, en disant : Seigneur, vous êtes digne de recevoir le livre et d'en ouvrir les sceaux, parce que vous avez souffert la mort, et que vous nous avez rachetés pour Dieu, par votre sang, de toute tribu, de toute langue, de tout peuple et de toute nation.*

10. *Et nous avez rendus rois et prêtres pour notre Dieu, et que nous régnerons sur la terre.* Ce qui commença de s'accomplir lors de la destruction de l'idolâtrie, comme on verra au chapitre dix-neuvième de l'*Apocalypse*, et qui s'accomplira plus parfaitement à la fin du monde.

11. *Et je vis aussi autour du trône, et des animaux et des vieillards plusieurs anges, dont le nombre était des millions de millions, et j'entendis,*

12. *Qu'ils disaient à haute voix : L'Agneau qui a été tué est digne de recevoir la puissance, la divinité, la sagesse, la force, l'honneur, la gloire et la bénédiction.*

13. *Et j'entendis toutes les créatures qui sont dans le ciel, sur la terre, sous la terre, sur la mer et dans la mer, qui disaient toutes : A celui qui est assis sur le trône, et l'Agneau, bénédiction, honneur, gloire et puissance aux siècles des siècles.*

14. *Et les quatre animaux disaient : Amen. Et les vingt-quatre vieillards se prosternèrent et adorèrent celui qui est vivant, dans les siècles des siècles.* Tout cela exprime la joie des hommes et des anges, des créatures visibles et invisibles, corporelles et spirituelles, anciennes et nouvelles, *conjuncta Veteris Testamenti cum Novo prædicatio*, dit saint Victorin, qui enfin ont trouvé un chef et un réparateur, et qui toutes de concert rendent grâces à Jésus-Christ, leur libérateur, leur gloire et leur couronne, qui seul peut rétablir toutes choses, devant qui le ciel, la terre et l'enfer doivent fléchir les genoux, et à qui seul appartient de manifester les divins secrets, dont le développement aboutit au salut éternel, et qui vont être découverts dans un moment.

Observation absolument nécessaire pour l'intelligence de cette explication.

Le sixième et le septième chapitre contiennent l'ouverture des six premiers sceaux, c'est-à-dire la manifestation de ce qui doit arriver dans les six premiers âges de l'Eglise ou du monde réparé. Ensuite, dans le chapitre huitième, auparavant l'ouverture du septième sceau, il se fait un silence dans le ciel, c'est-à-dire un intervalle ou cessation de visions ; puis on voit sept anges avec des trompettes qui vont représenter, sous des signes différents, les mêmes choses qui avaient été représentées par l'ouverture des sceaux. Ce silence qui se fit au ciel, après que les sept âges de l'Eglise eurent été révélés à saint Jean par l'ouverture des sept sceaux, n'est donc rien qu'une cessation de visions qui se fit alors, afin qu'il excitât son attention à la répétition des mêmes sept états de l'Eglise, lesquels lui allaient être derechef révélés sous sept autres différents symboles, savoir : par le son des trompettes, qui par conséquent doivent s'expliquer conjointement avec les sceaux. C'est la pensée du Vénérable Bède : *Agnus, apertis septem libri sigillis, conflictus et triumphos Ecclesiæ reserat futuros*, et peu après il ajoute que les sept trompettes manifestent les mêmes choses : *Sub specie septem angelorum tuba canentium varios Ecclesiæ describit eventus.* Ce n'est donc, selon lui, qu'une récapitulation des mêmes événements sous différents signes : en effet, après que ce Père a développé les mystères des sceaux du livre décacheté par l'Agneau, il dit que le son des trompettes va représenter les mêmes choses, mais différemment : *Hucusque de apertione libri clausi et sigillorum : nunc vero recapitulat eadem aliter dicturus.* Ainsi, dans la *Genèse*, Pharaon songea d'abord qu'il voyait sept vaches, puis il s'éveilla ; et s'étant rendormi, il songea qu'il voyait sept épis de blé : or son réveil ne fut qu'un intervalle entre deux visions qui ne signifiaient que la même chose, quoiqu'elles eussent été interrompues par son réveil et représentées sous des divers signes. Pharaon s'étant réveillé, dit l'Ecriture, se rendormit encore et eut un autre songe : *Expergefactus Pharao, postquam eut vu les sept vaches, rursum dormivit, et vidit alterum somnium.* A quoi pourtant Joseph lui répondit : « Les deux songes du roi n'en font qu'un, car ce qu'il a vu dans le second est la même chose que ce qu'il a vu dans le premier, et n'en est qu'une confirmation et une nouvelle preuve, que c'est ici un songe de Dieu, qui sera infailliblement accompli. » *Somnium regis unum est, quod autem vidisti secundo ad eamdem rem pertinens, somnium, firmitatis est indicium, eo quod fiat sermo Dei, et velocius impleatur.* Il en est ici de même : saint Jean vit d'abord les différents âges de l'Eglise par l'ouverture des sceaux ; après quoi, *Factum est silentium in cœlo quasi media hora.* Ce fut une espèce d'intervalle ; et ensuite, par l'ouverture du dernier sceau, la révélation recommença : il vit sept anges qui lui répétèrent les mêmes âges de l'Eglise, quoique sous des signes divers ; de manière que, comme les sept sceaux et les sept trompettes ne prédisent que les mêmes choses sous différents signes, on les a mis collatéralement ensemble pour les expliquer et en voir mieux le rapport. Saint Augustin (*De civ. Dei*, l. xx, c. 17), plein du même esprit, donne une règle qui peut servir comme de clef à l'intelligence de plusieurs endroits de l'*Apocalypse* ; car ce docteur si pénétrant nous avertit que le livre divin prédit quelquefois des événements futurs qui semblent différents de ceux qu'il vient immédiatement auparavant de prédire ; mais que l'on ait à ne s'y pas tromper, parce que dans la vérité ce ne sont que les mêmes événements répétés et représentés sous différents signes, et c'est ce qui arrive ici. *Et in hoc quidem libro cujus nomen est Apocalypsis, obscure multa dicuntur, ut mentem legentis exerceant, et pauca in eo sunt ex quorum manifestatione indagentur cætera cum labore: maxime quia sic eadem multis modis repetit ut alia atque alia dicere videatur, cum aliter atque aliter hæc ipsa dicere investigetur.* Pour le rendre plus sensible, il est bon de rapporter les paroles du chapitre huitième, qui précède le son des trompettes, et les conférer avec celles du chapitre cinquième, qui précède l'ouverture des sceaux, afin qu'on voie que les mêmes expressions et les mêmes cérémonies y sont observées, comme n'étant en effet que la même vision répétée sous différentes figures.

Cap. V. — 7. Et venit, et accepit de dextera sedentis in throno librum.

8. Et cum aperuisset librum, quatuor animalia, et viginti quatuor seniores ceciderunt coram Agno habentes singuli citharas et phialas aurea plenas odoramentorum, quæ sunt orationes sanctorum.

9. Et cantabant canticum novum, dicentes: Dignus es, Domine, accipere librum, et aperire signacula ejus: quoniam occisus es, et redemisti nos Deo in sanguine tuo, ex omni tribu, et lingua, et populo, et natione.

10. Et fecisti nos Deo nostro regnum et sacerdotes: et regnabimus super terram.

Cap. VIII. — 1. Et cum aperuisset sigillum septimum, factum est silentium in cœlo, quasi media hora.

2. Vidi septem angelos stantes in conspectu Dei, et datæ sunt illis septem tubæ.

3. Et alius angelus venit, et stetit ante altare, habens thuribulum aureum; et data sunt illi incensa multa, ut daret de orationibus sanctorum omnium super altare aureum, quod est ante thronum Dei.

4. Et ascendit fumus incensorum de orationibus sanctorum de manu angeli coram Deo.

5. Et accepit angelus thuribulum, et implevit illud de igne altaris, et misit in terram, et facta sunt tonitrua, et voces, et fulgura, et terræ motus magnus.

6. Et septem angeli, qui habebant septem tubas, præparaverunt se ut tuba canerent.

Chap. V. — 7. Et il vint et il reçut le livre de la main de celui qui était assis sur le trône.

8. Et quand il eut ouvert le livre, les quatre animaux et les vingt-quatre vieillards se prosternèrent devant l'Agneau; chacun avait des harpes, et des coupes d'or remplies de parfums, qui sont les prières des saints.

9. Et ils chantaient un cantique nouveau, disant: Seigneur, vous êtes digne de prendre le livre, et d'ouvrir ses sceaux, parce que vous avez été tué, et que vous nous avez rachetés pour Dieu par votre sang, de toutes les tribus, de toutes les langues, de tous les peuples, et de toutes les nations (du monde.)

1. *Et quand il eut ouvert le septième sceau, il se fit un silence dans le ciel comme durant une demi-heure.* C'est l'intervalle entre la première vision et la seconde, c'est une cessation de visions sous de certains signes, qui vont néanmoins recommencer sous d'autres.

2. *Et je vis les sept anges debout en la présence de Dieu, et il leur fut donné sept trompettes:* voilà les instruments avec lesquels ils vont annoncer et figurer la guerre que les impies doivent faire aux fidèles dans les sept âges de l'Eglise.

3. *Et il vint un autre ange qui se tint debout devant le trône de Dieu, ayant un encensoir d'or, et on lui donna beaucoup de parfums, afin qu'il offrît les oraisons de tous les saints sur l'autel d'or, qui est devant le trône de Dieu.*

Chap. VIII. — 2. Et je vis les sept anges debout en la présence de Dieu, et il leur fut donné sept trompettes.

3. Et il vint un autre ange, qui se tint debout devant le trône de Dieu, ayant un encensoir d'or; et on lui donna beaucoup de parfums, afin qu'il offrît les oraisons de tous les saints sur l'autel d'or qui est devant le trône de Dieu.

4. Et la fumée des parfums des oraisons des saints monta de la main de l'ange devant Dieu.

5. Et l'ange prit l'encensoir et le remplit du feu de l'autel, et le répandit en terre; et il se fit des tonnerres, et des bruits et des éclairs, et un grand tremblement de terre.

6. Et les sept anges qui avaient des trompettes, se préparèrent pour en sonner.

4. *Et la fumée des parfums des oraisons des saints monta de la main de l'ange devant Dieu.* Comme avant l'ouverture des sept sceaux, les soupirs et les prières des saints sont décrits, pour montrer le désir qu'ils ont de l'avénement du royaume de Dieu, auquel ces révélations se terminent, et d'en être secourus au milieu des persécutions qui les menacent, selon que saint Jean le dit en ces termes: *Et quand il eut ouvert le livre, les quatre animaux et les vingt-quatre vieillards se prosternèrent devant l'Agneau; chacun avait des harpes, et des coupes d'or remplies de parfums, qui sont les prières des saints.* Ainsi ces mêmes prières et ces mêmes soupirs recommencent ici avant l'éclat des sept trompettes, qui doivent découvrir les mêmes choses que les sept sceaux.

5. *Et l'ange prit l'encensoir et le remplit du feu de l'autel, et le répandit en terre.* Ce

sont les avant-coureurs des persécutions de l'Eglise qui vont être décrites, et dont le grand éclat excite la crainte et attire l'attention.

6. *Et quand il eut ouvert le septième sceau,* etc., *les sept anges qui avaient des trompettes se préparèrent pour en sonner, et le premier ange sonna de sa trompette,* etc. Et remarquez que le septième sceau ne découvre rien de nouveau à saint Jean, mais donne naissance et commencement aux autres signes que sept anges vont représenter, lesquels découvriront plus de mystères que les sept sceaux, qui ne sont venus que jusqu'à la sixième persécution, où on parle de la septième par anticipation, *usque ad septem numerum ordinem custodit, et prætermisso septimo recapitulat.* (BEDA, *ibid.*); au lieu que l'ange expliquera la sixième persécution, et y joindra la dernière qui sera la consommation du mystère de Dieu, ainsi qu'il est écrit au chapitre x, v. 7 : *In diebus vocis septimi angeli, consummabitur mysterium Dei.* Remarquez aussi qu'auparavant que le premier ange commence à sonner, il est dit qu'on entendit des voix et des tonnerres, et qu'il y eut des tremblements de terre. *Et factæ sunt voces et tonitrua, et fulgura et terræmotus.* Ce qui ne signifie rien, et ne sert qu'à exciter l'esprit et le retenir en suspens et en attente des grandes choses qui doivent suivre.

Ceci, comme tout le reste de cette interprétation, demande de l'attention et de la réflexion : il est même nécessaire d'ouvrir souvent l'*Apocalypse*, et de regarder avec soin si ce qu'on avance est bien ainsi; sans quoi, un livre est à son lecteur ce qu'un orateur est à celui qui ne l'écoute pas. Saint Jérôme, voyant qu'on avait examiné son Commentaire sur Isaïe avec application, et qu'on était si bien entré dans son esprit, qu'on lui avait fait des objections fort à propos, et, dans sa supposition, dit qu'il avait goûté en cela l'espèce de béatitude dont parle le sage, et que quiconque explique l'*Apocalypse* a droit de souhaiter encore à plus forte raison : Heureux celui qui parle à des personnes qui l'écoutent avec attention : *Beatus qui in aurem audientium loquitur.*

Que si cette attention est nécessaire au lecteur pour voir si l'interprétation qu'on donne a un rapport naturel au texte qu'on explique, elle l'est encore à double titre ici, où l'on doit de plus examiner si elle est conforme à l'histoire et aux événements arrivés de siècle en siècle, puisque ce divin livre n'en est qu'une prédiction; car il y a toujours eu parmi les fidèles un esprit de chercher dans l'*Apocalypse* ce qui se passe dans le monde par rapport à l'Eglise chrétienne. Nous voyons cela dès le temps de Denis d'Alexandrie, qui trouvait que la persécution de Valérien, sous l'empire duquel il vivait, avait été prédite au chapitre XIII de l'*Apocalypse*, aussi bien que ce qui arrivait tous les jours de plus remarquable dans la religion : *De Apocalysis libro opinionem illam concipio,* dit ce savant évêque et ce saint martyr; *quod in illo arcanam quamdam, planeque admirabilem singularum rerum quæ quotidie accidunt, intelligentiam latere existimo...... et futurorum prædictionem.* (EUSEB., lib. VII, c. 25 juxta Græc.) Ce qui fait voir que l'exposition des faits et des révolutions est le vrai dénoûment des paroles énigmatiques du livre que nous expliquons.

Auparavant d'en venir là, il ne sera pas inutile de faire ici deux réflexions : La première sur ce qu'a dit saint Jérôme ci-dessus; savoir que le mot d'*Apocalypse* est tellement propre à l'Ecriture, qu'il ne se trouve dans aucun auteur profane; car cela mérite d'être expliqué. Il est vrai que Plutarque et quelques autres se sont servis de ce mot pour exprimer une chose qu'on découvre; mais saint Jean s'en sert autrement ici : car chez lui le terme d'*Apocalypse* veut tellement dire une chose qu'on découvre, que cette chose découverte ne laisse pas d'être encore une énigme obscure. Saint Jean, à la vérité, découvre dans ce livre des figures, mais des figures énigmatiques; à peu près comme qui tire un rideau devant un tableau, mais dans lequel tableau on voit des peintures énigmatiques qui sont obscures, et dont il est difficile de donner l'explication. De cette sorte, le mot d'*Apocalypse*, dans les auteurs profanes, signifie une découverte d'une chose d'elle-même intelligible, et que l'on comprend en la voyant; mais dans les auteurs sacrés, l'*Apocalypse* est la découverte d'une chose qui d'elle-même est mystérieuse et cachée, et a besoin d'explication pour être entendue. Voici comme s'exprime un auteur savant :

In ipso nomine Apocalypsis singulare quoddam delitescit, quod in Latino verbo non reperimus : revelare enim nihil aliud est quam detegere; verbum autem Apocalypsis, ita significat detegere, ut oppositum etiam significet, quod est tegere; quod cum ita sit, quis non videat miro consilio fuisse factum, ut Latina editio Græcum adhuc Apocalypseos nomen in titulo retineret? Etenim si libro ipsi opus est ut titulus respondeat, notum est, quæ in hoc libro revelantur, eadem obscurissimorum ænigmatum involucris velari, atque adeo valde tegi ea ipsa, quæ deteguntur : atqui utrumque simul exprimere Latinum nomen non poterat. In titulo ergo Apocalypseos nomen sonat revelationem cujusdam prophetiæ aptissimis ænigmatibus obiectam.

La seconde remarque qu'on peut faire est qu'on ne proposera point dans toute cette interprétation aucune découverte nouvelle, et qu'on ne dira rien qui ne soit puisé dans la doctrine des plus anciens Pères, qui, étant plus près du temps des apôtres, en ont appris beaucoup de secrets, ainsi qu'ils le disent eux-mêmes, et que nous devons recueillir avec respect. C'est pourquoi il ne faut pas s'étonner si nous ne faisons point mention des nouveaux interprètes, quelque savants qu'ils soient, surtout de ceux qui, donnent beaucoup dans l'avenir qu'ils ont voulu deviner, se sont laissé aller à des illusions et à des fictions : *Ad sacrarum litterarum intelligentiam prout illas a patribus accepimus accedendum esse*, dit saint Denis, au chapitre 1ᵉʳ de la *Hiérarchie céleste*; ce que saint Clément d'Alexandrie, dans son Épître cinquième, confirme par ces paroles : *Oportet sacræ Scripturæ intelligentiam discere ab eo qui a majoribus eam sibi traditam servat*; maxime que Vincent de Lérins inculque en plusieurs endroits, particulièrement sur ces paroles de saint Paul : *Depositum custodi*, lesquelles personne n'ignore ; *quid est depositum id quod tibi creditum est, non quod a te inventum, quod accepisti non quod excogitasti rem non usurpationis privatæ, sed publicæ traditionis : rem ad te perductam, non a te prolatam; in qua non auctor debes esse, sed custos; non institutor, sed sectator; non ducens, sed sequens*.

Au reste, ce ne sont point encore ici des prophéties, ni des révélations ; et saint Jean n'en a étalé jusqu'à présent à nos yeux que les magnifiques préparatifs et l'appareil surprenant. Ce n'est que comme l'ouverture, et, si l'on ose parler ainsi, la disposition mystérieuse du grand théâtre où se doit passer la catastrophe de l'univers. Un juge séant dans son lit de justice, environné d'un iris lumineux ; vingt-quatre vieillards à ses côtés, assis aussi dans des trônes ; quatre animaux parsemés d'yeux, qui servent d'introducteurs à la connaissance des secrets qu'on manifestera ; sept anges préposés au gouvernement de l'Église ; un livre scellé qui contient les destinées du monde, et que l'Agneau ouvrira ; des tonnerres, des voix et des éclairs qui tiennent en suspens, et enfin toutes les autres choses qu'on a vues, ne sont que les préludes des visions que le chapitre suivant et les autres découvriront, par l'ouverture des sept sceaux et par le son des sept trompettes, qui vont représenter, sous des figures énigmatiques, tout ce qui doit arriver dans la suite des siècles.

DEUXIÈME PARTIE,

QUI COMPREND UNE DESCRIPTION DES SEPT AGES DE L'ÉGLISE ET DES SEPT PERSÉCUTIONS QU'ELLE DOIT ENDURER DANS LA SUITE DES TEMPS, DEPUIS LE SIÈCLE DE SAINT JEAN JUSQU'A LA FIN DU MONDE.

CHAPITRE VI.

Du premier âge de l'Église persécutée par les tyrans idolâtres, depuis Néron jusqu'à Constantin.

SOMMAIRE. — Sous la figure d'un guerrier qui triomphe, on montre à saint Jean l'Église primitive, victorieuse de l'idolâtrie, et ornée de la couronne du martyre ; et sous celle d'une grêle mêlée et de feu et de sang, on lui découvre les cruelles persécutions qu'elle devait souffrir pendant près de trois cents ans, c'est-à-dire depuis l'Ascension de Jésus-Christ jusqu'au IVᵉ siècle.

CAP. VI. — 1. Et vidi quod aperuisset Agnus unum de septem sigillis, et audivi unum de quatuor animalibus, dicens tanquam vocem tonitrui : Veni et vide.

2. Et vidi, et ecce equus albus, et qui sedebat super eum habebat arcum, et data est ei corona, et exivit vincens ut vinceret.

CHAP. VI. — 1. Je vis ensuite que l'Agneau avait ouvert un des sept sceaux, et j'entendis un des quatre animaux, qui dit d'une voix comme d'un tonnerre : Venez et voyez.

CAP. VIII. — 6. Et septem angeli qui habebant septem tubas præparaverunt se ut tubæ canerent.

7. Et primus angelus tuba cecinit : et facta est grando, et ignis, mista in sanguine, et missum est in terram, et tertia pars arborum cremata est, et omne fenum viride combustum est.

CHAP. VIII. — 6. Alors les sept anges qui avaient les sept trompettes se préparèrent pour en sonner.

7. Le premier ange sonna de la trompette, et il se forma de la grêle et du feu mêlés avec du sang, qui furent versés sur la terre ; ce feu brûla la troisième partie des arbres et toute l'herbe verte.

Aussitôt je vis un cheval blanc, et celui qui était monté dessus avait un arc ; et on lui donna une couronne, et il alla remportant victoire sur victoire.

EXPLICATION.

Quoique ce soient ici deux visions en nombre, ce n'en est pourtant qu'une en signification, ainsi qu'on vient de dire, encore que les paroles et les expressions semblent différentes : sur quoi le lecteur attentif observera que, comme par l'ouverture des sept sceaux, les sept âges de l'Eglise sont représentés, et par le son des sept trompettes qui sont des instruments qui annoncent la guerre, les sept persécutions qu'elle doit soutenir dans ces sept âges, ou états, sont figurées ; aussi les signes ont dû être différents ; en effet, nous voyons que ceux-ci descendent du ciel, et que les autres s'opèrent en terre (sans doute pour montrer que les persécutions même de l'Eglise, viennent tellement de la malice des hommes terrestres, qu'elles sont néanmoins permises par un ordre d'en haut) ; mais les choses signifiées reviennent au même.

Et je vis un cheval blanc. Voilà le premier âge de l'Eglise, selon les Pères : *In primo sigillo decus Ecclesiæ primitivæ*, dit le vénérable Bède (*In Apoc.* VI ; S. VICTORIN.), où la candeur, la simplicité et l'innocence éclatent avec la pureté de la foi ; car alors, *Fides insignibus initiis excanduit*, pour s'exprimer avec saint Augustin. (Lib. XVIII, c. 54 *De civit. Dei.*)

Et celui qui était monté dessus avait un arc, et on lui donna une couronne, et il alla remportant victoire sur victoire. C'est l'image de l'état glorieux de cet âge d'or de l'Eglise qui triomphe, *exiit vincens ut vinceret*, et le symbole de sa première conquête dans la conversion de la gentilité même qui la combattait, dit André de Césarée : *Prima victoria quam per Apostolos Christus nactus est, gentium fuit conversio.* Cet appareil et cet équipage guerrier nous représentent les combats qu'elle rendit, et les victoires qu'elle remporta sur les ennemis de son Epoux : *Hæc est victoria quæ vincit mundum, fides nostra* (I Joan. V, 4), et la couronne immortelle du martyre dont elle fut ornée : *Ecclesia martyrum victoriis coronata*, dit saint Jérôme (*In Ezech.* XXXVI, *Vita S. Melch.* init.), *Ecclesia martyriis coronata*, et de laquelle le premier des martyrs, saint Etienne, porta le nom heureux. *Et data est ei corona.* Mais voici ce même âge représenté différemment.

Et le premier ange sonna de la trompette, et il se forma de la grêle et du feu mêlés avec du sang, qui furent versés sur la terre : ce sont les signes des sanglantes et cruelles persécutions que les tyrans exercèrent contre l'Eglise, selon saint Augustin (lib. XXI, *De adev.*, c. 26), *per ignem intelligi possunt persecutiones Ecclesiæ quibus martyres coronati sunt.* Passage qui montre le rapport de ce signe avec le précédent, c'est-à-dire du premier sceau avec la première trompette.

Et la troisième partie des arbres fut brûlée, et toute l'herbe verte fut consumée : la multitude des fidèles qui souffrirent effectivement la mort pour la foi ne se peut nombrer ; toute la fleur de la religion passa par cette flamme ardente où les plus saints et les plus zélés furent consumés. Ce sens est clair par ces paroles qui sont plus bas (cap. IX, § 4) : *Et il leur fut commandé de ne point endommager l'herbe de la terre ni rien de ce qui était vert, ni aucun arbre, mais seulement les hommes qui n'ont pas le signe de Dieu sur le front.* Car opposant aux méchants et aux réprouvés l'herbe, la verdure, les arbres, il faut que par ces mots il entende les saints et les élus.

Et j'entendis un des quatre animaux qui dit d'une voix comme d'un tonnerre : Venez et voyez. Abraham, qui nous est ici représenté, eut une lumière qui lui fit voir cet âge d'or de l'Eglise, cette nouvelle génération de croyants, cette nation fidèle dont il fut le père, et cette vue le fit tressaillir de joie. *Exsultavit Abraham ut videret diem meum, vidit, et gavisus est.*

Que s'il connut la sainteté de l'Eglise primitive, les cruautés qu'on exerça contre elle pendant plus de trois siècles, et dont celles d'Egypte étaient la figure, ne lui furent pas cachées. *Sachez,* dit Dieu, lui découvrant l'avenir, *que votre postérité sera errante dans une terre étrangère, et qu'elle sera persécutée pendant quatre cents ans.* « *Scito prænoscens quod peregrinum futurum sit semen tuum in terra non sua, et subjicient eos servituti, et affligent quadringentis annis.* » (Gen. XIII, 15.)

Mais il promet la victoire à l'Eglise : « Je châtierai, ajoute-t-il, « ses persécuteurs. » Ici la révélation qui lui fut faite se termina, et il ne vit pas plus loin. *Verumtamen gentem cui servituri sunt, ego judicabo.* Car après que Dieu l'eut assuré que les Chrétiens emporteraient enfin la victoire sur leurs ennemis, et que l'Eglise s'enrichirait de leurs dépouilles : *Post hæc egredientur cum magna substantia,* il lui cache le reste : *Et pour vous, après être parvenu à une heureuse vieillesse, vous mourrez en paix, et irez trouver vos pères.* « *Tu autem ibis ad patres tuos se-*

pultus in senectute bona. » Voilà l'état de l'Eglise qui fut révélé à Abraham, de quoi il fait part à saint Jean : *Venez et voyez,* « *Veni et vide.* »

Abraham, selon la doctrine de saint Augustin (lib. IV *Contra Faust.*), ne fut pas seulement le prophète de cet âge de l'Eglise, il en fut aussi la figure : *Sanctorum veteris instrumenti non tantum lingua, sed et vita prophetica fuit :* Dieu le retira du milieu d'un peuple idolâtre, où même il souffrit une espèce de martyre pour la foi, puisque, selon la tradition des Hébreux, confirmée par Joseph et plusieurs Pères, il fut jeté dans une fournaise pour n'avoir pas voulu adorer les faux dieux : d'où vient qu'il est écrit au second livre d'Esdras : *Qui eduxisti Abraham de igne Chaldeorum.* Seigneur, qui avez retiré Abraham de la fournaise des Chaldéens. Seigneur, dit l'Eglise dans sa prière des agonisants, délivrez l'âme de ce malade, comme vous avez délivré Abraham du feu des Chaldéens : *Libera animam ejus sicut liberasti Abraham de Ur Chaldæorum.* Saint Augustin reconnaît que la famille de Tharé souffrit persécution pour la religion du vrai Dieu. Et, quoi qu'il en soit, Dieu lui ordonna de quitter ses parents, ses biens et son pays, il lui fit mener une vie errante sur la terre et immoler ce qu'il avait de plus cher ; enfin il ne posséda des biens de ce monde qu'un cimetière, ce qui convient admirablement bien à cet âge des martyrs. *Populus iste ex progenie Chaldæorum est : hic primum in Mesopotamia habitavit, quoniam noluerunt sequi deos patrum suorum qui erant in terra Chaldæorum : deserentes itaque cæremonias patrum suorum quæ in multitudine deorum erant, unum Deum cœli coluerunt, qui et præcepit eis ut exirent inde.* (Judith v, 6-9.) *Manifestum est domum Thare persecutionem passam fuisse a Chaldæis pro vera pietate qua unus et verus ab eis colebatur Deus. Una igitur Tharæ domus erat, de qua natus est Abraham, in qua unius veri Dei cultus. Apud Chaldæos autem jam etiam tunc superstitiones impiæ prævalebant quemadmodum per cæteras gentes.* (S. AUG., lib. XVI *De civ. Dei,* c. 12.)

Il est bon d'observer ici que saint Jean ne parle point dans l'*Apocalypse* de la chute et de la réprobation des Juifs, ni de la destruction de Jérusalem et du temple ; Jésus-Christ l'avait fait très-souvent et très-clairement dans l'Evangile et lorsque cet apôtre écrivait ce divin livre, tout cela était consommé. Car ce qui arriva sous Trajan et sous Adrien, n'en fut qu'une suite et un reste, et appartient d'autant moins à l'histoire du peuple de Dieu ; que les Juifs endurcis n'en faisaient plus aucune partie. Aussi ne voit-on point dans l'*Apocalypse* de caractère spécial qui désigne leur ruine, quoi qu'il y en ait beaucoup qui marquent leur rétablissement ; c'est pourquoi saint Jean commence d'abord par les persécutions de l'Evangile sous les princes idolâtres, sans faire mention des Juifs.

Du second âge de l'Eglise exercée par les hérétiques, depuis Arius jusqu'aux Iconoclastes.

SOMMAIRE. — Sous la figure d'un cavalier ennemi, qui vient ôter la paix de la terre, et d'une montagne embrasée, on fait voir à saint Jean les dissensions que causèrent les hérétiques dans l'Eglise, et le feu qu'ils y allumèrent pendant près de quatre cents ans, c'est-à-dire depuis le IVe siècle jusqu'au VIIIe.

CAP. VI. — 3. Et cum aperuisset sigillum secundum, audivi secundum animal, dicens : Veni et vide.

4. Et exivit alius equus rufus : et qui sedebat super illum, datum est ei ut sumeret pacem de terra, et ut invicem se interficiant, et datus est ei gladius magnus.

CHAP. VI. — 3. Et lorsqu'il eut ouvert le second sceau j'entendis le second animal, qui dit : Venez et voyez.

4. Et il sortit un autre cheval qui était roux, et celui qui était monté dessus reçut le pouvoir d'ôter la paix de dessus la terre et de faire que les hommes se tuassent les uns les autres, et on lui donna une grande épée.

CAP. VIII. — 8. Et secundus angelus tuba cecinit : et tanquam mons magnus igne ardens missus est in mare et facta est tertia pars maris sanguis.

9. Et mortua est tertia pars creaturæ eorum quæ habebant animas in mari et tertia pars navium interiit.

CHAP. VIII. — 8. Et le second ange sonna ensuite de la trompette et il se fit comme une grande montagne tout enflammée, qui fut jetée dans la mer, et la troisième partie de la mer fut convertie en sang.

9. Et la troisième partie de ce qu'il y avait de créatures animées dans la mer mourut, et la troisième partie des navires périt.

EXPLICATION.

Et quand il eut ouvert le second sceau, il sortit un autre cheval qui était roux. Voici le second âge de l'Eglise, où il semble que son innocence soit un peu ternie par la couleur teinte, et comme ensanglantée de ce second animal. *Et celui qui était monté dessus reçut le pouvoir d'ôter la paix de dessus la terre.* Après l'âge d'or de l'Eglise, c'est-à-dire après le temps des persécutions et des martyrs, une profonde paix est accordée aux Chrétiens ; mais hélas, qu'elle leur est funeste ! « Par la piété de Constantin, » dit Socrate au chapitre quatrième du premier livre de son *Histoire*, « le christianisme jouissait d'une paix profonde, et se trouvait assuré de toutes parts ; mais cette paix fut incontinent troublée par une guerre intestine qui déchira l'Eglise. N'est-ce pas là ôter la paix de dessus la terre ? »

Et celui qui était monté dessus ce cheval, reçut le pouvoir de faire qu'ils se tuassent les uns les autres. Quelle fureur intestine ne rongea pas alors les entrailles de cette bonne mère ! « Ses propres enfants et ses propres membres ne furent plus à la vérité déchirés par les tyrans ; mais ils se déchirèrent eux-mêmes impitoyablement, » dit Théodoret, *et ut invicem se interficiant*. Car c'est ainsi que s'exprime le grand Constantin, parlant aux Pères du concile de Nicée, au sujet de l'arianisme : « Prenons garde, » leur disait ce pieux prince, » qu'après avoir, par le secours du Sauveur notre Dieu, détruit et renversé de fond en comble la tyrannie de ceux qui lui avaient déclaré la guerre, le démon envieux n'expose encore par une autre voie le christianisme à la médisance et à la calomnie des impies, au moyen de cette guerre intestine que je vois s'élever dans l'Eglise de Dieu ? Est-il juste, » ajoute-t-il, « de voir les frères s'armer contre les frères, et que cette vénérable assemblée, par vos contentions et vos disputes, partage les esprits, et se range comme pour donner une bataille ? » *Constantini opera res Christianorum in summa pace ac securitate positæ erant, verum hujusmodi pacem intestinum eos bellum excepit.*

Res lugubris fletu digna ! non extranei et hostes, sicut olim Ecclesias oppugnare, sed ejusdem tribus homines, ejusdem tecti, ejusdem mensæ participes contra semetipsos linguas, hastarum loco, exacuere, imo vero etiam cum membra essent in unum corpus coagmentata arma adversum se mutuo ferre cæperunt. (De vit. Const., lib. III, c. 11.)

Ne post deletam funditus, ac sublatam, Dei salvatoris auxilio, tyrannidem eorum qui bellum Deo induxerant, rursus malignus dæmon, alia via ac ratione, intestina scilicet seditione Ecclesiæ Dei, divinam legem maledictis et calumniis exponat. Æquumne est ut fratres fratribus, velut in acie positi stent, et venerabilis conventus per vos qui rixamini impia contentione dissentiat ? (Euseb., lib. II, c. 71 ; lib. III, c. 12.)

Paul Oroze (lib. VII, c. 29) en parle dans les mêmes termes, et ne sert pas peu à éclaircir l'endroit où nous en sommes : « L'empereur hérétique, » dit-il, « violant la paix de la foi catholique, arma les Chrétiens contre les Chrétiens, et déchira les membres de l'Eglise par cette guerre civile. » *Discissa pace et unitate fidei catholicæ, Christianos adversus Christianos armans, civili, ut ita dicam, bello, Ecclesiæ membra dilucerat.*

Et on lui donna une grande épée. Que nous représente ce glaive meurtrier, si ce ne sont ces effroyables persécutions, guerres, cruautés, schismes et divisions que les hérésies causèrent dans l'Eglise, et qui ne répandirent pas moins de sang catholique que les persécuteurs idolâtres avaient répandu de sang chrétien, comme toutes les histoires ecclésiastiques le racontent au long ?

« Le démon, » dit Oroze (*Ibid.*), « ne pouvant plus persécuter les fidèles par les tyrans idolâtres, suscita des princes hérétiques qui persécutèrent l'Eglise avec autant de cruauté que les païens. » *Diaboli insectatio hominum corda perturbat, postquam Christianis imperatoribus... Ecclesiam Christi zelo idololatriæ persequi destitit, aliud machinamentum, quo per eosdem Christianos imperatores Christo Ecclesiam vexaret invenit.* Voici l'hérésie représentée sous un autre emblème.

Et le second ange sonna de la trompette, et il se fit comme une grande montagne tout enflammée qui fut jetée dans la mer. Qui considérera l'hérésie du second âge, qui, comme un mont de discorde, porta le feu des dissensions par toute la terre, et y alluma une guerre sanglante et cruelle, n'aura pas peine à entendre ceci : Les ariens, macédoniens, nestoriens, eutychiens, monothélites, pélagiens, manichéens, iconoclastes, sans parler d'un nombre innombrable d'autres sectes moins célèbres, y allumèrent un feu qui ne s'est jamais pu éteindre qu'avec l'Eglise orientale à laquelle il s'était attaché. *Tange montes et fumigabunt : ecce ego ad te mons pestifer,* ait *Dominus, qui corrumpis universam terram, dabo te in montem combustionis.* (Psal. CXLIII, 5 ; Jerem. LI, 25.) Par les montagnes, sont figurés les hérésiarques et leur esprit orgueilleux et hautain, dit saint Jérôme (*In Isa.* XIII, 57), sur les chapitres XXXII et XXXIII du prophète Ezéchiel. *Per montes intelliguntur principes hæreseon... superbiaque et arrogans hæreticorum tumor. Hæreticorum describitur superbia, qui in montibus se esse credentes, eriguntur contra scientiam Dei, etc. Hæretici quorum cor elevatur in superbiam sibi excelsa promittunt, ascendunt dogmatum suorum montes sublimissimos.* En effet, les hérésies sont souvent, dans l'Ecriture, comparées à des montagnes embrasées ; et ceci revient parfaitement à la manière dont Eusèbe s'en explique au sujet de la première hérésie qui s'éleva incontinent après la paix de l'Eglise, et qu'on peut dire avoir été non-seulement la première, mais encore la plus grande et la mère de toutes les autres. « Le peuple de Dieu florissait, » dit Eusèbe au IIe livre de la *Vie de Constantin*,« et l'on n'avait aucun sujet de crainte au dehors qui donnât la moindre inquiétude, car, par un bienfait signalé de Dieu très-bon et très-puissant, l'Eglise était dans une paix douce et profonde ; mais une secrète envie se glissant premièrement parmi nous, et divisant ensuite les plus saints, commit enfin les évêques les uns contre les autres, et excita entre eux du bruit et des disputes, sous ombre de maintenir les dogmes de la foi, et de cette petite étincelle s'alluma un grand et épouvantable incendie. » Car, pour s'exprimer avec Constantin, écrivant contre les hérétiques (lib. III, c. 60), « de semblables disputes produisent toujours des embrasements et des feux. » *Florebat populus Dei, nullusque erat foris metus qui perturbationem afferret, quippe cum Dei optimi maximi beneficio, amœna, et profundissima pax Ecclesiam undique communiret; sed enim invidia nostris bonis insidias struens primum intro irrepens, postea in medio sanctorum cœtu tripudiavit, tandem vero episcopos inter se commisit, tumultum et altercationem inter eos excitans, divinorum dogmatum obtentu : exinde tanquam ex levi quadam scintilla gravissimum exarsit incendium. Ex hæreticorum collisione, scintillæ atque incendia excitantur.*

Voilà le flambeau de l'hérésie du second âge de l'Eglise ici pronostiqué, et il ne faut point d'autre commentaire de ces paroles : Une montagne embrasée fut jetée dans la mer ; d'ailleurs, si l'hérésie est comparée à une montagne ardente dans les prophéties, la gentilité convertie, comme elle fut sous Constantin lors de l'arianisme, ou l'Eglise des nations, est aussi comparée à la mer : Lors, dit le Prophète, *que la grande mer se convertira à vous, et que la nombreuse multitude des gentils viendra vers vous*; et ailleurs prévoyant cette merveille, il s'écrie : *La connaissance de Dieu, comme un océan immense, a inondé la terre.* « *Quando conversa fuerit ad te multitudo maris ; fortitudo gentium venerit tibi. Repleta est terra scientia Domini sicut aquæ maris operientes.* » (*Isa.* LX; XI.)

Et la troisième partie de la mer fut convertie en sang. En effet l'Eglise fut ensanglantée par les cruautés horribles qu'exercèrent les princes et les peuples hérétiques contre les orthodoxes, de quoi l'histoire est si remplie, qu'il semble inutile de le rapporter, outre qu'on doit prendre ceci dans un sens métaphorique, et pour une grande désolation dans l'Eglise.

Et la troisième partie de ce qu'il y avait de créatures vivantes dans la mer mourut, parce qu'un très-grand nombre d'âmes qui vivaient dans le sein de l'Eglise catholique, quittant la doctrine commune et universelle répandue par toute la terre, périrent misérablement dans l'eau bourbeuse et corrompue des erreurs particulières, et furent empoisonnées de la puanteur et de l'infection mortelle que causa cette montagne embrasée. C'est ainsi que s'en explique le grand Constantin dans sa *Lettre* ou plutôt dans sa *loi contre les hérétiques ;* il dit : que leur doctrine est un venin qui empoisonne tout le monde ; qu'elle prive de la santé les membres sains de l'Eglise ; qu'elle est une mort pernicieuse ; qu'elle fait des blessures mortelles ; qu'elle ôte la vie à un nombre infini d'âmes, etc. N'est-ce pas là notre texte expliqué ? *Constantinus Augustus hæreticis : Agnoscite, o Novatiani, Valentiniani, Marcionitæ, Pauliani*, etc., *omnes denique hæretici... quam perniciosis venenis imbuta sit doctrina vestra... sanis morbus gravissimus : viventibus perpetua mors... conscientias lethalibus plagis vulneratis*, etc. (EUSEB. lib. III, c. 64.)

Et la troisième partie des navires périt : qu'est-ce que cela signifie, sinon que quantité d'Eglises particulières furent malheureusement submergées par ces erreurs immenses, et firent, avec les pilotes qui les conduisaient, un funeste naufrage dans la foi ; *Per naves, Ecclesias intelligimus*, dit saint Augustin sur ces paroles du psaume CIII : *Illic naves pertransibunt*, et c'est en ce sens que saint Jérôme, après la défection des évêques d'un célèbre concile, a écrit : que le monde s'étonna de se voir être devenu arien, tant il y eut d'Eglises entières qui périrent pour lors dans les flots de l'hérésie. *Miratus est mundus totum se esse arianum.*

Mais il faut montrer que l'âge des martyrs et l'âge des hérésies ont paru aux saints Pères deux âges différents de l'Eglise. Voici comme se le représentait saint Jérôme (*Vit. S. Malach.*, init.), la considérant, ainsi que saint Jean, ornée de la couronne du martyre : « J'ai résolu d'écrire, » disait-il. « l'histoire de la naissance et du progrès de l'Eglise de Jésus-Christ, et de faire voir comment elle s'est augmentée par les persécutions, et comment elle a été couronnée de la couronne du martyre. » N'est-ce pas là le tableau que cet apôtre vient de nous en faire dans son premier âge ? *Scribere disposui quo modo et per quos Christi Ecclesia nata sit et adulta, persecutionibus creverit, martyriis coronata sit.*

Voici comme saint Augustin se la figurait dans le second, qui est celui des hérésies : « Le démon voyant ses temples abandonnés, et que le genre humain courait après son libérateur, comme il arriva vers la fin du premier âge de l'Eglise, et lors des trophées des martyrs, il suscita les hérétiques, c'est le second âge de l'Eglise, qui, sous le nom de Chrétiens, résistassent à la doctrine chrétienne ; comme si la loi de Dieu eut pu tolérer dans son sein sans corruption de sa foi diverses sectes opposées, ainsi que Babylone, où le monde tolérait divers partis de philosophes contraires les uns des autres, dans leurs sentiments. Mais le démon a succombé, poursuit ce grand docteur, à cette nouvelle tentative, car les persécutions n'ont fait qu'exercer la patience de l'Eglise, et les hérésies sa sagesse. » *Videns autem diabolus templa dæmoniorum deseri, et in nomen liberantis mediatoris currere genus humanum, hæreticos movit qui, sub vocabulo Christiani, doctrinæ resisterent Christianæ, quasi indifferenter sine ulla corruptione haberi in civitate Dei, sicut civitas confusionis indifferenter habuit philosophos inter se diversa et adversa sentientes. Inimici enim omnes Ecclesiæ quolibet errore cæcentur, vel malitia depraventur, si accipiant potestatem corporaliter affligendi, exercent ejus patientiam, si tantummodo mala sentiendo adversantur, exercent ejus patientiam. (De civit. Dei, c. 51.)*

Saint Grégoire le Grand regarde si bien l'âge des martyrs qui ont combattu les tyrans comme un âge distingué de celui des docteurs qui ont combattu les hérésies, qu'il les compare à deux saisons de l'année, à l'hiver et au printemps, qui se succèdent l'un à l'autre. « Que nous signifie-t-on par cette constellation d'étoiles nommée Orion, sinon les martyrs, qui, élevant l'Eglise comme une sphère céleste sur nos têtes, ont paru dans notre hémisphère au milieu de l'hiver ? » C'est le premier âge de l'Eglise ou le temps des martyrs ; c'est-à-dire l'hiver de l'infidélité. Voici le second, ou le printemps spirituel de l'Eglise, c'est-à-dire l'âge des docteurs qui a succédé à celui des martyrs.

« Que nous représentent ces autres étoiles appelées Hyades, si ce ne sont les docteurs de la sainte Eglise, qui, succédant à l'âge des martyrs, ont commencé à briller dans le monde, quand la foi a dardé de plus vifs rayons, ou que l'hiver de l'infidélité étant passé, le soleil de la vérité a échauffé les cœurs fidèles ? car les orages des persécutions ayant cessé, et les longues nuits de l'infidélité s'étant écoulées, ils ont paru s'élever dans le ciel de l'Eglise, lorsque la foi, s'épanouissant sur la terre, a donné entrée au printemps spirituel de l'année chrétienne. » C'est ce que dit ce grand Pape au IX° livre de ses *Morales*, chapitre 6 : *Quid per Oriona nisi martyres designantur, qui dum sanctum Ecclesiam erigunt, ad cœli faciem quasi in hyeme venerunt ? Quid vero Hyadum nomine nisi doctores sanctæ Ecclesiæ designantur, qui subductis martyribus, eo jam tempore ad mundi notitiam venerunt, quo fides clarius elucet, et represse infidelitatis hieme, altius per corda fidelium, sol veritatis calet ? qui remota tempestate persecutionis, expletis longis noctibus infidelitatis, tunc sanctæ Ecclesiæ orti sunt, cum ei jam per credulitatis vernum lucidior annus aperitur.*

Et j'entendis le second animal qui me dit : Venez et voyez. Celui qui nous est ici représenté est Moïse, qui, prévoyant les péchés auxquels les Juifs tomberaient, quand ils seraient paisibles possesseurs de la terre de promission, ce qui figurait l'état des Chrétiens après le temps des martyrs, prophétisa les malheurs qui accableraient l'Eglise lorsqu'elle jouirait de la paix de la terre : « Je prévois, leur disait-il, que vous en userez mal, et que vous vous écarterez bientôt du droit sentier, lorsque vous serez dans cette terre qui coule le lait et le miel : assemblez-moi tous vos docteurs, et je leur prophétiserai cette vérité : invoquant le ciel et la terre contre eux, etc. Dieu vous trouva dans une terre déserte, dans un lieu d'horreur, dans une solitude affreuse ; il vous environna et il vous enseigna, il vous conserva comme la prunelle de l'œil : ainsi qu'une aigle qui défend ses petits, il vous couvrit de ses ailes, il vous prit et vous porta sur ses épaules. » Tel fut le discours de Moïse aux docteurs juifs, auxquels il commanda de mettre le livre de l'Ecriture à côté de l'arche de l'alliance, afin qu'il fût là pour servir de témoignage contre eux, et de preuve de leur esprit de contention et d'opiniâtreté. Or ces mots de livres, de docteurs, de contentions, de disputes, d'opiniâtreté, d'obstination, d'assemblées, etc., nous conduisent naturellement à une idée de sectes et d'hérésies : *Moyses præcepit levitis qui portabant arcam fœderis Domini dicens : Tollite librum istum et ponite eum in latere arcæ fœderis Domini Dei vestri, ut sit ibi contra te in testimonium. Ego enim scio contentionem tuam et cervicem tuam durissimam..., semper contentiose egistis contra Dominum... novi quod inique agetis et declinabitis cito a via cum introducti eritis in terram lacte et melle manantem. Congregate ad me omnes doctores, loquar audientibus sermones istos, et invocabo contra eos cœlum et terram* (Deut. XXXI, 25-28) : *Deus invenit eum in terra deserta, in loco horroris et vastæ solitudinis : circumduxit eum, et docuit, et custodivit quasi pupillam oculi sui ; sicut aquila provocans ad volandum pullos suos, et super eos volitans, expandit alas suas, assumpsit eum, atque portavit in humeris suis : Dominus solus dux ejus fuit, et non erat cum eo Deus alienus : incrassatus est dilectus, et dilatatus, et impinguatus, et recalcitravit, derelinquit Deum factorem suum, et recessit a Deo salutari suo.* (Deut. XXXII, 10-12, 15.)

En effet, Dieu choisit le peuple chrétien du milieu de la terre idolâtre, et il le retira de l'empire des démons ; et de la voie de l'enfer ; il le conserva malgré les persécutions horribles et épouvantables qui devaient l'exterminer sans son puissant secours, il l'enseigna et l'instruisit lui-même, l'éclairant de ses propres lumières, et lui communiquant une doctrine pure, saine, orthodoxe ; il tourna à sa défense et à sa protection la force des aigles romaines, par la conversion de Constantin, qui renonça à l'idolâtrie et aux dieux étrangers. *Sicut aquila provocans ad volandum pullos suos, et super eos volitans expandit alas suas, assumpsit eum atque portavit in humeris suis.*

Mais la paix, le repos et les richesses ayant été donnés aux Chrétiens, les hérétiques se révoltèrent contre celui même qui les leur avait accordés : malheur déplorable qui leur arriva à la lettre, ainsi que saint Jérôme (*Vit. S. Malach.,* init.) le rapporte en ces termes : « J'ai résolu, » dit-il, « d'écrire l'histoire ecclésiastique, à commencer dès la venue du Sauveur, et la continuer jusqu'à la lie de notre temps, et d'exposer comment et par qui l'Eglise de Jésus-Christ se forma et s'accrut, comment elle fut couronnée de la couronne du martyre, et comment étant parvenue jusque sur le trône, par la conversion des empereurs, elle devint plus puissante et plus riche, mais moins ornée de vertus. » *Scribere disposui ab adventu Salvatoris usque ad nostram ætatem, id est ab apostolis usque ad nostri temporis fæcem, quomodo et per quos Christi Ecclesia nata sit et adulta, persecutionibus creverit, martyriis coronata sit. Et postquam ad Christianos principes venit potentia quidem et divitiis major, sed virtutibus minor facta sit.*

Tel fut l'effet de l'abondance : cependant Moïse distingue bien le peuple fidèle d'avec l'hérétique : « Que vous êtes heureux, ô Israël! qui est semblable à vous, ô peuple fortuné, dont le Seigneur est le salut, le bouclier et l'épée? le Seigneur fera grâce à ses serviteurs ; et il promet la victoire à l'Eglise contre les rebelles. Vos adversaires vous rejetteront, mais vous foulerez aux pieds leur cou. » C'est le génie et le sort des hérétiques, ils nient l'autorité de l'Eglise, ils refusent de se soumettre à sa doctrine, ils se séparent de sa communion. « Vos adversaires vous rejetteront, » voilà leur esprit orgueilleux. Voici leur sort funeste : « Mais vous foulerez aux pieds leur cou : » *Beatus es, tu Israel, quis similis tui, popule, qui salvaris in Domino, scutum auxilii tui, et gladius gloriæ tuæ? dominus in suis miserebitur. Negabunt te inimici tui, et tu eorum colla calcabis. (Deut.* xxxiii, 29.) Leur tête rebelle qui a secoué le joug de la foi, se trouve accablée du poids de leur condamnation ; ils n'ont pas voulu reconnaître l'Eglise comme une mère de douceur, ils la trouveront comme un juge sévère, ils deviendront l'escabeau du corps mystique du Fils de Dieu, puisqu'ils ont dédaigné d'en être le trône, et cette promesse de Jésus-Christ aura lieu en cette occasion. « Voilà que je vous ai donné le pouvoir de fouler aux pieds les serpents et les scorpions, et toute la vertu de l'ennemi. » *Ecce dedi vobis potestatem calcandi supra serpentes, et scorpiones, et supra omnem virtutem inimici. (Luc.* x, 19.)

Ici se termina la révélation qui fut faite à Moïse ; car après que Dieu lui eut montré la punition qu'il ferait de tant d'infidélités : « Ma colère s'est allumée comme un feu, et je les châtierai par le moyen d'un peuple barbare et d'une nation farouche : » expression remarquable pour le chapitre suivant : *Ignis succensus est in furore meo, et ego provocabo eos in eo qui non est populus, et in gente stulta irritabo eos. (Deut.* xxxii, 21.) Il lui cache le reste, et lui dit : « Et pour vous, vous dormirez avec vos pères : » *Ecce tu dormies cum patribus tuis (Deut.* xxxi, 16) : et c'est cette connaissance du second âge de l'Eglise que Moïse prévit, dont il fait ici part à saint Jean : « Venez et voyez. » *Veni et vide. (Joan.* i, 46.)

Moïse, sous qui le peuple juif, après trois ou quatre siècles de persécutions, sortit hors de captivité, confondit les magiciens et les sages de Pharaon, surmonta les persécutions, et entra aussitôt après la mort de ce législateur dans la Terre promise, pour y jouir enfin de la paix, nous est une figure aussi claire du second âge de l'Eglise, comme il en est le prophète. *Scriptura sancta etiam rebus gestis prophetans.* (S. Aug., lib. xvii *De civ. Dei,* c. 3.)

Il ne faut pas au surplus s'imaginer que ces différents âges de l'Eglise soient si séparés l'un de l'autre, qu'ils ne se mêlent point ensemble, étant certain qu'il y a toujours eu dès la naissance de l'Eglise des persécutions, des hérésies, et les autres choses qu'on va voir, qui toutes ont concouru ensemble ; mais on marque seulement le temps dominant de ces fléaux, et les grands caractères que saint Jean a eus principalement en vue : (*Prophetas*) *non universa narrare sed ea quæ majora videntur exponere* (S. Hier., *in Dan.* ii) : et qui ne se distinguant pas toujours par des époques chronologiques, différentes et successives, le sont plus que suffisamment par leurs effets. Par exemple, le grand feu de l'hérésie, ou du second âge de l'Eglise, éclata sous Constantin ; mais il ne laissa pas de durer, et même de se renouveler de temps en temps jusqu'aux iconoclastes. Et la grande inondation des barbares dans l'empire, qu'on donne pour le troisième âge de l'Eglise, arriva sous Théodose le Jeune et Honorius, et continua jusqu'à Charlemagne. Il avait cependant commencé auparavant, et continua après ; mais non dans le même excès, et ce n'étaient tout comme dans l'âge de l'hérésie, que des préparatifs ou des suites. Si donc on a égard aux siècles, souvent ces âges concourent en partie : si on fait attention aux diverses plaies qu'ils ont causées à l'Eglise, ils different extrêmement.

Du troisième âge de l'Eglise ravagée par les Barbares, depuis Théodose le Jeune jusqu'à Charlemagne.

SOMMAIRE. — Sous la figure d'un cavalier féroce qui porte la famine partout et d'un phénomène malin qui corrompt les eaux, on fait voir à saint Jean l'irruption des peuples barbares dans l'Eglise, pendant près de quatre siècles, c'est-à-dire depuis l'an quatre cents jusqu'à l'an huit cents.

Cap. VI. — 5. Et cum aperuisset sigillum tertium, audivi tertium animal dicens : Veni et vide.

Cap. VIII. — 10. Et tertius angelus tuba cecinit, et cecidit de cœlo stella magna ardens tanquam facula, et cecidit in tertiam partem fluminum, et in fontes aquarum.

11. Et nomen stellæ dicitur absyntium, et facta est tertia pars aquarum in absynthium, et multi hominum mortui sunt de aquis, quia amaræ factæ sunt.

CHAP. VIII. — 10. Et le troisième ange sonna de la trompette, et une grande étoile, allumée comme un flambeau, tomba du ciel sur la troisième partie des fleuves, et sur les fontaines.

11. Cette étoile s'appelait absinthe, et la troisième partie des eaux étant devenue amère comme l'absinthe, cette amertume des eaux fit mourir beaucoup de personnes.

6. Et ecce equus niger, et qui sedebat super illum habebat stateram in manu sua, et audivi tanquam vocem in medio quatuor animalium dicentium : Bilibris tritici denario, et tres bilibres hordei denario, et vinum, et oleum ne læseris.

CHAP. VI.—5. Lorsqu'il eut ouvert le troisième sceau, j'entendis le troisième animal, qui dit : Venez et voyez.

6. Et il parut aussitôt un cheval noir, et celui qui était monté dessus avait une balance dans sa main ; alors j'entendis au milieu des quatre animaux comme la voix de plusieurs personnes qui disaient : Demi-livre de froment vaudra un denier, et trois demi-livres d'orge un denier ; néanmoins ne gâtez point le vin et l'huile.

EXPLICATION.

Et quand il eut ouvert le troisième sceau, voici qu'il parut aussitôt un cheval noir. Pour entendre ceci, considérez que dans le troisième âge de l'Eglise il se fit une irruption effroyable de Barbares, lesquels quittant leurs noires forêts, et leurs déserts sombres et septentrionaux, couvrirent de leur multitude affreuse toute la face de la terre : cette noirceur est un signe de leur cruauté et de leur impiété, selon saint Jérôme : *Si quis peccator est sedebit in equo nigro* (S. HIER. *in Habac* III) : les Huns, les Goths, les Suèves, les Allemands, Bourguignons, Saxons, Alains, Vandales, Hérules, Lombards, Sarrasins, Sarmates, Francs, Marcomans, Gètes, Arabes ; enfin un nombre infini de nations infidèles, idolâtres, impies, hérétiques, furieuses, comme un torrent impétueux qui a rompu sa digue, se débordèrent à millions sur la terre.

Et celui qui était monté dessus avait une balance dans sa main ; et j'entendis du milieu des quatre animaux, comme la voix de plusieurs personnes, qui disaient : Demi-livre de froment vaudra un denier, et trois demi-livres d'orge un denier. Ces voix confuses qui mettent à si haut prix une si petite mesure de blé, pronostiquent la famine et la cherté qui devaient suivre une si prodigieuse multitude d'hommes, laquelle en peu de temps eût dévoré et consumé, comme d'autres insectes de l'Egypte, tous les fruits de la terre, et réduit le monde à une extrême disette et pauvreté, ainsi que les histoires en font foi. Témoin l'Illyrie, témoin la Thrace, témoin le pays où je suis né, et où, excepté le ciel et la terre, et les ronces qui se sont élevées, tout a péri, disait saint Jérôme, déplorant le ravage horrible que les Barbares avaient fait sur les terres de l'empire ; comme on verra ci-après ; c'est sur le chapitre premier du prophète Sophonie. Mais quelle fut la famine spirituelle ? *Equus niger, famem significat. Pellis nostra quasi clibanus exusta est a facie tempestatum famis.* (*Thren.* V, 10) : *et comedent panem in pondere.* (*Ezech.* IV, 16) *Testis Illyricum est, testis Thracia, testis in quo ortus sum, solum, ubi præter cœlum et terram, et crescentes vepres, et condensa sylvarum, cuncta perierunt.*

Et la noirceur de ce cheval, sur lequel ce cavalier est monté, n'est-elle pas encore une autre figure de la famine, puisque le prophète voulant décrire celle où les habitants de Babylone allaient être réduits, dit : *Facies omnium eorum sicut nigredo ollæ.* (*Nahum.* II, 10.) Que leur visage deviendrait noir par l'extrémité de la faim qui les consumerait. *Atra fames.* Voici la même chose pronostiquée sous un symbole différent.

Et le troisième ange sonna de la trompette, et une grande étoile, allumée comme un flambeau, tomba du ciel sur la troisième partie des fleuves, et sur les fontaines. Cette étoile s'appelait absinthe, et la troisième partie des eaux devint amère comme absinthe. Cette étoile, ou plutôt ce phénomène malin qui corrompt les eaux, qu'est-ce autre chose que l'erreur impie de ces peuples infidèles ou hérétiques, qui corrompirent dans toutes les parties du monde qu'ils occupèrent la doctrine évangélique ; les clairs ruisseaux de la foi et de la tradition furent bientôt altérés dans tous les endroits que ces Barbares saccagèrent, et où ils abolirent et pervertirent autant qu'ils purent, les vestiges de la pure et saine religion.

Et plusieurs personnes moururent buvant de ces eaux amères : c'est-à-dire, que les hommes qui venaient se désaltérer dans les fontaines de cette eau rejaillissante en la vie éternelle, trouvant ces sources d'où ils puisaient leur foi, devenues amères, par le mélange impur que la superstition, l'idolâtrie et les erreurs y avaient fait, rencontrèrent la mort où ils cherchaient la vie. Beaucoup de pays chrétiens qui se virent exposés à leur fureur, et engagés sous leur tyrannique domination, furent pervertis et entraînés dans un aveuglement impie ; en sorte qu'aux siècles suivants, il n'y parut presque plus aucune trace de la religion que les premiers apôtres y avaient prêchée, et qu'il fallut y en envoyer d'autres une seconde fois pour y annoncer l'Evangile de nouveau, et y ressusciter la foi qui était quasi entièrement éteinte. Le seul exemple de l'Angleterre, et de l'état où elle était lorsque saint Grégoire le Grand y envoya le bienheureux moine Augustin, nous fait toucher au doigt cette vérité. Ajoutez à cela que la ruine de Rome ou de la prostituée assise sur plusieurs eaux, et de ses provinces comparées aux fleuves et aux fontaines par leur relation à leur capitale, comparée à la mort, ainsi que saint Jean s'exprimera ci-après, est ici très-convenablement représentée par cette eau amère et empoisonnée, qui tue une si grande partie du monde, figure de la cruauté de ces nations féroces qui exterminèrent tant de sujets de l'empire.

Mais l'idée de ce phénomène ou de cette espèce de comète, ardente et allumée comme un flambeau, tombant sur les eaux et sur les peuples, nous a été conservée dans l'expression des historiens contemporains, à l'invasion des Barbares. L'empereur, dit Ammien Marcellin (lib. xvii, xviii, xix, xx), apprit par des courriers arrivant les uns sur les autres, l'irruption des Suèves, des Quades, et des Sarmates, qui ravageaient les terres de l'empire, particulièrement la Pannonie et la Mésie; de sorte qu'on ne crut pas que le préfet dût s'éloigner de la personne du prince, dans l'ardeur et l'embrasement de ces terribles ravages. Ce qui regarde l'an 358 et 359. *Acceptis nuntiis de Suevorum, Quadorum, et Sarmatarum in Romanas provincias irruptione, indicabant nuntii graves, et crebri permistos Sarmatas et Quados, Pannonias, Moesiarumque alteram, cuneis incursare diversis... ab imperatore nusquam disjungi debere prefectum in ardore illo terribilium rerum. Cecidit stella magna ardens tanquam facula in tertiam partem fluminum, et in fontes aquarum.... et multi hominum mortui sunt de aquis.*

Et j'entendis une voix qui disait : Ne gâtez pas néanmoins le vin et l'huile. Dieu ne permit pas cependant que son Eglise, si souvent représentée par la vigne et l'olivier, succombât à tant de secousses, ni que tant de maux fussent sans remède. C'est ainsi que Dieu donna pouvoir à Satan d'affliger Job; mais avec la réserve de n'attenter pas à sa vie : *Verumtamen animam ejus serva* (Job. ii, 6); car la plupart de ces nations infidèles se convertirent, et trouvèrent dans l'Eglise même qu'elles ravageaient, ce vin et cette huile mystérieux de l'Evangile, qui guérirent leurs plaies; de sorte que cette irruption des nations barbares est un de ces grands événements futurs, d'autant plus dignes d'être prédits par saint Jean, que ces mêmes peuples, comme on verra dans la suite, devaient servir d'instruments, et à la justice de Dieu, pour détruire l'empire idolâtre, et à sa miséricorde pour en faire par leur conversion, un des plus beaux ornements de l'Eglise, et une de ses plus riches conquêtes.

Et j'entendis le troisième animal, qui me disait : Venez et voyez. L'histoire de David, lequel nous est ici représenté sous la figure de ce troisième animal, n'est rien qu'un continuel tableau, et une figure parfaite de ce troisième âge de l'Eglise. *Tempus erat quo non tantum dictis, sed etiam factis, prophetari oporteret, ea quæ posteriori tempore fuerant revelanda.* (S. AUG., *Cont. Faust.* lib. vi, c. 7.) Ce fut un prince belliqueux, qui toute sa vie eut les armes à la main, et qui se vit attaqué de toute sorte d'ennemis. « Vous avez eu quantité de guerres, » lui dit Dieu au premier livre des *Paralipomènes : Bella plurima bellasti.* (*I Paral.* ii, 8.) Le seul cantique qu'il chanta au jour où Dieu le délivra des mains de tous ses ennemis : *In die qua liberavit eum Dominus de manu omnium inimicorum suorum* (*II Reg.* xxii, 1), contient la description de cet âge de l'Eglise, en la personne de laquelle il dit ces paroles : « Des torrents de peuples indomptés m'avaient attaqué, les lacets de la mort m'avaient enveloppé; mais j'ai invoqué le Seigneur dans ma tribulation, et j'ai crié à mon Dieu, et il m'a exaucé de son temple : mes cris sont parvenus jusqu'à ses oreilles, il a tiré ses flèches, il a dissipé ces peuples féroces, et il m'a délivré de ces eaux, où des nations qui m'avaient assiégé; il m'a délivré de mes ennemis qui étaient extrêmement puissants, et beaucoup plus forts que moi, et qui me haïssaient; il m'a donné la victoire sur eux, et d'ennemis et d'inconnus qu'ils étaient, il les a rendus mes sujets et mes enfants, il m'a fait leur reine et leur mère. Vous me réserverez, Seigneur, pour être le chef des nations, et les peuples que je ne connaissais pas m'obéiront; et après m'avoir résisté, ils se soumettront à moi par l'ouïe, écoutant ma voix, et s'y rendant dociles, parce que ce sont ceux que je convertirai à la foi que je leur prêcherai. » *Torrentes Belial terruerunt me, circumdederunt me laquei mortis, in tribulatione mea invocabo Dominum, et clamabo ad Deum meum, et exaudiet de templo suo vocem meam, et clamor meus veniet ad aures ejus, misit sagittas, et dissipavit eos, et extraxit me de aquis multis, liberavit me ab inimico potentissimo, et ab his qui oderant me, quoniam robustiores me erant. Custodies me in caput gentium, populus quem ignoro servivit mihi, filii alieni resistent mihi, auditu auris obedient mihi.* (*II Reg.* xxii, 5-18, 44, 45.) (*Fides ex auditu.*) Voilà un peu de beaucoup de choses qu'on pourrait rapporter de ce seul cantique, que l'Ecriture nous apprend, être les dernières paroles de David, et c'est l'état de l'Eglise dont Dieu donna la connaissance à ce saint roi et prophète, de qui la vie ne fut que la figure de ce qui devait se passer dans ce troisième âge de l'Eglise : le voici donc qui convie saint Jean à venir participer à la lumière que Dieu lui en départit, lui disant : Venez et voyez.

Du quatrième âge de l'Église, désolée par les mahométans, obscurcie et déchirée par le schisme des Grecs.

SOMMAIRE. — Sous la figure d'un cavalier pâle, qui traîne la guerre, la peste et la famine après lui et d'une grande éclipse qui dérobe à la terre la troisième partie de la lumière du ciel, le mahométisme et le schisme de l'Église orientale sont représentés à saint Jean, c'est à-dire, ce qui devait arriver jusqu'à l'an mil quatre cent cinquante ou environ.

CAP. VI. — 7. Et cum aperuisset sigillum quartum, audivi vocem quarti animalis dicentis : Veni et vide.

8. Et ecce equus pallidus, et qui sedebat super eum, nomen illi mors : et infernus sequebatur eum, et data est illi potestas super quatuor partes terræ interficere gladio, fame et morte, et bestiis terræ.

CHAP. VI. — 7. Lorsqu'il eut ouvert le quatrième sceau j'entendis la voix du quatrième animal, qui dit : Venez et voyez.

8. En même temps il parut un cheval pâle, et celui qui était monté dessus s'appelait la mort, et l'enfer le suivait, et il reçut le pouvoir sur les quatre parties de la terre, pour y faire périr les hommes par l'épée, par la famine, par la mort et par les bêtes.

CAP. VIII. — 12. Et quartus angelus tuba cecinit, et percussa est tertia pars solis et tertia pars lunæ, et tertia pars stellarum, ita ut obscuraretur tertia pars eorum, et diei non luceret pars tertia, et noctis similiter.

CHAP. VIII.—12. Ensuite le quatrième ange sonna de la trompette, et la troisième partie du soleil, de la lune et des étoiles fut frappée ; en sorte que cette troisième partie s'obscurcit, et qu'elle ne donna point de lumière, ni pendant le jour, ni pendant la nuit.

EXPLICATION.

Et lorsqu'il eut ouvert le quatrième sceau, il parut un cheval pâle et celui qui était monté dessus s'appelait la mort. C'est le mahométisme, très-convenablement représenté par cette pâleur et cette mort, parce qu'il est le signe de la destruction totale et finale de l'empire romain, et par conséquent des approches du règne de l'Antechrist et de la fin du monde, suivant la prophétie de saint Paul aux Thessaloniciens, interprétée par les saints Pères, qui ont cru voir, dans les termes dont use cet Apôtre, que l'empire de l'Antechrist se manifesterait, quand la destruction de l'empire romain arriverait : car dès à présent le mystère d'iniquité commence de s'opérer : *Nam mysterium jam operatur iniquitatis,* dit ce grand Apôtre (*II Thessal.* II, 7) (c'est-à-dire que le diable exerçait déjà en secret par les faux docteurs, contre la saine doctrine de l'Église, ce qu'un jour il exercera publiquement par l'Antechrist.) Et il reste, continue-t-il, seulement que celui qui tient maintenant soit ôté pour qu'il paraisse (c'est-à-dire que l'empire romain soit aboli, afin que l'Antechrist se manifeste), et alors paraîtra ce méchant que Notre-Seigneur Jésus-Christ mettra à mort par le souffle de sa bouche, et qu'il détruira par l'éclat de son glorieux avénement : *tantum ut qui tenet, nunc teneat, donec de medio fiat, et tunc revelabitur ille iniquus, quem Dominus Jesus interficiet spiritu oris sui, et destruet illustratione adventus sui.* (*Ibid.*, 7, 8.)

D'où vient que saint Jérôme, voyant l'empire romain aller en ruine, s'écriait (*Epist. ad Ageruch.*) : « Mais que fais-je, après que le navire a fait naufrage, je dispute des marchandises qu'il portait : celui qui tenait périt (c'est l'empire romain qui tenait toute la terre sous sa domination), et nous ne nous avisons pas que l'Antechrist approche, et conséquemment que la fin du monde vient : *Verum quid ago, fracta navi de mercibus disputo : qui tenebat, de medio fit, et non intelligimus. Antichristum appropinquare, quem Dominus Jesus Christus interficiet spiritu oris sui.*

En effet, à peine Alaric, Genseric, Odoacre, Theodoric, Totila et Alboin, c'est-à-dire les Goths, les Vandales, les Hérules et les Lombards, derniers ennemis de l'empire romain, ont-ils achevé de désoler le siége, ou le trône de la bête, Rome et l'Italie ; à peine est-il absolument vrai de dire que ce prétendu empire éternel n'est plus, et qu'il est enfin entièrement détruit, comme il le fut sans ressource, lors des Lombards ses derniers persécuteurs (car après eux Rome et l'Italie ne furent plus sujettes à l'invasion des Barbares), qui, à l'exemple d'Odoacre, abolirent en partie jusqu'au nom d'Italie, pour lui substituer celui de Lombardie, et le changer en un royaume nouveau (que Charlemagne changea aussi incontinent par la fondation du nouvel empire tout différent du premier), c'est-à-dire, au commencement du VIIe siècle, que voilà Mahomet qui paraît suivi des Arabes ou Sarrasins, dont l'empire et la superstition occupent en moins de rien la plus grande partie du monde, occupée par les Romains, et forment une secte antichrétienne, qui fait revivre l'ancienne antipathie d'Esaü et de Jacob, d'Isaac et d'Ismaël ; de qui des capitaines et des conquérants devaient aussi sortir et s'attribuer la gloire et le nom des enfants de Sara, la Jégitime épouse. (*Genes.* xvii, 20.) *Animus obliviscitur sæculi calamitatum. Quod in extremo fine jam positum congemiscit, et parturit, donec qui tenet de medio fiat, et pedes statuæ quondam ferrei, fragilitate digitorum fictilium conterantur. Cadit mundus, et cervix erecta non flectitur.* (S. Hier., Præf. lib. viii *in Ezech.* xxv, p. 867.)

Ici on pourrait demander pourquoi l'apôtre saint Paul a parlé si énigmatiquement de la destruction de Rome : à quoi saint Jérôme répond (*in Jerem.* xxv) qu'il l'a fait dans le même esprit des prophètes, et pour ne pas attirer imprudemment la persécution sur le peuple de Dieu. « Je suis persuadé, » dit-il, « que ce prophète a prudemment couvert ce qu'il voulait dire, de peur de s'attirer la fureur de ceux qui affligeaient Jérusalem : Ce que nous lisons avoir été imité par l'Apôtre au sujet de l'empire romain, lorsqu'il parlait de l'Antechrist : Ne vous souvenez-vous pas de ce que je vous disais, ô Thessaloniciens, quand j'étais avec vous? que maintenant vous saviez qui le retenait jusqu'à ce qu'il fût relevé en son temps (sous-entendant l'Antechrist). Car le mystère d'iniquité s'opère déjà : seulement que celui qui tient à présent continue à tenir, jusqu'à ce qu'il soit détruit, et pour lors ce méchant sera reconnu : que le Seigneur Jésus mettra à mort par le souffle de sa bouche, et par l'éclat de son avènement, entendant par celui qui tient, l'empire romain : car si cet empire n'est détruit et ôté du monde, suivant la prophétie de Daniel, l'Antechrist ne viendra pas : que, s'il se fût expliqué plus clairement, il eût imprudemment excité la persécution contre les Chrétiens, et la rage des idolâtres contre l'Eglise : » *Arbitrorque a sancto propheta prudenter fuisse celatum, ne aperte eorum contra se insaniam commoveret, qui obsidebant Jerusalem.... quod et Apostolum contra imperium Romanum fecisse legimus, scribentem de Antichristo: Non meministis quod cum apud vos essem, adhuc dicebam vobis? et nunc quid detineat scitis: ut reveletur in suo tempore, subauditur Antichristus. Jam enim mysterium iniquitatis operatur: tantum qui tenet modo teneat, donec de medio fiat, et tunc revelabitur ille iniquus, quem Dominus Jesus interficiet spiritu oris sui, et destruet illuminatione adventus sui: eum qui tenet, Romanum imperium ostendit: nisi enim hoc destructum fuerit, sublatumque de medio, juxta prophetiam Danielis, Antichristus ante non veniet: quod si aperte dicere voluisset, stulte persecutiones adversum Christianos, et tunc nascentem Ecclesiam, rabiem concitasset: Oramus pro rerum quiete, pro mora finis.* (Tertul., *ad Scap.*, 2.) *Quousque sæculum stabit, tandiu stabit Romanum imperium. Est et alia major necessitas nobis orandi pro imperatoribus, etiam pro omni statu imperii, rebusque Romanis, qui vim maximam universo orbi imminentem, ipsamque clausulam sæculi, acerbitates horrendas, comminantem, Romani imperii commeatu, scimus retardari* (Tertul., *Apolog.*, 32); *itaque nolumus experiri, et dum precamur differri, Romanæ diuturnitati favemus. Tempus et signa adventus Domini designavit, quia non prius veniet Dominus quam regni Romani delatio fiat: et appareat Antichristus, qui interficiet sanctos.... quamobrem ex circumcisione, aut circumcisum illum venire sperandum est, ut sit Judæis credendi illi fiducia.* (Vid. etiam S. Ambros., *in II Epist. ad Thess.*)

Saint Chrysostome, sur ces mêmes paroles de l'Apôtre aux Thessaloniciens, reconnaît aussi que saint Paul y parle de la destruction de l'empire romain, et de la venue de l'Antechrist : Je suis tout à fait du sentiment de ceux qui veulent que, par ces paroles : *Et nunc quid detineat scitis*, on entende l'empire romain, de la ruine duquel l'Apôtre parle obscurément? *Quoniam autem hoc dicit de Romano imperio, merito etiam ænigmatice et adumbrate est locutus.* Et pourquoi en parle-t-il d'une manière énigmatique? de peur sans doute de s'attirer et à toute l'Eglise mal à propos, la persécution de la puissance romaine, qui aurait regardé le christianisme comme une secte ennemie de sa domination : *Neque enim volebat supervacaneas suscipere inimicitias, et inutilia pericula : nam si dixisset futurum jam ut paulo post Romanum everteretur imperium, eum, protinus tanquam exitiosum, et pestiferum hominem infodissent, et fideles omnes ut qui sub eo viverent et militarent :* et il ajoute : Que le mystère d'iniquité commençait déjà de s'opérer, désignant par là Néron, figure de l'Antechrist : *Nam mysterium jam operatur iniquitatis : Neronem hic dicit, ut qui sit typus Antichristi.* D'où vient, continue ce saint, que l'Apôtre ajoute, *tantum ut qui tenet nunc teneat, donec e medio fiat* : voulant signifier que l'empire romain dominera jusqu'à ce que l'Antechrist vienne, et que quand cet empire sera ôté, l'Antechrist paraîtra, *hoc est quando Romanum imperium de medio fuerit sublatum, tunc ille veniet*, et s'emparera de cet empire vacant, osant bien, avec l'empire des hommes, vouloir usurper l'empire de Dieu même. *Quando autem Romanum imperium fuerit eversum, Antichristus vacans illud invadet imperium, hominumque et Dei imperium aggredietur rapere.* Car tout ainsi que les empires précédents ont été détruits les uns par les autres : celui des Mèdes par les Babyloniens; celui des Babyloniens par les Perses; celui des Perses par les Macédoniens; celui des Macédoniens par les Romains, de la même façon l'empire romain le sera par l'Antechrist, et l'Antechrist par Jésus-Christ, comme Daniel le prophétise clairement. *Quemadmodum enim eversa sunt regna illa et destructa sunt quæ ante Romanum imperium fuerunt, utpote regnum Medorum a Babyloniis, Babylorum a Persis, Persarum a Macedonibus, Macedonum a Romanis : ita et regnum Romanorum ab Antichristo, et ille a Christo, quod cum magna evidentia nobis tradit Daniel.*

Au reste, cette succession immédiate du mahométisme à l'invasion des Barbares, et cette suite, montrent clairement l'union du troisième âge de l'Eglise avec le quatrième, et sert d'interprétation à la doctrine comme prophétique des saints Pères, qui, par une espèce d'inspiration, sont assez unanimement convenus, fondés sur ce passage de saint Paul, pris au sens littéral, qu'à la fin de l'empire romain paraîtrait l'empire antichrétien, ce qui suffit pour les justifier, et pour faire voir qu'ils ne se sont point trompés en cela. *Romanum nomen, quo nunc regitur orbis, tolletur de terra, et imperium, in Asiam revertetur, ac rursus Oriens dominabitur, atque Occidens serviet ; Omnis exspectatio non amplius quam ducentorum videtur annorum... nisi quod incolumi urbe Roma nihil istiusmodi videtur esse metuendum, at vero cum caput illud orbis occiderit... quis dubitet venisse jam finem? Veniet Antichristus cum impleta fuerint tempora Romani imperii.* (LACTANT., lib. VII, c. 15, 25 ; S. CYRIL. cat. 15.) En effet, tout ainsi que l'Apôtre, voyant des dispositions à la décadence de l'empire dès le temps de Néron, premier persécuteur des fidèles, sous lequel l'esprit de révolte s'éleva dans les provinces et dans les armées, et l'esprit de séduction paraître dans l'Eglise, disait, présageant les choses de loin : Que le mystère d'iniquité commençait déjà de s'opérer, quoique cet empire ébranlé ne dût tomber tout à fait que plusieurs siècles après cette prévision, ni par conséquent la grande apostasie de l'Antechrist venir de longtemps; de même les saints Pères, voyant la chute de cet empire se faire actuellement de leur temps, ont avancé sans erreur, quoiqu'ils ne connussent pas bien comment, que l'Antechrist approchait, encore qu'il ne dût paraître, du moins en personne, que plusieurs siècles après cette chute ; parce que l'empire, qui pour ainsi dire devait l'enfanter, commençait à paraître sur la terre. *Omnia enim quæ prædicta sunt, fiunt : propinqua jam Antichristi sunt tempora. Rex superbiæ prope est : imperii interitus, et adversarii (Antichristi) adventus appropinquat.* (S. GREG., lib. IV, epist. 34, 38 ; et *Ad Joan. Const. Epist.; Vita S. Theodori Siccorum archiman.* apud Sur. t. II ; BARON., ad an. 606, num. 11.)

D'où il est aisé de comprendre quels sont ces cinq grands empires si célèbres dans les prophètes et qui doivent se succéder et naître l'un de l'autre depuis le déluge jusqu'à la fin des siècles : savoir, l'empire des Babyloniens, des Perses, des Grecs, des Romains, et enfin de l'Antechrist, tous ennemis du peuple de Dieu, et tous qui, après l'avoir persécuté, tant par l'animosité de leurs peuples que par l'autorité de leurs empereurs, ont enfin produit un dernier persécuteur plus méchant que les autres, dans lequel ils ont comme réuni et déposé toute leur fureur pour exterminer les fidèles autant qu'ils ont pu : ce qui, par un effet contraire, a enfin attiré leur propre ruine, ainsi qu'on a vu dans Nabuchodonosor, Artaxerxès, Antiochus et Dioclétien, et qu'on verra dans l'Antechrist que saint Jean nous représente dans le quatrième âge du monde auquel il commence à paraître et à venir annoncer par son empire qui naît, la mort de l'empire romain qui disparaît, et la fin du monde à laquelle il aboutit et qu'il traîne après lui, quoique non pas sitôt, ni si promptement qu'on se l'était imaginé. *Antichristus totam nequitiam et impietatem, quam omnes pseudoprophetæ inchoaverant, impleturus. Et propter hoc in bestia veniente recapitulatio fit universæ iniquitatis, et omnis doli : ut in ea confluens, et conclusa omnis virtus apostolica, in caminum mittatur ignis.* (S. AUG., in psal. IX ; S. IREN., lib. V *Advers. hær.*, cap. 29.)

Un passage de saint Jérôme peut beaucoup éclaircir ceci ; il est pris de son *Commentaire sur le chapitre XX d'Isaïe* vers la fin, et il répète la même chose en d'autres endroits presque mot à mot.

« Babylone a élevé sa tête orgueilleuse contre le Seigneur, elle sera renversée par les Perses. Les Perses ont persécuté le peuple de Dieu, et cet empire, cruel comme un fier bélier, a fait sentir ses cornes à tous les peuples de l'Orient et de l'Occident, Alexandre viendra qui, semblable à un bouc, le foulera aux pieds. Ce roi superbe, Alexandre, n'a point mis de bornes à son ambition, il périra par le poison, et son royaume, après s'être divisé en plusieurs parties qui se feront pendant longtemps une guerre implacable, sera ravagé par le Romain vainqueur. L'empire romain, armé de dents et d'ongles de fer, a déchiré les chairs des saints, et sa bouche impie s'en est ensanglantée ; il se détachera une pierre d'une montagne sans aucune industrie humaine, qui brisera comme un vase de terre cet empire d'abord si puissant et plus dur que le fer, et à la fin fragile et faible au dernier point. Disons donc ce que tous les auteurs ecclésiastiques nous ont laissé par écrit, qu'à la fin du monde, lorsque l'empire romain sera détruit, il doit y avoir dix rois qui partageront cet empire entre eux, et qu'il s'élèvera un onzième roi, signifié par cette petite corne dont parle Daniel, c'est-à-dire l'Antechrist, dont le royaume périra sans ressource. » *Babylon elevavit contra Deum caput, et ipsa a Persis superetur. Persæ persecuti sunt populum Dei, et aries sævissimus ad Orientem et Occidentem omnes populos ventilavit, veniat hircus Alexander, et conterat eum pedibus suis. Et iste ultra modum erectus est ; veneno pereat, regnumque ejus dividatur in partes, et cum multo tempore inter se collisum fuerit, Romano vincente populetur. Romanus ipse ferratis dentibus, unguibusque sanctorum carnes, et cruento ore laceravit, excidatur lapis de monte sine manibus, et potentissimum, atque primum regnum ac ferreum, deinde fragile et infirmum in testarum modum conterat. Ergo dicamus quod omnes scriptores ecclesiastici tradiderunt, in consummatione mundi, quando regnum destruendum est Romanorum, decem futuros reges qui orbem Romanum inter se dividant... et undecimum surrecturum esse regem, cornu parvulum, Antichristum* scilicet, cujus regnum destruendum sit in perpetuum. Significavit Joannes discipulus Domini in Aporalypsi differens... quoniam oportet dividi regnum (Romanorum) et sic deperire. (S. IREN., lib. v Adv. hær.; c. 26.)

Or ils sont venus ces dix rois, et on les verra paraître au chapitre XVII : ils ont démembré et partagé l'empire romain ; car, selon saint Augustin, on ne doit pas les renvoyer à la fin du monde, quand l'Antechrist paraîtra en personne, du moins ce grand docteur le soupçonne : *In decem (reges) vereri me sane fateor, ne in decem regibus quos tanquam decem homines, videtur inventurus Antichristus, forte fallemur, atque ita ille inopinatus adveniat, non existentibus tot regibus in orbe Romano* (S. AUG., *De civ. Dei,* lib. XX, c. 23) : il faut donc, si l'on veut entrer dans l'esprit et la tradition de tous les premiers Chrétiens qui ont écrit sur cette matière, reconnaître que l'empire antichrétien, ou celui d'où doit sortir l'Antechrist, a paru dans cette conjoncture, c'est-à-dire dès le commencement du VII°. siècle, qui est l'époque précise de la dernière ruine des Romains par les Lombards, et de la naissance de Mahomet, de sa secte et de son empire, d'où viendra cet homme de péché et ce fils de perdition, qui est ici nommé, *Cornu parvulum;* parce que, selon les premiers écrivains chrétiens, au rapport de saint Jérôme, sur le chapitre XI° de Daniel, « l'Antechrist doit s'élever d'une nation fort méprisable, c'est-à-dire du peuple juif, et il sera regardé comme un homme si abject, qu'on le jugera indigne du sceptre, et qu'il ne parviendra à la dignité royale que par des voies frauduleuses et qu'en dressant des embuches aux autres : » *Antichristus consurgere debet de modica gente, id est de populo Judæorum; et tam humilis erit, atque despectus, ut non detur ei honor regius, et per insidias, atque fraudulentiam obtineat principatum.* Prophétie qu'on a vue accomplie en Mahomet, qui, comme une petite corne, *cornu parvulum,* s'est élevé du milieu des dix rois destructeurs de l'empire romain, et a porté ses conquêtes et ses blasphèmes au-dessus de tous les autres, selon la prédiction de Daniel au chapitre VII : à moins qu'on ne veuille dire que ces mêmes dix rois, qui détruisirent autrefois l'ancien empire romain, doivent peut-être, dans la suite par leurs successeurs, détruire le nouvel empire en qui l'ancien subsiste encore en quelque façon : ainsi que ces anciens dix rois subsistent dans leurs successeurs, tels que nous les voyons aujourd'hui dans les monarchies qui divisent l'Europe et se partagent cet ancien empire romain ; l'Espagne, le Portugal, la France, l'Angleterre, le Danemark, la Suède, la Prusse, la Pologne, la Moscovie, la Turquie. D'où enfin pourrait s'élever l'empire juif de l'Antechrist, qui serait le onzième, si célèbre dans les Ecritures.

On pourrait ici demander comment est-ce que le mahométisme enfantera l'Antechrist, puisque l'Antechrist doit être Juif de nation, de la tribu de Dan : *Antichristus futurus ex tribu Dan* (S. AMBROS., *De bened. patriar.,* c. 7), et être reconnu pour le Messie par les Juifs, à qui toute autre nation que la leur est en exécration. Les Juifs, dit saint Jérôme (in *Ezech.* XXXIX), reconnaîtront un jour leur Christ, que nous savons devoir être l'Antechrist : *Judæi in adventu Christi sui quem nos Antichristum scimus ;* car il est certain qu'ils ne reconnaîtront jamais un autre qu'un Juif pour le Messie ; mais à cela, tout homme versé dans l'explication des prophéties, qui s'accomplissent toujours de toute autre manière qu'on ne l'a prévu, n'aura pas de peine à trouver de réponse : la généalogie et la nation d'un homme sont souvent ignorées, surtout quand il n'a rien d'éclatant, et qu'il est confondu dans un même pays sous un même empire avec différents peuples ; il peut être Juif d'origine, régner sur les mahométans, et se faire reconnaître des Juifs : en un mot, il est aisé d'imaginer d'autres hypothèses. *Si alius venerit in nomine suo, illum suscipietis,* prédisait Jésus-Christ aux Juifs, *significans Judæos in Antichristum credituros, qui in Christum credere noluerunt,* dit saint Ambroise sur le psaume XLIII. On peut, à l'occasion de ces autorités qui marquent l'esprit ancien de l'Eglise, remarquer trois choses :

1. Que les mahométans sont venus à nous de la Perse, laquelle ils avaient conquise, et des pays qui sont au delà de l'Euphrate, qu'ils passèrent l'an 630, emmenant sans doute beaucoup de Juifs avec eux.

2. Que, quand ils prirent Jérusalem, leur calife ou empereur fit construire au même endroit, où était autrefois le temple de Salomon, une célèbre mosquée subsistant encore aujourd'hui et que saint Sophrome, pour lors patriarche de Jérusalem, crut voir alors, suivant la prophétie de Daniel, l'abomination de la désolation dans le lieu saint.

3. Que le paradis des Millénaires ou des Juifs charnels, qui, selon saint Jérôme, renferme tout le mystère de l'Antechrist, est la même chose que le paradis des mahométans.

Or que l'Antechrist doive naître de la tribu de Dan captive en Perse, les saints Pères l'ont ordinairement enseigné.

Antichristum ex orientali Perside ad quam tribus Dan ablegata est, proditurum, et cum aliis regibus, et principibus Euphratem transmissurum. (ANDR. CRET.)

Antichristus ex tribu Dan nasciturus : ex Judæis de tribu Dan, quæque hodie in Perside est, veniet Antichristus : decem tribus ultra Euphratem remanserunt, duæ cum Esdra redierunt : Antichristus nasciturus de populo Judæorum, et de Babylone venturus : Antichristus populum Hebræorum dispersum congregabit : Jeremias tribum Dan ex qua veniet Antichristus manifestavit : tribus Israel usque hodie Persarum regibus servimus, et nunquam est eorum soluta captivitas. (S. PROSPER ; JOSEPH, *Antiq.* l. II ; S. HIER., *in Dan.* II ; S. HIP. mart. ; S. IREN., lib. V ; S. HIER., in *Ose.* V.)

Au surplus, il est vrai que les saints Pères ont été réservés et incertains, lorsqu'ils ont parlé de la chute de l'empire romain dans le sein duquel ils vivaient : premièrement, parce qu'ils étaient prévenus de l'ancienne idée dont tout le monde était plein, et qui subsiste encore dans l'esprit du commun du monde, que cet empire durerait jusqu'à la destruction de l'univers, à cause qu'il devait durer jusqu'à la venue du règne de l'Antechrist : l'empire romain tombe, disait, il n'y a qu'un moment, saint Jérôme, et nous ne comprenons pas que l'Antechrist vient? *Et non intelligimus Antichristum venire?*

En second lieu, parce qu'ils étaient retenus par le respect qu'ils portaient à leurs empereurs, et qu'ils ne voulaient, ou n'osaient pas dire tout ce qu'ils en pensaient; et le même saint Jérôme fut repris pour s'être trop expliqué sur ce sujet (*in Isa.* xxxvi; *in Ezech.* xxxi) : « Que si, » dit ce Père, » dans l'explication que nous avons donnée de la statue de Nabuchodonosor, de ses pieds, et de ses doigts, et du fer, et de l'argile mêlés ensemble, que nous avons montrée s'entendre de l'empire romain, et que l'Ecriture figure par là devoir être d'abord puissant, enfin fragile, nous avons déplu à quelques-uns, qu'ils s'en prennent au prophète, et non à moi, car au reste il ne faut pas détourner le sens de l'Ecriture, pour complaire aux princes. » C'est qu'il avait trop librement parlé de la décadence de l'empire qui, de son temps, était sur son déclin, ce qui lui avait donné lieu d'avancer que ce règne de l'Antechrist était par conséquent proche, d'où il inférait la fin du monde n'être pas éloignée : *Quod si in expositione statuæ, pedumque ejus et digitorum discrepantia ferrum et testam super Romano regno interpretatus sum, quod primum forte, deinde imbecillum Scriptura protendit ; non mihi imputent, sed prophetæ, neque enim sic adulandum est principibus, ut sanctarum Scripturarum veritas negligatur.*

Saint Augustin rapporte la même chose au livre xx de la *Cité de Dieu*, chapitre 19 : « Quelques-uns pensent, et non sans raison, dit ce grand docteur, que l'Apôtre a sous-entendu dans ce passage l'empire romain, et qu'il voulait dire que cet empire serait détruit par l'Antechrist; mais que saint Paul ne s'est expliqué qu'obscurément pour ne pas attirer sur l'Eglise l'indignation des amateurs de Rome, qui croyaient son règne éternel : il ajoute qu'il y en avait qui s'imaginaient que Néron devait un jour ressusciter et être le vrai Antechrist, ou plutôt qu'il n'était pas mort, et qu'il était réservé en quelque lieu dans la vigueur de son âge, pour reparaître dans les derniers temps. Pensée ridicule que ce saint rejette. »

Tout ceci se découvrira encore plus clairement, si l'on réfléchit sur les quatre âges du monde qu'on vient d'expliquer dans les chapitres précédents; car on a pu observer que saint Jean le dépeint par rapport et aux quatre saisons de l'année et aux quatre âges de la vie de l'homme, et comme des courriers, pour figurer la rapidité des temps. Dans le premier, le monde paraît dans l'adolescence, c'est un cavalier vêtu de blanc, portant une couronne d'or sur la tête, symbole d'une jeunesse florissante. Dans le second il le représente blond ou roux, ainsi qu'on est communément à l'âge viril. Dans le troisième il paraît noir, tel qu'on est d'ordinaire à la force d'un âge robuste et parfait; et enfin il nous le fait paraître décrépit et mourant, comme on se trouve dans l'hiver d'une vieillesse avancée : aussi verra-t-on que le cinquième et le sixième âge qui suivent n'interrompent point, et ne supposent point la fin de ce quatrième empire, qui nous mènera jusqu'à la fin des siècles : d'où vient qu'après avoir entendu le quatrième de ces animaux mystiques qui le découvre à saint Jean, on n'en voit plus aucun qui dise : *Venez et voyez*, marque assurée que l'empire qui conduit à la fin du monde est découvert. En preuve de quoi nous pouvons rapporter ce qu'écrit saint Grégoire (l. iii *Dialog.*, c. 38), qu'environ l'an 568, qui fut le temps précisément auquel Mahomet parut au monde, un saint évêque d'Italie, ami intime de ce grand Pape, faisant la visite dans son diocèse, arriva à l'église de Saint-Eutice martyr, et passa la nuit auprès de son tombeau. Sur le minuit n'étant ni endormi ni entièrement éveillé, mais assoupi, le bienheureux martyr se présenta devant lui, et lui demanda s'il veillait? à quoi le saint prélat répondit : « Oui, je veille; » et pour lors le martyr continuant, lui dit : « La fin du monde approche, la fin du monde approche, la fin du monde approche. » Il est temps de revenir au texte sacré.

7. *Et lorsqu'il eut ouvert le quatrième sceau, il parut un cheval pâle, et celui qui était monté dessus s'appelait la mort.* C'est donc ici le mahométisme, et particulièrement l'empire turc, nommé la mort : nom fatal, qui commença de paraître pour la première fois l'an 620, parce qu'il nous annonce par sa venue la ruine entière de l'empire romain, auquel il succède; car ayant envahi ses provinces, l'Orient, le Midi et le Nord, aboli l'empire d'Orient par la prise de Constantinople l'an 1453, appelée la nouvelle Rome, et menaçant continuellement le reste de l'empire d'Occident, si on le peut nommer ainsi, par la terreur qu'il jette à Vienne et à Rome : que sait-on s'il ne prouvera point par un second événement qu'il est le vrai destructeur de l'empire romain, de la nouvelle et de l'ancienne Rome : d'Israël premièrement, puis de Juda, ainsi qu'un Nabuchodonosor, et par conséquent qu'il est l'avant-coureur de la fin du monde et de la destruction de l'univers, comme la mort l'est de la fin de l'homme; aussi a-t-il pour enseigne la lune, symbole de la mortalité.

Et l'enfer le suivait. L'Antechrist, et tout l'enfer déchaîné doit le suivre : aussi est-il dit ci-après (x, 14) que l'enfer et la mort seront jetés dans l'étang de feu et de soufre, marque assurée que l'Antechrist naîtra du mahométisme, et le suivra de près : qu'on lise Ducas (c. 40), Phranzez et les autres qui étaient à Constantinople lors de sa ruine par Mahomet II, et on verra que les fidèles le regardaient comme le précurseur de l'Antechrist, lui en donnaient le nom, et lui en appliquaient les passages de l'Ecriture et de l'*Apocalypse*, et par un secret instinct de religion et de l'esprit de prophétie, toujours résidant dans l'Eglise, ils publiaient que les jours de l'Antechrist étaient venus, surtout quand ils virent s'accomplir en Mahomet ce que saint Paul avait prédit de l'Antechrist; qu'il s'assoiera dans le temple de Dieu, *ita ut in templo Dei sedeat*. (*II Thess.* II, 4.) Voici les paroles expresses de Ducas : « Le tyran, entré dans l'église, appela un de ses prêtres impies, qui monta au pupitre, où il fit ses prières abominables, pendant que le fils de perdition, le précurseur de l'Antechrist, monta sur le saint autel : quel malheur ! quel prodige ! qu'avons-nous fait, qu'avons-nous vu ? un Turc, un impie sur le saint autel où sont les reliques des apôtres et des martyrs ! un Turc, un impie, dans le lieu même où l'Agneau de Dieu, où le Fils, le Verbe du Père est sacrifié et mangé, bien qu'il ne soit jamais consumé ! nous avons été mis au nombre des adultères, et nos saintes cérémonies ont été méprisées par nos péchés : cette église bâtie en l'honneur du Verbe et de la sagesse de Dieu, appelée l'église de la Sainte-Trinité, cette nouvelle Sion est devenue le temple des Barbares et la maison de Mahomet. Seigneur, vos jugements sont équitables. » Mais on ne peut pas voir une plus vive image de la fureur de cette nation antichrétienne que celle qui suit.

Et on lui donna pouvoir sur les quatre parties de la terre. Elle domine déjà sur les quatre parties du monde qui gémissent sous son joug.

Et de tuer par le glaive, la faim et la mort. Elle porte par tous les endroits qu'elle ravage, la peste, la guerre et la famine; fléaux qui, de la connaissance de tout le monde, semblent avoir élu leur domicile dans l'empire turc, et en faire régulièrement le tour chaque septenaire d'années : Le mot de turc en arabe signifie *homicide* ou *meurtrier*. Car *par les bêtes de la terre*, elle traîne avec elle un nombre innombrable de peuples féroces, impies, hérétiques, apostats, qu'on dirait s'être dépouillés de la nature de l'homme, tant ils sont inhumains, s'être revêtus de celle des bêtes les plus farouches. Telle est la description du mahométisme : voici celle du schisme des Grecs qui va paraître : car à peine les Grecs eurent-ils absolument rompu l'union faite avec l'Eglise latine au concile de Florence l'an 1439, qu'ils se virent opprimés par la puissance ottomane l'an 1453.

Et le quatrième ange sonna de la trompette, et la troisième partie du soleil fut obscurcie. Jusqu'ici ce n'avait été que quelques Eglises particulières qui étaient tombées dans l'erreur et dans les ténèbres, mais voici une grande partie de la terre qui ne reçoit plus les lumières de Jésus-Christ, le vrai soleil de justice, c'est-à-dire, toute l'Eglise orientale : *Volumus solem justitiæ Christum accipere, et lunam, quæ hujus solis splendore illuminatur Ecclesiam*. (S. Hier. *in Habac.*)

Et la troisième partie de la lune fut obscurcie, et la troisième partie des étoiles ; en sorte que la troisième partie de ces astres ne luisait pas. La plus considérable partie de la chrétienté, c'est-à-dire, tout l'Orient, tout le Midi, et une partie du Nord et de l'Occident, a été obscurcie des ombres affreuses de cette éclipse, qui a réduit l'Eglise, si souvent comparée à la lune, à un croissant. *Quis enim solis nomine nisi Dominus, et quæ lunæ nomine, nisi Ecclesia designantur?* (S. Greg., hom. 29, *in Evang.*) En effet l'Ecriture, pour représenter l'empire des Assyriens et des Romains, fait souvent allusion à la colombe et à l'aigle, qui leur servaient d'enseignes militaires : il en est ici de même à l'égard du croissant des Turcs, vraie figure de l'état où ils ont réduit l'Eglise, que nous verrons ci-après, avoir la lune sous les pieds c'est-à-dire le mahométisme, son dernier ennemi, renversé par terre et vaincu : nouvelle preuve qu'il se confondra avec l'Antechrist.

Et la troisième partie de la lumière de la nuit ne luisait pas. C'est-à-dire, que même ce qui restait de lueurs dans l'Eglise grecque, quoique schismatique, s'est presque tout éteint, par l'ignorance et l'erreur ; ou que la terre a été obscurcie, et privée en grande partie de la lumière de la foi, que l'Eglise, comme la lune mystérieuse de ce monde, répandait sur elle.

Et j'entends la voix du quatrième animal, qui dit : Venez et voyez. Ceci fait voir qu'il est difficile d'entendre les quatre évangélistes par ces quatre mystérieux animaux : car comment saint Jean qui vivait encore, se représenterait-il ici lui-même à lui-même, et comment s'écouterait-il parler, et se dirait-il : Venez et voyez ? et par conséquent on a eu raison de chercher dans quatre patriarches, ce qu'on ne trouve pas pleinement exprimé dans les quatre évangélistes, sans parler des autres raisons qu'on pourrait ajouter.

C'est donc ici Elie, témoin du schisme de Samarie, qui a prévu cette désolation de l'Eglise orientale, parce qu'elle est un commencement du règne de l'Antechrist, et que comme ce prophète doit alors venir secourir l'Eglise, et défendre l'héritage de Dieu, il a été convenable qu'il en eût la connaissance. *Attende Eliseum in magno alloque mysterio tanquam prophetam agendo prænuntiantem, non solum loquendo.* (S. Aug., serm. 2, *De verb. Apostoli.*)

Mais Elie fut de plus la figure de cet état de l'Eglise désolée, et les paroles qu'il répondit à cette voix qui l'appelait, lorsqu'il s'enfuyait d'un royaume schismatique, contiennent une naïve description des calamités qui ont accablé l'empire d'Orient schismatique : « Que faites-vous là, Elie, » lui dit cette voix ? « à quoi il répondit : Le zèle que j'ai pour le Seigneur Dieu des armées, me réduit à l'extrémité : Les enfants d'Israël,

Seigneur ont abandonné votre loi, ils ont détruit vos autels, ils ont fait passer par le glaive vos prophètes, et je suis seul resté de ce carnage, encore me cherchent-ils de tous côtés pour me ravir la vie.» *Quid hic agis, Elia? at ille respondit: Zelo zelatus sum pro Domino Deo exercituum, quia dereliquerunt pactum tuum filii Israel, altaria tua destruxerunt, prophetas tuos occiderunt gladio, derelictus sum ego solus, et quærunt animam meam ut auferant eam. (III Reg. IX, 9-10.)*

Mais Dieu s'était réservé le royaume de Juda, qui persista dans la vraie foi, et a été la figure de l'Eglise occidentale, tandis que Samarie persista dans l'erreur jusqu'à la venue de Jésus-Christ : *Decem tribus referuntur ad hæreticos, quorum multitudo maxima est : duæ autem tribus quæ appellantur Juda Ecclesiæ personam possident, quæ sub stirpe David regnabant.* (S. HIER. in Ose. 1.) En effet, comme le royaume de Samarie se sépara par son schisme du royaume de Juda, ainsi l'Eglise orientale s'est séparée par ses erreurs de l'occidentale, et par les mêmes motifs, comme on le voit dans l'histoire : c'est donc de cette connaissance qui fut communiquée à Elie, que ce prophète fait ici part à saint Jean, en lui disant : Venez et voyez.

Mais voici les trois dernières et terribles plaies de l'Eglise, dont la grandeur va nous être représentée, sous un signe qui réveille d'autant plus notre attention, que la chose nous touche de plus près : car c'est ici l'endroit de la prophétie où nous en sommes, et qui nous met devant les yeux l'histoire de notre temps.

CHAPITRE VI ET IX.

Du cinquième âge de l'Eglise affligée par l'hérésie de nos jours.

SOMMAIRE. — Sous la figure d'une étoile qui tombe et de l'enfer qui vomit les anciennes erreurs, l'apostasie de Luther et des siens est représentée à saint Jean ; et sous la plainte que les âmes saintes font à Dieu des outrages qu'elles reçoivent des habitants de la terre, la profanation que ces impies firent, et des saints et de leurs reliques sacrées, est découverte à cet apôtre.

CAP. VIII. — 13. Et vidi, et audivi vocem unius aquilæ volantis per medium cœli dicentis voce magna : Væ væ, væ, habitantibus in terra, de cæteris vocibus trium angelorum, qui erant tuba canituri.

CAP. VI. — 9. Et cum aperuisset sigillum quintum, vidi subtus altare animas interfectorum propter verbum Dei, et propter testimonium quod habebant.

10. Et clamabant voce magna, dicentes : Usquequo Domine (sanctus et verus) non judicas et non vindicas sanguinem nostrum de his qui habitant in terra ?

11. Et datæ sunt illis singulæ stolæ albæ, et dictum est illis ut requiescerent adhuc tempus modicum, donec compleantur conservi eorum, et fratres eorum qui interficiendi sunt sicut et illi.

CAP. IX. — 1. Et quintus angelus tuba cecinit, et vidi stellam de cœlo cecidisse in terram, et data est ei clavis putei abyssi.

2. Et aperuit puteum abyssi, et ascendit fumus putei, sicut fumus fornacis magnæ, et obscuratus est sol, et aer de fumo putei.

3. Et de fumo putei exierunt locustæ in terram, et data est illis potestas, sicut habent potestatem scorpiones terræ.

4. Et præceptum est illis ne læderent fœnum terræ, neque omne viride, neque omnem arborem, nisi tantum homines, qui non-habent signum Dei in frontibus suis.

5. Et datum est illis ne occiderent eos, sed ut cruciarent mensibus quinque; et cruciatus eorum ut cruciatus scorpii, cum percutit hominem.

6. Et in diebus illis quærent homines mortem, et non invenient eam, et desiderabunt mori, et fugiet mors ab eis.

7. Et similitudines locustarum, similes equis paratis in prælium, et super capita eorum tanquam coronæ similes auro et facies earum tanquam facies hominum.

8. Et habebant capillos sicut capillos mulierum, et dentes earum, sicut dentes leonum erant.

9. Et habebant loricas ferreas, et vox alarum earum sicut vox curruum, equorum multorum currentium in bellum.

10. Et habebant caudas similes scorpionum, et aculei erant in caudis earum : et potestas earum nocere hominibus mensibus quinque.

11. Et habebant super se regem angelum abyssi, cui nomen Hebraice Abaddon, Græce autem Appollyon, Latine habens nomen Exterminans.

CHAP. VIII. — 13. Et je vis, et j'entendis la voix d'un aigle qui volait par le milieu du ciel, et qui disait à haute voix : Malheur, malheur, malheur aux habitants de la terre, pour les trompettes dont les trois anges devaient sonner.

CHAP. VI. — 9. Et lorsqu'il eut ouvert le cinquième sceau, je vis sous l'autel, les

CHAP. IX. — 1. Et le cinquième ange sonna de la trompette, et je vis tomber une étoile du ciel en terre, à laquelle on donna la clef du puits de l'abîme.

2. Et elle ouvrit le puits de l'abîme, et il en sortit une fumée, comme d'une grande fournaise, et le soleil et l'air furent obscurcis de la fumée de ce puits.

3. Et de la fumée du puits sortirent des sauterelles sur la terre, auxquelles fut donnée la même puissance qu'aux scorpions de la terre.

4. Et il leur fut commandé de ne point toucher ni à l'herbe de la terre, ni à rien qui fût vert, ni à aucun arbre; mais seulement aux hommes qui n'avaient point le signe du Dieu vivant sur leur front.

5. Et il leur fut donné pouvoir, non pas de les tuer, mais de les tourmenter pendant cinq mois; et la douleur qu'elles font, est comme quand un scorpion pique un homme.

6. En ces jours-là les hommes chercheront la mort, et ne la pourront trouver; ils désireront de mourir, et la mort s'enfuira d'eux.

7. Et les sauterelles ressemblaient à des chevaux préparés pour aller au combat, et elles portaient des couronnes comme d'or sur leur tête, et leur visage était comme des visages d'hommes.

8. Et elles avaient des cheveux de femme, et leurs dents étaient comme des dents de lion.

9. Et elles avaient des cuirasses qui paraissaient de fer, et le bruit de leurs ailes était semblable au bruit que font plusieurs chariots et plusieurs chevaux, qui courent à la guerre.

10. Et elles avaient des queues comme des queues de scorpions, où il y a avait des aiguillons, et elles avaient pouvoir de nuire aux hommes durant cinq mois.

11. Et elles avaient pour roi l'ange de l'abîme, qui s'appelle en hébreu Abbadon, en grec Appollyon, et en latin Exterminateur.

âmes de ceux qui avaient été tués pour la parole de Dieu, et pour le témoignage qu'ils en avaient (rendu).

10. Et ils criaient d'une voix forte, disant : jusqu'à quand, Seigneur (saint et véritable), différez-vous à nous faire justice, et à venger notre sang sur les habitants de la terre?

11. Et alors on donna à chacun des robes blanches, et il leur fut dit de patienter encore un peu, jusqu'à ce que le nombre des serviteurs de Dieu, et de leurs frères, qui devaient être mis à mort comme eux, fût accompli.

EXPLICATION.

Et je vis, et j'entendis la voix d'un aigle qui volait par le milieu du ciel, et qui disait à haute voix: Malheur, malheur, malheur aux habitants de la terre, pour les voix des trompettes, dont les trois anges devaient sonner. Ces paroles, mises à la tête des trois dernières persécutions, font voir combien elles seront funestes à l'Eglise déjà si étrangement affligée et diminuée par les quatre précédentes, lesquelles en comparaison, n'en ont été que les préludes : *Initia dolorum hæc, sed nondum statim finis.* (Marc. XIII, 8; Matth. XXIV, 6.) Cependant cet aigle qui s'envole, et qui se dérobe à nos yeux, que nous représente-t-il? sinon l'empire romain qui disparaît, comme venant d'être détruit par la prise et la ruine de Constantinople, dite autrefois la nouvelle Rome, arrivée l'an 1453, et suivie par la cinquième plaie de bien près, puisqu'elle commença l'an 1517, et qu'elle fut principalement causée par un sujet de l'empire, dont l'aigle est l'hiéroglyphe, et exercée dans ce même empire, qu'elle déchira par des guerres cruelles.

Mais il est bon d'observer ici qu'à l'ouverture de ce sceau et des suivants, il n'y a aucun des animaux mystiques, qui dise à saint Jean : *Venez et voyez* (Joan. I, 46) : parce que la cinquième plaie n'en est pas tant une nouvelle, qu'un renouvellement, ou une continuation de la seconde déjà manifestée, et la sixième aussi bien que la septième, une suite de la quatrième déjà aussi découverte à saint Jean, et dont la vue doit être plus obscure, puisqu'il s'agit de la fin du monde, et du jugement dernier : secrets impénétrables aux prophètes mêmes, et cachés aux saints et aux anges.

Et le cinquième ange ayant sonné de la trompette, je vis tomber une étoile du ciel en terre. C'est ici une description sensible de l'apostasie de Luther, prêtre et religieux, très-convenablement représentée par la chute d'une étoile, et très-naturellement pronostiquée par une aigle, étendard de l'empire, pays où Luther devait naître, et image de l'état sacerdotal et monastique, dont il devait déchoir, comme d'un ciel spirituel, par la violence et les artifices du dragon infernal : car c'est sous un tel symbole que l'apostasie des personnes consacrées à Dieu est figurée dans les Livres saints, et même dans l'*Apocalypse* au chapitre XII, ⁊. 4, et dans Daniel chapitre VIII, ⁊. 10. *Et dejecit de stellis* (Dan. VIII, 18) [*de primoribus Judæorum*] *et conculcavit eas* (*Antiochus*). *Excrucior cum aspicio stellas cæli Draconis cauda usque ad terram fuisse pertractas*, disait saint Pionius martyr, affligé de l'apostasie de plusieurs Chrétiens. *Quod autem stellæ cadant, significat eos qui putabantur mundi luminaria*, à *fide et veritate, in perfidiam et errorem defecturos*, dit André de Césarée : *De stellis dejicit cum non nullos luce justitiæ resplendentes frangit*, dit aussi saint Grégoire.(xxxii *Moral.*, c. 12.) Or on peut dire que cette cinquième plaie a été sans exagération une des plus grandes qui soit arrivée à l'Eglise depuis l'établissement du christianisme, et très-digne d'être prédite par saint Jean, qui, selon l'esprit des prophètes, ne s'attache qu'aux grands caractères, ainsi qu'observe saint Jérôme sur le chapitre xi° de Daniel : *Non universa narrare, sed ea quæ majora videntur exponere*: tant à cause du grand nombre de provinces et de peuples qu'elle a enlevés à la religion, qu'à cause des pernicieuses impressions, et des sentiments impies qu'elle a laissés dans l'esprit d'un grand nombre de mauvais Catholiques.

Et on donna à cette étoile la clef du puits de l'abîme. Cette clef, bien différente de celle de saint Pierre qui ouvre le ciel, signifie l'autorité que Luther usurpa dans l'Eglise, et le droit qu'il se donna d'y prononcer et d'y décider, de gouverner les consciences, d'ouvrir et de fermer, en un mot, le ministère qu'il s'arrogea de tout faire, et qu'il exerça avec tant d'empire, qu'il osa même prononcer anathème contre le chef de l'Eglise, le Vicaire de Jésus-Christ en terre ; mais cette clef malheureuse n'ouvrait que l'enfer.

Et elle ouvrit le puits de l'abîme, il en sortit une fumée comme d'une grande fournaise, et le soleil et l'air furent obscurcis de la fumée de ce puits. Cette ouverture n'est-elle pas un commencement, ou plutôt un préparatif au déchaînement de Satan, renfermé dans l'abîme dès le premier âge de l'Eglise, comme on prouvera ci-après, et qui doit en sortir au sixième, vers la fin des siècles? mais que représente cette fumée épaisse qui obscurcit le soleil et l'air, sinon cet esprit d'erreur et de séduction, que l'hérésie luthérienne répandit partout, qui couvrit l'Eglise de ténèbres, et qui obscurcit la plupart de nos vérités, figure de l'aveuglement d'esprit où sont plongés les hérétiques, quelque illuminés qu'ils présument d'être. Car, comme observe saint Jérôme sur le xiii° chapitre d'Ezéchiel : Quoiqu'il leur semble d'entendre mieux les mystères de la religion que les docteurs catholiques, il est certain néanmoins qu'ils n'y voient goutte, ayant perdu le vrai soleil de justice. C'est, selon ce saint docteur, ce que veulent dire cette fumée et cet obscurcissement du soleil : *Unde licet sibi in mysteriis, imo orgiis suis, plura ecclesiasticis doctoribus videre videantur, tamen nihil omnino vident, quia solem justitiæ perdiderunt.* Ecoutons là-dessus le saint concile de Trente (sess. 5, c. 2) : *Cum hujus sacrosancti concilii præcipua cura, sollicitudo, et intentio sit, ut propulsatis hæresum tenebris, quæ per tot annos operuerunt terram, catholicæ veritatis lux... refulgeat.*

Et de la fumée du puits sortirent des sauterelles sur la terre. Voici les précurseurs de l'Antechrist : *Quinta tuba majorem hæreticorum infestationem, tempus Antichristi manifestantium declarat.* (BEDA, c. 8.) Un nombre infini d'erreurs, d'hérésies, de mensonges, de blasphèmes, qui dès les premiers temps avaient été ensevelis et renfermés dans l'abîme avec leurs auteurs, furent alors ressuscités et tirés hors de leurs sépulcres infernaux, comme pour faire jour à Satan, et faciliter son déchaînement prochain. Le puits est ouvert, quand sortira-t-il? L'arianisme, que tous les anciens Pères ont assuré en termes formels être l'avant-coureur de l'Antechrist : *Antichristi prodromus : Postrema hæresis Antichristo prævia* (S. ATHAN. *Apol. contr. Arian.*, in fin. ; orat. 1 *Adv. Arian.*, init.), s'est renouvelé avec plus d'impiété que jamais, par le moyen du socinianisme, rejeton du luthéranisme et du calvinisme, et pire que l'arianisme. Que si une des marques de l'avénement de cet impie, est l'abolition du sacrifice de la Messe; que peut-on juger de ceux qui l'ont déjà aboli dans une grande partie du monde ? Nos hérétiques ennemis de toute domination, et partagés en diverses troupes et cabales, peuvent-ils être mieux représentés que par les sauterelles, qui, en cela dissemblables à beaucoup d'autres animaux, marchent en confusion, et sans aucun ordre ni chef; qui ont des ailes et ne volent pas, appesanties par leur ventre (symbole de la doctrine charnelle et sensuelle de nos réformateurs), qui ont des jambes et ne marchent pas, n'ayant rien de réglé dans leurs mœurs et dans leur conduite, et tous leurs mouvements étant impétueux : sautillant, changeant et innovant sans cesse, passant d'une matière à une autre, et gâtant la moisson de l'Eglise, qu'ils ravagent et infectent de leur contagion, avec une vitesse surprenante. « Les hérétiques sont comparés aux sauterelles, » dit saint Jérôme (*in Ose.* xiii), « parce que c'est une espèce d'insectes extrêmement nuisibles aux hommes, et qui, gâtant la moisson, les arbres et les vignes, traînent la famine après elles. » *Locustis comparantur hæretici, quia locusta noxia est, et sic inimica mortalibus, ut famem faciat, et segetum culta populetur, in tantum ut arbores et vineas decorticet.* Engeance désordonnée, remuante, inquiète, importune, sans sujétion, subordination, ni succession, puisqu'elle naît de la corruption de l'air et de la terre, ou du déréglement de l'esprit et du cœur, et qu'elle ne vit tout au plus que quatre à cinq mois, terme imparfait d'un germe, ou plutôt d'un avortement informe, et bien différent de l'Eglise toujours paisible, patiente, pacifique, réglée, de qui la succession est apostolique, et la durée éternelle.

Et à ces sauterelles fut donnée la même puissance qu'aux scorpions de la terre... et la douleur qu'elles font est comme quand un scorpion pique un homme : en ces jours-là les hommes chercheront la mort, et ne la pourront trouver, ils désireront de mourir, et la mort s'enfuira d'eux.

Ça a été toujours un langage ordinaire dans l'Eglise de comparer les hérétiques à ces insectes vénimeux, et les Pères ont fait des traités entiers pour montrer la ressemblance qu'il y a entre eux : *Cum fides æstuat, Ecclesia exuritur, scorpii seu hæretici erumpunt. Possunt arcuato percutere vulnere, et aculeo fistulato, ut eadem plaga cutem aperiant, et venena diffundant,* dit saint Jérôme (*in Ezech.*, c. II), et ce sont ces insectes spirituels que le Sauveur a donné pouvoir à son Église d'écraser : *Ecce dedi vobis potestatem calcandi supra serpentes et scorpiones, et super omnem virtutem inimici.* (*Luc.* x, 19.) La mort que désirent ici les hommes, est la continuation de la métaphore, et une expression de l'effet que cause la morsure de ce serpent. La mort en effet, ainsi qu'à Élie, étant plus douce aux gens de bien, que de voir la désolation de l'Église catholique, et d'entendre les blasphèmes des hérétiques.

Et il fut commandé à ces sauterelles de ne point toucher ni à l'herbe de la terre, ni à rien qui fût vert, ni à aucun arbre; mais seulement aux hommes qui n'avaient point le signe du Dieu vivant sur leur front. C'est-à-dire, qu'il ne leur fut pas permis de prévaloir contre les serviteurs de Dieu ; au contraire, on vit, malgré la fureur de la tempête, s'élever un saint Charles Borromée, un saint Ignace, un saint Philippe de Néry, une sainte Thérèse; en un mot, un grand nombre de saints et de saintes, qui réformèrent le clergé et les ordres monastiques, qui fondèrent de nouvelles sociétés, qui allèrent annoncer l'Évangile à de nouveaux mondes, qui tâchèrent ainsi de réparer d'un côté ce que l'hérésie détruisait de l'autre : nouvelle preuve des approches de la fin du monde (dont le luthéranisme est l'avant-coureur), suivant cette parole remarquable de Jésus-Christ : *Et prædicabitur hoc Evangelium regni in universo orbe, in testimonium omnibus gentibus, et tunc veniet consummatio.* (*Matth* xxiv, 14.) Car c'est ainsi que les Pères l'entendent : *Signum Domini adventus est Evangelium in toto orbe prædicari,* dit saint Jérôme sur ce même endroit : *Evangelium cum prædicatum fuerit in toto mundo (quod nondum factum est) ita ut nemo sit qui non audierit, tunc erit sæculi finis : prædicetur Evangelium ut sæculum destruatur : maximum signum adventus Christi, prædicatio Evangelii in toto mundo : apertissima de hac re legitur sententia salvatoris* (86). Toute l'Église enfin semblable à cet aigle dont il est parlé dans l'Écriture, vint se renouveler dans le concile de Trente. Ils ne blessèrent donc que des âmes dépouillées de la crainte de Dieu, les libertins et des impies, des rebelles aux lois de l'Église et de leurs souverains, des apostats et des incontinents, des ennemis du jeûne, du célibat, de la pénitence et de la croix, qui n'avaient pas sur le front le signe du Dieu vivant; étant vrai à la lettre que tous nos hérétiques ont horreur de former sur leur front ce signe salutaire, contre l'usage universel de toute l'Église ancienne, et des fidèles de tous les temps, ce qu'ils regardent comme le caractère de la bête. Un Luther, prêtre et moine depuis plusieurs années, qui quitte l'habit de religieux, viole ses vœux, autorise l'enlèvement d'une religieuse professe, et l'épouse à la face de toute la terre. Un Zwingle, un Carlostad, un Œcolampade, un Bucer un Cranmer, un Calvin, un Bèze et semblables, tous religieux, prêtres, évêques, ecclésiastiques, tous apostats et transgresseurs de leurs vœux solennels de continence et chasteté perpétuelle, mariés et remariés jusqu'à deux et trois fois ; dont les deux principaux chefs, Luther et Zwingle, par une hardiesse aussi aveugle qu'inouïe, ont publié et fait imprimer de leur vivant, qu'ils avaient eu commerce avec le diable, duquel ils ont assuré avoir appris ce qu'il y a de plus essentiel dans leur doctrine surtout le dernier, qui, ne respirant que meurtre et carnage, fut massacré ayant l'épée à la main, dans une cruelle bataille qu'il livrait pour le maintien de sa secte. Quels réformateurs ! Peut-on, sans s'aveugler soi-même, les croire et les suivre? encore s'ils sortaient d'un désert revêtus d'un cilice et prêchant la pénitence, la séduction aurait quelque couleur, mais leurs sectateurs sont sans excuse, et leur égarement trop visible, puisqu'ils suivent les chefs qui n'ont pas sur leur front le signe du Dieu vivant. Et il leur fut donné pouvoir, non de les tuer ; c'est-à-dire qu'ils n'ont pu même tellement pervertir les peuples, qu'ils leur aient ôté toute espérance de recouvrer la foi : paroles aussi bien que celles qui suivent, qui renferment la prédiction de leur retour, et de leur conversion, ou de leur dissipation : aussi sont-ils représentés sous la figure de la fumée, et ainsi que chante le saint roi et prophète David, ils seront dissipés de la manière que la fumée se dissipe.

Et il leur fut donné pouvoir de les tourmenter pendant cinq mois. C'est ici le terme que Dieu a prescrit à ce fléau de son ire, à la malignité et à la durée duquel il a donné de secrètes bornes que lui seul connaît.

Et les sauterelles ressemblaient à des chevaux préparés au combat..... et elles avaient des cuirasses qui paraissaient de fer, et le bruit de leurs ailes était semblable au bruit que font plusieurs chariots et plusieurs chevaux qui courent en guerre. Qu'est-ce que cela nous représente, si ce n'est le caractère de cette secte qui naquit la rébellion dans le cœur, et les armes à la main? Nous entendons encore de nos oreilles le bruit effroyable qu'ils firent dans l'Église, où ils portèrent la révolte et la sédition, ainsi que dans tous les lieux où ils se répandirent.

Et ces sauterelles portaient sur leur tête comme des couronnes semblables à de l'or. Plusieurs rois et plusieurs souverains se mirent en effet à la tête de nos hérétiques ;

---

(86) Origen., tract. 28 *in Matth.*; S. Ambros., lib. x *in Luc.* xx: S. Chrysost., hom. xxi, *in Matth* xxiv, 4 ; S. Aug., epist. 28, *ad Hesych.*

les rois de Navare, d'Angleterre, de Suède, de Dannemark, le duc de Transylvanie, les princes d'Allemagne, les confédérés de Hollande, une partie de la France, de la Suisse, de l'Allemagne, de la Pologne, de la Hongrie ; quantité de princes et de seigneurs se jetèrent dans ce parti, et le soutinrent par leurs armes, et tous en général posèrent pour maxime capitale une fausse liberté évangélique et une indépendance de toute autorité.

Et ils avaient pour roi l'ange de l'abîme, qui s'appelle en hébreu Abaddon, en grec Appollyon, et en latin Exterminateur; au lieu du Pape qu'ils rejetèrent. Voilà le chef sous qui ils combattirent : jamais secte n'a mérité ce nom à plus juste titre, ayant, pour mieux démolir l'héritage de Jésus-Christ, réuni en elle seule, avec la haine des Juifs contre l'Eglise, les erreurs judaïques qui ont pullulé dans son sein, le schisme des Grecs, auxquels la réforme, par une députation célèbre, voulut s'unir et inspirer son venin contre l'Eglise catholique ; mais l'ancienne foi donna aux Grecs de l'horreur pour nos novateurs, et la politique du Turc empêcha leur union ; et ce qu'il y a eu de corrompu dans l'Eglise latine, tout cela s'allia ensemble pour détruire l'Eglise. Ils exterminèrent l'extérieur de la religion, en ayant aboli le culte au dehors, les églises, les autels, les croix, les images, les cérémonies, le sacrifice, les sacrements, etc., ayant posé des principes de doctrine qui en sapent les fondements et qui renversent toute la religion : que l'Eglise peut tomber et périr dans l'erreur, qu'elle y est effectivement tombée, qu'elle a péri, qu'elle est devenue invisible, qu'on peut se sauver en toutes sortes de sectes, pourvu qu'elles retiennent certains points fondamentaux ; que tous les Pères, tous les conciles et toute l'Eglise ne sont après tout que des assemblées d'hommes, sujets à se tromper et être trompés ; qu'une simple femmelette peut mieux qu'eux tous ensemble entendre l'Ecriture ; que le baptême n'est pas nécessaire à salut, ni les bonnes œuvres ; que le mariage est préférable à la virginité, et le célibat une invention de Satan, etc. Aussi voyons-nous que les chefs des unitaires, des anabaptistes et des sociniens, vrais Antechrists, ennemis jurés de la divinité de Jésus-Christ, qui renversent de fond en comble le christianisme, rendant raison de leur origine et de leur progrès, disent que le schisme de Luther, de Calvin et de Zwingle, n'a été que comme l'ébauche et l'aurore de la réforme, et que l'anabaptisme joint au socinianisme en est le plein jour, etc. Pour remplir encore mieux le nom d'exterminateur, que de sang fut répandu par eux, de villes ruinées, de provinces ravagées, de temples abattus, de batailles données ! On le voit encore dans les pitoyables débris qui nous en restent. Joignez à cela Luther, qui se fit représenter dans une image, un grand glaive à la main, avec ces paroles dont il abusait : « Je ne suis pas venu mettre la paix, mais la guerre, » comme pour faire voir à combien juste titre la qualité d'exterminateur convenait à son parti. Les autres sectes avaient combattu et taché de détruire un mystère, un article, une vérité ; mais elles avaient retenu le gros de la religion, les églises, les autels, le clergé, l'état religieux, les sacrements, etc. Celle-ci a tout exterminé, prêtres, moines, vierges, évêques, sacrements, églises, autels, sacrifices, cérémonies, traditions, Pères et conciles, rien n'est échappé à cet esprit exterminateur. Une assemblée d'hommes dans une salle, un laïque qui prêche, quelques psaumes chantés, nulle obligation ; voilà où est réduit tout le christianisme reformé ; ou plutôt exterminé.

Et leurs visages étaient comme des visages d'hommes. Après l'esprit de violence qui vient d'être représenté, voici l'esprit de séduction qui régna chez eux ; car quel esprit n'eût été déçu de voir en apparence la vie si raisonnable, si modeste et si honnête, qu'ils semblèrent d'abord avoir embrassée, voulant, ainsi que les anciens hérétiques, se distinguer des Catholiques, qu'ils regardaient comme des hommes dépravés, charnels et corrompus, prenant pour eux le titre superbe de réformés, et donnant à leur secte le nom de Réforme, et d'Eglise chrétienne réformée.

Et elles avaient les cheveux comme des cheveux de femmes. Quelle volonté ne se fût d'ailleurs laissée enlacer à leur doctrine charnelle et sensuelle ? Point de continence chez eux, point d'abstinence, point d'austérité ni de vœux. Rarement les hérétiques aiment-ils la chasteté, dit saint Jérôme (*in Ose.* VII) : *Raro hæreticus diligit castitatem: et quicunque amare pudicitiam se simulant... venenato ore mella promittunt. Cæterum juxta Apostolum, quæ secrete agunt turpe est dicere.* (*Ephes.* V, 12.) *Difficile est hæreticum reperire qui diligat castitatem.* Joignez à cela l'appui que l'hérésie tira des reines, des princesses et des autres dames, qui n'omirent rien pour autoriser la nouveauté, et pour anéantir l'ancienne créance.

Et leurs dents étaient comme des dents de lions. Car sous une apparence réformée-une honnêteté morale et une doctrine commode, leurs dents, plus cruelles que celles des lions, tuaient, non les corps, mais les âmes. *Dentes leonis dentes ejus, interficientes animas hominum* (*Eccli.* XXI, 3), *sermo mortuus hæreticorum, interpretatur in dentibus,* dit saint Jérôme. (*In Isa.* lib. I.)

Et elles avaient des queues comme des queues de scorpions, où il y avait des aiguillons. Ceci est encore un caractère de l'hérésie, au rapport de saint Jérôme sur le IX° chapitre d'Isaïe, expliquant ces paroles : « Un prophète qui enseigne le mensonge, est une queue dangereuse. » *Propheta docens mendacium ipse est cauda : Per caudam incurvantem et depravantem, hæreticos demonstrat.* Et par ces aiguillons dont l'extrémité de leur queue est armée, et avec lequel ils piquent, que peut-on entendre de mieux, sinon ces petits partis et ces sectes obscures que cette principale secte engendra, et ces impressions malignes, malheureux reste de cette reforme prétendue, dont peu de personnes se sont préservées et n'ont pas ressenti la piqûre? Cette irréligion et ce libertinage qu'on voit en tant de gens; ce peu de foi des mystères, d'attachement à l'Eglise et d'union au Pape, ce mépris des prêtres, des religieux et des cérémonies; cet esprit de raillerie des choses saintes, d'éloignement des sacrements, d'amour pour les nouveautés.

Saint Grégoire, expliquant ce même passage, dit (lib. xxxv in Job, xli): Que ces queues armées signifient, dans les hérétiques, la violence qui suit leurs flatteuses prédications; aussi voyons-nous qu'à ces visages d'hommes qui ont précédé, et à ces cheveux de femmes, succèdent les glaives, parce que quand on rejette la doctrine charnelle des hérétiques, on éprouve ensuite les envenimées piqûres de leurs persécutions, et c'est ce qui arriva à la lettre lors de la naissance de l'hérésie. D'abord ce n'était que piété, que réforme, que soumission aux puissances, que patience dans les tribulations, que la pure parole de Dieu; mais les Catholiques fermant les oreilles à des paroles qui sortaient d'une bouche emmiellée, se virent ensuite bientôt exposés à leurs aiguillons envenimés, à leurs dents de lions, à leurs cruautés et à leurs excès. *Sed duplici contra eos calliditate agitur, quia quod eis ab aliis verbis blandientibus dicitur, hoc ab aliis gladiis ferientibus imperatur. In ore namque doctorum scientia, in cauda vero sæcularium potentia figuratur.*

Au reste, il est à remarquer que quand ces nouveaux sectaires parurent, les catholiques par un secret instinct, qui règne toujours parmi les fidèles, de chercher dans l'*Apocalypse* ce qui se passe dans l'Eglise, crurent aussitôt voir en eux ces sauterelles dont il est ici parlé, et comme par une soudaine et générale inspiration, ils leur firent l'application de cette prophétie de saint Jean, ainsi qu'on peut lire dans Bellarmin, dans Florimond de Rémon, et autres auteurs de ces temps-là.

Que si l'interprétation qu'on a donnée, et dont on pourrait montrer la convenance par plusieurs remarques qui viendront naturellement dans l'esprit d'un lecteur éclairé, semble naturelle, ce qui va paraître par l'ouverture du cinquième sceau, la caractérise encore d'une façon très-particulière, et montre ce parfait rapport qui se trouve toujours, comme on a si souvent dit, entre le son des sept trompettes, et l'ouverture des sept sceaux.

Et lorsqu'il eut ouvert le cinquième sceau, je vis sous l'autel les âmes de ceux qui avaient été tués pour la parole de Dieu et pour le témoignage qu'ils avaient rendu à Jésus-Christ.

10. *Et ils criaient d'une voix forte, disant: Jusques à quand, Seigneur, qui êtes saint et véritable, différerez-vous à nous venger des habitants de la terre?*

En effet quelle vengeance ne crie pas l'impiété de cette secte, qui porta ses mains sacriléges sur tout ce qu'il y a de plus sacré dans la religion? Ils traitèrent le corps des saints et des martyrs, que suivant l'ancienne coutume on inhumait sous les autels, *vidi sub altare*, avec plus d'outrage et d'indignité, qu'on ne traite ceux des plus exécrables scélérats de la terre. Les corps d'un saint Irenée, d'un saint Martin, et d'un nombre infini d'autres, furent brûlés dans les places publiques, et leurs cendres jetées au vent, comme celles des parricides et des voleurs. Saint Thomas de Cantorbéry que Jésus-Christ compte entre les martyrs de son Epouse, fut cité plusieurs siècles après sa mort, à comparaître comme un criminel devant le tribunal d'un roi, animé de la fureur de cette hérésie contre l'Eglise qu'il avait abandonnée, et contre son chef, auquel il portait une haine implacable; et les ossements de cet invincible archevêque furent déterrés, et condamnés au feu par une sentence inique. Enfin il n'y a presque point d'autel à qui cette secte n'ait ravi les saintes richesses, et les pieuses dépouilles de ses anges tutélaires que l'Eglise leur avait données en dépôt : il n'y a point eu d'asile que l'hérésie n'ait insolemment violé, et point de reliques qu'elle n'ait outrageusement foulées aux pieds. Elle ouvrit sa bouche, et vomit mille blasphèmes contre les habitants des cieux, sans en excepter la sacrée Mère de Dieu, et ce sont eux qui, indignés de tant d'outrages, qu'on peut regarder comme un second genre de martyre, non moins ignominieux que le premier, disent ici : O Seigneur, jusques à quand différerez-vous de nous faire justice de ceux qui sont sur la terre, et qui nous persécutent de nouveau?

Et on donna à chacun d'eux une robe éclatante de blancheur, et il leur fut dit de patienter encore un peu, jusqu'à ce que le nombre des serviteurs de Dieu, et de leurs frères, qui devaient être mis à mort comme eux, fût accompli. C'est-à-dire, que le temps de la vengeance n'étant pas encore arrivé, Dieu donne à ses saints outragés de nouvelles récompenses, leur sainteté sur la terre a été plus reconnue, et la vénération des peuples envers eux plus épurée, et plus grande: nous apprenons d'ailleurs de là, qu'il y a encore des martyrs à venir, et un temps de persécution qui s'approche, semblable à celui de l'Eglise primitive, duquel nous sommes peu éloignés: *Adhuc modicum.*

Au reste, cette audace de déclarer la guerre aux bienheureux vivant dans le ciel, et à leurs reliques honorées sur la terre, à leur culte, à leur invocation, à leur intercession, et à leur gloire même, leur déniant la qualité de saints, diminuant le nombre des martyrs, exténuant leurs vertus, publiant dans les livres imprimés que s'ils ne se révoltèrent pas contre leurs souverains, ce fut par impuissance, et par politique; méprisant Pères et conciles, et foulant aux pieds leur autorité, est un caractère si propre à l'hérésie de nos jours, et elle est si bien désignée par cette marque, qu'on n'en trouvera point dans tous les siècles précédents à qui elle convienne si parfaitement, et saint Jean ne pouvait la représenter par aucune qualité plus distinctive que celle-ci, le reste lui étant commun, du moins en partie, avec beaucoup d'autres sectes.

Mais nous voici à la sixième plaie qui doit suivre celle de Luther, et à la veille de laquelle nous semblons être, mais qui paraît si enveloppée d'obscurités, que les seuls événements en peuvent être les interprètes.

Du sixième âge de l'Eglise ou de la sixième plaie qui doit suivre immédiatement celle de l'hérésie de Luther.

Cap. IX. — 12. Væ unum abiit, et ecce veniunt adhuc duo Væ post hæc.

13. Et sextus angelus tuba cecinit: et audivi vocem unam ex quatuor cornibus altaris aurei, quod est ante oculos Dei.

14. Dicentem sexto angelo, qui habebat tubam : Solve quatuor angelos qui alligati sunt in flumine magno Euphrate.

15. Et soluti sunt quatuor angeli, qui parati erant in horam, et diem, et mensem, et annum, ut occiderent tertiam partem hominum.

16. Et numerus equestris exercitus, vicies millies dena millia. Et audivi numerum eorum.

17. Et ita vidi equos in visione; et qui sedebant super eos, habebant loricas igneas, et hyacinthinas, et sulphureas, et capita equorum erant tanquam capita leonum, et de ore eorum procedit ignis, et fumus, et sulphur.

18. Et ab his tribus plagis occisa est tertia pars hominum, de igne, et de fumo, et sulphure quæ procedebant de ore ipsorum.

19. Potestas enim equorum in ore eorum est, et in caudis eorum, nam caudæ eorum similes serpentibus, habentes capita, et in his nocent.

20. Et cæteri homines qui non sunt occisi in his plagis, neque pœnitentiam egerunt de operibus manuum suarum, ut non adorarent dæmonia, et simulacra aurea et argentea, et ærea, et lapidea, et lignea, quæ neque videre possunt, neque audire neque ambulare.

21. Et non egerunt pœnitentiam ab homicidiis suis, neque a veneficiis suis, neque à fornicatione sua, neque a furtis suis.

Chap. IX. — 12. Un malheur est passé, et en voici deux autres qui viennent ensuite.

13. Et le sixième ange sonna de la trompette : et j'entendis une voix qui sortait des quatre cornes ou coins de l'autel d'or, qui est devant les yeux de Dieu.

14. Qui disait au sixième ange qui avait la trompette : Déliez les quatre anges qui sont liés sur le grand fleuve d'Euphrate.

15. Et les quatre anges furent déliés, lesquels étaient prêts pour l'heure, le jour, le mois, et l'année où ils devaient tuer la troisième partie des hommes.

16. Et le nombre de cette armée de cavalerie était de vingt mille fois dix mille : et j'en ouïs le nombre.

17. Et je vis aussi des chevaux dans la vision : ceux qui étaient montés dessus, avaient des cuirasses de feu, de soufre, et de hyacinte, et les têtes des chevaux étaient comme des têtes de lions, et il sortait de leur bouche du feu, de la fumée, et du soufre.

18. Et par ces trois plaies, par le feu, par la fumée, et par le soufre qui sortaient de leurs bouches, la troisième partie des hommes fut tuée.

19. Car la puissance de ces chevaux est dans leur bouche; et dans leurs queues : parce que leurs queues sont semblables à celles des serpents, et ont des têtes, et c'est par elles qu'elles blessent.

20. Et les autres hommes qui ne moururent point de ces plaies, et ne firent point pénitence des œuvres de leurs mains, pour n'adorer plus les idoles d'or et d'argent, d'airain, de pierre et de bois, qui ne peuvent ni voir, ni entendre, ni marcher.

21. Et ils ne firent point pénitence de leurs homicides, de leurs empoisonnements, de leurs fornications, et de leurs larcins.

EXPLICATION.

12. *Un malheur est passé, et en voici deux autres qui viennent ensuite.* Ce premier malheur, c'est l'hérésie de notre temps, ainsi qu'on a expliqué : et les deux autres qui suivent, sont la sixième, et la septième, ou la dernière persécution, qui sera celle de l'Antechrist. Cette voix est une suite de celle qu'on a rapportée, ci-dessus chapitre VIII, 23, où un aigle s'envolant, et se dérobant aux yeux de saint Jean, criait : Malheur, malheur, malheur aux habitants de la terre pour les trois plaies qui allaient suivre : on a observé que cet aigle qui disparaissait, était le symbole de la ruine de l'empire romain, qui finissait, et du luthéranisme naissant dans l'Allemagne. Peut-être que les suivantes viendront de ce côté-là.

13. *Et le sixième ange sonna de la trom-*

pette. Voici donc le sixième âge de l'Eglise, celui qui doit immédiatement succéder à l'hérésie de Luther et de Calvin.

Et j'entendis une voix qui disait : Déliez les quatre anges qui sont liés sur le grand fleuve de l'Euphrate : et les quatre anges furent déliés, lesquels étaient prêts pour l'heure, le jour, le mois et l'année, où ils devaient tuer la troisième partie des hommes. C'est d'où viendra cette sixième plaie qui sera extrême, tant à cause de sa grandeur, qui doit surpasser toutes les autres calamités précédentes, qu'à cause du peu d'étendue de l'Eglise, qui n'occupe plus qu'une médiocre partie de l'Occident, et qui même partage cette portion avec les hérétiques. Mais quel sera ce fleuve, et d'où viendront ces anges exterminateurs? Ce sont des mystères de l'avenir. *Antichristus ex orientali Perside, ad quam tribus Dan ablegata est, proditurus, et cum aliis regibus, et principibus Euphraten transmissurus : populum Hebræorum dispersum congregabit Antichristus : nostri autem interpretantur omnia de Antichristo qui nasciturus est de populo Judæorum, et de Babylone venturus... Antichristus veniens diem Sabbatum atque Dominicum ab omni facies opere custodiri... et quia judaisare populum compellit ut exteriorem ritum legis revocet, et uti Judæorum perfidiam subdat. Cæterum a beato (Martino) de fine sæculi cum quæreremus, ait nobis ab Antichristo orientale imperium esse capiendum, qui quidem sedem et caput regni Hierosolymam esset habiturus... illius eam persecutionem futuram esse, ut Christum Dominum cogat negari... Omnesque secundum legem circumcidi jubeat* (87).

16. *Et le nombre de cette armée de cavalerie était de vingt mille fois dix mille : et j'en ouis le nombre.* Cela, et ce qui suit, présage des guerres et des irruptions qui sont les signes des approches de l'Antechrist, conformément à ce que dit Notre-Seigneur dans l'Evangile. Ce serait une conjecture incertaine, de dire que la magie et le sortilège, auront beaucoup de part à cette sixième persécution, causée par Satan pour lors déchaîné, et apparemment à la tête de ces innombrables nations si fameuses dans les prophètes sous le nom de Gog et Magog; et qu'on voudra alors rétablir l'idolâtrie, qui se soutient encore ou qui s'est renouvelée en beaucoup d'endroits de l'Orient, suivant ce qui est écrit : « Et les autres hommes qui ne moururent point de ces plaies, et ne firent point pénitence des œuvres de leurs mains pour n'adorer plus les démons et les idoles. » Il est pourtant bon d'observer que ces péchés se rapportent à toutes les précédentes tribulations, qui n'ont pu obliger les méchants à faire pénitence, sans qu'il soit nécessaire de trouver l'idolâtrie dominante en particulier lors de la sixième persécution ; le reproche d'impénitence en général persévérant depuis saint Jean, au temps duquel le paganisme régnait, jusqu'à la fin du monde, et s'étendant sur toutes sortes de crimes, suivant ce qu'il ajoute : « Et ils ne firent point pénitence de leurs homicides, de leurs fornications et de leurs larcins ; » à quoi il faut ajouter que les choses grandes et présentes occupent et frappent davantage, et qu'on y rapporte communément les autres moindres, qui sont de même espèce, et qui vont à la même fin.

Leur équipage et leur nombre si prodigieux de deux cent millions, semblent pronostiquer quelque chose qui se ressent du prestige : car saint Jean nous les dépeint en cette façon : « Et je vis aussi les chevaux dans la vision, et ceux qui étaient montés dessus, avaient des cuirasses de soufre et de couleur d'hyacinthe, et les têtes des chevaux étaient comme des têtes de lions, et il sortait de leur bouche du feu, de la fumée et du soufre : et par ces trois choses, par le feu, par la fumée et par le soufre qui sortaient de leurs bouches, la troisième partie des hommes mourut, et leurs queues sont semblables à celles des serpents ayant des têtes : » *Potestas equorum in ore et in caudis eorum erat : in ore namque doctorum scientia, in cauda vero sæcularium potentia figuratur*, etc. (S. GREG., lib. XXXIII *Moral.*, c. 23.) Tout ceci étant une chose future, on aime mieux écouter les conjectures des autres, que de dire les siennes sur un si profond mystère, qui peut-être renferme un soulèvement général des Juifs par tout l'univers, et on n'a rien non plus à déterminer sur sa proximité ou sur son éloignement : cependant l'hérésie de Luther ne devant subsister que cinq mois : *Mensibus quinque*, ainsi qu'on a vu au chapitre précédent, il semble que ce terme choisi pour exprimer une courte durée est fort avancé, et la persécution suivante peu éloignée.

Quoi qu'il en soit, comme les plaies de l'Eglise n'arrivent point sans être précédées de plusieurs dispositions, qui de longue main préparent la voie, on doit former ses conjectures sur la situation présente des nations et des sectes ennemies de la vraie religion, et voir quelle peut être et d'où peut venir cette grande invasion qui nous menace, et quelles sont ces quatre causes qui conspireront à ce fléau, plus terrible et plus pernicieux au christianisme, que l'hérésie de nos jours.

On n'explique point ici le sixième sceau, parce que l'on a montré ci-dessus qu'il y a de l'anticipation, saint Jean ayant mis au sixième sceau ce qui devait arriver au septième, afin de donner naissance au son des sept trompettes par l'ouverture du septième sceau, pour ne pas dire que la sixième et septième persécution se touchent de si près, et sont si liées ensemble, qu'elles sont censées n'être qu'une : *In sexto sigillo ea quæ ventura sunt tempore Antichristi : sexto sigillo patefacto, novissima persecutio nuntiatur.* (BEDA.)

Mais il est nécessaire de remarquer en ce

---

(87) ANDR. CÆSAR.; S. HIPPOLYT. mart.; S. HIER., *in Dan.*, c. XI, 25; S. GREG., lib. XI, epist. 5; SULP. SEVER., dialog. 2, sub fin.

lieu, l'ordre des trois chapitres suivants : on les met entre la sixième et la septième persécution, parce qu'en effet saint Jean les place entre l'ouverture du sixième et du septième sceau, et entre le son de la sixième et de la septième trompette : et comme l'ouverture des sceaux précède le son des trompettes, il faut que ce que saint Jean rapporte après l'ouverture du sixième sceau, précède ce qu'il a mis après le son de la sixième trompette : et en effet, les matières semblent le demander ainsi. Car après le sixième sceau, ou le sixième âge, on voit au chapitre VII, la conversion des Juifs, qui constamment doit arriver à la fin du monde : et après le son de la sixième trompette, au chapitre x, on voit cette fin prochaine du monde annoncée par un ange : ce qui est suivi au chapitre XI, de la persécution de l'Antechrist, particulièrement contre les Juifs, au secours desquels viennent Enoch et Elie, que cet impie fait mourir, ce qui se termine enfin par la venue du juste Juge, et le dernier jour de l'univers. Voilà la suite naturelle de l'*Apocalypse* jusqu'au chapitre XII.

CHAPITRE VII.

La conversion des Juifs que saint Jean vit devoir arriver entre le sixième et le septième âge de l'Eglise.

SOMMAIRE. — I. Après tant de calamités, quatre vents ou quatre terribles efforts d'une persécution violente et générale, prêts à s'élever des quatre coins du monde, semblent menacer l'univers d'un entier bouleversement ; mais quatre anges les arrêtent et les empêchent de souffler, c'est-à-dire que Dieu suspend les fléaux de sa colère, et fait naître un calme heureux à la religion.
II. Un ange se lève du côté de l'Orient, tenant le signe de Dieu vivant à la main, et crie à ces quatre anges disposés à faire ce renversement universel, de ne causer aucun trouble jusqu'à ce que lui, et d'autres encore, ayant imprimé sur le front des serviteurs de Dieu le signe salutaire, ou jusqu'à ce que les élus d'entre les Juifs aient fait profession du christianisme, et se soient convertis à la foi.
III. L'énumération de ces bienheureux élus se fait ; Dieu en prend un certain nombre de chaque tribu, excepté de celle de Dan, dont il n'est pas fait mention, parce que l'Antechrist en doit naître.
IV. L'état florissant de cette nouvelle chrétienté, et les bénédictions que Dieu répandra sur elle, sont ici décrites avec une magnificence nonpareille.
V. Les persécutions horribles qu'ils souffriront sans doute de la part de l'Antechrist et des Juifs incrédules, sont aussi montrées à saint Jean par un des vingt-quatre vieillards.

1. Post hæc vidi quatuor angelos stantes super quatuor angulos terræ, tenentes quatuor ventos terræ, ne flarent super terram, neque super mare, neque in ullam arborem.

2. Et vidi alterum angelum ascendentem ab ortu solis, habentem signum Dei vivi : et clamavit voce magna quatuor angelis, quibus datum est nocere terræ et mari ;

3. Dicens : Nolite nocere terræ, et mari, neque arboribus, quoadusque signemus servos Dei nostri in frontibus eorum.

4. Et audivi numerum signatorum, centum quadraginta quatuor millia signati, ex omni tribu filiorum Israel.

5. Ex tribu Juda duodecim millia signati ; ex tribu Ruben, duodecim millia signati ; ex tribu Gad duodecim millia signati ;

6. Ex tribu Aser, duodecim millia signati ; ex tribu Nephthali, duodecim millia signati ; ex tribu Manasse, duodecim millia signati ;

7. Ex tribu Simeon, duodecim millia signati ; ex tribu Levi, duodecim millia signati ; ex tribu Issachar, duodecim millia signati ;

8. Ex tribu Zabulon, duodecim millia signati ; ex tribu Joseph, duodecim millia signati ; ex tribu Benjamin, duodecim millia signati.

9. Post hæc vidi turbam magnam, quam

1. Après cela je vis quatre anges qui se tenaient aux quatre coins de la terre, dont ils arrêtaient les vents, afin qu'ils ne soufflassent point sur la terre, ni sur la mer, ni sur aucun arbre.

2. Puis je vis un autre ange qui montait du côté de l'Orient, et qui avait le sceau du Dieu vivant ; et il cria à haute voix aux quatre anges qui avaient reçu le pouvoir de frapper la terre et la mer de plaies ;

3. Et il leur dit : Ne faites aucun mal à la terre, ni à la mer, ni aux arbres, jusqu'à ce que nous ayons mis le sceau sur le front des serviteurs de notre Dieu.

4. Et j'entendis que le nombre de ceux qui avaient été marqués du sceau, était de cent quarante-quatre mille d'entre toutes les tribus des enfants d'Israël.

5. De la tribu de Juda, douze mille furent marqués du sceau ; de la tribu de Ruben, douze mille furent marqués ; de la tribu de Gad, douze mille furent marqués.

6. De la tribu d'Aser, douze mille furent marqués ; de la tribu de Nephthalim, douze mille furent marqués ; de la tribu de Manassé, douze mille furent marqués.

7. De la tribu de Siméon, douze mille furent marqués ; de la tribu de Levi, douze mille furent marqués ; de la tribu d'Issachar, douze mille furent marqués.

8. De la tribu de Zabulon, douze mille furent marqués ; de la tribu de Joseph, douze mille furent marqués ; de la tribu de Benjamin, douze mille furent marqués.

9. Après cela je vis une grande multitude,

que personne ne pouvait compter, de toutes nations, de toutes tribus, de tous peuples et de toutes langues, qui étaient debout devant le trône, et en présence de l'Agneau, vêtus de robes blanches, et portant des palmes dans leurs mains.

10. Et ils criaient à haute voix, en disant : C'est à notre Dieu qui est assis sur le trône et à l'Agneau, qu'est dû la gloire de nous avoir sauvés.

11. Tous les anges étaient debout autour du trône, et des vieillards et des quatre animaux, et ils se prosternèrent devant le trône et adorèrent Dieu.

12. En disant : Amen, bénédiction, gloire, sagesse, action de grâces, honneur, puissance et force à notre Dieu dans tous les siècles des siècles. Amen.

13. Alors un des vieillards prenant la parole, me dit : Ceux qui sont vêtus de robes blanches, qui sont-ils ? et d'où sont-ils venus ?

14. Je lui répondis : Mon Seigneur, vous le savez : Ce sont ceux, dit-il, qui sont venus de la grande tribulation, et qui ont lavé et blanchi leurs robes dans le sang de l'Agneau.

15. C'est pourquoi ils sont devant le trône de Dieu, et ils le servent jour et nuit dans son temple, et celui qui est assis sur le trône habitera lui-même avec eux.

16. Ils n'auront plus de faim, ni de soif, et ils ne seront plus ni brûlés du soleil, ni d'aucune autre ardeur.

17. Parce que l'Agneau qui est au milieu du trône sera leur Pasteur, et il les mènera aux fontaines d'eau vive, et Dieu essuyera toute larme de leurs yeux.

dinumerare nemo poterat, ex omnibus gentibus, et tribubus et populis, et linguis : stantes ante thronum, et in conspectu Agni, amicti stolis albis, et palmæ in manibus eorum.

10. Et clamabant voce magna dicentes : Salus Deo nostro, qui sedet super thronum, et Agno.

11. Et omnes angeli stabant in circuitu throni, et seniorum, et quatuor animalium ; et ceciderunt in conspectu throni in facies suas, et adoraverunt Deum.

12. Dicentes : Amen, benedictio et claritas, et sapientia, et gratiarum actio, honor, et virtus, et fortitudo Deo nostro, in sæcula sæculorum. Amen.

13. Et respondit unus de senioribus, et dixit mihi : Hi, qui amicti sunt stolis albis, qui sunt ? et unde venerunt ?

14. Et dixi illi : Domine mi, tu scis ; et dixit mihi : Hi sunt qui venerunt de tribulatione magna, et laverunt stolas suas, et dealbaverunt eas in sanguine Agni.

15. Ideo sunt ante thronum Dei, et serviunt ei die ac nocte in templo ejus, et qui sedet in throno, habitabit super illos.

16. Non esurient, neque sitient amplius, nec cadet super illos sol, neque ullus æstus.

17. Quoniam Agnus qui in medio throni est, reget illos, et deducet eos ad vitæ fontes aquarum, et absterget Deus omnem lacrymam ab oculis eorum.

EXPLICATION.

1. *Après cela je vis quatre anges qui se tenaient aux quatre coins de la terre, dont ils arrêtaient les quatre vents, afin qu'ils ne soufflassent point sur la terre, ni sur aucun arbre.* Ceci montre que le cours des visions fut interrompu par la connaissance particulière qui fut alors donnée à saint Jean de quelques accidents qui arriveront entre la sixième et la septième persécution, où il y a apparence que la conversion des Juifs se fera.

2. *Puis je vis un autre ange qui montait du côté de l'Orient, et qui avait le sceau du Dieu vivant, et il cria à haute voix aux quatre anges, qui avaient reçu le pouvoir de frapper la terre et la mer de plaies.*

3. *Et il leur dit : Ne faites aucun mal à la terre, ni à la mer, ni aux arbres, jusqu'à ce que nous ayons mis le sceau sur le front des serviteurs de notre Dieu.* On comprend par ces paroles que l'Antechrist étant prêt de vouloir renverser l'Église et de séduire les Juifs, desquels il doit sortir, Dieu veut retarder l'entreprise de cet impie et faire auparavant dans la nation juive cette récolte d'élus, dont il est si souvent parlé dans les Livres saints.

4. *Et j'entendis que le nombre de ceux qui avaient été marqués du sceau, était de cent quarante-quatre mille, d'entre toutes les tribus des enfants d'Israël.*

5. *De la tribu de Juda, douze mille furent marqués du sceau, etc.* Ce nombre de douze mille choisis de chaque tribu et marqués du signe salutaire de la croix, que signifie-t-il, sinon le nombre des Juifs qui se convertiront à la foi à la fin du monde, et qui seront ramenés à Jésus-Christ par Elie ? La multitude en paraît grande, et douze mille de chaque tribu, est une figure qui donne l'idée d'un peuple infini, sur quoi il est à propos de faire deux observations.

La première, que selon la pensée des plus anciens Pères, saint Jean parle en cet endroit-ci, de la conversion des Juifs à la fin du monde : *Ostendit Joannes numerum ex Judæis crediturum per Eliam*, dit saint Victorin. C'est aussi le sentiment d'André de Césarée : *Numerus iste, numerus est Judæorum qui sub sæculi consummationem, per fidem salvabuntur ; quando nimirum juxta apostoli sententiam, post gentium multitudinem ingressam, omnis quoque Israel salvus fiet....* Rectius enim ad Antichristi adventum locus hic refertur. Aretas, très-ancien auteur, ainsi que les deux précédents, enseigne la même chose : *Hæc apertius circa adventum Christi contingent.* Saint Chrysostome, ou du moins un interprète de ces premiers temps (hom. 12, *in Marc.*), confirme ce sentiment : *Ubi hoc lectum est , quia in novissimo salvabitur omnis Israel? Primum quidem ipse dicit apostolus : Cum intraverit plenitudo gentium, tunc omnis Israel salvus fiet: deinde dicit et Joannes in Apocalypsi sua, de tribu Juda creditura, duodecim millia, de tribu Ruben creditura, duodecim millia, et de reliquis tribubus eadem loquitur ; et fiunt omnia quæ credunt, centum quadraginta quatuor millia : credituri ergo sunt Judæi, sed in fine mundi credituri sunt :* saint Paulin (epist. 50, *ad S. Aug.*), s'en explique de la même manière, et interprète en ce sens cet endroit de l'*Apocalypse : Ex ipsis impiis Judæis,* dit-il, *eorum generatio ventura est electorum, qui de singulis tribubus electi, in duodenis millibus designantur quibus revelatio beati Joannis,* etc.

La seconde observation est que l'omission de la tribu de Dan dans l'énumération que saint Jean fait des autres, a toujours paru ici mystérieuse, soit que cette tribu ne doive pas revenir de son infidélité, soit que l'Antechrist en doive naître, comme l'ont conjecturé plusieurs saints docteurs, qui ont cru l'entrevoir dans les paroles énigmatiques du patriarche Jacob à ses enfants, qu'ils ont regardées comme renfermant les destinées de chaque tribu en particulier : *Cum Jacob filios suos benediceret , talia dixit de Dan, ut de ipsa tribu existimetur exsurrecturus Antichristus,* dit saint Augustin. (Lib. vi *Quæst.*) *Attende verba Jacob... ad Dan... Nasciturum ex tribu Dan Antichristum,* dit saint Hippolyte. (*De ben.*, c. 7.) *Antichristus futurus ex tribu Dan,* dit saint Ambroise. *Dan non recensetur quod Antichristus ex illa nasciturus,* dit saint André de Césarée. (Lib. v, c. 3.) *Dan prætermisit, ex quo dicitur Antichristus esse nasciturus,* dit le vénérable Bède. Saint Irénée, dès les premiers siècles de l'Eglise, avait écrit la même chose : *Et propter hoc non annumeratur tribus hæc in Apocalypsi , cum his qui salvantur.* Et en effet cette tribu dès le commencement a porté un caractère singulier d'impiété : car ce fut elle qui la première de toutes les tribus d'Israël, fit profession publique d'idolâtrie, et, qui au milieu du peuple de Dieu , se maintint avec obstination dans le culte sacrilège des démons pendant plus de six cents ans, c'est-à-dire depuis le temps des Juges jusqu'à la transmigration de Babylone : *Posueruntque sibi sculptile in tribu Dan usque ad diem captivitatis suæ, mansitque apud eos idolum omni tempore.* (*Judic.* xviii, 30.) Ce fut aussi d'elle que sortit le premier blasphémateur du nom de Dieu. *Ecce autem egressus filius mulieris Israelitidis, quem pepererat de viro Ægyptio inter filios Israel, jurgatus est in castris cum viro Israelita : cumque blasphemasset nomen, et maledixisset ei, adductus est ad Moysen.* (*Vocabatur autem mater ejus Salumith , filia Dabri de tribu Dan.*) [*Levit.* xxiv, 10 , 11.] D'où vient qu'il n'est fait aucune mention d'elle dans le dénombrement exact de toutes les tribus et familles revenues de captivité? Sans doute ou par horreur de cette première et dernière apostasie, ou bien parce qu'elle ne revint pas de Perse, et qu'elle y est restée jusqu'à nos jours, aussi bien qu'une grande partie de la nation juive, comme on peut voir dans Josèphe. (*Antiq. Jud.*, lib. vi, c. 5.) Il est vrai que saint Jean omet aussi celle d'Ephraïm ; mais elle est représentée par Joseph, ainsi qu'en d'autres lieux de l'Ecriture (*Psal.* lxxvii , 67 ; *Ezech.* xxxvii, 16 ; *Amos* v, 6), où l'on tait son nom pour des raisons spéciales à cette tribu, qu'on peut voir ailleurs, surtout parce qu'elle fut le siège du schisme , de l'hérésie et de l'idolâtrie en Israël. *Joseph pro filio ejus Ephraim posuit beatus Joannes,* dit Aretas : et que Manassès ayant été l'aîné, il a été à propos de supprimer plutôt son cadet que lui.

6. *Après cela je vis une grande multitude que personne ne pouvait nombrer, de toutes nations, de toutes tribus, de tous peuples et de toutes langues , qui étaient debout devant le trône, et en présence de l'Agneau, vêtus de robes blanches et portant des palmes dans leurs mains.*

10. *Et ils criaient à haute voix, en disant : C'est à notre Dieu qui est assis sur le trône, et à l'Agneau, qu'est due la gloire de nous avoir sauvés.*

11. *Et tous les anges étaient debout autour du trône, des vieillards et des quatre animaux, et ils se prosternèrent devant le trône et adorèrent Dieu.*

12. *En disant : Amen, bénédiction, gloire, sagesse, action de grâces, honneur, puissance et force à notre Dieu, dans les siècles des siècles. Amen.*

Telle est la fête des bienheureux dans le ciel pour le retour des Juifs au Dieu de leurs pères, et de leur vocation à la foi, et peut-être aussi pour la conversion des nations à qui Enoch sera envoyé, et qui s'unissant aux Juifs, ne formeront avec eux qu'une même Eglise : *Igitur antequam veniat dies judicii... mittet Dominus Eliam, ut Judæi et Christiani qui nunc inter se discrepant, pari in Christum religione consentiant ,* dit saint Jérôme sur le chapitre iv° de Malachie.

13. *Alors un des vieillards prenant la parole, me dit : Ceux qui sont vêtus de robes blanches, qui sont-ils ? et d'où sont-ils venus ?*

14. *Et je lui répondis : Mon Seigneur, vous le savez : Ce sont ,* dit-il *, ceux qui sont venus de la grande tribulation.* Jugez par ce terme combien sera extrême l'affliction que ces nouveaux Israelites devenus Chrétiens, souffriront dans cette conjoncture de temps, plus horrible que le premier âge des martyrs, et que saint Augustin (*De civit. Dei,* lib. xvi, c. 42) nous apprend avoir été figurée par cette mystérieuse frayeur d'Abraham rapportée dans la *Genèse. Afflictio civitatis Dei qualis antea nunquam fuit, quæ sub An-*

tichristo futura speratur, significatur tenebroso timore Abrahæ circa solis occasum, id est propinquante jam fine sæculi. Saint Grégoire nous assure la même chose en ces termes : *In extremis cum Judæa crediderit, gravissimas Antichristi tempore persecutiones sentiet ; et erunt tunc multi ex Judæis infidelibus qui eosdem ipsos, qui ex Judæis crediderint, persequentur :* de sorte que si la vue du plein jour de Jésus-Christ fit tressaillir de joie ce patriarche, celle du soir de ce même jour auquel l'Antechrist doit paraître, le fit frémir d'horreur.

15. *C'est pourquoi ils sont devant le trône de Dieu, et ils le servent jour et nuit dans son temple : et celui qui est assis sur le trône, habitera lui-même avec eux.*

16. *Ils n'auront plus faim ni soif, et ils ne seront plus brûlés du soleil ni d'aucune autre ardeur.*

17. *Parce que l'Agneau qui est au milieu du trône, sera leur pasteur, et il les mènera aux fontaines d'eau vive, et Dieu essuiera toutes les larmes de leurs yeux;* c'est-à-dire, que la grandeur de la récompense et des consolations de ces néophites répondra à la grandeur des maux et des souffrances qu'ils auront endurées. Ceci est expressément marqué dans Isaïe, où il est parlé du retour des Juifs, et des merveilles que Dieu opérera pour lors en Sion : *Et faciet Dominus exercituum omnibus populis in monte hoc convivium.... convivium pinguium, et auferet Dominus Deus lacrymam ab omni facie.* (Isa. xxv, 6, 8.) Et le prophète y joint par avance un cantique d'action de grâces pour le retour des Juifs. Or, leurs robes lavées dans le sang de l'Agneau, leur assiduité à la prière, leur culte religieux et continuel, cette faim et cette soif de la parole de Dieu, et de ses célestes vérités, qui les accable à présent, et dont ils seront pour lors délivrés ; le feu de la justice divine, qui ne les consumera plus comme elle a fait jusqu'ici; Jésus-Christ assis dans un trône qui règne au milieu d'eux, qui les repaît et les désaltère dans les eaux rejaillissantes en la vie éternelle, et Dieu qui lui-même essuie leurs larmes ; toutes ces choses, en un mot, nous font voir l'état florissant de cette nouvelle Eglise. *Calamum quassatum, hoc est sceptrum Judaicum, et linum fumigans, hoc est sacerdotium Judaicum, Christus non penitus confregit, aut exstinxit. Christus Judæos, qui calamo quassato, perdita integritate, et lino fumanti, amisso lumine, comparati sunt, non contrivit nec exstinxit,* disent saint Augustin (*De civ. Dei,* lib. xx, c. 30), et saint Grégoire. (*Moral.,* lib. xxxiii, c. 3.)

Il ne faut pas pourtant penser que saint Jean n'ait compris, dans cette vision, que ceux qui souffriront le martyre dans les dernières persécutions, et qui sont spécialement désignés par ces paroles : « Ceux qui sont vêtus de robes blanches, qui sont-ils ? et d'où sont-ils venus ? » Au contraire, il paraît qu'il a voulu réunir toute l'Eglise triomphante, et qu'elle lui a été montrée, ne faisant qu'un corps, et une assemblée composée de tous les saints de l'un et de l'autre Testament, représentant toute la Jérusalem céleste, à l'occasion néanmoins de la conversion des Juifs, (dont le dénombrement mis ici ressent celui d'Esdras lors du retour de la captivié de Babylone) et des martyrs des derniers siècles, réunis aux premiers. *Ad Antichristi adventum locus hic refertur,* dit André de Césarée.

Voici donc l'interprétation de ce chapitre : ces quatre anges prêts de bouleverser le monde, s'arrêtent à cette voix d'en haut, et s'abstiennent de souffler sur la terre, sur la mer et sur les arbres, d'où naturellement doit s'ensuivre une grande sérénité dans le ciel, signifient que Dieu suspend les fléaux de sa colère, pour faire reluire sur les hommes les rayons de sa miséricorde ; et c'est dans ces beaux jours de l'Eglise que doit arriver, comme dans l'heureuse automne du monde, cette conversion des Juifs, si célèbre dans les Ecritures : « Car l'Eglise sainte », dit saint Grégoire le Grand (lib. iv *Moral.,* c. 4), « s'étant d'abord enrichie par la conversion de la nombreuse multitude des gentils, qui furent comme les abondantes prémices de sa moisson, achèvera sa récolte à la fin du monde, par le retour de la nation juive, qu'elle ramassera comme reste des fruits de la terre.» *Sancta namque Ecclesia in primitiis suis multitudine gentium fecundata, vix in fine mundi Judæos, quos invenerit, suscipit, et extrema colligens, eos quasi reliquias frugum ponit.*

Ce sont les paroles de ce saint, et on peut dire de tous les Pères qui traitent de ce sujet, particulièrement de saint Jérôme (*in Matth.* 11) : Jésus-Christ retournant d'Egypte en Judée, dit ce grand docteur, signifie par là que les Juifs, à la fin du monde, le reconnaîtront pour Messie, et seront éclairés des lumières de la foi : *In fine mundi, Judæi fidem, tanquam Christum ab Ægypto revertentem suscipientes, illuminabuntur;* et dans saint Luc : *Jerusalem calcabitur a gentibus, donec impleantur tempora nationum* (Luc. xxi, 24) : parce qu'en effet la figure la plus expresse de ce retour est la réconciliation de Joseph avec ses frères, suivie de la descente de Jacob en Egypte, et de la sortie de ses enfants pour aller en la terre promise.

L'Agneau qui les conduit ici à cette source d'eau vive, marque le baptême qu'ils recevront, le signe salutaire de la croix qu'on leur imprime sur le front, le christianisme qu'ils professeront, leurs habits empourprés de sang, le martyre qu'ils endureront, et le nombre certain de chaque tribu, la récolte d'élus que Dieu y fera.

Ce serait ici le lieu d'exposer la gloire de l'Eglise dans cette dernière conquête, la foi, la religion et la piété des derniers Juifs que l'apôtre, après les prophètes, assure ne devoir pas être moindres que celles des premiers fidèles en Jérusalem, ni destituées de moindres prodiges et de moindres grâces, si l'on ne craignait d'interrompre trop la suite du principal dessein. On ne peut néanmoins se dispenser de rapporter ici ce qu'en dit le grand saint Grégoire, qu'on choisit entre les autres Pères, qui cependant tiennent tous ici le même langage. C'est sur le chapitre XLII de Job, livre XXXV, en divers endroits, et surtout au chap. IX, sur les paroles suivantes :

(*Et le Seigneur redonna à Job le double de tout ce qu'il avait perdu.*) En effet, si l'Eglise sainte perd présentement beaucoup de ses enfants dans les tentations, elle les recouvrera à la fin des siècles, lorsque la plénitude des gentils étant entrée dans son sein, elle verra tout ce qui se trouvera de Juifs, y courir en foule : d'où vient qu'il est écrit, qu'après que l'Eglise des nations aura trouvé le salut, tout Israël sera sauvé, et la Vérité même nous assure dans l'Evangile, qu'Elie viendra, et qu'il rétablira toutes choses. Car il est vrai que l'Eglise a maintenant perdu les Israélites, n'ayant pu les convertir à la foi ; mais comme elle les recueillera par la vertu des prédications de ce grand prophète, on peut dire qu'elle recouvrera alors avec plus d'abondance, ce qu'à présent elle n'a pas ramassé : (*Addidit Dominus omnia quæcunque fuerant Job duplicia.*) *Sancta quippe Ecclesia, etsi multos nunc persecutione tentationis amittit, in fine tamen hujus sæculi, ea quæ sua sunt duplicia recipit, quando susceptis ad plenum gentibus, ad ejus sinum currere, omnis quæ tunc inventa fuerit, etiam Judæa consentit. Hinc namque scriptum est,* « *donec plenitudo gentium introiret, et sic omnis Israel salvus fieret* (Rom. XI, 25) : » *hinc in Evangelio quoque Veritas dicit :* «*Elias veniet, et ille restituet omnia.* » (*Matth.* XVII, 11.) *Israel enim amisit Israelitas Ecclesia, quos convertere prædicando non valuit, sed tunc Elia prædicante, dum quotquot invenerit colligit, velut plenius recipit quod amittit.*

(Or tous ses frères vinrent le trouver, ainsi que toutes ses sœurs, et tous ceux qui l'avaient auparavant connu, et il leur fit un grand festin dans sa maison) : ce sont les paroles de l'Ecriture, après que Dieu eut rétabli Job dans son premier éclat, et que saint Grégoire applique ainsi à Notre-Seigneur : « Les frères et les sœurs de Jésus-Christ viendront à lui, » dit ce grand Pape, « lorsqu'à la fin du monde, tout ce qui se trouvera de Juifs, se convertira à lui : car alors, il sera vrai de dire, qu'ils s'en approcheront, quand, éclairés par la lumière de la foi, et émus d'un transport divin, ils accourront à lui : alors ils feront un célèbre festin, quand ils reconnaîtront avec joie sa divinité, et qu'ils s'en nourriront : alors dans ces derniers temps, tous les Israélites à la prédication d'Elie embrasseront en foule la foi de Jésus-Christ, et réclameront la protection de celui qu'ils ont eu en horreur, et ce sera enfin alors que par l'assemblée et le concours de tant de peuples différents, on fera ce grand festin dont il est ici parlé.

« Qu'il est agréable et consolant, de considérer des yeux de la foi ce dernier festin que fera l'Eglise, au retour du peuple juif converti à Jésus-Christ ! Ce sera Elie qui invitera les conviés à ce grand banquet : car les Juifs commençant d'ouvrir les yeux par l'approche du jour du jugement, ou à la voix de ce grand précurseur du Fils de Dieu, ou par les prodiges qui devanceront ce dernier jour, et l'avénement du Sauveur, reviendront de leurs erreurs : et quoiqu'au temps de l'Antechrist, la piété des fidèles semble en quelque façon ralentie, quoique les grands combats qu'il faudra rendre contre ce perdu, glacent le cœur des plus fervents : fortifiés néanmoins par la prédication d'Elie, non-seulement les fidèles demeureront inviolablement attachés à l'Eglise, mais même plusieurs d'entre les infidèles se convertiront à la foi, en sorte que les restes de la nation juive, qui d'abord avait été rejetée à cause de son obstination, accourra au sein de notre mère la sainte Eglise, transportée par les mouvements d'une piété incomparable : d'où vient qu'il est ici fort à propos ajouté, que le Seigneur bénit Job, encore plus à la fin de ses jours qu'il n'avait fait au commencement : » *Venerunt autem ad eum omnes fratres sui, et universæ sorores suæ, et cuncti qui noverant eum prius, et comederunt cum eo panem in domo ejus. Tunc quippe fratres sui, ac sorores ad Christum veniunt, quando ex plebe Judaica, quotquot inventi fuerint, convertuntur. Tunc accedunt quando ad eum per cognitionem fidei devota gratulatione concurrunt ; tunc apud eum celebre festivitatis convivium exhibent, quando divinitati se ejus, inhærere congaudent ; tunc extremo tempore Israelitæ omnes ad fidem cognita Eliæ prædicatione concurrunt, atque ad ejus protectionem quam fugerant, redeunt, et tunc illud eximium multiplici aggregatione populorum convivium celebratur. Aperire libet oculos fidei, et illud extremum sanctæ Ecclesiæ de susceptione Israelitici populi convivium contemplari, ad quod nimirum convivium magnus ille veniens Elias, convivantium invitator adhibetur : appropinquante enim die judicii, vel præcursoris vocibus, vel quibusdam erumpentibus signis, ipsa eis jam aliquo modo advenientis Domini virtus interlucet : et quamvis eisdem temporibus quibus Antichristus appropinquat, aliquatenus vita fidelium minoris esse virtutis appareat, quamvis in conflictu illius perditi hominis, gravis etiam corda fortium formido constrigat : Elia tamen prædicante roborati, non solum fideles quique in sanctæ Ecclesiæ soliditate persistunt, sed etiam ad cognitionem fidei multi quoque ex infidelibus convertuntur, ita ut Israeliticæ gentis reliquiæ quæ repulsæ prius funditus fuerant, ad sinum matris Ecclesiæ pia omnino devotione concurrant, unde et bene subditur:* « *Dominus autem benedixit novissimis Job magis quam principio ejus.* »

Cette doctrine de saint Grégoire n'est que le pur esprit de l'Ecriture, Dieu promettant par ses prophètes cette conversion future des Juifs, particulièrement dans Malachie, dont les dernières paroles contiennent une assurance que Dieu donne à ce peuple de lui envoyer Elie, qui convertira et réconciliera les enfants avec leurs pères, et les pères avec les enfants et cela immédiatement avant le grand et terrible jour du jugement : *Mementote legis Moysis servi mei, quam mandavi ei in Horeb ad omnem Israel, præcepta et judicia. Ecce ego mittam vobis Eliam prophetam, antequam veniat dies Domini magnus, et horribilis, et convertet cor patrum ad filios, et cor filiorum ad patres eorum : ne forte veniam, et percutiam terram anathemate* (Malach. IV; Matth. XVII, 11) : *Elias quidem venturus est, et restituet omnia : Elias cum venerit primo, restituet omnia.* (Marc. IX, 11.) On a déjà vu ci-dessus que Notre-Seigneur assure dans son Evangile, que ce prophète viendra et qu'il rétablira toutes choses dans leur premier état. L'apôtre saint Paul surtout nous donne l'idée du monde la plus magnifique de cette grande et célèbre conversion. « Les Juifs sont-ils donc tombés, » dit-il, « pour ne se relever jamais ? à Dieu ne plaise : mais leur chute a donné occasion au salut des gentils. Que si leur chute a été la richesse des nations, quelle grâce ne verra-t-on pas reluire quand ils retourneront à Dieu avec plénitude ? Si leur réprobation a été la réconciliation du monde, leur rappel sera-t-il une moindre merveille, que l'est celle de la résurrection et de la mort à la vie ? » Comme s'il disait que si leur chute a été la richesse du monde et si le petit nombre de ceux qui ont reçu la foi parmi eux a été la richesse des gentils ; combien le grand nombre de ceux de ce peuple qui se convertiront, enrichira-t-il le monde encore davantage ? Ensuite le grand apôtre continue à prouver cette vérité, en montrant que si les branches, c'est-à-dire, les prémices de ce peuple qui embrassèrent d'abord la foi, donnèrent des marques d'une si grande perfection et sainteté, comme le furent celles en effet de l'Eglise naissante en Jérusalem, la tige ou la masse, dont ces prémices ont été tirées et dont tant de patriarches et de prophètes sont sortis, dit saint Chrysostome, que doit-elle se promettre lorsqu'elle refleurira et se fera une couronne de fleurs et de fruits, ainsi qu'aux premiers temps qu'elle fut plantée ? *Si non permanserint in incredulitate, inserentur : potens est enim Deus iterum inserere illos... quanto magis ii qui secundum naturam inserentur suæ olivæ : nolo enim vos ignorare mysterium hoc : quia cæcitas ex parte contigit in Israel, donec plenitudo gentium intraret : et sic omnis Israel salvus fieret* (Rom. XI, 23, 26), etc. De quelles lumières ne sera pas éclairé ce peuple, quand Dieu lui ôtera de dessus les yeux ce voile qui l'aveugle et dont parle saint Paul : *Cum autem conversus fuerit ad Dominum, auferetur velamen.* (II Cor. III, 16.) *Et reliquiæ salvæ fient.* (Rom. IX, 27.) *Dico ergo : Nunquid sic, offenderunt ut caderent ? absit ! Sed illorum delicto, salus est gentibus ut illos æmulentur. Quod si delictum illorum divitiæ sunt mundi, et diminutio eorum divitiæ gentium, quanto magis plenitudo eorum ?* (Rom. XI, 11, 12). .*Si enim amissio eorum, reconciliatio est mundi, quæ assumptio, nisi vita ex mortuis ? Quasi diceret Apostolus : Si enim quando expulsi sunt Judæi, tam multi salute potiti sunt gentiles ; perpende quid futurum sit, quando conversi fuerint Judæi... Quando Judæi universi accessuri sunt ad fidem ? Lignum habet spem, si præcisum fuerit rursum virescit, et rami ejus, et pullulant. Si severit in terra radix ejus, et in pulvere emortuus fuerit truncus illius, ad odorem aquæ germinabit, et faciet comam quasi cum primum plantatum est.* (Job XIV, 7-9.)

Ce qui suit ne confirme pas peu cette interprétation, car on y va voir deux choses incontinent : la première au chapitre x, est la prédiction de la fin prochaine du monde, dont la conversion des Juifs rapportée dans celui-ci, est comme le présage et cette prédiction se fait avec des circonstances et des cérémonies toutes mystérieuses et qui ont leur raison et leur sens. La seconde, au chapitre XI, est la persécution que les Juifs convertis, et rassemblés à Jérusalem, auront à soutenir : car quoique le reste du corps de l'Eglise ait part à ces derniers combats, il semble néanmoins que le grand effort de l'orage doive principalement tomber sur la nation juive, qui sera peut-être alors la plus belle et la plus saine partie du christianisme, chez qui les vertus chrétiennes et les miracles se renouvelleront comme autrefois ; à qui Jésus-Christ se révélera d'une manière tout extraordinaire et qui ayant eu les prémices de la vraie religion d'abord formée si heureusement et si excellemment chez eux, en auront le couronnement et la fin dans sa perfection, comme on vient de le faire voir. Cette persécution que les Juifs fidèles souffriront à la fin, ainsi que les gentils en ont souffert au commencement, est si terrible, qu'on voit Enoch et Elie venir à leur secours : *Antichristus ex abysso ascendet, adversus Eliam et Henoc : Elias curru raptus ad cœlum, Dominici venturus est præcursor adventus.* (S. AMBROS., in psal. XLV, 10 ; lib. I *De virgin.*, init.) Le premier pour prêcher la pénitence à leurs persécuteurs et aux nations infidèles, le second pour consoler et fortifier les Juifs et les défendre. On dirait qu'il n'y aurait qu'une partie de cette nation, ou qui se convertisse à la foi, ou qui résiste à la persécution ; ce qui est figuré par cette portion du temple que saint Jean mesure ; et que les autres, ou comme des endurcis, ou comme des apostats, seront abandonnés à leurs séducteurs ; ce qui nous est représenté par cette autre partie du temple, que saint Jean dit être livrée aux gentils. Saint Grégoire ajoute qu'ils persécuteront les fidèles ainsi qu'ils firent d'abord en Jérusalem : *In extremis cum Judæa crediderit, gravissimas Antichristi tempore persecutiones sentit, et erunt tunc multi ex Judæis infidelibus qui eosdem ipsos qui ex Judæis crediderint, persequuntur.* Cependant n'étant pas permis de vouloir pénétrer dans l'avenir que Dieu s'est réservé, on ne propose ces vues que comme de simples conjectures, qui servent seulement à faire voir le rapport de toutes les parties de ce système, ou de cette explication.

CHAPITRE X.

Prédiction de la fin prochaine du monde que saint Jean vit devoir être annoncée par un ange entre le sixième et le septième âge de l'Eglise.

SOMMAIRE. — I. Après la conversion des Juifs, un ange descend du ciel et vient apporter la nouvelle de la fin prochaine du monde.
II. Il paraît dans ce dessein avec des ornements mystérieux, et qui désignent tous les éléments et toutes les parties de l'univers, et qui sont les symboles de toutes les alliances que Dieu a contractées avec les hommes dans la loi de nature, dans la loi écrite et dans la loi de grâce.
III. Ses deux pieds embrasés, dont le droit est posé sur la mer et le gauche sur la terre, signifient les deux avènements du Fils de Dieu, le premier par l'eau, le second par le feu.
IV. Il lève la main au ciel, et jure par le Dieu vivant aux siècles des siècles, qui a créé toutes choses, que la fin du monde va venir, qu'il n'y aura plus de temps, et qu'au son de la septième trompette, tous les mystères seront finis et toutes les prophéties accomplies.
V. Il a en main le Livre ci-devant cacheté de sept sceaux, mais maintenant tout ouvert, pour montrer qu'il n'y a plus rien à attendre et que tout est développé.
VI. Une voix du ciel ordonne à saint Jean de l'aller prendre de la main de cet ange comme pour en être le dépositaire; l'ange le lui donne, et lui dit de le dévorer, ce qu'il fait; il le trouve doux à la bouche et amer à l'estomac, preuve de la douceur qui accompagne les révélations de Dieu et de l'infirmité humaine à porter le poids de tant de terribles mystères confiés à saint Jean.
VII. On avertit l'apôtre qu'il faudra encore qu'il prophétise et qu'il prédise de nouveau plusieurs choses, concernant diverses nations et divers princes, et qu'il revienne au detail de ce qu'il n'avait touché qu'en général.

1. Et vidi alium angelum fortem descendentem de cœlo, amictum nube, et iris in capite ejus, et facies ejus erat ut sol, et pedes ejus tanquam columna ignis.

2. Et habebat in manu sua libellum apertum, et posuit pedem suum dextrum super mare, sinistrum autem super terram.

3. Et clamavit voce magna, quemadmodum cum leo rugit, et cum clamasset, locuta sunt septem tonitrua voces suas.

4. Et cum locuta fuissent septem tonitrua voces suas, ego scripturus eram, et audivi vocem de cœlo dicentem mihi : Signa quæ locuta sunt septem tonitrua, et noli ea scribere.

5. Et angelus, quem vidi stantem super mare, et super terram, levavit manum suam ad cœlum.

6. Et juravit per Viventem in sæcula sæculorum, qui creavit cœlum, et ea quæ in eo sunt, et terram, et ea quæ in ea sunt, et mare, et ea quæ in eo sunt, quia tempus non erit amplius.

7. Sed in diebus vocis septimi angeli, cum cœperit tuba canere, consummabitur mysterium Dei, sicut evangelizavit per servos suos prophetas.

8. Et audivi vocem de cœlo iterum loquentem mecum, et dicentem : Vade, et accipe librum apertum de manu angeli stantis super mare et super terram.

9. Et abii ad angelum dicens ei, ut daret mihi librum. Et dixit mihi : Accipe librum, et devora illum, et faciet amaricari ventrem tuum, sed in ore tuo erit dulce tanquam mel.

10. Et accepi librum de manu angeli, et devoravi illum; et erat in ore meo tanquam

1. Et je vis un autre ange fort, descendant du ciel, revêtu d'une nuée, ayant l'arc-en-ciel sur la tête, le visage lumineux comme le soleil, et les pieds comme des colonnes de feu.

2. Et il avait en sa main un petit livre ouvert; et il mit son pied droit sur la mer, et son pied gauche sur la terre.

3. Et il cria d'une voix éclatante, comme celle d'un lion qui rugit; et après qu'il eut crié, sept tonnerres firent entendre leurs voix.

4. Et lorsque les sept tonnerres eurent fait entendre leurs voix, je les allais écrire, et j'entendis une voix du ciel qui me dit : Scellez les paroles des sept tonnerres, et ne les écrivez pas.

5. Et l'ange, que je vis debout sur la terre et sur la mer, leva la main au ciel.

6. Et il jura, par celui qui vit aux siècles des siècles, qui a créé le ciel et toutes les choses qu'il contient, la terre et toutes les choses qu'elle enferme, et la mer et toutes les choses qui sont dans elle, qu'il n'y aura plus de temps.

7. Mais qu'au temps où le septième ange commencerait à sonner de la trompette, le mystère de Dieu sera consommé comme il l'a prédit par ses prophètes, ses serviteurs.

8. Et j'entendis une voix qui venait du ciel, laquelle parlait derechef à moi, et qui me disait : Allez, prenez le livre ouvert de la main de l'ange qui est debout sur la mer et sur la terre.

9. Et je m'en allai vers l'ange, et je lui dis qu'il me donnât le livre. Et il me dit : Prenez le livre, et dévorez-le; et il vous fera sentir de l'amertume dans le ventre, mais il sera dans votre bouche doux comme miel.

10. Et je pris le livre de la main de l'ange, et je le dévorai, et il était dans ma bouche

doux comme le miel. Mais quand je l'eus dévoré, il me causa de l'amertume dans le ventre.

11. Et il me dit : Il faut que vous prophétisiez encore aux nations et aux peuples de diverses langues, et à plusieurs rois.

mel dulce; et cum devorassem eum, amaricatus est venter meus.

11. Et dixit mihi : Oportet te iterum prophetare gentibus, et populis, et linguis, et regibus multis.

EXPLICATION.

1. *Et je vis un autre ange fort, descendant du ciel.* Comme le règne de l'Antechrist, auquel le monde doit prendre fin, s'approche, voici un ange plein de force qui descend du ciel en porter la nouvelle; et parce qu'il vient de la part de Dieu annoncer la destruction de toutes les créatures, aussi paraît-il revêtu de toutes les marques d'alliances que Dieu a contractées avec elles dans la suite des temps.

Il était revêtu d'une nuée. Cette nuée est le symbole de l'alliance de Dieu avec les Israélites, dans la Loi écrite, selon le langage de l'Apôtre : Tous les anciens ont été couverts d'une nuée, dit-il dans la Ire *Epître aux Corinthiens*, chapitre x : *Omnes sub nube fuerunt.*

Ayant l'arc-en-ciel sur la tête. Cet arc est le mémorial de l'ancienne alliance que Dieu, dans la loi de nature, fit avec les hommes, incontinent après le déluge. Voici, dit Dieu dans la *Genèse*, que *j'établis mon pacte avec vos descendants et avec tout ce qui vit sur la terre : je ferai reluire mon arc dans les nues, pour être le signe de mon alliance entre moi et la terre; et lorsque je couvrirai le ciel de nuages, mon arc paraîtra dessus, et je me souviendrai de l'alliance que j'ai contractée avec vous.* Saint Jérôme (in *Ezech.*, c. 1) observe la même chose : « L'arc-en-ciel, » dit-il, « est un pronostic de la clémence divine et un mémorial de l'alliance que Dieu a contractée avec les hommes: « *Ecce ego statuam pactum meum vobiscum, et cum semine vestro post vos et ad omnem animam viventem quæ est vobiscum, tam in volucribus, quam in jumentis et pecudibus terræ,* etc. (Gen. IX, 9, 10.) *Dixitque Deus : Arcum meum ponam in nubibus, et erit signum fœderis inter me et inter terram, cumque obduxero nubibus cœlum, apparebit arcus meus in nubibus et recordabor fœderis mei vobiscum, et cum omni anima vivente. Hic arcus signum est clementiæ Dei quod fecit cum hominibus.* (Ibid., 11-13.)

Son visage était lumineux comme le soleil. C'est le signe de la grande réconciliation de Dieu avec les hommes, qui s'est faite en Jésus-Christ. « Dieu était en Jésus-Christ, se réconciliant le monde, » dit saint Paul. *Deus erat in Christo reconcilians sibi.* (II Cor. x, 19.) Aussi Notre-Seigneur n'est-il pas plus fréquemment désigné par aucun autre nom que par celui de Soleil de justice. Il parut sous ce symbole dans sa transfiguration, qui ne fut qu'un échantillon et une étincelle de sa gloire. *Son visage*, dit l'évangéliste, brilla *comme le soleil :* « *Resplenduit facies ejus ut sol.* » (*Matth.* XVII, 2.)

Et ses pieds étaient comme des colonnes de feu. Ces deux colonnes embrasées, dont l'une est sur la mer et l'autre sur la terre, figurent le dernier avénement du Fils de Dieu, qui doit être par le feu, lorsque les éléments seront réduits en cendre, suivant cette parole de saint Pierre : *Les éléments seront détruits par la chaleur du feu, et la terre, avec tous ses ouvrages, sera brûlée.* Ainsi le monde paraît ici comme un criminel que le juge a livré entre les mains de l'exécuteur. *Elementa calore solventur, terra autem, et quæ in ipsa sunt opera exurentur.* (II Petr. III, 10.)

Mais, outre cette explication, on peut encore dire que cet ange venant annoncer la destruction de tout l'univers, exprime en lui ce même univers qui doit être détruit, suivant la méthode de l'Ecriture : car la terre et l'eau sont ici spécialement dénommées; l'air nous est figuré par ce nuage; le feu, par ces foudres et ces tonnerres; les astres, par le soleil et cet iris; les cieux, vers lesquels cet ange lève la main, y sont marqués; ainsi que les animaux, qui vont finir, par ce cri semblable à celui d'un lion réduit aux abois. Leur situation naturelle y est même conservée : car la terre et l'eau, comme les plus pesantes, sont mises sous les pieds de ce mystérieux ambassadeur; l'air, qui s'élève au-dessus, est présenté par ce nuage qui l'entoure; le feu, de qui la sphère est la plus haute, par ces tonnerres et cet arc lumineux qu'il a sur la tête. Enfin, les astres et le temps n'y sont pas oubliés, ni ce que les éléments enserrent. Ainsi, tout est signe et figure en cet envoyé, et son extérieur symbolique répond à sa mission. Tel est l'usage de l'Ecriture, ainsi qu'on le peut voir en plusieurs endroits, comme au chapitre XIII du livre des *Juges*, où un ange, venant annoncer la naissance de Samson, qui devait être un si grand guerrier, prit une figure terrible : *Vir Dei terribilis nimis.* (Judic. XIII, 6.)

2. *Et il avait en sa main un livre ouvert :* Parce que les sceaux en avaient été décachetés, et les mystères manifestés par l'Agneau, ainsi qu'on a vu.

Et il mit son pied droit sur la mer, et son pied gauche sur la terre, pour en prendre possession, et faire comme un acte judiciaire avant de prononcer la sentence, et signifier le premier jugement du monde qui périt par l'eau, ce que ce pied droit posé sur la mer représente; et le second jugement du monde, qui périra par le feu, ce que figure ce pied gauche posé sur la terre, qui sera brûlée avec tout ce qu'elle contient, ainsi qu'assure l'apôtre saint Pierre.

3. *Et il cria d'une voix éclatante, comme celle d'un lion qui rugit, et après qu'il eut crié, sept tonnerres firent entendre leurs voix.* Au cri terrible de cet ange qui va prononcer l'arrêt de la destruction de l'univers, et le dévorer, pour ainsi dire, saint Jean qui par une mystérieuse disposition, et comme on a dit, pour signifier que tout ce qu'il décrit dans l'*Apocalypse* n'est que l'histoire des événements qui doivent arriver dans cette semaine de jours, réduit la plupart des choses au nombre septenaire, entendit le bruit des sept tonnerres, c'est-à-dire qu'on lui fit voir des marques évidentes pour connaître la fin prochaine du monde; il les voulut écrire, mais comme Dieu veut que ce temps soit caché, il le lui fit défendre : *Solet universitas septenario numero designari, quia septem diebus cunctum hoc sæculi tempus evolvitur.* (BEDA, *in Apoc.* I.)

4. *Et lorsque les sept tonnerres eurent fait entendre leurs voix, je me allais écrire, mais j'entendis une voix du ciel qui me dit : Scellez les paroles de ces sept tonnerres, et ne les écrivez pas.* Ceci montre la manière dont cette révélation fut communiquée à saint Jean, et comment il la recueillait : car il semble que quand quelque objet lui avait été montré, il prenait la plume et l'écrivait, après quoi un autre se représentait à ses yeux, et ainsi successivement.

5. *Et l'ange que je vis debout sur la terre leva sa main au ciel.*

6. *Et il jura par celui qui vit aux siècles des siècles, qui a créé le ciel et toutes les choses qu'il contient, la terre et tout ce qui est en elle, la mer et toutes les choses qu'elle enserre, qu'il n'y aura plus de temps.* Tel est l'arrêt irrévocable prononcé contre les éléments, et tout ce qu'ils comprennent, aussi bien que contre les saisons et les temps. Dieu avait dit dans la *Genèse* après le déluge : « Tous les jours de la terre on verra la saison de la semence et de la récolte se suivre, le froid et le chaud, l'hiver et l'été, le jour et la nuit se succéder sans interruption. » *Cunctis diebus terræ sementis et messis, frigus, et œstus, œstas, et hiems, nox et dies non requiescent.* (*Gen.* VIII, 22.) Mais à présent cet ange nous dénonce que toutes ces révolutions vont cesser, et faire place à l'éternité.

7. *Mais qu'au temps où le septième ange commencerait à sonner de la trompette, le mystère de Dieu sera consommé et accompli, comme il l'a prédit par les prophètes ses serviteurs.* Ce livre ouvert par la rupture des sept sceaux, et ces mystères accomplis par le son de la septième trompette nous font certainement voir que les sept trompettes nous mènent jusque à la fin du monde, ainsi que font les sept sceaux, et par conséquent qu'on ne peut les appliquer à un autre sujet, ni douter que les trompettes et les sceaux ne conviennent ensemble, et ne concourent à représenter la même chose.

8. *Et j'entendis une voix qui venait du ciel, laquelle parlait de rechef à moi, et qui me disait : Allez et prenez le livre ouvert de la main de l'ange qui se tient sur la mer et sur la terre.*

9. *Je m'en allai vers l'ange, et je lui dis qu'il me donnât ce livre, et il me dit : Prenez le livre et le dévorez, et il vous fera sentir de l'amertume dans le ventre, mais il sera dans votre bouche doux comme du miel.*

Ce livre était ouvert, et fut ainsi donné à saint Jean, parce qu'il venait de lui être décacheté et expliqué : il est doux à la bouche parce que l'infusion des secrets divins est toujours accompagnée de suavité, mais il est amer à l'estomac, parce que la vue de tant de calamités cause un trouble douloureux aux prophètes qui les voient, et qui en gémissent.

10. *Et il me dit : Il faut que vous prophétisiez encore aux nations, et aux peuples de diverses langues et à plusieurs rois.* C'est-à-dire, qu'encore que saint Jean par l'ouverture des sept sceaux et le son des sept trompettes fût parvenu jusqu'à la fin des siècles, il n'était pas au bout de ses prophéties, parce qu'il avait à revenir sur ses pas, et à décrire en particulier les destinées des peuples et des rois, qu'il n'avait touchées qu'en général, ce qu'il faut soigneusement remarquer, et que saint Jean exécuta immédiatement après le son de la septième trompette, et l'ouverture du septième sceau, comme on verra dans un moment au chapitre XII°.

CHAPITRE XI.

Persécution de l'Antechrist, prédication d'Enoch et d'Elie que cet impie fait mourir et que saint Jean vit devoir arriver entre le sixième et le septième âge de l'Eglise.

SOMMAIRE. — I. On donne comme une canne ou toise à saint Jean, et on lui ordonne de mesurer le temple, l'autel et l'enceinte où sont les vrais adorateurs de Dieu, et on en abandonne les dehors aux gentils, qui fouleront aux pieds la cité sainte trois ans et demi ; c'est-à-dire qu'on fait la séparation des fidèles, particulièrement Juifs, d'avec les infidèles qui se laisseront séduire par l'Antechrist.
II. Règne de cet homme de péché durant l'espace de quarante-deux mois.
III. Prédication d'Enoch et d'Elie, et leurs miracles pendant mille deux cent soixante jours.
IV. L'Antechrist, figuré par la bête qui s'élèvera de l'abime, ainsi que saint Jean la décrira au long au chapitre XIII, leur fait la guerre et leur ôte la vie.
V. Leurs corps demeurent exposés dans les places de la grande ville, nommée ici spirituellement Egypte et Sodome, où Jésus-Christ a été crucifié, c'est Jérusalem.

VI. Ils ressuscitent le troisième jour et montent au ciel à la vue et au grand étonnement de leurs ennemis effrayés et de la bête, dont une partie du royaume commence à tomber, tandis que ces deux prophètes semblent aller au-devant du juste Juge, et pour hâter sa venue.

VII. Abrégé de ce qui est dit du règne de la bête ou de l'Antechrist dans l'*Apocalypse*.

---

1. Et datus est mihi calamus similis virgæ, et dictum est mihi : Surge, et metire templum Dei et altare, et adorantes in eo.

2. Atrium autem, quod est foris templum, ejice foras, et ne metiaris illud, quoniam datum est gentibus, et civitatem sanctam calcabunt mensibus quadraginta duobus.

3. Et dabo duobus testibus meis, et prophetabunt diebus mille ducentis sexaginta, amicti saccis.

4. Hi sunt duæ olivæ, et duo candelabra, in conspectu Domini terræ stantes.

5. Et si quis voluerit eis nocere, ignis exiet de ore eorum, et devorabit inimicos eorum ; et si quis voluerit eos lædere, sic oportet eum occidi.

6. Hi habent potestatem claudendi cœlum, ne pluat diebus prophetiæ ipsorum ; et potestatem habent super aquas convertendi eas in sanguinem, et percutere terram omni plaga quotiescunque voluerint.

7. Et cum finierint testimonium suum, bestia quæ ascendit de abysso, faciet adversus eos bellum, et vincet illos, et occidet eos.

8. Et corpora eorum jacebunt in plateis civitatis magnæ, quæ vocatur spiritualiter Sodoma, et Ægyptus, ubi et Dominus eorum crucifixus est.

9. Et videbunt de tribubus, et populis, et linguis, et gentibus corpora eorum per tres dies et dimidium, et corpora eorum non sinent poni in monumentis.

10. Et inhabitantes terram gaudebunt super illos, et jucundabuntur et munera mittent invicem, quoniam hi duo prophetæ cruciaverunt eos qui habitabant super terram.

11. Et post dies tres et dimidium, spiritus vitæ a Deo intravit in eos, et steterunt super pedes suos, et timor magnus cecidit super eos qui viderunt eos.

12. Et audierunt vocem magnam de cœlo, dicentem eis : Ascendite huc, et ascenderunt in cœlum in nube, et viderunt illos inimici eorum.

13. Et in illa hora factus est terræ motus magnus, et decima pars civitatis cecidit, et occisa sunt in terræ motu nomina hominum septem millia, et reliqui in timorem sunt missi, et dederunt gloriam Deo cœli.

1. Et l'on me donna une canne semblable à une toise, et l'on me dit : Levez-vous, et mesurez le temple de Dieu, et l'autel, et ceux qui adorent Dieu dans ce temple.

2. Mais laissez le parvis qui est hors le temple, et ne le mesurez pas, parce qu'il a été abandonné aux gentils, et qu'ils fouleront aux pieds la terre sainte pendant quarante-deux mois.

3. Et je donnerai ordre à mes deux témoins de prophétiser pendant mille deux cent soixante jours, étant revêtus de sacs.

4. Ce sont deux oliviers, et deux chandeliers qui sont dressés devant le Seigneur de la terre.

5. Que si quelqu'un veut leur nuire, il sortira du feu de leur bouche, qui consumera leurs ennemis : c'est ainsi que mourra quiconque les attaquera.

6. Ils ont le pouvoir de fermer le ciel, et d'empêcher qu'il ne pleuve durant le temps de leur prophétie : ils ont le pouvoir de changer les eaux en sang, et de frapper la terre quand ils voudront, de toutes sortes de plaies.

7. Et après qu'ils auront achevé de rendre leur témoignage, la bête qui monte de l'abîme leur fera la guerre, les vaincra et les fera mourir.

8. Et leurs corps demeureront étendus dans les rues de la grande ville, qui s'appelle spirituellement, et dans un sens mystérieux, une Sodome et une Egypte, et où même leur Seigneur a été crucifié.

9. Et les hommes de diverses tribus, de divers peuples, de diverses langues et de diverses nations verront leurs corps ainsi étendus durant trois jours et demi, et on ne permettra pas de les mettre dans le sépulcre.

10. Et les habitants de la terre se réjouiront sur eux, de les voir en cet état, ils feront des festins, ils s'enverront des présents les uns aux autres, parce que ces deux prophètes avaient tourmenté les habitants sur la terre par les plaies dont ils les avaient frappés.

11. Et au bout de trois jours et demi, je vis que Dieu fit entrer en eux l'esprit de vie, et ils se levèrent sur leurs pieds, ce qui remplit de frayeur ceux qui les virent.

12. Et ils entendirent une grande voix venant du ciel, qui leur dit : Montez ici, et ils montèrent au ciel dans une nuée, à la vue de leurs ennemis.

13. Et en ce moment il se fit un grand tremblement de terre, qui renversa la dixième partie de la ville, et tua sept mille personnes, et les autres furent saisies de frayeur, et donnèrent gloire au Dieu du ciel.

V. Leurs corps demeurent exposés dans les places de la grande ville, nommée ici spirituellement Egypte et Sodome, où Jésus-Christ a été crucifié, c'est Jérusalem.

EXPLICATION.

1. *Et l'on me donna une canne semblable à une toise, et l'on me dit : Levez-vous, mesurez le temple de Dieu et l'autel, et ceux qui adorent Dieu dans ce temple :* par ces paroles est désigné l'état de l'Eglise, et particulièrement des Juifs convertis à la fin du monde, et des autres fidèles qui demeureront inviolablement unis à Dieu, et attachés à la vraie religion malgré l'Antechrist.

2. *Mais laissez le parvis qui est hors le temple, et ne le mesurez pas, parce qu'il a été abandonné aux gentils, et qu'ils fouleront aux pieds la cité sainte, pendant quarante-deux mois ;* et par celle-ci sont exprimés les déserteurs du peuple de Dieu, qui rejetteront ou abandonneront la foi, et qui se laisseront séduire ou renverser par l'Antechrist, dont le règne de quarante-deux mois ici marqué, sera plus au long décrit au chapitre XIII, sous la figure de celui de Julien, et aux chapitres XIX et XX. Or, par cette cité foulée aux pieds, il faut entendre selon les Pères, non-seulement la ville de Jérusalem, mais encore l'Eglise entière composée de Juifs et de gentils, et persécutée par les impies réunis, à la tête desquels sera l'Antechrist, animé du démon pour lors déchaîné : persécution la plus terrible de toutes, accompagnée de tourments et de prestiges inouis, et figurée par ce mystérieux sommeil d'Abraham, qui, ayant tressailli de joie à la vue du jour de Jésus-Christ, frémit d'horreur à la vue du soir de l'Antechrist, comme on a rapporté ci-dessus.

Telle sera la grande persécution lors du dernier jugement, dit saint Augustin, au XX° livre de la *Cité de Dieu*, chapitre 11, que la sainte Eglise aura à souffrir partout l'univers, c'est-à-dire, que la Jérusalem terrestre aura à soutenir contre les efforts que fera contre elle la cité du Diable en quelque lieu du monde que l'une et l'autre soient. *Hæc erit novissima persecutio, novissimo imminente judicio, quam sancta Ecclesia toto terrarum orbe patietur, universa scilicet civitas Christi ab universa diaboli civitate, quantacunque erit utraque super terram.*

Cette affliction du peuple de Dieu, qui n'a jamais eu de semblable dans les siècles passés, et que nous attendons devoir arriver sous le règne de l'Antechrist (dit-il encore au chapitre 24 du XVI° livre de ce même ouvrage), nous est figurée par cette terreur effroyable dont Abraham fut saisi dans une vision terrible qu'il eut à la fin de la journée, en laquelle il avait offert un sacrifice mystérieux, le soleil se couchant, et signifiant le dernier jour du monde : *Afflictio civitatis Dei, qualis antea nunquam fuit, quæ sub Antichristo futura speratur, significatur tenebroso timore Abrahæ circa solis occasum, id est appropinquante jam fine sæculi.*

Ce saint ajoute encore, que l'Eglise sera pour lors exercée par les plus grands et les plus inouis tourments, et par les prestiges les plus séduisants, qui jamais aient été mis en usage par Satan, pour lors déchaîné : *Inusitatis maximisque persecutionibus atque fallaciis diaboli jam soluti.*

Considérons, mes frères, dit saint Grégoire, au 12° chapitre du XIII° livre de ses *Morales sur Job ;* considérons combien puissante sera cette tentation à l'infirmité humaine, quand tout à la fois le persécuteur déchirera le corps du martyr par des supplices effroyables, et qu'il imposera à ses yeux, par des prodiges surprenants.

Pensemus quæ erit humanæ mentis illa tentatio quando pius martyr et corpus tormentis subjicit, et ante ejus oculos tortor miracula facit, quando is qui flagris cruciat, signis coruscat.

Saint Augustin dans les lieux allégués ci-dessus, assure que Daniel a prévu ce dernier jour, et qu'il en a tressailli d'horreur. *Daniel Antichristum venturum prænuntians horruit.*

Tels seront les jours de l'Antechrist selon l'idée de ces grands saints ; mais ils seront abrégés, puisque son règne tyranique ne doit durer dans sa violence que trois ans et demi, et doit, malgré sa fureur, trouver des Chrétiens si généreux, que, loin d'en être renversés, ils attireront au contraire à la lumière de la foi, et agrégeront à l'Eglise divers infidèles, comme on a vu il n'y a qu'un moment. Hélas ! continue ce saint, quels Chrétiens sommes-nous en comparaison de ceux-là, contre lesquels on déchaînera le démon, que nous avons à présent tant de peine à vaincre tout enchaîné qu'il est : *Tribus annis et sex mensibus legitur totis suis, suorumque viribus sæviturus, et tales erunt cum quibus ei belligerandum est, ut vinci tanto ejus impetu, insidiisque non possint. In eorum sane qui tunc futuri sunt sanctorum atque fidelium comparatione, quid sumus ? Quando quidem ad illos probandos tantus solvetur inimicus, cum quo nos ligato tantis periculis dimicamus.*

Saint Jérôme (*in Dan.* VII), assure la même chose : *Tempus annum significat : tempora, juxta Hebraici sermonis proprietatem, qui et ipsi dualem numerum habent, duos annos præfigurant : dimidium autem temporis, sex menses : quibus sancti potestati Antichristi permittendi sunt.*

Le même saint Jérôme le dit encore ailleurs (*in Dan.* XII) : *Sub Antichristo autem, tres anni et semis, hoc est mille ducenti nonaginta dies, desolationis templi sancti, et eversionis futuræ esse dicuntur.*

Ainsi, comme observent les saints docteurs, l'Antechrist n'aura pas plus de temps à rétablir le mensonge, que le Sauveur en a eu à prêcher la vérité ; mais voici le secours que Dieu enverra à son Eglise dans cette extrémité.

3. *Et je donnerai ordre à mes deux témoins de prophétiser pendant mille deux cent soi-*

xante jours, étant revêtus de sacs. Qui doute que ces deux prophètes ne soient Enoch et Élie, qui viendront alors prêcher la pénitence, et combattre cet ennemi de Dieu? et que les jours destinés à leur prédication ne soient ici marqués par ces mille deux cent soixante jours? On doit cependant observer diverses choses dans la mission d'Élie, comme autant de différents effets dont l'Écriture fait mention : 1° qu'il convertira les Juifs; 2° qu'il rétablira premièrement toutes choses; 3° qu'il prêchera un temps assez considérable; 4° qu'il fera un nombre très-grand de prodiges; 5° qu'il affligera la terre de diverses plaies; 6° qu'il s'opposera à l'Antechrist, et le reste marqué dans la fin de ce chapitre-ci, qu'on n'expliquera pas, parce que, contenant des choses futures on n'a rien à dire de positif là-dessus : *Ecce ego mittam vobis Eliam prophetam, antequam veniat dies Domini magnus, et horribilis, et convertet cor patrum ad filios, et cor filiorum ad patres eorum, ne forte veniam et percutiam terram anathemate.* (*Malach.* IV, 5, 6.)

Igitur antequam veniat dies judicii, mittet Dominus Eliam, ut Judæi et Christiani, qui nunc inter se discrepant, pari in Christum religione consentiant. (S. HIER.)

4. *Ce sont deux oliviers, et deux chandeliers qui sont dressés devant le Seigneur de la terre.* Cette expression affectée témoigne qu'ils ne sont pas encore morts, ni transportés aux cieux, et qu'ils vivent sur la terre dans le lieu où la Providence les conserve : cet olivier, dont les fruits répandent la liqueur qui entretient le feu, nous faisant voir qu'ils y conservent la vie par une influence continuelle du Seigneur, à qui la terre obéit aussi bien que le ciel.

5. *Que si quelqu'un veut leur nuire, il sortira du feu de leur bouche, qui consumera leurs ennemis : c'est ainsi que mourra quiconque les attaquera.*

6. *Ils ont le pouvoir de fermer le ciel, et d'empêcher qu'il ne pleuve durant le temps de leur prophétie : ils ont le pouvoir de changer les eaux en sang, et de frapper la terre quand ils voudront de toutes sortes de plaies.* Ces prodiges ne sont qu'un renouvellement de ceux de Moïse, lorsqu'il délivra les Israélites de l'Egypte, pour les conduire en la Terre promise, figure de ceux d'Élie, et de la conversion ou du retour des Juifs à la fin du monde.

7. *Et après qu'ils auront achevé de rendre leur témoignage, la bête qui monte de l'abîme leur fera la guerre, les vaincra et les fera mourir.* Cette bête qui monte de l'abîme, ainsi qu'on verra au chapitre XIII, et dont par avance on donne ici la représentation conforme à la description que saint Jean en fera en cet endroit, n'est autre que l'Antechrist, dont Julien et l'empire romain idolâtre ont été la figure, comme on a déjà remarqué ci-dessus, et qu'on expliquera au long au même chapitre XIII.

Car c'est la même bête qui sort [de la mer (chap. XIII, 1), qui reçoit la grande puissance du dragon, XIII, 2, qui blasphème (XIII, 5 et 6); qui fait la guerre aux saints (XIII, 7); qui règne et est adorée (XIII, 7 et 8); qui fait mourir Enoch et Elie (chap. XI, 7); de qui le royaume est désolé (chap. XVI et XIX); qui porte la prostituée (chap. XVII); et qui périt (XIX et XX); toutes choses qui seront expliquées dans leur lieu : *Antichristus ex abysso ascendet, adversus Eliam et Enoch*, dit saint Ambroise.

8. *Et leurs corps demeureront étendus dans les rues de la grande ville, qui s'appelle spirituellement, et dans un sens mystérieux, une Sodome et une Egypte et où même leur Seigneur a été crucifié.* Il semble par là que la ville de Jérusalem soit visiblement désignée : elle est appelée la grande cité, parce qu'il se peut faire que les Juifs rassemblés l'auront alors rebâtie, et remise en sa première splendeur, pensée que, les saints Pères ne condamnent pas, par ce que, comme assure saint Jérôme, « plusieurs auteurs ecclésiastiques et plusieurs martyrs l'ont ainsi assuré » pourvu néanmoins qu'elle ne jette point dans les rêveries des millénaires, ni des Juifs charnels. Et *sur le chapitre* II *du prophète Sophonie*, il assure positivement que saint Jean, dans son *Apocalypse*, par cette Sodome, et cette Egypte spirituelle, n'entend point autre chose que la ville de Jérusalem. Ce qui montre encore que la grande catastrophe de la persécution de l'Antechrist, se doit passer dans la Palestine, et que Jérusalem sera un jour rebâtie : *Multi ecclesiasticorum virorum et martyres ita dixerunt. In Apocalypsi Joannis Hierosolyma in qua crucifixus est Dominus, vocatur spiritualiter Sodoma, et Ægyptus. Aiunt fore ut Hierosolymitanum templum rursus exstruatur, atque Antichristus a Judæis credatur, in eoque sedeat, totiusque orbis terrarum rex esse videatur : porro ad mundi desolationem et vastitatem veniet. Templum construet Jerosolymis, quod confestim excitatum tradet Judæis. Antichristus odio habiturus est idola..., in templo Dei sedebit... Judæorum : studiosissimum se esse ostendet illius templi, ut ex ipso de progenie David esse videatur, qui templum a Salomone olim exstructum ipse sit reædificaturus.* (S. GREG. NAZ. serm. 47; S. HIPPOL. mart.; S. CYRILL. Hier., Catech. 15, circ. med.)

N'en fut-ce point peut-être une assurance, que ce prodige arrivé sur la fin du II° siècle, c'est-à-dire, lorsque les Juifs réduits aux dernières extrémités, et dans l'état du monde le plus déplorable, leur pays désolé, leurs villes et bourgades brûlées, le temple rasé, le nom de Jérusalem aboli, exilés sous peine de la vie de toute la Judée, leur nation dispersée, leur sacerdoce éteint, et leur royauté perdue, tristes restes de la fureur romaine sous Tite, Trajan, Adrien, Sévère, reçurent d'en haut comme une arrhe de la consolation qui leur arrivera à la fin du monde, et après cette longue et terrible quarantaine de leur pénitence? Ce fut en ce temps, dit Tertullien, savoir, lors de l'expédition de l'empereur Sévère contre les Parthes, vers l'an 196, qu'on aperçut un crayon de cette ville prédite par saint Jean dans son *Apocalypse*; car l'on vit sur la Judée pendant quarante jours, comme une ville ceinte de murailles, suspendue en l'air, qui paraissait tous les matins avant le lever du soleil, et qui disparaissait à mesure que le jour augmentait. *Hanc* (futuram Jerusalem) *apostolus Joannes vidit... ut etiam effigiem civitatis ante repræsentationem ejus conspectui futuram in signum prædicarit: quodque contigit proxime in orientali expeditione* (Severi imperatoris): *constat enim, ethnicis quoque testibus, in Judæa per dies quadraginta matutinis momentis civitatem de cœlo pependisse, omni mœniorum habitu evanescente de profectu diei, et alias de proximo nullam.* C'est ainsi que Tertullien, pour lors dans l'illusion des millénaires, interprétait ce pronostic de sa Jérusalem imaginaire, au lieu de le rapporter à la véritable Jérusalem, qui, selon beaucoup d'anciens Pères, sera remise dans son premier lustre, lors de la conversion des Juifs à la fin du monde, et dans la grande place de laquelle les corps d'Enoch et d'Elie seront exposés, après que l'Antechrist les aura fait mourir.

Et qu'est-ce qu'Enoch prêchera avant que le monde finisse par le feu, sinon ce qu'il prêcha autrefois avant que le monde finît par l'eau, et que nous apprenons de l'apôtre saint Jude? C'est d'eux, dit cet apôtre, qu'Enoch qui est le septième depuis Adam, a prophétisé en ces termes: « Voici le Seigneur qui va venir avec la multitude innombrable de ses saints pour juger tous les hommes, et châtier tous les impies de toutes les œuvres d'impiété qu'ils ont commises, et de toutes les paroles sacrilèges que les pécheurs impies ont proférées contre Dieu. » *Prophetavit autem et de his septimus ab Adam Enoch, dicens: Ecce venit Dominus in sanctis millibus suis facere judicium contra omnes, et arguere omnes impios de omnibus impietatibus eorum, quibus impie egerunt, et de omnibus duris quæ locuti sunt contra Deum peccatores impii.* (Jud. I, 14, 15.)

11. *Et au bout de trois jours et demi, je vis que Dieu fit rentrer en eux l'esprit de vie, et ils se levèrent sur leurs pieds, ce qui remplit de frayeur ceux qui les virent.*

Et ils entendirent une grande voix venant du ciel, qui leur dit: Montez ici; et ils montèrent au ciel dans une nuée à la vue de leurs ennemis.

C'est-à-dire, qu'Elie et Enoch martyrisés par l'Antechrist, et dont les corps auront été exposés trois jours et demi dans les rues de Jérusalem, ressusciteront et monteront au ciel, en présence même de l'Antechrist et de ses armées, comme pour aller au-devant du juste Juge, et le ramener avec eux, dit saint Prosper, dans son livre intitulé: *Dimidium temporis*, chapitres 14 et 16. *Elias et Enoch suum martyrium consummabunt..... et ascendentes in cœlum, ibunt in occursum Christo vero regi et judici venienti.*

13. *Et en ce moment il se fit un grand tremblement de terre, qui renversa la dixième partie de la ville et tua sept mille personnes.*

Ces paroles nous donnent à entendre qu'au moment de l'élévation d'Enoch et d'Elie, une grande partie du royaume de l'Antechrist tombera en ruine.

Quant au retour d'Elie et d'Enoch, rien n'est plus inculqué dans l'Ecriture et dans les saints Pères.

Enoch marcha avec Dieu, est-il écrit dans la Genèse, *et il ne parut plus, parce que Dieu l'enleva*; « *Ambulavit Enoch cum Deo, et non apparuit, quia tulit eum Deus.* » (Gen. v, 22.)

« Enoch fut transporté pour ne pas être sujet à la mort, » dit saint Paul, « et il ne fut plus vu, parce que Dieu l'enleva. » *Enoch translatus est ne videret mortem, et non inveniebatur, quia transtulit eum Deus, ante translationem enim testimonium habuit placuisse Deo.* (Hebr. xi, 5.)

Enoch fut agréable à Dieu, dit l'Ecclésiastique, *et il fut transporté dans le paradis, pour venir un jour prêcher la pénitence aux gentils*, ainsi qu'Elie aux Juifs, comme on a vu ci-dessus par le prophète, puisque son principal ministère consiste à réconcilier les enfants avec leurs pères, et avec Dieu: « Quelle gloire est comparable à la vôtre, vous qui êtes écrit dans le destin des temps, pour venir apaiser la colère du Seigneur, réconcilier le cœur du père avec l'enfant, et redonner aux tribus de Jacob leur premier éclat? » Tel est l'éloge que nous trouvons d'Elie dans le même *Ecclésiastique*, chapitre XLVIII: *Enoch placuit Deo, et translatus est in paradisum, ut det gentibus pœnitentiam.* (Eccli. XLIV, 16.) *Qui scriptus est in judiciis temporum lenire iracundiam Dei, et conciliare cor patris ad filium, et restituere tribus Jacob.* (Eccli. XLVIII, 10.)

Saint Justin dans le *Dialogue avec Triphon*, dit qu'Elie viendra préparer le second avénement du Sauveur, comme il est porté dans l'Evangile.

Saint Irénée (livre v, chapitre 1er), dit que le temple où l'Antechrist se placera pour se faire adorer, sera le temple de Jérusalem, et que, selon la tradition des disciples des apôtres, Elie et Enoch ont été transférés au paradis terrestre. (*Ibid.*, 9.) *Dicunt presbyteri qui sunt apostolorum discipuli, Enoch et Eliam in paradisum translatos fuisse.*

« Enoch et Elie plurent à Dieu, » dit saint Jérôme (*in Zach. c.* IV), « l'un dans la loi de nature, l'autre dans la loi écrite, et furent en corps et en âme transportés dans le ciel; et lorsque la plénitude des gentils sera entrée, tout Israël sera sauvé: car pour lors le prophète Elie arrivant, réconciliera et convertira le cœur des pères envers leurs enfants, et le cœur des enfants envers leurs pères, et le nouveau peuple sera réuni à l'ancien. » *Enoch et Elias, quorum alter in præputio, alter in circumcisione placuit Deo, et cum corpore raptus in cœlum est.*

« Dieu, » dit Tertullien (*Contr. Jud. c.* 2; *De anima, c.* 35, 50), « a transporté le très-juste Enoch de ce monde, et l'a préservé de la mort: pour Elie, il reviendra du lieu où il est, non point en ressuscitant ne reprenant son corps, puisqu'il ne l'a pas quitté, et qu'il n'est point mort; mais en paraissant de nouveau pour venir remplir sa mission de prédicateur et de prophète : Enoch et Elie n'ont point donc enduré la mort, et elle n'est que différée pour eux, car ils la souffriront un jour, lorsque par l'effusion de leur sang, ils éteindront la persécution de l'Antechrist. » *Deus justissimum Enoch de hoc mundo transtulit, qui necdum mortem gustavit, ut æternitatis candidatus, etc. Elias autem non ex decessione vitæ, sed ex translatione venturus est, nec corpori restituendus, de quo non est exemptus, sed modo reddendus, de quo est translatus, non ex postliminio vitæ, sed ex supplemento prophetiæ... translatus est Enoch et Elias, nec mors eorum reperta est, dilata scilicet : cæterum morituri reservantur, ut Antichristum sanguine suo exstinguant. Enoch et Elias nondum resurrectione dispuncti, qui nec morte functi : de orbe translati, æternitatis candidati, ab omni vitio, damno, injuria, contumelia, emunitatem carnis ediscunt.* Voici de semblables témoignages de plusieurs autres anciens Pères : *Dominus Enoch et Eliam noluit mortem experiri. Enoch et Elias, in immortalitate adhuc perdurant. Enoch conservatur usque nunc testis judicii. Enoch translatus est ad confundendum, et revincendum Antichristum. A generatione hominis septimus mortem non vidit Enoch, mysterium Ecclesiæ, Enoch translatus est, vitæ sequentis periculum effugit. Transtulit Enoch Deus et non vidit mortem. Mors cessavit in Enoch, et non est inventa in eo, ille enim raptus est ut evaderet eam. Deus Enoch transtulit nec mortem expertus est. Nec mortem est expertus. Duo illi prædicatores eximii dilata morte subtracti sunt ut ad prædicationis usum in fine revocentur* (88).

Saint Jérôme parle encore plus en détail de ce retour dans son épître 61, *Contre les erreurs de Jean, évêque de Jérusalem.* « Enoch et Elie, » dit-il, « ont été ravis au ciel sans mourir, pour être les habitants du paradis, revêtus des mêmes corps avec lesquels ils ont été transportés : là ils se nourrissent d'un pain céleste, et ils se rassasient de toute parole de Dieu, ayant pour viande et pour nourriture, le même Seigneur qu'ils adorent ; demeurant au reste, sans vieillir, et dans le même âge qu'ils avaient lorsqu'ils furent enlevés. » *Enoch translatus est in carne, Elias autem carneus raptus est in cælum : nec mortui, et paradisi jam coloni : habent quoque membra cum quibus rapti sunt, atque translati. Vescuntur cælesti pane, et satiantur omni verbo Dei, eumdem habentes Dominum, quem et cibum. Tanto tempore in eadem permanent ætate, qua rapti sunt.*

Et dans sa *Lettre à sainte Marcelle*, il dit que saint Jean dans son *Apocalypse*, nous assure qu'Enoch et Elie reviendront un jour. *De Enoch autem et Elia quos venturos Apocalypsis refert, et esse morituros, non est istius temporis disputatio. Enoch et Elias rapti cum corporibus in cælum, Dei reguntur arbitrio.*

(88) Lib. *De resurr. carnis,* c. 58 ; *Const. apost.,* lib. v, c. 6, et 68, c. 41 ; S. Justin., q. 55 ad ort. ; S. Iren., lib. iv, c. 30 ; S. Cypr., *De monte Sina et Sion. Adv. Jud.* ; S. Basil., hom. 10, 11 ; S. Greg.

Et sur le psaume xx, expliquant ces paroles : *Vous avez, Seigneur, préparé leur visage pour les restes de votre peuple*, il dit que cela s'entend d'Elie et d'Enoch qui convertiront les restes des Juifs à la fin du monde. Vérité que saint Paul a lui-même enseignée, quand il dit aux Romains (ix, 27) : *Que les reliques de ce peuple seront sauvées. In reliquiis tuis præparabis vultum eorum. Reliquiæ salvæ fient.* (Psal. xx, 13.) *Hoc est per Eliam et Enoch credituri sunt in finem.*

Saint Ambroise ou l'auteur du *Commentaire sur le* ive *chapitre de la première Epitre aux Corinthiens*, entre dans le même sentiment : « Enoch et Elie, » dit-il, « qui seront les apôtres des derniers jours du monde, souffriront de grandes tribulations : car ils doivent être envoyés pour préparer le peuple de Dieu à la venue de Jésus-Christ, et pour prémunir toutes les églises, et les disposer à résister à l'Antechrist : le livre de l'*Apocalypse* nous décrit leurs persécutions et leur mort. » *Passuri sunt Enoch et Elias, qui ultimo tempore futuri sunt apostoli ; mitti enim debent ante Christum ad præparandum populum Dei, et muniendas omnes Ecclesias, ad resistendum Antichristo : quos et persecutiones pati, et occidi, lectio Apocalypsis testatur.*

Et au commencement de son livre 1er *Des vierges*, il nous assure encore que « ce même Elie a été ravi au ciel, qu'il a paru sur le Thabor avec Jésus-Christ, qu'il viendra et sera le précurseur de Jésus-Christ, » ainsi que nous le lisons dans l'Ecriture. *Ideo ergo Elias curru raptus ad cælum, ideo cum Domino apparet in gloria : ideo Dominici præcursor adventus.*

Saint Augustin enseigne la même chose en un grand nombre d'endroits de ses ouvrages : Voici ce qu'il en dit au livre xx *De la Cité de Dieu*, chapitre 19. « Rien, » dit-il, « n'est plus célèbre dans le discours et le cœur des fidèles, que la venue de ce grand et admirable prophète Elie, qui paraîtra avant le jugement, et qui convertira les Juifs à la foi de Jésus-Christ, il précédera l'avénement du juste Juge, et nous croyons avec raison qu'il vit encore, et qu'il reviendra pour lors » *Per hunc Eliam, magnum mirabilemque prophetam, ultimo tempore ante judicium, Judæos in Christum verum, id est nostrum, esse credituros, celeberrimum est in sermonibus, cordibusque fidelium, ipse quippe ante adventum Judicis Salvatoris, non immerito speratur esse venturus, qui etiam nunc vivere non immerito creditur. Hæc ergo faciet Elias.*

Et au 3e chapitre de son livre intitulé, *De peccatorum meritis et remissione,* voici comme il s'explique : « Enoch et Elie, pendant la suite de tant de siècles, n'ont pas néanmoins été accablés par la vieillesse, quoique je ne croie pas qu'ils soient doués encore de ces qualités spirituelles qui nous sont promises après la résurrection, et qui

Naz., orat. 20 ; S. Epiphan., Adv. hæres., c. 5 ; S. Ambr.; S. Chrysost., hom. 4 et 11, in Gen., S Greg., lib. ix, c. 5, *in Amos* viii.

ont paru premièrement en Jésus-Christ : aussi apparemment n'ont-ils pas besoin de ces sortes d'aliments que nous consumons pour nous nourrir ; car du moment qu'ils ont été enlevés de ce monde, on peut croire qu'ils vivent en la façon, et qu'ils ressentent un rassasiement semblable à celui du même Elie, lorsqu'il eut goûté de cette eau et de ce pain mystérieux qui le sustentèrent pendant quarante jours : ou bien s'il leur faut quelque nourriture, il se peut faire qu'ils se repaissent dans le paradis de la même manière qu'Adam avant son péché, lequel, autant que je le présume, trouvait dans les fruits de ce lieu délicieux, de la force contre la défaillance de la nature, et dans l'arbre de vie un préservatif contre la vieillesse. » *Neque enim Enoch et Elias per tam longam ætatem senectute marcuerunt nec tamen credo eos jam in illam spiritualem qualitatem corporis commutatos, qualis in resurrectione promittitur, quæ in Domino prima præcessit, nisi quia isti fortasse, neque his cibis egent qui sui consumptione reficiunt, sed ex quo translati sunt, ita vivunt, ut similem habeant satietatem illis quadraginta diebus, quibus Elias ex calice aquæ et collyride panis sine cibo vixit, aut si et his sustentaculis opus est, ita fortasse in paradiso pascuntur, sicut Adam priusquam propter peccatum exinde exire meruisset. Habebat enim, quantum existimo, et de lignorum fructibus refectionem contra defectionem, et de ligno vitæ stabilitatem contra vetustatem.*

Ce même docteur, au livre IX *De Genes. ad litt.*, chapitre IX, dit encore ceci : « Enoch et Elie ont hérité de la mortalité d'Adam aussi bien que les autres hommes, et pour payer la dette commune, on est persuadé qu'ils retourneront un jour en cette vie, et qu'enfin après avoir tant différé, ils mourront à leur tour comme nous, mais en attendant ils sont dans l'autre vie, où, jouissant en quelque façon du privilége anticipé qui sera accordé après la résurrection, ils ne sont sujets ni à la vieillesse, ni à la mort. » *Nam si Enoch et Elias in Adam mortui, mortis quoque propaginem in carne gestantes, quod debitum ut solvant, creduntur etiam redituri ad hanc vitam, et quod tandiu dilatum est, morituri : nunc tamen in alia vita sunt, ubi ante resurrectionem carnis, antequam animale corpus in spirituale mutetur, nec morbo, nec senectute deficiunt.*

Saint Grégoire tient le même langage en plusieurs lieux de ses ouvrages, particulièrement au livre IX de ses *Morales*, chapitre 3 : « Ces deux célèbres prédicateurs, » dit-il, « Enoch et Elie ont été enlevés, et leur mort différée pour venir prêcher à la fin du monde, et c'est d'eux dont saint Jean dit dans son *Apocalypse* qu'ils sont les deux oliviers et les deux chandeliers qui se tiennent en la présence du Seigneur de la terre ; un desquels la Vérité nous a promis dans l'Evangile, en nous disant qu'Elie doit venir, et qu'il rétablira toutes choses : ce sont donc comme des étoiles closes et cachetées à présent, et qui ne paraissent point, mais qui quelque jour se feront voir, et se rendront utiles, lorsqu'à l'extrémité des siècles la nation juive se convertira en foule, et se réunira à l'Eglise. » *Hinc est quod duo illi prædicatores eximii (Enoch et Elias) dilata morte subtracti sunt, ut ad prædicationis usum in fine revocentur ; de quibus per Joannem dicitur :* « *Hi sunt duæ olivæ et duo candelabra in conspectu Domini terræ ostantes,* » *quorum unum in Evangelio per semetipsam Veritas pollicetur, dicens :* « *Elias venturus est, et restituet omnia (Matth. XVII, 11) :* » *quasi ergo sub signaculo stellæ clausæ sunt, quæ et nunc occultantur ne appareant, et post ut prodesse valeant apparebunt, et plebs Israelitica ubertim in fide colligetur. Sed et lib. I hom. in Evang., hom. 7 : Sicut Elias secundum Domini adventum præveniet, ita Joannes prævenit primum. Sicut ille præventor est Judicis, ita iste præcursor est factus Redemptoris. Enoch et Elias ad medium revocabuntur, et crudelitatis Antichristi sævitiam, in sua adhuc mortali carne passuri sunt.* (S. GREG., lib. XIV. in Job, c. XI.)

A quoi l'on peut encore ajouter ce que ce même Père écrit dans son homélie 12 sur le prophète *Ezéchiel* : « A la prédication d'Enoch et d'Elie, plusieurs d'entre les Juifs jusqu'alors infidèles, viendront à la connaissance de la vérité, comme même nous le tirons des paroles du Sauveur dans l'Evangile, qui nous assure qu'Elie reviendra qui rétablira toutes choses : ces deux prophètes sont appelés dans Zacharie deux oliviers, et dans l'*Apocalypse* de saint Jean deux chandeliers. » *Sed quia Enoch et Elia prædicante, multi ex his qui tunc ex Judæis in infidelitate permanserunt, ad cognitionem veritatis redeunt, sicut de eodem Elia dicitur :* « *Elias veniet et restituet omnia :* » *qui utrique per Zachariam duæ olivæ, et per Joannem duo candelabra nominantur... cum in prædicatione Enoch et Eliæ Judæis ad fidem redeuntibus,* etc.

Saint Prosper dans son livre intitulé *Dimidium temporis*, chapitre 13, nous enseigne la même chose : « Car tout ainsi, » dit-il, « que deux prophètes, savoir Moïse et Aaron, furent envoyés contre Pharaon, auxquels les deux magiciens Jamnès et Mambrès résistèrent, et périrent avec leur roi ; et tout ainsi que les deux apôtres saint Pierre et saint Paul s'opposèrent à Néron, qui suscita contre eux Simon le Magicien, lequel trompa ce prince, et se perdit avec lui : ainsi Enoch et Elie résisteront à l'Antechrist, qui leur opposera ses faux prophètes. » *Sicut enim contra Pharaonem duo testes Dei missi sunt, Moyses et Aaron, et duo magi Pharaonis, Jamnes et Mambres resistentes Moysi, qui simul cum suo rege perierunt : et contra Neronem duo Petrus et Paulus apostoli, et et contrario Simon Magus, qui se perdidit, et Neronem decepit, sic contra Antichristum duo, Enoch et Elias, adversus quos pseudoprophetæ Antichristi exsurgent.*

On pourrait joindre à tous ces témoignages plusieurs autres autorités non moins précises, qu'il est aisé de voir dans les ouvrages des auteurs ecclésiastiques, si l'on ne craignait d'être trop long, et de perdre le temps à prouver inutilement une vérité qu'on ne peut nier sans rejeter les saintes Écritures, et une tradition constante et unanime, s'il en fût jamais, et on peut même dire la croyance universelle de tous les fidèles, prédiction qu'il ne faut pas non plus prétendre tourner en un sens figuré : *Ne dum tropologiam sequimur, perdamus manifestam prophetiam,* dit saint Jérôme.

Saint Augustin réunit tout ceci en un endroit dont il est bon de rapporter les propres termes (*De civit. Dei,* lib. xv, c. 10, 19; xx, c. 30; *De pec. orig.*, lib. II, c. 30) : « Touchant cette grande catastrophe, » dit-il, « voici ce que les Écritures prédisent devoir arriver sûrement : la venue d'Élie, la conversion des Juifs, la persécution de l'Antechrist, le jugement dernier, la résurrection, la séparation des bons d'avec les méchants, l'embrasement de l'univers et son renouvellement, toutes choses qu'il faut croire devoir arriver ; mais comment et en quel ordre s'exécuteront-elles ? les événements l'apprendront mieux que les conjectures humaines, je crois pourtant les avoir mises dans leur arrangement naturel. » Il ajoute ailleurs « qu'Énoch n'est pas mort, qu'il a été transféré, et il observe qu'Énoch est le septième dans l'ordre de la postérité d'Adam, et le sixième dans celle de Seth : nombres mystérieux et remarquables, l'un par sa relation au jour du Sabbat ou du repos, l'autre par son rapport au jour de la formation de l'homme, et de la consommation de l'ouvrage du Créateur ; que le nom d'Énoch voulant dire Dédicace, sa translation au paradis est une image de notre consécration future par notre résurrection et notre élévation avec Jésus-Christ. » *Circa illud judicium has res didicimus esse futuras : Eliam Thesbitem, fidem Judæorum, Antichristum persecutorem, Christum venturum judicaturum, mortuorum resurrectionem, bonorum malorumque diremptionem, mundi conflagrationem, ejusdemque renovationem; quæ omnia quidem ventura esse credendum est, sed quibus modis, et quo ordine veniant, magis tunc docebit rerum experientia, quam nunc valet consequi ad perfectam hominum intelligentiam : existimo tamen eo quo a me commemorata sunt ordine esse ventura. Vel cum quæritur ubi sit nunc Elias vel Enoch, an ibi (in paradiso terrestri) an alicubi ? quos tamen non dubitamus in quibus nati sunt corporibus vivere. Quis enim non sentiat in his atque hujusmodi quæstionibus, sive obscurissima opera Dei, sive Scripturarum abditissimas latebras ? Enoch non mortuus, sed translatus : Septimus ab Adam natus est Enoch qui interpretatur dedicatio, insigni numero in ordine generationum quo Sabbatum consecratum est : a Seth sextus est quoto die factus est homo ut consummavit Deus omnia opera sua ; hujus Enoch translatio nostra dedica-*tionis *est præfigurata dilatio, quæ quidem jam facta est in Christo capite nostro, qui sic surrexit ut non moriatur amplius; sed etiam ipse translatus est. Restat dedicatio (nostra) quando erit omnium resurrectio non moriturum amplius. Hoc erit in secundo adventu Elias, quod in primo Joannes.... Quomodo duo adventus Judicis, sic duo præcones. Quod Enoch et Elias translati sint, Scripturæ asserunt : cur autem non sint mortui, et ubi sint, aut quomodo sint, non itidem adjecerunt. Enoch et Elias in paradiso sunt, restitutionem exspectantes. Enoch in paradisum translatus est, ubi Adam collocotus. Bestia illa Antichristus ex abysso ascendit, ut adversus Eliam atque Enoch, qui terris sunt redditi, præliaretur, ut legimus in Joannis Apocalypsi.* « *Elias quidem veniet, inquit, et restituet omnia.* » (Matth. xvii, 11.) *Quænam omnia ? Quæcunque Malachius propheta dicebat :* « *Mittam enim vobis Eliam Thesbitem, ait, qui restituet cor patris ad filium, ne veniens percutiam terram simul.* » *Vides exactam diligentiam propheticæ prædicationis. Nam quoniam propter mysterii similitudinem, Joannes quoque poterat Elias nominari, ne confusio fiat, patriam adscripsit, Eliam Thesbitem appellans. Joannes enim non erat Thesbites. Aliud etiam signum addit, dicens :* « *Ne percutiam terram simul* (Malach. iv, 5, 6); » *secundum atque terribilem illum adventum significans.* « *Non enim ad feriendum primo venit : Non veni, ait, ut mundum judicem, sed ut salvem.* » *Quod dixit, ut expresse significaret, ante illum adventum, quo judicium exercetur, Thesbitem esse venturum. Causam quoque cur venturus sit, docuit. Quænam vero causa est ? Ut Judæis credere in Christum persuadeat, ne omnes simul condemnentur ; quam rem ipse in memoriam reducens, inquit :* « *Et restituet omnia.* » *Incredulitatem videlicet Judæorum, qui tunc erunt residui, ad fidem convertet. Exquisitissime autem dictum est :* « *Qui restituet,* » *non filii cor ad patrem, sed* « *patrem ad filium ;* » *Judæorum enim filii, apostoli erant, ad quorum dogmata, pectora patrum, id est, Judæorum generis, mentes convertet* (89).

Voici encore ce que saint Irénée ajoute : *Enoch in corpore translatus est in paradisum, et conservatur ibi usque nunc. Elias translatus est in carne et quidem in paradisum, ubi usque ad consummationem sæculi manet : caro ejus igneo curru non fuit consumpta. Quapropter dicunt presbyteri, qui sunt apostolorum discipuli, Enoch et Eliam translatos esse in paradisum, in quem et Paulus apostolus asportatus audivit sermones inenarrabiles, et ibi manere usque ad consummationem, auspicantes incorruptelam... Cum autem vastaverit Antichristus omnia in hoc mundo, regnans annis tribus et mensibus sex, et sederit in templo Jerosolymis, tentabit semetipsum Christum, sive Messiam ostendere, et tanquam Christus adorabitur : Judæi*

---

(89) *Vid.* S. Aug., tract. iv *in cap.* 1 Joan., n. 5, S. Chrys., hom. 22, *in Epist. ad Hebr.;* Apud S Just., q. 85, *ad Orthodox.;* S. Athan., epist. quod

Nic. syn. recip.; S. Ambr., *in psal.* xlv; S. Chrys., hom. 57 *in Matth.* xvii.

ad ipsum confugient, ut vindictam sumat a Romano imperio eorum inimico, quod et faciet tempore regni sui. Effugabit Ecclesiam, et sanctos qui purum sacrificium Deo offerunt.

Le septième et dernier âge de l'Eglise ou la fin du monde.

Cap. XI. 14. Væ secundum abiit, et ecce Væ tertium veniet cito.

15. Et septimus angelus tuba cecinit, et factæ sunt voces magnæ in cœlo dicentes : Factum est regnum hujus mundi Domini nostri et Christi ejus, et regnabit in sæcula sæculorum. Amen.

16. Et viginti quatuor seniores qui in conspectu Dei sedent in sedibus suis, ceciderunt in facies suas, et adoraverunt Deum dicentes :

17. Gratias agimus tibi, Domine Deus omnipotens, qui es, et qui eras, et qui venturus es, quia accepisti virtutem tuam magnam, et regnasti.

18. Et iratæ sunt gentes, et advenit ira tua, et tempus mortuorum judicari, et reddere mercedem servis tuis prophetis, et sanctis, et timentibus nomen tuum, pusillis et magnis, et exterminandi eos qui corruperunt terram.

19. Et apertum est templum Dei in cœlo, et visa est arca Testamenti ejus, et facta sunt fulgura, et voces, et terræ motus, et grando magna.

Cap. VI. — 12. Et vidi cum aperuisset sigillum sextum, et ecce terræ motus magnus factus est, et sol factus est niger, tanquam saccus cilicinus, et luna tota facta est sicut sanguis.

13. Et stellæ de cœlo ceciderunt super terram, sicut ficus emittit grossos suos cum a vento magno movetur.

14. Et cœlum recessit sicut liber involutus, et omnis mons, et insulæ de locis suis motæ sunt.

15. Et reges terræ, et principes, et tribuni, et divites, et fortes, et omnis servus et liber, absconderunt se in speluncis, et in petris montium.

16. Et dicunt montibus et petris : Cadite super nos, et abscondite nos a facie sedentis super thronum, et ab ira Agni.

17. Quoniam venit dies magnus iræ ipsorum, et quis poterit stare ?

Chap. XI. — 14. Le second malheur est passé, et voici le troisième malheur qui viendra bientôt.

15. Et le septième ange sonna de la trompette, et on ouit de grandes voix dans le ciel, qui disaient : Le royaume du monde est maintenant devenu le royaume de Notre-Seigneur et de son Christ, et il régnera aux siècles des siècles. Ainsi soit-il.

16. Et les vingt-quatre vieillards, qui sont assis sur leurs trônes devant Dieu, se prosternèrent sur leur face, et adorèrent Dieu, disant :

17. Nous vous rendons grâces, Seigneur Dieu tout-puissant, qui êtes, et qui étiez, et qui devez venir, de ce que vous faites paraître votre grande force, et de ce que vous allez vous mettre en possession de votre royaume.

18. Et les nations se sont mises en colère, et votre colère est arrivée, et le temps de juger les morts et de rendre la récompense à vos serviteurs les prophètes et à vos saints, et à ceux qui craignent votre nom, aux petits et aux grands, et d'exterminer ceux qui ont corrompu la terre.

19. Et le temple de Dieu s'ouvrit dans le ciel, et l'arche de son alliance y parut, et il se fit des éclairs, des bruits et des tremblements de terre, et une grande grêle.

Chap. VI. — 12. Et lorsqu'il eut ouvert le sixième sceau, je vis qu'il se fit un grand tremblement de terre, et que le soleil devint noir comme un sac fait de poil, et la lune parut comme de sang.

13. Et les étoiles tombèrent du ciel sur la terre, comme on voit tomber les figues fleurs du figuier lorsqu'elles sont secouées par un grand vent.

14. Et le ciel se retira comme un livre que l'on roule, et toutes les montagnes et les îles furent ébranlées de leurs places.

15. Et les rois de la terre, les princes, les capitaines, les riches et les hommes forts, les personnes libres et les esclaves se cachèrent dans les cavernes et les rochers des montagnes.

16. Et ils dirent aux montagnes et aux rochers : Tombez sur nous, et cachez-nous de devant la face de celui qui est assis sur le trône, et de la colère de l'Agneau.

17. Parce que le grand jour de leur colère est venu. Et qui est-ce qui pourra subsister (en leur présence) ?

EXPLICATION.

On a dit ci-dessus que le sixième sceau découvre par anticipation ce qui n'eût dû être manifesté qu'à l'ouverture du septième, et on en a dit la raison qu'il serait inutile de répéter ici : il est seulement visible que l'ouverture de ce sceau et le son de cette trompette conviennent tout à fait, puisque l'un et l'autre parlent de la fin du monde, de la résurrection des morts et du jugement dernier, qui suivront immédiatement la septième persécution, ou plutôt qui l'accompagneront, tant il y aura peu d'intervalle entre eux deux. Tout le reste de l'ouverture de ce sceau est de ce caractère et a une relation manifeste aux signes du dernier avénement du Fils de Dieu, comme lui-même les rapporte dans son Evangile : les expressions sont semblables et les figures aussi, mais la manière dont ce sceau et cette septième trompette le font sont différente : par l'un, on voit la joie des saints de la venue du règne de Jésus-Christ, et par l'autre les terribles effets de cet avénement et la consternation des méchants.

14. *Le second malheur a passé, et voici le troisième malheur qui vient incontinent :* ce second malheur est la sixième persécution, et ce troisième qui vient est la dernière, conformément à ce qu'on a dit au commencement de la cinquième.

15. *Et le septième ange sonna de la trompette,* le voilà ce dernier âge du monde.

Et on ouït de grandes voix dans le ciel qui disaient : Le royaume de ce monde est maintenant devenu le royaume de Notre-Seigneur et de son Christ, et il régnera aux siècles des siècles : cette joie extrême que témoignent les bienheureux dans le ciel, de la connaissance qu'ils ont de la fin du monde, nous découvre le désir où toutes les créatures sont, dans l'attente du royaume futur de Jésus-Christ, de quoi il est plus amplement parlé à la fin de l'*Apocalypse* et dans les Livres saints : *Toute créature gémit,* dit l'apôtre saint Paul, *et est, pour ainsi dire, dans les douleurs de l'enfantement, jusqu'à présent : nous-mêmes, qui avons les prémices de l'esprit, nous gémissons au dedans de nous, dans l'attente de l'adoption des enfants de Dieu,* etc. Notre-Seigneur, dans la prière qu'il a donnée à son Eglise, après la gloire du nom de son Père, qui doit précéder toutes choses, nous fait demander la venue de ce royaume ; enfin saint Jean nous représente les désirs et les gémissements de l'Épouse dans l'attente du royaume de son Époux, et où, se laissant emporter à l'amour de cet empire si attendu, il convie tout le monde à soupirer sans cesse après ce règne fortuné ; c'est par où finit son *Apocalypse,* et avec raison, puisque c'est à la fin du monde où l'*Apocalypse* aboutit et que ce royaume commencera à paraître.

Mais pour faire voir que l'ouverture de ce sceau et le son de cette trompette prédisent la même chose et marquent également, quoique différemment, le jour du jugement et la fin du monde, il n'y a qu'à faire attention à leurs expressions. Voici ce que fait retentir le son de la trompette : « Le temps de votre courroux est venu, ô Dieu tout-puissant, et le temps de juger les morts, où vous devez récompenser vos serviteurs et vos saints, et ceux qui craignent votre nom, petits et grands, et où vous devez exterminer ceux qui ont corrompu la terre. »

Et voici ce que nous apprend l'ouverture de ce sceau : *Et je vis qu'il se fit un grand tremblement de terre, et que le soleil devint noir comme un sac fait de poils, et la lune parut toute comme du sang, les étoiles tombèrent du ciel sur la terre, comme on voit tomber les figues du figuier, lorsqu'il est ébranlé par un grand vent : et le ciel se retira comme un livre que l'on roule, et toutes les montagnes et les îles furent ébranlées de leurs places : et les rois de la terre, les princes, les capitaines, les riches et les hommes forts, les personnes libres et les esclaves, se cachèrent dans les cavernes et les rochers des montagnes, et ils dirent aux montagnes et aux rochers : Tombez sur nous, et cachez-nous de devant la face de celui qui est assis sur le trône, et dérobez-nous à la colère de l'Agneau, parce que le grand jour de leur colère est venu : et qui est-ce qui pourra subsister en leur présence ?*

Qui peut nier que tout cela ne s'entende du jour du jugement, et qui pourrait sans violence le rapporter aux premiers siècles de l'Eglise ? Jésus-Christ, dans son Evangile, prédisant la fin du monde et le jour du jugement, se sert des mêmes expressions, des mêmes comparaisons et des mêmes termes ; et enfin tout y est si conforme, qu'il serait inutile de s'amuser à prouver une vérité si claire.

Ce qui suit ne s'écarte point de cette idée ; au contraire, il la confirme : *Et le temple de Dieu s'ouvrit dans le ciel, et l'arche de son alliance y parut, et il se fit des éclairs, des bruits et des tremblements de terre, et une grande grêle.* Car ce ciel ouvert et cette arche d'alliance qui y paraît, particulièrement pour les Juifs, ainsi que paraîtra pour nous la croix dans les airs, qu'est-ce autre chose que Jésus-Christ, l'arche vivante du Seigneur, avec les anges et les saints et toute l'Eglise triomphante, qui va descendre en terre pour récompenser les justes et pour exterminer les méchants qui ont corrompu la terre, comme on vient de voir ? *Arca incarnationis ejus toto panditur orbi.* (BEDA, lib. v, c. 11 *in Apoc.*) Au reste, la découverte de l'ancienne Arche d'alliance, qui doit être cachée jusqu'à la fin du monde et trouvée par Elie, est une marque de la conversion des Juifs réservée à ces derniers temps, suivant ce qui est écrit au II*e Livre des Machabées,* chapitre II : « Jérémie voyant que les Juifs observaient l'endroit où il cachait l'arche d'alliance, les blâma et leur dit que ce lieu demeurerait inconnu jusqu'à ce que Dieu rassemblât son peuple dispersé et lui d vînt propice, et qu'alors le Seigneur découvrirait ces choses ; que la majesté du Seigneur apparaîtrait, et qu'on verrait la nuée comme du temps de Moïse, » etc. *Ut autem cognovit Jeremias, culpans illos dixit : Quod ignotus erit locus, donec congreget Deus gregationem populi, et propitius fiat ; et tunc Dominus ostendet hæc, et apparebit majestas Domini, et nubes erit sicut et Moysi.* Paroles de ce prophète après que, par ordre de Dieu, il eut fait cacher sur le mont Oreb l'arche d'alliance, qui constamment n'a plus paru depuis, ni après le retour de la captivité de Babylone dans le second temple, ni lors de la prise de Jérusalem par les Romains, non plus que la nuée.

Quant à ces foudres, ces tonnerres, ces tremblements de terre, que signifient-ils? sinon les épouvantables accidents qui doivent précéder et accompagner la venue du juste Juge?

On peut ajouter qu'ils servent en cet endroit pour donner une grande idée de ce dernier jour, et pour étonner et épouvanter l'esprit de ceux qui les lisent, afin qu'ils se préparent à voir ce que ce chaos doit enfanter de terrible et de grand, et être comme une fin et une clôture aux visions précédentes et un préparatif aux suivantes.

Tout ceci montre combien on a eu raison d'avancer dès le commencement de cette interprétation :

Premièrement, que les sept sceaux et les sept trompettes découvraient les événements qui devaient arriver dans l'Eglise, à commencer depuis l'ascension de Jésus-Christ jusqu'à la fin des siècles.

En second lieu, que les sept sceaux ayant été décachetés les premiers, avaient aussi premièrement représenté les sept états de l'Eglise dans les sept âges du monde, et cela sous certains signes.

Troisièmement, qu'après un silence d'une demi-heure, les sept trompettes avaient de rechef commencé à représenter ces mêmes sept âges sous sept autres différents symboles ; et qu'ainsi les sept trompettes n'étaient que la répétition des mêmes événements déjà découverts par l'ouverture des sept sceaux, selon la remarque du vénérable Bède (lib. I, c. 8) : *Hucusque de apertione sex sigillorum: nunc vero recapitulat ab origine eadem aliter dicturus.*

En quatrième lieu, on a ajouté que l'ouverture du premier sceau exprimait, par ce cavalier monté sur un cheval blanc, portant une couronne en tête et remportant victoire sur victoire, l'état florissant du premier âge de l'Eglise primitive, ornée de la couronne du martyre, et on l'a avancé après saint Augustin et le vénérable Bède (in *Apoc.* VI) : *In primo sigillo, decus Ecclesiæ primitivæ.*

Et qu'enfin les six premières trompettes, aussi bien que les six premiers sceaux, représentant ces mêmes divers événements qui devaient arriver dans les six premiers âges de l'Eglise, le septième serait le dernier et donnerait naissance au repos éternel des saints : d'où vient que le premier jour de cette révélation fut un dimanche, commençant la semaine laborieuse de cette vie et se terminant au repos de l'autre ; et c'est encore ce que nous enseigne le même docteur au même lieu : *Sex tubæ priores sæculi præsentis ætatibus comparatæ, varios bellorum Ecclesiæ denuntiavere concursus : septima vero Sabbati æterni nuntia,*

victoriam tantum et imperium veri regis indicat.

En effet, bien des Pères ont cru que comme Dieu avait employé six jours à la création du monde, et que, selon l'Ecriture, mille années devant le Seigneur sont prises pour un jour : de même le monde ne durerait que six mille ans : *Quotquot enim diebus hic factus est mundus, tot et millenis annis consumetur,* dit saint Irénée. (Lib. v, c. 28.) Saint Jérôme (*Epist. ad Cyprian.*) rapporte ce même sentiment : « *Quia mille anni ante oculos tuos tanquam dies hesterna quæ præteriit.* » (Psal. LXXXIX, 4.) *Et apostolus Petrus :* « *Unum vero hoc non lateat vos, charissimi, quia unus dies apud Dominum, sicut mille anni, et mille anni, sicut dies unus.* » (II Petr. III, 8.) *Et ex Epistola quæ nomine Petri apostoli inscribitur, mille annos pro una die solitos appellari, ut scilicet quia mundus in sex diebus fabricatus est, sex millibus tantum credatur subsistere.*

Saint Justin avait dit la même chose : *Quando quidem nonnulli de mundi statu conjecturis ducti, dixerunt sex mille annis illum duraturum esse, et quidem ex multis Scripturæ locis id verum conjicere licet.*

Nous recueillons la même chose d'André de Césarée sur ces paroles mêmes de l'Apocalypse : « *Et reges septem sunt, quinque ceciderunt,* » etc. *Beatus Hippolytus per hosce reges sæcula accepit, e quibus jam quinque præterierunt : sextum in quo Apostolus hæc vidit, adhuc decurrit : septimum autem, ut ille opinatur, post elapsa sex annorum millia tandem se prodet, et parum durabit.*

Saint-Hilaire, sur saint Matthieu (c. XVII), semble être de ce même sentiment, interprétant ces paroles : « *Et post dies sex transfiguratus est.* » *Nam post dies sex gloriæ Dominicæ habitus ostenditur; sex millium scilicet annorum temporibus evolutis, regni cœlestis honor præfiguratur.*

Ainsi on n'a rien avancé en toutes ces choses qui ne soit puisé dans la doctrine des plus saints et savants interprètes.

Reste à développer l'accomplissement de l'ange, *qu'il fallait que saint Jean prophétisât de rechef aux rois et aux nations diverses choses,* lesquelles il n'avait touché qu'en général, ou ne lui avaient été montrées qu'en gros par l'ouverture des sept sceaux et le son des sept trompettes : *Oportet te iterum prophetare gentibus, et populis et linguis et regibus multis.* Car on va voir dans cette troisième partie qui suit une description des persécutions du démon et de l'empire romain idolâtre contre l'Eglise naissante, qui triomphera de l'un et de l'autre. Le démon, déchu de sa prétendue divinité, sera renfermé dans l'abîme, et l'empire romain détruit par les Barbares. Ce qui ne se peut écrire sans remonter encore une fois à la naissance du christianisme.

TROISIÈME PARTIE

QUI CONTIENT LES VICTOIRES DE L'ÉGLISE SUR LE DÉMON ET SUR L'EMPIRE ROMAIN IDOLATRE, ET SON ÉTABLISSEMENT DANS TOUT LE MONDE, OU L'HISTOIRE DES HUIT PREMIERS SIÈCLES, A COMMENCER DEPUIS L'ASCENSION DE JÉSUS CHRIST JUSQU'A LA RUINE DE ROME PAR LES BARBARES, ET LA FONDATION DU NOUVEL EMPIRE.

CHAPITRE XII.

Le démon persécute l'Église pendant plus de trois cents ans, mais elle triomphe de tous ses efforts.

SOMMAIRE. — I. Saint Jean voit dans le ciel une femme revêtue du soleil, couronnée de douze étoiles, ayant la lune sous ses pieds, et en travail d'enfant : c'est l'Église revêtue de Jésus Christ, ornée des douze apôtres, incapable de changement jusqu'à la fin du monde, et qui enfante le Christianisme, dans les angoisses des persécutions.
II. Un dragon roux, aussi dans le ciel, ayant sept têtes couronnées, dix cornes, et traînant de sa queue la troisième partie des étoiles du ciel, se tient devant cette femme pour dévorer le Fils qu'elle enfantera : c'est l'ennemi du genre humain, Satan, pour lors adoré comme le vrai Dieu régnant dans l'empirée, qui, armé de sept tyrans idolâtres, fortifié de dix persécutions, et suivi de ses anges apostats et hérétiques, prétend engloutir le christianisme naissant.
III. Cette femme enfante, et son enfant est enlevé au ciel, Jésus-Christ monte au ciel et attire après lui l'Église des premiers nés.
IV. Il se fait un grand combat au ciel, entre Michel et ses anges, d'une part, et le dragon soutenu des démons, de l'autre ; mais saint Michel emporte la victoire : le démon qui se faisait adorer comme le vrai Dieu, est chassé du ciel, et saint Michel, protecteur de l'Église, le fait déchoir des honneurs divins qu'on lui rendait. La vérité se publie, l'Évangile se prêche, les martyrs le scellent de leur sang, on commence à connaître que Satan n'est qu'un imposteur ; et les bienheureux se réjouissent de ce que le vrai Dieu va être seul adoré.
V. Le démon, précipité du faîte de sa grandeur, persécute la femme, ou l'Église qui l'a détrôné ; il met en usage contre elle les sept têtes couronnées et ses dix cornes ; elle s'enfuit dans le désert, refuge des premiers fidèles persécutés.
VI. Dieu limite néanmoins le temps de chaque persécution à trois ans et demi environ.
VII. Le dragon poursuit la femme, ou l'Église, jusque dans les déserts, pour la faire sortir de cet asile et l'exterminer, ce qui arriva lors des persécutions de l'Église, réfugiée dans des solitudes, particulièrement sous Dioclétien ; mais la terre vient à son secours, la puissance temporelle se déclare pour l'Église, et Constantin, premier empereur chrétien, la protége.
VIII. Le dragon se retire chez les empereurs Maxence, Maximin, et Licinius, princes idolâtres, et vient avec eux faire la guerre à Constantin et à l'Église ; mais ils sont surmontés, et l'idolâtrie avec son dernier protecteur Licinius, périt sans ressource, ce prince païen est détruit sur les bords de la mer, où le dragon vaincu s'arrête, semblable à l'Océan irrité, à qui le sable sert de bornes, et l'Église jouit de la paix.

1. Et signum magnum apparuit in cœlo, mulier amicta sole, et luna sub pedibus ejus, et in capite ejus corona stellarum duodecim.

2. Et in utero habens, clamabat parturiens, et cruciabatur ut pariat.

3. Et visum est aliud signum in cœlo, et ecce draco magnus rufus, habens capita septem, et cornua decem, et in capitibus ejus diademata septem.

4. Et in cauda ejus trahebat tertiam partem stellarum cœli, et misit eas in terram, et draco stetit ante mulierem quæ erat paritura, ut cum peperisset, filium ejus devoraret.

5. Et peperit filium masculum, qui recturus erat omnes gentes in virga ferrea, et raptus est filius ejus ad Deum, et ad thronum ejus.

6. Et mulier fugit in solitudinem, ubi habebat locum paratum a Deo, ut ibi pascant eam diebus mille ducentis sexaginta.

1. Et il parut un grand signe dans le ciel, une femme revêtue du soleil, ayant la lune sous les pieds, et sur la tête une couronne de douze étoiles.

2. Elle était enceinte, et elle criait comme étant en travail, et sentant les douleurs de l'enfantement.

3. Et un autre signe fut vu dans le ciel, et voilà un grand dragon roux, ayant sept têtes et dix cornes, et sur ses têtes sept diadèmes.

4. Et sa queue attirait (faisait choir) la troisième partie des étoiles du ciel, et il les fit tomber à terre, et le dragon se tint devant la femme qui devait enfanter, afin de dévorer son fils dès qu'elle aurait enfanté.

5. Et elle enfanta un enfant mâle qui devait gouverner les nations avec un sceptre de fer, et son fils fut enlevé à Dieu et au trône de Dieu.

6. Et la femme s'enfuit dans le désert, où elle avait un lieu que Dieu lui avait préparé, afin qu'on l'y nourrît durant mille deux cent et soixante jours.

7. Alors il se donna un grand combat dans le ciel. Michel et ses anges combattaient contre le dragon, et le dragon et ses anges combattaient (contre lui).

8. Mais ceux-ci ne prévalurent pas, et (depuis ce temps là) il n'y eut plus de lieu pour eux dans le ciel.

9. Et ce grand dragon, ce vieux serpent, qui est nommé diable et Satan, qui séduit tout l'univers, fut précipité (du ciel) en terre, et ses anges avec lui.

10. Et j'entendis une grande voix dans le ciel qui disait : Maintenant est établi le salut, la force et le royaume de notre Dieu, et la puissance de son Christ, parce que l'accusateur de nos frères, qui les accusait jour et nuit devant notre Dieu, a été précipité.

11. Et ils l'ont vaincu par le sang de l'Agneau et par la parole de laquelle ils ont rendu témoignage, et ils ont méprisé leur vie jusqu'à vouloir bien souffrir la mort.

12. C'est pourquoi, cieux et vous qui y habitez, réjouissez-vous ; mais malheur à la terre et à la mer, parce que le diable est descendu vers vous avec une grande fureur, sachant qu'il n'a que peu de temps.

13. Et après que le dragon eut vu qu'il avait été précipité en terre, il poursuivit la femme qui avait enfanté un fils.

14. Et on donna à la femme deux ailes d'une grande aigle, afin qu'elle s'enfuît dans le désert en son lieu, où elle est nourrie durant un temps, durant des temps, et durant la moitié d'un temps (durant trois ans et demi) hors la présence du serpent (qui la voulait dévorer).

15. Et le serpent jeta de sa gueule, après la femme, comme un fleuve d'eau pour l'entraîner.

16. Et la terre secourut la femme ; et elle ouvrit sa bouche, et elle engloutit le fleuve que le dragon avait jeté de sa gueule.

17. Et le dragon entra en colère contre la femme, et il alla faire la guerre au reste de ses enfants qui gardent les commandements de Dieu, et qui ont le témoignage de Jésus-Christ.

18. Et il s'arrêta sur le sable de la mer.

7. Et factum est prælium magnum in cœlo. Michael et angeli ejus præliabantur cum dracone, et draco pugnabat, et angeli ejus.

8. Et non valuerunt, neque locus inventus est eorum amplius in cœlo.

9. Et projectus est draco ille magnus, serpens antiquus, qui vocatur diabolus et Satanas, qui seducit universum orbem, et projectus est in terram, et angeli ejus cum illo missi sunt.

10. Et audivi vocem magnam in cœlo dicentem : Nunc facta est salus, et virtus, et regnum Dei nostri, et potestas Christi ejus, quia projectus est accusator fratrum nostrorum, qui accusabat illos ante conspectum Dei nostri die ac nocte.

11. Et ipsi vicerunt eum propter sanguinem Agni, et propter verbum testimonii sui, et non dilexerunt animas suas usque ad mortem.

12. Propterea lætamini, cœli, et qui habitatis in eis. Væ terræ et mari, quia descendit diabolus ad vos, habens iram magnam, sciens quod modicum tempus habet.

13. Et postquam vidit draco quod projectus esset in terram, persecutus est mulierem quæ peperit masculum.

14. Et datæ sunt mulieri alæ duæ aquilæ magnæ, ut volaret in desertum in locum suum, ubi alitur per tempus, et tempora, et dimidium temporis, a facie serpentis.

15. Et misit serpens ex ore suo post mulierem, aquam tanquam flumen, ut eam trahi faceret a flumine.

16. Et adjuvit terra mulierem, et aperuit terra os suum, et absorbuit flumen quod misit draco de ore suo.

17. Et iratus est draco in mulierem, et abiit facere prælium cum reliquis de semine ejus, qui custodiunt mandata Dei, et habent testimonium Jesu Christi.

18. Et stetit supra arenam maris.

EXPLICATION.

§ I.—*Efforts du démon pour empêcher l'établissement de l'Eglise, et la ruine de l'idolâtrie.*

Après que saint Jean d'un vol rapide a parcouru ce qui devait arriver depuis son temps jusqu'à la fin du monde, il reprend plus en particulier divers grands événements qu'il n'avait touchés qu'en général, et il revient sur ses pas pour nous décrire les combats de l'Eglise dans la destruction de l'idolâtrie, et dans l'établissement de la vraie religion ; car c'était alors le point capital d'où tout le reste dépendait, suivant ce que l'ange lui avait annoncé par ces paroles : il faut que vous prophétisiez de rechef à diverses sortes de nations, de peuples, de langues et de rois : *Oportet te iterum prophetizare gentibus, et populis, et linguis, et regibus multis.* Et c'est ce qu'après la révélation des sept âges de l'Eglise il va faire dans les chapitres suivants, qu'il faut expliquer dans leur ordre, et que rien n'oblige de déplacer comme les précédents.

1. *Et il parut un grand signe dans le ciel, une femme revêtue du soleil, ayant la lune sous ses pieds, et sur sa tête une couronne de douze étoiles.*

2. *Et elle était enceinte, et elle criait comme étant en travail, et sentant les douleurs de l'enfantement.*

C'est l'Eglise bien désignée sous la figure de cette femme toute lumineuse et céleste : son chef est Jésus Christ : ses ornements et sa gloire sont les douze apôtres : ce soleil dont elle est revêtue, n'est autre que la splendeur de son Epoux qui l'environne : *L'épouse brille des rayons de son époux: Uxor coruscat radiis mariti*, disent les jurisconsultes : d'ailleurs, selon le langage de l'Ecriture, le Seigneur a mis son tabernacle, qui sans doute est l'Eglise, dans le soleil : *In sole posuit tabernaculum suum (Psal.* xvIII, 6) : la lune sous ses pieds, marque sa perpétuelle stabilité, qui n'est plus sujette à la vicissitude et au changement des êtres sublunaires, et son état heureux qui ne peut souffrir d'interposition entre elle et le soleil de justice. Elle est en travail d'enfant : *Filioli mei, quos iterum parturio (Galat.* IV, 19); parce qu'elle gémit dans les angoisses de la persécution, et qu'elle enfante dans la douleur; car elle était telle au siècle de saint Jean, auquel il faut à présent se remettre.

3. *Et un autre signe fut vu dans le ciel, et voilà un grand dragon roux, ayant sept têtes et dix cornes, et sur ses têtes il portait sept diadèmes :* Saint Jean ayant vu d'une part l'Eglise mystérieusement représentée, voit de l'autre son secret persécuteur, et l'ennemi caché qui va la combattre, le dragon cruel et sanguinaire, que cette couleur teinte et commune aux bêtes les plus carnassières figure assez, le meurtrier de l'homme dès le commencement du monde, ainsi que le même apôtre le nomme dans son Evangile : *Draco rufus : homicida ab initio.* Ce dragon paraît dans le ciel, parce qu'alors il était adoré et reconnu pour le véritable Dieu, sous le nom de Jupiter, régnant dans l'empirée, et que c'est là où il fut formé; et d'où il est déchu. *Ces sept têtes portant le diadème marquent les sept plus insignes tyrans* dont il s'est servi pour l'attaquer, *et ces dix cornes les dix plus redoutables persécutions* qu'il suscita contre elle pour la renverser. En effet, nous voyons que les plus anciens et les plus éclairés auteurs ecclésiastiques, quoiqu'ils l'ignorassent pas qu'il y eût un très-grand nombre de persécuteurs et de persécutions contre l'Eglise pendant les premiers siècles, et même qu'à vrai dire, il n'y en eût qu'une qui dura plus de trois cents ans, et qui se renouvelant de temps en temps devenait plus violente, semblable aux symptômes, et redoublements d'une fièvre continue, se sont néanmoins fixés à ce nombre déterminé *de sept tyrans, et de dix persécutions.* Saint Jérôme sur le chapitre xvi de Jérémie, montre que les afflictions de l'Eglise ont été continuelles, et n'ont presque pas eu de relâche ni d'intervalle, depuis Néron et au delà, jusqu'à Maximin, et qu'elles se sont renouvelées sous Julien, comme nous verrons ci-après : «Nous pouvons,» dit-il, «appliquer ce passage aux persécutions dont les Chrétiens ont été affligés depuis le règne de Néron, dont l'apôtre parle quand il écrit qu'il a été délivré de la gueule du lion, jusqu'au temps de Maximin, et nous consoler, voyant que Dieu a pris pitié de son peuple, et qu'il les a ramenés dans leur patrie, c'est-à-dire dans l'Eglise qu'il avait donnée à leurs pères ou aux apôtres, et aux hommes apostoliques : » *Possumus hoc et de persecutionibus quœ nostro accidere populo a diebus Neronis, de quo scribit Apostolus : « Et liberatus sum de ore leonis (II Timoth.* IV, 17), » *usque ad Maximini tempora dicere, quomodo Dominus misertus sit populo suo, et reduxerit eos in terram suam, haud dubium quam Ecclesiam, quam dedit patribus eorum, apostolis, et apostolicis viris.* Mais il est utile de bien établir ce nombre de persécuteurs et de persécutions, et d'en examiner le succès avec attention.

§ II.—*Des sept principaux tyrans dont le démon se servit pour persécuter l'Eglise, figurés par les sept têtes couronnées du dragon, et de leur fin tragique.*

Ces sept principaux tyrans furent Néron, Domitien, Dèce, Valérien, Aurélien. Dioclétien et Julien, tous empereurs romains idolâtres, qui n'omirent rien pour détruire l'Eglise de Dieu, et pour se signaler pardessus les autres, la haine contre Jésus-Christ et contre les fidèles, et qui périrent tous par une mort funeste.

Lactance dans son beau livre intitulé *De mortibus persecutorum*, qui vient d'être rendu à l'Eglise, et qui semble n'avoir été découvert en ce temps que par quelque secret de la Providence, et pour apprendre à ceux qui persécutent l'Eglise, quel terrible sort ils doivent attendre, n'en compte pas davantage : Néron, Domitien, Dèce, Valérien, Aurélien et Dioclétien. En voilà six qu'il marque, et qui avaient paru de son temps; mais peu après, l'empereur Julien remplit le nombre fatal.

Le grand Constantin traitant expressément de cette matière dans son célèbre discours *Ad sanctorum cœtum*, rapporté par Eusèbe, omettant Néron et Domitien, qui de l'aveu de tout le monde, ont été les deux premiers ennemis du peuple de Dieu, s'arrête à Dèce, Valérien, Aurélien et Dioclétien. Voici ses paroles :

« Je parle maintenant à vous, ô Dèce, qui insultiez aux travaux des justes, qui, portiez tant de haine à l'Eglise, qui condamniez au dernier supplice des hommes d'une éminente vertu ; est-ce que votre infortune n'a pas suivi de près votre impiété, lorsque renversé par terre, et votre armée défaite dans les campagnes de Scythie, vous exposâtes aux mépris et à l'insolence des Goths, la gloire de l'empire romain, si célèbre par toute la terre?

« Je parle aussi à vous, ô Valérien, lorsqu'animé de ce même esprit de cruauté, vous déclarâtes la guerre aux serviteurs de Dieu : quel juste jugement n'attirâtes-vous pas sur vous en punition de ce crime, lorsqu'aux yeux de l'univers, pris par vos ennemis, et conduit dans les fers avec votre manteau de pourpre et le reste des ornements impériaux, enfin écorché par ordre de

Sapor, roi de Perse, et embaumé, votre peau fut exposée à la postérité pour être un monument éternel de votre désastre?

« Je parle encore à vous, ô Aurélien, bourreau de toutes sortes de crimes, combien visiblement fûtes-vous percé des traits de la vengeance divine, lorsque poussé par les mouvements d'une fureur brutale, vous parcouriez la Thrace, et que, blessé au milieu d'un grand chemin, vous remplîtes de votre sang impie les sillons de la plaine?

« Que dirai-je de Dioclétien, qui, après avoir exercé une sanglante persécution contre l'Eglise, se condamna lui-même, et devenu fou, s'imposa la peine de demeurer renfermé dans une vile solitude? Que lui servit-il d'avoir déclaré la guerre à notre Dieu, sinon d'en rapporter une terreur panique qui lui fit incessamment craindre d'être tué d'un coup de foudre, et passer le reste de ses jours dans ces frayeurs continuelles? Cette ville de Nicomédie ne publie-t-elle pas cette vérité, aussi bien que ceux qui en ont été témoins oculaires, et du nombre desquels je suis? »

Te nunc interrogo, o Deci, qui justorum laboribus olim insultabas, qui Ecclesiam odio persequebaris: viros summa virtute præditos supplicio affecisti; tuam certe infelicitatem satis superque declaravit illud temporis spatium, quod inter vitam ac mortem tuam intercessit, cum tu in campis Scythicis, una cum omni exercitu prostratus, imperium Romanum tantopere celebratum, Gothorum contemptui ac ludibrio exposuisti. Tu quoque, Valeriane, cum eamdem crudelitatem in famulos Dei declarasses, judicium omnium oculis subiisti, captus ab hostibus, et in vinculis circumductus, cum chlamyde purpurea, et reliquo imperiali cultu, tandem vero a Sapore Persarum rege detracta tibi cuti condiri jussus, sempiternum calamitatis tuæ tropæum, spectandum præbuisti. Tu autem, Aureliane, fax omnium vitiorum, quam præsenti et perspicua divini Numinis vindicta, dum furore percitus Thraciam percurreres, in medio viæ publicæ cæsus, sulcos aggeris publici impio sanguine complevisti? Diocletianus vero post cruentam persecutionis sævitiam, suamet ipse sententia damnatus ob vitium insaniæ, vili quodam clausus domicilio pœnas dedit. Quid igitur illi profuit bellum Deo nostro intulisse? ut scilicet fulminis ictum assidue metuens, reliquum deinceps vitam exigeret. Testatur hæc urbs Nicomedia, nec silent hi qui rem oculis viderunt, quorum ex numero etiam ipse sum.

Que si à ces six tyrans idolâtres on y joint Julien, qui parut peu après Constantin, on aura le nombre complet et parfait.

Méliton, évêque de Sardis, l'an 170 de Jésus-Christ, quoiqu'il reconnût diverses persécutions contre les fidèles, assure dans son *Apologie* pour la religion chrétienne à l'empereur Marc-Aurèle, *que Néron et Domitien étaient les deux seuls empereurs persécuteurs de l'Eglise jusqu'alors : Soli ex omnibus Nero ac Domitianus religionem no-stram criminari studuerunt.* (EUSEB., lib. IV, c. 26.)

Saint Jérôme (*in Habac.* III) confirme cette vérité; car parlant des persécuteurs de l'Eglise de Jésus-Christ, et de leur fin désastreuse, il nomme Julien, Maximien (c'est Dioclétien, comme on verra) Valérien, Dèce, Domitien et Néron : « Nous pouvons, » dit-il, « nous servir de ce verset, quand nous voyons quelquefois que les rois et leurs ministres répandent le sang chrétien, et sont ensuite châtiés par la justice divine ; ce que nous avons vu arriver en la personne de Julien, de Maximien, de Valérien, de Dèce, de Domitien et de Néron : » *Possumus hoc versiculo uti, si quando reges et duces eorum, Christianum viderimus sanguinem fundere, et postea ultionem Domini consecutam; quod dudum in Juliano, et ante eum in Maximiano, Valeriano, Decio, Domitiano, Nerone perspeximus.* Par où l'on voit qu'il met Julien au nombre des sept tyrans. On dira qu'il omet Aurélien ; mais Lactance, Eusèbe, ni Constantin, ne l'ont pas omis, comme on a vu, ni les autres écrivains ecclésiastiques, qui traitent expressément de ce sujet, qu'on rapportera bientôt : saint Jérôme même le reconnaît pour tel dans ses autres ouvrages, particulièrement dans sa *Chronique*, qu'on verra aussi dans un moment, où il dit ces paroles : *Aurélien excite une persécution contre les Chrétiens.*

Saint Prosper interprétant cet endroit de l'*Apocalypse*, reconnaît que l'apôtre, par ces sept têtes couronnées, désigne sept tyrans signalés entre les ennemis du peuple de Dieu : « Autant, » dit-il, « que je le puis pénétrer, j'estime que l'apôtre par ces sept têtes de dragon, a voulu représenter certains empereurs, qui ont été les plus cruels persécuteurs de la religion de Jésus-Christ.» C'est dans son livre intitulé : *Dimidium temporis. In quantum datur existimatio, priores reges memorat Joannes, qui truculentiores fuerunt in religionem Christi.*

Saint Jean lui-même développant cet énigme, nous le dira en paroles expresses au ⅟ 9 du chapitre XVII : *Ces sept têtes signifient sept rois,* ennemis du peuple de Dieu : *Septem capita, septem reges sunt.* Or quels autres sept empereurs ont régné sur Rome, qui méritent mieux le nom de principaux persécuteurs des fidèles, que ceux qu'on vient de rapporter?

Enfin dès le commencement nous avons vu l'Agneau debout et en posture de combattant, armé de sept cornes : *Agnum stantem, habentem cornua septem ;* figurant sans doute par là les assauts qu'il allait soutenir contre ces sept agresseurs, les victoires qu'il remporterait sur eux, et la punition qu'il en ferait, suivant cette prédiction du Prophète (*Psal.* LXXIII, 14) : *Tu confregisti capita draconis,* vous avez brisé les têtes du dragon.

Cette vengeance a-t-elle pu être plus éclatante, plus grande et plus prompte? Lactance et Paul Orose le vont dire, et confirmer par là ce nombre déterminé de sept persécuteurs.

I. « Néron, » dit Lactance traitant expressément de la fin tragique de ces sept tyrans exterminés par l'Agneau, « fut le premier qui persécuta l'Eglise de Dieu : mais il est à propos de considérer l'état où elle était lors de cette tempête, qui devait avoir tant de suites. Les disciples, » dit cet auteur, « ayant prêché l'Evangile par toute la terre, comme Notre-Seigneur le leur avait commandé, et durant l'espace de vingt-cinq années, jeté les fondements de l'Eglise dans toutes les provinces de l'empire, saint Pierre arriva à Rome lorsque Néron était sur le trône : » *Discipuli dispersi per omnem terram ad Evangelium prædicandum, sicut illis Magister Dominus imperaverat, et per annos viginti quinque usque ad principium Neroniani imperii per omnes provincias et civitates, Ecclesiæ fundamenta miserunt : cumque jam Nero imperaret, Petrus Romam advenit, et editis quibusdam miraculis, quæ virtute ipsius Dei, data sibi ab eo potestate, faciebat, convertit multos ad justitiam, Deoque templum fidele ac stabile collocavit.*

Ce n'est pas néanmoins (pour interrompre un peu la narration de Lactance) que cet apôtre ne se fût déjà transporté à Rome pour y prêcher la foi, comme nous l'apprend Eusèbe (*Hist.*, lib. II, c. 4), en ces termes : « Au temps de l'empereur Claude, la providence très-aimable de Dieu conduisit à Rome saint Pierre, le très-invincible et très-grand d'entre tous les apôtres, pour combattre Simon le Magicien : et ce fut pour lors que ce grand saint porta d'Orient en Occident les richesses précieuses de l'Evangile, annonçant aux occidentaux la lumière du salut et la doctrine du royaume des cieux : » *Claudii Augusti temporibus, benigna et clementissima Dei providentia, fortissimum, et maximum inter apostolos Petrum, et virtutis merito reliquorum principem et patronum, Romam adversus Simonem Magum perducit.... qui pretiosam illam lucis intelligibilis mercedem ab Oriente ad eos qui adversus occasum habitant, detulit, lucem ipsam, et salutarem mentibus doctrinam, regnum scilicet cælorum, ipsis annuntians.*

« Ce grand apôtre étant donc à Rome, » poursuit Lactance, « gagna par la vertu des miracles, que Dieu lui donnait la force d'opérer, plusieurs païens, et bâtit au Seigneur un temple fidèle et durable. Mais Néron, ce tyran exécrable et pernicieux, ayant été informé que tous les jours à Rome et dans les provinces, on abandonnait en foule le culte des idoles et l'ancienne superstition, pour embrasser la religion du vrai Dieu, se résolut de ruiner cet édifice céleste. Ce fut donc lui qui le premier déclara la guerre aux Chrétiens, et devint leur premier persécuteur : il fit crucifier saint Pierre, et tuer saint Paul, mais ce ne fut pas impunément. *Voici l'Agneau qui va le frapper et le renverser.* Le Seigneur jeta les yeux sur la désolation de son peuple : *Aussi a-t-il sept yeux pour voir les calamités de son Eglise, aussi bien que sept cornes pour la défendre :* « *Habentem oculos septem, et cornua septem.* » Le tyran précipité du faîte de sa grandeur, disparut tout à coup, en sorte que l'on ne put même découvrir le lieu de sa sépulture : » *Qua re ad Neronem delata, cum animadverteret non modo Romæ, sed ubique quotidie magnam multitudinem deficere a cultu idolorum, et ad religionem novam, damnata vetustate, transire ; ut erat exsecrabilis ac nocens tyrannus, prosilivit ad excindendum cæleste templum, delendamque justitiam, et primus omnium persecutus Dei servos, Petrum cruci affixit, et Paulum interfecit ; nec tamen abiit impune.*

« Et celui qui voulait rendre odieux le nom chrétien, est déclaré l'ennemi du genre humain : le sénat le proscrivit, » dit Paul Orose, « et ce malheureux devenu fugitif, se tua lui-même, et éteignit en sa personne toute la famille des Césars. » *Respexit Deus vexationem populi sui. Etenim Nero hostis a senatu pronuntiatus, ignominiose fugiens sese interfecit, atque in eo omnis Cæsarum familia consumpta est.*

Ce que Tertullien (*Apologet.*, lib. III) avait déjà écrit en ces termes : « Lisez vos histoires, et vous trouverez que ce fut Néron, qui le premier animé de fureur, se servit du glaive des Césars pour persécuter l'Eglise, lors qu'elle commençait à s'établir dans Rome : » *Consulite commentarios vestros, illic reperietis primum Neronem in hanc sectam cum maxime orientem, Cæsariano gladio ferocisse.*

Car avec ces deux bienheureux apôtres, il y eut une grande multitude de fidèles, qui, à leur imitation, souffrirent le martyre, comme l'écrivent saint Clément (*Epist. ad Cor.*) et Corneille Tacite. » *Petro et Paulo aggregata est ingens electorum multitudo, qui multas contumelias, multaque tormenta propter æmulationem passi exemplo pulcherrimo fuerunt. Multitudo ingens.*

Cette persécution dura près de quatre ans, et elle fut si horrible, et laissa une telle impression de cruauté, que plusieurs étaient persuadés que Néron devait un jour revenir être le précurseur de l'Antechrist, et que les sybilles l'avaient ainsi prédit, comme divers graves auteurs le rapportent.

II. Domitien, second persécuteur, aussi méchant et aussi impie que le premier, règne toutefois heureusement, tandis qu'il s'abstient de faire la guerre à l'Agneau ; mais sitôt qu'il l'entreprend, il est percé de ses mystérieuses cornes, et il perd l'empire avec la vie : « Quelques années après Néron, » dit le même Lactance, « Domitien qui n'était pas un moindre tyran, parut au monde, et quoique sa domination fût intolérable, ses sujets portèrent néanmoins sans révolte un joug si dur, et il régna en paix, jusqu'à ce qu'il eût élevé ses mains impies contre le Seigneur : mais sitôt que par l'instigation des démons il entreprit de persécuter le peuple de Dieu, pour lors livré en proie à ses ennemis, il fut inhumainement assassiné par les siens mêmes, et son cadavre très-ignominieusement inhumé ; la vengeance divine ne finit point après sa mort si honteuse, la mémoire de son nom devint en exécration, et quoiqu'il eût fait construire plusieurs édifices merveilleux, qu'il eût rétabli le Capitole et beaucoup d'autres monuments dignes de la magnificence romaine, le sénat animé contre sa mémoire, fit briser ses statues et effacer ses images et ses inscriptions, afin qu'il ne restât rien de lui, et par des décrets sanglants flétrit à jamais son nom. Tous les actes de ce détestable empereur ayant été abolis, l'Eglise non-seulement recouvra sa première splendeur, mais même jeta bien loin de nouveaux rayons ; en sorte que sous l'empire des bons princes qui suivirent, elle ne se vit point exposée aux insultes de ses ennemis, ce qui lui donna lieu d'étendre ses bras en Orient et en Occident, avec tant de succès, qu'il n'y eut point de pays si reculé où la religion du vrai Dieu ne pénétrât, nulle nation si farouche qui ne s'adoucît par la prédication de l'Evangile, et la pratique des vertus chrétiennes. » *Post hunc interjectis aliquot annis, alter non minor tyrannus ortus est, qui cum exerceret invisam dominationem, subjectorum tamen cervicibus incubavit quam diutissime, tutusque regnavit, donec impias manus adversus Dominum tenderet. Postquam vero ad persequendum justum populum instinctu dæmonum incitatus est, tunc traditus in manus inimicorum luit pœnas etc. Rescissis igitur actis tyranni, non modo in statum pristinum Ecclesia restituta est, sed etiam multo clarius ac floridius enituit, manusque suas in Orientem, Occidentemque porrexit, ut jam nullus esset terrarum angulus tam remotus, quo non religio Dei penetrasset, nulla denique natio tam feris moribus vivens, ut non suscepto Dei cultu, ad justitiæ opera mitesceret : sed enim postea longa pax rupta est.* »

III. « Dèce, troisième persécuteur, comme une bête féroce, » dit Lactance, « entreprit de persécuter l'Eglise, après qu'elle eût joui pendant plusieurs années de la tranquillité ; car qui se déclarerait contre la justice, qu'un méchant homme ? et comme s'il ne fût parvenu à l'empire, que pour s'élever contre Dieu, aussitôt qu'il se vit maître, il se hâta de persécuter les fidèles. Etant allé contre les Carpes, qui s'étaient emparés de la Dacie et de la Moesie, il fut enveloppé par ces barbares, qui le tuèrent avec une partie de ses troupes ; il ne jouit pas même des honneurs du tombeau, et son corps n'eut pour sépulture que le ventre des bêtes sauvages, et des vautours, comme le méritait un ennemi de Dieu : » *Exstitit post annos plurimos exsecrabile animal Decius, qui vexaret Ecclesiam. Quis enim justitiam, nisi malus, persequatur ? et quasi hujus rei gratia provectus adversum Carpos, qui tum Daciam Mœsiamque occupaverant, statimque circumventus a barbaris et cum magna exercitus parte deletus, nec sepultura quidem potuit honorari : sed exutus ac nudus, ut hostem Dei oportebat, pabulum feris ac volucribus jacuit.*

IV. « Valérien, quatrième persécuteur, possédé d'une semblable manie, éleva sa main contre le Seigneur, et son règne, quoique de peu de durée, coûta beaucoup de sang aux fidèles ; mais Dieu lui fit sentir un châtiment tout singulier et nouveau, pour servir de témoignage à la postérité, qu'enfin les méchants reçoivent la peine due à leurs crimes. Ce prince fut pris par les Perses ; et non-seulement il perdit l'empire dont il avait si insolemment abusé, mais encore la liberté qu'il avait ôtée à ses sujets. Il passa même le reste de sa vie dans une honteuse servitude ; toutes les fois que Sapor roi de Perse, voulait monter à cheval ou dans son chariot, il commandait à ce misérable de se courber, et mettait le pied sur son dos, lui reprochant avec une raillerie amère, que son esclavage était une vérité, au lieu que les triomphes que l'on faisait peindre à Rome, n'étaient que des fables. Ce prince malheureux vécut encore quelque temps, afin que le nom romain fût plus longtemps le jouet de ces barbares : le comble de ses maux fut d'avoir un fils empereur et de n'avoir point en lui un vengeur, car personne ne se mit en devoir de le délivrer. Au reste, après qu'il eut perdu la vie au milieu de tant d'indignités, ces barbares lui ôtèrent la peau, qu'ils peignirent de rouge, et la pendirent dans un temple, comme un monument de leur victoire, et pour apprendre aux Romains à ne se pas tant confier sur leurs forces. Dieu s'étant vengé si sévèrement de ses sacriléges ennemis, n'est-ce pas une chose étonnante que quelqu'un ait encore l'audace d'insulter à la majesté de ce Maître de l'univers ? » *Valerianus non dissimili furore correptus, impias manus in Deum intentavit, et multum, quamvis brevi tempore, justi sanguinis fudit. At illum Deus novo ac singulari pœnæ genere affecit, ut esset posteris documentum, adversarios Dei sæpe dignam scelere suo recipere mercedem. Hic captus a Persis,* etc.

V. « Aurélien, cinquième persécuteur, qui naturellement était un prince emporté, ne tira aucun fruit de la captivité de Valérien ; mettant en oubli et le crime et le châtiment de cet empereur, il provoqua la colère du Tout-Puissant par des actions cruelles. Il n'eut pas le temps néanmoins d'exécuter ses projets funestes ; la mort le surprit dans les premiers accès de sa fureur ; ses sanguinaires édits n'étaient pas encore parvenus aux provinces les plus éloignées, que le corps de cet impie était étendu sur la poussière ; ses amis, à ce qu'on dit, en ayant pris ombrage, le tuèrent près de Cœnofrurium, bourg de la Thrace ; grands exemples qui devaient servir de leçon aux empereurs qui suivirent : mais tant s'en faut qu'ils en aient été touchés, qu'ils s'en élevèrent contre Dieu avec plus d'audace. » *Aurelianus, qui esset natura vesanus et præceps, quamvis captivitatem Valeriani meminisset, tamen oblitus sceleris ejus et pœnæ, iram Dei crudelibus factis lacessivit. Verum illi, ne perficere quidem quæ cogitaverat, licuit, sed protinus inter initia sui furoris exstinctus est. Nondum ad provincias ulteriores cruenta ejus scripta pervenerant ; et jam Cœnofrurio, qui locus est*

Thraciæ, cruentus ipse humi jacebat : falsa quadam suspicione ab amicis suis interemptus. Talibus et tot exemplis coerceri posteriores tyrannos oportebat. At hi non modo territi non sunt, sed audacius etiam contra Deum, confidentiusque fecerunt

VI. Dioclétien, sixième persécuteur, de quelle fureur ne fut-il pas agité contre le peuple de Dieu, et par combien de sang répandu ne rendit-il pas sa persécution célèbre ? « Ce mauvais prince, auteur de tous nos maux, » dit Lactance, « après avoir désolé l'empire, ne put s'abstenir d'étendre ses mains sacriléges contre Dieu. » *Diocletianus, qui scelerum inventor, dum disperderet omnia, nec a Deo quidem manus potuit abstinere. Hic orbem terræ subvertit.* Mais parce qu'il s'associa à l'empire, et à la sixième persécution de l'Eglise, deux autres empereurs, *Maximien Hercule* et *Maximien Galère,* il est bon de voir la fin désastreuse de ces deux princes, avec celle de Dioclétien, puisque ne faisant qu'une même tête de la bête avec lui, il était juste qu'ils ressentissent aussi avec lui les coups de l'Agneau qui les frappa.

« Dioclétien dépouillé de l'empire, devint fou à certaines heures, du moment qu'il persécuta les fidèles ; se voyant flétri d'un outrage qu'aucun empereur n'avait jamais souffert avant lui, il se résolut à la mort ; frappé de deux maladies, il se jetait de côté et d'autre, l'âme agitée d'une douleur extrême. Il ne pouvait ni dormir, ni manger. Ce n'était que soupirs, que gémissements et que sanglots continuels. Il roulait sans cesse son corps, se jetant tantôt sur son lit et tantôt à terre. Ainsi ce malheureux empereur, après avoir régné très-heureusement vingt ans, réduit à un état si déplorable, accablé d'ignominie, et la vie lui étant enfin devenue odieuse et insupportable, mourut de faim et de misère, ou bien par le venin ou par le cordeau, suivant de bons auteurs. » *Duplici ægritudine affectus, moriendum sibi esse decrevit. Jactabat se huc atque illuc, æstuante anima per dolorem, nec cibum capiens ; suspiria et gemitus, crebræ lacrymæ, jugis volutatio corporis, nunc in lecto, nunc humi. Ita viginti annorum infelicissimus imperator ad humilem vitam dejectus, adeo et proculcatus injuriis, atque in odium vitæ dejectus, postremo fame, atque angore confectus est.* (Alii veneno, alii suspendio periisse dicunt.)

Maximien Hercule, appelé un prince très-farouche , *truculentissimus Augustus,* dans les Actes des martyrs de son temps ; et, par Lactance, un monstre très-cruel, *acerbissima bestia,* de quoi le massacre de saint Maurice et de la légion thébaine est une bonne preuve, dès la première année de la persécution, fut obligé, malgré lui, de dépouiller la pourpre, que son ambition lui fit ensuite reprendre pour la quitter encore une fois, après avoir essuyé mille traverses et mille malheurs ; enfin, surpris dans la plus noir et le plus détestable de tous les assassinats, il finit ses jours par un cordeau infâme, et pendu à la poutre d'une salle , il termina sa vie criminelle par une mort honteuse : *Ille quondam Romani nominis imperator, qui per longum temporis intervallum, cum ingenti gloria viginti annorum vota celebravit et eliso et fracto superbissimo gutture, vitam detestabilem turpi et ignominiosa morte finivit, et nudum informis lethi trabe nectis ab alta.*

Maximien Galère, comme le plus inhumain et le plus criminel des trois, reçut aussi le plus terrible coup. Voici un échantillon des tourments dont il exerçait les Chrétiens : « Il nourrissait des ours d'une grandeur et d'une férocité pareille à la sienne, et, quand il voulait passer le temps, il ordonnait qu'on en fît venir quelqu'un, lequel il désignait par le nom qu'il lui avait donné ; il leur jetait des hommes, non pas à dévorer, mais à engloutir ; et quand il voyait déchirer ces pauvres gens, il riait le plus agréablement du monde. Sa table était toujours abreuvée de sang humain. Le feu était le supplice de ceux qui n'étaient pas constitués en dignité. A l'égard des Chrétiens, il avait ordonné qu'on ne brûlerait les condamnés que lentement : quand ils étaient attachés au poteau, on allumait un peu de feu, dont on leur brûlait la plante des pieds. On appliquait ensuite des flambeaux ardents à tous leurs membres, afin qu'il n'y eût pas une partie de leur corps qui n'eût son supplice. Durant ces tourments, on leur jetait de l'eau sur le visage, on leur en faisait même boire, de peur qu'une soif ardente ne hâtât leur mort, que l'on ne retardait toutefois par cet artifice que de bien peu de moments : cependant après que le feu avait consumé toute leur chair, il pénétrait jusqu'au fond de leurs entrailles : alors on allumait un grand brasier, où on les jetait ; ensuite on mettait leurs os en poudre, que l'on jetait ou dans la mer, ou dans la rivière. » *Quid lusorium, vel delicias ejus referam ? Habebat ursos ferocies et magnitudinis suæ simillimos, quos toto imperii sui elegerat. Quoties delectari libuerat, horum aliquem offerri nominatim jubebat. His homines non plane comedendi, sed absorbendi objectabantur, quorum artus cum dissiparentur, ridebat suavissime, nec unquam sine humano cruore cœnabat. Adversus Christianos permiserat, datis legibus ut post tormenta, damnati lentis ignibus urerentur ; qui cum deligati fuissent, subdebatur primo pedibus lenis flamma, tandiu donec callum solorum contractum igni ab ossibus revelleretur. Deinde incensæ faces et exstinctæ admovebantur singulis membris, ita ut locus nullus in corpore relinqueretur intactus. At inter hæc suffundebatur facies aqua frigida, et os humore abluebatur, ne arescentibus siccitate faucibus, cito spiritus redderetur ; quod postremo accidebat, cum per multam diem decocta omni cute, vis ignis ad intima viscera penetrasset. Hinc rogo facto, cremabantur corpora jam cremata, lecta ossa, et in pulverem comminuta, jactabantur in flumina ac mare.*

Voilà une partie de ses crimes, voici le coup qu'il reçut de l'Agneau. « Il est frappé d'une maladie absolument incurable. Il se forme un abcès dans les parties que la pudeur défend de nommer. Les chirurgiens coupent et pansent la plaie; mais un nouvel ulcère perce la cicatrice, une veine se rompt, d'où il sort une telle quantité de sang, qu'il court risque de la vie. On arrête le sang. Il s'échappe encore une fois. La cicatrice se ferme pourtant. Un accident survient, qui fait couler le sang en plus grande abondance que jamais. Il devient pâle, et ses forces diminuent. Enfin, ce ruisseau de sang tarit. Mais le mal se révolte contre les remèdes. Un cancer gagne les parties voisines. Plus on coupe pour l'empêcher de faire progrès, plus il s'étend; les remèdes l'aigrissent, loin de l'adoucir. » *Percussit eum Deus insanabili plaga; nascitur ei ulcus malum in inferiori parte genitalium, serpitque latius. Medici secant, curant, sed inductam jam cicatricem scindit vulnus, et rupta vena fluit sanguis usque ad periculum mortis. Vix tamen cruor sistitur : nova ex integro cura : tamen perducitur ad cicatricem : rursus levi corporis motu vulneratus, plus sanguinis quam ante decurrit : albescit ipse, atque absumptus viribus tenuatur,* etc. On appelle de tous côtés les plus fameux médecins; mais les secours humains sont inutiles. On a recours aux idoles; on implore l'assistance d'Apollon et d'Esculape. Apollon indique un remède, on s'en sert, le mal en devient pire. La mort approchait, elle s'était déjà saisie de toutes les parties basses, ses entrailles étaient gâtées, et le siége tombait en pourriture. Les médecins infortunés, quoique sans espérance, ne laissaient pas de travailler et d'attaquer le mal qu'ils ne pouvaient vaincre. L'opposition qu'il trouve le fait rentrer au dedans. Il s'attache aux parties internes. Le palais et la ville sont infectés de cette pernicieuse odeur; les conduits de l'urine et des excréments n'étaient plus séparés; les vers le rongeaient; son corps se fondait en pourriture avec des douleurs insupportables. De temps en temps il lui échappait des mugissements horribles. On lui appliquait des animaux vivants ou de la viande chaude, afin que la chaleur attirât la vermine au dehors; mais quand on avait nettoyé ses plaies, il en ressortait une fourmilière, ses entrailles étant une source inépuisable de cette peste. Les parties de son corps avaient perdu leur forme ordinaire. Le haut, jusqu'à son ulcère, n'était qu'un squelette. Une maigreur affreuse avait attaché sa peau à ses os. Ses pieds, par leur enflure excessive, avaient perdu leur forme naturelle. Cette horrible maladie le consuma un an tout entier. Enfin, vaincu par les supplices, il fut contraint de lever les yeux au ciel, et, durant les intervalles d'une douleur toute nouvelle, il promit de rétablir les églises qu'il avait ruinées et d'en réparer les dommages. Il était à l'extrémité quand on publia l'édit favorable aux Chrétiens; les prisons furent ouvertes, et tout son corps étant réduit en pourriture, il expira rongé par cet horrible cancer : » *Et hæc facta sunt per annum perpetem, cum tandem malus domitus, Deum coactus est confiteri, novi doloris urgentis per intervalla, exclamat se restituturum Dei templum, satisque pro scelere facturum. Et jam deficiens edictum emisit (pro Christianis) nec tamen ille hoc facto veniam sceleris a Deo impetravit, sed post dies paucos, cum jam totius corporis membra defluerent, horrenda tabe consumptus est.*

C'est ainsi que ces trois impies ressentirent les coups de l'Agneau. On dit trois, parce que le quatrième empereur Constance, père de Constantin, qui régnait dans les Gaules, ne répandit point le sang des Chrétiens, et il y était si peu disposé, que loin même de les chasser de sa maison, à l'exemple des autres empereurs, il les y retint; car, ayant fait semblant de les renvoyer, pour ne garder auprès de lui que des idolâtres et des apostats, et, leur donnant l'option, ils se partagèrent en deux troupes, les uns abandonnant Jésus-Christ pour le monde, les autres préférant Jésus-Christ au monde. « Et pour lors ce pieux prince, » au rapport d'Eusèbe (lib. I *De vit. Constant.*, c. 16), « condamnant la bassesse de cœur de ceux-là, et leur trop grand amour d'eux-mêmes, loua hautement la droiture de conscience de ceux-ci, et leur attachement inviolable au service de Dieu. Il ajouta que ceux qui n'avaient pas gardé la fidélité qu'ils devaient à Dieu, ne garderaient pas celle qu'ils devaient à leur souverain, et bannit de sa confiance ces traîtres à leur religion : » *Illos quidem tanquam Dei proditores, ne principis quidem obsequio dignos judicavit. Nam quomodo, inquit, fidem erga principem suum servaturi sunt, qui erga Deum perfidi esse deprehenduntur ?* — Il les éloigna même de sa maison, et retint à son service ceux qui, par un si éclatant témoignage, lui avaient paru de vrais serviteurs de Dieu; et se persuadant qu'ils auraient pour lui le même attachement, il les choisit pour ses gardes, et les établit les principaux ministres de son empire, leur donnant le premier rang entre ses amis et particuliers confidents, et les regardant comme le plus grand trésor qu'il eût en sa possession. Les donatistes, écrivant à Constantin, reconnaissent la même chose : *Rogamus te, Constantine, optime imperator, quoniam de genere justo es, cujus pater inter cæteros imperatores persecutionem non exercuit. et ab hoc facinore immunis est Gallia.* (OPTAT., lib., I, num. 22.)

En effet, Lactance parlant de la grande persécution de Dioclétien, ne fait mention que de trois persécuteurs : « Tout l'univers, » dit-il, « depuis l'Orient jusqu'à l'Occident, était tourmenté par trois bêtes très-cruelles et très-féroces : » *Vexabatur ergo universa terra, et præter Gallias ab oriente usque ad occasum, tres acerbissimæ bestiæ sæviebant. Verum Dei templum, quod est in hominibus, incolume servavit :* savoir, par Dioclétien, Maximien Hercule et Maximien Galère, et non par Constance Chlore qui régnait dans les Gaules : aussi ajoute-t-il que ses provinces étaient exemptes de cette persécution générale : *præter Gallias*. Et un peu plus haut il avait dit qu'il exceptait de cette vexation impie le même Constance, parce que, dissemblable des autres, il était seul digne de gouverner, et qu'il ne toucha jamais au temple de Dieu établi par sa grâce dans l'âme des fidèles : *Constantium prætereo, quoniam dissimilis cæterorum fuit, dignusque qui solus orbem teneret.*

7. Enfin Julien, septième persécuteur, nommé le Dragon par saint Grégoire de Nazianze (orat. 3, init.), et à bon droit, puisqu'il en était une tête, *Draco apostata exstinctus est*; et un sanglier furieux par un autre grand saint : *Silvestrem aprum vastatorem vineæ Domini* (aussi, entre les sept têtes du dragon, a-t-on coutume d'y en voir une de cet animal); Julien, dis-je, périt par un genre de mort qui fut universellement attribué à un châtiment visible de la main de Dieu, et à un coup de l'Agneau. L'histoire en est connue de tout le monde. En effet, les saints Pères l'ont regardé comme le plus dangereux et le plus impie des persécuteurs de l'Eglise. Il est vrai que, sous lui, les supplices furent d'abord ménagés et ordonnés sous d'autres prétextes; mais ce nouveau genre de persécution ne fut pas moins pénible à l'Eglise, alors fatiguée des combats qu'elle venait de soutenir contre les ariens qui la partageaient encore.

« Est-ce, » dit saint Augustin (lib. xviii, *De civit. Dei*, c. 52; *Confess.*, lib. viii, c. 5), « que Julien n'a pas aussi persécuté l'Eglise, lui, qui ôta aux Chrétiens la faculté d'enseigner et d'apprendre les lettres humaines, et sous lequel le célèbre Victorin aima mieux abandonner sa chaire de professeur que d'être infidèle à sa religion? sous lequel le grand Valentinien, qui fut le troisième empereur après lui, acquit la glorieuse qualité de confesseur de Jésus-Christ, et fut déposé et chassé de la milice? Pour ne pas dire ici les cruautés qu'il avait commencé d'exercer dans Antioche, et qu'il eût continué sans doute, si (effrayé de la hardiesse et de la joie que témoigna un jeune Chrétien, rempli de constance et de foi, qui, pendant tout un jour, mis à la torture et déchiré avec des ongles de fer, ne faisait que rire des tourments les plus atroces) il n'eût appréhendé de la confusion en s'attaquant au reste des fidèles, voyant le plus jeune d'entre eux triompher si hautement de sa cruauté : » *Julianus an ipse non est Ecclesiam persecutus, qui Christianos liberales litteras docere ac discere vetuit? sub quo Valentinianus major, qui post eum tertius imperator fuit, fidei Christianæ confessor exstitit, militiaque privatus est. Ut omittam quæ apud Antiochiam facere cœperat, nisi unius fidelissimi juvenis, qui cum multis ut torqueretur apprehensus, per totum diem primus tortus, inter ungulas cruciatusque psallentis libertatem atque hilaritatem miratus, exhorruisset, et in cæteris deformis erubescere timuisset. Imperatoris Juliani temporibus lege data prohibiti sunt Christiani docere litteraturam et oratoriam, tunc Victorinus scholam deserere maluit*, etc.

Saint Jérôme (*in Habac.*, c. iii) entre si bien dans ce sentiment, qu'il le met au rang des plus cruels ennemis du nom chrétien : « Nous pouvons, » dit-il, « nous servir de cet endroit de l'Ecriture, lorsque nous voyons les rois et les princes répandre le sang des fidèles, et ressentir ensuite les traits de l'indignation divine : ce que nous avons vu arriver en la personne des empereurs Julien, Valérien, Dèce, Domitien et Néron : » *Possumus hoc versiculo uti, si quando reges et duces eorum Christianum viderimus sanguinem fundere, et postea ultionem Domini consecutam, quod dudum in Juliano, Valeriano, Decio, Domitiano, Nerone, perspeximus.* Et il rapporte, dans la Vie de saint Hilarion, que ce grand serviteur de Dieu prévoyant la persécution prochaine de Julien, répondait à ceux qui voulaient l'empêcher de quitter la Palestine : « Je ne peux pas voir les églises renversées, les autels de Jésus-Christ abattus et foulés aux pieds, le sang de mes enfants épanché : » *Non possum videre subversas ecclesias, calcata Christi altaria, filiorum meorum sanguinem..... destructo monasterio ejus precibus ad Julianum datis, et Hilarionis et Hesychii mortem impetraverat, amboque ut quærerentur toto orbe scriptum erat..... misit Hesychium ad monasterii sui cineres visendos.* (HILARION.) En effet, tout cela s'accomplit, et Julien le fit chercher par toute la terre pour le livrer à la fureur des païens.

Paul Orose (lib. vii, c. 30) assure, après saint Jérôme, que Julien partant pour la guerre de Perse, voua le sang des Chrétiens à ses dieux, protestant qu'il persécuterait les églises s'il revenait victorieux : pour cet effet il commanda que l'on bâtit un amphithéâtre à Jérusalem, où revenu de la guerre des Parthes, il eût le plaisir de faire exposer aux bêtes farouches, et même mises exprès en furie, et de voir déchirer et dévorer les évêques, les moines, et tout ce qu'il y avait de Chrétiens en ce lieu-là : *Christianorum sanguinem diis suis vovit palam persecuturus ecclesias si victoriam potuisset adipisci; nam et amphitheatrum Hierosolymis exstrui jussit, in quo reversus a Parthis, episcopos, monachos, omnesque ejusque loci sanctos, bestiis etiam arte sævioribus objiceret, spectaretque laniandos.*

Socrate au livre iii de son *Histoire*, chapitre 19, écrit qu'il était résolu de faire souffrir aux Chrétiens les mêmes supplices que Dioclétien avait mis en usage contre eux : *Ea Christianis supplicia parabat infligere, quæ olim Diocletianus iis inflixerat. Julianus in Persas profectus nostrum post victoriam sanguinem diis voverat.*

Voici comment s'en explique saint Grégoire de Nazianze. « L'empereur Julien, » dit-il, « après s'être déguisé quelque temps, ne se servant que de ruses pour nous perdre, ne pouvant plus être le maître de ses sentiments, ni gourmander sa colère, ou cacher sa malignité, leva le masque, et se mit à nous persécuter à force ouverte.

« Je ne parle point des édits qu'on fit contre les églises; on les publiait ouvertement, et on les exécutait de même; on en enlevait l'argent et les ornements avec une violence aussi avare que sacrilége : des mains profanes faisaient toutes sortes d'outrages aux vases sacrés : on tourmentait cruellement, pour les avoir, les prêtres et les laïques : les colonnes étaient teintes du sang de ceux qu'on y déchirait à coups de fouet. Des soldats furieux parcouraient les villes et les campagnes, ils étaient encore plus féroces et plus inhumains que ceux qui les envoyaient; ils nous regardaient comme des Perses, des Scythes, et d'autres peuples barbares qu'ils auraient eus à subjuguer. Je passe ces effroyables désordres : mais qui n'a point entendu parler de la cruauté du peuple d'Alexandrie, qui, abusant de la licence de ces temps malheureux, entre tous les maux qu'il nous fit, pour porter l'impiété jusqu'au dernier excès, remplit le temple du sang des victimes des Chrétiens, par les ordres d'un de ces philosophes qui suivaient la cour, on le nommait Pythodore?

« Est-il quelqu'un qui ignore les ravages qu'ont faits les habitants d'Héliopolis, et l'insolence de ceux de Gaze que l'empereur comblait d'honneur et de bienfaits?.... Que n'ai-je du loisir et l'éloquence d'Hérodote, ou de Thucydide, pour décrire les autres forfaits pareils du tyran, pour faire connaître sa méchanceté aux siècles futurs, et pour laisser à la postérité la triste histoire de ce temps, gravée avec des traits ineffaçables? Je ne parlerai point de cette foule de cadavres qu'on précipitait la nuit dans l'Oronte, afin que leur mort fût inconnue : ce fleuve à peine pouvait-il les contenir. Des choses si tragiques se décriraient mieux en vers. Je ne parlerai point aussi de certains endroits reculés et inconnus dans le palais : des caves et des cavernes où l'on égorgeait de jeunes garçons et de jeunes filles, pour invoquer les démons en leur faisant des sacrifices abominables, et où l'on faisait souffrir le martyre à ceux dont la vertu faisait plus de bruit. Ne reprochons point au tyran des actions si monstrueuses, il en avait honte lui-même... Est-ce un si grand mal, disait-il d'un air barbare et insultant, qu'un gentil ait massacré dix Galiléens? Faut-il d'autres preuves pour faire connaître la cruauté de Julien? N'est-ce pas là un édit de persécutions plus précis et plus formidable que ceux que l'on publie! lequel vaut mieux, ou se déclarer ouvertement contre les Chrétiens, ou témoigner tant de complaisance pour ceux qui les persécutent et de faire un crime capital à ceux qui les traitent avec quelque douceur? La volonté de l'empereur était une loi non écrite, plus puissante et plus efficace que les lois écrites qui ne sont pas soutenues d'une si grande autorité.

« Ceux qui respectent toutes les actions de Julien, et qui le veulent faire passer pour un dieu facile et indulgent, le louent de ce qu'il n'a publié aucun édit contre les Chrétiens et qu'il n'a point permis publiquement aux persécuteurs de leur faire tous les mauvais traitements qu'ils eussent voulu. A-t-on jamais dit que l'hydre fût douce et plus traitable, parce qu'elle montre neuf têtes pour une?... ce qui n'était jamais tombé dans l'esprit de Dioclétien, auteur de tant de maux, ni de Maximien, son successeur, qui l'avait surpassé en cruauté, ni de Maximin qui vint après eux, et qui ralluma la persécution avec plus de violence qu'ils n'avaient fait : ce qui n'était point tombé dans l'esprit de ces tyrans n'avait pas échappé à ce que Julien projetait contre nous. »

Voilà un échantillon de ce que rapporte saint Grégoire de Nazianze dans son premier discours : d'où l'on peut juger si c'est avec raison qu'on a dit qu'il avait été très-justement figuré par le dragon, ou du moins par une des sept têtes du dragon, dont saint Jean vient de parler : comparaison que le même saint Grégoire fait de cet apostat persécuteur à un semblable monstre. « Car, » continue-t-il, « de même qu'un dragon, qui commence à vouloir s'élancer, hérisse d'abord ses premières écailles, et met un moment après celles qui suivent en mouvement, pendant que les dernières encore dans le repos paraissent prêtes à suivre les autres : ainsi Julien parut comme un dragon dont les écailles se hérissent quand il commence à se mouvoir : et quoique d'abord elles semblassent être sans mouvement, elles ne purent plus demeurer en repos quand il eut commencé à les agiter :» *Quemadmodum enim cum draco moveri incipit, squammæ ejus partim jam horrescunt, partim superhorrescunt, partim mox horrescent, sic Julianus.* « Qui donc est celui, » ajoute-t-il, « qui a brisé les têtes du dragon? Qui nous a donné la vertu de fouler aux pieds la tête du serpent, lequel, après nous avoir tendu des piéges, s'était élancé audacieusement contre nous? » *Quis capita draconis in aqua contrivit?* (Aussi verrons-nous au chapitre XIII, que Julien s'éleva de l'eau :) *Quis hoc nobis dedit ut calcemus super serpentes et scorpiones non jam calcaneum occulte observantes, verum perspicue assurgentes, caputque attollentes?* Telle est l'explication de la prophétie de saint Jean : car s'il parut un grand dragon roux ayant sept têtes : *Et ecce drago magnus rufus habens capita septem :* Julien ne mérite-t-il pas d'être représenté par une de ces sept têtes?

Nous verrons ci-après des preuves éclatantes de cette vérité, qu'on peut lire plus au long dans divers monuments de l'histoire ecclésiastique, et particulièrement dans le recueil des actes authentiques des martyrs qu'on vient de mettre au jour, et autres ouvrages plus récents encore.

Que si Julien persécuta l'Eglise à l'imitation des premiers tyrans, sa punition ne fut pas moindre que la leur : « Il est certain, » dit saint Jérôme, « que tous les persécuteurs qui ont affligé le peuple de Dieu, ont reçu dès cette vie même, pour ne parler point des tourments qu'ils endureront dans l'autre, des châtiments proportionnés à leurs attentats. Lisons l'histoire ecclésiastique, et faisons attention aux calamités qui ont accablé Valérien, Dèce, Dioclétien, Maximien, Maximin, le plus cruel de tous, et sur ce que de nos jours Julien a souffert; et nous trouverons que la prophétie des malheurs qui leur étaient prédits, s'est accomplie en eux à la lettre; savoir, que leurs chairs se sont pourries, que leurs yeux se sont gâtés et que leur langue puante et corrompue a tombé par pièces et par morceaux : » *Nos enim dicimus omnes persecutores qui afflixerunt Ecclesiam Domini, ut taceamus de futuris cruciatibus, etiam in præsenti sæculo recepisse quæ fecerint : legamus ecclesiasticas historias, quid Valerianus, quid Decius, quid Maximianus, quid sævissimus omnium Maximinus, et nuper Julianus passi sunt, et tunc rebus probabimus etiam juxta litteram, prophetiæ veritatem esse completam, quod computruerint carnes eorum, et oculi contabuerint, et lingua in fœtorem et saniem dissoluta sit.* C'est le discours de saint Jérôme *sur le* XIV*ᵉ chapitre du prophète Zacharie*, très à propos mis en cet endroit, pour nous apprendre le rang que Julien a tenu entre les plus signalés persécuteurs de l'Eglise, et le rigoureux châtiment qu'il s'est attiré : il fut à la vérité moins affreux en apparence que celui des autres tyrans, dont quelques-uns, quoique idolâtres, se reconnurent néanmoins à l'heure de la mort ; mais dans le fond il fut incomparablement plus rude et plus sévère, lui qui de Chrétien, de moine et d'ecclésiastique, s'était fait apostat, ennemi déclaré de Jésus-Christ, persécuteur de l'Eglise, restaurateur du culte des démons, *auxquels il prétendait soumettre les Chrétiens, s'il fût revenu victorieux de la guerre de Perse*, comme nous l'apprend saint Grégoire de Nazianze dans son quatrième discours : *Porro votiva victima Juliani fuit Christianorum gentem dæmonibus sistere, ac subjicere, si propositi compos exsisteret* : car il mourut impie, impénitent, endurci, désespéré, vomissant des blasphèmes contre Jésus-Christ, et *s'en prenant au soleil qu'il avait adopté pour son père, et pour un de ses dieux*, comme l'écrit Sozomène (lib. VI, c. 2) : *Dicunt eum soli iratum eo quod Persas quidem adjuvisset, ipsum vero nequaquam servasset, tametsi juxta astronomorum doctrinam, natalis ipsius rector esset* ; et enfin périssant d'une manière si effroyable, qu'un de ses officiers qui a écrit son Histoire, *n'a pu s'empêcher d'attribuer sa mort au diable, comme au ministre de la justice divine*, ainsi que le rapporte Socrate dans son *Histoire* (lib. III, c. 21) : *Callistus qui inter protectores imperatoris domesticos militabat, et qui res ejus gestas conscripsit, Julianum a dæmone percussum interiisse tradit.* Joignez à cela, que sa persécution est d'autant plus détestable, et sa fin aussi, que l'une et l'autre ont été la figure de celles de l'Antechrist à la fin du monde : vérité qu'on établira encore plus au long dans la suite. Or rien n'est si horrible, ni si épouvantable qu'un tel abandon pour un homme honoré du caractère de Chrétien, qui, s'étant laissé aller à la plus noire magie, à l'idolâtrie, aux sacrifices abominables des hommes qu'il immolait au diable, à la haine contre Jésus-Christ, à l'apostasie et au blasphème, vomit son âme en cet état.

Telles furent les sept têtes couronnées, ou les sept empereurs persécuteurs dont le dragon infernal se servit, et dont il prétendait dévorer le christianisme naissant, et engloutir l'Eglise. *Il parut*, dit saint Jean, *un grand dragon roux qui avait sept têtes, portant chacune un diadème, et qui se tenait devant la femme, afin de dévorer son fils, dès qu'elle l'aurait enfanté* : « *Et ecce draco magnus rufus, habens capita septem, et in capitibus ejus diademata septem, et stetit ante mulierem, ut filium ejus devoraret.* » Voilà le texte de la prophétie ; l'explication vient d'en être donnée, puisqu'on a prouvé que ces sept têtes portant le diadème, sont ces sept fameux empereurs idolâtres : *Septem capita septem reges sunt*, lesquels animés du démon, dont ils étaient les instruments, ont persécuté l'Eglise, mais qui, loin de la détruire, ont eux-mêmes été brisés et écrasés par cet Agneau mystique, *qui porte sept cornes à sa tête*, ainsi que saint Jean le dépeint, *Agnum stantem, habentem cornua septem*, et qui par ce moyen a vaincu le dragon formidable avec ses sept têtes impies, ou ses sept tyrans, et par sa victoire a accompli la prophétie du Psalmiste : *Vous avez brisé les têtes du dragon* : « *Tu confregisti capita draconis.* » (Psal. LXXIII, 14.) Il faut à présent expliquer ce que signifiaient ces dix cornes, dont le dragon paraît armé, *habens cornua decem.*

§ III. — *Des dix persécutions que le démon suscita contre l'Eglise, figurées par les dix cornes du dragon, et la punition de ceux qui les causèrent.*

Et voilà qu'il parut un grand dragon roux ayant dix cornes : « *Et ecce draco magnus rufus habens cornua decem.* »

Ces dix cornes du dragon représentent, ainsi qu'on a dit, les dix plus célèbres persécutions de l'empire romain idolâtre contre l'Eglise, desquelles il est si souvent parlé dans les historiens et les saints Pères, lesquelles Dieu permit au démon d'exercer contre les fidèles, et que saint Jean avait en vue, quand il le disait dès le commencement : *Vous aurez dix jours de tribulations* : « *Habebitis tribulationem diebus decem. Usquequo affligitis animam meam? En decies confunditis me, opprimentes me.* (Job XIX, 1.) Mais il est nécessaire de bien établir ici ce nombre de persécutions.

1° Pour commencer par les Martyrologes, s'il les faut suivre, on trouvera qu'il n'y est fait mention que de dix persécutions de l'empire romain idolâtre contre l'Eglise, sous les dix empereurs Néron, Domitien, Trajan, Antonin, Sévère, Maximin, Dèce, Valérien, Aurélien et Dioclétien. Il est vrai qu'il y est parlé d'Adrien, mais il faut bien distinguer une persécution excitée par le corps de l'empire, et la haine des peuples, sous le règne d'un empereur qui ne l'ordonnait pas par un édit, d'avec une persécution émanée de son autorité, et faite par son ordre. Adrien ne fit jamais d'édit contre les Chrétiens, ainsi que Baronius l'observe au trentième de janvier, fondé sur l'autorité de Tertullien (*Apologet.*, c. 5) : « Quelles lois sont celles-ci, dit cet auteur, qui sont portées contre nous par des princes impies, injustes, infâmes, violents, vains et insensés? Lois que Trajan abrogea en partie, défendant de rechercher les Chrétiens : que ni Adrien, quoique adonné à toutes sortes de curiosités superstitieuses; ni Vespasien, quoique le destructeur des Juifs; ni enfin qu'aucun bon empereur n'a jamais voulu être en vigueur : » *Quales ergo leges istæ, quas adversus nos soli exsequuntur impii, injusti, turpes, truces, vani, dementes? quas Trajanus ex parte frustatus est, vetando inquiri Christianos : quas nullus Adrianus, quanquam omnium curiositatum explorator; nullus Vespasianus, quanquam Judæorum debellator; nullus Pius, nullus Verus expressit?*

Voici même quelque chose de contraire rapporté par Paul Orose : « L'empereur Adrien, » dit-il, « acheva enfin par un dernier carnage de dompter les Juifs, et il vengea les Chrétiens des cruautés qu'ils avaient exercées sur eux, pour ne s'être pas voulu joindre à leur révolte contre les Romains, ordonnant qu'il ne fût permis à aucun Juif d'entrer dans Jérusalem, mais seulement aux Chrétiens : » *Judæos ultima cæde perdomuit, ultusque est Christianos, quos illi Cocheba duce, quod sibi adversus Romanos non assentarentur, excruciabant : præcepitque ne cui Judæo introeundi in Hierosolymam esset licentia, Christianis tantum civitate permissa :* en sorte que l'Eglise de Jérusalem ne fut plus composée de là en avant que de gentils convertis à la foi, ni administrée que par des évêques semblables, lesquels succédèrent aux Juifs qui l'avaient gouvernée consécutivement sous quinze évêques de leur nation, à commencer par saint Jacques le Mineur, apôtre, ainsi que l'écrivent constamment tous les auteurs ecclésiastiques, surtout saint Jérôme dans sa *Chronique*, et Eusèbe dans son *Histoire*, liv. IV, chap. 6, et liv. III, chap. 12. Il est vrai que dans le même Eusèbe nous lisons « que sous Adrien les Chrétiens, sans qu'on leur objectât aucun crime, furent par les clameurs d'une populace séditieuse, massacrés en bien des endroits : » *Sub Adriano Christiani nullo objecto crimine tumultuosis vulgi clamoribus gratificandi studio occiduntur.* Mais cet empereur défendit ces violences par une ordonnance expresse, loin de les autoriser. On peut même avancer que ce fut sous son règne, que la vertu de la croix désarmait le démon, et le dépouillait de son autorité, puisque ce fut alors précisément qu'on cessa de lui immoler des hommes, et de répandre leur sang à ses autels, comme Eusèbe le remarque au liv. IV, chap. 8 : *Post divinam Servatoris nostri prædicationem, circa tempora Adriani imperatoris, omnis ubique humanarum victimarum immolatio sublata est.*

Saint Jérôme dans son livre *Des auteurs ecclésiastiques*, fournit une nouvelle preuve de cette vérité, quand il dit que cet empereur ayant donné lieu, non par aucun ordre positif, mais par son excessive superstition, à une persécution contre les Chrétiens, un célèbre évêque d'Athènes lui présenta une apologie en faveur de notre religion, et obtint la paix à l'Eglise, que la seule haine des peuples et non l'autorité du prince lui avait ôtée. Il est même constant qu'il voulut élever des temples à Jésus-Christ : *Quadratus, apostolorum discipulus, Publio Athenarum episcopo, ob Christi fidem martyrio coronato, in locum ejus substituitur, et Ecclesiam grandi terrore dispersam, fide et industria sua congregat : cumque Adrianus Athenis exegisset hiemem, invisens Eleusinam, omnibus pæne Græciæ sacris initiatus, dedisset occasionem iisqui Christianos oderant, absque præcepto imperatoris vexare credentes; porrexit ei librum pro religione nostra compositum, valde utilem, plenumque rationis et fidei, et apostolica doctrina dignum : in quo et antiquitatem suæ ætatis ostendens, ait, plurimos a se visos, qui sub Domino variis in Judæa oppressi calamitatibus sanati fuerant, et qui a mortuis resurrexerant.*

Méliton évêque de Sardes, dans une apologie pour la foi à l'empereur Marc-Aurèle l'an 170, dit qu'Adrien corrigea l'erreur de ceux qui voulaient persécuter l'Eglise : *Avus tuus Adrianus litteras dedit plurimis rectoribus, maxime Fundano Asiæ proconsuli, quibus imperitiam persecutorum nominis Christiani correxit, objurgans eos frequentibus rescriptis.*

On en doit dire autant de plusieurs autres empereurs, comme on verra plus au long au chapitre XVII de l'*Apocalypse*. On peut néanmoins ajouter ici, et il est bon de l'observer une fois, que ces persécutions se faisaient, tantôt par les ordres des empereurs, tantôt par la haine particulière des magistrats, tantôt par un soulèvement général des peuples attachés aux idoles, et enfin quelquefois par des décrets prononcés authentiquement dans le sénat sur les rescrits des princes, ou en leur présence, et alors la persécution était plus universelle, plus sanglante, et prenait la forme d'une vraie persécution contre la religion chrétienne, et c'est sans doute en ce dernier sens qu'il faut entendre le nombre de ces dix persécutions, qu'on n'appelait pas proprement ainsi sans cette formalité. Ce qui est si vrai, qu'encore que Dioclétien pendant les vingt années de son règne, ait exercé de grandes cruautés sur les fidèles, et fait beaucoup de martyrs, aussi bien que ses collègues, cependant la persécution de ce prince ne prend sa date que de la dernière année de son règne, parce qu'en effet son édit contre le corps de l'Eglise, ne fut publié, affiché et envoyé partout qu'alors.

Se limitant donc à cette dernière espèce

de persécutions (on parlera pourtant des autres ci-après), on dit qu'on n'en trouve que dix dont les Martyrologes fassent mention sous dix empereurs.

2° Eusèbe et saint Jérôme dans leur *Chronique*, ne comptent non plus que les dix mêmes persécutions, les voici :

1. « Néron fut auteur de la première persécution contre les Chrétiens, il ajouta à tous ses crimes celui-ci : et ce fut pour lors que saint Pierre et saint Paul souffrirent glorieusement le martyre à Rome.

2. « Domitien fut le second qui après Néron persécuta l'Eglise. Il relégua saint Jean dans l'île de Pathmos, où cet apôtre vit les mystères de l'*Apocalypse*.

3. « Trajan émut la troisième persécution contre les Chrétiens, durant laquelle saint Siméon, fils de Cléophas, évêque de Jérusalem, fut crucifié pour la foi, et saint Ignace évêque d'Antioche, dévoré à Rome par les bêtes.

4. « Antonin, ou Aurélius Vérus, étant empereur, il s'excita une persécution. Alors saint Polycarpe, saint Pionius, aussi bien que plusieurs autres dans les Gaules (*particulièrement à Lyon*) répandirent leur sang pour la foi.

5. « Sévère tenant l'empire, les Chrétiens furent persécutés, et Léonides père d'Origène, fut martyrisé pour Jésus-Christ.

6. « Maximin persécute l'Eglise, et s'attaque particulièrement aux prêtres et aux ministres des choses saintes.

7. « Dèce persécute les fidèles, et ce fut sous lui que saint Laurent diacre de l'Eglise romaine, souffrit la mort pour la foi.

8. « Valérien excite une cruelle persécution contre les Chrétiens.

9. « Aurélien, ordonnant la persécution contre les Chrétiens, est effrayé d'un coup de foudre, qui tombe près de lui et de ceux qui l'accompagnaient, et peu de temps après il est tué près d'Héraclée.

10. « Dioclétien, l'an dix-neuvième de son empire, au mois de mars, et vers la fête de Pâques, renverse les églises des Chrétiens, et excite la plus grande des persécutions.

1. *Primus Nero super omnia scelera sua, etiam persecutionem in Christianos facit, in qua Petrus et Paulus gloriose Romæ occubuerunt.*

2. *Secundus post Neronem Domitianus Christianos persequitur, et sub eo apostolus Joannes in Pathmos insulam relegatus, Apocalypsim vidit.*

3. *Trajano adversus Christianos persecutionem movente, Simon filius Cleophæ, qui Hierosolymis episcopatum tenebat, crucifigitur. Ignatius, Antiochenæ Ecclesiæ episcopus, Romæ bestiis traditur.*

4. *Antonino, seu Aurelio Vero imperante, persecutione orta in Asia, Polycarpus, Pionius, plurimique in Gallia* (maxime Lugduni) *fecere martyrium.*

5. *Sub Severo persecutione in Christianos facta, Leonides Origenis pater, martyrii morte transfertur.*

6. *Maximinus adversus Ecclesiarum sacerdotes persecutionem facit.*

7. *Decius in Christianos persecutionem movet, qua diaconus Laurentius Romæ martyrium duxit.*

8. *Valerianus in Christianos persecutionem movet.*

9. *Aurelianus, cum adversus nos persecutionem movisset, fulmen juxta eum comitesque ejus ruit, ac non multo post, inter Constantinopolim et Heracleam in cenophrurio Viæ Veteris occiditur.*

10. *Diocletianus anno decimo-nono imperii sui, mense Martio, in diebus Paschæ ecclesias subvertit, subsequitur persecutio maxima.*

On peut prouver encore ceci par le même saint Jérôme, lequel, dans son livre *Des écrivains ecclésiastiques*, compte la persécution d'Antonin ou Aurélius, pour la quatrième : « Saint Polycarpe, » dit-il, « mourut pour la foi sous le règne d'Antonin et d'Aurélius, lors de la quatrième persécution, après Néron : » *Regnante Antonino et Aurelio, quarta post Neronem persecutione Polycarpus igni traditus est;* celle de Dèce pour la septième, dans laquelle saint Alexandre et saint Babylas furent martyrisés : *Septima persecutione sub Decio, Babylas Antiochiæ passus est, et Alexander ductus Cæsaream, et clausus in carcere, martyrio coronatur;* et celle de Valérien pour la huitième ; voici ses paroles : « Saint Cyprien souffrit le martyre sous l'empire de Valérien et de Galien, lors de la huitième persécution : » *Cyprianus passus est sub Valeriano et Gallieno principibus, persecutione octava.* Or il est certain qu'après Valérien il n'y a eu que celle d'Aurélien et de Dioclétien, et par conséquent il n'admet que dix persécutions.

Eusèbe, dans son *Histoire*, est de ce même sentiment; voici comme il s'exprime :

1. « Néron fut le premier des empereurs romains qui se déclara ennemi de la religion chrétienne, et qui s'érigea chef de tous les ennemis du vrai Dieu ; il étendit sa cruauté jusque sur les apôtres, et il fit mourir saint Pierre et saint Paul. (L. III, c. 17.)

2. « Domitien fut successeur de l'impiété de Néron, de sa haine contre Dieu, et de sa persécution contre l'Eglise. (L. III, c. 33.)

3. « Trajan étant empereur, une grande persécution s'émut en plusieurs endroits de la terre contre les Chrétiens. (L. IV, c. 15.)

4. « Antonin, ou Aurélius Vérus régnant (c'est Marc-Aurèle), les fidèles furent persécutés, surtout en Asie. (L. VI, c. 1.)

5. « Sévère, empereur, allume une grande persécution contre l'Eglise, et l'on vit partout d'illustres combats et de glorieux martyres. (L. VI, c. 28.)

6. « Maximin persécute l'Eglise, et condamne à la mort les prélats et les ecclésiastiques, comme les principaux objets de sa fureur, à cause qu'ils étaient les propagateurs de l'Evangile. (L. VII, c. 10 et 11.)

7. « Dèce excita une persécution contre l'Eglise. (L. VII, c. 22.)

8. « Valérien persécute cruellement l'Eglise de Dieu. (L. VII, c. 30.)

9. « Aurélien excite une persécution contre les Chrétiens. (L. VII, c. 30.)

10. « Dioclétien commence la grande persécution, qui dura si longtemps, et qui eut tant de suites. » (L. VIII, etc.)

1. *Nero primus Romanorum imperatorum, hostis Christianæ religionis fuit, et omnium divini Numinis hostium princeps, et antesignanus, in ipsos etiam apostolos sæviit, Petrum et Paulum occidit.*

2. *Domitianus Neronianæ impietatis, bellique et odii adversus Deum successor.*

3. *Trajanus, sub quo gravis plerisque in locis adversus Christianos persecutio sæviit.*

4. *Antoninus, seu Aurelius Verus, quo regnante, gravissimus persecutionum motus Asiam concussit.*

5. *Severus persecutionem adversus Ecclesias excitat, et ubique locorum illustria sunt confecta martyria.*

6. *Maximinus persecutione excitata, solos Ecclesiæ antistites, utpote Evangelicæ prædicationis auctores, interfici jubet.*

7. *Decius persecutionem intulit Ecclesiæ.*

8. *Valerianus acerbam persecutionem Ecclesiæ Dei infert.*

9. *Aurelianus persecutionem adversus Christianos commovet.*

10. *Diocletianus denique,* etc.

Sévère Sulpice, qui a écrit expressément sur ce sujet, n'admet aussi que dix persécutions, mais son ordre est un peu différent des autres, comme il paraît par ce qui suit.

1. « Néron, le premier de tous, entreprit d'abolir le nom Chrétien.

2. « Domitien persécute les Chrétiens.

3. « Trajan excite la troisième persécution.

4. « Adrien étant empereur, la quatrième persécution contre les Chrétiens s'émut, laquelle néanmoins il défendit ensuite de continuer.

5. « Aurélius, fils d'Antonin, régnant, la cinquième persécution s'éleva contre l'Eglise.

6. « Sévère étant empereur, les fidèles furent persécutés pour la sixième fois ; et peu de temps après Maximien persécuta les ecclésiastiques de quelques églises. (Par là il paraît que cet auteur confond en une, deux persécutions, distinguées par les autres historiens et Pères, et qu'il passe légèrement sur celle de Maximin, qui fut fort considérable et fort affligeante pour l'Eglise.)

7. « Dèce étant parvenu à l'empire, les Chrétiens souffrirent la septième persécution.

8. « Valérien fut le huitième ennemi de l'Eglise.

9. « Dioclétien et Maximien gouvernant l'empire, la dixième persécution, et la plus cruelle de toutes, s'émut contre l'Eglise, et pendant dix ans ravagea le peuple de Dieu.

10. « Nous ne croyons pas que les Chrétiens aient d'autres persécutions à endurer, jusqu'à celle que l'Antechrist exercera contre eux à la fin du monde ; car les oracles divins nous assurant que le monde sera frappé de dix plaies, et neuf étant passées, il s'ensuit qu'il n'y a plus que la dernière à venir. »

1. *Nero primus nomen Christianum tollere aggressus est.*

2. *Domitianus persecutus est Christianos.*

3. *Tertia persecutio per Trajanum fuit.*

4. *Sub Adriano persecutio quarta numeratur, quam tamen post exerceri prohibuit.*

5. *Sub Aurelio Antonini filio persecutio quinta agitatur.*

6. *Severo imperante, sexta Christianorum vexatio fuit, et paulo post Maximinus nonnullarum Ecclesiarum clericos vexavit.*

7. *Decio imperante, septima persecutione sævitum in Christianos.*

8. *Valerianus sanctorum hostis fuit octavus.*

9. *Diocletiano et Maximiano imperantibus, acerbissima persecutio exorta, per decem continuos annos plebem Dei depopulata est ; neque ulterius persecutionem fore credimus, nisi eam quam sub fine jam sæculi.*

10. *Antichristus exercebit : etenim sacris vocibus Deum plagis mundum afficiendum pronuntiatum est ; ita cum jam novem fuerint, quæ superest, ultima erit.*

Ces dernières paroles servent à nous faire voir la tradition constante de dix persécutions contre l'Eglise, encore que Sévère Sulpice les range autrement que les autres.

Paul Orose (lib. VII, c. 26) qui a aussi expressément traité cette matière, ne compte non plus que *dix persécutions : Decem persecutiones a Nerone usque ad Maximianum Ecclesia Christi passa*; est, ajoutant que comme autrefois dans l'Egypte Moïse eut dix contradictions à soutenir, ainsi dans l'empire romain la loi de Jésus-Christ a eu dix édits des empereurs idolâtres à essuyer, sur quoi il fait voir le rapport qui se trouve entre les dix plaies de l'Egypte et les dix persécutions de l'Eglise, ce qu'avant lui saint Irénée a écrit avoir appris d'un ancien prêtre ou évêque, voisin par conséquent des apôtres. Or voici l'ordre dans lequel il les met. C'est au liv. v, chap. 50.

1. « Néron fut le premier qui condamna les Chrétiens à Rome à divers supplices, et qui tâcha de leur faire sentir les mêmes tourments par toutes les provinces : ce fut lui qui fit mourir les glorieux apôtres de Jésus-Christ, crucifiant saint Pierre, et décapitant saint Paul.

2. « Domitien fut l'auteur de la seconde persécution contre les Chrétiens, et osa entreprendre par ses sanguinaires édits d'arracher la religion pour lors très-solidement établie dans tout l'univers.

3. « Trajan fut le troisième après Néron, qui, surpris par de fausses relations, persécuta les Chrétiens, et commanda que quand on en trouverait, on les contraignît de sacrifier aux idoles, et qu'on fît mourir ceux qui le refuseraient ; mais sur l'avis de Pline le Jeune, il modéra son édit.

4. « Antonin, ou Aurélius Vérus, émut la quatrième persécution après Néron : par son commandement elle fut extrême dans l'Asie et dans les Gaules, et plusieurs autres

saints reçurent la couronne du martyre. C'est Marc-Aurèle.

5. « Sévère fut le cinquième après Néron, qui persécuta les Chrétiens, dont un grand nombre souffrit la mort pour la foi en divers pays.

6. « Maximin excita la sixième persécution après Néron, et s'en prit particulièrement aux prêtres et aux ecclésiastiques, c'est-à-dire, aux docteurs qui enseignaient les peuples.

7. « Dèce fut le septième après Néron, qui porta de semblables édits pour faire persécuter et exterminer les Chrétiens, et qui par ses cruautés procura la couronne du martyre à un très-grand nombre de fidèles.

8. « Valérien, sitôt qu'il fut parvenu à l'empire, fit un autre édit, par lequel les Chrétiens devaient être contraints par toutes sortes de tourments à adorer les faux dieux, ordonnant la peine de mort contre tous ceux qui refuseraient d'obéir, et répandit le sang fidèle dans toute l'étendue de l'empire romain.

9. « Aurélien excita la neuvième persécution contre les Chrétiens.

10. « Dioclétien fut le dixième après Néron, qui commanda qu'on détruisît l'Eglise, et qu'on tuât les Chrétiens : persécution qui fut la plus longue et la plus cruelle de toutes les précédentes : car pendant dix ans elle fut exécutée sans relâche, et on ne vit partout que des églises brûlées, des innocents proscrits, et des Chrétiens massacrés. »

1. *Nero primus Romæ Christianos suppliciis et mortibus affecit, et per omnes provincias pari persecutione excruciare conatus est, beatissimos Christi apostolos, Petrum cruce, Paulum gladio occidit.*

2. *Domitianus persecutionem secundam fecit in Christianos, confirmatissimam toto orbe Ecclesiam, datis ubique crudelissimæ persecutionis edictis, convellere ausus est.*

3. *Trajanus in persequendis Christianis errore deceptus, tertius a Nerone, cum passim repertos cogi ad sacrificandum idolis, ac detrectantes interfici præcepisset, plurimique interficerentur, Plinii Secundi relatu admonitus rescriptis illico levioribus temperavit edictum.*

4. *Antoninus, seu Aurelius Verus : persecutiones Christianorum, quarta jam post Neronem vice, in Asia et in Gallia, graves præcepto ejus exstiterunt, multique sanctorum martyrio coronati sunt.*

5. *Severus quinta post Neronem persecutione Christianos excruciavit, plurimique sanctorum per diversas provincias martyrio coronati sunt.*

6. *Maximinus persecutionem in Christianos sextam a Nerone decrevit, præcipue in sacerdotes et clericos, id est doctores.*

7. *Decius ad persequendos, interficiendosque Christianos, septimus post Neronem feralia dispersit edicta, plurimosque sanctorum ad coronas Christi de suis cruciatibus misit.*

8. *Valerianus mox ut arripuit imperium,* octava Romæ persecutione adigi per tormenta Christianos ad idololatriam, abnegantesque interfici jussit, fuso per omnem Romani regni latitudinem sanctorum sanguine.

9. *Aurelianus persecutionem adversus Christianos agi nonam a Nerone decernit.*

10. *Diocletianus vastari Ecclesiam, affligi, interfici Christianos decimo post Neronem loco præcipit; quæ persecutio omnibus fere anteactis diuturnior atque immanior. Nam per decem annos, incendiis ecclesiarum, proscriptionibus innocentium, cædibus martyrum incessabiliter acta est.*

Saint Augustin est sans doute aussi de ce sentiment, si l'on prend bien son esprit : Voici comme il s'en explique.

« Il a a semblé, » dit-il, « à quelques-uns, que l'Eglise ne devait plus souffrir de persécutions jusqu'au temps de l'Antechrist, c'est-à-dire, qu'au dessus de dix qu'elle a déjà endurées, elle n'a plus à craindre que la onzième, qui sera la dernière.

« La première sous Néron ; la seconde sous Domitien ; la troisième sous Trajan ; la quatrième sous Antonin ; la cinquième sous Sévère ; la sixième sous Maximin ; la septième sous Dèce ; la huitième sous Valérien ; la neuvième sous Aurélien ; la dixième sous Dioclétien et Maximien. Car ils regardent les dix plaies de l'Egypte, lors de la sortie du peuple de Dieu, comme les figures de ces dix persécutions : et la dernière persécution de l'Antechrist est, à leur avis, représentée par cette plaie onzième des Egyptiens, lorsque poursuivant le peuple de Dieu qui passait à pied sec la mer Rouge, ils furent engloutis dans les eaux. »

Nonnullis visum est non amplius Ecclesiam passuram persecutiones ad tempus Antichristi, quam quot jam passa est, id est decem; et undecima eademque sit ab Antichristo novissima.

Primam quippe computant a Nerone quæ facta est ; secundam, a Domitiano ; tertiam, a Trajano ; quartam, ab Antonino ; quintam, a Severo ; sextam, a Maximino ; septimam, a Decio ; octavam, a Valeriano ; nonam, ab Aureliano ; decimam, a Diocletiano et Maximiano. Plagas enim Ægyptiorum, quoniam decem fuerunt antequam inde exire inciperet populus Dei, putant ad hunc intellectum esse referendas, ut novissima Antichristi persecutio similis videatur undecimæ plagæ qua Ægyptii, dum hostiliter persequerentur Hebræos in mari Rubro, populo Dei per siccum transeunte, perierunt.

Le Vénérable Bède tient le même langage au 1er livre de l'*Histoire d'Angleterre*, chapitre 6 : « Dioclétien, » dit-il, « persécuta pour la dixième fois depuis Néron l'Eglise de Dieu : *Decimo post Neronem loco.* »

Saint Augustin ajoute que cette dernière circonstance (ayant sans doute en vue Paul Orose qu'il avait engagé à écrire sur ce sujet) est avancée avec esprit, *exquisite et ingeniose* : il regarde néanmoins cette onzième persécution, renvoyée au temps de l'Antechrist, non comme une prophétie, mais comme une conjecture, et il admet un plus grand nombre de persécutions, parce qu'il y comprend celles des Juifs contre Jésus-Christ, contre saint Etienne, et contre les apôtres : celle d'Hérode Agrippa contre saint Pierre et saint Jacques, celle de saint Paul contre les premiers fidèles, celle de Valens empereur arien, contre les Catholiques : et celle des rois goths et persans : cependant cela même prouve qu'il n'a reconnu dans l'empire romain idolâtre, dont il s'agit ici, que dix persécutions sous dix empereurs païens, figurés par ces dix cornes de la bête, dont le démon paraît armé, *habentem cornua decem*, comme saint Jean nous le représente, et cela pour détruire l'Eglise, et renverser le christianisme naissant.

Mais inutilement, car si à tant d'horreurs et de morts affreuses qui accablèrent les sept tyrans dont on a parlé, et qu'on a rapportées ci-dessus, on jette les yeux sur les calamités et les désastres qui inondaient l'empire, du moment que ces suppôts du démon prenaient ces cruelles résolutions, on verra clairement le soin qu'avait l'Agneau de défendre les fidèles. Il est vrai qu'à l'égard des autres persécuteurs, comme ils ont été moins coupables et moins inhumains, leurs châtiments ont aussi été et moins célèbres, et moins grands, quoique toujours proportionnés à leurs attentats selon la remarque d'Eusèbe : « Chacun de ces persécuteurs, » dit cet auteur (*Vit. Constant.*, lib. II, c. 27), « a été plus ou moins sévèrement puni, qu'il s'est efforcé plus ou moins de détruire la religion chrétienne, laquelle, par une folie extrême, ils s'imaginaient pouvoir abolir : » *Unusquisque eorum eo gravioribus affectus est malis, quo vehementius legem divinam expugnare, ut quidem sperabat, per summam dementiam instituerat.* Vérité qu'on peut aisément voir, en parcourant le règne des autres empereurs qui voulurent imiter les premiers. En effet, Trajan à peine s'est-il souillé du sang chrétien, à peine cette corne entreprend-elle de démolir l'héritage de Jésus-Christ, « qu'aussitôt on lui porte la nouvelle que sept villes principales de l'Asie ont été renversées, Antioche presque ensevelie sous ses ruines, le Panthéon brûlé par la foudre, des guerres civiles très-cruelles et beaucoup de séditions, où il se répandit bien du sang ; plusieurs provinces demeurèrent incultes par le meurtre général des habitants de la campagne ; cette fameuse maison dorée, bâtie par Néron avec tant de profusion et d'injustice, est réduite en cendres par un embrasement soudain, afin sans doute que l'on comprît sur qui réjaillissait la punition que méritaient les persécutions qu'exerçaient les successeurs de celui qui les avait le premier excitées : » *Et continuo terræ motu septem urbes Asiæ subversæ; Antiochia pene tota subruta; Pantheon fulmine concrematum; plurima atrocissima bella civilia, et cruentæ seditiones: provinciæ interfectis cultoribus desolatæ; Romæ aurea domus a Nerone tot privatis publicisque impensis condita, repentino confla-gravit incendio: ut intelligeretur missa etiam ab alio persecutio, in ipsius potissimum monumentis, a quo primum exorta esset, atque in ipso auctore puniri*, etc. Les Juifs révoltés commettent des cruautés horribles contre les Romains, et l'empereur meurt misérablement à l'extrémité du monde. C'est la remarque de Paul Orose, aussi bien que les suivantes, sur chacun de ces empereurs, sous le règne desquels l'empire romain a persécuté l'Eglise.

Antonin, ou Aurélius Verus, fit mourir quelques Chrétiens dans l'Asie et dans les Gaules : « Et aussitôt la peste s'allume dans plusieurs provinces de l'empire, toute l'Italie est ravagée par ce cruel fléau de la justice divine ; les villages de la campagne et les villes ne sont que des masures et des ruines, vides d'habitants et de gens qui cultivent les terres, lesquelles deviennent couvertes de ronces et d'épines ; les armées romaines et les légions sont dépeuplées de soldats, et tout périt dans l'empire : » *Secuta est lues, plurimisque infusa provinciis, totamque Italiam pestilentia tanta vastavit, ut passim villæ, agri atque oppida, sine cultore atque habitatore deserta in ruinas, silvasque concesserint; exercitusque Romanus, et cunctæ legiones consumuntur.*

« Sévère s'en prend à l'Eglise, et dans ce moment la main vengeresse de Dieu s'appesantit sur lui ; de tous côtés on n'entend que guerres civiles ; le sang romain ruisselle de toutes parts, et ce prince meurt à une extrémité du monde : *Et evestigio cœlestis ultio subsequitur, insurgunt undique bella civilia, et multum utrimque Romani sanguinis fusum est, ipseque apud Eboracum in Britannia obiit.* »

« Maximin attaque les ministres des autels du Fils de Dieu, mais il est bientôt massacré, et met fin à la persécution et à sa vie : » *Verum continuo interfectus, et persecutionis, et vitæ finem fecit.*

Tout ceci fait voir combien les saints Pères ont eu raison de comparer les vengeances que Dieu a prises des dix persécutions de l'Eglise, aux dix plaies dont l'Egypte fut affligée, toutes les fois que Pharaon refusait de mettre le peuple de Dieu en liberté, et tâchait de l'opprimer . *Itaque decem persecutiones a Nerone usque ad Maximianum Ecclesia Dei passa est, et novem, ut dixi, ultiones, ut ipsi (pagani) non negant, calamitatesque consecutæ sunt.* (*Ibid.,* lib. VII, c. 26.)

Voici quelle fut la fin des persécuteurs et des persécutions de l'Eglise, et les vains efforts des sept têtes et des dix cornes dont le démon paraît ici armé contre elle : « *Je vis*, dit saint Jean, *un grand dragon roux, qui avait sept têtes et dix cornes, et sur ces sept têtes il portait sept diadèmes* : « *Et ecce draco magnus rufus, habens capita septem, et cornua decem.* » Que s'il est vrai, selon la prédiction du Prophète, que le Seigneur ait écrasé les têtes du dragon : *Tu confregisti capita draconis* (*Psal.* LXXIII, 14), il n'est pas moins certain qu'il a brisé les cornes des pécheurs, conformément au même Prophète : *Et omnia cornua peccatorum confringam* (Psal. LXIII, 11), pour exalter celle de l'Agneau : *Et exaltabuntur cornua Justi.* (*Ibid.*) *Agnum habentem cornua septem*; en un mot, que l'Eglise de Jésus-Christ a triomphé de sept tyrans et de dix persécutions, figurées par les sept têtes couronnées et les dix cornes du dragon que vit saint Jean.

§ IV. — *Le démon déchu de sa divinité prétendue, persécute et poursuit l'Eglise jusque dans les déserts.*

1. *Et le dragon entraînait de sa queue la troisième partie des étoiles du ciel, et les fit tomber en terre.*

Que signifient ces étoiles si différentes de ces douze, qui forment la couronne de l'Eglise, sinon des hérétiques, nommés par saint Jacques des *astres errants*, « *sidera errantia*, » dont le démon voulait se servir pour séduire ceux qu'il n'avait pu dévorer ? *Quod autem stellæ cadant, significat eos qui putabantur mundi luminaria, a fide et veritate in perfidiam et errorem defecturos.* (ANDR. Cæsar.) Tel est donc Satan et son formidable attirail contre l'Eglise : un dragon horrible et monstrueux, ayant sept têtes couronnées, et dix cornes, et une queue entraînant la troisième partie des étoiles du ciel ; ou le démon fortifié de sept cruels tyrans idolâtres, de dix persécutions effroyables, et d'une troupe nombreuse de Juifs et d'hérésiarques, qu'en dernier lieu il tire après lui, et qui sont figurés par cette queue, selon saint Jérôme ci-dessus : *Per caudam incurvantem et depravantem, hæreticos demonstrat.*

Que si ces étoiles représentent les hérétiques, parce qu'ils sont ordinairement, comme remarque saint Augustin, des esprits élevés et brillants; elles ne nous représentent pas moins les fidèles que le démon renversa par la force des persécutions et des tourments. Le saint martyr Pionius considérant ceux à qui les supplices avaient fait abjurer la foi, disait, au milieu des tortures, ces belles paroles : « Je souffre un nouveau genre de martyre, quand je regarde ces étoiles du ciel que le dragon a renversées de sa queue, et a fait tomber en terre : » *Novum suppliciorum genus patior, et excrucior, cum aspicio stellas cœli draconis cauda usque ad terras fuisse pertractas.*

Mais il est plus littéral de l'expliquer en la manière qui suit :

Et sa queue entraînait la troisième partie des étoiles du ciel, et il les renversa par terre. Ce dragon est Lucifer qui séduisit les anges rebelles dans le ciel, et qui les renversa en terre, où ils étaient honorés sous le nom de diverses divinités, de Saturne, de Mars, d'Apollon, de Vénus, de Minerve, de Junon, etc., tandis que leur séducteur, sous celui de Jupiter, se faisait adorer comme le souverain monarque de l'Olympe, pour parler avec les poëtes. Car saint Jean remonte ici à la ruine que causa Lucifer dans le ciel, comme à la source de celle qu'il causa depuis sur la terre, lors de la création du monde visible, et qu'il veut renouveler dans l'Eglise, lors de la réparation du monde, de laquelle il s'agit ici.

Et le dragon se tint devant la femme qui devait enfanter, afin de dévorer son fils dès qu'elle l'aurait enfanté. En effet, le démon sentant bien que Jésus-Christ et le christianisme naissant allaient le détrôner, voulut faire les derniers efforts pour les engloutir l'un et l'autre : « Personne n'ignore, » dit saint Augustin, « que ce dragon représenté dans l'*Apocalypse*, ne soit le diable, et que cette femme ne figure la sainte Vierge, aussi bien que l'Eglise, qui, l'une et l'autre, ont enfanté le Chef et les membres, lesquels le dragon prétend engloutir par ses suppôts : » *In Apocalypsi Joannis apostoli scriptum est hoc, quod staret draco in conspectu mulieris quæ paritura erat, ut cum peperisset, natum ejus comederet. Draconem diabolum esse, nullus vestrum ignorat ; mulierem illam virginem Mariam significasse, quæ caput nostrum, integra integrum peperit, quæ etiam ipsa figuram in se sanctæ Ecclesiæ demonstravit, ut quomodo Filium pariens Virgo permansit, ita et hæc omni tempore membra ejus pariat, et virginitatem non amittat.* Aussi les premiers Chrétiens regardaient-ils leurs persécuteurs idolâtres comme les membres mêmes de ce dragon, qui voulait les dévorer tout vivants par eux, ainsi qu'on le lit dans l'ancienne histoire. (EUSEB., *Martyr. Lugd.*) *Hoc enim maximum certamen illis fuit adversus diabolum..... quos ille malignus serpens vivos jam se devorasse crediderat.*

5. *Et cette femme enfanta un enfant mâle, qui devait gouverner toutes les nations avec un sceptre de fer : et ce fils fut enlevé vers Dieu.* En effet, Jésus-Christ par le christianisme dominant devait abolir le paganisme, briser les idoles, et détruire les infidèles obstinés dans leur endurcissement ; mais pour cela, loin de demeurer sur la terre, ainsi que le démon trompé paraissait s'y attendre, il s'élève dans les cieux, d'où il devait opérer tant de merveilles, et attire après lui les martyrs, et l'Eglise des premiers-nés, comme une proie qu'il ravit à l'enfer : il s'assit dans le trône même de Dieu, afin que toute créature lui soit soumise, et devienne l'escabeau de ses pieds ; car il est l'Agneau qui a paru au milieu du trône dès le commencement de la prophétie.

Sainte Perpétue, en prison pour la foi, eut, peu de jours avant son martyre, une révélation divine, qui donne beaucoup de jour à cet endroit : elle vit en esprit une échelle d'or, d'une grandeur si merveilleuse, qu'elle touchait au ciel, mais bordée de rasoirs, d'épées, de haches, et de tous les autres instruments des plus cruels supplices : au reste, si étroite, qu'à peine pouvait-on y passer un à un ; et au pied un dragon effroyable, prêt à dévorer ceux qui voulaient y monter. « Il y avait, » disent les Actes de cette sainte, « sous l'échelle, un dragon couché d'une grandeur énorme, qui tendait des pièges à ceux qui montaient, et qui les effrayait pour les en empêcher : » *Erat sub ipsa scala draco cubans miræ magnitudinis, qui ascendentibus insidias parabat, et exterrebat, ne ascenderent.*

Cette révélation faite en particulier à cette grande et admirable sainte, découvre en général l'état où se trouvait toute l'Eglise dans ces premiers temps, et lorsque le dragon s'efforçait de l'engloutir. Les martyrs sentaient bien cet invisible ennemi qui les persécutait, lorsqu'ils disaient aux gentils, par la bouche de saint Justin dans sa première Apologie : « Les esprits malins n'omettent rien pour nous faire exterminer : » *Maligni dæmones occidi nos procurant.*

Et dans les Actes des martyrs de Lyon, nous lisons, que les gentils une fois excités par cette bête cruelle, par ce grand dragon, ne pouvaient que très-difficilement se calmer : *Feræ et barbaræ gentes ab immani illa bestia concitatæ, pacare facile non poterant.*

6. *Et la femme s'enfuit dans le désert, où elle avait un lieu que Dieu lui avait préparé, afin qu'on l'y nourrît durant mille deux cent et soixante jours.* L'Eglise militante cependant va demeurer exposée à la rage du serpent infernal, et n'aura point d'autre asile que celui d'Elie fuyant la persécution de Jézabel, c'est-à-dire, les déserts, les antres et les solitudes, où Dieu la nourrit sous la conduite de ses pasteurs. Quiconque a lu l'histoire des premiers siècles, peut avoir observé que les deux circonstances de cette prophétie s'y sont accomplies à la lettre : à savoir, que l'Eglise se cacha dans les déserts, et que chaque persécution ne dura guère que trois ans et demi. « Quant à la première, on trouve partout, que les Chrétiens s'enfuyaient, et qu'ils se retiraient en hâte sur les montagnes, dans les cavernes, dans les déserts les plus inaccessibles, aimant mieux passer leur vie avec les bêtes farouches, qu'avec des hommes infiniment plus cruels qu'elles : » *Ipsi fugam spectabant, et ad montes, et speluncas, et ignotas solitudines celeriter abibant, malentes vitam degere cum feris, quam cum hominibus feris longe immanioribus.* (Ex Act. mart. Nicom.)

Les écrits de saint Cyprien ne sont remplis d'autre chose, non plus que ceux des autres Pères des trois premiers siècles. L'histoire du martyre de saint Gordius nous en donne entre les autres un exemple signalé, rapporté par saint Basile le Grand, en la manière qui suit : « Au temps qu'un tyran impie, qui pour lors gouvernait le monde, persécutait le nom chrétien, et qui étendait sa main contre l'Eglise de Dieu ; que par toute cette ville, dans les places publiques, et dans les rues, on entendait retentir un édit sacrilège, qui défendait d'adorer Jésus-Christ sous peine de mort, et qui commandait de se prosterner devant les idoles d'or et d'argent ; que les biens et les maisons des fidèles étaient en proie aux païens, et les prisons remplies d'innocents ; pour lors tout ce qu'il y avait de Chrétiens se retira dans des solitudes ; les forêts se virent remplies de pauvres fugitifs, et les déserts peuplés de Chrétiens. Dans cette triste conjoncture, notre martyr abandonnant les honneurs, les plaisirs et les commodités de la vie, se condamna lui-même à un exil volontaire, et s'enfonça dans les vastes déserts, cherchant des lieux inaccessibles aux hommes, et trouvant qu'il était plus doux de vivre parmi les bêtes farouches, que parmi les idolâtres inhumains, imitant en cela l'exemple d'Elie fuyant la persécution de Jézabel : » *Qua sane tempestate cum tyrannus impius, qui tunc imperitabat, in Christianum nomen virus suæ feritatis effunderet, manumque Deo inimicam adversus Ecclesiam exerceret ; tota urbe præconis tuba sonabat, toto foro, et per compita tyrannicum promulgabatur edictum, ne quis Christum adoraret ; qui vero contra jussa faceret, morte plecteretur. Idola proponebantur adoranda omnibus : Christianorum domus singulæ vastabantur, complebantur supra modum carceres ; pleni saltus, plena perfugiis loca deserta ; ob unum tantum crimen, quod Christum colerent.... Sponte sibi exsilium delegit, et relictis honoribus, relictis omnis generis facultatibus, servis, propinquis, amicis, voluptatibus et rebus aliis, quas cæteri maxime appetere, ac magno studio parare solent, ad vasta deserta et hominibus invia loca contendit, vitam inter feras actam mansuetiorem societate convictuque idololatrarum existimans, Eliæ prophetæ secutus exemplum, qui cum Sidoniæ conspiceret idololatriam quotidie invalescentem, in montem Horeb se proripuit.* Mais ce saint solitaire, animé du désir du martyre, sortit quelque temps après de sa retraite, et s'alla présenter devant tout le peuple pour lors assemblé dans l'amphithéâtre, et voici son équipage : « Il était horrible à voir ; car pour le long séjour qu'il avait fait dans les montagnes, il avait ses cheveux hérissés, la barbe grande et épaisse, son habit sale et usé, son corps desséché ; il portait un bâton à la main, et une besace à son côté : » *Erat autem aspectu horridus, et quod montana diu incoluerat, squallenti capillo, barba promissa, veste obsita corpore toto aridus, pera præcinctus, baculo nixus.* Voilà comme ils étaient faits au sortir des déserts.

C'est ce qui donna lieu, selon saint Jérôme, à l'institut de la vie érémitique, comme il l'observe dans l'*Histoire de saint Paul*, qui le premier en fit profession. Voici ses termes : « Sous l'empire de Dèce et de Valérien, persécuteurs du peuple de Dieu, et du temps que le Pape Corneille à Rome, et saint Cyprien à Carthage, souffrirent un si glorieux martyre, l'Egypte et la Thébaïde se virent exposées aux orages de la plus violente persécution ; et ce fut alors que Paul encore jeune se retira dans une maison écartée. Ensuite, pour s'éloigner toujours davantage de la fureur de ceux qui conspiraient contre sa vie, il s'avança dans le désert, et se réfugia sur des montagnes inaccessibles, et de là dans des solitudes encore plus reculées, » etc. *Sub Decio et Valeriano persecutoribus, quo tempore Cornelius Romæ, et Cyprianus Carthagine, felici cruore damnati sunt, multas apud Ægyptum et Thebaidem ecclesias tempestas sæva populata est. Per id tempus apud inferiorem Thebaidem Paulus annorum circiter quindecim, Deum valde amans, et cum persecutionis procella detonaret, in villam remotiorem et secretiorem secessit ; deinde ad montium deserta confugiens, dum persecutionis finem prætolaretur, necessitatem in voluntatem vertit, ac paulatim progrediens, rursusque subsistens, atque hoc idem sæpius faciens, tandem reperit saxeum montem*, etc.

Telle fut l'occasion qui lui inspira la pensée de passer ses jours dans la retraite, et d'embrasser un genre de vie, que la nécessité lui avait offert, ce qui sans doute ne fut pas sans un ordre particulier de la Providence ; parce que si le dragon alla poursuivre l'Eglise jusque dans les déserts, pour la chasser de cet asile, envoyant après elle un torrent, ainsi qu'on va voir : l'Eglise à son tour envoya dans la suite de nombreuses troupes de solitaires le poursuivre lui-même dans ce dernier asile, où après la ruine de l'idolâtrie il se réfugia, ainsi qu'il s'en plaignait continuellement, comme l'histoire de la vie de ces premiers anachorètes, écrites par les saints Pères, en fait foi.

On trouve encore dans les Actes de saint Théodore d'Ancyre, « que la nombreuse multitude des fidèles qui composait l'Eglise, fut dissipée ; que les déserts furent remplis de fugitifs ; que le sommet des montagnes se vit habité par les Chrétiens ; qu'aucun fidèle ne paraissait en public : » *Desolata fuit plenitudo Ecclesiæ, et fugitivis impletæ solitudines, montiumque cacumina : Christianorum nemo apparebat in publico.*

Qu'on lise aussi les écrits de saint Grégoire de Nazianze, et on verra que les solitudes étaient pleines d'une multitude innombrable de Chrétiens, aux nécessités desquels Dieu pourvoyait par des voies admirables, leur conduisant des troupeaux de bêtes sauvages, pour les nourrir dans ces lieux abandonnés.

« Qu'aucun fidèle dans ce temps de persécution, » dit saint Cyprien (*Ad. pleb. Thibar.*), « ne s'effraye, se voyant séparé, non d'esprit, mais de corps, du troupeau de Jésus-Christ, et qu'il ne se laisse point saisir d'horreur dans les déserts affreux, où il est obligé de se cacher, exposé à périr de faim et de froid dans les montagnes, et à être tué par les voleurs, ou dévoré par les bêtes : » *Ubicunque in illis diebus unus quisque fratrum fuerit a grege interim hac necessitate temporis, corpore, non spiritu separatus, non moveatur ad fugæ illius horrorem ; nec recedens, et latens solitudine deserti terreatur, et si fugientem in solitudine ac montibus latro oppresserit, fera invaserit, fames ac sitis, aut frigus afflixerit.*

Tel était alors l'état où cette femme que vit saint Jean, c'est-à-dire, l'Eglise, se trouvait réduite, et les asiles qu'elle cherchait pour se dérober à la fureur du dragon qui voulait la dévorer.

On pourrait ajouter beaucoup d'autres exemples, si cette vérité n'était connue de tout le monde. Mais la seconde circonstance n'est pas moins certaine, savoir, que chaque persécution n'a duré dans sa fureur qu'environ trois ou quatre ans, ou mille deux cent soixante jours.

Maximin comparé par sa cruauté à un cyclope, à Busyris, à Phalaris, et à semblables monstres par les historiens même profanes, ne persécuta l'Eglise que trois ans au rapport de Rufin dans son *Histoire*, c. 20.

Il y en eut qui remplirent précisément, et à la rigueur, ce terme : ce que les Chrétiens du temps, toujours attentifs à chercher dans l'*Apocalypse* ce qui se passait dans l'Eglise, ne manquèrent pas de remarquer, ainsi qu'on voit dans Eusèbe (lib. VII, c. 10), sous l'empire de Valérien.

Celle de Dioclétien dura dix ans, mais elle eut trois intervalles (90), Dieu voulant sans doute donner le temps à l'Eglise de respirer, pour recueillir les fidèles dispersés, encourager les pusillanimes, relever ceux qui avaient succombé et animer les forts à de nouveaux combats, dit Origène. (*Contra Cels*. lib. III.)

7. *Alors il se donna une bataille dans le ciel. Michel et ses anges combattaient contre le dragon, et le dragon et ses anges combattaient.*

8. *Mais ceux-ci ne prévalurent pas, et il n'y eut plus de lieu pour eux dans le ciel.*

---

(90) *Voici la date des dix persécutions de l'Eglise.*

1. Néron, l'an 64. — 2. Domitien, l'an 95. — 3. Trajan, l'an 107 ; Adrien, l'an 125. — 4. Marc-Aurèle, l'an 167. — 5. Sévère, l'an 200. — 6. Maximin, l'an 235. — 7. Dèce, l'an 251. — 8. Valérien, l'an 257. — 9. Aurélien, l'an 274. — 10. Dioclétien, l'an 303.

Voici de plus le nombre des dix apologies, écrites en ces temps-là, en faveur des Chrétiens.

1. L'an 126. Saint Quadrat, évêque d'Athènes, selon saint Jérôme, présente à l'empereur Adrien la première apologie qu'on sache faite en faveur des Chrétiens. Un nommé Aristidès en fit autant ; mais ces deux apologies ont péri.

2. L'an 150. Saint Justin, à Rome, présente à l'empereur Antonin sa première apologie, qui existe encore, ainsi que la suivante.

3. L'an 165. Saint Justin, à Rome, présente à l'empereur Marc-Aurèle et au sénat sa seconde apologie.

4. L'an 170. Saint Meliton, évêque de Sardes, en Lydie, présente à l'empereur Marc-Aurèle une apologie. Elle a péri.

5. L'an 177. Claude Apollinaire, évêque d'Hiérapolis, en Phrygie, adresse une *Apologie* à Marc-Aurèle. Elle a aussi péri.

6. L'an 178. Athenagoras présente une *Apologie* au même empereur. Elle existe encore.

7. L'an 179. Miltiades, homme savant, en présente aussi une au même empereur. Elle a péri.

8. L'an 200. Tertullien publie son célèbre *Apologétique*, sous l'empereur Sévère.

9. L'an 211. L'*Octavius* de Minutus Félix parut.

10. L'an 249. Origène écrit son *Apologie contre Celse*, sous l'empereur Philippe. Ces trois derniers ouvrages existent.

9. *Et ce grand dragon, ce vieux serpent qui est nommé diable et Satan, qui séduit tout l'univers, fut précipité en terre, et ses anges avec lui.*

Voilà l'idolâtrie à bas et toutes les divinités du paganisme renversées par l'établissement de la religion chrétienne, et le séducteur du genre humain précipité du trône de sa divinité prétendue, ses autels brisés, et ses temples abattus. Saint Michel, secondé des bons anges, après l'avoir vaincu dans le ciel lors de sa première révolte, quand il voulut devenir semblable au Très-Haut, et s'arroger les honneurs divins, le fait encore échoir avec ses complices de ses ambitieuses prétentions sur la terre, suivant la parole de Jésus-Christ : *Je voyais Satan comme un foudre tombant du ciel :* « *Videbam Satanam sicut fulgur de cœlo cadentem.* » (*Luc.* x, 18.) Car, selon les Pères, c'est de cette seconde chute qu'il faut entendre l'endroit où nous en sommes : *Iste primo diaboli lapsus in cœlo, et secundæ ruræ ejusdem ruinæ, quæ per Dominicam crucem fractus atque dejectus est... juxta Christi Domini oraculum, adaptari possunt.* (ANDR. Cæsar.) Et c'est ce qui arriva par la patience des martyrs, la prédication de l'Évangile, et la conversion des peuples. D'où s'ensuivirent l'abolition du paganisme et la conviction du genre humain, qu'enfin Jupiter ou plutôt le démon, n'était pas dieu ; que ce n'était qu'un ange apostat et réprouvé, non plus que ses complices, Saturne, Mars, Mercure, Junon, Minerve, Vénus, et toutes les autres fabuleuses divinités.

10. *Et j'entends une grande voix dans le ciel qui disait : Maintenant sont établis le salut et la vertu, et le royaume de notre Dieu, et la puissance de son Christ.* Il est juste en effet, que les cieux fassent une fête, de ce que le vrai Dieu va être connu, aimé et servi par son Fils Jésus-Christ, le vainqueur de l'enfer, et voici la raison :

Parce que l'accusateur de nos frères, qui les accusait jour et nuit devant Dieu, a été précipité. Les anges se réjouissent de ce que l'ennemi mortel de leurs frères, les hommes, qui leur faisait des crimes auprès de Dieu, de l'aveuglement et de l'idolâtrie dans lesquelles lui-même les plongeait, soit surmonté et confondu d'une manière si épouvantable. Ceci découvre évidemment que la chute de Satan et de ses complices, dont il est ici parlé, n'est pas celle qui leur arriva avant la création de l'homme, mais celle dont on vient d'expliquer le mystère. Et nous en verrons encore une preuve convaincante au verset 13, où les causes de cette chute ne sont autres que son envie et sa haine contre l'Église naissante.

11. *Et ils ont vaincu par le sang de l'Agneau et par la parole de laquelle ils ont rendu témoignage.* Voilà les armes dont ils se sont servis pour terrasser un si redoutable adversaire : *Et ils ont méprisé leur vie, jusqu'à vouloir bien souffrir la mort.* C'est en répandant leur sang, et en préférant le martyre et une mort glorieuse, à une vie temporelle et périssable : *Sancti perpessionibus pro Christo perpessis, devicerunt Satanam.* (ANDR. Cæsar.) Car ainsi que disaient les saints martyrs Montan et Lucius : être tué pour Jésus-Christ est peu de chose : *Nam et occidi servis Dei leve est :* être martyrisé pour Jésus-christ, est aussi doux que l'aliment et la boisson à un homme affamé et altéré : *Ut sitientibus potus, esurientibus cibus, desiderantibus martyrium obvenit.* (*Acta Montan*, cap. 4 et 9.) C'étaient-là les sentiments de ces premiers athlètes, vainqueurs du dragon ;

12. *C'est pourquoi, cieux, et vous qui y habitez, réjouissez-vous.* Telle est la fête qui se fit au ciel lors de la destruction de l'empire du démon, ou de l'idolâtrie, et du triomphe des martyrs.

Mais malheur à la terre et à la mer, parce que le diable est descendu vers vous avec une grande fureur, sachant qu'il n'a que peu de temps. Car il ne faut pas douter que le démon ne fasse de terribles efforts pour soutenir ou rétablir le paganisme, et pour se venger : qu'il ne suscite des persécutions horribles contre les fidèles, sur qui il se jettera comme sur les ennemis de sa divinité, d'autant plus que le temps s'approche auquel son empire sera pour jamais détruit, et où on le renfermera dans l'abîme : *Tunc denuo Ecclesiam quæ parit, et peperit filium musculum, hoc est populum virilem, nihilque effeminatum præ se ferentem, persequi cœpit Satanas* (ANDR. Cæsar.) : ce qui devait arriver sous Constantin, deux cent cinquante ans après cette vision-ci de saint Jean.

13. *Et après que le dragon eut vu qu'il avait été précipité en terre, il poursuivit la femme qui était accouchée d'un enfant mâle.* Il va décharger sa rage sur l'Église, il excite toute la puissance séculière pour l'exterminer ; il va mettre en usage les sept têtes couronnées, et les dix cornes dont il est armé : mais voici la consolation et la prédiction, qui encourageront le peuple de Dieu, et que saint Jean (II, 10) lui donne de la part de Jésus-Christ dès le commencement de la prophétie : *Ne craignez rien de toutes les choses qu'on vous fera souffrir, et sachez que le diable mettra quelqu'un de vous en prison, et que vous aurez dix jours de tribulation :* « *Habebitis tribulationem diebus decem* (91). » Ce sont les dix persécutions expliquées, elles seront courtes, ce ne sont que des jours : elles auront leurs beautés, le soleil éclairera les victoires de l'Église : loin que son sang épanché diminue le nombre de ses enfants, c'est cela même qui les multipliera : *Semen est sanguis Christianorum :* elle deviendra la mère d'une postérité heureuse qui la fera nommer *martyrum mater*, comme parle saint Augustin. Au reste, si elle a paru d'abord dans le ciel, pour exprimer sa sainteté ; elle paraît à présent sur la terre, pour figurer sa condition temporelle.

---

(91) *En decies confunditis me, opprimentes me.* (*Job* XIX, 3.) Job affligé, figure de l'Église persécutée.

14. *Et on donna à la femme deux ailes d'une grande aigle.* Comme tout est mystérieux dans l'*Apocalypse, dont chaque parole est une énigme,* dit saint Jérôme dans son *Epître à Paulin: Cujus quot verba tot sacramenta;* ou ainsi qu'il s'exprime sur la fin du XXIXᵉ chapitre d'Isaïe : *L'Apocalypse* de saint Jean enveloppe sous l'écorce de la lettre, les secrets les plus cachés de l'Eglise : *Apocalypsim Joannis in superficie litteræ, medullata Ecclesiæ sacramenta contexere.* Il ne faut point douter que ces deux ailes d'une grande aigle données à l'Eglise, plutôt que celles d'une colombe, ou de quelque autre semblable oiseau, qui paraîtraient d'ailleurs lui mieux convenir, ne soient ici mises exprès pour servir à figurer l'Eglise catholique, principalement établie et répandue dans l'empire romain, laquelle devait bientôt prendre le nom de religion, et d'Eglise romaine, et dont Constantin, empereur romain, allait incessamment devenir le refuge et le protecteur. « Ajoutez à cela, que nul oiseau, » dit saint Jérôme (*In Isa.*, LXVI), » ne veille sur ses petits avec plus de soin que l'aigle, pour les défendre contre le serpent, ni n'est en cela une figure plus expresse de l'attention amoureuse de Dieu sur les fidèles, pour les protéger contre la malice de Satan, cet ancien serpent : » *Recte affectus Dei in suas creaturas aquilis comparatur, qui omni custodia protegit liberos suos, ne draco, aut coluber antiquus, diabolus et Satanas, obrepat novellis fœtibus.*

Aussi est-ce la comparaison dont Dieu se servait autrefois, pour exprimer la délivrance du peuple d'Israël, de la tyrannie de Pharaon : *Vos ipsi vidistis quæ fecerim Ægyptiis, quomodo portaverim vos super alas aquilarum, et assumpserim mihi,* est-il dit au chapitre XIXᵉ de l'*Exode :* ce qui sans doute était la figure de la délivrance des Chrétiens accablés sous la persécution des empereurs idolâtres.

14. *Et on donna à la femme deux ailes d'une grande aigle, afin qu'elle s'enfuît dans le désert, en son lieu, où elle est nourrie durant des temps, et durant la moitié d'un temps.*

Tout ceci signifie que l'Eglise s'établissant de toutes parts, le dragon infernal ou le démon, rallume de nouveau les persécutions qui ne duraient guère dans leur grande fureur, qu'environ trois ou quatre ans, et que l'Eglise est contrainte derechef de recourir à son asile ordinaire, et de se cacher dans les déserts où les fidèles étaient repus de la parole et des sacrements, par ses ministres ordinaires qui les accompagnaient dans leur fuite : *Tempus annum significat; tempora, juxta Hebraici sermonis proprietatem, qui et ipsi dualem numerum habent, duos annos præfigurant : dimidium autem temporis, sex menses, quibus sancti potestati Antichristi permittendi sunt, ut condemnentur Judæi, qui non credentes veritati, susceperunt mendacium.* (S. HIERON., *in Dan.* VII.)

Car pour s'exprimer avec Eusèbe (lib. x, c. 8), lors des sanglants édits, portés par les derniers empereurs idolâtres : « Il fallut que les serviteurs de Dieu se retirassent, et s'enfuissent de nouveau : et encore une fois on vit les campagnes, les solitudes, les montagnes et les forêts peuplées de Chrétiens : » *Post hæc igitur Dei cultores fugam inire denuo cœperunt, iterum solitudines, iterum agri, iterum montes ac silvæ, famulos Christi suscepere.* Peut-on désirer un accomplissement plus parfait de cette prophétie ? Ce qui suit ne l'est pas moins.

15. *Et le serpent jeta de sa gueule après la femme comme un fleuve d'eau, pour l'entraîner.*

On va poursuivre les Chrétiens jusque dans les déserts les plus écartés, et les solitudes les plus affreuses : « En sorte que nous n'étions pas en sûreté, dit Eusèbe (lib. IX, c. 10), non-seulement dans les villes, mais même à la campagne, et qu'on nous poursuivait jusque dans les lieux les plus retirés, et les déserts les plus inaccessibles : « *Adeo ut non modo urbes, sed nec agros quidem, nec solitudines, aut loca deserta incolere nobis permissum esset.* » Ce qui peut être confirmé, et par lui-même en d'autres endroits, et par les Pères et les historiens de ce temps-là.

Saint Denys d'Alexandrie, dans le même Eusèbe (lib. VI, c. 41), nous fait voir à ce sujet quelque chose de bien lamentable : il nous dit qu'un grand nombre de Chrétiens qui s'enfuyaient dans les déserts, furent déchirés et massacrés par les habitants des villes et des bourgades, par lesquelles ils passaient, et qu'il y en eût une multitude fort grande, qui, dans les montagnes et dans les solitudes, périrent de faim et de soif, de froid et de maladies, et qui furent ou tués par les voleurs ou mangés par les bêtes : il ajoute, qu'aucun Chrétien n'osait paraître dans les grands chemins, ni dans les rues, et qu'ils ne pouvaient sans péril se montrer ni le jour, ni la nuit, contraints pour toute ressource de s'enfuir et de se cacher : qu'on le poursuivit lui-même pour le prendre, et que les persécuteurs visitaient tous les endroits où il eût pu se cacher, suivant les chemins, les rivières, les champs, et n'omettant rien pour le découvrir et s' saisir de lui, et l'immoler à leur fureur; et qu'enfin échappé de leurs mains, il s'enfuit dans un désert affreux de Libye, où il demeura jusqu'à la mort de Dèce. *Complures (Christianos deserta petentes) per oppida et vicos a gentilibus discerptos fuisse... præter multitudinem eorum qui in montibus et solitudinibus, fame et siti, frigore ac morbis, et latronum, aut bestiarum incursu interiere. Fratres declinabant et subducebant se fuga.... adeo ut nusquam non per vim publicam, non per angiportus incedere, ut noctu, aut interdiu nobis licebat. Illi vero omnia circumeundo perscrutabantur, vias, fluvios, agros, ubi me occultari aut qua transiturum esse suspicabantur. Denique a satellitum manibus ereptus, in deserto ł squallido Libyæ loco conclusus, mansi usque ad Decii mortem.*

Nous lisons la même chose dans les Actes de certains célèbres martyrs d'Afrique (*Acta*

Jacob., *Marian.*, etc., c. 2), que le dragon par ses suppôts ne se contentant pas de persécuter les fidèles qui paraissaient dans le monde, allait encore les poursuivre jusque dans les déserts où ils avaient été relégués pour la foi ; qu'on traînait devant les juges ces pauvres fugitifs arrachés du fond des solitudes : *Nec in hos solos crudelitatis exercebatur insania, sed in illos quoque manum diabolus insatiabilem porrigebat, qui jamdudum in exsilia submoti, ab exsilio producebantur ad præsidem.*

Veut-on une explication plus littérale de cet endroit de l'*Apocalypse*, et n'est-ce pas là le torrent dont le Démon se servit pour arracher l'Église de la solitude où elle s'était retirée comme dans un asile et un port assuré ?

Tertullien représente les Chrétiens poursuivis dans les déserts par les émissaires du dragon, tout ainsi que des bêtes fauves, à la chasse desquelles on accourt par troupes : *Nos ipsi ut lepores, destinata venatio, de longinquo obsidemur.*

Saint Grégoire de Néocésarée, au rapport de saint Grégoire de Nysse (lib. III, c. 22), voyant venir la persécution de Dèce, et considérant l'atrocité des tourments et la faiblesse humaine, conseilla à son peuple de s'enfuir dans les déserts, et pour l'y engager plus efficacement, il s'y retira lui-même et se cacha dans une montagne écartée. Le dragon envoie après lui un fleuve pour l'en arracher : *Et misit serpens ex ore suo post mulierem aquam tanquam flumen, ut eam trahi faceret a flumine.* Les satellites du démon avertis de sa retraite y accourent en foule, les uns montent la montagne, les autres gardent les détroits et les passages, les autres en entourent le pied, et emploient toutes leurs forces et leur industrie, pour faire tomber dans leurs filets une telle proie. On cherche par tous les coins et recoins ; on n'omet ni buisson, ni rocher enfoncé, ni antre, ni grotte. La Providence cache le pasteur, mais on rencontre les brebis, les pauvres Chrétiens réfugiés dans les cavernes, et dans les autres lieux écartés de la province, sont pris, et en sont arrachés; on les traîne à la ville, on les présente aux magistrats, on en remplit les prisons. Quel plus visible accomplissement de la prophétie? *Alii quidem radicibus collis circumsessis observabant, ne qua, si fugam tentasset, evadere possit : alii qui montem subierunt in omnibus partibus scrutantes, omnia dumeta atque arbusta, omnia prominentia saxa, omnes cavernas voraginum cum summa diligentia perscrutantur : et tunc adversus reliquos rabiosam sævitiam suam vertentes, in omnibus partibus provinciæ perscrutabantur, omnes similiter tam mulieres, et pueros, quam viros, quicunque nomen Christi venerabantur, et trahebant ad urbem, et carceres complebant.*

Nous apprenons d'une ancienne inscription de ce temps-là, rapportée dans le *Roma subterranea*, qu'on allait fouiller jusque dans les antres et les cavernes les plus creuses, pour en arracher les Chrétiens qui s'y étaient cachés : *Tempora infausta, in quibus ne in cavernis quidem salvari possent Christiani.*

Mais comment ne les auraient-ils pas persécutés dans les solitudes où ils s'étaient retirés, puisqu'ils les persécutaient dans l'exil même, où ils les avaient envoyés? C'est ce que nous apprend Eusèbe dans son récit des martyrs de la Palestine (c. 13) : « Un grand nombre de confesseurs, » dit-il, « relégués aux mines de la Palestine, y vivaient avec tant de paix et de liberté, qu'ils bâtissaient des oratoires ou églises, lorsque le président de la province, homme méchant et cruel, ainsi que ses actions contre les martyrs le firent assez connaître, étant arrivé en ce lieu, et ayant appris la manière de vivre des Chrétiens, en avertit aussitôt l'empereur, chargeant de calomnies ces pauvres innocents ; d'où il advint que l'intendant des mines s'étant transporté sur ces lieux, par un ordre exprès du prince, sépara ces fidèles si unis en diverses troupes, et en envoya quelques-uns en l'île de Chypre, d'autres au mont Liban, et dispersa le reste en divers lieux de la Palestine, mandant aux officiers de les accabler de travail, et de les fatiguer en diverses manières : » *Cum in metallis æris, apud Palestinam maxima confessorum multitudo in unum congregata, incredibili libertate frueretur, adeo ut ecclesias etiam exstrueret. Præses provinciæ, vir sævus atque improbus, ut ex his quæ adversus martyres gessit, perspici facile potest, illuc delatus, audita illorum vivendi ratione, rem statim ad imperatorem retulit, quæcunque ipsi visum fuerat calumniose in eos scribens. Dehinc præpositus metallorum eo adveniens, velut ex imperiali præcepto, confessores varias in turbas distribuit, et alios quidem apud Cyprum, alios in Libano jussit incolere ; reliquos per varia Palæstinæ loca dispersos, diversorum operum molestiis vexari omnes mandavit.*

Enfin, quand les idolâtres ne les auraient pas poursuivis dans les déserts, la faim, la soif et les autres nécessités de la vie auraient été un torrent plus que suffisant pour les absorber et les perdre, si Dieu ne les avait soutenus. Les actes du martyre de saint Théodore d'Ancyre (c. 11) nous en fournissent une bonne preuve : « Il ne restait aucun espoir de salut aux pauvres Chrétiens fugitifs et retirés dans les déserts : la faim plus insupportable que tous les supplices, les dévorait : car se répandant dans cette vaste solitude, et chacun d'eux se cachant dans les cavernes, et les antres qu'ils rencontraient à l'aventure, et s'y renfermant, ils ne pouvaient pas longtemps demeurer en cet état, pressés par les nécessités de la nature, et ils tombaient ainsi entre les mains de ceux qui les cherchaient dans ces lieux solitaires : la fuite était donc elle-même un grand supplice aux Chrétiens, particulièrement aux personnes délicates, qui n'étaient pas accoutumées à manquer de rien, et qui se voyaient réduites à brouter l'herbe et à ronger les racines, vérifiant en eux cette parole de saint Paul aux Hébreux (x, 87, 88) : *Ils ont été lapidés, sciés, tentés, passés par le fil de l'épée, errants çà et là, vêtus de peaux de brebis et de chèvres, pauvres, affligés, maltraités, relégués dans les déserts, sur les montagnes, dans les antres et dans les cavernes de la terre :* » — *Deerat fugitivis salutis locus, ibi digressis omni supplicio gravior instabat fames; per totam quippe vagantes solitudinem, et in spelæis atque cavernis, ut quisque latebram invenerat, se continentes non poterant diu tolerare esuriem, quin multis se comprehendendos præberent. Grave ergo fugitivis ipsius fugæ malum, ingenuis præsertim, qui olim nullius indigi, nunc radicibus vescebantur et herbis, juxta illud Apostoli:* « *Circuierunt in melotis, in pellibus caprinis, egentes, angustiati, afflicti, quibus dignus non erat mundus, in solitudinibus errantes, in montibus et speluncis, et in cavernis terræ.* »

C'était un arrêt irrévocable du peuple romain, selon [Tertullien] (apolog. 3), qu'il fallait exterminer les Chrétiens et qu'il ne leur était pas permis de vivre : *Non licet esse vos.* Saint Justin dans son *Dialogue avec Tryphon*, assure qu'il n'y avait lieu au monde, pour reculé qu'il fût, où les Chrétiens respirassent en assurance : *In toto mundo nemini Christianorum vivere licet;* et où le démon n'envoyât un torrent de persécutions pour les en chasser. On les tire de leurs antres, on les déchire, on les massacre et l'empire romain animé par le diable, ou le dragon infernal, va comme une bête carnassière chercher sa proie dans les bois les plus épais et les forêts les plus sombres. « Quel est ce Caucase, » dit Lactance (lib. v *De instit.*, c. 11), « quelles sont ces Indes, ou quelles Hircanies, qui aient jamais enfanté des monstres si inhumains et si sanguinaires ? La rage des bêtes farouches cesse quand leur ventre est rempli et la proie qu'elles mangent les apaise aussitôt; mais pour Rome, c'est un dragon insatiable, au commandement duquel le sang humain ruisselle de toutes parts, elle répand partout une terreur mortelle, et un deuil universel, elle fait voir la mort en mille manières différentes. Personne ne saurait décrire dignement la férocité de ce monstre, qui, de l'antre où il est couché, fait sentir ses dents de fer à toute la terre et qui non-seulement déchire les membres des hommes, mais brise leurs osements et se joue de leurs cendres, lesquelles il jette au vent, pour ne leur pas donner la sépulture : quelle est cette barbarie, cette rage et cette folie, de ravir la lumière aux vivants et la terre aux morts ? » *Quis Caucasus, quæ Indiæ, quæ Hircaniæ tam immanes, tam sanguinarias unquam bestias aluit ? quoniam ferarum omnium rabies usque ad ventris satietatem furit, fameque sedata, protinus conquiescit; illa est bestia cujus una jussione*

Funditur ater ubique cruor.....
.....crudelis ubique
Lu tus, ubique, pavor et plurima mortis imago.
(VIRGIL., *Æneid.*, XI, 646 ; II, 368-369.)

Nemo hujus tantæ belluæ immanitatem potest pro merito describere; quæ uno loco recubans, tamen per totum orbem dentibus ferreis, et non tantum artus hominum dissipat, sed et ossa ipsa comminuit et in cineres furit, ne quis exstet sepulturæ locus. Quænam illa feritas, quæ rabies, quæ insania est lucem vivis, terram mortuis denegare ?

On voit par là avec quelle raison l'empire romain est en plusieurs endroits de l'*Apocalypse* appelé *la Bête :* puisque se servant des bêtes féroces pour déchirer les Chrétiens, on peut dire qu'il était lui-même la bête cruelle qui les dévorait par la bouche des bêtes auxquelles il les donnait en proie.

Tel fut ce torrent dont le démon se servit, ou plutôt qui sortit de la bouche du dragon, pour arracher des déserts l'Eglise qui s'y était réfugiée, comme dans un asile et que les empereurs poussés par ce malin esprit ordonnèrent qu'on allât persécuter jusque dans les antres souterrains : *Et misit serpens ex ore suo post mulierem aquam tanquam flumen, ut eam trahi faceret a flumine.* Voici comment parlent les Actes des martyrs de ce temps-là, qui sans doute sont les meilleurs commentaires de l'*Apocalypse* : La persécution semblable à un torrent impétueux, grossissait ses flots et le démon enragé ouvrant sa gueule, s'efforçait d'engloutir les fidèles : *Persecutionis impetus quasi fluctus sæculi tumescebant; et avidis faucibus rabies diaboli infestantis inhiabat.* (*Acta S. Jacob. Mariani*, etc.) Quelle plus expresse interprétation peut-on donner ? Car qui ignore qu'un peuple persécuteur ne soit nommé dans le langage ecclésiastique, un torrent, ou un fleuve ? La multitude de la populace, comme un fleuve gros et rapide, courait au lieu du martyre : *Fluminis instar tota incolarum multitudine extra Urbem ad locum martyrii confluente,* disait saint Basile dans le récit des combats du célèbre martyr Gordius, dont on vient de parler, afin de donner à entendre le concours des persécuteurs dont le démon se servait, pour faire abjurer la foi aux Chrétiens réfugiés dans les déserts, comme celui-ci : concours semblable à un fleuve impétueux qui entraîne tout ce qu'il rencontre. Les confesseurs étaient traînés en prison par une immense multitude de peuple, qui, semblable aux flots d'un grand fleuve, inondait la place publique, lisons-nous dans les Actes du martyre de saint Pionius et de ses compagnons : *Ducebantur autem ad carcerem, magna parte vulgi et immensa populi copia prosequente, et vix undas populi,* etc.

Saint Nilus dans ceux du bienheureux martyr Theodote d'Ancyre, rapporte que toute l'Eglise étant en effroi et ses enfants dispersés dans les solitudes, les montagnes et les déserts, on eût dit que, semblable à une nacelle agitée par la tempête, elle allait être submergée par les flots d'une si grande inondation : *Instar navis turbinibus procellisque agitatæ. Desolata fuit plenitudo Ecclesiæ, et fugitivis impletæ solitudines mon-*

tiumque cacumina..... totaque ipsa Ecclesia tanquam fluctibus, sic persecutione metuit absorberi. Voilà le torrent dont le dragon se servit pour arracher l'Eglise des déserts, ou l'y faire exterminer : *Et misit serpens ex ore suo post mulierem aquam tanquam flumen, ut eam trahi faceret a flumine.*

§ V. — *Constantin, premier empereur chrétien, vient au secours de l'Eglise, et fait cesser la persécution.*

Saint Jean ayant décrit jusqu'ici l'état de l'Eglise depuis l'ascension du Fils de Dieu jusqu'à la conversion de Constantin, c'est-à-dire les persécutions qu'elle avait eu à souffrir de l'impiété des empereurs idolâtres animés par le dragon à sa ruine ; la nécessité où elle s'était vue de cacher son culte, et de se retirer dans les déserts, où même elle se vit poursuivie par cet implacable ennemi, et cela jusqu'au temps de la dixième persécution émue par Dioclétien : et nous ayant de plus fait voir la destruction de l'idolâtrie, et le démon déchu de sa divinité prétendue, par la publication de l'Evangile et la conversion du monde, qui commençait à reconnaître ses erreurs et à ouvrir les yeux à la vérité (car c'est dans ce peu de mots qu'est renfermée, comme dans un abrégé merveilleux, toute l'histoire des trois premiers siècles de l'Eglise), va présentement, dans les versets suivants, achever de nous exposer la manière dont le paganisme fut entièrement détruit, et le christianisme parfaitement établi.

Mais, pour bien entendre ce point, il est important de représenter brièvement l'état de l'empire au commencement du IV° siècle.

Les auteurs de la dixième et dernière persécution, savoir, Dioclétien et les deux collègues qu'il s'était associés, Maximien Hercule et Maximien Galère, venaient de périr par le genre effroyable de mort rapporté ci-dessus, et l'empire se trouvait partagé entre quatre souverains : Maximin et Licinius princes idolâtres, et créatures de Maximien Galère, qui les avait fait déclarer Césars au préjudice de Constantin par Dioclétien, régnaient en Orient ; Maxence, fils de Maximien Hercule, aussi idolâtre, avait usurpé le gouvernement à Rome, et tenait sous sa domination l'Italie et l'Afrique ; Constantin, qui venait de succéder à son père Constance Chlore, régnait dans les Gaules : il avait épousé Fausta, fille de Maximien Hercule, et sœur de Maxence, et dans la suite il donna en mariage sa sœur Constantia à Licinius.

Le premier soin de Constantin parvenu à l'empire fut de se rendre le protecteur des Chrétiens : il écrivit aux autres empereurs ses collègues de faire cesser la persécution, et de donner la paix à l'Eglise. A sa considération ils suspendirent leurs fureurs, mais cette complaisance forcée ne dura guère. Maxence, le premier, en haine de Constantin, sur qui il voulait se venger de la mort de son père Maximien Hercule, persécute de nouveau les fidèles, et déclare la guerre à leur protecteur. Par la vertu de la croix, Constantin remporte cette célèbre victoire, qui défit Rome d'un tyran, et l'Eglise d'un persécuteur. Maxence périt, et notre empereur entre triomphant dans Rome, précédé de ce signe salutaire qui lui était apparu miraculeusement dans le ciel, et dont il fait la principale enseigne de ses armées. Il trouve Rome, lassée enfin de tant de cruautés exercées contre les Chrétiens, édifiée de leur patience, et en partie détrompée de ses vieilles superstitions, qui le reçoit à bras ouverts.

L'Eglise occidentale jouit donc pour lors de la paix sous l'autorité du premier empereur chrétien. Mais Maximin en Orient renouvelle la persécution plus cruellement qu'elle n'avait jamais été sous les précédents tyrans, même sous Maximien Galère. Constantin lui écrit en faveur des Chrétiens : il fait semblant de s'arrêter, mais il éclate de nouveau, et prend le dessein de faire la guerre à Licinius, pour lors dans les intérêts de Constantin, son beau-frère, puis à Constantin, résolu, après leur défaite, d'exterminer sans ressource le christianisme, et de remettre le paganisme sur le trône.

C'est donc ici une nouvelle guerre excitée par le démon en haine de la religion. Mais si Maximin est assisté du dragon. Licinius, quoique païen, est secouru par un ange, qui le porte dans une vision à recourir au vrai Dieu, pour le parti duquel il combattait sans le connaître, et qui lui fait gagner une grande et inespérée victoire, suivie de la mort malheureuse de Maximin.

Constantin et Licinius partagent ensuite l'empire entre eux deux : celui-ci, qui est idolâtre, règne en Orient ; celui-là, qui adore Jésus-Christ, règne en Occident, et ces deux beaux-frères semblent devoir vivre en paix. Mais Licinius, excité par le démon, reprend le dessein de Maximin ; il persécute cruellement les Chrétiens, il viole la foi des traités, et il déclare la guerre à Constantin. Par le secours invincible de la croix, Licinius est défait sur le bord de la mer ; il perd l'empire avec la vie. Constantin demeure seul maître de l'univers, l'idolâtrie est abattue sans ressource, et l'Eglise vit en paix sous sa puissance. Tant de grandes choses et si importantes à la religion, s'exécutèrent dans l'espace de dix-huit ans, à commencer en l'année 306, en laquelle Constantin prit la pourpre, et à finir en 324, en laquelle Licinius fut défait. En 325, celui-ci meurt, et l'année même que ce dernier ennemi de la divinité de Jésus-Christ et ce dernier des persécuteurs idolâtres quitte le monde, l'Eglise victorieuse s'assemble en son premier concile général en la ville de Nicée, c'est à dire *de la victoire,* afin même que le nom répondît à la chose, suivant la remarque d'Eusèbe (lib. III, c. 6) : *Sedes huic synodo convenientissima assignata est, urbs quæ a victoria nomen habet,* Nicæa, où la divinité de Jésus-Christ est reconnue, décidée, publiée et crue par toute la terre, sous le premier empereur chrétien, la religion du vrai Dieu établie, et l'idolâtrie confondue à jamais.

Voilà l'histoire telle qu'elle est arrivée, voici la manière dont saint Jean l'a prophétisée. Après nous avoir décrit comme quoi le démon avait voulu dévorer l'Eglise dans sa naissance, comment il l'avait ensuite persécutée et poursuivie jusque dans le fond des déserts, ayant envoyé un torrent après elle, pour l'arracher de sa retraite, et l'ayant représentée réduite à une étrange extrémité, contrainte de se cacher, et son culte aussi, il nous rapporte le secours qu'elle reçut de Dieu dans cette conjoncture.

16. *Et la terre secourut la femme, et ouvrant la bouche, elle engloutit le fleuve que le dragon avait jeté de sa gueule, afin que la femme fût emportée par le torrent.*

Voici la terre qui se réconcilie avec le ciel, qui vient au secours de l'Eglise, et qui devient sensible aux maux des Chrétiens : « Elle marque de la douleur, premièrement par ses larmes : car au fort de la dernière et de la plus grande persécution, la terre pleura, » dit Constantin dans Eusèbe (lib. II, c. 52) ; « le ciel, comme ensanglanté de tant de cruautés, gémit ; et le soleil s'obscurcit d'horreur et de deuil à la vue de tant de misère »: *Terra quidem ipsa lacrymas edidit; cœlum vero cruore inquinatum ingemuit; ipsa quoque lux diei præ luctu atque horrore tanti prodigii obscurata est.*

Et la terre secourut la femme. La puissance temporelle vient la première fois au secours de l'Eglise. *Et adjuvit terra mulierem.* Constantin paraît à la tête des Chrétiens, et entreprend leur défense, ainsi qu'Eusèbe le rapporte au sujet de Licinius. « Constantin, » dit-il (lib. x, c. 9), « résolut de secourir les pauvres Chrétiens opprimés, auxquels il ne restait plus aucune espérance de salut, et que cette bête cruelle tourmentait de la manière du monde la plus inhumaine ; c'est pourquoi, prenant leur défense, il marche à leur secours avec son fils Crispus César, qui le secondait dans cette expédition, et tous deux tendent la main aux fidèles opprimés de toutes parts »: *Constantinus libenti animo opem ferre statuit his qui a tyranno opprimebantur : oppressis enim nulla jam spes salutis supererat, quos immanis illa bellua crudelissime vexabat : quocirca una cum filio Crispo Cæsare expeditionem suscepit, salutarem dextram cunctis pereuntibus porrigens.* Ne dirait-on pas que les historiens conspirent à choisir des expressions qui reviennent et se rapportent le plus naturellement aux expressions de la prophétie ?

Et la terre ouvrit sa bouche, et absorba le fleuve qui était sorti de la gueule du dragon, et qui devait submerger l'Eglise réfugiée dans les déserts : *Et aperuit terra os suum, et absorbuit flumen quod misit draco de ore suo.*

Constantin parle : il écrit à Maximin, le cruel persécuteur des Chrétiens, et ce tyran suspend ses fureurs, et arrête le torrent de son impiété à la lecture des lettres de Constantin : *Hæc ille moliens, Constantini litteris deterretur; dissimulavit ergo.* Ce sont les paroles expresses de Lactance.

La crainte de ce même empereur chrétien avait obligé Maxence à donner trêve à l'Eglise : *Indulgentiam mittente Maxentio, Christianis libertas est restituta*, dit Optat. « La même chose arriva encore à l'égard de Licinius, qui, près d'attaquer l'Eglise en ses Etats, appréhenda Constantin, et n'osa exécuter ses cruels desseins, » au rapport d'Eusèbe (lib. II, c. 12) : *Licinius Ecclesiis Dei sub imperio suo constitutis, bellum palam inferre ob Constantini metum minime ausus est.*

Ainsi la persécution se ralentit de toutes parts, le dragon réprime sa fureur, la terre, où la puissance temporelle ouvre la bouche, et tarit le torrent, dont il voulait submerger l'Eglise, et le monde commence à se déclarer pour la vérité : « L'empereur Constantin, parvenu à l'empire, n'eut rien de plus pressé que de rétablir le christianisme, et de rendre les Chrétiens à leur Dieu : le premier décret qui émana de sa bouche fut de remettre l'Eglise en liberté »: *Suscepto imperio, Constantinus Augustus nihil egit prius quam Christianos cultui ac Deo suo reddere. Hæc fuit prima ejus sanctio, sanctæ religionis restituta libertas.* (Lib. II, c. 31.)

C'est ce que nous apprenons de Lactance, et de Constantin même, dont la première loi fut de rappeler les Chrétiens des solitudes et des déserts, arrêtant ainsi le torrent dont le dragon voulait engloutir l'Eglise réfugiée dans les montagnes et les îles désertes : *Præcipimus ut qui hactenus montium asperitatibus, et circumfuso mari conclusi fuerunt, tristi tandem et inhumana solitudine liberati sint.* Commentaire bien clair pour entendre cet endroit : ce qui suit ne le sera pas moins.

17. *Et le dragon se mit en colère contre la femme, et il s'en alla faire la guerre au reste de ses enfants, qui gardent les commandements de Dieu, et qui ont le témoignage de Jésus-Christ.*

Qu'on étudie bien les expressions de l'Apôtre, et on y trouvera le caractère de chaque chose expressément marqué : il donne trois mouvements au démon.

Le premier est quand il dit que le dragon se tint devant la femme, pour dévorer son fils, sitôt qu'elle l'aurait enfanté : *Et draco stetit ante mulierem, ut filium ejus devoraret.* En effet, il croyait pouvoir dévorer le christianisme naissant, lorsqu'il fit mourir Jésus-Christ par la main des Juifs, et que, semblable à ce monstre qui engloutit Jonas, et qui le garda trois jours et trois nuits dans ses entrailles, il vit autant de temps le corps du Sauveur dans le sépulcre, et son âme descendue aux enfers : n'est-ce pas son langage, et celui de ses complices, rapporté dans l'Ecriture ? *Allons, répandons le sang de l'innocent, tendons des pièges à la simplicité du juste; engloutissons-le tout vivant, comme l'enfer engloutit tous ceux qui y tombent* : « *Venite, insidiemur sanguini, abscondamus tendiculas contra insontem frustra, deglutiamus eum, sicut infernus viventem, et integrum quasi descendentem in lacum.* » (*Prov.* I 11, 12.) N'est-ce pas lui dont il est écrit : *Il avalera le fleuve, et il ne s'en étonnera pas, et il se confie de pouvoir même engloutir le Jourdain :* « *Absorbebit fluvium, et non mirabitur, et habet fiduciam quod influat Jordanis in os ejus.* » (*Job* XL, 18.) C'est-à-dire qu'il estimait peu de chose pour lui d'avoir absorbé le genre humain par le péché de notre premier père, s'il n'engloutissait encore l'Eglise, régénérée en la personne des apôtres et des premiers fidèles, qu'il cribla, et qu'il dispersa au moment de la mort du Sauveur : mais cette proie lui étant échappée, ces premiers-nés ayant été enlevés au trône de Dieu : *Et raptus est filius ejus ad Deum, et ad thronum ejus :* et se voyant par ces nouveaux hôtes chassé lui-même du ciel, c'est-à-dire déchu de sa divinité prétendue, il va

En second lieu, persécuter l'Eglise de la terre, qui les avait enfantés, et la poursuivre jusque dans les déserts les plus reculés : *Persecutus est draco mulierem..... in desertum.*

« Cet implacable et superbe ennemi, » dit saint Basile racontant l'histoire du martyre de sainte Julite, « se promettait une victoire assurée contre une femme infirme : et proportionnant ses menaces à son orgueil, il ne méditait rien moins que d'ébranler l'univers, d'écraser le genre humain, comme on écrase les œufs du nid d'un faible oiseau mis en fuite, et de réduire les villes les plus peuplées en une effroyable solitude. » *Cum scilicet communis humani generis adversarius magnificas illas voces expromebat impotenti superbia insolescens, se scilicet concussurum universum terrarum orbem, et quasi nidum comprehensurum, ac velut ova derelicta e medio sublaturum, urbesque redacturum in solitudinem.*

Troisièmement enfin, la patience des martyrs ayant surmonté la violence des persécutions et des tyrans que ces dix cornes et ces sept têtes figuraient : d'ailleurs Constantin, par son autorité, ayant arrêté l'impétuosité de ce torrent, que le dragon avait excité pour submerger l'Eglise réfugiée dans les déserts : *Et adjuvit terra mulierem, et aperuit os suum, et absorbuit flumen quod misit draco post mulierem, ut eum faceret trahi a flumine.* Le démon, enragé et désespéré de voir ses efforts rendus vains et inutiles, se met en une nouvelle colère contre l'Eglise; il change de batterie et arme ce qui lui reste de sujets idolâtres, et s'en va faire la guerre contre ceux qui gardent les commandements de Dieu, et qui portent le caractère des soldats de Jésus-Christ : *Et iratus draco in mulierem, abiit facere prælium cum reliquis de semine ejus, qui custodiunt mandata Dei, et habent testimonium Jesu Christi.* Il suscite des guerres contre les fidèles, et livre des combats et des batailles au Dieu des armées : *abiit facere prælium.* « Le démon, » dit Eusèbe, « a suscité toutes ses troupes infernales contre nous. » *Dæmon omnes suas lethiferas copias adversus nos concitavit.*

D'abord c'était une persécution, tout était pour lui, *persecutus est draco mulierem ;* à présent on est partagé : il y a des païens d'un côté, il y a des Chrétiens de l'autre, il ne lui reste donc plus qu'à prendre le parti de la guerre, c'est le seul moyen de contenter sa colère ; aussi n'y manque-t-il pas, *iratus draco abiit prælium facere.* Voilà le mot expressif de ce qui doit suivre, et qu'il faut expliquer, pour bien entendre le rapport de l'*Apocalypse* à l'histoire, et faire voir les combats du démon et des mauvais anges, pour le maintien de leur fausse divinité contre l'Eglise, qui, secourue de saint Michel et des bons anges, voulait renverser l'idolâtrie comme elle le fit, et établir la religion du vrai Dieu : *Factum est prælium magnum in cælo, Michael et angeli ejus præliabantur cum dracone : et draco pugnabat, et angeli ejus,* etc.

§ VI. —*Des guerres cruelles et sanglantes que le démon suscita contre l'Eglise après la persécution.*

Le dragon irrité s'en alla faire la guerre aux enfants de cette femme.

Ces mots, *le dragon s'en alla,* marquent un mouvement singulier du démon, qui abandonne une partie du monde, pour se retirer en l'autre, c'est-à-dire, qu'ayant été chassé de l'empire d'Occident, où Constantin faisait briller les lumières de la foi, il se réfugia au midi et en Orient, où Maxence et Maximin, et enfin Licinius, dernière ressource de l'idolâtrie, conservaient un asile à ce prince des ténèbres, et d'où ensuite il devait venir fondre sur les fidèles. Voici comme s'en explique Eusèbe, livre I de la *Vie de Constantin,* chap. 9 : « On était informé des cruautés que cette bête féroce exerçait en Orient contre l'Eglise de Dieu, et il semblait que le démon, par une malice horrible, brûlant de dépit de voir ce que le très-pieux empereur Constantin faisait dans son empire, tâchait de défaire d'un côté ce que ce prince établissait de l'autre ; en sorte que l'empire romain, divisé en deux parties, ressemblait à la nuit et au jour, qui divisent le temps ; l'Orient était obscurci par les ténèbres épaisses de l'idolâtrie, sous laquelle ce prince impie faisait gémir ses sujets ; et l'Occident était éclairé des vives lumières du plus beau jour du monde : » *Etenim immanis quædam bellua tum Ecclesiæ Dei, tum reliquis provincialibus illic insidiari nuntiabatur, cum nequissimus dæmon, quasi æmulatione succensus is quæ ab imperatore Dei amantissimo gerebantur, contraria facere studeret : adeo ut imperium Romanum duas in partes divisum, nocti et diei simile esse omnibus videretur : quippe Orientis quidem incolas caligo noctis præmebat; eos vero, qui Occidentis partes habitabant, serenissimus illustrabat dies.* Mais il faut voir le succès des guerres effroyables émues contre les fidèles par ces trois suppôts du démon, ou du dragon infernal, et cela uniquement en haine de la religion chrétienne qu'ils voulaient abolir.

PREMIÈRE GUERRE. — *Excitée par Maxence contre l'Eglise.*

[L'an 311.] Le dragon en colère s'en alla faire la guerre : *Iratus draco abiit prælium facere.*

Maxence donc est le premier prince idolâtre que le démon arme contre les Chrétiens, après la fin funeste des trois derniers persécuteurs. Il veut venger la mort de son père Maximien Hercule, détruire l'Eglise, et relever l'empire chancelant du démon. Il est néanmoins vrai que par politique il dissimula au commencement de son règne, suivant le témoignage d'Optat qui vivait peu après, et dont voici les paroles : « L'orage de la persécution, » dit-il, « finit enfin, Dieu l'ordonnant ainsi : si bien que Maxence relâchant la rigueur des édits, les Chrétiens recouvrèrent la liberté : » *Tempestas persecutionis peracta est, jubente Deo, indulgentiam mittente Maxentio, Christianis libertas est restituta.*

Nous lisons même dans saint Augustin (*Collat. tertiæ diei,* in fin.), qu'il fit rendre aux Chrétiens le bien qu'on leur avait ravi pendant les persécutions précédentes : *Melchiades misit diaconos cum litteris Maxentii imperatoris, et litteris præfecti prætorii ad præfectum Urbis, ut ea reciperet, quæ tempore persecutionis ablata, memoratus imperator Christianis jusserat reddi.*

Ce qu'Eusèbe avait dit auparavant lui au liv. VIII, chap. 14 : « Maxence, le tyran de Rome, feignit d'abord d'entrer dans nos sentiments, pour s'accommoder au peuple, et s'insinuer dans son estime par une apparente douceur : il ordonna qu'on désistât de persécuter les Chrétiens, se faisant un honneur de paraître doux et pieux, et beaucoup plus débonnaire que les princes ses prédécesseurs : mais cela ne dura guère, et ses actions ne répondirent pas à l'idée qu'il avait voulu donner de lui par ses paroles : au contraire il se laissa bientôt emporter par une extrême impétuosité à toutes sortes de crimes et de désordres, s'abandonnant sans réserve à l'impiété et à la débauche »: *Maxentius qui Romæ tyrannidem arripuit, principio quidem fidei nostræ professionem simulavit, ut in eo morem gereret, blandireturque populo Romano. Itaque subditis suis præcepit, ut a persecutione Christianorum desisterent.*

En effet, aurait-il pu s'associer de Maximien Hercule, ancien et implacable ennemi de l'Eglise, duquel Oroze dit (lib. VII, c. 28), que, se dépouillant de la pourpre, il ne s'était pas dépouillé de la haine contre les Chrétiens : *Ex Augusto privatus, publicus persecutor erat ;* et n'avoir pas hérité de son impiété ? D'ailleurs, s'étant ligué avec Maximin, le plus impie et le plus cruel ennemi du peuple de Dieu, ils se mirent à persécuter les fidèles, comme on peut voir au chapitre 14 du livre VIII d'Eusèbe, qui, parlant en commun de ces deux princes, dit de Maxence, aussi bien que de son collègue : « Que tout le monde fléchit sous ses désirs iniques, excepté les Chrétiens qui, méprisant la mort, ne plièrent point sous sa tyrannie : car les hommes aimèrent mieux périr par le fer et par le feu, être cloués à des poteaux, déchirés des bêtes, jetés au fond de la mer, se voir couper les membres, brûler le corps, percer de traits, crever les yeux, hacher en pièces, souffrir la faim, être condamnés aux mines, chargés de chaines ; en un mot, endurer avec patience toute sorte de tourments, et prouver la vérité de leur religion par leur vertu, que d'abandonner leur Dieu, et d'adorer des simulacres. Les femmes chrétiennes ne donnèrent pas de moindres exemples de leur constance et de leur foi, » etc. *Atque hæc ex voto ipso successerunt adversus cunctos, solis exceptis Christianis, qui calcato mortis metu, tam violentam tyrannidem despexerunt. Nam et viri ignem et ferrum, clavorum suffixiones, bestias, profundos maris gurgites, membrorum abscissiones, ac perustiones, confixiones et effossiones oculorum, totius denique corporis mutilationes : ad hæc famam, metalla, ac vincula perpessi, in his omnibus maluerunt pro vera pietate tolerantiæ suæ specimen edere, quam rejecto Dei cultu, venerari,* etc. *Item mulieres,* etc. A cette persécution il joignit la guerre qu'il déclara à Constantin : *Maxentius bellum Constantino indixerat, quasi necem patris sui vindicaturus.* (LACTANT.)

Voici comment notre empereur chrétien se prépare pour se défendre, et la manière sainte dont il soutint son adversaire : ce qui fait voir visiblement que c'était là une véritable guerre de religion, et excitée par le dragon infernal pour détruire l'Eglise, qu'il n'avait pu renverser par les précédentes persécutions.

« Constantin, » dit Eusèbe (lib. I, c. 27), « persuadé qu'il avait besoin d'une puissance plus considérable et plus invincible que celle des armées, pour dissiper les illusions de la magie dans lesquelles Maxence mettait sa principale confiance, eut recours à la protection de Dieu; il délibéra d'abord sur le choix de celui qu'il devait reconnaître : il considéra que la plupart de ses prédécesseurs qui avaient adoré plusieurs dieux, et qui leur avaient offert de l'encens et des sacrifices, trompés par des prédictions pleines de flatteries et par des oracles qui ne leur promettaient que d'heureux succès, avaient péri misérablement, sans qu'aucun de leurs dieux se fût mis en peine de les secourir ; que son père avait seul reconnu leur égarement, et pris le bon chemin ; qu'il n'avait adoré que Dieu durant toute sa vie, et que Dieu avait été en récompense son protecteur, le conservateur de son empire, et l'auteur de tous ses biens. Il fit une sérieuse réflexion sur la multitude des maux dont avaient été accablés les princes infortunés qui avaient suivi une multitude de dieux, et reconnut qu'aucun d'eux n'avait laissé de postérité, ni même la moindre mémoire de son nom : au lieu que le Dieu de son père lui avait donné d'illustres preuves de sa puissance. Il remarqua aussi que ceux qui, en prenant les armes contre les tyrans, avaient mis leur espérance dans la protection des démons, n'en avaient reçu aucun avantage, l'un étant revenu avec ses troupes sans avoir rien fait de considérable, et l'autre ayant été tué au milieu de son armée. Après avoir longtemps médité toutes ces raisons, il jugea que c'était la dernière de toutes les extravagances, que d'adorer les idoles, de la faiblesse et du néant desquelles il avait des preuves si convaincantes, et il se résolut d'adorer le Dieu de Constance son père : » *Jam vero cum intelligeret, præter militares copias, præstantiore aliquo subsidio sibi opus esse, ob maleficas artes, magicasque præstigias quas tyrannus studiose consectabatur, Deum sibi adjutorem quæsivit, armorum quidem apparatum et militum copias, secundo loco ducens,* etc.

Armé d'un si bon dessein, ce pieux prince marche vers les Alpes contre l'ennemi du nom chrétien et le sien propre, et ce fut dans ce voyage, étant encore dans les Gaules, que le Ciel se déclara en sa faveur par une merveille connue de tout le monde, et qu'Eusèbe rapporte en ces termes :

« L'empereur Constantin priant Dieu, et implorant son secours avec instance, un signe admirable lui fut montré de la part de Dieu, lequel s'il était raconté par quelque autre, trouverait difficilement croyance dans l'esprit de ceux qui l'entendraient : mais comme ce victorieux empereur nous l'a rapporté lui-même longtemps après, et lorsque nous eûmes l'honneur d'être connus de lui, et d'avoir part à sa confidence, confirmant même son récit par un serment religieux, qui pourrait après cela le révoquer en doute? particulièrement après que l'événement des choses en a si bien justifié la vérité. Il nous a donc dit, à nous qui écrivons cette histoire, qu'étant en marche avec son armée, il vit en plein jour une croix de lumière, formée dans le ciel au-dessus du soleil, qui commençait pour lors à décliner vers son couchant, avec cette inscription : VOUS VAINCREZ EN CE SIGNE : qu'à ce spectacle étonnant qu'il contemplait de ses propres yeux, lui et ses soldats qui voyaient aussi ce glorieux trophée, demeurèrent surpris. Il ajoutait que, faisant une profonde réflexion sur ce que pouvait signifier cette vision, laquelle l'occupait extrêmement, et la nuit étant survenue, il s'endormit : et pour lors Jésus-Christ le Fils de Dieu lui apparut en songe avec le signe salutaire qu'il avait vu dans le ciel, et lui commanda de faire construire un étendard de la même forme, et de s'en servir comme d'un rempart salutaire, qui le protégerait dans les combats : » *Imperatori Constantino precanti Deum, ac suppliciter postulanti, admirabile quoddam signum a Deo missum apparuit,* etc. *Horis diei meridianis, sole in occasum vergente, crucis trophæum in cœlo ex luce conflatum, soli superpositum ipsis oculis se vidisse affirmavit, cum hujusmodi inscriptione :* HOC VINCE. *Eo viso, et seipsum et milites omnes, qui ipsum nescio quo iter facientem sequebantur, et qui spectatores miraculi fuerant, vehementer obstupefactos,* etc.... *Tum sacerdotes Dei veri ad se accersivit, fidem audivit, Scripturas sacras legit, catechumenus fit, Deum illum quem viderat, omni observantia colendum esse duxit. Post hæc munitus spe bona quam in illo collocaverat....... omni bellico apparatu adversus tyrannidem sese instruxit; cumque summum omnium Deum patronum sibi adscivisset, Christumque ejus Filium servatorem atque auxiliatorem invocasset, et victoriæ trophæum, salutare scilicet signum, ante milites ac stipatores suos statuisset, cum omni exercitu progressus est,* etc.

« Constantin éveillé assemble ses amis, leur raconte cette vision, et fait venir des ouvriers, des lapidaires et orfèvres, pour lui construire le signe salutaire de la croix en manière d'étendard, afin de le faire porter à la tête de ses troupes » (et c'est ce qu'on nomme le *labarum,* si fameux dans l'histoire, mot qui veut dire, selon saint Grégoire de Nazianze (orat. 1), *finis laborum,* ou *la fin de nos travaux,* et dont on peut voir la description dans Eusèbe, liv. I, c. 3.)

« Puis ayant appelé les évêques, et s'étant fait instruire à fond de la religion chrétienne, il se mit au rang des catéchumènes, et pour lors, continue Eusèbe, se confiant entièrement en Jésus-Christ, assuré du secours divin, et précédé de ce signe salutaire, il entre en Italie; il force les passages et les villes dont Maxence s'était saisi, et qu'il avait fortifiées; il gagne trois batailles; il pénètre jusqu'au cœur de l'Italie, où il trouve une puissante armée en tête, commandée par des officiers expérimentés qui lui résistent avec beaucoup de fermeté et de courage. Alors la guerre devint cruelle, dit Lactance; les soldats de Maxence, plus puissants en troupes que Constantin, continue cet auteur, ont l'avantage : *Bellum acerbissimum,* et *Plus virium a Maxentio erat,* etc. *Dimicatum, et Maxentii milites prævalebant.* Mais Constantin, résolu à tout, se soutient par la grandeur de son courage et par sa confiance en Dieu, et s'avance vers Rome; le démon, mû de sa propre rage et excité par les enchantements du tyran idolâtre, joue de son reste et fait ses derniers efforts, disent les historiens : *Confirmato animo Constantinus, et ad utrumque paratus, copias omnes ad urbem propius admovit.* Il combat pour Maxence et pour son parti, mais inutilement; Constantin s'approche de Rome, d'où Maxence, qui ne consultait que les démons, et qui ne s'occupait qu'à leur offrir des sacrifices inhumains, n'osait sortir. Constantin est averti en songe de faire former sur les boucliers de ses gens le signe salutaire qu'il avait vu dans le ciel; il l'exécute dès qu'il est éveillé. Le soldat, animé à la vue de ce signe divin, prend l'épée, armé d'une résolution fière : *Commonitus est in quiete Constantinus, ut cæleste signum Dei notaret in scutis, atque ita prælium committeret. Fecit ut jussus est. Quo signo armatus exercitus capit ferrum.* (LACTANT.) Mais, de peur que le peuple innocent ne fût enveloppé dans la punition du coupable, Dieu permit, continuent Eusèbe et Lactance, que le tyran, trompé par les secrets ressorts de la justice divine, s'avançât hors des murs de la ville, et allât à la rencontre de Constantin, à dessein de l'attirer dans un piége qu'il lui avait dressé sur un pont fabriqué de telle sorte que, par le moyen de certains ressorts, il allait en pièces quand on voulait (92). Ce fut là où la justice divine attendait ces idolâtres; car lui-même, avec ses principaux officiers passant sur ce pont, s'y perdit et se noya dans le Tibre, renouvelant par son désastre les anciens miracles contenus dans les Livres saints. Le même Dieu, qui ensevelit sous les flots de la mer Rouge l'armée et les chariots de Pharaon, fit tomber Maxence et ses soldats au fond de ce fleuve qui les engloutit. Ainsi on peut dire de lui avec raison : Il a été précipité dans la fosse qu'il avait creusée; son travail et son injustice retomberont sur sa tête. Le pont rompu, les barques coulèrent à fond avec les hommes qui étaient dessus; le détestable tyran tomba le premier comme une masse de plomb, et ses gardes ensuite; tellement que les soldats, qui par le secours du Ciel avaient remporté la victoire, pouvaient chanter, ainsi que les Israélites conduits autrefois par Moïse, lorsque Pharaon fut submergé avec son armée : *Publions les louanges du Seigneur, dont la grandeur vient d'éclater avec une gloire et une magnificence sans égale : il a jeté le cheval et le cavalier dans la mer : il a été mon aide, mon protecteur, et mon salut. Qui d'entre les dieux est semblable à vous, ô Seigneur ? Votre gloire a paru dans vos saints ; elle a attiré l'admiration de tout le monde, et votre bras a fait des prodiges.* (*Exod.* xv, 1, 2, 11.)

« Constantin, » dit Eusèbe, « qui avait été élevé à la cour des tyrans, comme Moïse à celle de Pharaon, pour venir ensuite, ainsi que ce grand législateur, délivrer et venger le peuple de Dieu, ayant chanté, sinon de bouche, au moins de cœur et par ses actions, ces cantiques et d'autres semblables, en l'honneur de Dieu, de qui il savait tenir la victoire, entra en triomphe à Rome, où il fut reçu aux acclamations du sénat, des chevaliers, du peuple, des femmes et des enfants, qui ne se pouvaient tous lasser de le louer et de l'appeler le libérateur de la patrie et l'auteur de leur prospérité. Ce prince, qui avait les sentiments d'une véritable piété gravés profondément dans le cœur, ne conçut point de vanité de ces acclamations ni de ces louanges; au contraire, attribuant à Dieu tout l'honneur de sa victoire, il fit mettre le trophée de la croix dans la main de la statue que les Romains lui érigèrent à l'endroit le plus fréquenté de Rome, et graver sur la base cette inscription : PAR LA VERTU TOUTE-PUISSANTE DE CE SIGNE SALUTAIRE J'AI DÉLIVRÉ VOTRE VILLE DU JOUG DE LA TYRANNIE, ET J'AI REDONNÉ AU SÉNAT ET AU PEUPLE SA LIBERTÉ ET SA GLOIRE. » *Preces cum gratiarum actione Auctori victoriæ impertiit, atque illustribus inscriptionibus columnisque erectis, omnibus hominibus salutaris Christi signi virtutem promulgavit :* HOC SALUTARI SIGNO, QUOD VERÆ VIRTUTIS ARGUMENTUM EST, VESTRAM URBEM TYRANNIDE DOMINATIONIS JUGO LIBERATAM SERVAVI ; SENATUI POPULOQUE ROMANO IN LIBERTATEM ASSERTO, PRISTINUM DECUS NOBILITATIS SPLENDOREMQUE RESTITUI.

C'est une consolation de voir encore, dans les anciennes médailles, la figure de ce pieux empereur, son casque orné du chiffre de Jésus-Christ, précédé par un héraut portant le *labarum* ou une croix au haut d'une espèce de lance, accompagné d'un ange, qui d'une main tient une palme, et de l'autre touche l'étendard où était représenté le signe de notre rédemption, avec ces mots à l'entour : *Adventus Augusti*; et au-dessous : *Roma*; circonstance qui nous découvre que si le dragon et ses anges rebelles combattaient pour le maintien de l'idolâtrie, saint Michel et ses bons anges s'opposaient à leur impiété, et faisaient triompher le christianisme et Constantin : *Michael et angeli ejus prœliabantur cum dracone; et draco pugnabat, et angeli ejus, et non valuerunt.*

Ce grand empereur, véritablement animé d'un esprit de religion et de piété, fit servir sa victoire à l'agrandissement de l'Eglise. Entre mille autres belles choses qu'il fit pour lors, et qui peuvent servir de modèle aux princes chrétiens, Eusèbe nous en marque une qu'il est bon de mettre ici. C'est au chapitre 42 du premier livre, où, entre plusieurs actions de justice et de charité qu'il rapporte, on y lit celle-ci :

« L'empereur, » dit-il, « envoya querir les ministres consacrés au service de Dieu, leur rendit de grands honneurs, les fit asseoir à sa table, bien qu'ils semblassent n'avoir rien que de vil et de méprisable dans leurs habits et dans leur mine. Mais, au lieu de s'arrêter à l'extérieur, il regardait en eux la Majesté souveraine, au culte de laquelle ils étaient attachés par leur ministère. Il les menait partout avec lui, persuadé qu'ils attireraient sur lui les bénédictions du Ciel. Il employa des sommes considérables, soit pour agrandir des églises, soit pour les embellir et les parer : » *Ministros Dei a se convocatos, omni obsequio atque honore prosequebatur eos, utpote Deo quem colebat, consecratos; proinde mensœ ipsius adhibebantur. Ad hæc, quocunque iter faceret, eos secum ducebat, Deum quem illi colerent, ob id etiam propitium sibi adfore pro certo habens. Quin etiam Ecclesiis Dei plurima ex thesauris suis beneficia subministravit; partim sacras ædes amplificans, et in sublime erigens; partim augusta ecclesiarum sacraria plurimis donariis exornans.*

Au reste, il semblait qu'après la défaite de Maxence, qui coûta tant de sang et de combats, ainsi que Constantin le dit lui-même dans son célèbre discours *Ad sanct. cœtum*, chap. 25 : *Maxentius multis maxi-*

---

(92) Pons Milvius, au. 312.

misque præliis exstinctus; et le succès de cette première guerre terminée à la confusion du démon et à la gloire de Jésus-Christ, l'Eglise eût dû jouir de la paix; mais son ennemi, trop opiniâtre pour en demeurer là, revient à la charge et suscite une nouvelle guerre.

SECONDE GUERRE. — *Excitée par Maximin contre l'Eglise.*

[L'an 313.] Le dragon s'en alla faire la guerre : *Abiit facere prælium.*

En effet, en voici une seconde qu'il suscite, plus terrible que la première. Maximin, créature de Maximien Galère, successeur de son empire et de toute sa fureur contre les Chrétiens, ligué secrètement avec Maxence, et très-attaché au culte des idoles, réveille et continue la persécution de Dioclétien, qui l'avait fait César par la suggestion de Galère, et exerce toutes sortes de cruautés sur les fidèles. Nous avons vu ci-dessus que saint Jérôme l'appelle le plus cruel de tous les persécuteurs du peuple de Dieu, *omnium sævissimus.*

« Car, » dit Eusèbe (lib. x, c. 3), « ce tyran faisait périr les Chrétiens devant ses yeux par le fer et par le feu ; il les faisait déchirer par les bêtes sauvages et par les oiseaux de proie, et il leur faisait souffrir, de la manière du monde la plus lamentable, toutes les espèces de tourments et de supplices qu'eussent mérité les plus scélérats et les plus impies hommes de la terre :» *Ante ipsius tyranni oculos Christiani flammis ac ferro, et bestiarum ac volucrum laniatu absumebantur, cunctaque pœnarum et mortis genera, velut impii et religionis omnis expertes, miserabilem in modum sustinebant.* Et, comme ajoute Lactance, on crevait les yeux aux confesseurs, on leur coupait les mains et les pieds, on leur déchirait les oreilles et les narines, etc. *Confessoribus effodiebantur oculi, amputabantur manus, pedes detruncabantur, nares vel auriculæ desecabantur.*

Pour comble de ses crimes, ayant appris que Constantin s'était transporté à Milan, à dessein d'y célébrer les noces de sa sœur Constantia avec Licinius, et que ces deux empereurs, qui avaient découvert sa ligue secrète avec Maxence, s'y étaient abouchés, et demandaient de lui qu'il se désistât de persécuter l'Eglise, il commence le premier la guerre, il la déclare à Licinius, et il entre à main armée sur ses terres. Licinius, pour lors dans les intérêts de Constantin et des Chrétiens, s'avance contre cet impie, qui se confiant, dit Eusèbe (lib. IX, c. 10 ; lib. I, c. 38), au secours des démons, et au nombre de ses soldats, et plein d'une présomption sans égale, entreprenait une des plus cruelles guerres qu'on eût vues. *Maximinus adversus ipsos imperii consortes insolentia cœpit extolli ; dein ad desperationem usque progrediente insania, violato quod cum Licinio pepigerat fœdere, bellum inexpiabile suscepit, dæmonum auxilio, et militum multitudine supra modum elatus. Dæmonum auxilio, quos deos putabat, fiducia et innumerabili armatorum multitudine fretus, prælium commisit.*

Et, en effet, il n'y en eut jamais de plus sanglante: il se passa plusieurs rencontres, il se donna divers combats, et le dragon qui en était l'auteur n'omit rien pour soutenir son empire, et pour vaincre les défenseurs de l'Eglise : mais enfin le jour de la dernière bataille qui devait décider de tout, s'approchant, ce prince idolâtre invoqua ses faux dieux, et leur voua le sang des fidèles, s'il sortait victorieux de la mêlée. Voici ce qu'en dit Lactance : « Les armées s'étant donc approchées, on attendait de jour à autre que la bataille se donnât, et pour lors Maximin fit vœu à Jupiter, que, s'il remportait la victoire, il éteindrait le nom chrétien, et l'exterminerait sans ressource de dessus la terre : » *Maximinus ejusmodi votum Jovi vovit, ut si victoriam cepisset, Christianorum nomen exstingueret funditusque deleret.*

Licinius beaucoup plus faible que Maximin (car il n'avait que trente mille hommes, et Maximin en avait soixante et dix mille), n'a pas le temps de rassembler en un corps ses troupes dispersées ; il est pressé par un ennemi puissant, vaillant et protégé de toutes les puissances de l'enfer, qui se promet de remporter la victoire par le secours des démons, *dæmonum auxilio ;* de débaucher ses soldats, et qui projette de marcher ensuite droit à Constantin, de l'immoler à sa fureur avec tous les adorateurs de Jésus-Christ, et de se rendre seul maître de l'univers, pour le remettre encore une fois sous la puissance du démon : *Instructa acie procedunt imperatores ad colloquium. Ferri non potuit Maximinus ad pacem, ut exercitu Licinii sine certamine accepto, Constantinum duplicatis viribus statim pergeret.*

Mais la bonne cause soutient Licinius. A l'ange rebelle, au dragon sanguinaire qui combat pour Maximin, Dieu oppose un ange de lumière, un prince de sa milice céleste: ce qui fait voir que c'était ici une véritable guerre de religion, suscitée par le démon, pour détruire le christianisme qu'il n'avait pu renverser par les persécutions, et pour rétablir l'idolâtrie et le paganisme : et que si les Chrétiens combattaient contre les païens visiblement, saint Michel et les bons anges combattaient invisiblement contre le dragon et ses suppôts : *Michael et angeli ejus præliabantur cum dracone: et draco pugnabat, et angeli ejus, et non valuerunt :* « Car la nuit suivante, » dit Lactance, « un ange apparaît en songe à Licinius, l'avertissant de se lever au plus tôt, et d'apprendre une prière qu'il lui dicta, pour la faire au vrai Dieu avec toute son armée, l'assurant que, s'il réclamait son secours, il remporterait la victoire:» *Proxima nocte, Licinio quiescenti astitit angelus Dei, monens ut ocius surgeret, atque oraret Deum summum cum omni exercitu suo ; illius fore victoriam, si fecisset.*

Licinius s'éveille, appelle un secrétaire, lui dicte cette prière mystérieuse, donne ordre que ses soldats l'apprennent, et la leur fait réciter sur le champ de bataille, un moment avant le signal. Cette oraison faite avec foi au grand Dieu des armées, comme un charme secret lie les soldats de Maximin, et les rend immobiles. On taille en pièces ses légions nombreuses, sans qu'il en coûte de sang: les idolâtres consternés ne peuvent ni lancer le javelot ni tirer l'épée, tout est mis en déroute: Maximin désespéré s'échappe du carnage en habit déguisé, quitte la pourpre, et la reprend, et enfin, selon Eusèbe (lib. IX, c. 10), réduit aux dernières angoisses, il se remplit de vin et de viande, comme pour la dernière fois, et s'empoisonne. Le venin brûle ses entrailles, il devient fou et enragé, il mange la terre, il se bat la tête contre les murailles, il s'arrache les yeux, et qui doute, dit Eusèbe, que ce ne fût en punition de les avoir fait arracher à tant de confesseurs? Il demande pardon à Jésus-Christ, et, se condamnant lui-même, il fait une fin déplorable: *Reversus primum quidem furore percitus, multos sacerdotes ac prophetas deorum suorum, quorum oraculis excitatus bellum susceperat, neci dedit.*

Voici les paroles de Lactance: « Déjà le poison agissait sur lui, et ce venin brûlant ses entrailles, lui causait une douleur intolérable, et le transportait jusqu'à la rage: aliéné d'esprit pendant quatre jours, il prenait la terre avec ses mains, et comme s'il eût été affamé, il la dévorait: se frappant la tête contre les murailles, il fit sortir ses yeux hors de leur place, et pour lors ayant perdu la vue corporelle, il vit Dieu en esprit, qui accompagné de plusieurs personnes vêtues de blanc, l'allait juger. On l'entendait donc crier ainsi qu'un criminel à qui on donne la torture, alléguant que ce n'était pas lui qui, avait commis les crimes dont on l'accusait, et que c'étaient les autres qui en étaient coupables: ensuite, comme si à force de tourments il eût été contraint de confesser la vérité, il avouait ses crimes, priant Jésus-Christ avec larmes de prendre pitié de lui. Ainsi au milieu des gémissements et des cris qu'il jetait, comme si on l'eût brûlé, il rendit son esprit pernicieux par ce détestable genre de mort: » *Jam sævire in eum cœperat virus, cujus vis cum præcordia ejus ureret insustentabili dolore, usque ad rabiem mentis elatus est; adeo ut per dies quatuor insania percitus, haustam manibus terram, velut esuriens devoraret. Cum caput suum parietibus infligeret, exsilierunt oculi ejus de caveis. Tunc demum amisso visu, Deum videre cœpit candidatis ministris de se judicantem. Exclamabat ergo sicut ii qui torqueri solent, et non se, sed alios fecisse dicebat. Deinde quasi tormentis adactus fatebatur, Christum subinde deprecans, et plorans, ut suimet misereretur: sic inter gemitus, quos tanquam cremaretur, edebat, nocentem spiritum detestabili genere mortis efflavit.*

Eusèbe confirme la fin tragique de ce malheureux en ces termes: « Maximin, » dit-il, «respirant encore, demande pardon au Dieu des Chrétiens, confessant publiquement que c'était à sa divinité qu'il avait entrepris de faire la guerre:» *Maximinus adhuc spirans a Christianorum Deo veniam poscit, bellum se Divinitati intulisse confessus, nec aliter ac Maximianus palinodiam cecinit, legibus ac constitutionibus editis, quibus errorem suum in colendis illis quos existimasset deos, ingenue professus est, unumque Christianorum Deum expertum se nosse testatus:* sans doute par l'instigation du dragon infernal, ainsi qu'on a vu.

Après cette victoire, Licinius ayant fait périr dans les tourments les sorciers et les magiciens de Maximin, aux augures et divinations desquels il déférait si fort qu'il n'osait rien entreprendre sans les consulter, mit fin ainsi à cette grande guerre, qui semblait, ayant été si funeste aux idolâtres, devoir être la dernière. Mais le démon va faire ses derniers efforts, et livrer des combats encore plus furieux à l'Eglise.

TROISIÈME GUERRE. — *Excitée par Licinius contre l'Eglise.*

[L'an 320.] Le dragon alla faire la guerre: *Abiit prælium facere.*

Licinius, dernier rejeton de la persécution de Dioclétien et de Maximien Galère, seul resté des princes idolâtres, malgré ce qu'il a vu et ce qui s'est passé, par un changement incompréhensible, s'érige en persécuteur des Chrétiens; il les chasse de sa maison, il dégrade ceux qui étaient établis en dignité, il défend à tout le monde de leur donner aucun secours dans la prison, ni de témoigner aucune compassion de leurs maux, il condamne ceux qui contreviendraient à des ordres si injustes, au même supplice qu'eux; il attaque les plus saints et les meilleurs évêques, et les fait massacrer d'une manière barbare, ainsi qu'on peut lire dans Eusèbe (*Orat. paneg.*, c. 17, init.; lib. II *De vit. Const.*, lib. X, c. 8, *Hist.*) : « On voyait, » dit cet auteur, « des innocents qui n'avaient commis aucun mal, traînés au supplice sans aucune commisération, et punis comme des scélérats. Il y en eut qui souffrirent un nouveau genre de mort: on coupait leurs corps à petits morceaux, et, après une boucherie qui passe l'imagination et la fiction la plus tragique, on les jetait dans le fond de la mer, pour être dévorés des poissons, et enfin ce tyran résolut d'étendre la persécution sur tous les Chrétiens sans exception: » *Verum ubi mutata sententia, Deo bellum inferre ausi, sunt, diis suis tanquam antesignanis, et propugnatoribus in acie adversus Deum nostrum oppositis; illico momento temporis, et Dei quem oppugnabat nutu, ac potentia, cuncti scelerum suorum pœnas dederunt. Licinius insidias adversus episcopos comparavit, ex iis probatissimum quemque interfecit, præsides vero optimos quosque Ecclesiarum antistites capitali supplicio addixerunt: itaque viri, qui nihil mali commiserant, absque ulla causa abducebantur, et puniebantur ut sicarii: nonnulli novum quoddam mortis genus pertulerunt, corpore in multas partes frustatim conciso, et post atrox illud, omnique tragico figmento horribilius spectaculum, ut piscibus cibum præberent, in altissimum mare projecti, deincepsque persecutionem adversus omnes Christianos excitare in animum induxit.*

Mais par l'instigation de qui Licinius fait-il toutes ces choses? n'est-ce pas de celui qui a été le secret et l'invisible moteur, et qui a poussé tous les autres tyrans aux mêmes violences? Sans doute, comme nous l'apprend encore Eusèbe (*Hist*, lib. I, c. 50 ; lib. x, c. 4 ; et *De vita Constant.*), en ces termes : « Le démon envieux, » dit-il, « anime toutes ses troupes infernales contre les Chrétiens, et de même qu'un chien enragé, qui mord les pierres qu'on lui lance, et montre par là sa fureur contre ceux qui les lui jettent ; cette bête s'en prit d'abord aux édifices des églises, et aux matériaux des temples et des oratoires, et démolit les murailles de ces lieux saints, qu'il ruina et réduisit en masures : ensuite faisant retentir ses sifflements de serpent et ses cris de dragon par les décrets menaçants des tyrans impies, qui ordonnaient de cruelles persécutions contre les Chrétiens, et que les présidents des provinces publiaient de toutes parts, se rendant les détestables complices de tant de crimes, il répandit son venin mortel sur les fidèles. C'est pourquoi Licinius, excité par un esprit si méchant, ralluma de nouveau un feu déjà éteint, et causa un incendie plus grand que n'avaient fait ses sacriléges prédécesseurs : » *Invidus dæmon omnes suas lethiferas copias adversus Christianos concitat : ac principio quidem instar rabidi canis, qui projectos in se lapides dentibus appetit, et furorem quo adversus jacientes ipsos accenditur, ostendit, in oratoriorum saxa, et in materiam ædificiorum rabiem convertit, et vastitatem intulit ecclesiis : postmodum vero dira sibila ac serpentinas voces, per terribiles impiorum tyrannorum minas, et scelestorum præsidum decreta, emisit, mortisque suæ virus insuper effudit, flammam jam sopitam excitavit, et multo gravius quam priores impietatis conflavit incendium.*

« Et premièrement, comme un serpent méchant et tortueux, qui se replie sur lui-même, il ne respirait que menaces contre Dieu, de qui il se déclarait ennemi, déclarant la guerre, et s'érigeant en persécuteur des Eglises de son empire : » *Ac primum quidem tanquam mala bestia, et tortuosus quidam serpens in seipsum convolutus, et furorem atque hostiles adversus Deum minas spirans, Ecclesiis Dei sub imperio suo constitutis bellum inferre ausus est.*

Peut-on désirer un meilleur commentaire de ces paroles de saint Jean : *Le dragon alla faire la guerre à l'Eglise? Abiit draco prælium facere cum reliquis de semine mulieris, qui custodiunt mandata Dei, et habent testimonium Jesu Christi :* ce sont les termes de l'*Apocalypse* : *Tortuosus serpens Ecclesiis bellum inferre ausus est* : c'est l'expression d'Eusèbe. Voilà la prophétie, voici l'histoire. Car, en effet, n'est-ce pas ici une guerre du démon, et l'événement peut-il mieux cadrer à la prédiction?

Après ces démarches, Licinius en vint enfin à une guerre ouverte et à une rupture entière avec Constantin. « Il s'avance contre lui, » dit Eusèbe, « et en lui déclarant la guerre, il la déclara en même temps au Dieu suprême que Constantin adorait : » *Bellum palam movet : porro cum Constantino bellum inferre statuisset, etiam adversus summum omnium Deum, quem a Constantino coli cognoverat, præliari instituit.* » Il commença à persécuter les Chrétiens, afin d'irriter leur pieux protecteur, et ensuite il marcha contre lui, « poussé à cela, » comme ajoute le même historien, « par le démon, qui n'avait pu, sans crever de dépit, souffrir la postérité de l'Eglise : car,» continue-t-il, « le christianisme fleurissait et prospérait de toutes parts : mais ce vieux serpent, ennemi de la vertu, et auteur de toutes sortes de maux, rongé par l'envie, ne put plus longtemps souffrir un si beau spectacle : » *Res enim nostræ in lætissimo statu, et in festivitatibus erant : sed virtutis inimicus, et malorum omnium studiosissimus dæmonis livor, hoc spectaculum diu ferre non potuit.*

Mais celui d'une guerre qu'un empereur chrétien allait soutenir pour le maintien de la foi et de la religion, et la manière sainte dont il se prit, et se conduisit dans un si grand dessein, est digne d'admiration. Voici comme s'en explique Eusèbe (*De vit. Constantini*, lib. II, c. 3), et le récit qu'il en fait.

« Ce grand prince n'eut pas sitôt reçu les nouvelles de l'injuste oppression sous laquelle Licinius faisait gémir les fidèles, que, mêlant en quelque sorte la force de son courage à la douceur de son naturel, il résolut de les délivrer ; il jugea qu'il y aurait de la piété à assurer le repos des peuples par la défaite d'un seul homme, qui, étant indigne de compassion, abuserait de sa clémence, et se porterait à de plus horribles excès que jamais, sans que les innocents qu'il opprimerait, y pussent trouver aucun remède. Dès qu'il eut pris cette résolution, il leva des troupes, et amassa des armes. Lorsque l'infanterie et la cavalerie furent assemblées, on vit paraître devant elles l'étendard de la croix, décrit au livre précédent, et qui était la marque de la confiance qu'elles avaient en Dieu. Réfléchissant ensuite que, s'il avait jamais eu besoin de prières, c'était alors, il retint auprès de lui les prêtres du Dieu vivant, et s'en fit accompagner, les considérant comme les protecteurs les plus assurés de sa vie et de son bonheur : » *Jamque aderant universa, tam equitum quam peditum agmina in unum congregata. Cunctis vero præbiant insignia fiduciæ in Deum, signum videlicet ; illud quod supra memoravimus. Cumque precationibus, si unquam antea, sese tunc maxime indigere intelligeret, sacerdotes Dei secum duxit, eos, velut optimos animæ custodes, adesse coram et secum versari debere existimans.*

« Quand le tyran sut que Constantin n'attendait la victoire que du Ciel, qu'il était environné d'une troupe de ministres de l'Eglise, et que l'on portait devant son armée le signe de notre rédemption, il s'en moqua comme d'une faiblesse d'esprit, et en fit des railleries également insolentes et impies. Pour lui il eut recours aux devins d'Égypte, aux imposteurs, aux empoisonneurs, aux sacrificateurs et aux prophètes de ses idoles. Il offrit des sacrifices aux dieux qu'il adorait, et les consulta sur l'événement de la guerre. Les réponses des oracles furent conformes à ses désirs, et conçues en des vers élégants qui lui promettaient la victoire : les interprètes des songes, les aruspices qui examinent les entrailles des victimes, lui confirmèrent la même promesse et le remplirent de confiance. Il se mit dans cette disposition d'esprit à la tête de ses troupes, et se prépara au combat : *Unde cum tyrannus audisset Constantinum non aliter quam divino auxiliante Numine, victoriam de hostibus parare, et eos, quos dixi, ei perpetuo adesse, unaque versari; salutaris quoque passionis signum, et ipsum, et universum ejus exercitum antecedere : hæc, utpote impius, risu digna esse censebat.* N'est-ce pas ce qu'avait dit saint Jean : *Factum est prælium magnum in cœlo, Michael et angeli ejus præliabantur cum dracone, et draco pugnabat, et angeli ejus.* »

Voici donc pour la troisième fois de nouveaux combats et de nouvelles batailles qui vont se donner entre Constantin protecteur des Chrétiens, et Licinius dernier soutien de l'idolâtrie. L'un n'a recours uniquement qu'à la vertu de la croix, et l'autre met toute sa confiance au secours du démon et en l'art magique. Après cela, qui peut douter que ce ne soit là une guerre excitée par le dragon contre l'Église, qu'il ne pouvait plus persécuter comme auparavant ?

Enfin, après plusieurs occasions on en vint à une bataille générale. Licinius harangue ainsi ses soldats :

« Mes amis et mes compagnons, les dieux que nous adorons, et que nos pères ont servis dans l'antiquité la plus reculée, sont les dieux de notre patrie : mais l'adversaire que nous avons à combattre, et qui range ses troupes contre nous, abandonnant la religion de nos ancêtres, et leurs coutumes, s'est laissé aller dans le sentiment impie de ceux qui rejettent les dieux, et s'est fait un Dieu étranger, au culte duquel il s'est témérairement dévoué, et se confiant en celui qu'il a été chercher je ne sais où, il ose nous attaquer les armes à la main, ne considérant pas que c'est plutôt à nos dieux qu'à nous, qu'il déclare la guerre. Ce jour donc décidera manifestement lequel de nous deux est dans l'erreur, et quel jugement il faudra faire de son Dieu ou des nôtres : car il avouera, si nous obtenons la victoire par leur secours, qu'ils mériteront seuls d'être adorés, ou si ce Dieu unique que Constantin révère lui donne l'avantage par-dessus nous, qui sommes assistés par une multitude de divinités, il est sans doute qu'il méritera seul notre encens, et que nous devons l'adorer comme le véritable Dieu, quelque mépris que nous ayons à présent pour lui, et rejeter ceux auxquels nous allumons tant de luminaires, comme des divinités impuissantes, auxquelles nous devons pour jamais renoncer ; mais si au contraire les nôtres sont victorieux, ce que personne ne peut révoquer en doute, après avoir ici remporté la victoire, nous irons faire la guerre à ceux qui ne les veulent pas reconnaître : *Draco abiit facere prælium cum reliquis de semine ejus, qui custodiunt mandata Dei, et habent testimonium Jesu Christi ;* ou comme dit Licinius : *Impiis deorum contemptoribus bellum inferre aggrediemur.*

A ce discours Constantin n'oppose que la prière et la croix, ainsi que l'écrit Eusèbe, qui nous découvre manifestement par la conduite de ces deux princes, et par leurs paroles et leurs actions, que le secret moteur de cette guerre n'était autre que le dragon, qui animait les idolâtres contre les fidèles pour le maintien de sa divinité prétendue, dont il déchut sans ressource malgré tous ses efforts, par la résistance de saint Michel et des bons anges, qui se joignirent aux Chrétiens : *Michael pugnabat, et angeli ejus ;* et par les secours miraculeux qu'ils reçurent du vrai Dieu, comme on va voir par ce qui suit, extrait fidèlement du même auteur : *Porro cum exercitus congredi jam pararent, Licinius qui concordiæ fœdera ruperat, primus pugnam exorsus est.*

« Constantin, » continue-t-il, « invoquant le souverain Créateur et Sauveur à son aide, et ayant mis à la tête de ses soldats l'étendard de la croix, repoussa l'armée de Licinius infracteur de la paix, qui commençait le combat, et peu après il vint une seconde fois aux mains avec lui, et eut un avantage encore plus considérable que le premier, toujours précédé du signe salutaire de notre rédemption, qui, en quelque lieu qu'on le portât, mettait en fuite les ennemis, du moment qu'ils avaient jeté les yeux dessus, et leur dos se trouvait exposé aux traits des soldats de notre empereur, qui, remarquant ce succès admirable, faisait porter l'étendard dans tous les endroits où il voyait ses gens pressés, et où le combat était le plus opiniâtre, et la mêlée la plus sanglante ; mais dès que la croix paraissait, ses soldats reprenaient courage, et recouvraient leurs forces, et la victoire les suivait : *At Constantinus Salvatore ac supremo omnium Deo in auxilium vocato, atque signo crucis militibus suis dato, hostes primo prælio fudit : nec multo post altera commissa pugna, iterum superior discessit, et longe majorem victoriam retulit, cum salutare crucis signum exercitum ipsius antecederet. Ubicunque hoc signum conspectum fuerat, continuo fuga hostium, victoribus terga illorum prementibus, sequebatur. Quo imperator comperto, sicubi agmen aliquod sui exercitus premi animadverteret, illico salutare signum tanquam efficacissimum quoddam ad parandam victoriam inferri jubebat : quo facto, statim victoria sequebatur.*

« Constantin ayant choisi parmi les gardes environ cinquante de ceux qui surpassaient les autres en force de corps, en grandeur de courage et en piété, il les chargea de garder continuellement l'étendard et de le porter tour à tour. Il m'a raconté lui-même ce fait important longtemps depuis, aux heures de son loisir, et m'en a appris une circonstance qui mérite d'être consacrée à la postérité, » continue Eusèbe.

« Le désordre s'étant mis dans son armée au milieu de la chaleur du combat, celui qui portait l'étendard, eut peur, et le donna à un autre pour éviter le péril; mais il n'en fut pas sitôt déchargé, qu'il reçut un trait dans le ventre, dont il tomba mort sur-le-champ, en punition de sa lâcheté et de son infidélité : et celui qui s'était chargé en sa place de l'étendard en fut protégé. Quelque quantité de traits que jetassent les ennemis, aucun ne tomba sur lui. C'était une chose merveilleuse à voir, que tous leurs traits demeurassent dans le bois de la Croix, quoiqu'il fût fort étroit, et qu'aucun ne touchât jamais ceux qui portèrent ce signe de rédemption. Cette circonstance-là n'est pas de moi, elle est de l'empereur, de la bouche duquel je l'ai apprise.

« Après que, par un effet si visible de la présence divine, il eut gagné les deux batailles dont je viens de parler, il rangea son armée en bon ordre, la mena plus avant, et en obtint une troisième encore plus importante : *Qui cum priores victorias Dei omnipotentis numine retulisset, acie instructa exercitum movens, ulterius processit.*

« Licinius ayant reconnu, par une expérience funeste à son parti, la puissance invincible du signe salutaire de notre rédemption, et la vertu divine qui était attachée à ce glorieux trophée, par le secours duquel Constantin remportait tant de victoires, défendit à ses soldats de s'approcher, et même de jeter les yeux du côté de la croix, assurant que ce signe militaire avait une vertu surprenante, et qui lui était particulièrement ennemie, et par conséquent qu'il fallait éviter sa rencontre; son armée mettait sa confiance dans le nombre de ses soldats et de ses dieux, et portait en forme d'étendards certaines statues, desquelles elle attendait du secours : mais Constantin se couvrit de la cuirasse de la foi, et fit porter devant lui l'étendard de la croix, qui donnait de la terreur à ses ennemis, et de l'assurance à ses soldats. » *Post hæc cum re ipsa didicisset Licinius arcanam quamdam ac divinam potentiam in salutari tropæo inesse, cujus ope Constantini exercitus victoriam referre consuevisset, milites suos admonuit, ne ex adverso illi congrederentur, neve temere ac fortuito in illud oculos conjicerent: quippe illud signum incredibili vi pollere, et sibi privatim infestum adversumque esse aiebat. Constantinus pietatis lorica contectus vivificum crucis signum hostium multitudini objecit... cunctasque hostium copias in fugam vertit.*

Cependant ce prince, très-religieux observateur des traités de paix, défend à ses soldats, au rapport d'Eusèbe, de tirer les premiers, pour n'avoir pas à se reprocher en aucune sorte l'infraction de ces mêmes traités de paix, quoique violés si impunément par Licinius. Tant de justice et de piété lui donnent la victoire, faisant briller dans ses drapeaux le signe salutaire de la croix, il soumet tout à sa puissance, et sa puissance à la religion, et il triomphe tout à la fois des idolâtres et des démons, pour s'exprimer avec son historien : *Et de dœmonibus pariter atque hostibus victoriam reportavit.*

Mais voici le dernier coup de pinceau de la prophétie :

Et le dragon s'arrêta sur le bord de la mer, dit le texte : *Et stetit supra arenam maris.*

Car saint Jean, en très-peu de paroles, nous a dépeint en ce chapitre l'état de l'Église pendant plus de trois cents ans : il nous a dit, comme on a observé ci-dessus :

1° Que le dragon voulut engloutir le christianisme naissant lors de la mort de Jésus-Christ et des premiers fidèles que l'Église avait enfantés : *Et draco stetit ante mulierem, ut filium ejus devoraret.*

2° Que Jésus-Christ, monté au ciel, ayant attiré après lui les fidèles auxquels il l'avait ouvert, et le dragon se voyant déchu de sa divinité par la prédication de l'Évangile, les combats des martyrs et le secours de saint Michel et des bons anges, qui protégèrent le christianisme naissant, et s'opposèrent aux démons : *Et projectus est draco in terram, et locus eorum non est inventus in cœlo,* ce vieux serpent enragé se mit à persécuter l'Église militante, qui avait enfanté le christianisme, destructeur de l'idolâtrie : *Et persecutus est draco mulierem.*

3° Que l'Église, pour éviter sa fureur, s'enfuit dans le désert, et cacha son culte : *Et mulier fugit in solitudinem.*

4° Que le démon l'y alla poursuivre, et tâcha par toutes sortes de violences de l'arracher des solitudes les plus reculées et des antres les plus obscurs, s'efforçant à quelque prix que ce fût de l'exterminer, et d'abolir la religion chrétienne, en quelque lieu qu'elle se fût réfugiée : *Et misit serpens ex ore suo post mulierem aquam tanquam flumen, ut eam trahi faceret a flumine.*

5° Que la terre, ou la puissance temporelle, c'est-à-dire Constantin, premier empereur chrétien, vint au secours de l'Église, et fit cesser la persécution, du moins dans les terres de sa domination : *Et adjuvit terra mulierem, et absorbuit flumen.*

6° Que le dragon, voyant l'empire partagé entre les Chrétiens et les païens, abandonna les États du prince fidèle, et s'en alla dans ceux de Maxence, de Maximin et de Licinius, princes idolâtres, pour de là venir faire la guerre contre les Chrétiens qui le détrônaient : *Et abiit draco facere prœlium cum reliquis de semine ejus.*

7° Ces trois guerres soutenues d'une part, comme on a vu, par les bons anges et les Chrétiens, et de l'autre par les démons et les païens; enfin ceux-ci ayant été entièrement vaincus par la vertu de la croix, et les armées des idolâtres et des démons mises en déroute, et absolument exterminées, pour s'exprimer avec Eusèbe (*Orat. de laud. Const.*, c. 9) : *Etenim hostium agmina ab hoc signo in fugam versa, et invisibilium dæmonum exercitus profligati :* saint Jean finit la description de ces premiers temps de l'Eglise, c'est-à-dire jusqu'à l'année trois cent vingt-quatre environ, nous disant que le dragon s'arrêta sur le bord de la mer : *Et stetit supra arenam maris;* parce qu'en effet ce fut là précisément le lieu où le débordement de l'idolâtrie se termina par la ruine entière de Licinius son dernier protecteur : *Factoque hic fine quievit.*

Car, poussé jusqu'au Bosphore par Constantin, il ramassa toutes ses forces navales, il chargea sa flotte de soldats, et commit sa dernière fortune à la mer; mais, sans que la flotte de Constantin, beaucoup plus faible que la sienne, courût aucun danger, un vent de midi qui se leva, brisa cent trente vaisseaux de Licinius contre la côte, et dispersa le reste; et quelques jours après Licinius perdit au même endroit la dernière bataille avec cent mille hommes qui restèrent sur le sable, *supra arenam,* de cent trente qui composaient son armée, et ensuite la liberté et la vie, laissant à Constantin empereur chrétien, l'empire de l'univers ; et ce fut là le rivage fatal où échoua enfin l'idolâtrie, et où Dieu mit des bornes à la fureur du dragon, semblable à celle de l'Océan, qui s'arrête et se brise sur le sable de la mer : *Stetitque supra arenam maris.* Ce qui arriva vers l'an 324, après quoi le peuple de Dieu jouit de la paix à l'égard des idolâtres, et tint tranquillement son premier concile général où la divinité de Jésus-Christ fut établie et reconnue par tout l'univers, l'idolâtrie proscrite pour jamais, et les faux dieux anéantis : *At ubi classis Constantiniana ad ostium Hellesponti pervenit, Constantini duces, octoginta duntaxat expeditissimis navibus, quæ triginta singula remis impellerentur, dimicandum censuerunt. Abantus autem, Licinianæ classis imperator, ducentis navibus invehebatur, et hostium navium paucitatem vehementer contemnebat, quas ab omni parte se nullo negotio putaret inclusurum, sublatis utrimque signis... ex parte Licinii multis militibus in mare præcipitatis... exortus auster vehemens Licinii classem ad littus Asiaticum repertam, partim in ipsum littus ejecit, partim saxis impegit, partim cum vectoribus demersit, ita quidem cum hominibus naves centum et triginta perierunt.* Voilà le combat de mer, voici celui de terre : *Acri pugna in locis Chalcedoni et fano interjectis inita, longe Constantini pars superior erat; quæ hostis ingenti cum impetu adorta, tantam cædem edidit, ut de centum et triginta millium numero, vix triginta millia evaderent.* (ZOSIM.)

Ce qu'il y a de remarquable, c'est que dans ce même endroit où le dragon fut défait par le secours de saint Michel, Constantin éleva aussitôt après un superbe temple en l'honneur de ce glorieux archange, qui venait d'y remporter la victoire, qui s'y était apparu, et où il opérait divers grands miracles, étant juste qu'on lui érigeât un trophée qui servît de monument aux combats qu'il avait si heureusement rendus contre le dragon, et dans le lieu même où il avait achevé d'en triompher. C'est de quoi Sozomène nous a assurés en termes exprès : *Nobilissima ecclesiarum omnium, quas ædificavit imperator Constantinus, fuit Michaelion ad dextram posita navigantibus ex Ponto Constantinopolim, sic dicta, quod divinus Michael archangelus illic apparere creditur... quidam enim in gravissimas calamitates aut inevitabilia pericula prolapsi, alii morbis ac doloribus quibusdam inusitatis oppressi, precibus illic ad Deum fusis, statim malis liberati sunt.*

Mais cette parole n'est pas épuisée : *Et draco pugnabat, et angeli ejus, et non valuerunt, neque locus inventus est eorum amplius in cœlo;* car quoique toutes les expressions de l'*Apocalypse* caractérisent, pour ainsi dire, les événements, celles de ce chapitre le font d'une manière singulière.

Il est vrai que le démon est vaincu : ces sept tyrans, ces dix persécutions et ces trois sanglantes guerres n'ont pu renverser l'Eglise, ni soutenir l'idolâtrie : aucun prince infidèle ne combattra plus pour le maintien de la fausse divinité du dragon qui va être enchaîné dans l'abîme par un ange, sans doute par saint Michel, son perpétuel vainqueur; mais c'est à la conjoncture de temps où nous sommes qu'il faut rapporter cette circonstance du chapitre xx°, renvoyée en cet endroit par les raisons qu'on dira plus au long ci-après, et dont par avance voici la figure et le texte.

1. Et vidi angelum descendentem de cœlo, habentem clavem abyssi, et catenam magnam in manu sua.
2. Et apprehendit draconem, serpentem antiquum, qui est diabolus et Satanas, et ligavit eum per annos mille.
3. Et misit eum in abyssum, et clausit, et signavit super illum, ut non seducat amplius gentes, donec consummentur mille anni, et post hæc oportet illum solvi modico tempore.

Non que pendant le temps même qu'il est lié et renfermé, il ne tente et ne supplante bien des âmes, et ne cause des ravages, et

1. Et je vis un ange descendant du ciel, qui avait la clef de l'abîme, et qui tenait une grande chaîne en sa main.
2. Et il saisit le dragon, le vieux serpent, qui est le diable et Satan, et il le lia durant l'espace de mille ans.
3. Et il le jeta dans l'abîme, et il le ferma et le scella sur lui, afin qu'il ne puisse plus séduire les peuples, jusqu'à ce que les mille ans soient écoulés, et après lesquels il faut qu'il soit délié pour un peu de temps.

par lui et par ses suppôts : *Serpens antiquus et Satanas, qui seducit universum orbem* (*Apoc.* xii, 9), ainsi que saint Augustin va nous le faire voir ; mais parce que la vertu de celui qui le lie l'empêche de causer cette séduction universelle d'idolâtrie et d'adoration du diable dans tout le monde, comme il avait fait depuis le déluge. Tout cela est donc ainsi, il est vrai ; mais cependant le démon ne perd pas courage, et il semble ne s'arrêter un moment sur ce rivage témoin de sa défaite et de son emprisonnement que, pour en voir auparavant sortir un empereur idolâtre, et comme pour hâter sa venue, l'appeler à son secours et le substituer en sa place.

En effet, il va paraître dans un moment ; et quoiqu'il doive régner fort peu, il ne laissera pas néanmoins de rétablir l'idolâtrie, et d'être la figure de la grande et dernière apostasie et du règne de l'Antechrist, sous qui le démon prétend sortir de l'abîme, assouvir sa rage contre l'Eglise, et se relever de ses pertes, encore qu'après tout il doive y succomber pour ne jamais en revenir.

De sorte que saint Jean, après avoir décrit au chapitre précédent la ruine de Satan, ce vieux serpent, ce rebelle ancien, ce séducteur du genre humain et de l'idolâtrie qu'il avait introduite dans le monde, va, dans les chapitres suivants, rapporter la destruction de l'empire romain complice de l'impiété du démon et le visible instrument de sa haine contre l'Eglise.

Et comme il a commencé à prédire la ruine de l'empire du dragon, ou de l'idolâtrie, à l'Ascension de Jésus-Christ, et qu'il finit à la défaite de Licinius, dernier persécuteur idolâtre : ainsi il va commencer à prédire la ruine de l'empire romain par Julien, sous le règne duquel les Barbares s'incorporèrent si bien dans l'empire, qu'il ne fut plus possible de les en chasser, et la terminera à la prise de Rome et à sa destruction par Alaric et les Goths ; et c'est ce qu'il faut développer à présent.

Mais auparavant l'on pourrait demander ici très à propos si les prophètes, prédisant les choses à venir sous des termes obscurs et des énigmes mystérieuses, avaient une connaissance claire et distincte de ces mêmes événements qu'ils annonçaient ? A quoi saint Jérôme répond, que Dieu leur en communiquait la lumière, et qu'ils savaient parfaitement ce qu'ils disaient. Voici comme ce grand docteur s'en explique dans son *Prologue sur Isaïe* :

Neque vero, ut Montanus cum insanis feminis somniat, prophetæ in exstasi sunt locuti, ut nescirent quid loquerentur ; et cum alios erudirent, ipsi ignorarent quid dicerent : de quibus Apostolus ait : « *Nescientes quæ loquantur, neque de quibus affirment (I Tim.* i, 7); » *sed juxta Salomonem, qui loquitur in Proverbiis :* « *Sapiens intelligit quæ profert ore suo, et in labiis suis portabit scientiam (Prov.* x, 13) ; » *etiam ipsi sciebant quid dicerent : si enim sapientes erant prophetæ, quod negare non possumus, et Moses omni eruditus sapientia, loquebatur ad Dominum, et Dominus respondebat ei ; et de Daniele ad principem Tyri dicitur :* « *Nunquid sapientior es Daniele ?* »(*Ezech.* xxviii, 3.) *Et David sapiens erat, qui gloriabatur in Psalmo :* « *Incerta et occulta sapientiæ tuæ manifestasti mihi.* » (*Psal.* l, 8.) *Quomodo sapientes prophetæ instar brutorum animantium, quid dicerent, ignorabant ? Legimus et in alio Apostoli loco :* « *Spiritus prophetarum prophetis subjecti sunt, ut in sua habeant potestate, quando taceant, quando loquantur.* » (*I Cor.* xiv, 32.) *Quod si cui videtur infirmum, illud ejusdem Apostoli audiat :* « *Prophetæ duo aut tres loquantur, et alii dijudicent : si autem alii fuerit revelatum sedenti, prior taceat.* » (*Ibid.*) *Qua possunt ratione reticere, cum in ditione sit spiritus qui loquitur per prophetas, vel tacere, vel dicere? Si ergo intelligebant quæ dicebant, cuncta sapientiæ rationisque sunt plena ; nec aer voce pulsatus, ad aures eorum perveniebat ; sed Deus loquebatur in animo prophetarum, juxta illud quod alius propheta dicit :* « *Angelus qui loquebatur in me* (*Zachar.* ii, 3); » *et :* « *Clamantes in cordibus nostris, Abba Pater (Gal.* iv. 6) ; » *et :* « *Audiam quid loquatur in me Dominus Deus.* » (*Psal.* lxxxiv, 9.)

Telle est la doctrine de saint Jérôme, qu'il enseigne en plusieurs endroits, ce nous semble, et qu'il confirme par diverses bonnes raisons, trop longues pour être exposées en ce lieu.

Présentement il faut se remettre où on en était ; et, après avoir vu la destruction de l'idolâtrie par Constantin, voir la rénovation de cette même idolâtrie par Julien l'Apostat, dont tout le règne est rapporté dans les chapitres suivants, qu'on trouvera obscurs, parce qu'ils renferment la prophétie du règne de l'Antechrist, dont celui de Julien ne fut qu'une image imparfaite.

CHAPITRE XIII.

L'empire romain idolâtre et persécuteur ressuscité par Julien, figure de l'apostasie et du règne de l'Antechrist.

SOMMAIRE. — 1. Saint Jean voit une bête monstrueuse ayant sept têtes, sur lesquelles il y a des noms de blasphème, et dix cornes couronnées de diadèmes ; c'est la figure de l'empire romain et des sept empereurs qui ont tant blasphémé contre Jésus-Christ et son Eglise, dont on a parlé ci-dessus, et des dix rois barbares qui persécutèrent aussi l'Eglise et appuyèrent l'empire, qu'ils démembrèrent ensuite. Ces sept têtes n'ont point de couronnes, parce qu'on vient de les voir dégrader au chapitre précédent, et que ces rois barbares, représentés par ces cornes, les leur ont enlevées par le partage qu'ils firent des provinces romaines, qu'ils érigèrent en royaumes.

II. Cette bête avait le corps d'un léopard, les pieds d'un ours et la gueule d'un lion, monstre qui figurait l'empire des Babyloniens, des Perses et des Grecs, dont l'empire romain était composé, parce qu'il avait envahi leurs terres, et qu'il s'était revêtu de leurs impiétés et de leurs superstitions, aussi bien que de leurs cruautés contre le peuple de Dieu.

III. Le dragon donne sa force et sa grande puissance à cette bête, parce que l'empire romain devient le dépositaire de la fureur du démon contre l'Eglise.

IV. Une des têtes de la bête paraît blessée à mort, et la bête par conséquent aussi : c'est Constantin qui avait fait mourir Dioclétien, sixième tête de la bête, tué l'idolâtrie en la personne de Licinius, dernier persécuteur, et aboli le paganisme ou l'ancienne superstition.

V. La bête ressuscite par le moyen d'une de ses têtes, qui lui donne la vie, et tout le monde, surpris de cette résurrection, court pour l'adorer, aussi bien que le dragon qui lui avait rendu la vie; c'est Julien l'Apostat qui fait revivre l'idolâtrie, et qui se fait adorer avec les faux dieux ; il blasphème contre Dieu et les saints, et règne quarante-deux mois, c'est-à-dire trois ans et demi environ.

VI. Une bête ayant deux cornes semblables à celles de l'Agneau s'élève de la terre, va au-devant de la première bête qu'elle fait adorer par les prodiges qu'elle opère en confirmation de sa divinité; c'est Maxime qui, armé de la philosophie et de la magie, comme de deux cornes d'un agneau travesti, vient au secours de Julien, pour appuyer son impiété, et qui, par ses raisonnements et ses prestiges, s'efforce d'obliger les hommes à adorer la première bête, c'est-à-dire Rome, ou l'empire romain, dont cet apostat est le chef.

VII. L'image de la bête recouvre la vie et la parole ; les faux dieux qui s'étaient tus depuis Constantin, re dent leurs oracles sous Julien.

VIII. Personne ne peut acheter ni vendre, s'il n'a en main le caractère de la bête, parce que Julien fit fabriquer sa monnaie, où l'on voyait des victimes immolées aux pieds des idoles et de leurs autels.

IX. Le nombre de six cent soixante-six, qui désigne énigmatiquement le prince impie qui doit ressusciter l'idolâtrie, se trouve en plusieurs manières dans le nom de Julien, dont tout le règne est ici décrit ; et par conséquent l'Eglise, qui depuis Constantin jusqu'à Julien, c'est-à-dire depuis l'an 324 jusqu'à l'an 360, était demeurée dans un même état, et n'avait eu à combattre que les hérésies (figure de celui où elle doit être jusqu'à la venue de l'Antechrist) change de face sous Julien, dont l'apostasie et la persécution représentent celles de ce dernier ennemi du peuple de Dieu.

---

1. Et vidi de mari bestiam ascendentem, habentem capita septem, et cornua decem, et supra cornua ejus decem diademata, et super capita ejus nomina blasphemiæ.

2. Et bestia quam vidi, similis erat pardo, et pedes ejus sicut pedes ursi, et os sicut os leonis, et dedit illi draco virtutem suam, et potestatem magnam.

3. Et vidi unum de capitibus suis quasi occisum in mortem: et plaga mortis ejus curatus est : et admirata est universa tua post bestiam.

4. Et adoraverunt draconem, qui dedit potestatem bestiæ : et adoraverunt bestiam, dicentes : Quis similis bestiæ, et quis poterit pugnare cum ea?

5. Et datum est ei os loquens magna et blasphemias, et data est ei potestas facere menses quadraginta duos.

6. Et aperuit os suum in blasphemias ad Deum, blasphemare nomen ejus, et eos qui in cœlo habitant.

7. Et est datum illi bellum facere cum sanctis, et vincere eos, et data est illi potestas in omnem tribum, et populum, et linguam et gentem.

8. Et adoraverunt eam omnes qui inhabitant terram, quorum non sunt scripta nomina in libro vitæ Agni, qui occisus est ab origine mundi.

9. Si quis habet aurem, audiat.

10. Qui in captivitatem duxerit, in captivitatem vadit ; qui in gladio occiderit, oportet eum gladio occidi : hic est patientia et fides sanctorum.

11. Et vidi aliam bestiam ascendentem de

1. Et je vis une bête qui montait de la mer ayant sept têtes et dix cornes, avec dix diadèmes sur ses dix cornes, et des noms de blasphèmes sur ses têtes.

2. La bête que je vis était semblable à un léopard ; elle avait les pieds comme des pieds d'ours, et la gueule comme la gueule d'un lion, et le dragon lui donna sa force et sa grande puissance.

3. Et je vis une de ses têtes comme blessée à mort ; mais cette plaie mortelle fut guérie et toute la terre, surprise d'admiration, courut après la bête.

4. Et on adora le dragon qui avait donné sa puissance à la bête, et on adora la bête en disant : Y a-t-il rien de semblable à la bête, et qui pourra combattre contre elle ?

5. Et il lui fut donné une bouche qui tenait des discours pleins d'orgueil et de blasphèmes, et elle reçut la puissance d'agir pendant quarante-deux mois.

6. Et elle ouvrit sa bouche pour proférer des blasphèmes contre Dieu, pour blasphémer son nom et son tabernacle, et ceux qui habitent dans le ciel.

7. Et il lui fut aussi donné pouvoir de faire la guerre aux saints, et de les vaincre ; et il lui fut donné puissance sur toute tribu, sur tout peuple, sur toute langue et sur toute nation.

8. Et tous les habitants de la terre l'adorèrent, ceux de qui les noms ne sont pas écrits au livre de vie de l'Agneau qui a été immolé dès l'origine du monde.

9. Si quelqu'un a des oreilles, qu'il entende.

10. Celui qui mènera en captivité, ira en captivité; celui qui tuera de l'épée, il faut qu'il soit tué de l'épée. C'est ici la patience et la foi des saints.

11. Et je vis une autre bête qui montait

de la terre et qui avait deux cornes semblables à celles de l'Agneau, mais qui parlait comme le dragon.

12. Et elle exerça toute la puissance de la première bête en sa présence, et elle fit que la terre et ses habitants adorèrent la première bête dont la blessure mortelle avait été guérie.

13. Et elle fit de grands prodiges, jusqu'à faire même descendre le feu du ciel sur la terre devant les yeux des hommes.

14. Et elle séduisit les habitants de la terre par des prodiges qu'elle reçut pouvoir de faire en présence de la bête, ordonnant aux habitants de la terre d'ériger une image à la bête qui n'était pas morte du coup d'épée qu'elle avait reçu.

15. Et il lui fut donné pouvoir d'animer l'image de la bête, et de donner la parole à cette image, et de faire tuer tous ceux qui n'adoreraient pas l'image de la bête.

16. Et elle fera que tous, petits et grands, riches et pauvres, libres et esclaves, portent le caractère de la bête en leur main droite, ou sur le front.

17. Et que nul ne puisse ni vendre, ni acheter, que celui qui aura le caractère ou le nom de la bête, ou le nombre de son nom.

18. C'est ici la sagesse : que celui qui a de l'intelligence, compte le nombre de la bête; car c'est un nombre d'homme, et ce nombre est six cent soixante-six.

terra, et habebat cornua duo similia Agni, et loquebatur sicut draco.

12. Et potestatem prioris bestiæ omnem faciebat in conspectu ejus : et fecit terram et habitantes in ea adorare bestiam primam, cujus curata est plaga mortis.

13. Et fecit signa magna, ut etiam faceret ignem de cœlo descendere in terram in conspectu hominum.

14. Et seduxit habitantes in terra propter signa quæ data sunt illi facere in conspectu bestiæ, dicens habitantibus in terra, ut faciant imaginem bestiæ, quæ habet plagam gladii, et vixit.

15. Et datum est illi ut daret spiritum imagini bestiæ, et ut loquatur imago bestiæ, et faciat ut quicunque non adoraverint imaginem bestiæ, occidantur.

16. Et faciet omnes, pusillos et magnos, divites et pauperes, et liberos et servos, habere characterem in dextera manu sua, aut in frontibus suis.

17. Et ne quis possit emere, aut vendere, nisi qui habet characterem, aut nomen bestiæ, aut numerum nominis ejus.

18. Hic sapientia est : qui habet intellectum, computet numerum bestiæ; numerus enim hominis est, et numerus ejus sexcenti sexaginta sex.

EXPLICATION.

Et je vis la bête qui s'élevait de la mer.
Après que saint Jean nous a découvert au chapitre précédent, sous la figure d'un cruel dragon, l'invisible et secret auteur des persécutions de l'Eglise avec sa défaite et sa ruine, il va nous montrer dans celui-ci l'instrument visible dont il se servit pour exercer sa rage, c'est-à-dire l'empire romain, nous faire voir aussi la destruction et le renversement de cet empire persécuteur.

Le premier caractère qu'il lui donne est celui *d'un fier animal*, suivant le style des anciens prophètes, qui désignaient les grands empires par des bêtes féroces, selon saint Jérôme : *Hoc notandum, quod regnorum feritas atque crudelitas in Scripturis bestiarum nomine demonstretur.* C'est sur le septième chapitre de Daniel, dont voici les paroles expresses : *Hæ quatuor bestiæ magnæ quatuor sunt regna, quæ consurgent de terra.* (*Dan.* vii, 23.) Le même Père, sur le chapitre ii d'Osée, dit que les Assyriens, les Chaldéens, les Mèdes, les Perses, les Macédoniens, et enfin les Romains, comme des bêtes carnassières, ont dévoré la Judée : *Devoraverunt eam primum Assyrii, atque Chaldæi, Medi, et Persæ, et Macedones; ad extremum sævissima laceravit bestia, Romanorum imperium, cujus in Daniele nomen tacetur, ut major formido his qui devorandi sunt augeatur.* Optat (*De schismate Donatist.* lib. iii, n. 8) écrit que deux persécutions ont été exercées contre l'Eglise par deux bêtes cruelles : l'une sous la figure d'un lion, par Dèce et Valérien ; l'autre sous la figure d'un ours, par Dioclétien et Maximien : *Persecutio operata est sub duabus bestiis : prima fuit ut leo, hæc erat persecutio sub Decio et Valeriano; secunda ut ursus, quæ fuit sub Diocletiano et Maximiano.* Il ne faut donc pas s'étonner si saint Jean, qui réunit en soi l'esprit de tous les prophètes, exprime ainsi ce même empire romain.

Ne pourrait-on pas encore ajouter que cette tête de lion, dans la bête, représente particulièrement Néron, le premier, le principal et le plus cruel des persécuteurs de l'Eglise, puisque l'Apôtre saint Paul le nomme ainsi lui-même ? *Et liberatus sum de ore leonis.* (II *Tim.* iv, 17.) De là ce cri ancien - *Christianos ad leonem*, etc. (Tertull., *Apologet.*, c. 40.)

Le second, est de le faire sortir *de la mer*, symbole du monde et du siècle, suivant la remarque du même saint Jérôme et de saint Grégoire (hom. 24, *in Evang.*) ; tant à cause que Rome est située au milieu de la mer, d'où elle est comme sortie pour étendre sa domination sur toute la terre, qu'à cause que, dans le. langage de l'*Apocalypse*, les grandes eaux sur lesquelles la prostituée est assise, représentent les peuples soumis au gouvernement de Rome : *Mare autem mundum istum sæculumque significat, falsis amarisque fluctibus redundans. Quid vnim mare, nisi præsens sæculum significat, quod se casuum tumultibus et undis vitæ corruptibilis illidit?* Et saint Jean : *Aquæ quas vidisti, ubi meretrix sedet, populi sunt, et gentes, et linguæ.* Enfin Isaïe : *Multitudo populorum multorum, et multitudo maris sonantis, tumultus turbarum, sicut sonitus aquarum multarum. (Isa.* XVII, 12.)

Mais s'il est vrai que l'Église des nations, ou la gentilité convertie, soit appelée dans l'Ecriture *la mer*, ainsi qu'on a montré ci-dessus par les paroles du prophète Isaïe : *Quando conversa fuerit ad te multitudo maris, fortitudo gentium venerit tibi (Isa.* LX, 5); qui empêche qu'on ne dise que cette bête, qui sort de la mer, signifie l'empereur Julien sortant par son apostasie du sein de l'Eglise, et traînant après lui son empire romain idolâtre, dont voici le troisième caractère.

Cette bête avait sept têtes, et sur ces sept têtes des noms de blasphème.

Ce sont ces sept principaux idolâtres qui ont tant vomi de blasphèmes par leurs édits, dont on a parlé ci-dessus, c'est-à-dire Néron, Domitien, Dèce, Valérien, Aurélien, Dioclétien et Julien, desquels saint Jean parle encore au verset 9 du chapitre XVII, lorsque développant cette énigme, il nous apprend que ces sept têtes sont les symboles de sept empereurs persécuteurs de l'Eglise : *Septem capita septem reges sunt.* On peut conjecturer de ce qu'écrit Denis d'Alexandrie dans une lettre à Hermammon, rapportée par Eusèbe au sujet de Valérien, quatrième tête de la bête, ou quatrième persécuteur, ce qu'il faut penser des autres : car ce grand saint nous assure que l'Apôtre, dans son *Apocalypse*, avait en vue cet empereur impie, lorsqu'il a parlé des blasphèmes qu'un ennemi de Jésus-Christ devait proférer contre Dieu et contre son Eglise : *Joanni quoque similiter revelatum est in Apocalypsi de Valeriano; ait enim : Et datum est ei os loquens, et impia, et data est illi potestas facere menses quadraginta duos.* Or, ce qu'il dit de ce blasphémateur, qui paraissait de son temps, s'est bien pu dire encore à plus forte raison des trois autres têtes ou empereurs idolâtres qui, dans la suite, ont persécuté le peuple de Dieu et blasphémé contre son tabernacle.

Et cette bête avait dix cornes, et sur ces cornes dix diadèmes.

C'est le quatrième caractère de l'empire romain, qui, s'étant d'abord fortifié du secours de dix rois barbares qui combattirent contre l'Agneau, c'est-à-dire qui persécutèrent les fidèles et ravagèrent l'Eglise, fut enfin misérablement démembré par eux, et eux ensuite vaincus par Jésus-Christ, dont ils devinrent les adorateurs, ainsi qu'on verra au chapitre XVII, où cette énigme est expliquée : et comme les anciens Israélites allant en captivité emportaient avec eux les prophéties de la destruction de leurs tyrans et du rétablissement de Jérusalem, ainsi l'Apôtre, montrant la bête qui doit persécuter les fidèles, fait voir avec elle les instruments de sa ruine, et qui serviront de sujet au triomphe de l'Eglise : le persécuteur paraît donc à la vérité, mais les verges au cou, pour ainsi dire, avec lesquelles il sera châtié. Et il faut observer que *les dix cornes du dragon,* qui, au chapitre précédent, signifiaient les dix persécutions de l'Eglise, et n'avaient point de couronnes, paraissant ici *dans le corps de la bête,* ou de l'empire romain, c'est-à-dire dans un sujet différent, et avec des couronnes qu'elles n'avaient pas, signifient aussi des choses différentes. Saint Jean même nous fera voir que ces sept têtes représentent tout à la fois, et sept montagnes sur lesquelles Rome est située, et sept princes qui ont régné sur cette ville : *Septem capita septem montes sunt, et reges septem sunt (Apoc.* XVII, 9); d'où il ne faut pas s'étonner si les mêmes signes figurent des choses différentes, surtout quand ils paraissent avec des caractères nouveaux ; car, selon la remarque de saint Jérôme dans sa Lettre à Paulin, chaque parole de *l'Apocalypse* renferme, non un seul mystère, mais un grand nombre de mystères : *In verbis singulis Apocalypseos multiplices latent intelligentiæ.* Les dix premières cornes non couronnées du dragon ne paraissent donc plus ici, parce que les dix persécutions ont été toutes expliquées au chapitre précédent : ce sont en leur place dix autres cornes couronnées, qui signifient dix principautés ennemies de l'empire romain, lesquelles vengeront l'Eglise de ces dix persécutions; mais les mêmes sept têtes continuent à paraître, parce que leur signification n'est pas encore remplie, l'empereur Julien qui ne va commencer qu'à naître dans ce chapitre, et qui fait la septième tête, ou le dernier tyran persécuteur de l'Eglise, devant accomplir le mystère. De plus, ces sept têtes, ou ces sept empereurs, ne paraissent plus ici avec leurs diadèmes, parce que, dans le chapitre précédent, on vient de les voir dégrader et détrôner ; il ne faut donc pas s'étonner si elles se voient ici dépouillées de cet ornement, leurs couronnes ayant été données à d'autres, comme en effet elles le furent aux dix rois barbares qui partagèrent l'empire en autant de royaumes, et qui sont figurés ici par ces dix cornes couronnées : *Et super cornua, decem diademata;* la seule honte de leurs blasphèmes leur étant demeurée sur le front : *Et super capita nomina blasphemiæ.* Voici comme parle saint Jérôme (HIER., *in Habac.,* III; *in Isa.* LXVI): *Moris est Scripturarum, ut semper cornua pro regnis ponant. Decem cornua decem regna demonstrant. Rectissime pro regnis cornua ponit, hanc habente Scriptura sacra consuetudinem, ut regnum semper interpretetur in cornibus.*

Au reste, il serait superflu de prouver ici, avec le même Père, que c'est une chose ordinaire dans l'Ecriture d'y voir représentés les grands efforts des conquérants, leurs forces et leurs persécutions contre l'Eglise de Dieu, par des cornes de furieux animaux qui renversent tout ce qu'ils attaquent, et qui s'oppose à leur colère. C'est ainsi que Sédécias, s'érigeant en prophète pour exprimer la ruine du royaume de Syrie par les armes du roi Achab, se fit des cornes de fer : *Fecit sibi cornua ferrea, et ait : Hæc dicit Dominus : His ventilabis Syriam.* (*III Reg.* XII, 11.)

C'est encore ainsi que divers empereurs sont représentés en Daniel (VIII, 4), comme Cyrus, Darius, Alexandre, Antiochus : *Et vidi arietem cornibus ventilantem*, etc. C'est enfin ce qu'on a vu ci-dessus dans les cornes du dragon, et qu'on va voir dans celles de la bête ; de sorte qu'il ne faut pas s'étonner si l'Agneau a paru, dès le commencement, armé de sept cornes mystérieuses pour s'opposer aux sept efforts du démon pendant les sept âges de l'Eglise, et à ses sept têtes, figures des sept empereurs persécuteurs de son peuple, desquels il a triomphé, ayant bouleversé leurs empires, en élevant les hommes de la terre au ciel, et en renversant les démons du ciel en terre, selon la pensée de Tertullien (*Advers. Jud.*, c. 10) : *Hac denique virtute crucis, et hoc more (Christus) cornutus universas gentes ventilat per fidem, auferens a terra in cœlum, et ventilabit per judicium, dejiciens de cœlo in terram.* S'il a sept yeux, symboles de la sagesse avec laquelle il gouverne son peuple, il a sept cornes, pour montrer sa force et son autorité : *In septem cornibus eminentia potestatis, qua defendit Ecclesiam : in septem oculis providentia septiformis, qua regit populum suum*, dit un savant interprète.

Et la bête que je vis était semblable à un léopard, et elle avait les pieds d'un ours et la gueule d'un lion.

Le prophète Daniel ayant vu les empires des Babyloniens, des Perses et des Grecs, sous la figure d'un lion, d'un ours et d'un léopard, saint Jean, de ces trois animaux, n'en compose qu'un pour représenter l'empire romain, parce que lui seul les avait engloutis tous trois, ayant envahi leurs terres, s'étant revêtu de leurs superstitions, et ayant succédé à leur tyrannie et à leur impiété : *Per pardum, Græcorum; per ursum, Persarum; per leonem, Babyloniorum regnum denotatur.* (ANDR. Cæsar., *in hunc. loc.*)

« J'admire, » dit saint Jérôme sur cet endroit de saint Daniel, « que ce prophète ayant représenté ces trois empires sous la figure d'un lion, d'un ours et d'un léopard, n'ait représenté l'empire romain par aucune autre bête spéciale et d'une espèce distincte et particulière, ce n'est que pour nous donner l'idée d'un plus épouvantable monstre, il n'ait tu exprès son nom, afin que nous entendissions par l'empire romain un ramas de tout ce qu'il y a de plus terrible et de plus cruel dans les bêtes les plus féroces, surtout puisque cet empire a réuni en lui seul toutes les terres et les provinces dont les autres avaient été composés : » *Satisque miror quod cum supra leænam, et ursum, et pardum in tribus regnis posuerit (Babyloniorum, Persarum et Græcorum) Romanum regnum nulli bestiæ comparavit, nisi forte ut formidolosam faceret bestiam, vocabulum tacuit, ut quidquid ferocius cogitaverimus in bestiis, hoc Romanos intelligamus, maxime dum in uno imperio Romanorum, omnia simul regna cognoscimus quæ fuerant separata.*

Ce saint, en ce même lieu, confirme sa conjecture par un exemple semblable : « car voulant chercher la raison pourquoi la bête qui représentait l'empire des Perses avait trois rangs de dents, il dit que c'est à cause que les Perses incorporèrent à leur empire celui des Babyloniens et des Mèdes, pour n'en faire de tous trois qu'un seul : » *Ergo tres ordines in ore regni Persarum, et in dentibus ejus, tria regna debemus accipere, Babyloniorum, Medorum, atque Persarum, quæ in unum redacta sunt regnum.*

Et il y a bien apparence que l'empire des Babyloniens comme le premier, le plus noble et le plus puissant de tous, ayant été représenté par un lion, celui des Perses, sortis de divers pays sauvages, par un ours; celui d'Alexandre qui réunit en soi l'empire des Grecs et des Perses, le soit par un léopard, monstre né d'un tigre et d'une lionne, et composé de ces deux espèces ensemble, dont la peau tachetée figure toutes les différentes républiques et souverainetés de la Grèce, que ce prince se soumit par la bataille de Chéronée, et qu'il obligea de se ranger sous ses étendards pour en former cet empire bigarré dont la peau du léopard est le symbole : de sorte que ce que ces trois rangs de dents signifiaient en une seule bouche, l'assemblage de ces trois bêtes en une le signifie pour désigner l'empire romain : » *Leo regnum Babylonium, ursa Medos Persasque significat apud Danielem; pardus Alexandri impetum præfigurat, et velocem de Occidente usque ad Indiam persecutionem; pardum autem vocat ob varietatem, et quia plurimis sibi subditis gentibus, contra Medos dimicavit et Persas. Pardus propter varietatem gentium, et populorum commistionem, quos ducet Antichristus.* (S. HIER., *in Jerem.* V; BEDA, et alii.)

En effet, toute la Macédoine et la Grèce lui furent soumises, aussi bien que tout l'Orient jusqu'à l'Euphrate et au delà, qui était en un mot, ce que les Grecs, les Perses et les Babyloniens avaient possédé, et il serait aisé de le prouver, si la chose n'était pas assez connue.

Le roi Agrippa, au rapport de Josèphe, voulant détourner les Juifs de se révolter contre les Romains, leur disait : « Que les Macédoniens avec toute la Grèce, qui s'imaginaient voir presque encore de leurs yeux leur Philippe et leur Alexandre se promettre l'empire de l'univers, souffraient néanmoins patiemment le changement de la fortune, et adoraient ceux du côté desquels elle était passée..... que cinq cents villes de l'Asie obéissaient à un seul officier romain, et reconnaissaient les faisceaux d'un consul; et que l'Euphrate tout entier n'était pas capable de borner le vol des aigles romaines du côté de l'Orient, » etc. : *Macedones cum tota Græcia, qui adhuc pene imaginantur Philip-*

pum videre cum Alexandro promittentem sibi orbis imperium, ferunt tamen rerum mutationem, et adorant eos ad quos fortuna migravit..... quingentæ Asiæ civitates Romano rectori parent, et fascibus consulis obsequentur... neque sufficit Romanis ad Orientem quidem totus Euphrates, etc.

Dion Cassius parlant des victoires de Trajan, qui porta ses armes au delà de Babylone, dit que ce prince se vantait d'avoir été plus avant qu'Alexandre le Grand, et que, dans sa lettre au sénat, il avait fait un si long dénombrement des nations qu'il avait subjuguées, qu'à peine pouvait-on les compter : *Trajanus jactabat se ultra, quam Alexander penetrasset, progressurum, id quod senatui per epistolam significavit : nomina præterea victarum a se gentium senatui nuntiavit, quarum numerus tantus erat, ut vix recenseri aut numerari possent.*

Paul Orose assure que cet empereur avait changé les pays situés au delà de l'Euphrate et du Tigre en provinces romaines ; qu'il s'était saisi des villes de Seleucie, de Ctésiphonte et de Babylone, et qu'il avait pénétré jusques dans les Indes par l'embouchure de la mer Rouge, sur laquelle il entretenait une flotte pour assujettir les bords du Gange : *Trajanus regiones trans Euphratem et Tigrim sitas, provincias fecit ; Seleuciam, et Ctesiphontem, et Babylonem occupavit.*

Eusèbe et saint Jérôme dans leur Chronique écrivent : Que Trajan s'empara de Séleucie, de Ctésiphonte et de Babylone ; et qu'il réduisit l'Arménie, l'Assyrie et la Mésopotamie en provinces romaines : *Trajanus Seleuciam, Ctesiphontem, Babylonemque occupavit, et tenuit in mari Rubro classem, ut per eam Indiæ fines vastarentur, Armeniam, Assyriam, Mesopotamiam fecit provincias.*

Après cela faut-il s'étonner si l'empire romain paraît comme un monstre composé des autres monstres qu'il a dévorés, et si tant de différents États et royaumes, dont il avait fait ses provinces, sont ici représentés par la variété de la peau d'un léopard ?

Et le dragon donna à cette bête sa force et sa grande puissance.

L'empire romain fut en effet le terrible dépositaire de la fureur du démon, qui le substitua en sa place pour détruire l'Eglise, les hommes animés d'un tel hôte, étant souvent plus pernicieux que celui qui les anime ; ce qui s'étant vu dans les premiers siècles de l'Eglise, ne se verra que trop encore dans les derniers. De sorte que le dragon, après avoir été vaincu sur le bord de la mer, ce qu'on vient de voir à la fin du chapitre précédent, et enchaîné par un ange dans l'abîme, ce qu'on prouvera ci-après, chapitre xx, laisse en se retirant toute sa fureur entre les mains de Julien et de l'empire idolâtre, qui la recueillit comme une hérédité, et qui fit adorer le dragon, ainsi qu'on va voir au verset 4, mais sans que le dragon agît par lui-même.

Et je vis une des têtes de la bête comme blessée à mort. Cette plaie n'est pas seulement une blessure d'une seule tête, mais elle a donné la mort à tout le corps de la bête, comme on voit au verset 12. C'était Constantin qui venait d'exterminer l'idolâtrie en faisant mourir le dernier prince idolâtre, et en donnant fin par là à la dixième persécution, attribuée à Dioclétien, sixième tête de la bête ; quoique cependant la superstition ou l'idolâtrie subsistât en bien des membres de l'empire : c'est pourquoi elle est représentée non *morte*, mais *comme morte*.

Et cette plaie mortelle fut guérie. L'empereur Julien fait revivre l'idolâtrie, relève le culte des démons, et redresse leurs autels abattus. Voici comment le raconte Sozomène (lib. v, c. 3) : « L'empereur Julien étant seul maître de l'empire, fit aussitôt ouvrir en Orient (ainsi qu'il avait déjà fait en Occident) les temples des idoles ; il donna ordre qu'on réparât ceux qui tombaient en ruine, qu'on rebâtit ceux qu'on avait démolis, qu'on redressât les autels des faux dieux, et il destina de grands fonds à l'entretien de leur culte : il renouvela les anciennes superstitions et les cérémonies du paganisme dans toutes les villes, voulant qu'on offrît des sacrifices aux dieux, lui-même leur immolant publiquement et solennellement des victimes : » *Julianus, ubi solus imperio potitus (primum in Occidente) deinde in Orientis quoque partibus gentilium templa aperuit, et ea quidem quæ neglecta fuerant, sarciri, eversa vero refici, et aras exstrui jussit, multaque eis vectigalia constitui : priscos etiam ritus, et patrias urbium cæremonias ac sacrificia renovavit : ipse palam ac publice diis immolans, victimas ac libamenta offerens*, etc.

Socrate ajoute qu'il se transportait partout pour faire ouvrir leurs temples, et offrir des sacrifices aux simulacres, voulant être appelé souverain pontife. « Et dès le commencement de son règne, » continue Sozomène, « on assure qu'il renonça si impudemment à la foi de Jésus-Christ, que, pour abjurer son baptême plus solennellement, et pour renoncer absolument aux sacrements de l'Eglise, il eut recours aux invocations des démons et au sang des victimes, comme s'il eût voulu expier les souillures qu'il pensait avoir contractées en se consacrant à Jésus-Christ : et de là en avant il fit hautement profession du paganisme, tant en public qu'en particulier. »

Saint Grégoire de Nazianze, rapportant la même chose, ajoute que Julien s'efforça d'effacer par des cérémonies exécrables le baptême qu'il avait reçu, et de profaner ses mains sanctifiées par le sacrifice non sanglant, qui nous fait participer à Jésus-Christ, à sa passion et à sa divinité ; il se souilla dans le sang impur de ces sortes de sacrifices, que les païens appelaient *tauroboles*, et auxquels ils donnaient le titre de régénération. On immolait un taureau au-dessus de celui qu'on voulait consacrer souverain pontife, et on faisait ruisseler sur lui le sang de cet animal : en effet, Julien en prit la qualité et en fit les fonctions : *Impuro et nefario sanguine lava-*

crum extergit, initiationi nostræ exsecrabilem initiationem opponens, sus in cœno provoluta, manusque suas profanat, ut nimirum cas ab incruento sacrificio, per quod nos Christo, ipsiusque passionibus et divinitati communicamus, elueret, ac repurgaret.

Car, encore une fois, il faut remarquer que saint Jean, au chapitre précédent, ayant conduit les persécutions de l'Eglise jusqu'à la mort de Licinius, dernier germe de la grande persécution excitée par Dioclétien, sixième tête de la bête, exercée sous son nom par plusieurs empereurs; savoir, par Maximien-Galère, Maximien-Hercule, Maxence, Maximin (pour n'y pas joindre Sévère, qui régna trop peu, et encore moins Constance Chlore), et enfin par Licinius, vaincu l'année 324 par Constantin, qui le fit mourir avec l'idolâtrie, et qui mit le christianisme sur le trône; et, nous ayant décrit l'état de l'Eglise sous ces six persécuteurs principaux, ou sous ces six premières têtes de la bête, desquelles il rapporte la fin tragique, quand il donne l'explication de ce monstre au chapitre XVII, va dans celui-ci nous représenter la résurrection de cette bête, c'est-à-dire de l'idolâtrie, ou de l'empire romain idolâtre, en la personne et sous le règne de Julien, septième tête de la bête, qu'il décrit d'autant plus au long qu'il est la figure de l'Antechrist, dernier persécuteur des fidèles; raison pour laquelle cet apôtre mêle ces deux règnes ensemble, et s'élève de la figure à la chose figurée : *Julianus civitates singulas circumiens, templa aperire, et simulacris sacrificare cœpit, seque ipse pontificem maximum appellavit. Etenim statim ab initio fidem Christi adeo impudenter abnegasse fertur, ut sacrificiis et invocationibus, quas Græci depulsorias vocant, et victimarum sanguine baptismum Christianorum elueret, sacramentis Ecclesiæ renuntians, atque eo tempore haruspicina et victimis, tum privatim, tum publice usus est.*

Et toute la terre surprise d'admiration, courut après la bête.

4. *Et on adora le dragon, qui avait donné la puissance à la bête.*

Voilà Satan, tout enchaîné qu'il fût alors dans l'abîme, reconnu de nouveau pour le dieu de l'empire, et toute la terre en admiration d'un changement si inopiné, et néanmoins si désiré; car, comme nous apprend Socrate (lib. III, c. 1), Julien était informé que les gentils souffraient avec la dernière peine qu'on eût aboli les sacrifices de leurs dieux, et ne désiraient rien plus ardemment qu'un temps favorable dont ils pussent se prévaloir, afin d'ouvrir leurs temples et de rétablir l'idolâtrie et les sacrifices : *Julianus compertum habebat gentiles graviter admodum ferre quod sacrificare diis suis prohiberentur, et optare omnibus votis, ut tempus illud sibi contingeret, quo et delubra aperirentur, et immolare simulacris liceret.* Et c'est ce qui advint selon leurs vœux, par l'idolâtrie de Julien.

Et on adora la bête, en disant : Qui est semblable à la bête?

Voilà aussi Rome encore une fois adorée comme une déesse, et ses empereurs comme des dieux; suivant l'ancienne coutume, dont Pline fait mention, écrivant à Trajan : « Tous, » lui mandait-il, « ont adoré votre image, et les simulacres des dieux, et renoncé à Jésus-Christ : » *Omnes et imaginem tuam deorumque simulacra venerati sunt, et Christo maledixerunt.* On ne voit autre chose dans les auteurs profanes, où Rome est appelée la déesse de la terre et des nations : *Terrarum dea gentiumque Roma.* Et rien n'était plus fréquent dans les provinces que des temples dédiés à Auguste et à Rome : *Romæ et Augusto.* Aussi nous apprenons de Socrate que les gentils voyant leurs temples ouverts par l'ordre de Julien, célébraient leurs fêtes par toutes sortes de réjouissances, disant sans doute de cœur aussi bien que de bouche, ce que nous lisons ici avait été prédit : Qui est semblable à la bête? *Mandavit ut gentilium templa confestim aperirentur. Itaque pagani festos dies numinum suorum gentili ritu celebrabant*, etc.

Et qui pourra combattre contre elle? c'est-à-dire qui pourra résister à un empire si miraculeusement protégé des dieux, et qui, malgré le christianisme dominant, vient de se relever, lorsqu'on le croyait tout à fait éteint? Car Licinius mourut l'an 324, et Julien commença seul à régner, l'an 361.

5. *Et il lui fut donné une bouche qui tenait des discours pleins d'orgueil et de blasphèmes.* En effet, jamais bourbe n'a vomi de si exécrables blasphèmes que Julien l'apostat, ni n'a porté l'orgueil et l'impiété plus loin que lui, et cela jusqu'au dernier soupir, puisque nous apprenons de plusieurs historiens (Philostor. lib. VII,) qu'il maudit en mourant et les faux dieux qu'il avait adorés, et Jésus-Christ son véritable Dieu, qu'il avait renoncé; et que, par une fureur sans exemple, il prit son sang dans sa main et le leur jeta, disant qu'ils s'en soûlassent : *Julianum sanguinem ad solem jactasse, propriisque diis suis maledixisse. Historicorum plerique scribunt, jactasse eum ad Dominum nostrum Jesum Christum, verum Deum,* etc. Epouvantable figure de l'esprit qui possédera le dernier Antechrist dont Julien fut le crayon.

Et la bête reçut la puissance d'agir pendant quarante-deux mois, c'est-à-dire que sa tyrannie sera de courte durée, et que peu de mois en verront la fin.

En effet, Julien mourut dans son quatrième consulat, *quarto consulatu suo,* dit Socrate; or cette dignité se prenait le premier de janvier, ainsi qu'on verra ci-après dans la vie de Dioclétien, et Julien fut tué le 24 de juin, ce qui fait trois ans et demi juste : quoique, après tout, le commencement de son règne se puisse compter par d'autres dates, mais qui ne s'écartent guère de celle-ci. En sorte que sa soudaine punition fit dire aux païens, ou sérieusement ou plaisamment, que le Dieu des Chrétiens n'était pas si patient que ses adorateurs le publiaient. C'est un trait d'histoire pris de saint Jérôme, qui nous fait voir, et la résurrection de l'idolâtrie sous Julien, et le prompt châtiment que Jésus-Christ en fit. « Lorsque j'étais encore jeune, » dit ce grand saint (in Habac. III), « et que je m'exerçais en l'étude de la grammaire, toutes les villes se trouvèrent souillées du sang des victimes que Julien avait ordonné qu'on immolât aux faux dieux ; mais comme la persécution était encore dans sa première fureur, le bruit de la mort de ce tyran se répandit tout d'un coup, ce qui fit dire fort spirituellement à un païen : Comment est-ce que les Chrétiens veulent faire accroire que leur Dieu est si patient, et qu'il supporte les crimes avec tant de longanimité ? Rien n'est plus vif ni plus prompt que sa colère, à peine a-t-il pu arrêter un moment les effets de son indignation : » *Dum adhuc essem puer, et in grammaticæ ludo exercerer, omnesque urbes victimarum sanguine polluerentur, ac subito in ipso persecutionis ardore, Juliani nuntiatus esset interitus, eleganter unus de ethnicis : Quomodo, inquit, Christiani dicunt Deum suum esse patientem et ἀληξίκακον? Nihil iracundius, nihil hoc furore præsentius : ne modico quidem spatio indignationem suam differre potuit. Hoc ille ludens dixerit.*

Au reste, il est vrai que sa persécution ne dura qu'environ quarante-deux mois ; car encore que Julien n'ait régné seul que vingt mois environ, néanmoins plus d'un an auparavant, il avait fait ouvrir en Occident les temples des dieux, il s'était révolté contre l'empereur Constance, il avait usurpé le nom et l'autorité d'Auguste, et donné commencement à la persécution contre l'Église, et à son impiété contre Jésus-Christ.

6. *Et la bête ouvrit sa bouche pour proférer des blasphèmes contre Dieu, pour blasphémer son nom et son tabernacle, et ceux qui habitent dans le ciel.*

Il n'y eut blasphème que Julien, animé par la fureur de cette bête ressuscitée, ne proférât contre Dieu, contre Jésus-Christ, contre son tabernacle, c'est-à-dire contre l'Église du ciel et de la terre, et contre les saints qui l'habitent, en particulier, contre saint Pierre, contre saint Paul, contre saint Jean, contre les martyrs qu'il appelait de misérables punis par les lois et adorés par des insensés. A ces discours impies cet apostat joignit des écrits encore plus détestables, ayant composé jusqu'à la mort des livres artificieux et méchants contre la religion chrétienne : *Julianus mortuus est in Perside, quarto consulatu suo, die sexto Kalendas Julii : tertius hic erat annus imperii illius, septimus vero ex quo Cæsar a Constantio fuerat nuncupatus ; vitæ vero primus ac tricesimus.* (SOCRAT., lib. III, c. 21.)

« L'empereur Julien, » dit saint Jérôme, dans son *Épître à Magnus, orateur romain,* « durant son expédition contre les Parthes, composa sept livres damnables contre Jésus-Christ, et, selon le dire des poètes, il se blessa lui-même avec son épée, quoique après tout il sentit bientôt dans le combat notre Jésus de Nazareth, qu'il avait coutume d'appeler par moquerie le Galiléen, recevant pour récompense de tant de blasphèmes impudents que sa langue très-infecte avait vomis, un coup de dard qui lui transperça les côtes : » *Julianus Augustus septem libros in expeditione Parthica adversus Christum evomuit, et juxta fabulas poetarum, suo se ense laceravit, quanquam Nazarenum nostrum, et, ut ipse solebat dicere, Galilæum, statim in prælio senserit, et mercedem linguæ putidissimæ conto ilia perfossus acceperit.*

7. *Et il lui fut aussi donné de faire la guerre aux saints par sa langue, ses écrits, ses lois, ses cruautés ; et de les vaincre,* opprimant les uns par son autorité, entraînant les autres dans son apostasie par ses sacrifices, et renversant ainsi les étoiles du ciel, et les foulant aux pieds : *Et dejecit de stellis, et conculcavit eas.* Ce que Daniel (VIII, 10) avait prédit d'Antiochus, autre figure, et de l'Antechrist, et de Satan, qui de sa queue, c'est-à-dire lors de la dernière tentation à la fin du monde, précipitera plusieurs fidèles dans sa ruine.

Et il lui fut donné puissance sur toute tribu, sur tout peuple, sur toute langue et sur toute nation : Il réunit en lui seul tout l'empire romain composé d'un nombre infini de nations, qui furent toutes universellement soumises à sa puissance.

8. *Et tous les habitants de la terre, de qui les noms ne sont pas écrits au Livre de l'Agneau qui a été immolé dès l'origine du monde, l'adorèrent :* Tous les hommes, à l'exception des fidèles chrétiens, regardèrent ce persécuteur et ce successeur des persécuteurs du peuple de Dieu, qui dès le commencement du monde ont persécuté Jésus-Christ en la personne des justes, comme le restaurateur de la religion ancienne, firent hommage à sa grandeur, le reconnurent comme le fils du soleil, et l'adorèrent aussi bien que la bête, ou Rome et son empire, à qui l'on venait de rendre la divinité : *Julianum novum Deum nobis effingunt.* (S. GREG. NAZ., pag. 92.)

9. *Si quelqu'un a des oreilles, qu'il entende.* Voici une nouvelle énigme qui demande une nouvelle attention.

10. *Celui qui mènera en captivité, ira en captivité : celui qui tuera de l'épée, il faut qu'il soit tué de l'épée :* cela veut dire que les fidèles ne se découragent point : Julien et les idolâtres qui vont les exiler et les martyriser, sont eux-mêmes à la veille d'être traînés en captivité, et massacrés par le glaive des Barbares ; qu'ils souffrent donc et qu'ils apprennent que cet apostat aura pouvoir d'exercer l'Église par toutes sortes d'épreuves, sans qu'on doive lui opposer que la foi et la patience : la foi pour résister à ses arguments captieux et à ses dérisions sacriléges ; et la patience pour supporter ses persécutions ; car ce qui était sous Constantin une guerre juste, deviendrait sous Julien une révolte criminelle.

11. *Et je vis une autre bête qui montait de la terre, et qui avait deux cornes semblables à celles de l'Agneau, et qui parlait comme le dragon.*

Voici un second monstre terrestre qui

vient au secours du premier, et qui porte le caractère de l'esprit de séduction : c'est Maxime, grand philosophe cynique, et encore plus grand magicien, qui joignant ensemble la sagesse des philosophes et la magie des démons, comme les deux plus spécieuses cornes de l'idolâtrie, va tâcher de contrefaire les deux principales vertus dont l'Agneau de Dieu s'est servi pour renverser l'empire de Satan, et convertir les hommes ; savoir, la sainteté de vie, et l'opération des miracles : mais cette sagesse philosophique de Maxime ne descendait pas d'en haut, elle était toute *terrestre,* animale, diabolique, et telle que la dépeint l'apôtre saint Jacques (cap. III, 15) en ces mots : *Non enim ista sapientia desursum descendens, sed terrena, animalis, diabolica.* En effet, saint Jean vit ce second monstre sortir de la terre, *ascendentem de terra.*

Saint Chrysostome (*Contr. gentes,* circ. med.), et les auteurs de ce temps-là écrivent que quand Julien eut ordonné qu'on ouvrit les temples des idoles, qu'on relevât leurs autels, et qu'on rendît aux démons leur ancien culte, aussitôt on vit accourir auprès de lui de tous les endroits du monde tout ce qui se trouva d'enchanteurs, de devins, de sorciers, de magiciens, d'empoisonneurs et d'imposteurs, et surtout Maxime leur chef, auquel, incontinent après la mort de Constance, il écrivit de le venir joindre, pour l'entretenir et le fortifier dans les sentiments d'impiété que ce philosophe idolâtre lui avait inspirés dès sa jeunesse : *Divulgato per universum orbem mandato, ut idolarum templa restaurarentur, aræ excitarentur, pristini dæmonibus honores redderentur, continuo ex mandato incantatores, augures, aruspices, menagyrtæ, denique omnifariæ imposturæ artifices, ex universo orbe confluxerunt, quotquot venefici et malefici,* etc. Et Libanius, l'associé de Maxime dans la confidence de Julien, assure sans façon que ce malheureux prince était l'élève des démons, le disciple des démons, l'assesseur des démons : *O dæmonum alumne, dæmonum discipule, dæmonum assessor.* (SOCRAT., lib. III, c. 23.)

L'histoire de Julien donne de continuelles marques du caractère d'hypocrisie dont Maxime colorait toute la conduite de cet empereur, s'efforçant en toutes choses de contrefaire la douceur de l'Agneau de Dieu, de séduire le monde sous cette apparence trompeuse, et de le rendre complice de l'idolâtrie de Julien. Qu'on lise surtout Sozomène (liv. V, chap. 16), et saint Grégoire de Nazianze (disc. 3, p. 102), et on verra que cet apostat jaloux de la discipline qu'il voyait dans l'Eglise, voulait en introduire une semblable dans le paganisme, et qu'en tout et partout il s'efforçait d'en être le singe, et de se prévaloir de cet esprit de séduction que Maxime par sa philosophie et sa magie travaillait à répandre dans les esprits. Voici les paroles de saint Grégoire de Nazianze : *Scholas quidem in omnibus civitatibus, et sacraria, subselliaque partim altiora, partim humiliora exstruere parabat, profanorum etiam dogmatum lectiones et explicationes instituere, tum quæ mores componerent, quam quæ in abstrusiorum rerum tractatione versarentur : tum precationum alternatim canendarum formam, ac supplicii in eos qui peccarent, pro delicti modo constituendi : initiationum item et perfectionis, atque omnia quæ nostræ haud dubie disciplinæ sunt : diversoria etiam et hospitales domos ædificare; monasteria item, virginum cœnobia instituebat, simulque humanitatem et benignitatem erga pauperes adjungere, cum in aliis rebus, tum in commendatitiis epistolis sitam, quibus eos qui inopia premuntur, ex gente ad gentem transmittimus : quæ videlicet ille in nostris rebus præsertim admiratus fuerat...... Sed hæc quænam simiarum imitationes sint.* Cependant il faut avouer que toute cette conduite affectée de Julien, tantôt doux et tantôt cruel, et ces deux cornes apparentes d'agneau de Maxime philosophe et magicien, ne sont qu'un léger crayon de cet esprit d'artifice et de violence, dont l'Antechrist et son faux prophète seront remplis à la fin du monde, et les deux puissantes cornes qu'ils emploieront pour ravager l'héritage de Jésus-Christ.

Que si l'on veut approfondir encore plus avant dans ce mystère d'iniquité, on trouvera sous cette bête, qui porte deux cornes semblables à celles de l'Agneau, le vrai caractère de la persécution de Julien qui, avec la philosophie et la magie, comme avec deux espèces de cornes toutes différentes des dix premières dont le démon s'était armé, entreprit plutôt de séduire que d'exterminer les fidèles; de sorte que Satan déposant sa première fureur de dragon et ses dix épouvantables cornes, dont il prétendait renverser l'Eglise, par un stratagème nouveau, se transfigure en ange de lumière, et de loup infernal se fait un agneau : « Julien, » dit Socrate (lib. III, cap. 17), « parut au monde comme le prince le plus doux et le plus débonnaire qu'on eût encore vu : il rappela les Catholiques de leur exil ; il laissa en paix les hérétiques ; il accorda aux Juifs la permission de rebâtir leur temple ; il exhorta les païens à redresser les autels de leurs dieux, et il les exhorta tous à vivre en paix ensemble : » *Imperator Julianus initio imperii cunctis lenis ac placidus visus est ;* l'idolâtrie, en la personne de Maxime, vint au-devant de lui, armée de la philosophie et de la magie, comme pour faire son éloge et son panégyrique, et porta tout le monde à se soumettre à son empire. « Elle publia qu'il était le plus bénin de tous les hommes ; qu'il ne se conduisait que par la sagesse et par la bonté ; qu'il était incapable de colère et d'emportement, » dit Théodoret (lib. III, c. 15, 17) : » *Eum gentiles mansuetissimum et ab iracundia alienissimum prædicabant..... mitissimus et sapientissimus a sui similibus appellabatur;* enfin un vrai agneau, mais en apparence ; ces deux cornes, c'est-à-dire la philosophie profane et la magie la plus noire, en quoi il mettait sa force, étant plus à craindre que les violences les plus outrées des autres.

En effet, ce fut cette double et pernicieuse inclination qui précipita ce malheureux prince dans l'abîme de l'apostasie : il était fils de Jules Constance, frère du père de l'empereur Constantin, et de Basiline, d'une race illustre mais païenne, parente d'Eusèbe de Nicomédie et fautrice de l'arianisme, et par conséquent cousin germain de l'empereur Constantin. Issu de parents très-chrétiens et d'une famille entièrement dévouée à la religion de Jésus-Christ, qui prirent soin de lui procurer le baptême dès son enfance, selon la coutume de l'Eglise, dit Sozomène, il suça le lait de la doctrine et de la piété chrétienne dès sa tendre jeunesse; il l'avait conservée et accrue avec l'âge. Elevé à la royale dans une maison de plaisance nommée Macello, près de Césarée, en Cappadoce; formé à tous les exercices convenables à un prince; instruit sous d'excellents maîtres et des évêques célèbres dans les sciences divines et humaines, il se consacra à Dieu dans l'état ecclésiastique et fut ordonné lecteur. Il lut publiquement aux assemblées des fidèles les Livres sacrés; il cultiva l'amitié des hommes savants et pieux; il révéra les reliques des martyrs, visitant leurs tombeaux et leur bâtissant des temples (quoique, par un fâcheux pronostic, ils tombassent en ruine). Revenu à Constantinople, et flatté par le peuple d'être un jour empereur, il craignit la jalousie de Constance et se retira à Nicomédie vers l'an 351, où malheureusement Maxime, grand philosophe et encore plus grand magicien, s'empara de son esprit et lui inspira, avec la haine du christianisme et l'ambition de monter sur le trône, la damnable curiosité de son art, que Julien chercha à satisfaire dans les voyages qu'il fit en Asie et ailleurs, par le commerce qu'il lia avec les plus fameux enchanteurs idolâtres et par l'abjuration secrète qu'il fit du christianisme à l'âge de vingt ans, lui-même avouant dans ses écrits avoir été vingt ans Chrétien. Il adorait le démon en secret pendant la nuit, et Jésus-Christ publiquement dans nos églises; la crainte de Constance l'obligea de se faire raser les cheveux et d'embrasser en apparence l'état monastique; il vint à Athènes, où il connut saint Grégoire de Nazianze et saint Basile; il fut ensuite créé César par Constance, qui lui donna sa sœur Hélène ou Constantia en mariage et l'envoya faire la guerre aux Barbares dans les Gaules; et ce fut là que ce malheureux prince leva le masque de son hypocrisie, et qu'après avoir souvent vaincu les ennemis vers le Rhin, il renonça hautement à Jésus-Christ. C'est ce que disent constamment tous les auteurs ecclésiastiques, et particulièrement saint Jérôme (*Ad Heliod.*), Socrate (lib. VIII, cap. 1), et Sozomène (lib. V, cap. 17), dont on a extrait fidèlement tout ce récit et dont il serait inutile de rapporter les paroles, puisque personne ne le révoque en doute : *Julianus proditor animæ suæ, et Christiani jugulator exercitus, Christum sensit in Media, quem primum in Gallia denegarat. In Galliis Christianæ religionis simulationem prorsus abjecit.*

Et cette bête parlait comme le dragon. Mais le démon, sous cette peau d'agneau, c'est-à-dire sous cette spécieuse apparence de raison et de gravité philosophique qu'affectaient Julien et son Maxime, tenait dans le fond le même langage qu'il avait tenu sous l'extérieur terrible de dragon : le dragon avait parlé par les cruels édits des tyrans; la magie parla par les arguments des philosophes, qui revenaient au même, puisque la conclusion de l'un et de l'autre n'était que l'établissement du paganisme et l'abolissement entier du christianisme : « Où sont ces prédictions de vos devins, ces menaces et cette résolution d'abolir jusqu'au nom de la religion chrétienne? » disait saint Grégoire de Nazianze, après la mort de Julien, dans son discours troisième : *Ubi contra Christianos vaticinia, ac minæ, et ad nomen usque abolitio nostra?* — « Où sont, ô insensé Maxime, vos fausses prophéties? » s'écriaient aussi les habitants d'Antioche : *Ubi tua, o Maxime, o stolide, vaticinia?* Maxime avait conduit en Perse Julien; il lui avait prédit qu'il le ramènerait victorieux, et il le ramena mort, son armée défaite et ses provinces perdues. Il se promettait la destruction du christianisme après son retour, et voilà le paganisme détruit sans ressource. Le dragon, avec ses sept têtes et ses dix cornes, avait-il parlé autrement, même dans la chaleur de la plus grande des persécutions? Non, sans doute, comme on va voir incontinent.

« Il est vrai, » dit Sozomène (*ibid.*), « qu'il ménagea d'abord les apparences : car encore qu'il ne voulût laisser aucune pierre à remuer pour détruire entièrement la religion chrétienne, il eut honte d'en venir d'abord à la force ouverte, de peur de passer pour un tyran déclaré; mais il ne rabattit rien de l'ardeur qu'il avait pour cette entreprise, et il appliquait tout son esprit à trouver des inventions pour attirer à l'idôlatrie et aux superstitions des anciens les sujets de l'empire, n'omettant rien pour cela qui pût dépendre de lui ni de l'autorité de ses magistrats : » *Etenim cum omnia moliretur ad evertendam religionem Christianam, palam vim inferre erubescebat, ne tyrannus esse videretur, nec tamen de studio suo quidquam remisit, sed omnia excogitavit, quibus ad gentilium religionem partim per se, partim per præsides alliceret.*

Telle est l'idée que cet auteur nous donne de cet agneau en apparence et de ce dragon en effet. Le voici ce langage de cet agneau travesti, parfaitement conforme à celui des premiers tyrans persécuteurs ou des six autres têtes du dragon; il fit des lois par lesquelles il privait les Chrétiens de la faculté d'apprendre ou d'enseigner les arts libéraux; il les exclut du nombre des officiers du prince et du pouvoir d'administrer les provinces; il extorqua d'eux de grandes sommes d'argent; il leur ôta le droit de bourgeoisie; il les chassa des assemblées de ville et des charges du barreau; il les dépouilla de toutes dignités et magistratures; il les jugea indignes de tout emploi honorable, de tout rang et de toute préséance; il condamna à la torture ceux de Césarée pour leur faire découvrir les biens et les possessions des églises et les leur faire rapporter, et il voulut que sur-le-champ on en mît trois cents livres d'or dans ces trésors et qu'on enrôlât les ecclésiastiques dans la plus vile milice de la province. Il menaça de mort les Galiléens, nommant ainsi par dérision les Chrétiens, s'ils ne rebâtissaient les temples des faux dieux : *Legem tulit ne Christiani humanioribus disciplinis instituerentur, ut gentilium dialecticis respondere non possent, ne in palatio militarent, ne regendas provincias acciperent,* etc.

Enfin, on n'aurait jamais fait, si l'on voulait rapporter toutes les lois impies de ce dragon qui contrefaisait vainement l'agneau, mais qui éclata bientôt après, et qui reprit sa férocité naturelle : *Diu animi perversitatem premere ac dissimulare non potuit, verum adversus Ecclesiam nuda et aperta persecutione grassari cœpit.* C'est saint Grégoire de Nazianze qui parle ainsi dans son premier *Discours contre Julien.*

12. *Et cette bête qui avait deux cornes semblables à celles de l'Agneau exerça toute la puissance de la première bête en sa présence, et elle fit que la terre et ses habitants adorèrent la première bête, dont la plaie mortelle avait été guérie.*

Maxime, armé de la philosophie et de la magie, entreprit de persuader au monde l'adoration de l'empire romain idolâtre que Constantin avait éteint, et auquel on peut dire que Julien venait de redonner la vie avec l'éclat qu'il avait eu sous ses anciens empereurs païens, qui se faisaient eux-mêmes adorer comme des dieux, et à qui, aussi bien qu'à Rome, on sacrifiait comme à des divinités, ainsi qu'on a remarqué sous Trajan : « Ce fut Dioclétien, » disent les auteurs de ce temps-là, « qui ordonna le premier qu'on rendrait les honneurs divins aux empereurs, et qui se fit lui-même adorer comme un Dieu, » au rapport de saint Jérôme dans sa *Chronique : Diocletianus Romanorum principum victoriosissimus, divinos honores imperatoribus Augustis habendos præcepit. Primus Diocletianus adorari se ut Deum jussit.*

Voici en effet ce que nous lisons dans Eusèbe (*De martyr. Palæstin.*, c. 1) : « Procope, étant pressé de sacrifier aux empereurs, déclara qu'il ne le ferait pas, et ce refus entendu, on lui coupa la tête : » *Cum vero Procopius quatuor imperatoribus sacrificare juberetur, et recusaret, hoc verbo ejus audito, capite amputato, ingressum vitæ cœlestis invenit.* Ces quatre empereurs, à qui on voulait contraindre les Chrétiens de sacrifier, étaient Dioclétien, Maximien-Hercule, Maximien-Galère et Constance-Chlore. Julien ne prétendit rien moins, ainsi qu'on va voir, et par conséquent il est vrai, en tout sens, que Maxime porta les habitants de la terre à adorer cette première bête qui venait de ressusciter en la personne d'une de ses têtes, c'est-à-dire l'empire romain idolâtre en Julien qui en était le chef, et qui lui avait redonné la vie.

Nous trouvons encore, dans les Actes des saints martyrs Marin et Marcel, « qu'ils souffrirent la mort, parce qu'ils refusaient de sacrifier à l'empereur, *eo quod imperatori sacrificare renuerint.* » On disait à saint Pionius dans la torture : « Sacrifiez à l'empereur : » *Imperatori sacrifica;* et il répondait : « Je ne sacrifierai point à un homme : » *Homini non sacrificabo.* On observe que l'empereur Commode ordonna « qu'on eût à lui sacrifier comme à un dieu, et qu'ensuite la chose passa en coutume. » Libanius, dont on vient de parler, regardait Julien comme un dieu, et il écrit lui-même « que celui qui porta la première nouvelle de sa mort pensa être lapidé comme un blasphémateur, qu'on disait qu'un dieu était mort : » *Eum qui primus mortem ejus nuntiaverat, propemodum lapidibus obruerunt, quasi de deo mentitus fuisset.* (LAMPRID.; SOCRAT., lib. III, c. 23.)

Quelques villes mirent les images de ce misérable prince avec celles de leurs dieux, lui rendirent les mêmes honneurs, et l'invoquèrent comme tout-puissant : nous avons vu ci-dessus par saint Grégoire de Nazianze (orat. 11, 12), que Julien était reconnu pour un dieu dans l'esprit de plusieurs : *Julianum novum deum nobis effingunt.* Tel fut le succès du témoignage que Maxime rendit de la divinité prétendue de Julien, et de l'empire idolâtre ressuscité par cet empereur, et ces paroles de l'*Apocalypse* s'accomplirent : *Et fecit terram, et habitantes in ea, adorare bestiam primam, cujus curata est plaga mortis, et ut faciant imaginem bestiæ.*

13. *Et elle fit de grands prodiges, jusqu'à faire descendre le feu du ciel sur la terre, en présence des hommes.*

Aux arguments captieux de la philosophie Maxime joignit des prestiges trompeurs de ses magiciens, des feux merveilleux allumèrent les flambeaux sur les autels des faux dieux, par les enchantements de Maxime, le grand oracle de Julien, pour ne pas rapporter ici les autres feux dont parlent Sozomène (lib. II, c. 5) et Zosime (lib. I), qui paraissaient sur le temple de Vénus, et semblables illusions, dont les histoires de ces temps-là sont pleines.

14. *Et elle séduisit les habitants de la terre par les prodiges qu'elle reçut pouvoir de faire en présence de la bête.*

Julien, séduit par les enchantements de Maxime, fut entraîné dans l'idolâtrie, et y entraîna ensuite les autres : car voici, entre plusieurs choses semblables, ce qui lui arriva, et qui fut cause de sa séduction et de son apostasie, au rapport de Sozomène (lib. III, c. 3) et de Théodoret : « Il trouva un magicien (c'était Maxime), qui lui promit de lui prédire ce qu'il souhaitait, et l'ayant mené dans un temple, et jusqu'au lieu le plus secret, il invoqua les démons : quand ils parurent sous d'épouvantables figures, comme ils ont accoutumé de faire, Julien eut peur, et fit le signe de la croix sur son front : les démons s'étant enfuis à ce signe salutaire, par lequel Jésus-Christ les a vaincus, le devin, qui en savait bien la véritable cause, » reprit Julien d'avoir ainsi troublé la cérémonie : Julien avoua qu'il avait eu peur, et qu'il admirait la puissance de la croix, dont la seule figure avait mis les démons en fuite : « Ne vous imaginez pas, » lui dit l'imposteur, « que ces esprits appréhendent la croix, ni que ce soit la figure de ce signe qui les ait chassés d'ici : c'est qu'ils ont détesté votre action, et ils se sont retirés pour témoigner l'horreur qu'ils en avaient : » le devin, l'ayant trompé de la sorte, l'initia à ces exécrables mystères, et le remplit d'impiété. Voilà l'excès déplorable où l'ambition de régner porta ce malheureux prince. *Cujus rei causa, Græciam circumiens vates quærebat et ariolos, scire cupiens num quandoque compos fieret votorum suorum; tandemque incidit in hominem quemdam, qui se prædicturum pollicebatur.* Sozomène (lib. v, c. 2) rapporte encore un autre exemple de sa séduction, lorsqu'il fut parvenu à l'empire, et dont voici le récit : « On assure, » dit cet auteur, « qu'il renonça à la foi de Jésus-Christ avec une si horrible impudence, qu'il eut recours à des sacrifices et à des expiations pour effacer son baptême, et que, depuis ce temps-là, il s'adonna, tant en particulier qu'en public, aux augures, au culte des idoles et à toutes les superstitions païennes. Or un jour, comme il consultait les entrailles des victimes, il parut à ses yeux une croix entourée d'une couronne, ce qui remplit de frayeur tous les assistants, parce qu'ils jugèrent que la couronne, qui est le symbole de la victoire et le cercle que la couronne faisait autour de la croix, roulant toujours sur soi-même, et n'ayant ni commencement ni fin, signifiaient que la religion chrétienne durerait éternellement, et réduirait ses ennemis sous sa puissance. Néanmoins celui qui présidait à cette cérémonie impie (c'était Maxime) tâcha de dissiper la crainte de Julien, en l'assurant que les entrailles des victimes ne présageaient rien de fâcheux ; qu'au contraire elles mettaient des bornes fort étroites à la secte des Chrétiens, et l'enfermaient dans un petit espace, hors duquel il lui serait impossible de s'étendre. »

C'est de cette sorte que ce prince, trompé par de semblables prestiges que Maxime faisait en sa présence et devant lui, selon les paroles de notre texte : *Propter signa quæ data sunt illi facere in conspectu bestiæ,* se confirma dans le culte des démons, et seduisit le monde, *et seduxit habitantes in terra,* comme l'écrivent les auteurs de ce temps-là, desquels on ne fait qu'extraire ce qui sert à l'interprétation des versets de ce chapitre, laissant le reste qu'on peut lire chez eux.

Mais remarquez ce mot de *séduire;* car il donne le vrai caractère de Julien, *seduxit* : en effet, ce ne fut pas un tyran persécuteur, comme les six autres empereurs idolâtres, ce fut un séducteur, un loup caché sous la peau d'un agneau : « Considérant que les persécutions précédentes n'avaient fait qu'accroître la gloire de l'Eglise : de là vient, » dit Sozomène (lib. v, c. 4), « que ce ne fut par aucune pitié pour les Chrétiens, qu'il les traita d'abord avec moins de rigueur que les premiers tyrans, mais c'est qu'il avait reconnu que les païens n'avaient tiré aucun avantage de leur cruauté, au lieu que les Chrétiens avaient été honorés par la générosité de ceux d'entre eux qui n'avaient point appréhendé de mourir pour la défense de leur foi : ce ne fut donc par aucun désir de les épargner, mais par la seule jalousie qu'il avait de leur gloire, qu'il n'employa contre eux ni le fer, ni le feu, ni n'ordonna, comme avaient fait d'autres princes, de les enterrer tout vivants, ou de les jeter dans la mer, pour les contraindre de changer de sentiments, et qu'il usa plutôt de douceur et de persuasion pour les gagner et les corrompre..... jugeant que c'était un moyen fort propre à augmenter et à multiplier le paganisme, que de faire paraître envers les Chrétiens une grande douceur et une grande patience : » *Idcirco invidens gloriæ Christianorum, non autem illis parcens, nequaquam necessarium esse existimavit ad eos de sententia deducendos, igne ac ferro, et corporum cruciatibus uti, nec in mare demergere, aut vivos humi defodere, quod a superioribus fuerat factitatum; sed,* etc. C'est ce que nous dit cet auteur, ainsi que Socrate (lib. III, c. 13), par où se découvre l'esprit de séduction, dont Julien était plein, comme il est ici prédit de lui.

Ordonnant aux habitants de la terre de faire l'image de la bête, qui avait reçu un coup mortel par le glaive, et qui vivait.

Cette prophétie s'accomplit à la lettre, lorsque ce prince idolâtre, à la persuasion des païens dont Maxime était le chef, ôta le fameux labarum, ou la figure de la croix que Constantin avait voulu être la principale enseigne des armées romaines, et ordonna qu'on mît en sa place l'image des faux dieux, de Jupiter, de Mars et de Mercure, desquels il avait relevé le culte : Voici comme Sozomène (*Ibid.,* c. 17) raconte la chose : « Julien espérait par la douceur et par l'artifice, porter les Chrétiens à renoncer leur religion. Car, bien qu'il souhaitât sur toutes choses de détruire le christianisme, il ne voulait pas en venir à la contrainte, de peur d'être accusé d'une violence tyrannique : il remua pourtant toutes sortes de machines pour attirer à la superstition du paganisme tous ses sujets, et particulièrement les gens de guerre qu'il tâcha de gagner, tant par lui-même que par leurs officiers, et, pour les accoutumer en toutes choses au culte des dieux, il rendit l'ancienne forme à l'étendard militaire, auquel nous avons vu que Constantin, par le commandement de Dieu, avait donné la figure de la croix. Il fit peindre à côté de son portrait, dans les images publiques, un Jupiter qui sortait d'un nuage, et qui lui présentait la couronne, ou la robe de pourpre : un Mars et un Mercure, qui avaient les yeux arrêtés sur lui, et qui semblaient témoigner, par leurs regards, l'estime qu'ils faisaient de son éloquence et de sa suffisance en l'art de la guerre : » *Julianus ut subditos modis omnibus gentilium superstitioni assuefaceret, in pristinam formam commutavit signum illud nobilissimum exercituum !Romanorum, quod Constantius, Deo jubente, ut superius retulimus, in crucis formam converterat : in publicis autem imaginibus curavit ut juxta se pingeretur Jupiter, velut è cœlo apparens, et coronam ac purpuram, imperii insignia, ipsi præbens, aut Mars, aut Mercurius oculos in ipsum conjicientes, ac veluti oculorum nutu testificantes eum disertum esse, et rei militaris peritum.*

N'est-ce pas là véritablement ordonner aux habitants de la terre de faire l'image du paganisme qui avait été tué par Constantin, et à qui Julien avait rendu la vie? N'est-ce pas l'ancienne idolâtrie détruite, qui ressuscite, et son image exposée au culte des habitants de la terre? Mais la voici qui recouvre la parole ; car il est certain qu'à mesure que le christianisme s'établissait, les faux oracles cessaient. Les saints Pères des premiers temps, et les historiens ecclésiastiques nous apprennent cette vérité : Eusèbe (*Demonstr. evang.*, Præf. init.) l'assure en termes exprès : *Exstincta sunt dæmonum oracula, neque amplius ut olim respondent, et exstincta sunt sub adventum Salvatoris nostri : ex quo illius in omnes gentes evangelicæ doctrinæ penetravit verbum, ex illo item oracula defecerunt, et dæmonum mortes memorantur.*

Les païens mêmes, étonnés de ce silence, en cherchaient vainement la raison, comme nous le voyons dans Plutarque. Nous lisons dans les actes du martyre de saint Saturnin, évêque de Toulouse, que les simulacres des divinités païennes perdirent la parole, ne répondirent plus à ceux qui les consultaient, et cessèrent de rendre leurs oracles sitôt qu'il eut prêché l'Evangile en cette ville : *Dæmonum cœperunt cessare vaticinia, commentaque fallacia, Christianorun. crescente fide, decrescere... et erant muta simulacra... et consulentium vota cœperunt in silentio permanere. Cuncti itaque sacrilegæ superstitionis antistites consulentes, tanta rei novitate permoti, inter se invicem quærere unde in numina sua venisset inusitata tantis temporibus taciturnitas? Quisnam semper garrula ista oracula clausisset, ut nec invocantium precibus excitata, nec fuso cruore taurorum, et tantis hostiis delinita, aliquod consulentibus afferre responsum, aut irata, aut absentia denegarent? Audiunt a quodam religionis nostræ inimico, novam nescio quam surrexisse sectam, quæ Christiana appellatur,* etc. Le grand saint Antoine, au rapport de saint Athanase, au chapitre 49 de la Vie de ce solitaire, assure la même chose : *Ubi sunt illa fabulosa oracula? ubi Ægyptiorum incantationes? quo magorum profecere carmina? certe tunc vastata sunt omnia, cum de sua cruce mundo Christus intonuit.* Saint Jérôme (lib. xli, in Isa. xli) le dit aussi en termes formels : *Post adventum Christi, omnia idola conticuerunt.*

Constantin le Grand assure avoir été présent lorsqu'on dit à Dioclétien qu'Apollon ne rendait plus ses oracles, et avait donné pour raison de son silence que la société des justes lui fermait la bouche : s'étant informé quels ils étaient, un prêtre idolâtre se trouvant là, assura que c'était les Chrétiens : ce qui avait si fort affligé cet empereur païen, que de tristesse il avait laissé croître sa barbe et ses cheveux, déplorant le malheur de son siècle auquel les oracles des dieux ne parlaient plus. Mais voici Julien qui leur rendit la voix : *Hanc ob causam Diocletianus comam incultam dimisit : et expulsa divinandi arte, tantum inter homines malum lamentabatur.* (Euseb., *Vit. Constant.*, lib. ii, c. 50.)

15. *Et il lui fut donné pouvoir de donner la vie à l'image de la bête, et de faire que cette image de la bête parlât.* Les statues des faux dieux parlèrent donc alors, et Julien leur donna l'esprit, le mouvement et la vie, en les relevant, les redressant et leur rendant leur premier éclat. Le démon revenu des enfers rendit ses premiers oracles comme auparavant, ainsi que plusieurs exemples pris de la vie de ce prince impie le témoignent ; car il les consultait éternellement, et en recevait des réponses sur lesquelles il prenait ses plus importantes résolutions : n'est-ce pas là faire parler l'image de la bête? Ce fut ce qui l'obligea d'envahir l'empire, et de se révolter contre Constance son souverain légitime, son parent et son bienfaiteur ; car au rapport de Sozomène (lib. v, cap. 1), les gentils assuraient que longtemps auparavant son départ des Gaules, les devins et les démons lui avaient prédit la mort de Constance et son changement de fortune, et l'avaient incité à prendre les armes contre son empereur.

Le même auteur donne un autre exemple qui sert d'interprétation à ce verset, et fait voir comment la bête recouvra la parole. C'est au chapitre 19, où après avoir dit que Gallus, frère de Julien, nommé César par Constance, très-zélé pour le christianisme, et qui portait un souverain honneur aux reliques des martyrs, ayant vu la folle superstition des gentils pour le temple d'Apollon, bâti dans ce faubourg si célèbre d'Antioche, nommé Daphné, où était le fameux et superbe temple de ce faux dieu, dans lequel on adorait son simulacre merveilleusement travaillé, ouvrage dont on dit que Séleucus, le père de cet Antiochus qui donna son nom à la ville d'Antioche, fut l'auteur et le fondateur, ce pieux prince fit construire à l'opposite une magnifique église, où il mit les reliques du bienheureux martyr saint Babylas, évêque d'Antioche.

« Et on dit que, depuis cette translation, le démon ne rendit plus d'oracle. Quelques-uns attribuèrent son silence au mépris que les hommes faisaient de son pouvoir, et au peu de soin qu'ils prenaient de lui offrir des sacrifices. Mais la suite du temps fit reconnaître qu'il ne procédait que de la présence du saint martyr. Car il fut toujours muet, quoique Julien fût le maître de l'empire, et qu'il ne manquât alors ni d'odeurs, ni de fumées, ni d'encens, ni de victimes. Ce prince étant entré dans ce temple à dessein de consulter ce faux dieu touchant certaines affaires, et lui ayant fait des présents et des sacrifices, avec prière de lui résoudre ses doutes, le démon n'avoua pas franchement qu'il ne pouvait répondre à cause que la châsse du saint martyr était proche; il dit seulement que le lieu était plein de cadavres, et que c'était la cause pourquoi il ne parlait pas: Julien jugea bien, quoi qu'il y eût quantité de corps enterrés à Daphné, que le seul saint Babylas fermait la bouche à l'oracle, et commanda qu'on transférât la châsse ailleurs: » *Et ex eo tempore dæmonem more solito oracula reddere desiisse : quamvis libamenta, et nidor, et hostiarum copia dæmoni abunde suppeteret, nihilominus conticuit, tandemque responso dato, causam prioris silentii ipsemet prodit.*

Et pour lors le démon recouvra la parole, et rendit là et ailleurs ses réponses accoutumées, qui furent néanmoins si fausses, que Julien en mourant se plaignit du soleil ou d'Apollon adoré à Daphné, de l'avoir abandonné pour se ranger du côté des Perses, et de l'avoir trompé par la fausseté de ses oracles. C'est ce que nous apprenons particulièrement de Théodoret, dont les paroles serviront d'un bon commentaire en ce lieu.

« L'empereur Julien voulant entreprendre la guerre contre les Perses, envoya consulter les oracles de Delphes, de Délos et de Dodone, et leur demander quel succès aurait son entreprise. Les oracles répondirent, qu'il devait l'entreprendre, et qu'ils lui promettaient la victoire. Je rapporterai ici les propres termes d'un de ces oracles, pour en faire voir la fausseté à tout le monde. Tous tant que nous sommes de dieux, nous voilà prêts de porter les trophées de la victoire le long du fleuve qui a le nom d'une bête (c'est le Tigre), moi qui suis le fier Mars et qui préside aux armes, j'aurai soin de mener les autres...... Julien ajoutait encore une si aveugle croyance aux mensonges de ces oracles, qu'il menaça de mettre le simulacre de la déesse des impuretés dans les églises des Chrétiens : » *Julianus missis legatis Delphos, et in Delum ac Dodonam, et ad alia oracula, interrogavit vates utrum expeditionem suscipi oporteret? Illi vero et expeditionem eum suscipere jusserunt, et victoriam polliciti sunt. Unum autem ex illis oraculis huic operi intexam, ut eorum mendacium revincatur; id est hujusmodi : universi nunc dii parati sumus victoriæ tropæa ferre juxta ferum amnem : horum ego dux ero, violentus ac bellipotens Mars. Et ii quidem facundum Deum, et musarum præsulem Apollinem Pythium nominant..... sic itaque oraculorum mendaciis fidem habens, minabatur se simulacrum impudicæ deæ in Christianorum ecclesiis collocaturum.*

Mais le succès fit bien voir la vanité des menaces de cet impie et la fausseté des oracles du démon ; car voici ce que le même Théodoret ajoute au sujet de la mort de cet apostat, qu'il raconte en ces termes : « Les soldats le virent tomber, sans qu'il fût soutenu par le dieu de la guerre qui lui avait promis de lui être favorable, ni par Apollon qui lui avait imposé par ses fausses prédictions, ni par Jupiter qui ne lança point son tonnerre sur celui qui l'avait blessé, et qui avec lui renversa son orgueil insensé et ses terribles menaces. On dit que, se sentant blessé, il prit aussitôt le sang qui découlait de sa plaie, dans sa main, et qu'il le jeta au ciel, disant ces paroles : « Tu as vaincu, Galiléen ; » vomissant tout à la fois un blasphème, et confessant que Jésus-Christ avait remporté la victoire : » *Milites ejus saucium cadere vident Julianum, qui adversus Creatorem suum fuerat debacchatus, neque auxiliatum ei fuisse bellipotentem Martem, sicuti promiserat : et Apollinem Loxiam falsa vaticinatum : nec fulminatorem Jovem in percussorem illius fulmen contorsisse. Minarum denique jactantiam prostratam atque eversam esse. Aiunt autem illum, vulnere accepto, statim haustum manu sua sanguinem in cœlum jecisse, hæc dicentem :)Vicisti, Galilæe ; et uno eodemque tempore, tum victoriam confessum esse, tum blasphemiam vomuisse.*

C'est ainsi que Julien rendit la vie à l'image de la bête, et qu'il la fit parler à son grand malheur.

Et elle fera que quiconque n'adorera pas l'image de la bête, soit tué.

C'était, comme on a remarqué ci-dessus, une des idolâtries romaines les plus solennelles, de sacrifier aux images des empereurs, et conjointement à celles des faux dieux, ainsi que Pline écrit à Trajan (Epist. 97) : « Tous, » lui mande-t-il, « ont immolé avec de l'encens et du vin à votre image et aux simulacres des dieux : » *Omnes imagini tuæ cum simulacris numinum thure ac vino supplicarunt.* Julien n'omit pas de mettre en vogue cette idolâtrie, et de vouloir se faire adorer parmi les fausses divinités, punissant de mort ceux qui refuseraient de lui rendre ce culte sacrilège : non que les Chrétiens eussent refusé de porter révérence à son image, mais parce qu'étant mêlée et confondue avec celles des fausses divinités, elle leur eût été également attribuée, comme on vient de le rapporter il n'y a qu'un moment de Sozomène (lib. v, c. 17) : à quoi il ajoute ce qui suit, qui sert d'une claire explication à ce verset de l'*Apocalypse* : « Julien, » dit-il, « joignit les images des dieux à la sienne, pour engager les peuples à les adorer, sous prétexte de lui rendre les honneurs qui lui étaient dus, et pour dérober les hommages et un culte souverain de religion, sous l'apparence d'un ancien ordre de la police romaine, tâchant ainsi, par toutes sortes d'inventions, de séduire l'esprit de ses sujets.

Il jugea que, s'ils lui obéissaient en ce point, ils en seraient plus soumis en tous les autres, et que, s'ils avaient la hardiesse de lui désobéir, il les punirait sans aucune miséricorde, comme des infracteurs des lois, qui cherchaient à remuer et qui se rebellaient contre les ordres de l'état et du prince : » *Imagines Martis, Jovis et Mercurii, et alia hujusmodi, quæ ad cultum gentilium pertinent, imaginibus suis inseri jussit, eo consilio ut sub obtentu honoris qui imperatori deferri solet, Romani eos etiam qui simul picti erant, adorarent*, etc.

Telle fut l'industrie dont Julien se servit pour faire adorer l'image de la bête ressuscitée, et pour avoir lieu de faire mourir ceux qui refuseraient de rendre ce culte impie. Quel commentaire plus littéral peut-on donner à ce verset?

16. *Et elle fera que tout le monde, petits et grands, riches et pauvres, libres et esclaves, auront le caractère à leur main droite ou sur leur front.*

17. *Et que personne ne puisse acheter ou vendre, s'il n'a le caractère ou le nom de la bête, ou le nombre de son nom.*

Qu'est-ce que cela nous signifie, sous le règne de Julien, si ce n'est ce que nous rapportent les historiens, savoir que cet empereur fit frapper sa monnaie où il fit graver au-dessus la figure d'un taureau immolé devant l'autel des faux dieux, pour marquer le culte idolâtre qu'il rendait et qu'il voulait qu'on rendît au démon, ou aux divinités de l'ancien empire romain, et faire ainsi qu'on ne pût acheter ni vendre, sans avoir en main le caractère de la bête? Voici les termes de Socrate (lib. III, c. 17) : Julien extrêmement superstitieux, et adonné au culte des démons jusqu'à l'excès, et immolant assidûment des taureaux à ses fausses divinités, commanda qu'on gravât sur sa monnaie un taureau égorgé sur l'autel : » *Julianus cum dæmonum superstitioso cultui admodum deditus esset, et ad aras deorum suorum assidue tauros immolaret, aram et taurum nummis suis insculpi jusserat.*

Ceci est confirmé par Sozomène (lib. v, c. 19), lequel rapporte la raillerie de ceux d'Antioche qui disaient que le renversement des taureaux couchés sur le dos, et gravés sur ces monnaies, signifiait le renversement de l'empire sous son règne : *Nummos ejus irridentes, quibus imago tauri erat insculpta: orbem enim, illo imperante, eversum esse, perinde ac tauros supinos, jocando dicebant.*

Et pour mieux entendre ce verset, il faut ajouter les paroles suivantes de Theodoret (c. 15), lesquelles font voir et la feinte douceur d'agneau qu'affectait Julien, et les artifices de serpent dont il se servait pour engager les hommes dans l'idolâtrie.

« Bien que Julien, » dit-il, « affectât de paraître doux et modéré, il prenait de jour en jour une licence plus effrénée de combattre la piété, non à force ouverte, mais par adresse, et en tendant aux Chrétiens des pièges pour les surprendre et pour les perdre. Il corrompit et souilla les fontaines et du faubourg de Daphné et de la ville d'Antioche, en jetant dans leurs eaux quelques portions des abominables victimes offertes aux démons, afin que personne n'en pût boire sans participer à son idolâtrie. Il infecta de la même sorte le pain, la viande, les herbes, les fruits et généralement tous les aliments exposés en vente, faisant jeter dessus de l'eau lustrale, ou consacrée aux démons : » *Julianus vero liberius, seu potius cum majore impudentia pietatem oppugnabat speciem quidem clementiæ præferens, sed revera laqueos tendens et retia, quæ deceptos homines in impietatis exitium traherent. Nam primum quidem fontes, tum qui in urbe,* etc.

Ce même auteur au chapitre suivant raconte un autre fait qui donne une nouvelle lumière à ce passage.

« L'empereur, » dit-il, « usa encore d'une nouvelle invention pour blesser la piété chrétienne. Comme il avait accoutumé de s'asseoir sur son trône, et de distribuer des pièces d'or aux soldats, il ordonna contre la coutume, que l'on mît de l'encens et du feu sur une table proche de l'autel, et que chacun jetât de l'encens dans le feu avant de recevoir la pièce d'or : » *Porro tyrannus præterea adversus pietatem excogitavit. Nam cum ex veteri more aurum militaribus numeris divideret ipse,* etc.

On peut néanmoins croire ici saint Jean ne considère pas seulement ici l'empire romain idolâtre et persécuteur, comme il le fut sous Julien ; mais qu'ayant à rapporter incontinent sa destruction, il réunit en une seule vue tout ce que cet empire, ou plutôt cette bête dans les siècles passés, sous les empereurs précédents, avait imaginé de plus cruel et de plus artificieux contre les Chrétiens, la caractérisant ainsi de toutes les marques de son impiété passée et présente, à l'occasion de Julien qui la ressuscita, et qui lui donna tout l'éclat ancien et toute l'impiété qu'elle avait eus sous les princes les plus attachés au culte des idoles, particulièrement sous Dioclétien, où elle fut dans son comble et dans son dernier période, et sous la tyrannie duquel nous lisons aussi qu'on se servit de ce même artifice, duquel le Vénérable Bède fait mention dans son Hymne du martyre de saint Justin, assurant qu'on ne donnait point aux Chrétiens permission de rien vendre ou acheter, ni même de puiser de l'eau, sans auparavant donner de l'encens aux idoles : *Nec illis emendi quidquam, aut vendendi copia, ne ipsam haurire aquam dabatur licentia, antequam thurificarent detestandis idolis.*

Et Julien était résolu de mettre en usage tout ce que la haine et l'artifice avaient pu suggérer de plus cruel et de plus inhumain à ce grand ennemi de Jésus-Christ « Julien, » dit Socrate (lib. III, c. 19) « préparait aux Chrétiens les mêmes supplices auxquels Dioclétien les avait autrefois condamnés : » *Julianus ea Christianis supplicia parabat infligere, quæ olim Diocletianus eis inflixerat.* Or le grand dessein de l'un et de l'autre était d'anéantir absolument le nom Chrétien de dessus la terre, de quoi l'on avait déjà flatté l'impiété de ce premier persécuteur, comme on apprend des anciennes inscriptions gravées sur une haute colonne, et trouvées en Espagne, dont voici les termes :

DIOCLETIANUS-JOVIUS, MAXIMIANUS-HERCULIUS, CÆSARES AUGUSTI, AMPLIFICATO PER ORIENTEM ET OCCIDENTEM IMPERIO ROMANO, ET NOMINE CHRISTIA-NORUM DELETO, QUI REMPUBLICAM EVERTEBANT.

A Dioclétien et à Maximilien-Hercule, Césars et Augustes, qui ont étendu en Orient et en Occident l'empire romain, et aboli le nom des Chrétiens, qui détruisaient l'État.

DIOCLETIANO CÆSARI AUGUSTO, GALERIO IN ORIENTE ADOPTATO, SUPERSTITIONE CHRISTI UBIQUE DELETA, CULTU DEORUM PROPAGATO.

A Dioclétien César et Auguste, qui a adopté Galère en Orient, aboli en tous lieux la superstition chrétienne, et étendu le culte des dieux.

Si toutefois ces inscriptions sont bien sûres.

Julien imita parfaitement cette fureur et cette vanité, comme nous l'apprenons de saint Grégoire de Nazianze dans son troisième discours contre cet apostat : « Que sont devenus, » dit-il, « ces prodiges prédits, ces augures et ces pronostics tirés des entrailles des animaux ? Où est cette Babylone, qui devait être si glorieusement subjuguée ? Où est allée cette prétendue conquête de l'univers, qui ne devait s'acheter que par un peu de sang immolé aux idoles ? Où sont ces Perses et ces Mèdes subjugués et liés après ce char de triomphe ? Où sont allées ces prédictions et ces menaces si terribles contre les Chrétiens, et les promesses de l'abolition entière de leur religion, jusqu'à en effacer le nom pour jamais ? Toutes ces choses ont disparu. Ce n'étaient que de vains fantômes et des illusions qui se sont envolées comme un songe, et qui n'ont été visiblement que les vanteries des esprits impies : » *Ubi præscientiæ monstra, et signa, viscerumque haruspicina? ubi Babylon gloriose divulgata, ac orbis animo propter parum detestandi sanguinis comprehensus? ubi manibus devincti Persæ et Medi? ubi contra Christianos vaticinia, ac minæ, et ad nomen usque abolitio nostra? Omnia disparuere, ementita fuere, defluxere; somnia apparuere, ac jactantia impiorum.*

Tel était le commun dessein de ces deux tyrans ou de ces deux têtes de dragon, et qu'ils voulaient également exécuter, quoique par différentes voies.

18. *C'est ici que la sagesse paraît ; que celui qui a de l'intelligence, compte le nombre de la bête : car c'est un nombre d'homme, et ce nombre est six cent soixante-six.*

Saint Jean par ces paroles nous donne à entendre que le nombre six cent soixante-six doit se trouver dans le nom de la bête, ou dans le nom de cet homme impie qui doit ressusciter l'idolâtrie, et que c'est à cette marque qu'on le connaîtra ; car c'est là le dénoûment de l'énigme qu'il nous donne à deviner : et comme il s'agit du nom d'un empereur romain, il semble qu'on doive avoir recours au chiffre qui était en usage dans la langue dominante de l'empire, c'est-à-dire dans l'idiome latin.

Cela ainsi posé, nous pouvons considérer trois noms que portait le prince que saint Jean vient de nous dépeindre.

1. Celui de sa naissance, c'est Julien ; car pour ses surnoms de Claude et de Flavius, on se contentait d'en mettre les deux premières lettres dans les inscriptions et médailles : C. F.

2. Celui de sa dignité, c'est César, que Constance lui donna, et qu'il porta légitimement, et non d'Auguste, titre qu'il usurpa injustement lors de sa révolte : « Julien, » dit Sozomène (lib. v, c. 1), « fut proclamé Auguste par les soldats, et sans prendre aucune mesure avec Constance, il lui déclara la guerre : » *Julianus a militibus Augustus renuntiatur, nullaque ob id factum excusatione usus est apud Constantium..... bellumque ipsi intulit.*

3. Celui de son impiété, ou de sa fausse religion, est celui d'athée ou d'apostat, qu'un célèbre évêque lui imposa, et qui lui demeura tellement en partage, que tous les siècles le lui ont donné comme son vrai et propre surnom, et son caractère le plus personnel et le plus distinctif. Voici comme Socrate raconte la chose : « Maris, » dit-il, « évêque de Chalcédoine, étant conduit devant l'empereur (car son grand âge lui avait fait perdre l'usage de la vue) le reprit fortement de son impiété, l'appelant apostat et athée. Julien l'appela aveugle, et lui dit que son Galiléen ne le guérirait pas ; à quoi l'évêque répliqua, animé d'une plus grande confiance, qu'il rendait grâces à Dieu de l'avoir privé de la lumière, afin qu'il n'eût pas le déplaisir de voir un homme tombé dans une aussi grande impiété que lui : » *Quo tempore Maris, Chalcedonis Bithyniæ urbis episcopus, perductus ad imperatorem (nam cum esset provecta admodum ætate, oculorum suffusione laborabat) illum graviter objurgavit, impium et apostatam vocans, et atheum : at ille conviciis reddens convicia, cæcum eum appellavit : Neque vero, inquit, Deus tuus Galilæus te unquam sanaturus est ; quippe Julianus Christum Galilæum, et Christianos Galilæos appellare consueverat ; Maris contra majore cum fiducia imperatori respondens : « Gratias, » inquit, « ago Deo, qui me luminibus orbavit, ne viderem vultum tuum, qui in tantam prolapsus es impietatem. »*

Or comme le mot d'apostat ne renferme aucune lettre numérale, et qu'il veut dire ici la même chose qu'athée, puisque Julien par son apostasie avait renoncé à Dieu, et n'en reconnaissait véritablement plus aucun, que les démons et les idoles qui ne sont pas des dieux ; il s'ensuit qu'on doit se renfermer dans ces deux lettres C. F. et dans ces trois mots latins, *Julianus, Cæsar, Atheus,* et y chercher le nombre mystérieux qui entre dans le nom de la bête, et qui le désigne. En effet on y rencontre les lettres numérales qui forment le nombre six cent soixante-six, ainsi qu'il est aisé de le vérifier : C. F. JUlianus, Cæsar, atheus : car étant rassemblées elles donneront ce chiffre romain, IƆC. LX. VI. qui fait justement six cent soixante-six.

Et comme le règne de Julien, et Julien même a un singulier rapport à l'Antechrist, dont il est la figure, on trouvera encore le nombre de six cent soixante-six dans les lettres numérales de leurs noms, JULIANUS Cæsar antichristus : savoir, IƆC. LX. IV. II.

Mais en même temps qu'on applique cette prophétie au règne de Julien, on doit considérer que ce règne ne fut, comme on a souvent dit, que la figure de celui de l'Antechrist.

Car avant d'aller plus loin, il est à propos d'observer ici que, comme il a plu à Dieu de cacher aux hommes le temps et les signes des dernières persécutions de son Eglise, aussi a-t-il voulu, en les faisant prédire par ses prophètes, les faire tellement mêler avec les premières, qu'on ne pût presque pas les distinguer. C'est de cette façon que Jésus-Christ dans l'Evangile unit si bien ensemble les marques de son avénement pour la punition des Juifs et la destruction de Jérusalem, avec celles de son dernier et visible avénement, lors de la grande destruction du monde, et de la punition des impies, qu'il n'est pas possible de les distinguer clairement.

Ainsi quoique le chapitre de l'Apocalypse qu'on a expliqué, convienne à Julien, à son faux prophète Maxime et au retour de l'idolâtrie sous son règne, il y a bien apparence que saint Jean, selon l'esprit des prophètes, s'est ici élevé de la persécution de cet apostat à une autre plus terrible, dont celle-là n'était que la figure ; de la même manière que Daniel et Tobie, à la vue de la délivrance des Juifs par Zorobabel, s'élèvent à la délivrance de la tyrannie du démon par Jésus-Christ : en preuve de quoi on a vu ci-dessus au chapitre XI verset 13, que la bête dont il est ici parlé, c'est-à-dire Julien, l'ennemi de Jésus-Christ, doit faire mourir Enoch et Elie ; ce qui sans doute regarde le dernier Antechrist, et ne se peut vérifier sous Julien.

L'esprit de Dieu, qui en un moment enlevait Elie d'un lieu à un autre, transporte en un instant l'esprit des prophètes du commencement de l'Eglise à la fin du monde, sans avoir égard à l'ordre des temps. *Non enim curæ erat, ut ante jam dixi, prophetis tempora conservare, quæ historiæ leges desiderant*, dit celui de tous les Pères qui s'est le plus appliqué à l'explication des prophètes ; d'où il s'ensuivrait que la vision de saint Jean, aux chapitres XVII et XVIII, n'est peut-être pas une suite si nécessaire de ce qui a précédé dans les chapitres XV et XVI qu'on ne puisse aussi la regarder comme une pièce détachée, et que ce grand apôtre, à l'occasion du règne de Julien, s'étant laissé emporter à décrire les dernières calamités de l'Eglise dans les chapitres XIII, XIV, XV et XVI, revient à soi dans le chapitre XVII, et reprend une des circonstances les plus importantes de sa prophétie, c'est-à-dire la chute de Rome la païenne et la destruction épouvantable de son empire, figure de la destruction de l'empire de l'Antechrist, deux empires qui dans l'Ecriture ont un secret rapport et une liaison cachée, et jusqu'ici inconnue, peut-être par ce que l'empire romain sera rétabli et comme ressuscité par l'Antechrist : *Eo quod Antichristus, ubi venerit, tanquam rex Romanorum in medium prodituus sit, illo quidem colore atque prætextu, quasi illorum imperium velit instaurare et conservare.* (ANDR. Cæsar. c. 55.)

Il faut donc avouer que le règne de Julien ne donne pas l'interprétation parfaite de ce chapitre, et n'en fait pas voir l'entier accomplissement. Il y eut à la vérité des prestiges et des faux miracles, la magie la plus noire et les enchantements les plus détestables furent mis en vogue ; mais la séduction ne fut pas si universelle, si éclatante, ni si efficace, que celle dont il est ici parlé, que Jésus-Christa prédite dans son Evangile devoir arriver à la fin du monde, et dont saint Paul, dans la *II° Epître aux Thessaloniciens*, rapporte au long le détail, qu'il est bon de lire, comme ayant rapport à cet endroit, et lui servant de flambeau.

C'est pourquoi on a tellement appliqué à l'empire romain les prédictions suivantes jusqu'au chapitre XVII, qu'on montre en même temps la relation secrète qu'elles peuvent avoir à l'empire de l'Antechrist, ainsi que les figures aux choses figurées. Tous les livres prophétiques de l'Ecriture sont remplis de cet esprit. David décrivant le règne de Salomon son fils, trace le plan du règne de Jésus-Christ. Isaïe, prédisant le bonheur de Jérusalem après le retour de la captivité, chante la gloire future de l'Eglise. Daniel dépeignant Antiochus et sa persécution, désigne l'Antechrist et sa tyrannie ainsi quelle merveille si saint Jean, plein de l'esprit de tous les prophètes, s'élève de Julien et de la ruine de Rome, à ce dernier ennemi de Dieu, et à la chute de son empire ?

C'est de saint Jérôme (*in Dan.* XI), ou plutôt des premiers Chrétiens, dont on tire cette doctrine : « Les écrivains ecclésiastiques veulent qu'Antiochus ait été la figure de l'Antechrist, et que ce qu'on a vu en partie sous ce premier impie, se doive accomplir tout à fait dans le second ; ils ajoutent, que l'Ecriture a coutume de représenter les choses futures, auparavant qu'elles arrivent, sous de certains emblèmes qui précèdent ; ce qu'ils confirment par les paroles du psaume intitulé de Salomon, où tout ce qui s'est prédit ne peut entièrement convenir à ce prince ; car il n'a pas été permanent comme le soleil et la lune dans toutes les générations, il n'a pas non plus étendu sa domination d'une mer à l'autre, ni des bords du Jourdain aux extrémités de l'univers ; toutes les nations n'ont pas été non plus soumises à son empire, et toutes les tribus de la terre n'ont pas été bénies en lui, et tous les peuples n'ont pas publié sa gloire ; ces choses se sont vérifiées en Salomon, mais en quelque partie, et fort superficiellement, et ce n'est qu'en Jésus-Christ qu'elles ont eu leur total et parfait accomplissement ; de même donc que le Sauveur a eu ses ombres et ses figures en la personne de Salomon et des autres saints patriarches ; ainsi l'Antechrist a eu les siennes dans Antiochus, ce très-méchant roi, qui persécuta les saints et qui souilla le temple : » *Antiochum Christiani scriptores typum volunt Antichristi habere, et quæ in illo ex parte præcesserint, in Antichristo ex toto esse complenda, et hunc esse morem Scripturæ sanctæ, ut futurorum veritatem præmittat in typis, juxta illud quod de Domino Salvatore in psalmo* xi *dicitur, qui prænotatur Salomonis, et omnia quæ de eo dicuntur, Salomoni non valent convenire ; neque enim permansit ille cum sole et ante lunam in generationes generationum, neque dominatus est a mari usque ad mare, et a flumine usque ad terminos orbis terrarum, nec omnes gentes servierunt ei, nec benedictæ sunt in ipso omnes tribus terræ, neque omnes gentes magnificaverunt cum : ex parte autem et quasi in umbra et imagine veritatis, in Salomone præmissa sunt, ut in Domino Salvatore perfectius implerentur : sicut igitur Salvator habet Salomonem et cæteros sanctos in typum adventus sui : sic et Antichristus pesssimum regem Antiochum, qui sanctos persecutus est, templumque violavit, recte typum sui habuisse credendus est.*

Avec néanmoins cette différence, qu'Antiochus, persécutant les Juifs et profanant leur temple, ne fut pas, faisant cela, une figure plus expresse de l'Antechrist, qui persécutera les fidèles, et profanera leurs églises, que ne le fut Julien voulant rétablir les Juifs, et rebâtir leur temple : *Templum construet Jerosolymis, quod confestim excitatum tradet Judæis;* ce qu'apparemment l'Antechrist exécutera, et dans lequel il s'asseoiera et se placera pour se faire adorer, selon saint Irénée. Car ce fut une des espèces de persécutions que Julien exerça contre l'Église, qu'il est utile de rapporter en ce lieu avec ses circonstances, ainsi qu'on les trouve partie dans Socrate, Sozomène, Théodoret, et partie dans Ammien Marcellin, auteur païen.

« Julien, animé du démon [an 363], ne respirant que colère et que fureur contre la religion, s'avisa de vouloir armer les Juifs contre les Chrétiens. Il écrivit au prince des prêtres juifs, aux premiers de la nation, et au peuple même, de prier Dieu pour sa prospérité et pour celle de l'empire. Ce qu'il ne faisait pas pour aucune estime qu'il eût de leur religion, car il savait qu'elle est comme la mère de la chrétienne, et qu'elles sont toutes deux fondées sur l'autorité des patriarches et des prophètes, mais par le désir de fâcher les Chrétiens en favorisant les Juifs leurs plus irréconciliables ennemis, et dans l'espérance de les engager dans l'idolâtrie, et d'adorer avec eux les faux dieux et le véritable tout ensemble; enfin pour laisser à la postérité ce monument illustre de son règne, ce que l'événement a fait voir être son véritable dessein. Il les anima si bien, que ce furent eux qui brûlèrent la grande église d'Alexandrie, deux en Damas, et plusieurs autres ailleurs. Ayant donc envoyé quérir les prêtres de cette nation, il les exhorta à observer les lois de Moïse et les coutumes de leurs ancêtres, et surtout comme il se faisait une superstition de voir couler le sang des victimes, il s'informa d'eux pourquoi ils se désistaient de faire des sacrifices. Ils répondirent que cela ne leur était permis par leurs lois, que dans le temple de Jérusalem qui était détruit. Si vous voulez donc, ajoutèrent-ils, que nous offrions des sacrifices, rendez-nous la ville de Jérusalem, rétablissez notre autel, faites-nous revoir notre sanctuaire, ou le Saint des saints. Julien, entendant ce discours, leur commanda de réparer toutes ces choses, et il leur donna de l'argent pour cet effet ; les Juifs, qui depuis longtemps ne souhaitaient rien avec une si forte passion que de rencontrer une occasion favorable de relever leur temple, entreprirent cet ouvrage avec une ardeur incroyable ; ils commencèrent à s'élever insolemment contre les Chrétiens, et à les menacer de leur faire autant de mal qu'ils en avaient autrefois reçu des Romains ; ils ne parlaient que de sang et de carnage : Julien leur promit qu'à son retour de Perse ils rebâtiraient la sainte cité de Jérusalem ; que le temps prédit de leur rétablissement était venu, et qu'il irait demeurer avec eux, et célébrer dans leur temple rebâti la gloire du Tout-Puissant : encouragés par ces promesses, ils firent savoir à ceux de leur nation qui étaient répandus par toute la terre, la permission qu'ils avaient reçue : ceux-ci y accoururent en foule, et offrirent de contribuer de leurs peines et de leurs biens pour l'accomplissement d'un si grand ouvrage. Julien les y encouragea par un désir secret d'anéantir la vérité des paroles de Jésus-Christ, qui avait prédit aux Juifs, dans son Évangile, que leur temple serait détruit, qu'il n'y resterait pierre sur pierre, et que leurs maisons demeureraient désertes. Les Juifs, ne pensant pas qu'ils ne pourraient achever leur dessein, et que leur entreprise serait vaine, ainsi qu'il est prédit dans leurs prophètes, cherchèrent les plus habiles ouvriers ; ils amassèrent des matériaux, ils enlevèrent les démolitions superflues et les immondices, et s'appliquèrent avec une ardeur si extraordinaire à ce travail, que les femmes portaient la terre et les pierres, et vendaient leurs pierreries pour contribuer à la dépense. L'empereur qui avait ordonné de tirer du trésor public l'argent nécessaire pour ce dessein, fit en sorte que le bois, les pierres, la chaux et les autres matériaux furent prêts en très-peu de temps. Il envoya même un officier digne de présider à un si malheureux ouvrage, et on dit qu'ils firent des bêches, des hoyaux et des hottes d'argent. L'empereur, les païens et les Juifs renonçaient à toute autre occupation pour avancer cette entreprise : car, quoique les infidèles n'aimassent pas les Juifs, ils étaient bien aises en cela d'affliger les Chrétiens, et de montrer la fausseté des prédictions du Sauveur.

« Alors Cyrille, évêque de Jérusalem, se souvenant de cette prophétie écrite en Daniel et confirmée par le Sauveur, dit en présence de plusieurs personnes, qu'elle serait bientôt accomplie en ce nouveau temple, et qu'il n'y demeurerait pas en effet pierre sur pierre.

« Cette multitude incroyable de personnes commencèrent à travailler dans le même endroit où le temple avait autrefois été, et à démolir ce qui en restait encore, afin de faire un ouvrage tout neuf, vérifiant ainsi de plus en plus qu'il n'y demeurerait pierre sur pierre. Ensuite ils se mirent à creuser la terre : or il arriva premièrement que les immondices et les démolitions qu'ils avaient portées durant le jour dans une vallée voisine, furent rapportées durant la nuit au lieu d'où elles avaient été tirées.

« De plus, ayant démoli le reste des anciens fondements du temple, dans l'espérance de les faire tout de neuf, il s'éleva des vents et des tourbillons qui dissipèrent le plâtre, la chaux, et tous les autres matériaux, les faisant voler de côté et d'autre.

« Il y eut la nuit suivante un grand tremblement de terre qui ébranla les fondements qui restaient de l'ancien temple, et les jeta en l'air avec les bâtiments d'alentour : les Juifs en ayant été extraordinairement épouvantés, accoururent de toutes parts sur le lieu, et quand ils furent arrivés, ils virent un autre prodige. Ce fut un feu descendu du ciel, qui consuma, durant tout le jour, les marteaux, les ciseaux, les scies, les haches et tous les instruments des ouvriers, et brûla plusieurs de ceux qui travaillaient aux fondements, obligeant les autres à s'en retirer.

« De terribles globes de feu, dit Ammien Marcellin, sortirent des fondements qu'ils avaient auparavant ébranlés par des secousses violentes ; les ouvriers, qui recommencèrent souvent l'ouvrage, furent brûlés à diverses reprises ; le lieu devint inaccessible, et l'entreprise cessa.

« Il leur arriva un autre accident très-fâcheux, c'est qu'une galerie étant tombée la nuit du jour auquel ils devaient poser les nouveaux fondements, plusieurs Juifs qui reposaient dedans en furent écrasés.

« Cette nuit-là même, et le jour suivant, on vit paraître dans l'air la figure d'une croix toute éclatante de lumière, environnée d'un cercle brillant, laquelle s'étendait depuis le Calvaire jusqu'au mont des Olives : et le lendemain les habits des Juifs se trouvèrent tout parsemés de croix, qui, néanmoins, au lieu d'être éclatantes comme celles qui avaient paru en l'air, étaient sombres et tirant sur le noir, sans que jamais ils pussent les effacer. Quelques-uns d'eux effrayés voulurent se réfugier dans l'église des Chrétiens ; mais ils n'y purent entrer, repoussés par une force invisible qui leur en rendit l'entrée inaccessible : il en sortit même une flamme qui en brûla et consuma quelques-uns, et fit perdre divers membres aux autres.

« Théodoret ajoute que, dès que quelques personnes s'entretenaient de ces merveilles, soit Chrétiens ou autres, ils voyaient aussitôt leurs habits se remplir de ces croix, dont la beauté surpassait celle de la plus riche broderie : merveille qui n'arriva pas seulement alors en Jérusalem, mais encore à Antioche et en d'autres villes, dit Théophane, qui assure que les ornements des églises, et tout ce qui couvrait les autels, se trouvèrent marqués du sceau de la croix.

« Le reste des Juifs voyant ces grands prodiges, appréhendèrent d'être frappés de quelque plaie plus terrible, et s'en retournèrent en leurs maisons, confessant que celui que leurs ancêtres avaient autrefois crucifié, était vrai Dieu, et qu'il n'avait pas le rétablissement du temple agréable. Quelques-uns d'eux s'étant présentés peu de temps après à l'église, reçurent le saint baptême, et tâchèrent d'effacer leurs fautes par leurs prières et par leurs larmes. D'autres, désespérant du rétablissement de leur loi, se firent païens. Tout ceci fut rapporté à Julien par Alipius, qui, aidé du gouverneur de la province, hâtait l'ouvrage de la part du prince. Mais cet apostat ne fit que s'endurcir comme un autre Pharaon. »

Pour revenir où on en était, il est aisé d'inférer de la doctrine des premiers Chrétiens, rapportée par saint Jérôme, que l'application d'une prophétie, dans son sens prochain et immédiat, ne cadre jamais juste dans toutes ses parties, et qu'il en reste toujours diverses circonstances et expressions qui ne se vérifieront que dans le sens le plus éloigné et dernier, et qui, en attendant, causent des obscurités, lesquelles peuvent bien faire regarder cette première application comme imparfaite, mais non comme fausse : autrement il faudrait dire que la prophétie de David ne s'entendait pas de Salomon, ni celle de Daniel, d'Antiochus, parce qu'il y a des particularités qui n'ont eu leur accomplissement qu'en Jésus-Christ, ou qui ne l'auront qu'à la fin du monde. Ainsi lorsqu'il est parlé, dans ce chapitre, du nombre du nom de la bête, de son caractère et du faux prophète qui séduit les habitants de la terre, et qui la fait adorer ; et quand il sera parlé, dans les sept plaies suivantes, de ces trois esprits impurs qui sortent de la gueule du dragon, et qui font des prodiges, de ces rois de la terre assemblés à Armagedon, de ce carnage si grand, que le sang vient jusqu'au frein des chevaux ; on ne peut pas trouver étrange si l'on dit que le parfait dénoûment de ces secrets est réservé pour la fin des siècles, quoiqu'ils se soient accomplis en partie, et quant aux autres circonstances, lors du règne de Julien et de la destruction de Rome et de l'idolâtrie, figure de l'Antechrist, et de la ruine de son empire ; tout ainsi que qui aurait expliqué les prophéties de David du temps d'Esdras, c'est-à-dire après Salomon, mais avant Jésus-Christ, eût pu soutenir avec raison, qu'elles auraient été accomplies en partie seulement en la personne de Salomon, et qu'elles achèveraient de s'accomplir tout à fait en Jésus-Christ; car c'est dans une semblable situation qu'il faut se mettre ici.

Cependant pour achever la comparaison de Julien avec l'Antechrist, on peut dire, après ses historiens, qu'il fut détruit par l'illustration de la venue de Jésus-Christ, comme le sera ce dernier impie, au langage de saint Paul : car c'est ainsi que Sozomène (lib. VI, c. 2) rapporte sa fin épouvantable.

« Que si quelqu'un veut croire encore que les visions ci-dessus ne suffisent pas pour faire voir que la mort de Julien fut un châtiment dont la justice divine voulut punir la fureur avec laquelle il avait persécuté l'Église, qu'il rappelle dans sa mémoire la prédiction qu'un ecclésiastique fit en ce même temps; car comme Julien se préparait à la guerre contre les Perses, et qu'il se vantait que quand il l'aurait achevée, il traiterait les Chrétiens avec beaucoup de rigueur, ajoutant, par une dérision sacrilège, que le Fils du charpentier ne pourrait alors les secourir, et demandant, comme dit un autre auteur, ce qu'il faisait? alors cet ecclésiastique répondit que ce Fils de charpentier faisait un cercueil pour enterrer Julien. Lui-même, ayant été blessé, connut bien de quelle main lui venait le coup, et n'ignora pas la cause de son désastre. Car on dit que, remplissant sa main du sang qui découlait de sa plaie, il le jeta vers le ciel, et arrêtant ses yeux, comme si Jésus-Christ lui était apparu, il l'accusa de lui ravir la vie : » *Quod si cuipiam hæc parum sufficere videntur ad ostendendum Julianum ultione divina interfectum esse, propterea quod ecclesias Dei devastasset, is in animum revocet prædictionem ecclesiastici cujusdam viri. Nam cum Julianus adversus Persas expeditionem pararet, eoque bello confecto, Christianos male mulctaturum se minaretur, ac per ludibrium diceret, Filium fabri nullam ipsis opem afferre valiturum; respondens ille ita prædixit : « Iste fabri Filius arcam ei ligneam parat ad tumulum. » Sed et ipse accepto demum vulnere, aliquatenus intellexit a quo læsus fuerat, nec calamitatis suæ causam penitus ignoravit. Nam cum vulneratus esset, haustum e vulnere suo cruorem in cœlum projecisse dicitur, velut in Christum sibi apparentem oculos conjiciens, eumque suæ necis incusans.*

Ceci est conforme à ce que nous lisons dans les Actes du martyre du saint prêtre Théodoret, où il est rapporté que le sang découlant de la plaie de Julien, cet impie levant les yeux crut voir Jésus-Christ qui venait à lui, et, par une rage sans exemple, jetant son sang vers ce côté-là, confessa qu'il l'avait vaincu : *Cumque sanguis efflueret, aspiciens putavit se Dominum Jesum videre; tum implens manum suam de sanguine, jactavit in aera, dicens : « Usque in agonem, Galilæe, me persequeris? Etiam hic te negabo : satia te de sanguine, Christe, quia superasti me. »*

C'est ici le lieu naturel de demander comment il faut placer ces sept têtes et ces dix cornes, premièrement sur le dragon, chap. XII; secondement, sur la bête qui sort de la mer, chap. XIII, troisièmement, sur cette bête qui porte une femme, chap. XVII, car ces trois objets reviennent au même, et souffrent les mêmes difficultés. *Et ecce draco habens capita septem et cornua decem, et in capitibus ejus diademata septem :* « Et voilà un dragon ayant sept têtes et dix cornes, et sur ces sept têtes sept diadèmes. » (C. XII, 3.) *Et vidi de mari bestiam ascendentem, habentem capita septem et cornua decem, et super cornua ejus decem diademata, et super capita ejus nomina blasphemiæ :* « Et je vis une bête qui montait de la mer, et qui avait sept têtes, et sur ces sept têtes des noms de blasphème, et dix cornes chargées de dix diadèmes. » (C. XIII, 1.) *Et vidi mulierem sedentem super bestiam plenam nominibus blasphemiæ, habentem capita septem et cornua decem :* « Et je vis une femme assise sur une bête pleine de noms de blasphème, ayant sept têtes et dix cornes. » (C. XVII, 3.)

1. Il semble que la bête avait une tête répondant à son corps, et différente des sept têtes; car voici comme saint Jean continue de la dépeindre : *Et la bête que je vis était semblable à un léopard; elle avait les pieds comme des pieds d'ours, et la gueule comme la gueule d'un lion* : « Et bestia quam vidi similis erat pardo, et pedes ejus sicut pedes ursi, et os ejus sicut os leonis. » Or il n'est pas croyable qu'il veuille parler de la bouche de chacune des sept têtes, ni leur en donner à toutes de semblables à celle d'un lion. Il faut donc qu'il admette une huitième tête attachée au col de la bête, et proportionnée à son corps : *Et elle avait la gueule comme la gueule d'un lion* : « Et os ejus sicut os leonis. » Outre laquelle il y a encore sept autres têtes qui environnent cette principale tête; ce qu'on doit aussi dire du dragon.

2. Il ne semble pas que ces dix cornes naissent des sept têtes : car comment ces têtes pourraient-elles porter des cornes, et tout ensemble des noms de blasphème? joint qu'il les faut ranger comme celles du dragon : or dans le dragon ces diadèmes sont attribués aux seules têtes et non aux cornes, chap. XII, v. 3, et ici aux seules cornes, et non aux têtes, chap. XIII, v. 1. Comment donc auront-elles outre cela des noms de blasphème? (*Ibid.*)

3. Entre ces têtes on ne voit pas qu'il y en eût quelqu'une plus notable que l'autre, si l'on ne veut feindre à plaisir : Cependant pour ranger dix cornes sur sept têtes, il faudra ou en mettre quatre sur une seule, qui par conséquent devra être plus grosse que celles qui n'en auront qu'une; ou trois sur deux, ou les disperser deux à deux sur trois têtes, et cela sans raison.

4. Enfin, s'il faut placer sur une tête quatre cornes, où trouvera-t-on à mettre

encore sur cette même tête (qui doit, après tout, être petite) des noms de blasphème? (Chap. xiii, 1.) Ou de quelle manière posera-t-on quatre diadèmes sur quatre cornes qui sortent d'une même tête dans le dragon, comme il le faut faire? Le moyen d'ajuster ces idées aux expressions de saint Jean?

N'est-il donc pas plus vraisemblable que saint Jean vit ce monstre mystérieux de la hauteur à peu près d'un grand cheval, puisqu'il devait porter une femme superbe et magnifiquement parée (chap. xvii, 3); que le corps de cette bête était tacheté comme celui d'un léopard; que ses jambes ressemblaient à celles d'un ours, et sa tête à celle d'un lion (*ibid.*); que d'alentour cette tête sortaient dix cornes, à l'endroit où elles naissent naturellement aux autres animaux (chap. xiii, 1); et que d'entre ces cornes sortaient, comme par intervalles, sept têtes allongées, ainsi que celles des serpents, et qui portaient sur leur front des noms de blasphème (chap. xiii, 1) et des diadèmes sur le haut ou sommet, quand on les regarde dans le dragon (chap. xii, 3) de la même façon qu'on représente certains serpents couronnés; que ces têtes paraissaient dans le dragon avec des couronnes, et dans la bête avec des noms de blasphème. Cette disposition est toute naturelle, et propre à vérifier ce qu'on a dit ci-dessus, chap. xii, v. 3, et ce qu'on dira ci-après, chap. xvii, v. 1 : Que ces sept têtes figurent les sept principaux tyrans idolâtres et persécuteurs du peuple de Dieu : ces sept têtes signifient sept rois (chap. xvii, 9) : *Septem capita septem reges sunt*. Et cette bête avec sa tête, dont saint Jean dira qu'elle est la huitième (chap. xvii, 11), Rome ou l'empire romain qui s'est érigé en huitième persécuteur : *Et ipsa octava est*; et néanmoins qui se confond avec les sept, comme le corps avec les membres et la tête, pour ne faire qu'un tout; et elle est du nombre des sept, dira-t-il au chap. xvii, 11 : *Et de septem est*.

Au reste, ces dix cornes ne commencent à paraître couronnées, ni par conséquent à représenter ces dix rois barbares, que sous le règne de Julien, duquel ils sont le caractère; parce que ce fut précisément de son temps qu'ils s'incorporèrent dans l'empire dont on les avait jusqu'alors chassés : ce qu'on ne put plus ensuite, surtout depuis la défaite de Valens, arrivée peu après la mort de cet apostat [l'an 378].

CHAPITRE XIV.

Jésus-Christ prend une vengeance insigne de Julien et de l'empire romain idolâtre.

SOMMAIRE. — I. Jésus-Christ paraît, et, du haut du ciel, il se rit des projets insensés de ce nouveau Pharaon, qui sera bientôt submergé dans une mer de sang.
II. Cet avénement du Fils de Dieu pour la punition de Julien et de l'empire romain, est la figure de son dernier avénement à la fin du monde pour la destruction de l'Antechrist et de son royaume: deux avénements, deux châtiments et deux empires qui se trouvent toujours mêlés ensemble dans l'*Apocalypse*.
III. Les martyrs et les confesseurs accompagnent ici Jésus-Christ, et jouissent de la gloire que leurs victoires sur cet apostat leur ont acquise; ainsi que feront un jour les Juifs convertis, et les autres fidèles qui combattront l'Antechrist à la fin des siècles.
IV. L'Église militante, au milieu même des idolâtries de Julien, chante les victoires de Jésus-Christ sur les démons et sur cet apostat.
V. Plusieurs anges, ou plusieurs prédicateurs et hommes apostoliques, sont envoyés de Dieu pour porter les hommes à faire pénitence, à s'abstenir de l'idolâtrie de Julien, qui fait périr une nombreuse multitude de Chrétiens, et à prévenir les effets de l'indignation divine.
VI. Jésus-Christ se montre sur une nuée éclatante, la couronne en tête et la faux à la main, pour se venger de Julien, des païens et de l'empire idolâtre : la terre est moissonnée, et du pressoir de la colère de Dieu, coule à torrents le vin de son indignation; ce n'est que la représentation du carnage que les Barbares, comme instruments de la justice divine, firent alors du peuple et des grands de l'empire dont les provinces furent ravagées, dépouillées et réduites à une extrême misère et désolation.
VII. Tout cela se passe néanmoins encore hors de l'enceinte de la ville de Rome, qui aura un sort distingué dans la prophétie, et que saint Jean se réserve de décrire à part.

---

1. Et vidi, et ecce Agnus stabat supra montem Sion, et cum eo centum quadraginta quatuor millia, habentes nomen ejus, et nomen Patris ejus scriptum in frontibus suis.
2. Et audivi vocem de cœlo, tanquam vocem aquarum multarum, et tanquam vocem tonitrui magni, et vocem quam audivi, sicut citharœdorum citharizantium in citharis suis.
3. Et cantabant quasi canticum novum, ante sedem, et ante quatuor animalia, et seniores; et nemo poterat dicere canticum,

1. Je regardai, et je vis sur la montagne de Sion l'Agneau accompagné de cent quarante-quatre mille personnes qui portaient son nom et le nom de son Père écrits sur leur front.
2. Et j'entendis une voix du ciel, comme le bruit de plusieurs eaux et comme un grand coup de tonnerre; et la voix que j'entendais était un son comme un son de musiciens qui jouaient de la harpe.
3. Ils chantaient comme un cantique nouveau devant le trône, et devant les quatre animaux, et devant les vieillards; et per-

sonne, ne pouvait apprendre ce cantique, que ces cent quarante-quatre mille personnes qui ont été rachetées de la terre.

4. Ce sont ceux-là qui ne se sont point souillés avec des femmes, car ils sont vierges ; ceux-là suivent l'Agneau partout où il va. Ils ont été achetés d'entre les hommes pour être les prémices offertes à Dieu et à l'Agneau.

5. Il ne s'est point trouvé de mensonge dans leur bouche ; car ils sont sans défaut devant le trône de Dieu.

6. Je vis aussi un autre ange qui volait par le milieu du ciel, ayant l'Évangile éternel pour l'annoncer à ceux qui sont assis sur la terre, à toute nation, à toute tribu, à tous hommes de diverses langues et à tout peuple.

7. Et il disait à haute voix : Craignez le Seigneur, et glorifiez-le, parce que l'heure de son jugement est venue. Adorez celui qui a fait le ciel et la terre, la mer et les fontaines.

8. Un autre ange le suivit en disant : Elle est tombée, elle est tombée cette grande Babylone, qui a fait boire à tous les peuples le vin de la colère de son impudicité.

9. Un troisième ange vint après eux, disant à haute voix : Si quelqu'un adore la bête et son image, et reçoit son caractère sur son front ou sur sa main,

10. Celui-là boira du vin de la colère de Dieu, qui est mêlé dans le vin pur du calice de sa fureur, et il sera tourmenté par le feu et par le soufre devant les saints anges et devant l'Agneau.

11. Et la fumée de leurs tourments s'élèvera dans les siècles des siècles : et il n'y aura point de repos ni jour ni nuit pour ceux qui ont adoré la bête et son image, ou qui auront reçu le caractère de son nom.

12. C'est ici que se verra la patience des saints, qui gardent les commandements de Dieu et la foi de Jésus.

13. En ce moment-là j'entendis une voix du ciel, qui me dit : Écrivez : Heureux sont les morts qui meurent dans le Seigneur : désormais, dit l'Esprit, ils se reposeront de leurs travaux, car leurs œuvres les suivent.

14. Je regardai encore, et je vis une nuée blanche, sur laquelle quelqu'un était assis, qui ressemblait au Fils de l'Homme, et qui avait une couronne d'or sur sa tête et une faux tranchante dans sa main.

15. Alors un autre ange sortit du temple, criant à haute voix à celui qui était assis sur la nue : Servez-vous de votre faux, et faites la moisson, parce qu'il est temps de moissonner, car la moisson de la terre est mûre.

16. Celui donc qui était sur la nue, porta sa faux sur la terre, et la terre fut moissonnée.

17. En même temps un autre ange qui avait aussi une faux tranchante, sortit du temple qui est dans le ciel.

18. Et il sortit de l'autel un autre ange, qui avait pouvoir sur le feu, et il cria à haute voix à celui qui avait la faux tranchante :

nisi illa centum quadraginta quatuor millia, qui empti sunt de terra.

4. Hi sunt qui cum mulieribus non sunt coinquinati; virgines enim sunt : hi sequuntur Agnum quocunque ierit. Hi empti sunt ex hominibus primitiæ Deo et Agno.

5. Et in ore eorum non est inventum mendacium ; sine macula enim sunt ante thronum Dei.

6. Et vidi alterum angelum volantem per medium cœli, habentem Evangelium æternum, ut evangelizaret sedentibus super terram, et super omnem gentem, et tribum, et linguam, et populum.

7. Dicens magna voce : Timete Dominum, et date illi honorem, quia venit hora judicii ejus ; et adorate eum, qui fecit cœlum et terram, mare et fontes aquarum.

8. Et alius angelus secutus est, dicens : Cecidit, cecidit Babylon illa magna, quæ a vino iræ fornicationis suæ potavit omnes gentes.

9. Et tertius angelus secutus est illos, dicens voce magna : Si quis adoraverit bestiam, et imaginem ejus, et acceperit characterem in fronte sua, aut in manu sua :

10. Et hic bibet de vino iræ Dei, quod mistum est mero in calice iræ ipsius, et cruciabitur igne, et sulphure, in conspectu angelorum sanctorum, et ante conspectum Agni.

11. Et fumus tormentorum eorum ascendet in sæcula sæculorum ; nec habent requiem die ac nocte, qui adoraverunt bestiam et imaginem ejus, et si quis acceperit characterem nominis ejus.

12. Hic patientia sanctorum est, qui custodiunt mandata Dei et fidem Jesu.

13. Et audivi vocem de cœlo, dicentem mihi : Scribe : Beati mortui, qui in Domino moriuntur. Amodo jam dicit Spiritus, ut requiescant a laboribus suis ; opera enim illorum sequuntur illos.

14. Et vidi, et ecce nubem candidam, et super nubem sedentem similem Filio hominis, habentem in capite suo coronam auream, et in manu sua falcem acutam.

15. Et alius angelus exivit de templo, clamans voce magna ad sedentem super nubem : Mitte falcem tuam, et mete, quia venit hora ut metatur, quoniam aruit messis terra.

16. Et misit qui sedebat super nubem, falcem suam in terram, et demessa est terra.

17. Et alius angelus exivit de templo, quod est in cœlo, habens et ipse falcem acutam.

18. Et alius angelus exivit de altari, qui habebat potestatem supra ignem : et clamavit voce magna ad eum qui habebat falcem

acutam, dicens : Mitte falcem tuam acutam, et vindemia botros vineæ terræ, quoniam maturæ sunt uvæ ejus.

19. Et misit angelus falcem suam acutam in terram, et vindemiavit vineam terræ, et misit in lacum iræ Dei magnum.

20. Et calcatus est lacus extra civitatem, et exivit sanguis de lacu usque ad frenos equorum per stadia mille sexcenta.

Portez votre faux tranchante dans la vigne de la terre, et en coupez les raisins, parce qu'ils sont mûrs.

19. Alors cet ange porta sa faux tranchante dans la vigne de la terre, et il en coupa tous les raisins, et les jeta dans la grande cuve de la colère de Dieu.

20. Et on foula la cuve hors de la ville, et il en sortit du sang en si grande abondance, que les chevaux en avaient jusques au frein dans l'étendue de mille six cents stades.

EXPLICATION.

1. *Et je vis sur la montagne de Sion l'Agneau accompagné de cent quarante-quatre mille personnes qui portaient son nom et le nom de son Père écrits sur leur front.*

Saint Jean nous ayant fait voir d'un côté les impies assemblés avec leur chef, c'est-à-dire Julien et les idolâtres, pour combattre l'Eglise, nous découvre de l'autre Jésus-Christ à la tête du peuple fidèle, pour leur résister. Ce sont les Philistins avec Goliath sur une montagne, et David avec les Israélites sur une autre. Le nombre de douze fois douze représente l'universalité des saints, comme on a souvent prouvé ci-dessus par les Pères et les interprètes, et a néanmoins ici une relation particulière aux Israélites distingués par leurs douze tribus, appelés à la foi au sixième âge de l'Eglise, et persécutés par l'Antechrist : mystère caché, qu'on doit toujours regarder comme secrètement enveloppé dans le récit des combats de l'Eglise des nations, formée par les douze apôtres', lors particulièrement de la persécution de Julien, figure de ceux que les fidèles Israélites rendront à la fin du monde contre ce dernier ennemi du peuple de Dieu. Le nom de Dieu et de son Fils Jésus-Christ, que portent ici sur le front ces cent quarante-quatre mille personnes', est la marque de leur foi et de leur opposition au caractère de l'idolâtrie que Julien et les siens portèrent lors de la résurrection de la bête, et que l'Antechrist et ses sectateurs porteront à la fin des siècles. Car l'avénement du Fils de Dieu marque ici la punition qui va être exercée sur l'empire romain, la joie et la jubilation des saints dans la vue de la destruction de la tyrannie de Satan, et de l'établissement du règne de Dieu sur la terre, après la ruine de l'idolâtrie romaine, n'est qu'un crayon de ce qui se passera à la fin du monde, Dieu ayant voulu par le mélange de la figure et de la chose figurée, couvrir cette prophétie de ténèbres, et en dérober l'intelligence à la curiosité humaine.

2. *Et j'entendis une voix du ciel, comme le bruit de plusieurs eaux, et comme un grand coup de tonnerre, et la voix que j'entendis était comme un son de musiciens qui jouaient de la harpe, et qui chantaient comme un cantique nouveau devant le trône, et devant les quatre animaux, et devant les vieillards.*

Le prophète entend les chants de triomphe que font retentir dans le ciel ceux qui ont déjà remporté la victoire : ce sont des éclats de tonnerre qui effrayent leurs persécuteurs, et des cantiques d'allégresse qui animent ceux qui combattent encore sur la terre, où Dieu voulut donner un petit crayon de ce qui se passait dans le ciel, par le zèle d'une communauté de vierges, sur qui Julien n'eut pas de honte d'exercer une violence indigne de cette patience philosophique dont il se faisait honneur. C'est ce que les auteurs de ce temps-là nous rapportent, et particulièrement Théodoret, dont voici les termes :

Il y avait en ce temps-là une dame nommée Publia, qui s'était acquis par sa vertu une grande réputation. Elle avait été mariée quelque temps et avait eu un fils qu'elle avait offert à Dieu. Il se nommait Jean. Il devint avec le temps le plus ancien des prêtres de l'Eglise d'Antioche, et il fut élu plusieurs fois évêque de cette Eglise, mais il refusa par modestie cette dignité. Elle avait chez elle une communauté de filles qui avaient consacré à Dieu leur virginité, et qui publiaient continuellement les louanges de leur Créateur et de leur Sauveur. Quand l'empereur passait, elles chantaient plus haut que de coutume, pour lui témoigner le mépris qu'elles faisaient de son impiété, et chantaient le plus souvent les psaumes où David se moque de la vanité et de la faiblesse des idoles, et surtout ce verset : *Les idoles des nations ne sont que de l'or et de l'argent, et l'ouvrage des mains des hommes.* (*Psal.* cxiii, 4.) Et après avoir chanté les paroles qui font voir la stupidité de ces idoles, elles ajoutaient : *Ceux qui les font deviennent semblables à elles, et que tous ceux qui espèrent en elles leur ressemblent.* (*Ibid.*, 8.) Julien ayant ouï leur chant, et en ayant été vivement piqué, leur commanda de se taire toutes les fois qu'il passerait. Publia, bien loin de déférer à ce commandement, exhorta ces filles à chanter encore plus haut, et à chanter principalement ce verset : *Que Dieu se lève, et que ses ennemis soient dissipés.* (*Psal.* lxvii, 2.) Julien, plus ému que jamais, envoya quérir Publia, et sans respecter ni son âge, ni sa vertu, commanda à un de ses gardes de lui donner des soufflets qui la mirent toute en sang. Elle tint cet outrage à honneur, et continua toujours à tourmenter l'empereur par le chant des *Psaumes*, comme l'auteur des *Psaumes* même tourmentait le méchant esprit dont Saül éta-

possédé : *Fuit his temporibus Publia quædam, ob virtutis præstantiam, et ob eximios actus notissima ac celeberrima; hæc cum cœtum virginum, quæ perpetuam virginitatem professæ erant, secum haberet, Creatorem ac Servatorem Deum assidue laudabat. Cum autem Julianus prætergrederetur, contentiori voce in commune psallebant, scelestum illum contemptu ac ludibrio dignum esse existimantes. Canebant porro eos præcipue psalmos, in quibus simulacrorum infirmitas deridetur, et una cum Davide dicebant :* « *Simulacra gentium argentum et aurum, opera manuum hominum.* » (*Psal.* CXIII, 8.) *Exposita deinde eorum stupiditate, addebant :* « *Similes fiant illis qui faciunt ea, et omnes qui confidunt in eis.* » (*Ibid.*, 8.) *Quæ cum Julianus audivisset, ingenti dolore percussus, silere eas deinceps jussit dum ipse præteriret. Sed Publia imperatoris jussa parvipendens, chorum virginum,* etc.

Nous avons encore dans l'histoire de la vie de Julien un autre exemple de ces chants d'allégresse, qui retentirent dans l'Eglise militante : *Et cantabant quasi canticum novum ante sedem :* Vrai écho de l'Eglise triomphante, dont les mêmes auteurs nous font le récit en la manière suivante.

« Julien, comme on a dit ci-dessus, ayant appris par le démon qui rendait ses oracles dans le faubourg d'Antioche nommé Daphné, que les reliques du saint martyr Babylas lui imposaient silence, cet apostat commanda que l'on en ôtât la châsse. Les Chrétiens s'étant assemblés pour cet effet, la transférèrent à la ville, distante de ce lieu d'environ quarante stades, et la mirent au lieu où elle est, et auquel on a donné le nom du saint. On dit qu'il y eut des personnes de toutes sortes d'âges, des hommes et des femmes, de jeunes garçons et de jeunes filles, des enfants et des vieillards qui y mirent la main. Car cet ordre ne fut pas sitôt donné, qu'ils se rendirent en foule au bois de Daphné, mirent les reliques sur un char tiré par deux chevaux, et les conduisirent à la ville en chantant des psaumes le long du chemin, pour se soulager de leur travail, ou plutôt pour témoigner le zèle qu'ils avaient pour leur religion, dont l'empereur était ennemi. Ceux qui chantaient le mieux, entonnaient les premiers, et le peuple leur répondait du même ton, ajoutant à chaque verset les paroles suivantes du Psalmiste : *Que tous ceux qui adorent les idoles soient confondus; et que ceux qui se glorifient dans leurs faux dieux, soient couverts de honte.* (*Psal.* XCVI, 7.) Les Chrétiens regardaient cette translation comme un triomphe remporté sur le démon.

« L'empereur découvrit alors la haine qu'il avait contre les Chrétiens, et montra que la philosophie ne le rendait pas maître de ses passions. Le dépit que lui causaient les idoles et les chansons faites à la honte de ses dieux, le fit résoudre à persécuter les Chrétiens avec la même cruauté que Dioclétien les avait autrefois persécutés; mais parce qu'il était occupé aux préparatifs de son expédition contre les Perses, il commanda à Saluste, préfet du prétoire, de se saisir de ceux qui avaient chanté ces cantiques avec plus d'ardeur que les autres, et de les punir. Bien que cet officier fut païen, il ne reçut pas volontiers cette commission : n'osant néanmoins y contrevenir, il fit prendre plusieurs Chrétiens, et en mener une partie en prison. Entre ceux qui furent conduits devant lui, il y eut un jeune homme nommé Théodore, qu'il commanda, en présence de tout le monde, d'être étendu sur le chevalet, et déchiré à coups de fouets et avec des ongles de fer par tout le corps. Cela fut exécuté avec une si horrible inhumanité, qu'il paraissait près d'expirer à chaque moment, sans céder néanmoins à la violence des tourments, ni s'abaisser à demander le moindre soulagement. Au contraire, il parut aussi insensible aux coups qu'il recevait, que s'il ne l'eût vu donner à un autre, et chanta incessamment le même psaume qu'il avait chanté le jour précédent, pour faire voir qu'il ne se repentait point d'avoir fait ce qu'on punissait en sa personne avec une si grande rigueur. Après que, depuis le matin jusqu'au soir, il eut été tourmenté de la sorte, on le chargea de chaînes, et on le jeta en prison. Le préfet, étonné de sa constance, en alla faire le récit à l'empereur, ajoutant que s'il ne renonçait au dessein qu'il avait pris de persécuter les Chrétiens, il se chargerait de confusion, et les comblerait de gloire. Cet ennemi de Dieu goûta cette raison, et fit relâcher Théodore. Celui-ci, depuis interrogé s'il avait souffert de grandes douleurs, répondit qu'il en avait souffert au commencement, mais qu'un jeune homme, qui était debout à côté de lui, l'avait soulagé, essuyant sa sueur avec un linge, et le rafraîchissant avec de l'eau, et que quand les bourreaux l'avaient quitté, il en avait senti plus de peine que de plaisir, parce que celui qui le consolait s'était en même temps retiré. » *Christiani una cum mulieribus et pueris exsultantes gaudio, psalmosque cantantes..... Psalmi autem quos cecinere, reprehensionem deorum gentilium, et eorum qui in idola credebant, complectebantur. Omnesque ad unum antecedentes saltare, psalmosque Davidicos canere cœperunt, et inter singula versuum membra hæc verba interponere :* « *Confundantur omnes qui adorant sculptilia* (*Psal.* XCVI, 7); » *viros et mulieres, juvenes et virgines, senes et pueros, mutua cohortatione incitatos, per totum iter psalmos cantasse ardenti studio. Psallentis libertatem atque hilaritatem miratus exhorruit Julianus. Quin etiam Theodorus velut spectator cruciamentorum sibi inflictorum, toleranter ac placide plagas accepit, psalmumque cecinit rursus eumdem quem pridie cecinerat. Et cantabant quasi canticum novum ante sedem, non in ecclesiis solum, et martyrium monumentis tripudiare, verum etiam in theatris crucis prædicare victoriam, et tyranni vaticinia irrisioni et ludibrio habere.* (S. AUG.; lib. XVIII *De civit. Dei*, c. 52.)

Tout ceci est tiré mot à mot de Socrate, Sozomène, et Théodoret.

A quoi l'on peut ajouter ce que dit le même Théodoret (lib. III, c. 28), que dès que la mort de Julien eut été publiée dans Antioche, on y vit partout des marques de joie publique, et que les théâtres retentissaient aussi bien que les églises, de cantiques d'allégresse en l'honneur de la croix qui avait remporté la victoire sur l'impiété, et convaincu les oracles d'imposture. Parmi ces chants de triomphe, on entendait de tous côtés ces paroles : Où sont maintenant tes prédictions, insensé Maxime ? et autres semblables, que ces peuples, instruits à la foi par les bienheureux apôtres saint Pierre et saint Paul, et brûlants du zèle d'une ardente charité, publiaient à la louange de Jésus-Christ : *Nam uno ore clamarunt omnes : Ubi tua, o Maxime ! o stolide ! vaticinia ? Vicit Deus, et Christus ejus. Antiochenos enim duorum maximorum apostolorum Petri et Pauli doctrina imbutos, et ardenti amore, omnium Dominum complexos, Julianum perpetuo detestatos esse.*

C'est donc fort à propos qu'on applique en ce lieu ces paroles de saint Jean.

3. *Ils chantaient comme un cantique nouveau devant le trône et devant les quatre animaux et devant les vieillards, et personne ne pouvait apprendre ce cantique, que ces cent quarante quatre mille personnes qui ont été rachetées de la terre.*

Ce cantique comme nouveau, qui n'a point encore été ouï, est donc la précieuse confession de foi des martyrs qui leur est propre, qui les distingue de tout autre ordre des bienheureux, qui fut entendu pour la première fois lors de la conversion des gentils, qui fut renouvelée sous Julien, et qui le sera à la fin des temps, particulièrement par les Israélites pour lors convertis à la foi, et persécutés par l'Antechrist.

4. *Ce sont ceux-là qui ne se sont point souillés avec des femmes, car ils sont vierges ; ceux-là suivent l'Agneau partout où il va. Ils ont été rachetés d'entre les hommes pour être les prémices offertes à Dieu et à l'Agneau.*

5. *Il ne s'est point trouvé de mensonge dans leur bouche, car ils sont sans tache devant le trône de Dieu.*

Personne n'ignore, pour peu qu'il soit savant dans l'Écriture, que l'idolâtrie est nommée dans le langage saint, une fornication et les idolâtres des fornicateurs : que saint Paul appelle vierges, les âmes fidèles qui s'unissent à Dieu par une foi pure, et que les martyrs étant des victimes, ont un droit particulier d'accompagner l'Agneau de Dieu immolé pour nous ; que leur sang répandu pour Jésus-Christ les a nettoyés de leurs péchés, et que la profession publique qu'ils ont faite de la vérité devant les tyrans, leur fait donner à juste titre la louange de n'avoir point eu le mensonge dans la bouche ; ils sont appelés les prémices de la terre, parce qu'ils sont la partie la plus illustre et la plus pure de l'Église, et celle qui l'a

d'abord ennoblie. Il est sans doute aussi que saint Jean regarde ici certains martyrs des derniers siècles d'un ordre particulier, que le nombre de douze fois douze fait conjecturer être des Juifs, pour lors convertis, et qui résisteront à l'Antechrist, de qui les prostitutions corromperont la terre ; le prophète ayant prédit de lui *qu'il sera plongé dans la convoitise des femmes* : caractère du mahométisme et du Turc, d'où cet homme sensuel doit sortir, comme on a prouvé ci-dessus, et dont Antiochus et Néron figurèrent les abominables impuretés, ainsi qu'on peut voir dans saint Jérôme sur le chap. XI, de Daniel et dans saint Prosper au chap. VIII, de son livre intitulé : *Dimidium temporis* : C'est pourquoi il est dit de ces martyrs, *qu'ils ne se sont point souillés avec les femmes,* pour marque de leur opposition à l'esprit impur qui le possédera, et de leur amour pour l'Agneau, symbole de la chasteté.

6. *Et je vis un autre ange qui volait par le milieu du ciel, ayant l'Évangile éternel, pour l'annoncer à ceux qui sont assis sur la terre, et à toute nation, à toute langue et à tout peuple,*

7. *Disant à haute voix : Craignez le Seigneur, et rendez-lui l'honneur qui lui est dû.*

Cet ange et les deux autres, qui vont suivre, représentent les docteurs et les prédicateurs insignes que Dieu envoya dans cette conjoncture pour soutenir sa gloire et celle de son Église contre les impiétés de Julien et des idolâtres. Un saint Basile de Césarée, un saint Grégoire de Nazianze, un saint Cyrille, un saint Apollinaire et tant d'autres Pères, illustres par la sainteté de leur vie et l'excellence de leur doctrine, qui prêchèrent hautement contre l'idolâtrie, qui résistèrent courageusement à ce prince impie et qui furent les figures de ceux que Dieu enverra à la fin du monde, pour s'opposer à l'Antechrist, dont Julien était le tableau fidèle.

Parce que l'heure de son jugement est venue : C'est le premier motif de pénitence dont cet ange se sert pour arrêter la fureur de Julien et des païens, et les engager à détester leurs erreurs, les menaçant du jugement prochain de la justice divine qui allait les accabler et leur prédisant que Dieu avait déjà la main levée pour les exterminer avec Rome, et toute l'idolâtrie romaine, qui serait en peu pour jamais détruite, ainsi qu'on va voir.

Et adorer Celui qui a fait le ciel et la terre, la mer et les fontaines : C'est la seconde raison de cet ange, savoir l'honneur dû au Créateur, que Julien avec son empire idolâtre détournait à la créature, se voulant faire adorer ainsi que le Créateur, ambition démesurée dont l'Antechrist sera un jour possédé.

8. *Et un autre ange suivit, disant : Elle est tombée, elle est tombée cette grande Babylone, qui a fait boire à tous les peuples le vin de la fureur de sa fornication* : Voici un second prédicateur qui porte un nouveau mo-

tif de pénitence ; c'est que cette fameuse Babylone, l'objet et la cause de l'idolâtrie des peuples, Rome, qu'on croyait devoir être éternelle, et qui entraînait toute la terre dans son infidélité, malgré l'autorité de Julien et les prestiges des magiciens qui prétendaient la rétablir sur les ruines du christianisme, tombe en ruine avec toutes ses superstitions, comme on verra incontinent, et que l'arrêt en est déjà porté en punition de ce qu'elle a enivré toutes les nations du vin de ses erreurs.

9. *Et un troisième ange suivit les deux premiers, disant à haute voix : Si quelqu'un adore la bête et son image, et s'il reçoit son caractère sur son front, ou sur sa main,*

10. *Celui-là boira du vin de la colère de Dieu, qui est mêlé dans le vin pur du calice de sa fureur ; et il sera tourmenté par le feu et par le soufre, devant les saints anges et devant l'Agneau.*

11. *Et la fumée des tourments de ceux qui auront adoré la bête et son image, ou qui auront reçu le caractère de son nom, s'élèvera dans les siècles des siècles, et il n'y aura point de repos ni jour ni nuit pour eux.*

Voilà encore un troisième prédicateur qui porte de nouveaux motifs de terreur pour retenir les hommes dans le respect qu'ils doivent à Dieu, et les empêcher de se laisser séduire ou effrayer aux feintes douceurs, ou aux menaces de Julien et de ses sectateurs idolâtres. Il oppose le calice de la colère de Dieu, à la coupe d'assoupissement que présente Babylone, et aux tourments temporels, les peines éternelles.

Que si nous jetons les yeux sur l'histoire de l'Église (Paul. Oros., lib. vii, c. 29 ; S. Anton., apud S. Athan. in ejus Vit., c. 41), sous le règne de Julien, nous trouverons que Dieu suscita trois grands docteurs, qu'on peut dire avoir été figurés par ces trois anges, et qui parcoururent toute la terre pour encourager les fidèles, et préserver les hommes de ce venin mortel que Babylone ou l'idolâtrie leur présentait ; et les empêcher de se laisser séduire aux artifices, et de cet apostat qui voulait des créatures en faire des dieux, et des Ariens, qui par une impiété non moindre, prétendaient du vrai Dieu en faire une créature : et qui par un autre détour ramenaient le monde à la pluralité des dieux, et rétablissaient l'idolâtrie : *Et qui per januam ab errore idolatriæ fuerat egressus, reversus in sinum ejusdem, in Deo deos quærit. Ariani Filium qui ex Deo Patre est, creaturam docentes, nullo intervallo a gentibus separantur, qui serviant creaturæ potius quam Creatori.* Or ces trois anges terrestres, ou plutôt ces trois hommes apostoliques envoyés de Dieu au secours de son Église, pour s'opposer à ces sacrilèges, furent le glorieux martyr Basile, prêtre d'Ancyre, et les saints évêques Eusèbe de Verceil et Hilaire de Poitiers, le premier en Orient, le second vers l'Italie et le troisième aux extrémités de l'Occident,

afin que toute la terre fût éclairée de leur doctrine. Voici comme s'en explique Sozomène (lib. v, chap. 11) :

« Basile, prêtre de l'Église d'Ancyre, avait toujours défendu la religion chrétienne avec une vigueur non pareille, et résisté aux Ariens sous le règne de Constance, en haine de quoi les partisans d'Eudoxe l'avaient empêché de tenir les assemblées des fidèles. Depuis que Julien fût parvenu à l'Empire, il parcourut la province, et exhorta publiquement et hautement les Chrétiens à demeurer fermes dans la foi de leurs pères, sans souiller leur conscience par les sacrifices et par les autres cérémonies des païens, à mépriser les honneurs que l'empereur leur offrait, et à considérer que, ne durant que très-peu de temps, ils sont suivis d'une infamie éternelle. Il ne faut pas s'étonner que cette ardeur avec laquelle il veillait pour conserver les semences de la foi dans le cœur des Chrétiens, l'eût rendu non-seulement suspect, mais odieux aux infidèles. Les ayant un jour aperçus comme ils faisaient un sacrifice en public, il s'arrêta ; et ayant tiré un soupir du fond de son cœur, il pria Dieu de ne pas permettre qu'aucun Chrétien tombât dans un si déplorable aveuglement. Arrêté à l'heure même, et mené devant le gouverneur de la province, il souffrit constamment de cruels supplices, et consomma sa vie et sa charité par une mort glorieuse : » *Basilius, Christianæ fidei defensor acerrimus, quandiu quidem Constantius imperium obtinuit, fortissime restiterat Arianis, atque ob hanc causam Eudoxiani ne plebem colligeret, ei interdixerunt. Ubi vero Julianus solus imperio potitus est, regionem circumiens Basilius Christianos palam ac publice hortabatur, ut doctrinæ suæ tenaciter adhærerent, nec gentilium sacrificiis ac libationibus sese polluerent, neve honores ipsis imperatore Juliano delatos magni facerent, quos momentaneos esse ostendebat, sed perpetuo exitio compensandos. His rebus intentus, atque idcirco suspectus et invisus gentilibus, cum aliquando eos publice sacrificantes vidisset, constitit, et graviter ingemiscens Deum precatus est, ne quis Christianorum ejusmodi errore caperetur. Hanc ob causam comprehensus præsidi provinciæ affertur, multaque in toto certamine perpessus tormenta, forti martyrio martyrium consummavit.*

Le même auteur, ainsi que Socrate, nous décrit aussi comme quoi Eusèbe de Verceil parcourut les provinces d'Orient, guérissant comme un sage médecin ceux qui étaient faibles dans la foi, et les fortifiant par la doctrine saine de l'Église ; que de là il passa en Illyrie et en Italie, où il continua à prendre le même soin. Ils ajoutent qu'il avait été prévenu dans un si louable dessein par Hilaire, évêque de Poitiers, ville de la seconde Aquitaine, qui avait inspiré la véritable doctrine aux évêques d'Italie et des Gaules, où il était retourné le premier de son exil, qu'ils combattirent tous deux généreusement pour la défense de la foi, laquelle ils maintinrent en Occident et à quoi ,'éloquence d'Hilaire, qui composa de très-beaux ouvrages sur ce sujet, ne fut pas peu utile : *Eusebius Orientis provincias circumiens, eos qui in fide negligentiores fuerant, corrigere, et quæ credenda essent, docere cœpit; per Illyricum deinde transiit, eidem operi intentus, et ad Italiam pervenit. Eusebius in Italia Hilarium Pictavorum, quæ urbs est Aquitaniæ, episcopum reperit, qui idem manus sedulo ante ipsum expleverat; prior enim ab exsilio redierat, Italosque et Gallos quæ admittenda, quæ fugienda essent dogmata docuerat, et doctrinam Ecclesiæ in Occidentis partibus asseruit. Hilarius permensus est orbem terrarum malo perfidiæ infectum, ut cunctos ad emendationem et pœnitentiam revocaret.*

Au reste ces exhortations et ces menaces, si hautement annoncées par ces esprits célestes pour porter les hommes à demeurer fermes dans le culte dû au Créateur, et contenir dans le devoir ceux qui auraient pu être ébranlés par la séduction et la persécution de Julien, semblent ici avoir eu un grand effet, puisqu'elles furent suivies d'un carnage horrible de fidèles, marqué dans les paroles que saint Jean ajoute :

12. *C'est ici que se verra la patience des saints, qui gardent les commandements de Dieu.*

13. *En ce moment là j'entendis une voix du ciel qui me dit : Ecrivez : Heureux sont les morts qui meurent dans le Seigneur; désormais, dit l'Esprit, ils se reposeront de leurs travaux, car leurs œuvres les suivent.*

C'est ainsi qu'après le tonnerre et les éclairs, on entend tomber du ciel à torrents une pluie abondante et impétueuse, c'est-à-dire que Julien, quelque prétendue clémence qu'il affectât, fit découler de toutes parts le sang fidèle, et que sous son règne les païens exercèrent des cruautés qui n'avaient point été en usage sous les plus grands persécuteurs du nom Chrétien. En voici quelque échantillon fidèlement tiré de Socrate, Sozomène et Théodoret.

« Les infidèles s'étant saisis de divers ministres de Jésus-Christ honorés du caractère sacerdotal, et de plusieurs filles chrétiennes qui avaient fait vœu de chasteté perpétuelle, leur firent souffrir un nombre infini de tourments ignominieux, et ensuite leur ayant ouvert le ventre le remplirent d'avoine, et les exposèrent ainsi à des pourceaux qui les dévorèrent : » *Virorum sacerdotii honore præditorum, et mulierum quæ perpetuam virginitatem professæ fuerant, post innumera ludibria ventres dissecuerunt, et hordeo postea completos porcis vorandos præbuerunt.*

« Non-seulement ils tuèrent le diacre Cyrille, mais lui ayant ouvert le ventre, ils arrachèrent son foie et le mangèrent : » *Cyrillum diaconum non solum interfecerunt, sed ventre ejus dissecto, jecur quoque illius manducaverunt.*

« Emilien, cet invincible athlète de Jésus-Christ, fut pris par Capitolin, président de la Thrace, et brûlé vif : » *Æmilianus, invictus Christi athleta, a Capitolino totius Thraciæ præside, in rogum conjectus est.*

« Ils dépouillèrent Marc, évêque d'Aréthuse, quoique dans une vieillesse fort avancée, et ayant déchiré tout son corps à coups de fouets et d'escourgées, ils le jetèrent dans un cloaque infect, puis, l'en ayant retiré, ils le livrèrent aux enfants qui le transpercèrent à coups de canifs et de poinçons, l'ayant suspendu à une corde, et se le jetant les uns contre les autres : enfin tout le peuple, hommes et femmes, s'acharnèrent contre ce vieillard et tourmentèrent tous les membres de son corps, suivant ce que leur rage leur suggéra; lui ayant de plus déchiré les oreilles avec de petites ficelles, ils l'enveloppèrent dans une espèce de rets ou filet, ils le frottèrent avec du miel et ils l'élevèrent en l'air pendant la plus grande ardeur du soleil pour le faire manger aux mouches et aux guêpes, tourments que cet évêque souffrit avec une constance héroïque, disant à ses meurtriers qu'il ne donnerait jamais rien pour rebâtir un temple d'idoles, comme ils le prétendaient, et ajoutant qu'il les regardait avec compassion sur la terre, tandis que lui était élevé vers le ciel : » *Marcum Aretusiorum episcopum, senem* (93)...

« Le président Almachius, après avoir tourmenté en mille manières inhumaines divers chrétiens, ordonna enfin qu'on les étendît sur un gril de fer et qu'on mît du feu au-dessous pour les brûler. Au milieu d'un tel supplice, ils ne proférèrent que ces paroles : Si vous désirez, ô président, manger nos chairs rôties, faites-nous tourner à présent sur l'autre côté, de peur que vous ne soyez incommodé d'une viande demi-cuite.

« A Antioche Julien lui-même fit arrêter un jeune Chrétien nommé Théodore, et depuis le matin jusqu'à la onzième heure du jour, le fit tourmenter avec une cruauté si horrible, et fit succéder tant de bourreaux les uns après les autres pour lui faire sentir de nouveaux et continuels supplices sans aucun relâche, qu'on n'avait jamais rien vu de semblable dans tous les siècles précédents.

« Son oncle, le comte Julien, fit aussi en sa présence endurer au saint prêtre Théodoret tous les supplices que sa fureur impie lui suggéra, il lui fit battre la plante des pieds, donner des soufflets et des coups de poing sur le visage; il le fit étendre sur le chevalet avec tant de force que son corps paraissait allongé de huit pieds; il lui fit déchirer les côtés et répandre son sang en abondance, brûler le corps avec des flambeaux ardents; et après l'avoir affligé par toutes les tortures imaginables, il l'immola par le glaive à sa fureur : » *Iratus Julianus jussit eum in contis fortius tendi; cumque funibus quibusdam et trocleis fuisset extensus, in tantum tendebantur nervi ejus, ut octo esse pedum videretur sanctus Dei martyr.* (Act. martyr. sub Julian.)

---

(93) Vide plura, et immania. insudataque apud S. Greg. Naz. orat. 3 in Julian.

« Il fit périr dans les tourments Juventin et Maximin. On ne finirait point ces sortes de récits inhumains. L'Eglise honore la mémoire de saint Jean et de saint Paul, que Julien fit aussi mourir cruellement par la haine qu'il portait à la religion : et l'*Histoire ecclésiastique*, aussi bien que les *Actes des martyrs*, fournissent un grand nombre d'exemples semblables. Ce qu'il y a de remarquable, c'est que ce furent les évêques, et particulièrement ce Marc d'Aréthuse, qui lui sauvèrent la vie dans sa tendre jeunesse, lorsque Constance voulait le faire mourir, et qui le cachèrent sous le saint autel de l'église, comme portent les Actes du martyre de saint Basile d'Ancyre. Toutes ces cruautés furent exercées par cet empereur apostat, ou par son ordre, ou du moins par l'impiété des peuples qui étaient persuadés que c'était lui faire plaisir, et qu'ils n'en seraient point punis, ni repris, de sorte que les Chrétiens fuyaient de tous côtés par les bourgs et par les villes, et il y en eut un très-grand nombre de tués et dont on crucifia une partie, comme pour insulter à la religion de Jésus-Christ. »

Mais il ne s'en prit pas seulement aux personnes du commun, les premiers officiers de l'empire sentirent les effets de son impiété : voici un fait rapporté par Théodoret, qui justifie cette vérité.

« D'autres personnes, » dit-il, « élevées aux charges, remportèrent de semblables couronnes pour avoir parlé en faveur de la religion chrétienne. Valentinien, que nous verrons bientôt sur le trône, étant pour lors tribun des soldats qui gardent le palais, fit paraître l'ardeur du zèle qu'il avait pour la pureté de la foi. Comme cet extravagant empereur entrait tout transporté de joie dans le temple de la Fortune publique, et que les prêtres étaient aux deux côtés de la porte avec de l'eau, pour purifier, selon leur imagination, ceux qui étaient près d'entrer, une goutte tomba sur l'habit de Valentinien qui marchait devant l'empereur. Il frappa le prêtre de la main, et lui dit qu'il le salissait au lieu de le purifier. Il mérita par cette action de posséder peu après l'empire. Julien, qui en avait été témoin, le relégua à un fort assis au delà du désert. A peine un an et quelques mois étaient écoulés, que la générosité avec laquelle il avait fait profession de la religion chrétienne fut récompensée de l'autorité souveraine.

« Mais, » dit Sozomène, « puisque je suis engagé si avant dans ce discours, et que j'ai fait le récit de la mort de Georges et de Théodore, je crois devoir aussi raconter celle des trois frères Eusèbe, Nestabe et Zénon. Les habitants de la ville de Gaza, étant animés contre eux d'une haine très-violente, allèrent les prendre dans leur maison, où ils s'étaient cachés, les fustigèrent avec la dernière cruauté, et les enfermèrent dans une affreuse prison. S'étant ensuite assemblés au théâtre, ils commencèrent à déclamer contre eux et à se plaindre de ce qu'ils avaient violé la sainteté de leurs temples et avaient abusé du pouvoir que le règne précédent leur avait donné, pour déshonorer et pour détruire, s'il leur eût été possible, leur religion. En criant de la sorte, ils s'animèrent si fort les uns les autres, qu'ils coururent en foule à la prison, les en tirèrent avec une fureur non pareille, les traînèrent par les rues et par les places publiques, tantôt sur le ventre et tantôt sur le dos, et les battirent sans cesse, les uns à coups de pierres, les autres à coups de bâton. J'ai ouï dire qu'il y eut des femmes qui quittèrent leur ouvrage pour les aller piquer avec la pointe de leurs fuseaux, et que les cuisiniers sortirent de leurs cuisines pour jeter sur eux l'eau bouillante de leurs marmites et pour les percer avec leurs broches. Quand ils les eurent déchirés en pièces, et qu'ils eurent répandu leur cervelle sur le pavé, ils les traînèrent hors de la ville, au lieu où l'on jette les corps des bêtes; et y ayant allumé un grand bûcher, ils les brûlèrent, et mêlèrent les os que le feu n'avait pu réduire en cendre avec les os des ânes et des chameaux, afin qu'il fût malaisé de les distinguer. »

Tant de cruautés exercées contre les Chrétiens, pour ne pas rapporter celles d'Alexandrie, de Gaza, d'Héliopolis, d'Aréthuse et d'un grand nombre d'autres lieux, demeurèrent impunies sous Julien, qui même déposa un gouverneur de province pour avoir voulu réprimer ces violences, demandant quel grand mal il y avait que les païens massacrassent quelques Galiléens, appelant ainsi par dérision les Chrétiens, pour se venger de l'injure que leurs dieux en avaient reçue; et il voulut que ce gouverneur eut à grâce la vie qu'il lui laissa. « Et pour lors, comme si la bride eût été lâchée aux infidèles, ils se jetèrent avec impétuosité sur les Chrétiens. Ceux qu'on nommait philosophes, et qui sous ce nom exerçaient l'art magique, accoururent aussi de toutes parts pour les massacrer, se portant de plus à des sacrifices abominables qu'ils avaient imaginés, prenant des enfants de l'un et de l'autre sexe, les immolant au démon, regardant curieusement leurs entrailles pour en tirer des augures, et enfin se repaissant de leurs chairs. » N'est-ce donc pas ici l'endroit de placer ces paroles, ou plutôt n'est-ce pas ici le lieu où elles trouvent leur parfait accomplissement? *C'est ici que se vérifie la patience des saints qui gardent les commandements de Dieu et la foi de Jésus ; et en ce moment j'entendis une voix du ciel qui me dit : Ecrivez : Heureux les morts qui meurent dans le Seigneur.* Désormais, dit l'Esprit, ils se reposeront de leurs travaux, car leurs œuvres les suivent. *Hic patientia sanctorum est, qui custodiunt mandata Dei, et fidem Jesu. Beati mortui qui in Domino moriuntur.*

Mais après avoir vu la fureur de Julien et de ses ministres idolâtres contre le corps mystique de Jésus-Christ, il faut considérer à présent une partie de leur impiété contre Jésus-Christ même. Voici ce qu'en écrivent

Théodoret (lib. III, c. 12) et Sozomène. (Lib. v, c. 8.)

« Julien commanda de porter à l'épargne les vases qui servaient à la célébration des mystères, et fit fermer la grande église, qui avait autrefois été bâtie par Constantin : de sorte que les ariens, qui la possédaient en ce temps-là, ne purent plus s'y assembler. Félix, trésorier de l'empereur, et Elpide, receveur du domaine, ou, comme les Romains l'appellent, comte des largesses privées, qui, à ce qu'on dit, avaient autrefois fait profession de notre religion, et y avaient depuis renoncé par complaisance pour le prince, entrèrent dans l'église avec Julien, gouverneur de tout l'Orient. On dit que ce dernier fit de l'eau sur l'autel et donna un soufflet à Euzoius, qui voulait empêcher ce sacrilége : il ajouta que la Providence ne prenait aucun soin des affaires des Chrétiens. Félix, considérant les vases que Constantin et Constance avaient fait faire avec la plus grande magnificence qui leur avait été possible : Voilà, dit-il, les vases dans lesquels on sert le Fils de Marie.

« Ce Julien, oncle de l'empereur, ayant alors entrepris d'enlever quantité d'ornements et de vases précieux, pour les porter au trésor de l'empereur, fit fermer l'église. Les ecclésiastiques s'étant enfuis, il n'y eut qu'un prêtre, nommé Théodore, qui avait charge de garder ces ornements, qui demeura. Julien, gouverneur d'Egypte, s'étant saisi de lui, le fit tourmenter ; et parce qu'il ne répondait pas à son gré au milieu des tourments, et qu'il défendait sa religion avec une fermeté inébranlable, il commanda de lui trancher la tête ; il pilla après cela les vases sacrés, les jeta à terre, se mit dessus et s'en moqua avec une impiété incroyable. »

Rien n'égale toutefois l'audace de Julien l'Apostat. Voici ce qu'il fit, au rapport de Sozomène (lib. v, c. 20), par un mouvement d'une vengeance impie. Ayant su que le tonnerre avait renversé le temple et brisé la statue d'Apollon adoré à Daphné, sans doute par la vertu du saint martyr Babylas, dont la châsse reposait près de là, avant qu'il l'eût fait enlever, ainsi qu'on a vu, « il manda au gouverneur de Carie de faire brûler quantité d'églises où reposaient diverses reliques des martyrs, principalement dans le voisinage d'Apollon Didyméen, non loin de la ville de Milet, d'en renverser les autels et les voûtes, et de démolir celles qu'on avait commencé de construire.

« Apprenant aussi qu'il y avait dans la ville de Césarée de Philippe en Phénicie une statue du Sauveur, que cette hémorroïsse dont il est parlé dans l'Evangile avait élevée en reconnaissance d'avoir été guérie d'un flux de sang, cet impie la fit abattre, et fit mettre la sienne en sa place. Mais le feu du ciel tomba dessus à l'heure même, la renversa, en brisa la tête, la perça et attacha cette tête à l'endroit du cœur. On la voit encore aujourd'hui noircie du coup de foudre. Celle du Sauveur fut traînée et rompue par les païens ; mais elle a été depuis refaite par les Chrétiens et placée dans l'église : » *Cum certior factus esset Cæsareæ Philippi (est ea quidem urbs Phœniciæ, quam Paneadem vocant) præclaram esse Christi statuam, quam mulier quæ sanguinis profluvio laborabat, cum esset morbo liberata, ibi collocaverat ; eam deturbavit, suamque ejus loco posuit : quo facto, ignis violentus de cœlo delapsus, statuam illam circiter pectus persecuit, caputque una cum collo in terram dejecit, atque in faciem humi ea in parte defixit, quæ fuerat a pectore divulsa : ex quo quidem tempore ad hodiernum diem atra, tanquam fulminis ictu ambusta manet.*

Qui pourrait dire les autres blasphèmes, impiétés et sacriléges de Julien contre Jésus-Christ et ses saints ? Il vaut mieux les ensevelir sous le silence que de les rapporter ici. Tout le monde les sait, et les historiens de ce temps-là les décrivent assez.

Mais voici la vengeance divine qui s'apprête à son tour, et qui va répandre le sang de ses ennemis et des persécuteurs de son Eglise.

14. *Je regardai encore, et je vis une nuée blanche sur laquelle quelqu'un était assis, qui ressemblait au Fils de l'Homme, et qui avait une couronne d'or sur sa tête et une faux tranchante dans sa main.*

15. *Alors un autre ange sortit du temple, criant à haute voix à celui qui était assis sur la nuée : Servez-vous de votre faux, et faites la moisson, parce qu'il est temps de moissonner, car la moisson de la terre est mûre.*

16. *Celui donc qui était sur la nuée porta sa faux sur la terre, et la terre fut moissonnée.*

C'est-à-dire que Jésus-Christ, le Roi de gloire, insulté jusque dans ses temples et sur ses autels, et dont on avait si cruellement massacré les ministres, paraît dans les airs la faux à la main, pour punir ces sacriléges comme ils méritent. En voici un échantillon d'un nombre très-grand qu'on laisse.

« L'extravagance et l'impiété de ces deux ennemis de la religion, dont on vient de parler, » dit Théodoret, « furent suivies d'un prompt châtiment. Julien fut attaqué, à l'heure même, d'un mal qui lui rongeait de telle sorte les entrailles, que, ne pouvant plus donner passage aux excréments, elles les firent remonter jusqu'à cette bouche si sale, dont il s'était servi pour avancer ses blasphèmes. On dit que sa femme, qui était chrétienne, lui parla de cette sorte : « Vous devez louer le Sauveur de ce qu'il vous fait sentir sa puissance par ce châtiment ; car si, au lieu de vous frapper comme il a fait, il avait usé de sa patience ordinaire, vous n'auriez pas su à qui vous avez déclaré la guerre. » Ayant appris ainsi de sa femme, et des douleurs qui le pressaient, la cause de sa maladie, il supplia l'empereur de rendre l'église à ceux auxquels il l'avait ôtée. Mais il mourut sans avoir obtenu de lui cette demande. Félix fut aussi frappé de la main de Dieu ; tout son sang sortit de ses veines, pour couler jour et nuit par sa bouche. En le perdant il perdit la vie, et trouva la mort éternelle. »

Cette relation est parfaitement conforme à ce qu'écrivent les autres historiens touchant ce même fait, et particulièrement Sozomène, dont voici les termes.

« Mais sur-le-champ Julien fut puni de cette impiété : car ses parties naturelles se corrompirent, les chairs d'alentour se résolurent en pourriture, et produisirent une si effroyable quantité de vers, que les médecins avouèrent que la malignité de cette corruption était au-dessus de la force de leur art. Ils éprouvèrent pourtant tous leurs remèdes, de peur d'encourir les mauvaises grâces de l'empereur. Ils appliquèrent sur ces chairs pourries les plus gras oiseaux qu'ils purent trouver, pour attirer les vers au dehors ; mais cela ne servit de rien, parce qu'à mesure qu'ils en tiraient, il s'en formait d'autres qui rongeaient toujours les chairs, et qui ne cessèrent point de le consumer jusqu'à ce qu'ils lui eussent ôté la vie. Tout le monde crut que Dieu lui avait envoyé cette maladie pour le punir de son impiété, et cela est d'autant plus probable, que le trésorier des deniers destinés aux largesses de l'empereur, et quelques autres officiers considérables de la cour périrent misérablement pour avoir déshonoré la sainteté de notre religion : » *Quo facto, statim Juliani genitalia, et circumposita ad meatus necessarios loca corrupta sunt, et caro illarum partium computrescens, in vermes ebulliit.....*

Et quant à ces impies qui s'étaient repus du foie même et des entrailles des martyrs, Théodoret en rapporte le châtiment en cette manière : « La justice divine ne manqua pas de découvrir et de châtier une inhumanité aussi barbare que celle-là. Tous ceux qui y eurent part, perdirent premièrement leurs dents qui tombèrent l'une après l'autre ; ils perdirent ensuite leurs langues qui pourrirent dans leurs bouches, et enfin les yeux, et reconnurent par tant de disgrâces survenues successivement, la puissance de la religion qu'ils avaient si injustement persécutée : » *Quotquot enim hujus piaculi participes fuerant, primum quidem spoliati sunt dentibus, qui universi simul ipsis exciderunt, postea vero linguas quoque amisere, quæ putredine consumptæ ipsæ quoque defluxerunt : postremo oculis etiam orbati sunt, et quanta vis esset religionis, calamitatibus suis prædicarunt.*

Et pour ce qui regarde Julien, outre tout ce qu'on a dit ci-dessus des punitions que Dieu exerça sur lui, voici encore ce que nous en trouvons dans l'histoire, et qui nous découvre manifestement que son désastre fut un châtiment de son impiété, et l'exécution d'un ordre donné dans le sacré sénat des saints, dont l'apôtre vient de parler au commencement de ce chapitre. Voici les paroles de Sozomène :

« Tout le monde reçoit d'un commun consentement une histoire par laquelle il paraît que ce fut un effet de la justice divine : j'ai ouï dire qu'un de ses amis eut la vision que je raconterai en cet endroit.

« Allant le trouver en Perse, il s'arrêta sur le soir dans une rue, et, faute d'autre logement, il coucha dans une église ; il y vit durant la nuit, soit en songe ou autrement, une assemblée d'apôtres et de prophètes qui se plaignaient des outrages que l'empereur avait faits à l'Église, et qui conféraient touchant les moyens d'y apporter remède. Après plusieurs avis et plusieurs considérations proposés de part et d'autre, il y en eut deux qui se levèrent, et qui ayant exhorté l'assemblée à ne s'inquiéter de rien, partirent comme pour aller dépouiller Julien de l'autorité souveraine. Celui qui avait eu cette vision, ne continua pas son voyage, mais en attendant l'accomplissement de sa vision avec inquiétude, il passa la nuit suivante au même lieu, où il vit encore la même assemblée. Ceux qu'il avait vus partir retournèrent, et apportèrent la nouvelle de la mort de Julien.

« Le même jour, Didyme philosophe chrétien, qui demeurait à Alexandrie, et qui percé d'une vive douleur, tant de l'aveuglement de Julien, que de l'injustice avec laquelle il persécutait l'Église, s'adonnait continuellement au jeûne et à la prière, s'endormit sur le soir dans sa chaise, et étant comme en extase et hors de lui-même, il vit des chevaux blancs qui couraient en l'air, et il entendit dire à ceux qui étaient dessus : Allez dire à Didyme que Julien vient d'être tué : qu'il se lève, qu'il mange, et qu'il dise cette nouvelle à Athanase : » *Somno oppressus est, ac velut in mentis excessu positus, equos candidos per aerem discurrentes videre sibi visus est, virosque ipsis insidentes ita clamantes audire : Nuntiate Dydimo, hodie Julianum hac ipsa hora peremptum esse, idque ille Athanasio episcopo significet, et surgens comedat,* etc.

« J'ai ouï dire qu'un ami de Julien a eu ces deux visions. L'événement a fait connaître que ni l'une ni l'autre ne s'éloignaient de la vérité. Que si quelqu'un veut encore croire qu'elles ne suffisent pas pour faire voir que la mort de Julien fut un châtiment dont la justice divine a voulu punir la fureur avec laquelle il avait persécuté l'Église, qu'il prenne la peine de rappeler dans sa mémoire la prédiction qu'un ecclésiastique fit au temps que Julien se préparait à la guerre contre les Perses, et qu'il se vantait que quand il l'aurait achevée, il traiterait les Chrétiens avec beaucoup de rigueur, et que le Fils du charpentier ne pourrait alors les secourir : cet ecclésiastique assura que ce Fils de charpentier lui faisait un cercueil pour l'enterrer. Il reconnut bien lui-même d'où était parti le coup dont il était percé ; car on dit qu'il prit du sang qui coulait de sa plaie, et qu'il le jeta contre le ciel, comme s'il eût vu Jésus-Christ, et qu'il l'eût jeté contre lui, et qu'il lui reprocha sa mort. D'autres disent que ce fut contre le soleil qu'il jeta son sang par indignation de ce qu'il l'avait abandonné, bien qu'il eût présidé à sa naissance. »

Est-ce donc en vain, si Jésus-Christ paraît avec une faux à la main, puisqu'il prend une vengeance si insigne de ses ennemis, et qu'il les punit suivant leurs mérites, sans que ni Julien, non plus que ses parents, ses complices et ses ministres, puissent se dérober à son indignation, laquelle même, pendant tout le temps de son règne, se fit sentir à tous les sujets de l'empire, ainsi que saint Jérôme et Sozomène l'ont remarqué ?

« Il est certain, » disent-ils, « que Dieu a donné des marques de sa colère durant tout le règne de ce prince, et qu'il a répandu des calamités publiques sur diverses provinces de l'empire : » *Certe quandiu imperator iste regnavit, Deus perpetuo indignari visus est, et in multis provinciis Romanos diversis calamitatibus afflixit...* Il a ébranlé la terre par des tremblements si furieux, qu'il n'y avait pas moins de danger hors des maisons que dedans. Ce que j'ai ouï dire me donne lieu de former une conjecture, que ce fut sous le règne de ce prince, ou au moins dans le temps qu'il jouissait de la dignité de césar, que la mer passa ses bornes et inonda Alexandrie avec une telle furie, que quand elle fut retirée, on trouva des bateaux sur la couverture des maisons : *Ea tempestate terræmotu totius orbis, qui post Juliani mortem accidit, maria egressa sunt terminos suos, vel in antiquum chaos redirent omnia, naves ad prærupta delatæ montium pependerunt.* (S. Hier., *Vita S. Hilar.*)

Tout cela ne suffit pas pour remplir les paroles de notre texte : *Je vis sur une nuée blanche quelqu'un assis, qui ressemblait au Fils de l'Homme, ayant une couronne d'or sur la tête, et une faux tranchante dans sa main, à qui un ange sortant du temple cria à haute voix : Prenez votre faux, et faites la moisson, parce qu'il est temps de couper, et que la moisson de la terre est mûre; de sorte que celui qui était sur la nue porta sa faux sur la terre, et la terre fut moissonnée;* « *Mitte falcem tuam, et mete, quia venit hora ut metatur, quoniam aruit messis terræ; et demessa est terra.* » C'est-à-dire que pendant le règne et incontinent après la mort de cet apostat, les sujets de l'empire sont ravagés, les Barbares se répandent à torrents dans les provinces, et emmènent un nombre infini de captifs ; tout est rempli de sang et de meurtre ; l'empire attaché au culte des faux dieux ne se convertit pas, malgré le zèle de Constantin, de Valentinien et de Théodose ; Valens permet l'exercice du paganisme. Le tyran Maxime laisse renaître le culte des démons ; Eugène le relève hautement ; le fils de Stilicon le favorise ; Attalus païen en promet dans Rome le rétablissement ; le peuple blasphème, et croit que le seul remède à ses maux est de recourir à l'idolâtrie ; le christianisme est détesté comme la cause de la destruction de l'empire ; c'en est fait, il faut qu'il soit moissonné par la faux de la justice divine. Attila ravage l'Europe d'une manière épouvantable, et couvre les champs Catalauni-

ques de cinq cent mille morts; Alaric désole l'Orient ou la Grèce ; Athanaric le nord ; Genséric le midi ; Théodoric le couchant : tout se détruit, tout se confond, tout se bouleverse ; le moissonneur, dans une riche campagne, ne coupe pas tant d'épis avec la faucille, ni le vendangeur de raisins, que le glaive barbare moissonne de peuples dans l'empire, et cela dans la conjoncture du temps où nous sommes ; pour ne pas dire que le débordement de tant de peuples et de nations eurent bientôt consumé les fruits de la terre, les blés et les vins, et réduit le monde dans une extrême disette : *Eucherius ad conciliandum sibi favorem paganorum, restitutione templorum, et eversione ecclesiarum imbuturum se regni primordia minabatur. Valens impunitatem concessit gentibus : idololatriæ mysteria superstitionis impiæ obierunt, et cæca opinio a Juliano post mortem Juliani exstincta, revirescere cœpit istius imperatoris permissu : atque Dialia, Dionysia, et Cereris festa non in occulto peragebant pagani, sed per medium forum bacchantes cursitabant.* (Theodor., lib. x, c. 24.)

« Témoin l'Illyrie, » disait saint Jérôme (*Epist. ad Ager.*, circ. fin.), « témoin la Thrace, témoin le pays où je suis né, et où, excepté le ciel et la terre, et les ronces qui se sont élevées, tout a péri : » *Testis Illiryeum, testis Thracia, testis in quo ortus sum solum, ubi præter cœlum et terram, et crescentes vepres, et condensa silvarum, cuncta perierunt.* « Des nations innombrables et infiniment féroces, disait-il ailleurs, ont envahi toutes les Gaules. Tout le pays renfermé entre les Alpes et les Pyrénées, l'Océan et le Rhin sont en proie aux Barbares : le Quade, le Vandale, le Sarmate, l'Alain, le Gépide, l'Hérule, le Saxon, le Bourguignon, l'Allemand, et, ô malheur déplorable pour ma patrie ! les Pannoniens nos implacables ennemis, ont tout ravagé, etc. Tout est désert, à l'exception de quelques villes que le glaive extermine au dehors, et que la famine dépeuple au dedans. Qui sera sauvé, si Rome périt? Si j'avais une centaine de langues et autant de bouches, une voix de fer, je ne serais pas capable de raconter les supplices des captifs, ni les noms des morts : » *Innumerabiles et ferocissimæ nationes universas Gallias occuparunt : quidquid inter Alpes et Pyrenæum est, quod Oceano et Rheno intercluditur, Quadus, Vandalus, Sarmata, Alani, Gepides, Eruli, Saxones, Burgundiones, Allemanni, et, o lugenda respublica ! hostes Pannonii vastarunt, etc., præter paucas urbes populata sunt cuncta, quas et ipsas foris gladius, intus vastat fames. Quid salvum est si Roma perit? Non mihi si linguæ centum, sint oraque centum ferrea vox, omnes captorum dicere pœnas, omnia cæsorum percurrere nomina possem.*

C'est ainsi que saint Jérôme déplore la désolation des provinces de l'empire, sans que tant de calamités pussent obliger les Romains d'abandonner leur idolâtrie, unique cause de leurs malheurs : « Nous sentons, continue ce saint, que Dieu est irrité, et nous ne nous mettons point en peine de l'apaiser ; nos péchés rendent les Barbares victorieux : nos vices sont cause de la défaite des armées romaines : et comme si tant de désastres ne suffisaient pas pour notre ruine, les guerres civiles consument plus de citoyens, que le glaive étranger n'en immole : » *Offensum sentimus, et non placamus Deum : nostris peccatis Barbari fortes sunt : nostris vitiis Romanus superatur exercitus, et quasi non hæc sufficerent cladibus, plus pene bella civilia, quam hostilis mucro consumpsit.*

Après ce discours, qu'est-il besoin de chercher d'autre interprétation à ce passage, et de demander, comment est-ce qu'après la mort de Julien, et en punition de ses idolâtries, et de celles de l'empire romain la faux de la justice divine moissonna la terre, ôtant de dessus les impies qui la profanaient ? Il est même remarquable que cette expression de l'*Apocalypse* en ce lieu : *Et la terre fut moissonnée :* « *Et demessa est terra :* » se trouve employée par les auteurs du temps, pour signifier un grand carnage, comme pour mettre un plus évident rapport entre l'histoire et la prophétie, suivant la pensée de saint Jérôme : *Quod historiæ prophetia sit copulata.* En effet, Lactance rapportant le massacre de toute une armée païenne, commandée par un empereur ennemi et persécuteur des Chrétiens, et la victoire célèbre qu'on obtint contre lui par un secours visible d'en haut, dit ces paroles : « Il y avait un champ, dans lequel les armées étaient rangées en bataille, et les légions païennes furent moissonnées par le glaive des soldats que Dieu protégeait : » *Campus intererat sterilis et nudus..... cædebatur acies ejus impune, et tantus numerus legionum, tanta vis militum, a paucis metebatur.* Les païens avaient moissonné les Chrétiens ; mais leur faulx n'avait fait que les multiplier, selon cette parole célèbre de Tertullien : *Plures efficimur, quoties metimur a vobis ; semen est sanguis Christianorum :* Les païens à leur tour seront moissonnés, mais la faux qui les moissonnera, les exterminera sans ressource : *Et misit qui sedebat super nubem, falcem suam in terram, et demessa est terra.*

Mais voici encore de nouveaux effets de la vengeance divine, et de nouveaux châtiments de l'idolâtrie de Julien, et de l'empire idolâtre.

17. *Et un autre ange, qui avait aussi une faux tranchante, sortit du temple qui est dans le ciel.*

18. *Et il sortit de l'autel un autre ange qui avait pouvoir sur le feu ; et il cria à haute voix à celui qui avait la faux tranchante : Portez votre faux tranchante dans la vigne de la terre, et en coupez les raisins, parce qu'ils sont mûrs.*

19. *Alors cet ange porta sa faux tranchante dans la vigne de la terre, et il en coupa tous les raisins, et les jeta dans la grande cuve de la colère de Dieu.*

20. *Et on foula la cuve hors de la ville, et il en sortit du sang en si grande abondance, que les chevaux en avaient jusqu'au frein dans l'étendue de mille six cents stades.*

Ce n'est pas assez que le menu peuple, qui n'a rien de sublime et d'élevé, soit châtié et moissonné, et les provinces pillées et ravagées, l'ange préposé au feu, c'est-à-dire, au premier des éléments, va exterminer les principaux auteurs de l'idolâtrie et de l'impiété ; les rois et les empereurs, les grands et les nobles, les hauts officiers et les capitaines, avec la noblesse et la milice, qui sont comme la force et la vigueur d'un État, représentés par le feu et par le vin, vont être jetés dans le pressoir de la colère de Dieu, d'où leur sang découlera à torrents : *Mittite falces, quoniam maturavit messis : venite et descendite, quia plenum est torcular : exuberant torcularia, quia multiplicata est malitia eorum.* (Joel. III, 13.)

[363, 378, 388, 394.] Julien avec une partie de son armée, périt par le fer ; Valens le cruel persécuteur de l'Église, et le fauteur du paganisme, percé d'une flèche et brûlé vif, voit son armée taillée en pièces avec une effusion horrible du sang romain. Maxime avec ses armées belliqueuses de terre et de mer, est défait sans ressource, et mêle son sang à celui de ses soldats. Eugène avec ses faux dieux, ses idolâtres et ses troupes immenses, passe par le tranchant de l'épée. On nage dans le sang romain de tous côtés, les eaux des rivières changent de couleur à un tel carnage, comme les historiens de ce temps l'écrivent en termes formels : « Combien de fleuves ont vû leurs eaux rougies par le sang humain ? disait saint Jérôme à Héliodore : » *Quantæ fluviorum aquæ humano cruore mutatæ sunt!* et on le verra plus au long dans un moment. Jornandès décrivant la célèbre bataille des champs Catalauniques, assure, que la petite rivière de la campagne où se donna la bataille qu'il décrit, et qui ne semblait qu'un ruisseau, enflée du sang des soldats tués, se grossit extrêmement, et devint un torrent par les ruisseaux du sang humain qui y découlèrent de toutes parts : *Rivulus memorati campi, humili ripa prolabens, peremptorum vulneribus sanguine multo provectus, torrens factus est cruoris augmento.*

De sorte que l'empire pouvait bien dire alors avec le prophète, que le Seigneur l'avait vendangé au jour de sa fureur : *Quoniam vindemiavit me in die iræ furoris sui.* (Thren. I, 12.) Tout cela néanmoins se passe encore hors l'enceinte des murs de la ville de Rome, *extra civitatem,* dit notre texte, et la capitale de l'empire aura un sort distingué dans la prophétie. C'est ce qui arriva incontinent après la mort de Julien, et ce que rapporte de lui Sozomène (L. V, c. 1) vient fort naturellement en cet endroit : « Julien passant par l'Illyrie, dit-il, lorsqu'il allait pour se mettre en possession de l'empire, tout d'un coup les vignes se trouvèrent chargées de grappes de raisin, quoique la saison des vendanges fût passée, et il tomba sur lui et sur sa suite une rosée dont chaque goutte avait la figure d'une croix. »

Or, quoique toutes ces choses se soient accomplies lors de la destruction de l'empire romain, et que ces accidents terribles en aient été les avant-coureurs, cependant il faut toujours se souvenir que ce ne sont que des crayons de ce qui arrivera à la fin du monde, lors de la ruine de l'empire de l'Antechrist, dont celui de Rome ne fut que la peinture, ainsi que la venue de Jésus-Christ décrite ici, pour punir les idolâtres, celle de son grand et dernier avénement, pour exterminer l'Antechrist et ses sectateurs, représentés par Julien et ceux qui conspirèrent avec lui contre l'Eglise.

CHAPITRE XV.

Préparatifs mystérieux à l'entière ruine de Julien et de l'empire romain idolâtre.

SOMMAIRE. — I. Sept anges paraissent au ciel portant les sept plaies qui doivent accabler Julien et l'empire romain.
II. Les saints du ciel se réjouissent et chantent un cantique d'allégresse, dans la vue de la ruine prochaine du règne du démon et de l'établissement du royaume de Dieu qui sera connu, aimé et adoré de toutes les nations de la terre.
III. Le temple de Dieu et son tabernacle se découvrent dans le ciel, d'où sortent les sept anges qui vont porter les sept derniers coups de la colère de Dieu contre l'empire romain.

1. Et vidi aliud signum in cœlo magnum et mirabile, angelos septem, habentes plagas septem novissimas, quoniam in illis consummata est ira Dei.

2. Et vidi tanquam mare vitreum, mistum igne, et eos qui viderunt bestiam, et imaginem ejus et numerum nominis ejus, stantes super mare vitreum, habentes citharas Dei.

3. Et cantantes canticum Moysis servi Dei, et canticum Agni, dicentes : Magna et mirabilia sunt opera tua, Domine Deus omnipotens : justæ et veræ sunt viæ tuæ, Rex sæculorum.

4. Quis non timebit te, Domine, et magnificabit nomen tuum : quia solus es, quoniam omnes gentes venient, et adorabunt in conspectu tuo, quoniam judicia tua manifesta sunt.

5. Et post hæc vidi, et ecce apertum est templum tabernaculi testimonii in cœlo.

6. Et exierunt septem angeli habentes septem plagas, de templo, vestiti lino mundo et candido, et præcincti circa pectora zonis aureis.

7. Et unum de quatuor animalibus dedit septem angelis septem phialas aureas, plenas iracundia Dei viventis in sæcula sæculorum.

8. Et impletum est templum fumo a majestate Dei, et de virtute ejus ; et nemo poterat introire in templum, donec consummarentur septem plagæ septem angelorum.

1. Je vis ensuite un autre grand et admirable signe dans le ciel : Sept anges qui avaient ordre de faire souffrir à la terre sept plaies qui seront les dernières, parce que c'est par elles que Dieu consommera sa colère.

2. Et je vis comme une mer aussi claire que du verre, mêlée de feu : et ceux qui avaient vaincu la bête et son image, et le nombre de son nom, étaient sur le bord de cette mer transparente, tenant des harpes de Dieu.

3. Et ils chantaient le cantique de Moïse, serviteur de Dieu, et le cantique de l'Agneau, disant : Dieu tout-puissant, vos œuvres sont grandes et admirables : ô Roi des siècles, vos voies sont véritables et justes.

4. O Seigneur, qui ne vous craindra, et qui n'exaltera votre nom, parce que vous seul êtes miséricordieux, et toutes les nations viendront vous adorer, parce que vous avez fait paraître vos jugements.

5. Je regardai encore, et je vis que le temple du tabernacle du témoignage fut ouvert dans le ciel.

6. Et les sept anges qui avaient l'ordre pour les sept plaies, sortirent du temple, vêtus de lin net et blanc, et ceints sur la poitrine de ceintures d'or.

7. Et un des quatre animaux donna à ces sept anges sept fioles d'or pleines de la colère de Dieu, qui vit dans les siècles des siècles.

8. Alors le temple fut rempli de fumée à cause de la majesté et de la puissance de Dieu ; et personne ne pouvait entrer dans le temple jusqu'à ce que les sept plaies des sept anges fussent accomplies.

EXPLICATION.

1. *Et je vis un autre grand et admirable signe dans le ciel : sept anges qui avaient les sept dernières plaies, parce que, avec elles, la colère de Dieu doit être consommée.*

C'est-à-dire que voilà le coup final de la destruction de l'empire romain, et les derniers traits qui vont être lancés contre lui, que saint Jean, à son ordinaire, pour quelque signification mystérieuse, partage comme en sept plaies, qui vont arriver l'une sur l'autre. Aussi le nombre de sept est-il consacré, dans l'Ecriture et les Pères, pour expliquer les divers événements de cette vie pénible et laborieuse, et l'octave réservée pour représenter les joies de la vie future, et de la félicité des saints.

2. *Et je vis comme une mer aussi claire que du verre, mêlée de feu, et ceux qui avaient vaincu la bête et son image, et le nombre de son nom, étaient sur cette mer transparente, tenant des harpes de Dieu.*

3. *Et ils chantaient le cantique de Moïse, serviteur de Dieu, et le cantique de l'Agneau, disant : Seigneur Dieu tout-puissant, vos œuvres sont grandes et admirables! ô Roi des siècles, vos voies sont véritables et justes.*

4. *O Seigneur ! qui ne vous craindra, et qui n'exaltera votre nom ? parce que vous seul êtes miséricordieux, et toutes les nations viendront vous adorer, parce que vous avez fait paraître vos jugements.*

On a montré ci-dessus que cette mer de cristal est le firmament, où Jésus-Christ règne avec les saints, et où ceux qui ont vaincu le diable et les persécuteurs du nom chrétien, et qui sont parvenus dans l'éternelle stabilité, chantent, ainsi que les Israélites sur le rivage de la mer Rouge, un cantique d'action de grâces au Seigneur. Ces paroles et cette alliance de Moïse et de Jésus-Christ, font voir que saint Jean regarde ici particulièrement les Juifs convertis à la foi, et délivrés encore une fois de la tyrannie de Pharaon et de l'Egypte, et dont les cantiques des premiers Chrétiens, délivrés de la persécution des empereurs idolâtres, sont les figures ; car voici comme Eusèbe s'en explique en deux endroits, où il rapporte la délivrance de l'Eglise.

« Dieu, » dit-il, « confirma, par un nouveau miracle qu'il fit en présence des fidèles et des infidèles, les anciens prodiges qui sont contenus dans les Livres saints ; car, comme autrefois il ensevelit sous les flots de la mer Rouge l'armée et les chariots de Pharaon, au temps de Moïse et des anciens Juifs, il fit tomber en ce temps-ci Maxence et ses soldats au fond d'un fleuve qu'ils voulurent passer sur un pont. Le pont étant rompu, les vaisseaux coulèrent à fond avec les hommes qui étaient dessus. Le détestable tyran tomba le premier, comme une masse de plomb, et ses gardes ensuite ; tellement que les soldats qui, par le secours du Ciel, avaient remporté la victoire, pouvaient chanter ce que les Israélites, que Moïse conduisait autrefois, chantèrent contre Pharaon : *Chantons à la louange du Seigneur, car il a été glorifié avec magnificence : il a jeté dans la mer le cheval, et celui qui était monté dessus. Vous m'avez aidé et protégé pour mon salut.* Et plus bas : *Qui est-ce qui est semblable à vous parmi les dieux, Seigneur ? qui est-ce qui est semblable à vous ? Vous êtes glorifié dans vos saints, vous êtes admirable dans votre gloire, et vous faites des prodiges.* (*Exod.* xv, 1, 2, 11.) Constantin ayant chanté, sinon de bouche, au moins de cœur et par ses actions, ces cantiques ou d'autres semblables en l'honneur de Dieu, de qui il savait tenir la victoire, » etc. *Adeo ut milites qui tunc ope divini Numinis victoriam adepti sunt, perinde ac olim Israelitæ quos ille magnus Dei famulus Moises ducebat, merito si non verbis, saltem rebus ipsis, eadem quæ illi quondam adversus impium illum Pharaonem, cantaturi fuerint in hunc modum :* « *Cantemus Domino, gloriose enim magnificatus est, equum et ascensorem projecit in mare,* » etc. (*Ibid.*)

C'est ainsi qu'il applique ce passage à la victoire que Constantin remporta sur les bords du Tibre, contre Maxence, persécuteur des fidèles, et la fête que les saints, dont parle ici l'Apôtre, célèbrent dans le ciel, où l'on se réjouit de la conversion prochaine du monde. Or tout ceci montre que si la délivrance de l'Eglise, la destruction de l'idolâtrie, la punition de l'empire romain et la conversion des gentils se firent avec un éclat surprenant, et des merveilles toutes visibles, le retour des Juifs, à la fin des siècles, ne sera pas accompagné de moindres prodiges : *Seigneur,* disent ici les saints, *vos œuvres sont grandes et admirables* dans la destruction d'un si puissant empire : *Vos voies sont équitables et véritables* : vous ne vous servez que de la justice et de la vérité pour venir à bout de vos desseins, et pour établir votre Eglise : *Toutes les nations viendront vous adorer,* par la prédication de l'Evangile qui retentira dans l'univers, et cet univers ne pourra vous méconnaître, puisque vous avez manifesté si hautement vos jugements.

5. *Et après cela je vis, et voilà que le temple du tabernacle du Seigneur s'ouvrit dans le ciel.*

6. *Et les sept anges qui avaient l'ordre pour les sept plaies, sortirent du temple, vêtus de lin net et blanc, et ceints sur la poitrine de ceintures d'or.*

Voilà les sept anges qui vont porter les sept derniers coups, qui mettront l'empire romain à bas : ils partent du temple qui est au ciel, afin de marquer que c'est Dieu qui les envoie expressément pour renverser les temples des démons : leurs vêtements mystérieux ont rapport aux célestes cérémonies qu'on a vues ci-dessus pratiquées par d'autres anges avant l'ouverture des sept sceaux, et le son des sept trompettes : ce qui signifie que ce qui va suivre vient d'en haut, et s'exécute avec un religieux respect.

7. *Et un des quatre animaux donna à ces sept anges sept fioles d'or pleines de la colère de Dieu, qui vit dans les siècles des siècles.*

Si l'un des quatre mystérieux animaux est le ministre des derniers fléaux qui doivent accabler les méchants, ne peut-on pas conjecturer que c'est Elie, puisqu'il est celui qui, secondé par les anges, sera le dernier vengeur du peuple fidèle, et le destructeur de l'empire de l'Antechrist, figuré par l'empire romain, contre lequel les derniers coups vont être portés.

8. *Et le temple fut rempli de fumée à cause de la majesté et de la puissance de Dieu; et personne ne pouvait entrer dans le temple jusqu'à ce que les sept plaies des anges fussent accomplies.*

Cette fumée qui remplit le temple, n'a-t-elle pas rapport à celle qui parut lors de la dédicace du temple de Salomon? et n'est-elle pas ici un signe de la réconciliation des Juifs et de leur retour à Dieu, figuré par l'établissement de la religion chrétienne parmi les gentils, et la demeure du Seigneur parmi eux lors de la destruction de l'idolâtrie romaine? et n'est-ce pas ici le lieu d'appliquer cette prophétie de Jérémie dont on a parlé ci-dessus, lorsque les Juifs voulant remarquer l'endroit où il faisait cacher l'arche d'alliance sur le mont Oreb, il les en reprit, ajoutant que ce lieu serait inconnu jusqu'à ce que Dieu rassemblât son peuple dispersé, et lui devint propice et favorable, et qu'alors le Seigneur manifesterait ces choses: que la majesté de Dieu apparaîtrait, et qu'on verrait un nuage tel que celui de Moïse lorsque Dieu se découvrit à lui: *Et dixit Jeremias, quod ignotus erit locus, donec congreget Deus congregationem populi, propitius fiat, et tunc Dominus ostendet hæc, et apparebit majestas Domini, et nubes erit sicut et Moysi manifestabatur.* (II Mach. II, 7, 8.) Ce que dit un saint: *Cernimus opere completum ex parte in Israel, et ex toto in gentium multitudine.*

Il est toujours certain que cette prédiction n'a point été accomplie jusqu'à présent, et que les sept dernières plaies suivantes marquent tellement les sept derniers coups qui abattirent l'empire romain, qu'on entrevoit bien qu'elles doivent encore un jour s'accomplir plus littéralement lors de la destruction du royaume de l'Antechrist, dont la ruine de Rome n'était que la figure: aussi, selon saint Jérôme, la prédiction de Jérémie sur la délivrance des Juifs, et sur leur sortie de Babylone faite par Esdras, n'était que l'image de la venue de Jésus-Christ le souverain libérateur: *Judæi putant hoc esse completum, quando sub Esdra egressi sunt de Babylone, ut reverterentur in Jerusalem, in quo typus fuit, et non veritas: neque enim in illo tempore universa quæ legimus, aut lecturi sumus fuisse completa, poterunt approbare.*

C'est ce qu'il dit sur le chap. XXXI de Jérémie, après avoir enseigné peu de lignes au-dessus, que la prophétie de ce retour et de cette délivrance avait été accomplie en partie par la conversion des premiers Juifs, mais bien plus parfaitement par celle des gentils, dont la plénitude embrassa la foi.

Et personne ne pouvait entrer dans le temple, jusqu'à ce que les sept plaies des sept anges fussent accomplies c'est-à-dire que pendant les secousses violentes dont l'empire romain fut agité lors de son bouleversement, l'Eglise, ainsi qu'il arrivera lors de l'Antechrist, selon quelques auteurs, chez saint Augustin: *Quidam putant exiguo tempore (persecutionis Antichristi) neminem accessurum esse populo christiano, sed cum eis qui jam Christiani reperti fuerint, diabolo pugnaturum;* l'Eglise, dis-je, troublée par tant de mouvements et de ruines qui durèrent près d'un siècle, ne put pas faire de grandes conquêtes, ni conduire dans son bercail beaucoup de peuples, il fallut attendre la fin de ce fracas horrible, et, pour lors, devenue tranquille et semblable au soleil qui a dissipé la nue, elle reparut et illumina toute la terre, comme on dira au chapitre XIX, où l'on verra les nations mêmes qui détruisaient l'empire romain, et qui jusqu'alors avaient, comme des loups, fait la guerre à l'Agneau, et refusé d'ouvrir les yeux aux lumières de la foi, quitter les ténèbres de l'idolâtrie ou de l'erreur, entrer dans le bercail de l'Eglise, se confesser vaincues, s'agréger au troupeau de ce bon pasteur, et adorer Dieu dans son temple.

CHAPITRE XVI.

Mort de Julien et entière destruction de l'empire romain par le démembrement de toutes ses provinces et la ruine de sa capitale.

SOMMAIRE. — I. Sept anges, par ordre du Ciel, partent pour aller faire sentir à l'empire romain les derniers effets de la colère de Dieu.

II. Le premier verse sa fiole sur ceux qui portent le caractère de la bête, ou qui l'adorent, et ils sont frappés d'une cruelle plaie: Julien est blessé à mort, et après lui les magiciens massacrés.

III. Le second verse sa fiole sur la mer, où tout devient sang, et ce qui y vivait, meurt; la derière flotte que l'empire met sur mer est défaite. Audragatius, qui la commande, se précipite dans les flots, Rome perd pour jamais l'empire de la mer, où tout est désormais mort pour elle.

IV. Le troisième répand sa fiole sur les rivières et sur les fontaines, et les eaux se changent en sang; Rome, ou la bête ou la prostituée qui dominait sur une multitude d'eaux, ou de peuples, voit les provinces du couchant et du nord, où règne le froid et l'humide, ravagées par les Allemands, les Bourguignons, les Francs, etc., et le sang de ses sujets ruisseler à torrents, en punition de tant de sang fidèle qu'elle a répandu; elle s'est enivrée du sang des martyrs, les Barbares s'enivreront du sien.

V. Le quatrième ange répand sa fiole sur le soleil, et la chaleur tourmente les hommes qui blasphèment; les Visigoths et les Vandales envahissent l'Afrique, l'Espagne et les autres provinces méridionales de l'empire qui accuse le Dieu du ciel de sa ruine, et qui s'en prend à la religion de Jésus-Christ.

VI. Le cinquième ange répand sa fiole sur le trône de la bête; son royaume devient ténébreux, et ses sujets se mordent la langue de douleur, et blasphèment. Alaric et les Goths s'emparent de l'Italie, vrai trône de l'empire, qui n'est plus rempli que par de misérables empereurs, la famine jette dans le désespoir les Romains, qui accusent hautement le christianisme de leur ruine, qui blasphèment contre Dieu, et qui recourent à l'idolâtrie et aux démons pour les délivrer de leurs maux.

VII. Le sixième ange verse sa fiole sur l'Euphrate ; l'Orient est perdu pour les Romains ; les Scythes, les Perses, les Sarrasins y font une épouvantable irruption et frayent le chemin aux Mahométans et surtout aux Turcs qui achèveront dans la suite d'éteindre le nom Romain par la prise de Constantinople.

VIII. Le septième ange répand sa fiole dans l'air, et une voix part du temple, qui dit : *C'en est fait ;* et à ce mot on entend un fracas horrible ; la grande cité se partage en trois, et les îles et les montagnes disparaissent ; la peste infecte l'air pendant le siège de Rome, marque de sa destruction finale : Alaric la prend et la saccage ; et pour lors, comme à la chute d'une épouvantable machine qui s'en va en pièces, tout se bouleverse dans l'empire, l'Europe, l'Asie et l'Afrique se séparent de leur capitale, et les îles et montagnes qui composaient l'empire romain, disparaissent de son étendue.

---

1. Et audivi vocem magnam de templo, dicentem septem angelis : Ite et effundite septem phialas iræ Dei in terram.

2. Et abiit primus, et effudit phialam suam in terram : et factum est vulnus sævum et pessimum in homines qui habebant characterem bestiæ, et in eos qui adoraverunt imaginem ejus.

3. Et secundus angelus effudit phialam suam in mare, et factus est sanguis tanquam mortui, et omnis anima vivens mortua est in mari.

4. Et tertius effudit phialam suam super flumina, et super fontes aquarum, et factus est sanguis.

5. Et audivi angelum aquarum dicentem : Justus es, Domine, qui es et qui eras, sanctus qui hæc judicasti.

6. Quia sanguinem sanctorum et prophetarum effuderunt, et sanguinem eis dedisti bibere, digni enim sunt.

7. Et audivi alterum dicentem : Etiam, Domine Deus omnipotens, vera et justa judicia tua.

8. Et quartus angelus effudit phialam suam in solem : et datum est illi æstu affligere homines et igni.

9. Et æstimaverunt homines æstu magno, et blasphemaverunt nomen Dei habentis potestatem super has plagas, neque egerunt pœnitentiam ut darent illi gloriam.

10. Et quintus angelus effudit phialam suam super sedem bestiæ, et factum est regnum ejus tenebrosum, et commanducaverunt linguas suas præ dolore.

11. Et blasphemaverunt Deum cœli, præ doloribus et vulneribus suis, et non egerunt pœnitentiam ex operibus suis.

12. Et sextus angelus effudit phialam suam in flumen illud magnum Euphratem : et siccavit aquam ejus, ut præpararetur via regibus ab ortu solis.

13. Et vidi de ore draconis, et de ore bestiæ, et de ore pseudo-prophetæ exire spiritus tres immundos in modum ranarum.

14. Sunt enim spiritus dæmoniorum facientes signa, et procedunt ad reges totius terræ congregare illos in prœlium ad diem magnum omnipotentis Dei.

15. Ecce venio sicut fur : Beatus qui vi-

1. Et j'entendis une grande voix sortant du temple, qui disait aux sept anges : Allez et versez sur la terre les sept fioles de la colère de Dieu.

2. Et le premier partit, et il répandit la fiole sur la terre, et ceux qui avaient le caractère de la bête, ou qui avaient adoré son image, furent frappés d'une plaie maligne et cruelle.

3. Et le second ange répandit sa fiole sur la mer, et elle devint comme du sang d'un homme mort, et tout ce qui était vivant dans la mer mourut.

4. Et le troisième répandit sa fiole sur les fleuves et sur les sources des eaux, et elles se changèrent en sang.

5. Et j'entendis l'ange des eaux, qui disait : Vous êtes juste, ô Seigneur, vous qui étiez, et qui avez toujours été, vous êtes saint dans les jugements que vous exercez.

6. Sur ceux qui ont répandu le sang des saints, et des prophètes : Vous leur avez donné du sang à boire (à leur tour) car ils en sont dignes.

7. Et j'entendis un autre (ange) qui disait : Oui, Seigneur tout-puissant, vos jugements sont véritables et équitables.

8. Et le quatrième ange répandit sa fiole sur le soleil ; et il lui fut donné pouvoir de tourmenter les hommes par le chaud et par le feu.

9. Et les hommes sentirent une excessive chaleur, et ils blasphémèrent le nom de Dieu, ayant pouvoir de continuer ou d'arrêter ces plaies, et ils ne firent point pénitence, et ne le glorifièrent point.

10. Et le cinquième ange répandit sa fiole sur le trône de la bête, et son royaume devint ténébreux, et ils se mordirent la langue de douleur.

11. Et ils blasphémèrent le Dieu du ciel, à cause (de la véhémence) de leur douleur et de leurs plaies, et ils ne firent point pénitence de leurs (mauvaises) œuvres.

12. Et le sixième ange répandit sa fiole sur le grand fleuve Euphrate : et il mit ses eaux à sec, pour préparer le chemin aux rois qui viennent d'Orient.

13. Et je vis sortir de la gueule du dragon, et de la gueule de la bête, et de la bouche du faux prophète, trois esprits immondes, comme des grenouilles.

14. Car ce sont des esprits de démons qui font des prodiges, et qui vont vers les rois de la terre, pour les assembler au combat du grand jour de Dieu tout-puissant.

15. Voilà que je viens comme un larron :

Heureux celui qui veille, et qui garde ses vêtements, afin qu'il ne marche pas nu, et que les hommes ne voient pas sa honte.

16. Et il les assemblera en un lieu qui est nommé en hébreu Armagedon.

17. Et le septième ange répandit sa fiole dans l'air, et il sortit une grande voix du temple qui venait du trône, et qui disait : C'en est fait.

18. Et il se fit des éclairs, de grands bruits, et des tonnerres, et un grand tremblement de terre tel qu'il n'y en avait jamais eu un tel depuis que les hommes habitent sur la terre.

19. Et la grande ville fut divisée en trois parties : et les villes des gentils tombèrent, et Dieu se ressouvint de la grande Babylone pour la faire boire dans le calice du vin de la fureur de sa colère.

20. Et toutes les îles s'enfuirent, et les montagnes ne parurent plus.

21. Et une grêle large comme un talent tomba du ciel sur les hommes, et les hommes blasphémèrent Dieu à cause de la plaie de la grêle, parce que cette plaie était très-grande.

gilat et custodit vestimenta sua ne nudus ambulet, et videant turpitudinem ejus.

16. Et congregabit illos in locum qui vocatur Hebraice Armagedon.

17. Et septimus angelus effudit phialam suam in aerem, et exivit vox magna de templo a throno, dicens : Factum est.

18. Et facta sunt fulgura, et voces, et tonitrua, et terræ motus factus est magnus, qualis nunquam fuit, ex quo homines fuerunt super terram, talis terræ motus sic magnus.

19. Et facta est civitas magna in tres partes : et civitates gentium ceciderunt, et Babylon magna venit in memoriam ante Deum dare illi calicem vini indignationis iræ ejus.

20. Et omnis insula fugit, et montes non sunt inventi.

21. Et grando magna sicut talentum descendit de cœlo in homines, et blasphemaverunt Deum homines propter plagam grandinis, quoniam magna facta est vehementer.

EXPLICATION.

1. *Et j'entendis une grande voix sortant du temple, qui disait aux sept anges : Allez et versez sur la terre les sept fioles de la colère de Dieu.*

C'est ici l'arrêt irrévocable porté de la part de Dieu pour achever la destruction d'un empire idolâtre, obstiné dans ses erreurs, et implacable ennemi du nom chrétien. Au reste, pour trouver ces derniers fléaux, il ne faut pas remonter plus haut que Julien, ni avoir recours aux punitions que Dieu fit auparavant ressentir plus d'une fois aux persécuteurs de l'Eglise, et on doit les chercher depuis la mort de cet apostat jusqu'à l'entière ruine du nom romain, suivant ce qui est écrit : Allez, «et épanchez les sept plaies dernières, parce qu'en elles la colère de Dieu sera consommée : » *Septem plagas novissimas ; in illis consummabitur ira Dei.* Ce qui suppose les précédentes, et oblige à regarder celles-ci comme les dernières.

2. *Et le premier partit et versa sa fiole sur la terre ; et les hommes qui avaient le caractère de la bête, et ceux qui avaient adoré son image, furent frappés d'une plaie maligne et cruelle.*

[L'an 363.] Cette plaie commença par le coup mortel que reçut Julien l'Apostat en punition de son idolâtrie, de ses sacriléges et de ses impiétés : « Car, pour parler avec saint Jérôme, il sentit dans le combat le bras de ce Galiléen qu'il insultait tant, et il reçut le digne châtiment que méritait sa langue infectée de si horribles blasphèmes, par un coup de dard ou de lance, dont se sert la cavalerie, qui lui transperça les flancs : » *Galilæum statim in prælio sensit, et mercedem linguæ putidissimæ conto, seu lancea equestri, ilia perfossus, accepit.* Philostorge ajoute que ce dard étant retiré de la plaie, en fit sortir les excréments avec le sang. Cette première plaie continua par le meurtre de Procope et de Marcellus ses parents, successeurs de son impiété et usurpateurs de son empire, particulièrement de celui-ci qui mourut dans les plus effroyables supplices, comme le rapportent Ammien Marcellin et les autres auteurs, et surtout Sozomène : elle fut continuée par la cruelle boucherie qu'on fit après sa mort des philosophes païens ses favoris, qui, dévoués au culte des démons, exerçaient la plus exécrable et la plus noire magie, et faisaient d'épouvantables sacriléges : ces sortes de gens portant même d'ordinaire sur leur chair le caractère du diable : *Vulnus sævum in homines qui habebant caracterem bestiæ ;* afin que la prophétie s'accomplisse à la lettre. L'empereur Valens en fit mourir une infinité dans les plus horribles tourments, ensevelissant avec eux, et tous leurs livres qu'on fit brûler, les mystères profanes de la superstition païenne, dont on n'a plus ouï parler depuis : « En ce temps-là les philosophes gentils, souffrant avec la dernière impatience le progrès de la religion chrétienne, furent tous tués, on les prit, et on les fit périr par le feu et par le glaive, et on ne pardonna à aucun de ceux de l'empire qui s'étaient rendus considérables dans cet art, et qui pour ce sujet furent exterminés : » *Quo quidem tempore omnes prope philosophi gentiles, incrementum religionis Christianæ ægre admodum ferentes, exstincti sunt. Ob hanc causam comprehensi sunt, mandatumque est ut igni et gladio necarentur. Pari ratione omnes illustriores in omni imperio philosophi eadem ipsa de causa exstincti sunt.*

auteurs y ajoutent diverses circonstances qu'on peut voir chez eux, mais le fait est constant, et que ces philosophes étaient de vrais magiciens idolâtres qui périrent par le fer et par le feu, après avoir été déchirés dans la torture avec des ongles de fer, des scorpions et des plombeaux, et dont on brûla les livres à monceaux. Mais surtout Maxime, ce célèbre enchanteur et magicien, qui avait séduit Julien et obsédé son esprit, fut exécuté par ordre de Valentinien, selon Socrate. N'est-ce pas là une plaie mortelle faite à ceux qui étaient marqués au caractère de la bête? et ne part-elle pas de la main d'un ange, puisque c'en fut un, au rapport des historiens, qui tua Julien?

3. *Et le second ange versa sa fiole sur la mer, et elle devint comme le sang d'un mort, et tout ce qui avait vie dans la mer mourut.*

La seconde plaie est celle qui fit perdre aux Romains l'empire de la mer : le tyran Maxime, pour se fortifier dans son usurpation, souffre l'idolâtrie, prend le nom de grand pontife, rétablit l'autel de la Victoire, et rend aux infidèles ce que Gratien leur avait ôté ; il met une puissante flotte sur la Méditerranée, commandée par Andragatius, afin de s'opposer à Théodose, que la seule foi rendait supérieur à Maxime, dit Oroze ; mais il est défait, son armée navale est dissipée, Andragatius, qui était païen, se précipite lui-même dans la mer, et, depuis ce temps-là, Rome, qui tant de fois avait triomphé sur la mer, et qui avait vaincu les Carthaginois, ne put jamais remettre une flotte en état, ni réparer ses pertes, et on n'entend plus parler de Rome dans l'empire de la mer, où tout est mort pour elle : *Et omnis anima vivens mortua est in mari. Præcipitem sese e navi in undas dedit, et suffocatus est. Theodosius sola fide major (Maximo). Præcipitato in mare corpore. Propterea Maximus destitutus est... Unde populus Christianus ait : Nihil boni huic imminet. Rex iste Judæus factus est..... in Sicilia victus est. Quid pio (Theodosio) commune cum perfido (Maximo)? Abolenda sunt cum impio etiam impietatis exempla. Si Gratianus princeps appellari pontifex non vult, admodum brevi pontifex maximus fiet* (94).

4. *Et le troisième ange répandit sa fiole sur les fleuves et sur les fontaines, et ce fut partout du sang.*

5. *Et j'entendis l'ange qui a pouvoir sur les eaux, qui dit : Vous êtes juste, Seigneur, qui êtes et qui avez été, vous êtes saint lorsque vous rendez de tels jugements.*

6. *Parce qu'ils ont répandu le sang des saints et des prophètes, vous leur avez aussi donné du sang à boire, car ils en sont dignes.*

7. *Et j'entendis un autre qui disait de l'autel : Oui, Seigneur Dieu tout-puissant, vos jugements sont justes et véritables.*

La troisième plaie enlève aux Romains les provinces septentrionales où règnent le froid et l'humide, les grands fleuves et les eaux, ces provinces si fertiles et si arrosées qui avaient correspondance et relation à leur capitale, ainsi que les ruisseaux et les fontaines en ont à leur source et à la mer, sont déchirées, ses membres souffrent une torture cruelle et sanglante, il n'y a aucun endroit de ce grand corps qui ne ruisselle de sang. Un seul passage de saint Jérôme, qui vivait dans cette conjoncture, suffit entre plusieurs pour exposer cette prophétie, et nous en donner l'intelligence : « Mon esprit frémit d'horreur dans le dessein qu'il a de continuer le récit des calamités de notre temps : il y a plus de vingt ans que depuis Constantinople jusqu'aux Alpes Juliennes, le sang romain coule de toutes parts : le Goth, le Sarmate, le Quade, l'Alain, les Huns, les Vandales, les Marcomans ont inondé la Scythie, la Thrace, la Macédoine, la Dardanie, la Dace, le pays de Thessalonique, l'Achaïe, l'Epire, la Dalmatie, et toutes les Pannonies : ils ravagent ces provinces, ils les désolent, ils ravissent et entraînent tout le monde en captivité, de tous côtés on n'entend que cris, que gémissements, et que morts affreuses en mille et mille manières ; et comme si tant de désastres ne suffisaient pas pour notre ruine, la guerre civile fait plus périr de monde que le glaive barbare n'en détruit : » *Horret animus temporum nostrorum ruinas prosequi : viginti et eo amplius anni sunt quod inter Constantinopolim et Alpes Julias quotidie Romanus sanguis effunditur. Scythiam, Thraciam, Macedoniam, Dardaniam, Daciam, Thessalonicam, Achaiam, Epiros, Dalmatiam, cunctasque Pannonas, Gothus, Sarmata, Quadus, Alanus, Hunni, Vandali, Marcomani vastant, trahunt, rapiunt..... ubique luctus, ubique gemitus, et plurima mortis imago ; et quasi non hæc sufficerent cladibus, pene bella civilia, quam hostilis mucro consumpsit.*

C'est ainsi que l'empire romain répand son sang de tous côtés, et perd insensiblement ses forces. C'est ainsi que le sang des martyrs est vengé par le sang de leurs persécuteurs, et que les Barbares s'enivrent du sang romain, parce que les Romains se sont enivrés du sang des fidèles, pour s'exprimer avec Salvien (lib. vii, init.) qui vivait vers ce temps, et qui nous assure que toutes les nations barbares ont bu du sang romain : *Vidi mulierem ebriam de sanguine sanctorum et de sanguine martyrum Jesu. Omnes fere barbaræ gentes Romanum sanguinem biberunt.*

Faut-il d'autres commentaires à ces paroles : *Parce qu'ils ont répandu le sang de vos saints, vous leur avez donné du sang à boire, car ils sont dignes d'une semblable punition, et que leur sang serve de breuvage* : *«Quia sanguinem sanctorum effuderunt, et sanguinem eis dedisti bibere, digni enim sunt.»* En effet, ils ont été si altérés du sang chrétien, que la bête, ou l'empire romain, va bientôt paraître toute pleine et tout enivrée de celui des martyrs.

---

(94) Paul.[Oros.; Zosim., lib. lxi; S. Ambros., epist. 40 ; Zosim., lib. vii, c. 4 ; Baron. ann. 387.

§ 63, 66; Bossuet, Fléchier, lib. iii, nam. 75; Maimb.

Ainsi est punie l'impiété de cette cruelle ville, à qui le plus inhumain de ses empereurs avait voulu à juste titre imposer son nom, et la faire appeler *Néropolis*. Il est vrai que les Chrétiens sont enveloppés dans le meurtre général de leurs meurtriers; mais le même coup qui renverse Rome, établit l'Eglise : celle-ci est éprouvée, celle-là est détruite: l'empire, qui se promettait l'éternité, tombe sans espérance de se relever, et le christianisme qu'il voulait abolir, demeure stable : et, non content de surmonter Rome, il surmonte les Barbares par qui Rome venait d'être surmontée: et ce qui est plus merveilleux, c'est que l'Eglise conserve Rome qui l'avait voulu détruire: Attila respecte saint Léon, et pardonne à l'Italie et à Rome à sa considération. Genséric en use ainsi et honore ce grand Pontife. Alaric fait grâce à ceux qui se réfugient dans les églises de Rome, devenues de sûrs asiles aux infidèles mêmes. Et la vénération de ce Barbare pour la basilique de Saint-Pierre est la seule cause de la conservation de cette ville si ennemie du nom chrétien : *Ob reverentiam tamen erga Petrum apostolum, basilicam quæ circa illius tumulum magna est, et spatiosissima, inviolatam esse jussit : atque hæc res impedimento fuit ne Urbs Roma funditus interiret.* (SOZOM., lib. xi, c. 9.) Saint Augustin a fait la même observation en plusieurs endroits de ses ouvrages, particulièrement au commencement du livre I*er De la cité de Dieu: Testantur hoc martyrum loca, et basilicæ apostolorum, quæ in illa vastatione urbis ad se confugientes suos alienosque receperunt, hucusque cruentus sæviebat inimicus,* etc. En sorte que depuis plusieurs siècles, et encore aujourd'hui, Jésus-Christ aux yeux de tout l'univers triomphe de cette ville superbe, qui a voulu détruire le nom Chrétien.

Or, que ces fontaines et ces rivières ensanglantées figurent les provinces inondées de sang, et les sujets de l'empire massacrés par les Barbares, la parole de l'ange le témoigne assez au chapitre xvII, 15. *Les eaux que vous avez vues, où la prostituée est assise, sont les peuples, les nations et les langues sur qui elle domine :* « *Aquæ quas vidisti, ubi meretrix sedet, populi sunt, et gentes, et linguæ.* »

Saint Jérôme nous en est aussi le fidèle interprète dans cette même *Lettre à Héliodore,* citée ci-dessus, où l'on apprend comment la justice divine a donné aux Romains du sang à boire, selon la parole de l'ange : « En quel état, » dit-il, « pensez-vous que soient présentement ceux de Corinthe, d'Athènes, de Lacédémone, d'Arcadie, et en un mot, tous les Grecs qui gémissent sous le joug des Barbares? L'Orient semblait être exempt de ces maux, quoique consterné par tant de fâcheuses nouvelles : lorsque l'année dernière, tout d'un coup, du haut des montagnes les plus reculées du Caucase, des troupeaux de loups, non de l'Arabie, mais du septentrion, se jetèrent sur nos terres, et en un moment portèrent la désolation dans des provinces si étendues. Que de fleuves virent pour lors rougir leurs eaux du sang humain! Antioche fut assiégée, ainsi que les autres villes, dont l'Oronte, l'Euphrate, le Cydne, l'Helis baignent les murailles. Que de troupes de captifs furent traînées en esclavage! L'Arabie, la Phénicie, la Palestine et l'Egypte se regardaient déjà dans les chaînes, tant la terreur était grande. Quand j'aurais une centaine de langues et autant de bouches, une voix de fer, je ne pourrais pas suffire pour raconter les différents supplices des vaincus. Heureux Népotien, qui ne voit point ces horribles calamités : heureux qui ne les apprend point : nous malheureux, ou qui les souffrons, ou qui les voyons souffrir à nos frères : » *Quid putas nunc animi habere Corinthios, Athenienses, Lacedæmonios Arcadas, cunctamque Græciam, quibus imperant Barbari? Immunis ab his malis videbatur Oriens, et tantum nuntiis consternatus : Ecce tibi anno præterito ex ultimis Caucasi rupibus immissi in nos, non jam Arabiæ, sed Septentrionis lupi tantas brevi provincias percurrerunt. Quantæ fluviorum aquæ humano cruore mutatæ sunt! Obsessa Antiochia, et urbes reliquæ, quas Helis, Cydnus, Orontes, Euphratesque præfluunt. Tracti greges captivorum. Arabia, Phœnice, Palæstina, Ægyptus timore captivæ. Non mihi si linguæ centum sint, oraque centum, ferrea vox, omnes captorum dicere pœnas, omnia cæsorum percurrere nomina possem. Felix Nepotianus qui hæc non videt : Felix qui hæc non audit : nos miseri, qui aut patimur, aut patientes fratres nostros tanta perspicimus.*

8. *Et le quatrième ange répandit sa coupe sur le soleil, et il lui fut donné pouvoir de tourmenter les hommes par l'ardeur du feu.*

9. *Et les hommes furent brûlés d'une chaleur dévorante, et ils blasphémèrent le nom de Dieu qui tient ces plaies en son pouvoir, et ils ne firent point pénitence pour lui donner gloire.*

La plaie précédente désole les provinces romaines septentrionales, où, comme on a dit, règnent le froid et l'humide; et d'où naissent les rivières et les fontaines : celle-ci ravage le midi, brûlé par les ardeurs du soleil et de la zone, l'Afrique et l'Espagne sont envahies par les Vandales, les Alains, les Visigoths, les Suèves, et enlevées à l'empire romain [ann. 409] : les horribles cruautés dont ces Barbares affligent ces régions méridionales ne se peuvent décrire, tout est mis à feu et à sang. Voici comme en parle Victor au livre I*er* de son *Histoire.*

« La soixante et unième année est arrivée [ann. 497] depuis que la cruelle et impitoyable nation des Vandales, traversant le détroit qui sépare l'Espagne de l'Afrique, s'est emparée de cette troisième partie du monde, et en a occupé toutes les provinces : la Byzacène, l'Abaritane, la Gétulie, etc., ainsi que les grandes îles de la Méditerranée, la Sardaigne, la Sicile, la Corse, la Majorque et Minorque, etc. Comme ils trouvèrent l'Afrique tranquille et paisible, ils n'eurent aucune peine à la ravager d'un bout à l'autre, à la mettre à feu et à sang, et à en exterminer les habitants, etc. Mais qui pourrait décrire la désolation que Genséric, à la tête de ces mêmes Vandales et des Alains, a causée dans l'Espagne, l'Italie, la Dalmatie, la Calabre, la Pouille, la Sicile, la Sardaigne, l'Epire? » etc. Il n'y a que ceux qui se sont trouvés enveloppés dans ces épouvantables calamités, qui puissent en parler dignement. *Sexagesimus nunc igitur annus, ex quo populus ille crudelis ac sævus Vandalicæ gentis Africæ miserabilis attigit fines, transvadens per angustias maris inter Hispaniam Africamque.... totiusque Africæ ambitum obtinuit, singulasque provincias Byzacenam, Abaritanam, Getuliam,* etc., *necnon et insulas maximas Sardiniam, Siciliam, Corsicam, Ebusum, Majoricam, Minoricam,* etc. *Invenientes igitur pacatam quietamque provinciam,* etc. *Devastando depopulabantur incendio, atque homicidiis totum exterminantes,* etc. *Quæ vero in Hispania, in Italia, Dalmatia, Campania, Calabria, Apulia, Sicilia, Sardinia, Brutiis, Lucania, Epiro veteri vel Hellada gesserit Gensericus, Alani, et Vandali : melius ipsi qui passi sunt ibi miserabiliter lugenda, narrabunt.* N'est-ce pas là une énumération de toutes les provinces méridionales de l'empire romain, ravagées par ces peuples barbares.

Et ils blasphémèrent le nom de Dieu qui tient ses plaies en son pouvoir. Car ce fut précisément en ce temps et en ces lieux, que les blasphèmes se multiplièrent contre le christianisme, sur qui les païens rejetaient la cause de tant de maux, et dont saint Augustin en ces mêmes temps-là entreprit en Afrique la défense contre ces impies, dans ses livres si célèbres de la *Cité de Dieu,* composés deux ou trois ans après la prise de Rome par Alaric, c'est-à-dire vers l'an 413. Voici ces paroles, prises du livre II de ses *Rétractations : Interea cum Roma Gothorum irruptione agentium sub rege Alarico, atque impetu magnæ cladis eversa est, cujus eversionem deorum falsorum multorumque cultorus, quos usitato nomine paganos vocamus, in Christianam religionem referre conantes, solito acerbius et amarius Deum verum blasphemare cœperunt. Unde ego exardescens zelo domus Dei, adversus eorum blasphemias, vel errores, libros De civitate Dei scribere institui.* Telle est l'interprétation naturelle du verset où nous en sommes : *Et ils blasphémèrent le nom de Dieu qui tient ces plaies en son pouvoir.* Ce qui suit ne sera pas moins clair.

Et ils ne firent point pénitence pour lui donner gloire. Qu'on lise les auteurs du temps, et on trouvera qu'ils attribuent tous unanimement la perte de l'Espagne et de l'Afrique aux péchés des Romains luxurieux, dont les excès n'avaient point de bornes, et que Dieu punit très-justement par le glaive des Vandales, nation impie, cruelle et barbare, mais la plus chaste du monde.

« Pourquoi nous étonnons-nous, » dit le grand Salvien (*Ibid.*) qu'on vient de citer, « si les provinces romaines ont été livrées aux Barbares, puisque les Romains les avaient souillées par leurs impudicités, et que les Barbares les purifient maintenant par une chasteté digne d'admiration ? Et ce qui est plus déplorable, c'est que les Romains, en devenant les esclaves des Barbares, persévèrent d'être les esclaves de l'impudicité. Qui ne sait que l'Afrique a de tout temps brûlé des flammes impures, si vous en exceptez ceux qui se sont convertis à Dieu, et que la foi et la religion de Jésus-Christ a changés, ce qui néanmoins est assez rare :» *Et miramur, si terræ Romanorum a Deo Barbaris datæ sunt, cum eas quas Romani polluerunt fornicatione, nunc mundent Barbari castitate....: Cumque ob impurissimam vitam traditi a Deo Barbaris fuerint, impuritates tamen ipsas etiam inter Barbaros non relinquunt..... Quis nescit,* etc. *Exceptis enim paucissimis servis Dei, quid fuit totum Africæ territorium, quam domus una vitiorum?*

Telle fut la vraie cause de la ruine de l'Espagne et de l'Afrique, les péchés horribles des Romains idolâtres et impénitents, que tant de fléaux ne corrigeaient point, dont les feux de la convoitise ne pouvaient être éteints que par le feu de la justice divine, ainsi que parle ce saint et célèbre évêque de Marseille Salvien, au livre septième *De la Providence.* Voici ses termes :

« La Gaule, en punition de ses péchés, a été ravagée par les Barbares. Est-ce que l'Espagne, sa voisine, a profité d'un tel exemple, et la même corruption n'a-t-elle pas passé de l'une à l'autre, et de l'Espagne ne s'est-elle pas communiquée à l'Afrique, afin sans doute que le glaive ennemi, comme une flamme vengeresse, suivît nos crimes de province en province ?» *Inter pudicos Barbaros impudici sumus, offenduntur Barbari ipsi impuritatibus nostris. Inter Gothos non licet scortatorem Gothum.... permittuntur impuri esse Romani.... impudicitiam nos diligimus, Gothi exsecrantur : puritatem nos fugimus, illi amant : fornicatio apud illos crimen atque discrimen est, apud nos decus. Hispanias nonne vel eadem, vel majora forsitan vitia perdiderunt ? Dupliciter in illa Hispanorum captivitate ostendere Deus voluit quantum et odisset carnis libidinem, et diligeret castitatem, cum et Vandalos ob solam maxime pudicitiam superponeret, et Hispanos ob solam vel maxime impudicitiam subjugaret. Vandali jusserunt et compulerunt omnes ad maritalem thorum transire meretrices, scorta in connubia verterunt.* Malgré ces abominables désordres, les Romains accusaient hautement le Ciel d'injustice, et blasphémaient contre la religion de Jésus-Christ : *Cum enim Deum accusare præsumant, resque humanas non ex judicio gubernare blasphement,* etc. Et outre saint Augustin qui entreprit de réfuter leur audace impie, ainsi qu'on a remarqué il n'y a qu'un moment, le docte Salvien dont nous parlons soutint la cause de Dieu dans les beaux livres *De la Providence,* et fit voir manifestement que les vraies causes du renversement de l'empire romain étaient ses péchés et son impénitence. Mais après avoir vu leurs vices et la corruption de leurs mœurs, voyons encore, continue-t-il, leurs blasphèmes et leurs idolâtries : *Sed quia de impuritate Afrorum jam multa diximus, nunc de blasphemiis dicamus. O insana temeritas, o sacrilegæ voces,* etc. C'est ce que décrit ensuite le même auteur, qui montre que l'idolâtrie régnait publiquement à Carthage, et d'une manière épouvantable, ainsi que l'impiété, la dérision des choses saintes, et le blasphème de la Providence divine, sans songer ni à se corriger, ni à apaiser la colère de Dieu. Quelle autre interprétation veut-on à ces paroles : « Et ils blasphémèrent le nom de Dieu qui tient ces plaies en la main, et ils ne firent point pénitence, et ils ne le glorifièrent point : » *Et blasphemaverunt nomen Dei habentis potestatem super has plagas, neque egerunt pœnitentiam, ut darent gloriam.* (SALVIAN., lib. VIII, init.)

Ce qu'il y a encore de remarquable dans cette quatrième plaie qui afflige la partie méridionale de l'empire Romain, est ceci : *Et le quatrième ange épancha sa fiole sur le soleil, et il lui fut donné pouvoir de tourmenter les hommes par le chaud,* etc. « *Et quartus angelus effudit phialam suam in solem, et datum est illi affligere homines,* etc. *Effudit phialam.* » Car cette expression, *il pencha sa fiole,* marque une impression, un mouvement, une impulsion de vivacité toute singulière, qui se trouve à la vérité dans ces sept effusions, mais dont l'histoire a conservé la spéciale interprétation de celle-ci. Car nous apprenons du même Salvien au même endroit, que les Vandales avouaient, qu'ils ne se portaient pas de leur propre mouvement à ravager ces provinces, et à s'en emparer, mais qu'ils s'y étaient excités et comme entraînés par une force supérieure, qui ne peut être mieux exprimée que par l'effusion de cette fiole, et son activité vive et efficace : *Illa utique cælestis manus, quæ eos ad punienda Hispanorum flagitia, illuc traxerat, etiam ad vastandam Africam transire cogebat. Ipsi denique fatebantur non suum esse quod facerent, agi enim se divino jussu, ac perurgeri. Ex quo intelligi potest quanta sint mala nostra, ad quos vastandos atque cruciandos ire Barbari compelluntur inviti.*

10. *Et le cinquième ange répandit sa fiole sur le trône de la bête, et son royaume devint ténébreux, et les hommes se mordirent la langue dans leur douleur.*

11. *Et ils blasphémèrent le Dieu du ciel, à cause de leurs douleurs et de leurs plaies, et ils ne firent point pénitence de leurs œuvres.*

Jusqu'ici les Barbares n'avaient ravagé que les provinces éloignées, mais à ce coup l'empire est attaqué dans son fort, et jusqu'au plus intime de sa domination. L'Italie, l'œil de l'univers, qui dirigeait ce grand empire, est enfin envahie par les Barbares, sa gloire est obscurcie, et elle perd absolument son premier éclat et son ancienne splendeur.

Et son royaume devint ténébreux. Le règne obscur de ses empereurs la déshonore ; Rome va être elle-même assiégée, et la lumière du monde sera en peu éteinte. *Et factum est regnum ejus tenebrosum.* « La très-claire lumière du monde est éteinte, » s'écrie le grand saint Jérôme, « la tête de l'empire romain a été coupée, et pour parler plus juste, l'univers entier est éteint dans la ruine d'une seule ville. » *Clarissimum terrarum omnium lumen exstinctum est, imo Romani imperii truncatum caput, et ut verius dicam, in una urbe totus orbis interiit.* Ce sont les lamentations de ce grand saint à la nouvelle de la prise de Rome dans son Avant-propos sur Ezéchiel.

Et les hommes se mordirent la langue dans leur douleur. Les assiégés souffrirent les dernières extrémités de la faim, comme nous l'apprenons de ce qui suit, extrait de saint Jérôme dans son épître 16, *à la vierge Principia.*

« Pendant que ces choses se passent à Jérusalem, voici une terrible nouvelle qui nous vient d'Occident, que Rome est assiégée, que les habitants rachètent leur vie au prix de leur or ; qu'après qu'ils se sont dépouillés, on les assiège une seconde fois pour leur ôter la vie, après leur avoir ôté le bien. La voix leur manque, et des sanglots entrecoupent les paroles que je dicte. On prend une ville qui a pris tout le monde. Elle périt par la faim auparavant que de périr par le glaive, et à peine reste-t-il quelqu'un de ses habitants pour être mené en captivité. Le désespoir, où la faim les réduit, les contraint d'avoir recours à des aliments exécrables ; ils se mangent les uns les autres, et se repaissent de leurs membres ; la mère ne pardonne pas au petit enfant qu'elle allaite, et elle remet dans son ventre celui qui ne venait que d'en sortir. Quelles paroles pourraient expliquer l'horrible mortalité qui règne dans cette malheureuse ville, et qui pourrait répandre des larmes proportionnées à ses douleurs ? Cette ville si ancienne tombe, qui depuis tant d'années a dominé sur l'univers, toutes les rues ne sont remplies que de cadavres, les maisons en regorgent, et la mort en mille manières affreuses s'y fait voir de tous côtés : » *Dum hæc aguntur in Jerusalem, terribilis de Occidente rumor affertur, obsideri Romam, et auro salutem civium redimi, spoliatorque rursum circumdari, ut post substantiam, vitam quoque perderent. Hæret vox, et singultus intercipiunt verba dictantis. Capitur Urbs, quæ totum cepit orbem, imo fame perit antequam gladio, et vix pauci qui caperentur inventi sunt : ad nefandos cibos erupit esurientium rabies, et sua invicem membra laniarunt, dum mater non parcit lactantis infantiæ, et suo recipit utero, quem paulo ante effuderat.*

. . . . . . *Quis funera fando
Explicet, aut possit lacrymis æquare labores?
Urbs antiqua ruit, multos dominata per annos;
Plurima perque vias sternuntur inertia passim
Corpora, perque domos.* . . . .
. . . . . *Et plurima mortis imago.*
(VIRGIL., *Æneid.*, lib. II, v. 361-369.)

Ce sont les tristes paroles de ce grand saint au sujet de cette faim enragée que souffrirent les Romains pendant le siége.

Et ils blasphémèrent le Dieu du ciel à cause de leurs douleurs et de leurs plaies.
En effet, jamais on n'a tant blasphémé que pendant ce siège, comme on dira ci-après. Rome ne crut trouver son salut qu'en recourant aux idoles et à ses anciennes superstitions, et le christianisme fut accusé plus que jamais des malheurs qui l'accablaient : *Obsessu est urbs Roma et expugnata, et non desierunt blasphemi ac furiosi esse Romani.* (SALVIAN., lib. VI.)

Et ils ne firent point pénitence de leurs œuvres. Au lieu d'apaiser la justice divine par leurs larmes, ils l'irritent par leurs impiétés. « L'empire romain tombe par terre, et notre tête superbe ne s'humilie point, s'écriait encore saint Jérôme qui voyait de ses yeux, et qui déplorait continuellement dans ses écrits les débris de la capitale de l'univers, et l'obstination des Romains dans leur péché : *Romanus orbis ruit, et tamen cervix erecta non flectitur.* (Præf. lib., VII *in Ezech.* XXV.) « Ville malheureuse, » continuait-il, « que n'as-tu recours à la pénitence ! Tu peux encore arrêter le bras de la justice divine, qui te menace par saint Jean dans son *Apocalypse,* et imiter l'exemple de Ninive : *Maledictionem quam tibi Salvator in Apocalypsi comminatus est, potes effugere per pœnitentiam; habes exemplum Ninivitarum.* (Lib. II *Contra Jovin.* circa fin.) C'est ce qu'il représentait aux Romains avant la prise de Rome. Voici comme s'explique saint Paulin sur ce sujet (epist. 33, *Ad Alet.*) : *Poteras, Roma, intentas tibi illas in Apocalypsi minas non timere, si talia semper munera,* etc. Saint Augustin (*Confess.*, lib. VIII, c. 2) nous en donne encore une idée parfaite, et de leur attachement incorrigible pour l'idolâtrie, lorsque parlant du célèbre rhéteur Victorin, qui, jusque dans sa vieillesse, avait été un sectateur des faux dieux, il assure que presque toute la noblesse romaine, aussi bien que le peuple, se faisait une gloire d'adorer les démons et toutes les fausses divinités de l'ancienne Rome : *Victorinus usque ad illam œtatem venerator idolorum, sacrorumque sacrilegiorum particeps, quibus tota fere Romana nobilitas inflata spirabat, populusque etiam omnigenum Deum monstra, et anubem latratorem, quæ aliquando contra Neptunum et Venerem, contraque Minervam tela tenuerant, et a se victis jam Roma supplicabat.*

12. *Et le sixième ange répandit sa coupe sur ce grand fleuve d'Euphrate, et ses eaux furent séchées pour ouvrir un chemin aux rois d'Orient.*

[L'an 420.] Ce sont les Scythes, les Perses et les Sarrasins qui vont attaquer en Orient l'empire qui s'y soutenait un peu, et que les autres Barbares avaient déjà ravagé au septentrion, au couchant et au midi : *Antichristum ex orientali Perside, ad quam tribus Dan ablegata est, proditurum, et cum aliis regibus et principibus Euphraten transmissurum.* (ANDR. Cæsar.) Qui ne sait les irruptions effroyables de toutes ces nations féroces? Il est inutile de rapporter une histoire si connue de tout le monde; il suffit de remarquer le temps et la conjoncture du commencement de leur invasion qui devait avoir tant de suites. Ce qui est marqué par ce verset : « Afin de préparer ou d'ouvrir un chemin aux rois qui doivent venir du côté du soleil levant : » *Ut præparetur via regibus;* regarde encore plus l'avenir que le passé, et signifie tellement que la sixième plaie devait principalement venir des Perses, ou de l'Orient, que les irruptions de ceux-ci ne sont qu'une ouverture aux invasions futures des mahométans et des Turcs, vrais destructeurs de l'empire Romain, à qui les Perses ne firent pour lors que frayer le chemin qu'ils devaient prendre dans la suite des temps.

Mais on ne peut omettre ici un passage remarquable de saint Jérôme (S. HIER., *ad Ocean.*) qui concerne l'irruption des nations barbares dans l'Orient, et dont voici les termes:

Ecce subito discurrentibus nuntiis, Oriens totus intremuit ad ultima Mœotide inter glacialem Tanain, et Massagetarum immanes populos, ubi Caucasi rupibus feras gentes Alexandri claustra cohibent, erupisse Hunnorum examina, quæ pernicibus equis huc illucque volitantia, cædis pariter ac terroris cuncta complerent. Aberat tunc Romanus exercitus, et bellis civilibus in Italia tenebatur. Hanc gentem Herodotus refert sub Dario rege Medorum viginti annis Orientem tenuisse captivum, et ab Ægyptiis atque Æthiopibus annuum exegisse vectigal. Avertat Jesus ab orbe Romano tales ultra bestias. Insperati ubique aderant, et famam celeritate vincentes, non religioni, non dignitatibus, non œtati parcebant, non vagientis miserebantur infantiæ. Cogebantur mori qui nondum vivere cœperant, et nescientes malum suum, inter hostium manus ac tela ridebant. Consonus inter omnes rumor, petere eos Jerosolymam, et ob nimiam auri cupiditatem ad hanc urbem percurrere. Muri neglecti pacis incuria, sarciebantur : Antiochia obsidebatur : Tyrus se volens a terra abrumpere, insulam quærebat antiquam. Tunc et nos compulsi sumus parare naves, esse in littore, adventum hostium præcavere, et sævientibus ventis, magis Barbaros metuere, naufragium; non tam propriæ saluti, quam virginum castimoniæ providentes. Erat in illo tempore quædam apud nos dissensio, et Barbarorum pugnam domestica bella superabant. Nos in Oriente tenuerunt jam fixæ sedes, et inveteratum sanctorum locorum desiderium.

13. *Et je vis sortir de la gueule du dragon, et de la gueule de la bête, et de la bouche du faux prophète, trois esprits immondes, comme des grenouilles.*

On a remarqué ci-dessus, et on prouvera plus au long au chap. XX, que le démon était renfermé dans l'abîme dès le temps de Constantin; aussi voyons-nous qu'il n'agit pas ici immédiatement par lui-même, comme au temps des persécutions : *Et persecutus est draco mulierem,* etc. *Abiit draco prœlium facere,* etc. Le dragon poursuivit la femme, et le dragon s'en alla faire la guerre, etc. Mais qu'il envoie en sa place, comme autant d'émissaires, trois esprits impurs :

Et vidi de ore draconis, et de ore bestiæ, et de ore pseudo-prophetæ, spiritus tres immundos in modum ranarum. Sunt enim spiritus dæmoniorum facientes signa, et procedunt ad reges totius terræ.

Par la bête est sans doute ici désigné l'empire idolâtre, ayant, comme on a vu, dix cornes et sept têtes, et ouvrant sa bouche dévouée à l'esprit de blasphème : *Et datum est ei os loquens magna, et blasphemias, et aperuit os suum in blasphemias ad Deum,* etc., et qui, ne pouvant plus se soutenir par lui-même, va chercher du secours, et appelle à son aide les autres rois, infectés comme lui de la même impiété, et animés de la même fureur.

Enfin le faux prophète, dont il est parlé en ce lieu, qu'est-il, sinon celui qui nous a été figuré ci-dessus par ce monstre s'élevant de la terre, ayant deux cornes comme celles de l'agneau, et parlant comme le dragon ? *Et vidi aliam bestiam ascendentem de terra, et habebat duo cornua similia agni, et loquebatur sicut draco.* On a dit en cet endroit que saint Jean voulait signifier par là un esprit de séduction, ou un faux prophète, et en voici la preuve.

14. *Car ce sont des esprits de démons qui font des prodiges, et qui vont vers les rois de la terre pour les assembler au combat du grand jour du Dieu tout-puissant.*

Bède observe que les magiciens de Pharaon surent produire par leur art diabolique ces sortes d'insectes, mais qu'ils s'arrêtèrent à ce second signe, sans pouvoir, par leurs enchantements, aller plus loin. De sorte que c'est ici le dernier et le plus grand effort de Satan pour le maintien de son royaume, et le mystère de la plus dangereuse séduction.

15. *Voilà que je viens comme un larron ; heureux celui qui veille et qui garde ses vêtements, afin qu'il ne marche pas nu, et que les hommes ne voient pas sa honte.*

16. *Et il les assemblera en un lieu qui est nommé en hébreu Armagedon.*

Mais auparavant de rapporter la prise de Rome, voici des événements considérables qui la précédent, et qu'il ne faut pas omettre. Ce sont les derniers efforts de Satan et des impies qui ramassent toutes leurs forces ensemble pour relever l'idolâtrie atterrée : les démons convoquent entre autres trois princes idolâtres, pour venir combattre le christianisme, et livrer bataille au Dieu des armées, le rendez-vous est en un lieu fameux par les grands combats qui s'y sont donnés : car c'est ce que veut dire *Armagedon.*

« Le premier fut le roi de Perse nommé Vararanes, qui, par le conseil des magiciens idolâtres, persécuta cruellement les Chrétiens, et leur fit souffrir des tourments effroyables qui étaient en usage dans la Perse, et qu'on peut voir dans Sozomène et dans Socrate : » *Vararanes, rex Persarum, Magorum consilio inductus, Christianos graviter exagitavit, supplicia ac tormenta Persica eis infligens.* Une partie de ces pauvres persécutés s'étant réfugiée chez les Romains, qui ne voulurent pas les rendre au roi de Perse, celui-ci leur déclara la guerre, « et appela à son secours Alamundarus, chef des Sarrasins, homme vaillant et belliqueux, qui lui amena un nombre infini de troupes de sa nation, et qui tous ensemble firent une épouvantable irruption sur les terres des Chrétiens. Mais les anges viennent à leur secours, ils apparaissent à plusieurs personnes, et font dire aux fidèles de ne rien craindre, et que Dieu leur avait donné ordre de les défendre. En effet, tous ces infidèles idolâtres, suscités par le démon, sont frappés d'une terreur panique si étrange, qu'ils se précipitent dans l'Euphrate (ils avaient été figurés par des grenouilles), où cent mille d'entre eux furent suffoqués dans les eaux : *Sarracenorum auxilium imploravit, quibus tum præerat Alamundarus, vir fortis et bellicosus, qui innumerabilem Sarracenorum multitudinem secum adduxit. Verum Deus inanem quemdam terrorem injecit Sarracenis, qui perturbati, nec quo fugerent reperientes, sese in fluvium Euphratem, armati ut erant, præcipitarunt, ibique centum circiter millia hominum aquis submersa interierunt..... Persæque rursus ingenti prælio victi sunt, Christo has de Persis exigente pœnas eo quod plurimos cultores nominis sui viros pios et sanctos interemissent.....* Peu de temps après, une de leurs autres armées fut encore défaite dans une grande bataille, où les Perses achevèrent de perdre un très-grand nombre de soldats, en punition de tant de cruautés qu'ils avaient exercées contre la religion du vrai Dieu. C'est ce que rapporte Socrate, livre VII, chapitre 18.

Le second prince infidèle se nommait Rohas, qui, voulant faire irruption sur les terres des Chrétiens avec une nombreuse « multitude d'infidèles, et opprimer la foi, périt par un coup de foudre ; la peste enleva la plus grande partie de ses soldats, et le feu du ciel consuma le reste de cette multitude innombrable d'idolâtres, » ainsi que rapporte Socrate, chap. 42 du même livre : *Dux eorum Rohas fulmine percussus interiit, deinde secuta pestis maximam partem Barbarorum, qui sub ipso erant, neci dedit, sed et ignis de cœlo missus, multos ex iis, qui super fuerant, consumpsit.* C'est ainsi qu'en Thrace et en Orient, périrent un grand nombre d'infidèles ennemis du nom chrétien, qui venaient attaquer le plus pieux prince du monde, en haine « de sa foi, et que les Perses frayèrent le chemin aux autres rois, qui dans la suite devaient passer l'Euphrate, » et achever de désoler l'empire, ce qu'ont fait les mahométans, et surtout les Turcs en dernier lieu.

Il est remarquable que ce fut à la piété de l'empereur Théodose le Jeune, que tous les historiens attribuent une protection si merveilleuse de Dieu ; car Théodoret (lib. v, c. 28), rapporte, « qu'il fit détruire jusqu'aux moindres ruines des temples des païens, afin que la postérité ne trouvât aucun vestige de l'ancienne idolâtrie ; raison qui fut insérée dans la loi qu'il en fit publier. » Ce qu'ajoute le même auteur au sujet de cette guerre des Perses émue en haine du christianisme, mérite d'être rapporté pour faire voir les intentions des païens, et les vains efforts des démons également animés contre l'Eglise. « Dieu dissipa les projets, et rendit vains les efforts que ces mêmes peuples avaient faits dans la guerre précédente, lorsqu'ils avaient mis le siége devant la ville de Théodosiopole. Eunome, qui en était l'évêque, démonta seul toutes les machines de Gororantes leur roi ; et comme les chefs de notre parti n'osaient entreprendre de secourir la place, ni d'en venir aux mains avec les assiégeants, il s'opposa seul à eux, et sauva la ville. Un prince qui relevait du roi de Perse, ayant avancé des blasphèmes semblables à ceux de Rapsacès et de Sennachérib, et menacé de brûler l'église, l'évêque fit mettre sur la muraille une machine à laquelle on avait donné le nom de saint Thomas l'apôtre, et commanda de la tirer au nom de celui contre qui les blasphèmes avaient été proférés, et à l'heure même la pierre frappa la bouche du blasphémateur, lui cassa la tête, et répandit sa cervelle sur la terre. Le roi de Perse, saisi de frayeur, leva le siége. Tel fut le soin que le souverain Maître de l'univers prenait de récompenser la fidélité inviolable par laquelle l'empereur était attaché à son service.»

Enfin voici un troisième prince encore plus formidable, et le plus cruel ennemi que les Chrétiens aient jamais eu, dont il est bon de rapporter toute l'entreprise, afin qu'on voie de quels terribles instruments le démon se servait pour rétablir l'idolâtrie, et pour détruire le christianisme, et quelle fut la vengeance que la justice divine en tira.

Ce fut Radagaise, roi des Ostrogoths, Scythe et païen, qui, avec une armée de quatre cent mille combattants, vint des bords du Danube et du Rhin se jeter sur l'Italie, promettant à ses faux dieux, ou plutôt aux démons auxquels il sacrifiait tous les jours, le sang des Chrétiens, qu'il leur voua, résolu de le leur offrir au Capitole, comme une victime qui leur serait très-agréable. Cette entreprise jeta Rome dans la dernière consternation. Les païens publiaient que leur temps était venu, et y accouraient de toutes parts, ils se joignirent à ceux de la ville et du sénat qui étaient attachés au culte des idoles. Ils disaient hautement partout avec insulte, que si l'ennemi qui venait à eux, était puissant et redoutable par la multitude et par la force de ses troupes, il l'était encore plus par la protection des dieux qu'il adorait, et qui le conduisaient dans Rome, pour venger par son entière désolation, les outrages que les Chrétiens leur avaient faits, en renversant leurs autels et en abolissant leurs sacrifices, auxquels l'éternité, promise si souvent par les oracles à leur ville, était attachée. Enfin, tout retentissait des blasphèmes des païens, qui ajoutaient que si Rome avait à périr bientôt, ce serait pour avoir abandonné le culte des idoles, et renoncé aux sacrifices des dieux. On délibère de tous côtés, et on veut absolument rétablir l'idolâtrie : les blasphèmes se renouvellent : on rejette sur Jésus-Christ la désolation de l'empire, et la vraie religion est détestée comme une peste publique. Cependant Stilicon s'étant avancé, Dieu répandit tellement l'esprit de terreur et de vertige sur cette effroyable armée, et particulièrement sur le chef, qu'ayant perdu le jugement, comme s'il eût été poursuivi de toute la terre, il s'alla jeter en tumulte et en confusion sur les montagnes et les rochers de l'Apennin, où, destitué de tout secours, et sans qu'on perdît un seul soldat romain, toute son effroyable armée se rendit à discrétion, et périt malheureusement par un juste jugement de Dieu, qui voulait entièrement confondre le paganisme et exterminer jusqu'au dernier idolâtre : car ils moururent tous peu de jours après leur prise : *Radagaisus ex trans-Istrianis et trans-Rhenanis Celticis, Germanisque nationibus, collectis hominum quadringentis millibus ad transeundum in Italiam sese parabat : omnium antiquorum, præsentiumque hostium longe immanissimus, repentino impetu totam inundavit Italiam..... Hic supra hanc incredibilem multitudinem indomitamque virtutem, paganus et Scytha erat : qui ut mos est barbaris hujusmodi gentibus, omnem Romani generis sanguinem diis suis propinare devoverat. Hoc igitur, Romanis arcibus imminente, fit omnium paganorum in urbe concursus, clamantium : hostem esse cum utique virium copia, tum maxime præsidio deorum vincendum : potentem urbem aut ideo destitutam, et mature perituram, qui deos et sacra perdiderit : magnis quercelis ubique continuo de repetendis sacris celebrandisque tractatur ; fervent tota urbe blasphemiæ vulgo, nomen Christi tanquam lues aliqua præsentium temporum, probris ingravatur.*

Tels furent donc les trois principaux princes que le démon, par un dernier effort, suscita contre le christianisme, outre le grand nombre d'autres moins célèbres qui ravageaient pour lors le monde. Mais ces efforts sont vains : la prostituée est sur le penchant de sa ruine, et l'ange va, dans un moment, nous montrer son destructeur, qu'une véritable pénitence pouvait seule repousser.

15. *Voilà que je viens comme un larron : heureux celui qui veille et qui garde ses vêtements, afin qu'il ne marche pas nu et que les hommes ne voient pas sa honte.*

Tous ces complots sont inutiles, dit le Seigneur, et mon jour va venir comme un larron. Cet empire idolâtre sera désolé et dépouillé de toute sa grandeur : heureux celui qui veille et qui se trouvera revêtu de la robe précieuse de la charité, que nul Barbare ne peut enlever.

Or, quoique cette explication soit claire, il est difficile que le lecteur attentif ne se persuade d'entrevoir quelque chose de futur dans la prophétie, et qui doit avoir son accomplissement plus littéral à la fin du monde, ce qu'on ne niera pas. Mais, en l'admettant, il est bon premièrement de rappeler ici ce qu'on a dit ci-dessus du sixième âge de l'Eglise ou de la sixième persécution, qui doit venir du côté de l'Orient et de l'Euphrate; en second lieu, de se souvenir que ce qui arriva lors de la destruction de l'empire romain n'est qu'une figure de ce qui doit arriver à la fin du monde et à la destruction de l'empire de l'Antechrist : d'où vient qu'il est ici parlé du dragon, quoique enchaîné dans l'abîme dès le temps de Constantin, et la ruine de l'idolâtrie, comme on a dit ci-dessus, chap. XII, et qui n'en sortira qu'à la fin du monde (chap. XX, v. 7), qu'il faut par conséquent que cet endroit regarde; troisièmement, que saint Jean s'élève continuellement de l'un à l'autre, et mêle, avec les caractères qui sont communs à ces deux empires, ceux qui leur sont particuliers. Avec ces trois remarques, on n'aura nulle peine à comprendre que les versets expliqués regardent le temps de la tyrannie de l'Antechrist et des dernières persécutions de l'Église, aussi bien que ceux dont on vient de parler, et qu'une interprétation ne préjudicie point à l'autre : ce qui se dit de la figure pouvant se dire de la chose figurée, et ce qui se dit de la chose figurée pouvant se dire de la figure. Mais il faut reprendre à présent l'histoire de la prise de Rome, interrompue par le récit des entreprises de ces rois idolâtres.

17. *Et le septième ange répandit sa fiole dans l'air, et il sortit une grande voix du temple, qui venait du trône, qui disait : C'en est fait.*

[L'an 410.] C'en est fait, Rome est perdue; et à l'effusion de cette septième et dernière fiole, comme au son d'une septième trompette, voilà les murs de cette autre Jéricho renversés.

En effet, si l'on y prend garde de près, on trouvera que chaque prophétie, dans ses termes généraux, caractérise les grands événements d'un trait tout singulier, comme on peut voir ici, incontinent après avoir parlé de la corruption de l'air, *il répandit sa fiole dans l'air*, c'est-à-dire de la peste, dernier fléau qui précéda immédiatement la prise de Rome; aussitôt il part une voix qui dit : *C'en est fait;* et pour lors, comme au renversement d'une épouvantable machine, accompagnée d'un éclat et d'un fracas horrible.

18. *Il se fit des éclairs, de grands bruits et des tonnerres, et un grand tremblement de terre, tel qu'il n'y en avait jamais eu un semblable depuis que les hommes habitent sur la terre.*

Au bruit de la prise et de la destruction de Rome, tout se bouleverse dans l'empire, tout se confond; les peuples sont dans une agitation et dans une frayeur universelle, et l'on n'a jamais vu un tel trouble. « Pendant que ces choses se passaient à Jérusalem, » disait saint Jérôme il n'y a qu'un moment, « une rumeur terrible, venue d'Occident, se répandit partout : on publia que Rome était assiégée : » *Dum hæc aguntur in Jerusalem, terribilis de Occidente rumor affertur, obsideri Romam.*

Pour achever sa ruine, et accomplir la prophétie à la lettre, le Ciel, d'intelligence avec la terre, la foudroie et achève ce que les hommes avaient commencé. « Car, » comme observe Orose (lib. VII, c. 39), « afin que personne ne doutât que la ville avait été livrée aux Barbares en punition de son orgueil, de sa luxure et de ses blasphèmes, en même temps que les Goths la saccagent, les foudres du ciel, réitérées, renversent les superbes monuments qui avaient résisté au feu de l'ennemi : » *Et ne quisquam forte dubitaret, ad correptionem superbæ lasciviæ, et blasphemiæ civitatis hostibus fuisse permissum, eodem tempore clarissima urbis loca fulminibus diruta sunt, quæ inflammari ab hostibus nequiverunt.* Et saint Jérôme (*ad Marcel.*) assure que les lieux les plus élevés de cette superbe ville avaient été plusieurs fois frappés de la foudre, en signe de l'aversion que le Ciel en avait : *Tarpeia rupes quæ de cælo sæpius fulminata, ostendit quod Domino displiceret.*

Mais il faut encore considérer ces paroles : *Et le septième ange épancha la fiole dans l'air.* Car que signifie cela, sinon *la corruption de l'air ou la peste*, laquelle consuma Rome peu de temps avant sa prise par Alaric, qui la tenait assiégée? En effet, dit Orose, après les blasphèmes de cette ville malheureuse, qui ne pouvait se défaire de son penchant à l'idolâtrie ni de sa haine contre Jésus-Christ et le christianisme, aussitôt, en punition de son impiété, le dernier fléau de la colère de Dieu l'accable : Alaric paraît à ses portes, qui ravage tout et qui la serre de près; la famine, comme on a vu, la réduit aux dernières extrémités; à l'épanchement de la fiole de ce septième ange, la peste infecte l'air; elle survient à la guerre et à la famine, et Rome assiégée éprouve tout à la fois le glaive ennemi au dehors et la contagion au dedans. Voici comme s'en exprime Zosime. « La disette, » dit-il, « fut si extrême, que les habitants étaient presque réduits à se manger les uns les autres, après avoir essayé auparavant de se nourrir des choses à quoi on ne peut pas même penser sans horreur. Mais lorsque toutes les provisions furent consumées, la peste, ainsi qu'il est ordinaire, succéda à la famine; et comme on ne pouvait emporter les corps morts hors de la ville, parce que les ennemis en tenaient les avenues fermées, il les fallut enterrer au dedans : de sorte que la puanteur qui en sortait eût été seule capable de faire périr les habitants, quand ils n'eussent pas péri par la faim : » *Quoniam nullum aderat mali sanandi remedium, jamque cuncta defecerant, famem, ut consentaneum est, pestis comitabatur, omniaque plena cadaveribus erant : cumque non possent extra urbem sepeliri cadavera, quod omnem exitum hostes observarent, urbs ipsa mortuorum sepulcrum erat : adeo quidem ut alioquin etiam solitudo in urbe foret, si quæ nulla fuisset alimentorum penuria, vel exhalans e cadaveribus odor, ad inficienda, corrumpendaque corpora suffecisset.*

C'est ce que rapporte cet auteur (*Hist.*, lib. V), parlant de cette horrible peste qui fit périr tant de Romains pendant le siège, et que saint Jean donne ici comme la marque du coup final de la destruction de cette

Babylone. « Et le septième ange, » dit-il, « répandit sa fiole dans l'air, et il sortit une grande voix du temple, qui venait du trône, qui dit : C'en est fait : *Exivit vox dicens : Factum est.* »

Mais que signifie cette voix éclatante sortant du trône pour prononcer cet arrêt, sinon que la destruction de Rome vient d'un ordre qui part immédiatement de la bouche de Dieu, qui le veut ainsi? Ce qui sans doute nous est confirmé par ce que rapportent Socrate (lib. VII, c. 10), Sozomène et les autres, « c'est qu'Alaric, marchant vers Rome pour l'assiéger, la prendre et la saccager, ainsi qu'il fit cette fois-là, rencontra sur son chemin un bon solitaire qui l'exhorta à épargner le sang et à ne point mettre son plaisir dans le meurtre et le carnage. Mais Alaric lui fit cette réponse : Je ne vas pas de ce côté-là de moi-même ; j'y suis poussé par je ne sais qui, qui me presse tous les jours en me disant : VA RUINER ROME : » *Fertur monachum quemdam, virum præstantem, Alarico Romam proficiscenti obviam factum, eumque admonuisse, ne ex tam atrocibus maleficiis, neve ex cæde et sanguine lætitiam caperet. Verum ipsi respondit Alaricus : Ego invito plane eo proficiscor : sed est quidam qui mihi quotidie exhibet molestiam, sicque me alloquitur :* ITER CAPESCITO, URBEM ROMAM VASTATO.

19. *Et la grande cité fut divisée en trois parties.* C'est-à-dire que Rome périra par la peste, la famine et la guerre, les trois grands fléaux de la colère de Dieu, suivant la menace du prophète Ezéchiel, au chapitre V, ỳ 12 : *Tertia pars tui peste morietur, et fame consumetur in medio tui ; in gladio cadet in circuitu tuo : tertiam vero partem tuam in omnem ventum dispergam, et gladium evaginabo post eos.* Ce que nous verrons accompli à la lettre au chapitre suivant, où Rome sera désolée au dedans par la peste et la famine, et au dehors par la guerre, et dont le reste des habitants, envoyé en exil, y sera encore poursuivi par le glaive ; outre que Totila divisa véritablement Rome en trois parties : *Exinde vero tantæ gloriæ magnitudinem, ac potentiæ famam, ignis, gladius, captivitas, quasi sortito in se diviserunt.* Car, premièrement, pendant le siége, il fit périr une partie de ses habitants par le fer ; en second lieu, il emmena l'autre avec lui dans son armée ; enfin, il relégua la troisième partie de ces infortunés citoyens dans la Campanie, laissant Rome vide d'habitants : *Totilas exercitum adversus Joannem et Lucanos duxit, Romanos senatores secum habens : cæteros cives omnes cum uxoribus liberisque in Campaniam misit : nec Romæ quemquam morari passus, urbem reliquit penitus vacuam.* (PHILOST., *De vast. Alaric.*)

Que si on veut encore prendre plus littéralement Rome pour une ville, voici l'état où ce même roi la laissa : *Ergo muros diversis in locis diruit, ita ut ruinæ tertiam fere totius ambitus partem efficerent ;* ou, comme porte le grec, *tertia pars murorum eversa, duæ semirutæ relictæ.* C'est ce qu'écrit Procope, témoin oculaire, livre III, chap. 22, et l'explication naturelle de ce verset : « La grande cité fut divisée en trois parties. » Rome, autrefois la maîtresse de l'univers, devient le partage de trois rois barbares : d'Alaric, d'Ataulphe, de Genséric, qui la prennent, la reprennent, la saccagent, la brûlent, enlèvent toutes ses richesses, et entraînent ses habitants en esclavage. L'Europe, l'Asie et l'Afrique se démembrent de leur capitale et sont mises en pièces : trois empereurs partagent l'Occident, Honorius, Attalus et Constantin ; et Rome souffre à son tour le même sort qu'elle avait fait endurer à Jérusalem ; car, suivant ce qu'écrit Josèphe, au rapport de saint Jérôme, sur le troisième chapitre d'Isaïe : Jérusalem fut divisée en trois parties, lorsque les Romains l'assiégeaient : *Hoc enim accidisse populo Judæorum scribit Josephus, eo quod cum expugnaretur a Romanis Jerusalem, fuerit in tres partes divisa seditio.*

Et les villes des gentils tombèrent. Avec Rome tombent pour toujours ces villes idolâtres consacrées aux faux dieux, et ces temples fameux où les démons étaient adorés et rendaient leurs oracles : Delphes, Délos, Dodone, que Julien consultait tant ; et l'on n'entend plus parler de la superstition ancienne. « Qu'est à présent devenu Apollon de Delphes, et Loxias, et Délius, et Clarius, et les autres idoles des nations, qui promettaient la connaissance des choses futures, et qui ont trompé de si puissants monarques? » s'écrie le même docteur sur le chapitre XLI du prophète Isaïe : *Ubi Apollo Delphicus, et Loxias, Deliusque, et Clarius, et cætera idola futurorum scientiam pollicentia, quæ reges potentissimos deceperunt ?*

Et Dieu se ressouvint de la grande Babylone, pour la faire boire dans le calice du vin de sa fureur.

Et à cette fois, Dieu s'est souvenu de faire boire le calice de son indignation à cette Babylone, c'est-à-dire à Rome, que saint Augustin appelle Babylone occidentale, *Babylon occidentalis,* au livre XVIII *De la cité de Dieu,* chapitre 27.

20. *Et toutes les îles s'enfuirent, et les montagnes ne parurent plus.*

Elle perd sa domination sur les mers et sur la terre : tout l'abandonne, et l'univers, remarquable par les îles et par les montagnes qui le diversifient et en sont les parties les plus visibles et les plus apparentes, ne la reconnaît plus. Ces îles fameuses, ces pays lointains et ces montagnes célèbres ne se voient plus dans la carte de l'empire romain ; l'Angleterre, la Sicile, l'Archipel, la Chersonèse et les autres si renommées par ce qu'on appelait *Deportatio ad insulas,* ainsi que les montagnes l'étaient par ceux qu'on condamnait *ad Metalla,* disparaissent, et les Alpes même et les Pyrénées ne reconnaissent plus le vol des aigles romaines.

21. *Et une grande grêle comme du poids d'un talent, tomba du ciel sur les hommes, et les hommes blasphèmèrent Dieu à cause de la*

plaie de la grêle, parce que cette plaie était très-grande.

Les anciens miracles se renouvellent, et voici de nouveau les idolâtres chassés par la grêle de la terre promise, pour y introduire les fidèles Israélites, c'est-à-dire que toutes les terres de l'empire deviennent plus incultes et désertes que si quelque horrible grêle avait ravagé ses campagnes : « Témoin l'Illyrie, témoin la Thrace, témoin le pays où je suis né, où, excepté le ciel et la terre, on ne voit rien que les ronces et les buissons qui s'y sont multipliés, tout le reste ayant péri : » *Testis Illyricum est, testis Thracia, testis in quo ortus sum, solum ubi præter cœlum et terram, et crescentes vepres, et condensa silvarum, cuncta perierunt. Hoc autem, inquit Propheta, accidet quia impiorum fuit nimia multitudo. Corruent itaque impii, et disperdentur homines, et erit solitudo super faciem terræ. Sed et de consummatione mundi idipsum accipere possumus, quod et homines et pecora, et volatilia, et pisces maris, et universa deficient, ut infirmentur impii, et tollatur iniquitas a facie terræ.* C'est ainsi que s'explique saint Jérôme.

Au reste la cause de la ruine si effroyable de Rome, cette souveraine si puissante, si riche et si magnifique, fut d'avoir engagé dans ses erreurs et dans ses superstitions tous les habitants de la terre, qu'elle avait séduits par ses enchantements, comme nous l'allons voir dans le chapitre suivant. Les enchantements furent les attraits des plaisirs, les richesses, les récompenses et les honneurs, par le moyen desquels elle engageait ses sujets dans son idolâtrie et ses impiétés. C'est là le vin de sa prostitution, dont elle enivrait ceux qui habitent sur la terre. Mais ce n'était pas seulement par son exemple et par ses sollicitations, c'était aussi par ses ordres et ses commandements qu'elle les engageait dans ses superstitions infâmes, en les obligeant de rendre aux faux dieux et à elle-même les honneurs et les adorations qui ne sont dues qu'à Dieu seul. Y avait-il rien qui pût davantage irriter contre elle la colère du Tout-Puissant, jaloux de sa gloire, et le porter à tirer d'elle par une désolation entière la juste vengeance de tous ses crimes?

Pour en combler la mesure, elle ajouta à son avarice et à ses rapines, au mauvais exemple de ses impiétés et à sa séduction, l'effusion du sang des fidèles, qu'elle répandit dans toute l'étendue de son empire; car tout ce qu'il y eut de martyrs dans les provinces ou dans les royaumes étrangers, périt par les décrets même des empereurs, ou par des décrets qui étaient formés sur ceux qu'ils avaient publiés. Ainsi Dieu n'avait pas moins de sujet de redemander à Rome le sang innocent et répandu depuis Abel, qu'il en avait de le redemander à Jérusalem (*Matth.* XXIII, 35), et de lui en faire porter la peine par une désolation qui n'en eût point d'égale, que celle de la Judée même, qui, selon les paroles de Jésus-Christ, devait être si extrême, qu'il n'y en avait point eu de pareille depuis le commencement du monde, et qu'il n'y en aurait jamais.(*Matth.* xxiv, 21.)

Auparavant d'aller plus loin, il est bon d'observer une chose importante dans l'explication qu'on a donnée des sept fioles, ou des sept plaies que reçut l'empire romain. On prétend les avoir trouvées depuis la mort de Julien, arrivée l'an 363, jusqu'à la ruine de Rome qui fut prise pour la première fois l'an 410, et cependant on y enferme la guerre des Perses, qui n'arriva que l'an 420, et la perte de l'Afrique, laquelle Genséric n'envahit que l'an 427. Mais premièrement, il faut ici avoir moins d'égard à l'ordre chronologique, qu'à l'intention ou au dessein de la prophétie, qui consiste en ce que l'apôtre, prétendant décrire la destruction de l'empire romain, affecte de raconter le démembrement de ses provinces une à une, et ce qui arriva *extra civitatem*, auparavant d'en venir à la ruine de la capitale, qu'il se réserve de rapporter à part, et en dernier lieu : *Non enim curæ erat prophetis, tempora conservare, quæ historiæ leges desiderant.* (S. HIER., *ibid.*) Tellement qu'il veut faire voir le châtiment des membres, sans avoir égard à l'ordre précis des temps, et préalablement à la punition de la tête qu'il prétend exposer ensuite tout à loisir. On doit pourtant observer que l'Afrique s'était déjà soustraite à l'empire, tant par Gildon vers l'an 398, que par Héraclien en 410, qui vint même d'Afrique en 413, avec une formidable armée, pour se saisir de Rome. De plus, qu'il y avait eu déjà diverses incursions de Barbares dans cette province, et qu'enfin Rome fut prise et reprise très-souvent : 1° par Alaric, qui l'assiégea trois fois, en 409 ou 408, lorsqu'on y souffrit la faim et la peste, et qu'on dépouilla les idoles de leurs richesses, pour les lui donner et l'obliger à se retirer; puis peu de mois après, lorsque Attalus fut déclaré empereur; et enfin le 25 août de l'an 410, lorsqu'elle fut pillée ; 2° par Ataulphe, en 411 ; 3° par Genséric, en 455; 4° par Odoacre, en 476; 5° par Théodoric, l'an 500; 6° par Totila, deux fois : l'une en 546, l'autre en 549, lorsqu'il la peupla de Goths; de sorte qu'en tout sens il sera vrai de dire que les sept plaies figurées par l'effusion des sept fioles, ont précédé la ruine totale et finale de Rome, que Totila démolit et brûla presque toute lorsqu'il s'en empara la première fois, et dont il emmena tous les habitants, sans en laisser un seul, et il l'aurait absolument rasée si, d'une part, Bélisaire ne lui eût mandé, qu'étant vainqueur, il se repentirait d'avoir détruit le plus bel ornement de son royaume; et, qu'étant vaincu, il ne devait après cela espérer aucun quartier des Romains ; et si, de l'autre, Childebert, roi de France, ne lui eût refusé sa fille en mariage, lui reprochant qu'il ne le reconnaissait pas pour roi d'Italie, puisqu'il n'avait su conserver Rome. Il est donc visible que le démembrement de l'Afrique, aussi bien que des autres provinces, a dû être raconté avant la ruine de la capitale.

CHAPITRE XVII.

Explication plus expresse et plus claire de la ruine de Rome.

SOMMAIRE. — I. Saint Jean, transporté par un ange dans le désert, voit sur une bête couverte d'écarlate, qui a sept têtes et dix cornes, une femme établie sur plusieurs eaux, vêtue de pourpre, brillante de pierreries, et tenant en sa main une coupe pleine des abominations et des ordures de ses prostitutions, qu'elle présente à tout le monde et dont elle enivre tous les rois de la terre, et qui porte sur son front écrit : *Mystère.* Cette femme représente Rome; cette bête, l'empire; ces sept têtes, les sept empereurs romains idolâtres et persécuteurs de l'Eglise; ces dix cornes, dix rois barbares attachés à elle; ces eaux, les peuples de sa domination; cette pourpre, cette écarlate et ces richesses, sa dignité, sa grandeur et sa cruauté; cette coupe abominable, son idolâtrie impure, dont elle ensorcelle les grands de la terre; ce mot de *mystère* veut dire que c'est là une énigme très-difficile à deviner, surtout au siècle de saint Jean.
II. Cette femme est si pleine du sang des martyrs de Jésus-Christ, qu'elle en est enivrée, et elle est sur le penchant de sa ruine; deux circonstances qui prouvent que cette bête, ou Rome, est montrée telle qu'elle devait être lors de sa grande et dernière persécution sous Dioclétien (car du temps de saint Jean, à peine en était-elle altérée), et lorsque l'empire idolâtre était à la veille de sa destruction par Constantin, successeur de Dioclétien, et enfin par les Barbares.
III. Cette bête, ou l'empire romain, était, et n'est plus, attendu que dans le chapitre précédent on vient de le voir détruire par l'effusion des sept fioles, ou le démembrement de ses provinces et la ruine de son trône, c'est-à-dire de l'Italie et de sa capitale.
IV. Cinq des têtes, ou des persécuteurs de l'Eglise avaient passé quand la bête fut montrée, savoir, Néron, Domitien, Dèce, Valérien et Aurélien. Un régnait, c'était Dioclétien, Le septième n'avait pas encore paru, c'était Julien; et quand il serait venu, il durerait peu, car il ne régna qu'environ trois ans.
V. La bête, ou le corps de l'empire, ou la république romaine, est un huitième persécuteur, parce que les peuples idolâtres, par leurs émotions et leurs impiétés, firent autant de mal à l'Eglise et répandirent autant de sang que les empereurs mêmes, qui quelquefois étaient obligés de réprimer ces violences populaires, mais les uns et les autres étaient alors dans leur dernier déclin.
VI. Ces rois barbares, figurés par ces dix cornes, qui du temps de saint Jean n'avaient pas encore paru, qui dans la suite devaient être à la solde de l'empire, combattre sous ses étendards, et persécuter aussi l'Eglise, parce qu'ils étaient ou hérétiques ou païens, vont concevoir une haine mortelle contre Rome ou la prostituée, lui faire la guerre, ravager ses terres, la dépouiller de ses trésors et de sa domination, la brûler et partager ses provinces, les érigeant en royaumes, auxquels ils commanderont.
VII. Ces rois, avec leurs peuples barbares qui, d'abord, sous l'empire romain idolâtre, avaient combattu contre Jésus-Christ, l'Agneau de Dieu, seront enfin vaincus par lui, parce qu'ils embrasseront la foi et se convertiront à lui, confessant par leur soumission à son autorité, qu'il est le Roi des rois et le Seigneur des seigneurs, ce qui est arrivé surtout en la personne des Allemands, des Francs, des Anglais, des Bourguignons, des Suèves, des Huns, des Saxons, des Goths, des Vandales et des Lombards.

1. Et venit unus de septem angelis qui habebant septem phialas, et locutus est mecum, dicens : Veni, ostendam tibi damnationem meretricis magnæ, quæ sedet super aquas multas.
2. Cum qua fornicati sunt reges terræ, et inebriati sunt qui habitabant terram, de vino prostitutionis ejus.
3. Et abstulit me in spiritu in desertum, et vidi mulierem sedentem super bestiam coccineam, plenam nominibus blasphemiæ, habentem capita septem et cornua decem.
4. Et mulier erat circumdata purpura et coccino, et inaurata auro et lapide pretioso, et margaritis, habens poculum aureum in manu, plenum abominatione et immunditia fornicationis ejus.
5. Et in fronte ejus nomen scriptum : *Mysterium;* Babylon magna, mater fornicationum et abominationum terræ.
6. Et vidi mulierem ebriam de sanguine sanctorum et de sanguine martyrum Jesu; et miratus sum, cum vidissem illam, admiratione magna.
7. Et dixit mihi angelus : Quare mirari? Ego dicam tibi sacramentum mulieris et bestiæ, quæ portat eam, quæ habet capita septem et cornua decem.

1. Et il vint un des sept anges qui avaient les sept fioles, et il parla avec moi et me dit : Venez, je vous montrerai la condamnation de la grande prostituée, qui est assise sur plusieurs eaux.
2. Avec laquelle les rois de la terre se sont corrompus, et les habitants de la terre se sont enivrés du vin de sa prostitution.
3. Et il me transporta en esprit dans le désert, et je vis une femme assise sur une bête de couleur écarlate, pleine de noms de blasphèmes, qui avait sept têtes et dix cornes.
4. Et cette femme était vêtue de pourpre et d'écarlate. Elle était parée d'or, de pierres précieuses et de perles, et elle tenait en sa main un vase d'or rempli d'abomination et des ordures de sa fornication.
5. Et elle portait ce nom écrit sur son front : *Mystère:* Babylone la grande, la mère des fornications et des abominations de la terre.
6. Et je vis cette femme enivrée du sang des saints et du sang des martyrs de Jésus; et je fus saisi, en la voyant, d'un grand étonnement.
7. Et l'ange me dit : Pourquoi vous étonnez-vous ? Je vous dirai le mystère de la femme et de la bête qui la porte, qui a sept têtes et dix cornes.

8. La bête que vous avez vue a été, et elle n'est plus : elle doit monter de l'abîme et elle ira en ruine, et ceux qui habitent la terre (dont les noms ne sont pas écrits dans le livre de vie dès le commencement du monde) s'étonneront voyant la bête qui a été, et qui n'est plus.

9. Et en voici le sens plein de sagesse : Les sept têtes sont les sept montagnes sur lesquelles la femme est assise ; et ce sont aussi sept rois.

10. Cinq d'eux sont morts, un subsiste et l'autre n'est pas encore venu, et quand il sera venu, il ne demeurera que fort peu de temps.

11. Et la bête qui était, et qui n'est plus, c'est le huitième roi, et il est du nombre des sept, et il va à sa ruine.

12. Et les dix cornes que vous avez vues sont dix rois qui ne règnent pas encore, mais ils recevront comme rois la puissance à la même heure, après la bête.

13. Ceux-ci ont un même dessein, et ils donneront leur force et leur puissance à la bête.

14. Ils combattront contre l'Agneau, et l'Agneau les vaincra, parce qu'il est le Seigneur des seigneurs et le Roi des rois, et ceux qui sont avec lui, les appelés, les élus et les fidèles.

15. Et il me dit : Les eaux que vous avez vues, sur lesquelles la prostituée est assise, sont les peuples, les nations et les langues.

16. Et les dix cornes que vous avez vues à la bête sont ceux qui haïront la prostituée, qui la désoleront et la mettront à nu, qui mangeront ses chairs et qui la brûleront au feu.

17. Car Dieu leur a mis dans le cœur le dessein de faire ce qui lui est agréable, et de donner leur règne à la bête jusqu'à ce que les paroles de Dieu soient accomplies.

18. Et la femme que vous avez vue est la grande ville qui règne sur les rois de la terre.

8. Bestia quam vidisti, fuit, et non est, et ascensura est de abysso, et in interitum ibit, et mirabuntur inhabitantes terram (quorum non sunt scripta nomina in libro vitæ a constitutione mundi) videntes bestiam quæ erat, et non est.

9. Et hic est sensus qui habet sapientiam : septem capita septem montes sunt super quos mulier sedet, et reges septem sunt.

10. Quinque ceciderunt, unus est, et alter nondum venit, et cum venerit, oportet illum breve tempus manere.

11. Et bestia quæ erat, et non est, et ipsa octava est; et de septem est, et in interitum vadit.

12. Et decem cornua quæ vidisti, decem reges sunt, qui nondum regnum acceperunt, sed potestatem tanquam reges una hora accipient post bestiam.

13. Hi unum consilium habent, et virtutem et potestatem suam bestiæ tradent.

14. Hi cum Agno pugnabunt, et Agnus vincet illos : quoniam Dominus dominorum est et Rex regum, et qui cum illo sunt, vocati, electi et fideles.

15. Et dixit mihi : Aquæ quas vidisti, ubi meretrix sedet, populi sunt, et gentes, et linguæ.

16. Et decem cornua quæ vidisti in bestia, hi odient fornicariam, et desolatam facient illam et nudam, et carnes ejus manducabunt, et ipsam igne concremabunt.

17. Deus enim dedit in corda eorum, ut faciant quod placitum est illi, ut dent regnum suum bestiæ, donec consummentur verba Dei.

18. Et mulier quam vidisti, est civitas magna, quæ habet regnum super reges terræ.

EXPLICATION.

1. *Et il vint un des sept anges qui avaient les sept fioles, et il parla avec moi, et me dit : Venez, je vous montrerai la condamnation de la grande prostituée, qui est assise sur plusieurs eaux,* c'est-à-dire qui règne sur plusieurs peuples, comme il est dit au verset 15. *Aquæ quas vidisti, ubi meretrix sedet, populi sunt, et gentes, et linguæ.*

Après que les sept anges ont représenté à saint Jean les sept derniers fléaux de la colère de Dieu sur l'empire romain et sur Rome, mais d'une manière obscure et énigmatique, un d'eux va lui montrer de nouveau ce grand spectacle sous un emblème différent, mais plus intelligible, c'est-à-dire sous la forme d'une femme idolâtre, ou d'une prostituée, ce qui est le même dans le langage saint : car telle est la coutume des prophètes, dit saint Jérôme (*in Isa.* v), et la règle qu'il faut suivre dans leur interprétation, que ce qu'ils ont premièrement dit par une métaphore, ou couvert d'une parabole, est expliqué ensuite d'une manière plus distincte et plus claire : *Hoc notandum quod juxta consuetudinem prophetalem, quæ prius per metaphoram dicta sunt, vel per parabolam postea exponuntur manifestius.*

Et ce n'est pas merveille si un empire est représenté sous le symbole d'un homme ou d'une femme, ainsi que nous le voyons pratiqué par saint Jean en ce lieu, comme l'observe encore le même Père (ID., *in Habac.* III) : *Frequenter historia ipsa metaphorice texitur, et sub imagine mulieris, vel unius viri de toto populo prædicatur.*

Il est encore bon de faire attention, 1° que l'ange qui va présentement montrer à saint Jean la ruine de Rome sous la figure d'une femme, est un des sept qui viennent de verser leur fiole sur l'empire de la bête, pour marquer que ce ne sont pas ici deux objets différents, et que c'est le même représenté sous diverses figures; 2° qu'on voit au chap. xxi, ⁊ 9, qu'un de ces mêmes sept anges qui ont versé les fioles, est envoyé à saint Jean, pour lui montrer la Jérusalem céleste, Epouse de l'Agneau, étant convenable que cela soit réservé au destructeur de Babylone, ou de la prostituée; 3° qu'il y a lieu de croire que ces sept anges, qui dès le commencement ont paru devant le trône, sont les mêmes que ceux qui viennent de détruire l'empire idolâtre, et en découvrir le mystère à saint Jean.

2. *Avec laquelle les rois de la terre se sont corrompus, et les habitants de la terre se sont enivrés du vin de sa prostitution.*

En effet, Rome avait entraîné les rois et les peuples dans ses superstitions, après avoir épousé toutes les leurs, et les avait engagés dans la haine du christianisme et de la vérité : « Car cette ville, ignorant le véritable auteur de sa grandeur, » dit saint Léon, « ayant soumis à son empire toutes les nations du monde, s'était soumise elle-même à toutes les divinités des peuples qu'elle avait assujettis : et elle se persuadait avoir d'autant plus de religion, qu'elle affectait davantage d'adopter toutes sortes d'erreurs, en sorte que tout ce qu'il y avait de superstition répandu dans le monde, était soigneusement ramassé dans Rome : » *Hæc autem civitas ignorans suæ provectionis autorem, cum pene omnibus dominaretur gentibus omnium gentium serviebat erroribus : et magnum sibi videbatur assumpisse religionem, quia nullam respuebat falsitatem..... Romæ diligentissima superstitione habebatur collectum, quidquid usquam fuerat vanis erroribus institutum.* Et de cette façon, Rome non-seulement adorait toutes les fausses divinités du monde, mais elle avait enlevé à tous les peuples les idoles qu'ils adoraient, comme la plus noble partie de ses conquêtes, et leur avait dressé des temples dans son enceinte.

C'est ce qu'on lit dans tous les auteurs, particulièrement dans l'*Octavius* de Minutius Félix, où, après un dénombrement des différentes divinités que chaque nation fait profession de reconnaître, il dit que les Romains les adorent toutes, et qu'ils dressent des autels aux plus inconnues ; ce qui, comme il prétend, leur a mérité l'empire de l'univers. Et comme les Romains se croyaient supérieurs au reste des hommes, parce qu'ils les avaient vaincus, ils se persuadaient de même que les dieux de Rome étaient plus puissants que les dieux des autres nations, puisqu'ils avaient laissé subjuguer leurs adorateurs : *Per universa imperia, provincias, oppida, videmus singulos sacrorum ritus gentiles habere, et deos colere, ut Eleusinos Cererem, Gallos Mercurium,* etc., *universa numina Romanos,* etc. *Sic eorum potestas et auctoritas totius orbis ambitus occupavit : ic imperium suum ultra solis vias, et ipsius Oceani limites propagavit, dum numina victa venerantur, dum undique hospites deos quærunt, et suos faciunt : dum aras exstruunt etiam ignotis numinibus et manibus.*

3. *Et il me transporta en esprit dans un désert.* Pour mieux considérer ce grand spectacle, et sans être diverti par aucun autre objet, saint Jean est transporté en esprit dans un désert, lieu naturellement fertile en monstres, et tout propre à inspirer la crainte, et à faire naître l'admiration.

Et je vis une femme. C'est Rome, comme il dira ci-après, vers. 18. *Mulier est civitas magna, quæ habet regnum super reges terræ.*

Assise sur une bête. Cette bête est l'empire romain, on l'a prouvé plusieurs fois dans les chapitres précédents, et on va le voir encore incontinent.

De couleur d'écarlate et de pourpre. C'est la marque de sa dignité, de sa magnificence, de sa cruauté.

Pleine de noms de blasphème. Ce sont les édits impies que l'empire publia contre la religion du vrai Dieu, et les blasphèmes qu'il vomit contre Jésus-Christ, dont on a parlé : *Illa civitas valida, quæ super montes septem, et plurimas aquas præsidet, prostitutæ appellationem a Deo meruit. Sed quali habitu appellationi suæ comparata est? Sedet certe in purpura et coccino, et auro, et lapide pretioso. Quam maledicta sunt, sine quibus non potuit maledicta et prostituta describi!* (TERTUL., lib. II *De cult. fem.,* c. 12.)

Et cette bête avait sept têtes et dix cornes. Ce sont les sept empereurs idolâtres et persécuteurs du christianisme : *Septem capita, septem reges sunt :* et les dix rois destinés pour la destruction de Rome, comme on a dit si souvent : *Et decem cornua, decem reges sunt,* ainsi que saint Jean dira encore dans un moment.

4. *Et cette femme était vêtue de pourpre et d'écarlate, et parée d'or, de pierres précieuses et de perles.* Que représentent ces pompeux et magnifiques ornements, sinon les dépouilles de tout l'univers, dont Rome s'était revêtue, et qu'elle faisait servir à son orgueil et à son faste? « Lorsque je demeurais en Babylone, que j'étais un des sujets de la prostituée couverte de pourpre et d'écarlate, et que je vivais à la mode des anciens Romains, » disait saint Jérôme, parlant de Rome la païenne dans la Préface de sa version des livres de Didyme, et telle que saint Jean vient de nous la dépeindre : *Cum in Babylone versarer, et purpuratæ meretricis essem colonus, et jure quiritum viverem.* Mais voici comme il s'en explique, la considérant ensuite devenue chrétienne : « Je parle à vous, ville puissante, ville souveraine de l'univers, ville dont l'Apôtre a lui-même fait l'éloge, vous qui, par la profession que vous faites à présent du christianisme, avez effacé les noms de blasphème que vous portiez écrits sur le front : » *Sed te alloquar quæ scriptam in fronte blasphemiam, Christi confessione delesti, urbs potens, urbs orbis domina, urbs Apostoli voce laudata.* C'est à la fin du livre II *Contre Jovinien.* Et expliquant encore

ailleurs ce passage de l'Apôtre, rapporté dès le commencement de cet ouvrage : « Et maintenant vous savez bien qui l'arrête, afin qu'il soit manifesté en son temps, c'est-à-dire vous savez bien quelle est la cause pourquoi l'Antechrist ne vient pas à présent : saint Paul par là ne voulant pas dire clairement, que l'empire romain doit être détruit, parce que ceux qui le gouvernaient, le prétendaient éternel ; d'où vient que dans l'*Apocalypse* de saint Jean, cette femme prostituée qui représente Rome, paraît le blasphème sur le front, s'attribuant le nom d'éternelle, qui n'appartient qu'à Dieu seul : *Et nunc quid detineat, scitis, ut reveletur in suo tempore, hoc est, quæ causa sit ut Antichristus in præsentiarum non veniat, optime nostis. Nec vult aperte dicere, Romanum imperium esse destruendum, quod ipsi qui imperant, æternum putant. Unde secundum Apocalypsim Joannis, in fronte purpuratæ meretricis scriptum est nomen blasphemiæ, id est Romæ æternæ.*

Cette femme tenait en sa main un vase d'or plein de l'abomination et de l'ordure de sa fornication. C'est son idolâtrie et sa superstition impure qu'elle présente à ceux qui l'adorent, et qu'elle maintient par la force de ses armes contre ceux qui la rejettent.

5. *Et elle portait ce nom écrit sur son front :* MYSTÈRE : c'est-à-dire que tout ce fantôme était un mystère qu'on donnait à deviner.

La grande Babylone, la mère des fornications et des abominations de la terre. C'était une énigme dans une énigme au temps de saint Jean, mais qui s'est développée depuis : « Rome est une seconde Babylone, et comme une fille de l'ancienne Babylone, disait saint Augustin au chapitre 18 du livre XXII *De la cité de Dieu* : *Roma altera Babylon, et velut prioris filia Babylonis.* Et auparavant lui, Tertullien (lib. III *in Martyr.*, c. 13 ; *Adv. jud.*, c. 9) avait assuré que saint Jean, dans son *Apocalypse*, par le mot de Babylone, avait entendu la ville de Rome, qui en était la vraie représentation par la grandeur de son empire, par son orgueil insensé et par la guerre qu'elle a déclarée aux saints : *Babylon apud Joannem nostrum Romanæ urbis figura est, proinde et magnæ et regno superbæ, et sanctorum debellatricis.*

6. *Et je vis cette femme enivrée du sang des saints et du sang des martyrs de Jésus.* Elle a tant répandu de sang chrétien dans tous les endroits de son empire, qu'elle en est comme enivrée, et depuis trois cents ans elle le boit et en regorge. Sa bouche est tout humide et trempée du sang innocent dont elle s'est repue, tant elle en est remplie, comme un homme ivre l'est de vin, pour parler avec Lactance : *Os ejus cruore innocentium madet.* Car il faut observer ici que Rome paraît à saint Jean, non comme elle était du temps de cet apôtre (parce qu'alors à peine était-elle altérée du sang chrétien, et à peine l'empire chancelait-il), mais comme elle devait être dans le dernier période de sa grandeur, de son idolâtrie, de sa cruauté et de sa ruine, c'est-à-dire comme elle fut sous Dioclétien, dont la persécution fut, et la plus longue de toutes, puisqu'elle dura dix ans, et la plus sanglante, puisqu'on crut avoir aboli le christianisme, ainsi que les anciennes inscriptions en font foi ; et la dernière, puisque incontinent après parut, et Constantin, qui détruisit l'idolâtrie, et les Barbares, qui détruisirent l'empire : *Ebria, et in interitum vadit :* deux marques qui caractérisent la conjoncture du temps auquel la bête est montrée à saint Jean, c'est-à-dire le règne de Dioclétien. Car la persécution de Julien dura peu, le paganisme en reçut de très-petits avantages, et l'Eglise, alors puissamment établie, ne cacha pas même son culte : aussi saint Jean ne dit-il pas qu'elle se retira pour lors au désert, ainsi qu'elle avait fait dans les précédentes persécutions rapportées au chapitre XIII. En effet, il est aisé de voir par ce que l'ange va dire incontinent à saint Jean, que cinq des têtes de la bête sont tombées, quoiqu'il la lui montrât en ayant actuellement sept : *Quinque ceciderunt ;* qu'une subsiste : *Unus est ;* que la septième n'est pas encore venue, *alius nondum venit,* ou n'a pas encore paru, non plus que ces dix cornes, ou rois, *qui nondum regnum acceperunt ;* qu'il a réuni en un seul objet présent plusieurs choses passées et futures : semblable à un architecte qui, montrant le dessin d'un grand palais, fait néanmoins observer qu'un tel pavillon est tombé, et qu'un autre n'est pas encore construit, quoiqu'il n'en paraisse rien sur le papier, au contraire que le plan soit entier et parfait.

Et en la voyant je fus saisi d'un étonnement extrêmement grand.

7. *Et l'ange me dit : Pourquoi vous étonnez-vous ? je vas vous déclarer le mystère de cette femme et de cette bête qui la porte, laquelle a sept têtes et dix cornes.* Et comme cette vue me causait une surprise extrême, l'ange me dit : Pourquoi vous étonnez-vous tant ? Je vas vous expliquer cette énigme.

8. *La bête que vous avez vue était, et n'est plus.* La bête qui était, comme vous l'avez d'abord vue dans son entier, mais qui n'est plus, puisque vous venez de la voir détruire tout présentement par l'effusion des sept fioles.

Et qui montera de l'abîme : qu'on a montré ci-dessus (c. XIII, 1) s'élevant de l'abîme, ou de la mer, c'est-à-dire du milieu des peuples et des nations.

Et qui ira en perdition, et être pour lors à la veille de sa ruine ; car on vous l'a montrée telle qu'elle sera sous le règne de Dioclétien, lorsque les anges seront sur le point de la frapper des sept dernières plaies.

Et les habitants de la terre, dont les noms ne sont pas écrits au Livre de vie, dès l'établissement du monde, s'étonneront voyant la bête qui était, et qui n'est plus. Cette bête donc qu'on vous a fait voir sous le règne de Julien, devait être par sa résurrection l'objet de l'admiration des idolâtres, et qu'on vient de détruire il n'y a qu'un moment devant vous par l'effusion des sept fioles, en sorte qu'il est vrai de dire qu'elle était, et qu'elle n'est plus.

9. *Et dont voici le sens pour ceux qui ont de la sagesse,* signifie ce que je donne à méditer aux plus habiles.

Les sept têtes sont sept montagnes, sur lesquelles cette femme est assise. C'est-à-dire, que ces sept têtes représentaient les sept montagnes, sur lesquelles Rome était située, et servaient à la désigner : *Septemque una sibi muro circumdabit arces.* Aussi est-elle appelée la cité aux sept montagnes, *civitas septicollis,* ainsi que les auteurs la nomment, aussi bien que les poëtes : « O vous, qui de sept montagnes, sur lesquelles vous êtes assise, portez vos regards sur tout l'univers : Rome le centre de l'empire, et le séjour des dieux : » *Sed quæ de septem totum circumspicis orbem montibus, imperii, Roma, deumque locus.* C'est comme s'exprime un d'eux.

Et ce sont aussi sept rois. Et ces sept têtes signifient de plus sept de ses princes persécuteurs de l'Eglise. On a donc eu raison d'interpréter ci-dessus ces sept têtes de sept princes qui ont régné dans Rome, et qui se sont distingués entre les plus insignes tyrans ennemis du peuple de Dieu. Or, qui peuvent-ils être, sinon ceux qu'on a nommés, et que les historiens ecclésiastiques de ce temps-là ont unanimement reconnus pour tels, ainsi qu'on l'a fait voir ?

10. *Cinq ont péri.* (Il parle au temps de Dioclétien, auquel la bête est enivrée de sang, et à la veille de sa ruine;) savoir, Néron, Domitien, Dèce, Valérien et Aurélien.

Un subsiste. Voilà Dioclétien, au règne duquel la bête, ou Rome idolâtre, enivrée de sang et prête à périr, est montrée, ce qui regarde l'an 303.

Et l'autre n'est pas encore venu. C'est Julien qui viendra et règnera vers l'année 360.

Et lorsqu'il sera venu, il ne doit pas durer longtemps. Mais qui ne règnera qu'environ deux ou trois ans, et dont la persécution contre l'Eglise sera de peu de durée : *Julianus mortuus est in Perside quarto consulatu suo, tertius hic erat annus imperii illius,* dit Socrate, au chap. 21 de son liv. III.

11. *Et la bête qui était, et qui n'est plus.* Et la bête ou le corps de l'empire, qui vient de passer devant vos yeux, et d'y être détruit par l'effusion des sept fioles.

Est elle-même la huitième, sera compté pour un huitième persécuteur de l'Eglise, puisque souvent, et presque toujours, sans attendre l'ordre, et contre l'ordre même des empereurs, par un mouvement universel des peuples, il répandra le sang fidèle. Le seul exemple de Tibère est une preuve éclatante de cette vérité. Paul Orose, après saint Jérôme, Tertullien et les autres anciens auteurs, rapporte, que cet empereur fit une relation très-avantageuse de Jésus-Christ au sénat, afin de le faire recevoir au nombre des dieux : *Cum suffragio magni favoris retulit ad senatum, ut Christus Deus haberetur :* à l'occasion peut-être de ses disciples et sectateurs, dont Pilate et les autres officiers avaient pu l'informer, et que les Juifs persécutaient.

Mais la haine du sénat s'y opposa fortement : « Le sénat, » dit-il, « refusa de le reconnaître pour Dieu, et fit un édit, portant qu'il fallait exterminer les Chrétiens : » *Senatus consecrationem Christi recusavit, edictoque constituit exterminandos esse ex urbe Christianos.* N'est-ce pas persécuter l'Eglise contre l'ordre même des empereurs ?

« Tibère néanmoins, » continue cet auteur, « défendit sous peine de mort, qu'on n'eût point à accuser personne, ni à lui faire un crime d'être Chrétien. » Et pour passer d'un exemple du sénat à un exemple du peuple, Eusèbe nous en donne un considérable en ces termes : « En ce temps-là, » dit-il, « l'orage d'une grande et terrible persécution s'excita en plusieurs lieux de la terre contre nous par l'aversion et l'insolence des peuples, en sorte que chaque ville s'anima de fureur contre les Chrétiens. Je rapporterai ce qui arriva dans une seule province, afin qu'on puisse de là conjecturer combien immense fut le nombre de ceux qu'on martyrisa par tout l'univers, et cela non par aucun ordre, ni édit de la part de l'empereur, mais par des séditions et tumultes populaires : » *Quo tempore cum gravis et acerba in nonnullis terræ partibus persecutionis procella ex temerario ausu populi, per singulas urbes excitata contra Christianos ingravescere cœpisset, innumerabiles propemodum martyres per universum orbem enituisse, ex iis quæ in unica provincia contigerunt, conjicere est. Idque non ex edicto imperatoris, sed tumultu et concitatione populari.*

Origène, dans son homélie 9 *sur Josué,* assure que tous les ordres de l'empire avaient conjuré la ruine du christianisme : « Toutes les villes, » dit-il, « tous les états et conditions persécutent le christianisme. Le sénat, le peuple et la noblesse romaine ont résolu, par leurs décrets, qu'il n'y ait plus de Chrétiens sur la terre : » *Omnis civitas, omnis ordo Christianorum nomen impugnat, senatus, populusque, et principes Romani decreverunt legibus suis, ut non sint Christiani.*

On lit dans les Actes du martyre de saint Apollonius, que malgré la paix accordée aux Chrétiens par les empereurs, le sénat le condamna au dernier supplice, et lui fit souffrir le martyre : *Capitali supplicio a senatu damnatus est, et martyr effectus.*

Saint Denis d'Alexandrie, au livre VI° d'Eusèbe, chap. 41, décrit une cruelle persécution excitée par le peuple seul : « Cette persécution, » dit-il, « ne nous arriva point en vertu d'aucun édit de l'empereur ; ce fut un certain homme qui souleva contre nous les peuples idolâtres, lesquels se faisaient une religion de répandre notre sang, et mettaient tout leur culte envers les idoles, ou plutôt envers les démons, à nous massacrer : » *Nequaquam ex imperatoris edicto persecutio cœpta est, sed nescio quis incitavit adversus nos gentilium turbas, qui hanc so-*

tam pietatem, cultumque dæmonum suorum existimabant, si cædibus adversus nos sævirent.

Saint Jérôme, dans son *Épître à Magnus, orateur romain*, assure que Quadratus, évêque d'Athènes, ayant présenté un livre à l'empereur Adrien, dont on ne voit point d'édit contre l'Eglise, apaisa contre nous une persécution très-grande, émue sans doute par les communes. *Quadratus, apostolorum discipulus, et Atheniensis pontifex Ecclesiæ, nonne Adriano principi, Eleusinæ sacra facienti librum pro nostra religione tradidit? Et tantæ admirationi omnibus fuit, ut persecutionem gravissimam illius excellens sedaret ingenium.*

Les martyrs de Lyon fournissent encore un célèbre exemple de cette vexation populaire et générale : « Et premièrement, les martyrs supportèrent très-constamment tout ce que le peuple en foule pouvait faire contre eux : les cris, les huées, les coups, les plaies, le ravissement des biens, les prisons; on les traînait dans les rues, on les lapidait, et enfin on exerçait sur eux tout ce que la fureur d'une populace émue peut lui suggérer; de sorte que nous étions réduits à ne plus paraître dans les maisons, dans les bains, dans les places publiques, et on vint jusqu'à nous interdire de nous montrer en quelque lieu que ce fût : » *Ac primum quidem quæcunque a populo universo acervatim ingerebantur, constantissime tolerarunt : acclamationes, plagas, raptationes, spoliationes bonorum, lapidum jactus, carceres, cuncta denique, quæ vulgus furore et rabie concitatum adversus hostes et inimicos comminisci solet : adeo ut non solum ab ædibus, a balneis, a foro arceremur; verum etiam interdictum fuerit, ne quis nostrum quocunque demum in loco appareret.*

Après quoi on les mit en prison, où on leur fit souffrir des tourments effroyables à diverses reprises, sans aucun ordre de l'empereur, qui, ayant enfin mandé qu'on relâchât ceux qui renonceraient Jésus-Christ et qu'on coupât simplement la tête à ceux qui le confesseraient, ne fut pas obéi; car, pour contenter le peuple, on les fit périr dans des supplices plus que barbares, et après avoir coupé et haché leurs corps en mille pièces et fait garder leurs reliques jour et nuit, de peur que les fidèles ne leur donnassent la sépulture, on les brûla au milieu de la place publique avec des imprécations horribles de la populace, et on jeta leurs cendres dans le Rhône, pour leur faire perdre, disaient-ils, toute espérance de cette résurrection future qui leur faisait souffrir la mort avec tant de joie : *Judices, officiales, tribuni, milites, vulgus certatim indiscreto etiam sexu Christianos multiplici crudelitate laniabant. Tunc subito populi terribilis clamor factus est, petentis sibi detur, ut obrueretur imbre saxorum, aut membratim divisus, sævientium insania carperetur. Metuens autem præses, ne vim inferrent,* etc. Tertullien (*Apol.*, c. 40) fait assez connaître la rage de ces barbares, lorsqu'il dit : *Si Tiberis ascendit ad mænia, si Nilus non ascendit ad arva, si cælum stetit, si terra movit, si fames, si lues, statim, Christianos ad leonem.*

Telle était la fureur de ce peuple cruel et sanguinaire contre l'Eglise : quel prince idolâtre en a fait davantage, et a plus mérité le nom de huitième persécuteur? *Et ipsa octava est.* Enfin, il est certain que les empereurs mêmes étaient contraints de réprimer par leurs lois cette rage populaire, comme le même Eusèbe le rapporte expressément de Trajan, d'Adrien et d'Antonin. (Lib. III, cap. 33 ; lib. IV, cap. 9 et 26 ; lib. IV, cap. 13 et 26.)

N'y a-t-il donc pas lieu de dire, 1° que le corps de la bête, ou de l'empire, a mérité le nom de huitième persécuteur des Chrétiens : *Et ipsa octava est?* et que la république romaine étant un peuple, et *un peuple roi*, ainsi que parle leur plus célèbre auteur, *populum regem, belloque superbum*, a pu par conséquent très-convenablement être appelé un huitième tyran : *Et ipsa octava est?*

2° Que ce corps néanmoins de l'empire ne doit pas être regardé comme une chose différente des sept têtes qui l'animent, ou des sept princes qui le gouvernent, non plus que la ville de Rome, des sept collines qu'elle entoure, puisqu'il ne compose qu'un même tout avec elles, et que les chefs et les membres sont d'intelligence contre les Chrétiens, et par conséquent qu'il mérite d'avoir rang entre les sept persécuteurs : *Et de septem est.*

3° Et que ce corps tend à sa ruine : *Et in interitum vadit*, aussi bien qu'eux, l'empire idolâtre qui commençait déjà de baisser dès le temps de saint Jean, étant tout à fait sur son penchant, et à la veille de sa perte dans la conjoncture où la bête lui fut montrée, c'est-à-dire au règne de Dioclétien, puisque Constantin, le vrai destructeur de l'idolâtrie, lui succéda, et que les Barbares qui devaient détruire Rome, le suivirent de près. Mais que l'empire idolâtre commençât d'aller en ruine dès le temps de saint Jean, il ne faut, pour s'en convaincre, que lire la relation de Pline à Trajan, sous le règne duquel cet apôtre écrivait son *Apocalypse*; voici ses paroles : « Il est certain, mande-t-il à cet empereur, que les temples, qui étaient désertés, commencent d'être fréquentés ; qu'on reprend l'usage des cérémonies et des solennités de nos dieux depuis longtemps abandonnées, et qu'on amène à présent des victimes que presque plus que ce soit ne voulait plus acheter. » Voilà ce que Pline écrit à Trajan.

Encore, pour en venir là, fallut-il recourir à une cruelle persécution, et y obliger par force les hommes détrompés : et c'est ce qu'on a vu ci-dessus de Lactance, que du temps d'Adrien et de Trajan, l'Eglise, comme une vigne mystique, étendait ses bras en Orient et en Occident, et qu'il n'y avait aucun coin de la terre, pour reculé qu'il fût, où la religion du vrai Dieu n'eût pénétré; aucune nation barbare et farouche, que l'Evangile n'eût adoucie. N'est-il donc pas vrai de dire que, quand saint Jean voyait ces choses, l'empire idolâtre allait en ruine : *Et in interitum vadit*. Voici les termes de Pline : *Constat prope jam desolata templa cœpisse celebrari, et sacra solemnia diu intermissa repeti, passimque venire victimas, quarum adhuc rarissimus emptor inveniebatur.*

12. *Et les dix cornes que vous avez vues, sont dix rois qui n'ont pas encore reçu le royaume*. Ces dix cornes sont dix rois barbares qui n'ont pas encore fixé le siége de leur domination ; « car, » dit saint Jérôme (*in Isa*. LXVI), « l'Ecriture a coutume de représenter toujours les grands empires par des cornes de quelques fiers animaux : » *Rectissime pro regnis cornua ponit, hanc habente Scriptura sacra consuetudinem, ut regnum semper interpretetur in cornibus.*

Mais ils recevront comme rois la puissance à la même heure après la bête. Ils s'élèveront tous à la fois, et envahiront l'autorité souveraine après la bête, aux Etats de laquelle ils succèderont, établissant leur trône sur ses ruines.

13. *Ceux-ci ont un même dessein*. Ces rois n'ont qu'un même but, qui est de s'emparer des terres de l'empire, et de s'y incorporer : aussi sont-ils représentés par les cornes des animaux qui sortent de la tête, et s'y enracinent fortement. Qu'on lise l'histoire, et on trouvera partout, qu'ils ne demandaient aux empereurs que des terres pour s'y établir.

Et ils donnèrent leur force et leur puissance à la bête. Mais auparavant d'en venir là, ils prêteront leurs bras à l'empire, et combattront sous ses étendards. En effet, on les voit en qualité de troupes auxiliaires dans toutes les armées romaines, de Constance, de Valens, de Théodose, de Valentinien, de Stilicon, d'Aetius, etc. Alaric, le destructeur de Rome, assista Théodose, au rapport de Socrate, et défendit l'empire avec ses Goths contre le tyran Eugène. « Alaric, » dit-il, « était allié des Romains, on l'avait élevé aux premières charges de l'empire, en récompense des services qu'il avait rendus à l'empereur Théodose contre le tyran Eugène : » *Alaricus cum Romanis junctus, qui Theodosio imperatori in bellum contra tyrannum Eugenium administrato subsidio, honoris insignibus a Romanis exornatus erat*. (Sozom., lib. VII, c. 10.)

Il y en eut qui entreprirent de garder les frontières des provinces romaines contre d'autres Barbares qui voulaient s'y jeter, ainsi qu'on peut voir dans tous les auteurs de ces siècles-là, aussi bien que dans les saints Pères, qui regardèrent cette mauvaise politique comme la source du renversement de l'empire. C'est ce qu'on peut voir dans saint Ambroise et dans saint Jérôme (S. Hier. *in Dan*. III), dont voici les paroles remarquables au sujet de la statue de Nabuchodonosor : *Caput aureum, primum regnum Babylonium significat; argenteum, Medorum atque Persarum ; æneum Alexandrum significat, et regnum Macedonum ; inter omnia enim metalla æs vocalius est, et tinnit cla-*

rius, et sonitus ejus longe lateque diffunditur, ut non solum famam et potentiam regni, sed et eloquentiam Græci sermonis ostenderet. Et regnum quartum erit veluti ferrum... Ad Romanos pertinet, quod ferrum comminuit, et domat omnia, sed pedes ejus et digiti ex parte ferrei, et ex parte sunt fictiles, quod hoc tempore manifestissime comprobatur; sicut enim in principio nihil imperio Romano fortius et durius fuit, ita in fine rerum nihil imbecillius, quando et in bellis civilibus, et adversum diversas nationes, aliarum gentium barbararum indigemus auxilio.

14. *Ils combattront contre l'Agneau ; mais l'Agneau les vaincra, parce qu'il est le Seigneur des seigneurs et le Roi des rois, lui et ceux qui sont avec lui, qui sont les appelés, les élus et les fidèles.*

Or ces rois barbares seront d'abord, ou idolâtres, ou hérétiques, et persécuteront cruellement l'Eglise catholique : mais enfin ils se convertiront presque tous à la foi par le moyen des prédicateurs évangéliques, et c'est ce qu'on a vu arriver à l'égard des Goths, des Huns, des Bourguignons, des Suèves, des Vandales, ainsi qu'ont remarqué les auteurs de ce temps-là, particulièrement saint Augustin et Paul Orose (lib. VII, c. 41) : « Car qui sait, » disent-ils, « si peut-être la Providence n'a pas permis que les Barbares se soient emparés des terres des Romains, pour leur procurer le salut ? Ne voyons-nous pas qu'en Orient et en Occident les Eglises de Jésus-Christ sont remplies de Huns, de Suèves, de Vandales, de Bourguignons, et de diverses autres nations qui se sont converties à la foi ? Ne faudrait-il pas louer et exalter la miséricorde divine de ce que des peuples si nombreux sont venus à la connaissance de la vérité, quand même ce serait notre ruine temporelle qui leur en aurait ouvert la porte : » *Quanquam si ob hoc solum Barbari Romanis finibus immissi forent, quod vulgo per Orientem et Occidentem Ecclesiæ Christi Hunnis, Suevis, Vandalis, et Burgundionibus, diversisque et innumeris credentium populis replentur, laudanda et attollenda misericordia Dei videretur, quandoquidem etsi cum labefactione nostri, tantæ gentes agnitionem veritatis acciperent, quam invenire utique, nisi hac occasione possent.*

Saint Jérôme a fait la même observation en plusieurs endroits de ses ouvrages, particulièrement dans son *Epître à Héliodore*, et *à Læta*, petite fille de sainte Paule : « Maintenant, » dit-il, « les langues et les lettres de toutes sortes de nations font retentir la Passion et la résurrection de Jésus-Christ. Je ne parle pas des Hébreux, des Grecs et des Latins, que le Seigneur se consacra par le titre de sa croix. L'Indien, le Perse, le Goth et l'Egyptien savent la théologie chrétienne. L'humeur farouche des habitants de Bessora, et la multitude des peuples couverts de peaux qui sacrifiaient autrefois des hommes aux furies de l'enfer, ont changé leur rudesse intraitable aux doux accents des cantiques de la croix, et Jésus-Christ retentit partout l'univers, étant dans la bouche de tout le monde. La croix est devenue l'étendard militaire des conquérants. La figure de ce bois salutaire honore la pourpre des rois, et leurs diadèmes brillants de pierreries. L'Egyptien Sérapis, par une merveille inouïe, est devenu Chrétien : Marnas pleure à Gaza, et se voyant abandonné, et son temple condamné, il craint à tous moments qu'on ne le renverse. Nous recevons tous les jours des compagnies de moines qui nous viennent des Indes, de la Perse et de l'Ethiopie. L'Arménien a déposé son carquois et ses flèches ; les Huns apprennent le Psautier ; les climats glacés de la Scythie brûlent du zèle d'une foi ardente. Les armées des Gètes, dont la couleur blonde brille avec éclat, conduisent avec elles des églises portatives et en forme de tentes, qu'elles dressent partout : et peut-être nous disputent-ils la victoire d'une ardeur égale à la nôtre, parce que la même religion leur donne une égale confiance : » *Nunc vero passionem Christi, et resurrectionem ejus, cunctarum gentium, et voces, et litteræ sonant. Taceo de Hebræis, Græcis et Latinis, quas nationes fidei in crucis titulo Dominus dedicavit. Indus, Persa, Gothus et Ægyptius philosophantur. Bessorum feritas, et Pellitorum turba populorum, qui mortuorum quondam homines inferiis immolabant, stridorem suum in dulce crucis fregerunt melos, et totius mundi, una vox Christus est. Vexilla militum crucis insignia sunt. Regum purpuras, et ardentes diadematum gemmas, patibuli salutaris pictura condecorat. Jam et Ægyptius Serapis Christianus factus est. Marnas Gazæ luget inclusus et eversionem templi jugiter pertremiscit. De India, Perside, Æthiopia, monachorum quotidie turmas suscipimus. Deposuit pharetras Armenius; Hunni discunt Psalterium. Scythiæ frigora fervent calore fidei ; Getarum rutilus et flavus exercitus ecclesiarum circumfert tentoria : et ideo forsitan contra nos æqua pugnant acie, quia pari religione confidunt.* Ce même Père dit encore en un autre endroit (in *Matth.* XXIV, 14) : *Non enim puto aliquam remansisse gentem, quæ Christi nomen ignoret.*

N'est-ce pas le parfait accomplissement de la prophétie, et ne sont-ce pas là ces rois qui, ayant premièrement combattu contre l'Agneau, ont été enfin surmontés par lui ? Il ne faut donc point rejeter l'existence de ces dix rois à la fin du monde, lors de la venue de l'Antechrist en personne, ainsi que saint Augustin l'a donné à entendre, mais les placer ici. *Vereri me sane fateor,* dit ce grand docteur (lib. xx *De civit. Dei,* c. 23), *ne in decem regibus, quos tanquam decem homines videtur inventurus Antichristus, forte fallamur, atque ita ille inopinatus adveniat, non exsistentibus tot regibus in orbe Romano.*

15. *Et il me dit : Les eaux que vous avez vues, où la prostituée est assise, sont les peuples, et les nations, et les langues.*

Et l'ange ajouta : Les eaux que vous avez vues, au milieu desquelles la prostituée, c'est-à-dire Rome, est assise, et d'où elle a paru sortir au chapitre XIII sous la forme d'un monstre sortant de la mer, représentent les peuples, les nations et les provinces, sur lesquels elle règne : car, comme dit saint Grégoire, les peuples sont comparés aux eaux, parce que le tumulte qu'ils font, et la rapidité avec laquelle ils passent et s'écoulent, se précipitant à la mort, est semblable au bruit et au cours impétueux des rivières qui s'en vont à la mer : *Idcirco autem aquis populus designatur, quia et in vita sonitum habet ex tumultu carnis, et quotidie defluit ex decursu mortalitatis. Quid fluvii nomine, nisi humani generis decursio designatur, quæ velut a fontis sui origine nascendo surgit, sed quasi ad ima defluens moriendo pertransit ?* C'est dans son homélie 8e sur le prophète Ezéchiel et sur le chapitre XL de Job, chap. VI : *Multitudo populorum multorum,* dit Isaïe, *ut multitudo maris sonantis, et tumultus turbarum sicut sonitus aquarum multarum.* (*Isa.* XVII, 12.)

16. *Et les dix cornes que vous avez vues dans la bête seront ceux qui haïront la prostituée.*

Et ces dix cornes, ou ces dix rois barbares que vous avez vus attachés à la bête, ou à l'empire, concevront une haine mortelle contre la prostituée, ou contre Rome. On le voit partout dans l'histoire ; on on lise ce qu'Attila écrivit à Théodoric, ce qui obligea Alaric et Genséric d'attaquer Rome, et on trouvera des marques d'une haine implacable de ces peuples, particulièrement des Goths contre les Romains, qu'ils se vantaient de vouloir exterminer comme les tyrans du monde et les ennemis du genre humain, dont ils brisaient les beaux ouvrages, et dont ils voulaient abolir jusques aux nom, à l'écriture et aux caractères, pour en substituer de nouveaux en leur place, ainsi que les savants le remarquent ; ce qui sans doute peut servir d'une claire explication à cette prophétie : *Ut oblitterato Romano nomine, Romanum omne solum, Gothorum imperium et faceret, et vocaret (Ataulphus) essetque, ut vulgariter loquar, Gothia, quod Romania fuisset.* (Oroz., lib. VII, c. 43.)

Et ils la rendront désolée. Ils désoleront cette malheureuse ville, ils l'assiégeront, ils la réduiront aux dernières extrémités, comme on vit au siége de Rome par les Goths et les autres peuples, sans qu'elle espérât de secours d'aucun endroit, non plus que ses provinces, qui furent toutes ravagées. Son nom même, jusqu'alors si célèbre et si honorable, deviendra en horreur et en exécration à toute la terre : *Itaque nomen civium Romanorum, aliquando non solum magno æstimatum, sed magno emptum, nunc ultro repudiatur, fugitur, nec vile tantum, sed etiam abominabile pene habetur.* C'est ainsi que parlait Salvien (lib. IV, circa med.) lors du démembrement de l'empire romain par les Barbares, lorsque Rome, pour s'exprimer avec ce saint qui vivait dans cette conjoncture, était aux abois : *Cùm Romana respublica vel jam mortua, vel certe extremum agens, quasi prædonum manibus strangulata moreretur.*

Et ils la mettront à nu. Ils la dépouilleront de tous ses trésors et de toutes ses richesses. Alaric enlèvera un butin inestimable : *Gothi Romam ingressi, Alarico jubente, spoliant.* (JORNAND., c. 30 *De reb. Get.*) Ataulphe viendra achever de ravir tout ce qui aura échappé à la rapacité d'Alaric. Genséric la pillera tout à l'aise pendant quatorze jours, et chargera ses vaisseaux des dépouilles restées. Totila ne laissera que les murailles vides d'habitants. Totila ne laissa pas un seul homme dans la ville, et elle demeura destituée comme une chaumine abandonnée, dit Procope au livre III de la *Guerre des Goths : Nullo hominum in Urbe relicto, quam penitus destitutam dimisit.*

Et ils mangeront ses chairs. Ils partageront le corps de son empire, et chacun d'eux aura son morceau : les Vandales auront l'Afrique, les Visigoths l'Espagne, les Goths les Hérules et les Lombards l'Italie, les Anglais auront la Grande Bretagne, les Français les Gaules, etc.

Voici comme parle l'auteur du *Commentaire sur l'Apocalypse* parmi les Œuvres de saint Ambroise : « Ces cornes signifient les rois, par le moyen desquels l'empire romain a été détruit; les Vandales se sont emparés de l'Afrique, les Goths de l'Espagne, les Lombards de l'Italie, les Bourguignons de la Gaule, les Francs de la Germanie, les Huns de la Pannonie, les Alains et les Suèves, etc. Ces nations combattront contre l'Agneau, est-il dit dans l'*Apocalypse,* parce qu'en effet ils ont persécuté l'Église de Dieu, et qu'ils ont massacré beaucoup de peuples fidèles. Mais saint Jean ajoute que l'Agneau les vaincra; et aussi voyons-nous que toutes ces nations, si on en excepte quelques-unes, ont déjà embrassé la foi de Jésus-Christ. *Cornua illa significant regna, per quæ imperium Romanum destructum est. Vandali Africam sibi vindicaverunt, Gothi Hispaniam, Longobardi Italiam, Burgundiones Galliam, Franci Germaniam, Hunni Pannoniam, Alani autem et Suevi,* etc. *Cum Agno pugnabunt, quia Ecclesiam Dei persecuti sunt, populumque Dei interfecerunt: Agnus vincet illos, quia scimus has gentes, præter paucas, jugum fidei Christi jam suscepisse.*

Et ils la feront brûler au feu. Enfin, ils brûleront cette ville superbe, et la réduiront en cendre avec tous ses somptueux édifices, ainsi qu'on va voir au chapitre suivant.

17. *Car Dieu leur a mis dans le cœur d'exécuter ce qui lui plaît, de donner leur royaume à la bête, jusqu'à ce que les paroles de Dieu soient accomplies.*

Car Dieu se servira d'eux pour exécuter ses ordres; mais il voudra qu'ils fassent d'abord servir leur pouvoir à la défense de la bête, ou de l'empire, jusqu'à ce que le temps marqué par sa justice pour la destruction de Rome soit arrivé.

18. *Et la femme que vous avez vue, est la grande ville qui règne sur les rois de la terre.*

On ne peut pas plus clairement désigner la ville de Rome, de sorte que la bête et la femme sont la même chose; mais la femme était plus propre à marquer la prostitution, qui, dans les Ecritures, est le caractère de l'idolâtrie. Et, observez que, comme cette femme paraît ici revêtue de toutes les marques de sa domination, aussi ces têtes et ces cornes, à qui ci-dessus on avait donné des diadèmes, pour les raisons qu'on a rapportées, n'en sont pas ici ornées, étant, et des sujets moins propres à les porter, et des figures moins claires d'un empire, que ne l'est cette femme en cet équipage superbe; joint que ces rois n'étaient encore considérés que comme unis à l'empire.

Au reste, pour trouver ces dix rois, il n'est pas seulement nécessaire, entre le grand nombre des nations barbares qui se répandirent dans l'empire, d'en nommer dix principales, qui firent le plus d'éclat dans le monde, de laisser les autres, et de dire que l'Apôtre, suivant le style de l'Ecriture, a pris un nombre certain pour un indéfini; car il semble qu'il oblige à se fixer davantage, puisqu'il les désigne par cinq qualités qui doivent les distinguer des autres : *Joannes discipulus Domini in Apocalypsi edisserens significavit oportere dividi regnum* [*Romanorum*] *in decem* [*reges*] *et sic deperire.* (S. HIER., lib. V *ad Hær.,* c. 26.)

La première, que ces peuples aient d'abord prêté leurs forces à la bête; la seconde, qu'ils aient ensuite tourné leurs armes contre elle.; la troisième, qu'ils aient dévoré ses chairs., ou partagé ses provinces en s'y établissant; la quatrième, qu'ils aient combattu contre l'Agneau; la dernière, qu'ils se soient soumis à la foi.

Or on trouvera que ces cinq choses conviennent parfaitement aux Goths, aux Vandales, aux Suèves, aux Francs, aux Bourguignons, aux Huns, aux Anglais, aux Saxons, aux Allemands, et enfin aux Lombards : de sorte que si l'empire romain excita dix persécutions pour détruire le christianisme, la justice divine suscita dix nations féroces pour ruiner l'empire; et afin que tout réponde, et que cette parole s'accomplisse à la lettre : « Traitez-la comme elle vous a traité : *Reddite illi sicut et ipsa reddidit vobis.* » Si Rome eut sept empereurs qui tourmentèrent l'Eglise, Néron, Domitien, Dèce, Valérien, Aurélien, Dioclétien et Julien, Dieu envoya sept rois barbares qui désolèrent Rome et l'Italie, Alaric, Ataulphe, Genséric, Odoacre, Théodoric, Totila et Alboin. Si le dragon envoya un torrent ou une foule de satellites pour persécuter l'Eglise réfugiée dans le désert, l'Eglise, à son tour, envoya de nombreuses communautés de solitaires, pour persécuter et chasser ce vieux serpent réfugié dans les solitudes après sa défaite, ainsi qu'il s'en plaignait si souvent dans la vie du grand saint Antoine, écrite par saint Athanase (*Vit. S. Anton.,* c. 20 et 12) : *En nullum jam habeo locum nullam possideo civitatem : jam nulla mihi sunt arma, per omnes nationes, cunctasque provincias Christi personat nomen ? Solitudines quoque monachorum stipantur choris. Quid te nostris ingeris habitaculis ? Quid tibi et deserto ? Abscede a finibus alienis. Non potes hic habitare non nostras insidias sustinere.*

Il est vrai qu'on pourrait à cela faire quelques objections, et prétendre ou ôter quelques-uns de ces peuples et de ces rois, ou en ajouter d'autres : mais les réponses qu'on ne manquerait pas d'y donner, viendront assez dans l'esprit de ceux qui pourraient proposer ces difficultés. D'ailleurs, nation pour nation, et princes pour princes, n'est-ce pas la même chose ici? Peut-être aussi croirait-on devoir insister sur ce que les Lombards ne s'emparèrent pas de la ville de Rome, quoiqu'ils se fussent rendus maîtres de l'Italie; mais les auteurs de ce temps-là, et surtout saint Grégoire, nous assurent qu'ils y firent des maux infinis par la désolation de toute la campagne, par le siége qu'ils y mirent plusieurs fois, par les horribles cruautés qu'ils exercèrent sur les Romains qui tombaient entre leurs mains : « Que personne ne m'accuse, » dit ce grand Pape en finissant ses homélies sur Ezéchiel, « si je mets ici fin à mes prédications, parce que, comme nous le voyons tous, nos tribulations sont montées jusqu'à l'excès; nous sommes environnés du glaive de tous côtés, et la mort nous menace de toutes parts : les uns reviennent à nous ayant les mains coupées ; nous entendons dire que les autres sont demeurés captifs ou ont été misérablement égorgés. Je suis donc contraint d'imposer silence à ma langue, parce que la vie m'est devenue ennuyeuse, » etc. *Nemo autem me reprehendat, si post hanc locutionem cessavero, quia sicut omnes cernitis, nostræ tribulationes excreverunt. Undique gladiis circumfusi sumus, undique imminens mortis periculum timemus. Alii detruncatis ad nos manibus redeunt, alii captivi, alii interempti nuntiantur. Jam cogor linguam ab expositione retinere quia tædet animam meam vitæ meæ,* etc.

Et au chapitre 38, du livre IIIe de ses *Dialogues*, il nous en donne encore une image plus affreuse : « La cruelle nation des Lombards, » dit-il, « sortant de son pays, est venue fondre sur nos têtes. Tout le grand peuple, dont ce pays était rempli comme un champ de blé fort épais, et chargé d'épis, a été taillé en pièces et exterminé sans ressource. Les villes sont ruinées, les châteaux renversés, les temples brûlés, les monastères d'hommes et de femmes détruits, les biens des campagnes abandonnés et délaissés sans culture, les champs sont devenus de tristes solitudes; nul possesseur ne s'en dit le maître. Les bêtes sauvages se sont répandues par tous les lieux qu'une infinité d'hommes occupaient auparavant : » *Effera Longobardorum gens de vagina suæ habitationis educta, in nostram cervicem grassata est, atque humanum genus quod in hac terra præ nimia multitudine, quasi spicæ segetis more, surrexerat, succisum aruit. Depopulatæ urbes, eversa castra, concrematæ ecclesiæ, destructa sunt monasteria virorum ac feminarum, desolata ab hominibus prædia, atque ab omni cultore destituta, in solitudine vacat terra, nullus hanc possessor inhabitat, occupaverunt bestiæ loca quæ prius multitudo hominum tenebat.*

Mais s'il faut trouver un septième ennemi, qui pille et qui désole Rome, l'empereur Constant, hérétique, remplira ce nombre, puisque ne pouvant chasser les Lombards d'Italie, il saccagea cette ville malheureuse avec plus de barbarie et d'inhumanité, que n'auraient peut-être fait les Lombards mêmes : de façon qu'en tout sens on trouvera la vérité de ce qu'on a avancé. Sur quoi il faut reconnaître, si on y veut réfléchir, que comme cette destruction de l'empire romain s'est faite d'une manière toute singulière et inouïe, aussi n'y a-t-il jamais eu de prophétie, ni si nettement circonstanciée, ni plus littéralement accomplie; et qu'avoir vu ces choses si distinctement quatre cents ans avant qu'elles arrivassent, lorsqu'il n'y en avait aucune apparence, et que Rome était au plus haut point de sa puissance, de sa gloire et de son autorité ; que son empire affermi s'étendait aux extrémités du monde connu ; en un mot, tel qu'il était sous Trajan, au règne duquel saint Jean écrivait ceci, c'est être véritablement rempli de l'esprit prophétique.

C'est par ce même esprit que l'apôtre va décrire dans le chapitre suivant la ruine de Rome, cette nouvelle Babylone, imitatrice de l'ancienne, enflée comme elle de ses victoires, plongée comme elle dans ses délices et dans ses richesses, souillée comme elle par toutes sortes d'idolâtries, et persécutrice comme elle du peuple de Dieu. Aussi cette ville malheureuse tombe comme elle, de la chute la plus terrible, et tous les malheurs qui l'accablent sont la juste punition de son idolâtrie, qu'elle avait répandue par tout l'univers avec ses prostitutions. Car enfin pouvait-elle employer des moyens plus détestables pour signaler sa révolte contre Dieu, que de se faire adorer elle-même, et de faire rendre à ses empereurs les honneurs divins, pour relever la majesté romaine?

Que si nous voulons examiner les choses dès leur origine, nous trouverons que l'idolâtrie, dont la destruction était réservée à Jésus-Christ, a été le premier écueil où le démon s'est efforcé de faire succomber l'homme ; et par conséquent qu'il est vrai de dire que cette maladie du genre humain est aussi ancienne que le monde. C'est ce que prouvent clairement les autorités suivantes, qui sont très-dignes de remarque.

Præterea cum acerbe peccaverit homo, assentiens ei contra mandatum Creatoris, fieri se Deum, idololatriam admisit. (S. Aug., *Quæst. ex Novo Test.*, quæst. 83.)

« *Et eritis sicut dii.* » (Gen. III, 5.) *In quo licet advertere idololatriæ auctorem esse serpentem, eo quod plures deos induxisse in hominum* videatur 'errorem. (S. Ambros., De parad., c. 13.)

Dæmon, qui hominum genus oderat, cum eis dixisset : Si mihi in eo pareatis, ut Dei præceptum violetis, eritis tanquam dii, deos nominans qui non sunt, ut homines cum alios esse deos putassent, se etiam deos posse esse crederent. Quamobrem homines ex paradiso exierunt : ita tamen ut deorum nomen memoria tenerent. Ejecti ergo, atque expulsi ex paradiso, quod deos eos qui non erant, esse credidissent, ipsi deorum nomen his etiam hominibus qui postea ex se orti sunt, imposuerunt. (S. Just. mart., orat paræl. ad gent. circ. med.)

Moyses recordatus sine dubio quali pœna damnatus sit serpens, qui prius nominaverat deos : ideo terram comedere condemnatur (Gen. III, 14), et tali cibo dignus judicatus, ob id quod primum omnium appellationem deorum introduxerit in mundum. (S. Clem., Recogn., lib. II, circ. med.)

CHAPITRE XVIII.

Un ange publie la ruine de l'empire et de l'idolâtrie, et en marque toutes les circonstances.

SOMMAIRE. — I. Un ange descend du ciel et vient annoncer la chute de Babylone ou de Rome, de laquelle les saints sont avertis de sortir, pour n'être pas enveloppés dans sa ruine ; ce qui s'exécuta à la lettre lorsque les empereurs chrétiens transférèrent à Constantinople et ailleurs le siége de l'empire, en haine des idolâtries romaines, et qu'à la veille de sa ruine par Alaric, les fidèles instruits par un oracle céleste, et par des inspirations secrètes et puissantes, distribuèrent leurs biens aux pauvres et abandonnèrent cette ville, qui devait être livrée en proie aux Barbares.
II. La peste, la guerre et la famine la désolent. Ses citoyens sont entraînés en captivité, et ses superbes bâtiments réduits en cendre.
III. La cause de son malheur vient de son attachement à l'idolâtrie, et de sa cruauté à répandre le sang fidèle.
IV. Saint Jean décrit la désolation de Rome et de son empire, avec une magnificence sans égale.

1. Et post hæc vidi alium angelum descendentem de cœlo, habentem potestatem magnam : et terra illuminata est a gloria ejus.
2. Et exclamavit in fortitudine, dicens : Cecidit, cecidit Babylon magna : et facta est habitatio dæmoniorum, et custodia omnis spiritus immundi, et custodia omnis volucris immundæ et odibilis.
3. Quia de vino iræ fornicationis ejus biberunt omnes gentes, et reges terræ cum illa fornicati sunt : et mercatores terræ de virtute deliciarum ejus divites facti sunt.
4. Et audivi aliam vocem de cœlo, dicentem : Exite de illa, popule meus, ut ne participes sitis delictorum ejus, et de plagis ejus non accipiatis.
5. Quoniam pervenerunt peccata ejus usque ad cœlum, et recordatus est Dominus iniquitatum ejus.
6. Reddite illi sicut et ipsa reddidit vobis : et duplicate dupliciæ secundum opera ejus : in poculo, quo miscuit, miscete ei duplum.
7. Quantum glorificavit se, et in deliciis fuit, tantum date illi tormentum et luctum, quia in corde suo dicit : Sedeo regina, et vidua non sum, et luctum non videbo.
8. Ideo in una die venient plagæ ejus, mors et luctus, et igne comburetur : quia fortis est Deus, qui judicabit illam.
9. Et flebunt, et plangent se super illam

1. Et après cela je vis un autre ange qui descendait du ciel avec une grande puissance, et la terre fut éclairée de sa gloire.
2. Et il cria d'une grande force : Elle est tombée, elle est tombée la grande Babylone, et elle est devenue la demeure des démons, et la retraite de tout esprit immonde, et de tout oiseau impur et abominable.
3. Parce que toutes les nations ont bu du vin de la colère de son impudicité, et que les rois de la terre se sont souillés avec elle, et que les marchands de la terre se sont enrichis de l'excès de son luxe.
4. Et j'entendis une autre voix du ciel, qui dit : Sortez de Babylone, mon peuple, afin que vous ne participiez point à ses crimes, et que vous ne soyez point frappés de ses plaies.
5. Parce que ses péchés sont montés jusqu'au ciel, et que Dieu s'est souvenu de ses crimes.
6. Rendez-lui le mal qu'elle vous a fait, et punissez-la au double selon ses œuvres, dans le même calice où elle a fait boire, faites-la boire deux fois autant.
7. Proportionnez son tourment et sa douleur à la grandeur de son orgueil et de ses délices, parce qu'elle dit dans son cœur : Je suis reine, je suis assise sur le trône ; je ne suis point veuve, et je ne verrai point le deuil.
8. C'est pourquoi ses plaies, la mort, le deuil, la faim lui surviendront en un même jour, et elle sera brûlée dans le feu, parce que Dieu qui la condamnera est puissant.
9. Et les rois de la terre qui se sont souil-

lés, et ont vécu avec elle dans les délices, pleureront et jetteront de grands cris, lorsqu'ils verront la fumée de son embrasement.

10. Se tenant loin d'elle dans la crainte de ses tourments, ils diront : Malheur, malheur, ô grande ville de Babylone ! ô ville puissante ! ta condamnation est venue en un instant.

11. Et les marchands de la terre pleureront aussi et sangloteront en la voyant, parce qu'il n'y aura plus personne qui achète leurs marchandises.

12. Leurs marchandises d'or, d'argent, de pierreries, de perles, de toiles fines, de pourpre, de soie, d'écarlate, de toute sorte de bois de thye, de toute sorte de vases d'ivoire, et de pierres précieuses, d'airain, de fer et de marbre.

13. De cinnamome, de parfums, d'essences, d'encens, de vin, d'huile, de fleur de farine, de froment, de bestiaux, de brebis, de chevaux, de chariots, d'esclaves, et d'âmes d'hommes.

14. Et tu n'auras plus tes fruits délicieux, il n'y aura plus pour toi de viandes délicates et magnifiques, il ne s'en trouvera plus.

15. Les marchands qui se sont enrichis en lui vendant ces choses, se tiendront éloignés d'elle dans la crainte de ses tourments, et ils diront en pleurant et en s'affligeant :

16. Malheur, malheur ! cette grande ville, qui était vêtue de soie, de pourpre et d'écarlate, et qui était parée d'or, de pierreries et de perles,

17. A perdu en un moment ces grandes richesses, tous les pilotes aussi et tous ceux qui naviguent sur les lacs, tous les mariniers, et tous ceux qui trafiquent sur la mer, se retireront loin d'elle.

18. Et ils crieront en voyant le lieu de son embrasement : Quelle cité fut jamais semblable à cette grande ville ?

19. Et se couvrant la tête de poussière, ils crieront en pleurant et soupirant : Malheur, malheur ! que cette grande ville où tous ceux qui avaient des vaisseaux sur la mer se sont enrichis de son abondance, ait été détruite en un moment !

20. O ciel, ô saints apôtres et prophètes ! réjouissez-vous de ce qu'elle est traitée de la sorte ; car c'est Dieu qui vous a vengés d'elle.

21. Alors un ange puissant éleva une pierre semblable à une grande meule, et la jeta dans la mer, en disant : Babylone, cette grande ville, sera précipitée avec la même impétuosité, et on ne la trouvera plus.

22. Et on n'entendra plus en toi la voix des joueurs de harpe, ni des musiciens, ni des joueurs de hautbois ; on n'y entendra plus le son des trompettes ; on n'y trouvera plus aucune sorte d'artisans ; on n'y entendra plus le bruit de la meule.

23. Et la lumière des lampes n'y luira plus ; on n'y entendra plus de voix d'époux ni

reges terræ, qui cum illa fornicati sunt, et in deliciis vixerunt, cum viderint fumum incendii ejus.

10. Longe stantes propter timorem tormentorum ejus, dicentes : Væ, væ, civitas illa magna Babylon, civitas illa fortis, quoniam una hora venit judicium tuum.

11. Et negotiatores terræ flebunt, et lugebunt super illam, quoniam merces eorum nemo emet amplius.

12. Merces auri, et argenti, et lapidis pretiosi, et margaritæ, et byssi, et purpuræ, et serici, et cocci (et omne lignum thynum, et omnia vasa eboris, et omnia vasa de lapide pretioso et æramento, et ferro, et marmore).

13. Et cinnamomum, et odoramentorum, et unguenti, et thuris, et vini, et olei, et similæ, et tritici, et jumentorum, et ovium, et equorum, et rhedarum, et mancipiorum, et animarum hominum.

14. Et poma desiderii animæ tuæ discesserunt a te, et omnia pinguia et præclara perierunt a te, et amplius illa jam non invenient.

15. Mercatores horum qui divites facti sunt, ab ea longe stabunt propter timorem tormentorum ejus, flentes ac lugentes, et dicentes :

16. Væ, væ, civitas illa magna quæ amicta erat bysso, et purpura, et cocco, et deaurata erat auro, et lapide pretioso, et margaritis.

17. Quoniam una hora destitutæ sunt tantæ divitiæ, et omnis gubernator, et omnis qui in lacum navigat, et nautæ : et qui in mari operantur, longe steterunt.

18. Et clamaverunt videntes locum incendii ejus, dicentes : Qui similis civitas huic magnæ ?

19. Et miserunt pulverem super capita sua, et clamaverunt flentes et lugentes, dicentes : Væ, væ, civitas illa magna, in qua divites facti sunt omnes, qui habebant naves in mari de pretiis ejus, quoniam una hora desolata est.

20. Exsulta super eam, cœlum, et sancti apostoli et prophetæ : quoniam judicavit Deus judicium vestrum de illa.

21. Et sustulit unus angelus fortis lapidem, quasi molarem magnum, et misit in mare, dicens : Hoc impetu mittetur Babylon civitas illa magna, et ultra jam non invenietur.

22. Et vox citharedorum, et musicorum, et tibia canentium, et tuba non audietur in te amplius : et vox molæ non audietur in te amplius.

23. Et lux lucernæ non lucebit in te amplius, et vox sponsi et sponsæ non audietur

adhuc in te : quia in veneficiis tuis erraverunt omnes gentes.

24. Et in ea sanguis prophetarum et sanctorum inventus est, et omnium qui interfecti sunt in terra.

d'épouse, parce que tes marchands étaient les princes de la terre, et que toutes les nations ont été enchantées par tes breuvages empoisonnés.

24. Et que le sang des prophètes et des saints s'est trouvé en elle, et le sang de tous ceux qu'on a fait mourir sur la terre.

EXPLICATION.

1. *Et après ces choses, je vis un autre ange qui descendait du ciel avec une grande puissance, et la terre fut éclairée de sa gloire.*

Après les longues nuits de l'infidélité païenne, un ange fort et lumineux vient du ciel éclairer le monde, et annoncer la fin de l'idolâtrie et la levée du Soleil de justice. Mais comme ce chapitre a été en partie expliqué ci-dessus, ou qu'il suffit de le lire pour l'entendre, on s'arrêtera aux seuls versets qui demandent quelque observation.

2. *Et il cria d'une grande force, disant : Elle est tombée, elle est tombée cette grande Babylone!*

C'est-à-dire que Rome, semblable à l'ancienne Babylone, va demeurer déserte et devenir la retraite des hiboux. « Babylone fut comme la première Rome, et Rome fut comme une seconde Babylone : *Babylonia quasi prima Roma, Roma quasi secunda Babylonia est,* » dit saint Augustin (*De civit. Dei*, lib. II, c. 18); et selon l'expression de saint Jérôme (lib. XIII in *Isa.* XLVIII) : *Roma in Apocalypsi Joannis, Babylon specialiter appellatur.*

Et elle est devenue la demeure des démons, et la retraite de tout esprit impur, et de tout oiseau immonde et abominable.

C'est une phrase de l'Ecriture pour exprimer la ruine totale d'une ville, qui, contenant un nombre infini de peuple, voit tout d'un coup ses habitants massacrés, ses édifices renversés et ses campagnes désertes. Cela s'accomplit à la lettre dans Rome, où la peste, la guerre et la famine, le fer et le feu désolèrent tout, et d'où Totila emmena tous les Romains qui restaient du sac de Genséric et d'Alaric, sans en excepter un seul.

« Le Capitole, avec ses dorures, est tout noir de fumée; les temples de Rome sont remplis de toiles d'araignées; la gentilité, au milieu de la ville, est déserte; et les dieux, que les nations adoraient autrefois, sont abandonnés au haut des toits et des masures, et n'ont plus d'autre compagnie que celle des chats-huants et des hiboux : *Auratum squallet Capitolium fuligine, et aranearum telis omnia Romæ templa cooperta sunt... Solitudinem patitur in ipsa Urbe gentilitas, dii quondam nationum cum bubonibus et noctuis in solis culminibus remanserunt. Vexilla militum crucis insignia sunt, regum purpuras et ardentes diadematum gemmas patibuli salutaris pictura condecorat.* (ID., *ad Lætam*.)

4. *Et j'entendis une autre voix du ciel, qui disait : Sortez de Babylone, mon peuple.*

On peut dire que cet ordre commença de s'exécuter dès lors que Constantin, qui ne pouvait supporter les idolâtries de Rome, souillée par le sang de tant de victimes abominables, l'abandonna, comme l'assurent Orose et les autres auteurs : *Romana civitas, quæ ante hostile incendium in multis ex multa parte migraverat* (S. AUG., *De urb. excid.*, ad fin.); et il transféra le siége de l'empire à Constantinople, qu'il nomma la nouvelle Rome, et dans laquelle il ne voulut voir aucun vestige de la superstition ancienne, ainsi que nous l'apprenons d'Eusèbe et du même Orose, et où il attira avec lui tous les plus considérables Chrétiens, qui le suivirent, selon Sozomène (lib. II, c. 3) : *Constantinus amplissimis domibus Constantinopoli ædificatis, egregios viros cum familiis suis... ex seniore Roma... accivit.* Il fut imité en cela par ses successeurs, qui ne firent plus leur séjour dans cette ville, et idolâtre, et mère de l'idolâtrie. Les empereurs mêmes d'Occident demeuraient à Trèves, à Milan et à Ravenne, où, lors de la guerre d'Alaric, Honorius tenait sa cour. De sorte qu'il ne faut point douter que le gros des Chrétiens n'en fût pour lors sorti par un ordre de la Providence, puisque d'ailleurs ils possédaient les principales charges de l'empire et des provinces, et qu'ainsi ils étaient attachés à la personne du prince ou éloignés de Rome, suivant l'ordre établi par Constantin et vainement ébranlé par Julien. *Constantius,* dit Eusèbe (lib. II, c. 44), *in singulas provincias eos præsides ut plurimum misit, qui Christiani essent.*

Au reste, un semblable avis avait été donné par Jésus-Christ à ses disciples, et dans les mêmes circonstances, lorsqu'il leur prédisait la ruine de Jérusalem, où le siége fut mis deux fois : premièrement par Cestius, qui fut contraint de le lever : ce qui donna lieu aux Chrétiens (avertis par le Sauveur d'abandonner cette ville quand ils l'auraient vue entourée d'une armée) de se retirer en la ville de Pella, près le Jourdain, d'où, sans péril, ils furent spectateurs de la punition des Juifs et de l'accomplissement des prophéties de leur Maître; en second lieu par Tite, qui la prit. Ainsi Rome fut assiégée premièrement en 408 ou 409, lorsqu'on donna à Alaric des sommes immenses d'or et d'argent pour l'obliger à se retirer, ce qu'il fit; et en dernier lieu l'an 410, lorsqu'il y vint remettre le siége, et qu'il la prit et la saccagea, ce qui advint le vingt-cinquième jour d'août : comme si le mois consacré par les païens à la mémoire du plus grand des empereurs romains, et célèbre par le sac de Jérusalem et du temple, sous Tite, eût été plus propre et plus convenable à marquer la ruine de leur empire.

Afin que vous ne participiez point à ses crimes. En effet, jamais l'idolâtrie n'a vomi plus de blasphèmes qu'elle fit pendant ce dernier siège de Rome : « On y fit venir les devins de Toscane, qui disaient que la ville ne pouvait être délivrée que par le rétablissement des sacrifices anciens et l'exercice de tout ce que la superstition païenne ordonnait. La chose fut exécutée, le sénat en corps monta au Capitole, et y observa aussi bien que dans les places et dans les marchés, les cérémonies accoutumées prescrites par les livres des Pontifes : » *Cum illi non aliter Urbi conductura dicerent, nisi publice consueta sacrificia fierent, senatu in Capitolium ascendente, atque tum ibi, tum in foris suburbanis sacra peragente.* C'est Zozime, auteur païen qui rapporte ces choses, et qui assure, quoique faussement, et contre toute apparence, que le Pape saint Innocent préférant la conservation de la ville à sa religion, consentit à cette impiété : *Qui opinioni suæ salutem Urbis anteponens, clam permittebat eis, ut facerent quæcunque scirent.* Ce qui marque du moins une conspiration générale des païens pour le rétablissement du culte des démons. On ajoutait, que le christianisme devait être regardé comme une dévotion du prince, mais que le paganisme était la religion de l'empire : maxime qui montrait un penchant invétéré à l'idolâtrie dans cette ville malheureuse, dont les fidèles sont ici exhortés de sortir avec grande raison, pour ne point participer à ses sacrilèges.

Et de peur que vous ne soyez frappés de ses plaies. C'est par ce motif, au dire de saint Jérôme, que Dieu retira de ce monde le Pape saint Anastase, afin qu'il ne vît point la désolation du peuple romain, et qu'il ne fût point enveloppé dans sa ruine : « Peu de temps après, » dit-il, « Anastase, homme d'un mérite insigne, succéda au pontificat, mais Rome ne mérita pas de le garder longtemps, comme si l'univers n'eût pas dû perdre sa capitale sous le gouvernement d'un tel évêque : ou plutôt nous devons dire que Dieu le retira à lui, afin qu'il ne suspendît point par ses prières l'arrêt que sa justice avait porté contre Rome. C'est ainsi que le Seigneur disait à Jérémie : Ne me priez point pour ce peuple, car j'ai résolu de le détruire par la guerre, la peste et la famine : » *Non post multum tempus in medio succedit in pontificatum vir insignis Anastasius, quem diu Roma habere non meruit, ne orbis caput sub tali episcopo truncaretur : imo idcirco raptus atque translatus est, ne semel latam sententiam precibus suis flectere conaretur, dicente Domino ad Jeremiam : Ne oraveris pro populo isto; in gladio enim, et fame, et pestilentia ego consumam eos. (Jerem. xiv, 11, 12.)*

Orose écrit que le Pape saint Innocent, par une providence particulière de Dieu, sortit de Rome, comme le juste Lot de Sodome, et se trouva à Ravenne lors de la prise de Rome, pour ne pas être témoin de la désolation de son peuple et de la ruine de sa ville : *Beatus Innocentius Romanæ Ecclesiæ episcopus, tanquam justus Lot subtractus a Sodomis, occulta providentia Dei apud Ravennam tunc positus erat, ne peccatoris populi videret excidium.*

En un mot, l'histoire ecclésiastique nous fournit plusieurs exemples qui nous confirment cette vérité. Elle nous apprend, que sainte Mélanie, l'ancienne et la jeune, aussi bien que Pinien, mari de celle-ci, et Albine, leur belle-fille, ayant vendu leurs possessions, se retirèrent de Rome, lorsqu'elle était à la veille de sa perte. Et Palladius assure que cette même sainte Mélanie publia par tout Rome qu'on eût à s'en retirer et que Dieu l'avait ainsi révélé ; ce qu'elle inculqua plusieurs fois : prophétie qui fit tant d'impression sur les esprits, qu'un nombre considérable de Romains, qui faisaient profession du christianisme, touchés de cet oracle, et pleins de mépris pour les choses temporelles, distribuèrent leurs biens aux pauvres, jugeant prudemment qu'il leur était plus utile de s'en dépouiller pour l'amour de Jésus-Christ, que de les réserver pour servir de proie aux Barbares : *Melaniam seniorem, distractis prædiis, una cum Melania nepte, Pinianoque, ejusdem Melaniæ viro, et Albina nuru, evasisse imminentem Urbis cladem; additur ex Palladio, oraculo prophetico a Melania Romæ evulgato, atque sæpius inculcato, complures Romanorum civium Christianorum, ad rerum temporalium contemptum inductos esse, consultius existimantes amore Christi esse supernæ retributionis prodigere divitias in pauperes, quam eas ad Barbarorum prædam relinquere.*

Ce fut encore par un secret pressentiment que sainte Paule et plusieurs personnes de qualité s'étaient retirées quelque temps auparavant de cette ville infortunée, comme d'un vaisseau prêt à faire naufrage, pour se réfugier en la Terre-Sainte et ailleurs. La même chose est encore attestée par saint Augustin dans son livre *De Urbis excidio* ; c'est au chapitre 8°, voici ses paroles : *Minime dubitandum est pepercisse Deum Romanæ etiam civitati, quæ ante hostile incendium in multis ex multa parte migraverat.*

5. *Parce que ses péchés sont montés jusqu'au ciel, et que Dieu s'est souvenu de ses crimes,* c'est-à-dire que Dieu a rappelé en sa mémoire toutes ses anciennes idolâtries, dont elle ne pouvait même encore se défaire, et des cruautés effroyables qu'elle avait exercées contre les Chrétiens.

6. *Rendez-lui le mal qu'elle vous a fait, et punissez-la au double selon ses cruautés : dans le même calice où elle vous a fait boire, faites-la boire deux fois autant.*

7. *Proportionnez son tourment et sa douleur à la grandeur de son orgueil et de ses délices.*

Ces paroles ne paraissent point du tout s'adresser à ceux à qui on vient de dire de sortir de Babylone et de s'enfuir, pour ne point être participants de ses plaies : ceux qui se retirent et qui s'en vont, crainte d'être accablés, ne sont pas ceux qui démolissent; mais elles s'adressent à ceux qui devaient servir de ministres à la justice divine pour la destruction de Rome, c'est-à-dire à Alaric, qui entendait si souvent cette voix : *Va détruire Rome*; et aux Goths, à qui les Romains avaient fait toutes sortes de maux dans les siècles précédents, comme on peut voir partout dans l'histoire, et que les Goths leur rendirent avec usure, puisqu'ils en furent les vrais destructeurs. Car l'empereur Claude II tailla en pièces trois cent vingt mille Goths, et coula à fond deux mille de leurs vaisseaux; remportant, à cause d'une victoire si insigne, le titre de Gothique. Toutes les provinces furent remplies d'esclaves de cette nation. Et pour passer à d'autres défaites après celle de Radagaise, et de plus de quatre cent mille Goths qui le suivaient et qui périrent tous sans en excepter un seul, pas même ce roi, le nombre en fut infini : on les vendait comme des bêtes, et on en avait des troupeaux entiers pour un écu. C'est avec raison qu'on dit aux Goths : Faites à Rome comme elle vous a fait; outre qu'il les faut regarder dans cette occasion comme les vengeurs de l'injure commune à toutes les nations.

Ce n'est donc pas ici une voix du ciel qui exhorte les Chrétiens à égorger les idolâtres, ce serait s'arrêter à la lettre qui tue, et quitter l'esprit qui donne l'intelligence du sens de l'Ecriture, laquelle dans ces sortes d'expressions, aussi bien que dans les imprécations, ne parle pas à l'optatif ou à l'impératif, mais énonce simplement le futur; car c'est comme si elle disait : Babylone sera traitée comme elle vous a traitée ; elle recevra le double des maux qu'elle vous a faits, et elle boira au calice d'amertume deux fois plus qu'elle ne vous y fait boire. On peut ajouter que quand les destructeurs de Rome seraient même appelés *mon peuple*, ce qui n'est pas, ce serait, ou parce qu'ils faisaient profession du christianisme, ou parce qu'ils exécutaient les ordres de Dieu ; auquel sens Nabuchodonosor est nommé dans l'Ecriture serviteur de Dieu : Malheureux Israélites, en comparaison desquels Nabuchodonosor est appelé serviteur de Dieu : *Miseri Israelitæ, ad quorum comparationem Nabuchodonosor servus Dei dicitur*. Ce sont les paroles de saint Jérôme écrivant à Héliodore.

Parce qu'elle dit dans son cœur : Je suis reine, je suis assise sur le trône, je ne suis point veuve; et je ne verrai point le deuil. Voilà Rome et son pompeux langage, voilà le superbe titre d'éternelle qu'elle prenait, et l'immortelle domination qu'elle se promettait.

8. *C'est pourquoi ses plaies, la mort, le deuil, la faim lui surviendront en un même jour, et elle sera brûlée dans le feu, parce que Dieu qui la jugera est puissant.*

A cause de son orgueil insensé, elle verra tomber sur sa tête et tout à la fois les plaies suivantes : la guerre, la peste et la famine la désoleront; ses enfants seront entraînés en captivité, et enfin le feu la réduira en cendres : *Quidquid igitur vastationis, trucidationis, deprædationis, concremationis, afflictionis, in ista recentissima Romana clade commissum est*, dit saint Augustin : espèce de châtiment dont elle fut frappée, qu'il est important de voir en détail, afin de vérifier mieux la prophétie.

Premièrement, après avoir tourmenté le monde par la terreur de ses armes et par des guerres épouvantables, elle souffrit elle-même à son tour toutes les cruautés qu'elle avait exercées sur les autres, elle fut saisie des mêmes frayeurs et des mêmes terreurs paniques qu'elle avait jetées dans l'âme des autres.

« Ah ! » s'écrie le grand saint Jérôme, « qui est-ce qui le croira ? quelle histoire pourra le consacrer dignement à la postérité, et en des termes assez énergiques ? Les Romains dans leur empire ne combattre plus pour acquérir de la gloire, mais pour défendre leur vie ? Que dis-je ? ne combattre pas même pour défendre leur vie, mais pour la racheter honteusement avec l'or, et tout ce qu'ils ont de plus précieux. O lâcheté et abattement de courage inconcevable ! la milice romaine victorieuse et maîtresse de l'univers est surmontée par les Barbares, elle les appréhende, elle s'effraye à leur aspect, elle se croit perdue à leur approche. Comment ne comprenons-nous point l'accomplissement de cette prophétie, que mille soldats seront mis en fuite par un seul : » *Quis hoc credet ? quis digno sermone historiæ comprehendet ? Romani in gremio suo non pro gloria, sed pro salute pugnare ? Imo ne pugnare quidem, sed auro et cuncta suppellectili vitam redimere : proh pudor ! et stolida usque ad incredulitatem mens ! Romanus exercitus victor orbis et dominus, à Barbaris vincitur, hos pavet, horum terretur aspectu, qui ingredi non valent, qui si tetigerint, se mortuos arbitrantur, et non intelligimus prophetarum voces; Fugient mille uno persequente.* — « Les anciens Romains, » ajoute Salvien, « étaient invincibles, et nous n'avons ni force, ni courage. Les Barbares leur payaient tribut, et nous sommes devenus tributaires des Barbares, jusqu'à leur payer le bienfait de l'air que nous respirons : » *Fortissimi quondam Romani, nunc sine viribus : timebantur Romani veteres, nos timemus. Vectigalia illis solvebant populi Barbarorum, nos vectigales Barbaris sumus. Vendunt nobis hostes lucis usuram.*

C'est encore ce qu'écrivait saint Jérôme lorsque les armées des Barbares inondaient les terres de l'empire, et que Rome et les Romains étaient dans des transes mortelles.

En second lieu, Rome souffrit la peste qui la ravagea pendant le siège d'une manière épouvantable, ainsi qu'on a rapporté ci-dessus, et qui changea cette ville en un vaste sépulcre de ses citoyens, pour s'exprimer avec la vierge Démétriade, au rapport du même saint Jérôme : *Urbs tua, quondam orbis caput, Romani populi sepulcrum est. Pestilentias sine cessatione patimur*, dit saint

Grégoire dans sa première homélie sur les Evangiles.

Troisièmement, la famine la réduisit aux dernières extrémités, comme on a vu dans le passage de saint Jérôme, qui assure que cette faim dégénéra en rage désespérée, et que les Romains, après s'être repus de choses qui font horreur à penser, déchirèrent leurs propres membres, et que les mères mangèrent les enfants qu'elles venaient de mettre au monde, souffrant ainsi les mêmes maux qu'ils avaient fait endurer aux Juifs pendant le siège de Jérusalem, et à plusieurs autres : *Romæ sanies adeo gravis exarsit, et ad eas angustias Urbs redacta fuit, ut a sperantibus hominum corpora degustatum iri, vox populi erumperet : Pretium pone carni humanæ.* Zosime nous a dit ci-dessus, que les Romains furent réduits à se manger les uns les autres pendant le siège d'Alaric. Il ajoute qu'on en vint à une telle extrémité, que le peuple, croyant qu'on se repaîtrait de chair humaine, demanda hautement qu'on la mît à prix.

Procope (*De bello Goth.*, lib. II, c. 18), parlant de l'extrémité où Rome se vit réduite lorsque Totila l'assiégeait, dit qu'après que les Romains eurent donné tout leur argent et tous leurs meubles pour acheter des vivres, et qu'enfin ils furent consumés, pour lors tous les habitants se mirent à chercher des orties pour s'en nourrir ; mais comme ils n'en trouvaient presque point, et d'ailleurs, que c'est un aliment peu nourrissant, ils commencèrent à devenir tout exténués, et plusieurs mouraient subitement en marchant, la bouche pleine de ces orties, ils en vinrent en suite jusqu'à se repaître des excréments ; quelques-uns, enragés, ne trouvant plus de chiens ni de rats pour se conserver la vie, ni aucune autre sorte d'animaux, se donnèrent eux-mêmes la mort : *Quandiu aureus fuit Romanis nummus, frumentum, et furfures emebant, verum ubi demum his defuit, domesticam supellectilem omnem in forum inferre, et pro diurno hanc victu in eorum commutare jacturam : sed ubi militibus frumenti nihil reliquum fuit, quod Romanis impertiri possent, ad urticas universi jam circumspicere, quibus deficientibus, cum earum non magna his copia esset, atque adeo ad saturitatem non omnes haberent, corpore extenuari denique cœperunt, plerique vero, vel incedentes, vel dentibus adhuc ipsis urticis mandentibus, de improviso exanimati cadebant ; jamque purgamentis in cibos, et stercoribus utebantur, nonnulli etiam fame gravati, manus sibimet inferebant, cum nec canes quidem, nec mures de cætero invenirent, nec aliud usquam demortuum animal, quibus uti in cibum possint...... Quorum pars maxima decrescentibus præ inedia viribus mortem passim obibat.*

En un mot, la peste, la guerre et la famine désolèrent tellement cette ville infortunée, que quand Totila y entra, il n'y trouva plus que cinq cents personnes de reste d'un nombre infini de peuple qui la remplissait auparavant, ainsi que le même auteur assure : *Cum vero Totilas Romam ingressus est, reperit quingentos in Urbe resides, cæteros omnes jam ex Urbe excessisse, vel fame assumptos periisse.*

Le quatrième fléau qui affligea la ville de Rome, fut l'indigence et la misère, où elle tomba du faîte de grandeur et de magnificence où elle s'était vue élevée, et après s'être enrichie des dépouilles de l'univers. Voici ce qu'en dit saint Jérôme (Præf. lib. III in *Ezech.* VIII ; et Præf. lib. VII in *Ezech.* XX.)

« Nous ne nous vantons point du droit d'hospitalité que nous exerçons envers nos frères qui viennent en foule de l'Occident en la Terre-Sainte, dont la fuite, la nudité et les plaies font assez voir la rage des Barbares, et dont la misère nous fait répandre tant de larmes et pousser tant de sanglots. Qui l'aurait cru que tant de grandeurs et de magnificences, que tant de richesses et de possessions, desquelles on ne savait pas même le nombre ni le compte, pût dégénérer en une si grande disette et pauvreté, et manquer de logements, d'habits et de nourriture ? qui l'eût pu penser que Rome, élevée par tant de victoires qui lui avaient acquis la possession de tout l'univers, tombât en ruine, et devînt elle-même le sépulcre de ses enfants, après en avoir été la mère ? que tous les rivages de l'Orient, de l'Egypte et de l'Afrique fussent remplis d'esclaves de cette capitale du monde, que la sainte bourgade de Bethléem verrait les grands de l'empire de l'un et de l'autre sexe qui possédaient des biens immenses, réduits à mendier leur pain, et auxquels ne pouvant donner de secours temporels, nous nous contentons de témoigner de la compassion et de joindre nos larmes avec les leurs ! » *Nec jactantes fratrum susceptionem, præsertim cum Occidentalium fuga, et sanctorum locorum constipatio, nuditate atque vulneribus indigentium rabiem præferat Barbarorum, quos absque lacrymis et gemitu videre non possumus. Illam quondam potentiam et ignorationem divitiarum ad tantam inopiam devenisse, ut tecto, et cibo, et vestimento indigeat ! Quis crederet ut totius orbis exstructa victoriis Roma corrueret, ut ipsa suis populis mater fieret, et sepulcrum ? ut tota Orientis, Ægypti, et Africæ littora, olim dominatricis Urbis servorum et ancillarum numero complerentur ? ut quotidie sancta Bethleem nobiles quondam utriusque sexus, atque omnibus affluentes, susciperet mendicantes ? Quibus quoniam opem ferre non possumus, condolemus, et lacrymas lacrymis jungimus.*

Ainsi ceux qui avaient ravi les biens à toute la terre allèrent publier par tout l'univers le châtiment que Dieu avait tiré de leur avarice et de leur rapacité. « Car toutes les histoires grecques et latines font foi qu'il n'y eut jamais de nation plus avare que la juive et la romaine, dit saint Jérôme sur le IIe chapitre d'Isaïe : » *Historiæ tam Græcæ quam Latinæ, narrant nihil Judæorum et Romanorum gente esse avarius.*

Mais cette extrême pauvreté à laquelle

Rome fut réduite mérite encore d'être considérée plus attentivement; car nous apprenons des historiens, « qu'il fallut, lors du premier siége d'Alaric, dépouiller les statues des faux dieux de tout ce qu'elles avaient de plus précieux, et fondre même des idoles d'or et d'argent pour les joindre au bien des particuliers, et faire des sommes immenses, afin d'obliger ce roi barbare à se retirer, ainsi que le raconte Zosime : » *Ut Alaricus prima obsidione liberaret, factum est, ut ad solvendum quinque millies libras argenti, non ornamenta duntaxat sua simulacris adimerentur, verum etiam nonnulla simulacra ex auro et argento conflarentur.* En quoi on peut admirer la Providence divine, qui, pour confondre les idolâtres, permit qu'on fît de leurs dieux un tel usage, et qu'ensuite, Genséric ayant pris toutes les idoles qui restèrent du sac de Rome, pour les emporter en Afrique, le vaisseau qui les portait, à ce qu'on tient, fit naufrage, et la mer engloutit pour jamais l'idolâtrie romaine et les dieux des nations.

Sur quoi il n'est pas hors de propos de faire attention à ce qu'on écrit des trois rois qui consécutivement abandonnèrent Rome au pillage de leurs soldats, ou même de quatre.

« Premièrement, sous Alaric, l'an 410, le 25 août, après que les Romains eurent multiplié leurs blasphèmes contre Jésus-Christ et sa religion, qu'ils accusaient d'être cause de tous les malheurs de l'empire, et avoir eu vainement recours aux devins, aux sortiléges et aux sacrifices des faux dieux, enfin dit Orose, le bras de Dieu, si longtemps suspendu et si souvent provoqué, s'appesantit sur cette ville malheureuse : Alaric l'assiége, elle s'effraye, il l'attaque, il la prend, il la donne en pillage à ses soldats, qui, se répandant dans les maisons, ravirent tous les biens et les richesses des habitants, et mirent le feu en beaucoup d'endroits : » *Itaque post hæc tanta augmenta blasphemiarum, nullaque pœnitentia, ultima illa, diuque suspensa Urbem pœna consequitur; adest Alaricus, trepidam Romam obsidet, turbat, irrumpit, militibus suis universis ac singulis permisit Romanorum opes diripere, utcunque possent, omnesque domos eorum deprædari, multa ades incensæ sunt.*

Saint Augustin atteste la même chose dans son livre *De Urbis excidio*, chap. 3 : *Horrenda nobis nuntiata sunt, strages factæ, incendia, rapinæ, interfectiones, excruciationes hominum.*

« En second lieu, Ataulphe, l'an 411, ayant succédé à Alaric, revient à Rome, s'en saisit de nouveau avec ses troupes nombreuses, et, semblable aux sauterelles qui succèdent à la grêle, il acheva d'enlever tout ce qui s'était échappé à la rapacité des soldats d'Alaric; et non content de dépouiller les particuliers, il arracha des ouvrages publics tout ce qu'il avait de riche et de précieux dans toute l'Italie : » *Qui suscepto regno revertens, iterum ad Romam, si quid primum remanserat, more locustarum erasit :* *nec tantum privatis divitiis Italiam spoliavit, imo et publicis.* C'est ce que rapporte Jornandès dans son livre *De rebus Geticis.*

Aussi, trois ans après, lorsqu'Ataulphe épousa Placidie à Narbonne, il donna à cette princesse cinquante bassins pleins d'or et cinquante autres bassins remplis de pierreries sans prix.

« Troisièmement, l'an 455, Genséric, avec une puissante flotte de vaisseaux, vint aborder à Rome, et, s'en étant emparé facilement, prit tout ce qu'il trouva de meubles et d'ornements impériaux, et tout ce qui restait de beau et de rare dans la ville, entre lesquels il enleva la plus grande partie des tuiles d'airain doré, qui couvraient le temple de Jupiter Capitolin; et ayant embarqué le tout dans ses vaisseaux, il l'emporta avec lui en Afrique, et mit le feu à la ville qu'il avait dépouillée de toutes choses. On dit que le navire qui portait les statues des faux dieux périt seul dans ce voyage, et que les autres arrivèrent heureusement au port de Carthage. Le sac de cette ville infortunée dura quatorze jours, pendant lesquels les Vandales fouillèrent tranquillement les trésors et enlevèrent tout ce qu'ils purent trouver, sans que personne s'y opposât : » *Gensericus ingenti classe in Italiam adnavigans, Romam nullo adversante, facile ingreditur, gazamque omnem imperatoriam in navibus positam secum in Africam tulit, ac si quæ erant Romæ decora, inter quæ Jovis Capitolini tegularum ex ære auratarum partem dimidiam arripuit : unam vero ex his navibus, ubi statuæ fuerunt, periisse, cæteras incolumes in Africam delatas : Urbe incensa, rebus omnibusque direptis. Sed et prosper in Kroni per quatuordecim dies secura et libera scrutatione, omnibus opibus suis vacuata.* (Procop., lib. I *De bello Vandal.*)

« Quatrièmement, l'an 546, Totila ayant plusieurs fois ravagé la campagne, assiégé et pris Rome, la donna en pillage à ses soldats, ne retenant pour lui que ce qui était de plus précieux. Combien trouva-t-on encore de richesses dans les maisons des patrices! Enfin on brûla tous les édifices, ou on les démolit, et on enleva tous les habitants, sans en laisser un seul : » *Totilas imperavit omnibus Gothis, ut ei inprimis pretiosissima quæque delecta servarent, cætera sibi haberent in prædam : quam multa in patriciorum ædibus inventa fuere! Denique omnia vel igne absumpta, vel demolita sunt, nullo hominum in Urbe relicto, quam penitus destitutam dimisit.* (*Ibid.*, lib. III.)

Et ce fut pour lors et dans cette triste conjoncture que ce qui est ici prédit fut pleinement accompli :

10. *Elle sera brûlée au feu, et les rois de la terre, effrayés de la grandeur de ses tourments et de la fumée de son embrasement, s'arrêteront et se tiendront loin d'elle, disant : Malheur, malheur! Babylone, cette grande ville, cette ville si forte et si puissante, a été détruite en un moment!* Car l'histoire nous apprend que quand Bélisaire, venu en Italie avec un grand nombre de seigneurs et

d'officiers de guerre et une puissante armée pour en chasser Totila, eurent appris vers Ostie le mauvais état de Rome, ils s'arrêtèrent, et, quoiqu'ils fussent si près de cette ville désolée qui les appelait à son secours, qu'ils pouvaient en entendre les cris, ils hésitèrent et furent longtemps dans l'étonnement et la crainte, sans oser prendre aucune résolution, dit Procope, qui accompagnait Bélisaire dans cette expédition. Combien saint Jérôme et saint Augustin répandirent-ils de larmes à la nouvelle du sac de Rome! *Hæret vox, et singultus intercipiunt verba dictantis; capitur urbs quæ totum cepit orbem*, dit saint Jérôme. Verum est, écrit saint Augustin, *multa audivimus, omnia gemuimus, sæpe flevimus, vix consolati sumus.* Sur quoi le même saint Jérôme (*Præf. in Ezech.*) fait voir son étonnement en ces termes : *Ita consternatus obstupui, ut nihil aliud diebus et noctibus, nisi de salute omnium cogitarem meque in captivitate sanctorum putarem esse captivum, nec possem ora reserere;* et l'on peut dire que ce furent les sentiments du monde entier.

Rufin écrit que de Sicile, où il s'était retiré, il voyait les feux dont l'ennemi barbare embrasait l'Italie, surtout la ville de Rege. Bélisaire ne pouvant empêcher la ruine de cette ville infortunée, aux portes de laquelle il était, en fut si pénétré de douleur, qu'il en tomba évanoui : *Trepido nuntio obstupefactus nihil sciscitatur..... sed ratus portum cum uxore fuisse amissum, jacturam se omnium rerum fecisse, nec aliud sibi suisque rebus reliquum esse præsidium, quo se incolumes perditis in posterum rebus reciperent, ne hiscere quidem potuit, dolor namque intercluserat vocem. Sic itaque, re infecta, Romanus exercitus abscessit, Belisarius vero cum ad portum venisset..... et adversæ fortunæ indoluisset, in ægritudinem incidit..... Tunc Totilas intra Urbem recipitur,* etc.

Le cinquième des fléaux que Rome éprouva, fut la captivité de ses citoyens traînés en esclavage dans tous les endroits de l'univers, particulièrement lors de l'invasion des Vandales, dont nous lisons ce qui suit chez un historien de ce temps-là (Vicr. Vitens., lib. II), et qui est conforme à ce que tous les autres en ont laissé par écrit : « Il arriva, » dit-il, « en punition des péchés que les Romains commettaient, que Genséric prit cette fameuse et illustre ville, et s'empara des dépouilles d'un grand nombre de rois. Il réduisit en captivité les habitants; et en ayant emmené une grande multitude en Afrique, les Vandales et les Maures les partagèrent entre eux, selon la coutume des Barbares : pour lors on sépara les enfants de leurs pères, les femmes de leurs maris, etc.; de sorte que Genséric enleva de Rome, avec des richesses inestimables, plusieurs milliers de Romains qui furent mis en esclavage : » *Factus est peccatis urgentibus, ut urbem illam quondam nobilissimam, atque famosam, Gensericus caperet Romam, et simul exinde regum multorum divitias cum populis captivavit : quæ dum multitudo captivitatis Africanum attingere littus, dividentibus Vandalis et Mauris, ingentem populi quantitatem, ut moris est Barbaris, mariti ab uxoribus, liberi a parentibus separabantur..... et his omnibus opibus ablatis, multa inde captivorum millia Carthaginem evexit. Quis enim,* dit Rufin (*Epist. ad Ursa.*, in Ann. Euseb., lib. VI, cap. 37, edit. Vales.), *ubi stylo locus est, ubi hostilia tela metuuntur? ubi in oculis est urbium agrorumque vastatio? ubi fugitur per marina discrimina, et ne ipsa quidem absque metu habentur exsilia? In conspectu etenim, ut videbas etiam ipse, nostro, barbarus qui reginum oppidum miscebat incendio,* etc.

Ainsi ceux qui avaient emmené tant de captifs de Carthage à Rome, furent eux-mêmes à leur tour ramenés esclaves de Rome à Carthage, comme les Juifs le furent en Egypte après la prise de Jérusalem par Tite, et nous venons de voir il n'y a qu'un moment, que, selon saint Jérôme, il n'y avait point de rivage dans l'Orient, l'Egypte et l'Afrique, qui ne fût rempli de Romains qu'on vendait comme des esclaves.

Enfin, le dernier fléau de la colère de Dieu sur Rome, fut le feu qui la dévora et la réduisit en cendres, elle qui avait rempli d'incendies tout l'univers. On l'a vu plusieurs fois ci-dessus dans les passages qu'on a rapportés au sujet de sa prise, à quoi il faut ajouter le témoignage de saint Jérôme : « O malheur, » dit ce grand docteur, « l'univers tombe, et nos péchés subsistent encore! Cette grande et illustre ville, la capitale de tout l'empire romain, a été détruite par un seul incendie : il n'y a point de pays au monde où l'on ne voie des Romains fugitifs Ces églises autrefois si belles, ont été réduites en cendres et en charbons : *Proh nefas! Orbis terrarum ruit, et in nobis peccata non ruunt! Urbs inclita, et Romani imperii caput, uno hausta est incendio! nulla est regio, quæ non exsules Romanos habeat : in cineres ac favillas quondam ecclesiæ conciderunt.*

Et le même Père parlant de sainte Probe, qui se retirait de Rome, dit, que de la mer elle voyait sa patrie fumante : *Quæ de medio maris fumantem viderat patriam.* Il nous représente l'Italie en habit lugubre, les murs de Rome renversés, ses maisons pillées, ses édifices brûlés et démolis, et ses citoyens dans les fers : *Tunc lugubres vestes Italia,.... et semiruta urbis Romæ mænia.. incensis, direptisque domibus, et in urbe captivitas.*

Socrate confirme la même chose : « Alaric, » dit-il (lib. VII, c. 10), « prit Rome, et ses troupes pillèrent cette grande ville, brûlèrent ses plus magnifiques bâtiments, partagèrent entre eux le butin, et firent mourir par de cruels supplices les principaux du sénat : » *Postea Barburi qui erant cum Alarico, agris urbibusque, in quas forte incidebant, vastatis, tandem Romam occuparunt, quam etiam populati, multa insignia monumenta spectatu dignissima incendere, pecuniam civium rapere, complures ordinis sena-*

torii viros, variis supplicii generibus cruciatos interficere cœperunt.

Saint Jérôme, décrivant la vertu de la vierge Démétriade, dit que sa mère et son aïeule trouvèrent dans la pieuse résolution de leur fille de quoi se consoler de l'incendie de Rome réduite en cendres: *Invenisse quod Romanæ urbis cineres mitigaret.*

Après cela, doit-on chercher d'autre accomplissement de ces paroles prophétiques de l'*Apocalypse* mises ici? *Parce qu'elle dit dans son cœur: Je suis reine, je suis assise sur le trône, je ne suis point veuve, et je ne verrai point la mort. A cause de cela viendront sur elle en un même jour les plaies qui lui sont préparées, la mort, le deuil et la faim, et elle sera brûlée dans le feu..... et on verra la fumée de son embrasement...... et on dira: Malheur, malheur! cette grande ville qui était vêtue de soie, de pourpre et d'écarlate, et qui était parée d'or, de pierreries et de perles, a perdu en un moment ses grandes richesses! Et ils crieront en voyant le lieu de son embrasement: Quelle ville fut jamais semblable à cette grande ville? O ciel, ô saints apôtres, réjouissez-vous de ce qu'elle est traitée de la sorte, car c'est Dieu qui vous a vengés d'elle:* « *Quia in corde suo dicit: Sedeo regina, et vidua non sum et luctum non videbo. Ideo in una die venient plagæ ejus, mors, et luctus, et fames, et igne comburetur,* » etc.

Peut-on voir une plus grande conformité entre la prophétie et l'histoire; mais il faut achever ce qui reste de ce chapitre, qui demande quelque observation.

21. *Alors un ange puissant éleva une pierre semblable à une grande meule, et la jeta dans la mer, en disant: Babylone, cette grande ville, sera précipitée avec la même impétuosité, et on ne la trouvera plus.*

Non que Rome dût être engloutie, pour ne jamais paraître: mais cela veut dire que ce qui s'appellera Rome dans la suite, ne sera plus cette ancienne Rome en grandeur, en édifices, en temples, en palais, en richesses, en habitants, en domination, en superstition, en idolâtrie. Ce qui peut être confirmé par la prédiction que fit saint Benoît, au rapport de saint Grégoire, à un évêque qui, se persuadant que Rome allait être détruite de fond en comble par les Barbares, et qu'elle ne serait jamais habitée, reçut pour réponse de ce grand patriarche: Que Rome ne serait pas tout à fait exterminée, mais qu'elle serait presque bouleversée par les tempêtes, les foudres, les orages, et les tremblements de terre: ce que nous voyons de nos yeux accompli, dit saint Grégoire (*Dialog.*, lib. II, c. 15), considérant les murs de la ville renversés, les maisons ruinées, les églises démolies, les édifices ébranlés par leur propre vétusté, et tombant d'eux-mêmes: *Roma a gentibus non exterminabitur, sed tempestatibus, coruscis, et turbinibus, ac terræ motu fatigata, in semetipsa marcescet, cujus prophetiæ mysteria nobis jam facta sunt luce clariora, qui in hac urbe dissoluta mœnia, eversas domos, destructas ecclesias turbine cernimus, ejusque ædificia longo senio lassata ruinis crebrescentibus prosterni.*

Combien a-t-on dit de fois qu'on cherchait Rome dans Rome même, à la manière que Notre-Seigneur assurait de Jérusalem, qu'il n'y resterait pierre sur pierre, et qu'elle demeurerait déserte, parce qu'en effet ce qui a porté depuis le nom de Jérusalem, n'a plus été ce qu'on appelait autrefois Jérusalem: *Dabo Jerusalem in acervos arenæ, et cubilia draconum,* etc., *eo quod non sit habitator,* etc. « Car tout ainsi qu'un vase de terre ou d'argile, quand il est une fois brisé, ne recouvre plus sa première forme et beauté; ainsi le peuple juif une fois détruit, et Jérusalem renversée, ne peuvent plus recouvrer leur premier éclat, disait saint Jérôme (*in Jerem.* xix) à ce propos : » *Quomodo enim vas fictile et testeum, si fractum fuerit, in antiquam speciem non potest reformari; sic et populus Judæorum, et Jerusalem subversa, statum pristinum non habebunt.*

On peut néanmoins ajouter que ceci s'est accompli à la lettre lorsque tous les dieux romains furent engloutis dans la mer par le naufrage du vaisseau qui les portait de Rome en Afrique; car depuis ce temps-là on n'a plus ouï parler de l'idolâtrie romaine.

23. *Parce que toutes les nations ont été séduites par tes enchantements, et que tu t'es rendue coupable du sang des prophètes et des saints, et de tous ceux qui ont été tués sur la terre.*

Voilà le double sujet de sa ruine, la corruption de la terre qu'elle a entraînée dans son idolâtrie, et l'effusion du sang fidèle qu'elle a répandu dans toute l'étendue de son empire, ainsi il faut que le sien soit épanché, et que la religion du vrai Dieu soit établie.

Que si de la désolation de Rome on veut jeter les yeux sur la désolation de l'empire, de quelle horreur ne sera-t-on pas frappé? L'image de la Judée, après sa ruine par Tite et par Adrien, en approche-t-elle? Voici ce qu'en dit saint Jérôme sur ces paroles du IV° chapitre d'Osée: « Pour ce sujet la terre pleurera; car lorsque les dix tribus seront menées en captivité, la terre demeurera sans habitants, les bêtes disparaîtront aussi, bien que les oiseaux du ciel et les poissons de la mer; et les éléments même, tout insensibles qu'ils soient, se sentiront de la colère du Seigneur. Que celui qui ne croit pas que ces choses soient arrivées au peuple juif, jette les yeux sur l'Illyrie, sur la Thrace, sur la Macédoine, sur la Pannonie, et sur toute cette étendue de terre qui règne depuis la Propontide et le Bosphore jusqu'aux Alpes Juliennes, et il trouvera qu'avec les hommes tous les animaux qui servaient à leur usage, et que le Créateur sustentait à cette fin, ont disparu: » *Propter hoc lugebit terra: Cum enim captivitas decem tribuum venerit, habitatore sublato, bestiæ quoque, et volucres cœli, et pisces maris deficient, iramque Domini etiam muta elementa sentient. Hoc qui non credit accidisse populo Israel, cernat Illyricum, cernat Thracias, Macedoniam,* atque Pannonias, omnemque terram, quæ a Propontide et Bosphoro usque ad Alpes Julius tenditur, et probabit cum hominibus animantia cuncta deficere, quæ in usus hominum a Creatore prius alebantur. Hoc verum esse, ajoute le même Père (in Jerem. IV), nunc totus orbis demonstrat, ut cæsa hominum multitudine, volatilia quoque, quæ solent habitatores sequi, abierint, et perierint.

Et sur le VII° chapitre du prophète Isaïe, il achève cette triste peinture, en ces termes : « Plût à Dieu que nous ne sussions pas, » dit-il, « que ces désolations sont les suites de la captivité! Car maintenant une grande partie de l'empire romain est devenue semblable à la Judée, ce qui ne peut être qu'un effet de la colère de Dieu qui venge le mépris que nous faisons de ses lois, non plus par les Assyriens ou les Chaldéens, mais par des nations féroces, et dont nous n'avions jamais ouï parler, de qui le regard n'est pas moins terrible que le langage, et qui avec des visages efféminés et découpés mettent des hommes vaillants et de bonne mine en fuite, et les percent de leurs traits : » *Hæc post captivitatem fieri utinam nesciremus! At nunc magna pars Romani orbis Judææ quondam similis est; quod absque ira Dei factum non putamus, qui nequaquam contemptum sui per Assyrios ulciscitur, et Chaldæos, sed per feras gentes, et quondam nobis incognitas, quarum et vultus, et sermo terribilis est, et femineas, incisasque facies præferentes, virorum et bene barbarorum fugientia terga confodiunt.*

Telle fut la désolation et la ruine de cet empire si superbe; à quoi on peut encore ajouter les paroles du même saint Jérôme en cet endroit : *In illo tempore, præ hominum paucitate, tanta erit rastitas, ut nequaquam armenta boum habeant, nec greges ovium, sicut prius habere consueverant; in vepres enim et in spinas omnis terra redigetur, tantaque erit formido, ubique sævientibus gladiis, ut absque arcu et sagittis, nullus suum agrum invisere audeat, et derelictis campestribus locis, ad montana confugiant, ibique locorum difficultate muniti, vix asperos montes manu fodiant, quia boves, aratra, et vomeres non habebunt; sic ubique ergo rarus cultor in montibus fuerit inventus, inde vitam miserabilem sustentabunt: cætera autem patebunt pascuis, et absque ullo custode a brutis animantibus conculcabuntur. Hæc post captivitatem*, etc.

Telle devint la face de l'empire romain, autrefois si riche, si peuplé, si cultivé, et dont l'impiété et la cruauté, jointes à un orgueil et à une avarice qui n'eurent jamais de semblables, attirèrent enfin la vengeance du Ciel, ainsi que l'Apôtre vient de nous le décrire en des termes si magnifiques, si vifs, et qui se vérifièrent à la lettre, comme il le prédisait plus de quatre ou cinq cents ans auparavant.

QUATRIÈME PARTIE,

CONTENANT CE QUI DOIT ARRIVER DEPUIS LA DESTRUCTION DE L'EMPIRE ROMAIN ET DE L'IDOLATRIE JUSQU'A LA FIN DU MONDE.

CHAPITRE XIX.

Etat de l'Eglise depuis la destruction du paganisme jusqu'à la venue de l'Antechrist.

SOMMAIRE. — I. L'Eglise du ciel fait des réjouissances de la ruine de l'idolâtrie, de l'établissement du royaume de Dieu sur la terre et de ce que le sang des martyrs a été vengé.
II. Les noces de l'Agneau s'approchent ; son Epouse se pare, c'est-à-dire que la religion du vrai Dieu se dilate dans le monde, que son culte s'étend partout, que l'Eglise enfante un nombre infini de saints qui l'ornent et l'enrichissent par leurs vertus, par leur doctrine et par leurs miracles ; ce qu'on vit arriver lors de la conversion particulièrement des rois et des nations barbares.
III. Les anges deviennent les coopérateurs de ce grand ouvrage, et se disent conserviteurs avec les hommes apostoliques.
IV. Jésus-Christ paraît accompagné d'un nombre infini de saints, qui se répand sur la terre, et qui, par la vertu de la prédication attire tout le monde à lui. Son équipage pompeux ressemble à celui d'un monarque au jour de son triomphe, parce qu'il vient de détruire l'idolâtrie, de se soumettre les rois, de convertir les nations, et qu'il va encore remporter la victoire sur son dernier ennemi, au-devant duquel il semble marcher.
V. Cet état est celui de l'Eglise jusqu'à la fin du monde, Jésus-Christ régnant par la vertu de sa parole.
VI. Un ange convoque les oiseaux du ciel à venir au grand souper du Seigneur, qui va s'immoler les derniers des impies en la personne de l'Antechrist et de ceux qui le suivent; dont saint Jean marque ici la catastrophe par anticipation.

1. Post hæc audivi quasi vocem turbarum multarum in cœlo, dicentium : Alleluia, salus et gloria, et virtus Deo nostro est.

1. Ensuite j'entendis dans le ciel comme la voix de plusieurs troupes de personnes qui disaient : Alleluia, salut, gloire et puissance est à notre Dieu.

2. Parce que ses jugements sont véritables et justes, d'avoir condamné la grande prostituée qui a corrompu la terre par son impudicité, et d'avoir vengé le sang de ses serviteurs qu'elle avait répandu.

3. Et ils dirent pour la seconde fois : Alleluia; et la fumée de son embrasement s'éleva dans les siècles des siècles.

4. Et les vingt-quatre vieillards et les quatre animaux se prosternèrent et adorèrent Dieu qui était assis sur le trône, et ils dirent : Amen, alleluia.

5. Et il sortit du trône une voix qui dit : Louez notre Dieu, vous tous petits et grands, qui le servez, et qui le craignez.

6. Et j'entendis comme la voix d'une grande troupe, et comme le bruit de plusieurs eaux, et comme de grands coups de tonnerre, qui disaient : Alleluia : le Seigneur notre Dieu, le Tout-Puissant règne maintenant.

7. Réjouissons-nous, et soyons ravis de joie, et rendons-lui gloire, parce que l'heure des noces de l'Agneau est venue, et que son Epouse s'y est préparée.

8. Et il lui a été donné de se revêtir de lin blanc et luisant, et ce lin est la justice des saints.

9. Et l'ange me dit : Ecrivez : Heureux ceux qui sont appelés au souper des noces de l'Agneau ; puis il ajouta : Ces paroles de Dieu sont véritables.

10. Et je me jetai à ses pieds pour l'adorer, mais il me dit : Gardez-vous de le faire, car je suis serviteur comme vous, et comme vos frères qui ont le témoignage de Jésus. Adorez Dieu, car l'esprit de prophétie est le témoignage de Jésus.

11. Et je vis le ciel ouvert, et voilà que j'aperçus un cheval blanc, et celui qui était monté dessus s'appelait fidèle et véritable, qui juge et qui combat avec équité.

12. Ses yeux étaient ardents comme des flammes de feu, il portait plusieurs diadèmes sur sa tête, et il avait un nom écrit, que personne ne sait que lui-même.

13. Il était vêtu d'une robe teinte de sang, et son nom est le Verbe de Dieu.

14. Les armées qui sont dans le ciel, le suivaient sur des chevaux blancs, vêtues de lin blanc et pur.

15. Et il sortait de sa bouche une épée tranchante des deux côtés, pour en frapper les nations, car il les gouvernera avec un sceptre de fer, et c'est lui qui foule la cuve du vin de la fureur de la colère de Dieu tout-puissant.

16. Sur son vêtement et sur sa cuisse il portait écrit, le Roi des rois et le Seigneur des seigneurs.

17. Et je vis un ange qui était dans le soleil, qui criait à haute voix, disant à tous les oiseaux qui volaient par le milieu du ciel : Assemblez-vous, et venez au grand souper de Dieu.

18. Pour manger la chair des rois, et la chair des capitaines, et la chair des braves, la chair des chevaux, et la chair de ceux qui

2. Quia vera et justa judicia sunt ejus qui judicavit de meretrice magna, quæ corrupit terram in prostitutione sua, et vindicavit sanguinem servorum suorum de manibus ejus.

3. Et iterum dixerunt : Alleluia; et fumus ejus ascendit in sæcula sæculorum.

4. Et ceciderunt seniores viginti quatuor, et quatuor animalia, et adoraverunt Deum sedentem super thronum, dicentes : Amen, alleluia.

5. Et vox de throno exivit, dicens : Laudem dicite Deo nostro, omnes servi ejus, et qui timetis Deum, pusilli et magni.

6. Et audivi quasi vocem turbæ magnæ, et sicut vocem aquarum multarum, et sicut vocem tonitruorum magnorum, dicentium : Alleluia : quoniam regnavit Dominus Deus noster omnipotens.

7. Gaudeamus, et exsultemus, et demus gloriam ei : quia venerunt nuptiæ Agni, et uxor ejus præparavit se.

8. Et datum est illi, ut cooperiat se byssino splendenti et candido. Byssinum enim justificationes sunt sanctorum.

9. Et dixit mihi : Scribe : Beati qui ad cœnam nuptiarum Agni vocati sunt ; et dicit mihi : Hæc verba Dei vera sunt.

10. Et cecidi ante pedes ejus, ut adorarem eum, et dicit mihi : Vide ne feceris : conservus tuus sum, et fratrum tuorum habentium testimonium Jesu : Deum adora : testimonium enim Jesu est spiritus prophetiæ.

11. Et vidi cœlum apertum, et ecce equus albus, et qui sedebat super eum, vocabatur fidelis, et verax, et cum justitia judicat et pugnat.

12. Oculi autem ejus sicut flamma ignis, et in capite ejus diademata multa, habens nomen scriptum, quod nemo novit nisi ipse.

13. Et vestitus erat veste aspersa sanguine, et vocatur nomen ejus Verbum Dei.

14. Et exercitus qui sunt in cœlo, sequebantur eum in equis albis, vestiti byssino albo et mundo.

15. Et de ore ejus procedit gladius ex utraque parte acutus, ut in ipso percutiat gentes, et ipse reget eas in virga ferrea, et ipse calcat torcular vini furoris iræ Dei omnipotentis.

16. Et habet in vestimento et in femore suo scriptum, Rex regum, et Dominus dominantium.

17. Et vidi unum angelum stantem in sole, et clamavit voce magna, dicens omnibus avibus, quæ volabant per medium cœli : Venite et congregamini ad cœnam magnam Dei.

18. Ut manducetis carnes regum, et carnes tribunorum, et carnes fortium, et carnes equorum, et sedentium in ipsis, et carnes

omnium, liberorum et servorum, et pusillorum et magnorum.

19. Et vidi bestiam, et reges terræ, et exercitus eorum congregatos, ad faciendum prælium cum illo qui sedebat in equo, et cum exercitu ejus.

20. Et apprehensa est bestia, et cum ea pseudopropheta qui fecit signa coram ipso, quibus seduxit eos qui acceperunt characterem bestiæ, et qui adoraverunt imaginem ejus; vivi missi sunt hi duo in stagnum ignis ardentis sulphure.

21. Et cæteri occisi sunt in gladio sedentis super equum, qui procedit de ore ipsius, et omnes aves saturatæ sunt de carnibus eorum.

sont montés dessus, et la chair de toutes sortes : d'hommes, libres et esclaves, petits et grands.

19. Et je vis la bête et les rois de la terre avec leurs armées assemblées, pour faire la guerre contre celui qui était à cheval, et contre son armée.

20. Et la bête fut prise, et avec elle le faux prophète qui avait fait les prodiges devant elle, par lesquels il avait séduit ceux qui avaient reçu le caractère de la bête, et qui avaient adoré son image, et ils furent tous deux jetés tout vifs dans l'étang de feu brûlant de soufre.

21. Et le reste fut tué par l'épée qui sortait de la bouche de celui qui était à cheval, et tous les oiseaux se soûlèrent de leurs chairs.

EXPLICATION.

1. Ensuite j'entendis dans le ciel comme la voix de plusieurs troupes de personnes qui disaient : Alleluia : Salut, gloire et puissance à notre Dieu.

2. Parce que ses jugements sont véritables et justes, d'avoir condamné la grande prostituée qui a corrompu la terre par son impudicité, et d'avoir vengé le sang de ses serviteurs qu'elle avait répandu.

3. Et ils dirent pour la seconde fois : Alleluia : Et la fumée de son embrasement s'éleva dans les siècles des siècles.

4. Et les vingt-quatre vieillards et les quatre animaux se prosternèrent, et adorèrent Dieu qui était assis sur le trône, et ils dirent : Amen, Alleluia.

Après tant de grands événements qui viennent d'être représentés, l'apôtre voit la joie de l'Eglise triomphante, et entend les louanges qu'elle donne à Dieu de la ruine du paganisme, de la libre prédication de l'Evangile, de l'établissement de la religion chrétienne, et de la chute de l'empire romain, coupable d'avoir entraîné le monde dans son idolâtrie, et de lui avoir immolé tant de sang fidèle. Et il ne faut point d'autre commentaire en ce lieu, que le simple récit d'Eusèbe :

« Constantin, » dit-il, « travaillait de la sorte avec une application infatigable à l'avancement de la gloire de Dieu, à l'établissement de son culte, à la destruction de l'erreur, et à l'extinction de l'idolâtrie. Il y eut des temples dont il fit ôter les portes. Il y en eut d'autres qu'il fit découvrir, afin qu'étant exposés aux pluies et aux injures des saisons, ils tombassent en ruine. Il y en eut d'où il fit tirer des statues de bronze, que l'erreur de l'antiquité avait consacrées, et dont elle avait parlé en des termes magnifiques, et les laissa exposées aux yeux du public dans les places de Constantinople. Le peuple regardait avec mépris d'un côté Apollon Pythien, de l'autre Apollon Sminthien ; les trépieds de Delphes traînaient dans le cirque, les Muses avaient été transférées de l'Hélicon au palais ; enfin toute la ville impériale était remplie de statues de cuivre et de bronze ; qui avaient été faites par les plus excellents ouvriers, et consacrées dans les provinces par la superstition des peuples, lesquels, après leur avoir immolé un nombre infini de victimes, comme à des divinités, pendant qu'ils étaient comme enivrés de cet assoupissement d'erreur, qui jusqu'alors avait été la maladie générale du genre humain, ont enfin reconnu, quoique fort tard, combien ils s'étaient trompés, surtout quand l'empereur eut exposé ces mêmes statues aux railleries et aux dérisions de tout le monde.

« Pour ce qui est des statues d'or et d'argent, en qui l'adresse de l'art égalait la richesse de la matière, et qui servaient de pièges très-dangereux à l'inclination superstitieuse des peuples, les officiers de l'empereur obligèrent d'abord les prêtres païens à les représenter, et à les tirer des lieux les plus secrets où ils les avaient cachées. Ensuite ils dépouillèrent ces statues de leurs ornements, et découvrirent leur laideur à tout le monde. Enfin, ils mirent à part ce qu'elles avaient de plus précieux, fondirent l'or et l'argent pour le garder, et laissèrent ce qui n'était d'aucune valeur. L'empereur fit abattre et emmener les statues qui n'étaient que de cuivre ou de bronze : ainsi ces dieux autrefois si fort célèbres par les fables de la Grèce, furent liés et traînés comme des esclaves.

« Lorsque ceux qui avaient été les plus attachés au culte des démons, virent leur illusion manifestement découverte, les temples démolis, et les statues renversées, ils embrassèrent la doctrine salutaire du Sauveur, ou du moins condamnèrent la superstition de leurs pères, et se moquèrent de ces fausses divinités autrefois l'objet de leurs adorations. En effet, ils avaient juste sujet de s'en moquer, puisqu'ils voyaient les ordures cachées depuis si longtemps sous la beauté extérieure de ces figures, ils ne trouvaient au dedans que des os pourris ; que des lambeaux d'étoffes ; que de la paille et du foin ; tellement que quand ils virent qu'au dedans de ces statues il n'y avait ni aucun démon qui rendît des oracles, ni aucun dieu qui prédît l'avenir, ni aucun fantôme noir et ténébreux; ils condamnèrent leur folie et celle de leurs ancêtres; il n'y eut point de caverne si obscure et profonde où n'entrassent ceux que l'empereur avait envoyés pour extirper les restes de l'idolâtrie, ni de sanctuaires dans les temples où les soldats ne marchassent comme dans le lieu le plus profane, depuis que l'aveuglement du paganisme eut été si publiquement reconnu : » *Quo pacto confictas jam a priscis temporibus de 'diis fabulas, simul atque in terris visus est, obscuravit, ac tenebras atque errorem oblivioni tradidit : intellectualem vero lucem, quæ hominum animos illustraret, unum scilicet ac verum Deum omnibus patefecit. Itaque nunc omnes ad meliora conversi, mortuorum quidem simulacrorum vultus conspuunt, et impios dæmonum ritus conculcant, et vetustum errorem a majoribus propagatum irrident,* etc. Tout ceci est pris du III° livre de l'*Histoire de Constantin* par Eusèbe, chapitre 54 et suivants.

5. *Et il sortit du trône une voix qui dit: Louez notre Dieu, vous tous petits et grands, qui le servez, et qui le craignez.*

6. *Et j'entendis comme la voix d'une grande troupe, et comme le bruit de plusieurs eaux, et comme de grands coups de tonnerre, qui disaient : Alleluia : Parce que le Seigneur notre Dieu, le Tout Puissant, règne maintenant.*

L'Eglise militante est invitée à joindre ses cantiques d'allégresse à ceux de l'Eglise triomphante, et à bénir Dieu de ce qu'il a renversé le royaume de Satan sur la terre, pour y établir celui de Jésus-Christ son Fils bien-aimé.

7. *Réjouissons-nous, et tressaillons de joie, et rendons-lui gloire; parce que l'heure des noces de l'Agneau est venue, et que son Epouse s'y est préparée.*

C'est donc ici le triomphe de l'Eglise qui se déclare hautement Epouse de l'Agneau : tout le monde est convié au banquet nuptial, la religion du vrai Dieu se prêche, et se répand partout, l'Eglise s'établit, se dilate, se forme, s'autorise et domine, et commence à célébrer une fête qui sera éternelle.

Les titres seuls des chapitres d'Eusèbe après la mort des tyrans, et la paix procurée aux fidèles, peuvent donner la juste idée de l'endroit où nous sommes. Les voici : *De la paix que Dieu nous procura ; Du rétablissement des églises ; De la dédicace des temples ; De la splendeur et de la gloire des églises ; De la joie des provinces ; Des fêtes publiques qu'on fit partout ; De la démolition des temples des faux dieux ; Rappel des fidèles exilés dans les îles, ou aux mines ; Restitution de leurs biens et de leurs charges ; Gouvernement des provinces accordé aux Chrétiens ; Idolâtrie défendue ; Cimetières rendus ; Eglises bâties ; Culte des idoles et des statues aboli ; Lois contre les Juifs ; Biens donnés à l'Eglise ; De pace a Deo nobis procurata ; De instauratione ecclesiarum ; De ecclesiarum ubique dedicationibus ; Oratio panegyrica de splendore et gloria Ecclesiæ ; Exsultatio provinciarum ; Publica lætitia et festivitas ; Templorum eversio,* etc.

Quel changement ! Si d'un côté l'on se remet dans l'esprit l'empire romain idolâtre, tel qu'il était au temps de saint Jean, son orgueil insensé, son attachement au culte des faux dieux, son mépris pour le christianisme; et de l'autre, si on le considère tel qu'il devait être sous Constantin, l'idolâtrie condamnée, les temples abattus, Jésus-Christ adoré, quelle surprenante métamorphose ! Mais voici un nouveau précis de ce que nous en lisons dans Eusèbe :

« O merveille incroyable ! un empereur romain prêcher l'Evangile à ses soldats, leur composer des prières, et leur prescrire les cérémonies du culte qu'ils doivent rendre au vrai Dieu, duquel seul il leur ordonne d'attendre la victoire ! On adore Jésus-Christ dans le palais des Césars, on y explique les Ecritures saintes, on y trouve partout les ministres du Dieu vivant devenus les gardes fidèles et les confidents du prince : la croix y brille de toutes parts : elle est le seul étendard que l'on y révère : on reconnaît en elle une vertu divine qui met en fuite les armées des idolâtres et des démons, qui se soumet les nations barbares, et qui découvre l'erreur de l'ancienne superstition. Des églises somptueuses s'élèvent dans tous les endroits de la terre habitable, et les temples des faux dieux ébranlés jusque dans leurs fondements tombent en ruine : la mémoire des tyrans païens est abolie, et leur race jusqu'au moindre rejeton est extirpée : toute la Palestine a changé de face. Le sépulcre de Jésus-Christ est devenu le plus auguste sanctuaire de l'univers ; et le Calvaire, l'oratoire du monde le plus respecté. Tous les lieux que le Sauveur a honorés de quelques-uns de ses mystères ou de ses actions, ont été embellis par la magnificence de l'empereur. Une nouvelle Jérusalem, prédite par les prophètes, naît du milieu des cendres de l'ancienne, dont les crimes avaient attiré la ruine. Les fables ingénieuses des faux dieux, et tout ce que l'antiquité crédule avait adoré, n'est plus qu'un objet de mépris. On foule aux pieds ces statues fameuses à qui l'on avait dressé tant d'autels et immolé tant de victimes : et l'on déteste publiquement la fascination dont le genre humain s'était laissé ensorceler : on annonce dans tous les climats que le soleil éclaire, l'existence et l'unité du vrai Dieu. Les nations qui habitent l'Orient et l'Occident, et celles qui sont situées au nord et au midi, d'un commun concert célèbrent sa gloire. La doctrine chrétienne retentit dans toutes les écoles et les chaires publiques, et personne à présent n'ignore son Créateur. Tant de merveilles ont été le fruit du signe salutaire de la croix, qui, par une vertu aussi puissante que secrète, a renversé de fond en comble l'empire du démon. » Telles sont les paroles d'Eusèbe au chapitre 10 de son *Panégyrique*, où l'on peut voir un très-grand nombre d'autres choses qui servent d'interprétation aux versets où nous en sommes.

7. *Réjouissons-nous, et tressaillons de joie, et rendons gloire à Dieu, parce que l'heure des noces de l'Agneau est venue, et que son Epouse s'est préparée.*

8. *Et il lui a été donné de se vêtir de lin blanc et resplendissant, et ce lin est la justice des saints.*

On ne voit que pompe et que majesté dans l'Eglise, l'éclat des vertus et la beauté de l'innocence qui brillent dans ses enfants, sont un tissu précieux dont elle se pare avec une majesté sans pareille. Et c'est ce qui parut encore plus après la destruction de Rome et la conversion des Barbares. Combien de nouveaux rois chrétiens, et de nations entières qui les imitèrent, montrèrent-elles de foi, de zèle, de piété ! Que de conciles et de lois ! Quelle fut la discipline monastique de ces premiers temps ! Que de saints évêques s'élevèrent alors ! Combien bâtit-on, et dota-t-on richement d'églises, de monastères, d'hôpitaux ! Que de grands et d'augustes monuments nous en restent encore ! *Atque hoc maximum miraculum est..... quod sacerdotes ac ministri Dei pietate conspicui regiis hymnis ac laudibus festum diem celebrant : quod unus Deus omnibus annuntiatur : quod eum chori triumphalibus cujusque generis canticis venerentur, et universum hominum genus una cum angelicis agminibus concinit..... et velut musicis quibusdam instrumentis utentes, hymnos ipsi convenientes, gratiasque laudes cum admiratione persolvant.*

9. *Et l'ange me dit : Ecrivez ! Heureux ceux qui sont appelés au souper des noces de l'Agneau ; puis il ajouta : Ces paroles de Dieu sont véritables.*

10. *Et je me jetai à ses pieds pour l'adorer, mais il me dit : Gardez-vous de le faire ; car je suis serviteur comme vous, et comme vos frères qui rendent témoignage à Jésus. Adorez Dieu ; car l'esprit de prophétie est le témoignage de Jésus.*

L'ange, pour certifier encore davantage à saint Jean la vérité des grands événements qu'il venait de lui prédire, c'est-à-dire, la destruction de l'idolâtrie, suivie de celle de l'empire romain, et le glorieux établissement de l'Eglise, ou la vocation des gentils à la foi, et leur conversion arrivée aux Vêpres du monde et nommées dans les Livres sacrés le souper des noces de l'Agneau, lui ordonne de nouveau de les écrire comme des choses indubitablement futures, et dont l'accomplissement serait comme le sceau de la mission du Sauveur, et le témoignage incontestable de sa divinité : *Prédites-nous les choses qui doivent arriver, et nous saurons que vous êtes des dieux*, est-il dit dans Isaïe : *Annuntiate quæ ventura sunt in futurum, et sciemus quia dii estis vos.* (Isa. XLI, 23.) La vérité des prophéties étant le caractère de Jésus-Christ, qui le distingue de tout autre. Mais par le refus qu'il fit de recevoir les hommages de saint Jean, se qualifiant le conservateur des apôtres et des Chrétiens, il montre la sainte et heureuse société qui allait se former entre les anges et les hommes, qui n'auront plus qu'un même maître et qu'un même chef; ces esprits bienheureux allant devenir sur la terre des coopérateurs du salut des fidèles, et ne devant plus composer avec eux qu'un même peuple, et une même Eglise.

11. *Après cela je vis le ciel ouvert.* Le ciel s'ouvrit alors pour ne plus se fermer, et pour établir un commerce durable avec la terre : et le chérubin ancien n'en défendit plus l'entrée.

Et aussitôt j'aperçus un cheval blanc, et celui qui était monté dessus, s'appelait le fidèle et le véritable: Jésus-Christ, le Saint des saints, l'objet de la foi des peuples, dont les promesses viennent de s'accomplir si hautement, résidant dans les apôtres et dans leurs successeurs, prêche par eux les peuples, et parcourt en eux tout le monde. Car c'est le Seigneur qui les a envoyés faire retentir l'Evangile par tout l'univers, dit saint Jérôme sur le chapitre 1er du prophète Zacharie, expliquant cette vision : *A Domino enim missi sunt apostoli, ut totum orbem evangelica prædicatione complerent.* Et sur le troisième chapitre du prophète Habacuc, voici ce qu'il ajoute :

« Quand nous voyons dans l'*Apocalypse* que le Verbe divin paraît assis sur un cheval blanc, suivi d'une nombreuse armée de cavaliers, montés aussi sur des chevaux blancs, nous devons prendre cette vision en un sens mystique, et la regarder comme l'accomplissement de ces paroles de Jésus-Christ à ses disciples : » *Voici que je suis avec vous tous les jours jusqu'à la fin du monde: Allez, enseignez, baptisez toutes les nations,* etc. Car c'est par les apôtres que le Fils de Dieu s'est transporté par toute la terre, et je ne doute point que saint Paul qui a répandu l'Evangile, et porté la connaissance de Dieu en tant de climats, ne soit figuré par ce cheval blanc qui porte Jésus-Christ : «*Volumus de adventu Christi interpretari, juxta illud, quod in Apocalypsi scribitur, quod sermo Dei sedeat in equo albo, et omnis exercitus in equis albis sequebatur eum, et videbimus quomodo Christus ascenderit in apostolis suis, dicens eis : « Ecce ego vobiscum sum omnibus diebus usque ad consummationem sæculi (Matth.* XXVIII, 20), » etc.: «*Et euntes ite, baptizate omnes gentes (Ibid.*, 19), » etc., *et postea ascenderit in uno equo candido, quem alium non puto esse, nisi apostolum Paulum, super quem equitans omnem orbem circumierit.*

« La parole de Dieu paraît donc en un sens allégorique montée sur plusieurs chevaux, qui troublent les eaux en marchant, ainsi que le prophète, lorsque les prédicateurs de l'Evangile vont par leur bruit causer une frayeur salutaire à ceux que le dragon tenait engagés sous sa tyrannie dans la mer, symbole du monde, afin que revenus de cette crainte, qu'un avénement si subit leur avait causée, ils reçoivent Jésus-Christ que ces prédicateurs portent en eux:

Ascendit autem sermo Dei in equis suis, ut turbarentur aquæ multæ, hoc est, ut populi multi, qui antea in mari erant, et a dracone tenebantur obnoxii, turbarentur primum, errorem pristinum deserentes, deinde conturbati venientem equitem susciperent.

Ce saint docteur, par ce discours, témoigne que tout ceci n'est qu'une parabole, et un symbole de la prédication de l'Evangile par toute la terre, à commencer depuis l'ascension du Sauveur jusqu'à la fin du monde, et particulièrement depuis que l'empire romain, ses superstitions et ses cruautés, semblables à une digue qui s'oppose au cours d'un torrent rapide, ou à une troupe impétueuse de cavalerie, furent renversés.

« Je crois, » continue ce saint, « que ces chevaux blancs, et ces cavaliers qui les montent, que saint Jean vit dans son *Apocalypse*, ne signifient rien que les prédicateurs évangéliques, de qui les corps, au jour de la résurrection, seront éclatants de blancheur, et qui servent à présent comme de chariots pour porter le Verbe divin par toute la terre. Le Seigneur, dans l'âme de saint Paul et de saint Pierre, a parcouru l'univers, et il continue de le faire dans ses saints, qu'il envoie continuellement, et qu'il répand dans le monde : toujours armés, et se servant de leurs langues comme de flèches, il va partout procurer le salut des hommes, les blesser de son amour, et tuer l'impie : » *Joannes candidos, et sessores eorum, e quibus corpora in gloria resurgentium, puto esse equos candidos, sessores autem, sanctorum animas, Dominus ascendit in Paulo, ascendit in Petro, et in ejusmodi curribus totum lustravit orbem; semper enim sedet in sanctis suis, semper armatus est, et acutas sagittas in linguis eorum præparans, equitat, et huc illucque discurrit in orbis salutem. Equos super quos ascendit Dominus, puto non esse alios, nisi sanctorum animas, super quas ascendit sermo divinus, ut et ipsas salvet, et allios per eas.*

Telles sont les paroles de ce Père sur le troisième chapitre du prophète Habacuc, qui nous donnent l'idée parfaite et véritable de ce lieu.

Celui qui était assis dessus s'appelait le fidèle et le véritable, qui juge et qui combat avec équité. C'est-à-dire, que Jésus-Christ n'emploie que la parole sainte et véritable pour détruire ses ennemis, et pour établir son empire, et que la justice le fait régner sur ses sujets, et triompher de ses ennemis.

12. *Ses yeux étaient étincelants comme des flammes de feu.* Rempli d'indignation contre les impies qu'il vient de détruire, et contre ceux qu'il détruira à la fin du monde, au devant desquels il semble déjà marcher suivi des armées innombrables de ses saints, il fait briller dans ses yeux la majesté divine : *Habebat in vultu quiddam oculisque sidereum: fulgor et majestas Divinitatis occultæ in humana facie relucebat*, dit saint Jérôme.

Il portait plusieurs diadèmes sur sa tête, pour figurer non-seulement les rois qu'il a vaincus, ou qu'il s'est soumis, mais pour marquer qu'il réunit en lui tout domaine et toute souveraineté.

Et il avait un nom écrit que personne ne sait que lui-même. Il porte une qualité si supérieure à celle du reste des hommes, que lui seul en connaît l'éminence et le prix.

13. *Et il était vêtu d'une robe teinte de sang.* Le sang qu'il a répandu est la pourpre précieuse qui le pare, et la glorieuse marque de la victoire qu'il a remportée sur le diable, et sur la mort. Car il est inutile de lui demander, comme les anges faisaient avant l'incarnation, l'explication de ce vêtement ensanglanté qui leur était montré en révélation, ainsi que l'écrit saint Jérôme sur le LXIIIe chapitre d'Isaïe : Personne n'ignore à présent le mystère de la croix et de la Rédemption du genre humain : *Quid causæ est cur tunicam, quæ desuper texta est, et scindi non potest, et de utero virginali tantum candorem habuit, quantum nullus fullonum possit facere super terram, sanguine cruentares?*

Et son nom est le Verbe divin. En un mot, c'est le Verbe divin, le Fils unique du Père, dont l'Evangile, après avoir renversé l'idolâtrie, triomphe dans l'univers, et de l'univers, et qui par la bouche des prédicateurs et des hommes apostoliques qu'il suscitera dans tous les temps, va combattre et détruire le règne du diable, et faire la guerre aux vices et aux péchés, à l'avarice, à la luxure, à la colère, à la détraction, aux larcins, aux parjures : *Adversus regna diaboli, id est, diversa peccata, avaritiam, luxuriam, iracundiam, detractionem, furta, perjuria, sermo Dei sedens in equis, et in curribus suis equitat.* Ce sont les paroles de saint Jérôme sur le chapitre IIIe du prophète Habacuc.

14. *Et les armées qui sont dans le ciel le suivaient sur des chevaux blancs, vêtues de lin blanc et pur.* Voici comme saint Grégoire (c. 9 *in Habac.* III, 31), interprète cet endroit : *Joannes apostolus in Apocalypsi Dominum contemplatus ait : Et exercitus qui sunt in cælo, sequebantur eum in equis albis. Multitudo quippe sanctorum, quæ in hoc martyrii sudaverat, recte exercitum vocat, qui idcirco in equis albis sedere referuntur, quia nimirum eorum corpora, et luce justitiæ, et castimoniæ candore claruerunt.*

Les saints viennent à sa suite, comme des soldats après leur capitaine, et des captifs après leur libérateur, pour se répandre sur la terre, pour être reconnus et honorés des peuples, et pour coopérer à l'établissement du culte de Dieu. « Ce cavalier monté sur ce cheval éclatant de blancheur, » continue le même Père, « n'est autre chose que la figure de Jésus-Christ ressuscité, faisant rejaillir sur son corps immortel et incorruptible la gloire dont il jouit. Les saints qui l'accompagnent ici, représentent par un semblable équipage, la gloire qui leur est réservée après la résurrection, lorsque leurs corps participeront à l'incorruption et à l'immortalité de celui du Fils de Dieu : les uns paraissent avoir des chevaux rouges ; les autres blancs ; et les autres, de diverses couleurs, dans Isaïe; pour marquer l'ordre sacré des martyrs empourprés de sang, des Vierges éclatantes de pureté, des confesseurs ornés de diverses vertus et dons : *Equo sedebat albo Christus, quando post resurrectionem, immortale et incorruptum corpus assumpsit, et sancti qui eum sequebantur, candidis utebantur equis, videlicet immortalibusque corporibus, et sequebantur eum variorum colorum equi, vel in martyrio rubri, vel varii in virtutibus, vel candidi in virginitate.* (ID., *in Isa.* LXVI.)

Telle est l'interprétation que saint Jérôme donne à la vision de l'apôtre, et à l'appareil pompeux de Jésus-Christ et de ses saints après la victoire remportée sur le dragon, et sur l'empire idolâtre, lors de la propagation de la foi dans le monde par la publication de l'Evangile.

Combien de fois l'histoire de l'Eglise fait-elle mention de semblables apparitions authentiques? Théodoret en rapporte une très-célèbre, et qui n'est ignorée de personne. C'est lorsque le tyran Eugène, suivi d'une armée formidable, voulait rétablir le paganisme, et détruire la religion du vrai Dieu : (*In ore est omnium Gallorum, exercitus visos, qui se divinitus missos præ se ferebant... hæc ipsorum sermocinatio... Constantinum petimus, Constantino imus in auxilium*: ceci regarde Constantin.)

Théodose dont les troupes avaient été défaites le jour précédent, résolu néanmoins de donner la bataille le lendemain avec ce qui lui restait de gens, quoique faibles et battus, et ne voulant pas que l'étendard de la croix qui brillait à leur tête, se retirât de devant les statues de Jupiter et d'Hercule que les ennemis faisaient porter devant eux; voyant le besoin extrême où il était d'un secours extraordinaire du grand Dieu des armées, se retira dans une chapelle pour y passer la nuit prosterné en oraison. S'étant, quoique malgré lui, un peu assoupi à la pointe du jour, il vit en songe deux cavaliers vêtus de blanc, et montés sur des chevaux blancs, qui se disaient être saint Jean l'Evangéliste et saint Philippe, qui l'exhortèrent d'avoir bon courage, et l'assurèrent qu'ils étaient envoyés pour combattre avec lui, et qu'ils lui répondaient de la victoire. Un soldat cette nuit même eut une semblable vision à celle de l'empereur. Et le grand et merveilleux événement de la bataille qui se donna peu d'heures après, fit bien voir la vérité de cette apparition : *Duos quosdam viros videre sibi videbatur, alba veste indutos, et albis equis insidentes, qui se auxiliatores ac propugnatores missos esse dicebant, et alter se Joannem Evangelistam esse aiebat, alter Philippum apostolum.* C'est ce qui est rapporté au chapitre 24 du cinquième livre de l'*Histoire* de Théodoret, et confirmé par divers autres auteurs : *Didymus somno oppressus, ac velut in excessu mentis positus, equos candidos per aera discurrentes sibi videre visus est, virosque sibi insidentes, ita clamantes audire : Nuntiate Didymo, hodie Julianum hac ipsa hora peremptum esse, idque Athanasio episcopo significet,* etc.

15. *Et il sortait de sa bouche une épée tranchante des deux côtés.* C'est la parole de Dieu, selon l'expression de saint Paul.

Pour en frapper les nations. Qui ne reconnaît ici le règne de la publication de l'Evangile par tout le monde, et l'accomplissement de cette prophétie : *Il frappera la terre de l'épée qui sortira de sa bouche, et il tuera l'impie du souffle de ses lèvres :* « *Percutiet terram virga oris sui, et spiritu labiorum suarum interficiet impium.* » (*Isa.* XI, 4.)

Car ce que saint Jean décrit en cet endroit, n'est que la peinture de ce qui se passe dans l'Eglise depuis la destruction du paganisme et l'établissement de la religion chrétienne, qu'on peut appeler le règne de la parole de Dieu jusqu'à la fin du monde: « Plaise au Seigneur que le Verbe divin se serve de moi comme d'un mystérieux animal, et que par l'épée qui sortira de ma bouche, il tue le dragon qui règne dans les eaux: » *Atque utinam, et in me ascendat verbum Dei, et per lanceam oris mei interficiat eum qui regnat in aquis multis,* etc. C'est le souhait de saint Jérôme sur le chapitre III° du prophète Habacuc.

Et il gouvernera les peuples avec une verge de fer. Ce sceptre de fer exprime, non la dureté mais la durée éternelle du règne de Jésus-Christ qui subsistera toujours, et qui verra la fin de tous les autres, ainsi que Daniel le prédit en ces termes : *Aux jours de ces empires le Dieu du ciel suscitera un royaume qui ne sera jamais détruit, qui ne passera point à un autre peuple, et qui brisera, et consumera tous ces empires, tandis que lui demeurera éternellement :* « *In diebus autem regnorum illorum suscitabit Deus cœli regnum, quod in æternum non dissipabitur, et regnum ejus alteri populo non tradetur ; comminuet autem et consumet universa regna hæc, et ipsum stabit in æternum;* » parce que comme il venait de dire de l'empire romain, figure en cela du règne de Jésus-Christ. Tout ainsi que le fer brise et consume toutes choses, ainsi ce royaume réduira en poudre tous les autres : *Quomodo ferrum comminuit et domat omnia, sic conteret et comminuet omnia hæc.*

Il faut donc regarder ce sceptre de fer, et par rapport aux fidèles qu'il défendra, et par rapport aux idolâtres et aux impies qu'il brisera, ou qu'il subjuguera, et par rapport à la durée qu'il aura.

Saint Jérôme observe aussi sur le chapitre x° d'Isaïe, qu'on ne donne pas à Jésus-Christ une épée, mais une verge ou une houlette, comme au bon Pasteur figuré par Moïse, lorsqu'il délivra les Israélites de la captivité d'Egypte, pour marquer la douceur de son gouvernement, et afin que le Sauveur paraisse, dit ce saint, non tant frapper avec le glaive pour tuer, qu'avec la houlette pour conduire : *Virga directionis, virga regni tui.* (*Psal.* XLIV, 7.) *Non tam gladio percutere, quam virga, id est, non occidere, sed minari.* Ainsi c'est en vain que le dragon avait voulu dévorer celui qui devait porter cette verge dès le commencement du christianisme, comme on a vu ci-dessus (xii, 27) : *Et peperit filium masculum, qui recturus erat omnes gentes in virga ferrea.*

Et c'est lui qui foule la cuve du vin de la fureur de la colère du Dieu tout-puissant. C'est lui que Dieu a fait le dépositaire de sa justice, et le ministre de sa vengeance à l'égard de ceux qui se sont opposés ou qui s'opposeront à la religion chrétienne.

16. *Et sur son vêtement et sur sa cuisse il porte écrit : Le Roi des rois, et le Seigneur des seigneurs.*

Il sera reconnu Roi des rois par les rois mêmes qui deviendront ses sujets et ses adorateurs, et qui confesseront qu'il a toute souveraineté sur eux, et par le droit de conquête, les ayant rachetés au prix de son sang, ce que signifie ce vêtement empourpré ; et par le droit de la naissance, étant le Fils éternel du Père. La belle chose de voir dans l'intervalle de deux cents ans, trente rois ou reines d'Angleterre se renfermer dans des cloîtres, faire profession de la vie monastique, vivre dans la sainteté et la perfection évangélique, et protester ainsi qu'ils étaient les humbles sujets de ce Roi des rois ! C'est ce qui arriva lorsque cette illustre nation, autrefois si pieuse, se convertit à la foi.

Et attendu que l'Antechrist, suivi de son faux prophète, prétendra quelque jour s'opposer à ce même progrès de l'Evangile, l'apôtre nous a décrit ici tout d'une suite la révolte et la punition, faisant ainsi succéder aux premières persécutions de l'Eglise naissante, le châtiment de Rome sa persécutrice ; et à la destruction de Rome, l'établissement glorieux de l'Eglise et du christianisme dominant ; et enfin à ce bienheureux règne, la célèbre victoire de Jésus-Christ sur ce dernier ennemi, réservant néanmoins à reprendre au chapitre suivant certaines circonstances qui auront précédé, et à décrire encore une fois, et plus en détail, la fin tragique de ce méchant. C'est par ce fil d'événements qu'on sortira de ce labyrinthe, et qu'on trouvera l'enchaînement ou la liaison des chapitres précédents avec celui où nous sommes, et de celui où nous sommes avec celui qui suit : sans quoi, quelque autre voie qu'on prenne, si un interprète a pu dire jusqu'ici avec saint Jérôme : « Il me semble que depuis le commencement de cette prophétie jusqu'à l'endroit où nous sommes, j'ai trouvé une suite et une liaison des prédictions qui y sont contenues : » *Videor mihi a principio usque ad hunc locum textum servasse sermonis* ; il pourra bien ajouter avec ce même docteur : « Mais ce n'est pas une petite difficulté de faire voir à présent l'enchaînement de ce que nous avons à dire, avec ce que nous avons déjà dit : » *Verum laboris est maximi, quomodo quæ sequuntur, his quæ nunc disseruimus coaptanda sint.* Car c'est justement ici l'endroit où les millénaires se sont écartés du droit sentier de la vérité catholique, et ont donné dans les illusions et les rêveries judaïques, sous lesquelles la catastrophe du règne de l'Antechrist est enveloppée, et son histoire avec sa doctrine future énigmatiquement prédite, dit saint Jérôme (lib. xvi *in Isa.* lix) : *Statim in ipsis reperit Antichristum præparari. Omnis prophetia,* ajoute le même Père, (in *Isa.* xvi), *ænigmatibus involvitur, et præcisis sententiis, dum de alio loquitur, transit ad aliud, ne si ordinem Scriptura conservet, non sit vaticinium, sed narratio.* Qu'on lise les chap. xxviii et xxix d'Ezéchiel, et l'on verra tout ce grand événement décrit plus en détail, particulièrement au chap. xxix, ⁊ 17. Et que c'est où paraîtront ces fameux noms de Gog et Magog, dont il sera parlé ci-après au ⁊ 7 du chapitre suivant, marque assurée qu'il faut y rapporter ces quatre derniers versets 17, 18, 19 et 20, comme appartenant à la dernière persécution de l'Antechrist, et que c'est ici une véritable anticipation.

17. *Et je vis un ange qui était dans le soleil, et il criait à haute voix, disant à tous les oiseaux qui volaient par le milieu du ciel : Assemblez-vous, et venez au grand souper de Dieu.*

18. *Pour manger la chair des rois, et la chair des tribuns, et la chair des braves, la chair des chevaux, et de ceux qui sont montés dessus, et la chair de toute sorte d'hommes, libres et esclaves, grands et petits.*

Cet ange convoque les saints du ciel, et les justes de la terre à venir être les spectateurs du grand jour des combats, et de la vengeance du Seigneur, qui va s'immoler les derniers impies en la personne de l'Antechrist et de ses sectateurs, et à être les coopérateurs de son indignation.

19. *Et je vis la bête, et les rois de la terre avec leurs armées assemblées, pour faire la guerre contre celui qui était à cheval et contre son armée.*

20. *Et la bête fut prise, et avec elle le faux prophète qui avait fait des signes devant elle, par lesquels il avait séduit ceux qui avaient reçu le caractère de la bête, et qui avaient adoré son image, et ils furent jetés dans l'étang du feu brûlant de soufre.*

Voilà l'empire romain idolâtre, cette bête cruelle, qui dès les premiers temps avait persécuté l'Eglise, le voilà revenu au monde avec son Néron, parce qu'en effet l'Antechrist le fera comme revivre : il en prend ici le nom, ainsi que la chose figurée de la figure : sa ruine ici décrite est donc une récapitulation de ce qui avait été fait lors de la destruction de Rome, et une anticipation de ce qui se fera à la fin du monde, lors de la punition de l'Antechrist ; saint Jean réunissant la figure et la chose figurée en une seule vue, comme pour rendre raison de la vaine opposition de l'un et de l'autre à la prédication de l'Evangile, au progrès de la foi et à l'établissement du royaume de Dieu : *Videtur Romanum regnum divisione illa in decem partes, internecionem quodammodo passum, ad monarchiæ formam, cujusmodi Augusti Cæsaris ætate exstabat redactum iri, rursumque convaluisse, et quasi in integrum restitutum denuo visum esse.* (ANDR. Cæsar., c. 36.)

Ces deux ici furent jetés tout vifs dans l'étang du feu brûlant de soufre: paroles qui montrent que ce seront deux personnes individuelles, quoique à la tête, l'un d'un empire, et l'autre d'une secte. Mais ce mélange de l'empire romain sous Julien avec celui de l'Antechrist, et cette ambiguïté qui en résulte, ne doivent point être regardés comme des choses extraordinaires dans les prophètes. « Car, » dit saint Jérôme (Præf. *in Isa.* LXV), « les prophéties ne sont pas simplement des histoires et des narrations qu'on entend en les lisant, et qui racontent les choses avec ordre et méthode; tout y est plein d'emblèmes et d'énigmes; l'écorce des paroles présente un sens à l'esprit, et les expressions en cachent un autre tout différent, et lorsque vous pensez avoir trouvé une suite claire et intelligible, et que vous croyez n'avoir toujours qu'à avancer, vous vous trouvez tout d'un coup enveloppé d'obscurités et de ténèbres : » *Neque enim simplex a prophetis historia, et gestorum ordo narrantur, sed ænigmatum plena sunt omnia, aliudque in verbis sonat, aliud tenetur in sensibus, ut quæ æstimaveris plana et inoffensa currere lectione, sequentium rursus obscuritatibus obvolvantur.*

21. *Et tous les autres furent tués par l'épée qui sortait de la bouche de celui qui était à cheval.*

Et tous les oiseaux se soûlèrent de leurs chairs. Les armées immenses de l'Antechrist ont été exterminées par la vertu du Sauveur, et par le souffle de sa bouche, comme parle saint Paul. Et les saints animés de zèle pour ses intérêts, se sont pleinement assouvis du sang des pécheurs, non en le répandant, mais en le voyant répandre par les ministres de la justice divine.

Voilà où aboutira le cours de la prédication de l'Évangile, que saint Jean a voulu décrire tout d'une suite, pour donner une idée suivie et non interrompue de l'état de l'Église de la terre, depuis l'ascension du Sauveur jusqu'à son retour ; si bien que cette bataille contre la bête et son faux prophète est une anticipation ; et ce qui sera rapporté à la fin du chapitre suivant, une récapitulation ; d'où il faut conclure qu'une des clefs de ce livre prophétique est de démêler les anticipations et les récapitulations que le Saint-Esprit a ainsi ordonnées pour le rendre plus impénétrable à l'esprit humain : Observation très-importante pour l'intelligence des prophètes, et que le grand saint Jérôme a faite dans son *Commentaire sur le chapitre* XXI *de Jérémie:* « Il faut remarquer, » dit-il, « que l'ordre de la chronologie et des années du règne des princes, n'est pas observé dans les prophètes et qu'on ne doit pas prétendre de l'y trouver ; car souvent ce qui est arrivé en dernier lieu, dans la suite des temps, est mis tout au commencement, et ce qui est arrivé au commencement est mis à la fin : » *Et notandum quod in prophetis nequaquam regum et temporum ordo servetur; sed præpostere quod juxta historiam postea factum sit, prius referri; et quod prius gestum sit, postea:* maxime dont on va voir un exemple au chapitre suivant.

CHAPITRE XX.

Enchaînement de Satan. — Son déchaînement ; et les derniers temps de l'Église.

SOMMAIRE. — I. Un ange descend du ciel et prend le dragon, ou l'ancien serpent qui séduisait le genre humain, et l'enchaîne dans l'abîme pendant mille ans, c'est-à-dire jusqu'à la venue de l'Antechrist, et alors il sera délié pour un peu de temps. Cet enchaînement du dragon, qui fut fait lors de la destruction de l'idolâtrie sous Constantin, est rapporté ici à l'occasion de son déchaînement à la fin du monde, que l'Apôtre va décrire.

II. Pendant ce temps, qui est celui de l'Église militante, jusqu'à la fin du monde, c'est-à-dire dans cet entre-deux de l'enchaînement et du déchaînement du dragon, les âmes des saints, particulièrement des martyrs, règnent avec Jésus-Christ dans le ciel, et jugent avec lui les nations.

III. Cette gloire des âmes saintes est appelée la résurrection première, parce qu'elles participent déjà à la félicité réservée dans toute son intégrité lors de la résurrection générale des corps; ceux qui jouissent de ce bonheur anticipé ne craignent plus la mort, et sont assurés de leur salut. C'est l'état de l'Église triomphante jusqu'à la fin du monde.

IV. Satan sort de l'abîme après mille ans écoulés ; il séduit les nations qui sont aux quatre coins du monde, Gog et Magog, dont l'Antechrist sera le chef.

V. Preuves que tout ce qui est dit en quatre endroits de l'*Apocalypse* du règne de la bête, des prestiges du faux prophète qui l'accompagne, de la guerre qu'elle fait à Jésus-Christ et à ses saints, et de sa ruine et de sa punition, se doit entendre de l'Antechrist, dont l'empire est représenté ou sous la figure de celui de Julien et de l'empire romain idolâtre et persécuteur, ou produit et considéré en lui-même. Abrégé de tout ce qui est dit dans ce livre prophétique.

VI. Les armées immenses de l'Antechrist couvrent la terre de leur multitude infinie, elles marchent contre le Seigneur, elles entourent le camp des fidèles, et la ville bien-aimée, où sera pour lors apparemment le siège principal de la religion, et assiégée.

VII. Le feu du ciel tombe sur ces impies, ils périssent et sont exterminés par la justice divine. Satan, ou le dragon, ou le vieux serpent, avec la bête et le faux prophète, sont jetés dans un étang de feu et de soufre, où ils brûleront à jamais.

III. La résurrection générale. Le jugement. La punition des méchants. La récompense des bons.

1. Et vidi angelum descendentem de cœlo, habentem clavem abyssi; et catenam magnam in manu sua.

2. Et apprehendit draconem, serpentem antiquum, qui est diabolus et Satanas, et ligavit eum per mille annos.

3. Et misit eum in abyssum, clausit, et signavit super illum, ut non seducat amplius gentes, donec consummentur mille anni : et post hæc oportet illum solvi modico tempore.

4. Et vidi sedes, et sederunt super eas, et judicium datum est illis : et animas decollatorum propter testimonium Jesu, et propter verbum Dei, qui non adoraverunt bestiam, neque imaginem ejus, nec acceperunt characterem ejus in frontibus, aut in manibus suis, et vixerunt, et regnaverunt cum Christo mille annis.

5. Cæteri mortuorum non vixerunt, donec consummarentur mille anni : hæc est resurrectio prima.

6. Beatus et sanctus qui habet partem in resurrectione prima : in his secunda mors non habet potestatem, sed erunt sacerdotes Dei et Christi, et regnabunt cum illo mille annis.

7. Et cum consummati fuerint mille anni, solvetur Satanas de carcere suo, et exibit, et seducet gentes quæ sunt super quatuor angulos terræ, Gog et Magog, et congregabit eos in prælium, quorum numerus est sicut arena maris.

8. Et ascenderunt super latitudinem terræ, et circuierunt castra sanctorum, et civitatem dilectam.

9. Et descendit ignis de cœlo a Deo, et devoravit eos, et diabolus, qui seducebat eos, missus est in stagnum ignis et sulphuris.

10. Ubi et bestia et pseudopropheta cruciabuntur die ac nocte in sæcula sæculorum.

11. Et vidi thronum magnum candidum, et sedentem super eum, a cujus conspectu fugit terra, et cœlum, et locus non est inventus eis.

12. Et vidi mortuos, magnos et pusillos, stantes conspectu throni, et libri aperti sunt : et alius liber apertus est qui est vitæ : et judicati sunt mortui ex his quæ scripta erant in libris secundum opera ipsorum.

13. Et dedit mare mortuos qui in eo erant, et mors et infernus dederunt mortuos suos qui in ipsis erant : et judicatum est de singulis secundum opera ipsorum.

14. Et infernus et mors missi sunt in stagnum ignis. Hæc est mors secunda.

15. Et qui non inventus est in libro vitæ scriptus, missus est in stagnum ignis.

1. Je vis aussi un ange qui descendait du ciel, et qui avait la clef de l'abîme, et une grande chaîne dans sa main.

2. Et il prit le dragon, l'ancien serpent, qui est le diable et Satan, et il le lia pendant mille ans.

3. Et il le jeta dans l'abîme, l'y enferma, et en scella la clôture sur lui, afin qu'il ne séduisît plus les nations, jusqu'à ce que les mille ans fussent accomplis ; et ensuite il doit être délié pour un peu de temps.

4. Et après je vis des trônes où des personnes étaient assises, à qui la puissance de juger fut donnée ; je vis aussi les armées de ceux à qui l'on avait tranché la tête, pour avoir rendu témoignage à Jésus, et pour avoir annoncé la parole de Dieu, les âmes de ceux qui n'avaient point adoré la bête, ni son image, ni n'avaient point reçu son caractère sur leur front ou sur leurs mains, et qui ont vécu et régné avec Jésus-Christ pendant mille ans.

5. Les autres morts ne vivaient point jusqu'après mille ans. C'est là la première résurrection.

6. Heureux et saint qui a part à cette première résurrection ! la mort n'aura point de pouvoir sur eux, mais ils seront prêtres de Dieu et de Jésus-Christ, et ils régneront avec lui pendant les mille ans.

7. Et après que ces mille ans seront accomplis, Satan sera délivré de prison, et il sortira, et il séduira les nations qui sont sur les quatre coins de la terre, Gog et Magog, et il les assemblera en guerre, et le nombre en est comme celui du sable de la mer.

8. Et ils se répandirent sur la face de la terre, et ils investirent le camp des saints, et la cité bien-aimée.

9. Et Dieu fit descendre le feu du ciel qui les dévora, et le diable qui les séduisait, fut jeté dans l'étang de feu et de soufre.

10. Où la bête et le faux prophète seront tourmentés jour et nuit dans les siècles des siècles.

11. Et je vis un grand trône resplendissant de blancheur, et celui qui était assis dessus, en présence duquel la terre et le ciel s'enfuirent, et leur place ne se trouva plus.

12. Et je vis les morts, grands et petits, se tenant droits devant le trône ; et les livres furent ouverts, et un autre livre fut ouvert, qui est le livre de vie ; et les morts furent jugés sur ce qui était écrit dans les livres selon leurs œuvres.

13. Et la mer rendit les morts qui étaient en elle et la mort et l'enfer rendirent les leurs ; et chacun fut jugé selon ses œuvres.

14. Et l'enfer et la mort furent jetés dans l'étang de feu. C'est là la seconde mort.

15. Et quiconque ne se trouva pas écrit dans le livre de vie, fut jeté dans l'étang de feu.

EXPLICATION.

1. *Et je vis un ange qui descendait du ciel, et qui avait la clef de l'abîme, et une grande chaîne dans sa main.*

2. *Et il prit le dragon, l'ancien serpent, qui est le diable et Satan, et il le lia pendant mille ans.*

3. *Et il le jeta dans l'abîme et l'y enferma, et en scella la clôture sur lui, afin qu'il ne séduisît plus les nations, jusqu'à ce que les mille ans fussent accomplis; et ensuite il doit être délié pour un peu de temps.*

Cet enchaînement de Satan, qui semble mis ici à cause qu'on y doit faire mention de son déchaînement et de sa sortie de l'abîme, est visiblement une récapitulation d'une chose qu'il faut rapporter à la ruine de l'idolâtrie et de l'empire romain persécuteur, et à l'établissement de l'Eglise victorieuse sous Constantin et les princes chrétiens. Ce grand empereur s'en explique en des termes si convenables à cet endroit, qu'il semble ne les avoir proférés que pour servir d'explication au même texte prophétique (Apud Euseb., *Vita Constant.*, lib. II, c. 46) : « A présent, » dit-il, « que la liberté est rétablie et que, par notre ministère, le Dieu tout-puissant a dépouillé le grand dragon de son autorité, et l'a relégué hors du commerce des hommes : » *Nunc vero cum libertas restituta sit, et draco ille providentia quidem Dei optimi maximi, ministerio autem nostro a reipublicæ administratione submotus.* Et en effet, nous voyons dans les médailles qu'il fit frapper pour lors, et qui ne sont que l'expression des enseignes militaires, une croix gravée, et au pied de cette croix un serpent monstrueux écrasé, avec ces paroles à l'entour : SPES PUBLICA. Pour confirmer cette pensée, il est à propos de mettre ici ce qu'Eusèbe a laissé par écrit de ce premier empereur chrétien, le vrai héros de la religion et le destructeur du culte des démons, au sujet de la ville de Constantinople qu'il bâtit, et d'un tableau qu'il fit placer à l'entrée de son palais : « Il voulut que la ville de Constantinople qu'il avait bâtie fût tellement exempte du culte des idoles, qu'on n'y vît aucun simulacre des faux dieux dans aucun temple, ni aucune place souillée du sang des victimes qu'on leur offrait, et qu'aucun lieu ne fût infecté du feu de leurs autels; il défendit toutes les fêtes que l'on célébrait en l'honneur des démons, et qu'on ne fît aucune chose qui tînt de la superstition païenne en quelque manière que ce fût : » *Urbem suam omni idolorum cultu adeo vacuam esse voluit, ut nusquam in illa falsorum numinum simulacra in templis colerentur, ac ne areæ quidem victimarum cruore contaminatæ, nec hostiæ igne consumptæ cernerentur, neo dæmonum festivitates, nec quidquam eorum quæ apud superstitiosos vulgata sunt, ibidem ageretur.* (*Ibid.*, lib. III, c. 48.)

Aussi apprenons-nous de Paul Orose, qu'un des motifs qui obligea ce pieux prince à quitter Rome fut! l'horreur qu'il avait de ses idolâtries et de ses superstitions.

Mais voici ce qu'Eusèbe ajoute, et qui sert de commentaire en ce lieu : « Constantin, » dit-il, « fit peindre dans un tableau exposé au-devant de son palais le signe salutaire de la croix, et au-dessous, l'ennemi du genre humain qui avait combattu l'Eglise par les armes des tyrans, représenté sous la forme d'un dragon. L'Ecriture l'appelle dragon et serpent qui se roule sur soi-même. L'empereur fit donc représenter sous ses pieds et sous les pieds des princes ses enfants un dragon percé de traits, tombant au fond de la mer, pour désigner sous cette figure l'ennemi du genre humain qui, par la force de la croix dont notre prince portait la figure sur la tête, avait été précipité au fond de l'enfer. Voilà ce que signifiait ce tableau. Pour moi j'admire la pénétration de l'empereur qui, poussé de l'esprit de Dieu, a exprimé par cette peinture ce qui avait été prédit par les prophètes longtemps auparavant, que Dieu viendrait avec son épée formidable, son épée pénétrante et invincible, pour punir ce serpent terrible, ce serpent à divers plis et replis, et pour faire mourir le dragon qui est dans la mer.

Telle fut donc la représentation que l'empereur fit exposer au public, dépeignant au vrai par ce tableau la réalité de la chose même : *Quin etiam in sublimi quadam tabula ante vestibulum palatii posita cunctis spectandum proposuit salutare quidem signum, infra vero hostem illum et inimicum generis humani, qui impiorum tyrannorum opera Ecclesiam Dei oppugnaverat, sub draconis forma in præceps ruentem, quippe divina oracula in prophetarum libris draconem illum, et sinuosum serpentem appellarunt. Idcirco imperator draconem telis per medium ventrem confixum, et in profundos maris gurgites projectum, sub suis, suorumque liberorum pedibus, cera igne resoluta depingi, proponique omnibus voluit; hoc videlicet modo designans occultum humani generis hostem, quem salutaris illius tropæi, quod capiti ipsius superpositum erat, vi ac potentia in exitii baratrum detrusum esse significabat. Atque hoc quidem imago variis coloribus depicta tacite indicabat : mihi vero eximiam imperatoris intelligentiam mirari subit, qui divino quodam afflatu impulsus, ea pingendo expressit, quæ prophetarum vocibus de bestia illa multo ante prædicta fuerant, Deum scilicet, machera ingentem et terribilem adacturum esse in draconem, serpentemque fugientem, et occisurum esse draconem, qui est in mari. Horum igitur figuram expressit imperator, rem ipsam pictura prorsus imitans.* (*Ibid.*, lib. III, c. 3.)

Qui ne regardera cette peinture comme une expression mystérieuse de ce qui se passa pour lors invisiblement? *Nunc draco hamo crucis aduncatus a Domino est, et ca-*

pistro ligatus ut jumentum, et quasi mancipium fugitivum vinctus circulo, et armilla labia perforatus... nunc ut miserabilis passer ad ludum irretitus a Christo est, nunc comites suos scorpiones et serpentes calcaneo Chritianorum substratos gemit. (*Vita S. Anton.*, c. 16.) De sorte que pour revenir où on en était, saint Jean qui ne s'était occupé qu'à rapporter les conquêtes de l'Eglise depuis la ruine de l'empire romain, reprend ici la circonstance de l'enchaînement de Satan qu'il avait omise, et dont présentement il parle à l'occasion de son déchaînement, sans fixer aucun temps auquel il le rapporte, qui d'ailleurs étant un mystère secret et caché, n'a pas dû interrompre le récit historique du règne visible de Jésus-Christ sur la terre. Et l'on a pu remarquer ci-dessus que les persécutions du démon contre l'Eglise ont été toujours décrites à part, sans être confondues avec celles des hommes. Qu'on voie ce qui a été mis à la fin du chapitre xii°, où saint Jean parlant du dragon dit qu'il s'arrêta sur le sable de la mer : *Stetitque supra arenam maris;* car c'est là qu'il faut placer l'enchaînement de Satan dans l'abîme, lors de la dernière victoire de Constantin sur Licinius : et on y trouvera une parfaite conformité avec ce qu'Eusèbe rapporte ici de la peinture de Constantin, et de ce dragon précipité dans la mer : *Draconem in profundos maris gurgites projectum:* ce qui arriva, comme on le fera encore voir, lors de la fin de la persécution et des guerres excitées par les tyrans idolâtres contre l'Eglise.

Et ensuite il doit être délié pour un peu de temps. Ce qui arrivera lorsque l'Antechrist s'efforcera de rétablir l'idolâtrie et de faire rendre à la créature l'honneur dû au Créateur. Le peu de temps marqué que doit durer ce déchaînement de Satan est celui du règne de cet homme de péché qui s'asseoira dans le temple de Dieu, et qui voudra se faire adorer, et qu'on a vu souvent ci-dessus ne s'étendre qu'à trois ans et demi. Mais en attendant, voici ce que vit saint Jean depuis cet enchaînement, c'est-à-dire depuis la ruine de l'idolâtrie jusqu'à la fin du monde lorsque Satan sera déchaîné.

4. *Et je vis des trônes où des personnes étaient assises, à qui la puissance de juger fut donnée. Je vis aussi les âmes de ceux à qui l'on avait tranché la tête pour avoir rendu témoignage à Jésus et annoncé la parole de Dieu; les âmes de ceux qui n'avaient point adoré la bête, ni son image, et qui n'avaient point reçu son caractère sur leur front, ou sur leurs mains.*

Qu'on observe l'ordre que garde l'apôtre pour découvrir ce qui, depuis la destruction de l'idolâtrie jusqu'à la fin du monde, se passera, et sur la terre, et dans les enfers, et au ciel : sur la terre, il vient de nous décrire la ruine de Rome et de l'idolâtrie, la prédication de l'Evangile, l'établissement du règne de Dieu, et la victoire de Jésus-Christ sur le plus grand et le dernier des méchants : dans les enfers, il vient de nous apprendre l'enchaînement du démon et la punition des impies : au ciel, il va nous exposer le triomphe des martyrs ou des âmes de ceux qui ont été décollés, c'est-à-dire qui ont donné leur vie pour la foi, ce qui est désigné par le genre de mort le plus usité chez les Romains. Les âmes de ceux qui ont été décapités : *Animas decollatorum* (d'où vient, au rapport de saint Ambroise, qu'un magistrat romain se glorifiait de ce qu'il était revenu de l'administration de sa province sans avoir ensanglanté son coutelas : *Quod incruentam provinciali administrationem securim revexerit;* pour exprimer qu'il n'avait fait mourir personne); dont l'occupation glorieuse est de régner assis sur des trônes avec Jésus-Christ, et pour récompense d'avoir été jugés des hommes, de juger les hommes pendant tout cet intervalle-là : *Divini martyres qui nunc assessores sunt Christi, et regni ejus consortes, ac judicii participes una cum ipso judicaturi.* C'est ainsi que parle saint Denis d'Alexandrie dans Eusèbe, livre vi, chap. 40, non peut-être que les martyrs seuls aient cette prérogative, mais saint Jean marque l'Eglise triomphante par sa partie la plus éclatante : aussi voyons-nous que Jésus-Christ, pendant le cours de cette prophétie, paraît toujours exerçant l'office de juge, ainsi que les saints, parce qu'en effet telle est sa glorieuse fonction dans le ciel depuis son ascension, et qu'il continuera jusqu'à son retour sur la terre, où le jugement général terminera et confirmera tous les jugements particuliers.

Nous lisons à ce propos une chose très-remarquable dans les actes du martyre de sainte Perpétue, qu'il est bon de rapporter ici : C'est une vision qu'eurent quelques martyrs en prison, de Notre-Seigneur assis dans un trône tel que saint Jean l'a représenté dès le commencement de l'*Apocalypse: Et nous entrâmes, et nous vîmes une lumière immense, et nous entendîmes des voix comme de concert, qui disaient sans discontinuation : Saint, saint, saint; et nous vîmes au milieu de ce lieu-là un homme éclatant de blancheur, dont les cheveux étaient blancs comme la neige, et qui paraissait jeune de visage, et duquel nous n'aperçûmes point les pieds;* il avait à sa droite et à sa gauche vingt-quatre vieillards, derrière lesquels on voyait un grand nombre d'autres personnes, etc. « *Et introivimus, et vidimus lucem immensam, et audivimus vocem unitam dicentium: Agios, agios, agios, sine cessatione; et vidimus in medio loci illius sedentem quasi hominem canum, niveos habentem capillos, et vultu juvenili, cujus pedes non vidimus, et in dextra et in sinistra seniores viginti quatuor, et post illos cæteri complures stabant,* » etc.

Voilà comme l'apôtre nous l'a fait voir, et le spectacle qu'il nous a montré ci-dessus, qui durera jusqu'à la fin des siècles.

Et qui avaient été vivantes, et avaient régné avec Jésus-Christ pendant ces mille ans: L'apôtre montre par ce nombre rond et parfait, qui répond à celui de l'enchaînement de Satan, le temps qui s'écoulera depuis l'établissement de la religion jusqu'à la consommation des siècles, pendant lequel ces âmes bienheureuses vivront, jugeront et régneront au ciel avec Jésus-Christ : *In Scriptura sancta millenarius numerus pro universitate solet intelligi.... hinc et per Joannem dicitur : Et regnabunt cum eo mille annis; quia videlicet regnum sanctæ Ecclesiæ universitatis perfectione solidatur.* C'est ce que dit saint Grégoire au livre IX de ses *Morales*, chap. 2.

5. *Les autres morts ne vivaient point jusqu'après mille ans.* Et quant aux autres morts précédemment à la venue de Jésus-Christ, ils ne revivront point pour être jugés qu'à la fin du monde, et lors de la résurrection générale où ils paraîtront à leur tour devant le tribunal de ce juste juge, et de ses saints, pour y écouter leur arrêt.

C'est là la première résurrection. Cet avantage de ces âmes bienheureuses de juger dès à présent les hommes, est une anticipation de la gloire promise et réservée aux saints lors de la résurrection générale, dont elles possèdent déjà par avance le privilége.

Heureux et saints ceux qui auront part à cette première résurrection; la seconde mort n'aura point de pouvoir sur eux.

Heureux et saint celui qui jouit dès à présent du bonheur de régner avec Jésus-Christ, et qui vit affranchi de toute crainte de la mort éternelle, qui est une seconde mort infiniment pire que la première.

Mais ils seront prêtres de Dieu et de Jésus-Christ, et ils régneront avec lui pendant mille ans : Et qui, admis au nombre de ceux lesquels dans le ciel honorés de la qualité de prêtres du Dieu vivant, et de Jésus-Christ son Fils unique, après en avoir été les victimes sur la terre, régneront avec lui pendant mille ans, c'est-à-dire, jusqu'à la fin du monde, en attendant le grand jour du jugement, et exerceront cependant leur sacerdoce, devenant en Jésus-Christ les intercesseurs et les médiateurs de leurs frères qui combattront ici-bas.

Et après que ces mille ans seront accomplis. Mais lorsque ce nombre d'années, que Dieu seul connaît, sera écoulé, *Satan sera délié, et il sortira de la prison.* Satan est le dragon qui avait persécuté l'Eglise dans sa naissance. Saint Jean vient de le dire en ces termes : *Et il prit le dragon, l'ancien serpent, qui est le diable et Satan, et il le lia pendant mille ans* : il est appelé *dragon*, parce qu'il usa d'abord de violence, se servant des tyrans idolâtres qui, à vive force, voulaient exterminer les fidèles et engloutir l'Eglise : il est appelé *Satan*, parce qu'à la fin des siècles il se servira de prestiges, et de faux miracles pour séduire le genre humain.

Hæc erit novissima persecutio, novissimo imminente judicio, quam sancta Ecclesia toto terrarum orbe patietur.... Inusitatis maximisque suppliciis diaboli jam soluti... totis suis suorumque viribus sævituri.... Tales erunt, cum quibus ei belligerandum est, ut vinci tanto ejus impetu, insidiisque non possint. Pensemus quæ erit humanæ mentis illa tentatio, quando pius martyr et corpus tormentis subjicit, et ante ejus oculos tortor miracula facit? quando is qui flagris cruciat, signis coruscat.

Ces passages, pris de saint Augustin et de saint Grégoire, et rapportés ci-dessus, nous découvrent la grandeur des dernières persécutions de l'Eglise causées par Satan, pour lors délié et sorti de l'abîme, en punition des horribles péchés des derniers hommes.

En effet, l'esprit d'illusion sera le principal caractère de l'Antechrist décrit ci-dessus (chap. XVI, 13), dans les efforts du démon pour le maintien de l'empire romain, figure de celui de l'Antechrist; et plus au long par saint Paul (*Thessal.* II), et en saint Matthieu (XXIV). Et c'est pour lors qu'arriveront ces temps si épouvantables prédits par les prophètes et par Jésus-Christ même : non que tous les fidèles doivent être ébranlés dans la foi, puisqu'au contraire, ceux qui soutiendront ces derniers combats, seront en grand nombre, et remplis d'un zèle invincible : « Et nous devons croire au contraire, » dit saint Augustin (*De civit. Dei*, c. 8 et 13), « qu'en ces temps-là, comme il y en aura qui abandonneront l'Eglise, aussi y en aura-t-il qui s'y incorporeront : et que ceux qui pour lors se convertiront à la foi, seront remplis d'un zèle et d'une force incomparables, puisqu'ils remporteront la victoire sur ce fort de l'Evangile, qui pour lors ne sera plus lié, et se servira de tous ses artifices pour les séduire, et de toutes ses forces pour les abattre, sans qu'il puisse ni endormir leur vigilance, ni triompher de leur patience, ni empêcher, quoique délié, qu'ils n'échappent à sa fureur. Que si nous considérons les combats de ces derniers fidèles, et de ces admirables saints qui maintiendront l'Eglise dans cette extrémité, quels jugerons-nous que nous sommes en comparaison d'eux, puisque pour éprouver leur vertu, on déliera un si redoutable ennemi, nous qui le surmontons présentement avec tant de peine, tout lié qu'il soit ? » *Imo vero id potius est credendum, ut nec qui cadant de Ecclesia, nec qui accedant ad Ecclesiam, illo tempore defuturos, sed profecto tam fortes erunt, qui tunc primitus credituri sunt, ut illum fortem vincant etiam non ligatum, id est, omnibus qualibus antea nunquam, vel artibus insidiantem, vel urgentem viribus, et vigilanter intelligant, vel toleranter ferant, et sic illi etiam non ligato eripiantur (robustissima fide) in quorum sane qui tunc futuri sunt, sanctorum atque fidelium comparatione, quid sumus? quandoquidem ad illos probandos tantus solvetur inimicus, cum quo nos ligato tantis periculis dimicamus.... Nam quis audeat dicere, tunc cum illo non regnatura sua membra, quando ei maxime atque fortissime cohærebunt? Et quo tempore, quanto erit acrior impetus belli, tanto major gloria non cedendi, tanto densior corona martyrii.... Certe animæ victrices gloriosissimorum martyrum, omnibus doloribus ac laboribus superatis, atque sinitis,* etc.

Telle est la réflexion de ce grand docteur :

d'où l'on peut conclure, qu'il estimait que de son temps cette prophétie de l'enchaînement de Satan avait été déjà accomplie, ce qui sans doute regarde le temps de Constantin et de la destruction de l'idolâtrie, ainsi qu'on a dit ci-dessus; et que l'Eglise des gentils ayant surmonté le dragon avant qu'il fût enchaîné, avait encore à le surmonter principalement par l'Eglise des Juifs, après qu'il sera déchaîné.

Au reste, c'est à ce déchaînement et à la dernière persécution ici décrite, qu'il faut rapporter, et le chapitre XI auquel on a vu la bête *qui doit sortir de la mer, faire la guerre à Enoch et à Elie, et les faire mourir;* et le chapitre XIII, où le règne de cette même bête *sortant de la mer, et faisant la guerre aux saints, et remportant la victoire sur eux,* est mis au long; et la fin du chapitre précédent, où il est parlé de la bête *qui fera la guerre à Jésus-Christ et à ses saints :* étant clair que ce sont des anticipations qui naturellement regardent l'endroit où nous sommes, et qui toutes trois concernent l'Antechrist : *Non enim curæ erat prophetis tempora conservare, quæ historiæ leges desiderant,* dit saint Jérôme. (*Ubi supra.*)

Car il est certain,

1° Que la persécution de l'Antechrist sera la dernière de toutes, et qu'il y paraîtra en personne, puisque Jésus-Christ le tuera par l'illustration de son avènement glorieux, constamment ici décrit, vu qu'il est joint avec le jugement, et appelé avec raison par saint Augustin (*De civit. Dei,* lib. 1, c. 1) : *Ultima Christi victoria, et pax perfecta,* ce que ce grand docteur a dit parlant de la défaite de l'Antechrist à la fin du monde.

2° Que ce sera l'Antechrist qui fera mourir Enoch et Elie lors de la dernière persécution, on l'a prouvé au chapitre XI; il faut donc placer tout cela ici.

3° Que la bête dont il est parlé au chapitre XIII, *qui doit sortir de la mer,* ỳ 7, est la même que la seconde du chapitre XIII, *qui sort actuellement de la mer,* ỳ 1; circonstance qui en fait voir l'identité, aussi bien que la guerre faite par ces deux bêtes aux saints, et la victoire qu'elles remportent sur eux, et qui confirme que, par cette seconde bête, l'Antechrist est représenté, quoique sous la figure de Julien et de l'empire romain idolâtre.

4° Que la troisième bête fortifiée de tant de rois et de tant d'armées nombreuses, dont on vient de parler au chapitre précédent, ỳ 17 (*Bestia quæ ascendit de abysso, faciet adversus eos bellum, et vincet illos, et occidet illos,* chap. XI, ỳ 7, Enoch scilicet et Eliam. *Et vidi de mari bestiam ascendentem,* XIII, 1 ; *et bestia ascensura est de abysso,* XVII, 8; *et datum est illi bellum facere cum sanctis, et vincere eos,* XIII, 7. Habens secum pseudoprophetam, XIII, 11; *et vidi bestiam et reges terræ, et exercitus eorum congregatos ad faciendum prœlium cum illo qui sedebat in equo, et cum exercitu ejus,* XX 19. Qui peut douter que ces trois endroits ne concernent la même chose?) : et qui fait la guerre à Jésus-Christ et à ses saints, est encore l'Antechrist, dont la défaite rapportée par anticipation est nommée *le souper du Seigneur,* comme devant s'accomplir aux Vêpres ou à la fin du monde.

5° Que cette persécution, rapportée à la fin du chapitre précédent, est la même que celle qui est écrite au chapitre XXXIX du prophète Ezéchiel : or celle d'Ezéchiel est celle de Gog et Magog; et celle de Gog et Magog la dernière du monde, excitée par l'Antechrist et par Satan sorti de l'abîme, ainsi que nous l'apprend ce présent verset VII° que nous expliquons.

6° Autrement s'il ne fallait pas admettre cette anticipation, il s'ensuivrait que Satan ne serait pas non plus encore enchaîné, contre la tradition des saints Pères, puisque cet enchaînement est mis après cette défaite prétendue future, rapportée à la fin du chapitre précédent; d'ailleurs, cette bête est accompagnée de son faux prophète, caractère visible de l'Antechrist et de son esprit de séduction, dont la description est rapportée au long chap. XIII, ỳ 11; ce qui prouve toujours que ces diverses bêtes ne sont que l'expression de l'empire de ce méchant, tantôt considéré en lui-même, tantôt représenté sous la figure de l'empire romain idolâtre. Enfin nous allons voir, ỳ 9 et 10, le diable jeté dans l'enfer pour y brûler avec la bête et le faux prophète dont il est parlé au chapitre précédent, et dont les faux miracles sont rapportés au chapitre XIII. Pourquoi cela? sinon parce qu'ils sont auteurs de cette même et dernière persécution : *Et vidi de mari bestiam ascendentem... et vidi aliam bestiam* (pseudoprophetam) *ascendentem de terra, et habebat cornua duo similia agni.... et fecit signa magna.... in conspectu bestiæ.... dicens habitantibus in terra, ut faciant imaginem bestiæ.... et haberent characterem in dextera manu sua,* etc., chap. XV, 1 et suiv. ; *et apprehensa est bestia, et cum ea pseudopropheta, qui fecit signa coram ipsis, quibus seduxit eos qui acceperunt characterem bestiæ, et qui adoraverunt imaginem ejus, vivi missi sunt hi duo in stagnum ignis ardentis sulphuris,* XIX, 20; *et diabolus qui seducebat eos, missus est in stagnum ignis et sulphuris, ubi et bestia, et pseudopropheta cruciabuntur die ac nocte in sæcula sæculorum,* XX, 9. Qui ne voit encore que ces trois endroits se rapportent au même?

Ajoutez à ces raisons les inconvénients où l'on tomberait autrement. Car il faudrait supposer 1° que la grande persécution, rapportée vers la fin du chapitre précédent, de la bête et de son faux prophète jetés tout vivants, ne serait pas celle de l'Antechrist.

2° Qu'après cette persécution future on enchaînerait Satan, et ainsi qu'il ne le serait pas encore, malgré la destruction du paganisme, l'abolition de l'idolâtrie, l'établissement de l'Eglise, la venue du Messie, le triomphe de la croix, la doctrine des saints.

3° Qu'ensuite nous attendrions un règne paisible de mille ans sur la terre, pendant lesquels les âmes de ceux qui ont été décollés pour Jésus-Christ, jugeraient les morts, et régneraient avec lui, ce qui serait visiblement donner dans les illusions des millénaires.

4° Qu'après ces mille ans de bonheur écoulés, les méchants se réuniraient, et assiégeraient les saints dans une ville, sous la conduite de Gog et Magog, que Dieu détruirait par le feu du ciel, ῆ 6 et 10, ce qui n'est qu'une continuation des mêmes rêveries; et par conséquent il faut dire qu'on doit rapporter ici le chapitre XI°, le chapitre XIII° et la fin du chapitre précédent, comme n'étant que l'histoire du règne de l'Antechrist, dont la prévision est anticipée dans les trois endroits, et par l'enchaînement des faits qui y sont rapportés, et par la coutume des prophètes de s'élever des figures aux choses figurées, dont ils leur donnent le nom, sans avoir égard à l'ordre chronologique: » *Et notandum quod in prophetis nequaquam regum ac temporum ordo servetur, sed præpostere quod juxta historiam postea factum sit, prius referri, et quod prius gestum sit, postea. Neque enim simplex a prophetis historia et gestorum ordo narrantur.* (S. HIER. *in Jerem.* XXI, et præf. *in Isa.*) « Car tels sont les prophètes, » dit le grand saint Chrysostome, « ils parcourent en un moment tous les temps, le passé, le présent et l'avenir : *Tales enim sunt prophetæ, omnia tempora percurrunt, præsentia, præterita et futura;* et enfin par le mélange que saint Jean fait des premières et des dernières persécutions. Si bien que pour représenter ce qu'on a dit ci-dessus, c'est la même bête qui sort de la mer, chap. XIII, ῆ 1 : qui reçoit la grande puissance du dragon, *ibid.*, 2 ; qui blasphème, *ibid.*, 5 et 6 ; qui fait la guerre aux saints, *ibid.*, 7, et XIX, 19 ; qui règne quarante-deux mois, et est adorée, XIII, 5, 8, 12 ; qui fait mourir Enoch et Elie, XI, 7 ; qui est accompagnée de son faux prophète, XIII, 11, et XIX, 20 ; de qui le royaume est désolé, XVI, 1, et XIX, 19 ; qui porte la protistuée, XVII, 3 ; qui périt, XIX, 20 ; et qui enfin, avec son faux prophète et le démon, est punie dans les enfers, XIX, 20, et XX, 9, 10.

Et il sortira de la prison, et il séduira les nations qui sont aux quatre coins de la terre, Gog et Magog, et il les assemblera pour faire la guerre; et le nombre en égalera celui du sable de la mer.

Entre ces peuples séduits, Gog et Magog tiendront le premier rang. Qu'on lise le XXXVIII° et le XXXIX° chapitre de la prophétie d'Ezéchiel, et l'on y verra tout le détail de cette dernière persécution, et de la vengeance que Dieu fera des impies. Mais qui seront les nations désignées par Gog et Magog? Dieu le sait. Quoi qu'il en soit, voilà des armées infinies assemblées et en marche pour aller combattre le peuple de Dieu.

8. *Et ils se répandirent sur la surface de la terre.* Ces troupes immenses couvrent la face de la terre par leur multitude innombrable, et persécutent les saints par toute la terre.

Et ils environnèrent le camp des saints, et la ville bien-aimée.

Elles environnent déjà le camp des fidèles, et elles assiégent la cité bien-aimée, c'est-à-dire la ville qui pour lors sera le centre et le siége principal de la religion, où les Chrétiens auront apparemment accouru pour la défendre, et où ils se trouveront dans un extrême péril, enveloppés d'un nombre infini de troupes impies animées par le démon et résolues cette fois d'anéantir absolument et sans ressource la religion du vrai Dieu, persécutée alors dans tous les endroits de l'univers : *Ibi erunt castra sanctorum : ibi erit dilecta Deo civitas ejus : ibi ab omnibus inimicis suis, quia et ipsi in omnibus gentibus cum illa erunt, persecutionis illius immanitate cingetur, hoc est, in angustias tribulationis arctabitur, urgebitur, concludetur : nec militiam suam deseret, quæ vocabulo est appellata castrorum.* (S. AUG., *De civit. Dei*, lib. XX, c. 11.)

Et c'est ici qu'il faut rapporter la grande et dernière tribulation de l'Eglise, découverte ci-dessus par l'ouverture du dernier sceau, et le son de la septième trompette : persécution qu'on doit entendre du corps réuni de tous les impies, contre tout le corps mystique de Jésus-Christ, ainsi que le fut celle d'Antiochus contre tous les Juifs, dont la meilleure partie devenue fidèle à la fin du monde, augmentera et fortifiera l'Eglise, laquelle, par la malice et par les artifices de Satan, pour lors déchaîné, se trouvera exposée, dit saint Augustin, partout où elle sera, à des tourments extrêmes et inusités, et exercée par des prestiges inouïs; mais qu'Enoch et Elie viendront secourir dans cette extrémité : *Hæc erit novissima persecutio, novissimo imminente judicio, quam sancta Ecclesia toto terrarum orbe patietur, universa scilicet civitas Christi ab universa diaboli civitate, quantacunque erit utraque super terram. Afflictio civitati Dei, qualis antea nunquam fuit, quæ sub Antichristo futura speratur, significatur tenebroso timore Abrahæ circa solis occasum, id est, appropinquante jam fine sæculi.* (*Ibid.*, lib. XVI, c. 24.) Tellement que si le matin du jour de Jésus-Christ fit tressaillir de joie ce patriarche, la vue du soir de l'Antechrist le fit frémir. *Inusitatis maximisque persecutionibus atque fallaciis diaboli jam soluti*, ajoute saint Augustin. (Lib. XX, c. 8.) Voici encore la pensée du grand saint Jérôme dans son *Commentaire sur le chapitre quatrième du prophète Malachie* (chap. IV) : *Igitur antequam veniat dies judicii, mittet Dominus Eliam, ut Judæi et Christiani, qui nunc inter se discrepant; pari in Christum religione consentiant.*

S'il est donc vrai que les Juifs devenus fidèles à la fin du monde, doivent avec le reste de l'Eglise être persécutés par l'Antechrist et secourus par Enoch et Elie, s'ils doivent soutenir la guerre contre les idolâtres, et être assiégés dans Jérusalem rebâtie, ne sera-t-il pas visible qu'Antiochus a été une parfaite figure de ce méchant, et des derniers temps de la Synagogue les images de ceux de l'Eglise? *Aiunt, fore ut Hierosolymitanum templum rursus exstruatur, atque Anti-*

christus a Judæis Christus credatur, in eoque sedeat, totius orbis rex esse videatur. Porro ad mundi desolationem ac vastitatem veniet. Antichristus templum construet Jerosolymis, quod confestim excitatum tradet Judæis. » (Greg. Naz., serm. 47 ; S. Hippolyt. mart., *de Antich.*)

9. *Et Dieu fit descendre le feu du ciel qui les dévora :* Mais voici les flammes vengeresses et avant-courrières du jugement qui tombent du ciel sur ces sacriléges, et qui les dévorent, selon la prédiction d'Ezéchiel : *Et je ferai éclater mon jugement sur Gog, en l'exterminant par la peste, par le massacre et le carnage de ses troupes, par les orages et les tempêtes effroyables qui l'envelopperont, par une grêle immense de pierres qui l'écraseront, et je ferai descendre une pluie de feu et de soufre sur lui et la multitude des peuples qui sont avec lui : « Et judicabo Gog et Magog peste et sanguine, et imbre vehementi, et lapidibus immensis; ignem et sulphur pluam super eum, et super exercitum ejus, et super populos multos qui sunt cum eo,* » (Ezech. XXXIX, 9-15) etc. Si on lit ce chapitre, on y trouvera un rapport singulier avec celui de saint Jean, en sorte qu'un prophète interprétera l'autre. Que, s'il n'était pas défendu de vouloir pénétrer dans l'avenir, on pourrait conjecturer par la lecture attentive d'Ezéchiel, que cette grande catastrophe du monde se passera dans la Judée pour lors convertie, et devant la ville de Jérusalem.

Et Satan qui les séduisait fut jeté dans l'étang de soufre.

10. *Où la bête et le faux prophète seront tourmentés jour et nuit dans les siècles des siècles.*

Or, puisque le démon, le faux prophète, et l'Antechrist ou la bête, sont ici précipités tous trois dans les enfers, il est visible qu'on doit regarder ce qui en a été rapporté à la fin du chapitre précédent, comme une véritable anticipation ; car pourquoi seraient-ils ici réunis tous trois ensemble, si c'étaient deux persécutions différentes, et qu'il y eût un intervalle de mille ans de l'un à l'autre ?

Les voilà donc tous trois jetés ensemble dans l'enfer, et avec raison, puisqu'ayant été tous trois ministres de la même impiété, il est juste qu'ils soient tous trois compagnons du même supplice. Et remarquez que voilà la bête et le faux prophète, dont il est parlé ci-dessus tant de fois, particulièrement sous le règne de Julien, et qui y représentaient l'empire romain, revenus encore au temps de l'Antechrist, comme si ce méchant devait le remettre au même état qu'il était sous ses plus fidèles empereurs : *Videtur Romanum regnum... ad monarchiæ formam, cujusmodi Augusti Cæsaris ætate exstobat, ab Antichristo redactum, rursum convalescere, et quasi in integrum denuo futurum,* dit un Père. (Andr. Cæsar.) Ce qui prouve ce qu'on a souvent dit, que la figure prend le nom de la chose figurée, et qu'on a eu raison d'avancer que saint Jean s'est souvent élevé de la première bête à la seconde, ou de l'empire romain à l'Antechrist.

11. *Et je vis un grand trône étincelant de blancheur, et celui qui était assis dessus :* c'est Jésus-Christ qui vient juger le monde.

Devant la face duquel la terre et le ciel s'enfuirent et dont on ne trouvera plus la place. Tout disparaît à sa présence, le ciel et la terre se retirent, et on ne voit plus rien qu'en sa lumière. C'est le jour duquel parle l'apôtre saint Pierre, lorsqu'il dit que les cieux passeront avec une effroyable rapidité : *Dies Domini in quo cœli magno impetu transient,* etc.

12. *Et je vis les morts grands et petits, se tenant droits en présence du trône, et les livres furent ouverts,* où sont contenus les noms des réprouvés.

Et un autre livre fut ouvert, qui était le livre de vie, où les noms des élus sont écrits.

Et les morts furent jugés sur ce qui était écrit dans les livres selon leurs œuvres. C'est l'examen de la vie des hommes, et leur jugement selon leurs œuvres.

13. *Et la mer rendit les morts qu'elle contenait, la mort et l'enfer rendirent les leurs, et chacun fut jugé selon ses œuvres.* C'est une récapitulation, étant certain que la résurrection précédera le jugement.

14. *Et l'enfer et la mort furent jetés dans l'étang de feu, c'est là la seconde mort.* On a remarqué ci-dessus que l'empire mahométan, particulièrement le Turc, qu'on a prouvé être l'avant-coureur de l'empire de l'Antechrist, est nommé *la Mort,* et celui-ci *l'Enfer.* Et en effet les voilà tous deux précipités dans les flammes éternelles : mais en un autre sens on peut dire que ces termes signifient seulement qu'après le jugement et l'entrée des bienheureux dans le ciel, il ne se parlera plus de mort ni d'enfer : au même sens qu'il est écrit au chapitre XXI, § 4, que la mort ne sera plus, ni les pleurs, ni la douleur, etc. *Et mors ultra non erit, neque luctus, neque dolor erit ultra,* conformément à cette prophétie : *Præcipitabit mortem in sempiternum.* (Isa. XXV, 8.) Au reste, ce que l'apôtre appelle la *première résurrection,* est le reste de leurs âmes séparées de leurs corps, qui vivront avec Jésus-Christ dans le ciel jusqu'à la fin du monde, et qui ayant souffert *la première mort,* c'est-à-dire la mort temporelle pour la foi, ne craignent plus la *seconde mort* ou la mort éternelle, qui est celle où seront condamnés les réprouvés au jour du jugement. Ce qu'il appelle en ceux-ci *la première mort,* est leur malheureux trépas en ce monde, suivi de la damnation de leur âme ; et leur *seconde mort* sera la mort éternelle, à laquelle ils seront condamnés au jour du jugement, pour aller à jamais dans les enfers, en corps et en âme : *Mori timeat, qui ad secundam mortem de hac morte transibit,* disait saint Cyprien. Car tel était le langage des premiers Chrétiens, comme nous l'apprenons de leurs actes en divers endroits : *Proh ! mira stultitia, et incredibilis audacia ! spernunt tormenta præsentia, dum incerta metuunt, et futura ; et dum mori post mortem timent, interim mori non timent. Nec incertam illam, et secundam mortem plusquam*

præsentem verentur. (MINUT. FELIX, *Octavius, De mortali,* init.)

15. Et quiconque ne se trouva pas écrit dans le livre de vie, fut jeté dans l'étang de feu, tandis que les saints iront jouir de la gloire qui va être décrite aux deux chapitres suivants.

Telle est la fin de l'*Apocalypse*, et des prophéties de ce divin livre, commencées le jour de dimanche, et distribuées, ainsi qu'on a vu, en sept âges du monde, comme en autant de jours représentés par l'ouverture des sept sceaux et le son des sept trompettes, et suivis de l'octave bienheureuse qui n'aura plus de soir.

Or quoique les deux derniers chapitres qui suivent, savoir le XXIe et le XXIIe, soient plutôt une description du bonheur des saints, du royaume de Dieu à venir, et de la Jérusalem future que nous attendons, et après laquelle nous soupirons, que non pas une prophétie des événements de l'Eglise, qui doivent arriver dans la suite des temps, dont on a eu pour but dans cette explication de donner le dénouement par l'histoire; cependant, afin de ne rien omettre de ce divin livre, on a cru en devoir rapporter le texte, mais sans en donner de commentaire, ce qui serait d'un autre dessein que celui qu'on a eu jusqu'ici. La seule lecture qu'on en fera, ne peut qu'être très-utile et capable d'exciter des sentiments tout extraordinaires de piété, si on les lit avec foi.

L'apôtre donc, dans ces deux derniers chapitres, nous décrit la gloire éternelle des saints, et c'est aussi jusque-là qu'a été le son de la septième et dernière trompette, qu'on a interprétée au chapitre XIe, et comparée au septième jour de la création, qui, dans la Genèse (cap. XIII), n'a pas de soir, et dans lequel les saints entreront au repos éternel : *Propter sex dies creaturæ in principio dispositos, et sex angelos canentes tubis, totidemque plagas mundo inferentes, septimus finem laborum, requiemque sanctorum significat, tanquam septimus dies qui mane tantum et vespere non habebit,* dit saint Prosper dans son livre plusieurs fois cité.

Au reste, ce que saint Jean va dire dans le chapitre suivant, qu'il vit un ciel nouveau et une terre nouvelle, ne doit pas s'entendre que le ciel et la terre que nous voyons, doivent être anéantis, et que Dieu doive faire une nouvelle création; mais seulement que tout l'être visible sera perfectionné. C'est ce que saint Augustin et saint Jérôme ont observé, comme on peut voir dans les autorités suivantes :

Præterit figura mundi hujus : figura præterit, non natura.

Cum figura hujus mundi mundanorum ignium conflagratione præteribit, sicut factum est mundanarum aquarum inundatione diluvium..... ut scilicet mundus in melius innovatus, apte accommodetur hominibus, etiam carne in melius innovatis. Ut nulla remaneant vetustatis vestigia. (S. AUG., *De civit. Dei,* lib. XX, c. 14, 16, 17.)

Ex quo perspicuum est cœlum et terram non perire, et in nihil redigi, sed in melius commutari. (S. HIER., lib. XIV in *Isa.,* c. LI.)

On peut ajouter une nouvelle observation à la précédente, tirée de saint Augustin : savoir, qu'il ne faut pas s'imaginer qu'il n'y ait que ceux qui pleurent et qui répandent des larmes, lesquels doivent entrer dans le ciel ou dans la gloire, à cause que saint Jean dit au chapitre suivant, que Dieu essuiera toutes les larmes des yeux de ses élus : parce que cette expression figurée ne veut rien dire autre chose, sinon que les élus seront pour lors délivrés de toutes sortes de peines et d'afflictions, et des misères de notre mortalité, dont l'image naturelle ne peut être mieux représentée que par les larmes, qui seront pour jamais bannies de ce lieu de joie et de consolation; quoique après tout, dans la pensée de saint Augustin, il soit très-vrai que plus on est saint dans ce monde, plus on est pénétré de componction, source véritable des larmes que la tendresse de la dévotion fait ordinairement répandre : *Quis enim tam absurdis..... ut audeat affirmare..... hanc ducturam vitam nullas habentes lacrymas et dolores? cum potius quanto quisque est sanctior, et desiderii sancti plenior, tanto sit ejus in orando fletus uberior. (Ibid.)*

CHAPITRE XXI.

1. Et vidi cœlum novum, et terram novam. Primum enim cœlum et prima terra abiit, et mare jam non est.

2. Et ego Joannes vidi sanctam civitatem Jerusalem novam descendentem de cœlo a Deo, paratam sicut sponsam ornatam viro suo.

3. Et audivi vocem magnam de throno dicentem : Ecce tabernaculum Dei cum hominibus, et habitabit cum eis. Et ipsi populus ejus erunt, et ipse Deus cum eis erit eorum Deus.

4. Et absterget Deus omnem lacrymam ab

1. Et je vis un ciel nouveau, et une terre nouvelle. Car le premier ciel et la première terre étaient passés, et la mer n'était plus.

2. Et moi, Jean, je vis la sainte cité, la Jérusalem nouvelle, descendant du ciel, parée (de la main) de Dieu, comme une épouse pour (plaire aux yeux de) son époux.

3. Et j'entendis une grande voix qui venait du trône, et qui disait : Voici le tabernacle (la demeure) de Dieu avec les hommes, et il habitera avec eux, et ils seront son peuple; et Dieu (demeurant) avec eux, sera leur Dieu.

4. Et Dieu essuiera toutes les larmes de

leurs yeux, et la mort ne sera plus; il n'y aura plus ni de deuil, ni de plainte, ni de douleur, parce que les premières choses sont passées (parce que le premier état des choses est changé).

5. Et celui qui était sur le trône, dit : Voilà que je fais toutes choses nouvelles. Et il me dit : Ecrivez, parce que ces paroles sont très-fidèles, et véritables.

6. Et il me dit : Tout est fait : je suis l'alpha et l'oméga, le commencement et la fin. Je donnerai gratuitement (à boire) de l'eau de la fontaine de vie à celui qui aura soif.

7. Celui qui sera victorieux possédera ces choses, et je serai son Dieu, et il sera mon fils.

8. Mais pour les timides, les incrédules, les exécrables, les homicides, les fornicateurs, les empoisonneurs, les idolâtres, et tous les menteurs, leur partage sera dans l'étang brûlant de feu et de soufre, qui est la seconde mort.

9. Et il vint un des sept anges qui avaient les sept fioles remplies des sept dernières plaies, et il me parla, disant : Venez, et je vous montrerai l'Epouse, la Femme de l'Agneau.

10. Il me transporta en esprit sur une grande et haute montagne, et il me montra la cité sainte de Jérusalem, descendant du ciel (venant) de Dieu.

11. Elle avait la clarté de Dieu, et sa lumière était semblable à une pierre précieuse comme une pierre de jaspe (transparente) comme du cristal.

12. Elle avait aussi une grande et haute muraille, où y il avait douze portes, et à ces portes douze anges, et des noms écrits, qui sont les noms des douze tribus des enfants d'Israël.

13. Il y avait à l'orient trois portes, à l'aquilon (au septentrion) trois portes, au midi trois portes, au couchant trois portes.

14. Et la muraille de la cité avait douze fondements, et sur ces douze fondements étaient écrits les noms des douze apôtres de l'Agneau.

15. Et celui qui parlait à moi avait en la main une canne d'or pour mesurer la cité, ses portes et sa muraille.

16. Et la cité est bâtie sur un carré, et elle est aussi longue que large, et il mesura la cité avec sa canne d'or, et il la trouva de douze mille stades; et sa longueur, sa hauteur et sa largeur sont égales.

17. Et il mesura sa muraille, qu'il trouva de cent quatre-vingt-quatre coudées de mesure d'homme, tel que paraissait cet ange.

18. Et cette muraille était bâtie de pierre de jaspe; et la cité d'or pur, semblable à un verre bien net.

19. Et les fondements de la muraille de la cité étaient ornés de toutes sortes de pierres précieuses. Le premier fondement était de jaspe, le second de saphir, le troisième de calcédoine, le quatrième d'émeraude.

20. Le cinquième de sardonix, le sixième de sardoine, le septième de chrysolite, le huitième de beril, le neuvième de topaze,

5. Et dixit qui sedebat in throno : Ecce nova facio omnia. Et dixit mihi : Scribe, quia hæc verba fidelissima sunt, et vera.]

6. Et dixit mihi : Factum est. Ego sum alpha et omega, initium et finis. Ego sitienti dabo de fonte aquæ vitæ gratis.

7. Qui viderit, possidebit hæc, et ero illi Deus, et ille erit mihi filius.

8. Timidis autem, et incredulis, et exsecratis, et homicidis, et fornicatoribus, et veneficis, et idololatricis et omnibus mendacibus, pars illorum erit in stagno ardenti igne et sulphure, quod est mors secunda.

9. Et venit unus de septem angelis habentibus phialas plenas septem plagis novissimis, et locutus est mecum, dicens : Veni, et ostendam tibi Sponsam, Uxorem Agni.

10. Et sustulit me in spiritu in montem magnum et altum, et ostendit mihi civitatem sanctam Jerusalem descendentem de cœlo a Deo.

11. Habentem claritatem Dei : et lumen ejus simile alpidi pretioso tanquam lapidi jaspidis, sicut crystallum.

12. Et habebat murum magnum, et altum, habentem portas duodecim, et in portis angelos duodecim et nomina inscripta quæ sunt nomina duodecim tribum filiorum Israel.

13. Ab oriente portæ tres, et ab aquilone portæ tres, et ab austro portæ tres, et ab occasu portæ tres.

14. Et murus civitatis habens fundamenta duodecim, et in ipsis duodecim nomina duodecim apostolorum Agni.

15. Et qui loquebatur mecum, habebat mensuram arundineam auream, ut metiretur civitatem, et portas ejus, et murum.

16. Et civitas in quadro posita est, et longitudo ejus tanta est quanta et latitudo : et mensus est civitatem de arundine aurea per stadia duodecim millia, et longitudo et altitudo, et latitudo ejus æqualia sunt.

17. Et mensus est murum ejus centum quadraginta quatuor cubitorum mensura hominis quæ est angeli.

18. Et erat structura muri ejus ex lapide jaspide : ipsa civitas aurum mundum, simile vitro mundo.

19. Et fundamenta muri civitatis, omni lapide pretioso ornata. Fundamentum primum, jaspis; secundum, saphirus; tertium, chalcedonius; quartum, smaragdus.

20. Quintum, sardonix; sextum, sardius; septimum, chrysolithus; octavum, beryllus; nonum, topazius; decimum, chrysoprasus;

undecimum, hyacinthus; duodecimum, amethystus.

21. Et duodecim portæ, duodecim margaritæ sunt, per singulas; et singulæ portæ erant ex singulis margaritis: et platea civitatis aurum mundum, tanquam vitrum perlucidum.

22. Et templum non vidi in ea, Dominus enim Deus omnipotens templum illius est, et Agnus.

23. Et civitas non eget sole, neque luna, ut luceant in ea, nam claritas Dei illuminavit eam, et lucerna ejus est Agnus.

24. Et ambulabunt gentes in lumine ejus; et reges terræ afferent gloriam suam, et honorem in illam.

25. Et portæ ejus non claudentur per diem, nox enim non erit illic.

26. Et afferent gloriam et honorem gentium in illam.

27. Non intrabit in eam aliquid coinquinatum, aut abominationem faciens et mendacium, nisi qui scripti sunt in libro vitæ Agni,

le dixième de chrysoprase, le onzième d'hyacinthe, le douzième d'améthyste.

21. Et ses douze portes sont douze perles, et chaque porte était une perle, et la place de la cité était d'un or pur, transparent comme un verre luisant.

22. Et je n'y vis point de temple, car le Seigneur Dieu tout-puissant et l'Agneau lui servent de temple.

23. Et la cité n'a besoin ni de soleil ni de lune, pour être éclairée, car la clarté (la gloire) de Dieu l'illumine, et l'Agneau est la lampe qui l'éclaire.

24. Les nations marcheront en sa lumière, et les rois de la terre y apporteront leur gloire et leur honneur.

25. Et ses portes ne se fermeront point à la fin du jour, parce qu'il n'y aura point de nuit.

26. Et on y apportera la gloire et l'honneur des nations.

27. Il n'y entrera rien qui soit souillé, nul qui commette abomination ou mensonge, mais seulement ceux qui sont écrits au livre de vie de l'Agneau.

CHAPITRE XXII.

1. Et ostendit mihi fluvium aquæ vitæ, splendidum tanquam crystallum, procedentem de sede Dei et Agni.

2. In medio plateæ ejus, et ex utraque parte fluminis, lignum vitæ, afferens fructus duodecim, per menses singulos reddens fructum suum, et folia ligni ad sanitatem gentium.

3. Et omne maledictum non erit amplius; sed sedes Dei et Agni in illa erunt, et servi ejus servient illi.

4. Et videbunt faciem ejus, et nomen ejus in frontibus eorum,

5. Et nox ultra non erit, et non egebunt lumine lucernæ, neque lumine solis, quoniam Dominus Deus illuminabit illos, et regnabunt in sæcula sæculorum.

6. Et dixit mihi: Hæc verba fidelissima sunt et vera. Et Dominus Deus spirituum prophetarum misit angelum suum ostendere servis suis quæ oportet fieri cito.

7. Et ecce venio velociter. Beatus qui custodit verba prophetiæ hujus.

8. Et ego Joannes, qui audivi et vidi hæc. Et postquam audissem, et vidissem, cecidi, ut adorarem, ante pedes angeli, qui mihi hæc ostendebat.

9. Et dixit mihi: Vide ne feceris. Conservus enim tuus sum, et fratrum tuorum prophetarum, et eorum qui servant verba prophetiæ libri hujus. Deum adora.

10. Et dicit mihi: Ne signaveris verba

1. Et il me montra un fleuve d'eau vivante, luisant comme du cristal, qui sortait du trône de Dieu et de l'Agneau.

2. Au milieu de la place (de la cité) et sur chaque bord du fleuve, était l'arbre de vie, qui portait douze fruits, qui fructifie chaque mois; et les feuilles de cet arbre sont pour le salut des nations.

3. Et il n'y aura plus rien qui soit maudit; mais le trône de Dieu et de l'Agneau y seront (établis), et ses serviteurs le serviront.

4. Et ils verront son visage, et son nom (sera écrit) sur leurs fronts.

5. Il n'y aura plus de nuit; et, ils n'auront point besoin de lampe, ni de la lumière du soleil, parce que le Seigneur Dieu les éclairera, et ils régneront aux siècles des siècles.

6. Et il me dit: Ces paroles sont très-fidèles et véritables, et le Seigneur Dieu des esprits des prophètes a envoyé son ange, pour montrer à ses serviteurs les choses qui se doivent faire bientôt.

7. Et voilà que je viens bientôt. Heureux celui qui garde les paroles de la prophétie qui est dans ce livre.

8. Et c'est moi Jean qui ai entendu et vu ces choses. Et après que je les eus entendues et vues, je me prosternai aux pieds de l'ange qui me les montrait pour l'adorer.

9. Et il me dit: Gardez-vous bien de faire cela. Je suis serviteur de Dieu comme vous, comme vos frères les prophètes et comme tous ceux qui gardent les paroles de la prophétie de ce livre. Adorez Dieu.

10. Et il me dit: Ne cachetez pas les pa-

roles de la prophétie. Car le temps est proche.

11. Que celui qui nuit (au prochain) lui nuise davantage; et que celui qui est sale, se salisse davantage; et que celui qui est juste, se justifie davantage; et que celui qui est saint, se sanctifie davantage.

12. Voi.à que je vais venir bientôt, et j'ai la récompense (que je veux donner à mes élus) avec moi, (qui sera) de rendre à chacun selon ses œuvres.

13. Je suis l'alpha et l'oméga, le premier et le dernier, le commencement et la fin.

14. Heureux ceux qui lavent leurs robes dans le sang de l'Agneau, afin qu'ils aient droit de manger de l'arbre de vie, et qu'ils entrent par les portes dans la cité.

15. Dehors les chiens, et les empoisonneurs, et les impudiques, et les homicides, et ceux qui servent les idoles, et quiconque aime et fait le mensonge.

16. C'est moi Jésus, qui ai envoyé mon ange vous annoncer ces choses dans les Eglises. Je suis la racine et la postérité de David, l'étoile resplendissante, (et l'étoile) du matin.

17. Et l'Esprit et l'Epouse disent: Venez, et que celui qui entend, dise: Venez; et que celui qui a soif, vienne; et quiconque veut, reçoive gratuitement l'eau de la vie.

18. J'atteste à quiconque entendra les paroles de la prophétie qui est dans ce livre, que si quelqu'un y ajoute quelque chose, Dieu fera tomber sur lui les plaies qui sont écrites en ce livre.

19. Et si quelqu'un retranche quelque chose des paroles du livre de cette prophétie, Dieu le retranchera du livre de vie, et de la cité sainte, et (il n'aura) point de part à tout ce qui est écrit dans ce livre.

20. Celui qui rend témoignage de ceci, dit: Certainement je viens bientôt: Amen: Venez, Seigneur Jésus.

21. La grâce de Notre-Seigneur Jésus-Christ soit avec vous tous. Ainsi soit-il.

prophetiæ libri hujus. Tempus enim prope est.

11. Qui nocet, noceat adhuc: et qui in sordibus est, sordescat adhuc; et qui justus est, justificetur adhuc; et sanctus, sanctificetur adhuc.

12. Ecce venio cito, et merces mea mecum est, reddere unicuique secundum opera sua.

13. Ego sum alpha et omega, primus et novissimus, principium et finis.

14. Beati qui lavant stolas suas in sanguine Agni, ut sit potestas eorum in ligno vitæ, et per portas intrent in civitatem.

15. Foris canes, et venefici, et impudici, et homicidæ, et idolis servientes, et omnis qui amat et facit mendacium.

16. Ego Jesus misi angelum meum testificari vobis hæc in Ecclesiis. Ego sum radix et genus David, stella splendida et matutina.

17. Et Spiritus et Sponsa dicunt: Veni. Et qui sitit, veniat: et qui vult, accipiat aquam vitæ gratis.

18. Contestor enim omni audiendi verba prophetiæ libri hujus: Si quis apposuerit ad hæc, apponet Deus super illum plagas scriptas in libro isto.

19. Et si quis diminuerit de verbis libri prophetiæ hujus, auferet Deus partem ejus de libro vitæ, et de civitate sancta, et de his quæ scripta sunt in libro isto.

20. Dicit qui testimonium perhibet istorum: Etiam venio cito: Amen: Veni, Domine Jesu.

21. Gratia Domini nostri Jesu Christi cum omnibus vobis, Amen.

CHAPITRE II.

Joannes septem Ecclesiis quæ sunt in Asia. Gratia vobis et pax ab eo qui est, et qui erat, et qui venturus est, et a septem spiritibus qui in conspectu Thronis ejus sunt, etc. (Supra, cap. i.) (95)

1. Ecrivez à l'ange (à l'évêque) de l'Eglise d'Ephèse: Voici ce que dit celui qui tient sept étoiles en sa main, et qui marche au milieu des sept chandeliers d'or.

2. Je connais vos œuvres, votre travail et votre patience, et que vous ne pouvez supporter les méchants, et que vous avez éprouvé ceux qui se disent apôtres, mais qui ne le sont pas, et que vous avez trouvé qu'ils étaient des menteurs.

3. Et vous avez de la patience, et vous avez souffert pour (défendre) mon nom, et vous n'avez point défailli (de courage).

prophétie, mais bien des Epîtres aux Eglises d'Asie.

1. Angelo Ephesi Ecclesiæ scribe: Hæc dicit qui tenet septem stellas in dextera sua, qui ambulat in medio septem candelabrorum.

2. Scio opera tua, et laborem, et patientiam tuam, et quia non potes sustinere malos, et tentasti eos qui se dicunt apostolos esse, et non sunt, et invenisti eos mendaces.

3. Et patientiam habes, et sustinuisti propter nomen meum, et non defecisti.

(95) Les chapitres II et III de l'*Apocalypse* ont été placés ici, parce qu'ils ne contiennent point de

4. Sed habeo adversum te, quod charitatem tuam primam reliquisti.

5. Memor esto itaque unde excideris, et age pœnitentiam, et prima opera fac. Sin autem, venio tibi, et movebo candelabrum tuum, nisi pœnitentiam egeris.

6. Sed hæc habes, quia odisti facta Nicolaitarum, quæ et ego odi.

7. Qui habet aurem, audiat quid Spiritus dicat Ecclesiis : Vincenti dabo edere de ligno vitæ quod est in paradiso Dei mei.

8. Et angelo Smyrnæ Ecclesiæ scribe : Hæc dicit primus et novissimus, qui fuit mortuus, et vivit.

9. Scio tribulationem tuam, et paupertatem tuam. Sed dives es, et blasphemaris ab his qui se dicunt Judæos esse, et non sunt, sed sunt synagoga Satanæ.

10. Nihil horum timeas quæ passurus es. Ecce missurus est diabolus aliquos ex vobis in carcerem, ut tentemini, ut habebitis tribulationem diebus decem. Esto fidelis usque ad mortem, et dabo tibi coronam vitæ.

11. Qui habet aurem, audiat quid Spiritus dicat Ecclesiis : Qui vicerit, non lædetur a morte secunda.

12. Et angelo Pergami Ecclesiæ scribe : Hæc dicit qui habet rhomphæam ex utraque parte acutam.

13. Scio ubi habitas, ubi sedes est Satanæ, et tenes nomen meum, et non negasti fidem meam. Et in diebus illis Antipas testis meus fidelis, qui occisus est apud vos, ubi Satanas habitat.

14. Sed habeo adversus te pauca, quia habes illic tenentes doctrinam Balaam, qui docebat Balac mittere scandalum coram filiis Israel, et edere, et fornicari.

15. Ita habes et tu tenentes doctrinam Nicolaitarum.

16. Similiter pœnitentiam age. Si quo minus, veniam tibi cito, et pugnabo cum illis in gladio oris mei.

17. Qui habet aurem, audiat quid Spiritus dicat Ecclesiis : Vincenti dabo manna absconditum, et dabo illi calculum candidum, et in calculo nomen novum scriptum, quod nemo scit, nisi qui accipit.

18. Et Angelo Thyatiræ Ecclesiæ scribe : Hæc dicit Filius Dei, qui habet oculos tan

4. Mais j'ai à vous reprocher que vous avez perdu votre première charité.

5. Souvenez-vous donc d'où vous êtes tombé, et faites pénitence, et exercez vos premières œuvres. Autrement, voilà que je viens, et j'ôterai votre chandelier de sa place (je vous ferai mourir) si vous ne faites pénitence.

6. Maintenant vous avez ceci (de bon) c'est que vous avez haï les actions des Nicolaïtes, qu'aussi je hais pareillement.

7. Que celui qui a des oreilles, entende ce que l'Esprit dit aux Eglises : Je donnerai à celui qui sera vainqueur, à manger du fruit (de l'arbre) de vie qui est dans le paradis de mon Dieu.

8. Et écrivez à l'ange (à l'évêque) de l'Eglise de Smyrne : Voici ce que dit celui qui est le premier et le dernier, qui a été mort, et (maintenant) est vivant.

9. Je sais quelle est la persécution que vous souffrez, et votre pauvreté. Mais vous êtes riche (en grâce), et vous êtes noirci d'injures par ceux qui se disent être Juifs, et qui ne le sont pas, mais qui sont la synagogue de Satan.

10. Ne craignez rien de tout ce que vous devez endurer. Voici que le diable fera mettre quelques-uns de vous en prison pour vous tenter, et votre tribulation durera dix jours. Soyez fidèle jusqu'à la mort, et je vous donnerai la couronne de vie.

11. Que celui qui a des oreilles, entende ce que l'Esprit dit aux Eglises : Celui qui aura vaincu, ne sera point blessé par la seconde mort.

12. Ecrivez à l'ange (à l'évêque) de l'Eglise de Pergame : Voici ce que dit celui qui tient en sa main une épée affilée des deux côtés.

13. Je sais que vous habitez où est le trône de Satan, que vous conservez (le respect de) mon nom, et que vous n'avez pas renié ma foi lors qu'Antipas, mon fidèle témoin, a été mis à mort parmi vous, entre lesquels Satan habite.

14. Mais j'ai quelque peu de chose à vous reprocher. C'est que vous avez (dans votre Eglise) des hommes qui suivent la doctrine de Balaam, lequel enseignait à Balac à offrir aux enfants d'Israël des occasions de scandale (de chute et de péché), à banqueter (à manger des viandes offertes aux idoles) et à commettre fornication (avec les Moabites).

15. Vous avez aussi des personnes qui suivent la doctrine des Nicolaïtes.

16. Faites donc aussi pénitence. Sinon, je viendrai dans peu de temps, et je combattrai contre eux avec l'épée de ma bouche.

17. Que celui qui a des oreilles, entende ce que dit l'Esprit aux Eglises : Je donnerai à celui qui sera victorieux une manne cachée, et un caillou blanc, sur lequel mon nom sera écrit, que nul ne sait que celui qui le reçoit.

18. Et écrivez à l'ange (à l'évêque) de l'Eglise de Thyatire : Voici ce que dit le Fils

de Dieu, qui a les yeux (étincelants) comme la flamme du feu, et les pieds semblables à l'airain bien poli et luisant.

19. Je connais vos œuvres, votre foi et votre charité, (de quelle façon vous vous acquittez) de votre ministère, votre patience et vos actions (de charité envers les pauvres), et que les derniers surpassent les premières.

20. Mais j'ai quelques petites choses à vous reprocher : c'est que vous souffrez qu'une femme appelée Jézabel, qui se dit prophétesse, enseigne et séduise mes serviteurs, et leur apprenne à paillarder et à manger des viandes offertes aux idoles.

21. Je lui ai donné du temps pour faire pénitence, elle n'a pas voulu se repentir de sa fornication.

22. Voilà que je la vas mettre au lit (la frappant de maladie), et ceux qui paillardent avec elle seront dans une grande tribulation, s'ils ne font pénitence de leurs (méchantes) œuvres.

23. Et je mettrai ses enfants à mort, et toutes les Eglises sauront que je suis celui qui sonde les reins et les cœurs, et je rendrai à chacun selon ses œuvres. Mais je vous dis à vous,

24. Et aux autres qui demeurez à Thyatire, qui ne suivez pas cette doctrine, et qui ne connaissez point les profondeurs de Satan (les profondes erreurs de Satan, qu'ils appellent une profonde science), je ne mettrai point de nouvelle charge sur vous.

25. Mais seulement retenez ce que vous avez, jusqu'à ce que je vienne.

26. Et à celui qui sera victorieux, et qui persévérera dans mes œuvres (à faire ma volonté) jusqu'à la fin, je lui donnerai autorité sur les nations.

27. Et il les gouvernera avec un sceptre de fer, et les brisera comme des vaisseaux de terre.

28. Comme j'ai reçu moi-même ce pouvoir de mon Père, et je lui donnerai l'étoile du matin.

29. Que celui qui a des oreilles, entende ce que l'Esprit dit aux Eglise.

19. Novi opera tua, et fidem, et charitatem tuam, et ministerium et patientiam tuam, et opera tua novissima plura prioribus.

20. Sed habeo adversus te pauca, quia permittis mulierem Jezabel, quæ se dicit propheten, docere, et seducere servos meos, fornicari, et manducare de idolotitis.

21. Et dedi illi tempus ut pœnitentiam ageret, et non vult pœnitere a fornicatione sua.

22. Et ecce mittam eam in lectum, et qui mœchantur cum ea, in tribulatione maxima erunt, nisi pœnitentiam ab operibus suis egerint.

23. Et filios ejus interficiam in morte, et scient omnes Ecclesiæ quia ego sum scrutans renes et corda, et dabo unicuique vestrum secundum opera sua. Vobis autem dico,

24. Et cæteris qui Thyatyræ estis, quicunque non habent doctrinam hanc, et qui non cognoverunt altitudines Satanæ, quemadmodum dicunt, non mittam super vos aliud pondus.

25. Tamen id quod habetis, tenete donec veniam.

26. Et qui vicerit, et custodierit usque in finem opera mea, dabo illi potestatem super gentes.

27. Et reget eas in virga ferrea, et tanquam vas figuli confringentur.

28. Sicut et ego accepi a Patre meo, et dabo illi stellam matutinam.

29. Qui habet aurem, audiat quid Spiritus dicat Ecclesiis.

CHAPITRE III.

1. Et écrivez à l'ange (à l'évêque) de l'Eglise de Sardes : Voici ce que dit celui qui a les sept esprits de Dieu et les sept étoiles : Je connais vos œuvres, vous paraissez vivant (aux yeux des hommes), et vous êtes mort.

2. Soyez vigilant, et confirmez le reste conservez en vie le reste de votre peuple) qui s'en va mourir. Car je ne trouve pas vos œuvres pleines (parfaites) devant mon Dieu.

3. Retenez donc dans l'esprit la doctrine comme vous l'avez entendue, et observez-la, et faites pénitence. Car si vous ne veillez pas, je viendrai à vous comme un larron (pour vous punir), et vous ne saurez pas l'heure en laquelle je dois venir.

1 Et angelo Ecclesiæ Sardis scribe : Hæc dicit qui habet septem Spiritus Dei, et septem stellas : Scio opera tua, quia nomen habes quod vivas, et mortuus es.

2. Esto vigilans, et confirma cætera quæ moritura erant. Non enim invenio opera tua plena coram Deo meo.

3. In mente ergo habe qualiter acceperis, et audieris, et serva, et pœnitentiam age. Si ergo non vigilaveris, veniam ad te tanquam fur, et nescies qua hora veniam ad te.

4. Sed habes pauca nomina in Sardes qu non inquinaverunt vestimenta sua, et ambulabunt mecum in albis, quia digni sunt.

5. Qui vicerit, sic vestietur vestimentis albis, et non delebo nomen ejus de libro vitæ, et confitebor nomen ejus coram Patre meo, et coram angelis ejus.

6. Qui habet aurem, audiat quid Spiritus dicat Ecclesiis.

7. Et angelo Philadelphiæ Ecclesiæ scribe: Hæc dicit sanctus et verus, qui habet clavem David, qui aperit, et nemo claudit, claudit, et nemo aperit.

8. Scio opera tua. Ecce dedi coram te ostium apertum, quod nemo potest claudere, quia modicam habes virtutem, et servasti verbum meum, et non negasti nomen meum.

9. Ecce dabo de synagoga Satanæ, qui dicunt se Judæos esse, et non sunt, sed mentiuntur. Ecce faciam illos ut veniant, et adorent ante pedes tuos, et scient quia ego dilexi te.

10. Quoniam servasti verbum patientiæ meæ, et ego servabo te ab hora tentationis, quæ ventura est in orbem universum tentare habitantes in terra.

11. Ecce venio cito. Tene quod habes, ut nemo accipiat coronam tuam.

12. Qui vicerit, faciam illum columnam in templo Dei mei, et foras non egredietur amplius, et scribam super eum nomen Dei mei, et nomen civitatis Dei mei, novæ Jerusalem, quæ descendit de cœlo a Deo meo, et nomen meum novum.

13. Qui habet aurem, audiat quia Spiritus dicat Ecclesiis.

14. Et angelo Laodiciæ Ecclesiæ scribe: Hæc dicit Amen, testis fidelis et verus, qui est principium creaturæ Dei.

15. Scio opera tua, quia neque frigidus es, neque calidus. Utinam frigidus esses, aut calidus!

16. Sed quia tepidus es, et nec frigidus, nec calidus, incipiam te evomere ex ore meo.

17. Quia dicis, quod dives sum, et locupletatus, et nullius egeo; et nescis quia tu es miser, et miserabilis, et pauper, et cæcus, et nudus.

18. Suadeo tibi emere a me aurum ignitum probatum, ut locuples fias, et vestimentis albis induaris, et non appareat con-

4. Mais vous avez dans Sardes quelque petit nombre de personnes qui n'ont point souillé leurs vêtements. Et ils marcheront en ma compagnie en habits blancs, parce qu'ils en sont dignes.

5. Celui qui remportera la victoire sera ainsi habillé de vêtements blancs, et je n'effacerai point son nom du livre de vie, et je confesserai son nom (je le reconnaîtrai pour mon serviteur) devant mon Père et devant ses anges.

6. Que celui qui a des oreilles entende ce que l'Esprit dit aux Eglises.

7. Et écrivez à l'ange (à l'évêque) de l'Eglise de Philadelphe: Voici ce que dit le saint et le véritable, qui a la clef de David, qui ouvre, et personne ne ferme, qui ferme, et personne n'ouvre.

8. Je sais quelles sont vos œuvres. Voilà que je tiens une porte ouverte devant vous que personne ne peut fermer, parce qu'encore que vous ayez peu de vertu, toutefois vous avez gardé ma parole et vous n'avez pas renié mon nom.

9. Voilà que je vous donnerai bientôt quelques-uns de la synagogue de Satan qui se disent Juifs, et qui ne le sont pas, mais qui mentent. Voilà que je les ferai venir se prosterner à vos pieds, et ils sauront que je vous aime.

10. Parce que vous avez gardé la patience (selon le précepte) de ma parole, et moi je vous préserverai de l'heure de la tentation (de la tribulation) qui doit venir dans tout le monde pour éprouver les habitants de la terre.

11. Voilà que je vas venir bientôt. Retenez ce que vous avez (la foi que vous avez) afin que personne ne prenne votre couronne.

12. De celui qui sera victorieux, j'en ferai une colonne dans le temple de mon Dieu, il n'en sortira plus dehors, et j'écrirai sur lui le nom de mon Dieu et le nom de la cité de mon Dieu, de la nouvelle Jérusalem, qui descend du ciel, et qui vient de mon Dieu, et (j'écrirai encore sur lui) mon nom nouveau.

13. Que celui qui a des oreilles entende ce que l'Esprit dit aux Eglises.

14. Ecrivez à l'ange (à l'évêque) de l'Eglise de Laodicée: Voici ce que dit celui qui est Amen (la vérité même), le témoin fidèle et véritable, et qui est le principe de la créature de Dieu.

15. Je sais quels sont vos œuvres, que vous n'êtes ni froid ni chaud. Plût à Dieu que vous fussiez froid ou chaud!

16. Mais parce que vous êtes tiède et ni froid ni chaud, je suis prêt de vous vomir de ma bouche.

17. Et vous dites: Je suis riche et rempli de tout bien, et je n'ai besoin de rien; et vous ne savez pas que vous êtes malheureux, misérable, pauvre, aveugle et nu.

18. Je vous conseille d'acheter de moi (de me demander) de l'or purifié par le feu (de charité), afin que vous deveniez riche,

et des vêtements blancs, afin que la confusion de votre nudité ne paraisse point, et frottez vos yeux d'un coryle, afin que vous voyiez clair.

19. Je reprends et je châtie ceux que j'aime. Soyez donc rempli de zèle, et faites pénitence.

20. Voilà que je suis à la porte et que je frappe. Si quelqu'un entend ma voix et m'ouvre la porte, j'entrerai chez lui, je souperai avec lui et lui avec moi.

21. Je ferai asseoir celui qui sera victorieux avec moi sur mon trône. Comme ayant moi-même vaincu, je suis assis avec mon Père sur son trône.

22. Que celui qui a des oreilles entende ce que l'Esprit dit aux Eglises.

fusio nuditatis tuæ, et collyrio inunge oculos tuos, ut videas.

19. Ego quos amo, arguo, et castigo. Æmulare ergo, et pœnitentiam age.

20. Ecce sto ad ostium, et pulso. Si quis audierit vocem meam, et aperuerit mihi januam, intrabo ad illum, et cœnabo cum illo, et ipse mecum.

21. Qui vicerit, dabo ei sedere mecum in throno meo, sicut et ego vici, et sedi cum Patre meo in throno ejus.

22. Qui habet aurem, audiat quid Spiritus dicat Ecclesiis.

CONCLUSION DE CETTE EXPLICATION.

De tout ce qui a été dit ci-dessus, on voit combien on a eu raison de poser pour principe, dès le i^{er} chapitre, que l'*Apocalypse* est un livre prophétique qui comprend tout ce qui doit arriver de plus mémorable dans l'Eglise depuis son établissement jusqu'à la fin du monde, suivant ce que saint Augustin, et les autres saints Pères nous enseignent en termes exprès, car c'est le vrai point de vue de ce livre prophétique : *Liber Apocalypsis totum hoc tempus complectitur, quod a primo adventu Christi, usque in sæculi finem, quo erit secundus ejus adventus, excurrit.* (S. Aug., lib. ii, *De civit. Dei*, c. 8.)

Réfléchissant à présent sur cet ouvrage, et le considérant non avec un œil de complaisance ou d'approbation, mais dégagé de préoccupation et d'amour-propre, la seule pensée qui reste dans l'esprit, est que peut-être en quelques endroits a-t-on trouvé le véritable sens de cette prophétie, et en d'autres non ; que l'*Apocalypse* est un labyrinthe de mystères, dont les meilleurs commentaires ne peuvent tout au plus passer que pour des conjectures et des soupçons ; et que la seule espérance de ne s'être pas égaré, consiste en ce qu'on a tâché de ne pas abandonner le fil de la tradition, laquelle néanmoins n'étant pas ici ni uniforme, ni certaine, ne met à couvert que d'une erreur, ou d'une nouveauté blâmable. Tellement que tout bien examiné, il ne reste point de meilleur parti à prendre, que d'entrer dans les humbles sentiments de saint Jérôme en une semblable conjecture, et de dire avec lui (*in Ezech.* c. i et xlv) :

« Je déclare à la fin de cet ouvrage ce que j'aurais dû déclarer dès le commencement : ayant osé entrer dans cet abîme de prophéties, et pour m'expliquer de la sorte, dans ce labyrinthe de mystères divins, environnés, ainsi qu'il est écrit, de ténèbres et de nuages ; à Dieu ne plaise que je me flatte d'en avoir trouvé le véritable dénoûment. C'est bien assez pour moi de croire que j'aie pu donner quelque principe de doctrine à ceux qui commencent de s'appliquer à l'étude de 'Ecriture, appuyé toutefois, non sur ma propre suffisance, mais sur la miséricorde de Jésus-Christ, qui m'a servi d'étoile pour me conduire au port de cette explication. J'ajouterai, que je n'ai pas prétendu débiter en cela mes propres pensées, mais exposer ce que j'avais appris de ceux qui nous ont précédés dans l'Église : de sorte que présentant au lecteur charitable et indulgent, ce petit travail proportionné à la médiocrité de notre esprit, nous le prions de le regarder plutôt comme un essai et un recueil de conjectures et de soupçons, que comme une explication claire de ce livre prophétique, le priant d'excuser notre présomption, qui a excédé la mesure de notre science, et d'approuver plutôt notre effort, que de le condamner : » *Quod in principio debui dicere, nunc præpostero ordine in fine dicturus sum: Ego istarum Scripturarum ingressus oceanum, et mysteriorum Dei, ut sic loquar, labyrinthum, de quo scriptum est* (Psal. xvii, 12): « *Posuit tenebras latibulum suum, et nubes in circuitu ejus,* » *perfectam quidem scientiam veritatis mihi vindicare non audeo, sed nosse cupientibus aliqua doctrinæ indicia præbuisse, non meis viribus, sed Dei misericordia, quem sequentes ad portum explanationum prophetiæ hujus pervenire potuimus. Et quidem his quæ a majoribus accepimus, et juxta modum ingenioli nostri spiritualibus spiritualia comparantes, suspicari magis potuimus, quam explanare benevolis credimus, fidisque lectoribus, veniam deprecantes, ut temeritati, imo fidei nescienti mensuram suam, faveant magis, quam irascantur.*

Mais si cette explication, quoique si bien établie, ne doit passer que pour un recueil de conjectures et de soupçons, quel jugement portera-t-on de celle de nos hérétiques, destituée de toute autre autorité que de la leur et qui visiblement n'est que la pure production d'une aversion aveugle, et néanmoins publiée par eux comme un dénoûment clair et certain de la prophétie qui annonce la ruine prochaine et indubitable du Siége pontifical, si souvent et depuis si longtemps souhaitée, promise, prédite, et impatiemment attendue? N'y a-t-il pas lieu de croire que c'est là un faux oracle du père du mensonge, dont la fascination est telle, qu'elle augmente même par les événements contraires? La date des années si précisément marquée s'écoule: *Computant sibi annos, audiunt fanaticos suos* (S. Aug., *in psal.* IV, init.); les prédictions réitérées ne s'accomplissent point du tout; les promesses se trouvent entièrement trompeuses; ceux qui désiraient de vivre au moins jusqu'au temps prédit pour goûter le plaisir, disaient-ils, de voir avant mourir le triomphe de leur parti, et la ruine de l'Eglise catholique, ont déjà vu passer le terme: l'Eglise demeure stable comme auparavant, et ils se trouvent exposés à la risée du public, sans ouvrir les yeux à la vérité: « Je ne dirais pas toutes ces choses, si cette année fatale n'était pas déjà écoulée, laquelle l'esprit de mensonge avait marquée comme devant être heureuse aux ennemis de la religion, et dont leur vaine espérance s'était flattée, » disait Augustin aux païens de son temps, qui s'appuyant sur une fausse prédiction, s'étaient promis que la religion chrétienne ne durerait que trois cent soixante et cinq ans, qui finissaient sous l'empire d'Honorius: *Hæc atque multa kujusmodi colligerem, si nondum annus iste transisset quem divinatio ficta promisit, et decepta vanitas credidit.* Mais la Providence, qui se plaît à confondre ces sortes de curiosités criminelles, que Jésus-Christ a interdites à ses disciples, comme remarque ce même saint, lorsqu'il leur dit: « Il ne vous appartient pas de connaître les temps et les moments que mon Père a mis en sa puissance: *Non est vestrum nosse tempora, vel momenta, quæ Pater posuit in sua potestate;* » permit que cette même année-là précisément, les temples des idoles fussent abattus en Afrique par ordre de ce pieux empereur, et avec eux la folle confiance des idolâtres.

Cet aveuglement des Hérétiques n'est comparable qu'à celui des Juifs, lesquels, malgré l'horrible oppression où la justice divine les tenait, espéraient toujours, fondés sur de semblables prophéties, que leur tour reviendrait, qu'ils se vengeraient des Romains, qu'ils se désaltéreraient de leur sang, qu'ils rebâtiraient leur temple, et qu'ils rentreraient dans la terre de leurs pères, pour y jouir d'une félicité temporelle et d'un royaume tout charnel: exemple terrible qui montre jusqu'où peut aller la séduction de l'esprit humain une fois livré à lui-même. C'est ce que saint Jérôme écrit en ces termes *sur le chapitre* VII *de Sophonie:* « Il ne faut pas seulement penser que ces malheurs soient tombés sur la tête des Juifs lors de la captivité de Babylone, puisqu'ils durent encore à présent. Car ces perfides habitants, après avoir tué les serviteurs de Dieu, et crucifié son Fils unique, ont été chassés de Jérusalem, sur laquelle il ne leur est permis que de verser des larmes, et encore faut-il qu'ils achètent à prix d'argent la permission de les répandre: Ces malheureux, parce qu'ils ont acheté le sang de Jésus-Christ, achètent la liberté de pleurer, et il ne leur est pas permis de verser gratuitement des larmes. C'est un spectacle qui fait horreur, vous verrez au jour que Jérusalem fut prise et ruinée par les Romains, accourir ce peuple infortuné, venir en foule des femmes décrépites, et des vieillards chenus, avec des habits rompus et déchirés, et portant visiblement sur leur corps et sur tout leur extérieur les marques de la colère de Dieu qui les accable: » *Et hoc non tantum de captivitate dicendum, sed usque ad præsentem diem perfidi coloni, post interfectionem servorum, et ad extremum Filii Dei, excepto planctu prohibentur ingredi Jerusalem, et ut ruinam suæ eis liceat flere civitatis, pretio redimunt: ut qui quondam emerunt sanguinem Christi, emant lacrymas suas, et ne fletus quidem eis gratuitus sit. Videas in die qua capta est a Romanis, et diruta Jerusalem, venire populum lugubrem, confluere decrepitas mulierculas, et senes pannis annisque obsitos, in corporibus et habitu suo iram Domini demonstrantes.*

« Cette multitude d'infortunés s'assemble, » et tandis que d'une part on voit briller le Calvaire, et l'Eglise de la résurrection, et de l'autre l'étendard de la croix sur le haut de la montagne des Oliviers, on est surpris de considérer cette foule de misérables, dont la misère ne touche néanmoins personne, venir faire leurs lamentations sur les ruines du temple: » *Congregatur turba miserorum, et patibulo Domini coruscante, ac radiante anastasi ejus, de Oliveti monte quoque crucis fulgente vexillo, plangere ruinas templi sui miserum populum, et tamen non esse miserabilem.* « Leurs larmes sont encore sur leurs joues, leurs bras tout livides et leurs cheveux épars, et voilà le soldat qui demande son payement, et qui leur veut faire acheter la liberté de pleurer encore: Après cela, celui qui voit ces choses, peut-il douter que le temps de la tribulation et de l'angoisse, de la calamité et de la misère, des ténèbres et de l'orage, ne soit arrivé pour eux? » *Adhuc fletus in genis, et livida brachia, et sparsi crines, et miles mercedem postulat, ut illis flere plus liceat: Et dubitat aliquis, cum hæc videat, de die tribulationis et angustiæ, de die calamitatis et miseriæ, de die tenebrarum et caliginis?*

Cependant les Juifs ne sont point rentrés dans la Palestine, leur temple n'a point été rebâti, ils ne se sont point vengés des Romains, leurs prédictions se sont trouvées en tout et par tout fausses et vaines, et ce qui est de plus déplorable, ils ne se sont ni détrompés, ni convertis: c'est la remarque du grand saint Jérôme, avec lequel on a commencé cet ouvrage, et avec lequel on le finit.

RETRAITE POUR LES ORDINANDS.

PREMIER ENTRETIEN.
EXCELLENCE ET NÉCESSITÉ DE LA RETRAITE.

Première considération. — C'est une chose digne de réflexion de voir que le sacerdoce, destiné pour la sanctification du monde, ne se donne et ne se reçoive jamais plus heureusement que hors du monde ; et que sa grâce ne se communique et ne se répare bien avantageusement que dans la solitude. En effet, il y a cette différence, disent les saints, entre le moine et le prêtre, que celui-ci, par son état, est utile à plusieurs, et que celui-là, par son genre de vie, n'est bon que pour lui seul. Le moine, selon eux, est une source qui coule dans un désert inhabité, et quoique par son bon exemple il édifie le corps mystique du Fils de Dieu, quoique par de secrets canaux il communique sa vertu aux autres membres auxquels il est uni, quoiqu'il embellisse l'Eglise, cependant il n'a point par lui-même aucune députation qui l'applique aux fonctions hiérarchiques, dont les principaux effets sont de purifier, d'éclairer et de perfectionner les âmes. Le sacerdoce, au contraire, est une fontaine publique où, comme dans une piscine probatique, les malades viennent recouvrer la santé. Vous êtes la lumière du monde, dit le Sauveur à ses ministres, vous êtes le sel de la terre. Le monde est donc leur séjour ; c'est le climat où ils doivent répandre leurs rayons ; ils doivent se sanctifier au milieu du monde, et sanctifier le monde avec eux; éclairer le monde sans se laisser obscurcir par les ténèbres du monde ; préserver le monde de la corruption, et demeurer eux-mêmes incorruptibles au milieu du monde corrompu : telle est la grâce de leur état, tel est l'esprit de leur vocation.

Si vous voulez remplir les devoirs d'un prêtre, écrivait saint Jérôme à saint Paulin : *si officium vis exercere presbyteri,* vivez dans les villes et parmi les peuples, et faites consister votre salut à procurer le salut des autres : *Vive in urbibus et castellis, et aliorum salutem fac lucrum animæ tuæ.* Si vous voulez être moine, c'est-à-dire solitaire, que faites-vous dans les villes qui sont des assemblées d'hommes et non des ermitages ? *Sin autem monachus, id est solus : quid facis in urbibus quæ utique non sunt solorum habitacula, sed multorum ?*

C'est en ce peu de mots que ce Père si savant et si expérimenté a renfermé la différente grâce de ces deux états ; d'où vient qu'écrivant à Rusticus, il lui mande qu'il ne comprend pas comment on peut être moine au milieu du monde : *Quid desideramus urbium frequentiam, qui de singularitate censemur ?*(Ad Rusticum.) Rien ne paraissant plus incompatible avec la profession monastique que le commerce des hommes, ni rien ne plus éloigné de la profession sacerdotale que le désert.

Cependant il est certain que le lieu le plus propre pour se disposer aux emplois du sacerdoce est la solitude ; et ce qui paraît le plus remarquable, c'est que la marque la plus certaine qu'on est appelé au sacerdoce, et qu'on en exerce les fonctions avec bénédiction et avec sûreté, est quand on retient au milieu du monde où s'exerce le sacerdoce, l'estime et l'amour de la retraite d'où l'on bannit le sacerdoce.

C'est ainsi que le grand saint Grégoire, assis dans la première chaire pontificale, et engagé dans les plus hauts emplois, gémissait sous le fardeau que lui imposait l'embarras du monde, et soupirait après la retraite, tandis qu'il exerçait les fonctions de sa dignité avec un succès qui le rendait admirable et aux solitaires et aux prêtres. Plusieurs endroits de ses ouvrages nous découvrent les dispositions de son cœur sur ce sujet, mais particulièrement la Préface de ses dialogues. Car, comme on se fût informé de lui d'où venait ce surcroît d'accablement et d'ennui qu'il témoignait ce jour-là, il répondit en ces termes :

La tristesse que je souffre journellement est tout ensemble et ancienne par la longue habitude que j'en ai, et nouvelle par l'augmentation que j'en ressens : « *Mœror, Petre, quem quotidie patior, et semper mihi per usum vetus est, et per augmentum novus.* » Car mon esprit affligé par les embarras continuels de mes emplois, rappelle l'idée de l'état heureux dont il jouissait autrefois dans le monastère ; il se souvient combien tout ce qui meurt était au-dessous de lui, et combien il était au-dessus de tout ce qui passe : « *Quomodo ei labentia cuncta subter erant : quantum rebus omnibus quæ volvuntur eminebat.* » Qu'il n'avait alors accoutumé que de s'occuper des choses célestes ; que, quoique attaché au corps, il passait par le vol de la contemplation tout l'être corporel : « *Quod nulla nisi cœlestia cogitare consueverat, quod etiam retentus corpore ipsa jam carnis claustra contemplatione transibat.* » Et que la mort, si affreuse à la plupart des hommes, lui paraissait désirable, la regardant comme la porte de la vie, et le prix de ses travaux. « *Quod mortem quoque quæ pene cunctis pœna est, videlicet ut ingres-*

sum vitæ, et laboris sui præmium amabat. »

Mais à présent, à l'occasion de la charge pastorale, mon esprit est tourmenté par les affaires temporelles des gens du monde qui l'obsèdent; et il gémit au sortir de la vie si pure qu'il a menée dans le repos de la solitude, de se voir sali par la poussière des soins terrestres qui l'environnent dans le monde. « At nunc ex occasione curæ pastoralis sæcularium hominum negotia patitur, et post tam pulchram quietis suæ speciem, terreni actus pulvere fœdatur. » Tellement que, quand après s'être répandu par condescendance aux besoins du prochain, il veut, par le désir qu'il a des biens intérieurs revenir au dedans de lui, il se sent bien moindre que quand il est sorti hors de lui. « Cumque se pro condescensione multorum ad exteriora sparserit, etiam cum interiora appetit, ad hæc procul dubio minor redit. »

Je considère donc ce que je souffre, continue-t-il, je considère ce que j'ai perdu, et plus je regrette ce que j'ai perdu, plus je gémis de ce que je souffre. « Perpendo itaque quod tolero, perpendo quod amisi; dumque intueor illud quod perdidi, sit hoc gravius quod porto. » De là vient que me trouvant agité de tant d'embarras, semblable à une nacelle battue par la tempête, je regarde la retraite comme un port désiré vers lequel je soupire. « Ecce etenim nunc magnis maris fluctibus quatior, atque in navi mentis, tempestatis validæ procellis illidor, et cum prioris vitæ recolo, quasi post tergum reductis oculis viso littore, suspiro. »

Tel a été l'esprit des saints au milieu de leurs travaux apostoliques. Ils s'étaient formés pour leurs emplois dans la retraite, l'attrait pour la retraite les conservait au milieu de leurs emplois, et cet attrait pour la retraite était en eux un signe visible que Dieu les voulait dans leurs emplois. Il y en a même eu, comme un saint Grégoire de Nazianze, qui se sont retirés de leurs emplois pour revenir dans la solitude réparer ce que leurs emplois avaient diminué en eux du zèle qu'ils avaient puisé dans la solitude, et qui sont venus mettre la consommation à la perfection sacerdotale où ils en avaient reçu la vocation. Que si nous considérons cette vérité en elle-même, nous n'aurons pas de peine à nous en convaincre.

1. Remontons dans les premiers temps, et méditons la conduite de Dieu qui ne change pas avec le temps.

Le sacerdoce ancien fut établi dans le désert, et devint l'excellent fruit de cette terre si stérile en toute autre chose. Après la délivrance des Israélites, le passage de la mer Rouge, la ruine de Pharaon, Dieu conduisit son peuple dans une solitude affreuse. Là, il le nourrit de manne; il l'affermit par des prodiges, il lui donna sa loi, il se fit voir à lui sur le mont Sinaï, et enfin, après tant de préparatifs, institua l'ordre lévitique, et appela Aaron au sacerdoce; il le choisit et le sépara des autres.

Moïse eut ordre de le sacrer dans le désert, et ce fut là que ce pontife entra en exercice de ses fonctions, qu'il se revêtit des habits du grand prêtre, qu'il offrit des sacrifices, et qu'il servit dans le tabernacle; il porta l'arche du Seigneur, il pria pour le peuple, et il fut exaucé. Il fallut quarante années de retraite, dans un tel désert, pour le rendre digne du ministère de l'autel, et ce ne fut qu'après une si longue épreuve, une si longue solitude que le clergé ancien se trouva en état de vivre en assurance dans le monde, d'y vaquer au culte de Dieu, et d'y travailler à la sanctification des âmes.

Que d'instructions en ce peu de paroles ! Nous apprenons, par cet exemple, qu'il ne suffit pas, pour être élevé au sacerdoce, d'être sorti de la captivité du péché, et délivré de la tyrannie du diable; que ce n'est pas assez d'avoir été purifié par le baptême dans le sang de Jésus-Christ, de s'être longtemps repu du pain céleste de l'Eucharistie, d'avoir médité et observé la loi de Dieu, et admiré les merveilles de sa conduite sur le salut du genre humain; mais qu'il faut de plus, afin de recevoir dignement la grâce et l'esprit ecclésiastique, passer un temps considérable dans la retraite, y vaquer à la perfection, y examiner sa vocation, s'y former aux fonctions sacerdotales, y tourner son cœur du milieu de ses emplois, et de temps en temps venir s'y renouveler, et y prendre de nouvelles forces, étant une maxime reçue que les choses se conservent par les mêmes causes qui les ont produites.

Moïse, dit saint Jérôme dans son *Epître à Rusticus*, Moïse, pour se mettre en état de conduire le peuple de Dieu, eut besoin de plusieurs années de retraite, afin de se former à un si haut emploi; que ne doit pas faire un prêtre de la loi nouvelle, de qui les fonctions sont si saintes, et exigent tant de sainteté? « Moyses ut præesset populo Judæorum quadringeta annis eruditur in eremo pastor ovium, hominum factus est pastor. »

Ce même esprit s'est conservé dans la loi nouvelle. Saint Jean-Baptiste qui en fut l'aurore ne se retira-t-il pas dans le désert pour s'y disposer aux fonctions de son ministère? *Et erat puer in desertis usque in diem ostensionis suæ ad Israel.* (Luc. I, 80.) Il ne devait qu'exercer les plus communs emplois du sacerdoce, prêcher la pénitence, préparer les voies du Seigneur, administrer un baptême qui n'était qu'une simple cérémonie, montrer Jésus-Christ au doigt, le baptiser dans son corps naturel, rendre témoignage qu'il avait vu le Saint-Esprit descendre sur lui; il passe néanmoins ses jours dans la solitude pour y puiser la grâce nécessaire à sa mission; que ne doit pas faire le prêtre pour se préparer à exercer les fonctions de la sienne! Ne doit-il pas prêcher la parole de Dieu aussi bien que lui? porter les hommes à faire pénitence, et à se mettre en état de recevoir Jésus-Christ à la communion, et à l'heure de la mort qui s'approche? Ne confère-t-il pas un plus excellent baptême? ne fait-il pas davantage que de montrer Jésus-Christ au doigt, puisqu'il le touche, qu'il le porte, qu'il le distribue ? Pour remplir tant de devoirs, ne faut-il pas donc aussi bien que saint Jean, qu'il se retire dans la solitude pour se disposer à un si haut ministère, et pour écouter Dieu avant d'exiger qu'on l'écoute lui-même ? *Et erat puer in desertis usque in diem ostensionis suæ ad Israel.*

2. Mais rien n'égale l'exemple que nous donne le Sauveur du monde Jésus-Christ Notre-Seigneur, le modèle des prêtres.

Premièrement, nous pouvons dire que le sein de la très-pure Vierge, dans lequel il s'incarna, fut pour lui, selon saint Augustin, une solitude sans égale. Ce grand docteur, expliquant ces paroles du psaume CI, ⅴ 7 : Je suis devenu comme le pélican dans la solitude : *Factus sum sicut pellicanus in solitudine*, croit que le Prophète a voulu parler de Jésus-Christ en Marie, que c'est un mystère réservé au seul Homme-Dieu, et par conséquent que ça été une solitude pour lui. « *Puto enim hic intelligi Christum natum de Virgine, solus enim sic, ideo solitudo.* » Le sein de Marie a donc été la première solitude où le Fils de Dieu s'est caché, et d'où son humanité sortit si pleine de grâces et de délices spirituelles, qu'on peut très-véritablement lui appliquer ces paroles : *Quæ est ista quæ ascendit de deserto, deliciis affluens?* (*Cant.* VIII, 5.)

Les trente premières années de la vie de Jésus-Christ, qui se passèrent dans l'obscurité d'une vie privée, sans éclat, sans miracles, sans prédications, ne furent-elles pas une retraite continuelle, un silence perpétuel ?

Ajoutez à cela ce qu'il fit incontinent après son baptême. L'Evangile rapporte que l'Esprit de Dieu le poussa dans le désert : *Statim expulit eum Spiritus in desertum.* (*Marc.* I, 12.) Il se retira quarante jours dans la solitude pour y vaquer à la prière, au jeûne, à la pénitence, et cela immédiatement avant que de commencer à prêcher son Evangile, et de s'appliquer aux emplois de son ministère. Sans doute il n'avait pas besoin de cette précaution, mais nous avions besoin de cet exemple, et nous avions besoin d'apprendre que c'est dans la retraite qu'on puise l'esprit sacerdotal, et qu'il faut s'y préparer aux travaux apostoliques ; il était nécessaire que nous eussions un tel modèle, et que ces paroles retentissent souvent à nos oreilles : *Exemplum dedi vobis ut quemadmodum ego feci, ita et vos faciatis.* (*Joan.* XIII, 15.)

Que si nous jetons les yeux sur la sainte Eucharistie, nous trouverons qu'il y est comme dans une espèce de solitude parfaite, puisqu'il n'y fait aucun usage de ses sens, qu'il n'y a aucun commerce sensible avec la créature, et que, retiré en lui-même, il y honore Dieu son Père par un continuel esprit de sacrifice.

Quand ce même Sauveur voulut faire choix de ses apôtres, et leur impétrer la grâce de leur vocation, il se retira sur une montagne, il se retira du monde, il passa la nuit en oraison : *Videns autem Jesus turbas, ascendit in montem orare, et erat pernoctans in oratione Dei, et cum dies factus esset, vocavit ad se quos voluit ipse discipulos suos, et elegit et fecit ut essent ex ipsis duodecim cum illo, quos et apostolos nominavit.* (*Marc.* III, 13.) Et il nous enseigna que c'est dans la solitude où l'on apprend les secrets desseins de Dieu sur ceux qu'il appelle au sacerdoce, et où on leur attire les secours nécessaires, pour en remplir les devoirs ; et la vie apostolique fut le fruit des prières du Sauveur dans la retraite.

Les disciples envoyés en mission reviennent trouver Jésus-Christ pour lui rendre compte de leurs travaux. Où les mène-t-il pour les recueillir, pour les remettre dans l'esprit où ils devaient être ? dans le désert. *Et convenientes apostoli ad Jesum reversi nuntiaverunt ei omnia quæ gesserant, et docuerant, et ait illis : Venite in desertum locum, et requiescite pusillum.* (*Luc.* VI, 30, 31.) C'est le lieu propre à se dédommager du préjudice que cause souvent le commerce du monde aux âmes religieuses, quand même elles ne fréquenteraient le monde que pour y procurer le salut au monde. C'est là où se recouvre la vigueur de l'esprit apostolique, quand on voit qu'il s'affaiblit un peu ; c'est où l'on trouve ce repos spirituel qui rétablit les forces, qui calme l'émotion des esprits, et qui rend plus propre au travail : *Venite in desertum locum, et requiescite pusillum.*

Lorsqu'après la résurrection du Sauveur et à la veille de son ascension, il voulut mettre ses apôtres en état de recevoir le Saint-Esprit, pour aller ensuite répandre la connaissance de Dieu par tout l'univers, que leur ordonna-t-il ? de se mettre en retraite, de se renfermer dix jours, d'y vaquer continuellement à la prière. *Sedete in civitate, donec induamini virtute ex alto.* (*Luc.* XXIV, 49.) Et pour lors remplis de l'Esprit-Saint, vous irez enseigner toute la terre : *Et eritis mihi testes usque ad ultimum terræ.* (*Act.* I, 8.)

3. Saint Paul qui n'avait pas été de cette retraite, parce qu'il n'était pas encore appelé, ni agrégé au collège apostolique, se retira pendant trois ans dans les déserts de l'Arabie incontinent après sa conversion, pour y passer ce temps avec Jésus-Christ, se disposer aux fonctions apostoliques, et suppléer ainsi à la retraite qu'il n'avait pas faite avec le reste des apôtres.

Le même esprit qui conduisit saint Paul au désert, inspira le même sentiment à saint Augustin, auparavant que de l'élever à la dignité du sacerdoce ; il proteste qu'il ne songea d'abord qu'à se retirer dans une solitude, pour y passer le reste de ses jours en pénitence : « *Conterritus peccatis meis et mole miseriæ meæ pressus, agitaveram in corde meo, et meditatus fueram fugam in solitudinem.* » (*Conf.*, lib. X, c. 43.) Il reconnaît que la retraite est le vrai lieu pour expier ses péchés par les larmes : « *Solitudo* mihi ad negotium flendi aptior suggerebatur. » (*Conf.*, lib. VIII, c. 12.) C'est l'impression de Dieu dans les personnes qu'il destine à la conduite des autres.

Nous le voyons dans la discipline présente de l'Eglise toujours animée de l'Esprit de Dieu. Sitôt qu'en exécution des décrets du concile de Trente on a voulu travailler à la réforme du clergé, la pratique des retraites, et l'établissement des séminaires, lieux destinés à ces saints exercices, ont été mis en usage. Les Souverains Pontifes les ont ordonnés à Rome, et y ont attaché de grandes indulgences; les évêques les ont enjoints dans leurs diocèses; chacun s'est trouvé convaincu de cette ancienne maxime : « Clericum solitudo facit; » que c'est là où l'on se revêt de la force d'en haut, et qu'on y devient plus propre à travailler au salut des âmes.

4. Ces avantages méritent bien que nous les considérions attentivement et que nous aimions la retraite, soit pour attirer en nous l'esprit ecclésiastique, soit pour le réparer. Car, s'il est vrai, selon le prophète, que la terre est tombée dans la désolation, parce que personne ne fait réflexion à soi, où pourrons-nous mieux faire ces réflexions si utiles à la sanctification du prochain et à la nôtre propre, que dans la retraite? Où pourrons-nous ailleurs mieux accomplir cette sage résolution du saint roi Ezéchias : Seigneur, prolongez-moi la vie, et je repasserai toutes mes années dans l'amertume de mon cœur : *Recogitabo tibi omnes annos meos in amaritudine animæ meæ.* (*Isa.* XXXVIII, 15.) Chaque mot mérite son attention.

Je penserai, disait-il, et je repenserai, *recogitabo*; je rappellerai toutes les années qui se sont écoulées depuis que je suis au monde; je les ferai revenir dans ma mémoire; je les examinerai soigneusement. Et c'est sans doute un dessein bien important, que de penser à soi, de faire réflexion sur l'état où on est, sur la conduite qu'on a tenue, sur la vie qu'on a menée. Ce grand roi se voyant réduit à l'extrémité, et près de finir sa course, sentait bien que tout occupé au dehors, il ne s'était pas assez retiré en lui-même: malheur qui n'est que trop commun parmi les hommes! Toutes nos années s'écoulent sans que nous pensions à rien qu'à ce qui s'écoule avec nos années, et jamais à ce qui demeure après nos années. Et il y a peu de différence là-dessus entre nous et les enfants qui meurent au sein de leurs mères. Ceux-ci n'ont jamais eu l'usage de la raison, et nous ne nous servons jamais bien de la nôtre; ils sont sortis de cette vie, sans avoir rien connu ni expérimenté de ce qui s'y passe, et nous passons la nôtre sans jamais réfléchir sur ce que nous y connaissons, et expérimentons que quand tout est passé : le sort de ces enfants n'est pas plus digne de compassion que le nôtre de blâme; et ce n'est pas sans terreur que nous devons entendre cette parole d'Isaïe, qu'on verra mourir comme des enfants les vieillards âgés de cent ans, et que le pécheur de cent ans sera maudit : *Quoniam puer centum annorum maledictus erit.* (*Isa.* LXV, 20.) Le prophète alliant ainsi en un même sujet l'enfance et la vieillesse, les habitudes invétérées du pécheur avec l'imprudente inconsidération du jeune homme; et sans avoir égard à la longue suite d'années qui se sont écoulées depuis sa naissance jusqu'à sa mort, les transportant du berceau dans le sépulcre : *Fuissem quasi non essem de utero translatus ad tumulum.* (*Job* X, 19.) Telle sera la fin de la plupart des hommes, et même des sages du siècle, qui, faute de réflexion, ont fait consister leur orgueilleuse philosophie dans un long usage du monde qui périt, et non dans l'application aux biens de l'éternité qui demeure. Ils ne se sont occupés qu'à de vaines connaissances, et ont méprisé la vraie science des choses de Dieu, qui devait être l'unique objet de leurs méditations et de leurs études. Ils n'ont point porté leur ambition à la conquête de ces riches couronnes que Dieu a préparées pour la récompense des justes; et ils n'ont jamais compris quelle sera la grandeur et l'éclat de cette gloire qui doit être le prix de la sainteté. Semblables à ce prince infortuné dont parle l'Ecriture, ils ne commencent à faire attention sur ce qu'ils sont, que quand ils se voient sur le point de cesser d'être : *Cœpit ad agnitionem sui venire* (*II Mach.* IX, 11); et de pire condition que ces animaux terrestres à qui du moins la nature ouvre les yeux, avant que de leur ôter la vie; ils perdent souvent la vie, avant que d'en avoir vu la vanité : *Aut sicut abortivum absconditum non subsisterem, vel qui concepti non viderunt lucem.* (*Job* III, 7.)

C'est donc avec grande raison qu'Ezéchias promettait à Dieu, que s'il lui prolongeait la lumière du jour, il s'en servirait pour penser et repenser à l'usage qu'il avait fait de chaque jour de sa vie : *recogitabo*. Et pour accomplir la résolution du saint roi pénitent son prédécesseur, qui protestait vouloir faire de profondes considérations sur le crime qu'il avait commis : *Et cogitabo pro peccato meo* (*Psal.* XXXVII, 19), regardant cette pensée salutaire comme une partie de sa pénitence. En effet, il est très à propos que vous pensiez, dans cette retraite, à vos péchés, à leur multitude et à leur grièveté; à votre malice et à votre ingratitude; aux peines qui sont préparées aux pécheurs impénitents, à cette éternité tout entière qui vous menace; que vous mettiez dans votre esprit les jours anciens et les années éternelles : *Cogitavi dies antiquos, et annos æternos in mente habui* (*Psal.* LXXVI, 6); que vous considériez un peu attentivement vos fins dernières; cette mort prochaine qui sera le dernier terme de votre vie; ce jugement final qui sera le dernier arrêt de votre sort; cet enfer terrible qui sera le dernier châtiment de votre crime; ce paradis qui sera la dernière récompense de votre vertu; que vous vous ôtiez hors du nombre de ces imprudents qui, dépourvus de toute raison, oublient des choses qui les touchent de si près : *Gens absque consilio est et sine prudentia, utinam saperent, et intelligerent, ac novissima providerent!* (*Deut.* xxxii, 28, 29.) Et qu'imitant l'enfant prodigue dans sa conversion, vous rentriez enfin en vous-même une bonne fois : *In se autem reversus.* (*Luc.* xv, 17.)

Il est à propos que vous considériez votre entrée dans l'état ecclésiastique, les motifs qui vous y ont engagé, les obligations que vous avez contractées, le compte exact que vous devez en rendre. « Filii charissimi, » vous a dit l'évêque, « iterum atque iterum considerare debetis attente ordinem per vos susceptum, ac onus humeris vestris impositum, » et que vous méditiez à tête reposée les grandes vérités de la religion. *Recogitabo tibi*; mais où le fera-t-on que dans la retraite ?

Aussi bien toute autre considération n'est-elle pas propre à l'homme qui seul peut réfléchir sur ce qu'il fait; nos sens même ne sont pas capables de retour sur leurs mouvements, et la raison seule a ce privilège. Servez-vous-en donc, surtout dans une occasion de cette conséquence.

5. D'ailleurs les considérations destituées de sérieuses et réitérées réflexions, ne sont ni efficaces, ni utiles, ni durables.

Elles ne sont pas efficaces ; une vue soudaine et passagère ne fait pas d'assez fortes impressions pour nous porter à entreprendre des choses difficiles, et auxquelles nous avons de grandes répugnances ; combien de fois avez-vous eu de bonnes pensées et de mouvements pour le bien, de désirs de pratiquer la vertu, et de tendre à la perfection ; mais parce que ç'a été comme en passant, et que vous n'avez pas assez approfondi l'importance de ces vues, n'est-il pas vrai qu'elles n'ont eu jusqu'ici aucun effet en vous ? Les autres pensées ne sont presque pas utiles, parce qu'elles ne suffisent pas pour la pratique ; les premières idées sont comme les prémices du raisonnement, et les réflexions tiennent lieu des conséquences et des résolutions. J'ai réfléchi [sur le chemin que je tiens, disait le Prophète, et j'ai tourné mes pas vers vos commandements : *Cogitavi vias meas, et converti pedes meos in testimonia tua.* (*Psal.* cxviii, 59.) Autrement que servent les bonnes vues ? Combien de fois avez-vous connu que vous menez une vie éloignée de ce que Dieu demande de vous ? Cependant, parce que vous ne l'avez fait qu'à la légère, quel fruit en avez-vous tiré ? Enfin, les autres pensées ne sont pas durables, les premières idées des objets s'envolent, l'homme imprudent se considère, dit l'apôtre saint Jacques, mais en passant ; puis il s'en va, et s'oublie aussitôt de lui-même : *Consideravit se et abiit, et statim oblitus est qualis fuerit.* (*Jac.* i, 24.) A peine avez-vous jeté l'œil sur votre conscience, comme dans le miroir d'un examen, que vous en détournez incontinent la vue, et que vous vous oubliez de vos défauts : à quoi donc servent ces regards, si vous ne les arrêtez plus fixement ?

Nous pouvons ajouter qu'elles ne sont jamais assez profondes, et qu'elles sont souvent fausses. L'homme sage, dit Jésus-Christ dans l'Evangile, qui veut élever solidement une maison, en creuse bien avant les fondements : *Fodit in altum.* (*Luc.* vi, 48.) Et, selon saint Ambroise, on ne trouve pas Dieu dans la superficie et l'apparence des choses : « Deus in superficie non jacet. » Il faut un peu à loisir penser et repenser à soi, réfléchir sur ses devoirs, approfondir ses obligations, faire plusieurs fois attention à l'état où on est, car ce qui d'abord, et du premier regard, a paru bon, le tout bien examiné se trouve enfin mauvais ; ce qui semblait vrai se trouve faux.

Combien de fois se trompe-t-on tous les jours, faute d'attention ! Combien rougit-on ensuite d'avoir été trop vite, d'avoir suivi trop promptement et à la légère ses premières pensées ! Si cela est vrai dans les affaires temporelles, combien plus dans les choses du salut, qui sont en elles-mêmes si importantes, et dans lesquelles les erreurs se réparent si difficilement !

C'est pourquoi le saint roi Ezéchias ajoute : Je repenserai devant vous : *Recogitabo tibi.* (*Isa.* xxxviii, 15.) Et avec raison, car ce que nous considérons seuls n'est ordinairement suivi d'aucun succès avantageux : ou nous nous décourageons, voyant nos défauts, ou nous les excusons, ou nous ne prenons que de vaines résolutions. Mais ce que nous considérons devant Dieu nous est infiniment utile.

C'est donc à vous à qui ces paroles s'adressent : Fuyez, Arsène, fuyez le monde, retirez-vous dans la solitude, songez dorénavant à vous, aimez le silence et le recueillement : « Fuge, Arseni, fuge sæculum, solitudinem pete, tibi prospice et tace. »

Saint Eucher rapporte qu'un homme ayant demandé à un pieux ami où l'on pouvait trouver Dieu, celui-ci le prit et le mena dans un vaste désert, et, le lui montrant, il lui dit : C'est là où Dieu se trouve : « Et ostendens solitudinis vastæ recessum, en, inquit, ubi Deus est. »

6. Les personnes prudentes ne manquent pas à prendre un temps pour voir l'état de leurs affaires domestiques.

Les marchands examinent leurs papiers de compte, supputent leurs dettes, leur gain et leur perte.

Les receveurs du bien d'autrui, les économes et les fermiers tiennent leurs affaires en ordre.

Le nautonnier et le pilote ont l'œil sur leur carte marine, et supputent leur calcul, pour voir par estime où ils en sont de leur navigation. Le voyageur s'arrête sur une hauteur pour considérer le chemin qu'il a fait et celui qui lui reste à faire.

L'homme chrétien sera-t-il seul indolent ? Le religieux et le prêtre, chargés de tant de devoirs, vivront-ils dans le désordre et la confusion, malgré l'importance de la chose, le compte exact qu'il leur faudra rendre, et la punition rigoureuse qui les menace ?

Les juges cessent leurs occupations, certains mois de l'année, pour reprendre de nouvelles forces. Les infirmes vont aux eaux minérales pour recouvrer ou entretenir leur santé. Le laboureur laisse de temps en temps la terre sans l'ensemencer, afin qu'elle produise ensuite avec plus d'abondance. Pourquoi ne vous retirez-vous pas du moins quelques jours tous les ans, pour vous délasser des embarras temporels de cette vie, vous reposer en Dieu? Pourquoi ne venez-vous pas prendre des remèdes spirituels, et vous guérir? Le bon exemple et le désir de se fortifier dans la piété le demandent.

Ne voyez-vous pas que les gens sensuels dans le monde, outre la bonne chère qu'ils font tous les jours, ainsi que le mauvais riche, vont de temps en temps en de grands festins. Ainsi, quand même chaque jour vous vous nourririez des vérités chrétiennes, et que la table de votre oraison serait abondante, ne refusez pas d'aller quelquefois en festin, et de venir dans la retraite goûter à loisir ces mets délicieux qui plaisent toujours par leur nouveauté, et qui ne fatiguent jamais par leur abondance. Ne savez-vous pas qu'outre la rosée de chaque nuit, le ciel répand encore, de fois à autre, des pluies abondantes sur la terre, sans quoi elle serait stérile?

D'ailleurs quelque bonne intention, quelque zèle que vous ayez, vous ne sauriez vivre recueilli dans le monde.

Premièrement, Dieu ne s'y trouve pas. L'étoile qui conduisait les mages par les déserts disparut à la cour d'Hérode. C'est dans la solitude qu'on respire un air plus pur, qu'on trouve le ciel plus ouvert, et qu'on a un plus grand accès auprès de Dieu. « Aer purior, cœlum apertius, familiarior Deus. » Ne tardez donc pas à sortir du monde, de peur de périr avec le monde. *Egredere, ne et tu pereas in scelere civitatis.* (Gen. XIX, 15.) Quittez ces parents et ces amis, cette patrie et cette maison paternelle, et venez sur cette montagne solitaire, aspirez à cette haute perfection évangélique, si peu fréquentée: *Exi de terra tua et de cognatione tua, et de domo patris tui, et veni in terram quam monstravero tibi* (Gen. XII, 1): Venez dans la solitude, et là vous entendrez la voix du Seigneur: *Ducam eam in solitudinem, et ibi loquar ad cor ejus.* (Ose. II, 14.) Cette voix ne s'entend point, dit saint Bernard au milieu du monde, elle ne retentit point dans les rues ni dans les places publiques, « Hæc vox non auditur in foro, non sonat in publico; » de secrets desseins exigent des lieux secrets: « secretum consilium secretum quærit auditum. » Et le prophète avait prédit du Sauveur, que sa voix n'éclaterait point au milieu du monde: *Non contendet, neque clamabit, neque audietur vox ejus in plateis.* (Isa. XLII, 2.) Ainsi ne vous y trompez pas: si vous voulez trouver Jésus-Christ, sortez du monde; le désert est le temple où il habite, disent les saints. « Eremus Dei templum est (S. Eucher.); » car où demeurera ailleurs que dans la retraite, celui qui a choisi le silence pour son domicile? « Quem enim certum est habitare in silentio, credendum est gaudere secreto. » Où parlera ailleurs le Saint-Esprit, où nous suggérera-t-il mieux ses impressions que dans un lieu qu'il veut être le dépositaire de ses secrets? « Eremus digna Spiritui sancto suggestio ipse enim et secretum quærit, et solitarium locum diligit. » (*Ibid.*)

De plus, quand même vous croiriez pouvoir servir Dieu dans le monde, le monde, toujours opposé à la vertu, le souffrira-t-il? Pharaon disait à Moïse: Où voulez-vous aller? servez Dieu parmi nous, pourquoi vous retirer de nous? *Vocavitque Pharao Mosem et Aaron, et ait eis: Ite et sanctificate Deo vestro in terra hac.* Mais Moïse lui répliquait: La chose ne peut aller ainsi, *Non potest ita fieri...* Vous adorez ce que nous devons sacrifier, *Abominationes enim Ægyptiorum immolabimus Deo nostro*; or, si le monde nous voit immoler ce qu'il révère, il ne l'endurera pas, il nous lapidera: *Quod si mactaverimus ea quæ colunt Ægyptii coram eis, lapidibus nos obruent.* (*Exod.* VIII, 25, 26.) Si les gens du siècle voient que vous avez en horreur leur luxe, leur vanité, leur intempérance; que vous regardez avec indignation leur avarice, leur dissolution, leur impiété; que vous condamnez leur sensualité par l'abstinence, leur orgueil par l'humilité, leur irréligion par la dévotion; que vous parlez contre les lois et les maximes du monde, le monde vous lapidera. Il faut que vous alliez bien avant dans le désert si vous voulez offrir en paix des sacrifices au Seigneur, et lui rendre un culte fidèle: *Viam trium dierum pergemus in solitudinem, et sacrificabimus Domino Deo nostro sicut præcepit nobis.* (*Ibid.*, 27.)

Etes-vous plus affermi que le saint roi David, cet homme selon le cœur de Dieu? Cependant il gémissait au milieu du monde; il protestait que le commerce du monde lui était insupportable, et il ne souhaitait que des ailes de colombe pour s'envoler au delà des mers dans une région inhabitée. Je ne vois, dit-il, que disputes, que contentions, qu'injustices dans cette ville. *Quoniam vidi iniquitatem et contradictionem in civitate* (Psal. LIV, 10); l'iniquité l'entoure de toutes parts; le jour et la nuit les hommes ne songent qu'à la terre, qu'aux affaires temporelles, qu'aux moyens d'envahir le bien de la veuve et de l'orphelin: *Tota die et nocte cir cumdabit eam super muros ejus iniquitas: et labor in medio ejus et injustitia.* (*Psal* LIV, 11.) Les places publiques sont un théâtre toujours dressé à l'usure et aux fraudes: *Et non defecit de plateis ejus usura et dolus.* (*Ibid.*, 12.) On n'entend partout que juremens, que blasphèmes, que violences, que procès, que meurtres, qu'impudicités, que sacrilèges; on ne voit que vanités, que déréglemens, que transgressions des plus saintes lois de Dieu; je ne saurais plus souffrir un tel spectacle, et j'ai pris résolution de m'enfuir et d'aller établir ma demeure dans la solitude: *Ecce elongavi fu-*

giens et mansi in solitudine. (Ibid., 8.) Qui me donnera des ailes de colombe pour m'y transporter? *Quis mihi dabit pennas sicut columbæ? (Ibid., 7),* pour m'envoler dans le désert, pour y gémir, pour m'y reposer en Dieu? *Et volabo et requiescam.* Soyez semblable à cet homme prudent dont parle Isaïe, qui se met à l'abri des vents, et qui se dérobe à l'orage : *Quasi vir qui absconditur a vento, et celat se a tempestate. (Isa.* xxxii, 2.) Où trouverai-je une grotte dans le désert, disait un autre prophète, afin que j'aille me délasser des fatigues du monde, et me recueillir en Dieu? *Quis dabit mihi diversorium in solitudine? (Jer.* ix, 2.) Tels ont été les désirs des saints rois au milieu de leurs grandeurs. Tels ont été les soupirs des prophètes au milieu de leurs travaux. Après cela voyez si vous ne devez pas songer à sortir de Babylone, je veux dire du monde, où les saints n'ont vécu en assurance qu'à cause qu'ils s'y sont vus en péril, qu'à cause qu'ils ont souhaité d'en sortir : *Egredimini de medio Babylonis.* Fuyez les gens du siècle comme de vrais ennemis de la piété : *Fugite a Chaldœis (Isa.* xlviii, 20); et qu'un chacun songe à son salut : *Et unusquisque salvet animam suam. (Jerem.* li, 6.) Et effet, combien de fois avez-vous vu vos bonnes résolutions suffoquées par les soins temporels, qui, comme des épines, ont étouffé le grain de la parole de Dieu qui pullulait dans la terre de votre âme? Profitez de votre expérience, toute nuisible qu'elle vous ait été, et retirez-vous du monde qui ne produit que des ronces, pour vous appliquer à la culture de votre âme qui ne vous produira que des fleurs; retirez-vous dans la solitude pour y vaquer à l'affaire de votre salut ; séparez-vous pour un temps du monde, auparavant que le temps de votre grande retraite du monde arrive, et que le monde se retire de vous pour toujours : *Memento Creatoris tui, antequam revertatur pulvis in terram suam, et spiritus redeat ad Deum qui dedit illum. (Eccle.* xi, 1.)

D'ailleurs, quand le monde vous laisserait en repos, vos convoitises ne vous y laisseraient pas; elles sont émues au milieu des objets, semblables à des vents impétueux, elles agitent l'âme et excitent de continuels orages sur la mer du monde. Or, la solitude a cela de propre, qu'elle calme les passions, et qu'elle soumet ces monstres intraitables; c'est une arche de Noé où les bêtes les plus opposées vivent en paix. Il faut l'expérimenter pour le croire, on n'a pas demeuré quelques jours dans la retraite, qu'on se trouve tranquille et en paix, et que ces paroles du saint homme Job s'accomplissent dans le solitaire : *Et bestiæ terræ erunt pacificæ tibi. (Job* v, 23.) La solitude, dit saint Basile, est un secours puissant pour la sainteté, parce qu'ayant la vertu d'endormir les passions, elle donne le moyen de les extirper. Car comme les serpents saisis de froid sont aisément vaincus, de même la convoitise, la colère, la tristesse, la crainte et les autres pestes spirituelles, devenues comme immobiles et assoupies par le repos et le silence, et n'étant plus irritées par les objets, sont surmontées sans peine : « *Ad hoc sane maximo nobis adjumento est solitudo consopiens in nobis animi affectiones, copiamque faciens rationi illas ex anima prorsus excindendi : quemadmodum enim bestiæ frigore pressæ facile vincuntur, ita concupiscentia, ira, timor, mœstitia, pestifera animæ mala, si quiete, et silentio quasi sopita fuerint, et non continua irritatione exasperata, superabiliora rationis potentia reddutur.* » (*De bono solit., Epist. ad Grenoz.*) Tel est le bonheur de la retraite, selon ce grand saint. L'ennemi ne nous poursuit point dans cet asile; la fascination des vanités ne nous dérobe plus, comme dans le monde, la vue des biens célestes : *Fascinatio nugacitatis obscurat bona. (Sap.* iv, 12.) C'est dans le désert seulement que la pénitence établit son règne : *Vox clamantis in deserto : Pœnitentiam agite. (Matth.* iii, 3.) Les hommes l'ont bannie de leur société, elle s'est retirée dans les bois où elle prêche à peu d'auditeurs. Soyez-en du nombre, quittez les villes et les assemblées, et rebuté du bruit et des embarras, cherchez la paix et le silence; demandez instamment à Dieu qu'il vous en facilite le moyen, ou si vous y êtes, cultivez soigneusement cette grâce.

VI. Tout ceci nous est admirablement bien décrit dans le *Livre de Job,* où, sous la figure de diverses espèces d'animaux, les différents genres de vie qu'on embrasse dans l'Eglise nous sont dépeints. Qui a laissé aller l'âne sauvage en liberté dans le désert, et qui a rompu ses liens, disait Dieu à ce saint homme : *Quis dimisit onagrum liberum in deserto, et vincula ejus quis solvit?* (*Job* xxxix, 5.) En effet, de tous les animaux qui gémissent sous la servitude de l'homme, il n'y en a point qui soit si accablé de travail, et si peu soulagé que ce vil animal dont on n'a ni commisération ni soin.

C'est ainsi que le monde traite ses esclaves; il leur impose des fardeaux pesants, il les inquiète par mille chagrins, et il ne les repaît que d'épines; cependant l'homme accoutumé au joug aime cet esclavage, il dit encore ce que les Juifs disaient à Moïse leur libérateur : Retirez-vous de nous, ne nous prêchez pas davantage, laissez-nous servir Pharaon : *Recede a nobis ut serviamus Ægyptiis. (Exod.* xiv, 12.) Le monde passe et on s'y attache, que ferait-il s'il demeurait ? Il est amer et on l'aime, que ferait-il s'il était doux, dit saint Augustin? Sans doute que l'animal dont nous parlons, tout accablé qu'il soit sous la servitude de l'homme respire plus librement que ne fait l'homme sous la servitude du monde. De quels travaux n'accable-t-il pas un avare! Combien chez lui vend-il un peu de métal ! Que de fatigues n'éprouve pas un marchand, la nuit et le jour, l'hiver et l'été, pendant le plus rigoureux froid et le plus brûlant soleil ! Un officier de guerre, combien est-il tourmenté par le désir de la gloire ! à quel haut prix ne lui met pas le monde un peu de fumée ! Tels sont tous les amateurs du siècle qui vivent sous ses dures lois.

A quoi peut-on mieux comparer ces esclaves infortunés, et par qui peuvent-ils être représentés, que par cette pauvre femme prosternée vers la terre, dont parle l'Evangile? *Et ecce mulier, quæ habebat spiritum infirmitatis annis decem et octo.* Elle était si courbée vers la terre, qu'elle ne pouvait pas regarder en haut : *Et erat inclinata, nec omnino poterat sursum respicere.* Jésus la voyant l'appela, et lui dit : Femme, vous êtes délivrée, de votre infirmité : *Quam cum videret Jesus, vocavit eam ad se, et ait illi : Mulier, dimissa es ab infirmitate tua.* Et lui imposant les mains, sur-le-champ elle se redressa et glorifia Dieu. *Et imposuit illi manus et confestim erecta est, et glorificabat Deum.* (*Luc.* xiii, 11-13.) Et parce que les pharisiens se malédifiaient de ce que Notre-Seigneur avait opéré ce miracle un jour de Sabbat, il leur dit : Hypocrites, y a-t-il aucun de vous qui, le jour du Sabbat, ne délie son bœuf ou son âne de sa crèche et ne le mène boire. *Hypocritæ unusquisque vestrum Sabbato non solvit bovem vestrum aut asinum a præsepio, et ducit ad aquare?* Et cette fille d'Abraham, il ne fallait pas au jour du Sabbat la délivrer du lien dont Satan la tenait enchaînée, depuis dix-huit ans? *Hanc autem filiam Abrahæ, quam alligavit Satanas, ecce decem et octo annis non oportuit solvi a vinculo isto die Sabbati?* (*Luc.* xv, 16.)

Que signifie cette femme inclinée, sinon une âme penchée vers les choses de la terre, qui ne peut plus regarder le ciel? Et ce nombre de dix-huit, que veut-il dire autre chose que les onze passions de l'homme charnel, lesquelles comme des liens l'enchaînent, et les sept péchés capitaux qui comme des fardeaux pesants l'accablent? Car tels sont les effets des liens et des poids des inclinations vicieuses et des habitudes mauvaises, d'attacher l'homme et de le courber, de le tenir sous une plus étroite captivité que ne fait le laboureur son bœuf ni son âne, puisque au moins le laboureur détache chaque jour ces pauvres animaux, et les mène boire. Mais le monde ne laisse pas respirer un moment ses esclaves. Nulle liberté, nul rafraîchissement, aucun jour de Sabbat pour eux; ce n'est qu'un enchaînement perpétuel d'affaires, de procès, de voyages, de soins et d'engagements souvent criminels. Revenons au texte de Job : Qui met l'âne sauvage en liberté dans le désert, et qui rompt ses liens? *Quis dimisit onagrum liberum in deserto, et vincula ejus quis solvit?* (*Job* xxxix, 5.) Par l'âne sauvage, dit saint Grégoire, qui habite les lieux solitaires, nous est représenté le fidèle retiré, qui vit séparé de la compagnie des gens du siècle : « Onager enim qui in solitudine commoratur, non incongrue vitam eorum significat, qui remoti à curis sæcularibus conversantur. » Et c'est très à propos qu'il est écrit ici qu'on le met en liberté, parce que les affaires séculières imposent une dure servitude. « Qui apte etiam liber dicitur, quia magna est servitus sæcularium negotiorum. »

Heureux celui à qui Dieu donne une maison dans le désert, et une tente dans une terre de salines : *Cui dedi in solitudine domum, et tabernacula ejus in terra salsuginis.* (*Job* xxxix, 6.) Ce sel ou cette terre salée, que figure-t-elle, sinon l'éloignement de la corruption du monde dont le solitaire s'est sagement séparé. D'ailleurs, selon saint Grégoire, ce sel spirituel cause la faim et la soif de la justice que ressentent les véritables habitants des déserts, qui brûlent continuellement du désir de se rassasier du pain des anges, et de se désaltérer de cette eau vive et rejaillissante dont il est parlé dans l'Evangile. « Salsugo accendere sitim solet : et quia sancti viri quandiu in hujus vitæ tabernaculis degunt, ad supernam patriam desiderii sui quotidianis æstibus accenduntur, in terra salsuginis tabernacula habere perhibentur. »

Et parce que c'est dans la solitude que l'on est comme inaccessible à la corruption du monde, que l'on y dessèche les fluidités charnelles par la pénitence, que l'on y brûle du désir de la vie éternelle ; et c'est avec juste raison que le vrai solitaire est dit ici demeurer dans une terre de salines, lui-même étant le sel de la terre par la méditation, en attendant que par sa prédication et son bon exemple il devienne la lumière du monde. Un cœur ainsi touché méprise la foule du monde qui peuple les villes : *Contemnit multitudinem civitatis.* (*Ibid.*, 17.) Il voit que dans les compagnies et les assemblées des amateurs du siècle, on ne parle que d'affaires temporelles, que de procès et de querelles, de vanités et de divertissements profanes ; que de nouvelles souvent fausses ou affligeantes, et toujours vaines ; que le sel mystérieux de l'Evangile y est foulé aux pieds ; que l'impiété et l'oubli de Dieu et des vérités éternelles y règnent ; qu'on y marche par la voie large ; que presque personne ne songe à son salut : étonné de cet aveuglement et de cette dépravation, il se tire de la presse du monde et méprise les assemblées profanes. *Contemnit multitudinem civitatis.* Il est ravi de respirer dans la retraite et le silence, et de marcher dans la voie étroite où la multitude ne l'incommode point. « Multitudinem civitatis contemnere, est humanæ conversationis prava studia devitare, ut jam non libeat terrenorum hominum, qui præ abundantia iniquitatis multi sunt, perditos mores imitari. »

Que si la solitude est le lieu où se trouve le mépris du monde, c'est aussi celui où l'on n'entend point la voix de l'exacteur : *Et vocem exactoris non audit.* (*Ibid.*) Quel est cet exacteur, si ce n'est encore le monde incommode qui souvent exige de nous des choses que très-assurément nous ne lui devons pas, des soumissions, des remercîments, des prières, des visites, des conversations, des pertes de temps, des occupations profanes et mille devoirs que les séculiers croient qui leur sont dus. « Quibus in suis negotiis plerumque cogimur solvere, etiam quod nos certum est non debere (*Dialog.*, init.), » ajoute le même Père en un autre endroit. Le bonheur donc d'un solitaire est d'être affranchi d'un tribut si onéreux envers les gens du monde, et de n'avoir qu'à converser avec Dieu. *Et vocem exactoris non audit.*

Il y a encore un autre exacteur dont le solitaire doit mépriser les clameurs, et c'est le ventre, qui sans cesse demande à l'homme qu'on le satisfasse; car, dans l'ordre des combats de la pénitence et de la vie spirituelle, il faut commencer par extirper la gourmandise, parce qu'inutilement prétendrait-on remporter des victoires sur le diable et le monde qui sont nos ennemis extérieurs, si auparavant nous n'avions dompté nos ennemis domestiques et éteint en nous cette guerre intestine. « Neque enim ad conflictum spiritualis agonis assurgitur, si non prius intra nosmetipsos hostis positus, gulæ videlicet appetitus edomatur. » Ainsi les personnes abstinentes qui sont figurées par ces animaux sauvages, n'écoutant point dans leur solitude la voix de l'exacteur, à cause que faisant leurs délices du jeûne, elles refusent courageusement à leur ventre ce qu'il voudrait exiger d'elles au delà du nécessaire, et dédaignent ses cris. « Abstinentes igitur viri qui hoc loco onagri vocabulo figurantur, dum violenta gulæ desideria reprimunt, quasi clamantis exactoris verba contemnunt. »

On peut encore dire que le solitaire ferme l'oreille aux cris de l'exacteur, parce que dans ce bienheureux séjour il mène une vie si innocente qu'il n'est plus sujet à un nombre infini de péchés que l'on commet dans le commerce du monde, et que le démon extorque comme une suite de la dette principale que le genre humain contracta, lorsqu'il s'engagea à ce tyrannique créancier. « Quis intelligi exactor alius, nisi diabolus potest, qui semel in paradiso homini malæ persuasionis nummum contulit, et quotidie ab eo hujus debiti exigere reatum quærit. Hic exactor clamat, cum fortiter tentat : clamorem ergo exactoris non audire, est violentis, tentationum motibus minime consentire. »

Tels sont les avantages d'un véritable solitaire; Dieu le met en liberté dans le désert, il rompt ses liens, il lui donne une maison dans la retraite et un tabernacle dans un terroir où le sel abonde; là il méprise la foule du monde qui demeure dans les villes les plus peuplées, et il n'acquiesce point aux clameurs de l'exacteur. L'Ecriture ajoute qu'il regarde aux environs de lui les montagnes entières destinées à sa nourriture. *Circonspicit montes pascuæ suæ* (*Ibid.*, 8); c'est-à-dire qu'après avoir méprisé les désirs de la gourmandise du corps, il jette les yeux sur des aliments bien plus exquis, il songe à nourrir son esprit des vérités célestes. « Montes pascuæ sunt altæ contemplationes internæ refectionis, » is se repaître des grandes maximes de la plus haute perfection, et à regarder de toutes parts où il trouvera du vert ; *Virentia quæque perquirit* (*Ibid.*), c'est-à-dire ces biens qui sont toujours nouveaux et qui ne se flétrissent jamais; très-différents de ces maigres aliments dont se repaissent les amateurs de ce monde, et qui marquent assez leur vieillesse par leur aridité, étant sans goût, sans douceur, sans fraîcheur, et devant enfin sécher et être jetés au feu. « Arentia quippe sunt omnia quæ temporaliter condita, venturo fine a jucunditate vitæ præsentis quasi æstivo sole siccantur. Virentia autem sunt vocata quæ nulla temporalitate marescunt. Huic ergo onagro virentia perquirere, est sancto unicuique viro despectis rebus transitoriis in æternum mansura desiderare. »

Or, toutes ces choses ont été parfaitement accomplies en Jésus-Christ lorsqu'il se retira dans le désert, et continuent de s'accomplir dans son corps mystique, lorsque les laïques, les religieux et les prêtres viennent dans la solitude s'y renouveler dans l'esprit de pénitence, y continuer ses victoires sur le démon et s'y préparer aux fonctions apostoliques, ou réparer en eux la grâce sacerdotale.

A toutes ces excellentes raisons vous pouvez ajouter celles qui suivent, et qui ne prouvent pas moins fortement que les précédentes la nécessité des exercices spirituels dont nous parlons.

Seconde considération. — Premièrement, vous devez venir en retraite pour vous purifier des souillures que vous avez contractées dans le commerce du monde; car c'est une nécessité malheureuse de ne pouvoir presque pas entrer dans les affaires même de charité, ni donner ses soins aux œuvres du dehors, quoique bonnes, sans s'y trouver soi-même et sans en rapporter des taches qui salissent la pureté de l'âme : la vanité, l'imprudence, la colère, la curiosité, les paroles oiseuses, la dissipation et mille autres semblables défauts ternissent souvent dans la suite les intentions les plus pures dans leur commencement. Semblables à un flambeau, nous nous usons et nous diminuons en éclairant les autres; nous nous salissons comme le balai en nettoyant la maison; nous contractons les maladies en guérissant les malades ; nous nous engageons dans le péril, tâchant d'en retirer ceux qui s'y trouvent; nos lampes s'éteignent voulant donner de l'huile à ceux qui n'en ont pas assez; « dum enim per varias actiones vitæ hujus sollicitudo distenditur, » dit saint Léon le Grand (*Dom.* I *Quad.*), « necesse est de mundano pulvere etiam religiosa corda sordescere. » C'est donc un effet signalé de la Providence divine sur nous, de nous offrir un lieu de retraite où nous puissions réparer le déchet et le préjudice que cause à notre âme la fréquentation du monde. « Unde magna divinæ pietatis dignatione provisum, est, » continue le même saint, « ut ad reparandarum mentium puritatem, aliquot dierum nobis exercitatio moderetur, » où nous puissions, par le recueillement, le silence, la prière, la lecture, la pénitence et la pratique des autres vertus, nous purifier et nous nettoyer des souillures que nous avons contractées dans le siècle. « In quibus aliorum temporum culpas, et pia opera redimerent, et jejunia casta decoquerent. »

Il est vrai que nous devrions toujours vivre dans une si grande attention sur nous-mêmes, dans un zèle si ardent de la perfection, dans une union si intime avec Dieu, que nous fussions invulnérables et inaccessibles à la tentation ; mais une si haute vertu est rare, et peu de personnes sont parvenues à un tel degré de sainteté. « Deberetur quidem tantis mysteriis ita inaccessibilis devotio, et continuata reverentia, ut tales permaneremus in conspectu Dei... Sed quia hæc fortitudo paucorum est. » (S. Leo, *ibid.*)

Et par conséquent, dit saint Augustin, imitons du moins la prudence du serpent, dépouillons-nous de notre vieille peau. Quand le printemps est venu, et que le nouveau reparaît sur la terre, cet animal rusé sort de sa caverne, et, se sentant chargé d'une vieille tunique, il cherche un passage étroit dans lequel il se glisse, et passe avec tant d'effort qu'il y laisse cette vieille peau : « Imitare astutiam serpentis , quid enim facit serpens ut exuat se veterem tunicam ? coarctat se per foramen angustum. » Cherchez donc cette voie étroite, ce chemin qui conduit à la vie, afin de vous dépouiller de la vieille robe d'Adam, et de vous revêtir de Jésus-Christ. *Exspoliantes vos veterem hominem cum actibus suis, et induentes novum eum qui renovatur in agnitionem secundum imaginem ejus qui creavit illum.* (Colos. III, 9, 10.) Renoncez à cette paresse au service de Dieu, à cette langueur qui vous couvre , à cet engourdissement qui vous glace, afin de vous purifier du péché, et de devenir un nouvel homme, orné d'humilité, de chasteté, de douceur, de patience, de charité, de mortification, de zèle, et quitte des vices opposés qui vous défiguraient : or c'est dans la retraite que doit s'opérer cet admirable changement.

Secondement, vous devez venir en retraite pour vous y renouveler dans les bons désirs, les pieuses résolutions, les saintes pratiques, les exercices de dévotion que vous aviez autrefois fréquentés et dont vous vous êtes insensiblement éloigné pour y reprendre cette inviolable coutume de faire oraison, de vaquer à la lecture spirituelle, à l'étude, au silence, à la tempérance, à la digne célébration des mystères, à la réception des sacrements, à la récitation de l'Office divin ; vous vous étiez relâché dans toutes ces choses. Semblable au couteau qui s'émousse en coupant, au poids d'une horloge qui tend vers la terre, à la lampe et au feu qui s'éteignent faute d'huile et de bois, à l'eau chaude qui retombe dans sa première froideur, vous avez besoin de vous relever : *Sensus enim et cogitationes humani cordis in malum pronæ sunt.* (Gen. VIII, 21.) Vous avez besoin de vous renouveler : *Renovamini spiritu mentis vestræ* (Ephes. IV, 23), vous crie l'Apôtre saint Paul. Demandez à Dieu, avec le saint roi pénitent, une rénovation d'esprit :

Et spiritum rectum innova in visceribus meis. (Psal. L, 12.) Profitez de cet autre avis de l'Apôtre : Je vous exhorte de ressusciter la grâce de Dieu qui est en vous, et qui vous a été communiquée par l'imposition de mes mains : *Admoneo te ut resuscites gratiam Dei quæ est in te per impositionem manuum mearum.* (II Tim. I, 6.) Tout s'attiédit, tout se ralentit avec le temps en nous, jusqu'à la grâce et au Saint-Esprit, tant nous nous laissons accabler par la négligence et l'infidélité ; combien donc avez-vous besoin de dire à Dieu : Seigneur, ayez pitié de moi, et ressuscitez-moi. *Miserere mei et resuscita me.* (Psal. XL, 11.) Nous avons besoin de nous séparer du commerce du monde, qui nous est si nuisible, et de recourir à vous dans la retraite, où, séparés du tumulte des créatures, nous puissions seul à seul converser avec vous : « Ad quod necessarium est interdum a tumultu rerum temporalium successum petere, in quo Deus tanto purius cernitur, quanto cum se solo solus invenitur, » dit saint Grégoire.

Cherchez donc la retraite comme un lieu propre à expier les péchés que vous avez commis dans le monde ; à vous corriger des mauvaises habitudes que vous y avez contractées ; à gémir du peu de progrès que vous avez fait dans la vertu, comme un lieu propre à examiner et consulter vos maux, et à y trouver des remèdes ; à prendre des résolutions salutaires et plus efficaces que par le passé ; enfin, à y rajeunir comme l'aigle.

On assure que l'aigle, dit saint Augustin, accablé de vieillesse et incommodé par l'accroissement excessif de son bec, vient en un état que, ne pouvant plus manger, il tombe dans une langueur mortelle causée par l'âge et par l'inanition. « Dicitur aquila quod cum prægravata fuerit langore senectutis, et immoderatione rostri crescentis, cibum capere non possit, languescat nimis utraque re ætate et egestate accedente. » Que fait cet hôte des déserts pour se retirer de cet état déplorable ? Il va dans les rochers écartés chercher une pierre aiguë , contre laquelle frottant son bec, il retranche cette superfluité qui l'empêchait de manger. « Itaque dicitur collidere et percutere ad petram ipsum quasi labium suum superius quo nimis crescente edendi aditus clauditur. Atque ita conterendo illud ad petram excutit, et caret prioris rostri onere quo cibus impediebatur. » Et pour lors, faisant usage des aliments, il se renouvelle ; sa première santé revient ; sa force, sa vigueur, son courage, son plumage, tout rajeunit en lui ; il s'élève dans les airs comme auparavant, il se fait une espèce de résurrection merveilleuse en lui. « Accedit ad cibum et omnia reparantur, redit vigor omnium membrorum, nitor plumarum, gubernacula pennarum, volat excelsa sicut antea, fit in ea quædam resurrectio.»

Voilà où vous en êtes : vous êtes tombé dans la langueur spirituelle, vous ne trouvez presque plus de goût aux aliments spirituels, le pain de la parole de Dieu vous est devenu insipide ; une triste vieillesse, jointe au défaut de manger, vous a atténué ; vou-

OEuvres compl. de DE LA Chétardie. I.

pouvez dire avec le Prophète: *Inveteravi inter inimicos meos (Psal.* VI, 8): que n'allez-vous dans le désert, dans les lieux inhabités, chercher cette pierre mystérieuse, *Petra autem erat Christus (I Cor.* X, 4); vous y préparer, vous y rénouveler, y ressusciter, *Renovabitur ut aquilæ juventus tua (Psal.* CII, 5), reprendre cet embonpoint spirituel; car, comme dit saint Jérôme, ce n'est pas assez de vouloir la justice, si l'on n'en est affamé. « Non enim sufficit velle justitiam, nisi et justitiæ famem patiamur;» et vous verrez ensuite que vous volerez par la contemplation et le détachement de toutes les choses de la terre.

Saint Grégoire dit à peu près la même chose, expliquant ces paroles rapportées au *Livre de Job*: « Est-ce par votre sagesse que l'épervier se couvre de nouvelles plumes, étendant ses ailes au midi? » *Nunquid per sapientiam tuam plumescit accipiter expandens alas suas ad austrum? » (Job* XXXIX, 26.) On sait assez, dit ce grand pontife (lib. XXXI, *in cap.* XXXIX), que toutes les années l'épervier se défait de ses vieilles plumes et en prend de nouvelles. « Quod per annos singulos pennam veterem accipiter nova nascente projiciat, ac sine intermissione plumescat, pene nullus ignorat. » Qu'est-ce donc que signifie cet oiseau de proie qui, s'exposant au vent du midi, quitte son ancien plumage, pour en prendre un nouveau, si ce n'est la pratique des saints, qui, exposés au souffle amoureux du Saint-Esprit, se dépouillent des haillons du vieil homme, pour se revêtir du nouveau, selon l'avis de l'Apôtre: « Quid est ergo accipitrem in austro plumescere, nisi quod unusquisque sanctorum flatu ictus Spiritus sancti concalescit, et usum vetustæ conversationis abjiciens, novi hominis formam sumit? quod Paulus admonet dicens: *Exspoliantes vos veterem hominem cum actibus suis, et induentes novum.» (Coloss.* III, 9.) Car ce vieux plumage nous appesantit, et le nouveau nous élève: « Penna namque veteris conversationis gravat, et pluma novæ immutationis sublevat,» et nous rend d'autant plus capables de nous élever, qu'il nous redonne une plus grande jeunesse: « Et ad volatum tanto leviorem, quanto noviorem reddit. »

Venez donc dans la retraite vous renouveler, vous rajeunir, vous élever; entrez-y si vous n'y êtes pas encore; revenez-y s'il y a du temps que vous en soyez sorti; profitez-en si vous êtes assez heureux que d'y être. Venez vous y exposer aux rayons amoureux de l'Esprit-Saint; venez vous rendre plus fort, afin de devenir un véritable oiseau de proie, c'est-à-dire de vous y rendre tel que vous puissiez enlever la proie au démon, et empêcher la perte des âmes de vos frères.

Et c'est ici une troisième raison qui doit obliger un ecclésiastique à chercher la retraite; elle est le lieu du monde le plus propre à le rendre utile au prochain. Vaquant à soi, il vaque aux autres. Un prêtre qui s'applique à sa propre perfection, travaille efficacement à la perfection des âmes qui lui sont commises; en se sanctifiant il les sanctifie, et cette parole du Sauveur s'accomplit véritablement en lui : *Pro eis sanctifico meipsum. (Joan.* XVII, 19.) C'est une vérité que l'expérience apprend, détruisant en vous le vice, vous le détruisez insensiblement dans votre peuple; voulez-vous en bannir le péché, établissez en vous la vertu; soyez-lui un modèle de perfection; vos paroles, soutenues de vos actions, seront efficaces; vos prières leur attireront des grâces abondantes; la bénédiction que Dieu répandra sur eux sera plus grande, le nombre des bons s'accroîtra, et celui des méchants diminuera. La terre qui s'est reposée quelque temps devient ensuite plus fertile; le vaisseau raccommodé dans le port voguera plus légèrement, et résistera mieux à la tempête; le corps fatigué reprend des forces par le sommeil.

Moïse, priant seul au haut de la montagne, fut plus utile aux Israélites, que quand il marchait au milieu d'eux dans le désert. Quand donc vous feriez un nombre infini de bonnes œuvres dans le monde, plus vous en feriez et plus devriez-vous chercher de temps en temps la solitude à l'exemple du Sauveur; nous lisons partout dans l'Évangile, qu'au milieu de ses missions, on le trouvait souvent à l'écart, et qu'il se retirait dans le désert et sur les montagnes pour y prier : *Secessit in desertum locum ibique orabat. (Luc.* V, 16.)

Il est dit des apôtres, lorsque Jésus-Christ les appela qu'ils étaient sur le bord de la mer, appliqués à nettoyer leurs filets, à les raccommoder et à les disposer pour les jeter en mer: voilà trois expressions différentes et mystérieuses: *Lavantes, reficientes, componentes*; lesquelles nous signifient excellemment que nous devons nous réfugier dans le port de la retraite.

Premièrement, pour nous y nettoyer des souillures que nous avons contractées dans l'exercice même des fonctions de notre ministère : *Lavabant retia. (Luc.* V, 2.)

Secondement, pour y réparer le dommage que nous avons reçu du monde, voulant être utiles aux autres, nous nous sommes nui à nous-mêmes, nos bonnes résolutions se sont rompues, il faut raccommoder nos filets, le poisson s'échappe de toutes parts, et nous ne prenons plus rien : *Reficientes retia. (Matth.* IV, 21.) Enfin notre intérieur est tout en désordre, nos idées sont brouillées, nous ne faisons plus rien avec attention et méthode, il faut rajuster nos filets, les débarrasser, les bien disposer, pour ensuite les jeter heureusement dans la mer : *Componentes retia. (Marc.* I, 19.) Et pour lors notre travail ne sera pas infructueux, notre pêche sera abondante.

Vous serez donc, en vous retirant dans la solitude, plus utile au prochain, vous vous y disposerez mieux à travailler au salut des âmes, qu'en conversant sans discontinuation avec le monde qui se scandalisera de votre conduite trop conforme à la sienne. Votre seule retraite édifiera même le prochain, qui sera touché de ce bon exemple. Il vous regardera ensuite avec plus de vénération. Il profitera mieux de vos bons avis. Plusieurs vous imiteront, et chacun se convaincra de cet oracle de l'Ecriture, que celui qui n'est pas bon pour soi, ne le saurait être pour les autres : *Qui sibi nequam, cui bonus ? (Eccli.* XIV, 5.)

Les hommes apostoliques, dit admirablement le grand saint Chrysostome, lassés, fatigués, persécutés par le monde, s'enfuient souvent dans les déserts, et se cachent dans les solitudes. « Nonnunquam sancti fugientes et latentes secedebant ; » mais ensuite, après avoir un peu repris haleine, « postquam autem parum respirarunt, » ils sortent comme de généreux lions de leurs antres et de leurs retraites, résolus de s'exposer à tout pour procurer le salut aux autres : « Tanquam generosi quidam catuli ex antris exsilientes, et e latebris emergentes, statuerunt non se amplius solos servare, sed etiam alios quoscunque possent. » Remplis des grandes vérités qu'ils ont méditées dans la retraite, et animés de l'esprit de leur divin chef, et de l'idée de la sainteté qu'il exige d'eux, ils viennent fortifiés de la manne céleste dont ils sont nourris, et paraissent redoutables au démon. « Tanquam leones ignem spirantes ab hac mensa recedamus facti diabolo terribiles, et caput nostrum mente revolventes. »

C'est ce que l'histoire ecclésiastique nous représente en la personne du martyre merveilleux de saint Gordius dont saint Basile nous a décrit les combats avec tant d'éloquence.

Ce saint martyr était un officier de guerre qui, voyant le feu de la persécution allumé de toutes parts, crut qu'il fallait céder au temps et se retirer dans la solitude. « Sponte sibi exsilium elegit, et ad vasta deserta, atque hominibus invia loca contendit. » Là, méditant d'un œil libre et dégagé les vérités de la religion, considérant d'ailleurs la vanité des choses du monde, « secum meditans quam sit fallax et inanis vita humana ; » que ce n'est qu'un songe, une vapeur, un fantôme qui passe, « quam omni somnio et umbra debilior et imperfectior ; » il s'embrase en l'amour des biens éternels : « in superuæ illius vocationis amorem exarsit. » Il s'exerce comme un fort athlète dans la pratique du jeûne, de la prière, des veilles ; « ac veluti fortis athleta sese jejuniis, vigiliis, orationibus, perpetua et indesinenti Spiritus sancti oraculorum meditatione. » Tel sont ses exercices et ses dispositions au martyre. Fortifié par tant de vertus, il ne put plus se contenir. Il sort du désert, et d'un courage intrépide, il va s'exposer à un peuple furieux et à la cruauté d'un des plus inhumains juges du monde, qui l'un et l'autre déployèrent toute leur rage contre lui, et desquels il remporta une victoire pleine et parfaite. Tels furent les fruits de la solitude dans ce bienheureux martyr.

C'est donc dans la retraite où l'on se corrige de ses défauts ; où l'on se renouvelle dans la piété ; où l'on se fortifie dans la vertu ; où l'on se prépare aux fonctions apostoliques ; où l'on se dispose au martyre ; où, libre des tentations et éloigné des occasions, on peut tranquillement songer à son salut, à ses devoirs, à ses obligations, faire pénitence : *Vox clamantis in deserto : pœnitentiam agite (Matth.* III, 3 ; *Luc.* III, 4) ; examiner sa vocation ; consacrer son entrée à l'état ecclésiastique ; attendre l'ordination et la réception du Saint-Esprit. *Sedete, donec induamini virtute ex alto. (Luc.* XXIV, 49.) Ainsi tout nous engage à nous tenir dans le désert ; tout nous prêche la solitude, la pénitence, le salut, la sainteté, le sacerdoce.

Pour nous encourager à faire un bon usage d'un si excellent moyen de salut, et qui comprend tous les autres, considérons encore les grands besoins que nous en avons, les saints exercices que nous y faisons, les excellents fruits que nous en espérons, le grand compte que nous en rendrons. Quatre motifs dignes de nos réflexions.

Premièrement, *le grand besoin que nous en avons ;* car n'est-il pas vrai que notre vie n'est que dissipation ; toujours hors de nous-mêmes, point de recueillement, d'intérieur, de pureté, d'intention, de fidélité aux exercices spirituels, nulle ferveur ; en un mot que tout languit chez nous, et que nos lampes s'éteignent. *Quia lampades nostræ extinguntur. (Matth.* XXV, 8.) Ajoutons à cela :

2° *Les saints exercices que nous y faisons.* Ce n'est dans la retraite qu'oraison, lectures spirituelles, saints entretiens, Office divin, oblation du sacrifice, silence et règlement, méditation de tout ce qu'il y a de plus grand, de plus touchant, de plus important dans la religion, des quatre fins dernières, de l'affaire du salut, du péché, de la pénitence ; si cela ne vous convertit pas, qui nous convertira ? attendons-nous un autre temps, un autre lieu ? *Faciem cœli dijudicare nostis : tempus autem istud quomodo non probatis ? (Matth.* XVI, 4.) Y a-t-il un autre évangile à nous prêcher ? d'autres mystères à nous proposer ? d'autres sacrements à nous administrer, et d'autres secours à attendre ? Mais que dire des

3° *Excellents fruits que nous en retirerons,* ou des importantes fins que nous nous y proposons ; car nous en devons sortir puriliés de nos péchés, la conscience calme, le cœur embrasé ; convaincus des vérités chrétiennes et des maximes ecclésiastiques, pleins d'une haute estime du sacerdoce, disposés à l'ordination, désireux de vivre dans la perfection : ce qui sans doute ne peut être qu'un préjugé très-avantageux de la vie édifiante que nous mènerons dans la retraite. *Quæ seminaverit homo hæc et metet. (Galat.* VI, 8.) Ainsi, mettons la main à l'œuvre, tandis que nous le pouvons : *Dum tempus habemus operemur bonum. (Ibid.,* 10.) Enfin, voici ce qui nous y engage :

4° *Le compte exact que nous en rendrons,* ou les jugements de Dieu que nous nous attirerons si nous ne faisons pas un bon usage des grâces attachées à cette solitude, de tant de moyens de salut qui nous sont offerts, de secours, de bons exemples : la santé, les forces, la jeunesse, tout nous y invite. Souvenons-nous de cette parole remarquable de saint Grégoire : Que celui qui laisse échapper l'occasion favorable de travailler à sa sanctification, ne la recouvre peut-être plus : « Qui deserit opportunitatem opportunitas eum deseret. »

Bannissons de notre esprit toutes les pensées du monde, puisque la solitude du corps, sans la solitude du cœur, est inutile, dit le même saint. « Quid prodest solitudo corporis, si solitudo defuerit cordis ? » Aimons le silence, et que tout se taise en nous, puisqu'il est écrit (*Thren.* III, 28.) que le solitaire s'assiéra et se taira : *Sedebit solitarius et tacebit.* (*Catalog.*, lib. XXX, *in Job* XXXIX.) Marchons en la présence de Dieu, puisqu'il habite dans le désert. « Eremus Dei templum est. » Imitons ce pieux solitaire dont saint Grégoire a raconté la vie pénitente. (Lib. II, hom. 34, *in Evang.*) Cet homme étant tombé dans un crime très-grand, ne crut pas qu'il y eût pour lui d'autre port de salut que la retraite ; dans ce dessein il quitte toutes les choses du monde ; il s'en va dans un monastère écarté, et là il commence une pénitence admirable ; il entre en indignation contre lui-même ; il entreprend une vie si humble et si austère, que les autres religieux, étonnés de sa ferveur, rougissaient de voir combien il les surpassait en vertu : « Reatus ergo sui consideratione compunctus, erexit se contra se : mundi hujus omnia dereliquit ; monasterium petiit : in quo nimirum monasterio, tantæ humilitatis tantæque sibi districtionis exstitit, ut cuncti fratres qui illic ad amorem divinitatis excreverant, suam cogerentur vitam despicere, dum illius pœnitentiam viderent. » Mais voici ses pratiques particulières : Il s'étudiait, dit ce grand Pape, de toutes ses forces à crucifier sa chair, et à rompre ses volontés propres ; il était sans cesse en oraison à l'écart ; il se lavait chaque jour dans un fleuve de larmes ; il se méprisait soi-même, et ne craignait rien tant que l'estime des hommes : « Studuit namque toto mentis adnisu cruciare carnem, voluntates proprias frangere, furtivas orationes quærere, quotidianis se lacrymis lavare, despectum sui appetere, ablatam a fratribus venerationem timere. » Imitez un si bel exemple dans votre retraite, et tenez-vous-y caché jusqu'à ce qu'après avoir travaillé à votre propre perfection, la Providence vous appelle au-dehors pour travailler au salut du prochain, à l'imitation de saint Jean-Baptiste, de qui il est écrit, qu'il fut dans le désert jusqu'au jour de sa manifestation au peuple d'Israël : *Et erat puer in desertis usque in diem ostensionis suæ ad Israel.* (*Luc.* I, 80.)

ENTRETIEN II.

SUR LA NÉCESSITÉ DE SE PRÉPARER AUX ORDRES.

Dicit tibi magister : Tempus meum prope est, apud te facio pascha cum discipulis meis ; ubi est refectio mea ? ubi diversorium ? ubi pascha ? (*Matth.* XXVI, 18 ; *Marc.* XIV, 14 ; *Luc.* XXII, 11.)

Voici une grande ordination qui se prépare, et la plus célèbre qui se fera jamais, où le Fils de Dieu même est le pontife, où les apôtres sont les ordinands, où la victime est Jésus-Christ, où le temple est le cénacle. *Accesserunt discipuli ad Jesum, dicentes : Quo vis eamus et paremus tibi ?* (*Marc.* XIV, 12.) Quelle idée cela ne donne-t-il pas de l'excellence du sacerdoce, de la perfection qu'il exige, et de l'obligation qu'on a de se préparer à sa digne réception.

Le jour approche auquel vous devez quitter, du moins en esprit, ce monde corruptible, pour n'avoir plus que des affections célestes : *Sciens Jesus quia venit hora ut transeat ex hoc mundo ad Patrem* (*Joan.* XIII, 1) ; auquel vous devez être choisi d'entre les hommes pour vous voir élever au-dessus de la condition des hommes : *Omnis pontifex ex omnibus assumptus.* (*Hebr.* V, 1.) Où sont ces préparatifs ? où sont ces dispositions ? où sont ces vertus ? *Magister dicit, tempus meum prope est, ubi est refectio mea ? ubi diversorium ? ubi pascha manducem ?* Car si nous nous nourrissons des vérités et des mystères de Jésus-Christ, Jésus-Christ se nourrit de notre religion et de notre amour : « Et manducat nos, et manducatur a nobis, » dit un Père ; et par conséquent, combien êtes-vous tenu à exciter en votre cœur ces pieux sentiments pour servir de préparatifs à la digne réception des ordres : *Et paraverunt pascha.* (*Matth.* XXVI, 19.)

Première considération. — I. Quoique le sacerdoce ancien fût extrêmement inférieur au sacerdoce nouveau, et qu'il exigeât incomparablement moins de perfection, cependant quelles préparations ne précédèrent pas l'ordination du grand prêtre Aaron et de ses enfants ? Ce ne fut qu'après avoir été délivrés de la captivité d'Egypte et de la tyrannie de Pharaon, qu'après avoir traversé la mer Rouge, qu'après s'être nourris de la manne, et avoir passé un temps considérable dans le désert, que Dieu leur conféra cette dignité par le ministère de Moïse. Ce ne fut qu'après avoir été témoins d'un nombre infini de merveilles, que la puissance et la sagesse de Dieu opérèrent dans la délivrance de son peuple ; qu'après avoir vu cette colonne de qui l'éclat servait de guide aux Israélites, ce mont de Sinaï fumant, et le reste qui nous est rapporté dans l'Ecriture. Toutes ces choses ne furent pas des moyens médiocres pour les disposer à un si sublime emploi. Et c'est dans le désert qu'ils furent appelés, sacrés et formés aux divines fonctions qu'ils devaient exercer. Que faites-vous pour vous rendre digne des vôtres ? êtes-vous au moins délivré de la captivité de l'Egypte et de Pharaon, c'est-à-dire de l'esclavage du péché et de la tyrannie du démon ? êtes-vous sorti de cœur et d'affection de l'Egypte du monde ? avez-vous lavé vos péchés dans la mer Rouge du sang de Jésus-Christ ? avez-vous demeuré un temps considérable dans la retraite ? et vous êtes-vous nourri avec goût du pain des anges ?

Pour recevoir la loi de Dieu écrite sur des tables de pierre, Dieu ordonna que le peuple y apportât de grandes dispositions, que les Israélites se sanctifiassent, qu'ils lavassent leurs habits, qu'ils vécussent dans la continence et dans la prière, qu'ils passassent plusieurs jours dans la prière : *Vade ad po-*

*pulum, et sanctifica illos hodie et cras, lavent-
que vestimenta sua, et sint parati in diem tertium, in die enim tertio descendet Dominus.
Et ait ad eos : Estote parati in diem tertium,
et ne appropinquetis uxoribus vestris. (Exod.*
xix, 10, 15.) Pourquoi ces grands préparatifs?
c'est que ce peuple allait être consacré à Dieu,
et participer même à la grâce du sacerdoce.
*Vos eritis mihi in regnum sacerdotale, et gens
sancta.* (*Ibid.*, 6.) Que ne mérite donc pas
un caractère que vous devez recevoir pour
être gravé dans votre cœur par le Saint-Esprit, et pour y recevoir le Saint-Esprit même!
Quelle pureté, non de vos habits extérieurs,
mais de vos affections et de vos intentions
n'exige pas une telle visite! Quelle continence ne vous est pas nécessaire! De quels
somptueux ornements ne devez-vous point
parer ce nouveau cénacle! *Ostendet vobis
cœnaculum grande stratum!* (*Luc.* xxii, 12.)
Si la figure devait être si magnifique, que ne
doit pas être la vérité! *Scripta non atra-
mento, sed spiritu Dei vivi : non in tabulis
lapideis. sed in tabulis cordis carnalibus.* (*II
Cor.* xxxi, 3.) Car, combien de fois dira-t-on
samedi prochain, *Recevez le Saint-Esprit!*
« *Accipite Spiritum sanctum.* » Seront-ce des
paroles vaines, des vases vides? Combien de
fois vous avertira-t-on que, semblable à celui qui s'offrit en sacrifice dès le moment de
sa conception, vous devez sans cesse vous
immoler avec lui, méditer cette divine loi,
et que c'est en cela que consiste la grâce du
sacerdoce ? « *Deus sanctificationum omnium
auctor, tu Domine, super hos famulos tuos
quos ad presbyterii honorem dedicamus,
munus tuæ benedictionis infunde : ut gravitate actuum, et censura vivendi, probent se
seniores, his instituti disciplinis quas Tito
et Timotheo Paulus exposuit, ut in lege tua
die ac nocte meditantes, quod legerint credant, quod crediderint doceant, quod docuerint
imitentur, justitiam, constantiam, misericordiam, fortitudinem cæterasque virtutes
in se ostendant, exemplo præbeant, admonitione confirment, ac purum et immaculatum ministerii sui donum custodiant.* »

II. Mais quand ce même Verbe divin a voulu
se revêtir de notre chair qu'il devait immoler
pour nous en sacrifice, combien a-t-il exigé
de dispositions saintes dans l'âme et dans le
corps de celle qui devait lui servir de sanctuaire! Il la préserva du péché originel, il
lui ôta toute convoitise déréglée, il ne permit
pas qu'elle fût sujette au moindre péché véniel : « *Ita gratia sanctificationis in Virgine
habuit vim originalis justitiæ* » (iii p., q. 27,
a. 3), dit saint Thomas; de plus, il la remplit d'une grâce si abondante, que non-seulement son âme en fut sanctifiée, mais que
sa chair même en fut consacrée : « *Magnum
est enim in sanctis habere tantum de gratia
quod sanctificet animam, sed anima beatæ
Virginis ita fuit plena, quod ex ea refudit
gratia in carnem.* » (*Exp. Salut. angel.*)
Et la raison en fut qu'elle devait de son
corps former un corps à Jésus-Christ : « *Ut
de ipsa conciperet Verbum Dei* ; » et que la
chair de Jésus-Christ devait être la chair de
Marie : « *Caro Christi caro Mariæ.* » Sainteté
si grande, qu'on peut dire avec l'Église que
le Saint des saints ne perdit aucun degré de
sa sainteté, pour avoir pris la chair de Marie :
« *Non est pollutus ex ea carnem assumens.* »
C'est pourquoi, l'ange la saluant, reconnut
en elle cette plénitude de grâces, avant même
qu'elle en reçût l'auteur par l'incarnation :
Ave, gratia plena. (*Luc.* i, 28.) De plus, il la
prévint de tous les dons, vertus et priviléges dont une pure créature est capable :
c'est beaucoup que les justes aient excellé
en certains avantages, Marie les a tous eus :
« *Beata Virgo omnium virtutum opera exercuit, alii autem sancti specialia quædam : sed
beata Virgo fuit in exemplum omnium virtutum,* » continue saint Thomas. Enfin le
Saint-Esprit survint en elle : *Spiritus sanctus superveniet in te* (*Ibid.*, 35); expression qui
fait voir que ce divin Esprit y était déjà
venu pour elle, et qu'il y survenait encore
pour nous, afin que, remplie de grâce,
elle la fit découler sur nous : « *Ad quid nisi
ut nobis quoque super plena, et superfluens fiat,* » dit saint Bernard. « *Lumen
æternum mundo effudit.* » La vertu du père
l'ombragea de sa fécondité, afin qu'elle
pût produire dans le temps le même Fils
qu'il produit dans l'éternité : *Virtus Altissimi obumbravit tibi, ideoque quod ex te nascetur sanctum vocabitur Filius Dei.* (*Ibid.*) Dieu
tout-puissant, s'écrie l'Église, qui, par l'opération du Saint-Esprit, avez préparé le corps
et l'âme de la glorieuse Vierge Marie, pour
en faire le digne sanctuaire de votre fils :
« *Omnipotens sempiterne Deus, qui gloriosæ
Virginis Mariæ corpus et animam, ut dignum
filii tui habitaculum effici mereretur Spiritu
sancto cooperante præparasti.* » Or vous devez participer aux mêmes avantages, recevoir
le Saint-Esprit avec ses dons dans votre ordination, et l'on dira plusieurs fois sur vous.
« *Requiescat super eum Spiritus sapientiæ et
intellectus, emitte in eum quæsumus, Domine,
Spiritum sanctum* (*Ordin. diac. et subdiac.*), »
ou plutôt il doit y survenir, l'Église supposant qu'il y est déjà : « *Innova in visceribus
eorum Spiritum sanctitatis* » (*Ord. presb.*),
et vous le communiquant de nouveau en abondance, afin que de vous, comme d'un bassin
plein, il se répande sur les fidèles. « *Jam spiritu plenus tibi eodem spiritu superveniente,
cæteris quoque superplenus, et supereffluens
fias.* » Vous devez produire le même Fils
de Dieu sur nos autels, que Marie a produit
en elle ; le porter dans votre sein, et le tenir
entre vos mains, aussi bien qu'elle. Il est vrai
que vous n'avez pu vous préparer à de si divines fonctions par l'exemption du péché originel, ni de la convoitise, ni de tout péché véniel ; mais vous avez pu vous disposer à l'ordination par la conservation de la grâce du
baptême, en ne vivant pas selon la convoitise,
en vous préservant, autant que l'humaine
fragilité en est capable, des moindres offenses de Dieu. Il est certain, dit saint Thomas,
que Dieu dont la providence proportionne les
moyens à la fin, ayant prédestiné la sainte
Vierge à être la Mère de son Fils, la rendit
digne d'une si éminente qualité; ce qu'il
prouve par l'autorité de saint Paul, qui nous

enseigne que Dieu, voulant donner des prêtres et des ministres des choses saintes à son Eglise, les avait prévenus par sa grâce, afin de les rendre dignes de ces hauts emplois : « Respondeo dicendum quod illos quos Deus ad aliquid eligit, ita præparat et disponit, ut ad id ad quod eliguntur, inveniantur idonei, secundum illud : *Idoneos nos fecit ministros novi testamenti* (q. 27, 4 s.);» d'où on conclut qu'il est hors de doute que Dieu ait disposé par sa grâce la sainte Vierge à être la Mère de son Fils : « Beata autem Virgo fuit electa divinitus ut esset Mater Dei, et ideo non est dubitandum quin Deus per suam gratiam eam ad hoc idoneam reddidit. » Heureux état de l'Eglise, si l'on découvre en ceux qui se présentent aux ordres, ces grâces prévenantes et ces signes d'un choix divin, d'une élection marquée, et d'une société de dignité et d'opération avec la sainte Vierge, faisant voir qu'ils ont déjà, par avance, acquis quelque degré de ce mérite dont elle fut prévenue : « Meruit ex gratia sibi data illum puritatis et sanctitatis gradum, ut congrue posset esse Mater Dei (in p., q. 2, s. 11 ad 3),» dit le même saint Thomas; qu'ils sont ornés des dispositions convenables à la réception du caractère sacerdotal, ainsi qu'elles le furent dans la pure Vierge à la réception de la maternité divine, continue ce grand docteur : « In beata Virgine fuit triplex perfectio gratiæ: prima quidem quasi dispositiva, per quam reddebatur idonea ad hoc quod esset mater Christi, et hæc fuit perfectio sanctificationis. » (Q. 27, 5 ad v.) Tel est le souhait de l'Eglise qui n'a institué les interstices, qu'afin que ceux qui prétendent aux ordres, montant de degré en degré, montent de vertu en vertu, et que leur mérite croisse avec leur âge : « Atque ita de gradu in gradum ascendant, ut in eis, cum ætate vitæ meritum, et doctrina major accrescat. » C'est ce que nous insinue encore la conduite du Fils de Dieu pour disposer ses disciples au sacerdoce. La première vertu qu'il exige d'eux, est un détachement universel : *Qui non renuntiat omnibus quæ possidet, non potest meus esse discipulus.* (Luc. xiv, 33.) Il ne veut pas seulement qu'ils tournent la tête pour aller renoncer à leur hérédité, ni pour aller ensevelir leur père. Il les corrige de leurs défauts; de la vivacité de leur zèle, ils voulaient faire descendre le feu du ciel pour consumer les Samaritains; de leur désir trop ambitieux, ils prétendaient les premières places dans son royaume; de leur présomption, ils disputaient quel était le plus grand d'entre eux; de leur peu de foi, ils doutaient de sa résurrection. Il les instruisit lui-même d'une doctrine toute céleste, il leur expliqua les mystères de la religion ; il les forma aux fonctions sacerdotales, les envoyant prêcher et annoncer l'Evangile ; il leur donna le pouvoir de chasser les démons, de guérir les malades, de faire des miracles ; il les appela dans la retraite au retour de leurs travaux : *Convenientes apostoli ad Jesum reversi renuntiaverunt omnia quæ gesserant et docuerant, et ait illis : Venite in desertum locum, et requiescite pusillum.* (Marc. vi, 30, 31.) Il les édifia par la vie la plus exemplaire qui fut jamais, par le modèle le plus achevé de toutes les vertus qu'il leur mit devant les yeux, et le plus capable de se faire imiter qui jamais eût paru ; il les fortifia par l'opération des prodiges qu'ils lui voyaient faire, par des prédictions des choses à venir qu'il leur découvrait. Nourris et élevés à une si divine école, il en vient à leur ordination, il prend de l'eau dans un bassin, il s'abaisse devant eux, il leur lave les pieds, pour figurer qu'avant de recevoir le sacerdoce, il faut être nettoyé des moindres affections terrestres et des moindres souillures : *Cœpit lavare pedes discipulorum, et extergere linteo quo erat præcinctus.* (Joan. xiii, 5.) Après quoi il reprend ses habits de cérémonie et les ordonne prêtres; il leur confère le pouvoir de consacrer son corps et son sang, de renouveler le mystère de son crucifiement: *Hoc facite in meam commemorationem.* (Luc. xxii, 19.) Ce qui se fit alors se renouvelle sans cesse dans le temps des ordinations : les mêmes instructions s'y donnent ; on y impose les mêmes obligations ; on y reçoit le même esprit, et on y exhorte à la pratique des mêmes vertus. Ajoutez à cela l'ancien usage de l'Eglise : elle voulait assez ordinairement qu'on allât chercher les plus parfaits solitaires pour les consacrer prêtres. Nous avons accoutumé, disait saint Augustin, de prendre dans les monastères ce qu'il y a de solitaires les plus saints et les plus parfaits pour les élever au sacerdoce : « Ex his qui in monasterio permanent, nonnisi probatiores et meliores in clerum, assumere solemus. » (Epist. 76, *ad Aurel.*) Et saint Jérôme, écrivant à un jeune homme retiré dans le désert, lui disait d'y vivre si saintement qu'il méritât d'être admis à la cléricature : « Sic vive in monasterio, ut clericus fieri merearis. »

Elle veut, en second lieu, qu'on garde les interstices, afin, dit-elle, que ceux qui prétendent recevoir les ordres, aient lieu de s'instruire des obligations qu'ils contractent en les recevant, et du fardeau qu'on met sur leurs épaules, dit le concile et le Pontifical : « Interstitia serventur, ut eo accuratius quantum sit hujusce disciplinæ pondus possint edoceri. »

Elle veut que les évêques ne donnent les ordres qu'à ceux, non qui auront gardé les années d'interstices seulement, mais qui, pendant ce temps-là, auront acquis une vertu consommée: « Sciant episcopi non omnes debere ad hos ordines assumi, sed dignos duntaxat quorum vita probata longa senectus sit. »

Elle veut qu'on admette aux ordres que ceux qui, pendant ce temps-là, auront fait voir, par leur vie exemplaire, par leur application continuelle aux fonctions ecclésiastiques, par leur respect envers les prêtres et les ordres supérieurs, par leur amour pour la fréquente communion, qu'ils sont dignes d'une plus haute promotion : « Quod et bonorum morum exemplum, et assiduum in ecclesia ministerium, atque major erga presbyteros et superiores ordines reverentia, et crebrior quam antea communio corporis Christi comprobabunt. »

Elle veut qu'on ne confère la prêtrise qu'à ceux qui, par leur piété et la pureté de leurs mœurs, donneront lieu de croire qu'ils seront les modèles parfaits de vertus et de bonnes œuvres, et capables d'enseigner et de reprendre les fidèles par le ministère de la parole : « Atque ita pietate et castis moribus conspicui, ut præclarum bonorum exemplum et vitæ monita ab eis possint exspectari. »

Elle veut qu'on n'élève personne à un ordre supérieur, qui ne se soit premièrement élevé de vertu en vertu, afin que la probité et la dignité marchent en eux d'un pas égal : « Atque ita de gradu in gradum ascendant, ut in eis cum ætate vitæ meritum, et doctrina major accrescat. » Tout cela sont les termes du Pontifical et du concile de Trente.

Enfin, l'Église marque toujours de plus en plus son esprit là-dessus, par l'institution qu'elle a faite presque partout des séminaires. Là elle veut qu'on les élève religieusement, et qu'on les forme à la discipline ecclésiastique : « Ibi religiose educare, et ecclesiasticis disciplinis instituere ; » qu'on n'y reçoive que ceux qui donnent à connaître qu'ils seront utiles à la gloire de Dieu et au bien de l'Église : « Studium præ se ferant Deo et Ecclesiæ inserviendi ; » qu'on les affermisse à loisir dans la pratique de la piété et de la vertu : « Ad pietatem et ad religionem ; » qu'on les rende propres aux fonctions ecclésiastiques : « In disciplina ecclesiastica instituti ; » que la lecture de l'Écriture sainte, des homélies des saints Pères, et des livres de dévotion, soient leur nourriture continuelle, et qu'on leur en fasse sans cesse des leçons : « Sacram Scripturam libros ecclesiasticos, homilias sanctorum ediscant ; » qu'ils y apprennent à fréquenter dignement les sacrements de la pénitence et de l'Eucharistie, à assister tous les jours d'un cœur élevé au sacrifice de la Messe : « Singulis debus missæ sacrificio intersint : confiteantur peccata, sumant corpus Domini. » En un mot, qu'une telle maison soit une académie, ou pour parler ainsi, une pépinière perpétuelle de serviteurs et de ministres de Dieu : « Ita ut hoc collegium Dei ministrorum perpetuum seminarium sit. »

Peut-on apporter plus de précaution, et marquer plus de soin, afin d'empêcher que ceux qui se destinent à l'état ecclésiastique ne s'en approchent point qu'avec les dispositions proportionnées à la dignité qu'on y reçoit ? Remercions le Seigneur d'être nés dans un temps et dans un diocèse où on nous procure de si grands avantages. *Beati oculi qui vident quæ vos videtis, et aures quæ vos videtis, et aures quæ audiunt quæ auditis.* (Luc. x, 23.) Combien d'ecclésiastiques se sont perdus, dans les siècles précédents, qui se seraient bien autrement prévalus que nous ne faisons des secours que Dieu nous offre, ou plutôt qu'il nous contraint quelquefois de recevoir, nous obligeant souvent, comme malgré nous, d'entrer dans la salle de ce banquet spirituel qui nous est préparé, et pour lequel nous n'avons que du dégoût : *Compelle intrare !* (Luc. xiv, 23.) Que si nous y sommes venus avec peine, demeurons-y avec joie, et disons avec saint Pierre : *Domine, bonum est nos hic esse.* (Matth. xvii, 4.) Car assurément sans ce lieu de refuge, sans cet asile de la piété et de l'esprit ecclésiastique nous nous serions très-apparemment introduits dans le clergé par un autre endroit que par la bonne porte.

Ajoutez à toutes ces raisons la nature même de la chose, car y a-t-il profession au monde, pour aisée et commune qu'elle soit, qui ne demande son noviciat et ses exercices ? La plus difficile et la plus importante de toutes n'en voudra-t-elle pas ? Aucun art mécanique, dit le grand saint Grégoire, ne se peut apprendre, et on n'y peut devenir maître, qu'après s'être assujetti à étudier et à pratiquer ses règles. « Nulla ars doceri permittitur, nisi intenta prius meditatione discatur. » C'est donc une témérité sans exemple d'entreprendre l'office de pasteur sans s'être auparavant formé à cet emploi : « Ab imperitis ergo magisterium pastorale suscipitur in magna temeritate. » Quelle folie plus punissable dans un homme que de s'ériger en médecin, lorsqu'il ne connaît ni la nature des maladies, ni la vertu des remèdes ? Et cependant, encore que les maladies de l'âme soient incomparablement plus difficiles à connaître et à guérir que les infirmités du corps, on a bien la hardiesse de faire hautement profession de rendre la santé spirituelle, tandis qu'on rougirait de promettre de guérir une plaie corporelle : « Quis autem cogitationum vulnera occultiora esse nesciat, vulneribus corporum ? et tamen sæpe qui nequaquam spiritualia præcepta cognoverunt, cordis se medicos profiteri non metuunt. Dum qui pigmentorum vim nesciunt, videri medici corporis erubescunt. » Vous voulez être dans l'Église un médecin des âmes, un maître de la vie intérieure, un chef du troupeau fidèle, un capitaine du peuple de Dieu, un pilote de la nacelle de Jésus-Christ ; le pouvez-vous sans vous exposer visiblement, vous et ceux qui sont sous votre conduite, à un péril évident de vous perdre, si vous ignorez la science des saints ?

Si l'on n'admettait dans le palais d'Assuérus que des jeunes gens d'une race illustre, beaux et bien faits, sans tache ni difformité aucune, spirituels et adroits, capables de belles-lettres, et propres à toutes sortes d'exercices : *Et ait rex præposito eunuchorum, ut introduceret de filiis Israel, et de semine regio, tyrannorum pueros in quibus nulla esset macula, decoros forma, et eruditos omni sapientia, cautos scientia, et doctos disciplina, qui possent stare in palatio regis* (Dan. i, 3) ; s'il fallait les nourrir avec des mets exquis et succulents, afin que, prenant de l'embonpoint et de la bonne mine, ils pussent, après trois années entières de préparatifs, être en état de paraître devant le roi, et de lui rendre leurs services : *Et constituit eis rex annonam per singulos dies, de cibis ejus, et de vino unde bibebat ipse, ut enutriti tribus annis, postea starent in conspectu regis.(Ibid.*, 5.) Jugez quel il faut être pour paraître devant le Roi des rois ; quelle noblesse de sentiments n'est pas nécessaire : *Pueros de semine regio!* Un prêtre ne doit avoir rien de vulgaire, dit saint Ambroise : « In sacerdote nihil plebeium requiri. » Combien doit-on être exempt de tache, de souillure et de péché ; *In quibus nulla esset macula!* De quelle beauté de vertu ne doit-on pas être orné ; *Decoros forma!* De quelle science ne faut-il pas être rempli ; *Eruditos omni sapientia!* Avec quelle adresse ne doit on pas exercer ses fonctions ; *Doctos disciplina!* De quelles divines vérités ne doit-on pas être nourri ! quelles maximes évangéliques ne doit-on pas avoir méditées ! de quelle précieuse liqueur ne doit-on pas s'être désaltéré, assis à la table des anges et de Dieu même ! *Annonam de cibis ejus, et de vino unde bibebat ipse.* Est-ce donc trop de trois années d'interstices pour se disposer à être admis dans ce sanctuaire et à s'approcher de la personne du Seigneur ? *Ut enutriti tribus annis, postea starent in conspectu regis.*

Que si saint François Xavier voulut se préparer une année entière à la célébration du premier sacrifice qu'il devait offrir, à l'exercice du pouvoir qu'il avait reçu, que ne doit-on pas faire pour se préparer à la réception du pouvoir même dont un seul acte exigeait tant de dispositions, au jugement d'un saint si éclairé !

Les vierges de l'Evangile, pour s'être préparées, furent reçues au banquet spirituel de l'Epoux : *Quæ paratæ erant intraverunt cum eo ad nuptias.* (*Matth.* XXV, 10.) Elles avaient orné leurs lampes, et fait une provision considérable d'huile : *Ornaverunt lampades suas.* (*Ibid.*, 7.) Les autres en avaient, mais n'en avaient pas assez : la nuit fut longue, et leur provision se trouva courte ; elles furent réduites à dire : *Lampades nostræ exstinguuntur.* (*Ibid.*, 8.) Prenez garde de ne pas prendre dans la retraite où vous êtes, d'assez bons sentiments ; de ne pas vous remplir d'assez de doctrine et de piété ; de ne pas vous parer et orner d'assez de vertu ; de ne pas vous trouver assez disposé quand l'Epoux arrivera ; de voir votre lampe s'éteindre, votre vie s'obscurcir, quand il faudra vous mettre sur le chandelier de l'Eglise.

Les Israélites, pour devenir capables de la doctrine de Jésus-Christ, eurent besoin de se préparer par la docilité à écouter celle de saint Jean-Baptiste. C'était lui qui devait préparer les voies de ce divin Sauveur : *Parate viam Domini.* (*Matth.* III, 3.) Redresser les affections tortueuses de ce peuple, et le disposer à la perfection : *Parare Domino plebem perfectam.* (*Luc.* I, 7.) C'est donc ainsi que vous devez vous préparer à la descente du Saint-Esprit en votre cœur par l'ordination.

Seconde considération. — Il est certain que celui qui reçoit indignement un sacrement, commet un sacrilége ; mais on peut dire que celui qui reçoit indignement le sacrement de l'ordre, commet non-seulement un sacrilége, mais encore un péché contre le Saint-Esprit, péché comme irrémissible, et qu'il fait injure non-seulement à la grâce, mais à l'esprit de la grâce, et par conséquent qu'il se rend coupable d'une de ces espèces de péchés qui ne se remettent que très-difficilement. C'est ce que nous allons prouver, premièrement par la nature de ce péché considéré en lui-même ; en second lieu par la condition et la qualité de celui qui le commet ; et enfin par l'insuffisance de la pénitence que celui qui l'a commis pourrait en faire, parlant ordinairement.

I. Les théologiens conviennent que, comme il y a des péchés de leur nature véniels, qui néanmoins peuvent par accident devenir mortels, soit à raison de la mauvaise disposition de celui qui les commet, par exemple quand on fait un mensonge léger, mais à dessein d'induire à un grand crime, soit par d'autres circonstances : aussi y a-t-il certains péchés de leur nature mortels, qui peuvent par accident devenir véniels, par exemple quand on les commet par un premier mouvement ou semblable cas. Mais le péché qu'on commet en profanant l'ordre sacré par une indigne réception, est si grand qu'il n'est presque pas possible qu'il puisse devenir médiocre par aucune circonstance, et que c'est comme un péché de pure malice.

Car, si l'on est assez malheureux que de se présenter à l'ordination sans vocation, sans vertu, sans science, sans talents, et n'y cherchant que l'éclat ou l'intérêt, qui peut nier que ce ne soit là un péché de pure malice, puisqu'on ne le peut excuser par aucun défaut de connaissance dans l'esprit, ni de consentement dans la volonté, ni de légèreté dans la matière : d'où il s'ensuit que c'est un péché opposé au Saint-Esprit en tant qu'il est lumière et bonté, d'autant plus que dans le sacrement de l'ordre, vous recevez non-seulement la grâce du Saint-Esprit, mais la personne même du Saint-Esprit que l'on confère par une communication propre et spéciale : car ce n'est pas en vain qu'on prononce si souvent sur les ordinands ces paroles : Mes très-chers frères, prions Jésus-Christ, Notre-Seigneur, qu'il donne le Saint-Esprit à ceux qui, pour son amour, se hâtent de déposer leur chevelure séculière : « Oremus, fratres charissimi, Dominum nostrum Jesum Christum pro his famulis suis, qui ad deponendum comas capitum suorum pro ejus amore festinant. » Seigneur Dieu, Père saint, éternel et tout-puissant, daignez bénir ceux qui se présentent ici pour être consacrés sous-diacres, et que le Saint-Esprit, avec ses sept dons qui en sont inséparables, se repose sur eux ; remplissez-les de l'esprit de sagesse et d'entendement, de l'esprit de conseil et de force, de l'esprit de science et de piété, de l'esprit de votre crainte salutaire : « Domine sancte, Pater omnipotens, æterne Deus, benedicere dignare hos famulos tuos, et requiescat super eos Spiritus sapientiæ et intellectus, Spiritus consilii et fortitudinis, Spiritus scientiæ et pietatis, et reple eos spiritu timoris tui. » Recevez le Saint-Esprit pour être votre force, et pour résister au diable et à ses suggestions : « Accipe Spiritum sanctum ad robur et resistendum diabolo et tentationibus ejus. » Recevez le Saint-Esprit : ceux dont vous remettrez les péchés, ils leur seront remis, et ceux dont vous retiendrez les péchés ils leur seront retenus : « Accipe Spiritum sanctum, quorum remiseritis peccata, remittuntur eis, et quorum retinueritis, retenta sunt. » (*Joan.* xx, 22, 23.) Or, ces paroles proférées par un évêque revêtu pontificalement, dans la plus auguste de toutes les cérémonies, dans l'administration d'un sacrement si important, officiant solennellement, et comme ministre public de la religion, ces paroles, dis-je, ne seront-elles pas efficaces ? ne produiront-elles pas ce qu'elles signifient ? ne seront-elles pas sérieuses ? Et est-ce un mensonge quand on dit que vendre l'ordination, c'est vendre le Saint-Esprit ? dit-on cela quand on vend le mariage ou l'extrême-onction, auxquels cependant la grâce est attachée ? N'y a-t-il pas cette différence entre ce sacrement et les autres, si vous en exceptez la confirmation, que dans ceux-là vous êtes dits recevoir la grâce, et dans celui-ci la source même de la grâce ? dans ceux-là la grâce accidentelle et créée, dans celui-ci la grâce subsistante et incréée ? Ne sont-ce pas les prêtres qui servent d'organes au Saint-Esprit, et qui seuls peuvent dire : Il nous a semblé bon et au Saint-Esprit ; *Visum est Spiritui sancto et nobis*? (*Act.* xv, 28.) N'est-ce pas à eux que l'évêque qui les a ordonnés a promis qu'ayant été figurés par les soixante et dix vieillards sur qui l'Esprit de Dieu descendit autrefois, ils seront les sanctuaires de ce divin Esprit, s'ils joignent ensemble en eux la connaissance et la pratique du bien ? « Vos siquidem in septuaginta viris et senibus signati estis, si per spiritum septiformem probi et maturi in scientia similiter et opere fueritis. » Enfin, quand on dit que le Saint-Esprit descendit sur les apôtres et vint en eux, et dans la bienheureuse Vierge, au jour de la Pentecôte, est-ce qu'il n'y était pas déjà, et par son immensité qui remplit tous les lieux, et par sa grâce qui sanctifie tous les cœurs ! mais il vint en eux sous un nouveau signe ; il produisit en eux de nouveaux effets ; il leur donna de nouveaux pouvoirs ; il leur communiqua de nouvelles vertus ; il y fit sentir sa présence par une nouvelle espèce de mission et d'opération : n'est-ce pas ce qui se renouvelle dans l'ordination ? C'est donc à l'esprit même de la grâce qu'on fait injure, pour parler avec l'Apôtre, *Et spiritui gratiæ contumeliam fecerit* (*Hebr.* x, 29), quand on reçoit indignement les ordres ; c'est cette fontaine de grâces, d'où un nombre infini de grâces auraient découlé, que l'on tarit ; c'est cette source de lumières d'où tant de rayons auraient rejailli, que l'on éteint : *Spiritum nolite exstinguere.* (*I Thess.* v, 19.) Tel est le péché de celui qui reçoit indignement un tel hôte.

Considérez, considérez, dit saint Chrysostome admirablement, considérez qu'elles doivent être les mains d'un prêtre, destinées à un ministère si redoutable que celui de nos autels ! « Considera quales manus hæc administrantes esse oporteat ! » (L. vi *De sacerd.*, cap. 3, n. 2.) Quelles paroles étonnantes sa bouche profère ! « Quæ verba ille effundat ! » Enfin de quelle suréminente pureté et sainteté ne doit pas être ornée l'âme qui reçoit un esprit si adorable et si grand ! « Qua denique re non puriorem sancioremve esse conveniat animam, quæ tantum illum tamque dignum Spiritum receperit ! »

Saint Léon ne dit-il pas que l'Eglise ne reconnaît pour vrais pasteurs et vrais prêtres que ceux que le Saint-Esprit prépare à cette grâce et que la miséricorde divine y appelle ? « Eos enim rectores Ecclesia accipit, quos Spiritus sanctus præparavit, et dignatio cœlestis gratiæ gignit. »

II. Que si le crime commis en recevant l'ordre indignement approche de ceux qui sont comme irrémissibles, c'est-à-dire qu'il est très-difficile d'en obtenir le pardon, il faut avouer qu'il n'est guère moins irréparable à le considérer du côté de celui qui le commet, tant sa conversion est pleine d'obstacles et par conséquent rare.

En effet, dit saint Chrysostome, si le péché des prêtres est plus grief que celui du reste des hommes, ce n'est pas que le péché change de nature en lui-même, c'est que l'éminence et la dignité de celui qui s'y laisse aller ajoute une circonstance étrangement aggravante à sa malice, et le rend infiniment plus odieux devant Dieu : « Peccata sacerdotum, graviora fiunt, non natura ipsa, sed sacerdotis qui ea commiserit conditione et dignitate. » (Lib. vi *De sacerdot.*, cap. 7.)

D'ailleurs, continue-t-il, qui vit jamais un ecclésiastique faire promptement pénitence ? « Quis enim vidit clericum cito pœnitentem ? » Le prêtre pèche, l'ecclésiastique pèche : c'est un mal qui n'est que trop commun ; la porte de la pénitence leur est ouverte comme au reste des pécheurs, mais le désir d'entrer dans des sentiments de pénitence est la chose du monde la plus rare en eux : « Peccavit sacerdos, peccavit clericus, pœnitentiæ quidem patet aditus, sed pœnitendi raro subest affectus. » Les laïques, ajoute-t-il en un autre endroit, se corrigent aisément ; mais les ecclésiastiques, s'ils se laissent une fois aller au dérèglement, n'en reviennent presque plus : « Laici delinquentes, facile emendantur ; clerici autem, si mali fuerint, inemendabiles sunt. »

Mais, quand on aurait vu ce que saint Chrysostome et les autres saints Pères n'avaient pas vu, c'est-à-dire un prêtre pénitent, en a-t-on jamais vu qui ait été touché de douleur et de regret d'être entré sans vocation dans le clergé ? qui ait gémi de ce qu'il n'a eu en vue, en recevant la tonsure, que ce qui semble de plus formellement opposé à la grâce et à l'esprit de la tonsure, c'est-à-dire les biens et les établissements temporels ? en a-t-on vu qui se soient affligés devant Dieu de s'être approchés des ordres sacrés sans y avoir apporté la sainteté qu'ils exigent ? en a-t-on vu même quelqu'un vraiment touché du regret d'être tombé dans des crimes extérieurs et scandaleux ? Il est certain du moins que le nombre des ecclésiastiques vicieux n'est pas petit, et que celui des ecclésiastiques pénitents n'est pas grand.

Et de là vient que l'Apôtre, écrivant à Timothée, l'exhorte à ne pas ordonner un néophite, de peur, dit-il, qu'il ne tombe dans le jugement du diable; gardez-vous bien d'imposer les mains à un néophite, c'est-à-dire à un jeune homme en qui on ne voit pas encore des marques suffisantes de vocation, ni de probité assez établie : « *Ne in superbiam elatus, in judicium incidat diaboli* (I *Tim.* III, 6), de peur que, devenu semblable au démon dans son orgueil, il ne lui devienne conforme dans son obstination.

Aussi saint Bernard n'a pas craint de dire que le prêtre, étant dans le clergé ce que l'ange est dans le ciel, l'élection et la réprobation de l'un et de l'autre ont beaucoup de rapport ensemble : « In clero tanquam in cœlo angelus Domini exercituum factus est sacerdos, tanquam angelus aut eligitur aut reprobatur. » Jésus-Christ même, dans l'Evangile, ne compare-t-il pas le premier prêtre du Nouveau Testament qui s'est perdu, au démon, et ne lui en donne-t-il pas le nom? *Nonne vos duodecim elegi, et ex vobis unus diabolus est?* (*Joan.* VII, 71.) D'où vient cela, sinon que l'ange apostat de la terre porte souvent dans son impénitence le caractère de l'ange apostat du ciel dans son obstination au mal.

Car, si vous voyez quelquefois un ecclésiastique répandre des larmes et s'affliger de son péché, ne vous imaginez pas, dit saint Chrysostome, que ces larmes sortent toujours d'un cœur touché de douleur d'avoir offensé Dieu; son humiliation ne vient que trop souvent de se voir perdu d'honneur et de réputation : « Qui si deprehensus humiliaverit se, non ideo dolet quia peccavit, sed quia confunditur et perdidit gloriam suam. »

Un autre malheur attaché à la condition des prêtres, et qui les met comme hors d'état de faire une vraie pénitence, c'est qu'ils ne peuvent pas quitter la profession dans laquelle ils se sont mal à propos ingérés, ou dont ils ont abusé, et qui leur est une occasion prochaine d'offenser Dieu. Qu'un magistrat soit incapable d'exercer sa charge, on lui remontre qu'il faut s'en retirer, qu'il ne peut en conscience en exercer les fonctions, n'ayant ni les lumières ni les vertus nécessaires pour cela. Mais le prêtre ne peut se dépouiller de son caractère. Un juge peut redevenir une personne privée; mais le prêtre ne peut redevenir un laïque. Il peut, à la vérité, s'abstenir de ses fonctions et se retirer dans quelque solitude pour y faire pénitence; mais prendra-t-il cette résolution? Rien de plus rare, rien de plus inouï; au contraire, rien de plus ordinaire que de le voir, malgré son péché, rentrer dans le sanctuaire et y exercer les fonctions les plus saintes : « Judicium multiplex accepturi, quod et tam gravissimas conscientias gerunt, se se in sanctuarium ingerunt. »

III. Mais, quand le prêtre ferait cette pénitence, elle ne lui redonnerait pas la vocation sans laquelle il s'est engagé dans une profession qui, plus qu'aucune autre, en demande une expressément marquée et déclarée. Dieu, qui, comme un sage père de famille, dans l'ordre de sa providence, a formé chaque fidèle pour un emploi et lui a préparé les moyens afin d'y opérer son salut, n'ira pas renverser ses premiers desseins en votre faveur. Vous serez donc un homme consacré prêtre, mais intrus dans le sacerdoce auquel Dieu ne vous appelait point : comment vous sauver en cet état? comment la pénitence, quelque sérieuse qu'elle soit, vous revêtira-t-elle d'une dignité qu'elle vous commande de déposer pour l'avoir usurpée? Inutilement vous fatigueriez-vous donc dans les exercices laborieux de cette vertu, si vous ne déposez cette chasuble dont vous vous êtes témérairement revêtu. Celui qui s'est introduit, non par la porte, mais par ailleurs, dans le bercail des brebis de Jésus-Christ, travaille et s'efforce en vain d'obtenir la palme du salut éternel, si premièrement il ne renonce à un honneur qu'il a plutôt envahi que reçu : c'est saint Grégoire le Grand de qui cette maxime capitale est émanée : « Qui in ovile ovium non per ostium, sed aliunde ascendit, ad æternæ salutis bravium in vanum se fatigat, nisi honorem in quo deliquit penitus derelinquat. » Que lui sert de jeûner, de faire des retraites, d'aller de confesseur en confesseur, de consulter docteurs sur docteurs, d'endormir sa conscience plutôt que de la calmer? Il n'y a qu'un remède à son mal : de sortir de l'état ecclésiastique, s'il n'a pas d'ordre sacré; de quitter ses bénéfices et ses dignités, s'il en a, et de se retirer pour faire une pénitence qui, pour lors, sera salutaire; que s'il est engagé dans le sacerdoce, il ne peut pas ôter ce caractère, mais il peut ne pas exercer des pouvoirs dont il est indigne, pour être du nombre de ceux qui ont plutôt ravi la prélature qu'ils ne l'ont reçue, selon saint Grégoire : « Culmen regiminis potius rapiunt quam assequuntur. » Répare-t-on autrement la simonie qu'on a commise en entrant dans un bénéfice qu'en le quittant et s'en dépouillant pour toujours et sans espérance de réhabilitation?

En second lieu, la pénitence véritable et sincère effacera les péchés actuels que vous aurez commis; mais vous conférera-t-elle les vertus sacerdotales, la science, la chasteté perpétuelle, l'esprit ecclésiastique et les autres dons qui sont si nécessaires à un prêtre, et pour son salut et pour celui des autres?

Vous rendra-t-elle cette grâce que les théologiens appellent la grâce sacramentelle, et qui consiste dans un droit fondé sur la grâce sanctifiante de demander à Dieu et d'obtenir de sa bonté en temps et lieu, et dans le besoin, les secours nécessaires à la conservation de cette grâce sanctifiante, pour exercer avec fruit et bénédiction vos emplois, pour parvenir à la haute fin pour laquelle ce sacrement est institué, et pour surmonter les obstacles qui se rencontrent à toutes ces choses? car tel est le fruit, tels sont les effets de la grâce sacramentelle. Ce droit est fondé sur cet axiome de philosophie, qu'il est de celui qui donne l'être de donner les choses qui sont nécessaires pour la conservation de ce même être.

Or, selon saint Thomas, quand on reçoit indignement le sacrement de l'ordre, non-seulement on ne reçoit point cette grâce sacramentelle dans l'actuelle administration du sacrement reçu en mauvais état, et cela n'est pas difficile à concevoir; mais non pas même quand ensuite on fait pénitence, et qu'on obtient la grâce sanctifiante ou justifiante. Il est vrai que Dieu, par son infinie miséricorde, ne refuse pas les secours généraux qui sont, absolument parlant, suffisants pour éviter le péché; mais la pénitence vous donnera-t-elle ces secours particuliers, ces grâces singulières, ces dons attachés à la digne réception du caractère sacerdotal qu'elle ne confère pas? Vous prêcherez, et on ne vous écoutera pas. Vous confesserez, et vous ne serez utile à personne; vous trouverez tant de peine et de dégoût à la piété et aux bonnes œuvres, à l'oraison, à l'étude, aux fonctions de votre ordre, que vous les abandonnerez; vous n'aurez presque aucun succès ni bénédiction à rien; vous trouverez de la difficulté à surmonter votre paresse; les obstacles extérieurs vous rebuteront; vous vous verrez sans courage ni ouverture d'esprit; vous chercherez la cause de cet état si désolant, et vous trouverez, après bien des réflexions, que c'est parce que vous avez mal reçu l'ordre, que vous n'êtes pas entré dans le clergé par la bonne porte. Les secours généraux sont, à la vérité, suffisants en eux-mêmes; mais on n'agit pas avec eux si promptement, si facilement. Il est donc visible que, quand on reçoit indignement l'ordre, on se fait un tort très-grand, et par conséquent qu'il faut vous préparer à vous en approcher dignement, avec des dispositions saintes, ou vous en éloigner si vous ne les remarquez pas en vous.

Que si vous ne vous trouvez pas assez bien appelé ou assez bien disposé, différez votre ordination, ne précipitez rien. Et pour cet effet jetez les yeux sur votre vie passée; c'est elle, et non le désir de votre promotion, qui doit vous faire avancer ou reculer, dit saint Grégoire: « Ex ante acta ergo vita se unusquisque inveniat, ne in appetitu culminis imago cogitationis illudat. » Et ne vous trompez point sur quelques sentiments d'une dévotion passagère que vous pouvez avoir, parce que ce ne sont pas les actes et les mouvements pieux qui doivent donner de la confiance, ce sont les vertus acquises de longue main, les saintes habitudes formées sur lesquelles il faut compter. C'est ce que saint Bernard nous apprend par ces paroles : « Jam enim præcessisse debuit consideratio; tempus nunc faciendi, non consultandi : antea juxta consilium Salvatoris oportebat æstimare opus, metiri vires, ponderare facultates, merita comparare, sumptus computare virtutum. » (Lib. II De conf., cap. 6.)

ENTRETIEN III.

DE LA VOCATION A L'ÉTAT ECCLÉSIASTIQUE.

I. Jésus-Christ est le modèle des prêtres, l'exemplaire qu'ils doivent avoir devant les yeux, et exprimer en eux; aussi est-ce à eux qu'il a dit en la personne de ses apôtres, le soir de la Cène, et en leur conférant le sacerdoce : *Exemplum dedi vobis ut quemadmodum ego feci, ita et vos faciatis.* (Joan. XIII, 15.) Que s'ils sont obligés de l'imiter, sans doute que c'est au sujet du sacerdoce, et de la manière dont il est entré : tout était à lui, tout lui était dû. Moïse fut à la vérité un fidèle ministre, mais il ne fut qu'un serviteur: *Et Moyses quidem fidelis erat in tota domo ejus tanquam famulus*, dit l'apôtre saint Paul (Hebr. III, 5); mais Jésus Christ est venu comme le maître absolu, comme le fils unique, *Christus vero tanquam filius in domo sua.* (Ibid., 6.).

Cependant, ô merveille! ô sujet de confusion pour tous les ministres présomptueux! il a eu respect pour le sacerdoce; il a voulu qu'on écrivît et que nous sussions qu'il n'avait pas pris de lui-même cette haute dignité, et qu'il avait attendu que son Père l'y eût appelé. Voici comment saint Paul nous découvre ce mystère, qui doit également exciter notre admiration, notre confusion, notre imitation.

Tout pontife pris d'entre les hommes, et établi pour faire les fonctions du ministère sacerdotal, est choisi de Dieu, et tiré du rang des hommes, pour être leur médiateur et leur intercesseur auprès de ce même Seigneur, et lui offrir de leur part des dons et des sacrifices pour l'expiation des péchés. Voilà le premier motif de l'institution du sacerdoce : *Omnis pontifex ex hominibus assumptus pro hominibus constituitur in iis quæ sunt ad Deum, ut offerat dona et sacrificia pro peccatis.* (Hebr. V, 1.)

En second lieu, il est institué afin qu'il y ait quelqu'un qui compatisse aux misères des pécheurs, qui ait du zèle et de la charité pour le salut de ceux qui sont dans l'ignorance et l'égarement, et qui s'acquitte de ce devoir avec l'humble compassion d'un homme qui sent au dedans de soi le même fonds de misère dont il veut délivrer les autres : *Qui condolere possit iis qui ignorant et errant, quoniam et ipse circumdatus est infirmitate.* (Ibid., 2.) Enfin l'Apôtre ajoute une troisième raison de cette institution encore plus sublime, et qui est une suite des deux premières, que le prêtre par conséquent est destiné pour offrir à Dieu des victimes, c'est-à-dire pour être le ministre de l'acte le plus saint de la religion, afin d'obtenir l'expiation de ses propres péchés, et de ceux de tout le peuple : *Et propterea debet quemadmodum pro populo, ita etiam et pro semetipso offerre pro peccatis.* (Ibid., 3.)

D'où saint Paul infère que personne par conséquent ne doit être si hardi, ni si ambitieux, que d'oser, de son propre mouvement, mettre la main sur une chose si divine, et se revêtir d'un tel honneur, mais attendre que Dieu l'appelle à ce religieux emploi, ainsi qu'il arriva à Aaron : *Nec quisquam sumit sibi honorem, sed qui vocatur a Deo tanquam Aaron.* (*Hebr.* v, 4.)

Que si cette doctrine et cet exemple ne vous touchent point assez ; si l'Ecriture, après avoir dit comment Moïse reçut ordre de Dieu de disposer toutes les choses nécessaires pour la consécration des prêtres, et rapporter ensuite la vocation d'Aaron et de ses enfants, et leur onction, sans qu'ils eussent songé à se procurer cette gloire : *Locutusque est Dominus ad Mosem dicens : Tolle Aaron cum filiis suis,* etc., *iste est sermo quem jussit Dominus fieri* (*Exod.* xxviii, 1 ; *Levit.* viii, 1, 5), n'est pas une règle assez forte pour vous retenir dans le devoir.

L'Apôtre va vous dire quelque chose de plus considérable encore, en vous présentant l'exemple de Jésus-Christ qui n'a pas voulu de lui-même s'honorer de la dignité de pontife, laquelle néanmoins lui était due en qualité de Premier-né et de Fils unique, et qu'il a attendu que son Père l'en ait revêtu, et l'ait comme appelé au sacerdoce : *Sic et Christus non semetipsum clarificavit ut pontifex fieret, sed qui locutus est ad eum : Filius meus es tu, ego hodie genui te* (*Hebr.* v, 5) ; l'établissant, ainsi que David avait prédit, prêtre éternel selon l'ordre figuré par Melchisédech ; *Quemadmodum et in alio loco dicit : Tu es sacerdos in æternum secundum ordinem Melchisedech* (*Ibid.*, 6) ; et remplissant parfaitement en sa personne les trois fonctions pour lesquelles le sacerdoce a été établi sur la terre, et que l'Apôtre avait marqué en général, comme nous venons de voir.

Car, premièrement, pendant qu'il était dans sa chair mortelle, il a offert des prières à Dieu pour le genre humain, et des supplications ardentes, accompagnées de larmes ; et en est venu jusqu'aux cris auprès de celui qui pouvait le délivrer de la mort, et qui l'a exaucé par le respect et la révérence dus à sa personne : *Qui in diebus carnis suæ preces supplicationesque ad eum qui possit illum salvum facere a morte, cum clamore valido et lacrymis offerens exauditus est pro sua reverentia.* (*Ibid.*, 7.) Voilà comment notre Pontife a accompli le premier devoir sacerdotale : *Omnis pontifex ex hominibus assumptus, pro hominibus constituitur in iis quæ sunt ad Deum ut offerat dona et sacrificia pro peccatis.* (*Ibid.*, 1.)

Voici comme il accomplit le second, qui consiste en ce que le prêtre est établi, afin qu'il y ait quelqu'un qui soit touché de compassion pour les pécheurs accablés sous le poids de leurs infirmités, et qui se porte à les secourir avec d'autant plus de commisération, que le propre fardeau de la mortalité qu'il porte lui fasse sentir et lui apprenne par expérience quel est le fonds de la misère humaine : *Qui condolere possit iis qui ignorant et errant, quoniam et ipse circumdatus est infirmitate.* (*Ibid.*, 2.) Car l'Apôtre nous enseigne que Jésus-Christ, par sa Passion et sa mort, a éprouvé la difficulté qui se rencontre dans l'obéissance, et en a donné l'exemple, lui qui, comme Fils de Dieu, pouvait tout obtenir sans rien souffrir : *Et quidem cum esset Filius Dei didicit ex iis quæ passus est obedientiam.* (*Ibid.*, 8.)

Enfin, le troisième devoir du prêtre, et pour l'accomplissement duquel le sacerdoce est institué, consiste à offrir à Dieu des victimes pour l'expiation du péché : *Et propterea debet quemadmodum pro populo, ita etiam et pro semetipso offerre pro peccato.* (*Ibid.*, 3.) Et l'Apôtre montre que Jésus-Christ, l'Agneau de Dieu qui ôte les péchés du monde, s'étant consommé sur l'autel de la croix, est entré dans la gloire par le sacrifice de la vie, et a été établi auteur du salut éternel, pour tous ceux qui lui obéiront : *Et consummatus factus est omnibus obtemperantibus sibi causa salutis æternæ.* (*Ibid.*, 9.) Trois devoirs accomplis parfaitement par Jésus-Christ, et qui lui ont acquis, avec le nom, la gloire d'être le pontife éternel des hommes : *Appellatus a Deo pontifex.* (*Ibid.*, 10.)

De tout ceci, l'on peut voir que le sacerdoce était dû à Jésus-Christ, en qualité de premier-né ; que Jésus-Christ cependant ne l'a pas pris de lui-même, et qu'il a attendu que son Père le lui ait dit et l'en ait revêtu ; que le sacerdoce est une si haute dignité qu'elle a pu honorer Jésus-Christ ; que Jésus-Christ ne l'a reçu que pour en exercer les fonctions sur lui-même, et que pour être la victime du sacerdoce, dont il se revêtait ; enfin, que Jésus-Christ a excellemment rempli tous les devoirs attachés à la dignité sacerdotale, en priant pour tous les hommes, en expiant leurs péchés, en les réconciliant à Dieu, et en leur procurant le salut éternel.

II. Ajoutez à ce grand exemple la conduite que Jésus-Christ garda dans la vocation de ses apôtres.

Il est déjà certain, en général, que ce divin Sauveur n'a jamais rien fait que ce que son Père bien-aimé lui a inspiré de faire, lui a ordonné de faire, qu'il n'ait auparavant vu faire à son Père. Je ne fais rien, dit-il, que je ne le voie faire à mon Père : *Nihil facio nisi videro Patrem facientem.* (*Joan.* v. 19.)

Que si cela était vrai de toutes choses, jugez d'une des plus importantes de toutes, c'est-à-dire du choix, de la vocation et des emplois de ses ministres destinés à porter la gloire de Dieu, et à établir son royaume par toute la terre. Voici comme il s'en explique à ce Père souverainement honoré.

D'abord il lui déclare qu'il tient de sa main paternelle ses apôtres, et qu'il les a reçus de lui ; ce qui marque en eux une vraie vocation divine : J'ai découvert votre gloire à ceux de ce monde que vous m'avez donnés, ils étaient à vous et vous me les avez donnés : *Manifestavi nomen tuum hominibus quos dedisti mihi de mundo ; tui erant, et mihi eos dedisti.* (*Joan.* xvii, 6.) Je ne prie pas pour le monde, je prie pour ceux que vous m'avez donnés, parce qu'ils étaient vôtres : *Non pro mundo rogo, sed pro his quos dedisti mihi, quia tui erant.* (*Ibid.*, 9.) J'ai gardé ceux que vous m'avez donnés ; mon Père, je veux que ceux que vous m'avez donnés soient avec moi dans le lieu où je suis : *Quos dedisti mihi custodivi : Pater, quos dedisti mihi volo ut ubi sum ego, et illi sint mecum.*

Ensuite, quand il est question de ce choix important, Jésus-Christ consulte son Père dans la prière ; il monte au haut d'une montagne, figure de la hauteur de cette dignité, de la perfection qu'elle exige, du lieu d'où elle descend : il passe la nuit en oraison, il s'informe des desseins de son Père, il s'entretient, il convient avec lui, il apprend sa volonté : cela fait et le jour venu, il descend de la montagne ; il appelle à lui ceux qu'il lui plaît ; il les choisit, il en désigne douze d'entre eux en particulier, auxquels il impose le nom d'apôtres, et qu'il prend pour être toujours auprès de lui : *Ascendit in montem orare, et erat pernoctans in oratione Dei, et cum dies factus esset vocavit ad se quos voluit ipse, et elegit et fecit ut essent ex ipsis duodecim cum illo quos et apostolos nominavit.* (*Luc.* VI, 12, 13.) De sorte que la vocation des apôtres est le fruit de la prière du Sauveur, et l'exécution des volontés de son Père. Aussi, quand quelques-uns, d'ailleurs bien intentionnés, mais non appelés de Dieu à l'apostolat, voulaient suivre ce divin Maître, et le priaient même instamment de souffrir qu'ils l'accompagnassent, il les renvoyait, et refusait de les recevoir : *Magister sequar te quocunque ieris* (*Luc.* IX, 57), « et cœpit, illum deprecari ut esset cum illo : noluit acquiescere, sed remisit. » Voilà pour la vocation au sacerdoce.

Et quant aux emplois, aux dignités, au rang, il est certain que s'il avait quelque prérogative à accorder, c'eût été à saint Jean, son disciple bien-aimé, et à saint Jacques, son frère, à qui il fit tant de faveurs ; cependant, quand il s'agit de leur donner la place qu'ils lui demandaient dans son royaume, il leur déclara que ce n'était pas à lui à la leur accorder, et que cela regardait son Père, à qui il appartenait d'en disposer : *Non est meum dare vobis, sed quibus paratum est a Patre meo.* (*Marc.* X, 40.)

De là vient que saint Paul écrit partout qu'il a été appelé de Dieu dans le ministère séparé et choisi pour le haut emploi. Voici en quels termes il s'en explique aux Romains : « Paul serviteur de Jésus-Christ, appelé à l'apostolat pour prêcher l'Evangile de Dieu, ayant reçu par Jésus-Christ la grâce et la vocation à l'apostolat : » *Paulus servus Jesu Christi, vocatus apostolus, segregatus in Evangelium per quem accepimus gratiam et apostolatum.* (*Rom.* I, 1, 5.)

Il tient le même langage aux Corinthiens : « Paul, appelé à l'apostolat de Jésus-Christ par la volonté de Dieu : » *Paulus vocatus apostolus Jesu Christi per voluntatem Dei.* (*I Cor.* I, 1.)

Il s'en explique encore plus distinctement aux Galates : « Paul, fait apôtre, non par le ministère des hommes, ni par leur mission, mais par Jésus-Christ et par la volonté de Dieu le Père : » *Paulus apostolus non ab hominibus, neque per hominem, sed per Jesum Christum et Deum Patrem.* (*Gal.* I, 1.)

Bien plus, il ne se contente pas de dire que sa vocation à l'apostolat est un effet de la volonté de Dieu, il ajoute qu'il a été élevé par un commandement exprès de Dieu et de Jésus-Christ : *Paulus apostolus Jesu Christi secundum imperium Dei Salvatoris nostri, et Jesu Christi spei nostræ.* (*Tim.* I, 1.)

III. C'est ce que Jésus-Christ a fait, c'est ce que les apôtres ont publié, c'est ce que nous devons imiter, à quoi nous devons nous conformer. Et voici les raisons pressantes que les saints Pères nous en donnent, et qui vous obligent à ne point entrer dans l'état ecclésiastique, à moins que vous ne soyez bien assuré que Dieu vous y appelle.

1. La première raison est qu'on ne peut savoir ni conclure qu'un homme est certainement appelé au sacerdoce, par aucune bonne qualité qu'il ait en lui. Qu'il soit savant, pieux, chaste, zélé, exemplaire ; qu'il ait conservé son innocence de baptême ; que son inclination se porte au bien, qu'il soit adroit et propre aux fonctions et ministères extérieurs, on ne peut point de là nécessairement conclure, ni dire : Il est donc infailliblement appelé pour être prêtre ; car est-ce que tous les gens de bien doivent l'être ? est-ce que tous ceux qui ont reçu des dons et des vertus de la main libérale de Dieu doivent aussitôt être consacrés, et que la concession de ces grâces emporte avec elle la vocation au sacerdoce ? Il s'ensuivrait de là que bien des personnes du sexe auraient en elles des signes d'une vocation à l'état ecclésiastique, ce qui visiblement est une fausse conclusion, et vient par conséquent d'un faux principe ; il faut donc quelque chose de plus, et outre tous ces excellents avantages, la vocation divine est nécessaire ; car, où les conjectures humaines sont trop courtes, il faut avoir recours à une lumière supérieure, à un secours d'en haut. Mais que sera-ce de ceux qui prétendent avec ardeur à l'état ecclésiastique, et qui n'ont ni l'innocence, ni l'esprit de pénitence, ni les dons, les vertus, les talents nécessaires au sacerdoce ? peut-on croire qu'ils aient les marques d'une telle vocation ?

Cela se vit encore clairement dans la vocation de saint Mathias à l'apostolat, préférablement à Joseph ; celui-ci était si vertueux et si parfait qu'on lui donnait le surnom de juste : *Et statuerunt duos : Joseph qui vocabatur Barsabas, qui cognominatus est justus.* (*Act.* I, 23.) Il était parent de Jésus-Christ selon la chair ; il avait toujours été en la compagnie des apôtres depuis le baptême de saint Jean, toujours à la suite de Jésus-Christ, témoin de sa glorieuse résurrection, actuellement en retraite dans le cénacle ; en un mot, il possédait toutes les conditions requises par saint Pierre pour cet emploi : *Oportet ergo ex his viris qui nobiscum sunt congregati in omni tempore quo intravit et exivit inter nos Dominus Jesus, incipiens a baptismate Joannis usque in diem qua assumptus est a nobis, testem resurrectionis ejus nobiscum fieri unum ex istis.* (*Ibid.*, 21, 22.) Cependant le sort ne tomba pas sur lui, mais sur saint Mathias : *Et dederunt sortes eis : et cecidit sors super Mathiam, et annumeratus est cum undecim apostolis.* (*Ibid.*, 26.)

Ce fut celui-ci que Dieu choisit, et non les hommes, pour remplir la place que Judas avait laissée vide, et exercer le ministère dont il était déchu : *Accipere locum ministerii hujus, et apostolatus, de quo prævaricatus est Judas ut abiret in locum suum. (Act.* I, 25.) Cette assemblée, la plus auguste qui fut jamais, où la Mère de Dieu tenait le premier rang de sainteté, où les apôtres de Jésus-Christ tenaient le premier rang d'autorité, ne s'arrogea pas le droit de faire ce choix important, ni de nommer un disciple, quelque saint qu'il leur parût; ils comprirent que c'était un droit réservé à Dieu qui seul pénètre le cœur humain ; ils se mirent en prières et lui demandèrent qu'il fît connaître sa volonté : *Et orantes dixerunt : Tu, Domine, qui corda nosti omnium, ostende quem elegeris ex his duobus unum accipere locum ministerii hujus. (Ibid.,* 24.)

Ce qu'ils firent alors s'était fait autrefois. Le même esprit qui inspira les nouveaux disciples, avait inspiré les anciens. Nous voyons que dès l'établissement du peuple de Dieu, Moïse, prêt à quitter son emploi, ne songea pas à mettre quelqu'un à sa place ; il était saint, ami de Dieu, plein des mystères et des secrets divins; il avait fait des prodiges infinis ; sa conversation familière avec le Seigneur n'avait jamais eu d'égale ; il avait pénétré par la lumière prophétique dans tous les siècles à venir; cependant il n'entreprit pas de pénétrer l'esprit de l'homme, ni de résigner son ministère à quelqu'un de ses parents qu'il en jugeait digne : « Seigneur Dieu, » disait-il, « qui pesez les esprits à la balance de votre sanctuaire, qui pénétrez les plus secrets et les plus sombres replis du cœur des hommes, et qui en êtes le maître absolu, jetez les yeux sur quelqu'un qui puisse conduire cette multitude, de peur que le peuple du Seigneur ne demeure comme un troupeau sans pasteur :»*Provideat Dominus Deus spiritum omnis carnis hominem qui sit super multitudinem hanc, ne sit populus Domini sicut oves absque pastore.* (Num. XXVII, 16, 17.)

Et pour passer des temps plus reculés aux plus récents, car l'esprit de Dieu est tel, dit saint Chrysostome, il parcourt en un moment tous les siècles, le présent, le passé, le futur, « Tales enim sunt prophetæ, omnia tempora percurrunt præsentia, præterita, futura. » Le grand saint Bernard, nommé le dernier des Pères, ne suivit-il pas une semblable maxime ? car, consulté par un homme de bonne foi s'il devait embrasser l'état ecclésiastique, cet abbé si célèbre et si éclairé lui répond qu'il peut bien faire des conjectures, mais au fond pour savoir, dit-il, si Dieu vous appelle oui ou non au sacerdoce, qui saurait le connaître si ce n'est l'esprit même de Dieu qui pénètre le plus creux des abîmes, ou celui à qui il lui plaira de le révéler ? « Utrum autem vocatio tua Dei sit, quis scire possit, excepto spiritu qui scrutatur etiam alta Dei, vel si cui forte revelaverit. » Dieu seul sait donc le secret de la vocation au sacerdoce, ou celui à qui il lui plaît de le manifester.

C'est de cette dernière sorte que saint Pierre, patriarche d'Alexandrie, tint ferme contre Achillas et Alexandre ; car ce martyr, alors en prison pour la foi, ayant chassé de sa communion Arius, diacre, ces deux prêtres le vinrent trouver en faveur de cet ecclésiastique, pour le prier de s'adoucir envers lui ; mais ce saint évêque leur répondit qu'Arius était un loup qui voulait s'introduire dans le bercail, et qu'il ne l'y recevrait point; qu'au reste ceux qui lui parlaient lui succéderaient en la chaire patriarcale d'Alexandrie, mais qu'ils se gardassent bien d'admettre cet impie, et que Jésus-Christ s'était apparu à lui la nuit précédente avec sa robe déchirée, et que, lui en ayant demandé la raison, il lui avait dit : Arius a déchiré mon Eglise qui est ma robe. « Cui in carcere cum Achillas et Alexander presbyteri deprecatores Arii venissent, respondit noctu apparuisse sibi Jesum veste discissa, causamque rei sciscitanti dixisse : Arius vestem meam, quæ est Ecclesia, dilaceravit; quibus etiam prædicens fore ut sibi in episcopatu succederent, præcepit ne unquam Arium in communionem reciperent, quem Deo mortuum esse sciret. » Cependant cet ordre fut mal exécuté. Après le martyre de ce bienheureux patriarche, Achillas qui, selon que saint Pierre l'avait prédit, lui succéda à l'épiscopat, reçut Arius, et lui conféra l'ordre de prêtrise : « Postea vero cum Petrus martyrium pertulisset, Arius ab Achilla veniam precatus, ad diaconi officium rediit, et ad presbyterii dignitatem promotus est. » De cette ordination précipitée, contre l'ordre et la révélation de Dieu, et de cette promotion au sacerdoce sans vocation, s'ensuivit la plus grande des hérésies qui fut jamais, et la mère de toutes les autres.

Il est donc vrai que Dieu seul s'est réservé la vocation de ses ministres ; que c'est une dépendance du droit qu'il a privativement à tout autre de sonder le fond des cœurs, et que, quelque vertu qu'un homme ait, on ne peut point conclure qu'il est appelé à l'état ecclésiastique, si Dieu ne lui révèle par une lumière extraordinaire, ou ne le fasse connaître par les voies sûres qu'il a établies dans son Eglise.

C'est ce qu'a reconnu une seconde fois saint Bernard, lorsque écrivant au Pape Honoré, sur l'élection d'Albéric, faite du consentement et du clergé et du peuple, il lui mande que, si on veut avoir égard à son avis, il a toujours connu Albéric pour un homme d'une foi saine et d'une doctrine pure : « De qua re si et nostra quæritur aut curatur sententia, novimus hominem sanæ fidei, et doctrinæ hactenus exstitisse (epist. 13) » éclairé dans les affaires temporelles et spirituelles : « In divinis pariter et humanis prudentem esse; » et j'espère, ajoute-t-il, qu'il sera un vase honorable en la maison de Dieu, et utile à sa gloire, aussi bien qu'à toute l'Eglise de France : « Et speramus in domo Dei fore vas in honorem, et utilem futurum non solum illi, sed et omni Gallicanæ Ecclesiæ. » Mais voici la clause : Si toutefois Dieu l'a élu; s'il l'appelle à cet emploi : « Si tamen ipse elegit eum. » Telle est la condition qu'il y met, sans quoi, avec toutes ces bonnes qualités, il ne répond pas de sa promotion.

Mais qu'aurait dit ce Père si pieux et si plein de l'esprit ecclésiastique, de ceux qui ne sont remarquables par aucun de ces avantages, et qui ne laissent pas d'aspirer au sacerdoce ? qui n'ont ni la doctrine, ni l'expérience nécessaire à la conduite des âmes? qui, loin de donner un préjugé qu'ils seront la lumière du monde, et des vases d'honneur utiles à Dieu et à l'Eglise, font craindre qu'ils ne soient des astres sans clarté et des vaisseaux d'ignominie, et qui n'apportent souvent au clergé qu'un désir aveuglé d'y entrer, que des vues intéressées, qu'une vie immortifiée? Si la science ne suffit pas pour établir sûrement une vocation, l'ignorance, quel signe sera-t-elle? si la vertu ne suffit pas, une vie de mauvaise édification suffira-t-elle? Sans doute, qu'entrer ainsi dans le sanctuaire, dit le même saint Bernard, que s'approcher des autels, la conscience encore chargée de crimes, c'est s'attirer un terrible jugement sur la terre : « Judicium multiplex accepturi, quod et tam gravissimas conscientias gerunt, et nihilominus sese in sanctuarium ingerere non verentur. » (*De convers. ad cler.*, cap. 201.)

2. La seconde raison qui montre la nécessité de la vocation, se prend du côté de la grâce. Il est certain que nous avons besoin d'une grâce abondante dans notre profession pour en exercer saintement les fonctions, pour y vivre exemplairement, pour travailler utilement à la sanctification des âmes, pour surmonter courageusement toutes les tentations, obstacles et difficultés qui se rencontrent dans l'exécution et la pratique de tant de grandes obligations.

De là vient que l'Apôtre joint toujours ensemble la grâce et le ministère, et qu'il ne les sépare jamais : c'est Jésus-Christ, dit-il, que nous avons reçu la grâce et l'apostolat : *Per quem accepimus gratiam et apostolatum.* (*Rom.* I, 5.) Et ailleurs, écrivant à son disciple Timothée : Je vous avertis, lui mande-t-il, de renouveler en vous la grâce qui vous a été communiquée par l'imposition de mes mains : *Admoneo te ut resuscites gratiam quæ data est tibi per impositionem manuum mearum.* (*II Tim.* I, 6.)

Dans l'Eglise, dans nos ordinations, nous voyons que non-seulement on joint à la collation de l'ordre l'infusion de la grâce; (car qu'est-ce qu'un caractère sans grâce?) mais le Saint-Esprit même qu'on nous confère, je ne sais combien de fois, ainsi qu'on a remarqué ci-dessus : « Accipe Spiritum sanctum, » nous dit-on.

Là raison de cela est que, pour s'acquitter avec bénédiction de tant de devoirs attachés au sacerdoce ; que rendre à Dieu un culte aussi parfait que doit être celui que rendent à Dieu les prêtres de la nouvelle alliance, pour immoler une hostie aussi sainte, pour travailler à une œuvre aussi excellente qu'est celle de coopérer au salut du prochain, pour remettre les péchés, pour sanctifier les âmes, pour chanter les louanges de Dieu, pour prêcher ses divines vérités, pour résister et détruire les œuvres du diable, du monde et de la chair, il faut être établi dans un grand degré de perfection, dans des dispositions extrêmement religieuses, ce qui ne se peut sans une grâce abondante; autrement, et si nous sommes en mauvais état, nous serons autant de profanations que nous administrerons de sacrements; nous succomberons aux tentations de dégoût, de lassitude, de paresse qui nous attaqueront dans l'exercice de nos emplois ; nous nous exposerons à un nombre infini de pièges et de périls capables de nous perdre, et par conséquent nous avons besoin d'un secours puissant pour nous acquitter comme il faut des emplois de notre ministère.

Or, ce père de famille de l'Evangile donnera-t-il le salaire à ceux qui vont dans sa vigne sans son ordre, sans sa mission, sans l'avoir consulté, sans sa permission, contre sa volonté? qui vont dans sa vigne, non pour y travailler, mais pour s'en approprier les fruits; qui, loin de la cultiver, la laissent en friche; qui souvent, au lieu de la garder, y laissent introduire toutes sortes de passants?

Seront-ce des récompenses ou des châtiments que ces gens-là doivent attendre? des faveurs ou des rigueurs, des secours ou des abandons, que doit espérer un pasteur, ou plutôt un mercenaire, qui de lui-même s'ingère dans la bergerie, qui en usurpe le gouvernement, qui ne cherche dans les brebis que son utilité temporelle?

Par quel endroit serait tenu ce père de famille à récompenser de tels serviteurs? serait-ce par justice? mais ils font un tort extrême à l'Eglise, à qui rien ne préjudicie tant qu'un ministre non appelé, qu'un pasteur mercenaire qui, ne cherchant dans le clergé qu'à satisfaire son avarice ou son ambition, fait bien voir qu'il n'est pas entré par la porte de la vocation, et qu'il ne mérite pas le nom de disciple de Jésus-Christ.

Tel fut ce scribe présomptueux qui voulut s'ingérer de lui-même dans le ministère : Seigneur, disait-il à Jésus-Christ, je vous suivrai partout où vous irez : *Domine, sequar te quocunque ieris* (*Matth.* VIII, 19); mais le Seigneur lui répondit : Les renards ont des tanières et les oiseaux des nids, mais le Fils de l'homme n'a pas où reposer sa tête : *Vulpes foveas habent, et volucres cœli nidos; Filius autem hominis non habet ubi caput reclinet.* (*Matth.* VIII, 20.)

Qu'est-ce que cela veut dire, s'écrie saint Augustin? quoi, Seigneur, vous invitez sans cesse vos auditeurs à quitter tout, à renoncer à tout, à se détacher de tout et à vous suivre? «Miraris hoc, quid est hoc quod magistro bono Domino in Jesu Christo invitante discipulos quibus daret regnum cœlorum, displicuit tam paratus? » (*Hom.* 8, *De verbo Domini.*) D'où vient donc que vous rejetez celui qui se présente à vous avec tant de zèle ? Il y en eut même à qui vous refusâtes le temps d'aller jusque chez eux renoncer à leur bien et ensevelir leur père ; vous blâmez celui qui refuse, vous excitez celui qui diffère, et en voici un qui se porte avec ardeur à vous suivre, et vous le rebutez ? « Alius differebat, et culpatus est ; alius non audiebat, at excitatus est : alius se obtulit, ut eum sequeretur, et reprobatus est, quid tam promptum, quid tam impigrum, quid tam paratum, quid ad tantum bonum aptissimum sequi Dominum quocunque ierit ? » D'où vient une telle conduite ? C'est que le Seigneur voyait dans le cœur de ce disciple dissimulé des tanières, il y voyait des nids : « Video ibi foveas, video nidos ; » il y voyait l'amour du bien, il y voyait le désir de la gloire : « Vulpes foveas habent in corde tuo, quia dolosus es : volatilia cœli habent nidos in corde tuo, quia elatus es. » Et c'est comme s'il lui eût dit : Mon cher enfant, pourquoi demandez-vous à me suivre ? vous n'êtes pas propre à être mon disciple, nos mœurs ne s'accorderaient pas ensemble ; vous cherchez auprès de moi des richesses, vous y cherchez des applaudissements ; vous voulez faire des miracles pour y trouver vos intérêts, pour donner essor à votre vanité : « Dolosus et elatus, non me sequeris. » Je ne trouve en vous ni détachement des choses de la terre, ni mépris de l'estime du monde ; votre foi n'est pas assez humble, votre cœur est trop élevé, afin que j'y puisse reposer ma tête : « Non habes fidei locum ubi se inclinantem doctorem humilitatis recipias, quia in discipulatu Christi non illius gratiam, sed suam gloriam requirebat : ipsa reclinatio capitis, non erectio, humilitatis magistra est. » (Lib. XII *Cont. Faust.*, cap. 48 ; serm. 6, *De verb. Dom.*) D'ailleurs, vous ne savez pas à quoi vous vous engagez en disant que vous me suivrez partout où j'irai. Toute cette excellente doctrine est de saint Augustin.

Que si le Seigneur n'est pas tenu de nous donner sa grâce par justice, y sera-t-il obligé par fidélité ? Mais où est-ce que Dieu a promis de récompenser ceux qui s'ingèrent d'eux-mêmes dans le ministère ? On trouve bien qu'il a protesté qu'il les arrachera du sacré terroir de l'Église et de la terre des vivants, parce que toute plante que Dieu n'y met pas de sa main en sera extirpée : *Omnis plantatio quam non plantavit Pater meus eradicabitur.* (*Matth.* XV, 13.) On trouve bien qu'il les menace de sa malédiction. Ma malédiction tombera sur vous, dit le Seigneur par le prophète Isaïe, déserteurs plutôt qu'officiers de ma milice : « Væ! filii desertores, » parce que vous prenez un dessein sans me consulter : *Ut faceretis consilium et non ex me ;* vous entreprenez un ouvrage dont je ne suis pas auteur : *Ut ordiremini telam, et non per spiritum meum ;* vous ajoutez péché sur péché, sans daigner vous informer de mes volontés : *Ut adderetis peccatum super peccatum, et os meum non interrogastis.* (*Isa.* XXX, 1, 2.) On trouve bien qu'ils se souillent d'un crime dont ils auront peine à se laver. Ils se sont eux-mêmes ingérés dans le gouvernement de mon peuple, dit le Seigneur par le prophète Osée, sans que je le leur aie dit ; ils se sont faits les princes des prêtres, et tout cela à mon insu : *Ipsi regnaverunt et non ex me, principes exstiterunt, et non cognovi.* Voici ce qui leur arrivera : ma colère s'allumera contre eux, *Iratus est furor meus in eos.* Quel en sera le terrible effet sur eux ? c'est que leur iniquité ne sera jamais lavée : *Non poterunt mundari,* (*Ose.* VIII, 4, 5.) Mais on ne trouve point que Dieu leur ait promis en aucun endroit sa bénédiction, sa grâce, sa gloire.

3° La troisième raison que les saints nous apportent pour établir cette vérité fondamentale, semble encore plus considérable.

Ils disent que c'est une audace sans exemple que d'entrer dans la maison d'un grand du monde, d'un prince, d'un roi, du moindre des hommes si vous voulez, pour prendre la direction et le maniement de ses affaires, de son bien, de son domestique, se donner des émoluments, des emplois honorables, de la gloire, et se procurer divers avantages, contre le gré et la disposition du père de famille.

D'où naît en vous une telle ardeur de la prélature, leur dit saint Bernard : « Unde tantus prælationis ardor ? » d'où vient une si imprudente ambition : « Unde ambitionis imprudentia tanta ? » Quelle est cette folle présomption qui vous aveugle jusqu'à ce point : « Unde vesania tanta præsumptionis humanæ ? » Quelqu'un de vous serait-il assez osé que d'entrer effrontément dans la famille du plus petit prince du monde, d'en prendre les charges, les offices, les émoluments, de gérer ses affaires, de disposer de ses droits, de s'en établir l'intendant, et cela sans ordre : « Audeat ne aliquis vestrum terreni alicujus reguli non præcipiente, aut etiam prohibente eo, occupare ministeria, præripere beneficia, negotia dispensare. » Et vous osez faire cela dans la maison de Dieu, et abuser de la patience avec laquelle il souffre des vases qui doivent être les objets éternels de sa colère : « Nec tu Deum putes quæ in magna domo sua, a vasis iræ aptis, in interitum sustinet approbare. » Est-ce que la maison de Dieu est une maison d'intrusion, et non de sanctification ? est-ce qu'une semblable irrégularité convient à celle qui est la mère de l'ordre : *Domum tuam, Domine, decet sanctitudo, non intrusio* (*Psal.* XCII, 5), dit un Père.

Sans doute, il est de l'autorité d'un père de famille de choisir ses domestiques, de sa sagesse de leur partager les emplois, de son habileté de les former, de sa justice de les récompenser ou de les punir. Il est donc visible que c'est entreprendre sur les droits de Dieu ; que c'est blesser toutes ses perfections ; que c'est violer toutes les règles de la justice, quand on usurpe la dignité sacerdotale, que l'on entre dans le ministère pour dispenser tout ce qu'il y a de plus grand et de plus sacré dans la famille de Jésus-Christ, sans que Dieu y ait appelé, sans qu'il ait choisi ses ministres, sans qu'il ait rendu son ministre, tel qu'il doit être pour s'acquitter de ses emplois, selon la doctrine de l'Apôtre : *Qui et idoneos nos fecit ministros Novi Testamenti.* (*II Cor.* III, 6.)

Enfin, c'est pécher contre le respect qu'on doit à Dieu ; c'est pécher contre sa providence, contre son domaine, en s'établissant son domestique malgré lui : *Sed estis cives sanctorum et domestici Dei.* (*Ephes.* II, 19.) C'est pécher contre la religion qui rend à Dieu le culte qui lui est dû, et qui ne le peut faire par des ministres intrus et sans vocation, Dieu d'ailleurs ne voulant point recevoir de sacrifice que de ceux qu'il a appelés à la sacrificature.

4° Une dernière raison de cette conduite, et qui doit achever d'établir cette importante vérité, se tire des noms et des titres glorieux que l'Ecriture, l'Eglise et les saints donnent aux prêtres.

Saint Ambroise les appelle les guides et les directeurs du troupeau de Jésus-Christ : « *Duces et rectores gregis Christi.* »

Saint Chrysostome les nomme les vicaires de Jésus-Christ : « *Sacerdotes Christi vicarii sunt.* »

Pierre de Blois dit qu'ils sont les conseillers de Jésus-Christ : « *Consiliarii Domini.* »

Ils sont, selon saint Prosper, les dispensateurs de la maison du Roi des rois : « *Dispensatores regiæ domus.* »

Ils sont, selon saint Augustin, les hommes d'affaires de la maison de Dieu : « *Eorum quæ Dei sunt negotiatores.* »

Selon saint Denis, les ambassadeurs de Dieu et les interprètes de ses volontés : « *Nuntii et interpretes divinorum judiciorum.* »

Selon saint Ignace, les apôtres et les envoyés de Jésus-Christ : « *Christi apostoli.* »

Selon Pierre Damien, les officiers et les capitaines de la milice de Jésus Christ : « *Sacerdos dux et antesignanus exercitus Domini.* »

Tous ces titres emportent avec eux autant de raisons, et sont autant de motifs puissants pour nous convaincre que nul ne doit s'ingérer dans le ministère, s'il n'y est appelé, et s'il n'y est établi de Dieu.

Se fait-on officier et juge d'un homme sans qu'il le veuille ? Devient-on grand vicaire d'un évêque sans son choix ? général d'une armée sans la participation du prince ? son ambassadeur et son envoyé sans ses lettres de créance ?

Voyez donc quelle est votre vocation, dit un apôtre véritablement appelé : *Videte vocationem vestram* (*I Cor.* I, 26), ait vocalus Apostolus.

Considérez si votre oblation publique à l'évêque est l'effet de votre vocation secrète, continue saint Bernard : « *Consideremus et nos, an vocati venerimus.* » Si la voix que nous avons entendue est bien la voix de Dieu qui nous appelle : « *Et vocati a Deo, cujus nimirum hæc vocatio est.* »

ENTRETIEN IV.

DE L'INNOCENCE CONSERVÉE QU'ON DOIT APPORTER AU SACERDOCE.

Jésus-Christ, le soir de l'ordination, s'abaissant aux pieds de ses apôtres, et les leur lavant immédiatement avant de leur conférer la dignité de prêtre, nous insinue cette grande vérité de la manière du monde la plus touchante, et nous apprend que le sacerdoce demande l'exemption des moindres souillures et des plus légères affections terrestres, comme une disposition et une préparation convenables à ce sacrement de perfection. Car c'est ce que signifie ce lavement des pieds ; mystère que saint Pierre ne comprenait pas quand, pour n'être pas exclu de la part avec le souverain prêtre qui l'allait ordonner, il dit qu'il était prêt à se laisser laver lui, non-seulement les pieds, mais les mains et la tête : *Non tantum pedes, sed et manus et caput.* (*Joan.* XIII, 9.) Ne voyant pas que ce divin Sauveur l'avait déjà purifié et guéri de la lèpre originelle, figurée par la tête sale, et du péché mortel, s'il en avait, figuré par les mains souillées ; et que pour être promu au sacerdoce, qui demande une parfaite pureté, il ne lui restait plus qu'à être nettoyé de la poudre des affections terrestres, figurée par celle des pieds : « *Locutus est qui gravia peccata non habet, cujus caput, id est intentio, et manus, id est operatio, munda est,* » dit saint Bernard.

Aussi Jésus-Christ répliqua à saint Pierre, que celui qui était déjà pur, n'avait plus besoin que de laver ses pieds : *Qui locutus est non indiget nisi ut pedes lavet.* (*Joan.* XIII, 10.)

Quelle instruction tirons-nous de là, sinon encore une fois, que le sacerdoce, pour être dignement reçu, demanderait une âme innocente, et qui n'eût jamais été souillée d'aucun péché mortel. Doctrine importante qu'il est utile de bien expliquer.

I. La première preuve que nous en fournit l'Ecriture, se prend de cette loi expresse portée de Dieu même, lors de l'établissement du sacerdoce ancien : tout homme qui aura en lui quelque tache, ne présentera pas des pains à son Dieu, et ne s'approchera pas du ministère de ses autels : *Loquere ad Aaron : homo de semine tuo qui habuerit maculam, non offeret panes Deo suo, nec accedet ad ministerium ejus.* (*Levit.* XXI, 17, 18.) S'il est aveugle ou boiteux : *Si cœcus fuerit, si claudus, si gibbus* (*Ibid.*), etc. ; en un mot, s'il a quelque défaut extérieur, qu'il ne soit pas osé d'offrir des hosties au Seigneur, ni s'approcher de l'autel, parce qu'il ne doit pas déshonorer ni souiller mon sanctuaire : *Omnis qui habuerit maculam de semine Aaron sacerdotis, non accedet offerre hostias Domino, nec panes Deo suo : nec accedat ad altare, quia maculam habet ; et contaminare non debet sanctuarium meum.* (*Ibid.*, 22, 23.) Car ce que signifiaient les défauts corporels dans une loi où tout était figure, sinon, dit saint Grégoire, les vices spirituels dont ceux qui se chargent de la conduite des âmes doivent être exempts : en qui on requiert une beauté, une perfection et une intégrité intérieure, dont ceux qui n'ont pas gardé leur innocence sont difficilement capables.

C'est pourquoi, lorsqu'on voulut renouveler le culte de Dieu du temps des Machabées, il est dit expressément qu'on s'appliqua à choisir des prêtres qui fussent sans tache ni défaut : *Et elegit sacerdotes sine macula.* (*Marc.* iv, 42.) Or, quand on a une fois perdu son innocence du baptême, qu'on s'est souillé dans le vice, qu'on a taché la pureté de son âme et contracté des plaies et des ulcères intérieurs, comment réparer cela? comment s'approcher des autels, offrir le sacrifice, entrer dans le ministère? Ah! dit saint Jérôme, combien efface-t-on difficilement les vices dont la jeunesse a été infectée ! « Difficiliter eradidur quod rudes animi perhiberunt. » (*Epist. ad Lœtam.*) Comment redonner à la laine qu'on a une fois noircie sa première blancheur? « Lanarum conchylia quis in pristinum candorem revocet? » N'est-ce pas un proverbe confirmé par l'expérience, que le vase de terre conserve longtemps le goût et l'odeur de la liqueur dont il a été premièrement imbu? « Recens testa diu et saporem retinet et odorem, quo primum imbuta est (Horat., *Ep.* i, 2); » et, par conséquent, s'il faut que le prêtre soit sans tache, que sa vie ne soit ternie d'aucun crime, ni sa réputation flétrie, ne s'ensuit-il pas qu'il doit avoir conservé son innocence? *Omnis qui habuerit maculam non accedet offerre hostias Domino, nec panes Deo suo.* Autrement ne serait-il pas mieux qu'il se retirât par respect pour le sacerdoce et pour le sanctuaire? *Nec accedat ad altare quia maculas habet, et contaminare non debet sanctuarium meum.* Telle est la règle établie dès l'institution du sacerdoce, dans une loi imparfaite, où tous ces défauts extérieurs et corporels n'étaient que l'image des vices intérieurs et spirituels dont l'on doit être exempt si l'on prétend être admis au sacerdoce de la loi nouvelle, suivant cette parole du *Deutéronome* (c. xviii, v. 13) : *Perfectus eris et absque macula coram Domino Deo tuo.* Du moins si l'on veut, comme on le doit, ressembler à Jésus-Christ, souverain pontife, saint, innocent, pur, séparé des pécheurs : *Pontifex sanctus, innocens, impollutus, segregatus a peccatoribus :* voilà le modèle des prêtres : *Pontifex sanctus, innocens.* (*Hebr.* vii, 26.)

En effet, soit que Jésus-Christ, dont toute la loi n'était que l'écorce, soit regardé ou comme pontife offrant des sacrifices à Dieu, ou comme hostie s'offrant lui-même en sacrifice, ou comme prêtre sanctifiant son Eglise, nous trouverons partout des engagements d'apporter au ministère une vie pure et sainte, afin que le peuple puisse dire de nous, à proportion, ce que l'Apôtre a dit Jésus-Christ : *Talis decebat ut nobis esset pontifex sanctus, innocens.* (*Ibid.*) Que si nous le considérons comme victime, qualité que nous devons porter avec lui, aussi bien que celle de pontife, il est aisé de voir quelle exemption de toute souillure elle exige, par celle qu'on exigeait autrefois de l'agneau qu'on immolait chaque jour : figure du Sauveur considéré comme victime qui s'offre tous les jours en expiation des péchés du monde : *Agnus sine macula.* (*Exod.* xii, 5.) Dans l'oblation que nous en faisons sans cesse, nous publions qu'il est une hostie pure, une hostie sainte, une hostie immaculée, un pain saint de la vie éternelle, et un calice du salut éternel : « Hostiam puram, hostiam sanctam, hostiam immaculatam, panem sanctum vitæ æternæ, et calicem salutis perpetuæ. » (In *Can. Miss.*) Et c'est à quoi nous devons participer, exprimant en nous la pureté de celui qui, en instituant la forme d'un sacrifice perpétuel, s'est fait lui-même une hostie éternelle. Enfin, si nous regardons Jésus-Christ comme prêtre, et exerçant son sacerdoce sur son Eglise pour la sanctifier, nous trouverons qu'il désire de lui imprimer, et surtout à nous, qui sommes les premiers et principaux membres de ce corps mystique, et qui, participant au sacerdoce de Jésus-Christ, sommes appelés par lui à la sanctification du reste des fidèles, qu'il désire de nous imprimer son innocence et son exemption de toute souillure. Jésus-Christ, dit l'apôtre saint Paul, a aimé son Eglise et s'est livré lui-même à la mort pour elle, afin de la sanctifier, la purifiant par l'eau et par la parole de vie, et de se la rendre une Epouse toute brillante de gloire, n'ayant ni tache ni ride, ni autre semblable défaut, afin qu'elle soit elle-même sainte et immaculée : *Christus dilexit Ecclesiam, et seipsum tradidit pro ea ut ipsam sanctificaret, mundans lavacro aquæ in verbo vitæ, ut exhiberet ipse sibi gloriosam Ecclesiam non habentem maculam aut rugam aut aliquid hujusmodi, sed ut sit sancta et immaculata.* (*Ephes.* v, 25-27.) Sans ride, *sine ruga*, l'ayant étendue en son corps sur l'arbre de la croix ; sans tache, *sine macula*, l'ayant lavée en son sang précieux, et nous rendant en elle saints et immaculés. *Sed ut sit sancta et immaculata :* voilà ce que nous devons opérer dans l'Eglise, voilà ce que nous devons être, si nous voulons ressembler, comme nous y sommes tenus, à ce grand et premier prêtre, sanctifiant la maison de Dieu, ainsi que l'explique saint Paul en un autre endroit : *Sacerdotem magnum super domum Dei.* (*Hebr.* x, 21.) Or, quelle innocence de vie, quelle exemption du péché, de telles qualités, de telles opérations, de telles obligations ne demandent-elles pas dans un prêtre?

Le Prophète, transporté par un mouvement de l'esprit de Dieu, s'adresse aux hommes, et leur fait cette question : Qui d'entre vous s'élèvera sur la montagne du Seigneur? ou, qui sera digne de se tenir dans le lieu saint de sa demeure ? *Quis ascendet in montem Domini, aut quis stabit in loco sancto ejus?* (*Psal.* xxiii, 3.) Il est certain que ce passage regarde particulièrement l'entrée glorieuse de notre Pontife dans le sanctuaire, fait non de main d'homme, où il exerce continuellement pour nous l'office de prêtre, et où il s'offre encore en sacrifice pour nous ; sanctuaire céleste, dont le sanctuaire terrestre est la figure. Qui sera donc celui qui montera dans ce lieu élevé, qui méritera de suivre Jésus-Christ sur cette montagne, où il passa la nuit en prières, et où se fit le choix des premiers prêtres de la loi nouvelle? Qui sera celui qui donnera des marques d'une véritable vocation? N'avons-nous point sujet de craindre qu'il ne nous arrive en cette occasion le même sort qu'à saint Jean? Ce grand apôtre dit, dans son *Apocalypse*, qu'il vit entre les mains de celui qui était assis dans le trône un livre scellé, contenant le destin de tout l'univers; et qu'un ange fort se mit à crier, d'une voix éclatante: Qui est celui qui est digne d'ouvrir ce livre, et de décacheter ses sceaux? *Et vidi in dextera sedentis super thronum, librum signatum; et vidi angelum fortem prædicantem voce magna: Quis est dignus aperire librum; et solvere signacula ejus?* (Apocal. v, 1, 2.) Et que personne ne se trouvant digne d'ouvrir ce livre, il se mit à pleurer amèrement: *Et ego flebam multum, quoniam nemo dignus inventus est.* (Ibid., 4.) Voici où nous en sommes. Une voix éclatante retentit à nos oreilles: Qui sera digne de s'élever au sacerdoce? *Quis ascendet in montem Domini, aut quis stabit in loco sancto ejus?* Regardons de tous côtés, et répandons des ruisseaux de larmes, voyant que personne n'en est digne: *Et ego flebam multum, quoniam nemo dignus inventus est.* En effet, qui le sera, écoutez-le: c'est celui de qui les mains innocentes n'ont jamais fait d'actions criminelles; de qui le cœur pur n'a jamais conçu de mauvais désirs: *Innocens manibus et mundo corde* (Psal. XXIII, 4), qui n'a jamais fait aucun vain usage de son âme, par aucun commerce défendu avec les créatures: *Qui non accepit in vano animam suam.* (Ibid.) Tel doit être celui qui prétend s'approcher des autels, toucher de ses mains l'hostie sainte, recevoir dans son cœur la manne céleste, unir son âme à ce divin Époux: *Innocens manibus et mundo corde qui non accepit in vano animam suam.* Or quel est celui-là? *Quis est hic et laudabimus eum?* (Eccli. XXXI, 9.)

Le même prophète, parlant en la personne des prêtres du Nouveau Testament, dit ces belles paroles que nous proférons tous les jours dans la célébration du sacrifice de la Messe: Seigneur, jugez-moi, s'il est vrai que je ne sois pas entré dans votre sanctuaire revêtu de mon innocence: *Judica me, Domine, quoniam ego in innocentia mea ingressus sum.* (Psal. XXV.) Éprouvez-moi, mon Dieu, et sondez mon cœur, examinez mes plus secrètes affections: *Proba me, Domine, et tenta me: ure renes meos et cor meum* (Ibid., 2); et vous trouverez que j'ai eu en aversion les assemblées des pécheurs, et que je ne me suis jamais assis en la compagnie des impies: *Odivi ecclesiam malignantium, et cum impiis non sedebo,* que j'ai lavé mes mains avec les innocents: *Lavabo inter innocentes manus meas;* et par conséquent, qu'appuyé sur votre miséricorde infinie, je peux prétendre au bonheur de m'approcher de vos autels: *Et circumdabo altare tuum, Domine;* de joindre ma voix à celle des anges, de chanter vos divines louanges avec eux, et d'instruire les hommes de vos célestes vérités: *Ut audiam vocem laudis et enarrem universa mirabilia tua.* Seigneur, j'ai aimé la beauté de votre maison et le lieu du séjour de votre gloire: *Domine, dilexi decorem domus tuæ, et locum habitationis gloriæ tuæ.* N'enveloppez pas mon âme, ô mon Dieu! dans la ruine des impies: *Ne perdas cum impiis, Deus, animam meam,* parce que je suis entré dans votre sanctuaire revêtu de la robe d'innocence: *Ego autem in innocentia mea ingressus sum;* mon pied ne s'est pas écarté de vos voies, c'est pourquoi je vous bénirai dans les assemblées des fidèles: *Pes meus stetit in directo, in ecclesiis benedicam te, Domine.* Voyez la confiance du ministre innocent qui se présente; admirez son humble et sainte hardiesse en Jésus-Christ: *Ego autem in innocentia mea ingressus sum.* (Psal. XXV, 5-12.) Voyez la bonté du maître saint qui le reçoit, et apprenez le motif qui lui fait ouvrir les bras: *Me autem propter innocentiam suscepisti, in hoc cognovi quoniam voluisti me.* (Psal. XL, 13.)

II. Comme les saints Pères sont animés du même esprit qui dicta l'Écriture aux prophètes, aussi doit-on s'attendre que leurs sentiments seront semblables.

Ils ont réfléchi sur cette maxime de l'Apôtre, qui veut que celui qu'on choisit pour entrer dans le ministère soit sans crime, que sa vie soit pure et irréprochable: *Qui sine crimine est* (Tit. I, 6); et ils ont assuré qu'il ne faut pas seulement que cette intégrité commence lorsqu'il est reçu dans le clergé et consacré au culte des autels, mais qu'il doit avoir religieusement conservé son innocence depuis son baptême, et que c'est ainsi qu'il faut entendre l'Apôtre: « Non tamen eo tempore quo quis ordinandus sit, sine crimine sit, » dit saint Jérôme; « sed ex eo tempore quo in Christo renatus est, nulla peccati conscientia remordeatur. » Telle est la véritable interprétation de ces paroles de l'Apôtre, selon ce grand docteur.

Aussi voyons-nous que, toujours constant à lui-même, il écrivait à un jeune homme, lequel se destinait au service des autels, et qui s'y préparait par les exercices laborieux de la pénitence, dans un des monastères du désert, qu'on peut dire avoir souvent été des espèces de séminaire pour les clercs; qu'il se comportât si saintement dans cette communauté, qu'il menât une vie si pure dans la solitude où il était, qu'enfin il pût mériter d'être élevé à la cléricature: « Ita age et vive in monasterio, ut clericus esse merearis; » et surtout donnez-vous bien de garde, lui mande-t-il, de souiller votre jeunesse par aucune impureté: « Et adolescentiam tuam nulla sorde commacules; » et pourquoi cela? afin que comme une vierge pudique, vous alliez à l'autel pour vous y unir au céleste Époux: « Ut ad altare Christi quasi virgo de thalamo procedas. »

Saint Augustin, en Afrique, fait mention de cette même discipline que saint Jérôme rapportait comme établie en Orient; et l'un et l'autre tombent dans le même sens sur ce passage de saint Paul, où l'Apôtre exige que celui qui se présente pour être admis au clergé, soit sans crime, *sine crimine,* dit saint Augustin; il n'entend pas qu'un homme doive n'avoir jamais déplu à Dieu;

ce serait vouloir exclure du ministère tous les hommes, car quel est celui d'entre eux qui n'a pas commis des fautes dans sa vie? « Apostolus Paulus quando elegit ordinandos, vel presbyteros, diaconos, et quicunque ordinandus est ad præposituram Ecclesiæ, non ait : Si quis sine peccato est, hoc enim si diceret, omnis homo reprobaretur, et nullus ordinaretur. » Mais il a écrit qu'il fallait qu'il fût sans crime : *Sed ait sine crimine*. Or, qu'est-ce qu'un crime, sinon une méchante action, telle qu'un adultère, une fornication, une impudicité, un larcin, une fraude? « Sicuti est adulterium, aut aliqua immunditia, fornicationis, furtum, fraus. » Quiconque est coupable de ces sortes de crimes, ne doit pas être ordonné : « Quolibet horum implicatus, ordinari non debet. » Que s'il s'en trouve quelqu'un souillé dès avant son ordination, il faut lui refuser l'ordre s'il ne l'a pas, ou lui en interdire les fonctions s'il l'a déjà reçu : « Vel si jam ordinatus ante tempus, vel si post tempus suæ ordinationis, aliquid eorum admisisse convincitur, suscepti gradus officio privabitur. »

Saint Thomas fait une question digne de remarque, et qui vient extrêmement à ce sujet. Il demande d'où vient que nous ne lisons point dans l'Ecriture qu'Adam ait offert à Dieu des sacrifices, lui dont l'âme éclairée de tant de lumières, connaissait si parfaitement l'excellence de la divinité et les devoirs dont la créature est tenue envers le Créateur, entre lesquels le sacrifice tient le principal rang, puisqu'il est une publique protestation que Dieu est l'arbitre souverain de la vie et de la mort. *Deus creavit de terra hominem, creavit illis scientiam spiritus, sensu implevit cor illorum, et bona et mala ostendit illis; posuit oculum suum super corda illorum, ostendere illis magnalia operum suorum, ut nomen sanctificationis collaudent, et gloriari in mirabilibus illius, ut magnalia enarrent operum ejus; addidit illis disciplinam, et testamentum æternum constituit cum illis, et justitiam et judicia sua ostendit illis.* (Eccli. XVII, 1-6., 1 seq.) Obligation de religion, dont sans doute il instruisit ses enfants, qui tous deux offrirent des sacrifices, tandis que le Père lui-même s'en abstint. Le juste Abel, le premier prêtre du monde nouvellement créé, connut si parfaitement jusqu'où allait l'engagement de l'homme à offrir le sacrifice à son divin auteur, que non-seulement il lui immola une victime étrangère, mais qu'il devint lui-même une victime, dit saint Cyprien : « Merito Abel dum in sacrificio Dei talis esset, postmodum Deo sacrificium factus est; » et néanmoins Adam ne le fit pas. Pourquoi cela, d'autant plus que l'oblation du sacrifice est de droit naturel? C'est, dit saint Thomas, qu'il n'était pas convenable que celui qui était la source par laquelle le péché s'était répandu, parût être la source de la sanctification par laquelle le péché est remis : « Ne quia in ipso notatur origo peccati, simul etiam in eo sanctificationis origo significaretur. » (2-2, q. 85, a. 1 ad 2.) Comme si celui qui, par sa prévarication, avait perdu l'innocence originelle, n'eût pas été digne d'offrir à Dieu des sacrifices, et qu'il s'en fût privé par esprit de pénitence et par une crainte religieuse envers la Divinité offensée.

Or cette raison ne doit-elle pas exclure des autels ceux que leur crime a dépouillés de l'innocence baptismale, qui les avait remis aux droits de la justice originelle? est-il à propos qu'ils soient des sources de grâces, après avoir été des sources de péché? ne doivent-ils pas se retirer du ministère en vue de leur indignité, et par respect pour la sainteté de celui qui rejette les présents des pécheurs? particulièrement, puisque, selon la doctrine du même saint, la perte de l'innocence baptismale dans chaque Chrétien en particulier, cause en lui les mêmes effets que la perte de la justice originelle causa dans tout le genre humain : « Vulnera inflicta toti humanæ naturæ ex peccato primi parentis.... In unoquoque peccatum actuale consequntur. »

III. L'Eglise, cette colonne de vérité qu'on peut dire être la fidèle disciple de l'Ecriture, comme les saints Pères sont les fidèles disciples de l'Eglise, n'a garde de s'éloigner de ce qu'elle a appris à l'école de l'Ecriture, ni les saints Pères de ce qu'ils ont appris à la sienne. En effet, si nous étudions sa conduite, nous trouverons qu'elle exige une parfaite innocence dans ses ministres.

1. L'évêque, député de l'Eglise pour imposer les mains à ceux qui se présentent à l'ordination, suppose en eux cette exemption de crimes si désirée. Seigneur, dit-il à Dieu, faites par votre miséricorde infinie que ces ecclésiastiques ici présents soient ornés de toutes sortes de grâces et de vertus, d'une pudeur qui ne se démente jamais, d'une autorité que la modestie tempère, d'une innocence qu'aucun péché ne ternisse : « Abundet in eis totius forma justitiæ, pudor constans, auctoritas modesta, innocentiæ puritas. » Que d'ordinands sont éloignés de posséder ces grands avantages! Dépouillés des vertus les plus communes et les plus nécessaires, parce que les mauvaises habitudes les ont suffoqués; d'autorité, parce qu'ils sont dépourvus de sainteté; d'innocence, parce que les vices la leur ont ravie auparavant qu'ils en aient su le prix; et cependant, pleins d'ardeur pour une autorité qui ne doit être le prix que de la vertu.

2. Quand l'Eglise, par les mains de l'évêque, nous met l'étole sur le cou, ne nous dit-elle pas ces paroles : Que le Seigneur vous revête de la robe d'innocence : « Stola innocentiæ induat te Dominus ? » Comment cela s'accorde-t-il avec celui qui se trouve encore revêtu des haillons du péché?

3. Pour connaître davantage l'esprit de l'Eglise, et le puiser non-seulement dans les paroles qu'elle emploie lors de l'ordination de ses ministres, mais encore dans celles dont elle use dans leur dégradation, nous voyons que la principale raison qu'elle apporte, pourquoi elle en vient à cette extrémité avec eux, pourquoi elle ne veut plus

les reconnaître pour ses officiers, c'est qu'ils ont dépouillé l'innocence qui l'avait mue à les honorer de cette dignité qu'elle leur ôte à cause de cela. Malheureux prêtre, dit-elle, nous vous arrachons de dessus les épaules cette robe sacerdotale, symbole de la charité, et cela avec sujet, parce que non-seulement vous avez renoncé à cette vertu, mais de plus que vous avez dépouillé toute innocence : « Veste sacerdotali charitatem signante, te merito expoliamus, quia ipsam et omnem innocentiam exuisti; » d'où il s'ensuit que celui-là n'est pas digne de la robe sacerdotale, qui n'est pas orné de la robe d'innocence.

4. La tradition ancienne est parfaitement conforme à la discipline présente; car, selon les lois de la primitive Église, dès là qu'un homme avait besoin de faire pénitence, dès là était-il exclu du ministère. L'Église a donc toujours exigé l'innocence dans ses ministres. Celui qui a besoin du remède de la pénitence, dit saint Innocent Ier, n'est pas digne de recevoir l'honneur de l'ordination : « Ubi pœnitentiæ remedium necessarium est, illic ordinationis honorem haberi non posse, decernimus. » Que les choses ont changé ! il faut bien à présent tenir un autre langage, il faut prendre le contre-pied et dire : Celui qui ne s'est pas servi du remède de la pénitence, n'est pas digne d'être honoré du sacerdoce : « Ubi pœnitentiæ remedium adhibitum non est, illic ordinationis honorem haberi non posse decernimus. »

Et non-seulement les pénitents, en général, étaient exclus du clergé, mais même, en particulier, ceux qui avaient eu l'humilité de confesser publiquement leurs péchés. C'est ce que nous apprenons du concile de Nicée, qui nous porta les mœurs de l'Église persécutée, et la bonne odeur de ce premier esprit qui l'anima : c'est une maxime établie, une loi reçue, dit le concile, que l'entrée de l'état ecclésiastique est fermée à ceux qui ont confessé leurs péchés : « Qui confessi sunt peccata sua, ecclesiasticus ordo non recipit. » Plaise à Dieu que l'Église d'à présent ne reçoive que ceux qui se sont bien entièrement confessés de leurs péchés, et qui les ont parfaitement déplorés, et que nous pratiquions cette loi renversée : « Qui confessi non sunt peccata sua, ecclesiasticus ordo non recipit. »

Ceux qui, par leurs larmes et leurs œuvres satisfactoires, pouvaient être comptés au nombre des véritables pénitents, ne le pouvaient être au nombre des ordinands : « Hi qui ex pœnitentibus sunt, ad sacros ordines aspirare non audeant, » dit un grand Pape. Qu'heureux serait le sort de l'Église d'aujourd'hui, si elle n'en recevait aucun qui n'eût longtemps pleuré et expié ses crimes ! Plût à Dieu que cette loi ici fût bien en vigueur : « Hi qui ex pœnitentibus non sunt, ad sacros ordines aspirare non audeant. »

Ceux qui même se distinguaient des autres pénitents par leurs austérités n'étaient pas reçus au clergé, parce qu'enfin c'était l'innocence et non la pénitence qu'on regardait comme une disposition à la cléricature : « Ex pœnitentibus quamvis sit bonus, clericus non ordinetur, » dit un concile.

Ceux enfin qui, par une satisfaction longue et publique, avaient entièrement achevé le temps prescrit pour l'expiation de leurs péchés, et qu'on avait réconciliés solennellement à l'Église, n'étaient pas néanmoins admis aux ordres. « Post nitiditatem et reconciliationem, nulli unquam laico liceat honorem clericatus adipisci ; » et la raison qu'en rend le souverain Pontife : c'est qu'encore qu'ils soient purifiés de leurs péchés, ceux-là ne doivent pas se mêler de toucher les vases de sainteté, ayant été eux-mêmes des vases d'iniquité : « Quia quamvis sint omnium peccatorum contagione mundati, nulla tamen debent gerendorum sacramentorum instrumenta suscipere, qui dudum fuere vasa vitiorum ; » raison qui peut convenir même à la pénitence secrète. Par ces importantes règles, voyez combien peu de prétendants sont dignes du sacerdoce, auquel néanmoins ils aspirent avec tant d'ardeur ; peut-être ne sont-ils pas irréguliers par aucun défaut extérieur, ils ont l'intégrité du corps, mais que de défauts intérieurs ! Combien ces espèces d'irrégularités spirituelles sont-elles plus désagréables à Dieu, et plus ignominieuses à l'Église que les corporelles !

Les pénitents de ce temps-là n'étaient pas dignes d'être admis au clergé ; mais quels étaient les pénitents de ce temps-là ! Quelles humiliations, quelles prosternations, quels jeûnes ne pratiquaient-ils pas ! Revêtus de sacs et de cilices, couverts de cendres, couchés aux portes des églises, et cela pendant beaucoup de temps ! Encore à présent, quand l'Église les réconcilie, elle se sert de termes qui font assez voir son esprit. Seigneur, dit-elle, Dieu éternel et tout-puissant, nous prions votre majesté sainte de répandre les effets de votre miséricorde sur vos pauvres serviteurs, qui se sont macérés par une longue et affreuse pénitence : « Majestatem tuam supplices deprecamur, omnipotens æterne Deus, ut his famulis tuis longo squalore pœnitentiæ maceratis, miserationis tuæ veniam largiri digneris. »

Les moines mêmes, qui s'étaient consumés dans les jeûnes, veilles, mortifications, oraisons, à peine suffisaient pour faire un bon clerc : « Vix bonus monachus bonum clericum facit. » Que prétend donc celui qui, d'une part, a perdu son innocence, et qui, de l'autre, n'a fait aucune pénitence ?

Que de sujets d'humiliation, de confusion, de crainte, de scrupules bien fondés ! Que si vous avez perdu votre innocence, du moins travaillez à la recouvrer par la pénitence ; car l'Église est composée de deux sortes de personnes, selon saint Ambroise, ou de ceux qui n'ont pas grièvement offensé Dieu, ou de ceux qui sont résolus de ne le plus offenser : « Ex duobus enim constat Ecclesia, aut ut peccare nesciat, aut ut peccare desinat. » Elle s'augmente par la naissance des baptisés ; elle se multiplie par la résurrection des pécheurs ; deux portes pour entrer à la vie : « Augemur regenerandis, crescimus reversis. » Si les eaux lavent, les larmes purifient : « Lavant aquæ, lavant lacrymæ. » C'est le langage de l'Eglise dans la réconciliation solennelle des pénitents.

ENTRETIEN V.

DE L'INNOCENCE RÉPARÉE QU'ON DOIT AU MOINS APPORTER AU SACERDOCE.

Ce que fit le Sauveur dans la consécration de ses apôtres montre visiblement qu'on doit avoir expié ses fautes avant que de se présenter à l'ordination ; car il les y disposa par des cérémonies mystérieuses comme par autant de symboles de la pénitence qui achevaient de les purifier de leurs péchés, et qui nous instruisent de l'obligation où nous sommes de nous purifier des nôtres, et de recouvrer cette innocence perdue, si nous voulons recevoir dignement le Saint-Esprit dans notre promotion.

Premièrement, ils mangèrent ces laitues sauvages que la loi prescrivait, et qui étaient comme une espèce de préparation à l'oblation de l'agneau pascal. Or que signifiait, selon les saints, ce fruit amer, sinon l'amertume de cœur que nos péchés causeraient à celui qui voulait en être la victime, et suppléer par l'immensité de sa douleur, au peu d'étendue de la nôtre, sinon que nous devons commencer d'immoler notre chair par la mortification, avant que d'entreprendre d'immoler celle de l'Agneau sans tache par la consécration, dont tous ensemble nous nous repaissons par la communion ? Ensuite, après la cène légale, Jésus-Christ se leva de table, *surgit a cœna* ; nouvelle action d'humilité qui fut suivie d'une autre ; car il se dépouilla de ses vêtements de cérémonie, pour paraître dans un état abject et vil : *ponit vestimenta sua* : puis il se ceignit d'un linge : *et cum accepisset linteum præcinxit se.* (Joan. XIII, 4.) Le maître de l'univers devint le ministre de ceux qu'il voulait honorer d'un ministère qu'ils exerceraient sur tout l'univers, et il leur signifia par là l'obligation que le prêtre a de sacrifier, premièrement sa propre chair, s'il veut ensuite utilement immoler celle de Jésus-Christ. Grâce que l'Eglise lui fait demander à Dieu au moment qu'il se met en état d'aller à l'autel, par ces excellentes paroles : Seigneur, entourez-moi de la ceinture de pureté, et éteignez dans mes reins tout mouvement de convoitise, afin que la vertu de la continence et de la chasteté réside en moi. « Præcinge me, Domine, cingulo puritatis, et exstingue in lumbis meis humorem libidinis, ut maneat in me virtus continentiæ et castitatis. » Jésus-Christ se leva donc de table ; il déposa ses habits ; il se ceignit d'un linge. Tout cela marque l'humiliation de la pénitence, et les sentiments religieux qu'inspire cette vertu : ainsi ce roi de Ninive, à la prédication de Jonas, se leva de son trône, se dépouilla de ses vêtements royaux ; et se revêtit d'un sac : *Et pervenit verbum ad re-gem Ninive, et surrexit de solio suo, et abjecit vestimentum suum a se et indutus est sacco, et sedit in cinere.* (Joan. III, 6.) Voilà les préparatifs que demande le sacerdoce, voilà ce que nous devons faire ; mais voici ce que Jésus-Christ fit encore de plus pour nous.

Il mit de l'eau dans un bassin, *deinde mittit aquam in pelvim* (Joan. XIII) : figure des larmes de componction que nous devons avoir répandues avant notre ordination ; et c'est de cette sorte qu'on peut dire que Jésus-Christ fut en un sens baptisé deux fois : dans le Jourdain, par saint Jean ; dans la maison de Simon le pharisien, par une célèbre pénitente, dont les pleurs arrosèrent les pieds adorables du Sauveur. Celui-là représentant la première régénération du fidèle par le baptême, celui-ci sa résurrection par la pénitence, second baptême qui exige de l'eau aussi bien que le premier. En effet, selon le concile de Trente, nous devenons, à la vérité, par la pénitence, de nouvelles créatures, mais c'est par le moyen des larmes que nous répandons, et dans lesquelles nous nous lavons une seconde fois : « Per pœnitentiam efficimur quidem nova creatura, verum ad eam novitatem et integritatem per sacramentum pœnitentiæ, sine magnis nostris fletibus pervenire nequaquam possumus, ut merito pœnitentia laboriosus quidam baptismus, a sanctis patribus dictus fuerit. » Par une vue plus haute, cette eau, dans un bassin, représentait non-seulement les larmes que versent les pénitents, mais le sang de Jésus-Christ, qui fait pleurer les pénitents. L'eau découle des montagnes, dit saint Ambroise, et il faut que les pécheurs superbes se fondent en larmes, et qu'une âme soit parfaitement lavée pour s'approcher du sacerdoce ; cette pénitente lava de ses larmes les pieds de celui qui devait lui remettre ses péchés ; il faut que Jésus-Christ lave les pieds de ceux à qui il veut donner le pouvoir de remettre les péchés, et que ceux-ci apprennent qu'il faut être lavé pour laver les autres, si l'on veut participer au sacerdoce de celui dont le sang a servi pour laver tout le monde : *Nisi lavero te non habebis partem mecum.* (Joan. XIII, 8.) Il essuya les pieds de ses apôtres du linge dont il était ceint : *Et extergere linteo quo erat præcinctus.* (Ibid., 5.) C'est-à-dire qu'il purifia ses apôtres des affections terrestres qui pouvaient ternir la sainteté du sacerdoce, dont il allait les revêtir, et qu'il les prémunit, dit saint Ambroise, contre les morsures du serpent ancien, qui tend des pièges au talon de l'homme, depuis qu'il supplanta Adam, et auquel par leurs emplois ils devaient écraser la tête, et le fouler aux pieds, leur en ayant donné le pouvoir lorsqu'il les envoya prêcher la parole de vie. Cet abaissement de Jésus-Christ aux pieds de ses apôtres signifiait de plus la haute dignité où il allait les élever en les consacrant prêtres, et l'honneur qu'il voulait qu'on leur rendît dans l'Eglise ; et il voulut lui-même les honorer le premier en s'abaissant à leurs pieds, et, par ce respect attirer sur eux le respect de tous les hom mes. Il ajouta les paroles aux actions, et leur dit que désormais il ne les appellerait plus ses serviteurs, mais ses amis.

Joignez à cela ce que le Sauveur dit à ses apôtres, vous êtes à présent nets : *Jam vos mundi estis* (*Ibid.*, 10); et cette parole proférée par celui qui fait tout ce qu'il dit, de qui la parole opère ce qu'elle exprime, rendit les apôtres libres de toute souillure et de tout péché; ensuite notre souverain Pontife commença l'ordination : *Et cum recubuisset iterum* accepit panem. (*Ibid.*, 12.)

Mais ce ne fut pas sans avertir ceux qu'il allait ordonner par lui-même, et ceux qu'il ordonnerait par les prélats de son Église dans la suite des siècles, qu'il leur avait donné un exemple qu'ils devaient imiter, et faire comme il avait fait : *Exemplum dedi vobis, ut quemadmodum ego feci ita et vos faciatis.* (*Ibid.*, 15.) Écoutez donc ce divin Maître, soyez docile à ses leçons, attentif à ses mystères, et fidèle à imiter ses exemples. C'est ici où particulièrement nous devons nous souvenir de lui, non-seulement en esprit, mais en vérité, méditant ce qu'il a fait, et faisant ce qu'il a dit; nous persuadant cette importante doctrine, qu'il faut être purifié de ses péchés par une vraie pénitence, avant que de s'approcher des ordres, ayant toujours devant les yeux ce souverain Prêtre élevé à la droite de son Père, où il consomme l'œuvre de la réparation des hommes, par son sacerdoce, en les purifiant de leurs péchés : *Purgationem peccatorum faciens, sedet ad dexteram majestatis in excelsis.* (*Hebr.* I, 13.)

Que s'il est vrai, comme on l'a vu dans l'instruction précédente, que l'Église primitive excluait du clergé les pénitents même fervents, trouvera-t-on trop dur de dire que, pour y être à présent admis, il faut du moins avoir expié ses péchés par une véritable pénitence? Ne vous prévenez pas contre une doctrine si salutaire, si raisonnable et si modérée, et convainquez-vous de l'obligation que vous avez de ne point recevoir l'imposition des mains de l'évêque par l'ordination, sans, premièrement, avoir obtenu la rémission de vos péchés par l'imposition des mains des prêtres, par l'absolution précédée et suivie d'œuvres véritablement satisfactoires, par l'acquisition des vertus opposées aux méchantes habitudes que vous pouvez avoir contractées, et que vous devez avoir extirpées.

Soyez donc du moins pénitent avant que d'être prêtre. Cessez d'être coupable avant que d'être juge; ne soyez plus malade, si vous voulez faire profession d'être médecin; ni aveugle, si vous voulez être guide.

Première considération. — Les pénitents publics, car nous parlons ici particulièrement de ceux-là, étaient mis hors de l'église, et obligés de se tenir dans le vestibule des temples. Voici donc nous vous chassons aujourd'hui de l'enceinte de l'église à cause de vos péchés et de vos crimes, ainsi qu'Adam à cause de la transgression des lois de Dieu, fut chassé du paradis : « Ecce ejicimini vos hodie a liminibus sanctæ matris Ecclesiæ propter peccata et scelera vestra, sicut Adam primus homo ejectus est de paradiso propter transgressionem suam. » C'est le langage qu'on leur tient encore aujourd'hui, comme le Pontifical l'ordonne; on les met hors de l'église et on leur en ferme les portes : « Valvæ Ecclesiæ ante oculos eorum claudantur. »

Les fonctions du prêtre s'exercent toutes dans l'église; il en est le gardien et l'époux : « Sponsi Ecclesiæ, custodes Ecclesiæ; » et l'on en chasse les pénitents; le chassera-t-on lui-même dehors? Le prêtre a les clefs de l'église pour l'ouvrir et la fermer quand il veut, et on ferme les portes de l'église aux pénitents; jugez donc si un homme qui mériterait qu'on lui fermât l'entrée de l'église, mérite d'être fait prêtre?

Les prêtres sont établis pour être les intercesseurs des peuples et les médiateurs auprès de Dieu; ils sont nommés les vicaires de Jésus-Christ, « vicarii Christi; » les légats envoyés à Dieu de la part du peuple, « ad Deum legati, » les sauveurs du monde, « mundi salvatores, mediatores inter Deum et populum, » etc. Et les pénitents à la porte de l'église implorent l'intercession des peuples, se jetant à leurs pieds, embrassant leurs genoux, et les conjurant de prier pour eux, d'apaiser la colère de Dieu sur eux, d'obtenir leur réconciliation avec l'Église, avec Jésus-Christ : « Pœnitentes prosternunt se in terram, ministri autem et totus populus pro ipsorum pœnitentium absolutione, dicunt septem psalmos pœnitentiales, » etc. Quel renversement est ceci, le peuple priera-t-il pour le prêtre? Les lévites étaient choisis autrefois pour être sans cesse dans le tabernacle, et pour arrêter la colère de Dieu sur les péchés de son peuple : *Tuli levitas ut sint in tabernaculo fœderis pro cunctis filiis Israel, orentque pro ipsis.* (*Num.* VIII, 19.) A présent, sera-ce le peuple qui détournera la colère de Dieu de dessus la tête des prêtres, et qui priera pour eux?

Malheur à ces ministres infidèles qui, n'étant pas encore réconciliés avec Dieu, entreprennent de réconcilier Dieu avec les pécheurs : « Væ ministris infidelibus qui necdum reconciliati, reconciliationis alienæ negotia apprehendunt. » Malheur, à ces enfants de colère, qui s'érigent en favoris et en ministres des grâces du prince : « Væ filiis iræ qui se ministros gratiæ profitentur, » qui professant un art qu'ils n'entendent pas, qui vivant encore selon la chair, ne sauraient plaire à celui qui veut être adoré en esprit, et prétendent apaiser la colère du Seigneur sur les autres, tandis qu'elle est allumée sur eux : « Væ qui ambulantes in carne, Deo placere non possunt, et placare velle præsumunt. »

Le prêtre doit prêcher la parole de Dieu : c'est son emploi, ou lui impose cette obligation en lui imposant les mains : « Sacerdotem oportet prædicare, » et le pénitent a la bouche fermée. Tout ce qu'on lui permet, c'est d'entendre le sermon dans la nef, et de sortir aussitôt de l'église; comment un prétre encore pécheur remplira-t-il ce devoir, prêchera-t-il cette parole : *Peccatori autem dixit Deus, quare tu enarras justitias meas, et assumis testamentum meum per os tuum?* (*Psal.* XLIX, 16.) Les louanges de Dieu, dont la bouche d'un prêtre doit sans cesse retentir, ne sont pas convenables dans la bouche d'un pécheur qui le déshonore à toute heure : *Non est speciosa laus in ore peccatoris.* (*Eccli.* XV, 9.)

Le prêtre doit administrer les sacrements, c'est-à-dire, guérir, sanctifier et consacrer les âmes, les conduire et les diriger, les nettoyer du péché originel, du péché actuel, des restes mêmes du péché ; il doit purifier, éclairer, perfectionner les fidèles ; ce sont les trois actes hiérarchiques : comment fera-t-il tout cela, s'il est lui-même infecté de ces maux, dépourvu de ces dons ? S'il est déshonoré par les stigmates du péché, par les cicatrices de ses mauvaises habitudes? S'il est sale, pourra-t-il nettoyer? s'il est malade, pourra-t-il guérir ? s'il est encore débiteur à la justice divine, pourra-t-il payer pour les autres? s'il est ennemi, pourra-t-il réconcilier? s'il est ténébreux, pourra-t-il éclairer? s'il est aveugle, pourra-t-il guider ?

Il est du bon ordre, dit saint Bernard, que celui qui veut entreprendre la guérison de la conscience de ses frères malades, soit auparavant guéri lui-même : « *Rectus ordo requirit ut prius propriam, deinceps alienas curare studeas conscientias.* »

Et sans doute, comme ajoute saint Grégoire, il est nécessaire que la main qui prétend nettoyer la boue dont un autre est sali, ne soit pas elle-même boueuse : « *Necesse est ut esse munda studeat manus quæ diluere aliorum sordes curat.* » Autrement la souillure ne fera que s'accroître : « *Ne tacta quæque deterius inquinet, si sordida in se mens lutum tenet.* »

Le prêtre doit offrir le sacrifice, c'est sa plus importante fonction; mais la peut-il dignement exercer s'il porte en lui le caractère de pécheur? *Homo qui habuerit maculam, non offeret panes Deo suo, nec accedet ad ministerium ejus.* (*Levit.* XXI, 17.)

Considérez, dit saint Chrysostome, quelles doivent être les mains consacrées à un si haut ministère : « *Considera enim quales manus hæc administrantes esse oporteat;* » quelle doit être la langue de celui qui profère de telles paroles : « *Qualem linguam quæ verba ille effundat?* » Y a-t-il un rayon du soleil aussi pur que le doit être l'âme qui participe à un tel sacrifice? « *Quo non oportet igitur esse puriorem tali fruentem sacrificio?* » la main qui partage cette victime adorable : « *Quo solari radio non splendidiorem manum carnem hanc dividentem?* » la bouche qui se trouve remplie d'un sacré brasier? « *Os quod igni spirituali repletur?* » la bouche empourprée d'un sang si adorable? « *Linguam quæ tremendo nimis sanguine rubescit?* »

Jugez si un semblable ministère ne demande pas une pénitence entièrement accomplie des péchés pleinement remis.

Seconde considération. — Il est visible que le sacerdoce suppose en celui qui s'y engage, ou une innocence conservée, ou une innocence réparée : « *Merita debent præire bonorum operum, ut dignus habeatur ad ordinationem.* » Telle est la doctrine de saint Ambroise qu'il faut établir.

I. Le sacerdoce suppose la perfection en celui qui le reçoit, et c'est une maxime commune, que l'état sacerdotal : « *Est status perfectionis acquisitæ non acquirendæ.* » Et saint Thomas, quoique plein d'estime de la perfection religieuse qu'il avait embrassée, convient néanmoins que ceux qui se dévouent au ministère des autels doivent être parfaits : « *Qui divinis ministeriis applicantur perfecti in virtute esse debent.* » Un homme a-t-il une vertu parfaite, qui ressent encore ses passions vives, ses sens immortifiés, sa chair rebelle ; qui n'a pas réparé son orgueil par des humiliations, son avarice par les aumônes, sa sensualité par les mortifications ?

II. Saint Bernard, sur ces paroles de l'Apôtre : *Hi autem probentur primum*, par lesquelles saint Paul ordonne qu'on ne reçoive point de ministre des choses saintes, qui n'ait auparavant été bien éprouvé, observe que, pour être admis au clergé, il faut avoir une vertu reconnue et bien établie de longue main : « *Viros probatos, non probandos oportet eligere.* » Que sait-on si ce pécheur nouvellement converti, qui, depuis peu, était encore vindicatif, intempérant, incontinent, résistera aux tentations, aux occasions d'offenser Dieu? s'il ne profanera pas le caractère, aussitôt qu'il l'aura reçu : « *Viros probatos, non probandos oportet eligere.* » Il faut donc s'être corrigé de ses mauvaises habitudes, et avoir acquis les bonnes, si l'on veut recevoir les ordres; et cela n'est pas le travail d'un jour.

III. Saint Grégoire, sur ces autres paroles de l'Apôtre, qui défend d'ordonner un néophyte : *Non neophytum* (*I Tim.* III, 6), dit qu'un néophyte est celui-là qui est encore nouveau dans les exercices de piété, qui n'est pas affermi par un long usage dans la pratique de la prière, de la charité, de la patience, de la pénitence : « *Ad sacros ordines Paulus apostolus neophytum venire prohibet.... inter neophytos deputamus, qui adhuc novus est in sancta conversatione.* » N'est-ce pas être encore un novice en vertu, que de n'avoir pas achevé d'expier ses péchés par la pénitence, d'en sentir encore le poids, de gémir sous les peines qu'ils attirent?

IV. Saint Augustin nous assure que l'on avait coutume, de son temps, de choisir dans les monastères ce qu'il y avait de plus saint, c'est-à-dire, ceux d'entre ces pieux solitaires qui avaient plus longtemps vécu dans la pénitence, l'austérité, le jeûne, les prières, l'obéissance, afin que, parfaitement épurés de leurs péchés, ils fussent en état d'être élevés à la cléricature : « *Ex his qui in monasterio permanent non nisi probatiores, atque meliores, in clerum assumere solemus.* »

Que sera-ce de recevoir au sacerdoce ceux qui peut-être n'ont été que dans le monde, qui peut-être n'ont pas été les moins dépravés du monde, qui n'ont jamais su ce que c'est que la retraite, l'oraison, le jeûne, les larmes et toutes les autres pratiques dont les vrais pénitents se sont servis pour se réconcilier avec Dieu.

V. Saint Grégoire de Nazianze ne trouve rien de plus indécent, de plus opposé à la religion, de plus contraire à la dignité sacerdotale, que de voir un jeune homme depuis peu engagé dans les déréglements des gens du siècle, entrer du soir au lendemain dans le commerce des choses les plus saintes : hier être un homme tout profane, et aujourd'hui un prêtre? Quelle subite métamorphose! « Heri sacrilegi, hodie sacerdotes; » hier des amateurs du monde, aujourd'hui des ministres de la religion, des dispensateurs de mystères, des prédicateurs de l'Evangile : «Heri profani, hodie sacrorum antistites; » hier de vieux pécheurs, aujourd'hui de nouveaux saints : « Veteres vitio, pietate rudes atque recentes. » C'est ce que déplorait ce saint docteur. Saint Jérôme, son disciple, n'en dit pas moins : Quelle surprenante transformation est ceci ! s'écrie-t-il : « Heri catechumenus, hodie pontifex; heri in amphitheatro, hodie in ecclesia; vespere in circo, mane in altari; dudum fautor histrionum, nunc virginum consecrator. »

VI. L'Eglise, dans la réconciliation solennelle des pénitents, observe que Notre-Seigneur ne confia les clefs de son Eglise à saint Pierre, qu'après que cet apôtre eut obtenu la rémission de son péché : « Petrum quoque lacrymantem exaudisti, clavesque postmodum coelesti regni tradidisti. » Voilà ce que vous devez imiter; autrement, comment oserez-vous dire à l'autel : Je laverai mes mains parmi les innocents, ô mon Dieu, et j'entourerai votre autel, ô Seigneur ! *Lavabo inter innocentes manus meas, et circumdabo altare tuum, Domine.* (Psal. xxv, 6.) Quel effet auront sur vous ces paroles de l'évêque qui vous ordonnera : « Stola innocentiæ induat te Dominus ?» Si vous n'avez ni l'innocence conservée, ni l'innocence réparée, quel jugement ne vous attirerez-vous pas, que d'entrer dans le sanctuaire, de vous ingérer dans le ministère, la conscience si chargée? « Judicium multiplex accepturi quod et tam gravissimas conscieutias gerunt, et nihilominus in sanctuarium se se ingerere non verentur. » Le même saint Bernard, consulté par un prétendant à l'état ecclésiastique, qui lui avait humblement déclaré les désordres de sa vie, lui mande que personne ne peut sur la terre répondre de sa vocation : « Quis hoc mortalium definire præsumat ? » que l'aveu de ses fautes est humble, mais qu'il est terrible ! « Humilis quidem, sed terribilis confessio; » qu'il est effrayé quand d'une part il jette les yeux sur la mort qu'il a tant de fois donnée à son âme, et de l'autre, sur son dessein de se charger du soin des âmes : « Horreo fateor considerans unde et quo vocaris. » Et la raison qu'il rend et de son incertitude sur la vocation de cet homme, et de la crainte qu'il a qu'il ne se perde, c'est qu'il n'y a point eu d'intervalle de pénitence entre ses désordres et le dessein de recevoir le sacerdoce : « Præsertim cum nullum inter currerit pœnitentiæ tempus per quod utcunque periculosissimus hujuscemodi transitus fiat. »

VII. Enfin, en oserait-on faire la comparaison? la sainte Vierge, toute innocente, pure, parfaite qu'elle fût, ne voulut pas offrir Jésus-Christ au temple, qu'après que le temps prescrit par la loi, pour une purification dont elle n'avait pas besoin, fut entièrement accompli : *Postquam impleti sunt dies purgationis Mariæ.* (Luc. ii, 22.) Ce ne fut qu'alors que la sainte Vierge voulut le présenter à Dieu : *Ut sisterent eum Domino.* Faire autrement, n'avoir pas présente cette obligation devant les yeux, c'est être aveugle, c'est ne savoir où on va, c'est s'oublier des dettes dont on est tenu envers la justice divine, et des souillures du péché dont on ne s'est pas nettoyé, pour s'exprimer avec l'apôtre saint Pierre : « Cui enim non præsto sunt hæc, cæcus est et manu tentans, oblivionem accipiens purgationis veterum suorum delictorum. »

Troisième considération. — S'il est vrai, selon saint Ambroise, qu'on trouve plus de Chrétiens qui conservent leur innocence, qu'on n'en trouve qui fassent une véritable pénitence : « Facilius inveni qui innocentiam servaverunt, quam qui congruam egerunt pænitentiam; » et si la pratique apprend cette vérité à l'égard des simples fidèles, qui ne prétendent que ressusciter en eux la grâce du christianisme, et participer aux sacrements ; combien serait-il vrai de dire qu'on en voit moins encore qui fassent une pénitence proportionnée à la pureté que demande l'état ecclésiatique qu'ils veulent embrasser? Mais pour ne pas paraître en vouloir exiger trop, au moins faut-il convenir que celui qui jusqu'alors a vécu dans le désordre, doit, avant que de s'élever au sacerdoce, avoir expié ses péchés, et s'en être purifié par une pénitence telle que l'Eglise la demande dans ceux qui se convertissent à Dieu, et qui sérieusement veulent songer à leur salut. C'est le plus bas degré auquel on puisse se réduire.

Ainsi, résolvez-vous, si vous avez transgressé les lois de Dieu, de faire pénitence, car autrement vous n'entrerez pas dans le royaume des cieux, et de faire une véritable pénitence, car autrement vous n'entrerez pas dignement dans le clergé. Or, voici quelle doit être la pénitence que l'Eglise exige de tout le monde.

1. Le concile de Trente, décrivant exactement la nature et les effets du sacrement de pénitence, nous enseigne que, par ce sacrement, nous devenons à la vérité de nouvelles créatures : « Per pœnitentiam quidem efficimur nova creatura; » mais que pour parvenir à cette nouveauté de vie, nous ne le pouvons sans verser abondamment des larmes, et sans beaucoup de travaux et de mortifications, la justice divine, à qui nous devons satisfaire, l'exigeant ainsi : « Verum ad eam novitatem et integritatem per sacra-

mentum pœnitentiæ, sine magnis nostris fletibus et laboribus, divina id exigente justitia, pervenire nequaquam possumus. » vérité aussi ancienne que l'Eglise, et qui a donné lieu à cette parole si célèbre des anciens, que la pénitence est un baptême laborieux : « Ut merito pœnitentia laboriosus quidam baptismus a sanctis Patribus dictus fuerit »

Ainsi, quand même on ne serait pas en droit d'exiger plus d'un prétendant à l'état ecclésiastique que d'un simple fidèle qui veut quitter sa mauvaise vie, du moins faudrait-il qu'il eût recouvré cette intégrité première de vie, cette innocence, cette sainteté du baptême. Où sont ces larmes, ces gémissements, ces travaux, ces jeûnes, ces veilles, ces aumônes? Si toute la pénitence consiste à déclarer ses péchés à l'oreille d'un prêtre, les choses changeront de nature, et le baptême sera un sacrement plus laborieux que la pénitence. Cependant le moindre retardement de votre ordination vous afflige plus que le souvenir de vos péchés, et la crainte d'être rejeté de Dieu vous travaille moins que la crainte d'être rejeté de l'évêque : *Magister dicit : Tempus meum prope est, apud te facio pascha ; ubi diversorium, ubi refectio mea, ubi pascha cum discipulis meis manducem?* (Matth. XXVI, 18 ; Marc. XIV, 14 ; Luc. XXII, 11.) Rien de tout cela, aucun préparatif, nulle pénitence.

II. Le Pontifical prescrivant les cérémonies avec lesquelles on doit mettre les pécheurs en pénitence, le mercredi des Cendres, et les œuvres satisfactoires qu'on doit exiger d'eux, dit qu'après les avoirs chassés publiquement de la nef, et mis dans le vestibule extérieur, on ait à fermer les portes de l'église devant eux, et que l'évêque les avertisse qu'ils ne désespèrent point de la miséricorde divine : « Et sic eis extra ejectis, et ante valvas ecclesiæ genibus flexis gemendo manentibus, Pontifex in limine ostii stans moneat eos, quod de Domini misericordia non desperent ; » mais qu'ils fassent de dignes fruits de pénitence, en s'appliquant aux jeûnes, aux oraisons, aux pèlerinages, aux aumônes et autres bonnes œuvres capables d'attendrir le cœur de Dieu et d'apaiser sa colère : « Sed jejuniis, orationibus, peregrinationibus, eleemosynis et aliis bonis operibus invigilent. » Et quand le jeudi de la semaine sainte on les juge dignes de réconciliation et d'absolution, elle dit dans ses prières, en s'adressant à Dieu, que ces pauvres pénitents n'ont point été sourds à cette parole de l'Evangile : « Evangelicam vocem non frustratoria aure capientes, *Beati qui lugent quoniam ipsi consolabuntur* (Matth. V, 5) ; » qu'ils se sont nourris du pain de douleur, qu'ils ont arrosé leur lit de larmes ; que leur cœur a été percé de tristesse, et leur corps abattu par le jeûne, et tout cela afin de recouvrer la santé de leur âme que le péché leur avait ravie : « Manducaverunt sicut scriptum est, *panem doloris*, lacrymis stratum suum rigaverunt, cor suum luctu corpus afflixerunt jejuniis, ut animarum re-ciperent quam perdiderunt sanitatem. » Tels sont les pénitents que l'Eglise absout, qui recouvrent leur innocence et leur intégrité première, qui peuvent ensuite oser s'approcher des sacrements, et surtout de l'Eucharistie. Nous supplions votre Majesté sainte. ô Seigneur, Dieu éternel, Tout-puissant! continue l'Eglise, que vous daigniez répandre votre miséricorde sur ces pauvres affligés, et défigurés par les macérations d'une longue pénitence, afin que, revêtus de la robe nuptiale dont ils avaient été dépouillés, ils puissent être admis à la table du Roi, de laquelle on les avait chassés : « Majestatem tuam supplices deprecamur, omnipotens æterne Deus, ut his famulis tuis longo squalore pœnitentiæ maceratis, misericordis tuæ veniam largiri, digneris, ut nuptiali veste recepta ad regalem mensam unde ejecti fuerant mereantur introire. » Quelle pénitence ne demandera donc pas l'Eglise, non pas pour recevoir cette victime sainte, mais pour la produire, la consacrer et l'immoler? Combien avons-nous besoin de nous purifier dans le sang de cet Agneau immaculé, et de le voir découler sur nous, avant que de le vouloir répandre sur les autres ? « Absolvat vos sancti qui sanguinis interventione, qui in remissionem peccatorum effusus est, » ajoute encore l'Eglise dans l'absolution des pénitents. Combien devons-nous craindre, faute de participer à cette pureté, que Jésus-Christ produisit en ses apôtres avant leur ordination : *Cœpit lavare pedes discipulorum*, que nous ne participions pas à la grâce de son sacerdoce : *Si non lavaverote, non habebis partem mecum.* (Joan. XIII, 5, 8.)

Vous direz que ces pénitences publiques étaient pour les pécheurs publics, il est vrai; mais par quelle loi les pécheurs cachés sont-ils exempts des pénitences secrètes ? Par quelle loi celui qui prétend à la haute dignité du sacerdoce, qui demande tant de sainteté, se dispensera-t-il de se préparer en secret à la célébration publique des mystères, par la pénitence qu'on demande, comme une disposition nécessaire dans le laïque pour l'admettre à la participation de ces mêmes mystères ?

III. Saint Augustin voulant nous donner l'idée de la vraie pénitence, et nous détromper des erreurs où nous sommes là-dessus, nous avertit de prendre garde à nous, et de savoir qu'il ne suffit pas pour cela de changer de mœurs et de cesser de faire de méchantes actions : « Non enim sufficit mores in melius mutare, et a factis malis recedere. »

Que faut-il donc davantage pour un parfait pénitent ? Il faut de plus satisfaire à Dieu : « Nisi etiam Deo satisfiat, per pœnitentiæ dolorem, per humilitatis gemitum, per contriti cordis sacrificium cooperantibus eleemosynis. » Il faut une douleur amère, une humiliation profonde, il faut des gémissements, un cœur contrit et brisé de regret, des aumônes abondantes ; il faut sacrifier son cœur, surtout avant que de sacrifier Jésus-Christ : « Per contriti cordis sacrificium. » Plût à Dieu du moins que tous ceux qui se présentent à l'ordination eussent changé de mœurs, et se fussent retirés du mal; il est vrai que cela ne suffirait pas absolument : « Non enim sufficit mores in melius mutare, et a factis malis recedere ; » mais enfin ce serait avoir la première partie de la justice : comment s'approcher de l'ordination si vous ne l'avez pas encore acquise?

IV. Que si la réception de l'ordre demande une pénitence achevée, des péchés expiés, une conscience épurée, comment celui-là sera-t-il digne de le recevoir, de qui les habitudes formées et enracinées vivent encore dans le cœur? Suffit-il pour faire mourir un arbre, d'en couper les branches, ne faut-il pas en arracher la racine, sans quoi ne sera-ce pas un travail inutile, dit saint Augustin? « Frustra quis nititur ramos incidere, nisi radicem contendat evellere. » Ce sont les paroles de ce grand docteur, autrement, ajoute saint Bernard, ces germes malheureux n'en pousseront que plus fortement, ce feu à demi-éteint s'allumera davantage, et cette guerre assoupie entre la chair et l'esprit s'excitera de nouveau d'une manière plus forte : « Crede mihi et amputata repullulant, et extincta reviviscunt, et sopita denuo excitantur, » à moins qu'on ne répare les déréglements passés par de bonnes œuvres. Or, ces œuvres sont les œuvres satisfactoires dont le concile de Trente nous découvre la nécessité, et nous explique les effets, quand il nous dit qu'elles retirent du péché auquel on s'était laissé aller, qu'elles sont comme un frein salutaire qui sert à retenir nos passions pour n'y pas retourner : « Hæ satisfactoriæ pœnæ procul dubio magnopere a peccato revocant, et fræno quodam coercent ; » qu'elles rendent les pénitents plus attentifs sur eux-mêmes, et plus prudents pour ne pas s'exposer à l'avenir aux tentations : « Cautioresque et vigilantiores in futurum pœnitentes efficiunt ; » qu'enfin elles remédient aux restes malheureux que le péché laisse après lui, aux faiblesses, aux infirmités, aux dégoûts de la dévotion, aux difficultés de faire le bien ; et que, par les bonnes et saintes habitudes de vertu qu'elles enracinent en nous, elles détruisent les mauvaises habitudes des vices que nous avions contractées: « Medentur quoque peccatorum reliquiis, et vitiosos habitus male vivendo comparatos, contrariis virtutum actionibus tollunt. » Il est donc nécessaire d'avoir passé par les exercices laborieux de la pénitence d'avoir effacé jusqu'aux restes du péché, avant que de prétendre au caractère de l'ordre ; d'avoir satisfait à la justice de Dieu avant que de devenir les ministres de ses miséricordes.

V. Un grand et célèbre Pape, écrivant au clergé de France, lui mande que ce n'est pas une loi indispensable d'exclure du ministère tous ceux qui se sont laissés aller au péché ; mais aussi qu'on ne doit les y admettre qu'à condition qu'ils auront préalablement fait une digne pénitence, et proportionnée à la grandeur de leurs crimes, et qu'ils aient ensuite mené une vie sainte et vertueuse : « Si condignam egerint pœnitentiam, si bonam deinceps vitam duxerint. » Voyez si vous avez ces deux avantages, et si vous avez réparé vos vices et acquis des vertus : deux dispositions pour s'approcher des ordres après avoir perdu l'innocence.

Quel désordre est-ce là, dit saint Jérôme, d'élever soudainement un tel homme au sacerdoce, qui ne sait ce que c'est que la pratique de la douceur et de l'humilité? « Ignorat momentaneus sacerdos humilitatem et mansuetudinem ; » qui n'a pas expérimenté les tendresses de la dévotion chrétienne, ni les saintes privautés d'une âme pure qui se familiarise avec son Dieu dans la prière : « Ignorat blanditias Christianus ; » qui n'a jamais appris à se mépriser lui-même : « Nescit seipsum contemnere ; » qui ne s'est point exercé dans le jeûne et les larmes ; qui ne s'est point repris de ses propres défauts par un examen sérieux sur lui-même, ni par une assidue méditation de ce que Dieu demandait de lui : « Non jejunavit, non flevit, non mores suos sæpe reprehendit, et assidua meditatione correxit. » N'est-ce pas imiter le démon dans son orgueil et dans sa ruine, que de monter ainsi précipitamment de la chaire du vice à la chaire du sacerdoce? « De cathedra ad cathedram, judicium et ruina diaboli. » N'est-ce pas l'abîme où tombent ceux qui veulent être plutôt maîtres que disciples? « Incidunt in eam qui in puncto horæ, nec dum discipuli, jam magistri sunt. » Voyez et sondez votre cœur si vous ne vous trouvez pas là-dedans.

Mettons-nous donc en la présence de Dieu, pour découvrir en sa lumière les taches dont nous sommes souillés, et pour les laver par nos larmes : « Redeamus ad nos, et ante conditoris oculos manu pœnitentiæ tergamus maculas pulveris nostri, » dit saint Grégoire.

Obtenons de sa miséricorde qu'il nous remette nos péchés, avant que de lui demander le pouvoir de les remettre aux autres ; n'entreprenons pas de laver les plaies des autres que nous ne soyons lavés et guéris nous-mêmes ; ni de les éclairer, que nous ne soyons illuminés ; ne nous hâtons pas de recevoir l'imposition des mains dans l'ordination, ni d'entendre ces paroles de la bouche de l'évêque : *Accipe Spiritum sanctum, quorum remiseris peccata remittuntur eis, et quorum retinueris retenta sunt* (*Joan.* xx, 22, 23), que nous n'ayons précédemment reçu l'imposition des mains dans la pénitence, et entendre ces paroles de la bouche du prêtre : *Homo, dimittuntur tibi peccata tua.* (*Luc* v, 20.)

Que notre cœur, indocile à tant de motifs qui le pressent, se rende au moins à la bonté de Dieu qui l'attend : « Tanta ergo conditoris misericordia duritiam nostri reatus emolliat ; » et si sa justice n'a pu nous remplir de crainte, que sa longanimité nous couvre de confusion : « Et homo qui malum quod fecit experiri percussus potuerat, saltem expectatus erubescat. » C'est saint Grégoire le Grand.

ENTRETIEN VI.

DE LA CHASTETÉ AFFERMIE QU'ON DOIT APPORTER A L'ORDINATION.

Première considération. — Il est certain que l'Eglise demande, dans ceux qu'elle ordonne, ou la virginité ou du moins une continence établie et affermie depuis plusieurs années : « Sacerdotium ex virginum ordine præcipue constat, aut si minus ex virginibus, certe ex monachis, » dit saint Epiphane. Voilà la virginité conservée par l'innocence ou réparée par la pénitence.

Vivez tellement dans les monastères où vous êtes, écrivait saint Jérôme à un jeune solitaire, que vous méritiez de devenir un clerc : « Sic vive in monasterio, ut clericus fieri merearis. » Et gardez-vous sur toutes choses de souiller votre jeunesse par aucune impureté : « Et adolescentiam tuam nulla sorde commaculos. » Pourquoi cela? afin, continue-t-il que vous alliez à l'autel comme une vierge au lit nuptial : « Ut ad altare Christi, quasi de thalamo virgo procedas. »

Ceux qui s'accusaient autrefois, quoiqu'à faux, d'avoir vécu dans l'incontinence, étaient ordinairement exclus des ordres; et saint Ambroise ne trouva pas de moyen plus propre, pour se fermer la porte du clergé, que d'ouvrir la porte de sa maison à des femmes suspectes, et qui pouvaient faire révoquer en doute sa chasteté : « Publicas mulieres publicæ ad se ingredi fecit, ad hoc tantum ut visis his, populi intentio revocaretur, » dit l'auteur de sa Vie.

Qu'il ne soit permis à personne de s'approcher de l'ordination, dit un grand Pape, s'il n'a toujours conservé sa pureté virginale par une vie innocente, ou s'il ne l'a réparée par la pénitence, et n'a acquis une chasteté bien établie et bien éprouvée : « Nemo ad sacrum ordinem permittatur accedere, nisi aut virgo, aut probatæ sit castitatis. » Car, comme observe saint Bernard, une longue habitude de chasteté est réputée une nouvelle virginité : « Longa castitas pro virginitate reputatur. » Mais qu'est-ce qu'une chasteté éprouvée et bien établie, sinon une chasteté qui ait tenu ferme dans des rencontres périlleuses? qu'est-ce qu'un homme véritablement chaste, sinon un homme qui ait fui les occasions, qui ait fait violence à ses inclinations, qui ait surmonté les tentations, qui ait mortifié ses passions, qui ait méprisé les sollicitations, qui ait crucifié sa chair, qui en soit venu à ce point qu'on puisse véritablement dire de lui, non pas que le combat a été fréquent en lui et la victoire rare : « Quotidiana pugna, rara victoria ; » mais que le combat a été rare dans son cœur et la victoire ordinaire: « Rara pugna, quotidiana victoria. » Le bel éloge ! Que c'est un homme qui, comme un autre Joseph, a fui les attraits d'une femme déshonnête, ou si bien réparé en lui les désordres d'une vie sensuelle par ses macérations et ses larmes, qu'il participe à la vertu de cette célèbre pénitente dont un Père a dit : « Quod virgines ipsas honestate superavit. »

Autrement, dit saint Grégoire, par quelle présomption celui-là osera-t-il se présenter à l'évêque pour être ordonné, qui n'est que trop convaincu que la chasteté n'a pas encore jeté d'assez profondes racines en lui : « Qua præsumptione ad episcopum audet accedere, qui adhuc longam corporis sui continentiam convincitur non habere? »

Il est sans doute que l'Eglise prétend qu'on n'imposera les mains qu'à ceux qui sont dans une longue habitude de cette vertu, suivant cette maxime de saint Ambroise, que pour être digne de se présenter à l'ordination, il faut que les mérites et les bonnes œuvres précèdent et marchent devant; c'est-à-dire qu'on se soit exercé depuis longtemps dans la piété : « Merita debent præire bonorum operum ut dignus habeatur ad ordinationem. » Car voici comme l'évêque qui nous ordonne déclare les intentions de cette bonne Mère : mes très-chers enfants, nous dit-il, puisque vous prétendez être consacrés par la réception du sacerdoce, vous devez savoir qu'il faut approcher d'une si éminente dignité, pleins d'une sacrée frayeur: « Consecrandi filii dilectissimi in presbyteratus ordinem, cum magno timore ad tantum gradum ascendendum est; » et y apporter une sagesse toute céleste, une probité de mœurs incomparable et une longue habitude de vertu qui vous rende recommandables et dignes du choix qu'on a fait de vous : « Ac providendum ut cœlestis sapientia, probi mores, ac diuturna justitiæ observatio ad id electos commendet. » Comment ceux à qui la conscience reproche des désordres récents peuvent-ils entendre ces paroles et solliciter leur promotion ?

En second lieu, l'Eglise désire en eux une vieillesse, non pas une caducité corporelle, triste fruit d'un grand nombre d'années, mais une vieillesse spirituelle, heureuse production d'un grand nombre de vertus qui donne un certain caractère de sagesse et de maturité aux plus jeunes ; caractère semblable à celui d'une sainte Agnès, dont on écrit qu'elle était jeune d'années à la vérité, mais que dans cette jeunesse elle avait la vertu consommée des vieillards les plus prudents et les plus expérimentés : « Infantia quidem computabatur in annis, sed erat senectus mentis immensa ; » car nous voyons que, dans le concile de Trente et le Pontifical, il est expressément porté qu'on doit bien se donner de garde d'admettre indifféremment à l'ordination tous ceux qui s'y présentent, mais ceux-là seulement de qui la vertu depuis longtemps éprouvée, peut passer pour une sainte et heureuse vieillesse: « Dignos duntaxat quorum probata virtus senectus sit. »

Et c'est ce que l'Eglise, par la bouche de l'évêque qui confère le sacerdoce, demande à Dieu pour vous : O Dieu, auteur de sanctification, dit-elle, de qui découle toute consécration et toute bénédiction ! « Deus sanctificationum omnium autor, cujus vera consecratio plenaque benedictio est, » répandez votre grâce sur ceux que nous présentons ici et que nous allons élever au sacerdoce : « Tu, Domine, super hos famulos tuos quos ad presbyterii honorem dedicamus, munus tuæ benedictionis infunde; » afin que par la gravité de leurs mœurs et par leur vie irréprochable : « Ut gravitate actuum et censura vivendi, » ils montrent qu'ils sont véritablement du nombre de ces vénérables vieillards, ornés des vertus marquées par saint Paul, dans ses Épîtres à Tite et à Timothée : « Probent se seniores his institutis disciplinis quas Tito et Timotheo Paulus exposuit. ».

D'ailleurs, pourquoi pensez-vous que les interstices aient été ordonnés? C'est, dit le Pontifical, afin que ces intervalles considérables servent à vous faire méditer à loisir la grandeur des obligations que vous contractez par la réception des ordres : « Diu differuntur per temporum interstitia, ut eo accuratius, quantum sit hujus disciplinæ pondus possint edoceri. » Et que ces obligations, souvent et longtemps méditées, vous donnent lieu d'affermir en vous les saintes habitudes des vertus telles que la chasteté, nécessaire à la profession que vous allez embrasser.

Aussi l'Apôtre exhorte-t-il tous les évêques en la personne de Timothée, son disciple, à ne pas imposer les mains promptement à qui que ce soit, et sans avoir tiré de lui de bonnes épreuves : *Nemini cito manus imposueris (I Tim.* v, 22), lui écrivit-il ; et si vous en avez choisi quelques-uns, gardez-vous bien de les ordonner d'abord, ni de les engager dans le ministère sans avoir fait essai de leur vertu : *Hi autem probentur primum et sic ministrent.* (*I Tim,* III, 10.) Sur quoi saint Bernard observe qu'il ne faut recevoir à l'ordination que des sujets déjà bien éprouvés et non qui aient encore besoin de l'être : « Viros probatos oportet eligere, non probandos. » Que si cela est requis à l'égard des autres vertus, que sera-ce de celle-ci, dont le défaut déshonore le plus Jésus-Christ, et afflige le plus l'Église.

Vous promettez solennellement de la garder quand vous recevez le sous-diaconat, l'évêque ou plutôt l'Église par sa bouche vous avertit de ne point vous engager dans cet ordre sacré, si vous n'ayez fait un long essai de vous-même et de vos propres forces. Mon très-cher enfant, vous dit-elle, devant être promu à l'ordre du sous-diaconat, prenez garde plus d'une fois au fardeau que vous allez mettre sur vos épaules : « Filii dilectissimi, ad sacrum subdiaconatus ordinem promovendi, iterum considerare debetis attente onus quod hodie ultro appetitis; » et par conséquent, tandis qu'il est encore temps, faites une sérieuse réflexion à ce que vous allez faire : « Proinde, dum tempus est, cogitate. » Mais quelle chasteté ne voue-t-il pas? qu'il l'apprenne de saint Chrysostome. Il faut qu'un prêtre soit si pur, dit ce Père si éclairé de l'excellence du sacerdoce, que s'il vivait au ciel parmi les bienheureux, et qu'il fût de leur nombre : « Proinde necesse est sacerdotem sic esse purum, ac si in ipsis cœlis collatus, inter cœlestes illas virtutes medius staret. » Il faut que son âme soit plus pure et plus brillante que ne l'est le rayon du soleil : « Sacerdotis animam solaribus radiis puriorem esse oportere, » ajoute-t-il. Mais combien de temps doit-on exiger pour une chasteté bien réparée et bien affermie, et qui soit suffisante pour s'approcher en sûreté de conscience des ordres sacrés? écoutez ce que nous enseigne là-dessus saint Grégoire. De peur, dit ce grand Pape, que ceux qui doivent être abandonnés ne se perdent et ne périssent, il est nécessaire de regarder de près à leurs dispositions, et particulièrement de bien examiner, avant toutes choses, si leur vie a été continente depuis plusieurs années : « Ne hi qui ordinati sunt pereant, providri debet quales ordinentur, ut prius aspiciatur si vita illorum ab annis plurimis continens fuerit. » Telle est la règle que vous devez suivre, tel est le flambeau qui doit vous guider dans une difficulté si embarrassante, dans une voie si obscure que celle-ci.

Pallade rapporte une chose dans son histoire, qui peut, sans doute, extrêmement édifier notre piété, et qui ne fait pas peu à notre sujet. Il dit qu'étant allé visiter le célèbre abbé Macaire, il trouva devant sa porte un prêtre couché par terre, ayant tout le corps couvert d'ulcères, et dont les os même de la tête étaient gâtés : « Invenit jacentem quemdam presbyterum, toto corpore ulceribus plenum : capitis autem ejus etiam ipsa ossa computruerant. » Il était venu exprès afin d'obtenir la guérison de cet étrange mal par les prières du saint, qui cependant ne voulait pas seulement l'entendre : « Sed sanctus Macarius non suscipiebat eum. » Touché d'un tel spectacle, je me jetai aux pieds de cet admirable abbé, continue Pallade, et je le conjurai de prendre pitié de ce pauvre malheureux. Mais il me répondit : Il est indigne de la santé qu'il demande : « Indignus est ut sanitatem recipiat. » Et je vous prie, ajouta-t-il, loin de lui marquer de la compassion, de le reprendre sévèrement : « Sed magis increpa eum, » et de l'exhorter à n'être pas si osé que de s'approcher du saint autel, ni d'offrir à Dieu le sacrifice : « Et suade ei ut non audeat accedere ad sacrosanctum altare Domini, et offerre sacrificium Domino; » car il s'est souillé dans le péché de fornication, et il a offert en cet état, et c'est à cause de cela qu'il est réduit où vous le voyez : « Quia fornicando offert, et propter hoc castigatur. » Portez-le donc à rentrer en lui-même, et à faire une pénitence proportionnée à la grandeur de son crime, afin qu'il puisse recevoir miséricorde : « Suade ergo ei ut resipiscat, et condignam agat pœnitentiam, ut misericordiam a Domino mereatur accipere. » Ayant ouï ce discours, j'allai trouver ce prêtre, et lui fis le récit de ce que m'avait dit saint Macaire; aussitôt il tomba dans une effroyable agitation, il trembla, il frémit, et promit avec serment que le reste de sa vie il n'aurait jamais l'audace de s'approcher du saint autel : « Et ille terribiliter conturbatus infremuit, juravitque quia in exitum vitæ suæ non usurparet ad altare Domini accedere. » Après quoi l'ayant fait entrer, le saint lui tint ce discours : Croyez-vous qu'il y ait un Dieu à qui rien n'est caché ? « Credis quia Deus est quem nihil latet? » Oui, répondit ce prêtre, je le crois. Si donc vous connaissez l'énormité de votre péché, et combien vous êtes coupable aux yeux du souverain Juge : « Si ergo cognoscis tanti criminis peccatum tuum ; » si vous sentez la main de Dieu appesantie sur vous, et qu'il a frappé votre corps de cette horrible plaie en punition d'un si grand sacrilége : « Si castigationem intelligis pro qua causa tanti mali plaga in corpore tuo est, ideoque percussus es ; » cessez de pécher, corrigez-vous à l'avenir, et pleurez le reste de vos jours, pénétré d'une vive douleur devant celui que vous avez si griévement offensé : « Cessa a malis tuis, et corrige te de cætero, confitere semper cum lacrymis pœnitentiæ, et intimo cordis dolore in conspectu Domini peccatum tuum ; » afin qu'au jour du jugement vous puissiez concevoir quelque rayon d'espérance en la miséricorde de Dieu, et trouver grâce devant sa face ; « Ut in die judicii possis misericordiam ac pietatem Domini invenire. » Ce pauvre prêtre protesta avec serment que jamais il ne retomberait dans son péché, que jamais il ne s'approcherait du très-saint autel, que jamais il ne consacrerait l'oblation, et qu'il se réduirait au rang des laïques : « Dedit ergo sacramentum se nunquam peccare, neque ad sacrosanctum altare accedere, nec oblationem consecrare, sed sicut laici sortem habere. » Telle fut la promesse que saint Macaire exigea de lui ; après quoi il lui imposa les mains et le guérit.

Cet exemple est d'autant plus considérable, qu'il sert extrêmement bien à établir la doctrine de saint Grégoire et des plus anciens Pères, que la vraie pénitence d'un prêtre qui s'est souillé dans un tel crime, consiste à s'abstenir de l'autel, et à cesser d'exercer un ministère dont il a si malheureusement abusé, sans quoi tous les efforts qu'il pourra faire, et tous les autres remèdes dont il usera pour parvenir au salut, lui seront absolument inutiles : « Ab æternæ salutis bravium in vanum se fatigat, nisi honorem in quo deliquit, pœnitus derelinquat. » Si quelqu'un, après avoir reçu l'ordre sacré, tombe en quelque péché de la chair, dit un autre saint Pontife, qu'il soit tellement privé de son ministère, qu'il n'approche plus de l'autel pour en exercer les fonctions : « Qui post acceptum sacrum ordinem lapsus in peccatum carnis fuerit, sacro ordine ita careat, ut ad altaris ministerium ulterius non accedat. »

On ne sait pas si le prêtre dont on vient de parler, et que saint Macaire guérit, fut fidèle à tenir son serment, et s'il s'abstint d'offrir le sacrifice ; mais saint Grégoire nous rapporte un autre exemple qui nous apprend à quels terribles châtiments peuvent être sujets ceux qui ne veulent pas s'en tenir à cette règle.

Il nous dit qu'un certain clerc de l'Eglise d'Aquin, en Italie, se trouvant possédé du démon, l'évêque de ce jeune homme, nommé Constantius, auquel apparemment il était cher, l'envoya à divers tombeaux des martyrs, pour obtenir sa délivrance, mais inutilement ; enfin, on le conduisit au grand saint Benoît, pour lors fameux par ses miracles, qui, par ses prières, délivra cet ecclésiastique de l'esprit immonde, mais qui lui dit, après l'avoir guéri : Allez, et désormais abstenez-vous de manger de la chair, et ne soyez pas si osé que de vous approcher jamais des ordres sacrés ; car du moment que vous aurez cette audace, vous serez aussitôt de nouveau saisi par le démon : « Vade et post hæc carnem ne comedas, ad sacrum ordinem nunquam accedere præsumas ; quacunque autem die ad sacrum ordinem accedere præsumpseris, statim juri diaboli iterum mancipaberis. » Ce clerc se retira guéri ; et comme la peine encore récente donne de la crainte, il fut fidèle pendant quelque temps à se tenir dans les bornes que ce saint abbé lui avait prescrites ; mais plusieurs années s'étant écoulées, et ses anciens dans la cléricature décédés, il lui fâcha de voir la promotion de ses inférieurs au-dessus de lui, et de demeurer au-dessous ; il crut qu'après un si long espace il n'avait plus rien à craindre ; il s'approcha de l'ordre sacré, il le reçut ; mais à l'heure même le démon qui l'avait quitté rentra de nouveau dans son corps, et ne cessa de le tourmenter qu'il ne lui eût arraché l'âme par de continuelles violences : « Quem mox is qui reliquerat diabolus, tenuit ; eumque vexare quousque animam ejus excuteret, non cessavit. » Plaise à Dieu que le démon ne s'empare pas du cœur de ceux qui s'approchent des ordres lorsqu'ils devraient le plus s'en éloigner, et qui s'oublient de cette parole mystérieuse adressée à ceux qui devaient immoler l'agneau pascal : *Renes vestros accingetis* (*Exod.* XII, 11) : vous ceindrez vos reins avant que d'offrir et de manger cette viande sacrée. Combien donc devrait-on avoir profondément gravée dans le cœur cette prière que le prêtre fait tous les jours à Dieu, sur le point d'aller à l'autel, pour immoler l'Agneau de Dieu, combien en devrait-on demander ardemment l'accomplissement : Seigneur, entourez-moi de la ceinture de pureté, et éteignez dans mes reins tout sentiment impur, afin que je me présente à vous orné de la vertu de continence et de chasteté : « Præcinge me, Domine, cingulo puritatis, et extingue in lumbis meis humorem libidinis, ut maneat in me virtus continentiæ et castitatis. » Car, selon saint Grégoire, combien devrions-nous dire souvent à Dieu : Seigneur, brûlez nos reins et nos cœurs du feu du Saint-Esprit, afin que nous puissions vous servir avec un corps chaste, et nous rendre agréables à votre divine majesté par la pureté de nos cœurs : « Ure igne Sancti spiritus renes nostros, et cor nostrum, ut tibi casto corpore serviamus, et mundo corde placeamus. » Nul de ceux, ô Seigneur ! s'écrie le grand saint Chrysostome dans sa Liturgie sacrée, nul de ceux qui sont engagés dans les cupidités charnelles et dans les plaisirs impurs, n'est digne de s'approcher de vous ni de vous servir, ô Roi de gloire ! « Nullus eorum qui carnalibus cupiditatibus et voluptatibus est alligatus, dignus est ad te accedere, vel tibi ministrare, ô rex gloriæ ! » Car vous servir est quelque chose d'infiniment grand, et le ministère du prêtre est redoutable aux puissances mêmes du ciel : « Tibi eum ministrare magnum est, et ipsis cœlestibus potestatibus terribile. » C'est ce que le prêtre qui célébrait le sacrifice de la Messe, après avoir dit le cantique des séraphins : Saint, saint, saint, proférait, selon le rituel de l'Eglise de Constantinople.

Jugez donc si l'on a droit d'exiger de celui qui s'approche des autels une chasteté éprouvée et affermie par une pratique fidèle de plusieurs années : « Nemo ad sacrum ordinem permittatur accedere, nisi aut virgo, aut probatæ sit castitatis. »

Seconde considération. — Qui ignore ce qui est écrit dans saint Jean Climaque, et qui peut s'empêcher de s'en ressouvenir, et de le rapporter en ce lieu ? Il dit que, s'entretenant un jour avec un homme très-savant, celui-ci lui demanda quel péché après l'homicide et l'apostasie lui semblait le plus grand ? Saint Jean Climaque lui répondit qu'il croyait que c'était l'hérésie. Mais d'où vient donc, ajouta cet habile homme, que quand un hérétique a sincèrement abjuré son erreur, l'Eglise l'admet aussitôt à la communion des saints mystères : « Suscipit ad sanctorum mysteriorum communionem, » et le reçoit comme habile et capable d'y participer : « Et ut idoneum admittit; » et au contraire, que celui qui s'est souillé par le péché de fornication, quoiqu'il confesse son crime, quoiqu'il le déteste et s'en repent : « Eum vero qui in fornicationem lapsus fuerit, confitentes, atque peccatum ipsum omnino deserentem, » est néanmoins retranché de la participation des sacrés mystères pendant plusieurs années, et cela suivant la tradition apostolique : « Per annos aliquot eum a venerandis immaculastisque mysteriis ex traditione apostolica separari. » Cette réponse ferma la bouche à saint Jean Climaque et la question demeura indécise comme auparavant : « Hac ergo ambiguitate percussus stupuit, ambiguumque illud permansit ambiguum. »

Quelques Pères et auteurs ecclésiastiques postérieurs à saint Jean Climaque, ont voulu rendre raison de cette différente conduite de l'Eglise, et ils nous ont laissé là-dessus deux choses dignes de remarque.

La première, que se laisser séduire à l'hérésie, et revenir ensuite à la foi catholique, est une marque qu'on était tombé par ignorance, puisqu'on ne manque en ce point qu'en prenant pour la créance orthodoxe, une créance erronée, laquelle on se persuade être véritable ; au lieu que tomber dans le péché d'impureté, est une chute dans un mal tout visible et tout volontaire. L'hérétique ne connaît pas le grand mal où il s'engage, et il avale un hameçon dont il n'aperçoit pas le fer; mais l'impudique commet cette action détestable, sachant très-bien que c'est un crime qu'il va commettre, et il se jette lui-même, de propos délibéré, dans les filets qu'il voit, par le désir de satisfaire une passion brutale, qui même ne la satisfait pas. C'est pourquoi ce dernier sera battu de plusieurs coups, selon l'Evangile, parce qu'il a fait le mal connaissant que c'était un mal et qu'il a été induit à pécher, non par les ténèbres de son esprit trompé, mais par la corruption de sa volonté malicieuse.

La seconde raison qu'ils apportent de la différente conduite de l'Eglise à l'égard de ces deux sortes de pécheurs, est que l'hérésie ne répand le venin de l'erreur que dans l'âme séduite, au lieu que la luxure, après avoir empoisonné l'âme empoisonne encore le corps, et révolte l'un et l'autre contre la loi d'un Dieu crucifié ; de sorte que, quand un homme veut sincèrement quitter l'hérésie, il n'a aucun ennemi domestique ni dans le corps ni dans l'âme, qui le souille ou qui lui fasse violence pour le retenir dans son erreur; il devient pur et victorieux au moment qu'il y renonce ; mais quant à celui qui veut revenir à Dieu après une vie dissolue, il trouve une chair infectée et rebelle, et une volonté affaiblie et comme enchaînée par les liens des mauvaises habitudes; or, il faut bien des larmes et bien des efforts pour le purifier et le mettre en liberté, ce qui n'est pas l'ouvrage d'un jour. C'est pourquoi l'Eglise, imitant dans le gouvernement des âmes la salutaire conduite des médecins des corps, a toujours eu pour but, dans la guérison des maladies spirituelles, d'en ôter la cause et la racine, de peur qu'elles ne reviennent de nouveau ; et elle ne se contente pas seulement d'arrêter dans les personnes vicieuses et déréglées, le cours de leurs désordres (comme elle se contente de faire abjurer aux hérétiques leur mauvaise créance), mais elle les oblige encore à s'exercer longtemps dans les travaux et les mortifications, afin que, par l'habitude de cette vie pénitente et de ces pratiques saintes, ils extirpent d'eux-mêmes l'inclination aux voluptés sensuelles, et qu'ils purifient et soumettent leur chair corrompue et rebelle. La différence de la conduite de l'Eglise, en ces deux points de sa discipline, est donc très-juste et très-sage, puisque comme l'hérétique n'a péché que par l'adhérence à l'erreur, il est ensuite justifié par la confession de la vérité, sans qu'il ait besoin d'un long espace de temps pour se préparer à cette confession ni pour se combattre lui-même ; au lieu que l'homme incontinent s'étant souillé dans la luxure, a besoin de se laver longtemps pour en effacer les taches opiniâtres, et pour surmonter et soumettre parfaitement sa chair révoltée à la loi de Dieu, et la sacrifier plusieurs fois, afin qu'en la sacrifiant, il se rende digne de sacrifier la chair de l'Agneau immaculé.

Tel a été à peu près le raisonnement d'un ancien et savant archevêque grec, qui vivait il y a près de neuf cents ans, dans ses éclaircissements sur les ouvrages de saint Jean Climaque.

On peut ajouter que, comme le péché de nos premiers parents infecta leur corps et leur âme, et y causa une corruption comme substantielle, laquelle nous est communiquée par la voie de la génération, dont l'impudicité est une nouvelle dépravation par l'usage illégitime du corps, il s'ensuit que la luxure est dans l'homme un péché comme substantiel, et qui le corrompt tout entier, âme et corps : c'est le raisonnement du même saint Jean Climaque, dans cet endroit où nous en sommes ; car, faisant réflexion sur ce passage de l'Apôtre : Fuyez la fornication ; quelque autre péché que l'homme commette, il est hors du corps ; mais celui qui commet la fornication, pèche contre son propre corps, déclare que cette doctrine de saint Paul nous apprend que la luxure est à la substance corrompue de l'homme, ce que le pus est à la chair ulcérée du corps : *Si omne peccatum quodcunque homo peccaverit extra corpus est ; qui autem fornicatur, in corpus suum peccat* (*I Cor.* VI, 18), « quod idcirco ita dictum est, quia ipsius carnis substantiam, fluxu inquinare consuevit. » Doctrine très-conforme à celle de saint Thomas, qui ne craint point d'avancer que la grâce répare, en un sens, la substance même de l'âme entamée par le péché : « Gratia secundum se considerata, perficit essentiam animæ. »

Mais puisque l'autorité de saint Jean Climaque et sa doctrine édifiante sur la chasteté viennent si à propos, on peut ajouter à ce que l'on en a rapporté ci-dessus, une nouvelle question digne d'être examinée, que ce saint propose sur la même matière, et qu'il est d'autant plus à propos d'éclaircir, que son humilité n'a pas voulu la résoudre.

Je voudrais bien demander, dit-il, pourquoi dans les autres péchés qui ne sont point contre la chasteté nous avons accoutumé de dire que les hommes on été séduits et trompés, au lieu que quand nous apprenons que quelqu'un s'est laissé aller au péché de luxure, nous nous écrions avec douleur : Hélas ! un tel est tombé ; « Quid est quod in aliis peccatis reliquis seductos homines consuevimus dicere, cum vero quempiam fornicatum fuisse audiverimus, cum dolore dicimus : Ille cecidit ! » Telle est la difficulté que se forme saint Jean Climaque, et qu'il tire du langage ordinaire des Chrétiens, que l'esprit de Dieu leur a sans doute appris à tenir. Chacun peut dire sa pensée là-dessus ; mais il semble que les autres péchés, d'ailleurs moins grossiers, se couvrent de quelques voiles et de quelques prétextes qui nous offusquent, et qui donnent lieu à l'esprit de ténèbres de nous aveugler et de nous séduire ; séduction qui commença dès notre première mère, laquelle, pour s'excuser de sa désobéissance, dit à Dieu que le serpent l'avait trompée : *Serpens decepit me*. (*Gen.* III, 13.) Or, ce que fit ce rusé tentateur, il l'a toujours continué ; depuis, surtout dans les péchés d'orgueil, de désobéissance, d'ambition, d'envie, et semblables ; mais dans les péchés contre la chasteté, on ne dit point qu'un homme a été séduit, parce que ces crimes sont si palpables et si visibles, qu'on ne peut les excuser sous aucun prétexte d'ignorance ou d'erreur, et qu'on y est d'ailleurs si porté par sa propre concupiscence, qu'il est très-vrai de dire qu'en matière d'incontinence, un chacun sert de tentateur et de diable à soi-même.

La remarque d'Elie de Crète, sur cet article, peut encore donner jour à ceci. Les péchés ordinaires, dit-il, consistent dans une dépravation d'esprit, qui fait que le pécheur use mal des créatures ; or, il peut se redresser de ces sortes d'égarements, en usant bien des mêmes choses dont il a mal usé par l'attrait et l'illusion du vice : par exemple, si on a renoncé à Dieu, on peut de nouveau le confesser ; si on a ravi le bien d'autrui, on peut distribuer le sien propre aux pauvres, et ainsi du reste. Mais celui qui a péché contre la chasteté ne peut retourner à Dieu par la même voie par laquelle il est tombé : au contraire, il faut qu'il s'en abstienne entièrement ; et par conséquent c'est avec grande raison que ce vice est considéré comme la chute et la ruine d'un édifice dont les débris ne peuvent servir de matériaux à le relever : « Cum vero quempiam fornicatum fuisse audiverimus, cum dolore dicimus : Ille cecidit. »

Mais ne pourrait-on pas encore ajouter ici que le péché d'impureté est véritablement appelé une ruine totale, à cause que ce vice arrache de l'âme de celui qui le commet jusqu'aux semences de toutes les vertus ; que c'est un feu qui dévore jusqu'à la racine de toutes les plantes spirituelles dans un cœur : *Ignis est usque ad perditionem devorans, et omnia eradicans genimina*, dit le saint homme Job (*Job* XXXI, 12) ; que c'est une chute, à raison de l'abîme profond dans lequel on tombe, dont on ne revient presque jamais ? Une femme perdue, dit le Sage, est une fosse profonde et un puits très-creux ; tous ceux qui trébuchent dans un tel gouffre n'en resortent plus : *Fovea profunda est meretrix, et puteus angustus : omnes qui ingrediuntur ad eam non revertentur, nec apprehendent semitas vitæ*. (*Prov.* XXII, 27 ; II, 19.) Aussi saint Thomas enseigne-t-il que, s'il y a d'autres crimes qui séparent plus de Dieu et qui tiennent davantage de cette première qualité du péché, qui est d'être une aversion du souverain bien : « Aversio a Deo, aversio ab incommutabili bono, » il n'y en a point qui lie tant à la créature et qui participe plus à cette seconde qualité du péché que les théologiens appellent : « Conversio ad creaturam, conversio ad commutabile bonum ; » que c'est un péché d'une très-grande adhérence : « Maximæ adhærentiæ, » suivant cette parole du prophète : Ils ne prendront point le désir salutaire de retourner au Seigneur, parce que l'esprit de fornication est au milieu d'eux : *Non dabunt cogitationes suas ut revertantur ad Dominum, quia spiritus fornicationum in medio eorum (Ose.* v, 4); enfin, que c'est une ruine entière et une grande chute, à cause de la grandeur de sa malice : *Hoc enim nefas est et iniquitas maxima (Job* XXXI, 11), dit encore le saint homme Job au même endroit.

Troisième considération. — Mais, pour revenir où nous en étions, et pour montrer qu'on doit exiger une chasteté éprouvée de celui qui prétend recevoir les ordres, jetons les yeux sur l'histoire des enfants d'Aaron. L'Ecriture raconte qu'ils portèrent dans le sanctuaire un feu étranger, et que le feu du saint autel rejaillit sur eux, et les dévora : *Offerentes coram Domino ignem alienum, egressus ignis a Domino devoravit eos, et mortui sunt coram Domino. (Num.* III, 4.) Que nous signifie cet accident tragique? Car tout arrivait à ce peuple en figure, tout était destiné pour notre instruction. Il signifie, disent les saints, les ardeurs de l'enfer, dont les ecclésiastiques seront la victime malheureuse, pour s'être approchés de la victime sainte de nos autels, le cœur embrasé des ardeurs de la convoitise. De quel front, de quelle audace, leur dit Pierre Damien, osez-vous aborder l'autel, portant en vous les flammes d'un amour impur? « *Qui flamma libidinis æstuas, qua fronte, qua audacia sacris altaribus appropinquas?* » Ignorez-vous que les flammes vengeresses de la justice divine dévorèrent les enfants d'Aaron, parce qu'ils osèrent porter dans le sanctuaire un feu étranger? « *Ignoras quia filii Aaron, Nadab scilicet et Abiud, idcirco cœlesti sunt igne consumpti, quoniam alienum ignem offerre Domino præsumpserunt?* » Sachez, sachez que l'autel de Jésus-Christ ne souffre point ce feu profane, et que quiconque est si hardi que d'y venir avec un cœur brûlé par une passion si honteuse sera lui-même brûlé par le feu de la colère de Dieu en ce monde, et livré en proie aux flammes éternelles de sa justice en l'autre : « *Altaria quippe Domini non alienum, sed ignem duntaxat divini amoris accipiunt; quisquis igitur carnalis illecebræ ignibus æstuat, et sacris ministeriis assistere non formidat, ille procul dubio divinæ ultionis igne consumitur, et sicut nunc æstuantis luxuriæ flamma decoquitur, ita post modum neque finiendis atrocis gehennæ incendiis necesse est comburatur.* » Voyez donc si l'on ne doit pas être entièrement exempt de ce feu criminel pour s'approcher de l'ordination, et si c'est sans fondement qu'on demande des ministres des autels une chasteté affermie?

Ils touchent et ils portent sans cesse dans leurs mains les choses saintes, les instruments du culte divin, les vases sacrés, les ornements sacerdotaux, les linges de l'autel, les calices, les ciboires, les huiles bénites, la matière des sacrements. Comment feront-ils dignement cela, dépouillés de la vertu de chasteté? Comment toucheront-ils des choses si augustes avec des mains souillées? La chasteté est une vertu, dit saint Augustin, sans laquelle il ne nous est pas permis de toucher les vases sacrés : « *Hæc est illa virtus sine qua vasa Domini ferre non possumus.* » S'il était si souvent ordonné aux lévites anciens d'être purs, parce qu'ils portaient des vases destinés au ministère de leurs sacrées fonctions, des vases néanmoins vides de grâce et de sainteté, des vases qui n'étaient que la figure des nôtres : *Mundamini qui fertis vasa Domini (Isa.* LII, 11), combien êtes-vous plus étroitement engagé à être pur, vous qui portez la véritable sainteté entre vos mains, le Saint des saints dans votre cœur, dit Pierre Damien : « *Verbum prophetæ est, Mundamini qui fertis vasa Domini, quanto mundiores esse oportet, qui in manibus et corpore portant Christum, quibus Apostolus dicit : Glorificate et portate Christum in corpore vestro.* » (1 *Cor.* VI, 20.)

Sitôt que vous serez prêtre, vous voudrez vous charger du soin des âmes, administrer le sacrement de pénitence, vous appliquer à la direction des consciences. Votre désir, trop empressé, ne souffrira point de délai là-dessus; les besoins pressants d'un diocèse, un bénéfice qu'on vous procurera, et de semblables raisons, vous y porteront. Mais si vous n'avez une chasteté à l'épreuve, où vous exposez-vous? dans quel danger allez-vous mettre votre pureté encore faible et peu enracinée.

Que ferez-vous quand il faudra entendre une confession générale d'une personne engagée dans des commerces honteux, et dont les qualités et les manières dangereuses sont souvent si propres à exciter les passions les plus éteintes? Seul à seul, quoique dans l'église, écouter des circonstances, entrer dans un détail d'une vie corrompue, et n'avoir pas le don de chasteté dans un grand degré, que deviendra le confessionnal pour vous?

Vous devez diriger et conduire à Dieu les âmes de toute une paroisse; vous avez pris sur vous le soin des personnes de l'autre sexe, aussi bien que celui des personnes du vôtre; vous ne pouvez pas fuir ce fardeau, éviter cet emploi périlleux, où il faut quitter ce bénéfice, ce que vous êtes bien éloigné de vouloir faire, ou il faut vaquer à leur sanctification, aussi bien qu'à celle des hommes. Mais si vous n'avez une chasteté éprouvée, où en êtes-vous?

C'est là raisonnement de saint Chrysostome. Celui, dit cet expérimenté docteur, qui se trouve chargé de tout un troupeau ne peut pas seulement s'attacher au salut des hommes et abandonner le salut des femmes; il doit ses travaux aux hommes, il ne peut les refuser aux femmes, et c'est là où se trouve le péril : « *Neque enim potest qui gregis universi curam suscepit, viris tantum curandis operam dare, mulierum autem curam negligere, quæ in parte magna profecto opus est providentia.* »

Car il faut les visiter dans leurs maladies,

les consoler dans leurs afflictions, les reprendre dans leurs négligences, les secourir dans leurs nécessités : exercices de charité qui donnent au démon je ne sais combien d'ouvertures pour nous tenter, si nous ne veillons sur nous-mêmes continuellement, si nous ne nous précautionnons de tous les moyens les plus prudents pour ne laisser aucune avenue à notre ennemi : « Nam et eas invisere ægrotantes, et solari lugentes, et adjuvare afflictas oportet; quæ omnia dum fiunt, plures irrumpendi aditus dæmon invenire potest nisi exacta quis ac munitissima custodia sese vallaverit. »

Et ne vous flattez pas peut-être de la pensée que vous ne serez pas en péril avec toutes sortes de personnes du sexe, et que vous n'avez rien à craindre du côté de celles qui sont vertueuses et retenues, puisque un œil pudique et modeste n'est pas souvent moins dangereux qu'un œil libre et effronté : « Quippe animum ipsum ferit ac commovet, non impudicæ tantum, sed etiam pudicæ mulieris oculus, » et quelquefois davantage, continue ce grand saint.

D'ailleurs, selon saint Jérôme, la sainteté sacerdotale, celle qui convient à un prêtre, doit être telle, que non-seulement il s'abstienne de toute action impure, mais même d'une œillade libre, et d'une imagination vagabonde : « Castitas est, ut ita dicam, pudicitia sacerdotalis est ut non solum ab opere immundo abstineat, sed ut a jactu oculi, et a cogitationis errore mens corpus Christi confectura sit libera. »

Enfin, dit saint Chrysostome, combien l'oblation du sacrifice de la Messe, et la dispensation du corps et du sang de Jésus-Christ obligent-elles un prêtre à être chaste et pur? Son corps, par la réception journalière du Saint des saints; sa langue, par les paroles divines qu'elle profère, le produit sur nos autels; ses mains le touchent, le portent, l'élèvent, le partagent, le distribuent; sa bouche le mange, son estomac le reçoit et l'enserre : quelle pureté cela ne demande-t-il pas! quelle sainteté!

Mais lorsque le prêtre, continue-t-il, a invoqué le Saint-Esprit, et a opéré le redoutable sacrifice, qu'il touche tant de fois de ses mains le maître souverain de l'univers, je vous demande en quel rang le mettrons-nous, quelle intégrité de vie, quelle religion n'exigerons-nous pas de lui?

Considérez quelles doivent être les mains qui servent à un ministre si relevé, la langue qui profère des paroles si sacrées, le cœur qui reçoit un tel hôte, de quelle pureté ne doit pas reluire l'âme qui participe à un tel sacrifice? Y a-t-il rayon de soleil qui soit plus pur que le doit être la main qui partage une telle hostie; la bouche qui est pleine de ce feu sacré, de ce charbon ardent; la langue qui est teinte de ce sang adorable? Ah! prêtres, à quel degré de gloire et d'honneur êtes-vous élevés? à quelle table vous asseyez-vous? Ce qui donne de la frayeur aux anges, ce qu'ils n'osent fixement regarder, à cause de l'éclat lumineux qui en rejaillit, et qui les éblouit, c'est de cela même dont vous vous nourrissez, à quoi vous vous unissez.

L'apôtre saint Paul nous enseigne qu'une personne consacrée à Dieu doit être chaste de corps et d'esprit : *Ut sit sancta corpore et spiritu* (*I Cor.* VII, 34); et que celui qui viole cette divine vertu pèche également contre son corps et contre son âme : *Peccat in corpus suum*. (*I Cor.* VI, 18.) Votre corps est béni par la cérémonie de l'imposition des mains; on répand l'huile de la sacrée onction sur vous; les autres péchés sont du moins extérieurs à l'homme, selon l'expression de l'apôtre; mais celui-ci souille le corps même de l'homme qui le commet : Fuyez la fornication, dit-il : *Fugite fornicationem (Ibid.)*, et en voici la raison : *Omne peccatum quodcunque fecerit homo, extra corpus est*; tout autre péché ne corrompt pas sa chair comme celui-ci : *Qui autem fornicatur, in corpus suum peccat*. Mais quelle chair corrompt le prêtre? une chair ointe, une chair bénite, une chair consacrée, des mains sur lesquelles on a répandu l'huile d'une sacrée onction, sur lesquelles on a dit au jour de son ordination : « Consecrare et sanctificare digneris, Domine, manus istas per istam unctionem, et nostram benedictionem; » ce sont ces mains-là dont il se sert pour commettre des actions impures.

Que s'il était tant de fois et si expressément ordonné aux lévites anciens de se laver avec soin, et de ne souffrir en eux aucune tache, parce qu'ils portaient les vases du sanctuaire : *Mundamini qui fertis vasa Domini* (*Isa.* LII, 11), que ne vous est-il pas enjoint à vous qui portez Jésus-Christ même, l'oint du Seigneur? Si les prêtres ne devaient pas sortir du temple pendant le temps de leur ministère, et qu'ils exerçaient leurs fonctions sacerdotales, de peur de s'exposer, par le séjour qu'ils feraient dans leurs maisons, à quelque usage du mariage, d'ailleurs de soi licite, parce que l'huile de la sacrée onction était sur eux, parce que leurs mains ointes de l'huile sainte dans leur consécration, étaient destinées aux fonctions sacerdotales, parce qu'ils étaient revêtus des habits de sainteté : « Sacerdos super cujus caput fusum est unctionis oleum, et cujus manus in sacerdotio consecratæ sunt, vestitusque est sanctis vestibus, non egredietur de sanctis, ne polluat sanctuarium Domini, quia oleum sanctæ unctionis Dei sui super eum est; » à quelle pureté ne seront pas tenus les prêtres de la loi nouvelle, eux qui sont sans cesse dans le sanctuaire, qui tous les jours offrent le sacrifice redoutable de nos autels, qui sont à tout moment occupés à des fonctions saintes, qui portent un habit si mystérieux, et qui leur est une figure si vive de la vie pure à laquelle ils sont tenus? Car cette couronne n'est-elle pas le symbole de la couronne d'épines que Jésus-Christ porta dans l'oblation du sacrifice qu'il fit de lui-même sur le Calvaire, du domaine absolu que vous devez avoir sur vos passions, de la perfection dont vous faites profession? Cette tonsure n'est-elle pas une expression du renoncement que vous avez fait à toutes les vanités du monde, à toutes les superfluités de la terre? Cette soutane de couleur noire ne signifie-t-elle pas votre mort universelle à la vie du vieil homme ; et ce surplis, la vie nouvelle, pure, éclatante, que vous devez mener? Cet amict, cette aube, cette ceinture, ce manipule, cette étole et cette chasuble, en un mot, tous ces habits sacerdotaux, tous ces instruments du culte divin, ne sont-ils pas l'expression des instruments de la passion du Sauveur, et de l'obligation que vous avez de vous immoler vous-même avec l'hostie que vous allez offrir? *Homo qui accesserit ad ea quæ sanctificata sunt, in quo est immunditia, peribit coram Domino. (Levit.* XXII, 3.) Jugez donc ce que vous deviendrez si vous vous approchez, non pas des cérémonies vides de grâces, mais des sacrements remplis de sainteté; si vous vous approchez des choses sacrées, non point avec quelques immondices légales, mais avec un cœur et un corps corrompus, combien devez-vous craindre de périr, non point d'une mort extérieure et corporelle : *Peribit coram Domino,* mais d'une mort d'autant plus funeste, qu'elle sera plus intérieure et plus spirituelle ; « Si tam atroces figuræ, » dit saint Augustin, « quanto majori diligentia cavendæ sunt pœnæ, quarum illæ figuræ fuerunt? » et par conséquent ; « Nemo ad sacrum ordinem permittatur accedere, nisi aut virgo, aut probatæ sit castitatis. »

Quatrième considération. — Enfin, pour terminer cette instruction, le dernier motif qui vous oblige à porter un cœur pur à l'ordination, est la considération du Saint-Esprit que vous y recevez, de l'esprit auteur de toute pureté, qui vous y est donné, et qui proteste qu'il n'établira jamais son séjour dans un corps souillé par le péché, seul, au langage de l'Apôtre, qui souille le corps : *Non habitabit in corpore subdito peccato;* or, c'est ce divin hôte que vous recevez dans l'imposition des mains, et que vous recevez plus d'une fois, Mes chers frères, dit l'évêque qui vous confère la tonsure, prions Notre-Seigneur Jésus-Christ qu'il donne le Saint-Esprit à ceux que nous tonsurons : « Oremus, fratres charissimi, Dominum nostrum Jesum Christum, pro his famulis suis, ut donet eis Spiritum sanctum. »

Quand vous êtes ordonné sous-diacre, c'est-à-dire quand vous recevez le premier ordre sacré, et que vous faites le vœu de chasteté perpétuelle, l'Eglise demande à Dieu qu'il vous donne le Saint-Esprit avec ses dons divins, pour résider à jamais dans votre cœur, pour y mettre, non pas en passant, mais pour y établir son domicile; que l'esprit de sagesse et d'entendement repose en ceux que nous ordonnons, dit l'évêque ; l'esprit de conseil et de force, l'esprit de science et de piété, qu'ils soient remplis de l'esprit de votre crainte et confirmés dans le ministère : « Requiescat super eos spiritus sapientiæ et intellectus, spiritus consilii et fortitudinis, spiritus scientiæ et pietatis, et repleas eos spiritu timoris tui, et eos in ministerio confirmes. »

Quand on vous confère le diaconat, on vous impose les mains, et on dit sur vous : Recevez le Saint-Esprit pour être votre force, et pour résister au diable et à ses tentations : « Accipe Spiritum sanctum ad robur, ad resistendum diabolo et tentationibus ejus. » L'évêque demande à Dieu qu'il envoie sur vous le Saint-Esprit : « Emitte in eos, quæsumus, Domine, Spiritum sanctum. » Seigneur, ajoute-t-il, exaucez les prières que nous vous faisons en faveur de ces diacres, et envoyez sur eux l'Esprit-Saint qui les enrichisse de ses dons : « Exaudi, Domine, preces nostras, et super hos famulos tuos Spiritum tuæ benedictionis emitte, ut cœlesti munere ditati, » etc.

Mais, dans la collation de la prêtrise, on vous donne encore avec une abondance incomparablement plus grande, cet Esprit-Saint pour venir résider en vous; on l'invoque par le chant solennel du *Veni, Creator,* etc. On vous impose les mains, et on dit : Recevez le Saint-Esprit ; ceux dont vous remettrez les péchés, ils leur sont remis ; « Accipe Spiritum sanctum : quorum remiseris peccata, remittuntur eis, et quorum retinueris, retenta sunt. *(Joan.* xx, 22, 23.) Au reste, de si solennelles bénédictions, des invocations si expresses, ne sont pas des paroles vaines, vides, stériles et spéculatives ; ce ne sont pas des expressions inefficaces et infructueuses, elles entrent dans l'administration des sacrements de la loi nouvelle, elles en sont la forme et l'essence, elles opèrent ce qu'elles signifient ; elles sont pratiques, et de la nature de celles du Sauveur qui, disant à un malade qu'il lui rendait la santé, la parole, la vue, faisait ce qu'il disait : *Ipse dixit et facta sunt, ipse mandavit et creata sunt (Psal.* xxxii, 9); ce sont des paroles prononcées par un évêque, un ministre public de la religion, dans une collation solennelle des ordres, et par conséquent de l'effet desquelles nous ne devons pas douter, à moins que nous n'y mettions obstacle. Si donc, par l'ordination, nous devenons les temples du Saint-Esprit, de quelle pureté ce sanctuaire ne doit-il pas être orné, de quelle longue habitude de vertu? Y a-t-il rien au monde qui doive approcher de la pureté dont l'âme d'un prêtre, qui reçoit un tel hôte, doit briller, dit saint Chrysostome ; « Qua denique re non puriorem sanctioremve esse convenit animam quæ tantum illum tamque dignum spiritum acceperit. » Prenez donc garde que votre édifice spirituel ne soit pas encore assez solide pour poser dessus une dignité d'un tel poids que le sacerdoce, c'est-à-dire une dignité qui, entre toutes les dignités les plus élevées, est ce que le comble et le toit sont entre toutes les parties de l'édifice : « Omnium dignitatum apex, et extrema meta, » disent les saints. On ne met pas un toit grand et vaste sur des murailles faibles et chancelantes, dont la maçonnerie est encore toute fraîche, dit saint Grégoire, et qui n'est pas affermie par le temps et la sécheresse : « Scimus quod ædificati parietes non prius lignorum pondus accipiunt, nisi novitatis suæ humore siccentur. » Que si on est assez imprudent de faire autrement, il ne faut s'attendre qu'à la prochaine ruine d'une semblable maison : « Ne si ante pondera, quam solidantur accipiant, cunctam simul fabricam ad terram deponant. » Vos épaules ne sont pas assez fortes pour soutenir un fardeau qui paraît redoutable aux anges mêmes : « Angelicis humeris formidandum. » Et ainsi vous ne bâtirez pas une maison, mais une ruine : « Structuris recentibus, » dit-il ailleurs, expliquant la même pensée, « necdum solidatis, si lignorum pondus superponitur, non habitaculum, sed ruina fabricatur. » Ce même saint pontife se sert d'une autre comparaison qui fait bien comprendre cette vérité, et laquelle revient au même. Lors, dit-il, que nous coupons des arbres dans une forêt pour en faire des poutres, nous avons soin de les faire sécher avant que de les mettre en œuvre, de peur que, si on les charge étant encore vertes et humides, elles ne viennent à se courber, et ne gâtent tout l'édifice pour avoir été trop tôt posées sur les murailles : « Cum ad ædificia arbusta succidimus, ut prius viriditatis humor exsiccari debeat exspectamus : ne si eis adhuc recentibus fabricæ pondus imponitur, ex ipsa novitate curventur, et confracta citius corruant, quæ immature in altum levata videbantur. » Sachez, dit saint Chrysostome, ô vous qui prétendez au sacerdoce! que votre âme doit être plus pure que les rayons du soleil, ou qu'autrement le Saint-Esprit se retirera de vous, et vous abandonnera comme une maison désolée : « Sacerdotis animam solaribus radiis puriorem esse oportere, nequando Spiritus sanctus desolatum illum relinquat. »

Autrement, ne vaudrait-il pas mieux vous retirer et faire votre salut au rang des simples fidèles, que de profaner, par une entrée indigne et sans vocation ou sans vertu, un état si périlleux et si relevé que celui du sacerdoce ; d'y mener une vie plus criminelle que vous n'auriez peut-être fait dans le monde, et de vous attirer un jugement plus rigoureux que celui que vous auriez eu vivant dans le monde? dit excellemment saint Bernard : « Esset autem sine dubio melius salvari in humili gradu fidelis populi, quam in cleri sublimitate, et deterius vivere, et districtius judicari. » Plût à Dieu que ceux qui n'ont pas le don de chasteté, ajoute le même saint, plût à Dieu que ceux qui ne peuvent se contenir, ne fussent pas si présomptueux que de professer témérairement la perfection, et de vouer la continence ! « Utinam qui continere non valent, perfectionem temerarie profiteri, ac cœlibatui dare nomina vererentur. » Car le dessein qu'ils prennent est grand, et il n'est pas permis à tout le monde indifféremment d'y aspirer, ni d'entreprendre un si somptueux édifice : « Sumptuosa siquidem turris est, et verbum grande quod non omnes capere possunt. »

Que si, après toutes ces considérations bien pesées, vous croyez néanmoins encore être appelé à ce genre de vie si parfait ; si vous sentez en vous une certaine confiance en la bonté du Seigneur, fondée sur une épreuve que celui qui vous conduit dans les voies de Dieu juge suffisante, ne vous rebutez pas ; Dieu achèvera en vous son ouvrage et vous multipliera ses dons. Que ce qu'on a dit ne vous jette point dans le découragement, mais qu'il vous imprime une crainte salutaire, un respect religieux. Souvenez-vous de l'avis que vous donne l'évêque, ou plutôt l'Église par sa bouche dans votre ordination : Mes chers enfants, vous dit-elle, devant être consacrés en l'office de prêtre, approchez-vous de cette dignité avec de saintes dispositions, et résolus d'en remplir parfaitement les devoirs : « Consecrandi, filii dilectissimi, in presbyteratus officium, illud digne suscipere et susceptum laudabiliter exequi studeatis. » Approchez-vous-en pleins d'une sacrée frayeur : « Cum magno quippe timore ad tantum gradum ascendendum est. » Et encouragez-vous par ces paroles qui retentiront plus d'une fois à vos oreilles : Le Seigneur est puissant pour augmenter en vous la grâce, la charité et la perfection : « Potens est enim Deus ut augeat tibi gratiam suam, charitatem, et opus perfectum. »

ENTRETIEN VII.

DE L'EXCELLENTE CHARITÉ QU'ON DOIT APPORTER A L'ORDINATION.

Rien ne découvre plus cette obligation que ce que fit Jésus-Christ dans l'institution du sacerdoce ; et pour vous persuader cette vérité, considérez, premièrement, le temps que Jésus-Christ choisit pour instituer le sacerdoce. Saint Jean écrit que ce fut avant la fête de Pâques, lorsque son heure étant venue, il se voyait sur le point de passer de ce monde à son Père : *Ante diem festum Paschæ, sciens Jesus quia venit hora ejus ut transeat ex hoc mundo ad Patrem (Joan. XIII, 1)* ; au que ce fut précisément alors, c'est-à-dire au moment de sa séparation d'avec les apôtres, et de la mort douloureuse qu'il allait souffrir, ou plutôt au moment du sacrifice sanglant de soi-même qu'il allait offrir pour nous ; en un mot, ce fut au dernier période de sa vie, moment auquel le Père réserve le plus tendre témoignage de son amour envers le Fils, qu'il voulut vous revêtir de cette excellente dignité, vous élever à ce haut rang, vous associer à ce grand pouvoir : *Cum dilexisset suos qui erant in mundo, in finem dilexit eos (Ibid.)*, et qu'il mit comme le comble à toute la charité dont son cœur brûlait pour vous.

Saint Paul assure avoir appris de ce divin Sauveur que ce fut la nuit même en laquelle il fut trahi et livré aux Juifs pour être immolé sur la croix, et y consommer l'action de son sacrifice, qu'il institua le sacerdoce, et qu'il s'institua la victime de la nouvelle alliance : *Fratres, ego enim accepi a Domino quod et tradidi vobis, quoniam Dominus Jesus in qua nocte tradebatur, accepit panem*, etc., *et dixit hoc facite*. (*I Cor.* xi, 23, 24.)

L'Eglise pèse cette circonstance au moment même qu'elle va renouveler ce redoutable mystère sur nos autels, ou plutôt exercer cette puissance divine qui lui fut lors confiée ; et elle rapporte avec étonnement que Jésus-Christ, la veille de sa Passion, prit le pain dans ses saintes et adorables mains, pour le changer en son corps, et pour communiquer à ses apôtres, et en leurs personnes à leurs successeurs dans la suite des siècles, le droit d'offrir le même sacrifice, et d'opérer le même mystère : « Qui pridie quam pro nostra omniumque salute pateretur. Hoc est hodie » dit-elle, le jeudi saint : « Accepit panem in sanctas ac venerabiles manus suas, dicens, etc. : *Hoc facite*. Et elle ajoute que ce jour lui est en une singulière vénération, à cause de l'institution d'un si grand sacerdoce : « Hanc igitur oblationem servitutis nostræ sed et cunctæ familiæ tuæ quam tibi offerimus ob diem in qua Dominus noster Jesus Christus tradidit discipulis suis corporis et sanguinis sui mysteria celebranda. »

Le concile de Trente observe aussi cette particularité, pour en faire un grand sujet de gratitude à tous les prêtres, lorsqu'il dit que le Fils de Dieu, sur le point de monter de la terre au ciel, d'entrer dans sa gloire, et de s'asseoir à la droite de son Père, choisit les prêtres pour les rendre les dépositaires de son pouvoir, et pour les revêtir de son autorité, les établissant présidents dans son Eglise, et juges des peuples fidèles : « Dominus noster Jesus Christus e terris ascensurus ad cœlos, sacerdotes sui ipsius vicarios reliquit tanquam præsides ac judices. »

Il ajoute que le même Seigneur et Maître Jésus-Christ, vrai Dieu et vrai homme, quoiqu'il ne dût qu'une fois s'offrir à son Père, et exercer son sacerdoce sur l'autel de la croix, par le sacrifice sanglant, pour y opérer la rédemption éternelle des hommes : « Is igitur Deus et Dominus noster. Etsi semel seipsum in ara crucis, morte intercedente, Deo Patri oblaturus erat ut æternam illic redemptionem operaretur. » Cependant, parce que son sacerdoce ne devait pas être éteint par sa mort ni finir avec sa vie : « Quam tamen per mortem sacerdotium ejus exstinguendum non erat, » dans la nuit même qu'il fut livré, et dans son dernier repas : « In cœna novissima qua nocte tradebatur ; » afin de laisser à l'Eglise son Epouse bien-aimée un sacrifice qui, par sa visibilité, fût conforme à la nature de l'homme, et par ses symboles fût expressif du sacrifice qu'il devait faire une fois de lui-même sur le Calvaire, qui en fût le mémorial, qui en rappelât toujours le souvenir, et qui le rendît subsistant jusqu'à la consommation des siècles : « Ut dilectæ Sponsæ suæ Ecclesiæ visibile, sicut hominum natura exigit, relinqueret sacrificium, quo cruentum illud semel in cruce peragendum, repræsentaretur, ejusque memoria in finem usque sæculi permaneret ; » et nous en appliquât la vertu en opérant en nous la rémission des péchés que nous commettons tous les jours : « Atque illius salutaris virtus in remissionem eorum quæ a nobis quotidie committuntur peccatorum applicaretur. » S'établissant lui-même, ou plutôt faisant voir qu'il était prêtre selon l'ordre de Melchisédech, et revêtu d'un sacerdoce éternel dont cet ancien n'était que la figure, dans ce temps même il offrit son corps et son sang à Dieu son père, sous les apparences du pain et du vin : « Sacerdotem secundum ordinem Melchisedech se in æternum constitutum declarans, corpus et sanguinem suum sub speciebus panis et vini, Deo patri obtulit, ac sub earum rerum symbolis ; » et se donna sous ce sacrement à ses apôtres, qu'il établit et ordonna pour lors prêtres du Nouveau Testament, leur enjoignant, et en leurs personnes à leurs successeurs dans le sacerdoce, de l'offrir en sacrifice ; puissance qu'il leur conféra par ces paroles : *Faites ceci en mémoire de moi* : « Apostolis quos tunc Novi Testamenti sacerdotes constituebat, ut sumerent, tradidit, et eisdem eorumque in sacerdotio successoribus ut offerrent, præcepit per hæc verba : *Hoc facite in meam commemorationem.* »

Ce fut donc dans cette circonstance de temps que Jésus-Christ établit le sacerdoce dont vous allez être revêtu : combien donc devez-vous l'adorer et le remercier de vous avoir choisi pour être honoré d'une telle dignité, et dont il veut vous faire sentir la grâce, vous obligeant à méditer que ce fut un moment avant de mourir pour vous et que de vous quitter, qu'il vous donna cette marque de son amour, et qu'il vous laissa ce gage de ses promesses.

Considérez encore que ce miséricordieux Sauveur institua le sacerdoce dans un festin, qui est l'action de la vie que les amis choisissent pour témoigner davantage leur tendresse à leurs amis, et qui est regardée comme le gage le plus établi et le plus certain d'une parfaite confiance, qu'il l'institua dans l'endroit du repas où on se laisse le plus ordinairement aller aux sentiments de joie et d'affection. Car ce fut sur la fin qu'il l'institua dans le dernier repas, comme pour leur dire le dernier adieu ; qu'il les assura que ce repas n'était que l'avant-goût de celui qu'il leur allait préparer dans le royaume de son père, où il les conviait, où ils s'assiéraient à sa table, où il leur ferait voir sa magnificence, où il leur découvrirait sans aucun nuage sa gloire, et où brilleraient de tout l'éclat et de toute la splendeur attachés au sacerdoce qu'il leur conférait, exerceraient en plénitude le pouvoir qu'il leur donnait : *Vado parare vobis locum* (*Joan.* xiv, 2), *et ego dispono vobis, sicut disposuit mihi Pater meus regnum, ut edatis et bibatis super mensam meam in regno meo, et sedeatis super thronos judicantes duodecim tribus Israel*, (Luc. xx, 29, 30), *ut videant claritatem meam quam dedisti mihi, qui dilexisti me ante mundi constitutionem*. (Joan. xvii, 24.)

Saint Jean ajoute deux circonstances considérables dans Jésus-Christ au moment même de l'institution du sacerdoce : l'une qu'il parut actuellement éclairé sur le passage qu'il allait faire de ce monde à son Père, de qui il possédait toutes les connaissances et tout le pouvoir : *Sciens Jesus quia venit hora ejus ut transeat ex hoc mundo ad Patrem, et quia omnia dedit ei Pater in manus.* (Joan. xiii, 1, 3.) De qui il émanait, et auquel il retournait : *Et quia a Deo exivit, et ad Deum vadit*. (Ibid., 3.) L'autre que, plein de ces hautes lumières de la grandeur de son origine, de la dignité de sa personne, de l'étendue de sa puissance, il prévit l'ingratitude et la perfidie d'un de ses disciples, et en lui celle de tous les méchants prêtres futurs qui le déshonoreraient dans la suite des temps, et qui le livreraient jusqu'à la fin du monde par leurs crimes ; rempli, dis-je, de ces deux vues, dont l'une s'opposait aux desseins de son humilité, et l'autre aux mouvements de son amour : *Cum diabolus jam misisset ut traderet eum Judas Simonis Iscariotæ* (Ibid., 2) : il résolut cependant alors précisément d'instituer le sacerdoce, et de consacrer prêtres ses disciples : *Surgit a cœna, et ponit vestimenta sua* (Ibid., 4) : de leur conférer la plénitude de sa puissance, et de leur mettre tout entre les mains, en s'y mettant lui-même.

Quel honneur immense pour tout l'ordre sacerdotal ! Après cela le concile de Trente a-t-il exagéré quand il a dit que le Sauveur, sur le point de partir de ce monde pour aller à son Père, avait institué l'Eucharistie, dans laquelle il nous avait donné avec une profusion immense les riches marques de son amour : « *Salvator noster discessurus ex hoc mundo ad Patrem sacramentum hoc instituit, in quo divitias divini sui erga homines amoris velut effudit.* » Car, dès là que Jésus-Christ a institué le sacrifice qui n'est autre que ce sacrement, il a tout ensemble institué le sacerdoce, ajoute le concile : « *Sacrificium et sacerdotium Dei ordinatione conjuncta sunt ;* » et, par conséquent, le sacrifice de l'Eucharistie étant tout divin, c'est une suite nécessaire que notre sacerdoce, qui s'exerce sur une telle hostie, soit tout divin, ainsi que l'assure le concile : « *Cum autem divina res sit tam sancti sacerdotii ministerium.* »

Enfin, considérez le discours embrasé de charité qu'il leur tint après leur ordination, les grandes lumières qu'il leur communiqua, les magnifiques promesses qu'il leur fit.

Là il leur dit que toute sa vie il avait ardemment désiré d'en venir à ce dernier repas avec eux, et avant de souffrir pour eux ; qu'il les aimait comme son Père même l'aimait, et qu'il ne pouvait leur en donner un plus grand témoignage, qu'en s'immolant pour eux et par eux ; qu'il leur laissait le pouvoir de faire des œuvres plus merveilleuses que celles qu'il avait faites ; que tout ce qu'ils demanderaient en son nom à son Père, ils l'obtiendraient, droit qu'il attachait à leur sacerdoce ; que s'ils gardaient ses commandements, il se manifesterait à eux, et qu'il vient demeurer en eux, avec le Père et le Saint-Esprit ; qu'il ne les laisserait pas orphelins, parce qu'il leur enverrait cet Esprit-Saint qui les consolerait de son absence visible ; qu'il voulait être uni à eux comme la vigne l'est au sarment, afin de leur communiquer sa propre vie, et leur faire produire les mêmes fruits dans son Eglise ; que leur ayant découvert tous ses secrets et ses mystères, il ne les nommerait plus ses serviteurs, mais ses amis ; que ce n'étaient pas eux qui l'avaient élu, que c'était lui qui, par un amour gratuit, les avait choisis ; que le monde les persécuterait, mais qu'ils se consolassent, puisque lui-même en avait été persécuté le premier ; et que leur tristesse temporelle se changerait en une joie éternelle ; que s'il s'en allait au ciel, c'était pour leur y préparer la place, et donner ordre à ce grand banquet où il les invitait ; que là il leur découvrirait sa gloire ; cette gloire dont il jouissait avant la constitution des siècles et la création de l'univers ; qu'il leur donnait sa paix, et qu'il voulait qu'ils s'aimassent intimement les uns les autres ; que leur ayant tout dit et tout donné, il n'avait plus rien de réservé pour eux, et qu'il ne voulait plus être qu'un même cœur avec eux, comme il n'était qu'une même chose avec son Père, afin qu'ils fussent tous consommés en un.

Tel fut le sacré brasier du cœur de Jésus-Christ, dont tant d'étincelles éclairaient le cénacle, cet auguste sanctuaire où se fit la première ordination de la loi nouvelle, et qui devait servir de modèle aux siècles suivants.

Mais pouvait-il leur marquer plus d'amour en les établissant prêtres, qu'en s'établissant lui-même pour hostie de leur sacerdoce, et c'est ce que l'Eglise admire dans son Office, et dont elle fait un des principaux objets de la religion ? Dans cette dernière cène, dit-elle, étant assis avec ceux qu'il daignait bien appeler ses frères, le souper légal achevé, il se donna lui-même pour victime et pour aliments à ses chers et bien-aimés disciples, avec qui il voulait être une même chose :

In supremæ nocte cœnæ
Recumbens cum fratribus,
Observata lege plene,
Cibis in legalibus
Cibum turbæ duodenæ
Se dat suis manibus.

Et ce qui doit encore vous enflammer davantage, c'est qu'il institua tellement le sacerdoce pour vous seul, qu'il ne voulut pas qu'autre que vous eût pouvoir sur lui, qu'autre que vous pût le consacrer, l'offrir, le distribuer ; il se réserva pour vous seul, il refusa ce privilége-là à tout ce qu'il y a de plus grand, de plus saint sur la terre (parm les hommes, et dans le ciel parmi les anges, afin de les réserver à ses prêtres privativement à tous autres :

Sic sacrificium istud instituit,
Cujus officium committi voluit
Solis presbyteris, quibus sic congruit,
Ut sumant et dent cœteris.

Quel amour ne vous a donc pas témoigné Jésus-Christ ? quel amour n'exige-t-il pas de vous ? comment vous présenter à l'ordination, destitué d'amour ? Ah ! que c'est bien ici l'endroit naturel d'appliquer cette pensée d'un grand et célèbre évêque ; savoir, que le démon, vrai singe de la conduite de Dieu, a trouvé l'invention malheureuse d'empêcher que les cœurs des ecclésiastiques, ainsi que les enfants de la fournaise de Babylone, ne brûlassent au milieu des flammes de l'amour divin, et parmi les grâces et les bienfaits inestimables dont ils sont environnés de toutes parts, et qui montent jusqu'au ciel : « Miraculo diabolico homo inter tot ignes frigescit. »

Ajoutez à cela qu'il vous a donné de si grands témoignages d'amour pour l'établissement du sacerdoce, et vous a par là conféré un si grand bienfait, qu'il a mis le comble à votre ambition, et qu'il ne vous a laissé aucun lieu à désirer rien davantage ; parce que, selon les saints Pères, le sacerdoce est le plus grand des bienfaits dont Dieu ait jamais favorisé l'homme. Ne me parlez point, dit saint Chrysostome, de la pourpre des empereurs, ni du diadème des rois, ni de la magnificence des souverains ; tout cela n'est rien en comparaison du sacerdoce : « Ne mihi narres purpuram regum, neque diadema, neque vestes aureas : umbræ sunt ista omnia, vernisque flosculis leviora ; sacerdotium est ipso regno venerabilius et majus. » Selon saint Grégoire de Nazianze, le sacerdoce est le plus grand et le plus excellent des ornements dont un mortel puisse être enrichi : « Omnium ornamentorum maximum et præstantissimum. » Selon saint Chrysostome, c'est la plus grande des grâces dont Dieu nous ait favorisés : « Inter omnes gratias maxima est sacerdotalis dignitas. » Selon saint Ignace, martyr, c'est la plus haute dignité entre toutes les dignités, c'est le faste de toutes les grandeurs : « Enumera honores, dignitates, divitias, omnia denique mundi regna, omnium apex est sacerdotium. »

C'est le comble de tout ce qu'il y a de plus auguste en cette vie, dit saint Ambroise : « Honor et sublimitas sacerdotalis nullis poterit comparationibus adæquari, magna sublimitas, honor grandis. » Selon saint Ignace, c'est le plus excellent et le plus grand, non-seulement des honneurs, mais des biens que Dieu ait départis aux hommes : « Omnium bonorum quæ in hominibus sunt apex. » C'est le plus haut point où puissent s'étendre les désirs du cœur humain, dit saint Isidore : « Omnium quæ inter homines expetuntur velut extrema meta. » Etendez vos convoitises, donnez liberté à vos souhaits, vous ne sauriez vous porter à rien qui approche du sacerdoce : c'est une dignité grande, vaste, profonde, immense, infinie, inconcevable, dit saint Ephrem : « O quam magnum in se continet dignitatem formidabile et admirabile sacerdotium, miraculum stupendum, dignitas profunda, magna et multa, immensa et infinita ipsius sacerdotii dignitas ! » Elle est incompréhensible et inestimable, continue-t-il ; elle passe nos raisonnements et nos idées ; et je crois que c'est de cette dignité suprême dont saint Paul, ébloui, a dit en s'écriant : O profondeur, ô abîme des trésors, des richesses de Dieu ! « Excedit intellectum omnemque cogitationem, donum altitudinis dignitatis sacerdotalis, et ut sicut arbitror, hoc est quod Paulus quasi in stuporem mentis actus innuit, exclamans : *O altitudo divitiarum Dei !* » (*Rom.* xi, 33.)

Si donc le sacerdoce est un bienfait qui passe vos désirs quelque vastes qu'ils soient, combien devez-vous de reconnaissance à Dieu pour l'amour immense qu'il vous a témoigné en vous le conférant, d'autant plus que dans la doctrine de l'Eglise, et selon toutes les anciennes liturgies, le sacerdoce et le sacrifice sont les ouvrages du Saint-Esprit, de cet amour incréé que Jésus-Christ a envoyé pour embraser le monde, auquel même toutes les fonctions sacerdotales, tous les succès et les bénédictions du ministère sont spécialement attribués ; de sorte que le prêtre n'est que l'instrument et l'organe de ce divin esprit, sans lequel il ne faut rien oser, rien attendre, rien entreprendre, suivant cette parole du Sauveur : *Sine me nihil potestis facere.* (*Joan.* xv, 5.).

Il ne suffit donc pas que Jésus-Christ vous donne des marques de son amour, il faut que vous lui en donniez du vôtre, si vous voulez approcher d'un sacerdoce qui ne se reçoit et ne s'exerce jamais dignement, que quand on possède cet amour dans un degré sublime.

Les Pères observent que, quand le Fils de Dieu voulut commettre le soin de son troupeau à saint Pierre, il lui demanda par trois fois s'il l'aimait : Pierre, lui dit-il, m'aimez-vous, et m'aimez-vous plus que les autres ? *Simon Joannis diligis me plus his ?* (*Joan.* xxi, 15) comme pour lui dire : Ne soyez pas si téméraire que de prendre en main le gouvernement des âmes, si vous n'avez dans le cœur une charité parfaite, si vous ne m'aimez plus que tous les biens du monde, plus que toutes les personnes du monde, plus que vous-même. Ne pensez pas, dit saint Bernard, que Jésus-Christ, voulant confier ses brebis à saint Pierre, lui demande en vain tant de fois de suite : Simon, m'aimez-vous ? « Non otiose toties repetitum est : *Petre, amas me ?* (*Joan.* xxi, 15, 16, 17) in commissione ovium. » Car pour moi je crois que c'est autant comme s'il eût dit : Si votre conscience ne vous rend pas un sincère témoignage que vous m'aimez, et que vous m'aimez extrêmement et parfaitement, et cela plus que votre bien, plus que vos parents, plus que votre vie, gardez-vous bien de vous ingérer dans le ministère des âmes pour lesquelles j'ai répandu mon sang, et que j'ai aimées jusqu'à donner ma vie pour leur procurer le salut : « Et ego quidem id significatum perinde puto : ac si illi dixisset Jesus, nisi testimonium tibi perhibente conscientia, quod me ames, et valde perfecteque ames, hoc est plusquam tua, plusquam tuos, plusquam te, nequaquam suscipias curam hanc, nec te intromittas de ovibus meis, pro quibus utique sanguis meus effusus est. »

Cette vérité nous a été excellemment représentée dans la personne de Saül et de David, selon le grand saint Grégoire. L'Ecriture nous dit que quand Samuel voulut oindre ce premier, et l'établir roi d'Israël, ce prophète prit un petit vase d'huile, et la répandit sur la tête de Saül : *Tulit Samuel lenticulam olei, et effudit super caput ejus.* (*I Reg.* x, 1.) Voilà une médiocrité de mauvaise augure. Mais quand il fut question d'oindre le roi David, l'Ecriture s'en explique bien autrement : Remplissez votre vaisseau d'huile, dit Dieu à Samuel : *Imple cornu tuum oleo.* (*I Reg.* xvi, 1.) Voilà une plénitude ; aussi ce saint roi, se souvenant de cette faveur, disait à Dieu : Vous avez, Seigneur, répandu avec profusion l'huile sainte sur ma tête : *Impinguasti caput meum in oleo.* (*Psal.* xxii, 5.) Sur quoi saint Grégoire fait les réflexions suivantes : Cette cérémonie, dit-il, et cette onction étaient une figure qui contenaient une instruction importante, et qui présageaient les choses à venir : « Lenticula Saul ungitur ad exprimenda futura. » Ce n'est qu'avec un petit vase qu'on oint Saul, et non sans mystère : « Lenticula quidem parvum est vas : quid ergo est quod lenticula olei Saul ungitur, nisi quia in fine reprobatur. » Car que signifie cette si médiocre onction, si ce n'est sa future réprobation ? « Velut enim lenticula olei parum habuit, quia spiritualem gratiam projiciendus accepit. » Ce peu d'huile répandu représentait le peu de sainteté qu'il avait, le peu de grâce qu'il recevait, le peu de temps qu'il régnerait.

Or cette figure, continue ce saint, s'accomplit parfaitement tous les jours à nos yeux en la personne des prélats de l'Eglise : « Quod in rectoribus sanctæ Ecclesiæ convenientur, accipitur, » car nous n'en voyons que trop, qui, très-souvent sans avoir la plénitude de la charité, sans être animés d'un grand zèle pour le salut du prochain, vides de grâce et de sainteté, ont la témérité de s'ériger en pasteurs, et de s'élever au degré sublime du sacerdoce : « Plerumque enim culmen prælationis accipiunt, qui in charitate Dei et proximi perfecti non sunt. » Ils ont à la vérité quelque peu de bons sentiments, quelque légère teinture de piété, quelques gouttes d'huile dans leurs lampes, mais ils n'ont pas la plénitude nécessaire à un si haut ministère : « Quemdam namque affectum charitatis habent, sed plenitudinem non habent. » Or qu'est-ce que cette dévotion imparfaite, cette vertu informe dans un cœur, sinon un petit amas d'huile dans un vaisseau, laquelle oint tant soit peu la tête de celui qu'on sacre, mais qui ne découle presque pas sur lui ? « Illa ergo rudis et imperfecta mentis affectio, quid est nisi lenticula olei ? nam dum ungit caput et non replet, tota quidem effunditur, sed parum exhibet. » Faut-il donc s'étonner si cette liqueur si peu abondante et qui tarit presque aussitôt, si cette médiocrité de grâce et de vertu qu'on apporte à l'onction de l'ordination sont un présage qu'on ne persévérera pas dans la grâce qui sera conférée ? Que sera-ce donc de ceux qui n'y en apportent point du tout, ou qui y viennent avec des oppositions formelles, avec des vices et des péchés incompatibles avec toute onction sainte ? « Qui ergo gratiam unctionis non perseveraturus accepit, dispensante Deo per illius vasis liquorem ungitur, quo uncti defectio signaretur ? »

Ignorez-vous que cet amour envers Dieu et envers le prochain est la principale de dispositions qu'on exige de vous dans votre ordination ? ignorez-vous que la chasuble qu'on vous mettra sur le corps est le symbole de cette charité qui doit orner votre âme ? Recevez, mon fils, vous dira l'évêque, recevez ce vêtement sacerdotal, qui n'est que la figure de la charité intérieure dont vous devez être orné, et qui doit être un commencement de l'amour pur et de l'excellente perfection où Dieu, par sa puissance, vous élèvera : « Accipe vestem sacerdotalem per quam charitas intelligitur : potens est enim Deus ut augeat tibi charitatem et opus perfectum. » Ignorez-vous enfin que la cause de la réprobation d'un mauvais prêtre, dont la dégradation canonique est la figure, vient de ce qu'il ne se trouve pas revêtu de cette admirable vertu ? Nous vous dépouillons à bon droit de l'habit sacerdotal, symbole de la charité, dit l'évêque, parce que vous vous êtes dépouillé vous-même de cette divine vertu signifiée par cet habit, et qu'avec elle vous avez dépouillé toute innocence : « Veste sacerdotali charitatem signante te merito expoliamus, quia ipsam et omnem innocentiam exuisti. » Dieu nous préserve d'une si terrible sentence.

Pour revenir encore à saint Pierre à qui Jésus-Christ, le souverain pasteur de nos âmes ne voulut point confier le soin de ses brebis, qu'après avoir tiré trois fois de sa bouche des assurances qu'il l'aimait plus que tous les autres, et plus que toutes choses, considérez combien cette charité fut féconde dans son cœur, puisque la même bouche, qui trois fois avait assuré qu'elle aimait Jésus-Christ, convertit trois mille personnes à Jésus-Christ, dès la première fois qu'elle s'ouvrit pour faire aimer Jésus-Christ. Les étonnants succès que les prédications de cet apôtre eurent ensuite à Rome et dans l'empire, la foule des peuples qu'il attira à la foi par toute la terre, l'amour de Jésus-Christ qu'il imprima dans un nombre infini de cœurs, tout cela, dit saint Augustin, parut si prodigieux aux païens mêmes, que, ne pouvant comprendre un tel miracle, ils publiaient qu'il fallait que saint Pierre fût quelque magicien, et qu'il se fût servi de charmes et de maléfices, pour avoir pu obliger le monde à aimer si ardemment Jésus-Christ; mais comme argumente contre eux le même saint Augustin : Si saint Pierre a pu, par ses sortiléges, obliger tant de peuples à aimer Jésus-Christ : « Si Petrus maleficus fecit ut Christum sic diligeret mundus ; » par quel charme secret est-il arrivé que saint Pierre a lui-même tant aimé Jésus-Christ, qu'il a bien voulu donner sa vie et répandre son sang pour l'amour de Jésus-Christ : « Qua gratia factum est usque ad temporalem mortem pro Christo patiendam Christum diligeret Petrus? » et que celui qui avait rénié, comme en cachette, Jésus-Christ présent, confessât publiquement le nom de Jésus-Christ, et mourût pour Jésus-Christ absent? « Confessus est absentem, mortuus est pro absente quem negaverat præsentem. » Et cet amour de saint Pierre envers Jésus-Christ fut si ardent et si pur, que Jésus-Christ, selon saint Ambroise, le choisit pour l'établir vicaire de son amour envers l'Eglise : « Amoris sui velut vicarium Petrum reliquit. » C'est ainsi que ce grand apôtre profita de l'excellente leçon de son maître, qui lui avait appris que la qualité de pasteur oblige à donner sa vie pour ses brebis : *Bonus pastor animam suam dat pro ovibus suis.* (Joan. x, 11.) Jésus-Christ fit ce qu'il enseigna, il exécuta ce qu'il ordonna : « Fecit quod monuit, » dit saint Grégoire, « ostendit quod jussit. » Et en même temps il apprit à tous les pasteurs de son Eglise, dans les siècles à venir, ce qu'ils étaient tenus de faire, le chemin qu'ils devaient suivre, le modèle qu'ils devaient exprimer en eux : « Ostensa nobis est via quam sequamur, apposita forma cui imprimamur. » Ce modèle nous propose deux choses : L'une, de sacrifier tout ce qu'on a pour le salut des âmes ; l'autre, de se sacrifier soi-même : « Primum nobis est exteriora nostra misericorditer ovibus Christi impendere : postremum vero, si necesse sit, etiam mortem nostram pro eisdem ovibus ministrare. » Donner tout ce qu'on a pour ses brebis, c'est quelque chose : c'est le premier mouvement de la charité pastorale ; donner tout ce qu'on est, voilà le comble. L'un sert de disposition, et comme de degré pour s'élever à l'autre : « A primo hoc minimo, pervenitur ad postremum majus, » continue saint Grégoire.

Quiconque veut donc être un digne ministre du Fils de Dieu, quiconque prétend à son sacerdoce, doit être disposé au grand sacrifice de soi-même, et être prêt à donner des marques de cette grande et parfaite charité, qui va jusqu'à répandre son sang pour ses brebis : « Minister est Christi usque ad illud opus magnæ charitatis, quod est animam suam pro fratribus ponere, » car c'est ainsi que le souverain pasteur de nos âmes a rempli les devoirs de son ministère, et de son office de pasteur : *Sicut Filius hominis non venit ministrari sed ministrare ;* mais en quoi consiste ce ministère, le voici : *Et dare animam suam redemptionem pro multis.* (Matth. xx, 28.) C'est un tel ministère que le père honorera, et dont il reconnaîtra les services : « Sic ministrantem Christo honorificabit eum pater honore illo magno ut sit cum Filio ejus, et nunquam deficiat felicitas ejus. » Voyez donc si vous êtes ainsi disposé, si vous êtes revêtu de la charité que le sacerdoce de Jésus-Christ demande, si la figure répondra à la vérité, et le dedans au dehors, lorsqu'en vous imposant la chasuble on vous dira : « Accipe vestem sacerdotalem per quam charitas intelligitur. »

Ajoutez à cela que le premier et le plus excellent de tous les états de l'Eglise doit être orné de la première et de la plus excellente de toutes les vertus, surtout puisque le prêtre est chargé des plus excellents devoirs de religion, et des plus étroites obligations de piété ; que le sacerdoce est une profession déifique, pour s'exprimer avec un des plus anciens Pères : « Professio deifica ; » qu'il nous fait être des dieux par participation : « Post Deum terrenus Deus. » Ne savons-nous pas de plus que rien n'est plus essentiel à Dieu que la charité : *Deus charitas est* (Joan. iv, 8, 16) ; et par conséquent, que cette divine vertu ne peut mieux convenir qu'à un prêtre? Quel malheur donc de s'approcher du sacerdoce sans en avoir la possession, sans répondre à l'amour que Jésus-Christ nous témoigne, en nous le revêtant : *Cum dilexisset suos in finem dilexit eos.* (Joan. xiii, 1.) De ne recevoir ce sacrement qu'en figure, c'est-à-dire de recevoir le signe extérieur, et de nous voir dénués de la grâce intérieure ; d'entendre en vain ces paroles : Recevez cette chasuble sacerdotale qui n'est que l'image visible de la charité qui doit intérieurement embraser votre cœur ; « Accipe vestem sacerdotalem per quam charitas intelligitur. » S'il est vrai que Jésus-Christ montant au ciel laissa saint Pierre pour être sur la terre le vicaire de son amour envers les hommes, ainsi que parle saint Ambroise : « Elevandus in cœlum amoris sui velut vicarium Petrum relinquebat ; » et s'il est vrai qu'en la personne de saint Pierre tout le clergé fut compris comme les membres en leur chef, ou plutôt toute l'Eglise dont le clergé compose la plus éminente partie, selon la doctrine de saint Augustin : « Petrus Ecclesiæ figuram portans, apostolatus principatum tenens. » Ne pouvons-nous pas conclure que nous ne sommes à rien moins tenus qu'à avoir en nous cette même charité qu'avait saint Pierre pour Jésus-Christ, puisque Jésus-Christ nous en a établis les vicaires et les suppléments ? Saint Pierre, dit ce même Père en un autre endroit, à cause de la primauté de son apostolat, représentait toute l'Eglise : « Petrus apostolus propter apostolatus sui primatum, gerebat figurata generalitate personam Ecclesiæ. » Quel avantage pour ce grand apôtre de représenter toute l'Eglise, et d'en être la figure ! Le concile général a-t-il une plus auguste qualité que celle-là ? Quelle gloire par conséquent, pour le clergé, d'avoir reçu, en la personne de son chef, des promesses si avantageuses; et par conséquent quelle obligation ont tous les prêtres de remplir le nom et le titre qui leur a été donné en la personne de saint Pierre, leur chef, d'être les vicaires de l'amour de Jésus-Christ envers les hommes ! « Christus amoris sui velut vicarium Petrum relinquebat. » Nous pouvons ajouter : « Et in Petro sacerdotes. » Aussi saint Bernard appelle-t-il les prêtres les vicaires de Jésus-Christ : « Sacerdotes vicarii Christi. » Et le concile de Trente assure que Jésus-Christ, quittant la terre pour s'élever au ciel, laissa les prêtres en ce monde pour être comme les vicaires de sa charité : « Dominus noster Jesus Christus e terris ascensurus ad cœlos, sacerdotes sui ipsius vicarios reliquit. » A quel haut degré d'amour et de reconnaissance cela ne vous oblige-t-il donc pas encore une fois? Soyons en mérite ce que nous sommes par état ; ayons la chose dont nous portons le nom : « Quod sumus professione, actione potiusquam nomine demonstramus : ut nomen congruat actioni, actio respondeat nomini ; » de peur que nous ne fassions une monstrueuse alliance d'un nom magnifique et pompeux avec une vie basse et indigne : « Ne sit honor sublimis, vita deformis. » Tel est le raisonnement de saint Ambroise.

En second lieu, si la charité, comme la plus parfaite des vertus, convient si nécessairement au sacerdoce, comme au plus relevé de tous les états, elle n'est pas moins requise dans un prêtre pour lui faire supporter avec courage les difficultés qui se rencontrent dans l'exercice de son ministère, dont cette infatigable vertu peut seule soutenir les travaux : *Charitas omnia suffert.* (*I Cor.* xiii, 17.) En effet, selon la remarque de saint Augustin, rien de plus difficile en cette vie, rien de plus laborieux, rien de plus périlleux même, que l'emploi d'un bon prêtre : « Nihil in hac vita difficilius, laboriosius, periculosius presbyteri officio. » Le concile de Trente que souhaite-t-il de plus, sinon que ceux qui se présentent pour recevoir l'ordre sacré de la prêtrise, et qui veulent s'engager dans le ministère, connaissent les obligations qu'ils contractent : « Optandum ut qui sacerdotale ministerium suscipiunt quæ suæ sint partes agnoscant. » Et qu'ils sachent bien une fois qu'on ne les admet pas dans cet état si saint, pour y mener une vie douce et commode, pour y chercher leurs intérêts et leurs aises, et pour y vivre dans l'opulence et dans le luxe : « Ac se non ad propria commoda, non ad divitias aut luxum, vocatos esse intelligant; » mais pour y travailler à la gloire de Dieu, et pour y passer leurs jours dans un soin et une sollicitude continuelle : « Sed ad labores et sollicitudines pro Dei gloria vocatos esse intelligant. » Combien les fonctions pastorales sont-elles pénibles à la nature ! Etudier sans cesse pour repaître son peuple de la parole de vie ; prier pour lui afin d'arrêter la colère de Dieu, et d'en obtenir les secours nécessaires ; administrer les sacrements la nuit et le jour, assister les malades et les agonisants ; chanter, faire l'Office, enterrer, jeûner, supporter les grossièretés des pauvres, leur puanteur, leurs importunités ; être sujet aux vexations et aux persécutions des personnes riches et puissantes qu'il faut souvent reprendre ; refuser, corriger et blâmer ; défendre la veuve et l'orphelin ; s'opposer aux scandaleux et aux impies, ordinairement emportés, violents, dangereux ; au milieu de tout cela être doux et ferme, prudent et courageux, édifiant, détaché, mortifié, exemplaire, irrépréhensible ; du moins si l'on veut remplir les devoirs du ministère, et dire avec saint Paul, qu'on a vécu dans les travaux : *In laboribus plurimis* (*II Cor.* xi, 23) ; ou plutôt avec le souverain pasteur de nos âmes et le modèle de tous les prêtres lassés de travail, et assis sur le bord du puits de Samarie, que dès la jeunesse on a gémi dans la peine : *In laboribus a juventute mea* (*Psal.* lxxxvii, 16) ; ou avec le patriarche Jacob, qui se plaignait que les fatigues de la vie pastorale l'avaient accablé, et qu'il avait éprouvé les incommodités des ardeurs du soleil et des glaces de l'hiver, et que les veilles l'avaient épuisé : *Die noctuque æstu urebar et gelu, fugiebatque somnus ab oculis meis.* (*Gen.* xxxi, 40.) Or, qui peut donner la force de supporter tant de dégoûts et de peines, si ce n'est la charité : *Charitas nunquam excidit* (*I Cor.* xiii, 8) ; si ce n'est cette vertu qui consolait ce saint patriarche au milieu de ses fatigues pastorales, et qui lui faisait patiemment endurer ses ennuis et passer les jours : « Videbantur illi pauci dies præ amoris magnitudine. » La seule charité peut en venir à bout, c'est elle seule à qui il appartient de repaître le troupeau : « Pascere gregem Dominicum amoris officium, » dit saint Augustin. Au reste, toute cette énumération des travaux qu'un bon pasteur doit subir, n'est qu'un extrait du concile de Trente, dont voici les termes : « Cum præcepto divino mandatum sit omnibus, quibus animarum cura commissa est, oves suas agnoscere, pro his sacrificium offerre, verbique divini prædicatione, sacramentorum administratione bonorum omnium operum exemplo pascere, pauperum aliarumque miserabilium personarum curam paternam gerere, et in cætera munia pastoralia incumbere, quæ omnia nequaquam ab iis præstari, et impleri possunt, qui gregi suo non invigilant, neque assistunt, sed mercenariorum more deserunt. » Aussi est-il honteux à un ouvrier évangélique de mourir dans un lit mollet, et de pure défaillance naturelle, par une cause venue des humeurs qui composent notre tempérament, parmi les médecins et les remèdes. Pour mourir en prêtre, il faut qu'on dise de vous : C'est un homme qui s'est attiré sa maladie par les peines qu'il a prises : il était continuellement à l'église et au confessionnal ; les veilles, les jeûnes, les fatigues l'ont fait mourir ; il s'est exposé à une maladie populaire ; ses pénitences et ses mortifications ont abrégé ses jours; il aurait vécu davantage s'il s'était ménagé; enfin, il s'est consumé dans le travail, et on le doit mettre au nombre de ces confesseurs dont nous lisons si souvent qu'épuisés de travail, ils se sont endormis au Seigneur : « *Confectus laboribus, obdormivit in Domino.* » Le bel éloge, la belle oraison funèbre !

Mais qui donnera cette force supérieure à tous ces travaux, ce courage invincible, si ce n'est la charité, l'amour de Dieu et du prochain ; puisque, pour s'exprimer avec saint Augustin, où on aime, là on ne travaille pas, ou si l'on travaille, on aime le travail : « *Ubi amatur ibi non laboratur, aut si laboratur, labor amatur.* » Ce grand saint nous apprend que deux choses peuvent nous faire soutenir de grands travaux : la convoitise et la charité, le désir d'amasser de l'argent, d'acquérir de l'honneur, de se procurer du plaisir, ou le désir de plaire à Dieu, d'obtenir la vie éternelle, de faire son salut: ce sont les deux pivots sur lesquels roulent toutes nos entreprises; il l'avait éprouvé en lui-même, lorsque le désir de la gloire et de l'estime du monde lui faisant sans peine essuyer toutes les fatigues de l'emploi d'orateur, il se trouva tout d'un coup accablé, sitôt qu'il n'y trouva plus son intérêt : « *Tolerabam fortiter,* » dit-il, « *quia recesserat cupiditas quæ mecum solebat ferre grave negotium, et ego premendus remanseram, nisi patientia succederet.* » Ainsi, mon frère, vous serez assurément accablé du poids des obligations pastorales, si la charité ne vous aide à les porter; que si la cupidité vous les fait embrasser, vous serez un mercenaire et non pas un pasteur; et par conséquent ne vous présentez pas à l'ordination, si vous n'êtes intérieurement revêtu de cette vertu divine, dont la chasuble qui vous couvrira extérieurement n'est rien que la figure, et n'entendez pas en vain ces paroles : « *Accipe vestem sacerdotalem per quam charitas intelligitur.* »

ENTRETIEN VIII.

DE LA DÉVOTION ACTUELLE QU'ON DOIT APPORTER A L'ORDINATION.

Première considération. — Il est temps à présent de venir aux dispositions plus prochaines d'une digne ordination : *Dicit tibi magister tempus meum prope est.* (Matth. XXVI, 18.) Demain vous devez recevoir l'imposition des mains, et vous asseoir à la table de Jésus-Christ pour faire votre Pâque avec lui : *Apud te facio pascha.* (Ibid.) Où sont les sentiments religieux, ces vertus acquises, ces reins ceints, cette lampe allumée, ce cœur préparé à devenir le sanctuaire du Saint-Esprit, à être la victime de la charité? *Ubi est refectio mea, ubi diversorium, ubi pascha?* (Marc. XIV, 14 ; Luc. XXII, 11.) Car c'est d'un semblable aliment dont Jésus-Christ se nourrit, c'est dans un semblable cénacle où il consacre ses disciples.

En effet, de quelle dévotion ne devez-vous pas être rempli à l'approche de ce moment où vous allez passer de la qualité d'homme mortel à celle de prêtre du Très-Haut, et être de ceux dont il est écrit : *Ego dixi dii estis, et filii excelsi omnes.* (Psal. LXXXI, 6.)

Jésus-Christ nous institue admirablement cette vérité dans l'institution du sacerdoce, dans l'ordination de ses apôtres. Le texte sacré nous apprend que ce souverain pontife de la nouvelle alliance, voulut envoyer au-devant de lui, et pour mettre ordre à tout ce qu'il jugeait nécessaire pour cette auguste cérémonie, saint Pierre et saint Jean, l'un l'apôtre de la foi, et l'autre de la dilection, pour nous marquer de quelle vive foi et de quel ardent amour nous devons être prévenus quand nous voulons approcher d'une si haute dignité : *Et misit duos ex discipulis suis Petrum et Joannem: Euntes parate nobis pascha ut manducemus.* (Luc. XXXII, 8.) Allez et préparez toutes choses pour cette célèbre ordination, afin que rien ne manque à une si grande action.

Il leur dit qu'en entrant dans la ville ils trouveraient un homme portant une cruche d'eau, et qu'ils eussent à le suivre ; qu'est-ce que cela signifie, sinon, comme nous avons rapporté ci-dessus de saint Ambroise, que l'innocence conférée par l'eau du baptême, ou réparée par les larmes de la pénitence, doivent marcher devant nous, et nous ouvrir les voies, pour avoir entrée dans le cénacle de l'ordination : *Occurret vobis homo lagenam aquæ bajulans amphoram aquæ portans, sequimini cum.* (Ibid., 10.)

Il ajouta qu'étant entrés dans la maison où cet homme chargé de cette eau mystérieuse les introduirait, ils s'adressassent au père de famille, et lui dissent : Le maître vous mande. Mon heure est proche, je viens faire ma pâque chez vous avec mes disciples; le temps de mon immolation est arrivé; je quitte ce monde pour m'en retourner à mon Père. Où est le repas que vous me destinez, la salle magnifique à manger que vous m'avez ornée ? où est cette pâque et cet agneau paschal dont je remplis la figure par le sacrifice sanglant que je vas offrir de moi-même à la croix, et qui, par l'institution du sacrifice mystique que je vais faire chez vous, doit perpétuer mon immolation dans les siècles des siècles? *Dicit tibi magister, tempus meum prope est, apud te facio pascha cum discipulis meis; ubi est refectio mea, ubi est diversorium, ubi pascha cum discipulis meis manducem?* (Ibid., 11.) Rendez-moi ce dernier office, ne me refusez pas une place dans votre maison qui deviendra à jamais illustre par une telle institution.

Enfin il les assura que le maître du logis les conduirait dans une grande et riche salle magnifiquement ornée et parée, et qu'ils eussent là à lui préparer tout ce qu'il fallait pour ce repas si désiré qu'il voulait pour la dernière fois faire avec eux : *Et ipse vobis demonstrabit cœnaculum, grande stratum, et illic parate nobis* (Ibid., 12.) Ornements et parures qui ne signifiaient rien de plus que la magnificence intérieure, que les riches dispositions, que la grandeur des sentiments religieux dont le cénacle de notre cœur doit être orné pour s'approcher dignement de l'ordination : *Cœnaculum grande stratum.* C'est dans un cœur ainsi disposé où le souverain prêtre veut être reçu : *Et illic parate nobis.*

Mais quand le moment de l'institution du sacerdoce et de la consécration des apôtres fut arrivé, pour lors les instructions se redoublent, le souverain prêtre achève de préparer les ordinands, et met la dernière main à leurs dispositions. Il se lève de table : *Surgit a cœna*; il pose ses vêtements : *Ponit vestimenta sua*; il prend un linge dont il se ceint : *Et cum accepisset linteum, præcinxit se*; il met de l'eau dans un bassin : *Mittit aquam in pelvim*, et s'abaissant devant ses disciples, il commence de leur laver les pieds, et de les essuyer du linge dont il est ceint : *Cœpit lavare pedes discipulorum et extergere linteo quo erat præcinctus. (Joan.* XIII, 4, 5.)

Chaque action du Fils de Dieu porte avec elle son instruction : « Factum verbi, verbum est, » dit excellemment saint Augustin, et nous l'avons observé ci-dessus. Si Jésus-Christ institue le sacerdoce dans un cénacle élevé, c'est pour nous apprendre la haute perfection où doit être parvenu celui qui se présente au sacerdoce, dit saint Ambroise. S'il se dépouille de ses habits, s'il se ceint les reins d'un linge, s'il se prosterne aux pieds de ses apôtres, et s'il les lave, c'est pour nous figurer la pénitence et l'humilité, l'innocence et la chasteté qu'un ordinand doit apporter à son ordination ; s'il reprend ses habits, et s'il se remet à table pour commencer cette auguste cérémonie, cela nous marque les sentiments d'amour et de religion dont nous devons être ornés pour recevoir l'imposition des mains.

Aussi, est-ce dans la réunion de toutes ces vertus que consiste la dévotion actuelle dont notre cœur doit être embrasé quand nous sommes sur le point d'être ordonnés ; c'est du concours de ces bons sentiments que doit résulter cette piété si nécessaire à l'ordination de demain. Car si vous demandez en quoi consiste cette dévotion actuelle dont nous parlons aujourd'hui, comment pourrait-on vous l'expliquer mieux qu'en vous disant qu'elle est semblable à de l'eau d'ange ou de naphte, laquelle tirée de diverses fleurs, retient quelque chose de toutes leurs odeurs ; cette dévotion n'étant qu'un mouvement ardent et affectueux de l'âme, composé de plusieurs bons désirs et de diverses affections spirituelles qui sortent des vertus d'une âme sainte, et qui forment un parfum intérieur, qui embaument cette âme et qui l'occupent intérieurement ; que c'est une impression de divers mouvements de foi, de confiance, d'amour, d'humilité, de reconnaissance, de crainte.

En effet, quel respect ne devez-vous pas avoir du sacerdoce de Jésus-Christ, pour lequel les anges mêmes ont de la vénération, dit saint Grégoire de Nazianze : « Sacerdotium ipsi quoque angeli venerantur. »

Quelle estime n'en devez-vous pas concevoir, puisque vous y recevez un pouvoir qui surpasse celui des rois de la terre et des esprits bienheureux du ciel ?

Avec quelle humilité ne devez-vous pas vous en approcher, puisque tant de grands saints s'en sont jugés indignes, et se sont cachés pour éviter cet honneur ?

De quelle crainte religieuse ne devez-vous pas être frappé, quand on vous impose les mains, puisque vous recevez le Saint-Esprit, et que vous vous engagez à mener une vie toute céleste ?

Quelle pureté de conscience ne doit pas être la vôtre, puisque vous allez devenir le sanctuaire de Dieu et l'arche de son alliance, l'organe et l'instrument de sa toute-puissance et de sa sainteté ?

Quelle perfection, quelle sainteté, quelle pureté, quelle innocence, n'exige pas la réception du Saint-Esprit qui va vous être conféré ?

Quelle odeur excellente ne doivent pas exhaler tant de vertus ? La robe dont Jacob se couvrit pour recevoir de son père, avec les avantages du droit d'aînesse, la dignité du sacerdoce, ne fut-elle pas la figure de cette odeur de vertus que doit répandre votre âme quand vous viendrez recevoir la bénédiction de ce Père céleste qui doit dire, en vous la donnant, ces paroles mystérieuses : *Ecce odor Filii mei quasi odor agri pleni cui benedixit Dominus. (Gen.* XXVII, 27.)

C'est cette robe magnifique dont les apôtres furent revêtus au jour qu'ils reçurent la plénitude de leur sacerdoce : *Sedete in civitate donec induamini virtute ex alto. (Luc.* XXIV, 49.)

Préparez-vous donc à vous approcher des saints ordres avec des dispositions convenables et proportionnées à une si auguste cérémonie.

Seconde considération. — Il est certain que les actions d'elles-mêmes les plus excellentes et les plus divines, deviennent non-seulement inutiles, mais encore nuisibles et dommageables si l'on ne les accompagne des sentiments de piété, de la pureté d'intention, de la dévotion fervente qu'elles demandent. Quoi de plus utile que le sacrement de pénitence ! Cependant venez-y sans un cœur brisé de douleur, sans être plein de confiance aux mérites de Jésus-Christ, sans être résolu de vous corriger et de changer de vie, que sera-ce qu'une telle confession ? au lieu de vous guérir, ne vous sera-t-elle pas une plaie nouvelle et mortelle ?

Quoi de plus sanctifiant que l'Eucharistie qui renferme le Saint des saints, et la source même de la sainteté. Cependant approchez-vous-en sans les dispositions convenables, cet aliment de vie ne vous sera-t-il pas un poison funeste ?

Que dire de l'oblation du sacrifice, de la récitation de l'Office divin, du chant des louanges de Dieu, de la prédication de l'Évangile, et, en un mot, de tout ce qu'il y a dans l'Eglise de plus sacré : tous ces saints exercices sont des moyens admirables établis par Jésus-Christ pour la justification des pécheurs et pour la perfection des justes; cependant si vous les recevez sans piété, sans dévotion, sans religion, à quoi servent-ils qu'à nous endurcir, et qu'à nous rendre plus criminels que nous n'étions ?

Si donc vous venez à l'ordination peu ou point touché de dévotion, peu éclairé sur la grandeur du ministère sacerdotal, peu orné des vertus convenables, ne songeant qu'au caractère et qu'à la dignité qu'on y reçoit, et presque point à la sainteté à laquelle on s'engage, aux obligations que l'on y contracte, quelle grâce y puiserez-vous ? quel profit en retirerez-vous ? quelle idée donnerez-vous de la vie que vous mènerez dans le clergé, quand vous y serez une fois incorporé ?

Car, au reste, ne vous persuadez pas que la dévotion actuelle requise à la réception des ordres de laquelle nous parlons ici, soit l'effet de quelques heures d'application. Sachez au contraire que c'est le fruit d'une longue habitude que vous devez avoir eue de pratiquer les vertus ecclésiastiques, et de mener une vie sainte.

En effet, si tous les bons exemples que vous avez vus dans le séminaire où on vous a élevé ne vous ont pas édifié; si toutes les vérités qu'on vous a prêchées ne vous ont pas convaincu; si tous les sacrements que vous y avez reçus ne vous ont pas purifié, illuminé, sanctifié; si tous les exercices de piété que vous y avez pratiqués ne vous ont pas perfectionné; si l'éloignement du monde et des occasions dangereuses ne vous ont pas préservé; si le silence, la solitude, les bonnes lectures, l'étude, la vie réglée; si plus que tout cela les lumières intérieures du Saint-Esprit, les bonnes inspirations, les mouvements puissants, les reproches et remords de votre conscience, la force, la santé, la facilité de faire le bien; si tout cela, dis-je, n'a pas suffi, depuis je ne sais combien de mois et d'années pour vous faire devenir un autre homme, un digne ecclésiastique, pour enraciner en vous les habitudes vertueuses, et y déraciner les inclinations vicieuses, où en êtes-vous ? N'attendez pas de vous voir pénétré de dévotion, quand demain vous entrerez dans le cénacle de votre ordination, parce que vous aurez fait quelque bonne lecture la veille, ou fait une confession accompagnée de quelques légers mouvements de componction. Il faut bien avoir d'autres dispositions, et acquises de plus longue main pour oser aspirer aux ordres. Autrement, pouvez-vous recueillir les fruits sans avoir cultivé la terre, sans y avoir jeté aucune semence? Vous n'éprouverez autant de dévotion le jour de votre ordination que vous aurez acquis de vertus, et pratiqué de bonnes œuvres depuis que vous êtes dans cette maison : *Quæ seminaverit homo hæc et metet.* (*Galat.* VI, 8.) Ne vous flattez pas d'être recueilli dans la cérémonie de demain, d'y ressentir de grandes impressions de grâce, d'y recevoir des dons précieux, ayant vécu avec langueur, dissipation, lâcheté pendant votre séjour au séminaire, lieu principalement destiné pour vous préparer au sacerdoce; les ronces vous produiront-elles des raisins, et les chardons des figues ? Suivant la parole du Sauveur : *Nunquid colligunt de spinis uvas, et de tribulis ficus ?* (*Matth.* VII, 16.) Une vie si imparfaite que la vôtre, si peu exemplaire, si peu vertueuse, peut-elle se promettre des fruits abondants, des bénédictions réservées aux personnes ferventes, humbles, mortifiées ? et ces vertus s'acquièrent-elles en un jour ?

C'est pourquoi du moins gémissez de votre vie passée, si disproportionnée au degré où vous prétendez vous élever, et rougissez de vouloir allier ensemble un rang élevé et une vie basse : « *Gradus summus et animus imus;* » de placer dans la première place celui qui devrait occuper la dernière : « *Sedes prima, et vita ima.* »

Troisième considération. — Voici de nouveaux motifs qui doivent exciter votre dévotion languissante.

Vous ne recevrez l'ordre qu'une fois : si vous le recevez mal vous n'y reviendrez plus; à la digne réception d'un si grand sacrement, est attaché un très-grand nombre de dons et de secours, comme à sa mauvaise réception un nombre infini de maux, et souvent même la réprobation, et la perte du salut, d'où il s'ensuit que votre ordination étant un bien qui ne reviendra plus, ou un mal qui ne se répare presque jamais, comme on l'a si au long établi ailleurs, il vous est très-important d'examiner vos dispositions, et de voir l'état où vous êtes, et d'allumer dans votre cœur la lampe de la dévotion. Si vous ne deviez qu'une seule fois en votre vie vous confesser, recevoir la sainte Eucharistie, célébrer la sainte Messe, avec quel soin vous y prépareriez-vous? quelle attention, quelle religion n'y apporteriez-vous pas?

D'ailleurs, combien cette semaine a-t-elle dû vous imprimer de vifs sentiments de piété. Toute l'Eglise est en prières pour demander à Dieu de dignes ministres de ses autels, pour attirer sur eux les bénédictions du ciel. Car si les Quatre-Temps sont institués pour obtenir de Dieu la fertilité temporelle, ils ne le sont pas moins pour attirer ses grâces sur l'ordination, source de toute la fécondité spirituelle du sacré terroir de l'Eglise; aux prières on a joint le jeûne et les vœux de tous les fidèles. Combien ce temps de grâce et de miséricorde fait-il descendre de bénédictions sur ceux qui sont disposés à les recevoir ? De quelle dévotion ne devez-vous donc pas être animé ? combien la communion des saints devrait-elle vous être avantageuse, et vous donner lieu de puiser dans leur fonds, ce que vous ne trouvez pas dans le vôtre ? serez-vous le seul qui serez de glace au milieu des flammes ? dans les ténèbres auprès du soleil ? sans dévotion malgré un temps si saint ? ignorez-vous que tout se recouvre et se répare dans l'Eglise ? Si jusqu'ici vous avez été dissipé, soyez recueilli : il est encore temps d'apaiser Dieu, de pleurer vos désordres passés, de bien finir si vous avez mal commencé.

Ajoutons une seconde raison à la première, ou plutôt en voici plusieurs ensemble ; car tout ce qui peut concourir à inspirer de la dévotion, se rencontre dans votre ordination. Des cérémonies très-mystérieuses, qui sont les figures de ce que Jésus-Christ fit autrefois dans le cénacle, lors de l'institution du sacerdoce, ou des signes de ce qui se passe en nos âmes lorsqu'on nous impose les mains ; ou un rayon de la gloire qui nous est promise dans le ciel, si nous remplissons bien les devoirs du ministère qui nous est confié ; des cérémonies, dis-je, instituées de Jésus-Christ et des apôtres, ou des saints les plus célèbres de la primitive Eglise, des cérémonies pour parler avec saint Augustin : « Mysteriis gravidæ. »

Joignez à cela le ministre de ce sacrement ; c'est un évêque, c'est-à-dire le premier ministre de la religion, et qui représente Jésus-Christ dans sa gloire, toujours envoyant son Saint-Esprit sur l'Eglise, plusieurs prêtres et divers ministres inférieurs qui l'accompagnent.

Considérez encore les paroles divines qu'on profère, et que le seul Esprit saint a pu avoir inspirées aux hommes, des termes surhumains, des expressions énergiques, des exhortations et des avertissements qu'on donne aux ordinands qui sont admirables, qui frappent et qui saisissent ceux qui les écoutent avec une attention religieuse ; des prières et des invocations merveilleuses ; je ne sais combien de génuflexions, de prostrations, de bénédictions, de consécrations : que si tout cela ne nous touche point, qu'est-ce qui nous touchera donc ? Et ne pourrait-on pas dire à une personne qui serait insensible à tant de traits de l'amour divin, à tant de divers objets pieux, ce que saint Augustin disait autrefois, voyant les prières ardentes que faisait un fidèle Chrétien d'Afrique avec toute sa famille, pour obtenir de Dieu la guérison d'un mal dangereux : Seigneur, disait ce grand saint en soi-même, voyant un spectacle si attendrissant, Seigneur, quelles sont les prières de vos serviteurs que vous exaucez, si vous n'exaucez pas celles-ci ? « Domine, quas tuorum preces exaudis, si has non exaudis ? nihil enim mihi videbatur addi jam posse. » De même, ô ecclésiastique mondain et mal appelé, qui demeurez insensible à tant de sujets de piété, qui peut vous toucher en ce monde, qui peut vous inspirer de la dévotion, si la cérémonie de l'ordination des ministres du Fils de Dieu, si la consécration des prêtres de Jésus-Christ ne vous en inspirent point ?

Ajoutez encore toutes les actions religieuses qui se passent, cette coupure de cheveux, cette couronne, ce surplis, ce cierge allumé, ces vêtements sacerdotaux, ces livres saints, ces instruments du culte divin, qui tous vous représentent les vertus que vous devez apporter à votre ordination ; la perfection de laquelle vous devez désormais faire profession ; les dons précieux dont vous allez être orné, qui vous sont des symboles de ce que Jésus-Christ souffrit dans sa Passion, ou plutôt dans l'exercice du sacerdoce dont il était revêtu, et dont il faisait la plus importante fonction, en s'immolant soi-même, et en offrant son sacrifice sanglant à la croix.

Enfin, quels effets intérieurs ne sont pas alors produits, que ne reçoit-on pas dans l'ordination, de combien de vertus l'âme n'est-elle pas enrichie ? que de grâces sanctifiantes et sacramentelles, de droits, de priviléges, de dons du Saint-Esprit ? que de pouvoirs divins sont conférés ? de remettre les péchés, de produire Jésus-Christ sur nos autels, d'ouvrir et de fermer le ciel ? quelle gloire à un habitant de la terre de commander au ciel, et d'étendre sa juridiction jusqu'en l'autre monde : « Summus honor in terris positus, cœlis imperare. » Quelle autorité n'acquiert-on pas sur le corps mystique et naturel du Fils de Dieu ? Mais que dire de ce caractère qui nous est imprimé dans l'âme, qui nous orne, qui nous distingue, qui nous rend conformes à Jésus-Christ, qui nous communique tant de droits et de pouvoirs, et qui nous demeure pendant toute l'éternité comme une marque de notre appartenance à Dieu, et de notre consécration à son culte ? En un mot, que d'onctions sur notre corps, que d'écoulements surnaturels en notre âme ? Celui qui n'a pas de dévotion parmi tant d'objets sacrés, à la vue de tant de cérémonies augustes, où pourra-t-il en avoir ? celui qui ne se laisse pas amollir à tant d'impressions de grâces, à quoi sera-t-il pénétrable ? celui qui ne brûle pas environné de tant de flammes, où s'embrasera-t-il ? étrange merveille, et non moindre que celle des trois enfants de la fournaise de Babylone : « Miraculo diabolico homo inter tot ignes frigescit. »

Quoique toutes ces considérations soient très-puissantes afin de réveiller en vous l'esprit de dévotion, et de réunir tous vos bons sentiments, à la veille du jour de votre consécration au service de Dieu, celle qui reste l'emporte sans doute par-dessus les autres. C'est que par l'imposition des mains vous recevez la personne même du Saint-Esprit, source de toute dévotion, et de tous ses dons divins, entre lesquels le don de piété est compris. Recevez le Saint-Esprit, vous dira-t-on : « Accipe Spiritum sanctum. » Seigneur, dira l'évêque, nous vous supplions instamment de faire descendre sur eux le Saint-Esprit et ses dons divins, l'esprit de piété : « Emitte in eos, quæsumus, Domine, Spiritum sanctum, Spiritum pietatis ; » afin qu'ils soient fortifiés par une telle effusion, et qu'ils puissent dignement remplir les devoirs de leur ministère : « quo in opus ministerii tui fideliter exequendi, septiformis gratiæ tuæ munere roborentur. »

Voyez après cela de quelle dévotion vous devez être embrasé, quand vous viendrez vous présenter à l'ordination, puisque vous y recevez le Saint-Esprit même. Quelle religion cela exige-t-il, quel intérieur? N'est-il pas vrai de vous dire, dès à présent, que le Saint-Esprit surviendra en vous, et que la vertu du Très-Haut vous ombragera, en sorte que le fruit saint que vous produirez sur nos autels sera appelé le Fils de Dieu : *Spiritus sanctus superveniet in te, et virtus Altissimi obumbrabit tibi, quod enim ex te nascetur sanctum vocabitur Filius Dei.* (*Luc.* I, 35.) Plaise à Dieu qu'imitant la sainte Vierge dans la réception de la puissance de produire Jésus-Christ, vous l'imitiez dans la plénitude de grâce qui la disposa à une si divine puissance, étant certain d'une part, et que Dieu par son infinie miséricorde l'éleva à ce haut point de mérite, et l'ombragea de sa fécondité, après néanmoins l'avoir rendue digne de produire dans le temps le même fils qu'il produit dans l'éternité : « Non est dubitandum quin Deus per suam gratiam, eam ad hoc idoneam reddidit, » dit saint Thomas; ainsi même que l'Eglise nous l'apprend dans cette oraison où elle assure que Dieu, par l'opération du Saint-Esprit, la disposa à devenir le sanctuaire de son Fils : « Omnipotens sempiterne Deus, qui gloriosæ Virginis Mariæ corpus et animam ut dignum filii tui habitaculum effici mereretur, Spiritu sancto cooperante præparasti, » et de l'autre, étant aussi certain que Marie, par une fidèle coopération à la grâce de Dieu, et à ses desseins sur elle, mérita autant qu'une pure créature en est capable, le degré de pureté et de sainteté nécessaire, afin de devenir la digne Mère de Dieu : « Meruit ex gratia sibi data, » continue saint Thomas, « illum puritatis et sanctitatis gradum, ut congrue posset esse Mater Dei. »

Que si vous devez participer à la divine fécondité de Marie dans votre ordination, et à la perfection de Marie par l'excellence des dispositions qu'exige votre promotion, vous avez encore à lui ressembler par l'effusion des bénédictions, qu'en qualité de prêtre vous devez répandre sur le genre humain; en effet, la sainte Vierge, lors de son élévation à la qualité de Mère de Dieu, était déjà pleine de grâce : *Ave, gratia plena* (*Luc.* I, 28), lui dit l'ange. Elle avait déjà en elle le Saint-Esprit, puisque ce mot de *surveniet* en elle, *Spiritus sanctus superveniet in te* (*Ibid.*, 35), marque, selon saint Bernard, que ce n'était ici qu'une augmentation, qu'un accroissement, qu'une nouvelle et plus abondante effusion : « Ad quid putas nisi ut etiam super impleat eam? » et c'est en quelque façon l'état où l'on suppose que vous soyez déjà par la réception de cet Esprit-Saint, et dans la confirmation et dans vos ordinations précédentes, et par le séjour que vous avez fait dans cette retraite, où tant d'exercices spirituels ont sans doute attiré sur vous cet esprit divin; mais il faut encore ajouter un degré : *Unum tibi deest* (*Luc.* XVIII, 22); il faut que, semblable à Marie, vous receviez le Saint-Esprit avec tant de plénitude et d'abondance, que vous le communiquiez au reste des fidèles. « Ad quid superveniet? Nisi ut adveniente jam Spiritu plena sibi, eodem superveniente, nobis quoque superplena et superfluens fiat. » Voilà ce que vous devriez être, et avant que de recevoir l'ordination, et après que vous aurez reçu l'ordination. Et par conséquent, quel ne devez-vous pas être en recevant l'ordination ? combien votre esprit doit-il être élevé en Dieu ? combien devez-vous être appliqué à la prière, dans quel recueillement ne devez-vous pas assister à cette cérémonie ? dans quel sentiment d'humilité ne devez-vous pas vous approcher de l'évêque. Moi, recevoir un ordre que les plus grands saints ont tant redouté ; m'élever à un genre de vie qui demande une si haute perfection ; me charger d'un poids d'obligations qui ferait trembler les anges mêmes. Où sont ces vertus si absolument nécessaires, cette innocence conservée ou réparée, cette vocation divine, cette chasteté affermie, cette charité consommée ? *Dicit tibi magister : Tempus meum prope est, apud te facio pascha; ubi est refectio mea ? ubi diversorium ? ubi Pascha ?* (*Matth.* XXVI, 18; *Marc.* XIV, 14 ; *Luc.* XXII, 11.) Où sont ces préparatifs, cette salle magnifiquement parée, cette richesse de dispositions saintes, de vues religieuses ?

Plaise à Dieu qu'après avoir reçu et la confirmation et les ordres précédents avec peu de connaissance de ce que nous recevions, avec peu d'intelligence des mystères dont nous nous approchions, devenus plus avisés et plus prudents, nous comprenions mieux ce que nous allons faire demain ; que nous y apportions plus de pureté de cœur et d'intention, plus de religion et de piété, plus d'attention d'esprit, plus de modestie de corps, plus d'exactitude dans les cérémonies; plus d'amour, de respect, de reconnaissance et de piété envers Dieu ; en sorte que les impies et les hérétiques mêmes qui verraient l'auguste cérémonie de demain, considérant l'éclat religieux qui devrait rejaillir des ordinands, ravis d'admiration, disent tout haut : *En populus sapiens et intelligens, gens magna.* (*Deut.* IV, 6.)

Mais ces excellentes dispositions ne sont pas le fruit d'un jour ou deux, comme on a dit ci-dessus; on n'en vient là qu'après plusieurs années de vertus pratiquées, de jeûnes et d'aumônes, de pénitence et de prières, et d'un fidèle attachement à tous les exercices de piété chrétienne et ecclésiastique. Il ne faut pas se persuader que, pour s'approcher dignement des ordres, il suffit de n'avoir aucun péché mortel sur la conscience qu'on n'ait confessé à un prêtre approuvé. Un laïque, pour se disposer au mariage, doit être en cet état. Mais pour recevoir le sacerdoce de Jésus-Christ, il faut les avoir expiés par une longue et sérieuse pénitence; il faut en avoir extirpé les habitudes et la racine, et avoir mis en leur place les vertus opposées; il faut être purifié des moindres affections au péché, des moindres imperfections, des plus légères taches ; et c'est ce que Jésus-Christ nous figura dans le cénacle, lorsque, avant d'ordonner prêtre ses disciples, il leur lava les pieds : *Cœpit lavare pedes discipulorum*, comme on a expliqué ailleurs ; plaise à Dieu qu'il n'ajoute pas : *Jam vos mundi estis, sed non omnes.* (*Joan.* XIII, 5, 11.) Retirons-nous si nous n'avons pas la pureté de conscience par la pénitence, la pureté de la chair par la continence, la pureté du cœur par la charité, la pureté de l'esprit par la piété ; qu'aucun Judas ne soit si osé que de s'approcher de cette table terrible, dit saint Chrysostome : « Nullus itaque Judas assistat ; » qu'aucun avare, qu'aucune âme intéressée et convoiteuse des biens de ce monde n'ait la hardiesse de venir acheter le Saint-Esprit plutôt que de le recevoir : « Nullus avarus assistat, nullus Simon, » continue ce Père. Car le cénacle ne reçoit point ces sortes d'hypocrites et de traîtres : « Nam tales mensa non suscipit. » Mais si quelqu'un est un véritable disciple du Fils de Dieu, qu'il vienne, selon qu'il est écrit : Je fais la Pâque avec mes disciples : « Si quis est discipulus adsit : Ait enim, *Cum discipulis meis facio pascha* (*Matth.* XXVI, 18) ; » qu'aucun cœur dur envers les pauvres n'espère recevoir les richesses spirituelles de l'ordination : « Inhumanus accedat nemo, nemo crudelis et immisericors. » Mais surtout qu'aucun immonde, qu'aucun impudique n'approche : « Nemo prorsus immundus ; » qu'aucun, s'il a la moindre aversion, la moindre inimitié contre son frère, ne vienne participer à ce mystère de paix : « Hoc enim mysterium ab omni vel tenui inimicitia purum esse penitus jubet ; » qu'aucun enfin, s'il n'est plein d'amour pour Jésus-Christ, ne vienne recevoir le baiser de paix, s'il n'est en état de se voir admis au nombre des amis du Fils de Dieu, et d'entendre avec une humble joie et une reconnaissance infinie ces douces paroles qui termineront son ordination et qui feront sa plus sensible consolation sur la terre, ainsi que sa plus grande gloire dans le ciel : Je ne vous appellerai plus désormais mes serviteurs, mais mes amis : *Jam non dicam vos servos, sed amicos meos.* (*Joan.* XV, 15.)

ENTRETIEN IX.

DE L'ACTION DE GRACES APRÈS L'ORDINATION.

Après l'ordination dont vous avez été honoré ce matin, et la grâce qui vous y a été conférée, le premier de vos soins et le principal des sentiments qui doit remplir votre cœur est d'en rendre grâces à Dieu. Vous y êtes d'autant plus étroitement obligé que vous vous trouvez plus en état que jamais de vous acquitter d'un devoir où la justice et la religion vous engagent également ; car si vous n'aviez avant votre sacerdoce aucun moyen de témoigner votre gratitude envers Dieu pour les innombrables bienfaits dont vous lui êtes redevable, et si dans cette impuissance vous cherchiez inutilement de tous côtés à lui en donner quelques preuves effectives, et à lui immoler une hostie de louanges, disant dans un saint transport avec le prophète, occupé de cette pieuse inquiétude : *Quid retribuam Domino pro omnibus quæ retribuit mihi?* (*Psal.* CXV, 12.) sans trouver rien digne de lui être offert, ni qui pût égaler la grandeur des biens que vous en avez reçus et des sentiments que vous en avez conçus, devenu riche après votre ordination, vous pouvez dire : Je sais maintenant ce que je ferai pour témoigner ma reconnaissance envers Dieu, je prendrai le calice du Seigneur et j'invoquerai son saint nom : *Calicem salutaris accipiam, et nomen Domini invocabo.* (*Ibid.*, 13.) Je présenterai à Dieu un sacrifice eucharistique plus précieux encore que tous les biens que j'en ai reçus, quelque immenses qu'ils soient, et qui lui sera plus agréable que tout ce qu'il m'a donné ne m'est utile, le Seigneur lui-même payera pour moi : *Dominus retribuet pro me.* (*Psal.* CXXXVII, 8.) J'ai de quoi le remercier, non-seulement de tous les biens qu'il m'a faits, mais encore de tous ceux dont il a comblé les anges et les hommes, et c'est à présent que, m'adressant au peuple fidèle, et réunissant mes vœux avec les siens, je puis, dans un excès de jubilation, entonner ce cantique : « Gratias agamus Domino Deo nostro ; » et pour m'animer davantage à m'acquitter de cette dette, après avoir entendu : « Dignum et justum est, » continuer dans une semblable élévation d'esprit ce que nous entendons tous les jours à la Messe : « Vere dignum et justum est, æquum et salutare, nos tibi semper et ubique gratias agere, Domine sancte, Pater omnipotens, æterne Deus, per Christum Dominum nostrum. » (*Præfatio Miss.*)

Trois choses peuvent engager un cœur bien tourné à la reconnaissance. Premièrement, l'esprit noble et élevé d'un bienfaiteur généreux qui n'envisage, dans les grâces qu'il fait, que le bien de celui qu'il favorise de ses dons et qui n'attend rien et ne prétend rien de lui, que de la gratitude et de la reconnaissance.

En second lieu, la grandeur du bienfait reçu. Enfin, le peu de mérite et de dignité de celui qui reçoit de si grands biens. Trois considérations puissantes pour vous engager à rendre grâces à Dieu de votre ordination d'aujourd'hui.

Première considération. — Rien ne découvre mieux l'excellence de la gratitude et la nécessité d'une si admirable vertu, que de voir que l'Ecriture la recommande tant de fois et si expressément aux hommes à l'égard des bienfaits dont ils sont redevables envers Dieu, et que Dieu en paraît lui-même susceptible, et veut bien en donner l'exemple aux hommes à l'égard des services que les hommes lui rendent.

En effet, si Dieu est infiniment libéral à répandre ses faveurs sur les hommes, il n'est pas moins exact à leur en demander de la reconnaissance, et nous voyons plus d'une fois dans l'Ancien Testament qu'à peine Dieu avait-il achevé de faire une grâce à son peuple, qu'il lui ordonnait incontinent d'en conserver le souvenir.

« Sitôt qu'il eut tiré les Israélites de la captivité d'Égypte, il leur commanda à l'heure même de faire chaque année une fête solennelle, en mémoire de cet heureux jour : *Et ait Moses ad populum : Memento diei hujus in qua egressi estis de Ægypto et de domo servitutis, quoniam in manu forti eduxit vos Dominus de loco isto, celebrabitisque hunc morem sacrorum mense isto.* (*Exod.* XIII, 3, 5.)

Il fit mourir les premiers-nés des Egyptiens pour châtier leurs pères de la cruauté qu'ils avaient exercée envers les enfants de son peuple ; mais il voulut en même temps que les premiers-nés de ce peuple lui fussent offerts en reconnaissance d'une si grande protection : *Omne primogenitum hominis de filiis tuis, pretio redimes ; cumque interrogaverit te filius tuus cras, dicens : Quid est hoc? respondebis ei : Occidit Dominus omne primogenitum in terra Ægypti; idcirco immolo Domino omne quod aperit vulvam.* (*Exod.* XIII, 12-15.)

Il reput les Israélites dans le désert d'une manne céleste, et l'homme mangea véritablement pour lors le pain des anges ; mais il ordonna aussitôt qu'en mémoire d'une si miraculeuse libéralité, Moïse remplit de cette manne un vase d'or, et qu'on le gardât dans le tabernacle comme un monument éternel de son amour envers eux : *Imple gomor ex eo, et custodiatur in futuras retro generationes, ut noverint panem quo alui vos in solitudine quando educti estis de terra Ægypti.* (*Exod.* XVI, 32.)

Peu de temps après, ayant fait remporter à ce peuple si chéri une signalée victoire sur les Amalécites, il enjoignit sur-le-champ à Moïse d'écrire ce grand succès dans un livre, afin que le temps n'en pût jamais effacer le souvenir : *Dixit autem Dominus ad Mosem : Scribe hoc ob monumentum in libro.* (*Exod.* XVII, 14.)

Mais le même esprit qui prescrivait extérieurement ces marques de gratitude envers Dieu, en a toujours inspiré le mouvement intérieur à ses fidèles serviteurs ; de là vient la coutume des anciens patriarches d'élever des autels à chaque insigne faveur qu'ils en recevaient, et de ce que même ils n'imposaient point de noms à leurs enfants qui ne fussent autant d'expressions des bienfaits dont ils lui étaient redevables.

Que si Dieu exige de la reconnaissance pour les biens qu'il fait à l'homme, il ne montre pas moins combien il ressent les services que l'homme lui rend. Il commande à Abraham de lui sacrifier son fils Isaac ; ce père lève le bras pour exécuter cet ordre, et ne fait que donner un signe de sa disposition à lui rendre le service d'une obéissance parfaite ; et aussitôt il entend cette voix : Je ne veux pas que vous sacrifiez ce fils bien-aimé ; je reconnais assez votre fidélité par cette épreuve ; mais je vous jure par moi-même qui suis celui qui suis, que je vous donnerai pour ce fils autant d'enfants qu'il y a d'étoiles au ciel et de grains de sable dans la mer ; et ce qui passe toute récompense, c'est qu'entre cette nombreuse multitude d'enfants, il y en aura un qui sera le Sauveur du monde, et qui sera tout ensemble votre fils et le Fils de Dieu, et en qui toutes les nations de l'univers seront bénies : *Non extendas manum tuam super puerum, neque facias illi quidquam, nunc cognovi quod times Deum. Per memetipsum juravi, dicit Dominus, quia fecisti hanc rem, benedicam tibi, et multiplicabo semen tuum sicut stellas cœli, et velut arenam quæ est in littore maris, possidebit semen tuum portas inimicorum suorum, et benedicentur in semine tuo omnes gentes terræ quia obedisti voci meæ.* (*Gen.* XXII, 12, 16-18.)

Le saint roi David, tout pénétré d'amour et de religion envers Dieu, faisant un jour réflexion qu'ayant reçu de Dieu un nombre infini de grâces, cependant il était logé dans un palais lambrissé de cèdres, et que le tabernacle du Seigneur n'était couvert que de viles peaux d'animaux, eut la pensée de lui bâtir un temple magnifique et d'y placer l'arche d'alliance : *Dixitque David ad Nathan : Videsne quod habitem in domo cedrina, et arca Dei posita sit in medio pellium?* Dès le lendemain matin, le prophète Nathan le vint trouver de la part de Dieu, et lui tint ce discours : Voici ce qu'a dit le Seigneur, allez et dites à mon fidèle serviteur David : *Vade et loquere ad servum meum David* (*II Reg.* VII, 2) : Quoi vous voulez bien me bâtir une maison ? *Nunquid ædificabis mihi domum?* (*Ibid.*, 5) et vous avez pensé de me donner cette marque de votre reconnaissance ? Or, pour vous témoigner combien je suis sensible à ce bon désir, je vous prédis que je vais en bâtir une pour vous et pour votre postérité qui sera éternelle, que j'affermirai si bien votre trône sur lequel votre fils s'assiéra, que rien ne pourra l'ébranler, et que je ne retirerai jamais de dessus lui mes miséricordes : *Prædicitque tibi Dominus quod faciat tibi Dominus domum, stabiliamque thronum filii tui usque in sempiternum, misericordiam autem meam non auferam ab eo.* (*Ibid.*, 13-15) Il le dit et il l'accomplit jusqu'à Jésus-Christ, le fils de David dont le royaume n'aura jamais de fin.

C'est ainsi que Dieu exige de ses serviteurs de la reconnaissance pour les bienfaits qu'il leur départ, et c'est ainsi qu'il leur témoigne sa reconnaissance pour les services qu'ils lui rendent.

Mais on peut remarquer deux grandes différences entre la reconnaissance que les saints ont eue des grâces qu'ils avaient reçues de Dieu, et la reconnaissance que Dieu témoigne des services qu'il reçoit de ses serviteurs.

La première, que tous les services de l'homme n'apportent aucun bien à Dieu, non plus que tous les péchés aucun mal. Regardez le ciel, est-il dit dans Job, levez les yeux vers celui qui habite ces voûtes azurées, et considérez combien il est au-dessus de vos faibles idées : *Suspice cœlum et intuere, et contemplare æthera, quod altior te sit.* (*Job*

xxxv. 5.) Quand vous commettriez tous les plus horribles crimes, et que vous entasseriez péchés sur péchés, quel mal lui feriez-vous, quel préjudice lui causeriez-vous? *Si peccaveris quid ei nocebis? et si multiplicatæ fuerint iniquitates tuæ, quid facies contra eum.* (*Ibid.*, 6.) D'autre part, quand vous feriez toutes les meilleures œuvres du monde, et que vous rempliriez les devoirs les plus excellents de la charité, de la justice et de la religion, quel bien en recevrait Dieu ? quel avantage lui en reviendrait-il ? Dieu en sera-t-il meilleur, plus grand, plus riche, plus heureux ? *Porro si juste egeris, quid donabis ei, aut quid de manu tua accipiet?* (*Ibid.*, 7.)

Quand vous détruiriez tous vos plus grands ouvrages, ô souverain Créateur de toutes choses! et que vous réduiriez en poudre les plus beaux chefs-d'œuvre de vos mains, dit le sage, qui viendra vous en faire rendre compte ? *Quis enim dicet tibi, quid fecisti? aut quis tibi imputabit si perierint nationes quas tu fecisti?* (Sap. xii, 12.) L'homme ne saurait donc ni donner quelque chose à Dieu par ses services, ni lui faire aucun mal par ses offenses ; au contraire, c'est à l'homme même que sa propre vertu est utile et que son impiété est nuisible, et c'est en faisant le bien ou le mal qu'il devient l'ouvrier de son bonheur ou de son malheur éternel : *Homini nocebit impietas sua, et filium hominis adjuvabit justitia sua.* (Job xxxv, 8.) Ainsi, quoique puisse faire l'homme, comme il ne peut par ses services augmenter la gloire de Dieu, il ne saurait par ses crimes diminuer sa félicité.

La seconde différence consiste en ce que la reconnaissance de l'homme, pour les bienfaits qu'il reçoit de son créateur, se borne, après tout, à des désirs du cœur et à des actions de grâces, et il ne peut donner des marques plus effectives de sa gratitude, du moins qui apportent à Dieu quelque bien réel qu'il n'eût pas auparavant, et qui le rendent ou moins indigne ou plus heureux.

Mais les présents dont Dieu récompense les services qu'on lui rend, mais les bienfaits dont il marque la reconnaissance qu'il en ressent, sont tellement réels, qu'en nous donnant de bonnes choses que nous n'avions pas, il nous rend bons, ce que nous n'étions pas. D'où vient que saint Thomas assure que la grâce de Dieu perfectionne la substance de notre âme, en nous faisant passer de l'être humain à l'être divin: « Gratia, secundum se considerata, perficit essentiam animæ in quantum participat quamdam similitudinem divini esse. » Et de là il s'ensuit que c'est à nous à qui nous devenons infiniment utiles, et dont nous relevons l'excellence de l'être ; et quand nous rendons service à Dieu, quoique par le moyen de ses bienfaits, et quand touché de nos services, il nous enrichit de ses bienfaits, et quand, sensibles à sa bonté, nous le remercions de ses bienfaits.

Cela étant ainsi, mon frère, ne vous contentez pas d'avoir reçu un bien inestimable dans votre ordination, disposez-vous à l'accroître par la reconnaissance dont vous êtes tenu envers cette source de tout bien pour votre promotion. Dieu ne vous a pas donné comme à Abraham la force et la vertu de lui immoler votre fils, mais il vous a donné, par l'ordination, le pouvoir divin de lui sacrifier son propre Fils. Dieu ne vous a pas donné assez de richesses, comme à David, pour lui ériger un temple matériel ; mais il vous fait assez de grâce par l'ordination, pour vous rendre digne d'être son temple et son sanctuaire spirituel. Il ne vous a pas donné un diadème comme à ce saint roi, mais il vous a mis sur la tête une couronne infiniment plus précieuse que celle des empereurs : « Ne mihi narres regum purpuram, neque diadema, » dit le grand saint Chrysostome, « sacerdotium est ipso etiam regno venerabilius. » Et le corps n'est pas moins au-dessous de l'âme que la pourpre des rois est au-dessous du sacerdoce, ajoute ce saint : « Quod quidem sacerdotium tanto est, excellentius regno, quantum spiritus et carnis intervallum esse potest. » Et par conséquent quelle reconnaissance ne devez-vous pas avoir envers Dieu de vous avoir élevé à une si haute dignité ? et qu'on puisse dire de vous aujourd'hui : « Hic est sacerdos quem coronavit Dominus. » De quelle ingratitude ne seriez-vous pas coupable, si vous demeuriez insensible et muet après un si grand bienfait, si vous vous oubliiez d'une telle grâce. Deux exemples, pris de l'Ecriture, vous convaincront de cette vérité.

Le premier est du grand prêtre Hélie. Dieu avait déposé la famille de Phinées de la dignité sacerdotale, et en avait honoré Hélie, et voulut qu'elle fût transmise à ses successeurs dans sa famille après lui ; mais Hélie ne se souvint pas des devoirs dont il était tenu envers Dieu pour l'avoir revêtu de cette gloire : *Circumcinxit eum zona gloriæ* (*Eccli.* xlv, 9), dit le Sage ; il tomba dans une ingratitude horrible envers Dieu ; il ne ressentit pas les injures que ses enfants, prêtres aussi bien que lui, faisaient au nom du Seigneur ; il ne les déposa pas du ministère; il se souvint trop qu'il était père, et non assez qu'il était prêtre ; il les reprit de leurs crimes, il est vrai, mais trop tard, mais trop faiblement ; il ne les dépouilla pas, comme il devait, de leur office, seul remède à un si grand mal, et seul capable d'empêcher qu'Hélie lui-même ne fût dépouillé de sa dignité, dit saint Jérôme : « Heli corripuit filios et punitus est, quia non corripere, sed abjicere debuit. » Ecoutons comment Dieu reproche à ce prêtre son ingratitude, et la sévère punition qu'il en fit.

Un homme sans nom, sans apparence, et de nulle distinction, mais un homme de Dieu vint trouver le grand prêtre Hélie, et lui fit une longue énumération des obligations que ses ancêtres, lui et ses enfants avaient au Seigneur pour les avoir choisis d'entre toutes les autres tribus d'Israël, et les avoir fait consacrer prêtres : *Venit autem vir Dei ad Heli, et ait ad eum : Hæc dicit Dominus, nunquid non aperte revelatus sum domui patris tui, cum essent in Ægypto, et elegi eum ex omnibus tribubus Israel mihi in sacerdotem, ut ascenderet ad altare meum,* etc. (*I Reg.* II, 27, 28.) Énumération de bienfaits, dit saint Grégoire, expliquant cet endroit, expressément mise avant les reproches et les menaces qui devaient suivre, afin que l'ingratitude de ces prêtres fût plus visible, et que leur châtiment parût plus équitable : « *Prius enim collata Heli dona numerantur, ut dum tam benignus dator omnipotens Deus ostenditur, contemplorem suum, quam juste feriat, cognoscatur.* » Car qu'est-ce que Dieu désire de nous pour l'honneur qu'il nous fait de nous élever au sacerdoce, et quels présents voudrait-il exiger de notre indigence, autre qu'un cœur reconnaissant? continue le grand pontife : « *Nam quæ aliæ victimæ, quæ alia munera, nisi pro tantis beneficiis gratiarum actiones?* » C'est tout ce qu'il attend de nous, c'est ce que ces prêtres ingrats ne lui rendaient pas ; c'est ce qui attira leur dégradation et leur ruine, et qui du haut rang du sacerdoce auquel ils avaient été élevés, renversa leur famille illustre et la réduisit à la mendicité. Tel fut l'effet de l'ingratitude de ces prêtres anciens dont Dieu se plaint avec tant d'amertume, et dont il se venge avec tant de sévérité : « *Nam quæ aliæ victimæ, quæ alia munera, nisi pro tantis beneficiis gratiarum actiones?* »

Nous avons un autre exemple fameux dans l'Ecriture en la personne de Judas, dont l'ingratitude fut si formellement prédite par le prophète, et si fortement reprochée. Au lieu de me rendre amour pour amour, disait Jésus-Christ dans la bouche du saint roi David, je n'ai ressenti que la haine de ce malheureux disciple ; il n'a payé mes bienfaits que par des injures, ce qui est le dernier degré de l'ingratitude : *Et posuerunt adversum me mala pro bonis, et odium pro dilectione mea.*(*Psal.* CVIII, 5.) Que cet ingrat soit donc dépouillé du sacerdoce, et qu'on le donne à un autre qui sache mieux en remplir les devoirs et en avoir plus de reconnaissance : *Et episcopatum ejus accipiat alter.* (*Ibid.*, 8.)

Marquez donc la vôtre à Dieu par des prières ferventes, par de saints désirs de vous sacrifier à sa gloire, et de le faire honorer dans l'Eglise. Imitez ces deux saints ecclésiastiques, dont l'un était diacre et l'autre lecteur, lesquels après avoir confessé le nom de Jésus-Christ devant les tyrans, et souffert, pour son nom, avec un invincible courage, des tourments atroces, c'est-à-dire après avoir rempli l'obligation qu'ils avaient contractée par leur ordination de s'immoler pour Dieu, et d'exercer, non par de simples cérémonies étudiées qui ne coûtent rien, mais par l'effusion de leur sang et la torture de leurs membres, un pouvoir qui leur avait été conféré à cette condition, revenus en prison, se mirent en prières avec les autres confesseurs, afin de remercier Dieu de la grâce qu'il leur avait faite d'avoir si dignement officié ; car l'on peut s'exprimer de la sorte, c'est-à-dire si dignement rempli les fonctions de leur ministère, non en coopérant au sacrifice mystique du corps de Jésus-Christ, mais en offrant eux-mêmes le sacrifice sanglant de leur propre chair. Voici les termes extraits des Actes de leur martyre : « *Victa denique feritate torquentium, rursus in carcere de triumpho suo multum lætatus includitur Marianus lector : ibique cum Jacobo diacono et reliquis fratribus gaudium victoriæ dominicæ frequenti oratione celebravit.* » Voici un nouveau motif qui vous y engage.

Seconde considération. — Si la grandeur de votre reconnaissance devait se mesurer à la grandeur du bienfait que vous avez reçu de Dieu dans votre ordination, de quelle dette immense ne seriez-vous pas redevable envers sa divine majesté ? car enfin que ne vous disent pas les saints de l'excellence de cette dignité ? Nous l'avons traitée à fond dans un ouvrage exprès, nous en avons rapporté diverses choses en plusieurs endroits, et il est ennuyeux d'user sans cesse de redites. Il suffit, en un mot, de rappeler dans notre esprit quelques traits de la doctrine des saints là-dessus, et de nous en rafraîchir l'idée.

Saint Grégoire de Nazianze dit que le sacerdoce est le plus grand et le plus excellent de tous les ornements dont un homme puisse être enrichi : « *Omnium ornamentorum maximum et præstantissimum.* »

Saint Chrysostome assure que c'est entre les plus insignes grâces, la grâce la plus insigne dont le Ciel puisse nous favoriser : « *Inter omnes gratias maxima gratia est sacerdotalis dignitas.* »

Selon saint Ignace, le sacerdoce est le sommet des plus hautes dignités du monde. Accumulez, dit-il, toutes les dignités du monde en une, tous les honneurs, toutes les richesses, enfin tous les royaumes, les sceptres et les couronnes, et vous trouverez que le sacerdoce est au-dessus : « *Enumera honores, dignitates, divitias, omnia denique mundi regna, omnium apex est sacerdotium.* »

Selon saint Ambroise, rien ne peut entrer en comparaison avec la sublimité du sacerdoce, et c'est un honneur au-dessus de tout honneur : « *Honor et sublimitas sacerdotalis, nullis poterit comparationibus adæquari, magna sublimitas, honor grandis.* »

C'est, ajoute saint Ignace, non-seulement le plus grand honneur où puisse parvenir un homme, mais le plus désirable des biens auquel il puisse aspirer : « *Omnium bonorum quæ in hominibus sunt apex.* »

Saint Isidore, ébloui d'une si éclatante dignité, proteste que c'est le comble des souhaits humains, et que nos vœux ne peuvent se porter plus haut, ni aller plus loin : « *Om-*

nium quæ inter homines expetuntur, velut extrema meta. »

Saint Ephrem ne se contente pas de dire que le sacerdoce est un bien au-dessus de nos désirs, mais il confesse qu'il est au-dessus de nos idées, et qu'on ne peut ni en concevoir la grandeur, ni en expliquer le mérite « Excedit intellectum et orationem, omnemque cogitationem donum altitudinis dignitatis. » Il prétend même que c'est ce que saint Paul avait en vue, lorsque ravi en esprit, à la vue du sacerdoce de Jésus-Christ, il s'est écrié : O profondeur des richesses de Dieu ! « Et sicut arbitror hoc est quod Paulus quasi in stuporem mentis actus, innuit exclamans : *O altitudo divitiarum!* » (*Rom.* xi, 33.) Enfin, il s'épuise en expressions, et nous fait voir par son impuissance à se contenter là-dessus, que cette dignité est un abîme sans fond, un abîme vaste, immense, infini, incompréhensible : « O quam magnam in se continet dignitatem formidabile et admirabile sacerdotium, miraculum stupendum, dignitas profunda, magna et multa, immensa et infinita, ipsius sacerdotii dignitas ! »

Jugez donc, à ces éloges, de quel bienfait vous êtes tenu envers la libéralité divine; jugez, sur ce pied-là, de la reconnaissance qu'on a droit d'exiger de vous; les saints Pères s'épuisent en louanges, afin que votre gratitude ne tarisse pas, parce qu'elle est un vent brûlant, dit saint Bernard, qui dessèche la source de toutes les grâces : « Ventus urens exsiccans omnem fontem gratiarum. »

Le patriarche Jacob promettait au Seigneur que, s'il lui donnait des vêtements pour se couvrir, et du pain pour se nourrir, il serait son Dieu bien-aimé, qu'il lui offrirait les dîmes de tout ce qu'il recevrait de sa main libérale, et qu'il n'oublierait jamais un si grand bienfait : *Si fuerit Deus mecum,* disait-il, *et custodierit me in via per quam ego ambulo, et dederit mihi panem ad vescendum, et vestimentum ad induendum, erit mihi Dominus in Deum, cunctorum decimas offeram.* (*Gen.* xxviii, 20, 21.) Voyez que de magnifiques promesses pour des dons si médiocres. Et vous, que ne devez-vous pas promettre à Dieu, quelle reconnaissance ne lui devez-vous pas, non pour un pain et un habit matériel, périssable, mais pour vous avoir orné d'un vêtement spirituel et incorruptible.

En effet, quand on vous a mis sur le corps le surplis que vous portez, ne vous a-t-on pas dit : Que le Seigneur vous revête du nouvel homme, qui a été créé selon Dieu, dans la sainteté, la justice et la vérité : « Induat te Dominus novum hominem qui secundum Deum creatus est in sanctitate, et justitia veritatis. » On l'a dit, et cela a été fait, si vous n'y avez pas mis d'obstacle.

Dans la réception du sous-diaconat, ne vous a-t-on pas dit : Que le Seigneur vous revête de la tunique de joie, et de l'étole d'innocence : « Tunica jucunditatis, et indumento lætitiæ induat te Dominus. »

Dans le diaconat ne vous a-t-on pas dit :

Recevez de la main de Dieu cette étole tout éclatante de blancheur : « Accipe stolam candidam de manu Dei ? »

Quand on vous a conféré le sacerdoce, on vous a dit : Prenez cet habit sacerdotal par lequel la charité est signifiée : « Accipe vestem sacerdotalem per quam charitas intelligitur : » Voyez si ces précieux vêtements ne valent pas bien ceux que demandait le patriarche Jacob, et s'ils ne vous engagent pas à une plus grande reconnaissance : *Si fuerit Deus mecum, et dederit mihi vestimentum ad induendum, erit mihi Dominus in Deum.* (*Gen.* xxviii, 20, 21.)

N'allez donc pas à présent dire avec le saint homme Job : Seigneur, vous m'avez revêtu de chair et de peau : *Pelle et carnibus vestisti me; ossibus et nervis compegisti me* (*Job* x, 11) ; ce sont là les vils haillons que nous avons hérité de nos premiers parents ; ces misérables feuilles dont nous couvrons notre honteuse nudité : *Pelle et carnibus vestisti me.* Nous portons bien nos vues plus haut, et nous aspirons bien à d'autres ornements, quand prenant sur nous les habits sacerdotaux, nous ne demandons rien moins à Dieu, sinon qu'il nous revête de la robe d'immortalité, dont le péché de notre premier père nous a dépouillés : « Redde mihi ; Domine stolam immortalitatis quam perdidi prævaricatione primi parentis. » Nous n'espérons rien moins de la libéralité de ce Père céleste, que d'entendre de sa bouche : *Cito proferte stolam primam* (*Luc.* xv, 22); que de nous voir revêtus de Jésus-Christ appelé par les saints Pères : « Magna sacerdotum tunica. »

Mais suivons les mouvements de la reconnaissance de ce saint patriarche ; il promettait à Dieu que, s'il lui donnait du pain à manger, il le choisirait pour son Dieu bien-aimé : *Si fuerit Deus mecum, et dederit mihi panem ad vescendum, erit mihi Dominus in Deum.* (*Gen.* xxviii, 20.) Quoi, pour un pain matériel et corruptible tant de reconnaissance ! Pour un pain qui ne conserve qu'une vie périssable, et qui nous est commune avec les bêtes, promettre de si grandes choses ! On vous nourrit du pain des anges, et par votre ordination vous êtes devenu le dispensateur de ce divin aliment, et vous n'avez que de l'ingratitude pour celui qui vous le donne, que de l'indifférence et de l'oubli. Les officiers du roi des Perses lui protestaient une inviolable fidélité, parce qu'ils se ressouvenaient du sel qu'ils avaient mangé dans son palais : *Nos autem memores salis quod in palatio comedimus, læsiones regis videre nefas ducimus.* (I *Esdr.* iv, 14.) Vous avez été préservé de la corruption par le sel mystérieux, ou plutôt vous êtes devenu par votre ordination le sel de la terre, qui préserve les hommes de la corruption : *Vos estis sal terræ* (*Matth.* v, 13); et vous ne promettez pas à Dieu une éternelle fidélité, un attachement inviolable à ses intérêts ! peu désireux des bienfaits de Dieu avant de les posséder, peu reconnaissant après les avoir reçus ; nonchalant à demander, tiède à remercier. Mais réveillez-vous, voici un second exemple d'une sincère reconnaissance.

Le saint homme Tobie, tout pénétré de ressentiment pour les bons offices qu'il avait reçus de l'ange Raphaël, qu'il ne prenait pas pour un esprit céleste, disait à son père : Que pouvons-nous donner à cet ami si obligeant, ou quelle récompense lui présenterons-nous, ou qui pourrait dignement payer les services que nous en avons reçus ? *Quid possumus dare viro isti ? aut quam mercedem dabimus ei? aut quod dignum poterit esse beneficiis ejus ?* (*Tob.* xii, 1, 2.)

Les bienfaits dont Tobie se confessait redevable à cet inconnu, et pour lesquels il avait tant de gratitude, se réduisaient à quatre chefs : premièrement, il lui avait procuré un mariage très-heureux et très-avantageux. En second lieu, il avait délivré son épouse d'un cruel démon qui l'infestait. Troisièmement, il avait comblé de joie toute sa famille. Enfin, il avait rendu la vue corporelle à son père.

Mais tous ces bienfaits extérieurs n'étaient que la figure des grâces intérieures que vous avez reçues de Dieu dans votre ordination.

Car, premièrement, vous y avez fait une sainte alliance avec l'Eglise, dont vous êtes devenu l'époux par votre ordination ; les prêtres, dit saint Bernard, sont les époux de l'Eglise : «Sacerdotes sponsi Ecclesiæ.» Mais de quelle épouse êtes-vous devenu l'époux? de celle même pour l'amour de laquelle Jésus-Christ a répandu son sang : *Christus dilexit Ecclesiam, et tradidit semetipsum pro ea* (*Ephes.* v, 25); de celle même dont saint Jean nous a décrit le pompeux appareil dans son *Apocalypse*. Venez, lui dit l'ange, et je vous montrerai l'Epouse de l'Agneau : *Veni et ostendam tibi sponsam Uxorem Agni.* (*Apoc.* xxi, 9.) Et il me prit et m'enleva sur le sommet d'une haute montagne, continue cet apôtre, et là il me découvrit la sainte cité de Jérusalem descendant du ciel de la part de Dieu, toute brillante de la clarté de Dieu même, parée d'habits somptueux et d'atours magnifiques, telle qu'une épouse qu'on va présenter le jour de ses noces à son époux: *Et sustulit me in spiritu in montem magnum et altum, et ostendit mihi civitatem sanctam Jerusalem descendentem de cœlo a Deo, habentem claritatem Dei paratam sicut sponsam ornatam viro suo.* (*Ibid.*, 10, 11.) Voilà l'épouse qu'on vous a donnée au jour de votre ordination, mon cher frère : « *Sacerdotes sponsi Ecclesiæ.*» N'en devez-vous pas avoir plus de reconnaissance envers Dieu, que Tobie en avait envers Raphaël pour une femme mortelle qu'il lui avait procurée. Dites-donc dans un certain transport: *Quid possumus dare viro isti, aut quam mercedem dabimus ei, aut quid dignum poterit esse beneficiis ejus.* (*Tob.* xii, 1, 2.) Pourquoi de si grands sentiments de reconnaissance ? c'est qu'on m'a procuré l'épouse du monde la plus illustre, la plus sainte, la plus parfaite: *Uxorem me habere fecit.* (*Ibid.*, 3.) Et d'un mérite infiniment élevé au-dessus de cette ancienne épouse du premier homme, tirée de son côté, et que Dieu conduisit à Adam dans le paradis terrestre : *Adduxitque eam ad Adam* (*Gen.* ii, 22), puisque l'Eglise a été formée du côté même de Jésus-Christ endormi sur la croix, et qu'elle ne sera jamais bannie du paradis : « *Sacerdotes sponsi Ecclesiæ.* » Rendez-en donc d'éternelles actions de grâces à Jésus-Christ, et publiez que vous lui aurez à jamais des obligations infinies, de vous avoir donné l'Eglise pour épouse : *Uxorem me habere fecit.*

En second lieu, remerciez-le de ce qu'il vous a préservé de la cruauté du démon, accoutumé de dévorer ces ministres indignes qui s'ingéraient aux noces spirituelles du sacerdoce sans vocation, sans préparation, sans doctrine, sans piété, et qui, dépourvus de toutes les qualités nécessaires, ne songeaient qu'à assouvir leur avarice, leur ambition et leur cupidité. Car c'est contre ces sortes d'intrus dans le clergé, et qui faisaient une espèce de violence à l'Eglise, cette chaste Epouse de Jésus-Christ, que le démon prévalait, suivant ce que l'ange Raphaël disait à Tobie : *Ostendam tibi qui sunt quibus prævalere potest dæmonium : hi namque qui conjugium ita suscipiunt, ut Deum a se, et a sua mente excludant, et suæ libidini vacent.* (*Tob.* vi, 16, 17.) Ceux qui, dans l'alliance qu'ils font avec l'Eglise par l'ordination, n'y cherchent que l'argent, que les bénéfices, que les dignités, que le luxe, qu'à satisfaire leurs désirs terrestres, mondains, charnels, sensuels, qui n'ont ni Dieu, ni le prochain, ni leur perfection en vue; ce sont, dis-je, ces gens-là et leurs semblables qui tombent sous la tyrannie du diable : *Habet potestatem dæmonium super eos* (*Ibid.*, 17); de laquelle Dieu, par les grâces dont il vous a prévenu, par les bonnes instructions qu'on vous a données de sa part, par le séjour que vous avez fait dans un bon séminaire, vous a préservé : remerciez-l'en avec un cœur plein d'amour et de reconnaissance : *Quia dæmonium compescuit.* (*Job* xii, 3.)

Venons au troisième motif de votre gratitude. Dieu, par votre ordination saintement reçue, avec piété, préparation, religion, a comblé de joie toute la famille de l'épouse qu'il vous a donnée, et tous ses parents: *Gaudium parentibus ejus fecit.* (*Ibid.*) En effet, avec quelque combien plus de sujet l'Eglise du ciel qui fait une fête de la conversion d'un pécheur, surtout la partie la plus excellente de cette Eglise composée de tant de saints prélats, évêques, prêtres et ministres inférieurs, doit-elle être réjouie de la promotion d'un bon ecclésiastique, qui, par son zèle et son bon exemple, sera avec le temps la lumière du monde, et par ses travaux apostoliques remplira le ciel d'élus; car c'est ce qu'on attend de vous, c'est ce qu'on vous demande : *Gaudium parentibus ejus fecit.* L'Eglise de la terre a participé à cette joie : les bons prêtres, les dignes ecclésiastiques qui vous connaissent et qui savent la bonté de votre cœur, la droiture de vos intentions, combien vous avez en horreur le péché, combien vous avez l'honneur de Dieu en recommandation, vos supérieurs, vos directeurs, et qui peut-être autrefois avaient gémi de votre peu de ferveur, de votre dissipation, de l'indévotion que vous témoigniez, oubliant leurs peines passées, au milieu desquelles ils vous enfantaient en Jésus-Christ, goûtent une sensible consolation à présent, vous voyant devenu un prêtre vertueux, de qui l'on peut attendre beaucoup de fruit dans l'Eglise, un homme nouvellement né à la vie apostolique : *Jam non meminit pressuræ propter gaudium quia natus est homo in mundo.* (*Joan.* XVI, 21). C'est donc ici un grand sujet de joie que vous donnez à toute l'Eglise, une grâce dont vous devez bien remercier Dieu : *Gaudium parentibus ejus fecit.* (*Tob.* XII, 3.)

Enfin, le dernier sujet de la reconnaissance de Tobie envers l'ange Raphaël, était qu'il avait rendu la vie corporelle à son père : *Te quoque videre fecit lumen cœli.* (*Ibid.*) Combien plus devez-vous remercier Dieu de vous avoir ouvert les yeux de l'âme, vous éclairant des vérités de l'Evangile, des maximes ecclésiastiques, de la nécessité de la vocation, de l'obligation que vous avez d'apporter au sacerdoce l'innocence conservée ou réparée; l'amour de la perfection, le zèle du salut des âmes; combien devez-vous le remercier de vous avoir éclairé sur les obligations et sur les périls du sacerdoce, sur le détachement où vous devez être de toutes choses, des biens, des plaisirs, des honneurs et de vous-même ; combien devez-vous le remercier de vous avoir fait connaître le haut degré de sainteté qu'il exige de vous, les vertus excellentes qu'il en attend ; cette humilité profonde, cette chasteté inviolable, cette charité consommée, cette mortification exemplaire, cette religion, cette sobriété, cette patience, cette pauvreté; en un mot, toutes ces autres vertus, dons, grâces et talents qui doivent orner un prêtre ; vous avoir instruit de tant de vérités, par les lectures, les conférences, les méditations, les sacrements, et tant d'autres moyens mis en usage par la Providence, depuis que vous êtes dans ce séminaire; avoir dissipé vos ténèbres, votre ignorance et vos erreurs là-dessus, n'est-ce pas véritablement vous avoir guéri d'un aveuglement plus funeste et plus déplorable que n'était celui de Tobie? n'est-ce pas vous avoir véritablement fait voir la lumière du ciel? *Te quoque videre fecit lumen cœli;* n'est-ce pas vous mettre dans un engagement bien plus grand de remercier Dieu, et de dire avec ce saint homme : Que pourrai-je donner au Seigneur? *Quid possumus dare Deo?* Quelle marque de ma reconnaissance rendrai-je à Jésus-Christ? *Aut quam mercedem dabimus ei?* Ou qui pourra contrebalancer les biens que j'en ai reçus : *Aut quid dignum poterit esse beneficiis ejus?* Or les voici ces bienfaits : *Uxorem ipse me habere fecit, dæmonium ab ipsa compescuit, gaudium parentibus ejus fecit, te quoque videre fecit lumen cœli.* (*Tob.* XII, 1-3.)

Ajoutons deux nouveaux motifs qui doivent vous engager encore plus à la reconnaissance envers Dieu, à cause de votre digne promotion, et qui vous découvriront mieux la grandeur du bienfait que vous en avez reçu, que tout ce que nous en avons dit jusqu'ici. Dieu, tout riche en miséricorde, tout magnifique en sainteté qu'il soit, n'a rien trouvé dans les trésors de sa sagesse et de sa puissance qui fût plus digne de récompenser les services de ses plus fidèles amis que de leur conférer la dignité du sacerdoce, et il a jugé que c'était la récompense la plus illustre de leur zèle pour ses intérêts. Lui seul pouvant dire plus véritablement que tous les princes de la terre, ce qu'un grand roi mandait à un homme célèbre : J'ai su que vous aviez toutes les qualités nécessaires pour être mon véritable ami : *Audivimus de te quod aptus es ut sis amicus noster.* (*I Mach.* X, 19.) Eh bien, de quelle distinction cet ami d'un grand roi sera-t-il honoré? c'est qu'il le revêtira de la dignité sacerdotale : *Audivimus de te quod aptus es ut sis amicus noster : et nunc constituimus te hodie sacerdotem, et ut amicus voceris regis, et quæ nostra sunt sentias nobiscum, et conserves amicitias ad nos, et misit ei purpuram et coronam auream.* (*Ibid.*, 19, 20.)

Tel était le langage d'un monarque. Mais c'est à Dieu seul à parler ainsi. C'est à Dieu seul à promettre ainsi, et à exécuter ce qu'il promet. Et voici comme il l'a accompli.

Phinées, animé d'un zèle extraordinaire de la gloire de Dieu, de l'honneur de la religion et du salut du peuple, que la colère du Seigneur allait dévorer, fait l'action du monde la plus héroïque, et qui ne pouvait lui être inspirée que par le Saint-Esprit : il immole deux grands coupables à la justice de Dieu, il consacre sa main par un sacrifice de zèle et de religion, et par un coup si extraordinaire, en frappant les pécheurs, il sauve le peuple, il l'arrache à la vengeance de l'ange exterminateur, et met fin au péché. Pour récompense d'une si sainte et belle action, Dieu, à qui elle fut infiniment agréable, ne trouve rien de plus digne pour en récompenser l'auteur que de lui conférer, non le domaine d'un grand empire, non la possession de toute la terre, non des sceptres et des couronnes, mais quelque chose d'infiniment plus grand : il lui assure, et à sa postérité, la dignité du souverain sacerdoce. Il ne peut le combler d'un plus grand honneur, ni donner au mérite de Phinées une marque plus éclatante de la reconnaissance et de la libéralité divine : *Et statuit illi testamentum æternum in generationem et generationem.* (*Eccli.* XLV, 8.) Il établit le sacerdoce dans sa famille. Phinées, dit Dieu à Moïse, a arrêté ma colère sur les enfants d'Israël : *Phinees avertit iram meam a filiis Israel.* (*Num.* XXV, 11.) Parlez-lui de ma part, et lui annoncez que je veux l'admettre dans l'alliance de mon testament : *Ecce do ei pacem fœderis mei.* Je l'établis lui et ses descendants dans la dignité du sacerdoce : *Et erit tam ipsi quam semini ejus pactum sacerdotii sempiternum.* Et cela en récompense et en reconnaissance de son zèle pour mon service et pour ma gloire, et de ce qu'il a expié les crimes dans lesquels mon peuple s'était souillé : *Quia zelatus est pro Deo suo, et expiavit scelus filiorum Israel.* (*Ibid.*, 12, 13.) Si donc la magnificence de Dieu ne trouve rien sur la terre que le sacerdoce pour récompenser un si grand mérite, jugez de l'estime que la sagesse divine, qui ne peut ni tromper ni être trompée, et qui connaît au vrai le prix des choses, fait du sacerdoce. Jugez quelle idée vous en devez avoir, jugez quelle doit être votre reconnaissance envers un Dieu si bon, qui vous en a honoré, sans avoir jamais rien fait pour lui.

A cette première raison joignons-en une seconde encore plus forte. Saint Jean, dans son *Apocalypse*, nous montre le spectacle du monde le plus surprenant, tout le ciel retentissant de cantiques de joie, tous les saints prosternés devant l'Agneau et criant à haute voix : Grâces à vous, Seigneur, qui nous avez rachetés par l'effusion de votre sang, et qui nous avez choisis de toute langue, nation, peuple, tribu, pour nous faire être le royaume de Dieu : *Et cum aperuisset librum, quatuor animalia et viginti quatuor seniores ceciderunt coram agno, et cantabant canticum dicentes : Dignus es, Domine, quoniam occisus es, et redemisti nos Deo in sanguine tuo, ex omni tribu, et lingua, et natione, et populo, et fecisti nos Deo nostro regnum.* (*Apoc.* v, 7, 10.) Mais en quoi consiste ce royaume, quel est le sujet de cette si grande joie, d'une si publique reconnaissance? écoutez ce qui suit : C'est que vous nous avez établis prêtres, et que nous régnerons à jamais : *Et fecisti nos Deo regnum; et sacerdotes, et regnabimus.* (*Ibid.*, 10.) Telle est la cause de la joie des bienheureux dans le ciel, ou plutôt telle est ce qui fait la félicité des saints dans la gloire, ce qui forme le principal sujet de leurs actions de grâces envers Dieu; c'est qu'il les a revêtus de l'étole sacerdotale, et que ce céleste ornement, infiniment plus précieux que tous les diadèmes de l'univers, les met en possession d'un royaume qui n'aura jamais de fin : *Fecisti nos Deo sacerdotes, et regnabimus.* Heureux et saint celui qui participe à ce bonheur anticipé, et qui, même avant la résurrection générale, règne avec Jésus-Christ, et entre en possession de la qualité de prêtre : *Beatus et sanctus qui habet partem in resurrectione prima. In his secunda mors non habet potestatem, sed erunt sacerdotes Dei et Christi ; et regnabunt cum illo.* (*Apoc.* xx, 6.) Heureux et saint celui qui, connaissant dès à présent son bonheur, commence à rendre à Dieu, sur la terre, des actions de grâces qui se continueront pendant toute l'éternité. Mais si la grandeur d'un Dieu si bienfaisant exige notre reconnaissance pour le plus grand de ses bienfaits; si le sacerdoce est un si grand bienfait, s'il engage à une reconnaissance infinie envers cette bonté bienfaisante, il faut demeurer d'accord que ces motifs de gratitude prennent le dernier accroissement, si l'on considère l'indignité et la vileté de celui qui re-

çoit un si grand bienfait. C'est ce qu'il faut que nous expliquions à présent.

Troisième considération. — Il est certain que l'endroit le plus sensible par lequel on puisse toucher un cœur naturellement généreux et noble, est de l'élever à des honneurs, et de lui départir des biens très-grands et très-désirables, et qui marquent l'estime qu'on a de lui, lorsqu'il est convaincu qu'il en est indigne, que ces bienfaits sont au-dessus de son mérite, et qu'il ne pouvait raisonnablement les espérer de la bonté de celui qui les lui donne. Au lieu qu'il n'est que trop ordinaire de voir un homme ambitieux et vain, et par conséquent bas et mal fait, qui croit que tout lui est dû, et qu'on ne lui fait jamais aucun bien qui récompense suffisamment ses services, ou qui soit proportionné à ses mérites.

C'est ainsi que Miphiboseth, loin de s'abandonner à ces sortes de sentiments indignes, montra véritablement qu'il était d'un sang royal. Car le saint roi David, suivant exactement les règles de la religion et de la charité, après avoir donné ses premières pensées et ses premiers soins à l'arche du Seigneur et à la construction du temple, chercha dans la famille de Saül quelqu'un à qui il pût faire du bien : *Et dixit David : Putasne est aliquis qui remanserit de domo Saul, ut faciam cum eo misericordiam?* (*II Reg.* ix, 1.) On lui présenta Miphiboseth, fils de Jonathas, boiteux et contrefait, lequel, frappé de crainte et de respect, se prosterna, le visage contre terre, devant le roi qui l'appelait, et lui dit : Me voici, moi, votre pauvre serviteur : *Corruit in terram et adoravit, dixitque : Adsum servus tuus.* Ce prince malheureux se persuadait peut-être que David voulait l'exterminer, et venger en sa personne les injures qu'il avait reçues de Saül. Mais David, bien éloigné de cette pensée, lui dit de se rassurer, qu'il voulait, en considération de Jonathas, père de Miphiboseth et ami intime de David, lui faire du bien, et même le faire asseoir à sa table tous les jours : *Et ait ei David : Ne timeas quia faciens faciam in te misericordiam propter Jonathan patrem tuum, et restituam tibi omnes agros Saul patris tui, et tu comedes in mensa mea semper.* (*Ibid.*, 6, 7.)

A cette réponse inespérée, Miphiboseth se prosterna de nouveau par terre, et tout surpris d'admiration, dit à David : Qui suis-je, moi, votre serviteur, pour que vous daigniez regarder un chien mort comme je suis? *Qui adorans eum dixit : Quis ego sum servus tuus quoniam respexisti super canem mortuum similem mei?* (*Ibid.*, 8.)

On peut voir, en passant, dans cet exemple, quelle est la justice et la puissance de Dieu, quand il lui plaît de d'humilier les superbes et de relever les humbles. David, autrefois injustement persécuté par Saül, s'était abaissé devant lui, et s'était servi de ces mêmes paroles pour le fléchir : Qui poursuivez-vous, roi d'Israël, qui poursuivez-vous? lui avait-il dit, vous poursuivez un chien mort : *Quem persequeris, rex Is-*

rael, quem persequeris? canem mortuum persequeris. (I Reg. xxiv, 15.) Aujourd'hui les choses changent. Le fils de Saül, ce roi superbe, se prosterne devant David, cet humble berger, et lui dit : Qui suis-je, moi, votre serviteur, pour que vous daigniez regarder un chien mort comme je suis ? *Qui adorans eum dixit : Quis ego sum servus tuus quoniam respexisti super canem mortuum similem mei?* C'est ainsi, quelquefois, que Dieu rend justice à ses serviteurs dès ce monde même, tout théâtre qu'il soit de l'injustice des pécheurs, et de la prospérité des méchants, en attendant ce grand jour, et ce surprenant changement de scène, où les justes jugeront les pécheurs et où les impies deviendront l'escabeau des pieds de ceux qu'ils avaient mis au-dessous d'eux.

La Cananéenne se compare à une chienne; mais au moins une chienne vivante peut encore être de quelque agrément à son maître et le défendre; cette pieuse femme se croit indigne du pain des enfants, mais elle prétend aux miettes qui tombent de la table; Miphiboseth, bien plus humble, se compare à un chien mort, incapable de plaire à son maître, de garder sa maison, et de prétendre aux restes de sa table.

Il est certain que l'on voit peu d'exemples plus illustres que celui-ci, pour marquer combien la vue de notre bassesse, de notre vileté, de notre indignité, nous porte à la gratitude envers ceux qui nous honorent de leurs bienfaits, lorsque nous sommes convaincus que nous ne les méritons pas. Car, quelle reconnaissance ne fut pas celle de Miphiboseth envers David, lors même que ce roi fut trahi de ses sujets, abandonné de ses amis, et persécuté de son propre fils ? Personne ne l'ignore.

Jetez donc les yeux sur vous, mon frère, et vous verrez combien vous êtes indigne de la grâce du sacerdoce, et par conséquent combien vous devez être reconnaissant envers Dieu de vous en avoir revêtu ? Quoi ! devez-vous dire, moi qui n'ai plus mon innocence baptismale que l'autel demande, moi qui ne l'ai point encore réparée par la pénitence, moi qui suis sans vertu, qui n'ai ni chasteté affermie, ni détachement des choses de la terre, ni humilité, ni mortification, ni douceur, ni patience, ni charité; moi qui suis tout contrefait par les méchantes habitudes et par les inclinations tortueuses de mon cœur; moi qui de peu de mérite, de vertu, d'esprit chrétien, auraient autrefois fait exclure du nombre des fervents catéchumènes, me voir élevé au sacerdoce, que Dieu ait pensé à moi, qu'il m'ait daigné dire : *Amice, ascende superius* (Luc. xiv, 10); qu'il ait voulu m'honorer de l'étole sacerdotale : *Stolam gloriæ induit eum* (Eccli. xv, 5); moi un chien mort, c'est-à-dire qui ne saurais plaire à Dieu par les aimables caresses de l'innocence chrétienne, ni par les agréments des vertus; qui n'ai jamais eu le zèle de prêcher de parole et d'exemple, de crier contre le vice : *Canes muti non valentes latrare* (Isa. LVI, 10); qui n'ai jamais gardé fidèlement le bien de mon maître; ni empêché qu'on le volât, laissant impunément jurer, blasphémer, insulter le prochain, abandonnant en proie l'honneur de Dieu, et les intérêts de l'Eglise et de la piété; qui ne me suis jamais attaché à Jésus-Christ, à suivre ses pas, à me tenir en sa présence, ainsi que les chiens fidèles font à l'égard de leur maître ; moi qui me suis impudemment ingéré à la table des enfants, et à manger leur pain, contre cette parole : *Non est bonum sumere panem filiorum et dare canibus* (Matth. xv, 26); et par conséquent qui suis pire qu'un chien mort; moi cependant qu'on veuille bien faire retentir ces paroles à mes oreilles : *Ne timeas quia faciens faciam in te misericordiam, et restituam tibi omnes agros Saul patris tui, et tu comedes panem in mensa mea semper*. (II Reg. ix, 7.) Qu'on veuille bien aujourd'hui remplir l'espérance qu'on me donna lorsque je me consacrai à Dieu par la tonsure, et que je dis hautement : Le Seigneur est mon lot et mon héritage, c'est lui qui me remettra en mes anciens droits de le posséder : *Dominus pars hæreditatis meæ, et calicis mei, tu es qui restitues hæreditatem meam mihi*. (Psal. xv, 5.) Car, n'est-ce pas ce que David disait à Miphiboseth : Ne craignez rien, parce que je veux vous faire miséricorde, et vous rendre toutes les possessions de votre père : *Ne timeas quia faciens faciam in te misericordiam et restituam tibi omnes agros patris tui*. Et n'est-ce pas où j'en suis par mon ordination, puisque je me vois en état de dire tous les jours : Rendez-moi, Seigneur, l'étole d'immortalité que j'ai perdue par la prévarication de mon premier père : « *Redde mihi, Domine, stolam immortalitatis quam perdidi in prævaricatione primi parentis;* » et quoique je me trouve indigne de m'approcher du ministère de vos autels, faites, mon Dieu, que je mérite d'entrer dans votre éternité bienheureuse : « *Et quamvis indignus accedo ad tuum sacrum ministerium, merear tamen gaudium sempiternum ;* » paroles ou prières efficaces qui opèrent en moi, et qui mettent en ma main, en quelque manière, ce qu'elles signifient. Enfin qu'on veuille bien aujourd'hui me dire : Ne craignez point, vous mangerez à ma table tous les jours de votre vie : *Ne timeas, comedes panem in mensa mea semper;* vous vous assiérez à la table de Jésus-Christ, et vous y mangerez le pain des anges : *Et ego dispono vobis sicut disposuit mihi Pater meus regnum, ut edatis et bibatis super mensam meam in regno meo*. (Luc. xxii, 29.) A moi, qu'on me tienne ce langage, car c'est celui que Jésus-Christ tint à ses disciples après les avoir consacrés prêtres dans le cénacle, et, en leur personne, à tous ses ministres futurs des siècles à la suite des siècles qui devaient être consacrés. O Dieu, quelle reconnaissance n'en dois-je pas avoir ! Si Miphiboseth, pour manger à la table d'un prince mortel, et s'y nourrir d'une viande corruptible, qui ne lui conservait qu'une vie périssable, eut tant de reconnaissance envers David, plein comme il était du sentiment de son indignité pour une si grande grâce, que ne dois-je pas avoir dans le cœur pour une faveur si signalée que de m'asseoir à la table de Dieu, que de m'y nourrir d'un aliment céleste, que d'y jouir d'une vie divine, rempli comme je suis de la connaissance parfaite de mon extrême indignité. Combien devrais-je me prosterner devant une si grande bonté, et lui dire la larme à l'œil et le cœur transpercé : Qui suis-je, moi, votre serviteur, pour que vous ayez daigné regarder un chien mort : *Qui adorans cum, dixit : Quis ego sum servus tuus, quoniam respexisti super canem mortuum similem mei.*

Si Tobie, comme nous avons vu ci-dessus, pour quelques bienfaits temporels qu'il avait reçus de Dieu par le ministère d'un ange, demeura trois heures durant le visage prosterné contre terre, occupé à rendre grâces à Dieu et à le bénir : *Tunc prostrati per horas tres in faciem benedixerunt Deum (Tob.* XII, 22), à quoi ne suis-je pas tenu, moi qui suis véritablement représenté par cet indigent dont parle le psalmiste : *Suscitans a terra inopem, et de stercore erigens pauperem. (Psal.* CXII, 7.) Deux abîmes dont Dieu m'a retiré pour m'élever au sacerdoce, le néant de la nature, n'étant que poudre par mon origine, et devant retourner en poudre : *Suscitans a terra inopem.* Le néant de la grâce, n'étant que corruption par mon péché représenté par ce fumier : *Et de stercore erigens pauperem.* Néant de nature et néant de grâce dont Dieu m'a retiré : et pourquoi cela ? Pour me donner place parmi les princes de son peuple, parmi ces prêtres célèbres qui, dans les jours de leur chair, ont orné l'Eglise de la terre, et qui présentement embellissent l'Eglise du Ciel. Pour me donner place parmi ces saints ministres des autels : *Ut collocet eum cum principibus, cum principibus populi sui. (Ibid.* 8.) C'est à cette société que je suis appelé. J'étais un arbre sec et stérile, qui n'était bon qu'à jeter au feu ; Dieu, par le sacerdoce dont il m'a honoré, veut me rendre fécond, et me mettre au rang de ceux dont il a dit : *Posui vos ut eatis, et fructum afferatis, et fructus vester maneat. (Joan.* XV, 16.) Et c'est ce que continue le psalmiste, et en quoi il assure que paraît la miséricorde infinie de Dieu : *Qui habitare facit sterilem in domo matrem filiorum lætantem. (Psal.* CXII, 9.) Voilà ce que Dieu veut que vous soyez par votre ordination. Voilà le rang sublime où il vous pose, tout indigne que vous en soyez. Que votre reconnaissance réponde donc à un tel bienfait, et que votre peu de mérite donne un nouvel accroissement à votre gratitude. Aussi, fut-ce, comme on croit ce même psaume cent douzième que Jésus Christ, après l'institution du sacerdoce, fit chanter dans le cénacle, à ses disciples nouvellement ordonnés, en action de grâces de leur ordination. Entrez donc dans les sentiments que cette prière inspire, et qu'on vient d'expliquer : *Et hymno dicto exierunt. (Matth.* XXVI, 30.)

Il est vrai peut-être que Dieu, en vous conférant le sacerdoce, ne vous a pas orné de talents extraordinaires, de dons éclatants, de grâces gratuites ; mais cela même est un nouveau sujet de remercîment. Votre péril ne sera pas si grand, ni votre compte si rigoureux ; comme on demandera plus à celui qui aura reçu davantage, aussi demandera-t-on moins à celui qui n'aura pas tant reçu. C'est la maxime de l'Evangile : *Omni autem cui multum datum est, multum quæretur ab eo : et cui commandaverunt multum, plus petent ab eo. (Luc.* XII, 48.) Que si le premier se trouve coupable et redevable de dix mille talents, c'est-à-dire d'une somme immense, il sera châtié à proportion de ce qu'on lui aura confié, et dont il n'aura pas fait un bon usage : *Vapulabit multis.* Et pour celui qui a peu reçu, et qui même en a mal usé : *Et fecit digna plagis,* il sera peu châtié : *Vapulabit paucis. (Ibid.,* 47, 48.) Ne vous plaignez donc pas de votre sort, et n'en ayez pas moins de reconnaissance.

Il y a deux sortes d'arbres, dit saint Grégoire : les uns sont grands, vastes, élevés ; leurs rameaux occupent des espaces immenses, rien n'est plus beau à la vue, ni plus commode au voyageur fatigué ; mais ces troncs élevés, ces branches infinies, qui forment un si agréable objet, ne sont d'aucune utilité, et ne portent aucun fruit à leur maître. Au contraire, il y a des arbrisseaux rampants, tortueux, désagréables par leur figure et leur couleur, comme la vigne et l'olivier, qui cependant sont d'un très-grand profit à celui qui les cultive, et qui lui apportent un fruit très-doux qui l'enrichissent, et qui le sustentent. Ainsi, dit ce grand pontife, il y a de deux sortes de prêtres et d'ouvriers évangéliques dans l'Eglise : les uns sont de grands docteurs, des esprits sublimes, des personnes éminentes en talents, mais qui, d'ordinaire, ne sont d'aucune utilité au prochain, et ne gagnent presque personne à Jésus-Christ. Ce sont les cèdres du Liban, mais destitués de fruits. Les autres sont de simples prêtres qui n'ont qu'une science assez bornée, un esprit naturel médiocre, qui ne sont distingués ni par leurs talents, ni par leur naissance, ni par leurs emplois, mais qui travaillent avec un succès surprenant au salut des âmes, qui catéchisent, qui confessent, qui administrent les sacrements, qui visitent les malades, qui assistent les moribonds, qui portent le poids de la longueur du jour et de l'ardeur du chaud : *Pondus diei et æstus. (Matth.* XX, 12.) Et ce sont ceux-là qui produisent un fruit inestimable, qui sont d'une utilité très-grande dans l'Eglise. Si vous êtes de ces derniers, adorez la Providence, n'enviez point les talents des autres, et n'en soyez pas moins reconnaissant envers Dieu.

Nous avons observé ci-dessus qu'un jour le saint roi David, assis dans son palais, paisible dans son royaume, vainqueur des nations ennemies qu'il avait subjuguées, et tranquille au dedans et au dehors, loin de s'éblouir de tant d'éclat, ou de se laisser aller à l'orgueil et à l'oubli de Dieu dans une si rare prospérité, se mit à penser qu'il logeait dans une maison toute revêtue de cèdre, tandis que le tabernacle du Seigneur n'était couvert que de viles peaux d'animaux. Il eut scrupule d'avoir si peu de ressentiment envers celui qui lui avait départi tant de grâces, et de ne lui avoir point encore bâti un temple, comme un monument éternel de sa reconnaissance; il s'en ouvrit au prophète Nathan, qui voyant bien que l'esprit de Dieu animait ce saint roi, lui dit d'abord que le Seigneur était avec lui, et qu'il exécutât sans crainte ce qu'il avait pensé. Voilà ce que produisait la reconnaissance dans le cœur d'un roi; voici ce que la reconnaissance produisit dans le cœur de Dieu. La nuit suivante, le Seigneur se révéla à Nathan, et le chargea d'aller trouver David, son serviteur, et de lui dire de sa part que, touché des monuments de sa piété, et du désir qu'il avait de lui élever un temple, il voulait faire plus que cela pour lui, et récompenser ses bons désirs par des bienfaits réels et effectifs; qu'il lui prédisait qu'il établirait sa famille et sa maison; qu'il le ferait triompher de tous ses ennemis; qu'il affermirait son trône, et que son nom serait célèbre dans tous les siècles des siècles; qu'il ne retirerait jamais ses miséricordes de dessus sa postérité, qu'il le comblerait de jours; et qu'après qu'une heureuse vieillesse aurait terminé sa vie, il le recevrait dans le repos de ses pères, et lui donnerait un fils illustre qui s'assiérait sur le trône d'Israël, et exécuterait ce qu'il avait projeté, c'est-à-dire qu'il bâtirait un temple au Seigneur. Enfin, dans ces paroles et d'autres qu'il ajouta, il renferma la promesse des promesses, et la bénédiction des bénédictions, c'est-à-dire l'assurance que le Messie, le réparateur du monde, l'objet du bonheur éternel des anges et des hommes, naîtrait de lui, et serait son fils selon la chair. A ces paroles, David ne pouvant contenir les mouvements de sa reconnaissance, et tout pénétré d'amour et de religion, s'en va devant l'arche du Seigneur, et dans une posture qui marquait la parfaite tranquillité de son âme, la souveraine attention de son esprit, la résolution fixe et arrêtée de ses desseins qui ne tenaient rien du premier mouvement, ni du trouble, ni de la précipitation : *Ingressus autem rex David, sedit coram Domino, et dixit.* (II Reg. VIII, 18.) Il dit à Dieu tout ce que la reconnaissance la plus tendre peut suggérer à un cœur. Il commença par l'aveu de son indignité; il fonda là-dessus sa gratitude, il reconnut qu'il était infiniment indigne de tant de miséricordes. Moi, Seigneur, dit-il, et qui suis-je, et quelle est mon extraction et ma famille, afin que j'aie mérité auprès de vous, non ces faveurs immenses que vous me promettez, mais que vous ayez seulement jeté les yeux sur moi : *Quis ego sum, Domine Deus, et quæ domus mea quia adduxisti me hucusque?* (*Ibid.*) Ensuite, comme il est rapporté là, et en plusieurs autres endroits, il se mit à faire une longue énumération de tous les bienfaits qu'il avait reçus de la main libérale de Dieu, de ce que n'étant qu'un petit berger qui menait paître quelques chétives brebis, il l'avait choisi, et fait oindre par le prophète; qu'il l'avait arraché des mains de Saül qui voulait le faire mourir à quelque prix que ce fût, et à la persécution de ces ennemis qui avaient conjuré sa perte; qu'il l'avait délivré d'un nombre infini de périls; qu'il l'avait fait asseoir sur le trône d'Israël, et lui avait confié la conduite de son peuple; que de quelque côté qu'il eût tourné ses armes, il avait fait marcher la victoire devant lui, et avait humilié les rois et les nations entières à ses pieds, qu'il lui avait donné des richesses immenses, des palais somptueux, une famille nombreuse, une santé parfaite; que par un concours de toutes sortes de prospérités il l'avait comblé de bonheur, et rendu son nom célèbre dans tout l'univers, et égalé à celui des plus grands conquérants et des héros les plus renommés : *Sicut nomen magnatorum qui sunt in terra.* (*Ibid.*, 9.) C'était donc pour une telle profusion de biens, de grandeurs, de prospérités, de plaisirs et d'honneurs que David étalait devant Dieu, comme autant de bienfaits signalés dont il était redevable à sa bonté, et dont il se confessait indigne jusqu'à le publier tout haut, que ce pieux prince s'abandonnait aux mouvements d'une reconnaissance sans bornes.

Mais que les choses ont changé de face, et que nos sentiments doivent être différents de ceux des anciens ! Nous vivons sous une loi qui nous oblige à tenir un bien autre langage, et notre reconnaissance, pour être plus grande, doit prendre un tour bien opposé.

Asseyons-nous donc aujourd'hui devant la véritable arche d'alliance, remercions Dieu à tête reposée ainsi que ce saint roi : *Ingressus est autem rex David, et sedit coram Domino, et dixit.* Remercions-le de nous avoir fait naître de parents obscurs, d'une famille peu distinguée, et non d'une maison illustre selon le monde, qui nous aurait chargé de dignités ecclésiastiques avant que nous en eussions connu le poids et les obligations, les périls et les devoirs; de ne nous avoir point donné un esprit élevé, des dons naturels extraordinaires, qui nous auraient attiré l'estime des hommes, et engagé dans les emplois dangereux au salut; de ne nous avoir point facilité l'acquisition des sciences curieuses, qui souvent ne servent qu'à nous enfler; ni donné le rare talent de la prédication, qui, par des applaudissements que nous aurions reçus, n'aurait peut-être servi qu'à nous perdre en travaillant à sauver les autres, de nous avoir refusé les richesses de la terre, les grands bénéfices, les dignités considérables, les postes avantageux; au contraire de nous avoir contenu dans l'humilité en nous faisant sentir une pauvreté incommode, mais utile; de nous avoir fait éprouver les nécessités affligeantes de la vie : la faim, la soif, la maladie, le rebut des créatures, le mépris du monde; de nous avoir mis au dernier rang, permettant que les autres fussent aimés, honorés, estimés, placés, préférablement à nous, et plus que nous; d'avoir fait échouer nos desseins un peu trop intéressés, ou trop ambitieux; d'avoir rompu nos mesures, et ne nous avoir rien donné qui pût attirer sur nous les regards des hommes; de nous avoir envoyé diverses mortifications, humiliations, et éprouvé par plusieurs contradictions, et peines intérieures et extérieures; remercions-le de ce que nous avons peu d'esprit, de science, de santé, de biens, de talents, et de ce qu'autres récompense il nous donne en abondance des grâces et des moyens de salut; la paix, la joie et la soumission à ses ordres sur nous; des désirs d'être tout à lui; de ce que nous sommes plus contents dans notre indigence, que les autres ne le sont dans la possession de leurs trésors; de ce que nous pouvons véritablement dire avec l'Apôtre : *Pro hujusmodi gloriabor (II Cor. XII, 5)*; je suis content, je n'en demande pas davantage. C'est de cela dont nous devons faire l'ample sujet de nos remercîments envers Dieu, et non des richesses, des grandeurs, des plaisirs et des honneurs dont il aurait pu nous combler comme il en avait comblé David : heureux si sous ces maux apparents nous découvrons nos véritables biens ! si nous trouvons dans la pauvreté l'abondance; dans la croix, le plaisir; dans la privation, la possession; dans le mépris, la grandeur; dans la vie cachée, la gloire : car il y a cette différence entre les biens du monde et les biens de Dieu, que les biens du monde paraissent des biens et ne le sont pas; et que les biens de Dieu ne paraissent pas des biens et le sont.

Heureux si nous avons plus de reconnaissance envers Dieu de nous avoir tenus dans la bassesse, que de nous avoir prévenus des grandeurs humaines, et des prospérités temporelles; et si dans cette vue que la foi seule, et qu'une foi bien éclairée peut donner, nous nous en réjouissons, et si nous pouvons encore dire avec saint Paul : *Gloriabor in infirmitatibus meis. (Ibid., 9.)*

Notre action de grâces sera très-assurément encore plus épurée et plus chrétienne que ne le fut celle de ce saint roi et de ce saint prophète, et même plus parfaite et plus agréable à Dieu, si nous l'osons dire, pourvu que nos dispositions égalent les siennes; puisque après tout il est très-vrai, comme nous l'apprend saint Athanase, qu'après la venue de Jésus-Christ, le fils et le Seigneur de David, la perfection consiste dans les paroles humbles, dans les actions humbles : « In dictis humilibus et factis; » dans la privation et non dans la possession.

Tels sont les bienfaits qui vous obligent à la solide reconnaissance envers Dieu. Vous ne songiez qu'à le remercier de votre dignité, de vos pouvoirs, de votre autorité, de l'élévation où il vous a mis, de la gloire dont il vous a couronné : plus instruit à présent, remerciez-le des autres bienfaits moins éclatants, mais plus avantageux, dont vous ne pensiez pas lui être redevable, sur lesquels vous auriez peut-être été muet et ingrat. Joignez la gloire et les humiliations ensemble pour en faire comme un tableau rehaussé par les couleurs et par les ombres, afin d'en composer le sujet entier de votre parfaite gratitude.

Que si les marques de votre reconnaissance envers Dieu ne lui donnent rien qu'il n'eût auparavant, elles vous seront infiniment utiles à vous-même, pourvu qu'elles soient effectives. Jésus-Christ obligea ses disciples, après leur ordination, d'en rendre grâces à Dieu : *Et hymno dicto exierunt (Matth. XXVI, 30)*; imitez cet exemple. Que votre cœur et votre bouche remercient Dieu de l'honneur qu'il vous a fait; mais n'en demeurez pas là. Sortez du cénacle, et allez vous immoler avec Jésus-Christ. Il avait dans le cénacle répandu son sang en mystère; il sort du cénacle pour l'aller répandre en vérité sur le Calvaire. Imitez votre Pontife; faites consister votre reconnaissance à le faire connaître, aimer et servir; n'épargnez rien pour cela : ni peines, ni soins, ni mortifications. Faites usage de la grâce que vous avez reçue. Pratiquez les vertus auxquelles les ordres que vous avez reçus vous engagent. Détachez-vous de toutes les choses du monde, c'est la grâce de la tonsure. Menez une vie exemplaire, c'est la grâce de l'acolyte. Ayez une chasteté inviolable, c'est la grâce du sous-diaconat. Soyez saint et parfait, c'est la grâce du sacerdoce. Pratiquez les vertus les plus excellentes, multipliez les bonnes œuvres, et marquez ainsi à Dieu votre gratitude pour ses bienfaits; c'est ce qu'il attend de vous : *Ministerium tuum imple. (II Tim. IV, 5.)* C'est-à-dire, que votre sainteté réponde à votre dignité. Renouvelez-vous chaque année au jour de votre ordination dans l'esprit que vous y avez reçu; dans les promesses que vous y avez faites à Dieu; dans les sentiments de reconnaissance que vous y avez eus; dans les engagements que vous y avez contractés. Que ce jour soit pour vous une fête plus solennelle que ne l'était chez les Juifs le jour auquel ils avaient recouvré le feu sacré, puisque dans ce jour vous y avez reçu le Saint-Esprit, le feu divin de la charité. En voici l'histoire, comme elle est rapportée dans l'Ecriture : *Necessarium duximus significare vobis ut agatis dies mignis qui datus est quando Nehemias, ædificato templo, et altari obtulit sacrificia. (II Mach. I, 18.)* Ce feu miraculeux s'était changé en boue dans le lieu où on l'avait autrefois caché : *Non invenerunt ignem, sed aquam crassam. (Ibid., 20.)* Mais Néhémias ayant fait répandre cette eau bourbeuse sur l'autel et sur la victime qu'on avait mise dessus, il arriva, au moment que le soleil, caché jusqu'alors sous un nuage, parut, qu'un feu sacré s'alluma sur l'autel, et dévora la victime, au grand étonnement des assistants : *Utque hoc factum est, et tempus adfuit quo sol refulsit, qui prius erat in nubilo, accensus est ignis magnus, ita ut omnes mirarentur. (Ibid.,* 22.) Que si ce bienfait était digne de remerciment, s'il méritait qu'on en célébrât la mémoire tous les ans, jugez à quoi vous êtes tenu envers Dieu qui, par une merveille bien plus surprenante, n'ayant trouvé que de la boue dans votre cœur, l'a changée en un feu sacré, que le Saint-Esprit qui vous a été donné y a allumé : conservez-le soigneusement, et donnez en cela une marque effective de votre reconnaissance envers Dieu : *Ignis in altari meo semper ardebit quem nutriet sacerdos.* (*Levit.* vi, 12.)

ENTRETIEN X.

DU FRUIT QU'ON DOIT TIRER DE L'ORDINATION, ET DES ENGAGEMENTS QU'ON Y CONTRACTE.

Si c'est un des ordinaires défauts de l'homme corrompu d'oublier les bienfaits qu'il avait demandés avec ardeur, et qu'il avait obtenus sans les avoir mérités, sans doute, c'en est un encore incomparablement plus grand, et qui lui est bien autrement préjudiciable, de ne songer point aux obligations que ces bienfaits lui imposent, aux fruits qu'il en peut retirer, et aux engagements qu'il contracte en les recevant. Cependant il est très-vrai que Dieu ne nous fait jamais de grâce qu'à condition que nous la cultiverons, que par notre travail et notre industrie nous la ferons fructifier en nous, et que ses dons s'y multiplieront. C'est pourquoi nous voyons dans l'Evangile que sa grâce est partout comparée à une semence qui doit germer et se reproduire, à un arbre dont on attend une riche récolte, à une terre fertile, à un argent à la banque, et, en un mot, à toutes les choses que la nature ou l'industrie peuvent accroître. En sorte que la seule stérilité est un titre de condamnation, quand même on aurait conservé la chose qui nous aurait été commise. C'est ce qui fut la cause du jugement sévère que s'attira cet homme négligent de l'Evangile, qui n'avait pas fait valoir le talent de son maître ; il eut beau dire : J'ai conservé ce que vous m'avez confié, je vous le rends tel que vous me l'avez mis entre les mains : *Ecce habes quod tuum est* (*Matth.* xx, 14) : le père de famille irrité lui repartit : méchant et paresseux serviteur, pourquoi n'avez-vous pas augmenté mon argent par le commerce, afin que je le recouvrasse avec profit ? *Serve male et piger, oportuit te committere pecuniam meam nummulariis, et veniens ego recepissem utique quod meum est cum usura?* (*Matth.* xxv, 27.)

Que si cela est vrai à l'égard de toutes sortes de dons que nous recevons de la main libérale de Dieu, si ses moindres grâces portent avec elles un certain caractère qui tient de la source féconde dont elles partent, que ne sera point la grâce de l'ordination, sacrement ou plutôt source unique de toute la fécondité spirituelle de l'Eglise, et qui ne nous est conféré que pour nous faire produire des actions vertueuses et saintes ? Mais comme une grâce attire une autre grâce, aussi une obligation impose-t-elle une autre obligation, et c'est une maxime établie que dans la vie spirituelle il faut toujours avancer et faire de nouveaux progrès. Avec le caractère vous avez reçu je ne sais combien de facultés, de droits, de pouvoirs ; songez-vous que vous ne les avez pas reçus pour les enfouir, pour les rendre vains et inutiles, pour vous arrêter, et n'en faire pas d'usage ? songez-vous que vous avez de plus contracté de nouveaux engagements de vivre plus saintement ? Car qui sont les ordinands qui s'occupent de ces vérités ?

En effet, pour approfondir un peu cette vérité, quelle ardeur n'a-t-on pas de recevoir le sacerdoce, quel empressement ? De quels moyens ne se sert-on point afin de parvenir à cet honneur ? On prie, on représente sa pauvreté, ses infirmités, les besoins d'une paroisse ; on est éloquent, on emploie ses amis, on craint le succès d'un examen, on étudie jour et nuit, on tremble dans la crainte d'être refusé ou remis, on en perd le boire et le manger, le repos et le sommeil, l'attention à la prière, en un mot, on craint tout ; on est plus agité d'inquiétudes que les plus ambitieux ne le sont à la veille d'un grand emploi qu'ils briguent ; on a beau représenter à ces personnes empressées et inquiètes combien ces mouvements impétueux sont opposés à l'indifférence sainte que demandent les ordres, à la fuite même à laquelle tant de grands personnages ont eu recours pour éviter l'imposition des mains ; au péril même qu'il y a de se précipiter ainsi dans le clergé, au méchant préjugé que donne une telle conduite : on est sourd, on n'écoute rien ; on veut les ordres à quelque prix que ce soit ; eh bien vous les aurez, vos désirs seront accomplis ! Et pour lors, quand une fois on a reçu ce caractère, la paix revient, le calme et la tranquillité reprennent leur place ordinaire, on ne peut dissimuler sa joie, on est content.

Mais quoi ! tout est-il fait ? ne reste-t-il rien à désirer ? vos travaux sont-ils finis ? ô Dieu, que d'aveuglement ! Quoi donc, le zèle d'acquérir la perfection sacerdotale ne vous agite point du tout, vous dormez tranquillement là-dessus ; vous n'y pensez seulement pas ; tout est achevé ; pour la dignité sacerdotale, il faut l'avoir, quoiqu'il en coûte ; pour la sainteté sacerdotale, pas la moindre inquiétude, on ne sait ce que c'est. Ah! Dieu, que de feu pour la dignité, que de glace pour la sainteté : « Certatur pro dignitate, et non curatur de sanctitate ; » dit excellemment saint Bernard ; on ne s'occupe que de l'honneur reçu, et presque jamais du poids imposé : « Totum defertur dignitati, et parum aut nihil sanctitati. » On aime la dignité, on ignore, ou on ne croit pas, ou on fait peu de cas des engagements qu'elle traîne après elle.

Bien loin de cela, voici un nouveau mouvement de votre cœur, et à vrai dire, une marque presque assurée que votre vocation est fort douteuse, et votre vertu fort suspecte : c'est que, depuis le jour de votre ordination, vous avez dit adieu à la régularité; vous alliez fréquemment devant le saint Sacrement, on vous voyait toujours un bon livre à la main; vous étiez appliqué à l'étude, vous gardiez exactement le silence, vous vous trouviez le premier à l'oraison; la modestie et le recueillement paraissaient sur votre visage, et dans tout votre extérieur, rien de plus régulier que vous; cependant voici bien du changement: dès le lendemain de votre promotion, vous avez pris un air plus libre, une manière d'agir plus indépendante, un commerce au dehors plus grand; vous ne trouvez plus de moments pour lire les bons livres, pour faire la méditation, plus de règlement pour vous, plus de silence; vous ne craignez plus rien, vous parlez hardiment, vous murmurez librement, vous vous montrez tout autre. Quoi! votre piété précédente n'était donc pas véritable? vous étiez donc un hypocrite? le sacerdoce, qui sans doute devait être un nouveau titre pour vous obliger à être plus exemplaire, ne sert qu'à vous faire devenir moins fidèle, moins édifiant? Vous ne respiriez, il y a peu de jours, que la retraite, à présent vous êtes dans l'impatience de dire promptement cette première Messe, afin ensuite de sortir d'une maison gênante par ses règlements, et de vivre plus au large dans le monde.

Que vous êtes éloigné de l'état et de la disposition d'esprit où vous devez être! qu'on pourrait bien vous dire, et avec juste titre, ce que Jésus-Christ, notre souverain Pontife, disait aux prêtres anciens: Ah! je vous connais bien, vous n'avez point d'amour de Dieu: *Sed novi vos quia dilectionem Dei non habetis in vobis* (Joan. v, 42); ou ce qu'il dit à ses apôtres dans le cénacle, lors de leur ordination: *Scitis quid fecerim vobis.* (Joan. XIII, 12.) Savez-vous bien ce que vous avez reçu; vous nous disons ici la même chose? Savez-vous bien ce qu'on vous a mis sur les épaules, ce que l'évêque, qui vous a consacré, vous a expressément enjoint: *Scitis quid fecerim vobis.* Si vous l'ignorez, il faut vous le remettre devant les yeux, et en faire un grand sujet de méditation pour vous.

Voici donc ce que l'évêque vous dit, lorsque après vous avoir ordonné, il vous fait de nouveau venir devant lui; voici le langage qu'il vous tient et les derniers avertissements qu'il vous donne: Mes très-chers fils, vous dit-il, considérez attentivement l'ordre que vous avez reçu, et la charge qu'on a imposée sur vos épaules: « *Filii dilectissimi, diligenter considerate ordinem per vos susceptum, ac onus humeris vestris impositum.* » Etudiez-vous de vivre saintement et religieusement, et de plaire au Dieu tout-puissant, au service duquel vous êtes consacrés, afin que vous puissiez trouver grâce devant lui: « *Studete sancte et religiose vivere, atque omnipotenti Deo placere, ut gratiam suam possitis acquirere;* » paroles qui renferment quatre importantes obligations qu'il est bon de développer un peu au long.

Première considération. — Il est juste, en effet, il est important en soi, il est utile pour vous de regarder un peu de près la dignité dont vous venez d'être revêtu, le rang où on vous a mis, le caractère dont on vous a orné, l'autorité qu'on vous a donnée, la couronne dont on vous a enrichi, et que vous accomplissiez cet avis de conséquence des saints Pères: « *Clerici memores dignitatis suæ, ejus nunquam non memores sint;* » que vous compreniez bien une fois ce que vous êtes, ajoute saint Ambroise: « *Digne noscamus quid sumus;* » que vous sachiez ce que c'est que la grandeur de votre vocation, et l'éminence de l'état que vous professez: « *Videte, fratres, vocationem vestram, videte eminentiam et dignitatem ordinis vestri.* » Car, ces considérations attentives et réitérées, seront en vous une source inépuisable de biens.

Premièrement, vous serez encore plus assuré que vous ne l'êtes de la vérité de votre vocation, si elle est bonne, vous en remarquerez en vous les signes. Vous vous en réjouirez. Vous en remercierez Dieu plus affectueusement. Vous vous encouragerez à y répondre plus fidèlement, et à l'affermir plus solidement par de bonnes œuvres, dont vous verrez la nécessité en les méditant. Vous considérerez, dit saint Chrysostome, qu'encore que la royauté et le gouvernement politique du peuple de Dieu fût d'une dignité bien inférieure à celle du sacerdoce et de la direction des âmes, et dont Dieu ne demande pas un compte si exact: « *Cujus quidem rationem Deus tantam non habet, quantam sacerdotii,* » cependant il ne suffit pas à Saül d'être véritablement appelé d'en haut à la couronne, puisque, pour n'avoir pas cultivé cette grande grâce par une exacte fidélité, pour n'avoir pas encore plus fondé son trône sur la vertu que sur l'autorité, il se vit malheureusement réprouvé, et perdit une place où la volonté du Seigneur, et non sa propre ambition, l'avait élevé. Pesons, avec le grand saint Chrysostome, toutes les circonstances de cette chute. Saül n'avait point recherché cette dignité: « *Non suo ipse studio rex factus est.* » Après même que le prophète l'eut assuré que Dieu l'avait choisi pour être le roi de son peuple, il n'eut aucun empressement de se revêtir de la pourpre, ni de prendre en main les rênes du gouvernement: « *Ne quidem quidem prophetæ verbis ad regni administrationem suscipiendam accurrendum sibi putavit.* » Loin d'en venir là, il s'humilia et il reconnut qu'il ne méritait pas un tel honneur; il voulut l'éviter, et il pria pour qu'on ne l'obligeât point à le recevoir: « *Quinimo tergiversatus, deprecatusque est, inquiens: Quinam ego sum? quænam item patris mei domus?* » Enfin il apporta à la royauté le même esprit de désintéressement que les saints ont apporté au sacerdoce. Avec tout cela, il ne laissa pas d'ouïr la sentence de sa dégradation de la même bouche qui lui avait appris la première nouvelle de son exaltation, parce qu'il ne songea pas qu'il n'avait que la moitié de son bonheur entre les mains, et qu'il ne suffit pas d'être élevé de Dieu à une haute dignité, si on ne s'abaisse devant cette suprême majesté, par le tribut d'une parfaite fidélité, et si on ne fait hommage à cette riche source de biens par le reflux ou le bon usage des mêmes biens qu'on a reçus. Aussi, toutes ces raisons ne servirent de rien pour détourner de dessus la tête de ce prince infidèle l'arrêt de sa condamnation : « Quid tandem Saul posteaquam non recte honore sibi a Deo delato usus est, potuere ne ipsum verba ista eximere ab ejus ira, a quo rex ipse creatus fuerat ? » Il pouvait même ajouter à ces considérations, et remontrer à Samuel qui le reprenait de sa désobéissance et de son ingratitude, que non emporté sur les ailes d'une ambition démesurée, il n'avait point sollicité son élection, ni couru avec ardeur après la royauté : « Atqui licebat illi adversus Samuelem increpantem insimulantemque verbis his uti : Nunquid ad regnum ipse administrandum accurri ? nunquid ad hujus potestatis regimen prosilii atque advolavi ? » Il pouvait lui dire : Content de mon sort, je ne pensais qu'à mener une vie tranquille et privée, qui ne m'engageait point à tant de devoirs et de périls ; et c'est vous qui m'avez comme contraint d'accepter cette charge qui exige tant de fidélité, et dont on me demande un compte si rigoureux ; c'est vous qui m'avez poussé dans le précipice, et non pas moi qui m'y suis jeté par mon imprudence et par ma témérité : « Equidem in animo habui privatam vitam ducere, quietam quidem illam ac molestiis vacantem : tu vero ad hoc me dignitatis auctoritatisque pertraxisti. In illa ergo vitæ humilitate atque obscuritate versatus, facile offensiones has devitassem. »

Toutes ces excuses ne lui servaient de rien, elles lui étaient même un surcroît de reproche et de condamnation ; car est-ce bien vous disculper de votre infidélité à bien remplir les devoirs d'un honneur auquel le prince vous a élevé, que de vous en prendre à lui de ce qu'il vous a fait plus de bien et plus d'honneur qu'aux autres ; que de le blâmer de ce qu'il vous a aimé plus que les autres, de ce qu'il vous a préféré aux autres ; au contraire, n'est-ce pas se rendre plus coupable que de se défendre ainsi, et reconnaître qu'on était d'autant plus tenu à être fidèle à son souverain, qu'on avait moins mérité les faveurs dont il nous a comblés, et qu'on se trouve d'autant plus engagé à répondre par les services, et par la soumission à ses ordres, au choix qu'il avait fait de nous, que le rang où il nous a mis est élevé au-dessus de nous. Avoir plus reçu est-ce un titre pour moins rendre ; être plus favorisé est-ce un sujet de plainte ? Sied-il bien de murmurer de la concession d'une magistrature, parce qu'elle attache de plus près au souverain, parce qu'on en doit avoir plus de reconnaissance, et qu'on lui en doit rendre un compte plus exact : « Eum enim, » continue notre saint, « qui magistratum meritis suis majorem assecutus est, ut errata ipse sua tueatur defendatque, magistratus magnitudinem prætendere non oportet. » Cela même ne met-il pas dans un engagement indispensable de servir un Dieu si puissant, si libéral, qui prévient les espérances, qui donne au delà des mérites, qui récompense au-dessus des services, et qui, avec ses largesses, confère les talents d'en faire un bon usage, qui rend grand en appelant à la grandeur, qui proportionne ses serviteurs à ses dons, c'est-à-dire qui les fait être ce qu'ils n'étaient pas, en leur donnant ce qu'ils n'avaient pas ; bien différent en cela des rois de la terre, ou plutôt, si ce n'est point blesser le respect légitime qu'on leur doit, des rois de terre, à qui les charges dont ils accablent leurs favoris tournent souvent à leur propre confusion, parce qu'ils les aiment trop aveuglément, ou qu'ils ne les connaissent pas assez suffisamment, ou qu'ils ne peuvent les rendre autres que ce qu'ils sont effectivement, au lieu que l'Apôtre saint Paul reconnaît que Dieu, en la personne des apôtres, avait choisi de dignes ministres de l'Evangile, parce qu'en les choisissant il leur avait tout ensemble accordé les qualités, ou plutôt les avait fait être de dignes ministres évangéliques : *Idoneos nos* (non elegit sed) *fecit ministros*. (II Cor. III, 6.) Et par conséquent, c'eût été injustement que Saül s'en fût pris au choix que Dieu avait fait de lui, et qu'il eût allégué son insuffisance pour un si grand emploi, puisque cela même était une raison pour s'attacher plus fortement à son bienfaiteur, et un titre assuré pour en obtenir tous les secours les plus puissants, afin de remplir dignement les desseins de Dieu sur lui : « Quinimo in majorem virtutis profectum magna illa Dei erga se benevolentia uti. »

Que si c'était là de méchantes excuses dans la bouche de Saül, n'en serait-ce pas encore de plus mauvaises dans la bouche d'un prêtre, puisque la dignité du sacerdoce est extrêmement au-dessus de celle de la royauté, qu'on est chargé d'une administration plus importante, et qu'on en exige un compte plus sévère ? Et ne serait-ce pas en vain que le prêtre, se couvrant du prétexte qu'il ne s'est pas de lui-même ingéré dans le ministère, dirait qu'on a usé de violence pour lui imposer un si pesant fardeau, et qu'il ne connaissait pas les obligations d'une telle profession ; et s'il prétendait par là se justifier de la vie lâche et imparfaite qu'il aurait menée dans l'administration du sacerdoce, quoique saintement reçu, et auquel un prophète l'avait engagé de la part même de Dieu ? « Millies licet eos dicas vi pertractos fuisse, atque ignorantia peccasse. » C'est encore saint Chrysostome qui parle, puisque, encore une fois, ce n'est pas excuser son infidélité que d'objecter qu'on a trop reçu de faveurs, surtout puisque Dieu joint toujours à ses dons des secours puissants pour en faire un bon usage, et qu'en nous destinant à d'autres plus grands emplois, il nous fait devenir d'autres hommes, ainsi qu'il arriva à Saül, quand il l'éleva à la royauté, et qu'il arrive au fidèle, quand il l'élève au sacerdoce : *Insiliet in te Spiritus Domini, et mutaberis in virum alterum.* (*I Reg.* x, 6.)

Mais que faudra-t-il dire, ou plutôt que pourront dire, et de quelle excuse pourront se couvrir ceux qui, après avoir eu pour cette dignité toute l'ambition que les gens du monde ont pour les dignités séculières; qui d'ailleurs n'ont presque pas de marques de vocation de Dieu pour cet état; qu'aucun prophète n'a assuré que le Seigneur les demande dans ce poste; qui, loin d'être contraints et presque forcés comme Saül de recevoir cet honneur, n'ont rien omis pour se le procurer, malgré leurs défauts visibles, malgré leur indignité connue; que pourront-ils, dis-je, alléguer, s'ils ne vivent pas ensuite aussi saintement que leur profession le demande? Si leur cœur, aussi agité par leurs désirs ambitieux que l'Océan par les vents les plus impétueux et les plus violents, rentre dans le calme et ne songe plus à rien, quand une fois ils ont reçu le caractère, croyant que tout est fait, que toutes leurs prétentions sont accomplies, qu'il ne leur reste rien qu'à jouir en paix de la dignité qu'ils ont obtenue, qu'à se ménager des bénéfices riches, des emplois honorables, qu'à faire fortune; en un mot, qui, semblables à Saül, se laissent éblouir à la vanité et aux biens de ce monde, et qui n'ont pas la moindre pensée que le plus difficile reste à faire; qu'ils doivent acquérir les vertus sacerdotales, s'exercer dans les œuvres de charité, s'employer au service du prochain, vivre exemplairement, être fidèle aux grâces de Dieu et à ses desseins sur eux, acquérir la perfection du sacerdoce ; qu'est-ce, encore une fois, que saint Chrysostome, ou plutôt qu'est-ce que Samuel aurait dit à ces désobéissants, à ces ingrats, à ces infidèles, qui courent après la dignité et qui ne songent pas à la sainteté?

Saül était manifestement appelé à la royauté. Votre vocation à l'état ecclésiastique est fort équivoque; Saül se jugea indigne de la royauté, et vous avez sollicité avec ardeur le sacerdoce ; Saül se cacha pour éviter les périls attachés à la royauté, et vous avez hardiment et sans rien craindre demandé le sacerdoce ; un prophète contraignit Saül de recevoir la royauté, et vous avez comme contraint l'Eglise de vous accorder le sacerdoce. Cependant Saül s'est perdu dans une dignité inférieure à celle du sacerdoce, parce qu'il ne fut pas fidèle à la grâce de sa vocation, qu'il ne l'affermit pas par les bonnes œuvres, et qu'au lieu de faire régner Dieu sur lui-même, il ne songea qu'à régner sur ses sujets ; jugez donc si vous ne devez pas appréhender pour vous-même, et si, loin de vous endormir sur votre dignité, vous n'avez pas besoin de travailler plus que jamais à la pratique des vertus, conformément à cet important avis du prince des apôtres, du chef du clergé. Mes très-chers frères, disait-il aux premiers fidèles, entre lesquels les prêtres tiennent sans difficulté le premier rang, mes très-chers frères, ayez un grand soin d'affermir votre vocation et votre élection par les bonnes œuvres : *Quapropter, fratres, magis satagite ut per bona opera certam vestram vocationem et electionem faciatis.* (*II Petr.* 1, 10.) C'est là le moyen infaillible de vous conserver dans l'état où Dieu vous a mis, et de ne faire aucune chute funeste : *Hæc enim facientes non peccabitis aliquando.* (*Ibid.*)

Et non-seulement la méditation que nous ferons de la dignité sacerdotale à laquelle nous venons d'être promus, et des obligations que nous avons contractées en la recevant, nous fera prendre la résolution d'affermir notre vocation, mais une si utile méditation nous excitera puissamment à nous avancer dans la vertu, à faire des progrès dans la vie spirituelle, et à nous élever à la perfection ; d'où vient que l'Apôtre, écrivant à un prélat qu'il avait ordonné, l'exhorte à ne pas négliger la grâce qui lui avait été donnée lors de son ordination, de la méditer souvent, de l'avoir sans cesse devant les yeux, d'être tout là dedans, afin de puiser un tout autre être là dedans : puisque, comme on a vu ci-dessus de saint Thomas, la grâce répare l'essence même de l'âme enlamée par le péché : « *Gratia perficit essentiam animæ.* » Voici les paroles de l'Apôtre : *Noli negligere gratiam,* lui écrit-il, *quæ est in te ;* comme lui voulant dire : Faites un saint usage de la grâce de votre ordination : *Quæ data est tibi per impositionem manuum presbyterii.* (*I Tim.* IV, 14.) Considérez ce grand don, ce grand pouvoir, cette grande obligation : *Hæc meditare in his esto.* (*I Tim.* II, 13.) Pourquoi cela? Quel fruit, quelle utilité en rapporte-t-il? le voici : C'est que votre avancement dans la vertu sera si visible, que tout le monde s'en apercevra : *Ut profectus tuus manifestus sit omnibus.* (*I Tim.* IV, 15.) Après cela, l'évêque qui nous vient d'imposer les mains n'a-t-il pas eu raison de nous exhorter à considérer avec attention l'ordre qu'il nous conférait ? « *Filii charissimi, considerate diligenter ordinem per vos susceptum.* »

Ce n'est donc pas assez d'être entré par la bonne porte dans le clergé; ce n'est pas assez d'y avoir apporté une vocation légitime ni une intention pure, une vie innocente ; tout cela, quelque excellent qu'il soit, ne suffit pas, selon saint Bernard : « *Verum etsi irreprehensibilis videatur ingressus, et intentio casta, nihil ne ultra timendum est ?* » Sans doute, cela ne suffit pas, et il y a quelque chose à craindre encore, avant que de dormir en assurance : que faut-il donc ? Il faut que vous affermissiez votre vocation par l'exercice des vertus et par la pratique des bonnes œuvres, par votre fidélité aux grâces et aux desseins de Dieu sur vous, par le digne usage du ministère reçu; par la méditation fréquente des devoirs dont on vous a chargés, de peur que vous ne soyez du nombre de ceux qui commencent par l'esprit et qui finissent par la chair : « *Timen-*

dum quidem et maxime neque enim quicunque spiritu cœperunt etiam spiritu consummantur, sed carne nonnulli. » Tel est l'avis salutaire de saint Bernard, si savant dans les obligations de la vie ecclésiastique; chose admirable! La Providence, pour apprendre aux prêtres que ce n'est que dans la solitude, d'où l'on bannit le sacerdoce, qu'on puise néanmoins l'esprit du sacerdoce, et qu'on y est éclairé sur les vérités aussi importantes que peu connues du sacerdoce, a voulu que les plus grands auteurs des déserts, un saint Chrysostome, un saint Grégoire, un saint Bernard, et, dans ces derniers temps, un célèbre Chartreux, aient plus pénétré les engagements et les dangers de cet état; en aient vu avec plus d'étonnement la grandeur et la sainteté; en aient conservé ou renouvelé l'esprit avec plus de succès et de fruit que les prélats qui, quoique d'ailleurs très-saints, n'avaient jamais vécu dans la retraite, et s'étaient vus toute leur vie engagés au milieu du monde et employés à la sanctification du monde.

Considérez donc attentivement, mon frère, l'ordre que vous avez reçu : « Filii charissimi, diligenter considerate ordinem per vos susceptum. » Premièrement, afin de comprendre le nombre et l'étendue des devoirs où cet ordre reçu vous engage, envers Dieu, envers le prochain, envers vous-même, et de les remplir fidèlement : par exemple, combien dignement vous devez célébrer la Messe, réciter l'Office, administrer les sacrements, prêcher la parole de vie; en second lieu, afin de voir les difficultés que vous trouverez dans votre emploi, et d'obtenir la grâce de les surmonter : telles que sont la peine d'instruire un peuple grossier, de confesser les pauvres, de reprendre les pécheurs, de résister aux occasions dangereuses, de retenir sa colère et son impatience, de vaincre sa paresse et ses dégoûts, de vivre exilé dans un village, de garder inviolablement la pureté, de s'opposer au mal et d'établir le bien, de converser dans le monde, et, loin de participer à la corruption du monde, d'être le sel du monde; car quelles oppositions et quelles contradictions ne trouve-t-on pas à toutes ces choses, qui sont pourtant des obligations nécessairement attachées à votre ministère? Combien donc devez-vous les méditer, les prévoir, et demander la grâce de vous en bien acquitter? « Filii charissimi, diligenter considerate ordinem per vos susceptum, ac onus humeris vestris impositum. » Car c'est comme s'il vous disait : Mon cher frère, considérez et les devoirs où vous engage la nature de votre caractère, et les périls où vous exposent les emplois de votre caractère, et les obstacles que vous trouverez dans l'exercice de votre caractère, et les vertus qu'exige la sainteté de votre caractère; combien vous devez avoir de détachement, de désintéressement, de zèle; combien vous devez vivre saintement, être pieux, chaste, sobre, charitable, modeste, patient, dévot, exemplaire,

savant; quelle religion Dieu attend de vous; à quel degré de perfection il vous appelle; quel compte rigoureux il vous fera rendre de sa gloire et de ses intérêts dont il vous a fait le dépositaire, et du salut des âmes, et de l'administration de tant de choses sacrées; considérez, dis-je, l'ordre reçu et le fardeau imposé, afin que plein de ces hautes connaissances, de ces divines lumières, de ces grandes obligations, vous y conformiez votre vie : « Considerate ordinem per vos susceptum, ac onus humeris vestris impositum. »

Afin que vous nous montriez, par les œuvres que vous ferez, la vérité du nom que vous portez, et que nous soyons prêtres plutôt d'effet que de nom : « Quod sumus professione, actione potiusquam nomine demonstremus. »

Afin que notre conduite ne démente point notre rang : « Ut nomen congruat actioni, actio respondeat nomini. »

Afin que le sacerdoce ne soit point en nous un vain titre, une appellation vide, et qui n'ait rien de réel et de grand que le crime dont nous le déshonorons : « Ne sit nomen inane, crimen immane. »

Afin que nous ne fassions point en nous une honteuse alliance d'un grade élevé avec une vie infâme : « Honor sublimis, vita deformis; » d'une profession divine avec une conduite criminelle : « Ne sit deifica professio et illicita actio; » d'un poste élevé avec une vie basse : « Gradus summus, et animus imus; status sublimis et vita deformis. »

Telles sont les paroles de saint Ambroise, nous ne l'ignorons pas; telles sont les exhortations qu'il nous fait de méditer attentivement ce que nous sommes devenus par notre promotion : « Digne noscamus quid sumus. » Parce qu'infailliblement cette vue religieuse nous inspirera le désir de vivre saintement, de ne souiller jamais notre caractère dans l'ordure du vice, et de ne souffrir pas qu'une âme si noble que celle d'un prêtre se voie réduite à payer le tribut au démon, ni qu'en déplorant un tel malheur on dise d'elle : *Princeps provinciarum facta est sub tributo.* (*Thren.* I, 1.)

C'est ce même esprit dont saint Léon le Grand voulait animer les Chrétiens en leur faisant regarder leur dignité et leurs obligations, et par cette vue à ne se laisser plus engager sous l'ancienne et honteuse servitude du vice : « Agnosce ergo, Christiane, dignitatem tuam, et divinæ consors factus naturæ, noli in veterem vilitatem degeneri conversatione transire. »

Mais ne sont-ce pas aussi les mêmes sentiments dans lesquels le prophète Isaïe voulait faire entrer les Israélites, lorsqu'il leur disait qu'il fallait qu'un prince n'eût que des pensées dignes de son rang et de sa qualité : *Princeps quæ digna sunt principe cogitabit.* En effet, dit saint Chrysostome, le sacerdoce exige une âme grande et magnanime : « Sacerdotium res est quæ excelsum requirit animum. » Et rien n'avilit et ne dégrade tant cette haute dignité que de la mettre sur une tête servile, que de la prostituer à un esprit bas et rampant; Dieu demandant tout autre chose d'un prêtre, ainsi que l'assure le même saint Chrysostome : « Nihil in sacerdotibus plebeium requirit Deus, nihil populare, nihil commune. »

C'est enfin par un semblable motif qu'Eléazar, ce généreux Israélite, s'abstint de condescendre aux injustes commandements d'un tyran impie, et que rentrant en lui-même par la considération de son caractère et de sa dignité, il préféra une mort glorieuse à une mort indigne : *Cogitare cœpit œtatis ac senectutis suœ eminentiam dignam et ingenitæ nobilitatis canitiem, atque a puero optimæ conversationis actus.* (II *Mach.* VI, 23.) Or que ne doit pas faire un prêtre quand il rappelle en son esprit le caractère qu'il porte, le sacerdoce dont il est honoré, l'huile sainte qu'on a répandue sur lui, les pouvoirs qu'on lui a conférés, le rang sublime auquel on l'a élevé.

Ne souffrez donc pas qu'on vous fasse le même reproche que saint Bernard faisait aux ecclésiastiques de son temps, qu'un chacun sans choix ni distinction courait avec empressement aux ordres, c'est-à-dire, après une dignité qui paraîtrait formidable aux anges mêmes, et qu'on les prenait sans respect, sans retenue et sans considération : « Curritur passim ad sacros ordines, et reverenda ipsis quoque spiritibus angelicis ministeria, homines apprehendunt sine reverentia, sine consideratione. »

Profitez de l'avis de l'évêque qui vous a ordonné; exécutez ce qu'il vous a prescrit : « Filii charissimi, considerate diligenter ordinem per vos susceptum, ac onus humeris vestris impositum. » Etant certain et que plusieurs, pour n'y avoir pas apporté assez de considération, sont entrés dans le clergé sans vocation, et se sont ainsi fermé la porte du salut, et que plusieurs, quoique bien appelés, se sont perdus pour n'avoir pas assez considéré la grandeur de leur dignité, et le poids de leurs obligations, dont par conséquent ils se sont très-mal acquittés.

Outre tous les avantages particuliers que cette considération attentive vous apportera, en voici encore quelques-uns qu'il est bon de vous représenter en peu de mots.

Premièrement, vous en deviendrez plus savant et plus éclairé dans votre profession ; vous en verrez mieux l'excellence et la sainteté, les avantages et les périls, les devoirs et les fonctions ; quel est, par exemple, l'esprit et la grâce du clerc, du lecteur, de l'exorciste, du portier, de l'acolyte, et ainsi des autres, à quoi les engage leur ministère, et comment ils peuvent s'en bien acquitter ; les difficultés qu'ils éprouvent dans leurs emplois, et les moyens de les vaincre ; car, d'où pensez-vous que viennent en partie tant de désordres qui défigurent le clergé, qui déshonorent l'état ecclésiastique ? C'est que presque personne ne s'occupe de ces choses. On les ignore entièrement : voilà pourquoi on les néglige; on n'a jamais su les rubriques de la Messe et du bréviaire;

on ne les a peut-être jamais lues ; on n'a jamais fait seulement attention aux cérémonies si étroitement prescrites par l'Eglise, ni dans l'administration des sacrements, ni dans l'oblation du sacrifice, ni dans la célébration de l'office divin ; aussi fait-on presque autant de fautes que d'actions ; et ce qui est plus important, c'est qu'on n'a jamais médité l'obligation qu'ont les prêtres de faire oraison, de mener une vie exemplaire, de travailler au salut des âmes, d'éviter tout ce qui peut les dérégler : le jeu, la chasse, la bonne chère, la compagnie des femmes ; de s'appliquer à l'étude, d'aimer la retraite. On ne sait ce que c'est que toutes ces vérités importantes, parce qu'on ne les a pas considérées ; faisons-le donc à présent, et nous deviendrons savants dans notre profession : « Filii dilectissimi, considerate diligenter ordinem per vos susceptum, ac onus humeris vestris impositum. »

En second lieu, vous vous rendrez plus propre à exercer les fonctions ecclésiastiques et à pratiquer les vertus sacerdotales. De quelque peu de conséquence que soit une chose, si on ne la prévoit, si on ne la médite, on la fait mal. Combien donc est-il à propos de considérer attentivement des choses si importantes que celles-ci, où il s'agit du salut de votre âme, et de celles qui sont commises à vos soins.

Troisièmement, vous vous exciterez à vous rendre fidèle à la pratique des vertus auxquelles vous êtes obligé, surtout quand vous verrez les motifs puissants qui vous y engagent; l'étroite obligation que vous avez de tendre à la perfection, de faire un bon usage des grâces de Dieu, le compte exact que vous en rendrez. Il est impossible que la considération de ces importantes vérités ne vous touche, et ne vous porte à demander à Dieu les secours nécessaires pour les accomplir.

Ajoutez à cela le profit spirituel que vous en retirerez ; car, nourri de ces excellentes maximes, plein de l'esprit ecclésiastique que vous aurez puisé dans l'oraison, dans la lecture, dans les réflexions que vous y ferez, il est sans doute que vous recevrez dignement les ordres, si vous n'êtes pas encore promu, ou que vous en réveillerez la grâce si vous l'êtes déjà, ou du moins que vous en exercerez les fonctions avec une singulière bénédiction.

Enfin, la considération assidue et attentive de l'excellence du sacerdoce, et les devoirs qu'il porte après lui, vous donnera une souveraine estime de cette dignité, ce qui n'est pas un petit avantage ; car, d'où pensez-vous que vient la vie basse et honteuse que mènent tant d'ecclésiastiques ; le peu de cas qu'ils font de leur ministère, et des marques de leur profession, de la tonsure, de la couronne, de la soutane ; la manière toute profane dont ils s'acquittent de leurs fonctions ; d'ailleurs, d'où pensez-vous que vient le mépris des gens du monde pour les prêtres, et souvent pour leurs curés mêmes ; c'est que personne, ni prêtres, ni laïques, n'a une juste idée du sacerdoce. Les prêtres, par le mépris qu'ils font des lois de l'Eglise, se rendent eux-mêmes méprisables. Les rois et les empereurs les faisaient autrefois asseoir à leur table, et les servaient les premiers; les impératrices leur apprêtaient à manger de leurs mains ; enfin, on les comblait d'honneur, et ils soutenaient leur rang par leur vertu, et ils ne se laissaient pas corrompre à tous ces grands respects, parce qu'ils voyaient bien qu'on les rendait à leur caractère et non à leur personne; à présent les gens de la moindre qualité les mettent souvent manger avec leurs valets : d'où vient cela? C'est que presque personne n'a d'estime du caractère sacerdotal pris en lui-même, et s'il ne se trouve dans un sujet distingué par sa naissance, par sa science ou par sa fortune, il tombe dans l'avilissement; et je ne sais où l'on trouverait quelqu'un qui voulût recevoir le sacerdoce, s'il n'y avait aucun bien temporel, ni aucun honneur humain attaché au sacerdoce. Pour ne pas donc se voir dans de si terribles inconvénients, formez-vous une idée avantageuse du sacerdoce ; entretenez-vous là-dedans, considérez-la souvent, et que cette considération vous engage à la pratique des devoirs et des vertus du sacerdoce ; car il est juste, dit saint Ambroise, que nous connaissions bien une fois la dignité dont nous sommes honorés, afin qu'ensuite nous conformions notre vie à notre dignité : « Dignum itaque est ut dignitas sacerdotalis prius cognoscatur a nobis, deinde servetur a nobis. » De peur que cette prophétie du Psalmiste ne s'accomplisse en nous ; que nous avons vécu en bêtes, parce que nous n'avons pas connu l'éminence de notre état : « Ut Psalmistæ sententia queat repelli a nobis : » *Homo cum in honore esset non intellexit, comparatus est jumentis insipientibus, et similis factus est illis.* (*Psal.* XLVIII, 13.)

Mais, après avoir vu l'obligation où nous sommes de considérer attentivement l'ordre que nous avons reçu, et de méditer fréquemment les obligations que nous avons contractées en le recevant, suivant ce premier avis de l'évêque, qui nous a imposé les mains : « Filii charissimi, considerate diligenter ordinem per vos susceptum, atque onus humeris vestris impositum. » Voyons à présent l'obligation que nous avons de mettre en pratique ce second avis qui nous a été donné incontinent après notre ordination : « Studete sancte et religiose vivere, atque omnipotenti Deo placere. »

Seconde considération. — Nous lisons dans la Vie d'une des plus grandes saintes du siècle passé, et des plus éclairées, même sur l'état ecclésiastique, qu'après que Notre-Seigneur eut tiré de grandes et longues épreuves de son amour et de sa fidélité pour lui, il lui apparut un jour et lui dit que dorénavant elle eût à s'intéresser à sa gloire, ainsi qu'une épouse fidèle à celle de son bien-aimé époux : « Deinceps ut vera sponsa meum zelabis honorem. » Faveur qu'elle reçut après qu'un ange lui eut plusieurs fois transpercé le cœur d'un dard embrasé.

Il est certain que, par l'ordination, nous avons contracté une étroite alliance avec Jésus-Christ, et que nous avons dû devenir ses amis intimes et ses ministres fidèles ; et, par conséquent, que nous sommes tenus plus que jamais, et incomparablement plus que nous ne l'avons été jusqu'ici, de prendre part à ses intérêts, et de procurer qu'il soit connu, aimé, servi et honoré partout. Car, n'est-il pas du devoir d'un serviteur, d'un disciple, d'un sujet, d'un enfant, de s'intéresser à ce qui regarde son maître, son souverain, son père? Vous devez donc changer de conduite, après votre ordination, vous tenir plus étroitement attaché à Jésus-Christ et mener une vie plus sainte : diverses raisons vous y engagent.

Premièrement, vous voilà plus élevé que vous n'étiez; vous êtes placé au-dessus des autres; mais quoi, cette situation ne sera-t-elle qu'en dignité et point du tout en vertu! Ignorez-vous que c'est une chose déplorable que d'occuper la première place et d'être le dernier en mérite? « Vilissimus computandus est nisi præcellat scientia et sanctitate qui est honore præstantior, » dit le Canon. Que c'est une chose monstrueuse de joindre une grande autorité à une grande incapacité, d'allier un rang haut avec un esprit bas: « Monstruosa res gradus summus et animus imus, ingens auctoritas, et nutans stabilitas, » dit saint Bernard. Que la grande maxime de l'Eglise a toujours été, qu'il faut que le mérite croisse avec le rang, et qu'on doit être autant au-dessus des autres par l'un que par l'autre : « Quanto quis honoris gradu atque dignitate præstat, tanto cæteris omni virtutum genere debet excellere ; ideoque clerici, » etc. Qu'autrement, le caractère est avili, et que l'on devient méprisable à ses propres inférieurs.

Ainsi, puisque par votre ordination vous avez voulu monter plus haut, apprenez que vous vous êtes imposé l'obligation d'être plus vertueux et de faire des actions plus relevées. Apprenez, des avertissements que vous fait l'évêque qui vous a imposé les mains, que la haute place que vous occupez dans le chœur, au-dessus du peuple, n'est que la figure de l'éminente sainteté qui doit vous relever au-dessus des autres : « Figurantes positione corporali in altum virtutum gradu conversari debere. » Apprenez que l'on ne vous expose ainsi au yeux des fidèles, qu'afin que vous leur soyez un modèle de vie toute céleste : « Quatenus cunctis a quibus videmini et audimini, cœlestis vitæ formam præbeatis. » Apprenez enfin que l'on ne met de l'intervalle d'un ordre à un autre, que pour vous donner le temps de monter de vertu en vertu, et de faire de nouveaux progrès dans la perfection et dans la science des saints, en montant de degré en degré, par les ordinations. « Atque ita, » dit le Pontifical, « de gradu in gradum ascendant, ut in eis cum ætate vitæ meritum et doctrina major accrescat. »

Il est certain que Jésus-Christ, le modèle des prêtres, le maître de la perfection, et dont la sainteté ne pouvait ni diminuer ni croître, a voulu néanmoins nous servir d'exemple en cela comme en tout le reste. Il a voulu, dis-je, qu'on ait écrit de lui qu'il avançait en sagesse, en âge et en grâce devant Dieu et devant les hommes : *Et Jesus proficiebat sapientia et ætate et gratia apud Deum et homines* (*Luc.* II, 52); non en faisant de nouveaux progrès dans la vertu, ainsi que les autres hommes de qui les bonnes habitudes se fortifient à mesure qu'ils en font les actes, et qui s'affermissent dans le bien en le pratiquant; car la sainteté de Jésus-Christ fut toujours dans un comble égal, et incapable de nouveaux degrés d'accroissement. En effet, la fin ou le terme de la grâce n'étant autre que l'union de la nature humaine avec Dieu, peut-il y en avoir de plus intime que celle qui se fait en la personne même ? mais les effets et les signes en devenaient plus grands, plus sensibles et plus proportionnés au progrès de l'âge. Ainsi, le soleil, montant peu à peu sur l'horizon, croît en lumière et en chaleur à notre égard, quoiqu'en lui-même il ne soit ni plus brillant ni plus ardent quand il est sur nos têtes, que le matin quand il se lève ; espèce d'accroissement nécessaire en Jésus-Christ, pour montrer qu'il était véritablement homme, et qu'il en avait pris, avec la nature et les qualités, les progrès successifs et la perfection, sans quoi on aurait pu le regarder comme un composé qui n'eût pas été humain ni naturel, et qui eût tenu du monstre et du prodige.

Mais ce qui paraissait extérieurement en Jésus-Christ doit s'accomplir intérieurement en vous ; à mesure que vous avancez dans l'âge et dans les ordres, l'Eglise exige que vous vous avanciez en mérite et en vertu, et que vous ne soyez point promu à un ordre supérieur, qu'après que vous aurez mérité cette promotion par l'éclat de la vie éminente en doctrine et en piété que vous aurez menée dans un ordre inférieur : « Atque ita de gradu in gradum ascendant, ut in eis cum ætate vitæ meritum et doctrina major accrescat. »

Je sais que les saints Pères ont comparé les six premiers ordres aux six premiers jours de la création du monde, dans chacun desquels Dieu opéra tant de grandes choses, et qu'ils ont comparé le septième jour, auquel Dieu se reposa, au sacerdoce qui lui sert comme de trône, dans lequel il prend son repos et qui porte le caractère de la perfection et de la consommation de tous les ouvrages spirituels, ébauchés dans les ordres inférieurs. O prêtres, s'écrie saint Augustin, combien est-il plus vrai de vous, que du reste des fidèles, que votre âme est destinée pour être le siége et le sanctuaire saint et pur de la majesté de Dieu ! « O sacerdotes, si quemvis cujuslibet justi sedes est Dei, multo magis sedes et templum Dei vos esse debetis mundum et immaculatum ! » Mais il ne faut pas s'imaginer pour cela que le prêtre n'ait plus rien à faire, et qu'il peut prendre du repos et vivre dans l'inaction après la réception du sacerdoce ; c'est-à-dire, comme n'ayant plus rien à faire ; tout au contraire ; car de même que Dieu, après avoir travaillé six jours à la production des créatures, n'a jamais discontinué de travailler à leur conservation qui n'est qu'une création perpétuée : *Pater meus usque modo operatur* (*Joan.* V, 17) ; paroles, selon saint Augustin, qui font voir l'opération subsistante et non interrompue du Créateur, qui, par sa même action produisante, conserve la créature produite, ainsi que le feu, par son activité actuelle, conserve la chaleur qu'il a causée dans un fer rouge : « His enim verbis Christus continuationem quamdam ostendit operis ejus quo universam creaturam continet et administrat. »

Ainsi, mon frère, quelques vertus que vous ayez pratiquées dans l'exercice des six ordres inférieurs, quelque grands qu'aient été vos travaux, ne songez pas à prendre un repos oisif dans le sacerdoce ; sachez que vous avez à le sanctifier par de plus grands ouvrages de grâce ; que vous devez non-seulement conserver tout ce que vous avez acquis de mérite dans les ordres inférieurs, mais que vous devez le perfectionner, selon qu'il est écrit que ce fut ce septième jour qui porta le caractère de la perfection : *Igitur perfecti sunt cæli et terra et omnis ornatus eorum, complevitque Deus die septimo opus suum, et sanctificavit illum.* (*Gen.* II, 1, 2.) C'est ce qui vous reste à faire, c'est là votre grand ouvrage de sanctifier le grand jour de votre sacerdoce. Souvenez-vous que ce septième et mystérieux jour auquel vous êtes enfin parvenu par le sacerdoce n'a point de soir dans l'Ecriture ; et, par conséquent, que l'œuvre de votre sanctification ne doit point cesser en vous, et que vous avez plus à travailler que dans les six jours précédents bornés par un soir. « Dies autem septimus, » dit encore excellemment saint Augustin, « sine vespera est, nec habet occasum, quia sanctificasti eum ad permansionem sempiternam. » Toute cette vie même n'est qu'un jour de travail, et quand, au prône du dimanche, vous direz au peuple qu'il n'y a cette semaine aucune fête ni aucun jeûne d'obligation, vous tiendrez un langage qui dans un sens n'est pas juste, puisque après tout chaque jour du Chrétien est un jour de fête et un jour de jeûne tout à la fois : un jour de fête, puisqu'il n'y en a aucun qu'il ne doive sanctifier en le consacrant au culte de Dieu ; ce que l'Eglise insinue assez en les appelant des féries ; un jour de jeûne, puisqu'il n'y en a aucun auquel il ne doive refuser à ses convoitises les satisfactions qu'elles lui demandent ; et cette vie est tellement destinée au travail, que la première demande qu'on adresse à Dieu pour nous après notre mort, c'est de lui demander du repos : « Requiem æternam dona eis, Domine. » Tant il est vrai, ce que dit saint Chrysostome, que toute cette vie n'est qu'un jour de travail : « Dies iste dies est laborum. »

J'avoue que le travail d'un prêtre ne consiste pas à se donner des mouvements impétueux et turbulents, et qu'il faut que ses actions et ses opérations soient plus tranquilles, plus méditées, plus posées ; mais il ne s'ensuit pas qu'elles doivent être plus relâchées, plus molles, plus lentes ; au contraire, comme ce qu'il fait dans le corps mystique du Fils de Dieu est plus saint, que ses opérations sont plus intimes et plus excellentes, aussi doit-il agir avec plus de perfection et d'efficace ; la manière dont il agit doit se sentir d'une personne qui se possède parfaitement ; mais, en cela même, il agit avec plus de vertu et d'activité, puisqu'une semblable opération tient plus de celle de Dieu, qui, selon le même saint Augustin, sait l'art de se reposer en agissant et d'agir en se reposant ; qui sait unir le repos et le travail ensemble, qui travaille sans interrompre son repos, qui se repose sans interrompre son travail : « Tu autem, Domine, semper operaris et semper requiescis, » dit ce sublime théologien.

C'est donc en vain, ou plutôt c'est s'éloigner infiniment de l'esprit et de la grâce du sacerdoce, que de ne plus penser, quand on l'a reçu, qu'à se reposer et à vivre dans la paresse.

Je sais encore que les saints Pères ont comparé les six ordres inférieurs aux six degrés du trône de Salomon, et le sacerdoce à ce trône d'ivoire enrichi d'or, où ce roi s'asseyait : « Inducti sunt quidam minorum ordinum gradus per quos ascenditur ad sacerdotium. Hic est thronus eburneus cujus reclinatorium aureum est, ad quem ascenditur, sed gradibus purpureis, media charitate constratis, ubi sacerdos Dei summi ascendit ad dignitatem. » Trône qui, selon l'Écriture, n'eut jamais son pareil : *Non est factum tale opus in universis regnis*, ou comme porte un autre endroit : *Non fuit tale solium in universis regnis.* (*II Paral.* IX, 19.) Mais pensez-vous que ce trône magnifique fut un lieu de repos ? C'était au contraire celui où le prince rendait ses jugements, et connaissait de tous les différends du peuple immense qui recourait à sa justice ; c'était un lieu de travail et d'application pour lui, de fatigue et de peine. Ainsi vous êtes monté au sacerdoce, vous êtes assis dans le trône pontifical, incomparablement plus auguste que celui de Salomon : *Et ecce plusquam Salomon hic*. (*Matth.* XII, 42) ; mais ce n'est pas pour vous y endormir ; vous avez bien d'autres affaires que celles de Salomon à y juger. Il décidait de la fortune de ses sujets, il avait leur bien temporel, leur honneur, leur vie même et leur mort entre ses mains ; mais vous avez les consciences du peuple chrétien entre les vôtres ; vous l'enrichissez des biens de la grâce, vous lui ouvrez ou lui fermez le ciel ; vous lui procurez une vie et le délivrez d'une mort éternelle ; son salut est commis à vos soins, et vous descendrez un jour du trône où vous êtes à présent assis, pour vous asseoir sur la sellette et rendre compte de l'équité de vos arrêts. Voyez donc si vous devez vous endormir sur vos devoirs, sur la grande affaire de votre sanctification, s'il est temps de vous reposer, et si l'on ne vous peut pas justement dire : *Surge et ambula, grandis enim tibi restat via.* (*III Reg.* XIX, 7.) Paresseux et endormi que vous êtes, réveillez-vous, et avancez à grands pas dans la vertu ; car il vous reste encore un chemin immense à faire.

Voici de nouvelles raisons qui vous y obligent et qui vous persuaderont qu'après votre ordination vous devez travailler plus que jamais à vivre saintement et à monter à une haute perfection : « Studete sancte et religiose vivere, atque omnipotenti Deo placere. »

Premièrement, pour reprendre ce qu'on a déjà touché ci-dessus, vous êtes à présent plus élevé que vous n'étiez, vous êtes préposé au reste des fidèles, vous êtes plus exposé à leurs yeux, vos actions doivent donc être plus saintes et plus exemplaires, plus proportionnées au rang que vous occupez : c'est une obligation commune à tous ceux qui sont dans la même situation que vous : « Cunctos qui sacri ordinis suggestu eminent, » dit Salvien, « tantum excellere debent merito, quantum gradu. » Mesurez-vous à cette règle ; il faut que la sainteté précède la dignité dans un prêtre. C'est l'ordre que Dieu a établi dans l'Église : « Rectus ordo est ut ante sublimitatem ecclesiastici culminis, culmen conscendat virtutis ; » dit saint Grégoire expliquant ces paroles de l'Écriture : *Saul altior erat omni populo ab humero et sursum.* (*I Reg.* X, 23.) Qu'il occupe, s'il s'y croit appelé, la chaire la plus élevée, continue ce grand Pontife ; mais que l'éclat de sa vertu le rende encore plus visible que la gloire de son siège : « Culmen obtineat gloriæ, sed majori sublimitate fulgeat virtutum perfectione. »

En second lieu, vous approchez de plus près de Dieu que vous ne faisiez, vous êtes plus conjoint à cette source de vie et de sainteté qu'auparavant ; vous devez donc vous servir de cette proximité ; car plus on est proche du soleil et du feu, plus doit-on participer à la lumière et à la chaleur. Jésus-Christ, dit le concile de Trente, est la source de toute justice : « Fons omnis justitiæ, » il est la lumière du monde, il est venu pour embraser le monde ; vous avez tous les jours en main ce riche trésor, vous le portez, vous le recevez en vous, vous portez ce sacré brasier dans votre sein, vous vous plongez sans cesse dans cette fontaine d'eau rejaillissante, vous unissez vos lèvres à cette divine source, et comme un autre Moïse, vous avez un commerce continuel avec Dieu. D'ailleurs, c'est une maxime de la philosophie et de la théologie, que plus on approche du principe des choses, plus y participe-t-on : « Quanto aliquid magis appropinquat principio in quolibet genere, tanto magis participat effectum illius ; » c'est saint Thomas, dont nous avons expliqué la doctrine ailleurs bien au long. Or, de tout cela il est aisé de conclure que vous êtes donc tenu à vivre plus saintement que vous ne faisie auparavant, et à remplir cet ordre ancien donné à tous les prêtres futurs : *Sacerdotes qui accedunt ad Dominum sanctificentur.* (*Exod.* xix, 22.) Et celui-ci encore : *Sanctificabor in his qui appropinquant mihi.* (*Levit.* x, 3.) C'est-à-dire que vous devez et faire reluire la sainteté de Dieu en vous, en menant une vie sainte, parce que vous avez l'honneur de l'approcher : « Sanctificabor in his qui appropinquant mihi, » et faire reluire votre sainteté aux hommes en menant une vie exemplaire, parce que les hommes ont l'avantage d'approcher de vous : « Sacerdotes qui accedunt ad Dominum sanctificentur. » Le prophète nous prêche cette vérité, quand il nous exhorte de nous approcher de Dieu, si nous voulons être illuminés et illuminer les autres ; si nous voulons ne pas tomber dans la confusion que cause la nuit d'une vie obscure, et n'y faire pas tomber les autres : *Accedite ad eum et illuminamini, et facies vestræ non confundentur;* vous devez donc, plus que par le passé, faire éclater les rayons d'une vie sainte, éclairer, brûler, embraser, porter les âmes à Dieu ; être plus humble, plus prudent, plus silencieux, plus sobre, plus doux, plus patient, plus mortifié, plus adonné à l'oraison, plus ponctuel à ce que Dieu demande de vous.

Troisièmement, vous avez reçu de plus grands dons, de plus grandes grâces, un plus excellent caractère dans votre ordination ; ce que l'apôtre appelle : *Charismata meliora,* de plus grands talents ; vous devez donc plus rendre, plus agir, être plus fidèle ; car, *cui plus datum est, plus repetent ab eo;* autrement, comme observe saint Grégoire, à quel rigoureux jugement ne vous exposez-vous pas ? car c'est aux prêtres que ce Pontife adresse ces paroles que vous proférez si souvent, et que vous méditez peut-être : « Lectio sancti Evangelii, fratres charissimi, sollicite considerare nos admonet, ne nos, qui plus cæteris in hoc mundo accepisse aliquid cernimur, gravius inde judicemur : cum enim augentur dona, rationes etiam crescunt donorum. Tanto ergo esse humilior, atque ad serviendum Deo promptior quisque debet ex munere, quanto se obligatorem esse conspicit in reddenda ratione. » En effet, pourquoi une grâce plus abondante, si ce n'est pour fructifier davantage ? Un champ soigneusement labouré, cultivé, ensemencé, ne sera-t-il pas plus fertile ? A quoi bon sans cela les peines, les fatigues, la dépense que le laboureur prend à sa culture ? à quoi servirait-il d'en ôter les ronces et les mauvaises herbes, d'y jeter du fumier et d'y faire découler l'eau, si l'on n'en espérait une récolte plus abondante ? que la terre de votre cœur pousse donc au dehors cette heureuse semence que le père de famille lui a confiée et dont il l'a enrichie ; qu'on voie épanouir en vous les plantes odoriférantes des vertus, qui, comme des fleurs exquises, embaument le parterre de l'Eglise de leur parfum : « Studete omnipotenti Deo placere. » C'est à quoi l'évêque vous avertit que vous êtes tenu : or vous plairez à Dieu et vous lui deviendrez d'autant plus agréable, que vous ferez davantage profiter en vous ses dons : « Tanto majestati tuæ gratior, quanto donis potioribus augetur. » La mesure de l'un est la mesure de l'autre ; Dieu a augmenté en vous ses faveurs, il vous a comblé de grâces nouvelles ; devenez-lui donc plus utile et plus fidèle ; soyez plus attaché à votre devoir, plus dévoué à ses intérêts, et vous lui serez plus agréable. Heureux si l'on peut un jour dire de vous : « Ecce sacerdos magnus qui in diebus suis placuit Deo. » Heureux si vous êtes semblable à ce fidèle ministre dont parle l'Apôtre, qui se débarrasse de toutes sortes d'occupations pour plaire uniquement à son maître : *Ut ei placeat cui se probabit.* (*II Tim.* ii, 4.)

Quatrièmement, vous avez reçu dans votre ordination de nouveaux pouvoirs, des facultés singulières, une autorité plus grande, des droits nouveaux ; pourquoi cela ? N'est-ce pas afin de les mettre en exercice, afin de vous en servir à la gloire de Dieu, au bien de l'Eglise, à la sanctification des âmes, et surtout de la vôtre ? Est-ce pour demeurer les bras croisés ? Faites-en donc usage. Pourquoi la nature vous a-t-elle donné des yeux, des oreilles, une bouche, si ce n'est pour voir, pour ouïr, pour parler ? Un prince qui a élevé un de ses sujets à un grand emploi, ne prétend pas de voir ce sujet se retirer chez soi et demeurer dans l'oisiveté ; il le lui a donné afin qu'il lui rende des services plus grands encore, et qu'il contribue au salut et à la gloire de l'Etat. Ne laissez donc pas inutiles en vous tant de pouvoirs et de grâces, tant de force et de vertu, qui vous ont été conférées par votre ordination ; d'autant plus qu'à chaque fonction vous recevez de nouveaux secours, qui sont autant de nouveaux degrés de sanctification pour vous, moyennant que vous en usiez bien ; quel trésor n'amasserez-vous donc pas si vous ne laissez rien perdre ?

Cinquièmement, par votre ordination, vous avez changé d'état et de condition ; vous avez embrassé un genre de vie différent, vous avez été transféré dans une hiérarchie plus haute. Que si un fidèle, qui passe de l'état laïque à un ordre religieux, et à un ordre religieux très-réformé, se croit tenu de mener une vie incomparablement plus parfaite que celle qu'il a menée avant que de s'être revêtu de l'habit religieux, s'il rougirait de vivre comme il faisait auparavant, que ne devez-vous pas faire, vous qui venez de vous enrôler dans une profession incomparablement plus élevée au-dessus de celle des solitaires les plus vertueux, comme on l'a montré si au long ailleurs, que le solitaire n'est élevé par son état au-dessus des simples laïques ? vous qui, par la seule réception de la tonsure, avez voué la sainteté : « Clericus professus est sanctitatem ; » jugez à quoi vous vous êtes obligé par la réception du sacerdoce, vous qui, par le seul nom que vous avez pris, en recevant l'ordination, avez pris sur vous l'obligation de mener une vie conforme au nom qu'on vous imposait et au divin caractère qu'on vous imprimait : « Assumptio religiosi nominis, sponsio est sanctitatis, » dit le docte Salvien. Or, ce caractère vous séparant, vous ornant, vous mettant dans un rang distingué, étant une marque de votre éternelle appartenance à Dieu, ne vous met-il pas dans un engagement nouveau de vivre plus saintement et plus religieusement que par le passé? « Studete sancte et religiose vivere. » Vous avez soupiré après la dignité, soupirez après la sainteté. Ne vous attirez point ce reproche ancien : « Certatur pro dignitate, et non curatur de sanctitate. Totum defertur dignitati, et parum aut nihil sanctitati. » Imitez le saint patriarche Jacob ; après avoir servi sept années, il eut Lia pour épouse ; mais, non content de cette première alliance, il servit sept autres années afin de mériter Rachel, et il l'obtint. La dignité et la sainteté sont deux sœurs germaines ; n'aimez pas tant l'une que vous négligiez l'autre. La dignité comme une autre Rachel est belle, mais elle n'est pas féconde. La sainteté n'est pas agréable aux sens, mais elle germe des fruits infinis pour l'éternité. La dignité plaît, la sainteté enrichit. Si vous avez fait une injustice en préférant Rachel, qui n'est que la cadette, à Lia qui devait marcher la première comme l'aînée, c'est-à-dire, en jetant plutôt les yeux sur la dignité qui devait suivre que sur la sainteté qui devait précéder, réparez votre faute à présent et ne divisez point ce que Dieu a uni ; que l'une et l'autre vous soient également chères, et que la sainteté puisse désormais dire chez vous : *Comparavit me Deus cum sorore mea et invalui.* (Gen. XXX, 8.)

Voici une sixième raison. Il est certain que la vocation de Saül a toujours été regardée par les saints Pères comme le modèle de celle des prêtres ; le sacerdoce et la royauté étant ordinairement joints ensemble, comme ayant beaucoup de rapport, ou plutôt comme n'étant que la même chose en un sens spirituel. Selon cette doctrine, ce premier roi du peuple de Dieu a paru toujours aux saints un exemple redoutable ; car il est, disent-ils, l'image de ceux qui se perdent dans le ministère de l'Eglise, quoiqu'ils paraissent y être appelés de Dieu et y apporter quelques bonnes qualités, particulièrement celles qui sont les plus éclatantes. La beauté, la force, la hauteur et le courage de ce prince marquent très-bien les dons extérieurs de quelques ministres de l'Eglise, qui d'abord donnent de grandes idées et de belles espérances de leur conduite, qui s'attirent l'estime et la vénération des peuples commis à leurs soins, mais dont la réputation se flétrit aussitôt et se détruit insensiblement par le dérèglement de leurs mœurs : malheur qui n'arrive que trop souvent dans l'Eglise, dit saint Grégoire. Un ministre de Jésus-Christ a quelquefois le don d'une haute suffisance, mais il n'est point humble ; il nourrit son peuple et il meurt de faim ; il dispense aux autres la lumière de la vérité, et il ne retient pour lui que la fumée de l'orgueil. Tout ceci n'est que la pure doctrine de ce grand Pape, qui plus que les autres a réfléchi sur cet exemple.

Mais ce qui fait particulièrement à notre sujet, est la promesse avantageuse que Samuel fit à Saül ; car en l'appelant à la royauté, il lui dit que le Saint-Esprit viendrait en lui, et qu'il serait changé en un autre homme : *Insiliet in te Spiritus Domini et mutaberis in virum alium.* (I *Reg.* x, 6.) Et peu après nous voyons l'accomplissement de cette promesse que Dieu donna à Saül un autre cœur : *Immutavit ei Deus cor aliud.* (*Ibid.*, 9.) Tel est le changement qui doit être arrivé en vous dans votre ordination. Si, pour élever un particulier à la royauté, il est nécessaire que Dieu le change en un autre homme, que le Saint-Esprit vienne en lui et qu'il lui donne un autre cœur ; si cette admirable transformation est nécessaire pour être un roi selon Dieu, ne le sera-t-elle pas pour un prêtre ? Dieu ne veut rien de populaire, rien de commun, rien de bas dans un prêtre, avons-nous vu ci-dessus de saint Ambroise : « Nihil in sacerdotibus plebeium requirit Deus, nihil populare, nihil commune. » C'est un ministère qui demande une âme héroïque, un cœur magnanime, dit saint Chrysostome : « Res est quæ excelsum requirit animum. » Cela étant ainsi, voyez l'obligation où vous êtes de ne faire rien qui soit indigne du sacerdoce. Vous avez été changé en un autre homme par votre ordination, si elle a été légitime. Notre nature, dit encore le même saint Grégoire, a été si entamée par la corruption du premier homme, que de jour en jour elle se détériore, et que, semblable à ces anciens édifices, elle tombe de vétusté : « Natura enim nostra per lapsum primi hominis sic damnata est, ut quotidie labendo deficiat et deficiendo veterascat. » Mais, lorsque le Saint-Esprit vient en nous, lorsqu'il y établit son domicile, il répare cet édifice ruineux, ou plutôt il en élève un autre infiniment plus magnifique que n'était le premier, même dans son plus grand lustre : « Sed qui in nobismetipsis deficimus cum in nos ille Spiritus insilit, renovamur. » Et cela, parce que nous devenons d'autres hommes : « Quia statim quod non eramus, efficimur. » Or, voilà ce qui doit être arrivé en vous par votre ordination.

Si donc vous êtes devenu un autre homme par cette ordination, comme vous avez dû le devenir, supposé que vous ayez été choisi de Dieu pour cet emploi ; si vous avez même été élevé au-dessus du reste des hommes : *Omnis pontifex ex hominibus assumptus* (*Hebr.* v, 1) ; si vous êtes devenu du nombre de ceux que l'Ecriture appelle des dieux par participation, le prêtre n'étant rien moins qu'un Dieu terrestre selon les saints : « Post Deum terrenus Deus ; » jugez quelles doivent être vos actions. « Operari sequitur esse, » disent les philosophes. Vous avez à présent un être divin, faites donc des actions divines, faites donc des actions qui se sentent de la sainteté du principe d'où elles partent, puisqu'enfin l'action n'est qu'un écoulement de l'être.

Je veux que votre vie précédente n'ait pas été parfaite; vous aviez un être corrompu, vous n'étiez qu'un homme : *Cum essem parvulus, loquebar ut parvulus, sapiebam ut parvulus, cogitabam ut parvulus; quando autem factus sum vir, evacuavi quæ erant parvuli* (I Cor. XIII, 11); mais à présent que Dieu vous a choisi pour être le roi spirituel de son peuple, qu'il vous a élevé au-dessus de la condition humaine; qu'il vous a mis au rang des anges; qu'il vous a fait être un Dieu par participation : *Ego dixi : Dii estis* (Psal. LXXXI, 6); il l'a dit, et cela est vrai, mènerez-vous toujours une vie rampante ? « Ne sit deifica professio, et illicita actio. »

Est-ce le monde qui vous retient, ses grandeurs et son faste ? ne voyez-vous pas combien cela est vain, combien cela est peu de chose ? Le diable montra tout cela ensemble à Jésus-Christ en un moment de temps : *Ostendit ei omnia regna mundi et gloriam eorum in momento temporis.* (Luc. IV, 5.) O Dieu ! vous laisserez-vous éblouir à des biens si petits, qu'on les voit tous en un instant, en un clin d'œil, *in momento temporis* ! les achèterez-vous au prix de ces biens que l'œil n'a point vus, que l'oreille n'a point ouïs, et qui surpassent le cœur humain ? donnerez-vous des biens éternels pour des biens qui s'évanouissent en un moment, si promptement qu'ils s'échappent avant qu'on les ait presque vus ? *In momento temporis* ; donnerez-vous votre âme pour des biens si méprisables, que le diable même, tout ambitieux qu'il est, les quitterait tous, pourvu qu'à ce prix il pût avoir votre seule âme que vous livrez pour un petit morceau de ces biens ? *Hæc omnia tibi dabo, erunt tua omnia, si cadens adoraveris me.* (Ibid., 6, 7.) N'est-ce pas renouveler le crime du premier prévaricateur, qui, séduit par ce vieux serpent, vendit tout son bonheur pour le plaisir de manger d'une seule pomme. « Homo vendidit se et accepit pretium exiguum, de arbore vetita voluptatum ; » à quel prix n'est-ce pas se livrer ? des biens si petits et si faux, que le diable se vante qu'on les lui a laissés en partage et qu'il les distribue à qui il lui plaît : *Tibi dabo potestatem hanc universam et gloriam illorum, quia mihi tradita sunt, et cui volo do illa* (Ibid., 6); des biens que le Sauveur du monde, retiré dans le désert et se préparant aux fonctions de son sacerdoce qui devait être le salut du monde, a foulé aux pieds, nous apprenant par son exemple que nous devions faire ce qu'il exigeait de nous avant de nous appliquer au salut du monde.

Le monde, dit saint Augustin, est-il autre chose qu'une révolution d'hommes qui meurent peu après être nés, et une succession d'hommes qui naissent pour mourir bientôt après : « Mundus decessio pereuntium et successio periturorum, » et vous y attacherez ? « Tale tu bonum quæris, cohæres Christi ? » continue ce même Père. Quoi ! tout cet éclat extérieur, ce luxe des habits vous arrête ? Aveugle, écoutez celui qui revêt toutes choses et qui lui-même est la riche tunique des prêtres : « Christus magna sacerdotum tunica. » Il nous dit, dans son Evangile, où la vérité se trouve comme dans son centre, que Salomon avec toute sa pompe n'était pas si magnifiquement vêtu que les lis, et que les lis non cultivés avec soin dans les jardins; mais que les lis des campagnes, grossiers ouvrages de la nature, qui sont aujourd'hui parés de vives couleurs, et qui demain, flétris et abattus, ne seront qu'une herbe sèche, propre à servir d'aliment au feu; cependant ces fleurs champêtres, toutes frêles qu'elles soient, ont un habit plus magnifique que n'en eut jamais le plus grand et le plus somptueux roi du monde, au milieu de toute sa gloire : *Quoniam nec Salomon in omni gloria sua coopertus est, sicut unum ex istis.* (Matth. VI, 29.) Les vêtements les plus superbes ne sont donc pas grand'chose. *Fenum agri quod hodie est et cras in clibanum mittitur, Deus sic vestit.* (Ibid., 30.) N'aspirerez-vous point plus haut ? votre ambition se bornera-t-elle là ?

Travaillez, travaillez à votre sanctification; travaillez à vivre religieusement et à vous rendre agréable à Dieu; on vous en a imposé l'obligation, on vous a dit : « Studete sancte et religiose vivere, atque omnipotenti Deo placere. » On l'attend de vous. C'est un nouveau motif qui vous y engage. On se le promet du lieu où vous avez été élevé, de la bonne doctrine que vous y avez reçue, des bons exemples que vous y avez vus : ne trompez pas cette attente. Mais quelle est cette sainteté ? à quel degré doit-elle aller ? en quoi consiste-t-elle, et quelles sont ses marques ?

On exige dorénavant de vous, comme un devoir essentiellement attaché à l'ordre qu'on vous a donné, des fruits plus abondants en toute sorte de vertus : « Attende quod ex quadam obligatione quæ tuo annexa est officio, exigitur a te spiritualium frugum mensura propensior. » C'est de quoi vous avertit Pierre de Blois, également pieux et éclairé sur les matières ecclésiastiques, il faut que dès aujourd'hui vous commenciez à être plus adonné, plus appliqué, plus attendri dans l'oraison : « Devotior in oratione. »

Que vous donniez plus de temps à la lecture spirituelle, à l'étude des livres saints et de ceux qui vous rendront plus savant dans votre profession : « In lectione studiosior. »

Que vous soyez encore plus chaste, plus modeste, plus réservé que vous ne l'avez été jusqu'ici; que vous ne donniez pas le moindre soupçon là-dessus sur vous, la moindre ouverture à la médisance : « In castitate cautior. »

Que vous soyez plus sobre que par le passé; nul grand repas, nulle sensualité de la bouche, nul excès de viande ou de vin, nulle intempérance ; au contraire, qu'on soit édifié de votre mortification, de vos jeûnes, de vos abstinences : « Parcior in sobrietate. »

Il faut qu'à l'avenir on vous voie supporter les adversités, les contradictions, les injures, les maladies et les autres accidents fâcheux de cette vie avec une patience exemplaire : « Patientior in duris. »

Il faut bannir de vous la vaine joie, les ris dissolus, l'épanchement sur les créatures, et que vous soyez plus grave sans orgueil, et plus sérieux sans tristesse : « In risu rarior. »

Il faut qu'on trouve dans votre entretien plus de douceur, de condescendance et d'affabilité ; plus d'humilité, de complaisance et de charité : « Suavior in conversatione. »

Que votre air, vos gestes, vos habits respirent la retenue et inspirent le respect : « Gravior in vultu, gestu, habitu. »

Que vous retranchiez les paroles superflues, les causeries, les longs entretiens ; en un mot, que vous parliez peu et bien, de choses utiles et modérément : « Moderatior in verbis. »

Que vous répandiez des larmes plus abondantes devant Dieu, par les vifs et continuels sentiments de componction, de dévotion et d'amour : « Profusior in lacrymis. »

Il faut que votre charité soit plus animée, plus forte et plus courageuse : « In charitate ferventior. » Voilà vos obligations.

Mais savez-vous bien ce que c'est que cette sainteté qu'on vous prêche tant, et à laquelle on vous dit si expressément que vous êtes tenu : « Studete sancte et religiose vivere ? » C'est une pureté de cœur et d'âme, d'esprit et de corps, mais une pureté parfaite, entière, consommée, une exemption de toute tache, de toute souillure et de tout péché : « Sanctitas est ab omni immunditia libera, » dit le grand saint Denis, « perfecta et omnimoda immaculata animæ puritas. » Voilà la définition qu'il en donne ; voilà ce qu'on attend de vous ; voilà ce que vous devez être après votre ordination.

Enfin on vous exhorte à être saint, parce que c'est une chose très-rare et très-difficile de devenir saint : « Perfectio paucorum est. » C'est la maxime ancienne des Pères de la vie spirituelle. Nouveau motif qui doit vous animer à la recherche de la sainteté, parce qu'elle est rare, et qui ne doit pas vous rebuter de son acquisition, parce qu'elle est difficile. Le cœur humain est tourné d'une certaine manière qu'il s'excite quand on lui propose des biens extraordinaires et difficiles à acquérir, et qu'il se ralentit quand il ne voit rien que de commun et d'aisé. C'est ce que saint Chrysostome a excellemment observé au sujet de la doctrine que le Sauveur prêchait à ses disciples sur la chasteté, laquelle il termina par ces mots: *Qui potest capere capiat.* (*Matth.* XIX, 12.) Comme s'il leur eût dit : La vertu que je vous montre est grande, élevée, difficile ; c'est une couronne que peu de gens obtiennent ; que celui qui se sent le plus de courage entreprenne sa conquête : *Qui potest capere capiat.* Car, loin que l'homme voie quelque chose de rebutant pour lui dans ces paroles, ni qui soit capable de refroidir son ardeur, il n'y trouve au contraire qu'un nouvel aiguillon de gloire qui le sollicite fortement à venir à bout d'une telle entreprise : « Subjunxit rursus, dicens : *Qui potest capere capiat* ; ut alacriores discipulos efficiat, eo ipso quo grave esse opus ostendit. »

Que si vous objectez qu'on exige d'un prêtre des vertus plus qu'humaines, on l'avoue ; mais écoutez jusqu'où va cette obligation. Saint Augustin faisant réflexion sur le reproche humiliant que Jésus-Christ fit à saint Pierre, et en sa personne à tous ses ministres futurs, et cela un moment après l'avoir établi pasteur de son Église : Éloignez-vous de moi, Satan, vous me scandalisez par ce discours, voulant m'empêcher de répandre mon sang, de me sacrifier pour le salut des âmes, et d'accomplir par là le devoir le plus essentiel d'un prêtre : *Vade post me, Satana, scandalum es mihi* ; vous ne goûtez pas les choses de Dieu, vous n'avez que des pensées humaines, vous parlez en homme : *Non sapis ea quæ Dei sunt, sed ea quæ hominum.* (*Matth.* XVI, 23.) Qu'est-ce que nous venons d'entendre, dit saint Augustin ? quel nouveau langage nous tient-on ? quelle doctrine inouïe est celle-ci ? Quoi ! nous blâmer, non pas d'être pécheurs, mais d'être hommes ? « nonne homines estis ? » nous blâmer de raisonner en hommes ? « sapis ea quæ sunt hominum ? » Qu'on nous blâme si l'on veut d'être des orgueilleux, des avares, des sensuels, des vindicatifs, nous n'avons rien à répliquer, nous n'avons qu'à nous confondre, qu'à nous humilier, qu'à gémir ; mais qu'on nous tourne à crime de ce que nous sommes des hommes, qui jamais a fait un tel reproche ? que veut-on donc nous faire devenir ? « Quid nos vult facere ex hoc quod sumus, qui sic culpat quod homines sumus ? » poursuit ce Père. Veut-on que nous soyons des anges ? on veut plus que cela de nous, on veut, ajoute-t-il, que nous soyons des dieux par participation. « Vultis scire quid nos velit facere ? audite psalmum : *Ego dixi : Dii estis et filii Excelsi.* (*Psal.* LXXXI, 6.) Comprenez-vous à présent ces paroles mystérieuses ? elles veulent dire qu'on ne doit rien voir de l'homme corrompu dans un prêtre, nuls sentiments bas et humains, nulles faiblesses volontaires, nulles infirmités des enfants d'Adam. On ne veut plus entendre parler en lui que de lumières célestes ; on n'y doit plus remarquer que des dons divins, des vertus supérieures à celles du reste des hommes : « Nonne homines estis ? » Expressions qu'il faut entendre avec le sel de la prudence évangélique, et comprendre avec quelle raison on leur impose, avec la chasuble, l'obligation de remplir les grands devoirs de sainteté et de religion auxquels ils sont tenus : « Studete sancte et religiose vivere; » et de plaire à celui au service duquel ils sont entièrement consacrés : « Atque omnipotenti Deo placere. » Tels sont les fruits avantageux que vous devez recueillir de votre ordination.

ENTRETIEN XI.

SUR LES VERTUS DES PREMIERS ET DES DERNIERS ECCLÉSIASTIQUES QUI ONT ILLUSTRÉ L'ÉGLISE DANS SA NAISSANCE, ET QUI L'ILLUSTRERONT DANS SA FIN.

Pour terminer ces instructions, et mettre comme le dernier sceau à notre édification, il semble qu'il ne peut y avoir rien de plus utile que d'exposer ici la vertu des premiers ecclésiastiques, afin que nous tâchions de conformer notre vie à la leur, et que nous déplorions l'état présent où nous nous trouvons, par l'éloignement où nous sommes de ce que nous avons été et de ce que nous devrions être.

Il est vrai que bien des personnes pieuses ont une grande idée de la réformation du clergé de nos jours; que le grand nombre d'ecclésiastiques vertueux et zélés que nous voyons les frappe d'admiration; qu'elles se persuadent que les premiers temps n'étaient presque pas plus heureux que ceux-ci, et que l'établissement de tant de séminaires et de communautés est une preuve évidente que l'état ecclésiastique de ce temps ne cède presque point en science ni en piété à celui des premiers siècles.

Mais les personnes plus éclairées, et qui considèrent le passé et le présent d'un œil plus épuré, en jugent bien autrement. Elles se réjouissent à la vérité, d'une part, quand elles voient qu'aujourd'hui il se trouve quelques ecclésiastiques assez vertueux pour reculer leurs ordinations, pour refuser les dignités et pour s'employer aux travaux apostoliques; elles reconnaissent que le clergé s'est relevé de l'opprobre où l'ignorance et le vice du siècle passé l'avaient jeté. Elles voient ces choses et elles en louent Dieu. Mais, d'autre part, quand elles tournent leurs regards sur les précieux fragments qui nous sont seulement restés des trois ou quatre premiers siècles; quand elles y voient les vertus héroïques de ces premiers pasteurs du peuple de Dieu, la tristesse s'empare de leur esprit, et elles ne peuvent s'empêcher d'imiter le langage du saint patriarche Jacob, et de dire au nom de l'Église : Il y a environ cent trente années, c'est-à-dire depuis la conclusion du concile de Trente, que j'ai eu quelques beaux jours, quoique mêlés de diverses amertumes : *Dies peregrinationis meæ centum triginta annorum sunt parvi et mali;* mais il s'en faut bien qu'ils égalent les jours de mes anciens pères : *Et non pervenerunt usque ad dies patrum meorum.* (Gen. XLVII, 9.)

C'est ce qui nous est excellemment dépeint dans le livre d'Esdras. L'Écriture raconte qu'après que les Israélites, revenus de la captivité de Babylone, eurent achevé de rebâtir le temple de Jérusalem, et qu'ils considérèrent cet édifice si désiré enfin remis sur pied, ils se partagèrent en deux sentiments bien contraires, et répandirent des larmes qui partaient d'un principe bien différent. Les anciens prêtres, qui se souvenaient d'avoir autrefois vu ce superbe temple bâti par Salomon, ce chef-d'œuvre de magnificence et d'architecture, ce monument du plus grand des rois, et qui considéraient alors ce nouvel édifice élevé par une populace pauvre, et retournée depuis peu d'une longue et dure captivité, accablés de tristesse, ne pouvaient retenir leurs larmes et leurs gémissements : *Plurimi de sacerdotibus et levitis, et principes patrum et seniores qui viderant templum prius cum fundatum esset, et hoc templum in oculis eorum flebant voce magna.* (I Esdr. III, 12.)

Mais les jeunes lévites nés dans la captivité, et qui n'avaient aucune idée de cette première grandeur, voyant ce nouveau temple devant leurs yeux, bâti sur les ruines de l'ancien, tout hors d'eux-mêmes, s'abandonnaient à des sentiments de consolation spirituelle, si sensibles, qu'ils ne pouvaient retenir les larmes de joie qui découlaient de leurs yeux en abondance : *Et multi vociferantes in lætitia elevabant vocem.* (Ibid.)

Ces voix et ces larmes mêlées ensemble ne se pouvaient aisément démêler; les anciens pleuraient de tristesse et les jeunes de joie. Les premiers poussaient des cris de douleur et les seconds d'allégresse. Et de ce mélange résultait une clameur confuse qui s'entendait de loin : *Nec poterat quispiam agnoscere vocem clamoris lætantium, et vocem fletus populi : commistim enim populus vociferabatur clamore magno, et vox audiebatur procul.* (Ibid., 13.) Tâchons de les discerner un peu, et de voir la cause de la tristesse ou de la joie des uns et des autres. Ce sera notre première partie.

Mais voici un sujet inespéré de consolation qui vient au-devant de nous, et qui contre-balance la cause de notre tristesse. Le prophète Aggée se présente de la part de Dieu pour parler à ce peuple affligé : *Et factum est verbum Domini in manu Aggæi prophetæ, dicens;* le Seigneur a dit : Allez trouver les prêtres et les anciens de mon peuple, et leur dites: *Loquere ad sacerdotem magnum et ad reliquos populi, dicens :* Qui de vous est assez âgé pour avoir vu ce temple dans sa première splendeur et pour le voir encore à présent dans l'état où il est? *Quis in vobis est derelictus qui vidit domum istam in gloria sua prima, et quid vos videtis hanc nunc?* n'est-il pas vrai que ce nouvel édifice est comme rien en comparaison de l'ancien? *Nunquid non ita est quasi non sit in oculis vestris?* Mais prenez courage, dit le Seigneur, relevez vos espérances abattues : *Et nunc confortare, Zorobabel, dicit Dominus. Confortare, sacerdos magne; confortare, omnis populus terræ.* Prêtres et peuples, consolez-vous; voici une bonne nouvelle que je vous apporte : viendra un temps où la gloire de ce temple nouveau, qui paraît si peu de chose à présent à vos yeux, surpassera infiniment la gloire de l'auguste temple dont vous déplorez tant la ruine : *Magna erit gloria domus istius novissimœ, plusquam primœ.* C'est le Seigneur, le grand Dieu des armées qui l'assure, et la chose sera ainsi : *Dicit Dominus exercituum.* (Agg. II, 3, 5, 10.) Prophétie dont nous développerons le mystère, et qui fera la seconde partie de cette instruction.

PART. Ire. — *De la sainteté de vie des premiers ecclésiastiques.*

Nous n'avons pas dessein d'étaler ici les vertus héroïques et les grands exemples de piété des premiers fidèles, ni de parler de l'état florissant de l'Eglise primitive ; nous ne prétendons pas non plus expliquer les principes de leur morale, ni la doctrine toute céleste qui rendait leur vie si éclatante aux yeux même des philosophes les plus superbes et les plus prévenus contre le christianisme ; nous voulons nous restreindre précisément à ce qui concerne les ecclésiastiques. Il est vrai qu'il nous reste peu de monuments de ces hommes apostoliques ; eux-mêmes, presque seuls historiens de leurs siècles, écrivaient peu et ne songeaient uniquement qu'à édifier l'Eglise par leurs vertus, qu'à la multiplier par leur sang, et qu'à l'étendre par leurs travaux. Les tyrans d'ailleurs supprimaient et condamnaient au feu, non-seulement l'Ecriture sainte et les ouvrages des Chrétiens, mais même les actes judiciaires ou les procès qu'on faisait aux martyrs, et qui sans cela se fussent conservés dans les archives publiques, parce que c'étaient autant de sujets de confusion pour les idolâtres et de triomphe pour les fidèles. Mais, malgré des temps si reculés et si obscurs, malgré la rage de nos cruels persécuteurs, malgré même l'humilité, la simplicité et la vie cachée et persécutée des premiers Chrétiens, presque tous opprimés par l'injustice et la violence, toujours sous le glaive, et hors d'état d'étudier et d'écrire, leurs actions ont été si brillantes qu'elles se sont fait jour à travers une si épaisse nuit, et qu'il nous en reste encore assez pour nous édifier extrêmement, si notre peu de capacité, de lecture et de mémoire, ne faisait pas tort à tout ce qu'on en pourrait rapporter, ou si notre défaut d'éloquence ne dérobait rien aux éloges que tant de grandes actions méritent. Ce qui nous soutient, c'est que ce sera même commencer à les imiter que d'exposer leurs vertus tout simplement, sans rhétorique et sans méthode affectée, laissant à l'esprit de Dieu, à qui nous devons nous abandonner, le soin de nous suggérer leurs actions comme il lui plaira ; retenant pour nous celui de les écrire dans l'ordre qu'elles se présenteront, sans aucune étude, et laissant aux lecteurs la liberté de faire là-dessus les réflexions que leur piété demandera.

LEUR AMOUR POUR LA PRIÈRE.

Saint Jacques, apôtre.

L'histoire ecclésiastique nous presente d'abord un apôtre en la personne de saint Jacques, évêque de Jérusalem, qui, parmi un grand nombre de vertus qui le rendirent un miracle de sainteté, n'en fit paraître aucune avec plus d'éclat que l'habitude qu'il avait d'être perpétuellement en oraison ; il y était si assidu, et la posture extérieure de son corps prosterné répondait si bien à la dévotion intérieure de son esprit religieux, qu'après sa mort on trouva un cal à ses genoux aussi dur que celui d'un chameau : « In templum solus intrare, atque ibi genibus flexis pro peccatis populi supplex Deum orare consueverat, adeo ut genua ipsius instar cameli occaluerint. »

Saint Ignace, évêque.

Saint Ignace, évêque d'Antioche, disciple des apôtres et successeur, quoique non immédiat, de saint Pierre dans ce siège patriarcal, agité par les horribles persécutions qui troublaient alors l'Eglise, et surtout par celle de Domitien, ce second Néron, cruel ennemi des Chrétiens, n'avait recours pour résister à tant d'orages, et pour conduire son peuple au port de salut, qu'au gouvernail assuré de la prière. « Ignatius apostoli et evangelistæ Joannis discipulus, vir in omnibus apostolicus, gubernabat Ecclesiam Antiochenam : qui quondam procellas vix mitigans multarum sub Domitiano persecutionum quemadmodum gubernator bonus, gubernaculo orationis, fluctuationi adversantis se opposuit potentiæ. »

Les disciples de ce grand saint n'étaient pas remplis d'un moindre esprit, puisque, après avoir été témoins de son martyre, ils passaient les nuits dans les gémissements, ne trouvant de consolation qu'à répandre des larmes devant le Seigneur : « Horum ipsimet conspectores effecti cum lacrymis et domi per totam noctem vigilantes et multum cum genuflexione et oratione deprecantes Dominum. » Leurs prières ne furent pas vaines, puisque quelques-uns d'entre eux, s'étant un moment laissé aller au sommeil, virent ce grand saint revêtu d'une gloire ineffable, se tenant en la présence de Dieu, et continuant dans le ciel l'exercice de la prière qu'il avait tant aimée sur la terre : « Videbant beatum Ignatium quemadmodum ex labore multo venientem, et astantem Domino in multa confidentia et ineffabili gloria. » Telles sont les faveurs que reçoivent ceux qui goûtent plus de joie dans les larmes qu'ils versent pendant leur méditation, que n'en ressentent les mondains au milieu des ris qu'excitent le théâtre et les représentations profanes : « Quia dulciores sunt lacrymæ orantium quam gaudia theatrorum, » dit saint Augustin.

Pour nous faire encore mieux comprendre l'élévation de saint Ignace dans la prière, Socrate rapporte que ce bienheureux évêque y fut une fois favorisé d'une vision ; il dit qu'il vit les anges chanter au ciel comme à deux chœurs les louanges de Dieu, et que sur cette idée il établit dans son Eglise d'Antioche la psalmodie, qui sans doute est une espèce de prière vocale très-sainte, d'où cette louable coutume se répandit ensuite dans tout le monde : « Ignatius Antiochiæ in Syria episcopus, post apostolum Petrum ordine tertius qui et cum apostolis ipsis familiariter versatus est, vidit aliquando angelos hymnis alternatim decantatis sanctam Trinitatem celebrantes; et canendi rationem quam in illa visione animadverterat, Ecclesiæ Antiochensi tradidit, unde ista traditio ad omnes postea Ecclesias permanavit. »

Saint Polycarpe, évêque.

Saint Polycarpe, évêque de Smyrne, le disciple fidèle de saint Jean l'Évangéliste, le maître de toutes les Églises d'Asie, « totius Asiæ princeps, » comme l'appelle saint Jérôme, à qui le Pape Anicet dans Rome déféra l'honneur de célébrer en sa place les sacrés mystères, au rapport de saint Irénée, chez Eusèbe : « Cui in Ecclesia consecrandi munus honoris causa concessit Anicetus. » Ce grand martyr, dis-je, voyant le feu de la persécution allumé, et que le peuple idolâtre, animé contre lui, criait sans cesse qu'on extermine les Chrétiens, qu'on cherche Polycarpe leur chef : « Torqueantur nocentes, quæratur Polycarpus, » crut qu'il fallait se dérober à une telle fureur, et chercher un asile dans la retraite : « Polycarpus, vir eximiæ prudentiæ, robustique consilii, his auditis latebram petiit. » Mais quelle était là son occupation? c'était de s'appliquer jour et nuit et sans cesse à l'oraison, et de puiser auprès de Dieu, dans ce saint exercice, des forces pour soutenir le plus courageusement qu'il pourrait, les tourments du martyre : « Ibi diebus ac noctibus sine intermissione orationi impendendo operam, Dei implorabat auxilium quo fortior esset in pœna. » Il eut même une vision qui lui fut un signe de son triomphe; car il lui sembla que le chevet de son lit était tout entouré de flammes; ce qui lui fit dire aussitôt qu'il serait condamné au feu pour Jésus-Christ : « Ait his qui cum eo erant ignibus se cremandum. »

Mais lorsque les satellites qui le cherchaient l'eurent découvert et pris, il obtint d'eux que, tandis qu'ils mangeraient les viandes qu'il leur avait fait apprêter, ils lui permissent de se mettre en oraison : « Tunc deprecatus est ut ei horam concederent qua posset orare, et omnipotenti Deo debita precum vota persolvere; » ce qui lui étant accordé, il se retira, et se prosternant devant Dieu, il demandait instamment la grâce du martyre dont l'occasion se présentait : « Præbita facultate instanter petebat donum Dei, præceptumque compleri. » Cette fervente prière dura près de deux heures entières, au grand étonnement des ennemis même du nom Chrétien, qui admiraient un tel zèle : « Jugiter autem per duas ferme horas oratio illa duravit, stupefactis audientibus, et quod majoris palmæ videtur inimicis. » Enfin, au milieu même du bûcher, et tout environné de flammes, il se mit en prières, et, le cœur embrasé d'un feu intérieur, bien autre que l'extérieur qui consumait son corps, il finit sa vie temporelle, pour aller au ciel s'unir pour toujours par la claire vision à celui auquel il s'était sans cesse uni sur la terre par la contemplation.

Saint Fructueux, évêque.

Saint Fructueux, évêque de Tarragone en Espagne, étant arrêté pour la foi, ne vaquait à rien qu'à l'oraison; c'était sa continuelle occupation, et l'extrême joie qu'il avait dans la confiance que Dieu l'appelait certainement à la couronne du martyre, le tenait sans relâche uni à Dieu ; il ne vivait que de l'espérance de la mort : « Fructuosus autem certus et gaudens de corona Domini ad quam vocatus erat, orabat sine cessatione. » Lorsque, dans son interrogatoire, le président lui eut marqué qu'il l'allait condamner au supplice, il jeta une œillade vers le ciel, et parut tout absorbé en Dieu : « Fructuosus respexit ad Dominum, et orare cœpit intra se. » Tel était le bouclier invisible de ce grand saint; étant attaché au poteau avec ses deux diacres, on alluma à l'entour d'eux le feu où ils devaient être brûlés; la flamme ayant bientôt consumé la corde qui les attachait, ce bon prélat avec ses deux diacres se mit, selon sa coutume, à genoux, et ils commencèrent tous trois ensemble, au milieu de ces brasiers ardents, une oraison qui ne finit qu'avec leur vie : « Cumque exustæ fuissent fasciolæ, quibus manus eorum fuerant colligatæ, orationis divinæ et solitæ consuetudinis memores, gaudentes, positis genibus, Dominum deprecabantur, donec simul animas effunderent. »

Saint Jacques, diacre, et saint Marien, lecteur.

Les célèbres martyrs saint Jacques, diacre de l'Église d'Afrique, et saint Marien, lecteur, arrêtés et présentés devant le juge idolâtre, souffrirent tout ce que la plus ingénieuse cruauté peut imaginer de tourments, avec une souveraine patience. Enfin, ayant lassé les bourreaux, revenus en prison, toute leur consolation, tout leur recours fut de se mettre en oraison avec les autres fidèles, et là de remercier tous ensemble le Seigneur par de longues et assidues prières : « Victa denique feritate torquentium, rursus in carcere de triumpho suo multum lætatus includitur Marianus lector, ibique cum Jacobo et reliquis fratribus, gaudium victoriæ dominicæ frequenti oratione celebravit. » C'était leur unique occupation, et la prison pour eux devenait un temple destiné à la prière, et consacré par leurs gémissements.

Saint Lucius, prêtre.

Saint Montan, saint Lucius, et d'autres non moins illustres ecclésiastiques du clergé de Carthage que les précédents, saisis par des idolâtres, et près d'être sur-le-champ traînés au feu, se mirent en prières, et n'eurent pas fléchi les genoux, que Dieu exauça leurs vœux ; le président changea sa sentence, et le bûcher préparé fut ôté : « Incumbentes precibus assiduis, tota fide statim quod petivimus, accepimus : accensus pene in exitum nostræ carnis ignis exstinctus est, et flamma caminorum ardentium Dominico rore sopita est. » Rien n'était impossible à ces admirables ministres de Jésus-Christ ; tout ce qu'ils demandaient en son nom leur était accordé.

Saint Grégoire, évêque.

Saint Grégoire de Nysse n'écrit-il pas que saint Grégoire de Néocésarée fit changer une montage de place, non point à force de neuvaines réitérées, mais par la vertu d'une seule prière qu'il fit à Dieu ; il vint la nuit sur le lieu, et les genoux en terre, il pria Jésus-Christ de se souvenir de ce qu'il avait promis dans son Evangile : « Venit nocte ad locum, et genibus flexis admonuit Dominum promissionis suæ. » Il eut assez de foi et de confiance pour oser croire que sa prière serait exaucée : la montagne se retira et céda à la force d'une si puissante oraison : « Et mane facto reversus, invenit montem recessisse. »

Saint Martin, évêque.

Sévère Sulpice écrit que saint Martin était sans cesse en prières, et que, les yeux et les mains élevés au ciel, il se tenait infatigablement appliqué à l'oraison : « Oculis ac manibus in cœlum semper intentis invictum ab oratione spiritum non relaxabat. » L'ardeur de sa dévotion était si grande en célébrant les saints mystères, qu'on vit un globe de feu au-dessus de sa tête : « Dum sacramenta offerret beatus Martinus, globus igneus apparuit super caput ejus. »

Saint Exupère, évêque.

Saint Jérôme assure que saint Exupère, par le mérite de ses prières, avait jusqu'alors défendu, contre les Goths, la ville de Toulouse dont il était évêque, et empêché sa ruine : « Non possum absque lacrymis Tolosæ facere mentionem, quæ ut hucusque non rueret, sancti episcopi Exuperii merita præstiterunt. »

Saint Ascholius, évêque.

Saint Ambroise en dit autant d'Ascholius, évêque de Thessalonique, dont les seules prières avaient plus puissamment repoussé les armées nombreuses et victorieuses des Goths, que toutes les forces de l'empire romain : « Sanctis Ascholius precibus suis fecit ut de partibus Macedoniæ victores Gothos fugaret urgebat et præliabatur sanctus Ascholius, non gladiis sed orationibus. »

Enfin, ce serait un travail immense, un sujet inépuisable, que de vouloir rapporter tout ce que l'histoire ecclésiastique raconte du don de prière répandu dans le clergé des premiers siècles, lorsque, pour s'exprimer avec saint Jérôme, le sang de Jésus-Christ était encore tout bouillant et que la foi était vive : « Quando Domini nostri adhuc calebat cruor et fervebat recens in credentibus fides. » Saint Augustin nous apprend, dans ses *Confessions*, et nous l'avons vu dans un autre endroit, qu'après sa conversion il ne songea plus qu'à se retirer dans une solitude pour passer le reste de ses jours dans la prière et les larmes : « Conterritus peccatis meis et mole miseriæ meæ pressus, agitaveram in corde meo, meditatusque fueram fugam in solitudinem. » Etant de retour en Afrique, il se retira, dit Possidius, dans une petite communauté de laïques qui vivaient très-saintement, où, pendant trois ans, séparé de toutes affaires séculières, il vaquait jour et nuit à la méditation : « Jejuniis et orationibus bonisque operibus ; in lege Domini meditans die ac nocte. » Etant prêtre et ensuite évêque, il redoubla ce saint exercice, et lors même de sa dernière maladie, il était sans cesse en oraison. Il fit transcrire les psaumes pénitentiaux de David, et les ayant fait attacher contre la paroi de sa ruelle, il avait continuellement les yeux attachés dessus et répandait sans cesse des larmes : « Psalmos Davidicos qui sunt de pœnitentia scribi [jussit], ipsosque jacens in lecto contra parietem positos diebus suæ infirmitatis intuebatur, et legebat, et jugiter, acuberim flebat. » Et de peur qu'on n'interrompît son application à Dieu, dix jours avant sa mort, il nous pria d'empêcher que qui que ce fût n'entrât dans sa chambre, si ce n'est à l'heure que le médecin y venait ou qu'on lui portait des aliments. « Et sic omni tempore illo orationi vacabat. » Enfin, sa dernière heure approchant, il se mit en une nouvelle ferveur ; et, faisant sa prière avec nous, il s'endormit en paix : « Nobis astantibus, ac videntibus, ac cum eo pariter orantibus, obdormivit in pace. » Telle était l'occupation de ces premiers prélats, de ces modèles du reste du clergé ; ils expiraient même au milieu de l'oraison.

Saint Cyprien, écrivant à son clergé, lui mande qu'il ait à se renouveler dans l'exercice de la prière, et qu'une des causes de l'horrible persécution que souffrait alors l'Église venait de ce que les ecclésiastiques s'étaient relâchés de ce saint exercice : Dieu fit connaître cela par une révélation expresse à ce grand martyr : « Nam et hoc nobis jam olim per visionem, fratres charissimi, exprobratum sciatis, quod dormitemus in precibus, nec vigilanter oremus. » Que veut dire un tel reproche, sinon ou que les ecclésiastiques ne vaquaient plus à l'oraison, ou qu'ils la faisaient avec négligence ? c'est pourquoi il les exhorte à la reprendre et à s'y appliquer avec plus de zèle.

Tel était l'esprit des premiers ecclésiastiques du temps des persécutions ; mais, lorsque la paix fut donnée à l'Eglise par la conversion des empereurs, et que les poissons bons et mauvais entrèrent pêle-mêle en foule dans les filets des apôtres, tout ce qui se trouva pour lors de plus parfait et de plus saint dans l'Eglise quitta le monde et s'enfuit dans les déserts ; ces lieux, jusqu'alors inhabités, devinrent l'asile de la prière ; et les solitaires, c'est-à-dire les enfants spirituels du clergé : « Clerici patres sunt monachorum, » dit saint Jérôme, ne vaquaient jour et nuit qu'à l'oraison : que ne devaient donc pas faire ceux qui leur servaient de modèles? Ce n'est pas ici le lieu d'en rapporter des exemples qui sont presque sans nombre : nous lisons dans la *Vie de saint Paul*, premier ermite, qu'étant visité par saint Antoine, ces deux admirables solitaires passèrent la nuit en oraison : « Immolantes Deo sacrificium laudis, noctem transegere vigiliis. » Et lorsque saint Antoine fut revenu pour la seconde fois, il trouva le corps de saint Paul à genoux, les bras étendus, et comme quand il était en vie, excepté qu'il ne jetait pas de soupirs à son ordinaire : « Ingressus speluncam vidit genibus complicatis, erecta cervice, extensisque in altum manibus corpus exanime ; at vero nulla ut solebat suspiria precantis audivit. » C'en est assez pour montrer l'assiduité à la prière des ecclésiastiques de ce temps-là ; car si tels étaient les disciples, quels devaient être les maîtres? « Clerici patres sunt monachorum. »

LEUR TEMPÉRANCE, LEUR CONTINENCE, LEUR MORTIFICATION ET LEUR DÉTACHEMENT.

Saint Jacques, apôtre.

Saint Jacques se priva pour toujours de viande et de vin : « Vinum non bibit nec siceram, et ab animantium carnibus penitus abstinuit. »

Saint Ignace, évêque.

Saint Ignace soutenait son Église d'Antioche par le moyen du jeûne qui lui donnait des forces : « Procellas persecutionum gubernaculo jejunii mitigans. »

Saint Jacques, diacre, et saint Marien, lecteur.

Saint Jacques, diacre, et saint Marien, lecteur, après d'horribles tourments, furent mis en prison et macérés par une faim cruelle : « Continuatis in carcere gemina superpositione jejuniis. » Un des prisonniers, interrogé dans une vision comment ils se trouvaient ainsi accablés des ténèbres épaisses du cachot où ils étaient, et de la disette qu'ils souffraient : « Quatenus nos in pœnalibus tenebris illis et inedia carceris haberemus, » répondit que les serviteurs de Jésus-Christ trouvaient dans la parole de Dieu une lumière qui les éclairait et un aliment qui les sustentait : « Milites Christi et in tenebris clarissimam lucem, et in jejunio cibum saturabilem Dei habere sermonem. »

Saint Montan et les autres ecclésiastiques du clergé de saint Cyprien, dont nous venons aussi de parler, furent mis en prison, et on résolut de vaincre leur constance à force de leur faire endurer la faim et la soif : « Diabolus ad alteras se astutias vertit, fame nos et siti tentare molitus, et hoc suum prælium multis diebus fortissime gessit. » Parmi ces bienheureux martyrs, saint Flavien, diacre, fit éclater sa charité ; comme quelquefois on leur jetait certains petits restes de table, à peine suffisants pour les empêcher de mourir de faim, ce digne ministre des autels, fidèle jusqu'à l'extrémité à la grâce de son ministère, dont la fonction consistait à présider aux festins de charité ou aux agapes qu'on faisait en ce temps-là dans les églises, « ministrare mensis, » se privait même de ce peu de part qu'il pouvait prétendre dans ces restes, pour le laisser aux autres : « Nam ut omittam carceris abstinentiam singularem, ut accipientibus cæteris vel modicum cibum, qui de sordibus penuriæ fiscalis exhibebatur, solus se ab ipso modico continuit, tanti habens jejuniis multis fatigari, dummodo alios victu proprio saginaret. »

Saint Fructueux, évêque.

Saint Fructueux, évêque de Tarragone, après nous avoir édifié par son amour pour la prière, ne nous édifiera pas moins par la sévérité de son abstinence merveilleuse : car comme il allait au martyre, et que les fidèles lui eurent par charité présenté une boisson à prendre pour le fortifier, il la refusa pour lui et pour ses deux diacres, disant qu'il était jeûne ce jour-là, et que l'heure de la réfection n'était pas encore venue. Il était environ dix heures du matin : « Cumque multi ex fraterna charitate eis offerrent uti conditi permisti poculum sumerent, ait : Nondum est hora solvendi jejunii, agebatur enim hora diei quarta. »

Saint Paulin.

Saint Paulin, consul, l'un des plus illustres et des plus riches sénateurs de l'empire romain, ayant quitté toutes ses grandeurs et distribué ses biens aux pauvres, se retira à la petite ville de Nole pour y passer sa vie dans l'obscurité et n'être que le sacristain de l'église de Saint-Félix. La Providence l'ayant mis sur la chaire épiscopale de cette ville, il y vécut avec tant de sainteté, de frugalité et de bon exemple, qu'il embauma toute l'Église du parfum de ses vertus ; son abstinence était si grande qu'il s'étonnait qu'un clerc, qui l'était venu visiter en carême, eût bien voulu ne pas refuser sa table, où l'on ne servait que quelques légumes, et cela une fois le jour sur le soir : « Quotidiana jejunia non refugit, oluscula et pauperem mensulam vespertinus conviva non horruit. » Il buvait dans de si petites tasses qu'il n'y en avait pas assez pour étancher la soif : « Et quod magis mirum est calicibus nostris contentus fuit, ita se ad mensuram nostri gutturis arctavit. » Il admirait la mortification de ce clerc élevé à l'ordre d'exorciste, qui s'était contenté de boire avec lui si peu et si rarement sans se plaindre ni murmurer, quoiqu'à peine y eût-il assez de liqueur pour humecter l'extrémité des lèvres, et qui, par une telle sobriété, avait donné de l'édification aux hommes et de la terreur aux démons, se montrant ainsi un vertueux clerc et un digne exorciste : « Ita de nomine exorcistæ ad frugalitatem profecit, ut prope quotidianus esse nobis conviva non fugerit, et cum raris et minutis calicibus aspergeretur, quibus summa labra vix tingeret, nihil de vacui ventris aut sicci gutturis injuria querebatur : » de quoi la maigreur de son corps et la pâleur de son visage faisaient foi : « Assiduus mensulæ nostræ particeps, ita se ad mensuram nostri gutturis arctavit, ut nec oluscula, nec pocula nostra vitaverit, quod poterit attenuatione sui corporis et oris pallore testari. » Il croyait que le pain de seigle était trop délicat pour lui : « Panis siligineus modum nostræ humilitatis excedere videtur. » Il mangeait dans une écuelle de bois, « scutellam buxeam, » et se servait de vaiselle de terre, pour se ressouvenir, disait-il, qu'il n'était qu'un vaisseau d'argile, lequel, selon Adam, ne contenait que de la corruption ; mais qui, selon Jésus-Christ, renfermait un trésor inestimable : « Amamus vasa fictilia, quia et secundum Adam cognata nobis sunt, et Domini thesaurum in talibus vasis commissum habemus. » On mangeait donc chez lui, non de la viande ou du poisson, mais des herbes et de la bouillie fait avec beaucoup d'eau et une goutte d'huile ; personne, quoiqu'il ne fût pas jeûne, ne se mettait à table avant none ou trois heures après midi ; on n'en sortait point entièrement rassasié ni parfaitement désaltéré, jusque-là que le sel y manquait quelquefois : « Facilem nos victum cibo simplici capere, coctis in gutta olei et aquæ copia pultibus. » Il portait un sac de poil de chèvre fort rude, qui le couvrait et qui le piquait en même temps : « Quæ nos utilibus stimulis admonerent. » Telle était lors la vie des saints évêques, qui servaient de modèle au reste du clergé.

Saint Basile, évêque.

Venons à saint Basile : nous ne pouvons nous dispenser d'en rapporter quatre circonstances, qui nous regardent spécialement, et que saint Grégoire de Nazianze n'a pas omises dans le récit de sa vie. Premièrement, après une jeunesse passée dans l'étude des livres saints et l'exercice de la piété chrétienne, la vocation divine se déclarant sur lui, il reçut l'honneur du sacerdoce, non en un jour, ni promptement, mais après avoir passé par tous les degrés de la sacrée milice en laquelle il s'enrôlait : « Illum vero Dei dispensatio per sacerdotii gradus, illustrem ac notum omnibus fecit ; ac inter presbyteros constituit ; non tamen statim nec præter ordinem, sed per gradus vicesque paulatim deductus ac promotus. » Car, comme ajoute saint Grégoire de Nazianze, fait-on pilote un homme qui n'a jamais appris à conduire un vaisseau ? En second lieu, il se retira dans la solitude pour s'y remplir avec abondance de l'esprit du sacerdoce : « Secessit in solitudine ; » ce qui fut un sujet de grande édification pour tout le monde : « Qui quidem secessus omnibus admirationi fuit. » Ensuite, étant élu à la charge pastorale, il prit pour principe qu'il était obligé d'être autant élevé au dessus du reste des fidèles en vertu, qu'il en était distingué par sa dignité ; sans quoi il fut convaincu qu'il ne ferait aucun fruit parmi son peuple : « Vitium omnino putavit si non omnes alios virtute antecelleret et tantum virtute quantum dignitate præstaret : nec enim populos ad pietatem mediocrem trahi posse. » Quatrièmement, enfin, il mit le comble à tant d'excellentes dispositions par la vie du monde la plus austère, la plus pauvre et la plus exemplaire qu'on puisse imaginer. Son corps était si atténué par ses jeûnes, ses travaux et ses veilles, qu'il n'avait plus rien que la peau et les os : « Corpus prope nullum et ossa sine carnibus, » ce sont les paroles de saint Grégoire de Nazianze, son ami inséparable.

Saint Abraham, évêque.

Saint Abraham, évêque de Carres, pendant tout le temps de son sacerdoce, se priva de pain, de vin, de viande et de feu : « Toto tempore quo fuit antistes, ei fuit panis supervacaneus, aqua quoque superflua, inutilis lectus, et supervacaneus usus ignis. » Ce prêtre, plus abstinent encore que le prophète Élie, continue Théodoret, évêque de Cyr, ne mangeait aucun légume cuit : « Hic vir admirabilis, toto tempore pontificatus, neque legumina, neque olera, quæ igni appropinquassint, comedit. » Il se contentait de fruits crus pour nourriture et pour breuvage ; faisant ainsi voir l'inutilité des cuisiniers et des pâtissiers : « Lactucas, intyba, et apia, et similia cibum ducebat et potum, pistorum et coquorum artes ostendens supervacaneas ; » encore ne prenait-il cette légère réfection qu'après l'Office du soir : « Hæc autem sumebat post officium vespertinum. » Cependant la charité qu'il avait pour son prochain était encore plus grande que la rigueur qu'il exerçait contre son corps ; sobre pour soi jusqu'à se refuser le nécessaire, généreux pour autrui jusqu'à lui être prodigue, ou, pour se servir des termes mêmes de Théodoret, toujours rassasié en lui-même, et toujours affamé dans les autres : « Cum corpus autem talibus consumeret laboribus, in aliorum cura gerenda erat insatiabilis. » L'empereur voulut voir ce prélat véritablement apostolique ; il se tint honoré de sa visite, il assista même à ses obsèques, et témoigna plus d'estime du cilice grossier dont ce saint homme était revêtu, que de la pourpre impériale : « Et agreste illud cilicium sua purpura existimavit præstantius. » Une foule immense de peuple accourut à ce convoi, chacun voulait avoir de ses reliques, et on n'entendait que des voix plaintives de gens qui le regrettaient ; les uns l'appelaient leur père, les autres leur pasteur, leur nourricier, leur tuteur, et semblables noms : « Lamentantes præsidem, patrem, magistrum, altorem, adjutorem, curatorem. »

Saint Abraham, prêtre.

Un autre saint de même nom, après avoir renoncé à un mariage considérable, distribué ses grands biens aux pauvres, et vécu cinquante années dans le désert, fut saisi par un évêque, qui, malgré ses raisons et ses larmes, l'ordonna prêtre et l'envoya aussitôt travailler à la conversion de divers idolâtres de son diocèse, si étrangement attachés à leurs superstitions, et si féroces, qu'aucun prêtre ni diacre n'avait pu jusqu'alors les rendre dociles à la foi. Il n'y a persécution, outrages, injures et mauvais traitements qu'il ne reçut de ces infidèles pendant trois ans. Enfin, il les gagna et les baptisa tous, et les rendit de parfaits Chrétiens, entre lesquels plusieurs, jugés dignes des ordres sacrés, reçurent l'imposition des mains de cet évêque, et formèrent un saint et nombreux clergé ; mais de quelles armes se servit-il pour opérer tant de merveilles, pour gagner tant d'âmes à Dieu, pour faire une telle conquête? Il ne s'embarrassait d'aucune affaire temporelle : « Cor ejus nullis terrenis negotiis vinciebatur. » Il ne possédait rien du tout au monde : « Super terram nihil possidebat. » Il n'avait qu'un habit et un cilice qui lui durèrent cinquante ans sans en changer : « Uno sago et una tunica cilicina utebatur : quinquaginta annis abstinentiæ suæ vestem cilicinam qua indutus fuerat non mutavit. » Il ne se passa aucun jour depuis qu'il fut prêtre, qu'il ne répandit abondamment des larmes devant le Seigneur : « Omni tempore institutionis suæ non præterivit eum sine lacrymis dies. » On ne lui parla jamais d'aucun pécheur ni d'aucun impie, qu'il ne pleurât jour et nuit pour son salut : « Quem peccatorem vel impium audiens pro eo ut salvaretur cum lacrymis diebus ac noctibus Dominum non postulabat. » Il était infatigable à jeûner, à veiller, à coucher sur la dure, à mortifier sa chair : « In tanta abstinentia, jugibusque vigiliis, fletibus, cahumeniis, et contritione corporis nunquam omnino lassatus est. » Dans ses infirmités même, il ne se laissait point abattre par le poids de son corps, par le dégoût, la tiédeur et la lâcheté : « Nunquam infirmatus segnitia obtorpuit, nunquam tædio fatigatus est. » Il aimait Dieu de tout son cœur et le prochain comme soi-même : « Quis sic ex toto corde Deum, et proximum tanquam seipsum dilexit? » Voilà un prêtre des premiers temps, tel que nous le décrit saint Ephrem ; et il y aurait de l'édification à lire en particulier les travaux et les souffrances de cet admirable ouvrier évangélique dans la conversion de ces peuples farouches qu'il attira à Jésus-Christ, si nous ne craignions d'être trop long : mais quel moyen de s'empêcher de dire avec l'Eglise : Seigneur, qui voyez le relâchement continuel où nous jette notre infirmité, faites, par votre miséricorde, que l'exemple de vos saints répare en nous ce que notre lâcheté y détruit sans cesse : « Deus, qui nos conspicis ex nostra infirmitate deficere, ad amorem tuum nos misericorditer per sanctorum tuorum exempla restaura. »

Saint Apelle, prêtre.

Saint Apelle, au rapport de Rufin, qui l'avait vu, et de Sozomène, était un prêtre d'éminente vertu et en qui on voyait un miracle continuel. Car le diable étant une nuit apparu à lui pour le tenter, sous la figure d'une belle femme, il prit avec sa main nue un fer tout rouge, et le jeta à la face de ce spectre : « In silentio noctis conversus diabolus in formam mulieris speciosæ venit ad eum : tum ille arreptum manu nuda de fornace ferrum candens in faciem ejus injecit. » Aussitôt le démon s'enfuit avec des hurlements horribles et qui furent entendus de tous les solitaires d'alentour : « At illa clamans et ululans aufugit, ita ut omnes fratres qui in circuitu commanebant, ululatum fugientis audirent, » et, de ce moment, le vénérable prêtre eut le don de tenir nu dans ses mains le fer embrasé de feu sans se brûler : « Et ex eo in usu habuit ferrum candens manu nuda tenere, nec lædi. » C'est ainsi que les prêtres de ce temps-là conservaient leur chasteté, et résistaient aux tentations impures dont le démon voulait souiller leur sacerdoce ; c'est ainsi qu'ils en étaient récompensés dès cette vie même.

Saint Ammon.

Voici un autre exemple de leur chasteté, de leur mortification et de leur crainte, ou plutôt de leur respect religieux pour le sacerdoce. Un solitaire nommé Ammon, dont la vertu édifiait tout le pays, fut demandé pour évêque par les habitants d'une ville : « Quædam civitas desideravit eum habere episcopum. » En effet, c'était un homme d'une vie exemplaire. Dès sa tendre jeunesse il ne vivait que de pain et d'herbes crues : « A juventute crudis vescebatur, et nihil unquam comedebat quod igni fuisset admotum, præter panem. » Lorsqu'il sentait son corps ému par quelque tentation impure, il prenait un fer rouge et se brûlait la chair : « Ferrum candens suis membris admovebat ; » en sorte qu'il était tout meurtri. La conduite de ce serviteur de Dieu est différente de celle du précédent ; l'un, pour conserver sa pureté brûlait le démon même, l'autre brûlait sa propre chair ; mais tous les deux éteignaient les flammes par les flammes, et détruisaient sans ressource les deux plus grands ennemis de la chasteté, la chair et le démon. La grâce du christianisme reluisait en celui-ci, qui crucifiait sa chair ; la grâce du sacerdoce éclatait dans celui-là, qui détruisait les œuvres du diable. Il est vrai qu'Ammon, comme nous allons le voir, ne fut pas ordonné prêtre, mais il en eut l'esprit et la grâce, et il mérita de l'être ; et la cicatrice de son corps mutilé fut pour lui un caractère infiniment plus précieux devant Dieu, que ne l'est souvent le caractère spirituel imprimé dans l'âme de beaucoup de prêtres. Saint Athanase l'ayant mené à Rome pour y donner l'idée de la sainteté des moines d'Egypte, il ne voulut rien voir de toutes les raretés et merveilles de cette grande ville, que l'église de Saint-Pierre et de Saint-Paul où il allait faire ses prières : « Nihil ex magnificis urbis operibus præter templum Petro et Paulo dicatum videre omnino desideravit. » Comme on voulut donc le prendre afin de lui conférer le sacerdoce, n'étant pas le plus fort, il prit un ciseau et se coupa l'oreille gauche : « Arrepto forcipe sinistram aurem sibi abscidit. » Il menaça même de se couper la langue, si on continuait à lui vouloir faire violence : « Si me coegeritis, etiam linguam meam abscindam. » De sorte qu'on ne le pressa pas davantage. Ces actions, faites par un mouvement du Saint-Esprit, ne seront-elles pas capables de refroidir l'ardeur aveugle de tant de jeunes gens qui, malgré leurs irrégularités de corps, et leurs défauts encore plus grands d'esprit et de vertu, forcent les évêques de leur imposer les mains, et contraignent l'Eglise de les admettre dans le ministère ? Il fallait des coups d'un tel éclat à notre siècle, et nous avions besoin de ces grands exemples pour réveiller notre peu de foi et pour guérir notre ambition. En effet, que les choses ont changé de face ! Autrefois les évêques persécutaient les saints de recevoir le sacerdoce ; aujourd'hui les pécheurs persécutent les évêques de leur conférer le sacerdoce.

Saint Apollonius, diacre.

Les vertus de saint Apollonius sont encore plus admirables. Après avoir mené une vie très-parfaite dans la solitude, il fut ordonné diacre au temps de la persécution : « Qui cum vitam magnificam egisset inter fratres, etiam diaconus ordinatus est. » Le diaconat fut la récompense de son rare mérite, et la couronne du martyre fut le fruit de son diaconat. Il comprit qu'un ministre de Jésus-Christ n'était à rien moins tenu qu'à l'imiter dans le sacrifice de soi-même, et qu'à prêcher de parole et d'exemple l'obligation que tous les ecclésiastiques ont de répandre leur sang pour celui qui leur commet la dispensation du sien. Il allait donc dans ces temps difficiles chez tous les fidèles, pour les exhorter au martyre : « Tempore ergo persecutionis erat ei studium singulos quosque circuire fratres, cohortari eos ad martyrium. » Mais s'il remplit ainsi excellemment l'office de diacre en prêchant l'Evangile, il va le remplir encore mieux par sa seconde fonction, c'est-à-dire, en s'offrant lui-même en sacrifice avec Jésus-Christ, les diacres étant nommés dans leur ordination : « Comministri et cooperatores corporis et sanguinis Domini. » On se saisit de lui, et on le met en prison : « Comprehensus est et in carcerem trusus ; » là les idolâtres le chargent d'injures, et insultent à la religion chrétienne. Il n'y eut opprobre qu'on ne lui fît avaler. Sa patience surmonte tout ; son humilité, sa charité, sa douceur touchent le plus inhumain de ses persécuteurs ; ce cœur endurci se trouve faible contre les charmes des paroles qui sortaient de la bouche de ce saint diacre. Il se rend à la grâce et se convertit à la foi : « Corde compunctus est, vimque verborum ejus supra humanum morem in sua mente persensit, in tantum ut Christianum se repente fateretur. » Il devient en un instant de persécuteur prédicateur, et prédicateur martyr ; car on lui fit éprouver toutes les tortures imaginables : « Omnia genera tormentorum ; » mais inutilement. Il est inébranlable aux flatteries et aux menaces. Les païens, désespérés de la perte d'un homme qui leur était extrêmement cher, s'en prennent à notre saint diacre qui l'avait converti, et ils déchargent leur fureur sur lui avec une barbarie surprenante : « Correptum Apollonium gravioribus subdidit tormentis, et deceptoris in eum crimen exaggerat. » Ces nouveaux accroissements de tortures, semblables aux efforts de ceux qui pressent la vendange, font découler la grâce à torrents. Les officiers de justice et les satellites deviennent Chrétiens. Le président les fait tous périr par le feu et par l'eau qui, avec leur sang, leur servirent de plusieurs baptêmes, dont ce saint diacre fut le ministre : « Diaconum oportet baptizare, » C'est la remarque de Pallade : « Hoc enim sanctis non mors, sed baptismus fuit. » Les fidèles prennent le corps d'Apollonius, et l'inhument avec celui des autres martyrs qu'il avait gagnés à Dieu, comme avec des trésors incomparablement plus précieux que ceux qu'on a mis quelquefois dans le sépulcre des rois ; et il s'y opérait de grands miracles : « A quibus usque ad præsens tempus, virtutes multæ et signa miranda. » Tels étaient ces premiers diacres, telle était leur grâce et leur esprit.

Saint Arsène, diacre.

En voici un autre connu de tout le monde, et dont la vertu n'est pas moins édifiante. C'est saint Arsène, diacre de l'Eglise romaine, donné par le Pape Damase à l'empereur, Théodose pour l'éducation des princes ses enfants, qu'il leva même des fonts baptismaux. Lassé du monde, il se retira dans les déserts d'Egypte, et obéit à la voix qui lui dit : Fuyez, Arsène, fuyez le siècle, aimez la retraite et le silence, et ne vous occupez que de votre salut : « Fuge, Arseni, fuge sæculum, solitudinem pete, tibi prospice ; fuge, tace, quiesce : hæc sunt principia salutis. » Pour se punir d'avoir porté de beaux habits à la cour, il ne se couvrait que des plus vils haillons du monastère : « Studebat ut ab omnibus monachis viliora et despectiora vestimenta haberet. »Théophile, évêque d'Alexandrie, et beaucoup d'autres, l'étant allés voir pour s'édifier de ses discours, il leur demanda s'ils voudraient bien faire ce qu'il leur dirait ; ayant répondu qu'ils le feraient très-volontiers; c'est, leur dit-il, que partout où vous entendrez dire que je suis, vous n'y veniez pas : « Quocunque loco audieritis Arsenium, illuc ulterius ne accedatis. » Ce même évêque voulant retourner le visiter, envoie savoir s'il l'agréerait ; il répondit : S'il vient seul, je ne puis me dispenser de lui ouvrir la porte de ma cellule ; mais, s'il vient accompagné, je m'en irai ailleurs : « Si solus veneris, aperio tibi ; si autem cum pluribus, ultra hic non sedebit Arsenius. » Quand il était à l'église, il se mettait derrière une colonne pour ne voir ni être vu de personne : « Post columnam sedebat, ne aut ipse alterius, aut alter illius faciem inspicere posset. » Quoiqu'il fût extrêmement savant, jamais il ne voulut entrer dans aucune question sur l'Ecriture : « Nunquam voluit loqui de quæstione aliqua Scripturarum, cum posset magnifice si vellet. » Il disait qu'il s'était toujours repenti d'avoir parlé, mais jamais de s'être tu : « Loqui me semper pœnituit, tacere nunquam. » Solitaire jusqu'à ne pas vouloir demeurer dans un lieu où le bruit des roseaux, sujets à être agités par les vents, troublait le silence : « Fugiamus sonitum arundinum istarum. » Tels étaient les ecclésiastiques de ce temps-là, quand une fois ils se déterminaient à vivre dans la retraite. Une dame venue de Rome exprès pour le voir, disant que dans sa ville elle voyait des hommes, sans doute des ecclésiastiques du commun, mais qu'elle voulait voir celui-ci qui était plus qu'homme : « Sunt enim et in civitate nostra multi homines, sed ego veni prophetas videre ; » n'osa le regarder, mais elle le conjura qu'il se souvînt de prier pour elle. Je prierai Dieu, lui répondit-il, qu'il efface votre idée et votre souvenir de mon esprit : « Oro Deum ut deleat memoriam tui de corde meo. » Il avait sans cesse ces paroles à la bouche : Arsène, Arsène, pourquoi es-tu sorti du monde, pourquoi l'as-tu quitté ? qu'es-tu venu faire dans cette solitude ? « Propter quid existi ? » Il avait toujours un linge pour essuyer les larmes qui coulaient journellement de ses yeux : « Propter lacrymas quæ crebro currebant ex oculis ejus. » En sorte même, qu'à force de pleurer, il avait perdu le poil de ses paupières : « Pili oculorum ejus nimio fletu ceciderant. » Ce don de larmes le suivit jusqu'à la mort ; car, sur le point de rendre l'esprit, on le vit pleurer : « Cum autem traditurus esset spiritum, viderunt eum flentem. » Et comme on lui eut dit : Hé quoi! mon père, vous craignez la mort ? « In veritate et tu times mortem ? » Oui, en vérité je la crains, répliqua-t-il, et je n'ai jamais été sans cette crainte où vous me voyez à présent, et je crains même extrêmement : « Et dixit eis : In veritate, timor enim qui in hac hora est mihi, semper fuit in me, et timeo valde ; » après quoi il mourut en paix. Ce double exemple de pleurer sans cesse ses péchés, et d'avoir continuellement le souvenir de la mort présent, ne fut pas sans effet ; car un saint religieux fut si touché du premier, que, fondant en larmes, il s'écria : Heureux Arsène, d'avoir tant pleuré sur vous en ce monde : « Beatus es, Arseni, quia flevisti temetipsum in sæculo isto ; » puisque ceux qui ne pleurent pas en cette vie pleureront éternellement en l'autre : « Qui enim se in hoc sæculo non fleverit sempiterne plorabit illic. » Et Théophile, patriarche d'Alexandrie, dont nous venons de parler, fit si bien réflexion au second, que, se trouvant prêt à rendre l'âme et s'en souvenant avec édification : Que vous êtes heureux, disait-il, ô Arsène! d'avoir toujours eu devant les yeux cette dernière heure : « Beatus es, Arseni, quia semper hanc horam ob oculos habuisti. » Telle était la vertu des ecclésiastiques de ce temps-là, quand ils se mêlaient de vouloir vivre dans la retraite ; également grands dans le monde et hors du monde, et partout des modèles ou aux fidèles dans le monde, ou aux solitaires dans le désert.

Au reste, la vie des deux excellents diacres, dont nous venons de toucher quelques vertus, mérite un peu de réflexion. L'un et l'autre firent éclater également, quoique différemment, la grâce de leur ministère. Apollonius vainquit le monde en le combattant, et Arsène en le fuyant. Le monde fit sortir Apollonius du monde, et la solitude fit sortir Arsène du monde. L'un quitta la retraite pour prêcher l'Evangile et soutenir l'Eglise ; l'autre chercha la retraite pour pratiquer l'Evangile et pour édifier l'Eglise ; l'un se fit la victime du monde, et l'autre fit du monde sa victime. La persécution immola Apollonius par un prompt martyre ; la pénitence immola Arsène par un long exercice des vertus. Enfin, ces deux dignes ecclésiastiques firent dans leur temps reluire, en eux ce qui semble éteint dans les ecclésiastiques de celui-ci, l'amour de la retraite et du travail. Ils possédèrent ce que l'évêque suppose que nous possédons, quand il profère ces paroles dans notre ordination : « Abundet in eis totius forma virtutis, pudor constans, auctoritas modesta, innocentiæ puritas, et spiritualis observantia disciplinæ. »

On ne finirait assurément pas ce discours, si l'on voulait rapporter de suite tout ce que l'antiquité nous a laissé des vertus admirables des premiers ecclésiastiques ; et quelque beaux qu'en fussent les exemples, la multitude enfin dégoûterait. On pourra dans la suite, selon les matières, exposer ce qu'on omet ici.

Quelle pureté, quelle délicatesse de conscience, quel esprit de mortification ne régnait pas parmi ces anciens ministres du Fils de Dieu!

Saint Athanase, évêque.

Saint Athanase craignait si fort de flatter l'ouïe par la musique et de laisser amollir son cœur par la douceur de la mélodie, même dans l'église, qu'à peine souffrait-il, dans le chant, ou plutôt dans la récitation des psaumes, de faibles inflexions ; c'est ce que nous apprenons de saint Augustin, qui lui-même approuve ce sentiment comme le plus sûr : « Tutius mihi videtur quod de Alexandrino episcopo Athanasio sæpe mihi dictum commemini, qui tam modico flexu vocis faciebat sonare lectorem psalmi, ut pronuntianti vicinior esset quam canenti. » Quelle attention sur ses sens! quelle opposition à toute volupté!

Saint Arsène, diacre.

Saint Arsène, dont nous parlions il n'y a qu'un moment, était si ennemi des bonnes odeurs qu'il tenait exprès de l'eau corrompue et puante dans sa cellule, afin de mortiller son odorat, qu'il croyait avoir trop flatté lorsqu'il était à la cour, et d'éviter l'infection éternelle que souffriront les réprouvés dans l'enfer : « Cur pessimo fœtore totà cellula tua repletur ? » lui disaient ces bons anachorètes avec lesquels il vivait ; mais il leur répondait : « Oportet me sustinere istiusmodi fœtorem, pro suavissimo illo odore quo in sæculari conversatione fruebar, et ut in die judicii de illo, gehennæ inenarrabili fœtore liberet me Dominus. » Tel était l'esprit d'un diacre des premiers temps.

Saint Augustin, évêque.

Saint Augustin mortifiait tellement le plaisir de la vue, qu'il s'accuse et se reprend sévèrement de ce qu'allant à la campagne il avait vu par hasard un chien courir après un lièvre, et s'y était arrêté un moment : « Canem currentem post leporem jam non specto cum in circo fit, at vero in agro si casu transeam avertit me fortassis ab aliqua magna cogitatione, atque ad se convertit illa venatio, non deviare cogens corpore jumenti, sed cordis inclinatione. » Et si vous ne venez à mon secours, dit-il, ô mon Dieu ! en me faisant sentir ma misère et en me rappelant de ma dissipation, je me laisse aller à ce plaisir vain : « Et nisi jam mihi demonstrata infirmitate mea cito admoneas, vanus hebesco. » Il est vrai que je reviens bientôt à moi ; mais autre chose est de se relever promptement, autre chose est de ne pas tomber : « Aliud est cito surgere, aliud est non cadere. » Des gens qui s'examinent de si près sont bien éloignés de se laisser aller à de grandes fautes.

Saint Jérôme, prêtre.

Que dire de saint Jérôme, lorsqu'il se retira dans la solitude pour se disposer au sacerdoce ? J'étais, dit-il, dans ces déserts arides, qui, toujours brûlés par l'ardeur du soleil, offrent aux solitaires un affreux séjour : « In eremo constitutus, in illa vasta solitudine quæ, exusta solis ardoribus, horridum monachis præbet habitaculum. » J'étais seul, assis dans ces lieux éloignés du commerce des créatures, et comme un homme affligé, parce qu'en effet l'esprit de pénitence me remplissait d'amertume : « Sedebam solus, quia amaritudine plenus eram. » Les membres de mon corps, défigurés par le sac et le cilice qui les couvraient, étaient horribles à voir : « Horrebant sacco membra deformia ; » sans cesse les larmes coulaient de mes yeux, sans cesse les soupirs sortaient de ma bouche : « Quotidie lacrymæ, quotidie gemitus. » Et si, quelquefois accablé du sommeil, j'étais contraint de fermer la paupière, à peine permettais-je à mes os, presque disloqués par la maigreur, de sentir un moment la terre dure : « Et si quando repugnantem somnus imminens oppressisset, nuda humo vix ossa hærentia collidebam. » Je ne parle pas du boire et du manger, puisque c'est une pratique toute commune en ces lieux-là, que les solitaires, même malades, à peine se soulagent par de l'eau fraîche : « De cibis vero et potu taceo ; cum etiam languentes monachi vix frigida aqua utantur ; » et que, chez eux, manger quelque chose de cuit est une espèce de sensualité charnelle : « Et coctum aliquid accepisse luxuria sit. » Voilà où m'avait réduit la crainte de l'enfer ; telle était la prison où je m'étais condamné, compagnon des scorpions et des bêtes farouches ; et, la pâleur sur le visage, je me faisais justice moi-même, pour ne pas tomber entre les mains de la justice divine : « Ob metum gehennæ tali me carcere damnaveram, scorpionum tantum et ferarum socius, pallebant ora jejuniis. » Et je me souviens que, dans l'ardeur de ma prière, prosterné aux pieds de Jésus-Christ, je joignais le jour à la nuit, criant et pleurant sans cesse : « Ad Jesu jacebam pedes, rigabam lacrymis, et memini me clamantem diem crebro junxisse cum nocte. » Que dire d'un tel séminaire, d'une telle préparation aux ordres ? Car, en effet, ce fut au sortir de ces quatre années de solitude qu'on l'éleva au sacerdoce ; et l'Église le reconnaît dans son Office. Voici ses paroles : il se retira dans les vastes déserts de la Syrie, où, pendant quatre années entières, il ne s'appliqua uniquement qu'à la lecture des Livres sacrés et qu'à la méditation des biens éternels : « Secessit in vastam Syriæ solitudinem, ubi quadriennium in lectione divinorum librorum, cœlestisque beatitudinis contemplatione consumpsit. » L'abstinence continuelle, les larmes abondantes et la mortification du corps étaient son pain quotidien : « Assidua se abstinentia, vi lacrymarum, et corporis afflictatione discruciabans. » Après de si grandes épreuves de vocation et de vertu, après de telles préparations, on lui imposa les mains : « Presbyter a Paulino episcopo factus est. » Voilà quels étaient les ordinands de ces temps-là ; voilà quelles étaient leur vertu, leur oraison, leur mortification, leur religion.

Mais quelle était leur charité pour les pauvres, et comment s'acquittaient-ils exactement de ce devoir ? Quel était leur détachement ? En voici quelques exemples entre plusieurs.

Saint Exupère, évêque.

Saint Exupère, évêque de Toulouse, pratiquait excellemment cette vertu, et il souffrait la faim, et il apaisait la faim des pauvres ; il jeûnait, pour empêcher que les autres ne jeûnassent ; il était le seul indigent de son diocèse aux besoins duquel il ne pourvoyait pas ; l'abstinence rendait son visage pâle, parce qu'il versait toute sa substance dans le sein du famélique ; il avait les oreilles ouvertes aux cris des entrailles du prochain, et il était sourd aux plaintes de son estomac vide : c'est saint Jérôme qui rend ce témoignage à la vertu de ce grand prélat : « Sanctus Exuperius, Tolosæ episcopus, viduæ sareptensis imitator, esuriens pascit alios et, ore pallente jejuniis, fame torquetur aliena, omnemque substantiam Christi pauperibus erogavit. » Rien n'est plus riche, continue-t-il, que l'abondante pauvreté de ce digne évêque, qui, pour exercer la miséricorde, porte le corps du Seigneur dans un panier d'osier, et le sang dans une fiole de verre : « Nihil illo ditius qui corpus Domini canistro vimineo, sanguinem portat in vitro. » C'est un tel exemple que saint Jérôme propose à imiter à un moine auquel il écrivait : « Hujus tu e vicino sectare vestigia. » Car c'est la maxime et l'esprit des saints, dont on a parlé au long ailleurs, que la vie des ecclésiastiques doit être le modèle de celle des religieux : « Monasticus ordo debet sequi ecclesiasticus ordines, et ad eorum imitationem ad divina ascendere, » dit le grand saint Denis. Que de circonstances dans cet exemple de saint Exupère!

En voici encore deux autres qui ne sont pas moins admirables, et ceci suffira; car s'il fallait rapporter le nombre des ecclésiastiques qui se sont dépouillés de tout, et qui se sont eux-mêmes donnés après avoir tout donné, comme fit saint Paulin, on entreprendrait un ouvrage immense. Saint Arsène, diacre, dont nous avons parlé assez au long ci-dessus, ayant quitté les grandeurs de la terre, et s'étant retiré dans la solitude pour ne songer plus qu'à son salut, fut une fois visité par un magistrat; celui-ci lui apporta le testament d'un riche sénateur, parent de saint Arsène, et qui instituait ce saint diacre son héritier et lui laissait ses grands biens : « Deferens ei testamentum cujusdam senatoris parentis ejus qui reliquerat ei hæreditatem magnam valde. » Arsène, prenant ce testament, se mit en devoir de le déchirer : « Et accipiens illud testamentum voluit illud scindere. » Ce magistrat s'étant jeté à ses pieds pour lui remontrer qu'il devait répondre de ce testament sous peine de la vie, notre vénérable diacre, en le lui rendant, et en y renonçant, lui dit ces admirables paroles : Je suis mort bien longtemps avant ce testateur, d'où vient donc qu'il lègue ses biens à un défunt qui n'est plus ? « Ego prius mortuus sum quam ille, quomodo me fecit hæredem? et remisit testamentum nihil accipiens. »

Saint Félix, prêtre.

Saint Félix, ce prêtre de Nolesi, célèbre par son zèle, par sa piété, par les persécutions les prisons et les tourments qu'il endura pour la foi, après la paix rendue à l'Eglise, fut conseillé de redemander ses biens qui pendant la persécution avaient été confisqués, on lui représenta que les empereurs ordonnaient par leurs édits qu'on les restituât aux Chrétiens, et qu'il pourrait en faire des aumônes et les employer à de bonnes œuvres : « Quæ dispensare recepta mercedis magna cum fœnore posset egenis. » Cette proposition, quoique si bien colorée du prétexte de la charité, fit horreur à notre saint prêtre. A Dieu ne plaise, répliqua-t-il, que je rentre en possession des biens que j'ai une foi perdus pour Jésus-Christ, et que je perde ainsi ce que j'ai gagné : « Horruit amissos in jura reposcere fundos. » Il se contenta pour tout patrimoine d'un petit morceau de terre, quoique fort maigre, qu'il labourait lui-même, et qu'il cultivait de ses mains, sans le secours d'aucun domestique ni valet, et ce champ lui portait suffisamment du blé pour vivre sans être à charge à personne, il le tenait même de ferme sans le posséder en propre ; ayant outre cela un petit jardin dont il partageait les fruits avec le pauvre, inséparable compagnon de sa table. « Hunc retinens animum tria macri jugera ruris, nec proprio sub jure tenens, conducta colonus, ipse manu coluit, famulo sine, pauperis horti, cum paupere semper collectum divisit olus, cum paupere mensa. » Tels étaient les prêtres de la primitive Eglise; tel était leur détachement, leur humilité, leur amour du travail et de la pauvreté, leur charité.

Saint Paulin, évêque.

Voici un nouvel exemple de leur mépris pour eux-mêmes. Sévère Sulpice avait écrit à saint Paulin de lui envoyer son portrait : on ne peut dire avec quelle sainte indignation ce compliment fut reçu par saint Paulin. Votre affection paternelle a sans doute troublé votre raison, lui mande-t-il ; oh! quel secours à votre amour pour moi cherchez-vous dans le regard d'une vaine peinture ? « Quæ amoris veri solatia de inanibus formis petis ? » Mais duquel des deux voulez-vous que je vous envoie l'image ? de l'homme terrestre, ou de l'homme céleste? « Qualem cupis ut mittamus imaginem tibi? Terreni hominis an cœlestis ? » Je sais que vous ne faites cas que de cette incorruptible beauté que Jésus-Christ aime en vous; que de cette beauté qui n'est qu'un crayon de cette beauté originale sur le modèle de laquelle vous avez été formé, et qui dans le prochain sert d'attrait à l'amour que vous lui portez, comme à un autre vous-même : « Scio quia tu illam incorruptibilem speciem concupiscis, quam in te Rex cœlestis adamavit ; quam illa forma ad quam ipse formatus es : qua proximum juxta te diligas. » Malheureux que je suis! tout défiguré par la ressemblance de l'homme terrestre, et tenant beaucoup plus du premier Adam que du second, par mes sentiments tout de chair et par mes actions toutes terrestres, comment oserais-je me présenter à vous tel que je suis, c'est-à-dire convaincu d'avoir effacé en moi, par la corruption de ma nature, l'image de l'homme céleste? « Sed pauper ego et dolens quia adhuc terrenæ imaginis squalore concretus sum, et plus de primo quam de secundo Adam carneis sensibus et terrenis actibus refero, quomodo tibi audebo me pingere, cum cœlestis imaginis inficiari probem corruptione terrena. » Je me trouve couvert de honte de quelque côté que je me tourne : « Utrinque me concludit pudor. » Je rougis de me peindre tel que je suis, je n'ose me peindre autre que je suis : « Erubesco pingere quod sum, non audeo pingere quod non sum. » Plaise à Dieu que, selon la parole du Roi-Prophète, le Seigneur détruise en moi l'image de ce vieil homme, et qu'il l'efface et la réduise à rien : « Hujus imaginem in me quæso Deus conterat, et ad nihil redigat. » Plaise à Dieu que, selon la parole du vieillard Siméon, Jésus-Christ me soit en ruine et en résurrection; en ruine, pour anéantir en moi cette vieille ressemblance ; en résurrection, pour tracer en moi la nouvelle image : « Utinam compleatur in me verbum illud evangelici Simeonis ut fiat mihi Christus in ruinam et in resurrectionem ; ruina exteriori meo, et interiori resurrectio, » afin que l'ancien édifice que le péché avait bâti en moi sur les ruines de l'innocence, soit à son tour ruiné, et que l'édifice nouveau que l'innocence élève sur les ruines du péché, soit rétabli pour ne plus tomber : « Ut cadat in me peccatum quod anima cadente consistit, et exsurgat ille immortalis, qui cedidit exsurgente peccato. » Il achève cette lettre si humble, si spirituelle, si instructive, en remerciant Dieu de ce que la charité avait gravé son portrait dans le cœur de Sulpice Sévère comme sur une table incorruptible et avec des traits ineffaçables : « Gratia Domino quod perenni magis et vivente pictura imagines nostras non in tabulis carnalibus cordis tui pinxit, ubi nos impressos, et animæ tuæ conformatos, non solum istic, sed in æterno sæculo conspicies. » Sans doute que l'exemple d'un saint si grand selon Dieu et selon le monde est une haute condamnation de l'amour-propre de tant d'ecclésiastiques qui souvent même n'ont rien qui les rende remarquables selon le siècle, que leur présomption, et qui cependant n'affectent rien davantage que de se faire peindre et d'avoir dans leur chambre leur tableau, qui souvent représente encore mieux leur vanité que leur visage.

Saint Grégoire, évêque.

Pour revenir au portrait bien plus édifiant des premiers ecclésiastiques, et au riche tableau de leurs vertus, faut-il s'étonner s'ils travaillaient avec un succès surprenant à la conversion des peuples, et à la sanctification des âmes, après s'être ainsi eux-mêmes et convertis à Dieu si entièrement, et sanctifiés si parfaitement? Saint Basile écrit que saint Grégoire de Néocésarée entra dans son diocèse sans y trouver aucun Chrétien : dans la ville, dans les villages, à la campagne, tout était idolâtre; nul fidèle, nulle connaissance de Jésus-Christ : une province obscurcie et accablée sous les ténèbres épaisses du paganisme. Ce bienheureux prélat entre dans cette forêt, pleine de bêtes farouches, d'animaux immondes, et il y entre accompagné de dix-sept personnes seulement; il y entre, non point avec un grand équipage, ni un train magnifique, mais un éclat admirable de vertu qu'il répand de toutes parts. Une grande lumière se lève partoute la province : « Velut insignis inaguaque lucerna in Ecclesia Dei resplenduit. » Il va, non point donner de l'étonnement aux grands de la terre, mais de la terreur aux démons à qui il déclare la guerre : « Qui spiritus ope terrorem habuit adversus dæmonum potestates. » La vie sainte qu'il avait menée jusqu'alors attire sur lui une si abondante grâce pour opérer le salut du prochain et pour gagner les idolâtres à Jésus-Christ, qu'avec ces dix-sept compagnons de ses travaux apostoliques, il convertit à la foi tous ses diocésains, ainsi que le même saint Basile nous l'assure en ces termes : « Nam tantam accepit gratiam ad obedientiam fidei inter gentes, ut assumptis non plus septemdecim Christianis, universum populum et urbanum et rusticanum, per agnitionem junxerit Deo. » Tel fut le fruit d'un homme qui, après avoir mené la vie d'un ange avant d'entrer dans le clergé, reçut le sacerdoce pour exercer un ministère redoutable aux anges mêmes. C'est encore l'observation du même saint Basile, qui s'explique en ces termes : « Sanctorum vestigiis per omnem vitam inhæsit, atque evangelicæ conversationis vigorem quandiu vixit præstitit. » Tel est le caractère de ceux qui fructifient dans l'Eglise, tel est l'esprit des hommes véritablement apostoliques, et remplis de la grâce des premiers temps.

Saint Abraham, prêtre.

Il n'y a qu'un moment que nous avons vu les vertus du bienheureux Abraham, dont l'histoire a été écrite par saint Ephrem, diacre d'une éminente sainteté. Saint Abraham, dès sa jeunesse, garda inviolablement la chasteté : « A juventute castitatis pudicitiam conservabit. » Il renonça à un mariage avantageux selon le monde, il distribua ses grands biens aux pauvres, il se retira dans une solitude, il se revêtit d'un cilice et d'un habit grossier qui, l'un et l'autre, lui servirent le reste de ses jours : « In omnibus quinquaginta annis abstinentiæ suæ vestem cilicinam qua indutus fuerat non mutavit. » Sa vie était un jeûne austère et continuel ; aucun jour ne se passa sans qu'il versât abondamment des larmes, et, ce qui paraît très-digne de remarque, c'est que, pendant cinquante années, jamais il ne rompit une seule fois le règlement qu'il s'était imposé : « In omni tempore abstinentiæ suæ regulam quam semel arripuit non mutavit ; quinquaginta annos institutum proprium omni alacritate complevit. » La longueur d'une vie si âpre ne lui donna ni dégoût ni ennui : cinquante années de pénitence lui parurent peu de jours, et il ne compta pour rien cette longue austérité : l'amour de Jésus-Christ lui rendit douces toutes les rigueurs, aisées toutes les difficultés, courtes toutes les douleurs : « Et ob nimium hoc desiderium quod habebat in Christo, omne ævum temporis illius quasi dies paucissimos reputabat, et totus rigor acerrimæ conversationis ejus apud eum pro nihilo videbatur. » Nous avons déjà vu tout cela ci-dessus.

Tant de marques de vocation au sacerdoce, tant de vertus et de dispositions propres à remplir les emplois de ce divin ministère, et à gagner des âmes à Dieu, ne demeurèrent pas toujours sous le boisseau. Une lumière se lève dans l'Eglise de Dieu, une sainteté si éclatante jette ses rayons de toutes parts : « Repente quasi lux quædam in corde ejus divina gratia refulsit. » Un prophète paraît dans la solitude comme un autre saint Jean-Baptiste, comme un ange du Seigneur : « Angelicam vitam in terris agens : » c'est ce qui doit se passer dans un homme bien appelé au sacerdoce ; comme en effet Dieu visiblement y appelait celui-ci, et voici comment la chose se passa.

Il y avait dans cette province une fort grande habitation qui n'était peuplée que de païens, mais de païens les plus barbares et les plus obstinés qui fussent au monde, et si prodigieusement attachés au culte de leurs idoles depuis la plus petite jusqu'à la plus grande, que qui que ce soit sur la terre ne semblait capable de les retirer d'un endurcissement si épouvantable : « A minimo usque ad maximum pagani crudelissimi quos ab idolorum cultu nullus omnino valebat avertere. » L'évêque de ce pays-là, zélé pour le salut de ces pauvres aveugles, avait de temps en temps envoyé des prêtres et des diacres pour travailler à leur réduction, mais inutilement ; ces gens féroces causaient des maux infinis à ces bons missionnaires ; ils les persécutaient horriblement en toute sorte de manières, et ils excitaient des séditions si étranges contre eux, que ceux-ci s'en étaient revenus sans rien faire : « Nonnulli quidam presbyteri et diaconi, in hoc ipsum illic ordinati et directi ab episcopo, sine ullo salutis eorum fructu recedebant, nequaquam afflictionis ferentes laborem, quia non solum non suaderi, et ad consensum animus eorum ferox non poterat flecti, verum etiam persecutiones in eos, qui se monebant, ac seditiones vehementissimas concitabant ; » des troupes même de moines ayant plusieurs fois aussi tenté cette conquête, avaient échoué comme les autres : « Turba monachorum semel atque iterum adire nitentes, nihil penitus pro conversione eorum agere potuerunt. »

Cet évêque, ne sachant plus à quel remède recourir, jeta les yeux sur notre solitaire ; il en conféra avec ses ecclésiastiques, et on convint que la patience et la charité de cet homme de Dieu pouvaient seules venir à bout d'une telle entreprise : « Potest enim eos patientia ac nimia charitate ad Deum convertere. » La difficulté fut de le résoudre à recevoir le sacerdoce ; on délibère comment on ferait. L'évêque avec ses ecclésiastiques marche droit à la cellule de notre anachorète : « Episcopus ad cellulam sancti viri cum clericis suis proficiscitur ; » et lui déclare son dessein. Saint Abraham, la larme à l'œil, conjure l'évêque de le laisser pleurer ses propres péchés le reste de ses jours, de ne le point élever à un si grand ministère, de ne pas le charger d'un si pénible emploi. L'évêque lui repart qu'un moine est obligé d'obéir ; que l'obéissance est la plus excellente des vertus, qui sans elle ne sont pas même vertus ; en un mot, qu'il ne suffit pas d'avoir quitté le monde, s'il ne se quitte pas lui-même et ne veut passer pour un rebelle ; d'ailleurs, qu'il a jusqu'alors travaillé pour lui, qu'il faut désormais qu'il travaille pour autrui ; qu'il se sauverait seul dans le désert, qu'il en sauvera plusieurs dans le monde. Le solitaire fond en larmes. Je vous prie, dit-il à l'évêque, de considérer que je ne suis qu'un chien mort : « Hæc ille cum audisset cœpit flere amare, dicens ad eum : Quid sum ego canis mortuus. » Nonobstant ces résistances, ces raisons et ces pleurs, il fallut être ordonné prêtre. C'est ce qu'on appelle une vocation revêtue de toutes les conditions et de toutes les dispositions les plus excellentes et les plus souhaitables pour le sacerdoce : mais où l'envoie-t-on ? quel bénéfice lui destine-t-on ? quel établissement lui procure-t-on ? On le fait prêtre pour lui commettre un peuple idolâtre, farouche, impie, séditieux, méchant. Voilà une mission peu agréable à la nature : « Presbyter ordinatus statim ad vicum paganorum sine mora dirigitur. » C'est un curé des premiers siècles ; voyons ce qu'il fera. Il arrive dans cette habitation d'idolâtres ; il trouve toute cette nombreuse multitude de peuple dans un attachement horrible à la superstition ; il pleure, il gémit, il crie : « Videns omnes in insania idolatriæ vehementer esse detentos, ex imo pectore ingemiscens flevit, et elevans oculos suos, » etc.

Il s'avise d'un expédient. Tout son bien n'avait pas encore été achevé de distribuer aux pauvres ; il écrit à un ami de lui en apporter le reste, qui fut assez considérable pour lui faire entreprendre l'édifice d'une église. Il ne disait mot, il tenait son dessein caché aux païens, il passait au milieu de leurs simulacres sans leur témoigner aucun autre dessein que d'embellir leur demeure d'un bâtiment ; il se contente de soupirer au dedans de son cœur d'un tel abandon. Enfin, son église achevée, il en fit la dédicace avec les larmes qui découlaient de ses yeux ; ensuite il va un matin dans le temple de ces idolâtres, il renverse leurs simulacres et leurs idoles, il démolit leurs autels, il met tout par terre. Ces hommes, ou plutôt ces bêtes farouches se jettent en fureur sur ce bon prêtre, ils le déchirent de coups, ils le couvrent de plaies et le chassent : « Quasi agrestes feræ insiliunt, eumque laceratum multis verberibus fugaverunt. » Il se retire, et la nuit en cachette, sans se soucier de tant de blessures, il rentre dans son église, là il demande toute la nuit à Dieu la conversion de ce pauvre peuple commis à ses soins : « Ipse autem clam in ecclesia residens, plagarum suarum lacerationem non curans, sed tantummodo cum lacrymis ac gemitibus ut salvi fierent Dominum deprecabatur. » Le lendemain les idolâtres viennent à cette église et trouvent en prières celui qu'ils croyaient trouver demi-mort de ses blessures. Cette merveille les consterne, ils viennent souvent à cette église, ils la considèrent et en admirent les ornements et la propreté, touchés, non d'aucun motif de religion, mais attirés par le charme de la nouveauté et de la curiosité. Or, une fois, comme ils regardaient cet oratoire, le saint homme se mit à les conjurer de se convertir à Dieu et de renoncer à leurs erreurs : « Cœpit itaque quadam die vir beatus deprecari eos ut agnoscerent Deum. » Mais ces méchants en deviennent plus furieux. Ils se jettent de nouveau sur lui et l'accablent de coups de bâtons ; ils frappent sur ce saint prêtre, qui souffre cet outrage avec aussi peu d'émotion que s'ils eussent frappé sur une statue inanimée ; ensuite, l'ayant renversé par terre, ils lui attachent une corde aux pieds, ils le traînent hors de leur habitation et jettent un tas de pierres sur lui, croyant qu'il était mort : « Deinde pedibus ejus fune ligatis, extra vicum traxerunt lapidibus obruentes, mortuumque arbitrantes seminecem reliquerunt. »

Sur le minuit, notre saint prêtre revient à soi et se met à pleurer amèrement, se plaignant amoureusement à Dieu, et lui demandant pour lui de la force, et, pour ces pauvres aveugles, la lumière de la foi. Son oraison finie, il se lève, il rentre dans le village, il va dans son église et se met à chanter des psaumes. A cette nouvelle, les habitants forcenés de rage, accourent tout étonnés de le trouver en vie ; ils se jettent sur lui et n'omettent aucun tourment dont ils n'exercent sa patience ; ils lui attachent les pieds d'une corde et le traînent encore hors leur village : « Rursus autem facto diluculo venientes viderunt eum, et stupefacti atque in insaniam versi nulla habentes viscera misericordiæ, acerrimis illum tormentis crudeliterque conficiunt, et solito funibus alligatum extra vicum traxerunt. »

Trois ans s'écoulèrent parmi de semblables combats, sans que jamais notre invincible prêtre cédât à tant de persécutions. On le battait, on le traînait, on le lapidait, on le laissait mourir de faim et de soif ; on le tourmentait en mille manières : c'était un rocher inébranlable, un marbre dur : « Hæc autem cum per triennium pateretur, quasi verus adamas tolerabiliter perduravit ; nec tot tantisque insectationum tribulationibus cessit ; sed cum cæderetur, cum traheretur, cum persecutiones pateretur, cum lapidaretur, cum fame et siti laboraret in omnibus his quæ ei acciderant, nunquam ad iracundiam provocatus, nunquam ad indignationem commotus est. » Aucun mouvement de colère, aucune parole d'indignation ; rien ne sortit de sa bouche, rien ne parut en lui qui fît voir le moindre chagrin. Jamais en lui de découragement pour de si mauvais succès ; jamais de dégoût ni d'ennui : « Nunquam pusillanimitate distabuit, nunquam tædio fatigatus est. » Plus ils le persécutaient, plus il les aimait : « Sed cum aspera omnia pateretur, magis ac magis amor ejus in eos et charitas augebantur. » Il reprenait l'un, il flattait l'autre ; il honorait les vieillards, il caressait les jeunes gens, il se faisait tout à tous ; cependant il ne recevait de tous que des railleries, des mépris, des opprobres, des outrages : « Cum e contrario ab eis subsannaretur, irrideretur, atque mille opprobria pateretur. »

Enfin, au bout de trois ans, ces idolâtres, un jour assemblés, s'étonnent au dernier point d'une telle constance. Ils se disaient l'un à l'autre : Qui vit jamais une telle patience ? quel extrême amour cet homme-là n'a-t-il pas pour nous ? de quelque tribulation dont nous l'ayons affligé, jamais il ne nous a pris en aversion ; il a tout enduré avec joie. Si le Dieu qu'il prêche n'était le véritable Dieu, comme il l'assure, et que le paradis et l'enfer qu'il nous annonce ne fussent pas, eût-il pu soutenir tant de maux que nous lui avons faits ? Ajoutons à cela, disaient-ils, qu'il a renversé tout seul nos dieux, et détruit nos autels sans qu'ils aient pu lui faire aucun mal, ni se venger de lui en aucune manière. Il faut que ce soit là un vrai homme de bien, un vrai serviteur de Dieu. Ce que l'on publie de sa sainteté est moins que ce que nous voyons. Allons donc tous ensemble le trouver, et croyons au Dieu qu'il nous prêche : « Et hæc inter se colloquentes pariter omnes in ecclesiam pergunt, clamantes atque dicentes : Gloria Deo cœlesti qui misit famulum suum ut nos ab errore salvaret. »

Qui pourrait exprimer la joie de ce bon prêtre, de ce digne curé des premiers temps ? Il les exhorte, il les instruit, il les enflamme, il les baptise, il forme là une chrétienté d'une sainteté admirable. L'ouvrage achevé, affermi, perfectionné, se voyant selon son goût trop aimé, trop suivi, trop honoré, il se dérobe d'eux une nuit, et s'enfuit dans une solitude reculée, après les avoir tendrement recommandés à Dieu : « Et se quibus potuit latebris occultavit. »

Le matin venu, ces pauvres gens, comme des brebis égarées, ne trouvant plus leur bon pasteur, le cherchent partout ; ils pleurent, ils l'appellent à haute voix par son nom : « Quasi errantes oves diversis locis pastorem proprium perquirebant, nomenque ululantes cum lacrymis inclamant. » Dans cette désolation, ne sachant que faire, ils vont trouver l'évêque et lui racontent ce qui leur est arrivé ; ce prélat se transporte chez eux, il les console, il admire la foi, la piété, la religion de ce peuple. Voyant que parmi ces bons fidèles il y en avait plusieurs d'une vertu affermie et d'un exemple de vie irréprochable, il les appelle, il les dispose au sacerdoce et leur impose les mains. Il en fait les uns prêtres, les autres diacres, les autres lecteurs : « Presbyteros ac diaconos, lectoresque constituit. » Voilà un clergé nouveau établi ; un nouveau peuple agrégé au Seigneur. Notre saint pasteur, apprenant cette bonne nouvelle dans sa retraite, en rend d'immenses grâces à Jésus-Christ.

Que de choses admirables dans la vie de ce bon prêtre, de cet excellent ouvrier ! quelle espèce de bénéfice fut le sien ! Combien la solitude est-elle nécessaire pour former les ouvriers évangéliques ! L'excellente école pour y devenir un vrai pasteur des âmes ! Qu'il faut souffrir pour remplir les devoirs du ministère sacerdotal ! Combien la vie austère, la patience, l'humilité, le jeûne, la prière, les larmes, et toutes les autres vertus que nous venons d'admirer, sont-elles nécessaires pour gagner les âmes à Jésus-Christ! pour convertir les pécheurs les plus endurcis, pour vaincre le démon! Combien faut-il être détaché de tout, mort à tout, élevé au-dessus de tout, pour fructifier dans l'Eglise! Que de sujets de confusion pour nous! que ces grands exemples doivent nous causer de crainte! Seigneur, disait le bienheureux homme Job, dans la misère où je suis, vous me mettez devant les yeux la perfection avec laquelle vos fidèles serviteurs ont autrefois supporté les tribulations dont vous avez exercé leur vertu, et vous condamnez ma vie par l'opposition de leur patience à la manière imparfaite dont je souffre mes maux : ces saints personnages s'élèvent contre moi, et me font des reproches intérieurs qui m'altèrent. Ce sont des témoins muets et des accusateurs secrets qui combattent sans cesse contre moi et qui m'effrayent : « Instauras testes tuos contra me. » En effet, comme observe le grand saint Grégoire sur ce même passage, Dieu suscite contre nous ses témoins, lorsque, pour nous reprendre et pour nous instruire tout à la fois, il oppose la vie vertueuse de ses élus à notre vie imparfaite et languissante : « Testes suos contra nos Dominus instaurat, cum electorum vitam pravitati nostræ contrariam ad arguendos nos instruendosque multiplicat. » Lorsque, pour nous faire rougir de ce que nous ne pratiquons pas le bien qu'il attend de nous, il substitue ses fidèles serviteurs qui, à notre honte, le font devant nous et remportent le prix qu'il avait destiné pour nous : « Cum bona quæ facere ipsi negligimus, ad correptionem nostram fieri ab aliis demonstrat. » Afin que si nous sommes sourds aux avertissements, du moins nous ne soyons pas aveugles aux exemples : « Ut qui præceptis non accendimur, saltem exemplis excitemur; » que nous comprenions que toutes nos difficultés prétendues à crucifier notre chair ne sont qu'imaginaires, voyant qu'elles ne sont pas capables d'en arrêter d'autres aussi faibles que nous, mais plus fidèles que nous; et afin que nous craignions d'autant plus la perte intérieure que nous faisons par notre lâcheté, et la rigueur du jugement que nous nous attirons par notre infidélité, que nous voyions clairement la différence de la conduite des saints et de la nôtre, et que nous considérions d'une part la cruauté des maux qu'ils ont soufferts, et de l'autre la patience avec laquelle ils les ont soufferts : « Electos Dei quippe cernimus, et pia agere, et crudelia multa tolerare. »

Saint Lucien, prêtre.

Pour passer à un autre exemple des premiers temps, qui nous édifiera aussi beaucoup, que dirons-nous de saint Lucien, prêtre et curé d'un bourg de la Palestine, nommé Capbargamala? Ce fut à lui que saint Gamaliel apparut; ce fut lui que Dieu jugea digne de la révélation des reliques de saint Etienne. Il avait été élevé dans la solitude, puis on l'avait choisi pour lui confier le salut des habitants d'une paroisse. Quelle vie admirable ne menait-il pas? Sitôt qu'il eut eu la première apparition de saint Gamaliel, il se mit à faire trois semaines de prières assidues, pendant lesquelles il jeûna; mais comment jeûnait-il? il ne mangeait que des viandes sèches; c'est-à-dire du pain sec avec du sel et de l'eau, comme nous avons accoutumé, dit-il, de faire en Carême : « Et cœpi ex illa die jejunare et ab omnibus me abstinere, et præter panem et salem in escam nihil sumere, et aquam bibere sicut solemus in diebus sanctæ quadragesimæ facere. » Voilà un exemple de prières et de tempérance; en voici un d'obéissance. Son évêque, pour lors à Samarie, ne pouvant aller sur-le-champ à ce bourg, faire fouiller en terre pour découvrir les tombeaux de quelques grands saints, il lui indiqua un endroit élevé de ce lieu, qu'apparemment il avait visité d'autres fois, où il conjecturait que pourraient être ces précieux dépôts : « Dixit autem mihi sanctus episcopus : Vade, fode in acervo qui est in ipso agro, et si inveneris nuntia mihi, » et lui dit de faire creuser en cet endroit. Lucien s'en retourne à Capbargamala ; et, dès le même soir, il arrête des ouvriers pour mettre la main à l'œuvre le lendemain matin. Pendant la nuit, Gamaliel apparaît encore à un saint moine et lui révèle l'endroit où ces corps sacrés reposaient, qui n'était pas le lieu désigné par l'évêque. Ce moine fait rapport de sa révélation à Lucien, pour l'obliger, sans perdre de temps, à faire chercher où il avait appris que ces reliques étaient. Cette vision paraissait clairement venir du ciel; cependant ce prêtre obéissant et soumis préféra l'ordre de son supérieur à la révélation de ce saint religieux; il commence par faire fouir où son évêque lui avait enjoint : « Eadem vero nocte apparuit ipse Dominus Gamaliel cuidam monacho nomine Magetio, innocenti et simplici viro, et dixit ad eum : Vade, dic Luciano presbytero : Vane laboras in acervo illo, etc. Nos ivimus ad acervum, et fodientes nihil invenimus; convertimus autem nos ad monumentum illud ubi monacho ipsa nocte apparuerat, et fodientes invenimus, » etc.

On ne finirait point si on ne se résolvait à supprimer un nombre infini de semblables exemples.

Comment exposer ici l'humilité qui leur a fait fuir les dignités ecclésiastiques, et qui leur a fait préférer une vie pénitente et cachée à tout l'éclat des plus grands emplois?

Saint Chrysostome, évêque.

Comment saint Chrysostome se préparait-il à l'état ecclésiastique et aux fonctions du sacerdoce? Premièrement, par la conservation de son innocence et de sa pureté : « Adolescentiæ lubricum perpetua exercitatione præparavit. » En second lieu, par l'amour et la lecture assidue de l'Ecriture et des Livres saints : « Sanctarum litterarum amore correptus est. » Ayant ensuite quitté le monde et le barreau pour se préparer au baptême, il commença presque en même temps à être Chrétien et à être solitaire. Enfin, trois ans s'étant écoulés, sous la discipline domestique de saint Mélèce, évêque d'Antioche, il fut ordonné lecteur : « Cum vero Meletius assidentem sibi fide, sacrisque dogmatibus diligenter instrueret Joannem, post triennium ferme lavacri regeneratione mundatum, lectorem ordinavit. »

Mais, pour le disposer à la charge de pasteur, ce n'était pas assez que trois années écoulées dans un tel séminaire, comme était la maison d'un si saint prélat que Mélèce, il fallait encore quelque chose de plus. En effet, continue Pallade, le mouvement de son cœur le portant à une plus grande séparation, et ne se contentant pas des exercices de pénitence qu'il avait faits jusqu'à ce temps-là dans Antioche, il se retira dans les montagnes de Syrie : « Non contentus laboribus civitatis in ipso juventutis flore, vicinos occupat montes. » Là, après être entré en conférence avec un ancien solitaire de ce désert, et qui faisait profession d'une très-grande austérité, il se rangea sous sa conduite pour lui servir de compagnon et pour pratiquer exactement tout ce qu'il y avait de plus pénible et de plus dur dans sa manière de vivre : « Ibique congressus seni cuidam Syro, continentiæ imprimis studioso, sese illi socium dedit, imitatus vitæ continentiam, duritiamque propositi. » Ce n'est pas que notre grand saint ne trouvât d'abord de grandes difficultés à un tel genre de vie. Il s'accuse lui-même d'avoir senti beaucoup de répugnance à se voir réduit de se servir d'une même huile et de tirer du même vase de quoi fournir à sa nourriture et à sa lampe, comme il s'exprime lui-même dans son traité *De la componction du cœur*, qu'il composa quand il se fut accoutumé à la retraite : « Sed et illud non segniter requirebam, ne forte eodem oleo olla et lucerna esset aptanda. » Malgré ces dégoûts, courageusement surmontés et constamment supportés, il demeura quatre ans auprès de ce solitaire, s'exerçant pendant tout ce temps-là à éteindre en soi, par l'amour et la méditation de l'Ecriture, les désirs et les mouvements de la convoitise : « Mansit autem apud illum annos quatuor incentiva naturalis ardoris divinarum litterarum studiis superans. » Et, non content de cette retraite, touché du désir de se cacher davantage, il s'enfonça plus avant dans le désert ; là il se renferma seul dans une caverne, et y demeura reclus pendant près de deux ans : « Desiderio delitescendi solus remotiorem eremum petiit, illicque spelunca inclusus biennium ferme peregit. » Son occupation dans cette grotte pendant tout ce temps, fut uniquement la lecture des Livres saints, la méditation perpétuelle et les longues veilles. « Quo in tempore jugiter, ferme sine somno persistens Scripturas sanctas penitus edidicit, earumque perpetua meditatione ignorantiam fugavit. » En sorte même que pour subjuguer entièrement la sensualité par le froid et la mortification, il demeura ces deux ans sans se coucher ni jour ni nuit : « Cum toto biennio nunquam cubuisset, non nocte, non die, subjectas ventri partes omnino mortificat, frigore renum virtutes feriente. »

Ce fut dans cette solitude, vrai séjour où l'on puise l'esprit ecclésiastique, que ce savant et pieux anachorète, n'étant encore que lecteur, et n'ayant qu'environ trente ans, composa ses admirables livres *Du sacerdoce* : « Libros *De sacerdotio* adhuc solitarius scripsit, » qui sont l'ouvrage d'un homme consommé dans la science de l'Ecriture, dans la doctrine de l'Eglise, dans les lettres même humaines, et que le Saint-Esprit seul peut avoir inspirés à un homme mortel dans un désert, destitué de tous les secours nécessaires à une si grande entreprise. Les maladies qui l'attaquèrent, procurées sans doute par tant d'austérités, l'obligèrent à quitter la solitude : « Impeditus ægritudine, speluncis renuntiare cogitur. » Il revint donc à Antioche ; et Mélèce l'ayant recouvré, l'ordonna diacre, et il en exerça les sacrées fonctions pendant cinq ans : « A Meletio diaconus ordinatus, quinque annis venerandis ministrat altaribus. » Flavien, successeur de Mélèce dans le siége patriarcal d'Antioche, voulut le consacrer prêtre ; et quelque résistance qu'il y apportât, il fallut enfin qu'il acceptât cette dignité : « Presbyter a Flaviano episcopo consecratur, invitus licet ac multum renitens. » L'empereur Léon, dans la Vie ou plutôt dans l'éloge qu'il a fait de saint Chrysostome, assure qu'un ange apparut à Flavien, comme une nuit il était en prières, et qu'il lui découvrit la volonté de Dieu sur cette promotion et ses desseins sur ce vase d'élection : « Flavianus autem cum vigilaret ut consueverat quadam nocte videt divinum accessisse angelum qui jubebat ordinare Joannem, dicens futurum Joannem novum vas electionis. » Telle fut la vocation de saint Chrysostome au sacerdoce, dont il soutint pendant douze années les travaux et la gloire avec un succès duquel on ne voit presque pas d'exemple, parce qu'en effet on en voit peu d'une telle préparation au sacerdoce. Après quoi ayant, comme chacun sait, rempli si parfaitement les devoirs d'un saint prêtre et d'un prédicateur véritablement apostolique, dans Antioche, la Providence l'éleva au siége patriarcal de Constantinople, d'où il éclaira toute l'Eglise. Tels étaient ceux que Dieu choisissait dans ces bienheureux siècles pour un si haut ministère. Telles furent les grâces dont il prévint notre saint pour le disposer au sacerdoce ; l'innocence du baptême, le détachement de toutes choses, l'éducation dans la famille d'un saint évêque, c'est-à-dire dans un des séminaires de ce temps-là, la vie pénitente, l'étude de l'Ecriture, la retraite, la méditation, la crainte du sacerdoce, reçu après avoir exercé plusieurs années les ordres inférieurs et s'être exercé dans toutes les vertus sacerdotales les plus difficiles ; et, après diverses répugnances, la fuite de la dignité épiscopale; car dès qu'il était chez saint Mélèce, et un peu avant qu'il se retirât dans le désert, il s'était caché pour n'être pas fait évêque, et il avait évité ce fardeau si désiré par ceux qui n'en savent pas le poids.

Saint Augustin, évêque.

Finissons par saint Augustin. Après sa conversion et son baptême, effrayé par la grandeur de ses crimes et par le poids de ses habitudes invétérées, il avait résolu de se retirer dans un désert et d'y passer le reste de ses jours en pénitence : « Conterritus peccatis meis et mole miseriæ meæ pressus, agitaveram in corde meditatusque fueram fugam in solitudinem. » Il avait éprouvé que la solitude était le vrai lieu destiné aux larmes de la componction : « Solitudo mihi ad negotium flendi aptior suggerebatur, et recessi remotius quam ut posset onerosa esse etiam hominis præsentia. » Mais Dieu ne voulut pas que celui qu'il destinait à être le sel du monde se retirât du monde, et il l'affermit pour ne se laisser pas corrompre au monde : « Sed prohibuisti me et confirmasti me. » Il lui parla au cœur, et lui dit qu'il ne s'en allât pas et qu'il suffisait de savoir que Jésus-Christ était mort pour faire que ceux qui jusque-là vivaient pour eux, désormais morts à eux-mêmes, ne vécussent plus que pour lui : « Dicens : *Ideo pro omnibus Christus mortuus est, ut qui vivunt jam non sibi vivant, sed ei qui pro ipsis mortuus est.*» (II Cor. v, 15.) Car, si les anciennes Ecritures portaient que Jésus-Christ devait mourir pour nous, les nouvelles Ecritures portent que nous ne devons vivre que pour lui; c'est pourquoi ce vrai pénitent, ne se regardant plus comme maître de son sort, se jeta entre les mains du souverain arbitre des hommes, pour faire de lui ce qu'il voudrait, et pour vivre de la considération des merveilles de Dieu sur lui : « Ecce Domine jacto in te curam meam ut vivam, et considerabo mirabilia de lege tua. »

Cependant Valère, évêque d'Hippone, l'ayant dans la suite élevé au sacerdoce, exigea de lui qu'il en exerçât les fonctions, et surtout qu'il s'appliquât à la prédication : saint Augustin, qui n'avait reçu le sacerdoce qu'avec une extrême répugnance et avec cette persuasion qu'étant prêtre, on lui accorderait du moins la grâce de vaquer un temps considérable à soi avant que de s'appliquer aux autres, de se faire de son loisir une grande affaire, et de sa désoccupation un emploi important : « Ut nobis otium ad hoc negotium posset esse, » fut trompé dans ses projets. Valère, Grec de nation, ayant peu d'usage de la langue latine, voulut donner un prédicateur en sa place, qui instruisît son peuple et en sa présence même, ce qui était fort nouveau en Afrique; saint Augustin, pressé par celui à qui il devait obéir, lui écrivit là-dessus une lettre, ce seule suffit ici pour nous découvrir quelle était lors la grâce des ministres de Jésus-Christ et quel était leur esprit.

Avant toutes choses, je supplie votre religieuse prudence de considérer, lui mande-t-il, qu'il n'y a rien en cette vie, et surtout en ce temps, de plus aisé, de plus agréable et de plus désirable devant les hommes, que la dignité d'évêque, de prêtre et de diacre, quand on en veut faire les fonctions par manière d'acquit, et flatter les hommes dans leurs désordres, ni de plus malheureux, de plus pernicieux et de plus damnable devant Dieu, que de remplir si mal les devoirs d'un tel ministère, ni de plus difficile, de plus pénible et de plus périlleux, de plus grand enfin et de plus heureux, que de s'en acquitter dignement : « Nihil esse in hac vita et maxime hoc tempore facilius et lætius et hominibus acceptabilius episcopi aut presbyteri, aut diaconi officio, si perfunctorie atque adulatorie res agatur, sed nihil apud Deum miserius, et tristius et damnabilius, item nihil difficilius, laboriosius, periculosius, » etc.

J'avoue que n'ayant pas été formé à ces emplois dans ma jeunesse, je ne savais point la manière de m'y bien prendre; et justement, lorsque je voulais commencer à les étudier, on m'a fait violence : « Vis mihi facta est; » on m'ordonne de prendre en main le gouvernail du vaisseau, moi qui ne sais pas seulement manier l'aviron; je crois que mes péchés m'ont attiré cet engagement dans un ministère que j'ai toujours jugé très-dangereux pour le salut : « Periculosissimum ministerium. » De là venaient ces larmes que je répandais lors de mon ordination, et que je ne pus cacher aux assistants, qui, ne sachant pas la véritable cause de ma désolation, tâchaient de me consoler par d'autres endroits : « Et hinc erant lacrymæ illæ quas me fundere ordinationis meæ tempore fratres animadverterunt. » Ensuite, me voyant engagé dans l'emploi, j'ai senti, non les difficultés que j'avais assez prévues avant l'emploi, mais mon infirmité que je n'ai sentie qu'après l'emploi. Du moins, devrait-on à présent m'accorder le temps de me mortifier par l'étude et par la prière, « Orando et legendo; » et d'acquérir, après le sacerdoce reçu, ce que je devais avoir acquis avant de recevoir le sacerdoce : « Quod ante non feci, quia et tempus non habui. » Est-ce qu'on me refusera le moyen de recueillir ce que je sais me manquer? « Ut jam non mihi liceat assequi quod me non habere cognovi? »

Vous voulez donc que je périsse, mon cher père Valère, en m'engageant si promptement dans le ministère de la parole et des sacrements? Qu'est devenue votre charité pour l'Eglise et pour moi? « Jubes ergo ut peream, pater Valeri? Ubi est charitas tua? » Car comment remplir tant de devoirs et vivre ou mourir saintement au milieu des hommes impies, ainsi que doivent faire les prêtres? « Inter manus iniquorum vel vivere conscientia saniore, vel mori? » Comment, dis-je, le peut-on sans s'y préparer longtemps auparavant par l'oraison, par l'étude, par les gémissements? « Orando, legendo, plangendo; « car, qu'aurai-je à répondre au juste Juge? Lui dirai-je qu'étant une fois embarqué dans les emplois ecclésiastiques, il ne m'a plus été possible de m'instruire de ce qui m'était nécessaire pour m'en bien acquitter? Mais ne me répondra-t-il pas: Mauvais serviteur que vous êtes, si quelqu'un avait voulu envahir ces fonds de l'Eglise, dont on recueille les revenus avec tant de soin : « Cujus fructibus colligendis magna opera impenditur, » n'auriez-vous pas, de l'avis et par l'ordre même de tout le monde, quitté l'héritage spirituel, arrosé de mon sang, pour aller jusqu'au delà des mers défendre devant le juge l'héritage temporel? Personne se plaindrait-il, quand vous seriez absent de votre Eglise un an ou davantage, pour conserver de quoi fournir, non aux besoins spirituels des pauvres, mais seulement à leurs besoins corporels, à quoi les fruits des arbres vivants de mon Eglise auraient même pourvu beaucoup plus aisément et d'une manière qui m'aurait été bien plus agréable, s'ils avaient été bien cultivés? « Quorum tamen famem vivæ arbores meæ multo facilius mihique gratius si diligenter colerentur explerent. » Comment pouvez-vous donc vous excuser sur ce que, dites-vous, le loisir vous a manqué pour vous rendre savant dans l'agriculture spirituelle?

Ainsi je vous conjure, continue-t-il, par la bonté, mais aussi par la sévérité de Jésus-Christ, par sa justice aussi bien que par sa miséricorde, d'avoir pitié de moi, de m'accorder le temps que je vous ai demandé pour me disposer aux emplois ecclésiastiques dont vous voulez me charger : « Obsecro te, per bonitatem et severitatem Christi, per misericordiam et judicium ejus, ut miserearis mei et concedas mihi ad hoc quod rogavi tempus. » Quels sentiments d'humilité! Quelle estime des fonctions sacrées! Quel mépris de soi-même! Quel amour de la retraite et de l'oraison! Quelle religion, quelle dévotion ne respire pas cette admirable lettre de saint Augustin, récemment prêtre! Mais quel détachement, quel esprit de pauvreté n'admirerons-nous point dans saint Augustin, déjà ancien évêque, qui, selon Possidonius, ne se trouva pas en état de faire même un testament, n'ayant aucun bien sur la terre : « Testamentum autem nullum fecit qui unde faceret pauper Christi non habuit. »

C'est ainsi que les saints les plus éclairés et les plus parfaits ont tremblé; et quand il a fallu recevoir les ordres, et quand il a fallu exercer les fonctions des ordres, les uns ont refusé, les autres ont différé, et tous ont gémi. Après cela que dire de l'empressement des ecclésiastiques d'aujourd'hui, qui s'ingèrent dans le ministère, souvent sans vocation, et presque toujours sans vertu; et qui pleurent de regret, non parce qu'on se hâte de les promouvoir, mais parce qu'on diffère un peu de les revêtir de l'office de pasteur des âmes, ou qu'on les exhorte à s'y préparer quelque temps?

Qu'est devenu ce premier esprit ecclésiastique? Comment l'or s'est-il obscurci? Comment ce vif éclat a-t-il disparu? Les pierres du sanctuaire sont dispersées à l'endroit le plus fréquenté des places publiques; car c'est ainsi, selon saint Grégoire, que le prophète Jérémie déplore le malheur des prêtres relâchés de nos jours, qu'il a prévu et qu'il a décrit dans la peinture qu'il nous a laissée de la désolation du temple ancien : *Quomodo obscuratum est aurum, mutatus est color optimus, dispersi sunt lapides sanctuarii in capite omnium platearum.* (*Thren.* IV, 1.) En effet, dit ce grand Pape, l'or s'est obscurci dans l'Eglise, parce que la vie des prêtres, autrefois si resplendissante par l'éclat de leurs vertus, est à présent devenue obscure par les ténèbres de leur conduite réprouvée : « Aurum quippe obscuratum est, quia sacerdotum vita, quondam per gloriam virtutum clara, nunc per actiones infirmas ostenditur reproba. » Cette vive et ancienne couleur s'est effacée, parce que ce beau lustre de la sainteté sacerdotale, dont les prêtres brillaient dans ces temps-là, s'est aujourd'hui terni par la souillure de leur vie abjecte : « Color optimus est mutatus, quia ille sanctitatis habitus, per terrena et abjecta opera, ad ignominiam despectionis venit. » Les pierres du sanctuaire sont dispersées par les rues, parce que les prêtres qui, retirés dans l'intime de leur cœur, devraient toujours être en oraison en la présence du Seigneur, se répandent sans cesse au dehors d'eux-mêmes, par une dissipation scandaleuse : « Nos ergo sumus, fratres charissimi, nos sumus lapides sanctuarii qui apparere debemus semper in secreto Dei, quos nunquam necesse est foris conspici; id est nunquam in exterioribus actibus videri : sed dispersi sunt lapides sanctuarii in capite omnium platearum; quia hi qui, per vitam et orationem intus simper esse debuerunt, per vitam reprobam foris vacant. » Nul amour de la retraite, nulle crainte de la dignité, nul désir de la perfection, nul don des larmes qui ne s'acquiert que par le sacrifice de toutes les vaines joies; nulle pudeur ni nulle retenue pour ne pas porter à l'état ecclésiastique les restes d'une jeunesse corrompue.

Saint Ambroise, évêque.

Saint Ambroise écrit, et nous l'avons déjà rapporté ailleurs, qu'il refusa d'admettre dans le clergé un jeune homme de ses amis, et d'ailleurs recommandable par les offices assidus qu'il en recevait, par cette seule raison que ses gestes étaient beaucoup indécents : « Quemdam amicum, cum sedulis se videretur commendare officiis, hoc solo tamen in clerum a me non receptum, quod gestus ejus plurimum dedeceret. » Qu'est-ce que des gestes indécents, sinon tourner légèrement la tête, remuer les yeux, les bras, les jambes d'une manière inconsidérée, se tenir dans une posture messéante, avoir des mouvements du corps peu réglés? Qu'on interprète comme on voudra cette parole : « Quod gestus ejus plurimum dedeceret; » on trouvera après tout que c'est une composition du corps qui choque; mais enfin ce n'est en soi qu'un défaut extérieur, aisé ce semble à corriger. O Dieu! qu'est-ce en comparaison des défauts intérieurs, des vices et des méchantes habitudes qui défigurent l'âme de tant d'ordinands, qu'on n'exclut néanmoins pas de l'entrée à l'état ecclésiastique! Ce que saint Ambroise, dans son ami même, et dans un ami officieux pour les services duquel il n'avait pas moins de reconnaissance que d'affection pour sa personne; ce qu'il jugea, dis-je, une irrégularité digne de l'exclure pour toujours des moindres ordres, n'entrerait pas en ligne de compte à présent pour être reculé du sacerdoce, seulement de deux jours; il faut des crimes atroces, prouvés par de bonnes informations, afin qu'un homme ne dise pas qu'on lui fait tort de remettre son ordination. Voilà où nous en sommes.

Le même saint Ambroise rapporte encore qu'ayant trouvé un ecclésiastique déjà admis dans son clergé, de qui les démarches avaient quelque chose d'irrégulier, il ne voulut pas qu'il allât devant lui, tant cette manière de marcher blessait la vue de cet incomparable prélat : « Alterum quoque cum in clero reperissem, jussisse me ne unquam præiret mihi, quia velut quodam insolentis incessus verbere oculos feriret meos. » Une apparence de légèreté fit rejeter à ce grand évêque ces deux personnes : « Lucebat in illorum incessu imago levitatis. » Mais aujourd'hui, si l'on voyait dans un séminaire quelque jeune homme peu modeste, tourner la tête à l'église, se tenir à l'oraison tantôt sur un pied, tantôt sur l'autre, le chapeau sous le bras, à la mode des gens du monde les plus indévots, rarement à genoux, bâiller, s'étendre, cracher sans besoin, regarder deçà et delà, se frotter et se gratter immodestement, marcher trop vite ou trop inconsidérément, et que, pour de semblables défauts, sans autre reproche à lui faire, on voulût le rejeter de l'ordination, que dirait-on? Combien une semblable conduite serait-elle désapprouvée! Combien une telle sévérité serait-elle décriée? Cependant c'est qu'un saint Ambroise a cru devoir faire. Admirons un zèle si éclairé, et déplorons les ténèbres de ce temps obscurci, qui ne comprend pas qu'il le faille faire.

Ce même esprit se trouve non-seulement répandu dans les supérieurs de ces temps-là, qui sans doute étaient plus éclairés que nous ne sommes sur cette matière; mais il était encore établi dans les inférieurs; et les prétendants aux ordres se faisaient justice à eux-mêmes, et quoique les prélats les en appelassent et les pressassent de recevoir les ordres, leur propre conscience les faisait reculer. C'est de quoi l'histoire ecclésiastique nous fournit un exemple célèbre.

Nectarius, évêque de Constantinople, voulut élever un de ses intimes amis, nommé Martyrius, au diaconat; faire en ces temps-là un homme archidiacre d'un patriarche, c'était lui procurer une grande fortune : « Martyrium familiarem suum a juventute diaconum ordinare cogitabat; » mais celui-ci ne voulut jamais y consentir, pressé par les remords de sa vie passée : « Sed Martyrius nequaquam id fieri passus est, indignum se divino mysterio esse affirmans; ipsumque Nectarium anteactæ vitæ suæ testem esse jubens. » Sa conscience le fit retirer; il vit bien que le ministère des autels demandait une jeunesse plus innocente que la sienne ne l'avait été : « Hujusmodi causam allegans, ordinationem detrectavit. » Sozomène, un pur laïque, et un avocat suivant le barreau, dans le temps même qu'il écrivait son *Histoire*, jugea cet exemple si édifiant et si beau, qu'il voulut en être le panégyriste, et le consigner à la postérité, tant le respect qu'on porte à l'Eglise et au sacerdoce, tant la vénération qu'on a pour les fonctions sacrées, surtout au préjudice du propre intérêt, comme fit Martyrius, touche les gens même profanes et attachés au monde : « Ego vero », dit-il, « martyrium ob istam recusationem magnopere laudo, atque idcirco huic historiæ illum inserui. »

Combien sommes-nous éloignés d'une semblable conduite, soit pour nous exclure du clergé, quand nous ne sentons pas en nous une conscience assez pure, soit pour y entrer en tremblant quand Dieu nous y appelle! Nous devons toujours fuir cet état si relevé, ou à cause de notre indignité, ou à cause de sa sainteté; notre inclination nous doit faire aimer la pénitence et chercher la retraite. C'est l'impression et le poids de la grâce chrétienne; la violence seule de l'obéissance et de la volonté de Dieu doit nous arracher de ce centre. L'effort de la vocation divine qui doit l'opérer, outre ce que nous avons rapporté ci-dessus, qui prouve cette vérité si établie par un nombre infini d'exemples des premiers siècles, saint Jérôme nous en donne un trop illustre en la personne de Népotien pour l'omettre ici.

Népotien, prêtre.

Ce jeune homme, brûlant de zèle pour la vie solitaire, et ne respirant que ces déserts si célèbres de l'Egypte, fut fait clerc par son oncle, évêque, puis ensuite, ayant passé par tous les degrés de la sacrée milice, fut ordonné prêtre : « Cumque arderet quotidie ad Ægypti monasteria pergere, et solitudines occupare, fit clericus, et per solitos gradus presbyter ordinatur. » O Dieu! que de pleurs ne répandit-il pas! que de gémissements et de cris ne fit-il pas éclater! « Jesu bone, qui gemitus! qui ejulatus! » Quelle mortification, quelle privation ne pratiqua-t-il pas! Dans quelle retraite ne se cachat-il pas! « Quæ sibi interdictio! quæ fuga oculorum omnium. » Ce fut la seule fois et le seul sujet pour lequel il témoigna de la peine et de l'indignation contre son oncle : « Tum primum et solum avunculo iratus est. » Il se plaignait hautement de ne pouvoir supporter un tel fardeau, et il jugeait que sa jeunesse était trop disproportionnée à la maturité que demande le sacerdoce : « Querebatur se ferre non posse et juvenilem ætatem incongruam sacerdotio causabatur. » Mais plus il avait d'opposition à recevoir une si haute dignité, plus tout le monde avait-il d'empressement de l'en voir revêtu : « Sed quanto magis repugnabat, tanto magis in se studia omnium concitabat. » Son refus d'un grade qu'il protestait ne pas mériter, était, aux yeux d'un chacun, la plus belle partie de son mérite, et l'aveu sincère de son indignité faisait avouer à tous qu'il en était sincèrement digne : « Et merebatur negando quod esse nolebat, eoque dignior erat, quo se clamabat indignum. » Ainsi comprenant que le sacerdoce est une charge d'obligations qu'on nous impose, et non une dispense de devoirs dont on nous soulage, son premier soin fut d'être si humble et si prudent qu'il ne donna aucun lieu à l'envie et à la calomnie, afin que si l'on trouvait à redire à son âge, on ne pût pas médire de sa continence : « Igitur clericatum non honorem intelligens sed onus, primam curam habuit, ut humilitate superaret invidiam, deinde ut nullam obscœni in se rumoris fabulam daret ut, qui mordebantur ad ætatem ejus, stuperent ad continentiam.»

Que ne promettaient pas de si heureux commencements, dont il consacrait son entrée au sacerdoce ! « Cujus talia principia qualis finis erit ? » De quelles vertus ne brilla-t-il pas ? Voici la vie d'un bon ecclésiastique de ces premiers temps : il visitait les malades, il soulageait les pauvres, il logeait les pèlerins, il était l'œil de l'aveugle, l'aliment du famélique, le refuge du misérable, la consolation de l'affligé : « Subvenire pauperibus ; visitare languentes ; provocare hospitio ; cæcorum baculus ; esurientium cibus ; spes miserorum ; solamen lugentium fuit. » Il paraissait en public comme un ecclésiastique, il vivait en secret comme un anachorète : la vie austère, l'oraison fréquente, les veilles et les larmes étaient ses exercices continuels : « Relicto foris clerico ; duritiæ se tradiderat monachorum, creber in orationibus, vigilans in precando, lacrymas Deo, non hominibus, offerebat et jejunia. »

Chose admirable ! ceux qui ont été le plus remplis de l'esprit du sacerdoce, à qui Dieu a donné de plus vives lumières sur l'excellence de cet état, ont tous aimé la solitude ou vécu dans la solitude ; comme nous voyons dans Népotien, dans saint Chrysostome, dans saint Basile et saint Grégoire de Nazianze, dans saint Jérôme, dans saint Grégoire, dans saint Bernard, et de nos jours dans un célèbre Chartreux. Nous avons abandonné Antioche et Constantinople, écrivait saint Jérôme autrefois, et les grandes villes du monde, pour nous retirer dans les déserts et les montagnes, afin d'y pleurer les péchés de notre jeunesse, et d'attirer sur nous la miséricorde de Jésus-Christ, sans jamais songer à demander le sacerdoce : « Antiochiam et Constantinopolim urbes celeberrimas deseruimus, ut in agris et in solitudine, adolescentiæ peccata deflentes, Christi in nos misericordiam defleremus. Non rogavi te ut ordinarer. »

Saint Grégoire, évêque.

Pour remonter un peu plus haut, saint Grégoire de Néocésarée, après une jeunesse passée dans l'innocence et cultivée par une étude assidue des sciences humaines et divines, craignant la corruption du siècle, se retire dans la solitude pour ne plus songer qu'à Dieu et mettre en oubli tout le reste : « Cumque se a turbis forensibus et ab urbana vita penitus sejunxisset, in solitudine quadam secum solus ac per sese cum Deo versabatur : universi mundi rerumque mundanarum parvam curam gerens. » Là il ne s'informe plus de nouvelles ni d'aucune affaire, soit publique, soit privée, se formant ainsi, sans y penser, dans le désert, aux fonctions ecclésiastiques : « Non de regibus curiose inquirens, non magistratus excutiens, non ex aliquo commemorante audiens ut quædam publica administraretur. Sæculoque omni ac rebus sæcularibus valedicens. » Le saint évêque d'Amasée, qui même avait reçu de Dieu le don de prophétie, ne voulant pas laisser plus longtemps une lumière cachée, songeait à élever Grégoire au sacerdoce et à l'engager à travailler au salut des âmes ; il méditait ce dessein et pensait au moyen d'en venir à bout ; mais Grégoire, qui s'en doutait, pensait au moyen d'éviter ce coup, et faisait déjà résolution de passer dans un autre désert plus écarté : « Cogitare cœpit qua ratione latere posset, ad aliam solitudinem transiens. » L'évêque ne savait comment il pourrait se saisir de Grégoire, toujours attentif à ce qu'on ne le contraignît point à recevoir le sacerdoce : « Episcopus omni machinatione atque solertia utens, non poterat virum ad sacerdotium adducere, innumeris oculis præcaventem nequando manu sacerdotis caperetur. » Ces deux saints étaient également agités ; l'un du désir d'élever à la charge pastorale un si digne sujet, l'autre d'éviter un tel fardeau : « Uterque inter se studio certabant, illo quidem capere, hoc vero persequentis manus effugere cupiente. » Enfin il fallut subir le joug : on prend Grégoire, on le sacre, on le prépose à un peuple infini tout composé d'idolâtres, à l'exception de dix-sept Chrétiens seulement : « Illam ei civitatem destinans atque attribuens quam contigerat ad illa ipsa usque tempora adeo simulacrorum errori deditam esse, ut cum infiniti essent qui ipsam urbem et regionem circumjacentem incolerent, non plures quam septemdecim invenirentur, qui sermonem fidei recepissent. » Voilà le riche diocèse qu'on lui donne à gouverner ; il quitte la solitude, il va à sa résidence, et par la grandeur de ses miracles et la sainteté de sa vie, il gagne tout à Jésus-Christ.

Tels ont été les sentiments des premiers prêtres ; tels ont été les fruits qu'ils ont produits ; tels ont été leurs vertus, leur humilité, leur oraison, leur respect pour les saints ordres. Combien leurs exemples sont-ils touchants, instructifs, édifiants ! Leur vie n'est-elle pas une condamnation visible de la nôtre ; leurs actions, toutes muettes qu'elles soient, ne nous font-elles pas des reproches éclatants du peu de préparation et du peu de mérite que nous apportons à l'ordination ? Où sont allés ces ouvriers évangéliques et ces prêtres apostoliques ? ces hommes divins qui, par leur sainteté ont éclairé toute l'Eglise ? que sont devenus ces dignes ecclésiastiques si remplis des prémices de l'esprit sacerdotal ? tout cela a disparu à nos yeux, et ne subsiste presque plus que dans l'histoire.

Il est dit dans le *Livre des Juges*, que quand Josué fut mort, et ces anciens Israélites qui avaient été témoins des merveilles que Dieu avait opérées dans l'Egypte pour la délivrance de son peuple ; que toute cette première génération, si pleine de foi, de zèle et de religion, fut éteinte, il en vint d'autres bien différents des premiers, et qui n'avaient pas comme leurs prédécesseurs cet attachement inviolable au culte du vrai Dieu, ni la connaissance de ses mystères comme eux : *Mortuus est autem Josue famulus Domini, omnisque illa generatio congregata est ad patres suos, et surrexerunt alii qui non noverant Dominum, et opera quæ fecerat cum Israel.* (Judic. II, 8, 10.) Ces ingrats, dégénérant de la piété de leurs pères, oublièrent le Seigneur et s'écartèrent de leur devoir : *Fecerunt filii Israel malum in conspectu Domini, deseruerunt viam per quam ingressi sunt patres eorum.* (*Ibid.*, 11, 17.) Voilà où nous en sommes encore une fois ; voilà le malheur où nous sommes tombés. La face du clergé s'est défigurée ; nous avons vu les vertus que nos ancêtres ont pratiquées, et la délicatesse de leur conscience sur les moindres défauts. Saint Augustin s'accuse de s'être par hasard amusé un moment à regarder un chien courir après un lièvre, et nous voyons dans plusieurs ecclésiastiques d'aujourd'hui une si grande ardeur d'aller à la chasse, et à toute sorte de chasse, qu'il a fallu je ne sais combien de conciles et de défenses pour empêcher un tel désordre, qui cependant n'a pu encore être bien réprimé. Saint Athanase ne voulait pas se laisser amollir par la moindre inflexion de voix à l'église même ; cependant, combien de nos ecclésiastiques vont impunément à l'Opéra, et recherchent autant et plus que les laïques la symphonie. Saint Paulin endurait la faim et la soif, et jeûnait continuellement ; on ne sortait jamais de sa table pleinement rassasié ni désaltéré ; il ne mangeait que quelques légumes sur le soir ; et l'on n'entend que trop souvent dire de nos ecclésiastiques, constitués même en dignité, qu'ils aiment la bonne chère, qu'ils tiennent des tables magnifiques, qu'ils se laissent aller à des excès ; un nombre très-grand de canons et d'ordonnances épiscopales n'ont pu les empêcher d'aller au cabaret ; je vois en bien des lieux qu'on leur défend l'ivrognerie sous peine d'excommunication. O Dieu ! quel changement est ceci ! Je ne me plains pas de ces lois, disait saint Jérôme en pareille occasion, mais je déplore que nos dérèglements aient donné lieu à faire de telles lois : « *Nec de lege conqueror, sed doleo cur merui hanc legem.* » Le remède est bon, le cautère est utile, je l'avoue, mais je gémis de ma corruption qui contraint le médecin d'en venir là, et je suis inconsolable de ce que, malgré les lois et les remèdes, le mal gagne loin de s'arrêter : « *Cauterium bonum est, sed quo mihi vulnus ut indigeam cauterio. Provida severaque legis cautio, et tamen nec sic refrigerator avaritia.* » Les ecclésiastiques du temps passé déchiraient les testaments et les donations qu'on faisait à leur profit ; ils disaient qu'ils étaient morts avant les testateurs, comme un saint Arsène, diacre ; ils travaillaient de leurs mains pour n'être à charge à personne et se rendre utiles à tout le monde, comme un saint Félix, prêtre ; refuser le sacerdoce et les évêchés, était chez eux une chose si commune, comme on a vu ci-dessus plusieurs fois, qu'il est inutile d'en rapporter des exemples ; et présentement combien d'ecclésiastiques s'engagent dans les commerces et les trafics les plus opposés à leur état. Ne les voit-on pas quelquefois les premiers aux foires et aux marchés ? ils acquièrent, ils amassent, ils thésaurisent, ils plaident souvent, non moins âpres au gain que les laïques : *Quomodo mutatum est aurum color optimus ?* (Thren. IV, 1.) Les occupations des prêtres et des laïques sont présentement les mêmes ; peu de choses se voient dans les uns qui ne se voient dans les autres : « *Sic populus, sic sacerdos* ; » et nul commerce ou nulle manie ne nous est plus interdit : « *Ecce jam pene nulla est sæculi actio, quam non sacerdotes administrent.* » Cependant, par la plus grande des injustices, nous voulons avoir la commodité d'une vie toute profane, et recevoir tous les honneurs d'une vie toute sainte : « *Et jacent per ministerium operis, et honorem volunt de imagine sanctitatis.* » C'est le grand saint Grégoire qui nous fait un tel reproche ; à Dieu ne plaise cependant qu'on veuille accuser la multitude, disait saint Bernard : « *Nolumus multitudinem accusare, sed non possumus multitudinem excusare.* »

LEUR RESPECT POUR L'ORDINATION.

Il faut commencer par l'estime qu'ils ont faite de ce que nous appelons les ordres moindres. Premièrement, à l'égard de l'ordre de portier.

Saint Paulin.

Saint Paulin, si grand par tant de qualités distinguées selon Dieu et selon le monde, d'une race si illustre, qui avait été honoré du consulat, la première dignité de l'empire, et dont les empereurs même empruntaient l'éclat ; qui, des biens immenses qu'il possédait, en avait fait un sacrifice à Jésus-Christ ; enfin, ce saint que toute l'Eglise et tous les Pères de son temps ont tant honoré, loué, admiré ; que saint Ambroise voulait faire son successeur dans l'Eglise de Milan ; que le monde était heureux de posséder et de pouvoir imiter, ainsi qu'assurait le célèbre saint Martin : « *Illum nobis sequendum, illum clamabat imitandum ; beatumque esse* præsens sæculum, tantæ fidei, virtutisque documento ; » (ce sont les louanges que ce saint archevêque de Tours lui donnait, au rapport de Sulpice Sévère) en un mot, ce saint évêque de Nole, si savant, si éclairé, si renommé, si estimé, et en Orient, comme on le voit dans les écrits de saint Jérôme, et en Afrique, comme le témoigne tant de fois saint Augustin, et en Occident, ainsi qu'on voit même dans les ouvrages de ce saint, proteste qu'il n'avait rien souhaité davantage que d'exercer l'office de portier dans l'église de Saint-Félix. On m'a consacré prêtre, dit-il, je l'avoue ; mais c'est par force, c'est malgré moi ; on m'a fait violence, on m'a pris à la gorge : « Multitudine strangulante, » dit-il, « presbyteratu initiatus sum fateor invitus. » Mon ambition ne s'élevait pas là : « Quia ab ædituo nomine et officio optavi sacram incipere servitutem. » Tel a été le sentiment de saint Paulin sur l'office de portier, telle a été l'estime qu'il en a eue, tel est ce même ordre que vous avez reçu, peut-être avec peu de religion, quand on vous a dit : « Sic agite quasi reddituri Deo rationem pro iis rebus quæ his clavibus recluduntur. » Voyez donc quelle sainteté il exige de vous, et avec quel sentiment de respect, d'estime, d'humilité vous devez l'exercer.

Célerin et Aurélius, lecteurs.

En second lieu, sur l'ordre de lecteur, on ne peut avoir de plus illustres marques de l'estime et du respect que les Pères et les martyrs ont eus pour cet ordre excellent, que ce qui nous est resté dans les écrits du grand docteur de l'Eglise saint Cyprien, évêque et martyr, dont les ouvrages sont plus éclatants que le soleil, selon l'expression célèbre de saint Jérôme. L'histoire en est connue de tout le monde, et vous savez déjà ce que je veux dire avant que je l'expose ; c'est touchant l'ordination de deux jeunes confesseurs, de Célerin et d'Aurélius. Célerin était un jeune homme de qualité, de qui la grand'mère avait répandu son sang pour la foi : « Avia ejus Celerina jampridem martyrio coronata est. » Deux de ses oncles, officiers de guerre, mais plus véritables soldats de Jésus-Christ, avaient eu le même bonheur ; et, par un glorieux martyre, ils avaient triomphé du démon : « Patruus ejus et avunculus Laurentius et Ignatius, in castris et ipsi quondam sæcularibus militantes, sed veri et spirituales Dei milites, dum diabolum Christi confessione prosternunt, palmas à Domino et coronas illustri passione meruerunt. » Animé par les mouvements d'un sang si noble, et encore plus par des exemples domestiques si glorieux, dit saint Cyprien à son clergé, il n'a eu garde de dégénérer ; et je ne sais, continue-t-il, lequel est le plus admirable ou un tel fils d'avoir eu de tels ancêtres, ou de tels ancêtres d'avoir eu un tel fils ? « Nec degener ergo esse, nec minor poterat, quem sic domesticis exemplis virtutis ac fidei provocabat familiæ dignitas et generosa nobilitas, nec invenio quem beatiorem magis dicam, utrum ne illos de posteritate tam clara, an hunc de origine gloriosa. »

Ce jeune fidèle est néanmoins le premier exposé à la fureur d'une persécution naissante et furieuse ; il est regardé comme le capitaine des soldats de Jésus-Christ ; il affronte le premier, le chef et le moteur de cette guerre cruelle, et la Providence l'ordonne ainsi, afin que sa victoire sur un si redoutable ennemi, fraye le chemin à ceux qui le suivent. Cette victoire lui coûte cher ; on ne lui fait pas des plaies capables de lui donner une mort soudaine ; on prolonge les supplices et les tourments ; on le tient dix-neuf jours durant en prison, chargé de fers et garrotté d'une manière très-douloureuse ; on lui fait endurer tout ce que la faim et la soif ont de plus intolérable ; sa chair massacrée n'en peut plus, mais son esprit est plus vigoureux dans la foi que jamais : « Non brevi compendio vulnerum victor, sed hærentibus diu, et permanentibus pœnis, longe colluctationis miraculo triumphator, per decem ac novem dies custodia carceris septus in nervo ac ferro fuit, caro famis ac sitis diuturnitate contabuit, sed spiritus, » etc. Son corps est défiguré par de grandes plaies, ses membres atténués par une telle abstinence ne sont remarquables que par les cicatrices des tourments qu'il a soufferts : « Lucent in corpore glorioso clara vulnerum signa ; eminent et apparent in membris longa tabe consumpti expressa vestigia. » Il y aurait des choses admirables et extraordinaires à dire à la louange de ses vertus, continue toujours saint Cyprien ; mais enfin, après que ce confesseur si généreux eut enduré toutes sortes de peines, les tyrans et les bourreaux, craignant que par sa mort il ne triomphât d'eux, le mirent dehors tout mutilé. Il se retire vers son évêque et son Père spirituel, saint Cyprien, pour lors réfugié dans le désert, qui le reçoit comme un ange de Dieu ; il le veut ordonner lecteur : Célerin résiste et s'en juge indigne ; on le presse de consentir à son ordination ; il ne peut se résoudre à y donner les mains ; il faut une vision pour vaincre sa modestie ; Notre-Seigneur lui révèle que c'est sa volonté ; son évêque lui remontre qu'il doit obéir ; tous les fidèles retirés dans cette solitude l'en sollicitent ; il fallut tout cela pour l'obliger à subir cette charge ; et saint Cyprien jugea que celui qui, devant les persécuteurs avait confessé Jésus-Christ dans les tourments, lirait avec édification dans l'Eglise et devant les fidèles, les Livres saints, et serait lui-même une grande prédication et méritait d'être admis au clergé : « Ut qui sublimiter Christum confessi essent, clerum postmodum, Christi ministeriis adornarent ; qui cum consentire dubitaret, Ecclesiæ ipsius admonitu et hortatu, in visione per noctem compulsus est ne negaret nobis suadentibus. Nihil est in quo magis confessor fratribus prosit, quam ut dum evangelica lectio de ore ejus auditur lectoris fidem quisquis audierit imitetur. » Il avait eu un confrère de sa confession et de ses souffrances, nommé Aurélius : saint Cyprien les ordonna tous deux lecteurs : « Hos lectores interim constitutos sciatis, quia oportebat lucernam super candelabrum poni, unde omnibus luceat, et gloriosos vultus in loco altiore constitui ubi ab omni fraternitate circumstante, conspecti, incitamentum gloriæ videntibus præbeant. »

Aurélius était aussi un jeune confesseur, à la fleur de son âge, illustre par sa naissance et encore plus par sa piété éprouvée : « Aurelius frater noster illustris adolescens, a Domino jam probatus et Deo carus, in annis adhuc novellus, sed in virtutis ac fidei laude provectus. » Il confessa deux fois la foi de Jésus-Christ devant les tyrans. Il écouta d'abord sans s'émouvoir la confiscation qu'on fit de ses biens, et il souffrit patiemment ensuite les tourments dont on déchira son corps : « Gemino hic agone certavit ; bis confessus, et bis confessionis suæ victoria gloriosus, et quando vicit factus extorris et cum denuo certamine fortiore pugnavit triumphator et victor in prælio passionis. » La perte du bien et la rigueur de l'exil furent pour lui des victoires trop aisées et trop obscures, et Dieu réservait à son courage un triomphe éclatant et public sur les magistrats idolâtres et sur le proconsul : « Parum fuerat sub oculis ante paucorum, quando extorris fiebat, congressum fuisse meruit et in foro congredi clariore virtute, ut post magistratus et proconsulem vinceret, et post exsilium tormenta superaret. » On ne savait lequel admirer le plus en lui, ou la pourpre de ses plaies, ou la candeur de sa modestie et de son humilité : « Nec invenio quid in eo prædicare plus debeam ; gloriam vulnerum, an verecundiam morum, ita et dignitate excelsus est, et humilitate submissus. » Il semblait que la divine Providence l'eût réservé pour en faire l'honneur du clergé et le restaurateur de la discipline : « Ut appareat illum divinitus reservatum, quid ad ecclesiasticam disciplinam cæteris esset exemplo, quomodo servi Dei in confessione virtutibus vicerint, post confessionem moribus eminerint. »

Voilà quel fut cet admirable confesseur, et la manière dont saint Cyprien en parle ; cependant, ce saint évêque crut honorer dignement un si grand mérite et récompenser une si insigne victoire, en l'élevant à l'office de lecteur : « Placuit ut ab officio lectionis incipiat ; » rien n'étant plus beau que d'entendre la même voix qui vient de confesser hautement la foi devant les infidèles, prêcher publiquement les vérités de l'Evangile devant les Chrétiens : « Quia et nihil magis congruit voci quæ Dominum gloriosa prædicatione confessa est, quam celebrandis divinis lectionibus personare : post verba sublimia quæ Christi martyrium prolocuta sunt, Evangelium Christi legere unde martyres fiunt ; » et de la sellette et le chevalet, d'où il vient d'être assis, de passer au pupitre de l'Eglise : « Ad pulpitum post catastam venire. » Telles sont l'estime et la vénération religieuses que les saints et les martyrs ont eues de ce que nous appelons un ordre mineur, dont nous faisons si peu de cas, à la collation duquel nous nous préparons si mal ; c'est ce que nous sommes à la veille de recevoir, puisqu'on nous dira bientôt : « Estote verbi Dei relatores, » etc.

Saint Martin, évêque.

Troisièmement, sur l'ordre d'exorciste, voici ce qu'en a pensé le grand saint Hilaire, la lumière de l'Eglise de France, le rempart de la foi catholique, le vainqueur des ariens ; voici le cas qu'il a fait de l'ordre d'exorciste ; ou plutôt voici la vénération que le grand saint Martin, le digne disciple d'un si digne maître, la merveille et le thaumaturge de son siècle, la perle des prélats, « gemma sacerdotum, » a eue de cet ordre que nous appelons un ordre mineur, un ordre moindre (que sera-ce des grands ordres et des ordres sacrés ?); Sévère Sulpice rapporte que saint Hilaire, auprès duquel saint Martin s'était retiré, voulut souvent l'élever au diaconat ; mais que saint Martin, se jugeant indigne de cet honneur, ne put jamais consentir à le recevoir : « Tentavit autem Hilarius, imposito diaconii officio, sibi eum arctius implicare ; sed eum sæpissime restitisset, indignum se esse vociferans. » Il fallut donc recourir à un pieux artifice et surprendre son humilité, pour du moins lui faire recevoir l'office d'exorciste, à quoi il consentit avec peine : « Itaque exorcistam eum esse præcepit, quam ille ordinationem ne despexisse tanquam humiliorem videretur, non repudiavit. »

Voilà l'ordre qui a honoré un saint Martin ; voilà ce même ordre que vous avez reçu, peut-être avec peu d'estime quand on vous a dit : « Accipe potestatem imponendi manus super energumenos et expellendi spiritus immundos ab obsessis corporibus ; » êtes-vous digne d'une telle fonction ?

Saint Martin, évêque.

Quatrièmement, enfin, sur l'ordre d'acolyte, voici ce que ces deux grands saints ont pensé, voici ce qu'ils ont fait ; car nous voyons dans le Bréviaire romain que saint Hilaire éleva saint Martin à l'office d'acolyte : « Martinus ad Hilarium Pictaviensem se contulit, a quo in acolytorum numerum redactus est. » Tels furent le prix et la récompense d'un homme qui, n'étant encore que catéchumène, avait donné son propre habit en aumône avec tant de charité, que Jésus-Christ, dans une vision céleste, daigna marquer combien cette œuvre de miséricorde, exercée en la personne d'un de ses membres, lui avait été agréable : « Martinus adhuc catechumenus hac me veste contexit. » Voilà la récompense de la vertu et du mérite d'un homme qui avait déjà confessé Jésus-Christ devant un empereur idolâtre et apostat, et qui, plein de confiance et de foi, lui avait offert de percer les armées ennemies et d'en essuyer tous les traits, sans en recevoir aucune blessure, muni seulement du signe de la croix : « Ego signo crucis non clypeo protectus, aut galea hostium cuneos penetrabo securus. » On l'élève dans l'Eglise à une haute dignité, on le juge digne de l'admettre au rang des acolytes, et cela c'est saint Hilaire qui croit honorer saint Martin, et saint Martin qui se croit honoré de l'ordre d'acolyte. C'est cet ordre que vous avez reçu quand on vous a dit : « Accipe ceroferarium cum cereo, etc. ; accipe urceolum, » etc. ; ou plutôt quand on vous a dit : *Lucete sicut luminaria in mundo* (Philip. II, 15) ; êtes-vous digne de cet ordre ? serez-vous la lumière du monde ?

Tels sont ces ordres que nous appelons mineurs, dont nous faisons si peu de cas, qu'il nous semble, quand nous les avons reçus, que nous n'avons presque rien reçu ; qui ne semblent d'aucun usage et ne requérir aucune vertu. Que nos pensées sont différentes de celles des saints! que nos préventions sont éloignées de la vérité ! autant assurément qu'il y a de différence entre les ténèbres et la lumière.

Et sans doute on doit présumer que ce fut cette profonde humilité de saint Martin à se contenter d'être un simple exorciste, qui lui donna ce pouvoir si absolu qu'il exerça toute sa vie, et qu'il exerce encore depuis sa mort, et après tant de siècles, sur les démons qui possèdent les énergumènes ; que ce fut cette modestie qu'il eut à se contenter d'être élevé à l'ordre d'acolyte, qui l'a fait reluire dans toute l'Eglise, et l'a rendu la bonne odeur de Jésus-Christ et un sujet d'édification à tous les fidèles ; vérifiant en lui cette maxime de saint Chrysostome, que la vie d'un grand prêtre, comme un grand flambeau, ne doit point avoir d'autres bornes de ses rayons que l'univers : « Sacerdotis animam solaribus radiis puriorem esse oportere, luminis instar universum orbem illustrantis splendescere debere. »

LEUR ARDEUR POUR LE MARTYRE.

Mais combien les ecclésiastiques du temps passé, qui courageusement ont donné leur sang pour la défense de la religion dont ils étaient les ministres, feront-ils plus de confusion à la vie tiède et immortifiée des ecclésiastiques de nos jours, qui quelquefois passent même pour réformés? Il sera bon de finir cette première partie par une considération si utile, et de jeter les yeux avec attention sur le zèle de ces premiers disciples des apôtres, afin que, dans leurs exemples touchants et instructifs, nous trouvions de quoi nous réveiller un peu de notre engourdissement, et que nous demandions à Dieu qu'il renouvelle ce premier esprit dans le clergé, « ut quorum gaudemus meritis, accendamur exemplis ; et vitæ quoque imitemur exempla. » Parce qu'enfin, dans le langage de l'Eglise, les solennités des martyrs sont de puissantes exhortations au martyre ; et nous ne devons pas être paresseux à imiter ce que nous sommes prompts à célébrer : « Solemnitates martyrum exhortationes sunt martyriorum, ut imitari non pigeat, quod celebrare delectat. » Puisque même, selon saint Augustin, c'est participer à la grâce des martyrs que de s'occuper de leur martyre : « Non parva pars imitationis est, meliorum congaudere virtutibus, illi magni, nos parvi ; si eos sequi non valemus actu, sequamur affectu ; fructus laboribus ipsorum etiam nos sumus. » C'est dans le premier sermon sur sainte Perpétue et sainte Félicité.

Nous ne parlons point ici des apôtres, ces chefs du clergé, ces pères des prêtres, qui tous se sont consumés par les travaux et le martyre ; ayant été emprisonnés, garrottés, flagellés, lapidés, crucifiés, écorchés, décapités, tués pour Jésus-Christ ; mais avez-vous jamais observé que celui qui le premier a versé son sang pour Jésus-Christ, qui l'a imité dans son sacrifice et a donné cet exemple au reste des fidèles, a été un ecclésiastique, un diacre, je veux dire saint Etienne? Quel honneur pour le clergé ? « Hodie Stephanus stola est immortalitatis indutus ; mortem enim quam Salvator noster dignatus est pro nobis pati, hanc illo primus reddidit Salvatori. » C'est en quoi consiste la prééminence de notre état au-dessus de celui des laïques, de les précéder dans la pratique des grandes vertus.

Après cette observation que nous avons étendue ailleurs, commençons par les combats admirables d'un homme qui semblait être hors du combat. Saint Siméon, évêque de Jérusalem et successeur de saint Jacques dans cette dignité, fut pris pour la foi, et comme parent de Jésus-Christ, selon la chair. Il était âgé de six-vingts ans ; cependant, quoiqu'on déchirât pendant plusieurs jours ce corps décharné, quoiqu'on lui fît endurer les plus cruels tourments, jamais on ne put entamer sa constance : en sorte que le juge, les ministres, les bourreaux et les spectateurs, ne pouvaient comprendre comment un homme décrépit pouvait résister à tant d'excessives tortures : « Per multos dies acerbissimis tormentis excruciatus, fidem Christi constantissime professus est ; adeo ut consularis ipse et omnes qui aderant magnopere mirarentur qua ratione vir, centum ac viginti annos natus, tot tormenta perferre potuisset ; admirationi fuit tum ministris ac satellitibus. » Enfin, ces impies ne pouvant vaincre son courage, se confessèrent vaincus ; et, en le faisant expirer en croix, le firent triompher d'eux : « Tandem vero sententia judicis cruci affixus est, et eodem supplicii genere quod Dominus pertulit, vitam clausit. » Nulle réflexion étudiée sur ces grands exemples, qui portent tout avec eux ; il suffit de les exposer, c'est à ceux qui les lisent à les méditer.

Saint Ignace, évêque.

Saint Ignace, évêque d'Antioche, disciple des apôtres et véritablement plein de l'esprit apostolique : « Ignatius vir in omnibus apostolicus, » avait gouverné longues années son Eglise avec beaucoup de bénédiction et par la vertu du jeûne, de la prière, de la prédication assidue et de la vigueur de la discipline; comme un sage pilote il avait heureusement, quoique non sans difficulté, conduit son vaisseau à travers les orages de diverses persécutions qui n'avaient pas peu agité les fidèles, particulièrement sous le règne de Domitien : « Summa cura Antiochenam Ecclesiam gubernabat : qui cum præteritas multarum Domitiani persecutionum procellas vix transisset, tanquam gubernator bonus, clavo orationis et jejunii docendi assiduitate, robore spirituali, fluctuationi adversantis se opposuit potentiæ. » Les Chrétiens ayant ensuite un peu respiré par la mort de ce tyran, il se réjouissait de voir que l'Eglise, malgré de si violentes secousses, était demeurée inébranlable. « Igitur lætabatur de Ecclesiæ inconcussione, quiescente ad breve tempus persecutione; » et, comme une lampe lumineuse, il éclairait les âmes de cette lumière divine, dont son cœur était allumé : « Ad lucernæ modum divinæ, cujusque illuminans cor per Scripturarum enarrationem. » Cependant, une nouvelle inquiétude le trouble au milieu de ce calme : « Animo tamen perturbatur. » Il s'imagine qu'il n'est pas encore parvenu au degré de la perfection d'un vrai disciple de Jésus-Christ, et qu'il n'y a rien de tel que le martyre pour lui marquer son amour, pour se conformer et s'unir à lui : « Dubitavit secundum seipsum quod nondum vere in Christum charitatem attigerat, neque perfectum discipuli ordinem; cogitavit enim eam quæ per martyrium confessio fit, plus ipsum adducere ad familiaritatem Domini. » Tels étaient les sentiments de ces premiers ministres du Fils de Dieu et surtout de celui-ci, quoique alors lors dans une extrême vieillesse ; mourir de maladie dans son lit, est à ses yeux une fin peu digne d'un prêtre de Jésus-Christ. Le martyre seul lui paraît une mort parfaitement chrétienne et peut contenter son zèle. Son désir est exaucé : « Sortitus est secundum votum. » Trajan, passant par Antioche, le fait comparaître devant son tribunal : saint Ignace confesse généreusement la foi, et fait une profession authentique de son amour et de son attachement inviolable envers Jésus-Christ. L'empereur le condamne à être conduit à Rome, pour y être dévoré par les bêtes farouches : « Ignatium in seipso dicentem circumferre Crucifixum, vinctum præcipimus a militibus duci in magnam Romam, cibum bestiarum in spectaculum plebis futurum. » A cet arrêt, le saint transporté d'allégresse, s'écrie et rend d'immenses actions de grâces à Dieu : « Hanc audiens sanctus martyr sententiam cum gaudio exclamavit: Gratias ago tibi, Domine. » Ensuite, se chargeant lui-même de ses chaînes et les mettant sur son cou avec une indicible joie, priant pour l'Eglise et la recommandant à Dieu avec larmes, il se met entre les mains des soldats pour être au plus tôt enlevé à Rome : « Hæc dicens et cum gaudio circumponens vincula, oransque prius pro Ecclesia et hanc cum lacrymis commendans Domino raptus est. » Tout son soin, par les chemins, est de conjurer instamment les Chrétiens de ne point interposer leur crédit auprès des hommes, ni leurs prières auprès de Dieu, pour obtenir sa délivrance. Il embrase de ferveur tous les lieux où il passe; il écrit des lettres qui, même à présent, enflamment ceux qui les lisent, et il faut brûler du même feu que lui pour les entendre. Il arrive enfin au terme de ses désirs ; on l'expose à la cruauté des bêtes; il demande à Dieu que, loin de l'épargner comme plusieurs autres, elles le dévorent tout entier, afin que ses membres, à demi-rongés, ne causent point de dégoût aux fidèles qui pourraient les recueillir. Il obtient ce qu'il souhaite et il ne reste de lui que quelques gros ossements : « Sola asperiora sanctorum ossium derelicta sunt. »

Saint Polycarpe, évêque.

Que dire d'un saint Polycarpe, évêque de Smirne et disciple des apôtres? quel zèle ne témoigna-t-il pas pour le martyre, lorsque, paraissant devant une multitude infinie de peuple qui demandait sa mort, et le président le menaçant de lui faire souffrir les plus cruels supplices s'il ne renonçait Jésus-Christ; il y a, lui répondit-il, quatre-vingt-six ans que je sers Jésus-Christ, qu'il m'a conservé jusqu'ici et comblé de biens ; comment voulez-vous que je haïsse à présent celui que j'ai si longtemps aimé, mon protecteur, mon empereur, et mon Sauveur? « Octogesimum jam et sextum annum ætatis ingredior, nomini ejus semper probatus et serviens, nunquam ab eo læsus, semperque servatus, quomodo possum eum odisse quem colui, quem probavi, quem semper fautorem optavi, imperatorem meum, Salvatorem salutis et gloriæ? » Ensuite, comme il vit que le président faisait semblant de croire qu'il mollissait un peu; et que, pour achever de l'ébranler, il ne lui parlait que de chevalets, de bêtes farouches, de tortures et de feux : A quoi bon ce discours? lui répliqua-t-il, pourquoi me presser inutilement de renoncer Jésus-Christ? ignorez-vous ma profession ? je vous déclare en face que je suis Chrétien; et, pour achever de vous pousser à bout, j'ajoute que je mets mon bonheur à porter ce nom; livrez-moi à la rage de vos lions, éprouvez-moi par tout ce que la fureur peut inspirer de plus cruel à un juge inhumain; je trouverai ma gloire dans ma peine, mon plaisir dans mes plaies, mon mérite dans la grandeur de mes tourments. Plus mes douleurs seront excessives, plus ma récompense sera immense ; vous me menacez d'un feu qui ne dure qu'une heure, et qui s'éteint en un moment: qu'est-ce en comparaison des feux éternels et des tourments horribles préparés aux méchants après cette vie? mais pourquoi vous fatiguer par une longue harangue? faites de moi tout ce que vous avez résolu; et, si c'est trop peu, imaginez tout ce qu'il vous plaira davantage. Le fer et le feu, la faim, l'exil, les fouets, les chaînes, rien ne me séparera de Jésus-Christ : « Quid me cogis jurare per Cæsarem ? aut professionem meam fortasse non nosti ! palam me Christianus dico. Et quo magis irascens ego gaudeo, in me leonum rabies cruenta desæviat, et quidquid gravius judex durus inveneris, gloriabor in pœna ; tripudiabo lætus in vulnere ; et merita mea doloris æstimatione pensabo; quanto graviora pertulero, tanto præmia majora percipiam ; ignem mihi minaris qui unius horæ spatio æstuat, et post frigescit : ignorans futuri judicii et æterni ignis in impios tormenta perpetua. Sed quid voluntatem tuam longa oratione suspendimus, fac ex me quæque cogitas : et quodcunque aliud pœnæ genus casus obtulerit aucupare non igne, non ferro, non arctorum doloribus vinculorum, non fame, non exilio, non flagellis, » etc.

Ces paroles, animées d'un zèle tout céleste, firent paraître un éclat si extraordinaire sur le visage de saint Polycarpe, que le juge en fut effrayé : « Hæc forte dum loquitur Polycarpus, vultum ejus ac sensum gratiæ cœlestis splendor intravit. » Les païens, les Juifs, et une populace immense et furieuse demandent sa mort. On court sur le champ de tous côtés chercher du bois, on élève un grand bûcher ; notre saint délie lui-même sa ceinture, et se dépouille de sa robe ; les bourreaux veulent l'attacher au poteau avec des chaînes de fer ; il les prie de ne le pas faire, et les assure qu'il sera immobile dans la flamme ; il y entre avec joie, et consomme le peu de temps qu'il y reste à la prière. Voilà le courage de ceux qui nous ont précédés dans l'état ecclésiastique. Tels ont été nos prédécesseurs ; les prêtres des premiers temps ; les chefs de l'ancien clergé.

Saint Pothin, évêque.

Que dire encore du glorieux saint Pothin, évêque de Lyon ; voici mot à mot ce que l'histoire nous a laissé de lui, et rien n'est plus authentique. Le bienheureux Pothin, évêque de Lyon, âgé de plus de quatre-vingt-dix ans, dont le corps était si faible qu'à peine pouvait-il respirer, mais dont l'âme était soutenue par un désir ardent du martyre, fut traîné devant les juges. Son corps caduc et infirme était accablé sous le poids des années et des maladies, mais son âme conservait une vigueur inflexible, parce qu'elle était destinée à faire triompher Jésus-Christ. Quand les soldats l'eurent trouvé et porté devant le tribunal, que les magistrats qui le suivaient furent placés, que les peuples eurent élevé leur voix contre lui, comme s'il eût été Jésus-Christ même en personne, et quand il eut fait une généreuse profession de notre foi, le gouverneur lui demanda quel était le Dieu des Chrétiens ? Il répondit : Vous le saurez si vous méritez de le savoir. A peine eut-il proféré ces généreuses paroles, qu'il fut aussitôt traîné et battu avec outrage. Les plus proches l'accablèrent de coups de pieds et de poings, sans avoir aucun respect de son âge ; les plus éloignés lui jetèrent tout ce qu'ils trouvaient sous leurs mains ; enfin, il n'y eut personne qui n'appréhendât d'être coupable, s'il manquait de maltraiter cet innocent. On le porta demi-mort dans la prison, où il expira deux jours après : « Beatissimus autem Pothinus, qui episcopatum Lugdunensis Ecclesiæ administrabat, nonagenario major, et corpore admodum infirmo, ob præsentem quidem corporis imbecillitatem ægre spiritum trahens, cæterum præ cupiditate imminentis martyrii mirabili alacritate animi firmatus, etiam ipse ad tribunal ferebatur, corpore quidem partim ob senectutem, partim vi morbi penitus exhausto, animam vero adhuc retinens, ut per eam Christus triumpharet, perlatus igitur a militibus ad tribunal, prosequentibus ipsum magistratibus civitatis, et universa plebe variis cum acclamationibus impetente, tanquam ipse Christus esset, egregium edidit testimonium : interrogatus vero a præside, quisnam esset Christianorum Deus, respondit : « Si dignus fueris, « cognosces : » post hæc absque ullo humanitatis respectu raptatus, atque innumeris plagis affectus est : cum ii quidem, qui proprius astabant, calcibus et pugnis illum contumeliose appeterent, nec ullam ejus ætati reverentiam exhiberent, qui vero longius distabant, quidquid ad manum erat in ipsum conjicerent : omnes denique gravissimi delicti ac piaculi reos se existimarent, nisi pro sua quisque parte ei petulanter insultare studuissent. Quippe hoc modo injuriam deorum suorum ulturos se arbitrabantur, exinde vix adhuc spirans in carcerem projectus est, tandemque post biduum animam exhalavit. »

Saint Sanctus, diacre.

Voilà les combats d'un évêque, voici ceux d'un diacre véritablement saint de nom et d'effet, et qui souffrit avec son prélat, dans cette même persécution et au même lieu, tout ce qu'on peut souffrir de plus terrible pour la défense de la foi. Rapportons les termes mêmes des Actes : Le nombre et la cruauté des tourments que les saints martyrs souffrirent, y lisons-nous, sont au-dessus de tout ce que nous en saurions dire ; le démon fit tous ses efforts pour tirer quelques paroles d'impatience de leur bouche ; mais surtout la rage du gouverneur, des soldats et du peuple se déchargea avec le dernier excès sur Sanctus, diacre de l'Église de Vienne ; il endura des supplices affreux avec une constance plus qu'humaine, et lorsqu'au milieu des plus horribles supplices, ces impies l'interrogeaient dans l'espérance de tirer par la violence de la douleur quelques plaintes indignes de lui, au lieu de répondre à leurs demandes et de dire ou son nom, ou son pays, je suis libre ou je suis esclave, il ne répondait rien autre chose, sinon je suis Chrétien : *Christianus sum.* C'était son unique réponse aux demandes qu'on lui faisait, de son nom, de son pays, de sa famille ; et les païens ne purent jamais arracher autre chose de sa bouche. Cette fermeté inébranlable ayant augmenté la fureur de son juge et de ses bourreaux, ils lui appliquèrent des lames ardentes aux parties les plus délicates et les plus sensibles, et les lui brûlèrent; mais il demeura toujours debout, toujours inflexible, comme s'il eût été rafraîchi par quelque eau vive qui eût sorti du sein du Sauveur, comme d'une source inépuisable; son corps était tout meurtri, tout cicatrisé, tout couvert de sang, tout noir et tout livide de coups; ce n'était que plaie et contusion; il n'avait plus de forme humaine.

« Exinde sanctissimi martyres ejusmodi tormenta sustinuerunt, quæ nulla unquam oratione exprimi possint, Satanæ ambitione contendente, ut ab illis aliquid impie diceretur; præcipue tamen vulgi ac præsidis et militum furor universus incubuit in sanctum diaconum Viennensem, cum enim ipse supra humanum modum cuncta quæ ab hominibus excogitari potuerant, tormenta fortiter sustineret, sperantibus jam impiis aliquid se indecorum atque illicitum, ex eo audituros ob nimiam vim et magnitudinem cruciatuum; tanta firmitate eis restitit, ut nec suum, nec gentis, aut civitalis ex qua esset oriundus nomen, nec utrum servus esset, an ingenuus, prolocutus sit; sed ad omnes interrogationes romana lingua responderit, Christianus sum, hoc sibi nomen, patriam, genus, omnia denique esse subinde profitebatur; neque aliam vocem ab eo gentiles extorquere valuerunt, quam etiam ob causam maxima adversus illum et præsidis, et tortorum pertinacia furoris exarsit, adeo ut cum nihil amplius ipsis superesset quo illum torquerent, candentes æris laminas mollioribus ejus membris affigerent et membra quidem adurebantur; ipse vero rectus atque inconcussus firmis vestigiis in confessione perstitit, utpote cœlesti aquæ fonte vivæ, quæ ex ventre Christi profluit, perfusus firmatusque; porro corpus ipsum abunde testabatur ea quæ acciderant, quippe quod nihil aliud esset, præter vulnera atque vibices, totum contractum atque contortum, nec jam externam hominis speciem retinens. »

O Dieu! quels ecclésiastiques! quels invincibles ministres de Jésus-Christ! quels grands exemples de piété, de religion, de sainteté ne nous donnent-ils pas? Quand nous revenons de la considération profonde que nous sommes obligés de faire sur de telles vies et sur de si grandes vertus, chacun de nous ne doit-il pas s'écrier à meilleur titre que ne faisait saint Antoine revenant de voir saint Paul : Malheureux que je suis; j'ai vu des lecteurs, j'ai vu des diacres, j'ai vu des prêtres ; je ne mérite pas de porter le nom d'ecclésiastique : « Væ mihi peccatori qui falsi monachi nomen fero! vidi Eliam, vidi Joannem in deserto et vere vidi Paulum in paradiso. »

L'exemple de saint Fructueux et de ses deux diacres est si édifiant sur ce sujet, qu'on a cru ne devoir rien retrancher des actes de leur martyre que voici traduits fidèlement.

Saint Fructueux.

Sous l'empire de Valérien et de Gallien, et au temps que les tyrans idolâtres persécutaient les Chrétiens pour la foi, saint Fructueux, évêque de Tarragone en Espagne, fut arrêté avec Augurius et Euloge, ses diacres, un jour de dimanche, au mois de mars. Sitôt qu'il ouït les soldats à sa porte, il sortit pour leur parler. Ils lui dirent: Venez, le président vous demande avec vos diacres. Allons tout à l'heure, répondit Fructueux, à moins que vous ne vouliez me donner le temps de prendre des souliers. Très-volontiers, lui dirent-ils; accommodez-vous. Arrivés à la ville, on les mit tout trois en prison. Fructueux, plein de joie et de certitude que Dieu l'appelait à la couronne du martyre, priait sans interruption. Les fidèles ne l'abandonnaient point, le soulageant et le conjurant de se souvenir d'eux.

Le jour suivant, il baptisa notre frère Rogatien dans cette prison. Le mercredi, ils célébrèrent solennellement la station de la quatrième férie, avec jeûne et prières. Le vendredi, ils furent conduits devant le président Emilien, qui dit : Qu'on fasse entrer Fructueux et ses diacres. L'huissier répondit : Les voilà. Emilien dit à Fructueux : Vous savez ce que les empereurs ont commandé? Le saint évêque répondit : Je ne le sais point, mais je suis Chrétien. Le président dit : Ils ont commandé qu'on adorât les dieux. Fructueux répondit : J'adore un seul Dieu, créateur du ciel et de la terre, de la mer et de toutes choses. Emilien lui dit : Vous savez qu'il y a des dieux? Fructueux répondit : Je ne le sais point. Emilien dit : Vous le saurez tantôt. Le saint évêque jeta l'œil vers le ciel et se mit à prier en lui-même. Le président ajouta : Qui écoute-t-on, qui craint-on, qui adore-t-on, si on n'adore pas les dieux ni la face des empereurs? Puis s'adressant au diacre Augurius, il lui dit : Ne vous laissez pas surprendre aux discours de Fructueux. Augurius répondit : J'adore le Dieu tout-puissant. Emilien se tournant vers le diacre Euloge, lui dit : Adorez-vous aussi Fructueux? Euloge répondit : Je n'adore point Fructueux, mais j'adore le Dieu que Fructueux adore. Emilien revenant à Fructueux, lui dit : Vous êtes évêque. Fructueux répondit : Je le suis. Emilien dit : Vous l'avez été; puis il prononça sa sentence, et les condamna tous trois à être brûlés vifs.

Comme on les conduisait à l'amphithéâtre pour y être exécutés, le peuple, quoique infidèle, se mit à regretter saint Fructueux; car, comme il était tel que le Saint-Esprit, par la bouche de l'apôtre saint Paul, ce vase d'élection et ce docteur des nations, déclare que doit être un évêque, il s'était attiré la vénération des idolâtres mêmes. Les fidèles, le regardant monter à une telle gloire du martyre, étaient plus touchés de joie que d'affliction. Quelques Chrétiens leur présentèrent par charité une boisson de vin pour les fortifier; mais Fructueux la refusa, disant qu'il était jeûne ce jour-là, et que l'heure de la réfection n'était pas encore venue; il n'était que dix heures du matin, en effet. Ces saints martyrs ayant célébré une station solennelle dans la prison, il était juste qu'ils allassent la finir à cette table que Dieu a préparée à ceux qui l'aiment.

Arrivés au bûcher, un des lecteurs de ce saint évêque, fondant en larmes, vint à lui et le conjura de souffrir qu'il le déchaussât; mais le saint martyr le refusa, lui disant: Laissez-moi, mon fils, je me déchausserai bien moi-même, plein de force et de joie comme je suis, et assuré de la grâce que Dieu veut me faire. Un autre, l'abordant aussi, lui prit la main et le supplia de ne le pas oublier devant Dieu; à quoi le martyr répliqua à haute voix: Je dois prier pour l'Église catholique; soyez-en donc un membre, si vous voulez participer à mes prières.

Les fidèles s'étant approchés de lui, il leur parla, ou plutôt le Saint-Esprit les exhorta par sa bouche, les consolant et les assurant qu'ils ne manqueraient point de pasteur, parce que l'amour de Jésus-Christ pour son Église, et ses promesses, auraient toujours leur accomplissement. Il ajouta que tout ce qu'ils voyaient n'était qu'une tentation d'un moment. Les ayant ainsi affermis, les saints martyrs entrèrent dans le bûcher. On les attache avec des cordes à un poteau, puis on allume le feu. Leurs liens ayant été bientôt consumés, ces trois saintes victimes se mirent à genoux, suivant leur coutume lorsqu'ils priaient; et, en cette humble posture, ils continuèrent leur oraison jusqu'à ce que leur âme bénie se sépara de leurs corps. Heureux martyrs, dignes d'avoir été figurés par les trois enfants de la fournaise de Babylone, et de s'être consacrés aux trois personnes divines!

Deux Chrétiens de la famille d'Émilien, et sa fille, eurent une vision merveilleuse. Presque à la même heure: ils virent saint Fructueux, accompagné de ses deux diacres, montant au ciel, avec des couronnes sur la tête. Ils appelèrent ce président et lui dirent: Venez, et voyez la gloire de ceux que vous avez aujourd'hui condamnés, et comme quoi ils s'élèvent au ciel. Ce président accourut; mais il ne fut pas digne de voir cette merveille. Ils lui apparurent pourtant quelques jours après, tout rayonnants de gloire, et lui déclarèrent que ce qu'il avait fait contre eux sur la terre n'avait servi qu'à augmenter leur bonheur dans le ciel. Cependant les fidèles, tout tristes et affligés comme des brebis sans pasteur, demeuraient consternés de cette perte; non qu'ils plaignissent le sort du saint évêque, qu'ils enviaient, au contraire, admirant la grandeur de sa foi et du combat qu'il avait rendu. La nuit arrivant là-dessus, ils furent à l'amphithéâtre avec du vin pour éteindre le feu de leurs corps demi-brûlés. Ils en ramassèrent les cendres, dont chacun en particulier prit ce qu'il pût; mais saint Fructueux leur apparut et les avertit qu'ils rapportassent ce qu'ils en avaient, et qu'ils enterrassent le tout ensemble.

Saint Vincent, diacre.

Saint Vincent, ce diacre si célèbre dans tout le monde chrétien. Les persécuteurs idolâtres en voulaient alors particulièrement au clergé; ils avaient compris que, pour abolir le christianisme, on devait s'en prendre à la source, c'est-à-dire au sacerdoce, et que, pour ruiner le bercail, il fallait exterminer les pasteurs; qu'autrement les fidèles ne cesseraient de se multiplier, et que leur sang répandu serait plus fécond que leur sang conservé. Le démon, ennemi du sacerdoce qui détruit son empire, avait inspiré ce moyen aussi impie qu'artificieux aux empereurs protecteurs de l'idolâtrie. Un président, ennemi juré de la religion, nommé Dacien, servait alors dans l'Espagne de ministre à leurs cruautés. Il en voulait aux diacres, aux prêtres, aux évêques, à tout l'ordre lévitique: « Episcopos ac presbyteros cæterosque sacri ordinis ministros spiritu nequitiæ exagitatus, rapi præcepit. » Le président s'attaque à Vincent, diacre, celui de tous qui lui paraît le plus ferme et le plus attaché à Jésus-Christ; d'abord il le charge de chaînes d'un poids énorme; il le jette dans un cachot obscur, il l'exerce par la faim et par la soif: « Sub carcerali custodia, et famis miseria ac catenarum stridore pertrahi præcepit. » Il s'imagine que tant de maux ensemble fatigueront sa patience, et abattront son courage, et que la dureté et la pesanteur immense du fer, dont il accable les membres de ce saint lévite amolliront son cœur, qui paraissait inflexible: « Ut eum vexatione itineris frangeret, et facilius subigeret, injuria, quem videbat posse superari de pœna, jubet manibus et cervicibus immensa ferri pondera sustinere, et per omnes artus jam tunc mortis supplicia pati. » Après de tels commencements, craignant qu'il n'expirât enfin sous tant de peines avant qu'il lui eût fait abjurer Jésus-Christ, et que sa cruauté précipitée ne fît tort à son impiété: « Timens ne sævitiæ suæ damna pateretur, » il ordonne qu'on le sorte de prison et qu'on le lui présente: « Produci jussit ex carcere, nolens eum ante tormenta vitam finire. » Il lui offre le choix, ou des plaisirs ou des tourments. Vincent prend la parole et fait une illustre confession de foi. La crainte du supplice, la présence d'un tyran, la vue d'une mort affreuse ne l'intimide point. Il parle hardiment, il se déclare hautement, il ne craint rien; il prêche Jésus-Christ sur la sellette, devant les tyrans, avec autant d'intrépidité qu'il avait prêché l'Évangile avec zèle dans l'église devant les fidèles. Cette liberté inespérée outre Dacien. Qu'on saisisse ce rebelle aux lois, s'écrie-t-il, qu'on lui fasse sentir les plus atroces supplices, il n'y en a point d'assez terribles pour punir son audace et pour dompter son opiniâtreté. Je vois que chaque torture endurée lui paraît un triomphe ; qu'on le mette sur le chevalet, qu'on gêne tous ses membres, qu'aucune partie de son corps ne soit exempte de douleur, et que tant de peines ne soient regardées que comme les préludes de la grandeur du supplice que je lui prépare : « Rebellem qui in contumeliam publicam venit, gravioribus exhibete tormentis, animositati enim ejus video inferenda esse majora supplicia ; quia quidquid sibi accessurum est pro pœna, ipse præsumi ad gloriam : applicate eum ad equuleum, membra distendite, et toto corpore dissipate : hanc pœnam ante ipsa tormenta sustineat. » On exécute cet ordre inhumain. Tout ce que la plus ingénieuse cruauté peut imaginer est mis en usage ; les supplices se succèdent les uns aux autres. Les bourreaux lassés cèdent la place à de nouveaux satellites. Le président pâlit, il ajoute peine sur peine, tourment sur tourment, gêne sur gêne, torture sur torture, le fer et le feu, rien n'est omis. Le saint diacre surmonte tout, endure tout, se rit de tout, triomphe de tout, et ne fait pas plus de cas de son corps, réduit en pièces, que s'il eût été un tronc de bois inanimé entre les mains et les ferrements du charpentier : « Vidimus et mirati sumus corpus inter tormenta contemni, » dit saint Augustin dans l'éloge qu'il a fait de saint Vincent. Dacien est vaincu : « Heu ! vincimur, ait Dacianus. » Et le saint, après avoir rendu témoignage à Jésus-Christ, et converti plusieurs idolâtres, s'en va dans le ciel recevoir la couronne de la main de Jésus-Christ. Quel pays, quelle nation y a-t-il au monde, continue saint Augustin, quel climat éclaire le soleil dans l'étendue de l'empire romain, et où la religion de Jésus-Christ ait pénétré, qui ne solennise avec joie la fête du glorieux saint Vincent : « Quæ hodie regio, quæve provincia ulla, quousque vel Romanum imperium, vel Christianum nomen extenditur, natalem non gaudet celebrare Vincentii ? »

Que peut-on ajouter à ce récit ? quel sentiment doit-il inspirer aux ecclésiastiques d'aujourd'hui ! quelle différence de ces bienheureux temps à ceux-ci ! des diacres anciens aux nouveaux ! quel courage, quel zèle, quelle religion ! admirons, louons Dieu dans ses saints, tremblons, humilions-nous, confondons-nous.

Saint Jacques, diacre. — Saint Marien, lecteur.

Si de l'Espagne nous passons en Afrique, que de nombreux spectacles y verrons-nous ! que d'ecclésiastiques éminents en science et en vertu, qui, dans les premiers siècles, ne respiraient que le martyr ! Arrêtons-nous, entre plusieurs, à deux ou trois : saint Jacques, diacre, et saint Marien, lecteur, se présentent d'abord à nous. Comme on en voulait aussi alors particulièrement aux ecclésiastiques, c'était se vouloir exposer aux plus cruels supplices que de déclarer qu'on l'était. On prend ces deux lévites comme Chrétiens simplement, et on se persuade qu'on déchirera leur foi en déchirant leurs membres : « Tanquam membrorum laceratione frangeretur fides, cui corporis cura vilis est. » Le premier, qui depuis longtemps pratiquait une grande austérité de vie, ayant courageusement confessé qu'il était diacre, fut appliqué à la torture : « Et Jacobus quidem sicut erat in virtute fidei semper austerior, qui et infestationes jam semel Decianæ persecutionis evicerat, affectavit se non Christianum tantum, sed diaconum confiteri. » Saint Marien déclare aussi qu'il est lecteur : « Marianum autem fecit tormentis obnoxium, quod se lectorem tantum, sicuti fuerat fatebatur. » Ce fut assez pour qu'on entreprît de vaincre leur constance par les plus horribles tortures ; que d'inventions diaboliques ne mit-on pas en usage pour venir à bout d'eux ! On n'oublia rien de ce qui peut porter un homme à l'impatience, de ce qui peut abattre un courage inflexible. Satan seul peut inspirer ces moyens si damnables et si artificieux : « Quænam illa tormenta ! quam nova ! quam diaboli venenato sensu et dejiciendi artibus exquisita supplicia ! » Saint Marien fut suspendu sur ses plaies mêmes : « Pependit Marianus ad vulnera. » Élevé ainsi au-dessus de la terre, il remplit l'office de lecteur, dont on le chargea dans son ordination, lorsqu'on lui apprit que son élévation extérieure dans l'Eglise, au-dessus du reste des fidèles, n'était que l'image de l'élévation intérieure, c'est-à-dire du degré sublime de vertu qui devait le rehausser par-dessus les autres : « Figurantes positione corporali, » dit l'évêque, « vos in alto virtutum gradu conversari debere. » Il imite Jésus-Christ, qui élevé en croix attire tout à lui : « Exaltatus a terra omnia traham ad meipsum. » Point d'autre exaltation dans l'Evangile : *Cum exaltaveritis filium hominis.* (Joan. VIII, 28.) Le sacerdoce de Jésus-Christ ne reconnaît que cette hauteur seule. Enfin, tout cède à la fermeté de nos deux ecclésiastiques ; plus on augmente les tourments pour vaincre ce digne lecteur, plus son courage s'élève-t-il pour vaincre les tourments ; l'accroissement est réciproque : « Marianus noster in Deum fidens, quantum corpore torquebatur, tantum mente crescebat. » Vous n'obtiendrez rien contre ce temple du Dieu vivant, contre ce cohéritier de Jésus-Christ, impie cruauté ; arrachez les membres de ce saint lecteur, tourmentez ses sacrés côtés, déchirez ses entrailles, vous ne le surmonterez pas : « Suspenderis licet membra, concusseris latera, divulseris viscera. » Rien n'ébranle la constance de nos deux ecclésiastiques. Les tortures et les chevalets, la faim et la soif, les ténèbres épaisses d'un cachot, les promesses et les menaces, tout est inutile ; ils ne sont sensibles qu'à une seule chose. On les avait mis dans une prison commune avec les fidèles laïques, c'est-à-dire les brebis et les pasteurs ensemble. Cette société leur était douce ; ils consolaient et fortifiaient ceux à qui ils devaient la doctrine et l'exemple; ils s'animaient mutuellement tous à souffrir la mort pour Jésus-Christ; on les sépare; on arrache les enfants d'entre les bras des pères; les idolâtres se persuadent qu'ils viendront mieux à bout de ceux-là, quand ils les auront privés du secours de ceux-ci. Cette séparation attriste les ecclésiastiques, ils appréhendent qu'elle ne nuise à la persévérance des laïques; d'ailleurs, ils apprennent qu'on commence à répandre le sang de ces mêmes fidèles avant que d'en venir au leur. Diviser le peuple du clergé, c'est alarmer et blesser tout à la fois la charité paternelle des ecclésiastiques; et immoler les brebis avant les pasteurs, c'est mortifier le zèle des pasteurs et provoquer leur jalousie; c'est renverser l'ordre hiérarchique, qui veut que le pasteur précède le troupeau. Telle est la seule crainte et la seule peine de nos martyrs. Ce n'est ni la torture ni la mort qui les inquiète, c'est l'éloignement de leurs ouailles, c'est la peur que les loups ne les dispersent, c'est la douleur de ne pas marcher devant eux, et de ne les pas affermir par leur exemple : « Nam ita inter se nostræ religionis gradus artifex sævitia deviserat, ut laicos clericis separatos, tentationibus sæculi et terroribus suis putaret esse cessuros; ergo, charissimi nostri et fidelissimi milites Christi, Jacobus diaconus et Marianus lector, cæterique de clero contristari aliquantulum cœperunt, quod laicis certaminis sui laude perfunctis, servaretur sibi tam lenta et tam sera victoria. » O Dieu ! quels ecclésiastiques ! quelle ambition d'avoir le premier rang et la première place. Ne vous affligez pas, vrais ministres de celui qui s'est immolé pour vous, afin de vous mériter la force de vous immoler pour lui; vos désirs sont accomplis; des troupes incroyables de laïques sont égorgées, et nos dignes ecclésiastiques mêlent leur sang au leur sur la terre, et tous ensemble ils s'en vont au ciel réunir leurs actions de grâces et leurs couronnes, et se réunir à celui d'avec lequel nul glaive ne les divisera jamais.

Saint Victor, prêtre. — Saint Flavien, diacre.

Pour ne pas encore sortir de cette troisième partie du monde, jetons les yeux sur d'autres célèbres martyrs africains; sur saint Victor, prêtre, sur saint Flavien, diacre, et quelques autres ecclésiastiques qui souffrirent une glorieuse mort pour Jésus-Christ. Qui pourrait exprimer le courage avec lequel ils endurèrent des tourments inouïs? Ecoutons-les eux-mêmes, et que la lecture de quelques petits fragments, extraits de leurs Actes, édifient notre piété, et tiennent lieu eux seuls de toutes les réflexions les plus méditées que nous saurions faire sur leurs vertus. A peine fûmes-nous pris, disent-ils, que les soldats nous assurèrent que le président, animé de fureur et tout sanglant encore de l'horrible carnage des Chrétiens qu'il avait fait les jours passés, avait résolu de nous faire brûler tout vifs. Mais nous n'eûmes pas plutôt fléchi les genoux que Dieu, qui tient en sa main le cœur des rois, lui fit changer d'avis. Le feu déjà allumé fut éteint, et les soldats nous conduisirent en prison. Nous n'eûmes point d'horreur de l'effroyable obscurité de ce lieu ; « Nec expavimus fœdam loci illius caliginem. » Nous entrâmes dans ces caveaux ténébreux comme si nous fussions entrés dans le séjour de la lumière : « Quasi ascenderemus in cœlum. » O Dieu ! quels jours et quelles nuits passâmes-nous dans ces cachots souterrains ! « Quales illic dies duximus ! quales exegimus noctes ! exponi nullis sermonibus potest. » Ce qu'on endure dans ce sombre séjour ne peut s'exprimer, et nous ne craignons point de dire ici combien ce supplice est atroce; car sa grandeur ne sert qu'à donner à entendre la vertu de celui qui le surmonte en nous, et qui nous le fait surmonter à nous-mêmes si aisément, que ce n'est plus pour nous un combat douteux, mais une victoire assurée, tant la protection de Dieu est abondante. Etre tué est compté pour rien parmi les serviteurs de Dieu, et mépriser la mort passe pour un avantage médiocre chez eux, depuis que le Sauveur lui a ôté son aiguillon et en a fait le trophée de la croix : « Tormenta carceris nulla affirmatione capiuntur, nec veremur atrocitatem loci ut est dicere, quo enim tentatio grandis est, eo major est ille qui eam vincit in nobis, et non est pugna quia est Domino protegente victoria. Nam et occidi servis Dei leve est, et ideo mors nihil est cujus aculeum comminuens, contentionemque devincens Dominus, per tropœum crucis triumphavit. » Quel courage, quelles expressions également humbles et fortes ! que la prédication des ecclésiastiques sur la sellette a d'énergie et d'onction; qu'elle se ressent bien du lieu où ils sont et de celui qui est en eux ! de la cause pour laquelle ils souffrent et du maître qui les soutient dans leurs souffrances ! quel esprit de ferveur, d'amour, de zèle, de piété, ces paroles ne respirent-elles pas ! Mais leur angoisse va être tout d'un coup changée en allégresse. Comment cela? est-ce qu'on va les délivrer et les renvoyer tranquillement chez eux ? Point du tout. On les sort de la prison chargés de chaînes, pour les interrogés devant le juge, pour confesser le nom de Jésus-Christ, pour y souffrir la question, pour y être chargés d'opprobres, pour y être condamnés; voilà le sujet de leur joie. O jour heureux, disent-ils, ô chers liens, ô glorieuses chaînes, plus aimables mille fois que la liberté ! ô fers plus précieux que l'or le plus pur ! ô discours de l'éternité que nous tenions alors, notre plus douce consolation ! Voilà l'esprit des ecclésiastiques qu'on traîne au supplice pour Jésus-Christ : « O diem lætum ! gloriam vinculorum ! o aptata votis omnibus catena ! o ferrum optabilius atque pretiosius omni auro ! loqui nostrum futurorum solatium fuit. » Mais leur course n'était pas sitôt prête à finir. On les ramène encore une fois dans cette affreuse prison, et on tâche de les faire mourir de faim en ne leur donnant presque rien du tout pour leur nourriture : « Hoc itaque prælio victus diabolus, ad alteras se astutias vertit, fame nos et siti tentare molitus, et hoc suum prælium multis diebus fortissime gessit. » A cette rude épreuve, ces généreux ecclésiastiques ne s'abattent pas ; la faim et la soif, si capables d'ébranler les plus fermes, ne les rendent que plus résolus et plus courageux. Dieu les console au milieu de leurs afflictions ; un enfant, tout rayonnant d'une gloire ineffable, s'apparaît à l'un d'eux, nommé Victor, prêtre, qui souffrit le martyre peu après cette vision ; il lui sembla que ce merveilleux enfant le menait à tous les endroits par où l'on pouvait sortir de cette prison, et que, les trouvant tous fermés, il lui dit : Vous souffrirez encore un peu, car les obstacles ne sont pas levés ; mais confiez-vous, je suis avec vous : « Adhuc modicum laborabitis quia nunc impedimini, sed confidite quia ego vobiscum sum ; » et cet enfant divin ajouta, s'adressant encore à ce prêtre qui, dans peu de jours, devait être martyr : Dites-leur, ajouta-t-il, parlant des autres ecclésiastiques prisonniers avec lui, et réduits aux extrémités que nous venons de rapporter, dites-leur ces mots : Ne vous abattez pas ; plus vous souffrirez, plus votre couronne sera-t-elle glorieuse : « Dic illis quia gloriosiorem coronam habebitis. » Quelle douce consolation ! quel sujet d'encouragement ! quelle peine ensuite n'eût pas été supportable !

Enfin, après plusieurs mois d'une si horrible prison et d'une faim si pressante, on les mène au supplice : « Dum per plurimos menses reclusi tulissent carceris pœnas, et fame ac siti diu laborassent, tandem sero produci jubentur. » Ils le subissent avec joie, à l'exception de Flavien, diacre aimé du peuple, qui voulait lui conserver la vie et qui prétendait qu'il n'était point diacre, comme il l'avait hautement déclaré ; car c'était aux ecclésiastiques que les tyrans en voulaient alors. Ce saint diacre qui, pendant la cruelle faim dont ses confrères ecclésiastiques avaient été affligés en prison, se privait de sa part à quelques petits restes qu'on leur jetait, et qui tous ensemble n'eussent pas suffi pour les empêcher de mourir, si Dieu ne les eût miraculeusement sustentés, ce saint diacre, dis-je, fut donc réservé ce jour-là. Quelle douleur n'eut-il pas de voir ses confrères marcher au martyre avec une joie indicible, et d'être contraint de rester seul, séparé de leur chère compagnie ! quel ennui ne s'empara pas de son cœur désolé ! Sa résignation à la volonté de Dieu le soutenait au milieu d'une angoisse si amère ; et il disait, tout pénétré d'affliction : Pourquoi m'abattre ainsi de ce que je ne meurs pas pour Jésus-Christ ? pourquoi m'en prendre aux hommes du retardement de mon bonheur ? tout n'est-il pas entre les mains de Dieu ; n'est-il pas le maître des cœurs, et rien se fait-il sans son expresse volonté ? « Et quamvis haberet plenam doloris materiam, quod scilicet de tam bono collegio separatus est ; tamen fide et devotione qua vixit, credebat id fieri quod Deus vellet, et tristitiam solitudinis destitutæ religio sapientiæ temperabat ; dicebat etiam : Cum cor regis in manu Dei sit, quæ causa mœroris est aut quare succensendum homini putem, qui loquitur hoc quod jubetur. » On le ramène donc en prison ; le peuple, ses parents et ses amis, car il avait l'estime et l'affection de toute la ville, voulant le sauver du supplice et prétendant qu'il n'était point diacre, comme il l'avait déclaré, il passa deux jours dans cette prison comme dans un sépulcre, d'où il devait ressusciter le troisième jour, par la résurrection d'un glorieux martyre ; ce sont les paroles de leurs Actes. Une de ces deux nuits, comme il était absorbé dans la mélancolie de ce que son martyre était reculé, il lui sembla voir un homme qui lui dit : D'où vient que vous êtes si triste ? « Postea cum plures paterentur, contristabar in visu noctis, quod quasi a collegis meis remansissem ; et apparuit mihi vir quidam dicens : Quid contristaris ? » Et comme il lui eut expliqué le sujet de sa désolation, cet inconnu ajouta : Quoi, vous vous attristez ? vous avez confessé deux fois le nom de Jésus-Christ et vous allez être martyr : qu'avez-vous à vous plaindre ? « Cui cum causam tristitiæ meæ dicerem, ait : Contristaris ? bis confessor es, tertio martyr eris per gladium. » Enfin, on le sort de prison, on le conduit au tribunal du juge ; tout le monde le presse de conserver sa vie et de sacrifier seulement une fois ; on le prie, on le conjure, on dispute contre lui, on maintient qu'il n'est point ecclésiastique, et, par conséquent, qu'il faut le délivrer ; on le menace de la question s'il ne l'avoue ; il triomphe de tout, il confesse Jésus-Christ, il déteste les idoles, il proteste qu'il est ecclésiastique ; on le condamne à la mort. La joie revient alors sur son visage ; plusieurs prêtres, ses disciples, honorent de leur présence son sacrifice et le conduisent au lieu de son immolation ; il exhorte tous les fidèles présents à demeurer fermes dans la foi, et conserver la charité et l'unité parmi eux : « Pacem et dilectionis unitatem. » A cette exhortation succède la prière ; il se met à genoux et finit son oraison avec sa vie mortelle : « Deinde ad locum victimæ perfecto sermone descendit, et fixis tanquam ad precem genibus passionem suam cum oratione finivit. » Que de grands exemples dans une seule action ! que de vertus ensemble ! que de sujets d'admiration, de méditation et de confusion pour nous !

Le clergé de Carthage.

Mais pourquoi chercher d'autres histoires particulières dans cette partie du monde chrétien ; arrêtons-nous à un seul mot de saint Cyprien, ce saint évêque si célèbre par son éloquence, par sa doctrine, par son zèle, par ses actions, par son martyre. Il nous assure la chose du monde la plus édifiante et que nous ne saurions assez admirer ; il écrit à un évêque nommé Successus, sur les bruits qui couraient au sujet des édits de Valérien contre l'Eglise, et dont ce prélat n'était pas bien éclairci. Saint Cyprien, pour lui apprendre au vrai la chose comme elle était, lui mande que le rescrit de cet empereur au sénat, portait expressément qu'on eût à se saisir sans délai des évêques, des prêtres et des diacres, pour les faire mourir sur-le-champ : « Rescripsisse Valerianum ad senatum, ut episcopi, presbyteri et diacones incontinenter animadvertantur ; » que ce décret était envoyé par toutes les provinces de l'empire pour y être exécuté : « Subjecit etiam Valerianus imperator orationi suæ exemplum litterarum quas ad præsides provinciarum de nobis fecit ; » qu'à Rome, le Pape Xiste avait déjà passé par le tranchant du glaive, et qu'on y faisait sans cesse une exacte perquisition des ecclésiastiques pour les livrer aux bourreaux ; que de jour à autre on attendait à Carthage cette ordonnance impériale ; qu'il l'informe de ces choses, afin qu'il les fasse savoir à tous les autres évêques de l'Afrique, et que, par les exhortations des pasteurs et leur bon exemple, les fidèles se tiennent prêts à soutenir aussi bien que les ecclésiastiques ce rude combat : « Ut ubique hortatu eorum posset fraternitas corroborari et ad agonem spiritalem præparari. » En un mot, qu'ils s'occupent tous, prêtres et peuples, de cette maxime si nécessaire, qu'un Chrétien, surtout dans ces occasions, doit plus songer à l'immortalité qu'à la mort : « Ut singuli ex nostris, non magis mortem cogitent quam immortalitatem. » Mais ce qui fait entièrement à notre sujet, et que l'événement justifia comme nous venons de voir dans les exemples rapportés ci-dessus, c'est qu'il assure que tous les ecclésiastiques qui composaient le clergé de Carthage attendaient de moment en moment l'arrivée de cet édit ; et cela avec tant de résignation, qu'ils ne s'occupaient d'autre chose que de se tenir prêts à se livrer ; en sorte même qu'ils n'avaient pu songer à lui écrire plus tôt, étant à la veille de se voir tous martyrysés, et qu'il n'y en avait point qui ne fût si embrasé du zèle de répandre son sang pour la foi, qu'aucun d'eux n'avait voulu s'éloigner pour lui aller porter cette lettre, crainte de perdre l'occasion du martyre : « Ut non vobis incontinenter scriberem, frater carissime, illa res fecit, quod universi clerici sub ictu agonis constituti, recedere istinc omnino non poterant, parati omnes pro animi sui devotione ad divinam et cœlestem gloriam. » Quel spectacle glorieux aux yeux des anges et de Dieu même, voir tous les ecclésiastiques d'un clergé nombreux disposés au martyre, et attendre impatiemment l'heure de donner leur vie, pour satisfaire aux devoirs de leur ministère ! d'abandonner toute autre pensée, de ne se remplir que de celle du sacrifice d'eux-mêmes, et de ne vouloir pas s'absenter un moment, de peur de manquer un tel bonheur : « Parati omnes pro animi sui devotione ad divinam et cœlestem gloriam. » On croit beaucoup avoir gagné quand on dit qu'il y a dans un séminaire quelques ecclésiastiques prêts à aller travailler où l'on voudra, et Dieu veuille même qu'il y en ait beaucoup de ce caractère et capables d'un tel détachement, et qui plus est de persévérer dans des emplois où, quoique rien ne manque aux nécessités de la vie, loin de le prodiguer, ils soient néanmoins contents de travailler sans vue d'aucun intérêt, sans espérance d'établissement, dans un détachement parfait de leur patrie, de leurs parents et d'eux-mêmes. Plaise à Dieu d'en donner un grand nombre de semblables à son Eglise ; mais combien y en aurait-il de prêts à répandre leur sang, à souffrir ces cachots horribles dont nous venons de parler, cette faim et cette soif extrêmes de plusieurs mois, ces tortures et ces chevalets, et une mort enfin cruelle. Combien y en aurait-il à l'épreuve de tant de tourments, qui attendissent impatiemment l'arrêt de leur condamnation, qui ne s'occupassent qu'à mettre ordre à tout, qu'à dire adieu à tout, pour n'avoir plus qu'à soutenir les rudes assauts d'une si terrible persécution ? qui refusassent de s'abstenir un seul jour, dans l'appréhension de manquer à l'heure du combat ?(« Parati omnes pro animi sui devotione ad divinam et cœlestem gloriam. » L'événement justifia combien leur zèle était effectif et réel ; un nombre d'ecclésiastiques, au delà de ce qu'on peut penser, souffrit le martyre, et nul d'eux ne manqua de courage ; nul ne tourna la tête en arrière, nul ne tomba. Les Actes originaux et sincères qui déplorent la chute de quelques laïques ne reprochent rien aux ecclésiastiques ; ils ne nous parlent que de troupes entières de prêtres, de diacres, de lecteurs décapités, que de monceaux de corps morts ; car, après avoir rapporté le supplice des laïques, venant aux ecclésiastiques, voici comme ils s'expriment : « Mira tunc ibi cerneres et exquisita compendia sæviendi ; nam cum manum carnificis gladiumque ipsum tot cervicibus debitum, numerosus justorum populus cingeret ; artifex feritas dispositas agminum series, in ordinem redigebat..... nam si uno in loco percussurus ipse carnifex consisteret, immensam struem corporum cumulus acervaret, ipsum denique spatium tanta strage completus alveus denegaret ; » et ce fut là que les saints prêtres, diacres et lecteurs, les combats desquels nous avons il y a peu rapportés, finirent enfin leur sainte vie sur la terre, pour aller au ciel en commencer une qui ne finira jamais.

Saint Cyprien, évêque.

Saint Cyprien, leur évêque, les avait devancés. Sitôt qu'il eut appris par un messager qu'il avait exprès envoyé à Rome, le martyre du pape Xiste et la persécution excitée contre le clergé romain, à qui, non plus qu'ailleurs, on ne faisait aucune grâce, ainsi qu'il l'écrit à Successus, et que Ponce, son diacre, l'a rapporté dans la Vie du même saint Cyprien, il se disposa lui-même au martyre; il attendait de jour en jour l'arrivée de cet édit cruel, qui devait faire épancher tant de sang sacré; et l'on peut dire que chaque jour était un jour de martyre pour lui dans la disposition de son cœur: « Jam de Xisto bono et pacifico sacerdote, ac propterea beatissimo martyre, ab urbe nuntius venerat, sperabatur jam jamque carnifex veniens qui devota sanctissimæ victimæ colla percuteret; et sic erant omnes dies illi quotidiana expectatione moriendi, ut corona posset singulis adscribi. » On veut lui persuader de se retirer; mais Dieu ne lui inspirant pas de suivre ce conseil, et ne lui en donnant aucune marque, il ne peut s'y résoudre; il préfère le soin de son troupeau à sa propre conservation; il redouble ses exhortations avec tant de zèle, que son plus pressant désir est de se voir couper la gorge par les bourreaux, au moment même qu'il ferait servir sa bouche à la prédication de la parole de Dieu, et à animer ses peuples à se laisser couper la leur pour Jésus-Christ: « Etiam loca in quæ secederet offerebant; ille vero jam mundum, suspensa ad cœlum mente neglexerat, nec suadelis blandientibus annuebat; fecisset fortasse si et divino imperio juberetur, etc. Tanta fuit illi sacri cupido sermonis, ut optaret sic sibi passionis vota contingere, ut dum de Deo loquitur in ipso sermonis opere necaretur. » Enfin, l'édit sanglant arrive; on se saisit de ce saint évêque comme du chef de tout le troupeau; on le conduit devant le tribunal du juge; il marche plein de courage et de joie: « Processit animo sublimi et erecto, hilaritatem præferens vultu, et corde virtutem. » Le président voyant bien que c'était un rocher inébranlable, dit saint Augustin: « Cum enim ejus immobilem mentem videret, » lui dit qu'il consultât bien ce qu'il allait faire: « Consule tibi. » Saint Cyprien lui repart: Faites ce qui vous est ordonné; dans une affaire si juste, il n'y a pas lieu à délibérer: « Fac quod tibi præceptum est; in re tam justa, nulla est consultatio. » Mais à quels sentiments d'amour et de transport notre cœur ne doit-il pas se laisser aller envers ce glorieux martyr, continue saint Augustin, lorsque nous entendons les dernières paroles qui sortirent de sa bouche; car l'arrêt de mort lui étant prononcé, il répondit: Louange à Dieu: « In quid erumpat cor nostrum nisi in ipsam venerabilis martyris ultimam vocem; cum enim Galerius maximus decretum ex libello recitasset, Cyprianum gladio animadverti placet, respondit ille: Deo gratias. » Il qualifié dans la sentence de sa condamnation chef de la secte des Chrétiens, ennemi des dieux, et celui par qui il fallait commencer de répandre le sang, pour donner terreur aux autres: « Sectæ signifer, inimicus deorum, et qui suis futurus esset ipse documento et quod sanguine ejus inciperet disciplina sanciri. » En effet, comme observe l'historien de sa Vie, sa mort édifia extrêmement toute l'Afrique; il fut le premier évêque de Carthage qui donna sa vie pour la foi et laissa ce grand exemple à ses successeurs; et le sang qu'il répandit ce jour-là fut si fécond, qu'un très-grand nombre de prêtres, de diacres et d'autres ecclésiastiques le suivirent et furent martyrisés dans cette persécution, comme nous avons vu: « Documento autem suis fuit qui multis pari genere secuturis, prior in provincia martyrii primitias dedicavit, sanciri etiam cœpit ejus sanguine disciplina; sed martyrium, qui doctorem suum imitatione gloriæ consimilis æmulati, ipsi quoque disciplinam exempli sui proprio cruore sanxerunt. »

Au reste, le zèle de cet admirable pasteur ne finit pas avec sa vie; car nous voyons fréquemment dans les Actes du martyre des ecclésiastiques qui souffrirent la mort après lui, qu'il leur apparaissait au milieu de leurs combats, qu'il les encourageait, qu'il les consolait, qu'il les fortifiait; enfin, qu'il continuait de faire dans le ciel l'emploi qu'il avait exercé sur la terre. C'est ce qui serait trop long à rapporter; mais ce qu'on ne peut omettre, c'est le regret de son archidiacre, et qui mit par écrit l'histoire de ce grand prélat, à la prière des fidèles de ce temps-là, de n'avoir pas suivi son évêque dans sa passion. Ces regrets, produits dans ce cœur digne des premiers diacres, n'étaient pas moins les effets de la grâce de saint Cyprien, que les apparitions dont il animait les autres. Il était juste que notre grand prélat, dit cet auteur, ayant mené une vie si exemplaire, fût le premier qui, dans l'Afrique, après les apôtres, empourprât les couronnes sacerdotales de son sang: « Ut Cyprianus qui bonorum omnium fuerat exemplum, etiam sacerdotales coronas in Africa primus imbueret, quia et talis esse post apostolos prior cœperat, ex quo enim Carthagini episcopatus ordo numeratur, nunquam aliquis quamvis ex bonis et sacerdotibus, ad passionem venisse memoratur. »

Je m'arrête en cet endroit, ne sachant à quoi me résoudre, ni à quel sentiment m'abandonner, continue Ponce, auteur de la Vie de notre saint, et son diacre: *Quid hoc loco faciam?* Quel parti prendrai-je? mon cœur se trouve tiré de deux endroits; la joie d'avoir vu vaincre mon évêque, et la douleur de ne l'avoir pas suivi me partagent également; il fallait décrire son triomphe, je l'avoue, mais il m'eût été bien plus glorieux d'y avoir eu part. La persuasion où vous êtes, mes très-chers frères, qu'il n'a pas tenu à moi, me soutient; après tout, je sens en moi moins de joie de la couronne qu'il a remportée, que de douleur de ne l'avoir pas partagée avec lui: « Inter gaudium passionis, et remanendi dolorem in partes divisus animus, et augustum nimis pectus, affectus duplices onerant, dolebo quod non comes fuerim, sed illius victoria triumphanda est, de victoria triumphabo, sed doleo quod comes non sum, verum vobis tamen et simpliciter confitendum est, quod et vos scitis, in hac me fuisse sententia, multum ac nimis multum de gloria ejus exsulto, plus tamen doleo quod remansi. »

Sans doute que de tels sentiments dans un diacre et de telles vertus dans un prélat, nous doivent donner une grande idée de la sainteté qui régnait alors parmi les ecclésiastiques. Quel spectacle édifiant de voir un évêque et tout son clergé dans l'attente d'une cruelle persécution, et les préparatifs d'un martyre prochain et assuré ! nul d'eux ne s'enfuit, nul ne se cache ; l'évêque prêche et exhorte publiquement et hautement son peuple à répandre son sang pour la foi ; il ne souhaite rien de plus, s'il a à mourir, que de mourir dans l'exercice actuel de son ministère : « Optabat se sibi passionis vota contingere, ut dum de Deo loquitur, in ipso sermonis opere necaretur. » Tous ses ecclésiastiques sans exception ne respirent autre chose que de suivre un si bel exemple : « Clericos suos paratos esse omnes pro animi sui devotione ad immortalem et cœlestem gloriam. » Les peuples fidèles suivent en foule les pas de leurs saints pasteurs : « Interim per dies plurimos effusione sanguinis transmittebatur ad Dominum numerosa fraternitas ; » et la face du christianisme n'a jamais été plus belle. Qui l'aurait cru que les choses eussent dû changer jusqu'à ce point, et qu'il restât si peu de vestiges de cette première splendeur ! Combien voit-on de compagnies ecclésiastiques ne s'occuper que de procès, ne songer qu'à leurs intérêts, causer je ne sais combien de scandales ; ne pouvoir entre eux vivre en paix, s'acquitter très-mal de leurs fonctions, des Offices, des Messes, de la prédication ; en un mot, oublier leurs plus essentielles obligations, et ne faire reluire parmi eux ni charité, ni zèle, ni concorde, ni religion ! Que de différence de cet ancien et heureux temps à celui-ci ! Mais devait-on moins attendre de tels ministres, de qui la vie, déjà parfaite dans l'état laïque, répondait de la sainteté de celles qu'ils mèneraient dans l'état ecclésiastique ; qui portaient dans le ministère une vertu de longtemps acquise, et qui ne remettaient pas vainement comme nous à l'acquérir quand ils auraient reçu l'autorité du ministère ? « Cyprianum de suo talem accepit cathedra, non fecit, » qui se proposant toujours ceux de qui la vie était plus sainte, afin de les imiter, devenaient eux-mêmes des excellents modèles de sainteté : « Et sic dum meliores semper imitatur, etiam ipse se fecit imitandum ; » et qui, par une piété anticipée, avaient plutôt été parfaits qu'ils n'avaient appris à le devenir : « Præpropera velocitate pietatis, pœne ante cœpit perfectus esse, quam diceret ; » qu'on entre avec une vocation marquée dans l'état ecclésiastique, qu'on y apporte de telles dispositions, et l'on verra pour lors la vertu ancienne refleurir dans le clergé.

—

Saint Laurent, diacre.

Que si, après avoir parcouru toutes les parties du monde connu, l'Europe, l'Asie et l'Afrique, et avoir admiré l'esprit ecclésiastique dans l'Orient, l'Occident et le Midi, à Jérusalem, à Antioche, à Smirne, a Lyon, à Sarragosse, à Carthage, nous venons au centre de l'empire et de la religion, à Rome, la capitale de l'univers, cette terre si fertile en martyrs : « Fertilis ager martyrum, » combien de sujets d'édification, combien de nouvelles preuves de la sainteté du clergé de ces premiers temps n'y découvrirons-nous pas ? A Dieu ne plaise que nous entreprenions de les rapporter ici : ce serait un travail immense, et une entreprise qui excéderait infiniment nos forces. Le nom seul de saint Laurent, ce diacre si célèbre de l'Eglise romaine, ne nous donne-t-il pas d'abord l'idée la plus avantageuse du monde du clergé romain ? et le soleil éclaire-t-il l'univers avec plus d'éclat, que ce digne ministre des autels nous éclaire le monde spirituel des rayons de sa sainteté ? Qui peut égaler son ardeur à désirer le martyre, sa fermeté à professer la foi devant les tyrans, sa charité à dispenser les biens de l'Eglise, son héroïque patience à supporter les plus cruels supplices ? et Jérusalem, toute sacrée qu'elle fut, toute illustrée qu'elle eût été par le sang de saint Etienne, l'emporte-t-elle par-dessus Rome illuminée par les feux et les flammes de saint Laurent ?

Non, non, dit saint Ambroise, gardons-nous bien d'oublier le bienheureux martyr saint Laurent : « Non prætereamus sanctum Laurentium ; » et quoique son histoire soit connue de tout le monde chrétien, elle est trop édifiante en elle-même, trop glorieuse à l'état ecclésiastique, et trop à propos ici, pour n'en pas parler, sous prétexte qu'on ne saurait en rien dire qu'on ne sache déjà et qui ne soit extrêmement au-dessous de ce qu'on en pense. Il est vrai qu'il faut reconnaître avec saint Jérôme, que la grandeur du sujet est au-dessus de l'éloquence des orateurs : « Vincitur sermo rei magnitudine. » Et que l'esprit humain est d'autant moins capable de soutenir la dignité de sa matière, que ne trouvant pas de termes qui répondent à l'idée qu'il en a, il succombe sous son entreprise, il ne contente ni l'auditeur, ni soi-même, et il fait une espèce de tort à celui à qui il voudrait le plus rendre justice : « Quantoque majus fuerit quod dicendum est, tanto magis obruitur, qui magnitudinem rerum verbis non potest explicare ; » ou, comme ajoute saint Ambroise dans une semblable occasion : Pourquoi chercher des louanges qui sont toutes trouvées ? pourquoi entreprendre de louer une personne que tout le monde loue ? pourquoi faire le panégyrique de celui dont chacun se pique d'être le panégyriste ? « Prolixa laudatio est quæ non quæritur, sed tenetur ; nemo est laudabilior, quam ab omnibus laudari potest ; quot homines tot præcones. » Nul n'est donc exempt de prendre part aux éloges que mérite celui que nous allons louer; et tout Chrétien, sans distinction de prédicateur ni d'auditeur, par une soudaine et commune acclamation, a droit d'élever la voix et de publier le mérite de saint Laurent. Et d'abord, qui ne sera frappé d'admiration en voyant le saint transport de ce lévite des premiers temps, qui, plein d'une sainte jalousie de ce que son évêque allait se sacrifier pour Jésus-Christ sans l'associer à son sacrifice, où allez-vous, grand évêque, s'écria-t-il la larme à l'œil? où allez-vous, père charitable, sans votre fils? où allez-vous, prêtre religieux, sans votre diacre? aviez-vous jamais offert de sacrifice sans être accompagné de votre ministre? vous m'avez confié la dispensation du sang de Jésus-Christ, et vous me traitez comme si j'étais avare du mien? vous m'aviez choisi pour être votre coopérateur dans l'oblation des saints mystères, et vous refusez de m'admettre à l'offrande que vous allez faire de vous-même? Ne craignez-vous point d'intéresser votre réputation, et que la lâcheté du disciple, jugé indigne de combattre avec vous, ne rejaillisse sur le maître même qui triomphe sans lui? Quelle voix est ceci! quel langage étonnant! quels éclats de tonnerre! ce saint diacre ne garde plus de mesure dans son zèle; il pleure, non de ce que son prélat va perdre la vie, mais de ce que lui-même ne perd pas la sienne; non de ce que son évêque s'en va au ciel, mais de ce qu'il le reste sur la terre : « Flere cœpit non passionem illius, sed suam remansionem. Quo progrederis, sine filio, pater? quo sacerdos sancte, sine diacono properas? nunquam sacrificium sine ministro offerre consueveras; experire utrum idoneum ministrum elegeris cui commisisti Dominici sanguinis consecrationem, cui consummandarum consortium sacramentorum, hujus consortium tui sanguinis negas; vide ne periclitetur judicium tuum dum fortitudo laudatur, abjectio discipuli, detrimentum est magistri. »

Que si les discours enflammés de ce jeune lévite, tout hors de lui par le désir du martyre, font si bien éclater la ferveur des premiers ecclésiastiques, ceux de son évêque, cassé de vieillesse, et déjà martyr, montrent bien que le zèle d'alors n'était pas un effet d'un tempérament ardent, mais de l'Esprit-Saint qui brûlait leur cœur. Consolez-vous, mon fils, lui répartit ce digne prêtre, ou plutôt cette hostie déjà sur l'autel; consolez-vous, non de ce que je ne vous ravis pas, ni de ce que vous éviterez la persécution des tyrans; non, ce genre de consolation n'est pas de votre goût, je le sens bien; mais consolez-vous de ce que je vous laisse la couronne qui vous est destinée, en recevant celle qu'on m'offre; je vous en laisse une encore plus précieuse que la mienne; mes souffrances sont médiocres, et la sagesse divine les a proportionnées à ma faiblesse; mais tarissez vos larmes, mon fils, les grands combats vous sont réservés, et une victoire plus illustre vous attend, vous me suivrez incessamment. Trois jours encore, et le diacre marchera sur les pas du prêtre : il faut cet intervalle d'honneur entre vous et moi. O Dieu, quels discours embrasés sont ceux-ci : « Non ego te, fili, relinquo ac desero : sed majora tibi debentur certamina : nos quasi senes levioris pugnæ cursum recipimus, te quasi juvenem manet gloriosior de tyranno triumphus; mox venies, flere desiste; post triduum me sequeris; inter sacerdotem et levitam hic medius numerus decet. »

Telle fut la dispute aussi sainte et nouvelle que digne d'un prêtre et d'un diacre de Jésus-Christ, dit saint Ambroise; dispute digne des ecclésiastiques du temps passé, et bien différente de celle que les ecclésiastiques ont souvent entre eux aujourd'hui : « Talis erat contentio digna sane de qua certarent sacerdos et minister, quis prior pateretur pro Christi nomine. »

Au reste, ce n'était pas là des paroles vides, des promesses vaines. Le diacre suivit le prêtre, et les effets les résolutions. Tout se soutint en leur personne. La grandeur des actions égala la grandeur du courage. Ces deux principaux membres de Jésus-Christ, « electissima Christi membra, » offrirent également quoique différemment leur sang. Le saint vieillard épancha sur la terre les restes de son sang glacé; l'ardeur du feu fit bouillir dans les veines du jeune lévite un sang que les mouvements impétueux du divin amour rendait encore plus chaud au dedans que les charbons allumés qui le brûlaient au dehors, dit saint Léon : « Sevior fuit ignis qui foris ussit, quam qui intus accendit. » Et Rome, cette ville pour lors idolâtre, devint plus fameuse dans l'univers, délivrée des erreurs par la victoire de saint Laurent, que toutes ses victoires ne l'avaient rendue célèbre dans l'univers, assujetti par le bonheur de ses armes, ajoute saint Augustin : « Quam non potest abscondi Roma, tam non potest abscondi Laurentii corona. » Les rayons que saint Étienne, comme un soleil qui s'élève, épancha dans l'Orient, ne furent pas plus vifs ni plus grands que ceux que saint Laurent, comme un soleil couchant fit briller dans l'Occident : tant fut éclatante la gloire de ces deux lévites, qui, comme deux éclairs, illuminèrent le christianisme naissant et rendirent également illustre Jérusalem et Rome : « Ut a solis ortu usque ad occasum leviticorum luminum coruscante fulgore, quam clarificata est Jerosolyma Stephano, tam illustris fieret Roma Laurentio. »

Qu'est-il nécessaire, après cela, de rapporter l'histoire des souffrances de saint Laurent? les espèces de tourments qui, se succédant les uns aux autres, augmentaient par leur véhémence et surprenaient par leur nouveauté; qu'est-il nécessaire de parler de cette grille ou de ce lit de fer embrasé, et de ces flammes dont toute la terre a été éclairée; de cette fermeté et de cette grandeur d'âme à résister en face à un tyran en fureur et présent; à professer hardiment la foi, à souffrir tranquillement les tortures les plus atroces : « Flamma ustus, sed patientia tranquillus, » remarque saint Augustin, à dire froidement au milieu de ces brasiers : Je suis grillé d'un côté, tournez-moi de l'autre, et à reprocher à ses bourreaux leur inhumanité : « Assum est versa et manduca. » Surmontant ainsi, par la vertu intérieure de la grâce qui le soutenait, la vertu extérieure du feu qui le détruisait : « Ita animi virtute vincebat ignis naturam. » C'est ce que saint Léon nous donne à entendre par ces termes magnifiques : « Renuntiare Christo Laurentium jubet, et solidissimam illam Levitici animi fortitudinem diris parat urgere suppliciis, quorum ubi prima nil obtinent vehementiora succedunt, laceros artus et multa verberum sectione conscissos, subjecto præcipit igne torreri, ut per cratem ferream quæ jam de fervore continuo vim in se haberet urendi, conversorum alterna mutatione membrorum, fieret cruciatus vehementior et pœna productior. » Vous n'obtiendrez rien, cruauté plus que barbare. Il est vrai que par vos feux ce qu'il y a de mortel dans saint Laurent est consumé ; mais la plus excellente partie de ce saint lévite vous échappe et va triompher de vous dans le séjour où l'immortalité règne : « Nihil obtines, nihil proficis sæva crudelitas, subtrahitur tormentis tuis materia mortalis, et Laurentio in cœlos abeunte tu deficis. »

Tels ont été la vertu des premiers ecclésiastiques, leur courage, leur zèle, leur sainteté ; sans doute que le récit des exemples qu'ils nous ont laissés ne finira point, et il faut se résoudre, quoiqu'à regret, d'en omettre ici une grande partie, pour passer des premiers temps aux derniers, c'est-à-dire d'un premier sujet de consolation à un dernier, sans nous laisser tomber dans l'abattement par la considération des temps présents.

PART. II. — *De la vertu des ecclésiastiques qui illustreront l'Eglise dans les derniers temps.*

Il est rapporté dans la Vie de saint Ambroise, que ce grand évêque n'apprenait jamais la mort d'un bon prêtre, sans en être touché jusqu'à répandre des larmes très-amères, et en être affligé jusqu'à avoir besoin de la consolation de ses amis, qui moins éclairés que lui, ne comprenaient pas le sujet de sa douleur : « Flebat etiam amarissime quotiescunque forte nuntiatum illi fuerat cujuscunque sancti obitu sacerdotis, in tantum ut nos consolari niteremur, ignorantes pium affectum viri, nec qua ratione ita fleret intelligentes. » De quoi ce saint prélat les informait, en leur disant qu'il ne pleurait pas de ce qu'un bon prêtre était allé à Dieu, mais de ce qu'il le précédait ; et surtout, parce qu'il savait combien il était difficile de trouver des sujets capables de soutenir comme il faut le poids de la dignité sacerdotale, et qui fussent dignes d'un si saint ministère : « Quibus ille hujusmodi responsum reddebat : Non se flere qui recesserat qui fuerat mortuus nunciatus, sed quia præcesserat, vel quia difficile esset invenire virum qui summo sacerdotio dignus haberetur. »

Par cette raison, et si nous étions remplis du même esprit, quels torrents de larmes ne devrions-nous pas répandre, à quelle désolation ne faudrait-il pas nous livrer, non tant quand nous apprenons la mort d'un bon prêtre, d'un bon ouvrier évangélique, mais quand nous considérons que tous ces premiers ecclésiastiques dont nous venons de parler ne sont plus, qu'ils se sont retirés de nous et qu'il ne reste presque rien de cette première ferveur ; combien devrions-nous gémir de ce que ces grands luminaires se sont couchés pour nous ; de ce qu'on trouve peu de prêtres d'un mérite si signalé qu'ils éclairent les autres par l'exemple éclatant d'une vie sainte, et par les rayons d'une doctrine céleste ? Autrefois, dit l'Ecriture, et nous pouvons sans scrupule appliquer cette figure à nos jours, autrefois, parmi le peuple fidèle, lorsqu'on voulait connaître la volonté de Dieu, on parlait ainsi : Venez, disait-on, allons trouver ce prêtre éclairé qui nous tirera de doute : *Olim sic loquebatur in Israel unusquisque vadens consulere Deum : Venite, eamus ad videntem*. (I *Reg.* IX, 9.) En effet, c'est consulter Dieu, selon saint Grégoire, que de consulter ces oracles des vérités divines : « Dominum imus consulere quando ad eruditos prædicatores pergimus ut salutis nostræ consilium inveniamus. » Cela étant ainsi, pleurons, mes chers frères, ajoute ce grand pontife, pleurons, voyant combien le nombre des prêtres éclairés est présentement rare ; déplorons nous-mêmes notre malheur, et gémissons devant Dieu de ce que la fleur de la sainteté sacerdotale des premiers siècles, paraît si étrangement flétrie et décolorée dans ces derniers temps : « Sed quia modo tam perfectorum virorum raritas est, dum antiquorum temporum florem religionis attendimus, defectum ejus in præsenti tempore defleamus. » Soupirons voyant d'une part la misère spirituelle et le peu de vertu des ecclésiastiques d'aujourd'hui, et de l'autre l'état florissant et les vertus admirables de ceux des siècles passés : « De miseria præsentis temporis, et calamitate compuncti florem elapsi temporis, cum pulchritudine sanctitatis emarcuisse suspiremus. » Lors donc que nous considérons les pasteurs qui gouvernent à présent l'Eglise, s'attacher aux choses de la terre, chercher avec ardeur les biens périssables du monde, ne marquer aucun zèle pour la sainteté de vie qu'exige leur caractère, ne briller par aucun endroit, ni par la vertu ni par la doctrine, ne pouvons-nous pas, pénétrés d'une juste douleur et occupés de l'idée de leurs prédécesseurs, de ces premiers prêtres si pieux, si savants, si détachés, si remplis de l'esprit de Dieu, si embrasés de l'amour des biens célestes, si élevés en mérite, si saints et si parfaits ; ne pouvons-nous pas, dis-je, pleins d'un cuisant regret, nous écrier : Autrefois, dans les premiers temps, les fidèles se disaient l'un à l'autre. Allons consulter ces oracles vivants, ces prêtres animés de l'esprit de Dieu, mais hélas ! qui ne sont plus à présent : « Dum ergo pastores Ecclesiarum cernimus terrenis inhærere, labentia quærere, nulla spiritualis vitæ insignia proferre ; dum nulla nobis prælatorum nostrorum lux infunditur, ad laborem compunctionis illa quæ præierunt memorantes dicamus : *Olim sic loquebatur in Israel unusquisque vadens consulere Dominum : Venite, eamus ad videntem*. Ecclesia nimirum quia in priori tempore pastores habuit spirituali conversatione floridos, magna scientia eruditos, qui magno despectu terrena vilipenderent, cœlestia cogitarent ; ad lumen quod eis videbat populus, sic invicem exhortari poterant dicentes : *Eamus ad videntem*. »

Jugeons par cette règle combien nos larmes doivent être plus abondantes que celles de saint Ambroise, puisque le décès d'un seul bon prêtre l'obligeait à pleurer amèrement, et que nous avons à pleurer la perte de tout ce clergé ancien si illustre, si saint, si dévoué au culte de Dieu, à l'édification de l'Eglise et au salut des âmes ; de ce clergé si désireux du martyre, si porté à se sacrifier lui-même, si disposé à répandre son sang : « Clericos meos, » avons-nous vu de saint Cyprien, parlant de ses ecclésiastiques, « clericos meos paratos esse omnes pro animi sui devotione ad immortalem et cœlestem gloriam. » Quel spectacle merveilleux ! tout un clergé, l'évêque et les clercs, n'attendre que la torture et la mort, et subir l'une et l'autre avec un courage intrépide, ainsi qu'ils le firent en effet ! Qui pourrait nous consoler de l'éloignement où nous nous voyons de leur vertu, que ce qui consola l'auteur même qui mourait de regret de n'avoir pas mêlé son sang avec le leur. Il se soutenait dans la pensée que la vraie et sincère piété tient lieu de martyre dans les personnes consacrées à Dieu : « Deo mancipatis devotio dicatis hominibus, pro martyrio deputatur. » Cependant, combien même cette dévotion véritable est-elle rare parmi nous ? Combien l'argent de la statue mystérieuse du prophète Daniel, quoique inférieur à l'or, se trouve-t-il aujourd'hui difficilement dans sa pureté ? et ce qui semble plus déplorable, combien peu de personnes s'affligent-t-elles véritablement de cette diminution ! combien peu de gens y font-ils même réflexion, et gémissent-ils de la différence des premiers siècles aux nôtres ! Combien peu d'ecclésiastiques regrettent-ils ces temps bien heureux, et tâchent-ils d'imiter ces hommes apostoliques ; je ne dis pas les prêtres martyrs, je parle de ceux-là seulement qui, dans la paix de l'Eglise, ont été remplis de la grâce du sacerdoce, et en ont possédé l'esprit. Pour nous en convaincre, jetons encore les yeux, avant de finir cette matière, sur la vie de saint Grégoire de Nazianze, qui nous avait je ne sais comment échappé. Cette digression ne sera pas inutile, et ne retardera guère la seconde vue que nous allons examiner. Admirons les dispositions que ce saint apporta à l'état ecclésiastique, les vertus qu'il exerça dans l'administration de ses fonctions, et les sentiments qu'il eut dans sa retraite ; et puis nous nous consolerons dans l'attente des ecclésiastiques promis pour les derniers temps de l'Eglise.

Premièrement, il proteste que, dès qu'il eut résolu de se donner à Jésus-Christ, et que son cœur se sentit frappé d'amour pour ce divin Sauveur, de ce moment-là il renonça pour toujours aux conversations trop libres, aux amitiés tendres de ses égaux, aux festins, aux promenades publiques, aux maisons de plaisance, aux bains, et en un mot à tout ce qu'on appelle dans le monde les douceurs de la vie.

Toutes les vanités cessèrent de lui plaire, il devint mort à tous les divertissements et à tous les plaisirs des sens ; il s'éloigna au delà de ce qu'on peut croire de toutes les choses de la terre. Voilà par où il commença. Plaise à Dieu que les plus parfaits ecclésiastiques de nos jours finissent par là, et par ce que nous allons ajouter : « Sermonum lasciviam, æqualium consuetudinem, omnibus jucundam et amabilem, convivia, urbium fora, nemora et balnea, omnia denique quæ pro dolosæ hujus vitæ floribus habentur, mihi grata esse desierunt, ex quo nemet a terrenis rebus longissime abducens, Christum ulnis complexus sum. »

Il assure qu'il ne se laissa point éblouir au luxe et à la beauté des habits ; qu'il méprisa la bonne chère ; qu'il eut en horreur les palais, les grands et magnifiques appartements, qu'il ferma les oreilles aux charmes des belles voix et à la douceur de la musique ; qu'il ne recherchera point l'estime et les louanges des hommes : « Nec me pellexit serica vestis ; nec vero impensis convivia structa profusis suspexi, nec magnas habitare domos, et splendida tecta expetii ; nec jucunda meum demulsit musica mentem, nec vero laudes hominum famamque caducam expetii. »

Il nous apprend qu'étant encore à la fleur de son âge, il dompta sa chair par tant de mortifications et de travaux, qu'il abattit en elle les mouvements de la convoitise ; qu'il extirpa de son ventre l'aiguillon de la gourmandise et la fureur de la luxure ; qu'il emprisonna ses yeux dans ses paupières ; qu'il refréna sa colère, qu'il contint dans le devoir ses membres, et qu'il ne se laissa plus aller à rire : « Carnem meam ætatis flore lascivientem et æstuantem, multis et crebris laboribus attrivi ; ventris satietatem vicinamque rabiem sustuli ; oculos palpebris infixi ; iram abrupi ; membra devinxi ; risum deploravi. » Il fit un sacrifice à Dieu de tout lui-même, et toutes ses premières affections cédèrent la place à Jésus-Christ ; la plate terre lui servit de lit, un très-rude cilice fut son habit, les veilles et les larmes qu'il versait à torrents, étaient ses exercices ordinaires ; il fatigua ses épaules par de longs et durs travaux ; il passa des nuits entières à chanter des hymnes à Jésus-Christ, tenant son corps pendant la psalmodie comme une statue ; il se priva de toute consolation humaine et de tout plaisir créé sans exception, ne permettant pas même à son imagination de lui en représenter aucun, et de s'en former d'idée: « Omnia Christo cesserunt, priora omnia conciderunt ; terra mihi lectus fuit ; asperrima vestis membra contexi, pervigilia etiam et lacrymarum imbres adhibui, interdiu labori humeros subjunxi, hymnis tota nocte concinendis corpus instar statuæ defixi; nullam omnino humanam voluptatem ne in animam quidem induxi. » Il gémit de ce que l'évêque et le peuple de Nazianze l'avaient élevé par force au sacerdoce, il se plaint de ce qu'on lui avait fait en cela une espèce de violence tyrannique, et il en fut si outré, qu'aussitôt après son ordination il s'enfuit dans le désert : « Vi secundo loco collocatus, vi coactus sum ego ; vos vim attulistis. Verum hanc moleste adeo tuli tyrannidem, ut, » etc.

Il gardait un jeûne si rigoureux, qu'il ne mangeait qu'un peu de mauvais pain, avec quelques grains de sel, et qu'il ne buvait qu'un peu d'eau; que sa table ne coûtait aucune peine à dresser, et que les mets qui la couvraient lui étaient presque communs avec les oiseaux. Cependant cette rigide abstinence faisait toute sa joie : « At mihi cordi est panis rigidus, mihi grata obsonia præbet, sal purum; simplex nullaque instructa labore mensa, dein latices mihi sobria pocula fundunt. » O Dieu ! est-ce la vie d'un homme, d'un prêtre, d'un grand évêque ! quelle sainteté est celle-ci ! quel grand exemple, quelle confusion pour nous ! que de vertus ensemble ! qu'il en coûte cher à la nature pour édifier l'Eglise, pour servir de modèle aux fidèles, et pour remplir les devoirs du sacerdoce ! Que dire des peines continuelles et des fatigues de ce fidèle ministre et imitateur de Jésus-Christ notre souverain pontife et notre grand exemplaire! de cet âpre cilice, de cet esprit de solitude et de retraite continuelle, que nous voyons partout répandu dans ses écrits ! « Puderet laborum ærumnarumque mearum, et vestis asperæ, et solitudinis atque secessus, qui nobis in vita semper familiaris fuit, et vitæ apparatus omnis expertis, et mensæ tenuis quæ parum abest quin avium victui consimilis sit. »

Le désir de se séparer de toutes les choses du monde, de tous les vains plaisirs et des inutiles et dangereuses occupations, pour mieux s'unir à Jésus-Christ et pour se conformer à lui, l'obligea de chercher une solitude affreuse, de se loger dans une grotte horrible à voir par les hauts rochers qui la couvraient, et là, d'y mourir à toute la vie de la chair, d'y crucifier ses convoitises, et de n'avoir aucun commerce avec les hommes; d'y pleurer nuit et jour, d'y gémir et d'y soupirer sans cesse, d'y prier si longtemps à genoux, qu'ils en étaient tout écorchés ; d'y marcher sans souliers et pieds nus, de s'y macérer par la faim, d'y passer les nuits sans dormir, de se priver de l'usage du feu dans un des climats du monde les plus froids, pâle et défait, et revêtu d'une soutane noire toute déchirée qui lui descendait jusqu'aux talons. Telle est la peinture qu'il fait de lui-même : « Atque horrida rupibus quæ subii cupiens me adjungere Christo, ut vitæ huic morerer, carnem meam vinxi, ab hominum cœtu atque frequentia me in solitudinem asserui: hinc lacrymæ et medio suspiria pectore manant : quid lacrymas taces, et ventris frenum, et genuum vulnera, noctesque insomnes, calceisque carens, vestis atra ad talos usque pendet. Cum scopulis, trucibusque feris ego dego, domumque petram habeo. Non mihi calceus est, non est focus, unica vestis : pro tecto mihi sunt paleæ, pro tegmine saccus ; et madidus lacrymas pulvis ob assiduas. Nilque aliud prorsus quam Christum mente volutans. » Accordez la grâce que je vous demande, écrivait-il à un grand seigneur, accordez cette grâce à des personnes qui passent les jours dans le travail, et les nuits dans les veilles; qui n'ont autre lit qu'une natte étendue par terre, ni de plus fréquent exercice que de répandre des larmes, qui ne sont couverts que d'habits rompus, et de qui les yeux abattus n'ont plus de vigueur ni de force : « Da diurnis laboribus hymnisque nocturnis; da lectulo ad terram strato, da luctibus et lacrymis, da laceris pannis, oculisque tabe confectis. »

Une semblable vie, quelque courte qu'elle fût, ne passerait-elle pas à présent pour un long martyre; et l'auteur de la vie de saint Cyprien n'a-t-il pas raison de soutenir ceux qui se trouvaient désolés en ce temps-là de n'avoir pas répandu leur sang pour Jésus-Christ, en leur disant qu'ils eussent à suppléer au martyre, en consumant leur vie dans les pratiques d'une semblable piété : « Semper Deo mancipata devotio dicatis hominibus, pro martyrio deputatur. »

Enfin, saint Augustin, qui vivait peu après saint Grégoire de Nazianze, avait encore alors une si haute idée de la vertu des ecclésiastiques, qui sans doute sont les premiers d'entre les fidèles, puisqu'ils en sont les pasteurs, les conducteurs et les chefs, qu'il assurait que si la persécution de l'Antechrist et de tout l'enfer déchaîné fût venue, si ces temps effroyables, prédits par tant de prophètes, où la violence et l'artifice seront employés dans le dernier degré et avec tant d'adresse et d'efficace, que les élus même, si Dieu n'abrégeait ces jours d'angoisse et de calamité, seraient en péril d'être séduits et de se perdre ; si ces temps-là, dis-je, fussent arrivés, il était persuadé qu'il se fût trouvé des soldats de Jésus-Christ, avoir assez de lumière pour découvrir les pièges de ces terribles ennemis, et assez de patience pour supporter leurs tourments; « Quamvis et hoc temporis intervallo quosdam milites Christi tam prudentes et fortes fuisse atque esse non dubium est, ut etiam si tunc in ista mortalitate viverent, quando Satanas solvetur, omnes insidias ejus atque impetus, et caverent prudentissime et patientissime sustinerent. »

C'est au huitième chapitre du vingtième livre de la *Cité de Dieu*.

Cherchons donc dans les temps à venir ce que nous ne trouvons en ceux-ci que trop imparfaitement c'est-à-dire, des ecclésiastiques du caractère de ceux que nous venons de voir; un clergé d'une aussi éminente sainteté que celui qui vient de nous être dépeint; ou plutôt cherchons un prophète, un Aggée qui vienne nous dire : *Quis in vobis est derelictus qui vidit domum istam in gloria sua prima, et quid vos videtis hanc nunc? nunquid non ita est quasi non sit in oculis vestris? et nunc confortare, Zorobabel; dicit Dominus. Confortare, Jesu fili Josedec, sacerdos magne, dicit Dominus exercituum..... Magna erit gloria domus istius novissimæ plusquam primæ.* (Agg. II, 4, 5; 10.) Pour y parvenir il faut observer que, comme les persécutions des derniers temps de l'Eglise seront incomparablement plus terribles que celles des premiers temps ; que l'Antechrist attaquera la foi d'une manière infiniment plus dangereuse qu'elle ne l'a été sous Néron même ; qu'il joindra l'artifice à la force, la séduction à la violence, et que la cruauté qu'il exercera contre l'Eglise, pour lors sur sa fin, excédera de beaucoup celle de l'empire romain idolâtre contre l'Eglise naissante; d'ailleurs, que la lumière de la foi sera très-obscurcie sur la terre, et la ferveur de la charité extrêmement ralentie ; il faut avouer que les prêtres de Jésus-Christ, qui pour lors tiendront ferme contre un tel adversaire, et qui, quoique exposés à ses fureurs et à ses tromperies, loin de se laisser vaincre ou surprendre, non-seulement lui résisteront en face, mais, se mettant à la tête des fidèles, les fortifieront, les encourageront, les multiplieront même par la conversion de plusieurs qu'ils agrégeront au troupeau de Jésus-Christ; il faut, dis-je, avouer que de tels ministres du Fils de Dieu ne céderont en rien aux premiers, et même que leurs travaux seront plus grands et leurs victoires plus éclatantes.

C'est ce que nous assure saint Grégoire sur ce passage de Job, où il est dit que le Seigneur redonna à Job, qui figura si excellemment Jésus-Christ, le double de tout ce qu'il avait perdu : *Addidit Dominus omnia quæcunque fuerant Job duplicia.* (Job XLII, 10.) En effet, dit ce grand Pape, quoiqu'au temps de l'Antechrist la piété des fidèles paraisse en quelque sorte attiédie, quoique les grands combats qu'il faudra rendre contre ce perdu glacent le cœur des plus fervents, cependant, par le moyen de la prédication de la parole de Dieu, annoncée par Elie et par ceux qui pour lors seront honorés des fonctions du ministère, non-seulement les fidèles persisteront dans la foi, mais même il y aura beaucoup d'infidèles qui se convertiront à Jésus-Christ : « *Et quamvis eisdem temporibus quibus Antichristus appropinquat aliquatenus vita fidelium minoris esse virtutis appareat, quamvis in conflictu illius perditi hominis, gravis etiam corda fortium formido constringat: Elia tamen prædicante roborati,* non solum fideles quique in sanctæ Ecclesiæ soliditate persistunt, sed etiam ad cognitionem fidei multi quoque ex infidelibus convertuntur.* » Et ce qui paraît le plus digne d'admiration, c'est que les Juifs à présent si endurcis, si aveuglés, si obstinés, seront la conquête de ces zélés prédicateurs, de ces ministres de la parole de Dieu, de ces coopérateurs du prophète Elie. En sorte que, continue saint Grégoire, le reste de la nation juive, qui d'abord avait été rejeté à cause de son obstination, accourra au sein de notre Mère la sainte Eglise, transporté par les mouvements d'une piété incomparable ; d'où vient qu'il est ici fort à propos ajouté que le Seigneur bénit Job encore plus dans ses derniers jours qu'il n'avait fait dans les premiers temps : « *Ita ut Israeliticæ gentis reliquiæ, quæ repulsæ prius funditus fuerant, ad sinum matris Ecclesiæ pia omnino devotione concurrant ; unde et bene subditur: Dominus autem benedixit novissimis Job, magis quam principio ejus.* » (Job XLII, 12.)

Saint Augustin, dans l'endroit déjà cité, avait enseigné la même doctrine que saint Grégoire, et il nous assure qu'il y aura pour lors des fidèles, dont les ecclésiastiques font sans doute la plus excellente partie, si pleins de courage et de vertu, qu'ils ne pourront être ni renversés par l'orage des persécutions, ni séduits par les prestiges des opérations de Satan, qui, pour lors délié, déploiera toutes ses forces inutilement contre eux : « *Satan legitur tunc totis suis suorumque viribus sæviturus ; et tales erunt cum quibus ei belligerandum est, ut vinci tanto ejus impetu insidiisque non possint.* » Et nous devons même croire, poursuit ce saint docteur, qu'en ce temps-là, comme il y en aura sans doute qui abandonneront l'Eglise, aussi y en aura-t-il qui s'y incorporeront : « *Imo vero id potius est credendum ut nec qui cadant de Ecclesia, nec qui accedant ad Ecclesiam, illo tempore defuturos.* » Mais de quelle force, de quelle piété ne seront pas pour lors animés ces généreux athlètes, ces prêtres, ces prédicateurs futurs, puisque ceux mêmes qu'ils auront convertis à Jésus-Christ par leurs prédications doivent remporter la victoire sur ce fort de l'Evangile, qui pour lors ne sera plus lié, et qui se servira de tous ses artifices pour les séduire, et de toutes ses forces pour les abattre, sans qu'il puisse ni endormir leur vigilance, ni triompher de leur patience, ni empêcher, quoique délié, qu'ils n'échappent à sa fureur : « *Sed profecto tam fortes erunt qui tunc primitus credituri sunt, ut illum fortem vincant, etiam non ligatum ; id est omnibus qualibus antea nunquam, vel artibus insidientem, vel urgentem viribus, et vigilanter intelligant ! vel toleranter ferant, et sic illi etiam non ligato eripiantur.* » Oh ! Dieu, quels dignes pasteurs conduiront alors le peuple de Dieu, quelle sera la grandeur de leur foi, de leur zèle, de leur patience, de leur charité, puisqu'ils triompheront d'un si redoutable adversaire, et qu'ils ne seront point ébranlés par de si épouvantables tribulations ! Que si nous venons à considérer les combats de ces derniers ecclésiastiques, de ces admirables saints de ce temps à venir, qui maintiendront l'Église dans cette étrange extrémité, quels jugerons-nous que nous sommes en comparaison d'eux, puisque, pour éprouver leur vertu, on déliera un si formidable ennemi, nous qui le surmontons à présent avec tant de peine tout lié qu'il soit : « In quorum sane qui tunc futuri sunt sanctorum fideliumque comparatione, quid sumus ? quandoquidem ad illos probandos tantus solvetur inimicus, cum quo nos ligato tantis periculis dimicamus. » Aussi voyons-nous dans l'*Apocalypse* que les prédicateurs, qui sont envoyés de Dieu pour affermir son peuple contre les attaques de l'Antechrist, ne sont point appelés simplement des hommes, mais des anges forts, nom et titre d'honneur dont l'Écriture se sert ordinairement pour désigner les prêtres. Ce ne sont partout que des anges qui prêchent la parole de Dieu, qui annoncent l'Évangile par toute la terre, qui menacent les pécheurs du jugement prochain, qui soutiennent les bons, qui surmontent les démons, qui triomphent de l'enfer et de l'Antechrist.

C'est dans ces lumières que le grand saint Vincent Ferrier, l'apôtre des siècles derniers, et le prédicateur continuel du jugement, élevé par un transport prophétique, a vu la gloire de ce clergé des derniers temps, et en a prédit les vertus avec une magnificence incomparable.

Il faut, dit-il, que nous ayons continuellement devant nos yeux, comme en un tableau mystérieux exposé à notre religion, trois grands sujets de méditation : « Tria sunt a nobis singulariter, et quasi assidue meditanda. »

Premièrement, que nous considérions sans cesse Jésus-Christ dans son incarnation et sur la croix : « Christus incarnatus et crucifixus. » Et, en effet, Jésus-Christ dans ces deux mystères doit être le principal objet de la méditation d'un prêtre, puisque, dans l'un et dans l'autre de ces deux états, il nous est représenté tout ensemble et comme prêtre et comme victime, et par conséquent comme notre modèle ; car, si la première disposition du cœur de Jésus-Christ entrant en ce monde fut de s'offrir pour nous en sacrifice, ainsi que nous l'apprend l'Apôtre : *Ingrediens hunc mundum dixit : Holocautomata non placuerunt tibi, tunc dixi, ecce venio* (*Hebr.* x, 5) ; la dernière action de sa vie fut l'oblation réelle qu'il fit de soi-même sur l'autel de la croix ; ce fut ainsi que notre souverain pontife accomplit ce sacrifice si célèbre du matin et du soir, qui était en usage dans l'ancienne loi, et qu'il faut que tous les prêtres aient sans cesse devant les yeux, suivant saint Vincent Ferrier : « Tria sunt a nobis singulariter et quasi assidue meditanda, Christus incarnatus et crucifixus. »

La seconde chose que nous devons attentivement et continuellement méditer, dit-il, c'est la vie des premiers ecclésiastiques, leurs vertus et leurs actions, les grands exemples que nous ont donnés ces hommes apostoliques, qui nous ont devancés, et qui ont opéré tant de merveilles pour l'établissement du royaume de Dieu, afin de les imiter : « Secundo status apostolorum et fratrum præteritorum nostri ordinis et hoc cum desiderio ut illis conformemur. » Et c'est de quoi nous avons eu une ample matière dans tout ce qui a été rapporté ci-dessus : cherchons, dans la lecture que nous en ferons, de quoi édifier notre piété, de quoi confondre notre lâcheté, de quoi animer notre pusillanimité ; et, par le saint commerce que nous aurons en esprit avec ces colombes mystérieuses, pour s'exprimer avec le Prophète, joint aux gémissements que la considération de leurs vertus excitera en nous, par le séjour, pour ainsi dire, que nous ferons avec eux en méditant à loisir leur vie, qui a été la bonne odeur de Jésus-Christ sur la terre, revenons pleins et embaumés du parfum céleste qu'exhale leur conversation ; rapportons avec nous cette odeur excellente, afin ensuite d'en embaumer ceux que nous aborderons et de les attirer à la pratique des mêmes vertus, dont cette lecture nous aura inspiré l'amour ; car tel est l'artifice dont on se sert, selon saint Basile, pour attirer dans un colombier domestique les colombes sauvages : on en prend une, on l'apprivoise, on la parfume et on la laisse aller avec les sauvages ; celles-ci, alléchées par cette bonne odeur, la suivent dans le colombier quand elle y revient, et peuplent ainsi la basse-cour du maître du logis : « Ars quædam est ista aucupandi columbas ; ubi unam ceperunt, qui capiendis illis student, circumque illam reddunt et ad humanum convictum assuefaciunt ; deinde unguento alas illius perungunt, sinuntque conjungi agrestibus ; illa vero per unguenti fragrantiam agrestem illum ac liberi pastus gregem ad possessionem transfert ejus, cujus ipsa est domestica ; bene olentem namque sequuntur et reliquæ, atque ita in potestatem colombarii veniunt. » C'est de cette sorte, qu'un ecclésiastique, après s'être comme embaumé de la grâce et de la sainteté d'un bon séminaire, devrait y attirer les autres et répandre partout la bonne odeur des vertus qui s'y pratiquent. Ce fut aussi cette raison qui obligeait saint Basile à se servir d'une semblable comparaison ; il avait rempli les devoirs d'un jeune homme, il l'envoyait pour en communiquer le goût à un autre : « Divino unguento animæ illius alas perunxi. » Et c'est de cette sorte que nous devrions sortir de la méditation sur la vie et les vertus des premiers ecclésiastiques, dont le souvenir devrait nous embaumer, pour ensuite attirer les autres à leur imitation ; car c'est à quoi saint Vincent Ferrier nous exhorte : « Statum apostolorum et fratrum præteritorum nostri ordinis, et hoc cum desiderio ut illis conformemur, debemus singulariter et quasi assidue meditari. »

Mais voici le troisième spectacle qui doit encore plus attirer nos regards; c'est un certain état d'ouvriers évangéliques, que Dieu suscitera dans les derniers siècles, et dont jour et nuit ce saint veut que nous contemplions les vertus futures, que nous désirions la venue et que nous priions Dieu d'envoyer à son Eglise : « Tertio status virorum evangelicorum futurus et hoc debes die ac noctu meditari. » Heureux si nous nous efforçons d'en être les prémices et les avant-coureurs, et si nous tâchons de former en nous quelque crayon grossier de sainteté qu'ils doivent posséder. Or, voici ce que notre saint, qui a percé dans les siècles à venir, nous en rapporte.

Il nous dit que ce seront des gens très-pauvres et très-détachés; des gens d'une très-grande simplicité, doux, humbles, désireux de l'abjection, et unis entre eux par les liens d'une très-ardente charité : « Scilicet statum pauperrimorum, simplicissimorum et mansuetorum; humilium, abjectorum, charitate ardentissima sibi conjunctorum. »

Que ces hommes véritablement apostoliques ne parleront et ne goûteront rien que Jésus-Christ, et que Jésus-Christ crucifié : « Nihil cogitantium, aut loquentium, nec saporantium, nisi solum Jesum Christum et hunc crucifixum. »

Qu'ils ne feront aucun cas du monde, ni ne s'en soucieront, ni ne s'en mettront en peine; qu'ils s'oublieront entièrement d'eux-mêmes, de leur santé, de leurs intérêts, de leur repos; contemplons cette gloire dont Dieu jouit dans les cieux avec les bienheureux; soupirant du fond de leur cœur après la possession d'un si riche héritage; désirant continuellement la mort, pour aller s'unir à celui qu'ils aiment, et disant sans cesse, à l'exemple de saint Paul : Je souhaite la dissolution de mon corps pour être avec Jésus-Christ, et jouir des biens inestimables et des trésors immenses réservés aux saints : « Nec de hoc mundo curantium, suique oblitorum, supernam Dei et beatorum gloriam contemplantium et ad eam medullitus suspirantium, et ob ipsius amorem semper dicentium : *Cupio dissolvi et esse cum Christo* (*Philip.* I, 23); et innumerabiles ac inestimabiles thesauros divitiarum cœlestium. »

Que ce seront des gens d'une dévotion suave, douce, aimable, et dont les sentiments du cœur s'écouleront avec un épanchement semblable à celui d'un fleuve de miel; qui parleront avec onction, et qui, capables de toutes les bonnes œuvres, répandront un esprit de paix et d'amour sur toutes choses : « Et super dulces et melliflues rivos divitiarum, suavitatem ac jucunditatum, et super omnia mirabiliter expansos et super infusos. »

Or, pour nous former une idée de l'esprit et de la conduite de ces hommes apostoliques, il faut vous imaginer des hommes tout transportés d'un mouvement de jubilation, chantant avec des instruments harmonieux de leur cœur le cantique des anges : « Et per conversationes imaginari debes eos ipsos ut cantantes canticum angelicum cum jubilo citharizantium in citharis cordis sui. »

Une telle représentation excitera en vous, au delà de ce qu'on peut croire, un désir ardent qui vous fera impatiemment souhaiter l'arrivée de ces heureux temps, et qui, éclairant votre esprit d'une lumière admirable, dissipera les nuages de l'incertitude et de l'ignorance : « Hæc imaginatio ducet te plusquam credi potest, in quoddam impatiens desiderium adventus illorum temporum; ducet te in quoddam admirabile lumen, amoto omnis dubietatis ac ignorantiæ nubilo. »

Ainsi éclairé, et à la faveur de cette lumière, vous connaîtrez visiblement et vous remarquerez distinctement les défauts de ces siècles-ci : « Et limpidissime videbis et distincte discernes omnes defectus istorum temporum. »

Méditez donc cet ordre mêlé ou mystique d'ecclésiastiques, qui ont été produits dès le commencement de l'Eglise de Jésus-Christ, et qui seront produits jusqu'à la fin du monde, et jusqu'à l'avénement du Fils de Dieu, le souverain Dieu de gloire; et portez toujours ce Sauveur crucifié dans votre cœur, afin qu'il vous conduise dans sa gloire éternelle. Ainsi soit-il : « Et immistum vel mysticum ordinem ecclesiasticorum productorum et producendorum ab initio Christi, usque ad finem sæculi, et usque ad gloriam summi Dei Jesu Christi; crucifixum semper portans corde tuo, ut te ad suam æternam gloriam producat. Amen. »

Tel est le discours consolant ou plutôt la prédiction de saint Vincent Ferrier, dans son traité de la vie spirituelle chapitre dix-neuvième et dernier, avec lequel nous finirons aussi ce traité des préparations à l'ordination.

ENTRETIEN XII.

SUR L'OBLIGATION QUE LES ECCLÉSIASTIQUES ONT DE MENER UNE VIE EXEMPLAIRE.

Première considération. — Rien n'est plus inculqué dans l'Ecriture que cette vérité; mais aucun endroit n'est plus propre à nous en convaincre que l'exhortation du Sauveur même à ses disciples, et en leurs personnes à tous ses ministres, dans les siècles à venir. Que votre lumière éclate devant les hommes, leur dit-il, afin qu'ils voient vos bonnes œuvres et vos vertus, votre humilité, votre charité, votre patience, votre foi, votre religion; cachez-les tant que vous pourrez, mais soyez-en si pleins, que, malgré vos soins, votre modestie et votre humilité, elles se fassent jour et brillent au dehors, et que les hommes qui les verront glorifient votre père qui est dans les cieux :

Sic luceat lux vestra coram hominibus, ut videant opera vestra bona, et glorificent Patrem vestrum qui in cœlis est. (*Matth.* v, 16.) Paroles qui renferment trois avantages que se procurent ceux qui mènent une vie exemplaire.

Premièrement, elles nous en donnent cette haute idée, qu'ils sont dans le ciel de l'Eglise, à l'égard du reste des fidèles, ce que les astres sont dans le firmament à l'égard de la terre, élevés, brillants, utiles : *Sic luceat lux vestra coram hominibus*. Comme si les prêtres n'étaient plus eux-mêmes au rang des mortels et des habitants de la terre; vous diriez qu'ils sont au-dessus de la condition humaine, et associés aux intelligences supérieures et à leur état heureux; avantage promis par le prophète, qui nous assure que ceux qui portent les autres à la vertu brilleront comme des étoiles dans le firmament pendant toute l'éternité : *Qui ad justitiam erudiunt plurimos fulgebunt quasi stellæ in perpetuas æternitates.* (*Dan.* XII, 3.)

En second lieu, qu'ils dessillent les yeux aux autres, qui souvent sont dans les ténèbres, leur faisant voir l'excellence des bonnes œuvres : « *Ut videant* : » vue qui leur sera infiniment utile, parce qu'ils s'en édifieront, et que cette lumière spirituelle, semblable à la corporelle, qui manifeste la qualité des objets, leur découvrira la beauté de la vertu, la laideur du vice, le chemin du ciel, leurs devoirs et leurs obligations, et qu'elle les excitera puissamment à imiter ceux qui leur servent de flambeau. La belle chose que d'être utile par la seule vue, dit saint Ambroise : « *Quam pulchrum est ut videaris et prosis!* » de paraître et de profiter.

Enfin, qu'ils font glorifier leur Père céleste, de qui même ils deviennent les enfants par un nouveau titre; ce qu'on peut regarder ici comme un quatrième avantage des personnes exemplaires : *Et glorificent Patrem vestrum qui in cœlis est* (*Matth.* v, 16) ; parce qu'on admire la sainteté du maître dans celle des serviteurs; on honore un Dieu qui inspire à ses adorateurs le désir, et qui leur donne la force de mener une telle vie; on se sent porté à louer l'auteur de ces dons et à les lui demander : « *Ut qui videt ministrum altaris congruis ornatum virtutibus, auctorem prædicet et Dominum veneretur qui tales habeat servulos,* » dit saint Ambroise. Enfin, on révère la religion, et on dit : « *Gloriosus Deus in sanctis suis.* »

Mais voici ce que nous apprennent de cette grande obligation les bienheureux apôtres, saint Pierre et saint Paul, les docteurs des nations et les Pères du clergé; ils nous enseignent, d'un commun accord, que la vie d'un ministre de l'autel doit être exemplaire. Saint Pierre parlant aux pasteurs de l'Eglise leur dit : Qu'ils doivent être le modèle de la sainteté de leur troupeau : *Forma facti gregis ex animo.* (*I Petr.* v, 3.) Que vos brebis se forment sur vous, leur dit-il, qu'elles imitent votre modestie, votre douceur, votre sobriété, votre pudeur, votre piété : « *Forma,* » dit saint Chrysostome, « *hoc est exemplar vitæ atque morum.* » C'est-à-dire, que leur vie et leurs mœurs doivent servir d'original, dont la vie et les mœurs du reste des fidèles soient de vives copies et une excellente imitation. Il faut que la conduite d'un prêtre, dit ce Père éclairé, soit si pure et si réglée, que tout le monde le regarde comme un tableau achevé de vertu et de perfection, et qu'il reluise en sainteté, en dévotion, en détachement, en humilité : « *Debet hujusmodi conversationem habere immaculatam, atque compositam, ut omnes in illum et in illius vitam, velut in exemplar aliquod excellens intueantur.* » Et comme Notre-Seigneur, disant dans l'Evangile qu'il est le bon pasteur : *Ego sum pastor bonus* (*Joan.* x, 11), a montré qu'il était le sceau, pour parler avec saint Grégoire, sur lequel les autres pasteurs doivent se mouler : « *Apposita est forma cui imprimamur;* » ainsi, l'apôtre saint Pierre enseignant aux ecclésiastiques qu'ils sont les modèles de la sainteté de leur troupeau, *forma facti gregis*, leur a imposé l'obligation de mener une vie exemplaire et parfaite ; et au peuple, celle d'imiter et de suivre leurs pasteurs dans la pratique de la charité, de l'humilité, de l'oraison, de la tempérance et des autres vertus.

L'apôtre saint Paul n'est pas moins fort à représenter cette obligation à son disciple consacré au ministère des autels : *Exemplum esto fidelium* (*I Tim.* IV, 12), lui mande-t-il ; soyez l'exemple du reste des fidèles, en piété, en dévotion, en douceur, en patience, en charité, en chasteté, en humilité, en science, en vertu : *Exemplum te præbe bonorum operum* (*Tit.* II, 7) : Soyez un modèle en toute sorte de bonnes œuvres ; dans le zèle du salut des âmes, le secours des pauvres, la consolation des affligés, la visite des prisonniers : vêtissez les nus, nourrissez les faméliques, reprenez les pécheurs, instruisez les ignorants, encouragez les pusillanimes, édifiez tout le monde par la pratique des vertus et l'exercice des bonnes œuvres. Qui dit au reste être un modèle et un exemplaire de vertus, dit les posséder, non pas dans un degré médiocre, mais très-grand. Cette qualité d'être l'exemple des autres leur apporte trois avantages considérables. Le premier est que la perfection leur demeure et qu'ils la possèdent en eux, accomplissant ainsi ce que le Sauveur leur prescrit dans son Evangile, d'être parfaits comme leur père céleste est parfait : *Estote perfecti sicut Pater vester cœlestis perfectus est.* (*Matth.* v, 48) : d'imiter en quelque façon cette perfection originale et première. Le second, d'être la cause de la perfection de ceux qui les imitent; ce qui leur sera sans doute une source féconde de consolation, de mérite et de récompense; l'axiome étant véritable que : « *Propter quod unumquodque tale et illud magis.* »

La dernière, d'être la plus belle et la plus

illustre portion de la Jérusalem terrestre et de la Jérusalem céleste; de l'Eglise de la terre et de l'Eglise du ciel; parce qu'en effet les personnes exemplaires en sont la richesse et l'ornement, et de se voir placés dans les hiérarchies supérieures qui éclairent les inférieures. Heureuse l'âme, dit un saint Père, que Dieu destine à servir aux autres de modèle de sainteté : « Felix illa anima quæ aliis forma est sanctitatis; » et avec raison, puisque la vie exemplaire est la plus belle vie du monde et la plus utile.

Enfin l'Eglise ne nous prêche aucune autre obligation plus fréquemment ni plus sérieusement que celle-ci; car elle ne nous admet dans le ministère qu'à la charge et condition que nous vivrons exemplairement, que nous édifierons le prochain par nos paroles et par nos œuvres; elle nous inculque cette obligation toutes les fois qu'on nous impose les mains, et nulle collation d'ordre n'en est exempte, afin que de là, comme de la nature et de l'essence même de l'état ecclésiastique, se tire le devoir indispensable de mener une vie édifiante, une vie exemplaire; car, à commencer par la tonsure, lorsque l'Eglise prescrit en général les qualités que doivent avoir ceux qui prétendent au clergé, elle met à la tête de toutes leurs dispositions et qualités, qu'on voie dans leur vie et dans leur conduite tant de vertu et tant de zèle qu'on en puisse tirer un préjugé heureux, qu'un jour viendra qu'ils édifieront les peuples par la pureté de leurs mœurs et par la solidité de leur doctrine; et que, tirant une sainte autorité de leurs bons exemples, ils reprendront utilement les pécheurs et donneront des avis salutaires à tout le monde.

Voici les paroles du concile de Trente et du Pontifical : « Atque ita pietate ac castis moribus conspicui, ut præclarum bonorum operum exemplum et vitæ monita ab eis possint exspectari. »

A chaque ordination elle leur renouvelle cet important avis, de peur qu'ils ne l'oublient ou ne le négligent, et ne le regardent pas comme le capital de leurs soins; et afin qu'ils comprennent qu'en avançant en grade et en sainteté, ils sont tenus d'avancer de même pas dans la pratique de cette vertu, comme nous l'apprenons du concile de Trente et du Pontifical : « Atque ita de gradu in gradum ascendant, ut in eis cum ætate, vitæ meritum et doctrina major accrescat. »

Dans l'ordination du portier, l'évêque l'exhorte à donner bon exemple, parce que les paroles édifiantes et les actions vertueuses d'un ministre chargé de son emploi, et plein de la grâce et de l'esprit de sa vocation, servent de clef mystérieuse pour ouvrir les cœurs à Jésus-Christ et les fermer au démon : « Studete ut invisibilem Dei domum, corda scilicet fidelium, dictis et exemplis vestris claudatis diabolo et aperiatis Christo. » En effet, rien ne touche davantage, rien ne porte plus à Dieu, ne suggère de meilleures pensées et de saints désirs, rien n'introduit et n'insinue si efficacement Jésus-Christ dans le cœur, que la vie exemplaire, que les saints entretiens, que la modestie d'un ecclésiastique; rien n'est plus puissant pour chasser les idées mauvaises, les tentations du malin esprit et toute autre impression vicieuse, que la présence d'un prêtre irréprochable.

Le lecteur, lorsqu'on l'ordonne, contracte de nouveau cette obligation; et la lui recommande en des termes encore plus forts; car le considérant élevé au pupitre, d'où il fait au peuple la lecture des Livres saints, elle l'avertit par la bouche de l'évêque que cette situation extérieure n'est que la figure de l'éminent degré de vertu où il doit être monté; qu'il est tenu de mettre le premier en pratique ce qu'il annonce tous les jours aux autres, de faire en sorte que ses actions ne démentent point ses paroles, et de donner à tous ceux qui le voient et qui l'écoutent un modèle achevé d'une vie toute céleste : « Ideoque dum legitis in alto loco ecclesiæ stetis, ut ab omnibus audiamini, et videamini, figurantes positione corporali, vos in alto virtutum gradu debere conversari; quatenus cunctis a quibus audimini et videmini, cœlestis vitæ formam præbeatis. » Puis elle ajoute : « Quod autem ore legitis, corde credatis; atque opere compleatis, quatenus auditores vestros pariter et exemplo vestro docere possitis. »

L'exorciste, quoique par sa fonction il ne soit destiné qu'à exercer un saint empire sur les démons, d'eux-mêmes incapables de profiter des bons exemples, ne laisse pas d'entrer dans cette obligation; et l'Eglise, considérant qu'il doit si bien veiller sur lui qu'il ne donne aucune prise à l'ennemi, l'exhorte, par la bouche du prélat, à prendre garde que cet esprit séducteur qui, par son mauvais exemple, a entraîné après lui la troisième partie des étoiles du ciel, ne trouve quelque chose de peu édifiant dans ses mœurs : « Discite per officium vestrum vitiis imperare, » leur dit-elle, « ne in moribus vestris aliquid sui juris inimicus valeat vindicare. » Comme si elle exigeait de l'exorciste qu'il fût irréprehensible aux démons même.

L'acolyte entre bien plus avant dans cette obligation. L'Eglise l'avertit qu'il doit être un grand flambeau qui éclaire le monde, et que la lumière visible et corporelle qu'il porte dans les mains, n'est rien que la représentation de la lumière intérieure et spirituelle que son bon exemple doit causer dans le cœur des fidèles : « Lucete sicut luminaria in mundo; quatenus lumen visibile manibus præferentes, lumen quoque spiritale moribus præbeatis. » En un mot, on ne leur parle d'autre chose dans leur ordination.

Le sous-diacre, recevant le manipule, reçoit aussi un avertissement de l'Eglise qui l'engage à édifier le prochain et à lui donner l'exemple dans la pratique des bonnes œuvres : « Accipe manipulum per quem designantur fructus bonorum operum ; in nomine Patris, et Filii, et Spiritus sancti. »

Le diacre, plus qu'aucun autre, est exhorté par l'évêque, ou plutôt par l'Eglise, d'être un homme exemplaire, et il demande à Dieu pour lui qu'il soit un modèle de toutes sortes de vertus, qu'il reluise par sa modestie, par sa pudeur, par son innocence, par son zèle, par sa fidélité, par son exactitude, et que sa chasteté édifiante porte les peuples à l'imiter dans la pratique de cette angélique vertu : « Abundet ita in eis totius forma virtutis, auctoritas modesta, pudor constans, innocentiæ puritas, et spiritualis observantia disciplinæ; in manibus eorum præcepta tua fulgeant, et suæ castitatis exemplo, imitationem sanctam plebs acquirat... ut cœlesti munere ditati, et tuæ majestatis gratiam possint acquirere, et bene vivendi aliis exemplum præbere. »

Enfin le prêtre, celui qui comprend éminemment en lui tous les ordres inférieurs, qui doit posséder toutes leurs vertus, toutes leurs grâces, ne sera-t-il pas obligé de donner bon exemple et d'édifier le prochain? Ecoutons la prière que l'évêque fait quand il lui impose les mains : Donnez, Seigneur, à vos serviteurs ici présents la dignité du sacerdoce, afin que leur sainte conduite serve de modèle à votre peuple, que les vertus se découvrent en eux, qu'ils les inspirent par leurs bons exemples et qu'ils les scellent par leurs avertissements et sages conseils : « Da quæsumus, omnipotens Pater, in hos famulos tuos presbyterii dignitatem, ut censuram morum exemplo suæ conversationis insinuent et virtutes in se ostendant, exemplo præbeant, admonitione confirmant. » Ecoutons ensuite ce qu'il leur prescrit : Que la bonne odeur de votre vie, leur dit-il, soit la joie et l'ornement de l'Eglise, en sorte que vous édifiez de parole et d'exemple la maison de Dieu : « Sit odor vitæ vestræ delectamentum Ecclesiæ Christi, ut prædicatione atque exemplo ædificetis domum, id est familiam Dei. »

De ces considérations générales, jetez les yeux sur votre vie ; quel modèle avez-vous été? quelle édification avez-vous donnée par vos discours et vos actions ? comment avez-vous accompli ces règles prescrites par saint Paul à un ecclésiastique? *Exemplum esto fidelium, in verbo, in conversatione, in charitate, in fide, in castitate; in omnibus te ipsum præbe exemplum bonorum operum in doctrina, in integritate, in gravitate.* (I *Tim.* IV, 12.)

Avez-vous édifié vos frères par vos entretiens et vos conversations, inspirant partout l'horreur du vice et l'amour de la vertu? *In verbo et conversatione.*

Par votre charité, secourant le prochain dans ses besoins temporels et spirituels, lui témoignant de la bonté et de la compassion, prenant soin de sa réputation et supportant ses défauts? *In charitate.*

Par votre foi, vous conduisant en tout selon les maximes de l'Evangile, et jugeant par elles des biens et des maux de cette vie? *In fide.*

Par votre chasteté, votre modestie, votre pudeur dans vos regards, postures et discours? *In castitate.*

Par votre doctrine saine, irrépréhensible, orthodoxe, pieuse, opposée à tout relâchement, à toute nouveauté et singularité? *In doctrina.*

Par votre gravité, ne vous laissant aller à aucune immodestie, légèreté, ni ris dissolus? *In gravitate.*

Avez-vous pratiqué principalement le désintéressement, l'humilité, la mortification, comme les trois vertus opposées aux trois sources de tous les scandales, à l'avarice, à l'orgueil, à la luxure?

Que nous sommes éloignés d'avoir rempli la signification du nom que nous portons : « Sacerdos quasi sacrum dans, dat enim sacrum pro Deo; id est vivendi exemplum. » Comprenons ce que veut dire le titre glorieux auquel nous aspirons, ou dont nous sommes honorés, et tâchons d'en avoir le mérite et le fonds : « Clericus, » dit saint Jérôme, « interpretetur nomen suum, et nominis probata significatione, nitatur esse quod dicitur; » de peur, comme ajoute saint Ambroise : « Ne sit nomen inane, crimen immane; sed ut actio respondeat nomini. »

Seconde considération. — La vie exemplaire d'un bon prêtre, si glorieuse à Dieu, si avantageuse à l'Eglise, si utile au prochain et si sanctifiante pour le prêtre, produit quatre effets excellents qu'il est bon d'expliquer. Elle édifie, elle instruit, elle reprend, elle exhorte, et cela suavement et efficacement; elle édifie les bons, elle instruit les commençants, elle reprend les pécheurs, elle exhorte les tièdes.

Premièrement, elle édifie : on est touché des bons exemples, on est élevé à Dieu, on est excité à bien vivre, on est affermi dans la vertu; c'est ce que veut dire le mot d'édifier, la même chose arrivant dans l'édifice spirituel que dans l'édifice matériel. Car, comme observe le sacré concile de Trente, rien au monde ne porte plus à Dieu, n'inspire plus la vertu et la religion, que la bonne vie et les saints exemples de ceux qui se sont consacrés au ministère des autels, parce que, ajoute-t-il, étant tirés des embarras du siècle, et posés sur le chandelier de l'Eglise, chacun a la vue sur eux et se sent porté à les imiter. « Nihil est quod alios magis ad pietatem et Dei cultum assidue instruat, quam eorum vita et exemplum qui se divino ministerio dedicarunt : cum enim a rebus sæculi in altiorem locum sublati conspiciantur, in eos tanquam in speculum reliqui oculos conjiciunt, ex iisque sumunt quod imitentur. » En effet, n'est-il pas naturel que les enfants imitent leur père et les disciples leur maître? que les soldats suivent leur capitaine et les brebis leur pasteur?

Il faut qu'un prêtre, au langage de saint-Grégoire, soit comme cette pierre de sel qu'on met devant les animaux dégoûtés, afin que la léchant ils recouvrent l'appétit et reprennent des forces; c'est-à-dire qu'un prêtre, dans le monde, par la sainteté de sa conversation, doit insinuer la piété à ceux qui l'approchent, et qu'aucun, pour indévot qu'il soit, ne se retire d'auprès de lui qu'il n'en apporte un goût des choses éternelles et divines : « Quasi ergo petra salis debet esse sacerdos in populis, ut quisquis sacerdoti jungitur, quasi æternæ vitæ sapore condiatur. »

Telle et si sainte doit être la conversation sacerdotale, qu'en la quittant on dise : Mon Dieu, le saint homme, l'homme de bien que je viens de voir, qu'il a de vertu, de douceur, d'humilité, de charité!

Il faut qu'un laïque, revenant de voir un prêtre, se trouve dans les sentiments du grand saint Antoine, au retour de la visite qu'il avait rendue à saint Paul, premier ermite; touché d'un si grand exemple de vertu, il ne disait rien à ses disciples, sinon : Malheureux pécheur que je suis! je ne mérite pas de porter le nom de moine; j'ai vu Elie, j'ai vu Jean-Baptiste dans le désert; ou pour mieux dire, j'ai vu un saint Paul dans le paradis : « Væ mihi peccatori, qui falsi monachi nomen fero! vidi Eliam, vidi Joannem in deserto et vere vidi Paulum in paradiso. » Voilà ce que nous devrions être, et l'effet que notre vie exemplaire, notre conversation édifiante devraient produire.

Personne n'aborda jamais sainte Catherine de Sienne qu'il n'en revînt meilleur et plus vertueux : « Quin melior redierit. » Un prêtre, qui doit posséder en plénitude l'esprit de son ministère, ne produira-t-il pas un semblable effet que cette sainte ne produisait, qu'à cause qu'elle possédait une portion de ce même esprit sacerdotal?

La belle chose que de voir un prêtre modestement vêtu, pauvrement logé et meublé, humble, doux, patient, charitable, parlant peu, mort à toutes les vanités, curiosités et nouvelles du monde; ne disant que des choses utiles, n'ayant que des livres saints, ne s'occupant que de l'instruction des pauvres, du soin des malades, de l'administration des sacrements! Combien cela est-il édifiant?

Telle est donc la grâce d'un prêtre, tel doit être le fruit de sa vie exemplaire, de porter les âmes à Dieu, de donner des sentiments de piété, le goût de la dévotion; d'accroître et de fortifier dans les autres la vertu, la religion, le désir de faire son salut, de nourrir dans le cœur les bons sentiments : « Hos vidisse, erudiri est; » c'est là ce qu'on appelle édifier, c'est de cette sorte que la vie vertueuse d'un prêtre édifie.

Mais en second lieu elle instruit, et surtout les commençants; ou, pour mieux dire, la vie exemplaire d'un prêtre apprend à tout le monde son devoir et son obligation, comment il faut honorer Dieu, aimer le prochain, pratiquer la vertu, fuir le vice, travailler à son salut. C'est pourquoi le prophète dit qu'on donnera un livre à celui qui ne sait pas lire. Voilà une énigme : *Dabitur liber nescienti litteras.* (Isa. xxix, 12.) Quelle utilité en rapportera-t-il? C'est que ce livre, dont il est ici parlé, n'est autre que la bonne vie d'un prêtre : « Liber laicorum, vita clericorum, » disent les conciles. Il faut que les laïques, ignorants d'ailleurs, tirent de la considération attentive qu'ils font sur les vertus de leur pasteur, tout l'avantage et le profit qu'un habile homme rapporterait de la lecture d'un livre excellent; qu'ils apprennent de lui la douceur, la charité, l'humilité, la patience, à force de les lui voir pratiquer. Considérer des prêtres vertueux, cela seul est une grande leçon : « Hos vidisse erudiri est. »

Saint Chrysostome parlant à un prêtre, lui dit : Que votre vie soit une école publique de piété, où un chacun puisse profiter; qu'elle soit un parfait modèle de toutes sortes de vertus, que tout le monde puisse étudier et copier : « Sit communis omnium schola, exemplarque virtutis, vitæ tuæ splendor, omnibus proposita ad imitandum, velut primitiva quædam imago, omnia in se habens quæ bona et honesta sunt. »

Il ajoute que les ecclésiastiques, étant la lumière du monde, sont tenus de faire parmi les hommes l'office d'anges et de précepteurs; et, par conséquent, de porter les autres à Dieu par les bonnes actions et les saints exemples qu'ils leur donneront, et les lumières qu'ils leur communiqueront; et cela sans dire mot. Serait-il besoin de prêcher, continue ce saint, si notre vie était exemplaire et aussi édifiante qu'elle devrait être? « Idcirco nos elegit ut simus quasi luminaria, ut magistri cœterorum efficiamur; ut, velut angeli cum hominibus versemur in terris, nihil opus esset verbis si hunc in modum vita nostra sanctitatis luce fulgeret. »

Saint Augustin assure que la vie des ministres de l'autel doit être un grand sujet de méditation pour ceux qui les étudient, et une prédication perpétuelle : « Ministrorum altaris vita debet esse aliorum eruditio et assidua prædicatio. » À quoi le concile de Trente semble avoir regardé, quand il dit que la bonne vie d'un prêtre est une espèce de prédication qui ne finit point : « Assiduum quoddam prædicandi genus. »

Saint Jérôme écrivant à un prêtre lui mande que tout le monde a les yeux sur lui pour en apprendre la vertu ou le vice; que sa maison est une école ouverte, et qu'un chacun se croira permis ce qu'il ne se défendra pas : « In te oculi omnium diriguntur, domus tua et conversatio tua quasi in speculo constituta, magistra est publicæ disciplinæ, quidquid feceris, id sibi omnes faciendum putant. »

Voyez donc à quelle perfection vous êtes engagé, puisqu'il faut qu'en voyant votre vie, vos bons exemples, votre conversation édifiante, l'orgueilleux apprenne l'humilité, le colère la douceur, l'intempérant la sobriété, le luxurieux la continence, l'avare le détachement, l'impie la dévotion, l'impatient la souffrance, le médisant la charité.

Mais la vie exemplaire d'un bon prêtre fait encore davantage; car elle reprend fortement les personnes vicieuses. Oui, la seule présence d'un prêtre vertueux est un frein aux déréglements d'un pécheur et d'un scandaleux; paraître et reprendre ne doit être en lui qu'une même chose; il ne faut ni parler, ni remontrer, ni prier, il suffit de se faire voir afin de produire ce bon effet, comme il est rapporté dans la vie de saint Bernardin, devant lequel qui que ce soit, pour impudent qu'il fût, « ne impudentissimus quidem, » n'osa jamais proférer une parole indécente; et quand les enfants libertins le voyaient venir, ils se disaient l'un à l'autre : « Bernardinus adest, silete. »

C'est de cette manière éloquente et forte, selon saint Ambroise, que la tête de saint Jean-Baptiste, portée dans un bassin, toute muette qu'elle fût, reprenait un prince impie de ses crimes et de ses désordres. Voyez, voyez ces yeux, lui dit-il, ils sont fermés, il est vrai, mais c'est d'horreur de vos débauches ; c'est pour n'être pas témoin de votre intempérance et de votre impudicité : regardez cette bouche, elle se tait, je l'avoue, mais elle vous reprend plus hautement que quand elle avait l'usage de la voix : elle vous est une correction plus insupportable que ne le fut jamais la repréhension sévère que cet intrépide saint vous fit pendant sa vie : « Cerne oculos in ipsa morte sceleris tui testes aversantes conspectum deliciarum, clauduntur lumina, non tam mortis necessitate, quam horrore luxuriæ; os aureum illud exsangue cujus sententiam ferre non poteras, conticescit, et adhuc timetur. »

Il faut, si vous êtes véritablement rempli de la grâce du sacerdoce, que votre seule présence imprime le respect aux libertins; que le médisant n'ose blesser la réputation du prochain devant vous; que l'impudique ait honte de son effronterie; que l'impie craigne de rien avancer contre la religion; que le gourmand rougisse de son intempérance, l'orgueilleux de sa vanité, le sensuel de ses voluptés : « Talis debet esse Christi sacerdos, in cujus conspectu vitia suffundantur, pravi mores erubescant. »

C'est en ce sens qu'il faut entendre ce passage de l'Ecriture, que le juste mort reprend l'impie vivant : *Arguit justus mortuus vivos impios* (*Sap.* IV, 16); c'est-à-dire que l'homme de Dieu, véritablement mort aux vanités du monde, reprend tacitement mais fortement les pécheurs, et leur est un reproche continuel qu'ils ne peuvent endurer. Car, comme observe saint Cyprien, la prédication de la vie vertueuse est plus énergique que celle de la langue diserte : les œuvres édifiantes, quoique la bouche soit fermée, ont leur voix, leur éloquence et leur force ; « Efficacius vitæ quam linguæ testimonium est, habent opera linguam suam, habent facundiam suam etiam tacente lingua. »

Il faut que votre douceur aille reprendre cet emporté jusque dans son lit ; que votre chasteté aille condamner sa luxure ; que votre dévotion aille reprendre son impiété, votre pénitence sa sensualité, votre abstinence sa gourmandise ; que vos bonnes œuvres, vos vertus, vos exemples aillent le confondre de ses désordres, de ses déréglements et de ses vices ; qu'elles le tourmentent et lui fassent des reproches auxquels il ne puisse rien répliquer.

Jeûnons et soyons sobres, afin que notre abstinence et notre frugalité soient la condamnation de l'intempérance et de la gourmandise des sensuels, disait le grand saint Ambroise : « Idcirco jejuni et sobrii permaneamus, ut intelligant intemperantiam suam abstinentia nostra damnari. »

Après cela faut-il s'étonner si l'on a dit que la vie exemplaire d'un bon prêtre exhorte, mais puissamment et efficacement, surtout les tièdes ; car le moyen de résister au bon exemple ? Ne fut-ce pas cette espèce d'exhortation qui acheva la conversion du grand saint Augustin, lorsque, se représentant la foule des personnes chastes et vertueuses qui ornent l'Eglise, il lui semblait que la continence l'excitait à imiter ce nombre infini des jeunes gens, de vieillards vénérables, de filles innocentes et de vertueuses veuves qui l'observaient avec tant d'exactitude et d'édification : « Aperiebatur ab ea parte qua intenderam faciem et quo transire trepidabam casta dignitas continentiæ honeste blandiens ut venirem, neque dubitarem, et extendens ad me suscipiendum et amplectendum pias manus, plenas gregibus bonorum exemplorum. Ibi tot pueri et puellæ, ibi juventus multa et omnis ætas, et graves viduæ, et virgines, anus. »

C'est contre de semblables exhortations que son cœur ébranlé ne pouvait tenir : quoi ! vous ne pourrez pas faire ce que tant de personnes font ? C'est ce qu'on vous dit encore aujourd'hui à vous-même ; quoi ! vous ne pourrez pas, aussi bien que ce bon prêtre, votre confrère, vous abstenir du jeu, de la bonne chère, du vin, des visites des femmes ? vous ne pourrez pas aussi bien que lui porter toujours la soutane, faire l'oraison, travailler au salut des âmes, aimer la retraite et l'étude, vaquer à l'instruction et à la prière, donner bon exemple ? Combien une semblable exhortation est-elle forte : « Et irridebat me irrisione exhortatoria, quasi diceret : Tu non poteris quod isti et istæ ? »

Quoi ! à présent des prêtres de grande naissance et de grands biens, nourris délicatement, élevés dans les douceurs de la vie, quittent tout, parents, amis, emplois, espérances, pour aller, dans des pays très-éloi gnés, s'exposer à mille périls, dangers, travaux, souffrances, en risque de périr de faim et de soif ; ils traversent la vaste étendue de l'Océan, méprisent les orages et les tempêtes, les tourments et mille morts, pour aller prêcher la foi, annoncer l'Evangile, et vous croupirez dans votre maison paternelle, attaché honteusement au bien, à l'argent, à la chair et au sang, menant une vie de laïque indévot et oublieux de sa religion et de son salut?

Qu'est-ce que ceci? s'écriait encore saint Augustin ; avez-vous bien entendu ce discours, mon cher ami? Les ignorants se lèvent et ravissent le ciel ; et nous, avec toute notre doctrine et notre bel esprit, nous demeurerons esclaves de nos convoitises : « Quid est hoc? quid audisti? surgunt indocti et cœlum rapiunt, et nos cum doctrinis nostris, sine corde, ecce volutamur in carne et sanguine; an quia præcesserunt pudet sequi, et non pudet nec saltem sequi? »

Les riches délicats se mortifieront, feront pénitence, se revêtiront d'un cilice, se priveront des plaisirs sensuels ; et moi, élevé et nourri plus grossièrement, d'un tempérament plus fort et plus robuste, qui peut-être ai plus offensé Dieu et ai plus besoin de pénitence, je languirai dans la tiédeur? « Delicati divites potuerunt, pauperes non possunt? » continue le même saint ; une femme aura plus de courage qu'un homme, plus de vertu qu'un prêtre? une fille jeune, noble, riche, se fera capucine, carmélite, aura le courage de macérer sa chair par le jeûne, les veilles, la discipline, la haire, se condamnera à une prison perpétuelle; et un ecclésiastique qui maintient que son état est plus parfait que l'état religieux, se condamnant par sa propre bouche et ne profitant pas d'un tel exemple qui le confond, et d'une telle doctrine qui le juge, vivra dans la mollesse, esclave de ses vices et de ses convoitises? « Femina pugnat et vincit, tu hosti succumbis? »

Est-ce que les gens de bien n'ont pas eu les mêmes peines, les mêmes tentations, les mêmes difficultés, les mêmes passions, les mêmes infirmités? dit saint Ambroise : « Non naturæ præstantioris; » ils n'ont pas assurément été revêtus d'une autre chair que la vôtre ; mais ils ont eu une vertu plus forte, une fidélité plus grande : « Sed observantiæ majoris, nec vitia nescisse, sed emendasse. »

Tel est l'effet du bon exemple, de la vie exemplaire : elle édifie, elle instruit, elle reprend, elle exhorte, elle encourage ; et voilà ce qu'on exige d'un prêtre, d'un pasteur : « Sacerdos quasi sacrum dans, dat enim sacrum pro Deo ; id est vivendi exemplum. » C'est à quoi vous êtes tenu ; qu'avez-vous à répliquer? Cependant, combien êtes-vous éloigné de ce devoir? Si vous remontez à votre plus tendre jeunesse, quel profit avez-vous tiré des bons exemples que vous avez reçus de vos parents, de vos précepteurs, confesseurs, supérieurs, confrères?

Vous en êtes-vous édifié? Au contraire, ne leur avez-vous point porté d'envie? et, au lieu de les imiter, n'en avez-vous point raillé, détracté, médit? Ne les avez-vous point accusés d'hypocrisie et de vanité? N'avez-vous point senti de la peine et de l'opposition contre eux, parce que leur vie vertueuse était la condamnation de la vôtre?

Vous-même, quel exemple avez-vous donné? Avez-vous édifié le prochain? l'avez-vous porté au bien, à la vertu, par votre fidélité aux exercices spirituels et aux règlements de la communauté, par votre modestie, silence, recueillement, mortification, humilité? Ne l'avez-vous point scandalisé par votre tiédeur et lâcheté, par vos entretiens mondains, par votre dissipation? Que de sujets de contrition et de confusion! Demandez à Dieu la grâce de réparer ces manquements, et d'édifier le prochain par une conduite réglée et véritablement vertueuse.

Quelques philosophes avaient voulu autrefois nous instruire par leurs paroles, mais ils ne nous avaient pas édifiés par leurs actions; les anciens patriarches nous avaient édifiés par leurs actions, mais ils ne nous avaient pas fortifiés par leur vertu. Jésus-Christ a réuni ces trois avantages en lui, et la considération de ses vertus, surtout à la croix, ainsi que la vue du serpent d'airain, exposé aux yeux des Israélites mordus par les serpents du désert, non-seulement nous édifie et nous instruit, mais nous fortifie et nous guérit des morsures et des plaies que le dragon infernal et le péché nous avaient faites ; priez-le de vous faire participer, autant que vous en êtes capable, aux grands exemples qu'il vous a donnés, et de vous communiquer une portion de son esprit sacerdotal.

Édifiez en pratiquant la patience dans les maux, la douceur dans les contradictions, la paix dans les rebuts et les préférences.

Édifiez par un habit simple et modeste, la couronne, les cheveux courts, la soutane, rien de curieux, de singulier, de trop propre et d'affecté.

Que votre chambre édifie ceux qui en verront les meubles, les livres, les ornements ; que tout y ressente la modération, la simplicité, la mortification.

Que vos démarches, vos postures, votre ris, votre entretien, se sentent d'un intérieur religieux.

Rien dans votre langue qui témoigne une vaine éloquence, des mots choisis et nouveaux, des termes singuliers.

Édifiez dans vos conversations, ne parlant jamais de curiosités, vanités, nouvelles mondaines, mais « digne Deo. »

Édifiez à table dans vos repas, dans vos voyages, dans les hôtelleries.

Édifiez toujours ; car, édifier un jour et

scandaliser l'autre, qu'est-ce, sinon s'attirer cette raillerie : « Unus ædificans et unus destruens, quid prodest nisi labor? »

Mais il ne suffit pas que la vie d'un prêtre soit édifiante et exemplaire, il faut encore quelque chose de plus : « Adhuc excellentiorem viam vobis demonstro. »

Troisième considération. — Un des plus grands sujets dont nous puissions nourrir notre piété en lisant l'Evangile, et une des plus importantes instructions que nous en devions tirer dans notre état, est de voir que la vie de notre divin modèle, de Jésus-Christ Notre-Seigneur et notre pontife souverain, fut si édifiante, si exemplaire, si irréprochable, que ses plus grands ennemis n'y purent jamais trouver rien à redire; ils étaient pleins d'envie, de jalousie, d'aversion contre lui; tout ce qu'il disait, tout ce qu'il faisait était insupportable à leur haine; ils cherchaient de tous côtés quelque prétexte pour censurer sa conduite; cependant elle était si hors d'atteinte, qu'ils ne purent jamais l'accuser de rien avec la moindre couleur.

Ils cherchaient sans cesse à le perdre, dit le texte sacré : *Quærebant quomodo eum perderent* (Marc. xi, 18); mais ils ne savaient par où ils commenceraient leurs plaintes et leurs reproches : *Timebant enim eum.* (*Ibid.*)

Ils venaient exprès pour trouver quelque chose à redire en lui, et ils s'en retournaient muets et confus : *Et erubescebant omnes adversarii ejus, et non poterant ad hæc respondere illi et exibant unus post alium.* (Luc. xiii, 17.)

Ils lui dressaient des embûches pour détourner en un mauvais sens du moins quelques-unes de ses paroles : *Insidiantes ei, et quærentes aliquid capere de ore ejus ut accusarent eum, ut caperent eum in sermone* (Luc. xi, 54; Matth. xxii, 15); mais inutilement : *Et non potuerunt verbum ejus reprehendere coram plebe, et mirati tacuerunt.* (Luc. xx, 26.) Et ils avouaient eux-mêmes que jamais mortel n'avait parlé comme lui : *Nunquam sic locutus est homo sicut hic homo.* (Joan. vii, 56.) Enfin, quand leur fureur fut montée à son comble lors de sa Passion, ils mendièrent de tous côtés du moins quelques faux témoins, sans pouvoir cependant trouver aucune chose à reprendre en lui : *Quærebant falsum testimonium, ut eum morti traderent, et non erant convenientia testimonia.* (Marc. xiv, 56.)

Pilate et Hérode, quoiqu'ils voulussent contenter ces méchants, ne purent rien voir en lui de blâmable ni de répréhensible; les soldats qui le crucifièrent, et les voleurs qu'on fit mourir avec lui, Judas même qui le trahit, en un mot, tout le monde avoua, reconnut, confessa et publia que c'était un innocent, un juste, et qu'il était véritablement le Fils de Dieu.

Que l'innocence est admirable! que la vie irrépréhensible est estimable! Voyons combien elle est nécessaire dans un prêtre, c'est-à-dire, dans celui qui doit servir de modèle et d'exemplaire aux autres, et être l'image vivante de Jésus-Christ.

Le prêtre, dans l'ancienne loi, et tout homme de la race d'Aaron, qui se trouvait avoir quelque défaut corporel ou difformité extérieure, se voyait exclu de l'administration des choses saintes; c'était une espèce d'irrégularité qui lui interdisait l'approche des autels; il fallait que les prêtres et les lévites fussent purs, nets, parfaits et sans défaut : *Omnis qui habuerit maculam de semine Aaron sacerdotis, non accedet offerre hostias Domino, nec panes Deo suo.* (Levit. xxi, 21.) Expression merveilleuse et digne de notre attention. Quand l'Ecriture veut dépeindre un pontife qui soit saint, elle le met hors du rang des hommes : *Omnis pontifex ex hominibus assumptus.* (Hebr. v, 1.) Elle ne l'appelle plus un homme : *Ego dixi, dii estis.* (Psal. lxxxi, 6.) Mais quand elle donne l'idée d'un ministre indigne de ce rang, quelque sacerdotale que soit sa race, ce n'est plus un lévite, ce n'est plus un prêtre, c'est un homme, parce qu'il a une tache : *Homo de semine Aaron sacerdotis qui habuerit maculam.* D'où vient que quand les Machabées voulurent renouveler le culte divin et rétablir le sacerdoce dans sa splendeur, l'Ecriture dit qu'ils choisirent des prêtres sans tache et sans défaut, afin qu'ils pussent offrir dignement les sacrifices : *Et elegit sacerdotes sine macula, voluntatem habentes in lege Dei.* (Mach. iv, 42.) Qu'est-ce que cela voulait dire, dans une loi où tout était figuré? sinon qu'un prêtre du Dieu vivant doit avoir une sainteté exempte de tout vice et de tout péché, une conduite irréprochable, une réputation entière, qui ne soit flétrie par aucune médisance fondée; qu'on ne dise point c'est un honnête homme, mais il est attaché à l'argent, il aime le vin, il voit les compagnies, il le porte haut, il est orgueilleux et hautain : *Fecit rectum coram Domino; verumtamen excelsa non abstulit.* (III Reg. xv, 14.) Il a de la science, mais il aime la conversation du sexe : *Fecit rectum coram Domino, excepto sermone Uriæ.* (Ibid., 5.) A Dieu ne plaise qu'on tienne ce genre de vous; et regardez cet avis comme adressé à vous seul en particulier. *Perfectus eris et absque macula coram Domino Deo tuo.* (Deut. xviii, 13.) Vous serez parfait et sans aucune tache devant le Seigneur votre Dieu, afin de ressembler à votre divin original que saint Paul vous représente comme un pontife saint, innocent, sans tache ni souillure : *Pontifex sanctus, innocens, impollutus* (Hebr. vii, 26); vous serez sans reproche.

Il est vrai que l'exemption de ces défauts corporels, dans l'ancienne loi même, ne signifiait que l'innocence et la vertu dont Dieu voulait que ses ministres fussent ornés dans leur âme, et que toute leur perfection extérieure n'était agréable à ses yeux qu'en tant qu'elle était une image de leur perfection intérieure, ou qu'elle en était accompagnée;

mais c'est cela même qui prouve cette obligation pour les prêtres de la nouvelle alliance, de qui Dieu attend une perfection bien autre, des vertus bien plus épurées, une vie incomparablement plus sainte, comme l'observe le grand saint Chrysostome : « Et hæc quidem ab antiquis sacerdotibus perfectio et sanctitas exigebatur : quid nos ad majorem vocati vitam, qui ad excellentius fastigium ascendimus, et in majoribus exercemur palæstris; » nous dit ce Père si éclairé dans les obligations du sacerdoce, nous qui devons bien rendre d'autres combats, qui sommes appelés à une bien autre sainteté, et qui ne sommes à rien moins tenus qu'à mener une vie semblable à celle de ces sublimes intelligences séparées de la matière, et élevées au-dessus de la nature corporelle et terrestre : « Et sicut supernæ virtutes intellectuales et incorporeæ illæ vitam instituere tenemur. » De là viennent ces anciens reproches, contre divers rois du peuple juif de Dieu, qu'ils avaient fait ce que Dieu demandait d'eux, mais toujours avec exception : *Fecit rectum coram Domino, verumtamen excelsa non abstulit;* ce qui ternissait l'éclat de toutes leurs autres vertus.

En second lieu saint Paul exige des simples laïques fidèles, quoique embarrassés dans les affaires temporelles, partagés par les soins domestiques, chargés de famille et de divers embarras, que néanmoins ils remplissent si parfaitement tous les devoirs de leur état de père, de magistrat, de mari, qu'on ne puisse rien trouver à redire dans leur conduite, ni qui se ressente d'aucune passion ou convoitise déréglée, d'avarice, de vengeance, d'ambition, de sensualité : tant il demande d'eux une si grande sainteté et exemplaire, capable d'édifier également les païens et les Chrétiens, et de faire respecter la religion de Jésus-Christ, par la parfaite pureté de leurs mœurs. Voici ses paroles : *Exhibete vos sanctos, et immaculatos et irreprehensibiles coram ipso.* (*Coloss.* 1, 22.) Que n'exigeait-il donc pas des ministres de l'autel, consacrés par la sainteté, et proposés pour servir de modèle à tout le reste des fidèles?

Troisièmement, ajoutez à cela que le même Apôtre demande des simples veuves et diaconesses anciennes, députées et aux moindres, et aux plus bas des ministères ecclésiastiques, d'être irréprochables dans leur vie et dans leurs mœurs, afin de remplir avec succès l'emploi dont elles sont chargées : *Et hoc præcipe ut irreprehensibiles sint.* (*1 Tim.* v, 7.) Perfection qui fait comme le sommaire des vertus dont il venait de parler, et qu'il requérait en elles ; et par conséquent il ne doit pas sembler étrange, si l'on attend la même chose des diacres et des prêtres. Quoi ! des personnes faibles, fragiles, infirmes, malgré leur âge, leur sexe et leur peu de force de corps et d'esprit, seront irréprehensibles ; on leur imposera cette loi, et un prêtre n'y sera pas tenu ! on chassera du ministère une diaconesse, parce qu'il y a quelque chose à redire en elle, et on y tolérera des prêtres de qui la réputation est entamée, et qui les défauts sont connus ! Quel désordre et quel renversement de discipline ! car, comme raisonne excellement à ces propos un saint Père : « Si viris in plebe positis, et mulierculis ipso sexu infirmioribus, tam perfectam Deus vivendi regulam dedit, quanto utique illos perfectiores esse jubet a quibus omnes docendi sunt, ut possint esse perfecti. » Un prêtre de ces derniers siècles ne se croira pas obligé d'avoir la vertu d'une diaconesse des premiers temps? d'un simple laïque de la primitive Eglise? Voyez si l'on vous impose en cela un joug trop pesant : *Oportet episcopum irreprehensibilem esse.* (*I Tim.* III, 2.)

Le même apôtre saint Paul veut que la vie d'un ministre de l'autel soit si pure et si irréprochable, que qui que ce soit, pas même l'impie, le médisant et le railleur, ne puissent y rien trouver à redire, et que sa réputation soit hors de toute atteinte ; voici ses paroles adressées à un prêtre : Travaillez très-soigneusement à devenir un si bon ouvrier évangélique, un si saint ministre de Dieu, que vous ne craigniez aucun reproche capable de vous faire rougir : *Sollicite cura teipsum probabilem exhibere Deo operarium inconfusibilem* (*II Tim.* II, 15) ; c'est-à-dire, que votre vie soit si visiblement exemplaire, que vous n'appréhendiez rien de tout ce qu'on pourrait dire ; tant ces sortes de frivoles accusations, si on en faisait, se trouveraient destituées de toute vraisemblance ; et faites que le médisant craigne lui-même de s'attirer l'indignation de tout le monde en s'en prenant à vous, et de se couvrir d'infamie en passant pour un calomniateur notoire ; jusque-là, ajoute-t-il, que même aucune de vos paroles ne puisse mériter de censure. Que si les défauts de la langue dont il est difficile de se défendre ne sont pas excusables en un prêtre, que sera-ce de ses actions? *Verbum sanum irreprehensibile* (*Tit.* II, 8) ; mais pourquoi être si irréprochable dans ses mœurs? *Ut is qui ex adverso est vereatur nihil habens malum dicere de nobis.* (*Ibid.*) Quel est cet adversaire, cet ennemi qui, confus de ne trouver rien à redire en nous, soit contraint de se taire et de se retirer ? *Is qui ex adverso est.* C'est premièrement l'homme impudent, médisant, railleur, impie, extravagant, comme l'apôtre saint Pierre nous le donne à entendre, quand il enseigne que la volonté de Dieu sur nous est que nous vivions assez saintement pour fermer la bouche aux insensés même : *Quia sic est voluntas Dei ut benefacientes obmutescere faciatis imprudentium hominum ignorantiam.* (*I Petr.* II, 15.) Quel éclat de vie irréprehensible ne faut-il pas avoir pour produire cet effet? car, qu'est-ce que la haine, l'envie, la médisance ne peuvent controuver ? En second lieu, cet adversaire, *is qui ex adverso est,* quel est-il sinon le démon ? *Adversarius vester diabolus, et Satan stabat ut, adversaretur ei* (*I Petr.* v, 8 ; *Zachar.* III,

1); aux yeux et à la rage duquel un prêtre ne doit donner aucune prise, non plus que le saint homme Job, de qui Dieu dit au démon : As-tu considéré mon fidèle serviteur Job, comme n'y ayant rien de reprochable en lui, tant il doit vivre vertueusement et parfaitement ; en sorte que ce vieux calomniateur se retire de lui confus et humilié, suivant la parole du prophète : *Et humiliabit calumniatorem. (Psal.* LXXI, 8.) O Dieu, quels faut-il nous soyons pour cela, pour ressembler à cette pieuse et célèbre Israélite, de qui il est écrit que jamais personne n'osa proférer une parole contre sa vertu : *Timebat Dominum valde, nec erat qui loqueretur de ea verbum malum. (Judith* VIII, 8.) Qu'on ne donne aucune atteinte à notre réputation, qu'on ne dise point que nous sommes avares, colères, intempérants, impudiques, indévots, ignorants ou d'une mauvaise doctrine, emportés, superbes, sensuels, mondains; la moindre de ces taches nous souille et nous noircit ; elle donne prise à l'homme médisant et au démon calomniateur.

Saint Jérôme avance quelque chose de merveilleux là-dessus ; il enseigne qu'un prêtre doit être si homme de bien, si saint, si parfait, si irrépréhensible, que les impies mêmes, qui disent du mal de la religion de Jésus-Christ, toute divine qu'elle soit, ne puissent rien trouver à redire dans la vie et les mœurs du ministre de Jésus-Christ : Talis sit pontifex Christi, ut qui religioni detrahunt, vitæ ejus detrahere non audeant. Que peut-on ajouter de plus ? la religion chrétienne, sainte, et sans tache ni ride, comme la qualifie saint Paul : *Non habens maculam neque rugam (Ephes.* V, 27), ne pouvoir être à couvert des langues sacrilèges, et le pontife de cette religion le devoir être ? qu'on n'ose dire de lui, sans s'exposer à être démenti de tout le monde, qu'il est un homme intéressé, vindicatif, sensuel, colère, indévot, intempérant ? qu'on ne puisse le blâmer de n'être pas un homme de probité, de vertu, de ne passer pas pour humble, patient, modeste, sobre, chaste, doux; tandis qu'on s'emporte contre la religion qu'il professe, et qu'on la blâme de ce qu'elle propose un Dieu crucifié à adorer : *Judæis quidem scandalum, gentibus autem stultitiam (I Cor.* I, 23) ; de ce qu'elle exige trop de soumission d'esprit, trop de vertu, de sainteté, de privation de plaisirs ; de ce qu'elle enseigne des mystères trop difficiles à croire, qu'elle combat des inclinations trop naturelles, que sa morale est trop sévère ? il faut que l'impie se contredise lui-même, et qu'il soit contraint de dire ; Je n'approuve pas la religion chrétienne, mais je ne saurais condamner la vie et les mœurs des prêtres de Jésus-Christ : « Talis sit pontifex Christi, ut qui religioni detrahunt, vitæ ejus detrahere non audeant. »

Quand vous auriez les meilleures qualités du monde, des talents, des vertus, du zèle, cependant tout cela ne sera compté pour rien, si vous êtes répréhensible en un seul point. Ce seul défaut ternira tout le reste, et sera peut-être cause de votre perte; les gens du siècle, semblables à ces animaux immondes qui laissent toutes les fleurs d'un parterre, et toutes les belles allées pour s'aller vautrer dans un bourbier, ou dans un amas de fumier, qui par hasard se trouve dans un coin du jardin, laisseront tout le bien qu'il y aura à dire de vous, et se jetteront sur ce qu'il y aura de répréhensible et de défectueux ; c'est un homme savant, diront-ils, mais c'est un avare, s'il en fut jamais ; il ne prêche pas mal, mais c'est un buveur, un goinfre ; c'est un homme retiré, mais il tient en sa maison une femme suspecte.

Vos supérieurs mêmes et vos confrères bien intentionnés, quoique par un différent motif, tiendront le même langage ; c'est dommage, diront-ils, ce prêtre a de bonnes qualités, mais il aime la chasse, le jeu, les compagnies ; il n'a pas l'esprit ecclésiastique ni l'amour de sa profession ; il quitte la soutane, il a de grands cheveux, une perruque, il est ignorant et n'étudie point, il suit les foires et les marchés, il trafique, il aime trop ses parents, il les a chez lui, il est attaché à la chair et au sang.

Le démon se servira de ce seul défaut pour vous perdre, et introduire en vous tous les autres; car cet esprit rusé nous attaque toujours par notre faible ; et comme un général d'armée qui assiége une ville, dresse ses batteries vers l'endroit le plus accessible pour s'en rendre maître, ainsi ce chef des ennemis du peuple de Dieu attaquera votre âme par la passion, par le vice auquel vous serez sujet. La colère est votre défaut, l'avarice, la gourmandise ; sans ces désordres-là, vous seriez un fort bon ouvrier, un prêtre d'exemple, mais ce défaut gâte tout le reste; le démon vous attaquera par là, il vous suscitera des objets, il vous fournira des occasions, il enflammera votre passion, il se rendra maître de vous, il s'emparera de votre cœur et y introduira tous les autres péchés.

Enfin, il en est des vertus comme des mystères : qui ne croit pas tous les mystères, n'en croit aucun ; ainsi, se soumettre à tout ce que l'Eglise enseigne, excepté la réalité ou l'enfer, ou l'éternité, ou la consubstantialité, c'est ne se soumettre à rien : *Qui peccat in uno factus est omnium reus. (Jac.* II, 10.) Qui pèche contre une vertu, pèche contre toutes : « Bonum ex integra causa ; malum ex quocunque defectu; » d'ailleurs, peut-on être intempérant et être chaste ? être colère et être patient ? être sensuel et être détaché du bien ? Les vertus se tiennent aussi bien que les vices.

Considérez encore que si vous n'êtes irrépréhensible en toutes choses; s'il y a quelque vice, quelque défaut de blâmable en vous, quand d'ailleurs vous auriez plusieurs louables dons et talents, vous ne pourrez jamais vous acquitter avec succès et bénédiction de deux importantes fonctions attachées à votre caractère, savoir : de prêcher les vérités et de reprendre les vices.

Vous ne prêcherez pas utilement ni avec fruit les vertus chrétiennes, les devoirs et les obligations de la religion; vous n'en aurez pas la hardiesse, si votre cœur vous fait intérieurement quelque reproche ; la grâce n'accompagnera pas vos paroles; le prochain, occupé de votre mauvais exemple, ne vous en croira pas. Il est absolument nécessaire, dit saint Isidore, que celui qui par son ministère doit enseigner aux autres le chemin de la vertu et instruire les peuples de la science du salut, soit parfait en toutes choses, et irrépréhensible en tout point : « Qui in erudiendis atque instituendis ad virtutem populis præit, necesse est ut in omnibus sanctus sit, et in nullo reprehensibilis habeatur. » Voilà notre règle et notre engagement : plaise à Dieu que ce ne soit pas notre condamnation.

Que si vous n'osez pas enseigner, comment oseriez-vous reprendre, sentant bien que vous ne menez pas une vie irréprochable? de quelle autorité pourra s'armer le prêtre répréhensible, quand il se verra obligé de faire la correction au laïque, dit le concile de Trente, puisque le laïque qui n'ignore jamais le vice du prêtre, sera comme en droit de lui reprocher, du moins tacitement, qu'il est plus blâmable que lui; qu'il ait à se corriger avant que de se mêler de le corriger, et que ce n'est pas au malade à promettre la guérison ; d'ailleurs le prêtre, condamné par sa propre conscience, perdra courage et manquera d'autorité pour condamner le laïque.

Après cela, que peut-on attendre de vos avis charitables, quel fruit, quelle autorité? « Qua libertate laicos poterunt de ipsorum vitiis corripere sacerdotes, cum tacite sibi respondeant eadem se admisisse quæ corripiunt. » Voir que vous êtes vous-même répréhensible, et entreprendre de reprendre les autres; faire servir votre bouche à la correction du prochain, et entendre votre conscience qui vous reprend intérieurement vous-même ; rien n'est donc plus constant que cette vérité, qu'il faut que celui qui est préposé pour reprendre les autres, soit lui-même irrépréhensible, suivant la maxime d'un grand Pape : « Irreprehensibiles esse convenit, quos præesse necesse est corrigendis. »

Pour dernier motif, et pour faire voir que l'on n'exige de vous que la même obligation, la même vertu que l'Église exige de tous les pasteurs, de tous les prêtres du diocèse, lisez ce qui est porté dans le Pontifical, au sujet des synodes diocésains, et vous verrez que la première et la principale chose qu'on demande à ceux qui s'y trouvent, est que leur vie et leurs mœurs soient irrépréhensibles. C'est le grand avertissement que l'évêque est tenu de donner à ceux qui composent ces augustes assemblées, afin qu'ils aillent ensuite édifier tout le diocèse : « Imprimis admonemus ut vita et conversatio vestra sit irreprehensibilis. »

Après cela, direz-vous qu'on en demande trop, et qu'un Père n'a pas justement parlé quand il a dit que le clergé est un lieu, un emploi, un poste, où l'on doit avoir une conduite irréprochable? « Clerus, locus irreprehensibiliter vivendi. »

Rentrez donc souvent en vous-même comme en votre propre maison, et considérez s'il n'y a rien de répréhensible en vous. Votre extérieur est-il édifiant, portez-vous la couronne convenable, les cheveux courts, la soutane? n'y a-t-il rien que de modeste dans vos paroles, votre air, vos habits, vos meubles, vos livres; rien qui ne sente l'humilité, la modération, la bienséance?

N'y a-t-il rien à redire dans les compagnies que vous fréquentez et les divertissements que vous prenez? êtes-vous éloigné de tout déréglement scandaleux, du vin, du jeu, de la chasse, de la compagnie des femmes, des sociétés libertines?

Ne dit-on point de vous que vous êtes adonné au trafic, attaché à vos parents, enclin à l'avarice; que vous négligez la prière, l'étude, l'instruction des peuples?

Que vous êtes sujet à la colère, aux emportements, aux procès?

Faites réflexion sur toutes ces choses et sur toutes celles que votre propre conscience vous suggérera ; écoutez les reproches qu'elle vous fera; rougissez de vous laisser aller à tant de défauts et de déréglements blâmables; avouez humblement que vous êtes répréhensible en tout, que vous n'êtes pas assez humble, assez patient, assez sobre, assez chaste, assez pieux ; que vous êtes blâmable dans votre conduite et dans votre doctrine, étant un immortifié, un sensuel, un immodeste, un intempérant, un emporté, un paresseux, un négligent, en un mot, un homme fort peu édifiant, de qui l'exemple porte plutôt au relâchement qu'à la vertu. Demandez-en pardon à Dieu, priez-le de vous rendre tel que vous devez être ; invoquez la très-immaculée Vierge, et priez-la de vous obtenir quelque part dans sa vie exemplaire : « Talis fuit Maria ut hujus unius vita omnium sit disciplina, » et dites-lui : *Tota pulchra es, amica mea, et macula non est in te.* (Cant. IV, 7.)

Mais surtout soyez irrépréhensible : premièrement à l'égard de l'intérêt; qu'on ne puisse point vous accuser d'être un homme attaché à l'argent, d'aimer le gain et les présents. Que votre conscience ne vous reproche rien là-dessus, en sorte que vous puissiez confidemment dire à Dieu avec Moïse : *Tu scis quod ne asellum quidem unquam acceperim ab eis, nec afflixerim quempiam eorum.* (Num. XVI, 15.)

Ou avec Samuel : *Loquimini de me coram Domino, et coram Christo ejus, utrum bovem cujusquam tulerim, aut asinum, si de manu cujusquam munus accepi, et restituam vobis; et dixerunt: Non.* (*I Reg.* XII, 3, 4.)

Ou avec l'Apôtre: *Argentum et aurum, aut vestem nullius concupivi, sicut ipsi scitis, quoniam ad ea quæ mihi opus erant, et his qui mecum sunt, ministraverunt manus istæ.* (*Act.* XX, 33, 34.)

Autrement on dira que vous êtes un avare, un homme attaché, que vous amassez pour vos parents.

Secondement, ne donnez aucune prise sur vous au sujet du boire et du manger; car rien ne décrie tant un prêtre que la crapule.

Enfin, que votre réputation ne souffre aucune atteinte sur le chapitre de la demeure ou de la conversation avec les personnes de différent sexe; autrement, comme dit saint Jérôme: « *Te cuncti in publico, te in agro rustici, aratores, vinitores mordebunt, lacerabunt, si contra depositum fidei cum mulieribus commorari præsumas.* » Et, par conséquent, poursuit ce saint: « *Caveto omnes suspiciones, et quidquid probabiliter fingi potest, ne fingatur ante devita.* » C'est la vraie pierre de touche de la réputation: car, poursuit encore le même saint: « *Iste sexus reprehensibiles exhibet clericos.* »

Aussi l'Église, dans les avis qu'elle donne aux prêtres assemblés le jour du synode, dont nous avons déjà parlé, après avoir exhorté les pasteurs à mener une vie irrépréhensible, comme le capital de leurs soins: « *Imprimis admonemus ut vita et conversatio vestra sit irreprehensibilis,* » ajoute aussitôt qu'elle leur enjoint de ne retenir chez eux aucune personne de différent sexe, comme étant la source de toute mauvaise édification dans les prêtres, et qui rend plus ordinairement leur conduite répréhensible: « *In domibus vestris mulieres non cohabitent.* »

Quatrième considération. — Un des plus grands sujets que nous ayons d'admirer la patience de Jésus-Christ, est de voir qu'il souffre à son autel des ministres scandaleux, entre les mains desquels il est aussi indignement traité qu'il le fut par les satellites des Juifs dans le jardin des Olives: les uns et les autres le tiennent et le touchent à la vérité, mais c'est en le liant et le garrottant: car son inclination serait de s'enfuir d'eux comme il fit quelquefois: *Abiit et abscondit se ab eis.* (*Joan.* XII, 36.) S'il ne le fait pas réellement, il le fait spirituellement, leur dérobant sa connaissance, et étant comme absent pour eux. Mais cette patience ne paraît pas moins à souffrir son corps mystique livré à la direction de ces guides aveugles qui, au lieu de conduire ce troupeau fidèle dans le bon chemin par leurs paroles et par leurs exemples, l'entraînent au précipice par leurs scandales, et servent à faire éclater les secrets ressorts de la justice divine, qui punit quelquefois les peuples impies, en permettant que de si méchants conducteurs se mettent à leur tête: *Dabo tibi regem in furore meo.* (*Ose.* XIII, 11.) Craignez de servir d'instrument à cette fureur. Or, de tout ce qu'on a dit ci-dessus, il est aisé de conclure qu'un ministre scandaleux se rend coupable de quatre crimes à la fois: il cause un grand déshonneur à Dieu; il porte un préjudice considérable à la religion; il fait un tort presque irréparable au prochain; il s'attire un jugement très rigoureux sur lui-même; quatre terribles effets de la vie scandaleuse d'un prêtre, qui serviront de quatre considérations puissantes pour nous faire déplorer ce malheur, pour nous en découvrir les suites funestes, et pour nous obliger à demander la grâce de n'y tomber jamais.

En effet, qui pourrait dire, et quelle langue serait assez éloquente pour exprimer au vrai combien un prêtre scandaleux, c'est-à-dire, de qui la mauvaise vie est connue, et qu'on sait être un avare, un sensuel, un ignorant, qui entretient de mauvais commerces, qui va vêtu presque en séculier, qui joue, qui chasse, qui néglige ses plus importants devoirs, la prière, l'Office, l'instruction, en un mot qui tombe en quelqu'un de ces vices ou semblables, cause de déshonneur à Dieu? car, comme on juge du maître par le serviteur, aussi ne peut-on croire qu'un seigneur sage, pieux, vertueux, voulût prendre ou garder en sa maison des officiers déréglés, vicieux et indignes. Quelle pensée voulez-vous donc, ô prêtre scandaleux, qu'on ait de Dieu? Quelle idée voulez-vous que le Juif et l'infidèle se forment de Jésus-Christ? ne les exposez-vous pas à blasphémer son saint nom, disant qu'il autorise le vice, et que ce n'est pas le même Dieu qui punit autrefois de mort ces lévites si célèbres pour une légère irrévérence, puisqu'il souffre à ses autels des ministres coupables de crimes plus énormes, et qui ne portent pas seulement un feu étranger à ses autels, mais une convoitise embrasée. La prophétie ne s'accomplira-t-elle pas contre vous? *Per vos blasphematur nomen meum in gentibus.* (*Isa.* LII, 5.) L'impie n'ira-t-il pas peut-être plus loin et jusqu'à douter de la vérité de nos plus hauts mystères, de la présence de Jésus-Christ, de la justice et de l'existence même d'un Dieu, de qui la sainteté tant vantée ne souffrirait pas ces désordres s'il les voyait ou s'il les détestait; non plus que son Église dont on publie si fort la discipline et la pureté, ni ceux qui la gouvernent, si le crime n'y était comme approuvé.

Mais laissant à part la vaine estime des hommes, et leurs faux raisonnements, quelle indignité, quel outrage ne fait pas à Dieu même un prêtre scandaleux qui s'approche impunément des autels? Ecoutons le seul saint Grégoire: Non je ne crois pas, mes très-chers frères, dit ce grand Pape, que Dieu soit plus indignement déshonoré par personne que par les méchants prêtres, lorsqu'on voit que ceux qu'il a préposés à la correction des autres donnent eux-mêmes de mauvais exemples, et qu'au lieu de s'opposer aux dérèglements des peuples et de réprimer les désordres, ils s'y laissent scandaleusement aller : « Nullum puto, fratres charissimi, ab aliis majus præjudicium quam a malis sacerdotibus tolerat Deus. » Non, ni les blasphémateurs, ni les sacriléges, ne déshonorent point tant Dieu que les prêtres vicieux : « Quando eos quos ad aliorum correctionem posuit, dare de se exempla pravitatis cernit, quando ipsi peccamus, qui aliorum compescere peccata debuimus. » Quand ceux que Dieu a préposés dans son Église pour reprendre les impies sont sans piété eux-mêmes, pour reprendre les sensuels sont luxurieux, pour reprendre les avares sont attachés à l'argent ; quel déplorable désordre, quel étrange renversement ! De plus, quel préjudice et presque irréparable ne causent-ils pas à la religion ; car ne donnent-ils pas lieu aux impies de croire que tout le christianisme n'est qu'une assemblée d'hypocrites? ne laissent-ils pas penser aux hérétiques que l'Église est une Babylone dont il faut sortir, où l'on ne voit que vice et que corruption ? un corps dont Jésus-Christ qui lui était uni s'est séparé, y ayant souffert une seconde mort ? une prostituée qu'il a abandonnée ? Voilà le langage que la vie scandaleuse des prêtres a fait tenir aux hérétiques du siècle passé, contre l'Épouse de Jésus-Christ, voyant la maladie de la tête, du cœur et des principaux membres de ce corps mystique, tels que les prêtres le sont : « Sanctiora membra Ecclesiæ, pars membrorum Christi prima, capita populorum. » Ils ont conclu que tout le reste du corps était infecté, et que le mal avait gagné. Voici leur raisonnement contre les mauvais prêtres, qu'il est bon d'exposer dans son étendue. Vous vous vantez, leur ont-ils dit, d'être la partie la plus excellente de l'Église, que votre état est comme le plus relevé, aussi le plus saint, le plus parfait, le plus divin ; que vous êtes au-dessus des religieux et des moines ; que voulez-vous donc que nous croyions d'eux, si vous, qui vous prétendez dans l'état de perfection acquise, êtes si corrompus ? Que répondre à cela ?

Les libertins se sont autorisés du mauvais exemple des ministres de l'autel : « Consensere jura peccatis, factum est licitum quod erat publicum ; cum vitiis auctoritas datur. » C'est la maxime des saints Pères. Le monde, contre sa coutume, s'est prévalu de l'Évangile qu'il a mal interprété : que le disciple n'est pas au-dessus du maître, et que c'est assez pour lui s'il l'imite : *Non est discipulus super magistrum; sufficit discipulo suo ut sit sicut magister ejus* (Matth. X, 25); qu'il suffit au peuple de se conformer au pasteur. C'est pourquoi le vice a inondé sur la terre, l'avarice, la luxure, l'injustice, l'impiété, tout a débordé, tout a été entraîné par le scandale qu'ont donné, dans le siècle passé, les mauvais prêtres, comme par un torrent impétueux qui ne trouve plus de digue qui l'arrête; n'appelez-vous pas cela porter un préjudice très-grand à l'Église, faire une plaie profonde à la religion ? et saint Grégoire n'a-t-il pas eu raison de dire que, quand un ecclésiastique donne quelque juste sujet de scandale, toute la religion souffre : « Si in clerico, qui cæteris exemplum esse debet juste, aliquid reprehenditur, ex ejus vitio tota religionis nostræ existimatio gravatur. »

Ajoutez à cela le tort que le prêtre scandaleux fait au prochain. Car, premièrement, les mauvais exemples du maître induisent souvent le disciple en erreur, lui faisant insensiblement croire qu'il n'y a pas de mal en plusieurs choses, qui néanmoins sont très-criminelles ; et qu'il n'est pas tenu à des devoirs, dont cependant il ne peut se dispenser sans se perdre ; c'est où mène le mauvais exemple des prêtres scandaleux ; c'est où conduit leur vie mondaine, sensuelle, irréligieuse ; leur attachement à l'argent, leur avidité pour les bénéfices, leur mépris des canons de l'Église dans leurs habits, leurs meubles et leur table ; leur hardiesse à se mettre au-dessus des supérieurs et des lois, et qui souvent même ne voulant pas abandonner leurs désordres les justifient, et qui dogmatisent en secret contre la saine doctrine des mœurs : « Cito in aliis ducibus erratur, » dit saint Cyprien. De plus, le prêtre n'est-il pas le guide du troupeau : « Sacerdos quasi sacer dux, presbyter, quasi præbens iter. » Or, il est certain que les pas du pasteur, qui va devant, conduisent davantage les brebis que sa voix ; de sorte que, si ce pasteur marche par des endroits escarpés, il est visible que le troupeau ne doit s'attendre qu'à tomber dans le précipice : « Quando pastor per abrupta graditur, » dit saint Grégoire, « inde fit ut ad præcipitium grex sequatur. » Peut-il aller par un chemin et les obliger à en suivre un autre, et ses exemples n'auront-ils pas plus de force que ses discours ? Or, quel chemin prendra-t-il ? si un aveugle conduit un aveugle, que deviendront-ils l'un et l'autre ? « *Si cæcus cæco ducatum præstet, ambo in foveam cadent.* (Matth. XV, 14.) Celui qui marche dans une route obscure, ne bronchera-t-il pas ? *Qui ambulat in tenebris nescit quo vadat*. (Joan. XII, 35.) Et que doit-il attendre sinon de tomber dans un abîme d'où il ne reviendra plus ? Enfin, peut-on porter un plus grand préjudice aux âmes, que de leur enseigner le vice et non la vérité ? *Et nunc fratres*, disait la célèbre Judith aux prêtres de son temps, *quoniam vos estis presbyteri in populo Dei, et ex vobis pendet anima illorum, ad eloquium vestrum corda eorum erigite*. (Judith VIII, 21.) Mais joignez les exemples aux paroles ; car le moyen que celui qui suit le sentier de l'iniquité apprenne aux autres le chemin de la vertu ; que celui qui descend en enfer, attire les autres au ciel ; que celui qui ne sait pas nager sauve les autres du naufrage ; considérations qui font conclure à saint Grégoire que les prêtres sont d'autant plus étroitement obligés à vivre exemplairement et à éviter tout péché, presque toujours scandaleux en eux, que quand ils y manquent ils ne se perdent pas eux-mêmes seulement, mais qu'ils enveloppent encore dans leur ruine un nombre infini d'âmes, de la perte desquelles ils rendront un sévère compte à la justice divine : « Unde necesse est, » dit ce grand Pape, « ut sacerdotes tanto se cautius a culpa custodiant, quanto per prava quæ faciunt, non soli moriantur, sed aliarum animarum quas pravis exemplis dextruxerunt rei sunt. »

D'où il s'ensuit enfin que le prêtre scandaleux attire un jugement effroyable sur lui-même. En effet, que peut attendre autre chose un homme qui, par cette espèce de péché déshonore Dieu davantage et porte un plus grand préjudice à sa gloire, que par toute autre sorte de crime : « Nullum majus præjudicium quam a malis sacerdotibus tolerat Deus. » Que peut attendre autre chose un homme qui flétrit la religion chrétienne, de qui il est l'opprobre, et qui fait rejaillir sur elle la turpitude de sa vie : « Tota religionis nostræ existimatio gravatur ; » et qui, en scandalisant l'Eglise, la décrie dans l'esprit des impies ? Que peut attendre un homme qui est la cause de la ruine et de la perdition des âmes qui lui avaient été commises, qui en a été le véritable meurtrier et qui les a entraînées avec lui dans l'enfer ? « Aliarum animarum quas pravis exemplis destruxerunt rei sunt. » Que dira un prêtre quand on lui reprochera que c'est sa luxure qui a induit ses paroissiens à l'impudicité ; son indévotion qui les a jetés dans le libertinage ; son intempérance qui les a portés à l'ivrognerie et à la crapule ; sa négligence qui les a laissés dans l'ignorance des vérités les plus nécessaires à leur salut ; enfin, que sa mauvaise vie, semblable à ces feux nocturnes qui abusent l'œil du voyageur, les a engagés dans un labyrinthe de maux infinis ?

Mais le genre du supplice qui lui est réservé paraît tout singulier, et Notre-Seigneur dans son Evangile nous en a donné l'idée du monde la plus terrible, quand il assure qu'il vaudrait mieux pour ce malheureux qu'on lui eût attaché une meule de moulin au cou, et qu'en cet état on l'eût précipité au fond de la mer, que non pas d'avoir scandalisé le moindre des simples fidèles qui croient en lui ; ce pauvre enfant qu'on a laissé périr faute de lui apprendre la doctrine chrétienne ; cette pauvre innocente, de la simplicité, de la nécessité ou de la confiance de laquelle on a méchamment abusé. Ces pauvres gens qu'on n'a pas instruits, leur apprenant à s'approcher dignement des sacrements, à aimer la vertu, à fuir le vice, à faire leur salut ; toute cette paroisse qu'on a si mal édifiée pendant plusieurs années ; ces pécheurs qu'on n'a pas repris ; ces bonnes âmes qu'on a délaissées ; enfin, ce troupeau qu'on a abandonné. Que si c'est un si grand mal de scandaliser le moindre des fidèles, que sera-ce de scandaliser toute une paroisse, tout un diocèse, toute l'Eglise ? *Qui autem scandalizaverit unum de pusillis istis qui in me credunt, expedit ei, utilius est ei, bonum est ei magis ut lapis molaris imponatur circa collum ejus, si circumdaretur; suspendatur mola asinaria in collo ejus, et demergatur in profundum maris; væ homini illi per quem scandalum venit!* (*Matth.* xviii, 6, 7.)

Car que veulent dire ces expressions, sinon que quand un prêtre, qui doit rompre et briser le grain de la parole de Dieu, pour en faire un pain proportionné aux besoins du peuple, l'en nourrir, lui procurer la vie et la force par ses prédications, ses travaux et ses exemples, vient à se démentir de son devoir, à secouer le joug et à cesser d'être utile au prochain, il s'attire un jugement rigoureux ; que le poids des obligations attachées à son caractère si aisé à supporter et à s'en servir, quand comme une meule il est suspendu et dans sa situation naturelle, l'accablera en retombant sur lui, et qu'il l'entraînera dans un abîme, d'où il ne pourra plus revenir ; que, devenu non-seulement inutile, mais pernicieux et dommageable à ceux qui le voient, il est à propos qu'un tel objet leur soit ôté pour toujours de devant les yeux ; qu'on l'envoie au supplice des enfers avec la marque de sa dignité au cou, pour lui être un sujet d'une éternelle confusion et d'un accablement insurmontable ; et que ce sera dans l'endroit le plus creux et le plus profond de ce grand abîme, qu'il sera précipité, afin que sa vie scandaleuse et infâme, qui n'a que trop été connue, soit à jamais ensevelie dans une mer d'oubli et d'obscurité : *Demergatur in profundum maris.*

Cependant quelle vie avez-vous menée dans l'état de simple fidèle ? avez-vous vécu avec édification, comme vous y étiez tenu par le seul titre de Chrétien ? Ce sel qu'on vous mit dans la bouche quand on vous baptisa, ce baume qu'on vous mit sur le front quand on vous confirma, ne furent-ils pas les symboles des obligations que vous contractâtes de vivre exemplairement, quand vous reçûtes ces sacrements ? Rougissez de les avoir si mal accomplies ; que de scandales donnés dans votre jeunesse en paroles, discours libertins, actions ouvertement mauvaises ! N'avez-vous point induit les autres au péché ? ne leur avez-vous point appris le mal qu'ils ignoraient ? ne les avez-vous point sollicités à offenser Dieu ? en un mot, n'avez-vous point été une pierre d'achoppement, et fait trébucher les autres dans le libertinage, l'indévotion, l'impiété ?

Depuis que vous êtes ecclésiastique, et peut-être dans cette maison, n'avez-vous point mal édifié le prochain par votre lâcheté, tiédeur, immodestie, immortification, infidélité au règlement, discours mondains ? peut-on croire que vous édifierez l'Eglise quand vous serez dans l'emploi et chargé du salut des autres ? la vie que vous menez dans cette retraite est un préjugé de celle que vous mènerez dans le monde : *Quæ seminaverit homo, hæc et metet.* (*Galat.* vi, 8.) Gémissez d'avoir scandalisé peut-être toute cette communauté ; craignez de scandaliser un jour l'Eglise.

Edifiez donc votre prochain ; mais que l'édification que vous donnerez au dehors vienne du dedans, et que le fruit soit une production de la racine ; ayez un grand fonds de piété et de crainte de Dieu ; marchez en sa présence, tendez à la perfection, et vous verrez que, sans y penser ni rien du tout affecter, votre extérieur se sentira de votre intérieur.

Soyez exemplaire en toutes choses, en toutes vertus, en tout temps ; car autrement vous détruirez d'une main ce que vous édifierez de l'autre : *Unus ædificans, et unus destruens, quid prodest nisi labor?* (*Eccli.* xxxiv, 28.) Et enfin, que vos bons exemples soient persévérants, abondants : *Vos estis lux mundi.* (*Matth.* v, 14.) La lumière revient tous les jours, le soleil éclaire incessamment, et quand il se couche en un endroit, il se lève en un autre.

Le prophète Elisée, visité par un célèbre capitaine, et le considérant avec attention, après avoir un peu rêvé, se troubla tout à coup et se mit à pleurer amèrement ; interrogé par cet officier de la cause de ses larmes : c'est, lui répondit-il, que je prévois les maux que vous devez faire au peuple de Dieu : *Elisæus conturbatus est usque ad suffusionem vultus, flevitque vir Dei : cui Hazael ait : Quare dominus meus flet? at dixit ille : Quia scio quæ facturus sis filiis Israel mala.* (*IV Reg.* viii, 12.) Plaise à Dieu que votre conduite présente ne donne pas lieu de vous dire la même chose au sujet des mauvais exemples qu'on pourrait prévoir que vous donnerez un jour à l'Eglise !

ENTRETIEN XIII.

SUR LE DÉTACHEMENT OU LES ECCLÉSIASTIQUES DOIVENT ÊTRE DE LEURS PARENTS.

Première considération. — Un des malheurs de la condition humaine et de l'état où le péché nous a réduits, est sans doute de nous voir assujettis à quantité de choses dont nous ne saurions nous dispenser, et auxquelles la nécessité naturelle et la loi de Dieu même nous engagent, qui néanmoins dans leur usage nous sont souvent des occasions d'autant plus dangereuses de pécher, qu'elles se couvrent le plus du prétexte spécieux de vertu, de devoir et d'obligation. Ecoutons saint Augustin là-dessus : Nous réparons chaque jour par les aliments la ruine de notre corps, dit ce grand docteur : « *Reficimus quotidie ruinas corporis edendo et bibendo;* » et nous offenserions Dieu si nous nous laissions mourir de faim. Car, si nous pouvons retrancher absolument de nous certaines inclinations, et nous en délivrer une bonne fois, en y renonçant pour toujours et ne leur accordant jamais rien, telles que le plaisir de la chair, en vouant une chasteté perpétuelle, nous ne saurions pas nous abstenir entièrement de boire et de manger : « *Non enim est quod semel præcidere et ulterius non attingere decernam.* » Cependant, ô malheur ! continue ce saint, cette indigence m'est agréable : « *Nunc autem suavis est mihi necessitas;* » et il faut que je combatte chaque jour contre cette espèce de sensualité et que je veille à ne me pas laisser surprendre au piége qu'elle ne cesse de me tendre : « *Et adversus istam suavitatem pugno ne capiar, et quotidianum bellum gero.* » J'avoue que la seule nécessité de conserver la vie devrait nous porter à prendre nos repas ; mais cependant la volupté devient la dangereuse compagne de la nécessité, et veut souvent la prévenir et prendre sa place, et être le principal motif de cette action animale : « *Et cum salus sit causa edendi ac bibendi, adjungit se tanquam pedissequa periculosa jucunditas, et plerumque præire conatur, ut ejus causa fiat quod salutis causa me facere vel dico vel volo.* » Le comble de la misère est que l'on ne connaît pas bien les bornes d'une juste nécessité ; que ce qui est suffisant au besoin de la nature, ne l'est pas à l'avidité du plaisir, et que l'homme enclin à la sensualité et à se tromper lui-même, se réjouit de cette malheureuse incertitude, afin de pouvoir contenter sa chair sans scrupule et avec titre : « *Ad hoc incertum hilarescit infelix anima, ut obtentu salutis, obumbret negotium voluptatis,* » etc.

Il en est ainsi de l'attachement aux parents. La loi de Dieu nous oblige de les honorer et de les servir. La nature et la raison nous y portent ; mais, au lieu de nous contenir dans de justes bornes, et de leur marquer de l'amour en leur procurant les véritables biens ; au lieu de régler les devoirs de la charité, et de faire marcher ce que nous devons à Dieu préférablement à ce dont nous sommes tenus envers la créature, nous nous livrons à cette affection tout humaine, nous y cherchons nous-mêmes, nous lui sacrifions les obligations les plus essentielles du sacerdoce.

Qui pourrait dire combien cette affection charnelle, se déguisant sous les prétextes apparents d'une piété et d'une nécessité prétendues, a trompé de vertueux ecclésiastiques, et a fait malheureusement échouer les belles espérances qu'on avait conçues de leur esprit, de leur vocation, de leur science et de leurs talents ?

En effet, rien ne paraît plus opposé à l'esprit sacerdotal que cet attachement, quand il est déréglé. Examinons un peu cette vérité.

Jésus-Christ, le souverain pontife, qui a réuni en lui la grâce de l'ancien et du nouveau sacerdoce, ou plutôt de qui la grâce de l'un et de l'autre a découlé, a voulu, par un dessein concerté de la Providence, être figuré par Melchisédech, prêtre du Très-Haut : *Appellatus a Deo pontifex juxta ordinem Melchisedech.* (*Hebr.* v, 10.) David, ce saint roi et ce prophète si éclairé, l'a salué en cette qualité : *Tu es sacerdos in æternum secundum ordinem Melchisedech.* (*Psal.* cix, 4.) Mais, entre les mystères cachés sous cette figure, le Saint Esprit nous en marque un qui fait extrêmement à notre sujet, c'est que Melchisédech nous est représenté comme n'ayant ni père ni mère, ni généalogie : *Sine patre, sine matre, sine genealogia* (*Hebr.* VII, 3); et eu cela semblable au Fils de Dieu : *Assimilatus Filio Dei.* (*Ibid.*) Qu'est-ce que cela nous apprend, sinon qu'un prêtre, pour remplir dignement de si grandes figures, pour ressembler à Jésus-Christ son divin modèle, ne doit plus tenir à la chair et au sang, ni reconnaître d'autre père que Dieu? Cette figure se soutient dans la loi écrite. Les lévites de l'Ancien Testament devaient être détachés de ces sortes d'affections. Moïse, donnant sa bénédiction à la tribu de Lévi, lui marque en quoi consiste la grâce de son état, et lui apprend cette vérité, que la perfection et l'esprit sacerdotal exigent d'un prêtre qu'il soit parfaitement détaché de ses parents, et qu'il leur dise, je ne vous connais plus, je ne sais qui vous êtes : *Levi quoque dixit perfectio tua, et doctrina tua, viro... qui dixit patri suo et matri suæ nescio vos, et fratribus suis ignoro vos.* (*Deut.* XXXIII, 8, 9.) Voilà les lévites qui seront dignes de leur emploi, et qui rempliront les promesses qu'ils ont faites à Dieu : *Hi custodierunt eloquium tuum, et pactum tuum servaverunt.* (*Ibid.*, 9.) Faites donc réflexion, si vous ne devez pas vous détacher de vos parents, puisque vous prétendez au sacerdoce de la loi nouvelle, infiniment élevé au-dessus de l'ancien; jugez si la vérité ne doit pas l'emporter sur la figure, et si les ecclésiastiques et les prêtres de Jésus-Christ ne doivent pas surpasser en perfection et en dégagement les prêtres de la loi de nature et de la loi écrite.

Mais étudions de près la doctrine et l'exemple de Jésus-Christ, le divin modèle auquel nous devons nous conformer : « *Ostensa est nobis via quam sequamur, apposita forma cui imprimamur,* » dit saint Grégoire. Voici comment il a accompli ces figures anciennes ; voici son exemple ; ses actions ont toujours précédé ses paroles : *Cœpit facere et docere.* (*Marc.* I, 18, 20.)

S'il a voulu avoir des apôtres, s'il les a élevés à ce haut rang, c'est à condition qu'ils abandonneraient leurs parents et tous les embarras domestiques : *Relictis retibus et patre cum mercenariis secuti sunt illum.* (*Act.* I, 1.) Il a exigé cela d'eux absolument; et il n'a admis aucune excuse là-dessus.

L'Evangile rapporte deux faits mémorables à ce sujet, et bien dignes de notre attention. Le premier est que le Fils de Dieu, choisissant ses disciples, en appela un jour un et lui dit : Suivez-moi : *Ait autem ad alterum : Sequere me.* (*Marc.* II, 14.) Voilà une vocation bien marquée. Que répondit ce disciple à qui une telle grâce était offerte? Seigneur, dit-il, permettez-moi auparavant d'aller ensevelir mon père : *Domine, permitte mihi primum ire, et sepelire patrem meum.* (*Luc.* IX, 59.) Quelle excuse plus légitime peut-on apporter? cependant, que lui répliqua le Sauveur? Suivez-moi, ajouta-t-il encore, et laissez aux morts à ensevelir les morts : *Sequere me, et dimitte mortuos sepelire mortuos suos.* (*Ibid.*, 60.) Et pour vous, allez sans retardement prêcher le royaume de Dieu : *Tu autem vade, et annuntia regnum Dei.* (*Ibid.*)

Le second n'est pas moins considérable : Un autre disciple dit à Jésus : Seigneur, je vous suivrai, mais permettez-moi seulement jusque chez moi renoncer à mon hérédité, et dire adieu à mes parents : *Sequar te, Domine, sed permitte mihi primum renuntiare his quæ domi sunt.* Y a-t-il de raison plus apparente, ni de prétexte plus plausible? Néanmoins, voici comment Jésus-Christ en jugea : Personne, lui dit-il, mettant la main à la charrue et regardant derrière lui, n'est propre au royaume de Dieu : *Nemo mittens manum ad aratrum, et respiciens retro, aptus est regno Dei.* (*Ibid.*, 61.)

Quoi donc, c'est être infidèle à la grâce de notre vocation à l'état ecclésiastique, c'est mal répondre aux desseins de Dieu sur nous, c'est ne pas assez entrer dans l'esprit et la grâce du sacerdoce, que de vouloir aller chez soi disposer de ses affaires domestiques, et dire adieu à ses parents? c'est tourner la tête, c'est reculer que d'en user ainsi, que de ne pas aller sur-le-champ annoncer le royaume de Dieu, et remplir les fonctions de son ministère? vouloir auparavant aller inhumer son père, et lui fermer les yeux, c'est une action de mort indigne d'un ministre de la parole de vie? *Sine mortuos sepelire mortuos suos.* Quelle sainteté est celle-là? quelle perfection? quelle mort à tout?

Que si Jésus-Christ ne voulut pas permettre à un de ses disciples d'aller chez lui renoncer à ses héritages; s'il assure que c'était tourner la tête en arrière, qu'aurait-il dit à celui qui eût voulu y aller pour les posséder, pour les gouverner, pour plaider, pour s'embarrasser dans les affaires temporelles, pour se charger du soin de sa famille? Si Jésus-Christ refusa à un de ses disciples d'aller chez soi pour ensevelir son père, et lui rendre ce dernier devoir; s'il lui ordonna de laisser aux morts, aux gens du siècle, le soin d'ensevelir leurs morts, de célébrer les obsèques et les funérailles des défunts, et de ne prendre que celui d'aller annoncer le royaume de Dieu, et dans la suite la résurrection du Sauveur, qu'aurait-il dit si ce disciple lui eût demandé la permission d'aller vivre parmi ses parents, d'y établir sa demeure, et de passer tranquillement et agréablement ses jours avec eux?

Ce divin maître, dans ce même esprit, et prévoyant que toute sa conduite serait un sujet de méditation pour tous les siècles à venir, n'a pas voulu commettre le gouvernement de son Eglise à un de ses parents; il a choisi saint Pierre, qui ne lui était rien selon la chair; il n'a pas voulu que Joseph, quoique surnommé le juste par excellence, quoique témoin de sa vie et de sa résurrection, quoique doué de toutes les qualités requises à l'apostolat, et de plus son parent selon la chair, occupât la place de Judas; il a voulu que ce fût saint Mathias, qui était étranger à sa famille, et qui ne la touchait en rien; tout cela n'est-il pas pour nous une grande leçon? Car à Dieu ne plaise que nous regardions cette élection comme un effet du hasard, ce fut un dessein formé de la Providence. Il est vrai que le sort décida de cette dignité : *Miserunt sortes* (*Act.* I, 26); mais la sagesse de Dieu présida à cette aventure : *Sors cecidit super Mathiam.* (*Ibid.*) Ce que nous appelons cas fortuit, n'est-il pas tout qu'un voile épais, est un mot obscur dont nous couvrons notre ignorance : *Sortes mittuntur in sinum*, dit l'Écriture, *sed a Domino temperantur.* (*Prov.* XVI, 33.) Ainsi, c'est Jésus-Christ, la sagesse éternelle, qui dans cette occasion nous a voulu apprendre l'esprit dans lequel nous devions être, et à ne pas établir aveuglément nos parents dans les dignités et les biens ecclésiastiques dont nous ne sommes que les dispensateurs.

Il a traité là-dessus ses parents avec une espèce de dureté, pour nous donner sans doute un sujet de consolation et d'édification, nous faisant voir que notre amour pour lui était le seul lien qui, plus fortement que celui de la nature, nous unirait à lui. Saint Jacques et saint Jean, ses parents proches, lui demandèrent, par l'organe de leur mère, les premières places de son royaume; il les leur refuse, il les reprend de leur ambition, il leur dit qu'elles sont destinées à d'autres, et ne leur promet que de les associer à son calice d'amertume et de douleurs : *Calicem quidem meum bibetis : sedere autem ad dextram meam, non est meum dare vobis, sed quibus paratum est a Patre meo.* (*Matth.* XX, 23.) Après cela, songez à revêtir ce neveu, quoique souvent incapable et peu digne du grade que vous possédez, et à le faire grand dans l'Église.

La sainte Vierge, sa Mère bien-aimée, dont l'affection toute pure et toujours céleste ne lui était d'aucun obstacle aux emplois de son sacerdoce, le cherche lorsqu'il est dans le temple au milieu des docteurs; elle lui dit amoureusement : Mon fils, pourquoi nous avez-vous quittés? *Fili, quod fecisti nobis sic? nam pater tuus et ego dolentes quærebamus te.* (*Luc.* II, 48.) Votre séparation nous avait jetés dans une peine extrême; que lui répondit-il? il n'est encore qu'enfant, il est vrai, dans son éducation humaine, rien de plus soumis, il est vrai : *Et erat subditus illis* (*Ibid.*, 51); mais ce qu'il venait de faire était un commencement de l'exercice de ses fonctions : « *Sacerdotem oportet prædicare.* » D'où vient, lui dit-il, que vous me cherchiez? Est-ce que vous ne saviez pas que je dois être occupé aux choses qui regardent la gloire et le service de mon Père? *Nesciebatis quia in his quæ Patris mei sunt oportet me esse?* (*Ibid.*, 49.) La belle maxime! l'importante instruction! Après cela occupez-vous des intérêts de votre famille; abandonnez les affaires spirituelles de votre Père céleste, pour vaquer aux affaires temporelles de votre père terrestre.

Voici une nouvelle preuve de cette vérité ou plutôt un second exemple que Jésus-Christ vous donne de cette vertu. La sainte Vierge le prie de regarder l'indigence de ceux qui faisaient les noces de Cana, et de les secourir dans leur besoin; il avait déjà des disciples auprès de lui, il ne voulait se servir du don de faire des miracles que pour la conversion des âmes, l'établissement du règne de Dieu, l'affermissement de l'Église; il commençait d'en jeter les fondements, de prêcher, d'exercer les fonctions sacerdotales; que lui répond-il à sa demande, d'ailleurs si douce, si humble, si modeste : *Vinum non habent.* (*Joan.* II, 3.) Femme, lui répliqua-t-il, qu'y a-t-il entre moi et vous? *Quid mihi et tibi, mulier?* (*Ibid.*, 4), comme s'il eût dit : J'entre à présent dans l'exercice des emplois de mon sacerdoce et de ma mission, je n'ai plus rien à démêler avec vous. Tel est l'esprit de ce divin modèle des prêtres, de cet excellent original que vous devez copier : « *Ostensa est nobis via quam sequamur, apposita forma cui imprimamur.* »

Enfin, lorsqu'au milieu de ses prédications on lui vint dire que sa Mère et ses frères le cherchaient et qu'ils voulaient le voir : *Ecce mater tua et fratres tui foris stant quærentes te, volentes te videre* (*Matth.* XII, 47) : que répondit-il? acquiesça-t-il à leur demande et à leurs souhaits? Quelle est ma mère, dit-il, et quels sont mes frères? *Ipse respondens dicenti sibi, ait : Quæ est mater mea et qui sunt fratres mei?* (*Ibid.*, 48.) Et étendant la main vers ses disciples, il ajouta : Voilà quelle est ma mère et quels sont mes frères; et quiconque fera la volonté de mon Père, qui est aux cieux, celui-là est mon frère, ma sœur et ma mère : *Quicunque enim fecerit voluntatem Patris mei qui in cœlis est, ipse meus frater, et soror et mater est.* (*Ibid.*, 50.) C'est ainsi que Jésus-Christ s'est comporté dans sa famille, afin que vous sussiez comment il faut vous comporter dans la vôtre. Rien ne pouvait sans doute détourner le Fils de Dieu de son application à son Père, et des exercices de son sacerdoce, encore moins la très-pure Vierge, que toute autre créature; ce serait une impiété de le penser. Pourquoi donc voulut-il la traiter ainsi, sinon pour nous montrer le chemin que nous devions tenir : *Qui mihi ministrat me sequatur.* (*Joan.* XII, 26.)

Ce divin maître, dit saint Ambroise, qui voulait lui-même accomplir ce qu'il enseignait, devant prêcher que celui qui ne renonce pas à père et à mère n'était pas digne de lui, s'est soumis le premier à cette loi : « *Moralis magister qui de cæteris præbet exemplum, atque ipse etiam suorum est exsecutor præceptorum, præcepturus enim cæteris quod qui non reliquerit patrem aut matrem, non est dignus Filio Dei, sententiæ huic primus se subjecit.* » C'est donc pour vous et à votre seule considération, et pour vous donner cet exemple de perfection, que Jésus-Christ traita ainsi sa Mère; qu'il voulut, en qualité de souverain Prêtre, apprendre à ses ministres futurs le détachement où ils devaient être de leurs parents, et combien il fallait qu'ils fussent morts à la chair et au sang: « Etenim propter te Dominus suæ renuntiat Matri, » continue le même saint, « dicens : *Quæ est mater mea?* (*Matth.* XII, 48.) Dominus quasi princeps sacerdotum, formam Levitis in Evangelio dans suo, ait : *Quæ est mater mea?* »

En effet, entre les actions de Jésus-Christ, il y en avait qui regardaient uniquement les devoirs que son cœur religieux rendait continuellement à son Père, d'adoration, de respect, d'obéissance, d'amour; mais il y en avait qui nous regardaient précisément, comme d'avoir ainsi traité sa Mère et ses parents, en vue de nous apprendre notre devoir : « Propter te Dominus suæ renuntiat Matri. »

Mais, l'oserait-on dire, et serons-nous capables de cette vérité? le Fils de Dieu va encore plus loin, et sa doctrine, autorisée par ses exemples, nous montre que cette obligation, comme par divers degrés, s'élève plus haut que nous ne pensons. Etudions l'Evangile, et faisons-en le principal fond de nos méditations.

Premièrement, Notre-Seigneur coupe et retranche entièrement cette affection charnelle en ceux qu'il appelle au ministère sacerdotal ; c'est une disposition qu'il exige d'eux ; car, faisant venir devant lui ses disciples, lorsqu'il voulut les envoyer prêcher, et leur prescrivant les maximes dans lesquelles ils devaient être, il leur dit ces paroles : Ne pensez pas que je sois venu mettre une paix humaine sur la terre ; ce n'est pas la paix, c'est le glaive que j'apporte ; car je suis venu diviser et séparer le fils d'avec son propre père : *Nolite arbitrari quia pacem venerim mittere in terram; non veni pacem mittere sed gladium; veni enim separare hominem adversus patrem suum.* (*Matth.* x, 34, 35.) Non, comme l'interprète saint Augustin, que Jésus-Christ veuille armer le fils contre le père, et l'obliger de commettre un parricide ; à Dieu ne plaise qu'on prenne ses paroles en ce sens; mais ce divin Sauveur, ce docteur céleste, prétend seulement donner à entendre qu'il veut extirper du cœur des ministres de sa grâce, l'affection charnelle que la nature dépravée inspire pour les parents : « Non more parricidarum interficiens, sed spiritali gladio carnalem affectum eorum percutiens et occidens, » et mettre en sa place la charité.

En second lieu, il abolit le nom même de cet amour désordonné. N'appelez plus personne du nom de père sur la terre, dit-il, ne donnez plus ce nom qu'à Dieu seul : *Et patrem nolite vocare vobis super terram, unus est enim Pater vester qui in cœlis est.* (*Matth.* XXIII, 9.) C'est ce qu'il commande à ses disciples, et l'esprit différent qu'il veut mettre entre les ministres de la Synagogue et ceux de son Eglise ; car il s'agissait alors de cela : il a donc voulu effacer jusqu'au nom de cette attache humaine : « Nomen eorum delesti, » (*Psal.* IX, 6), particulièrement dans les ouvriers évangéliques. Tout est esprit et vie dans la loi nouvelle, tout est grâce et sainteté. Et de peur que vous ne soyez contristé de la perte de ces doux noms de père et de fils d'un homme mortel, considérez l'échange avantageux que vous faites, ayant reçu le pouvoir de devenir enfant de Dieu : *Dedit eis potestatem filios Dei fieri.*(*Joan.*I,12.)Mais, qui sont ceux qui posséderont ce bonheur? Ceux qui croient en lui, qui ne sont point nés par la voie du sang ni par la volonté de l'homme, mais qui sont nés de Dieu : *His qui credunt, qui non ex sanguinibus, neque ex voluntate carnis, neque ex voluntate viri, sed ex Deo nati sunt.* (*Ibid.*, 13.) Excluant ainsi du cœur de ses disciples avec la chose, le nom même de cette affection peu pure, pour y substituer en sa place le nom de glorieuse régénération et de la nouvelle créature que nous devenons par notre adoption. Ayons donc honte de tout autre titre inférieur à celui d'enfant de Dieu, et rougissons de nous dire enfant d'un homme.

Troisièmement, il ne se contente pas d'avoir guéri le cœur de ses ministres de cette inclination trop basse et trop humaine, et d'en avoir banni jusqu'au nom, il met en la place une affection toute contraire, une sainte haine, une aimable aversion, pour s'exprimer avec saint Bernard : « Amabile parentum odium. » Si quelqu'un vient à moi, dit-il dans son Evangile, il faut qu'il se résolve à haïr son père, sa mère, ses frères et ses sœurs; autrement il n'est pas digne d'être mis au nombre de mes disciples : *Si quis venit ad me et non odit patrem suum, et matrem, et fratres, et sorores, non potest meus esse discipulus.*

Mais en quoi consistera cette haine, sinon à nous en séparer, à ne nous pas intéresser dans leurs affaires, jusqu'à intéresser le devoir de notre charge, à ne travailler pas à leur procurer des biens périssables, à leur préférer les devoirs de notre ministère, à ne songer à eux que pour prier pour eux et coopérer à leur salut, et à ne les voir jamais, s'ils nous sont des obstacles à notre perfection, ou si la Providence nous destine en des lieux éloignés, ou nous applique à des occupations incompatibles avec ce qu'ils désirent de nous ; afin du moins qu'on puisse voir dans les prêtres de Jésus-Christ ce qu'on exigeait des lévites : *Levi quoque dixit : Perfectio tua et doctrina tua, viro qui dixit patri suo et matri suæ : Nescio vos, et fratribus suis : Ignoro vos, hi custodierunt eloquium tuum, et pactum tuum servaverunt.* (*Deut.* XXXIII, 8.)

Enfin, voici le dernier caractère qui nous découvre combien l'Evangile inspire ce détachement dans les ministres de l'autel. Car, si la loi ancienne proposait aux Juifs une récompense à ceux qui témoigneraient un grand attachement pour leurs parents : *Audistis quia dictum est antiquis : Honora patrem tuum et matrem tuam ut sis longævus super terram* (*Matth.* XV, 4) ; le Fils de Dieu en promet une infiniment plus grande pour ceux qui s'en détacheront. En effet, saint Pierre, au nom des autres apôtres présents et de tous les hommes apostoliques à venir, ayant dit à Jésus-Christ : Voici que nous avons tout abandonné pour vous, biens, parents, amis ; quelle récompense aurons-nous donc ? *Ecce nos reliquimus omnia, quid ergo erit nobis?* (*Matth.* XIX, 27.) Ce divin maître lui répondit, que non-seulement eux, mais que quiconque quitterait pour lui son père, sa mère, ses frères, ses sœurs, sa maison, son héritage, recevrait premièrement le centuple en ce monde, et ensuite la vie éternelle en l'autre : *Ego autem dico vobis quia omnis qui reliquerit domum vel fratres, aut sorores, aut patrem, aut matrem, aut uxorem, aut filios, aut agros propter nomen meum, centuplum accipiet, et vitam æternam possidebit.* (*Ibid.*, 29.) Or, comparez une vie quoique longue à l'éternité, et vous verrez combien la récompense de ceux qui se détachent de leurs parents excède celle de ceux qui s'y attachent, quand même ce serait innocemment.

Seconde considération. — Mais, après avoir vu ce que l'Evangile nous apprend des exemples et de la doctrine de notre Souverain Pontife, venons aux raisons qui peuvent établir cette vérité, qu'un prêtre doit être détaché de ses parents, s'en séparer autant qu'il est en lui, afin d'aller travailler ailleurs, s'il se peut, et y exercer les fonctions de son ministère.

Il est certain que d'ordinaire les parents affaiblissent en nous l'esprit de notre vocation, et que nous ne pourrons pas bien entrer dans la grâce de notre profession, et dans les engagements que nous avons contractés par la prêtrise, demeurant avec eux ; l'esprit de notre vocation porte à la pauvreté, à l'humilité, au travail, et les parents ne nous prêchent que l'amour des richesses, des grandeurs et du repos, choses infiniment éloignées de ce que Dieu attend de nous. Ne sont-ce pas ces sortes de sentiments que nous remarquons dans les parents mêmes de Notre-Seigneur, ainsi qu'il est rapporté dans l'Evangile ? *Dixerunt autem ad eum fratres ejus : Vade in Judæam, ut et discipuli tui videant opera quæ tu facis. Si hæc facis, manifesta teipsum mundo.* (*Joan.* VII, 3, 4.) Tel est le langage de tous les parents. Ils veulent que leur fils ecclésiastique paraisse, qu'il soit connu et estimé, qu'il se mette en réputation, qu'il occupe les premières charges et les plus grands emplois ; ils ne sont pas capables de comprendre autre chose là-dessus. N'étaient-ce pas les désirs ambitieux de la mère des enfants de Zébédée ? *Dic ut duo filii mei sedeant unus ad dextram, et unus ad sinistram tuam in regno tuo.* (*Matth.* XX, 21.) Les parents ont-ils d'autres vues ? vous porteront-ils à la pratique du détachement de toutes choses que vous avez voué en recevant la tonsure? de la pauvreté, de la vie cachée, pénitente ? au contraire, ne vous diront-ils pas avec ceux dont parle saint Augustin : « *Euge, euge, dux bone, dux præclare, quando hæc erunt?* quando *lucerna super candelabrum?* » Les parents vous conseilleront de prendre des bénéfices, de les multiplier, de vous établir, de vous enrichir, voilà ce que vous devez attendre d'eux ordinairement.

2° Ils borneront la grâce de votre mission ; car ils feront ce qu'ils pourront pour vous retenir parmi eux, dans votre province, dans votre ville, dans leur maison, pour vous engager de mêler le bien d'Eglise avec le leur, et de le dépenser avec eux ; cependant Jésus-Christ n'a-t-il pas dit à ses apôtres, et en leur personne à tous ses disciples dans la suite des siècles : Allez par tout le monde, prêchez l'Evangile à toute créature, soyez-moi témoins jusqu'aux extrémités de l'univers : *Ite in mundum universum, prædicate Evangelium omni creaturæ* (*Marc.* XVI, 15) : *eritis mihi testes usque ad ultimum terræ.* (*Act.* I, 8.) Et les parents veulent vous lier auprès d'eux, vous retenir dans votre patrie. Comment accorder deux mouvements si opposés ? Et après cela, vous voudrez demeurer dans votre pays? Cette inclination n'approche-t-elle pas de celle de ces esprits impurs dont il est parlé dans l'Evangile, qui prieraient instamment Notre-Seigneur de ne les pas chasser hors d'une région pour laquelle ils avaient une attache toute particulière : *Rogabant et deprecabantur eum multum ne se expelleret extra regionem.* (*Marc.* V, 10.) Voilà où l'amour déréglé de la patrie et des parents conduit. Quelle étrange conformité de sentiments entre le démon et un ecclésiastique attaché à la chair et au sang, au lieu de sa naissance ! Il prie qu'on ne l'envoie pas ailleurs : *Deprecabantur multum ne se expelleret extra regionem.*

3° Ils vous empêcheront d'exercer les fonctions de votre ministère et les vertus de votre état ; ils vous en retireront ; car, si vous prétendez prêcher les pauvres, catéchiser les enfants, visiter les malades, confesser assidûment, prier longtemps, étudier, veiller, vous lever la nuit, jeûner, aller dans les hôpitaux et les prisons, faire des aumônes, assister les moribonds, ils s'y opposeront : ils diront que vous avez un zèle indiscret, que vous vous tuez, que vous en faites trop, que vous vous causez un tort irréparable, et à eux aussi ; c'est ainsi que les parents de Jésus-Christ selon la chair en usèrent, quand ils virent qu'il s'occupait tout entier à ses emplois, en sorte qu'il n'avait pas le temps de prendre ses repas, tant le monde l'accablait : *Et veniunt ad domum et convenit iterum turba, ita ut non possent neque panem manducare; et cum audissent sui, exierunt tenere eum, dicebant enim quoniam in furorem versus est.* (*Marc.* III, 20, 21.) C'est encore ainsi que saint Pierre, plein d'une affection tout humaine et toute charnelle pour son maître, à qui il ne souhaitait rien de plus qu'une gloire temporelle, ne put souffrir que ce divin Sauveur parlât d'être flagellé, moqué, crucifié : il le prit à part et lui dit en le reprenant : A Dieu ne plaise que cela vous arrive : *Et apprehendens eum Petrus, cœpit increpare eum dicens : Absit a te, Domine, non erit tibi hoc.* (*Matth.* XVI, 22.) Chose étrange ! cet apôtre, au travers des humiliations de l'humanité de

Jésus-Christ et de son extérieur vulgaire, avait pénétré les grandeurs de sa divinité et avait prononcé cette authentique profession de foi, qu'il était le Christ, le Fils du Dieu vivant : *Tu es Christus Filius Dei vivi.* (*Ibid.*, 16.) Mais, sur le sujet de la Passion du Sauveur, ses lumières l'abandonnent, il ne peut comprendre ce mystère ni goûter cette vérité, ce qui lui attira cette réponse sévère du Fils de Dieu : *Vade post me, Satana, scandalum es mihi, quia non sapis ea quæ Dei sunt, sed quæ hominum.* (*Ibid.*, 23.)

Il vous en arrivera autant indubitablement, si vos parents voient que vous voulez vous sacrifier pour le salut des âmes, vous immoler au service de Dieu et des autels, mener une vie pauvre, humble, crucifiée ; ils vous seront une occasion de scandale, ils vous retireront de vos emplois. Ils ne sont pas capables de cette doctrine, et par conséquent, séparez-vous d'eux.

Enfin, vous n'aurez aucun succès avantageux, aucun crédit sur l'esprit de vos parents et des gens de votre pays. Ils vous connaissent de longue main. Ils savent qui vous êtes, ils ont été témoins des légèretés de votre jeunesse. Vouloir après cela monter en chaire devant eux, le prendre sur un ton de réformateur, ils n'ajouteront aucune foi à tout ce que vous direz et ferez. L'expérience nous apprend cette vérité ; et si vous voulez vous étudier vous-même, vous sentirez bien que vous y manquerez d'une certaine hardiesse et d'une autorité nécessaire à un homme apostolique, et que vous trouvez quand vous travaillez en une province où vous êtes inconnu.

Nous avons deux preuves éclatantes de cette vérité dans l'Évangile. La première est lorsque Notre-Seigneur, dès le commencement de ses missions, évita d'aller en Nazareth, sa patrie, où il avait été nourri et élevé, et où étaient ses parents, disant que nul n'était prophète en son pays : *Post duos dies exiit inde, et relicta civitate Nazareth, ipse enim Jesus testimonium perhibuit, quia propheta in sua patria honorem non habet.* (*Matth* IV, 13.) Tel fut le témoignage que Jésus-Christ rendit à cette importante maxime ; et l'Évangile ajoute qu'il tourna vers un autre endroit, où, plein de l'esprit de Dieu et animé d'un zèle extraordinaire, il répandit avec abondance les torrents de sa céleste doctrine : *Venit et regressus est in virtute spiritus in Galilæam.* (*Ibid.*, 18.) Que si le Fils de Dieu a voulu éviter son pays, s'il a assuré que ce n'était pas l'air que devait respirer un ouvrier évangélique, jugez ce que vous devez attendre si vous prétendez vous éloigner d'une conduite si marquée, d'un exemple si authentique. Ce n'est pas qu'il n'eût produit là des conversions et des effets signalés de grâce aussi bien qu'ailleurs, rien ne lui était impossible ; mais il voulut laisser les choses dans leur cours ordinaire, et nous apprendre ce que nous avons à faire.

La seconde, est lorsque Notre-Seigneur enfin alla prêcher à Nazareth et vérifier ses prédictions par l'événement : *Et venit Nazareth patriam suam, ubi fuerat nutritus.* (*Luc.* IV, 16.) Car, à peine eut-il ouvert la bouche, que ses compatriotes commencèrent à dire : Où celui-ci a-t-il donc pris tant de science, et d'où a-t-il le pouvoir d'opérer tant de merveilles ? *Unde huic sapientia et virtutes ? unde huic hæc omnia ?* (*Matth.* XIII, 54.) N'est-il pas un artisan et le fils de Joseph le charpentier ? *Nonne hic est faber et fabri filius, filius Joseph ?* (*Ibid.* 55.) Et au lieu de s'édifier de sa vie sainte et de sa doctrine céleste, ils s'en scandalisaient : *Et scandalizabantur in eo.* (*Ibid.*, 57.) Croyez-vous avoir chez vous un meilleur succès ? où Jésus-Christ n'a pas édifié, présumez-vous de le faire ? où il n'a pas eu d'honneur, en aurez-vous ? où il n'a pas pu vaincre l'incrédulité par ses vertus et ses miracles, en viendrez-vous mieux à bout ? où le manquement de confiance a lié les mains à sa toute-puissance, vous flattez-vous d'opérer de grandes merveilles ? *Et non poterat ibi virtutem ullam facere.* (*Marc.* VI, 5.) Tellement qu'étonné de leur incrédulité, *et mirabatur propter incredulitatem eorum* (*Luc.* IV, 24), il proféra de nouveau cet oracle, qu'un homme apostolique perdait son honneur et son crédit dans son pays et parmi ses parents, et que ses paroles et ses actions n'y avaient point de bénédiction : *Amen dico vobis, quia nemo propheta acceptus est in patria sua ; non est propheta sine honore nisi in patria sua, et in domo sua et in cognatione sua.* (*Matth.* XIII, 57.) L'enfance du Fils de Dieu en ce lieu-là n'avait assurément rien eu que de très-saint et de très-édifiant ; cependant, le souvenir de cette enfance fut un obstacle à ses prédications : quel fruit pouvez-vous prétendre des vôtres, après avoir peut-être scandalisé vos compatriotes par le dérèglement de votre jeunesse ? Enfin, pleins d'envie et de rage, ils le prirent et le conduisirent au sommet de la montagne sur laquelle leur ville était située, afin de le précipiter : *Et duxerunt illum super supercilium montis super quem civitas illorum erat ædificata ut præcipitarent illum.* (*Luc.* IV, 29.) Telle fut la fin de la prédication du Sauveur en son pays ; figure du malheur où nous jette l'affection déréglée de nos parents ; car ils nous mènent au faîte des grandeurs et des dignités ecclésiastiques, pour nous précipiter ensuite dans l'abîme de la perdition. Que n'imitez-vous donc le Sauveur ! Échappez-vous de leurs mains : *Ipse autem transiens per medium illorum ibat* (*Ibid.*, 30) ; et allez-vous-en ailleurs travailler à la conversion de ceux qui seront plus dociles à votre voix et plus disposés à profiter de vos bons exemples que ne le sont vos propres parents.

Cette circonstance que le Fils de Dieu ne voulut pas au commencement de ses prédications aller à Nazareth, nous insinue une importante vérité, que, quand nous sommes sur le point de marcher où la Providence nous appelle, nous devons craindre l'abord de nos parents et l'accès de notre maison paternelle, et nous en éloigner avec soin comme d'un écueil souvent dangereux aux desseins de Dieu sur nous.

L'Écriture nous fournit divers exemples

de cette vérité, et nous montre que, quelque marquées que soient une vocation et une mission, il ne faut point les exposer à une visite si périlleuse. Élie, par une inspiration divine s'il en fut jamais, avait choisi Élisée pour successeur dans son ministère. Dieu le lui avait fait connaître par une révélation expresse. Il le va trouver, il lui met son manteau prophétique sur les épaules et l'en enveloppe, et, par cette espèce de cérémonie, il l'élève à la dignité de prophète et lui transfère son pouvoir : *Cumque venisset Elias ad Eliseum, misit pallium suum super illum.* (*III Reg.* XIX, 19.) Élisée, plein de l'esprit de Dieu, quitte aussitôt sa charrue et court après Élie : *Qui statim relictis bobus cucurrit post Eliam,* (*Ibid.,* 20.) Voilà un signe visible de la fidélité à la grâce de la vocation. Il quitte tout, et cela sur-le-champ ; il court après Élie. On ne peut désirer plus de perfection ni plus de ferveur. C'était répondre excellemment à ce que Dieu exigeait de lui.

Mais voici une demande importune : Je vous prie, dit-il à Élie, que j'aille seulement embrasser mon père et ma mère et leur dire adieu, après quoi je vous suivrai : *Osculer, oro, patrem meum et matrem meam et sic sequar te.* (*Ibid.*) Que répondit à cela l'homme de Dieu ? Une chose qui marquait sa perplexité et le péril où Élisée exposait sa vocation. Allez, lui répliqua-t-il, et revenez ; car pour moi je me suis acquitté de ma commission : *Vade et revertere, quod enim meum erat feci tibi.* (*Ibid.*) Comme s'il lui eût dit : Allez si vous le jugez à propos, et prenez garde que cette visite n'amollisse votre cœur, ne vous fasse tourner la tête en arrière, ne nuise à votre vocation ; quant à moi, j'ai fait ce que Dieu demandait de moi, je vous ai fait connaître ses desseins, c'est à vous à les suivre ; il ne lui dit pas : Oui, cela est bien, j'approuve votre résolution, vous faites une action de piété ; au contraire, il déclare assez par sa réponse froide et ambiguë qu'il ne sait que croire du succès de cette entreprise : *Quod enim meum erat feci.* (*Ibid.*)

Ainsi, quand vous avez une fois connu la volonté de Dieu sur vous, n'allez point vous exposer à un voyage inutile chez vos parents, et prenez garde que les raisons que vous alléguez comme Élisée, de vouloir donner le dernier baiser à vos parents, ou avec ce jeune homme de l'Évangile, de vouloir renoncer à votre hérédité et mettre ordre à vos affaires, ne soient des prétextes de la tendresse naturelle de votre cœur, et des écueils contre lesquels les desseins de Dieu sur vous échoueront peut-être malheureusement.

Imitez plutôt le grand apôtre saint Paul, qui nous rend lui-même compte de sa conduite, en ces termes : Quand il plut à celui qui m'a choisi dès le ventre de ma mère, et qui m'a appelé par sa grâce, de manifester son Fils en moi, de le révéler par moi aux gentils, de me donner la charge de prêcher l'Évangile : *Cum autem placuit ei qui me segregavit ex utero matris meæ, et vocavit per gratiam suam ut revelaret Filium suum in me, ut evangelizarem illum in gentibus* (*Galat.* I, 15, 16) ; aussitôt j'entrepris cet office sans acquiescer à la chair ni au sang : *Continuo non acquievi carni et sanguini* (*Ibid.*) ; c'est-à-dire, qu'il ne fut point à Tharse, son pays, et parmi ses parents, pour les consulter ou pour prendre congé d'eux, il se retira dans les affreux déserts de l'Arabie, pour se disposer par cette retraite aux emplois de son ministère : *Sed abii in Arabiam.* (*Ibid.,* 17.) Après quoi il s'en fut, non point chez lui, pour y voir ses parents : *Continuo non acquievi carni et sanguini ;* mais il retourna à Damas pour conférer avec Ananias, son directeur : *Sed iterum reversus sum Damascum.* (*Ibid.*) Tel est l'exemple que nous donne ce grand et digne ouvrier évangélique.

Imitez encore un saint François Xavier. Cet apôtre des Indes, allant en ces pays éloignés et traversant l'Espagne, pressé d'aller saluer ses parents, qu'il ne devait apparemment jamais revoir, il le refusa constamment, quoiqu'il ne passât qu'à trois lieues de sa maison paternelle : c'est ce qu'on appelle un parfait détachement. Après cela, faut-il s'étonner des fruits admirables qu'il produisit dans ses missions apostoliques ?

Enfin, si on tolère que vous alliez comme Élisée dire adieu à vos parents, que ce soit donc pour y sacrifier toutes choses. Il labourait la terre quand Élie le choisit, il fut chez lui à la vérité ; mais il prit ses charrues et en fit un grand bûcher, puis il tua ses bœufs et les immola à Dieu, et sur-le-champ il se leva et s'en alla trouver Élie pour ne le quitter plus et s'employer tout entier aux fonctions de sa vocation : *Reversus autem ab eo tulit par boum et mactavit illud, et in aratro boum coxit carnes, consurgensque abiit, et secutus est Eliam.* (*III Reg.* XIX, 21.) Accomplissez cette parole de saint Luc, à l'égard de Notre-Seigneur parmi ses parents : *Ipse autem transiens per medium illorum ibat.* (*Luc.* IV, 30.) Passez comme invisiblement au milieu d'eux, et marchez où Dieu vous appelle.

Dites avec le Prophète : Mon Dieu, mon Dieu, délivrez-moi des liens de la chair et du sang : *Libera me de sanguinibus, Deus, Deus meus* (*Psal.* L, 16), et quel avantage m'en arrivera-t-il ? C'est que ma langue publiera votre justice, vos vérités, votre Évangile : *Et exaltabit lingua mea justitiam tuam.* (*Ibid.*) J'instruirai de vos voies les pécheurs : *Docebo iniquos vias tuas.* (*Ibid.,* 15.) Je remplirai dignement les devoirs du sacerdoce.

Que si vous ne vous détachez pas de vos parents, vous verrez qu'ils feront évanouir tous les desseins que Dieu avait sur vous pour le bien de son Église et votre propre sanctification ; toutes les belles espérances qu'on avait conçues de vous, de vos talents, de votre grâce, de votre science, et les idées avantageuses qu'on s'était formées de votre vertu, qui avaient fait dire à plusieurs : *Quis putas puer iste erit ?* (*Luc.* I, 66.) Toutes ces choses, dis-je, s'envoleront.

En effet, outre la vocation en général à un

genre de vie, par exemple au clergé, il y a une destination particulière de chaque fidèle à un emploi particulier. Saint Paul et saint Barnabé étaient bien appelés à l'apostolat; cependant la Providence, voulant les appliquer aux missions des gentils, les sépare des autres par un nouveau genre de choix, comme nous lisons dans les *Actes* : *Ministrantibus illis Domino, et jejunantibus, dixit illis Spiritus sanctus : Segregate mihi Saulum et Barnabam ad opus ad quod assumpsi eos.* (*Act.* XIII, 2.)

Ainsi je veux que vous soyez certain que Dieu vous appelle au sacerdoce; mais il y a dans l'Eglise diverses fonctions sacerdotales où vous ne devez pas vous ingérer sans vocation. Si donc Dieu vous appelle à la Chine, aux Indes, à des missions éloignées, à l'instruction des pauvres, au service d'un hôpital, aux travaux obscurs d'un séminaire, et que vous vous arrêtiez aux discours de vos parents, que vous entriez dans leurs vues, que vous vous chargiez de vos neveux, et vous embarrassiez dans votre famille, les desseins de Dieu, toujours impénétrable dans ses conseils sur les enfants des hommes : *Terribilis Deus in consiliis super filios hominum* (*Psal.* LXV, 5), s'en iront et passeront de vous à un autre. J'avais résolu que vous et ceux de votre maison seriez honorés à jamais des fonctions de mon sacerdoce, disait Dieu autrefois au grand prêtre Héli : *Loquens locutus sum ut domus tua et domus patris tui ministraret in conspectu meo in sempiternum.* (*I Reg.* II, 30.) Voilà une magnifique promesse, une belle espérance; mais voici tout renversé : *Nunc autem dicit Dominus : Absit hoc a me.* (*Ibid.*) Pourquoi cela? l'amour charnel de cette famille sacerdotale ruina tous les projets de la Providence sur elle : *Magis honorasti filios tuos quam me.* (*Ibid.*, 29.) Et Samuel qui se sépara dès l'âge de trois ans de sa maison paternelle pour servir Dieu dans le temple, fut mis en la place de ces prêtres trop attachés à leur sang.

Il vous en arrivera sans doute autant, mon cher frère, si vous ne mourez à cet amour de la patrie, pour devenir un vase préparé à toutes sortes de bonnes œuvres : *Vas utile Domino, et ad omne opus bonum servus paratus* (*II Tim.* II, 21); un vase de métal tiré des entrailles de la terre où la nature l'a formé, pour n'y plus retourner.

Et ne nous dites pas que vous êtes fort détaché de vos parents; car d'où vient donc que vous pensez si souvent à eux, que vous leur écrivez si fréquemment, que vous avez tant de joie quand vous recevez de leurs lettres, toutes inutiles et vaines qu'elles soient? que vous aimez tant leurs visites et leur entretien? que vous êtes sensible à leurs prospérités et à leurs disgrâces? que vous pensez si souvent à eux, à cette maison paternelle, au voyage que vous méditez d'y faire ! enfin que vous aimez jusqu'au chemin qui y conduit? tous ces divers mouvements peuvent-ils se trouver dans un cœur bien détaché?

Mais rien ne fait mieux voir combien un ecclésiastique reçoit de préjudice de l'affection charnelle de ses parents, et combien il doit s'en défier, que de considérer la manière irrégulière, et souvent damnable, dont ils en usent à l'égard des bénéfices; en sorte qu'on peut dire avec un grand saint que cette malheureuse inclination est cause qu'ils y entrent mal, qu'ils les administrent d'une manière pire, et enfin qu'ils en sortent encore plus mal. Ils y entrent mal; car combien de parents qui, n'ayant en vue que l'établissement temporel de leurs enfants, mettent tout en usage pour leur procurer des bénéfices et des dignités par des voies honteuses, et souvent criminelles? que dire des prières, des sollicitations, des services, des complaisances même de cette mère et de cette sœur? que penser des présents, des prêts d'argent, des pactes exprès ou tacites, de ce père avare, qui veut avoir dans sa maison ce bénéfice qui l'accommode, et tirer sa famille de la nécessité? combien de simonies et de confidences, de rachats arrêtés et stipulés, de pensions excessives, et mille autres choses semblables n'arrivent pas tous les jours? quelle est la cause de tant de maux, sinon cette affection charnelle qui donne une si mauvaise entrée dans le clergé aux enfants? « Male intrant. » Or celui qui n'entre pas par la bonne porte dans la bergerie, qu'est-il, sinon un voleur et un larron? *Qui non intrat per ostium in ovile, ille fur et latro.* (*Joan.* X, 1.) D'ailleurs, comment administrent-ils ces revenus ecclésiastiques? combien de bénéficiers s'en servent-ils à l'agrandissement de leur maison, à placer un neveu, à marier une nièce, à établir leurs parents, à les enrichir, à les loger et retenir chez eux, au scandale souvent de toute une paroisse qui en gémit; au préjudice des nécessiteux et des misérables, qui meurent de faim, tandis que le neveu et la nièce emportent tout? Quelle est la source de ces désordres? de ce que les fondations ne sont pas acquittées, ni le peuple servi, ni l'Eglise édifiée; quelle est-elle cette source? sinon l'affection désordonnée que ces bénéficiers portent à leurs parents, et qui les empêche de dispenser, comme ils doivent, des biens du crucifix, et de remplir leur ministère avec un dégagement parfait : « Pejus ministrant. »

Enfin, d'où vient qu'ils sortent encore plus mal de leurs bénéfices qu'ils n'y sont entrés et qu'ils ne les ont gouvernés; qu'ils résignent en mourant à des neveux souvent incapables et indignes de les posséder, qu'ils font des legs considérables à leurs parents, qu'ils meurent quelquefois sans les sacrements pour s'abandonner aux soins de ces mêmes parents, qui cachent leurs maladies et le péril où ils se trouvent, afin d'avoir le temps de sauver le bénéfice en perdant le bénéficier, dont souvent même ils taisent la mort plusieurs jours : à quoi faut-il attribuer tous ces désordres, sinon à l'affection déréglée que les ecclésiastiques ont pour leurs parents : « Pessime exeunt. » Et par conséquent, demandons à Dieu qu'il nous en délivre; cherchons un autre séjour que leur maison; demeurons ailleurs qu'avec eux.

Troisième considération. — Mais voici trois grands inconvénients, dans lesquels on tombe, qui doivent nous retirer de la compagnie de nos parents : le dérèglement de vie des gens du monde, incompatible avec les exercices réglés que demande la vie des ecclésiastiques; l'embarras des affaires séculières où un ecclésiastique se voit presque nécessairement engagé quand il est parmi ses parents; enfin, le commerce continuel et inévitable avec les personnes mondaines et séculières, où l'on est exposé quand on vit dans la maison paternelle. Trois vues importantes qu'il est bon d'approfondir.

Premièrement, si vous demeurez chez vos parents, vous ne sauriez être réglé dans votre conduite; et, sans une vie réglée, vous ne devez pas espérer de pratiquer la piété. La piété se conserve et s'entretient par des exercices réglés, et elle se perd par le dérèglement. Il faut avoir son heure pour se lever et se coucher, pour l'oraison, pour la Messe, pour l'Office, pour l'étude, pour la lecture, pour la visite des malades; sans cela, ce n'est que confusion et que désordre. Or, dans le monde, comment avoir ses heures réglées? On mange tard et à des heures indues, on se couche tard, on ne peut se lever matin, on n'y a ni repos ni paix, ce n'est qu'affaires et que bruit; comment étudier et prier au milieu de tout cet embarras? comment y conserver l'esprit de recueillement et d'oraison? cela ne se peut pas.

Pharaon disait à Moïse : Pourquoi voulez-vous nous quitter? sacrifiez ici à votre Dieu, appliquez-vous à son culte, mais demeurez parmi nous: *Sacrificate Deo vestro in terra hac.* (*Exod.* VIII, 25.) Mais Moïse lui répliquait : Cela ne se peut pas : *Non potest ita fieri.* (*Ibid.*, 26.) Il faut que nous en allions d'ici; que nous nous retirions dans le désert; il est impossible que nous puissions vaquer aux exercices de la religion au milieu du monde: *Viam trium dierum pergemus in solitudinem, et ibi sacrificabimus Deo nostro.* (*Ibid.*, 27.) David, quelque saint qu'il fût, reconnaissait que, pour prier, il faut fuir le dérèglement du monde et se dérober au tumulte qui en est inséparable. J'ai vu la confusion qui règne dans le monde et j'ai dit : Qui me donnera des ailes de colombe pour me retirer dans la solitude : *Quoniam vidi contradictionem in civitate* (*Psal.* LIV, 10), *et dixi : Quis mihi dabit pennas sicut columbæ et volabo?* (*Ibid.*, 7.) Les Israélites, sur le bord de l'Euphrate, et parmi ceux qui les tenaient captifs, ne pouvaient se résoudre à chanter les cantiques du Seigneur, quoique leurs ennemis les y conviassent : *Quomodo cantabimus canticum Domini in terra aliena?* (*Psal.* CXXXVI, 4.) Ainsi, n'espérez pas un meilleur sort. Si vous demeurez parmi vos parents, le dérèglement de vie des gens du monde déréglera la vôtre. Fuyez donc un tel séjour, ne demeurez point avec eux : *Egredere, ne et tu pereas in scelere civitatis.* (*Gen.* XIX, 15.)

Secondement, si vous demeurez chez vos parents, vous ne pourrez vous empêcher de vous embarrasser dans leurs affaires domestiques, et, sous prétexte de les soulager, vous les porterez tout seul et vous vous en accablerez. Quel moyen de voir un père incommodé, un frère absent, une famille nécessiteuse, un procès important, et ne pas aller plaider et solliciter; et, par conséquent, adieu les exercices spirituels et les fonctions ecclésiastiques. Et que deviendra pour lors cette maxime de saint Paul, que nul de ceux qui sont enrôlés dans la milice de Dieu, ne s'embarrasse dans les affaires séculières : *Nemo militans Deo implicat se negotiis sæcularibus.* (*II Tim.* II, 4.) Que deviendra ce célèbre canon apostolique : Que ni le prêtre ni le diacre ne prenne en main la conduite des procès, ou autrement qu'on le dépose de son ordre : « *Presbyter aut diaconus nequaquam sæculares causas assumat, sin aliter dejiciatur.* » Que deviendra ce décret des conciles : Que le prêtre ne se mêle jamais des affaires domestiques, mais qu'uniquement il s'applique à l'étude, à la prière et à la prédication de la parole de Dieu : « *Sacerdos nullam rei familiaris curam ad se revocet, sed lectioni, orationi et verbi Dei prædicationi tantummodo vacet.* »

Qui ne sait ce que saint Cyprien rapporte sur ce sujet : Parce que Victor, dit ce grand évêque et saint martyr, contre l'esprit des conciles, a osé charger le prêtre Faustin de ses affaires, et le choisir pour son exécuteur testamentaire, il ne faut pas attendre que nous offrions le sacrifice pour son repos, ni qu'on fasse pour lui aucune prière publique : « *Ideo Victor cum contra formam nuper in concilio a sacerdotibus datam geminium Faustinum presbyterum ausus sit actorem constituere, non est quod pro dormitione ejus apud nos fiat oblatio, aut deprecatio aliqua nomine ejus in Ecclesia frequentetur.* » Et la raison qu'en rend ce saint docteur est très-remarquable. C'est que, dit-il, celui-là ne mérite pas que les prêtres se souviennent de lui à l'autel, qui a voulu retirer de l'autel les prêtres et les lévites pour les appliquer à des affaires temporelles : « *Neque enim ad altare Dei meretur nominari in sacerdotum prece, qui ab altari sacerdotes et ministros suos levitas avocare voluit.* »

Voyez jusqu'où a été le zèle que les premiers Pères de l'Église ont eu contre les ecclésiastiques qui s'embarrassaient dans les affaires séculières, et contre les laïques qui les y engageaient; et, comme vous n'éviterez jamais cet écueil, si vous demeurez dans votre famille et parmi vos parents, ou si vous les aimez d'une affection humaine, si vous y êtes attaché, si vous êtes sensible à leurs intérêts temporels, demandez à Dieu qu'il ôte de votre cœur une inclination si nuisible à votre salut et si dommageable à l'Église.

En effet, quel préjudice ne reçoivent pas les fidèles de cette attache malheureuse qui leur rend un ministre inutile? C'est assurément un de vos devoirs les plus importants que de reprendre les pécheurs ; de dire à ce gentilhomme scandaleux qu'il ait à chasser cette concubine de sa maison ; à ce magistrat, qu'il se damne de vendre la justice ; à cet impie, qu'il cesse de blasphémer ; à cet ivrogne, qu'il se corrige de son intempérance. Mais si vous êtes attaché à vos parents, vous n'oserez ouvrir la bouche, ni dire à personne : *Non licet tibi.* (*Matth.* xiv, 4.) Vous craindrez qu'on ne maltraite votre père, qu'on ne suscite pas des affaires à votre famille, qu'on ne s'en prenne à vos chers parents. Et la maxime de saint Grégoire, qui nous avertit que nous sommes coupables de la damnation de ceux que nous voyons dans le crime et que nous n'osons reprendre, demeurera sans vigueur : « Tot occidimus quot in mortem ire trepidi ac tacentes videmus. » Ainsi, les pécheurs croupiront en toute sûreté dans leurs désordres, parce que M. le curé, dans la crainte qu'il a que l'orage ne tombe sur ses parents auxquels il est attaché, n'oserait ouvrir la bouche.

Que nous sommes éloignés de cette vigueur sacerdotale que témoigna le grand saint Thomas de Cantorbéry ; car le roi impie qui le persécutait, ne pouvant s'en prendre à sa personne, attaqua ses parents, les dépouilla de leurs biens, les réduisit dans la misère, et les obligea par serment d'aller trouver ce saint évêque en quelque lieu qu'il fût, afin qu'il vît l'état déplorable où ils étaient réduits à cause de lui, et de ce qu'il n'avait pas voulu se soumettre aux volontés injustes d'un prince violent : « Inde propinqui ejus omnis ætatis ejecti, amici, fautores omnes, iis quibus per ætatem liceret, jurejurando astrictis, universos Thomam adituros, si forte miserabili suorum calamitatis aspectu moveretur. » Mais qu'arriva-t-il à ce prélat véritablement mort à la chair et au sang ? fut-il ébranlé par un si pitoyable spectacle ? sa constance sacerdotale s'amollit-elle à leur arrivée ? Nullement : « Verum beatus Thomas non respexit carnem et sanguinem, neque ullus in eo humanitatis sensus, pastoralis officii constantiam labefactavit. » Un homme attaché à ses parents eût-il pu soutenir un si rude combat ? sans doute que la nature ne va pas là.

En un mot, comment vous acquitterez-vous de toutes vos autres fonctions sacerdotales ? Il est certain que l'aumône est un de vos plus indispensables devoirs ; que si vous êtes attaché à vos parents, pourrez-vous la faire ? Vous garderez votre argent pour établir ce frère, pour marier cette sœur, pour payer les dettes de votre maison, pour acquérir cet héritage ; il n'y aura rien de reste pour les pauvres assurément : n'est-ce pas là un malheur bien affligeant, un scandale très-grand, une honte à l'Eglise ?

S'il faut vous lever la nuit, aller porter les sacrements dans une saison rude et fâcheuse, dans un pays incommode, cette bonne mère avec qui vous logez, ces parents qui sont chez vous, s'y opposeront ; ils vous persuaderont de remettre au lendemain, de ne pas ainsi exposer votre vie dont la leur dépend ; ils diront, avec cet homme peu charitable de l'Evangile, et ils répondront comme lui à cet importun qui vient troubler leur repos commun : *Deintus respondebit : Noli molestus esse ; jam ostium clausum est, et pueri mei mecum sunt in cubili : non possum surgere.* (*Luc.* xi, 7.) Voilà ce que c'est que de loger ses parents chez soi, ou de loger chez eux ; voilà ce que c'est que de les attacher à soi, ou que de s'attacher à eux.

Mais comment vous garantirez-vous, si vous demeurez avec vos parents, des mauvaises impressions que cause la fréquentations des gens du monde, avec qui nécessairement vous serez presque toujours ? Comment converser continuellement avec des avares, entendre continuellement leurs discours et leurs maximes intéressés : *Qui de terra est de terra loquitur* (*Joan.* iii, 31), et vivre aussi détaché des biens que l'état ecclésiastique le demande ? Comment être chaste parmi des femmes et des filles, des servantes et des parentes, qui seront sans cesse autour de vous, qui feront votre chambre et votre lit ? parmi des hommes impudiques et leurs discours libres, être modeste et retenu ? sobre parmi des intempérants, doux parmi des emportés, humble parmi les superbes, dévot parmi les impies ? Car enfin, tout ce qu'on voit dans le monde, est-il autre chose que la convoitise de la chair ou la convoitise des yeux, ou la superbe de la vie ? *Totus mundus in maligno positus est.* (*I Joan.* v, 19.) Comment n'aurez-vous point de haine et de ressentiment contre ceux qui maltraiteront vos parents, qui prendront leur bien, qui leur feront tort ? Comment ne pas être complaisant au préjudice même de votre conscience, à ceux qui les protégent, qui les obligent, qui leur font du bien ? Comment être au milieu de tant de périls et dormir en sûreté ; vivre parmi les méchants et être bon ? Cet oracle ne sera-t-il pas vrai en vous seul : *Cum bono bonus eris, et cum perverso perverteris ?* (*Psal.* xvii, 27.) Si les seuls discours corrompent les bonnes mœurs, *corrumpunt mores bonos eloquia mala* (*I Cor.* xv, 33), que ne feront pas les mauvais exemples ? On demandait à saint Grégoire de Nazianze, étudiant à Athènes, pourquoi il ne fréquentait pas les jeunes gens libertins, afin de les ramener dans la bonne voie ; et il répondait sagement, qu'on peut plutôt s'infecter, conversant avec des pestiférés, que leur rendre la santé ; et que quand on tend la main à celui qui tombe dans le précipice, il y a plus d'apparence qu'il nous entraînera avec lui, que nous ne le retirerons à nous. Songez donc, mon frère, à éviter une telle société, à vous détacher davantage de vos parents, à ne demeurer point avec eux. Fuyez le monde, si vous voulez ne pas périr avec le monde : *Fugite de medio Babylonis,* dit le prophète, *et salvet quisque animam suam.* (*Jerem.* li, 6.) Sortez de votre patrie, de votre famille, et quittez vos parents si vous voulez suivre Dieu et parvenir à sa terre des vivants : *Exi de terra tua, et de cognatione tua et de domo patris tui, et veni in terram quam monstravero tibi. (Gen.* xii, 1.) Autrement votre vie ne sera que dissipation, qu'imperfection, que misère; vous ne vous élèverez à rien de grand pour Dieu, vous deviendrez tout séculier, tout terrestre, tout mondain. Jésus-Christ ne se trouve point parmi ses parents. La sainte Vierge l'y cherche, et saint Joseph aussi, mais inutilement : *Requirebant eum inter cognatos et notos, et non invenerunt eum. (Luc.* ii, 44.) Pensez-vous avoir un sort plus heureux? O mon Jésus! s'écrie saint Bernard, n'ayant pu être trouvé parmi vos parents, comment vous trouverais-je parmi les miens? « O bone Jesu! quomodo te invenirem inter parentes meos, qui non es inventus inter tuos? »

Car, ce que Notre-Seigneur dit à la sainte Vierge, aux noces de Cana : *Quid mihi et tibi, mulier? nondum venit hora mea* (*Joan.* ii, 4), nous prêche hautement que, quand le temps d'exercer les fonctions de notre ministère est arrivé, nous ne devons plus avoir rien à démêler avec nos parents; que ce ne sont plus leurs conseils qui doivent être la règle de notre conduite, et que nous avons besoin d'une lumière plus haute pour nous diriger dans des actions qui ne sont pas de leur ressort et de leur juridiction, qui ne sont pas soumises à leur autorité. Et quand il lui avait déjà auparavant dit, et à saint Joseph ces autres paroles : *Quid est quod me quærebatis? nesciebatis quia in his quæ Patris mei sunt, oportet me esse? (Luc.* ii, 49.) Il insinua visiblement aux prêtres qu'ils devaient être tout à fait détachés de leurs parents, et uniquement occupés du service de Dieu : que leurs parents ne devaient plus s'inquiéter de ce qu'ils faisaient, comme s'ils voulaient les conduire et les redresser, ou les divertir de leurs fonctions et de leurs travaux.

Que ferez-vous dans cette maison paternelle, déserteur de la milice de Jésus-Christ, vous dit le grand saint Jérôme : « Quid facis in paterna domo, delicate miles, mulier neus in domo? » N'entendez-vous pas la trompette qui retentit du ciel? « Ecce de cœlo tuba canit. » Ne voyez-vous pas votre empereur armé, de qui la parole comme un glaive à deux tranchants moissonne l'univers : « Ecce cum nubibus debellaturus orbem, imperator armatus egreditur, ecce bis acutus gladius ex regis ore procedens, obvia quæque metit. » Pourrez-vous bien, sortant d'un lit mollet, courir au combat, venant de l'ombre fraîche, supporter le soleil ardent? « Et tu mihi de cubiculo ad aciem, tu de umbra egrederis ad solem? » Oublierez-vous ainsi le serment que vous avez fait, en vous enrôlant dans la sacrée milice de Jésus-Christ, que vous renonceriez à la chair et au sang, à votre père et à votre mère : « Recordare tirocinii tui diem, quo in sacramenti verba jurasti; pro nomine Christi, non te patri parciturum esse, non matri. » Vous laisserez-vous amollir à leurs discours, quand ils diront que vous êtes le bâton de vieillesse, l'appui de leur maison? « In te tota domus inclinata recumbit. » Vous sera-t-il permis de donner vos soins aux affaires temporelles de celui à qui il vous est défendu d'aller donner la sépulture, que l'amour de celui qui le défend oblige de ne refuser à personne? « Propter patrem Christi militiam deseram, cui sepulturam Christi causa non debeo; quam etiam omnibus ejus causa debeo? ». Ah! combien l'amour de Dieu et la crainte de l'enfer rompent-ils aisément ces faibles liens : « Facile rumpit hæc vincula amor Dei et gehennæ timor : » si ce n'est peut-être que vous espériez un succès dans votre patrie, que Jésus-Christ n'a pas eu dans la sienne : « Nisi forte in patria tua te arbitraris hoc facere, cum in sua Dominus signa non fecerit. » Les parents de Jésus-Christ ne croyaient pas en lui : « Neque enim parentes ejus credebant in eum; » les vôtres croiront-ils en vous?

Gardez-vous donc bien, du moins si vous voulez être un ouvrier évangélique, de vous associer de vos parents, de les prendre chez vous ou de demeurer chez eux; de vous mêler de leurs affaires ou de les appeler dans les vôtres; encore moins, d'avoir recours à leur courage ou à leur force, pour vous maintenir et vous défendre contre les ennemis que votre zèle aura pu vous susciter : malheur à l'homme qui s'appuie sur le bras de la chair. N'ayez recours qu'à la patience, à l'humilité, à la prière, à la confiance en Dieu : « Clericorum arma orationes et lacrymæ. » Ce furent les seules armes dont saint Charles se servit contre la violence de ses ennemis qui en voulaient à sa vie.

Sur toutes choses, ne leur donnez pas le bien des pauvres; et, s'ils sont pauvres eux-mêmes, assistez-les comme des pauvres : « Ne liceat cognatis quæ Dei sunt largiri; sin autem sunt pauperes, ut pauperibus suppedites. » C'est une des plus anciennes règles de l'Eglise et une des principales, entre les canons des apôtres, qui sans doute en contiennent l'esprit et la discipline, et qui de nos jours a été remise en vigueur dans le concile de Trente, qui s'en explique en la même manière : « Si pauperes sint consanguinei, iis ut pauperibus distribuant. »

Souvenez-vous que vous êtes prêtre, que vous devez être saint et sans tache, et que vous ne le deviendrez jamais, tandis que vous tiendrez à la chair et au sang, et que vous gémirez sous le joug des sentiments naturels : *Si mei non fuerint dominati, tunc immaculatus ero* (*Psal.* xviii, 14), dit le Prophète.

Souvenez-vous qu'étant ministre des biens spirituels, célestes et éternels, il ne faut plus vous embarrasser dans l'administration des biens charnels, terrestres et périssables : « Non sunt miscenda æterna caducis, spiritualia temporalibus, cœlestia terrenis. »

Pour finir cette matière, on ne peut rien dire de plus important ni de plus à propos, que ce qui nous est recommandé par le concile de Trente. Nous recueillons de sa doctrine trois choses :

Premièrement, comme un des plus pernicieux effets que cause dans les ecclésiastiques cette affection déréglée envers leurs parents, est de les porter à résigner leurs bénéfices à des neveux indignes, et ainsi d'oncle à neveu, de les perpétuer dans les familles, le concile leur défend très-expressément ce mauvais commerce comme une des dépravations du monde la plus odieuse et la plus contraire à l'esprit de l'Eglise et aux saints Pères. Voici ses termes : « Cum in beneficiis ecclesiasticis, ea quæ hæreditariæ successionis imaginem referunt, sacris constitutionibus sint odiosa, et patrum decretis contraria, nemini in posterum liceat. »

En second lieu, parce qu'un autre des plus méchants effets de cette pernicieuse affection est de donner le bien du crucifix aux parents, et de les enrichir des revenus ecclésiastiques, le concile leur interdit absolument une disposition si scandaleuse et si opposée aux canons des apôtres. Voici comme il s'en explique : « Sancta synodus omnino interdicit, ne ex reditibus Ecclesiæ, consanguineos familiaresque suos augere studeant (viri sacri), cum et apostolorum canones prohibeant ne res ecclesiasticas, quæ Dei sunt, consanguineis donent. »

Enfin, le concile, ou plutôt le Saint-Esprit, voulant entièrement extirper cette affection charnelle du cœur des ministres de Jésus-Christ, les exhorte très-expressément de n'en suivre jamais les mouvements, de s'en dépouiller, d'y renoncer entièrement comme à une pépinière infinie de maux dans l'Eglise : « Imo quam maxime potest eos sancta synodus monet, ut omnem humanum hunc erga fratres, nepotes, propinquosque carnis affectum, unde multorum malorum in Ecclesia seminarium exstat, penitus deponant. »

En sorte que, comme un bon séminaire est une source féconde de toutes sortes de biens dans l'Eglise, que c'est par ces sortes de saintes maisons que la science et la piété fleurissent dans le clergé, que les bons curés et les bons confesseurs se forment, que les peuples sont instruits et édifiés, les sacrements saintement administrés, la parole de Dieu dignement prêchée, l'Office divin décemment célébré, le culte de Dieu rétabli ; en un mot que la religion reprend une nouvelle vigueur : « Multorum bonorum in Ecclesia seminarium ; » tout au contraire, cet amour charnel dans les prêtres est, si l'on peut parler ainsi, un séminaire de toutes sortes de maux, puisque cette attache malheureuse est cause que les biens de l'Eglise sont dissipés, le prochain scandalisé, les bénéfices profanés ; que la grâce de la vocation se perd, que les belles espérances qu'on avait conçues de la vertu, de l'esprit, des talents d'un ecclésiastique s'évanouissent, aussi bien que les desseins de la Providence sur lui ; que les pauvres ne sont pas soulagés ; que les ministres des autels s'embarrassent dans les affaires séculières ; qu'ils fréquentent trop les gens du monde ; qu'ils mènent une vie déréglée ; qu'ils négligent leurs devoirs les plus importants ; que les pécheurs ne sont pas repris. « Multorum malorum in Ecclesia seminarium. »

ENTRETIEN XIV.

DE L'ÉTABLISSEMENT DES SÉMINAIRES.

CHAPITRE PREMIER. — *Quelles ont été les causes du relâchement des ecclésiastiques.*

Pour bien comprendre la conduite de l'esprit de Dieu dans l'établissement des séminaires, il semble à propos, après avoir parlé au long de la sainteté des premiers ecclésiastiques, de dire un mot des causes de leur relâchement, afin d'en venir ensuite aux moyens dont la Providence s'est servie pour rétablir parmi eux leur ancienne ferveur.

Il est certain que l'Eglise se forma d'abord au milieu du monde et aux yeux de toute la terre. La religion ne se publia point en cachette ; on prêcha hautement et publiquement les vérités de l'Evangile, et les Chrétiens parurent comme sur un théâtre, pour servir de spectacle à l'univers. La sagesse divine jugea convenable que le christianisme s'établît au milieu du siècle, et qu'il s'y enracinât malgré les orages des plus violentes oppositions et des plus terribles contradictions. Chose admirable ! tandis que le monde persécuta l'Eglise, Dieu voulut que l'Eglise demeurât dans le monde ; il voulut que ce qu'il y avait de Chrétiens zélés et exemplaires conversassent dans les villes les plus peuplées, vécussent à la cour des plus grands princes, même idolâtres, combattissent dans les armées infidèles, éclatassent dans le barreau profane ; qu'aucun endroit n'en fût dépourvu, et qu'il y en eût dans toutes les professions qui, même parmi nous, passeraient pour dangereuses au salut. Et c'est, au rapport de Tertullien, de quoi les païens se plaignaient autrefois ; ils criaient que la ville de Rome était pleine de Chrétiens ; qu'on ne voyait autre chose partout ; que la campagne, les îles, les châteaux, tout en regorgeait ; qu'ils occupaient, même à leur grand regret, les charges publiques et les magistratures ; qu'il y en avait dans toutes les conditions : « Obsessam vociferantur civitatem, in agris, in castellis, in insulis, Christianos, omnem sexum, ætatem, conditionem, et jam dignitatem, transgredi ad hoc nomen quasi detrimento mœrent. »(Apol. 1.) Nous les voyons aussi dans le palais des Césars, et nous lisons qu'un des plus impies de ces empereurs, voulant persécuter l'Eglise, commença par les chasser de sa maison, sans prendre garde, dit Eusèbe, que par là il se privait du secours de leurs prières : « Et primum quidem Christianos omnes domo sua expellit, seipsum miser denudans atque orbans orationum suffragio, quas illi et pro ipso et pro cunctis hominibus ad Deum fundere consueverant. » (EUSEB., lib. x, c. 8.) La belle action de Constance Chlore ne prouve pas moins cette vérité, puisque, lors de l'effroyable persécution de Dioclétien, ayant fait assembler tous ses domestiques, comme s'il eût voulu exclure les Chrétiens, et ne retenir chez lui que des idolâtres ou des apostats, ils se partagèrent en deux troupes; l'une, de ceux qui aimaient mieux perdre leur fortune que de renoncer à Jésus-Christ; l'autre, de ceux qui préféraient leur fortune à Jésus-Christ, ou qui déclaraient, ou n'avoir pas cru en lui, ou n'y vouloir plus croire; car on fut surpris au dernier point, quand on vit que cet empereur ne retint que les premiers à son service, et qu'il chassa de chez lui les seconds, disant que n'ayant pas gardé la foi à leur Dieu, ils ne la garderaient pas à leur prince : « Illos quidem tanquam obsequio dignos judicavit; nam quomodo, inquit, fidem erga principem suum servaturi sunt, qui erga Deum perfidi esse deprehenduntur. » (EUSEB., lib. I *Vitæ Const.*, cap. 16.) Une des causes de cette même persécution vint aussi de la vertu des Chrétiens qui étaient officiers de Romula, mère de Maximien Galère, le plus cruel ennemi du nom chrétien qui fût jamais. Cette femme, extrêmement superstitieuse, avait une dévotion ridicule aux dieux des montagnes; il se passait peu de jours qu'elle ne sacrifiât à ces divinités fabuleuses; ensuite elle faisait de grands festins à ses domestiques; mais ceux qui d'entre eux étaient encore plus à Jésus-Christ qu'à elle, évitaient ces excès, et passaient en prières et en jeûnes le temps que leur maîtresse donnait au divertissement et à la bonne chère. Cette conduite l'irrita contre eux, et la porta à engager son fils à les persécuter : « Christiani abstinebant, et illa cum gentibus epulante, jejuniis hi et orationibus insistebant. Hinc concepit odium adversus eos, ac filium suum non minus superstitiosum querelis mulieribus ad tollendos homines incitavit. » (LACT., *De mort. persecut.*, c. 11.) Enfin, le martyre de toute la légion Thébaine, et une infinité d'autres exemples que l'histoire ecclésiastique nous fournit, montrent assez que les Chrétiens étaient répandus partout et qu'il y en avait dans toute sorte d'états, et qui semblent même les plus incompatibles avec l'esprit de piété, de douceur, de pauvreté, d'oraison, de mortification, dont surtout alors ils faisaient une profession ouverte; et on les voyait engagés à la cour, à la guerre, au barreau. Nous ne demeurons pas dans les forêts, disaient-ils, nous ne nous bannissons pas de la vie civile, nous naviguons, nous portons les armes, nous cultivons la terre, nous trafiquons, nous nous mêlons dans le commerce du reste des hommes, et nous exerçons les arts avec eux : « Navigamus et nos vobiscum, et vobiscum militamus, et rusticamur, et mercamur, miscemus artes, operas nostras publicamus usui vestro. Non sine foro, non sine macello, non sine balneis, tabernis, officinis, stabulis, nundinis vestris, cæterisque commerciis habitamus. » Car les emplois, si périlleux à présent, ne l'étaient pas pour lors, et les Chrétiens demeurèrent sans peine dans le monde, tandis que le monde les persécuta. Mais dès lors que les empereurs embrassèrent la foi, et que le monde ne persécuta plus les Chrétiens, plusieurs Chrétiens abandonnèrent le monde et se retirèrent dans les déserts. Ils restèrent dans le monde tant qu'il leur fut ennemi; ils vécurent avec le monde tandis que le monde voulut les faire mourir; ils ne trouvèrent aucun danger dans le commerce du monde tandis qu'ils ne trouvèrent point d'appâts dans leur société avec le monde; mais sitôt que le monde leur offrit la paix et leur voulut faire part de ses douceurs, plusieurs d'eux s'enfuirent; les solitudes devinrent peuplées, et plusieurs d'entre les plus vertueux fidèles ne trouvèrent de sûreté que dans la retraite, où ils établirent un monde chrétien, une colonie céleste. De là ces nombreux monastères et ces armées entières d'anachorètes. Ce qu'il y avait de saint, de pur, d'excellent dans le corps mystique du Fils de Dieu, ce qui aspirait à une plus haute perfection, n'ayant plus à souffrir dans le monde, craignit la corruption du monde, et bien des Chrétiens virent que cette paix leur deviendrait funeste, et que leur vie, n'étant plus en péril dans le monde, leur salut n'y serait pas en sûreté. Ils changèrent donc de domicile, et cessèrent d'être des citoyens des villes, pour devenir les habitants des forêts. L'Église, dans sa partie la plus sublime, semblable à cette femme de l'*Apocalypse*, s'envola dans la solitude et s'enfuit devant la face du serpent, qui voulait l'infecter de son venin : *Datæ sunt mulieri duæ alæ, ut volaret in desertum a facie serpentis.* (Apoc. XII, 14.) Que si ces pieux solitaires, qui, n'étant plus persécutés du monde, se persécutaient eux-mêmes dans la retraite, revenaient quelquefois dans le monde, ce n'était que quand le monde redevenait persécuteur de la piété, et surtout quand les ecclésiastiques les appelaient à leur secours. C'est ainsi que le grand saint Antoine, quittant son désert à la prière de saint Athanase, parut dans Alexandrie pour soutenir la foi contre l'impiété arienne, comme l'atteste saint Jérôme : « Beatus Antonius a sancto Athanasio, Alexandriæ episcopo, propter confutationem hæreticorum in urbem Alexandriam accitus. » (*Ad Castru.*) Il avait même fait davantage; car, lors de la persécution de Maximin, il accourut avec une foule de solitaires, afin de fortifier les martyrs : « Relicto et ipse monasterio, secutus est futuras Christi victimas, dicens : Pergamus ad gloriosos fratrum triumphos, ut aut ipsi congrediamur, aut spectemus alios præliantes. » (*Vita S. Ant.*, c. 29.) Et il n'omit rien pour animer ces dignes soldats de Jésus-Christ, ni pour se trouver digne de mêler son sang au leur. C'est encore ainsi que le saint solitaire Isaac, sortant de sa grotte, reprocha à l'empereur Valens sa cruauté et son impiété à persécuter les orthodoxes, selon que le rapporte Sozomène, et qu'il montra dans cette occasion une intrépidité d'autant plus grande, que ce prince était alors à la tête de son armée : « Isaacus monachus in subeundis propter Deum periculis intrepidus : Redde, inquit, o imperator, orthodoxis ecclesias quas abstulisti. » (SOZOM., lib. VII, c. 40.) C'est ainsi, selon Socrate, qu'un autre solitaire, quittant sa grotte, alla au-devant d'Alaric, et le reprit de sa cruauté et de son impiété : *Eum admonuit ut a tam atrocibus maleficiis et a cæde et sanguine abstineret*. (Lib. vii, c. 10.)

Mais rien n'est plus célèbre, dans l'histoire ecclésiastique, que le courage des solitaires de Syrie, du temps de saint Chrysostome. On allait détruire la ville d'Antioche, faire périr dans les tourments une partie de ses citoyens, et laisser les autres à l'abandon, errants et vagabonds. Les prêtres à la vérité se souvinrent pour lors de leur devoir; ils témoignèrent une grandeur de courage digne de leur rang, et ils travaillèrent avec zèle au salut de ce peuple affligé. Un d'entre eux, faisant céder le soin de sa propre conservation à celui qu'il avait du prochain, s'en fut au camp, disposé à la mort, s'il ne pouvait obtenir la vie de ses frères. Les autres prêtres restant dans la ville, arrêtaient les juges de leurs propres mains, et ne leur permettaient pas d'entrer au palais, sans avoir auparavant tiré d'eux de bonnes paroles sur la décision de cette importante affaire. Lorsqu'ils y trouvaient de la résistance, ils leur parlaient avec cette sainte liberté que la charité inspire; mais, quand ils eurent enfin obtenu la grâce si désirée, ce fut pour lors qu'embrassant les pieds et les genoux, et baisant les mains de ces juges, ils donnèrent tout ensemble des marques illustres que leur humilité était aussi chrétienne que leur courage: car ils firent voir, en s'humiliant avec tant de respect aux pieds des juges, que leur liberté n'était pas l'effet d'une orgueilleuse fierté, et en leur parlant avec tant de générosité, que leur soumission ne tenait rien d'une honteuse bassesse : « *Sacerdotes eamdem præstiterunt animi magnitudinem, nostramque dispensavere salutem ; et alius quidem in castra se contulit, omnia dilectioni vestræ postponens, et paratus, nisi regi persuaderet, mori. Alii vero hic remanentes, propriis manibus judices continentes, non permittentes abire, priusquam de judicii fine promitterent; et cum renuentes quidem videbant, multa fiducia et ipsi vicissim utebantur; ut autem annuentes viderunt, pedes et genua complexi, et manus exosculati, utramque virtutem superabundanter exhibuere, libertatem et mansuetudinem : quod enim non superbia esset fiducia, exosculando genua, et pedes amplectendo, maxime demonstraverunt; rursumque humilitas non esset assentatio, neque servilitas quædam, præmissa eorum fiducia testificata est.* » Telle fut la magnanimité sacerdotale du clergé de la ville d'Antioche. Voici celles des moines des déserts d'Antioche, qui ne leur céda en rien. Les tristes nouvelles de la destruction prochaine de cette grande ville et du meurtre de ses habitants, étant parvenues jusqu'à eux, tous ces pieux solitaires quittent leurs cavernes, et descendent de leurs montagnes pour venir défendre ces pauvres infortunés, et exposer leur vie, afin d'obtenir la rémission de leur crime.

On fut surpris au dernier point de les voir inopinément accourir ainsi en troupes; car on ne s'y attendait point du tout. En effet, dit saint Chrysostome, lorsque les juges-commissaires, envoyés de la part de l'empereur, eurent établi ce sévère tribunal devant lequel ils ordonnaient à tous ceux d'Antioche de comparaître, pour recevoir le châtiment de leur sédition, et que chacun était dans l'attente de toutes sortes de supplices, et de divers genres de mort, dans cette publique consternation, les solitaires, qui habitaient le sommet des montagnes, firent paraître l'ardeur de leur charité et de leur vertu ; car ces hommes qui, depuis longues années, s'étaient toujours tenus renfermés dans leurs grottes, n'eurent pas plutôt aperçu le nuage épais qui couvrait toute la ville, et l'horrible tempête dont elle était menacée, que, sans être appelés ou exhortés de qui que ce fût, ils quittèrent leurs cavernes, pour s'y rendre de toutes parts, comme des anges descendus du ciel. C'était alors qu'on pouvait voir dans la ville d'Antioche une image de la céleste Jérusalem, puisqu'on rencontrait partout ces saints et ces anges de la terre, dont la seule vue consolait les plus accablés de tristesse, et leur inspirait tout à la fois et le mépris et le bon usage des peines qu'on méditait contre eux : « *Nam quando a rege ad commissorum inquisitionem tremendum illud constituere judicium, omnesque ad malefactorum pœnas vocabant, et variæ mortis erat omnibus exspectatio, tunc vertices montium habitantes monachi, propriam exhibuere sapientiam; namque tot annis in cavernis suis conclusi, nemine advocante, suadente nemine, postquam nubem tantam civitatem circumstantem viderunt, tabernacula speluncasque suas derelinquentes, undique confluxerunt, velut angeli quidam de cœlo profecti.* » (Hom. 17, *Ad pop. Antioch*.) Combien la sagesse de ces anachorètes, hommes simples, mais animés de l'esprit de Dieu, éclata-t-elle par-dessus la fausse sagesse des philosophes païens, qui ne croyaient personne comparable à eux ? On le vit, et on s'en étonna ; car ceux-ci s'enfuirent tous avec leurs manteaux philosophiques, et leur extérieur grave et affecté. Où sont maintenant, continue saint Chrysostome, ces philosophes orgueilleux ? ils ont tous abandonné la ville en cette rencontre périlleuse; ils se sont tous allé cacher dans l'obscurité des cavernes; et ceux-là seulement qui suivent la divine philosophie, qu'on n'apprend qu'à l'école de Jésus-Christ, et qui montrent par leurs actions la sainteté de la doctrine de leur maître, ont tenu ferme, et ont rempli les rues et les carrefours, aussi assurés et aussi constants au milieu de ce grand péril, que s'il n'y eût eu rien du tout à craindre. Ainsi il est arrivé que les habitants des villes s'en sont comme envolés sur les montagnes, et ont été peupler les déserts, et qu'au contraire les habitants des déserts sont venus fondre dans la ville : « *Ubi nunc pallia gestantes, etc. Omnes tunc civitatem deserue-*

runt, resilierunt omnes, in cavernas conditi sunt. Soli vero qui per opera vere philosophiam exibent, ac si nullum civitatem malum comprehendisset, sic intrepide in foro apparuerunt; et urbem quidam habitantes ad montes et deserta advolarunt; eremi vero incola in urbem ingressi sunt, per ipsa demonstrantes opera sua, sapientiam suam. » Les personnes riches, puissantes, considérables en ont fait de même; et de simples moines, poursuit-il, c'est-à-dire des hommes en apparence pauvres, chétifs, couverts de haillons, menant une vie champêtre, comptés pour rien par les gens du monde, sont sortis de leurs trous, et, comme de généreux lions, et pleins d'un courage invincible, ils ont paru assurés au milieu des places publiques, chacun étant dans l'effroi, et ils ont conjuré la tempête en peu de temps; après quoi le calme étant revenu, ils ont aussitôt retourné dans leurs déserts : « Monachi vero, homines pauperes, pallio plus nihil habentes, vili, viventes in rusticitate, nulli esse apparentes, in montibus et saltibus versantes, velut quidam leones, magno et alto sensu prœditi, omnibus pavefactis et trepidantibus, in medio consistentes, malum dissolvere brevi temporis momento, et ad propria reversi sunt tabernacula. »

C'est donc de cette sorte que les plus fervents fidèles abandonnèrent le monde, délivré à la vérité de l'idolâtrie, mais toujours corrompu par le vice, nouvelle espèce d'idolâtrie; et ce ne fut que pour combattre le monde qu'ils reparurent quelquefois aux yeux des hommes. Le clergé seul ne put s'en aller, les pasteurs n'osèrent abandonner leur troupeau, ni les pères leurs enfants; et les ecclésiastiques eurent pour lors besoin de mettre en usage cette maxime si essentielle à leur état : qu'ils étaient la lumière du monde et le sel de la terre. Mais quoi! cette lumière s'affaiblit enfin avec le temps, ce sel mystérieux perdit de sa vertu, et les hommes, n'étant plus retenus par le respect dû à l'ancienne piété sacerdotale, le foulèrent aux pieds. Les richesses du clergé attirèrent un grand nombre de gens ambitieux et intéressés, qui s'ingérèrent dans le ministère, sans vocation, sans science, sans vertu, sans mérite; et l'ordre sacerdotal, qui n'avait rien perdu de son éclat, demeurant dans le monde, se vit terni dès que le monde vint demeurer en lui; car si les ecclésiastiques ne sont pas tenus de sortir du monde, ils sont du moins obligés de faire sortir le monde d'eux-mêmes.

C'est cette vue de l'intrusion de l'esprit du monde dans le clergé pour s'exprimer ainsi, qui faisait en partie fuir aux solitaires, et même aux fidèles les plus éclairés et les plus véritablement chrétiens, les dignités ecclésiastiques, parce qu'ils se trouvaient plus engagés dans les embarras temporels, étant évêques, qu'ils ne l'eussent été demeurant laïques. C'est fait, s'écriait saint Grégoire, pour lors parvenu au pontificat, c'est fait; j'ai perdu la tranquillité profonde dont je jouissais dans le repos de la solitude; en montant extérieurement à la chaire pontificale, je suis tombé intérieurement du haut degré de recueillement où j'étais élevé : « Alta enim quietis meæ gaudia perdidi, et intus corruens, ascendisse exterius videor. » Ceux qui m'ont conduit à l'épiscopat m'ont ramené dans le monde; et je suis étonné de me voir plus accablé d'affaires séculières, depuis que je suis évêque, que je ne l'étais quand même j'étais séculier : « Sub colore episcopatus, ad sæculum sum reductus, in quo tantis curis inservio, quantis me in vita laica nequaquam deservisse reminiscor. » Au lieu d'une Rachel clairvoyante que je croyais avoir épousée, je ne sais comment, dans l'obscurité de la nuit, on m'a mis à sa place une Lia, féconde à la vérité, mais presque aveugle : « Sed quo judicio nescio, Lia mihi in nocte conjuncta est, activa videlicet vita fœcunda, sed lippa. » On m'a accablé d'un double poids, poursuit ailleurs ce saint Pontife; car après que, malgré ma résistance et ma répugnance, on m'a eu imposé le ministère sacerdotal, on m'a encore de nouveau surchargé de l'office pastoral : « Nolenti mihi atque renitenti, cum grave esset altaris ministerium, etiam pondus est curæ pastoralis injunctum. » (Ad Leand., Præfat. in Job.) Parmi tant de dégoûts, son unique consolation était de se retirer dans une communauté religieuse qu'il entretenait dans sa maison, afin d'y venir passer ce qu'il avait de moments libres, et d'y réparer ce que tant d'embarras et d'affaires causaient de dommage à son intérieur, comme il le rapporte en cet endroit même.

Mais combien peu de pasteurs gémissaient de ces sortes d'occupations profanes? Combien peu usaient de la sage précaution de ce saint Pontife, afin de se conserver dans l'esprit d'oraison et de piété? Le nombre des ecclésiastiques, qui couraient après ces occupations séculières et qui soupiraient pour les avoir, était incomparablement plus grand que le nombre de ceux qui les fuyaient ou qui gémissaient de s'y voir assujettis. La foule l'emporta, et le clergé déchut insensiblement de son premier zèle et de son ancienne ferveur. La nacelle monastique vint pour lors au secours de la nacelle apostolique; on alla chercher les lampes les plus lumineuses des déserts, pour les poser sur le chandelier de l'Eglise; les moines prirent en main le gouvernement des peuples; ils occupèrent les emplois des prêtres, ils s'érigèrent en missionnaires et en pasteurs; les monastères devinrent comme des séminaires de curés et de prélats, et des écoles de science et de vertu, où se formaient les docteurs et les prédicateurs; et, par un déplorable renversement pour l'état ecclésiastique, les moines qui, jusque-là, selon la première institution, avaient regardé les prêtres comme leurs modèles, s'érigèrent en maîtres de la vie spirituelle, et firent à leur tour comprendre aux prêtres que, s'ils voulaient être parfaits et se convertir même, il fallait se rendre moine; qu'il fallait quitter le clergé et embrasser la vie monastique, suivre et imiter les religieux.

C'est où conduisit le relâchement des ecclésiastiques. De temps en temps, et en divers endroits du monde, l'esprit de Dieu suscita des hommes apostoliques et leur inspira des moyens propres à mettre la réforme dans le clergé, à y faire refleurir la discipline des premiers temps, et à établir au milieu du monde si nuisible aux ecclésiastiques, de salutaires solitudes, qui leur servissent de maisons de refuge, pour s'y former au sacerdoce et pour y recevoir, y conserver, y réparer et y perfectionner l'esprit de leur possession; et c'est ce que l'on ne saurait omettre, sans dérober quelque chose à l'instruction et à l'édification des bons ecclésiastiques, qui aiment leur état. Il est vrai que l'on en dira ici peu de choses, et que l'on n'en rapportera pas beaucoup d'exemples, attendu l'étendue du sujet; mais il y en aura assez pour nourrir la piété et pour exciter le zèle des plus savants d'en dire encore davantage. C'est toujours un effort glorieux de participer au mérite de l'homme sage, qui recherche la piété des anciens pour la mettre au jour, qui vaque à l'étude des vertus héroïques dont les hommes apostoliques ont donné l'exemple, pour les imiter, et qui réveille en lui le souvenir de ces prêtres célèbres, de qui la réputation édifie encore l'Eglise. Il est bon de s'appliquer à un travail et si utile et si avantageux; surtout puisque, selon saint Augustin, on ne peut devenir maître dans l'Eglise qu'en se rendant disciple de ceux que Dieu a rendus les premiers dispensateurs de sa parole, et comme les langues de son esprit; car c'est dans ces sources si voisines du soleil qu'on puise les lumières nécessaires pour pénétrer dans les figures et les paraboles sous lesquelles, comme sous de sombres voiles, ces hommes divins ont couvert la profondeur des vérités et des mystères de la religion, pour s'exprimer avec le sage : *Sapientiam omnium antiquorum exquiret sapiens, et in prophetis vacabit; narrationes virorum nominatorum conservabit; occulta proverbiorum exquiret, et in absconditis parabolorum conversabitur.* (*Eccli.* xxxix, 2, 3.)

Chap. II. — *Des hommes apostoliques suscités par l'esprit de Dieu, qui, dans la suite des siècles, ont travaillé à la réformation du clergé: et des moyens excellents dont ils se sont servis pour cela.*

Chantons les louanges de ces hommes illustres que nous reconnaissons pour les ornements de notre profession; racontons les vertus de ces prêtres du Très-Haut, puissants en paroles et en œuvres, qui, dans leurs jours, soutinrent la dignité de leur rang par une vie irréprochable, et travaillèrent à ce qu'elle ne se flétrît point dans les autres.

Célébrons la mémoire de nos ancêtres dans le sacerdoce, qui, brûlants d'ardeur pour le maintien de la discipline parmi les ecclésiastiques, se sont acquis dans le clergé une gloire immortelle : *Laudemus viros gloriosos, et parentes nostros in generatione sua: homines magni virtute, præditi dignitate prophetarum, pulchritudinis studium habentes, in generationibus suis adepti sunt et in diebus suis habentur in laudibus.* (*Eccli.* LXIV, 1, 3, 6, 7.) Aussi bien devons-nous être les héritiers de leur zèle, comme nous le sommes de leur ministère : *Hæreditas sancta nepotes eorum, et in testamentum sicut semen eorum et filii eorum propter illos usque in æternum manent, semen eorum et gloria eorum non derelinquetur.* (*Ibid.*, 13.) Coopérons donc à ce que d'âge en âge et de race en race toute la terre retentisse des éloges dus à ces admirables réformateurs de l'ordre lévitique, et que leur mérite soit toujours vivant, non pas en relevant de l'oubli leurs grandes actions par des termes magnifiques, mais en éternisant leurs vertus par la fidèle imitation de leur vie; car, comme c'est dans leurs riches exemples que consiste la succession précieuse qu'ils nous ont laissée, aussi montrerons-nous que nous sommes leurs véritables héritiers, qu'après nous être revêtus de leur piété sacerdotale et en avoir fait usage, nous la transmettons par la même voie à ceux qui viendront après nous perpétuant ainsi la doctrine et la vertu dont Dieu les avait rendus dépositaires, en leur substituant des disciples qui soient les héritiers d'un si rare patrimoine, et qui à leur tour laissent à leurs enfants ce qu'ils auront reçu de leurs pères.

A peine l'Eglise jouissait-elle de la paix profonde et des grandes richesses que Constantin lui avait procurées après sa conversion, que la dépravation s'étant introduite parmi les Chrétiens, et le relâchement parmi les ecclésiastiques, on vit s'élever un très-grand nombre de pieux laïques, qui, fuyant le monde, allèrent conserver dans les déserts la pureté de mœurs et la perfection évangélique des premiers temps, par la pratique d'une vie si sainte, qu'elle attira les regards et l'admiration de tout l'univers; et comme il y en eut parmi eux qui ne purent, par des engagements nécessaires, se séparer du siècle et s'en retirer tout à fait, ils s'unirent ensemble, pour conserver l'esprit chrétien, et pour mieux résister à la corruption du monde et formèrent de petites communautés, où vaquant en paix aux exercices de la piété chrétienne, ils menaient une vie conforme à l'Evangile et à celle de leurs ancêtres. Saint Augustin témoigne avoir vu trois sortes de communautés. La première, de solitaires qui vivaient dans les déserts éloignés; la seconde, de religieux cénobites, qui vivaient dans la solitude, mais en commun et sous la conduite d'un supérieur; la troisième, de laïques, qui vivaient aussi en commun, retirés au milieu même du monde : « Qui in civitate degunt a vulgari vita remotissimi (*De morib. Eccles. cathol.*, cap. 33); » et il assure en avoir vu de cette dernière espèce à Milan et à Rome: « Vidi ego diversorium sanctorum Mediolani non paucorum hominum quibus unus presbyter præerat, vir optimus et doctissimus. Romæ etiam plura cognovi, in quibus singuli gravitate atque prudentia et divina scientia præpollentes, cæteris secum habitantibus præsunt, Christiana charitate, sanctitate et libertate viventibus. » Il ajoute que toutes ces personnes ne sortaient presque pas de leur maison de retraite, travaillant de leurs mains, jeûnant rigoureusement, et vivant avec beaucoup d'édification. D'autre part, que plusieurs vierges et veuves vivaient aussi en diverses communautés semblables à celles des hommes, et pratiquaient les mêmes observances. C'est ainsi que la piété chrétienne inspirait à ceux qui ne pouvaient s'enfuir dans les lieux inhabités, le désir de se bâtir des solitudes et des asiles contre la corruption des villes les plus habitées.

Le clergé ne demeura pas non plus sans secours. Les ecclésiastiques ne pouvaient quitter le monde, si nuisible à la vraie piété et se retirer dans des forêts comme les autres; mais Dieu leur suscita de temps en temps et en divers endroits de la terre, des hommes apostoliques, qui travaillèrent à conserver ou à réparer parmi eux le premier esprit de leur état, et qui leur firent trouver des déserts au milieu du monde, où ils pussent travailler à la sanctification du monde, sans s'exposer à sa corruption. Ce fut un moyen que la Providence inspira d'abord à ceux qui s'appliquèrent à un ouvrage si important. Parlons de quelques-uns en particulier.

§ 1er. — *Saint Basile.*

Le grand saint Basile, la claire lumière de l'Eglise orientale, jeta le premier plan de ce dessein, qui devait avoir des suites si avantageuses. Rempli des sciences divines et humaines qu'il avait apprises à Césarée de Palestine, à Constantinople et à Athènes, et encore plus de l'idée des monastères d'Egypte qu'il avait visités, il fut admis à la cléricature et ordonné lecteur à Césarée, capitale de Cappadoce. Dianée, son archevêque, se hâta de l'incorporer dans son clergé, craignant qu'un sujet d'un si rare mérite ne fût appelé par quelque autre église au ministère des autels, et il usa de l'autorité que l'épiscopat lui donnait sur lui, pour l'engager dans les fonctions sacrées : « Per quem et baptisatus sum, et Ecclesiæ ministerio admotus. » (*De Spir. sanct.*, c. 19.) Mais où fera-t-il son noviciat pour devenir un parfait ecclésiastique, pour acquérir les vertus et l'esprit que demande une si sainte profession, et qui pour lors était déjà déchue de son ancienne sainteté? Voici son école : il se retire dans une solitude obscure, pour y recevoir les lumières qui devaient un jour servir de flambeau à la réformation des ecclésiastiques et à rallumer parmi eux le premier feu dont ils avaient brûlé. Il choisit un lieu affreux, une montagne hérissée d'un bois épais, un désert stérile, qui ne lui produisait point de plus doux fruits que la paix et la tranquillité, comme il le dit lui-même : « Mons sublimis, grandi ac tenebricosa sylva tectus, jucundissimum fructum alens, quietem ac tranquillitatem. » (Epist. 19.) Là, dans une cellule, ou plutôt une grotte, sans porte et sans toit, ne se nourrissant que de pain, d'eau, de sel et d'herbes, se privant de feu, n'ayant qu'un seul et simple habit contre la glace des hivers et l'ardeur des étés, un jardin sans fruits ni légumes, travaillant de ses mains, l'œil abattu et l'esprit humilié, il passe les jours et les nuits en oraison (epist. 1) : « Adhæret animo humili et dejecto, oculus tristis et in terram demissus, habitus neglectus, coma squalida, vestitus sordidus, adversus hyemem et æstum, tunica sine alterius adjunctione, calceamentum vile, tugurium tecto et januis carens, focus ignis et fumi expers, steriles horti oleribus carentes, divinis cogitationibus animam pascit. » (S. Greg. Naz., epist. 87.)

Après un si rigoureux essai et de tels préparatifs, qu'on lit avec étonnement dans ses ouvrages, revenu à Césarée à cause de ses infirmités, quelque répugnance qu'il en eût, quelque résistance qu'il y apportât, il est ordonné prêtre par Eusèbe, successeur de Dianée. Vous avez été saisi aussi bien que moi, lui écrivait saint Grégoire de Nazianze, et vous avez été comme moi fait prêtre malgré vous : « Ac tu captus es quemadmodum nos quoque qui hæc scribimus, quandoquidem in presbyterorum ordinem inviti adscripti sumus. »

Saint Basile, devenu prêtre, trouva la face du clergé toute défigurée par la corruption qui s'était introduite jusque dans le sanctuaire, ainsi que l'écrit formellement son illustre frère saint Grégoire de Nysse ; mais cette lampe ne fut pas plutôt posée sur le chandelier, qu'elle alluma les autres lampes de tout l'ordre sacerdotal. Ce nouveau prophète, comme un autre Elie du temps de Jézabel, donna par son zèle comme la mort à tous les mauvais prêtres ; et de même qu'une lumière qui paraît tout d'un coup au milieu d'une nuit obscure, rappelle dans le bon chemin le voyageur égaré, ce nouvel astre n'eut pas plutôt brillé dans le ciel de l'Eglise, que, par l'abondance de sa grâce, et l'exemple éclatant de ses vertus, il fit revenir à eux les ecclésiastiques qui s'étaient écartés du droit sentier de la vertu et de leurs obligations : « Ac sacerdotio quod jam quodammodo collapsum atque neglectum erat suscepto, tanquam lucernam quæ defecisset, rationem fidei per inhabitantem in se gratiam reducere denuo fecit ; et, cum veluti fax noctu errantibus per mare, ecclesiæ bono apparuisset, omnes ad rectam viam convertit, at quemadmodum tempore Achab Helias exhibetur magnus a Deo Basilius. » (*Laud. fr. Basil.*) C'est ce que nous apprenons encore du même saint Basile qui nous décrit, de la manière du monde la plus triste, l'état déplorable où il avait trouvé le clergé de son temps. Il assure que la dissension et la corruption s'y étaient tellement glissées, que la foi et la piété semblaient en être bannies, et que, par la division des pasteurs et leurs mauvaises mœurs, l'Eglise de Dieu souffrait un préjudice effroyable : « Et quod horrendissimum est, ipsos Ecclesiæ præsides, in tanto, et animi et opinionum inter se dissidio constitutos, tantaque contrarietate mandatis Domini nostri Jesu Christi repugnantes, Ecclesiam Dei crudeliter dissipare. » (*De judicio*.)

Plût à Dieu, dit saint Grégoire de Nazianze, dans la *Vie de saint Basile*, et déplorant l'état du clergé de son temps, plût à Dieu qu'on apportât aujourd'hui autant de précaution quand il faut donner un pasteur aux âmes, qu'on en apporte quand il faut donner un pilote à un vaisseau, ou un capitaine à des soldats : que l'Eglise serait heureuse si elle en était là ! « Quam præclare nobiscum ageretur, si eodem statu res nostræ essent ! » Mais, hélas ! combien avons-nous sujet de craindre que l'ordre de tout le christianisme le plus saint en devienne enfin le plus méprisable de tout le christianisme ? « Nunc autem periculum est, ne ordo in toto christianismo sanctissimus in toto christianismo sit maxime ridiculus. » Car ce n'est pas tant la vertu qui ouvre la porte du sacerdoce que le crime et la fraude ; ce ne sont pas les plus dignes et les meilleurs que l'on revêt de cette dignité, ce sont ceux qui se trouvent avoir le plus de crédit. Vous diriez qu'il suffit de vouloir que les gens soient sages, savants, vertueux, afin qu'ils le soient en un jour, comme si nous étions au temps des fabuleuses transformations, et que pour toute disposition au sacerdoce, c'est assez d'y apporter le désir de devenir prêtre : Non enim virtute magis quam malitia et fraude sacerdotii dignitas paratur, nec meliores, sed potentiores thronis insidenti uno die sanctos fingimus, eosque sapientes et eruditos esse jubemus, qui nihil didicerunt, nec ad sacerdotium quidquam ante contulerunt præter quam velle. » Tel était alors l'avilissement où tombait insensiblement l'état ecclésiastique, et le besoin qu'il avait de réformation.

Pour remédier à tant de maux et relever le clergé, si différent de ce qu'il avait été, la première chose que Dieu opéra en saint Basile fut de le rendre un modèle accompli aux yeux des autres prêtres, afin qu'il leur prêchât d'exemple avant que de les prêcher de parole : « Basilius quemadmodum et reliquæ virtutis, sic sacerdotii et ordinationis ecclesiaticæ norma et exemplum cæteris efficitur (*Vita S. Basil.*), » dit saint Grégoire de Nazianze. Il est vrai que peu après son ordination, il se retira de nouveau dans la solitude, d'où il écrivit une lettre aux ecclésiastiques de Césarée, leur rendant compte de son absence et de sa conduite, et les assurant qu'il ne souhaitait rien plus, sinon qu'avec eux tous ensemble par leurs larmes et leur esprit de pénitence, ils menassent une vie digne de leur caractère : « Optarim enim vos omnes in lacrymis et jugi pœnitentia vivere, quandoquidem et nos nihil aliud facimus. » (Epist. 63, *Ad cler. Eccles. Neo-*

cæs.) Mais voyant bien que le désert ne devait pas être le continuel séjour d'un prêtre, il revint à Césarée, où par son zèle éclairé il maintint la foi contre les efforts d'un empereur hérétique et violent, et la malice des évêques ariens, accourus dans cette ville comme à un triomphe certain sur les Catholiques. L'éclat de la doctrine et de la sainteté de saint Basile dissipa tous leurs projets ; et cet homme admirable, après avoir maintenu la foi, qui sans doute est le premier devoir d'un prêtre, ne songea qu'à rétablir la pureté des mœurs, et à se rendre exemplaire dans la pratique des bonnes œuvres. Il instruisait le peuple par ses doctes sermons, il le redressait par ses sages avertissements, il le corrigeait par ses remontrances charitables, il l'assistait par ses aumônes et par ses services, il l'unissait par son esprit de paix et de charité, il présidait aux prières publiques, il avait soin des hôpitaux, il était chargé de la conduite des vierges, il veillait sur la discipline des moines, il vaquait à la célébration de l'Office divin, à la décence des habits sacerdotaux, des cérémonies, des vases sacrés, à la propreté des autels ; en un mot, il ne se pouvait rien ajouter à l'édification qu'il donnait à tout le monde : « Non solum verbis ac præclaris sermonibus, sed etiam vitæ exemplo, » dit saint Grégoire de Nazianze ; « spiritu namque et corpore juvare populum conatus est, opera exercitationeque corpora curando, quoquo versus ambulando, benigne faciendo, in opibus opitulando ; docendo, monendo, omnibus vitæ modum institutaque dando, discordias sedando, simultates auferendo, mores constituit ; hospitum excipiendorum, virginum curandarum studium, monasticarum legum institutiones ; sacrarii concinnitates ; omnia denique, excogitavit quæ ad Dei plebem ædificandam facerent. (*Ibid.*) C'est ainsi que ce digne prêtre, travaillant à la réformation des laïques, travaillait sans y penser à devenir un excellent modèle de la sainteté des prêtres. En effet, devenu évêque, c'est-à-dire, le père des prêtres, le désir d'une plus haute perfection, joint aux soins et aux sollicitudes pastorales, achevèrent d'atténuer en lui ce qui lui restait de corps : « Sic autem curis absumebatur, ut si quid carnium seu corporis ipsius abstinentia continua reliquum esset, in totum a curis absumeretur. (S. GREG., *ibid.*) Sachant bien que les ecclésiastiques ne sont pas moins pénétrables aux bons exemples que les laïques, il n'omit rien pour les gagner par cet endroit. Il n'avait qu'une tunique pour vêtement et que la terre pour lit ; il jeûnait chaque jour, se contentant du seul pain pour aliment, et pour toutes délices, d'un peu de sel ; il ne buvait que de l'eau ; il passait les nuits en veilles, et remplissait avec cela tous les devoirs d'un vigilant pasteur : « Unica tantum tunica se amiciebat, humi cubitabat, noctibus totis vigilabat, quotidie jejunabat, pane solo contentus, et loco deliciarum sal habebat ; aquam continuo potabat, nihil rerum quæ ad sanctum pertinerent pastorem prætereundo. » (Ibid.) Ou, comme s'exprime encore le même saint Grégoire, dans l'éloge de ce grand archevêque, il avait une maison vide de meubles et de toute superfluité; il n'avait, à proprement parler, que son corps et les vêtements précisément nécessaires pour couvrir la nudité; ses richesses consistaient à ne rien avoir. Qui fut jamais si dénué? qui fut jamais moins chair que lui, pour parler ainsi? Une tunique, un manteau, un lit par terre, du pain et du sel, un peu d'eau à boire : voilà toutes ses possessions : « Domum supellectilis expertem, et supervacaneis rebus vacuam; illi nunquam fuit præter corpus ac necessaria corporis tegumenta : divitiæ illi erant nihil habere. Quis unquam tanta inedia fuit? quis tam carnis expers? Illi tunica una et pallium unum, et stratus humi lectulus, et obsonium panis et sal, et potio sobria. » O Dieu, quelle vie exemplaire ! Mais comment réforma-t-il son clergé? Le voici.

Premièrement, il abolit la mauvaise coutume, qui s'était introduite dans son diocèse, d'admettre sans examen à la cléricature ceux qui y prétendaient. Il voulut qu'on examinât soigneusement leur doctrine, leur vie et leurs mœurs, afin que nul d'eux n'entrât sans de bonnes marques de vocation dans l'état ecclésiastique, fermant ainsi la porte aux mauvais sujets.

En second lieu, il s'arma d'une constance véritablement épiscopale, pour ne relâcher rien là-dessus et pour résister à toutes les sollicitations les plus puissantes des grands de la terre quels qu'ils fussent.

Enfin, le troisième et dernier moyen, et sans doute le plus efficace dont il se servit pour réformer son clergé, fut d'établir dans sa maison une communauté qui joignît, aux exercices de la vie cléricale, les pratiques et la régularité de la vie monastique, ou, pour s'exprimer avec saint Grégoire de Nysse, il trouva l'invention de bâtir à son clergé un désert au milieu même de la ville épiscopale : « In urbibus quasi in solitudinibus versans. » (Laud. Basil.) Ce qui, proprement, est établir ce que nous appelons un séminaire. Car qu'est-ce qu'un séminaire dans l'esprit de l'Eglise, sinon une maison destinée au choix et à l'instruction de ceux qui se destinent au ministère des autels? une école de la perfection sacerdotale et une solitude sacrée au milieu du monde? « In urbibus quasi in solitudinibus. » Et c'est ce que saint Basile fit; car nous apprenons de saint Grégoire que ce grand archevêque avait sous lui cinquante corévêques, c'est-à-dire, selon la pensée des plus savants auteurs, cinquante suffragants, presque chaque petite ville ayant pour lors son évêque : « Quinquaginta habebat antistites sub se. » (Carm. de vita sua.) Il paraît cependant certain, d'autre part, qu'il se servait de divers corévêques pour gouverner son diocèse de Césarée, et qu'il les assemblait à la fête de saint Eupsyque : « Congregavi omnes fratres nostros chorepiscopos ad conventum beati Eupsychii martyris. » (S. Basil., epist. 418.) Or, l'ancienne discipline était que ces corévêques, sur les bonnes relations des prêtres et des diacres, présentaient à l'archevêque ceux qu'ils jugeaient dignes d'être admis au clergé, afin qu'il leur imposât les mains; mais on s'était extrêmement relâché là-dessus du temps de saint Basile. Que j'ai de regret, mandait-il à ces corévêques, de ce qu'on ne garde plus les règles et les canons de nos Pères, et qu'on ait comme banni de l'Eglise la bonne discipline qui s'observait au sujet du choix des ministres de l'autel ! J'appréhende bien qu'avec le temps cette négligence ne jette l'état ecclésiastique dans une confusion horrible : « Valde me habet quod Patrum de cætero defecerunt canones, et omnis accurata disciplina ex ecclesiis ejecta est : et timeo ne injuria et desipiscentia hac, via procedente in omne confusionis genus res ecclesiasticæ redigantur. » (Epist. 181.) La coutume ancienne des Eglises était de n'admettre au ministère des autels uniquement que ceux qu'on avait très-diligemment et très-exactement éprouvés auparavant : « Eos qui Ecclesiæ ministrabant consuetudo quæ in ecclesiis olim versabatur diligentissime et accuratissime probatos admittebat; » et on s'informait très-soigneusement de toute la vie qu'ils avaient menée jusqu'alors; s'ils n'étaient point sujets à la médisance, au vin, à la colère; s'ils avaient bien cultivé leur jeunesse; si elle avait été réglée et retenue, afin qu'on eût quelque assurance qu'ils traiteraient bien les choses sacrées : « Et omnis eorum vitæ ante actæ ratio curiose inquirebatur, an non essent maledici, an non ebriosi, an non prompti ad pugnas, an suam juventutem erudirent ac castigarent, ut possent sanctificationem recte gerere. » Cet examen, fait par les prêtres et par les diacres qui vivaient ensemble, était porté aux corévêques, qui, appuyés sur de si bons témoignages, en avertissaient les évêques, afin qu'ils missent ces prétendants au rang des prêtres : « Et hæc quidem examinabant presbyteri et diaconi qui cum eis versabantur. Referebant autem ad chorepiscopos, qui a vere testificantibus suscepti suffragiis, et eorum admonitis episcopis, ita ministrum in sacerdotalem numerum cooptabant. » Telle était l'ancienne forme. L'information de la vie et mœurs des ordinands ne se faisait plus, il suffisait de se trouver parent ou ami des examinateurs pour être, sans aucun choix, admis dans le clergé, quoiqu'on en fût indigne : « Nunc autem re per summam socordiam tractata, presbyteris et diaconis permisistis, quos voluerint, vita eorum non examinata, ex affectione vel cognationis, vel alicujus alius amicitiæ indignos in Ecclesiam introducere, et in unoquoque pago nemo est dignus ministerio altaris. » C'est pourquoi, continue saint Basile, je vous déclare que je renouvelle absolument les anciens canons, et que vous ayez à m'envoyer le catalogue des prétendants à l'état ecclésiastique, avec un mémoire de leur vie et de leur conduite, afin que de nouveau je les examine moi-même, et que nous excluions du sacerdoce ceux qui n'en seront pas trouvés dignes : « Necessario me contuli ad revocandos patrum canones, et scribo ad vos, ut ad me mittatis indicem ministrorum, uniuscujusque pagi, et quænam ipsius vivendi sit ratio; de integro autem fiat eorum ea nobis examinatio, et si sint digni recipiantur; purgate Ecclesiam, indignos ab ea expellentes. » N'est-ce pas mériter à bon droit le titre de réformateur du clergé, que d'en avoir usé ainsi? surtout si nous considérons la fermeté à ne rien relâcher d'un règlement si utile; car un seigneur de grande qualité et d'un rare mérite lui ayant demandé par grâce la promotion d'un ecclésiastique, qui, au jugement de notre saint, n'en était pas capable, après lui avoir marqué en des termes les plus respectueux du monde la considération qu'il avait pour lui, il lui témoigne en des termes très-forts le déplaisir qu'il a de ne pouvoir lui accorder sa demande ; ajoutant que si, dans le choix des ministres de Jésus-Christ, il se laissait entamer par les considérations humaines, fléchir par les prières, ou intimider par les menaces, il ne mériterait pas le nom de dispensateur, mais de marchand ; et qu'il se rendrait coupable d'un honteux trafic, livrant les dons de Dieu pour la faveur des hommes : « Porro de electione eorum qui sunt præficiendi contubernio, si quid vel in gratiam hominum, vel precibus inflexus, vel metu fractus, aliquando determinarem : dispensator non fuerim, sed caupo potius, si Dei donum ad humanam quorumcumque amicitiam permutarem. »

C'est ainsi que ce prélat, également plein de lumière et de zèle, comprenait l'importance de n'imposer les mains qu'à ceux que le mérite et la vertu en rendaient dignes, et qu'aucune vue, que de ce qu'il devait à Dieu et à l'Eglise, ne le faisait agir dans les ordinations; mais son grand chef-d'œuvre, et qui l'a rendu célèbre dans tous les siècles et chez tous les amateurs du clergé, fut d'avoir établi une communauté où il réunit ensemble et les pratiques les plus parfaites de la vie solitaire, et les exercices du ministère pastoral ; une maison où l'on vaquait au silence, à l'oraison, à la lecture des Livres saints, à la pénitence, à l'obéissance, à l'humilité, à la retraite, au travail des mains ; et où on s'appliquait aux fonctions ecclésiastiques, à la prédication de la parole de Dieu, à l'administration des sacrements, à l'oblation du sacrifice, au chant des louanges de Dieu. La merveille la plus considérable de sa vie fut donc, selon saint Grégoire de Nazianze, d'avoir allié ces deux choses ensemble ; c'est-à-dire, dans la vérité, d'avoir donné le premier plan de ce que nous appelons un vrai séminaire ; et comme il doit être établi et composé dans l'esprit de l'Eglise ; car, dit saint Grégoire, quoique la vie solitaire telle que celle des anachorètes retirés dans les déserts, et appliqués à leur seule sanctification, semble incompatible avec la vie commune et civile, telle qu'est celle des ecclésiastiques, destinés à vivre dans le monde et à travailler à la sanctification des autres ; que l'une et l'autre de ces professions, considérées en particulier, ait ses avantages et ses inconvénients ; l'une tranquille et recueillie en Dieu, tout appliquée au repos de la contemplation, mais sans être exercée ni polie par les vertus d'une communauté, telles que l'obéissance, la douceur, le support du prochain, la patience, et semblables pratiques qui éprouvent, qui épurent et qui perfectionnent l'âme; l'autre, plus active et plus utile à la vérité, mais plus sujette à la dissipation. Cependant saint Basile trouva le secret de ce que l'un et l'autre de ces deux genres de vie avait de bon, et d'éviter ce que chacune des deux avait d'incommode, les alliant ainsi toutes deux ensemble par le bon endroit, afin d'en tirer par ce mélange tout le fruit qu'elles produisent séparément, faisant en sorte que le clergé de son diocèse joignît la contemplation à l'action, et l'action à la contemplation : « Cum igitur solitaria vita, et ea quæ societate gaudet, ut plurimum inter se dissiderent ac pugnarent, neutraque omnino, vel commoda vel incommoda sua pura et immista haberet; verum illa magis quidem tranquilla et composita esset, ac Deo animos copularet, cæterum ob eam causam fastu non careret, quod virtus non exploraretur, nec in comparationem veniret : hæc autem magis actuosa et utilis esset, verum a tumultibus minus libera; præclare eas inter se reconciliavit ac permiscuit, pietatis nimirum gymnasia, et monasteria exstruens, non tamen longo intervallo ab iis qui in sodalitio vivunt, remota; nec velut muro quodam interjecto ea distinguens atque a se invicem separans, verum prope conjungens, ut nec contemplatio communicationis expers esset, nec actio contemplatione careret. » (*Vita S. Basil.*, orat. 20.)

C'est par un moyen si excellent que le grand saint Basile introduisit la réformation dans le clergé, pour lors tout en désordre ; et que, comme une lumière vive, qui tout d'un coup éclate au milieu des ténèbres, il ramena les ecclésiastiques, semblables à des pilotes écartés de leur route, dans la voie droite de la sainteté de leur état : « Ac sacerdotio quod quodammodo collapsum atque neglectum erat, suscepto tanquam lucernam quæ defecisset, rationem fidei per inhabitantem in se gratiam relucere denuo fecit; et cum veluti fax errantibus per mare, Ecclesiæ bono apparuisset, omnes ad rectam viam convertit. » Et comment cela ? Particulièrement en établissant une communauté où l'on vécut au milieu des villes les plus peuplées, comme au milieu des déserts les plus inhabités : *In urbibus quasi in solitudinibus versans*, suivant la remarque de saint Grégoire de Nysse, son illustre frère, rapportée ci-dessus plus au long.

Aussi voyons-nous qu'on faisait tant d'estime du clergé de saint Basile, après qu'il l'eut ainsi réformé, qu'on venait y chercher des sujets pour remplir les premières dignités de l'Eglise; et on en voit des preuves par une de ses lettres, écrite à Innocent, évêque d'une ville grande et célèbre, comme il paraît par la manière respectueuse dont il l'avait remercié auparavant de l'avoir honoré de ses lettres. Ce que l'on peut remarquer du siége d'Innocent est qu'il était éloigné de Césarée, quoique dans l'Orient, puisque le saint dit que, pour le remplir, il fallait un pilote très-habile, à cause des temps fâcheux, des fléaux et des tempêtes continuels qui s'élevaient contre l'Eglise.

Il représente ce prélat comme un des principaux appuis de l'Eglise, comme un homme rempli d'une charité ferme et inébranlable pour Dieu, ami du Saint-Esprit, conduit par sa grâce, l'un de ses véritables adorateurs et des plus sincèrement jaloux de sa gloire.

Innocent se voyant donc assez âgé pour penser sérieusement à donner ordre à son Eglise, et désirant de connaître celui qui la devait gouverner après lui, s'adressa pour cet effet à saint Basile, et lui demanda un de ses ecclésiastiques pour le faire son successeur, lui protestant qu'il serait son accusateur devant Dieu, s'il négligeait de rendre ce service à l'Eglise.

Saint Basile ne désapprouva pas son dessein; mais, comme s'il en considérait l'importance, il se crut obligé d'y apporter tout le soin possible; et comme celui du clergé de Césarée, qu'Innocent proposait pour remplir sa place, avait à la vérité de bonnes qualités, mais était apparemment un jeune homme plus propre à aller de côté et d'autre et à prendre le soin du temporel qu'à soutenir le poids d'un grand diocèse, saint Basile jeta les yeux sur le collége des prêtres de sa ville, et en choisit un fort ancien, qu'il appelle un vase très-précieux, un élu de Dieu, un homme capable de l'épiscopat, d'un abord vénérable, propre à instruire avec douceur ceux qui s'opposent à la vérité; un homme grave de mœurs, savant dans les canons, affermi dans la foi, qui observait encore les règles de la continence et des exercices religieux, quoique la rigueur de ses austérités l'eût presque entièrement desséché; pauvre et si peu accommodé des biens du monde, qu'il n'avait pas même de pain à manger que celui qu'il gagnait en travaillant des mains avec les frères qui demeuraient avec lui.

Voilà celui qu'il présenta à Innocent pour remplir sa place après sa mort, et qu'il s'offre de lui envoyer quand il voudra; ce que sans doute il n'eût pas fait si aisément, s'il n'eût eu d'autres prêtres d'une vertu et d'un mérite pareil à celui-là; et il est croyable que c'est de son abondance qu'il a voulu donner des prêtres pour être ordonnés évêques, et qu'il a été fort éloigné de la pensée d'appauvrir son clergé par une libéralité de cette nature : « Considerato presbyterorum qui per hanc urbem sunt constituti consessu, honorandum cumprimis selegi vas, beati Hermogenis genuinam sobolem, presbyterum jam a multis retro annis in Ecclesia ordinatum, moribus constantem, peritum canonum, fide olidum, in ascetica et continenti vita ad hanc usque diem versatum : adeo ut sclerogogiæ contentus ille tenor, carnes huic plane depastus fuerit, pauperem propterea neque reditus aliquos in hoc sæculo possidentem, imo adeo indigentem, ut ne panis ipsi copia suppetat, sed manuum labore una cum fratribus, qui cum illo sunt, victum sibi extundat necessarium. Hunc visum est mihi ad te mittere. » Voilà un prêtre du clergé réformé de saint Basile; c'est-à-dire un prêtre laborieux, pénitent, pauvre, détaché, élevé dans une communauté d'ecclésiastiques, où il gardait toutes les observances de la vie cénobitique et solitaire. Saint Basile en avait déjà formé plusieurs dans cette école, ou plutôt dans ce séminaire, et, entre plusieurs dignes de l'épiscopat, il choisit celui-ci : « Considerato presbyterorum consessu, hunc visum est mihi ad te mittere. » Il choisit un homme qu'il croit propre à gouverner un des grands et célèbres diocèses d'Orient, digne de succéder à un des illustres prélats de l'Eglise, et capable de soutenir la réputation du clergé réformé de Césarée, et la haute idée que cet évêque en avait.

L'Eglise de Satales se trouvant dépourvue de pasteur, et édifiée de ce nouveau clergé, voulut aussi s'y choisir un évêque; elle en obtint un prêtre nommé Pemène, parent de saint Basile, dont il se servait utilement pour le gouvernement de son diocèse. Ce sujet lui était extrêmement cher, pour sa vertu et pour ses talents, puisqu'il dit que c'est lui toucher à la prunelle des yeux que de le lui ôter, et que son peuple de Césarée versait des larmes en abondance de se voir privé du secours et du bon exemple qu'il en recevait. J'ai été touché, mande-t-il aux habitants de Satales, de vos besoins et de vos prières, et je me suis laissé fléchir à prendre soin de vous jusqu'à vous donner ce digne prêtre pour prélat, et à me passer de lui, quoiqu'il ne me soit pas moins utile et cher que mes yeux propres, et qu'il ait fallu passer par-dessus les sanglots et les regrets des habitants de Césarée, qui murmurent et se plaignent que je leur ravis un si digne ouvrier pour enrichir votre Eglise, et vous le donner pour pasteur : « Et vestris et totius populi precibus motus Ecclesiæ vestræ curam suscepi... Quapropter coactus sum, juxta quod scriptum est (*Deut*. xxxii, 10), quasi oculi mei pupillam attrectare,... nec ulla habita ratione neque multorum gemituum, quibus plebs adversum me ingemiscit patrocinio ac illius cura privata.... Sed simul hæc omnia ejusmodi ac tanti momenti existentia contemnens, in id unum incubui, ut Ecclesiam vestram talis viri cura et gubernatione ornarem. » (Epist. 183).

Nous trouvons encore un vertueux prêtre du clergé réformé de Césarée, nommé Mélèce, dont saint Basile faisait extrêmement cas; car, l'envoyant faire la visite chez les moines de son diocèse, il leur mande que c'est un ecclésiastique très-religieux, et qu'il l'aimait comme son très-cher frère; il le nomme son coopérateur dans les travaux de l'Evangile, et il dit qu'il avait affaibli volontairement son corps pour réduire sa chair en servitude : « Hujus itaque rei gratiâ misimus religiosissimum ac dilectissimum fratrem nostrum cooperatoremque Melletium sympresbyterum. » (Epist. 73.)

Enfin, il réduisit son clergé à un tel point de réforme, qu'il fait un grand crime à un de ses corévêques, élevé dans les pratiques qu'on observait dans sa communauté d'ecclésiastiques, de ce qu'il s'empressait trop à rendre service à un de ses amis, ce qui lui paraissait incompatible avec la fidélité d'une vie retirée : « Cum justa quadam iracundia in te pectus meum flagret, eo quod ad illa respiceres quæ huic vel illi arriderent : quid igitur miscemus impermiscibilia, civiles tumultus cum ascetica vita? » (Epist. 340.) Et, pour achever le tableau de la perfection qu'il fit éclater parmi ses ecclésiastiques, nous n'avons qu'à lire ce que saint Grégoire de Nazianze rapporte de l'empereur Valens dans l'église de Césarée ; car, comme ce prince y fut venu avec ses gardes le jour de l'Epiphanie, qu'il fut entré au dedans et que le chant des psaumes eut frappé ses oreilles, il n'en fut pas moins surpris qu'il l'eût été d'un éclat du tonnerre ; l'immense multitude de peuple, les ornements de l'autel et du sanctuaire, l'ordre et les cérémonies de l'Office ecclésiastique, et toute la pompe du service divin, qui tenait plus de la religion des anges dans le ciel que de celle des hommes sur la terre, et qu'il eut ensuite jeté les yeux sur saint Basile, qu'il considérait ainsi qu'un autre Samuel à la tête du peuple, le corps arrêté et droit, les yeux fermés, l'esprit recueilli, aussi tranquille, aussi immobile que si rien de nouveau ne fût arrivé, appliqué uniquement, invariablement et immuablement à Dieu et à l'autel ; qu'il eut encore regardé les ecclésiastiques à l'entour de leur évêque, qui, par leur posture religieuse et modeste, paraissaient comme frappés d'un respect et d'une vénération toute sacrée ; tout cela ensemble le saisit si fort, et un spectacle semblable, qui lui était tout nouveau, fit tant d'impression sur lui, qu'il tomba dans un éblouissement et dans une espèce de faiblesse. Mais quand ensuite on en vint à l'offrande et qu'il fallut présenter les dons de l'empereur, aucun ecclésiastique ne se présentait selon la coutume pour les recevoir, dans l'incertitude où il était, si saint Basile l'agréait, pour lors le trouble de ce prince parut visiblement à tout le monde, il commença à chanceler, et si un des ministres mêmes de l'autel ne lui eût prêté la main et ne l'eût soutenu, il fût tombé par terre en défaillance par un accident fâcheux, aussi affligeant que déplorable. Telles sont les paroles de saint Grégoire de Nazianze, qui sans doute impriment dans l'esprit l'idée du monde la plus auguste et la plus religieuse de ce saint prélat et de tout son clergé, dont l'état était alors bien différent de celui où il l'avait trouvé : « Nam cum universa satellitum manu stipatus in templum ingressus fuisset (erat autem Epiphaniæ dies, cœtusque amplissimus) ac laicorum numerum auxisset, postquam intus fuit, atque ipsius aures psalmorum cantu, non secus ac tonitruo quodam personuerunt, plebisque pelagus vidit, omnemque ordinem et concinnitatem, quæ tam in sacrario quam prope sacrarium erat, angelicam potius quam humanam, atque ipsum quidem populum recto corpore stantem, qualem scriptura Samuelem describit, nec corpore, nec oculis, nec animo, perinde ac si nihil novi contigisset illam in partem se moventem, sed Deo, ut ita dicam, et altari affixum ; eos autem a quibus cingebatur, cum timore quodam ac reverentia stantes : hæc, inquam, simul atque perspexit (nec enim simile quidquam viderat), humanum quiddam passus est, oculorumque vertigine ac tenebris totus impletur ; atque hic plerisque adhuc obscurum et incognitum erat ; verum cum dona quæ ipsemet effecerat divinæ mensæ offerenda essent, nec quisquam, ut mos ferebat, simul ea caperet (quod non satis liqueret an ea Basilius accepturus esset), tum vero manifeste se affectus prodidit, ita enim titubare cœpit, ut nisi quispiam ex sacrarii ministris vacillantem supposita manu retinuisset, misero utique et luctuose prolapsurus fuerit. »

Que si saint Basile avait élevé tant de bons ecclésiastiques à une si haute perfection par ses exemples et par ses paroles ; s'il les encourageait par l'estime qu'il témoignait en avoir, et par les emplois qu'il leur procurait, il ne manquait pas aussi de corriger en eux les défauts qui pouvaient donner quelque atteinte à la bonne discipline. Nous n'en mettrons ici qu'un seul exemple, mais qui paraît important et d'un grand et fréquent usage, et nous finirons avec lui l'éloge de cet illustre réformateur du clergé, non-seulement de son temps et d'un seul diocèse, mais des siècles suivants et de presque tout l'Orient, où rien n'a été plus en vigueur que les instituts et les établissements que fit ce grand saint pendant sa vie, tant dans l'ordre monastique que dans le clergé, qu'il unit ensemble et qui subsistent même encore à présent dans l'Eglise grecque.

Il avait fait une ordonnance qui défendait aux ecclésiastiques de tenir aucune personne de différent sexe chez eux. Un prêtre du diocèse de Césarée, âgé de soixante et dix ans, et qui gouvernait un grand peuple, fut si osé que d'y contrevenir et de garder dans sa maison une dévote, « mulierculam introductam ; » car c'était le mot de ce temps-là, comme on peut voir au long dans saint Chrysostome. Voici ce qu'il lui mande et quelle fut sa vigueur épiscopale dans cette occasion : la seule traduction de sa lettre, sans aucune paraphrase ni réflexion, tiendra lieu de tout, tant elle est instructive et édifiante pour les ecclésiastiques.

J'ai lu avec beaucoup de charité vos lettres, lui mande-t-il, et j'ai admiré comment vous vous efforcez par de grands discours à défendre des abus inexcusables, et que, pouvant si aisément remédier à ce qu'on trouve à redire en votre conduite, vous

vous obstiniez à ne le pas faire. Nous ne sommes pas les premiers ni les seuls qui avons ordonné que les prêtres ne tiendraient point de femmes chez eux; lisez le canon des Pères du saint concile de Nicée, et vous trouverez qu'ils l'ont formellement interdit : « Nec primi nec soli sancivimus non debere mulierculas cohabitare viris : lege canonem a sanctis Patribus nostris in Nicæna synodo constitutum, qui manifeste interdixit, ne quis mulierculam introductam habeat. » (Epist. 198, *Ad Paregorium*.) Tout l'honneur du célibat est de n'avoir aucune liaison avec les femmes, et de vivre séparé d'elles : « Cœlibatus autem honestatem suam in eo habet si quis a nexu mulieris secesserit. » Car si celui qui fait profession de la continence présume d'avoir une femme chez lui, en quoi différera-t-il des gens mariés, et que deviendra sa virginité déjà flétrie par une telle société? Vous deviez donc, avec d'autant plus de promptitude et de facilité vous rendre aux avis que je vous donnais, de mettre hors de votre maison cette femme, que vous assurez n'avoir aucun attachement pour elle, et que vous êtes libre de toute affection à son égard : « Quanto magis liberum esse te a corporalibus affectionibus affirmas. » Car aussi bien ne puis-je croire qu'un homme âgé de soixante et dix ans voulût habiter avec une femme pour qui il aurait de telles inclinations; et je ne me suis point porté à vous mander de la chasser, par la pensée qu'il se soit passé quelque chose entre vous deux d'opposé à la pureté; mais parce que nous avons appris de l'Apôtre qu'il ne faut point donner occasion de scandale à son frère ; car nous savons que ce qui se pourrait faire innocemment par quelqu'un deviendrait une pierre d'achoppement pour un autre : « Sed quod ab Apostolo edocti sumus, non esse fratri ponendum scandalum vel offendiculum, et usu venire ut quod a nonnullis recte geritur, aliis in occasionem peccati cedat. » C'est pour ce sujet, qu'en conformité des constitutions de nos saints Pères, nous vous ordonnons de vous séparer de cette femme : « Ob hanc causam, constitutionem sanctorum Patrum secuti, præcepimus ut a muliercula separeris. » Que sert donc de vous en prendre au corévêque qui m'a donné cet avis, et de l'accuser de vous en vouloir de longue main? Que vous sert de nous accuser nous-mêmes d'une trop grande facilité à croire les rapports, et de ne pas vous reprendre vous-même de refuser à mettre cette femme hors de chez vous? « Et non magis teipsum reprehendis, quod a consuetudine mulierculæ abstinere detrectas? » Chassez-la donc de votre maison, et mettez-la dans quelque monastère, qu'elle demeure avec des filles, et vous avec des hommes, de peur que l'un et l'autre vous ne fassiez blasphémer le nom de Dieu : « Ejice ergo illam ex ædibus tuis, et trade in monasterium; sit illa cum virginibus, et tu inter viros, ne nomen Dei propter vos blasphemetur. » Jusqu'à ce que vous ayez fait cela, quand vous m'al-

légueriez mille raisons par vos lettres, vous ne gagnerez rien sur moi. Mais vous demeurerez interdit de vos fonctions jusqu'à la mort, et vous irez rendre compte à Dieu de l'oisiveté où la privation de l'exercice du ministère vous aura jeté : « Donec ista feceris, etiamsi innumera per epistolas causeris, nihil efficies : sed otiosus morieris, dabisque Domino otii tui rationem. » Que si, au préjudice de ma défense, vous êtes si osé, retenant encore cette femme, que d'exercer vos fonctions sacerdotales, vous serez anathème à tout le peuple, et ceux qui vous recevront, excommuniés de toute l'Eglise : « Si vero sine correctione tui ipsius ausus fueris sacerdotii retinere functionem, anathema eris omni plebi, et si qui te receperint, per omnem Ecclesiam excommunicabuntur. »

§ II. — *Saint Eusèbe de Verceil.*

Le même esprit qui dans l'Orient suggérait tant de zèle à saint Basile pour la réformation du clergé, ne laissa pas l'Occident dépourvu de secours. Un autre évêque, non moins célèbre par sa vertu, par ses travaux, par les combats qu'il rendit contre les mêmes hérétiques, par les souffrances qu'il endura avec une constance admirable, pour le maintien de la divinité de Jésus-Christ, s'éleva dans l'Italie, et se servit des mêmes moyens que saint Basile avait employés en Cappadoce pour travailler à une œuvre si importante. On ne peut point avancer avec fondement qu'en cela il marchât sur les pas de saint Athanase ni de saint Basile, ni que ces deux grands ornements de l'état ecclésiastique lui eussent servi de modèle, et appris par leur exemple à introduire dans le clergé les observances de la vie monastique ; c'est-à-dire, à établir dans le monde des communautés de clercs où la perfection des communautés cénobitiques se rencontrât, et où, au milieu des villes, comme au milieu d'un désert, l'esprit sacerdotal pût s'acquérir, se conserver, se fortifier et se réparer : (*In urbibus quasi in solitudinibus*. Ce dessein lui fut purement inspiré d'en haut; il était aussi ancien que ces deux célèbres archevêques; on ne peut pas se persuader non plus qu'il eût pris l'idée d'un établissement si utile dans les voyages qu'il fit en Egypte et en Orient, où il demeura exilé pour la foi pendant plusieurs années, puisque saint Ambroise nous apprend qu'il avait déjà établi dans son Eglise cette discipline si salutaire, avant que d'avoir été banni; tellement que cette institution n'a pour auteur dans saint Eusèbe, que le même esprit de Dieu qui l'avait inspirée à saint Basile, et qui se transporte de nation en nation dans les âmes saintes qui lui servent d'organes, pour opérer les mystères de la sanctification des hommes, sans distinction du Grec et du Barbare, de l'Orient et de l'Occident : *Et per nationes in animas sanctas se transfert*. (*Sap.* VII, 17.) Prenons de sa vie, d'ailleurs si glorieuse à l'Eglise par un nombre infini de belles actions, ce qui fait seulement à notre sujet.

Le premier effet de la grâce apostolique en

lui, fut de lui faire quitter son pays, ses parents et ses biens, afin de pouvoir véritablement dire avec ceux dont il devait exprimer en lui le détachement : *Ecce nos reliquimus omnia.* (*Matth.* xix, 27.) Et c'est ce que saint Ambroise nous assure de lui : « Hos secutus Eusebius sanctus exivit de terra sua, et domestico otio. » Ensuite la Providence, conduisant comme par la main celui qui devait être le digne réformateur du clergé de son temps, voulut qu'il puisât l'esprit ecclésiastique dans sa source même ; car, selon saint Jérôme, il fut fait lecteur de l'Eglise romaine : Eusebius natione Sardus, et ex lectore urbis romanæ Vercellensis episcopus.» (*De script. eccl.*) Il fallut bien qu'il éclatât dès lors par ses vertus dans le clergé romain, puisque ceux de Verceil, sans l'avoir auparavant connu, le jugèrent digne d'être leur prélat, dès lors qu'ils l'eurent vu.«Qui sanctum Eusebium, quem nunquam ante cognoverant, post habitus civibus, simul ut viderunt et probaverunt. » Le voir et le choisir fut la même chose, et la voix éclatante du peuple uni qui le demandait, fut un signe évident de la voix secrète de l'auteur de l'unité qui le donnait : « Tantumque interfuit ut probaretur quantum ut videretur, » etc. Il regarda le trône pontifical comme une chaire sublime, d'où, par ses paroles et par ses exemples, il devait répandre la semence sacrée des vertus, et les faire germer et fructifier. La chasteté bientôt féconde produisit des communautés de vierges ; son abstinence rigoureuse donna naissance à l'austère institut des moines ; son zèle sacerdotal fit revivre l'esprit ecclésiastique, et le fit lui-même revivre en la personne de plusieurs disciples qu'il laissa les héritiers de sa grâce, et qui participèrent tous à cette riche succession : « Ex sancti Eusebii magisterio, » continue saint Ambroise, « quasi quodam virtutum fonte rivulorum puritas manavit. Nam quia castitatis vigore pollebat, propositum virginitatis instituit, quia abstinentiæ gloriabatur angustiis, monachorum introduxit forte servitium : quia pontificii administratione fulgebat, plures e discipulis sacerdotii sui reliquit hæredes. »

Mais quel fut le plus admirable de ses ouvrages? en quoi se montra-t-il plus merveilleux ? Sans doute que ce fut dans la réformation de son clergé, pour lors si dépravé en Occident, surtout en Italie, que saint Denis, archevêque de Milan et martyr, pénétré de douleur pour ce sujet, demanda à Dieu et l'obtint, de mourir dans son exil, pour ne pas voir à son retour le dérèglement de ses ecclésiastiques, pervertis par le mélange et le commerce avec les infidèles, ainsi que nous l'apprend son successeur saint Ambroise : « Sanctus Dionysius exegit votis ut in exsilio vitam poneret, ne regressus confusa institutis et usu infidelium studia cleri invenirct, meruitque hanc gratiam. » (*Epist.* 25, *Ad Ver.*) Le grand chef-d'œuvre de saint Eusèbe, pour taire le reste, fut donc de réformer, non pas médiocrement, mais très-excellemment son clergé, et cela par le même moyen dont se servait saint Basile en Orient ; c'est-à-dire, faisant vivre ses ecclésiastiques en communauté, et les portant à observer les règlements des plus parfaits solitaires, sans leur laisser rien diminuer des fonctions de leur ministère. Qui doute qu'un semblable succès ne soit la merveille des merveilles, puisqu'il parut impossible au zèle du grand saint Charles, qui, dans le siècle dernier, fit revivre dans le clergé la sainteté des premiers temps ; car tous les ecclésiastiques de Verceil, continue saint Ambroise, ne s'exerçaient pas moins dans les pratiques de l'abstinence et de la chasteté, que dans les fonctions sacerdotales ; ils avaient pour toutes les choses du monde le même mépris que les anachorètes les plus reculés, sans rien rabattre pour cela de la vigilance que doivent avoir les ministres de l'Eglise. A voir les petits lits de leur monastère, on eût cru être dans les solitudes d'Egypte ; et à considérer la dévotion et le zèle de ces saints ecclésiastiques, on sentait la même joie que si l'on eût vu les hiérarchies des anges. Après cela faut-il s'étonner si cette communauté fut une pépinière ou plutôt un séminaire de dignes prélats, ou de saints martyrs, tous s'étant consumés, ou par les travaux du sacerdoce, ou par l'effusion de leur sang : « Nam ut cætera illud quam admirabile est quod in hac sancta Ecclesia eosdem monachos instituit esse quam clericos, atque iisdem penetralibus sacerdotalia officia contineri, quibus et singularis castimonia conservatur, ut esset in ipsis viris contemptus rerum et accusatio Levitarum, ut si videres monasterii lectulos, instar Orientalis propositi judicares ; si devotiones cleri prospiceres, angelici ordinis observatione gauderes : qui omnes exstiterunt aut sacerdotes, aut martyres. » (*Serm. de laud.*) Ce sont les paroles de saint Ambroise, extraites du sermon qu'il fit le jour de la fête de saint Eusèbe ; mais il nous a laissé dans sa lettre à l'Eglise de Verceil une si excellente peinture de la vie sainte qu'on menait dans cet admirable séminaire, qu'il n'y a pas moyen de ne la pas rapporter ici. Heureux à cette lecture, en traçant une si belle idée dans notre esprit, pénètre notre cœur du désir de l'exprimer en nous. Après avoir parlé des vertus de saint Eusèbe, poursuit saint Ambroise, décrivons à présent celles de ses disciples, qui, s'étant revêtus du mérite de leur maître, entrent en part des éloges qu'on lui donne. C'est une milice toute céleste et tout angélique que celle de ces vertueux ecclésiastiques ; ils sont occupés jour et nuit à chanter les louanges de Dieu, ils sont sans cesse en oraison ; l'étude et le travail partagent tour à tour leurs soins ; nulle femme avec eux ; retirés dans leur maison comme dans une forteresse, ils sont eux-mêmes les gardiens et les anges tutélaires de leur chasteté commune. Heureuse retraite, où l'on n'a rien à éviter et beaucoup à imiter ! aucune occasion de scandale, et tout sujet d'édification ; ou la rigueur du jeûne est adoucie par le contentement de l'esprit, amoindrie par l'habitude, soutenue par le loisir, trompée par l'agrément des occupations; heureux séjour, où l'on vit affranchi des embarras du siècle, libre des affaires d'autrui, exempt des courses continuelles et des visites où le monde engage : « Sed satis de magistro dictum puto; nunc discipulorum vitam qui in illam se laudem induerunt; hymnis dies ac noctes personant; hæc nempe angelorum militia est semper esse in Dei laudibus, orationibus conciliare crebris, at exorare Dominum student; lectione vel operibus continuis mentem occupant; separati a cœtu mulierum sibi ipsi invicem tutam præbent custodiam, qualis hæc vita in qua nihil sit quod timeas, et quod imiteris plurimum adest : jejunii labor compensatur mentis placiditate, levatur usu, sustentatur otio, aut fallitur negotio; non oneratur mundi sollicitudine, non alienis molestiis, non urgetur urbanis discursibus. » N'est-ce pas là l'image d'un véritable séminaire ? Après cela faut-il s'étonner si saint Eusèbe, accoutumé à une vie si mortifiée et si parfaite, supporta patiemment les étranges persécutions qu'on lui fit, et si son esprit sacerdotal, fortifié par les exercices d'une communauté austère, triompha du monde déjà vaincu en lui : « Hæc igitur patientia in sancto Eusebio monasterii coaluit usu, et durioris observationis consuetudine hausit laborum tolerantiam. Namque hæc duo præstantiora esse quis ambigat, clericorum officia et monachorum instituta? » Après cela faut-il s'étonner si ce prélat apostolique, qui, dès sa première entrée à sa cléricature, avait dit adieu à ses parents et à sa patrie, souffrit constamment l'exil où il fut relégué pour la foi; si celui qui se plaisait dans l'obscurité d'une communauté de solitaires, ne s'ennuya pas dans la prison où les hérétiques le renfermèrent; si, étant tout accoutumé au jeûne par l'abstinence qu'il y pratiquait, il demeura sans peine six jours privé de tout aliment et prêt à mourir de faim, plutôt que de condescendre aux volontés de ces impies; si, se macérant sans cesse, il endura les coups horribles, les blessures et le fracassement de tout son corps avec une invincible fermeté, sans que jamais on pût rien arracher de sa bouche qui marquât de la faiblesse; car c'est ainsi que saint Ambroise le raconte.

Enfin, faut-il s'étonner si, après avoir parcouru toutes les provinces et fortifié les Catholiques dans la vraie foi, il eut, au rapport du même saint Ambroise, une vision, peu de temps avant sa mort, dans laquelle il lui sembla qu'il volait d'une montagne à une autre montagne : « Ante aliquantum temporis exitus sui manifesta revelatione vidisse de monte ad montem volare. » Car la haute perfection à laquelle il s'était élevé dans la communauté de ses ecclésiastiques, vrais anges de la terre, l'avait comme proportionné à la haute récompense à laquelle il était attiré dans son éternelle société avec les anges du ciel. Tel fut ce digne réformateur du clergé; tel fut le moyen dont il se servit pour sanctifier ses ecclésiastiques; telle fut la bénédiction que Dieu répandit sur ce premier séminaire de l'Occident.

§ III. — *Saint Augustin.*

Nous n'avons pas dessein de rapporter ici l'histoire de la vie et des vertus du grand saint Augustin. Outre que le travail serait immense, il serait de plus inutile, puisque personne n'ignore une vie si connue. Nous nous restreindrons donc purement à ce qui se rapporte au sujet que nous traitons, c'est-à-dire à la part qu'il a eue à la réformation du clergé de son temps, et à l'établissement d'une communauté qui pût servir de moyen très-efficace pour cela.

Ce grand saint, retourné en Afrique, se retira, n'étant encore que laïque, dans une maison où, avec quelques amis choisis et de confiance, il vécut en une espèce de communauté pendant trois ans. Là, débarrassé de tout soin temporel, il s'occupait uniquement de Dieu, vacant au jeûne, à l'oraison et aux autres bonnes œuvres, et méditant jour et nuit la loi du Seigneur; c'est ce que rapporte Possidius : « Firme triennio et a se jam alienatis curis sæcularibus, cum iis qui eidem adhærebant, Deo vivebat, jejuniis, orationibus, bonisque operibus in lege Domini meditans die ac nocte. » (Cap. 3.) Ce fut là son premier séminaire, ou plutôt son premier noviciat à l'état ecclésiastique, car il n'était encore que laïque : le jeûne, la prière, la contemplation, et cela trois années entières. Cependant l'Eglise d'Hippone avait besoin d'un prêtre; l'évêque Valère, délibérant de ce choix avec son peuple, tout le monde, extrêmement édifié de la doctrine et de la piété de saint Augustin, le saisit et mit la main sur lui, lorsqu'il songeait à toute autre chose : « Quoniam et idem in populo securus et ignarus quid futurum esset adstabat, ergo manu injecta eum tenuerunt, et episcopo ordinandum intulerunt. » (Cap. 4.) C'est ce qui s'appelle entrer par la bonne porte dans le clergé. Un homme humble, retiré, pénitent, qui n'a aucune pensée de procurer ni de solliciter sa promotion; que tout un peuple, par une soudaine inspiration, se choisit pour prêtre et pour pasteur; qu'il arrête par une simple violence, de peur qu'il n'échappe : voilà les gens du caractère qu'il faut pour fructifier dans l'Eglise, et pour servir de modèles de sainteté aux laïques et au clergé : « Omnibus id uno consensu et desiderio fieri perficique petentibus, magnoque studio et clamore flagitantibus. » Pour celui qu'on choisissait ainsi, et qui ne songeait à rien moins, il se met à répandre des larmes, marque assurée de la joie qu'il devait causer à toute l'Eglise, et à témoigner par ses sanglots combien la grâce qui remuait tout ce peuple agissait en lui. « Ubertim eo flente, » il pleurait abondamment. Mais de quoi pleurait-il ? Il gémissait. Mais quelle était la cause de ses gémissements? Etait-ce de ce qu'on ne l'élevait pas assez haut? Avait-il besoin qu'on le consolât, en lui disant qu'à la vérité on lui conférait quelque chose de moins que ce qu'il méritait, en le faisant prêtre, mais qu'il se consolât, que la prêtrise était un degré pour parvenir à l'épiscopat? « Nonnullis lacrymas ejus superbe interpretantibus, et tanquam eum consolantibus ac dicentibus, quia locus presbyterii, licet ipse majore dignus esset, appropinquaret tamen episcopatui. » Que son cœur était éloigné de cette disposition! qu'il avait bien d'autres vues! Il s'affligeait par la considération des peines et des périls où la charge des âmes allait l'exposer; il sentait le poids du fardeau qu'on lui imposait, et il gémissait sous ce faix : « Cum homo ille Dei, ut nobis retulit, majori consideratione intelligeret quam multa et quam magna suæ vitæ pericula de regimine et gubernatione Ecclesiæ impendere jam ac provenire spectaret, atque ideo fleret. »

Ses larmes furent fécondes; et ses gémissements, les heureux présages des bénédictions qu'un tel prêtre attirerait. Cependant le saint évêque Valère, qui l'avait ordonné, homme pieux et craignant Dieu, était, de son côté, rempli de joie d'avoir ainsi été exaucé, ayant enfin obtenu du Seigneur, après bien des instantes prières, un homme qui fût exemplaire et éloquent, qui joignît à la saine doctrine le don de la prédication, et d'avoir mis sur le chandelier de l'Eglise une lampe si ardente et si lumineuse : « Sanctus vero Valerius ordinator ejus, ut erat vir pius et Deum timens, exsultabat, et Deo gratias agebat, suas exaudias a Domino fuisse preces, quas se frequentissime fudisse narrabat, ut sibi divinitus concederetur talis qui posset verbo Dei et doctrina salubri Ecclesiam Dei ædificare. Unde accensa et ardens elevata super candelabrum lucerna, omnibus qui in domo erant lucebat. »

Mais, pour venir à notre sujet, de quel moyen se servit-il pour se conserver dans la piété chrétienne et dans l'esprit ecclésiastique? Il vivait dans une communauté de laïques, étant laïque; étant prêtre, il érigea une communauté d'ecclésiastiques, dans l'enceinte du cloître de l'Eglise, où il vivait avec des serviteurs de Dieu, selon la perfection que les apôtres établirent en Jérusalem parmi les premiers fidèles : « Factus ergo presbyter, monasterium intra Ecclesiam mox instituit : ubi cum Dei servis vivere cœpit, secundum modum et regulam sub sanctis apostolis constitutam. » (Cap. 5.)

Il est vrai que Possidius donne le nom de monastère à cette sorte de maisons ou de communautés; mais il ne donna jamais le nom de moines à ceux qui y vivaient et qui y étaient élevés; au contraire, il les appelle toujours clercs, et il les représente toujours comme des clercs qu'on formait pour les disposer à l'ordination. Or, qu'est-ce qu'une maison où on pratique la perfection et où on élève des sujets pour les promouvoir aux ordres supérieurs, sinon un vrai séminaire de clercs, dans l'esprit de l'Eglise, et qu'on appelait alors un monastère, c'est-à-dire une maison où on vivait en retraite et en commun, sous l'obéissance d'un supérieur, dans la pratique des plus excellentes vertus, et qui disposaient le plus à la digne réception des ordres supérieurs, du sacerdoce et de l'épiscopat même? C'est ce que Possidius assure en ces termes : « Proficiente vero doctrina divina sub sancto et cum sancto Augustino, in monasterio Dei ferventes Ecclesiæ Hipponensi clerici ordinari cœperunt. » (Cap. 11.) N'est-ce pas là ce que nous appelons aujourd'hui un séminaire? Le nom est différent, mais la chose est la même. D'où vient encore qu'il ajoute que la continence et le détachement fleurissant toujours de plus en plus dans cette communauté, on souhaitait partout d'avoir des ecclésiastiques et des évêques formés en une si bonne école : « Ac deinde clarescente de die in diem servorum Dei proposito, continentia et paupertate, ex monasterio quod per illum memorabilem virum et esse et crescere cœperat, magno desiderio poscere atque accipere episcopos et clericos cœperunt. » Et saint Augustin tira dix prélats de cette communauté, qui furent tous illustres en doctrine et en sainteté, et qui gouvernèrent de grands diocèses avec beaucoup de succès et de bénédiction : « Nam ferme decem quos ipse novi sanctos ac venerabiles viros, continentes et doctissimos, beatus Augustinus diversis Ecclesiis, nonnullis quoque eminentioribus, rogatus dedit. » Et ce qui fut de plus consolant, c'est que ces prélats, tirés du séminaire d'Hippone, établirent dans leurs évêchés de semblables séminaires, où ils élevaient des jeunes gens pour la cléricature, et où, remplis de ce premier esprit qu'ils avaient puisé sous saint Augustin, ils formèrent à son imitation de si dignes prêtres, qu'ils donnèrent de leur abondance de grands évêques à d'autres Eglises : de sorte que ce premier séminaire fut, en ce temps-là, une riche pépinière d'un grand nombre d'ouvriers évangéliques dont toute l'Afrique se peupla : « Similiterque et ipsi ex illorum sanctorum proposito venientes, monasteria instituerunt, et studio crescente ædificationis, cæteris Ecclesiis promotos fratres ad suscipiendum sacerdotium præstiterunt. » Au reste, ce même auteur nous apprend que saint Augustin était toujours avec ses ecclésiastiques, vêtu comme eux, logé comme eux, nourri comme eux : « Cum ipso semper clerici, una etiam domo ac mensa, sumptibusque communibus alebantur et vestiebantur (cap. 25), » marque assurée que cette communauté était une communauté d'ecclésiastiques. Il ajoute que ce saint prélat avait un habit, un lit et un ameublement commun et ordinaire : « Vestis ejus et calceamenta et lectualia ex moderato et competenti habitu erant, nec nitida nimium, nec abjecta plurimum. » (Cap. 22.) Il dit encore qu'il vécut dans la cléricature ou dans l'épiscopat quarante ans : « Vixit in clericatu vel episcopatu annis ferme quadraginta. » Il est donc visible que la communauté que saint Augustin institua, et dans laquelle il vécut, était un vrai séminaire d'ecclésiastiques, mais faisant profession d'une vie très-parfaite; ce qui est si certain, que, dans son sermon quarante-neuvième, et cité comme tel de lui par le vénérable Bède et par le concile d'Aix-la-Chapelle, il dit qu'il avait établi dans l'évêché d'Hippone un monastère, non de moines, mais de clercs : « Volui habere in ista domo episcopi mecum monasterium clericorum. » Après cela, peut-on refuser à ce grand docteur de l'Eglise la qualité de réformateur du clergé et d'auteur d'un nombre très-considérable de séminaires, surtout si l'on considère que la doctrine et la discipline de cet excellent évêque ne se borna pas dans l'Afrique seulement, mais qu'elles passèrent les mers et se répandirent dans l'Europe, où elles produisirent les mêmes fruits? « Non solum etiam per omnes africanas partes, verum etiam in transmarinis, » dit Possidius. Et il est certain que Gélase, qui était Africain, étant venu à Rome, après la mort de saint Augustin, avec quelques clercs de ce saint prélat, qui fuyaient la persécution des Vandales, lesquels avaient ruiné Hippone, et ayant été élu Pape, y fit bâtir, auprès de l'église de Saint-Jean de Latran, une maison où ces clercs se retirèrent et y établirent le genre de vie qu'ils avaient appris sous la conduite de saint Augustin, et qu'ils gardèrent jusqu'à Grégoire III, c'est-à-dire jusqu'au VIII° siècle, auquel temps ce Pape y mit des moines.

§ IV. — *Saint Martin.*

On ne peut se dispenser de mettre saint Martin au rang des principaux réformateurs du clergé, sans lui dérober une partie de la gloire qui lui est due, et sans diminuer cette qualité qu'on lui a donnée d'avoir été la perle des prélats de son siècle, « gemma sacerdotum. » Premièrement, on ne saurait ajouter rien à la profonde vénération que ce grand saint ont toujours pour l'état ecclésiastique. Saint Hilaire, évêque de Poitiers, admirant sa vertu, voulut l'élever au diaconat, l'attacher à son église, et l'engager dans le ministère; mais saint Martin ne voulut jamais y consentir; son humilité résista plusieurs fois à cet honneur, et il vint jusqu'aux cris et aux clameurs pour empêcher sa promotion : « Tentavit autem idem Hilarius, imposito diaconii officio, sibi eum arctius implicare, et ministerio vincire divino, sed cum saepissime restitisset, indignum se esse vociferans. » (Cap. 4.) Il fallut donc se contenter de l'ordonner simplement exorciste : « Quam ille ordinationem ne despexisse tanquam humiliorem videretur, non repudiavit. » Ce sont les paroles de Sévère Sulpice. Le premier fruit de son ordination fut celui de la conversion de sa mère, qui jusque-là avait été idolâtre, et de plusieurs autres qu'il convertit aussi par son bon exemple : « Matrem gentilitatis absolvit errore, plurosque suo salvavit exemplo. » Ensuite, après avoir souffert divers tourments de la part des prêtres ariens pour le maintien de la divinité de Jésus-Christ, il se retira dans un désert où il ne vivait que de racines d'herbes : « Multis suppliciis affectus, nam publice virgis caesus est, aliquandiu radicibus vixit herbarum. »

Mais combien fallut-il employer de stratagèmes pour se saisir de lui et l'obliger à recevoir le sacerdoce? Tout le peuple sort secrètement de la ville; on se partage par troupes, on se met en embuscade, on a recours à un artifice, on lui propose un office de la charité, on le touche de compassion. Il quitte sa retraite, il se met en chemin; aussitôt chacun se lève, on accourt à lui, on l'arrête, on le met sous une sûre garde, on le conduit à la ville comme quelque fameux criminel qu'on craint qui ne s'échappe : « Dispositis in itinere civium turbis, sub quadam custodia ad civitatem usque deducitur. »

Devenu évêque, il ne devint pas autre en humilité de cœur et en modestie de vêtements; plein de cette autorité que donne la sainteté, il soutint la dignité épiscopale, sans diminuer rien de l'austérité d'un solitaire : « Idem enim constantissime perseverabat qui prius fuerat. Eadem in corde ejus humilitas, eadem in vestitu ejus vilitas erat. Atque ita plenus auctoritatis et gratiae implebat episcopi dignitatem. » Pour se séparer plus du commerce inutile du monde, il se retira dans un lieu assez proche de la ville, mais si à l'écart, qu'il ne lui donnait pas lieu de chercher de solitude plus reculée : « Qui locus tam secretus et remotus erat, ut eremi solitudinem non desideraret. » Quatre-vingts frères qui l'accompagnaient se creusèrent près de lui des grottes dans le rocher, en manière de cellules, et devinrent les imitateurs de ce grand saint. Tout était commun entre eux; nul n'avait rien en propre, ils n'achetaient ni ne vendaient rien; les plus jeunes écrivaient, tout autre art n'étant point d'usage; les autres vaquaient à l'oraison, et ne sortaient de leurs cellules que pour venir au lieu de la prière commune; ils prenaient ensemble leur réfection; aucun n'usait de vin, que contraint par l'infirmité. Plusieurs d'entre eux étaient vêtus d'une étoffe faite de poil de chameau. Un habit plus doux eût été parmi eux un crime; et, ce qui est plus admirable, c'est que plusieurs d'entre eux étaient des personnes nobles, et tout autrement élevées, qui néanmoins se condamnaient à un genre de vie si rigide : « Vinum nemo noverat, nisi quem infirmitas coegisset, plerique camelorum setis vestiebantur. Mollior ibi habitus pro crimine erat. Quod eo magis mirum, quod multi inter eos nobiles habebantur, qui, longe aliter educati, ad hanc se humilitatem et patientiam coegerant. » (Cap. 7.)

Il est vrai que saint Martin joignit la vie sacerdotale et la vie monacale ensemble; mais cette union n'empêche pas que saint Martin ne soit un réformateur du clergé; puisqu'enfin, en ce temps-là surtout, ce n'était autre chose qu'introduire les pratiques et les vertus des plus parfaits solitaires parmi les ecclésiastiques; et cette communauté, érigée par saint Martin, ne fut qu'une pépinière de prêtres et d'évêques qui répandirent partout la bonne odeur et la sainteté du maître sous la discipline duquel ils avaient été élevés. Car, ajoute Sévère Sulpice, j'ai connu plusieurs ecclésiastiques tirés de cette digne école, qui ensuite ont gouverné des diocèses; et quelle était la ville qui ne voulût pas avoir un prêtre formé dans la communauté de saint Martin: « Pluresque ex his postea episcopos vidimus. Quæ enim esset civitas, aut ecclesia, quæ non se de Martini monasterio cuperet habere sacerdotes. » (Cap. 7.) La vénération de ce saint pour le sacerdoce ne parut jamais avec plus d'éclat, que quand, assis à la table de l'empereur Maxime, il présenta à boire au prêtre qui l'accompagnait plutôt qu'à l'empereur; montrant ainsi combien il préférait la dignité du sacerdoce à la pourpre des rois: « Martinus ubi ebibit, pateram presbytero suo tradidit, nullum scilicet existimans digniorem qui post se biberet, nec integrum sibi fore, si aut regem ipsum, aut eos qui a rege erant proximi, presbytero prætulisset. » (Cap. 23.) Mais comme nous avons ailleurs rapporté cette action avec toutes ses circonstances, nous n'en dirons que cela.

Et c'est sans doute à la grâce de saint Martin, et à son esprit de cléricature, qu'il faut attribuer tant de conciles, de lois et de canons, qui, dans la suite des temps, furent publiés à Tours pour la réformation de l'état ecclésiastique; nous n'en ferons ici mention que de très-peu, mais que nous pouvons dire contenir en abrégé tous les biens pour lesquels on institue des séminaires. Le premier est un règlement, fait par un synode tenu à Tours, l'an 813, par lequel il est ordonné que ceux qui se destinent au ministère des autels passeront auparavant un temps considérable dans une maison de l'évêque, pour y apprendre les fonctions de cet état, et pour être éclairés et examinés de plus près et plus à loisir, afin qu'on les connaisse à fonds, et qu'on sache bien s'ils sont dignes du sacerdoce, avant que de leur imposer les mains: « Sed priusquam ad consecrationem presbyteratus accedat, maneat in episcopio, discendi gratia officium suum tandiu, donec possint et mores et actus ejus animadverti; et tunc, si dignus fuerit, ad sacerdotium promoveatur. » Voilà le soin qu'on prenait pour l'instruction des clercs qui se disposaient à l'ordination; voici celui qu'on se donnait en ce siècle-là pour entretenir et renouveler la science et la piété dans les prêtres et les curés de la campagne, en les faisant venir chaque année dans un lieu destiné aux exercices convenables pour un si important dessein.

Telle est donc la seconde utilité des séminaires que les évêques entretenaient dans leurs palais, ou au moins dans leur ville épiscopale. Tous les curés de la campagne y étaient appelés, par tour et par bande, les uns après les autres, afin de laisser toujours dans les paroisses autant de ministres qu'il en était besoin pour l'administration des sacrements, et pour la célébration des divins Offices. L'évêque, ou par lui-même, ou par l'organe des personnes savantes, enseignait à ses curés assemblés auprès de lui toutes les vérités et les pratiques les plus essentielles et les plus importantes, pour s'acquitter saintement de leurs divins ministères, par de fréquentes conférences touchant les saintes lettres, les canons, les Offices divins, la pratique des sacrements, leurs prédications, leur vie et leurs mœurs. C'est ce qui fut ordonné dans les Capitulaires de Charlemagne faits en ce temps-là: « Statutum est, ut omnes presbyteri parochiæ ad civitatem per turmas et hebdomadas ab episcopo sibi constitutas conveniant discendi gratia; ut aliqua pars in parochiis presbyterorum remaneat, ne populi et ecclesiæ Dei absque officio sint, et aliqua utilia in civitate discant, ut meliores ad parochias demum et sapientiores atque populis utiliores absoluti revertantur, et ibi ab episcopo, id est in civitate, sive a suis bene doctis ministris, bono animo instruantur de sacris lectionibus et divinis cultibus, et sanctis canonibus, quæ prædicare et facere debent, » etc. Ainsi, ces séminaires de la maison ou de la cité épiscopale servaient à former les prêtres et les curés, avant qu'on leur confiât cet ordre divin et cette charge si pénible, et à les soutenir dans la suite de leur administration par ces fréquentes retraites qu'ils venaient faire par troupes, pour se renouveler dans l'esprit et dans la ferveur du sacerdoce.

Ce passage nous apprend les moyens dont on s'est servi de temps en temps dans l'Eglise, pour renouveler l'esprit apostolique dans le clergé. Il serait long et inutile, et même ennuyeux de parcourir tant d'exemples que la suite des siècles nous fournit; mais nous nous arrêterons à ce qui nous touche de plus près, et à quoi nous devons nous intéresser davantage: je veux dire à la réformation que le concile de Trente a introduite de nos jours par la réformation des séminaires.

Chap. III. — *Etablissement des séminaires par le concile de Trente.*

De tous les décrets portés par le saint concile de Trente pour la réformation de l'état ecclésiastique, il est certain qu'il n'y en a point eu de si utile et dont les suites aient été plus avantageuses au clergé, que celui de l'érection des séminaires; car il est vrai que l'on ne remédie jamais parfaitement aux maux, qu'en allant à la source. Si l'heureux ou le mauvais succès d'une affaire dépend de son commencement, la solidité d'un édifice, de ses fondements, et la complexion d'un homme, des principes de sa première formation, ne s'ensuit-il pas que, pour réussir dans la réforme qu'on voulait introduire parmi les ecclésiastiques, on ne pouvait rien introduire de plus à propos que d'établir des maisons qui servissent comme de noviciat où l'on s'appliquât à les former et à les perfectionner dès leur jeunesse aux vertus et fonctions de leur profession? En effet, l'expérience a fait voir, il y a longtemps, qu'il n'est guère moins difficile de redresser un grand arbre, courbé vers la terre, que de relever vers le ciel un homme qui dès son enfance n'a eu que des inclinations basses et terrestres; vérité que le Saint-Esprit a voulu lui-même nous marquer, quand il a dit par la bouche du Prophète que c'est un bien inestimable à l'homme de porter de bonne heure le joug du Seigneur, parce que s'il est dépravé dans son bas âge, il sera incorrigible dans sa vieillesse; que si cela ne se vérifie que trop dans les laïques, et qu'il soit si rare de voir un vieux pécheur se convertir sincèrement, combien cela est-il encore moins fréquent dans les ecclésiastiques, ainsi qu'on l'a montré ailleurs avec étendue.

Mais afin d'entrer parfaitement là-dessus dans l'esprit du concile de Trente, de découvrir ses intentions et le but qu'il s'est proposé dans ces établissements, d'en bien pénétrer l'importance, afin de s'y conformer, il semble qu'il est nécessaire d'étudier les raisons qui l'ont porté à faire un décret si salutaire, et de les bien examiner.

Et, premièrement, il est sans doute qu'un des principaux motifs qui a obligé le saint concile d'ordonner que l'on érigerait des séminaires dans tous les diocèses, où l'on élevât à la piété ceux qui se présentent aux ordres, çà été qu'on n'admit dans le clergé que des gens de bonne vie, et de mœurs éprouvées; qui, par une conduite réglée dès leur tendre jeunesse, eussent conservé leur innocence, n'étant pas possible, moralement parlant, quand une fois on s'est laissé aller à la dépravation du monde, et que le vice a jeté de profondes racines dans un cœur, qu'on puisse jamais bien prendre l'esprit ecclésiastique, ni le conserver longtemps, sans un secours tout extraordinaire de la toute-puissance de Dieu; c'est pourquoi, comme les jeunes gens sont naturellement enclins aux plaisirs des sens, le concile veut que de bonne heure on prévienne ceux qui prétendent se consacrer au service des autels; qu'on les retire des occasions, qu'on les assemble dans une communauté, où on les forme à la vertu et où on leur inspire l'esprit de leur état. Voici ses paroles: « Cum adolescentium ætas, nisi recte instituatur, prona sit ad mundi voluptates sequendas, et nisi a teneris annis ad pietatem et religionem informetur, antequam vitiorum habitus totos homines possideat, nunquam perfecte ac sine maximo ac singulari propemodum Dei omnipotentis auxilio in disciplina ecclesiastica perseveret: sancta synodus statuit. » (Sess. 23, cap. 18.) Car nous tirons de ce peu de mots cette importante instruction, que ceux qui se destinent au sacerdoce doivent, de bonne heure, se tourner vers Dieu et mener une vie pure, parce que si une fois ils se laissent entamer aux voluptés sensuelles, et s'ils ne prennent des sentiments de piété et de religion, avant que les méchantes inclinations se soient emparées de leur cœur, ils ne pourront jamais, sans une espèce de miracle, devenir de bons ecclésiastiques, ni persévérer dans la grâce de cette profession. Le concile veut qu'on établisse partout des communautés où, comme dans des asiles sacrés de l'innocence, on vienne, tout jeune, se réfugier et se défendre de la contagion du monde, ou du moins remédier au plus tôt aux désordres auxquels on aurait pu commencer de se laisser aller. C'est pour ce sujet que nous sommes dans cette maison. Heureux si nous nous prévalons d'un tel moyen de salut, et si nous comprenons cette vérité capitale, et qui doit être le fondement de notre vocation et du repos de notre conscience. En effet, si vous sentez bien que vous ne vous êtes que trop laissé aller au désordre; si vous éprouvez en vous la tyrannie des habitudes invétérées et le plaisir malheureux des sens, que vous n'avez que trop goûtés, comment osez-vous entrer dans le clergé, portant visiblement en vous, selon le concile, un tel caractère de réprobation, c'est-à-dire, un tel présage que vous ne persévérerez pas dans le bon chemin qu'on vous enseigne? Les séminaires sont donc établis pour recevoir au clergé les jeunes gens qui se sont garantis du péché, ou qui en sont promptement sortis, pour avertir les déréglés de se retirer, les innocents de s'avancer, et les vrais pénitents de s'encourager. Tel est l'esprit du concile de Trente, et le premier motif qu'il a eu d'ordonner l'érection des séminaires.

Que si nous regardons de près ce décret du concile; si nous l'examinons avec attention, nous trouverons qu'il ne parle encore que de la grâce du baptême dans les jeunes gens, et qu'il veut qu'on la cultive en eux avec soin dans un séminaire, comme une préparation éloignée à la cléricature, sans toucher encore à leur vocation; c'est-à-dire, qu'il désire qu'on les rende de parfaits Chrétiens, auparavant d'en faire des ecclésiastiques. En effet, qu'est-ce que le clergé, sinon la congrégation des principaux membres de l'Église, expressément consacrés pour rendre à Dieu le culte qui lui est dû, et spécialement députés pour travailler à la sanctification des âmes? Combien les a-t-on appelés de fois, après les saints Pères: « Sanctiora membra Ecclesiæ, pars membrorum Christi prima, electissima quæque, Christi membra? » Il faut donc avant d'élever quelqu'un au rang des bons ecclésiastiques, l'élever au rang des parfaits Chrétiens, selon le concile, et cultiver en lui la grâce d'un enfant de Dieu, avant que d'attirer en lui la grâce d'un ministre de Jésus-Christ.

Mais voici d'autres motifs qu'a eus le concile dans cette institution. Il veut qu'on apprenne à ceux qui aspirent au sacerdoce quel est le poids des obligations que l'on s'impose par l'ordination; qu'ils ne sont pas appelés à cet état pour y mener une vie douce, molle, commode, et encore moins sensuelle; qu'ils doivent compter qu'en embrassant cet état ils contractent de très-grandes obligations, pénibles, laborieuses, mortifiantes : « Ac se non ad propria commoda, non ad divitias aut luxum, sed ad labores et sollicitudines pro Dei gloria vocatos esse intelligant. » C'est ce qu'il enjoint qu'on leur fasse bien entendre, et il ordonne qu'on diffère leur promotion plusieurs années, afin de le leur mieux imprimer dans l'esprit : « Ut eo accuratius quantum sit hujus disciplinæ pondus, possint edoceri. » (Sess. 23, cap. 11.) C'est-à-dire qu'ils méditent à loisir s'ils pourront bien remplir les obligations de leur état, être des personnes de vertu, mener une vie exemplaire, sobre, modeste, humble ; aimer l'oraison, l'étude, la retraite ; conserver une chasteté inviolable, être irrépréhensibles et plus parfaits que les plus saints religieux ; instruire les ignorants, reprendre les pécheurs, s'opposer aux désordres et aux erreurs, administrer les sacrements, prendre soin des pauvres, des malades et des affligés ; protéger la veuve et l'orphelin ; avoir en horreur la bonne chère, le jeu, la chasse, la compagnie des femmes, le vin, l'argent ; faire pénitence pour les peuples, apaiser la colère de Dieu sur eux, prier pour leurs besoins et obtenir les grâces nécessaires ; travailler avec le secours de Dieu à la conversion des pécheurs et à la perfection des justes ; être dans un entier détachement de la chair et du sang, des parents, du pays, de la famille, de soi-même et de ses propres intérêts. Tout cela n'est qu'un échantillon du poids des obligations sacerdotales, selon le concile ; mais où un ecclésiastique les apprendra-t-il, les méditera-t-il, s'y préparera-t-il, sinon dans la retraite d'un séminaire, lieu consacré à s'y instruire et à s'y consacrer ? Qu'il s'y renferme donc : « Ut eo accuratius quantum sit hujus disciplinæ pondus possint edoceri. » Et qu'il ne s'engage pas inconsidérément dans cet état.

De plus, le concile veut que ceux qui prétendent à l'état ecclésiastique s'exercent assidûment dans les fonctions sacrées et dans la pratique des vertus, afin qu'ils puissent, en croissant en âge, croître en science et en mérite, et aller du même pas aux ordres et à la perfection. « Ut in eis cum ætate vitæ meritum, et doctrina major accrescat. » (Ibid.) Et il veut qu'on juge de leurs progrès dans la sainteté, par leur fidélité à donner le bon exemple ; par leur zèle à exercer les fonctions ecclésiastiques ; par leur respect envers ceux qui sont honorés du sacerdoce ou d'un ordre supérieur au leur ; par leur attrait à la fervente et fréquente communion : c'est à ces marques qu'on verra quels sont ceux qui sont véritablement appelés à l'état ecclésiastique, qui sont ceux qui seront véritablement de bons ecclésiastiques ; or, quel est le lieu destiné à cette épreuve, sinon un séminaire où l'on ne fait aucune autre profession que celle-là ? « Quod et bonorum operum exemplum, et assiduum in ecclesia ministerium, atque major erga presbyteros et superiores ordines reverentia et crebrior quam antea corporis Christi communio maxime comprobabunt. » (Ibid.) Et il défend de les honorer du sacerdoce, à moins que, par l'ardeur de leur dévotion et par la pureté de leur mœurs, ils ne donnent lieu de croire qu'ils reluiront dans l'Eglise par leur bon exemple et par leur doctrine salutaire : « Atque ita pietate et castis moribus conspicui, ut præclarum bonorum operum exemplum, et vitæ monita ab eis possint exspectari. » (Sess. 23, cap. 14.) Il ajoute que, pour être promu au sous-diaconat, ce n'est pas tant l'âge qu'il faut considérer que la vertu, laquelle doit tenir lieu d'une sainte et heureuse vieillesse : « Sciant tamen episcopi non singulos in ea ætate constitutos debere ad hos ordines assumi, sed dignos duntaxat, et quorum probata vita senectus sit. » (Sess. 23, cap. 14.) Mais où sera ce discernement, si ce n'est dans un séminaire, lieu destiné à cet examen ? En effet, voyant bien que de si belles ordonnances demeureraient avec un nombre infini d'autres sans exécution, à moins qu'on ne trouvât quelque expédient de les faire mettre en pratique, il en vint enfin au chapitre suivant, à celui de l'établissement d'un séminaire dans chaque diocèse ; là, il veut que ceux qu'on y recevra s'adonnent à la lecture de l'Ecriture, des livres qui traitent des matières ecclésiastiques et des homélies des Pères ; à l'étude de la théologie et de la morale, par rapport à l'administration de la pénitence ; qu'ils apprennent le chant, les cérémonies, les rubriques et les rites ecclésiastiques ; qu'ils assistent tous les jours à la Messe, et qu'ils fréquentent les sacrements : « Sacram Scripturam, libros ecclesiasticos, homilias sanctorum, maxime quæ ad confessionem audiendas videbuntur opportuna : rituum ac cæremoniarum formas ediscent, et cantus ; singulis diebus Missæ sacrificio intersint, » etc. Il ordonne, d'un côté, que l'on s'applique soigneusement à y établir tous les règlements et toutes les pratiques qu'on jugera les plus convenables pour l'accroissement d'un ouvrage si utile et si saint ; et que de l'autre, on en bannisse tout ce qui pourrait lui nuire, ou le rendre moins profitable ; il veut que l'on ait à reprendre et même à punir sévèrement les indociles, qui violent les règles de la communauté, et qu'on en retranche les incorrigibles, ou ceux qui, par leurs mauvais discours, leur mauvais exemple, ou leur conduite déréglée, préjudicieraient à la pureté des mœurs et aux louables coutumes de cette maison : « Dyscolos et incorrigibiles, ac malorum morum seminatores acriter punient, eos etiam, si opus fuerit, expellendo ; omniaque impedimenta auferentes, quæcumque ad conservandum et augendum tam pium et sanctum institutum pertinere videbuntur, diligenter curabunt. » Et parce que l'on doit tirer des sujets de cette communauté pour en peupler le diocèse, le concile ordonne que, quand on en sortira quelques-uns déjà suffisamment formés pour les emplois, on ait soin de les remplacer par d'autres, qui viendront occuper leur lieu ; et qu'ainsi cette maison soit une pépinière féconde et inépuisable de ministres de Dieu et d'hommes apostoliques : « Ita ut hoc collegium Dei ministrorum sit perpetuum seminarium. »

Et pour montrer combien le concile de Trente avait cet institut à cœur, combien le Saint-Esprit pressait intérieurement les Pères qui le composaient à s'appliquer fortement et incessamment à une œuvre d'où dépendait un bien aussi important que la réformation du clergé, et que celui par conséquent de la sanctification des peuples, il veut que tous les bénéfices réguliers ou séculiers, et tout ce qu'il y a de biens et de revenus ecclésiastiques, contribuent à de si nécessaires établissements, tant il en espérait de fruits ; et que les évêques mêmes qui seront négligents à ériger un séminaire dans leurs évêchés, ou à le conserver et à l'affermir, ou à contribuer de leurs facultés à sa subsistance, en soient sévèrement repris par leurs archevêques, et les archevêques par les synodes provinciaux, qui les obligeront d'y travailler sérieusement ; voulant qu'on use de toutes sortes de moyens pour promouvoir sans délai une si pieuse et si salutaire entreprise, et pour l'étendre partout où l'on pourra ; tant il en prévoyait d'avantageux succès pour l'Eglise : « Quid si cathedralium et aliarum majorum ecclesiarum prælati, in hac seminarii erectione, ejusque conservatione, negligentes fuerint ac suam portionem solvere detrectaverint, episcopum archiepiscopus, archiepiscopum et superiores synodus provincialis acriter corripere, eosque ad omnia supradicta cogere debeat ; et ut quamprimum hoc sanctum et pium opus, ubicunque fieri poterit, promoveatur, studiose curabit. »

Au reste, le concile veut qu'on ne reçoive dans ce séminaire que des sujets de qui le bon naturel et la volonté portée au bien fassent très-apparemment croire qu'ils se dévoueront et se consacreront pour toujours aux ministères des autels : « Quorum indoles et voluntas spem asserat ecclesiasticis ministeriis perpetuo inservituros. »

Tel est l'esprit du concile de Trente, pour l'érection des séminaires. Et, pour réunir tout ce qu'il en dit en peu de mots, et avec méthode, il n'y a qu'à le rapporter à cinq chefs ; car si, une fois admis dans cette communauté, vous vous demandez à vous-même, ainsi que faisait autrefois un saint diacre qui s'était retiré dans une solitude : « Arseni, ad quid venisti ? » Que suis-je venu faire ici ? Demande qui, sans doute, vous sera très-utile, afin de vous mettre devant les yeux la fin importante qui vous amène, et de vous efforcer d'y parvenir ; si, dis-je, vous vous demandez souvent, et si vous vous interrogez fréquemment vous-même comme vous le devez : « Ad quid venisti ? » Que suis-je venu faire ici ? pourquoi l'Eglise a-t-elle institué des séminaires ? à quoi bon m'obliger d'y passer un temps considérable ? Etant d'un homme sage, dit saint Grégoire, de ne rien faire inconsidérément, et de se proposer toujours une fin dans toutes ses actions, à plus forte raison dans celle-ci, à laquelle tant de choses importantes sont attachées : « Omne siquidem quod agimus prævenire per studium considerare debemus. » (Hom. in illud Luc. xiv, 28 : « Quis ex vobis volens turrim. » Si, dis-je encore une fois, vous demandez pourquoi vous êtes ici, on vous répondra que c'est pour cinq raisons :

Premièrement, pour devenir Chrétien, soit à cause que vous avez perdu la grâce du baptême, qu'il faut par conséquent recouvrer, soit à cause que vous ne l'avez pas cultivée par une vie vertueuse et sainte ; et c'est ce que le concile a voulu vous enseigner, lorsqu'il a enjoint qu'on vous formât ici à la piété et à la religion : « Ut ad pietatem et religionem informientur. « Et comment deviendrez-vous ici Chrétien ? Par la pénitence que vous y ferez, par les instructions que vous y recevrez, par la digne réception des sacrements auxquels vous participerez.

En second lieu, vous venez ici pour éprouver votre vocation ecclésiastique, suivant cet avis de l'Apôtre : Probet autem seipsum homo. (I Cor. xi, 28.) Et par quels moyens le ferez-vous ici ? Par la méditation, par la direction, par l'expérience ; en sorte que ceux qui seront ainsi éprouvés : « Sperent, Deo auctore, se continere posse, » dit le concile.

Troisièmement, vous y venez pour vous disposer à la digne réception des ordres, par l'acquisition et de la science, et de la piété, et de l'esprit ecclésiastique ; ce que le concile insinue par ces paroles : « Ut in disciplina ecclesiastica instituantur, quos religiose educare, et ecclesiasticis disciplinis instituere teneantur. »

Quatrièmement, vous y venez pour vous former aux fonctions ecclésiastiques ; c'est-à-dire à la prédication de la parole de Dieu, à l'administration des sacrements, à la célébration des divins Offices : « Sacram Scripturam, libros ecclesiasticos, homilias sanctorum, atque sacramentorum tradendorum, maxime quæ ad confessiones audiendas, et rituum ac cæremoniarum forma ediscent, » ajoute le même concile.

Enfin, vous venez ici pour apprendre à travailler au salut des âmes, pour vous former à la direction des consciences, pour vous disposer au gouvernement des paroisses, et à la conversation avec les peuples : Ut scias quomodo te oporteat conversari in domo Dei quæ est Ecclesia, dit saint Paul. (I Tim. iii, 15.) Et c'est encore ce que le concile a prétendu par ces termes : « Juxta illorum in disciplina ecclesiastica progressum, ecclesiastico ministerio addicentur. » Voilà pourquoi vous venez ici. Jugez si cela n'est pas important ; c'est pour ce sujet que les séminaires ont été établis. Examinons à présent ce qu'il convient de faire pour profiter d'un tel séjour.

Chap. IV. — *Sommaire des principaux points de doctrine et de discipline que le concile de Trente a établis pour la réformation de l'état ecclésiastique.*

Auparavant que de passer outre, il a paru très-utile de représenter en abrégé les plus importants règlements du concile de Trente, concernant la réforme de l'état ecclésiastique, afin que nous puissions y puiser, comme dans la source de la bonne discipline, renouvelée en nos jours, et qui n'est que le précis de la plus ancienne et de la plus pure morale des premiers temps, l'esprit où nous devons être, et les maximes que nous devons suivre : « Placuit sacrosanctæ synodo, » disent les Pères, « antiquos canones qui temporum atque hominum injuria, pene in desuetudinem abierunt, renovare. » Aussi ne sommes-nous dans un séminaire que pour cela, et la doctrine qu'on nous y enseigne, la piété qu'on nous y inspire, les lois qu'on nous y impose, la vie à laquelle on nous y forme, tout cela ensemble n'est que l'exécution des décrets de cette auguste assemblée, qu'il est par conséquent extrêmement nécessaire à un ecclésiastique de bien savoir et de bien pratiquer.

En effet voici quel a été le dessein du concile, et que nous ne saurions assez admirer ni méditer; souvenons-nous-en bien : « Sacrosancta synodus, præsidentibus Sanctæ Sedis legatis, ad restituendam collapsam admodum ecclesiasticam disciplinam, depravatosque in clero mores emendandos, se accingere volens. » O la sainte entreprise ! qu'elle sera glorieuse à Dieu et avantageuse à l'Eglise ! Aimons-la, coopérons-y, entrons dans cet esprit, et écoutons les oracles qui en sont une suite.

Premièrement, le concile avertit les ecclésiastiques qu'ils aient à se porter avec d'autant plus de zèle à embrasser cette réforme, que rien au monde ne porte plus les âmes à Dieu, ni ne nourrit davantage en elles la piété, que la vie exemplaire de ceux qui sont consacrés au ministère des autels; d'où il s'ensuit, par une raison contraire, que rien ne porte plus à l'impiété et au libertinage, que la vie mondaine, indévote, sensuelle, scandaleuse des mauvais prêtres. Voici ces paroles que nous devrions tous savoir par cœur : « Nihil est quod alios magis ad pietatem et Dei cultum assidue instruat, quam eorum vita et exemplum qui se divino ministerio consecrarunt. » (Sess. 22, cap. 1.) Et la raison qu'il en rend, c'est qu'étant élevé au-dessus des autres, chacun a les yeux sur eux, et se porte naturellement à les imiter, soit dans le bien, soit dans le mal; de sorte que leur bonne ou mauvaise conduite est la cause de la sanctification ou de la dépravation d'un nombre infini de gens, du salut ou de la ruine des nations entières dont ils répondront : « Cum enim a rebus sæculi in altiorem sublati locum conspiciantur, in eos tanquam speculum reliqui oculos conjiciunt, ex iisque sumunt quod imitentur. » Peut-on, par un motif plus pressant, représenter aux ecclésiastiques l'obligation qu'ils ont de vivre saintement et de fuir le vice, qu'en leur disant qu'à leur bon ou mauvais exemple est attaché un bien ou un mal d'une si grande conséquence qu'est la bonne ou mauvaise vie des peuples auxquels ils sont préposés? Si cela ne les touche point, qui les touchera? Si cela ne leur donne point de crainte, qui leur en donnera?

C'est pourquoi le concile, conformément à la doctrine des saints Pères, les exhorte à éviter les moindres fautes, qui seraient en eux de très-grands péchés : « Levia etiam delicta, quæ in ipsis maxima essent effugiant. » *(Ibid.)* Vérité importante et prouvée ailleurs avec étendue; ainsi faisons-y réflexion, et voyons combien les vanités, les immodesties, les curiosités, les pertes de temps, les études inutiles, les dépenses superflues, les vaines joies, les distractions volontaires de nos emplois, les occupations frivoles sont pernicieuses au prochain. Voyons combien l'omission des exercices spirituels, de l'oraison, de la lecture des Livres saints, de la retraite, du silence, est nuisible et à nous et aux autres; voyons combien les petits murmures, les paroles oiseuses, les mouvements de colère, de promptitude, de ressentiment, de gourmandise, de paresse, de négligence à l'Office divin, et je ne sais combien d'autres fautes que nous n'envisageons d'ordinaire qu'en elles-mêmes, et jamais par rapport à nous, et par conséquent que nous estimons légères, et dont nous faisons si peu de cas, deviennent grièves en nous : point d'autre autorité à présent que celle du concile : « Levia etiam delicta, quæ in ipsis maxima essent, effugiant. »

Le saint concile, considérant de plus l'obligation que les ecclésiastiques ont de reprendre les pécheurs, leur remontre qu'ils aient non-seulement à ne pas se laisser aller à aucun crime, mais de plus à mener une vie irrépréhensible, sans quoi ils n'oseraient faire la correction, devoir indispensablement attaché à leur ministère, ou ils la feraient inutilement : « Qua libertate laicos corripere poterunt sacerdotes, cum tacite sibi ipsi respondeant, eadem se admisisse quæ corripiunt? » (Sess. 14, Prœm. De refor.) En effet, si vous aimez l'argent, la bonne chère, la conversation des femmes, comment pourrez-vous reprendre cet avare, cet intempérant, ce sensuel? Si vous êtes indévot, emporté, immiséricordieux, comment oserez-vous reprendre cet impie, ce vindicatif, cet homme dur envers les pauvres? Si vous êtes médisant, railleur, injuste, pourrez-vous prêcher aux autres la charité, la douceur, le désintéressement? cela vous conviendra-t-il? Votre cœur ne démentira-t-il pas votre bouche, et le témoignage de votre mauvaise conscience ne prendra-t-il pas en main la défense de ceux que votre langue voudra condamner? « Qua libertate laicos corrigere poterunt sacerdotes, cum tacite sibi ipsi respondeant, eadem se admisisse quæ corripiunt? »

Mais le concile ne se contente pas seulement d'exiger de tous les ecclésiastiques qu'ils soient irrépréhensibles, ce qui néanmoins dit beaucoup, il veut encore qu'ils soient incomparablement plus saints, plus éclairés, plus savants, plus pieux, plus parfaits que le reste des fidèles, même vertueux ; car ce serait un faible avantage pour eux que d'être plus gens de bien que les laïques vicieux et déréglés ; il ordonne donc que les prélats aient à instruire tous les ecclésiastiques de cette importante obligation, de quoi nous avertissons aujourd'hui ici de la part de monseigneur notre prélat. Les évêques, dit le concile, avertiront leurs ecclésiastiques, en quelque rang qu'ils soient établis, de quelque ordre qu'ils soient honorés, les clercs, les portiers, les lecteurs, les exorcistes, les acolytes, les sous-diacres, et à plus forte raison les prêtres, qu'ils aient tous à exceller en vertu au dessus du peuple fidèle commis à leurs besoins, à le précéder par l'éclat de leur vie exemplaire, de leur conduite irréprochable, de leur science et de leur conversation, ayant toujours devant les yeux ce qui est écrit : Soyez saints, parce je suis saint ; et, se conformant à l'avis de l'Apôtre, de ne donner aucun sujet de mauvaise édification à personne, afin que leur ministère ne tombe point dans le mépris, et qu'en toutes choses ils se comportent comme de vrais ministres de Dieu, craignant ce terrible reproche du Prophète : Les prêtres souillent les choses saintes, et abandonnent la loi du Seigneur : « Monebunt propterea episcopi clericos suos, in quocumque ordine fuerint, ut conversatione, sermone et scientia, commisso sibi Dei populo præeant, memores ejus quod scriptum est : *Sancti estote, quia et ego sanctus sum.* (*Levit.* XIX, 2.) Et juxta Apostoli vocem (*II Cor.* VI, 3, 4) : *Nemini dent ullam offensionem, ut non vituperetur ministerium eorum; sed in omnibus exhibeant se sicut ministros Dei,* ne illud prophetæ dictum impleatur in eis (XXII, 26) : *Sacerdotes Dei contaminant sancta, et reprobant legem.* » (*Ibid.*)

Par ces paroles le concile impose aux ecclésiastiques l'obligation qu'ils ont de mener une vie incomparablement plus sainte et plus parfaite, plus pénitente, plus modeste, plus humble, plus pieuse que celle des laïques. Il veut que les ecclésiastiques soient plus détachés, plus désintéressés, plus patients, plus religieux, plus parfaits que les fidèles même vertueux et craignant Dieu. Il assure que le ministère est avili, quand on voit que l'ecclésiastique n'est pas plus savant que le laïque, que sa conversation n'est pas plus édifiante, ni ses discours plus chrétiens ; que c'est une honte quand le laïque est plus aumônier que l'ecclésiastique, plus charitable, plus dévot, plus recueilli, plus assidu à l'Église que l'ecclésiastique ; qu'il est insupportable de voir le laïque plus appliqué à réciter son chapelet que le prêtre à dire son Office ; plus long à se préparer à la communion et à faire son action de grâces, plus touché quand il reçoit Jésus Christ que le prêtre quand il célèbre la Messe ; enfin, que les ecclésiastiques doivent toujours se proposer que, servant un Dieu saint, ils ont à imiter cette source originale de sainteté ; qu'ils sont obligés, non-seulement de ne donner aucun sujet de mauvaise édification, mais, de plus, de se regarder comme les ministres du Dieu vivant, et de soutenir une si grande dignité par une vie toute divine.

Il ajoute un second motif à ce premier ; c'est que l'intégrité de vie des prêtres et des pasteurs est le salut des peuples soumis à leurs soins : n'est-ce pas tout dire ? « Integritas enim præsidentium salus est subditorum. » (Sess. 6, cap. 1, *De reform.*) Oui, quand la réputation de ce curé n'est entamée d'aucun reproche apparent ni vraisemblable ; qu'on ne peut rien trouver à redire en lui ; qu'il est irrépréhensible sur la sobriété, sur la pureté, sur le désintéressement, sur la doctrine et sur les bonnes mœurs ; que le démon n'a aucune prise sur lui, on peut s'assurer que, par son zèle et son bon exemple, il procurera le salut de ses ouailles : « Integritas enim præsidentium salus est subditorum. »

Pour imprimer dans l'esprit des ecclésiastiques une haute idée de leur profession, et leur apprendre quel est le prix de leur dignité, il leur dit que le sacerdoce est une chose toute divine : « Cum autem divina res sit tam sancti sacerdotii ministerium. » (Sess. 23, cap. 2.) En effet, quoi de plus divin que de faire descendre le Fils de Dieu du ciel en terre, de le produire sur nos autels, de le recevoir dans son sein, de le toucher de ses mains, de le distribuer aux fidèles ? Quoi de plus divin, que de produire la grâce sanctifiante ou de l'augmenter, de remettre les péchés, d'administrer les sacrements, de justifier les pécheurs, de perfectionner les justes, de prêcher la parole de Dieu, de chanter ses divines louanges ? « Cum autem divina res sit tam sancti sacerdotii ministerium. » Mais, en même temps, pour leur donner une sacrée frayeur d'un si haut ministère, et une crainte religieuse de la sainteté de leurs fonctions, il les avertit que le poids des obligations qu'ils contractent par leur ordination serait formidable aux anges mêmes : « Ecclesiarum regimen, onus angelicis humeris formidandum. » (Sess. 6, cap. 1, *De refor.*) Car quel fardeau n'est-ce pas que de prendre sur soi le soin de travailler infatigablement au gouvernement des âmes ? de vivre exemplairement, d'être plus saint et plus parfait que les meilleurs laïques, que les plus excellents solitaires ? d'être irrépréhensible aux yeux de tout le monde envieux, et du démon même ? de répondre du salut de tout un peuple et de chaque fidèle en particulier ? d'être chargé de l'instruction des ignorants, de la correction des pécheurs, de la sanctification des justes, de la perfection des saints ? de répondre âme pour âme de ceux qui se perdent ? de n'omettre rien des devoirs auxquels le sacerdoce engage d'offrir le sacrifice ; de présenter à Dieu les prières des peuples? d'apaiser sa justice, d'attirer ses miséricordes, de répondre du salut de tous, de veiller, de prier, de gémir, de travailler nuit et jour? de remplir la qualité de bon pasteur? de mettre sa vie pour ses brebis, d'en rendre compte au souverain Pasteur? d'accomplir toutes ces choses très-parfaitement, très-exemplairement? n'est-ce pas là un emploi redoutable aux anges mêmes? « Ecclesiarum regimen, onus angelicis humeris formidandum. » Que dire donc de ceux qui courent après cette dignité, et qui n'en voient ni les obligations, ni les périls?

C'est pourquoi, plein de la sainteté que demande un si divin ministère, le concile exige que, pour occuper les premiers rangs dans l'office de prêtre et de pasteur, et il se promet, appuyé sur la miséricorde de Dieu, qu'à l'avenir on y sera fidèle, il exige, dis-je, qu'on choisira, pour remplir des postes si importants, ceux qu'on en jugera les plus dignes, et qui, selon la maxime des saints Pères, le seront extrêmement ; qui, dans leur vie passée et dès leur tendre jeunesse jusqu'à un âge plus avancé, s'étant exercés dans les fonctions du ministère, ont toujours vécu innocemment, et ne se sont jamais démentis de leur piété, au témoignage de tout le monde : ce sont ceux-là que le concile veut qu'on prenne dorénavant pour leur imposer les mains et pour leur commettre le soin du salut des âmes, et non des personnes qui souvent ont passé leur jeunesse dans le libertinage, le désordre, la corruption, le monde. Il veut deux choses de ceux qu'on ordonne prêtres et pasteurs : une innocence conservée et une réputation établie. Voici ses paroles plus fortes encore que ceci, si on les comprend bien : « Confidens itaque per Domini ac Dei nostri misericordiam, omnino futurum ut ad Ecclesiarum regimen qui maxime digni fuerint, quorumque prior vita, ac omnis ætas, a puerilibus exordiis usque ad perfectiores annos per disciplinæ stipendia ecclesiasticæ laudabiliter acta, testimonium præbeat, secundum venerabiles beatorum Patrum sanctiones assumantur. » (Ibid.) Mesurons-nous sur cette règle ; considérons-nous dans ce miroir.

De ces vues générales, le concile, toujours animé de zèle pour la réforme du clergé, descend dans le particulier et le détail des règlements qui peuvent avancer un ouvrage si important : il veut que les ecclésiastiques, se souvenant qu'étant le sort du Seigneur et son partage, ils règlent tellement leur extérieur même, leur vie, leurs mœurs, leur conduite, leurs vêtements, leurs gestes, leurs démarches et leurs discours, que tout respire en eux la gravité, la modestie et la religion ; en sorte que leurs actions soient si mesurées, qu'elles leur attirent la vénération de tout le monde. Or qu'elle idée de vertu, de sagesse, de probité à désirer dans un ecclésiastique cela ne nous donne-t-il pas? Il ajoute qu'il faut d'autant plus demander cette vie édifiante dans les ministres de Jésus-Christ, qu'elle fait le grand avantage de l'Eglise et son principal ornement. Voici ses paroles : « Quapropter sic decet omnino clericos, in sortem Domini vocatos, vitam moresque suos omnes componere, ut habitu, gestu, incessu, sermone aliisque omnibus rebus, nil nisi grave, moderatum, ac religione plenum præ se ferant, ut eorum actiones cunctis afferant venerationem. Cum igitur quo majore in ecclesia Dei et utilitate et ornamento hæc sunt, ita etiam diligentius sint observanda. » (Sess. 22, cap. 1, De reform.)

C'est pourquoi il désire que tout ce qu'autrefois les premiers Papes et les Pères par leurs décrets, et les plus anciens conciles par leurs statuts, ont ordonné touchant la vie, les mœurs et la discipline des ecclésiastiques, soit exécuté à la lettre ; que tout ce qui leur a été interdit, particulièrement au sujet du luxe, de la bonne chère, des assemblées mondaines, du jeu, des affaires séculières, leur soit à jamais défendu, et sous de semblables peines, même plus grandes, sans qu'aucune appellation, privilége ou ancienne coutume contraire puisse en aucune façon retarder l'exécution d'une si désirée réformation : « Statuit sancta synodus ut quæ alias a summis pontificibus et a sacris conciliis de clericorum vita, honestate, cultu, doctrinaque retinenda ; ac simul de luxu, comessationibus, choreis, aleis, lusibus, sæcularibus negotiis fugiendis, salubriter sancita fuerunt, eadem in posterum iisdem pœnis, vel majoribus imponendis, observentur, » etc. (Ibid.).

Considérant ensuite que rien n'est plus opposé à l'esprit apostolique et à la grâce sacerdotale que l'amour déréglé des parents, ils conjurent les ecclésiastiques, avec la dernière instance, de faire mourir en eux cette dangereuse inclination, laquelle fait souvent échouer toutes les belles espérances qu'on avait conçues de leurs talents et de leur vertu ; qui les porte à enrichir leurs neveux des biens du Crucifix, et à rendre les bénéfices héréditaires dans leur maison ; conduite tout à fait contraire à la disposition des canons ; et il les avertit, en un mot, que cet attachement est la pépinière, ou, pour user de son terme, le séminaire d'un nombre infini de maux dans l'Eglise ; en sorte que, comme un bon séminaire solidement établi, saintement gouverné, sagement employé, est une source féconde de toutes sortes de biens dans un diocèse ; que l'on y prend l'esprit ecclésiastique, que l'on s'y forme à l'oraison, à la science, au travail, à la vie exemplaire ; de même la maison paternelle est d'ordinaire un lieu où on prend l'esprit du monde, où l'on devient tout profane, tout temporel, tout charnel ; où l'on se laisse aller aux soins et aux affaires incompatibles avec les emplois du ministère : « Omnino vero eis interdicit ne ex redditibus ecclesiæ consanguineos familiaresve suos augere studeant ; cum et apostolorum canones prohibeant ne res ecclesiasticas, quæ Dei sunt, consanguineis donent; sed si pauperes sint, iis ut pauperibus distribuant; eas autem non detrahant nec dissipent illorum causa; imo quam maxime potest, eos sancta synodus monet, ut omnem humanum hunc erga fratres, nepotes, propinquosque carnis affectum, unde multorum malorum in ecclesia seminarium exstat penitus deponant. » (Sess. 25, cap. 1.)

Sachant aussi qu'encore qu'un extérieur décent ne soit pas toujours un préjugé certain de la probité intérieure, il en est cependant un signe très-édifiant; que le même principe qui réforme le dedans règle le dehors; que la même autorité qui exige la sainteté de l'âme dans les ecclésiastiques, exige la bienséance religieuse à l'égard de leur corps, et enfin qu'ils doivent la soumission aux lois de l'Eglise, le bon exemple aux fidèles et le respect à leur caractère; il déclare qu'il veut que les ecclésiastiques portent l'habit de leur profession; il condamne de témérité et de mépris pour la religion, ceux qui, foulant aux pieds la révérence qu'ils doivent à leur dignité et à leur profession cléricale, se revêtent impunément d'habits semblables à ceux des séculiers, et font voir en eux la livrée de Dieu et du monde tout à la fois : dépravation honteuse, que le concile leur défend très-expressément, sous peine de suspension de leurs ordres, de leurs offices et bénéfices, de privation de leurs revenus et de leurs bénéfices mêmes, si, étant avertis une fois de leur désordre ignominieux au clergé, ils ne se corrigent pas. Toutes les marques que la théologie donne pour juger de la grièveté d'un péché concourent ici : la grandeur des peines, la sévérité des termes, l'importance de la matière, d'où il est aisé de conclure quel est l'aveuglement déplorable des ecclésiastiques mondains, qui, voulant vivre plus commodément dans le libertinage, ne rougissent pas de se dépouiller de leur soutane et des habits saints de leur profession, pour se parer d'un habit court et d'une perruque poudrée, et de paraître en public avec un extérieur si vain, qu'un laïque même qui vit dans la crainte de Dieu, s'en ferait un scrupule. Laissons-là les défenses de l'Eglise, les ordonnances épiscopales, les autorités et les raisons rapportées ailleurs avec étendue sur ce sujet; contentons-nous ici du seul texte du concile de Trente, et de l'expérience journalière qui nous apprend, qu'on ne doit attendre de ces sortes d'ecclésiastiques, ni oraison, ni piété, ni bon exemple, ni chasteté; que le jeu, la promenade, la bonne chère, la conversation des dames, sont leurs exercices ordinaires, et auxquels ils se préparent par cette propreté, ces bonnes odeurs, cet enjouement et tout cet extérieur plus propre à paraître au bal, à la comédie et à l'opéra, qu'à l'Eglise. O Dieu! sont-ce là des ministres de Jésus-Christ, des successeurs des apôtres, des hommes destinés à travailler au salut des âmes? « Quia vero etsi habitus non facit monachum, oportet tamen clericos vestes proprio congruentes ordini semper deferre ut per decentiam habitus extrinseci, morum honestatem intrinsecam ostendant. Tanta autem hodie aliquorum inolevit temeritas, religionisque contemptus, ut propriam dignitatem et honorem clericalem parvipendentes, vestes etiam deferant publice laicales, pedes in diversis ponentes, unum in divinis, alterum in carnalibus. » Voilà ce que le concile déplore; voici l'indignation qu'il en témoigne : « Propterea omnes ecclesiasticæ personæ, quantumcunque exemptæ, quæ aut in sacris fuerint, aut beneficia obtinuerint, si postquam ab episcopo suo, etiam per edictum publicum moniti fuerint, honestum habitum clericalem, illorum ordini et dignitati congruentem, non detulerint, per suspensionem ab ordinibus, ab officio et beneficio, ac fructibus, redditibus, et proventibus ipsorum beneficiorum, nec non si semel correpti, denuo in hoc deliquerint, etiam per privationem officiorum et beneficiorum hujusmodi coerceri possint et debeant. » (Sess. 14, cap. 6.)

Considérant ensuite combien la vie et les mœurs exemplaires des prélats portent le reste des fidèles à la vertu, et que c'est une prédication assidue à laquelle on ne résiste point, le concile les exhorte, de la manière du monde la plus touchante, à remplir cette importante obligation, à reconnaître, comme on a déjà rapporté, qu'ils ne doivent pas se livrer aux appas trompeurs d'une vie douce et commode, ni au faux éclat du luxe et des richesses; mais se convaincre que leur état les oblige de travailler infatigablement à procurer la gloire de Dieu et le salut du prochain; car, continue-t-il, il ne faut nullement douter que les peuples ne s'enflamment plus aisément en l'amour de Dieu, et ne se portent avec plus d'ardeur à la pratique de la vertu, quand ils verront que leurs pasteurs ne cherchent nullement les biens de ce monde, et n'ont uniquement en vue que le salut des âmes et le bonheur éternel; vérité qui paraît si capitale à tout le concile, qu'il les exhorte instamment à la méditer avec une sérieuse attention, et qu'il juge que rien sur la terre n'est plus efficace pour renouveler la discipline ecclésiastique abattue, que les fréquents exemples de vertu qu'ils donneront aux peuples. C'est pourquoi il leur enjoint de remplir ce grand devoir, et d'être des modèles de frugalité, de modestie, de continence, et surtout de la vertu qui nous rend si chers à Dieu, de la sainte humilité : et, se conformant à l'esprit des premiers Pères et des anciens conciles, il leur ordonne de se contenter d'un ameublement modeste, et d'une table et nourriture frugales, et qu'ils prennent garde encore que, dans le reste de leur manière de vie, et dans toute leur maison, il ne paraisse rien qui soit éloigné de ces saintes pratiques et qui ne ressente la simplicité, le zèle de l'honneur de Dieu, le mépris des vanités du monde.

En effet, quel sujet de douleur aux vrais fidèles, quelle occasion de scandale aux impies, de voir des ecclésiastiques, même établis en dignité, vêtus d'étoffes les plus fines, porter le linge le plus blanc et le plus délié, avoir les meubles les plus propres, les plus somptueux, les appartements les plus riches, les livres les plus dorés, les carrosses et les équipages les plus lestes, la table la mieux servie, et cela tout autant qu'ils peuvent chacun dans son degré, et suivant ses revenus, et souvent au delà! Quel gémissement pour l'Eglise, de voir prodiguer ainsi le bien des pauvres! Mais écoutons le concile, et entrons bien dans son esprit : « Nec enim dubitandum est, et fideles reliquos ad religionem innocentiamque facilius inflammandos, si præpositos suos viderint non ea quæ mundi sunt, sed animarum salutem, ac cœlestem patriam cogitantes. Hæc cum ad restituendam ecclesiasticam disciplinam præcipua esse sancta synodus animadvertat; admonet ut secum ea sæpe meditantes, factis etiam ipsis, ac vitæ actionibus, quod est veluti perpetuum quoddam prædicandi genus, se muneri suo conformes ostendant. In primis vero ita mores suos omnes componant, ut reliqui ab eis frugalitatis, modestiæ, continentiæ, ac quæ nos tantopere commendat Deo, sanctæ humilitatis exempla petere possint. Quapropter, exemplo patrum nostrorum in concilio Carthaginiensi, non solum jubet ut episcopi modesta supellectili et mensa ac frugali victu contenti sint, verum etiam in reliquo vitæ genere, ac tota ejus domo, caveant ne quid appareat quod a sancto hoc instituto sit alienum, quodque non simplicitatem, Dei zelum, ac vanitatum contemptum præ se ferat. » (Sess. 25, cap. 1.) Telle est la doctrine du concile, qui nous avertit de plus, que ce qu'il vient de dire des obligations que les prélats ont, de mener une vie sainte, modeste, irrépréhensible, exemplaire, doit aussi s'étendre à proportion sur tout le reste des ecclésiastiques, en quelque rang qu'ils soient : « Quæ vero, » continuet-il, « de episcopis dicta sunt, eadem in quibuscunque beneficia ecclesiastica obtinentibus observari decernit. » C'est par de semblables moyens que le concile prétend réformer le clergé, en ôter les vices et les abus, y introduire les vertus sacerdotales, la vie sainte de nos ancêtres. C'est ce que Dieu attend de nous.

Après cela, le concile, voulant remédier à un autre désordre qui n'en défigure pas moins le clergé, et qui d'ordinaire nourrit l'avarice et l'ambition dans les ecclésiastiques et diminue le culte divin, défend que l'on confère deux bénéfices à la même personne, lorsqu'un seul est suffisant pour son honnête subsistance. Il déclare que rien n'est plus opposé au premier esprit clérical, que cette multitude de bénéfices sur la tête d'un homme; que c'est un renversement de la première institution, et l'effet honteux d'une aveugle cupidité; que ceux qui en usent ainsi, de quelque prétexte dont ils couvrent leurs desseins intéressés, et dont ils croient pouvoir éluder les canons, se trompent misérablement eux-mêmes, et non pas Dieu, qui voit le fond des cœurs : « Cum ecclesiasticus ordo pervertatur, quando unus plurium officia occupat clericorum, sancte sacris canonibus cautum fuit, neminem oportere in duabus ecclesiis consiliis conscribi. Verum quoniam multi, improbæ cupiditatis affectu, seipsos, non Deum decipientes, ea quæ bene constituta sunt, variis artibus eludere, et plura simul beneficia obtinere non erubescunt; sancta synodus debitam regendis ecclesiis disciplinam restituere cupiens, præsenti decreto, quod in quibuscunque personis mandat observari, statuit ut in posterum unum tantum beneficium ecclesiasticum singulis conferatur. » (Sess. 24, c. 17.) Règlement que le concile déclare vouloir être entendu et observé à l'égard de toutes sortes de bénéfices, de quelque nature et qualité qu'ils soient : « Hæcque non modo ad cathedrales ecclesias, sed etiam ad alia omnia beneficia, tam sæcularia, quam regularia, quæcunque etiam commendata pertineant, cujuscunque tituli ac qualitatis exsistant. » (Ibid.) Ce qu'il faut entendre, à moins que la nécessité ou l'utilité de l'Eglise n'en dispense, ou l'insuffisance du bénéfice, ainsi que le concile s'explique lui-même.

Nous finirons par deux décrets très-salutaires de ce même concile; car nous serions trop longs si nous voulions les rapporter tous ici. Le premier regarde les dignités et les chanoines des églises cathédrales : le concile d'abord déclare qu'ils doivent réfléchir sur cette vérité très-importante pour eux, que leurs bénéfices n'ont été institués que pour être occupés par de dignes sujets, qui s'appliquassent à la conservation et à l'accroissement de la discipline ecclésiastique; qu'ils sont tenus, par leur rang, de précéder en piété le reste des ecclésiastiques d'un diocèse, et de servir de modèle de perfection aux autres; enfin, qu'ils doivent être les coopérateurs des travaux et du zèle de leurs évêques; et par conséquent, qu'il ne faut mettre personne dans ces postes importants, qu'on ne voie bien pouvoir remplir ces grands devoirs. Jugeons donc quel est l'étrange dérèglement de ces chanoines mondains, qui, loin de se servir de modèles de sainteté à tout le clergé d'un diocèse, mènent eux-mêmes les premiers une vie licencieuse, et qui ne se servent de leurs revenus, de leur autorité et de leurs priviléges, que pour s'abandonner plus impunément aux désordres souvent scandaleux, au jeu, à la chasse, à l'intempérance, à la demeure avec les personnes du sexe qu'ils tiennent dans leur propre maison, au mépris des lois de l'Eglise, au scandale des gens de bien et au péril de leur conscience; qui aiment le luxe, la bonne chère, les divertissements profanes; qui vont en habit court et en habit de soie; qui prétendent recevoir les ordres sans examen, sans se retirer dans un séminaire pour y vaquer à l'étude et à la prière, ou, s'ils s'y retirent, qui veulent se distinguer des autres par un faste singulier, par des logements plus commodes, des places plus honorables, des viandes plus délicates;

qui dédaignent les autres ecclésiastiques, et entretiennent un perpétuel commerce avec les gens du monde. Que dire de ces sortes de chanoines? Sont-ce là des modèles de piété, comme le concile assure qu'ils doivent être? sont-ce là des coopérateurs du zèle des évêques pour la réformation du clergé? sont-ce là des personnes propres à conserver et augmenter la bonne discipline? Car voici les termes du concile; qu'ils les méditent bien, étant certains qu'ils serviront à leur condamnation au jugement de Dieu: « Cum dignitates in ecclesiis præsertim cathedralibus, ad conservandam augendamque ecclesiasticam disciplinam fuerint institutæ, ut qui eas obtinerent, pietate præcellerent, aliisque exemplo essent, atque episcopos opera et officio juvarent; merito qui ad eas vocantur, tales esse debent, qui suo muneri respondere possint. » (Sess. 24, cap. 12.) Et, comme si le concile prévoyait ce qui se passe de nos jours, il leur enjoint à tous, sans exception, de faire leurs fonctions par eux-mêmes, et non de substituer en leur lieu et place des vicaires ou des chantres gagés, d'assister au chœur, lieu destiné au chant des louanges de Dieu, et d'y chanter les psaumes, les hymnes et les cantiques divins, posément, distinctement, dévotement; d'être toujours revêtus de l'habit décent, non-seulement à l'église, mais partout ailleurs; de s'abstenir de la chasse, de la danse, du cabaret et du jeu; et enfin d'être d'une telle intégrité de mœurs, que leur chapitre paraisse autant élevé en mérite et en sainteté au-dessus du reste du clergé, qu'un sénat est élevé en prééminence au-dessus du peuple: « Omnes vero divina per se, et non per substitutos, compellantur obire officia, atque in choro, ad psallendum instituto, hymnis et canticis Dei nomen reverenter, distincte devoteque laudare; vestitu insuper decenti tam in ecclesia quam extra assidue utantur; ab illicitisque venationibus, aucupiis, choreis, tabernis, lusibusque abstineant, atque ea morum integritate polleant, ut merito Ecclesiæ senatus dici possit. » (Ibid.) Voilà quels doivent être les chanoines, surtout d'une cathédrale, et avec d'autant plus de raison, que la juridiction épiscopale leur étant ordinairement dévolue, lors de la vacance du siège, toute la discipline d'un diocèse roule sur leur zèle. Quelle dépravation n'est-ce donc point d'admettre dans ces corps illustres des sujets indignes, sans choix, sans distinction, sans examen, qui n'ont souvent d'autre mérite que celui d'être parents du défunt? Que s'il y a entre ceux qui donnent leur voix à ces aveugles promotions quelque espèce de convention ou de pacte exprès ou tacite, comme il n'y a que trop de sujet de le craindre, de donner ainsi toujours le bénéfice vacant sans autre discernement, dans quel horrible embarras de simonie, de censure, d'irrégularités ne se précipitent-ils pas, sans parler du scandale que donne, par une conduite si irrégulière, le premier corps ecclésiastique d'un diocèse? Que ne feront pas les autres, qui d'ordinaire ont les yeux sur leur conduite, et qui se moulent dessus? Quelle bénédiction en peut-on attendre? C'est à eux à y faire réflexion s'ils sont soigneux de leur salut; c'est à eux à voir si, en conscience, ils peuvent introduire ou conserver le népotisme dans l'Église, et la succession héréditaire des bénéfices dans les familles, si détestée par les canons. C'est à eux à lire le concile, et à se conformer à son esprit, ainsi que plusieurs ont déjà fait, et donné par là de grands sujets d'édification.

Le second article consiste dans l'avis du monde, qui paraît de la plus grande conséquence. Le concile avertit et exhorte avec la dernière instance tous ceux qui ont quelque droit de faire remplir les bénéfices à charge d'âmes, qu'ils aient par-dessus toutes choses à se souvenir dans ces importantes occasions qu'ils ne peuvent rien faire sur la terre de plus grand pour la gloire de Dieu, ni de plus avantageux pour le salut des peuples, que de coopérer à ce qu'on donne aux fidèles de bons pasteurs, capables de bien gouverner l'Église; que d'en user autrement, c'est se rendre complices des péchés d'autrui, et commettre eux-mêmes un péché mortel, s'ils n'ont un soin très-particulier de faire pourvoir ceux qu'ils jugeront les plus dignes et les plus utiles à l'Église, n'ayant purement égard en cela qu'au seul mérite des personnes, sans se laisser aller aux prières, aux inclinations humaines, ni à toutes les sollicitations et brigues des prétendants: « Sancta synodus hortatur et monet, ut in primis meminerint nihil se ad Dei gloriam et populorum salutem utilius posse facere, quam si bonos pastores et Ecclesiæ gubernandæ idoneos promoveri studeant, eosque alienis peccatis communicantes moraliter peccare, nisi quos digniores et Ecclesiæ magis utiles ipsi judicaverint, non quidem precibus vel humano affectu, aut ambigentium suggestionibus, sed eorum exigentibus meritis præfici diligenter curaverint. » (Sess. 24, cap. 1.)

Combien y a-t-il lieu de gémir, voyant le mauvais usage que tant de collateurs font de leur pouvoir, abus que le concile veut extirper, et en quoi il veut faire consister une partie de la réformation si souhaitée, savoir, d'obliger les collateurs à donner de dignes pasteurs à l'Église. Mais où les trouver, ces dignes pasteurs? où les aller prendre? d'où les faire venir? Il faut les former. Et où les pourra-t-on former? en quelle école, n'est-ce pas dans un bon séminaire institué à cette fin? et le concile, qui voulait la fin, ne devait-il pas prescrire un moyen sûr et infaillible d'y parvenir? Et ne l'a-t-il pas fait, quand il ordonne qu'une semblable maison soit une pépinière de ministres de Jésus-Christ: « Ministrorum Dei perpetuum seminarium (sess. 23, cap. 18); » quand il ordonne qu'on s'applique très-soigneusement à ôter tout ce qui pourrait préjudicier à un établissement si important, et à se servir de tout ce qui serait utile à conserver et à accroître un si pieux, un si saint institut: « Omnia impedimenta auferentes; et quæcunque ad conservandum et augendum tam pium et sanctum institutum pertinere videbuntur, diligenter curabunt. » (*Ibid.*) C'est par cette raison que le concile a voulu qu'on établît des séminaires pour exécuter ce qu'il avait projeté : « Ad restituendam collapsam admodum ecclesiasticam disciplinam, depravatosque in clero mores emendandos. » (Sess. 6, cap. 1.) C'est ce qui donna lieu à faire tant de règlements nouveaux et à renouveler les anciens, que nous ne rapportons pas ici, parce qu'ils sont répandus par tout le concile, et que ce serait un sujet trop vaste pour entreprendre de le renfermer dans ce sommaire. Nous en avons seulement fait cet extrait pour faire voir, par ces petits échantillons, l'esprit et la discipline du concile. Il est vrai qu'il y aurait eu à craindre que tous ces beaux projets ne fussent tombés par terre, si le même esprit de Dieu, qui les a dictés aux prélats de cette auguste assemblée, ne leur eût suggéré le moyen de les faire mettre en œuvre et de les rendre subsistants. Comment cela? sinon en érigeant des maisons qui fissent profession de les étudier, de les méditer, de les enseigner, de les prêcher, de les pratiquer très-exactement, et de les perpétuer, en y élevant les jeunes ecclésiastiques qui, formés à une sainte école, allassent ensuite dans tout un diocèse, répandre la bonne discipline qu'ils y auraient apprise ; et cette bonne école s'appelle un séminaire. Profitons de la saine doctrine qu'on nous y annonce, des vérités solides dont on nous y nourrit; que la retraite, le silence, l'oraison, la lecture des saints Livres, l'étude, la digne réception des sacrements et la pratique fidèle de la vertu, de l'humilité, de l'obéissance, de la charité, du zèle, de la pureté, de la sobriété, de la mortification, de la douceur, de la fidélité aux règlements; que tout cela ensemble nous dispose à devenir de vrais ministres du Fils de Dieu et des imitateurs du souverain Pasteur de nos âmes.

Mais les décrets du concile n'eussent presque pas été utiles ni édifiants, si Dieu, qui voulait relever son clergé abattu, n'eût suscité des ecclésiastiques de bonne volonté, ainsi qu'il l'avait fait dans les premiers siècles, et que nous l'avons vu dans un saint Basile, un saint Eusèbe, un saint Augustin, un saint Martin; s'il n'eût suscité, dis-je, divers sauveurs qui, dans ces derniers temps, eussent travaillé à sa réforme; je veux dire divers grands prélats, un nombre infini de vertueux prêtres, détachés et exemplaires, parfaits, qui eussent animé ce corps accablé de langueur, et lui eussent redonné sa première vigueur. Le nombre en est trop grand pour oser en faire l'histoire. Nous nous contenterons seulement ici de dire un mot du plus célèbre de tous, et qui, par ses admirables vertus, a fait éclater en sa personne tout ce que nous voyons de plus illustre dans la vie des premiers réformateurs du clergé : c'est le grand saint Charles.

Le concile de Trente avait fait de belles lois, mais il fallait quelqu'un qui les accomplît; il nous avait présenté un livre très-utile à lire, mais nous avions besoin d'un modèle parfait à imiter; et il était du Souverain Pontife, qui, par les soins de saint Charles, avait mis une fin heureuse à cette auguste assemblée, en qui toute l'Eglise parut reluire, d'y mettre un autre bien plus précieux couronnement, en élevant saint Charles sur le chandelier, pour le faire luire à toute l'Eglise. Ce fut un reflux de lumière entre l'Eglise et ce grand saint. L'Eglise, par l'éclat de la doctrine du concile, illumina saint Charles; saint Charles, par la splendeur de sa vie, qui ne fut que l'empreinte de la doctrine du concile, éclaira l'Eglise ; l'esprit de Dieu, qui, dans ces derniers siècles, méditait la réformation de l'état sacerdotal, devait à son Eglise un prélat qui, renouvelant la plus pure discipline de l'ancien clergé, fît revivre en lui toute la sainteté des premiers évêques. Tout prit un caractère de grandeur dans sa personne; si la nature le rendit recommandable en le faisant naître d'une race illustre, la grâce le rendit incomparablement plus noble en le faisant mourir à tous ces vains titres, et en substituant aux armoiries que le sang paternel lui donnait droit de porter, celles que le sang des martyrs lui inspira de prendre. La fortune, si l'on peut user de ce mot, le revêtant de richesses immenses, le fit moins éclater que la vertu qui l'en dépouilla. La faveur d'un oncle, le comblant de bénéfices, de dignités et d'emplois, ne servit qu'à faire admirer sa prudence dans leur administration, sa charité dans leur dispensation, son détachement dans leur abandon ; la mort d'un frère le laissant unique héritier de sa maison, en lui transmettant le droit d'aînesse, auquel autrefois le sacerdoce était attaché, ne fit que lui donner un nouveau droit d'offrir à Dieu un sacrifice plus parfait de tous ses biens et de lui-même. Neveu d'un Pape, cardinal, archevêque, lié de commerce avec les rois, exposé aux yeux de tout le monde chrétien, il montra n'être tout cela que pour, d'une chaire si élevée, prêcher plus hautement aux ecclésiastiques le détachement de la chair et du sang, le zèle de procurer de dignes pontifes à l'Eglise, l'amour du propre troupeau, la manière d'allier le sacerdoce avec l'empire, l'humilité chrétienne avec la fermeté sacerdotale, et l'obligation d'édifier tout le monde. La Providence, le voulant rendre visible à chacun, le plaça, aussi bien que le concile de Trente, dans une situation également exposée aux yeux de l'Italie, de l'Allemagne, de la France et de l'Espagne, afin que nul ne se dérobât aux rayons de sa doctrine et de son exemple. Ses démêlés considérables avec la puissance séculière, qui ne connaissait plus le tribunal ecclésiastique, montrèrent que la sainteté, qui s'était autrefois acquis tant d'autorité, pouvait seule la recouvrer. La contagion qui désola le peuple de Milan, fit moins de bruit que la charité de son pasteur qui le secourut, et il fallait ce nouveau lustre à la charité de celui qui, ayant déjà sacrifié ce qu'il avait, ne pouvait plus immoler que ce qu'il était. La régularité qu'il entreprit de mettre dans l'ordre monastique, remit l'ordre hiérarchique dans sa place naturelle, et rappela l'ancienne discipline qui veut que les religieux suivent et imitent les prêtres, et par le secours de leurs lumières et de leurs exemples s'élèvent à Dieu; et ce fut en vain que, pour éteindre leur réforme naissante, quelques-uns d'eux voulurent lui donner la mort, puisque, pour les réformer, il n'employait rien de plus efficace que sa mort même à toutes les choses du monde.

Sachant bien que, pour travailler avec succès à la réformation des autres, il fallait commencer par se réformer soi-même, il entreprit avec tant de zèle sa propre perfection, qu'il l'eût plus tôt acquise qu'il n'eût appris à l'acquérir : les actions précédèrent en lui les préceptes ; il lui fallut moins de temps à se faire un modèle qu'à en imiter un : « Præpropera velocitate pietatis, pene ante cœpit perfectus esse quam discere, et dum meliores imitatur, etiam ipse fecit se imitandum, » et il porta à la chaire épiscopale la sainteté, sans l'attendre d'elle : « De suo talem accepit cathedra, non fecit. » Telles étaient les louanges qu'on donnait autrefois à saint Cyprien, et qu'on ne peut sans injustice refuser à saint Charles. Il fit revivre en un corps mort plutôt que mortifié, ces surprenantes austérités des anciens solitaires honorés du sacerdoce, desquelles notre siècle incrédule et impénitent commençait à douter ; et il rétablit le respect dû là-dessus à l'antiquité, d'autant plus aisément, qu'il en fit plus voir dans sa vie qu'on en lisait dans l'histoire. Les plus excellentes vertus ecclésiastiques, pour lors presque éteintes ou dispersées, vinrent se réunir à lui, comme des soldats à leur chef après la perte d'une bataille : l'humilité, l'abstinence, la chasteté, la douceur, la patience, le détachement, l'oraison, la religion, la prudence, la force, la libéralité, la magnanimité et toutes les autres saintes habitudes se réconcilièrent avec le clergé en sa personne; les bonnes œuvres les plus édifiantes qu'il remit en vigueur, parurent de nouveau enrichir le parterre de l'Église, comme les fruits du caractère sacerdotal ; source de toute la fécondité spirituelle, les hôpitaux généraux, les missions, les visites, les conciles, les retraites, les refuges, furent les effets de sa charité, de sa doctrine, de son zèle, de sa piété, et servent encore d'exemple aux plus grands prélats d'aujourd'hui. La réforme de sa famille fut une suite nécessaire de la réforme de sa personne ; l'ordre, la paix, le désintéressement, la pureté des mœurs, la dévotion, le bon exemple, et les emplois lui firent d'autant de domestiques autant de coadjuteurs. Mais son grand chef-d'œuvre fut la réformation du clergé, par l'érection des séminaires. Il en établit trois. Le premier, pour élever de bonne heure les jeunes gens qui se destinaient à la cléricature ; le second, pour former à loisir les ordinands qui se disposaient à l'imposition des mains; le troisième, pour réparer l'esprit ecclésiastique dans ceux qui l'avaient malheureusement perdu.

Pour mettre le comble et la perfection à cette sainte entreprise, et afin de la rendre solide et durable, il institua une congrégation d'oblats ou de prêtres apostoliques, qui, subsistant toujours, fournissent des directeurs capables de gouverner des ouvrages si importants ; une société de vrais ouvriers évangéliques, prêts à tout, détachés de tout, abandonnés à tout, et qui, comme la partie la plus épurée et la plus active de ce monde ecclésiastique, occupât dans son clergé le même rang que le feu et le premier mobile occupent à l'égard des autres éléments et des cieux inférieurs dans le monde visible. On est surpris quand on voit le grand nombre de prélats, d'évêques, d'archevêques, de nonces, de cardinaux qui sortirent de la maison de saint Charles, et qui, formés en une si bonne école, en allèrent répandre la discipline dans la maison de Dieu. On l'est encore davantage de voir que les vertus, les bonnes œuvres, l'esprit et la grâce de ce modèle des prélats, égal à ceux des premiers temps, subsistent encore aujourd'hui et servent de phare à ceux qui tendent à la perfection du sacerdoce, et qui croient beaucoup faire que de le suivre de loin et de lui ressembler par quelque endroit ; en sorte qu'on peut raisonnablement douter si saint Charles s'est acquis plus de mérite en imitant les siècles passés, qu'en se rendant imitable aux siècles à venir.

ENTRETIEN XV.
DES ORDRES EN PARTICULIER.

CHAPITRE PREMIER. — *De la tonsure.*

Pour comprendre les obligations que l'on contracte par la réception de la tonsure et la sainteté de vie à laquelle on s'engage, il est bon de considérer cinq choses : la dignité de celui qui la confère ; les paroles et les prières avec lesquelles on la confère ; les cérémonies par lesquelles on la confère ; les dispositions requises en celui à qui on la confère ; les effets de cette consécration en celui qui la reçoit dignement, et les obligations qu'elle leur impose. Cinq considérations qui découvriront parfaitement l'essence et la nature de cette cérémonie religieuse ; étant très à propos d'être prévenu sur l'excellence de la tonsure, afin qu'on en conçoive de l'estime et de la vénération, avant de s'en approcher, ou que l'on se renouvelle dans l'esprit de piété et les bons sentiments avec lesquels on l'a peut-être autrefois reçue, ou qu'on a dû la recevoir. Car il ne faut pas croire qu'à cause qu'on est avancé dans les ordres, il soit inutile de se remettre de nouveau devant les yeux ces premiers engagements ; tout au contraire, cette exposition ne peut être que très avantageuse.

En effet, si pour renouveler un fidèle dans la grâce du christianisme, on ne peut lui rien faire méditer de plus utile que les obligations qu'il a contractées par le baptême, et si dans ce dessein, les personnes soigneuses de leur salut ne manquent pas toutes les années de réitérer les promesses qu'elles ont faites alors ; si elles remercient Dieu du bienfait qu'elles y ont reçu, d'avoir été adoptées pour ses enfants, et de sceller cette rénovation par la digne réception des sacrements et l'oblation d'elles-mêmes au Seigneur pour le reste de leur vie, suivant cet avis de l'Apôtre : *Renovamini spiritu mentis vestræ.* (*Ephes.* IV, 23) : réveillez votre dévotion languissante. Si l'Eglise célèbre toutes les années l'anniversaire de l'ordination des saints évêques qui l'ont le plus illustrée par la sainteté de leur vie, par l'éminence de leur doctrine et par la grandeur de leurs travaux, de saint Basile, de saint Grégoire, de saint Ambroise : « Cæsareæ in Cappadocia, ordinatio sancti Basilii episcopi, qui tempore Valentis imperatoris, doctrina et sapientia insignis, omnibusque virtutibus ornatus, mirabiliter effulsit, et Ecclesiam adversus Arianos et Macedonianos mira constantia defendit.

« Romæ, ordinatio incomparabilis viri sancti Gregorii Magni in Summum Pontificem, qui onus illud subire coactus, e sublimiori throno clarioribus sanctitatis radiis in orbe refulsit.

« Mediolani, ordinatio sancti Ambrosii episcopi et Ecclesiæ doctoris, cujus sanctitate et doctrina universalis Ecclesia decoratur. »

Car c'est ce que nous lisons, ou plutôt la mémoire honorable que l'Eglise fait tous les ans dans son martyrologe de la promotion de ces grands évêques, pour marquer combien ces jours-là lui sont chers, et combien elle voudrait qu'ils servissent d'occasion aux ecclésiastiques à se renouveler dans la grâce de leur consécration à Dieu.

Si l'apôtre saint Paul a cru donner un conseil salutaire à un évêque, en le portant à réveiller en lui l'esprit qu'il avait reçu à son ordination, par l'imposition des mains : *Admoneo te, ut resuscites gratiam quæ data est tibi per impositionem manuum mearum.* (*II Tim.* I, 6.) Expressions qui nous font voir que tout enfin, avec le temps, s'attiédit en nous ; la vertu, l'esprit, la grâce même en un sens, suivant cette parole du roi pénitent : Créez en moi, Seigneur, un cœur pur, renouvelez en mes entrailles l'esprit de sainteté : *Cor mundum Crea in me, Deus, et spiritum rectum innova in visceribus meis.* (*Psal.* L, 12.) Créez et renouvelez : *crea et renova*; créez en moi les dispositions que je n'ai jamais eues, renouvelez en moi les dispositions que vous m'aviez autrefois données et que j'ai laissé malheureusement affaiblir : si donc toutes ces considérations sont si utiles, pourquoi celle de se renouveler dans l'esprit ecclésiastique, dont on a dû recevoir les prémices quand on a reçu la tonsure, ne le serait-elle pas ? pourquoi n'irait-on pas tous les ans puiser la grâce originale d'une si excellente profession dans cette première source de consécration ? pourquoi n'imiterait-

on pas le prophète Isaïe, qui, voulant inspirer à ce qu'il y avait de pieux Israélites, la conservation de la crainte de Dieu, les exhortait à jeter les yeux sur la vertu de leur père Abraham, et sur la sainteté de la tige dont ils étaient sortis : *Audite me, qui sequimini quod justum est, et quæritis Dominum : attendite ad petram unde excisi estis : attendite ad Abraham patrem vestrum, et ad Saram quæ peperit vos.* (*Isa.* LI, 1.)

Sans doute qu'on ne peut pas imiter de plus excellents modèles, ni suivre de meilleurs guides.

Première considération. — La dignité de celui qui confère la tonsure n'est pas un médiocre argument de son excellence. Le ministre dont l'Eglise se sert pour agréger quelqu'un au clergé, n'est rien moins que l'évêque, c'est-à-dire celui qui possède la première dignité, et qui tient le premier rang dans le corps mystique du Fils de Dieu.

Il est certain qu'on juge du prix d'une chose par le mérite de celui qui la donne, et de la grandeur d'un emploi par l'éminence de celui qui le confère. La tonsure est donc une chose bien relevée, et qui porte avec elle des engagements bien considérables, puisque pour la conférer il faut un ministre revêtu de la dignité et de l'autorité épiscopale.

D'ailleurs l'évêque représente Jésus-Christ dans sa gloire, envoyant le Saint-Esprit sur son Eglise, comme il nous est communiqué par l'imposition des mains ; d'où il est aisé de tirer un argument puissant en faveur de la tonsure.

L'épiscopat est un état de perfection acquise ; tout ce qui part de là tient de ce caractère, est parfait, exige des dispositions parfaites, engage à mener une vie parfaite.

Les fonctions qui mettent le Chrétien dans un état d'élévation spirituelle au-dessus du commun des autres, sont réservées à l'évêque ; ainsi la consécration des vierges et l'administration de la confirmation lui appartiennent ; il possède la perfection du sacerdoce ; c'est de lui qu'on attend la perfection du christianisme, la promotion à un état supérieur.

Et, par conséquent, il est visible que la tonsure, qui nous engage à une nouvelle profession, à un nouveau genre de vie, qui, de simples laïques nous rend ecclésiastiques, nous incorpore au clergé, étant réservée à l'évêque, nous prêche son excellence, et nous porte à une grande sainteté de vie.

Comme on ignore la naissance et l'institution de la tonsure, il faut conclure, selon la règle de saint Augustin, qu'elle est d'institution apostolique, et par conséquent son excellence n'est pas moins grande du côté de ceux qui l'ont établie dans l'Eglise, que de ceux qui l'administrent : « *Primus discendi ardor nobilitas est magistri*, » dit saint Ambroise.

En second lieu, les prières qu'on fait en la conférant découvrent toujours de plus en plus cette importante et peu connue vérité ; car, quoique la tonsure ne soit pas un sacrement, et que les termes ne soient pas ici pratiques, qu'elles ne produisent pas un caractère, ni la grâce sanctifiante par elles-mêmes, cependant on ne peut nier qu'elles ne soient accompagnées de lumières qui découvrent la sainteté d'une telle cérémonie ; la perfection des dispositions qu'elle exige, la grandeur des effets qu'elle produit, la multitude des secours qu'elle attire, et la pesanteur des devoirs qu'elle impose à ceux qui la reçoivent. Voici ce que l'évêque demande à Dieu pour eux.

Qu'il donne son esprit à ceux qui vont être tonsurés. Mes très-chers frères, dit-il, en s'adressant à ceux qui l'assistent, prions Dieu pour ceux qui se présentent à nous, et qui prétendent recevoir la tonsure : « Oremus, fratres charissimi, Dominum nostrum Jesum Christum pro his famulis tuis. » Et que veut-il impétrer pour eux ? Rien moins que le Saint-Esprit : « Ut donet eis Spiritum sanctum. »

Qu'il les revête intérieurement de l'habit saint et incorruptible de la religion, en même temps qu'il les revêtira extérieurement de l'habit ecclésiastique : « Spiritus sanctus habitum religionis in eis in perpetuum conservet. »

Qu'il les dégage de toute affection humaine, de tout embarras temporel, au moment qu'il les dépouillera des vêtements séculiers qu'ils vont quitter : « Spiritus sanctus a mundi impedimento, ac saeculari desiderio corda eorum defendat. »

Qu'il les change encore plus dans l'intérieur par l'accroissement des vertus dont il les ornera, que par l'apparence extérieure et nouvelle qu'on leur donnera : « Ut sicut immutantur in vultibus, ita dextera manus ejus virtutis tribuat eis incrementa. »

Qu'il leur ôte le voile de tout aveuglement spirituel et humain, et leur ouvre les yeux pour voir la lumière de la grâce éternelle, quand on leur retranchera les cheveux de dessus les yeux du corps : « Ab omni caecitate spirituali et humana oculos eorum aperiat, et lumen eis aeternae gratiae concedat. »

Qu'il les conserve dans une charité perpétuelle, et qu'il les préserve de toute souillure de péché : « In tua dilectione perpetuo maneant et eos sine macula in sempiternum custodias. »

Qu'il les rende participants du domaine spirituel que les saints possèdent sur eux-mêmes, puisqu'on leur fait porter sur la tête le symbole de la couronne d'épines de Jésus-Christ à la croix : « Ut sicut similitudinem coronae tuae eos gestare facimus in capitibus, sic tua virtute haereditatem subsequi mereantur in cordibus. »

Or, qui peut douter que des prières si solennelles, faites à Dieu par le premier ministre de la religion, dans l'exercice actuel et public d'une fonction si relevée, ne soient écoutées de Dieu, et n'obtiennent leur effet, pourvu que celui pour qui elles sont faites ne s'en rende pas indigne ?

Que si, par la tonsure, de si grands dons nous sont impétrés, offerts, communiqués, quelle perfection cette cérémonie n'exige t-elle pas ?

Et comme si tout cela ne suffisait pas, il leur met le surplis, en proférant ces paroles de l'Ecriture : Que le Seigneur vous revête du nouvel homme qui a été créé selon Dieu dans la justice et la sainteté de la vérité : « Induat te Dominus novum hominem qui secundum Deum creatus est in justitia et sanctitate veritatis. » (*Pontif.*) Quel est ce nouvel homme ? si ce n'est Jésus-Christ, que saint Grégoire de Nazianze appelle le grand ornement sacerdotal : « Magna sacerdotum tunica. » Si ce n'est celui dont parle saint Paul : *Factus est primus homo Adam. in animam viventem; novissimus Adam in spiritum vivificantem* (*I Cor.* xv, 45) ; c'est-à-dire que l'ecclésiastique doit se revêtir de l'esprit de Jésus-Christ, de ses grâces, de ses vertus, de ses sentiments ; qu'il ne doit plus vivre selon les sens et les inclinations de la chair et d'Adam, mais selon le nouvel homme qui ne tend qu'au ciel : *Primus homo de terra terrenus, secundus homo de coelo coelestis, qualis terrenus, tales et terreni ; et qualis coelestis, tales et coelestes.* (*Ibid.* 47.) Qu'il doit être rempli de cet Esprit-Saint, en être tout pénétré, se revêtir de ses divins mouvements, et n'agir qu'en Dieu et que pour Dieu : *Igitur sicut portavimus imaginem terreni, portemus et imaginem coelestis.* (*Ibid.*, 49.)

Tel est l'effet que doivent produire ces cérémonies, ces prières, ce nouvel habit ; tel est le changement qui doit paraître en celui qui reçoit la tonsure.

Que s'il est vrai que la tonsure soit, à l'égard du sacerdoce, ce que les exorcismes sont à l'égard du baptême, et les fiançailles à l'égard du mariage, ainsi que le catéchisme du concile de Trente nous l'apprend : « Ut homines ad baptismum exorcismis, ad matrimonium sponsalibus praeparari solent, ita cum tonso capillo Dei dicantur, tanquam aditus ad ordinis sacramentum illis aperitur, declaratur enim qualis esse debeat, qui sacris imbui cupit. » Ou, selon d'autres auteurs éclairés, si la tonsure est, à l'égard de l'état ecclésiastique, ce que le noviciat est à l'égard de la profession religieuse, quels ne faut-il pas que l'on soit quand on est admis au nombre des clercs ?

Si l'on chasse le démon des catéchumènes pour les disposer au baptême, et donner entrée en leur cœur au Saint-Esprit ; si l'on dit sur l'enfant qu'on présente : « Exi ab eo, spiritus immunde, et da locum Spiritui sancto, » peut-on dire avoir chassé de son cœur l'esprit immonde, quand on a reçu la tonsure ? l'esprit du siècle, l'esprit d'orgueil, d'avarice, d'intérêt, de luxe, de sensualité ? a-t-on attiré en soi l'esprit de Dieu, l'esprit de sagesse, de science, de force, de piété, de crainte de Dieu ?

Si les épousailles servent à lier saintement le cœur des personnes qui veulent se marier, et à purifier leur affection, afin qu'on ait quelque heureux présage de la persévérance dans la grâce de cet état; quel amour envers Dieu, n'est-on pas en droit d'exiger de celui qu'on honore de la tonsure, puisqu'elle doit se terminer à son union éternelle avec le souverain prêtre? Si l'on est froid et languissant au milieu de cette alliance spirituelle, que doit-on attendre de ces noces divines? Quel préjugé ne donne-t-on pas du divorce dans lequel on vivra avec celui qui devrait être le seul et bien-aimé Epoux de l'âme consacrée au Seigneur?

Si le noviciat est un temps précieux auquel on doit prendre l'esprit de la règle qu'on veut embrasser; s'il est semblable à la saison de l'automne, en laquelle le laboureur confie sa semence à la terre, et qui ne revient plus quand elle est passée, quelle obligation ne contracte-t-on pas en prenant la tonsure, de travailler à acquérir l'esprit, la grâce et les vertus de ce saint institut? quelle crainte ne doit-on pas avoir, si l'on perd un temps si précieux pour travailler à la culture de son âme, à se remplir de la doctrine et des maximes de la profession que l'on choisit? Comment réparera-t-on ce défaut? quel préjudice ne se porte-t-on pas? « Modica sementis detractatio, magnum est messis detrimentum, » dit excellemment saint Bernard. (Præfat. super psal. xc: *Qui habitat.*)

DEUXIÈME CONSIDÉRATION. — Mais les cérémonies avec lesquelles on confère la tonsure ne doivent pas moins convaincre de l'obligation qu'on a de tendre à la perfection, que la dignité de celui qui la confère, et que les paroles et les prières avec lesquelles il la confère.

1° On coupe les cheveux, pour montrer l'engagement que l'on contracte de retrancher ses convoitises, de mourir à toutes les vanités, les affections mondaines, les désirs superflus : « Rasio capitis est temporalium omnium depositio, » dit saint Jérôme. (Refertur 12; q. 1, c. *Duo sunt.*) « Caput radere, significat cogitationes terrenas et superfluas a mente resecare, » dit saint Augustin (*De contemptu mundi*, 10, 9), et qu'ainsi l'on devient un vrai disciple de Jésus-Christ, qui n'en reçoit aucun s'il ne renonce à toutes choses : *Qui non renuntiat omnibus quæ possidet, non potest meus esse discipulus* (Luc. xiv, 33); un vrai serviteur ou ministre de Jésus-Christ et de l'Eglise, ainsi que l'Eglise et les saints Pères s'expriment : Quis ignorat clericum in medio Ecclesiæ esse tanquam eum qui ministrat, dit le concile de Cologne. (*Conc. Colon.* I, p. II, c. 23, ann. 1535.) « Clericus Christi servit Ecclesiæ, » dit saint Jérôme ; « Servi Ecclesiæ sumus, » dit saint Augustin. Pierre Damien appelle le clergé un ordre attaché de près au service divin : « Ordo familiarius divinis agglutinatus officiis. » Et saint Cyrille d'Alexandrie nomme les ecclésiastiques un genre d'hommes dévoués au service des autels : « Genus illud divinis sacrisque ministeriis mancipatum ; » les religieux de Dieu, qui doivent établir son culte par la prédication de la parole, l'administration des sacrements, l'oblation du sacrifice et des prières, par la pratique des vertus et du bon exemple : « Clerus religiosus status, » disent les conciles. Ainsi la rasure des cheveux est un signe que l'on est disciple de Jésus-Christ, domestique de Dieu, ministre de la religion. Or, à quelle perfection ces qualités n'engagent-elles pas? On orne d'une couronne le tonsuré, pour lui insinuer la dignité de sa profession : « In corona regalis sacerdotii dignitas designatur, » comme parle un concile (*Conc. Lond.*, ann. 1248, tit. *De hab. cler.*); dignité appelée par les saints Pères et d'autres conciles : « Decus regale, ecclesiasticum diadema, regalis dominatus » (*Synod. Paris.*, ann. 1514), que saint Grégoire de Nazianze assure être incomparablement élevé au-dessus de tous les empires du monde « Imperium gerimus multo perfectius et præstantius regno terreno ; » et figurer le domaine sur les inclinations terrestres, sur le vice et sur le péché : « Fecisti nos Deo nostro regnum et sacerdotes, et regnabimus super terram ; » et enfin la perfection dont on doit être orné. Corona signum perfectionis, dit un concile de France. « Clericalem coronam ad perfectioris vitæ professionem significandam clerici omnes deferant, » ordonnent les canons. Toutes ces explications ne sont-elles pas autant de titres d'une éminente sainteté?

On coupe les cheveux en cinq endroits, pour marquer la consécration des facultés et des sens au culte de Dieu, la source du sacerdoce, qui découla des sacrées plaies de la victime sainte immolée sur la croix ; la vigilance et l'attention nécessaires à un pasteur qui, selon saint Chrysostome, a besoin d'un nombre infini d'yeux, et d'avoir tous ses organes libres : Sacerdotem oportet esse perspicacem, atque innumeros quoquo versus oculos circumferre; innumeris oculis opus est illi, undique quocirca multa quidem opus est pastori prudentia, et sexcentis, ut ita dicam, oculis. »

On revêt le tonsuré d'une soutane, habit religieux, dont la nouveauté impose l'obligation de mener une vie nouvelle : *Ut in novitate vitæ ambulemus*. (Rom. vi, 4.) Car, comme observe le grand saint Denis : « Prioris vestis detractio, et alterius inductio, significat a media sancta vita, ad perfectiorem traductionem. » (HIER., c. 6); et la couleur, celle de mourir à toutes les vanités du monde ; et la longueur, celle de persévérer constamment au service de Dieu, et la figure, celle de crucifier le vieil homme : *Qui Christi sunt, carnem suam crucifixerunt cum vitiis et concupiscentiis*. (Galat. v, 24.)

On le pare d'un surplis qui, par sa blancheur, apprend la vie innocente, pure et chaste que demande la cléricature : « Albæ enim vestes munditiam vitæ significant; quia justum est ut clerici in justitia et sanctitate Deo serviant, » disent les canons et saint Grégoire le Grand. (HON. AUG., lib. I *Gem.*

c. 32). « Quid per byssum, nisi candens decore munditiæ corporalis castitas designatur? (S. Greg., part. II Pastor., c. 3.) Et par son ampleur, l'étendue du zèle sacerdotal ; et par sa forme, la ferveur et la promptitude des ecclésiastiques, qui doivent imiter les anges dans leurs fonctions, appelés par les saints docteurs : « Angelici homines; contubernales et condomestici angelorum ; sanctæ Ecclesiæ angelicus ordo. » (S. Aug., Ser. ad frat. in erem.; S. Petr. Dam., De com. vita canon., c. 4.)

On lui met en main un cierge allumé, figure de la science et de la charité, dont il doit édifier l'Eglise, de son mouvement continuel pour les bonnes œuvres, de son obligation à tendre toujours vers le ciel par une grande pureté d'intention, à se consumer au service du prochain.

Qui pourrait dire les grâces attachées à tant de mystérieuses cérémonies? les vertus qu'elles exigent, les devoirs qu'elles imposent, les effets qu'elles devraient produire?

Les saints considérant ainsi un clerc revêtu au jour de la consécration, les conciles et l'Eglise même, dans le Pontifical, s'épuisent en éloges, et ne se lassent point de relever la dignité de la profession qu'il embrasse.

Ils disent que c'est là un habit véritablement sacré, véritablement religieux : « Sacra vestis, habitus religionis; habitus sancti nominis. »

Que cet extérieur modeste, ces ornements pieux doivent confondre le luxe et la vanité, et couvrir de honte les libertins et les vicieux : « Clericalis stolæ monumentum tale est, ut de ejus occursu vitia suffundantur, improbi mores erubescant. »

Que ce changement extérieur n'est que la figure du changement intérieur et de l'accroissement dans les vertus que Dieu leur donne, s'ils viennent avec des dispositions proportionnées à la sainteté de l'état qu'ils embrassent : « Ut sicut immutantur in vultibus, ita in dextera manus ejus virtutis tribuat incrementum. »

Troisième considération. — Après avoir tiré l'excellence de la tonsure de la dignité de celui qui la confère, des paroles et des prières avec lesquelles on la confère, des cérémonies par lesquelles on la confère, il est présentement à propos d'exposer les dispositions qu'on demande en celui à qui on la confère.

Ces dispositions se peuvent réduire à trois principales, dont la première regarde Dieu, la seconde regarde l'Eglise, la troisième regarde le tonsuré. La première, qui regarde Dieu, est la vocation qui doit venir d'en haut. La seconde, qui regarde l'Eglise, renferme diverses qualités extérieures et intérieures qu'elle exige de ceux qui prétendent s'enrôler dans cette sainte milice. La troisième, qui regarde le tonsuré, est la pureté d'intention, et les sentiments religieux avec lesquels il doit se présenter. Trois choses dignes d'être considérées.

Premièrement, la vocation divine est nécessaire à celui qui veut s'engager dans l'état ecclésiastique, sans quoi, moralement parlant, il ne s'y sauverait pas.

On ne prétend pas ici parler à fond, ni de la vocation, ni des marques qui l'accompagnent; on l'a fait ci-dessus, on le fera encore dans la suite; il suffit de dire en ce lieu, que, quand on embrasse témérairement et par son propre choix un état de vie si saint et si périlleux que celui-ci, qui nous engage à la pratique de tant de vertus difficiles et à l'exercice de tant de fonctions relevées, sans consulter Dieu et sans qu'il paraisse y appeler, on ne reçoit point les grâces que Dieu prépare à ceux qu'il y destine. Cela étant, comment ferait-on son salut dans cette profession? Quel est le maître qui voudrait donner des gages à des domestiques qui se seraient eux-mêmes ingérés dans sa famille sans son consentement, et qui en auraient usurpé les premiers emplois, sans son agrément ni sa volonté? Quelle injure ne fait-on donc pas à Dieu, quand on usurpe les plus éminentes charges de son Eglise, sans que son choix y soit intervenu, et sans qu'on y ait été appelé pour les exercer; et quelle grâce doit-on attendre de Dieu dans les emplois, après être entré dans sa maison d'une façon si irrégulière et si irréligieuse?

De plus, l'Eglise demande plusieurs qualités dans celui qui s'approche de la tonsure, dont voici les principales, qu'on ne fera que toucher. Par exemple, qu'il soit né de légitime mariage; parfaitement instruit de la doctrine chrétienne, exempt de censure et d'irrégularités ; qu'il ait reçu le sacrement de confirmation et fait sa première communion; qu'il sache lire et écrire, et ait ouverture pour le latin et disposition pour les sciences. Les évêques exigent qu'il ait assisté pendant plusieurs mois aux instructions qu'on fait dans les séminaires, pour ceux qui prétendent la recevoir; qu'il soit assez âgé pour connaître l'excellence et la sainteté de l'état ecclésiastique, et le choix de vie qu'il veut faire : car, comme dit le concile de Cologne : « Quid indecorum magis quam admoveri infantes, qui non intelligant quid agatur, imo ne capiant quidem quid clerici nomen significet? » Enfin, qu'outre l'attestation de vie et de mœurs de son curé et de son régent, et son extrait baptistaire en bonne forme, il n'ait aucun défaut corporel ni spirituel, qui puisse empêcher qu'on ne le juge propre à toutes les fonctions ecclésiastiques avec bienséance et religion.

Et c'est avec grande raison que l'Eglise demande tant de dispositions en celui qui veut recevoir la tonsure; car, par cette conduite, elle témoigne quelle est la haute idée qu'elle a de l'état ecclésiastique; elle s'en sert comme de moyens très-propres pour suppléer au défaut de ceux qui prétendent la recevoir sans avoir suffisamment examiné leur vocation, pour les avertir de bonne heure de leurs obligations; de l'usage qu'ils doivent faire des biens ecclésiastiques, de la manière dont ils doivent entrer dans les bénéfices, ou dans les charges ou dignités, et en exercer les emplois et les fonctions; pour tâcher de leur ôter les indispositions, de purifier leur intention, de leur inspirer l'esprit ecclésiastique, et le désir de travailler dans l'Eglise; pour exclure du clergé les indignes, à qui ces différentes conditions et qualités servent comme d'autant de barrières et d'obstacles, afin de les en éloigner, et les obliger à ne pas entrer inconsidérément dans un état qui est tout autre qu'ils se l'imaginent; car, comme la santé du corps humain dépend de sa première formation et nourriture, le succès d'une affaire, de son bon commencement, la perfection d'un religieux, de la régularité qu'il a observée pendant son noviciat, ainsi la sainteté d'un prêtre et son exactitude dans toutes ses fonctions, sont d'ordinaire le fruit de la bonne disposition avec laquelle il a reçu la tonsure.

Troisièmement, il est nécessaire que celui qui se présente à la tonsure, et qui veut la recevoir dignement, soit extrêmement éloigné des méchantes vues, que souvent on apporte à l'état ecclésiastique, et que voici :

La première, est de ceux qui y viennent pour obéir à leurs parents qui le veulent ainsi, et qui les envoient, sans considérer que ce n'est pas à eux à faire la vocation de leurs enfants; qu'ils entreprennent sur les droits de Dieu et sur le patrimoine de Jésus-Christ, et que les vues intéressées qui les poussent à procurer ainsi la tonsure et des bénéfices à leurs enfants, sont pernicieuses à leur famille même; que le bien de l'Eglise les appauvrit, au lieu de les enrichir; et qu'enfin ils attirent la malédiction de Dieu sur eux, pour avoir engagé leurs enfants dans des états, où, faute de vocation, ils se perdent fort ordinairement; à quoi ils devraient sérieusement penser, et de quoi il est bon d'avertir les enfants, afin qu'ils ne suivent pas leurs impressions en cela.

La seconde, est de ceux qui veulent recevoir la tonsure, parce qu'ils espèrent avoir des bénéfices, succéder à un oncle, à un parent, à un ami, en obtenir d'un patron, ou par quelque autre moyen; ce qui répugne si fort à la sainteté de l'état ecclésiastique, qu'il suffit de dire que l'intérêt et la convoitise des biens ont été le péché de l'apôtre infidèle, devenu l'exemple des ecclésiastiques avares.

La troisième, est de ceux qui se font ecclésiastiques, parce qu'ils sont les cadets de leur maison, et que, l'aîné étant pour le monde, il faut, selon la coutume, qu'ils prennent le parti de se faire d'Eglise.

La quatrième, est de ceux qui aspirent à l'état ecclésiastique par un motif d'ambition, pour y paraître, pour y exercer leurs talents, pour y acquérir l'estime et l'approbation des hommes, pour s'y rendre considérables dans le monde.

La cinquième, est de ceux qui se déterminent à l'état ecclésiastique, parce qu'ils ne se trouvent pas assez bien faits pour le monde, ils n'ont pas assez d'esprit pour y réussir; d'ailleurs, ils n'ont pas assez de ferveur pour embrasser la vie monastique, qui leur paraît trop austère et gênante; ainsi ils regardent le clergé comme une profession dans laquelle ils pourront vivre commodément et avec douceur.

Voilà quelques-unes des vues qui souvent corrompent le cœur de plusieurs de ceux qui se présentent à la tonsure, et qui déshonorent l'Eglise, qui dérèglent et défigurent le clergé, et qui le remplissent d'un très-grand nombre de ministres indignes.

Mais ce qui montre le plus la parfaite pureté d'intention que l'on doit apporter en entrant dans l'état ecclésiastique, est la protestation que l'on fait au pied des autels lorsqu'on la confère; la voici : *Dominus pars hæreditatis meæ, et calicis mei, tu es qui restitues hæreditatem meam mihi.* (*Psal.* xv, 5.) Si ces paroles sont sérieuses, si elles ne sont pas vides de sens, elles signifient sans doute que le tonsuré fait une offrande de lui-même à Dieu; qu'elle est comme une profession de l'état ecclésiastique, une protestation publique de se vouloir consacrer uniquement et totalement au service du Seigneur et de ses autels, avec un renoncement parfait au monde et à toutes les prétentions du siècle; c'est une déclaration authentique de prendre Dieu pour son héritage, et de vouloir être celui de Dieu; c'est un contrat mutuel.

Premièrement, le Pontifical romain nous apprend que celui qui, par la cléricature, cherche autre chose que Dieu, qu'il a dû prendre pour son héritage, ne sera point l'héritage de Dieu : « Qui Dominum possidet, et cum propheta dicit : *Pars mea Dominus* (*Thren.* III, 24); nihil extra Dominum habere potest; quod si quidpiam habuerit præter Dominum, pars ejus non erit Dominus. »

Saint Augustin assure que l'on doit avoir honte de proférer ces paroles de bouche, et d'avoir l'amour des richesses dans le cœur : « Qui de terra præsumunt habere facultatem, quomodo non erubescunt dicere : *Dominus pars hæreditatis meæ.* » (*Psal.* xv, 5.)

Saint Bernard nous avertit que nous ne nous flattions point de pouvoir tout ensemble posséder Dieu et l'argent; que Dieu dédaignera une telle société, et à n'être qu'une portion de nos biens : « Clericus si quidpiam habuerit præter Dominum, pars ejus non erit Dominus; verbi gratia, si aurum, si argentum, si possessiones, si variam supellectilem, cum istis Dominus pars ejus fieri non dignatur. »

Un grand et célèbre évêque de France nous enseigne qu'en embrassant la cléricature, nous avons dit adieu au monde : « Clericatum eligere, est mundo renuntiare. »

Un autre saint abbé s'explique davantage en particulier, et nous apprend que la consécration pour la cléricature est une renonciation à toutes les affaires séculières, à tous les soins terrestres, à tous les embarras temporels : « Non excidat a te quomodo in tonsura capitis quando electus es in sortem Domini, renuntiasti ignominiæ laicali; in die autem consecrationis tuæ, super abrenuntiatione sæcularium, emisisti vota quæ distinxerunt labia tua : alligatus es verbis oris tui, ubi ab interrogantis consecrationem sine exceptione aliqua promisisti, quod de cætero a terrenis negotiis, et a turpibus lucris, te alienares, tuamque sollicitudinem divinis semper negotiis mancipares. »

Voilà ce que renferment les paroles qu'on profère quand on reçoit la tonsure ; voilà jusqu'où s'étendent les promesses que l'on fait, selon les sentiments des saints ; une renonciation de cœur à tous les biens terrestres, un retranchement de toutes les affections charnelles, un éloignement de toutes les affaires séculières, un dévouement et une consécration de tout soi-même à Dieu et au service des autels.

Que celui qui prétend à l'état ecclésiastique examine s'il a ces dispositions extérieures et intérieures requises par l'Eglise; si du moins il entre dans toutes ces vues, s'il les goûte, s'il en désire la grâce, s'il les demande à Dieu.

Quatrième considération. — Enfin, pour achever cette matière, il est à propos de considérer les effets que produit cette consécration par la tonsure; ou plutôt les avantages que l'on en retire, et les engagements que l'on contracte.

On peut dire que ces deux choses sont comprises dans les paroles que l'évêque profère en nous revêtant de l'habit ecclésiastique, et qu'avec lui il nous confère les privilèges de la cléricature, et nous en impose les obligations : « Induat te Dominus novum hominem, qui secundum Deum creatus est in sanctitate et justitia veritatis. »

Des priviléges qu'apporte la tonsure.

Le principal effet de cette cérémonie est de nous agréger au clergé, honneur incomparable, et que nous ne saurions trop estimer. Car, en premier lieu, qu'est-ce que le clergé? Si nous en examinons le nom, nous trouverons qu'il veut dire sort, ou aventure : en second lieu, héritage; deux interprétations glorieuses aux ecclésiastiques, et qui prêchent leurs devoirs également. L'une, leur apprend qu'ils ne doivent entrer dans l'état ecclésiastique que par un coup de Providence, et un choix secret que Dieu, qui n'a aucune acception de personne, a fait d'eux à un si haut emploi; en un mot, leur vocation ne doit pas être l'ouvrage d'une délibération humaine, et préméditée par la prudence de la chair et du sang, mais venir du Ciel : *Nemo sumit sibi honorem, nisi qui vocatur a Deo tanquam Aaron.* (Hebr. v, 4.)

L'autre, qu'un ecclésiastique est l'héritage de Dieu, et que Dieu est l'héritage d'un ecclésiastique; bonheur inestimable, figuré dans l'ancienne Loi en la personne des lévites, à qui Dieu ne voulut donner aucune portion dans la terre promise, ordonnant que son autel fût leur patrimoine, et qu'ils fussent le sien ; ce qui s'accomplit en esprit et en vérité dans la Loi de grâce en la personne des ecclésiastiques qui ont succédé aux lévites : « Clericus, » dit saint Jérôme, « qui Christi servit Ecclesiæ, interpretetur primum vocabulum suum, et nominis definitione prolata, nitatur esse quod dicitur. Si enim cleros Græce, sors Latine appellatur, propterea vocantur clerici, vel quia de sorte sunt Domini, vel quia ipse Dominus sors, id est, pars clericorum est. Qui autem vel ipse pars Domini est, vel Dominum partem habet, talem se exhibere debet, ut et possideat Dominum, et possideatur a Domino. »

En second lieu, qu'est-ce que le clergé en lui-même, sinon la congrégation des principaux membres de l'Eglise, expressément consacrés et spécialement députés pour rendre à Dieu le culte qui lui est dû, et pour travailler à la sanctification des âmes? « Specialiter adhærentes Christo præ cæteris Ecclesiæ membris, » dit saint Pierre Damien. « Sanctiora membra Ecclesiæ, » dit le même auteur. « Pars membrorum Christi prima, » dit saint Grégoire. Car quel avantage n'est-ce pas d'être agrégés à un tel corps? d'être associés à de tels membres? quel engagement de sainteté ne contracte-t-on pas en y entrant, et en se chargeant de deux fonctions si importantes et si relevées? D'ailleurs, quel est le chef de ce corps? l'instituteur du clergé, quel est-il, sinon Jésus-Christ même, qui a institué le sacerdoce, qui a été le premier prêtre de la loi de grâce, et de qui Melchisédech, Aaron et tous les autres prêtres de l'ancienne Loi n'ont été que des figures? C'est lui qui consacra ses apôtres, le soir de la cène, et qui leur donna le pouvoir de conférer à leurs successeurs ce divin caractère, établissant saint Pierre le chef visible de cette nouvelle hiérarchie. C'est par ce canal et cette succession non interrompue, que le sacerdoce est venu jusqu'à nous, et qu'il nous a été communiqué et transmis; de sorte que, remontant à la source, nous trouvons que Jésus-Christ est le chef du clergé, et que les ecclésiastiques ont l'honneur et la gloire d'être ses principaux membres et de porter son caractère : que si les ordres religieux se glorifient avec tant de raison d'avoir un saint illustre pour fondateur, les prêtres et les ecclésiastiques ont un avantage bien plus grand et qui les engage à une sainteté bien autre, puisqu'ils ont Jésus-Christ, le Saint des saints, le souverain Prêtre, le Pontife par excellence, pour leur instituteur, leur fondateur, leur patriarche et leur chef : « Non mortalis quispiam, non angelus, non archangelus, non alia quævis creata potentia, sed ipse Paracletus, ordinem hujuscemodi disposuit, » dit saint Chrysostome. « Clerus opus manuum Dei, » dit Pierre Damien.

De cette incorporation au clergé et de cette séparation de l'état laïque, s'ensuivent diverses autres prérogatives.

Premièrement, qu'un ecclésiastique est retiré de dessous la juridiction séculière, et devient soumis à celle de l'Eglise; qu'il entre en possession des immunités des canons, lesquelles sont en grand nombre, et dont la plus considérable est de rendre sa personne sacrée, en sorte que qui tue, mutile, blesse ou frappe notablement un clerc, faisant actuellement profession de la vie ecclésiastique, et portant les marques de son état, ou qui l'outragerait même par quelque action corporelle injurieuse, qui fût péché mortel, encourrait l'excommunication majeure, *ipso facto*, réservée au Pape ou du moins à l'évêque en certaines circonstances.

Un autre de ces priviléges qui n'est que trop connu, et ordinairement le plus désiré, et dont on fait souvent un fort mauvais usage, est de rendre capable de posséder les bénéfices, desquels il est bon de connaître la nature et les obligations, afin de modérer l'ardeur avec laquelle on s'y porte.

Des bénéfices.

Les bénéfices ne sont autre chose en trois mots, que « vota fidelium, patrimonia pauperum, pretia peccatorum. » Les vœux des fidèles, le patrimoine des pauvres, le prix des péchés.

« Vota fidelium, » c'est-à-dire, que les revenus ecclésiastiques ont été donnés par des personnes pieuses qui se sont dépouillées de leur héritage pour les consacrer à Dieu et lui en faire une offrande, et les faire servir à l'entretien de ses ministres et de ses autels, et pour donner lieu aux ecclésiastiques de travailler uniquement et en paix à le faire connaître, aimer et servir ; d'où il est aisé de voir combien il est injuste et contre l'intention de ceux qui ont fondé les bénéfices, d'employer les revenus en des usages profanes et séculiers, et pour fournir au luxe et à la vanité. En second lieu, les bénéfices sont : « Patrimonia pauperum. » Et cela veut dire que les bénéfices ont été fondés par des personnes charitables, qui, prévoyant la dureté des Chrétiens à faire l'aumône, ont laissé leurs biens aux pauvres, en fondant des bénéfices sur les revenus desquels ils pussent avoir recours comme sur leur patrimoine, laissant le soin aux ecclésiastiques de les leur dispenser, après qu'ils en auraient pris pour eux leur juste sustentation. En quoi il est aisé de voir combien les bénéficiers s'éloignent de leurs obligations, lorsqu'ils ne songent qu'à s'enrichir dans les bénéfices, et qu'à y trouver leur fortune et celle de leurs parents, sans se mettre en peine d'en accomplir les plus essentielles obligations, comme est celle de faire l'aumône et de ne se regarder que comme les économes et les dispensateurs des biens ecclésiastiques et non les maîtres, les propriétaires et les seigneurs.

Enfin les bénéfices : « Sunt pretia peccatorum : » ce qui veut dire que les revenus ecclésiastiques ont été donnés par des pécheurs convertis, qui, par un mouvement de pénitence, ont racheté leurs péchés, employant leurs biens en œuvres pies, en fondations de Messes, de prières, d'Offices et d'aumônes qu'ils ont prétendu être faites à perpétuité ; et cela dans l'intention de réparer les mauvais usages qu'ils avaient faits de leurs richesses, et de satisfaire à la justice divine ; ce qui fait voir que rien ne peut être opposé davantage à l'esprit de ces pieux bienfaiteurs, que d'employer leurs fondations à toute autre chose qu'à accomplir leurs saintes intentions.

Des obligations qu'impose la tonsure.

Les obligations que l'on contracte par la réception de la tonsure se peuvent réduire à deux, à vivre saintement et à porter les marques de la profession ecclésiastique : l'une regarde l'intérieur, l'autre l'extérieur, et toutes deux forment un parfait ecclésiastique. Qui doute qu'un ecclésiastique ne soit tenu de vivre saintement ? Car, pour n'en dire que deux mots ici ; un clerc par son état est consacré à Dieu. Or, être consacré à Dieu, c'est être transféré d'un usage profane à un usage saint, par une impression de grâce et une destination à un office sacré. Par exemple, un calice entre les mains de l'ouvrier, est une chose encore profane ; mais quand l'évêque l'a bénit, il ne peut plus être employé qu'au sacrifice ; de même, quand un fidèle n'a pas la tonsure, il n'est qu'un laïque, qui peut entrer dans le commerce du monde et du siècle ; mais quand il est tonsuré, il devient un ecclésiastique, et ne doit plus être employé qu'à des usages saints et qu'au service des autels : « Cui Deus portio est, nihil debet curare nisi Deum, et quod ad alia officia confertur, hoc religionis cultui decerpitur, » dit saint Ambroise.

2° La cléricature étant un état saint exige une vie qui lui soit conforme ; autrement quel renversement serait-ce d'assembler, en une même personne, une dignité très-élevée et une vie basse et abjecte.

3° Ils sont les domestiques de Jésus-Christ et plus proches de lui que les laïques, ayant l'honneur de le servir, de le représenter à l'autel ; ils doivent donc être saints.

4° Étant le sel de la terre et la lumière du monde, leur vie doit servir d'exemple au reste des Chrétiens, et leur être tout ensemble des instructions et des répréhensions.

Cette sainteté consiste principalement à s'abstenir de tout péché et à s'éloigner des apparences mêmes et des occasions du péché, à s'exercer dans la pratique des vertus, et surtout de celles qui sont conformes à leur état ; à aimer les fonctions ecclésiastiques, à s'y appliquer avec soin, à remplir les devoirs de leur ministère, à se tenir unis à Dieu de cœur et d'esprit, à se conduire en toutes leurs actions selon les règles de l'Église, évitant les choses que les canons défendent, et pratiquant celles qu'ils ordonnent.

Il faut donc qu'un clerc, rempli de l'esprit de sa profession, fasse et évite les choses qu'on va marquer. Il doit : 1° S'appliquer aux moindres fonctions ecclésiastiques ; à balayer l'église, parer les autels, plier les ornements, allumer les lampes, faire les hosties, sonner les cloches.

2° Il doit savoir les cérémonies et les rubriques, et leur signification, les pratiquer avec exactitude, modestie, attention, dévotion; apprendre le plain-chant, s'instruire de tout ce qui regarde le Rituel, le Pontifical, le Bréviaire, le Missel.

Ne rien omettre de ce qui peut le rendre propre et utile à tous les emplois de sa profession et de son état.

Éviter ce que les canons lui défendent, comme la chasse, la danse, la comédie, les spectacles publics, les cabarets, les festins, les jeux de hasard, le port d'armes, le luxe, la fréquentation des femmes, les procès, le trafic, les affaires séculières.

S'adonner à la prière et à la méditation des livres saints.

Aimer l'étude, étant tenu non-seulement de s'instruire de la loi divine, mais encore de l'apprendre aux autres.

Assister au service divin dans l'église qui lui aura été assignée par son prélat ou dans sa paroisse; et cela en soutane et surplis, avec modestie et recueillement; tenant à gloire d'y servir la Messe, d'y chanter, d'y faire le catéchisme et d'y exercer les fonctions cléricales, dans la dépendance et soumission de ceux qui le devancent par leur caractère, leur âge ou leur dignité; d'y fréquenter les sacrements, communiant aux grandes Messes, se trouvant aux sermons, aux processions et aux Offices, et édifiant ainsi le prochain par le bon exemple qu'on a droit d'attendre de lui.

Porter l'habit ecclésiastique, c'est-à-dire la soutane longue et la ceinture par-dessus, un petit collet sans glands, des manchettes simples et unies, les cheveux courts, la couronne bien marquée.

Vivre dans une chasteté et une pureté dignes d'un homme qui se destine au sacerdoce de Jésus-Christ, évitant les vices et les dérèglements auxquels bien des ecclésiastiques ne se laissent que trop fréquemment aller, demandant à Dieu la grâce de les éviter comme des écueils, où d'ordinaire les belles espérances que plusieurs d'entre eux faisaient concevoir à l'Église vont se briser et s'échouer malheureusement; et où leurs talents et leur esprit font souvent un funeste naufrage. Les voici :

L'amour déréglé de leur propre repos, qui les fait vivre dans l'oisiveté, ou dans les emplois inutiles à l'Église, au bien des âmes, et à leur propre sanctification.

L'affection excessive de leurs parents, qui les engage dans leurs intérêts temporels, dans leurs procès et leurs affaires.

L'attachement à l'argent, qui les rend durs envers les pauvres, insensibles aux bonnes œuvres, et qui leur fait perdre entièrement le zèle de la maison de Dieu; de sorte que souvent les églises, à la décoration desquelles ils sont tenus, demeurent plus abandonnées, plus dénuées d'ornements, de vaisseaux sacrés, moins entretenues de réparations, que celles auxquelles les laïques doivent ces choses.

La prodigalité, qui leur fait imprudemment employer leurs revenus en des dépenses excessives et superflues, en des ameublements, des équipages, des festins, des livres rares, des peintures, des curiosités, et mille semblables vanités qui les mettent hors d'état d'acquitter les charges de leurs bénéfices quand ils en ont, de faire l'aumône ou autres bonnes œuvres, de payer leurs dettes, de récompenser leurs domestiques, mourant souvent insolvables, au grand scandale des gens de bien.

Le désir ardent de posséder et de multiplier des bénéfices, qui nourrit leur avarice, et les fait souvent tomber dans la simonie.

La recherche des dignités et des emplois éclatants, poussés par le mouvement de leur propre convoitise.

L'intempérance ou la bonne chère, qui les fait devenir gourmands et sensuels, et qui les plonge en toutes sortes de vices.

Pour l'obligation de porter la soutane, la couronne, les cheveux courts et le reste des marques de la cléricature, qui le peut révoquer en doute, après ce qu'on a dit ci-dessus de leur mystérieuse signification? Un religieux ne passerait-il pas pour un apostat, s'il quittait son habit, qui néanmoins ne lui a été prescrit que par l'instituteur de son ordre, et ne lui a été donné que par un simple religieux? Que faut-il donc dire des ecclésiastiques à qui l'Église, par la bouche de tant de saints, a si étroitement enjoint de porter l'habit de leur profession, à qui le Saint-Esprit, par l'organe de tant de conciles, a imposé la même obligation, en des termes si forts, et sous des peines si grandes; à qui Jésus-Christ, en la personne de l'évêque qui les en a revêtus si solennellement, en a enjoint l'usage, qui le quittent impunément, et vont de nouveau se confondre honteusement avec les laïques, et se revêtir encore une fois de l'ignominie des habits séculiers, quoique cela leur soit défendu, sous peine de se voir privés des fruits de leurs bénéfices, de l'entrée de l'église, de la suspension de leurs fonctions, et de l'exercice de leurs ordres, quoiqu'ils soient menacés d'être excommuniés, chassés de l'Église, traités comme des déserteurs de la milice cléricale, et des apostats. Voici les termes de plusieurs Papes et conciles : « Clerici, sive in ecclesia, sive extra, habitum talarem induant nigri coloris, suo statui convenientem, et ex decenti materia factum : qui vero his non paruerint, suspensione plectantur, ab ecclesiæ ingressu arceantur, excommunicationis censuram accipiant, ab exsecutione suorum ordinum arbitri ordinarii suspendantur, fructus beneficiorum amittant, fidei catholicæ rei erunt, tales inter apostatas numerandos, sanctorum Patrum statuta declarant. Clerici in sacris constituti comam non nutriant; si quis contra fecerit, excommunicationem incurrat; si quis ex clericis comam relaxaverit, anathema sit. »

Chap. II. — *Des quatre moindres.*

On se sert de cette expression pour deux raisons : l'une, parce qu'en effet, quelque excellents que ces ordres soient en eux-mêmes, ils sont cependant extrêmement inférieurs en dignité aux ordres supérieurs ; et c'est cette seule considération qui fait tolérer dans l'Église cette manière de parler, qui ne déroge en rien à l'excellence de leur institution dans l'esprit des personnes éclairées, en qui l'ancienne doctrine et le premier esprit du christianisme vivent et subsistent toujours ; ainsi, l'on dit que les anges sont de la plus basse hiérarchie, sans prétendre par là rien diminuer de la dignité de ces esprits célestes.

L'autre, pour s'accommoder au langage du commun des gens du monde et des ecclésiastiques mêmes, auprès desquels il faut se rendre intelligible quand on parle, et qui, par défaut de lumière et de piété, ne voient rien dans ces ordres, quoique saints et sacrés, qui contente leur ambition, ni qui leur procure aucun avantage temporel, ni qui leur donne aucun rang dans l'Église, ou aucune fonction à leur sens honorable ; ainsi, le concile de Trente nous appelle aussi bien que le Pontifical, des prêtres séculiers, quoique dans leur doctrine ils nous imposent des obligations de sainteté plus étroites qu'aux religieux les plus réguliers. De sorte que ces sortes d'expressions ne doivent rien diminuer de l'estime religieuse et de la vénération qu'on en doit avoir.

Pour se bien persuader de cette vérité, entre un grand nombre de choses avantageuses qu'on pourrait en rapporter, et qui sans doute en découvriraient l'excellence, on s'arrêtera à cinq considérations, qui prouveront qu'on ne doit point s'en approcher, si, premièrement, l'on n'est plein de respect pour ces ordres, que l'on appelle mineurs, et si l'on n'est prévenu de saintes dispositions, et de beaucoup de zèle pour la perfection, tant parce qu'ils exigent cela par eux-mêmes, qu'à cause qu'ils sont comme des préparations aux ordres supérieurs ; et qu'ainsi, montant de degré en degré, l'on doit monter de vertu en vertu ; étant honteux, disent les saints, d'avancer toujours en autorité, en pouvoir, en dignité, et de ne faire aucun progrès en grâce et en sainteté : « Vilissimus putandus est, nisi præcellat scientia et pietate, qui est honore præstantior. »

On tirera donc ici leur excellence, premièrement, de ce que Notre-Seigneur a bien daigné en quelque façon les exercer sur la terre. En second lieu, de la haute estime que les plus grands saints en ont eue. Troisièmement, des grâces singulières et des pouvoirs qu'ils confèrent. Quatrièmement, des vertus qu'ils exigent, et enfin des fonctions qu'ils donnent droit de faire.

Première considération. — Quand on dit que notre souverain Prêtre, vivant sur terre, a bien voulu exercer lui-même ces sortes de fonctions, personne n'ignore que cet exercice d'ordre n'est pas de même espèce que celui que nous faisons tous à l'autel. Mais on dit que Notre-Seigneur en a voulu exercer les fonctions, en ce que possédant éminemment en lui la perfection du sacerdoce, il a fait des actions toutes semblables à celles où la réception des ordres mineurs nous engage ; et par là, nous en a donné l'idée, à peu près comme on dit qu'il a donné un crayon et une image du sacrement de la confirmation, quand il imposait ses mains adorables sur la tête des enfants, et qu'il les bénissait : et de celui de l'extrême-onction, quand envoyant ses apôtres en mission, il leur donna le pouvoir de guérir les malades avec de l'huile, quoique, après tout, il n'eût pas encore établi ces sacrements dans l'Église, qui n'était pas encore formée, et pour laquelle il n'avait pas sur la croix laissé percer son côté, d'où devaient découler ces riches sources de sanctification.

Quoi qu'il en soit de cette expression, il est certain que ces ordres ont tiré une grande dignité de ce que Jésus-Christ en a bien daigné exercer les fonctions pendant qu'il était en cette vie, et nous mériter par là les grâces nécessaires pour nous en acquitter dignement.

Il a fait les fonctions de portier, nous disent les saints, lorsque avec un fouet il chassa du temple les personnes indignes qui le profanaient par un commerce honteux. « Hoc officium Dominus noster initiavit, » c'est Yves de Chartres, « quando, flagello de funiculis facto, vendentes et ementes de templo ejecit, et cathedras nummulariorum evertit. » Et il nous a appris, selon l'observation du Pontifical, comment nous remplirions dignement cet office, lorsqu'il a dit qu'il était la porte, et que si quelqu'un entrait et sortait par lui dans les emplois, il y aurait bénédiction, et y trouverait son salut : « Unde ipse ostiarius prætaxatus dixit : *Ego sum ostium ; per me si quis introierit, salvabitur, ingredietur, egredietur, et pascua inveniet.* » (Joan. x, 9.)

Et cet cet ordre dont on est honoré, quand on reçoit le pouvoir d'exercer les mêmes fonctions, et que l'évêque dit : « Sic agite quasi redditori Deo rationem pro iis rebus quæ his clavibus recluduntur. » Si vous devez rendre compte de ce qui est renfermé dans l'église, voyez combien de choses sont commises à vos soins.

Il a fait les fonctions de lecteur, lorsque dans le temple, assis au milieu des docteurs, et dans l'assemblée des Juifs en Nazareth, il lut le livre du prophète Isaïe, selon que le remarque le même évêque : « Hoc officium Dominus noster in propria persona ostendit, quando in medio seniorum librum Isaïæ prophetæ aperiens distincte ad intelligendum legit : *Spiritus Domini super me, ad evangelizandum pauperibus misit me.* » (Luc. iv, 18 ; Isa. lxi, 1.) Nous apprenant par là, continue ce saint prélat, le devoir d'un lecteur, et l'office édifiant qu'il doit exercer dans l'Église : « Ut hoc exemplo cognoscat lector, quia spirituali gratia debet clarere, et sic auditoribus verbum Dei prædicare. » Tel est l'ordre qu'on reçoit quand l'évêque dit ces paroles : « Accipite, et estote verbi Dei relatores, etc. »

Il a fait les fonctions d'exorciste autant de fois qu'il a chassé le démon du corps des possédés ; c'est-à-dire un nombre infini de fois ; mais particulièrement, lorsque avec de sa salive, touchant les oreilles d'un homme muet et sourd, il a délivra de l'esprit rebelle et opiniâtre qui l'occupait : « Hoc officio usus est Dominus, quando saliva sua tetigit aures surdi et muti, et dixit (*Marc.* VII, 34) : *Ephela, quod est adaperire.* » Nous enseignant ainsi par son exemple de travailler à ouvrir la bouche et le cœur des pécheurs endurcis, et de les ôter à leur usurpateur, pour les rendre à leur légitime maître : « Quo exemplo docuit nos tali sacramento aperire debere aures præcordiorum ad intelligendum, et os ad confitendum ; quod sit, cum expulso dæmone, verus possessor recipit sua suum. » C'est cet ordre que l'on confère par ces paroles : « Accipite et habete potestatem imponendi manus super energumenos. » Avez-vous assez de sainteté pour cela ?

Il a fait les fonctions d'acolyte, ou plutôt il a montré qu'il en possédait la grâce en plénitude, lorsqu'il a dit : Je suis la lumière du monde, celui qui me suit ne marche point dans les ténèbres : « Hoc officium Dominus se habere testatur in Evangelio dicens : *Ego sum lux mundi, qui sequitur me non ambulat in tenebris, sed habebit lumen vitæ.* » Et c'est à l'acolyte qu'il a imposé l'obligation de participer à cette grâce, lorsqu'il a dit : *Sic luceat lux vestra coram hominibus, ut videant opera vestra bona, et glorificent Patrem vestrum qui in cœlis est.* (*Matth.* V, 16.) *Vos estis lux mundi.* (*Ibid.*, 14.) Obligation qui s'accroît encore davantage quand on dit : « Accipite ceroferarium, » ou plutôt, « lucete sicut luminaria in mundo. »

Or, qui pourrait dire combien ces ordres véritablement grands et relevés tirent de noblesse et de dignité de ce que Jésus-Christ les a voulu faire reluire en sa personne, en a voulu comme exercer les fonctions, nous a mérité la grâce de les recevoir dignement, et de les pratiquer utilement ? S'il a sanctifié nos moindres actions en les faisant lui-même, et nous attirant la grâce pour les faire en lui dignement, si même par le seul attouchement de son corps adorable, il a consacré les éléments et les sujets les moins capables de sanctification, l'eau pour notre régénération ; si la frange de ses habits guérissait les malades ; si son seul attouchement ressuscitait les morts, quelle bénédiction n'a-t-il pas attirée sur nos sacrées fonctions, en les pratiquant lui-même, en s'y assujettissant, en s'abaissant et se courbant, pour s'exprimer avec saint Ambroise, jusqu'à des emplois si ravalés pour lui ? « Dominus Jesus usque ad lectoris sese incurvavit officium. » Quelle grâce ne nous a-t-il donc pas méritée, et quelle fidélité n'exige-t-il pas de nous, puisqu'il n'a pratiqué ces choses en sa personne qu'afin de les faire saintement pratiquer à ses ministres : « Hæc officia Dominus noster Jesus Christus in propria persona ostendit, et Ecclesiæ suæ exhibenda monstravit, ut forma quæ præcessit in capite repræsentaretur in corpore. » (Pontific. *Biblioth., apost., exhort. ad primam tonsur.*)

Deuxième considération. — Considérons la haute estime que les plus grands saints ont eue de ces ordres que nous appelons mineurs, et la sainteté qu'ils ont cru nécessaire, soit pour les recevoir, soit pour en exercer les fonctions. Considérons leur doctrine, considérons leurs sentiments, considérons leurs exemples.

Voici leur doctrine :

Ils ont enseigné que les sept ordres de la hiérarchie ecclésiastique avaient été figurés par les sept colonnes que la Sagesse a élevées, et qui servent d'ornement à son magnifique palais, et par les sept branches du chandelier du temple.

Ils ont dit que ces ordres étaient représentés par ces degrés d'or couverts de pourpre, qui servaient de marche pour monter au trône de Salomon : « Hic est thronus eburneus ad quem ascenditur, sed gradibus purpureis, ubi sacerdos Dei summi ascendit ad dignitatem ; » et par ceux qui servaient aussi pour monter à l'autel des sacrifices, placés à l'entrée de l'ancien temple : « Introducti sunt quidam minorum ordinum gradus per quos tanquam canticum graduum, ascenditur ad sacerdotium, » ajoute le même auteur.

Ils ont comparé les différents degrés du sacerdoce à la diversité de la hiérarchie des esprits célestes : « Progressiones ministrorum sunt, ut arbitror, imitationes gloriæ angelicæ, et illius œconomicæ dispensationis, » dit saint Clément d'Alexandrie.

Ils n'ont pas fait difficulté d'avancer que les sept ordres de l'Eglise étaient les symboles des sept dons du Saint-Esprit dans nos âmes : « Omnes Ecclesiæ ministri sunt in septem gradus dispositi, quia a septiformi gratia Spiritus consecrati. »

Ces comparaisons et cette doctrine nous apprennent la dignité des quatre ordres mineurs, puisque du moins ils tiennent lieu de quatre colonnes, entre les sept qui ornent la maison de Dieu. S'il y a sept degrés pour monter au trône du vrai Salomon, les ordres mineurs sont les quatre premières marches de ce lieu éminent ; ils sont également d'or et couverts de la pourpre du grand roi. S'il y avait divers degrés pour parvenir à la place de l'autel des holocaustes ; si nous admettons plusieurs hiérarchies d'anges, sept dons du Saint-Esprit, dans la doctrine des saints, les quatre ordres mineurs entrent dans ces nombres mystérieux, et partagent le rang et la dignité avec les autres. Quel respect ne devons-nous pas avoir pour eux ! avec quelle crainte religieuse ne devons-nous pas en approcher ! quels devoirs de sainteté ne nous imposent-ils pas ! quels grands sujets de rejeter les fausses idées que nous en avons !

Voici leurs sentiments :

Commençons par leur respect pour ces

ordres mineurs. Premièrement, à l'égard de l'ordre de portier.

Saint Paulin, si grand selon Dieu et selon le siècle, que saint Ambroise voulait faire son successeur dans l'Église de Milan, et que le monde était heureux de posséder, ainsi qu'assurait saint Martin : « Illum nobis sequendum, illum clamabat imitandum, beatumque esse præsens sæculum tantæ fidei virtutisque documento. » (Sulp.-Sev.)

En un mot, ce saint évêque de Nole proteste qu'il n'avait rien souhaité davantage que d'exercer l'office de portier dans l'église de Saint-Félix. On m'a consacré prêtre, dit-il, je l'avoue; mais c'est par force, c'est malgré moi; on m'a fait violence, on m'a pris à la gorge : « Multitudine strangulante, » dit-il, « presbyteratu initiatus sum, fateor invitus. » Mon ambition ne s'élevait pas là : « Quia ab ædituinomine et officio optavi sacram incipere servitutem. » Tel était le sentiment de cet humble saint, et son estime pour l'ordre de portier, que l'on confère par ces paroles : « Sic agite quasi rationem redditurio pro iis rebus quæ istis clavibus recluduntur. »

En second lieu, sur l'ordre de lecteur, on ne peut avoir de plus illustres marques de l'estime et du respect que les Pères et les martyrs ont eu pour cet ordre excellent, que ce qui nous est resté dans les écrits de saint Cyprien, touchant l'ordination de deux jeunes confesseurs, Célerin et Aurélius. Célerin était un jeune homme de qualité, de qui la grand'mère avait répandu son sang pour la foi : « Avia ejus Celerina jam pridem martyrio coronata est. » Deux de ses oncles, officiers de guerre, mais plus véritablement soldats de Jésus-Christ, avaient eu le même bonheur : « Patruus ejus et avunculus Laurentius et Ignatius, in castris et ipsi quondam sæcularibus militantes, sed veri et spirituales Dei milites, dum diabolum Christi confessione prosternunt, palmas a Domino et coronas illustri passione meruerunt. » Animé par les mouvements d'un sang si noble, et encore plus par des exemples domestiques si glorieux, dit saint Cyprien à son clergé, il n'a eu garde de dégénérer; et je ne sais, continue-t-il, lequel est le plus admirable, ou un tel fils d'avoir eu de tels ancêtres, ou de tels ancêtres d'avoir eu un tel fils : « Nec degener ergo esse, nec minor poterat, quem sic domesticis exemplis virtutis ac fidei provocabat familiæ dignitas, et generosa nobilitas, nec invenio quem beatiorem magis dicam, utrumne illos de posteritate tam clara, an hunc de origine gloriosa. »

Ce vrai fidèle, quoique encore fort jeune, est néanmoins le premier exposé à la fureur d'une persécution naissante et cruelle; il est regardé comme le capitaine des soldats de Jésus-Christ, et la Providence l'ordonna ainsi; afin que sa victoire sur un si redoutable ennemi ouvrit le chemin à ceux qui le suivaient : cette victoire lui coûte cher; on ne lui fait pas des plaies capables de lui donner une mort soudaine. On prolonge les supplices et les tourments; on le tient dix-neuf jours durant en prison, chargé de fers et garrotté d'une manière très-douloureuse. On lui fait endurer la faim et la soif. Sa chair macérée n'en peut plus, mais son esprit est plus vigoureux dans la foi que jamais : « Non brevi compendio vulnerum victor, sed hærentibus diu et permanentibus pœnis, longæ colluctationis miraculo triumphator, per decem et novem dies custodia carceris septus, in nervo ac ferro fuit. Caro famis ac sitis diuturnitate contabuit, sed spiritus, » etc. Son corps est défiguré par de grandes plaies; ses membres, atténués par une telle abstinence, ne sont remarquables que par les cicatrices des tourments qu'il a soufferts : « Lucent in corpore glorioso clara vulnerum signa, eminent et apparent longa tabe consumptis expressa vestigia. » Il y aurait des choses admirables et extraordinaires à dire à la louange de ses vertus, continue toujours saint Cyprien; mais enfin, après que ce confesseur si généreux eut enduré toutes sortes de tourments, les tyrans et les bourreaux, craignant que par sa mort il ne triomphât d'eux, le mirent dehors tout mutilé. Il se retire vers son évêque et son père spirituel saint Cyprien, pour lors réfugié dans le désert, qui le reçoit comme un ange de Dieu; il le veut ordonner lecteur; Célerin résiste et s'en juge indigne; on le presse de consentir à son ordination, il ne peut se résoudre à y donner les mains; il faut une vision pour vaincre sa modestie. Jésus-Christ lui révèle que c'est sa volonté; son évêque lui remontre qu'il doit obéir; tous les fidèles retirés dans cette solitude l'en sollicitent. Il fallut tout cela pour le réduire; et saint Cyprien jugea que celui qui, devant les persécuteurs, avait confessé Jésus-Christ, lirait avec édification, dans l'église et devant les fidèles, les livres saints, serait lui-même une grande prédication, et méritait d'être admis au clergé : « Ut qui sublimiter Christum confessi essent, clerum postmodum Christi ministeriis adornarent, qui cum consentire dubitaret, Ecclesiæ ipsius admonitu et hortatu, in visione per noctem compulsus est ne negaret, nobis suadentibus. Nihil est in quo magis confessor fratribus prosit, quam ut dum evangelica lectio de ore ejus auditur, lectoris fidem quisquis audierit imitetur. » Il avait eu un confrère de sa confession et de ses souffrances, nommé Aurélius. Saint Cyprien les ordonne tous deux lecteurs : « Hos lectores interim constitutos sciatis, quia oportebat lucernam super candelabrum poni, unde omnibus luceat, et gloriosos vultus in loco altiore constitui ubi ab omni fraternitate circumstante, conspecti, incitamentum gloriæ videntibus præbeant. »

Aurélius était aussi un jeune confesseur à la fleur de son âge, illustre par sa naissance, et encore plus par sa piété éprouvée : « Aurelius frater noster illustris adolescens, a Domino jam probatus, et Deo charus, in annis adhuc novellis, sed in virtulis ac fidei laude provectus. » Il confessa deux fois Jésus-Christ devant les tyrans; il écouta d'abord sans s'émouvoir la confiscation qu'on fit de ses biens, et il souffrit patiemment ensuite les tourments dont on déchira son corps : « Gemino hic agone certavit, bis confessus, et bis confessionis suæ victoria gloriosus, et quando vicit factus extorris, et cum denuo certamine fortiore pugnavit triumphator et victor prælio passionis. » La perte du bien et la rigueur de l'exil furent pour lui des victoires trop aisées et trop obscures, et Dieu réservait à son courage un triomphe éclatant et public sur les magistrats idolâtres et sur le proconsul : « Parum fuerat sub oculis ante paucorum, quando extorris flebat, congressum fuisse, iueruit et in foro congredi clariore virtute, ut post magistratus et proconsulem vinceret, et post exsilium tormenta superaret. » On ne savait lequel admirer le plus en lui, ou la pourpre de ses plaies, ou la candeur de sa modestie et de son humilité : « Nec invenio quid in eo prædicare plus debeam, gloriam vulnerum, an verecundiam morum, ita et dignitate excelsus est, et humilitate submissus. » Il semblait que la divine Providence l'eût réservé pour en faire l'honneur du clergé et le restaurateur de la discipline : « Ut appareat illum divinitus reservatum, qui ad ecclesiasticam disciplinam cæteris esset exemplo, quomodo servi Dei in confessione virtutibus vicerint, post confessionem moribus eminerent. »

Voilà quel fut cet admirable confesseur, et la manière dont saint Cyprien en parle; cependant ce saint évêque crut honorer dignement un si grand mérite, et récompenser une si insigne victoire, en l'élevant à l'office de lecteur : *Placuit ut ab officio lectionis incipiat;* rien n'étant plus beau que d'entendre la même voix qui vient de confesser hautement la foi devant les infidèles, prêcher publiquement les vérités de l'Évangile devant les Chrétiens : « Quia et nihil magis congruit voci quæ Dominum gloriosa prædicatione confessa est, quam celebrandis divinis lectionibus personare : post verba sublimia quæ Christi martyrium prolocuta sunt, Evangelium Christi legere unde martyres fiunt; » et de la sellette et du chevalet, d'où il vient d'être assis, de passer au pupitre de l'Église : « Ad pulpitum post catastam venire. » Telle est l'estime et la vénération religieuse que les saints et les martyrs ont eues de ce qu'on appelle un ordre mineur, dont fort souvent on fait très-peu de cas, et à la collation duquel on se prépare si peu.

Troisièmement, sur l'ordre d'exorciste, voici ce qu'en a pensé le grand saint Hilaire, la lumière de l'Église en France; ou plutôt, voici la vénération que le grand saint Martin, le digne disciple d'un si digne maître, en a eue. Sévère Sulpice rapporte que saint Hilaire, auprès duquel saint Martin s'était retiré, voulut souvent l'élever au diaconat; mais que saint Martin, se jugeant indigne de cet honneur, ne put jamais consentir à le recevoir : « Tentavit autem Hilarius, imposito diaconii officio, sibi eum arctius implicare; sed cum sæpissime restitisset, indignum se esse vociferans. » Il fallut donc recourir à un pieux artifice, et surprendre son humilité, pour du moins lui faire recevoir l'office d'exorciste, à quoi il consentit avec peine : « Itaque exorcistam eum esse præcepit, quam ille ordinationem ne despexisse tanquam humiliorem videretur, non repudiavit. »

Voilà l'ordre qui a honoré un saint Martin : « Accipite potestatem imponendi manus super energumenos, et expellendi spiritus immundos ab obsessis corporibus. »

Quatrièmement enfin, sur l'ordre d'acolyte, voici ce que ces deux grands saints en ont pensé, voici ce qu'ils ont fait; car nous voyons dans le Bréviaire romain que saint Hilaire éleva saint Martin à l'office d'acolyte : « Martinus ad Hilarium Pictaviensem se contulit, a quo in acolytorum numerum redactus est. » Tels furent le prix et la récompense d'un homme qui, n'étant encore que catéchumène, avait donné son propre habit en aumône avec tant de charité, que Jésus-Christ, dans une vision céleste, daigna marquer combien cette œuvre de miséricorde exercée en la personne d'un de ses membres lui avait été agréable : « Martinus adhuc catechumenus hac me veste contexit. » Telle, si l'on peut parler ainsi, la récompense de la vertu et du mérite d'un homme qui avait déjà confessé Jésus-Christ devant un empereur idolâtre et apostat, et qui, plein de confiance et de foi, lui avait offert de percer les armées ennemies, et d'en essuyer tous les traits, sans en recevoir aucune blessure, muni seulement du signe de la croix : « Ego signo crucis protectus, aut galea, hostium cuneos penetrabo securus. » On l'élève dans l'Église à une haute dignité; on le juge digne de l'admettre au rang des acolytes; et cela, c'est saint Hilaire qui croit honorer saint Martin, et saint Martin qui se croit honoré de l'ordre d'acolyte; et ne peut-on pas présumer que ce fut cette profonde humilité de saint Martin à se contenter d'être un simple exorciste, qui lui donna un pouvoir si absolu qu'il exerça sur les démons qui possèdent les énergumènes; que ce fut cette modestie qu'il eut à se contenter d'être élevé à l'ordre d'acolyte, qui l'a fait reluire dans toute l'Église, et l'a rendu la claire lumière de l'ordre lévitique, et un sujet d'édification à tous les fidèles; vérifiant en lui cette maxime de saint Chrysostome, que la vie d'un prêtre, comme un grand flambeau, ne doit point avoir d'autres bornes de ses rayons que l'univers : « Sacerdotis animam solaribus radiis puriorem esse oportere, luminis instar universum orbem illustrantis splendescere debere. »

Troisième considération. — Les grâces et les pouvoirs qui sont conférés par les moindres ordres, n'en doivent pas donner une moindre idée.

Sur quoi il est bon d'observer que la tonsure n'est pas mise au nombre des ordres, parce qu'elle ne confère aucune puissance, ni aucun droit de faire aucun acte sur le corps mystique ou naturel du Fils de Dieu, qui ait relation ou qui regarde le sacrifice de l'Eucharistie, ou ceux qui s'en approchent.

C'est une doctrine reçue qu'il y a trois actes hiérarchiques qui appartiennent au sacerdoce de la nouvelle alliance, pris dans son intégrité ; savoir : de purifier, d'illuminer, de perfectionner ; de purifier, en ôtant le péché du cœur ; d'illuminer, en bannissant l'ignorance de l'esprit ; de perfectionner, en conférant les dons et les vertus.

Les ordres moindres participent à ces avantages : car, premièrement, ils agissent sur le corps naturel du Fils de Dieu, du moins médiatement et indirectement, en ce qu'ils ôtent les obstacles et l'indignité, qui pourraient empêcher d'y participer, ainsi que l'explique saint Thomas, après le grand saint Denis. Ces deux docteurs établissent qu'il y a trois sortes de personnes immondes qui, à raison de leur indignité, ne sont pas en état de s'approcher de l'Eucharistie. Les infidèles entièrement privés de la lumière de la foi ; les catéchumènes, qui, prévenus de sentiments religieux, veulent s'instruire, mais sont encore dans l'ignorance de nos mystères ; les énergumènes, qui véritablement ont la foi, mais qui sont obsédés par l'esprit immonde.

Or, les portiers sont institués pour éloigner les infidèles et les hérétiques ; les lecteurs, pour instruire les catéchumènes ; les exorcistes, pour délivrer les possédés. Enfin, il faut présenter la matière dont se fait la sainte Eucharistie, le pain et le vin, dans des vaisseaux propres et nets ; ce qui ne peut dignement être exécuté par des mains impures ; et l'acolyte est un ordre destiné à une fonction si sainte, à présenter une matière destinée à un usage si sacré, et à ôter de l'une et de l'autre toutes les souillures opposées. C'est pourquoi l'institution des quatre moindres ordres est l'effet de l'esprit de sagesse et de sainteté qui gouverne l'Eglise, et nous donne une haute idée et de la sainteté de Jésus-Christ dans l'Eucharistie, des lumières, des ardeurs, de la pureté qu'exige la communion, et de la vertu que demandent les fonctions d'un si redoutable ministère que celui du sacrement de l'ordre.

En second lieu, les quatre moindres ordres agissent sur le corps mystique du Fils de Dieu ; c'est-à-dire sur l'Eglise ou sur les fidèles, en ce qu'ils les purifient, qu'ils les illuminent, qu'ils les perfectionnent. Le portier sépare les bons des méchants, les saints des profanes ; le lecteur, éclairé par la doctrine, dissipe les ténèbres de l'ignorance ; l'exorciste purifie le cœur infecté de l'esprit immonde ; l'acolyte illumine par le bon exemple et la sainteté de vie ; de façon que les quatre ordres mineurs entrent en participation de l'exercice des fonctions hiérarchiques, et doivent obliger ceux qui y aspirent à se préparer soigneusement à leur digne réception, ou à se renouveler dans leur esprit, s'ils les ont reçus.

Que si l'on veut juger de leurs pouvoirs les plus spirituels par les effets les plus sensibles, qu'on jette les yeux sur le seul pouvoir conféré par l'ordre d'exorciste.

Quelle est cette autorité, qu'un homme corruptible et mortel ose commander à des esprits sublimes et incorruptibles, immortels ; qu'il les fasse taire, qu'il les contraigne de lui obéir, qu'il les chasse et les force de quitter la place ! Quelle vertu ! quelle autorité ! qu'elle est étonnante ! N'est-ce pas renouveler ou plutôt continuer la crainte religieuse que Jésus-Christ autrefois imprimait en ceux qui lui voyaient exercer cet empire : *Et factus est pavor in omnibus, et mirati sunt et alloquebantur ad invicem omnes, ita ut conquirerent inter se dicentes : Quidnam est hoc ? quod est hoc verbum ? quæ doctrina hæc nova ? Quia in potestate et virtute etiam spiritibus immundis imperat, et obediunt ei et exeunt ?* (*Marc.* 1, 26, 27.)

Combien cet emploi demande-t-il de sainteté ! Oserions-nous croire que nous délivrerions les possédés ? Ne craindrions-nous point que le démon ne nous dît comme à ces Juifs téméraires, qui, sans pouvoir reçu de l'Eglise, voulaient exercer leur autorité sur eux : *Et Jesum scio et Paulum novi, vos autem qui estis ?* (*Act.* XIX, 15.) Ne regarderions-nous pas au contraire comme un miracle une semblable délivrance, et n'honorerions-nous pas comme un saint celui qui l'aurait opérée ? En effet, nous admirons même et nous louons tous les jours dans l'Office divin les grands saints à qui Dieu a conféré ce pouvoir : « In dæmones mirum exercebat imperium, » disons-nous de plusieurs d'entre eux ; cependant, ce n'est que l'exercice du pouvoir que confère un des moindres ordres : « Accipe potestatem. »

Comment donc croire que nous recevons des pouvoirs plus spirituels, plus grands, et qui exigent plus de sainteté ? Comment ne point appréhender qu'en vérité nous ne recevons que le seul caractère et rarement la grâce de l'ordre, du moins dans sa plénitude ?

Quatrième considération. — Considérons à présent les vertus excellentes que les quatre moindres ordres exigent en celui qui les veut recevoir ou qui les a déjà reçus, et par la sainteté des dispositions requises à la réception d'une telle dignité, jugeons de la dignité même et de la vénération que nous en devons avoir.

Que si nous faisons une attention sérieuse aux prières de l'Eglise et aux cérémonies dont elle se sert pour conférer les ordres mineurs, et que nous puisions dans ces sources son véritable esprit, nous trouverons qu'il y a des vertus qui sont communes aux ordres mineurs, considérés en général, et que chaque ordre en particulier exige des vertus et des qualités singulières.

Ce qui est commun à tous ces quatre ordres, c'est qu'ils demandent, dans ceux qui en sont honorés, deux vertus principales, la religion et le bon exemple; la religion envers Dieu, et l'édification à l'égard du prochain. La première vertu regarde encore le corps naturel de Jésus-Christ, et la seconde son corps mystique ou l'Eglise.

La religion est une vertu qui porte à rendre à Dieu le culte qui lui est dû, et qui s'occupe de ce qui regarde le divin service, afin que tout se fasse avec décence, majesté, dévotion; que tout élève l'esprit en frappant les sens, donne des impressions saintes; que tout signifie, que tout soit instructif, que tout soit mystère, que tout porte un caractère de la sagesse et de l'esprit du christianisme, et de la grandeur du Dieu qu'on y adore, afin que ceux qui voient ces choses, ravis d'admiration, s'écrient comme autrefois : *Hæc est enim vestra sapientia et intellectus coram populis, ut audientes universa præcepta hæc, dicant : En populus sapiens et intelligens, gens magna; nec est alia natio tam grandis quæ habeat deos appropinquantes sibi sicut Deus noster adest cunctis obsecrationibus nostris.* (*Deut.* IV, 6, 7.) Aussi n'y a-t-il aucune cérémonie, pour petite qu'elle paraisse aux yeux du monde, qui ne soit accompagnée de grâce, quand elle est faite avec respect, et qui ne soit grande devant Dieu.

Il est certain que les quatre moindres ordres servent extrêmement à rendre le culte dû à la souveraine majesté.

Le portier est chargé du soin des temples matériels et de tout ce qu'ils renferment; il doit en éloigner tout ce qui peut les profaner, les infidèles, les hérétiques, les excommuniés, les personnes scandaleuses et immodestes; il doit prendre garde que les animaux n'en approchent; qu'on n'y fasse aucun commerce ni aucun bruit; qu'il ne s'y passe rien d'indécent; qu'on n'y cause point et qu'on n'y dorme point; il doit prendre soin des autels, des ornements, de la sacristie, du son des cloches, des livres saints qui servent à l'Office; il est de son devoir d'ouvrir et de fermer l'église aux heures et temps convenables; fonctions toutes exprimées en détail dans les avertissements et les instructions que l'évêque lui fait en lui conférant cet ordre, qu'il serait ennuyeux de transcrire ici, et qui sont toutes contenues dans ce peu de mots qui servent comme de sommaire et de forme à son ordination, lorsqu'on lui met en main les clefs de l'église. Comportez-vous, lui dit l'évêque, comme devant rendre compte à Dieu de tout ce que ces clefs renferment; sous quoi, sans doute, est comprise la garde du très-saint Sacrement, des vases sacrés, de la matière bénite et de tout ce qui est requis à l'administration des sacrements : « *Sic agite quasi Deo rationem reddituri de rebus quæ his clavibus recluduntur.* » Jugez donc si la vertu de religion ne lui est pas nécessaire pour s'acquitter dignement de tant d'emplois, et s'il n'a pas besoin que le zèle de la maison du Seigneur soit sa principale vertu, ainsi que sans doute elle lui est la plus nécessaire.

Le lecteur n'a pas moins besoin de cette vertu que le portier; c'est lui qui doit être attentif sur toutes les lectures qu'on fait dans l'église, les leçons qu'on chante, les bénédictions qu'on donne et qu'il donne lui-même; car cette fonction lui appartient : « *Lectorem oportet benedicere panem et omnes fructus;* » les annonces qu'on publie; sur l'état où se trouvent les livres ecclésiastiques, les Missels, Rituels, Antiphonaires, Processionnaux, Psautiers, Bréviaires, afin que tout ce qui regarde la parole écrite, aussi bien que la parole animée, soit dans l'ordre convenable, dans la décence et la propreté requises.

Mais surtout il doit vaquer à trois choses importantes qui regardent sa charge : à la récitation de l'Office, au chant ecclésiastique, à l'instruction chrétienne des enfants : « *Ad lectorem pertinet primo quæ in Missa et in Officio matutino recitari solent, legere distincte, pronuntiare. Secundo, antiphonas in choro præcinere, lectorem oportet cantare. Tertio festivis diebus doctrinam Christianam in schola vel in ecclesia pueros edocere, et prima fidei rudimenta,* » etc.

Sans doute, s'il y a quelque chose de considérable dans le culte extérieur de l'Eglise, et qui concerne le plus l'honneur de Dieu, ce sont ces trois fonctions, bien et religieusement exécutées.

Veiller à ce qu'on récite dignement l'Office divin, avoir ce zèle, être chargé de ce soin, que l'on loue Dieu sur la terre comme les bienheureux le louent dans le ciel : *Beati qui habitant in domo tua, Domine, in sæcula sæculorum laudabunt te.* (*Psal.* LXXXIII, 5.) Qu'on offre tous les jours un tel sacrifice à Dieu : *Sacrificium laudis honorificabit me.* (*Psal.* XLIX, 23.) Qu'on lui paie ce tribut religieux : « *Sacrificium assiduitatis, pensum servitutis nostræ.* » Car c'est ainsi que les saints appellent la récitation assidue du Bréviaire; c'est-à-dire de tout ce qu'il y a de plus beau, de plus instructif dans l'Ecriture, les Pères, la *Vie des saints.* Le lecteur est chargé de veiller à ce qu'on s'acquitte dignement de ce devoir : « *Ad lectorem pertinet quæ in Missa et in Officio matutino recitari solent, legere distincte, pronuntiare.* »

Il a de plus l'intendance sur le chant ecclésiastique; à ce qu'on remplisse cette occupation angélique avec toute la majesté possible, et que la Jérusalem terrestre imite la Jérusalem céleste; ne sont-ce pas ces divins cantiques que les anges commencèrent d'entonner à la naissance du Sauveur, qui doivent durer jusqu'à la fin du monde, et continuer pendant toute l'éternité? N'est-ce pas l'exercice de ces bienheureux esprits dans le ciel? Ne sera-ce pas celui des saints, qui chanteront à jamais les miséricordes de Dieu sur eux? *Misericordias Domini in æternum cantabo.* (*Psal.* LXXXVIII, 2.) La mélodie ecclésiastique, posément et religieusement faite, n'est-elle pas notre consolation dans cet ennuyeux exil, l'aliment de la dévotion, l'impression du Saint-Esprit? Au contraire, quel déshonneur à l'Eglise d'entendre chanter avec précipitation, immodestie, irréligion? quel sujet de dérision pour les impies, de scandale pour les peuples, de mépris pour les ecclésiastiques, de profanation pour la parole de Dieu? Quelle charge est-ce pour le lecteur de se bien acquitter de cet emploi, de vaquer à ce que les autres s'en acquittent dignement, d'empêcher qu'on ne se relâche sur ce point! Il est ordonné pour cela, il a la grâce pour cela, il est préposé pour cela : « Lectorem oportet cantare, antiphonas in choro præcinere. »

Enfin il est chargé du soin des petites écoles, de l'exercice important du catéchisme. Il doit apprendre aux enfants à prier Dieu; il est tenu de les instruire de la doctrine chrétienne, de continuer ce que Jésus-Christ a commencé sur la terre. Combien cette fonction est-elle importante! Quelle dévotion, quel soin, quel zèle, quelle application, quelle patience ne sont pas requis pour un tel emploi? quel compte n'en rendra-t-il pas? de quelle conséquence n'est-il pas? comme on l'a fait voir ailleurs plus au long : « Ad lectorem pertinet festivis diebus doctrinam Christianam, prima fidei rudimenta in schola vel in Ecclesia pueros docere. » Comment donc s'acquittera-t-il dignement de cet emploi, si le zèle de la vertu de religion n'est pas profondément gravé dans son cœur?

Mais combien cette même vertu est-elle nécessaire à l'exorciste? car, s'il en faut avoir pour exclure des temples matériels les personnes indignes, pour en ôter tout ce qui choque la sainteté de ces lieux consacrés au culte divin, et pour en bannir l'ignorance et le vice, ce que le portier et le lecteur ont soin de faire, quel zèle ne doit pas avoir l'exorciste pour chasser des temples animés l'esprit immonde qui les occupe, l'ennemi de l'innocence et de la foi, l'excommunié public, le loup infernal, l'auteur de toute souillure et corruption? Il doit avoir soin d'assister à la bénédiction des fonts baptismaux, de faire qu'il y ait toujours de l'eau bénite dans les églises; il a même grâce pour assister les moribonds dans ce dernier passage où le démon, cet ennemi de la persévérance finale, joue de son reste, et tourmente souvent visiblement ceux qui décèdent, comme on peut le voir dans l'exemple de saint Martin, et dans la doctrine des saints Pères, tirée de l'Ecriture : « Exorcistam oportet abjicere dæmones : exorcistæ curaverit ut nunquam in vasis aqua benedicta deficiat, atque ut in tempore aqua renovetur et benedicatur a sacerdote, eique benedictioni assistere, » etc. Voilà ses emplois, voilà sa grâce, voilà son zèle et sa religion.

L'acolyte n'aura-t-il pas besoin de religion? lui qui, par la pureté de ses mœurs et l'éclat de sa vie et de sa doctrine, en doit être l'ornement et la gloire; qui doit tenir le luminaire, quand on chante le saint Evangile et qu'on offre le sacrifice redoutable de nos autels; qui doit présenter la matière liquide, figure du sang adorable de Jésus-Christ, qui découla de son côté sur le Calvaire, laquelle sert de matière au sacrement de l'Eucharistie, le vin et l'eau : « Acolythum oportet ceroferarium ferre, cereos accensos deferre, dum legitur Evangelium, vel dum offertur sacrificium ; vinum et aquam ad Eucharistiam ministrare. » Or, cette lumière, ainsi portée par l'acolyte, que lui signifie-t-elle autre chose, sinon le zèle ardent qu'il doit avoir et qui doit le consommer pour la gloire de Dieu, pour la sainteté de sa maison, pour l'honneur de la religion? Tels sont la grâce et l'esprit de l'acolyte. Il est donc vrai que les quatre-moindres ordres demandent en ceux qui les ont reçus, ou qui veulent les recevoir, la vertu de religion dans un grand degré.

Mais ils ne sont pas moins tenus de donner bon exemple et d'être à édification à toute l'Eglise ; c'est un devoir qui leur est imposé par leur ordination.

Voici ce que l'évêque, ou plutôt l'Eglise par sa bouche, dit au portier : Mon cher enfant, devant recevoir l'ordre de portier, sachez qu'en vous remettant les clefs matérielles des temples extérieurs entre les mains, on vous impose l'obligation d'édifier les fidèles, qui sont les temples spirituels du Dieu vivant, par vos paroles et par vos exemples : « Suscepturi, filii charissimi, officium ostiariorum, studete ut sicut materialibus clavibus Ecclesiam visibilem aperitis et claudatis, sic et invisibilem Dei domum, corda scilicet fidelium, dictis et exemplis vestris claudatis diabolo, et aperiatis Christo. » Aussi, rien ne donne-t-il une idée plus édifiante de la régularité d'une maison que la modestie, la dévotion, l'humilité et la charité de celui qui l'ouvre et qui la ferme, qui reçoit les étrangers, et à qui on a confié le soin qui regarde le dehors d'une communauté, et qui doit être un échantillon du dedans?

Voici ce qu'on dit aux lecteurs : Mes très-chers fils, recevant l'office de lecteurs, apprenez votre saint devoir : il consiste à croire de cœur les vérités que vous lirez de bouche, et à les accomplir par vos œuvres, afin qu'en même temps que vous instruisez le prochain par vos paroles, vous graviez dans son cœur la piété par vos actions : « Quod autem ore legitis, corde credatis, atque opere compleatis, quatenus auditores vestros verbo pariter et exemplo vestro docere possitis. » Car vous devez savoir que, si l'on vous élève sur le pupitre dans l'assemblée des fidèles, si l'on vous expose aux yeux de tout le monde, c'est non-seulement afin qu'on vous entende mieux, mais principalement afin de vous insinuer le haut degré de vertu où vous devez être élevés au-dessus des autres, et l'obligation étroite que vous avez de donner le modèle d'une vie toute céleste et divine; qu'étant, par la lecture fréquente des Livres saints, parfaitement instruits des devoirs de la religion, vous mettiez en pratique ce que vous proférez de vive voix, et par ce double devoir vous pourvoyiez à la réputation de la sainte Eglise par l'éclat de votre bone xemple : « Ideoque, dum legitis, in alto loco ecclesiæ stetis, ut ab omnibus audiamini et videamini, figurantes positione corporali vos in alto virtutum gradu debere conversari ; quatenus cunctis a quibus audimini et videmini, cœlestis vitæ formam præbeatis... et assiduitate lectionum instructi, et agenda dicant, et dicta opere compleant, ut in utroque sanctæ Ecclesiæ exemplo sanctitatis suæ consulant. » Telle est l'obligation que contracte le lecteur. Et en effet, quel scandale si la chose allait autrement !

Les exorcistes, quoique occupés à chasser les démons, incapables par eux-mêmes de profiter des bons exemples, ne sont pas exempts de cette obligation ; au contraire comme le démon est un esprit scandaleux, qui, par son mauvais exemple, attira par sa chute la troisième partie des étoiles du ciel après lui, rien n'est plus capable de le combattre et de le confondre que la vie édifiante de celui qui, par ses paroles et ses actions, retire les âmes de l'abîme et coopère à leur salut, leur servant de guide et de modèle. Et c'est l'obligation que lui impose l'évêque, quand il l'exhorte à si bien régner sur ses convoitises, que cet esprit superbe et rebelle ne trouve rien en lui sur la terre qui se ressente du scandale que son orgueil scandaleux causa dans le ciel : « Discite per officium vestrum vitiis imperare, ne in moribus vestris aliquid sui juris inimicus valeat vindicare. »

Quant aux vertus singulières à chaque ordre mineur, il est aisé de les recueillir de ce qu'on a dit, et on le verra encore assez dans ce qui reste à dire ; car, qui n'en conclura que le portier doit être vigilant, soigneux, laborieux ? le lecteur savant, modeste, patient ? que l'humilité, la pureté, le jeûne et la prière conviennent à l'exorciste ? qu'il doit être rempli d'estime de Dieu, de confiance et de force ? et l'acolyte de douceur, de charité, de dévotion, comme se ressentant de l'autel qu'il commence d'aborder, et de l'éclat lumineux qu'il doit en rapporter aux yeux du peuple, ainsi que Moïse descendant de la montagne ?

Telles sont les vertus attachées à ces ordres, que nous appelons mineurs ; qui n'ont, comme on voit, rien que de grand, et qui exigent beaucoup de grâce et de sainteté en ceux qui les reçoivent, et qui les exercent, et qui, leur découvrant leurs défauts et leurs besoins, les excitent à recourir à la prière et à la pénitence.

Cinquième considération. — Quand on dit que la cinquième chose digne d'être considérée dans les ordres mineurs, et qui nous en fait voir l'excellence, se tire des fonctions auxquelles ils engagent, il ne faut pas tant prendre ici le mot de fonction en tant qu'il signifie une action corporelle et un ministère extérieur, qu'en tant qu'il veut dire un effet et une grâce qu'ils doivent produire par leur nature et leur institution dans le corps mystique du Fils de Dieu, ou dans le peuple fidèle sur lequel ils exercent en partie l'office de pasteur, participant déjà, et entrant comme dans le gouvernement de l'Eglise, au service de laquelle ils sont destinés et appliqués ; car il est aisé de voir que ceux qui sont honorés de ces moindres ordres commencent à partager avec les prêtres, le soin du troupeau et du bercail de Jésus-Christ ; et que c'est en cela que consistent leurs fonctions, d'autant plus sublimes, qu'elles sont intérieures et spirituelles ; qu'elles agissent sur l'âme plus que sur le corps ; et par conséquent, qu'il les faut regarder dans cette vue comme beaucoup plus relevées par-dessus ce qu'elles ont droit d'exercer sur le ministère extérieur.

Pour le bien entendre, il faut se souvenir des quatre offices ou quatre devoirs d'un bon pasteur, tel que Notre-Seigneur lui-même nous le dépeint dans l'Evangile.

Il doit avoir les clefs de la bergerie, en ouvrir et fermer la porte ; il doit pourvoir à la nourriture du troupeau ; il doit le défendre contre les violences du loup ; il doit le conduire et marcher devant.

Or, les quatre moindres ordres participent à ces fonctions pastorales.

Premièrement, le portier a les clefs de l'église, ou de la bergerie : « Ostiarius, ut nomine præ se fert, ostia ecclesiæ custodire debet, eaque debitis temporibus reserare et claudere. » C'est aux portiers à qui on a dit dans leur ordination : « Sic agite quasi reddituri Deo rationem pro iis quæ his clavibus recluduntur. » C'est de leur grâce dont Jésus-Christ a parlé en ces termes : *Qui intrat per ostium pastor est ovium, huic ostiarius aperit, et oves vocem ejus audiunt, et proprias oves vocat nominatim.* (Joan. x, 2, 3.) Quand ils ouvrent leur cœur ou celui du prochain à la pratique des vertus, et qu'ils en refusent l'entrée aux vices et au démon, c'est bien alors qu'ils font plus véritablement les fonctions de portier, que quand ils ouvrent et ferment les portes des temples matériels, et qu'ils y admettent les uns, et en excluent les autres : c'est aussi ce que leur recommande principalement l'Eglise dans leur ordination : « Studete, ut sicut materialibus clavibus Ecclesiam visibilem aperitis et clauditis ; sic et invisibilem Dei domum, corda scilicet fidelium, dictis et exemplis vestris, claudatis diabolo, et aperiatis Deo. » Voilà l'excellente fonction du portier, et il l'exerce avantageusement, dit un grand évêque de France : « Si templum Dei quo ipsi sunt, virtutibus aperiant, vitiis claudant. » Enfin, dit un auteur fort ancien et célèbre en ces matières, comme tous ceux qui sont du corps du clergé participent à la grâce du sacerdoce, le portier paraît véritablement y participer, lorsque, par ses soins et son bon exemple, il gagne quelque âme à Dieu, et l'introduit dans le bercail de l'Eglise : « Nos quia generaliter sumus *genus electum, regale sacerdotium, gens sancta* (I Petr. II, 9), scrutari debemus quali modo ostiarii officium peragamus. Ostiarius aperit ostium ecclesiæ ; si quis per fidem aliquem introduxerit in Ecclesiam, ipse ostiarius est. »

En second lieu, le lecteur est chargé du soin de la parole de Dieu, vrai aliment du peuple fidèle, qui ne se nourrit pas seulement du pain matériel : *Non in solo pane vivit homo, sed in omni verbo quod procedit de ore Dei.* (*Luc.* IV, 4.) C'est aux lecteurs à qui on a dit, dans leur ordination, qu'ils s'étudiassent de sustenter le peuple du pur froment de la vérité : « *Studete verba Dei, videlicet lectiones sacras distincte et aperte, ad intelligentiam et ædificationem fidelium, absque omni mendacio falsitatis proferre, ne veritas divinarum lectionum incuria vestra ad instructionem audientium corrumpatur.* » Ce sont leurs grâces et leurs obligations, que le Pasteur des pasteurs a marquées dans l'Evangile en ces termes : *Per me si quis introierit, salvabitur, et ingredietur et egredietur et pascua inveniet: ego veni ut vitam habeant, et abundantius habeant; et ego vitam æternam do eis.* Quand ils guérissent les fidèles du dégoût où ils sont de la viande spirituelle, ou les corrigent de leurs défauts par les charitables avertissements et le bon exemple, ou nourrissant leur piété par les instructions utiles, c'est alors qu'ils remplissent excellemment l'office de lecteur, et qu'ils exercent véritablement ces sortes de fonctions dont nous parlons ici, conformément à ce que nous apprend Hugues de saint Victor : « *Qui male viventes in Ecclesia bene vivendo corripit, et minores instruit juxta Scripturas authenticas, lector est spiritualiter.* »

Troisièmement, l'exorciste est commis pour défendre le troupeau de Jésus-Christ de l'incursion des loups infernaux : « *Exorcistam oportet abjicere dæmones,* » lui dit-on dans son ordination. Il reçoit la puissance d'imposer les mains sur les énergumènes, et de chasser les démons du corps des personnes possédées : « *Accipite potestatem imponendi manus super energumenos.* » C'est de la grâce et du ministère d'exorciste que Notre-Seigneur a parlé, quand il dit dans son Evangile que le bon pasteur, à la différence du mercenaire qui s'enfuit quand il voit venir le loup, expose sa vie pour ses brebis : *Bonus pastor animam suam dat pro ovibus suis; mercenarius autem, et qui non est pastor, videt lupum venientem, et dimittit oves et fugit, et lupus rapit,* etc. (*Joan.* x, 11, 12.) C'est cette puissance qu'il communique à son Eglise en la personne de ses disciples, lorsqu'il leur dit : *Dæmones ejicite* (*Matth.* x, 8), et qu'il a prédit devoir persévérer dans leurs successeurs, par ces paroles : *Dæmonia ejicient.* (*Marc.* XVI, 17.) Mais quand ils exercent cette autorité sur les vices et sur les péchés, qu'ils ont un domaine sur leurs convoitises, c'est alors véritablement qu'ils s'acquittent de l'office d'exorciste, ainsi que l'évêque les en avertit dans leur ordination, quand il demande pour eux à Dieu, « *Sint spirituales imperatores,* » quand ils se reprennent, et qu'ils commandent à leurs vices : « *Discite vitiis imperare:* » et qu'ils ôtent de leur cœur toute souillure et toute malice : « *Studete, ut sicut a corporibus aliorum dæmones expellitis, ita a mentibus et corporibus vestris omnem immunditiam et nequitiam ejiciatis.* » Quand ils chassent de leur âme toute iniquité : « *Tunc etenim recte in aliis dæmonibus imperabitis, cum prius in vobis eorum multimodam nequitiam superatis.* » Quand par le jeûne et la prière ils se rendent redoutables aux démons : « Qui enim orat et jejunat, » dit saint Chrysostome, « terribilis hostis dæmonibus redditur. » Quand, par une pureté tout angélique, ils mettent en fuite tous ces esprits immondes qui ne se plaisent que dans l'ordure : « *Debet habere spiritum mundum,* » dit Ives de Chartres, « *qui spiritibus imperat immundis, ut concordet vita cum officio et malignum quem per acceptum officium expellit de corpore alieno, per munditiam vitæ expellat de corde suo.* »

Enfin l'acolyte doit marcher devant les fidèles; il en est la lumière, il la porte entre ses mains, il exerce l'office de conducteur et de guide; c'est à eux qu'on a dit dans leur ordination : « *Lucete sicut luminaria in mundo, ut et vos et alios et Ecclesiam Dei illuminetis.* » C'est leur office et leur emploi que Notre-Seigneur a indiqué dans l'Evangile, quand, au sujet du bon pasteur, il a dit qu'il est de son devoir de marcher devant les brebis, et du devoir des brebis de le suivre : « *Ante eas vadit, et oves illum sequuntur.* » N'est-ce pas participer à l'office pastoral, et, par conséquent, n'est-il pas tenu de participer aux vertus les plus nécessaires à cet emploi ? Aussi l'avertit-on qu'il sera un parfait acolyte et qu'il en exercera dignement la charge et les fonctions, non quand il portera un chandelier matériel entre les mains, ou du vin et de l'eau pour servir au sacrifice : « *Studete igitur susceptum officium digne implere.* » Et comment le fera-t-il ? Premièrement, s'il ne donne aucun mauvais exemple qui puisse conduire les âmes au précipice : « *Si lucem manibus præferentes, operibus tenebrarum non inserviatis.* » Si la lumière qu'ils portent entre leurs mains, n'étant qu'une image de celle que doit répandre l'éclat de leur sainteté, ils élèvent les âmes à Dieu. « *Quatenus lumen visibile manibus præferentes, lumen quoque spirituale moribus præbeant : sed luceat lux vestra coram hominibus ut videant opera vestra bona, et glorificent Patrem vestrum qui in cœlis est.* » (*Matth.* v, 16.) Si leur esprit, éclairé des lumières de la foi et leur cœur embrasé des ardeurs de la charité, servent de flambeaux à tous les fidèles, et éclairent les temples spirituels dans lesquels le Seigneur habite : « *Accende, Domine, mentes eorum et corda ad amorem gratiæ tuæ, ut illuminati vultu splendoris tui, fideles tibi in sancta Ecclesia deserviant.* » Car, comme observent les auteurs anciens, en ces sortes de matières : Celui-là est véritablement acolyte qui sert de flambeau et de guide à ceux qui marchent dans les ténèbres, les éclairant et les enflammant de l'amour divin : « *Ut sicut visibile lumen manibus gestant, ita opera lucis proximis ostendant, et more lucis errantibus ducatum præstent. Etenim ille spiritualiter* acolytus est, qui ignem verbi cœlestis, quo et illuminentur fratres ad cognoscendum, et inflammentur ad diligendum Deum prædicando ministrat. (Ivo Carnot., Amal. Fortun.) En un mot, si par-dessus toutes choses, entrant parfaitement dans l'esprit sacerdotal et pastoral, ils comprennent que le vin et l'eau qu'ils donnent pour le sacrifice, n'est que la figure de l'obligation qu'ils contractent d'être eux-mêmes de véritables victimes, en s'immolant à Dieu par la pratique de la chasteté et des bonnes œuvres : « Tunc etenim in Dei sacrificio digne vinum suggeretis, et aquam, si vos ipsi Deo sacrificium per castam vitam et bona opera oblati fueritis. » Sans quoi l'immolation même de Jésus-Christ, à l'oblation et au sacrifice duquel ils contribuent, leur serait inutile.

CHAP. III. — *Du sous-diaconat.*

Après avoir vu les obligations que l'on contracte par la tonsure et par les quatre moindres, il faut à présent jeter les yeux sur les ordres supérieurs.

L'évêque, faisant venir devant lui ceux qui prétendent au premier ordre sacré, leur dit ces paroles remarquables : Mes chers enfants, devant être promus à l'ordre sacré du sous-diaconat, il est de votre prudence de considérer attentivement et plus d'une fois le fardeau dont vous allez si délibérément vous charger ; ainsi, pendant qu'il en est encore temps, songez bien à ce que vous allez entreprendre, et faites-y une sérieuse réflexion : « Filii dilectissimi, ad sacrum subdiaconatus ordinem promovendi, iterum atque iterum considerare debetis attente, quod onus hodie ultro appetitis. » Et la raison qu'il en rend, c'est, ajoute-t-il, qu'à la vérité jusqu'ici vous avez été libres, et vous avez pu prendre dans le monde tel parti qu'il vous eût plu : « Hactenus enim liberi estis, licetque vobis pro arbitrio ad sæcularia vota transire. » Mais si une fois vous recevez le sous-diaconat, vous voilà engagés pour toujours, sans qu'il vous soit permis de rompre vos liens : « Quod si hunc ordinem susceperitis, amplius non licebit a proposito resilire. » Vous serez irrévocablement dévoués au culte de Dieu, aux ministères ecclésiastiques et à l'observation perpétuelle de la chasteté : « Sed Deo, cui servire regnare est, perpetuo famulari, et castitatem, illo adjuvante, servare oportebit ; atque in Ecclesiæ ministerio semper esse mancipatos. » Et, par conséquent, tandis qu'il est encore temps, pensez bien à ce que vous allez promettre : « Proinde dum tempus est cogitate. » Cela dit, l'évêque se tait à ce moment pour donner le temps aux ordinands de faire attention pour la dernière fois à ce qu'ils vont faire, et qu'ils ont dû prévoir longtemps auparavant, s'ils ont été sages. Profitons de cet intervalle, et considérons les quatre grandes obligations contenues dans les paroles de l'évêque, et que nous venons d'entendre.

Premièrement, vous vous dépouillez pour toujours de votre liberté, et vous vous imposez des liens qui ne peuvent plus se rompre : « Hactenus enim liberi estis, licetque vobis pro arbitrio ad sæcularia vota transire. » Vous êtes libres à présent, vous dit-il, et vous pouvez disposer de vous à votre gré ; que si vous recevez une fois le sous-diaconat, vous voilà attachés pour toujours : « Quod si hunc ordinem susceperitis, amplius non licebit a proposito resilire. » L'homme est naturellement amoureux de sa liberté, il ne saurait souffrir en cela ni de gêne ni de contrainte ; la lui mettre sous le joug, c'est attenter au plus beau et au plus précieux privilège dont le Créateur l'ait avantagé, et qu'il s'est réservé.

En effet, quand on explique les deux derniers commandements du Décalogue : *Tu ne convoiteras point la femme ni le bien de ton prochain* : « *Non concupisces*, » on observe l'excellence de la loi de Dieu par-dessus celle des hommes, en ce que celles-ci, dit-on, ne défendent que les actions extérieures, celle-là interdit les pensées mêmes et les désirs intérieurs. Ce qui montre et la lumière pénétrante de cet œil invisible qui découvre jusqu'aux plus sombres replis du cœur humain, et son domaine absolu sur les consciences, et la perfection du culte qu'il exige, voulant être adoré en esprit et en vérité ; ainsi, ôter à l'homme jusqu'à la disposition de lui-même, l'obliger à ne plus penser au monde, ni à aucun établissement temporel, à renoncer à toutes les affaires et les soins de cette vie, à dire avec saint Pierre : *Ecce nos reliquimus omnia, et secuti sumus te* (*Matth.* XIX, 27), à captiver et à se renfermer dans un emploi triste et pénible à la nature et aux sens ; c'est assurément lui faire sacrifier ce qu'il a de plus cher et de plus intime.

C'est aussi ce que Notre-Seigneur prédisait devoir arriver au premier de ses apôtres, auquel il avait donné la grâce de l'état ecclésiastique dans sa plénitude, et ce qu'il exigea de lui, comme le dernier comble de la perfection à laquelle il le destinait. Quand vous étiez jeune, lui dit-il, vous vous ceigniez et vous alliez où vous vouliez, vous faisiez de vous ce qu'il vous plaisait ; mais quand vous serez devenu vieux, un autre vous ceindra, et vous mènera où vous ne voudriez pas aller : *Amen, amen, dico tibi : cum esses junior cingebas te, et ambulabas ubi volebas ; cum autem senueris, alius te cinget, et ducet quo tu non vis.* (*Joan.* XXI, 18.) Discours de prédiction qui lui marquait, ajoute l'évangéliste, le genre de mort par lequel il devait glorifier Dieu : *Significans qua morte glorificaturus esset Deum.* (*Ibid.*, 19.)

Ainsi, recevant le sous-diaconat, on reçoit l'arrêt de mort à toutes les prétentions les plus engageantes du siècle ; on avertit que par le passé on a pu disposer de soi-même selon sa volonté, mais qu'à présent on est lié, et qu'on sera souvent conduit où l'on ne voudrait pas aller : *Cum esses junior cingebas te, et ambulabas ubi volebas ; cum autem senueris, alius te cinget, et ducet quo tu non vis.* On vous prédit le genre du martyre par lequel vous honorerez Dieu : *Hoc autem dixit significans qua morte clarificaturus esset Deum.* Il consiste à vous imposer l'obligation de ne plus rien désirer des choses du monde, et à dire avec saint Ignace : « Nunc incipio Christi esse discipulus; nihil eorum quæ videntur desiderans. » A vous faire une loi de ne pas même regarder ses vanités, suivant cette maxime des saints, qu'il n'est pas permis de voir ce qu'il n'est pas permis de convoiter : « Non licet videre quod non licet concupiscere. » Considérez attentivement à quoi vous vous engagez : « Considerare debetis attente onus quod ultro appetitis. »

En second lieu, vous vous consacrez pour toujours au culte de Dieu : « Quod si hunc ordinem susceperitis, amplius non licebit a proposito resilire, sed Deo cui servire regnare est, perpetuo famulari oportebit. » Vous serez les serviteurs de Dieu, il est vrai; c'est le plus grand et le seul honneur qui soit sur la terre; mais c'est un honneur qui coûte cher à la nature, qui demande une grande fidélité; vous serez serviteur de Dieu, mais d'un Dieu jaloux de votre cœur, qui le voudra tout entier avec toutes ses affections, qui ne souffrira aucun partage, qui demande que vous lui rapportiez toutes vos actions comme un tribut religieux dont vous ne pouvez rien retrancher sans vous rendre coupable d'une espèce de larcin sacrilége, dit saint Ambroise : « Cui Deus portio est, nihil debet curare nisi Deum, et quod ad alia officia confertur, hoc religionis cultui decerpitur. » Un si parfait et total sacrifice de soi-même demande d'être considéré, afin de voir si l'on pourra bien accomplir cette parole de l'évêque : « Sed Deo cui servire regnare est, perpetuo famulari oportebit. »

Un jeune homme, dans l'Evangile, appelé de Jésus-Christ aux mêmes emplois que vous, lui demanda permission d'aller seulement dire adieu à sa famille, et de renoncer à son hérédité : *Et ait alter : Domine, permitte mihi primum renuntiare his quæ domi sunt.* (Luc. IX, 61.) Un autre, à qui ce divin Maître avait dit : Suivez-moi, lui répondit : Seigneur, permettez-moi seulement d'aller ensevelir mon père : *Ait autem ad alterum de discipulis ejus : Sequere me. Ille autem dixit : Domine, permitte me primum ire, et sepelire patrem meum.* (*Ibid.*, 59.) Mais le Seigneur n'agréa ni l'un ni l'autre de ces retardements. Il répondit au premier : Personne, mettant la main à la charrue et tournant la tête en arrière, n'est propre au royaume de Dieu : *Nemo mittens manum suam ad aratrum et respiciens retro, aptus est regno Dei.* (*Ibid.*, 62.) Et au second : Suivez-moi, et laissez aux morts le soin d'ensevelir les morts; et pour vous, allez et annoncez le royaume de Dieu : *Jesus autem ait illi : Sequere me, et dimitte mortuos sepelire mortuos suos; tu autem vade, et annuntia regnum Dei.* (*Ibid.*, 60.) Peut-on alléguer des excuses plus spécieuses; cependant, peut-on les rejeter plus fortement, et par là faire mieux connaître l'attachement parfait, continuel, inséparable que demande Dieu dans ses ministres? Que sera-ce de ceux qui ne demandent pas d'aller renoncer à leur hérédité, mais d'aller prendre soin de leurs affaires domestiques? Qu'aurait dit le Sauveur à ceux qui demandent, non pas d'aller enterrer leurs parents, mais de vivre avec eux?

L'Ecriture nous raconte une chose qui fait extrêmement à notre sujet, et qui mérite bien notre attention. Elle nous dit qu'après que les Israélites eurent entièrement conquis la Palestine, Josué assembla les douze tribus, et, s'adressant aux chefs d'entre elles, il leur exposa en peu de mots toute la suite des grâces qu'ils avaient reçues de Dieu, et termina son discours, en leur demandant s'ils prétendaient toujours servir ce même Dieu, et s'attacher inviolablement à son culte, ou bien s'ils voulaient sacrifier aux fausses divinités que leurs pères avaient autrefois adorées; parce que, quant à lui et toute sa famille, ils étaient résolus de s'attacher inviolablement au Dieu d'Israël, qui les avait tirés de la captivité d'Egypte : *Sin autem malum vobis videtur, ut Domino serviatis, optio vobis datur; eligite hodie quod placet, cui servire potissimum debeatis, utrum diis quibus servierunt patres vestri; ego autem et domus mea serviemus Domino.* (*Josue,* XXIV, 15.) Cette proposition fit frémir ce peuple religieux et pour lors dans la ferveur. Nous, quitter le Seigneur, répondirent-ils, abandonner son service! *Absit a nobis ut relinquamus Dominum; serviemus igitur Domino, quia ipse est Dominus Deus noster.* (*Ibid.*, 16.) Josué, entendant cette résolution, leur représenta la difficulté de leur entreprise : Vous ne pourrez pas servir le Seigneur, leur répliqua-t-il. Le Seigneur est un Dieu saint, mais d'une sainteté sévère et jalouse, qui ne vous pardonnera aucun péché; ainsi, n'entreprenez rien au-dessus de vos forces, et dont vous ne puissiez venir à bout : *Dixitque Josue ad populum : Non poteritis servire Domino; Deus enim sanctus et fortis æmulator est, nec ignoscet sceleribus vestris atque peccatis.* (*Ibid.*, 19.) Si vous abandonnez son service, après vous y être consacré, il vous exterminera : prenez donc garde à ce que vous ferez : *Si dimiseritis Dominum, affliget vos atque subvertet.* (*Ibid.*, 20.)

Or, n'est-ce pas là le langage de l'Eglise par la bouche de l'évêque? « Hactenus enim liberi estis, licetque vobis pro arbitrio ad sæcularia vota transire. Quod si hunc ordinem susceperitis, non licebit a proposito resilire; sed Deo cui servire regnare est, perpetuo famulari oportebit; proinde, dum tempus est, cogitate. »

Prenez donc garde à ce vous allez entreprendre. Pourrez-vous bien vous dédier entièrement à Dieu, garder ses lois et celles de l'Eglise, pratiquer toute votre vie les exercices de piété et les vertus par lesquelles vous lui pouvez plaire: l'amour, le respect, l'humilité, la fidélité, la religion, etc.? « Sed Deo, cui servire regnare est, perpetuo famulari oportebit. » En un mot, être un véritable serviteur de Dieu, un homme de Dieu : *Tu autem, o homo Dei?* (I Tim. VI, 11.) Ne vous démentirez-vous point de son service? Que si, étonné de ces grandes obligations, vous voulez retourner au monde, et servir les dieux étrangers, les vrais ecclésiastiques vous répondront : Allez, mais pour nous, nous vous déclarons que jamais nous n'abandonnerons le Seigneur : *Ego autem, et domus mea, serviemus Domino.* (Josue. XXIV, 15.) Que si, au contraire, vous êtes constamment résolu de dire avec ce peuple : Non, je ne m'en dédirai jamais, je servirai le Seigneur toute ma vie : *Nequaquam ita ut loqueris erit; sed Domino serviemus.* (Ibid., 21); je renonce aux maximes du monde et à son esprit; je veux vivre dans la sainteté de l'état où Dieu m'appelle; je n'ai garde de prêter l'oreille à ce discours qu'on tenait autrefois à David pour l'exclure de l'héritage du Seigneur : *Qui ejecerunt me hodie, ut non habitem in hæreditate Domini, dicentes : Vade, servi diis alienis.* (I Reg. XXVI, 19.) A ces paroles, que pourra-t-on répliquer? sinon avec l'évêque : Si vous êtes dans cette inviolable résolution, et que vous y vouliez persévérer, approchez au nom du Dieu vivant : « *Proinde, dum tempus est, cogitate, et si in sancto proposito perseverare placet, in nomine Domini huc accedite.* »

Troisièmement, vous vous imposez l'obligation de garder la chasteté perpétuelle : « *Quod si hunc ordinem susceperitis, non licebit a proposito resilire; sed castitatem, Deo adjuvante, servare oportebit perpetuo.* » N'est-ce pas là une obligation bien pesante à l'homme sensuel et corrompu? Plût à Dieu, plût à Dieu, dit saint Bernard, que ceux qui ne sentent pas en eux ce don, ne fussent pas si téméraires que d'en vouer l'observation, que de s'engager à une si haute perfection! « *Utinam qui continere non valent, perfectionem temerarie profiteri, aut cælibatui dare nomina vererentur!* » Parce qu'en effet c'est une entreprise téméraire, si Dieu ne vous appelle pas : « *Sumptuosa siquidem turris est, et verbum grande, quod non omnes capere possunt!* » Et, comme il vaudrait mieux, sans doute, se marier que de brûler, aussi serait-il incomparablement plus prudent de faire son salut au rang des simples laïques, que de s'élever au grade sublime du clergé, pour, après l'avoir déshonoré par une vie criminelle, recevoir un jugement rigoureux : « *Esset quidem sine dubio melius nubere, quam uri, et salvari in humili gradu fidelis populi, quam in cleri sublimitate et deterius vivere, et districtius judicari.* »

Il est donc d'un homme prudent de prévoir ce qu'il va faire : « *Omne siquidem quod agimus per studium considerationis prævenire debemus,* » dit saint Grégoire, de mettre d'un côté ses forces, et de l'autre le poids des obligations que l'on contracte, afin que si les unes ne sont pas proportionnées aux autres, on se retire : « *Prius vires suas cum hoc quod subiturus est one-*

re metiatur, ut si impar est, recedat, » dit le même Père. Heureux celui qui sacrifie sa chair par le glaive de la mortification, avant que de sacrifier la chair de Jésus-Christ par le glaive de la consécration! et qui, immolant sans cesse sa chair, qui ne meurt jamais tout à fait, imite en quelque façon la chair adorable de la sainte victime que l'on immole tous les jours, et que l'on ne détruit jamais.

Il est vrai que, selon saint Jérôme, entre tous les combats des Chrétiens, ceux auxquels la chasteté engage sont les plus dangereux, puisque les assauts sont continuels, et que la victoire est rare : « *Inter omnia certamina Christianorum, duriora sunt prælia castitatis; nam ibi continua pugna, et rarior victoria.* » Mais il est vrai aussi que ce saint docteur ne parle que des simples fidèles engagés dans le monde : « *Inter omnia Christianorum certamina,* » et non des prêtres, des chefs du peuple de Dieu; car, à leur égard, il faut qu'en eux le combat soit rare, et le triomphe continuel : « *Rara pugna, et quotidiana victoria.* » Et sans doute ce grand docteur l'entend ainsi, puisque, décrivant la nature de la chasteté sacerdotale, il assure qu'elle ne consiste pas seulement à s'abstenir de toute action impure, mais même à être exempt de toute œillade inconsidérée, et de toute pensée vagabonde. Voici ses paroles : « *Castitas propria, et ut ita dicam, pudicitia sacerdotalis est, ut non solum ab opere immundo abstineat, sed ut a jactu oculi, et a cogitationis errore, mens corpus Christi confectura sit libera.* » Il est donc bien éloigné de penser que la victoire de ce péché soit rare dans un prêtre. Ainsi, quelle force ne faut-il pas pour vaincre parfaitement un tel ennemi? « *Proinde, dum tempus est, cogitate; nam si hunc ordinem susceperitis, castitatem, Deo adjuvante, servare oportebit perpetuo.* » Voyez donc si vous vous êtes bien éprouvé, de peur que, portant un feu étranger dans le sanctuaire, ainsi que Nadab et Abiu, vous ne soyez consumé par les flammes vengeresses qui sortiront de l'autel, et qu'il ne vous arrive le même accident dont saint Grégoire fait mention dans ses *Dialogues*.

Il dit qu'un certain clerc de l'église d'Aquin, en Italie, se trouvant possédé du démon, son évêque nommé Constantius, auquel apparemment il était cher, l'envoya à divers tombeaux des martyrs, pour obtenir sa délivrance, mais inutilement; enfin on le conduisit au grand saint Benoît, pour lors fameux par ses miracles, qui, par ses prières, délivra cet ecclésiastique de l'esprit immonde; mais qui lui dit, après l'avoir guéri : Allez, désormais abstenez-vous de chair, et ne soyez pas si osé que de vous approcher jamais des ordres sacrés; car, du moment que vous aurez cette témérité, vous serez aussitôt saisi par le démon : « *Vade, et posthac carnem ne comedas; ad sacrum ordinem nunquam accedere præsumas; quacunque autem die ad sacrum ordinem accedere præsumpseris, statim juri diaboli ite-*

rum mancipaberis. » Ce clerc se retira guéri ; et, comme la peine encore récente donne de la crainte, il fut fidèle pendant quelque temps à se tenir dans les bornes que ce saint abbé lui avait prescrites. Mais, plusieurs années s'étant écoulées, et ses anciens dans la cléricature décédés, il lui fâcha de voir la promotion de ses inférieurs au-dessus de lui, et de demeurer au-dessous ; il crut qu'après un si long espace il n'avait plus rien à craindre ; il s'approcha de l'ordre sacré, il le reçut ; mais à l'heure même le démon qui l'avait quitté rentra dans son corps, et ne cessa de le tourmenter, qu'il ne lui eût arraché l'âme par de continuelles violences : « Quem mox is qui reliquerat diabolus tenuit, eumque vexare, quousque animam ejus excuteret, non cessavit. » Plaise à Dieu que le démon ne s'empare pas du cœur de ceux qui s'en approchent lorsqu'ils devraient le plus s'en éloigner !

« Quatrièmement, vous vous dévouez pour toujours au service des autels : « Quod si hunc ordinem susceperitis, oportebit in Ecclesiæ ministerio semper esse mancipatos. » En effet, l'ordre que vous recevez s'appelle sacré, parce qu'outre qu'il consacre votre corps et votre âme par l'observation de la continence et la privation de tout plaisir sensuel, il vous donne de plus le droit de toucher les vases destinés au redoutable mystère des autels, et de coopérer en votre manière à l'oblation du sacrifice : « De subdiaconis placuit Patribus, ut quia sacra mysteria contrectant, casti et continentes sint ab uxoribus, et ab omni carnali immunditia liberi ; juxta quod illis, propheta jubente, dicitur : *Mundamini, qui fertis vasa Domini* (Isa. LII, 11), » dit saint Isidore.

D'où il s'ensuit qu'il vous impose l'obligation de mener une vie sainte et pure, exempte en un mot de tout ce qui est exposé à votre consécration ; car, ainsi que raisonne un Père de l'Eglise déjà souvent cité, s'il était si expressément ordonné aux lévites anciens d'être purs, parce qu'ils touchaient et qu'ils portaient les vases du tabernacle, qui néanmoins ne contenaient rien de plus sacré que le sang des animaux, que ne sera-t-il pas commandé aux ecclésiastiques et aux prêtres du Nouveau-Testament, qui portent en eux-mêmes, et en leurs mains le Saint des saints, le corps et le sang de Jésus-Christ immolé pour nous ? « Verbum prophetæ est : » *Mundamini, qui fertis vasa Domini :* quanto mundiores esse oportet qui in manibus et corpore portant Christum, quibus apostolus dicit : *Glorificate et portate Christum in corpore vestro.* » (*I Cor.* VI, 20.) De plus, cet ordre s'appelle sacré, parce qu'il confère les sept dons du Saint-Esprit, pour résider en ceux qui le reçoivent dignement. Seigneur, dit l'Eglise par la bouche de l'évêque, établissez-les dans votre sanctuaire : « Domine, eos in sanctuario tuo sancto strenuos instituas. » Que l'esprit de sagesse et d'entendement repose sur eux ; l'esprit de conseil et de force ; l'esprit de science et de votre piété ; remplissez-les de l'esprit de crainte :

« Et requiescat super eos spiritus sapientiæ et intellectus, spiritus consilii et fortitudinis, spiritus scientiæ et pietatis : et reple eos spiritu timoris tui : » ce qui sans doute exige beaucoup de sainteté dans celui qui les reçoit. Ajoutez à cela que cet ordre s'appelle sacré, à cause que par sa réception l'on contracte l'obligation de dire l'Office divin, et que l'on consacre sa bouche et ses lèvres, et encore plus son cœur, à la récitation des louanges de Dieu : exercice saint en lui-même, qui exige des dispositions saintes en ceux qui y sont tenus, et qui rend saints et divins ceux qui s'en acquittent dignement, selon saint Bernard : « Ideo vocatur Officium divinum, tum quia in se divinum est, tum quia in se divinas in recitante dispositiones exigit, tum quia divinos efficit sancte recitantes. » Exercice qui participe à l'excellence du sacrifice, puisque l'Ecriture le nomme la victime de nos lèvres : *Vitulos labiorum.* (*Ose.* XIV, 3.) Un sacrifice de louanges : *Tibi sacrificabo hostiam laudis.* (*Psal.* CXV, 17.) Une imitation de la vie des bienheureux : *Beati qui habitant in domo tua, Domine, in sæcula sæculorum laudabunt te.* (*Psal.* LXXXIII, 5.) Comment donc après cela proférer de cette même bouche des paroles messéantes ? « Consecrasti os tuum Evangelio, » ajoute le même saint Bernard, « talibus jam aperire illicitum est, assuescere sacrilegium. » Enfin, le sous-diaconat s'appelle un ordre sacré, parce qu'en le recevant vous vous engagez à suivre Jésus-Christ et à l'imiter dans son humilité et dans son zèle : deux vertus dont la pratique entre dans la consécration du sous-diacre ; surtout puisque la consécration des ministres de l'autel n'est autre chose en eux, selon saint Thomas, que le sacrement même de l'ordre.

Dans son humilité : car qu'est-ce que ministère, sinon service et abaissement ? Notre-Seigneur, le souverain prêtre, ne dit-il pas que celui qui veut être son ministre soit le serviteur de tous ? *Sit vester minister, erit omnium servus.* (*Matth.* XX, 26.) Le sous-diaconat, est-ce autre chose ? Le même Sauveur ne fait-il pas consister son ministère dans cet abaissement ? *Non venit ut ministraretur, sed ut ministraret.* (*Marc.* X, 45.) *Ego sum in medio vestrum tanquam qui ministrat.* (*Luc.* XXII, 27.) Que si le sous-diacre est tenu de préparer l'eau requise au ministère de l'autel, de purifier les vaisseaux sacrés, les corporaux et les palles ; de présenter au diacre le calice et la patène, et de tenir tout ce qui concerne l'action du sacrifice dans une propreté et netteté singulières, n'est-il pas encore plus tenu d'imiter le profond abaissement de Jésus-Christ aux pieds de ses apôtres, quand il les leur lava avec de l'eau, et les leur essuya avec un linge dont il s'était ceint, selon la remarque d'Yves de Chartres : « Hoc officio usus est Dominus, quando facta cœna cum discipulis, linteo se præcinxit, et mittens aquam in pelvim, pedes discipulorum lavit, et linteo se præcinxit. » Et qu'il leur dit : Je vous ai donné l'exemple en m'abaissant devant vous, moi qui suis le Seigneur et le maître ; songez donc à l'obligation que je vous laisse de m'imiter dans l'humilité de mon ministère : *Si ergo lavi pedes vestros Dominus et magister, et vos debetis alter alterius lavare pedes : exemplum dedi vobis, ut quemadmodum ego feci, ita et vos faciatis.* (Joan. XIII, 14, 15.) Et ce n'est pas sans raison, si dans le sous-diacre l'humilité doit suivre la chasteté dont on vient de parler, puisqu'elle en est la gardienne et le fondement ; aussi, comme observe saint Isidore, les sous-diacres sont dans l'Eglise ce que les nathinéens, c'est-à-dire, des hommes faisant profession de servir Dieu en toute humilité, étaient dans la Synagogue : « Subdiaconi in Esdra appellantur nathinæi, id est, in humilitate Deo servientes. »

Mais ils doivent encore imiter Jésus-Christ dans son zèle ; car si le sous-diaconat est dit un ordre sacré, parce qu'il donne droit de toucher et de purifier les vaisseaux bénits, qui ne sont après tout que de métal, combien le sera-t-il par cette autre plus excellente fonction, figurée par la première, savoir, de purifier les fidèles, qui sont les vrais ornements, et les habits précieux de Jésus-Christ, le souverain prêtre et l'autel de Dieu par excellence ; car le soin dont le sous-diacre se charge de nettoyer les linges et les vaisseaux sacrés, n'est que l'image de son application le cœur des fidèles par l'effusion, si l'on peut parler ainsi, des avis salutaires, des exemples religieux, et de la doctrine céleste, qu'il est tenu de répandre comme une pluie féconde sur eux, afin que, nettoyés des ordures contractées dans le commerce du monde, ils soient remis en l'état de pureté requis pour participer au sacrifice de cet autel mystérieux, qui n'est autre que Jésus-Christ : « Altare quidem sanctæ Ecclesiæ ipse est Christus ; cujus altaris pallæ et corporalia sunt membra Christi ; scilicet, fideles Dei, quibus Dominus quasi vestimentis pretiosis circumdatur : si itaque humana fragilitate contingat in aliquo fideles maculari, præbenda est a vobis aqua cœlestis doctrinæ, qua purificati, ad ornamentum altaris et cultum divini officii redeant. »]

Voilà son grand devoir. Que s'il n'avait seulement en vue que de tenir nets et propres les instruments extérieurs du culte de Dieu, ce ne serait qu'exercer une profession laïque et extérieure, et non un office ecclésiastique et spirituel ; car, selon Hugues de Saint-Victor, celui qui, par ses bons exemples et ses salutaires conseils, purifie les souillures du cœur des fidèles, s'acquitte excellemment de l'office de sous-diacre, et est parvenu au degré de pureté requis à un si grand emploi, duquel alors il possède parfaitement la grâce : « Qui tantæ munditiæ est, quod exemplo ejus et consilio, cæteri sordibus criminum lavantur, officium subdiaconi implet et possidet. »

C'est donc avec grande raison qu'on a dit ci-dessus que la pratique religieuse du zèle et de l'humilité entre dans la consécration du sous-diaconat, et contribue à lui donner le nom d'ordre sacré, puisque, par le moyen de ces deux vertus, on exerce les actes d'une si grande sainteté ; car, selon saint Thomas : « Ordo sacer dicitur, qui habet aliquem actum circa rem aliquam consecratam. » Or, le sous-diaconat est essentiellement un ministère, et un ministère institué encore plus utilement pour la purification des âmes consacrées à Jésus-Christ, comme on vient de voir, que pour la purification des vaisseaux bénits.

Après cela, peut-on douter que le sous-diaconat n'impose l'heureuse nécessité de mener une vie digne d'un homme qui se dévoue entièrement au culte de Dieu, à la sanctification des fidèles, au sacrifice du corps naturel de Jésus-Christ, et au service de son corps mystique ? et qu'il exige de celui qui le reçoit une sainteté proportionnée à un si haut emploi, à une si divine fonction ? C'est l'Eglise même qui dans l'ordination nous instruit de cette obligation : « Estote ergo tales, qui sacrificiis divinis, et Ecclesiæ Dei, hoc est corporis Christi, digne servire valeatis. » Et ainsi, continue-t-elle, si jusqu'ici vous avez été peu assidus aux Offices, lâches et tièdes au service de Dieu, intempérants et sensuels, déshonnêtes et incontinents, sachez que désormais vous devez avoir une assiduité continuelle à l'Eglise, une vigilance incomparable, une sobriété exemplaire, une pureté angélique : « Et ideo si usque nunc fuistis tardi ad ecclesiam, amodo debetis esse assidui : si usque nunc somnolenti, amodo debetis esse vigiles ; si usque nunc ebriosi, amodo sobrii ; si usque nunc inhonesti, amodo casti. » Ce sont quatre grandes résolutions, qui, bien pratiquées, vous attireront en abondance la grâce du sous-diaconat, et la force de soutenir le poids des obligations dont vous allez vous charger. « Proinde dum tempus est, cogitate ; » et à ne pas vous engager témérairement dans l'état ecclésiastique ; c'est-à-dire, à ne pas entreprendre mal à propos de bâtir cette tour évangélique, sans avoir de quoi conduire à fin une si grande entreprise : « Sumptuosa siquidem turris est, et verbum grande, quod non omnes capere possunt. »

CHAP. IV. — *Du diaconat.*

Lorsque l'Eglise veut nous élever au diaconat et à la prêtrise, elle nous inculque cette même obligation par une espèce de cérémonie qui nous en fait encore voir l'importance et la grandeur. Le principal d'entre les officiers de l'évêque, c'est-à-dire l'archidiacre, se lève, et parlant au nom et comme député de tous les fidèles, il s'adresse au pontife, revêtu de mitre et assis dans un fauteuil, prêt et disposé à imposer les mains et à conférer les ordres, et il lui tient ce discours : Très-vénérable Père, l'Eglise sainte catholique, notre Mère, demande que vous éleviez ces sous-diacres ici présents à la charge du diaconat : « Reverendissime Pater, postulat sancta Mater Ecclesia catholica, ut hos præsentes subdiaconos, ad onus diaconii ordinetis. » Point de parole dans ce discours qui ne mérite sa réflexion.

Premièrement, le langage change. Dans le sous-diaconat, l'évêque, s'adressant aux acolytes, leur avait dit qu'ils prissent garde attentivement et plus d'une fois au fardeau dont ils allaient délibérément se charger : « Filii charissimi, ad sacrum subdiaconatus ordinem promovendi, iterum atque iterum considerare debetis attente onus quod ultro appetitis. » Des expressions si fortes, des avis si pressants et si réitérés, sont des preuves visibles de l'importance de la chose, et de quelle conséquence il est de prendre garde à ce que l'on va faire et aux liens qu'on prétend vous imposer. En effet, toutes les conditions requises à une prudente délibération se rencontrent dans la conduite que l'Eglise garde envers les ecclésiastiques qui prétendent recevoir ce premier ordre sacré; dans les mesures qu'elle les oblige de prendre et les réflexions qu'elle leur porte à faire avant que de se présenter à l'évêque, et dans l'intervalle qu'elle met entre le dernier des ordres moindres et le sous-diaconat : « Non nisi post annuum a susceptione postremi gradus minorum ordinum, ad sacros ordines promoveantur. » Et cela, dit-elle, afin qu'ils sentent, par l'essai qu'ils feront des vertus attachées au sous-diaconat, par l'épreuve qu'ils tireront d'eux-mêmes, en éprouvant quelles sont les obligations qu'ils vont contracter, et par les instructions qu'on leur donnera, combien pesant est le fardeau dont ils vont se charger : « Minores ordines per temporum interstitia conferantur, ut eo accuratius quantum sit hujusce disciplinæ pondus possent edoceri. » Que si on ajoute à cela l'âge de vingt-deux ans qu'elle désire en eux, on avouera que rien ne manque, de sa part, à ce que ceux qui s'engagent au sous-diaconat ne soient surpris et ne se lient inconsidérément. Les instructions et les avis, l'âge avancé, l'expérience de ce genre de vie, tout concourt, et du côté de l'entendement, et de la part de la volonté, et de la maturité de l'âge, pour ne point embrasser cette profession que très à propos.

Après toutes ces sages précautions, elle les laisse encore à leur liberté, et leur dit pour la dernière fois, un moment avant leur ordination, qu'ils examinent bien encore en dernier lieu ce qu'ils vont faire, si c'est bien Dieu qu'ils cherchent, et qui les cherche; et, laissant cette discussion à leur conscience, elle abandonne leur résolution à leur confesseur et à eux : « Proinde dum tempus est cogitate. »

Mais quand on vient au diaconat, elle s'exprime autrement. L'archidiacre se lève, comme on vient de le remarquer, et s'adressant à l'évêque, il lui dit : « Reverendissime Pater, postulat sancta Mater Ecclesia catholica ut hos præsentes subdiaconos ad onus diaconii ordinetis. » L'Eglise demande que vous confériez la charge du diaconat à ces sous-diacres ici présents.

Premièrement, l'Eglise demande : « Postulat Ecclesia. » Or, est-ce bien l'Eglise qui demande votre promotion à cet ordre supérieur? L'Eglise, cette Epouse fidèle, si jalouse de l'honneur de son Epoux, si instruite de ses volontés, si informée de ses maximes et de son esprit, qui ne lui veut donner que des ministres fidèles et prudents : *Fidelis servus et prudens, quem constituit Dominus super familiam suam.* (*Matth.* XXIV, 45.) Est-ce l'Eglise qui vous désire? Est-ce l'Eglise qui, édifiée de votre sage conduite dans le sous-diaconat, de votre chasteté exemplaire, de votre modestie, de votre zèle, sollicite et presse qu'on vous impose les mains et qu'on se hâte de vous envoyer travailler au salut de tant d'âmes qui se perdent, espérant que vous ferez un ouvrier véritablement apostolique? « Postulat Ecclesia. » Est-ce à ses instances et à ses prières qu'on vous imposera les mains? Car voici comme elle s'exprime : « Commune votum communis oratio prosequatur, ut hi totius Ecclesiæ prece qui ad diaconatus ministerium præparantur, leviticæ benedictionis ordine clarescant, ». De sorte que votre ordination doit être le fruit et l'accomplissement des vœux et des désirs de l'Eglise, qui vous a demandé à Dieu. Voyez si la chose est ainsi et si votre conduite passée peut vous donner quelque confiance que cette Epouse chaste, animée de l'Esprit-Saint, vous demande : « Postulat Ecclesia. »

Car si l'Eglise ordonne que vous ne deveniez point diacre qu'après avoir tout au moins exercé pendant un an les fonctions du sous-diaconat avec édification : « Promoti ad sacrum subdiaconatus ordinem, si per annum saltem in eo non sint versati ad altiorem gradum non promoveantur, » ce n'est qu'afin que, montant saintement de vertu en vertu, vous puissiez monter sûrement de dignité en dignité. Voici comme elle explique son intention : « Atque ita de gradu in gradum ascendant, ut in eis cùm ætate, vitæ meritum et doctrina magis accrescat. » Elle prétend qu'avançant dans les ordres vous avanciez dans la doctrine de la piété, et que l'une et l'autre aillent de même pied.

Cela étant ainsi, est-ce donc l'Eglise qui demande votre promotion? « Postulat Ecclesia. » N'est-ce point votre famille, ce père et cette mère, la chair et le sang? N'est-ce point votre ambition, une envie secrète de parvenir à un bénéfice? « Postulat Ecclesia. »

La sainte Eglise demande : « Postulat sancta Ecclesia. » Cette épithète n'est pas mise ici au hasard. L'Eglise est composée de deux sortes de personnes : de bons et de méchants, de brebis et de boucs; elle a des membres vivants, elle a des membres morts. Ceux-ci ne participent point à la grâce sanctifiante, qui donne le sentiment de la charité et le mouvement des bonnes œuvres. On prend donc ici l'Eglise principalement pour cette partie excellente qui forme la société des justes sur la terre, animés de l'Esprit de Dieu, vivifiés par sa grâce, et qui conspirent au même dessein. Est-ce donc cette Eglise sainte, cette société des justes, cette plus excellente portion du corps mystique du Fils de Dieu, qui demande qu'on vous admette au clergé, c'est-à-dire dans la congrégation des principaux membres de l'Eglise, spécialement consacrés au culte de Dieu et spécialement députés à la sanctification des âmes? Sont-ce les gens de bien, qui, touchés de votre mérite, de vos dons, de vos talents, demandent qu'on vous mette à leur tête pour leur servir de guide et de modèle? qu'on vous pose sur le chandelier, pour s'édifier de votre doctrine et de vos bons exemples? Ne sont-ce point les gens du monde, la société des pécheurs, qui vous excitent à vous avancer, ou plutôt à vous précipiter, et qui vous disent: *Mitte te deorsum.* (*Luc.* v, 9.) Euge, euge, dux bone, dux præclare; quando hæc erunt? quando lucerna super candelabrum? ubi talentum? » *Manifesta teipsum mundo.* (*Joan.* vii, 4.) Tels sont les discours que de semblables esprits tenaient autrefois à saint Grégoire de Nazianze. Examinez donc si c'est l'Eglise sainte qui sollicite votre promotion : « Postulat sancta Ecclesia. »

La sainte Eglise catholique demande : « Postulat sancta Ecclesia catholica. » Que veut dire ici ce mot de catholique? Il nous apprend que, comme l'Eglise est la dépositaire et interprète de la doctrine, elle demande des ministres d'une foi pure, saine, orthodoxe, également exempts d'ignorance et de singularité. Elle vient de demander la probité : « Postulat sancta Ecclesia; » elle demande à présent la capacité : « Postulat Ecclesia catholica. » Car la probité sans la science rend un prêtre inutile, et la science sans la probité le rend orgueilleux : l'Eglise demande ici l'un et l'autre : « Postulat sancta Ecclesia catholica : » des sujets remplis de maximes toujours crues, toujours reçues, ennemis des nouveautés et des singularités : « Quod ubique, quod semper, quod ab omnibus. » Tels sont les vrais caractères de la doctrine que l'Eglise demande dans ses ministres, selon Vincent de Lérins. Avez-vous la science, et une telle science? Ne donnez-vous point dans les curiosités, les nouveautés, les singularités? Voyez si l'excellence de votre doctrine peut servir de motif à l'Eglise pour solliciter votre promotion : « Postulat sancta Ecclesia catholica. » Mais voici encore une nouvelle condition.

La sainte Eglise catholique, notre Mère, demande : « Postulat sancta mater Ecclesia catholica. » Ce mot de Mère nous découvre que l'Eglise, pleine de sollicitude et d'amour pour ses enfants, leur cherche des pédagogues et des maîtres sur la conduite desquels elle puisse en toute assurance se reposer de leur éducation : « Postulat sancta mater Ecclesia. » Avez-vous les qualités requises pour cet emploi? pour élever les âmes à la piété et à la crainte de Dieu? pour les nourrir du lait d'une doctrine céleste? pour les faire croître en vertu? pour les disposer aux sacrements et les former à la vie chrétienne?

Etes-vous tel qu'une si bonne Mère, agitée de tant de soins pour les enfants, veuille bien vous confier un dépôt qui lui est si cher et vous demander à l'évêque? « Postulat sancta Mater Ecclesia ut hos præsentes subdiaconos ad onus diaconii ordinetis. » N'est-ce point vous qui demandez cet office, non tant pour procurer le bien des âmes qui vous seront confiées que pour procurer votre propre intérêt? Songez-y, et prêtez l'oreille intérieure à la parole de Dieu, qui vous dira peut-être, en un autre sens, ce qu'il dit autrefois à Samuel, par la bouche du grand prêtre Héli. Ce jeune lévite, entendant la voix du Seigneur qui l'appelait pendant la nuit : *Samuel! Samuel!* se leva aussitôt et courut au lit du pontife, et lui dit : Me voici, car vous m'avez appelé : *Ecce ego, vocasti enim me.* Que lui répondit Héli? Ce que sans doute Dieu fait retentir au cœur de plusieurs prétendants à l'état ecclésiastique, si la convoitise ne les rendait pas sourds : Retournez-vous-en, mon fils; reposez-vous : je ne vous ai pas appelé : *Revertere, fili mi, et dormi : quia non vocavi te.* Soyez donc plus docile et plus attentif, et dites à Dieu : Parlez, Seigneur, car votre serviteur vous écoute : *Loquere, Domine, quia audit servus tuus.* (I *Reg.* iii, 4 seq.) Prêt et disposé plutôt à exécuter vos ordres qu'à recevoir les ordres, si ce n'est pas votre volonté ni l'Eglise qui m'appellent : « Postulat sancta mater Ecclesia catholica, ut hos præsentes subdiaconos ad onus diaconii ordinetis. »

Mais que répond l'évêque à cette proposition? Savez-vous, dit-il à l'archidiacre, si ces aspirants-là sont dignes de l'ordre que vous demandez pour eux? « Scis illos dignos esse? » Quatre mots dignes d'être considérés :

Premièrement, s'ils sont dignes d'être admis dans l'état ecclésiastique? « Scis illos dignos esse? » Est-ce Dieu qui les appelle à cette sainte profession? Car c'est le fondement de tout l'édifice et de la tour évangélique qu'ils veulent élever : *Nemo sumit sibi honorem, nisi qui vocatur a Deo tanquam Aaron.* (*Hebr.* v, 4.) N'est-ce point eux-mêmes qui s'ingèrent, ou la chair et le sang, les parents, l'avarice, l'ardeur d'avoir un bénéfice? *Qui non intrat per ostium in ovile, sed aliunde, ille fur est et latro.* (*Joan.* x, 1.) D'ailleurs, ont-ils assuré leur vocation et fait voir qu'elle venait d'en haut, par la pratique des vertus et l'exercice des bonnes œuvres? ont-ils conservé leur innocence de baptême, ou du moins l'ont-ils recouvrée par une vraie pénitence? En effet : *Quis ascendit in montem Domini, aut quis stabit in loco sancto ejus? innocens manibus et mundo corde* (*Psal.* xxiii, 3, 4.) Savez-vous ces choses? certifiez-vous qu'ils soient dignes de recevoir l'ordre qui a honoré un saint Etienne, un saint Laurent, un saint Vincent? « Scis illos dignos esse? »

En second lieu, savez-vous s'ils sont dignes d'être promus au diaconat? « Scis illos dignos esse? » Se sont-ils instruits sérieusement, et ont-ils appris et médité attentivement les obligations qu'ils vont contracter? cet attachement inviolable au service de Dieu? ce vœu de continence perpétuelle? cet engagement d'instruire et de prêcher l'Évangile, de parole et d'exemple? de reprendre les pécheurs, de sanctifier les âmes et surtout la leur, d'être humbles, sobres et désintéressés? Car ce sont les vertus des diacres, et c'est dans cette vue qu'on les a tenus un temps considérable dans la retraite et qu'on leur a fait garder les interstices : « Ut eo accuratius quantum sit hujus disciplinæ pondus, possint edoceri. » Ce sont les propres termes du Pontifical, et l'esprit du concile de Trente, ou plutôt de l'Église : « Scis illos dignos esse? »

Troisièmement, « Scis illos dignos esse? » Ont-ils pratiqué, et se sont-ils exercés dans les vertus ecclésiastiques? A-t-on vu en eux le détachement auquel la cléricature engage : *Dominus pars* (*Psal.* xv, 5), etc. Le zèle des portiers, ne souffrant aucun désordre dans l'église; la force des exorcistes, résistant aux tentations; la modestie des lecteurs; le bon exemple des acolytes, la chasteté des sous-diacres? car c'est le dessein de l'Église de ne les point promouvoir à un ordre supérieur, qu'après qu'ils auront rempli les devoirs de l'ordre inférieur, et de ne les pas faire croître en grade, qu'à mesure qu'ils feront de nouveaux progrès en science et en mérite : « Atque ita de gradu in gradum ascendant, ut in eis cum ætate, vitæ meritum, et doctrina major accrescat. » Ce sont encore les paroles du Pontifical et le dessein de l'Église; et par conséquent : « Scis illos dignos esse? » Savez-vous s'ils sont dignes d'un si haut ministère?

Quatrièmement : « Scis illos dignos esse? » Ont-ils rempli les devoirs dont ils ont déjà été chargés, et donné par là des marques de leur vocation et de leur position à en contracter de nouveaux et de plus importants, par leur promotion à un office plus relevé? leurs mœurs ont-elles été exemplaires? quel a été leur amour et leur assiduité pour les fonctions ecclésiastiques; leur respect pour ceux qui étaient honorés d'un ordre supérieur au nôtre; leur vénération religieuse pour celui qu'ils prétendent; leur zèle pour la fréquente communion, qui a dû augmenter à mesure qu'ils s'approchent du sacerdoce, dont l'exercice les obligera de participer tous les jours à cette adorable victime de nos autels? Car ce sont là des preuves que l'Église veut avoir de leur avancement dans la vertu : « Quod et bonorum morum exemplum, et assiduum in ecclesia ministerium, atque major erga presbyteros et superiores ordines reverentia, et crebrior quam antea corporis Christi communio comprobabunt. » Telles sont encore les expressions du Pontifical, ou plutôt de l'Église, et de quoi elle prétend être informée, quand elle dit à l'archidiacre : « Scis illos dignos esse? » Etes-vous bien informé de leur mérite?

Cinquièmement : « Scis illos dignos esse. » Y a-t-il un temps considérable qu'ils vivent avec édification? Ne sont-ce point des néophytes en vertu? contre le précepte de l'apôtre : « Non neophytum. » Les occasions et les tentations auxquelles ils se sont vus exposés, n'ont-elles point ébranlé leur cœur depuis qu'ils ont reçu le sous-diaconat? Leur sagesse supplée-t-elle à leur jeunesse, et tient-elle lieu de cheveux blancs en eux? Peut-on dire d'eux ce que saint Ambroise rapporte de la bienheureuse Agnès, que, selon le corps elle était jeune d'années, mais que selon l'esprit elle surpassait en maturité les vieillards les plus consommés : « Infantia quidem computabatur in annis, sed erat senectus mentis immensa. » Car c'est la prétention de l'Église, qui déclare dans son Pontifical qu'il faut bien se donner de garde d'admettre aux ordres sacrés les personnes par la seule raison qu'elles ont l'âge, si elles sont destituées des qualités requises : « Sciant tamen episcopi, non singulos in ea ætate constitutos debere ad hos ordines assumi, sed dignos duntaxat, et quorum probata virtus senectus sit : » et c'est ce que l'évêque intime à son archidiacre, quand il lui demande : « Scis illos dignos esse? »

Enfin : « Scis illos dignos esse? » Se trouvent-ils actuellement si bien disposés, et donnent-ils une idée si avantageuse de leur vertu, qu'on puisse raisonnablement se promettre qu'après leur ordination ils seront puissants en paroles et en œuvres; qu'ils répandront les eaux d'une doctrine céleste parmi les fidèles, qu'ils donneront de salutaires avis à ceux dont ils se trouveront chargés, et qu'ils seront des exemples éclatants en toutes sortes de bonnes œuvres et de vertus? Car c'est ce que l'Église exige de ceux qu'elle admet au ministère : « Atque ita pietate et moribus conspicui, ut præclarum bonorum exemplum, et vitæ monita, ab eis possint exspectari. » Voilà ce que l'Église se promet de vous, sans quoi elle ne vous recevrait pas; et ce qu'elle veut donner à entendre quand elle interroge l'archidiacre, et qu'elle lui dit par la bouche de l'évêque : « Scis illos dignos esse? »

Après des interrogations si précises et si capables d'arrêter le désir le plus empressé, l'archidiacre répond : Autant qu'on en peut moralement juger, et qu'on saurait pénétrer dans les replis du cœur humain, je crois et je certifie qu'ils sont en état de soutenir le poids d'un tel emploi. « Quantum humana fragilitas nosse sinit, et scio et testificor ipsos dignos esse ad hujus onus officii. » Je sais qu'ils ont vécu avec édification dans le sous-diaconat, qu'ils en ont rempli les devoirs, qu'ils ont du zèle pour le salut des âmes, de la religion envers le sacrifice, qu'ils ont fait du progrès dans les vertus ecclésiastiques, surtout que rien n'a été si exemplaire en eux que la chasteté, laquelle ils ont inviolablement conservée; en un mot, qu'ils sont en l'état où vous pouvez les désirer pour être promus au diaconat : « Et scio, et testificor ipsos dignos esse ad hujus onus officii. » A quoi l'évêque répond :

Dieu soit béni, rendons-en grâces à sa bonté, qu'il en soit à jamais béni : « Deo gratias. »

Mais vous qui prétendez au diaconat, connaissez mieux vos imperfections que personne, que dites-vous de vous-mêmes? *Quid dicis de teipso?* (Joan. i, 22.) Croyez-vous être en état d'être promu à un ordre si relevé? Vous sentez-vous assez affermi dans la sainteté, dans l'habitude des vertus, dans l'horreur du vice? « Scis teipsum dignum? » Vous seriez bien présomptueux, si vous répondiez que oui. Écoutez ce que fit saint Martin, la merveille des prélats, et l'ornement de l'Église universelle : Saint Hilaire voulut l'élever au degré du diaconat, dit Sévère Sulpice ; mais saint Martin ne put jamais se résoudre à y consentir, envisageant d'un côté une si grande charge, et qui demande tant de perfection, et de l'autre, son peu de mérite : il protesta plusieurs fois qu'il se reconnaissait indigne d'un si haut ministère, et il en vint jusqu'aux cris et aux clameurs, afin qu'on ne lui fît point de violence là-dessus : « Tentavit Hilarius, imposito diaconii officio, Martinum ministerio vincire divino; sed cum sæpissime restitisset, indignum se esse vociferans, exorcistam eum esse præcepit. »

Aussi l'Église, dépositaire de ce premier esprit, après même un témoignage authentique de l'archidiacre : « Et scio, et testificor ipsos dignos esse ad hujus onus officii, » hésite encore à élever au diaconat ces sous-diacres présents ; elle craint de n'apporter point toutes les précautions nécessaires à un choix si important ; elle sait combien d'hypocrites, revêtus au dehors de la peau de brebis, et au dedans de vrais loups, entrent tous les jours dans le bercail du bon Pasteur pour satisfaire leur ambition ou leur avarice ; que tel paraît modeste qui ne l'est pas ; dévot, humble, mortifié, qui n'est rien moins que cela ; que ceux qui semblent promettre d'être des ouvriers utiles, deviennent des ministres fort peu édifiants ; agitée de ces soins, et occupée de la haute idée et du grand mérite des premiers diacres, que l'on choisit comme des sujets d'une réputation établie, remplis de sagesse et de grâce, et de l'esprit de Dieu : « Considerate viros ex vobis boni testimonii septem, plenos Spiritu sancto et sapientia, » désirant d'en avoir de tels, et craignant de se méprendre, elle suspend la promotion, elle s'adresse aux assistants, et les conjure que, se voyant sur le point de conférer un ordre si important, et qui demande tant de talents et de vertus, ils aient à lui déclarer s'ils savent quelque chose contre ceux qui se présentent pour le recevoir, et qu'ils aient à le lui déclarer par l'amour qu'ils ont pour Dieu et pour son service, sans néanmoins sortir des bornes de la modestie : « Auxiliante Christo Domino Deo, et Salvatore nostro Jesu Christo, eligimus hos præsentes subdiaconos in ordinem diaconii ; si quis habet aliquid contra illos, pro Deo et propter Deum

cum fiducia exeat et dicat : Verumtamen memor sit conditionis suæ. »

Après quoi l'évêque s'arrête et se tait, afin de donner lieu aux assistants de parler et de découvrir les défauts qu'ils peuvent avoir reconnus en ces prétendants, « facta aliqua mora. » Profitons de cet intervalle ; voyons si notre conscience, au défaut des hommes, ne nous accuse point, ne nous reproche rien ; examinons-nous sur ce que l'Église va leur dire, lorsque l'évêque, se tournant vers eux, exposera les obligations qu'ils contracteront, et les vertus qu'elle suppose en eux, et qu'ils doivent apporter à leur ordination. Arrêtons-nous à quelques-unes des principales et des plus essentielles au ministère du diaconat, desquelles on fait en cet endroit l'énumération ; et voyons si c'est avec fondement qu'on peut dire de chacun de nous : « Quantum humana fragilitas nosse sinit, et credo, et testificor ipsos dignos esse ad hujus onus officii. »

Le diacre est chargé de deux principales fonctions dans son ordination, dont la première regarde le prochain, et la seconde regarde Dieu ; l'une, le corps mystique, l'autre, le corps naturel de Jésus-Christ. Celle qui regarde le corps mystique du Sauveur, lui est conférée par ces paroles de l'évêque qui l'ordonne : Recevez la puissance de lire l'Évangile dans l'église de Dieu : « Accipe potestatem legendi Evangelium in ecclesia Dei. » Et rapportant ensuite les devoirs d'un diacre avec étendue, il dit qu'il est tenu de prêcher la parole de Dieu : « Diaconum oportet prædicare. » Arrêtons-nous ici à cette première fonction, et voyons quelle obligation elle impose.

La fonction de prêcher la parole de Dieu, d'instruire les peuples des vérités de la religion, et de publier hautement l'Évangile, est sans doute un ministère important à l'Église et bien glorieux au clergé, surtout quand on s'en acquitte dignement.

Mais, comme on a montré avec étendue ailleurs la nécessité indispensable, l'excellence et les fruits de cet emploi, on ne s'attachera en ce lieu qu'à expliquer les devoirs de perfection et de sainteté qu'il impose aux diacres, en vertu de ces paroles : « Diaconum oportet prædicare » dont on développera le sens. Car il ne faut pas s'imaginer que l'on a tout compris, quand on a su que le diacre est obligé, par son ordre, d'expliquer la doctrine chrétienne, et de chanter l'Évangile à la Messe : « Accipe potestatem cantandi Evangelium, » ce qui sans doute serait peu de chose si on s'arrêtait-là, quoique cependant bien des ecclésiastiques peu éclairés n'y voient rien de plus, et bornent ainsi la haute idée qu'on doit avoir de la grâce du diaconat, et des rares vertus que l'Église autrefois exigea de ceux qu'elle y appelait, et dont elle ne relâche encore rien, comme on peut voir dans les avertissements que l'évêque fait quand il ordonne, et qu'il est bon de considérer avec attention.

Diaconum oportet prædicare. — Le premier devoir auquel un homme chargé du ministère de la parole est tenu, est de donner bon exemple; de prêcher par ses actions, avant que de prêcher par ses paroles; de faire avant que de dire; d'imiter le modèle de tous les prédicateurs évangéliques, la parole incarnée, Jésus-Christ, notre Sauveur, de qui il est écrit qu'il commença à faire, puis à parler : *Cœpit facere et docere.* (*Act.* I, 1.) Par ce moyen, on abrége bien les choses. Et ce n'est pas sans raison qu'on a dit si souvent, qu'enseigner la vertu par des discours est un chemin bien long; mais que de le faire par ses œuvres est une voie bien courte : « Longum iter per præcepta, breve per exempla. » En effet, quand les peuples sont prévenus que celui qui les prêche est un saint homme, ils croient tout ce qu'il dit; aucune de ses paroles ne tombe à terre; le cœur des fidèles qui sont des cieux spirituels, les reçoit toutes; l'esprit les retient par ses méditations; les mains les mettent en usage par les bonnes œuvres; le prédicateur est déchargé du soin de prouver ce qu'il avance, de convaincre les incrédules et d'échauffer les âmes tièdes et négligentes. Il parle, on l'écoute, on le croit, on le respecte, on se condamne, on s'anime, on l'imite.

Vous vous chargez de l'obligation de prêcher l'Evangile : « Diaconum oportet prædicare. » Mais croyez-vous en être quitte pour faire une instruction à des enfants, le catéchisme à la main, ou à des personnes grossières? Ne vous y trompez pas, vous ne vous engagez à rien moins qu'à être un homme d'une vie exemplaire, parfaite, édifiante. Elevez donc vos pensées plus haut : « Provehendi, filii dilectissimi, ad leviticum ordinem, cogitate magnopere ad quantum gradum Ecclesiæ ascenditis, » que vos vertus soient les véritables degrés par lesquels vous montiez à un si haut ministère; que vos actions saintes soient les interprètes vivantes de la parole que vous annoncerez : « Curate ut quibus Evangelium ore annuntiatis, vivis operibus exponatis; » et qu'on dise de vous : Heureux les pieds de ceux qui, revêtus des exemples des saints, viennent nous annoncer l'Evangile et la paix! *Ut de vobis dicatur: Beati pedes evangelizantium pacem, evangelizantium bona (Isa.* LII, 7; *Rom.* x, 15); *habete pedes vestros calceatos sanctorum exemplis in præparatione Evangelii pacis. (Ephes.* VI, 15.)

Considérez que vous avez à édifier les fidèles par la sainteté de votre conversation, avant de les instruire par le ministère de la prédication : « Ut spirituali conversatione præfulgentes, gratia sanctificationis eluceant. » C'est ce que l'Eglise exige de vous comme une condition qui doit précéder l'imposition des mains de l'évêque et la collation du diaconat. Elle veut que tout le monde soit touché de votre modestie, de votre dévotion, de votre zèle, de votre désintéressement : « Abundet in eis totius forma virtutis, pudor constans, auctoritas modesta, innocentiæ puritas, et spiritualis observantia disciplinæ; » qu'on ait conçu une si grande estime de votre vertu, de votre probité, de votre religion, et surtout de votre chasteté, que chacun, voyant ces grands exemples en vous, se porte à les imiter : « In moribus eorum præcepta tua fulgeant, ut castitatis exemplo imitatione sancta plebs acquirat. »

Après même votre ordination, l'Eglise demande encore à Dieu la même chose pour vous; c'est-à-dire, qu'il vous fasse la grâce d'être des personnes exemplaires : « Exaudi, Domine, preces nostras et super hos famulos tuos spiritum tuæ benedictionis infunde, ut cœlesti munere ditati, et tuæ majestatis gratiam possint acquirere, et bene vivendi aliis exemplum præbere. »

Voilà l'obligation que vous impose la charge d'annoncer la parole de Dieu, c'est-à-dire, de pratiquer ce que vous dites, ce que vous lisez, ce que vous prêchez.

Saint Etienne avait un grand talent pour la prédication; nul ne pouvant résister à l'énergie des paroles qui sortaient de sa bouche, à l'esprit de sagesse qui parlait par sa langue : *Et non poterant resistere sapientiæ et spiritui qui loquebatur. (Act.* VI, 10.) Il fit le discours du monde le plus fort ou le plus pathétique devant l'assemblée des Juifs : *Viri fratres et patres, audite (Act.* VII, 2); il remplit parfaitement alors cette fonction du diacre : « Diaconum oportet prædicare. » Mais rien n'est comparable à la prédication qu'il fit un moment avant sa mort, lorsqu'il prêcha par œuvres, qu'il pratiqua ce qu'il avait prêché. Ce fut dans ce moment qu'il s'acquitta bien plus excellemment des devoirs attachés au diaconat; car, lorsqu'on l'eut dépouillé de ses habits et qu'on commençait à le lapider, il se mit à genoux, et pria Dieu pour ses ennemis et ses meurtriers : *Lapidabant Stephanum invocantem et dicentem : Domine Jesu, suscipe spiritum meum. Positis autem genibus, clamavit voce magna dicens: Domine, ne statuas illis hoc peccatum. (Ibid.,* 58, 59.) Voilà pratiquer l'Evangile. Voilà à quoi un diacre est tenu, et l'obligation qu'il a contractée dans son ordination : « Diaconum oportet prædicare. » Pensez, pensez, dit l'évêque qui vous ordonne, pensez au grand exemple que vous a donné le glorieux saint Etienne, le premier ministre de votre sacré collège : « Cogitate beatum Stephanum merito præcipuæ castitatis ab apostolis ad officium istud electum. » Et faites réflexion que vous devez imiter ce grand modèle, et prouver par vos œuvres, que vous ne prêchez aucune vertu, dont le premier vous ne montriez la pratique par votre exemple : « Curate ut quibus Evangelium ore annuntiatis, vivis operibus exponatis. » Comme s'il disait: Faites reluire en vous cette charité d'un saint Etienne, cette douceur, cette patience, cette foi; après avoir lu à l'autel l'Evangile, aimez vos ennemis, priez pour ceux qui vous persécutent : *Diligite inimicos vestros, orate pro persequentibus vos, (Matth.* V, 44.) Après avoir expliqué dans la chaire ces divines maximes, apprenez au peuple par vos exemples, comment il en faut faire usage, comment il doit les pratiquer; c'est ce qu'on appelle une prédication animée : « Vivis operibus exponatis. » C'est remplir excellemment cette fonction du diacre : « Diaconum oportet prædicare. » Il faut à présent examiner la seconde fonction du diacre, et faire voir qu'elle est la suite, ou plutôt la perfection et la consommation de la première.

Diaconum oportet ministrare ad altare. — Il faut que les diacres servent le prêtre à l'autel; qu'ils coopèrent en leur façon à l'oblation du sacrifice adorable du corps et du sang de Jésus-Christ; et par conséquent, qu'ils mènent une vie si sainte, qu'elle corresponde à la sainteté d'un si haut ministère; qu'ils soient exempts de toutes les souillures de la chair et du sang; qu'ils soient doués d'une angélique pureté; c'est ce que l'Eglise demande d'eux dans leur ordination : « Et quia comministri et cooperatores estis corporis et sanguinis Domini, estote ab omni illecebra carnis alieni. » Ne soyez plus accessibles aux impressions d'aucune convoitise; soyez hostie pour faire une hostie. « Et vos, filii dilectissimi, qui ab hæreditale paterna nomen accipitis, estote assumpti a carnalibus desideriis, a terrenis concupiscentiis, quæ militant adversus animam. » Soyez par vertu autant séparés de la terre, que vous êtes séparés des hommes par vos emplois. Ne laissez pas immoler votre âme par le vice, afin que vous soyez en état de pouvoir immoler la sainteté Jésus-Christ; soyez purs et chastes, sans tache ni souillure : « Estote nitidi, mundi, puri, casti. » En un mot, soyez tels que doivent être des ministres de Jésus-Christ et des dispensateurs des mystères de Dieu : ressentez-vous de celui que vous représentez, et des dons que vous distribuez : « Sicut decet ministros Christi, et dispensatores mysteriorum Dei. »

Quand vous ne regarderiez dans le diaconat que cela, c'est-à-dire que ce qu'il y a d'extérieur dans ce ministère, n'en serait-ce pas assez pour vous persuader l'obligation où vous êtes d'être saint devant Dieu? *Sancti estote, quoniam ego sanctus sum. (Levit.* XIX, 2.) Quand vous ne regarderiez que le seul droit de toucher les vaisseaux sacrés, que sera-ce de s'unir à ce que ces vaisseaux contiennent, comme ajoute l'Eglise dans votre ordination ? « Sicut ait Scriptura : *Mundamini, qui fertis vasa Domini.* » (*Isa.* LII, 11.) Soyez purs, vous lévites anciens, qui portez les vases du Seigneur ; vous, lévites nouveaux, qui portez le Seigneur même: « Quanto mundiores esse oportet, qui in manibus et corpore portant Christum, quibus Apostolus dicit (*I Cor.* VI, 20) : *Glorificate et portate Christum in corpore vestro,* » qui ne portez plus des vases, mais qui êtes devenus vous-mêmes des vases; à quelle sainteté, dis-je, ce seul ministère extérieur n'engage-t-il pas?

L'abbé Théodore, religieux d'une éminente perfection, ordonné diacre, sans doute malgré lui, se cachait de solitude en solitude, de montagne en montagne, pour ne pas exercer une fonction qui lui paraissait si redoutable. Saisi néanmoins et arrêté par les autres solitaires, qui lui persuadaient de ne pas éviter ce fardeau, de peur d'être regardé comme un transfuge et un déserteur d'une si sacrée milice, il s'arrêta; et, ébranlé par leurs discours, il se mit en oraison pour consulter la volonté du Ciel là-dessus. Là, répandant deux ruisseaux de larmes, il demanda avec ardeur à Dieu qu'il lui fit connaître s'il devait exercer un emploi si relevé. Au milieu de cette ardente prière, il eut une vision merveilleuse. Il vit une colonne de feu qui paraissait aller de la terre au ciel, et il entendit ces paroles : Théodore, si vous pouvez être tel que ce que signifie cette colonne, allez et exercez en assurance le pouvoir que vous avez reçu. A ces mots, il revint à lui, et, sans en vouloir savoir davantage, il ne put jamais être induit, non-seulement à faire l'office de diacre à l'autel, mais même à toucher les vases sacrés : « Ostensa est columna ignis de terra usque ad cœlum et vox insonuit dicens : Si potes fieri sicut columna hæc, vade, ministra. Ille autem, hæc audiens, statuit non ministrare, nec calicem tenere. »

Jésus-Christ n'a permis ces sortes de merveilles, que pour réveiller en nous l'estime des choses saintes, que nous laissons insensiblement éteindre dans notre cœur. Nous voulons donc être diacres? Oui, mais sommes-nous des colonnes dans l'Eglise, par la solidité et la sublimité de notre doctrine et de notre vertu, et participons-nous à la grâce d'un saint Pierre et d'un saint Jean, « qui videbantur columnæ esse? » Sommes-nous embrasés par le zèle de l'honneur de Dieu, par les ardeurs de son amour? *Simon Joannis, diligis me? Pasce agnos meos.* (*Joan.* XXI, 7.) Lumineux par le bon exemple, élevés par la pureté d'intention, toujours dans le mouvement des bonnes œuvres? marchons-nous devant les autres pour leur servir de guide en la terre promise? Devançons-nous le reste des fidèles pour les conduire au ciel? « Theodore, si talis esse potes, qualem columna significat, vade, et susceptum diaconatus officium exerce. »

Mais que dirons-nous, si nous pénétrons plus avant dans ce sanctuaire, et si nous allons jusqu'à ce que le diaconat a de plus intérieur et de plus essentiel ? Si les dehors et le ministère extérieur exigent tant de perfection, que ne fera pas le dedans et l'esprit intérieur?

Il est certain que les diacres étant ministres et coopérateurs du sacrifice avec le prêtre, « et quia estis comministri et cooperatores corporis et sanguinis Domini, » ils entrent avec lui dans l'obligation commune d'immoler non - seulement leurs vices et leurs convoitises, « estote ab omni illecebra carnis alieni; » mais encore de s'immoler eux-mêmes, de donner leur vie et leur sang, ainsi que l'évêque le dit au prêtre : « imitamini quod tractatis. »

C'est cette obligation, attachée au diaconat, que le grand saint Etienne a reconnue, et dont il nous a donné l'exemple, lorsqu'après avoir si dignement prêché l'Evangile, si saintement servi à l'autel, plein des vérités célestes qu'il avait annoncées et de la sacrée victime dont il s'était repu, il se livra comme une victime dévouée au sacrifice, entre les mains de ses persécuteurs, qui l'immolèrent à leur fureur. Voilà exercer pleinement le ministère du diaconat; voilà les suites où une telle ordination engage; voilà la grâce qu'elle porte avec elle.

C'est encore ce qu'a reconnu le grand saint Vincent, diacre de l'Eglise de Saragosse, dont les actes mêmes des combats se sont conservés jusqu'à nos jours. Ce jeune lévite, petit-fils d'un consul, fut saisi pour la foi, avec Valère son évêque, et présenté avec lui devant le président Dacien, qui leur demanda raison de leur foi. Valère, homme d'un naturel doux et tranquille, d'une innocence et d'une simplicité merveilleuse; savant néanmoins, mais bègue, et qui s'énonçait difficilement, demeurait dans le silence. Son zélé diacre, ayant attendu quelque temps, se tourna vers cet évêque et lui dit : Mon Père, vous plaît-il que je réponde au juge qui nous interroge? « Si jubes, Pater, responsis judicem aggrediar. » A quoi ce prélat répliqua : Comme je vous avais commis le soin de prêcher la parole de Dieu, mon cher fils, il est juste aussi que je vous donne celui d'annoncer notre foi devant le tribunal de celui qui nous en demande compte : « Dudum, fili charissime, divini verbi tibi curam commiseram; sed et nunc pro fide pro qua adstamus, responsa committo. » C'est accomplir en vérité ce qui se pratique tous les jours en figure dans nos églises ; car n'est-ce pas ce que le diacre, auparavant que de lire l'Evangile à la Messe, dit au prêtre : « Jube, Domine, benedicere? » Et n'est-ce pas ce que le prêtre lui répond? « Dominus sit in corde tuo, et in labiis tuis, ut digne et competenter annunties Evangelium suum in nomine Patris, et Filii, et Spiritus sancti. » Mais ce que nous faisons dans nos églises n'est que l'image de ce que nous devons faire sur la sellette et devant les tyrans, ainsi que fit saint Vincent qui, prenant la parole, après avoir reçu la bénédiction de son prélat, exposa sa foi et en même temps son corps au martyre. Appliquez ses membres à la torture, s'écria Dacien en fureur, déchirez ce rebelle depuis la tête jusqu'aux pieds : « Applicate eum ad equuleum, membris distendite, et toto corpore dissipate. » Qui pourrait dire les gênes, les douleurs, les tourments qu'on fit endurer à ce saint diacre? le courage et la joie qu'il témoignait au milieu des plus atroces supplices, dont la lecture seule fait horreur? Les bourreaux et les tourments se succèdent les uns aux autres; on ne lui fait plus de nouvelles plaies, on agrandit les anciennes; on lui enlève la peau et la chair de dessus les côtes; on lui voit les entrailles à travers; on les lui déchire; on l'étend sur un lit de fer posé sur des brasiers ardents; on lui jette du sel sur toutes ses plaies, comme pour vérifier la parole du chef des martyrs : « Omnis victima sale salietur. » Enfin il expire, mais il remporte une victoire pleine, une couronne éclatante : « Magnum spectaculum spectavimus oculis fidei, » dit saint Augustin, « martyrem sanctum Vincentium ubique vincentem ; vicit in verbis, vicit in pœnis, vicit in confessione; » et la gloire de ce bienheureux lévite s'étend au delà même des limites de l'empire romain, qui avait voulu éteindre jusqu'à son nom, continue le même Père: « Quæ hodie regio, quæve provincia illa, quousque vel Romanum imperium, vel Christianium nomen extenditur, natalem non gaudet celebrare Vincentii? »

C'est ce qui s'appelle être diacre ; c'est là remplir les devoirs du diaconat ; c'est jusqu'où va la grâce et le devoir de ce ministère ; c'est où vous vous engagez en le recevant ; c'est ce qu'on appelle prêcher l'Evangile, pratiquer l'Evangile, coopérer au sacrifice avec le prêtre, immoler Jésus-Christ et s'immoler soi-même : Y avez-vous jamais pensé? l'avez-vous cru?

Mais n'oublions pas la chose du monde qui nous est la plus connue ; c'est l'exemple que nous a donné le grand saint Laurent, ce lévite si célèbre dans tout l'univers. Combien avait-il parfaitement compris l'obligation d'un diacre, c'est-à-dire, de s'immoler soi-même, avec l'hostie à l'immolation de laquelle il contribue : « Comministri et cooperatores carnis et sanguinis Christi, » lorsque, voyant marcher au martyre son évêque, il lui criait: Où allez-vous, ô prêtre du Seigneur, sans être accompagné de votre diacre? Vous n'avez jamais offert sans moi le sacrifice du corps et du sang de Jésus-Christ ; voulez-vous sans moi vous offrir vous-même en sacrifice? « Quo progrederis sine filio, Pater? quo, sacerdos sancte, sine diacono properas? Tu nunquam sine diacono sacrificium offerre consueveras. » Est-ce que vous vous défiez de votre ministre? Soupçonnez-vous que je ne veuille pas remplir les devoirs du diaconat dont vous m'avez honoré? « Nunquid degenerem me probasti? » Expérimentez un peu si celui à qui vous avez commis la dispensation du sang de Jésus-Christ sera avare du sien: « Experire utrum idoneum ministrum elegeris, cui commisisti Dominici sanguinis dispensationem. » Voilà comprendre la grâce du diaconat, et la perfection à laquelle il engage; voilà parfaitement accomplir cette parole du Sauveur que le diacre chante si souvent: *Qui mihi ministrat, me sequatur (Joan. XII, 26)*; et aspirer à cette magnifique récompense promise au ministre fidèle: *Si quis mihi ministraverit, honorificabit eum Pater meus (Ibid.)*; récompense, non d'un ministère extérieur et corporel, tel que celui que sainte Marthe, les disciples et même Judas, rendaient quelquefois au Sauveur, dit saint Augustin ; mais de celui dont il parle lui-même, quand il dit : *Filius hominis venit ministrare, et dare animam suam redemptionem pro multis. (Matth. XX, 28.)* Tel est le ministère qui sera récompensé « Sic ministrantem Christum honorificabit eum Pater », dit saint Augustin, et qui, nouveau diacre dans l'Eglise du ciel, recevra pour récompense d'être éternellement avec le souverain prêtre. *Si quis mihi ministraverit, honorificabit eum Pater meus* (Joan. XII. 26), « honore illo magno, » continue le même saint, « ut sit cum Filio ejus, et nunquam deficiat felicitas ejus. »

CHAP. V. — *De la prêtrise.*

Première considération. — Après avoir représenté la sainteté des ordres inférieurs au sacerdoce, et fait voir la grandeur des obligations qu'ils imposent, et le degré de perfection qu'ils exigent, que reste-t-il pour donner une idée parfaite du sacerdoce, sinon de faire voir que cette dignité renferme et surpasse tout ce qui se trouve de grand et de sacré dans les ordres inférieurs; en sorte que si l'on a vu le détachement parfait de toutes les choses du monde dans le tonsuré, la vigilance dans le portier, la religion dans le lecteur, l'autorité dans l'exorciste, le bon exemple dans l'acolyte, la chasteté dans le sous-diacre, le zèle dans le diacre, et toutes les autres vertus qui sont communes à ces ordres en général, ou qui leur sont propres en particulier, il faut à présent réunir toutes ces perfections ensemble, et confesser que le sacerdoce les contient toutes, avec les obligations qu'elles imposent. Mais comment les expliquer d'une façon qui réponde aux éloges que les Pères lui donnent. Saint Ephrem dit que la dignité sacerdotale passe nos discours et nos intelligences, et toutes les pensées humaines : « Excedit intellectum et orationem, omnemque cogitationem donum altitudinis dignitatis sacerdotalis; » que c'est un miracle étonnant, un prodige incompréhensible, une mer sans fond, un abîme de grâces, de vertus et de sainteté, un océan immense et infini : « Miraculum stupendum, dignitas profunda, magna et multa, immensa et infinita ipsius sacerdotii dignitas; » que c'est de cette haute dignité dont saint Paul a voulu parler, lorsque, ravi en esprit, il s'est écrié : O profondeur des trésors de la sagesse et de la science de Dieu, que vous êtes incompréhensible ! « Et sicut arbitror, hoc est quod Paulus quasi in stuporem mentis actus innuit, dicens : *O altitudo divitiarum* (Rom. XI, 33), » etc.

D'autres Pères nous disent que le sacerdoce est la première dignité du monde, et le plus excellent de tous les biens que les hommes puissent désirer sur la terre : « Omnium bonorum quæ in hominibus sunt apex, » dit saint Ignace : « Omnium quæ inter homines appetuntur, velut extrema meta, » ajoute saint Isidore.

Que le sacerdoce s'opère à la vérité sur la terre; mais, qu'on ne s'y trompe pas, qu'il faut le placer entre les choses célestes et divines : « Sacerdotium in terra quidem peragitur ; sed in rerum cœlestium classem ordinemque referendum est. » C'est saint Chrysostome.

Que le sacerdoce est une dignité qui tient le milieu entre la nature divine et la nature humaine; qui participe à l'une et l'autre, et qui les associe toutes deux ensemble : « Sacerdotium inter divinam et humanam naturam constitutum ; ac velut medium interjectum. » C'est saint Isidore.

Que le prêtre est établi entre Dieu et l'homme; qu'il est au-dessous de Dieu à la vérité, mais qu'il est au-dessus de l'homme; qu'il est moins que Dieu, mais qu'il est plus que l'homme : « Sacerdos inter Deum et hominem medius est constitutus; infra Deum, sed citra hominem ; minor Deo, sed major homine, » dit saint Innocent.

Que le prêtre exerce un pouvoir que Dieu n'a pas voulu confier aux anges mêmes, auxquels en cela il a préféré les hommes : « Etenim qui terram incolunt atque in terra versantur, iis commissum est ut ea quæ in cœlis sunt dispensent : his datum est ut potestatem habeant, quam Deus optimus neque angelis neque archangelis datam esse voluit. Imo, ut altius loquar, prætulit vos angelis et archangelis, Thronis et Dominationibus. » C'est saint Chrysostome et saint Bernard.

Que le prêtre, ainsi qu'un Moïse, est en un sens honoré de la qualité de Dieu, et doit participer à ses perfections, comme il participe à son pouvoir : « Sacerdos post Deum terrenus Deus, » dit saint Clément Pape. « Sacerdos Deus est, aliosque Deos efficit, » ajoute saint Grégoire de Nazianze.

Que la sainteté d'un prêtre doit surpasser la sainteté des Chrétiens, même vertueux, autant que la vie du pasteur surpasse en excellence la vie de la brebis, et que le ciel est élevé au-dessus de la terre : « Quanta inter se differentia homines rationis usum habentes et pecora ratione carentia dissident, tantum sane discrimen, inter eum qui pascit et eos qui pascuntur esse velim, ne quid amplius exigam, » dit saint Chrysostome. « Tantum inter sacerdotem et quemlibet probum interesse debet, quantum inter cœlum et terram discriminis est. » C'est saint Isidore.

Qu'elle doit autant exceller au-dessus de la sainteté des prêtres de l'Ancien Testament, que la vérité l'emporte par-dessus la figure ; le néant sur l'être; le sang de Jésus-Christ sur le sang des taureaux : « Et hæc quidem ab antiquis sacerdotibus sanctitas et perfectio exigebatur; quid ergo nos ad majorem vocati vitam, quid ad excellentius fastigium ascendimus et in majoribus exercemur palestris. » C'est saint Chrysostome et saint Augustin.

Qu'elle doit être incomparablement au-dessus de celle des anachorètes les plus parfaits : « Qui sacerdotium munere funguntur, sanctiores ac puriores esse oportet, quam qui ad montes se transtulerunt, » dit saint Isidore; et qu'à peine quelquefois un bon solitaire peut être un bon clerc : « Ex his qui in monasterio vivunt nonnisi probatiores atque meliores in clerum assumere solemus, cum aliquando etiam bonus monachus, vix bonum clericum faciat. » C'est saint Augustin.

Que le prêtre doit suivre Jésus-Christ, imiter sa vie, exprimer ses vertus : *Qui mihi ministrat me sequatur ; et ubi ego sum, illic sit et minister meus* (Joan. XII, 26), c'est-à-dire, qu'il m'imite : « Me imitetur, » et qu'il me représente, dit saint Grégoire : « Apposita est forma cui imprimamur. »

Que le prêtre doit être saint de la sainteté dont Dieu est saint : *Sancti estote, quoniam sanctus sum* (Levit. XIX, 2) ; parfait jusqu'à représenter en soi la perfection de Dieu : *Perfecti estote sicut et Pater vester cœlestis perfectus est* (Matth. V, 48) ; jusqu'à être un modèle de vertu que les peuples doivent exprimer en eux, et qu'il doit dire avec saint Paul : *Imitatores mei estote, sicut et ego Christi.* (I Cor. IV, 16.) Que le ministère sacerdotal exige une vertu plus qu'humaine et angélique, particulièrement puisque l'Ecriture les qualifie du nom d'anges et d'esprits célestes : les lèvres du prêtre sont les dépositaires de la science et de la loi divine ; parce qu'il est l'ange du Seigneur, dit le prophète : *Labia sacerdotis custodiunt scientiam, et legem requirent de ore ejus, quia angelus Domini exercituum est.* (Malach. II, 7.) Dieu nous a choisis, dit saint Chrysostome, afin que nous vivions sur la terre, comme les anges y vivent avec les hommes : « Idcirco vos ille elegit, ut velut angeli cum hominibus versemur in terris, » et que nous menions une vie soit semblable à celle de ces substances spirituelles et immatérielles : « Quid ergo nos qui sicut supernæ virtutes intellectuales et incorporeæ illæ vitam instituere tenemur? » Il faut, ajoute-t-il, qu'un prêtre soit aussi pur que s'il était déjà dans le ciel, au milieu de ces esprits bienheureux : « Idcirco necesse est sacerdotem sic esse purum ac si in ipsis cœlis collocatus, inter cœlestes illas virtutes medius staret. » C'est pourquoi, disait ce grand docteur, à un de ses amis, qui voulait l'engager dans le sacerdoce, cessez de vouloir m'exposer à un péril si évident de me perdre, parce qu'il ne s'agit pas ici de la conduite d'une armée, ni du gouvernement d'un Etat, mais d'une profession qui exige une vertu angélique : « Desine ergo nos protrudere in sic inevitabilis judicii aleam, neque enim nobis hic res est de ducendis militibus, aut de regno administrando, sed de functione ea quæ angelicam virtutem requirit. »

Que les plus grands saints et les anges mêmes ont révéré le sacerdoce.

Saint François assurait que si un ange, descendu du ciel, et un prêtre, venaient à sa rencontre, il baiserait premièrement la main du prêtre, puis qu'il rendrait le salut à l'ange : « Beatum Franciscum dicere solitum tradunt, si cui sanctorum e cœlo in terram lapso, et cum illo simul forte sacerdoti occurrisset, prius se sacerdotis manibus osculum daturum, deinde reverentiam daturum angelo. »

Saint Antoine portait un souverain honneur aux prêtres, et baissait la tête devant eux ; il honorait jusqu'au moindre ecclésiastique, et cédait aux diacres, avec une humilité profonde, le premier rang, lors surtout qu'il fallait prier ou instruire : « Omnes clericos usque ad ultimum gradum ante se orare compellens, episcopis quoque ac presbyteris ad benedicendum se caput submittebat; diaconos vero cum disputaret, ad orandum Dominum sibi præponebat, non erubescens et ipse discere. » C'est ce que rapporte saint Athanase.

Constantin le Grand honorait les prêtres comme les enfants honorent leur père, et comme si c'eût été autant de prophètes : « Constantinus Magnus eos ut patres, imo vero ut Dei prophetas omnino honorifice reverebatur. » Il les faisait asseoir à sa table, et la raison religieuse qui le portait à les respecter ainsi, c'est qu'il ne s'arrêtait pas à ce qui paraissait de l'homme au dehors, mais à ce qu'il y avait de Dieu en eux : « Quia non hominem, qui sub aspectu oculorum cadit, sed Deum ipsum qui in eorum animis insedebat, considerare visus est, illos suæ mensæ effecit participes. » Voilà ce que nous apprend Eusèbe, auteur de l'histoire de ce premier empereur chrétien.

Saint Martin, ce pontife si merveilleux, ne crut-il pas qu'un prêtre était plus digne d'honneur que les empereurs mêmes , puisqu'assis à la table de Maxime, il présenta la coupe, premièrement à son prêtre, assis avec lui à la même table de l'empereur, et ensuite à l'empereur ; conduite qui surprit toute la cour, mais qui l'édifia extrêmement, ainsi que le rapporte Sévère Sulpice : « Ad medium vero convivium, ut moris est, pateram regi minister obtulit. Ille sancto admodum episcopo potius dari jubet, exspectans atque ambiens ut ab illius dextera poculum sumeret ; sed Martinus, ubi ebibit, pateram presbytero suo tradidit, nullum scilicet existimans digniorem qui post se biberet : nec integrum sibi fore, si aut regem ipsum, aut eos qui a rege erant proximi, presbytero prætulisset. Quod factum imperator, omnesque qui tum aderant, ita admirati sunt, ut hoc ipsum eis in quo contempti fuerant placeret ; celeberrimumque per palatium fuit, fecisse Martinum in regis prandio, quod in infimorum judicum conviviis episcoporum nemo fecisset. »

Dieu même n'a-t-il pas marqué cette préférence du prêtre aux empereurs, par l'ordre qu'il a voulu établir dans son Eglise ; ils s'abaissent devant eux, comme devant ses ministres ; ils y confessent leurs péchés ; ils y reçoivent la correction, et y acceptent la pénitence. Est-ce là un petit avantage, une petite gloire, un médiocre honneur ? « Quantum est, » dit un savant Père, « quod reges gentium et principes populi, flexis genibus offerunt eis munera, et deosculantur manum, et ex ejus consensu sanctificentur ? »

Mais, ce qui met le comble à tant de prérogatives, c'est ce que Jésus-Christ lui-même a bien voulu faire, pour nous donner l'idée que nous devons avoir de cette suprême dignité ; car, le soir de la cène, où il nous donna les dernières et les plus précieuses marques de son amour, au milieu de ce souper mystérieux qu'il fit avec ses disciples, dans ce cénacle témoin de tant de merveilles, il se leva de table, il quitta son manteau, il se ceignit d'un linge, il mit de l'eau dans un bassin, et, s'abaissant devant ses apôtres, il se mit à leur laver les pieds ; figurant par cette cérémonie, d'une si merveilleuse humilité, la haute dignité où il allait les élever en les consacrant prêtres ; il voulut lui-même les honorer le premier, en s'abaissant à leurs pieds, et par ce respect attirer sur eux le respect de tous les hommes. Il ajouta les paroles aux actions ; il leur dit que désormais il ne les appellerait plus ses serviteurs, mais ses amis : *Jam non dicam vos servos, sed amicos.* (Joan. xv, 15.) Que peut-on ajouter à ce double excès d'amour et d'honneur ? et faut-il s'étonner de ce que disent les plus éclairés docteurs de l'Eglise, et les plus saints d'entre les Pères ?

Que le ministère du prêtre est incomparablement plus excellent que celui de l'ange, et que le sacerdoce est un objet admirable, non-seulement aux yeux des hommes éclairés, mais à ceux de ces esprits célestes : « *Nonne omnes, sicut ait Apostolus, sunt administratores spiritus in ministerium missi propter eos qui ministerium capiunt salutis* (Hebr. I, 14) ? sed longe est excellentius officium vestrum, quod admirabile est, non solum in oculis vestris, sed etiam angelorum. » C'est saint Bernard.

Que les anges honorent le sacerdoce jusqu'à la vénération : « *Sacerdotium ipsi quoque angeli venerantur.* » C'est saint Grégoire de Nazianze.

Que les anges à l'aspect des saints mystères que le prêtre opère, sont frappés d'une sacrée frayeur, et qu'éblouis de l'éclat qui rejaillit de ce qu'il tient entre ses mains, et dont il se nourrit, ils baissent les yeux de crainte et de respect : « *Quod angeli videntes horrescunt, et propter emicantia inde splendorem libere non audent intueri, hoc nos pascimur, huic nos unimur.* » C'est saint Chrysostome.

Que les différentes hiérarchies de l'état ecclésiastique, qui forment comme un grand corps d'armée, sont redoutables aux anges mêmes, aussi bien que la hauteur sublime du sacerdoce, « *Celsitudo graduum ecclesiasticorum, ipsis etiam angelis formidanda.* » C'est saint Bernard.

Quand le prêtre sacrifie, et qu'il tient entre ses mains la sainte victime de notre salut, le chœur des anges entoure l'autel, et que, comme les soldats se découvrent et s'inclinent en la présence de leur roi, ainsi ces esprits célestes s'abaissent devant l'Agneau que le prêtre immole, et se tiennent dans un état qui marque leur respect et leur religion : « *Ut milites, præsente rege, capite inclinati, per id tempus et angeli sacerdoti astant, et cœlestium potestatum universus ordo clamores excitat, et locus altari vicinus in illius honorem qui immolatur, angelorum choris plenus est.* »

Deuxième considération. — Pour revenir à l'ordination du prêtre, l'archidiacre, s'adressant à l'évêque, lui dit : Très-saint Père, l'Eglise demande que vous imposiez sur ces diacres la charge du sacerdoce : « *Reverendissime Pater, postulat sancta mater Ecclesia, ut hos præsentes diaconos ad onus presbyterii ordinetis ;* » et l'évêque lui ayant répondu : Savez-vous s'ils en sont dignes ? « *Scis illos dignos esse ?* » L'archidiacre lui réplique : Autant qu'on en peut juger en ce monde, je crois qu'ils sont assez forts pour porter un tel fardeau : « *Quantum humana fragilitas nosse sinit, et scio, et testificor ipsos dignos esse ad hujus onus officii.* »

Ce langage uniforme continue ; car, l'ordination finie, l'évêque fait de nouveau revenir devant lui les prêtres consacrés, et leur dit : Mes très-chers fils, considérez avec attention l'ordre que vous avez reçu, et le fardeau qu'on vient de mettre sur vos épaules : « *Filii dilectissimi, diligenter considerate ordinem per vos susceptum, ac onus humeris vestris impositum.* » Et, en effet, saint Augustin nous assure qu'il n'y a rien au monde de plus difficile, de plus pénible, de plus périlleux que l'office du prêtre : « *Nihil in hac vita et maxime hoc tempore, difficilius, laboriosius, periculosius presbyteri officio.* »

Aussi le concile de Trente qui, par la pureté de sa doctrine, a renouvelé l'ancienne idée de nos obligations, et l'estime que nous devons avoir de notre profession, dit qu'il ne souhaite rien de plus, sinon que les ecclésiastiques, surtout les prêtres et les prélats, comprennent bien les devoirs auxquels leur état les engage : « *Optandum est qui sacerdotale ministerium suscipiunt, quæ suæ sint partes agnoscant.* » Et l'éloignement où il faut qu'ils soient de chercher dans leurs emplois les commodités de la vie, l'intérêt et les richesses, ou de s'en faire une occasion de dépense et de luxe : « *Ac se non ad propria commoda, non ad divitias aut luxum :* » Au contraire, que Dieu les appelle aux travaux apostoliques et à la sollicitude pastorale, à se consommer pour sa gloire, pour le bien de l'Eglise et pour le salut du prochain : « *Sed ad labores et sollicitudines pro Dei gloria vocatos esse intelligant.* »

C'est ce poids que les plus éclairés et les plus affermis dans la sainteté ont tant redouté, qu'ils ont tant évité, et sous lequel ils ont tant gémi, dit saint Grégoire : « *Sancti quique onus tanti ordinis suscipere vehementer expaverunt, et quantum in ipsis fuit effugerunt.* » (Lib. iv *in I Reg.* vi.)

Je trouve, dit saint Cyrille d'Alexandrie,

que tous les saints ont extrêmement appréhendé de se charger du fardeau d'un tel ministère : « Reperio omnes sanctos divini ministerii ingentem velut molem formidantes. »

Leur exemple a confirmé leur doctrine, et la pratique ne s'est point en eux démentie de la spéculation ; et toute l'histoire ecclésiastique est pleine de la résistance qu'ils ont apportée à leur promotion au sacerdoce.

Un célèbre abbé nommé Amos, désigné évêque de Jérusalem, et conduit dans cette ville pour y être consacré, voyant les solitaires et les abbés des déserts accourus pour assister à son sacre et honorer une telle cérémonie, se tourna vers eux et leur dit en gémissant : Priez pour moi, mes très-chers frères, et implorez pour moi la miséricorde divine ; car on m'impose un fardeau si pesant, qu'il me paraît insupportable, et cette sublimité sacerdotale m'épouvante au dernier point : il n'appartient qu'à des saint Pierre, des saint Paul, et semblables, de prendre sur eux le soin de la conduite des âmes, et non à de malheureux pécheurs comme moi : « Orate pro me, charissimi, et divinæ misericordiæ subsidium exorate ; nam grave onus et importabile mihi impositum est, sacerdotiique sublimitas me terret immodice ; Petri enim et Pauli, et similium, est regere animas rationales ; ego autem infelix peccator sum. » C'est ce que rapporte Sophronius.

Saint Grégoire de Nazianze s'étant enfin déchargé de ce fardeau, et ayant déposé la dignité pastorale, disait dans sa solitude, qu'il lui était infiniment plus doux de cultiver un morceau de terre et de se sustenter d'un peu de pain, que de se voir exposé à tant de soins et de périls : « Mihi longe melius et optabilius est in terra quietem habenti, atque exignum arvum et dulce sulcanti, et mare ac lucra procul salutanti, tenui ac rigido pane vitam ut potero sustentare, eamque tutam et tranquillam ducere, quam ob ingentes questus, grave diuturnumque periculum subire. »

Que ne fit pas saint Ambroise pour éviter ce fardeau, ou du moins pour différer quelque temps à le mettre sur ses épaules ? Que de résistances et d'artifices ne mit-il pas en usage pour s'en dispenser ? Elles ne sont ignorées de qui que ce soit, et il serait superflu de les rapporter : « Quam resistebam ne ordinarer, dit-il, postremo cum cogerer ut saltem ordinatio protelaretur ! » (Epist. 25, *Ad Ver.*) C'est ce qu'il dit lui-même dans une épître, et c'est cet exemple, admiré dans tous les siècles, que saint Bernard, qui refusa lui-même constamment l'archevêché de de Milan, que saint Ambroise avait accepté par force, a relevé dans ses écrits, lorsqu'il a observé que ce grand prélat, quoiqu'il eût mené dès sa jeunesse une vie pure au milieu même de la corruption du siècle, évita tant qu'il put une telle charge, et qu'il eut recours à la fuite, aux artifices et à toutes sortes de moyens pour s'en dispenser : « Etiamsi sanctus Ambrosius a puero mundam in mundo duxerit vitam, sic etiam fuga et latebris, multisque dissimulationum modis declinare conatus est. »

Saint Malachie, contraint aussi par violence à se charger du soin des âmes, protesta qu'il regardait l'autel où on le menait pour le consacrer, comme un lieu où l'on voulait, non l'élever, mais l'immoler, et qu'il n'obéissait qu'à cause qu'il envisageait l'épiscopat comme le martyre : « Ad mortem me ducitis, sed obedio spe martyrii. »

Saint Grégoire le Grand refusa la charge pastorale tant qu'il put ; il s'enfuit, il se cacha, il écrivit à l'empereur ; mais enfin cette colonne, qui devait soutenir le poids de la maison de Dieu, de cette tour évangélique, fut découverte par une colonne de feu : « Onus illud quandiu potuit recusavit ; nam alieno vestitu in spelunca delituit, sed deprehensus indicio igneæ columnæ, » etc.

Rien n'est plus admirable, sur ce sujet, que la conduite de saint Paulin ; rien n'est plus édifiant que de voir les sentiments de son humilité sur le sacerdoce. Je vous avoue, écrit-il à un de ses amis, que j'ai été consacré prêtre ; mais je vous déclare que je l'ai été par force. J'avais résolu de commencer ma destination au service des autels par l'exercice de lecteur ou de sacristain de l'église ; et un coup de la Providence, qui m'a ainsi soudainement élevé au sacerdoce, m'a effrayé. J'ai pâli à la manifestation d'une telle volonté de Dieu sur moi : « Presbyteralu initiatus sum, fateor invitus, quia ab ædituo nomine et officio optavi sacram incipere servitutem. Ad novum insperatumque placitum divinæ voluntatis expavi. » (Epist. 6, *Ad Sever.*) Moi, ajoute-t-il ailleurs à un autre évêque, moi qui suis, non un homme, mais un ver de terre, avoir été, par force, et si promptement, contraint de recevoir le sacerdoce par la multitude d'un peuple qui m'a comme pris à la gorge pour me faire avaler le calice que je désirais si fort éloigner de moi ! Qu'ai-je donc pu faire dans cette extrémité ? sinon de dire à Dieu, que votre volonté se fasse et non la mienne. Surprise qui croissait dans mon cœur, quand je considérais que le Fils de Dieu avait dit dans l'Evangile, qu'il n'était pas venu pour être servi, mais pour servir : « *Ego vermis, et non homo* (Psal. XXI, 7), vi subita invitus, quod fateor, et astrictus multitudine strangulante compulsus, quamvis cuperem calicem ipsum a me transire, tamen necesse habui dicere Deo : verumtamen non mea, sed tua voluntas fiat ; cum præsertim ipsum de se Dominum dixisse legerem : Filius hominis non venit ministrari, sed ministrare. » (Epist. 4, *Ad Amand.*)

Saint Nilammon, célèbre solitaire, ayant été demandé pour pasteur, non-seulement par tout le peuple, édifié de ses excellentes vertus, mais encore élu par le choix que les évêques avaient fait de sa personne pour cet emploi, pressé par saint Théophile, patriarche d'Alexandrie, son supérieur, de consentir à son ordination, demanda par grâce qu'il lui fût au moins permis de passer quelque temps en oraison; ce qui lui ayant été accordé, il pria Dieu avec tant d'instance de le retirer à lui, plutôt que de souffrir qu'il fût élevé à cette dignité, qu'il finit sa vie avec sa prière, et qu'il obtint d'être plutôt hostie que prêtre: « Liceret sibi aliquantulum vacare orationi, ea tanto affectu mortem a Deo expetiit, ut vitam simul cum oratione finieret. » (Sozomen.) C'est ainsi que, comme un autre Samson, il succomba sous le poids de cette tour sacerdotale: *Sumptuosa siquidem turris est, et verbum grande, quod non omnes capere possunt*; et que le respect qu'un si saint homme portait au sacerdoce eut plus de force sur son âme, pour la séparer du corps, que la violence qu'on voulait exercer sur son corps n'en eut pour obliger son âme à recevoir le sacerdoce.

Théodoret raconte un autre exemple presque semblable à celui que nous venons de voir de Sozomène, et qui n'édifiera pas moins notre piété. Il dit qu'un autre de ces admirables solitaires, nommés Acepsimas, pressé aussi de recevoir le sacerdoce, connut par révélation que sa mort était proche, et que pour lors il consentit à son ordination, protestant que s'il eût cru devoir vivre davantage, il n'y aurait jamais donné les mains: « Si diutius victurus fuisset, omnino fugisse hoc grave et terribile onus sacerdotii; pertimescentem reddendam depositi rationem. » Que ce fardeau lui paraissait pesant et terrible pour lui, et encore plus le compte qu'il lui faudrait rendre d'un dépôt de cette importance. La conduite de ces deux saints est également merveilleuse; car l'un, qui ne prévoyait pas devoir mourir sitôt, demanda de perdre plutôt la vie que de garder longtemps le sacerdoce, et l'autre consentit à recevoir le sacerdoce, parce qu'il prévoyait devoir perdre bientôt la vie: au lieu que les hommes ambitieux exposent souvent leur vie et leur conscience pour parvenir à la prélature; l'un et l'autre de ces deux saints regarda la mort comme une grâce, pour ne la posséder pas, ou pour ne la posséder pas longtemps, et ils firent voir également, quoique différemment, que plusieurs ne sont élevés à cette dignité que par un effet de l'indignation divine sur eux ou sur les peuples dont ils usurpent le gouvernement, ravissant ainsi plutôt cette dignité que la recevant: « Culmen regiminis potius rapiunt quam assequuntur » dit saint Grégoire le Grand, dans l'autorité rapportée ci-dessus.

Saint Chrysostome augmente notre terreur dans ses excellents livres du sacerdoce. Le seul titre d'un chapitre, où il traite cette matière, est capable de donner de l'effroi aux plus hardis. Il entreprend de prouver que le gouvernement des âmes a même été redoutable à l'apôtre saint Paul: « *Ipsum etiam Paulum timuisse hunc principatum.* » Puis il continue ainsi: Personne, dit-il, n'a jamais aimé Jésus-Christ avec plus d'ardeur que saint Paul; personne ne s'est jamais rendu plus agréable à Dieu que cet apôtre; cependant cet homme, après tant de dons et de priviléges reçus de Dieu, tremble encore pour lui, et pour ceux qui sont soumis à sa charge: « Christum nemo est qui Paulo vehementius dilexerit, nemo qui apud Deum gratiosior quam Paulus fuerit; tamen, post tot privilegia a Deo accepta, veretur adhuc, ac tremit principatus istius, subditorumque suorum gratia. » (Lib. III *De sacerd.*, c. 6, n. 13.) Et celui-là tremble à qui Dieu fait la grâce de le ravir jusqu'au troisième ciel, et de le rendre le dépositaire des secrets les plus divins; celui-là tremble que je puis dire avoir autant souffert de morts pour Jésus-Christ, qu'il a vécu de jours depuis qu'il lui eût engagé sa foi. «Atque hæc quidem dicit homo is, cui a Deo datum fuit ut in tertium usque cœlum raperetur, ac divinorum arcanorum particeps fieret; qui idem totidem, ut sic dixerim, mortes pertulit, quot ipse dies post fidem Christo datam vixit. »

Si donc le grand saint Paul, gardant si exactement les commandements de son Dieu qu'il en faisait même au delà de ce qu'on exigeait de lui; qui n'envisageait que le seul bien des âmes qui lui étaient confiées, et jamais le sien propre, a redouté l'office pastoral, la dignité sacerdotale, le ministère apostolique, a trouvé terrible le poids d'un tel fardeau, que devons-nous faire, nous autres? « Si igitur Paulus Dei mandata sic observans, ut majora etiam quam ipsi a Deo injuncta fuissent, præstaret, nunquam suo ipsius, sed subditorum tantum commodo studens, sic ubique formidavit, magistratus sui molem expendens, quid faciemus ipsi. »

Enfin, l'oserait-on dire, la modestie de Jésus-Christ, notre pontife éternel et notre souverain prêtre, à ne pas s'ingérer lui-même au sacerdoce, et à attendre que son Père le revêtît de cette dignité, ne peut-elle pas passer en lui pour une crainte religieuse de cette dignité? Personne, dit l'Apôtre, ne doit prendre de lui-même l'honneur du sacerdoce; il faut être appelé de Dieu à cette dignité pour y prétendre, comme le fut Aaron. Ainsi Jésus-Christ ne s'est point glorifié lui-même pour se faire pontife, mais il a été établi tel par celui qui lui a dit: Vous êtes mon Fils, je vous ai engendré aujourd'hui. Vous êtes prêtre éternel, selon l'ordre figuré par Melchisédech: *Nec quisquam sumit sibi honorem, sed qui vocatur a Deo tanquam Aaron; sic et Christus non semetipsum clarificavit ut pontifex fieret, sed qui locutus est ad eum : Filius meus es tu, ego hodie genui te. Tu es sacerdos in æternum secundum ordinem Melchisedech.* (Hebr. v, 4,-6.) Car il est visible que saint Paul, par ces paroles, veut nous donner à entendre que Jésus-Christ, quoique Fils unique de Dieu, n'a pas voulu s'ingérer lui-même dans le sacerdoce, ni prendre de son autorité cette dignité si honorable, quoique attachée à sa qualité de premier-né, quoiqu'il ne prétendît en exercer les fonctions que sur lui-même; quoique, en un sens, il se destinât plutôt à être la victime que le prêtre, et qu'il a attendu que son Père l'ait consacré, envoyé et établi prêtre et pontife éternel de ce sanctuaire fait, non de main d'homme, mais de celui même qu'on y adore.

Cela étant ainsi, pourquoi trouver étrange la doctrine des saints, qui nous assurent que le sacerdoce est une dignité formidable aux anges mêmes; et qui nous avertissent si souvent de ne pas inconsidérément prendre une telle charge sur nos épaules, nous qui, déjà courbés sous le poids de nos propres iniquités, n'avons pas assurément assez de force pour nous charger encore du fardeau des iniquités d'autrui : « Qua ratione onus illud angelicis humeris formidandum sustinere poterit, qui seipsum in via virtutis crebro titubantem, vix sustentare valuit. O stultum! qui cum ad casum urgeatur ex oneribus propriis, humeros, inconsiderate submittit opprimendus alienis. » Pour conclusion, si l'Eglise veut que nous nous éprouvions longtemps, et que nous gardions des interstices considérables, n'est-ce pas afin que nous puissions bien comprendre le poids des obligations sacerdotales : « Interstitia serventur, ut quantum sit hujusce disciplinæ pondus possint edoceri. » Et que, si nos forces ne sont pas suffisantes, nous ayons la prudence de ne pas prendre sur nous un fardeau qui nous accablera « Prius vires suas quod cum hoc subiturus est onere metiatur, ut si impar est, abstineat, » dit saint Grégoire.

Mais rien ne nous découvre davantage cette vérité que l'éminence de la dignité sacerdotale, sur laquelle il est bon de faire les réflexions suivantes.

ENTRETIEN XVI.

DE LA DIGNITÉ SACERDOTALE.

Première considération. — La moindre chose qu'on puisse dire, est que la dignité sacerdotale, dans la doctrine des saints et l'esprit de la religion, est au-dessus de la dignité royale, quelque respectable qu'elle soit. Ne regardons point celle-ci avec des yeux profanes, ne la considérons point par les dehors : elle est grande, elle est suprême aux yeux du monde, on l'avoue; mais ce n'est pas par cet endroit qu'on doit l'envisager ici. Considérons-la avec des yeux de foi et de religion : elle tire son institution de Dieu; c'est lui qui a institué les rois sur la terre, qui leur a soumis les peuples, *qui subdit populum meum sub me* (*Psal.* CXLIII, 2); qui nous commande de les honorer, *regem honorificate.* (*I Petr.* II, 17); qui nous défend de toucher à leur personne sacrée : *Nolite tangere christos meos* (*Psal.* CXLIII, 5); qui les a rendus les vives images de son pouvoir et de sa majesté; qui les a choisis et revêtus de son autorité par une vocation singulière, comme il paraît dans Saül appelé à la royauté par sort; qui a voulu qu'on mît sur eux l'huile de l'onction sainte, et qu'ils fussent sacrés par les prophètes mêmes : *Unges quemcunque monstravero tibi* (*I Reg.* XVI, 3); qui, pour marquer le degré de sainteté qu'il attendait d'eux, et la grandeur des desseins qu'il avait sur eux, a honoré leur choix et leur vocation d'un changement de cœur merveilleux; les a rendus les organes de son esprit, et les a changés en d'autres hommes : *Insiliet in te spiritus Domini et mutaberis in virum alterum*, est-il dit du premier roi d'Israël, *et immutavit Deus cor illius.* (*I Reg.* X, 6,10.) Enfin qui, pour comble d'honneur, a voulu qu'après que les peuples auraient rendu leurs devoirs religieux à leur Dieu, ils rendissent leurs devoirs respectueux à leur roi : *Adoraverunt Deum, deinde regem.* (*I Reg.* XI, 15.)

Cependant cette grande dignité royale, quelque magnifique qu'elle nous paraisse, ne peut entrer en comparaison avec la dignité sacerdotale, qui la surpasse infiniment.

Autant que l'âme est supérieure au corps, autant le sacerdoce est-il au-dessus de la royauté, dit un grand Pape et un saint martyr : « Quanto anima præstantior est corpore, tanto sacerdotium præstantius regno. » (S. CLEM. epist. 1, n. 19.) Voyez combien l'âme a d'avantages par-dessus le corps : elle est spirituelle, immortelle, incorruptible, faite à l'image de Dieu dont elle est le portrait animé : le corps au contraire est matériel, corruptible, mortel, etc.; et cependant le corps n'est pas plus au-dessous de l'âme que la royauté est inférieure au sacerdoce. La royauté passe avec cette vie, et son ornement n'est qu'extérieur; le sacerdoce dure à jamais, et son caractère est ineffaçable.

La chair n'est pas plus au-dessous de l'esprit, que la puissance royale est au-dessous de la puissance sacerdotale, dit le grand saint Chrysostome : « Quod quidem sacerdotium tanto est excellentius regno, quantum spiritus et carnis, intervallum esse potest. » (Lib. III *De sacerd.*, c. 1.)

Que si vous comparez la dignité des prêtres, dit saint Ambroise, avec l'éclat des diadèmes et la pourpre des rois, la dignité de ceux-ci ne paraîtra pas moins vile auprès de la dignité de ceux-là, que le plomb paraît méprisable auprès de l'or : « Si sacerdotium regum fulgori compares, et principum diademati, longe erit inferius regnum, quam si plumbi metallum ad auri fulgorem compares. » (Lib. I *De dign. sacerd.*, c. 2.)

Le ciel n'est pas plus élevé au-dessus de la terre, ajoute saint Chrysostome, que l'est le pouvoir conféré au prêtre, au-dessus du pouvoir conféré aux rois : « Sacerdos tanto præ regibus majorem accipit potestatem, quantum cœlum terra pretiosius est. » (Lib. III *De sacerd.*, c. 4.) O Dieu quelle prééminence! Combien le ciel l'emporte-t-il au-dessus de la terre, par son élévation, son étendue, sa beauté, son incorruptibilité, sa solidité, sa clarté? Combien donc la dignité que vous souhaitez est-elle plus précieuse que la dignité des rois que les hommes estiment tant.

N'a-t-on pas vu ci-dessus que la moindre fonction sacerdotale est tellement élevée au-dessus des fonctions les plus relevées des rois, quoiqu'il leur appartienne de juger les hommes, et d'être les arbitres de leur fortune et de leur vie, de commander les peuples, et d'être à la tête des armées ; qu'un des plus puissants et des plus religieux princes qui jamais ait gouverné le peuple de Dieu, pour avoir osé mettre la main sur l'encensoir, est condamné dans l'Ecriture comme un ambitieux et un téméraire, et puni comme un orgueilleux intolérable, d'avoir aspiré à une chose si au-dessus de lui : *Elevatum est cor ejus in interitum suum.* (II *Par.* XXVI, 16.) Son front hautain fut frappé de lèpre, et il perdit son trône pour s'être voulu asseoir dans la chaire pontificale. Qu'eût-ce donc été, s'il eût voulu offrir des sacrifices et immoler des victimes ?

Enfin, ne sont-ce pas les prêtres qui oignent et consacrent les rois, qui les bénissent, qui les installent, qui les mettent comme en droit d'exercer leur autorité de la part de Dieu ? N'est-ce pas devant les prêtres que les rois s'abaissent, se mettent à genoux, confessent leurs péchés, et ont recours à leur puissance pour en être absous ?

Quelle dignité est la vôtre, ô prêtres du Seigneur, s'écrie saint Bernard ! Combien est grande l'excellence de votre caractère ! Dieu vous a élevés au-dessus des rois et des empereurs ; il a mis l'ordre sacerdotal au-dessus de tous les ordres du monde : « Heu ! quantam dignitatem contulit vobis Deus ! quanta est prærogativa ordinis vestri ! prætulit vos Deus regibus et imperatoribus universis. »

De sorte que le premier et le moindre éloge qu'on puisse donner à l'état sacerdotal, est de commencer par le mettre infiniment au-dessus du trône des rois : *Fundamenta ejus in montibus* (*Psal.* LXXXVI, 1) ; et d'imiter le grand saint Martin, qui, assis à la table de l'empereur, présenta à boire, premièrement au prêtre qui l'accompagnait, puis en second lieu à l'empereur même, auprès duquel il était ; jugeant que le prêtre était préférable en dignité à l'empereur, et que l'honneur de celui-là devait marcher devant l'honneur dû à celui-ci ; action religieuse qui toucha l'empereur même, et édifia tout le monde : « Pateram presbytero suo tradidit, nullum scilicet existimans digniorem qui post se biberet, nec integrum sibi fore, si aut regem ipsum, aut eos qui a rege erant proximi presbytero prætulisset ; quod factum imperator omnesque qui tunc aderant, ita admirati sunt, ut hoc ipsum eis in quo contempti fuerant placeret, celeberrimumque per omne palatium fuit, » etc. (SULP. SEVER., c. 23 *Vit. SS. mart.*)

Telles sont les choses, quand on les considère par les yeux de la foi, et non par des vues charnelles et basses : étant certain, dit saint Chrysostome, qu'il n'y a pas moins de différence entre les rois et les prêtres, qu'il y en a entre la gloire de ce monde et la gloire éternelle : « Quos inter, reges scilicet et sacerdotes, tantum est sane interjectum intervallum, quantum vitam inter præsentem et æternam. » Quelle extrême distance ne se trouve-t-il pas entre cette vie temporelle, périssable, passagère et la vie éternelle ?

Deuxième considération. — Mais comment la dignité royale égalerait-elle la dignité sacerdotale, puisque, quand on rassemblerait en un seul point toutes les qualités, toutes les grandeurs qui ont jamais été sur la terre, et qu'on pourrait imaginer, elles n'égaleraient pas toutes ensemble l'état sublime du sacerdoce : il n'y a rien de si relevé sous le ciel.

Faites une exacte et longue énumération des rangs, titres, honneurs, grades ; mettez toutes les richesses et toutes les royautés du monde en un, dit saint Ignace, et vous trouverez enfin que le sacerdoce est le faîte de toutes les grandeurs du monde : « Enumera honores, dignitates, divitias, omnia denique mundi regna, omnium apex est sacerdotium. » (I, 21.)

Ramassez tous les ornements de la terre, toutes les marques distinctives, tous les caractères les plus éclatants, et vous verrez, après tout, que rien n'approche de la splendeur sacerdotale, et qu'elle est la plus belle chose du monde, dit saint Grégoire de Nazianze : « Omnium ornamentorum maximum et præstantissimum. » (I, 7.)

Saint Chrysostome assure que c'est la plus précieuse grâce que l'homme puisse recevoir en cette vie, et la grâce des grâces : « Inter omnes gratias, maxima gratia est dignitas sacerdotalis. » (I, 21.)

Saint Ambroise estime tellement la dignité du sacerdoce, et il la regarde comme un honneur si sublime et si relevé, qu'il juge qu'on ne peut la comparer à quoi que ce soit qui en approche, et que c'est lui faire tort et l'avilir, que de dire que quelque chose, quelque haute qu'elle soit, ait rapport à son élévation : « Honor et sublimitas nullis comparationibus adæquandus, magna sublimitas, honor grandis. » (I, 21 ; I, 91.)

C'est le plus grand des biens que l'homme puisse désirer, dit un célèbre évêque et un saint martyr ; c'est saint Ignace : « Omnium quæ in hominibus sunt apex. » (I, 8.)

C'est le dernier terme où puissent aboutir les vœux et les désirs du cœur humain, qui ne saurait rien souhaiter au delà, dit saint Isidore : « Omnium quæ inter homines appetuntur velut extrema meta. »

C'est une chose qui passe les bornes de la nature, et qu'on peut mettre au rang des choses miraculeuses ; qu'on peut considérer comme un prodige, comme une mer sans fond, un océan vaste et infini de grandeurs et d'excellences, ajoute saint Ephrem : « Miraculum stupendum, dignitas profunda, magna et multa, immensa et infinita ipsius sacerdotii dignitas. »

Enfin, ce grand et éclairé solitaire, ce pieux Père de l'Eglise, succombe à l'idée qu'il se forme du sacerdoce, et qu'il élève au-dessus même, non-seulement des grandeurs qu'on connaît, mais de toutes celles qu'on pourrait se figurer. C'est une dignité incompréhensible à l'esprit humain : l'œil de l'entendement n'est pas assez fixe pour en soutenir l'éclat, ni la langue humaine assez diserte pour en exprimer un échantillon : « Excedit intellectum et orationem, omnemque cogitationem donum altitudinis dignitatis sacerdotalis. » (1, 7.) Et il assure que c'est ce que saint Paul, élevé en esprit, et ravi hors de lui par la contemplation d'un objet surprenant, a voulu dire, quand il s'est écrié : O profondeur inconcevable des trésors de la sagesse et de la science de Dieu, que vous êtes incompréhensible ! « Et sicut arbitror, hoc est quod Paulus, quasi in stuporem mentis actus, innuit, exclamans : *O altitudo divitiarum sapientiæ et scientiæ Dei!* (*Rom.* xi, 33) quam incomprehensibilia sunt judicia ejus, et investigabiles viæ ejus ! »

Après cela peut-on nier que la dignité sacerdotale ne soit, au jugement des saints Pères, la chose du monde la plus sublime, et que celui qui veut s'y élever ne doive faire état qu'il aspire à une dignité au-dessus de celle des rois et des empereurs ? « Heu ! quantam dignitatem contulit vobis Deus ! quanta est prærogativa ordinis vestri ! prætulit vos Deus regibus et imperatoribus. » Qu'il jette le plan du plus auguste et du plus magnifique palais qui fut jamais, et que les plus hautes et recherchées dignités de la terre, qui font l'objet de l'ambition des hommes, sont moins auprès de la dignité sacerdotale, que ne le sont de petites et misérables cabanes, en comparaison de la plus superbe tour que la main de l'homme ait jamais construite, ou que l'histoire ait mis entre les merveilles de l'univers : « Sumptuosa siquidem turris est, et verbum grande, quod non omnes capere possunt. »

Que celui-là songe donc à la grandeur de ce dessein, qui veut embrasser une profession relevée par-dessus toute autre profession, se faire inscrire dans un ordre que Dieu a élevé au-dessus de tout autre ordre : « Quanta est prærogativa ordinis vestri ! prætulit ordinem vestrum ordinibus omnibus. »

Qui peut contester au clergé le premier rang ? N'est-ce pas par le ministère des prêtres que les fidèles sont régénérés et introduits dans l'Eglise ? qu'ils y sont nourris du pain de la parole de Dieu, sanctifiés par l'administration des sacrements, guéris et purifiés par la pénitence, nourris et fortifiés par l'Eucharistie ? ne sont-ce pas les prêtres qui dirigent les consciences à Dieu ? qui bénissent les mariages des Chrétiens ? qui consacrent les vierges ? qui soutiennent les veuves ? qui purifient, qui illuminent, qui perfectionnent tous les états ? qui montrent aux religieux et aux moines, c'est-à-dire à tout ce que l'Eglise a de plus saint et de plus excellent, le chemin de la vertu, par leur doctrine et par leurs exemples ? « Monasticus ordo debet sequi sacerdotales ordines, et ad eorum imitationem ad divina conscendere, » dit le grand saint Denis. Voilà l'esprit primitif de l'état cénobitique ; voilà la grâce originaire de l'état sacerdotal.

En un mot, le sacerdoce n'est-il pas élevé au-dessus de tout ce qu'il y a d'élevé dans le siècle, de tout ce qu'il y a de plus saint dans l'Eglise, de tout ce qu'on peut s'imaginer même et se figurer de grandeurs et de dignités, d'ordres et de professions ; si nous en jugeons du moins, non par la raison humaine, ou les idées basses que nous nous en formons, mais par les expressions, la doctrine et les sentiments des saints Pères ? « Prætulit ordinem vestrum ordinibus omnibus. » Et n'a-t-on pas raison de représenter à ceux qui prennent ce dessein, qu'ils n'entreprennent rien moins que d'élever une tour d'une hauteur sans égale, pouvant bien plus véritablement dire que ces anciens et présomptueux enfants d'Adam : *Venite, faciamus nobis turrim cujus culmen pertingat ad cœlum.* (*Gen.* xi, 4.) En effet, la dignité que vous avez en vue, va aussi haut que cela ; elle est toute céleste et divine : *Cujus culmen pertingat ad cœlum.* C'est le troisième motif.

Troisième considération. — J'avoue, dit saint Chrysostome, que le sacerdoce se confère et s'exerce sur la terre ; mais gardez-vous bien de le mettre au rang des choses de la terre ; il est de sa nature céleste, et c'est parmi les biens de ce séjour heureux qu'il faut le ranger : « Sacerdotium in terra quidem peragitur, sed in rerum cœlestium classem ordinemque referendum est. » (Lib. III *De sacerd.*, c. 3.)

Saint Isidore, frappé de l'éclat d'une dignité si merveilleuse, dit que le sacerdoce est un nœud sacré qui associe ensemble le divin et l'humain ; un état mitoyen, si l'on peut s'exprimer ainsi, entre la nature divine et la nature humaine : « Sacerdotium inter divinam et humanam naturam constitutum, ac velut medium interjectum. »

Un grand Pape et un grand saint, c'est le Pape Innocent I*er*, ne se forme pas une moindre idée du sacerdoce, lorsqu'il assure que le prêtre est un composé qui tient quelque chose de Dieu, et quelque chose de l'homme ; qu'il réunit en lui ces deux extrêmes ; qu'il est à la vérité au-dessous de Dieu, mais qu'il est au-dessus de l'homme : « Sacerdos inter Deum et hominem medius constitutus, citra Deum, sed supra hominem ; minor Deo, sed major homine. »

Rien n'égale la dignité sacerdotale, dit un autre saint Père ; elle est dans un degré d'excellence qui la met au-dessus de tout ce qui s'appelle grandeur dans le monde ; c'est une chose toute divine : « Divina quædam res est sacerdotium, ac rerum omnium præstantissima. » (S. Isidor., lib. II, c. 52.)

Le concile de Trente, ou plutôt le Saint-Esprit, met comme le sceau à cette excellente doctrine, puisqu'il nous apprend que le sacré ministère sacerdotal est tout céleste et tout divin : « Cum autem divina res sit sancti sacerdotii ministerium. » (Sess. 23, c. 1.)

Après ces oracles des saints et de toute l'Eglise, est-ce exagérer de soutenir que rien n'égale la dignité du sacerdoce ; que c'est une tour d'une hauteur si sublime, que tout le monde n'a pas l'œil assez fixe pour pouvoir aller jusque-là, ni oser entreprendre la structure d'un tel édifice, tant il faut de vertu et de sainteté : « Sumptuosa siquidem turris est, et verbum grande, quod non omnes capere possunt. »

Que le sacerdoce est un état, que le Seigneur a posé par-dessus toutes sortes d'états, et avantagé de prérogatives très-rares : « Heu ! quantam dignitatem contulit vobis Deus ! quanta est prærogativa ordinis vestri ! prætulit ordinem vestrum ordinibus omnibus. »

Que c'est une tour dont le sommet va se cacher jusque dans les nues : *Faciamus turrim cujus culmen pertingat ad cœlum* (*Gen.* XI, 4); puisque, selon saint Chrysostome, nous devons la recevoir tellement en terre, que nous la regardions comme un présent descendu d'en haut : « Sacerdotium quidem in terra peragitur, sed in rerum cœlestium classem ordinemque reponendum est. »

Que c'est cette échelle mystérieuse de Jacob qui, d'un côté touche la terre, et de l'autre aboutit au ciel : *Vidit scalam stantem super terram, et cacumen ejus tangens cœlum*. (*Gen.* XXVIII, 12.) Une échelle qui parvient jusqu'au sein de Dieu même, et sur laquelle appuyé il se communique aux hommes : *Viditque Dominum innixum scalæ* (*Ibid.*); puisqu'en effet le sacerdoce nous conjoint à Dieu, et nous approche de la divinité : « Divina res est sacerdotium. »

Une échelle à l'usage, non des hommes terrestres et mortels, mais par laquelle de nouveaux anges montent et descendent, afin d'établir un saint commerce entre Dieu et les hommes, entre le ciel et la terre : *Vidit angelos Dei ascendentes et descendentes per eam* (*Ibid.*, 12); les anges, qui sont de purs esprits, n'ayant pas besoin de ce secours pour aller au ciel, ou pour en venir.

Et avec raison, dit le grand saint Chrysostome, parce qu'enfin il a plu à Dieu que ces hommes mortels et corruptibles, que ces fragiles habitants de la terre, fussent les dispensateurs des dons célestes et divins : « Etenim qui terram incolunt atque in ea versantur, iis datum est ut ea quæ in cœlis sunt, dispensent. »

Il a voulu que ces créatures si faibles exerçassent un pouvoir et une autorité qu'il n'a pas confiés aux anges ni aux archanges mêmes, ajoute ce grand saint : « His datum est ut potestatem habeant quam Deus optimus neque angelis neque archangelis datam esse voluit. » (*Lib.* III *De sacerd.*, c. 4.)

J'avoue, reprend saint Bernard, que tous ces esprits bienheureux exercent un office excellent, et sont envoyés, comme assure l'Apôtre, pour être les coadjuteurs de ceux qui travaillent à l'acquisition de l'héritage céleste : *Et quidem omnes, ut ait Apostolus, sunt administratorii spiritus, in ministerium missi, propter eos qui hæreditatem capiunt salutis.* (*Hebr.* I, 14.) Cependant votre ministère, ô prêtres du Dieu vivant, est incomparablement plus excellent, et sa grandeur le rend digne d'admiration, non-seulement aux yeux des hommes, mais aux yeux mêmes des anges : « Sed longe est excellentius officium vestrum, quod admirabile est, non solum in oculis vestris, sed etiam angelorum. » En effet, continue-t-il, Dieu vous a préférés aux anges, puisqu'ils ne sont destinés qu'à suggérer de bonnes pensées, qu'à inspirer le bien, et détourner du mal, par leurs salutaires inspirations, et que la dispensation de la parole de Dieu, et le pouvoir de répandre la grâce sanctifiante dans les âmes, vous a été conféré, « imo, ut altius loquar, prætulit vos angelis. »

Il vous a préférés aux archanges, puisqu'ils sont députés de Dieu pour gouverner les Etats, et que vous êtes commis de lui pour gouverner les consciences, domaine infiniment plus précieux : « Prætulit vos archangelis. »

Il vous a préférés aux trônes, puisque vous êtes vous-mêmes des trônes, et que vous lui servez comme de lit de justice pour rendre ses arrêts et prononcer ses jugements, pour condamner les pécheurs, ou pour absoudre les pénitents : « Prætulit vos thronis. »

Il vous a préférés aux dominations, puisqu'il vous a proposés pour être les chefs des fidèles, et dominer sur le démon et sur le péché : « Discite per officium vestrum vitiis imperare, » dit-on dans l'ordination des exorcistes : « Ut sint spirituales imperatores. »

Mais l'oserait-on dire ? il vous a même préférés à celle qu'il a préférée à tout le reste des créatures; vous entendez de qui l'on veut parler.

Il vous a préférés à celle de qui il est écrit qu'elle n'eut jamais d'égale entre celles qui l'ont précédée, et que celles qui la suivront ne l'égaleront jamais : « Nec primam similem visa est nec habere sequentem ; » c'est-à-dire, sa très-pure mère ; car, quoique la plus parfaite et la plus accomplie de toutes les pures créatures ; quoiqu'elle fût plus sainte elle seule que tous les apôtres ensemble, dit un grand Pape, ce n'est pas néanmoins à elle, mais à eux, et en leurs personnes à leurs successeurs, que Jésus-Christ a confié la clef du royaume des cieux : « Licet beatissima virgo Maria dignior et excellentior fuerit apostolis universis, non tamen illi, sed istis, Dominus claves regni cœlestis commisit. » Ce n'est pas à elle qu'il a communiqué le pouvoir de produire, sur nos autels, celui qu'elle eut le bonheur de produire dans son sein. Ce n'est pas elle qu'il a commise pour prêcher la parole de celui qui lui a voulu être redevable de la parole, et de qui il a voulu apprendre à prononcer des paroles.

Quelle dignité ne vous a pas conférée le Tout-Puissant ? de quelles prérogatives ne vous a-t-il pas enrichis ? Si le Verbe divin, s'unissant à l'homme dans l'incarnation, a fait un homme Dieu, en lui communiquant la nature divine ; que devenez-vous, ô prêtres du Seigneur, et jusqu'à quelle hauteur vous élevez-vous, quand la personne du Saint-Esprit s'unit à vous dans l'ordination, et vous communique la toute-puissance même de Dieu? N'est-ce pas entreprendre une tour dont le faîte monte jusque dans le ciel : *Venite, faciamus nobis turrim cujus culmen pertingat in cœlum?*

Celui-là seul, dit saint Chrysostome, qui comprendra le mystère; comment est-ce qu'un homme, lequel après tout n'est en partie qu'un composé de chair et de sang, une créature enveloppée de corruption, peut s'approcher de si près de cette nature immortelle et incorruptible; s'unir et s'élever jusqu'à cet être souverainement heureux; celui-là seul, dis-je, pourra concevoir à quel degré d'honneur la grâce du Saint-Esprit a appelé les prêtres, et quelle excellente dignité il leur a conférée : « Nam si quis consideret quantum id sit mysterium, ut is scilicet qui homo ipse sit, carne ac sanguine etiamnum constans, iisque involutus, beatæ atque immortali naturæ illi fieri proprior queat; tum probe intelliget quanto sacerdotes honore, quanta dignitate Spiritus sancti gratia dignata fuerit. » (*Lib.* III *De sacerd.*, c. 4, init.)

Union avec Dieu si amoureuse, si intime et si grande, qu'elle doit les rendre parfaitement semblables au divin prototype sur lequel ils sont formés, duquel ils expriment les traits, et lequel par eux éclaire son peuple, et procure le salut aux âmes; ce sont les paroles du grand saint Denis, qui va plus loin, et qui nous avertit que, sans cette parfaite ressemblance, celui-là est un téméraire qui prétend exercer les fonctions du sacerdoce : « Non debet temere ducem se aliis divini luminis præstare, qui, non omni statu suo et habitu, simillimus Deo evaserit. »

Saint Augustin va encore plus avant, et ne craint point de dire que les prêtres sont ces dieux élevés, dont parle le prophète, quand il dit que le Dieu des dieux demeure dans l'assemblée des dieux : « Sacerdotes dii excelsi, in quorum synagoga Deus deorum stare desiderat. » (I, 196.)

Saint Clément, Pape et martyr, avait tiré cette doctrine, et emprunté cette expression que les docteurs de l'Eglise ont suivie, du temps même des apôtres, puisqu'il précédaient immédiatement, puisqu'il écrit qu'après Dieu, le prêtre est un Dieu sur la terre : « Post Deum terrenus Deus. »

Saint Grégoire de Nazianze ajoute quelque chose à cette idée, lorsque, regardant le prêtre administrant les sacrements aux fidèles, leur communiquant la grâce et le Saint-Esprit, et les rendant ainsi participants de la nature divine, *divinæ consortes naturæ* (*II Petr.* I, 4), comme parle l'apôtre saint Pierre, il assure que ce n'est pas un homme, que c'est un dieu, et un dieu qui rend les autres des dieux : « Sacerdos deus est, aliosque deos efficit. »(II, 97.) D'ailleurs, ne produit-il pas le Fils sur nos autels, et le Saint-Esprit dans l'âme des fidèles.

Le grand saint Ambroise confirme cette doctrine, quand il assure que le sacerdoce est une profession déifique, pour user de son expression : « Deifica professio. » (I, 27.)

Telle et si grande est la dignité à laquelle vous avez la hardiesse d'aspirer aujourd'hui. Ce n'est même ici qu'un petit échantillon, qu'un raccourci de ce qu'on vous en fera voir au long dans l'endroit où l'on traite à fond ce sujet.

Mais il suffit de vous dire en deux mots, que la dignité sacerdotale est infiniment élevée au-dessus de la dignité royale, non simplement considérée par les yeux d'une ambition humaine, cette vue est trop basse, il faut aller plus haut, mais envisagée avec toutes les prérogatives de la religion, et ornée de tous les avantages que Dieu y a attachés dans son institution; que la dignité sacerdotale ne trouve point son égale sur la terre; qu'elle est toute céleste et divine, et en elle-même, et dans le pouvoir supérieur à celui des anges qu'elle confère; enfin qu'elle nous rend en un sens des dieux par participation.

ENTRETIEN XVII.

SUR LE JUGEMENT DES PRÊTRES.

Première considération. — Si cette haute dignité du sacerdoce doit inspirer de la joie à ceux qui, par une vocation divine, s'en trouvent honorés, il est sans doute que le compte rigoureux de l'usage qu'ils en auront fait leur doit causer une extrême crainte. Il est vrai que la sévérité du jugement de Dieu doit effrayer tous les hommes, puisque Jésus-Christ, le juge même devant lequel nous avons à comparaître, assure que nous rendrons compte à son redoutable tribunal d'une parole oiseuse : *Dico autem vobis quoniam omne verbum otiosum quod locuti fuerint homines, reddent rationem de eo in die judicii.* (*Matth.* XII, 30.) Il nous proteste que nous ne sortirons point des mains de la justice, que nous n'ayons payé jusqu'à la moindre obole : *Amen dico tibi, non exies inde donec reddas novissimum quadrantem, novissimum minutum.* (*Matth.* V, 26; *Luc.* XII, 59.) Ce péché commis dans la jeunesse, dont on ne se souvient plus; ce léger mensonge, cette raillerie qui a contristé votre frère, cette parole de promptitude, cette petite médisance, cette perte de temps, cette vaine joie, toutes ces fautes se trouveront écrites; jugez si les péchés plus griefs le seront, et quel compte on en rendra : *Signasti quasi in sacculo delicta mea.* Ce sont des souillures que l'âme criminelle porte, et qu'elle ne saurait dérober aux yeux clairvoyants du juste juge, qui découvrira jusqu'aux plus sombres replis des cœurs : *Scrutabitur Jerusalem in lucernis* (*Sophon.* I, 12); qui sera un flambeau à la clarté duquel rien ne pourra disparaître, aucun voile, aucun prétexte, aucune dissimulation, nulle excuse dans ce jour de clarté : *Illuminabit abscondita tenebrarum, et manifestabit consilia cordium.* (*I Cor.* IV, 5.) Qui sera l'homme qui ne frémira s'il y pense, et qui ne dira avec le Prophète : N'entrez point en un jugement si rigoureux avec votre serviteur, parce qu'aucun homme vivant ne pourra être justifié devant vous : *Et non intres in judicium cum servo tuo; quia non justificabitur in conspectu tuo omnis vivens.* (*Psal.* CLXII, 12.) Quoi! rendre compte de toutes les joies déréglées auxquelles on s'est volontairement arrêté; de toutes les paroles indiscrètes que l'on a proférées; des légers emportements, des médiocres manquements contre les vertus chrétiennes; ce qui néanmoins ne regarde encore que l'état des simples fidèles.

Mais voici quelque chose de plus par rapport aux prêtres; c'est qu'il n'y a point ordinairement de petits péchés pour eux; presque tous leurs péchés sont grands, et rejaillissent le plus souvent sur la religion, préjudicient au salut du prochain, et scandalisent les fidèles.

Des railleries indécentes, dans la bouche d'un laïque, sont des fautes communes, dit saint Bernard : « Inter saeculares nugae, nugae sunt. » Nul ecclésiastique n'ignore un passage si rebattu; mais tous en voient-ils bien l'importance ? Dire une parole libertine contre la dévotion, la chasteté, la fréquentation des sacrements, l'oraison; détourner quelque passage de l'Ecriture en un sens ridicule ou profane; railler de quelque cérémonie sacrée, peut quelquefois être une faute légère dans la bouche d'un séculier, et n'avoir pas de suites fâcheuses; mais, dans la bouche d'un prêtre, ce n'est pas assurément un médiocre péché dans la doctrine de saint Bernard : « In ore sacerdotis blasphemia, » et quand il donne la liberté à sa langue de proférer de semblables discours, ce n'est plus une bagatelle en lui; c'est, selon le même Père, une impiété inexcusable; s'accoutumer à ces sortes de dérisions, devient, continue le même saint, un crime dans un prêtre : « In ore sacerdotis blasphemia. » Sa voix est consacrée à l'Evangile et à la prédication des vérités les plus saintes; s'habituer à de semblables irrévérences, n'est pas une médiocre impiété, ni se rendre peu coupable au jugement de Dieu : « Consecrasti os tuum Evangelio ; talibus aperire illicitum est, assuescere sacrilegium. »

Saint Grégoire le Grand dit que le prêtre qui raille les personnes qui vivent dévotement, est un loup et non un pasteur; c'est ainsi qu'il le qualifie; est-ce donc en lui un léger péché ? « Plerumque sacerdotes, ut quos humiliter, si quos continenter vivere conspiciunt, irrident. Considerate ergo, quid de gregibus agatur, quando pastores lupi fiunt. » (*Lib.* I, hom. *17 in Evang.*) Cette parole est sans doute très-remarquable.

Le concile de Trente, ou plutôt le Saint-Esprit, par l'organe des prélats qui le composèrent, avertit les prêtres qu'ils aient à éviter soigneusement les moindres péchés, parce que ces légers péchés seraient en eux de très-grands péchés : « Levia etiam delicta, quae in ipsis maxima essent, effugiant. » Et sans doute la chose est ainsi ; une chanson impure, et semblables fautes, sont sans doute blâmables dans un laïque; mais dans un prêtre, quel scandale n'est-ce pas ? Quel opprobre pour l'Eglise ! quel sujet de tristesse pour les bons, et de triomphe pour les impies ! Est-ce se rendre responsable de peu de chose au tribunal de Jésus-Christ ? et n'eût-il pas mieux valu, suivant l'avis de saint Bernard, opérer son salut dans l'humble état de laïque, que non pas s'élever dans le degré sublime du sacerdoce, pour n'y pas vivre dans la perfection, et y être jugé dans la rigueur ? « Esset autem sine dubio melius salvari in humili gradu fidelis populi, quam in cleri sublimitate, et deterius vivere, et districtius judicari. »

Mais, voici quelque chose de plus fort encore, et qui découvre combien sévère sera le compte que le prêtre rendra. Saint Léon nous apprend que la dignité sacerdotale exige tant de perfection et de sainteté, que ce qui ne serait pas même un péché dans un homme du monde, devient une chose illicite et criminelle dans un prêtre : « Sacerdotum tam excellens est conditio, ut quae in aliis Ecclesiae membris non vocantur ad culpam, in illis tamen habeantur illicita. » Omettre la Messe les jours ouvriers, vaquer fort rarement à la prière, aimer le jeu, les spectacles, le commerce, la chasse, pourrait ne pas scandaliser le monde dans un marchand, dans un bourgeois, dans un gentilhomme : « In aliis Ecclesiae membris non vocantur ad culpam » ; mais, dans un prêtre, où en est la religion? que pensera le monde d'un tel ministre des autels ? quelle mauvaise édification ! que fera le laïque, quand il verra son pasteur lui donner un tel exemple ? Il est vrai que chacune de ces actions en particulier n'est pas précisément un crime, une chose défendue de droit divin; mais, dans le prêtre, à raison des suites, ce sont des occupations très-défendues et très-blâmables : « In illis tamen habentur illicita. »

Ce qui serait pardonnable dans le peuple, devient inexcusable dans le prêtre, dit un autre Père; ce qui passe pour un petit égarement dans une ouaille, devient la ruine et la perdition dans un pasteur : « Quod veniale est plebi, criminale est sacerdoti; quod erroneum est ovi, peremptorium est pastori. » Un laïque s'écarte assurément du bon chemin, quand il fait quelque excès, qu'il se laisse aller à l'intempérance, qu'il a des commerces suspects, qu'il thésaurise et amasse de l'argent, qu'il aime le lucre; tout cela n'est pas chrétien, il faut le redresser et lui remontrer le péril où il se met; mais, qu'est-ce qu'un prêtre vicieux et scandaleux ? que répondra-t-il à ce juge sévère, qui n'admettra point d'excuse, surtout dans ceux qui ne sauraient en alléguer de bonnes, ni dire qu'ils ont péché par ignorance ou par faiblesse, ou que leur état n'exigeait pas d'eux tant de perfection ? Car il ne faut pas affaiblir les vérités, en exténuant les termes : « Dùm mentis perversitas, urbanitas vocatur, » dit saint Grégoire ; artifice dangereux, qui, diminuant la laideur du péché, diminue l'horreur qu'on en a, et augmente la tentation de le commettre.

Si donc le laïque a peur quand il considère qu'on recherchera, qu'on examinera, et qu'on lui fera rendre un compte rigoureux au jugement de Dieu, des moindres petits péchés, d'une parole oiseuse; s'il tremble à la simple lecture de cette étonnante vérité; s'il dit comme Jacob: *Terribilis est locus iste*; que ne doit pas faire le prêtre qui ne commet point de petits péchés, en qui les petits péchés des laïques deviennent, au langage des saints Pères, des crimes, des sacriléges, des impiétés, des blasphèmes? « Nugæ in ore laici, nugæ sunt; in ore sacerdotis blasphemiæ; consecrasti os tuum Evangelio, talibus aperire illicitum est, assuescere sacrilegium. »

Mais si la considération des petits péchés fait frémir le laïque, parce que ce sont des péchés; si elle fait frémir le prêtre, parce qu'ils ne sont pas en lui de petits péchés; que fera ce même prêtre, s'il s'abandonne aux péchés qui sont grands en eux-mêmes?

Deuxième considération. — On examinera au jugement de Dieu les péchés extérieurs: l'homicide, le blasphème, l'adultère, et on exclura du royaume de Dieu tous ceux qui s'en trouveront coupables: *Quoniam qui talia agunt, regnum Dei non possidebunt.* (*Galat.* v, 21.) Personne ne révoque en doute cette vérité; les méchants désirs mêmes: *Qui viderit mulierem ad concupiscendam illam.* (*Matth.* v, 28.) Tout cela est commun aux laïques et aux ecclésiastiques: *Foris canes et impudici.* (*Apoc.* xxii, 15.) C'est un sujet de terreur qu'ils partagent également, quoique le prêtre soit toujours le plus coupable, et souvent le moins craintif des deux. En un mot, on verra l'intérieur des uns et des autres; Dieu pénétrera le fond des cœurs; tout sera à nu et à découvert: *Quidquid latet apparebit; nil inultum remanebit.* (*Pros. Dies iræ.*) Ces usures palliées, ces injustices marquées, ces haines déguisées, on verra tout. L'extérieur impose quelquefois; l'hypocrite paraît souvent plus vertueux que l'homme de bien; mais alors la Sagesse divine, *illuminabit abscondita tenebrarum et manifestabit consilia cordium.* (*I Cor.* iv, 5); particulièrement, les personnes consacrées à Dieu, qui se déshonorent quand elles montrent quelque défaut répréhensible en elles, et par conséquent qui les cachent plus soigneusement, seront sujettes à cet examen plus que les autres: *Scrutabitur Jerusalem in lucernis.* (*Sophon.* i, 12.) Le prêtre rendra donc compte de ses actions extérieures, aussi bien que le laïque, et il en rendra un compte encore plus exact; mais surtout de ses péchés intérieurs, du fond de sa conscience, que souvent il a dérobés à la connaissance des hommes.

Par exemple, par quel motif est-il entré dans le clergé? A-ce été pour se consacrer à Dieu? n'a-t-il point eu en vue la possession de quelque bénéfice, d'un établissement temporel, de succéder à un oncle, à ce parent, d'y amasser des richesses, d'y vivre à son aise?

N'est-ce point l'ambition, le désir de paraître, de faire éclater ses talents, qui l'a poussé à embrasser l'état ecclésiastique?

Comment est-il entré dans un séminaire? est-ce pour y travailler à connaître sa vocation, à s'y sanctifier, à tendre à la perfection? N'était-ce point par intérêt, par nécessité, par hypocrisie? Comment y a-t-il vécu? quelles dispositions a-t-il apportées aux exercices spirituels, à l'oraison, aux sacrements, à l'étude?

Dans quel esprit a-t-il aspiré aux ordres? Ne songeait-il point uniquement à la dignité, et presque point à la sainteté?

Mais, comment est-il entré dans ce bénéfice? N'y a-t-il point eu quelque simonie ou confidence palliée et couverte; des présents, des rachats de pension, des promesses? Qu'a-t-il cherché en le demandant et en le prenant? a-ce été la gloire de Dieu et le bien des âmes? Que de mouvements d'avarice, d'attachement au monde, d'amour du bien dans cet établissement? Quel compte au jugement de Dieu!

Dans quelle intention a-t-il célébré la Messe et l'Office divin? quel motif a-t-il eu en allant à l'église? s'il n'y eût eu rien à gagner, y serait-il allé? si on ne lui eût point donné de rétribution pour les Messes, les aurait-il dites? On a vu un prêtre revêtu des habits sacerdotaux, le calice à la main, attendre longtemps dans une sacristie, croyant qu'on lui donnerait de l'argent pour sa Messe; et, comme il eut appris qu'il n'y avait rien à espérer ce jour-là, il quitta sa chasuble, se dévêtit et s'en alla sans célébrer; quel horrible scandale! *Pecunia tua tecum sit in perditione.* (*Act.* viii, 29.) A quelle intention a-t-il prêché la parole de Dieu? ne s'est-il point prêché lui-même? a-t-il tâché de n'y chercher que Dieu et le bien spirituel de ses auditeurs, leur salut et leur sanctification? n'a-ce point été par vanité, par un certain désir de paraître, de faire fortune, d'éclater?

De plus, on examinera les péchés de commission et d'omission; ce sont deux classes auxquelles nos égarements se rapportent, et qui sont comprises dans ce peu de paroles de Jésus-Christ aux pharisiens: *Oportuit hæc facere, et illa non omittere.* (*Luc.* xi, 42.) Les commissions sont des transgressions contre les préceptes négatifs, quand, contre ce qui est défendu, on dérobe, on tue, on porte faux témoignage.

Les péchés d'omission sont des transgressions contre les préceptes affirmatifs, comme quand on n'accomplit pas ce qui est ordonné, qu'on manque d'adorer Dieu, de l'aimer, d'espérer et de croire en lui, de sanctifier le dimanche, d'honorer ses parents. Les péchés de commission sont plus palpables; ils laissent après eux des taches visibles; ils donnent des remords sensibles; on sent ce qu'on fait: « Transeunt a manu, sed non transeunt a mente, sed vestigia fœda relinquunt, » dit saint Bernard. Les péchés d'omission ne frappent pas tant, mais ils ne blessent pas moins. Une bonne espèce d'arbre, qui ne porte pas de fruit, mérite aussi bien le feu, que celui qui en porte de mauvais. Ceux qui n'ont pas fait de bonnes œuvres, donné l'aumône, revêtu les nus, visité les prisonniers, ne seront pas moins exclus du royaume éternel, que ceux qui n'auront pas la robe nuptiale, ni les reins ceints, ni la lampe allumée à la main, le seront à la table du père de famille. Enfin le serviteur méchant est puni, et le paresseux n'est point épargné : *Serve male et piger (Matth. xxv, 26)*, serviteur méchant et paresseux, vous serez chassé ; arbre stérile et infructueux, vous serez coupé.

Nous serons donc jugés sur les péchés de commission, et cela est clair ; mais nous le serons aussi sur les péchés d'omission ; et on donne la récompense à quelqu'un, non tant pour s'être abstenu de bien des maux, que pour avoir fait beaucoup de bonnes œuvres.

Ainsi, on demandera compte à un laïque s'il n'a point omis de produire des actes de foi, d'espérance, de charité, de contrition, d'adoration ; de fréquenter les sacrements, de faire l'aumône ; de remplir les devoirs de son état et condition, de juge, de père, de mari.

Mais à un prêtre, combien lui demandera-t-on davantage? de combien de devoirs est-il tenu, et sur lesquels on l'interrogera d'autant plus sévèrement, que les choses qu'on lui a commises sont plus importantes ?

Ce bréviaire, cet Office divin, ne l'avez-vous pas omis? ces Messes de fondation, les avez-vous acquittées? N'avez-vous point trop différé, par dégoût, paresse, indévotion, attachement à vos plaisirs, d'administrer les sacrements à vos paroissiens ; le baptême à ce pauvre enfant, qui ne verra jamais Dieu ; la pénitence à ce pauvre, qui, faute de s'être confessé, s'est perdu ; le viatique ou l'extrême-onction à ces bons fidèles, que vous avez privés de ce secours et de cette consolation à la mort, par votre négligence criminelle? laissant ainsi peu à peu abolir par votre faute l'estime, la vénération et la fréquentation des sacrements. Que d'omissions dans les cérémonies, dans l'oblation de la Messe, dans la célébration de l'Office divin, dans l'administration des sacrements?

Vous avez pris la charge de pasteur, en avez-vous rempli les devoirs? avez-vous fait l'aumône aux pauvres, et l'aumône aux pauvres du patrimoine des pauvres ? « *Beneficia sunt patrimonia pauperum.* » N'êtes-vous point coupable de la mort des faméliques, pour ne les avoir pas sustentés du pain dont vous n'étiez que le dépositaire? « *Occidisti quia non pavisti.* » Quel pasteur qui s'est repu de ses brebis, et qui n'a pas repu ses brebis !

Venons à la nourriture spirituelle, incomparablement encore plus importante que la corporelle ; car, ainsi que raisonne saint Grégoire, s'il est d'un si grand mérite, de repaître le corps et de conserver une vie corruptible, qui nous est commune avec les bêtes, que sera-ce de conserver une vie immortelle, qui nous est commune avec les anges et Dieu même? « *Si tantæ mercedis est a morte eripere carnem quandoque morituram, quanti meriti erit a morte animam liberare, in cœlesti patria sine fine victuram?* » Avez-vous eu soin de dispenser le pain de la parole de Dieu, d'instruire les ignorants, de nourrir la piété dans le cœur des fidèles par vos prédications? *Pascite qui in vobis est gregem. (I Petr. v, 2.)* Ignorez-vous que les prêtres muets seront comme des homicides? « *Cui docendi munus commissum est, is si tacuerit, perinde ut homicida judicatur,* » dit le grand saint Basile. Ne savez-vous pas qu'un nombre infini de gens se perdent malheureusement tous les jours, parce que les prêtres les laissent vivre et mourir dans l'ignorance des plus importantes vérités de la foi, des obligations les plus essentielles de leur état ; sans daigner leur apprendre à faire des actes de foi, d'espérance, de charité, de contrition ? Vous voulez vous faire prêtre pour vivre en repos, et non pour en soutenir le poids.

Mais que dire de vos omissions à reprendre les plus grands désordres : ce paroissien injuste, impie, violent, à qui vous n'avez jamais osé dire : « *Non licet tibi* ? » ce jureur, ce blasphémateur, que vous avez lâchement toléré? ce pécheur public, cet homme scandaleux, que vous avez laissé vivre dans le crime, sans correction, sans répréhension, sans bon avis, sans en avertir les supérieurs : n'êtes-vous pas coupable de leur sang, pasteur muet, lâche, timide, négligent? *Fili hominis*, dit Dieu à chaque prêtre, par la bouche du prophète, *speculatorem dedi te domui Israel, et audies de ore meo verbum, et annuntiabis eis ex me ; si dicente me ad impium, morte morieris, non annuntiaveris ei, neque locutus fueris, ut avertatur a via sua impia, et ipse impius in iniquitate sua morietur, sanguinem ejus de manu tua requiram. (Ezech. iii, 17, 18.)* Voilà de quoi vous serez responsable, et en quoi consistera la rigueur de ce compte dont nous parlons : c'est ce que saint Grégoire prêche et remontre à tous les prêtres : C'est à nous, mes chers frères, leur dit-il, que cette parole s'adresse ; c'est nous que cette menace regarde, nous qui portons le nom de prêtres, et qui pardessus notre propre compte, nous chargeons du compte d'autrui ; car nous avons autant tué d'âmes, que nous avons négligé de reprendre les pécheurs : « *Qua voce nos convenimur, nos constringimur, nos rei esse ostendimur, qui sacerdotes vocamur, qui super ea mala quæ propria habemus, alienas quoque mortes addimus ; quia tot occidimus, quot in mortem ire trepidi ac tacentes videmus.* » Saint Prosper nous confirme cette terrible vérité, quand, interprétant ces mêmes paroles du prophète, il nous avertit que Dieu menace en termes précis les prêtres de les perdre avec les impies, et de les envoyer les uns et les autres dans les flammes éternelles : ceux-ci pour avoir péché, ceux-là pour s'être tus. « *Hoc est enim dicere :*

si ei peccata non annuntiaveris, si eum non argueris, ut a sua impietate convertatur, et vivat; et te, qui non increpasti, et eum qui, te tacente, peccavit, flammis perennibus perdam. »

Enfin, avez-vous jamais pensé qu'une de vos plus étroites obligations était celle de donner bon exemple au prochain; et qu'un de vos plus grands péchés serait de lui refuser ce secours? Combien donc serez-vous responsable au jugement de Dieu, d'avoir si mal édifié les fidèles, d'avoir omis de vous acquitter d'un devoir de telle conséquence? On attendait de vous cette aumône spirituelle, que vous reluiriez en humilité, charité, piété, chasteté, patience, détachement, mortification : vous vous êtes oublié de tout cela, vous n'avez songé qu'à vivre doucement et commodément, et point du tout à ce compte terrible que vous avez à rendre : *Jucundus homo qui miseretur et tribuit, disponet sermones suos in judicio.* (*Psal.* CXI, 5.)

Troisième considération : Les péchés d'autrui dont les prêtres sont responsables. — Chacun rendra compte de ses actions particulières, de ses bonnes ou mauvaises œuvres : c'est un article de notre foi, c'est un oracle prononcé par l'apôtre saint Paul : *Omnes nos manifestari oportet ante tribunal Christi, ut referat unusquisque propria corporis, prout gessit, sive bonum, sive malum.* (*II Cor.* V, 10.) Chacun, dit-il ailleurs, portera son fardeau. *Unusquisque onus suum portabit.* (*Gal.* VI, 5.)

Cependant voici quelque chose de singulier pour les prêtres, et qui montre la sévérité du jugement qu'ils ont à subir : c'est qu'ils ne rendront pas seulement compte des devoirs dont ils sont chargés, qui sont comme infinis; des péchés qu'ils auront commis, qui sont à cause de leur dignité très-énormes; il faudra de plus qu'ils rendent compte des crimes d'autrui. Pourquoi ils ont laissé cet homme dans l'intempérance? d'où vient que celui-là s'est perdu par l'impureté, cet autre par l'avarice? *Ubi est Abel frater tuus?* (*Gen.* IV, 9.) Quoi! vous avez toléré ce scandale dans votre paroisse, cette ignorance des mystères dans votre peuple? Le loup est entré dans votre bergerie, le vice a inondé parmi votre troupeau; un nombre de gens se sont damnés, et vous l'avez souffert! Si vous y faites réflexion, mes très-chers frères, disait saint Augustin, vous trouverez que les pasteurs de l'Eglise sont exposés à des périls évidents de se perdre : « Si diligenter attenditis, fratres charissimi, omnes sacerdotes Domini, et ministros ecclesiarum, in grandi periculo esse cognoscetis; » car, continue-t-il, si chacun pourra à peine rendre compte pour lui seul au jour du jugement, que deviendront les prêtres à qui on demandera raison des âmes de tous les fidèles? « Si pro se unusquisque vix poterit in die judicii rationem reddere, quid de sacerdotibus futurum, est, a quibus sunt omnium animae requirendae? »

Qu'avez-vous fait, leur dira-t-on, pour empêcher la perte de cet homme? l'avez-vous vu, repris, corrigé, menacé, prié avec larmes? accomplissant cette parole de l'Apôtre : *Argue, obsecra, increpa, in omni patientia et doctrina.* (*II Tim.* IV, 2.) Et profitant de son exemple : *Monens quemcunque vestrum in omni humilitate et lacrymis* (*Act.* XX, 31), avez-vous prié Dieu pour la conversion de vos brebis égarées, offert le sacrifice pour elles, demandé avec instance à Dieu leur conversion? Avez-vous jeûné pour eux, souffert pour eux, fait pénitence pour eux, veillé pour eux, pleuré pour eux? Combien de fois, dit saint Grégoire, un prêtre doit-il être sur ses gardes, pour se défendre d'autant plus soigneusement de toute iniquité, que, par les crimes qu'il commet, il ne se donne pas seulement la mort à lui seul, mais de plus, qu'il enveloppe dans sa ruine les autres, et que les mauvais exemples qu'il donne, le rendent coupable d'un nombre infini d'âmes dont il est le meurtrier : « Unde necesse est, ut tanto se cautius a culpa custodiant, quanto per prava quae faciunt, non soli moriuntur, sed aliarum animarum quas pravis exemplis destruxerunt, rei sunt. »

Ne dites point : Il est vrai, je n'ai pas pris grand soin du salut du prochain; et hors la Messe et l'administration des sacrements, quand ils les ont demandés, j'ai vaqué à mes affaires, et j'ai tâché à ne pas commettre des crimes. Vaqué à vos affaires! en avez-vous de plus grande conséquence, en avez-vous de plus importantes, en avez-vous d'autres que celles de votre charge pastorale? Vous avez tâché à ne pas commettre des crimes, et quel plus grand crime à un pasteur, que d'abandonner le soin de ses ouailles! Ignorez-vous qu'un prêtre, quand même il aurait mené une vie innocente, s'il n'a pris un soin très-singulier du salut du prochain, sera condamné avec les impies, et envoyé dans les tourments de l'enfer avec les scélérats, dit saint Chrysostome? « Sacerdos etsi propriam bene dispensaverit vitam, aliorum vero non cum diligentia curam habuerit, cum impiis in gehennam ibit. » Ignorez-vous que Dieu perdra sans ressource ces pères inhumains qui laissent périr les âmes de leurs pauvres enfants, faute de leur donner du secours, ainsi que nous assure le Sage : *Auctores parentes animarum inauxiliatarum perdere voluisti.* (*Sap.* XII, 6.)

Ignorez-vous enfin, ajoute saint Chrysostome, que vous devez rendre compte, non-seulement de votre propre salut, mais encore du salut de tous les hommes? « Non enim de vestra tantummodo vita, sed de universo orbe vobis ratio reddenda est. » Jugez donc si l'on exagère, quand on dit que le compte des prêtres sera très-rigoureux au jugement de Dieu; que le poids de leurs obligations, s'ils ne s'en acquittent, les accablera : Judicium durissimum his qui praesunt fiet. » (*Sap.* VI, 6.) Et pesez cette parole du Fils de Dieu, parlant à tous les prêtres qui ne vivent pas dans la sainteté de leur état : Malheur, malheur à vous, *Væ vobis! (Matth.* XXIII, 13, 14 seq.) car votre jugement sera extrêmement long, prolixe, ample ; on vous interrogera sur un nombre infini de chefs, sur une multitude incroyable de grandes obligations, et, ô malheur ! mal accomplies ; et sur je ne sais combien de devoirs négligés, qui tiendront bien des articles : *Hi accipient prolixius judicium.* (*Marc.* XII, 40.) Que d'interrogations, de preuves, de témoins contre vous ! Un criminel, convaincu de mille actions indignes, infâmes, honteuses, voudrait qu'on n'entrât point en un détail de sa vie, qu'on ne vît point ainsi par le menu toutes choses ; mais vous boirez le calice jusqu'à la lie : *Prolixius judicium accipient !* Vous avez voulu être honoré de la qualité de prêtre, et vous voulez éviter le fardeau du sacerdoce ? Mais le prêtre négligent en soutiendra le jugement, il portera le poids de la colère de Dieu : *Bibent omnes peccatores terræ (Psal.* LXXIV, 9) ; et il verra, encore une fois, qu'il eût mieux valu pour lui de demeurer simple fidèle que d'aspirer à l'état ecclésiastique, pour y mener une vie plus criminelle, et s'attirer un jugement plus rigoureux : « Esset autem sine dubio melius salvari in humili gradu fidelis populi, quam in cleri sublimitate, et deterius vivere, et districtius judicari. »

Que si nous passons de ces omissions des biens particuliers à l'omission des biens généraux, et des obligations que vous avez contractées, en qualité de prêtre, de détourner la colère de Dieu, non de dessus une paroisse, une ville, un diocèse, mais de dessus toute l'Eglise et l'univers entier ; d'attirer ses grâces, non sur un homme, ou sur une nation, mais sur tout le genre humain : que répondrez-vous à une interrogation si surprenante ? que direz-vous quand on vous demandera pourquoi vous n'avez pas été assez saint pour avoir empêché la guerre qui désole les royaumes, la peste qui enlève tant de peuples, la famine qui fait périr tant de misérables ? pourquoi vous avez manqué de crédit auprès de Dieu, afin d'intervenir devant lui, et de désarmer sa justice irritée contre la terre ? « Qualem, quæso, oportet eum esse qui pro civitate ipsa tota : et quid dico, civitate ? imo vero pro universo terrarum orbe legatus intercedit, deprecatorque est apud Deum ? » Quel, je vous prie, ne faut-il pas que soit celui qui doit intervenir auprès de Dieu pour les péchés de toute une grande ville ? que dis-je ? pour les péchés du monde entier, s'écrie le grand saint Chrysostome, effrayé des devoirs du sacerdoce et du compte étonnant qu'on exigera du prêtre, et par conséquent fort résolu à ne pas mettre sur ses épaules un tel fardeau ! « Ut non viventium modo, sed et mortuorum peccatis propitius fiat ? » de voir obtenir de Dieu l'extinction de toutes les guerres et de toutes les séditions, et procurer la paix aux Etats et aux empires ? « Deprecans quidquid ubique bellorum est exstingui, turbas solvi, atque in horum locum, pacem, ac felicem rerum statum succedere ; » de voir impétrer la cessation des calamités publiques et particulières : « Denique celerem adventum omnium unicuique imminentium, qua privatim, qua publice, defunctionem postulans ? » Soutenir le poids de l'univers entier ! Etre tenu de rendre compte de tous les maux qui se commettent ! de répondre pourquoi je n'aurai pas empêché par mes prières les guerres, les désolations des provinces, la perte des âmes ! Que pourrai-je répliquer ? « Quid sum, miser, tunc dicturus ? » (Pros. *Dies iræ.*) Le crédit et l'autorité de Moïse, le zèle et la vertu d'Elie, suffiraient-ils pour de si grandes choses ? et moi je les entreprendrai ? et moi j'en serai responsable ! « Equidem neque Moysis, neque Eliæ virtutem ac fiduciam esse putaverim ad supplicationem ejusmodi peragendam, quandoquidem mundus illi universus concreditus est, omniumque sit pater. »

Regardez, regardez, dit saint Grégoire, les fléaux qui désolent le monde : quelle en est la cause ? dit ce grand Pape ; quels sont ceux qui sont coupables de toutes ces calamités, sinon les prêtres, dont la négligence et le scandale causent la corruption des peuples, d'où s'ensuit la vengeance ? « Quanto autem mundus gladio feriatur, aspicitis ; quibus quotidie percussionibus intereat populus, videtis. Cujus hoc, nisi nostro præcipue peccato agitur ? ecce depopulatæ urbes, eversa castra, ecclesiæ ac monasteria destructa, in solitudinem agri redacti sunt ; sed nos pereunti populo auctores mortis exsistimus, qui esse debuimus duces ad vitam. Ex nostro enim peccato populi turba prostrata est, quia nostra faciente negligentia, ad vitam erudita non est. » Car notre bonne vie détournerait ces orages, ou les convertirait en des moyens de sanctification. Et ne me dites point, continue toujours ce Père, ne m'alléguez point que vous avez ignoré ces grands devoirs ; que vous ne les avez jamais sus ; qu'ils ne vous sont jamais venus dans l'esprit : d'ailleurs que le bruit de la guerre n'a point frappé vos oreilles, et que vous n'avez jamais cru être tenu de tous les désordres du monde : « Neque ei licet ad excusationem confugere, neque vocem hanc usurpare : Tubam non audivi, bellum non prævidi. » (Lib. VI *De sac.*, cap. 4.) Car on vous répondra aussitôt : Pourquoi donc vous faisiez-vous prêtre ? pourquoi vous êtes-vous élevé dans un si haut degré, si ce n'est pour prévoir les malheurs, et conjurer les orages ? « Quippe in hoc sedet, sicut ait Ezechiel (capp. III, XXXIII), ut aliis signum tuba canens det, et ea quæ futura sunt incommoda prænuntiet. » Ainsi, ne vous flattez pas vainement de pouvoir éviter la rigueur des jugements de Dieu, et du compte qu'on vous demandera, en disant : Je ne savais pas être chargé de tant d'obligations, je ne me serais pas fait prêtre : « Quo nomine supplicium nulla excusatione depellere poterit, quamvis unius duntaxat animæ jactura acciderit; scilicet, sanguinem ejus de manu tua requiram. » Cessez donc, écrivait-il à son ami, de vouloir m'engager dans une charge sous laquelle je succomberais infailliblement : « Desine ergo nos protrudere in sic inevitabilis judicii aleam. » Après cela, voyez si le compte que les prêtres ont à rendre n'est pas terrible et rigoureux; s'il n'eût pas mieux valu pour vous de ne vous point charger de tant d'obligations, de ne vous point rendre responsable de tant de devoirs, de ne prendre sur vous que le compte d'un simple laïque, et non, après être sorti du monde, vous voir plus sévèrement jugé et plus rigoureusement puni qu'un homme du monde : « Esset enim sine dubio melius salvari in humili gradu fidelis populi, quam in cleri sublimitate, et deterius vivere, et districtius judicari. »

Quatrième considération. — *L'usage des grâces et des talents dont les prêtres rendront compte à Dieu.* Si le compte que les prêtres rendront au jugement de Dieu des péchés qu'ils auront commis, doit être pour eux un sujet de crainte, celui qu'ils rendront des grâces qu'ils auront reçues, ne doit pas leur donner une moindre frayeur. La lecture que vous venez d'entendre de l'Evangile, mes très-chers frères, disait autrefois saint Grégoire à son peuple, avertit les prêtres de faire une sérieuse réflexion sur une vérité qui leur est très-importante; savoir, qu'à cause qu'ils ont plus reçu que les autres fidèles, ils seront aussi plus sévèrement jugés au tribunal de celui qui leur a été si libéral : « Lectio sancti Evangelii, fratres charissimi, sollicite considerare nos admonet, ne nos qui plus cæteris in hoc mundo accepisse aliquid cernimur ab auctore mundi, gravius inde judicemur. » Et la raison qu'il en rend est que les plus grands dons tirent après eux un plus grand compte : « Cum enim augentur dona, rationes crescunt donorum. » Et, par conséquent, qu'un prêtre doit d'autant plus exactement veiller sur sa conduite, et s'appliquer attentivement au service de Dieu, qu'il sait que l'examen qu'on fera de sa vie sera plus rigoureux : « Tanto ergo esse humilior, atque ad serviendum Deo promptior quisque debet ex munere, quanto se obligatiorem esse conspicit in reddenda ratione. »

Cette réflexion de saint Grégoire est une maxime prononcée de la bouche de la Vérité incarnée, qui nous enseigne dans son Evangile, qu'on demandera beaucoup à celui à qui on aura commis beaucoup; et que celui à qui on aura donné beaucoup rendra compte de davantage : *Omni cui multum datum est, multum quæretur ab eo; et cui commendaverunt multum, plus petent ab eo.* (*Luc.* XII, 48.) Cela se voit dans celui qui avait reçu certain nombre de talents, qui fut condamné, non pour les avoir perdus, mais pour ne les avoir pas multipliés.

En effet, le souverain Juge ne nous étonne jamais davantage, et ne nous donne point de plus grands sujets de crainte, que quand il nous assure qu'il jugera, non les péchés, mais les justices : *Cum accepero tempus, ego justitias judicabo.* (*Psal.* LXXIV, 3.) Juger les crimes, on ne s'en étonne pas, mais juger la justice, qui ne sera surpris? Cependant, si nous y regardons de près, nous trouverons que faire un mal n'est pas quelque chose de pis que de corrompre du bien; et que la profanation que les ecclésiastiques font des choses saintes, dont ils ont l'usage entre les mains, n'est pas un moindre crime devant Dieu, que la corruption que les laïques font d'eux-mêmes, en se plongeant dans le vice.

Adorons donc ce juste Juge, et tremblons devant lui, lorsque assis dans un trône, il jugera la justice même : *Sedisti super thronum, qui judicas justitiam.* (*Psal.* IX, 5.)

Premièrement, que répondrez-vous quand on vous demandera compte de toutes les actions de religion auxquelles votre ministère vous a engagé?

Comment avez-vous récité ce bréviaire? vos lèvres ont prononcé des paroles, mais encore les ont-elles bien prononcées? et peut-on du moins vous donner une faible louange dont Dieu faisait cependant un reproche aux Juifs : *Populus hic labiis me honorat?* (*Matth.* XV, 8.) Appelez-vous avoir honoré Dieu de vos lèvres que d'avoir proféré des paroles à moitié, que de ne les avoir jamais articulées comme il faut, que de n'avoir pas même parlé à Dieu d'une voix humaine? Mais où a été cette attention intérieure en le récitant; cette dévotion, cet amour, cette élévation d'esprit? Votre cœur n'a jamais été de concert avec votre bouche pour louer Dieu : *Cor autem eorum longe est a me.* (*Ibid.*) Est-ce avoir satisfait à cette étroite obligation que d'avoir dit son office avec précipitation, que d'avoir parlé à Dieu en courant, sans songer à ce qu'on proférait, sans préparation, sans application, sans intention? péchant souvent dans le lieu, le temps, la posture, la manière. Une action semblable devrait être en vous un accroissement de mérite; Dieu veuille que ce ne soit pas une augmentation de peine.

Mais cette Messe, comment l'avez-vous célébrée? pourquoi l'avez-vous célébrée? Ce sacrifice qui devait expier vos péchés, ne les a-t-il point multipliés? a-t-il été précédé d'une préparation convenable, accompagné d'une humble crainte, suivi d'une action de grâces fervente? Avez-vous frémi quand vous avez approché de l'autel? avez-vous cessé d'être homme, quand vous avez tenu un Dieu entre vos mains? Que d'égarement, de précipitation, d'indévotion, de profanation dans la célébration d'un mystère si auguste! que de sujets de terreur, quand on viendra à cet examen!

Comment avez-vous prêché cette parole de Dieu? l'avez-vous même prêchée? l'avez-vous méditée avant de la prêcher, convertie en un lait dont votre peuple fût capable? surtout, l'avez-vous pratiquée?

Comment avez-vous célébré ces Offices divins, ce chant, ces cérémonies, ces mystères? de combien de précipitation, d'immodestie, d'indécence, de profanation n'êtes-vous pas coupable?

Ces sacrements, comment les avez-vous administrés? Ce tribunal, où tant de pénitents se sont présentés à vous, où vous avez jugé les tribus d'Israël, sera-t-il la figure de celui qui vous est préparé dans le ciel? n'avez-vous point à craindre que tant d'absolutions, données peut-être mal à propos et précipitamment, n'attirent votre propre condamnation? Avez-vous pris garde à ce que vous faisiez en la donnant; à ces occasions prochaines, à ces péchés d'habitude, à ces méchants mariages? N'avez-vous considéré ni le pauvre, ni le riche? Avez-vous donné les avis charitables et les instructions nécessaires? Combien de fois, par dégoût, ennui, impatience, ignorance même, êtes-vous sorti coupable d'un lieu d'où le pénitent est sorti justifié: *Descendit hic justificatus ab illo* (*Luc.* XVIII, 14): ou, ce qui est encore plus lamentable, d'où vous êtes sortis tous deux criminels.

Que de lâcheté dans la prière, de négligence, de distractions, de tiédeur! que d'hypocrisie dans les bonnes œuvres! *Ego justitias judicabo.*

Que d'abus de grâces, de lumières, de connaissances! « Cum enim augentur dona, rationes etiam crescunt donorum. »

Mais quel fruit avez-vous porté dans le sacré terroir de l'Eglise où la Providence vous avait mis? Arbre stérile, il y a dix, vingt, trente années que vous êtes prêtre, curé, pasteur, prédicateur, confesseur dans cette paroisse; Dieu ne vous y a établi qu'afin que vous y fructifiiez, et que votre fruit demeure: *Posui vos ut eatis, et fructum afferatis, et fructus vester maneat.* (*Joan.* xv, 16.) Cependant, comptez les pécheurs que vous avez convertis, combien avez-vous détruit de méchantes coutumes? combien avez-vous sanctifié et perfectionné de fidèles? combien avez-vous établi de saintes pratiques?

Vous avez trouvé cette paroisse dans l'ignorance; tout le monde sait-il à présent son catéchisme? L'ivrognerie y régnait, en est-elle aujourd'hui bannie? Les jurements et les blasphèmes retentissaient de toutes parts; n'entend-on plus à présent ce langage infernal? On était adonné aux contrats usuraires, aux sociétés injustes, aux larcins, aux impudicités; à présent est-on plus détaché, plus Chrétien, plus aumônier, plus chaste? On ne fréquentait presque pas les sacrements, on ne venait ni aux Offices, ni à la prière; à présent y a-t-il un nombre considérable de personnes qui se confessent souvent, qui communient, qui s'adonnent à l'oraison, qui visitent les pauvres, qui accompagnent le saint Sacrement? Vous avez trouvé cette église sans ornements, sans vaisseaux sacrés, sans instruments du culte divin; votre zèle a-t-il pourvu à tout cela? Pouvez-vous dire avec Néhémias: Seigneur, mon Dieu, tenez-moi compte du bien que j'ai procuré à cette pauvre église, à ce pauvre peuple: *Memento mei, Deus meus, in bonum, secundum omnia quæ feci populo huic?* (*II Esdr.* v, 19.) Ou plutôt, les choses ne sont-elles pas en plus mauvais état que quand vous y êtes venu? Le mal ne s'est-il point accru sous votre gouvernement, au lieu de diminuer? le bien ne s'est-il point diminué, au lieu de s'accroître?

Enfin, votre troupeau est-il dans un tel état, que le souverain Pasteur y soit connu, aimé, adoré, servi? Y a-t-il lieu de croire que les ayant conduits par le chemin de la vertu en ce monde, vous les introduirez heureusement un jour dans les pacages éternels?

Saint Grégoire de Néocésarée, sur le point de mourir, s'informa combien il restait encore d'infidèles dans son diocèse; et comme on lui eût dit qu'il n'y en avait plus que dix-sept: Dieu soit loué, ajouta-t-il; il n'y avait que dix-sept Chrétiens, quand j'en pris le gouvernement: « Qui migraturus e vita, cum quæsisset, quot in civitate Neocæsariensi reliqui essent infideles, responsumque esset, tantum esse septemdecim, Deo gratias agens, Totidem, inquit, erant fideles, cum cœpi episcopatum. » Pouvez-vous dire quelque chose de semblable? Combien conduirez-vous d'âmes après vous en paradis? Combien en avez-vous retiré de la voie de perdition?

Pensons, pensons un peu, dit le grand saint Grégoire, quel profit nous avons apporté à ce père de famille qui nous avait envoyé trafiquer, en nous disant: Négociez jusqu'à mon retour. Combien d'âmes lui avons-nous gagnées? combien d'élus, comme un froment mystérieux, avons-nous mis dans son grenier: « Pensemus quot lucrum Deo fecimus nos qui, accepto talento ab eo, ad negotium missi sumus. Etenim dixit (*Luc.* xix, 13): *Negotiamini dum venio.* Quale ei animarum lucrum de nostra negotiatione monstrabimus? Quot ejus conspectui animarum manipulos de prædicationis nostræ segete illaturi sumus? » (Lib. I, hom. 17 *in Evang.*)

Mettons-nous donc devant les yeux, continue ce grand Pape, la rigueur du compte qu'il faudra rendre à ce Maître exact et sévère, et l'usage qu'il nous demandera des grâces et des talents qu'il nous a commis; on le verra, on le verra venir, ce Juge éclatant de gloire, au milieu de la nombreuse armée des anges et des archanges; il s'asseoira dans un trône de majesté, et la multitude des élus et des réprouvés comparaîtra devant ce redoutable tribunal, pour y montrer le bien ou le mal qu'ils auront fait, continue-t-il.

Là paraîtra saint Pierre avec la Judée convertie, que ce pêcheur, comme dans un rets mystérieux, a traînée après lui: « Ibi Petrus cum Judæa conversa, quam post se traxit, apparebit. »

Là, on verra saint Paul menant à sa suite l'univers entier, devenu chrétien : « Ibi Paulus conversum, ut ita dixerim, mundum ducens. »

Là, saint André mènera après lui l'Achaïe; saint Jean l'Asie; saint Thomas l'Inde, qu'ils ont converties à la foi et qu'ils présenteront au juste Juge : « Ibi Andræas post se Achaiam; ibi Joannes Asiam; Thomas Indiam in conspectu sui Judicis conversam ducet. »

Là, paraîtront les chefs du peuple fidèle, accompagnés des âmes qu'ils auront gagnées à Dieu; les pasteurs avec leurs brebis qu'ils ont nourries du pain de la parole céleste : « Ibi omnes Dominici gregis arietes, cum animarum lucris apparebunt, qui sanctis suis prædicationibus Deo post se subditum gregem trahunt. »

Si donc, dans ce jour de récompense ou de châtiment, les pasteurs marcheront suivis de leurs brebis, et les présenteront aux yeux du souverain Pasteur, comme les fruits de leurs travaux; qu'aurons-nous à dire, nous autres misérables, qui revenons d'un grand négoce, les mains vides de tout gain; qui avons porté ce nom de pasteurs, et qui ne sommes accompagnés ni suivis d'aucun troupeau? Quel sera notre sort, je vous prie, en ce monde pasteurs, en l'autre destitués de brebis : « Cum igitur tot pastores cum gregibus suis ante æterni Pastoris oculos venerint, nos miseri quid dicturi sumus, qui ad Dominum nostrum post negotium vacui redimus? qui pastorum nomen habuimus et oves quas ex nutrimento nostro debeamus ostendere, non habemus? hic pastores vocati sumus, et ibi gregem non ducimus? »

Il est vrai que nous donnons la vie aux fidèles par le baptême, que nous leur attirons la bénédiction de Dieu par nos prières; que nous leur communiquons le Saint-Esprit par l'imposition de nos mains; que nous les introduisons au ciel par la prédication de la parole; mais, ô malheur! nous n'y entrons pas nous-mêmes; nous élevons les autres en haut, et nous descendons en bas : « Et per nos quidem fideles ad sanctum baptisma veniunt, nostris precibus benedicuntur, et per impositionem manuum nostrarum a Deo Spiritum sanctum percipiunt, atque ipsi ad regnum cœlorum pertingunt; et ecce nos per negligentiam nostram deorsum tendimus. »

Les élus de Dieu, purifiés de leurs péchés, entrent dans le ciel par le ministère des prêtres; et les prêtres, souillés par les crimes d'une vie réprouvée, se précipitent au supplice des enfers : « Ingrediuntur electi, sacerdotum manibus expiati, cœlestem patriam; et sacerdotes ipsi per vitam reprobam ad inferni supplicia festinant. »

A qui donc, mes très-chers frères, comparerai-je les méchants prêtres, si ce n'est à l'eau du baptistaire, qui lavant les catéchumènes, les purifiant de leurs péchés et les envoyant au ciel, va ensuite se perdre dans un cloaque d'ordures et d'immondices : « Cui ergo rei, cui similes dixerim sacerdotes malos, nisi aquæ baptismatis, quæ peccata baptizatorum diluens, illos ad regnum cœleste mittit, et ipsa postea in cloacas descendit. »

Craignons ces choses, mes frères; que notre vie réponde à notre profession. Implorons sans cesse la miséricorde de Dieu sur nos péchés, de peur que, justifiant tous les jours les autres, nous ne nous rendions tous les jours plus coupables : « Timeamus hæc, fratres, conveniat actioni nostræ ipsum ministerium nostrum; de peccatorum nostrorum relaxatione quotidie cogitemus, ne nostra vita peccato obligata remaneat, per quam omnipotens Deus quotidie alios solvit. »

Considérons la qualité que nous avons, le ministère que nous exerçons, le fardeau d'obligations que nous portons : « Consideremus sine cessatione quid sumus; pensemus quod suscepimus. » Prévoyons le grand compte que nous avons à rendre au souverain Juge; travaillons tellement à notre salut, que nous ne négligions point celui du prochain; que tous ceux qui nous approchent se ressentent du sel et de la sagesse divine, qui doit sortir de nos lèvres et servir de préservatif à la corruption du monde : « Faciamus quotidie nobiscum rationes, quas cum nostro Judice habemus, et sic debemus agere curam nostri, ut non negligamus curam proximi, ut quisquis ad nos jungitur, ex lingua nostræ sale condiatur. » Telle est l'exhortation de cet incomparable Pontife.

Saint Grégoire le Grand, dans son homélie vingt-septième, rapporte une histoire arrivée de son temps, qui peut beaucoup servir à notre édification, et donner jour à ce que nous avons dit. Voici comme il s'explique parlant à son peuple :

Plusieurs d'entre vous, mes très-chers frères, ont connu Cassius, évêque de Narni, qui, tous les jours, avait coutume d'offrir des hosties au Seigneur, en sorte qu'il ne passait aucun jour de sa vie, sans immoler au Dieu tout-puissant la victime de propitiation. Aussi menait-il une vie conforme au sacrifice; car, départant tout ce qu'il avait de biens aux pauvres, quand l'heure du sacrifice était arrivée, il s'écoulait tout en larmes et se sacrifiait lui-même dans une grande componction de cœur : « Velut totus in lacrymis defluens, semetipsum cum magna cordis contritione mactabat. »

Or j'ai appris l'histoire de sa vie et de sa mort d'un vertueux et vénérable diacre, qu'il avait élevé et nourri. Celui-ci me raconta, entre autres choses, qu'une nuit le Seigneur apparut au prêtre de ce bon prélat, et lui dit : Allez, et dites ceci à votre évêque : Faites ce que vous faites; travaillez comme vous travaillez; que votre pied ne s'arrête point; que votre main ne se lasse point; vous viendrez à moi le jour de la fête des apôtres, et je vous rendrai votre récompense : « Vade et dic episcopo : Age quod agis; operare quod operaris; non cesset pes tuus; non cesset manus tua; natali apostolorum venies ad me, et retribuam mercedem tuam. »

Le prêtre levé le matin, faisant réflexion que la fête des apôtres allait arriver, retenu par la crainte, n'osa annoncer à ce bon évêque une mort si prochaine. La nuit suivante, le Seigneur revint encore à ce prêtre, et lui reprochant sévèrement sa désobéissance, lui enjoignit de nouveau d'exécuter l'ordre qu'il lui donnait. Pour lors, le prêtre s'étant levé, résolut d'avertir l'évêque de ce qui était arrivé; mais, quand il fallut ouvrir la bouche, la crainte s'empara de nouveau de son esprit, et sa faiblesse fut si grande, qu'il n'osa non plus cette fois-là découvrir la révélation qu'il avait eue. Il résista à un commandement si réitéré, et il négligea de manifester une vision si importante.

Cependant, comme une vengeance insigne ne manque pas d'être le fruit du mépris d'une grâce signalée, le Seigneur apparaissant à lui pour la troisième fois, ajouta les châtiments aux commandements. Ce rebelle fut si déchiré de coups, que les plaies de son corps amollirent enfin la dureté de son cœur. Il se leva donc de son lit : devenu sage par une telle punition, il va trouver son évêque, pour lors au tombeau du saint martyr Juvénal, où, selon sa coutume, il se préparait à offrir le sacrifice ; il le prie de lui donner une audience secrète, il le mène à l'écart et se jette à ses pieds, répandant des ruisseaux de larmes. L'évêque, pouvant à peine le relever, s'informe de la cause de tant de pleurs. Celui-ci, auparavant d'entamer son récit, ôte le vêtement qui lui couvrait les épaules, et lui montra sur son corps des plaies qui n'étaient pas moins des preuves certaines de la vérité qu'il avait à lui dire, que de la faute qu'il avait commise en la lui taisant. Il lui fit voir par les espèces de sillons dont sa chair paraissait déchirée, de quel rigoureux traitement son obstination avait été punie.

Ce bon prélat eut horreur de le voir en cet état, et s'écria quel était celui qui avait été assez osé que de le traiter ainsi? Le prêtre lui repartit : C'est vous-même qui en êtes la cause. Cette réponse augmenta la surprise de l'évêque ; et pour lors le prêtre, sans différer davantage, lui raconte la vision qu'il avait eue, et l'ordre dont le Seigneur l'avait chargé de lui dire de sa part : Faites ce que vous faites, agissez comme vous agissez; que votre pied ne s'arrête point, que votre main ne se lasse point; le jour de la fête des apôtres, vous viendrez à moi, et je vous rendrai votre récompense : « Age quod agis, operare quod operaris; non cesset pes tuus, non cesset manus tua; natali apostolorum venies ad me, et retribuam tibi mercedem tuam. »

A ce discours, l'évêque se prosterne en terre, et, le cœur pénétré de contrition, se met en oraison. Il était venu à dessein d'offrir le sacrifice à l'heure de tierce ; mais il prolongea tellement sa prière, que none arriva auparavant qu'il le commençât : « Quibus auditis, episcopus se in orationem cum magna cordis contritione prostravit, et qui oblaturus sacrificium ad horam tertiam venerat, hoc pro extensæ orationis magnitudine, ad horam nonam usque protelavit. »

De ce moment-là, ce saint évêque redouble ses exercices de piété, et devient d'autant plus fort dans la pratique des bonnes œuvres, qu'il est plus assuré de la récompense qu'on lui promet, et qu'en vertu de cette promesse, il commence à regarder comme son débiteur celui envers lequel il se regardait chargé de dettes.

Sa coutume était d'aller à Rome, à la fête des apôtres; mais cette année-là, occupé d'une telle révélation, il s'en abstint. La seconde année, la troisième, la quatrième, la cinquième et la sixième s'écoulent; il s'attend toujours de mourir à la fête des apôtres, mais il ne lui arrive rien de nouveau. Il eût tenu pour lors la révélation suspecte, si les blessures de celui à qui elle avait été faite ne lui en eussent confirmé la réalité.

Mais voici la septième année qui arrive. Il se trouve bien à l'ordinaire jusqu'aux sacrées vigiles de la solennité des apôtres. Au milieu de ces vigiles, il se sent attaqué d'une légère fièvre. Le jour venu de la fête des apôtres, il ne se trouve pas en état de célébrer la Messe solennelle à laquelle ses chers enfants s'attendaient d'assister. A cette nouvelle, ceux qui se doutaient de la mort prochaine de leur pasteur l'allèrent trouver, après s'être engagés l'un l'autre à ne point souffrir la célébration d'aucune Messe ce jour-là, si leur prélat lui-même ne leur servait d'intercesseur. Pour lors ce bon évêque, contraint par leur charité, se lève, célèbre la Messe dans l'oratoire de la maison épiscopale, et, de sa propre main, leur distribue à tous le corps du Seigneur et la paix. Après quoi, le sacrifice de la Messe achevé, il se remet au lit ; et voyant autour de lui ses prêtres et ses autres ministres assemblés, il leur dit comme le dernier adieu, les avertissant de conserver entre eux le lien de la charité, et leur remontrant l'obligation qu'ils avaient de vivre en paix et en concorde ensemble, lorsque tout d'un coup, au milieu de son exhortation, il se mit à crier d'une voix éclatante : L'heure est venue; et pour lors, présentant lui-même de ses mains aux assistants le linge dont on a coutume de couvrir le visage des morts, il rendit son âme sainte, qui, délivrée de la corruption de la chair, s'en alla jouir de la gloire éternelle : « Quo cuncto ministerio oblati sacrificii peracto, ad lectulum rediit, ibique jacens, dum sacerdotes suos ac ministros circumstetisse cerneret, quasi vale ultimum dicens, de servando eos vinculo charitatis admonebat, et quanta debuissent concordia inter se uniri prædicabat; cum subito inter ipsa sanctæ exhortationis verba, voce terribili clamavit dicens Hora est.

Moxque assistentibus ipse suis manibus linteum dedit, quod ex more morientium sibi contra faciem tenderetur. Quo tenso, spiritum emisit; sicque sancta illa anima ad gaudia æterna perveniens, a carnis corruptione soluta est. »

C'est ainsi que nous lisons de saint Ambroise, qui, accablé des travaux et des soins qu'il avait pris pour le service de l'Eglise, rendit son âme à Dieu : « Ergo sanctus episcopus pro Ecclesia Dei maximis laboribus curisque perfunctus, animam Deo reddidit. »

C'est ainsi encore que, de nos jours, nous lisons de saint François Xavier, qu'il mourut plein de mérites et consommé de travail : « Meritis laboribusque confectus. » Deux exemples considérables : l'un des premiers temps de l'Eglise, et l'autre des derniers; mais qui donnent l'un et l'autre le caractère d'un vrai ouvrier évangélique, qui ne meurt point d'une défaillance de nature, mais de maladie que ses fatigues lui ont attirée. On en a vu qui, à force de confesser, sont devenus paralytiques des deux bras; d'autres qui, par leurs fréquentes et ferventes prédications, ont contracté des infirmités qui les ont conduits au tombeau; d'autres qui, pour avoir servi les malades et les pestiférés, ont gagné le mal et sont devenus les victimes de la charité.

ENTRETIEN XVIII.

DE LA SAINTETÉ DES PRÊTRES.

Première considération. — Entre les motifs les plus pressants qui doivent engager les prêtres à mener une vie sainte, sans doute que le modèle de sainteté qui leur est proposé à imiter et à exprimer en eux, qui n'est autre que la sainteté de Dieu même, est celui qui doit faire le plus d'impression sur eux.

En effet, on entend partout retentir dans l'Ecriture ces paroles que Dieu même adresse aux prêtres : Soyez saints, parce que je suis saint : *Sancti estote, quoniam ego sanctus sum.* (*Levit.* xix, 2.) On voit que le Seigneur dit sans cesse à Moïse : Parlez aux enfants d'Aaron, et leur dites qu'ils soient saints, parce que je suis saint : *Dixit quoque Dominus ad Moysen : Loquere ad sacerdotes filios Aaron, et dices ad eos : Sancti erunt Deo suo, quia consecrati sunt Deo suo.* (*Levit.* xxi, 6.) De plus, la doctrine et le raisonnement des docteurs de l'Eglise nous enseignent, après saint Paul, que la loi ancienne ne conduisait pas les âmes à la perfection, et que Dieu en exige incomparablement plus dans la loi nouvelle, particulièrement à l'égard des prêtres. D'où il est aisé de conclure que nous sommes tenus à suivre de plus près, et à nous approcher davantage de cette sainteté originale, qui n'est autre que Dieu même. C'est la conséquence de saint Chrysostome, qui, considérant cette vérité, disait autrefois : Voilà quelle était la sainteté des anciens prêtres; tel était le haut degré de vertu qu'on prétendait d'eux : *Et hæc quidem ab antiquis sacerdotibus sanctitas et perfectio exigebatur.* (Noct. 2, Dom. 2 Aug.) Mais qu'exigera-t-on de nous, continue ce grand docteur, et à quoi ne sommes-nous pas tenus, nous qui sommes appelés à une vie bien plus vertueuse, qui devons tendre à un degré de perfection bien plus élevé, qui avons de bien plus grands combats à rendre? « Quid ergo nos ad majorem vocati vitam, qui ad excellentius fastigium ascendimus, et in majoribus exercemur palæstris? » et qui devons mener une vie aussi pure que ces substances spirituelles et intellectuelles, qui sont toujours devant Dieu dans les cieux : « Quique sicut supernæ virtutes intellectuales et incorporeæ illæ vitam instituere tenemur. » En un mot, comme si nous étions dégagés de la matière, et que nous fussions passés en la nature des anges. Que personne n'ait témérité de s'ériger en guide spirituel des âmes, s'il n'est parvenu à un degré si haut de vertu, que d'être semblable autant qu'on le peut en ce monde, à celui même qui possède souverainement la sainteté, dit le grand saint Denis : « Non enim debet temere ducem se aliis divini luminis præstare, qui non omni statu suo et habitu simillimus Deo evaserit (1, 22). » Et la raison qu'en donne ce Père si éclairé, c'est qu'il faut que celui qui approche d'aussi près de Dieu que fait le prêtre, soit, autant que cette vie mortelle le permet, une copie fidèle de cette sainteté originale : « Qui cum Deo versatur, ad maximam similitudinem, quoad ejus fieri potest, effictum expressumque esse oportet. »

L'apôtre saint Pierre ne trouve point de motif plus pressant, afin d'obliger les Chrétiens à vivre saintement, que de leur mettre sans cesse la sainteté de Dieu devant les yeux, et de leur intimer l'obligation qu'ils ont d'exprimer ce divin attribut en eux : Soyez saints, leur dit-il, dans toute votre conduite, dans vos pensées, dans vos desseins, dans vos actions : *In omni conversatione sancti sitis, quoniam scriptum est* (*Levit.* xix, 2) : *Sancti eritis quoniam sanctus sum.* (*I Petr.* 1, 15.)

Mais pourquoi chercher ailleurs que dans l'Evangile des preuves d'une vérité si importante? Jésus-Christ nous propose-t-il d'autre modèle à imiter que la sainteté de Dieu? Soyez parfaits, dit-il à tous ses disciples, comme votre Père céleste est parfait : *Perfecti estote sicut Pater vester cœlestis perfectus est.* (*Matth.* v, 4.) Point de modèle inférieur. Il ne dit point : Soyez parfaits comme les prophètes, comme les anges, comme les séraphins; mais : Soyez parfaits comme votre Père céleste est parfait, soyez miséricordieux comme votre Père céleste est miséricordieux : *Estote misericordes sicut Pater vester cœlestis misericors est.* (*Luc.* vi, 36.) Faut-il donc s'étonner après cela si l'Apôtre prêche partout que nous soyons imitateurs de Dieu : *Estote imitatores Dei.* (*Ephes.* v, 1.)

Il est vrai que ces paroles s'adressent à tous les Chrétiens; mais les prêtres ne sont-ils pas la partie la plus excellente de ce corps mystique? « Pars membrorum Christi prima, » comme parle saint Grégoire; n'en sont-ils pas les principaux membres, spécialement consacrés au culte de Dieu, et députés à la sanctification des âmes? « Sanctiora membra Ecclesiæ. » Et par conséquent, si les simples fidèles sont tenus à une telle sainteté, quelle sera l'obligation des prêtres?

Si l'homme, fait à l'image de Dieu, avait par son crime effacé les traits de cette divine ressemblance, quel bonheur pour lui de se voir dans l'engagement de les retracer en soi, et d'entendre encore une fois : *Faciamus hominem ad imaginem et similitudinem nostram.* (*Gen.* I, 26.) Soyez donc saints, ô prêtres du Seigneur!

Premièrement, par respect pour le Saint des saints, que vous avez l'honneur d'approcher tous les jours, de qui vous êtes les officiers et les domestiques, parce que sa maison exige la sainteté : *Domum Dei decet sanctitudo* (*Psal.* XCII, 5); parce que votre ministère exige des saints : *Mundamini, qui fertis vasa Domini.* (*Isa.* XLII, 11.)

En second lieu, soyez saints par religion : le Dieu que vous servez est sanctifié dans la sainteté de ceux qui l'approchent : *Sanctificabor in his qui appropinquant mihi* (*Levit.* X, 3); et de peur que vous ne soyez cause que son nom soit blasphémé par les impies, que les crimes des ministres ne rejaillissent sur le Dieu qu'ils adorent, et qu'il ne vous reproche à son redoutable jugement : *Per vos nomen meum blasphematur in gentibus.* (*Rom.* II, 24.)

Enfin, soyez saints, du moins par crainte, de peur qu'il ne vous frappe de mort, et qu'il ne vous extermine de devant sa face, ou corporellement, ou, ce qui est plus à craindre, spirituellement : *Sacerdotes qui accedunt ad Dominum sanctificentur, ne percutiat eos.* (*Exod.* XIX, 22.)

Imitez donc la sainteté du divin original qui vous est proposé : *Estote imitatores Dei.* (*Ephes.* V, 1.) Soyez justes comme lui, ne vous pardonnant aucun crime; miséricordieux comme lui, oubliant les injures qu'on lui fait; charitables comme lui, faisant du bien à vos ennemis mêmes; soyez purs comme lui, sanctifiant le monde sans vous laisser corrompre au monde, dont vous êtes la lumière et le sel : *Estote ergo perfecti, sicut et Pater vester cœlestis perfectus est.* (*Matth.* V, 48.) N'aspirez à rien moins, ne croyez pas que c'est aller trop haut, on vous en impose l'obligation : *Estote imitatores Dei.*

Que si cet exemplaire vous paraît trop disproportionné à votre faiblesse; si vous voulez un objet plus sensible, jetez les yeux sur la Vérité incarnée; c'est le même modèle, mais il est plus palpable; vous ne vous rabaissez pas à quelque chose de moindre que Dieu, mais il se conformera davantage à votre bassesse.

Regardez Jésus-Christ, ce divin original, et imitez-le : *Aspicite in auctorem fidei et consummatorem Jesum.* (*Hebr.* XII, 2.) Ecoutez le grand Apôtre qui s'impose cette obligation, et qui l'impose en sa personne à tous ses successeurs dans le sacerdoce et le ministère : *Estote imitatores mei,* dit-il aux simples laïques, *sicut et ego Christi,* dit-il à tous les prêtres. (*I Cor.* XI, 1.)

Or, à quel degré de sainteté cela n'engage-t-il pas les prêtres? Quoi! imiter la patience de Jésus-Christ? *Christus passus est pro nobis, vobis relinquens exemplum, ut sequamini vestigia ejus.* (*I Petr.* II, 21.) Imiter son mépris pour les plaisirs du monde, et son courage à subir les tourments de la croix? *Aspicite in auctorem fidei et consummatorem Jesum, qui, proposito sibi gaudio, sustinuit crucem confusione contempta?* (*Hebr.* XII, 2.) Imiter sa douceur inaltérable dans les contradictions et les persécutions des plus cruels ennemis qui furent jamais? *Recogitate illum qui talem a peccatoribus adversus semetipsum sustinuit contradictionem, ut non fatigemini animis vestris despicientes.* (*Ibid.,* 3.) Imiter cet amour, qui le rend indivisiblement un avec son Père, dans la charité qui doit indissolublement nous unir avec le prochain? *Pater sancte, serva eos in nomine tuo, quos dedisti mihi, ut sint unum, sicut et nos unum sumus.* (*Joan.* XVII, 11.) L'imiter dans le zèle qu'il a eu de répandre son sang pour le salut du prochain? *In hoc cognovimus charitatem Dei, quoniam ille animam suam pro nobis posuit, et nos debemus pro fratribus animas ponere.* (*I Joan.* III, 16.)

Quoi! rien moins à copier, à exprimer en nous que des vertus si héroïques? point de modèle inférieur, nulle élévation moindre qu'une perfection consommée et divine, qu'un exemplaire posé sur le sommet de la sainteté la plus haute; point de moindre exhortation que celle-ci : *Vade, et fac secundum exemplar quod tibi in monte monstratum est.* (*Exod.* XXV, 40.)

Pourquoi nous en étonner? Jésus-Christ n'est-il pas un objet continuellement exposé aux yeux des prêtres, et ne leur inculque-t-il pas continuellement cette vérité par la bouche de Job : *Exemplum sum coram eis.* (*Job* XVII, 6.)

Saint Grégoire le Grand, expliquant ces paroles : *Ego sum pastor bonus* (*Joan.* X, 11), nous assure que Jésus-Christ a voulu nous imposer l'obligation de l'imiter dans sa charité pastorale, et d'en être la copie parfaite. Le souverain pasteur, dit-il, a voulu découvrir aux prêtres, par ce discours, quel était le degré de charité qu'il exigeait d'eux : « Bonitas formam quam nos imitemur proponit. » Il nous a montré le chemin que nous devions suivre : « Ostensa est via quam sequamur. » Il nous a fait voir le cachet dont nous devons être l'empreinte et la représentation : « Apposita est forma cui imprimamur. »

Le célèbre concile de Cologne, qui a rétabli, avec l'ancienne discipline, le premier esprit du sacerdoce, enseigne que celui qui se présente à l'ordination, doit se mettre dans l'esprit et se convaincre de cette vérité, que, devenant le vicaire et l'ambassadeur de Jésus-Christ, il contracte l'obligation de l'imiter dans ses vertus, et d'être la copie de ce divin original : « Ordinandus cogitare secum debet ut imitator Christi sit, cujus legatione fungitur; » d'exprimer en soi la charité de Jésus-Christ, sa douceur, sa patience, son humilité, son zèle, sa tempérance, sa chasteté.

Cette vérité importante se soutient dans l'ordination même actuelle ; car, lorsque l'évêque vient à la consécration des prêtres, il leur tient ce discours : Imitez, leur dit-il, ce que vous tenez entre vos mains, c'est-à-dire immolez-vous vous-mêmes avec Jésus-Christ : « Imitamini quod tractatis. » Et offrant le sacrifice mystique de Jésus-Christ qui n'est que le mémorial et l'expression de sa mort à la croix, souvenez-vous de crucifier, ou plutôt de sacrifier votre chair avec la sienne, et de donner la mort à vos vices par la mortification, en la lui donnant mystiquement par la consécration : « Quatenus mortis Dominicæ mysterium celebrantes, mortificare membra vestra a vitiis et concupiscentiis omnibus procuretis. »

Telle est la grande obligation des prêtres. Ils doivent imiter la victime sainte qu'ils offrent tous les jours à l'autel. C'est dans l'imitation d'un si excellent modèle que consiste leur bonheur et leur mérite. Est-ce trop pour eux? Quoi! dit saint Grégoire, une simple fille de treize ans, une sainte Agnès, a pu se sacrifier, et des prêtres ne le pourront pas? Mais pourquoi ne pourront-ils pas imiter Jésus-Christ dans le sacrifice qu'il a fait de lui-même, sinon parce qu'ils n'ont pas circoncis les convoitises de leur cœur, qu'ils ne sont pas morts à tous les désirs de la chair; car cette admirable martyre, continue saint Grégoire, n'eût jamais pu livrer son corps à la mort, si elle ne fût morte auparavant en esprit à tous les désirs de la vie : « Nec enim sancta hæc, cujus hodie natalitia celebramus, mori pro Domino potuisset in corpore, si prius a terrenis desideriis mortua non fuisset in mente.» (Lib. I in Evang., hom. 11.) Son âme, élevée au sommet de la vertu, méprisa également les tourments dont on la menaçait et les promesses dont on la flattait : « Erectus namque in virtutis culmine animus, tormenta despexit, præmia calcavit. » Invincible aux menaces des rois irrités et des magistrats armés, elle parut plus intrépide que l'exécuteur qui la frappa, et plus majestueuse que le juge qui la condamna : « Ante armatos reges et præsides invicta stetit, feriente robustior, judicante sublimior. » Que diront à cela, continue ce grand pontife, les hommes forts et vigoureux? De petites filles ravissent le ciel à travers le fer et le feu, nous le perdons honteusement, nous laissant surmonter aux vices, nous laissant emporter à la colère, enfler à l'orgueil, renverser à l'ambition, souiller à la luxure : « Quid inter hæc nos barbati et debiles dicemus, qui ire ad regna

cœlestia puellas per ferrum videmus? quos ira superat, superbia inflat, ambitio perturbat, luxuria inquinat. » Ne devrions-nous pas rougir de perdre, dans la paix de l'Eglise, le salut que nous aurions dû conserver au prix de notre sang dans les temps des persécutions? « Qui si adipisci regna cœlorum per bella persecutionum non possumus, hoc ipsum nobis turpe sit, quod Deum nolumus, saltem per pacem sequi. » On ne nous contraint pas à présent, l'épée sous la gorge, de renoncer à Jésus-Christ, ou de perdre la vie; mais on nous impose l'obligation d'égorger nos convoitises : « Ecce nulli nostrum hoc tempore dicit Deus : Pro me morere ; sed illicita tantummodo in te desideria occide. » Quelle apparence que celui-là livrât son corps au glaive des tyrans, qui n'a pas le courage de le livrer aux douces rigueurs de la pénitence? « Qui ergo in pace subigere carnis desideria nolumus, quando in bello pro Domino ipsam carnem daremus? C'est néanmoins ce que l'Eglise demande des prêtres dans leur ordination ; c'est à quoi les prêtres sont tenus; c'est en quoi ils doivent principalement imiter Jésus-Christ, notre souverain pontife, véritablement prêtre, parce qu'il est véritablement victime, dit saint Augustin : « Christus pro nobis sacerdos et sacrificium, et ideo sacerdos quia sacrificium. » (Confes., lib. x, 43.) Et n'est-ce pas le Fils de Dieu qui, dans son Evangile, oblige ses ministres à l'imiter, à le suivre dans le sacrifice qu'il a fait de lui-même. Ecoutons-le, et pénétrons bien sa pensée.

Que celui qui prétend à la qualité de mon ministère, me suive, nous dit-il à tous : Qui mihi ministrat me sequatur. (Joan. XII, 26.) Qu'est-ce à dire? s'écrie saint Augustin ; c'est-à-dire qu'il m'imite, « id est, me imitetur (S. Aug., loc. cit.); » qu'il suive mes pas, qu'il marche dans mes voies : « Vias ambulet meas, non suas. » Mais qu'est-ce que marcher comme a marché le Fils de Dieu ? continue saint Prosper. « Quid est autem ambulare sicut ipse ambulavit ? » si ce n'est pas mépriser la prospérité du monde, que Jésus-Christ a méprisée ; ne point craindre les maux qu'il n'a point appréhendés; faire les mêmes actions qu'il a faites; enseigner la même doctrine qu'il a prêchée; espérer les biens qu'il a promis; suivre le chemin étroit qu'il a frayé, pour parvenir au terme auquel il est parvenu : « Nisi contemnere omnia prospera quæ contempsit, non timere adversa quæ pertulit, libenter facere quæ fecit, docere quæ docuit, sperare quæ promisit, et sequi quo ipse præcessit. (De vita act. sacerd., cap. 21); » si ce n'est, en un mot, être humble comme lui, chaste comme lui, patient comme lui, charitable comme lui : car c'est ainsi que nous devons l'imiter.

Mais cette parole n'est pas encore épuisée : Si quis mihi ministrat, me sequatur. Elle comprend l'obligation que les ministres de Jésus-Christ ont de sacrifier, c'est-à-dire d'exposer leur bien, leur santé et leur vie même; de n'épargner pour cela ni soins, ni peines, ni travaux, et de se consommer au service du prochain par une oblation totale d'eux-mêmes, à l'exemple de Jésus-Christ leur divin modèle; ce qui les engage à une très-grande sainteté.

Pour mieux comprendre encore cette doctrine, il faut remarquer avec saint Augustin, que le Fils de Dieu ne parle pas ici d'un ministère corporel que des serviteurs peuvent rendre, tels qu'ont été ceux des apôtres, de sainte Marthe, de saint Joseph, de la sainte Vierge même; service et devoirs extérieurs que Judas lui a pu aussi rendre quelquefois avec le reste des disciples : *Si quis mihi ministrat, me sequatur;* mais d'un autre ministère bien plus excellent, et dont le Fils de Dieu s'est lui-même chargé venant en ce monde, comme il le déclare par ces paroles : *Filius hominis non venit ministrari, sed ministrare, et dare animam suam redemptionem pro multis.* (Matth. xx, 28.) Voilà le seul ministère d'importance, de consommer sa vie, et de donner jusqu'à son sang pour le salut du prochain : *Et dare animam suam redemptionem pro multis.*

Si donc, dit-il, quelqu'un entreprend l'office de pasteur, s'il prétend entrer dans le ministère sacerdotal, se charger du salut des autres, *me sequatur,* qu'il me suive. Mais voici un autre mot qui demande son explication. Qu'est-ce à dire, qu'il me suive? *me sequatur.* C'est-à-dire, qu'il m'imite dans le sacrifice que j'ai fait de moi-même pour procurer aux âmes la vie éternelle.

En effet, lorsque ce souverain Pasteur établit saint Pierre chef de son troupeau, il lui tint ce discours : Pierre, m'aimez-vous? paissez mes brebis: *Petre, amas me? pasce agnos meos, pasce oves meas.* (Joan. xxi, 15-17.) Et saint Pierre, à peine fut-il, en vertu de ces paroles, revêtu de ce glorieux emploi, qu'aussitôt Jésus-Christ ajouta, comme une suite nécessaire de cette charge, qu'il s'attendît par conséquent à répandre son sang, et à mourir en croix, ainsi que lui-même avait fait : *Cum esses junior, cingebas te, et ambulabas ubi volebas; cum autem senueris, alius te cinget, et ducet quo tu non vis. Hoc autem dixit, significans qua morte clarificaturus esset Deum.* (Ibid., 18, 19.) Et voilà l'interprétation de ces paroles : *Si quis mihi ministraverit, me sequatur.* C'est pourquoi Notre-Seigneur, dans le même endroit où il commet à saint Pierre le ministère pastoral, lui dit qu'il le suivit, *sequere me;* suivez-moi jusqu'à la croix, jusqu'au supplice; ce qu'il répéta une seconde fois à l'occasion de saint Jean, dont il parla d'une manière obscure, et comme s'il n'eût pas dû souffrir la mort par le martyre; car, s'adressant derechef à saint Pierre, il ajouta : *Sic eum volo manere, donec veniam, quid ad te? tu me sequere* (Ibid., 22); pour marquer que suivre Jésus-Christ n'est rien autre chose que de l'imiter dans le sacrifice qu'il a fait de lui-même pour le salut des hommes. C'est là le vrai ministère sacerdotal dont il parle : *Si quis mihi ministraverit, me sequatur.* C'est le minis-

tère dont il avait expliqué les devoirs les plus essentiels, quand il avait assuré qu'il était venu, non pour être servi, mais pour servir, et pour donner son sang afin de procurer le salut des âmes : *Non venit ministrari, sed ministrare, et dare animam suam redemptionem pro multis.* Telle est la perfection à laquelle les pasteurs sont appelés ; tel est le divin exemplaire sur lequel ils doivent se mouler : « Apposita est forma cui imprimatur, » dit saint Grégoire.

Nous voyons une semblable doctrine en plusieurs endroits de l'Evangile, particulièrement en un qu'on peut dire servir de flambeau à celui-ci.

Notre-Seigneur ayant un jour demandé à ses apôtres ce que les hommes disaient de lui, et pour qui ils le prenaient, et les apôtres lui ayant répondu que les uns disaient qu'il était saint Jean-Baptiste, les autres Elie, d'autres un des anciens prophètes revenu au monde, Notre-Seigneur ajouta : Et vous, qui croyez-vous que je sois? Sur quoi saint Pierre, au nom de tous, ayant fait cette célèbre confession de foi, par laquelle il le reconnut pour le véritable Fils unique de Dieu, Notre-Seigneur lui répliqua qu'il était heureux de ce que le Père céleste lui avait révélé cette grande vérité; et, continuant son discours, il l'établit pour pierre fondamentale de son Eglise, et l'assura que tout ce qu'il lierait et délierait sur la terre, serait lié et délié dans le ciel, c'est-à-dire qu'il lui donna, et à ses successeurs, le premier et principal ministère de son Eglise ; car, selon que l'observe saint Léon, comme ce que saint Pierre crut en Jésus-Christ dure éternellement, aussi ce que Jésus-Christ établit dans saint Pierre subsiste toujours : « Et sicut permanet quod in Christo Petrus credidit, ita permanet quod in Petro Christus instituit. » (*Serm. in Ann. pontif.*) Cependant, après une si authentique profession de foi, après une si célèbre collation du ministère sacerdotal, le Fils de Dieu prédit que le sceau de son sacerdoce sera sa mort à la croix; que c'est en épanchant son sang pour le salut du monde, qu'il remplira les fonctions de son ministère : *Venit ministrare, non ministrari, et dare animam suam redemptionem pro multis.* A cette parole saint Pierre est surpris, il se trouve scandalisé ; il n'a pas cru acheter l'honneur de son sacerdoce à un si haut prix ; il craint que sa société au pontificat de Jésus-Christ ne l'engage à une société de martyre avec lui ; le mystère de la croix est une nuit obscure pour lui, une énigme inintelligible ; à travers les humiliations de la nature humaine, la bassesse d'un corps corruptible, sous un extérieur méprisable, il avait connu la gloire du Fils unique du Père, la majesté du Verbe incréé, les grandeurs de l'Homme-Dieu ; il avait percé cette obscurité, et, éclairé d'une lumière divine, il avait vu le mystère de l'Incarnation, et avait confessé la vérité qui lui avait été révélée, il avait dit : Vous êtes le Christ, le Fils du Dieu vivant : *Tu es Christus Filius Dei vivi.* (Matth. xvi, 16.) Mais le mystère de la croix l'arrête; chose admirable! saint Jean-Baptiste et saint Pierre, les deux saints les plus élevés de l'Evangile, favorisés de tant de révélations, connurent sous un vil extérieur les grandeurs du Verbe incarné; mais les humiliations de sa croix et de son sacrifice furent un abîme qui les éblouit: l'un refusa de le baptiser, ne comprenant pas jusqu'où allaient ses abaissements; l'autre le reprit de ce qu'il prédisait une mort aussi ignominieuse que cellequ'il voulait souffrir pour la rédemption des pécheurs : *Et apprehendens eum Petrus, cœpit increpare eum dicens : Absit a te, Domine, non erit tibi hoc. (Matth.* XVI, 22, 23.) Qu'est-ce que lui répondit Notre-Seigneur, ou plutôt quelle importante instruction saint Pierre n'attira-t-il pas sur tous les ministres futurs, qui dans la suite des siècles devaient exercer le sacerdoce et travailler au salut des âmes? Car Notre-Seigneur, après l'avoir repris de ce qu'il comprenait si mal le devoir le plus essentiel du sacerdoce qui est de s'immoler soi-même, et de donner sa vie pour son troupeau, charité pastorale, qui surpasse toutes les autres en excellence et en perfection; il appela aussitôt ses disciples autour de lui, et nous appela nous-mêmes en leur personne, pour nous donner cette importante instruction : *Tunc convocata turba cum discipulis suis, dixit ad omnes (Marc.* VIII, 34) : voici la condition la plus essentielle pour ceux qui prétendent entrer dans les emplois de l'apostolat, intimée à tous présents et à venir, proférée en présence du peuple même, afin que personne n'en prétende cause d'ignorance : *Si quis vult post me venire, abneget semetipsum, et tollat crucem suam quotidie, et sequatur me (Ibid.)*, et le reste que nous lisons en cet endroit; ce qui veut dire, en un mot, que celui qui prétend être un disciple du Fils de Dieu, doit se regarder comme une victime destinée au sacrifice : *Æstimati sumus sicut oves occisionis (Rom.* VIII, 36); et suivre Jésus-Christ jusque sur le Calvaire; suivre ses pas, et imiter sa vie laborieuse et ses vertus sacerdotales. Tel est le modèle que nous devons imiter, et le haut degré de sainteté qu'exige la qualité de pasteur : *Bonus pastor dat animam pro ovibus suis.(Joan.* X, 11.) Rien moins que cela. Jésus-Christ l'a accompli. Conformons-nous à cet original; sacrifions parents, amis, emplois honorables, dignités, fortune, établissement, temps, repos, talents, biens, santé et enfin la vie même. Ayons honte de mourir d'une mort naturelle, causée par quelque infirmité de notre constitution : que notre mort soit une suite de notre zèle; mourons pour avoir trop travaillé à une mission, pour nous être exposés au mauvais air d'un hôpital, pour avoir été trop longtemps au confessionnal, pour avoir excessivement fatigué, jeûné, veillé, prié, souffert; qu'on dise de nous ce qui est écrit de tant de saints : « *Confectus laboribus obdormivit in Domino.* » L'heureuse fin, la bonne mort! quelle est conforme à celle de Jésus-Christ! Mais quelle récompense aurons-nous pour nous être ainsi immolés? pour avoir tout sacrifié, et nous être sacrifiés nous-mêmes, à l'exemple de saint Paul, qui disait : *Immolor supra sacrificium. (Philip.* II, 17.) Vous nous commandez de vous suivre, ô mon Seigneur Jésus! et de vous imiter dans les vertus les plus difficiles, et jusqu'à notre propre destruction, si nous voulons entrer dans votre ministère : *Si quis mihi ministrat, me sequatur.* Mais nous osons demander avec le même saint Pierre : *Ecce nos reliquimus omnia, et secuti sumus te, quid ergo erit nobis?.(Matth.* XIX, 2.) Nous quitterons tout, nous nous exposerons à tout. Cependant, « Ecce quod dictum est : »*Si quis mihi ministrat, me sequatur*, dit saint Augustin. « Quid est, *me sequatur*, nisi me imitetur? » Oui, mais quel fruit en retirerons-nous, quelle récompense? « *Quo fructu, qua mercede, quo præmio?* » La demande est juste. Voici la réponse, ou plutôt la promesse magnifique : *Et ubi sum ego, illic et minister meus erit. (Joan.* XII, 26.) Il est vrai, le chemin que je vous montre est rude à la nature, l'obligation que je vous prêche est grande; mais jetez les yeux sur la couronne qui vous attend : Vous serez où je serai : *Ubi ego sum, illic et minister meus erit.* O récompense inestimable! être où sera le Fils de Dieu! peut-on être bien où il n'est pas ? ou peut-on être mal où il est? » *Ubi enim bene erit sine illo, aut quando esse male poterit cum illo ?* » continue saint Augustin. C'est ainsi que sera récompensé le fidèle ministre de Jésus-Christ; il sera où sera Jésus-Christ; le disciple sera où sera le maître; et le Père honorera celui qui aura été le digne ministre du Fils, c'est-à-dire qui, à son exemple, n'aura pas épargné son sang et sa vie pour le salut des âmes, qui comme lui se sera consommé au service de l'Eglise et du prochain, qui pourra dire avec lui : *Non veni ministrari, sed ministrare, et dare animam redemptionem pro multis.* Celui qui remplira de cette sorte les devoirs de son ministère, sera honoré de Dieu le Père : « *Sic ministrantem Christo honorificabit eum Pater honore illo magno, ut sit cum Filio ejus, et nunquam deficiat felicitas ejus.* » Car en effet, quel plus grand honneur pourra recevoir le fils adoptif, que de se voir associé avec le Fils naturel, non pour lui être égal dans la divinité, mais pour être fait participant de sa gloire : « *Nam quem majorem honorem accipere poterit adoptatus, quam ut sit ubi est unicus; non æqualis factus divinitati, sed consociatus æternitati.* » C'est toujours saint Augustin au même endroit : *Honorificabit eum Pater meus. (Ibid.)* Quelle gloire à des vermisseaux comme nous, d'être honorés à la face du ciel et de la terre, et d'être honorés de Dieu même : *Honorificabit eum Pater meus.*

Que peut-on se figurer par cette promesse, sinon trois choses? Un prince est dit combler d'honneur un sujet, ou quand il lui fait du bien, ou quand il l'établit dans un grand emploi, ou quand il lui donne publiquement de grandes louanges, ainsi qu'Assuérus en usa à l'égard de Mardochée : *Sic honorificabitur quemcunque rex voluerit honorari*. (*Esth*. VI, 9.)

Or, c'est ainsi que le Fils de Dieu, qui porte écrit sur soi le Roi des rois, et le Souverain des souverains, en usera comme il le promet dans son Evangile, à l'égard de ses ministres fidèles ; de quels biens ne les comblera-t-il pas? *Super omnia bona sua constituet eum*. (*Matth*. XXIV, 47.) Quels grands emplois ne leur donnera-t-il pas? *Vos qui secuti estis me, sedebitis super thronos judicantes duodecim tribus Israel*. (*Matth*. XIX, 28.) Ou, comme dit le Psalmiste, il les fera asseoir dans des lits de justice, pour tirer vengeance des nations impies, et juger les rois et les monarques : *Exsultabunt sancti in gloria, lætabuntur in cubilibus suis : exaltationes Dei in gutture eorum, et gladii ancipites in manibus eorum : ad faciendam vindictam in nationibus, increpationes in populis ; ad alligandos reges eorum in compedibus, et nobiles eorum in manicis ferreis : ut faciant in eis judicium conscriptum, gloria hæc est omnibus sanctis ejus*. (*Psal*. CXLIX, 5-9.) Enfin, quelles louanges, quels éloges ne recevront-ils pas de la bouche de Dieu même, en présence des anges et des hommes ? *Tunc laus erit unicuique a Deo*. (*I Cor*. IV, 5.)

C'est le sens renfermé dans ces paroles du Sauveur : *Si quis mihi ministraverit, honorificabit eum Pater meus*. (*Joan*. XII, 26.) Mais, pour parvenir à ces sublimes récompenses, il faut imiter Jésus-Christ dans ses humbles vertus ; il faut exprimer sa sainteté en nous ; il faut pour vivre avec lui dans le ciel, s'immoler comme lui sur la terre, et remplir ces paroles : *Exemplum dedi vobis, ut quemadmodum ego feci, ita et vos faciatis*. (*Joan*. XIII, 15.)

Seconde considération. — L'apôtre saint Paul, après avoir montré en sa personne combien la vie des ministres de l'autel doit être sainte, par ce motif puissant, que le modèle de la sainteté d'un prêtre n'est autre que la sainteté de Dieu même : *Estote imitatores Dei* (*Ephes*. V, 1), nous en apporte un second qui n'est pas moins considérable, lorsqu'il nous dit que la sainteté des prêtres doit servir de modèle de sainteté au reste des fidèles.

Ces deux motifs sont contenus encore dans ces autres paroles du même apôtre : *Estote imitatores mei, sicut et ego Christi*. (*I Cor*. XI, 1.) Car, en disant qu'il est l'imitateur de Jésus-Christ, il nous découvre cette grande vérité, que le modèle de la sainteté d'un prêtre n'est autre que celle du Fils de Dieu même : *Sicut et ego Christi*. Et en disant au peuple qu'il initait la vie des ministres de Jésus-Christ, il nous a assez appris que la vie d'un prêtre doit servir aux peuples de modèle de sainteté : *Estote imitatores mei*. Il inculque encore cette doctrine en un autre endroit, où il exhorte les fidèles à se conformer à lui et à faire tout ce qu'ils avaient entendu de lui et vu en lui : *Quæ audistis et vidistis in me, hæc agite*. (*Philip*. VI, 9.)

Si bien qu'un prêtre doit se regarder comme un exemplaire de vertu exposé aux yeux des peuples, un modèle de modestie, d'humilité, de patience, de charité, de chasteté, de pénitence, de mortification ; or quel degré de perfection n'exige-t-il pas?

Car si la maxime de la philosophie est véritable « *Propter quod unumquodque tale et et illud magis ;* » et cette autre : « *Quod est primum in unoquoque genere est regula et mensura cæterorum ;* » ne s'ensuit-il pas que tout ce qu'il y a de piété, de vertu, de perfection dans les simples fidèles, doit se trouver éminemment renfermé dans les prêtres ? Quel avantage pour eux l' Heureuse l'âme, dit un saint Père, qui doit servir de modèle de sainteté aux autres l' *Felix illa anima, quæ aliis forma est sanctitatis* (PETR. Bles., II, 274.) : mais quelle obligation pour eux !

Le même apôtre, écrivant à un prélat de l'Eglise, lui prêche fortement ce devoir : Montrez-vous en toutes choses exemplaire, et en toutes sortes de vertus et de bonnes œuvres, en doctrine, en intégrité de vie, en sagesse, en un mot en tout : *In omnibus exemplum te præbe bonorum operum, in doctrina, in integritate, in gravitate*. (*Tit*. II, 7.) Soyez encore une fois un modèle de perfection aux fidèles, dans vos discours et dans votre conduite ; en charité, en foi, en chasteté : *Exemplum esto fidelium in verbo, in conversatione, in charitate, in fide, in castitate*. (*I Tim*. IV, 13.) Que ces vertus emportent de devoirs ! que ce peu de mots renferme de choses !

L'apôtre saint Pierre ne nous presse pas moins là-dessus, lorsqu'il veut que le pasteur soit le modèle de la religion de tout le troupeau : Je vous supplie, dit-il, ô prêtres de Jésus-Christ, moi qui suis prêtre comme vous de ce divin Sauveur, témoin de ses souffrances et plein d'espérance de me voir un jour associé à son bonheur, je vous supplie, dis-je, autant que je le puis, de paître et de conduire le troupeau qui vous est commis : *Seniores, obsecro, consenior et testis Christi passionum, qui et ejus quæ in futuro revelanda est gloriæ communicator, pascite qui in vobis est gregem Dei*. (*I Petr*. V, 1, 2.) Mais comment rempliront-ils un devoir si important et si indispensable? un devoir que ce grand apôtre les exhorte d'accomplir par tout ce qu'il y a de plus saint et de plus sacré? C'est, continue-t-il, en devenant des exemplaires de vertu exposés à la vue de tous les fidèles : *Forma facti gregis ex animo*. (*Ibid*., 3.) C'est à ce devoir bien rempli, qu'est attachée la promesse magnifique qui suit, que, lorsqu'au dernier jour le prince des pasteurs apparaîtra, nous recevrons une couronne immortelle de gloire : *Et cum apparuerit princeps pastorum, percipietis immarcescibilem gloriæ coronam*. (*Ibid*., 4.) Car, selon saint Chrysostome, qu'est-ce que signifie ce mot : *Forma facti gregis ex animo* ? (*Ibid*., 4) sinon que nous devons être des modèles de perfection et de sainteté : *Forma,* dit ce savant interprète, *hoc est exemplar vitæ atque morum* (II, 274).

Cette obligation est si indispensablement attachée à notre office, que l'Eglise ne nous confère aucun ordre qu'elle ne nous l'impose très-étroitement, tant ce devoir est inséparable de la dignité. On nous promet et nous promettons; on donne, et nous donnons; les conventions sont réciproques. Prenons un exemple seulement de chaque ordre en général, tant des ordres sacrés que des ordres mineurs, afin que nous apprenions que toute ordination emporte inséparablement un engagement si saint.

Et, premièrement, le concile de Trente et le Pontifical veulent qu'on n'admette personne, dans le clergé, de qui la piété et la pureté de mœurs ne donnent lieu de se promettre qu'un jour l'Eglise sera édifiée par l'éclat des bons exemples qu'il donnera et par les instructions salutaires qu'il répandra : « Atque ita pietate et castis moribus conspicui, ut præclarum bonorum exemplum et vitæ monita ab eis possint expectari. » (Sess. 23, c. 14.) C'est ce qu'on a droit d'attendre d'eux, quand on les reçoit dans la milice cléricale : les bons exemples, ou plutôt une vie exemplaire : « Præclarum bonorum exemplum, » et de salutaires instructions, qui sont infructueuses si elles ne sont précédées et autorisées par une vie irréprochable : « Et vitæ monita. »

A l'ordination du lecteur, car ne prenons qu'un des ordres que nous estimons moindres, et que les personnes peu éclairées comptent presque pour rien, tant l'aveuglement sur ces vérités est surprenant; quand, dis-je, l'évêque ordonne le lecteur, il lui représente qu'il doit être placé dans un lieu éminent, lorsqu'il lit dans l'église les Livres saints au peuple, afin d'être mieux vu et entendu des fidèles : « Ideoque dum legitis, in loco alto ecclesiæ stetis, ut ab omnibus videamini et audiamini; » mais, au reste, que cette élévation extérieure n'est que la figure de l'élévation intérieure de leur âme et du haut degré de vertu où ils doivent être parvenus : « Figurantes positione corporali vos in alto virtutum gradu debere conversari, » afin qu'ainsi exposés encore plus aux yeux de l'âme qu'aux yeux du corps, ils présentent à tous ceux qui les voient et qui les écoutent un modèle excellent d'une vie toute céleste : « Quatenus cunctis a quibus audimini et videamini, cœlestis vitæ formam præbeatis. »

Voilà ce que l'Eglise exige d'un lecteur; voilà notre obligation dès ce premier pas de notre entrée en l'état ecclésiastique. O Dieu! que nous sommes éloignés de cet esprit !

Nous avons prouvé ailleurs qu'il n'y a aucun ordre en particulier à qui cet engagement ne soit annexé. C'est pourquoi, afin de n'user pas de redites, passons au diaconat.

Le prélat qui vous le confère demande à Dieu, dans votre ordination, que vous possédiez en telle abondance toutes sortes de vertus : la modestie, la pudeur, l'innocence, la chasteté, le zèle; que vous soyez à tous un exemplaire achevé de perfection et de sainteté; car comment peut-on autrement interpréter ces paroles : « Abundet in eis totius forma virtutis, auctoritas modesta, pudor constans, innocentiæ puritas, et spiritualis observantia disciplinæ. » Il ajoute qu'il faut que l'observance des commandements de Dieu brille tellement dans toute votre conduite, et surtout que votre chasteté jette un si vif éclat, que le peuple se sente ému, à la vue d'un si bel exemple, de vous imiter : « In moribus eorum præcepta tua fulgeant, ut tuæ castitatis exemplo, imitationem sanctam plebs acquirat. »

Combien s'éloignent d'une si sainte idée les ecclésiastiques scandaleux, de qui la vie déréglée est une école, non de la vertu, mais du vice ! Aussi voyons-nous dans la dégradation du diacre, figure de cette éternelle dégradation qui se fera, au jour du jugement, des ecclésiastiques indignes de leur état, que l'Eglise ne leur reproche rien avec des termes plus terribles que d'avoir été des occasions de scandale aux autres, loin de leur avoir été des modèles de sainteté. Nous vous dépouillons, dit-elle au diacre, de cette étole que vous aviez reçue exempte de toute souillure, parce que votre conduite n'a pas été exemplaire; que vous n'avez pas mené une vie édifiante, et qui pût porter les fidèles à la vertu : « Stolam candidam quam acceperas immaculatam juste a te amovemus, quia exemplum conversationis fidelibus non præbuisti, ut plebs Christi posset inde imitationem acquirere. »

Que si l'Eglise tient ce langage au diacre, que ne dit-elle point au prêtre dans tout ce qu'elle lui adresse pendant son ordination ? Il suffit d'en rapporter un mot, l'ayant fait ailleurs avec étendue. Elle demande à Dieu de renouveler dans leurs entrailles l'esprit de sainteté : « Innova in visceribus eorum spiritum sanctitatis; » qu'ils soient des modèles achevés en toutes sortes de vertus et de perfections : « Eluceat in eis totius forma justitiæ. »

Les saints Pères ne sont pas moins forts ni moins exprès à nous représenter cette vérité; il suffit de rapporter quelques-uns de leurs sentiments et d'en faire une simple lecture, pour en édifier notre piété.

Saint Chrysostome assure que la vie d'un prêtre doit être si pure, si irréprochable, si exempte de tout soupçon, si réglée et si uniforme, que tout le monde le regarde comme un modèle excellent de vertu : « Sacerdos debet hujusmodi vitam habere immaculatam atque compositam, ut omnes in illum, et in illius vitam, veluti in exemplar aliquod excellens intueantur. » (Hom. 10 *in I Epist. ad Tim.*, init.) Il ajoute, au même endroit, qu'elle doit servir de règle au reste des fidèles : « Vita clerici debet esse veluti regula ac norma bene recteque vivendi. »

Il prescrit ailleurs à un ecclésiastique cette même obligation en ces termes : Que l'éclat de votre vie soit une école commune de vertu et un exemplaire parfait de sainteté, un tableau exposé à tous les fidèles, afin qu'ils vous imitent et vous copient : « Sit communis omnium schola, exemplarque virtutis vitæ tuæ splendor, omnibus proposita ad imitandum. » Que ce soit comme un original et un premier dessein, qui renferme tout ce qu'il y a de bon et de vertueux dans tous les fidèles : « Velut primitiva quædam imago, omnia in se habens quæ bona atque honesta sunt. »

Il enseigne, en un autre endroit, que Dieu nous a choisis pour être comme de grands luminaires dans son Eglise, pour servir de maîtres au reste des fidèles, pour converser avec les hommes en la manière que font les anges du ciel avec ceux dont ils sont les guides et les protecteurs sur la terre : « Idcirco nos ille elegit, ut simus quasi luminaria, ut magistri cæterorum efficiamur, ut veluti angeli cum hominibus versemur in terris. » Et il ne craint point d'avancer que si notre vie était telle que notre profession l'exige, si elle jetait les rayons de sainteté dont elle devrait briller, il ne serait point besoin de prédications ni de paroles, tant nos bons exemples parleraient haut : « Nihil opus esset verbis, si in hunc modum vita nostra sanctitatis luce fulgeret. »

Saint Jérôme, écrivant à un prêtre, lui mande que tout le monde a les yeux attachés sur lui : « In te omnium oculi diriguntur; » que sa maison et sa conduite sont exposées à la vue d'un chacun; qu'elles sont une école publique : « Domus tua et conversatio tua quasi in specula constituta, magistra est publicæ disciplinæ; » que tout ce qu'il fera passera en loi, et qu'il n'y a personne qui ne se croie permis ce qu'il ne s'interdira pas : « Quidquid feceris, id omnes faciendum putant. »

Pour nous arrêter ici, car on ne tarirait jamais une matière dont les saints Pères ont si souvent et si éloquemment parlé, nous ne pouvons rien apporter de mieux ni de plus à propos, que les paroles du concile de Trente, qui renferment tout ce que nous avons dit jusqu'ici là-dessus, et lesquelles nous devrions savoir par cœur et méditer souvent.

Il n'y a rien, disent les évêques de cette auguste assemblée, il n'y a rien qui instruise davantage les fidèles, et qui les porte plus efficacement dans la vertu, que la vie et les exemples de ceux qui se sont consacrés au service des autels : « Nihil est quod alios magis ad pietatem et Dei cultum instruat, quam eorum vita et exemplum qui se divino ministerio dedicarunt (Sess. 2, *De refor*.) Car, comme par leur état ils sont séparés des choses du siècle, et élevés au-dessus des autres, le reste des fidèles les regarde comme leur miroir et leur exemple, et chacun se porte à imiter ce qu'il voit en eux : « Cum enim a rebus sæculi in altiorem sublati locum conspiciantur, in eos tanquam in speculum, reliqui oculos conjiciunt, ex iisque sumunt quod imitentur. » Telle est l'excellente doctrine des apôtres, des saints Pères de l'Eglise; telle est l'instruction importante qu'on nous a donnée en nous consacrant prêtres; telle est l'étroite obligation qu'on nous a imposée. Plaise à Dieu que nous entrions bien dans ces vues religieuses, et que nous comprenions bien à quoi nous engage l'état que nous embrassons et le nom que nous portons.

Troisième considération. — Après avoir vu l'obligation que nous avons de vivre saintement : premièrement, par rapport à Dieu dont nous devons imiter la sainteté; en second lieu, par rapport aux fidèles qui doivent imiter la nôtre; c'est-à-dire, à raison du modèle que nous devons imiter et que nous devons être, il sera utile de nous convaincre encore de cette vérité, la considérant par rapport à nous-mêmes, et en tant que nous sommes consacrés à Dieu et que nous participons à la qualité de Christ, que le Sauveur possède éminemment et par excellence. Il est appelé l'oint du Seigneur ou Nazaréen, c'est-à-dire consacré à Dieu, non d'une onction extérieure et matérielle, mais d'une onction spirituelle, intérieure et permanente, qui n'est autre que l'effusion du divin Esprit, qui inonda son âme et son humanité, au moment de sa conception, et qui le consacra prêtre du Très-Haut, ou l'onction sainte de la Divinité et du Saint-Esprit, que le Verbe de Dieu reçut selon la chair à laquelle il s'était uni : *Unxit te Deus, Deus tuus, oleo lætitiæ præ consortibus tuis. (Psal. XLIV, 8 ; Hebr. I, 8.)* Car c'est de cette onction, comme d'une plénitude de grâce, que les rois, les prophètes et les prêtres ont été oints dans la suite des siècles, et que toutes les grâces ont découlé comme du chef sur les membres, de la source dans les ruisseaux, de la tige dans les branches. Ainsi le soleil éclaire tous les astres, la mer envoie ses eaux dans tous les fleuves, qui rapportent ensuite dans son sein ce qu'ils ont reçu d'elle.

De là vient le nom et la gloire du Chrétien, d'avoir été oint dans le baptême en qualité d'enfant de Dieu; dans la confirmation, en qualité de soldat de Jésus-Christ; et enfin, dans l'ordre, en qualité d'organe du Saint-Esprit, de prêtre et de ministre des autels du Dieu vivant; tous titres qui nous obligent à vivre saintement, à participer à l'onction de Jésus-Christ, doublement oint, et par l'épanchement de la grâce, qui consacra son âme dans son incarnation, et par l'effusion de son sang, qui couvrit son corps dans sa passion; participons à l'une et à l'autre de ces onctions; soyons victimes comme Jésus-Christ dans son oblation entrant dans ce monde; soyons prêtres comme Jésus-Christ dans son immolation sur le Calvaire, en sortant de ce monde.

En effet, ne doutez pas que vous ne soyez tenus de mener une vie sainte, parce que vous avez été consacré à Dieu par la prêtrise : « Consecrandi, filii charissimi, in presbyteratus officium, » vous a dit l'évêque, et consacrés, non-seulement d'une huile matérielle et extérieure qui, ayant oint votre corps et votre chair, vous oblige de les conserver l'un et l'autre dans la pureté et sainteté; mais par l'effusion de la grâce du Saint-Esprit, dont votre âme a été bénite et consacrée, pour n'en faire plus aucun usage qui ne soit saint.

Un des plus ordinaires motifs dont Dieu s'est servi dans l'ancienne Loi, pour porter les lévites et les prêtres à mener une vie sainte, était de leur faire représenter qu'ils étaient consacrés à son culte et au service des autels, et, par conséquent, qu'ils ne fussent pas si malheureux que de se souiller jamais d'aucun péché, ce qui serait détruire ce qu'il y a de plus essentiel dans l'institution du sacerdoce. Voici les termes de l'Ecriture : Et le Seigneur dit à Moïse : Parlez de ma part aux prêtres, aux enfants d'Aaron, et les avertissez qu'ils aient à être saints, parce qu'ils sont consacrés à moi, qui suis leur Dieu : *Dixit quoque Dominus ad Moisen : Loquere ad sacerdotes filios Aaron, et dices ad eos : Sancti erunt Deo suo, quia consecrati sunt Deo suo* (*Levit.* xxi, 6); qu'ils soient saints, c'est-à-dire, non-seulement exempts des souillures du péché, mais de plus, ornés de vertus éminentes et riches en bonnes œuvres, comme observe saint Chrysostome : « *Sanctum non facit sola mundatio peccatorum, sed quædam eminentia magna virtutum, præsentia Spiritus, et bonorum operum opulentia.* » Qu'ils soient donc saints, parce qu'ils sont consacrés à leur Dieu. « *Sint ergo sancti, quia consecrati sunt Deo suo.* » Qu'ils soient saints, parce que je suis saint: *Sint ergo sancti, quia ego sanctus sum* (*Levit.* xix, 2): étant convenable que le ministre porte les livrées du maître, et que rien n'en approche qui ne soit digne d'une si grande majesté. C'est donc une raison qui vient de Dieu même. Les ministres des choses saintes doivent vivre saintement à cause qu'ils lui sont consacrés par l'huile sainte qu'on a répandue sur eux au jour de leur ordination : *Sancti erunt Deo suo, quia consecrati sunt Deo suo.* Cette effusion a causé en eux des impressions de grâce et de sainteté; elle en a chassé l'infection de la convoitise et du péché.

Mais voici une seconde raison qui ne semble pas moins forte, et qu'on peut dire être une suite de la première. Dieu ordonne à Moïse de dire à ses prêtres qu'ils vivent saintement, parce que c'est lui, leur Seigneur et leur Dieu, auteur et amateur de toute sainteté, qui les a sanctifiés lui-même, et qui conserve et entretient cette sainteté en eux : *Sint ergo sancti, quia ego sanctus sum, Dominus qui sanctifico illos.* (*Ibid.*) Car il est visible que les prêtres, ainsi consacrés et sanctifiés de la main de Dieu même, et lequel nourrit en eux cette sanctification qu'il y a une fois produite, sont tenus de mener une vie qui réponde à cette grâce, et à faire des actions qui soient proportionnées à cette vie; et malheur à eux, s'ils vont se souiller ensuite dans l'ordure du vice et du péché.

Nous pouvons encore tirer de l'Ecriture un troisième motif pour nous convaincre de l'obligation que nous avons de vivre saintement à cause que nous sommes les oints du Seigneur; car nous voyons que Dieu commanda de nouveau à Moïse de représenter à ses prêtres que leur consécration les y engageait, parce que, par cette cérémonie, ils avaient été séparés du reste du peuple; députés au service de ses autels, destinés à son culte, et comme envoyés vers lui de la part des enfants d'Israël, pour lui rendre les devoirs religieux, dont les soins et les embarras de cette vie empêchaient les laïques de s'acquitter parfaitement; qu'ils ne devaient plus se mêler dans le commerce du monde, le trafic, la culture des terres; mais uniquement s'occuper à instruire les peuples de la loi du Seigneur, à chanter ses divines louanges, à lui offrir des sacrifices, à recevoir les vœux des fidèles, à les purifier de leurs péchés, à leur imprimer des sentiments de religion, par leurs sacrées cérémonies et leurs fonctions saintes, à vaquer à l'oraison. Voici les paroles de Dieu à Moïse: Vous me consacrerez les lévites qui me sont présentés, à moi qui suis leur Dieu, et vous les séparerez du reste des enfants d'Israël, afin qu'ils me servent au nom du peuple, et qu'ils me rendent le culte qui m'est dû, par l'exercice de leur ministère dans le tabernacle : *Consecrabis Levitas oblatos Domino, ac separabis de medio filiorum Israel, in tabernaculo fœderis.* (*Num.* viii, 14.) Ce passage nous instruit de deux importantes vérités : l'une, que d'être consacré à Dieu, n'est rien qu'être transféré d'un usage profane à un usage saint, d'être séparé de cœur et d'affection du monde et des créatures : *Consecrabis Levitas oblatos Domino, ac separabis de medio filiorum Israel*; l'autre, qu'être consacré à Dieu, c'est être destiné et député pour servir au service divin et aux exercices de la religion, surtout en qualité de ministre public, et de supplément de la piété des peuples, tels que sont les prêtres et les ministres des autels : *Consecrabis Levitas oblatos Domino, ut serviant mihi pro Israel in tabernaculo fœderis.* Et par conséquent, quel sacrilège est-ce à un vase de sanctification, quelle impiété de devenir ensuite un vase d'iniquité, de faire servir son corps au péché, de rendre son âme un instrument du crime? Qu'ils soient saints à leur Dieu, est-il écrit en un autre endroit, et qu'ils ne souillent point son nom adorable, parce qu'ils offrent de l'encens au Seigneur et qu'ils lui présentent des pains; et par conséquent, qu'ils vivent saintement : *Sancti erunt Deo suo, et non polluent nomen ejus, incensum enim Domini et panes Dei sui offerunt et ideo sancti erunt.* (*Levit.* xxi, 6.)

Enfin, nous ne tirons pas un médiocre argument de l'obligation que ces prêtres avaient de vivre saintement, de plusieurs autres endroits de l'Ecriture, où il est expressément porté que les lévites appartenaient d'une manière toute particulière à

Dieu, qu'ils étaient à lui par un titre spécial, qu'ils étaient son lot et son héritage, qu'il était le leur, et qu'ainsi ils devaient vivre saintement, parce qu'ils lui étaient consacrés, et que cette consécration les rendait saints : *Consecrabis levitas oblatos Domino, ac separabis de medio filiorum Israel, ut sint mei, et serviant mihi pro Israel in tabernaculo fœderis..... Eruntque levitæ mei. Ego Dominus qui sanctifico illos.* (*Num.* III, 3.) Passage dans lequel sont renfermées toutes les considérations précédentes, que les prêtres doivent être saints, parce qu'ils sont consacrés à Dieu, parce qu'ils sont séparés du monde, parce qu'ils sont députés au culte de Dieu, parce qu'ils sont à Dieu, parce qu'ils sont sanctifiés de Dieu, qui cause et qui conserve cette sainteté entre eux. (*Num.* III, 12.)

Que si la consécration des prêtres de l'ancienne loi les obligeait à vivre saintement, combien la consécration des prêtres de la nouvelle alliance les y engage-t-elle d'une manière incomparablement plus étroite et plus forte ?

La consécration n'était par elle-même qu'extérieure et matérielle ; la nôtre est intérieure et spirituelle ; celle-là oignait le corps, celle-ci l'âme.

Leur consécration par elle-même était vide et destituée de grâce ; la nôtre est accompagnée de la grâce sanctifiante, qui nous fait prêtres du Dieu vivant et ministres de Jésus-Christ.

Leur consécration ne donnait que le pouvoir de purifier quelques souillures légales et charnelles, et d'admettre les Juifs dans le temple. La nôtre nous confère la puissance divine de purifier l'âme des Chrétiens de la lèpre du péché, des taches spirituelles, et de les introduire dans le paradis.

Leur consécration ne leur donnait que le droit d'offrir à Dieu des animaux en sacrifice, des bœufs et des brebis, et de distribuer leur chair au peuple ; la nôtre nous communique le pouvoir miraculeux d'offrir en holocauste Jésus-Christ, la victime du salut du monde, de le produire sur nos autels, et de dispenser aux hommes son corps adorable et son sang précieux.

Leur consécration ne les députait qu'aux fonctions d'un ministère imparfait, corporel, extérieur ; de porter des vases servant au culte divin, de brûler de l'encens, de mettre des pains sur une table d'or, de toucher les vaisseaux sacrés, les ornements, et le reste des vêtements sacerdotaux ; la nôtre nous établit et nous destine aux fonctions d'un ministère tout céleste et divin ; à toucher le Saint des saints ; à le porter en nos mains, à le recevoir dans notre estomac ; à conférer la grâce, à justifier les pécheurs, à sanctifier les âmes, à fermer l'enfer, à ouvrir le ciel.

Cependant, cette consécration obligeait les anciens prêtres à vivre saintement : Purifiez-vous, leur disait-on ; soyez saints, vous qui portez les vases du Seigneur : *Mundamini, qui fertis vasa Domini.* (*Isa.* LII, 11.) Soyez saints, leur criait-on, parce que vous offrez de l'encens et des pains au Seigneur : *Sancti erunt Deo suo, et non polluent nomen ejus ; incensum enim Domini et panes Dei sui offerunt, et ideo sancti erunt.* Soyez saints, soyez purs, vous qui abordez ses autels, qui entrez dans son sanctuaire, qui vous présentez devant le Seigneur, de peur que vous ne mouriez sur-le-champ, pour oser exercer un ministère si redoutable en mauvais état : *Sacerdotes qui accedunt ad Dominum sanctificentur, ne percutiat eos. Non tangent vasa sanctuarii, ne moriantur in sanctuario meo, cum polluerint illud.* (*Exod.* XIX, 22.)

A quelle sainteté ne seront donc pas tenus les prêtres du nouveau testament, si élevés au-dessus du sacerdoce ancien ? Nous, dit saint Chrysostome, qui sommes appelés à une vie bien plus pure, qui devons rendre à Dieu un culte bien plus sublime, et qui avons de bien plus grands combats à rendre : « Et hæc quidem ab antiquis sacerdotibus sanctitas et perfectio exigebatur ; quid ergo nos ad majorem vocati vitam, qui ad excellentius fastigium ascendimus, et in majoribus exercemur palæstris ? »

Nous, continue ce grand docteur, qui devons imiter la vie des anges et vivre sur la terre comme ces substances spirituelles vivent dans le ciel : « Quique sicut supernæ virtutes intellectuales et incorporeæ illæ vitam instituere tenemur. »

Vous, consacré par un évêque, qui représente Jésus-Christ dans sa gloire, envoyant perpétuellement l'Esprit-Saint sur son corps mystique.

Vous qui, dans votre consécration, recevez l'onction de la grâce sanctifiante, répandue dans votre âme avec une abondante profusion ; grâce qui vous rend semblable à Dieu, qui vous fait enfant de Dieu, qui vous communique la nature de Dieu, et qui vous est une arrhe de la gloire de Dieu.

Vous qui, dans votre consécration, recevez une source d'un nombre infini de grâces actuelles, ou plutôt un droit de recevoir au besoin tous les secours qui sont nécessaires pour exercer avec fruit et bénédiction les fonctions sacrées ; toutes les lumières, toutes les connaissances, toute la force pour conserver la grâce sanctifiante reçue ; pour parvenir à la fin de l'ordre conféré ; pour s'acquitter avec bénédiction du ministère, pour surmonter les obstacles, peines et tentations qui peuvent se rencontrer dans l'exécution et la pratique de tant d'emplois et d'offices, si importants et si difficiles.

Vous qui, dans votre consécration, avez reçu ce sacré caractère, cette illustre marque de votre appartenance à Dieu, qui vous orne, qui vous distingue, qui vous donne droit d'exercer tant de grandes fonctions, et qui ne s'effacera jamais de votre âme, pendant toute l'éternité.

Vous qui, dans votre consécration, recevez la personne adorable du Saint-Esprit avec tous ses dons divins, pour être son tabernacle animé, son sanctuaire vivant, à qui on dira, ou plutôt sur qui on le fera descendre plus d'une fois, quand on dira : « Accipe Spiritum sanctum ad robur, etc. Accipe Spiritum sanctum : quorum remiseritis peccata, etc. Requiescat super vos Spiritus sapientiæ et intellectus, Spiritus consilii et fortitudinis, Spiritus scientiæ et pietatis, et replens eos Spiritu timoris tui. »

Vous qui, dans votre consécration, recevez tant de pouvoirs surnaturels et célestes, de prêcher la parole de Dieu, d'administrer les sacrements, de remettre les péchés *Quis potest dimittere peccata, nisi solus Deus?* (*Marc.* II, 7) de produire Jésus-Christ sur nos autels, d'offrir le sacrifice auguste de son corps et de son sang, de le recevoir en vous, de le dispenser aux fidèles, de le toucher, de le porter : « Verbum prophetæ est. » *Mundamini qui fertis vasa Domini* (*Isa.* LII, 1), dit un Père, « quanto mundiores esse oportet qui in manibus et corpore portant Christum, quibus apostolus ait (*I Cor.* VI, 20) : *Glorificate et portate Deum in cordibus vestris.* Vous qui ne portez pas seulement des vases sacrés pleins du sang des victimes mortelles offertes en sacrifice, mais qui vous-mêmes êtes des vases sacrés, qui contenez le sang adorable de l'agneau immaculé, toujours vivant et toujours immortel, et qui recevez sans cesse en vous l'effusion de cette immortelle liqueur.

Vous qui, par votre consécration, avez été séparé du commerce du monde, député à des usages saints, destiné à rendre à Dieu un culte tout religieux, et appliqué tout entier à travailler au salut des âmes ; de sorte que tout ce que vous employez de vous-même à d'autres usages, vous le dérobez aux saints exercices de votre profession : « Cui Deus portio est, » dit saint Ambroise, « nihil debet curare nisi Deum ; et quod ad alia officia confertur, hoc religionis cultus decerpitur. »

Vous enfin, qui, par votre consécration, êtes devenu le partage et l'héritage de Dieu, et de qui Dieu est devenu le sort et le patrimoine, ainsi que le nom même que vous portez vous l'apprend, au témoignage de saint Jérôme : « Propterea vocantur clerici, vel quia de sorte sunt Domini, vel quia ipse Dominus sors, id est, pars clericorum est. » Et par conséquent, qui, par cela, êtes obligé de vivre saintement, puisque vous devez être tel, que vous méritiez de posséder Dieu à jamais, et d'être à jamais possédé de Dieu, suivant la remarque de ce même docteur : « Qui autem vel ipse pars Domini est, vel Dominum partem habet, talem se exhibere debet, ut et ipse possideat Dominum, et possideatur a Domino. »

D'ailleurs, combien de fois avez-vous été béni et consacré dans vos ordinations ? et comme si ce n'était pas encore assez, combien de fois y avez-vous reçu le pouvoir de répandre la bénédiction sur les fidèles, et sur toutes les créatures, d'attirer sur celles que vous bénirez, la bénédiction de Dieu ; en sorte que, participant à la grâce d'Abraham, vous avez été fait le dépositaire des bénédictions divines et célestes ; et, par conséquent, combien de fois avez-vous contracté l'obligation de vivre saintement ?

En effet, vous n'y avez peut-être pas fait attention ; parcourez toutes les cérémonies dans lesquelles l'évêque vous a imposé les mains, et vous verrez qu'il n'y en a aucune où vous n'ayez été consacré, où vous n'ayez été député à un usage saint.

Dans la tonsure, l'évêque prie Dieu qu'il daigne bénir ceux auxquels il vient de la donner, et de ne pas permettre qu'ils profanent jamais par une action profane l'habit religieux dont il les a revêtus : « Adesto, Domine, supplicationibus nostris, et hos famulos tuos quibus in tuo sancto nomine habitum sacræ religionis imponimus, benedicere digneris. » Mais n'y devenez-vous pas le partage de Dieu, et Dieu n'y devient-il pas votre partage ? Chose admirable ! le premier pas qu'on fait dans le sacerdoce de la loi nouvelle, égale la plus haute élévation du sacerdoce ancien : *Eruntque Levitæ mei.* (*Num.* III, 12.)

Dans l'ordre du portier, l'évêque tient le même langage ; il s'adresse à ceux qui l'assistent, et les exhorte à se joindre à lui, pour obtenir tous ensemble de Dieu, qu'il veuille bien départir sa sainte bénédiction à ceux qu'il vient de consacrer à son culte : « Deum Patrem omnipotentem , fratres charissimi, suppliciter deprecemur, ut hos famulos suos, quos in officium ostiariorum eligere dignatus est, benedicere dignetur. Domine sancte, Pater omnipotens, æterne Deus, benedicere dignare hos famulos tuos. »

Le lecteur, tout de même, est béni et consacré par celui qui l'ordonne, pour n'être plus destiné qu'à des usages saints. Mes chers frères, qui êtes ici présents, dit l'évêque, prions le Dieu tout-puissant qu'il répande sa sainte bénédiction sur ceux que nous venons d'ordonner lecteurs : ô Seigneur, Dieu éternel, qu'ils soient, s'il vous plaît, consacrés pour jamais à votre culte ! « Oremus, fratres charissimi, Deum Patrem omnipotentem, ut super hos famulos suos, quos in ordinem lectorum dignatur assumere, benedictionem suam clementer effundat. Domine sancte, Pater omnipotens, æterne Deus, benedicere dignare hos famulos tuos in officium lectorum. »

Dans l'ordination de l'exorciste, voici comme il s'exprime : Prions Dieu, notre Père tout-puissant, mes très-chers frères, mais prions-le en toute humilité, qu'il veuille répandre sa bénédiction sur ces ordinands et les consacrer en l'office d'exorciste. O Seigneur Dieu, continue-t-il, Père éternel et tout-puissant, bénissez vos serviteurs ici présents, afin qu'ils s'acquittent dignement de leurs emplois : « Deum Patrem omnipotentem, fratres charissimi, supplices deprecemur, ut hos famulos suos in officium exorcistarum benedicere dignetur ; » puis il ajoute : « Domine sancte, Pater omnipotens, æterne Deus, benedicere dignare hos famulos tuos in officium exorcistarum. »

Dans la collation de l'ordre des acolytes, il semble que l'Église redouble sur eux ses bénédictions, puisqu'elle les consacre quatre fois au culte divin d'une manière toute spéciale. Admirons son esprit dans les paroles qu'elle profère : Mes très-chers frères, prions Dieu, notre Père tout-puissant, qu'il daigne bénir ces ordinands en l'office d'acolyte : «Deum Patrem omnipotentem, fratres charissimi, suppliciter deprecemur, ut hos famulos suos benedicere dignetur in ordinem acolytorum.» Ensuite elle s'adresse à Dieu le Père, et le conjure, par la vertu du sang adorable qui découla des plaies de son Fils, de répandre sa bénédiction sur ces ecclésiastiques : «Domine sancte, Pater omnipotens, æterne Deus, benedicere dignare hos famulos tuos in officium acolytorum.» Elle ajoute encore que, comme autrefois il avait ordonné à Moïse et à Aaron de préparer des officiers pour avoir soin des luminaires du tabernacle, ainsi qu'il daigne consacrer ceux-ci pour exercer la même fonction dans l'Eglise : «Benedicere dignare hos famulos tuos, ut sint acolyti.» Enfin, pour la quatrième fois, elle lui demande avec instance au nom de Jésus-Christ, la lumière du monde, qu'il veuille bien autoriser de sa bénédiction céleste la consécration qu'elle lui fait de ses ministres en terre : «Benedicere dignare hos famulos tuos quos in officium acolytorum consecramus.»

Mais, dans l'ordination du sous-diacre, ou dans la collation du premier des ordres sacrés, cette bénédiction paraît encore avec plus d'éclat; car, lorsque l'évêque récite à genoux les litanies, ou les invocations solennelles pour attirer grâce sur l'action qu'il va faire, et que ceux qui doivent être promus sont prosternés par terre comme des victimes au pied de l'autel, il se lève vers la fin de ses prières, dans l'endroit où le Pontifical marque : «Hic datur benedictio, sanctificatio et consecratio per pontificem;» et, prenant sa mitre en tête et son bâton pastoral, ou sa crosse de la main gauche, il étend sa main droite vers les ordinands, toujours prosternés; et formant trois fois sur eux le signe salutaire d'où toute bénédiction émane, il dit : Seigneur, nous vous prions de les bénir, nous vous prions de les consacrer, nous vous prions de les sanctifier : «Ut hos electos benedicere digneris.» Et on répond : «Te rogamus, audi nos,» puis il continue pour la seconde fois : «Ut hos electos benedicere et sanctificare digneris.» Et on répond encore : «Te rogamus, audi nos.» Enfin il ajoute : «Ut hos electos benedicere, sanctificare et consecrare digneris.» A quoi on répond de nouveau : «Te rogamus, audi nos.»

Et, non content de cette générale bénédiction, qui est aussi commune aux diacres et aux prêtres, l'évêque en donne encore une spéciale aux sous-diacres incontinent après, pour être comme une préparation à l'ordre qu'il va leur conférer. Mes très-chers frères, dit-il aux prêtres assistants, prions Dieu et notre Seigneur Jésus-Christ, qu'il donne sa bénédiction et sa grâce à ces ecclésiastiques ses serviteurs, lesquels il daigne appeler à l'office de sous-diacre : «Oremus Deum ac Dominum nostrum, fratres charissimi, ut super hos servos suos, quos ad subdiaconatus officium vocare dignatus est, infundat benedictionem suam et gratiam.»

Puis, demandant pour eux cette faveur à Dieu, il lui dit : «Domine sancte, Pater omnipotens, æterne Deus, benedicere dignare hos famulos tuos quos ad subdiaconatus officium eligere dignatus es.»

Les diacres, outre la bénédiction, la sanctification et la consécration qu'ils viennent de recevoir conjointement avec les sous-diacres et les prêtres, en reçoivent aussi une qui leur est propre et spéciale : Mes très-chers frères, dit l'évêque, prions le Seigneur Dieu tout-puissant qu'il verse avec bonté sur ces ecclésiastiques qu'on va élever au diaconat, la grâce de sa bénédiction, et qu'il conserve persévéramment en eux les effets de leur consécration à son culte; qu'il daigne exaucer nos vœux, et que ces lévites que nous lui offrons, et que nous dédions au service de ses autels, reçoivent sa bénédiction; qu'ils soient affermis dans les dons qu'ils recevront, et qu'ils fassent éclater en eux la sainteté de l'ordre lévitique : «Oremus, fratres charissimi, Deum Patrem omnipotentem, ut super hos famulos suos quos ad officium diaconatus dignatur assumere, benedictionis suæ gratiam clementer effundat, eisque consecrationis indultæ propitius dona conservet, et quos sacris mysteriis exsequendis credimus offerendos, sua benedictione sanctificet et confirmet; ut hi totius Ecclesiæ prece qui ad diaconatus ministerium præparantur, Leviticæ benedictionis ordine clarescant, et spirituali consecratione præfulgentes, gratia sanctificationis eluceant, quos tuis sacris altaribus servituros suppliciter dedicamus.»

Mais, outre toutes ces bénédictions et sanctifications, par lesquelles l'évêque consacre et dédie les diacres, il demande encore pour eux la descente du Saint-Esprit même dans leurs cœurs; il leur impose les mains aussi bien que les prêtres assistants; il leur dit ces paroles : Recevez le Saint-Esprit en vous, qui vous fortifiera et vous donnera la vertu de résister au diable et à ses tentations : «Accipe Spiritum sanctum ad robur, et resistendum diabolo et tentationibus ejus.» Seigneur, continue-t-il, envoyez sur eux le Saint-Esprit, afin qu'enrichis des sept dons de ce divin Esprit, du don de sagesse et d'intelligence, du don de science et de conseil, du don de force, de piété et de crainte de Dieu, ils soient fortifiés par votre grâce dans la possession de vos présents : «Emitte in eos, quæsumus, Domine, Spiritum sanctum, quo in opus ministerii sui fideliter exsequendi septiformis gratiæ tuæ munere roborentur.»

Enfin, il conclut tant de bénédictions par celle-ci : Seigneur, dit-il, exaucez nos prières, et répandez sur vos serviteurs ici présents, l'esprit de votre bénédiction sainte : «Exaudi, Domine, preces nostras, et super hos famulos tuos Spiritum tuæ benedictionis emitte.»

Les prêtres, par combien de bénédictions

ne sont-ils pas consacrés à Dieu? L'évêque ne leur annonce-t-il pas cela dès qu'ils se présentent pour être ordonnés : « Consecrandi, filii dilectissimi, in presbyteratus officium. » Ne demande-t-il pas la descente du Saint-Esprit en eux avec la plénitude de la grâce sacerdotale? « Exaudi nos, quæsumus, Domine Deus noster, et super hos famulos tuos benedictionem sancti Spiritus et gratiæ sacerdotalis infunde virtutem. » Ne prie-t-il pas l'auteur de toute bénédiction de venir les dédier à son culte? « Deus, sanctificationum omnium auctor, cujus vera consecratio, plenaque benedictio est, tu, Domine, hos famulos tuos quos ad presbyterii honorem dedicamus, munus tuæ benedictionis infunde. » N'invoque-t-il pas solennellement, et à haute voix, cet Esprit sanctificateur, afin qu'il vienne consacrer au dedans ceux qu'il consacre au dehors : « Veni, creator Spiritus? »

Mais, après des paroles si divines, il en vient aux actions, il prend les mains du prêtre; il les oint de l'huile sacrée, et prie Dieu de ratifier sa bénédiction, et de sanctifier et consacrer intérieurement celui dont il oint extérieurement les mains : « Consecrare et sanctificare digneris, Domine, manus istas per istam unctionem et nostram benedictionem. »

Et, comme si ce n'était pas assez, il demande encore à Dieu que leurs mains, ainsi bénies, deviennent une source de grâces pour les autres, et qu'elles soient propres à lui servir d'instruments, afin de répandre les dons divins sur tout ce qu'ils béniront : Seigneur, dit-il, faites que ces mains bénies attirent votre bénédiction sur tout ce qu'elles béniront, et que tout ce qu'elles consacreront soit sanctifié : « Ut quæcunque benedicant, benedicantur, et quæcunque consecraverint, consecrentur et sanctificentur, in nomine Domini nostri Jesu Christi. »

Pour comble de tant de bénédictions réitérées, l'évêque qui les ordonne les fait de nouveau venir devant lui ; il leur impose les mains sur la tête, il leur communique la personne adorable du Saint-Esprit, avec un pouvoir que Dieu n'a pas communiqué même aux anges : Recevez, leur dit-il, en faisant cette cérémonie, recevez le Saint-Esprit; ceux à qui vous remettrez les péchés, ils leur seront remis, et ceux à qui vous les retiendrez, ils leur seront retenus: *Accipite Spiritum sanctum; quorum remiseritis peccata remittuntur eis, et quorum retinueritis retenta sunt.* (Joan. xx, 22, 23.)

Enfin, l'ordination achevée, il les fait, pour la dernière fois, paraître devant lui, et, la mitre en tête, le bâton pastoral en main, élevant sa voix, et faisant sur eux le signe de la croix, il leur dit : Mes chers frères, que la bénédiction du Dieu tout-puissant, du Père, du Fils et du Saint-Esprit; descende sur vous, que vous soyez bénis dans l'ordre sacerdotal, et que vous offriez des hosties à Dieu pour l'expiation des péchés du peuple. Ainsi soit-il. « Benedictio Dei omnipotentis Patris, et Filii, et Spiritus sancti, descendat super vos, ut sitis benedicti in ordine sacerdotali, et offeratis placabiles hostias pro peccatis atque offensionibus populi omnipotenti Deo, cui est honor et gloria per omnia sæcula sæculorum. Amen. »

Après de si solennelles bénédictions et si réitérées, combien un prêtre doit-il se regarder consacré à Dieu? Car enfin, ce ne sont pas ici des paroles vaines, vides, spéculatives, des invocations infructueuses, stériles, inefficaces. Les paroles de l'Eglise, et celles surtout qui entrent dans la collation des sacrements, sont efficaces et pratiques; elles opèrent ce qu'elles signifient; elles sont de la nature de celles du Sauveur, qui, disant à un malade qu'il lui rendait la santé, la vue, l'ouïe, la parole, lui conférait au même instant ces dons.

A ces paroles efficaces l'évêque joint des prières qui ne le sont pas moins, surtout les faisant en cette occasion en qualité de ministre public de la religion.

Il ajoute à cela les invocations puissantes du secours divin; il invoque le Saint-Esprit sur eux, sa personne même adorable.

Il forme sur eux le signe de la croix, source féconde d'où découle toute bénédiction.

Il leur impose les mains, il les oint avec l'huile bénite, et enfin il n'omet rien de tout ce que Dieu a laissé aux hommes, ou plutôt à l'Eglise et à ses ministres, pour les dédier au culte divin et leur conférer le degré de dignité spirituelle, requis au maniement des choses saintes et au service de ses autels.

Après cela, ne faut-il pas avouer que les prêtres sont obligés de vivre saintement et de conserver leur âme et leur corps libres de toute souillure du péché; et chacun d'eux n'a-t-il pas droit de dire à Dieu : *Custodi animam meam, quoniam sanctus sum.* (Psal. LXXXV, 2.) Jugez donc combien un Père a eu raison de nommer le clergé un ordre très-sacré: « Cleri sacratissimus ordo. »

En effet, par votre ordination, vous avez été séparé du commerce du monde ; vous devez donc être saint : *Separabis Levitas de medio filiorum Israel : sint ergo sancti, quoniam sanctus sum.* (Num. VIII, 14; Levit. XXI, 8.)

Par votre ordination, vous avez été destiné et député au service de Dieu, au culte des autels, au ministère de la religion, à des usages tout saints ; vous devez donc être saint : *Tuli Levitas pro cunctis primogenitis filiorum Israel, ut serviant mihi in tabernaculo fœderis. Sint ergo sancti, quoniam ergo sanctus sum.* (Ibid., 18, 19.)

Par votre ordination, vous avez été solennellement béni et consacré à Dieu; vous devez donc être saint : *Consecrabis Levitas oblatos Domino, et ideo sancti erunt Deo suo, quia consecrati sunt Deo suo. Sint ergo sancti, quia et ego sanctus sum, Dominus qui sanctifico illos.* (Ibid., 33.)

Par votre ordination, vous avez été donné à Dieu et vous êtes devenu sien, son domestique, son ministre, son officier, son prêtre; vous devez donc vivre saintement, vous devez donc être saint : *Consecrabis Levitas oblatos Domino, ut sint mei; sint ergo sancti quia ego sanctus sum, eruntque Levitæ mei.* (*Ibid.*)

Par votre ordination, vous avez reçu une puissance céleste, une grâce abondante, un caractère divin, des dons ineffables, le Saint-Esprit même; vous devez donc être saint : *Et ideo sancti estote, quoniam ego sanctus sum, Dominus qui sanctifico illos.*

Avez-vous eu ces idées par le passé? comprenez-vous ces obligations à présent? Quel usage avez-vous fait de votre corps, de vos facultés, de votre vue, de votre ouïe, de votre odorat, de votre goût, de votre toucher, de votre esprit, de votre volonté, de vos passions? Quel besoin auriez-vous de la grâce de l'extrême-onction, avant de vous présenter pour recevoir celle de l'ordination, et qu'on vous dit : « *Per istam sanctam unctionem, et suam piissimam misericordiam, indulgeat tibi Dominus quidquid deliquisti per visum, auditum,* etc. » Quelle profanation ferez-vous, si vous souillez encore votre corps et votre âme dans l'ordure du vice, surtout après leur consécration?

Quel engagement n'avez-vous donc pas de vous purifier par la pénitence, de vous sanctifier par la pratique des vertus, de vous perfectionner par l'exercice des fonctions sacrées?

Quatrième considération. — C'est une maxime reçue, qu'il appartient aux sages d'imposer le nom aux choses : « *Sapientis est nomina rebus imponere.* » Parce qu'en effet le nom n'étant que l'expression de la nature et de l'essence, il est très-convenable que celui qui le donne connaisse parfaitement les principes substantiels et distinctifs de la chose à qui il le donne. C'est par cette raison que le souverain Ouvrier de l'univers, après avoir créé tous les animaux, les fit comparaître devant le premier homme qu'il avait rempli de sagesse et de connaissance : *Formatis igitur Dominus Deus de humo cunctis animantibus terræ, et universis volatilibus cœli, adduxit ea ad Adam, ut videret quid vocaret ea.* (*Gen.* II, 19.) Et l'Ecriture ajoute que le nom qu'Adam imposa à chaque animal est son véritable nom, et qui lui est convenable et sortable : *Omne enim quod vocavit Adam animæ viventis, ipsum est nomen ejus. Appellavitque Adam nominibus suis cuncta animantia, et universa volatilia cœli, et omnes bestias terræ.* (*Gen.* II, 19, 20.)

C'est aussi de cette sorte que Dieu même, la sagesse éternelle, en a usé, lorsqu'il a destiné ses serviteurs à l'exécution de ses desseins. Quand il voulut établir Abraham, le père des fidèles, il lui donna un nom qui figurait ce qu'il devait être; tout de même à Jacob, le nommant Israël; à Simon, le nommant Pierre; et Notre-Seigneur n'a-t-il pas voulu être appelé Jésus, c'est-à-dire Sauveur? Il est vrai qu'il y a une extrême différence entre les noms qu'Adam et le reste des hommes ont donné quelquefois aux choses, et ceux que le Créateur impose à ses créatures; car les hommes ne font pas les noms qu'expriment les qualités des choses, sans rien toucher à leur fond; mais le Créateur les fait être ce qu'il les nomme : ainsi, Jésus-Christ disant que le pain était son corps, le fit devenir ce qu'il le nomma.

Mais, soit que les ecclésiastiques considèrent les noms qu'ils portent dans la bouche des saints les plus éclairés qui les leur ont donnés, soit qu'ils les considèrent comme venant de la bouche de Dieu même, ils leur sont toujours également avantageux, et ils marquent également l'obligation qu'ils ont de posséder la sainteté; ou ils supposent qu'ils la possèdent déjà, puisque les uns expriment ce que par leur état ils doivent être, et que les autres les font être ce que celui qui les leur donne, veut qu'ils soient.

Qui peut, sans en être ébloui, regarder fixement les titres glorieux et les noms magnifiques dont ils sont honorés dans l'Ecriture et chez les saints?

Ne sont-ils pas appelés partout des serviteurs de Dieu, des hommes de Dieu, des hommes consacrés au service des autels et à la sanctification des âmes; des domestiques de Dieu, des gens attachés à Dieu? « *Ordo familiarius divinis agglutinatus officiis;* » les conseillers de Dieu et ses familiers : « *Dei intimi familiares;* » sa portion, son lot, son héritage : « *Genus illud divinis sacrisque ministeriis mancipatum,* » les plus excellents membres de l'Eglise, ses gardiens et ses époux: « *Sanctiora membra Ecclesiæ, pars membrorum Christi prima;* » les dispensateurs de Dieu et de ses mystères, les coadjuteurs de Dieu, les sauveurs du monde: « *Dispensatores Dei et sacramentorum cœlestium, Dei adjutores, mundi salvatores;* » enfin, des citoyens du ciel, des anges, des dieux par participation : « *angelorum et paradisi cives, angelici homines; dii excelsi, in quorum synagoga Deus deorum stare desiderat.* » Or, à quoi de semblables titres les engagent-ils? Car, ou nous sommes cela, ou nous le devons être. Tâchons donc de nous connaître, et de nous donner un nom dont nous remplissions la signification: « *Digne noscamus quid sumus;* » dit le grand saint Ambroise, afin que, comme l'action suit l'être, on connaisse à nos actions la dignité de ce que nous sommes: « *Ut nomen congruat actioni, actio respondeat nomini.* » Et de peur que, menant une vie indigne de notre rang, le nom glorieux que nous portons ne soit le fondement de la condamnation que nous encourrons, et la conviction du crime que nous commettrons : « *Ne sit nomen inane, crimen immane.* »

Mais en voici deux qui demandent une considération attentive. Les prêtres sont nommés les amis de Jésus-Christ et les vicaires de Jésus-Christ; et cela par Jésus-Christ même. Qui pourrait dire combien ces deux qualités exigent de sainteté, d'amour et de reconnaissance dans les prêtres? Tandis que le Fils de Dieu conversa avec ses apôtres, sans les avoir encore ordonnés prêtres, il les nommait ses disciples, et il s'appelait leur maître : *Vos vocatis me Magister et Domine, et bene dicitis; sum etenim.* (*Joan.* xiii, 13.) Mais, après leur ordination, le langage change et l'honneur s'accroît : je ne vous appellerai plus désormais serviteurs, leur dit-il, mais je vous nommerai mes amis : *Jam non dicam vos servos, sed amicos.* (*Joan.* xv, 15.) Paroles que l'Eglise, étonnée d'une telle grâce, répète à la fin de toutes les ordinations des prêtres. O merveille, s'écrie le grand saint Grégoire, digne d'être soigneusement considérée ! Nous sommes infiniment éloignés de mériter la qualité de serviteurs, et Jésus-Christ nous appelle ses amis ! « O mirâ divinæ bonitatis dignatio ! servi digni non sumus, et amici vocamur; quanta dignitas est hominum esse amicos Dei ! » Surtout, puisque ce n'est pas ici un nom vide ni un titre vain, comme celui que les hommes donnent; car, comme observe saint Cyrille, Jésus-Christ nous confère tout ce que ce nom renferme d'excellent, toutes les prérogatives et les droits attachés au fond de la chose : « Quid majus, quid clarius, quam Christi amicum esse et appellari ! » Etre ainsi nommés, sans doute c'est une grande gloire; mais être ainsi traités, c'est le solide de cette gloire, et c'est ce que fait Jésus-Christ : « Quod cum ita sit, sacerdotes Dominus non servos, sed amicos appellans, ut amicos in omnibus tractat. » Car, premièrement, comme la vraie amitié est fondée sur la ressemblance, il a voulu se rendre semblable à nous et nous rendre semblables à lui, afin que la ressemblance fût réciproque, et que chacun s'approchât de son côté : il a voulu se rendre semblable à nous, en s'humiliant; il a voulu nous rendre semblables à lui, en nous élevant; et cela particulièrement, selon l'Apôtre, dans l'établissement de la dignité sacerdotale; pour exercer pleinement sa miséricorde sur nous, dit ce grand docteur des nations, et devenir un pontife fidèle, il était nécessaire qu'il devînt parfaitement semblable à ses frères : *Unde debuit per omnia fratribus assimilari, ut misericors fieret, et fidelis pontifex apud Deum* (*Hebr.* ii, 17); ressemblance qui ne consiste pas en quelques ornements extérieurs, ni en quelques traits de visage, comme parmi les hommes, mais dans le fond même de la nature, s'étant revêtu de notre humanité, et nous ayant revêtus de sa divinité : « Da nobis ejus divinitatis esse consortes, qui humanitatis nostræ fieri dignatus est particeps, » disons-nous, dans la fonction la plus importante du sacerdoce.

En second lieu, la parfaite amitié demande que les véritables amis ne se séparent jamais et ne se quittent point. Il a rempli parfaitement ce devoir d'ami, protestant à ses apôtres qu'il serait avec eux tous les jours et jusqu'à la consommation des siècles, sans les abandonner un seul moment : *Ecce ego vobiscum sum omnibus diebus usque ad consummationem sæculi.* (*Matth.* xxviii, 20.) Et particulièrement dans les fonctions de leur ministère : *Docete omnes gentes, baptizantes eos, docentes servare omnia quæcunque mandavi vobis.* (*Ibid.*, 19.) Et dans les persécutions et afflictions inséparables de ces emplois : *Vos estis qui permansistis mecum in tentationibus meis.* (*Luc.* xxii, 28.) C'est-à-dire, d'être témoin de leurs souffrances, comme ils l'avaient été des siennes; d'être invisiblement présent à eux sur la terre, jusqu'à ce qu'il se découvre à eux dans le ciel, pour les rendre à jamais participants de sa gloire.

Troisièmement, la vraie amitié se déclare particulièrement lorsqu'on n'a qu'une table commune, qu'on mange ensemble; et c'est ce que Jésus-Christ a fait à l'égard de ses apôtres, et qu'il continue de faire à l'égard des prêtres leurs successeurs. Il les admit à sa table pendant sa vie mortelle, et particulièrement à ce souper mystérieux où ils les consacra prêtres; le plus infidèle de tous ne fut pas même exclus de cet honneur : *Qui intingit mecum manum in paropside* (*Matth.* xxvi, 23), il les repût de la même viande, il les fit boire au même calice : *Et biberunt ex eo omnes* (*Marc.* xiv, 23); le comble de ce privilége, c'est que la table à laquelle le Fils de Dieu admit les apôtres en ce monde, et le bonheur qu'ils eurent de faire ce dernier festin avec lui, ne fut que la figure de celui qu'il doit faire avec eux dans le ciel : *Et ego dispono vobis sicut disposuit Pater meus regnum, ut edatis et bibatis super mensam meam in regno meo.* (*Luc.* xxii, 29.)

Enfin, la dernière preuve d'une amitié sincère, c'est lorsque des amis n'ont plus de secrets l'un pour l'autre; et c'est ce que Jésus-Christ a fait à l'égard des apôtres et des prêtres leurs successeurs : C'est à vous, leur disait-il, d'être informés de mes secrets; pour les autres, ils ne les voient qu'en énigme : *Vobis datum est nosse mysteria regni cœlorum, cæteris autem in parabolis* (*Luc.* viii, 10.) Je ne vous appellerai plus mes serviteurs, je vous nommerai mes amis, parce qu'en effet un serviteur ne sait pas ce que fait son maître; il ignore les desseins et les pensées de son maître : *Jam non dicam vos servos, quia servus nescit quid faciat Dominus ejus.* (*Joan.* xv, 15.) Je vous ai appelés mes amis, parce que je vous ai déclaré tous les secrets que j'avais appris de mon Père : *Vos autem dixi amicos, quia omnia quæcunque audivi a Patre meo, nota feci vobis.* (*Ibid.*) Je vous ai ouvert mon cœur, et n'ai rien eu de caché pour vous. Je vous ai déclaré ce que j'ai fait pour le salut du genre humain; les mystères de grâce et de sanctification que j'ai opérés sur la terre; les biens que j'ai promis pour le ciel; et c'est ainsi que ce divin Sauveur s'exprime dans l'Evangile, et par la bouche de l'évêque qui nous consacre prêtres : *Jam non dicam vos servos, sed amicos meos, quia omnia cognovistis quæ operatus sum in medio vestri.* (*Ibid.*) Mais quelle obligation les prêtres ne contractent-ils point par là, puisqu'après tout ils ne peuvent prétendre, à cette qualité d'amis de Jésus-Christ, qu'en remplissant dignement les obligations de sainteté et les devoirs de religion que ce titre impose, suivant cette parole sortie de sa bouche sacrée : *Vos amici mei estis, si feceritis omnia quæ ego præcipio vobis.* (Joan. XV, 14.)

La qualité de vicaires de Jésus-Christ, dont ils sont honorés par l'Église, ou plutôt par le Saint-Esprit même, ne les y oblige pas moins : Jésus-Christ, disent les Pères du concile de Trente, quittant la terre pour aller au ciel, laissa les prêtres pour tenir sa place et être ses vicaires : « *Dominus noster Jesus Christus e terris ascensurus ad cœlos, sacerdotes sui ipsius vicarios reliquit.* » Jésus-Christ est le chef de l'Église, et les prêtres sont les vicaires de ce divin Pontife, dit un ancien Pape : « *Caput Ecclesiæ Christus, Christi autem vicarii sacerdotes.* » Les prêtres sont les vicaires de Jésus-Christ, dit saint Chrysostome, parce que ce sont eux à qui ce divin Pontife a laissé son sacerdoce et son autorité, qu'il a faits les dépositaires de son ministère et de ses fonctions : *Sacerdotes vicarii Christi, suum relicturus erat eis ministerium.* » Saint Grégoire ajoute qu'ils sont les vicaires de l'amour de Jésus-Christ envers les hommes ; qu'ils en occupent la place et qu'ils le représentent : « *Vicarii amoris Christi*; qu'ils sont les sauveurs du monde, *mundi salvatores*, parce qu'ils coopèrent au salut du monde, et qu'ils continuent d'exercer les fonctions les plus divines du Sauveur du monde.

En effet, si Jésus-Christ est venu effacer le péché originel, et réparer la corruption de notre nature infectée : *Ecce qui tollit peccatum mundi* (Joan. I, 29), les prêtres n'ont-ils pas d'office succédé à ce pouvoir ? ne purifient-ils pas les enfants d'Adam de cette vieille lèpre, par le baptême qu'ils administrent ? Si le Fils de Dieu a remis les péchés actuels sur la terre : *Quis est hic qui etiam peccata dimittit.* (Luc. VII, 49), les prêtres ne continuent-ils pas d'exercer ce même pouvoir : *Quorum remiseritis peccata remittuntur eis* (Joan. XX, 23); pouvoir que Dieu seul peut néanmoins exercer : *Quis potest peccata dimittere, nisi solus Deus?* (Luc. V, 21.) Si Jésus-Christ a changé le pain et le vin en son corps et en son sang, s'il a renversé l'ordre de la nature, s'il a pris la qualité de docteur des hommes, de prédicateur de l'Évangile, les prêtres ne font-ils pas tous les jours les mêmes choses dans l'Église ? ne sont-ils pas établis pour cela ? En un mot, si Jésus-Christ a reçu toute autorité dans le ciel et sur la terre : *Data est mihi omnis potestas in cœlo et in terra* (Matth. XXVIII, 18), ne l'a-t-il pas communiquée aux prêtres ? *Quæcunque alligaveritis super terram, erunt ligata et in cœlo.* (Matth. XVIII, 18.) Que si le vicaire d'un saint prélat doit répondre à la sainteté de celui qu'il représente, et si les désordres du ministre rejailliraient sur le maître, quel ne doit pas être le vicaire du Saint des saints ? Si les soixante-douze vieillards, qui servaient comme de vicaires à Moïse, furent remplis de l'esprit de Moïse, pour pouvoir remplir leurs emplois : *Auferam de spiritu tuo, tradamque eis* (Num. II, 17); combien, à plus forte raison, les prêtres doivent-ils être remplis de l'esprit de Jésus-Christ, pour s'acquitter dignement des leurs, pour continuer les fonctions de Jésus-Christ même, puisqu'ils sont des ruisseaux de cette source : *De plenitudine ejus nos omnes accepimus.* (Joan. I, 16.) Qu'ils osent dire en unité du Saint-Esprit : *Visum est Spiritui sancto et nobis.* (Act. XV, 28.) Et qu'enfin ces anciens vicaires de Moïse ne furent que les figures des vicaires de Jésus-Christ, suivant la doctrine de l'Église dans l'ordination : « *Vos siquidem in septuaginta viris et senibus signati estis, si tamen per Spiritum septiformem, probi et maturi in scientia similiter, et opere eritis.* » Que si, de ces appellations générales, on descend aux noms propres de chaque promotion, on verra que la même obligation de sainteté se soutient également partout. Le mot de clerc et de clergé n'est-il pas un titre de sainteté, selon saint Jérôme ? Que le clerc apprenne, dit ce Père, l'étymologie de son nom, et qu'il tâche ensuite d'en remplir la signification : « *Clericus interpretetur primum vocabulum suum, et nominis definitione prolata, nitatur esse quod dicitur.* » Car ce mot veut dire, ou qu'il appartient à Dieu comme son héritage, ou que son héritage est Dieu même. « *Si enim cleros* Græce, *sors* Latine appellatur, propterea vocantur clerici, vel quia de sorte sunt Domini, vel quia ipse Dominus sors; id est, pars clericorum est.* » Or il est sans doute que celui qui est l'héritage de Dieu, ou dont Dieu est l'héritage, doit tellement se comporter, qu'il soit possédé de Dieu ou qu'il possède Dieu, ce qui est la même chose : « *Qui autem vel ipse pars Domini est, vel Dominum partem habet, talem se exhibere debet, ut et ipse possideat Dominum et possideatur a Domino.* » Et, selon Salvien, prendre un nom de sainteté, c'est s'engager à devenir saint : « *Assumptio religiosi nominis sponsio est sanctitatis.* » Autrement, ce serait s'attirer le reproche de Dieu dans l'*Apocalypse* : Vous avez un nom de vie et vous êtes mort : *Nomen habes quod vivas et mortuus es.* (Apoc. III, 1.) Et pour passer de l'étymologie du nom à la chose même, les saints Pères nous assurent que la cléricature est une profession de sainteté : « *Clericus professus est sanctitatis.* » Que c'est une profession divine : « *Deifica professio*; que c'est un état qui demande une vie irrépréhensible : « *Locus irreprehensibiliter vivendi.* » Tous ces noms et tous ces éloges ne sont-ils pas autant de motifs qui doivent convaincre les prêtres de l'obligation qu'ils ont de vivre saintement ?

En effet, si le premier pas que vous faites en entrant dans l'état ecclésiastique, si le premier nom que vous y prenez vous engagent à la sainteté ; combien êtes-vous coupable, si vous n'avez rien qui réponde à cette obligation ? « *Nomina non in rebus posita.* » Et, par conséquent, combien êtes-vous tenu de montrer par vos actions, plutôt que par votre nom, ce que vous êtes par votre profession : « Quod sumus professione, actione potius quam nomine demonstremus, » dit saint Ambroise. Car, a-t-on jamais vu un homme prendre la qualité de soldat, de juge, de médecin, sans savoir la guerre, la jurisprudence, la médecine ; sans vouloir en faire les fonctions, sans daigner en porter les marques ? Tous les autres noms qu'on donne aux ecclésiastiques, dans leur ordination, portent avec eux le caractère de cette obligation ; nul ordre n'en est exempt.

Le lecteur est ainsi nommé, parce qu'il doit non-seulement lire les Livres saints, mais de plus parce qu'il doit pratiquer ce qu'il lit : vous lisez au peuple les maximes les plus divines de l'Ecriture, les exemples les plus admirables de la vie des saints, les devoirs les plus essentiels de la vie chrétienne ; vous lisez un livre au peuple, mais vous êtes vous-même le livre du peuple : « Liber laicorum vita clericorum. » Dès là que l'Eglise vous établit lecteur, elle prétend que sous ce mot l'obligation de pratiquer ce que vous lisez est renfermée : « Quod autem ore legitis, corde credatis atque opere compleatis, quatenus auditores vestros verbo pariter et exemplo vestro docere possitis. »

Vous êtes ordonné portier ; on vous confie la garde de l'église et de tous les instruments sacrés, de tout ce qui appartient au culte de Dieu : tout sera-t-il saint, excepté celui qui, plus que tout le reste, est capable de sainteté ? Savez-vous bien que quand vous ouvrez et fermez les portes de l'Eglise, ce n'est que la figure de l'obligation que vous avez d'ouvrir à Dieu, par vos bons discours, vos bons exemples, votre conversation pieuse, le cœur des fidèles et de le fermer au démon ? « Studete ut invisibilem Dei domum, corda scilicet fidelium, dictis et exemplis vestris claudatis diabolo et aperiatis Deo. »

Mais s'il est vrai que vous soyez exorciste, que vous ayez véritablement la grâce de ce ministère, que vous ne portiez pas ce nom en vain, quelle vertu ne devez-vous pas avoir ? Le mot d'*exorcista* veut dire *increpator* : vous devez condamner le démon, le blâmer de son orgueil, de son envie, de sa haine contre Dieu et contre le genre humain ; et vous serez sans humilité et sans zèle pour l'honneur de Dieu et le salut des âmes ? Comment oser commander aux démons, si l'on est esclave des vices ? « Discite per officium vestrum vitiis imperare. » Comment ne craindre pas en cet état que le démon, sur qui vous prononcerez les exorcismes, ne prévale contre vous, et ne vous traite comme ces indignes et téméraires exorcistes juifs dont l'histoire est rapportée dans les *Actes des apôtres*, en ces termes : *Tentaverunt autem quidam et de circumeuntibus Judæis exorcistis, invocare super eos qui habebant spiritus malos, nomen Domini Jesu.* (*Act.* XIX, 13.) Telle fut la hardie entreprise de ces faux exorcistes, et voici l'événement :

Respondens autem spiritus nequam, dixit eis : Et Jesum novi et Paulum scio, vos autem qui estis ? et insiliens in eos homo in quo erat dæmonium pessimum et dominatus amborum, invaluit contra eos, ita ut nudi et vulnerati effugerent de domo illa. (*Ibid.*, 15, 16.)

Le nom d'acolyte veut dire ministre, sans doute de la lumière céleste ; et le flambeau que vous portez à la main en cette qualité, en est le symbole : *Lucete sicut luminaria in mundo* (*Philip.* II, 15) vous a-t-on dit quand on vous a imposé le nom d'acolyte : « Quatenus lumen visibile manibus præferentes lumen quoque spiritale moribus præbeatis. »

Les noms de sous-diacre et de diacre, de ministre des autels, qui renferment ou qui emportent avec eux l'obligation de la chasteté perpétuelle, de réciter l'Office divin, de toucher les vases sacrés, de coopérer au sacrifice, ne prouvent-ils pas la même chose ?

Que sera-ce de celui de prêtre ? Ce nom sacré renferme quatre obligations de tendre à la sainteté, ou plutôt de la posséder : « Sacerdos dicitur, quasi sacrum dans ; dat enim sacrum Deo, id est, orationem : sacrum Dei, id est, corpus et sanguinem Christi ; sacrum pro Deo, id est, bene vivendi exemplum. » Qui dit prêtre, dit un homme consacré à la prédication de la parole de Dieu : « Dat enim sacrum de Deo, id est prædicationem. » Qui dit prêtre, dit un homme consacré à la prière, et à rendre à Dieu les louanges qui lui sont dues : « Dat enim sacrum Deo, id est orationem. » Qui dit prêtre, dit un homme consacré à la dispensation du corps et du sang de Jésus-Christ : « Dat enim sacrum Dei, id est carnem et sanguinem Christi. » Qui dit prêtre, dit un homme tenu à mener une vie exemplaire. « Dat enim sacrum pro Deo, id est, vivendi exemplum. » C'est ce que nous apprend Pierre de Blois dans une oraison synodale faite en présence d'un clergé nombreux.

Le mot de prêtre, dit un autre Père, signifie un guide sacré qui, par l'éclat de ses bons exemples et de ses instructions édifiantes, conduit les peuples à la vie éternelle : « Sacerdos dicitur sacer dux, quia verbo et exemplo ducatum præbet ad vitam populo. » Le mot de prêtre ne veut dire autre chose, ajoute-t-il, qu'un homme qui montre et facilite les voies du salut aux fidèles, leur ouvrant le chemin de l'exil de cette vie, pour les introduire à la patrie céleste : « Presbyter dicitur, præbens iter, scilicet populo de exsilio hujus mundi ad patriam cœlestis regni. »

Les marques extérieures de ces dignités ecclésiastiques, sont comme d'autres noms qui ne nous parlent pas moins hautement ni moins efficacement que les paroles : car cette tonsure, cette couronne, cette soutane, ce surplis, cet amict, tout cela parle, tout cela crie que les prêtres doivent mener une vie sainte. C'est ainsi, selon saint Bernard, que Jésus enfant ne laissait pas, sans dire mot, de prêcher hautement dans la crèche : « Clamat stabulum, clamat præsepe, clamant lacrymæ, clamant panni. »

En effet, que veut dire cette coupure de cheveux, faite par l'évêque même, lors de votre première consécration au culte de Dieu, et dont vous devez vous ressouvenir toutes les fois qu'on vous la retrace, sinon que vous avez renoncé, et que vous devez sans cesse renoncer à toutes les vanités de la terre, à toutes les prétentions de ce monde : que vous avez protesté vouloir être un parfait disciple de Jésus-Christ? *Qui non renuntiat omnibus quæ possidet, non potest meus esse discipulus.* (Luc. XIV, 33.) Car c'est ce que signifient ces cheveux courts : « Rasio capitis est temporalium omnium depositio. »

Que signifie cette couronne que vous portez ? N'est-elle pas le symbole de la perfection et du domaine que vous devez avoir sur vos vices et sur vos passions ; de votre conformité à Jésus-Christ couronné d'épines dans son sacrifice sanglant ; de l'obligation que vous avez d'établir son règne sur la terre; de vos victoires sur le diable, le monde et la chair: de la récompense que vous aurez un jour dans le ciel. Combien devez-vous craindre de porter en vain cette mystérieuse marque de sainteté ? « Videamus ne sanctitatis signa inaniter gestemus, tonsuram scilicet et coronam. »

Cette soutane dont on vous couvre, ne marque-t-elle pas, et par sa couleur, la mort à toutes choses que l'Eglise exige de vous; et par sa figure, la vie crucifiée que vous devez mener, avec l'esprit de sacrifice qui doit vous animer; et par sa nouveauté, la vie nouvelle qui doit paraître en vous : ce qui la fait nommer par les canons et les Pères, un habit religieux, un vêtement sacré, et à qui le nom est saint : « Habitus religionis, habitus sancti nominis sacra vestis. » Le renoncement à l'habit séculier que vous portiez auparavant, et la profession que vous faites de porter celui-ci, n'est-ce pas une protestation de votre divorce avec la vie profane, et de votre attachement à une vie parfaite ? « Prioris vestis detractio, et alterius inductio, significat à media sancta vita ad perfectiorem traductionem. »

Enfin, ce surplis blanc signifie très-constamment la vie pure dont vous devez briller : « Albæ vestes munditiam indicant, quia justum est, ut clerici in justitia et sanctitate Deo serviant. » Cet amict, le voile dont on couvrit le visage de Jésus-Christ dans sa passion; cette étole, ce manipule et cette ceinture, les cordes dont on le garrotta, les fouets et les verges dont on déchira son sacré corps; cette aube et cette chasuble, la robe blanche et le manteau de pourpre dont Hérode et Pilate le déshonorèrent; or, encore une fois, tout cela ne prêche-t-il pas la sainteté et l'obligation que vous avez de vivre dans la perfection? Si bien qu'on peut dire de tout l'extérieur sacerdotal, ce que saint Bernard allégué ci-dessus, a dit de Jésus enfant. Sa langue ne fait pas encore usage de la parole, il est vrai ; mais sans parler, tout parle en lui : « Nec dum loquitur, et quæcumque de eo sunt, clamant, prædicant, evangelizant, ipsa quoque membra infantilia non silent. »

Se pourrait-il faire après cela que le portier, loin d'exclure les indignes, méritât lui-même d'être chassé de l'Eglise? que les démons blâmassent et chassassent l'exorciste? que le lecteur démentît les vérités qu'il prêche, par une vie mondaine? que l'acolyte vécût dans les ténèbres et dans l'ignorance de ses devoirs? que le sous-diacre, qui voue la chasteté, se souillât dans l'incontinence? que le diacre profanât l'Evangile et les sacrés mystères? que le prêtre, tout environné des signes de la mort que Jésus-Christ a endurée pour la destruction du péché, menât une vie charnelle? A quoi donc s'expose-t-on, quand on ne remplit pas la signification des noms que l'on porte? Quelle honte serait-ce d'avoir un nom qui impose l'obligation, non-seulement de se sanctifier, mais même de sanctifier les autres? « Sacerdos a sanctificando nos dicitur, » dit saint Augustin (*in psal.* XLIV); d'avoir aucun vêtement qui ne prêche ce double devoir, et cependant n'en remplir aucun. Malheur à celui à qui on adresserait ces paroles de saint Benoît à un particulier qui s'était revêtu des habits royaux ! « Depone, fili, depone quod geris, nam tuum non est. » Quittez, mon fils, quittez le nom de clerc et de prêtre que vous portez; dépouillez ces habits sacerdotaux dont vous êtes revêtu, puisque vous en remplissez si mal la signification.

Cinquième considération. — Voici deux nouveaux titres qui doivent engager le prêtre à mener une vie sainte et parfaite; savoir, l'obligation qu'il a de prêcher la parole, et de vaquer à la prière ; il doit prêcher la parole, ce qu'il ne fera jamais dignement, s'il n'est un homme exemplaire. Et ne dites point que vous n'avez point de talent, que vous n'aspirez pas à la chaire. Dès que vous êtes ecclésiasiatique, tout doit prêcher en vous : extérieur, discours, conversations, meubles, habits, silence, modestie; dans un prêtre tout parle, tout instruit : « Omnia vocalia sunt. » Et quelquefois le lieu où le prédicateur s'acquitte moins bien de ce devoir, et où il fait le moins de fruit, est la chaire. Mais d'ailleurs si vous ne voulez catéchiser, expliquer l'Evangile, exhorter, pourquoi vous engagez-vous dans le sacerdoce? « Sacerdotem oportet prædicare, » vous a-t-on dit dans votre ordination. C'est un emploi dont aucun ecclésiastique n'est exempt, chacun dans son degré:

Or, vous ne prêcherez jamais inutilement, si vous ne vivez saintement, vertueusement, exemplairement; car, ou honteux de votre vie profane, vous ne répandrez pas la parole de vie, ou elle n'aura aucun effet dans votre bouche, et vous manquerez de courage, d'autorité, de bénédiction ; vous manquerez de courage pour annoncer les vérités aux fidèles ; oserez-vous prêcher contre l'avarice, si vous êtes attaché aux biens de la terre? contre la vengeance, si vous êtes un vindicatif? contre la tempérance, si vous êtes un sensuel? « Ventre pleno de jejunio disputas, » vous dira-t-on, contre la luxure, si vous n'êtes pas chaste? « Qui prædicator constituitus es castitatis, et non pudet servum esse libidinis, » vous direz-vous à vous-même; vous ne le pourrez, vous aurez toujours dans l'esprit que votre langue dément votre cœur; que vos auditeurs ont compassion de vous, et ne vous en croient pas; qu'ils savent vos désordres, et qu'ils vous les reprochent tacitement. Dieu même fera retentir ces paroles à votre cœur : *Peccatori autem dixit Deus : Quare tu enarras justitias meas?* (Psal. XLIX, 16.) Et vous manquerez de ce que saint Paul exige d'un prédicateur : *Doce cum omni imperio* (Tit. II, 15.)

De plus, vous manquerez d'autorité pour reprendre les pécheurs; car comment oserez-vous faire la correction à un emporté, à un jureur, à un impie, si vous êtes coupable vous-même de ces crimes ou d'autres semblables? « Quo pacto laicos de ipsorum vitiis redarguent sacerdotes, » dit le concile de Trente, « qui uno ab eis sermone convinci possunt, quod ipsis sint deteriores? » Vous craindrez sans doute qu'on ne vous dise : Vous, me reprendre? c'est bien à vous; corrigez-vous le premier, puis on vous écoutera : *Medice, cura teipsum.* (Luc. IV, 23.) Qu'aurez-vous à répliquer?

Enfin, vous manquerez de bénédiction pour faire fructifier vos paroles : *Eloquia Domini, eloquia casta.* (Psal. XI, 7.) Il faut que le canal se ressente de la pureté des eaux qui coulent par lui. Le prêtre à l'autel, pour lire seulement l'Evangile, demande à Dieu qu'il purifie ses lèvres, comme il purifia celles du prophète Isaïe, avec un charbon ardent du sacré brasier : « Munda cor meum et labia mea, omnipotens Deus, qui labia Isaiæ prophetæ calculo mundasti ignito, ita me tua grata miseratione dignare mundare, ut digne annuntiem Evangelium tuum. »

Ajoutez à cela, que vous ne prêcherez pas d'exemple, genre de prédication le plus excellent, et dont personne n'est dispensé, mais prédication éclatante et puissante; car la prédication par les œuvres ou la bonne vie, persuade plus efficacement que la prédication de vive voix; et on nous la recommande plus expressément dans notre ordination, lorsqu'on nous enjoint de prêcher, et d'exposer ou expliquer les vérités évangéliques : « Vivis operibus exponatis, » plutôt que « viva voce. » Et saint Cyprien nous assure que les bonnes œuvres ont leur langue, et que, quand la langue se tait, les bonnes œuvres prêchent : « Efficacius vitæ quam linguæ testimonium; habent enim opera linguam suam, habent facundiam suam, etiam tacente lingua. » Qu'un prêtre fasse l'aumône, qu'il pratique le jeûne et la prière, il persuadera incomparablement mieux la vertu par ses actions, que s'il faisait des sermons éloquents : « Verba sonant, exempla tonant. » D'ailleurs, une telle prédication dure plus longtemps; on ne prêche en paroles qu'une heure dans la chaire, quelquefois on ennuie; mais on prêche incessamment par des actions vertueuses, et on plaît toujours; ce qui a fait dire à saint Ambroise que, « potior sacerdotis prædicatio, exemplum pietatis est; » à saint Augustin, que, « ministrorum altaris vita, aliorum est eruditio et assidua prædicatio, » au concile de Trente, que la bonne vie d'un ecclésiastique est, « assiduum prædicandi genus. » La prédication par les bonnes œuvres s'imprime plus profondément : il est rare qu'on se souvienne d'une prédication et qu'on y réfléchisse ; mais le bon exemple demeure, on y pense fréquemment, il nous exhorte sans cesse, et nous dit : « Tu non poteris quod isti et istæ? » Une action édifiante ne s'oublie point; au lieu que, quand on parle et qu'on ne fait pas, le prédicateur tombe dans le mépris et sa prédication dans l'oubli : « Cujus vita despicitur, quid restat, nisi ut prædicatio contemnatur? » dit le grand saint Grégoire; et ce qui est le plus déplorable, c'est que si le prêtre ne vit saintement au lieu de prêcher la vertu, il prêchera le vice; au lieu d'édifier, il détruira; il fera croire aux impies qu'il n'y a point de gens vertueux au monde, puisque ceux qu'on donne pour modèles, ne le sont pas, et ses désordres rejailliront sur la religion : « Si in clerico qui cæteris exemplum esse debet, juste aliquid reprehenditur, ex ejus vitio tota religionis nostræ existimatio gravatur, » dit saint Grégoire. Et il éteindra les premiers mouvements de pénitence et de conversion dans un pécheur touché, ajoute saint Augustin : « Laicus qui vult bene vivere, cum attenderit clericum malum, male vivit. »

Le second motif que le prêtre doit avoir de vivre saintement, c'est qu'il doit prier pour le peuple; c'est une de ses principales fonctions : il doit apaiser la colère de Dieu sur les pécheurs : *Inter vestibulum et altare plorabunt sacerdotes ministri Domini, et dicent : Parce, Domine, parce populo tuo, et ne des hæreditatem tuam in perditionem et opprobrium.* (Joel. II, 17.) N'est-ce pas ce que fit Moïse : *Et stetit Moises et placavit, et cessavit quassatio?* (Psal. CV, 30.) N'est-ce pas ce que figura Aaron, lorsque l'encensoir fumant à la main, *stetit inter viventes et mortuos?* (Num. XVI, 48.) En un mot, n'est-ce pas pour cela que l'ordre sacerdotal a été institué : *Tuli Levitas pro cunctis primogenitis filiorum Israel, in tabernaculo fœderis, et orent pro ipsis, ne sit in populo plaga?* (Num. VIII, 19.) Toute l'Ecriture n'est-elle pas remplie de semblables exemples? Or, comment s'acquitter d'un tel emploi, si l'on n'est pas soi-même agréable à Dieu?

Il faut que celui qu'on veut apaiser ait considération pour celui qui s'interpose, et craigne de le contrister en le refusant. Quel médiateur sera donc le prêtre, si lui-même a besoin que quelqu'un s'interpose entre Dieu et lui, si la justice divine ne le respecte point, ainsi qu'elle fit Aaron : *Sed non diu permansit ira tua : properans enim homo sine querela deprecari pro populo, proferens servitutis suæ scutum orationem, et per in-*

censum deprecationem allegans, restitit iræ, et finem imposuit necessitati, his autem cessit qui exterminabat, et hæc extimuit. (Sap. XVIII, 20-25.) Quel avocat sera-t-il, s'il a lui-même besoin qu'on plaide pour lui, qu'on fléchisse le juge en sa faveur ? *Quelle caution pourra-t-il être pour les autres, s'il n'a pas acquitté ses propres dettes, s'il est encore redevable à la justice divine ? comment obtiendra-t-il les grâces et les secours qui sont nécessaires aux âmes qui lui sont commises, s'il sent ne les avoir pas encore obtenues pour lui-même ?* « Talem oportet esse Domini sacerdotem, » dit saint Augustin, « ut quod populus ipse apud Dominum non valet, ipse pro populo mereatur quod poposcerit impetrare. » (*In psal.* XXXVI.) Il faut, dit saint Grégoire, qu'un prêtre soit si accoutumé de voir ses prières exaucées, que cette habitude-là lui tienne lieu d'assurance qu'il obtiendra ce qu'il demandera pour les autres : « Qui orationis usu et experimento jam didicit, quod obtinere a Domino quæ poposcerit possit : qui prophetica voce jam quasi specialiter dicitur, adhuc loquente te, dicam (*Isa.* XLVIII, 9) : *Ecce adsum.* (*Pastor.*, lib. I, c. 5.) Quelle apparence donc que celui qui n'impètre rien pour lui, puisse impétrer pour autrui ? Si lui-même a besoin d'intercesseur auprès du Père, le peut-il être pour ses frères ? S'il a besoin qu'on demande pour lui, demandera-t-il pour les autres ?

Y a-t-il apparence que celui qui n'a pas encore obtenu le don d'oraison pour lui l'obtienne pour autrui ? la délivrance d'une tentation, où la guérison d'un vice, qui en est encore agité ? Quelle apparence qu'un superbe obtienne l'humilité pour un autre ? qu'un prêtre réveille dans le peuple l'esprit d'oraison, qui s'endort lui-même dans l'exercice de la prière ? reproche que le Seigneur faisait lui-même aux Chrétiens relâchés, du temps de saint Cyprien, qu'ils ne faisaient que des prières languissantes ; ce qui donna lieu au démon d'exciter une grande persécution contre l'Eglise : « Nam et hoc nobis jam olim per visionem, fratres charissimi, exprobratum sciatis, quod dormitemus in precibus, nec vigilanter oremus. Excutiamus itaque et abrumpamus somni vincula. » Et une persécution si violente, qu'une grande partie du troupeau de ce grand prélat tomba dans l'apostasie : « Turbidam vastitatem quæ gregem nostrum maxima ex parte populata est, adhuc et usque populatur. » Et la raison de cette terrible tempête, c'était que les Chrétiens s'endormaient dans leurs prières : « Quod dormitemus in precibus, nec vigilanter oramus. » Quel renversement serait-ce, si le laïque intercédait pour le prêtre, le paroissien pour le curé, la dévote pour son directeur ?

A propos de quoi, quelle obligation n'avons-nous pas de prier Dieu qu'il bénisse l'ordination prochaine, et qu'il répande son Esprit saint et sa grâce en abondance sur les ministres de ses autels, auxquels on imposera les mains, nous rendant en cela conformes à Jésus-Christ, le modèle des prêtres, qui, voulant élever ses disciples à l'apostolat, passa la nuit en oraison : *Ascendit in montem orare, et erat pernoctans in oratione Dei.* (*Luc.* VI, 12.) Et, le jour venu, il fit cet important choix : *Et cum dies factus esset, vocavit ad se quos voluit, et elegit,* etc., *quos et apostolos nominavit.* (*Ibid.* 13.) Et, selon saint Ambroise, nous apprit par là ce que nous devons faire : « Forma tibi datur qua debeas æmulari, » c'est-à-dire, que la prière précédât toujours l'ordination. « Ita se exhibuit deprecatorem, ut meminerit nostrum esse doctorem, » et ce que nous devions demander, nous disant comme aux apôtres : *Messis multa, operarii autem pauci : rogate Dominum messis ut mittat operarios in messem suam.* (*Luc.* X, 2.) Imitons cet exemple, accomplissons ce commandement ; conformons-nous à ce qu'on fit autrefois lors de l'ordination de saint Mathias, la première qui se soit faite dans l'Eglise, après la résurrection du Sauveur, et joignons la prière à l'imposition des mains : *Orantes dixerunt : Ostende quem elegeris.* (*Act.* I, 24.) Et à la mission des ouvriers évangéliques : *Ministrantibus autem illis Domino, et jejunantibus, dixit illis Spiritus sanctus : Segregate mihi Saulum et Barnabam, in opus ad quod assumpsi eos. Tunc jejunantes et orantes, imponentesque eis manus, dimiserunt illos.* (*Act.* XIII, 2, 3.) L'institution des Quatre-Temps n'est-elle pas une marque et un reste de ce premier esprit ? Les jeûnes et les prières que nous faisons le montrent assez, et nous invitent à renouveler ces saintes pratiques.

Premièrement, l'honneur de Dieu vous y engage ; car si vous avez du zèle pour sa gloire, pouvez-vous ne pas désirer, ne pas demander, ne pas prier qu'il donne de dignes prêtres, de dignes ministres de ses autels, de dignes ouvriers évangéliques ?

En effet, rien ne contribue davantage à sa gloire, ni ne lui attire plus de louanges et de bénédictions, que de voir les ministres de son culte vertueux et saints : « Ut qui videt ministrum altaris congruis ornatum virtutibus, » dit saint Ambroise, « Auctorem prædicet, et Dominum veneretur, qui tales servulos habeat. » C'est ce qui fut figuré par l'admiration de la reine de Saba, lorsqu'elle considéra les officiers de Salomon dans la magnificence, l'ordre et l'éclat de leurs fonctions : *Videns autem regina Saba sapientiam Salomonis, et domum quam ædificaverat, et habitacula servorum, et ordines ministrantium, vestesque eorum, et holocausta, non habebat ultra spiritum.* (*III Reg.* X, 4.) Tel est l'effet que doit produire la sainteté des prêtres de Jésus-Christ : « Hos vidisse erudiri est. » *Et ecce plus quam Salomon hic.* (*Luc* XI, 31.) Au contraire, ne savez-vous pas que rien n'est plus opposé à la gloire de Dieu, que la vie déréglée des ministres de ses autels ? « Nullum puto majus præjudicium quam a malis sacerdotibus tolerat Deus, quando eos quos ad aliorum correctionem posuit, dare de se exempla pravitatis cernit. » Dieu, dit saint Chrysostome, est moins déshonoré par le démon, possédant le corps d'un énergumène, que par le péché occupant l'âme d'un prêtre : « Nulla re alia magis offenditur Deus, quam quod peccatores et indigni sacerdotii dignitate præfulgeant. Dico horribile quoddam atque tremendum, non est ita malum in Ecclesia Dei dæmoniacos esse, sicut sacerdotes qui peccatorum sordibus inquinantur; hoc enim pessimum est. Multo igitur dæmoniaco pejor est sacerdos qui peccati sibi conscius accedit ad altare, quoniam æternis tradetur flammis. »

En second lieu, le bien de l'Eglise demande de vous des prières pour cette ordination. La charité du prochain, l'amour de la religion vous y invitent. Quel autre plus grand avantage peut-il arriver à l'Eglise, que d'avoir des prêtres éminents en doctrine et en piété, des prédicateurs évangéliques qui prêchent de parole et d'exemple : « In quorum in conspectu vitia suffundantur, pravi mores erubescant; » qui édifient le prochain par une vie irréprochable; qui par leur zèle travaillent à l'extirpation des vices, à la conversion des pécheurs, à la réduction des hérétiques, à la sanctification des justes : *Levate capita vestra, et videte regiones, quoniam albæ sunt ad messem.* (Joan. IV, 35.)

Enfin votre propre intérêt vous y convie; car, priant pour les ecclésiastiques, vous priez pour vous; priant pour le clergé, vous priez pour votre famille, pour votre corps; vous en êtes un membre, vous y êtes intéressé, vous y êtes compris; c'est la langue qui parle pour la main, et jamais vous ne priez plus efficacement pour vous, que quand vous priez pour vos frères; votre bénédiction, comme une fontaine rejaillissante, retombera sur vous et vous enrichira : *Oratio vestra revertetur ad vos.* (Matth. x, 13.) Vous en sentirez le profit, et la grâce que vous attirerez découlera sur vous le premier. Si même vous n'étiez pas tel que vous devez être, priez Dieu du moins qu'il substitue en votre place des ministres qui suppléent à votre défaut, qui fassent mieux, qui l'honorent davantage, qui édifient plus l'Eglise; offrez vos prières, vos jeûnes, vos bonnes œuvres à cette intention; ayez le zèle de vous renouveler à chacun des Quatre-Temps, dans l'esprit ecclésiastique et la grâce de votre ordination, suivant cet avis de l'Apôtre: *Admoneo te, ut resuscites gratiam quæ data est tibi per impositionem manuum* (II Tim. I, 6); de vous disposer à devenir et à être ce que vous demandez; à vous préparer à l'ordination que vous n'avez pas, ou aux fonctions de l'ordre que vous avez, par la pratique des vertus et les exercices de piété.

Sixième considération. — Le plus pressant motif que les prêtres puissent avoir pour se persuader que Dieu demande d'eux une éminente sainteté, est de jeter les yeux sur Jésus-Christ, et de le considérer comme prêtre et comme victime tout ensemble. Il n'a jamais séparé ces deux qualités en lui, « sacerdos et hostia. » Le Calvaire et le cénacle ont été les deux autels où il a également, quoique différemment, exercé son sacerdoce. Mais dans l'une et dans l'autre de ces oblations, il s'est toujours offert lui-même; il n'a point cherché de victimes étrangères comme les autres prêtres; c'est son sang propre qu'il offrira jusqu'à la fin des siècles, et qu'il offre par les mains de ses ministres continuellement sur nos autels : « Nos ministrorum locum tenemus, qui vero sanctificat et immutat ipse est? » dit saint Chrysostome; en cela bien différent encore de tous ceux qui, à la dignité de prêtres, ont joint la qualité de victimes; car ces saints, quelque grand qu'ait été leur zèle, ne se sont sacrifiés qu'une fois; et avec leur vie mortelle, ils ont mis fin à leur sacrifice. Saint Paul dit qu'il s'immolait tous les jours de sa vie ; mais Jésus-Christ, après même sa mort et sa résurrection, a trouvé le moyen de s'immoler une infinité de fois, et de s'immoler jusqu'à la fin du monde, et dans son corps naturel qu'il offre sans cesse pour nous dans l'Eucharistie, et dans son corps mystique, qu'il veut être une hostie de louanges.

Ainsi, la principale et la plus importante disposition que le prêtre puisse apporter à l'autel, afin d'immoler dignement la victime du salut du monde, est de s'être auparavant offert lui-même en sacrifice, comme l'Eglise l'exige de lui avant son ordination : « Filii dilectissimi, agnoscite quid agitis, imitamini quod tractatis, quatenus mortis Dominicæ mysterium celebrantes, mortificare membra vestra a vitiis et concupiscentiis omnibus procuretis. » Or, qu'est-ce que mortifier ses membres de tout vice et de toute convoitise, sinon interdire à ses yeux tout regard profane, à ses oreilles tout discours mondain, à son odorat toute volupté, à sa bouche toute intempérance, à sa langue toute parole indiscrète, à son toucher toute mollesse, à son corps tout plaisir, à son cœur toute concupiscence ? « Quis sacerdos, nisi qui fuerit prius victima ? » dit saint Augustin, et imiter ainsi le zèle de la sainte victime que nous immolons sans cesse, et que nous ne détruisons jamais; puisque devant sans cesse sacrifier notre convoitise, nous ne pourrons néanmoins jamais la détruire parfaitement en ce monde : « Imitamini quod tractatis. » Quelle sainteté ce double sacrifice n'exige-t-il pas? Si nous voulons donc que Jésus-Christ soit notre hostie, soyons la sienne, étant juste que, célébrant le sacrement de sa mort, nous exprimions ce mystère en nous, dit saint Grégoire, parce que Jésus-Christ ne deviendra véritablement hostie pour nous, que quand nous serons hostie pour lui : « Necesse est ut dum hæc agimus, nosmetipsos Deo mactemus; quia qui passionis Dominicæ mysteria celebramus, debemus imitari quod agimus. Tunc ergo vero pro nobis hostia erit Deo, cum nosmetipsos hostiam fecerimus. » (Dial. 4, n. 59.) En effet, quelque agréable que soit à Dieu l'oblation de son Fils, quelque gloire qu'il en reçoive, elle ne lui est jamais plus recevable que quand nous l'accompagnons de la nôtre, que quand elle en est le signe, la représentation, comme elle en est la cause ; ne pouvant être parfaitement dignes du sacerdoce, si nous n'en exerçons auparavant les fonctions sur nous-mêmes, dit saint Grégoire de Nazianze : « Nullus magno sacrificio dignus est, nisi qui prius semetipsum hostiam viventem et sanctam exhibuerit. » Qui que vous soyez, ajoute saint Cyrille d'Alexandrie dans les leçons de l'octave, quand serez-vous digne de recevoir le sacerdoce, d'offrir Jésus-Christ en sacrifice ? ce sera quand vous serez vous-même offert en sacrifice à Jésus-Christ : « Quando igitur quicunque es dignus eris ? quando Christo temetipsum offeres ? » Ajoutez à cela que le corps du prêtre est consacré par l'ordination, et par les fonctions auxquelles son ministère l'engage. Ecoutons là-dessus saint Chrysostome: Mais lorsque le prêtre, dit-il, a invoqué le Saint-Esprit, et a opéré le redoutable sacrifice ; qu'il touche tant de fois de ses mains le Maître souverain de l'univers, je vous demande en quel rang le mettrons-nous ? quelle intégrité de vie, quelle religion n'exigerons-nous pas de lui ? « Cum autem sacerdos Spiritum sanctum invocaverit, sacrificiumque illud horrore ac reverentia plenissimum perfecerit, communi omnium Domino assidue manibus pertractato, quæro ex te quorum illorum in ordine collocabimus ? quantam vero ab eo integritatem exigemus, quantam religionem ? » (Lib. xxi, De sacerd., cap. 3, num. 8, pag. 329.)

Considérez quelles doivent être les mains qui servent à un ministère si relevé; la langue qui profère des paroles si sacrées; le cœur qui reçoit un tel hôte : « Considera enim quales manus hæc administrantes esse oporteat ? qualem linguam, quæ verba illa effundat ? quam denique non puriorem sanctioremve animam esse conveniat, quæ tantum illum, tamque dignum spiritum receperit ? »

De quelle pureté ne doit donc pas reluire l'âme qui participe à un tel sacrifice, continue ce Père? Y a-t-il rayon du soleil qui soit plus pur que le doit être la main qui partage une telle hostie, la bouche qui est pleine de ce feu sacré, de ce charbon ardent; la langue qui est teinte de ce sang adorable? A quelle table vous asseyez-vous ? O prêtre du Seigneur, ce qui donne de la frayeur aux anges, ce qu'ils n'osent fixement regarder, à cause de l'éclat lumineux qui en rejaillit et qui les éblouit, c'est de cela même dont vous vous nourrissez, à quoi vous vous unissez : « Quo non igitur oportet esse puriorem tali fruentem sacrificio? quo solari radio non splendidiorem manum carnem hanc dividentem ? os quod igni spirituali repletur ? linguam quæ tremendo nimis sanguine rubescit ? Cogita quali sis insignitus honore? quali mensa fruaris ? Quod angeli videntes horrescunt, neque libenter audent intueri, propter emicantem inde splendorem, hoc nos pascimur, huic nos unimur. »

Que s'il était si étroitement ordonné aux prêtres de l'ancienne Loi d'être saints, parce qu'ils offraient à Dieu de l'encens et des pains : *Sacerdotes incensum et panes Deo offerunt, et ideo sancti erunt* (*Levit.* xxi, 6); d'être purs, parce qu'ils portaient les vases du Seigneur : *Mundamini qui fertis vasa Domini* (*Isa.* lii, 11); d'être revêtus de justice, parce que leur ministère les engageait à s'approcher des autels : *Sacerdotes tui induant justitiam* (*Psal.* cxxxi, 9) : quels ne doivent pas être les prêtres de la nouvelle alliance, qui n'offrent pas un pain matériel et corruptible, mais un pain vivant, un pain descendu du ciel ; qui ne portent pas en leurs mains des vases vides, mais qui, devenus eux-mêmes des vases de sanctification, contiennent et portent en eux le sang de l'Agneau immaculé ; qui ne s'approchent pas d'un autel où l'on immole des boucs et des taureaux, mais où l'on sacrifie Jésus-Christ même, la victime du salut du monde? « Verbum prophetæ est : *Mundamini qui fertis vasa Domini* (*Isa.* lii, 11) : quanto mundiores esse oportet, qui in manibus et corpore portant Christum, quibus et Apostolus dicit (*I Cor.* vi, 20): *Glorificate, et portate Christum in corpore vestro* (*Ibid.*), » dit un Père. (Petr. Bles.) Enfin, le prêtre doit vivre saintement, puisqu'il se nourrit d'un aliment si saint que l'Eucharistie; car, si cette maxime est véritable, que le tempérament est tel que l'aliment dont on se nourrit : « Unusquisque constat ex his ex quibus nutritur, » quelle ne doit pas être une âme qui se repaît journellement du corps et du sang de Jésus-Christ, et qui s'unit par eux à la divinité même, source de toute vie ? Que si l'Eucharistie est un pain vivant et vivifiant, que nous ne changeons pas en nous, mais qui nous change en lui; que nous ne mangeons pas seulement, mais qui nous change et qui nous transforme en lui : « Non ego mutabor in te, sed tu mutaberis in me ; et manducatur a nobis et manducat nos, » disent les saints ; quelle ne doit pas être la vie de celui qui ne vit plus que de la vie de Jésus-Christ, puisque l'aliment ne vit plus que de la vie de celui qui l'a mangé; qui ne vit plus, mais en qui Jésus-Christ vit? *Vivo jam non ego, vivit vero in me Christus*. (*Gal.* iv, 20.) Car cela doit être ainsi, soit que Jésus-Christ devienne notre aliment, soit que nous devenions l'aliment de Jésus-Christ ; soit que Jésus-Christ nous change en lui, soit que nous changions Jésus-Christ en nous, pour s'exprimer ainsi : « Et manducat nos et manducatur a nobis. »

Enfin, si l'action doit répondre à l'être : « *Operari sequitur esse :* » et si la participation que vous avez au sacrifice vous donne un être surnaturel et divin, quelles ne doivent pas être les actions qui partent d'un principe si relevé? ne faut-il pas que les fruits répondent à la racine, et les ruisseaux à la source? *Princeps quæ digna sunt principe cogitabit*. (*Isa.* xxxii, 8), dit le Prophète. Les enfants se ressentent de leur extraction et de leur noblesse. Vous acquérez un être saint ; on exige de vous des actions saintes : « *Imitamini quod tractatis*. »

Soyez donc saint, parce que vous offrez

un sacrifice saint, parce que vous y participez : « Sacerdotem oportet offerre; » parce que vous distribuez le corps et le sang de Jésus-Christ; parce que vous le recevez : « Sacerdos, quasi sacrum dans; dat enim sacrum Dei; id est, carnem et sanguinem Christi. » Disposition que l'Eglise demande même pour les moindres ordres, puisqu'elle avertit les acolytes qu'ils ne seront dignes d'offrir le vin et l'eau du sacrifice, que quand ils se seront offerts eux-mêmes en sacrifice, par la pratique d'une chasteté inviolable, et l'exercice continuel des bonnes œuvres : « Tunc etenim in Dei sacrificio digne vinum suggeretis et aquam, si vos ipsi Deo sacrificium per castam vitam et bona opera oblati fueritis: » Faisons donc à Dieu cette prière que lui faisait saint Augustin : Respice quas offerimus hostias, omnipotens Deus, et præsta ut qui passionis Dominicæ mysteria celebramus, imitemur quod agimus per Dominum, » etc.

Septième considération. — Il est sans doute qu'un des plus grands dons que Dieu ait jamais faits aux hommes, c'est d'avoir communiqué aux prêtres le pouvoir de remettre les péchés, en leur communiquant en même temps l'Auteur de toute sanctification : *Accipe Spiritum sanctum; quorum remiseris peccata, remittuntur eis, et quorum retinueris retenta sunt.* (*Matth.* IX, 8.) Pouvoir et autorité qu'il n'a jamais confiés qu'aux seuls prêtres, du nombre desquels vous avez l'honneur d'être. Que de sujets d'action de grâces et d'étonnement dans les seules paroles de votre ordination et de bénir Dieu : *Qui potestatem talem dedit hominibus.* (*Matth.* IX, 8.) Quel avantage et quelle gloire pour un prêtre, que les arrêts qu'il prononce sur la terre soient confirmés dans le ciel, et qu'il soit le dépositaire des droits de Dieu, aussi bien que de son pouvoir, de ses grâces et de ses rigueurs, de sa miséricorde, de sa justice! *Quis est hic qui etiam peccata dimittit?* (*Luc.* VII, 49.) Qui êtes-vous, vous qui entreprenez de remettre les péchés? *Quis potest remittere peccata, nisi solus Deus?* (*Marc.* II, 7.) Y a-t-il autre que Dieu à qui cette puissance appartienne? Les Juifs avaient vu faire des prodiges à Jésus-Christ, guérir les lépreux, rendre la vue aux aveugles, ressusciter les morts, et ils s'étaient tus; mais quand Jésus-Christ ajoute qu'il avait le pouvoir de remettre les péchés, ils dirent : *Hic blasphemat* (*Ibid.*), cet homme blasphème; il s'arroge un pouvoir qui n'appartient qu'à Dieu.

Combien donc une telle puissance, pour être dignement exercée, demande-t-elle de vertu, de sainteté, de dignité dans celui qui l'exerce? Ne faut-il pas que le ministre soit proportionné au ministère? Si une créature avait assisté à la création de l'univers, qu'elle eût coopéré à ce vaste dessein, qu'elle pût dire avec la Sagesse éternelle: *Quando præparabat cœlos aderam; quando certa lege vallabat abyssos, quando circumdabat mari terminum suum, et legem ponebat aquis ne transirent fines suos* (*Prov.* VIII, 27, 29.) Lorsque l'Auteur de l'univers formait les cieux, j'étais présente à ce grand ouvrage; quand il donnait des lois à la mer et qu'il lui prescrivait des bornes, je l'assistais et je contribuais à cette haute entreprise : *Cum eo eram cuncta componens.* (*Ibid.*, 30.) Quelle grande idée ne nous formerions-nous pas des perfections de cette créature? que dirions-nous d'elle, si après cela elle allait se souiller dans le vice? Le prêtre coopère à un ouvrage plus excellent; la justification, ou plutôt la résurrection du pécheur, est un ouvrage bien plus difficile et bien plus parfait que n'est celui de la formation de l'homme, dans son état naturel. Le prêtre est l'instrument dont Dieu se sert pour le grand ouvrage du monde spirituel, pour retirer les âmes du néant du péché, abîme aussi profond que celui de la nature; il le fait même de sa seule parole : *Ipse dixit et facta sunt* (*Psal.* CXLVIII, 5); et il produit la lumière de la grâce en le disant : *Fiat lux, et facta est lux.* (*Gen.* I, 3.) Comment après cela pourrait-il se souiller ensuite dans le péché?

Quoi, dit saint Chrysostome, à des mortels habitant encore sur la terre, et au milieu du siècle, on donne l'autorité de dispenser les biens célestes! « Etenim qui terram incolunt, atque in ea versantur, iis commissum est, ut ea quæ in cœlis sunt dispensent. » Et vous devez dire au laïque, quand il voit que vous étendez les bras pour lui remettre les péchés, ou pour opérer nos plus grands mystères, qu'il ne doit pas le regarder comme le bras d'un homme faible, mais comme le bras même du Dieu tout-puissant : « Verumtamen, et tu laice, cum sacerdotem videris offerentem, non ut sacerdotem esse putes hoc facientem, sed Christi manum invisibiliter extensam. » Combien donc l'exercice d'un pouvoir si divin vous doit-il obliger de mener une vie sainte? pouvoir que Dieu n'a donné ni aux prophètes, ni aux patriarches, ni à un saint Jean-Baptiste, le plus grand d'entre les enfants des hommes; il n'a eu que la commission de prêcher la pénitence, mais non d'en administrer le sacrement. Dieu ne l'a point donné aux anges ni aux archanges, mais uniquement aux prêtres de la nouvelle alliance : « His datum est, » continue saint Chrysostome, « ut potestatem habeant quam Deus optimus, neque angelis, neque archangelis datam esse voluit. » Voyez, ô prêtres, s'écrie saint Bernard, à quelle gloire le Seigneur vous a élevés! « Heu! quantam dignitatem contulit vobis Deus, quanta est prærogativa ordinis vestri! » Il vous a préférés aux souverains, qui demandent à vos pieds la rémission de leurs péchés : « Prætulit vos regibus et imperatoribus. »

Il vous a élevés au-dessus de toutes sortes d'états et de conditions dans son Eglise, puisque, par l'exercice de votre pouvoir, vous les bénissez, vous les sanctifiez, vous les perfectionnez : « Prætulit ordinem vestrum ordinibus omnibus. »

Il vous a élevés au-dessus des archanges en un sens, puisque appliqués à la grande affaire du salut des hommes, vous illuminez les hiérarchies inférieures de la Jérusalem terrestre, et que de plus vous les consacrez et les purifiez : « Prætulit vos archangelis. »

Il vous a élevés au-dessus des trônes, puisque vous exercez dans le vôtre un pouvoir supérieur au leur : « Prætulit vos thronis. »

Il vous a enfin élevés au-dessus des dominations, puisqu'elles sont préposées au gouvernement des États, et que la direction des consciences, domaine infiniment plus excellent, vous a été confiée : « Prætulit vos dominationibus. »

Il est donc vrai de dire encore avec le même saint : « Heu ! quantam dignitatem contulit vobis Deus ! quanta est prærogativa ordinis vestri ! Prætulit vos Deus regibus et imperatoribus ; prætulit ordinem vestrum ordinibus omnibus : imo, ut altius loquar, prætulit vos angelis, archangelis, thronis et dominationibus. »

Et, pour ajouter quelque chose de plus, il vous a donné l'exercice d'un pouvoir qui n'a pas même été accordé à la plus sainte des pures créatures, à la Mère même de Dieu, suivant la remarque d'un grand Pape : voici ses paroles : « Licet beatissima virgo Maria dignior et excellentior fuerit apostolis universis, non tamen illi, sed istis, Dominus claves regni cœlorum dedit. »

Et, afin de mieux comprendre le degré de perfection qu'exige une si grande dignité, il est bon de se ressouvenir que le sacrement de pénitence est un sacrement de réconciliation entre Dieu et le pécheur ; et que le confesseur est établi le pacificateur, ou plutôt le médiateur entre le Créateur et la créature, entre le maître et les serviteurs : « Inter Deum et hominem medius constitutus, » disent les Pères ; qualité que Jésus-Christ possède éminemment, et qu'il communique aux prêtres qui tiennent sa place sur la terre. Or, combien cet emploi demande-t-il de grâce ? quel accès et quel crédit ne faut-il pas avoir auprès de Dieu pour s'en bien acquitter ? Le prêtre oserait-il l'entreprendre, s'il est lui-même dans sa disgrâce, s'il a lui-même besoin d'un médiateur ? N'irritera-t-il pas plutôt sa colère, que de l'apaiser sur ceux pour qui il parlera ? « Cum is qui displicet ad intercedendum mittitur, » dit saint Grégoire, « irati animus ad deteriora provocatur. » Apaisera-t-il ce souverain Seigneur, s'il ne lui plaît pas lui-même ? « Certe non placas, si non places, » ajoute saint Bernard.

Malheur, malheur, continue saint Bernard, malheur à ces ministres infidèles qui, n'étant pas eux-mêmes réconciliés avec Dieu, entreprennent témérairement de réconcilier avec les autres : « Væ ministris infidelibus, qui necdum reconciliati, reconciliationis alienæ negotia suscipiunt. Væ filiis iræ, qui se ministros gratiæ profitentur ! » Malheur à ces enfants de colère, qui se veulent mêler d'apaiser la colère de Dieu sur ceux qui, quelquefois, la méritent moins qu'eux, et ménager la paix des autres, n'ayant pas encore fait la leur : « Væ filiis iræ, qui pacificorum sibi usurpare gradus et nomina non verentur ! »

Malheur à ces ministres disgrâciés, qui ne craignent point de faire l'office de médiateurs auprès du Seigneur, qui les a chassés de devant sa face : « Væ filiis iræ, qui fideles sese mediatores pacis mentiuntur ! »

Malheur à ceux qui, menant une vie charnelle, ne songent pas à apaiser Dieu sur eux, et prétendent l'apaiser sur leurs frères : « Væ qui, viventes in carne, Deo placere non possunt, et placare velle præsumunt ! »

Voyez si vous pouvez exercer un si saint ministère, et n'être pas un saint ministre. Vous demandez chaque jour à Dieu qu'il purifie votre corps et votre âme de toute tache de péché, afin de pouvoir lui rendre un culte pur, et de purifier les fidèles de leurs souillures, après vous être purifié vous-même : « Da, Domine, virtutem manibus meis, ad abstergendam omnem maculam ; ut sine pollutione mentis et corporis valeam tibi servire. » Mais comment est-ce, dit encore saint Grégoire, qu'une main sale pourra nettoyer les autres ? « Necesse est ut esse munda studeat manus, quæ diluere aliorum sordes curat. » Sans doute que cette main impure salira davantage le malade qu'elle touchera : « Ne tacta deterius inquinet, » poursuit ce saint docteur, « si sordida in se manus lutum tenet. » Soyez donc pur, si vous voulez purifier les autres ; ou bien vous ne ferez rien que gâter les autres, et vous gâter vous-même. Un confesseur, qui n'est pas pur, est-il propre à recevoir la confession d'une personne impure ? Que de nouvelles souillures ne réveillera-t-il pas en lui-même ? que de vieilles souillures ne négligera-t-il pas dans les autres ?

Les prêtres, dit encore ce grand Pontife, sont les médecins spirituels. L'Église les nomme ainsi, dans leur ordination même : « Sint probabiles medici, » des médecins d'une habileté éprouvée. Elle leur dit qu'il faut que leur doctrine, comme une source salutaire, soit la piscine où les peuples viennent recouvrer la santé de leur âme : « Sit doctrina vestra spiritualis medicina populo Dei. » Ils doivent donc guérir les malades et leur procurer la santé spirituelle ; mais comment le feront-ils, s'ils sont malades eux-mêmes, s'ils sont infectés eux-mêmes des mêmes maux ? Ne sera-t-on pas en droit de leur dire : Médecins, guérissez-vous vous-mêmes, et puis vous viendrez entreprendre la cure des autres ? La maladie qui nous tient, la fièvre qui nous agite, dit saint Ambroise, c'est notre convoitise, c'est notre luxure, c'est notre avarice : « Febris nostra avaritia est, luxuria est, » et lorsqu'un prêtre se charge de la conduite des âmes, qu'est-il, qu'un médecin qui se charge de la guérison des malades ? « Cum curam populi præsul suscipit, quasi ad ægrum medicus accedit. » Que si les passions déréglées, comme des symptômes dangereux, tourmentent le médecin et corrompent son cœur : « Si ergo adhuc in ejus corpore passiones vivunt, » comment osera-t-il se charger de purifier et de fortifier le cœur des autres ? S'il porte lui-même une plaie au milieu du visage, donnant ainsi des marques véritables de la grandeur du mal qu'il endure, de l'insuffisance des remèdes qu'il s'applique, et de son peu d'habileté dans son art, comment pourra-t-il promettre aux autres la guérison d'une semblable blessure ? « Qua præsumptione percussum mederi properat, qui in facie vulnus portat ? » Quel bon conseil pourra donner un homme inexpérimenté ? quel médicament utile pourra suggérer un médecin ignorant ? Un homme, couvert de boue, vouloir nettoyer celui qui s'est sali ; le malade, panser celui qui se porte bien ; le criminel absoudre l'innocent ? Combien de maladies différentes, de tentations, de périls, d'illusions, se rencontrent tous les jours dans l'exercice de ce laborieux et difficile ministère ? Que d'avis ne faut-il pas donner, de remèdes enjoindre, de lumières répandre ? Peut-on remplir tout cela, si l'on n'a la science des saints dans un grand degré ?

Mais, que de périls n'y trouve-t-on pas dans leur exécution ? Si le ministre de ce sacrement n'a pas une vertu à l'épreuve, que d'objets dangereux, que d'occasions, que de déclarations capables de renouveler les idées les plus effacées, et de réveiller les idées les plus éteintes ! Que sera-ce si les siennes sont encore vives ? Que deviendra le confessionnal pour lui ? Combien ce tribunal, où il rend ses arrêts, le rendra-t-il coupable devant le tribunal où Jésus-Christ rendra les siens ? Qu'il y a à craindre, s'il n'est solidement affermi, qu'il ne se perde, en voulant secourir les autres, et que, semblable à un homme imprudent, qui, ne sachant pas nager, entreprend témérairement de retirer du gouffre ceux qui se noient, il ne s'abîme lui-même avec eux ?

Voyez donc si vous êtes pénétré de toutes ces vérités, si vous êtes dignes d'exercer un si haut ministère, si votre vertu répond à la puissance que vous prétendez, si vous êtes en état de travailler à la guérison des autres ? si vous êtes assez pur, afin de les nettoyer, assez éclairé pour les conseiller ; assez affermi pour les soutenir ; assez expérimenté pour les conduire ; assez savant pour les instruire ? Avez-vous la science, la piété, la prudence, la patience, l'expérience et la charité dans un grand degré ? six qualités requises à un confesseur qui, s'acquitte utilement de son emploi. Pensez-y devant Dieu, afin que tous ensemble nous ne soyons pas punis, mais plutôt récompensés, dit l'évêque ; vous, de la facilité de votre admission ; nous, de la témérité de votre promotion à un si grand emploi : « Quatenus nec nos, de vestra provectione, nec vos, de tanti officii susceptione, damnari a Domino, sed remunerari potius mereamur ; quod ipse nobis concedat. »

Gémissez d'avoir été jusqu'ici un sujet si peu digne du sacrement de pénitence, et de l'avoir profané par vos confessions peut-être sacrilèges ; d'avoir rendu vain et inutile ce grand pouvoir exercé sur vous, et de craindre qu'il ne soit un jour mal administré par vous.

Huitième considération. — Comme la préséance en dignité dans l'Eglise emporte avec elle la prééminence en vertu, l'on doit se persuader que l'évêque, avertissant les ordinands qu'ils vont être préposés par leur caractère au reste des Chrétiens, leur annonce par là qu'ils doivent les précéder en sainteté : « Consecrandi, filii charissimi, in presbyteratus officium, illud digne suscipere, et susceptum laudabiliter exsequi studeatis ; sacerdotem enim oportet præesse. » Ce qui s'entend sans doute non-seulement des simples fidèles en général, mais des fidèles les plus pieux ; car, de précéder les méchants, les impies, les vicieux, ce n'est pas une prééminence qu'on propose ici comme digne d'un prêtre ; il s'agit d'une prééminence au-dessus des fidèles les plus parfaits, ce qui n'est pas peu de chose ; car, si nous regardons la sainteté qu'on exige des Chrétiens, nous en serons éblouis.

En effet, Jésus-Christ ne leur a-t-il pas dit, aussi bien qu'aux prêtres : Soyez parfaits comme votre Père céleste est parfait ? (*Matth.* v, 48.)

Ne sont-ce pas eux qui, par le baptême, ont solennellement renoncé au diable, au monde et à la chair ? qui ont été régénérés à une vie toute sainte et divine, qui ont fait profession de mener une vie crucifiée ; qui, dans le sacrement de confirmation, ont reçu la personne même du Saint-Esprit, avec ses dons divins, duquel ils sont devenus les temples, comme ils étaient déjà, par le baptême, les membres de Jésus-Christ, morts et ensevelis avec lui, ressuscités et montés au ciel en esprit avec lui ? Tel est le degré où porte la grâce du simple Chrétien.

C'est d'eux que l'apôtre saint Pierre a dit qu'ils sont faits participants de la nature divine : *Divinæ consortes naturæ.* (*II Petr.* 1, 4.)

C'est à eux que Jésus-Christ s'unit dans l'Eucharistie, et qu'il communique sa propre vie ; et, par conséquent, de qui il attend des actions toutes saintes, de qui il demande une vie parfaite.

Mais qu'est-ce en comparaison du degré de perfection qu'il exige des prêtres ? et combien veut-il qu'ils surpassent les laïques en vertu, et non-seulement les laïques qui vivent sans crime, mais ceux aussi qui pratiquent la piété et qui servent Dieu en esprit et en vérité ?

Les saints Pères nous étonnent par leurs comparaisons. Ils nous disent que les actions d'un prêtre doivent autant exceller au-dessus de celles d'un simple fidèle, que la vie des pasteurs surpasse en dignité celle des brebis qui leur sont confiées : « Tantum actionem populi transcendere actio præsulis, quantum a grege distare solet vita pastoris. » L'oserait-on dire, si un grand Pape, un grand docteur et un grand saint ne l'avait avancé : c'est saint Grégoire. Car enfin, combien la vie de l'homme est-elle plus précieuse que celle des brutes? Combien donc faut-il que vos actions spirituelles soient plus relevées que celles des laïques et vos vertus supérieures aux leurs?

Afin que vous voyiez que cette doctrine et cette expression même ne sont pas particulières à saint Grégoire, et que l'une et l'autre se trouvent communément répandues dans les écrits des saints Pères de l'Orient et de l'Occident, de l'Eglise grecque et l'Eglise latine, écoutez le grand saint Chrysostome : Autant, dit-il, qu'il y a de différence entre les hommes doués des lumières de la raison et les bêtes qui sont privées d'intelligence, autant convient-il qu'il y ait de différence entre la vertu du pasteur et celle du troupeau, pour ne pas ajouter qu'on a droit d'exiger encore quelque chose de plus fort : « *Quanta inter se differentia hominis rationis usum habentes et pecora ratione carentia dissident, tantum sane discrimen inter eum qui pascit, et eos qui pascuntur, esse velim, ut ne majus etiam exigam.* » (Lib. II *De sacerd.*, c. 2, init.) Faites néanmoins réflexion à la dignité chrétienne : « *Agnosce, Christiane, dignitatem tuam*, » dit saint Léon. Combien l'homme est plus excellent que la brebis : *Quanto melior est homo ove!* dit Jésus-Christ dans l'Evangile : *Multis passeribus meliores estis vos.* (*Matth.* x, 31.) Ceci vous découvrira cependant le vrai fond des qualités dont les prêtres sont honorés et jusqu'où va l'obligation qu'ils ont de mener une vie élevée au-dessus de celle des autres; lors, par exemple, que l'Ecriture les appelle les pasteurs, les recteurs, les conducteurs du troupeau de Jésus-Christ : *Pastores, duces, rectores gregis Christi.* Lorsque les conciles ordonnent qu'on choisisse pour pasteur un homme d'une telle vertu, qu'il soit vrai de dire que le peuple qu'on lui confie n'est qu'un vrai troupeau de brebis auprès de lui : « *Is præficiatur, cujus comparatione grex cæteri merito dicantur.* » (*Conc. Colon.*)

Voici une nouvelle comparaison que les saints nous apportent pour établir de plus en plus cette doctrine et cette obligation. Saint Chrysostome assure que celui qui se charge de travailler au salut des âmes, doit jeter de si vifs rayons de sainteté, que toute la piété du laïque disparaisse devant lui, tout ainsi qu'à la clarté du soleil, la clarté des moindres astres est effacée : « *Ut instar solis cæteros, velut stellarum igniculos, suo fulgore obscuret.* » Il avait dit ailleurs que la vertu d'un prêtre doit, comme l'aurore, éclairer tout l'univers et la sainteté d'une âme vraiment sacerdotale, est plus resplendissante que le soleil dans son midi : « *Sacerdotis animam solaribus radiis puriorem esse oportere; luminis instar, universum orbem illustrandi, splendescere debere;* » c'est-à-dire que la piété d'un fidèle chrétien, quelque resplendissante qu'elle soit, doit disparaître en présence de celle d'un prêtre, tant il doit répandre partout de vifs rayons de sainteté.

Enfin, pour achever de démontrer une maxime si constante, et la rendre incontestable par la déposition de plusieurs témoins dignes de foi, saint Isidore nous enseigne que la vertu d'un prêtre ne doit pas être moins élevée au-dessus de celle du fidèle Chrétien, même vertueux et vivant conformément à l'Evangile, que le ciel est élevé au-dessus de la terre : « *Tantum inter sacerdotem et quemlibet probum interesse debet, quantum inter cœlum et terram discriminis est.* » Combien la distance est extrême, et par combien de qualités les cieux l'emportent par-dessus la terre! telle est votre obligation. Il faut que le laïque vertueux se trouve si vil et si imparfait, en comparaison de vous, qu'il ne se repute qu'un pécheur; que ses vertus auprès des vôtres lui paraissent des défauts, et qu'il se taise et se retire plein de confusion, comme dit Hugues de saint Victor : « *Ut quilibet te respiciens, respectu tui sibi vilescat, secundum illud* Job (xxxiii, 17) : *Respiciet homines, id est prælatos; et dicet: Peccavi et vere deliqui.* » Et ce sera ainsi que vous participerez à la grâce et à la dignité de celui qui possède le sacerdoce en plénitude, que l'Apôtre nous représente élevé au-dessus des cieux par son innocence et sa sainteté : *Talis decebat ut esset nobis pontifex; sanctus, innocens, impollutus, segregatus a peccatoribus et excelsior cœlis factus.* (*Hebr.* vii, 26.) Vous serez plus élevé que les cieux mêmes, c'est-à-dire que les fidèles, en qui Dieu habite, comme dans les cieux spirituels, où vous serez autant élevés au-dessus de la terre.

Cependant, combien de bons laïques, dans le monde, vivent humblement, vertueusement, exemplairement! Combien y en a-t-il qui font plusieurs heures d'oraison par jour, qui se lèvent la nuit pour vaquer à ce saint exercice? qui jeûnent, qui se mortifient, qui portent la haire et le cilice, qui pansent et servent les pauvres, qui sont sans cesse dans les hôpitaux et les prisons?

Songez-vous que vous devez être incomparablement plus saint et plus parfait que ces gens-là?

Ajoutons trois nouvelles raisons qui vous y engagent, et qui sont prises de la doctrine des saints : C'est que si le prêtre n'est plus saint que le laïque, l'Eglise est scandalisée, l'ordre hiérarchique est renversé, le ministère sacerdotal est avili. Trois motifs qui doivent vous engager à remplir ce devoir si indispensablement attaché à votre profession, ou plutôt trois grands inconvénients dans lesquels vous tomberez, si vous ne le faites pas, et dont vous serez responsable au tribunal de Jésus-Christ.

Considérez donc, premièrement, que l'Eglise est scandalisée, quand celui qu'elle met à la tête des fidèles n'excelle pas au-dessus d'eux en vertu autant qu'en autorité; au contraire, quand les néophytes excellent par dessus les anciens prêtres, établis docteurs des néophytes : car, comme observe saint Jérôme, quelle sera l'édification du disciple qui se verra meilleur que son maître? « Qualis erit ædificatio discipuli, si se magistro suo intelligat meliorem? » Si le laïque est plus dévot que le prêtre ; le pénitent plus chaste que le confesseur ; le paroissien plus docte que le curé, plus sobre, plus modeste, plus assidu à l'église? Un pauvre paysan pleurer en communiant, tandis que le prêtre dit la Messe avec une évagation d'esprit horrible, une sécheresse sans égale? Voir une femmelette dire son chapelet avec plus d'attention que le curé ne récite son bréviaire; un prêtre rire d'une parole déshonnête, et le laïque en rougir? *Erubesce, Sidon, ait mare.* (*Isa.* XXIII, 4.) Combien les ecclésiastiques ont-ils donc sujet de rougir du scandale qu'ils causent, dit un Père, lorsque les gens engagés dans la mer orageuse du siècle les surpassent en vertu? « Erubescant sacerdotes, si sacratioris vitæ inveniantur laïci, qui hujus mundi fluctibus sunt immersi. »

Mais, en second lieu, quel plus grand scandale que de voir des pécheurs publics et des femmes perdues surpasser souvent par leur prompte pénitence de vieux prêtres qui leur imposent les mains, et, ô malheur! qui quelquefois trouvent plutôt en eux un obstacle qu'un secours à leur conversion. Que doivent attendre de tels prêtres, sinon l'accomplissement de cette parole du Fils de Dieu aux prêtres de l'ancienne Loi : Les publicains et les femmes prostituées, qui se convertissent tous les jours, vous précéderont au royaume de Dieu : des premiers, vous deviendrez les derniers ; et vous serez renvoyés avec honte à la dernière place : *Publicani præcedent vos in regnum Dei* (*Matth.* XXI, 31), *erunt novissimi primi, et primi novissimi* (*Matth.* XX, 16), *et incipies cum rubore tenere novissimum locum.* (*Luc.* XIV, 9.) On voit souvent des laïques, bien convertis, fuir les mauvaises compagnies, le jeu, le vin, les femmes, pleurer leurs péchés, prier, faire l'aumône; on voit des femmes perdues se renfermer, gémir, se revêtir d'un sac, coucher sur la dure, et quelquefois les prêtres n'ont que de l'éloignement pour ces pratiques, quelque besoin qu'ils en aient.

Troisièmement, c'est un scandale quand le simple prêtre excelle au-dessus de son pasteur : d'où vient que saint Jérôme conclut que, non-seulement les évêques, les prêtres et les diacres, et jusqu'aux exorcistes, lecteurs, sacristains, acolytes, doivent extrêmement prendre garde d'exceller par-dessus le reste des fidèles auxquels ils sont préposés, et de les surpasser en vertu, science, piété, modestie, sainteté : « Unde non solum episcopi, presbyteri aut diaconi, debent magnopere providere, ut cunctum populum cui præsident, conversatione, sermone et scientia præcedant; verum etiam inferioris gradus exorcistæ, lectores, æditui, acolythi, et omnes omnino qui domui Dei deserviunt. » C'est-à-dire, que tous ceux qui portent en quelque manière que ce soit le nom d'ecclésiastiques doivent reluire au-dessus du peuple par la pureté de leurs mœurs, l'excellence de leur doctrine et l'exemple de leur bonne vie.

La raison qu'en donne ce savant docteur, et qui va encore plus loin, est que rien au monde ne détruit tant l'Eglise de Dieu que de voir les laïques être plus gens de bien que les clercs : « Quia vehementer Ecclesiam Dei destruit, meliores esse laicos quam clericos. » Quoi de plus opposé à l'édification que la destruction, et, par conséquent, quoi de plus scandaleux, un laïque chaste, un prêtre qui ne l'est point ; un laïque humble, un prêtre orgueilleux ; un laïque pieux, studieux, charitable, laborieux, mortifié; un prêtre dont la vie est destituée de toutes ces vertus?

On a dit, en second lieu, que l'ordre hiérarchique est renversé, quand le prêtre n'excelle pas en vertu au-dessus du peuple : c'est le rang du prêtre de marcher devant les autres. Jésus-Christ n'a-t-il pas dit, qu'il est du devoir d'un pasteur d'aller devant les brebis : *Ante eas vadit, et oves eum sequuntur.* (*Joan.* X, 4.) Or il ne s'agit pas ici d'une démarche corporelle, mais du progrès dans la vertu : « Non corporis gressibus, sed cordis affectibus, » dit saint Augustin. Quel étrange renversement est-ce donc, quand les brebis marchent devant, et que le pasteur suit après? que le soldat conduit le capitaine, que le novice est plus capable de diriger que le profès, l'apprenti de montrer que le maître? Pourquoi vous appelez-vous prêtre, et portez-vous ce sacré nom, *sacerdos*? N'est-ce pas à cause que vous devez être un guide semblable à la colonne de feu qui servait de flambeau aux Israélites dans le désert? « Sacerdos, quasi sacer dux, quia verbo et exemplo ducatum præbet ad vitam populo. Presbyter, quasi præbens iter, scilicet populo, de exsilio hujus mundi, ad patriam cœlestis regni. » Il faut donc que vous marchiez devant les autres, et non les autres devant vous; il faut que vous les devanciez encore plus par votre vertu que par votre dignité : « Tantum virtute, quantum gradu, » expression ordinaire des canons et des saints Pères ; autrement le guiderez-vous, lui frayerez-vous le chemin du ciel, mériterez-vous le nom de conducteur?

Eclairer les autres par la doctrine et par les mœurs, est un acte hiérarchique attaché au ministère ecclésiastique; c'est aux hiérarchies supérieures à éclairer les inférieures : le clergé, le peuple : *Vos estis lux mundi* (*Matth.* V, 14), *nemo accendit lucernam, et ponit eam sub modio.* (*Luc.* I, 33.) Vous êtes la lumière du monde, leur dit Notre-Seigneur dans l'Evangile ; mais quelle lampe est ceci, qui ne luit point, dit saint Chrysostome? « Quomodo lucerna, si non lucet? Tenetur ergo lucere quem Dominus voluit habere officium lucernæ. » Quel désordre est-ce de trouver un laïque, un homme marié, un gentilhomme, un magistrat plus savant que son curé, plus éclairé dans la vie spirituelle, dans le chemin de perfection, dans la sanctification des âmes? entendre mieux l'Ecriture, le Symbole, l'Evangile, les cérémonies de l'Eglise? Une dévote savoir mieux ce que c'est que l'oraison mentale, la vie intérieure, la pratique des vertus que son confesseur! Quel renversement dans la nature, si la lune illuminait le soleil; si la terre montait au-dessus des cieux; si les membres dirigeaient la tête! Ne serait-ce pas un bouleversement étrange? Il n'est pas moindre dans le monde spirituel, quand le laïque a plus de vertu et de sainteté que le prêtre; car, comme observe saint Léon : « Totus ordo familiæ nutabit, si quod requiritur in corpore, non inveniatur in capite. » Tout sera confondu, tout sera désordonné, le scandale sera universel dans la maison de Jésus-Christ : *Si lumen quod in te est tenebræ sint, ipsæ tenebræ quantæ erunt.(Matth.*vi, 23.)

Corriger les autres est encore un acte hiérarchique; en effet, il est du devoir d'un prêtre de purifier les autres, et de les redresser et reprendre; il faut donc, par conséquent, qu'il soit lui-même irrépréhensible : « Irreprehensibiles esse convenit quos præesse necesse est corrigendis, » dit un grand Pape; que sera-ce donc, si le laïque reprend l'ecclésiastique de son attachement au bien, de sa négligence à administrer les sacrements, de sa précipitation à l'office divin? Voici ce qu'on a vu dans ce diocèse, en présence de Mgr l'archevêque, des personnes de la première qualité, et en pleine église, devant tout un peuple : un curé félicitant le seigneur du lieu de ce qu'il venait d'abjurer l'hérésie, ce seigneur lui dit tout haut, et devant tout le monde : Monsieur, il y a quinze ans que je me serais converti, et que je serais Catholique, si vous m'aviez donné bon exemple.

Enfin, on a ajouté que le ministère sacerdotal est avili, quand le prêtre ne surpasse pas le laïque en vertu.

Premièrement, si vous regardez le caractère sacerdotal en lui-même; car, c'est une maxime établie et répandue partout dans les canons, qu'il n'y a rien de si méprisable, ni de si vil, qu'un homme qui précède les autres en dignité, et qui leur est inférieur en mérite : « Vilissimus putandus est, ni præcellat scientia et pietate, qui est honore præstantior. » En effet, est-il bien que le vice préside à la vertu, l'ignorance à la science, le crime à la sainteté? Quelle misère est-ce cela, dit saint Ambroise : un rang sublime, un esprit bas? « Gradus summus, et animus infirmus; » le premier siége, et le dernier mérite? « Sedes prima, vita ima; » une profession divine, et une vie animale et terrestre? « Deifica professio, et illicita actio. »

C'est pourquoi le saint concile de Trente charge les évêques d'avertir leurs ecclésiastiques, et c'est ce qu'ils font aujourd'hui, qu'ils sont obligés, quelque ordre même inférieur dont ils soient honorés, de surpasser le reste des fidèles en doctrine et en piété. Pourquoi cela? continue-t-il : parce qu'autrement le ministère sacerdotal tombe dans le mépris : « Monebunt episcopi clericos suos in quocunque ordine fuerint, ut conversatione, sermone et scientia populo sibi commisso præeant, ut juxta Apostolum, *non vituperetur ministerium eorum.* »*(IICor.* vi, 3.)

En second lieu, si vous regardez le prêtre honoré de ce caractère; en effet, saint Chrysostome assure que, non-seulement c'est un opprobre à un ecclésiastique de se voir inférieur à un laïque en vertu, mais que ce lui est une extrême confusion de se voir égaler par lui : « Magna confusio est sacerdotum et clericorum, quando laici inveniuntur fideliores et justiores : quomodo non sit confusio illos inferiores esse, quos etiam æquales esse confusio est. »

Troisièmement, si vous regardez les fonctions de ce caractère; car n'est-ce pas à ceux qui l'ont reçue d'enseigner la perfection aux autres, et, par conséquent, d'être plus parfaits que les autres? « Quanto utique illos perfectiores esse oportet a quibus omnes docendi sunt, ut possint esse perfecti? » dit un saint évêque de Marseille. Il n'y a point de paroisse, pour petite qu'elle soit, si elle est bien cultivée, dans laquelle on ne puisse élever à la perfection plusieurs âmes dont Dieu se ferait des sanctuaires. Un laïque se prépare quelquefois un temps considérable à la communion, et souvent on voit des prêtres aller célébrer sans presque de préparations, ni actions de grâces; quelle idée aura-t-on de lui? Le laïque entend tous les jours la Messe, le prêtre ne la dit pas; le laïque instruit ses domestiques, et la maîtresse d'école les personnes de son sexe; tandis que le prêtre néglige des devoirs si importants.

N'est-ce pas aux prêtres à prier pour le peuple, à le réconcilier avec Dieu, à lui servir de médiateur; et, par conséquent, ne doivent-ils pas être plus agréables à Dieu, plus saints, plus écoutés? « Emendatiorem esse convenit populo, quem necesse est orare pro populo, » dit un grand Pape. Quel avilissement serait-ce de l'état sacerdotal, si le paroissien demandait à Dieu la conversion de son curé; que le laïque intercédât pour le prêtre?

Que l'ecclésiastique examine donc s'il a autant de zèle d'acquérir la perfection du grade auquel il aspire, que le grade même et les pouvoirs qui l'accompagnent? Qu'il y a à craindre pour plusieurs, qu'ils ne s'occupent davantage de l'honneur du caractère, et très-peu des obligations qui le suivent! « Certatur pro dignitate, totum defertur dignitati, et parum aut nihil sanctitati, » dit un Père de l'Eglise. Quelle confusion pour eux de voir des séculiers si élevés au-dessus de vous par leur piété, que vous êtes au-dessus de leur état par votre dignité!

Ne doivent-ils pas craindre de perdre leur gloire en ce monde et en l'autre, et qu'elle soit donnée au laïque fidèle? Le laïque vertueux, dit saint Chrysostome, recevra au jour du jugement l'étole sacerdotale de la main de Dieu, et le mauvais prêtre sera dégradé et dépouillé de la dignité sacerdotale :

« Laicus in die judicii stolam sacerdotalem accipiet, et a Deo chrismate ungetur in sacerdotem ; sacerdos autem peccator spoliabitur sacerdotii dignitate. »

Sachez, ô prêtres, dit un Père, que vous devez être élevés en vertu au-dessus du reste des fidèles, et cela, par une obligation essentiellement attachée à votre caractère ; ce qui paraîtra, si vous êtes plus assidus à la prière que les laïques, plus adonnés qu'eux à la lecture spirituelle, à l'étude de l'Écriture et des saints livres. Qu'il faut que votre chasteté soit incomparablement plus excellente et plus parfaite que la leur ; votre sobriété toute autre, votre patience plus exemplaire, votre joie plus modérée, votre conversation plus édifiante, votre gravité plus religieuse, votre modestie plus éclatante, vos gestes plus réglés et vos vêtements plus simples ; votre modération à parler plus grande, vos larmes plus fréquentes et plus abondantes, votre charité plus pure et plus ardente : « Igitur obligatione quæ tuo annexa est officio, exigitur a te spiritualium frugum mensura propensior, ut sis devotior in oratione, in lectione studiosior, in castitate cautior, parcior in sobrietate, patientior in duris, in risu rarior, suavior in conversatione, gravior in vultu, gestu, habitu ; moderatior in verbis, profusior in lacrymis, in charitate ferventior. »

C'est à quoi nous exhorte le savant Pierre de Blois, et qui revient à cette belle maxime prescrite par divers conciles, et laquelle est comme le sommaire de ce qui a été dit : qu'on est autant obligé de surpasser les autres en vertu, qu'on se trouve élevé au-dessus d'eux en dignité : « Quanto quis honoris gradu atque dignitate præstat, tanto cæteris omni virtutum genere debet excellere. »

Neuvième considération. — Le sacerdoce ancien était sans doute bien parfait, il était institué de Dieu immédiatement, il fallait une vocation toute céleste pour y entrer. Dieu avait lui-même prescrit les cérémonies de la consécration des prêtres. On leur faisait continuellement retentir aux oreilles ces paroles : Avertissez les prêtres qu'ils aient à être saints, qu'ils vivent saintement ; qu'ils soient saints, parce que je suis saint, parce que c'est moi qui les sanctifie : *Loquere ad sacerdotes filios Aaron, et dices ad eos : Sancti erunt Deo suo ; sint ergo sancti, quia et ego sanctus sum, Dominus qui sanctifico illos. (Levit.* XXI, 1, 8.)

On leur intimait sans cesse qu'ils se sanctifiassent de plus en plus, et qu'ils se gardassent bien de souiller les choses saintes par une vie criminelle, de peur que le Dieu de toute sainteté ne les exterminât, s'ils profanaient ainsi son sanctuaire : *Sacerdotes qui accedunt ad Dominum, sanctificentur, ne moriantur in tabernaculo cum polluerint illud, ne percutiat eos. (Exod.* XIX, 22) ; qu'ils ne s'approchassent pas des fonctions du ministère, s'ils avaient la moindre tache : *Homo de semine Aaron qui habuerit maculam, non accedet ad ministerium, nec offeret panes.* (*Levit.* XXI, 17.) Intégrité extérieure qui n'était que l'image de la sainteté intérieure que Dieu exigeait d'eux, et qui devait accompagner toutes leurs actions et en être le signe.

Que si nous comparons le sacerdoce d'Aaron, à qui ces paroles s'adressaient, au sacerdoce de Melchisédech, nous trouverons que celui-ci était incomparablement plus relevé. Melchisédech, ce prêtre admirable du Très-Haut, décima Aaron en la personne d'Abraham, selon la doctrine de saint Paul, et parut par cette action mystérieuse être autant au-dessus d'Aaron, qu'Aaron l'était au-dessus des laïques anciens, ou du simple peuple Juif : *Intuemini autem quantus sit hic cui et decimas dedit de præcipuis Abraham patriarcha, et per Abraham Levi decimatus est. (Hebr.* VII, 4.) D'ailleurs, Melchisédech fut une image plus vive et plus parfaite du Fils de Dieu, que ne le fut Aaron : *Assimilatus Filio Dei,* ajoute l'Apôtre.

Cependant, cette excellence du sacerdoce d'Aaron et de Melchisédech, qu'est-elle en comparaison du sacerdoce nouveau ? Combien celui-ci demande-t-il plus de sainteté, combien est-il plus parfait ?

Deux raisons, entre un grand nombre, nous vont convaincre de cette vérité.

Premièrement, parce que le sacerdoce de Melchisédech n'était que la figure du sacerdoce de Jésus-Christ, dont nous sommes honorés ; et, par conséquent, on doit le regarder infiniment au-dessous du nôtre ; car, comme raisonne saint Augustin, de même que la réalité est sans comparaison plus que l'ombre, que le paradis est infiniment au-dessus de la terre promise, qui le représentait ; la vie divine au-dessus de la vie charnelle, que les Juifs cherchaient ; ainsi le sacerdoce nouveau prévaut infiniment au-dessus de l'ancien : « Sicut multo amplius bonum est figuratum ipsa figura ; et terra illa promissionis quo ille populus carnalis ducebatur, in comparatione regni cœlorum nihil est. » Autant donc que l'être l'emporte sur le néant, autant la sainteté de notre sacerdoce, figurée par celle d'Aaron et de Melchisédech, l'emporte-t-elle par-dessus celle que les anciens prêtres devaient avoir, quelque grande qu'elle fût, du moins si l'on considère la chose en elle-même, et non par rapport aux personnes.

En second lieu, parce qu'on juge de la dignité d'un sacerdoce par la dignité de son hostie. Plus celle-ci est sainte, plus exige-t-elle de sainteté dans les ministres qui l'immolent. Or, comparez Jésus-Christ, l'Agneau de Dieu, la Victime du salut des hommes, le Fils unique du Père, avec les bœufs, les taureaux et les brebis qu'on sacrifiait autrefois, avec le pain et le vin de Melchisédech ; et il paraîtra qu'un sacrifice si parfait et si relevé au-dessus de l'ancien, d'une grâce et d'une vertu si suréminente, demande dans ses ministres une pureté incomparablement plus grande : *Si enim sanguis hircorum et taurorum, et cinis vitulæ aspersus, inquinatos sanctificat ad emundationem carnis, quanto magis sanguis Christi ?* (*Hebr.* IX, 13.) C'est l'argument de l'Apôtre.

Autant donc que la divine Eucharistie est élevée au-dessus des pains de proposition, autant que le sang de Jésus-Christ est plus précieux que le sang des taureaux ; que la vérité l'emporte sur l'ombre, l'être sur le néant ; autant la sainteté des prêtres de la loi nouvelle doit-elle être au-dessus des prêtres de la loi ancienne.

Mais quoi, Notre-Seigneur ne le dit-il pas dans son Evangile ? N'est-ce pas à nous qu'il parle, quand, réunissant en un seul point de vue tout ce qu'il y avait de plus excellent et de plus parfait dans la religion judaïque, il nous dit que si notre vertu ne va au delà, nous n'entrerons jamais dans le ciel : *Nisi abundaverit justitia vestra plusquam scribarum et pharisæorum, non intrabitis in regnum cœlorum.* (*Matth.* v, 20.) Ce n'est pas ici un conseil d'une plus grande perfection ; c'est un précepte, c'est une nécessité, si nous voulons, comme il le faut, que notre sainteté surpasse celle des anciens.

Il est néanmoins certain qu'ils menaient une vie religieuse, qu'ils pratiquaient une grande perfection, que leurs moindres fautes étaient sévèrement punies ; que sera-ce donc de nous, dit saint Chrysostome, qui sommes appelés à une sainteté si élevée au-dessus de la leur ? « Et hæc quidem ab antiquis sacerdotibus sanctitas et perfectio exigebatur ; quid ergo nos ad majorem vocati vitam. » (S. Aug., *Serm. contra concub.*, in fine, noct. 2, Dom. 2.) Nous qui contractons l'obligation de mener une vie sans comparaison plus parfaite ; nous qui avons de bien plus grandes difficultés à surmonter, et de plus redoutables ennemis à vaincre ? « Nos qui ad excellentius fastigium ascendimus, et in majoribus exercemur palæstris ; » nous qui devons pratiquer des vertus plus excellentes, tendre à une plus haute perfection ; nous, en un mot, qui devons être aussi purs que ces esprits bienheureux, que ces substances immatérielles, lesquelles sont devant le trône de Dieu : « Et sicut supernæ illæ atque incorporeæ virtutes, vitam instituere tenemur, » ainsi qu'on a déjà plusieurs fois rapporté de saint Chrysostome.

N'est-ce pas encore aller plus loin, de dire que les prêtres doivent surpasser en vertu les plus excellents modèles de la vie monastique, non-seulement de ces derniers temps, mais des siècles les plus purs de l'Eglise ?

En effet, le premier pas de celui qui se présente pour se consacrer à Dieu dans le clergé, la première promesse qu'il fait, la première vertu qu'on exige de lui, qu'est-ce ? sinon un détachement parfait de toutes choses, et n'est-ce pas là ce que les plus consommés d'entre les religieux tâchent d'acquérir ? Heureux si, à la fin de leur course, ils sont venus à bout d'un dessein si glorieux ! Mais les ecclésiastiques, dès qu'ils se présentent à l'évêque pour recevoir la tonsure, qui n'est qu'une simple disposition aux ordres, protestent qu'ils renoncent entièrement au monde et à toutes ses vanités, et qu'ils prennent uniquement Dieu pour eur partage ; et ce n'est qu'à cette condition qu'on les admet dans la cléricature ; il faut qu'ils prononcent distinctement : *Dominus pars hæreditatis meæ et calicis mei* (*Psal.* xv, 5) ; ou autrement ils ne seraient pas reçus : protestation qui renferme une renonciation solennelle au monde, et un attachement inviolable à Dieu : « Qui enim, » dit saint Jérôme, « vel ipse pars Domini est, vel Dominum partem habet, talem se exhibere debet, ut et ipse possideat Deum, et possideatur a Domino. » Autrement, comme ajoute saint Augustin, celui qui conserve encore quelque affection humaine et terrestre, est indigne de proférer une telle promesse : « Qui in terra præsumunt habere facultatem, quomodo non erubescunt dicere : Dominus pars, » etc. Si bien que ces divines paroles, entendues dans leur véritable sens, et prises dans toute leur étendue, emportent un détachement absolu de toutes choses, et un attachement inviolable à Dieu ; en quoi sans doute consiste la perfection monacale.

Tout prêche la perfection dans ceux qu'on reçoit à la cléricature, tout est une profession solennelle de sainteté : si on leur coupe les cheveux, si on leur fait une couronne, si on les revêt d'une soutane et d'un surplis ; si on leur met un cierge allumé à la main ; tout cela ne signifie-t-il pas qu'ils sont obligés de circoncire leurs convoitises, de se porter à la perfection, de mourir à toutes les choses du monde, de mener une vie crucifiée, de se revêtir de la justice et de la sainteté du nouvel homme, de reluire en vertus et en bons exemples, et de dire avec saint Pierre ? *Ecce nos reliquimus omnia.* (*Matth.* xix, 27.)

Quand on les admet dans le clergé, ce ne doit être qu'après avoir tiré d'eux de grandes et de longues épreuves de leur sagesse et de leur piété, suivant l'avis de l'Apôtre : « Hi autem probentur primum, » parce que, comme observe saint Bernard sur ces mêmes paroles : « Viros probatos oportet eligere, non probandos. » Ils doivent être sans tache et sans souillure : *Homo qui habuerit maculam, non offeret panes Deo suo, nec accedet ad ministerium ejus.* (*Levit.* xxi, 17.) Et sans cela, ne pas prétendre de s'approcher des autels ; ils doivent être parfaits dans l'exercice des vertus, s'ils veulent exercer les fonctions de leur ministère, dit saint Thomas : « Qui divinis ministeriis applicantur, perfecti in virtute esse debent. » Ils doivent avoir en partage la sainteté et la perfection, être irrépréhensibles dans leurs mœurs et dans leur conduite, être vrais imitateurs de la vie apostolique, dit un Père : « Quemlibet ecclesiasticum gradum nonnisi sancti atque perfecti, et irreprehensibiles, et apostolorum imitatores, absque magno sacrilegii crimine suscipiunt. »

La perfection monacale dit-elle quelque chose au delà ? Les solitaires les plus parfaits, après plusieurs années dans le désert, sont-ils parvenus plus haut que d'être saints, que d'être des hommes apostoliques ? Cependant c'est ce que l'Eglise exige d'abord de ceux qui se présentent pour être enrôlés dans cette sacrée milice ; c'est ce qu'ils devraient être.

Saint Denis enseigne qu'il est de l'ordre monastique de suivre pas à pas l'ordre ecclésiastique, et que le prêtre est établi le modèle de la sainteté du moine : « Monasticus ordo debet sequi sacerdotales ordines, et ad eorum imitationem ad divina ascendere » (*De eccl. hier.*, c. 6); et que le moine doit apprendre à l'école du prêtre à s'élever aux choses divines, « et ad eorum imitationem ad divina ascendere. »

Saint Jérôme, écrivant à un jeune religieux, lui mande : Vivez si saintement dans le monastère où vous êtes, « sic vive in monasterio, » comportez-vous si exemplairement que vous méritiez d'être fait clerc : « Sic vive in monasterio, ut clericus esse merearis. » (*Ad Rust.*)

Saint Augustin témoigne que de son temps on choisissait ce qu'il y avait de plus éprouvé et de meilleur parmi les solitaires, pour en faire des prêtres; c'est-à-dire, les religieux les plus consommés en vertu, pour les élever au sacerdoce; et cependant, quelque soin qu'on apportât à ne prendre que les plus recommandables, à peine quelquefois un bon moine devenait-il un bon clerc : « Ex his qui in monasterio permanent nonnisi probatiores, atque meliores, in clerum assumere solemus. » (Epist. 76, *Ad Aur.*) Nous avons accoutumé, continue-t-il, de jeter les yeux sur les sujets les plus parfaits d'entre les moines, pour les agréger au clergé; et néanmoins il arrive quelquefois que ce bon moine ne parvient pas à être un bon ecclésiastique : « Cum aliquando bonus monachus, vix bonum clericum faciat. »

Saint Isidore assure que ceux qui sont engagés dans les fonctions sacerdotales, doivent mener une vie plus sainte et plus pure que ceux qui se retirent dans les montagnes désertes pour ne s'occuper que de Dieu : « Qui sacerdotum munere funguntur, sanctiores ac puriores esse oportet, quam qui se ad montes transtulerunt. » (Lib. II, epist. 284.)

Saint Chrysostome, qui lui-même avait goûté de la vie solitaire et de la vie ecclésiastique, assure qu'il a connu par expérience que les prêtres ont besoin d'une plus grande intégrité de vie que non pas les moines, de qui toutefois la vie était toute céleste : « Multo major vitæ integritas sacerdotibus, quam monachis necessaria est. » (Lib. VI *De sacerd.*, cap. 2, num. 2.)

Après ces autorités, venons aux raisons que ces mêmes saints nous donnent d'une si grande, mais si surprenante vérité, et peut-être si nouvelle pour nous. Ces raisons se tireront presque toutes du grand saint Chrysostome, et elles doivent paraître d'autant plus fortes et convaincantes, qu'elles lui servirent de motifs pour lui faire fuir le sacerdoce, et le contenir dans la retraite, jusqu'à ce qu'il plut à Dieu de l'en retirer, et de le poser sur le chandelier de son Église.

La première raison qui frappa l'esprit de ce saint, fut de considérer, d'une part, l'obligation étroite que les prêtres ont de conserver leur âme pure, et de vaquer à la prière et au recueillement intérieur; et de l'autre, l'extrême difficulté qu'ils ont de s'acquitter de ce devoir parmi l'embarras du siècle et les occasions fréquentes d'offenser Dieu, et de se laisser aller à la dissipation qui règne dans le commerce du monde, au milieu duquel les prêtres se trouvent; car, dit ce grand saint, si ceux qui demeurent dans les déserts les plus écartés et les plus éloignés du bruit des villes, et du tumulte des affaires, qui vivent les plus affranchis des soins et des inquiétudes dont le reste des mortels est agité; en un mot, si ceux qui jouissent d'un calme parfait ne se reposent pas sur cet état tranquille; et s'ils sont obligés d'avoir recours à je ne sais combien de pratiques de vertus et d'exercices de piété pour se tenir en la présence de Dieu, d'être sans cesse attentifs sur eux-mêmes, et de se munir comme une forteresse contre les assauts des distractions, afin de se procurer la pureté d'âme nécessaire pour s'entretenir avec Dieu dans l'oraison; quel effort, je vous prie, ne faut-il pas que fasse un prêtre qui se trouve au milieu du monde? de quelle violence continuelle ne doit-il pas user? quelle vigilance ne lui est pas requise, afin de conserver son cœur pur et attentif à Dieu? « Nam si qui eremum inhabitant, quique iidem procul, tum ab urbe, tum a foro, tum a tumultibus illinc enascentibus, securi liberique vivunt; denique qui assidua prorsus tranquillitate perfruuntur; toto illius vitæ præsidio fidere nolunt; quinimo infinitas quoque alias addunt custodias, undecunque seipsos circumsepientes, magna adeo diligentia et dicere et facere allaborantes, ut cum libertate ac puritate aliqua sincera, quantum humanus captus ferre potest, ad Dei conspectum accedere possint; quantam putas sacerdotem præstare debere, tum vim, tum potentiam, ut animam suam ad omni vindicet fœditate, et spiritualem pulchritudinem illæsam atque incorruptibilem servet. » (Lib. VI *De sacerd.*, cap. 2, num. 2.) C'est pourquoi, continue ce saint, le prêtre a d'autant plus besoin d'avoir une vertu plus solide que le solitaire, une âme plus impénétrable à la tentation, qu'il est plus exposé aux périls et aux occasions de salir la pureté de son âme, et de se perdre, ce qu'indubitablement il fera, s'il n'a une sobriété qui se refuse tout, une continence à l'épreuve de tout : « Ideoque multo major vitæ integritas huic quam illis necessaria est. Jam cui integritas major necessaria est, hic certe pluribus quam illis iidem casibus obnoxius esse cogitur, qui eum conspurcare possunt, nisi continentem sobrietatem, ac vehemens admodum studium adhibens; animum impervium impenetrabilemque præstiterit, nisi continentiæ austeritate occalluerit. »

La seconde raison qui convainquit saint Chrysostome qu'un prêtre doit avoir une vertu toute autre que celle du solitaire le plus parfait vient du danger inévitable où les prêtres sont sans cesse exposés par le soin qu'ils doivent prendre des personnes de différent sexe, au salut desquelles ils sont obligés de travailler, et dont ils doivent répondre.

Celui, dit cet expérimenté docteur, qui se trouve chargé de tout un troupeau, ne peut pas seulement s'attacher au salut des hommes, et abandonner le salut des femmes; il doit ses travaux aux hommes; il ne peut les refuser aux femmes; et c'est là où se trouve le péril : « Neque enim potest qui gregis universi curam susceperit viris tantum curandis operam dare, mulierum autem curam negligere, qua in parte magna profecto opus est providentia. » (Lib. VI *De sacerd.*, cap. 5, n. 22.)

Car il faut les visiter dans leurs maladies, les consoler dans leurs afflictions, les reprendre dans leurs négligences, les secourir dans leurs besoins : exercices de charité qui donnent au démon je ne sais combien d'ouvertures pour tenter les prêtres, s'ils ne veillent sur eux-mêmes continuellement, s'ils ne se précautionnent sans cesse de tous les moyens les plus prudents pour fermer les avenues à l'ennemi : « Nam, et eas invisere ægrotantes, et solari lugentes, et increpare languentes, et adjuvare afflictas oportet; quæ omnia dum fiunt, plures irrompendi aditus dæmon invenire potest, nisi exacta quis ac munitissima custodia sese vallaverit. »

Et ne vous flattez pas de la pensée que peut-être vous ne serez pas en péril avec toutes sortes de personnes du sexe, et du moins que vous n'avez rien à craindre du côté de celles qui sont vertueuses et retenues; car un œil pudique et modeste est souvent aussi dangereux qu'un œil libre et effronté : « Quippe animum ipsum ferit ac commovet, non impudicæ tantum, sed etiam pudicæ mulieris oculus (*Ibid.*), » et quelquefois davantage.

En effet, la bouche d'une femme mondaine, ses postures et ses gestes, ses démarches, sa voix, ses œillades, ses joues vermeilles, la frisure de ses cheveux, ses habits somptueux; cet or, ces pierreries dont elle brille, et tout le reste des atours et des ajustements dont elle se pare, ne sont que trop capables d'amolir un cœur qui n'est pas fortifié du rempart inaccessible d'une austère chasteté : « Nam et oris decor, et motuum exquisita mollities, et incessus affectatum studium, et vocis confractio, et oculorum et malarum figmenta, et cincinnorum compositiones, et capillitii tinctura, et vestium sumptuosarum auratarumque diversitas, et gemmarum pulchritudo, et unguentorum fragrantia, et cætera omnia quæ muliebre genus affectare solet; talia sunt quæ animum commovere possint nisi is continentiæ austeritate occalluerit. » (*Ibid.*)

D'autre côté, continue ce saint, ceux qui auront été assez heureux pour éviter ces premiers piéges, donnent quelquefois dans des filets bien différents, mais non moins périlleux; car un certain air dévot, des cheveux négligés, un habit simple, une façon d'agir naïve, une candeur naturelle, une parole douce, un maintien modeste, un discours sans façon, un ameublement commun, un extérieur régulier : toutes ces choses, dis-je, ont souvent ébranlé le cœur de celui qui y a attaché ses regards, et l'ont ensuite précipité dans le dernier abîme; et plusieurs, après avoir résisté aux attraits des femmes mondaines, ont succombé aux charmes des filles dévotes : « Nonnulli vero qui retia illa quæ dixi evaserint, a longe diversissimis capti sunt; nam et neglecta oris facies, et squalida coma, et sordida vestis, et habitus incompositus, et morum simplicitas, et sermo simplex, et incessus inaffectatus, et vox minime figurata, et pauperibus contubernium, et sui contemptus, etc. pellexerunt eum qui ea cerneret; deinde vero eumdem ad extremam perduxere perniciem; permultique inventi sunt, qui priora illa retia effugissent, vitia ex auro, ex unguentis, ex sumptibus pretiosis, cæterisque quæ enumeravi contenta, in hæc longe ab illis diversa, facile inciderint, hisque perditi tandem fuerint. » (*Ibid.*)

Puis donc qu'un prêtre est exposé à tant d'espèces d'écueils, poursuit ce même saint, et que sa chasteté se trouve si attaquée de toutes parts, quelle vertu ne lui faut-il pas pour n'être point entamé par tant de dangereuses tentations? « Quasnam latebras nancisci poterit, ut suum ipsius animum a fœdis cogitationibus inconcussum asserat? » Combien faut-il qu'il soit affermi dans l'habitude de la pureté, et dans l'horreur du vice, afin de s'acquitter de ses fonctions, et de ne se pas perdre en voulant sauver les autres? Et est-ce une exagération, quand on avance que la vertu du plus parfait solitaire n'est rien en comparaison de celle qui doit se trouver dans le prêtre? « Multo magis vitæ integritas sacerdoti quam monacho necessaria est. »

Qui peut douter de cette vérité, si l'on considère qu'un moine dans sa solitude est à l'abri de tous ces orages? « Atqui solitudine delectatur, is omnium horum immunitatem consequitur. » (Lib. II *De sacerd.*, cap. 2, num. 4.) Et s'il arrive quelquefois qu'il soit importuné de quelques imaginations impures, il lui est aisé de s'en défaire, et ces idées tombent d'elles-mêmes, parce que nul objet extérieur ne les entretient : « Cui si quando absurda quædam animi cogitatio simile quid repræsentaverit, infirma tamen, imbecillaque est imaginatio hujusmodi, ac talis ut statim exstingui atque interimi possit; propterea quod extrinsecus materia nulla subest qua cogitationis flamma illa coalescere possit. » C'est une étincelle qui s'éteint aussitôt. Mais il n'en va pas ainsi du prêtre. Il est perpétuellement au milieu des flammes; une occasion succède à l'autre; il n'a pas effacé de sa pensée une image importune, qu'une nouvelle s'y imprime; un objet passe, un autre revient. Quelle vertu ne faut-il pas pour repousser infatigablement tant de fantômes différents, pour se conserver pur et incorruptible? S'il est vrai, ce que dit saint Ambroise, qu'il est rare de voir une vertu qui ne se relâche jamais : « Nemo diu fortis est, » quelle force n'est pas nécessaire à un prêtre, non-seulement pour se défendre des atteintes du vice, mais pour le surmonter et le détruire ? Jugez si le prêtre n'a pas besoin d'une vertu plus affermie, plus inébranlable, plus éprouvée que le solitaire ?

C'est pourquoi, ajoute saint Chrysostome, je ne crois pas qu'il faille beaucoup vanter la piété de celui qui, vivant retiré et hors des occasions, s'abstient de tomber dans de grands crimes, parce qu'aucun objet ne le portant ni ne le provoquant au péché, il n'est pas extraordinaire s'il se contient dans le devoir : « Proinde ne monachum quidem magnopere ac supra modum admiramur, quod is apud se vivens, neque commoveatur, neque in multa ac magna peccata prolabatur ; neque enim ei res illæ adsunt quibus ipse animo irritetur, extimuleturque. »

Mais qu'on me donne un homme qui, contraint de vivre au milieu du monde, parmi les scandales et les fréquentes occasions d'offenser Dieu, demeure néanmoins inébranlable aux secousses des diverses tentations, qui jouisse du calme parmi la tempête, qui ne brûle pas au milieu des flammes ; donnez-moi un tel homme, et c'est celui-là à qui je donnerai des éloges, et dont la vertu paraîtra digne d'admiration : « At vero, si quis seipse turbis universis tradiderit, ac multorum delicta hominum ferre coactus cum esset, inconcussus immotusque perstiterit animum ipsum vel tempestate actum tanquam in tranquillitate gubernans ; hic profecto dignus est quem omnes plausu atque admiratione prosequantur : abunde enim suæ ipse virtutis periculum fecerit. » (Lib. VI De sacerd., cap. 4, n. 15.) Tel est le raisonnement de ce grand saint, qui nous fait visiblement connaître qu'un prêtre doit être plus homme de bien, plus intègre, plus vertueux par son état, que non pas le moine.

Voici maintenant un troisième raisonnement du même saint : c'est qu'un prêtre a d'autant plus besoin de prendre garde à lui, que personne ne veille sur sa conduite. Il est abandonné à sa bonne foi ; ses supérieurs sont ordinairement éloignés, ou occupés à diverses affaires, quelquefois peu zélés. Rarement les gens du monde font-ils des plaintes de leur pasteur ; on se fait un scrupule de les déférer, on n'a mérite de cacher leurs défauts. Entreprendre de faire le procès à un prêtre, c'est une chose difficile, très-fâcheuse, qui coûte beaucoup, et dont on a peu de succès ; surtout si le crime n'est pas extraordinaire dans l'estime des gens du siècle : et, s'il n'intéresse le public ni les gens de considération, le prêtre vicieux se cache dans la multitude ou dans l'impunité. Il est persuadé qu'on n'a point l'œil sur lui, et qu'il peut faire bien ou mal sans qu'on lui en dise mot ; il n'a d'ordinaire aucun supérieur domestique qui l'avertisse de ses défauts, qui lui tende la main dans ses chutes, qui l'éclaire dans son ignorance, qui le punisse quand il pèche, qui l'anime par son exemple. Il se trouve dans ce périlleux état que le Sage déplore :

Malheur à celui qui est seul, parce que, s'il tombe, il n'a personne qui lui prête la main : *Væ soli, quia, si ceciderit, non habet sublevantem se.* (*Eccle.* IV, 10.) Nous sommes par nous-mêmes si fragiles, si enclins au mal, si peu attentifs aux dangers qui nous environnent, si aveugles sur nos propres défauts ; nous trouvons tant de peine à la pratique de la vertu, que quand nous ne sentons ni maître, ni supérieur qui nous guide, qui nous reprenne, qui nous corrige, qui nous menace, qui nous châtie, qui nous instruise, qui nous anime, qui nous récompense ; c'est une merveille si nous ne croupissons pas dans un nombre infini de défauts grossiers ; si nous ne nous laissons pas aller au malheureux penchant de notre nature corrompue, si nous ne succombons pas aux plus dangereuses tentations : et c'est le périlleux état où se trouve un prêtre, particulièrement à la campagne. Comment donc n'aurait-il pas besoin d'une vertu plus grande qu'un religieux qui vit dans une communauté, sur qui le supérieur a continuellement les yeux ouverts, à qui on ne laisse passer aucune faute sans la relever ; et, en un mot, qui jouit de tous les avantages qu'apporte la société des plus gens de bien ? « Qui monachis præfectus est, » continue saint Chrysostome, « communi secum contubernio utentes habet, in tantum ut illorum lapsus, exacte tum intueri, tum emendare possit : affert autem non modicum ad virtutis studia incrementum, assidua magistrorum cura. » (Lib. VI *De sacerd.*, cap. 2, num. 4.)

Que si cette raison paraît considérable pour montrer que le prêtre, par son état, a besoin d'être plus solidement vertueux que le moine, celle qui suit, prise encore du même saint, ne le paraît pas moins. C'est que le prêtre, presque malgré lui, se voit embarrassé dans toute sorte d'affaires séculières qui l'arrachent du pied des autels, et qui lui sont de très-grands obstacles à la prière, à l'étude, au recueillement, au silence, et à tout le reste des exercices spirituels, sans la pratique desquels il est difficile de se maintenir dans la piété ; et, par conséquent, quel besoin n'a-t-il pas d'une vertu plus solide que celle du moine, qui n'a aucun autre soin que de vaquer à l'oraison, à la lecture des saints livres, à la psalmodie, au travail des mains, à la digne réception des sacrements, et à tout le reste des observances régulières : car, comme raisonne saint Chrysostome, les sujets continuels de chagrin qu'on donne sans cesse au prêtre dans le monde, la pauvreté, fort ordinaire au clergé, contre laquelle il faut qu'il se défende, les fâcheries perpétuelles qu'on lui fait essuyer, et cent autres choses de cette nature, retirent son esprit de l'application aux choses célestes et divines : « Nam afflictionis excessus et paupertatis vis, et molestiæ assiduæ, et alia id genus, humanos animos a divinarum rerum studio abducunt. (Lib. VI *De sacerd.*, cap. 3, num. 5.)

C'est pourquoi, continue notre saint, il est nécessaire qu'un prêtre qui veut faire son devoir, soit extrêmement prudent et avisé, qu'il ait beaucoup d'expérience de la manière dont il se doit comporter parmi tant d'embarras, et qu'il sache, aussi parfaitement que les séculiers, même les plus habiles, ce qui regarde les choses de la vie et du ménage, et qu'il entende aussi bien qu'eux les affaires et les procès, soit pour ne pas laisser usurper le bien de l'Eglise, soit pour ne pas tomber lui-même dans la mendicité, de quoi le moine est exempt : « Oportere sacerdotem esse in primis prudentem atque adeo multarum rerum experientia, instructum, ornatumque, in tantum ut quæ ac victum cultumque pertinent, ea omnia nihilominus noscat quam norunt ii qui in media hominum turba versantur. » (*Ibid.*, cap. 4, n. 10.) Et cependant, ajoute le même Père, il faut que le prêtre soit plus détaché de toutes les choses du monde, plus dégagé de tous les soins temporels; qu'il ait son esprit plus élevé, plus pur, plus uni à Dieu que non pas les anachorètes qui vivent dans les montagnes les plus écartées du commerce des hommes : « Verumtamen his non obstantibus necesse est ut sacerdos liberior, magis alienus, ac denique rerum omnium mundanarum securior vivat quam monachi qui montes ipsos habitandos occuparunt. » (*Ibid.*)

Cette raison, sans doute, deviendra plus convaincante, si l'on fait réflexion à l'obligation qu'ont les prêtres, non-seulement d'être dans le monde sans être du monde, sans vivre selon les lois et les maximes du monde, sans se laisser aller à la corruption du monde; mais de plus, qu'un prêtre doit guérir le monde de la corruption, dissiper les ténèbres du monde par sa doctrine et son bon exemple, en être la lumière et le sel : *Vos estis lux mundi, vos estis sal terræ.* Ce qui ne pourra se faire, s'il n'est pas dans une sainteté consommée: autrement, n'est-il pas à craindre qu'il ne devienne à scandale ? car ses défauts ne sauraient se cacher ; il est posé sur le chandelier ; il est élevé sur le haut de la montagne ; au lieu que le moine, dit saint Chrysostome, quand même il ne serait pas encore parfait, quand il aurait en lui divers défauts, il ne fera du moins tort qu'à lui-même, et ses vices demeureront cachés avec lui dans la solitude : « Quisquis vitiis multis cum laborat, eadem illi potest solitudine dissimulare, atque obtegere, sicque intra se continere, ne in opus erumpant, propterea quod nullorum convictu hominum utatur. » (Lib. VI, *De sacerd.*, cap. 3, n. 22.) Il est donc de l'état du prêtre qu'il soit plus saint, plus parfait, plus vertueux, plus irrépréhensible que le moine.

Ajoutons à toutes ces considérations une raison nouvelle : il y a cette différence entre le prêtre et le moine, que le prêtre n'a aucun asile, aucun lieu de retraite, aucune maison de refuge pour s'ôter hors des occasions, et pour remédier à sa conscience, lorsque le péché y a fait quelque plaie. Où ira-t-il pour fuir le lieu, la personne, la chose qui l'a blessé ? A-t-il seulement le temps d'aller faire une retraite de quelques jours? les grandes maladies se guérissent-elles en si peu de temps ? Qui administrera les sacrements à son peuple, pendant son absence ? de quoi vivra-t-il, s'il quitte le peu de bien que son emploi lui donne ? Au lieu que le moine, comme un oiseau des bois, n'a qu'à prendre son vol et à changer de climat, quand il trouve celui où il est dangereux à son salut. Il peut passer en une nouvelle solitude, éviter les objets qui lui ont été funestes, trouver un nombre infini de secours dont un pauvre prêtre est presque toujours destitué. Une vertu plus grande que celle du moine lui est donc nécessaire, et c'est avec grande raison que notre expérimenté saint, dont on a extrait tous ces raisonnements l'a avancé : « Multo major vitæ integritas sacerdoti quam monacho necessaria est. » (Lib. VI *De sacerd.*, cap. 2, n. 2.) D'ailleurs, les moines, après tout, ne sont que la plus illustre portion du troupeau fidèle : « Illustrior portio gregis Christi, » dit saint Cyprien (*De discip. et habitu virg.*), et le prêtre en est le pasteur. Or, nous l'avons vu de saint Chrysostome et des autres saints Pères, il doit y avoir autant de différence entre la piété du prêtre et du fidèle, du pasteur et du troupeau, qu'il y a de différence entre l'instinct et la raison, entre l'homme et la bête; et encore est-ce en dire trop peu, ajoute ce même saint : « Quanta inter se differentia homines rationis usum habentes, et pecora ratione carentia dissident, tantum sane discrimen inter eum qui pascit, et eos qui pascuntur esse velim, ut ne majus etiam exigam. »

Mais que dire de la vie laborieuse où le sacerdoce dignement administré engage les prêtres, continue saint Chrysostome, et qu'est-ce que les travaux de la vie monastique en comparaison ? Le moine n'a aucun autre travail que celui de sa sanctification, du seul salut de son âme; libre de tout soin et de tout fardeau, il ne s'occupe que de sa perfection ; le prêtre, au contraire, est accablé par toutes sortes d'affaires temporelles et spirituelles ; il est chargé de l'instruction des ignorants, de la correction des pécheurs, de la perfection des justes, du salut de tous; de la digne administration des sacrements, de la prédication de la parole de Dieu, de la direction des âmes, de la promotion des bonnes œuvres; des cérémonies de l'Eglise, du chant des louanges de Dieu, de la récitation du saint Office, de la visite des malades. Il doit répondre de tous les scandales qui arrivent, de tous les péchés qui se commettent; en un mot, il est assiégé d'un nombre infini de soins : ce qui fait avancer à saint Chrysostome, qu'autant il y a de différence entre un roi occupé du gouvernement de tout un royaume, et un simple particulier qui mène une vie privée, autant y en a-t-il entre le prêtre et le moine : « Monachorum certamen ingens, et labor multus est ; verum si conferre quis volet instituti illius sudores cum recte administrato sacerdotio, certe tantum esse inter illa duo discrimen comperiet, quantum est inter privatum et regem intervallum. » (Lib. vi *De sacerd.*, c. 4, n. 11.)

Mais ce qui démontre pleinement encore cette vérité, est ce qu'avance ce même saint, presque au même endroit; qui nous fera comprendre combien le sacerdoce est environné de périls, quelle vertu affermie il exige, combien est faible la vertu d'un solitaire, pour en soutenir le poids sans se démentir. Nous avons vu, ci-dessus, que saint Augustin témoigne que de son temps on choisissait dans les monastères les plus parfaits d'entre les religieux pour en faire des ecclésiastiques, et que cependant l'expérience montrait qu'à peine un bon solitaire faisait un bon clerc : « Ex his qui in monasterio permanent, nonnisi probatiores atque meliores in clerum assumere solemus, cum aliquando etiam bonus monachus, vix bonum clericum faciat. » (Epist. 76, *Ad Aurel. episc.*) Mais à présent saint Chrysostome ajoute à cette doctrine, nous assurant que souvent les meilleurs moines, quand ils sont admis au clergé, non-seulement ne font aucun progrès dans la vertu, mais encore qu'ils y perdent les dons et les grâces qu'ils y avaient apportés du désert, tant ils y trouvent d'obstacles à la perfection, de dissipation et d'occasions de se relâcher : « Atque etiam præterquam quod ad virtutem progressionem nullam faciant, eas etiam dotes quas secum attulerant plerique sæpe deperdunt. »

Voulez-vous donc savoir, selon saint Chrysostome, quel est le moine digne du sacerdoce ? C'est celui-là qui, parmi le commerce du monde et l'embarras des affaires, conserve la pureté de conscience d'un solitaire retiré dans les déserts ; sa fermeté, sa sainteté, sa mortification, sa sobriété, et les autres vertus qu'on admire dans les anachorètes : « Si quis exsistit qui vel multorum hominum usum, convictumque ferens, possit item animi puritatem, constantiam, sanctimoniam, tolerantiam, sobrietatem, cæterasque virtutes quæ monachis insunt. » (Lib. vi *De sacerd.*, c. 5, n. 21.) Que dis-je, s'il se trouve quelqu'un qui puisse posséder et conserver dans le monde ces dons précieux, avec encore plus de perfection et d'élévation d'esprit que les plus excellents solitaires ne les possèdent dans le désert, c'est celui-là qui peut être choisi pour en faire un prêtre : « Quin magis etiam incorruptas atque inconcussas servare, quam ipsi etiam monachi servent, hic tibi sane deligendus erit. » Jugez donc si le sacerdoce n'exige pas plus de sainteté que l'état religieux.

Dixième considération.

Excellents motifs qui doivent porter les prêtres à vivre saintement, tirés de saint Chrysostome, dans son livre *Du sacerdoce*.

Entre tous les docteurs de l'Eglise, qui, dans la suite des siècles, ont parlé de la dignité sacerdotale, il semble qu'on ne peut en lire aucun dont les écrits répandent plus de clarté que ceux du grand saint Chrysostome. Il se retira au désert dans l'intention d'y mener une vie solitaire, et de ne songer qu'à son propre salut; mais Dieu l'y conduisait comme dans une école propre à le disposer au sacerdoce, et à travailler au salut d'un peuple immense. Il ne songeait qu'à se cacher sous le boisseau de l'Eglise, et la Providence avait dessein de le poser sur le chandelier de l'Eglise, afin que toute la terre fût illuminée des rayons de sa doctrine et de sa sainteté. On voulut, quelque temps après sa première retraite, l'élever à l'épiscopat ; il évita prudemment cette conspiration qu'on faisait contre son humilité, et, par un effet d'un zèle charitable, il fit tomber ce sort sur son ami Basile, qu'il jugeait plus capable que lui d'un emploi si important. Le pieux artifice dont il usa pour éviter un tel poste, fut un sujet de plainte à celui qu'il avait substitué en sa place ; ils eurent là-dessus une conférence qui fait le sujet de ce livre *Du sacerdoce*, et qui contient les raisons, ou plutôt les vives lumières dont le Saint-Esprit éclaira l'obscurité de sa retraite, pour lui faire éviter un tel fardeau ; et ce sont ces mêmes raisons, recueillies avec ordre et méthode ; qu'il est bon de nous mettre devant les yeux, puisque nous sommes à présent dans les mêmes circonstances où ce grand saint se trouva pour lors. Retirés comme lui, destinés aux autels comme lui, plaise à Dieu que nous y soyons disposés comme lui. Tout lui parut grand dans le sacerdoce, quand il l'envisagea de près ; et voici le précis fidèle des vues qu'il en eut et des sentiments qu'il en conçut. Il considéra donc, comme il le rapporte lui-même, il considéra avec étonnement, dans l'imposition des mains, la grandeur de la dignité qu'on reçoit ; la grandeur des obligations que l'on contracte ; la grandeur des périls où l'on s'expose ; la grandeur des mystères que l'on traite ; la grandeur des difficultés que l'on trouve ; la grandeur de la perfection que l'on professe ; la grandeur des vertus, des souffrances et des travaux où l'on s'engage ; et enfin la rigueur du compte qu'on en rend. Abattu par tant et de si puissantes réflexions, il s'enfuit dans le désert, et renonça au sacerdoce ; mais celui qui l'avait renversé le redressa pour lui faire recevoir cette dignité, qu'il n'avait méritée qu'à cause qu'il ne s'était pas jugé digne de la recevoir. Les excellentes pensées qu'il eut là-dessus, et qui paraissent les plus instructives et les plus édifiantes pour nous, peuvent se rapporter à quatre chefs : au sacerdoce, considéré en lui-même, que nous recevons ; au sacrifice que nous offrons ; à la victime à laquelle nous communiquons ; à la prière que nous faisons en qualité de ministres de la religion. Examinons-les tous quatre séparément. Commençons par le premier motif.

Premier motif. — *Combien le sacerdoce que nous recevons nous engage à vivre saintement.*

Rien de plus sublime que l'idée de notre saint sur le sacerdoce. Il dit, premièrement, que le sacerdoce s'exerce, à la vérité, sur la terre ; mais, qu'on n'ait pas à s'y tromper, qu'il le faut mettre au rang des choses célestes, et, par conséquent, qu'on doit y apporter des dispositions toutes divines : « Etenim sacerdotium ipsum in terra quidem peragitur, sed in rerum cœlestium classem ordinemque referendum est. » (Lib. III, cap. 3, num. 5.) Que c'est une de ces sortes de biens purement et gratuitement descendus d'en haut, d'une dignité élevée au-dessus des prétentions humaines, et qui, de sa nature, ne devait pas être exercée par des mortels. En effet, l'exercice d'une puissance qui remet les péchés, qui sanctifie les âmes, qui communique la grâce et le Saint-Esprit, qui produit le Fils de Dieu sur les autels, qui dispense des mystères ineffables, qui chasse les démons, qui ouvre le ciel et qui ferme l'enfer; une semblable puissance, dis-je, est-elle du ressort des habitants de la terre? C'est donc à bon droit que cet aigle des Pères grecs, la considérant d'un œil épuré, nous assure qu'il la faut ranger au nombre des choses célestes et divines : « In rerum cœlestium classem ordinemque referendum est. » Et il le prouve par les raisons suivantes :

Premièrement, il observe que Dieu seul, et immédiatement par lui-même, est l'auteur, l'instituteur et le fondateur du sacerdoce, et non aucune créature; que ce souverain Ouvrier ne s'est servi du ministère ni des patriarches, ni des prophètes, ni des apôtres, pour l'établir, et que c'est l'ouvrage de ses mains adorables : « Clerus opus manuum Dei, » comme parle un autre Père; et non-seulement qu'il ne s'est pas servi des hommes pour ce grand ouvrage, mais qu'il n'y a pas même voulu employer les anges et les archanges; qu'en un mot, il a voulu que le sacerdoce fût la production de sa sagesse et de son amour envers les hommes : « Quippe non mortalis quispiam, non angelus, non archangelus, non alia quævis creata potentia; sed ipse Paracletus ordinem hujuscemodi disposuit. » (Ibid.) Quelque grands qu'aient été les plus célèbres prophètes et patriarches, et fondateurs des ordres les plus religieux, ce n'a pas été eux, non plus que les séraphins et les chérubins, que Dieu a voulu être auteurs de l'état ecclésiastique. C'est le Saint-Esprit lui-même qui l'a établi. Que si l'ouvrage tire de la dignité de son auteur, jugez par cette règle quelle gloire est celle du sacerdoce et quelles excellentes dispositions il demande en celui qui le reçoit.

Voici une nouvelle raison qu'ajoute notre saint : Le ministère des prêtres n'est rien moins que le ministère des anges, et nul autre que le Saint-Esprit ne pouvait élever les hommes à entreprendre d'en faire les fonctions. Jugez donc à quelle société d'honneur vous êtes appelé; jugez de l'éminence de votre caractère et de votre rang : vous n'êtes pas seulement destiné à remplir la place que les anges déserteurs occupaient dans le ciel : vous êtes admis à exercer sur la terre un office qui semblait être réservé à l'ange : « Ipse Paracletus mortalibus hominibus, etiamnum in carne manentibus auctor fuit, ut angelorum ministerium animo conciperent. » (Ibid.) Un mortel, revêtu d'une chair corruptible, entreprendre les fonctions des esprits bienheureux !

Mais quoi! continue ce saint, n'est-ce pas trop peu dire? Il est vrai, c'est beaucoup que des habitants de la terre dispensent les mystères que les cieux renferment : « Etenim qui terram incolunt, atque in ea versantur, his commissum est, ut ea quæ in cœlis sunt dispensent. » C'est beaucoup, et c'est au delà de nos espérances, que des hommes reçoivent une puissance dont notre Dieu très-bon et très-puissant n'a pas voulu accorder l'usage aux anges mêmes ni aux archanges : « His datum est ut potestatem habeant quam Deus optimus neque angelis neque archangelis datam esse voluit, » puisqu'en effet c'est aux prêtres, et non aux anges, à qui le Fils de Dieu a adressé ces paroles : « Tout ce que vous lierez sur la terre sera lié dans le ciel, et ce que vous délierez sur la terre sera délié dans le ciel : « Neque enim ad illos dictum est : Quæcunque alligaveritis in terra, erunt alligata et in cœlo, et quæcunque solveritis in terra, erunt soluta et in cœlo. » (Matth. XVIII, 18.) Or, quelle sainteté cela n'exige-t-il pas?

Aussi, continue toujours le même saint, et ajoutant raison sur raison et lumière sur lumière, le prêtre ne doit pas être moins pur en ce monde même, que si, déjà placé au milieu des anges et des bienheureux dans le ciel, il participait à leur sainteté consommée : « Idcirco necesse est sacerdotem sic esse purum, ut si in ipsis cœlis collocatus inter cœlestes illas virtutes medius staret. » (Lib. III, cap. 3, num. 5.)

C'est pourquoi, s'en prenant à son ami, qui prétendait lui persuader de recevoir le sacerdoce, il lui dit avec une sainte indignation : Cessez, cessez donc de vouloir m'engager dans un état où je m'attirerais un jugement aussi terrible qu'inévitable : « Desine ergo non protrudere, in sic inevitabilis judicii aleam. » Car il ne s'agit pas seulement, dans un semblable emploi, de nous charger de la conduite d'une armée ni de l'administration d'un royaume, de quoi, après tout, un homme peut se rendre capable : « Neque enim nobis hic res est de ducendis militibus, aut de regno administrando, » mais d'un ministère qui demande la vertu d'un ange : « Sed de functione ea quæ angelicam virtutem requirit. » C'est-à-dire qu'afin d'exercer dignement les fonctions du sacerdoce, il faut être pur comme un ange, élevé au-dessus des choses terrestres comme un ange, uni à Dieu comme un ange, brillant et lumineux comme un ange; car l'âme d'un prêtre doit être plus pure que le rayon du soleil : « Etenim sacerdotis animam solaribus radiis puriorem esse oportet. » Elle doit jeter les vifs rayons de sa sainteté jusqu'aux extrémités de l'univers : « Luminis instar, universum orbem illustrantis, splendescere debet, » de peur que l'Esprit-Saint ne se retire d'elle, et qu'elle demeure désolée et abandonnée : « Nequando Spiritus sanctus desolatum illum relinquat. » Quels donc ne doivent pas être les prêtres du Seigneur, puisqu'ils sont appelés à une vie si parfaite et si semblable à celle de ces intelligences supérieures et immatérielles, infiniment séparées du commerce de la chair et du sang : « Nos ad perfectiorem viam tenemur, et sicut supernæ virtutes intellectuales et incorporeæ vitam instituere jubemur. » (Serm. contra concub., in fin.) Jugez donc si vous n'êtes pas tenu à vivre saintement, et si celui qui se charge du caractère sacerdotal ne doit pas redouter un si pesant fardeau que celui de remplir tant d'importantes obligations.

Et ceci même est un nouveau motif qui fit beaucoup d'impression sur l'esprit de saint Chrysostome ; c'est que l'apôtre saint Paul, quoique si consommé dans la sainteté, avait tremblé à la vue d'un si redoutable ministère ; le seul titre du chapitre où il étend cette considération, donne de la surprise : « Ipsum etiam Paulum timuisse hunc principatum. » (Lib. III, cap. 6, n. 13.) Puis il poursuit ainsi : Personne, dit-il, n'a jamais aimé Jésus-Christ avec plus d'ardeur que saint Paul ; personne ne s'est jamais rendu plus agréable à Dieu que cet apôtre ; cependant cet homme, après tant de dons et de priviléges reçus de Dieu, tremble encore pour lui et pour ceux qui sont soumis à sa charge : « Christum nemo est qui Paulo vehementius dilexerit, nemo qui apud Deum gratiosior quam Paulus fuerit ; tamen, post tot privilegia a Deo accepta, veretur adhuc ac tremit, principatus istius, subditorumque suorum gratia. » Et celui-là tremble à qui Dieu a fait la grâce de le ravir jusqu'au troisième ciel, et de le rendre le dépositaire des secrets les plus divins ; celui-là tremble que je puis dire avoir autant souffert de morts pour Jésus-Christ, qu'il a vécu de jours depuis qu'il lui eut engagé sa foi : « Atque hæc quidem dicit homo is, cui a Deo datum fuit, ut in tertium usque cœlum raperetur, ac divinorum arcanorum particeps fieret ; qui idem totidem, ut sic dixerim, mortes pertulit, quot ipse dies post fidem Christo datam vixit. » Si donc le grand saint Paul, gardant si exactement les commandements de son Dieu, qu'il en faisait même au delà de ce qu'on exigeait de lui, qui n'envisageait dans son ministère que le seul bien des âmes qui lui étaient confiées, et jamais le sien propre, a redouté l'office pastoral, la dignité sacerdotale, le ministère apostolique, a trouvé terrible le poids d'un tel fardeau, que devons-nous faire nous autres ? « Si igitur Paulus, Dei mandata sic observans, ut majora etiam quam ipsi a Deo injuncta fuissent, præstaret, nunquam suo ipsius, sed subditorum tantum commodo studens, sic ubique formidavit, magistratus sui molem expendens ; quid faciemus ipsi ? » Car un prêtre ne doit être rien moins qu'un homme qui s'intéresse et en ce qui regarde toutes les Eglises de l'univers en général, et en ce qui concerne le salut d'un chacun en particulier ; qui soit détaché jusqu'à n'envisager que le bien du prochain et jamais son propre intérêt ; qui soit prêt, avec ce divin apôtre, de devenir anathème pour ses frères, c'est-à-dire de se sacrifier pour eux : « Ejuscemodi enim convenit sacerdotem esse. » Or, s'il faut être tel pour s'acquitter des devoirs qu'impose le sacerdoce, jugez quel degré de sainteté il exige ; jugez de ce que vous devez être ; au reste, s'il est vrai, ce qu'ajoute ce grand docteur, que non-seulement un prêtre doive être tel qu'il vient de le dépeindre, avoir les vertus dont il a parlé, les dons et les grâces ; mais que ce ne soit encore là que les premiers linéaments de ce qu'on attend de lui ; que ce n'est rien en comparaison de ce qui reste à en dire, ne faut-il pas avouer qu'il fit sagement, en fuyant le sacerdoce, et en se retirant dans le désert, et que nous sommes, ou bien peu éclairés, ou bien téméraires, de demander avec empressement le sacerdoce ? « Ejuscemodi enim convenit esse sacerdotem, quinimo non ejuscemodi tantum convenit esse sacerdotem, parva enim sunt ista, aut certe nulla pro eo quod ipse sum dicturus. »

Que pourrait-on ajouter de plus relevé, et pour nous découvrir la dignité sacerdotale, et pour nous persuader l'excellence des dispositions que nous y devons apporter, si ce n'est peut-être ce nouveau motif, que les prêtres, approchant plus près de Dieu, doivent être ornés de plus de sainteté que le reste des mortels ?

En effet, pour ajouter le raisonnement de saint Thomas à l'autorité de saint Chrysostome, plus une chose approche-t-elle de son principe, plus participe-t-elle à la qualité de ce principe, plus en ressent-elle les impressions : « Quanto aliquid magis appropinquat principio in aliquo genere, tanto magis participat effectum illius principii. » (P. III, q. 27, a. 5, c.) Voilà une maxime générale reçue de tout le monde ; d'où vient, selon saint Denis, que les anges, parce qu'ils sont plus immédiatement conjoints à la Divinité que ne le sont les hommes, participent aussi davantage aux effusions de la Divinité : « Unde Dionysius dicit quod angeli qui sunt Deo propinquiores, plus participant de bonitatibus divinis quam homines. » Et c'est encore par cette même raison, que la sainte Vierge a reçu la grâce en plus grande abondance, et avec une profusion, toute autre que le reste des saints, à cause qu'elle était plus immédiatement unie à Jésus-Christ, la source de toute grâce : « Beatissima Virgo Maria propinquissima fuit Christo, et ideo majorem debuit a Christo gratiæ plenitudinem, quia propinquissima fuit auctori gratiæ. »

Cette vérité nous est insinuée dans l'Evangile par cette pauvre malade, qui disait : Si je touche seulement son vêtement, je serai guérie : Si tetigero tantum vestimenta ejus, salva ero. (Matth. IX, 29.)

Or, qui approche Dieu de plus près que le prêtre ? qui est plus élevé au-dessus du commun des hommes, que le prêtre? Un Père, c'est Pierre de Blois, ne dit-il pas qu'ils sont : « Positi in superlativo gradu hominum? » Un grand Pape n'ajoute-t-il pas qu'ils tiennent le milieu entre Dieu et les hommes? « Inter Deum et hominem medius constituti, » qu'ils sont à la vérité au-dessous de Dieu, mais qu'ils sont au-dessus de l'homme : « Citra Deum, sed supra hominem. » Qu'ils sont moins que Dieu, mais qu'ils sont plus que l'homme : « Minor Deo, sed major homine. » Moïse, ou plutôt Dieu, par la bouche de ce grand législateur, disait aux Israélites : Voici ce que dit le Seigneur: Je serai sanctifié par ceux qui s'approchent de moi : *Quia hoc est verbum quod dicit Dominus; Sanctificabor in his qui appropinquant mihi.* (*Levit.* x, 3.)

D'où vient donc qu'étant prêtre, et vous approchant si souvent et de si près de Dieu, vous en rapportez si peu de sainteté? D'où vient qu'allant tous les jours à la source de la vie, et que touchant, non la robe, mais la chair vivante et vivifiante de ce céleste médecin, vous êtes cependant toujours accablé de langueur? D'où vient que, vous plongeant sans cesse dans cette fontaine de toute justice, comme parle le concile de Trente, « Christus fons omnis justitiæ, » vous êtes si peu pénétré des maximes des justes? Si vous trempiez votre langue dans l'or liquide, dit saint Chrysostome, vous la retireriez toute teinte et imbibée de ce précieux métal; votre bouche est sans cesse arrosée du sang de Jésus-Christ, et vous êtes sans amour : « Si in aurum liquefactum linguam immergeres, eam auream retraheres, quid est quod amori immersus amorem non sentis? » Un ruisseau est d'autant plus pur qu'il est moins éloigné de sa source; plus un corps est voisin du soleil ou du feu, plus il est lumineux et brûlant; vous suivez celui qui vous assure qu'il est la lumière du monde, et que celui qui le suit ne marche point dans les ténèbres: *Ego sum lux mundi; qui sequitur me non ambulat in tenebris, sed habebit lumen vitæ.* (*Joan.* VIII, 12.) Et cependant vous gémissez dans l'obscurité des vérités ecclésiastiques et chrétiennes; vous vivez dans la région de la lumière, près de celui qui éclaire tout homme venant en ce monde : *Illuminat omnem hominem venientem in hunc mundum* (*Joan.* I, 9); et on ne voit en vous ni science lumineuse, ni exemple édifiant? Le Prophète vous crie que vous serez illuminé, si vous approchez de Dieu, que votre visage ne sera pas confondu : *Accedite ad eum, et illuminamini, et facies vestræ non confundentur.* (*Psal.* XXXIII, 6.) Moïse, pour avoir conversé avec le Seigneur sur la montagne, en descendit tout éclatant ; vous vous approchez sans cesse de Dieu, vous lui parlez seul à seul, vous le touchez et le recevez dans votre cœur, et vous en revenez confus, et votre visage n'est ni éclairé, ni n'éclaire? Vous êtes perpétuellement uni à la Divinité, pourquoi donc n'êtes-vous pas un homme tout divin? Vous plongez le vase de votre cœur dans une mer de grâce, et vous l'en rapportez vide! Vous êtes à toute heure au milieu du feu, et vous êtes tout glacé! *Deus noster ignis consumens est.* (*Hebr.* XII, 29.) Jésus-Christ a dit qu'il était venu mettre le feu en terre, et qu'il ne voulait rien, sinon qu'elle brûlât : *Ignem veni mittere in terram et quid nisi ut accendatur?* (*Luc.* XII, 49.) Et, comme dit saint Augustin, l'homme s'échauffe quand il s'approche du feu, il se refroidit quand il s'en éloigne : « Homo accedendo ad ignem fervescit, recedendo frigescit. » Est-ce que vous pouvez cacher du feu dans votre sein, sans brûler vos vêtements? *Nunquid potest homo abscondere ignem in sinu suo, ut vestimenta illius non ardeant?* (*Prov.* VI, 27.) Comment donc pouvez-vous recevoir dans le vôtre cette fournaise d'amour, et demeurer insensible? « Quomodo potest homo inter tot ignes frigescere? » Que les prêtres qui s'approchent du Seigneur, soient donc saints, de peur qu'il ne les frappe de mort: *Sacerdotes qui accedunt ad Dominum, sanctificentur, ne percutiat eos.* (*Exod.* XIX, 22.)

En effet, si pour réunir toutes ces vues, on vient à considérer, avec saint Chrysostome, l'honneur auquel l'homme est élevé par le sacerdoce, quel mystère incompréhensible il y a de voir qu'un vermisseau de terre, qu'une créature pétrie de chair et de sang, soit admise à s'approcher de si près de la Divinité comme fait le prêtre : « Nam si quis consideret quantum id sit mysterium, ut is scilicet qui homo ipse sit, carne et sanguine etiamnum constans, iisque involutus, beatæ atque immortali naturæ illi fieri propior queat. » (*Lib.* III, *cap.* 4, init.) Si quelqu'un, dis-je, peut bien attentivement méditer et pénétrer une si grande merveille, celui-là connaîtra à quel degré de gloire et de dignité la grâce du Saint-Esprit a élevé les prêtres : « Tum probe intelliget quanto sacerdotes honore, quanta dignitate, Spiritus sancti gratia, dignata fecerit. » Il connaîtra quelle sainteté Dieu exige d'eux; quelles dispositions sont nécessaires à celui qui exerce les fonctions d'un si redoutable ministère, ou qui veut se préparer à la réception d'un si divin pouvoir.

Mais, si le sacerdoce que vous recevez vous oblige à vivre saintement, le sacrifice que vous offrez ne vous y engage pas moins ; et c'est ce que saint Chrysostome, de la doctrine duquel nous ne nous éloignons pas, établit admirablement dans ce même livre, ainsi qu'on va voir.

Second motif. — *Combien le sacrifice que nous offrons nous engage à vivre saintement.*

Pallade rapporte une chose dans son histoire, qui peut sans doute extrêmement édifier notre piété, et qui ne fait pas peu à notre sujet. Il dit qu'étant allé visiter le célèbre abbé Macaire, il trouva devant sa porte un prêtre couché par terre, ayant tout le corps rongé d'ulcères, et dont les os mêmes de la tête étaient pourris : « Invenit jacentem quemdam presbyterum, toto corpore ulceribus plenum, capitis autem ejus etiam ipsa ossa computruerant. » Il était exprès venu afin d'obtenir la guérison de cet étrange mal par les prières du saint, qui cependant ne voulait pas seulement l'entendre : « Sed sanctus Macarius non suscipiebat eum. » Touché d'un tel spectacle, je me jetai aux pieds de saint Macaire, continue Pallade, et je le conjurai de prendre pitié de ce pauvre malheureux ; mais il me répondit : Il est indigne de la santé qu'il demande : *Indignus est ut sanitatem recipiat*; et je vous prie, ajouta-t-il, loin de lui marquer de la compassion, de le reprendre sévèrement : « Sed magis increpa eum, » et de l'exhorter à n'être pas si osé que de jamais s'approcher du saint autel, ni d'offrir à Dieu le sacrifice. « Et suade ei ut non audeat accedere ad sacrosanctum altare Domini, et offerre sacrificium Domino ; » car il s'est souillé dans le péché de fornication, et il a offert en cet état, et c'est à cause de cela qu'il est réduit où vous le voyez : « Quia fornicando offert, et propter hoc castigatur. » Portez-le donc à rentrer en lui-même, et à faire une pénitence proportionnée à la grandeur de son crime, afin qu'il puisse recevoir miséricorde : « Suade ergo ei ut resipiscat, et condignam agat pœnitentiam, ut misericordiam a Domino mereatur accipere. » Ayant ouï ce discours, j'allai trouver ce prêtre, et lui fis le récit de ce que m'avait dit saint Macaire ; aussitôt il tomba dans une effroyable agitation, il trembla, il frémit, et il jura que le reste de sa vie il n'aurait jamais l'audace de s'approcher du saint autel : « Et ille terribiliter conturbatus intremuit, juravitque quia in exitum vitæ suæ non usurparet ad altare Domini accedere. » Après quoi l'ayant fait entrer, le saint lui tint ce discours : Croyez-vous qu'il y a un Dieu à qui rien n'est caché ? « Credis quia Deus est quem nihil latet ? » — Oui répondit ce prêtre, je le crois. — Si donc vous connaissez l'énormité de votre péché, et combien vous êtes coupable aux yeux du souverain Juge : « Si ergo cognoscis tanti criminis peccatum tuum ; » si vous sentez la main de Dieu appesantie sur vous, et qu'il a frappé votre corps de cette horrible plaie en punition de ce grand sacrilége : « Si castigationem intelligis pro qua causa tanti mali plaga in corpore tuo est, ideoque percussus es ; » cessez de plus pécher, corrigez-vous à l'avenir, et pleurez le reste de vos jours, pénétré d'une vive douleur, devant celui que vous avez si grièvement offensé : « Cessa a malis tuis, et corrige te de cætero, et confitere semper cum lacrymis pœnitentiæ, et intimo cordis dolore in conspectu Domini peccatum tuum. » Afin qu'au jour du jugement vous puissiez concevoir quelque rayon d'espérance en la miséricorde de Dieu, et trouver grâce devant sa face : « Ut in die judicii possis aliquam misericordiam ac pietatem Domini invenire. » Ce pauvre prêtre protesta avec serment, que jamais il ne retomberait dans son péché, que jamais il ne s'approcherait du très-saint autel, que jamais il ne consacrerait l'oblation, et qu'il se réduirait au rang des laïques : « Dedit ergo sacramentum se nunquam peccare, neque ad sacrosanctum altare accedere, nec oblationem consecrare, sed sicut laici sortem habere. » Telle fut la promesse que saint Macaire exigea de lui ; après quoi il lui imposa les mains, et le guérit.

Combien cet exemple est-il fort pour nous prouver l'horreur que Dieu a d'un prêtre qui porte une conscience criminelle à l'autel ; sans doute, dit saint Chrysostome, que c'est la chose du monde la plus détestable à ses yeux : « Nulla re Deus magis offenditur, quam quod peccatores et indigni, sacerdotii dignitate præfulgeant ; » jusque-là que c'est un moindre mal de voir des Chrétiens possédés par le diable, que de voir des prêtres infectés par la lèpre du péché ; chose horrible à penser : « Dico horribile quoddam atque tremendum : non est ita malum in Ecclesia Dei dæmoniacos esse, sicut sacerdotes qui peccatorum sordibus inquinantur ; hoc enim pessimum est. » Il vaudrait mieux voir un démoniaque à l'autel, que d'y voir un méchant prêtre, qui, comme le démon, ne peut espérer que les flammes éternelles : « Multo igitur dæmoniaco pejor sacerdos qui peccati sibi conscius, accedit ad altare ; quoniam æternis tradetur flammis. » (Hom. 83, *in Math.* VII.) Combien, encore une fois, cet exemple est-il fort pour nous prouver la pureté que Dieu exige de ceux qui s'approchent de ses autels, et qui lui offrent la victime de notre salut ? Combien prouve-t-il cette maxime de saint Grégoire, qu'un prêtre, assez malheureux pour souiller son caractère par le péché, ne doit pas espérer de salut, s'il ne s'abstient absolument d'exercer un pouvoir dont il est désormais indigne : « Ad æternæ salutis bravium in vanum se fatigat nisi honorem in quo deliquit, penitus derelinquat ! » Mais revenons à saint Chrysostome et à ses livres *Du sacerdoce*, puisque c'est la source d'où nous avons résolu de tirer toutes nos lumières aujourd'hui.

Quand je considère, dit ce saint, les mystères de la loi ancienne, ces cérémonies, ces sacrifices, ces habits sacerdotaux, cet autel des holocaustes, ce temple auguste, cette table des pains de proposition, ces parfums exquis, ce Saint des saints, ce silence et ce calme profond du sanctuaire où reposait l'arche d'alliance, j'avoue que je suis frappé d'une sacrée frayeur, et que l'idée religieuse que je m'en forme ne me donne pas une terreur médiocre : « Terribilia atque horrifica fuisse ferunt quæ gratiæ tempus præcesserunt, quod genus fuerunt vestes, etc. Sancta sanctorum, ingens intus quies atque silentium. » (Lib. III, cap. 3, num. 5.)

Mais, si quelqu'un veut ensuite jeter les yeux sur les mystères de la loi de grâce, il trouvera que les mystères anciens si majestueux, si redoutables, si terribles, ne sont rien en comparaison des mystères de la loi nouvelle : « At vero, si quis ea quæ gratiæ tempus advexit, examinet, terribilia atque horrifica quæ dixi, judicabit admodum esse levia, » etc. Il trouvera que la sainteté qu'on exigeait des prêtres anciens, n'est rien en comparaison de la sainteté qu'on exige des ministres de la loi nouvelle.

Voulez-vous en voir un exemple, continue-t-il, et reconnaître combien les prodiges nouveaux surpassent les anciens? rappelez dans votre mémoire un des plus surprenants spectacles que l'Ecriture expose à nos yeux; imaginez-vous Elie, cet admirable prophète, lorsqu'il combattit contre les prêtres de l'impie Jésabel : « Ponito ob oculos Eliam illum. » Représentez-vous un autel sur le haut du mont Carmel, une victime mise sur cet autel; Elie qui s'applique au sacrifice, un peuple immense prosterné qui l'environne, tout le monde dans un silence profond, dans une crainte religieuse, dans une attention souveraine : « Ponito ob oculos Eliam illum, præterea et infinitam illam turbam circumfusam, et sacrificium lapidibus superpositum, tum vero reliquos omnes admodum quietos et taciturnos. » Le prophète seul se tenant droit, les yeux et les bras élevés au ciel, et faisant sa prière à Dieu : « Solum autem prophetam preces fundentem. » Ensuite imaginez-vous un feu qui descend du ciel, et qui consume la victime, une flamme qui voltige sur tout l'autel : « Flammam repente e cœlo delabentem, sacrificiumque ipsum lambentem. » O Dieu ! peut-on se figurer rien de plus surprenant et de plus grand ? « Mira sunt ista profecto, ac stupore omni plena. »

Mais arrêtez-vous, et revenez de votre étonnement ; tournez à présent les yeux de notre côté, et considérez nos mystères, et vous verrez qu'ils sont incomparablement plus dignes d'admiration, et qu'ils surpassent infiniment tout ce que les anciens ont de plus terrible et de plus étonnant ; et par conséquent qu'ils demandent dans le prêtre qui les opère une sainteté incomparablement plus grande : « Ab illis ergo sacris ad nostratia sacra te confer : nec ea mira modo esse videbis, sed etiam omnem stuporem excedentia. »

Otez tout cet extérieur pompeux qui impose, regardez des yeux de la foi un prêtre de Jésus-Christ à l'autel : vous ne remarquez pas là de feu matériel qui descende du ciel, je l'avoue ; mais, éclairé d'une plus haute lumière, ne découvrez-vous pas, au lieu d'une flamme visible, le Saint-Esprit même que le prêtre porte : « Adest enim sacerdos, non ignem gestans, sed Spiritum sanctum. » Les prières qu'il fait à Dieu ne font pas descendre du ciel un feu extérieur qui dévore les dons sacrés posés sur l'autel, il est vrai ; mais elles attirent la grâce qui, découlant par le sacrifice, cause un saint incendie dans les cœurs, et les embrasant d'une divine ardeur, les rend plus purs que l'argent le plus raffiné dans le creuset : « Is preces diuturnas fundit, non quo flamma, cœlitus delapsa, sacra apposita absumat ; sed ut gratia in sacrificium influens, per illud ipsum omnium animos inflammet, et puriores reddat argento igne excocto purgatoque. » Et c'est là véritablement un mystère terrible, et qui doit nous causer, tout autrement que les anciens, une frayeur sainte : « Hoc ergo mysterium omnium maxime horrendum verendumque. »

En effet, lorsque, d'un œil éclairé par la lumière de la foi, vous envisagez sur nos autels le Seigneur immolé, le prêtre attentif au sacrifice, et élevé à Dieu par la prière ; le peuple fidèle environnant en foule cet autel, et qui commence à rougir et à devenir teint du sang précieux qui rejaillit sur lui ; de bonne foi, vous semble-t-il encore être sur la terre, et vous voir au rang des mortels ? « Nam dum conspicis Dominum immolatum, et illic situm sacerdotem sacrificio incumbentem, ac preces fundentem ; tum vero turbam circumfusam pretioso illo sanguine intingi ac rubefieri, etiamne inter mortales versari atque in terra consistere censes ? » Ne vous semble-t-il pas, au contraire, être dans ce moment tout d'un coup transporté dans le ciel ? « An potius e vestigio in cœlis transferri ? » Ne vous semble-t-il pas que, dépouillé de tout le sensible, votre âme, dégagée de la matière et de tout l'être créé, d'un œil libre et d'un esprit pur, vous contemplez de vos yeux ce qui se passe dans le ciel : « An non, carnis cogitationem omnem abjiciens, nudo animo, mente pura, circumspicis quæ in cœlo sunt ? » O miracle ! ô bonté ! celui qui là-haut règne assis dans le trône du Père, dans ce moment même, est touché des mains de tous, et se livre à ceux qui veulent le recevoir et l'embrasser : « O miraculum ! o Dei benignitatem ! qui cum Patre sursum sedet in illo ipso temporis articulo omnium manibus pertractatur, ac seipsum tradit volentibus ipsum excipere atque complecti. » Merveille qui, bien éloignée de tout prestige, est vue par autant d'yeux qu'il y a de fidèles présents : « Fit autem id nullis præstigiis, sed apertis ac circumspicientibus circumsistentium omnium oculis. »

Quelle sainteté n'est donc pas requise dans celui à qui Dieu confie un tel pouvoir ? quelle éminente vertu ne lui est pas nécessaire ? de quels dons ne doit-il pas être orné ? Mais, lorsqu'il a invoqué le Saint-Esprit sur nos autels, qu'il a opéré ce terrible et redoutable sacrifice, qu'il tient entre ses mains le Seigneur souverain de toutes choses, je vous demande en quel rang le mettrons-nous ? « Cum autem ille et Spiritum sanctum invocaverit, sacrificiumque illud horrore ac reverentia plenissimum perfecerit, communi omnium Domino manibus pertractato, quæro ex te quorum illum in ordine collocabimus ?» (Lib. VI, cap. 3, num. 8.) Quelle intégrité de vie, quelle immense religion n'avons-nous pas droit d'exiger de lui ? « Quantam vero ab eo integritatem exigemus, quantam religionem ? »

En effet, poursuit toujours cet incomparable Père, cet éloquent docteur, et l'aigle de l'Eglise grecque, considérez quelles doivent être les mains qui servent à un si divin ministère ? quelle doit être la langue qui rougit d'un tel sang, la bouche qui sert d'organe à de telles paroles ? « Considera enim quales manus hæc administrantes esse oporteat, qualem linguam, quæ verba illa effundat ? » En un mot, de quelle plus grande pureté, de quelle plus haute perfection que tout le reste des créatures ne doit pas être enrichi le cœur de celui qui reçoit un tel hôte, le Saint des saints, le Saint-Esprit même, auteur de toute pureté : « Qua denique non puriorem sanctioremve esse conveniat animam quæ tantum illum tamque dignum Spiritum receperit. »

Au moment de l'oblation de ce sacrifice auguste, les anges se tiennent droits auprès du prêtre comme ses coopérateurs : « Per id tempus et angeli sacerdoti astant; » les hiérarchies célestes font retentir leurs clameurs religieuses : « Et cœlestium potestatum universus ordo clamores excitat. » Et tout le sanctuaire, au milieu duquel est l'autel, se trouve rempli d'une multitude infinie d'anges, qui viennent en foule honorer celui qui s'immole ; ce que nous ne pouvons nous dispenser de croire de la dignité d'un si grand sacrifice qui s'opère alors : « Et locus altari vicinus in illius honorem qui immolatur angelorum choris plenus est ; id quod credere abunde licet vel ex tanto illo sacrificio quod tum peragitur. »

Sur quoi je suis bien aise de vous faire part d'une histoire que j'ai apprise d'un homme digne de foi : Un saint vieillard d'une admirable sainteté de vie, et digne d'avoir été favorisé de plusieurs révélations célestes, assura que Dieu lui avait manifesté celle-ci : « Senem quemdam virum admirabilem, ac cui revelationum mysteria multa, divinitus fuissent detecta, narrasse se tali olim visione dignum habitum a Deo esse. »

Assistant une fois au sacrifice, il vit tout d'un coup une multitude d'anges revêtus de vêtements tout éclatants de blancheur, entourant l'autel, se tenant debout, et baissant la tête, ainsi que les soldats devant leur roi : « Derepente angelorum multitudinem conspexisse, candidis vestibus indutorum, altare ipsum circumdantium ; denique sic capite inclinatorum, ut si quis milites præsente rege videat. »

Après cela, pouvons-nous douter que le sacrifice que nous offrons tous les jours ne nous soit un engagement de mener une vie sainte ; ou plutôt, et pour parler d'une manière proportionnée à de si grandes idées, et si véritables, pouvons-nous n'être pas convaincus de cette vérité sortie de la bouche du même saint Chrysostome, qu'il est nécessaire qu'un prêtre soit aussi pur, aussi saint, aussi divin, que si, transporté dans le ciel, il vivait au milieu des bienheureux et des anges? « Idcirco necesse est sacerdotem sic esse purum, ac si in ipsis cœlis collocatus inter cœlestes illas virtutes medius staret. » Demandons à Dieu la grâce ce notre état, et promettons-lui d'y être fidèles. Humilions-nous dans ce que nous sommes et de ce que nous devons être, et, nous unissant à la société de tous les prêtres de l'Eglise de Jésus-Christ, prions Dieu de nous faire participer à la bénédiction que l'évêque qui nous a conféré la dignité du sacerdoce, a répandu sur nous au jour de notre consécration : « Da, quæsumus, omnipotens Pater, in hos famulos tuos presbyterii dignitatem ; innova in visceribus eorum spiritum sanctitatis. » Et après avoir considéré combien le sacerdoce que nous recevons, et combien le sacrifice que nous offrons nous engagent à vivre saintement, convainçons-nous à présent de la même obligation, considérant la victime sainte à laquelle nous communiquons, et nous nous unissons, que nous immolons, et dont nous nous nourrissons, et cela par les seules pensées et les propres expressions du grand saint Chrysostome, dans ses excellents livres *Du sacerdoce*, afin que, s'il se peut, elles fassent sur nos esprits les mêmes impressions qu'elles firent autrefois sur le sien.

Troisième motif. — *Combien la victime à laquelle nous communiquons nous engage à vivre saintement.*

Nous avons observé plusieurs fois l'esprit des saints sur cet article, et montré par leur doctrine combien la participation que nous avons à l'Eucharistie, nous engage à vivre saintement.

Premièrement, à raison de l'union intime que nous y contractons avec le Saint des saints, dont la chair adorable qui sert d'instrument à la divinité afin de nous communiquer la grâce, se mêle heureusement pour nous, et se confond avec la nôtre, pour n'en faire plus qu'une; et accomplir dans ces noces spirituelles plus véritablement cette parole que dans les mariages de la terre: *Erunt duo in carne una.* (*Matth.* xix, 5.) Car, dans ce sacrement, pour nous exprimer encore avec le même saint Chrysostome, il n'a pas suffi au Fils de Dieu de se faire chair pour nous : « Neque enim illi satis fuit hominem fieri, colaphis cædi, et crucifigi. » (*Dominic. infra octav.* ii, noct. 2.) Il a voulu aller plus loin, en s'unissant et se mêlant avec nous : « Verum et semetipsum nobis commiscet. » Et cela non-seulement en esprit et par la foi ; mais réellement, nous faisant devenir en un sens sa propre chair, et nous incorporant à lui : « Et non fide tantum, verum et ipsa re, suum efficit corpus, et per omnia nos sibi coagmentat. » De sorte que nous comprenons par là ce que veulent nous donner à entendre les docteurs les plus anciens de l'Eglise, lorsqu'ils nous disent que par la communion nous devenons d'autres Jésus-Christ, ou plutôt que nous n'en faisons mystiquement tous qu'un seul. Et y a-t-il de quoi s'en étonner, puisque même la foi nous apprend que Jésus-Christ, dans ce sacrement, nous est donné comme notre viande et notre aliment, qui constamment ne fait plus deux substances avec celui qui l'a mangée, et qui s'en est nourri ; mais une seule. L'unique différence qui se trouve entre ce pain céleste, ce pain vivant et vivifiant dont nous nourrissons notre âme, et le pain mort et terrestre dont nous sustentons notre corps, consistant en ce que nous faisons passer celui-ci en notre substance, et que celui-là nous fait passer en la sienne, selon cette célèbre parole de saint Augustin : « Cibus sum grandium, cresce, et manducabis me, nec tu me in te mutabis, sicut cibum carnis tuæ, sed tu mutaberis in me. (*Confess.*, lib. vii, c. 10.) Et celle-ci de saint Léon : La participation, dit ce grand Pape, que que nous avons au corps et au sang de Jésus-Christ, n'opère rien moins que de nous faire passer de l'être que nous avons à celui qu'il a : « Non aliud agit participatio corporis et sanguinis, quam ut in id quod sumimus, transeamus. » Or, à quelle éminente sainteté cela seul n'engage-t-il pas un prêtre qui communie tous les jours, et qui ne cesse de travailler à cette divine transformation ? Mais, en second lieu, les Pères tirent un second argument pour établir cette obligation, des effets que produit en nous ce divin aliment, dont le principal consiste à nous donner ou conserver la vie spirituelle de l'âme, qui n'est rien moins qu'une participation de la vie de Dieu même ; vie qui, ne devant pas demeurer oisive, porte sans cesse à faire des actions qui se sentent d'un principe si excellent : « Operamini non cibum qui perit, sed qui permanet in vitam æternam. » En effet, dit encore saint Chrysostome, les mères ont souvent assez peu de naturel pour donner à nourrir leurs enfants à des nourrices étrangères : « Parentes filios sæpe aliis tradunt alendos. » Mais Jésus-Christ a pour nous des entrailles plus tendres : « Ego autem ait Christus, non ita. » Plein d'une cordialité sans égale, il veut réunir en lui seul l'amour que les enfants partagent d'ordinaire entre la nourrice et la mère : « Et mater et altor, » il nous sustente de sa propre chair, de son propre sang, de sa propre substance : « Sed carnibus meis alo, et meipsum vobis appono ; » et par conséquent, combien nous met-il dans l'obligation de faire des œuvres qui tiennent d'une vie si divine : « Generosos vos esse volens, » c'est-à-dire j'attends de vous des vertus très-parfaites, des entreprises héroïques sur vous-mêmes, des victoires consommées sur le diable, le monde et la chair : « Generosos vos esse volens. » J'attends de vous que, vous nourrissant de moi, je vivrai en vous et vous en moi, et que vous ne vivrez plus que pour moi : *Et qui manducat me, et ipse vivet propter me.* (*Joan.* vi, 58.) Parce que, comme observent les premiers Pères, si les anciennes Ecritures portaient que Jésus-Christ devait mourir pour nous, les nouvelles Ecritures portent que nous ne devons vivre que pour lui.

Enfin, ce qui met le comble à cette obligation de vivre saintement, parce que nous nous nourrissons de l'Eucharistie, est cette autre excellente et peu connue vérité de la théologie des Pères, qui nous enseignent que, par l'Eucharistie nous sommes divinisés, en ce que, devenant une même chair avec Jésus-Christ, un même corps avec Jésus-Christ, il s'en suit que, n'étant plus qu'une même substance avec lui, nous participons en un mot à l'union hypostatique du Verbe substantiellement uni à l'humanité de Jésus-Christ ; nous en ressentons les impressions et nous devenons mystiquement alors, ainsi qu'on vient de le dire, d'autres Jésus-Christ ; ou plutôt nous ne faisons plus qu'un seul Jésus-Christ, le chef et les membres ; la prière de ce divin Sauveur à son Père ayant alors son effet : *Ut sint unum, sicut et nos unum sumus* (*Joan.* xvii, 11) ; *ego in eis et tu in me, ut sint consummati in unum.* (*Ibid.*, 23.) D'où il s'ensuit nécessairement que nous sommes obligés de mener une vie parfaite, parce que, selon la maxime reçue, l'action doit répondre à l'être : « Operari sequitur esse. » Or, nous acquérons par l'Eucharistie un être divin, parce que la personne perfectionnant la nature « persona est ultimum naturæ complementum, » et devenant comme une même substance par l'Eucharistie avec Jésus-Christ, nous sommes censés, en certaine manière, participer aux effets de la personne divine, perfectionnant et terminant la nature de Jésus-Christ, nous unissant substantiellement par la communion à son humanité, s'il est permis de s'exprimer ainsi. Doctrine néanmoins qu'il faut entendre avec le sel de la modération évangélique ; et par là, nous entendons ces expressions ordinaires des saints, que l'Eucharistie est le sacrement de perfection ; qu'elle nous divinise ; qu'elle nous fait opérer les œuvres de Dieu, *opera Dei.* (*Joan.* vi, 28.)

Tout ceci concerne le prêtre d'une façon toute singulière, si nous considérons que le prêtre représente Jésus-Christ à l'autel, ou plutôt que Jésus-Christ n'est pas seulement dans le prêtre, quand il a communié, ainsi qu'il est dans les Chrétiens qui l'ont reçu à cette divine table ; mais qu'il est dans le prêtre comme la vertu de l'agent principal est dans l'instrument dont il se sert pour faire un ouvrage. En effet, Jésus-Christ n'est-il pas, ainsi que la théologie l'enseigne, la cause principale de ce sacrement, et le prêtre le ministre ? Si donc le prêtre produit Jésus-Christ sur nos autels, ce n'est pas par un effet de sa propre vertu, ni une puissance humaine : « Non sunt humanæ virtutis opera hæc quæ proponuntur, » dit saint Augustin. (*Fer. 2, Octav. corp. Christ.*) Le même Jésus-Christ, qui consacra les mystères dans la cène pascale, est le même qui fait encore tous les jours la même chose sur nos autels : « Qui tunc ipsa fecit in illa cœna, idem ea nunc quoque facit. » Nous autres prêtres ne sommes que les instruments dont il se sert, et que les ministres par lesquels il agit : « Nos ministrorum tenemus locum. » Nous agissons, il est vrai ; mais celui qui sanctifie les dons, qui change les substances, qui fait cette transformation, est Jésus-Christ même : « Qui vero sanctificat et immutat, ipse est. » L'autel sur lequel nous célébrons n'a rien moins que la table du cénacle, sur laquelle Jésus-Christ opéra les divins mystères :

« Hæc est illa mensa, et minus nihil habet. » Car ne croyez pas que Jésus-Christ était assis à celle-ci, et que ce n'est qu'un homme qui préside à celle-là; c'est le même Jésus-Christ qui préside aux deux : « Non enim illam quidem Christus, hanc autem homo perficit. » Jésus-Christ est également à l'une et à l'autre : « Verum et hanc ipse quoque. » C'est vous, ô ministres de Jésus-Christ, que cette merveille regarde : « Hæc ad vos dico ministrantes; » c'est vous qu'il applique à un si grand ouvrage. Tel est l'honneur que vous avez reçu de Dieu de coopérer, non à la production du monde, mais à la production du Créateur du monde. C'est en cela que consiste votre gloire et votre bonheur ; c'est ce qui doit faire le sujet de votre récompense, si vous remplissez les grands devoirs de sainteté qu'impose une telle dignité. « Hoc vos Deus insignivit honore ; hoc vestra dignitas est; hoc securitas; hoc omnis corona. » Et vous, ô laïque fidèle, je vous avertis que, quand vous voyez le prêtre à l'autel, offrant à Dieu cette adorable victime : « Verum et tu, laice, cum sacerdotem videris offerentem, » vous ayez à ne le plus regarder comme un homme mortel, ni comme un prêtre opérant ce mystère, offrant ce sacrifice ; mais, éclairé des lumières de la foi, croyez très-assurément que vous voyez dans sa main étendue, dans son bras élevé et visible la main invisible de Jésus-Christ même : « Cum sacerdotem videris offerentem, ne ut sacerdotem esse putes, sed Christi manum invisibiliter extensam. » De quelle pureté ne doit donc pas reluire l'âme qui participe à un tel sacrifice? continue le même saint : « quo non igitur oportet esse puriorem tali fruentem sacrificio? » (*Dom. infra octav.*) Y a-t-il un rayon de soleil qui soit plus pur que le doit être la main qui partage une telle hostie? « Quo solari radio non splendidiorem manum carnem hanc dividentem? » la bouche qui est pleine de ce feu sacré, de ce charbon ardent? « Os quod igne spiritali repletur? » la langue qui est teinte de ce sang adorable? « Linguam quæ tremendo nimis sanguine rubescit? » Prêtres ! à quel degré de gloire et d'honneur êtes-vous élevés? « Cogita qualis sis insignitus honore? » à quelle table vous asseyez-vous? « quali mensa fruaris? » Ce qui donne de la frayeur aux anges, ce qu'ils n'osent fixement regarder, à cause de l'éclat lumineux qui en rejaillit et qui les éblouit; c'est de cela même dont vous vous nourrissez, à quoi vous vous unissez : « Quod angeli videntes horrescunt, neque libere audent intueri propter emicantem inde splendorem, hoc nos pascimur, huic nos unimur ; » c'est cela même qui vous fait être un même corps avec Jésus-Christ, une même chair avec lui : « Et facti sumus unum Christi corpus et una caro. »

Il est vrai que nous avons déjà rapporté en d'autres endroits ces paroles, et plusieurs fois peut-être; mais peut-on les dire, peut-on les méditer trop souvent? ou plutôt peut-on cesser de les admirer? et ne nous convainquent-elles pas elles seules parfaitement de cette vérité, que la victime sainte à laquelle nous communiquons, nous engage à vivre saintement? Plaise à Dieu que, semblables au grand saint Martin, la perle des prélats, « gemma sacerdotum, » nous ayons à l'autel, sinon un feu extérieur qui sorte de nous, du moins un feu invisible qui embrase nos cœurs : « Dum sacramenta offerret beatus Martinus, globus igneus apparuit super caput ejus. » Que nous comprenions à quel degré de sainteté la communion à cette divine hostie nous engage ; quelle obligation elle nous impose d'immoler notre chair, auparavant que d'oser immoler la sienne, de nous offrir en sacrifice avec nos convoitises, auparavant que d'offrir cet Agneau immaculé, cette victime et ce prêtre tout ensemble, de ne porter pas à l'autel une conscience souillée, qui nous empêche de jouir des chastes délices que les âmes pures y goûtent.

Saint Romuald privait de la sainte table ceux de ses religieux qui s'étaient laissés aller au sommeil pendant la prière ; que peuvent prétendre les prêtres qui ne prient point, ou de qui l'oraison n'est qu'un tissu de distractions ou de pensées vaines, et qui ne font presque pas d'efforts pour les chasser et se recueillir ?

Saint Jérôme, non-seulement ne se croyait pas en état de s'approcher de l'autel, lorsqu'il s'était laissé aller à quelque promptitude et mouvement de colère, ou quand il avait eu quelque illusion nocturne, il tremblait même quand il abordait les temples des martyrs, tant il se jugeait indigne de participer en cet état à ce mystère de paix et de pureté : « Si iratus fuero, aut me nocturnum phantasma deluserit, basilicas martyrum intrare non audeo, ita totus corpore et animo contremisco. » Que peut espérer un prêtre sujet à de fréquents emportements et à des pensées déshonnêtes qui salissent son imagination, non point pendant qu'il dort, mais lorsqu'il veille, et qu'il ne les chasse que très-négligemment, pour ne rien dire de pis ?

Saint Grégoire le Grand était si persuadé que l'hostie de nos autels, à laquelle les prêtres participent par le sacrifice, exige d'eux une parfaite sainteté, qu'apprenant qu'on avait trouvé un pauvre, mort apparemment de faim et de misère, et se croyant chargé des besoins de tout le monde, il s'abstint de célébrer la messe pendant quelques jours : « Æstimans eum stipis inopia ita per aliquot dies, ut dicitur, a Missarum celebratione vacando tristatus est. » (Lib. II *Vitæ*, n. 29.) Saint Charles en fit autant en réparation de quelque négligence commise dans les cérémonies du sacrifice. Que recevront à la table de Jésus-Christ ceux qui s'asseyent à la table de Jésus-Christ, sans avoir jamais fait asseoir à la leur Jésus-Christ? Quelle part à ce pain spirituel auront ceux qui n'en font aucune de leur pain matériel aux pauvres? Trouveront-ils miséricorde, ne l'ayant pas faite? de la compassion, n'en ayant pas eu ? Et que dire de ceux qui n'observent ni rubriques ni cérémonies, et qui n'en font aucun scrupule? Que leur sert de laver les extrémités des doigts, avant de commencer le canon, et de témoigner par là qu'ils sont purs des moindres défauts volontaires, des plus légères taches, si leur âme est ternie de la poussière des affections charnelles?

Pour revenir à saint Chrysostome, et pour montrer combien ce saint était persuadé que la victime sainte à laquelle les prêtres communiquent dans l'oblation du sacrifice, les engage à vivre saintement, nous rapporterons deux traits de son histoire qui prouveront parfaitement bien cette vérité.

On rapporte comme une chose publique et constante, que ce saint, célébrant les sacrés mystères, lors de la consécration du pain, tout ravi en Dieu, voyait à certains signes l'Esprit de Dieu descendre sur les dons sacrés posés sur l'autel : « Divinum panem consecrans, totus a Deo afflatus, quibusdam signis videbat Dei Spiritum ad dona proposita descendere. » (Ex Sur. t. I, Januar., p. 672.) Et qu'une fois, un des ministres qui l'assistaient à l'autel, ayant jeté une œillade trop libre sur une femme, aussitôt notre saint se trouva privé de cette vision céleste : « Cum autem unus ex ministris, qui ei assistebant, in quamdam mulierem oculum conjecisset, ut eam curiose aspiceret, beato Joanni fuit depulsa visio sancti Spiritus. » Mais, ayant connu la cause de cette privation, il déposa le diacre de son office, et il jouit à l'ordinaire de la faveur divine : « Ministrum statim movit e sua statione, ipse vero consueta ne sic quidem est frustratus. » Ensuite il fit mettre un voile à l'autel, pour empêcher qu'on ne pût voir à l'avenir de semblables objets : « Deinde, futuri curam gerens, jussit velis superiora muniri tabulata. »

Une autre fois ce grand saint, ayant été témoin de l'emportement d'un évêque en colère, ne voulut pas lui-même offrir les divins dons : « Alios jubet divina dona offerre; » ne jugeant pas convenable d'aller à l'autel, ni même d'assister au sacrifice, les oreilles comme profanées, et l'esprit souillé des tristes idées d'un semblable excès : « Non judicans esse sanctum, cum aures incubuerint, in talium rerum cogitatione, assistere sanctificatis. » Si bien qu'il sortit, prenant un livre à la main, et se retira : « Ipse autem libello in manu sumpto, egreditur. » Tant il était pénétré de la piété, du recueillement, de la religion que demandent nos mystères. Qu'est-ce donc que d'y porter une conscience agitée de haine, un cœur plein d'amertume, des sens dissipés, des passions vives, un intérieur bouleversé? La doctrine de ce saint est très-conforme à ses exemples : Veillons sur nous, mes très-chers frères, disait-il à ses auditeurs, veillons sur nous, étant rendus participants de si excellents biens : « Attendamus itaque nobis ipsis, dilectissimi, talibus fruentes bonis; » et quand vous vous sentirez portés à la colère, ou à dire quelque parole messéante, ou émus de quelque autre désir déréglé, faites attention à quelle table vous vous asseyez, de quel aliment vous vous nourrissez, et à quelle société de biens vous êtes appelés : « Et cum aliquid turpe dicere voluerimus, vel nos ab ira corripi viderimus, vel alio quopiam hujusmodi vitio, consideremus quibus facti sumus digni; » et qu'une semblable réflexion serve de frein à vos mouvements désordonnés : « Talisque cogitatio nobis irrationabilium motuum sit correctio. »

Quatrième motif. — *Combien l'exercice de la prière, dont un prêtre est chargé, l'oblige à vivre saintement.*

On n'a pas dessein de rappeler ici ce qui a été dit si au long ailleurs, de l'obligation étroite que les prêtres contractent de vaquer à la prière : c'est une des fins que Dieu s'est proposée dans l'établissement du sacerdoce ancien : *Tuli Levitas ut serviant mihi pro Israël in tabernaculo fœderis, et orent pro eis ne sit in populo plaga.* (*Num.* VIII, 19.) C'est un devoir que l'Église nous a imposé très-expressément dans notre ordination, lorsqu'elle a promis à Dieu que nous vaquerons à la méditation de sa loi le jour et la nuit : « Tu, Domine, super hos famulos tuos, quos ad presbyterii honorem dedicamus, munus tuæ benedictionis infunde, ut in lege tua, die ac nocte meditantes, quod legerint credant, quod crediderint doceant, quod docuerint imitentur. » Saint Jérôme nous assure que les prêtres doivent sans cesse prier pour le peuple : *Sacerdoti pro populo semper orandum est.* Saint Ambroise ajoute qu'il est de leur office de le faire la nuit et le jour : *Sacerdotes die ac nocte pro populo sibi commisso oportet orare.* (*In II Epist. ad Tim.* III.)

En effet, continue saint Chrysostome, qui sera assez hardi pour s'engager volontairement dans cet emploi, s'il considère avec attention le haut degré de sainteté que la seule obligation de vaquer à la prière suppose en celui qui est honoré de la qualité de prêtre. Car, je vous prie, dit-il, quel doit être celui qui, par office, est tenu de prier pour une ville entière? Que dis-je pour une ville entière? C'est trop peu de chose. Disons plutôt, qui doit intercéder pour tout l'univers, et être comme l'ambassadeur et le député de tout le genre humain : « Qualem, quæso, oportet eum esse, qui, pro civitate ipsa tota; quid dico, pro civitate? imo vero pro universo terrarum orbe legatus intercedit, deprecatorque est apud Deum? » (Lib. VI *De sacerd.*, cap. 3, num. 6.) Combien faut-il qu'un semblable homme ait de mérite et de vertu? Combien faut-il qu'il soit puissant auprès de Dieu, pour obtenir miséricorde sur les péchés des vivants et des morts? « Ut pro viventium modo, sed et mortuorum peccatis propitius fiat. » Pour obtenir de Dieu l'extinction de toutes les guerres qui désolent le monde, et des divisions qui ruinent les familles, pour obtenir la paix et la tranquillité publique et privée; quel faut-il être pour cela? « Deprecans quidquid ubique bellorum est exstingui, turbas solvi, atque in horum locum, pacem ac felicem rerum statum succedere. » Pour obtenir la délivrance de toute sorte de maux et de calamités, qui menacent d'accabler les Etats et les personnes, et une prompte délivrance : « Denique celerem malorum omnium unicuique imminentium, qua privatim, qua publice, defunctionem postulans. » Pour moi je ne crois pas que la sainteté d'un Moïse ou d'un Elie, ni que la confiance et la foi de ces deux grands amis de Dieu suffisent pour remplir parfaitement une telle obligation : « Equidem neque Moysis, neque Eliæ virtutem ac fiduciam unquam satis esse putaverim, ad supplicationem hujuscemodi peragendam. » Le prêtre n'étant rien moins chargé que des besoins et des vœux de tout le genre humain, dont il est établi le père : « Quandoquidem mundus ille universus concreditus est, omniumque sit pater. »

Surtout, parce qu'il ne lui est point permis de s'excuser, et de dire qu'il n'a pas été informé des désolations publiques ; qu'il n'a pas entendu le son de la trompette, ni prévu les guerres; tout cela sont de vaines raisons: « Neque licet ad excusationem confugere, neque vocem hanc usurpare: Tubam non audivi ; bellum non prævidi. » (Lib. vi, cap. 1, num. 1.) Pourquoi s'est-il fait prêtre ? pourquoi s'est-il engagé dans un état sans en avoir connu les obligations ? Il devait avoir appris du prophète Ezéchiel, qu'un prêtre est posé sur un lieu éminent, sur le sommet de la forteresse ou de la montagne, afin de prévoir de loin les effets de la colère de Dieu, et de la détourner par ses prières de dessus la tête des mortels ; sans quoi, quelque prétexte dont il se couvre, il ne pourra jamais se mettre à couvert des rigueurs de la justice divine, quand même, par sa négligence, il ne serait cause que de la perte d'une seule âme : « Quippe in hoc sedet sacerdos, ut Ezechiel ait (vii, 14), ut aliis signum tuba canens det, et quæ futura sunt incommoda prænuntiet; quo nomine supplicium nulla excusatione depellere poterit, quamvis unius duntaxat animæ jactura acciderit. » Et, par conséquent, conclut ce saint, en s'adressant à son ami Basile, puisqu'il faut tant de grâces, de dons et de vertus à un prêtre ; puisque le sacerdoce exige tant de crédit auprès de Dieu, tant de soins et tant de sainteté, cessez de vouloir me persuader de recevoir le sacerdoce, qui serait pour moi un écueil où je ferais un funeste et inévitable naufrage : « Desine ergo nos protrudere in sic inevitabilis judicii aleam. » (Lib. vi, cap. 2, num. 2.)

Tels ont été les sentiments de ce grand et humble saint, qui lui firent une si forte impression, qu'il se cacha dans le désert, et qu'il évita pour lors le fardeau du sacerdoce.

Au temps de la rénovation du culte de Dieu, sous le pieux roi Josias, l'Ecriture nous dit que le livre de la Loi, pour lors tombé dans un profond oubli, fut comme par hasard trouvé dans le temple par le prêtre Helcias : *Reperit in templo Helcias sacerdos librum Legis Domini per manum Moysi, et dixit ad Saphan scribam : Librum Legis reperi in domo Domini. Deditque Helcias volumen Saphan, qui et legit illud.* (II Paral. xxxiv, 14; IV Reg. xxii, 18.) Ce livre, ainsi relevé de la poussière, et trouvé, ce semble par occasion, fut porté au roi à qui l'on dit que, comme on réparait toutes choses dans le temple, on avait aussi rencontré ce livre : *Narravit quoque Saphan scriba regi, dicens : Tradidit mihi Helcias sacerdos hunc librum.* (IV Reg. xxii, 10.) Ce prince, ayant reçu ce livre, ordonna à ce docteur d'en faire la lecture en sa présence: *Quem cum legisset Saphan coram rege, et audisset rex verba libri Legis Domini, scidit vestimenta sua.* (Ibid., 11.) La seule lecture de ce volume fit un effet surprenant sur l'esprit de ce religieux roi ; il se leva de son siége, il déchira ses vêtements, il s'écria: Nous sommes tous perdus, la colère de Dieu est prête d'éclater sur nos têtes : Allez, ajouta-t-il, s'adressant aux prêtres, allez et consultez Dieu, pour savoir s'il n'y a plus de miséricorde pour nous. *Ite, et consulite Dominum.* (Ibid., 13.) Car la justice divine ne peut qu'être irritée au dernier point contre nous, d'avoir vécu si peu conformément aux maximes de la loi sainte qui devait nous servir de règle, et que nous et nos pères avons négligée et entièrement publiée : *Magna enim ira Domini succensa est contra nos, eo quod non custodierint patres nostri verba Domini, verba libri hujus, ut facerent omne quod scriptum est nobis in isto volumine.* (Ibid.)

Voilà où nous en sommes. Quand nous lisons, dans l'Ecriture, dans les saints Pères et les conciles, les devoirs des prêtres, combien ils sont obligés de vivre saintement, à quel degré de perfection ils sont tenus, nous sommes effrayés; ne pouvons-nous pas bien plus justement que ne le fit le pieux Josias, à la lecture du livre de la Loi, nous écrier, jetant les yeux sur notre conduite : Nous sommes tous perdus, si Dieu n'a pitié de nous; sa colère est d'autant plus à redouter, qu'elle éclate moins : car s'il est vrai que nous devons être jugés selon ces saintes maximes, et non suivant le peu de lumière de notre pauvre esprit, comme sans doute cela sera, où en sommes-nous réduits?

Lisons donc attentivement les canons de l'Eglise, les enseignements des saints Pères, les oracles de l'Ecriture. Déplorons notre aveuglement, rejetons toute la surprise où nous sommes d'entendre une doctrine qui nous prêche des obligations si étroites, non sur le prédicateur, qui peut-être, à ce que nous pourrions faussement nous persuader, outrerait les choses, mais sur notre ignorance et notre oubli des devoirs les plus essentiels de notre état : condamnons nos ténèbres, et ne nous en prenons pas à la lumière.

Imitons ce prince religieux et ces Israélites convertis ; allons avec confiance, comme eux, consulter une prophétesse véritablement illuminée de Dieu : *Ierunt itaque sacerdotes missi a rege ad Holdam prophetidem, quæ habitabat in Jerusalem, et locuti sunt ei verba quæ supra narravimus.* (*IV Reg.* xxii, 14.) Adressons-nous à la très-sainte Vierge, la reine du clergé, afin qu'elle suspende les fléaux de la colère de Dieu. Répandons des larmes de dévotion; affligeons-nous devant le Seigneur; faisons une sincère pénitence, afin que Dieu, attendri par nos pleurs, et fléchi par la puissante intercession de Marie, fasse retentir aux oreilles de notre cœur ces paroles de la bouche de notre médiatrice : *Pro eo quod audisti verba voluminis, et perterritum atque emollitum est cor tuum, et humiliatus es in conspectu Dei, reveritusque faciem meam, scidisti vestimenta tua, et flevisti coram me; ego quoque exaudivi te, dicit Dominus.* (*Ibid.,* 18, 19.) Et par conséquent, efforcez-vous d'acquérir, ou plutôt d'obtenir de Dieu cette sainteté, si nécessaire à l'état que vous avez embrassé, et à laquelle vous êtes tenu par tant de titres expliqués ci-dessus avec étendue : réunissez-les en une seule vue; vous êtes obligé de vivre saintement, de tendre à la sainteté, parce que la sainteté de Dieu même doit être le modèle de la vôtre; parce que vous devez être vous-même le modèle de la sainteté des autres; parce que tous les noms que vous portez sont autant de titres qui vous engagent à la sainteté : le nom de clerc, de portier, de lecteur, d'exorciste, d'acolyte, de sous-diacre, de diacre, de prêtre, de vicaire de Jésus-Christ, d'ami de Jésus-Christ; tout cela vous prêche la sainteté; parce que votre corps et votre âme sont consacrés à la sainteté; parce que toutes vos fonctions sont saintes : la prédication de la parole de Dieu, l'administration des sacrements, l'oblation du sacrifice, la récitation de l'Office divin, la direction des âmes; parce que vous êtes chargé de l'instruction des peuples; de les prêcher de parole et d'exemple; de prier pour eux, d'intercéder pour eux, d'apaiser la justice de Dieu sur eux, d'impétrer les grâces de Dieu, qui leur sont nécessaires, qu'ils n'osent presque demander, et qu'ils ne peuvent se confier d'obtenir; parce que vous êtes établi ministre du sacrement de pénitence; que vous avez les clefs du royaume des cieux; que vous réconciliez les pécheurs à Dieu; que vous purifiez les âmes des souillures du péché; que vous les guérissez de leurs maladies spirituelles, que vous les perfectionnez dans la vie spirituelle; que vous exercez un pouvoir tout divin, et que Dieu n'a pas confié aux anges, ni à la bienheureuse Vierge Marie sa très-pure Mère; parce que vous devez être plus saint que les prêtres de la Loi ancienne, et que les religieux les plus parfaits de la Loi nouvelle; parce que les plus grands saints de l'Eglise, et l'apôtre saint Paul même, ont redouté les fonctions d'un si grand ministère. Toutes ces raisons ne suffisent-elles pas pour vous convaincre de l'obligation que vous avez de vivre saintement?

Oui, mais qu'appelez-vous être saint? Suffit-il, pour en porter le nom et en avoir le mérite, de ne point être souillé de crimes et de péchés; de n'avoir pas commis et de n'être pas coupable d'adultère, de fornication, de simonie, d'usure, d'intempérance, d'injustice? Sans doute cela ne suffit pas; car est-ce là une sainteté sacerdotale? Un laïque ne sera-t-il pas damné, s'il est noirci de ces excès ? « *Sanctum non facit sola mundatio peccatorum.* » Non, non, dit saint Chrysostome, ne vous y trompez pas, ce n'est pas assez d'avoir une conscience exempte de péchés pour être saint : « *Sanctum non facit sola mundatio peccatorum.* » Cela ne suffit pas; et plût à Dieu qu'au moins nous eussions bien en nous ce premier degré de vertu; mais voici ce qu'il faut encore : « *Sanctum non facit sola mundatio peccatorum; sed quædam eminentia et excellentia magna virtutum, præsentia Spiritus, et bonorum operum opulentia.* » Où est donc cette conscience épurée de toute souillure de péché, libre de luxure, d'orgueil, de gourmandise, d'avarice?

Où sont ces vertus excellentes, et dans un grand degré : « *Eminentia et excellentia magna virtutum?* » Cette parfaite charité, cette vive foi, ce zèle ardent, cette pureté angélique, cette mortification constante et universelle?

Où est cette habitude de marcher sans cesse en la présence de Dieu : *Ambula coram me, et esto perfectus* (*Gen.* xvii, 1), était-il prescrit à celui qui était inférieur à Melchisédech, à qui votre sacerdoce est supérieur? *Præsentia Spiritus.* Où, comme il est écrit de Moïse : *Invisibilem tanquam videns sustinuit.* (*Hebr.* xi, 27.)

Où sont cette richesse et cette opulence en bonnes œuvres? Combien avez-vous détruit en vous de mauvaises habitudes ; extirpé de méchantes inclinations, dompté de vices et de passions, remporté de victoires sur vous-même ? Où est cette colère détruite, cette paresse surmontée, cette envie, cette lâcheté, cette indévotion, et ces autres monstres immolés? Où sont ces aumônes que vous avez faites, ces secours spirituels ou corporels donnés au prochain, ce bon exemple, ces bons conseils, ces faméliques nourris, ces nus revêtus, ces prisonniers visités, ces morts ensevelis? Mais peut-être que vous aurez excellé en bonnes œuvres spirituelles. Quels ignorants avez-vous instruits? quels affligés avez-vous consolés? quels pécheurs avez-vous repris ? « *Et bonorum operum opulentia.* »

Voilà ce qui fait la sainteté, voilà très-assurément de quoi nous ne sommes guère pourvus. Tout à la dignité et presque rien à la sainteté : « *Certatur pro dignitate, et non curatur de sanctitate : totum defertur dignitati, et parum aut nihil sanctitati.* »

Finissons par une doctrine excellente de saint Ambroise, qui peut beaucoup nous animer à la perfection. L'obligation que nous avons de travailler assidûment à notre perfection, dit ce grand saint, nous est insinuée dans l'Ecriture, dès le moment de notre première formation. Il est dit dans la *Genèse,* lors de la création du monde, que Dieu, à mesure qu'il avançait ses ouvrages, voyait ce qu'il avait produit, et que chaque chose était bonne en son espèce : *Et vidit Deus quod esset bonum* (Gen. 1, 10; 12, 18, 21, 25), c'est-à-dire, qu'il n'y avait rien à désirer en elle pour sa perfection et son embellissement. Le soleil parut aussi brillant, dès qu'il sortit des mains adorables qui le fabriquèrent, qu'il l'est aujourd'hui ; les astres, les éléments, les plantes, les animaux, tout fut achevé en eux, tout fut fini, rien ne leur manqua de ce que demandait leur nature ; et, de cette multitude de belles parties, que ce sage Ouvrier forma et arrangea avec tant de justesse, de proportion, de magnificence, et qu'il unit ensemble avec une convenance et un rapport si admirables, il en résulta un tout encore plus merveilleux, cet univers, ce grand ouvrage de la puissance, de la sagesse et de l'amour de Dieu, et qui n'est plus nommé simplement bon, comme chaque créature en particulier : *Et vidit Deus quod esset bonum ;* mais très-excellent et très-achevé : *Et vidit Deus cuncta quæ fecerat, et erant valde bona.* (*Ibid.*, 31.) Et, avec raison, dit saint Augustin, car telles sont la force et la vertu de l'intégrité, que, réunissant les beautés dispersées, elle en forme un tout parfait et achevé : « Tanta est enim vis et potentia integritatis et unitatis, ut quæ bona sunt, tunc multo amplius placeant, cum in universum aliquod conveniunt atque concurrunt. *(In Gen., Contr. Manic.,* c. 21.)

Mais d'où vient, observe saint Ambroise, qu'après le sixième jour, à la formation de l'homme, il n'est point écrit que Dieu vit cet ouvrage, et qu'il était bon ? Quoi, la lumière fut créée bonne, les cieux, les étoiles, l'air, la terre, la mer, les plantes, les brutes, tout cela parut bon, parut fini, parfait, achevé ; et l'homme, l'abrégé de l'univers, le chef-d'œuvre des mains de Dieu, celui pour qui tout le reste avait été fait, la fin et le couronnement de ce grand ouvrage, sera défectueux ; il paraîtra dépouillé des qualités convenables à sa dignité et à la puissance de celui qui l'a produit? On ne dira point qu'il soit bon? Quel mystère est ceci? continue ce grand docteur : « Nam cum omnia opera sua laudaverit Deus, cœlum, terram, maria, noctem et diem, quod ista proficerent ad usum laboris, illa ad fructum quietis ; laudaverit feras, bestias, ubi ad hominem ventum est, solus non videtur esse laudatus, propter quem omnia generata sunt. Quæ igitur causa est? » (*De instit. virg., Ad Euseb.*, cap. 3.) En voulez-vous savoir la véritable raison ? C'est que l'homme n'était presque encore que ébauché, il n'avait pas atteint sa perfection ; il y avait bien des traits à ajouter à cet original pour le finir et le rendre tel qu'il devait être. Dieu avait achevé en lui ses desseins, quant à la nature, il est vrai; mais il devait encore lui donner la perfection selon la grâce, et enfin lui faire trouver sa consommation dans la gloire, et mettre la dernière main à son tableau; l'obligation que Dieu lui imposa de travailler dans le paradis terrestre et de le garder : *Ut operaretur et custodiret illum* (Gen. II, 15), n'était que la figure de l'obligation qu'il contractait de s'appliquer à la perfection de son âme par la culture des vertus que le Seigneur y avait plantées : *Plantaverat autem Dominus paradisum voluptatis (Ibid.);* jardin spirituel, incomparablement plus agréable à Dieu, qui s'y était mis, que le jardin terrestre où Adam avait été mis : *Ut operaretur et custodiret illum.* De ce travail, de cette coopération à la grâce, de sa vigilance à pratiquer les vertus, à se garantir du péché, dépendait sa perfection dans l'ordre surnaturel, et la louange qu'il eût reçue de son auteur : c'eût été alors que Dieu l'eût vu d'un œil de complaisance, et que l'Ecriture eût dit qu'il était bon. Toute autre perfection inférieure, et qui lui était commune dans l'ordre de la nature avec les bêtes, n'était pas digne de lui, ni de la fin relevée à laquelle il était destiné. C'est pourquoi, encore qu'il fût si excellent, au moment même de sa production, nous ne lisons point : *Et vidit Deus quod esset bonum,* comme à la naissance des autres ouvrages ; cela était réservé pour sa fin : « Merito ergo, » continue saint Ambroise, « alia in exordio laudantur, istius laudatio non promitur, sed reservatur. » Il fallait qu'il fût éprouvé et épuré comme l'or dans la fournaise, pour mériter d'être loué : « Ideo ergo homo non ante laudatur, quia ante probandus, et sic laudandus. » Il fallait différer son éloge, pour le prononcer ensuite dans toute son étendue et autant qu'il l'eût mérité : « Merito ergo differtur ut sequatur ejus fœnerata laudatio : cujus dilatio non dispendium, sed incrementum est. » Le Seigneur ne jugea pas qu'il fût encore temps de regarder cette machine d'un œil d'approbation : « Ideo Deus non putavit hominis fabricam esse laudandam, et idcirco laudatio ejus non in exordio, sed in fine est. » La fin devait couronner l'œuvre ; le prix était préparé au bout de la carrière, et le triomphe devait être le fruit de la victoire : *Nemo enim nisi legitime certaverit, coronabitur* (*II Tim.* II, 5), ajoute après l'Apôtre le même saint ; et, en effet, l'événement fit voir que cette louange eût été prématurée et peu convenable à la connaissance de celui qui voit les choses futures comme les présentes. L'éloge n'était bon que pour le reste des créatures et des autres animaux, qui devaient conserver leur perfection jusqu'à la fin du monde, et qui sont aussi excellentes aujourd'hui qu'elles étaient au moment de leur formation ; mais non pour l'homme, que son auteur prévoyait devoir déchoir.

A quoi bon cette excellente doctrine ? Elle nous apprend que, quoique le baptême nous ait remis aux droits de notre première origine, nous ait rendu notre innocence, il s'en faut bien que nous soyons encore parfaits ; que nous devons travailler sans relâche à notre avancement, à garder soigneusement cette justice rendue, à cultiver ce jardin de délices que le Seigneur a planté en nous, à le défendre contre les assauts et les surprises de la convoitise et du démon, à en arracher les ronces des vices, et à y cultiver les fleurs des vertus; enfin, à nous appliquer continuellement à notre progrès spirituel, à acquérir la perfection surnaturelle pour laquelle nous sommes créés. La convoitise que le baptême nous a laissée, loin de nous être un obstacle à ce haut dessein, doit être au contraire pour nous un sujet de mérite et de récompense, de victoire et de triomphe; ôtons donc de nos cœurs cet orgueil, cette sensualité, cette avarice, cet amour de nous-mêmes, cette colère, cette luxure et tous ces vices qui, semblables à des herbes désagréables et venimeuses, défigurent le jardin de notre âme: mettons-y l'humilité, la charité, la douceur, la piété, la pureté, la mortification, la dévotion, etc. Cultivons ces belles et utiles plantes; fermons-en les avenues au démon et aux ennemis de notre salut; acquérons la sainteté que Dieu exige de nous, comme un tribut dont nous lui sommes redevables, et après cela nous serons loués de la bouche même de notre Créateur: *Tunc laus erit unicuique a Deo.* (I Cor. IV, 5.) Avant cette heureuse conclusion, cette sainte consommation de l'œuvre de Dieu en nous, n'attendons aucun regard d'approbation, comme si tout était fait. C'est pourquoi le Sage, comme saint Ambroise l'observe au même endroit, nous avertit de ne louer personne avant sa mort, avant qu'il ait mis le comble à sa vertu, afin de nous conformer en cela au jugement de Dieu, et de ne pas le devancer par une imprudente précipitation: « *Ideoque Sapiens tibi dicit: Ante mortem non laudes hominem quemquam (Eccli.* XI, 30); *lauda post mortem, magnifica post consummationem.* » Et la raison que le Saint-Esprit en donne nous fait voir que toute autre approbation serait suspecte et sujette à erreur, parce que ce n'est qu'alors qu'on voit en vérité le fond du cœur humain et la qualité de ses œuvres: *Quia in fine hominis nudantur opera ejus. (Ibid.,* 29.)

En effet, si Adam avec toute son innocence et ses vertus infuses, toutes ses grâces et tous ses dons, devait encore infatigablement travailler à sa perfection; s'il avait à se défendre contre le diable et la chair; si le bonheur et la louange de son Créateur ne lui devaient être accordés qu'après qu'il aurait acquis, par une fidélité éprouvée, la perfection surnaturelle à laquelle il était destiné; que ne doit pas faire l'homme régénéré au milieu de la corruption qui l'environne? l'homme qui porte en lui une convoitise révoltée, des passions rebelles, une chair fragile et encline au mal? L'homme que le monde impie tâche de séduire par ses mauvais exemples, et le démon envieux par ses dangereuses suggestions, ne songera-t-il pas à conserver son innocence rendue, à cultiver ses vertus redonnées, à défendre son intérieur, ce paradis terrestre où il n'a été remis qu'à cette condition: *Ut operaretur, et custodiret illum?* (Gen. II, 15.) Ne s'appliquera-t-il point à sa perfection? ne songera-t-il point qu'il n'est qu'une ébauche? ne travaillera-t-il point à se donner les derniers traits? Si une terre, de sa nature fertile, oblige néanmoins le laboureur à la cultiver pour lui donner ses fruits, que ne fera pas une terre ingrate et stérile?

Mais à quoi seront tenus les ecclésiastiques, eux de qui l'état est un état de perfection acquise: « *Perfectionis acquisitæ, non acquirendæ?* » eux de qui les ministères saints demandent des ministres parfaits: « *Qui divinis ministeriis applicantur, perfecti debent esse in virtute,* » avons-nous vu de saint Thomas; eux qui ne doivent rien être moins que de vives images et des expressions parfaites de la sainteté de Dieu: « *Non enim debet temere ducem se aliis divini luminis præstare, qui non omni statu suo et habitu, simillimus Deo evaserit,* » dit le grand saint Denis; eux qui doivent être le modèle de la perfection des autres: *In omnibus exemplum esto fidelium* (I Tim. IV, 12); et qui doivent hardiment dire, avec le même Apôtre, au reste des fidèles: *Imitatores mei estote, sicut et ego Christi.* (I Cor. IV, 16.) Combien doivent-ils travailler à leur perfection, surtout dans cette maison, lieu destiné, comme un autre paradis terrestre, à ce grand ouvrage et s'y perfectionner, afin de se disposer au sacerdoce, qui suppose une si haute perfection.

Du péché opposé à la sainteté des prêtres.

Quoique toutes sortes de péchés répugnent à la sainteté du sacerdoce, il semble néanmoins qu'il n'y en ait point de plus contraire à cet état de perfection que celui dont on traite ici, ni aucune vertu qui lui soit plus essentielle que la chasteté.

I. Quand l'Eglise confère aux exorcistes la puissance et l'autorité de chasser les esprits immondes, c'est à condition qu'ils chasseront premièrement de leur cœur toute souillure. Etudiez-vous à vivre purement, leur dit l'évêque, afin que, chassant les esprits immondes des autres, vous ne deveniez pas vous-même la retraite de ces mêmes esprits impurs que vous chassez: « *Studete igitur, ut sicut a corporibus aliorum dæmones expellitis, ita a mentibus et corporibus vestris omnem immunditiam et nequitiam ejiciatis, ne illis succumbatis quos effugatis.* »

Quand elle confère l'ordre aux acolytes, elle les avertit qu'ils n'en rempliront jamais mieux les fonctions, que quand ils accompagneront l'eau et le vin qu'ils présentent au sacrifice, de l'oblation de leur corps au Seigneur, par l'observation de la continence: « *Tunc etenim in Dei sacrificio digne vinum suggeretis et aquam, si vos ipsi Deo sacrificium, per castam vitam et bona opera oblati fueritis.* »

Quand elle confère l'ordre aux sous-diacres, elle leur impose solennellement l'obligation et le vœu. Mes très-chers fils, leur dit-elle, considérez bien ce que vous allez faire; car, si vous recevez une fois cet ordre sacré, il ne vous sera plus permis de songer au monde, et il faudra, avec l'aide du Seigneur, vivre en perpétuelle continence:

« Filii dilectissimi, ad sacrum subdiaconatus ordinem promovendi, iterum atque iterum considerare debetis attente onus quod ultro appetitis; hactenus enim liberi estis, licetque vobis pro arbitrio ad sæcularia vota transire; quod si hunc ordinem susceperitis, amplius non licebit a proposito resilire, sed perpetuo castitatem, illo adjuvante, servare oportebit. » Et lorsque l'évêque les fait prosterner par terre, il demande avec tous les assistants, ou pour mieux dire, avec toute l'Eglise, que Dieu les délivre de l'esprit impur : « A spiritu fornicationis libera eos, Domine. » Enfin, le sous-diaconat est nommé ordre sacré, parce qu'il consacre le corps aussi bien que l'âme, par l'observation de la continence.

Voici ce que l'évêque dit à ceux auxquels il confère le diaconat : Mes chers fils, soyez morts à tout désir de la chair, à toute convoitise, à tout plaisir sensuel; soyez purs, chastes, continents; en un mot, tels que doivent être les ministres de Jésus-Christ, des dispensateurs des mystères de Dieu, des imitateurs du grand saint Etienne, choisi diacre par les prêtres, à cause de son éminente pureté : « Et vos, filii dilectissimi, estote abstempti a carnalibus desideriis, a terrenis concupiscentiis, quæ militant adversus animam : estote nitidi, mundi, puri, casti, sicut decet ministros Christi et dispensatores mysteriorum Dei, ut digne addamini ad numerum ecclesiastici gradus. Cogitate beatum Stephanum merito præcipue castitatis ab apostolis ad officium istud electum. » L'Eglise demande à Dieu que leur chasteté soit si exemplaire, que le peuple même, frappé de leur modestie, ne puisse s'empêcher de se sentir porté à les imiter; que la pudeur soit si visible et si affermie en vous, continue l'évêque, que ceux qui la verront profitent d'un tel modèle, et s'avancent dans la pratique de la pureté : « Abundet in eis totius forma justitiæ, pudor constans, auctoritas modesta, innocentiæ puritas, ut suæ castitatis exemplo, imitationem sanctam plebs acquirat. »

II. Mais rien ne fait mieux voir combien cette souillure est injurieuse à Dieu, que ses effets sur les choses saintes, dont les prêtres sont les continuels instruments; car elle leur défend de toucher les vaisseaux sacrés et d'entrer dans le sanctuaire, lorsqu'ils sont destitués de la vertu de pureté, de peur qu'ils ne soient frappés de mort pour avoir souillé le sanctuaire du Seigneur : *Non tangent vasa sanctuarii, ne moriantur in sanctuario meo cum polluerint illud.* (*Num.* IV, 20; *Lev.* XXII, 9.) Or, si les anciens prêtres étaient coupables d'avoir souillé le sanctuaire du Seigneur, pour y avoir entré après avoir usé de vin ou de la liberté du mariage, choses qui leur étaient permises, hors le temps de leurs exercices sacerdotaux, que sera-ce des prêtres de la nouvelle alliance, qui portent à l'autel l'intempérance et l'incontinence; qui touchent des vases remplis, non du sang des taureaux, mais du sang de l'Agneau immaculé; quelle mort plus redoutable que celle du corps ne doivent-ils pas appréhender : « Quanto majore diligentia cavendæ sunt pœnæ quarum illæ figuræ fuerunt, » dit saint Augustin.

L'Ecriture ajoute qu'ils souillent le nom de Dieu, si saint et si adorable, suivant ce reproche qui leur est fait par la bouche d'un prophète. Le fils honore son père, leur disait-il, et le serviteur respecte son maître : *Filius honorat patrem, et servus dominum suum.* (*Malac.* I, 6.) Si donc je suis votre père, où est l'honneur que vous me portez ? Si je suis votre maître où est la crainte que vous devez avoir pour moi, dit le Dieu des armées, à vous, ô prêtres ? *Si ergo ego sum pater tuus, ubi est honor meus? si ego sum dominus, ubi est timor meus, dicit Dominus exercituum, ad vos, o sacerdotes?* (*Ibid.*) Vous qui profanez mon nom, offrant sur mon autel un pain souillé : *Qui despicitis nomen meum, et dicitis : In quo despeximus nomen tuum? Offertis super altare meum panem pollutum, et dicitis : In quo polluimus nomen tuum?* (*Ibid.*) Or, le nom de Seigneur est profané, lorsque ceux qui devaient en inspirer la vénération par leur piété, font mépriser sa religion par leurs crimes; le péché des ministres rejaillissant sur le Dieu qu'ils servent, et détournant les hommes de son culte: « Si in clerico, qui exemplum est vitæ sæcularibus, juste aliquid reprehenditur, ex ejus vitio ipsa religionis nostræ æstimatio gravatur. »

Ces expressions de l'Ecriture vont encore plus loin; et quoique le Saint des saints soit incapable de toute souillure, et qu'il en soit encore infiniment moins capable que les rayons du soleil ne le sont d'être souillés par la boue sur laquelle ils se répandent, cependant ces termes extraordinaires servent extrêmement à nous donner l'idée de ce péché dans les prêtres; nous voyons que le Seigneur leur reproche, par la bouche du prophète Malachie, qu'ils offrent un pain souillé sur son autel : *Offertis super altare meum panem pollutum*; c'est-à-dire, selon saint Jérôme, que nous souillons le corps adorable de Jésus-Christ, quand nous nous approchons de l'autel avec une conscience pollue, et que nous ne craignons pas, étant en péché, de recevoir en nous le très-pur corps de Jésus-Christ, et de boire son sang. « Polluimus panem, id est corpus Christi, quando indigni accedimus ad altare; et, sordidi cum animis, non veremur mundissimum corpus sumere et sanguinem bibere ; » et que nous donnons lieu à cette plainte du Seigneur : *Coinquinabar in medio eorum* (*Ezech.* XXII, 26), selon cette interprétation du même saint : « Corpus Christi polluit, qui ad altare immundus accedit. » Enfin, ils souillent le Saint des saints : *Sacerdotes ejus polluerunt Sanctum.* (*Ezech.* XXII, 26 ; *Sophon.* III, 4.) Et notre Souverain Pontife paraît encore, comme à sa passion, revêtu d'une robe souillée : *Et Jesus erat indutus sordidis vestibus* (*Zach.* III, 3), étant nommé par les Pères, « magna sacerdotis tunica. » Quel jugement ne doivent donc pas attendre les prêtres coupables d'un si grand crime, dit saint Bernard ? *Judicium multiplex accepturi, quod et jam gravissimas conscientias gerunt, et nihilominus sese in sanctuarium ingerunt* (*De convers. ad cler.*, c. 20.)

Mais comment les saints n'auraient-ils pas regardé dans les ecclésiastiques la moindre tache et le moindre défaut de pureté comme un obstacle au ministère des autels, puisque même le vice de ceux qui les y accompagnaient, leur était un empêchement à ressentir les consolations et les saintes délices dont leur âme pure était pénétrée dans l'exercice de leurs fonctions. Nous lisons dans la Vie de saint Chrysostome, que le diacre qui le servait à l'autel, ayant jeté pendant l'oblation du sacrifice une œillade immodeste sur une femme, ce grand saint se trouva privé des sentiments de dévotion et de joie qu'il était accoutumé de ressentir ; étonné de cette aridité spirituelle, il voulut en savoir la cause ; il la découvrit, et il priva de son emploi celui dont l'œil impur lui avait ravi sa consolation ordinaire.

Saint Grégoire dans ses *Dialogues*, rapporte que le Pape Jean, allant à Constantinople, monta un cheval que lui prêta un gentilhomme de Corinthe, et dont la femme de ce seigneur se servait pour aller en campagne, à cause qu'il était extrêmement doux et paisible ; mais qu'après que ce saint pontife l'eut renvoyé à son maître, cet animal ne voulut jamais porter cette dame, donnant comme à entendre par son agitation et son frémissement qu'il y avait de l'indécence, qu'ayant servi à un prêtre de Jésus-Christ, il rendît service à une femme : « Cumque eum prædicti nobilis viri conjux sedere ex more voluisset, ultra non voluit, quia post sessionem tanti pontificis mulierem ferre recusavit. »

Mais ce n'est pas assez que les ecclésiastiques évitent les personnes de différent sexe, pendant qu'elles sont en santé et en vie, il semble qu'ils doivent donner des marques de cet esprit d'éloignement après leur mort, même jusque dans le tombeau.

Le saint abbé Thomas, économe du monastère d'Apamée, venu en la ville de Théopolis pour les affaires de sa communauté, surpris d'une maladie, y mourut près de l'église de Sainte-Euphémie, et fut inhumé dans le cimetière des pèlerins, par des ecclésiastiques qui ne le connaissaient pas. Le lendemain, une femme étant venue à décéder, on l'enterra au-dessus du lieu où on avait mis le corps du saint abbé : « Sequenti vero die humaverunt et mulierem, et imposuerunt illam super eum. » Mais, quelques heures après, la terre jeta dehors le corps de cette femme : « Circa horam vero sextam evomuit illam terra. » Les gens du lieu, étonnés de ce prodige, remirent le cadavre au même endroit, et le recouvrirent de terre ; le lendemain, ils le trouvèrent encore dehors, comme si la terre l'eût de nouveau vomi : « Sequenti die invenerunt corpus juxta sepulcrum. » Cela les obligea de le porter ailleurs. Peu de jours après, une autre femme étant morte, ils mirent encore son corps au-dessus de celui du saint abbé, et la terre le rejeta de nouveau : « Iterum sepelierunt aliam mulierem supra abbatem Thomam, et illam ergo rursus evomuit terra. »

Enfin, la merveille reconnue, on en avertit le patriarche, qui transporta les reliques du saint vieillard dans un lieu plus honorable et plus décent.

Nous lisons encore que Dieu fit un miracle pour honorer la pudeur et confirmer la prédiction d'un autre saint abbé ; car les religieuses du lieu où il mourut étant accourues pour regarder, du moins défunt, celui qui pendant sa vie n'avait voulu ni voir ni être vu d'aucune femme, une espèce de nuage obscur couvrit le cercueil, et servit d'obstacle à leur curiosité peu modeste : « Imposito ejus sacro corpore, accurrebant moniales illæ, cupientes vel defunctum videre, quem vivum non meruerant visitare, sed nebula corpus ejus obtegente, illum non viderunt, sicut ipse sanctus adhuc in vivis prædixerat, non se unquam visurum feminam. »

III. Voici une autre considération. Quand l'Ecriture parle du péché opposé à la chasteté, dans les prêtres, elle se sert de circonlocutions, pour nous en mieux inculquer l'énormité ; elle dit, par exemple, que le premier-né du patriarche Judas, qui, dans la loi de nature, était honoré de la dignité du sacerdoce, faisait des choses détestables : *Quod rem detestabilem faceret* (Gen. xxxviii, 10) ; que les péchés d'Ophni et de Phinées étaient horriblement grands devant le Seigneur : *Erat peccatum grande nimis coram Domino* (I Reg. ii, 17) ; que ceux des prêtres dont parle Ezéchiel commettaient des abominations très-méchantes : *Abominationes pessimas* (Exech. viii, 9) ; en un mot, que leurs péchés sont horriblement grands devant le Seigneur : et, en effet, si ce qui n'est pas péché dans le laïque, est un crime dans le prêtre, quel nom donnera-t-on à un vrai crime que le prêtre commettra ? « Quod in laicis culpa non est, hoc crimen est in sacro ordine constitutis ; nugæ sæcularium, in ore sacerdotis sacrilegia et blasphemia. » Comment nommerez-vous donc le sacrilége et le blasphème ?

IV. Ajoutons à cela une observation considérable : l'Ecriture dit que Dieu tue les prêtres impurs : expression surprenante, et dont elle ne se sert point quand elle parle de la punition de ce péché dans le reste des hommes ; ce qui sans doute sert beaucoup à nous en faire voir l'énormité dans les prêtres. Nous lisons dans la *Genèse* que le Seigneur *tua Her*, pour un semblable crime : *Fuit nequam in conspectu Domini, et ab eo occisus est* (Gen. xxxviii, 7) : que le Seigneur *tua Onan*, pour un semblable péché : *Idcirco percussit eum Dominus, quod rem detestabilem faceret* (Ibid.) ; que le Seigneur *tua Oza* pour avoir osé toucher l'arche avec des mains qui n'étaient pas assez pures, selon les interprètes : *Iratus Dominus contra Ozam percussit eum, et mortuus est ibi.* (II Reg. vi, 7.)

Or, quelle étrange idée un tel genre de mort ne donne-t-il pas de ce péché dans les prêtres ?

Joignez ici une qualité inséparable de ce vice dans les prêtres, ou plutôt une circonstance très-aggravante : c'est que ces sortes de péchés deviennent publics et scandaleux dans les prêtres, de quelque artifice dont ils se servent pour les cacher : est-ce que l'homme pourrait porter du feu dans son sein sans que ses vêtements brûlassent, dit le Sage : *Nunquid poterit homo abscondere ignem in sinu suo, ut vestimenta illius non ardeant?* (*Prov.* VI, 27.) Les prêtres sont posés sur le chandelier de l'Eglise, ils ne peuvent se cacher sous le lit de la volupté : *Nemo accendit lucernam, et ponit eam sub lecto* (*Luc.* VIII, 16); sans que ceux qui sont dans la chambre se trouvent dans l'obscurité; ils sont des luminaires publics ; ils ne sauraient s'éteindre, par la noirceur de ce vice, sans que tout le monde s'en aperçoive : *Vos estis lux mundi* (*Matth.* V, 14), leur dit le Seigneur lui-même : le soleil ne peut être éclipsé, sans que toute la nature en souffre. L'évêque, dans leur ordination, les avertit qu'ils doivent éclairer toute la terre par leurs vertus éclatantes : *Lucete quasi luminaria in mundo* (*Philipp.* II, 15); un prêtre est cette cité située sur le sommet de la montagne ; elle ne saurait se dérober aux yeux des passants ; mais si le feu se met dans cette ville, si les flammes s'élèvent en haut, quel voyageur ne verra pas l'incendie ? *Non potest civitas non abscondi supra montem posita.* (*Matth.* V, 14.) Un simple laïque pourra peut-être, comme une étoile peu brillante, s'obscurcir, ou, comme une maison à l'écart, brûler sans que le public ait les yeux dessus ; mais le prêtre, nommé par les Pères un soleil dans le monde spirituel, le pourra-t-il ? « Ignobilium delicta, » dit saint Chrysostome, « si in medium prodierint, neminem insigniter vulnerant; at, qui in istius dignitatis fastigio positi sunt ; nemini non noti, manifestique sunt; non enim possunt sacerdotum vitia dissimularia, sed vel parva atque exigua confestim manifesta fiunt. » Faites tout ce que vous voudrez, ajoute saint Jérôme écrivant à un ecclésiastique, usez de quelle adresse il vous plaira, vous ne pourrez jamais dissimuler votre amour impur; quoi que vous fassiez, les bourgeois, dans les places publiques, les laboureurs dans les champs, les vignerons, les paysans dans les campagnes, tous ces gens-là parleront de votre attachement pour le sexe ; ils déchireront votre réputation, si vous vous oubliez de votre devoir là-dessus : « Quidquid agas, te cuncti in publico, te in agro rustici, aratores, vinitores lacerabunt, mordebunt, si contra depositum fidei cum mulieribus habitare contendas. » Les prêtres sont, dans le corps mystique de Jésus-Christ, ce que la tête et le cœur sont dans le corps naturel de l'homme : « Caput fidelium sacerdotes, » disent les Pères après le Prophète : *Capita populorum et corda* (*Amos* VI, 1), ils en sont les principaux membres : « Pars membrorum Christi prima ; electissima quæque Christi membra. » Or, les maladies de la tête et du cœur ne peuvent se dissimuler, comme on pourrait dissimuler celles du bras ou du pied ; et d'ailleurs elles infectent tout le corps par leur contagion, et le rendent languissant et faible, le privant du mouvement et de la chaleur que la tête et le cœur répandent en eux : c'est ce qu'observe saint Ambroise dont voici les paroles : « Sicut enim in corporalibus morbis, capite vitiato, necesse est reliquum corpus inundatione superioris morbi lethaliter irrigari; ita hi qui caput videntur esse Ecclesiæ, morbo suo pestifero fraternum vitiant corpus, ut nihil ex totius corporis compage insauciatum possit evadere, quod negligentium sacerdotum vitiositatis mortale non infecerit virus. » (*De dig. sac.*, c. 5.)

On ne peut, ce semble, omettre ici l'action édifiante d'un savant et pieux docteur du siècle passé, principal auteur du concile de Cologne, si célèbre par ses beaux règlements pour la réformation du clergé, en ce temps-là horriblement défiguré par le lutheranisme et l'apostasie, et les mariages scandaleux de tant de prêtres et de moines qui renoncèrent à l'Eglise et au célibat pour avoir des femmes; car cet homme illustre, non content de s'être exposé, lui et son chapitre, à la tête duquel il s'était mis, par ses doctes écrits et son inébranlable fermeté, aux erreurs de son archevêque, et l'avoir fait déposer pour l'hérésie que ce prélat avait embrassée, il se montra, par ses bonnes et chastes mœurs, non moins vertueux que savant : « Totus erat in libris Groperus incredibili studio et labore, ad catholicæ fidei defensionem, et propagationem anhelabat, in templo cum precum horariarum pensum persolvendum erat versabatur assidue, auctores innumeros fere lectitavit, incredibili lectione fessus, non reddebatur, tenaci pollens memoria, et acri judicio. » Entre autres marques de son amour pour la pureté, comme un jour en revenant de Malines, il eût trouvé qu'une servante s'était ingérée de faire son lit en l'absence de son valet, il la chassa bien vite de sa chambre, et tirant à l'heure même, et enveloppant avec précipitation, draps, traversin et metelas, il jeta tout par la fenêtre, au milieu de la rue, comme si son lit eût été infecté de la peste, pour avoir été seulement touché par une femme : « Candoris amicus voluptates venereas præcipue contempsit ac respuit; domum aliquando reversus, cum ab ancilla lectum sterni videret, verbis illam e cubiculo expulit, lectumque muliebri manu quasi pollutum e fenestra projecit. »

Quelqu'un ignore-t-il cette autre prudente pratique de saint Augustin, qui ne voulait avoir aucun commerce avec les femmes, ni en souffrir dans sa maison, non pas même sa sœur, ni la fille de son frère : « Feminarum et in eis, sororis et fratris filiæ, contubernium familiaritatemque vitavit, » parce que, disait-il, quand même les proches parentes seraient hors de soupçon, celles qui viendraient les visiter, pourraient faire parler le monde, et le mal édifier : « Quippe qui diceret etsi propinquæ mulieres suspectæ non essent, tamen quæ ad eas ventitarent, posse suspicionem efficere. »

Pallade nous apprend, dans la Vie de saint Chrysostome, qu'un des premiers et des principaux soins qui l'occupa, lorsqu'il eut pris en main le gouvernement de l'Église de Constantinople, fut d'extirper la mauvaise coutume de plusieurs ecclésiastiques de son clergé, qui retenaient dans leurs maisons des filles dévotes : « Ordinatus itaque Joannes pastoris officium diligenter exsequitur. » Il se servit de tous ses talents et de toute la rigueur d'une correction pastorale qu'il n'employait néanmoins que rarement : « Raro autem, sed tamen necessario virga correctionis utens. » Pour abolir un si grand abus, il parla avec la dernière force contre cette fausse amitié, qu'on voulait mal à propos faire passer pour une charité fraternelle, et il condamna hautement la conduite honteuse de certains prêtres, qui voulaient retenir avec eux des femmes qu'ils appelaient associées : « Sermonem quippe exacuit adversus fictam, non fraternam, ut eam appellant, sed plane fœdam atque inhonestam vitam eorum sacerdotum, qui mulieres quas subintroductas, vocant, secum habere vellent. » Ce même historien ajoute qu'il assura que ceux qui font profession publique d'impureté, sont plus supportables que ces prêtres : « Asserens, comparatione mali, tolerabiliores esse lenones ; » puisque ceux-ci sont du moins séparés du reste des fidèles, qu'ils ne peuvent par conséquent infecter : « Illi enim longe a medicinæ taberna separati, seorsum habent, qui sua sponte infirmi esse delegerunt ; » et que les autres, au milieu des remèdes et des moyens de salut, corrompent les bons par leur exemple contagieux : « Hi autem intra salutis officinam habitantes, sanos ad morbum evocant. » Ces vives répréhensions déplurent extrêmement aux méchants ecclésiastiques, qui retenaient chez eux des personnes de différent sexe ; leur esprit, agité d'une fièvre si maligne, supportait impatiemment le fer de ce charitable médecin ; mais enfin il en vint à bout, et ce désordre étant ôté, il entreprit de remédier à un autre : « Hinc jam pars impia clerici, eo pressa morbo, eaque febre correpta, ægre ferebat ; hac ergo peste propalata et curata, » etc.

Voici un exemple édifiant rapporté par saint Grégoire à ce sujet : Je ne passerai pas sous silence, dit ce grand Pontife, ce que j'ai appris du vénérable abbé Étienne, décédé depuis peu en cette ville.

J'ai su de lui ce que je vais raconter. Un prince de Nursie gouvernait une Église dont on lui avait confié la conduite, d'une manière à faire voir qu'il était tout pénétré de la crainte de Dieu : « Commissam sibi cum magno timore Domini regebat Ecclesiam. » Il s'était séparé de sa femme dès sa promotion aux ordres. Il l'aimait à la vérité comme sa sœur, mais il s'en donnait de garde comme d'une ennemie : « Ut sororem diligens, sed ut hostem cavens. » C'est pourquoi ce prudent prêtre ne souffrait jamais qu'elle s'approchât de lui, sous quelque prétexte que ce fût, coupant ainsi la racine à toute familiarité, et ne voulant rien du tout avoir de commun avec elle : « Ad se propius accedere nunquam sinebat, eamque sibimet propinquare nulla occasione permittens, ab ea sibi communionem funditus familiaritatis absciderat. » Car le caractère des saints, et la précaution dont ils usent, est de se priver même des choses permises, afin de s'éloigner toujours d'autant plus des choses défendues : « Habent quippe sancti viri hoc proprium, quod ut semper ab illicitis longe sint, a se plerumque etiam licita abscindunt. » Tellement que cet homme vertueux, pour mieux s'abstenir de tout commerce inutile avec cette femme, s'interdisait même d'exiger d'elle aucun service nécessaire.

Ce vénérable prêtre, ayant vécu fort longtemps, tomba enfin malade, la quarantième année de son sacerdoce, et fut travaillé d'une violente fièvre qui le réduisit à l'extrémité. Sa femme alors, le voyant sans mouvement et étendu sur son lit, comme s'il eût été mort, approcha ses oreilles du nez de ce prêtre, pour voir s'il respirait encore ; mais cet homme saint, quoiqu'il eût déjà son âme sur les lèvres, sentant l'approche de cette femme, ramassa ce qui lui restait de vigueur, et sa ferveur faisant un dernier effort, lui fit dire d'une voix éclatante : Retirez-vous, femme, éloignez-vous de moi, je ne suis pas encore mort, ni par conséquent le feu de la convoitise non plus : « Recede a me, mulier, adhuc igniculus vivit, paleam tolle. »

A ces mots, comme à un éclat de tonnerre, cette femme se retira, et pour lors ce saint homme, reprenant des forces corporelles, se mit tout d'un coup à crier : Soyez les bien venus, Messeigneurs, soyez les bien venus ; ah ! comment daignez-vous venir visiter votre petit serviteur ? « Bene veniant domini mei, quid ad tantillum servum vestrum estis dignati convenire. » Je m'en vais, je m'en vais à vous, je vous remercie, je vous remercie : « Venio, venio, gratias ago, gratias ago. » Et comme il répétait souvent ces mots, ceux de sa connaissance qui étaient auprès de lui, lui demandant à qui il parlait, il leur répondit en s'étonnant : Est-ce que vous ne voyez pas les bienheureux apôtres saint Pierre et saint Paul, les premiers d'entre les apôtres ? « Quibus ille admirando respondit dicens : Numquid hic convenisse sanctos apostolos non videtis, beatum Petrum et Paulum primos apostolorum non aspicitis ? »

Puis, s'étant de nouveau tourné vers ces deux saints, il ajouta : Voici que je viens, voici que je viens : « Ad quos verum conversus, dicebat : Ecce venio, ecce venio ; » et, proférant ces mots, il rendit son âme : « Atque inter hæc verba animam reddidit. » Montrant ainsi qu'il avait véritablement vu ceux qu'il suivait véritablement, et qui étaient venus comme au-devant de lui; car c'est une grâce assez ordinaire aux justes, de voir dans leur dernier moment quelques saints déjà dans la gloire, afin que cette céleste vision dissipe la crainte que la mort pourrait leur causer, et que leur âme, fortifiée par la vue des citoyens du ciel, dont elle espère la société, se sépare du corps qu'elle anime, sans peine et sans terreur.

V. Que si cet exemple d'un prêtre chaste nous console, que l'exemple suivant de deux prêtres luxurieux nous effraye; c'est d'Ophni et de Phinées, enfants du grand prêtre Héli, dont on veut parler. Ce péché détestable les pervertit tellement, qu'ils secouèrent tout à fait le joug de leurs obligations, et qu'ils ne savaient pas seulement les devoirs de leur état; en un mot, qu'ils étaient indignes du sacerdoce; *Porro filii Heli, filii Belial, nescientes Dominum, neque officium sacerdotum ad populum.* (*I Reg.* II, 13.) Et particulièrement, qu'ils corrompaient la chasteté des filles et femmes dévotes qui travaillaient au ministère du tabernacle: *Dormiebant cum mulieribus quæ observabant ad ostium tabernaculi.* (*Ibid.*, 22.)

L'expression de l'Ecriture est remarquable à ce sujet; elle dit qu'ils étaient endormis dans le péché déshonnête: *Dormiebant cum mulieribus.* Etre endormi dans le crime, dit saint Grégoire, n'est autre chose que de s'y reposer tranquillement, sans aucun remords en ce monde, et sans crainte des peines de l'autre vie: « Cum mulieribus quippe dormire, est secure, et sine metu futuræ vitæ peccare. » Voilà un caractère spécial de ce péché dans les prêtres; car celui qui s'abandonne tellement à ses désirs impurs, qu'il est souvent effrayé par la considération des jugements de Dieu, continue ce saint docteur, se souille à la vérité dans le bourbier du vice, mais ne s'y endort pas: « Qui enim sic mundi concupiscentias sequitur, ut sæpe divini metus consideratione terreatur, polluitur quidem cum mulieribus, sed non dormit. » Ce degré d'insensibilité n'est propre qu'aux prêtres. Le laïque, ajoute encore ce grand pontife, tombe si fort souvent dans ce crime; mais il rougit de ses désordres, il craint les châtiments, il ne se tient pas en sûreté dans cet état dangereux: « Quia etsi transgrediendo labitur, in perpetratis tamen facinoribus nequaquam per securitatem requiescit. » Le prêtre, moins inquiet, se livre en paix aux charmes de ce sommeil léthargique: *Dormiebant cum mulieribus.*

C'est ce qu'on voit clairement dans le récit que fait saint Augustin des désordres de sa vie; n'étant encore que séculier, il se laissa surprendre aux trompeuses douceurs de l'amour impur. Où étais-je, Seigneur, dit-il, et combien me trouvais-je éloigné des chastes délices de votre maison, lorsque la luxure prit le sceptre en main dans mon cœur, et que je me soumis entièrement à sa tyrannie? « Ubi eram, et quam longe exsulabam a deliciis domus tuæ, cum accepit in me luxuria sceptrum, et totas manus ei dedi vesaniæ libidinis? » Lorsque les vapeurs épaisses, qui s'élevaient du limon de ma chair, obscurcissaient mon cœur: « Exhalantur nebulæ de limosa concupiscentia carnis, et obnubilabant, atque obfuscabant cor meum. » Malheur! malheur! par quels degrés me laissais-je séduire, ou plutôt me laissais-je conduire au plus profond de l'enfer? « Væ, væ, quibus gradibus seductus sum in profunda inferni? »

Cependant, quelque douces que fussent les amorces dont le péché l'enchantait, quoique couché dans l'ordure, il ne s'endormit pas. J'étais, dit-il, enseveli dans cette langueur mortelle, et les pensées que j'avais de vous, ô mon Dieu, ressemblaient à la vérité aux efforts que fait un homme paresseux, qui laisse aller sa tête pesante sur le chevet; mais elles m'excitaient néanmoins à me réveiller, et à ne pas entièrement fermer les yeux: « Ita sarcina sæculi, ut somno assolet, dulciter premebar, et cogitationes quibus meditabar in te, similes erant conatibus expergisci volentium, qui tamen superati soporis altitudine remerguntur. » Voilà du moins des pensées, des méditations, des efforts; et il avoue que, malgré toutes ses erreurs contre la foi et tous ses désordres contre la pureté, il ne put jamais arracher de son cœur la crainte de la mort et du jugement futur; que ces deux restes de la piété chrétienne lui demeurèrent, et que ce fut comme deux anses dont la miséricorde divine se servit, afin de le retirer de cet abîme sans fond où il se perdait: « Infixus sum in limo profundi, et non est substantia. » C'est lui-même qui nous l'apprend: « Nihil me revocabat a profundiore voluptatum carnalium gurgite, nisi metus mortis et futuri judicii tui, qui quidem, per varias opiniones, nunquam tamen de pectore meo recessit. »

Tel est l'état d'un laïque; mais le prêtre va plus loin, il s'endort profondément dans le vice: *Dormiebant cum mulieribus.* Il pèche sans aucune crainte de la justice divine, il n'y songe seulement pas: « Cum mulieribus quippe dormire, est sine metu futuræ vitæ peccare. » N'appréhendez-vous point, lui dira-t-on, la mort, le jugement, l'enfer? Il ne craint rien que le monde, il ne craint rien, sinon que ses supérieurs ne s'endorment pas comme lui et ne troublent son repos.

Le crime du laïque a trois degrés qui sont distinctement marqués dans le premier psaume, selon l'observation des saints Pères: *Beatus vir qui non abiit in concilio impiorum et in via peccatorum non stetit, et in cathedra pestilentiæ non sedit.* (*Psal.* I, 1.) Car, dans l'ordre et le progrès de l'endurcissement, autre chose est d'aller dans le vice, autre chose de s'y arrêter, autre chose de s'y asseoir: « Aliud est ire, aliud stare, aliud sedere. » On va dans le péché lorsqu'on commet une action criminelle: « Abiit actu; » on s'y arrête quand on s'y affectionne: « Stetit affectu; » on s'y asseoit quand on s'y habitue : « Sedit habitu. » Le prêtre surpasse, il s'y endort : *Dormiebant cum mulieribus*. Le laïque, dit saint Chrysostome, se dégoûte souvent du vice ; et, touché de componction, il se tourne vers Dieu : « Laïci, vel satiati actibus suis malis, aliquando compuncti, convertuntur ad Deum et incipiunt operari justitiam Dei. » Il prend résolution de se lever et de retourner à son père, et de lui dire : Mon père, j'ai péché contre le ciel et devant vous, je ne suis pas digne d'être appelé votre fils, mettez-moi au rang de vos esclaves : *Surgam et ibo ad patrem meum et dicam ei : Pater, peccavi in cœlum et coram te, jam non sum dignus vocari filius tuus, fac me sicut unum de mercenariis tuis.* (Luc. xv, 18, 19.) Mais le prêtre, continue ce grand saint, est un impénitent qui ne cesse point d'offenser Dieu : « Sacerdotes autem impœnitibiles, nunquam desinunt peccare in Deum. » Du moins, c'est ce qui d'ordinaire arrive ; car, qui vit jamais ; ajoute encore ce même saint en un autre endroit, qui vit jamais un ecclésiastique faire une prompte pénitence ? « Quis enim vidit clericum cito pœnitentem. » L'ecclésiastique pèche, le prêtre pèche ; cela n'est que trop fréquent ; la porte de la pénitence est ouverte à tout le monde, je l'avoue ; mais la conversion d'un prêtre est la chose du monde la moins fréquente : « Peccavit sacerdos, peccavit clericus, pœnitentiæ quidem patet aditus, sed raro pœnitendi subest affectus. » Un tel assoupissement dans le crime les empêche d'entendre la voix du Père céleste, qui frappe à la porte de leur cœur : *Dormiebant cum mulieribus*. En effet, leur surdité spirituelle parut ouvertement, en ce que le Souverain Pontife, leur père, informé de leurs désordres, leur ayant fait une sévère correction, et remontré l'abîme de malheurs dans lequel ils se précipitaient, non-seulement ils ne profitèrent point de ses sages avis et de ses paternelles remontrances, mais ils ne daignèrent pas seulement l'écouter. Il les fit donc venir devant lui, et voici comment il leur parla :

Qu'est-ce que j'entends dire de vous, mes chers enfants ? J'apprends, par la bouche de tout le peuple, que vous commettez des crimes horribles : *Quare facitis res hujusmodi quas ego audio, res pessimas ab omni populo ?* (I Reg. ii, 23.) Ne soyez pas si aveugles, mes chers fils, que de vous perdre ainsi malheureusement ; vous êtes en une très-mauvaise odeur, votre réputation est flétrie, et vous entraînez dans le précipice le peuple de Dieu que vous rendez avec vous transgresseur de ses saintes lois : *Nolite, filii mei, non enim est bona fama quam ego audio de vobis, ut transgredi faciatis populum Domini.* (Ibid., 24.) Si quelquefois les hommes pèchent contre les hommes, le prêtre peut apaiser la colère de Dieu sur eux ; mais si le péché de l'homme s'attaque à Dieu même, qui priera pour lui en obtenir la rémission ? *Si peccaverit vir in virum, placari potest et Deus ; si autem in Dominum peccaverit vir, quis orabit pro eo ?* (Ibid., 25.) Paroles qui renferment quatre importantes raisons, qui devraient détourner tous les prêtres de jamais se laisser aller à aucun péché, surtout à celui-ci ; c'est pourquoi il est bon de les considérer.

Premièrement, ce Père leur représente qu'ils commettaient des crimes très-détestables ; *Quare facitis res hujusmodi pessimas ?* parce qu'ils s'abandonnaient au péché déshonnête : *Dormiebant cum mulieribus*. En effet, si les moindres péchés sont très-grands dans un prêtre, « minima etiam delicta quæ in ipsis maxima forent, effugiant, » dit le concile de Trente ; si ce qui n'est pas péché dans un laïque devient un crime dans un prêtre, dit saint Léon : « Quod in laicis culpa non est, hoc crimen est in sacro ordine constitutis ; » que seront les véritables crimes dans les prêtres lorsqu'ils en commettront ? Que seront en eux les sacrilèges, tels qu'étaient ceux de ces deux prêtres : *Dormiebant cum mulieribus*.

En second lieu, il leur remontre qu'ils sont perdus de réputation, que leur infamie est connue de tout le monde : *Non est bona fama quam ego audio de vobis ab omni populo*. En effet, dès lors qu'un prêtre a le moindre faible de ce côté-là, dès qu'on remarque en lui le plus léger attachement pour les personnes de différent sexe, il est perdu d'honneur ; ce péché traîne toujours après lui l'infamie et la mauvaise odeur ; c'est pourquoi saint Chrysostome le nomme : « grave olens peccatum, » un péché qui exhale une odeur intolérable, et qui accompagne partout le luxurieux. D'où vient que les réprouvés sont comparés aux boucs, animaux dont la puanteur blesse si fort l'odorat de tous ceux qui les approchent : *Statuet hædos a sinistris*. Saint Jérôme, écrivant à un ecclésiastique : Evitez, lui mandait-il, les moindres soupçons en matière d'impureté ; ne donnez jamais prise sur vous aux langues médisantes sur ce chapitre-là, et allez même au-devant de tous les soupçons désavantageux qu'on pourrait former contre la pureté de votre conduite : « Caveto omnes suspiciones, et quidquid probabiliter fingi potest, ne fingatur, ante devita ; » autrement tout le monde médira de vous.

Troisièmement, il leur expose les suites funestes de leurs désordres ; qu'ils ne se perdaient pas seulement eux-mêmes, mais encore ils entraînaient les peuples avec eux dans le précipice, qu'ils les enveloppaient dans leur ruine. Mes chers enfants, leur remontrait-il, qu'entends-je dire de vous ? que, par votre corruption, vous êtes la cause de la corruption du peuple ! qu'en transgressant la loi de Dieu, vous la faites transgresser aux autres ! *Nolite, filii mei, non enim est bona fama quam ego audio de vobis, ut transgredi faciatis populum Domini*. Enfin, l'Ecriture ajoute que leur péché ne pouvait être plus grand, parce qu'ils détournaient les hommes du sacrifice : *Erat ergo peccatum puerorum grande nimis coram Domino, quia retrahebant homines a sacrificio Dei*. (Ibid., 17.) Et c'est là l'extrême malheur et la circonstance aggravante du péché des prêtres, leurs désordres sont toujours pernicieux ; ils font douter de la vérité de nos mystères, de la sainteté de notre religion, de la pureté des mœurs de l'Eglise ; et le ministre fait mépriser le ministère. Le sacrificateur ôte la dévotion au sacrifice, le prédicateur fait rejeter la prédication ; il ne se damne pas seul, il est cause de la perdition d'un nombre infini d'âmes, il traîne après lui, comme l'ange apostat, la troisième partie des étoiles du ciel.

Prenez garde à vous, ô prêtres de Jésus-Christ, leur dit saint Chrysostome, et veillez sur vos paroles et sur vos actions : « Videte, sacerdotes, quomodo vos componatis in verbo et in opere. » Car, quoique le laïque, par son péché, se rende criminel, il ne perd néanmoins que lui seul ; au lieu que si le prêtre s'oublie de son devoir jusqu'à se laisser aller lui-même au désordre, il ne manque jamais d'entraîner avec lui le peuple : « Quoniam si aliquis Christianorum peccaverit, non omnino peccant et sacerdotes ; si autem ipsi sacerdotes fuerint in peccatis, totus populus ad peccandum convertitur. »

N'est-ce pas ce que remontrait aux prêtres de Béthulie la chaste Judith ? Ne savez-vous pas, leur disait-elle, que l'âme des peuples est entre vos mains ? ignorez-vous qu'en qualité de prêtres, leur salut dépend du vôtre ? « Et nunc, fratres, quoniam vos estis presbyteri in populo Dei, et ex vobis pendeat anima illorum, ad eloquium vestrum corda eorum erigite. »

Saint Bernard proteste que la dépravation du prêtre entraîne la subversion et la ruine du peuple : « Misera eorum conversatio, plebis tuæ miserabilis subversio est. »

Quand le pasteur marche dans les lieux escarpés, le troupeau tombe dans le précipice, dit saint Grégoire : « Cum pastor per abrupta graditur, inde fit ut ad præcipitium grex ducatur. »

En un mot, l'Ecriture joint tellement le péché du peuple au péché du prêtre, qu'elle fait assez voir que celui-ci est une suite nécessaire du premier : *Si sacerdos, qui unctus est, peccaverit, delinquere faciens populum Domini.* (*Levit.* IV, 3.)

Et saint Grégoire assure que les prêtres doivent d'autant plus soigneusement se défendre de tout péché, que, quand ils s'y laissent aller, ils ne se donnent pas seulement la mort à eux-mêmes, mais de plus qu'ils sont coupables de la mort de je ne sais combien d'âmes, qu'ils tuent par leur méchant exemple : « Unde necesse est ut tanto cautius a culpa se custodiant, quanto per prava quæ faciunt non soli moriantur, sed aliarum animarum quas pravis exemplis destruxerunt, rei sunt. »

Jugez donc la grandeur du crime d'Ophni et de Phinées, et combien leur père avait raison de leur demander pourquoi ils se laissaient aller à des péchés si détestables que ceux de la luxure ? *Quare facitis res hujuscemodi pessimas ?* (*I Reg.* II, 23).) Et avec combien de raison leur péché est dit si énorme dans ce même endroit : *Erat ergo peccatum grande nimis coram Domino* (*Ibid.*, 17), parce que leur gourmandise, inséparable de l'impureté, jetait le peuple dans l'impiété : *Retrahebant homines a sacrificio Dei.* (*Ibid.*) Voici le quatrième motif que ce Père leur apporte, pour les obliger à rentrer en eux-mêmes, et à faire pénitence. En effet, il leur propose une doctrine qu'ils ne savaient peut-être pas, et qui leur apprenait cette importante vérité que le péché des prêtres est d'autant plus grand, que la difficulté qu'ils ont à se réconcilier avec Dieu est extrême. Il établit une différence entre le péché du laïque et le péché du prêtre ; il leur dit que quand le laïque a péché, le prêtre peut intercéder pour lui auprès du Seigneur, prier pour lui, offrir des sacrifices pour lui, et, par le crédit qu'il a auprès de Dieu, et qui le rend médiateur entre Dieu et les hommes, selon le langage des saints docteurs, le remettre en grâce avec sa divine majesté : « Sacerdotes mediatores inter Deum et populum, » dit saint Bernard. Mais si le prêtre vient à pécher lui-même, qui parlera, qui priera pour lui ? Qui prendra en main sa cause auprès de Dieu ? Qui le réconciliera avec son Créateur ? Car c'est le sens que saint Grégoire donne à ces paroles : *Si peccaverit vir in virum, placari potest ei Deus ; si autem in Dominum peccaverit vir, quis orabit pro eo ?* (*I Reg.* II, 25) paroles, dit ce grand Pape, qui sont ici mises, parce que c'est à des prêtres qu'elles s'adressent. « Quod idcirco dictum, potest intelligi quia sacerdotes sunt qui arguuntur. »

Car les saints Pères ont toujours conclu, de ce que les prêtres n'avaient point d'intercesseurs auprès de Dieu, que leur conversion était très-difficile. Les péchés du peuple, dit saint Grégoire, sont effacés par les prières du prêtre : « Peccata subditi populi ipsorum sacerdotum precibus delentur. » Mais, lorsque le prêtre lui-même se laisse aller au péché, il n'y a pas de supérieur établi entre Dieu et lui, qui puisse par son intervention obtenir son pardon : « Cum vero sacerdos labitur, superior persona non est, cujus precibus expiatur. »

Si le moine tombe, dit saint Jérôme, le prêtre prie pour sa conversion ; mais qui priera pour la chute du prêtre ? « Monachus si ceciderit, orabit pro eo sacerdos ; pro sacerdotis lapsu quis rogaturus est ? »

D'où vient que le même saint Grégoire, réfléchissant sur les paroles de notre texte : *Quis orabit pro eo,* les interprète en cette manière : Si celui qui est établi, dit-il, afin d'intercéder pour les autres, vient à tomber, qui est-ce qui interviendra pour lui ? « Quasi dicat : Quis ei intercessor remanet, cum ille se transgrediendo præcipitat, qui ad intercedendum pro aliis ordinatus est. »

Telles furent les raisons dont ce Père, prudent et pieux, se servit afin de ramener ces prêtres à leur devoir, pour les tirer de l'aveuglement où ils étaient, pour leur amollir le cœur : il leur dit que leurs péchés étaient énormes; qu'ils étaient perdus de réputation; qu'ils étaient cause de la damnation des âmes; et qu'enfin ils se rendaient Dieu irréconciliable. Quoi de plus fort pour les tirer de cet assoupissement léthargique où ils étaient ensevelis? quoi de plus éclatant pour leur faire ouvrir les yeux? Dieu tonnait de la sorte, et ils dormaient profondément : car que rapporte l'Ecriture au sujet de cette correction paternelle? En furent-ils émus? fit-elle quelque impression sur eux? marquèrent-ils quelque confusion du passé? apportèrent-ils quelque excuse pour du moins pallier leurs désordres? parurent-ils confus, effrayés, résolus de se corriger? rien de tout cela; ils n'écoutèrent pas seulement la voix de leur Père, ils furent sourds à toutes ses raisons; avoir parlé à eux, et à des statues, fut la même chose : *Et non audierunt vocem patris sui.* (*I Reg.* II, 25.) Ils ne prêtèrent pas même l'oreille aux sages remontrances de celui qui leur parlait. Quel mépris! quelle dureté! quelle insensibilité! quel horrible abandon! Exemple funeste, dit saint Grégoire, réfléchissant sur cette histoire, qui nous apprend quelle est la grandeur du péché d'impureté dans les prêtres, et comment Dieu les livre souvent à l'aveuglement d'un cœur endurci et impénitent, qu'aucun avertissement ne peut plus ramener dans la bonne voie : « Quo profecto exemplo culpæ sacerdotum magnitudo monstratur, qua plerique illorum in impœnitentis cordis caliginem projiciuntur, ut nulla unquam hominis adhortatione resipiscunt. »

D'où vient ce prodige? on ne voit point de semblable obstination dans les gens du monde. David tomba dans un grand crime, il est vrai; il commit un adultère, il trempa ses mains dans un sang innocent. On ne voit point d'adultère plus long, ni d'homicide plus médité, sans se reconnaître. Cette colonne du ciel fut ébranlée, il croupit dans son désordre un temps considérable, il alla dans la voie de perdition, il s'arrêta dans la compagnie des pécheurs, il s'assit dans la chaire de l'iniquité; mais enfin il ne s'y endormit pas, il entendit l'avertissement du prophète, et il se leva. Ne vous en étonnez pas, c'était un laïque. Il n'en est pas ainsi des prêtres, ils sont endormis, ils n'écoutent rien : *Et non audierunt vocem patris sui.*

D'où vient cela, dit saint Grégoire? « Quia sacerdotes sunt qui arguuntur. » Mais voici Dieu qui va lui-même les avertir par des prophètes et des visions menaçantes; peut-être se réveilleront-ils?

Dieu, qui ne veut pas la mort du pécheur, mais plutôt qu'il vive et se convertisse, ne borna pas les secours qu'il voulait donner à ces prêtres, pour les retirer du vice de l'impureté, aux seuls avertissements de leur père, quelque forts, quelque touchants qu'ils fussent; voyant qu'ils étaient inutiles, il résolut, à des maux non communs, d'apporter des remèdes extraordinaires.

Un prophète, un homme de Dieu, vient trouver le grand prêtre Héli, père infortuné de ces malheureux enfants, et lui tient ce discours : *Venit autem vir Dei ad Heli, et ait ad eum : Hæc dicit Dominus.* (*Ibid.*, 27.) Voici ce que dit le Seigneur : J'avais choisi vos ancêtres, dès le temps de Moïse, pour faire les fonctions de prêtre devant moi; j'avais attaché le sacerdoce à votre famille, je vous avais comblé d'honneurs vous et les vôtres; d'où vient donc que vous avez toléré le crime dans vos enfants? que vous les avez aimés plus que moi? que vous avez souffert leur impiété et leur luxure? Je vais vous déclarer ce que médite le Seigneur : Je vous annonce, de sa part, qu'en punition des péchés de vos enfants, le sacerdoce sera ôté de votre maison, souillée par leur impudicité; que votre postérité tombera dans la misère, qu'elle sera réduite à recourir elle-même aux prêtres pour présenter à Dieu son offrande, et qu'au reste vos deux enfants, Ophni et Phinées, ces deux prêtres impudiques, périront en un même jour, et que je mettrai en leur place un ministre fidèle et digne d'un emploi si saint : *Hoc autem erit tibi signum quod venturum est duobus filiis tuis, Ophni et Phinees, in die uno morientur ambo, et suscitabo mihi sacerdotem fidelem.* (*I Reg.* II, 34.)

Quoi de plus miséricordieux qu'une telle conduite? Dieu veut punir ces mauvais prêtres, mais il les fait premièrement avertir de se corriger; il voit qu'ils ne font aucun cas des réprehensions de leur père, que les remèdes humains leur sont inutiles; il leur envoie un prophète, pour leur dénoncer de sa part qu'ils aient à rentrer en eux-mêmes et à faire pénitence; qu'il a le bras levé, qu'ils vont périr, que son arc est déjà tendu et ses flèches prêtes: *Arcum suum tetendit et paravit illum, et in eo paravit vasa mortis.* (*Psal.* VII, 13, 14.) Qu'ils vont être percés des traits de sa justice, qu'ils aient à s'enfuir, à se retirer de l'abîme où ils sont, et à se cacher : *Ut fugiant a facie arcus.* (*Psal.* LIX, 6.) Celui qui crie avant que de frapper, fait assez connaître, dit saint Augustin, qu'il ne punit qu'à regret, et qu'il donne tout le temps au pécheur de le désarmer par son repentir, et de le charmer par sa prière : « Qui sic clamo comminando, nolo ferire judicando. » Il rend presque sa providence douteuse par sa lenteur à punir; mais enfin la parole de saint Paul se vérifie, qu'on ne se moque point de Dieu. Le moment arrive où sa bonté cède à sa justice; et pour lors, il est d'autant plus sévère dans ses châtiments, qu'il a donné plus de temps pour les prévenir. Voilà ce que vint dire le prophète de la part de Dieu. Et sans doute que le grand prêtre Héli ne manqua pas de redoubler ses avertissements et ses remontrances auprès de ses deux enfants; que l'arrivée de ce prophète, envoyé extraordinairement de Dieu, chargé d'une si terrible commission, accompagnée de tant de menaces, fit grand bruit dans sa famille; que ce bon père en fut effrayé; qu'Ophni et Phinées en furent les premiers informés; ce second coup de tonnerre ne les réveilla pas plus que le premier. Ils n'avaient pas seulement voulu entendre la voix de leur père, ils fermèrent également l'oreille à la voix de Dieu; ils ne quittèrent point leur emploi, ils ne sortirent point du sanctuaire, ils ne songèrent point à faire pénitence : « Judicium multiplex accepturi, quod et tam gravissimas conscientias gerunt, et tamen intra sanctuarium sese ingerere non verentur. » Et ne voyons-nous pas la même chose arriver tous les jours, la même dureté, la même insensibilité, la même surdité, la même impénitence, la même profanation? plaise à Dieu que ce ne soit pas le même jugement!

En effet, une marque visible que cet avis fut encore sans fruit, c'est ce qui arriva de nouveau pour la troisième fois. Le jeune Samuel dort dans le temple, une voix l'appelle : *Samuel, Samuel.* (*I Reg.* III, 10.) Il se lève, il croit que le grand prêtre Héli a besoin de lui, il court le trouver : Me voici, lui dit-il : *Ecce ego, vocasti enim me.* (*Ibid.*, 6); Héli le renvoie. Enfin, instruit de ce qu'il a à faire, il apprend que cette voix vient de Dieu, il répond : Parlez, Seigneur, car votre serviteur écoute. Pour lors, Dieu lui découvre son dessein : il lui dit d'avertir le pontife que sa colère est près d'éclater, qu'il va commencer, et qu'il ne se désistera point qu'il n'ait achevé : *Incipiam et complebo.* (*Ibid.*, 12.) Que la cause de son indignation vient ce que ses deux enfants se souillent dans l'impiété et dans la luxure, et que lui, qui le savait, ne les avait pas repris et châtiés comme ils le méritaient : *Eo quod noverat indigne agere filios suos, et non corripuerit eos.* (*Ibid.*, 13.) Le matin venu, Samuel raconte une telle vision au pontife; cette révélation l'étonne; qui doute qu'il ne fît part d'une si surprenante nouvelle à ses malheureux enfants, puisque tout le public en est informé : *Et evenit sermo Samuelis universo Israëli.* (*Ibid.*, 21.) Qu'il n'ajoutât remontrance sur remontrance, menace sur menace; mais à quoi tout cela servit-il? à rien du tout, qu'à faire voir leur prodigieux assoupissement dans le vice. Avertissements paternels, prédictions prophétiques, visions et révélations divines, rien ne put les faire revenir à eux; ils dormaient ensevelis dans la luxure : *Dormiebant cum mulieribus.* (*I Reg.* II, 22.) Qui pourra les retirer de cette léthargie ? Ce qu'on leur disait passait dans leur esprit pour des chimères, ainsi qu'aux autres luxurieux habitants de Sodôme; car ce sommeil est le caractère de ce vice : *Et visus est quasi ludens loqui, et visa sunt ante illos sicut deliramentum verba ista, et non crediderunt illis.* (*Luc.* XXIV, 11.) D'où vient cette insensibilité?

Saül, homme laïque, coupable d'un nombre infini de crimes, et endurci dans son péché, vit en esprit le même Samuel qui lui apparut après sa mort, et qui lui prédit sa ruine prochaine : à cette menace ce prince, d'ailleurs vaillant et intrépide, tomba par terre et fut saisi de crainte : *Statimque Saul cecidit porrectus in terram,* *et robur non erat in illo.* (*I Reg.* XXVIII, 20.)

Les Ninivites et leur roi impie, tout plongés qu'ils fussent dans une dissolution effroyable, à la prédication de Jonas, qui ne leur donnait que quarante jours pour apaiser la colère de Dieu : *Adhuc quadraginta dies, et Ninive subvertetur* (*Jon.* III, 4), se couvrirent de sac et de cendre; ils pleurèrent, ils crièrent, ils jeûnèrent, et enfin ils se changèrent si bien, dit saint Ambroise, qu'ils changèrent Dieu, tout immuable qu'il est.

Ezéchias ayant ouï le prophète Isaïe, qui lui vint dire de la part de Dieu qu'il donnât ordre à ses affaires, et qu'il fallait mourir, pénétré de douleur et de religion, se mit à pleurer comme un enfant.

Achab, le plus impie des rois, se couvrit d'un cilice à une semblable nouvelle ; et voici des pécheurs obstinés qui n'écoutent pas seulement ce qu'on leur dit : *Et non audierunt vocem patris sui.* (*I Reg.* II, 25.) De quel caractère sont-ils? Ne vous en étonnez pas, dit saint Grégoire, ce sont des prêtres : *Sacerdotes sunt qui arguuntur,* et les autres étaient des laïques; mais ceux-ci sont des prêtres, et des prêtres impudiques, et par conséquent dans un assoupissement sans exemple : *Dormiebant cum mulieribus.* Rien ne saurait les réveiller; et, ô malheur qui ne saurait être assez déploré! ils passeront du sommeil de ce péché dans un autre sommeil encore plus profond. Dieu fera voir en eux, par un châtiment terrible, la grandeur de ce péché des prêtres luxurieux, livrés en proie à la dureté de leur cœur impénitent, et à l'obscurité des ténèbres qu'aucune clarté ne dissipera jamais : « Quo profecto exemplo, culpæ sacerdotum magnitudo monstratur qua plerique eorum a Domino in impœnitentis cordis caliginem projiciuntur, et nulla hominis adhortatione resipiscant. » En effet, ceux-ci, peu de jours après, furent massacrés par les ennemis du peuple de Dieu, on leur ôta une arche qu'ils étaient indignes de porter. Trente mille Israélites, étendus sur la place, comme autant de brebis égorgées, rendirent célèbre la punition de leurs pasteurs, dont la ruine entraîne toujours la ruine des peuples, selon la remarque de saint Grégoire : « Quia cum pastores intereunt, necesse est ut ad eumdem interitum grex sequatur. » Et leur père infortuné, tombant par terre à cette nouvelle, se brisa la tête; mort convenable à celui qui ne méritait pas d'être le chef, ni d'avoir la conduite d'une famille sacerdotale : *Cecidit de sella retrorsum, et, fractis cervicibus, mortuus est* (*I Reg.* IV, 18), qui s'était trop souvent qu'il était père, et pas assez qu'il était prêtre.

VI. A tant de motifs pressants et de considérations puissantes, il est bon de joindre l'avis suivant de saint Thomas, qu'on peut dire s'adresser particulièrement aux ecclésiastiques, et dont voici la simple traduction sans y rien ajouter.

D'autant qu'il me semble que plusieurs personnes négligent la connaissance de leurs vices prédominants, et ainsi ne se mettent pas beaucoup en peine de s'en confesser, quoiqu'il leur fût très-important, et d'y faire une réflexion sérieuse, et de s'en accuser avec autant de soin que des autres vices qui en découlent, je crois qu'il ne sera pas inutile de parler ici d'une de ses plus funestes sources; je veux dire de l'attachement qu'on ne remarque qu'en trop de gens pour les personnes de différent sexe; car c'est un mur qui sépare l'âme d'avec Dieu, et qui, s'étant une fois affermi, ne nous permet plus, ni de nous avancer dans la vertu, ni de nous élever par la prière, particulièrement quand cette dangereuse inclination est toute sensible, pour ne pas dire charnelle.

Qui pourrait dire combien cet amour impur, se déguisant sous le nom spécieux d'amitié spirituelle, a trompé d'âmes sublimes, et les a renversées du haut degré de contemplation où elles étaient parvenues? Car c'est une certaine inquiétude d'esprit si contagieuse, que, répandant son venin sur le cœur et sur la bouche, qui sont les deux canaux de la prière, elle produit mille divers mouvements, ennemis capitaux du recueillement intérieur; d'où il arrive que si l'oraison purifie l'âme, si elle l'éclaire, si elle la réjouit, si elle la fortifie et si elle l'engraisse, pour se servir des termes de l'Ecriture, cette affection, au contraire, tout animale et toute charnelle, la souille et la corrompt; elle l'obscurcit et la contriste; elle l'affaiblit et la dessèche, et elle peut enfin étendre ses impressions malignes sur le corps même.

Et, comme j'écris particulièrement ceci pour les spirituels, je les avertis expressément qu'encore que ces sortes d'affections soient périlleuses et dommageables à tout le monde, elles sont néanmoins infiniment plus pernicieuses pour eux que pour les autres; surtout quand c'est envers une personne qui passe pour dévote, qu'ils se sentent ainsi émus; car, quoique cette liaison dans son commencement leur paraisse innocente, il est bon qu'ils sachent que la familiarité venant une fois à s'y glisser, c'est un serpent qu'ils nourrissent dans leur sein; c'est un poison qu'ils avalent avec plaisir, c'est un mal caché sous les apparences du bien; d'où il s'ensuit que, leur attachement venant à croître, la charité qui semblait être le principal de leur union, vient à diminuer, et leur chasteté commune à se ternir.

Ce n'est pas que d'abord ils en viennent là, ni qu'ils prévoient l'embrasement que doit un jour causer en eux cette petite étincelle : car le démon, de peur de découvrir sa trame, ne les porte pas sitôt au péché; mais il se contente pour lors de les remplir d'un amour passionné l'un pour l'autre; puis il faut qu'insensiblement ils ne conversent plus ensemble d'une manière angélique et purement spirituelle, et commencent à s'entre-regarder comme à travers de la chair, et à se blesser l'un l'autre par diverses recommandations tendres et passionnées, qui ne paraissent pourtant encore que sous le masque de la dévotion; puis il imprime si fortement dans leur imagination leurs traits, leurs gestes, leur air et toute leur figure corporelle, que le désir de se voir et d'être ensemble ne les quitte point. Signe visible que leur prétendue union spirituelle dégénère peu à peu en une très-dangereuse affection charnelle. Ainsi ces âmes, qui n'avaient rien auparavant qui les empêchât de s'unir immédiatement à Dieu dans la prière, interposent à présent une image corporelle entre Dieu et elles; et néanmoins, par un aveuglement étrange, elles se persuadent qu'elles n'envisagent dans la créature que le Créateur; et ce qui est plus déplorable, c'est que ces âmes éclairées, qui devraient elles-mêmes, les premières, découvrir le piège et l'éviter soigneusement, se servent de tout ce qui pourrait les détromper pour se séduire encore davantage, s'imaginant faussement que tous les mouvements qu'elles ressentent ne viennent que d'une véritable charité, quoique effectivement ils partent d'une véritable cupidité. S'occupant donc ainsi éternellement d'eux-mêmes, et nul objet ne les touchant davantage, ils prennent aussitôt ces douceurs qu'ils goûtent en s'appliquant ainsi à eux-mêmes, et qui ne sont que de pures impressions sensuelles, pour des consolations du Saint-Esprit, qui les pousse à prier l'un pour l'autre; ce qu'ils s'imaginent et qu'ils s'assurent si fortement, qu'ils font bien voir combien leur esprit est déjà corrompu et combien il est difficile de les désabuser.

Qui pourrait dire en combien d'illusions ce démon du midi les précipite, particulièrement les femmes, qui d'ailleurs sont plus susceptibles que les hommes de ces sortes de tromperies?

Or, ceux-ci se représentant l'un l'autre dans l'oraison, et le démon se servant de cette représentation pour exciter dans leurs cœurs des mouvements tendres et passionnés, ils prennent aussitôt cette chaleur intérieure pour un feu divin et pour un lien sacré dont le Saint-Esprit veut se servir, afin de s'unir leurs esprits ensemble, quoique cependant ce ne soit que de noires vapeurs d'un amour impur qui les brûle : ce qui paraîtra bientôt aux tristes effets qu'il produira en eux. De là viennent ces prétextes affectés et ces adresses merveilleuses, afin de se procurer sans cesse des visites de plusieurs heures, qu'ils cachent sous je ne sais combien de nécessités prétendues, et qu'ils se protestent l'un à l'autre leur être extrêmement utiles, bien qu'à dire le vrai la seule tentation à laquelle ils commencent de succomber soit le secret et véritable mobile de tout leur commerce dangereux.

C'est ainsi que la convoitise les aveuglant toujours de plus en plus, ils perdent misérablement les heures qu'ils avaient accoutumé d'employer à l'oraison et aux autres exercices de piété, en ces conversations trop familières et en ces entretiens sans bornes : tellement qu'ils ne peuvent plus les finir ni se quitter, si la nuit importune ne les surprend ou si quelque autre accident imprévu ne les interrompt ; et encore ne se séparent-ils alors que malgré eux, et avec beaucoup de peine et d'ennui. Mais qui ne sait que cette tristesse est la vraie pierre de touche qui distingue le pur or des consolations de Dieu d'avec le faux métal des impressions du démon?

Enfin, quoiqu'il y eût encore un nombre infini d'écueils à découvrir, où ces âmes aveuglées vont toujours s'exposer, s'imaginant faussement qu'il y a beaucoup de choses permises à des personnes aussi avancées qu'elles, qui néanmoins ne se peuvent commettre sans crime, j'ai cru qu'il valait mieux m'arrêter ici que de souiller plus longtemps ma plume dans une matière si odieuse.

Je ne puis toutefois me dispenser de rapporter une chose que j'eusse assurément supprimée si notre siècle n'en avait été témoin : c'est que ces personnes corrompues, après des discours passionnés, qu'ils n'ont point honte de nommer charité, se laissent enfin tellement renverser le sens que d'en venir à des attouchements ; ce qui est si horrible, que je n'en dirai pas davantage.

Je m'adresse bien plutôt à vous, mes très-chers frères, pour vous dire qu'un des plus dangereux effets de ces affections charnelles est d'empêcher la pureté de conscience, dont elles sont une rouille si opiniâtre, qu'on ne peut presque jamais l'en arracher.

De là vient que ces sortes de personnes ne découvrent jamais bien au vrai le fond de leur conscience à leur confesseur, parce qu'ils ne peuvent se résoudre à déclarer leurs honteux désordres ni à boire la confusion que le récit de certaines circonstances, qui sont inséparables de cette faiblesse ignominieuse, leur apporterait. Aussi ne s'en accusent-ils point du tout, ou, s'ils s'en accusent, ce n'est que sous certains termes ambigus, qui, cachant la laideur de la plaie, n'en découvrent pas le venin.

Pourquoi donc s'étonner s'ils changent souvent de confesseur, ou du moins s'ils désirent d'en changer quand ils ne le peuvent pas ; s'ils sont tristes et chagrins, tant à cause de leurs mauvaises confessions, qui les troublent, qu'à cause de la tentation qui les agite ; et, ce qui est de plus déplorable, si ces personnes ainsi malades, qui, plus que les autres, devraient elles-mêmes chercher des médecins spirituels savants et expérimentés, qui connaissent parfaitement et leur maladie et la cause de leur maladie, non-seulement ne les appellent pas à leur secours, mais même les évitent avec soin, sitôt qu'ils les ont reconnus pour tels ; s'ils les fuient et s'ils ne retournent plus à eux, du moment qu'ils les ont reconnus pour tels ; et si, au contraire, ils cherchent des confesseurs ignorants et faciles, qui, ne comprenant ni la nature ni la cause de leurs maux, ne peuvent leur enjoindre que des remèdes inutiles ?

Ceci suffise, mes très-chers frères, pour vous porter à mener une vie chaste et pure, et à éviter comme une peste la familiarité dangereuse des femmes, même dévotes. Vous ne le pourrez que par la fuite ; car c'est en vain que vous aurez recours aux jeûnes, aux veilles, aux disciplines, aux larmes et aux autres macérations, à la prière même, si vous ne fuyez la personne qui vous a blessé, et si vous n'évitez par là l'occasion. Tout autre remède, loin de fermer la plaie, ne servira qu'à l'agrandir.

Suivons donc ce conseil important de saint Jérôme : Si vous connaissez, dit-il, quelque femme de vertu, aimez-la selon Dieu, mais ne cherchez point sa connaissance ; car le premier pas que vous ferez pour l'aller visiter, sera votre premier pas vers la tentation. On peut résister tête à tête aux autres vices, mais on ne peut surmonter celui-ci que par la fuite. Souvenez-vous, ajoute-t-il, ailleurs, que celle qui put chasser l'homme du paradis, peut bien empêcher l'homme de retourner au paradis. Ne soyez donc pas si imprudent que de vous asseoir seul à seul à l'écart et sans témoins avec elle, ni si hardi que de demeurer sous un même toit ensemble, ni si présomptueux que de vous appuyer sur votre chasteté passée, puisque, après tout, vous n'êtes pas plus fort que Samson, ni plus sage que Salomon : « Solus cum sola non sedeas in secreto, absque arbitro et teste, nec sub eodem tecto cum muliere manseris, nec in præterita castitate confidas, quia nec tu Samsone fortior, nec Salomone sapientior. »

Que si vous dites : Mon corps est déjà mort ; j'ai à vous répondre que le diable ne l'est pas, et qu'il ne peut que trop, par son souffle infernal, rallumer les charbons éteints : ou aimez également, dit-il encore, toutes les vierges de Jésus-Christ en général, ou n'en connaissez plutôt pas une en particulier : « Omnes virgines Christi aut æqualiter dilige, aut æqualiter ignora. »

Que votre entretien avec les femmes soit court et sérieux, dit saint Augustin : « Sermo brevis et rigidus cum mulieribus est habendus. » Et ne vous imaginez pas qu'elles sont d'autant moins à craindre, qu'elles paraissent plus vertueuses : « Nec tamen quia sanctiores fuerint, ideo minus cavendæ ; » puisqu'au contraire, plus ont-elles de modestie et de vertu, plus leurs attraits sont-ils dangereux : « Quo enim sanctiores fuerint, eo magis alliciunt. » Et il n'arrive pas peu souvent que, sous l'apparence d'un doux entretien, se glisse le venin d'une complaisance impure : « Et sub prætextu necessitatis immiscet se viscus impurissimæ libidinis. » Croyez-moi, je suis évêque, et je ne voudrais pas mentir : j'ai vu des cèdres du Liban, des chefs du troupeau de Dieu ; c'est-à-dire, des hommes élevés à un très-haut degré de contemplation, de la vertu desquels je ne me défiais pas davantage que de la vertu des Jérôme et des Ambroise, avoir malheureusement succombé aux charmes d'une beauté si vaine : « Crede mihi, episcopus sum, episcopo loquor, non mentior, cedros Libani, id est contemplationis altissimæ homines, et gregum arietes, id est magnos prælatos Ecclesiæ sub hac specie corruisse reperi, de quorum casu non magis præsumebam, quam de Hieronymi aut Ambrosii. »

A quoi saint Bernard ajoute : Vous conversez tous les jours avec cette femme, et vous voulez passer pour continent? Oui, je veux que vous le soyez, mais sachez que vous vous perdez de réputation, et que vous ne m'édifiez nullement : ôtez la matière et la cause qui font tant parler le monde, si vous prétendez passer pour chaste, sinon je n'ai rien à vous dire que ces paroles formidables de l'Evangile : Malheur à l'homme par qui le scandale arrive : *Væ homini illi per quem scandalum venit !* (*Matth.* XVIII, 7.) Tel est l'avis de saint Thomas.

VII. Combien cette vierge prudente, dont Sévère Sulpice rapporte l'action édifiante et l'exemple rare, s'éloignait-elle d'un semblable désordre.

Je crois, dit cet auteur, que vous vous souvenez assez avec quel zèle et quelle approbation saint Martin nous racontait en votre présence même, et quel éloge il donnait à la vertu d'une vierge qui s'était imposé la loi de ne regarder jamais aucun homme, pas même son propre évêque, lorsqu'il faisait sa visite : « Illud vero meminisse te credo quo affectu nobiscum et coram adesses, illam virginem prædicaret, quæ ita se penitus ab omnium virorum oculis removisset, ut ne ipsum quidem ad se Martinum, cum eam ille officii causa visitare vellet, admiserit. » Et voici la manière dont la chose se passa : Comme cet évêque, si célèbre par sa sainteté, passait un jour près le petit bien de campagne où cette pudique vierge vivait renfermée depuis plusieurs années, et qu'on l'eût informé de la foi et de la piété de cette vertueuse solitaire, il se détourna afin d'honorer par sa visite épiscopale et religieuse, le rare mérite d'une fille si illustre : « Nam cum præter agellum illius præteriret, in quo jam ante complures annos pudica cohibebat, audita fide illius, atque virtute, divertit, ut tam illustris meriti puellam religioso officio episcopus honoraret. » Pour nous qui l'accompagnions, continue Sévère Sulpice, nous ne doutâmes point que cette pieuse fille ne reçût avec joie un tel honneur, et qu'elle ne s'estimât heureuse de voir qu'un évêque d'une telle sainteté et d'une si grande réputation, relâchant de son ordinaire sévérité, daignât bien rendre un témoignage si authentique à sa vertu : « Nos consequentes gavisuram illam virginem putabamus : siquidem hoc in testimonium virtutis suæ esse habituram, ad quam tanti nominis sacerdos, deposito proposili rigore venisset. » Mais cette prudente et pudique vierge, ne se laissa point éblouir à cet honneur, et sa résolution de ne voir aucun homme fut si ferme, qu'elle ne se relâcha pas même en considération d'un aussi grand saint qu'était cet évêque :

« Verum illa fortissimi vincula propositi, nec Martini quidem contemplatione laxavit. » Elle envoya donc au-devant de lui une vénérable dame qui lui fit excuse de sa part, et qui lui demanda pardon si elle ne pouvait le voir, ni recevoir l'honneur de sa visite. Excuse au dernier point louable, et infiniment préférable à toute la civilité mondaine : aussi saint Martin reçut ce compliment avec joie, et se retira plus édifié de la porte de celle qui la lui fermait pour n'en être pas vue, que si elle la lui avait ouverte pour le recevoir avec respect : « Ita vir beatus accepta per aliam feminam excusatione laudabili, ab illius foribus quæ videndam se salutandamque non dederat, lætus abscessit. »

O vierge incomparable, qui ne put se résoudre à être regardée, pas même par un saint Martin ! « O virginem gloriosam, quæ ne à Martino quidem passa est se videri ! » O évêque incomparable, qui, loin de s'offenser d'un tel refus, admira une telle retenue, loua une semblable modestie, et se réjouit d'un si rare exemple de vertu : « O Martinum beatum, qui illam repulsam non ad contumeliam suam duxit, sed magnificans illius cum exsultatione virtutem, inusitato in his duntaxat regionibus gaudebat exemplo. »

Cependant, comme la nuit qui survint nous obligea de loger près le petit village de cette bienheureuse fille, elle envoya à saint Martin un présent, et cet admirable évêque, qui n'en avait jamais pris de qui que ce soit, reçut celui-ci : « Fecit Martinus quod antea non fecerat, nullius enim ille unquam xenium, nullius munus accepit. » Il accepta tout ce que cette vierge lui fit offrir, disant qu'un prêtre ne devait rien refuser d'une vierge, qui méritait d'être préférée à plusieurs prêtres : « Dicens benedictionem illius a sacerdote minime respuendam, quæ esset multis sacerdotibus præferenda. »

Que les vierges, continue Sévère Sulpice, profitent de cet exemple : « Audiant, quæso, virgines istud exemplum. » Et si elles veulent se délivrer des visites importunes des hommes mondains, qu'elles ferment leurs portes aux hommes vertueux, et aux prêtres mêmes, quelque saints qu'ils soient : « Non vereantur excludere etiam sacerdotes. » Que tout le monde écoute cette merveille, qu'une vierge chrétienne n'a pu souffrir d'être regardée par un saint Martin : « Totus hoc mundus audiat videri se a Martino virgo non passa est; » qu'elle a refusé de se laisser voir, non pas à un prêtre du commun, mais à celui que l'on peut dire avoir été comme le salut de ceux qui le voyaient : « Non utique illa quemcunque a se repulit sacerdotem, sed in ejus viri conspectum puella non venit quem videre salus videntium fuit. »

Quel autre qu'un saint Martin n'eût pas eu de l'indignation de ce qu'on le traitait ainsi ? Quel autre évêque n'eût pas excommunié cette incivile, et ne l'eût pas traitée comme une hérétique ? Quel autre que saint

Martin n'eût pas préféré à cette bienheureuse fille, ces dames et demoiselles officieuses qui vont au-devant des prélats, qui leur font préparer des repas somptueux, qui mangent en même table avec eux? « Quam vero illi beatæ animæ illas virgines prætulisset quæ crebris occursibus ubique se præbent obvias sacerdoti, quæ convivia sumptuosa disponunt, quæ una pariter accumbunt. »

Pour moi, conclut ce même historien, je ne sais si je ne dois pas préférer la retenue de cette fille vertueuse, qui ne voulut pas voir saint Martin, à la curiosité, quoique louable, d'un grand nombre de personnes qui venaient souvent de pays éloignés pour voir ce saint évêque, et s'édifier de ses exemples : « Verum ego ita virtutem hujus virginis prædicabo, ut tamen nihil illis quæ ad videndum Martinum ex longinquis regionibus sæpe venerunt, arbitrer derogandum. » Telles sont les paroles et réflexions de Sévère Sulpice, qui portent avec elles leur instruction, qui doivent nous obliger à imiter du moins une fille, à profiter d'un tel exemple, et à nous retirer des visites et des entretiens avec les personnes de différent sexe, s'ils ne concernent uniquement les fonctions de notre ministère. Se renfermer dans ces bornes, c'est se renfermer dans une solitude, ce n'est pas sortir de la retraite. Sans cela, si nous voyons, ou si nous nous laissons voir aux filles et aux femmes, si nous ne leur fermons pas la porte, si nous sortons dehors au-devant d'elles, Dieu refusera nos présents, que saint Martin n'accepta d'une fille, qu'à cause qu'elle refusa de se laisser voir à des hommes, et qu'il jugea par là devoir être préféré aux prêtres, qui se laissent voir à des femmes : « Dicens benedictionem illius a sacerdote minime respuendam quæ esset multis sacerdotibus præferenda. »

Ce serait une imprudence extrême de se croire incapable de ces malheureuses inclinations, parce que l'on serait avancé en âge; car, ne fut-ce pas dans la vieillesse que Salomon, le plus sage des mortels, se laissa aveugler et corrompre? Ne fut-ce pas deux vieillards qui se laissèrent séduire à cette passion ignominieuse, et qui osèrent attenter à la vertu de la chaste Suzanne? *Viderunt eam senes et exarserunt in concupiscentia ejus.* (Dan. xiii, 8.) Il paraît même qu'ils étaient habitués de longue main dans ce crime, ainsi que le leur reprocha Daniel : *Sic faciebatis filiabus Israel, et illæ timentes loquebantur vobis, sed filia Juda non sustinuit iniquitatem vestram.* (Ibid., 57.)

Lorsque les pharisiens amenèrent au Sauveur une femme surprise en adultère, afin de l'obliger à la condamner, il se pencha et se mit à écrire sur la terre avec son doigt certains caractères : *Inclinans se deorsum in terra, digito scribebat in terra.* (Joan. viii, 6.) Les interprètes demandent ce que signifiaient ces caractères? Plusieurs d'entre eux assurent qu'ils étaient tels que les Juifs, qui accusaient cette femme, comprenaient en les voyant qu'ils n'étaient pas plus innocents qu'elle; qu'il était juste, à la vérité, que cette adultère fût punie; mais qu'il n'était pas juste que ses accusateurs, aussi coupables qu'elle, et peut-être plus, fussent les premiers à lui jeter la pierre ; ce que les paroles suivantes semblent insinuer, et servir d'interprétation à ce qu'il écrivait : *Qui sine peccato est vestrum primus in illam lapidem mittat.* (Ibid., 7.) Etant, contre toute équité, que les criminels s'érigent en accusateurs et en juges, que ceux qui violent la loi en punissent les transgresseurs, dit saint Augustin; d'où vient qu'après avoir proféré ces mots, Jésus-Christ se remit à écrire en terre, comme signifiant qu'il ne voulait pas achever de les couvrir de confusion, et qu'il leur donnait le temps de se retirer sans bruit, comme pour cacher le trouble de leur âme, et la crainte où ils étaient qu'il n'achevât d'en découvrir davantage : aussi ces accusateurs, frappés par l'équité de cette règle, comme par un trait invincible : « Ista altissima justitiæ regula, tanquam telo percussi, » dit ce Père, et par les reproches secrets de leur conscience, s'écartèrent aussitôt, et disparurent de ce lieu les uns après les autres, laissant là leur accusation avec cette femme : *Audientes autem, unus post unum exibant, et remansit solus Jesus, et mulier in medio stans.* (Joan. viii, 9.). Mais, qui furent les premiers de ceux qui se retirèrent ? ce furent les vieillards : *Incipientes a senioribus.* Leur vieillesse, plus éclairée, ne servit qu'à leur faire voir plutôt ce que cela voulait dire, et leur plus longue vie, qu'à leur découvrir une plus longue suite de désordres ; de sorte que, dans le seul crime d'une jeune femme, ils virent la multitude des crimes dont leurs cheveux blancs étaient souillés ; vérifiant en eux cette parole de saint Jérôme : « Plerosque inter ipsos canos, in albo capillamento, quasi in nivoso montis Æthnæi, Olympii, aut Vesuvii vertice majori sane prodigio, ardere igne libidinis. »

L'Ecriture nous fournit un exemple célèbre de l'aveuglement d'esprit que cause dans les prêtres l'amour deshonnête, en la personne de ces deux vieillards qui attentèrent à la pudicité de la chaste Suzanne, et dont nous venons de dire un mot; crime qui ne se renouvelle que trop souvent dans l'Eglise, ainsi qu'on va le montrer. Le texte sacré raconte que ces deux vieillards, voyant souvent cette jeune femme, s'embrasèrent d'amour pour elle, que la convoitise s'empara d'eux : *Exarserunt in concupiscentiam ejus.* (Dan. xiii, 8.) Que cette passion tyrannique renversa leurs sens et leur raison, qu'ils détournèrent leurs yeux pour ne pas regarder le ciel et ne pas se ressouvenir des justes jugements : *Everterunt sensum suum, et declinaverunt oculos suos, ut non viderent cœlum, neque recordarentur judiciorum justorum.* (Ibid., 9.) Préoccupés entièrement de la beauté frivole d'une femme, ils ne songeaient ni à la grandeur du crime qu'ils voulaient commettre, ni à la présence de Dieu qui les voyait, ni à la rigueur du supplice qui les menaçait, ni à la difficulté du détestable dessein qui les agitait ; l'occasion de pouvoir trouver cette femme seule était l'unique chose qui les remplissait, et, bien éloignés d'avoir fait un pacte avec leurs yeux, afin de ne jeter pas la vue sur une vierge, ainsi que le saint homme Job, ils avaient résolu de ne pas lever les yeux au ciel, pour oublier mieux celui qui l'habite : *Declinaverunt oculos suos ut non viderent cœlum (Ibid.)* ; de ne considérer que la terre : *Statuerunt oculos suos declinare in terram (Psal.* XVI, 11) : et de ne penser qu'à l'objet corruptible qui les blessait. La loi de Dieu ne put tenir contre une passion si violente ; le respect dû au Créateur ne fut pas un frein capable d'arrêter leur emportement.

Qu'y a-t-il de plus aisé que d'éteindre cet embrasement dans sa naissance ? si les regards et les désirs déshonnêtes, comme des vents impétueux, allumant cette flamme dans leur cœur, ne l'eussent fait croître jusqu'à un point qu'elle ne pût ensuite s'éteindre que dans leur sang ; mais quoi ! ils étaient déterminés à ne regarder que la terre : *Statuerunt oculos suos declinare in terram* : à ne penser qu'au présent, et non au futur ; au plaisir, et non à la peine, au temps, et non à l'éternité.

Que ne considéraient-ils leur âge, ils étaient vieux, *senes* ; leur dignité, ils étaient juges, *judices*: l'état où ils se trouvaient, ils étaient en captivité, dans un pays étranger ; le lieu qu'ils avaient choisi pour être témoin de leur injuste action, c'était celui où ils rendaient la justice aux autres ; où ils avaient établi leur tribunal ; la maison où ils prétendaient commettre le crime, c'était celle du mari même qu'ils voulaient déshonorer chez lui ; l'infamie de leur convoitise si grande, qu'encore que, brûlés du même feu, ils rougissaient de se le découvrir l'un à l'autre : *Erubescebant indicare sibi concupiscentiam suam (Ibid.,* 11); la chasteté de cette pudique femme, et par conséquent, la difficulté de corrompre une personne si vertueuse, qui n'était prévenue d'aucune affection pour eux, qui se trouvait retenue par la vue d'un mari, de Dieu, de son devoir ; la confusion qu'ils auraient d'en venir à lui faire une telle déclaration, le péril où ils s'exposaient ; tout cela ne put leur ouvrir les yeux : emportés par leur passion aveugle, ils résolurent de se satisfaire à quelque prix que ce fût, à la face du ciel et de Dieu même, sans craindre cet œil qui voit tout, sans se soucier du supplice destiné aux adultères par la Loi ; sans se mettre en peine des jugements de celui qui ne laisse rien d'impuni, sans que la brièveté d'un plaisir, ni la longueur des regrets et des peines qu'il traîne après lui, ni la vue d'une éternité tout entière de tourments qui le suit, eussent la force de les refréner. Ils mirent toutes ces choses sous leurs pieds, l'amour déshonnête offusqua leur entendement ; et tant de fortes barrières et de digues ne purent arrêter les flots impurs qui les agitaient : *Everterunt sensum suum, et declinaverunt oculos suos, ut non viderent cœlum, neque recordarentur judiciorum justorum. (Ibid.,* 9.) Ces hommes charnels ne regardèrent que la chair : *Videbant eam senes et exarserunt in concupiscentiam ejus.* Profitons de l'exemple d'autrui, que l'aveuglement de ces gens-là nous ouvre les yeux ; évitons un piège où nous voyons tomber les autres, et que tant de puissantes considérations, qui ne purent les modérer, soient pour nous des liens suffisants, afin de nous contenir dans les bornes de la justice ; car toutes les circonstances qui rendent leur aveuglement si criminel, se rencontrent dans le péché des prêtres qui s'abandonnent à la même passion.

Repassons-les un peu.

Premièrement, ils devaient faire attention à leur vieillesse et à leurs cheveux blancs : ainsi qu'Eléazar, qui, sollicité de violer la loi de Dieu, par un tyran qui le menaçait d'une mort cruelle s'il le refusait, entre plusieurs motifs qui le firent demeurer ferme dans le devoir, ce sage vieillard se mit à considérer son âge avancé, et le peu de temps qui lui restait à vivre : *Cogitare cœpit ætatis ac senectutis suæ eminentiam dignam, et modicum corruptibilis vitæ tempus. (II Mach.* VI, 23.)

Mais leur aveuglement ne leur permit pas de réfléchir à cela.

Déplorons celui des prêtres qui courent après leurs honteux désirs dans leur vieillesse même. En effet, qui dit prêtre ne dit-il pas ancien, selon un grand évêque ? « Presbyter dicitur senior, non ætate, sed sensu: » et, comme ajoute un autre Père : « Non tam ætate quam morum gravitate. » Le prêtre doit avoir acquis par la vertu ce que les autres ont par le temps : « Quia quod senes habent beneficio ætatis, id isti habent exercitio virtutis. » Mais, à la lettre, un prêtre est même toujours dans un âge avancé. Combien est-il donc honteux de le voir aller après un vice que les philosophes même appellent le vice des jeunes gens, et de donner à ces mêmes jeunes gens un si mauvais exemple ? Eléazar, dont on vient de parler, aima mieux souffrir une mort cruelle, que de tomber dans un tel scandale, et il préféra la gloire de leur servir de modèle, à l'amour qu'il avait pour la vie : *At ille cogitare cœpit ætatis suæ eminentiam dignam, et canitiem, et respondit dicens præmitti se velle in infernum : Non enim ætati nostræ dignum est fingere, ut multi adolescentium arbitrantes Eleazarum, et ipsi propter modicum vitæ tempus decipiantur ; et per hoc maculam atque exsecrationem meæ senectuti conquiram ; nam, etsi in præsenti tempore suppliciis hominum eripiar, sed manum Omnipotentis nec vivus, nec defunctus effugiam : quamobrem fortiter vita excedendo, senectute quidem dignus apparebo, adolescentibus autem exemplum forte relinquam. (II Mach.* VI, 23-28.) Voilà ce qui fortifia et encouragea ce vénérable vieillard.

Que le prêtre considère donc qu'il n'est plus jeune, et qu'il s'avance insensiblement dans l'âge, et qu'aux années qu'il a, il doit rougir de courir après les voluptés sensuelles : *Postquam consenui*, disait Sara, *voluptati operam dabo?* (*Gen.* XVIII, 12.) N'imitez pas Salomon dans son aveuglement si déplorable, et si blâmé dans l'Ecriture, pour s'être laissé dépraver à l'amour des femmes, lorsqu'il était sur la fin de ses jours : *Cumque esset senex, cor ejus depravatum est per mulieres.* (*III Reg.* XI, 4.) Que le prêtre vicieux craigne donc qu'on ne lui dise ce que Daniel disait à l'un de ces vieillards, l'appelant un vieux et détestable pécheur : *Inveterate dierum malorum.* (*Dan.* XIII, 52.) Dans quel opprobre ne tombe-t-il pas? profaner la sainteté du sacerdoce, la gloire du caractere, flétrir le clergé dont il est un membre, déshonorer ses cheveux blancs : *Cogitare cœpit ætatis ac senectutis suæ eminentiam dignam et canitiem.* (*II Mach.* VI, 23.) Préférer le peu de temps qui lui reste de vie à l'éternité ! Ressembler à cette montagne de qui le sommet, selon saint Jérôme, est blanc, et dont les entrailles vomissent éternellement des feux et des flammes : « Plerosque inter ipsos canos, in albo capillamento, quasi in nivoso montis Ætneæ, Olympii, aut Vesuvii vertice, majori sane prodigio, ardere igne libidinis? »

En second lieu, ils devaient considérer leur rang et leur dignité : on les avait choisis pour être les juges du peuple de Dieu, pour rendre la justice à tout le monde, et punir les transgresseurs de la loi de Moïse, et ils voulaient violer outrageusement toutes les lois divines et humaines.

Mais les prêtres ne sont-ils pas juges établis dans l'Eglise pour juger les pécheurs? les prêtres ne sont-ils pas appelés par le concile de Trente, *judices terræ*? N'est-ce pas à leur tribunal où l'on prononce des arrêts que Dieu confirme dans le ciel? Rappelez en votre esprit le rang que vous tenez, la place que vous occupez, l'autorité que vous exercez, le souverain que vous représentez.

Troisièmement, ils devaient considérer l'état où ils se trouvaient. Ils étaient pour lors captifs en Babylone, dans une terre étrangère, exposés aux yeux de leurs ennemis, qui éclairaient leurs actions : l'esprit de pénitence devait les détourner du péché, et la prudence devait les empêcher de s'attirer de nouveaux châtiments, de nouvelles peines ; cependant cela ne put les retenir. Que cela retienne le prêtre, vivant surtout au milieu des gens du monde, qui continuellement ont les yeux attachés sur lui, et qui sont clairvoyants en cette matière plus qu'en toute autre ; soupçonneux, défiants, médisants. Tout le monde a l'œil sur vous, écrivait saint Jérôme à un ecclésiastique ; votre maison est située sur une élévation qui la rend visible à un chacun : « In te omnium oculi diriguntur, domus tua, et conversatio tua quasi in specula constituta, magistra est publicæ disciplinæ, quidquid feceris id sibi omnes faciendum putant. »

Quatrièmement, ils devaient considérer le lieu qu'ils choisissaient pour exécuter leur détestable dessein : c'était la maison du mari, déshonorer une femme chez son mari même? Quelle complication de crimes? quel excès d'aveuglement, de s'exposer ainsi à être surpris dans une action si honteuse, si criminelle, si périlleuse pour eux?

Mais un prêtre possédé d'une semblable passion, ne fait-il pas quelque chose de pis? Ne profane-t-il pas souvent l'église même de Jésus-Christ, le temple du Dieu vivant : *Quid est quod dilectus meus in domo mea fecit scelera multa?* (*Jerem.* XI, 15.)

Le roi Assuérus voyant Aman aux pieds d'Esther, ne put plus retenir son indignation : Quoi, s'écria-t-il, en ma maison, en ma présence! *Me præsente in domo mea, etiam reginam vult opprimere.* (*Esther* VII, 8.) Qu'il y a à craindre que cette potence, élevée de cinquante coudées pour la punition d'Aman, ne soit le symbole du supplice destiné à la punition de semblables crimes.

Salomon ne pouvait supporter de voir l'impiété régner dans le temple de la religion, et l'iniquité s'asseoir dans le tribunal de la justice : *Vidi in loco judicii impietatem, et in loco justitiæ impietatem.* (*Eccle.* III, 16.) Comment donc le Seigneur souffrirait-il que les prêtres profanassent ses autels, et que ceux qui devaient être les amis de cet Epoux céleste, le déshonorent jusque dans sa maison, que les gardiens de son épouse renouvellent cet ancien opprobre dont Jacob se plaignait : *Ruben primogenitus meus, et principium doloris mei : effusus es sicut aqua, non crescas, quia ascendisti cubile patris tui, et maculasti stratum ejus.* (*Gen.* XLIX, 3, 4.) Car les prêtres sont nommés partout les gardiens de l'épouse du Seigneur : « Domestici Dei, amici sponsi, sponsæ custodes. »

O le plus malheureux d'entre les mortels, écrivait saint Jérôme à un ecclésiastique engagé dans les ordres sacrés, qui s'était laissé aller à ce crime ! comment avez-vous osé entrer dans la grotte où le Fils de Dieu a prit naissance, où la Vérité a paru sur la terre, où la terre a produit ce fruit salutaire, pour y assouvir votre luxure? « Infelicissime mortalium, tu speluncam illam in qua Dei Filius natus est, *Veritas de terra orta est* (*Psal.* LXXXIV, 15) et *terra dedit fructum suum* (*Psal.* LXV, 6), de stupro conditurus ingrederis? » Ne craigniez-vous point que cet enfant nouveau-né ne marquât par ses cris la grandeur de votre sacrilége? n'appréhendiez-vous point de blesser les yeux de cette Vierge mère? « Non times ne de præ sepe infans vagiat, ne puerpera Virgo te videat, ne Mater Domini te contempletur? » Les anges publient la naissance du Sauveur, les pasteurs accourent l'adorer, l'étoile conduit les mages à la crèche, Hérode est effrayé et Jérusalem émue ; et vous venez en un lieu célèbre par tant de saintes merveilles, pour y pervertir une vierge du Seigneur ! « Angeli clamant, pastores currunt, stella desuper rutilat, magi adorant, Herodes terretur, Hierosolyma conturbatur, et decepturus virginem irrepis? »

O mon Dieu, s'écriait saint Augustin, un de mes plus grands regrets est d'avoir osé, au milieu même des solennités de votre Eglise, et entre les murailles de votre temple, d'avoir osé convoiter un objet défendu, et d'avoir ménagé un commerce de mort : « Ausus sum etiam in celebritate solemnitatum tuarum, intra parietes ecclesiæ tuæ, concupiscere et agere negotium procurandi fructus mortis. » (Dial. 3, 7.)

Finissons ce triste sujet par une histoire assez connue, rapportée par saint Grégoire, et qui nous assure qu'il y avait autant de témoins d'une aventure si extraordinaire, qu'il y avait d'habitants dans la ville où elle arriva, et que voici sans y rien changer.

La vie du vénérable André, évêque de Fondi, était éclatante en vertu, et surtout dans l'observation de la chasteté; car, se renfermant sous la sûre garde de la vigilance sacerdotale, il conservait sa continence, comme dans une tour inaccessible à l'ennemi. Mais voici l'endroit par où le démon l'attaqua. Une certaine dévote, consacrée à Dieu par le vœu de chasteté, avait autrefois demeuré avec lui : étant évêque, il la retint dans sa maison épiscopale, afin qu'elle en prît soin, sans crainte que sa fréquentation nuisît à leur chasteté commune, dont il se croyait assuré : d'où il advint que l'ancien ennemi se servit de cette occasion pour s'ouvrir un accès dans ce cœur d'ailleurs fermé à la tentation ; car il commença par imprimer dans l'imagination de ce prélat la beauté de cette femme, afin de lui suggérer ensuite de plus méchants désirs. Il arriva cependant qu'un juif, parti de la Campanie pour aller à Rome, se trouva sur le soir aux environs de Fondi, et parce qu'il ne rencontra point de lieu pour loger, il s'arrêta dans un vieux temple d'Apollon, qui se trouva là, pour y passer la nuit ; craignant néanmoins qu'il ne lui arrivât quelque accident fâcheux dans un semblable lieu consacré au démon, il se munit du signe de la croix, quoiqu'il n'y eût pas de foi, et se coucha dans un coin de ce temple. Il était minuit, sans que la peur que lui causait la seule pensée de se voir seul en un tel lieu lui eût encore permis de fermer l'œil, lorsque tout d'un coup il voit entrer une troupe de malins esprits, qui semblaient précéder quelqu'un de plus grande autorité; celui-ci, comme le président, s'asseoit au milieu du temple, et commence à faire rendre compte à ses inférieurs de tout le mal dont ils avaient été les auteurs : chacun exposant donc les péchés dans lesquels ils avaient porté les hommes, il y en eut un d'entre eux qui parut au milieu de l'audience, et qui déclara qu'il avait excité une tentation déshonnête dans l'âme de l'évêque André, envers une dévote qui logeait dans la maison épiscopale ; et comme le prince des ténèbres qui présidait à cette assemblée, prêtait attentivement l'oreille à ce discours, et qu'il paraissait regarder cet avantage comme un succès d'autant plus signalé, que celui qu'on tâchait de renverser dans le péché paraissait plus élevé en sainteté, cet esprit tentateur ajouta que le jour précédent, sur le soir, il avait amolli le cœur de cet évêque, jusque-là que de lui faire donner un petit coup de sa main sur le dos de cette dévote par manière de caresse et d'amitié. A ces mots, le malin esprit, l'ancien ennemi du genre humain, le chef de cette troupe infernale, parut extrêmement joyeux, il applaudit à un si heureux succès, et il exhorta ce tentateur, avec des paroles engageantes, d'achever ce qu'il avait si bien commencé, l'assurant que la chute de cet évêque le comblerait d'honneur, et le relèverait au-dessus de ses compagnons. Cependant le Juif éveillé voyait de ses deux yeux toute cette tragédie, et tremblait de frayeur, jusqu'à palpiter de peur : si bien que celui qui tenait le premier rang parmi ces esprits malins, commanda à quelques-uns d'eux d'aller voir quel était celui qui était assez osé pour se retirer dans ce temple. Ceux-ci accoururent dans l'endroit où le Juif était couché, ils le regardèrent attentivement, et ayant reconnu avec étonnement qu'il s'était muni du signe de la croix, ils se mirent à crier : Malheur, malheur, malheur, c'est un vase vide, mais il est scellé, « vas vacuum, sed signatum. » Cela dit, cette troupe disparut aussitôt. Le Juif ayant vu et entendu ces choses, se lève sur-le-champ, et va promptement chercher l'évêque André : il le trouve dans l'église, il le tire à part, il le prie de lui découvrir s'il n'est point travaillé de quelque tentation. L'évêque, retenu par la honte, ne voulut pas lui confesser sa faiblesse ; mais le Juif, le pressant de lui dire s'il n'avait pas jeté des regards de convoitise sur une certaine femme qu'il avait chez lui, et l'évêque persistant encore à le nier, le Juif ajouta : Pourquoi voulez-vous cacher ce que je vous demande, puisque je sais qu'hier au soir encore vous vous laissâtes aller jusqu'à la caresser en la frappant doucement sur le dos avec votre main ? A ces paroles l'évêque voyant qu'il était découvert, s'humilia, et reconnut qu'il était coupable de la faute qu'il avait d'abord nié avoir commise. Mais le Juif voulant tout à la fois épargner sa pudeur, et pourvoir à son salut, lui déclara comment il avait appris ce secret, et lui raconta tout ce qui s'était passé dans l'assemblée des malins esprits, de laquelle il avait été témoin. L'évêque à ce récit se prosterna par terre, et se mit en prière, après quoi il chassa aussitôt hors de sa maison, non-seulement cette dévote, mais encore les autres femmes qui rendaient service dans son domestique. Ensuite il changea ce temple d'Apollon en un oratoire dédié à saint André, et ne fut plus du tout inquiété de cette tentation de la chair. Et de plus il attira à la foi ce Juif, dont la vision et l'avis charitable l'avaient retiré du précipice. Ainsi le Juif procura le salut de l'évêque, et l'évêque le salut du Juif; l'évêque éclaira le Juif des mystères de la religion ; il le purifia par le baptême, et il le réunit au sein de l'Eglise. Le Juif empêcha la perte de l'évêque, et l'évêque la perte du Juif ; le Juif retint l'évêque qui tombait dans l'abîme, et l'évêque en retira le Juif. L'évêque donna la vie au Juif, et le Juif préserva l'évêque de la mort : « Sicque factum est ut Hebræus idem dum saluti alienæ consulit, perveniret ad suam : et omnipotens Deus inde alterum ad bonam vitam perduceret, unde in bona vita alterum custodiret. »

Sur quoi il est bon de faire quelques observations.

Cette femme, qui demeurait chez ce bon prélat, dont saint Grégoire nous vient de parler, était vertueuse et dévote, elle s'était consacrée à Dieu par le vœu de pureté : *Quamdam sanctimonialem feminam*. Elle était dans un âge avancé, car elle avait demeuré avec lui dès avant qu'il fût évêque : *Quam secum prius habuerat*. Et ce grand Pape nous le décrit comme un homme vieux et vénérable : *Venerabilis vir*; qui vivait même dans un temps auquel on n'élevait pas de jeunes gens à l'épiscopat. Elle avait une vertu si affermie et si hors de soupçon, que ce prélat n'avait pas songé à la mettre hors de chez lui quand il fut choisi pour évêque : « Sed certus de ejus continentia, noluit ab episcopii sui cura repellere. » Elle semblait nécessaire pour prendre soin du ménage de son domestique : « Noluit ab episcopii sui cura repellere, » et pour avoir l'œil sur d'autres servantes employées aux bas offices : « Non solum eamdem Dei famulam, sed omnem quoque feminam quæ in ejus illic obsequio habitabat expulit. » Cet évêque lui-même était un saint homme, de qui la vie était édifiante : « Hic namque venerabilis vir, cum vitam multis plenam virtutibus duceret ; » qui conservait surtout une inviolable chasteté : « Seque sub sacerdotali custodia in continentiæ arce custodiret ; » et qui, affermi par une longue habitude de continence, se croyait à couvert de la tentation, aussi bien que cette femme, que, par cette raison, il ne jugea pas nécessaire d'éloigner de lui : « Quamdam sanctimonialem feminam quam secum prius habuerat, noluit ab episcopii sui cura repellere, sed certus de sua ejusque continentia, secum hanc habitare permisit. »

Toutes ces circonstances sont rapportées par saint Grégoire; cependant ces personnes si saintes, si vertueuses, si continentes, si âgées, pensèrent se perdre l'une et l'autre ; elles succombaient à la tentation, et elles ne le voyaient pas : il fallut un prodige pour leur ouvrir les yeux.

Ne soyons donc pas si téméraires que de nous exposer à de semblables occasions ; car c'est pour ce sujet que Dieu a permis cette étrange aventure, et qu'un aussi grand Pape que saint Grégoire ait conservé à la postérité un effet si merveilleux de la grâce, et qu'il nous a été représenté aujourd'hui ; c'est le but que se proposa cet admirable Pontife en l'écrivant, et celui que nous avons dû avoir en le rapportant ; il ne rendit cette histoire publique, qu'afin qu'elle fût utile aux lecteurs : « Quod tamen ad hoc legentibus ut valeat exopto, » et que les ecclésiastiques qui consacrent leur corps à la continence, apprissent à ne pas s'exposer à de semblables périls : « Quatenus qui corpus suum continentiæ dedicant habitare cum feminis non præsumant. » Nous ne la prêchons qu'afin qu'elle soit profitable à ceux qui l'apprendront, et qu'elle les rende prudents, de peur qu'ils ne se perdent : « Ne ruina menti tanto repentina subripiat, quanto ad hoc quod male concupiscitur, etiam præsentia concupitæ formæ famulatur. » On a dû frémir à la vue du danger qu'a couru un cèdre du paradis : « Ecce enim paradisi cedrum concussam audivimus, sed non avulsam. » Il a été ébranlé par l'orage de la tentation, mais il n'a pas été renversé. Que le péril où il s'est vu de tomber nous inspire de la crainte, et que la fermeté qu'il a eue de se soutenir, nous donne de l'espérance ; et que, dans cet exemple, nous trouvions également de quoi fortifier notre faiblesse, et de quoi abattre notre arrogance : « Quatenus infirmis nobis, et de ejus concussione nascatur timor, et de ejus stabilitate fiducia. »

ABRÉGÉ DU CATÉCHISME DE LA TONSURE,

A L'USAGE DES JEUNES ECCLÉSIASTIQUES.

LEÇON PREMIÈRE.

Ce que c'est que la tonsure.

Qu'est-ce que la tonsure cléricale ?
C'est une cérémonie sacrée, par laquelle un Chrétien se consacre à Dieu pour le servir dans l'état ecclésiastique.

Qu'est-ce que devient celui qui reçoit la tonsure ?
Il quitte l'habit et l'état laïque, devient clerc et est agrégé au clergé.

Que veut dire le nom de clerc ?
Ce nom est tiré d'un mot grec, qui signifie *sort*, *partage* ou *héritage*, pour marquer que ceux qui reçoivent la tonsure prennent Dieu pour leur héritage, et que Dieu devient leur plus riche possession.

La tonsure est-elle un sacrement ?
Non ; mais elle est une préparation pour recevoir le sacrement de l'ordre.

A quoi le tonsuré est-il obligé par sa consécration ?
A se considérer comme n'étant plus à soi, mais à Dieu pour l'honorer, et à l'Église pour la servir.

Faut-il que celui qui reçoit la tonsure ait

dessein de se consacrer à Dieu pour toujours?

Il le doit par fidélité à Dieu, et parce que sa parole y est engagée.

Ne peut-on pas s'engager de nouveau dans le siècle, après avoir reçu la tonsure?

On ne le pourrait si c'était par pure caprice, par amour pour le bien ou pour le plaisir. Que si la volonté de Dieu se manifeste, on le peut, après avoir consulté un sage directeur.

Alligatus es verbis oris ubi consecrantis interrogationem sine exceptione promisisti. (PETR. Bles., *De inst. epist.*, c. 4, in fine.)

LEÇON II.
Des dispositions requises pour recevoir la tonsure.

Quelles sont les dispositions nécessaires pour recevoir la tonsure?

Il y en a de deux sortes : les dispositions éloignées et les dispositions prochaines.

Quelles sont les dispositions éloignées?

Il y en a six : la première est la plus importante : c'est la vocation de Dieu;

La seconde, c'est la pureté des mœurs ;

La troisième est que celui qui se présente à la tonsure ait reçu le sacrement de confirmation, qui est le sceau de la perfection du christianisme.

La quatrième, qu'il ait l'âge et la capacité convenables pour être élevé aux sciences propres à son état.

La cinquième, qu'il soit bien instruit des mystères de la foi.

La sixième enfin, qu'il n'ait aucun des empêchements ou des défauts qui, selon les lois de l'Église, excluent de l'entrée dans l'état ecclésiastique.

Quels sont ces empêchements?

On en compte ordinairement six :

1° Avoir encouru une excommunication et n'en avoir pas reçu l'absolution; 2° être illégitime ; 3° avoir été marié deux fois ou avoir été marié à une veuve; 4° avoir tué ou mutilé quelqu'un; 5° s'être fait réitérer le baptême ou avoir rebaptisé quelqu'autre ; 6° avoir quelque défaut notable du corps ou d'esprit, qui empêche de faire les fonctions ecclésiastiques ou de les faire avec bienséance.

Quelles sont les dispositions prochaines que demande la tonsure?

Il y en a de deux sortes : les dispositions intérieures et les extérieures.

En quoi consistent les dispositions intérieures?

Elles consistent dans la pureté de conscience et dans la ferveur du cœur, c'est-à-dire qu'il faut être en état de grâce, et pour cela se confesser; de plus être très-attentif, par esprit de piété et de religion, à tout ce que fait l'évêque en donnant la tonsure.

Quelles sont les dispositions extérieures?

La première, c'est d'avoir fait une bonne retraite pour y consulter Dieu.

La seconde, c'est de s'être fait instruire des cérémonies de la tonsure, des paroles qu'on doit prononcer et d'y venir en habit décent, c'est-à-dire revêtu d'une soutane, avec les cheveux courts et la couronne.

Quid indecorum magis quam admoveri infantes qui non intelligant quid agatur, imo ne capiant quidem quid clerici nomen significet. (*Concil. Colon.*, c. 27, anno 1536.)

LEÇON III.
Des mauvaises intentions avec lesquelles on reçoit quelquefois la tonsure.

Quelles sont les mauvaises intentions que l'on a quelquefois en recevant la tonsure?

Il y en a plusieurs, et c'est de là principalement qu'il arrive qu'il y a si peu de bons ecclésiastiques.

Dites-nous-les en détail?

On s'y présente : 1° dans un esprit de paresse, et pour mener une vie plus commode; 2° dans un esprit d'intérêt, pour se tirer de la misère, avoir des bénéfices et en conserver un dans la famille; 3° par ambition, pour s'élever dans les dignités ecclésiastiques ; 4° par une complaisance aveugle pour des parents qui n'ont que des vues basses et terrestres.

Qu'arrive-t-il à ceux qui entrent dans l'état ecclésiastique, et à leurs parents qui les introduisent par ces motifs criminels?

Il arrive que les parents attirent sur eux et sur leur famille la malédiction de Dieu ; et aux ecclésiastiques qu'ils déshonorent leur état par une vie scandaleuse et meurent souvent dans l'impénitence.

Que doivent faire ceux que leurs parents pressent d'entrer dans l'état ecclésiastique par des vues intéressées?

Ils doivent s'en défendre avec respect et fermeté, et songer qu'ils doivent encore plus de respect et d'obéissance à Dieu qu'à leurs pères et mères.

Que doivent faire aussi ceux qui sont entrés dans la cléricature avec de mauvaises intentions et sans y être appelés de Dieu?

S'ils sont encore libres, c'est-à-dire s'ils ne sont pas dans les ordres sacrés, ils doivent quitter cet état, quelque avantage temporel qu'ils y trouvent; et s'ils ne sont plus libres, il faut réparer ce défaut par la pénitence.

Mais n'est-il pas bien dur de quitter gratuitement un bénéfice qui donne de quoi vivre commodément?

S'il est fâcheux de perdre un bénéfice, il sera plus fâcheux, au jugement de Dieu, d'être réprouvé.

Que conclure de ces vérités?

Qu'il faut, en entrant dans l'état ecclésiastique, une grande pureté d'intention, qui n'y fasse chercher que la gloire de Dieu, notre propre sanctification et le salut du prochain ; sans quoi le salut particulier d'un clerc est en grand danger.

Multi pœnis plectendi sunt æternis, qui si clerici non exstitissent, æterna fuissent potiti beatitudine. (HALLIERIUS, *Monit. ad ord.*, c. 1, num. 2.)

LEÇON IV.

De la vocation et des marques pour la connaître.

Qu'est-ce que la vocation?

C'est le choix que Dieu fait des hommes pour un état particulier; d'où vient qu'un Chrétien ne doit pas s'introduire lui-même dans l'état ecclésiastique, mais qu'il y doit être appelé de Dieu.

Comment établissez-vous la nécessité de la vocation à l'état ecclésiastique?

1° Par les paroles de saint Paul, qui dit que *personne ne se doit attribuer cet honneur, mais celui-là seul qui est appelé de Dieu comme Aaron.* (Hebr. v, 4.)

2° Par l'autorité des saints Pères, qui traitent de téméraires ceux qui s'y ingèrent.

3° Par l'exemple des saints de l'Ancien et du Nouveau Testament, qui tous ont craint d'y entrer contre la volonté de Dieu, et surtout par celui de Jésus-Christ, qui n'a pas voulu prendre la qualité glorieuse de pontife sans l'avoir reçue de celui qui lui a dit : *Vous êtes mon Fils. Vous êtes prêtre éternel selon l'ordre de Melchisédech.* (Ibid., 5.)

4° Par les châtiments que Dieu a exercés contre les usurpateurs du sacerdoce;

5° Par la raison même, qui démontre que Dieu ayant institué l'état ecclésiastique, il n'appartient qu'à lui d'y appeler ceux qu'il lui plaît.

Est-ce donc un grand péché que d'entrer dans l'état ecclésiastique sans vocation?

Il est très-grand, puisqu'on ne peut faire à Dieu une plus grande injure que d'usurper les emplois de sa maison sans le consulter.

A qui ressemblent ceux qui se font ecclésiastiques sans vocation?

Notre-Seigneur les compare à des voleurs et à des loups qui entrent dans la bergerie pour égorger les brebis. (Joan. x, 10.)

Qu'arrive-t-il à ceux qui entrent ou qui restent dans l'état ecclésiastique sans vocation?

Ils sont dans un extrême danger de leur salut.

D'où vient ce danger?

1° De ce que ceux qui s'ingèrent s'exposent à manquer des grâces spéciales et nécessaires pour s'acquitter de leurs fonctions; 2° de ce que Dieu permet ordinairement que les présomptueux tombent dans les péchés auxquels ils se sont exposés volontairement.

Difficile est ut bono peragantur exitu quæ malo sunt inchoata principio. (S. Leo, epist. 1, Ad episc. Mauritaniæ, c. 1.)

LEÇON V.

[Suite du sujet précédent.]

Quelles sont les marques ordinaires de la vocation à l'état ecclésiastique?

Il y en a cinq principales.

Quelle est la première?

C'est le désir intérieur et l'inclination désintéressée, constante et soumise aux ordres des supérieurs, qu'on a pour ce saint état.

Comment connaître si cette inclination a ces qualités?

Lorsqu'elle n'est suggérée ni par la chair, ni par le sang, et qu'on ne se propose que la gloire de Dieu et son propre salut.

Quelle est la seconde marque de vocation?

C'est d'avoir un bon naturel, docile, et porté à la vérité et au service de l'Eglise.

Quelle est la troisième?

C'est le choix de l'évêque et de ceux qui tiennent sa place.

Quelle est la quatrième?

C'est d'avoir l'esprit ecclésiastique.

En quoi consiste cet esprit?

Dans une participation abondante de l'esprit de Notre-Seigneur, souverain prêtre.

Quelles sont les marques de cet esprit?

C'est 1° si l'on estime son état; 2° si l'on a de l'attrait et de l'aptitude pour ces fonctions; 3° si l'on a du zèle pour la discipline ecclésiastique; 4° si l'on aime le travail; 5° si les manières ne sont point légères et étourdies; 6° si on a de l'ouverture pour les lettres.

Quel est l'esprit qui est directement opposé à l'esprit ecclésiastique?

C'est l'esprit du monde, qui consiste dans l'amour déréglé des richesses, des plaisirs et des honneurs de la terre, esprit qui est la source des maux du clergé.

Quelle est la cinquième marque de vocation?

C'est le conseil d'un directeur sage et désintéressé, qui connaisse bien ce que c'est que l'état ecclésiastique et les périls qu'on y court.

Comment faut-il se conduire à l'égard de son directeur, par rapport à la vocation?

Il faut, 1° lui découvrir entièrement le fond de notre âme; 2° lui donner une liberté entière de nous dire ce qu'il en pense; 3° l'écouter avec docilité, et lui obéir avec soumission.

Filii, sine consilio nihil facias, et post factum non pœnitebit. (Eccli. xxxii, 24.)

LEÇON VI.

De l'excellence de la tonsure cléricale.

Par où peut-on juger de l'excellence de la tonsure cléricale?

1° Par ce que l'Eglise suppose en ceux qu'elle veut bien y admettre; 2° par ce qu'elle leur accorde en les y admettant; 3° par ce qu'elle en exige après les avoir admis.

Qu'est-ce que l'Eglise suppose en ceux qu'elle y admet?

Outre les dispositions déjà rapportées, elle suppose qu'ils aient une connaissance suffisante de ce qu'ils font, et des assurances au moins probables qu'ils pourront être utiles à l'Eglise.

Qu'est-ce que l'Eglise accorde aux clercs? ou autrement, quels sont les avantages de la tonsure?

Il y en a de deux sortes, les avantages spirituels et les avantages temporels.

Quels sont les avantages spirituels?

C'est, 1° d'être choisi de Dieu entre tant d'autres, pour être spécialement attaché à son culte; 2° d'être dans une espèce de nécessité de se tenir éloigné des plaisirs et des occupations des gens du monde; 3° d'être destiné à servir Dieu dans son sanctuaire; 4° d'être aidé des grâces proportionnées à la sainteté de ses fonctions.

En quoi consistent les avantages temporels des tonsurés?

Ils consistent dans les droits, les immunités, et les privilèges qui sont attachés à l'état ecclésiastique.

Quels sont ces privilèges?

1° Le clerc est mis en état de recevoir les ordres supérieurs, s'il s'en rend digne; 2° il est rendu capable de posséder des bénéfices; 3° il est tiré de la juridiction laïque, et soumis à celle de l'Eglise; 4° l'Eglise prononce excommunication contre ceux qui mettent avec violence la main sur un clerc qui porte les marques de son état;

Enfin, l'Eglise leur donne son nom et ses livrées, et elle les regarde comme de jeunes plantes qui sont l'espérance du jardin de son Epoux, et déjà ses délices par avance.

Funes ceciderunt mihi in præclaris, etenim hæreditas mea præclara est mihi. (Psal. xv, 6.)

LEÇON VII.

Des obligations des tonsurés.

Qu'est-ce que l'Eglise exige des tonsurés?

1° Elle exige, par rapport à Dieu, qu'ils contribuent à la majesté de son culte; 2° par rapport aux peuples, qu'ils les édifient par leurs bons exemples; 3° par rapport à eux-mêmes, qu'ils se perfectionnent dans la science et dans la vertu.

Comment est-ce que les clercs peuvent contribuer à la majesté du culte public?

1° Par leur présence à l'église; 2° par leur modestie; 3° par leur zèle.

Comment contribuent-ils au culte de Dieu par leur présence?

En assistant avec le surplis aux offices de l'église; en fréquentant les sacrements; en s'exerçant dans les cérémonies qui leur conviennent, et en faisant les fonctions dont ils seront chargés dans les églises où ils assistent.

Comment contribuent-ils au culte de Dieu par leur modestie?

En assistant à l'église, en quelque façon comme les anges, qui assistent avec tremblement devant le trône de Dieu.

Comment contribuent-ils au culte de Dieu par leur zèle?

En procurant par leurs soins que les églises soient décemment ornées, que le chant s'exécute avec modestie et gravité, et qu'il ne s'y passe rien qui ne soit conforme au respect qu'on leur doit.

En quoi est-ce que les clercs peuvent édifier les peuples?

1° En réglant si bien leurs actions, qu'elles ne donnent aucun mauvais exemple; 2° en portant ceux qui les voient, et avec qui ils conversent, à la piété la plus solide; 3° en fuyant la compagnie des personnes scandaleuses et décriées.

Les clercs doivent-ils éviter avec soin toute familiarité avec les personnes du sexe?

Oui, 1° parce qu'elle est l'écueil de la vertu et de la réputation des ecclésiastiques; 2° parce que la chasteté ne se conserve que par les plus exactes précautions.

A quoi est obligé un clerc qui veut se perfectionner dans la science et dans la vertu?

1° A lire souvent et avec humilité l'Ecriture sainte, et particulièrement le Nouveau-Testament; 2° à vaquer assidûment à l'étude de la philosophie et de la théologie; 3° à bien apprendre le catéchisme et la manière de le faire; 4° à étudier le plain-chant; 5° à devenir homme d'oraison par la pratique de ce saint exercice.

Quia tu scientiam repulisti, repellam te, ne sacerdotio fungaris mihi. (Ose. iv, 6.)

LEÇON VIII.

Des vertus des clercs.

Les simples clercs ont-ils des raisons particulières d'être saints?

Oui, ils le doivent: 1° par reconnaissance du choix que Dieu en a fait préférablement au reste des Chrétiens; 2° par fidélité aux promesses qu'ils ont faites à Dieu; 3° par leur destination au service des saints autels.

Quelles sont les vertus principales des clercs?

Il y en a cinq: savoir, la religion, la chasteté, le détachement, l'amour du travail et l'obéissance.

Qu'entendez-vous par la religion?

J'entends cette vertu qui donne à un clerc du zèle et de l'ardeur pour tout ce qui appartient au culte de Dieu.

Pourquoi la chasteté est-elle une vertu propre des clercs, puisqu'ils n'y sont pas encore engagés par vœu?

Parce qu'ils aspirent à un état dont la chasteté fait le principal ornement.

Quels sont les moyens d'acquérir et de conserver la chasteté?

Le premier est de la demander instamment à Dieu, dont elle est un don spécial.

Le second, d'avoir une dévotion particulière dans la sainte Vierge.

Le troisième, d'approcher souvent des sacrements de pénitence et d'Eucharistie.

Le quatrième est de veiller à la garde de ses sens et de résister promptement aux tentations contre la pureté.

En quoi est-ce qu'un clerc doit pratiquer le détachement des choses de la terre?

1° A l'égard des richesses qu'il possède, il ne doit point y mettre son cœur; 2° à l'égard des bénéfices, il ne doit point les rechercher avec trop d'empressement, et, s'il en a, en donner le surperflu aux pauvres; 3° à l'égard de sa famille, il doit lui préférer l'exercice de son ministère.

Pourquoi comptez-vous l'amour du travail au nombre des vertus propres à un clerc?

1° Parce que la vie ecclésiastique est essentiellement une vie laborieuse ; 2° parce que Jésus-Christ, le modèle des prêtres, a mené sur la terre une vie de travail continuel ; 3° parce qu'un clerc oisif et fainéant sera traité comme le serviteur inutile.

A qui est-ce qu'un clerc doit l'obéissance?

1° A l'Église, en observant exactement ses lois et en se soumettant à ses décisions ; 2° à son évêque, en exécutant ses ordres, et de ceux à qui il a confié son autorité ; 3° à son directeur, en n'entreprenant rien d'important sans son conseil ; 4° à ses parents, en tout ce qui n'est pas manifestement contraire aux devoirs de son état.

Omnes episcopum sequimini ut Christus Jesus Patrem. (S. IGNAT. mart., *Epist.* ad *Smyrnos*, num. 8.)

LEÇON IX.

Des vices que les clercs doivent éviter.

Quels sont les vices principaux dont un clerc doit avoir plus d'horreur?

Ce sont l'orgueil, l'oisiveté, l'avarice, la légèreté, l'amour du jeu.

Quels mauvais effets l'orgueil fait-il dans le clergé?

1° Il empêche qu'un ecclésiastique ne fasse du fruit, ce qui arrive presque toujours lorsqu'on remarque en lui de la vanité ; 2° il le rend ridicule à ceux qui le voient ; 3° il excite pour l'ordinaire, entre les ministres des autels, des querelles et des divisions scandaleuses.

Que faut-il faire pour éviter un vice si funeste?

Outre qu'il faut souvent demander à Dieu la vertu d'humilité, il faut aussi veiller sans cesse sur soi pour ne rien donner à la vanité, et se souvenir de ce mot du Fils de Dieu : *Apprenez de moi que je suis doux et humble de cœur.* (Matth. XI, 29.)

Le vice de l'oisiveté est-il bien funeste à un ecclésiastique?

Oui, car on peut dire qu'il y a plus d'ecclésiastiques damnés par l'oisiveté, que par d'autres crimes, étant d'ailleurs la mère de tous les vices.

L'avarice est-elle bien contraire à la profession d'un clerc?

Elle l'est à proportion que son état demande plus de détachement.

Quels sont les effets les plus ordinaires de l'avarice dans les ecclésiastiques?

1° Elle les avilit par des complaisances basses qu'ils ont pour ceux dont ils attendent des récompenses ; 2° elle les porte à des trafics honteux des choses les plus saintes ; 3° elle forme en eux un caractère de dureté pour les pauvres, et les engage à faire des épargnes sordides.

Qu'entendez-vous par la légèreté qui est si opposée à l'esprit ecclésiastique?

J'entends un certain caractère étourdi, précipité et fantasque, qui fait qu'on n'agit que par humeur, et qu'on n'est point fixe dans le bien.

Quelles règles un ecclésiastique doit-il suivre par rapport au jeu?

1° De s'interdire les jeux de cartes, de dés, de paume et de mail ; 2° d'employer peu de temps à ceux que les canons lui permettent ; 3° de jouer sans cupidité et sans désir déréglé du gain ; 4° de ne jouer qu'avec des personnes sages et bien réglées ; 5° d'éviter la colère et les emportements.

La chasse est-elle un divertissement convenable à des clercs?

Non, car les lois des conciles la leur interdisent, tant à cause de la perte du temps et de la bienséance, qu'à cause du port des armes et du danger qu'ils courent de se blesser.

Nullum invenimus in divinarum serie Scripturarum de venatoribus justum. (S. AMBR. in psal. CXVIII.)

LEÇON X.

Des cérémonies de la tonsure, et de leur signification.

Dans quel habit se faut-il présenter pour être tonsuré?

Il faut être revêtu d'une soutane, ayant les cheveux courts et coupés au milieu de la tête, en forme de couronne, et portant sur son bras gauche un surplis blanc et propre, et dans la main droite un cierge.

Que signifie cette soutane?

1° Par sa simplicité, elle exprime la modestie, et que le clerc doit renoncer à toutes les vanités du siècle ; 2° par sa couleur, qui est celle du deuil, elle signifie qu'un clerc consent de mourir au monde ; 3° par sa longueur, qui couvre tout le corps, elle désigne la pudeur et la chasteté ; 4° par sa nouveauté, le changement intérieur qui doit s'opérer dans son âme.

Les simples clercs doivent-ils toujours porter cet habit?

Il serait à souhaiter qu'ils le portassent continuellement, pour s'ôter l'occasion de beaucoup de péchés ; mais au moins il est très à propos qu'ils le portent les jours de dimanches et de fêtes ; et, pour les autres jours, ils ne doivent point porter d'habit de couleur, ni qui soit conforme à celui des laïques.

Quel bien arrive-t-il de porter toujours la soutane?

C'est un témoignage qu'on aime son état, et qu'on sera un jour fidèle à porter ce saint habit, lorsqu'on y sera étroitement obligé par la réception des ordres sacrés ; il donne aussi plus de retenue et empêche une infinité de désordres.

Que signifie le surplis?

Sa blancheur signifie la pureté de l'âme d'un clerc. Saint Jérôme témoigne que, de son temps, les clercs étaient vêtus de blanc dans les fonctions qui regardent le saint sacrifice. (S. HIER., *Adv. Pelag.*, lib. I.)

Que signifie le cierge?

Que le tonsuré doit être la lumière de l'Église par ses exemples ; or, il offre ce cierge à Jésus-Christ, en la personne de l'évêque, pour lui protester par cette offrande qu'il veut se consacrer au service de Dieu.

Que signifie le retranchement des cheveux ?

Que le tonsuré est le Nazaréen du Seigneur, c'est-à-dire consacré à Dieu, qu'il s'engage à Jésus-Christ et à l'Eglise par une espèce de servitude, et qu'il renonce à toute superfluité mondaine.

Pourquoi coupe-t-on les cheveux en forme de couronne ?

Pour exprimer que le clerc triomphe du monde, et qu'il participe déjà en quelque chose à la dignité du sacerdoce de la loi chrétienne, qui est appelé par l'apôtre saint Pierre *un sacerdoce royal.* (*I Petr.* II, 9; *Voy.* le *Catéchisme du concile de Trente*, p. 2.)

La couronne des clercs est-elle fort ancienne ?

On la croit aussi ancienne que le christianisme; dans l'ancienne Loi, on en voit des vestiges dans les bandelettes dont les prêtres ceignaient leur front; et dans la nouvelle Loi, on voit, dès le IIIe siècle, que la dignité sacerdotale est désignée figurément par le nom de *couronne*, comme le nom de *trône* et de *sceptre* est employé pour exprimer la royauté (96).

Que dites-vous de ceux qui portent des cheveux longs, frisés et poudrés avec vanité et affectation ?

1° Qu'ils n'ont pas l'esprit de leur état, puisqu'ils ont honte d'en observer les lois; 2° qu'ils n'ont pas même l'esprit du christianisme, au sentiment de l'apôtre saint Pierre, qui interdit aux femmes même ces vains ajustements : *Quarum non sit extrinsecus capillatura..... aut indumenti vestimentorum cultus.* (*I Petr.* III, 6.) Tel est aussi le sentiment de saint Paul, dans sa *Ire Epître à Timothée* (c. II, § 9) : *Mulieres non in tortis crinibus*, etc.

Comam ne studiose nutriant, capillis simplicem cultum adhibeant. (*Conc. Mediol.*)

LEÇON XI.
Des sentiments dans lesquels il faut entrer pendant qu'on reçoit la tonsure, où l'on traite aussi des prières de l'Eglise en la donnant.

De quels sentiments faut-il être animé lorsqu'on reçoit la tonsure ?

Des sentiments, 1° de confusion, à la vue de l'honneur que Dieu fait aux clercs, en les admettant comme d'autres jeunes Samuels, à porter l'habit des prêtres devant le Seigneur; 2° sentiments de zèle, pour être véritablement des victimes dévouées à Dieu et à sa gloire; 3° sentiments de religion, qui leur fassent détester la mauvaise maxime des gens du siècle, qui regardent la tonsure comme la chose du monde la plus indifférente, et qui n'emporte avec soi aucune obligation.

Que demande la sainte Eglise dans la première oraison qu'elle fait pour ceux qui s'approchent pour être tonsurés ?

Elle demande pour eux le Saint-Esprit, 1° afin qu'il leur donne de l'amour pour l'habit clérical; 2° afin qu'ils soient préservés de l'amour du siècle et de tout aveuglement d'esprit.

Que fait ensuite l'évêque ?

Il récite avec les assistants un psaume qu'on peut appeler l'hymne propre de la consécration des clercs (97).

Quel est le sens de ces paroles qu'ils prononcent, lorsqu'ils disent : « Dominus, pars, » etc. (98) ?

C'est comme si le clerc disait : Mon Dieu, je renonce à l'affection des créatures, pour ne m'attacher qu'à vous; que d'autres ambitionnent sur la terre un héritage, je n'en désire point d'autre que vous-même; si je perds quelque chose en ce monde, je sais bien que vous me le rendrez au centuple.

Que signifient ces paroles de l'évêque, en donnant le surplis aux tonsurés ?

Il demande pour eux qu'ils soient revêtus du nouvel homme; et, étant dépouillés de l'ignominie de l'habit de séculier, ils prennent l'esprit et les sentiments de Jésus-Christ, dont ils doivent imiter la vie et les vertus.

Qu'y a-t-il de remarquable dans la dernière oraison que prononce l'évêque ?

L'Eglise demande pour le clerc, que comme il porte une couronne sur la tête, pour honorer la couronne d'épines de Notre-Seigneur, il puisse un jour mériter de porter dans le ciel la couronne de gloire.

Que doit faire un clerc après avoir reçu la tonsure ?

Il doit remercier Notre-Seigneur de l'avoir admis dans le saint état de la cléricature; 2° il est obligé de réciter ce jour-là même, par manières de pénitence que lui impose l'évêque, les sept psaumes pénitentiaux, avec les litanies, les versets et les oraisons; 3° il doit bien se donner de garde d'imiter ceux qui ne sont pas plus tôt sortis des pieds de leur évêque, qu'ils quittent leurs habits de clercs pour en prendre de séculiers; enfin, ils doivent mener une vie plus simple, s'assujettir au règlement de vie qui sera proposé à la fin de ces instructions, pour n'être pas de ceux dont parle le Psalmiste :

Commisti sunt inter gentes, et didicerunt opera eorum : et factum est illis in scandalum. (*Psal.* CV, 35.)

LEÇON XII.
Du règlement de vie d'un clerc.

Ne serait-il pas bon d'avoir un règlement qui marquât à un jeune clerc tout ce qu'il doit faire pendant la journée ?

---

(96) *Ego de corona Domini Cypriani litteras accepi, non contra rempublicam.* (ANASTAS.), in *Vita S. Cornelii*, edit. Vatic.)

(97) *Conserva me, Domine.* (*Psal.* XV, 1.)

(98) ..... *Dominus] pars hæreditatis meæ et calicis mei; tu es qui re titues hæreditatem meam mihi*, (*Ibid.*, 5.)

Oui ; quand on est réglé, le temps dure moins, on avance beaucoup, et on a la consolation de faire, nuit et jour, la volonté de Dieu, si on prend cette règle de la main de son directeur.

Comment peut-on régler sa journée pour se sanctifier dans l'état ecclésiastique ?

1° Il faut se lever à une heure réglée, comme cinq heures et demie en été, et six heures en hiver; s'habiller modestement, en faisant les actes du Chrétien, et récitant quelque prière vocale, par exemple: le *Te Deum*, le *Miserere*. 2° Quand on est habillé, il faut faire la prière du matin, ensuite l'oraison mentale d'un quart d'heure au moins dans quelque bon livre, et suivant la méthode qui sera donnée ci-après. 3° Aller à la Messe, y assister avec respect et modestie. 4° Etudier, après avoir demandé les lumières du Saint-Esprit; ensuite aller en classe, où il faut que les clercs soient un modèle de vertu, et qu'ils tâchent de bien faire pour l'étude, non par vanité, mais par amour pour Dieu, et pour se rendre capables d'être un jour utiles aux autres. 5° Avant de dîner, lire un chapitre ou deux du Nouveau Testament, ou de quelque livre de l'Ancien, qui sera conseillé par le directeur. 6° Dire le *Benedicite* avant le repas, offrir son action à Dieu, manger sobrement, bien tremper son vin ; après le dîner, prendre environ une heure de récréation. 7° Après la récréation, il faut apprendre ses leçons, ou étudier ses cahiers pour aller en classe; au retour, faire une petite visite au très-saint Sacrement ; de retour chez soi, il faut repasser ce qu'on a appris, ou faire le devoir de classe. 8° Sur les six heures, faire, pendant une demi-heure, la lecture spirituelle d'un livre qui traite des obligations de son état, ensuite réciter le chapelet. 9° Le souper, la récréation pendant une heure environ ; ensuite, faire la prière du soir, lire le sujet de l'oraison du lendemain, se coucher au plus tard à dix heures. 10° Tous les dimanches, assister en surplis à la grand'Messe, au sermon, et aux vêpres dans sa paroisse. 11° Se confesser et communier tous les quinze jours ; avoir un directeur éclairé sur les obligations de son état; ne rien faire sans son conseil, et n'en point changer sans une raison importante. 12° S'interdire le jeu de cartes, de dés, de paume, de mail, la fréquentation du sexe, l'entrée dans les cabarets, la compagnie des ecclésiastiques et laïques relâchés, la chasse, les danses, les promenades où se trouve le beau monde ; de chanter des airs profanes, toute affectation de vanité dans ses habits. 13° Faire tous les ans la retraite spirituelle ; fréquenter les séminaires du diocèse.

Omnia decenti ordine perficiuntur in Christo. (S. IGN. mart., *Episc. ad Smyrn.*)

LEÇON XIII.
Conduite pour l'oraison mentale.

Qu'est-ce que l'oraison ?

C'est une élévation de notre esprit et une application de notre cœur à Dieu, pour lui rendre nos devoirs et en devenir meilleurs pour sa gloire.

Combien l'oraison a-t-elle de parties ?

Trois : la préparation, le corps de l'oraison et la conclusion.

Combien y a-t-il de sortes de préparations pour l'oraison ?

On en distingue trois : 1° la préparation éloignée ; 2° la préparation prochaine ; 3° la préparation immédiate.

En quoi consiste la préparation éloignée ?

Elle consiste en trois choses : 1° dans l'éloignement du péché et la pureté du cœur ; 2° dans la mortification des passions ; 3° dans la garde de ses sens.

En quoi consiste la préparation prochaine ?

Elle consiste, 1° à prévoir, la veille et en se levant, le sujet d'oraison ; ce qui se fait en se rappelant les devoirs qu'il faudra rendre à Dieu, les considérations qu'il faudra faire, les résolutions qu'il faudra prendre ; 2° elle consiste aussi à se tenir dans le silence et dans le recueillement jusqu'au lendemain après l'oraison ; 3° à la commencer exactement à l'heure déterminée.

En quoi consiste la préparation immédiate ?

Elle consiste, 1° à se mettre en la présence de Dieu, par un acte de foi et d'adoration ; 2° à se reconnaître indigne de paraître devant Dieu, tant à cause de son néant, qu'à cause de la multitude de ses péchés : ce qui se fait en entrant dans des sentiments de pénitence, et en produisant un acte de contrition, comme aussi en s'unissant à Notre Seigneur Jésus-Christ, pour prier en son nom ; 3° à se reconnaître incapable de prier d'une manière utile pour le salut, sans le secours de la grâce : ce qui se fait par des actes de renoncement à son propre esprit et à ses propres affections, comme aussi par l'invocation de l'Esprit-Saint, en lui demandant la grâce de bien faire oraison.

De quoi est composé le corps de l'oraison ?

De trois choses principales, qui sont l'adoration, la considération, les résolutions.

Pourquoi appelez-vous le premier point du corps de l'oraison, adoration ?

Parce qu'en premier point il faut rendre à Dieu ou à Notre-Seigneur, par rapport au sujet que l'on médite, les devoirs qui leur sont dus, qui, outre l'adoration, consistent dans l'admiration, la louange, l'action de grâces, l'amour, la joie ou la compassion.

Pourquoi appelez-vous le second point du corps de l'oraison, considération ?

Parce que nous y considérons les motifs et les raisons qui découvrent l'importance du sujet que nous méditons, comme d'un mystère ou d'une vérité chrétienne.

Quelles sont les autres choses qui doivent entrer dans le second point ?

Il y en a trois : 1° la *conviction*, qui se fait ou par une simple vue de foi, en acquiesçant à ce qu'elle nous enseigne, ou par raisonnement, pesant les motifs proposés, les uns après les autres ; 2° la *réflexion* sur soi-même, qui doit être accompagnée de regret pour le passé, de confusion pour le présent, de désir pour l'avenir, souhaitant de régler sa vie sur les vérités que l'on a méditées ; 3° la *demande*, qui doit se faire avec humilité, confiance et persévérance ; et, pour la bien faire, on peut représenter amoureusement à Dieu, 1° que c'est sa sainte volonté que nous soyons parfaits ; 2° que ce sera pour sa gloire ; 3° qu'il ait égard aux mérites de son Fils.

En quoi consiste le troisième point du corps de l'oraison ?

A former avec une grande défiance de soi-même, et une grande confiance en Dieu, par rapport au sujet qu'on a médité, des résolutions particulières, présentes et efficaces.

En quoi consiste la dernière partie de l'oraison, que l'on appelle la conclusion ?

Elle consiste, 1° à remercier Dieu de nous avoir soufferts en sa présence, et des grâces qu'il nous a faites dans l'oraison ; 2° à le prier qu'il nous pardonne nos fautes et négligences, et qu'il bénisse nos résolutions avec la journée présente ; 3° à faire le bouquet spirituel, c'est-à-dire choisir une ou deux pensées de celles qui nous ont le plus touchés dans l'oraison, pour nous les rappeler pendant la journée, et nous en servir pour nous élever à Dieu On finit par le *Sub tuum*, en se mettant sous la protection de la sainte Vierge.

Orationi instate vigilantes in ea. (Col. IV, 3.)

LEÇON XIV.
Du sacrement de l'ordre.

Qu'est-ce que l'ordre ?

C'est un sacrement qui donne le pouvoir et la grâce de faire les fonctions publiques qui ont rapport au culte de Dieu et au salut des âmes.

Qui est-ce qui a institué ce sacrement ?

C'est Jésus-Christ dans la dernière cène, lorsqu'il dit à ses apôtres : *Faites ceci en mémoire de moi*. Et après sa résurrection, lorsqu'il leur dit : *Recevez le Saint-Esprit ; ceux dont vous remettrez les péchés, ils leur seront remis.* (Joan. xx, 22, 23.)

D'où vient le nom d'hiérarchie, et comment définit-on la hiérarchie ecclésiastique ?

Ce nom vient de deux mots grecs, qui signifient en latin *sacer principatus*. On la peut définir en disant que c'est une puissance qui subordonne les personnes sacrées les unes aux autres, comme les inférieurs le sont aux supérieurs ; en deux mots, c'est la subordination qui règne entre les membres du clergé.

Qu'est-ce qui fait la beauté de la hiérarchie ecclésiastique ?

C'est cette subordination elle-même, qu'il est facile de remarquer entre les ministres sacrés ; car l'évêque impose les mains pour le ministère ; le prêtre consacre le corps et le sang de Jésus-Christ ; le diacre coopère prochainement au saint sacrifice ; le sous-diacre en présente la matière à l'autel ; l'acolyte la prépare, et l'y porte ; l'exorciste chasse les démons ; le lecteur instruit les ignorants : le portier chasse les indignes.

Quels sont les effets du sacrement de l'ordre ?

1° La puissance d'exercer les fonctions attachées à chaque ordre ; 2° la grâce pour les faire avec bénédiction ; 3° le caractère qui ne se peut effacer, et qui fait qu'on ne peut recevoir deux fois ce sacrement.

Quelles sont les vertus propres de chaque ordre ?

1° L'évêque, comme ayant la plénitude du sacerdoce, les doit avoir toutes dans un degré éminent ; 2° le prêtre doit exceller dans l'amour de Dieu et du prochain ; 3° le diacre doit avoir trois vertus en recommandation : le zèle, la foi et l'amour des pauvres ; 4° le sous-diacre doit être orné d'une chasteté tout angélique ; 5° l'acolyte étant par son ordre la lumière du monde, ne doit donner que de bons exemples ; 6° le lecteur doit être pénétré de respect pour les saintes Écritures ; 7° l'exorciste, par son humilité, doit triompher du démon, et le portier par sa religion doit tenir tout en ordre dans la maison de Dieu.

Pourquoi l'Église a-t-elle établi les interstices, qui sont un temps pendant lequel on doit demeurer dans chaque ordre ?

Elle les a établis, 1° afin que ceux qui sont ordonnés puissent acquérir, pendant ce temps, la vertu, la science et l'expérience que requiert le sacerdoce ; 2° afin qu'ils puissent exercer l'ordre reçu, et en bien apprendre les fonctions ; 3° afin que l'Église puisse mieux connaître ceux à qui elle doit confier les fonctions du ministère et la conduite de ses enfants ; 4° afin d'inspirer aux séculiers et aux ecclésiastiques même, un plus grand respect de nos mystères, voyant le soin, la peine et le travail qu'il faut prendre pour s'en rendre digne.

Que faut-il faire pour se bien disposer à la grâce des ordinations ?

1° Il faut être en état de grâce ; 2° faire une bonne retraite ; 3° prendre avis d'un sage et prudent directeur ; 4° faire de bonnes œuvres, des prières ferventes, quelques jeûnes et quelques aumônes à cette intention.

Quelles sont les dispositions qui doivent accompagner l'ordination ?

La première est de dresser son intention pour recevoir l'ordre que l'évêque confère ; la seconde, d'être dans un saint désir de recevoir le Saint-Esprit prêt à se répandre sur ses ministres, comme il se répandit sur les apôtres au jour de la Pentecôte ; la troisième, d'être attentif aux prières, avertissements et paroles de l'évêque, surtout celles qui font partie essentielle du sacrement ; la quatrième est d'éviter toute immodestie, et les discours superflus, pendant le temps de l'ordination.

Quelles sont les choses qu'il faut faire après la réception des ordres ?

La première est de considérer l'excellence de l'ordre et de la grâce qu'on vient de recevoir, et en remercier Notre-Seigneur. La seconde, de faire le même jour la pénitence qui a été imposée par l'évêque à tous ceux qui ont été ordonnés. Les prêtres qui ne peuvent sitôt s'acquitter des trois Messes dont ils sont chargés, sont exceptés de cette règle. La troisième est d'éviter toute dissipation, et pour cela de rester au séminaire jusqu'à ce que Mgr l'évêque donne à chacun la liberté de se retirer. La quatrième enfin, est de demander à Notre-Seigneur le don de la persévérance dans les résolutions qu'on a prises, et de faire tous les ans une mémoire solennelle du jour auquel on a été honoré de la dignité du sacerdoce.

Habebitis hanc diem in monumentum, et celebrabitis eam solemnem cultu sempiterno. (*Exod.* XII, 14.)

TABLE DES MATIÈRES

CONTENUES DANS CE VOLUME.

Notice sur de La Chétardie, curé de Saint-Sulpice. 9
CATÉCHISME DE BOURGES.
Préface. 9
Première partie. — Où l'on rend raison de cet ouvrage. 9
Seconde partie. — Contenant divers avis aux catéchistes. 14
Conclusion. 21
LEÇONS PRÉLIMINAIRES.
Leçon première. — De l'excellence et de la nécessité du catéchisme, et de la manière de le faire et de l'entendre. 23
Leçon II — Suite de l'excellence et de la nécessité du catéchisme, et de la manière de le faire et de l'entendre. 26
PREMIÈRE PARTIE. — *Contenant ce que nous devons croire.*
Explication du Symbole des apôtres. 29
Leçon première. — Du symbole en général. 29
Première partie du Symbole. — Ce que nous devons croire de la personne du Père et de l'ouvrage de la création. 32
Article 1er. — *Je crois en Dieu le Père tout-puissant, créateur du ciel et de la terre.* 32
§ I. — Explication de ces mots : *Je crois*. 32
§ II. — Explication de ce mot : *En*. 34
§ III. — *Dieu* ; son nom, son existence, son unité. 35
§ IV. — *Le Père* ; et du mystère de la sainte Trinité. 38
§ V. *Tout - puissant* ; et des diverses perfections de Dieu. 43
§ VI — *Créateur* ; et de la création du monde. 47
§ VII. — *Du ciel* ; et de la création des anges et de la chute des démons. 52
§ VIII. — *Et de la terre* ; et de la création de l'homme et de sa chute. 54
Seconde partie du Symbole. — Ce que nous devons croire de la personne du Fils, et de l'ouvrage de la Rédemption. 61
Art. II. *Et en Jésus-Christ son Fils unique Notre-Seigneur.* 61
Art. III. — *Qui est conçu du Saint-Esprit, est né de la Vierge Marie.* 66
§ I. — De l'Incarnation du Verbe. 69
§ II. — De la Nativité de Jésus-Christ. 71
§ III — De la Circoncision. 73
§ IV. — De l'Épiphanie ou manifestation de Jésus-Christ. 74
§ V. — De la Purification de la sainte Vierge. 75
§ VI. — De la fuite en Égypte. 75

§ VII — Du retour de la sainte famille à Nazareth. 76
§ VIII. — De la perte de Jésus au temple. 77
§ IX.— De la vie cachée du Fils de Dieu. 78
§ X. — De la manifestation de Jésus-Christ au monde. 79
§ XI. — Du baptême de Jésus-Christ. 79
§ XII. — De sa tentation au désert. 80
§ XIII. — De la prédication du Sauveur. 81
Art. IV. — *A souffert sous Ponce-Pilate, a été crucifié, mort et enseveli.* 83
Art. V. — *Est descendu aux enfers, et le troisième jour est ressuscité des morts.* 86
Art. VI. — *Est monté aux cieux, est assis à la droite du Père tout-puissant.* 89
Art. VII. — *D'où il viendra juger les vivants et les morts.* 90
Troisième partie du Symbole. — Ce que nous devons croire du Saint-Esprit et de l'ouvrage de la justification. 93
Art. VIII. — *Je crois au Saint-Esprit.* 93
Instruction sur la justification et sur la grâce. 96
1° De la justification. 96
2° De la grâce en général. 97
3° De la grâce habituelle. 97
4° De la grâce actuelle. 99
5° De la grâce suffisante et efficace. 99
6° Du mérite et des bonnes œuvres. 100
7° Des dons du Saint-Esprit. 102
8° Des fruits du Saint-Esprit. 103
9° Des béatitudes. 104
10° — Des grâces gratuites. 106
Quatrième partie du Symbole. — Ce que nous devons croire de l'Église, et de l'ouvrage de la glorification. 107
Art. IX. — *Je crois la sainte Église catholique, la communion des saints.* 107
Instruction sur l'Église. 110
1° Son établissement. 110
2° Le progrès de l'Église. 111
3° Les persécutions. 112
4° Les hérésies. 113
5° Le relâchement des mœurs. 114
6° La durée de l'Église. 114
7° L'essence de l'Église et ce qui la compose. 115
8° La communion des saints. — Premier bien de l'Église. 128
9° De l'excommunication. 131
Art. X. — *La rémission des péchés.* — Second bien de l'Église. 131
1° Des quatre fins de l'homme. 133
2° De la mort. 133
3° Du jugement particulier. 134

TABLE DES MATIERES.

Art. XI. — *La résurrection de la chair.* — Troisième bien de l'Eglise. ... 155
  1° Du jugement dernier. ... 157
  2° De l'enfer. ... 159
  3° De la peine du sens. ... 159
  4° De la peine du dam et de la peine de l'éternité. ... 140
Art. XII. — *La vie éternelle.* — Quatrième bien de l'Eglise. ... 141
Instruction sur l'Ecriture. ... 144

SECONDE PARTIE. — *Contenant ce que nous devons recevoir.*

Des sacrements en général.
Leçon première. — Nécessité de l'instruction sur les sacrements; raisons de leur institution. ... 149
Leçon II. — Effets et différences des sacrements. — Dispositions en ceux qui les administrent et qui les reçoivent. ... 150
Leçon III. — Des cérémonies. ... 152
Leçon IV. — Du nombre des sacrements et de leur utilité. ... 154
Du baptême.
Leçon première. — Bénédiction des fonts. — Lieu et temps de conférer ce sacrement. — Son ministre et sa forme. ... 155
Leçon II. — Effets, unité et nécessité du baptême. 157
Leçon III. — Cérémonies et obligations du baptême. ... 160
Rénovation des promesses du baptême. ... 164
De la confirmation.
Leçon première. — Le nom, la nature, la différence, l'institution et le ministre de ce sacrement. ... 165
Leçon II. — Matière, forme, cérémonies et effets de la confirmation. ... 170
Leçon III. — Nécessité de recevoir le sacrement de confirmation et de s'y préparer. — Force qu'il confère. — Pourquoi il ne se réitère pas. ... 172
Leçon IV. — Des sept dons du Saint-Esprit que le sacrement de confirmation communique. ... 175
Leçon V. — Des parrains et des marraines qu'on prend à la confirmation, leurs qualités et leurs obligations. 177
Prière pour recevoir ou renouveler en soi la grâce de la confirmation. ... 178
De l'Eucharistie.
Leçon première. — Son institution. ... 178
Leçon II. — Sa différence et ses noms. ... 185
Leçon III. — Du viatique. ... 190
Leçon IV. — Du sacrifice. ... 191
Leçon V. — De la communion sous une espèce. ... 199
Leçon VI. — Des symboles eucharistiques. ... 202
Leçon VII. — Des effets de l'Eucharistie. ... 207
Leçon VIII. — De la préparation à la communion. 211
Leçon IX. — De la dévotion actuelle requise à une bonne communion. ... 213
  1° De l'acte de foi. ... 214
  2° De l'acte d'espérance. ... 215
  3° De l'acte de charité. ... 216
  4° De l'acte d'adoration. ... 217
  5° De l'acte de contrition. ... 218
  6° De l'acte d'humilité. ... 220
  7° De l'acte de gratitude. ... 221
  8° De l'acte de désir. ... 222
Leçon X. — De l'action de grâces. ... 223
Leçon XI. — De la communion spirituelle. ... 228
Leçon XII. — Conduite pour la communion. ... 229
De la pénitence.
Leçon première. — Du nom de ce sacrement; son institution; son administration; ses effets; sa nécessité; ses fruits. ... 230
§ I. — De l'examen de conscience. ... 231
§ II. — De la contrition en général. ... 232
§ III. — Du ferme propos. ... 257
§ IV. — De la confession. ... 258
§ V. — De la satisfaction. ... 245
Leçon II. — Instruction sur les indulgences et le Jubilé. ... 247
§ I. — De la satisfaction en général. ... 247
§ II. — De l'indulgence. ... 247
§ III. — Du Jubilé. ... 251
§ IV. — Du purgatoire. ... 254
De l'extrême-onction.
Leçon première. — Son nom; sa nature; son institution; sa promulgation; son administration; sa nécessité; ses effets. ... 255
Leçon II. — Matière, forme et cérémonies de l'extrême-onction. ... 257
Utilité des maladies supportées chrétiennement. 259

De l'ordre. ... 260
Du mariage. ... 261
Du célibat. ... 263

TROISIÈME PARTIE. — *Ce que nous devons faire.*

Leçon première. — Du Chrétien et de ses devoirs. ... 265
Leçon II. — De la marque du Chrétien et du signe de la croix. ... 267
Instruction sur les vertus.
Leçon première. — Des vertus en général. ... 270
Leçon II. — Des vertus cardinales. ... 270
Leçon III. — Des vertus morales. ... 271
Leçon IV. — De la religion. ... 271
§ I. — De l'adoration. — De l'honneur dû aux saints; de leur invocation et intercession. — Des reliques et des images. ... 273
§ II. — De la prière et de la manière de prier. ... 281
§ III. — Explication de l'Oraison dominicale. ... 283
Première demande. — *Votre nom soit sanctifié.* ... 289
Deuxième demande. — *Votre royaume nous arrive.* 291
Troisième demande. — *Votre volonté soit faite en la terre comme au ciel.* ... 293
Quatrième demande. *Donnez-nous aujourd'hui notre pain quotidien.* ... 295
Cinquième demande. — *Et pardonnez-nous nos offenses comme nous les pardonnons à ceux qui nous ont offensés.* ... 298
Sixième demande. — *Et ne nous induisez point en tentation.* ... 301
Septième demande. — *Mais délivrez-nous du mal.* ... 303
De l'ordre des demandes du *Pater.* ... 305
§ IV. — Explication de la Salutation angélique. ... 307
§ V. — De la dévotion à la très-sainte Vierge. — De l'Angelus. — Du chapelet et de la manière de le bien dire. ... 314
Leçon V. — Des vertus théologales en général. ... 317
§ I. — De la foi. ... 318
§ II. — De l'espérance. ... 322
§ III. — De la charité, ou de l'amour de Dieu et du prochain. ... 324
Instruction sur les commandements de Dieu.
Leçon première. — Du Décalogue en général. ... 330
Leçon II. — Explication des commandements de la première table, qui regardent Dieu. ... 333
Premier commandement. — *Un seul Dieu tu adoreras,* etc. ... 333
Deuxième commandement. — *Dieu en vain tu ne jureras,* etc. ... 334
Troisième commandement. — *Les dimanches tu garderas,* etc. ... 336
Leçon III. — Explication des commandements de la seconde table, qui regardent le prochain. ... 339
Quatrième commandement. — *Père et mère honoreras,* etc. ... 341
De la correction fraternelle. ...
Cinquième commandement. — *Homicide point ne seras,* etc. ... 347
Sixième et neuvième commandements. — *Luxurieux point ne seras,* etc. — *La femme ne convoiteras,* etc. 549
Du luxe. ... 349
De la danse et du bal. ... 351
Septième et dixième commandements. — *Les biens d'autrui tu ne prendras,* etc. — *Les biens d'autrui ne désireras,* etc. ... 352
De la restitution. ... 353
Du jeu. ... 353
De l'aumône. ... 354
  1° Obligation de la faire. ... 354
  2° Excellence de l'aumône. ... 355
  3° Manière de faire l'aumône. ... 356
Huitième commandement. — *Faux témoignage ne diras,* etc. ... 359
Neuvième et dixième commandements. — *L'œuvre de chair ne désireras,* etc. — *Biens d'autrui ne convoiteras,* etc. ... 361
Des vertus et conseils évangéliques. ... 362
De la perfection chrétienne. ... 363
Instruction sur les commandements de l'Eglise.
Leçon première. — Des commandements de l'Eglise en général. ... 364
Leçon II. — Des commandements de l'Eglise en particulier. ... 365
Premier commandement. — *Les dimanches Messe ouiras,* etc. ... 365
§ I. — De la Messe paroissiale. ... 367

TABLE DES MATIERES.

§ II. — De l'eau bénite. 567
§ III. — De la procession. 568
§ IV. — Du prône. 569
§ V. — De l'offrande, du pain bénit et de la paix. 569
§ VI. — De la communion générale. 570
§ VII. — Des vêpres. 571
§ VIII. — De la dévotion à la paroisse. . . 572
§ IX. — Des couleurs dont se sert l'Eglise dans ses offices. 573
§ X. — De la révérence due aux églises et aux cimetières. 573
Deuxième commandement. — Tous les péchés confesseras, e.c. 574
Troisième commandement. — Ton Créateur tu recevras, etc. 575
Quatrième commandement. — Les fêtes tu sanctifieras, etc. 576
Cinquième commandement. — Quatre-Temps, vigiles jeûneras, etc. 579
1° Du jeûne. 580
2° Des Quatre-Temps. 580
3° Du Carême. 581
Sixième commandement. — Vendredi chair ne mangeras, etc. 582
Septième commandement. — Hors le temps, noces ne feras, etc. 583
Huitième commandement. — Les excommuniés fuiras, etc. 584
Neuvième commandement. — Quand excommunié seras, etc. 584
Divers actes que l'on peut faire apprendre aux enfants. 585

QUATRIÈME PARTIE. — Contenant ce que nous devons éviter.

Instruction sur le péché. 585
§ I. — Du péché en général. 585
§ II. — Du péché en général et de la convoitise. 587
§ III. — Du péché actuel. 588
§ IV. — Du péché véniel. 588
§ V. — Du péché mortel. 589
§ VI. — Des péchés d'ignorance, de faiblesse et de malice. 589
§ VII. — Des péchés contre le Saint-Esprit. . 590
§ VIII. — Des péchés qui crient vengeance. . 590
§ IX. — Des péchés d'autrui. 591
§ X. — Des péchés de commission et d'omission. 591
Instruction sur les péchés capitaux. 592
§ I. — Des péchés capitaux en général. . . 592
§ II. — De l'orgueil. 593
§ III. — De l'avarice. 593
§ IV. — De la luxure. 594
§ V. — De l'envie. 595
§ VI. — De la gourmandise. 598
§ VII. — De la colère. 596
§ VIII. — De la paresse. 597
§ IX. — Des tentations. 599
§ X. — Moyens d'éviter le péché. 400

CINQUIÈME PARTIE. — Ce que nous devons méditer.

De l'Avent. 401
De la fête de saint André, apôtre; et des apôtres en général. 403
De la Conception de la sainte Vierge, et de toutes ses fêtes en général. 405
De la fête de saint Thomas. 408
Les Quatre-Temps de l'Avent. 409
De la fête de Noël. 410
De la fête de saint Etienne, martyr, et de celle de tous les martyrs en général. 415
De la fête de saint Jean l'Evangéliste, et de celle des évangélistes en général. 419
De la fête des saints Innocents. 423
De la fête de saint Ursin, apôtre du Berri, et de celle de tous les saints patrons en général. . . 424
De la Circoncision, et du nom de Jésus. . 425
De la nouvelle année et du bon emploi du temps. 428
De l'Epiphanie. 430
De la Purification. 435
De la Septuagésime. 439
De la fête de saint Mathias. 441
Contre le carnaval. 442
Du mercredi des Cendres. 444
Du Carême. 446
De la fête de saint Joseph. 450
Du dimanche des Rameaux. 456
De la semaine sainte. 458
De la Passion. — Des souffrances du Sauveur en général. 458

Le jardin des Olives. 462
Anne et Caïphe. 465
Pilate et Hérode. 467
Barabbas, la flagellation, le couronnement d'épines, l'Ecce homo. 469
Le crucifiement. 472
Le coup de lance. 476
Circonstances de la Passion. 478
Le sépulcre. 481
Le samedi saint. 483
L'absoute. 484
De la fête de Pâques. 485
Les fruits de cette fête. 490
Le temps pascal. 492
De la fête de Saint Marc. 492
De la fête de saint Jacques et de saint Philippe. 494
De la fête de la Dédicace des églises du diocèse. 496
Des Rogations. 497
De la fête de l'Ascension. 499
De la fête de la Pentecôte. 502
Les Quatre-Temps de la Pentecôte. 507
Du dimanche de la Trinité. 508
De la Fête-Dieu. 508
De la demeure du Sauveur parmi nous. . 509
De la visite du Saint-Sacrement. 510
De l'exposition du Saint-Sacrement. . . . 511
Pratiques extérieures pour honorer le très-saint Sacrement. 513
Pratiques intérieures, ou vues religieuses pour profiter du Saint-Sacrement. 514
Octave de la Fête-Dieu. — Sur les vertus de Jésus-Christ au Saint-Sacrement. 518
Pour le jour de la fête. — Sa charité. . . . 518
Pour le vendredi. — Son obéissance. . . . 521
Pour le samedi. — Son humilité. 522
Pour le dimanche. — Sa religion. 525
Pour le lundi. — Son zèle. 526
Pour le mardi. — Sa pauvreté. 527
Pour le mercredi. — Sa mortification. . . 528
Pour le jeudi. — Sa patience. 530
De la fête de saint Barnabé. 532
De la fête de saint Jean-Baptiste. 533
De la fête de saint Pierre et de saint Paul. 539
De la fête de la Visitation. 546
De la fête de sainte Madeleine. 550
De la fête de saint Jacques le Majeur. . . 552
De la fête de la Transfiguration. 554
De la fête de saint Laurent. 559
De la fête de l'Assomption. 561
De la fête de saint Barthélemy. 566
De la fête de saint Louis. 566
De la fête de la Nativité de la sainte Vierge. 567
Des Quatre-Temps de septembre. 569
De la fête de saint Matthieu. 570
De la fête de saint Michel. 571
De la fête des Anges gardiens. 573
Des épousailles de la sainte Vierge, et des principales vertus de sa jeunesse. 574
De la fête de saint Luc. 577
De la fête de saint Simon et de saint Jude. 577
De la fête de la Toussaint. 578
De la Commémoration des fidèles trépassés. 579
De la fête de saint Martin. 581
De la fête de la Présentation de la sainte Vierge. 583
Du fruit qu'on doit tirer des fêtes et des mystères. 586

SUPPLÉMENT AU CATÉCHISME DE BOURGES.

Instructions sur Dieu et ses perfections. . 587
Instructions sur les fêtes.
Instruction première. — Sur l'Avent. . . . 597
Instruction II. — Sur la Circoncision. . . 601
Instruction III. — Sur l'Epiphanie. 608
Instruction IV. — Sur la Purification. . . 610
Instruction V. — Sur la Septuagésime. . 614
Instruction VI. — Contre les dérèglements du carnaval. 617
Instruction VII. — Sur la Pentecôte. . . . 621
Instruction VIII. — Sur les fêtes de la sainte Vierge. 625
Sommaire des vérités de la foi qu'il est bon d'apprendre aux enfants.
I. — De l'existence, de l'unité et des perfections de Dieu. 635

TABLE DES MATIERES.

II. — De la sainte Trinité. 653
III. — De l'Incarnation. 654
IV. — De la sainte Vierge et de l'Eglise. 655
V. — Des sacrements. 655
VI. — De l'Ecriture, de la tradition, des cérémonies, de l'invocation des saints, des images et des reliques. 655
VII. — De l'immortalité de l'âme, du jugement particulier, du purgatoire, des indulgences, du paradis et de l'enfer. 656
VIII. — De la résurrection, du jugement général, de la peine des damnés, de la gloire des saints, et de la nécessité des bonnes œuvres. 656
Considération sur le lever et le coucher. 657
Devoirs d'un curé envers ses paroissiens relativement à la confirmation et à la première communion. 659
Méthode d'oraison mentale à l'usage des ecclésiastiques du séminaire. 615
Quelques motifs ou vues pieuses pour une religieuse à réciter le grand Office en une langue qu'elle n'entend pas. 657

L'APOCALYPSE EXPLIQUEE PAR L'HISTOIRE ECCLESIASTIQUE.

Avant-propos. 665
Explication de l'*Apocalypse*.
Première partie. — Qui contient les préparatifs mystérieux à cette révélation. 679
Chapitre premier. — Préface de saint Jean sur ce divin livre. 679
Explication. 683
Chap. IV. — Préparatifs mystérieux aux visions de l'*Apocalypse*. 689
Explication. 691
Chap. V. — Continuation des préparatifs mystérieux aux visions de l'*Apocalypse*. 697
Explication. 701
Chap. VII et VIII. — Explication. 707
Deuxième partie. — Qui comprend une description des sept âges de l'Eglise et des sept persécutions qu'elle doit endurer dans la suite des temps, depuis le siècle de saint Jean jusqu'à la fin du monde. 711
Chap. VI et VIII. — Du premier âge de l'Eglise persécutée par les tyrans idolâtres, depuis Néron jusqu'à Constantin. 711
Explication. 713
Du second âge de l'Eglise exercée par les hérétiques, depuis Arius jusqu'aux Iconoclastes. 715
Du troisième âge de l'Eglise ravagée par les Barbares, depuis Théodose le Jeune jusqu'à Charlemagne. 723
Du quatrième âge de l'Eglise, désolée par les mahométans, obscurcie et déchirée par le schisme des Grecs. 729
Chap. VI et IX. — Du cinquième âge de l'Eglise affligée par l'hérésie de nos jours. 741
Explication. 743
Du sixième âge de l'Eglise, ou de la sixième plaie qui doit suivre immédiatement celle de l'hérésie de Luther. 753
Chap. VIII. — La conversion des Juifs que saint Jean vit devoir arriver entre le sixième et septième âge de l'Eglise. 757
Explication. 759
Chap. X. — Prédiction de la fin prochaine du monde, que saint Jean vit devoir être annoncée par un ange entre le sixième et le septième âge de l'Eglise. 769
Explication. 771
Chap. XI. — Persécution de l'Antechrist, prédication d'Enoch et d'Elie que cet impie fait mourir, et que saint Jean vit devoir arriver entre le sixième et le septième âge de l'Eglise. 773
Explication. 777
Le septième et dernier âge de l'Eglise ou la fin du monde. 789
Troisième partie. — Qui contient les victoires de l'Eglise sur le démon et sur l'empire romain dans son établissement dans tout le monde, ou histoire des huit premiers siècles, à commencer depuis l'Ascension de Jésus-Christ jusqu'à la ruine de Rome par les Barbares, et la fondation du nouvel empire. 795

Chap. XII. — Le démon persécute l'Eglise pendant plus de trois cents ans, mais elle triomphe de tous ses efforts. 795
Explication. 797
§ I. — Efforts du démon pour empêcher l'établissement de l'Eglise et la ruine de l'idolâtrie. 797
§ II. — Des sept principaux tyrans dont le démon se servit pour persécuter l'Eglise, figurés par les sept têtes couronnées du dragon et de leur fin tragique. 800
§ III. — Des dix persécutions que le démon suscita contre l'Eglise, figurées par les dix cornes du dragon, et la punition de ceux qui les causèrent. 816
§ IV. — Le démon déchu de sa divinité prétendue, persécute et poursuit l'Eglise jusque dans les déserts. 827
§ V. Constantin, premier empereur chrétien, vient au secours de l'Eglise, et fait cesser la persécution. 841
§ VI. — Des guerres cruelles et sanglantes que le démon suscita contre l'Eglise après la persécution. 846
Première guerre. — Excitée par Maxence contre l'Eglise. 847
Seconde guerre. — Excitée par Maximin contre l'Eglise. 853
Troisième guerre. — Excitée par Licinius contre l'Eglise. 856
Chap. XIII. — L'empire romain idolâtre et persécuteur ressuscité par Julien, figure de l'apostasie et du règne de l'Antechrist. 865
Explication. 869
Chap. XIV. — Jésus-Christ prend une vengeance de Julien et de l'empire romain idolâtre. 905
Explication. 909
Chap. XV. — Préparatifs mystérieux à l'entière ruine de Julien et de l'empire romain idolâtre. 930
Explication. 930
Chap. XVI. — Mort de Julien et entière destruction de l'empire romain par le démembrement de toutes ses provinces et la ruine de sa capitale. 935
Explication. 937
Chap. XVII. — Explication plus expresse et plus claire de la ruine de Rome. 959
Explication. 962
Chap. XVIII. — Un ange publie la ruine de l'empire et de l'idolâtrie, et en marque toutes les circonstances. 979
Explication. 985
Quatrième partie. — Contenant ce qui doit arriver depuis la destruction de l'empire romain et de l'idolâtrie jusqu'à la fin du monde. 997
Chap. XIX. — Etat de l'Eglise depuis la destruction du paganisme jusqu'à la venue de l'Antechrist. 997
Explication. 1001
Chap. XX. — Enchaînement de Satan. — Son déchaînement, et les derniers temps de l'Eglise. 1013
Explication. 1017
Chap. XXI. 1029
Chap. XXII. 1033
Conclusion de cette explication. 1043

RETRAITE POUR LES ORDINANDS.

Premier entretien. — Excellence et nécessité de la retraite. 1047
Entret. II. — Sur la nécessité de se préparer aux ordres. 1071
Entret. III. — Sur la vocation à l'état ecclésiastique. 1086
Entret. IV. — De l'innocence conservée qu'on doit apporter au sacerdoce. 1097
Entret. V. — De l'innocence réparée qu'on doit au moins apporter au sacerdoce. 1107
Entret. VI. — De la chasteté affermie qu'on doit apporter à l'ordination. 1119
Entret. VII. — De l'excellente charité qu'on doit apporter à l'ordination. 1136
Entret. VIII. — De la dévotion actuelle qu'on doit apporter à l'ordination. 1149
Entret. IX. — De l'action de grâces après l'ordination. 1159

Entret. X. — Du fruit qu'on doit tirer de l'ordination, et des engagements qu'on y contracte. 1185
Entret. XI. — Sur les vertus des premiers et des derniers ecclésiastiques qui ont illustré l'Eglise dans sa naissance, et qui l'illustreront dans sa fin. 1209
Entret. XII. — Sur l'obligation que les ecclésiastiques ont de mener une vie exemplaire. 1290
Entret. XIII. — Sur le détachement où les ecclésiastiques doivent être de leurs parents. 1357
Entret. XIV. — De l'établissement des séminaires. 1340
Entret. XV. — Des ordres en particulier. 1394
Entret. XVI. — De la dignité sacerdotale. 1465
Entret. XVII. — Sur le jugement des prêtres. 1472
Entret. XVIII. — De la sainteté des prêtres. 1494

ABREGE DU CATECHISME DE LA TONSURE A L'USAGE DES JEUNES ECCLÉSIASTIQUES.

Leçon première. — Ce que c'est que la tonsure. 1620
II. — Des dispositions requises pour recevoir la tonsure. 1621
III. — Des mauvaises intentions avec lesquelles on reçoit quelquefois la tonsure. 1622
IV. — De la vocation et des marques pour la connaître. 1623
V. — Suite du sujet précédent. 1623
VI. — De l'excellence de la tonsure cléricale. 1624
VII. — Des obligations des tonsurés. 1625
VIII. — Des vertus des clercs. 1626
IX. — Des vices que les clercs doivent éviter. 1627
X. — Des cérémonies de la tonsure, et de leur signification. 1628
XI. — Des sentiments dans lesquels il faut entrer pendant qu'on reçoit la tonsure. 1629
XII. — Du règlement de vie d'un clerc. 1630
XIII. — Conduite pour l'oraison mentale. 1631
XIV. — Du sacrement de l'ordre. 1633

FIN DE LA TABLE.

Imprimerie MIGNE, au Petit-Montrouge.

ETAT DE QUELQUES PUBLICATIONS DES ATELIERS CATHOLIQUES AU 1er JANVIER 1857.

COURS COMPLET DE PATROLOGIE, ou Bibliothèque universelle, complète, uniforme, commode et économique de tous les Saints Pères, docteurs et écrivains ecclésiastiques, tant grecs que latins, tant d'Orientque d'Occident; reproduction chronologique et intégrale de la tradition catholique pendant les douze premiers siècles de l'Eglise, d'après les éditions les plus estimées: environ 260 vol. in-4°, à 5 fr. l'un. Le grec et le latin formeront environ 300 vol.; mais chaque vol. grec-latin est du prix de 8 fr. Tous les Pères de l'Eglise d'Occident ont paru ils forment 217 vol. prix : 1083 fr. Pour la série gréco-latine 20 vol. ont aussi paru; et pour l'édition purement latine de l'Eglise d'Orient 20 vol. sont en vente, y compris S. Chrysostôme.

COURSCOMPLETS D'ECRITURE SAINTE ET DE THEOLOGIE, 1° formés uniquement de Commentaires et de Traités partout reconnus comme des chefs-d'œuvre, et désignés par une grande partie des évêques et des théologiens de l'Europe, universellement consultés à cet effet; 2° publiés et annotés par une société d'ecclésiastiques, tous curés ou directeurs de séminaires dans Paris. Chaque *Cours*, terminé par une table universelle analytique et par un grand nombre d'autres tables, forme 28 vol. in-4°. Prix : 138 fr. l'un.

TRIPLE GRAMMAIRE ET TRIPLE DICTIONNAIRE HEBRAIQUES et CHALDAIQUES, 1 énorme vol. in-4°. Prix : 15 fr.

COLLECTION INTEGRALE ET UNIVERSELLE DES ORATEURS SACRES DU PREMIER ET DU SECOND ORDRE, ET COLLECTION INTEGRALE OU CHOISIE DE LA PLUPART DES ORATEURS SACRES DU TROISIEME ORDRE, selon l'ordre chronologique, afin de présenter, comme sous un coup d'œil, l'histoire de la prédication en France pendant trois siècles, avec ses commencements, ses progrès, son apogée, sa décadence et sa renaissance. 67 vol. in-4°. Prix : 335 fr., 6 fr. le vol. de tel ou tel Orateur en particulier. Tout a paru.

COLLECTION INTEGRALE ET UNIVERSELLE DES ORATEURS SACRES de 1789 et au-dessus jusqu'à nos jours 33 vol. in-4°. Prix : 165 fr. Cette seconde série, avec les orateurs défunts, contient la plupart des vivants; elle est, de plus, accompagnée des mandements épiscopaux d'un intérêt public et permanent, des OEuvres complètes des meilleurs prônistes anciens et modernes, des principaux ouvrages connus sur l'art de bien prêcher, enfin, de vingt tables différentes présentant les matières sous toutes les faces. 18 vol. ont paru.

ENCYCLOPEDIE THEOLOGIQUE ou série de Dictionnaires sur chaque branche de la science religieuse, offrant en français et par ordre alphabétique, la plus claire, la plus variée, la plus facile et la plus complète des Théologies. Ces DICTIONNAIRES sont : ceux d'Ecriture sainte, — de Philologie sacrée, — de Liturgie, — de Droit canon, — des Hérésies, des schismes, des livres jansénistes, des Propositions et des livres condamnés, — des Conciles, — des Cérémonies et des rites, — de Cas de conscience, — des Ordres religieux (hommes et femmes), — des diverses Religions, — de Géographie sacrée et ecclésiastique, — de Théologie morale, ascétique et mystique, — de Théologie dogmatique, canonique, liturgique, disciplinaire et polémique, — de Jurisprudence civile-ecclésiastique, — des Passions, des vertus et des vices, — d'Hagiographie, — des Pèlerinages, — d'Astronomie, — de Physique et de Météorologie religieuses, — d'Iconographie chrétienne, — de Chimie et de minéralogie religieuses, — de Diplomatique chrétienne, — des Sciences occultes, — de Géologie et de Chronologie chrétiennes 52 vol in-4°. Prix : 312 fr. 51 vol. ont vu le jour.

NOUVELLE ENCYCLOPEDIE THEOLOGIQUE, contenant les DICTIONNAIRES de Biographie chrétienne et antichrétienne, — des Persécutions, — d'Eloquence chrétienne, — de Littérature id., — de Botanique id., — de Statistique id., — d'Anecdotes id., — d'Archéologie id., — d'Héraldique id., — de Zoologie, — de Médecine pratique, — des Croisades, — des Erreurs sociales, — de Patrologie, — des Prophéties et des Miracles, — des Décrets des Congrégations romaines, — des Indulgences, — d'Agri-silvi-viti-horticulture, — de Musique chrétienne, — d'Epigraphie id., — de Numismatique id., — des Conversions au catholicisme, — d'Education, — des Inventions et Découvertes, — d'Ethnographie, — des Apologistes involontaires, — des Manuscrits, — d'Anthropologie, — des Mystères, — des Merveilles, — d'Ascétisme, — de Paléographie, de Cryptographie, de Dactylologie, d'Hiéroglyphie, de Sténographie et de Télégraphie, — de Paléontologie, — de l'Art de vérifier les dates, — des Objections scientifiques. 52 vol. in-4°. Prix : 312 fr. Tous ont paru.

TROISIEME ET DERNIERE ENCYCLOPEDIE THEOLOGIQUE, contenant les DICTIONNAIRES de Philosophie, — d'Antiphilosophisme, — du Parallèle des doctrines religieuses et philosophiques avec la foi catholique, — du Protestantisme, — des Objections populaires, — de Critique, — de Scolastique, — de Philologie du moyen âge, — de Physiologie, — de Tradition patristique et conciliaire, — de la Chaire, — d'Histoire ecclésiastique, — des Missions, — des Antiquités chrétiennes et découvertes modernes, — des Bienfaits du christianisme, — d'Esthétique, — de Discipline, — d'Erudition, — des Papes, — des Cardinaux, — de Bibliographie, — des Musées, — des Abbayes, — de Ciselure, gravure et ornementation chrétienne, —

de Légendes du christianisme, — de Cantiques, — d'Economie charitable, — des Sciences politiques, — de Législation comparée, — de la Sagesse populaire, — des Superstitions, — des Livres apocryphes, — de Leçons de littérature en prose et en vers, — de Mythologie, — de Technologie, — des Controverses historiques, — des Origines du christianisme, — des Sciences physiques et naturelles dans l'antiquité, — des Harmonies de la raison, de la science, de la littérature et de l'art avec la foi catholique. 60 vol. in-4°. Prix : 360 fr. 24 vol. sont terminés; les autres suivent rapidement.

DEMONSTRATIONS EVANGELIQUES . de Tertullien, Origène, Eusèbe, S Augustin, Montaigne, Bacon, Grotius, Descartes, Richelieu, Arnauld, de Choiseul du Plessis-Praslin, Pascal, Pélisson, Nicole, Doyle, Bossuet, Bourdaloue, Loke, Lami, Burnet, Malebranche, Lesley, Leibnitz, La Bruyère, Fénelon, Huet, Clarke, Duguet, Stanhope, Bayle, Leclerc, Du Pin, Jacquelot, Tillotson, De Haller, Sherlock, Le Moine, Pope, Leland, Racine, Massillon, Ditton, Derham, d'Aguesseau, de Polignac, Saurin, Buffier, Warburton, Tournemine, Bentley, Littleton, Fabricius, Seed, Addison, De Bernis, J.-J Rousseau, Para du Phanjas, Stanislas 1er, Turgot, Statler, West, Beauzée, Berger, Gerdil, Thomas, Bonnet, de Crillon, Euler, Delamarre, Caraccioli, Jennings, Duhamel, S. Liguori, Butler, Bullet, Vauvenargues, Guénard, Blair, De Pompignan, de Luc, Porteus, Gérard, Diessbach, Jacques, Lamourette, Laharpe, Le Coz, Duvoisin, De la Luzerne, Schmitt, Poynter, Moore, Silvio Pellico, Lingard, Brunah, Manzoni, Perrone, Paley, Doriéans, Campien, F. Pérennès, Wiseman, Buckland, Marcel de Serres, Keith, Chalmers, Dupin ainé, Sa Sainteté Grégoire XVI, Cattet, Milner, Sabatier, Morris, Bolgeni, Chassay, Lombroso et Consoni; contenant les apologies de 117 auteurs répandues dans 180 vol.; traduites, pour la plupart, des diverses langues dans lesquelles elles avaient été écrites; reproduites INTEGRALEMENT, non par extraits; ouvrage également nécessaire à ceux qui ne croient pas, à ceux qui doutent et à ceux qui croient. 20 vol. in-4°. Prix : 120 fr.

HISTOIRE DU CONCILE DE TRENTE, par le cardinal Pallavicini, précédée ou suivie du Catéchisme et du texte du même concile, de diverses dissertations sur son autorité dans le monde catholique, sur sa réception en France, et sur toutes les objections protestantes, jansénistes, parlementaires et philosophiques auxquelles il a été en butte; enfin d'une notice sur chacun des membres qui y prirent part 3 vol. in-4°. Prix : 18 fr.

PERPETUITE DE LA FOI DE L'EGLISE CATHOLIQUE, par Nicole, Arnauld, Renaudot, etc., suivie de la Perpétuité de la Foi sur la confession auriculaire par Denis de Sainte-Marthe, et des 13 lettres de Scheffmacher sur presque toutes les matières controversées avec les Protestants. 4 vol. in-4°. Prix : 24 fr.

OEUVRES TRES-COMPLETES DE SAINTE THERESE, de S. Pierre d'Alcantara, de S. Jean de la Croix et du bienheureux Jean d'Avila; formant ainsi un tout bien complet de la plus célèbre Ecole ascétique d'Espagne. 4 vol. in-4°. Prix : 24 fr.

CATECHISMES philosophiques, polémiques, historiques, dogmatiques, moraux, disciplinaires, canoniques, pratiques, ascétiques et mystiques, de Feller, Aimé, Scheffmacher, Rohrbacher, Pey, Lefrancois, Alletz, Almeyda, Fleury, Pomey, Bellarmin, Meusy, Challoner, Gother, Surin et Oher. 2 v. in-4°. Pr : 13 fr.

PRAELECTIONES THEOLOGICÆ, de PERRONE, 2 forts vol. in-4°. Prix : 12 fr.

OEUVRES TRES-COMPLETES DE DE PRESSY, évêque de Boulogne. 2 vol. in-4°. Prix : 12 fr.

MONUMENTS INEDITS SUR L'APOSTOLAT DE SAINTE MARIE-MADELEINE EN PROVENCE, et sur les autres apôtres de cette contrée, par M. Faillon, de St-Sulpice, 2 forts vol in-4°, enrichis de 300 gravures. Prix : 16 fr.

COURS COMPLET D'HISTOIRE ECCLESIASTIQUE, 25 vol. in-4°. Prix : 150 fr Les 12 premiers vol. ont paru.

LUCII FERRARIS PROMPTA BIBLIOTHECA, canonica, juridica, moralis, theologica, etc , 8 v. in-4°. Prix : 60 fr. 6 v ont paru.

OEUVRES COMPLETES de Thiébaut, 8 vol. in-4°. Prix : 50 fr, 2 vol. ont paru.

OEUVRES COMPLETES de BOUDON, 3 énormes vol. in-4°. Prix : 24 fr.

OEUVRES COMPLETES de FRAYSSINOUS, 1 v in-4°. Prix : 6 fr.

OEUVRES COMPLETES du cardinal de LA LUZERNE, évêque de Langres, 6 vol. in-4°. Prix : 40 fr.

OEUVRES COMPLETES de BERGIER, 8 vol. in-4°. Prix : 50 fr.

OEUVRES COMPLETES de LEFRANC DE POMPIGNAN, archevêque de Vienne, et OEuvres RELIGIEUSES de son frère l'académicien, 2 vol. in-4°. Prix : 14 fr.

OEUVRES COMPLETES de LATOUR, chanoine de Montauban, 7 v. in-4°. Prix : 45 fr. — Les *Mémoires liturgiques et canoniques* valent seuls au delà de ce prix.Ils sont au nombre de 51.

OEUVRES COMPLETES de BAUDRAND, 2 vol. in-4°. Prix : 14 fr.

Les souscripteurs à 20 volumes à la fois, parmi les ouvrages ci-dessus, jouissent, EN FRANCE, de trois avantages : le premier est de ne payer les volumes qu'après leur arrivée au chef-lieu d'arrondissement ou d'évêché; le second est de recevoir les ouvrages *franco* chez notre correspondant ou le leur, ou d'être remboursés du port; le troisième est de ne verser les fonds qu'à leur propre domicile et sans frais.

www.ingramcontent.com/pod-product-compliance
Lightning Source LLC
Chambersburg PA
CBHW071427300426
44114CB00013B/1344